U0714118

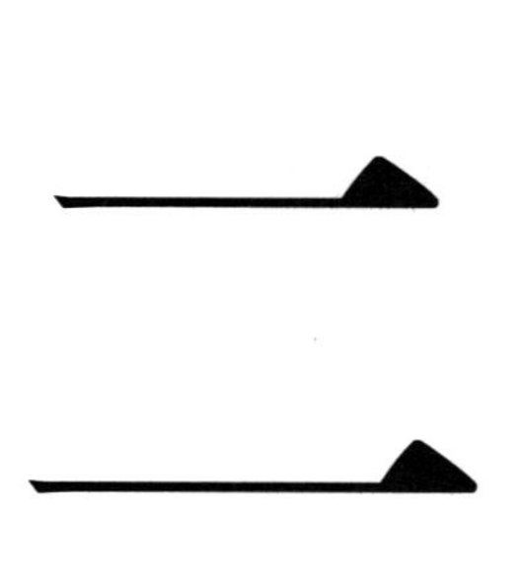
二

補闕事實分部

綜述

《春秋公羊傳·隱公四年》　［經］秋，翬帥師會宋公、陳侯、蔡人、衛人伐鄭。［傳］翬者何？公子翬也。何以不稱公子？貶。曷爲貶？與弑公也。其與弑公奈何？公子翬諂乎隱公，謂隱公曰：「百姓安子，諸侯説子，盍終爲君矣。」隱曰：「吾？否！吾使修塗裘，吾將老焉。」公子翬恐若其言聞乎桓，於是謂桓曰：「吾爲子口隱矣。隱曰『吾不反也』。」桓曰：「然則奈何？」曰：「請作難，弑隱公。」於鍾巫之祭焉，弑隱公也。

又《襄公二十九年》　［經］吳子使札來聘。［傳］吳無君，無大夫，此何以有君，有大夫？賢季子也。何賢乎季子？讓國也。其讓國奈何？謁也、餘祭也、夷昧也，與季子同母者四。季子弱而才，兄弟皆愛之，同欲立之以爲君。謁曰：「今若是迮而與季子國，季子猶不受也，請無與子而與弟，弟兄迭爲君，而致國乎季子。」皆曰：「諾。」故諸爲君者，皆輕死爲勇，飲食必祝，曰：「天苟有吳國，尚速有悔於予身。」故謁也死，餘祭也立。餘祭也死，夷昧也立。夷昧也死，則國宜之季子者也。季子使而亡焉。僚者，長庶也，即之。季子使而反，至而君之爾。闔廬曰：「先君之所以不與子國而與弟者，凡爲季子故也。將從先君之命與？則國宜之季子者也。如不從先君之命與？則我宜立者也。僚惡得爲君乎？」於是使專諸刺僚。而致國乎季子，季子不受，曰：「爾弑吾君，吾受爾國，是吾與爾爲篡也。爾殺吾兄，吾又殺爾，是父子兄弟相殺，終身無已也。」去之延陵，終身不入吳國。君子以其不受爲義，以其不殺爲仁。賢季子，則吳何以有君有大夫？以季子爲臣，則宜有君者也。札者何？吳季子之名也。

《春秋穀梁傳·襄公三十年》　［經］五月，甲午，宋灾，伯姬卒。［傳］取卒之日加之灾上者，見以灾卒也。其見以灾卒奈何？伯姬之舍失火，左右曰：「夫人少辟火乎？」伯姬曰：「婦人之義，傅母不在，宵不下堂。」左右又曰：「夫人少辟火乎？」伯姬曰：「婦人之義，保母不在，宵不下堂。」遂逮乎火而死。婦人以貞爲行者也，伯姬之婦道盡矣。詳其事，賢伯姬也。

又《文公六年》　［經］晉殺其大夫陽處父。［傳］稱國以殺，罪累上也。襄公已葬，其以累上之辭言之，何也？君漏言也。上泄則下暗，下暗則上聾，且暗且聾，無以相通。（射）［夜］姑，殺者也。（射）［夜］姑之殺奈何？曰：晉將與狄戰，使狐夜姑爲將軍，趙盾佐之。陽處父曰：「不可！古者君之使臣也，使仁者佐賢者，不使賢者佐仁者。今趙盾賢，夜姑仁，其不可乎？」襄公曰：「諾。」謂夜姑曰：「吾始使盾佐女，今女佐盾矣。」夜姑曰：「敬諾。」襄公死，處父主竟上事，（射）［夜］姑使人殺之，君漏言也。故士造辟而言，詭辭而出，曰：用我則可，不用我則無亂其德。

《論語·泰伯》［何晏集解邢昺疏］　子曰：「泰伯，其可謂至德也已矣。三以天下讓，民無得而稱焉。」王曰：「泰伯，周太王之長子。次弟仲雍，少弟季歷。季歷賢，又生聖子文王昌，昌必有天下，故泰伯以天下三讓於王季。其讓隱，故無得而稱言之者，所以爲至德也。」疏：子曰：「泰伯，其可謂至德也已矣。三以天下讓，民無得而稱焉。」正義曰：此章論泰伯讓位之德也。泰伯，周太王之長子。次弟仲雍，少弟季歷。季歷賢，又生聖子文王昌，昌必有天下，故泰伯三以天下讓於王季。其讓隱，故民無得而稱言之者，故所以爲至德，而孔子美之也。鄭玄注云：「泰伯，周太王之長子。次子仲雍，次子季歷。太王見季歷賢，又生文王，有聖人表，故欲立之而未有命。太王疾，太伯因適吳、越採藥，太王殁而不返，季歷爲喪主，一讓也。季歷赴之，不來奔喪，二讓也。免喪之後，遂斷髮文身，三讓也。三讓之美，皆隱蔽不著，故人無得而稱焉。」注「王曰」至「至德也」。正義曰：云「泰伯，周太王之長子云云」者，《史記·吳世家》云：「泰伯弟仲雍，皆周太王之子，而王季歷之兄也。季歷賢，而有聖子昌，太王欲立季歷以及昌，於是泰伯、仲雍二人乃奔荆蠻，文身斷髮，示不可用，以辟季歷。季歷果立，是爲王季，而昌爲文王。泰伯之奔荆蠻，自號句吳。荆蠻義之，從而歸之千餘家，立爲吳泰伯。泰伯卒，無子，弟仲雍立，是爲吳仲雍。仲雍卒，子季簡立。季簡卒，子叔達立。叔達卒，子周章立。是時周武王克殷，求太伯、仲雍之後，得周章。周章已君吳，因而封之。乃封周章弟虞仲於周之北故夏墟，是爲虞仲，列爲諸侯。」是泰伯讓位之事也。

《孔子家語·致思第八》［王肅注］　季羔爲衛之士師，獄官。刖人之足。俄而，衛有蒯聵之亂。初衛靈公太子蒯聵得罪出奔，晉靈公卒，立其子輒。蒯聵自晉襲衛。時子羔、子路並仕於衛也。季羔逃之，走郭門。刖者守門焉，謂季羔曰：「彼有缺。」季羔曰：「君子不踰。」又曰：「彼有竇。」季羔曰：「君子不隧。」隧從竇出。又曰：「於此有室。」季羔乃入焉。既而追者罷，季羔將去，謂刖者：「吾不能虧主之法而親刖子之足，今吾在難，此正子之報怨之時，而逃我者三，何故哉？」刖者曰：「斷足，固我之罪，無可奈何。曩者，君治臣以法，令先人後臣，欲臣之免也，臣知。獄決罪定，臨當論刑，君愀然不樂，見君顔色，臣又知之。君豈私臣哉？天生君子，其道固然。此臣之所以悅君也。」孔子聞之，曰：「善哉！爲吏，其用法一也，思仁恕則樹德，加嚴暴則樹怨。公以行之，其子羔乎！」孔子曰：「季孫之賜我粟千鍾也，而交益親。得季孫千鍾之粟以施與衆，而交益親。自南宮敬叔之乘我車也，而道加行。孔子欲見老聃，而西觀周。敬叔言於魯君，給孔子車馬，問禮於老子。孔子歷觀郊廟，自周而還，弟子四方來習也。故道雖貴，必有時而後重，有勢而後行。微夫二子之貺財，則丘之道殆將廢矣。

《國語・周語下》[韋昭注] 王將鑄無射，王，景王也。問律於伶州鳩。律，鐘律也。對曰：「律所以立均出度也。律，謂六律、六呂也。陽爲律，陰爲呂。六律：黃鐘、大蔟、姑洗、蕤賓、夷則、無射也。六呂：林鐘、中呂、夾鐘、大呂、應鐘、南呂也。均者，均鐘，木長七尺，有弦，繫之以均鐘者，度鐘大小、清濁也。漢大予樂宮有之。古之神瞽考中聲而量之以制，神瞽，古樂正，知天道者也。死而爲樂祖，祭於瞽宗，謂之神瞽考合也。謂合中和之聲，而量度之以制樂也。度律均鐘，百官軌儀，均，平也。軌，道也。儀，法也。度律，度律呂之長短以平其鐘，和其聲，以立百事之道法也，故曰律。度、量、衡於是乎生也。紀之以三，三：天、地、人也。古者紀聲合樂，以舞天神、地祇、人鬼，故能人神以和。平之以六，平之以六律也，上章曰律，以平聲。成於十二，十二：律呂也。陰陽相扶助，律取妻，呂生子，上下相生之數備也。天之道也。天之大數，不過十二。夫六，中之色也，故名之曰黃鐘，十一月曰黃鐘。乾，初九也。六者，天地之中，天有六氣降生。五味，天有六甲，地有五子，十一而天地畢矣。而六爲中，故六律、六呂而成天道黃鐘。初九，六律之首，故以六律正色爲黃鐘之名，重元正始之義也。黃鐘，陽之變也，管長九寸，徑三分，圍九分，律長九寸，因而九之，九九八十一，故黃鐘之數立焉，爲宮。法云：九分之六，得林鐘。初六，六呂之首，陰之變，管長六寸，六月之律，坤之始也，故九六，陰陽、夫婦、子母之道。是以初九爲黃鐘，黃，中之色也。鐘之言陽氣鐘聚於下也。所以宣養六氣、九德也。宣，偏也。六氣，陰陽、風雨、晦明也。九德，九功之德，水火金木土穀正德、利用厚生也。十一月，陽伏於下，物始萌於五聲，爲宮含元處中，所以偏養六氣、九德之本。由是第之：由，從也。第，次也。次，奇月也。二曰大蔟，正月曰大蔟，乾九二也，管長八寸。法云：九分之八。大蔟言陽氣大蔟，達於上也。所以金奏贊陽出滯也。贊，佐也。賈唐云：大蔟正聲爲商，故爲金奏，所以佐陽，發出滯伏也。《明堂月令》曰：正月，蟄蟲始震。三曰姑洗，所以修潔百物，考神納賓也。三月曰姑洗，乾九三也，管長七寸一分，律長七寸九分寸之一。姑，潔也。洗，濯也。考合也。言陽氣養生，洗濯枯穢，改柯易葉也，於正聲爲角。是月，百物修潔，故用之宗廟，合致神人用之享宴，可以納賓也。四曰蕤賓，所以安靖神人，獻酬交酢也。五月曰蕤賓，乾九四也，管長六寸三分，律長六寸八十一分寸之二十六。蕤委，蕤柔貌也。言陰氣爲主，委蕤於下，陽氣盛長於上，有似於賓主。故可用之宗廟，賓客以安靜，神人行酬酢也。酬，勸也。酢，報也。五曰夷則，所以詠歌九則，平民無貳也。七月曰夷則，乾九五也，管長五寸六分，律長五寸七百二十九分寸之四百五十一。夷，平也，則法也。言萬物既成，可法則也。故可以詠歌，九功之則，成民之志，使無疑貳也。六曰無射，所以宣布哲人之令德，示民軌儀也。九月曰無射，乾上九也，管長四寸九分，律長四寸六千五百六十一分寸之六千五百二十四。宣，偏也。軌，道也。儀，法也。九月，陽氣上升，陰氣收藏，萬物無射見者。故可以偏布前哲之令德，示民道法也。爲之六間，以揚沈伏，而黜散越也。六間，六呂在陽律之間。沈，滯也。黜，去也。越，揚也。呂陰，律所以侶。間陽，律成其功，發揚滯伏之氣，而去散越者也。伏則不宣，散則不和。陰陽、序次、風雨時至，所以生物也。元間大呂，助宣物也。十二月曰大呂，坤六四也，管長八寸八分。法云：三分之二四寸二百四十三分寸之五十二，倍之爲八寸分寸之一百四，下生律。元，一也。陰繫於陽，以黃鐘爲主。故曰：元間以陽爲首，不名其初，臣歸功於上之義也。大呂，助陽宣散物也。天氣始於黃鐘萌，而赤地受之於大呂牙而白，成黃鐘之功也。二間夾鐘，出四隙之細也。二月曰夾鐘，坤六五也，管長七寸四分，律長三寸二千一百八十七分寸之一千六百三十一，倍之，爲七寸分寸之千七十五。隙，間也。夾鐘，助陽鍾聚也。細，微也。四隙，四時之間，氣微細者。春爲陽中，萬物始生，四時之微氣，皆始於春。春發而出之，三時奉而成之，故夾鐘出四時之微氣也。三間中呂，宣中氣也。四月曰中呂，坤上六也，管長六寸六分，律長三寸萬九千六百八十三分寸之六千四百八十七，倍之爲六寸分寸之萬二千九百七十四。陽氣起於中，至四月宣散於外。純乾用事，陰閉藏於內，所以助陽成功也，故曰「正月」。正月，正陽之月也。四間林鐘，和展百事，俾莫不任肅純恪也。六月曰林鐘，坤初六也，管長六寸，律長六寸。林，衆也，言萬物衆盛也。鍾，聚也，於正聲爲徵。展，審也。俾，使也。肅，速也。純，大也。恪，敬也。言時務和審，百事無有僞詐，使之莫不任其職事，速其功，大敬其職也。五間南呂，贊陽秀也。八月曰南呂，坤六二也，管長五寸三分，律長五寸三分寸之一。榮而不實曰「秀」。南，任也，陰任，陽事助成萬物也。贊，佐也。六間應鐘，均利器用，俾應復也。十月曰應鐘，坤六三也，管長四寸七分，律長四寸二十七分寸之二十。言陰應陽，用事萬物，鍾聚百嘉，具備時務。均利百官，器用程度。庶品使皆應其禮，復其常也。《月令》孟冬命工師效功陳祭器。案：程度無，或詐僞淫巧，以蕩上心，必功致爲上。律呂不易，無姦物也。律、呂不變易，其常各順其時，則神無姦行，物無害生。細鈞有鐘無鎛，昭其大也。細，細聲，謂角、徵、羽也。鈞，調也。鐘，大鐘。鎛，小鐘也。昭，明也。有鐘無鎛，爲兩細不相和，故以鐘爲節。節明其大者，以大平細。大鈞有鎛無鐘，大，謂宮、商也。舉宮商，而但有鎛無鐘，爲兩大不相和。故去鐘而用鎛，以小平大。甚大無鎛，鳴其細也。甚大，謂同尙大聲也。則又去鎛，獨鳴其細。細，謂絲竹革木。大昭小鳴，龢之道也。大聲昭，小聲鳴，和平之道。龢平則久，久，可久樂也。久固則純，固，安也。可久則安，安則純也。孔子曰：從之純如也。純明則終，終，成也。《書》曰：「簫韶九成」。終復則樂，終復，終則復奏故樂。所以成政也，言政象樂也。故先王貴之。」貴其和平，可以移風易俗。王曰：「七律者何？」周有七音，王問七音之律。意謂七律，爲音器。用黃鐘爲宮，大蔟爲商，姑洗爲角，林鐘爲徵，南呂爲羽，應鐘爲變宮，蕤賓爲變徵。對曰：「昔武王代殷，歲在鶉火，歲，歲星也。鶉火，次名，周分野也。從柳九度至張十七度，爲鶉火。謂武王始發師東行，時殷之十一月二十八日，戊子於夏爲十月。是時，歲星在張十三度。張，鶉火也。月在天駟，天駟，房星也。謂戊子日月宿房五度。日在析木之津，津，天漢也。析木，次名，從尾十度至斗十一度爲析木，其間爲漢。津謂戊子日日宿箕七度。辰在斗柄，辰，日月之會，斗柄，斗前也。謂戊子後三日得周正月辛卯朔，於殷爲十二月，夏爲十一月。是日，月合辰斗前一度。星在天黿。星，辰星也。天黿次名，一曰玄枵，從須女八度至危十五度，爲天黿。謂周正月辛卯朔二日壬辰，辰星始見。三日癸巳，武王發行，二十八日戊午，渡孟津，距戊子三十一日。二十九日己未晦，冬至辰星在須女，伏天黿之首。星與日辰之位，皆在北維。星，辰星。辰星在須女，日在析木之津，辰在斗柄，故皆在北維。北維，北方水位也。顓頊之所建也，帝嚳受之。建，立也。顓頊，帝嚳所代也。帝嚳，周之先祖，后稷所出也。《禮・祭法》曰：周人禘嚳而郊稷。顓頊水德之王，立於北方。帝嚳水德，故受之於水。今周亦木德，當受殷之水，猶帝嚳之受顓頊也。我姬氏出自天黿，姬氏，周姓。天黿，即玄枵，齊之分野也。周之皇妣王季之母大姜者，逢伯陵之後齊女也，故言出於天黿。《傳》曰：「有逢伯陵因之，蒲姑氏因之，而後太公因之。」又曰：「有星出於須女姜氏，任氏實守其地。」及析木者，有建星及牽牛焉，從斗一度至十一度，分屬析木、日辰所在也。建星在牽牛間，謂從辰。星所在須女、天黿之首，至析木之分，歷建星及牽牛，皆水宿，言得水類也。則我皇妣大姜之姪伯陵之後，逢公之所馮神也。皇，君也。生曰母，死曰妣。大姜，大王之妃，王季之母，姜女也。女子謂昆弟之子，男女皆曰姪。伯陵，大姜之祖，有逢伯陵也。逢公，伯陵之後，大姜之姪，殷之諸侯封於齊地。齊地屬天黿，故祀天黿，死而配食爲其神主，故云「馮」。馮，依也。言天黿乃皇妣家之所馮依，非但合於水，木相承而已。又我實出於水家，周道起於大王，故本於大姜。歲之所在，則我有周之分野也。歲星在鶉火。鶉火，周之分野，歲星所在，利以伐人。月之所在，辰馬農祥也。辰馬，謂房心星也。心星所在，大辰之次，爲天駟、駟馬也，故曰「辰馬」。言月在房，合於農祥也。祥，猶象也。房星晨正，而農事起，故謂之「農祥」。我太祖后稷之所經緯也。稷播百穀，故農祥，后稷之所經緯也。《晉語》曰：「辰以成善，后稷是相。」王欲合是五位三所而用之。王，武王也。五位，歲、月、日、星辰也，三所逢公所馮神，周分野所在，后稷所經緯也。自鶉及駟七列也。鶉，鶉火之分張，十三度。駟，天駟房五度，歲月之所在，從張至房，七列合七宿，謂張、翼、軫、角、亢、氐、房之位。南北之揆七同也，七，同合七律也。揆，度也。歲在鶉火午，辰星在天黿子。鶉火，周分野，天黿及辰水星，周所出，自午至子，其度七同也。凡神人以數合之，以聲昭之。凡，凡合神人之樂也。以數合之，謂取其七也，以聲昭之，用律調音也。數合聲龢，然後可同也。同，謂神人相應。故以七同其數，而以律龢其聲，於是乎有七律。七同其數，謂七列，七同，七律也。律和其聲，律有陰陽，正變之聲。王以二月癸亥夜陳，未畢而雨。二月，周二月四日癸亥至牧野之日，夜陳師，陳師未畢，而雨。雨，天地、神人叶同之應也。以夷則之，上宮畢之，夷，平也。則，法也。夷則，所以平民無貳也。上宮以夷則爲宮，聲夷則上宮也。故以畢陳。《周禮》大師執同律以聽軍聲，而詔吉凶，一曰陽氣在上，故曰「上宮」。當辰。辰在戌上，故長夷則之上宮，名之曰羽，長，謂先用之也。辰，時也，辰日月之會斗柄也。當初陳之時，周二月昏斗建丑，而斗柄在戌上，下臨其時，名其樂爲羽，羽翼其衆也。所以藩屛民則也。屛，蔽也。羽之義取能藩蔽民，使中法則也。王以黃鐘之下宮，布戎于牧之野，布戎，陳兵也。謂夜陳之晨且甲子昧爽，左杖黃鉞，右秉白旄，時也。黃鐘，所以宣養氣德，使皆自勉尙桓桓也。黃鐘在下，故曰「下宮」。故謂之厲，所以厲六師也。名此樂爲厲者，所以厲六軍之衆也。以大蔟之下宮，布令于商，昭顯文德，底紂之多辠，商紂都也。文，文王也。底，致也。既殺紂入商之都，發號施令，以昭明文王之德，致紂之多辠，大蔟所以贊陽出滯。蓋謂釋箕子之囚，散鹿臺之財，發巨橋之粟也。大蔟在下，故曰「下宮」。故謂之宣，所以宣三王之德也。三王：大王、王季，文王也。反及嬴內，以無射之上宮，布憲施舍於百姓，嬴內，地名。憲，法也。施，施惠。舍，舍辠也。無射所以宣布哲人之令德，示民軌儀，無射在上，故曰「上宮」。故謂之嬴亂，所以優柔容民也。」亂，治也。柔，安也。

韓嬰《韓詩外傳》卷八 子賤治單父，其民附。孔子曰：「告丘之所以治之者。」對曰：「不齊時發倉廩，振困窮，補不足。」孔子曰：「是小人附耳。未也。」對曰：「賞有能，招賢才，退不肖。」孔子曰：「是士附耳。未也。」對曰：「所父事者三人，所兄事者五人，所友者十有二人，所師者一人。」孔子曰：「所父事者三人，所兄事者五人，足以教弟矣。所友者十有二人，足以祛壅蔽矣。所師者一人，足以慮無失策，舉無敗功矣。惜乎！不齊爲之大，功乃與堯舜參矣。」詩曰：「愷悌君子，民之父母。」子賤其似之矣。度地圖居以立國，崇恩博利以懷衆，明好惡以立法度，率民稼力，學校庠序以立教，事老養孤以化民，升賢賞功以勸善，懲奸絀失以醜惡，講御習射以防患，禁奸止邪以除害，接賢連友以廣智，宗親族附以益強。詩曰：「愷悌君子。」

《漢書・劉向傳》［顔師古注］　當是時，禍亂輒應，弑君三十六，師古曰：「謂隱公四年衛州吁弑其君完；十一年羽父使賊弑公于寪氏；桓二年宋督弑其君與夷；七年曲沃伯誘晉小子侯殺之；十七年鄭高渠彌弑昭公；莊八年齊無知弑其君諸兒；十二年宋萬弑其君捷；十四年傅瑕弑其君鄭子；三十二年共仲使圉人犖賊子般；閔二年共仲使卜齮賊公于武闈；僖十年晉里克弑其君卓；二十四年晉弑懷公于高梁；文元年楚太子商臣弑其君頵；十四年齊公子商人弑其君舍；十六年宋人弑其君杵臼；十八年齊人弑其君商人；魯襄仲殺子惡；莒弑其君庶其；宣二年晉趙盾弑其君夷皋；四年鄭公子歸生弑其君夷；十年陳夏徵舒弑其君平國；成十八年晉弑其君州蒲；襄七年鄭子駟使賊夜弑僖公；二十五年齊崔杼弑其君光；二十六年衛寧喜弑其君剽；二十九年閽弑吳子餘祭；三十年蔡太子般弑其君固；三十一年莒人弑其君密州；昭元年楚公子圍問王疾，縊而弑之；十三年楚公子比弑其君虔于乾溪；十九年許太子止弑其君買；二十七年吳弑其君僚；定十三年薛弑其君比；哀四年盗殺蔡侯申；六年齊陳乞弑其君荼；十年齊人弑悼公：凡三十六。」亡國五十二，師古曰：「謂桓五年州公如曹；莊四年紀侯大去其國；十年齊師滅譚；十三年齊人滅遂；十四年楚子滅息；十六年楚滅鄧；閔元年晉滅耿，滅霍，滅魏；僖五年楚滅弦，晉滅虢，滅虞；十二年楚人滅黄；十七年楚滅項；十九年秦人取梁；二十五年衛侯毁滅邢；二十六年楚人滅夔；三十三年秦滅滑；文四年楚滅江；五年楚人滅六，滅蓼；十六年楚人、秦人、巴人滅庸；宣八年楚人滅舒蓼，九年取根牟；十二年楚子滅蕭；十五年晉師滅赤狄潞氏；成六年取鄟；十七年楚滅舒庸；襄六年莒人滅鄫，齊侯滅萊；十年諸侯滅偪陽；十三年取邿；二十五年楚滅舒鳩；昭四年楚子滅賴；十三年晉滅肥；十六年楚子取戎蠻氏；十七年晉滅陸渾戎；二十一年晉滅鼓；三十年吳滅徐；定四年蔡滅沈；五年楚滅唐；六年鄭滅許；十四年楚人滅頓；十五年楚子滅胡；哀八年宋公滅曹；又郝滅須句，楚滅權，晉滅焦、楊，楚滅道、房、申：凡五十二。」諸侯奔走，不得保其社稷者，不可勝數也。師古曰：「謂桓十五年鄭伯突出奔蔡，襄十四年衛侯出奔齊，昭三年北燕伯款出奔齊，二十三年莒子庚興來奔之類是也。」

又《佞幸傳》　是以季友鴆叔牙，《春秋》賢之；趙盾不討賊，謂之弑君。師古曰：「季友，魯桓公少子，莊公母弟也。叔牙亦桓公子。莊公有疾，叔牙欲立其同母兄慶父，故季友使鍼季鴆之。《公羊傳》曰：『季子殺兄何善爾？誅不得避兄弟，君臣之義也。』趙盾，晉大夫趙宣子也，靈公欲殺之。宣子將出奔，而趙穿攻靈公於桃園，宣子未出山而復。太史書曰：『趙盾弑其君。』宣子曰：『不然』。曰：『子爲正卿，亡不越境，反不討賊，非子而誰？』孔子曰：『董狐，古之良史也，書法不隱。趙宣子，古之良大夫也，爲法受惡。』」

王逸《楚辭章句》卷三《天問》　焉有石林？何獸能言？言天下何所有石木之林，林中有獸能言語者乎？《禮記》曰：猩猩能言，不離禽獸也。焉有虬龍，負熊以遊？雄虺九首，儵忽焉在？何所不死？長人何守？《括地象》曰：有不死之國。長人，長狄。《春秋》云：防風氏也。禹會諸侯，防風氏後至，於是使守封禺之山也。

又　妖夫曳衒，何號于市？妖，怪也。號，呼也。昔周幽王前世有童謡曰：檿弧箕服，實亡周國。後有夫婦賣是器，以爲妖怪，執而曳戮之於市也。周幽誰誅，焉得夫褒姒？褒姒，周幽王后也。昔夏后氏之衰也，有二神龍止於夏庭而言曰：余，褒之二君也。夏后布幣請而告之，龍下而漦在，櫝而藏之。夏亡傳殷，殷亡傳周，比三代莫敢發也。至厲王之末，發而觀之，漦流於庭，化爲玄黿，入王後宫。後宫處妾遇之而孕，無夫而生子，懼而棄之。時被戮夫婦夜亡，道聞後宫處妾所棄女啼聲，哀而收之，遂奔褒。褒人後有罪，幽王欲誅之，褒人乃入此女以贖罪，是爲褒姒。用以爲后，惑而愛之，遂爲犬戎所殺也。

曹操等《十家注孫子・謀攻篇》　故上兵伐謀，曹操曰：敵始有謀，伐之易也。李筌曰：伐其始謀也。後漢寇恂圍高峻，峻遣謀臣皇甫文謁恂，辭禮不屈。恂斬之，報峻曰：「軍師無禮，已斬之。欲降急降；不欲，固守！」峻即日開壁而降。諸將曰：「敢問殺其使而降其城，何也？」恂曰：「皇甫文，峻之心腹，其取謀者。留之則文得其計，殺之則峻亡其膽，所謂上兵伐謀。」諸將曰：「非所知也。」杜牧曰：晉平公欲攻齊，使范昭往觀之，景公觴之。酒酣，范昭請君之罇酌。公曰：「寡人之罇進客。」范昭已飲，晏子徹罇更爲酌。范昭佯醉，不悦而起舞，謂太師曰：「能爲我奏成周之樂乎？吾爲舞之。」太師曰：「瞑臣不習。」范昭趨出。景公曰：「晉，大國也，來觀吾政。今子怒大國之使者，將奈何？」晏子曰：「觀范昭非陋於禮者；且欲慚於國，臣故不從也。」太師曰：「夫成周之樂，天子之樂也，惟人主舞之；今范昭人臣，而欲舞天子樂，臣故不爲也。」范昭歸報晉平公曰：「齊未可伐。臣欲辱其君，晏子知之；臣欲犯其禮，太師識之。」仲尼曰：「不越罇俎之間，而折衝千里之外，晏子之謂也。」春秋時，秦伐晉，晉將趙盾禦之。上軍佐臾駢曰：「秦不能久，請深壘固軍以待之。」秦人欲戰，秦伯謂士會曰：「若何而戰？」對曰：「趙氏新出其屬曰臾駢，必實爲此謀，將以老我師也。趙有側室曰穿，晉君之壻也，有寵而弱，不在軍事，好勇而狂，且惡臾駢之佐上軍。若使輕者肆焉其可。」秦軍掩晉上軍，趙穿追之不及，返，怒曰：「裹糧坐甲，固敵是求，敵至不擊，將何俟焉！」軍吏曰：「將有待也。」穿曰：「我不知謀，將獨出！」乃以其屬出。趙盾曰：「秦獲穿也，獲一卿矣；秦以勝歸，我何以報？」乃皆出戰，交綏而退。夫晏子之對，是敵人將謀伐我，我先伐其謀，故敵人不得而伐我。士會之對，是我將謀伐敵，敵人有謀拒我，乃伐其謀，敵人不得與我戰。斯二者，皆伐謀也。故敵欲謀我，伐其未形之謀；我若伐敵，敗其已成之計，固非止於一也。孟氏曰：九攻九拒，是其謀也。杜佑曰：敵方設謀欲舉衆，師伐而抑之，是其上。故太公云，「善除患者，理於未生；善勝敵者，勝於無形」也。梅堯臣曰：以智勝。王晳曰：以智謀屈人最爲上。何氏曰：敵始謀攻我，我先攻之，易也。揣知敵人謀之趣向，因而加兵，攻其彼心之發也。張預曰：敵始發謀我，從而攻之，彼必喪計而屈服，若晏子之沮范昭是也。或曰：伐謀者，用謀以伐人也，言以奇策秘算，取勝於不戰，兵之上也。

李軌《揚子法言注》卷一〇《重黎》

或問：茅焦歷井幹之死，使始皇奉虛左之乘。始皇以嫪毒事，幽母咸陽宮，諫者輒殺於井幹闕下。茅焦歷井幹之死而諫，始皇即駕輿執轡虛左親迎其母。蔡生欲安項咸陽，不能移，又亨之，其者未辯與？項羽欲東還下邳，蔡生說使都咸陽，既不能移，又爲所亨。案《漢書》云韓生，揚子云蔡生，未詳韓、蔡孰爲是。曰：生捨其木侯而謂人木侯，亨不亦宜乎？語在《漢書》。焦逆訐而順守之，雖辯，劘虎牙矣。逆意而諫，順義而守，可謂辯說矣。然劘近虎牙，言其殆也。或問：甘羅之悟呂不韋，張辟強之覺平、勃，皆以十二齡，戊、良乎？甘羅，戊之孫也，以張唐之相燕割趙事發悟呂不韋也。辟強，張良之子也，以孝惠崩呂太后哭不哀事覺悟陳平、周勃也。言此之時各年十二，欲知自出其意，爲復戊、良教之乎？曰：才也。戊、良不必父祖。天才自然發其神心，無假其父祖也。或問：酈食其說陳留，下敖倉，說齊罷歷下軍，何辯也！韓信襲齊，以身脂鼎，何訥也？曰：夫辯也者，自辯也；如辯人，幾矣。幾，危也。小有才，未聞君子之大道也，斯足以殺其軀而已，非長生久視之道。或問：蒯通抵韓信，不能下，又狂之。蒯通說韓信，令左漢右楚，鼎足而立。不能下之，佯狂棄走。曰：方遭信閉，如其抵。信盡忠高祖，若門戶之閉，無有巇隙也。曰：巇可抵乎？曰：賢者司禮，小人司巇，況拊鍵乎！或問：李斯盡忠，胡亥極刑，忠乎？曰：斯以留客，秦嘗欲逐諸侯之客，斯上書以爲不可，秦聽之，是一事忠也。至作相，用狂人之言，從浮大海，立趙高之邪說，廢沙丘之正，阿意督責，焉用忠？始皇信妖言，東浮滄海，斯爲宰相，不能諫止而從行。及始皇崩於沙丘，斯納趙高之計，矯廢扶蘇而立胡亥。胡亥既立，縱暴，斯諫之而見怒，恐誅，作督責之書，以阿二世之意，此諸事皆非忠直也。霍？漢大將軍霍光。曰：始六之詔，擁少帝之微，摧燕、上官之鋒，處廢興之分，堂堂乎忠，難矣哉；至顯，不終矣。顯，光之夫人名也。毒殺許皇后，後光心知之而不討賊。或問：馮唐面文帝，得廉頗、李牧不能用也。諒乎？曰：彼將有激也。親屈帝尊，信亞夫之軍，至頗、牧，曷不用哉？馮唐所知魏尚者爲雲中守，擊匈奴，有坐，欲諫之，故激文帝耳，非平談也。德？用士則聞之矣，於德又何如？曰：罪不孥，止罪其身，不收入妻孥。宮不女，出宮人嫁之，令無怨曠。館不新，仍舊制也。陵不墳，葬於霸陽，因山不起墳。或問交。曰：仁。問：餘、耳？陳餘、張耳。曰：光初。有始無終。竇、灌？曰：凶終。竇嬰、灌夫，甚相親友，不勝相助，犯觸田蚡，並皆罹禍。或問信。曰：不食其言。食，僞。請人？曰：晉荀息，趙程嬰、公孫杵臼。秦大夫鑿穆公之側。此章全論不食言之德。問義。既聞諸賢之信，又問於義誰得。曰：事得其宜之謂義。義者，得死生之宜也，不得死生之宜者，非義也。若程嬰、杵臼，兼乎信義也。秦晉大夫可謂重食言之信，蹈義則未也。或問：季布忍焉，可爲也？季布爲項羽將，嘗困高祖。高祖既立，購之千金。困迫，乃爲奴賣與魯朱家。曰：能者爲之，明哲不爲也。言能忍辱貪生者乃爲之。或曰：當布之急，雖明哲，如之何？曰：明哲不終項仕。如終項仕，焉攸避？苟患失之，無所不至。或問賢。曰：爲人所不能。請人？曰：顏淵、黔婁、四皓、韋玄。顏淵簞瓢不改其操；黔婁守正不邪，死而益彰；四皓白首，高尚其事；韋玄漢丞相賢之少子也，賢薨，玄當襲封，被髮佯狂，欲以讓兄。或曰，擬人必於其倫，顏子至賢，其殆庶幾，黔婁、四皓既非其儔，況以韋玄，不亦甚哉！釋曰：顏淵之賢，備體之賢；韋玄之賢，一至之賢。王莽篡天下而韋玄讓，一家於是乎賢耳。亦猶論德行稱顏淵、閔子騫、冉伯牛、仲弓，凡此數子，豈必皆與顏淵俱盡至賢之道哉。問長者。曰：藺相如申秦而屈廉頗，欒布之不塗，朱家之不德，直不疑之不校，韓安國之通使。相如申理於秦王，屈意於廉頗，義在《史記》。欒布爲梁大夫，奉使行。高祖誅梁王彭越，布使還，報命首下，哭而祠斂之也。朱家以季布有阨，見滕公，得解其急也，而不使布知，又終身不復見布。直不疑常爲郎，三人同室，一人有金，一人急歸，誤持金去，主意不疑，不疑買金償之。其後歸者持金還，乃明之。又人謗其淫嫂，而乃無兄，亦不自明也。韓安國，梁孝王內史。時景帝疑梁王，梁王大懼，安國稱病去官，陰往長安，因長公主以解王事。或問臣自得。曰：石太僕之對，金將軍之謹，張衛將軍之慎，丙大夫之不伐善。丞相石慶嘗爲太僕，時御，上問輿中馬幾匹？太僕以策數之畢，對曰：六匹。金將軍名日磾，爲人謹慎，目不忤視數十年。張衛將軍名安世，爲人周密重慎。丞相丙吉，宜帝少時以巫蠱事嘗在獄中，吉常救護。又養視有恩紀，而終不言。官至御史大夫，乳母述之，然後乃知，封博陽侯。請問臣自失？曰：李貳師之執貳，田祁連之濫帥，韓馮翊之愬蕭，趙京兆之犯魏。貳師將軍李廣利，說劉屈氂立昌邑王爲太子，二心不端，武帝疑之，遂降匈奴。祁連將軍田廣明，爲宜帝擊匈奴，不到，質淫婦人也。韓馮翊名延壽，愬御史大夫蕭望之與廩犧爲姦而焚其廩也。趙京兆名廣漢，疑魏丞相夫人殺傅婢，圍捕之，而皆無實，反獲其罪也。或問持滿。曰：扼。扼，攲器，在魯桓公廟者，欲人推心當如此器戒之。揚王孫倮葬以矯世。悼厚葬也。事見《漢書》。曰：矯世以禮，倮乎？如矯世，則葛溝尚矣。古者未知葬送之禮，死則裹之以葛，投諸溝壑。若王孫之矯世，此事復尚爲之矣。言不可行也。孝子仁人，必有道以掩其親；賢人君子，必率禮以正其俗也。或問《周官》。曰：立事。《左氏》？曰：品藻。太史遷？曰實錄。不虛美，不隱惡。

《三國志・魏書・武帝紀》［裴松之注］ 十五年春，下令曰：「自古受命及中興之君，曷嘗不得賢人君子與之共治天下者乎！及其得賢也，曾不出閭巷，豈幸相遇哉？上之人不求之耳。今天下尚未定，此特求賢之急時也。『孟公綽爲趙、魏老則優，不可以爲滕、薛大夫』。若必廉士而後可用，則齊桓其何以霸世！今天下得無有被褐懷玉而釣于渭濱者乎？又得無盜嫂受金而未遇無知者乎？二三子其佐我明揚仄陋，唯才是舉，吾得而用之。」冬，作銅雀臺。裴松之注引《魏武故事》載公十二月己亥令曰：「孤始舉孝廉，年少，自以本非巖穴知名之士，恐爲海內人之所見凡愚，欲爲一郡守，好作政教，以建立名譽，使世士明知之；故在濟南，始除殘去穢，平心選舉，違迕諸常侍。以爲強豪所忿，恐致家禍，故以病還。去官之後，年紀尚少，顧視同歲中，年有五十，未名爲老，內自圖之，從此卻去二十年，待天下清，乃與同歲中始舉者等耳。故以四時歸鄉里，於譙東五十里築精舍，欲秋夏讀書，冬春射獵，求底下之地，欲以泥水自蔽，絕賓客往來之望，然不能得如意。後徵爲都尉，遷典軍校尉，意遂更欲爲國家討賊立功，欲望封侯作征西將軍，然後題墓道言『漢故征西將軍曹侯之墓』，此其志也。而遭值董卓之難，興舉義兵。是時合兵能多得耳，然常自損，不欲多之；所以然者，多兵意盛，與強敵爭，倘更爲禍始。故汴水之戰數千，後還到揚州更募，亦復不過三千人，此其本志有限也。後領兗州，破降黃巾三十萬衆。又袁術僭號于九江，下皆稱臣，名門曰建號門，衣被皆爲天子之制，兩婦預爭爲皇后。志計已定，人有勸術使遂即帝位，露布天下，答言『曹公尚在，未可也』。後孤討禽其四將，獲其人衆，遂使術窮亡解沮，發病而死。及至袁紹據河北，兵勢強盛，孤自度勢，實不敵之，但計投死爲國，以義滅身，足垂於後。幸而破紹，梟其二子。又劉表自以爲宗室，包藏姦心，乍前乍卻，以觀世事，據有當州，孤復定之，遂平天下。身爲宰相，人臣之貴已極，意望已過矣。今孤言此，若爲自大，欲人言盡，故無諱耳。設使國家無有孤，不知當幾人稱帝，幾人稱王。或者人見孤強盛，又性不信天命之事，恐私心相評，言有不遜之志，妄相忖度，每用耿耿。齊桓、晉文所以垂稱至今日者，以其兵勢廣大，猶能奉事周室也。《論語》云『三分天下有其二，以服事殷，周之德可謂至德矣』，夫能以大事小也。昔樂毅走趙，趙王欲與之圖燕，樂毅伏而垂泣，對曰：『臣事昭王，猶事大王；臣若獲戾，放在他國，沒世然後已，不忍謀趙之徒隸，況燕後嗣乎！』胡亥之殺蒙恬也，恬曰：『自吾先人及至子孫，積信於秦三世矣；今臣將兵三十餘萬，其勢足以背叛，然自知必死而守義者，不敢辱先人之教以忘先王也。』孤每讀此二人書，未嘗不愴然流涕也。孤祖父以至孤身，皆當親重之任，可謂見信者矣，以及（子植）［子桓］兄弟，過于三世矣。孤非徒對諸君說此也，常以語妻妾，皆令深知此意。孤謂之言：『顧我萬年之後，汝曹皆當出嫁，欲令傳道我心，使他人皆知之。』孤此言皆肝鬲之要也。所以勤勤懇懇敘心腹者，見周公有《金縢》之書以自明，恐人不信之故。然欲孤便爾委捐所典兵衆以還執事，歸就武平侯國，實不可也。何者？誠恐已離兵爲人所禍也。既爲子孫計，又已敗則國家傾危，是以不得慕虛名而處實禍，此所不得爲也。前朝恩封三子爲侯，固辭不受，今更欲受之，非欲復以爲榮，欲以爲外援，爲萬安計。孤聞介推之避晉封，申胥之逃楚賞，未嘗不舍書而嘆，有以自省也。奉國威靈，仗鉞征伐，推弱以克強，處小而禽大，意之所圖，動無違事，心之所慮，何向不濟，遂蕩平天下，不辱主命，可謂天助漢室，非人力也。然封兼四縣，食戶三萬，何德堪之！江湖未靜，不可讓位；至于邑土，可得而辭。今上還陽夏、柘、苦三縣戶二萬，但食武平萬戶，且以分損謗議，少減孤之責也。」

又《荀彧傳》 前討徐州，威罰實行，裴松之注引《曹瞞傳》云：自京師遭董卓之亂，人民流移東出，多依彭城間。遇太祖至，坑殺男女數萬口於泗水，水爲不流。陶謙帥其衆軍武原，太祖不得進。引軍從泗南攻取慮、睢陵、夏丘諸縣，皆屠之，雞犬亦盡，墟邑無復行人。其子弟念父兄之耻，必人自爲守，無降心，就能破之，尚不可有也。

《後漢書・獻帝紀》［李賢注］ 魏青龍二年三月庚寅，山陽公薨。自遜位至薨，十有四年，年五十四，謚孝獻皇帝。八月壬申，以漢天子禮儀葬于禪陵，置園邑令丞。《續漢書》曰：「天子葬，太僕駕四輪輈爲賓車，大練爲屋幕。中黄門、虎賁各二十人執紼。司空擇土造穿，太史卜日，將作作黄腸題湊、便房，如禮。大駕，大僕御。方相氏黄金四目，蒙熊皮，玄衣朱裳，執戈揚楯，立乘四馬先驅。旗長三刃，十有二旒曳地，畫日、月、升龍。書旐曰『天子之柩』。謁者二人，立乘六馬爲次。太常跪曰哭，十五舉音，止哭。晝漏上水，請發。司徒、河南尹先引車轉，太常曰請拜送。車著白絲三糾，紼長三十丈，圍七寸，六行，行五十人。公卿已下子弟凡三百人，皆素幘，委貌冠，衣素裳，挽。校尉三人，皆赤幘，不冠，持幢幡，皆銜枚。羽林孤兒、巴俞櫂歌者六十人，爲六列。司馬八人，執鐸。至陵南羨門，司徒跪請就下房，都導東園武士奉入房，執事下明器，太祝進醴獻。司空將校復土。」櫂音徒了反。《帝王紀》曰：「禪陵在濁鹿城西北十里，在今懷州修武縣北二十五里。陵高二丈，周回二百步。」劉澄之《地記》云：「以漢禪魏，故以名焉。」

又《靈帝紀》 ［中平五年］八月，初置西園八校尉。樂資《山陽公載記》曰：「小黄門蹇碩爲上軍校尉，虎賁中郎將袁紹爲中軍校尉，屯騎校尉鮑鴻爲下軍校尉，議郎曹操爲典軍校尉，趙融爲助軍左校尉，馮芳爲助軍右校尉，諫議大夫夏牟爲左校尉，淳于瓊爲右校尉：凡八校尉，皆統於蹇碩。」

又《禮儀志中》［劉昭注］ 拜諸侯王公之儀：百官會，位定，謁者引光祿勳前。謁者引當拜者前，當坐伏殿下。光祿勳前，一拜，舉手曰：「制詔其以某爲某。」讀策書畢，謁者稱臣某再拜。尚書郎以璽印綬付侍御史。侍御史前，東面立，授璽印綬。王公再拜頓首三。贊謁者曰：「某王臣某新封，某公某初除，謝。」中謁者報謹謝。贊者立曰：「皇帝爲公興。」重坐，受策者拜謝，起就位。供賜禮畢，罷。劉昭注：漢立皇后，國禮之大，而志無其儀，良未可了。案蔡質所記立宋皇后儀，今取以備闕。云：「尚書令臣囂、僕射臣鼎、尚書臣旭、臣乘、臣滂、臣謨、臣詣稽首言：『伏惟陛下履乾則坤，動合陰陽。群臣大小咸以長秋宮未定，遵舊依典，章表仍聞，歷時乃聽。令月吉日，以宋貴人爲皇后，應期正位，群生兆庶莫不式舞。《易》稱「受兹介祉」，《詩》云「干祿百福，子孫千億」，萬方幸甚。今吉日以定，臣請太傅、太尉、司徒、司空、太常條列禮儀正處上，群臣妾無得上壽，如故事。臣囂、臣鼎、臣旭、臣乘、臣滂、臣謨、臣詣愚闇不達大義，誠惶誠恐，頓首死罪，稽首再拜以聞。』制曰：『可。』維建寧四年七月乙未，制詔：『皇后之尊，與帝齊體，供奉天地，祇承宗廟，母臨天下。故有莘興殷，姜任母周，二代之隆，蓋有內德。長秋宮闕，中宮曠位，宋貴人（乘）［秉］淑媛之懿，體河山之儀，威容昭曜，德冠後庭。群寮所咨，（人）［僉］曰宜哉。卜之蓍龜，卦得承乾。有司奏議，宜稱紱組，以（臨）［母］兆民。今使太尉襲使持節奉璽綬，宗正祖爲副，立貴人爲皇后。后其往爾位，敬宗禮典，肅慎中饋，無替朕命，永終天祿。』皇后初即位章德殿，太尉使持節奉璽綬，天子臨軒，百官陪位。皇后北面，太尉住蓋下，東向，宗正、大長秋西向。宗正讀策文畢，皇后拜，稱臣妾，畢，住位。太尉襲授璽綬，中常侍長（樂）［秋］太僕高鄉侯覽長跪受璽綬，奏於殿前，女史授婕妤，婕妤長跪受，以授昭儀，昭儀受，長跪以帶皇后。皇后伏，起拜，稱臣妾。訖，黄門鼓吹三通。鳴鼓畢，群臣以次出。后即位，大赦天下。皇后秩比國王，即位威儀，赤紱玉璽。」

劉義慶《世説新語》卷上之上《德行》［劉孝標注］ 晉文王稱：阮嗣宗至慎，每與之言，言皆玄遠，未嘗臧否人物。《魏書》曰：「文王諱昭，字子上，宣帝第二子也。」《魏氏春秋》曰：「阮籍，字嗣宗，陳留尉氏人，阮瑀子也。宏達不羈，不拘禮俗。兗州刺史王昶請與相見，終日不得與言。昶愧嘆之，自以不能測也。口不論事，自然高邁。」《李康家誡》曰：「昔嘗侍坐於先帝，時有三長史俱見，臨辭出，上曰：『爲官長當清、當慎、當勤。修此三者，何患不治乎！』并受詔，上顧謂吾等曰：『必不得已而去於斯三者，何先？』或對曰：『清固爲本。』復問吾，吾對曰：『清慎之道，相須而成，必不得已，慎乃爲大』。上曰：『辦言得之矣。可舉近世能慎者，誰乎？』吾乃舉故太尉荀景倩、尚書董仲達、僕射王公仲。上曰：『此諸人者，溫恭朝夕，執事有恪，亦各其慎也。然天下之至慎者，其唯阮嗣宗乎！每與之言，言及玄遠，而未嘗評論時事，臧否人物，可謂至慎乎』？」

又卷中之上《方正》 魏文帝受禪，陳羣有慼容。帝問曰：「朕應天受命，卿何以不樂？」羣曰：「臣與華歆服膺先朝，今雖欣聖化，猶義形於色。」華嶠《譜叙》曰：魏受禪，朝臣三公以下並受爵位。華歆以形色忤時，徙爲司空，不進爵。文帝久不懌，以問尚書令陳羣曰：「我應天受命，百辟莫不説喜，形於聲色，而相國及公獨有不怡者，何邪？」羣起離席長跪曰：「臣與相國曾事漢朝，心雖説喜，義干其色，亦懼陛下實應見憎。」帝大説，歎息良久，遂重異之。郭淮作關中都督，甚得民情，亦屢有戰庸。《魏志》曰：淮字伯濟，太原陽曲人。建安中，除平原府丞。黄初元年，奉使賀文帝踐阼，而稽留不及。羣臣歡會，帝正色責之曰：「昔禹會諸侯於塗山，防風氏後至，便行大戮。今溥天同慶，而卿最留遲，何也？」淮曰：「臣聞五帝先教，導民以德，夏后政衰，始用刑辟。今臣遭唐、虞之世，是以知免防風氏之誅。」帝説之，擢爲雍州刺史，遷征西將軍。淮在關中三十餘年，功績顯著，遷儀同三司，贈大將軍。淮妻，太尉王凌之妹，坐凌事，當并誅，《魏略》曰：凌字彦雲，太原祁人。歷司空、太尉、征東將軍。密欲立楚王彪，司馬宣王自討之，凌自縛歸罪，遙謂太傅曰：「卿直以折簡召我，我當不至邪！」太傅曰：「以卿非肯逐折簡者也。」遂使人送至西。凌自知罪重，試索棺釘以觀太傅意，太傅給之。凌行至項城，夜呼椽屬與決曰：「行年八十，身名俱滅，命邪？」遂自殺。使者徵攝甚急。淮使戒裝，克日當發。州府文武及百姓勸淮舉兵，淮不許。至期遣妻，百姓號泣追呼者數萬人。行數十里，淮乃命左右追夫人還，於是文武奔馳，如徇身首之急。既至，淮與宣帝書曰：「五子哀戀，思念其母。其母既亡，則無五子；五子若殞，亦復無淮。」宣帝乃表特原淮妻。《世語》曰：淮妻當從坐，侍御史往收，督將及羌胡渠帥數千人叩頭請淮上表留妻，淮不從。妻上道，莫不流涕，人人扼腕，欲劫留之。淮五子叩頭流血請淮，淮不忍視，乃命追之。於是，數千騎往追還。淮以書白司馬宣王曰：「五子哀母，不惜其身。若無其母，是無五子；五子若亡，亦無淮也。今輒追還，若於法未通，當受罪於主者。」書至，宣王乃表原之。諸葛亮之次渭濱，關中震動。《蜀志》曰：亮字孔明，琅邪陽都人。客於荊州，躬耕隴畝，好爲《梁甫吟》。長八尺，每自比管仲、樂毅，時人莫之許也，唯博陵崔州平、潁川徐元直謂爲信然。先主屯新野，徐庶見先主曰：「諸葛孔明，卧龍也。將軍豈願見之乎？」先主曰：「君與俱來。」庶曰：「此人可就見，不可屈致也。」先主遂詣亮，謂關羽、張飛曰：「孤之有孔明，猶魚之有水也。」累遷丞相、益州牧。率衆北征，卒於渭南。魏明帝深懼晉宣王戰，乃遣辛毗爲軍司馬。《魏志》曰：毗字佐治，潁川陽翟人。累遷衛尉。宣王既與亮對渭而陳，亮設誘譎萬方，宣王果大忿，將欲應之以重兵。亮遣間諜覘之，還曰：「有一老夫，毅然仗黃鉞，當軍門立，軍不得出。」亮曰：「此必辛佐治也。」《晉陽秋》曰：諸葛亮寇于郿，據渭水南原，詔使高祖拒之。亮善撫御，又戎政嚴明，且僑軍遠征，糧運艱澀，利在野戰。朝廷每聞其出，欲以不戰屈之，高祖亦以爲然。而擁大軍禦侮於外，不宜遠露怯弱之形，以虧大勢，故秣馬坐甲，每見吞併之威。亮雖挑戰，或遺高祖巾幗，巾幗，婦女之飾，欲以激怒，冀獲曹咎之利。朝廷慮高祖不勝忿憤，而衛尉辛毗骨鯁之臣，帝乃使毗仗節爲高祖軍司馬。亮果復挑戰，高祖乃奮怒，將出應之。毗仗節中門而立，高祖乃止。將士聞見者，益加勇鋭。識者以人臣雖擁衆千萬，而屈於王人。大略深長，皆如此之類也。夏侯玄既被桎梏，《魏氏春秋》曰：玄字太初，譙國人，夏侯尚之子，大將軍前妻兄也。風格高朗，弘辯博暢。正始中，護軍曹爽誅，徵爲太常。內知不免，不交人事，不畜筆研。及太傅薨，許允謂玄曰：「子無復憂矣。」玄歎曰：「士宗，卿何不見事乎？此人尤能以通家年少遇我，子元、子上不吾容也。」後中書令李豐惡大將軍執政，遂謀以玄代之。大將軍聞其謀，誅豐，收玄送廷尉。干寶《晉紀》曰：初，豐之謀也，使告玄，玄荅曰：「宜詳之爾！」不以聞也，故及於難。時鍾毓爲廷尉，鍾會先不與玄相知，因便狎之。玄曰：「雖復刑餘之人，未敢聞命。」《世語》曰：玄至廷尉，不肯下辭。廷尉鍾毓自臨履玄，玄正色曰：「吾當何辭，爲今史責人邪？卿便爲吾作」。毓以玄名士，節高不可屈。而獄當竟，夜爲作辭，令與事相附，流涕以示玄，玄視之曰：「不當若是邪！」鍾會年少於玄，玄不與交。是日，於毓坐狎玄，玄正色曰：「鍾君何得如是！」《名士傳》曰：初，玄以鍾毓志趣不同，不與之交。玄被收時，毓爲廷尉，執玄手曰：「太初何至於此？」玄正色曰：「雖復刑餘之人，不可得交。」按郭頒，西晉人，時世相近，爲《晉魏世語》，事多詳覈。孫盛之徒，皆采以著書，並云「玄距鍾會」。而袁宏《名士傳》最後出，不依前史，以爲鍾毓，可謂謬矣。考掠初無一言，臨刑東市，顏色不異。《魏志》曰：玄格量弘濟，臨斬，顏色不異，舉止自若。夏侯泰初與廣陵陳本善，本與玄在本母前宴飲，《世語》曰：本字休元，臨淮東陽人。《魏志》曰：本，廣陵東陽人。父矯，司徒。本歷郡守、廷尉，所在操綱領，舉大體，能使羣下自盡，有率御之才；不親小事，不讀法律，而得廷尉之稱。遷鎮北將軍。本弟騫《晉陽秋》曰：騫字休淵，司徒弟二子。無謇諤風，滑稽而多智謀。仕至大司馬。行還，徑入至堂戶。泰初因起曰：「可得同，不可得而雜。」《名士傳》曰：玄以鄉黨貴齒，本不論德位，年長者必爲拜。與陳本母前飲，騫來而出，其可得同不可得而雜者也。

江淹《江文通集》卷一《青苔賦》［胡子驤注］

遊梁之客，徒馬疲而不能去。《漢書》曰：司馬相如以賦爲郎，事景帝，爲武騎常侍，非其好也。會景帝不好詞賦。是時，梁孝王來朝，從游説之士齊人鄒陽、淮陽枚乘、吳嚴忌夫子之徒。相如見而悅之，因病免，客遊梁，得與諸侯遊士居，居數歲，乃著《子虛賦》。兔園之女，雖蠶飢而不自禁。《西京雜記》曰：梁孝王好營宮室苑囿之樂，作曜華之宮，築兔園。園中有百靈山，山有膚寸石、落猿巖、棲龍岫。又有鴈池，池間有鶴洲、鳧渚。其諸宮觀相連，延亘數十里，奇果異樹，瑰禽怪獸畢備。王日與宮人賓客弋釣其中。又枚乘《兔園賦》曰：若夫採桑之婦，連袖方路。

又《水上神女賦》

遂乃紅脣寫朱，眞眉學月。宋玉《神女賦》曰：眉聯娟以蛾揚兮，朱脣的其若丹。美目艷起，《左傳》曰：宋孔父嘉之妻美，宋華父督見之於路，目逆而送之，曰：「美而艷。」秀色爛發。陸機《艷歌行》曰：秀色若可飡。窈窕暫見，《毛詩》曰：窈窕淑女。偃蹇還沒。《楚辭》曰：望瑤臺之偃蹇兮，見有娀之佚女。偃蹇，高貌。冶異絕俗，奇麗不常。青琴羞艷，司馬《上林賦》曰：若夫青琴，宓妃之徒。絕殊離俗，妖冶嫺都，靚粧刻飾。伏儼注曰：青琴，古神女也。素女慙光。《吳都賦》曰：婿婿素女。王子年《拾遺記》曰：黃帝使素女鼓庖犧之瑟，滿座悲不能已。後破爲二十五絃。笑李后于漢主，《漢書》曰：李延年善歌，侍武帝，謌曰：

「北方有佳人，絶世而獨立。一顧傾人城，再顧傾人國。寧不知傾城國，佳人難再得？」上嘆曰：「善！豈有此人乎？」平陽主因言延年有女弟，上乃召見之，實妙麗善舞，以爲夫人。耻西施於越王。《寰宇記》曰：勾踐索美人獻吳王，得諸暨賣薪女鄭旦西施。先習禮於上城，以進吳。吳王許之，爲姑蘇之臺，三年乃成，周旋詰曲，横亘五里。别立春宵宮，爲長夜飲，造千石酒。作天池，池中作青龍舟，舟盛陳伎樂，日與西施爲水嬉。宮中作海靈館，館娃閣，銅溝玉檻，宮之楹檻，皆珠玉飾。神飆覆而愉悅，志離合而感傷。女遂俯整玉軑，仰肅金鑣。或採丹葉，或拾翠條。《洛神賦》曰：或採明珠，或拾翠羽。守明璣而爲誓，解琅玕而相要。曹子建《美女篇》曰：腰佩翠琅玕。情乍合而還散，色半親而復嬌。聳軿車於水際，軿車，婦人車，以其屏蔽也。《西京雜記》曰：趙飛燕自以無子，常託以祈禱，别開一室，自左右侍婢以外，莫得至者，上亦不得至焉。以軿車載輕薄少年爲女子服入後宮者，日以十數，與之淫通。無時休息，有疲怠者，輒差代之。而終無子。停雲霓於山椒。《楚辭》曰：青雲衣兮白霓裳。漢武《思李夫人賦》曰：釋輿馬兮山椒。椒，山頂也。

鄺道元《水經注》卷六《汾水》 汾水出太原汾陽縣北管涔山，《山海經》曰：北次二經之首，在河之東，其首枕汾，曰管涔之山，其上無木，而下多玉，汾水出焉，西流注于河。《十三州志》曰：出武州之燕京山，亦管涔之异名也。其山重阜修巖，有草無木，泉源導于南麓之下，蓋稚水濛流耳。又西南，夾岸連山，聯峰接勢。劉淵族子曜嘗隱避于管涔之山，夜中忽有二童子入，跪曰：管涔王使小臣奉謁趙皇帝。獻劍一口，置前，再拜而去。以燭視之，劍長二尺，光澤非常，背有銘曰：「神劍御，除衆毒。」曜遂服之，劍隨時變爲五色也，後曜遂爲胡王矣。汾水又南，與東、西溫溪合。水出左右近溪，聲流翼注，水上雜樹交蔭，雲垂烟接。自是水流潭漲，波襄轉泛。又南逕一城東，憑墉積石，側枕汾水，俗謂之代城。又南出二城間，其城角倚，翼枕汾流，世謂之侯莫干城，蓋語出戎方，傳呼失實也。汾水又南逕汾陽縣故城東，川土寬平，峘山夷水。《地理志》曰：汾水出汾陽縣北山，西南流者也。漢高帝十一年，封靳強爲侯國，後立屯農，積粟在斯，謂之羊腸倉。山有羊腸坂，在晉陽西北，石隥縈行，若羊腸焉，故倉坂取名矣。漢永平中，治呼沱、石臼河。

又卷一一《易水》 東過范陽縣南，又東過容城縣南。易水逕范陽縣故城南。秦末，張耳、陳餘爲陳勝略地，燕、趙命蒯通說之，范陽先下是也。漢景帝中二年，封匈奴降王代爲侯國，王莽之順陰也。昔慕容垂之爲范陽也，戍之即斯。意欲圖還上京，阻于行旅，造次不獲，遂中。易水又東與濡水合，水出故安縣西北窮獨山南谷，東流與源泉水合，水發北溪，東南流注濡水。濡水又東南逕樊於期館西，是其授首于荆軻處也。濡水又東南流逕荆軻館北，昔燕丹納田生之言，尊軻上卿，館之于此。二館之城，澗曲泉清，山高林茂，風煙披薄，觸可棲情，方外之士，尚憑依舊居，取暢林木。濡水又東逕武陽城西北，舊堨濡水，枝流南入城逕柏冢西，冢垣城側，即水塘也。四周塋域深廣，有若城焉。其水側有數陵，墳高壯，望若青丘，詢之古老，訪之史籍，竝無文證，以私情求之，當是燕都之前故墳也，或言燕之墳塋，斯不然矣。其水之故瀆南出，屈而東轉，又分爲二瀆。一水逕故安城西，側城南注易水，夾塘崇峻，邃岸高深。左右百步，有二釣臺，參差交峙，迢遞相望，更爲佳觀矣。其一水東出注金臺陂，陂東西六七里，南北五里，側陂西北有釣臺高丈餘，方可四十步，陂北十餘步有金臺，臺上東西八十許步，南北如減。北有小金臺，臺北有蘭馬臺，竝悉高數丈，秀峙相對，翼臺左右，水流逕通，長廡廣宇，周旋被浦，棟堵咸淪，柱礎尚存，是其基構可得而尋訪。諸耆舊咸言，昭王禮賓，廣延方士，至如郭隗、樂毅之徒，鄒衍、劇辛之儔，宦遊歷說之民，自遠而屆者多矣。不欲令諸侯之客伺隙燕邦，故脩連下都館之南垂，言燕昭創之于前，子丹踵之于後，故雕牆敗館，尚傳鐫刻之石，雖無經記可憑，察其古跡，似符宿傳矣。濡水自堰又東逕紫池堡西，屈而北流，又有渾塘溝水注之，水出遒縣西白馬山南溪中，東南流入濡水。濡水又東至塞口，古累石堰水處也。濡水舊枝分南入城東大陂，陂方四里，今無水。陂內有泉，淵而不流，際池北側，俗謂聖女泉。濡水又東得白楊水口，水出遒縣西山白楊嶺下，東南流入濡水，時人謂之虎眼泉也。濡水東合檀水，水出遒縣西北檀山西南，南流與石泉水會，水出石泉固東南隅，水廣二十許步，深三丈。固在衆山之內，平川之中，四周絶澗阻水，八丈有餘。石高五丈，石上赤土，又高一匹，壁立直上，廣四十五步，水之不周者，路不容軌，僅通人馬，謂之石泉固。固上宿有白楊寺，是白楊山神也。寺側林木交蔭，叢柯隱景，沙門釋法澄建剎于其上，更爲思玄之勝處也。其水南流注于檀水，故俗有并溝之稱焉。其水又東南流，歷故安縣北而南注濡水。濡水又東南流，于容城縣西北大利亭東南合易水而注巨馬水也。故《地理志》曰：故安縣閻鄉，易水所出，至范陽入濡水。闞駰亦言是矣，又曰濡水合渠。許慎曰：濡水入淶。淶、渠二號，即巨馬之異名。然二易俱出一鄉，同入濡水，南濡。北易至涿郡范陽縣會北濡，又竝亂流入淶，是則易水與諸水互攝通稱，東逕容城縣故城北，渾濤東注，至勃海平舒縣與易水合。酈駰曰：涿郡西界代之易水。而是水出代郡廣昌縣東南郎山東北燕王仙臺東。臺有三峰，甚爲崇峻，騰雲冠峰，高霞翼嶺，岫壑沖深，含煙罩霧，耆舊言：燕昭王求仙處。其東謂之石虎岡，范曄《漢書》云：中山簡王焉之窆也。厚其葬，採涿郡山石，以樹墳塋，陵隧碑獸，竝出此山，有所遺二石虎，後人因以名岡。山之東麓，即泉源所導也，《經》所謂閻鄉西山。其水東流，有甾水南會，渾波同注，俗謂之爲雹河。司馬彪《郡國志》曰：雹水出故安縣，世祖令耿況擊故安西山賊吳耐蠡符雹上十餘營，皆破之。即是水者也。易水又東逕孔山北，山下有鍾乳穴，穴出佳乳，採者篝火尋沙，入穴里許，渡一水，潛流通注，其深可涉，于中衆穴奇分，令出入者疑迷不知所趣，每于疑路，必有歷記，返者乃尋孔以自達矣。上又有大孔，豁達洞開，故以孔山爲名也。其水又東逕西故安城南，即閻鄉城也。歷送荆陘北，耆舊云：燕丹餞荆軻于此，因而名焉，世代已遠，非所詳也。遺名舊傳，不容不詮，庶廣後人傳聞之聽。易水又東流屈逕長城西，又東流南逕武隧縣南，新城縣北。《史記》曰：趙將李牧伐燕，取武隧方城是也。俗又謂是水爲武隧津，津北對長城門，謂之汾門。《史記・趙世家》云：孝成王十九年，趙與燕易土，以龍兑，汾門與燕；燕以葛城，武陽與趙，即此也。亦曰汾水門，又謂之梁門矣。易水東分爲梁門陂，易水又東，梁門陂水注之，水上承易水于梁門，東入長城，東北入陂。陂水北接范陽陂，陂在范陽城西十里，方十五里，俗亦謂之爲鹽臺陂。陂水南通梁門淀，方三里，淀水東南流，出長城注易，謂之范水，易水自下，有范水通目。又東逕范陽縣故城南，即應劭所謂范水之陽也。易水又東逕樊輿縣故城北，漢武帝元朔五年，封中山靖王子劉條爲侯國，王莽更名握符矣。《地理風俗記》曰：北新城縣東二十里有樊輿亭，故縣也。易水又東逕容城縣故城南，漢高帝六年，封趙將夜于深澤，景帝中三年，以封匈奴降王唯徐盧于容城，皆爲侯國，王莽更名深澤也。易水又東，渥水注之，水上承二陂于容城縣東南，謂之大渥淀、小渥淀。其水南流注易水，謂之渥洞口，水側有渾渥城，易水逕其南，東合滱水。故桑欽曰：易水出北新城西北，東入滱，自下滱、易互受通稱矣。易水又東逕易京南，漢末，公孫瓚害劉虞于薊下，時童謠云：燕南垂，趙北際，惟有此中可避世。瓚以易地當之，故自薊徙臨易水，謂之易京城，在易城西四五里。趙建武四年，石虎自遼西南達易京，以京障至固，令二萬人廢壞之。今者，城壁夷平，其樓基尚存，猶高一匹，餘基上有井，世名易京樓，即瓚所保也。故《瓚與子書》云：袁氏之攻，狀若鬼神，衝梯舞于樓上，鼓角鳴于地中。即此樓也。易水又東逕易縣故城南，昔燕文公徙易，即此城也。闞駰稱太子丹遣荆軻刺秦王，與賓客知謀者祖道于易水上。《燕丹子》稱，荆軻入秦，太子與知謀者，皆素衣冠送之于易水之上，荆軻起爲壽，歌曰：風蕭蕭兮易水寒，壯士一去兮不復還。高漸離擊筑，宋如意和之，爲壯聲，士髮皆衝冠；爲哀聲，士皆流涕，疑于此也。余按遺傳舊跡，多在武陽，似不餞此也。漢景帝中三年，封匈奴降王僕黥爲侯國也。又東過安次縣南，易水逕縣南、鄚縣故城北，東至文安縣與滹沱合。《史記》，蘇秦曰：燕長城以北，易水以南。正謂此水也。是以班固、闞駰之徒，咸以斯水謂之南易。又東過泉州縣南，東入于海。《經》書水之所歷，沿次注海也。

《張邱建算經》卷上［甄鸞注經李淳風注釋　劉孝孫撰細草］　以九乘二十一五分之三，問得幾何。答曰：一百九十四五分之二。草曰：置二十一以分母五乘之，內子三得一百八。然以九乘之，得九百七十二，卻以分母五而一，得合所問。以二十一七分之二乘三十七九分之五，問得幾何。答曰：八百四二十一分之十六。草曰：置二十一以分母七乘之，內子二得一百五十。又置三十七以分母九乘之，內子五得三百三十八。二位相乘，得五萬七百爲實，以二分母七九相乘，得六十三。而一得八百四餘六十三分之四十八，各以三約之，得二十一分之一十六，合前問。以三十七三分之二乘四十九五分之三七分之四，問得幾何。答曰：一千八百八十九一百五分之八十三。草曰：置三十七以分母三乘之，內子二得一百一十三。又置四十九於下，別置五分於下右之三。在左又於五分之下，別置七分三分之下，置四維乘之，以右上五乘下左四，得二十。以右下七乘左上三，得二十一。併之得四十一。以分母相乘得三十五，以三十五除四十一得一餘六，以一加上四十九得五十，又以分母三十五乘之，內子六得一千七百五十六，以乘上位一百一十三，得一十九萬八千四百二十八爲實。又以分母三母相乘，得一百五爲法除，實得一千八百八十九餘一百五分之八十三，合所問。臣淳風等謹按：以前三條雖有設問而無成術可憑。宜云分母乘全內子，令相乘爲實，分母相乘爲法。若兩有分母，各乘其全內子，令相乘爲實，分母爲法實，如法而得一。

王通《中説・王道篇》［阮逸注］　文中子曰：甚矣！王道難行也。吾家頃銅川六世矣，上黨有銅堤縣。未嘗不篤於斯，斯文。然亦未嘗得宣其用，不遇時。退而咸有述焉，則以志其道也。志記。蓋先生之述曰《時變論》六篇，其言化俗推移之理竭矣。江州府君之述曰《五經決錄》五篇，其言聖賢製述之意備矣。晉陽穆公之述曰《政大論》八篇，其言帝王之道著矣。同州府君之述曰《政小論》八篇，其言王霸之業盡矣。安康獻公之述曰《皇極讜義》九篇，其言三才之去就深矣。銅川府君之述曰《興衰要論》七篇，其言六代之得失明矣。自先生至銅川文中子，世家言之備矣。《時變論》至《興衰要論》今皆亡。六代，晉、宋、後魏、北齊、後周、隋也。余小子獲覩成訓，勤九載矣。大業九年自長安歸著六經，至九年功畢。服先人之義，稽仲尼之心，天人之事，帝王之道昭昭乎！因祖德考聖師而明。

《毛詩正義・鄘風・墻有茨》［鄭玄箋孔穎達疏］ 《牆有茨》，衛人刺其上也。公子頑通乎君母，國人疾之而不可道也。箋：宣公卒，惠公幼，其庶兄頑烝於惠公之母，生子五人：齊子、戴公、文公、宋桓夫人、許穆夫人。疏「《牆有茨》三章，章六句」至「不可道」。正義曰：此主刺君，故以宣姜繫於君，謂之君母。《鶉之奔奔》則主刺宣姜與頑，亦所以惡公之不防閑，詩人主意異也。箋「宣公」至「夫人」。正義曰：《左傳》閔二年曰：「初，惠公之即位也少，齊人使昭伯烝於宣姜，不可，強之。生齊子、戴公、文公、宋桓夫人、許穆夫人。」服虔云：「昭伯，衛宣公之長庶伋之兄。宣姜，宣公夫人，惠公之母。」是其事也。

又《大雅・大明》［毛亨傳鄭玄箋陸德明釋音孔穎達疏］ 牧野洋洋，檀車煌煌，駟騵彭彭。傳：洋洋，廣也。煌煌，明也。駵馬白腹曰騵。言上周下殷也。箋云：言其戰地寬廣，明不用權詐也。兵車鮮明，馬又強，則暇且整。陸音：洋音羊。檀，徒丹反。煌音皇。騵音原。駵音留。維師尚父，時維鷹揚，涼彼武王。傳：師，大師也。尚父，可尚可父。鷹揚，如鷹之飛揚也。涼，佐也。箋云：尚父，呂望也，尊稱焉。鷹，鷙鳥也。佐武王者，爲之上將。陸音：涼，本亦作「諒」，同力尚反，《韓詩》作「亮」，云：「相也。」大音泰。鷙，之利反。將，子匠反。肆伐大商，會朝清明！傳：肆，疾也。會，甲也。不崇朝而天下清明。箋云：肆，故今也。會，合也。以天期已至，兵甲之強，師率之武，故今伐殷，合兵以清明。《書・牧誓》曰：「時甲子昧爽，武王朝至于商郊牧野，乃誓。」陸音：肆音四。帥，所類反，亦作「率」。坶音牧，本又作「牧」。昧音妹。疏：「牧野」至「清明」。毛以爲，上言將戰，爲天人所歸。此又述戰時之事，言所戰之處，牧地之野，洋洋然甚寬而廣大。於此廣大之處，陳檀木之兵車，煌煌然皆鮮明。又駕駟騵之牡馬，彭彭然皆強盛。維有師尚父者，是維勇略如鷹之飛揚，身爲大將，時佐彼武王。車馬鮮強，將帥勇武，以此而疾往伐彼大商，會值甲子之朝。不終此一朝，而伐殺虐紂，天下乃大清明，無復濁亂之政。鄭唯下二句爲異。言天期已至，兵甲之強，將帥之武，故今往伐此大商。會合兵衆，以朝旦昧爽清明之時伐之也。傳「洋洋」至「下殷」。正義曰：「洋洋」文連「牧野」，述戰地之貌，故宜爲廣大。「煌煌」言車之鮮，故爲明也。「駵馬白腹曰騵」，《釋畜》文。郭璞曰：「駵，赤色黑鬣也。」《檀弓》說「三代乘馬，各從正色」，而周不純赤，明其有義，故知白腹爲「上周下殷」。《檀弓》亦言「戎事乘騵」，明非戎事不然。因此武王所乘，遂爲一代常法。夏殷不下其先代之色，時主之意異。【略】傳「師大師」至「涼佐」。正義曰：《史記・齊世家》云：「太公望呂尚者，東海上人。西伯出獵，得之，曰：『吾太公望子久矣。』故號之曰『太公望』，載與俱歸，立爲大師。」劉向《別錄》曰：「師之，尚之，父之，故曰師尚父。」父亦男子之美號。《太誓》注云：「師尚父，文王於磻谿所得聖人呂尚，立以爲太師，號曰尚父，尊之。」其言皆與可尚父義同。尊之，爲作此號，故《雒師謀》云「號曰師尚父」，是也。如《世家》之文，則尚本是名，號之曰望。而《雒師謀》云「呂尚釣厓」，注云：「尚，名也。」又曰：「望公七年，尚立變名。」注云：「變名爲望。」蓋因所呼之號，遂以爲名。以其道可尊尚，又取本名爲號也。《孫子兵法》曰：「周之興也，呂牙在殷。」則牙又是其名字也。《釋詁》云：「亮、介、尚，右也。」「左、右，亮也。」轉以相訓，是亮爲佐也。亮、諒義同。箋「佐武王，爲之上將」。正義曰：《太誓》「司馬在前」。王肅曰：「司馬，太公也。司馬非上卿，而云上將者，周司馬主軍旅之戒命，故上將爲司馬也。」

李世民《帝範・納諫第五》［賈行等注］ 言之而是，雖在僕隸芻蕘，猶不可棄也；《毛詩》曰：「先民有言，詢于芻蕘。」又《六韜》有曰：「謀及負薪，功乃可述。」夫智者千慮，必有一失；愚者千慮，必有一得。以採言評事，豈獨專于有位者哉！至於賤役之人，言果中理合道，亦不可違。僕隸、芻蕘，至賤役者。刈草曰芻，採薪曰蕘。言之而非，雖在王侯卿相，未必可容。《左傳・莊十年》：齊伐魯，魯莊公將戰，有魯人曹劌請見。其鄉人曰：「肉食者謀之，又何間焉？」劌曰：「肉食者鄙，未能遠謀。」乃入見云云，終成大功而還。言肉食者在位之人也，且曹劌以匹夫之賤，一時一言，而立長勺莫大之功，可貴賤論乎！于斯時也，以肉食者竟何爲哉？位高而祿厚，食肉衣錦，無良謀奇策，亦贅疣耳，焉足容受哉！容，受也。其義可觀，不責其辯；果合大義，豈在言之巧拙耳！空辯不足信。其理可用，不責其文。果依正理，豈在文之華質耳！虛文不足用。至若折檻懷疏，標之以作戒；漢朱雲，字游，魯人也，徙平陵。少時通輕俠，借客報仇，長八尺餘，容貌甚壯，以勇力聞。年四十迺變節，從博士白子友受《易》，又事前將軍蕭望之受《論語》，皆能傳其業。好倜儻大節，當世以是高之。元帝時，五鹿充宗貴幸，爲《梁丘易》，自宣帝時善梁氏說。元帝好之，欲考其異同，令充宗與諸易家論。充宗乘貴辯口，諸儒莫能抗，皆稱疾不敢會。有荐雲者，召入，攝齊登堂，抗首而請，音動左右，既論難，連拄五鹿君。故諸儒爲之語曰：「五鹿嶽嶽，朱雲折其角。」繇是爲博士，遷杜陵令，又爲槐里令，累上書論議大臣。至成帝時，丞相故安昌侯張禹以帝師位特進，甚尊重。雲上書求見，公卿在前，雲曰：「今朝廷大臣上不能匡主，下亡以益民，皆尸位素餐。孔子謂：鄙夫不可與事，君苟患失之，亡所不至者也。臣願賜尚方斬馬劍，斷佞臣一人頭，以厲其餘。」上問：「誰也？」對曰：「安昌侯張禹。」上大怒，曰：「小臣居下訕上，廷辱師傅，罪死不赦。」御史將雲出，雲攀殿檻，檻折，雲呼曰：「臣得下從龍逢、比干於地下，足矣！未知聖朝如何耳？」御史遂將雲去。於是左將軍辛慶忌免冠解印綬，叩頭殿下曰：「此臣素著狂直於世，使其言是，不可誅；其言非，固當容之。臣敢以死爭。」慶忌叩頭流血，上意解，然後得已。及後當治殿檻，上曰：勿易，因而輯之，以旌直臣。按「懷疏」，「疏」字疑誤。引裾卻坐，顯之以自非。《三國志》：魏文帝欲徙冀州士家十萬戶實河南，時連蝗民饑，羣司以爲不可，而帝意甚盛。辛毗與朝臣俱求見，帝知其欲諫，作色以見之，皆莫敢言。毗曰：「陛下欲徙士家，其計安出？」帝曰：「卿謂我徙之非耶！」毗曰：「誠以爲非也。」帝曰：「吾不與卿共議也。」毗曰：「陛下不以臣不肖，置之左右廁，謀議之官安得不與謀議耶？臣所言非私，乃社稷之慮也。安得怒臣？」帝不答，起入內。毗隨而引衣裾，帝遂奮衣不還。良久，乃出。曰：「佐治卿持我何太急耶？」毗曰：「今徙既失民心，又無以食也。」帝遂徙其半。毗，字佐治，穎川陽翟人，明帝時爲大將軍，軍帥使持節，節度司馬仲達六軍以敵諸葛亮，還爲衛尉，薨，諡肅侯。

《周禮注疏·夏官宗伯·大司樂》〔鄭玄注賈公彦疏〕 以樂舞教國子：舞《雲門》、《大卷》、《大咸》、《大磬》、《大夏》、《大濩》、《大武》。注：此周所存六代之樂。黄帝曰《雲門》、《大卷》，黄帝能成名，萬物以明，民共財，言其德如雲之所出，民得以有族類。《大咸》，《咸池》，堯樂也。堯能殫均刑法以儀民，言其德無所不施。《大磬》，舜樂也。言其德能紹堯之道也。《大夏》，禹樂也。禹治水傅土，言其德能大中國也。《大濩》，湯樂也。湯以寬治民，而除其邪，言其德能使天下得其所也。《大武》，武王樂也。武王伐紂以除其害，言其德能成武功。大卷，大，劉皆音泰，戚如字。卷，音權，又卷勉反，又居遠反，沈又居勉反。磬，上昭反。濩，戶故反。共，音恭。殫，時戰反。傅，音孚，或音附。邪，似嗟反。疏：「以樂」至「大武」。釋曰：此大司樂所教是大舞，樂師所教者是小舞。案《內則》云「十三舞《勺》，成童舞《象》」，舞《象》謂戈，皆小舞。又云「二十舞《大夏》」，即此六舞也。特云《大夏》者，鄭云：「樂之文武中。」其實六舞皆樂也。《保氏》云「教之六樂」，二官共教者，彼教以書，此教以舞，故共其職也。注「此周」至「武功」釋曰：案下文以六舞云大合樂，明此舞是六代樂，必知此六舞《雲門》已下是黄帝、堯、舜、夏、殷、周者，並依《樂緯》及《元命包》。彼云：「《雲門》，黄帝樂。」以下及堯舜等皆陳，故知黄帝已下也。云「黄帝曰《雲門》、《大卷》，黄帝能成名萬物，以明民共財」者，《祭法》文。彼云百物，不云萬物，萬物即百物。云「言其德如雲之所出，民得以有族類」者，鄭釋此《雲門》、《大卷》二名。云「德如雲之所出」解《雲門》。云「民得以有族類」解《大卷》。卷者，卷聚之義，即族類也。故《祭法》云「正名百物以明民」是也。云「《大咸》、《咸池》，堯樂也。堯能殫均刑法以儀民」者，《祭法》文。彼云「義終」，此云「儀民」，引其義不引其文。云「言其德無不施」者，解《咸池》之名。咸，皆也。池，施也。言堯德無所不施者，案《祭法》注云：「賞，賞善，謂禪舜封禹稷等也。」義終，謂既禪二十八載乃死是也。云「《大磬》，舜樂也。言其德能紹堯之道也」者，《元命包》云：「舜之民，樂其紹堯之業。」《樂記》云：「韶，繼也。」注云「言舜能繼紹堯之德」是也。云「《大夏》，禹樂也。禹治水傅土，言其德能大中國也」者，案《禹貢》云「敷土」，敷，布也，布治九州之水土，是敷土之事也。《樂記》云：「夏，大也。」注云：「禹樂名。禹能大堯舜之德。」大中國，即是大堯舜之德也。《元命包》云：「禹能德並三聖。」德並三聖，即是大堯舜之德，亦一也。云「《大濩》，湯樂也。湯以寬治民而除其邪」者，亦《祭法》文。彼云「除其虐」，虐即邪，亦一也。或本作「邪」也。云「言其德能使天下得其所也」者，言護者，即救護也，救護使天下得其所也。云「《大武》，武王樂也。武王伐紂，以除其害」者，亦《祭法》文。彼云「災」，災即害，一也。云「言其德能成武功」者，此即「克定禍亂曰武」也。案《元命包》云：「文王時，民樂其興師征伐，故曰武。」又《詩》云：「文王受命，有此武功。」如是，則《大武》是文王樂名，而云武王樂者，但文王有此武功，不卒而崩，武王卒其伐功以誅虐紂，是武王成武功，故周公作樂，以《大武》爲武王樂也。案《樂記》云：「《大章》，章之也。」注云：「堯樂名也。《周禮》闕之，或作《大卷》。」又云「《咸池》，備矣」，注云：「黄帝所作樂名也。堯增脩而用之。《周禮》曰《大咸》。」與此經注樂名不同者，本黄帝樂名曰《咸池》，以五帝殊時，不相沿樂，堯若增脩黄帝樂體者，存其本名，猶曰《咸池》，則此《大咸》也。若樂體依舊，不增脩者，則改本名，名曰《大章》。故云《大章》堯樂也。周公作樂，更作《大卷》，《大卷》則《大章》，《大章》名雖堯樂，其體是黄帝樂，故此《大卷》一爲黄帝樂也。周公以堯時存黄帝《咸池》爲堯樂名，則更與黄帝樂名立名，名曰《雲門》，則《雲門》，與《大卷》爲一名，故下文分樂而序之，更不序《大卷》也。必知有改樂名之法者，按《條牒論》云：「班固作《漢書》，高帝四年，作《武德》之樂」，又云：「高帝廟中奏《武德》、《文始》。」注云：「舜之《韶》舞名。」秦始皇二十六年改名五行舞。注云：「五行，本周舞，高帝六年，改名《文始五行》之舞。」案此知有改樂之法也。案《孝經緯》云：「伏犧之樂曰《立基》，神農之樂曰《下謀》，祝融之樂曰《屬續》。」又《樂緯》云：「顓頊之樂曰《五莖》，帝嚳之樂曰《六英》。」注云：「能爲五行之道，立根莖。六英者，六合之英。」皇甫謐曰：「少昊之樂曰《九淵》。」則伏犧已下皆有樂。今此惟存黄帝堯舜禹湯者，案《易·繫辭》云：「黄帝堯舜垂衣裳。」鄭注云：「金天、高陽、高辛遵黄帝之道，無所改作，故不述焉。」則此所不存者，義亦然也。然鄭惟據五帝之中而言，則三皇之樂不存者，以質故也。

《儀禮注疏·士昏禮·記》〔鄭玄注賈公彦疏〕 問名，主人受鴈，還，西面對。賓受命，乃降。受鴈于兩楹間，南面，還于阼階上，對賓以女名。疏：「問名」至「乃降」。注「受鴈」至「女名」。釋曰：此亦記經不具者。案經直云「問名，如納采之禮」，納采禮中無主人西面對事，故記之也。知「受鴈於兩楹間，南面」者，納采時賓「當阿東面致命，主人阼階上北面再拜」，又云「授于楹間南面」，問名如納采之禮，故亦楹間南面授鴈，於彼唯不云「西面」，故記之也。云「還于阼階上，對賓以女名」者，此即西面對，與拜時北面異處也。

劉知幾《史通・内篇・因習下第十九》 亦曰邑里。

昔《五經》、諸子，廣書人物，雖世族可驗，而邑里難詳。逮太史公始革兹體，惟有列傳，先述本居。至於國有弛張，鄉有併省，隨時而載，用明審實。按夏侯孝若撰《東方朔贊》云：「朔字曼倩，平原厭次人。魏建安中，分厭次爲樂陵郡，故又爲郡人焉。」夫以身沒之後，地名改易，猶復追書其事，以示後來。則知在生之前，故宜詳錄者矣。異哉！晉氏之有天下也，自雒陽蕩覆，衣冠南渡，江左僑立州縣，不存桑梓。由是斗牛之野，郡有青、徐；吳、越之鄉，州編冀、豫。欲使南北不亂，淄、澠可分，其於繫虛名於本土者，雖百代無易。既而天長地久，文軌大同。州郡則廢置無恆，名目則古今各異。而作者爲人立傳，每云某所人也。其地皆取舊號，施之於今。近代史爲王傳云「瑯琊臨沂人」，爲李傳曰「隴西成紀人」之類也。非唯王、李二族久離本居，亦自當時無此郡縣，皆是晉、魏已前舊名號。欲求實錄，不亦難乎！且人無定所，因地而化。故生於荆者，言皆成楚；居於晉者，齒便從黃。涉魏而東，已經七葉；歷江而北，非唯一世。而猶以本國爲是，此鄉爲非。是則孔父里於昌平，陰氏家於新野，而系纂微子，源承管仲，乃爲齊、宋之人，非關魯、鄧之士。求諸自古，其義無聞。時修國史，予被配纂《李義琰傳》。琰家於魏州昌樂，已經三代，因云：「義琰，魏州昌樂人也。」監修者大笑，以爲深乖史體，遂依李氏舊望，改爲隴西成紀人。既言不見從，故有此說。且自世重高門，人輕寒族，竟以姓望所出邑里相矜。若仲遠之尋鄭玄，先云汝南應劭；文舉之對曹操，自謂魯國孔融是也。爰及近古，其言多僞。至於碑頌所勒，茅土定名，虛引他邦，冒爲己邑。若乃稱袁則飾之陳郡，言杜則加之京邑，姓卯金者咸曰彭城，氏禾女者皆云鉅鹿。今有姓邴者、姓弘者，以犯國諱，皆改爲李氏，如書其邑里，必云隴西、趙郡。夫以假姓猶且如斯，則眞姓者斷可知矣。又今西域胡人，多有姓明及卑者，如加五等爵，或稱平原公，或號東平子，爲明氏出於平原，卑氏出於東平故也。夫邊夷雜種，尚竊美名。則諸夏士流，固無慚德也。在諸史傳，多與同風。如《隋史・牛弘傳》曰：「安定鶉觚人也，本姓原氏。」至於他篇所引，皆謂之「西牛弘」。《唐史・謝偃傳》云：「本姓庫汗氏」。續謂之「陳郡謝偃」，並其類也。

《文選》卷一班固《西都賦》[李善等注]

鄉曲豪舉，遊俠之雄。節慕原嘗，名亞春陵。連交合衆，騁鶩乎其中。善曰：莊子曰：治州閭鄉曲。《史記》：魏公子無忌曰：「平原之遊，徒豪舉耳。」文子曰：智過十人謂之豪。《漢書》曰：秦地豪傑，則遊俠通姦。《史記》曰：平原君趙勝者，趙之諸公子也。諸子中，勝最賢，賓客蓋至者數千人。又曰：孟嘗君名文，姓田氏。孟嘗君在薛，招致諸侯賓客食客數千人。又曰：春申君者，楚人也，名歇，姓黃氏。考烈王以歇爲相，封春申君，客三千餘人。又曰：魏公子無忌者，魏安釐王弟也。安釐王封公子爲信陵君，致食客三千。《楚辭》曰：朝騁鶩乎江皋。《說文》曰：騁，直馳也。鶩，亂馳也。濟曰：豪舉，謂豪俠之人自相稱舉以誇矜。遊俠，謂輕死重義之人。原，平原君。嘗，孟嘗君。春，春申君。陵，信陵君。並招致賓客，競爲奢侈，言鄉曲之人，名節與之相次。翰曰：騁鶩，猶馳逐。若乃觀其四郊，浮遊近縣，則南望杜霸，北眺五陵。名都對郭，邑居相承。英俊之域，紱冕所興。冠蓋如雲，七相五公。與乎州郡之豪傑，五都之貨殖。三選七遷，充奉陵邑。蓋以彊幹弱枝，隆上都而觀萬國也。善曰：鄭玄《周禮注》曰：王國百里爲郊。《漢書》曰：宣帝葬霸陵，高帝葬長陵，惠帝葬安陵，景帝葬陽陵，武帝葬茂陵，昭帝葬平陵。文子曰：智過萬人謂之英，千人謂之俊。《蒼頡篇》曰：紱，綬也。《說文》曰：冕，大夫以上冠也。《毛詩》曰：有女如雲。相，丞相也。《漢書》：韋賢爲丞相，徙平陵。車千秋爲丞相，徙長陵。黃霸爲丞相，徙平陵。平當爲丞相，徙平陵。魏相爲丞相，徙平陵。公，御史大夫將軍通稱也。《漢書》曰：張湯爲御史大夫，徙杜陵。杜周爲御史大夫，徙茂陵。蕭望之爲前將軍，徙杜陵。馮奉世爲右將軍，徙杜陵。史丹爲大將軍，徙杜陵。然其餘不在七相之數者，並以罪國除故也。文子曰：智過百人謂之傑，十人謂之豪。《漢書》曰：王莽於長安及五都立五均，更名洛陽、邯鄲、臨淄、宛城、都市長安，皆爲五均，司市稱師。三選，謂選三等之人。七遷，謂遷于七陵也。《漢書》曰：徙吏二千石高訾富人，及豪傑兼幷之家于諸陵，蓋亦以強幹弱枝，非獨爲奉山園也。又元帝詔曰：往者有司緣臣子之義奏，徙郡國人以奉園陵。自今所爲陵者，勿置縣邑。然則，元帝始不遷人陪陵，自元以上，正有七帝也。《春秋》：漢含孳曰：強幹弱流，天之道。宋均曰：流，猶枝也。《左傳》曰：魯諸大夫曰：禹會諸侯于塗山，執玉帛者萬國。良曰：浮，行也。宣帝杜陵、文帝霸陵在南。高、惠、景、武、昭帝，此五陵皆在北。銑曰：名都，謂近都之縣。對郭，與京都相對，故云「邑居相承」；士人多宅于此，故稱「英俊之域」。紱冕，士人服飾。興，起也。向曰：如雲，言多也。七相，謂車千秋、黃霸、王商、王嘉、韋賢、平當、魏相。五公，張湯、蕭望之、馮奉世、史丹、張安世。公侯、御史、大夫、將軍通稱爲公焉，與豪傑之士、貨殖之人同遷於陵。五都，臨淄、邯鄲、南陽、宛、洛蜀也。貨殖爲貲富之家。三選，一曰七相五公，二曰豪傑，三曰貨殖。七遷，爲偏徙居七陵，充供奉也。七陵，則上所謂杜、霸二陵及五陵。銑曰：強幹，強帝室。弱枝，弱諸侯。壯其上都以臨萬國。封畿之內，厥土千里，卓犖力角。諸夏，兼其所有。

又卷六左思《魏都賦》 其軍容弗犯，信其果毅。糾華綏戎，以戴公室。元勳配管敬之績，歌鍾析邦君之肆。則魏絳之賢，有令聞也。《國語》曰：鄭伯納女樂二八，歌鍾二肆。公錫魏絳女樂一八，歌鍾一肆，曰：「子教寡人和戎狄而政諸華，於今八年，七合諸侯，寡人無不得志，與子共之。」管敬仲相桓公，九合諸侯。魏絳輔晉悼公，七合諸侯，故謂之「元勳配管敬之績」也。悼公得二肆，而賜魏絳一肆，故諸侯「歌鍾析邦君之肆」也。善曰：司馬法曰：古者，國容不入軍，軍容不入國。《禮記》曰：介冑有不可犯。鄭玄《禮記注》曰：信，讀如屈伸之伸，假借字也。《左氏傳》：君子曰：殺敵爲果，致果爲毅。班固《漢書述》曰：太祖元勳，啓立輔臣。《毛詩》曰：令聞令望。閒居隘巷，室邇心遐。富仁寵義，職競弗羅。千乘爲之軾廬，諸侯爲之止戈。則干木之德，自解紛也。《呂氏春秋》曰：段干木者，魏文侯敬之，過其廬而軾之。其僕曰：「干木布衣耳，而君軾其廬，不亦過乎？」文侯曰：「干木不趣俗役，懷君子之道，隱處窮巷，聲馳千里之外，未肯以己易寡人也。寡人光乎勢，干木富於義，執不如德尊，財不如義高，吾安敢不軾乎？」秦欲攻魏，而司馬康諫曰：「段干木，賢者，而魏禮之，天下皆聞，無乃不可加乎兵！」秦君以爲然，乃止。干木寂然不競於俗，故曰「職競弗羅」也。《逸詩》云：兆云詢多，職競弗羅。善曰：《漢書》曰：司馬相如稱疾閒居。《毛詩》曰：誕寘之隘巷。又曰：其室則邇。老子曰：解其紛也。貴非吾尊，重士踰山。親御監門，嗛嗛同軒。搦女格。秦起趙，威振八蕃。則信陵之名，若蘭芬也。《史記》曰：魏有隱士曰侯嬴，年七十，家貧，爲大梁夷門監者。公子方置酒，大會賓客，坐定。從車騎，虛左，自迎侯生。秦兵圍邯鄲。公子姊爲平原君夫人，平原使使讓公子。公子數請王，及賓客辯士說王萬端。王畏秦，終不聽公子。公子用侯生策，使朱亥椎殺將軍晉鄙，而奪其軍，進擊秦軍。秦軍解去，邯鄲遂存。秦兵伐魏，公子駕歸救魏王。魏王以上將授公子，公子使偏告諸侯，諸侯各進兵救魏。公子率五國之兵破秦，至函谷關，秦兵不敢出。當是之時，公子威振天下。善曰：《史記》曰：侯生直上載，欲以觀公子，公子執轡愈恭然。親御，謂身自爲御也。監門，即侯嬴也。《周易》曰：謙謙君子，卑以自牧。嗛，古謙字。《說文》曰：搦，按也。英辯榮枯，能濟其厄。位加將相，窒知逸。隙之策。四海齊鋒，一口所敵。張儀張祿，亦足云也。《史記》：張儀者，魏人也，始嘗與蘇秦俱事鬼谷先生學術，蘇秦自以不及張儀。儀以學而遊說諸侯，嘗從楚相飲。楚相忘璧，楚相門下意張儀，曰：「儀貧無行，此必盜相君璧。」共執儀，掠笞數百，不服，釋之。張儀相秦，使於諸侯，皆說之散其合從之謀。秦封儀爲武信君，爲秦將，取陝，築上郡塞。范睢者，魏人也，遊說欲事魏王，家貧無以自資，乃事魏中大夫須賈。賈怨范睢，以告魏將魏齊，笞擊折脅摧齒。睢佯死，即盛以簀中。范睢謂守者曰：「公能出我，我必厚謝公。」守者乃請棄簀中死人。遂伏匿，更名張祿先生，隨秦謁者王稽入秦，謂昭王曰：「臣居山東時，聞齊有田單，而不聞其有王也。聞秦有太后、穰侯，不聞其有王也。今太后擅行不顧，穰侯出使不報，華陽、涇陽專斷不請，四貴備而國不危者，未之有也。」昭王懼，乃疑穰侯，收其印，而相張祿，爲應侯。應侯之相秦，蔡澤說曰：「今君相秦，計不下席，謀不出廊，廟坐制諸侯，六國不得合從，使天下皆畏秦也。」善曰：曹植《輔臣論》曰：英辯博通。張升《反論》曰：噓枯則冬榮。《解嘲》曰：窒隙蹈瑕，而無所屈也。

《唐六典》卷四［李林甫等注］ 禮部郎中、員外郎掌貳尚書侍郎，舉其儀制而辨其名數，凡五禮之儀一百五十有二，一曰吉禮，其儀五十有五。一曰冬至祀圜丘，二曰祈穀于圜丘，三曰雩祀于圜丘，四曰大享于明堂，五曰祀青帝于東郊，六曰祀赤帝于南郊，七曰祀黃帝于南郊，八曰祀白帝于西郊，九曰祀黑帝于北郊，十曰蜡祭百神于南郊，十一曰朝日于東郊，十二曰夕月于西郊，十三曰祀風伯、雨師、靈星，司中、司命、司人、司祿，十四曰夏至祭方澤，十五曰祭神州于北郊，十六曰祭大社，十七曰祭五岳、四鎮，十八曰祭四海、四瀆，十九曰時享于太廟，二十曰祫享于太廟，二十一曰禘享于太廟，二十二曰拜五陵，二十三曰巡五陵，二十四曰祭先農，二十五曰享先蠶，二十六曰享先代帝王，二十七曰薦新于太廟，二十八曰祭司寒，二十九曰祭五龍壇，三十曰視學，三十一曰皇太子釋奠，三十二曰國學釋奠，三十三曰釋奠于齊太公，三十四曰巡狩、告圜丘，三十五曰巡狩、告社稷，三十六曰巡狩、告宗廟，三十七曰巡狩，三十八曰封禪，三十九曰祈于太廟，四十曰祈于太社，四十一曰祈于北郊，四十二曰祈于岳瀆，四十三曰諸州祭社稷，四十四曰諸州釋奠，四十五曰諸州祈禜，四十六曰諸縣祭社稷，四十七曰諸縣釋奠，四十八曰諸縣祈禜，四十九曰諸太子廟時享，五十曰王公已下時享其廟，五十一曰王公已下祫享其廟，五十二曰王公已下神享其廟，五十三曰四品已下時享其廟，五十四曰六品已下時祭，五十五曰王公已下拜掃。二曰賓禮，其儀有六。一曰蕃國王來朝，二曰戍蕃王見，三曰蕃王奉見，四曰受蕃使表及幣，五曰燕蕃國王，六曰燕蕃國使。三曰軍禮，其儀二十有三。一曰親征類于上帝，二曰宜于太社，三曰造于太廟，四曰禡于所征之地，五曰軷于國門，六曰告所過山川，七曰露布，八曰勞軍將，九曰講武，十曰田狩，十一曰射于射宮，十二曰觀射于射宮，十三曰遣將出征宜于太社，十四曰遣將告于太公廟，十五曰遣將告于太廟，十六曰祀馬祖，十七曰享先政，十八曰祭馬社，十九曰祭馬步，二十曰合朔伐鼓，二十一曰合朔諸州伐鼓，二十二曰大儺，二十三曰諸州縣儺。四曰嘉禮，其儀有五十。一曰皇帝加元服，二曰納后，三曰正至受皇太子朝賀，四曰皇后正至受皇太子妃朝賀，五曰正至受皇太子妃朝賀，六曰皇后正至受皇太子妃朝賀，七曰正至受羣臣朝賀，八曰千秋節受羣臣朝賀，九曰皇后正至受羣臣朝賀，十曰皇后受外命婦朝賀，十一曰皇帝於明堂讀春令，十二曰讀夏令，十三曰讀秋令，十四曰讀冬令，十五曰養老于太學，十六曰臨軒冊皇后，十七曰臨軒冊皇太子，十八曰內冊皇太子，十九曰臨軒冊王公，二十曰朝堂燕諸臣，二十一曰冊內命婦，二十二曰遣使冊授官爵，二十三曰朔日受朝，二十四曰朝集使辭見，二十五曰皇太子加元服，二十六曰納妃，二十七曰正至受羣臣賀，二十八曰受宮臣賀，二十九曰與師傅保相見，三十曰受朝集使參辭，三十一曰諸王冠，三十二曰納妃，三十三曰公主降嫁，三十四曰三品以上冠，三十五曰四品以下冠，三十六曰六品以下冠，三十七曰三品以上婚，三十八曰四品以下婚，三十九曰六品以下婚，四十曰朝集使禮見及辭，四十一曰任官初上，四十二曰鄉飲酒，四十三曰正齒位，四十四曰宣赦書，四十五曰羣臣詣闕上表，四十六曰羣臣起居，四十七曰遣使慰勞諸蕃，四十八曰遣使宣撫諸州，四十九曰遣使諸州宣制，五十曰遣使諸州宣赦書。五曰凶禮，其儀一十有八。一曰凶年振撫，二曰勞問疾患，三曰中宮勞問，四曰皇太子勞問，五曰五服制度，六曰皇帝爲小功已上舉哀，七曰勑使吊祭，八曰會喪，九曰冊贈，十曰會葬，十一曰致奠，十二曰皇后舉哀吊祭，十三曰皇太子舉哀吊祭，十四曰皇太子妃舉哀吊祭，十五曰三品以上喪，十六曰四品以下喪，十七曰六品以下喪，十八曰王公以下喪。《禮制通議》，其新五禮開元二十年修，凡一百五十卷。

李華《李遐叔文集》卷四《寄趙七侍御自餘干谿行經弋陽至上饒山川幽麗思與雲卿同游邈不可得因叙曠年之素寄懷於篇云》 迴頭望雲卿，此恨發吾衷。昔日蕭邵游，四人纔成童。華與趙七侍御驊，故蕭十功曹穎士，故邵十六軫，未冠，游太學，皆苦貧共弊。同年三人登科，相次典校。邵後三人及第也。屬詞慕孔門，入仕希上公。緯卿陷非罪，折我昆吾鋒。邵字緯卿，以冤横貶，卒南中。茂挺獨先覺，拔身渡京虹。斯人謝明代，百代墜鵷鴻。蕭天寶末知亂，棄官往江東，殯葬先人，游于汝南。世故墜横流，與君哀路窮。敵人陷兩京，華與趙受辱賊中。相顧無死節，蒙恩逐殊封。華貶杭州司功，趙貶泉州晉江尉。天波洗其瑕，朱衣備朝容。華承恩累遷尚書郎，趙拜補闕御史。一別凡十年，豈期復相從。

張守節《史記正義・伯夷列傳》 而說者曰堯讓天下於許由，皇甫謐《高士傳》云：「許由字武仲。堯聞致天下而讓焉，乃退而遁於中岳潁水之陽，箕山之下隱。堯又召爲九州長，由不欲聞之，洗耳於潁水濱。時有巢父牽犢欲飲之，見由洗耳，問其故。對曰：『堯欲召我爲九州長，惡聞其聲，是故洗耳。』巢父曰：『子若處高岸深谷，人道不通，誰能見子？子故浮游，欲聞求其名譽，污吾犢口。』牽犢上流飲之。許由沒，葬此山，亦名許由山。」在洛州陽城縣南十三里。許由不受，耻之逃隱。

又《倉公列傳》 書聞，上［文帝］悲其意，此歲中亦除肉刑法。《漢書・刑法志》云「孝文帝即位十三年，除肉刑三」。孟康云：「黥劓二，左右趾一，凡三也。」班固詩曰：「三王德彌薄，惟後用肉刑。太倉令有罪，就遞長安城。自恨身無子，困急獨煢煢。小女痛父言，死者不可生。上書詣闕下，思古歌《鷄鳴》。憂心摧折裂，晨風揚激聲。聖漢孝文帝，惻然感至情。百男何憒憒，不如一緹縈！」

獨孤及《毗陵集》卷三《自東都還濠州奉酬王八諫議見贈》 關西仕時俱稚容，彪彪之鬢始相逢。天地變化縣城改，天寶中及尉華陰鄭縣，別後經祿山之亂，鄭縣殘毀，城移於州西。獨有故人交態在。不言會合迹未幷，猶以歲寒心相待。

又卷九《舒州山谷寺覺寂塔隋故鏡智禪師碑銘并序》 皇明昭賁，億兆膜拜。凡今後學，入佛境界。於取非取，誰縛誰解。初，禪師謂信公曰：「汝何求？」曰：「求解脫。」曰：「誰縛汝，誰解汝？」曰：「不見縛者，不見解者，然則何求？」信公於是言下證解脫，知見，遂頂禮請益。是日，禪師授以祖師所傳袈裟。萬有千歲，此法無壞。

杜佑《通典》卷二一《職官》 補闕拾遺：武太后垂拱中置，補闕、拾遺二官以掌供奉、諷諫。天授二年，各增置，通前爲五員。三年，舉人無賢愚咸加擢用，高者試鳳閣、侍郎、給事中，次或試員外郎、侍御史、補闕拾遺、校書郎，當時頗爲濫雜，著於謠誦。謠曰：「補闕連車載，拾遺平斗量，把椎侍御史，椀脫校書郎。」景雲二年，左補闕辛替否論時政，上疏曰：「臣請以有唐以來理國之得失，陛下之所眼見者以言。太宗文皇帝，陛下之祖，得至理之體，設簡要之方，省其官，清其吏，舉天下職司，無一虛授；用天下之財帛，無一枉費。不多造寺觀而福德自至，不多度僧尼而殃咎自滅，陛下何不取而則之？孝和皇帝，陛下之兄，不取賢良之言而恣妻女之意，拜爵非擇，虛食祿者數千人；封進無功，妄食土者百餘戶；造寺不止，枉費財者數百億；度人不休，免租庸者數十萬。倉不停半歲之儲，庫不貯兩年之帛，奪百姓口中之食以養貪殘，剝萬民體上之衣將塗土木。於是人怨神怒，水旱不調，享國不永，受終於凶婦人，此陛下之所眼見。今陛下族阿韋之家宗，而不改阿韋之亂政，忍棄太宗之理本，不忍棄孝和之亂階，陛下又何以繼祖宗而觀萬國。昔陛下在阿韋之時，危亡是懼，常切齒於羣凶，今貴爲天子，富有四海，而不改羣凶之事，臣恐復有切齒於陛下者也。先朝之時，愚智知敗，人雖有口而不敢言，言未發聲，禍將及矣。韋月將受誅於丹獄，燕欽融見殺於紫庭，此人皆不惜其身而納忠於主，身既死矣，主亦危矣。是故先朝誅之，陛下賞之，是陛下知直言之事有裨於國。臣今日愚言，亦當代之直。伏惟察之。」

劉禹錫《劉賓客文集》卷二八《送湘陽熊判官孺登府罷歸鍾陵因寄呈江

西裴中丞二十三兄》 昔升君子堂，腰下綬猶黃。中丞時爲萬年尉。汾陰有寶氣，赤堇多奇鋌。束簡下曲臺，佩韡來歷陽。綺筵陪一笑，蘭室襲餘芳。風水忽异勢，江湖遂相忘。因君儻借問，爲話老滄浪。中丞爲博士，製相國柳宜域謚議，識者韙之。頃授予以其本，厥後牧和州，節度使杜司徒，以中丞材譽俱高，欲令軍裝以重戎府，故授以本州團練使。滿坐觀腰韡禮成，驩甚，相視而笑。後房燕樂，卜夜縱談，予忝司徒之賓，時獲末坐。初，中丞自尚書屯田員外郎出守，踵其武者，今給事中穆公，代給事者，右丞段公。予不佞，繼右丞之後，故曰襲餘芳焉。

又《劉賓客外集》卷六《酬浙東李侍郎越州春晚即事長句》 越中藹藹繁華地，秦望峰前禹穴西。湖草初生邊雁去，山花半謝杜鵑啼。青油畫捲臨高閣，紅旆晴翻繞古堤。明日漢庭徵舊德，老人爭出若耶溪。後漢劉寵爲會稽太守，及徵爲將作大匠，山陰縣有五六老叟自若耶山谷間出，人齎百錢以送寵，寵勞之。答曰：「自明府下車，狗不夜吠，民不見吏。年老遭值聖明，今聞當見棄去，故自扶奉送。」寵曰：「吾政何能及公言耶，勤苦父老。」爲人選一大錢，受之。

白居易《白氏長慶集》卷三《七德舞》 功成理定何神速，速在推心置人腹。亡卒遺骸散帛收，貞觀初，詔天下陣死骸骨致祭，瘞埋之。尋又散帛以求之也。飢人賣子分金贖。貞觀二年大飢，人有鬻男女者。詔出御府金帛盡贖之，還其父母。魏徵夢見天子泣，魏徵疾亟，太宗夢與徵別。既寤，流涕。是夕，徵卒。故御親製碑云：昔殷宗得良弼於夢中，今朕失賢臣於覺後。張謹哀聞辰日哭。張公謹卒，太宗爲之舉哀。有司奏曰：在辰，陰陽所忌，不可哭。上曰：「君臣義重，父子之情也。情發於中，安知辰日。」遂哭之。怨女三千放出宮，太宗常謂侍臣曰：「婦人幽閉深宮，情實可愍。今將出之，任求伉儷。」於是令左丞戴胄、給事中杜正倫，於掖庭宮西門揀出數千人，盡放歸。死囚四百來歸獄。貞觀六年，親錄囚徒死罪者三百九十，放令歸家，令明年秋來就刑。應期畢至，詔悉原之。剪鬚燒藥賜功臣，李勣嗚咽思殺身。李勣常疾，醫云：「得龍鬚灰，方可療之。」太宗自剪鬚，燒灰賜之。服訖而愈，勣叩頭泣涕而謝。含血吮瘡撫戰士，思摩奮呼乞効死。李勣嘗中弩，太宗親爲吮血。

李紳《追昔游集》卷二《過吴門二十四韵》 憶作麻衣翠，曾爲旅棹遊。放歌隨楚老，清宴奉諸侯。貞元中，余以布衣多遊吴郡中。韋夏卿首爲知遇，常陪宴席。段平仲、李季河、劉從周、綦母咸十餘輩，日同盃酒。及余以太和七年領鎮會稽，則當時賓客、羣吏、樂徒、寺僧、里客，無一人存者。至於韋公諸子，凋喪略盡。

元稹《元氏長慶集》卷二四《連昌宮詞》 初過寒食一百六，店舍無煙宮樹綠。夜半月高絃索鳴，賀老琵琶定場屋。唐開元中，賀懷智善琵琶。力士傳呼覓念奴，念奴潛伴諸郎宿。須臾覓得又連催，特勑街中許然燭。春嬌滿眼睡紅綃，掠削雲鬟旋裝束。飛上九天歌一聲，二十五郎吹管逐。逡巡大遍涼州徹，色色龜音丘。兹音慈。轟錄續。李謩擫同。擫益涉切，指按也。笛傍宮牆，偷得新翻數般曲。念奴，天寶中名倡，善歌。每歲樓下酺宴，累日之後，萬衆喧隘。嚴安之、韋黃裳輩闢易不能禁，衆樂爲之罷奏。玄宗遣高力士大呼於樓上曰：「欲遣念奴唱歌，邠二十五郎吹小管逐，看人能聽否？」未嘗不悄然奉詔，其爲當時所重也如此。然而玄宗不欲奪俠游之盛，未嘗置在宮禁。或歲幸湯泉，時巡東洛，有司潛遣從行而已。又玄宗嘗於上陽宮夜後按新翻一曲，屬明夕正月十五日，潛游燈下，忽聞酒樓上有笛奏前夕新曲，大駭之。明日密遣捕捉笛者，詰驗之，自云其夕竊於天津橋玩月，聞宮中度曲，遂於橋柱上插譜記之。臣即長安少年善笛者李謩也。玄宗异而遣之。

又《縛戎人》 五六十年消息絶，中間盟會又猖獗。眼穿東日望堯雲，腸斷正朝梳漢髮。延州鎮李如暹，蓬子將軍之子也。嘗沒西蕃，及歸自云：蕃法唯正歲一日，許唐人沒蕃者服衣冠，如暹當此日，由是悲不自勝，遂與蕃妻密定歸計。

韓偓《韓内翰別集・錫宴日作》 是歲大稔，内出金幣賜百官充觀稼宴，學士院別賜越綾百匹，委京兆府勾當。後宰相一日宴於興化寺。一本在中秋禁直後。玉銜花馬踏香街，詔遣追歡綺席開。中使押從天上去，是日，在外四學士排門齊入，同進狀辭赴宴。所奏宣差學士院，使二人押去。外人知自日邊來。臣心淨比漪漣水，聖澤深於瀲灩盃。纔有異恩頒稷契，已將優禮及鄒枚。清商適向梨園降，妙妓新行峽雨迴。不敢通宵離禁直，晚乘殘醉入銀臺。當直學士二人，至晚學士院使二人卻押入直。餘四人在外可以卜夜，内臣去外，知熟間丞郎給舍，多來突宴。余是日當直，故有是句。

孫樵《孫可之集》卷一《大明宮賦》 然吾留帝宮中二百年，昔亦日月，今亦日月。往孰爲設，今孰爲缺。籍民其凋，有野而蒿。開元中籍戶九百萬，今二百萬。籍甲其虛，有壘而墟。開元中，籍府兵，三時務農，一時講武，寶甲總六十萬。今天下兵，仰給疲農，而幕府多虛者也。西垣何縮，疋馬不牧。開元中，北庭拒鄰門萬三千。隴西、平涼、天水、金城四郡息馬匹至七十萬，穀四十八，監以使董之。是時，帛疋易馬壹。

又卷二《書田將軍邊事》 縣官當給帛，則以苦一作疎。而易良；當賑粟，則以砂而參粒。每歲當給帛，主將輒先市輕帛以易其重帛，然後散諸邊卒。當給糧，丁吏必先盜其米，然後以砂補其數，以給邊卒。常以爲怨。

童宗説等《柳河東集注》卷一《獻平淮夷雅表》 臣伏見陛下自即位以

來，平夏州，童云：永貞元年八月乙巳，憲宗即位。其年冬，夏綏銀節度留後楊惠琳反。元和元年三月辛巳，楊惠琳伏誅。夷劍南，童云：永貞元年八月癸丑，劍南西川節度使韋皐卒，行軍司馬劉闢自稱留後。元和元年正月癸未，命高崇文率李元奕、嚴礪、李康以討劉闢。十月戊子，劉闢伏誅。取江東，童云：元和二年十月，鎮海軍節度使李錡反，殺留後王澹。乙丑，命王諤討之。癸丑，鎮海軍兵馬使張子良執李錡。己卯，免潤州今歲租。十一月甲申，李錡伏誅。定河北。童云：元和七年八月戊戌，魏博節度使田季安卒，其子懷諫自稱知軍府事。十月乙未，魏博軍以田季安之將田興知軍事。是月，魏博節度使田興以六州歸于有司。十一月辛酉，赦魏博貝衛澶相六州，詔田興充魏博節度使，賜名弘正。今又發自天衷，克翦淮右。童云：元和九年閏八月丙辰，彰義軍節度使吳少陽卒，其子元濟自稱知軍事。九月丁亥，命嚴綬、李光顔、李文通、烏重胤討之。十二年十月癸酉，克蔡州。甲申，給復淮西。二年十一月丙戌，吳元濟伏誅。

胡曾《咏史詩》卷二《延平津》［陳蓋注］ 延平津路水溶溶，峭壁巍峩一萬重。昨夜七星潭底見，分明神劍化爲龍。晉張華，字茂先。初，吳之未滅也，斗牛之間常有紫氣，有道術者皆以吳方強盛，未可圖也，惟華以爲不然。及吳平之後，紫氣愈明。華聞豫章人雷煥妙參緯象，乃要煥宿，屏人曰：「可共尋天文，知將來吉凶。」因登樓仰觀，煥曰：「斗牛之間頗有異氣。」華曰：「是何祥也？」煥曰：「寶劍之精，上徹於天。」華曰：「君言得之，吾少時，有相者告吾，年至六十，位登三事，當得寶劍佩之。斯言當效歟？」因問曰：「在何郡？」煥曰：「在豫章豐城。」華曰：「欲屈君爲宰，密共尋之，可乎？」因許之。華大喜，即補煥爲豐城令。煥到縣，掘獄屋基，入地四丈餘，得一石函，光燄非常，有雙劍並刻題，一曰龍泉，一曰太阿。其夕，斗牛間氣不復見。煥以南昌西山北岩下土以拭劍，光芒艷發。遣使送一劍并土與華，留一自佩。或謂煥曰：「得兩送一，張公豈可欺乎？」煥曰：「本朝將亂，張公當受其禍。此劍當繫徐君墓樹爾。靈異之物，終當化去，不久爲人服也。」華得寶劍，愛之，常置坐右。華以南昌土不如華陰赤土。報煥書曰：「詳觀劍文，乃干將也，莫邪何爲不至？雖然天生神物，終當合耳。」因以華陰土一斤致煥，煥更以拭劍，倍益精明。華誅，失劍所在。煥卒，子華爲州從事，持劍行經延平津，劍忽於腰間躍出墜水。使人沒水取之，不見劍，但見兩龍各長數丈，蟠縈有文章，沒者懼而反。須臾，光彩照水，波浪驚沸，於是失劍。華歎曰：「先君化去之言，張公終合之論，此其驗乎！」

劉恂《嶺表録異》卷下 蟕蠵者，俗謂之茲夷，乃山龜之巨者。人立其背，可負而行。產潮循山中。鄉人採之，取殼以貨。要全其殼，須以木楔出肉，龜吼如牛，聲響山谷。廣州有巧匠，取其甲黃明，無日腳者，甲上有散黑暈，爲日腳矣。煮而拍之，陷黑瑇瑁花，以爲梳篦盃器之屬，狀甚明媚。按：《政和本草》二十卷引此條云：「蟕蠵俗謂之茲夷。蓋山龜之大者，人立其背上，可負而行。潮循間甚多，鄉人取殼以生得全者爲貴。初用木挑出其肉，龜被楚毒，鳴吼如牛，聲動山谷。工人以其甲通明黃色者煮拍陷瑇瑁爲器。今所謂龜筒者是也。」

黃滔《黃御史集》卷五《丈六金身碑》 繇是有委之國君、委之大臣之旨。既而委之，則人非常人，道非常道。我公曠代之生也，有神僧識仗鉞之雄也，應江沙期合，仙人讖築城之盛也，契菩薩說。初丙午歲，我公至清源，未仕時，有僧號涅槃，於衆中駭而指之曰：金輪王之弟三子降人間，幸勉之，專生殺柄。又閩之侯未嘗至宰輔。晉時，郭璞記曰：南臺江沙合，即有宰輔相。我公之登台席也，江沙契焉。又梁時，王霸怡山上昇，山在府城之西五里。光啓丁未歲，衢之爛柯山道士徐景立，因於其仙壇東北隅取土，掘得瓷餅七口，各可容一升水，其中悉有炭上總蓋一青甎，刻文字云：「樹枯不用伐，壇壞不須結。未滿一千歲，自有系孫列。後來是三皇，潮水蕩禍殃。巖逢一乍間，未免有銷亡。子孫依吾道，代代封閩疆。」其壇東南有皀筴樹，古云眞君於此樹上上昇，其後枯矣。至咸通庚寅歲，復榮茂也。又嫣山僧號大安頃坐西禪者，乾符中曰：府城之到九仙三橋，其中乃菩薩行化，今之新城及焉。

司馬貞《史記索隱・淮南王劉安列傳》 淮南王大喜，厚遺武安侯金財物。陰結賓客，拊循百姓，爲畔逆事。《淮南要略》云安養士數千，高才者八人，蘇非、李尙、左吳、陳由、伍被、毛周、雷被、晉昌，號曰「八公」也。

又《游俠列傳・魯朱家》 ［朱家］專趨人之急，甚己之私。既陰脫季布將軍之厄，及布尊貴，終身不見也。陰脫季將軍之厄。案：季布爲漢所購求，朱家以布髡鉗爲奴，載以廣柳車而出之，及尊貴而不見之，亦高介至義之士。然布竟不見報朱家之恩。

又《郭解》 解執恭敬，不敢乘車入其縣廷。之旁郡國，爲人請求事，事可出，出之；不可者，各厭其意，然後乃敢嘗酒食。諸公以故嚴重之，爭爲用。邑中少年及旁近縣賢豪，夜半過門常十餘車，請得解客舍養之。如淳云：「解多藏亡命者，故喜事年少與解同志者，知亡命者多歸解，故多將車來，欲爲解迎亡者而藏之者也。」

權德輿《權文公集》卷三《伏蒙十六叔寄示喜慶感懷三十韵因獻之》

受氏自有殷，樹功緬前秦。圭田接土宇，侯籍相紛綸。十二代祖，前秦射安丘敬公，事具《十六國春秋》及《晉書》。八代祖周宜昌公。七代祖隋鄜城公。六代祖，皇朝封平涼公。皆以勳庸而受爵土也。道義集天爵，菁華極人文。握蘭中臺幷，折桂東堂春。五代伯祖，屯田郎中府君，叔祖水部員外郎府君，同登省闈，事其南宮。故事，曾祖父成都府君，曾祖叔梓州府君，長安府君，同以進士居甲科，載在《登科記》之內也。祖德蹈前哲，家風播清芬。王父，古羽林錄事席君，與席文公建侯友善。又與蘇司業源明包著作融爲文章之友，唱酬往復，各有文集。先公秉明義，大節逢艱屯。獨立挺忠孝，至誠感神人。

韋應物《韋蘇州集》卷四《謝櫟陽令歸西郊贈別諸友生》 結髮仕州縣，蹉跎在文墨。徒有排雲心，何由生羽翼。幸遭明盛日，萬物蒙生植。獨此抱微痾，頹然謝斯職。大曆十四年六月二十三日，自鄠縣制除櫟陽令，以疾辭歸善福精舍。七月二十日賦此詩。世道方荏苒，郊園思偃息。爲歡日已延，君子情未極。

釋貫休《禪月集》卷六《送盧舍人三首》 君不見近代韋裴蔣與蕭，韋處厚相國出入廟堂禮佛，如朝見君父。裴休相國師事空王，信敬無比，出將入相，偏重禪門。蔣闕相國牆壍空門，爲大檀越中書，藩鎭常事天王。蕭倣相國清德冠世，白業常修，爲佛骨碑，見行於當世。文房書府師百僚。

劉晝《劉子·慎獨第十》［袁孝政注］ 善者行之，總不可斯須離。可離，非善也。人之須善，猶首之須冠，足之待履。首不加冠，是越類也。行不躡履，是夷民也。今處顯而脩善，在隱而爲，非是清且冠履，而昏夜倮跣也。荃蓀孤植，不以巖隱而歇其芳；石泉潛流，不以澗幽而不清。人在暗密，豈以隱翳而迴操！是以戒慎目所不覩，恐懼耳所不聞。居室如見賓，入虛如有人。故蘧瑗不以昏行變節，衛靈公與夫人夜坐，聞車聲轔轔至闕而止，過闕復有聲。公問夫人曰：知此爲誰？曰：蘧伯玉也。顏回不以夜浴改容。勾踐拘於石室，君臣之禮不替；越王、范蠡，吳王囚之，登高望之，顧謂太宰嚭曰：彼越王一節之人，范蠡一介之士，雖在窮厄之地，而不失君臣之禮。冀缺耕於坰野，夫婦之敬不虧。冀邑名郤，其姓也。林外曰坰，郊外曰野。缺耕于田，其妻饁之敬，相待如賓。斯皆慎乎隱微，枕善而居，不以視之不見而移其心，聽之不聞而變其情也。謂天蓋高而聽甚卑，謂日蓋遠而照甚近，謂神蓋幽而察甚明。《詩》云：相在爾室，尚不媿於屋漏。西北隅謂「屋漏」。無曰不顯，莫予云覯。暗昧之事，未有幽而不顯；昏惑之行，無有隱而不彰。脩操於明，行悖於幽，以人不知。若人不知，則鬼神知之。鬼神不知，則己知之。而云不知，是盜鐘掩耳之智也。孔徒晨起，爲善孜孜。東平居室，以善爲樂。漢明帝遣使手詔賜東平，國中傳曰：日者問王蒼處家，何等最樂？王言爲善最樂。其言甚大，非諸侯王驕恣放逸者可比。故身恆居善，則內無憂慮，外無畏懼，獨立不慚影，獨寢不愧衾，上可以接神明，下可以固人倫。德被幽明，慶祥臻矣。

王溥《唐會要》卷二三 上元元年閏四月十九日，勅文：定禍亂者必先于武德，拯生靈者諒在于師貞。昔周武創業，克寧區夏，惟師尚父寔佐興王。況德有可師，義當禁暴，稽諸古昔，爰崇典禮，其太公望可追封爲武成王。有司依文宣王置廟，仍委中書門下擇古今名將，准文宣王置亞聖及十哲等，享祭之典一同文宣王。至建中三年閏正月二十五日，禮儀使顏眞卿奏武成王廟用樂，臣伏以自太公封武成王，追封之禮，與諸侯王名位義同，廟庭用樂，合准諸侯之數。今請每至釋奠，奏軒懸之樂。勅旨：宜付所司。至七月十一日，史館奏：伏奉今年五月十五日勅，武成王廟配享人等，宜令史館參詳定名。聞奏者又准開元十九年四月勅，宜揀取自古名將十人充十哲、漢太子少傅張良先已配享。齊大司馬田穰苴，吳將軍孫武，魏河西太守吳起，燕昌國君樂毅，秦武安君白起，漢淮陰侯韓信，蜀丞相諸葛亮，尚書右僕射、衛國公李靖，司空、英國公李勣。七十二弟子。齊將孫臏，越相國范蠡，趙將信平君廉頗，齊將管仲，齊將安平君田單，趙將馬服君趙奢，大將軍武安君李牧，秦將王翦，漢相平陽侯曹參，梁王彭越，右丞相絳侯周勃，太尉絳侯周亞夫，大司馬冠軍侯霍去病，大將軍長平侯衛青，後將軍營平侯趙充國，前將軍李廣。後漢，太傅高密侯鄧禹，大司馬廣平侯吳漢，征西將軍夏陽侯馮異，建威將軍好畤侯耿弇，執金吾寇恂，佐將軍膠東侯賈復，伏波將軍新息侯馬援，太尉新豐侯段熲。魏，太尉鄧艾，征東將軍晉陽侯張遼，太尉槐里侯皇甫嵩。蜀，前將軍壽亭侯關公，車騎將軍西鄉侯張飛。吳，南郡太守周瑜，南郡太守孱陵侯呂蒙，大司馬陸抗，丞相陸遜。晉，征南將軍南城侯羊祜，鎭南將軍當陽侯杜元凱，撫軍將軍襄陽侯王濬，太尉長沙公陶侃，車騎將軍康樂侯謝玄。前秦，丞相王猛。前燕，太宰慕容恪。宋，司空武陵侯檀道濟，征虜將軍王鎭惡。後魏，太尉長孫嵩。北齊，左僕射太原慕容紹宗，右丞相咸陽王斛律光。梁，太尉王僧辨。周，大冢宰宇文獻，太傅燕國公于謹，右僕射鄭國公韋孝寬。陳，司空南平公吳明徹。隋，尚書令趙國公楊素，右武侯將軍宋國公賀若弼，上柱國新義公韓擒虎，上柱國太平公史萬歲。皇朝，司空、河間王孝恭，右武候將軍、鄂國公尉遲敬德，右武衛大將軍、邢國公蘇定方，禮部尚書、聞喜縣公裴行儉，夏官尚書王孝傑，左武侯將軍、韓國公張仁亶，兵部尚書、中山郡公王晙，兵部尚書、代國公郭元振，太尉、臨淮王李光弼，太尉、汾陽王郭子儀。

《孟子注疏·滕文公》［趙岐注、孫奭疏］ 景春曰：「公孫衍、張儀豈不誠大丈夫哉，一怒而諸侯懼，安居而天下熄。」景春，孟子時人，爲縱橫之術者。公孫衍，魏人也，號爲犀首，嘗佩五國相印，爲從長，秦王之孫，故曰公孫。張儀，合從者也，一怒則構諸侯，使強陵弱，故言懼也。安居不用辭說，則天下兵革熄也。孟子曰：「是焉得爲大丈夫乎？子未學禮乎？丈夫之冠也，父命之；女子之嫁也，母命之。往送之門，戒之曰：『往之女家，必敬必戒，無違夫、子。』以順爲正者，妾婦之道也。孟子以禮言之，男子之道當以義正君，女子則當婉順從人耳。男子之冠，則命曰就爾成德。今此二子，從君順指，行權合從，無輔弼之義，安得爲大丈夫也。居天下之廣居，立天下之正位，行天下之大道，得志與民由之，不得志獨行其道。富貴不能淫，貧賤不能移，威武不能屈，此之謂大丈夫。」廣居，謂天下也。正位，謂男子純乾正陽之位也。大道，仁義之道也。得志行正，與民共之。不得志，隱居獨善其身，守道不回也。淫，亂其心也；移，易其行也；屈，挫其志也：三者不惑，乃可以爲之大丈夫矣。疏：「景春曰」至「此之謂大丈夫」。正義曰：此章指言以道匡君，非禮不運，稱大丈夫；阿意用謀，善戰務勝，事雖有剛，心歸柔順，故云妾婦，以況儀、衍。「景春曰：公孫衍、張儀豈不誠大丈夫哉，一怒而諸侯懼，安居而天下熄」，景春問孟子曰：公孫衍、張儀二者，豈不誠爲大丈夫之人哉？夫二人一怒則諸侯懼之，以其能使强陵弱故也；安居處而不用辭說，則天下兵革於是乎熄滅。景春故以此，遂謂二人實爲大丈夫。「孟子曰：是焉得爲大丈夫乎，子未學禮乎」至「妾婦之道」，孟子答之景春曰：二人如此，安得爲之大丈夫乎？子未嘗學禮也？夫禮言丈夫之冠也，父則命之；女子之嫁也，母則命之。蓋以冠者爲丈夫之事，故父命之，以責其成人之道；嫁者女子之事，故母命之，以責其爲婦之道也。以女子之臨嫁，母則送之於門，而戒之女子曰：雖往女之家，必當敬其舅姑，亦必當戒慎以貞潔其己，無違遵敬夫、子。以其夫在，則得順其夫，夫沒則從其子，以順從無違爲正而已，固妾婦之道如此也。乃若夫之與子在所制，義固不可以從婦矣。苟爲從婦，以順爲正，是焉得爲大丈夫乎？孟子所以引此妾婦而言者，蓋欲以此妾婦比之公孫衍、張儀也，以其二人非大丈夫耳。蓋以二人爲六國之亂，期合六國之君，希意導言，靡所不至。而當世之君，譏毁稱譽，言無不聽，喜怒可否，勢無不行。雖一怒而諸侯懼，安居而天下熄，未免夫從人以順爲正者也，是則妾婦之道如此也，豈足爲大丈夫乎？「居天下之廣居，立天下之正位，行天下之大道」至「此之謂大丈夫」，孟子言能居仁道以爲天下廣大之居，立禮以爲天下之正位，行義以爲天下之大路，得志達而爲仕，則與民共行乎此，不得志，則退隱獨行此道而不回。雖使富貴，亦不足以淫其心；雖貧賤，亦不足以移易其行；雖威武而加之，亦不足屈挫其志：夫是乃得謂之大丈夫也。今且以公孫衍、張儀但能從人，而不知以此正其己，是則妾婦以順爲正之道，固不足以爲大丈夫者焉。注「景春」至「革熄也」。正義曰：云景春，孟子時人，經傳未詳。公孫衍，魏人也，號爲犀首，爲秦王之孫，故曰公孫。案《史記》云：犀首者，魏之陰晉人也，名衍，姓公孫氏，與張儀不善。張儀之魏，魏王相張儀，犀首弗利，故令人謂韓公叔曰：張儀已合秦、魏矣，魏王所以欲貴張儀者，但欲得韓地，且韓之南陽已舉矣，子何不少委焉以爲衍功，則魏必圖秦而棄儀。後相衍，張儀去，復相秦，卒。犀首入相秦，常佩五國之相印爲從長。司馬彪曰：犀首者，魏之官名，若今虎牙將軍是也。張儀者，案《史家》本傳云：張儀，魏人也，常事鬼谷先生，後相魏而卒。凡此是皆公孫衍、張儀之事矣。

張詠《乖崖集》卷二《贈劉吉》 通塞不我知，要在歡生意。居危不苟全，憑難立忠義。仕江南僞主，指斥奸佞，曰：果信是人，國將亡也。歸國有賢名，天子聞之喜。倒海塞横流，掀天建高議。治黄河有功，議邊將不才，廷辨大臣阿諛。冒死雪忠臣，證楊業忠赤，爲奸臣所陷。讜言警貴侍。重指中貴弄權。

吴淑《事類賦》卷一四《服用部·几》 几，庪也。所以庪物者也。出《釋名》，庪，閣也，音軌。故吉事變几，凶事仍几。《周禮》曰：春官司几筵，吉事變几，凶事仍几。或以見祭祀之典，或以供饗射之禮。《周禮》曰：春官司几筵，掌五几：大朝覲、大饗射、封國、命諸侯王位，設左右玉几；諸侯祭祀，右彫几；酢席，左彤几；甸役熊席，右漆几；喪事葦席，右素几。喪偶既傳於南郭，《莊子》曰：南郭子綦隱几而坐嗒然，似喪其偶。不言仍聞於孟子。《孟子》曰：孟子去齊宿於晝，有欲爲王留行者，坐而言，不應，隱几而卧。客不悦曰：弟子齊宿而後敢言，夫子卧而弗聽，請勿復敢見矣。孟子曰：昔者魯繆公無人乎子思之側，則不能安子思；泄柳申詳無人乎繆公之側，則不能安其身。子爲長者慮，而不及子思。子絶長者乎！長者絶子乎！注：晝，齊邑。若乃鵠膝狐蹯之飾，《語林》曰：任元褒爲光禄勳，孫馮翊往詣之，見門吏憑几視之，孫入語任曰：吏几對客，爲不禮。任便捶之，吏答云：得罰體痛以横木扶持，非憑几也。孫曰：植木横施，植其兩足便爲憑几，何必狐蹯鵠膝，曲木抱腰？白玉青石之奇，《漢書·儀》曰：祭天用玉几。《南岳記》曰：衡山石室有石牀、石几。既拂以獻矣。《禮》曰：獻几杖者拂之。亦操而從之，《禮》曰：謀於長者，必操几杖以從之。或以致幽冥之召，《異苑》曰：歷陽石秀之炎見一人着平巾袴褶，語之云：聞君巧侔班匠，刻几尤妙，泰山府君相召。秀之自陳云：劉政能造其人，乃去數旬，政果殞。劉作几有名，遂以致薨也。或以紀訓誦之詞。《國語》曰：左史倚相曰：倚几有訓誦之戒。《内則》嘗聞於斂席，《禮·内則》曰：父母舅姑坐御者，舉几斂席。時令攸稱其養衰。《禮》曰：八月之節養衰，老授几杖。觀夫黄金之質，《漢武内傳》曰：帝受西王母《五岳眞形經》，庋以黄金之几。雲紈之覆，《拾遺記》曰：瀛洲南有金鑾之觀，中有寶几，覆以雲紈之素。學重麟士，《宋書》曰：沈麟士以篤學爲務，常憑素几鼓素琴。名推卓茂。《東觀漢記》曰：光武拜故密令卓茂爲太傅，封褒德侯，賜之几杖。撫之驚劉毅之亡，《晉書》曰：司隸劉毅卒，武帝撫几，驚曰：失吾名臣，不得生作三公。抵之見朱君之怒。《漢書》曰：朱博遷琅玡守，齊部舒緩養名右曹掾史，皆移病卧。故事，二千石新到，遣吏存問致意，乃起就職。博奮髯抵几曰：觀齊兒欲以爲俗耶！皆斥罷諸病吏。至於黄帝垂法，李尤《几銘》叙曰：黄帝軒轅之智，恐事之有闕，作輿几。張華著銘，張華《倚几銘》曰：倚几之設，設而不倚，作器於此，成禮於彼。荀罃投之而怒士匄，《左傳》曰：晉侯會諸侯于相，晉荀偃士匄請伐偪陽而封宋向戌。荀罃曰：城小而固，勝之不武，弗勝爲笑，固請圍之。弗克。偃匄請班師，智伯怒，投之以几，出于其間，曰：汝既勤君而興諸侯，牽帥老夫以至于此。既無武守，而又欲易余辠。曰：是實班師，不然克矣。七日不克，必爾乎取之，遂滅偪陽。呂布斫之而責陳登。見《鷹賦》「飢而爲用」注。爾其虎附兩頭，《會稽典録》曰：葛仙翁憑白桐几學道數年，白日登仙，几化爲白虎，三腳兩頭，往往人見之。花攢五色。《鄴中記》曰：石虎所坐几，悉漆彫畫，皆爲五色花。或斵棐以備用，《晉書》曰：王羲之，字逸少，嘗往門生家，見棐几滑淨，因書之眞草相半。後其父誤刮去之，門生驚懊累日。或加綈以爲飾。《西京雜記》曰：漢制：天子玉几，冬則加綈錦其上，謂之綈几。公侯皆以木爲几，冬則以細罽爲橐。戴勝既見於王母，《山海經》曰：西王母梯几。而戴勝注「梯謂憑也」。草文仍傳於阮籍，《竹林七賢論》曰：魏封晉文王，王辭，公卿皆當喻旨。司空鄭沖馳使從阮籍求其文，籍時在袁孝尼家，宿醉，扶而起，書几板爲文，無所竄定，乃寫付之。別有毛玠古風，《魏志》曰：太祖爲司空，丞相毛玠爲東曹掾。太祖平柳城，頒所獲器物，特以素屏風素憑几以賜玠，曰：君有古人之風，故賜君古人之物。楊彪舊德。《續漢書》曰：魏文帝賜楊彪几杖，以彰舊德。魏舒遜位，《晉書》曰：魏舒以年老稱疾遜位，詔賜以几杖，不朝。吳王稱疾。《漢書》曰：吳王濞稱疾，不朝，驗問不實。文帝責問吳使，使者曰：察見淵中魚不祥。于是，天子賜吳王几杖。靈產以止足荷賜，吳均《齊春秋》曰：孔靈產授光祿大夫，覽止足之分，不肯拜。太祖以白麈毛扇、素几遺之，曰：以君有古人之風，故賜卿以古人之物。王沖以尊大蒙賜。《陳書》曰：王沖爲太子少傅，武帝以沖前代舊臣，特申長幼之敬。及即位，益加尊大，嘗從幸司空徐度宅，宴筵之上賜之以几。斯所以表王澤之褒崇，優耆年於閒適也。

王禹偁《小畜集》卷六《一品孫鄭昱》 有客忽投刺，自稱一品孫。氣貌不凡俗，因爲開酒罇。坐久問家諜，其族大且繁。池州有清節，濫觴登洪源。鄭羨天寶末攜家遁於嵩少，不受祿山僞命，由是有清名。大曆中自尚書郎刺池州，不赴任，遂隱居嵩洛。生五子，絪最知名。羨累贈司空，絪自撰父碑，事迹甚詳。太傅擅鴻筆，入相又出藩。絪元和中拜相，又鎮嶺表，終太子太傅致仕，年七十八，王起撰碑。其家本開封，改號一何尊。絪爲相時，詔改宰輔鄉鳳池里中書村。至昱始六代，布衣老丘樊。絪生祗德，祗德之子曰顥，大中朝尚主。顥弟項，乾寧中，太子太保。項子嶠，太子少詹事。嶠子萸，用一品孫補太廟齋郎。顯德元年，終泌陽令。萸子昱，昱一品曾孫，至絪六世矣。

穆修《穆參軍集》卷上《秋浦會遇》 禍來非造次，語及自酸辛。衆奮漂山舌，孤縻坐獄身。詆誣惟腷臆，鍛鍊正逡巡。囚任桐棺躍，冤寧斗劍伸。君牽成很狄，張君之冤，由狄淳者深鍛鍊其獄而成之。我患構姦秦。秦應者，本以嶺南小吏承攝州縣，久而得眞命官。年七十餘通判是州，爲人狡，多刻多疑，納羣細之譖。以予嘗輒慢之，會守郡者疾病，諸從事皆他適，得久專郡事，遂與其下構予之禍。

范仲淹《范文正公文集》卷七《議攻》 臣謂西賊更有大舉，朝廷必令牽制，則可攻之地其在於此。可用步兵三萬、騎兵五千。鄜延路步兵一萬二千、騎兵三千。涇原路步兵九千、騎兵一千。環慶自選馬步一萬八千，軍外番兵更可得七八千人。軍行入界，當先布號令，生降者賞，殺降者斬；得精強者賞，害老幼婦女者斬。拒者并兵以戮之，服者厚利以安之。遁者勿追，疑有質也。居者勿遷，俾安土也。乃大爲城寨，以據其地。如舊城已險，因而增修。非守地，則別擇要害之處，以錢召帶甲之兵、熟戶強壯，兼其土役。昨奉朝旨，令修緣邊城寨。臣以民方穡事，將係官閑雜錢，并勸令近上人戶，以顧夫錢，散與助功兵士充食錢。其帶甲兵士翕然情願，諸寨并已畢功。

宋庠《元憲集》卷三六《緹巾集記》 余幼學爲文，尤嗜篇什，而不能工也。然性習所牽，爲之不已，往往應和出諸公間，輒爲名公訓奬。余與子京初試吏罷歸中山。劉公子儀見索近詩，因各獻一編。他日，劉公取當世文士古律詩，作句圖置齋中，人不過一兩聯，惟余兄弟所作獨占三十餘聯，自是劉公深加訓奬。

胡宿《文恭集》卷七《論楊懷敏不當除內侍都知》 臣每念此事，痛心扼腕。陛下仁聖，不忍加重誅，止解內職，令居外任。今因奏事，忽有此命。若再復內侍名職，且赴本任，是不久將復入內侍省之職也。若再居內省，則宿衛之變，復未可知。兼條制：內臣都知副都知之職，有過降充外任，更不許再居舊職，所以防一切之微深遠之法制也。伏望陛下令有司檢詳舊制，追寢今命。法制一壞，復之良難。有此違礙，臣不敢草制，其中書送到詞頭一道，臣輒封還。伏候進止。翊日上謂宰相曰：「前代豈有此故事否？」文彥博對曰：「唐給事中袁高不草盧杞制書，近年富弼亦曾封還詞頭。」上意解，改命舍人草制，臺諫論列。皇祐元年十一月二十九日，以昭宣使眉州防禦使懷敏充三陵副使。

余靖《武溪集》卷二《聞鑾駕部度嶺因寄》 久接賢規見準繩，還朝猶聽頌聲騰。安民慮遠疆封靜，祐計司以傜寇酋豪三十餘人在州境，君拒而不留，民乃安堵。富國材高帑藏增。君二歲市銅八百萬斤，銀二十萬兩，一歲鑄錢二千萬貫。野老賡歌除橫斂，三溪鹽場并草虛量子，歲出錢千緡，以供偺人，君皆罷之。侍臣交表薦殊能。近聞侍從諸公累表薦導。嶺頭若著關官籍，可察孤清節似冰。國家於嶺道，未著檢察過嶺之事制，若行之，則清污可分。

尹洙《河南集》卷三《憫忠》 甚哉，世人謀其身之周也！山外之戰，好水川、姚家川，戰地，並在隴山外，屬平涼，西去羊牧隆城俱不及五里。諸將以力死，明白不可欺。得諸將尸，皆被重創，趙津者，亡其首。或謂各失其計，且不與其死。噫！趨利以違節度，其失計信然。經略副使韓公行邊，二月己丑至高平。邏報賊逼懷遠城。公盡發鎮戍軍，先募勇士總萬一千人，俾行營部署任福盡統諸將，合力以制之。於是都監桑懌爲先鋒，鈐轄朱觀繼之，武英又次之，任福居後。其夕，宿三川。賊已過懷遠東南去。翌日，諸將由懷遠躡其後。西路巡檢常鼎、劉肅與賊戰於張家堡南，斬首數百。賊棄駞、馬、牛、羊萬計。桑懌以騎趨之，任福又分兵自將以往。其夕，任福、桑懌爲軍，屯好水川，與賊接壘。朱觀、武英爲一軍，屯籠落川，隔山相去五里，猶遣信相通，期以明日會兵川口，不使賊得逸去。是時，吳賊自將兵十餘萬衆，營於川口。還者言賊四塞，然其數少，是以兵益進。秉義不屈，奈何不與其死也。癸巳，任福、桑懌逐賊，循好水川西去，未至羊牧隆城五里，與賊大軍遇。懌馳犯其鋒。賊益兵，自辰至午，軍潰。懌與劉肅俱戰沒，任福一子在陣亦死，福中數箭，小校劉進勸福自免。福曰：「吾爲大將軍，敗何以苟生，一死足以報國。」遂死之。先是，韓公召渭川都監趙津將瓦亭騎軍二千二百，爲諸軍後繼。是日，及朱觀、武英會兵于姚家川，與賊遇戰。合行營都監王珪自羊牧隆城以屯兵四千五百來，陣于朱觀陣西。珪屢出略陣，陣堅不可破。武英中傷，不能視軍。自午至申，賊兵大至。東偏步軍潰，衆大奔。王珪、武英、趙津及叅議軍事耿傳、隊將李簡鎮、戎將軍李禹享、三川監軍劉均，皆死於陣。朱觀以餘衆千餘人保民垣，發矢四射。會暮，賊引去。觀與任福戰處，相去十五里，然至敗不相聞也。始，賊與官軍遇，大掠武延川。諸將既戰死，即以其夕收軍去。故山外之民不甚被毒，然諸將戰兵以千六百總二萬三百，死者六千餘人，指揮軍校死者數十人。

梅堯臣《宛陵集》卷四七《書二客論呈李君錫學士》 蹉跎文館彥，委曲部政諳。能蘇煮海民，變使供租甘。雖持使者權，不作自裏蠶。諄諄無威慠，雍雍激廉貪。書戒易滿人，縱愚須起慙。始時邊海鹽亭民，常官逋其錢，往往給腐米爲直，棄之而去。浸久，亭民無本，多逃者。今俾中戶就邑納租給亭民，民乃大利，逃者復還。

文彥博《潞公文集》卷四《太原府統平殿朝拜》 一劍山河定，千年廟社安。故城禾黍美，無復驗泥丸。太祖朝，天兵至城下，城中作土丸擲空中卜之，外雖破，裏頭完，則城尚可保平安。太宗朝，天兵再至，復爲此卜，而一擲內外俱碎，而城遂下。

《歐陽修全集・居士集》卷一四《感事》 故園三徑久成荒，賢路胡爲此坐妨。病骨瘦便花蘂暖，嘉祐八年，于闐國王遣使來朝貢。恩賜宰臣已下，于闐所獻花蘂布，柔紉潔白如凝脂，而禦風甚溫，不減駞褐也。煩心渴喜鳳團香。先朝舊例，兩時輔臣歲賜龍茶一斤而已。余在仁宗朝作學士，兼史館修撰，嘗以史院無國史，乞降一本以備檢討，遂命天章閣錄本付院。仁宗因幸天章，見書吏方錄國史，思余上言，亟命賜黃封酒一瓶、果子一盒、鳳團茶一斤。押賜中使語余云：「上以學士校新寫國史不易，遂有此賜。」然自後月一賜，遂以爲常。後余忝二府，猶賜不絕。

張方平《樂全集》卷一二《官刑之濫》 又臣比見州縣羣吏，有以剛介忤長吏，及爲衆所惡忌者，或以微犯下獄，遂致非命。臣往歲風聞亳州有以職官知衛眞縣黎德潤者，狷介不善事上官，嘗以事忤長吏，遂捃摭其微罪，攝取將推。德潤懼不免，逃逸，將赴都自訴。本州遣爪牙士逐至襄邑縣獲之。械而至州，下獄，捶辱備至，竟無罪狀可按。諸吏懼其得出而有辭也，諷獄官絕其食而死。及奏，按法寺議，辟止罰金，仍復舊任。勅下而德潤死矣。

又卷二三《再上國計事》 先皇咸平中備西邊禦北塞，蒐募戰士至五十餘萬人。及契丹請和，祥符以後，稍稍消汰，弛馬牧地給耕民。先帝常語宰臣曰：「天下兵馬之數雖不少，精銳者鮮。且今之兵與古不同，古者三時務農，一時教戰，民即兵矣。今皆坐待衣食，國家經費至廣，不可不慎於選練。」向敏中曰：「軍額漸多，農民轉耗，近準詔旨已往召募，斥去疲老，大減冗食。」帝曰：「卿等常宜講求，務于經久之要。」邊將占兵，自固者輒罷之。先帝常詔環慶路減神勇兵還營。周瑩言：「當路兵數非多，未敢便減。」上曰：「西邊難得芻糧，每歲役民輸運。瑩無心惜民，亦可知矣。」即以曹瑋代之。

趙抃《清獻集》卷四《次韻梁浹瑞芝》 昔年書牖曾呈瑞，報爲登科衆所知。予明道中寓餘慶院結課，芝草生書牖上，因題有「靈芝如可採，仙桂不難攀」之句。明年春，果叨科第。故云。

邵雍《擊壤集》卷一五《觀盛化吟》 五事歷將前代舉，帝堯而下固無之。一事，革命之日市不易肆。二事，以據天下在即位後。三事，未嘗殺一無罪。四事，百年方四葉。五事，百年無腹心患。

韓維《南陽集》卷一二《陪堯兄弟一飯清話》 相別相逢似轉輪，迹雖遼遠意常親。美羹舊手欽元老，鹽菜誠心待故人。梁柳爲陽城守，過皇甫謐。謐之門人欲厚具待之，謐曰：「予平日待梁柳不過鹽菜，今而厚，其是貴陽城大守，而賤梁柳也。」待之如初。

《資治通鑒・唐太宗貞觀元年》〔**胡三省注**〕　初，突厥既强，敕勒諸部分散，有薛延陀、迴紇、都播、骨利幹、多濫葛、同羅、僕固、拔野古、思結、渾、斛薛、結、阿跌、契苾、白霫等十五部，皆居磧北，風俗大抵與突厥同。厥，九勿翻。敕勒，即鐵勒也。薛延陀先與薛種雜居，後滅延陀部有之，號薛延陀，姓一利咥氏。回紇先曰袁紇，亦曰烏護，曰烏紇，至隋曰韋紇，後稱回紇，姓藥葛羅氏，居薛延陀北娑陵水上，距長安七千里。都播亦曰都波，其地北瀕小海，西堅昆，南回紇。骨利幹居瀚海北。多濫葛亦曰多覽葛，在薛延陀東，瀕同羅水。同羅在薛延陀北，多濫葛之東，距長安七千里而羸。僕固亦曰僕骨，在多濫葛之東，地最北。拔野古一曰拔野固，或爲拔曳固，漫散磧北，地千里，直僕固，鄰于靺鞨。思結在延陀故牙。渾在諸部最南。斛薛居多濫葛北。奚結在同羅北。阿跌一曰訶跌，或爲趹跌。契苾一曰契苾羽，在焉耆西北鷹娑川，多濫葛之南。白霫居鮮卑故地，直京師東北五千里，與同羅、僕固接，避薛延陀，保奥支水令陘山。「斛薛」之下「結」之上當有「奚」字。紇，音鶻。跌，徒結翻。契，欺紇翻。苾，毗必翻，又蒲結翻。霫，似入翻。磧，七迹翻。《考异》曰：《舊書》「敕勒」作「鐵勒」。《新書》云：即元魏時高車。或曰：「敕勒」訛爲「鐵勒」。今從《新書》。《舊書》「多濫葛」作「多覽葛」，又作「多臘葛」。今從《實録》、《唐統紀》。又《舊書》「僕固」或作「僕骨」。按胡語難明，以中國字寫之，故訛謬不壹。今從《陳子昂集》及《僕固懷恩傳》。

又《唐玄宗天寶十四年》　〔顔杲卿〕命崔安石等徇諸郡云：「大軍已下井陘，朝夕當至，先平河北諸郡。先下者賞，後至者誅！」於是河北諸郡響應，凡十七郡皆歸朝廷，兵合二十餘萬；《考異》曰：《河洛春秋》曰：「祿山至藁城，杲卿上書陳國忠罪惡宜誅之狀，且曰：『鉞下才不世出，天實縱之，所向輒平，無思不服。昔漢高仗赤帝之運，猶納食其之言；魏武應黄星之符，亦用荀彧之策。』又曰：『今河北殷實，百姓富饒，衣冠禮樂，天下莫敵。孔子曰：「十室之邑，必有忠信。」萬家之邦，非無豪傑，如或結聚，豈非後患者乎？伏惟精彼前軍，嚴其後殿，所過持重。且詳觀地圖，凡有隘狹，必加防遏；愼擇良吏，委之腹心。自洛已東，且爲己有，廣輓芻粟，繕理甲兵；傳檄西都，望風自振。若唐祚未改，王命尚行，君相協謀，土庶奔命，則盛兵鞏、洛，東據敖倉，南臨白馬之津，北守飛狐之塞，自當抗衡上國，割據一方。若景命已移，謳歌所繫，即當長驅岐、雍，飲馬渭河，黔首歸命，孰有出鉞下之右者！』祿山大悦，加杲卿章服，仍舊常山太守幷五軍團練使，鎮井陘口。留同羅及曳落河一百人，首領各一人。其趙、邢、洺、相、衛等州，並皆替換。及滄、瀛、深不從祿山，張獻誠圍深州月餘不下，前趙州司戶包處遂、前原氏尉張通幽、藁城縣尉崔安晟、恆州長史袁履謙等同上書說杲卿曰：『明公身荷寵光，位居牧守，乃棄萬全之良計，履必死之畏途，取適於目前，忘累於身後，竊爲明公不取。今若拒祿山之命，招十萬之兵，峙乃芻茭，積其食粟，分守要害，大振威聲，通井陘之路，與東都合勢，如此，則洪勳盛烈，何可勝言者哉！輕進瞽言，萬無一用。魂銷東岱，先懷屠裂之憂；心拱北辰，願立忠貞之節。』杲卿覽書，大悦。於是僉議，僞以祿山命追井陘鎮兵就恆州宴設，酋長各賜帛三百段，馬一疋，金銀器各一牀，美人各一，其餘通賜物一萬段。設於州南焦同驛，自曉至暮，幷以歌妓數百人悦其意，密於酒中置毒，與飲，令盡醉，悉無所覺，乃盡收其器械，一一縛之。明日，盡斬，棄尸於滹沱河中。」殷亮《顔杲卿傳》曰：「祿山起，杲卿計無所出，乃與長史袁履謙謁于藁城縣。祿山以杲卿嘗爲己判官，矯詔賜紫金魚袋，使自守常山郡，以其孫誕、弟子詢爲質，俾崇郡刺史蔣欽湊以趙郡甲卒七千人守土門，約杲卿，將見欽湊，以私號召之。杲卿罷歸，途中，指其衣服而謂履謙曰：『此害身之物也。祿山雖以誅君側爲名，其實反矣。我與公世爲唐臣，忝居藩翰，寧可從之作逆邪！』履謙愀然變色，感歎良久，曰：『爲之柰何，唯公所命，不敢違。』杲卿乃使人告太原尹王承業以殺欽湊，俟其緩急相應，承業亦使報命。杲卿恐漏泄，示己不事事，多委政於履謙，終日不相謁，唯使男泉明往來通其言；召前眞定令賈深、處士權渙、郭仲邕就履謙以謀之。適會杲卿從父弟眞卿據平原，殺段子光，使杲卿妹子盧逖幷以購祿山所行敕牒潛告。杲卿大悦，匿逖于家。逖之未至，杲卿先使人以私號召欽湊，至，杲卿辭之曰：『日暮，夜恐有他盜，城門閉矣，請俟詰朝相見。』因遣參軍馮虔、宗室李峻、靈壽尉李栖默、郡人翟萬德等即于驛亭偶欽湊，夜久醉熟，以斧斫殺之；悉散土門兵。其日，遬至于滿城驛，杲卿令崔安石、馮虔軍高遬徵兵于范陽，路出常山，杲卿候知之。其日，遬至于滿城驛，杲卿令崔安石、馮虔殺之；遬前驅數人先至，遽殺之，遂生擒遬，送于郡。遇何千年狎至，安石於路絶行人之南者，馳至醴泉驛候千年，亦斬其人而擒之如遬。日未午，二凶偕致。」《肅宗實録》：「杲卿初聞祿山起兵於范陽，杲卿召長史袁履謙、前眞定令賈深、內丘丞張通幽謂之曰：『今祿山一朝以幽、幷騎過常山，趨洛陽，有問鼎之志；天子在長安，方欲徵天下兵，東向問罪，事不及矣。如賊軍暴至，吾屬爲虜必矣。不若因其未萌，招義徒，西據土門，北通河朔，待海內之救，上以安國家，下以全臣節，此策之上者。』遂即日購士得千餘人，命履謙將兵鎮土門，命賈深防東路，通幽守郡城。賊將李歸仁令弟欽湊領步騎五千人先鎮土門，仍令以兵隸於杲卿；又使麾下騎將高遬馳報祿山，令促其行。覘者知其謀而白杲卿，杲卿召履謙告之。履謙曰：『事將亟矣，若不早誅欽湊，謀不集也。』遂詐追欽湊，令赴郡計事；命履謙署人吏以待之。欽湊夜至郡，杲卿命憩於驛，乃使參軍李循、馮虔、縣尉李栖默等享欽湊於驛，醉而夜殺之。履謙持欽湊首謁于杲卿。杲卿與履謙且喜事之捷，又懼賊之來，相對泣。杲卿收淚，勵履謙曰：『大丈夫名不掛青史，安用生爲！吾與公累世事唐，豈偷安於胡羯，但使死而不朽，亦何恨也！』有頃，藁城尉崔安石報高遬自祿山所至，已宿上谷郡界；又使馮虔、縣吏翟萬德幷命安石共方略。詰朝，遬騎數人先至驛，虔盡阬之。遜繼至，虔紿之曰：『太守將音樂迎候。』遜無疑，至廳下馬。虔、安石等指揮人吏，以棒亂擊，遜仆，生縛之。無何，南界又報何千年自東京宿趙郡，安石、萬德先於郡南醴泉驛候之。千年至，知遜被擒，令麾下騎與安石戰，敗，又生擒千年，並送于郡。」《舊傳》曰：「祿山陷東都，杲卿忠誠感發，懼賊寇潼關，即危宗社。時從弟眞卿爲平原太守，遣信告杲卿，相與起義兵，掎角斷賊歸路，以紓西寇之勢。杲卿乃與長史袁履謙、前眞定令賈深、前内丘丞張通幽等謀閉土門以背之。祿山遣蔣欽湊、高邈帥衆五千守土門。杲卿欲誅欽湊，開土門之路。時欽湊軍隸常山郡，屬欽湊遣高邈往幽州未還，杲卿遣吏召欽湊至郡計事。是月二十二日夜，欽湊至，舍之於傳舍。會飲既醉，令袁履謙與參軍馮虔、縣尉李栖默、手力翟萬德等殺欽湊。中夜，履謙攜欽湊首見杲卿，相與垂泣，喜事之濟也。是夜，藁城尉崔安石報高邈還至滿城，即令馮虔、翟萬德與安石往圖之。詰朝，邈之騎從數人至藁城驛，安石皆殺之。俄而邈至，安石紿之曰：『太守備酒樂於傳舍。』邈方據廳下馬，馮虔等擒而縶之。是日，賊將何千年自東都來趙郡，馮虔、翟萬德伏兵於醴泉驛，千年至，又擒之。即日縛二賊將還郡。」按祿山初自范陽擁數十萬衆南下，常山當其所出之塗，若杲卿不從命，遽以千餘人拒之，則應時齏粉，安得復守故郡乎！況時祿山猶以誅楊國忠爲名，未僭位號，杲卿迎於藁城，受其金紫，殆不能免矣。《肅宗實錄》所云者，蓋欲全忠臣之節耳。然杲卿忠直剛烈，糜軀徇國，舍生取義，自古罕儔，豈肯更上書媚悦祿山，比之漢高、魏武，爲之畫割據并呑之策，此則粗有知識者必知其不然也。蓋包諝乃處遂之子，欲言杲卿初無討賊立節之意，由己父上書勸成之，以大其父功耳。觀所載杲卿上祿山書，處遂等上杲卿書，田承嗣上史朝義疏，其文體如一，足知皆諝所撰也。又張通幽兄爲逆黨，又教王承業奪杲卿之功，終以反覆被誅，其行事如此；而包諝云初與處遂同上書勸杲卿爲忠義，尤難信也。《舊傳》云：「欽湊、高邈同守土門，欽湊遣邈往幽州。」二將既握兵同鎮土門，欽湊豈得擅遣邈往幽州！今從殷亮《杲卿傳》，祿山自遣邈徵兵是也。《河洛春秋》云：「留同羅及曳落河百人」，彼鎮井陘，遏山西之軍，重任也，豈百人所能守乎！殷《傳》云「七千人守土門」，此七千人又非履謙一夕所能縛也。蓋祿山留精兵百人以爲欽湊腹心爪牙，其餘皆團練民兵脅從者耳，故履謙得醉之以酒，誅欽湊及百人而散其餘耳。《河洛春秋》云「酒中置毒」，按時履謙等與欽湊同飲，豈得偏置毒於客酒中乎！今不取。《舊傳》及殷《傳》皆云欽湊姓蔣，今從《玄宗》、《肅宗實錄》、《唐曆》姓李。《玄宗實錄》：「十二月，己亥，杲卿殺賊將李欽湊，執何千年、高邈送京師。」按己亥，十五日也。而眞卿以壬寅斬段子光，壬寅，十八日也。眞卿既殺子光，乃報杲卿同舉義兵。今從《舊傳》，爲二十二日丙午殺欽湊。《肅宗實錄》又云：「杲卿之斬欽湊等，因使徇諸郡，曰：『今上使榮王爲元帥，哥舒翰爲副，徵天下兵四十萬，東向討逆。』」按《實錄》，癸卯，始命翰爲副元帥，計丙午，常山亦未知。今不取。《河洛春秋》云「十三郡悉舉義兵歸朝廷」，殷亮《顔氏行狀》、《舊·顔眞卿傳》、《唐曆》皆云「十七郡歸順」。蓋《河洛春秋》不數平原、景城、河間、饒陽先定者耳。《顔氏行狀》曰：「不款者六郡而已」，時魏郡亦未下，蓋舉其終數耳。

劉敞《公是集》卷一九《書寢》　百年惟有且，萬事總無如。《詩·載芟》「匪且有且」。注：且，此也。梵志出家，白首而歸。鄰人見之曰：「昔人尚存乎？」梵志曰：「吾猶如也。昔人非昔人也。」棄置焦中鹿，《列子·穆王篇》：鄭人有薪于野者，遇駭鹿，擊而斃之。恐人見之也，遽而藏之隍中，覆之以焦，不勝其喜。俄而遺其所藏之處，遂以爲夢焉，順塗而詠其事。旁人有聞者，用其言而取之。既歸，告其室人曰：「向薪者夢得鹿而不知其處，吾今得之。彼直眞夢者矣。」室人曰：「若將是夢見薪者之得鹿耶，詎有薪者耶？今眞得鹿，是若夢之眞耶！」夫曰：「吾據得鹿，何用知彼夢我夢耶？」驅除屋上烏。

蘇頌《蘇魏公文集》卷五《累年告老恩旨未俞詔領祠宮遂還鄉閈燕閒無事追省平生因成感事述懷詩五言一百韻示兒孫輩使知遭遇終始之意以代家訓故言多不文》　上號太宫辰，奉冊陪發軔。復土裕陵日，杖桐方守殯。阻趨七月期，莫從百夫殉。予到滄才數月，上喻執政云：「要蘇某來修一書，令速召歸。」遂有判吏部修官制之命。及進對，上曰：「朝廷與契丹通好歲久，故事儀式，舊章案牘，遺散者多，每使人來生事，無以折證：朕欲哀集國朝以來至昨代州議定地界文案等，以類編次，爲一朝典章，使後來得以稽據。朕思非卿不能成之」。又宣諭云：「近日修書臣僚多遷延歲月，只如密院機要已七八年，近方奏請差人檢閱，已令罷之。卿該通勤敏，此書何日可成？」對以案籍浩大，凡數十架，急急編次，亦須二年，不知果可成就否？上曰：「二年了得甚善。」有旨就樞密院第四廳置局，仍許辟官檢討，指射密院人吏。於是曉夕比次，逐時面奏，商議立例類，不踰期成書二百五十卷。奏藁日，上大喜，仍御筆賜名《華戎魯衛信錄》。是年南郊，加上仁宗、英宗御號。予預五使，奉冊乘輅入朝。明年先帝升遐，予適丁先太夫人憂，寓維揚，不得預挽紼之列，於今痛恨。

又卷一七《論王公封爵故事》　國朝故事，惟親王恩禮優異外，餘郡王、嗣王、國公、郡公、縣公皆無異禮，惟立班在本官之上。又唐諸侯王薨，子得襲封爲嗣王。永徽元年，濮王泰薨，立其子欣爲嗣濮王。垂拱初，章懷太子賢薨，授其子守禮太子洗馬，爲嗣雍王。嗣王薨，子皆襲封。嗣韓王納官至員外祭酒，卒，以其子璩爲韓王，國子員外司業。有不襲封者。嗣曹王臯薨，子道古爲朝官，不襲封。有降爵爲公侯者，荆王元景坐法貶死，追封沈黎王。以渤海王子長沙嗣，仍降爲侯。嗣楚王靈夔薨，子福嗣，降爵爲公。有初但爲嗣，後數年乃封嗣王者，嗣舒王津天寶二年卒，子藻嗣，至天寶九載封嗣舒王。有由嗣王而遷郡王者，其帶職事官有爲國子員外祭酒、司業者，韓王納并子璩之類。有加銀青階者，景龍四年，嗣鄭王希言等一十四人並加銀青光祿大夫。有爲諸衛將軍者，嗣霍王暉開元中左千牛員外將軍。有爲員外洗馬者，嗣徐王茂卒，子延年除員外洗馬，爲嗣徐王。有爲宗正卿及州郡上佐官者。此例最多，不可悉數。皆出朝廷一時之命，即無定制。其恩禮厚薄以封戶多少爲限，中葉以後，封戶皆爲虛名，今所不用。

鄭獬《鄖溪集》卷二六《上李太傅》 陳人嘗傳李太傅，云作太守來此州。頃遭暴水拉隄出，設施畫略排橫流。大偷嘗欲冗隄腹，掩之即日斷其頭。至於小猾幸民禍，鈎羅姓名皆不留。太傅諱士衡，天聖中守陳。是歲蔡水溢，而居民袁氏者夜以繩鬙堤，太傅即掩誅之，盡遷今所謂袁家口是也。又水盛，恐其善泅者乘之爲盜，乃浮瓜於河，募民投取之，得一瓜輒賜以巵酒。由是盡得善泅者，而藉縻之。

吕陶《净德集》卷一《奏具置場買茶旋行出賣遠方不便事狀》 今來既被官中盡數收買，價直一定，若將銀色準折，每兩須高擡四五百文。原註：臣竊聞蜀州熙寧八年，銀每兩官折二貫三百文，足市價一貫四百文。九年銀每兩官折二貫二百文，足市價一貫六百文。或多支交子，少用現錢。原註：茶場司指揮成貫，並支交子，餘零方支現錢。交子所支既多，錢陌又須虧折，則園戶所收茶貨，只得避罪納官，安敢更求餘利，一旦失業，何以爲生。臣恐戶口逃移，賦役失陷，漸由此起。原註：臣竊知永康軍熙寧九年，買獲並稅過客人茶貨共一百三十二萬餘斤，比八年計虧九萬餘斤，比七年虧二十六萬餘斤。蓋是園戶畏罪失業，造茶減少，是致稅數有虧。以此推之，則失陷稅賦，誠有其漸。

劉恕《資治通鑑外紀·帝舜》 三年，有苗氏請服。天下聞之，皆非禹而歸舜之德。《舜典》云：竄三苗于三危，謂舜居攝之時，投竄之於西裔也。又云：庶績咸熙，分北三苗，謂舜即位後，三苗復不從化，分北流徙之。《大禹謨》云：帝曰「惟時有苗，弗率汝徂征。」謂禹攝位受命討之。鄭玄曰：苗民即九黎之後，顓頊誅九黎，其子孫爲三國。高辛之衰，又復九黎之惡。堯末、禹攝位又三誅之。穆王深惡此族三生凶德，故《呂刑》曰：苗民弗用靈制以刑，惟作五虐之刑，曰「法」，又曰「遏絶苗民，無世在下。」又曰「苗民無辭于罰，乃絶厥世。」吳起曰：三苗氏，左洞庭，右彭蠡，德義不修，禹滅之。韋昭曰：三苗，炎帝之後諸侯也。堯舜之時，誅討有罪，廢絶其世，不滅其國，立其近親，紹其先祀，所以有苗國歷代常存，屢不從化。隨巢子《汲冢紀年》曰：三苗將亡，天雨血，夏有冰，地坼及泉，青龍生於廟，日夜出，晝日不出。三苗數叛，數亡，未知衆異出於何時？

蘇軾《蘇東坡全集·奏議集》卷一四《奏乞增廣貢舉出題劄子》 臣伏見《元祐貢舉敕》：「諸詩賦論題，於子史書出。唯不得於老莊子出。如於經書出，而不犯見試舉人所治之經者亦聽。謂如引試治《詩》、《書》舉人，即聽於《易》、《春秋》經傳出詩賦論題。引試治《易》、《春秋》舉人，即聽於《周禮》、《禮記》出詩賦論題之類。」

彭汝礪《鄱陽集》卷一二《過石頭鎮寄文淵·又》 容顔不少如前日，景物猶多似舊時。匹馬瞻相無盡意，雙泉想像不勝悲。治平中，文淵尉新建廨宇，在石頭。予登第過之，少年父母俱存，其游甚樂。後十四年，交喪，所天俱白髮，衰矣。文淵持服，予以使車還石頭，因作是詩。

范祖禹等《唐鑒》卷四 ［太宗］六年，初，群臣表請封禪，帝曰：「卿輩皆以封禪爲帝王盛事，朕意不然。若天下乂安，家給人足，雖不封禪，庸何傷乎？昔秦始皇封禪，漢文帝不封禪，後世豈以文帝不及始皇邪？且事天、埽地而祭，何必登泰山之巔？封數尺之土，然後可以展其誠敬乎？」群臣請不已，帝亦欲從之，魏徵獨以爲不可，乃止。臣祖禹曰：古者天子巡狩，至于方岳。【略】後世學禮者失其傳，而諸儒之諂諛者爲說以希世祖，謂之封禪。實自秦始，古無有也。呂祖謙注：《史秦紀》：始皇東行郡縣，上鄒嶧山，立石。與魯諸儒生議刻石，頌秦德、議封禪，乃遂上泰山。立石、封祠祀、禪梁父、刻所立石。范祖禹注：且三代不封禪而王，秦封禪而亡。人君不法三代，而法秦，以爲太平盛事，亦已謬矣！太宗方明朝，多賢臣，而佞者猶倡其議。獨魏徵以爲時未可，而亦不以其事爲非也。其後顔師古議其禮，房喬載定之，徵亦預焉。呂祖謙注：《唐禮樂志》：唐太宗已平突厥，年穀屢豐，群臣言封禪者不等。命顔師古集當時名儒博士雜議，不能決。於是房玄齡、魏徵博採衆議奏上之。范祖禹注：貞觀之末，屢欲東封，以事而止。呂祖謙注：同上。貞觀十五年，將東幸行，至洛陽，以彗星見，乃止。范祖禹注：高祖明皇遂踵行之。呂祖謙注：同上。高宗乾封，天子封泰山。玄宗開元十二年，有事泰山，爲玉冊、玉匱、石磩，皆如高宗之制。范祖禹注：終唐之世，唯柳宗元以封禪爲非，以韓愈之賢，猶勸憲宗。呂祖謙注：并見本傳云。

又卷五 ［太宗十九年］高麗既敗，舉國大駭，後黄城、銀城，皆自拔，遁去，數百里無復人烟。帝驛書報太子與高士廉等，書曰：「朕爲將如此，何如？」臣祖禹曰：太宗之伐高麗，非獨恃其四海之富、兵力之強，本其少時奮於布衣，志氣英果，百戰百勝，以取天下。治安既久，不能深居高拱，猶思所以逞志，扼腕踴躍，喜於用兵。呂祖謙注：《擊鼓詩》：踴躍用兵。范祖禹注：如馮婦搏虎。呂祖謙注：《孟·盡心》：晉人有馮婦者，善搏虎。有衆逐虎，虎負嵎，莫之敢攖。望見馮婦，趨而迎之。馮婦攘臂下車，衆皆悅之。其爲士者笑之。范祖禹注：不能自止，非有理義以養其志。

范祖禹《范太史集》卷二五《議合祭狀一》 臣等竊恐北郊之禮未必親行，徒崇空文，則天子長無親事地之禮，亦非聖情之所安也。伏請合祭天地，如祖宗故事。俟將來親行北郊之禮，則合祭可罷。謹錄奏聞。太常博士臣張璪。殿中侍御史臣吳立禮。起居郎、權給事中臣喬執中。尚書戶部侍郎臣蔣之奇。御史中丞臣李之純。權戶部尚書臣錢勰。翰林侍講學士臣范祖禹。翰林學士兼侍讀臣顧臨。

陸佃《陶山集》卷四《乞宣仁聖烈皇后改御崇政殿受册狀》 臣見候假開，即集禮官依敕以章獻明肅皇后故事詳定儀注。今來所陳，只乞作太皇太后聖意批出。伏望聖明曲加矜擇。原註：三月二日內批：將來受册。有司雖檢用章獻明肅皇后故事，當御文德殿，顧予涼薄，豈敢上比章獻明肅皇后！所有將來受册，可只就崇政殿。宜令三省叙述此意，降詔施行，仍先具詔本進入。三月七日詔：祥禫既終，典册告具，而有司遵用章獻明肅皇后故事，當受册于文德殿。雖皇帝孝愛之意務極欽崇，而朝廷損益之文，各從宜稱仰。惟章獻明肅皇后輔佐眞廟，擁祐仁皇，茂業豐功，宜見隆異。顧予涼薄，絕企徽音，稽用舊章，實有慚德，所有將來受册，可只就崇政殿。

黃庭堅《山谷詩外集補・寄懷趙正夫奉議》［黃𤲞注］ 春皇撫宇宙，仁氣被園林。草木懷元寵，松柏抱常心。攬觀萬物表，有覺詠時禽。一勸君沽酒，一起予投簪。小人畏罪罟，澡雪奉官箴。雞鳴風雨晦，鶴鳴澗谷陰。維此方寸寶，日月所照臨。澤蒲漸綠弱，山桃破紅深。永懷寂寞人，黃卷事幽尋。虛窗馳野馬，宴坐醉古今。鴛鴦求好匹，笙磬和同音。何時聞笑語，清夜對橫琴？分寧本云：按𤲞注載公有《題絳本法帖》云：元豐八年夏五月戊申，趙正夫出此書于平原官舍。又《題樂府木蘭詩後》云：元豐乙丑五月戊申，會食于趙正夫平原監郡西齋。二詩蓋當時作。又𤲞按，國史元祐三年十月己丑，蘇軾言御史趙挺之在元豐末通判德州，而著作黃庭堅方監本州德平鎮。挺之希合提舉官楊景棻之意，欲于本鎮行《市易法》，而庭堅以爲鎮小民貧，不堪誅求，若行市易，必致星散。公文往來，士人傳笑」云云。公他日宜州之禍，亦基於此。故因備載。

畢仲游《西臺集》卷二〇《和梅德充見寄》 前年離陝宴溪傍，白髮蒼顏各老郎。親意百年楊仲武，原注：楊仲武之姑，嫁潘散騎，所謂潘楊者也。而某之外祖，乃德充之大父也。友情千里晉眞長。原注：晉劉琰子眞長，與王羲之雅相友善。孫盛作《易》、《論語》簡文，使殷浩難之，不能屈。帝曰使眞長來，固應有以制之。論詩手出都官藁，原注：聖俞爲都官員外郎，以詩名天下，德充之世父也。劉原父嘗言：唐有鄭都官，今有梅都官。好事家傳侍讀香。原注：德充之大父，翰林學士侍讀，在眞宗爲朝臣。性善焚香，其在官所，每晨視事必焚香，至今人傳梅侍讀香方。

謝逸《溪堂集》卷五《重陽示萬同德》 晚起無營着帽遲，蕭疎霜鬢任風吹。病懷王子同傾酒，愁憶潘郎共賦詩。在京師重陽日，與王立之飲酒。又潘邠老嘗得一句云「滿城風雨近重陽」，令予足之。今二公皆捐館，令人心折。

鄒浩《道鄉集》卷一一《聞正夫遷門下》 促膝論心十二年，有時忠憤淚潛然。不聞一事拳拳救，但見三臺每每遷。天地豈容將計免，國家能報乃身全。它時會有相逢日，解說何由復自賢。予竄新州日，公爲給事中，責命之所經由也。及予召還，公已遷禮部侍郎。一日見訪，自言回時責命甚遽，更不候簽書行之。且指天作誓，以明不欺意，謂若來簽書，必須封駁耳。

又二三《諫哲宗立劉后疏》 陛下事天甚謹，畏天甚至，尤宜思所以動天而致然者。考之人事既如彼，求之天意又如此，安可不留聖意乎！夫成湯，聖君也。仲虺不稱其無過，稱其改過不吝。高宗，賢君也。傅說不告以拒諫，而告以從諫則聖。臣雖至愚，不足以方古諫者，常念唐太宗猶有恥君不及堯舜之臣，況眞可爲堯舜如陛下之聖，而於身親見之乎！是以不敢愛身，冒犯天威，圖報陛下親自識拔大恩之萬一，而區區血誠盡於此矣。惟陛下俯從而改之，不以爲吝，則萬世之下所以仰陛下之聖者，亦將在成湯、高宗之上矣。豈不美哉！豈不美哉！伏望聖慈深賜照納，不以一時改命爲甚難，而以萬世公議爲足畏。追停册禮，別選賢族。如初詔施行，庶幾上答天意，下慰人心，爲宗廟社稷無疆之計，不勝幸甚。《丁未錄》云：閏六月辛未，詔曰：朕仰惟哲宗皇帝元符之末，是生越王，奸人造言，謂非后出。比閱臣僚舊疏，適見椒房訴章，載加考詳，咸有顯證。殺母取子，實爲不根。詆誣欺罔，罪莫大焉。其鄒浩可重行黜責。仍檢會鄒浩元奏劄子，宣示中外。其劄子云：臣聞仁宗皇帝在位四十二年，邦國無流離之患，邊境無征伐之苦。黎民繁庶，萬邦咸寧。當是時，可以嬉游後宮，非焦心勞思之秋也。而謂宰相寇準曰：「朕觀自古亂天下敗國家者，未嘗不因女子。是以褒姒滅周，妲己亡商。朕之後宮女子，巧媚百生，朕未嘗顧盼焉。」然則，仁祖之意，豈不欲垂裕後昆邪？奈何陛下遽亡其業乎？臣觀陛下之所爲，愈於桀紂，甚於幽王也。殺卓氏而奪之子，欺人可也，詎可欺天乎！卓氏何辜哉？得不愈於桀紂也！廢孟氏而立劉氏，劉氏何德哉？得不甚於幽王也！臣觀祖宗有唐堯、虞舜之德，而陛下有桀紂、幽王之行，不識陛下寢饒安乎？頃年彗出西方，災譴爲大。陛下避正殿以塞天變，減常饍以銷天譴。宰相章惇謂陛下曰：「未足以損陛下盛德。」又聞江西數奏累年饑饉，陛下責以宰相燮理之功。宰相章惇謂陛下曰：「天災流行，無世無之。」且以「堯有九年之水，湯有七年之旱」爲解。惇爲輔弼，忍發此言。今聞陛下欲立劉氏，惇之策也。直諫而出惇之姦言，使天下之臣共覩日月之光，盛大之世。不然，祖宗百有餘年基業，將顛覆於陛下之手矣。昔唐褚遂良諫高宗立武昭儀不聽，叩頭流血，以笏置殿階，曰：「還陛下此笏，丐歸田里。」今臣諫陛下，不願歸田里力農灌園，爲亂世之民，願瞻臣心以獻惇，丐惇之首以謝天下。於是以寶文閣待制新差知越州，鄒浩責授衡州别駕永州安置。元符皇后上疏稱謝，並詔送史館。浩之本章，紹聖間即焚之。今降者，蔡京使其黨僞爲浩疏也，郝隨使館客作。

毛滂《東堂集》卷二《次韻奉酬蔡成允》 蔡子詩鋒新發硎，曉壓吾境横長城。玉關食肉何足計，飯山日午吟膚清。叩門念子憂吻燥，銀瓶急燎蒼蠅聲。雲龍爲子起風腋，要使飛將身趫輕。原注：秦系與劉長卿善，以詩相贈答。權德輿云：「長卿自以爲五言長城，秦系以偏師攻之。」今成允以詩雄於吴興者也。僕今日方與客煎大龍團，成允適至，遂共啜之。

趙鼎臣《竹隱畸士集》卷四《彭樂道輓詩三首》 身老羞干禄，家貧喜著書。妙雖窮比興，麤亦到蟲魚。潘令官何拙，虞卿意不疏。傳詩今有子，應不廢菑畬。樂道故爲郡學官，晚得天府獄曹掾，非其志也。其於書無所不讀，尤邃於《詩》。且起訊囚，暮夜必解《詩》一篇，究其指歸。性淡泊，少嗜好，獨喜道家吐納存想之術，自謂得其要妙。頗常欲授余，而未果。故於哀輓之章，三致其詞以悲之。余於樂道，蓋無所愧詞者也。

廖剛《高峰文集》卷一〇《戲呈吴江令張明達》 陸羽甘泉冷似冰，松江因向令賢明。要須更取中橋水，欲看三君子鬬清。甲午夏，沿檄自潤還秀，持惠山泉與達明，書此代簡。吴江第四橋，自古傳取水處。明達得詩，因説脩橋日，惟是橋下柱不得。凡兩日後，用鐵裹柱，頭如錐狀，方下得定。蓋其下皆有青泥，滑而水急，當泉湧處也。是日，達明招飲于垂虹亭，因遣人取水較之，水輕甘于惠泉。余戲達明曰：「水則勝矣，但未知令如何耳。」二人相與掀髯盡醉而後歸。然惠泉雖味淡，而體差重，以石置器中可經歲不壞。居無幾時，朝廷有旨月進。雖爲禁泉，品之居上，豈正以其不壞耶？惟淡不壞耳。

呂頤浩《忠穆集》卷二《論彼此形勢》 我之形勢，比之數年前則不同。何以言之？數年以前，金人所向，我之戰兵，未及交鋒，悉已遁走。近年以來，陛下留神軍政，揀擇精鋭，汰去孱弱，今二三大將下兵已精矣。原注：臣竊料劉光世、韓世忠、張俊、揚沂中、王𤫊下兵數約二十萬人，除輜重火頭外，戰士不下十五萬人。陛下聖性，精于器械，製作工巧，數年以來，卑宫室，菲飲食，而輟邦財用，修造器甲，今器械略備矣。原注：外域之兵，自來以全裝衣甲禦敵。中國甲士，自來止有前後弇心，副膊有皮笠子，而無兜鍪，故怯戰。臣在河北，嘗觀太宗皇帝於北京武庫。排垜下，河北十七將軍器，並無全裝，今日皆不堪用。祁溝之敗，恐由軍器不全。

又卷七《雄州道中寄沈和仲侍郎》 扁舟隱隱馬騣騣，重到燕山感念深。水陸共時同偃薄，雲途今日異升沉。原注：范蔚宗云：用之則爲虎，不用則爲鼠。抗之則在青雲之上，抑之則在泥塗之下。某與和仲屢聯轡按部凡二年，而和仲以侍郎被召。

程俱《北山集》卷六《寄江彦文緯》 往追雙玉人，芒屨踏巖谷。阿咸今獨往，宰上森拱木。公來定何時，舊唱猶能續。尋壑復穿雲，何山看飛鹿。壬辰歲，與彦文、仲嘉縱遊山間。時余作詩有「雙玉人大阮阿咸」之句。又戲作疊韻詩爲酒令。前日復以數句相調，稍欲尋盟矣。故有「舊唱猶能續」之句。北山有塢曰君讓，石間有馬跡，相傳神仙所嘗居，不知君讓爲何人也。武夷山有飛鹿。

程俱《麟臺故事》卷一 國初，循前代之制，以昭文館、史館、集賢院爲三館，通名之曰崇文院。案宋李燾《續資治通鑑長編》云：太宗初即位，因臨幸三館，即詔有司度左昇龍門東北舊車輅院别建三館。命中使督工徒晨夜兼作，其棟宇之制皆親所規畫，自經始至畢功，臨幸者再。太平興國三年，二月丙辰朔，詔賜名爲崇文院。西序啓便門以備臨幸，盡遷舊館之書以實之。院之東廊爲昭文書，南廊爲集賢書，西廊有四庫，分經、史、子、集四部，爲史館書，四庫書籍正副本凡八萬卷。《山堂攷索》引王巖叟《重修秘閣記》云：太平興國二年，命有司度地昇龍門左，三年畢工。《宋史》本紀云：二年九月，幸新修三館。三年二月，以三館新修書院爲崇文院，諸書所載詳略不同，與此互證悉合。

汪藻《浮溪集》卷一二《李綱落職鄂州居住制》 具官某空疎而不學，凶愎而寡謀。志輕天下而自謂無人，權震朝廷而不知有上。靡顧國家之大計，但營市井之虚名。專殺尚威，傷列聖好生之德。信狂喜佞，爲一時羣小之宗比。再被于延登，朕頗懷于虚佇，而果于修怨姦以事君。庇己姻親，至擅刊夫詔令。括民財力，曾罔恤于基圖。念存體貌之恩，姑解鈞衡之任。雖居遠外，猶極優崇。謂上印以投閒，能闔門而訟過。乃傾家積，陰與賊通。伊舉錯之，非常于聽。聞而實駭，宜鐫寵秩，移寘偏州。昔漢棄京房罪，本繇于不道。唐誅元載惡，蓋在于罔悛。往革乃心，毋忘予戒。案李心傳《繫年要錄》：建炎元年八月，殿中侍御史張浚論綱擅易詔令、竊庇姻親等十數事。上召禮部侍郎兼直學士朱勝非草制，罷綱爲觀文殿大學士提舉杭州洞霄宫。時浚章不下，所坐皆宰相。黄潛善密以傳勝非，右正言鄧肅疏辨綱實無罪，不知遣詞者何所據而言。十月，以浚論綱罪未已，落綱職。十一月，浚復論綱素有狂愎無上之心，復懷怏怏不平之氣，當寘之嶺海。乃命鄂州居住，中書舍人汪藻草制云云，即此篇也。藻蓋憑張浚前後論章遣詞，視朱勝非之得自密傳，更復不同，故比之驩兜、少正卯、京房、元載，藻遂因是爲清議所譏。《宋史》列之文苑而云：「屬時多事，詔令類出其手」，雖黜之，實惜之也。

姚宏《戰國策續注》卷一七《楚四・楚考烈王無子章》 於是園乃進其女弟，即幸於春申君。知其有身，園乃與其女弟謀。園女弟承間說春申君曰：「楚王之貴幸君，雖兄弟不如。今君相楚王二十餘年，而王無子，即百歲後，將更立兄弟。即楚王更立，彼亦各貴其故所親，君又安得長有寵乎，非徒然也？君用事久，多失禮於王兄弟，兄弟誠立，禍且及身，奈何以保相印、江東之封乎？今妾自知有身矣，而人莫知。妾之幸君未久，誠以君之重而進妾於楚王，王必幸妾。妾賴天而有男，則是君之子爲王也，楚國封盡可得，孰與其臨不測之罪乎？」春申君大然之。乃出園女弟謹舍，而言之楚王。楚王召入，幸之，遂生子男，立爲太子，以李園女弟立爲王后。楚王貴李園，李園用事。李園既入其女弟爲王后，子爲太子，恐春申君語泄，而益驕，陰養死士，欲殺春申君以滅口。續：《越絕記》：昔楚考烈王相春申君也，吏李園。園女弟環謂園曰：「我聞王老無嗣，可見我於春申君。我欲假於春申君。我得見於春申君，徑得幸於王矣。」園曰：「春申君貴人也，千里佐，吾胡敢託言？」女環曰：「即不見我，汝求謁於春申君，才人告有遠道客，因請歸待之，彼必問汝，汝家何等遠道客者，因對曰『園有女弟，聞之使使來求之園，才人使告園也。』彼必問汝女弟何能，對曰『能鼓音、讀詩書，通一經』故彼必見我。」園曰：「諾。」明日辭春申君：「才人有遠道客，請歸待之。」春申君果問：「汝家何等遠道客？」對曰：「園有女弟，魯相聞之使使來求之。」春申君曰：「何能？」對以：「鼓音、讀詩書、通一經。」春申君曰：「可得見乎？」園曰：「可。」明日使待於離亭，園曰：「諾。」既歸，告女弟環曰：「吾辭於春申君，與我明日夕於離亭。」女環曰：「園宜先供待之。」春申君到，園馳人呼女環到，黃昏女環至，大縱酒，鼓琴曲未終，春申君重言善。女環鼓琴而歌，春申君大悅，留宿。明日女環謂春申君曰：「妾聞王老無嗣，屬邦於君，君外淫不顧政事，使王聞之，君上負於王，使妾兄下負於夫人，爲之奈何？無泄此口，君召而戒之。」春申君以告官屬，莫有聞淫女也，皆諾。與女環通，未終月，女環謂春申君曰：「妾聞王老無嗣，今懷君子一月矣，可見妾於王，幸產子男，君即王公也，何爲而佐乎？君試念之。」春申君曰：「諾。」念之五日，而道之邦中有好女，中相呼屬嗣者。烈王曰：「諾。」即召而可之，烈王大悅，取之，十月產子男。烈王死，幽王嗣立。女環使園相春申君，相之三年，然後告園以吳封春申君，使備東邊。園曰：「諾。」即封春申君於吳，幽王後，懷王使張儀詐殺之。懷王子頃襄王，秦始皇帝使王剪滅之。《越絕書》又云：春申君，楚考烈王相也。烈王死，幽王立，封春申君於吳。三年，幽王徵春申君爲楚令尹，春申君自使其親立爲假君。治十一年，幽王徵假君與春申君幷殺之。二君治吳凡十四年。而國人頗有知之者。

洪興祖《楚辭補注・天問》 東西南北，其修孰多？修，長也。言天地東西南北，誰爲長乎？南北順墮，其衍幾何？衍，廣大也。言南北墮長，其廣差幾何乎？墮，《釋文》作「隋」。一作「墮」。[補]曰：《爾雅》云：蟦小而橢。橢音妥，又徒禾切，狹而長也。《疏》引南北順橢，其修幾何。墮與橢同，通作隋。《淮南子》云：闔四海之內，東西二萬八千里，南北二萬六千里。注云：子午爲經，卯酉爲緯，言經短緯長也。又曰：禹乃使大章步自東極至於西極，二億三萬三千五百里七十五步。使豎亥步自北極至於南極，二億三萬三千五百里七十五步。注云：海內有長短，極內等也。《軒轅本紀》云：帝令豎亥步自東極至於西極，得五億十選九千八百八步，南北二億三萬一千三百里。豎亥左手把算，右手指青丘北，東盡泰遠，西窮邠國，東西得二萬八千里，南北得二萬六千里。《靈憲》曰：八極之維，徑二億三萬二千三百里，南北則短減千里，東西則廣增千里。自地至天，半於八極，則地之深亦如之。《博物志》曰：《河圖》：天地南北三億三萬五千五百里，東西二億三萬三千里。其說不同，今幷存之。

鄭樵《通志》卷五六 州牧刺史。黃帝立四監以治萬國，唐有九州，舜置十二州有牧，夏爲九州牧，商周八命曰牧，秦置監察御史，漢興省之。至惠帝三年，又遣御史監三輔郡，察詞訟，所察之事凡九條，監者二歲更之，常以十月奏事，十二月還監，其後諸州復置監察御史。文帝十三年，以御史不奉法，下失其職，乃遣丞相史出刺，幷督監察御史。武帝元封元年，御史止，不復監。至五年，乃置部刺史，掌奉詔六條察州，凡十二州焉，居部九歲，舉爲守相。成帝綏和元年，以爲刺史，位下大夫而臨二千石，輕重不相準，乃更爲州牧，秩眞二千石，位次九卿，九卿缺，以高第補。哀帝建平二年，復爲刺史，元壽二年，復爲牧。後漢光武建武十八年，復爲刺史，外十二州，各一人，其一州屬司隸校尉。漢刺史乘傳周行郡國，無適所治，中興所治有定處。舊常以八月巡行所部，錄囚徒，考殿最，歲盡，詣京都奏事。中興但因計吏，不復自詣京師，雖父母之喪不得去職，或謂州府爲外臺。謝夷吾爲荆州刺史，第五倫薦之曰：「尋功簡能，爲外臺之表；聽察聲實，爲九伯之冠」。靈帝中平五年，改刺史，准置牧。是時天下方亂，豪傑各欲據有州郡，而劉焉、劉虞並自九卿出領州牧，州牧之任自此重矣。舊制：州牧奏二千石，長史不任位者，事皆先下三公，三公遣掾史按驗，然後黜退。光武即位以來，不用舊典，時用法明察，不復委任三府，故權歸舉刺之吏。魏晉爲刺史，任重者爲使持節都督，輕者爲持節，皆銅印墨綬，進賢兩梁，冠絳朝服，而領兵者武冠。西晉罷司隸，置司州，江左則揚州刺史。自魏以來，庶姓爲州而無將軍者謂之單車刺史，凡單車刺史加督進一品，都督進二品，不論持節假節。晉制，刺史三年一入奏。宋與魏同，梁刺史受之，明日辭宮廟而行，皆持節。後魏天錫二年，又制諸州，置三刺史，皇室一人，異姓二人，比古之上中下三士也，郡置三太守，縣置三令長。自後魏、北齊，則司州曰牧，而北齊制州爲上中下三等，每等又有上中下之差，自上上州至下下州，凡九等。後周則雍州曰牧，而制刺史初除，奉辭之曰備列鹵簿，凡總管刺史則加使持節諸軍事，以此爲常。及蘇綽爲六條之制初，文帝秉魏政，令百官誦習，其牧守令長非通六條及計帳者不得居官。靜帝大象元年，詔總管刺史及行兵者加持節，餘悉罷之。隋雍州置牧，餘州並置刺史，亦同北齊九等之制，總管刺史加使持節。至開皇三年罷郡以州統縣，自是刺史之名存而職廢。刺史、縣令三年一遷，諸有兵處則刺史帶軍事以統之。十四年改九等州縣爲上中下，凡三等。煬帝大業初，復罷州置郡，爲司隸臺，大夫一人巡察畿內，其刺史十四人巡察畿外，諸郡亦有六條之制，與漢六條不同。從事四十人，副刺史巡察，每年二月乘軺巡郡縣，十月入奏。唐武德元年，罷郡置州，而雍州置牧，至神龍二年二月，分天下爲十道，置巡察使二十人，以左右臺及外內官五品以下堅明清勁者爲之，兼按郡縣，再朞而代。至景雲二年，改置按察使道各一人。開元十年省，十七年復置，二十二年改置採訪處置使，治於所部之大郡，其有戎旅之地即置節度使，仍各置郎。天寶九年三月，勅本置採訪使，令舉天下大綱，若大小必由是，一人兼理數郡，自今已後採訪使考察善惡，舉其大綱，自餘郡縣所有奏請並委郡守，不須干及。至德之後，改採訪使爲觀察，并領都團練使，其僚屬隨事增置，分天下爲四十餘道，大者十餘州，小者二三州，各因其山川區域爲制。諸道增減不常，員額自天寶以後因十五事再置措置使，訪察河東西及京師，以來運司採訪，各以其職，再建屯田使。又，使名沿革不一，其職事攝置運使司。又，至開元勅錄令諸道置隨軍監察御史，各守司隸政事。又，自建中元年定矣。

王庭珪《盧溪文集》卷一九《謝向提刑見訪》 渡湘千里憶分攜，因誦癡兒不了詩。送我出門還作惡，今朝會面豈前期。樂天獨往青山日，裴相閒居綠野時。從此功名恐相逼，伊山安得久棲遲。李訓、王涯排陷樂天。訓等死日，樂天正遊洛下青龍寺。有詩云：「當君白首同歸日，是我青山獨往時。」或謂白公樂禍，東坡云：「樂天豈樂禍者，特悲之耳。」余今亦然。

李綱《梁谿集》卷二二《山居遣興四首》 三點先生髮半華，但將筆墨作生涯。已知晏食能勝肉，更覺安行可當車。月好只愁無竹葉，風來自與掃巖花。江邊盜賊休窺伺，不是宣和宰相家。宣和以前，宰執恩賜厚甚。兩年來鮮有不罹盜賊者，平日所蓄，皆爲巨盜積。余靖康初在樞庭半年，建炎初在相府兩月，既無泛恩，俸祿亦減，又多不請，而再經遠謫，行橐窶甚，然亦未嘗遇盜，而家獨全。故云。

呂本中《東萊詩集》卷一五《送范師厚宣諭四川》 想得山川瞻使節，便令父老識家規。忠宣公嘗使成都。聖朝本意惟寬大，網漏吞舟始合宜。王導嘗遣八部從事之部，顧和在下傳，還，從事見導，人人各言二千石長短，和獨無言。導問之，和曰：「明公爲政，當使網漏吞舟之魚，豈可採聽風聞，察察爲政。」導咨嗟其言。

曾幾《茶山集》卷五《聞李泰發參政得旨便將歸以詩迓之》 天上謫仙皆欲殺，海濱大老竟來歸。故園松菊猶存否，舊日人民果是非。最小郎君今弱冠，別時聞道不勝衣。案《瀛奎律髓註》：秦檜謫趙丞相鼎、李參政光、胡編修銓于海外，必欲殺之。趙先歿，李、胡皆生還。又「最小郎君」，原註謂孫壻文授，今附識於此。

王洋《東牟集》卷三《挽焦適道寺丞》 學有千箱富，言無一字欺。脊令慈孝地，兄弟急難詩。頌美觀名士，傳家付令兒。平日磨玷缺，此理上天知。前兵戈時骨肉散失，後與元昆相得於三衢慈孝坊，人以爲誠意有感。又兩郡多令政，時賢亦爲賦詩，今爲兩集。

張嵲《紫微集》卷八《挽張全真詩二首》 辱遇本非因紹介，登門不謂便無期。傾心問及言猶在，投贄書成事已悲。作鎮方甘建鄴水，惜賢尤在中興時。傷心無復諮疑事，還似當年徐孺碑。紹興丙辰見公，知待特異。及公再作參領在建康時，數造門，禮遇益洽。然平日未嘗通書問。去秋舍弟過建康，再三見問。方欲以書道悃愊，而公訃至矣。又昨於方務德處見公書，使銜車載薺事，未知所出，末句故云。

李攸《宋朝事實》卷一《祖宗世次》 翼祖諱敬，原註：居慶切。竟，鏡，獍，璥，曔。仕歷營、薊、涿三州刺史。周顯德中，贈左驍衛上將軍，四月十二日崩，葬靖陵。原註：始曰定陵，乾興元年改卜更陵名。自國初加上四祖陵，名欽陵、康陵、定陵，並幽州惟安陵，舊在京城東南隅，及改卜葬安陵，後三陵尚未修奉。眞宗即位，有言順祖、翼祖葬保州者，詔內侍與長吏同共詢訪。又令中書門下定議，遂迎奉至京師，安于佛寺。景德元年，將卜改葬。十月降手詔曰：「康陵、定陵已經迎奉，將議修崇。國家事祖宗之尊，以園陵爲大。始自開國之際，首行議禮之文，尋建陵名，尚虛神寢。而有司懇拜章表，面述聽聞，有此二陵尚居清苑，朕以事關宗廟，理合審詳。周詢輔弼之臣，旁采中外之議。而宰相上表亦曰素所聞知，輿人之談，皆云盡有摭據。朕以爲更須重愼，宜廣諮詢。至于命中使以經營，委藩侯而訪察，繼覩來奏執曰：無疑，復俾大臣再陳定議，遂有迎奉之請，用慰追遠之情。既覩僉同，因從典禮，遷之梵刹，營乃山陵，今則安厝有期，儀制將舉。朕每從餘暇，常閱羣書，因覽《太祖實錄》，明載二陵所在，又皆不指保州，疑慮之間，夙夜增念。雖朝廷之議延訪無嫌，而信史之文標載有異，況陵寢之事，朝廷之儀舉，而行之無大于此，宜令中書、門下、與樞密院同共詳定奏聞。」中書門下、樞密院上言：「伏以尊崇祖禰，務極孝思，營奉陵園，必尊典制。向者始基王業，首舉徽章，欲行四廟之儀，守建諸陵之號，雖未崇于兆域，已備載于冊書。向以職司連上章表，述其聞見，頗陳懇激之言，詢以宰司，亦有僉同之議。羣論既從于採納，宸衷過務于審詳，特選使臣，仍委牧守，式資審愼，密往詢求。尋訪之間，皆有依據；敷陳之際，頗謂周詳。大臣之奏如初，輿人之誦允屬，矧重熙之肇啓，當大孝之丕承，遂伸迎奉之儀，將行安厝之禮。陛下爰因暇日，徧閱羣書，覩信史之所標，指塋域之有異。誠如聖慮，更切參詳，事繫宗祧，允宜重慎。臣等共議，其迎到神寢，向期卜葬，即望權停所有二陵。伏請量加營繕，務從儉約，倍節煩勞，葬以衣冠，設其園寢。用伸朝拜之禮，以慰尊祖之懷。徐俟辨明，別期遷奉，庶不達于古道，且頗協于人情。狂瞽之言，仰期聖擇。」奉詔：康陵、定陵宜令藍繼宗罷修，其迎到神柩，遂以一品禮葬于河南縣，爲二位。大中祥符四年正月，車駕幸汾陰，次西京，遣知制誥錢惟演詣一品墳，以香、幣、酒、脯祭告。每朝拜諸陵日，以少牢致祭。

范浚《香溪集》卷四《贈光上人》 道人工小筆，梅瘦竹嬋娟。更學有聲畫，不忝無眼禪。一枰聊復爾，七馬獨超然。爲足前年句，眞成續斷弦。上人往者訪予，出示李伯時所畫七馬，仍求予詩。嘗坐上口占六句，今復來求足前篇，因續成四韻。故云。

王之望《漢濱集》卷二《郢守喬民瞻寄襄陽雪中三絶因追述前過石城杯酒登臨之勝爲和》 白雪樓傾不記秋，樓前江水自悠悠。多情猶憶湖南守，一曲陽春白盡頭。僕舊遊白雪樓，見張休詩石刻，尾章云：美人莫唱陽春曲，白盡湖南太守頭。今石已亡，民瞻詢於老吏，遂得其全篇，云將復刻諸石。

吴芾《湖山集》卷九《再和》 諸公得得走車輪，要向忙中樂此身。我昔不來今日到，始知枉作把麾人。昔白公、蘇公、祖公在郡之日，皆領客游是刹，留詩而去。余甲申之冬，雖自天官出守是郡，竟無此暇日，故有感而賦。

史浩《鄮峰真隱漫録》卷三《經筵讀正説終篇恭進謝恩感遇詩》 帝祚隆三葉，仁風被九垠。泥金封禪後，汗簡典墳新。祖訓敷皇極，奎星耀紫宸。儒家尊首志，臣謹按：國史《藝文志》，儒家以太宗皇帝《大明政化》十卷、眞宗皇帝《正説》十卷爲首。文論歎前塵。臣恭覽《御製正説後序》，有「魏文之論，聊以同時」之語。昔魏文爲《典論》二十篇，《文選》載《論》文一篇。聖作淵與魏文豈能彷彿？【略】披編茲有獲，徹卷豈辭頻。錫予恩波浹，榮華宴俎陳。奏詩無傑句，拜手愧名臣。仁宗皇帝朝故相晏殊有《讀正説徹篇賜宴詩》，臣謹按殊實仁宗皇帝東宮舊臣，與臣遭際事適相類。

李石《方舟集》卷二《題金馬碧鷄神祠》 持節使者來自天，玉皇遣問金碧仙。蜀山嵯峨九折外，瓊樓絳闕迷風煙。騑騑蹴踏長楸道，喔喔下鳴芝草田。漢家一瑞恐難致，殺人自要身長年。麒麟鳳凰不知愛，傀物未忍隨拘牽。至今滇昆水含怒，怒迸海脉浮平川。賨中男子文章伯，執筆金鑾殿中客。碧鷄飛去卻飛來，此地遂爲金馬宅。金馬神祠，俗傳以爲諫議大夫王子淵也。按：子淵宣帝時持節祝三神於益州。韋齊休云拓東城，兩山對峙，東北爲金馬，西南爲碧鷄。昆池水出兩山下，北折東注，而滇池自嶲以西，與昆合而東注。蠻人槩以滇池目之，不復云昆河也。二水皆出三危，蜀江所本。一云兩山時出光怪，山形如二瑞。一云鷄出水中。未知孰是。子淵《移文》云：持節使王褒敬移南崖，金精神馬，縹縹碧鷄，處南之荒。深溪回谷，非土之鄉。歸來歸來，漢德無疆。廣乎唐虞，澤配三皇。《華陽國志》云：青蛉縣禺，同山濮水。所出子淵，資人墓在。資陽年月日李石書。

任淵《後山詩注》卷二《送蘇公知杭州》 東坡出知杭州，道由南京。後山時爲徐州教授，告徐守孫覺，願往見。而覺不之許，乃託疾謁告，來南京送別，同舟東下，至宿而歸。事見東坡《送陳傳道書》及劉安世《彈章》。平生羊荆州，追送不作遠。羊荆州，謂羊祜也，以比東坡。按《晉書·羊祜傳》：督荆州諸軍。又按《晉書·郭奕傳》：奕，字大業，「爲野王令，羊祜嘗過之，奕歎曰：『羊叔子何必減郭大業。』少選復往，又歎曰：『羊叔子去人遠矣。』遂送祜出界數百里，坐此免官。」后山既送東坡，爲劉安世所彈，乞正其罪。嘗除太學博士，又爲言者以此事論列，遂罷。此句殆亦詩讖也。有客詩云：「薄言追之。」注云：「追，送也。」《世説》：「范逵既去，陶侃追送不已，且百許里。」《文選》孫子荆詩：「傾城遠追送，餞我千里道。」豈不畏簡書，言法令不許私出也。《詩》云：「豈不懷歸，畏此簡書。」劉安世《章》亦云：「士于知己，不無私恩。既効于官，則有法令。師道擅去官次，陵蔑郡將。徇情亂法，莫此爲甚。」放麑誠不忍。此句與上句若不相屬，而意在言外，叢林所謂「活句」也。按《韓非子》孟孫獵得麑，使秦西巴載之持歸，其母隨之而啼，秦西巴弗忍而與之。孟孫大怒，逐之。三月復召以爲子傅，曰：「夫不忍麑，且忍吾子乎！」唐陳子昂《感遇》詩曰：「吾聞中山相，乃屬放麑翁。孤獸猶不忍，況以奉君終。」嗚呼，觀過可以知仁，后山越法出境以送師友，亦放麑之類也。

任淵《山谷詩集注》卷一五《次韵中玉水仙花二首》 淤泥解作白蓮藕，糞壤能開黄玉花。可惜國香天不管，隨緣流落小民家。元注云：時聞民間事如此。柳子厚詩：糞壤擢珠樹，莓苔插瓊英。《左傳》曰：蘭有國香，人服媚之。秦少游樂府亦有「惱殺人，天不管」之句。此詩蓋山谷借以寓意也。按高子勉所作《國香詩序》云：國香，荆渚田氏侍兒名也。黄太史自南溪召爲吏部副郎，留荆州，乞守當塗待報，所居即此女子鄰也。太史偶見之，以謂幽閑姝美，目所未覩，後其家以嫁下俚貧民，因賦此詩以寓意，俾予和之。後數年，太史卒於嶺表，當時賓客雲散。此女既生二子矣，會荆南歲荒，其夫鬻之田氏家。田氏一日邀予置酒，出之，掩抑困悴，無復故態。坐間話當時事，相與感歎。予請田氏名曰國香，以成太史之志。政和三年春，京師會表弟汝陰王性之，問太史詩中本意，因道其詳，乃爲賦之詩曰：「南溪太史還朝晚，息駕江陵頗從款。綵毫曾詠水仙花，可惜國香天不管。將花託意爲羅敷，十七未有十五餘。宋玉門牆迂貴從，藍橋庭戶怪貧居。十年目色遙成處，公更不來天上去。已嫁鄰姬窈窕姿，空傳墨客慇懃句。聞道離鸞別鶴悲，藁碪無賴鬻蛾眉。桃花結子風吹後，巫峽行雲夢足時。田郎好事知渠久，酬贈明珠同石友。憔悴猶疑洛浦妃，風流固可章臺柳。寶髻犀梳金鳳翹，樽前初識董嬌饒。來遲杜牧應須恨，愁殺蘇州也合銷。卻把水仙花說似，猛省西家黃學士。乃能知妾妾當時，悔不書空作黃字。王子初聞話此詳，索詩裁與漫凄涼。只今驅豆無方法，徒使田郎號國香。」此詩和者甚衆，故併錄之。

王十朋《梅溪前集》卷五《哭孟丙》 三歲甜酸學語兒，能來壁下看題詩。當時戲發十年問，添我無窮今日悲。予戊辰年題西軒壁，令甲乙二子研墨捧硯。孟丙兒戲于側，始三歲。于問之曰：「汝十年後能詩乎?」應曰：「能。」二子顧予而笑，因記之。壬申六月二十四日觀舊題，時孟丙死已一月矣。予舊有《和韓詩》，云「學語二歲兒，笑味生甜酸」，蓋謂孟丙也。

又《蘇東坡詩集注》卷四《飲酒臺》 博士雅好飲，次公：陳軫謂犀首曰：「公何好飲也?」曰：「無事也?」空山誰與娛。莫向驪山去，君王不喜儒。厚：《始皇本紀》有盧生與侯生謀曰：「始皇爲人，天性剛戾，專任獄吏，未可爲求仙藥。乃亡去。始皇聞之，大怒，使御史悉按問諸生。諸生傳相告引，乃自除犯禁者四百六十餘人，皆坑之咸陽。」驪山，始皇所葬也。次公：意者，盧生即盧敖也。《史記》所載坑諸生，止云坑之咸陽。而歐陽率更《類書》於《瓜部》中載《古文奇字》曰：「秦始皇密令人種瓜驪山硎谷中。瓜實成，使人上書曰『瓜冬有實。』有詔下博士，諸生說之，人人各異。則皆使往視之，而爲伏機。諸儒生皆至，方相難不決，因發機，從上填之，皆壓死。」今先生言「莫向驪山去」，則意在此，言驪山乃坑儒之處故也。

張敦頤《六朝事迹編類》卷上《六朝郡國》 三國鼎立之後，土宇分裂，得失不常。魏武定霸，所置郡國十二，新興、樂平、西平、新平、略陽、帶方、譙、樂陵、章武、南鄉、陰平、襄陽。而省者七，上郡、朔方、五原、雲中、定襄、漁陽、廬江。文帝置七，朝歌、陽平、弋陽、魏興、新城、義陽、安豐。明及少帝增二，上庸、平陽。得漢郡者五十四焉。蜀先主於漢建安之間，初置郡九，巴東、巴西、梓潼、江陽、汶山、漢嘉、朱提、宕渠、涪陵。後主增二，雲安、興古。得漢郡者十有一焉。吳大帝初置郡五，臨賀、珠崖、武昌、廬陵、新安。少帝、景帝各四，臨川、臨海、衡陽、湘東，建安、建平、天門、合浦北部。歸命侯亦置十有二郡，始安、始興、邵陵、九德、吳興、東陽、安成、新昌、武平、桂林、滎陽、宜都。得漢郡者十有八焉。晉武太康元年既平孫氏，凡增置郡國二十有三。滎陽、頓丘、上洛、臨淮、東莞、襄城、汝陰、長廣、廣寧、昌黎、新野、隨郡、陰平、義陽、毗陵、宣城、南康、晉安、寧浦、始平、略陽、樂平、南平。省司隸置司州，別立梁、秦、寧、平四州，仍吳之廣州，凡十九。司、豫、冀、兗、荆、徐、揚、青、幽、平、并、雍、梁、秦、涼、益、寧、交、廣。郡國一百七十三，仍吳所置二十五，仍蜀所置十一，仍魏所置二十一，仍漢舊九十三，置二十三。惠帝不君，中州盡棄。永嘉南渡，建鄴今建康也。開基，九州之地有二焉。【略】此皆疆宇之列乎南者也。

李燾《續資治通鑒長編·景德元年》 ［十二月］辛丑，錄契丹誓書，頒河北、河東諸州軍。始，通和所致書，皆以南、北朝冠國號之上。將作監丞王曾言：「是與之亢立，失孰甚焉，願如其國號契丹足矣。」上嘉納之，然事已行，不果改。按《兩朝誓書冊》內有景德元年誓書本，不知《眞宗實錄》何故不載，今附於此：「維景德元年，歲次甲辰，十二月庚辰朔，七日丙戌，大宋皇帝謹致誓書於大契丹皇帝闕下：共遵成信，虔奉歡盟，以風土之宜，助軍旅之費，每歲以絹二十萬匹、銀一十萬兩，更不差使臣專往北朝，只令三司差人般送至雄州交割。沿邊州軍，各守疆界，兩地人戶，不得交侵。或有盜賊逋逃，彼此無令停匿。至於隴畝稼穡，南北勿縱驚騷。所有兩朝城池，並可依舊存守，淘壕完葺，一切如常，即不得創築城隍，開拔河道。誓書之外，各無所求。必務協同，庶存悠久。自此保安黎獻，愼守封陲，質於天地神祇，告於宗廟社稷，子孫共守，傳之無窮，有渝此盟，不克享國。昭昭天監，當共殛之。遠具披陳，專俟報復，不宣，謹白。」「維統和二十二年，歲次甲辰，十二月庚辰朔、十二日辛卯，大契丹皇帝謹致誓書於大宋皇帝闕下：共議戢兵，復論通好，兼承惠顧，特示誓書，云『以風土之宜，助軍旅之費，每歲以絹二十萬匹、銀一十萬兩，更不差使臣專往北朝，只令三司差人般送至雄州交割。沿邊州軍，各守疆界，兩地人戶，不得交侵。或有盜賊逋逃，彼此無令停匿。至於隴畝稼穡，南北勿縱驚騷。所有兩朝城池，並可依舊存守，淘壕完葺，一切如常，即不得創築城隍，開拔河道。誓書之外，各無所求，必務協同，庶存悠久。自此保安黎獻，愼守封陲，質於天地神祇，告於宗廟社稷，子孫共守，傳之無窮，有渝此盟，不克享國。昭昭天監，當共殛之。』孤雖不才，敢遵此約，謹當告於天地，誓之子孫，苟渝此盟，神明是殛。專具諮述，不宣，謹白。」景祐二年二月一日，奉聖旨令上石。又按《仁宗實錄》：慶曆二年九月乙丑，載契丹誓書，其所稱景德元年十二月七日誓書，與此並同，但有一二字不同耳。此誓書俱不稱南、北朝，不知王曾何故云「事已行，不果改」，當考。

洪适《盤洲文集》卷三《禪林寺》 振策快秋晴，伽藍倚翠屏。看雲不留瞬，對竹已忘形。銀地聲千載，虹橋拱百靈。至今鐘磬響，如講《淨名經》。智者始至佛隴，定光指此曰：「南峰金地，我所居北峯銀地爾。宜居之。」後講《淨名經》，陳郡袁子雄見堂前有瑠璃山，梵僧數十擎香跨虹橋而來。

韓元吉《南澗甲乙稿》卷四《范良臣見過云有食粥之憂以斛米助之因得長句》 捄饑豈復衛文子，闕食尚憐顏魯公。定知啜粥可餬口，未至腹疾號山芎。東方千牘羨飽死，顏氏一瓢嗟屢空。我家無錢但斛粟，與子共坐詩能窮。世傳兩貧士爲鄰，其一有餽之斗粟者，抖擻篋中，僅得數錢，以勞其持餽。至夜鄰士叩門假一二錢市油誦書，則嘆謝曰：「盡之矣。」既而愧甚，曰：「尚有斛斗，可分子也。」故用爲戲。

范成大《石湖詩集》卷三《天平寺》 舊遊彷佛記三年，轟飲題詩夜滿山。山上白雲應解笑，又將塵土涴朱顏。三年前，至先兄與余同唐少梁登山絕頂。比歸，迷路，捫蘿而下。夜已午，主僧散遣羣童秉炬，求余三人，久而莫得，以爲已仙也。是夜宿寺中聯句達曉。東坡曰：「自從有此山，白石封蒼苔。何常有此樂，將去復徘徊。」至今往來於余心。

鄭興裔《鄭忠肅奏議遺集》卷上《薦舉陳造狀》 臣伏見高郵陳造明經修行，幼居鄉曲，早有時譽。淳熙二年第進士甲科，以詞賦聲震藝苑。調太平州繁昌尉，摘伏發姦，不畏強禦，政成報最。除平江教授，啓迪生徒，亹亹不倦。撰芹宮講古，闡明經義，士子服其論議，憾師承之不早。至有淮南夫子之稱，每孤高自守，不欲取容當途。然臣竊觀其問學閎深，藝文優贍，恭值國家右文，似此之人不宜置之冷曹。伏乞睿察，特賜簡用，必有以副旁求之意。臣無任冒昧應詔，舉奏以聞。按：《周益公集》載：鄭忠肅公上前論事無隱，職事所及，間薦人才，未嘗使知。又閱朱晦菴《答王直卿書》云：誤舉僞學人，許令首正。又《書》：舉狀說不係僞學。鄭明州薦潘恭叔，恭叔言必於章中刊去此語，然後敢受。恭叔，晦翁門人，名友恭。慶元初，公爲明州守，嘗薦之。蓋宋自紹興中，陳公輔請禁程氏學。至慶元初，韓侂冑用事，憾晦翁排己，而道學之議興。繼以道學爲不足錮人，而僞學之禁起。公夙奉教於楊文靖公，時與道學諸君子交相汲引。《年譜》所載先後薦舉，如陸九淵、劉清之、李衡、王希、呂劉過、陳造、龔明之、劉光祖、顏度、蔡元定輩，罔非端人正士。定遠矢志蒐討，僅得前狀四通如晦翁所稱薦潘恭叔云云。奏章已不可復覯，知遺文之散失多矣。定遠謹識。

朱熹《儀禮經傳通解》卷四《家禮四》 古無此篇，今取《小戴》、《昏義》、《哀公問》、《文王世子》、《內則》篇，及《周禮》、《大戴禮》、《春秋內、外傳》、《孟子》、《書大傳》、《新序》、《列女傳》、《前漢書》、賈誼《新書》、《孔叢子》之言人君內治之法者，創爲此記，以補經闕。

內治：古者天子后立六宮、三夫人、九嬪、二十七世婦、八十一御妻，以聽天下之內治，以明章婦順，故天下內和而家理。天子立六官、三公、九卿、二十七大夫、八十一元士，以聽天下之外治，以明章天下之男教，故外和而國治。故曰：「天子聽男教，后聽女順，天子理陽道，后治陰德；天子聽外治，后聽內職。教順成俗，外內和順，國家理治，此之謂盛德。」嬪，毗人反。治，直吏反。下及注，除后治陰德皆同。天子六寢，而六宮在後，六官在前，所以承副，施外內之政也。三夫人以下百二十人，周制也。三公以下百二十人，似夏時也。合而言之，取其相應，有象天數也。內治，婦學之法也。陰德，謂主陰事、陰令也。應如字，音應對之應。疏曰：案《宮人》云：掌王之六寢之修。注云：路寢一，小寢五。是天子六寢也。六宮在王之六寢之後，亦大寢一，小寢五。其九嬪以下亦分居之。其三夫人雖不分居六宮，亦分主六宮之事，或二宮則一人也，或猶如三公分主六卿之類也。六卿之官，在王大寢之前，其三孤亦分主六官之職，總謂之九卿。故《考工記》云「外有九室，九卿朝焉」是也。九嬪掌婦學之法，內宰掌王之陰事、陰令。注云：陰事，謂羣妃御見之事。陰令爲王所求，爲於北宮也。若縫人、女御掌王宮縫線及絲枲織紝之等，皆是王之所求所爲者。云北宮者，以王六寢在南，后六宮在北故也。是故男教不修，陽事不得，適見於天，日爲之食。婦順不修，陰事不得，適見於天，月爲之食。是故日食則天子素服而修六官之職，蕩天下之陽事。月食則后素服而修六宮之職，蕩天下之陰事。故天子之與后，猶日之與月，陰之與陽，相須而后成者也。適，音責，下注同。見，賢遍反，下注同。爲，于僞反，下文皆同。蕩，徒浪反。適之言責也。食者，見道有虧傷也。蕩蕩，滌去穢惡也。滌，直歷反，又杜亦反。去，起呂反。穢，紆廢反。今按曆法，周天三百六十五度四分度之一，左旋於地一晝一夜，則其行一周而又過一度。日月皆右行於天，一晝一夜則日行一度，月行十三度十九分度之七，故日一歲而一周天，月二十九日有奇而一周天。又逐及於日而與之會，一歲凡十二會，會則月光都盡而爲晦，已會則月光復蘇而爲朔，朔後晦前各十五日。日月相對則月光正滿而爲望。晦朔而日月之合，東西同度，南北同道，則月揜日，而日爲之食。望而日月之對同度同道，則月亢日而月爲之食。是皆有常度矣。然王者修德行政，用賢去姦，能使陽盛足以勝陰，陰衰不能侵陽，則日月之行雖或當食而月常避日，故其遲速高下必有參差，而不正相合不正相對者，所以當食而不食也。若國無政，不用善，使臣子背君父，妾婦乘其夫，小人陵君子，夷狄侵中國，則陰盛陽微，當食必食，雖曰行有常度，而實爲非常之變矣。天子修男教，父道也。后修女順，母道也。故曰：「天子之與后，猶父之與母也。」故爲天王服斬衰，服父之義也。爲后服資衰，服母之義也。衰，七雷反。資，依注作齊，音咨，本又作齋者，同。父母者，施教令於婦子者也，故其服同。資當爲齊，聲之誤也。《昏義》。內宰掌書版圖之灋以治王內之政令，均其稍食，分其人民以居之。稍，所教反。版，謂宮中閽寺之屬及其子弟錄籍也。圖，王及后、世子之宮中吏官府之形象也。政令謂施閽寺者。稍食，吏祿廩也。人民，吏子弟。分之使衆者就寡，均宿衛。以陰禮教六宮，鄭司農云：陰禮，婦人之禮。六宮後五前一。玄謂六宮，謂后也。婦人稱寢曰宮。隱蔽之言。后象王，立六宮而居之，亦正寢一，燕寢五。教者，不敢斥言之，謂之六宮，若今稱皇后爲中宮矣。《昏禮》：「母戒女曰：夙夜毋違宮事。」以陰禮教九嬪，教以婦人之禮，不言教夫人世婦者，舉中省文。以婦職之法教九御，使各有屬以作二事，正其服，禁其奇衺，展其功緒。奇，紀宜反。衺，似嗟反。婦職，謂織紝組紃縫線之事。九御，女御也，九九而御於王，因以號焉。使之九九爲屬，同時御又同事也。正其服，止踰侈。奇衺，若今媚道。展猶錄也。緒，業也。九嬪掌婦學之灋，以教九御婦德、婦言、婦容、婦功，各帥其屬而以時御敘于王所。婦德謂貞順，婦言謂辭令，婦容謂婉娩，婦功謂絲枲。自九嬪以下，九九而御於王所。九嬪者，既習於四事，又備於從人之道，是以教女御也。教各帥其屬者，使亦九九相與從於王所息之燕寢。御，猶進也，勸也，進勸王息。亦相次叙。凡羣妃御見之法，月與后妃其象也。卑者宜先，尊者宜後，女御八十一人當九夕，世婦二十七人當三夕，九嬪九人當一夕，三夫人當一夕，后當一夕，亦十五日而徧云。自望後反之。婉，於阮反。娩，音晚。按：鄭注引《孝經・援神契》，疏以爲孔子所作者，妄矣。歐陽子嘗請於朝，欲於疏義中悉行刪去而不果從，今遵用之。已上《周禮》。右內職。

朱熹《二程遺書・附録・伊川先生年譜》 元豐八年，哲宗嗣位，門下侍郎司馬公光、尚書左丞呂公公著及西京留守韓公絳，上其行義於朝。見《哲宗・徽宗實錄》。按《溫公集》與呂申公同薦劄子曰：臣等切見河南處士程頤，力學好古，安貧守節，言必忠信，動遵禮義，年逾五十，不求仕進，眞儒者之高蹈，聖世之逸民。伏望特加召命，擢以不次，足以矜式士類，裨益風化。又按《明文定公文集》云：是時諫官朱光庭又言，頤道德純備，學問淵博，材質勁正，有中立不倚之風，識慮明徹，至知幾其神之妙，言行相顧而無擇，仁義在躬而不矜。若用斯人，俾當勸講，必能輔養聖德，啓道天聰，一正君心，爲天下福。又謂：頤究先王之蘊，達當世之務，乃天民之先覺，聖代之眞儒。俾之日侍經筵，足以發揚聖訓；兼掌學校，足以丕變斯文。又論：祖宗時起陳摶、种放，高風素節，聞於天下。揆頤之賢，摶、放未必能過之，頤之道則有摶、放所不及。知者觀其所學，眞得聖人之傳，致思力行，非一日之積，有經天緯地之才，有制禮作樂之具。乞訪問其至言至論，所以平治天下之道。又謂：頤以言乎道，則貫徹三才而無一毫之；或問以言乎德，則幷包衆美而無一善之；或遺以言乎學，則博通古今而無一物之不知。以言乎才，則開物成務，而無一理之不總。是以聖人之道至此而傳，況當天子進學之初，若俾眞儒得專經席，豈不盛哉！【略】治平熙寧間，近臣屢薦，自以爲學不足，不願仕也。見《文集》。又按《呂申公家傳》云：公判大學，命衆博士即先生之居敦請爲太學正，先生固辭，公即命駕過之。又《雜記》：治平三年九月，公知蔡州，將行，言曰：伏見南省進士程頤，年三十四，有特立之操，出羣之資。嘉祐四年已與殿試，自後絶意進取。往來太學諸生，願得以爲師。臣方領國子監，親往敦請，卒不能屈。臣嘗與之語，洞明經術，通古今治亂之要，實有經世濟物之才，非同拘士曲儒，徒有偏長，使在朝廷，必爲國器。伏望特以不次旌用明道。《行狀》云：神宗嘗使推擇人材，先生所薦數十人，以父表弟張載暨弟頤爲稱首。

又 先生既沒，昔之門人高弟多已先亡，無有能形容其德美者。然先生嘗謂張繹曰：我昔狀明道先生之行，我之道蓋與明道同，異時欲知我者，求之於此文可也。見《集序》。尹焞曰：「先生之學，本於至誠。其見於言動事爲之間，處中有常，疏通簡易。不爲矯異，不爲狷介，寬猛合宜，莊重有體。或說『匍匐以弔喪』，『誦《孝經》以追薦』，皆無此事。衣雖紬素，冠襟必整；食雖簡儉，蔬飯必潔。太中年老，左右致養無違，以家事自任，悉力營辦，細事必親，贍給內外親族八十餘口。」又曰：「先生於書無所不讀，於事無所不能。」謝良佐曰：「伊川才大，以之處大事，必不動聲色，指顧而集矣。」或曰：「人謂伊川守正，則盡通變，不足子之言，若是，何也？」謝子曰：「陝右錢以鐵舊矣，有議更以銅者，已而會所鑄子不踰母，謂無利也，遂止之。伊川聞之曰：『此乃國家之大利也，利多費省。私鑄者衆，費多利少，盜鑄者息。民不敢盜鑄，則權歸公上，非國家之大利乎？』又有議增解鹽之直者，伊川曰：『價卑則鹽易洩，人人得食，無積而不售者，歲入必倍矣，增價則反。』是已而果然。」司馬公既相，薦伊川而起之，伊川曰：「將累人矣。使韓富當國時，吾猶可以有行也。」及司馬公大變熙豐，復祖宗之舊，伊川曰：「役法當討論，未可輕改也。」公不然之。既而數年，紛紛不能定。由是觀之，亦可以見其梗槩矣。

朱熹《晦庵集》卷八五《聚星亭畫屏贊》 按《世說》，陳太丘詣荀朗陵，貧儉，無僕役。乃使元方將車，季方持杖從後。長文尙小，載著車中。《後漢書》曰：陳實字仲弓，潁川許人。嘗爲聞喜令，遷太丘長，修德淸靜，百姓以安。後以黨人連及逮捕，人多逃避求免。實曰：「我不就獄，衆無所恃。」乃請囚焉。遇赦得出。宦者張讓權傾天下，父死歸葬，潁川名士無往弔者，而實獨弔焉。後復誅黨人，讓以實故，多所全宥。實在鄉閭平心率物，或有爭訟，輒求判正，曉譬曲直，退無怨者。黨禁解，累徵不起，年八十四卒，謚曰文範先生。又曰：荀淑，字季和，潁川潁陰人也。少有高行，博學而不好章句，州里稱其知人。李固、李膺皆師宗之。舉賢良方正，對策譏刺貴倖，梁冀忌之，出補朗陵侯相。莅事明理，稱爲神君。棄官而歸，閑居養志。又曰：陳紀字元方，實長子也。至德絶俗，與實高名並著。而弟諶字季方，又配之。每宰府辟召，羔雁成羣。世號三君，百城皆圖畫。紀子羣，字長文，爲魏司空。既至，荀使叔慈應門，慈明行酒，餘六龍下食。文若亦小，坐著膝前。荀淑有八子，儉、緄、靖、燾、注、爽、肅、敷，居西豪里。縣令苑康曰：「昔高陽氏有才子八人，遂署其里爲高陽里，時人號曰八龍。」靖字叔慈，有至行，不仕，早卒，號曰玄行先生。爽字慈明，年十二通《春秋》、《論語》。潁川爲之語曰：「荀氏八龍，慈明無雙。」舉至孝，拜郎中，對策陳便宜數千言，即棄官去。後坐黨錮，隱遁十餘年。董卓用事，徵拜司空。爽以卓忍暴，終危社稷，多舉才略之士，與王允等密謀討之，未及而以病終。後允乃竟誅卓。緄子彧，字文若。少時，父以畏禍，爲娶宦者唐衡女，後從曹操。操以爲謀主，比之子房。及操將受九錫，彧諫止之，遂爲所害。彧亦作郁。于時太史奏眞人東行。

朱熹《詩經集傳·陳風·株林》　胡爲乎株林，從夏上聲。南？叶尼心反。下同。匪適株林，從夏南！賦也。株林，夏氏邑也。夏南，徵舒字也。靈公淫於夏徵舒之母，朝夕而往夏氏之邑，故其民相與語曰：君胡爲乎株林乎？曰：從夏南耳。然則非適株林也，特以從夏南故耳。蓋淫乎夏姬，不可言也，故以從其子言之，詩人之忠厚如此。駕我乘去聲。馬，叶滿補反。說音稅。于株野。叶上與反。乘平聲。我乘駒，朝食于株。賦也。說，舍也。馬六尺以下曰駒。《株林》二章，章四句。《春秋傳》：夏姬，鄭穆公之女也，嫁於陳大夫夏御叔，靈公與其大夫孔寧、儀行父通焉。洩冶諫不聽而殺之，後卒爲其子徵舒所弑，而徵舒復爲楚莊王所誅。

《詩序》卷上《小序》［朱熹《辯説》］　《將仲子》，刺莊公也。不勝其母以害其弟，弟叔失道而公弗制，祭仲諫而公弗聽，小不忍以致大亂焉。［辨說］：事見《春秋傳》。然莆田鄭氏謂此實淫奔之詩，無與於莊公叔段之事。序蓋失之，而說者又從而巧爲之說以實其事，誤亦甚矣！今從其說。

王宗稷《東坡先生年譜》［邵長蘅注］　四月，舟行至豫章彭蠡之間，遇成國程夫人忌日，廼寫《圓通偈》云：「行當施廬山有道者。」又有《與胡仁修書》云：「且夕到儀眞，暫令邁一至常。」五月，行至眞州，瘴毒大作，病暴，下，中止於常州。按先生《寄朱行中》詩，有「至今不貪寶，凜然照塵寰」之句。先生注云：「前一日夢中作此詩寄行中，覺而記之，自不曉。」按近日曾端伯《百家詩選》，至朱行中事迹云：「東坡《夢中寄朱行中》一篇，南遷絶筆也。」先生文，如萬斛泉源，而乃止於《夢中寄行中》之作，此正絶筆獲麟之義，惜哉。六月，上表請老，以本官致仕。七月丁亥，卒於常州。實七月二十八日。嗚呼，先生文章爲百世之師，而忠義尤爲天下大閑，加之好賢樂善，常若不及，是宜訃聞之日，士民惜哲人之萎，朝野嗟一鑑之逝，皆出於自然之誠，不可以強而致也。以次年閏六月，葬於汝州郟城縣釣臺鄉上瑞里。《紀年錄》：七月疾，頗革折簡。錢世雄云：昨夜齒中出血如蚯蚓者無數。若專是熱毒，根源不淺，即今諸藥盡卻，惟取人參、茯苓、麥冬瀹湯，渴即飲之。莊生云：「在宥，天下未聞。治天下也，三物可謂在宥矣。此而不愈，則天也。」徑山老惟琳來說偈，答曰：「與君皆丙子，各已三萬日。一日一千偈，電往那能詰。大患緣有身，無身則無疾。平生笑摩什，神呪眞浪出。」琳問神呪事，索筆書：「昔鳩摩羅什病，亟出西域，神呪三番令弟子誦以免難，不及事而終。」併出一帖云：「某嶺海萬里不死，而歸宿田里，有不起之憂，非命也耶！」蓋絶筆於此。後二日，殆將屬纊而聞觀先離，琳叩耳大聲云：「端明宜勿忘。」公云：「西方不無但箇裏着力不得。」世雄云：「固先生平時踐履，至此更須着力。」曰：「着力即差。」語絶而逝。

按：五羊王氏《年譜》綜其大端，傴谿傅氏《紀年》核於月日，要亦互有得失。今以《年譜》爲主，而紀年之可取者，節抄分注，以備參考，棄瑕存瑜，庶幾全璧。《年譜》有數條誤處，如《臘日孤山訪僧》詩，應在辛亥，而誤入壬子。《游風水洞》諸詩應在癸丑，而誤入甲寅。又見《顧秀才談惠州風物之美》詩應在南遷度嶺，而誤入北歸之類。今俱爲刪正。其詩文無大關係，而《年譜》未載者，雖歲月可考，不更增入，以《年譜》與譜詩異也。長蘅識。

施元之《施注蘇詩》卷二〇《和蔡景繁海州石室》　蔡景繁，名承禧。事見二十二卷《蔡景繁官舍小閣》詩注。東坡在黃，有《答景繁帖》：云：朐山臨海石室，信如所諭。前某嘗攜家一游。時有胡琴婢，就室中作《濩索》、《涼州》，凜然有冰車鐵馬之聲。婢去久矣，因公復起一念，若果游此，必有新篇，當破戒奉和也。又云：海上奇觀，恨不與公同游，大篇或可追賦。景繁往游，既賦詩，坡爲屬和。前所述，皆指石曼卿「後車胡琴」云云，皆帖中語意。又「前年開閤」云云，即所謂「婢去久矣，因公復起一念」，用此帖爲證，而詩乃粲然。「因公復起一念」，實用陳鴻《長恨傳》楊妃語也。芙蓉仙人舊游處，公自注：石曼卿也。蒼藤翠壁初無路。戲將桃核裹黃泥，石間散擲如風雨。坐令空山作錦繡，倚天照海花無數。花閒石室可容車，流蘇寶蓋窺靈宇。何年霹靂起神物，玉棺飛出王喬墓。當時醉卧動千日，至今石縫餘糟醑。山人一去五十年，花老室空誰作主。手植數松今偃蓋，蒼髯白甲低瓊戶。我來取酒酬先生，後車仍載胡琴女。一聲冰鐵散巖谷，海爲瀾翻松爲舞。爾來心賞復何人，持節中郎醉無伍。獨臨斷岸呼出日，紅波碧巘相吞吐。徑尋我語覓餘聲，拄杖彭鏗叩銅鼓。長篇小字遠相寄，一唱三歎神悽楚。江風海雨入牙頰，似聽石室胡琴語。我今老病不出門，海山巖洞知何許。門外桃花自開落，牀頭酒甕生塵土。前年開閤放柳枝，今年洗心參佛祖。夢中舊事時一笑，坐覺俯仰成今古。願君不用刻此詩，東海桑田眞旦暮。《歐陽公詩話》：石曼卿卒後，故人有見之者，云恍惚如夢中。言我今爲仙也，所主芙蓉城。又：石曼卿通判海州，以山嶺高峻，人路不通，了無花卉點綴映照，使人以泥裹桃核爲彈，抛擲於山嶺之上。一二歲間，花發滿山，爛如錦繡。張平子《東京賦》：「樹翠羽之高蓋，飛流蘇之騷殺。」庾信賦：「翡翠珠被，流蘇羽帳。」《後漢・王喬傳》：爲葉令，天下玉棺於堂前，吏人推排，終不搖動。喬曰：「天帝獨召我耶？」乃沐浴，寢其中。蓋便立覆，宿昔葬於城東，土自成墳。《博物志》：昔人有玄石者，從中山酒家飲。與之千日酒，而忘語其節。歸數日，尚醉。家人以爲死，遂葬之。酒家計其日，往告之，發冢乃醒。《玉策記》：千歲松樹，四邊披起，上杪不長，望而視之，有如偃蓋。《楚詞・惜誓章》：「載玉女於後車。」白樂天《五弦彈歌》：「鐵擊珊瑚一兩曲，冰瀉玉盤千萬聲。」《後漢》：蔡邕爲左中郎將。蔡景繁時漕淮南，故云「持節中郎」。《馬援傳》：得駱越銅鼓。韓退之詩：杖撞玉板聲，彭觥開閤用。王敦事，詳見十七卷《李公擇過高郵》詩注。白樂天《不能忘情吟序》：樂天既老，又病風，乃録家事，會經費，去長物。妓有樊素者，年二十餘，綽綽有歌舞態，善唱《楊枝》，人多以曲名名之，由是名聞洛下，將放之。馬有駱者，駔壯駿穩，乘之亦有年，將鬻之。圉人牽馬出門，馬驤首反顧一鳴，似知去而旋戀者。素慘然立且拜，婉孌有詞，詞畢，泣下。予愍然不能對，且命迴勒，反袂，飲素酒。自飲一杯，快吟數十聲，因自哂，題其篇曰：「不能忘情吟。」駱馬注已見。《神仙傳》：麻姑謂王方平曰：「自接侍以來，見東海三爲桑田。向到蓬萊，水乃淺於往昔，會時略半也。豈將復爲陵陸乎！」方平笑曰：「聖人言，海中行復揚塵也再見。」

范處義《詩補傳・篇目》 《行露》，文王。召南申女作。劉向《列女傳》：召南申女者，申人之女也。既許嫁於酆夫家，禮不備，欲迎之，女與其人言曰：「夫婦者，人倫之始也，不可不正。夫家輕違禮制，不可以行。」夫家訟之，守節持義，必死不往。而作詩曰：「雖速我獄，室家不足。」又曰：「雖速我訟，亦不女從。」其説雖疑出於《魯詩》，然與今《詩序》相應，故取之。

員興宗《九華集》卷一《李巽巖四望樓》 君子促改辦，不爾陋可憎。我興聽是説，諸友無乃稱。交從二十年，我能識其膺。彼腹椰子大，千卷貯亦曾。李渤問古德：「芥子如何納須彌？」古德云：「汝喚李萬卷，是否汝腹如椰子大，萬卷着在何處？」渤有省。士子腹有千卷書，八尺之樓，獨不能貯其身乎？覽者宜一笑。

黃希等《補注杜詩》卷七《杜鵑行》 君不見昔日蜀天子，化爲杜鵑似老烏。趙曰：按《蜀記》：昔有姓杜，名宇，號望帝。宇死，俗傳化爲子規鳥，一名鵑。蜀人聞子規鳥皆曰望帝，遂於鵑字加杜姓，謂之杜鵑，又直謂之杜宇。寄巢生子不自啄，群鳥至今爲哺雛。雖同君臣有舊禮，骨肉滿眼身羈孤。業工竄伏深樹裏，四月五月偏號呼。補注：鶴曰：《通鑑》：上元元年七月丁未，李輔國矯稱上語，迎上皇游西内。至睿武門，輔國將期射生，五百騎露刃遮道。曰：皇帝以興慶宮湫隘迎上皇，遷居大内。上皇驚幾墜。力士曰：李輔國何得無禮，叱下馬云云。陳玄禮、高力士及舊宮人皆不得留左右。丙辰，高力士流巫州，王承恩流播州，魏悦流溱州，陳玄禮勒致仕，置如仙媛於歸州，玉眞宮主出居玉眞觀。上皇以不懌，因不茹葷辟穀，浸以成疾。詩云「雖同君臣有舊禮，骨肉滿眼身羈孤」。又云「業工竄伏深樹裏」，蓋謂此也。

劉清之《戒子通録》卷一 閻立本。京兆人，唐武后右相。立本雖有應務之才，尤善圖畫。太宗嘗與侍臣學士泛舟春苑池中，有异鳥隨波容與，詔坐者爲詠，令立本寫焉。不勝愧赧，退戒其子。案：立本《新、舊唐書》皆不載其字。兄讓，字立德，以字行。則立本當亦以字行也。吾少，好讀書，幸免牆面，緣情染翰，頗及儕輩，唯以丹青見知，躬廝役之務，辱莫大焉。汝宜深戒，勿習此末技。

薛季宣《浪語集》卷三三《先大夫行狀》 父強立少登科。禮部侍郎鄒浩嘗以學官薦之，歷州縣，所至有聲，清正恬退。終金陵幕官。先祖字成翁，歷吳縣主簿，中都、宜黃二縣令，江寧光禄。爲人短小精悍，襮和裏剛，宰劇有聲，奉法不阿。其上號石蓮長官，恬澹工詩，有《舊居》一篇：「花木蕭疏一徑深，門前緑柳更森森。一作成陰。旁人錯比陶潛宅，澹泊仍無愛酒心。」娶陳氏鄂州使君詵之女，封永嘉郡太夫人。夫人，四明大族，初婚奩具華靡，察光禄有不豫色，而問之故。光禄曰：「我孺子家，觀卿調度，非若吾家婦者。」夫人曰：「有是哉。」其歸，遂能降志節約，居貧若素，閨門肅睦，非親，無識面者。而鄉人傳以爲法，訓責其女婦，必曰：「汝非薛七嫂乎。」七，光禄公輩行也。從祖兄居實，嘗與季宣言：光禄宰宜黃時，有小人不獲于母，去而遠遊者。已而母經死，比鄰聞之，稱冤呼子聲，不知傷子之不在，共證其子實殺之。光禄閲母枕中，得縣人稱貸券帖，獨疑其冤。陽按其子，使人陰以縊母領巾，夜擲債家戶下，微伺于旁。債家晨起，然香見巾識之，唾曰：「冤家，何以至此。」執問，即渠殺母，遠近歎服，稱神明。

王質《詩總聞》卷一〇《六月》 一章：六月棲棲，戎車既飭。盛夏出師，恐人有辭。故曰「玁狁孔熾，我是用急」。言所以然也。四牡騤騤，載是常服。

玁狁孔熾，我是用急。王于出征，以匡王國。比物四驪，閑之維則。二章：維此六月，既成我服，我服既成，于三十里。王于出征，以佐天子。四牡脩廣，其大有顒。薄伐玁狁，以奏膚公。有嚴有翼，共武之服。共武之服，以定王國。中章皆言王于出征，王于此送行也三十里。三章：玁狁匪茹，整居焦穫。侵鎬及方，至于涇陽。織文鳥章，白旆央央。元戎十乘，以先啓行。四章：戎車既安，如輊如軒。四牡既佶，既佶且閑。薄伐玁狁，至于太原。文武吉甫，萬邦爲憲。五章：吉甫燕喜，既多受祉。來歸自鎬，我行永久。飲御諸友，炰鼈膾鯉。侯誰在矣，張仲孝友。聞章曰：舊六章，今爲五章。聞事曰：《易林》「玁狁非度，治兵焦穫。伐鎬及方，與周爭疆。元戎其駕，衰及夷王。」此則自夷王玁狁始盛，玁狁在北，周都在西，而侵逼畿甸如此。當是玁狁有北兼西，始自夷王，不然則是玁狁與西合從，同侵畿甸。尋詩初甚危急，復乃少安，初非全勝也。《經世》甲戌北伐玁狁，庚午犬戎殺幽王驪山之下，計五十七年。《司馬氏》西夷犬戎同攻，是則西北合從也。自文武之時已見于《采薇》，至宣王之時又見于《六月》，其勢轉盛于前日，所謂「孔熾」也。反覆推之，文武之後大盛于夷王，愈盛于宣王，宣王暫安而不能久固，其末終不可救于幽王也。聞人曰：張仲，重臣望士，不應于《詩》無見，此尹吉甫、張仲相友如此。《烝民》尹吉甫又爲仲山甫作誦，如此其情非他人可比也。張仲恐是仲山甫，遍考姓闕。

陳傅良《十先生奥論注續集》卷九《張良》 高帝之立如意也，唯愛而已矣。愛之入於內也固，則視嫡庶之說末焉爾。雖然，以高帝愛戚氏，豈能愈於愛漢耶！且其始也，以爲如意之賢，足以嗣其位，而惠帝之弱，不足以堪，是以有廢立之謀。蓋其謀生於爲天下之公，而成於女子之私。於此也，非有天下樂於歸惠帝，而弗順於如意之已形觀之，而折之以其末爾之說，求攻其既固之心，則亦甚疎。是故叔孫通之徒力爭而不可得，四皓一侍太子以安。上欲廢太子，立戚夫人子趙王如意。大臣多爭，未能得堅決也。呂后恐，乃使呂澤劫良，良曰：「今天下安定，以愛欲易太子，骨肉之間，此難以口舌爭也。顧上有所不能致者四人，四人年老，皆以上嫚侮士，故逃匿山中，義不爲漢臣。然上高此四人，今公誠能令太子爲書，使辨士固請，宜來。來，以爲客，時從入朝，令上見之，則一助也。」呂后令呂澤使人奉太子書，卑辭厚禮迎此四人。四人至，客呂澤所十二年。上疾，益甚，愈欲易太子。良諫不聽。叔孫太傅稱說引古，以死爭太子，上陽許之，猶欲易之。及宴，置酒，太子侍，四人者從太子。上怪，問之：「何爲者？」四人前對，各言其姓名。上驚曰：「吾求公，則避逃我。今何自從吾兒游乎？」四人曰：「陛下輕士善罵，臣等義不辱。今聞太子仁孝恭敬愛士，天下莫不延頸願爲太子死者。故臣等來。」上曰：「煩公幸卒調護太子。」四人趍去。上召戚夫人，指示曰：「我欲易之，彼四人爲之輔，羽翼已成，難動矣。」上起去，罷酒。竟不易太子者，良本招四人之力也。嗚呼！委之以不爭之便，而示其利於無意之地。若留侯者，亦巧於悟人也矣。趙欲以長安君質齊，太后不可，大臣強諫，太后益怒。左師觸龍以王趙之福，一說而行。夫以質齊之辱，而可以博王趙之福，則雖婦人，猶忍小以就大。《史・趙世家》孝成王元年，太后用事，秦急攻之。趙氏求救於齊，曰：「必以長安君爲質，兵乃出。」太后不肯，大臣強諫，太后不聽。左師觸龍見太后曰：「老臣以爲媪之愛燕后，賢於長安君。」太后曰：「不若長安君之甚。」左師公曰：「媪之送燕后也，爲之泣，哀，祭祀則祝之曰：『必勿使反。』豈非計長久，爲子孫相繼爲王也哉？」太后曰：「然。」左師公曰：「今媪尊長安君之位，而封之以膏腴之地，多與之重器。而不及今令有功於國，一旦山陵崩，長安君何以自託於趙？老臣以媪爲長安君之計短也。故以爲愛之不若燕后。」太后曰：「諾。」於是長安君質於齊，齊兵乃出云云。彼高帝以艱難辛苦，僅得之天下，而其人安於太子，亦必不肯棄天下之所安，而付之於其所變，而不保其不危。故曰：留侯可謂巧於悟其君者矣。

司馬光《上神宗論王安石》［趙汝愚注］（《宋名臣奏議》卷一百十五） 臣之不才，最出羣臣之下。先見不如呂誨，公直不如范純仁、程顥，敢言不如蘇軾、孔文仲，勇決不如范鎮。誨於安石始知政事之時，已言安石爲姦邪，謂其必敗亂天下。臣以謂安石止於不曉事與很愎爾，不至如誨所言。今觀安石，引援親黨，盤據津要，擯排異己，占固權寵，常自以己意陰贊陛下，內出手詔以決外廷之事，使天下之威福在己，而謗議悉歸於陛下，臣乃自知先見不如誨遠矣。純仁與顥皆與安石素厚，安石拔於庶寮之中，超處清要，純仁與顥覩安石所爲，不敢顧私恩、廢公議，極言其短。臣與安石南北異鄉，取舍異道，臣接安石素疎，安石待臣素薄，徒以屢嘗同寮之故，私心眷眷，不忍輕絕而預言之。因循以至今日，是臣不負安石而負陛下甚多，此其不如純仁與顥遠矣。臣承乏兩制，逮事三朝，於國家義，則君臣恩猶骨肉。覩安石專逞其狂愚，使天下生民被荼害之苦，宗廟社稷有累卵之危。臣畏懦惜身，不早爲陛下別白。言之軾與文仲，皆疎遠小臣，乃敢不避陛下雷霆之威，安石虎狼之怒，上書對策，指陳其失，隳官獲譴無所顧慮，此臣不如軾與文仲遠矣。人情誰不貪富貴、戀俸祿，鎮覩安石熒惑陛下，以佞爲忠，以忠爲佞，以是爲非，以非爲是，不勝憤懣，抗章極言，自乞致仕，甘受醜詆，杜門家居。臣顧惜祿位，爲妻子計，包羞忍恥，尚居方鎮，此臣不如鎮遠矣。臣聞「居其位者必憂其事，食其祿者必任其患」，苟或不然，是爲盜竊。臣雖無似，嘗受教於君子，不忍以身爲盜竊之行。今陛下唯安石之言是信，安石以爲賢則賢，以爲愚則愚，以爲是則是，以爲非則非，諂附安石者，謂之忠良，攻難安石者，謂之讒慝。臣之才識固安石之所愚，臣之議論固安石之所非，今日所言陛下之所謂讒慝者也。伏望陛下聖恩裁處其罪，若臣罪與范鎮同，即乞依范鎮例致仕，若罪重於鎮，或竄或誅，所不敢逃。

熙寧四年二月上，時光自永興軍移知許州，固請留臺，未報。先是，三年舉制科者五人。孔文仲對策，指陳時病，語最切直，考中第三等上，王安石見而惡之，密啓於上，令流內銓，告示發赴軍州團練推官本任。其策略曰：「天下之道三：曰王，曰霸，曰彊國。一之以道德，淳之以仁義，此王道也；行之以仁義，雜之以功利，此霸道也；專用權謀，不顧義理，此彊國之術也。及考其見於效也，王道行於數千載之外，詠歌畏愛深結於民心，而不忍去之；霸政僅能及其身，至子孫之世則廢弃不講；彊國之術，民之視上相疾如仇讎，伺其有間，則相與蹈藉傾覆之矣。凡三道者，得失之報若白黑，然而世主行王道者少，適霸與彊國者多，何也？蓋王道所爲甚遠，而不能取成於倉卒，霸政與彊國爲敝雖深，而能見效於目前。人之常情，薄遠效而貴速成，是所以失趍適之正也。臣切觀近日朝野之論，而考陛下意之所適，求之於古，不能无疑。且天下之所以治者，貴義而不貴利也，柰何先之以興利？仁人之所以尊者，明道而不計功也，柰何一之以望功？萬事所以成就者，遲久也，柰何期之以迫急？四方之所以畏愛者，愷悌也，柰何驅之以威刑？臣願陛下曠然大變，而行衆人之所不能爲，卓然自致而行前世之所不能到，尊尙王道賤略彊霸。有言逆於心，必求諸道；有言遜於志，必求諸非道。用其粹而遺其駁，操其要而治其煩。凡此者，王道之術也。」又曰：「臣聞適於耳目之娛而爲心腹之害者，柔從說順也。雖芟夷之而常患其有餘；忤於一日之意而爲百世之利者，剛方讜直也。雖長養之，常患其不足。古之聖人屈己執謙，和顏遜志，加之以勞來之厚，助之以勸賞之至。凡以養天下，剛方讜直之節，使森然立於吾庭，爲國家廟社之福。故夫伏閤趍鼎，引衣斷檻，破裂廨制，封還詔書，如此之類，日常有之而不爲怪者，所以廣聰明而來下情也。臣願陛下容忍近臣之獻言，開納遠臣之論事。貴諫諍之任，以助聞見；補憲法之官，以振紀綱。而又加以謙沖，假借深養。剛方讜直之氣，如漢高祖之於周昌，晉武帝之於劉毅，然後可以得天下讜直之言，以輔治道。不然，猶卻行求前，徒舉以訪臣，又安補於萬一。故臣聞日食地震者，陽微陰盛也。而或曰：『日食者，曆之常志也。』臣請辨之：一百七十三日有餘而爲一交，交然後食，此曆家之說也。而春秋襄公二十一年之九月、十月，二十四年之七月、八月，皆未及一交則食，此曆之不合，一也。二漢之政，西京爲盛，東京爲衰，大率皆二百餘年爾。而西京四十五食，東京七十四食，食之疏密，應政之盛衰，而無定數，此曆之不合，二也。是日食者，非可託於曆，其要爲陰盛之應也。陽浮爲天而主於動，陰著爲地而本於靜。而動者，陰越其分，而擬諸陽也，陽之與陰，君子、小人之道也。君子道長則陽氣發於祥瑞，小人道長則陰陽見於災變。此天人相與，必然之應也。凡天下之道，有故，有新，有大，有小，有老，有弱，有正，有邪，有訥，有辯，有躁，有靜。以對而言之，在上偏者，皆陽，而君子之道也；在下偏者，皆陰，而小人之道也。上偏欲其過厚，下偏欲其常損，宜厚而薄之，宜損而益之，則陰盛陽微，君子道消小人道長，其弊至於不可扶持，此不可不察也。若夫舊勞必遷，而新來必合，大臣依違而小臣執議，老成淪伏而弱少簡拔，方直疎遠而柔諛親附，辯給者獲用而遲蹇者被退，銳進者褒陞而默守者遺落，陰盛陽微之變莫著於此矣。天地告戒之意，不爲不審，願陛下思所以應之。」又曰：「官各守其分，謂之名；職各治其事，謂之實。丞弼之，任責之，以論道德，和陰陽；財計之，任責之，以通有無，足國用。諫官責之以直言得失，御史責之以彈戢愆違，侍從責之以盡規納誨，將帥責之以安邊卻敵，職司責之以一郡一縣之治，如此舉名以責其官，按實以督其職，而庶績弗凝者，未之有也。今夫大臣，下兼財計之柄，小臣或侵將帥之權。侍從言責不得盡其詞，職司守令不得專其治，未見其能無虛假也。朝廷設百官於內外，皆所以治天下，萬事非徒爲空名以付之也。欲立一事，重建一官；欲治一政，重遣一使，未見其能底績也。」又曰：「陛下愛民，欲其富而不足以富國，遣使宣惠敎而適足以爲弊。蓋失所以先後之序矣。夫事有肇禍而法有起患者，不謂事之始法之初也。累之至久，則弊敗積而禍患起，此必至之勢也。臣嘗觀富國之論，不起於豐盈之世，而多出於戰爭之際。王者總制六合，所以服民心而重國體者，在吾道德之盛大，不在財貨之豐盈。是以鉅橋雖積，而商不能居；敖倉雖盈，而秦不能守，非無財也，道德不建而失天下之心也。夫鳥窮則啄，獸窮則搏，人窮則詐，陛下之民可謂窮矣。前世所謂無藝極之賦，大之山海小之草木，其利皆已入於官而行於今矣。陛下徐思，弛費息用以寬民財而逸民力，若大禹卑宫惡服，漢文弋綈革舃，以澤天下，庶幾不至大匱。而復出泉以取其息，遣使以厚其征，而求富民宣惠之名，可得矣乎？」

楊簡《慈湖遺書》卷二《復禮齋記》　夫人徒狥其文，爲而不由中也。戶開亦開，戶闔亦闔，有後入者，闔而勿遂。以此明禮者，斷斷乎人心所自有，而非外取。今敷叙此旨，既以發明汲古嚴君所自有之本禮，又以發明汲古嚴君所以誨子及孫之所自有。家君創一小齋，名曰「主一」，取程伊川云「敬只是主一」。上起樓則名「光風霽月」，取周濂溪「胷中灑落如光風霽月」。先生曰：「光風霽月，字雖瀟灑，不免逐物。主一則未離乎意，宜名以復禮。」汲古云：「願承復禮之敎。」先生遂口授其旨，令汲古書之。

李壁《王荆文公詩箋注》卷二五《河勢》　河勢浩難測，禹功傳所聞。今觀一川破，復以二渠分。國論終將塞，民嗟亦已勤。無災等難必，從衆在吾君。仁宗慶曆八年，河自橫隴西徙趨德博，決商胡埽。後十餘年，又自商胡西趨恩冀，河北多被水患。治平元年，同判都水監張鞏奏商胡堙塞，冀州界河淺，房家、武邑二埽由此浸潰，恐一旦大決，爲害甚於商胡。乞選官與本司相度條奏。於是命鞏同三司副使張燾、内侍押班張茂則乘驛與河北轉運使燕度都水監李立之行視地勢，浚三股、五股二河，紓恩冀水災。詩中所謂「二渠」，蓋指此。神宗熙寧二年七月，張鞏等奏二股河上下約累經大河泛漲無虞，乞差近上知河事臣僚一兩員，其講求閉塞北流利害。詔遣司馬光、張茂則，相度以聞。八月己亥，光及茂則對于崇政殿。光奏曰：「張鞏等欲塞二股河北流，臣恐其費大而功不成。若北流復，則虛費財力。其或可塞，則東流淺狹，必決，是移恩冀深嬴之患於滄德也。不若俟二三年後，東流益深濶，隄防稍固，北流淤淺，薪芻有備，然後塞之爲十全。」上曰：「若二三年河水分爲二流，何時有功？」光曰：「上約苟存，東流必增，北流必減。借使河水常分爲二，於張鞏等雖無功，於國家亦無害也。禹時分九河，漢世釃二渠河分，則爲患。亦細臣在陛下前不隱其情。」時二股河東流已及六分，鞏等因欲閉斷北流，用爲功效。上意嚮之，罷光不遣。觀此詩，公於回河之議初無所主。《左氏·昭公元年》：天王使劉定公勞趙孟於雒汭，劉子曰：「美哉！禹功明德遠矣。」《河渠書》：禹以爲河所從來，高水湍悍，難以行平地，數爲敗，乃廝二渠，以引其河注廝分也。《漢志》：諸渠往二股引取之。

韓淲《澗泉集》卷四《懷古》 近城人語雜，深山人語少。重露滴烟嵐，野水見魚鳥。稻粱豐稔外，耕鑿願溫飽。所以桃源人，不與外人道。少壯既奚爲，老矣復難強。紫芝未必仙，采之亦可餉。耆耄八九十，道可無俯仰。所以商山人，辭漢寧獨往。案：戴復古《哭澗泉詩》云：雅志不同俗，休官二十年。隱居溪上宅，清酌澗中泉。慷慨商時事，凄涼絕筆篇。三篇遺藁在，當並史書傳。自注：聞時事驚心，得疾而死。作《所以桃源人》、《所以商山人》、《所以鹿門人》三詩，蓋絕筆也。今所存止二首，其《所以鹿門人》一首已佚。

王益之《西漢年紀》卷一七 ［征和二年三月丁巳］太子兵敗，南奔覆盎城門。《漢武故事》。亞谷侯盧賀坐受太子節，掠死。東城侯居股與太子舉兵謀反，開陵侯建祿舍太子所私幸女子，皆要斬。《侯表》。吏士劫略者，皆徙敦煌郡。以太子在外，始置屯兵長安諸城門。《屈氂傳》。按《百官表》：城門校尉掌京師城門屯兵，有司馬十二城門候。《水經注》云：東出，北頭第一門名宣平門，亦曰東城門，其郭門曰東都門，即逢萌掛冠處也。第二門名清明門，亦曰凱門，又曰籍田門。第三門名霸城門，又曰青城門。南出，東頭第一門名覆盎門，亦曰下杜門，又曰端門。第二門名安門，亦曰鼎路門。第三門名平門，北對未央宮。西出，南頭第一門名章門，亦曰光華門，又曰便門。第二門名直門，又曰龍樓門。第三門名西城門，亦曰雍門，又曰函里門。北出，西頭第一門名橫門，其外郭有都門，有棘門。第二門名洛門，亦曰朝門。第三門名杜門，亦曰利城門。凡此諸門，皆通達九逵，三途洞開，隱以金椎，周以林木。左出右入，爲塗之經行者，升降有上下之別。

李心傳《建炎以來繫年要録》卷一 旻，即阿古達，其先新羅人也。《金太祖實録》云：「太祖生於戊申七月，其先爲完顏部人，後因以爲氏。」洪皓《松漠記聞》云：「女眞君長乃新羅人，號完顏氏。完顏，猶漢言王也。」苗耀《神麓記》云：「女眞始祖堪布，出自新羅，奔至愛新，無所歸，遂依完顏，因而氏焉。後女眞衆結盟，推爲首領，七傳至阿古達，乃大聖武元皇帝。」侍中韓企先訓名曰：「旻」。張匯《節要》云：「阿古達即位，以王爲姓，以文爲名。」鍾邦直《舊帳行程錄》云：「虜主名文，小字阿古忽。」案此諸書，阿骨打姓名及小字皆不同。然趙良嗣《奉使錄》、馬擴《茅齋自叙》、洪皓《記聞》等書，并作阿骨打，三人皆身至虜廷，此必不誤。惟史愿《金人亡遼錄》作阿姑打，疑語音之訛也。

又 日晚，［淵聖皇帝］命内侍邵成章衛太子赴宣德門，自是並稱制行事。傳雱《建炎通問錄》館伴李侗嘗云「京城初下，二太子曾與國相商量：『自古北兵到南朝，未嘗不破其國，擄其主而歸，此只是兵強而已，德不足也。孰若立其主，刻大碑於梁、宋間，使天下後世知行兵有名，且不絕人後，亦使南兵自此數百年不敢動。這個功迹甚大，他日若趙氏自立，即更無立主一段恩義。』國相遂然其說，差監軍固新送少帝入城，固新辭免，不曾入去。後來其議復變，卻稱國家事大，不可不爲長久之計。二太子亦曾力爭，言不惟無一段恩義，且恐兵端未已。然累日商議不成，遂從固新郎君之言。」臣案：斡喇布於本朝素稱有善意，侗所云，理或有之，他書皆不見。今略采掇，附淵聖再出城時，以補史闕。

李心傳《舊聞證誤》卷二 熙寧六年，北人遣蕭禧來議地界事，詔韓玉汝館伴。至驛，神宗令李舜舉以朱筆畫一圖子示禧，依此分撥。舜舉初不與館伴議，遽出圖，韓急顧舜舉，取置懷袖。禧果欲索看，韓云：「李御藥自與某論它事。」即已，因入奏，面陳山川形勢，纖悉皆繫利害，不可輕許。神宗云：「卿言大是，朕思慮初不至此。」按：《史》，熙寧七年三月丙辰，遼主使興復軍節度使蕭禧來求蔚、應、朔三州並邊之田。先是，正月丁未，命知忻州蕭士元、樞密院兵房檢詳文字呂大忠與北人議地界。禧既至，後五日，又命太常少卿劉忱同商量。癸亥，入辭。報書曰：「竊惟兩朝撫有萬宇，豈以尺土之地而輕累世之懽？當遣官司各加覆視，儻事由夙昔，固難徇從，或誠有侵踰，豈恡改正。」甲子，遣天章閣待制、河北都轉運使韓縝報聘。大忠乞命樞密院錄前後詔據文字，令縝齎至北庭，使遼主知本末。其後，縝至遼，不果致，但與押燕蕃相仲熙略相酬對而還。四月丁酉，遼主遂遣樞密副使、同平章事蕭素來議地界於代州境上。素自以使相，欲主南面，忱等不許。事聞，九月戊申，詔忱與素等會於大黄平，用賓主禮相見。時大忠以憂去，詔忱持議。不諧，則許以南北堡鋪中間爲兩不耕地；又不可，則以中間爲界。素不從朝議，以士元失辭，十一月丙申，起復大忠閤門副使，知石州，代士元議事。忱與素三會於大黄平，素漫指分水嶺爲界，忱不許，相持久之。八年三月庚子，遼主再使禧來聘，書詞不遜。於是王安石再入相，曰：「將欲取之，必姑予之。」辛丑，詔輔臣及忱、大忠同對資政殿。二人執不予，安石不然之，更遣縝及樞密都承旨張誠一乘傳至河東，與遼人會議。大忠又言：「遼人所求地，西起雪山，東接雙泉，爲地五百里，不可聽。」又言：「遼人利吾金帛，兵弱而惰，城池器械不精，民苦虐政，又慮西夏、韃靼乘之，其不可動者五，請姑以五寨及治平中所侵十五鋪予之。」安石不從。己酉，詔大忠持餘服。縝將行，上遣禧復命，禧不聽，又遣内侍李舜舉諭以長城連六蕃嶺許之，禧不受命。壬子，詔輔臣對資政殿。癸丑，命知制誥沈括報聘。戊午，括等對資政殿，時禧留京師已踰月，上許以遼人見開濠塹及置鋪所在分水嶺爲界，又以報書示之。丙寅，禧乃辭去，括亦行。七月丙子，遣縝河東分書。戊寅，又遣四方館使李評。十月己酉，又遣樞密承旨曾孝寬。十二月辛亥，縝畫地界還，除羣牧使。十年六月戊寅，縝以分畫之勞，賜金帶。十二月癸巳，上地圖。蓋自七年之春至十年之冬，前後歷四年，而地界始畢，凡東西棄地七百餘里。其後元祐間臺諫累章劾縝奉使辱國而罷相者，此也。伯山謂玉汝館客時持不許之論，上以爲然，全失其實。

郎曄《經進東坡文集事略》卷四〇《代張方平諫用兵書》 今陛下天錫勇智，意在富強。即位以來，繕甲治兵，伺候鄰國。羣臣百僚，窺見此指，多言用兵。其始也，弼臣執國命者，無憂深思遠之心。樞臣當國論者，無慮害持難之識。在臺諫之職者，無獻替納忠之議。從微至著，遂成厲階。既而薛向爲横山之謀，趙元昊死，其子諒祚立。熙寧二年，种諤招納嵬名山，取綏州。西方兵釁，復始於此。名山本熟戶，爲銀夏綏三州監軍。時大飢，諒祚數點兵，民疲弊苦之。牙頭吏史屈子乃説諸小帥，密謀歸附。种諤即奏言，諒祚欲發横山族帳，盡過興州。人有懷土之意，以故嵬名山率綏銀州人數萬共謀歸順，乞許向化。上召轉運使薛向詣闕詢之，諤與向同議奏曰：名山兵力誠能據横山，而効順於我，因以刺史世封之，使自爲保障。會諤所遺熟戶韓輕持蠟書往，與史屈子期者已歸報。諤即夜發兵馳赴綏州，直抵名山帳，名山大驚，不得已乃降。諤既以擅興被劾，而薛向亦責知絳州。韓絳效深入之計。熙寧三年，諒祚死。其子秉常乃舉兵三十萬，入寇環慶。於是參知政事韓絳宣撫陝西，奏復种諤爲皇城副使，用諤謀將取横山。使諤將兵城囉兀，雪中築撫寧。夏人爭撫寧，陷之。急攻囉兀，絳命諸將出師深入慶州。兵再出，遂作亂。於是上深以用兵爲憂，詔罷兵而棄囉兀、撫寧，責絳以本官知鄧州，諤汝州團練使，潭州安置。陳升之呂公弼等，陰與之協力。師徒喪敗，財用耗屈。較之寶元慶曆之敗，不及十一。然而天怒人怨，邊兵背叛，京師騷然，陛下爲之旰食者累月。何者？用兵之端，陛下作之。是以吏士無怒敵之意，而不直陛下也。尚賴祖宗積累之厚，皇天保祐之深。故使兵出無功，感悟聖意。然淺見之士，方且以敗爲耻，力欲求勝，以稱上心。於是王韶結禍於熙河，唃廝囉本吐蕃遺種，初據宗哥城，祥符中入寇，知秦州曹瑋大破之。唃氏自此衰弱。其後趙元昊大舉襲之，反爲所敗，朝廷屢加以節命。廝囉初娶李立遵妹，生二子，曰瞎氈、磨氈。再娶喬氏，生董氈。董氈尤桀黠，遂殺二兄，以幷其衆。木征者，乃瞎氈之子，耻父爲董氈所併，乃力結部落，遷於武勝。治平間，廝囉既死，起復董氈爲保順軍節度等使。上即位，加太保。關中士人，數言其利害。王韶始爲建昌軍司理，受知於江西提刑蔡挺。後數歲，挺知慶州，韶謁挺，得向寶議洮河一說。韶悦之，乃入京爲平戎策以獻，又獻和戎六事。疏奏，召韶問狀，乃以爲秦鳳路機宜。後韶從數騎親抵俞龍珂帳，招誘之。龍珂遂率其屬十二萬口來附，賞韶爲右正言，建古渭寨爲通遠軍，使韶知軍事，以圖武勝。會木征來寇，韶大破之，乃築武勝爲鎮洮軍。後以鎮洮爲熙州，以韶知州事。其明年春，景思立引兵討河州，韶引兵從之，木征遁走，斬獲不可勝計，乃以思立知河州。於是取復疊宕岷洮等處，遂班師，以韶爲左諫議大夫。當是時，木征雖屢敗，而董氈別將青宜結鬼章者，復數擾河州。明年春，景思立攻鬼章於踏白城，戰敗遂死。上深以用兵爲憂。後木征雖降，所謂董氈者，則自此歲爲邊患，韶之勢不能取也。章惇造釁於梅山，熙寧四年七月庚戌，遣檢證中書戶房公事章惇察訪荆湖北路，經制南江事。先是，辰州布衣張翹與流人李資詣闕獻書，言：辰州之南江，乃古銀州，爲蠻人向氏、舒氏、田氏所據，良田數千萬頃。若朝廷出偏師壓境上，臣二人説之，可使納土書奏，朝廷以委廣西鈐轄劉策，會策死，改命惇。惇至辰州，遂遣李資等入南江諭意，資等褊宕無謀，反爲所害。惇乃即三路進兵誅，蕩平之，遂置沅州。又以潭之梅山、邵之飛山，爲蘇方楊光潛所據。遂乘兵勢進克梅山，建安化縣。熊本發難於渝瀘。熙寧七年九月，詔知瀘州李曼勒停。先是，瀘州淯井監夷自以往時淯井官自煎鹽，已有賣茆之利。自官賣井，已失其業。而官又令納米折茆，於是結集夷衆數百，劫掠殺人，兵甚衆。駐泊景思忠等，皆死之。乃遣檢正中書戶房熊本察訪梓夔，兼體量經制夷事。又降敕牓付本，曉諭夷界，如能自歸，並釋其罪。本至蜀，乃檄召戎州司戶程之元權領江安縣，使密圖之。之元一日召諸酋見於庭，遂殺九十餘人。本乃上言江安兵官以商議買田爲名，誘致三里夷人，已即斬之矣。本乞賞功，上以誘殺弗許。已而本與轉運使陳忱、提刑范百祿率蜀兵、東兵、土丁，凡五千人入夷界，捕殺水路大小四十六村夷，得夷所獻地二百四十里，於是引兵而還。事已，遂責李曼。然此等皆戕賊已降，俘纍老弱，困弊腹心，而取空虛無用之地，以爲武功。使陛下受此虛名，而忽於實禍；勉彊砥礪，奮於功名。故沈起、劉彝復發於安南。安南，即交趾也。按：交趾，古百粤之地。漢元鼎中，伏波將軍路博德開定南粤，始置交趾刺史。後漢建武中，女子正則反交趾，馬援平定之。建安六年，立交州，唐曰安南都護府。唐末，交州爲曲顥所據。顥死，子承美嗣，後爲南海王劉龔所擒，於是以李進爲交州刺史。愛州楊廷藝攻進，進遯歸龔。後六歲，牙將皎公羨復殺廷藝以自立。廷藝故將吳權復擊公羨，殺之。權死，子昌岌嗣。昌岌死，弟昌濬嗣。昌濬死，其佐呂處玶與峯州刺史矯知祐爭立，驩州丁璉舉兵擊定之，劉盛之子鋹，乃授璉以交州節度。太宗太平興國五年，璉尙阻兵專地。是年冬，璉死，弟璿幼，大將黎元劫遷璿於別室，盡幽丁氏，以璿表襲兄位，不報。後二年，遂廢璿，自稱留後，遣使貢方物，尋封交趾郡王。元死，子龍越立。已而龍越復爲弟龍廷所殺，國大亂。既而沿海安撫邵曄上邕州至交州水陸圖。眞宗曰：「祖宗開疆，如此其大，謹守而已。安用勞民以貪無用之土乎？」未幾，龍廷入貢，乃賜名至忠。至忠死，子纔十歲，其弟明昶與明提復爭立，大校李公蘊發兵俱擊殺之，自稱留後，遣使請命。眞宗乃授公蘊爲安南都護交趾郡王。仁宗天聖六年，公蘊死，子德政嗣。皇祐七年，德政死，子日尊嗣。日尊死，子乾德嗣。會知桂州沈起、劉彝、張皇致寇，乾德乃發兵叛。使十餘萬人，暴露瘴毒，死者十而五六。道路之人，斃於輸送。貲糧器械，不見敵而盡。熙寧八年二月庚寅，詔刑部郎中沈起授郢州團練副使，本州安置。祠部郎中劉彝責授均州團練副使，隨州安置。先是，仁宗朝以蕭注知邕州，注獻取交趾之策，論者以爲□事，不省。神宗即位，王安石秉政，獻言者謂交趾已爲占城所敗，計日可取，乃以注知桂州。上問攻取之策，注辭曰：「今之溪洞，非昔日之比」或謂交人衆不滿萬人，傳者之妄，起獨言交州小醜，無不可取之理。安石喜，乃罷注歸，以起知桂州。起至，則遣官入溪洞，點集土兵，諸洞騷然。又遣薛舉誘納恩情州儂善美，交人以爲言，上患之，親批諭中書曰：「熙河方用兵未息而沈起又於南方希賞妄作，引惹蠻事，宜速罷起」於是以彝代起。彝至，復集舟師，教水戰。交人貿易，一切禁止之，愈怨望，以故大集兵丁，欲謀舉事。時知邕州蘇緘伺知之，以書抵彝，反移文劾緘沮議。未幾，交人果大舉攻陷欽廉二州，破邕之永平等四寨。緘力戰拒守，日遣使請救於彝。彝遣張守節以兵三千赴援，守節逗留不進，回保崑崙關，猝遇賊，一軍俱覆。邕守四十二日，城陷，緘死之。上深咎彝、起，皆編管遠惡州軍，而王安石亦憂沮形於辭色矣。後詔郭逵、趙卨討之，殺戮甚衆，李乾德乃降。以爲用兵之意，必且少衰。而李憲之師，復出於洮州矣。元豐初，蔡確既排吳充罷相，欲併逐王珪。珪畏確，引爲執政。確語珪以上厭公之說，珪曰：「奈何」確曰：「上久欲收復靈武，公能任責，則相位可保。」珪喜。適江東運判何琬有違法事，上語珪欲按之。珪語檢正俞充，充以告琬，琬上章自辯。上怒珪以漏語，退朝甚憂。珪語充曰：「俱得罪矣。然有一策，遂教充建取靈武之章。」書奏未幾，而充暴卒，乃以高遵裕代之。四年冬，遂命遵裕出環慶，劉昌祚出涇原，李憲出熙河，种諤出鄜延，王中正出五路，會於興靈。

魏仲舉《五百家注柳先生集》卷四《辯晏子春秋》 又非孔子，好言鬼事。非儒明鬼，又出墨子。其言問棗及古冶子等，孫曰：《晏子春秋》曰：公孫捷、田開疆、古冶子事景公，勇而無禮。晏子言於公，餽之二桃，曰：「三子計功而食之。」公孫捷曰：「吾持楯而再搏乳虎，可以食桃。」田開疆曰：「吾杖兵而禦三軍者再，可以食桃。」古冶子曰：「吾嘗從君濟河，黿銜右驂以入底柱之流，冶潛行水底，逆流百步，順流九里，得黿而殺之，左牽馬尾，右挈黿頭，鶴躍而出，可以食桃矣。」二子曰：「吾勇不若子，功不逮子，取桃不讓，是貪也。然而不死，無勇也。」皆反其桃，契領而死。古冶子曰：「二子死之，吾獨生，不仁。」亦契領而死。尤怪誕。

魏仲舉《五百家注韓昌黎全集》卷一八《答呂醫山人書》 愈白：惠書責以不能如信陵執轡者。樊曰：《史記》：魏公子无忌，昭王少子，安釐王異母弟也。安釐王即位，封公子爲信陵君。魏有隱士侯嬴，爲大梁夷門監者。公子從車騎，虛左，自迎。侯生攝弊衣冠，直上載公子上坐，欲以觀公子。公子執轡愈恭。

李琪《春秋王霸列國世紀編》 八、列國庶爵世紀、紀：紀事前乎《春秋》無聞焉，亦齊之宗也，而偪於齊。季入齊矣，季姬歸鄫矣，《春秋》猶書紀焉，是存紀也。紀而序之，是亦《春秋》之意歟。隱二：裂繻來逆女。伯姬歸于紀。紀莒盟密。七：叔姬歸紀。桓五：齊、鄭如紀。六：公會紀于成。來朝。八：祭公來，遂逆王后于紀。九：紀季姜歸京師。十三：公會紀、鄭，及齊、宋、衛、燕戰，四國敗績。十七：公會齊、紀，盟黃。莊元：齊遷紀、郱、鄑、郚。三：紀季以酅入齊。四：紀伯姬卒。紀侯大去其國。齊葬紀伯姬。十二紀叔姬歸于酅。序紀：《世紀》曰：紀爲齊弱久矣，亡紀者齊歟？紀歟？昔者大王居邠，嘗偪於狄矣。《緜》之詩曰：「肆不殄厥慍，亦不殞厥問。柞棫拔矣，行道兌矣。昆夷駾矣」夫自其「迺慰迺止」，「迺疆迺理」，以至於「高門有伉」，「冢土旣立」，軍國之容，無一不備，然後可以不絕其所慍之夷，亦不廢其聘問之禮，以須昆吾之駾。蓋寒暑之節，龍蛇之蟄，未有不積而能施，不屈而能信者。此大王所以去邠而基王業歟。紀、齊同姓也，而齊欲滅之，此豈一朝一夕之積哉！紀之自爲國者宜何如也？入春秋世三年，而紀侯去國。紀之舛政不詳於經，試即其一二事而考之，尙有可論者。蓋裂繻逆女，秋結魯援。子伯盟密，冬與莒好。齊、鄭合謀而與魯會成，鄰好是託。魯公解體，而季姜歸周，王寵是求。曾是以爲謀難之道歟！以至齊怒未怠，遽挾鄭與魯以戰齊，齊雖敗而怨愈深，豈證辭之義？敗齊未已，又偕魯致齊以盟黃，齊雖盟而禍愈亟，亦豈釋怨之方！夫知畏齊而謀國，若是尙謂國有人乎。三邑旣遷，而紀季入齊，紀侯去國，勢宜然也。吁，本支同出，封壤相鄰，蓄憾九世，造釁十年，而紀終無以謀其不免也。非特齊能亡紀，紀之爲國亦足以自亡矣。故曰梁亡自亡也，鄭弃其師自弃也，紀侯大去其國，自去也，其與大王去邠之事遠矣。然則齊侯無罪乎？齊、紀同姓而謀紀之國，無所不至，其罪不待貶絕而自見也。乃若《春秋》之法，叛人書奔，而紀季入齊不書奔，則非叛人；竊地稱名，而紀季以酅不稱名，則非竊地。經書紀季以酅入于齊，是紀祀猶有奉也。異時書紀叔姬歸于酅，是紀侯之室家猶有歸也。以《春秋》攷之，季則未有罪爾。

楊齊賢等《李太白集分類補注》卷四《山人勸酒》

士贇曰：《樂府觴酌七曲》其一曰《山人勸酒》。蒼蒼雲松，落落綺皓。士贇曰：綺皓乃商山四皓之綺里季也。《高士傳》：四皓見秦政虐，乃逃入藍田山。作歌曰：漠漠高山，深谷逶迤。曄曄紫芝，可以療飢。唐虞世遠，吾將安歸？駟馬高蓋，其憂甚大。富貴之留人，不如貧賤而肆志。乃共入商洛山，以待天下定。春風爾來爲阿誰？蝴蝶忽然滿芳草。秀眉霜雪顏桃花，骨青髓綠長美好。稱是秦時避世人，勸酒相歡不知老。各守麋鹿志，恥隨龍虎爭。歘起佐太子，漢皇乃復驚。顧謂戚夫人，彼翁羽翼成。齊賢曰：《史・留侯世家》：上欲廢太子，立戚夫人子趙王如意。呂后恐，留侯爲畫策曰：「此難以口舌爭也。顧上不能致者，天下有四人逃匿山中，義不爲漢臣。然上高此四人。今公誠能令太子爲書，卑辭安車，固請，來以爲客，時時從入朝，令上見之，則一助也。」於是呂后令呂澤使人奉太子書，卑辭厚禮，迎此四人。四人至，客建成侯所。十二年，上從擊破布軍，歸疾，益甚愈欲易太子。及燕，置酒，太子侍。四人從太子，年皆八十有餘，鬚眉皓白，衣冠甚偉。上怪之，問曰：「彼何爲者？」四人前對，各言名姓，曰東園公、甪里先生、綺里季、夏黃公。上大驚曰：「吾求公數歲，公逃避我，今公何自從吾兒游乎？」四人皆曰：「陛下輕士善罵，臣等義不受辱，故恐而亡匿。竊聞太子爲人仁孝，恭敬愛士，天下莫不延頸欲爲太子死者，故臣等來。」上曰：「煩公幸卒調護太子。」四人爲壽已畢，趨去。上目送之，召戚夫人，指示四人者曰：「我欲易之，彼四人輔之，羽翼已成，難動搖矣。呂后眞而主矣。」戚夫人泣，上曰：「爲我楚舞，吾爲若楚歌。」歌曰：「鴻鵠高飛，飛舉千里。羽翮已就，橫絕四海。橫絕四海，當可奈何！雖有矰繳，尙安所施！」歌數闋，戚夫人噓唏流涕。上起去，罷酒。竟不易太子，留侯本招此四人之力也。歸來商山下，泛若雲無情。舉觴酹巢由，洗耳何獨清。浩歌望嵩嶽，意氣還相傾。齊賢曰：《九域志》曰：潁昌府唐之許州許昌郡有許由臺、巢父臺。士贇曰：《逸士傳》曰：巢父，堯時隱人。年老以樹爲巢而寢其上，故人號爲巢父。堯之讓許由也，由以告巢父。巢父曰：「汝何不隱汝形，藏汝光，非吾友也。」乃擊其膺而下之，許由悵然不自得，乃遇清泠之水洗其耳，拭其目。曰：「嚮者，聞言負吾友。」遂去，終身不相見。樊仲父牽牛飲之，見巢父洗耳，乃驅牛而還，恥令其牛飲其下流也。此意謂巢由之矯激，不若四皓之時行時止，一出而國本定，事成則復歸乎商山，卷舒自在，若無心之雲也，中席之德其至矣乎！何以獨清爲哉？太白蓋爲明皇欲廢太子瑛，有所感而作是詩也。初，瑛母以倡進，鄂、光二王母以色選。及武惠妃寵幸後宮，生壽王，愛與諸子絕等。而太子、二王以母失寵頗怏怏。惠妃女婿楊洄揣妃旨，伺太子短，譁爲醜語。惠妃訴于帝，且泣。帝大怒，召宰相議廢之，張九齡諫得不廢。俄而九齡罷，李林甫專國，數稱壽王美以探妃意，妃果德之。二十五年，洄復搆瑛、瑤琚與妃之兄薛輔異謀。惠妃使人詭召太子、二王曰：「宮中有賊，請戒以兵入。」太子從之。妃白帝曰：「太子、二王謀反，甲而來。」帝使中人視之，如言。遽召宰相林甫議，答曰：「陛下家事，非臣所宜豫。」帝意決，乃詔廢爲庶人，尋遇害，天下冤之，號三庶人。歲中惠妃病，數見庶人爲祟。因召巫祈之，請改葬，且射行刑者瘞之，訖不解，妃死，祟亡。明皇之時，盧鴻、王希夷隱居嵩山，李元愷、吳筠之徒皆以隱逸稱。或召至闕庭，或遣問政事，徒爾高議潤論。然未有能如四皓之一言而太子得不易也。末句曰「浩歌望嵩嶽，意氣還相傾」，亦深不滿於當時嵩嶽之隱者歟？其意微而婉矣。

李劉《四六標準》卷一《見趙茶馬》［孫雲翼注］

訪火井於臨邛，偶逃水厄。《一統志》：火井在伏龍山下，地窪若池，以水引之，隱隱出地中。少頃，炎熾。夏月積雨，停水，則焰生水上，水爲沸，而寒如故。冬月水涸，則上上有焰，觀者至焚衣裾。《異苑》：臨邛縣有火井，漢室之隆，則炎赫彌熾。桓靈之際，火勢漸微，諸葛孔明一瞰而更盛。至景曜元年，人以燭投即滅。其年蜀并於魏。《博物志》：臨邛有火井，縱廣五尺，深二三丈，在縣南百里。昔時，有以竹木投之以取火。諸葛丞相往視之後，火轉盛熱。以盆著井上煑鹽，得鹽入以家火，即滅，迄今不復燃也。《文選》：火井沉熒於幽泉，高爓飛煽於天垂。注：蜀都有火井，欲出其火，先以家火投之，隆隆如雷聲，爓出爛然，以竹筒盛之，接其光而無灰。杜詩：斬木火井羣猿呼。又：煙塵侵火井。注：蜀有火井在邛州，故邛有火井縣。《世說》：王濛好茶，人至輒飲之。士大夫甚以爲苦，每欲候濛必曰：「今日有水厄。」《洛陽伽藍記》：給事中劉縞慕王肅之風，專習茗飲。彭城王謂縞曰：「卿不慕王侯八珍，專好蒼頭水厄。海上有逐臭之夫，里內有效顰之婦。子其是也。」自是朝貴不復設茗。惟江表殘民遠來降者，侍中元乂欲爲設茗，先問：「卿於水厄多少？」蕭正德不曉乂意，曰：「下官雖生水鄉，立身以來不遭陽侯之厄。」舉座皆笑。山谷詩：不嫌水厄幸來辱，寒泉湯鼎聽松風。按：火井亦出茶，山谷《煎茶賦》云「夷陵之壓磚，臨邛之火井」是也。望星槎於仙漢，行拜月題。《博物志》：舊說云天河與海通。有人居海渚者，年年八月有浮槎去來，不失期。人有奇志，立飛閣於查上，多齎糧，乘槎而去，十餘日中，猶觀星斗日辰。自後茫茫然，亦不覺晝夜。去十餘月，奄至一處，有城郭狀，屋舍甚嚴，遙望宮中多織婦，見一丈夫牽牛渚次飲之。牽牛人乃驚問曰：「何由至此？」此人具說來意，并問：「此是何處？」答曰：「君還至蜀郡，訪嚴君平則知之。」後至蜀訪君平，曰：「某年月日，有客星犯牽牛宿。」計年月，正是此人到天河時也。周密《癸辛雜志》云：自唐諸詩人，皆以乘槎爲張騫事。雖老杜用事不苟，亦有「乘槎消息近，無處問張騫」之句。按：騫本傳止云漢使窮河源而已。至張華《博物志》乃云云然，未嘗指爲張騫也。及宗懍作《荆楚歲時記》，乃言武帝使騫使大夏尋河源，乘槎見牛女，不知何據。又王子年《拾遺記》云：堯時有巨槎浮於西海，查上有光若星月。二月一周天，名曰貫月。查則堯時已有此查矣。《莊子》：加之以衡扼，齊之以月題。月題，馬額上當顱如月形者。東坡詩：門外青驄響月題。慰江湖渴夢之深，山谷《以雙井茶送孔常甫》詩：校經同省竝門居，無日不聞公讀書。故將茗椀澆舌本，要聽六經如貫珠。心知韻勝舌知腴，何似寶雲與眞如。湯餅作魔應不寢，慰君渴夢吞江湖。唐何諷《夢渴賦》云：奔九江，走五湖。手不暇於斡運，心不息於躊躕。見波漸竭而百川如淺，岸益高而低淤將枯。腹慊爾而不覺，肺燥然而不濡。又云：以吾此夕之一夢，見自古不足者之心。瞻原隰華鑣之沃。《詩》：皇皇者華，於彼原隰。鑣，悲交切。《說文》：馬銜也。《爾雅》：鑣，謂之钀。《釋名》：包也，在旁包斂其口。韓詩：清塗振華鑣。《詩》：六轡沃若。《詩詁》：潤澤也。

又卷四〇《賀林提舉》

清臺課曆，肇新三統之元。《說文》：課，試也。《增韻》：計也，程也。《律曆志·雜候》：上林清臺，課曆疎密。繡節觀風，順應一陽之動。《王莽傳》：遣使者分行天下，覽觀風俗。恭惟某官剛大養氣，豈弟近民。《詩》：豈弟君子。《史記·魯世家》：平易近民，民必歸之。斂散得宜，粟若源泉之混。《食貨志》：民有餘則輕之，故人君斂之以輕。民不足則重之，故人君散之以重。凡輕重斂散之以時，則準平。《宋職官志》：提舉常平司操常平斂散之法，申嚴兌役之政，令治荒修廢，賑民艱阨。職源提舉常平司掌常平義倉免役、市易坊場、河渡水利之法，因民之有無，歲之豐凶，而斂散賑濟之。周益公詩：斂散新陳倚繡衣。《荀子》：財貨渾渾如泉源，汸汸如河海，暴暴如丘山。中和誕布，黍回寒谷之溫。

真德秀《西山文集》卷六《秦乞撥米賑濟》

竊惟目今旱處既多，諸郡必紛然以錢粟爲請，卻致朝廷難爲應副。是以會約一道當濟之數，總爲奏陳，候諸州申到戶口，據實分撥。合本道所請，其數若多，散之州縣。猶以爲少，臣等自行計推下於此數，必支給不敷。非若尋常有司增多申請，但冀十得六七之比。陛下禱旱之初，不愛曠典異恩，以銷天災，蘇民瘼。今赤子嗸嗸，赴愬求延旦夕之命，必不惜力靳費不以捄之。臣等謹體聖懷，昧死上奏。伏望斷自宸衷，亟命有司於鎮江建康府轉般倉撥米五十萬石，貼助本路義倉米斛，賑濟饑民。如部內諸州有請，即下臣等分撥。陛下幸賜江東之民，而臣等不能檢柅吏姦，失陷官物，致上孤德意，下誤民生，則臣等之罪，惟陛下炤之。准嘉定八年七月十九日省劄，照得已降旨揮給降度牒一百道付提舉司，及取撥制置司樁管會子一十萬貫，令本司徑自措置，收糴米斛。其上件度牒錢并提舉司見糴米制司所糴米，皆合總充濟糴使用，兼江東提舉司申本路常平義倉樁管米四十三萬餘石。又已降指揮令安撫轉運提刑提舉分認措置捄荒，即未委逐州軍合用準備濟糴米數，既據所申合議，先次科發施行。又契勘建康轉般倉，除見在樁管米四十九萬餘石外，又有科撥各州府嘉定七年上供綱米六十七萬九千石，太平州九萬石，寧國府一十四萬石，池州四萬九千石，亦往轉般倉樁管，今合於上件米內，量行支撥，應付使用。七月十九日，奉聖旨，令建康轉般倉支撥米三十萬石，貼充江東路濟糴使用。專令江淮制置司契勘本路所部州縣災傷輕重，將今來所撥米，并提舉司常平義倉米，及用度牒收糴米，并制置司所糴米，併爲總數，卻與斟酌分撥下各州軍。應付濟糴使用，仍行下分管監司，將撥定米斛，督責州縣措置賑卹。其已撥付轉般倉上供綱米，如米禾曾支裝運，即仰合得米州郡即依分定數，就行截留使用，及就近支撥。應付隣近州縣合得米仍仰制置司限五日先具已均撥米數，申尚書省劄付本司。

岳珂《金佗稡編》卷二一

今朝廷已遣敕使，起宣撫復矣。張非久留者，衆遂安。上詔飛入覲，弼亦移書趣飛行。至是飛偕弼入奏事，飛以手疏言「儲貳事衝風吹紙，動搖飛聲戰不能」句。飛退弼進，上視之色動，弼曰：臣在道，常怪飛習寫細字，乃作此奏。雖其子弟，無知者。此據朱勝非《秀水閒居錄》并《野記》，與薛季宣所錄參修。勝非又曰：時張浚捃摭岳飛之過，以張宗元監其軍。蓋浚方謀收內外兵柄，天下寒心。又張戒《默記》曰：薛弼以甲子正月道由建康，謂戒曰：弼之免於禍，天也。往者，丁巳歲，被旨從鵬入覲。與鵬遇於九江之舟中，鵬說曰：某此行將陳大計。弼請之，鵬云：近諜報敵人以丙午元子入京闕，爲朝廷計，莫若正資宗之名，則敵謀沮矣。弼不敢應。抵建康，與弼同日對，鵬第一班，弼次之。鵬下殿，面如死灰。弼造膝，上曰：飛適來奏，乞正資宗之名。朕喻以卿雖忠，然握重兵於外，此事非卿所當與也。弼曰：臣雖在其幕中，然初不與聞。昨至九江，但見飛習小楷，凡密奏，皆飛自書耳。上曰：飛意自不悅卿，自以意開諭之。弼受旨而退。嗟夫！鵬爲大將而越職及此，取死宜哉！弼又云不知，若箇書生敎之耳。岳飛，字鵬舉，故戒隱其語，但曰鵬云。

又《玉楮集》卷一《聞韓正倫檢正掛冠感歎故交悵然久之偶成三首》

心存即鹿嘆無虞，畫地雖工理反疎。直枉已傳天子詔，厚誣猶見監奴書。儻令甬道眞難繼，未必都曹可遂初。萬里上流關社稷，不知天意竟何如。向已虛券見誣，恐其不直，乃批與承受，使多用賄嗾吏文，致予以大罪。廟堂覺之，事遂白。此批眞蹟，它日予得之故吏，今存。予起家使湖廣，正倫正在都司云。

王鶚《汝南遺事》卷四《總論》 義宗皇帝在位十有一年，傷王室之浸微，先朝之積弊吏政失於苛細也。不破法以情，往興定間，陳州防禦呂子羽因取會逃戶，致秋稅有不足者。豐衍庫官趙某以應入庫物未足，寄民家罪，皆怠慢的決追解而已。有司問會丞相高琪苛細生事，以子羽不以軍儲爲意，即係不以社稷爲念，某官物不即入庫，意望入已，委曲生意，皆處以死。正大初，赦文首一款：有司不得以私情破法。自是無復冤獄矣。子羽，字唐卿，大興人。明昌二年，詞賦進士。將士利於征戰也，不逞兵以忿，自興定初，宋人歲貢不入。宣宗連年出師征討，國家精鋭幾盡喪，而利歸將士。義宗即位，一意約和，十年無一兵犯南界者。宋人亦未嘗見侵，大朝兵入宋，始侵矣。朝臣有罪則薄示降罰，未嘗妄戮一人。丞相高琪，駙馬阿哈，叅政伊埒圖，行院時全皆以將相大臣爲前朝所戮，其餘不言可知。正大、天興，未常有此。大臣有犯，但省會、休閑，出守外郡而已。毋后無宮，則略加補修，未常輒營一殿。直左掖門，有曰明俊殿者，舊試進士，因之爲壽聖宮，慈聖太后、仁聖太后合居焉。廊廡階庭，一切仍舊，但易其名，曰徽音。而又敦崇儒術，前政內外官及省令史、叅注吏員，富察哈準王阿里、李渙、郭浩輩皆以傾險小人致位通顯，遇正大改元，潛革其弊，雖格法如常，而不令小人驟進。至於近侍，亦必叅用儒生，如鄂吞阿古提點近侍局，完顏蘇哷爲近侍局大使，賈庭、楊充奉御之類。阿古，字舜卿，故叅政忠孝之子。大定二十八年，策論進士。蘇哷，字伯陽，崇慶二年策論進士。狀元庭楊，字昇之，平定人，正大四年經義狀元。遴選武臣，南渡之後，軍政殊不修，隨處雖設行院、帥府，而握兵柄者，往往不得其人，兵亦冗雜，動輒失利。正大中，選近上把軍官十餘員，充都尉，秩視正三品。每一都尉將萬人，人各試補，廩給有加。故當時號爲「得人」。司各有名，如：殄寇、破虜、宣節、折衝、鷹揚、安平之類。其將如完顏珠爾、樊澤、高英、內族大洛索，皆勇鷙有謀，戰無不克。天興初，皆死于王事。罷獵地以裕民，舊制，附京百里禁捕獵，扈蹕官軍所至騷擾，正大五年，勃令罷之。開經筵而論道。正大三年，設益政院，取獻替有益于政之義，以翰林學士楊雲翼、直學士完顏蘇哷、富察世達、費摩阿固岱、待制史公奕、呂造六人，充院官。日以二員宮直，或二日、或三日、或四日、或五日，進講《尚書》、《貞觀政要》、《資治通鑑》，或以機事特賜訪問院官，復編《尚書要略》、《大定遺訓》、《萬年龜鏡錄》三書以進，皆摘取英華，切於時政者。上酷好之，院以學士院兼經筵，在仁安殿西。楊雲翼，字之美，平定人，明昌五年經義狀元，詞賦亦工。蘇哷，字伯陽，崇慶二年策論狀元。世達，字正甫，泰和三年策論進士。阿固岱，字仲寧，與世達同年進士。公奕，字季宏，大定二十八年詞賦進士。造，字子成，承安二年詞賦狀元。時雲翼足疾，每進見必賜之坐。以六事課縣令，田野闢而賦稅均。辟舉縣令法自先朝已行之，然隨朝七品、外路六品已上官或有不識人材，因私妄舉者。正大間，復立舉主法，品秩雖應，舉仍委司農司監察體究本官堪充舉主。然後聽舉縣令，縣令以此得人。仍以縣令殿最升降舉主，故舉主亦盡心焉，六事爲田野闢、賦稅均、軍民和、戶口增、盜賊息、獄訟止。分三路設司農，善良進，而姦邪退。大司農司兼採訪公事，在京設大司農一員，正二品，多以宰職兼領。京東西南三路，各設卿一員，正四品。少卿一員，正五品。丞一員，正六品。卿已下迭出本路巡按察吏治臧否，而升黜之，每一經過，姦吏屏息，故所在官吏知所勸懲。是致家餘蓄積，戶益丁黃，雖未洽於太平，亦可謂小康、小息者矣。

史季溫《山谷別集詳注》卷上《濂溪詩并序》 中歲乞身，老於湓城，有水發源於蓮花峰下，潔淸紺寒，下合於湓江。茂叔濯纓而樂之，築屋於其上，用其平生所安樂，媲水而成，名曰濂溪。與之游者曰：「溪名未足以對茂叔之美。」《春陵新志》云：濂溪在營川門外二十里，周元公故居。又按何棄《營道齋詩序》：春陵郭縣曰營道，三十里而近有村落曰濂溪，周氏家焉。又按《春陵舊志》載章穎云：嘗以營道古碑《大富橋記》攷之，自有所謂濂水。又按朱文公《濂溪先生事狀》云：按張栻跋先生手帖，據先生《家譜》云：濂溪隱居在營道縣營樂鄉鍾貴里石塘橋西，而邵武鄒旉言：嘗至其處，溪之源委自爲上下保，先生故居在下保，其地號樓田。又按《春陵新志》載熙寧中陳令舉作《廬山記》云：由江州之南出德化門五里，至延壽院，舊名羅漢壇，又五里至石塘橋，有濂溪，乃茂叔自名。然則春陵之濂溪，乃先生之故居也；九江廬山下之濂溪，則先生因其溪而名之，以識鄉國之思耳。又如石塘橋，恐亦同爲寓名，此如東坡世居峨眉之下，而因汝州峨眉山以寄意焉。鄒旉又云：近世士大夫又謂先生子求其詩於山谷，避其叔父諱，遂加以水，此尤臆說。今山谷詩序謂先生「用其平生所安樂，媲水而成，名曰濂溪」，恐非事實，故備論之。若謂「溪名未足以對茂叔之美」，則亦東坡詩中「柳州柳，愚溪愚」之意也。雖然，茂叔短於取名而惠於求志，薄於徼福。《春秋左傳》屈完對齊侯曰：君惠徼福於敝邑之社稷。

又《讀謝安傳》 傾敗秦師琰與玄，矯情不顧驛書傳。持危又幸桓溫死，《論語》：危而不持，顛而不扶。太傅功名亦偶然。《晉史・謝安傳》：桓溫請爲司馬，將發新亭，朝士咸送，高崧戲之曰：「卿高臥東山，人言安石不肯出，將如蒼生何？蒼生今亦將如卿何？」簡文帝疾篤，溫上疏薦安宜受顧命。帝崩，溫入赴山陵，止新亭，大陳兵衛，將移晉室，呼安及王坦之，欲於坐害之。坦之汗流霑衣，倒執手板，安從容謂溫曰：「諸侯有道，守在四隣，明公何須壁後置人耶？」孝武帝富於春秋，政不自己，溫威振內外，安與坦之盡忠匡翼。溫病篤，諷朝廷加九錫，使袁宏具草，安見輒改之，由是歷旬不就，會溫薨，錫命遂寢。時苻堅強盛，疆埸多虞，諸將敗退相繼。安遣弟石及兄子玄隨機征討，所在克捷。堅後率衆百萬，次於淮淝，京師震恐，加安征討大都督。玄入問計，安夷然無懼色，答曰：「已別有旨。」遂命駕游山墅。玄等既破苻堅，有驛書至，安方對客圍棋，看書既竟，便攝放，了無喜色，棋如故，客問之，徐答云：「小兒輩遂已破賊。」既罷還內，過戶限，心甚喜，不覺屐齒之折。其矯情鎮物如此。後贈太傅。安有二子：瑤、琰。按《琰傳》：苻堅之役，安以琰有軍國才用，出爲輔國將軍，以精卒八千人與玄破堅。

王應麟《詩考·韓詩》 《商頌》，美襄公。《史記·宋世家》：襄公之時，修仁行義，欲與盟主，其大夫正考甫美之，故追道契、湯、高宗，殷所以興，作《商頌》。注：《韓詩章句》：美襄公。《樂記》：溫良而能斷者宜歌《商》。注：商，宋詩。《正義》：《揚子》：正考甫常睎尹吉甫矣，公子奚斯常睎正考甫矣。

又《詩地理考·秦風·黄鳥》 三良。《括地志》：秦穆公冢在岐州雍縣東南二里。三良冢在雍縣一里故城內。今鳳翔府天興縣。東坡蘇氏：《秦穆公墓詩》，橐泉在城東，墓在城西，無百步。

金履祥《資治通鑑前編》卷一 ［禹］導岍及岐至于荆山，逾于河壺口、雷首，至于泰嶽、底柱、析城，至于王屋、太行、恆山，至于碣石，入于海。此以下導山也。岍、岐、荆，雍，山也。岍在今隴州吳山縣，一名吳岳，蓋虞周之世疑以此爲西嶽，故又有嶽山之名。汧水出其西而南入渭，芮水出其北而東入涇。岐、荆說見雍州。壺口而下九山，冀山也。禹于帝都所親治導，故冀山爲多。壺口、泰嶽、碣石說見冀州。雷首在今河中府河東縣，雷水出焉。山臨大河，北去蒲坂三十里。底柱在今陝州陝縣三門鎮，大河中流有石如柱，世言禹鑿底柱爲之。三門至今爲河流之險，唐時又嘗鑿之，不能殺其勢也。然三門又分天門、地門、人門，惟地門不可過耳。析城在今澤州陽城縣，山峰四面如城。王屋在今孟州西北王屋縣，沛水出焉。太行在今懷州之北，連亘數州，爲河北脊，以接恆嶽。程子謂太行山千里片石，衆山皆石，上起峯爾。恆山，北嶽，在今定州之北。碣石一在平州之南，一在高麗界，中至于碣石，入于海。一說謂恆碣之間，諸水皆入于海，亦通。《禹貢》一篇經緯脈絡，舉天下山川，分載九州。北南以緯之，又合爲導山、導水。西東以經之，然後源委脈絡可以指諸掌，不爾則散而無統矣。導岍以下鄭、王諸儒分爲三條、四條。條之說：導岍而下北條，西傾而下中條，嶓冢以下南條也。列之說：導岍而下正陰列，西傾而下次陰列，嶓冢而下次陽列，岷山而下正陽列。列之說比條爲密，然皆不離地脈之說。就地脈之說論之，則西傾嶓冢、岷山三列猶可通，導岍而下一列爲不可通。蓋雍之西，其山隴自南而北，冀之諸山皆又自北而南。今北條、陰列所紀乃自西而東，此其說之不可通者也。言地理者謂太行西南跨大河，與商、虢、秦、楚諸山相接，諸山總在山形之內，則北條逾河之說固有此理，然此亦大地全體之常形爾。大抵《禹貢》所書多是，即山以名其地，故導山之說所以治水土也。然隨山刊木，禹功之始，而經叙導山又在導水之前，而其導山又必自西而下，則聖人之規模、次第槩可知矣。蓋其治水之初，利在奠民擊鮮續食，固是一時之急者。然必自西而下者，天下山川相爲綱紀，必且自西徂東，窮源極委，廣覽天下之形勢，周知川源之險阻，而後分畫賦功，次第而舉，故導山乃所以爲導水計也。自其大者言之，導岍而下，爲河、漆沮、沛、涇陸也，西傾而下爲渭、源、澧也，爲洛，爲淮、泗也。嶓冢而下，爲漢、沔、潛三澨也，自岷山而下爲江、沱、九江、彭蠡也。自其細而言之，則固多矣。如導岍則汧、汭可知，及岐則杜漆可知，至荆則治、洛、池、瀕可知，析城則汾、絳可知，太行則懷、沁、淇池、國蕩諸水可知，恆出則恆、衛潞、滋易、桑乾可知，至碣石則大小遼水可知。導西傾則西黑、北洮、南桓可知。宋園鳥鼠，至于泰華，則西漢嘉陵、褒斜、灞滻可知。熊耳外方則丹白、波穀、伊潁可知。桐柏至于陪尾，則汝、渦、濠、泗、沂可知。導嶓冢至于荆山，則漳、沮、潛夏可知。岷山之陽，則青衣、大渡、馬湖、涪、黔江可知。至于衡山，則九江諸源至于敷淺原，則水之西入洞庭，東會彭蠡者，又皆不言可知矣。凡此諸說，禹蓋兼舉並行，不可以一說斷也。

舒岳祥《閬風集》卷五《八月初三日五更夢覺追記》 林下青衫卸，尊前白髮欹。少年行樂事，暮景感傷時。鍊藥嫌長嬾，觀書悔已遲。惜花心性在，時復一唫詩。夢行故都天街上，往訪一舊識，路甚迢遙。至其館則所識不在，有二女子從樓上亟道致其主偶出之意，請余少俟。因出酒肴酌余，歌詞有「惜花心性」之語，夢覺不能全記，故追賦之。

馬端臨《文獻通考》卷二一《市糴考》 隋文帝開皇十四年，關中大旱，人饑。帝幸洛陽，因令百姓就食從官，並准見口賑給，不以官位爲限。

隋文帝開皇三年，衛州置黎陽倉，陝州置常平倉，華州置廣通倉，轉相灌注。漕關東及汾晉之粟以給京師，置常平監。五年，工部尚書長孫平奏：古者三年耕而餘一年之積，九年作而有三年之儲，雖水旱爲災，人無菜色，皆由勸導有方，蓄積先備。請令諸州百姓及軍人勸課，當社共立義倉。收穫之日，隨其所得勸課，出粟及麥，於當社造倉，窖貯之。即委社司執帳檢校，每年收積勿損敗。若時或不熟，當社有饑饉者，即以此穀賑給。自是諸州儲峙委積。至十五年，以義倉貯在人間多有費損，詔曰：本置義倉，止防水旱，百姓之徒，不思久計，輕爾費損，於後乏絕。又北境諸州異於餘處，靈、夏、甘、瓜等十一州所有義倉，雜種並納，本州若人有旱儉少糧，先給雜種及遠年粟。十六年，又詔：秦、渭、河、廓、豳、隴、涇、寧、原、敷、丹、延、綏、銀等州社倉並於當縣安置。又詔：社倉準上中下三等税，上戶不過一石，中戶不過七斗，下戶不過四斗。

孔傳《東家雜記》卷上《昌長孔子十九世孫扶字仲淵碑》 宅圖：直外門曰前三門，仁宗皇帝御書門榜之門。三門之後曰御書樓，蓋藏賜書之樓。書樓後御路東西之亭，其東曰本朝修廟碑，亭其西曰唐封孔子太師碑。亭次殿庭門殿庭門內曰御贊殿。乾興中，兗州奏乞於夫子之後選朝官一人，專切監修本廟。是時祖父中憲被選，奏修是殿。次後曰杏壇，杏壇之後即先聖正殿。仁宗皇帝御書，飛白殿榜之殿。直殿後曰鄆國夫人殿，後殿東廡曰泗水侯，殿西廡曰沂水侯。祖殿廊西門外曰齊國公殿，直殿後曰魯國太夫人殿。魯國太夫人舊與齊國同殿，慶曆八年，四十五代孫彦輔宰鄉邑，奉聖旨監修祖廟，始乞移於後殿。自太夫人殿由東廊以北曰五賢堂，祖殿廊東門外曰齋廳。齋廳之東、廊門外曰客位，直齋廳後曰齋堂，齋堂後曰宅廳。直宅廳後曰家廟，自客位東一門直北曰襲封視事廳，直廳後曰恩慶堂，中丞公典鄉郡日侍致政，尚書會孔氏親族於此堂。徂徠石守道先生有碑記其事。堂之東北隅曰雙桂堂。皇祐年，先公、仲父同年賜第，舊嘗于此會學，故以名之。諸位皆列於祖殿之後，恩慶堂東西，自祖廟并諸位舊係勅修，近世監修祖廟者，窘於用度，不敢以官錢營飾私居，遂罷修。諸位今族間居處，皆自備修葺。餘諸位外祖廟、殿庭、廊屋，共三百一十六間。

孔傳《白孔六帖注》卷八八《書籍》 白五車。莊子曰：惠施其書五車。羣書。班游受詔進讀羣書。閱市。王充貧無書，游洛陽市閱所賣書，一見必誦，遂通百家。文史溢几篋。張華字茂先，雅愛書籍，身死日無餘財，唯文史溢几篋。嘗徙居，載書三十車。秘書監虞志撰定書，皆資華本取定。孔以墜鬻爲不孝戒子孫。杜兼家聚書至萬卷，署其末以墜鬻爲不孝戒子孫。數車。李襲譽以餘資寫書罷，揚州書遂數車載。好書。侯君集，本以行伍，奮不知學。後貴，益自喜好書。校集秘書。魏證奏引：諸儒校集秘書，國家圖籍粲然完整。聚書至二萬卷。蘇弁聚書至二萬卷，手自言定，當時稱與秘府埒。本傳。不減秘府。王方慶家聚書多，不減秘府。令狐德棻贊曰。典章圖史，有國者尤急，所以考存亡成敗，陳諸前而爲之戒。方天下初定，德棻首發其義，而後唐之文物粲然，誠知治之本歟！求天下遺書。令狐德棻：大亂後經籍亡散，秘書湮缺。德棻始請帝重購求天下遺書，置吏補錄，不數年，圖典略備。手寫書百卷。李大亮在越州，手寫書數百卷，及去，留都督署。吐蕃請文籍四種。于休烈：吐蕃金城公主請文集四種，玄宗詔秘書寫賜。休烈上疏：吐蕃之性慓悍果決，善學不回，若達於《書》，則知戰；深於《詩》，則知武。夫有師干之試，深於《禮》則知月令有廢興之兵；深於《春秋》，則知用師詭詐之計。深於文，則知往來書檄之制，此何異假冠兵資盜粮也！一書進官一資。於時經大盜後，史籍燔缺，休烈奏請下御史，覈史館所由購，府縣有得者，許上送官一書，進官一資，一篇絹十疋。凡數月，止獲一二篇。讎定羣書。王珪父顗，隋開皇十三年召入秘書內省，讎定羣書。自寫，筆不釋手。張文瑹自寫，筆不釋手，子弟諫止。曰：吾好此，不爲倦。侔秘府。張弘靖家聚書侔秘府。以古文字參定同異。韓王元嘉藏書至萬卷，皆以古文字參定同異。文句詳正。宗室沖譔時籍沒者衆，惟沖譔家書爲多，皆文句詳正，秘府所不及。開陳經書。王義方爲吉安丞，吉安介蠻夷梗悍不馴，義方召首領，稍選生徒爲開陳經書。左右圖史。楊綰獨處一室，左右圖史。賜書。柳宗元貽京兆尹許孟容書，曰：家有賜書三千卷，尚在善和里舊宅，宅今三易，王書存亡不可知。熟誦乃錄。陸龜蒙得書，熟誦乃錄，讎比勤勤，朱黃不去手。所藏雖少，其精皆可傳。四庫完治。褚無量，初內府舊書自高宗時藏宮中，甲乙叢倒。無量建請繕錄，補第以廣秘籍。天子詔於東都乾元殿東廟部彙整比。無量爲之使，因表盧僎、陸去泰、王擇從、徐楚璧分部讎定，衛尉設次，光祿給食。又詔秘書省司經局、昭文、崇文二館更相檢讎，采天下遺書以益闕文。不數年，四庫完治。帝詔羣臣觀書，賜無量等帛。追紬故書。鄭虔爲博士，初虔追紬故書可誌者，得四十餘篇。括遺書。蕭穎士奉使括遺書，趙、衛間淹久不報，爲有司劾免。藏家書於箕、潁間。安祿山反，穎士因藏家書於箕、潁間，身走山南。唐（元）［玄］宗置集賢院部分典籍乾文殿，博覽羣書至六萬卷，經籍大備，又稱開元焉。皃朽蟫斷，籤秩紛舛。馬懷素：有詔句校秘書。是時文籍盈漫，皆皃朽蟫斷，籤秩紛舛。懷素建白，願下紫微、黃門，召宿學巨儒，就校繆缺。又言：自齊以前舊籍，王儉《七志》已詳，請采近書篇目及前志遺者，續儉志以藏秘府。詔可。聚書爲樂。翟光鄴日與賓客飲酒，聚書爲樂。奇篇秘籍。段成式多奇篇秘籍。取民藏書獻。董昌：僖宗始還京師，昌取越民裴氏藏書獻之，補秘書之亡。家藏書至萬五千卷。蔣乂。起文思殿。前蜀王建起文思殿，以清資五品正員官購羣書以實之。縹帙。李白詩。林軸麗麗。來鵠讀《鬼谷子》，其天下之書則牆褰整，林軸麗麗，斯可謂教導之備者也。年代浸遠，謬誤滋多。《文粹》李陽冰論古篆書：孔壁遺文，汲冢舊簡，年代浸遠，謬誤滋多。黃墨精謹。韋述蓄書二萬卷，皆手校定，黃墨精謹，內秘書不逮也。鄴侯家多書，插架三萬軸。一一懸牙籤，新若手未觸。韓愈《送諸葛詩》。數車。韋述、元行沖爲時儒宗，常載書數車自隨。家有書至萬卷，世號李書樓。李磎。藏書之盛，莫盛於開元。其著錄者五萬三千九百一十五卷，而唐之學者自爲之書者又二萬八千四百六十九卷。嗚呼！可謂盛矣。軸帶籤帙。兩都聚書四部，以甲乙丙丁爲次，列經史子集四庫。其本有正有副，軸帶籤帙，皆異色以別之。四部書。《景龍文舘記》：薛稷知集庫，馬懷素知經庫，沈佺期知史庫，武平一知子庫，謂之四部書。乙夜觀書。唐文皇帝每視朝後，即閱羣書，嘗謂左右曰：若不甲夜觀事，乙夜觀書，何以爲人君也？洋洋滿車。好古書百家言，洋洋滿車。行則與俱，止則相對，積爲義府，溢爲高文。柳子。愛古書，樂而成之。吾嘗病其畔散不屬，欲采此義，幸吾弟宗直愛古書，樂而成之。搜討磔裂，攟摭融結，離而同之。與類推移，不易時月，而咸得從其條貫，森然炳然。若開羣玉之府，指撝聯累，圭璋琮璜之狀，各有列位，不失其序。柳宗元。文字魯恭留。杜詩。家有書萬卷，所藏必三本。柳仲郢家有書萬卷，所藏必三本，上者貯庫，其副常所閱，下者幼學焉。隋平之後，經籍漸備。大唐平王世充，收其圖書泝河西上多有漂沒，存者猶八萬。自是圖籍在秘書弘文館，集仙所寫皆御本也。書有四部，一曰甲，爲經。二曰乙，爲史。三曰丙，爲子。四曰丁，爲集。故分爲四庫，每庫二人，知寫書出納名目次序以備檢討焉。四庫之書，兩京各一本，共一十二萬五千九百六十卷，皆以益州麻紙寫。其經庫書綠鈿白牙軸黄帶紅牙籤，史庫書鈿青牙軸縹帶綠牙籤，子庫書雕紫檀軸紫帶碧牙籤，集庫書綠牙軸朱帶白牙籤，以分別六典。藏書聞禹穴。杜甫《秦州雜詩》。黄卷眞如律。同上。《呈嚴鄭公》。

韓醇《柳河東集注》卷三四《與太學諸生喜詣闕留陽城司業書》　曩聞有狂惑小生，依托門下，或乃飛文陳愚，醜行無賴。而論者以爲言，謂陽公過於納污，無人師之道，是大不然。仲尼吾黨狂狷，南郭獻譏。曾參徒七十二人，致禍負芻。孟軻館齊，從者竊屨。孔子在陳曰：歸歟，歸歟，吾黨之小子狂簡，斐然成章，不知所以裁之。《荀子》：南郭惠子問於子貢曰：夫子之門，何其雜也！《孟子》：曾子居武城，有越寇，寇退，曾子反。左右曰：寇至則先去，以爲民望。寇退則反，殆於不可。沈猶行曰：是非汝所知也。昔沈猶有負芻之禍，從先生者七十人，未有與焉。注：沈猶行，曾子弟子也。《盡心下》：孟子之滕，館於上宮。有業屨於牖上，館人求之弗得。或曰：若是乎從者之廋也。曰：子以是爲竊屨來歟？曰：殆非也。彼一聖兩賢人，繼爲大儒，然猶不免，如之何其拒人也。

史容《山谷外集詩注》卷四《和謝公定征南謠》　未論芻粟捐金費，直愁瘴癘連營宮。我思荆州李太守，欲募蠻夷令自攻。至今民歌尹殺我，州郡擇人誠見功。張喬祝良不難得，誰借前筯開天聰？《後漢・南蠻傳》：順帝永和二年，日南、象林徼外蠻夷攻象林縣，殺長吏，交趾刺史發交趾、九眞二郡兵萬餘人救之。兵士憚遠役，反，攻其府，二郡雖擊破反者，而賊勢愈盛。歲餘兵穀不繼，帝以爲憂。明年召公卿百官問方略，皆請遣大將發荆、揚、兗、豫四萬人赴之。大將軍從事中郎李固駁曰云云，其不可七也。前中郎將尹就討益州，諺曰：「虜來尚可，尹來殺我。」後就召還，以兵付刺史張喬，喬因其將吏，旬日之間破殄寇虜。此發將無益之效，州郡可任之驗也。宜更選有勇略仁惠任將帥者以爲刺史、太守，悉使共住交趾，募蠻夷，使自相攻。故幷州刺史長沙祝良性多勇決，又南陽張喬前在益州有破虜之功，皆可任用，宜即拜良等便道之守。四府悉從固議，即拜祝良爲九眞太守，張喬爲交趾刺史。喬至，開示慰誘，並皆降散。良到九眞，單車入賊中，設方略，招以威信，降者數萬人，皆爲良築起府寺。由是嶺外悉平。《參同契》云：竭力勞精神，終年無見功。《張良傳》：願借前筯而籌之。《書》：天聰明。

段昌武《毛詩集解・鄘風・定之方中》　《定丁佞反。之方中》，美衛文公也。衛爲狄所滅，東徙渡河，野處漕音曹。邑，齊桓公攘戎狄而封之。文公徙居楚丘，始建城市而營宮室，得其時制，百姓説音悦。之，國家殷富焉。

朱曰：按《春秋傳》懿公九年冬，狄人入衛，懿公敗死，宋桓公迎衛之遺民，立宣姜子申以廬於漕，是爲戴公。是年戴公卒，立其弟燬，是爲文公。於是齊桓公城楚丘而遷衛焉。文公大布之衣，大帛之冠，務財訓農，通商惠工，敬教勸學，授方任能。元年革車三十乘，季年乃三百乘。孔曰：《鄭志》答張逸問曰：楚丘在濟河間，疑在今東郡界。衛本河北，至懿公滅乃東徙渡河，野處漕邑，則在河南矣。楚丘與漕不甚相遠，亦河南明矣。曹曰：漕即漢之東郡白馬縣，在唐屬滑州，楚丘即唐滑州之衛南縣也。段曰：百姓説之，非但爲不妨農不廣費等事，奔走寄寓之際，招集還定之餘，卓然便有規，爲久遠氣象，民心慰藉，當如之何，所以説也。【略】《定之方中》三章，章七句。

徐子光《蒙求集注》卷上　燕昭築臺，鄭莊置驛。　《史記》燕昭王即位，卑身厚幣以招賢者。謂郭隗曰：齊因孤之國亂而襲破燕，孤極知燕小力少，不足以報。然誠得賢士以共國，以雪先王之耻，孤之願也。先生視可者得身事之。隗曰：王必致士先從隗始，況賢于隗者，豈遠千里哉？于是昭王爲隗改築宮而師事之。樂毅自魏往，鄒衍自齊往，劇辛自趙往，士爭趨燕。後與秦、楚、三晉合謀伐齊，敗之，齊城之不下者唯聊、莒、即墨，餘皆屬燕。孔文舉與曹公書曰：昭王築臺以尊郭隗。鮑昭《樂府》曰：豈伊白璧賜，將起黄金臺。注云：燕昭王置千金于臺上，以延天下之士。前漢鄭當時字莊，陳人，孝文時以任俠自喜脱，張羽于阨聲聞梁楚間。孝景時爲太子舍人，每日五洗沐，常置驛馬長安諸郊，請謝賓客夜以繼日，常恐不徧。其知友皆大父行天下有名之士。武帝時遷大司農。當時爲大吏，戒門下客至亡貴賤，亡留門者執賓主之禮。以其貴下人，其推轂士及官屬丞史常引以爲賢于己。聞人之善言進之，上惟恐後，山東諸公以此翕然稱「鄭莊」。後陷罪起，爲汝南太守，卒，家亡餘財。先是下邽翟公爲廷尉，賓客亦塡門，及廢，門外可設爵羅。後復爲廷尉，客欲往，翟公大署其門曰：一死一生迺知交情，一貧一富乃知交態，一貴一賤交情乃見。

孫覿等《内簡尺牘》卷九《與楊宰》［李祖堯注］ 向大雅姪來過，見尊公哀詞石刻，公集載《楊公大夫哀詞序》云：左朝散大夫主管江州太平觀，晉陵楊公以紹興五年六月壬戌遇疾，卒于嵊縣之寓舍。家貧，喪不能歸。諸孤以遺令葬于縣之清化鄉福泉山之原上。某爲兒童時，嘗從公授章句，公妻宜人又某之諸姑也。念無以致其哀者，乃哀之以辭。公諱佑，字彦安，中元祐九年進士第，慷慨有大節，素貧賤，晏如也。左丞蔡某貴震，時欲以女妻公，辭不就。故相蘇公讀公文而嘆曰：「非近世之時文也。」以館職薦于朝，雖不果用，而名號隱然爲東南之望矣。太上皇帝即位，詔中外實封言事，公慨然上書，請解元祐黨錮，以崇寬大之恩，反復開説，有人所難言者。久之，有司第其書入邪等，坐是斥不用，流落州縣三十年。建炎初，政稍追録舊人之在籍者，而公已老矣。生三男子，曰炬，曰烺，曰煒，皆屬仕籍，能力學世其家。炬舉紹興二年進士第，烺、煒尤長於文辭，追述公平生大節，以俟當世能文章名卿大夫功德識其墓。詞曰：有美一人兮，貌豐頤而頎頎。佩芝蘭而服明月兮，冠切雲之巍巍。吞雲夢之八九兮，吐千丈之虹霓。横四海而高逝兮，背一世而獨馳。緊受才之雄鶩兮，挺巨木之百圍。萬牛回首而莫致兮，森溜雨之蒼皮。嗟黨論之方興兮，千夫聚而挽推。哀古人之離患兮，紛白首之纍纍。舒忠悃之憤悱兮，排帝閽之九扉。嘉言一發而逢怒兮，亦坐鉤黨而錮之。孤雄束味而不鳴兮，蚋蔑蔑而聚醯。九牢棄而不御兮，羞堇喙而療饑。悟驚俗而來患兮，終老乎枳棘之卑。栖剡山之叢叢兮，剡之水清且漣漪。杖藜葛屨往來其間兮，挾簞瓢而佩鋤犁。遂奄忽而不反兮，飛上天而騎箕。風厲厲而造哀兮，宿草變而春菲。山川鬱其如故兮，涙疾下而淋衣。遣巫陽使下招兮，鬼之來兮是非。度中流之兩旗兮，猶想像於庶幾。指公名曰：嘗移書論刺貴臣，而諸公及其翁某，初不知也。久之，已椕胡尚書交脩字也。訪，别稱公文，如哀詞所云。而《墓銘》已下筆屬，嘗大忤權貴，人未敢出也。省書知己入石，他日乞一本幸甚。

胡柯《廬陵歐陽文忠公年譜》 嘉祐五年庚子四月丁卯孟夏，薦饗太廟，攝太尉行事。七月戊戌，上新修《唐書》二百五十卷。庚子，推賞，轉禮部侍郎。制詞：勑：古之爲國者，法後王，爲其近於己，制度文物可觀故也。唐有天下且三百年，明君賢臣相與經營扶持之，其盛德顯功美政善謀，固已多矣。而史官非其人，記述失序，使興壞成敗之迹，晦而不章。朕甚恨之，故擇廷臣筆削舊書，勒成一家。翰林學士、兼龍圖閣學士、朝散大夫、給事中、知制誥、充史館修撰、刊修《唐書》、兼判秘閣秘書省、兼充羣牧使、護軍、樂安郡開國侯、食邑一千三百户、食實封二百户，賜紫金魚袋歐陽某，端明殿學士兼翰林侍讀學士、龍圖閣學士、朝請大夫、守尚書吏部侍郎、充集賢殿修撰、知鄭州、上柱國、常山郡開國公、食邑二千三百户、食實封六百户，賜紫金魚袋宋祁，創立統紀，裁成大體。朝散大夫、尚書禮部郎中、知制誥、充集賢殿修撰、糾察在京刑獄、兼權判尚書工部、充宗正寺修玉牒官、騎都尉、高平縣開國男、食邑三百户、賜紫金魚袋范鎮，朝奉郎、守尚書刑部郎中、知制誥、同勾當三班院、上輕車都尉、賜紫金魚袋王疇，三司度支判官、朝奉郎、太常博士、充集賢校理、編修《唐書》官、上騎都尉、賜緋魚袋宋敏求，網羅遺逸，厥協異同。凡十有七年，大典乃立，閎富精覈，度越諸子矣，皆讎有功。朕將據古鑒今，以立時治。爲朕得法，其勞不可忘也，皆遷秩一等，布其書天下，使學者咸覩焉。修可特授守尚書禮部侍郎，依前知制誥、史館修撰，充翰林學士、散官差遣，勳封、食實封賜如故。祁可特授守尚書左丞，依前集賢殿修撰，充端明殿學士、兼翰林侍讀學士、龍圖閣學士、散官差遣。勳封食實封賜如故，仍放朝謝。鎮可特授尚書吏部郎中，依前知制誥，充集賢殿修撰，散官、差遣、勳封賜如故。疇可特授守尚書右司郎中，依前知制誥，散官、勳賜、差遣如故。敏求可特授尚書工部員外郎，依前集賢校理，充三司度支判官，散官、勳賜如故。劉敞行。

張耒《張耒集》卷三一《上元三絶》 清晨謁帝大明宫，拜賜歸來夜過中。原注：予在秘書近十年，每歲上元，晨趨大慶迎駕，近午駕回，駐輦大慶門。上賜茶酒，拜謝退，率一二同舍擇勝縱觀，至夜分，必醉歸，歲率爲常。一夢十年身老矣，山城風月作過從。

沈與求《龜谿集》卷一二《焚黄祭文》 曾祖太子太保。曾祖母同安郡夫人方氏。祖太師。祖母魏國夫人孫氏。某蒙祖宗遺德，獲以儒學，致身于朝，與聞政事，厥有褒典。及我曾祖，一再錫命，而至宫保。曾祖妣云：及我曾祖妣，一再錫命，疏封大邦。祖云：及我先祖，申錫寵命，位極公師。祖母云：及我祖妣，申錫寵命，遂開全魏之封。贊書具存，謹燔以告。伏惟英靈昭兹，垂福于後。尚饗。

黄榦《儀禮經傳通解續》卷一四《弔禮·喪禮一二》 補：喪祝，王弔，則與巫前。喪祝與巫以桃厲執戈在王前。《春官》。男巫：王弔則與祝前。巫、祝前王也。同上。典路：王弔于四方，以路從。王乘一路，典路亦以餘路從行，亦以華國。同上。大司馬：若師不功，王弔勞士庶子，則相。師敗，王親弔士庶子之死者，勞其傷者，則相王之禮。庶子，卿大夫之子從軍者，或謂之庶士。《夏官》。太僕：掌三公孤卿之弔勞。疏曰：此等皆王親往，今使太僕者，或王有故不得親往，故使太僕也。同上。宰夫：凡邦之弔事，掌其戒令。詳見贈喪條。小臣：掌士大夫之弔勞。此亦王使往。《夏官》。女巫：若王后弔，則與祝前。女巫與祝前后如王禮。《春官》。女御：從世婦而弔于卿大夫之喪。從之數蓋如使者之介云。疏曰：三夫人象三公，九嬪象孤卿，二十七世婦象大夫，女御象元士。但介數依命數爲差，則王之大夫四命，世婦之從亦四人，以無正文，故言蓋言云以疑之也。《天官》。鬯人：凡王弔臨，共介鬯。介音介。以尊適卑曰臨。玄謂《曲禮》曰：摯，天子鬯。王至尊，介爲摯致之，以禮於鬼神與？疏曰：摯，天子鬯者，彼摯下與諸侯圭、卿羔已下爲目，此天子以鬯爲摯，若卿羔之類。但天子至尊，不自執，使介爲摯致之。以禮於鬼神與者，無正文，蓋置於神前，故云與以疑之。《春官》。內宗：凡卿大夫之喪，掌其弔臨。王后弔臨諸侯而已，是以言掌卿大夫云。疏曰：諸侯爲掌弔臨之事，明爲后掌之。若然，《天官・世婦》云：掌弔臨于卿大夫之喪。彼注云：王使往弔也。此后不弔臨大夫之喪。案：《喪大記》諸侯夫人弔臨卿大夫者，諸侯臣少故也。同上。世婦：掌弔臨于卿大夫之喪。王使往弔。疏曰：案：《內宗》云：凡卿大夫之喪掌其弔臨。注云：王后弔臨諸侯而已。彼上文與后事相連，彼主於后，故知此王使往也。若然，后無外事，彼弔諸侯，謂三公、王子母弟。若畿外諸侯，則后不弔。以王爲三公六卿錫衰，諸侯緦衰。諸侯既輕於王之卿，卿既后不親弔，畿外諸侯不親弔可知。然《喪大記》諸侯夫人弔卿大夫士之喪者，以諸侯臣少，故不分別尊卑，夫人皆弔之也。案《司服》，公卿大夫皆王親弔之，此文使世婦往弔者，此蓋使世婦致禮物，但弔是大名，雖致禮亦名爲弔，是以《太僕》云「掌三公六卿之弔勞」，注云：王使往。《小臣》云掌士大夫之弔勞。注云：致禮同名爲弔。是其事也。此所弔不言三公與孤者，文不具也。《天官》。寺人：凡內人弔臨于外，則帥而往，立于其前而詔相之。臨，良鴆反。從《世婦》所弔，若哭其族親。立其前者，賤也。賤而必詔相之者，出入於王宮，不可以闕於禮。疏曰：知從世婦不自弔臨者，案《世婦賦》云：掌弔臨于卿大夫之喪，故內人得從之也。云「若哭族親」者，《世婦》所掌弔，唯云弔卿大夫。云哭族親，據理而言，王后有哭族親之法，則內人女御亦往哭之。《天官》。內宗：大喪，序哭者。外內宗及命婦。哭諸侯亦如之。疏曰：此諸侯來朝，薨於王國，王爲之緦衰者也。若《檀弓》云以爵弁純衣哭諸侯，彼謂薨於本國，王遙哭之，則婦人不哭之，婦人無外事故也。《春官》。外宗：大喪，則叙外內朝莫哭者。哭諸侯亦如之。內外宗及外命婦。同上。君臨臣喪，以巫祝桃茢執戈。詳見《喪禮義》。先王之制，諸侯之喪，士弔，大夫送葬。詳見《會葬》條。弔者即位于門西，東面。其介在其東南，北面，西上。西於門主，孤西面。上客臨客立于門西，介立于其左，東上。孤降自阼階，拜之同上。案：諸侯使人弔，含、襚、賵、臨，同日畢事，其序則弔在前，臨在後。今以弔臨爲哀死者之事，含、襚、賵，是贈死者之事，故舉弔臨兩條之略於此，其全文則詳見《贈喪》條，列於含、襚、賵之先後，庶有以見行禮之序云。君使人弔，徹帷。主人迎于寢門外，見賓不哭。詳見《士喪禮》君使人弔條。大夫之喪，將大斂，既鋪絞、紟、衾、衣，君至詳見《喪大記》大斂條。士之喪，將大斂，君不在，其餘禮猶大夫也。同上。君於大夫、世婦，大斂焉。爲之賜，則小斂焉。詳見《喪大記》殯後受弔條。大夫士既殯，而君往焉。同上。君若有賜，則視斂。詳見《士喪禮》君視斂條。君弔，見尸柩而后踊。詳見《喪大記》殯後受弔條。諸侯非弔死問疾，而入諸臣之家，是謂君臣爲謔。詳見《喪禮義》。喪，公弔之曰「寡君承事」，示亦爲執事來。主人曰「臨」。君辱臨其臣之喪。《檀弓》。諸侯弔於異國之臣，則其君爲主。君爲之主弔，臣恩爲己也，子不敢當主，中庭北面哭，不拜。疏曰：君無弔他臣之禮，若來在北國，遇主國之臣喪時，爲彼君之故而弔，故主國君代其臣之子爲主。《小記》。賓入竟而死，遂也，主人爲之具，而殯。君弔，介爲主人。詳見變禮。君遇柩於路，必使人弔之。君於臣民有父母之恩。《檀弓》。大夫弔於大夫、士，主人出迎于門外。詳見《喪大記》。大夫君，不迎于門外，入即位于堂下同上。五廟之孫，祖廟未毀，雖爲庶人，死必赴，練、祥則告。族之相爲也，宜弔不弔，宜免不免，音問。有司罰之。至于賵、賻、承、含，皆有正焉。承，音贈。疏曰：族人雖或至賤，吉凶必須相告，弔、賵、含、贈皆當有正禮。庶子掌其正焉。承文在賻含之間，則贈含之類，故以承爲贈。云正者，庶子之官治之，使賵賻隨其親疏各有正禮。《文王世子》。敬弔、臨、賻、賵，睦友之道也。臨，如字。又力鴆反。疏曰：言君敬重弔、臨、賵、賻，不使闕失者，是君親睦和友之道也。同上。上二條，含、襚、賵通用。公族之罪，刑于隱者，弗弔，弗爲服，哭于異姓之廟，爲忝祖，遠之也。疏曰：隱，隱僻之處，謂甸師也。爲其犯罪，忝辱先祖，於公法合疏遠之也。同上。知生者弔，知死者傷。知生而不知死，弔而不傷。知死而不知生，傷而不弔。人恩各施於所知也。弔、傷，皆謂致命辭也。《雜記》曰：諸侯使人弔，辭曰：「寡君聞君之喪，寡君使某，如何不淑！」此施於生者，傷辭未聞也。說者有弔辭云：「皇天降災，子遭罹之。如何不淑！」此施於死者，蓋本傷辭。辭畢，退，皆哭。疏曰：此論弔傷之法，若存之與亡並識，則遺設弔辭傷辭兼行，若但識生而不識亡，則唯遣設弔辭而無傷辭。若但識亡，唯施傷辭而無弔辭也。云「辭畢，退，皆哭」者，然弔辭乃使口致命，若傷辭，當書之於板，使者讀之而奠致殯前也。案《雜記》行弔之後，致含、襚、賵畢乃臨，若不致含、襚、賵，則弔訖乃臨也，故云弔傷辭畢皆哭。《曲禮》。弔於人，是日不樂。君子哀樂不同日。子於是日哭，則不歌。行弔之日，不飲酒食肉焉。以全哀也。《檀弓》。弔生不及哀，非禮也。詳見賵條。凡非弔喪，非見國君，無不答拜者。禮尚往來，喪賓不答拜，不自賓客也。國君見士不答其拜，士賤。疏曰：凡拜而不答拜者，唯有弔喪、士見己君二條耳。弔所以賓不答拜者，己本來爲助執喪事，非行賓主之禮，故主人雖拜己，己不答也。故《士喪禮》有賓則拜之，賓不答拜是也。君不答者，謂士見己君，君尊不答也。《曲禮》。入臨不翔哀傷之，無容樂。《曲禮》。有殯，聞遠兄弟之喪，同國則往哭之。喪無外事。疏曰：以其已有喪殯，不得嚮他國。哭日不歌。《曲禮》。哭則不歌。詳見哀有喪條。尊長於己踰等，喪俟事，不犆弔。踰等，父兄黨也。疏曰：俟事，謂待朝夕哭時。不犆弔，謂不非時而獨弔。《少儀》。齊者不樂不弔。爲哀樂則失正，散其思也。《檀弓》。三年之喪，雖功衰，不弔，自諸侯達諸士。如有服而將往哭之，則服其服而往。功衰，既練之服。諸侯服新死者之服而往哭，謂所不臣也。練則弔。父在爲母功衰，可以弔人者，以父在，故輕於出也。然則凡齊衰十一月，皆可以出矣。既葬，大功，弔，哭而退，不聽事焉。聽，猶待也。事，謂襲斂執紼之屬。期之喪未葬，弔於鄉人，哭而退，不聽事焉。功衰，弔，待事，不執事。謂爲姑、姊妹無主，殯不在己族者。小功緦，執事，不與於禮。禮，饋奠也。疏曰：重喪小祥後衰與大功同，故曰功衰。衰雖外輕，而痛猶内重，故不得弔人也。功衰雖不弔人，若自有五服之親喪，則往哭之。將往哭，則不著己功衰服，而依彼親之節以服之，申於骨肉之情故也。賀瑒云：若新死者服輕，則不爲之制服。雖不爲重，變而爲之制服。往奔喪哭之，則暫服所制之服。往彼哭之事畢，反服故服也。上文自諸侯達諸士，然諸侯絶期，今云服其服而往，當是敵體，又所不臣者。謂始封君不臣諸父昆弟也。故鄭明之也。大祥始除衰杖而練，得弔人者，以父在爲母，故輕於出，言得出也。既葬大功者，謂身有大功之喪，既葬之後，往弔他喪。弔，哭既畢則退去，不待主人襲斂之事。期喪練，弔則亦然也。期之喪未葬，謂姑、姊妹無主，爲之服期喪，未至於葬，往弔於鄉人之喪，不聽待主人襲斂之事焉。功衰弔者，謂此姑、姊妹等期喪至既葬，受以大功衰，謂之功衰。至此之後，若弔於鄉人，其情稍輕於未葬之前，得待主人襲斂之事，但不親自執事。小功、緦服輕，故未葬便可弔人，亦爲彼擯相，但不得助彼饋奠耳。《曾子問》曰：說衰與奠非禮也，以擯相可也，是擯相輕而饋奠重也。《雜記》。曾子問曰：「三年之喪弔乎？」子曰：「三年之喪，練不羣立，不旅行。君子禮以飾情，三年之喪而弔哭，不亦虚乎？」爲彼哀，則不專於親也。爲親哀，則是妄弔。疏曰：云虚者，弔與服並虚也。《曾子問》。有殯，聞遠兄弟之喪，雖緦必往。親骨肉也。非兄弟，雖鄰不往。疏無親也。所識，其兄弟不同居者皆弔。就其家弔之，成恩舊也。疏曰：此文連上「有殯」之下，若其骨肉兄弟，雖緦必往，若其非兄弟骨肉疏外之人，雖鄰不往。今有既非兄弟，又非疏外，平生所共知識，往來同恩好，今若身死者，兄弟雖不同居，亦就往弔之，成其死者之恩舊也。其死者兄弟不同居，尚往弔之，則死者子孫就弔可知，舉疏以見親也。已有殯得弔之者，以其死者與我有恩舊。《檀弓》。婦人不越疆而弔人。不通於外。《檀弓》。婦人非三年之喪，不踰封而弔《雜記》。五十無車者，不踰疆而弔人。氣力始衰。《檀弓》。死而不弔者三：謂輕身忘孝也。畏，人或時以非罪攻己，己不能有以說而死之者，孔子畏於匡。厭，行止危險之下。溺。不乘橋舡。疏曰：匡人謂孔子爲陽虎，欲殺之。《論語》注云：微服而去，謂身著微服潛行而去，不敢與匡人鬬以媚悦之。厭，謂崩墜所壓殺也。溺，謂不乘橋舡而入水死者。何胤云：馮河潛泳，不爲弔也。《檀弓》。其國有君喪，不敢受弔。疏曰：國有君喪，而臣又有親喪，則不敢受他國賓來弔，以義斷恩，哀痛主於君，不私於親也。《雜記》。大夫之喪，庶子不受弔。不以賤者爲有爵者主。《檀弓》。

呂中《宋大事記講義》卷三《幸太學》 〔宋太祖〕建隆元年，幸國子監。二年又幸。三年正月幸，二月又幸，增修學祠，自贊孔顔。乾德元年四月幸，七月又幸。當倥偬不暇給之時，而獨留意於學校，此正轉移人心之大機也。先漢以吏立國，故丞相止於次律令，御史止於定章程。我朝以儒立國，故命宰相讀書，用儒臣典獄，以文臣知州，卒成一代文明之治。自是而後，臨幸之時有爵命之賞，有金帛之賜，亦增廣延士之美意。然太祖當尚武之世，而幸學之時多，後世當右文之日，而幸學之時少，何耶？善乎！呂大防之言曰：天子視學常事也，金爵之賚，後日何可繼哉！正恐惜費而止耳，其中當時之弊歟。元祐六年，哲宗幸學，呂大防爲相，或謂曰：「祖宗視學非有爵命之賞，則有金帛之賜。今皆無之，何也？」大防曰：「古者天子視學，蓋常事也。小惠何足道哉？吾固欲天子時，一幸學金爵之賚，後日何可繼哉？正恐惜費而止耳。聞者乃服。」

米芾《寶晉英光集》卷四《蘇東坡輓詩五首》 平生出處不同塵，末路相知太息頻。力疾來辭如永訣，公別於眞閘屋下，曰：「待不來，竊恐眞州人道放著天下第一等人米元章不別而去也。」古書跋贊許猶新。公立秋日於其子過書中批云：「謝跋在下懷。」荆州既失三遺老，是年，蘇子容、王正仲皆卒吳。碧落新添幾侍晨。公簡云：「相知三十年，恨知公不盡。」余答曰：「更有知不盡處，修楊許之，業爲帝宸碧落之游。異時相見，乃知也。」今思之，皆訣別之語。

釋道潛《參寥子詩集》卷一一《東坡先生輓詞》 西湖卷葑拓漪漣，十里橫呑碧玉天。自謂前身眞白傅，至今陳迹尚依然。公生平出處多與樂天同，樂天在杭治湖築堤，爲政十六個月，公亦如之。臨淮大士本無私，應物長于險處施。親護舟航渡南海，知公盛德未全衰。鄒至完言在嶺外嘗聞人傳，慧州太守方君家人素奉佛，一夕夢泗洲大聖來別，云將送蘇某過海。遂詰之曰：「幾時當去？」答曰：「八日去矣。」後果如期，公得命移僉耳。至完始未信，後遇方君問之信然。

汪應辰《文定集》卷四《御劄問蜀中旱歉畫一回奏》 一臣今來，所條具止，是以見聞所及，先次具奏。若別有合行事件，臣當接續奏稟。伏乞睿照，右謹具如前。取進止。十月十三日，奉聖旨：令戶部于見拘收諸路未賣度牒內，給降四百道，付汪應辰，專充糴本，措置賑濟，不得別將他用，餘依議。

范純仁《范忠宣公集》卷三《第二狀》 方今多士盈庭，大半趨附執政。陛下更以法令驅之使畏，大臣則其任性恣行，何所不至。陛下雖欲制馭，必傷終始之恩。所以人主雖當仰成執政，而督察之，任委之，臺官俟有過愆，則使彈擊，下以使大臣知懼，上以全君臣之恩，此是從古以來馭臣之要道也。陛下將臣此奏反覆究詳，特與追還二人，以正朝廷之失，則臣雖死之日，猶生之年。公素與安石善，安石得政，多所更張，人心不寧。公召自陝西，即言於上曰：「《書》云：『怨豈在明，不見是圖。』願陛下圖不見之怨，而止之。杜牧亦謂『天下之人，不敢言而敢怒』者，此不見之怨也。」及居諫職，其言事大抵皆忤安石意。最後言薛向不可爲發運使，安石滋不樂。及論劉琦罷御史，且力求去，王弗許。又言：「臣爲言官，言不見信，雖聖恩隆厚，臣愈不敢當，實無面目居此責任。」遂居家待罪。

又《范忠宣公奏議》卷下《奏陳青苗等法》 況天下親民之官，能知民疾苦利害者，十中無一。復能以朝廷立法之意推而行之合於民心者，又加少焉。能合於民而不顧身之得失、違上之喜怒、肯盡己心而行者，百無一矣。如何使朝廷德澤下究，而民不受其弊哉！臣願朝廷如臣乳媼之喻選舉監司守令，敎之以愛民之意，則將有實惠及民，不煩朝廷立法而天下安矣。其青苗等法，若當時雖不立賞，不免擾民，故元祐初朝廷聞而更之，至今人以爲便。元祐八年十二月，公時爲右僕射，丐外。上面諭呂大防曰：「純仁有時望，不宜去，卿其爲朕留之。」亦遣中使趣公歸府，又遣中使趣公入見。公既入見，上此奏。先是，大防欲用侍御史楊畏爲諫議大夫，要公同書名奏擬。公曰：「上新聽政，諫官當求正人。畏傾邪，不可除。」因不敢與聞，遂固爭避位。大防不寤，竟奏遷畏爲禮部侍郎。畏尋上疏乞講求神宗法制，以成繼述之道，上即召畏登對。自是悉召用熙豐舊人，實畏發之焉。

徐積《節孝集》卷三二《名臣言行録》 太夫人一日使讀《孝經》，輒流涕不能止。是時太夫人攜先生育於陝右外家，事母篤孝，朝夕冠帶，問起居。一日幞頭晨省，外氏諸婦大笑之。翌日復如是，笑不已。被笑旬日，彌恪自是，至老不廢。居家必冠帶，當暑絺綌必重。王賨深撰《行狀》，又《童蒙訓》云：先生因具公裳見貴官，忽自思云：見貴官尚必用公裳，豈有朝夕見母而不具公裳者乎？遂晨夕具公裳揖其母。既冠，徒步從安定先生學。安定門下踰千人，以別室處之，遣婢視飲食，澣濯。盛寒，惟一衲裘，以米投漿甕中，日食數塊而已。安定使其徒餽之食，不受。將還，受一飯而行，曰：「先生之命不可終違，嘗曰『吾於安定之門所得多矣。』言之在耳，一字不違也。」《行狀》又《童蒙訓》云：仲車先生初從安定胡先生學，潛心力行，不復仕進。其學以至誠爲本，積思六經，而喜爲文詞，老而不衰。先生自言初見安定先生，退，頭容少偏，安定厲聲云：「頭容直。」積因自思，不獨頭容直，心亦要直也。自此不敢有邪心。又《安定言行錄》云：了翁嘗問先生：「佛氏有悟門，儒者有之否？」先生曰：「有之。」問先生之悟門云何，曰：「積昔從安定先生學，先生晚畜二侍姬，諸弟子莫見。一日，因延食中堂，二女子侍側。食已，積請于安定曰：『門人或問見侍子否，何以告之。』安定曰：『莫安排。』積由是有得，此積之悟門也。」

秦觀《淮海集》卷三《和孫莘老題召伯斗野亭》 淮海破冬仲，雪霜滋不平。菱荷枯折盡，積水寒更清。輟棹得佳觀，湖天繞朱甍。信美無與娛，濁醪聊自傾。北眺桑梓國，悠然白雲生。南望古刊溝，滄波帶蕪城。村墟翳茅竹，孤烟起晨烹。簷間鳥聲落，客子念當行。攬衣視日景，薄陰漏微明。何時復來遊？春風發鮮榮。孫莘老倡云：淮海無林邱，曠澤千里平。一渠閑防瀦，物色故不清。老僧喜穿築，比戶延朱甍。簷楯斗杓落，簾幃河漢傾。平湖杳無涯，湛湛春波生。結纜嗟已晚，不見芙蓉城。尙想紫芡盤，明珠出新烹。平生有微尙，一舟聊寄行。遇勝輒偃蹇，霜鬚刷澄明。可待齒牙豁，歸歟謝浮榮。黃魯直和云：謝公所築埭，未歎曲池平。蘇州來賦詩，句與秋氣清。結構擅空闊，湖光浮棟甍。維斗天司南，其下百瀆傾。貝宮產明月，含澤遍諸生。盤薄淮海間，風烟浸十城。籟簫吹木末，浪波沸庖烹。我來抄搖落，霜清見魚行。白鷗遠飛回，得我若眼明。佳人歸何時，解衣繞廂榮。蘇子瞻和云：落帆謝公渚，日腳東西平。孤亭得心憩，暮景含餘清。坐待斗與牛，錯落掛南甍。老僧如宿昔，一笑意已傾。新詩出故人，舊事疑前生。吾生七往來，送老海上城。逢人輒自哂，得魚不忍烹。似聞績溪老，復作東都行。小詩如秋菊，艷艷霜中明。過此感我言，長篇發春榮。蘇子由和云：扁舟未得解，坐待兩閘平。濁水汙人思，野寺爲我清。昔遊有遺詠，枯墨存高甍。故人獨未來，一樽誰與傾。北風吹微雲，暮寒依月生。前望邗溝路，卻指鐵甕城。茅簷卜茲地，江水供晨烹。試問東坡翁，畢老幾此行？奔馳力不足，隱約性愈明。早爲歸耕計，免慙老僧榮。張琬和云：維舟得古寺，望遠天四平。晴日暉暉散，晚風泠泠清。危亭下瞰野，層閣高連甍。起望斗與牛，淮海相奔傾。往來誰百年？今昔我平生。悠悠何所寓？臺上多化城。與其逐影死，寧似不鳴烹。咄哉應有止，老矣將安行。中庭柜子落，丈室霜月明。此意竟蕭條，猶然笑安榮。張芸叟和云：我登甘棠埭，所向殊未平。舟行汙地中，頓失江湖清。蛙聲亂僧唄，鴟吻赫市甍。意同伯喈死，苟與衛士傾。開池種白蓮，壘石擬三生。猶淹南斗墟，終遠北斗城。設我紫藕供，報之白茅烹。三年猿鶴友，萬里秦梵行。秋風隴首至，落日淮南明。寄言懷土士，愼勿慕官榮。

陳舜俞《都官集》卷一二《騎牛歌》 舜俞謫官廬山之下，常陪大博劉公乘黃犢往來山中，因作歌以記之。案：此下三詩，《永樂大典》編入《三劉文集》。原註云：舜俞熙寧五年爲山陰令，以不行青苗自劾，謫監南康酒稅。又載《南康舊志》云：舜俞與凝之乘黃犢，嘗以六十日盡南北山水之勝。有《廬山記》五卷，李伯時畫爲圖。

釋契嵩《鐔津集》卷八《唐太宗述》 太宗始視文靜於繫獄，何憂天下之急也。隋大業間，劉文靜坐與李密連姻，繫獄。太宗入視，乃謂曰：「今看卿非兒女情，與卿圖大事也。」諫班師於霍邑，號哭以感，何忠孝之義合也。高祖初起義師，西圖中國，隋將宋老生據霍邑以拒義師。會久雨，糧盡，高祖議還太原。太宗欲須入咸陽，高祖不納，號泣，聲聞帳中。誅建成、元吉，何循大義也。武德九年，建成、元吉謀害太宗，事泄。太宗將尉遲敬德等九人入玄武門，誅於臨朝殿前。與可汗刑白馬而盟之，何信行於戎狄也。太宗登極初，可汗寇涇州，總兵百萬至渭水便橋。太宗獨上以輕曜軍容，可汗見，懼而請和，故刑白馬盟於便橋上，而去。拒德彝之諂，何沮天下之佞人也。貞觀初，奏《秦王破陣》樂曲，封德彝對曰：「陛下以聖武戡亂，玄極奏樂，象德定文，容以爲比。」上曰：「朕雖以武功定天下，終以文德綏海內，文武之道，各隨其時。公謂文容不如蹈厲，斯言過矣。」突厥胥亂，以其無罪於我，不乘便而討之，何賞罰之有禮也。貞觀初，突厥諸部叛，討之而兵叛。羣臣請乘便討之。上曰：「豈有新與之和，乘其亂而滅之邪？縱部落盡叛，六畜皆死，朕終不討。待其有罪，而後擒取。」議不屢赦，何賞罰之正也。太宗謂羣臣曰：「赦有罪乃不軌輩，古語：一歲再赦，好人喑啞。故朕不頻赦，庶得四海安泰也。」與杜淹論樂，何知政也。太宗初奏新樂，謂侍臣曰：「禮樂之作，聖人緣物設教，以爲撙節。治之隆替，皆由於此。」御史大夫杜淹曰：「前代存亡，實由於樂。故陳之亡，爲《玉樹後庭》。齊之亡，爲《伴侶行路》。聞之莫不悲泣。」上曰：「不然，夫音樂之感人心，歡者聞之則悅，憂者聽之則悲。將亡之國，其民心苦，苦心所感，聞樂則悲，何有樂聲使人悅者悲乎！今《玉樹》《伴侶》其音具在，今公奏之，公則不悲耳。」與孔穎達論籍田，何知經也。貞觀初籍田方田給侍中。孔穎達曰：「按禮天子於南郊，諸侯於東郊，晉武於東南。今於城東不合古禮。」上曰：「禮緣人情，亦何有定。《虞書》云：平秩東作。朕今見少陽之地田於東郊，蓋其儀也，亦何不合於古禮者哉！」罷營閣之議，何惜民力也。羣臣以宮中卑濕請營一閣以居。上曰：「朕德慚漢文，豈可過勞民力」，竟不許。幾致刑厝，何天下之有教也。居不閉戶，行不賫糧，何天下之廉讓也。貞觀四年冬，斷刑四十九人，幾致刑厝。嶺外之戶不閉，行旅不賫糧也。赴刑者應期而畢至，何天下之無欺負也。貞觀七年冬，親錄囚死者三百九十人，令明年秋來就刑。至是畢集，而詔以原之。納魏徵之言，何與人爲善也。太宗納魏徵諫爭，見於本傳甚衆。

范仲淹《范文正集》卷一《乞先修諸寨未宜進討》 既逼近蕃界，彼或點集人馬，朝夕便知，大至則閉壘以待隙，小至則扼險以制勝。彼或放散人馬，亦朝夕便知，我則運致糧草，以實其備。彼若歸順，我已先復舊疆；彼未歸順，我已壓於賊境。橫山一帶，在我目中，強者可襲，弱者思附，此亦禦邊之一事。然脩復諸寨，亦動軍民，煩費不少，比之入界勞斂，則有經久之利，而無倉卒之患。且安存得東路熟戶蕃部并歸明弓箭手。乞聖慈裁酌。公繼此又言：臣所以不敢更執前議，乞擇廢寨中有利者，先次脩復，一則安存得上項熟戶弓箭手，各著農畝，無畔離之患；二則遮障漢戶，且爲籬落；三則耕作地廣，糧草易爲；四則城寨逼近蕃界之後，賊爲聚散，朝夕便知，易爲設備；五則將來委諸將在彼就近爲謀，大至則守，小至則擊，有間則攻，使居不得安，耕不得時，然後可以降集，可使逃遁。此固撓賊之一策。庶幾畏懼，早思款伏。前後凡六奏事，城承平等十二寨，蕃漢之民相踵復集。

歐陽修《文忠集・附録》卷五歐陽發等述《事迹》 而公天性仁恕，斷獄常務從寬，嘗云：「漢法惟殺人者死，後世死刑多矣。」故凡死罪，非己殺人而法可出入者，皆全活之，曰：「此吾先君之志也。」其在河北一議，活二千人之命。及晚年在京東奏寬沙門島刑名，設法減其人數，賴以獲全者甚衆。沙門島罪人，寨主舊敢專殺，故數不多而易制。馬點知登州，務全人命，舉察甚嚴，稍優卹罪人。罪人既多，而又不畏本寨，漸恣橫難制。京東議者大患之，有司之意，多欲許令依舊一面處置。公以爲朝廷既貸其命，豈可非理殺之，奏請將編勑州一作刑。名，合配沙門島。而情稍輕者，只配遠惡州軍，見在島多年情輕者放還，（逐）［遂］以無事，而人亦獲全。

呂祖謙《東萊別集》卷二《家範二・昏禮・陳設》 前期一日，女氏使人張陳其壻之室，司馬氏曰：床榻薦席椅桌之類，壻家當具之。氊褥帳幔衾綯之類，女家當具之。衣服襪履等，皆鎖之篋笥，世俗盡陳之。欲矜富侈，此乃婢妾小人之態，不足爲也。文中子曰：昏娶而論財，夷虜之道也。夫昏姻者，所以合二姓之好，上以事宗廟，下以繼後世也。世俗之貪鄙者，將娶婦先問資裝之厚薄。將嫁女，先問聘財之多少。

至於立契約，云某物若干，以求售其女者。亦有既嫁而復欺紿負約者。是乃駔儈鬻奴賣婢之法，豈得謂之士大夫昏姻哉！其舅姑既被欺紿，則殘虐其婦，以攄其忿。由是愛其女者，務厚資裝以悦其舅姑，殊不知彼貪鄙之人，不可盈厭。資裝既竭，則安用汝女哉！於是質其女以責貨，於女氏貨有盡，而責無窮，故昏姻之家，往往終爲仇讐矣。是以世俗生男則喜，生女則戚，至有不舉其女者，用此故也。然則議昏姻有及於財者，皆勿與爲昏姻可也。及期，壻具盛饌。

劉才卲《樧溪居士集》卷二《慈寧壽慶曲》　由來孝弟能通神，聖主成功在得人。誰云高高難感格，一德協謀天所因。皇帝盛德動天地，丞相嘉謀無比倫。昭然獨斷納遠策，重見元愷承華勛。案《宋史・姦臣傳》：建炎四年，秦檜與妻王氏及僕婢，自軍中歸行在。帝曰：「檜朴忠過人，朕得之，喜而不寐。」此所謂「聖主功成在得人」者也。檜言：「欲主和議，乞專與臣議，勿許羣臣預。」此所謂「一德協謀天所因」者也。檜於紹興元年拜同平章事，二年落職，八年復拜。此所謂「重見元愷承華勛」者也。史謂才卲爲時相所忌，出知漳州，而此詩乃頌檜。若此，想是授旨而作，附識於此。聖情孜孜天不倦，宫中預建慈寧殿。案《宋史・韋賢妃傳》：紹興八年，王倫使金，回言金主許歸后。遂豫作慈寧殿，遙奉太后。《寶冊楓窗小牘》云：九年十月二十一日，詔皇太后宫殿名慈寧。三十日畢工。

周紫芝《太倉稊米集》卷三四《次韵林察院賀章正言得子》　平生種德無遺恨，他日傳家有是兒。聞道長庚曾入夢，已應能作上樓詩。唐人載李白襁褓中，其家攜之上樓，問頗能作詩否，即應聲作絶句一首，所謂「不敢高聲語，恐驚天上人」者是也。

黄裳《演山集》卷一二《贈致政李大夫》　演仙山足退來榮，更繼高風適此生。一葉輕舟篷上雨，三江欹枕有誰行。公之先大夫自長樂致政，祖席之上，郡守張伯玉曰：「公之歸也，何適？」曰：「煙雨滿江，吾泛一葉，欹枕于其中，閒聽雨聲漁唱，吾之適也。」張公喜其言，起舞爲公壽。

鄭興裔《鄭忠肅奏議遺集》卷上《揚州到任謝表》　兹蓋伏遇皇帝陛下化極文明，恩漸動植，如天之覆，遠則彌周。如日之中，幽無不燭。謂好言利病者，有區區憂國之心。謂不事權貴者，非汲汲謀身之輩。涣頒休命，易帥大邦。《周益公集》載：淳熙十五年二月，皇帝御筆：揚州闕帥，鄭興裔似堪其任。密具奏來，臣必大回奏：臣伏準御批鄭興裔堪任揚帥。臣觀其人，累歷監司於職事，不爲苟且，誠如聖諭。伏乞睿照施行。

岳飛《岳武穆遺文・乞出師札》　異時迎還太上皇帝、寧德皇后梓宫，奉邀天眷歸國，使宗廟再安，萬姓同懽，陛下高枕，無北顧憂，臣之志願畢矣。然後乞身還田里，此臣夙昔所許者。伏惟陛下恕臣狂易。臣無任戰汗。取進止。高宗批答云：覽奏事理明甚，有臣如此，顧復何憂！進止之機，朕不中制。惟敕諸將廣布寬恩，無或輕殺，咈朕至意。

尹焞《和靖集》卷一《貽秦相書》　今之上策，莫如自治。自治之要，内則進君子而遠小人，外則賞當功而罰當罪。使主上之孝弟通於神明，主上之道德成於安強，勿以小智孑義而圖大功。不勝幸甚。焞病體衰羸，日甚一日。歸田之請，前後八上。投老山間，側聞作新之政，此相公之賜也。況天下乎！秦檜得書讀之，已不樂。至「勿以小智孑義而圖大功」，愈不悦。及又見先生《辭免萬壽觀劄子》有云「比嘗不揣分守，輒及國事。識見迂闊，已驗於今跡，其愚庸豈堪時用」。秦檜見「豈堪時用」字，深切銜之。乃見上具言尹焞劄子有所議，不可不爲施行，乞將尹焞所上文字盡付中書，當爲詳酌行之。上遂以先生所上奏上劄盡付中書，而秦檜遂切齒於先生矣。

鄭剛中《北山集》卷三《和石希孟》　睽闊星霜又欲周，詩書深恐廢前修。相承韡韡常怡悦，有罵申申正噢咻。一暴而寒非所喜，半塗之畫最堪羞。茅簷紫竹牕前榻，我尚慇懃爲爾留。韡韡，兄弟相依喻也。屈平以行己未善，姊常申申罵之。此蓋言吾子居家，雖艾愛可樂，而姊常悲痛其失學。噢咻，蓋悲痛云。

劉一止《苕溪集》卷七《送報寧曇老二絶句》　王家宅似江家宅，草木風烟各不知。王謝爭墩公案在，問師一筆判歸誰。報寧曇老受請，將入院，作兩絶自送之。報寧在半山，蓋王荆公舊宅。「我名公字偶相同，我屋公墩在眼中。公去此墩當屬我，不應墩姓尚隨公」，此荆公詩也。公初罷相，歸金陵。有問公動静於過客者，客戲答云：「余不知其詳，但聞方與謝公爭墩耳。」

王之道《相山集》卷一二《次韻秦壽之題五祖》　栽花傳法總吾身，生滅無煩取次論。一夢儻從今日覺，羣峰應許此山尊。塔中相好如來具，手裏衣盂達磨存。若遇小兒宜借問，性華何處更尋根。四祖住雙峯，一日黄梅道上問小兒姓，兒曰：「姓有，不是常姓。」祖曰：「是何姓？」兒曰：「是佛姓。」兒後爲五祖，遂傳衣。有偈云：華種有生姓，因地華生生。大緣與性合，當生生不生。

林季仲《竹軒雜著》卷一《哭薛吏部》　白鹿春城下，黄牛古隴頭。年年喚兄弟，兩兩酹松楸。今日逢寒食，哀君返故丘。縈懷多少恨，不逐晚雲收。兩家兄弟，相繼登第。五年之間，淪落幾半。又祖壟相鄰，歲時展省，往往同日。今吏部之葬，適在清明，故云。白鹿城、黄牛墊，其葬地也。見《圓經》。

李光《莊簡集》卷八《論體究姚古等劄子》　竊慮古等卻作因糧道不

繼，別以私說回報，雖未明虛實，理合體究的實，恐臨時有妨施行。其前項事若干，涉監司州縣等處，即未審合與不合，一就體究。伏望聖旨詳酌施行。如蒙許一就體究，即乞特降處分，付臣照會。所有應干今來體究公事，合關報臣事節。並乞依已降指揮，不得下司，所貴愼密，不致漏露。取進止。五月一日，三省、樞密院同奉聖旨：河東諸統制官內有逗遛不進者，其姚古不能節制，以軍法從事，致久未成功。姚古可落檢校官，罷節鉞，與承宣使依舊河東制置，使其統制官差侍御史李某前去體究。逗遛尤甚者，械送赴闕取旨。李某令東上閤門今月二日引見上殿訖，疾速起發。仍不下司，有劄付李侍御，靖康元年五月一日押，已而不果行。

傅崧卿《題趙先生傳後》（華鎮《雲溪居士集》卷二九附）　生長兵間接太平，封巒親見告功成。茂陵遺稾猶施用，跛鼈如何獨未行。鶴書東召竟牢辭，一去騎鯨世莫追。會有丹青遺像在，誰將配食季眞祠。按：《傳》後二詩原本不著姓名，考寶慶《會稽志》載其第二首，題傅崧卿作，本序亦云。華僊民出其先大夫所撰《趙先生傳》示崧卿，則爲傳作無疑，今補書其名於題下。崧卿，字子駿，山陰人，政和五年進士，官給事中。嘗評鎭會稽覽古詩，有云詞格清麗，寄興深遠，足以垂觀來者。

周必大《文忠集》卷一七二《起丁未八月庚寅止戊申二月丙申》　是日申時，再呼劉確等看太上脈。確等奏云：六脈短促，手足不溫。神氣昏脫，大便不固。粥藥難進，當服生氣粉三建丹。緣王涇、馬希古自九月九日至今，凡二十七日，供進動利藥過多，耗奪眞氣，今藥力不相與正氣相接。內前擾擾，禁衛皆上，准備駕出。宰執已上，皆集于漏舍，閉門後退。是夜一更三點，二更二點，三更一點，確等再診御脈，四五動一止，痰涎潮塞，進紫霞丹，粥藥不能下，四支逆冷。添差醫官能蒙、湯公材、周昭、郭儀、盛鼎、王良佐、趙友諒、陳翊、朱永壽、謝瑀，皆無所施其力矣。後據趙寔供太上，自九月五日卯時十鼓，在進食殿進膳了，不豫。即時李才人扶侍歸寢閤。辰初壽聖皇后、張叔妃、王才人來看。侍宮宣本宮醫官劉確、張琳、管範、李之美看脈，進蝎稍湯、鉄彈丸。提點具奏，南內差關御藥等，至晚七次到宮。六日早進鉄彈丸、續命湯、蝎稍湯。七日夜八日早稍定。八日申時，王涇、馬希古來看脈，稱太上熱盛風痰大作，不宜進鉄彈丸之類，宜用人參湯，進牛黃清心丸。聖壽皇后謝，遣劉確等日令涇、希吉進牛黃清心丸，晝夜大便三二十次。十八日進金籙萬安丹。二十二日，壽聖皇后復宣劉確等依舊進蝎稍湯。涇、希古云痰盛而赤，不當進蝎稍湯，進牛黃清心丸等藥。二十六日午正，進硼砂丸，并用大黃調祛風丹。十月一日午正，又進麥門冬湯、調祛風丹、牛黃清心丸。五日早進服食散、溫湯調消痰餅。子午正，醫官湯公才等五人看脈，云進涼藥過多，瀉得五臟不固，進丁香半夏丸、生氣粉等藥。是夜，涇、希古不在宮宿。七日早用粟米粥，進生氣粉、陽起石。午時六鼓，大便五次。又宣劉確等用藥，注子進生氣粉等藥，不下，脈弱。八日未時七鼓脈絕。

王質《雪山集》卷一四《吊法空》　鶴不勝癯汝更癯，平沙獨立未爲孤。雨花臺上方知有，明月堂中竟省無。此夜吟風憑北固，何時乘月叩西湖。出頭已解挑包走，試路西江問老夫。空在建康雨花臺方尋詩，忽有省，始棄去，從妙喜參禪。妙喜甚恨其障深也，見空來，即曰：「拽出死屍著。」蓋以屍爲詩提撕剖擊力矣。空竟坐詩爲魔，參請少倦，即尋溪陟山，不覺又發諸吟哦。妙喜屢歎其形太脆，數不長，此事恐難成。未幾瘦死，今二十年矣。埋丹徒南陂，有母尚存其乞貲。曹勣云「一夢江湖已十春，芒鞋不踐馬頭塵。只知今日了今日，豈料一身愁一身。南阮固應慙北阮，越人那得累秦人。西風不但吹游子，吹老天涯白髮親」。效唐人體，非空本法也。

陳亮《龍川集》卷一二《三國紀年・賈詡程昱郭嘉董昭》　陳子曰：漢室再亂於賈詡，終於董昭。至於左右前後以成魏之霸業者，昱、嘉之謀爲多，而曹公尤痛惜嘉之死也。始詡察孝廉爲郎，以病免還，至汧道遇叛氐，同行數十人，皆已就執。詡曰：「我段公外孫也，我死，汝別埋我，我家必厚贖我。」氐盡殺餘人，而釋詡。時太尉段熲威震西土，而詡非其外孫也。詡之智，大抵如此。

張元幹《蘆川歸來集》卷六《漁家傲》　題元眞子圖。釣笠披雲青嶂繞。橛頭雨細春江渺。白鳥飛來風滿棹。收綸了，漁童拍手樵青笑。　明月太虛同一照。浮家泛宅忘昏曉。醉眼冷看城市鬧。烟波老，誰能惹得閑煩惱。《苕溪漁隱》云：張仲宗有《漁家傲》詞，余往歲在錢塘與仲宗從游甚久。仲宗手寫此詞相示云「舊所作也。」其詞第二句元是「橛頭雨細春江渺」，余謂仲宗曰：「橛頭雖是船名，今以雨襯之，語晦而病。」因爲改作「綠簑雨細」。仲宗笑以爲然。

何夢桂《潛齋集》卷六《寄題》　當年舟子喫拳時，失腳波濤萬丈危。歸去好尋休歇處，莫教再被八風吹。昔有舟子師得道，有弟子參問，得話頭即去。未出舟猶回首，若將有言。師云：「汝更道有甚麼？」在一篙打墮水中，弟子在浮沉間頓悟，答云：「已會。」

汪元量《湖山類稿》卷五《滿江紅・和王昭儀韵》　天上人家，醉王母、蟠桃春色。被午夜、漏聲催箭，曉光侵闕。花覆千官鸞閣外，香浮九鼎龍樓側。恨黑風吹雨濕霓裳，歌聲歇。人去後，書應絕。腸斷處，心難說。更那堪杜宇，滿山啼血。事去空流東汴水，愁來不見西湖月。有誰知、海上泣嬋娟，菱花缺。王昭儀詞云：太液芙蓉，渾不似、舊時顏色。曾記得、春風雨露，玉樓金闕。名播蘭簪妃后裏，暈生蓮臉君王側。忽一聲鞞鼓揭天來，繁華歇。　龍虎散，風雲絶。無限事，憑誰説。對山河百二，淚沾襟血。驛館夜驚鄉國夢，宮車曉碾關山月。願嫦娥、垂顧肯相容，從圓缺。

熊禾《勿軒集》卷二《三山郡泮五賢祠記》 此其當正者三宋諸儒，如康節、涑水、南軒、東萊四賢，固已在從祀之典。溯其淵源，豈無尚有考論者！龜山載道而南，再傳爲延平李氏，學行醇正。其傳是爲文公，竹林從祀，亦在六君子之次。又文公之學，惟勉齋黄氏獨接，其傳學問操行一出于正，且其羽翼四書三禮之功爲大。三山郡泮，亦爲之大耳。道無二統，不合不公。誠有作者表章正學，統一聖眞。首之京師，達之郡縣。

蘇頴濱《康範詩集・附録外集・次韵汪文通監簿》 連朝暑雨意如秋，過客不來誰與遊。賴有澹臺肯相顧，坐令彭澤未能休。琴疎不辨彈心曲，學廢誰能製束脩。賴有邑人憐病懶，共成清話勸遲留。按《家乘》：汪琛，一名深，字文通。宋嘉祐丁酉年進士章衡榜，遷承務郎史館編校。公爲國子監簿，歸時，值黄門頴濱先生謫筠陽酒官，作宰績溪，文通公因與之遊，甚相得，家藏先生手澤尚新。

鄭清之《安晚堂集》卷一〇《再和且答索飲語》 二螯六跪冒族姓，穴居頗笑隣之薄。縱令臏足亦可喜，中有妙解未應斫。臏擬新篘問揚字，先賦南烹仰韓學。蠔山馬甲不易致，岸下紫鱗方物躍。主人鸛鶴眞耐痛，笑許子彭如水白。諺語有鸛鶴日至水濱，羣蟹相與捕魚蝦，飼之以爲常。一日鸛鶴語蟹曰：「施而不報，非禮也。吾喬木巢成，亦可延客，能從吾乎？」蟹以無翼辭。鸛鶴曰：「此易耳。子以兩距鉗我足，我，爾身也。」蟹悦從之。一飛戾空，蟹懼，鉗益力。鸛鶴痛，怒罵之。蟹笑曰：「作主人乃爾痛耶！」

程公許《滄洲塵缶編》卷九《題高廟宸翰》 古錦囊開兩軸書，宸奎騰采動山墟。能令使者分王命，想見中興似國初。九鼎可爲宗社重，萬年誰謂草茅疎。襲藏何但傳家寶，汗簡他年或作諸。孫氏所藏高宗宸翰，其一軸《使敵回趣入奏事》，其一軸《殿試編排》，上親擢鼎甲三人：王十朋、閻安中、梁介。試卷號皆聖語褒美。閻公論國本尤忠鯁。

陳著《本堂集》卷五七《謝沿江大制使淮西總領馬觀文舉改官啓》 兹蓋恭遇某官，學印西山，馬公受學于眞文忠公。望標中國。古心勤物，豈知時樣之新。冷眼看人，肯顧世情之熱。不動搖于重援，馬公本欲以制司創舉，而此職司已足，不可受，遂以總領所創舉。時賈相屢以書脅求，公答以老且死矣。此人不可失，此削久已擬之，不復他舉，賈相遂止。不眩惑于浮名。遂使孤寒，獨蒙特達。某駕言須入，藉此可行。官海何涯，敢遽有水到渠成之喜。師牆在上，且獲從雲飛川泳之遊。本在漕幕，馬公來，遂檄兼制司僉廳，及舉員與考既足，當趨班。馬公意欲留連相與，恐妨進取，不敢言，遂爲之留。至丙寅冬始爲趨班，故先有此語。自得之餘，他非所報。

劉克莊《後村集》卷一三《懷曾景建二首》 曾有春陵逐客篇，流傳哀動紫陽仙。安知太白長流處，亦在重華野葬邊。碎板一如坡貶日，蓋棺不見檜薨年。誰云老眼枯無涕，聞説臨川即泫然。蔡季通貶道州，君餞之云：「四海朱夫子，徵君獨典刑。青雲伯夷傳，白首《太玄經》。有客憐孤憤，無人問獨醒。瑤琴空鎖匣，絃斷不堪聽。」晦翁喜之，手書其詩。君亦貶死道州，異矣。

眞德秀《西山文集》卷一〇《爲賑濟無罪可待謝表》 兹蓋恭遇皇帝陛下澤流遠邇，識洞忠邪，知臣分求牧之憂誼難安視，察臣有放麑之故意實無他，特恢含垢之恩，稍正望讒之典，以伸輿議，以厚邦風。臣敢不祗載鴻私，勉殫駑鈍，使殺身有益，尚肩一節以報君。況爲善無傷，敢替初心之及物。又《謝宰執啓》云：巧語上聞，極抗章而自列。隆恩下逮，迄赦過以弗誅。捧詔凌兢，拊躬感惕。伏念某本慚通敏，徒抱闊疎。入侍軒墀，每見玉色憂民之切。出乘軺傳，伏覩璽書卹下之頻。誓竭駑材，祗承德意。屬江左並罹於旱熯，而桐川尤極於凋殘。蒙振贍之特優，懼奉行之弗稱。夙宵一念，民飢奚異於己飢。區畫百爲，王事殆同於家事。所冀推仁恩而均被，靡遑顧文法以自營。頓當原隰驅馳之時，備覩田野焦熬之實。欲糶則人苦青蚨之乏，欲濟則官無紅腐之儲。抑立視其死，與既有負求芻之托，苟利專之可也。又難逃矯制之刑。與其失職以媮安，寧若損身而任責。勉效便宜之舉，亟蒙開可之音。顧小臣敢越於拘攣，見盛世素存於寬大。是乃彰朝廷之美，何至干堂陛之嚴。以王命而賙民饑，本其所職。貪天功而爲己力，焉有此心？豈虞止棘之讒，乃出剖符之手。情狀深藏而叵測，有媿先知。語言妄發而不倫，本亡足辯。荷天日照臨之赫，免風波淪陷之危。兹蓋伏遇某官，以至公而秉化鈞，以深仁而培邦本，謂羣臣之善，亦王之善。齊人常有格言，而衆職之功，乃相之功。柳子誠爲確論。凡悉力以裨荒政，即盡忠以報公朝。肯令譖愬之並行，馴至是非之易位。特加全護，俾逭讒訶。某敢不仰佩鴻私，益肩素守。放麑何辜，既蒙觀過之恩。蹈虎雖危，當勵匪躬之節。其爲銘篆，曷既編摩。

劉辰翁《須溪集》卷四《紫極宮寫韵軒記》 自韓退之作彌明狡獪語，而謂天上爲別有書。自侯道華爲天上無愚懵仙人，而仙者遂又當徧讀人間所謂書。而由達者視之，皆非也。吾與造物者爲人，則書之出乎吾後者，猶日閱，人而成市，當亦何所不識。凡吴氏《唐韻》，皆反復作葉子書，朱墨分部，精楷宛麗，開玩如新，近年猶數本尚存，世人不能效也。彼女子豈常習爲此字哉！古所謂不死者復爲人也。二仙故在，攜手來遊。按：彩鸞本晉將軍吴猛女。父女俱登仙籍，距唐踏歌遇文簫時，乃四百餘年，其爲並謫無疑。在仙籍，吴文應，其故偶也。或曰：何四百年之久，而猶美少故態耶？曰：天上一晝夜，動經人間幾歲月，未久也。或曰：仙矣，如淫何？曰：未離欲界，故應爾爾。或曰：天上自有文字，何必故作人間書？曰：人間那識天上書！書之亦不售。且晉人多善書法，其精楷宛麗，亦其餘習故然。其不寫他書，而寫《唐韻》，亦故留此韻事韻話，以作人間一段風流話頭耳。此神仙遊戲狡獪處也，非韻本存世鮮，不以爲子虚矣。

羅願《羅鄂州小集》卷六《胡待制舜陟傳》 南丹州猺莫公晟命知南丹，桀黠不受敕，結猺人入暴省地。舜陟揭榜，諸洞募能擒斬者，以其官爵賞産畀之，又益以錢鹽萬計，猺人動心。公晟屏跡。時以爲胡公一榜，賢於兵數萬。尋奉祠歸。後二年又起知靜江府。宜章巨寇駱科自稱鎮東王，爲湖廣之害者十五歲。詔舜陟節制三路兵討之，即日趨賀州檮，李松科挺身降，引兵拚其柵，所向披靡。舜陟從江華出桂陽，時他軍已散，獨與本道二千人俱，而賊處處屯結。舜陟拔郭振於囚隸，使爲先鋒，深躡臨武洞中，五戰皆捷，降馘萬計。振自是進用，至秉節鉞，世以爲知人。舜陟卒年六十一，州人爲罷市，醵金致祭，飾西山故生祠，歲時享之。始舜陟既貴，父尚在，嘗以當賜五品服回授焉。弟舜申、舜舉既仕，乃與約，悉以租産畀弟之在家者。曰舜俞雅好讀書，多所論著，晚號三山老人，有《奏議文集》、《論語義》、《孔子編年》、《詠古詩師律》、《陣圖》藏於家。舜申後歷官舒州通判。舜舉登進士第，知建昌軍南劒州。乾道中，舜陟季子仰爲太府丞，輪對以舜陟所論江淮事進呈。上語仰曰：「豈非欽宗朝作臺諫者乎？朕觀《實録》，惟卿父奏疏甚多。」仰今以直秘閣提舉湖南常平云。方虚谷《漁隱叢話》攷《苕溪漁隱叢話》前十六卷、後四十卷，吾州績溪胡仔元任所著也。仔父舜陟號三山老人，仕至待制廣西帥，死於靜江府獄中，實秦檜殺之也。羅鄂州《新安志略》不書。回嘗見其族孫示子《家傳》六大帙，靖康圍城中奏議戰守事甚多，故詆郭京尤力。後兩帥廬州，文臣之善用兵者也，檜之殺之殆以此。元任寓居霅上，謂《阮閲閎休詩》總成於宣和，癸卯遺落。元祐諸公乃增纂集，自國風漢魏六朝，以至南渡之初最大家，數特出其名，餘入《雜紀》，以年代爲後先。回幼好之學詩，實自此始。元任以閎休分門爲末，然有湯岩赴者，閎休鄉人，著《詩海遺藁》，又以元任爲不然。回聞之，吾州羅任臣毅卿所病者，元任紀其自作之詩不甚佳耳，以其歷代詩人世次爲先後，於諸家詩話有去有取，間或斷以已意，視皇朝類苑中槩取而並書者，豈不爲優近回著《名僧詩話》，實用元任條例。元任歷官事迹，當俟續書。《宋史》本傳及《家傳》云：舜陟爲廣西經略，以知邕州俞儋有贓，爲運副吕源所按事連，舜陟提舉太平觀。先是舜陟與源有隙，舜陟因討柳賊劾源沮軍事，源以書抵秦檜訟舜陟受金，盜馬，非訕朝政。檜素惡舜陟，入其讒，奏遣大理寺官袁柟、燕仰之往推劾。居兩旬，辭不服，死獄中。舜陟有惠愛，邦人聞其死，爲之哭。妻汪氏訴於朝，詔判德慶府洪元英究實。元英言舜陟受金盜馬，事涉曖昧，其得人心，雖古循吏無以過。帝謂檜曰：「舜陟從官，又罪不至死，勘官不可不懲。」遂送柟、仰之吏部。後舜陟贈少師，子仔以蔭授迪功郎，兩浙轉運司幹辦公事，六轉奉議郎、知常州晉陵縣。按：羅鄂州《新安》於王黼之害王愈、秦檜之殺舜陟，皆略而不書。非杏庭、虚谷兩公一白之，則其迹泯矣。然則，是書精博雖未易及至，其義類取舍之間疑大有可議者焉。姑記二事以諗觀者。

陳傅良《止齋集》卷三《送楊渭夫歸省》 渭夫壯者忍窮久，老驥欲秣胡沙霜。吾家何在雲横嶺，趙媪不冤劉兒瞑。孰與親旁煮湯餅。渭夫初至臨桂，劉氏兒被殺，賊不獲。不數日，渭夫竟得之。既而權義寧。今復有殺趙氏媪者，或執平人將處死，人以爲非，渭夫莫能辨。府召渭夫與議，旬日又得之。

吕祖儉《東萊集附録》卷一《年譜》 淳熙四年丁酉。三月九日，實録院進《徽宗皇帝實録》二百卷。四月二十九日，［吕祖儉］以與修《實録》有勞，轉承議郎，罷檢討，仍兼史職。《制詞》：奉議郎、秘書省秘書郎、兼國史院編修官、實録院檢討官吕某，右可特授承議郎、試秘書省秘書郎、兼國史院編修官。勑奉議郎守秘書省著作郎兼國史院編修官實録院檢討官兼權司封郎官傅伯壽等，昔唐開元實録厄於興慶，殆無存者。其後搜得一二，雖相繼有以家藏來上，亦豈無遺事邪！惟我徽祖臨御寓内二十有六載，禮樂庶事，罔不備具。記注所載，中更散逸。故紹興間裒集成書，尚多闊略。朕下明詔，復加纂修，爾等皆以奧學良才，博聞強識，續業其閒，豈特文直事核，而比舊增多百卷，斯亦勤矣。恭閲奏篇，爲之歎嘉，咸進文階以示褒勸，可依前件權。中書舍人劉孝韙行。十一月二日，娶芮氏，故國子祭酒煜之季女。九日被旨校正聖宋文，海公請一就刪次，斷自中興以前。

王應麟《四明文獻集》卷五《李庭芝特授知樞密院事兼參知政事誥》 勑思濟多艱，疇咨碩輔。文附衆，武威敵，懋時屏翰之勳。内脩政，外攘夷，簡在股肱之寄。圖任亦惟求舊，折衝何必臨邊。爰登一賢，俾贊二枋。具官某才鉅而識遠，德粹而量閎。儒士知戎情，挺挺崇詩書之望。身外心王室，惓惓安社稷之忠。金城，淮浦之要衝；砥柱，廣陵之重鎮。執訊獲醜，屢奏膚功。協恭和衷，肆命予翼。慨念勤勞於疆圉，莫如謀畫於廟堂。第一星曰天樞；晉陟籌帷之冠。間兩社爲公輔，復參台路之謨。若王闓之在淳熙，若昭先之於嘉定，迪惟注意允矣。兼資趣介圭之來朝，衍采邑而孔厚。

噫！率有指疆土，朕思敉武以圖功，其克詰戎兵爾。尙乂民而立政，懋展眞儒無敵之略，遹恢中興復古之規可。時阿朮圍揚久，庭芝守禦益力。臨安既破，阿朮以太皇手詔諭降，不從。及帝次瓜洲，太皇復賜詔曰：「比詔卿納款，日久未報，豈未悉吾意，尙欲固圉耶！今吾與嗣君既已臣服，卿尙爲誰守之。」庭芝不答，謂其客曰：「吾惟一死而已。」阿朮復遣使持世皇詔招之，庭芝斬使者，焚詔書。城上糧既盡，令將校出粟雜牛皮、曲蘗以給之，民有自食其子者，猶力戰不屈。戰於丁村，軍潰。阿朮請於世祖，赦焚詔斬使之罪，令早歸款，庭芝不納。後大戰揚子橋，姜才將回回引刀向張弘範，弘範迎刺之。流矢中才肩，才拔矢，揮刀而前。元師辟易，不敢逼。

趙蕃《章泉稿》卷五《重修廣信郡學記》 越明年，四月，天台陳侯章自毗陵易守，下車首以未畢工爲念，復助錢二十萬，遂以八月旦日落成。舊諸生之舍，必由夫子殿前憧憧往來，弗肅爲甚。今別以廊，且繪從祀於其上，規模大略擬國學焉。於是視昔加嚴矣。惟祀典之外，既祠周、張、程四先生矣，今又祠朱、呂、二陸四先生。如魯國陳公、玉山汪公，昔亦有祠。是皆一代師法，百年文獻，諸生誦於斯，習於斯，朝夕俯仰於斯，其慕用當何如哉！端平二年，趙侯與懃郡政既修，迺及學政，一新教養，剗除宿蠹。選招儒先，以爲領袖。於是嘉熙鄉舉學校之得人最盛，南宮奏名登第者尤多於昔。添差通判何處恬記曰：信之有學，其來尙矣。《上饒志》謂創于景祐，非也。按《青陽縣學修夫子廟記》，知信之遷學，在景德二年。廟貌雖嚴，黌舍未修。迨元豐增闢，始有藏書之閣，職教之廬，肄業之室。元祐再葺，徙其門，與清流秀峯對峙，孔武仲、周彥明記之悉矣。端平初，史侯彌忞以學門頽圮，撤而新之。齋苟成而未備，器僅有而多闕。圖追于近，學者病焉。越明年，寺丞趙侯與懃分符是邦，下車未幾，鋤強梗，蠲虐征，治河梁，新驛舍。講武有所，登眺有亭。靡廢不興，亦云盛矣。侯曰：未也。此政爾，非化也，本之，則無如之何。于是一新教養，剗除宿蠹。捐金鳩工，興修黌館，命録事江鐩董其役。舊祠濂溪、二程、横渠四先生於西序，魯國陳公、端明汪公于術業齋之左齋，陳公肄業所也。後合於一，或燕服而立，或端委而坐，位置失倫。侯命復二祠于舊，加粉飾焉。禆器之闕，修室之弊，曲欄横檻，煥然改觀。厚直以市民產，徙圖以置其所，增餼廩以豐士膳饌。儒先以師，後學于是。士習丕變，儒風藹如。舊釋奠禮器，循用聶氏弊式。嘉熙四年，郡守蔡侯仲龍病之，迺命學校考典故，依紹熙頒降朱文公申明制度，而更造之。仲秋，上丁教授張君洙一遵紹熙儀式而行事焉。聘君陳克齋先生記曰：文公朱先生初官同安，因縣學釋奠，嘗欲考籩豆簠簋之制、登降跪起之節，請諸朝而行之。及守南康，稟命于天子，天子下之禮官。禮官討論不詳，而下之四方。文公申乞改正，天子曰：兪文公移帥長沙，有司爲檢會行下長沙，而有大故不果徧諸路。今文公釋奠儀，雖已梓流于世，而天下郡縣學猶多襲故陋，識者病之。文公門人陳孔碩之分教括蒼也，嘗以文公所申明者行之括蒼矣。蔡侯仲龍，括蒼人也。俎豆之事，聞之已熟。及其位廟著，則于太常又得夫同文同軌之所自出。來牧吾邦，戾我芹頖，制既不經，器且苦窳，甚非所以奉先聖。乃捐緡錢準式更造，擇幕掾施君退翁董其事，郡博士張君洙因與學者詳稽歷代之沿革而參訂焉，益知文公之申明昭乎孝廟一朝之定制，確乎萬世不易之正典，煥舊而新。籩豆以竹，俎豆以木。簠簋爵坫罍洗之屬悉以錫代銅。聲明具審，度數具精。丁祭張君帥諸生舉文公釋奠儀而行事焉。既正其器，又正其禮，祀事孔明，洋洋在上，若親周旋于杏壇之間。張君謂余嘗受教於文公，命之記文蔚。竊惟先師文公于夫子之道，終其身孳孳焉。故于尊事夫子之禮，終其身拳拳焉。籩豆之事，登降之文末爾，所以歷考備迷而不遺者，非屑也。理無精粗，小子之灑掃應對，有下學上達之道。存孩提之愛親敬兄，有治國平天下之道，寓釋美之爲禮也，小子之灑掃應對云乎哉！釋奠之爲尊夫子也，孩提之愛親敬兄云乎哉！形而上爲道，形而下爲器。道外無器，器外無道。以天地萬物之理，而立聲明度數之制。器之用，迺道之行，即聲明度數之制，以會天地萬物之理。器之通，乃道之悟，體用一原在人默識，因尊事夫子之禮。而有得于夫子之道，則下學上達，治國平天下，其全體大用，當不誣于仰鑽瞻忽間矣。是文公先生所望於後學之深意。按：教授林至之重親大成殿也，先聖先師諸賢之位次、冠冕、服載，既一如頒降朱文公申明之制矣。而籩豆簠簋之度，登降跪起之文，猶不如禮。至蔡侯更製祭器，而後籩豆簠簋之度正。張教更定釋奠儀，而後登降跪起之文正。首尾垂五十年。噫！古禮之難復，若是耶！近歲以來，大比終場幾六千卷，名公鉅卿前後相望而來者方盛。淳祐初，天子幸太學，詔升五先生于從祀。濂溪周先生曰汝南伯，明道程先生曰河南伯，伊川程先生曰伊陽伯，横渠張先生曰郿伯，晦庵朱先生曰徽國公。前教授趙君必袗既奉詔，繪五先生于殿下兩廡矣。

樓鑰《攻媿集》卷五〇《進故事・唐鑑》 李絳對憲宗曰：「人臣死生繫人主喜怒，敢發口以諫者有幾？就有諫者，皆晝度夜思，朝刪暮減，比得上達，十無二三。故人主孜孜求諫，猶懼不至，況罪之乎？」帝善其言。《舊唐書・李絳傳》不載此。《新唐書》載：絳見浴堂殿，帝曰：「比諫官多朋黨，論奏不實，皆陷謗訕。欲黜其尤者，若何？」絳曰：「此非陛下意，必憸人以此營誤上心。自古納練昌，拒諫（曰）[亡]。夫人臣進言于上，豈易哉！君尊如天，臣卑如地，如有雷霆之威。彼晝度夜思，始欲陳十事，俄而去五六，及將以聞，則又憚而削其半，故上達者纔十二。何哉？干不測之禍，顧身無利耳。雖開納獎勵，尙恐不至。今乃欲譴訶之，使直士杜口，非社稷利也。」帝曰：「非卿言，我不知」云云。與此大意同，而詳約其異。帝謂宰相曰：「太宗以神聖之資，羣臣進諫者猶往覆數四，況朕寡昧。自今事有違宜，卿當十論，毋但一二而已。」《舊唐書・憲宗本紀》：元和二年十二月丙辰，上謂宰臣曰：「朕覽國書，見文皇帝行事少有過差，諫臣論諍往復數四，況朕之寡昧，涉道未明。今後事或未當，卿等每事十論，不可一二而止。」與此無異意，而語句不盡同。

張侃《張氏拙軒集》卷四《題等慈寺後經略潘德鄘舊居三絶》 中書當日冠天下，半世浮萍無定居。卻是子孫能力守，結茅隨分並精廬。潘良貴字義榮，何㮚榜第二人登科。其外舅以二千貫托婺守爲起宅。婺守請義榮之父，具問所卜，其父答曰：「兒子方忝一第，安敢以此擾鄉里，請以所支金封還之。」義榮自是終身不治宅。

曹彥約《昌谷集》卷二二《玉璽本末》 言傳國璽者多矣，訖無定說。原其所由，則人主身自服之，非臣下之所常見。道聽塗說，未免差誤。傳記雜錄，易以湮沒。原註：《舊唐・經籍志》有紀僧眞《玉璽譜》一卷，姚察《傳國璽》十卷，徐令言《玉璽正錄》一卷。而僧眞、姚察之書久不傳矣，《館閣書目》中亦無徐令言《正錄》。而其說，或亦謂之《玉璽譜》間見諸書，唐章懷太子注《後漢・光武紀》已用其說。今僅有蜀本《朝士談》一書，乃前都官員外郎李石所撰，其敘玉璽事頗詳，最無依據。士大夫所傳已無依據，又以徐令言、李石之說參於其間，尤更牴牾。原註：令言信《北齊書》之說，謂永和所得之璽即秦璽也，與《晉紀》不同。又謂侯景既敗，侯子鑒盜其璽，走江東，懼追兵至，投諸佛寺，爲棲霞寺僧永所得。陳永定三年，僧永死，弟子普智奉獻。陳亡，璽傳於隋。不獨晉非此璽，而陳隋亦無此璽矣。李石信《晉陽秋》之說，謂晉孝武太元十九年，雍州刺史郄恢得璽於慕容永，乃送建業。不獨晉不得此璽，而永之崛起，亦無得璽之理。語在《永和璽注》。正史所載，亦多不同。若不因本朝紹聖間此璽再出，士大夫以紙出之，當職官手自摹之，則其著見於天下者寡矣。原註：鄭望之《秦璽跋》云：紹聖四年初，獻秦璽，詔百官雜識。視時先君爲尚書郎，乃請以紙出之，遂得其眞。《金石錄》云：咸陽所獲傳國璽初至京師，執政以示將作監李誡。誡手自摹印之，遂傳於世。然其璽尚有玉色未辨，不得而盡考也。原註：漢宣帝立玉寶璧祠于未央宮中，劉原父以爲受命寶和氏璧，當是據崔浩而言。崔浩《漢書音義》曰：傳國璽，是和氏璧作之。舒元輿云：秦丞相八字刻在荆玉而飛上天矣。則其璽當爲白玉。徐令言云其玉出藍田山，蔡京等云其色綠如藍，則其璽當爲綠玉。《石虎別傳》曰：武鄉長城縣韓強在長城西山巖石間得玄玉一方，四寸，與璽同文，曰「受命于天，既壽永昌」，虎以爲瑞。則又有玄玉者矣。今且序秦、漢、魏、晉所得之寶，與白色、綠色、玄色並出之異，然後辨史氏之差誤，衆說之不根，使後之君子有攷焉。秦以前，民皆以金、玉、銀、銅、犀、象爲方寸璽，各服所好。秦獨天子稱璽，原註：出《漢舊儀》始皇作傳國璽，使丞相李斯書之文，曰：受命于天，既壽永昌。原註：《吳志・孫破虜傳》注引舊《吳書》之文如此。應劭《漢官儀》曰：天子有傳國璽，其文曰「受命于天，既壽且康」。《吳志注》云：且康永昌，二字未知何者爲得。《朝士談》云：秦璽面文曰「受命于天，既壽永昌」，璽上隱起爲盤龍文。文曰「受天之命，皇帝壽昌」，是皆未見眞璽者也。攷正史及衆說，未嘗有「且康」二字。其曰「受命于天，既壽永昌」者，已兩至本朝。其曰「受天之命，皇帝壽昌」者，自晉傳隋亦不聞。有背文面文之說也，且既曰「受命于天，既壽永昌」，則其背文不應曰「受天之命，皇帝壽昌」。意同而詞不律，非古人之意也。漢高帝入關至霸上，秦王子嬰係頸以組，降軹道旁，封上始皇帝璽。原註：出《高帝紀》。後誅項籍，即天子位服御。其璽世世傳授，號曰漢傳國璽。原註：出《元后傳》。《漢官儀》以爲子嬰上始皇璽，高帝因服御之。恐未必如是之遽也。周勃誅諸呂，廢少帝，嘗手貫皇帝璽。原註：出《史記・世家》應劭注。後文帝時，有言勃欲反，下廷尉。薄太后謂文帝曰：「絳侯綰皇帝璽，將兵於北軍，不以此時反，今居一小縣，顧欲反耶？」文帝乃出之。原註：出《勃本傳》。昭帝時，殿中有怪，一夜羣臣皆驚。霍光召尚符璽郎，郎不肯授光。光欲奪之，郎按劍曰：「臣頭可斷，璽不可得也。」光甚誼之，明日詔增此郎秩二等。後光廢昌邑王，即持其手，解脫其璽組，奉上太后，乃立皇帝。原註：並《光本傳》。哀帝崩，無子，太皇太后即日駕之未央宮，收取璽綬。原註：出《王莽傳》。《太平御覽》載：哀帝將崩，以璽綬付董賢曰：「無妄以與人。」中常侍王閎者，莽叔父也。白元后請奪之，即帶劍至宣德闥，謂賢曰：「宮車晏駕，國嗣不立。君受恩深，重當俯伏號泣，何事久持璽綬以待禍至耶？」賢不敢拒，跪授璽綬。按：《漢書・董賢王莽傳》：哀帝置酒麒麟殿上，在酒所從容謂賢笑曰：「吾欲法堯禪舜，何如？」閎進曰：「天下乃高皇帝之天下，非陛下之有也。天子無戲言。」上默然不悅。哀帝既崩，莽白董賢年少，不合衆心，收賢印綬。則知元后之未央者收皇帝璽綬，而王莽所白者，董賢印綬也。《御覽》本援引《漢書》，而班固、荀悅之書皆不載，不知何書耶。平帝既崩，孺子嬰未即尊位，璽藏長樂宮。王莽篡漢，使安陽侯王舜請璽於元后。后怒曰：「而屬父子宗族，蒙漢家力，富貴累世。既無以報，受人孤寄，乘便利時奪取其國，不復顧名思義。人如此者，狗猪不食其餘。且若自以金匱符命爲新皇帝，亦當自更作璽，何用此亡國不祥璽爲？」太后涕泣而言，舜亦悲不能自止。良久，乃仰謂太后：「臣等已無可言者，莽必欲得傳國璽，太后寧能終不與耶？」太后聞舜語切，恐莽欲脅之，迺出漢傳國璽，投之於地，以授舜。曰：「我老已死，知而兄弟今族滅也。」原註：出《元后傳》。《玉璽譜》曰：元后投之于地，璽上螭一角缺。而正史不載，至《吳書》乃始見之也。及漢兵誅莽，莽帶璽綬避火漸臺。商人杜吳殺莽，取綬不知取璽及莽頭。公賓就見綬，問綬主所在，乃斬莽首，并璽與王憲。憲得璽，無所送。妻莽後宮，乘其車服。越四日，而李松、鄧曄入長安斬憲，送更始大司馬謝祿，而璽歸更始矣。赤眉殺更始，於高陵立劉盆子爲帝。建武三年，光武征赤眉於宜陽，赤眉君臣面縛，奉高皇帝璽綬。乃詔先帝璽綬歸之王府，斯乃祖宗之靈，士人之力。其擇吉日，祠高廟，賜天下長子爲父後者爵，乃受傳國璽。原註：出《光武紀》。靈帝既葬，少帝在位，獻帝未立，宦者張讓、段珪作亂，刼二帝幸北宮，又走小平津，掌璽者奔散，併失其璽。讓、珪等既誅二帝，既還，得六璽於閣上，而傳國璽獨未得也。董卓廢少帝，獻帝自陳留王即尊位，初平改元，山東州郡起兵討卓，卓迫帝都長安，二年遂發掘洛陽諸陵。破虜將軍孫堅以袁術之命，入洛陽掃除漢宗廟平塞諸陵。堅軍城南，甄官井上旦有五色氣，舉軍驚怪。堅令人入井，探得傳國璽，方圓四寸，紐盤五龍，上一角缺。原註：此《吳志・孫破虜傳》注引《吳書》之言也。此璽元后投之於地，舊不言一角缺，而言一角缺者昉乎此。明年堅死，袁術將僭號，拘堅夫人而奪之。原註：出《山陽公載記》。術僭號二年而死，荆州刺史徐璆得璽，還許，上之漢。原註：出《朝士談》，與《山陽公載記》相表裏。但《載記》節文見於《吳志》注與雜書，未見全文，恐亦出《載記》也。而《玉璽譜》乃云：袁紹有僭盜意，拘堅妻，逼求之。紹得璽，舉兵以向魏武。魏武惡之，紹敗，得璽還漢。恐不然也。按：堅爲破虜將軍，乃袁術之意。堅死後，術復表其兄子賁爲豫州刺史。策載母徙曲阿，繼從袁術，其不爲袁紹所拘，事理明甚。魏文帝將受漢禪，遣使求璽綬於獻穆曹后。原註：后，魏武女也。后怒以璽綬抵軒下，因涕泣橫流，曰：「天不祚璽。」原註：《出穆后傳》。《續漢書》云：天不祚此璽。其義亦通。按：《魏志・賈逵傳》：魏太祖崩，隱陵侯彰行越騎將軍從長安來，問逵先王璽綬所在。逵正色曰：「太子在鄴國有儲副，先王璽綬，非君所宜問也。」是時魏未受禪，所問者，魏王璽綬耳，非傳國璽綬也。司馬師將廢齊王芳，使郭芝入白，太后取璽綬置坐側。及迎高貴鄉公，又請璽綬。后曰：「我見高貴鄉公，小時識之，我欲自以璽綬手付之。」原註：出《魏略》。自魏傳晉，使太保鄭沖奉璽禪位。其後平吳，不過得金璽而已。原註：出《晉書》。《御覽》引《拾遺錄》曰：晉太康平吳，孫皓送六金璽，云：「無玉工，故以金爲印璽。」惠帝時，趙王倫篡位，使義陽王威與黃門郎駱休逼惠帝奪璽綬。倫敗，帝反正，曰：「阿皮捩吾指，奪吾璽綬，不可不殺。」阿皮，威小字也。於是誅威。原註：出《威本傳》。懷帝永嘉五年，歲在辛未，王彌入洛陽，執帝詣劉曜，而傳國璽不可考矣。原註：《晉書》載永嘉末，洛京不守，璽爲劉聰所得。及石勒滅劉氏，璽入僞趙。冉閔誅石氏，璽又入閔。及是四十二年，而璽復歸于晉。然其文乃曰「受天之命，皇帝壽昌」，與「受命于天，既壽永昌」之文不同。北齊《辛術傳》云：辛術鎮廣陵，獲傳國璽送鄴文宣，以璽告於太廟。此璽即秦所制，方四寸，上紐交盤龍，其文曰「受命于天既壽永昌」。且言：二漢相傳，至魏晉沒於劉聰。至穆帝永和中得之，歷宋、齊、梁而沒於侯景。景敗，得於郭元建，而術以進焉。按：永和所得璽，其文曰「受天之命，皇帝壽昌」，至隋猶在，載於《禮儀志》者甚詳。而所謂「受命于天，既壽永昌」者，寂無聞見。則知《晉史》所載者爲是，而《北史》所載者爲非也。唐貞觀撰《晉史》，其《志書》最爲詳備，不應有此璽而不錄。《玉璽譜》云：璽屬石勒，勒刻一邊，云「天命石氏」。此題今不復存。《朝士談》云：石季龍磨其隱起之文，刻其旁，爲文曰「天命石氏」。其説既不相同，又云「此題今不復存」，不知所見者爲何璽，不敢以爲秦璽也。惟永和所得，乃有「受天之命，皇帝壽昌」八字，粗有傳授，亦謂之傳國璽，今別條以永和璽名之。馬端臨《通考》：梁末，侯景之敗也，以傳國璽自隨，使其侍中兼平原太守趙思賢佩之，曰：「若我死，宜沈於江，勿令吳兒復得之。」思賢自京口濟江，遇盜，從者棄之草間。至廣陵，以告郭元建，元建取之，以與辛術。術送之至鄴。按：郭元建，侯景之黨。景敗，以廣陵降王僧辯，既而復降於北齊，齊遣行臺辛術據廣陵。傳國璽自五胡之亂，沒於劉、石。石氏敗，璽復南歸于晉，歷宋、齊、梁，至侯景之敗，而璽遂北歸于高齊云。後趙石虎得玄玉璽於武鄉之長城，方四寸，厚二寸，文同秦璽。然其色玄也，不知爲何代之璽。原註：出《石虎別傳》。按：石虎即僞位，在晉文咸康乙未，距永嘉辛未凡二十五年。而得璽之年，不可考也。武鄉，乃上黨屬邑，本朝初屬潞州，後析爲威勝軍。秦苻堅爲姚萇所執，當晉孝武太元十年，歲在乙酉，距洛陽之陷七十有四年矣。萇求傳國璽於堅，堅曰：「小羌乃敢干逼天子，豈以傳國璽授汝羌也？璽已送晉，不可得矣。」史不書其璽文，又無送晉之事，不知此爲何璽。原註：出《載記・堅傳》。又六十一年，歲在丙戌，當後魏世祖太平眞君七年，即宋文帝元嘉二十三年也，魏毀鄴城五層佛圖，於泥像中得玉璽二，其文皆曰「受命于天，既壽永昌」，其一刻其旁，曰「魏所受漢傳國璽」。史不言其玉色工製，與其方廣厚薄。既曰魏受漢璽，或者眞傳國璽也。不知魏晉之間，未有言其旁刻字本末者，何耶？既有二璽，則傳國璽已有其副。自太平眞君以後，歷東西魏、周、齊、隋、唐，而此璽未嘗見於史。後魏承平甚久，不知何從失之。本朝紹聖四年，歲在丁丑，距太平眞君七年，又六百五十一年矣，咸陽縣民段義斸地得古玉。二五年正月，永興軍以聞。詔尚書禮部、御史臺、學士院、秘書省、太常寺官，講求定驗以聞。翰林學士承旨蔡京等奏：按所獻玉璽，其色綠如藍，溫潤而澤，其文曰「受命于天，既壽永昌」，其背螭紐五盤，紐間有小竅，用以貫組。又得玉螭首，其玉白如膏，亦溫潤。其背亦螭紐五盤，紐間亦有貫組小竅，其面無文，與璽相合，大小方圓無毫髮差殊。今考璽文爲秦璽，可知其玉乃藍田之色，其篆乃李斯小篆，其文則刻而非隱起，其字則飾以龍鳳鳥魚，乃蟲魚鳥跡之法，其制作尚象古而不華於今。所傳古書莫可比擬而工，作篆書之文巧者亦莫能彷彿，非以後所能作明矣。臣等被奉詔旨，得與討論，黜諸家僞說，而斷以正史，所有玉璽，委是漢以前傳國之寶。原註：蔡京等黜諸家僞說，而斷以正史，其說是矣。但其奏有云：曰「皇帝壽昌」者，晉璽也。曰「受命于天」者，後魏璽也。則「既壽永昌」者，秦璽，可知遷就欺罔，無所不至。按：「受天之命，皇帝壽昌」，晉得此璽，如今得秦璽也，豈可謂之晉璽？至於「受命于天，既壽永昌」，斯乃秦璽，而後魏得之耳。今乃析而二之，以「受命于天」爲後魏之璽，以「既壽永昌」爲秦璽，其爲面謾也甚矣。邵武《後錄》：紹聖元年，咸陽縣民段吉夏日雨後，村中立門，足陷，得玉璽一，方四寸，篆文如鳳鳥之狀，曰「受命于天既壽永昌」。按《璽記》云：秦始得卞氏玉，刻以爲璽。元后取璽投之地，故一角缺。驗之，皆合。唯《記》云：色黃，此青蒼色耳。又云：背亦刻「受天之命」，「皇帝壽昌」則無之。有司奏上，廷議以爲瑞，改元元符，命段吉以官。至靖康，金人取去。詔令禮部太常寺考案故事以聞。四月丙戌，禮部太常寺言：按《國朝會要》，元日五月朔冬至，並行大朝會儀，乞以禮祇受羣臣稱賀。從之。命宰臣章惇書寫玉檢詔詞，臣撰樂章付太常寺，應奉朝會之用。丁酉詔傳國寶檢以「天授傳國受命之寶」爲文。五月戊申朔，行朝會禮。己酉大赦天下。癸丑甲寅恭謝景靈宮。戊午宴于紫宸殿。丙寅詔以紹聖五年六月朔，爲元符元年。原註：出《泰陵寶錄》。徽宗即位，以白玉作受命寶，爲八寶之一，其方四寸有奇，以「受命于天，既壽永昌」爲文。大觀元年十一月詔八寶初成，可於正月二十三日後用之。尚書省言受命寶非常用之器，唯封禪則用之。則大觀以後本朝有綠白二璽矣。原註：出《會要》。謹按：《御製八寶記》云：受命寶，其玉藍田。其制秦也。不可以傳示將來，貽訓後世。方參稽憲度，自我作古。有以寶玉獻者，色如截肪，氣如吐虹，溫潤而澤，其聲清越。有以古篆進者，龍蟠鳳翥，魚躍鳥飛，奇耦相生，縱横得所。有以善工進者，雕琢衆形，如切如磋，分毫析縷，不見其迹。四者畢備於是揭，而璽之乃以「受命于天，既壽永昌」之文作受命寶，其方四寸有奇。蔡絛云：得秦璽而無檢，螭又不缺。疑其一角缺者，乃檢也。自有璽後，考驗甚詳。上猶獨取其文，而黜其璽不用。舊說螭一角缺，未有言其檢者，此又絛之鑿也。但古今所見少有同者，不得不致疑耳。自元符戊寅至靖康丁未，蓋三十年，自建炎戊申至嘉定辛巳，又九十四年矣。永和璽者，不知其何時作也，其文曰「受天之命，皇帝壽昌」，與秦璽不同。原註：《北齊·辛術傳》以其文爲「受命于天既壽永昌」者，誤也。已於秦璽辨之。後世以爲傳國璽易與秦璽相亂，今故以永和名之，謂其以永和至晉而名始著也。其制度精密，非當時僭僞所能辨。原註：《晉陽秋》云：鳥篆隱起，巧麗驚絕，與傳國璽不同。《隋志》云：螭獸紐上交五盤螭，鳥篆隱起。自洛京失守，南北紛爭，假託天命者，皆欲得此璽，變詐百出，無所不至。原註：晉《載記》：冉閔弒石祇，僭大號，遣其使人常煒聘慕容儁。儁使記室封裕告之曰：「石祇去歲使張舉請援，云璽在襄國，其言信否？」煒曰：「平寇之日，在鄴者略無所遺，璽何從而向襄國？」《載記》又曰：冉閔既敗，慕容儁欲神其事，詐言歷運在己。閔妻得璽以獻，號曰奉璽君。以永和八年即皇帝位，大赦境内，改元曰元璽。又《玉璽譜》云：元帝渡江後，數世無玉璽。北人皆曰司馬家兒是白版天子。或謂元帝大興三年，慕容廆嘗送玉璽三紐。不知彼乃宇文氏所得之璽，非中國之璽也。晉永和雖得之，而所以得之者，非正道也。原註：《載記》又言：冉閔被執，其子智尚幼，蔣幹遣詹事劉猗奉表歸順。濮陽太守戴施應之次于棘津，猗至，施止不聽，進責其傳國璽。猗歸以告幹，猶豫不決。施因遣參軍何融率壯士百人入鄴，登三臺助戍，譎之曰：「今且出璽付我，凶寇在外，道路梗澀，亦未敢送。當遣單使馳告天子，天子聞璽已在吾道，當遣重兵相援。」幹信之，乃出璽付融。融使賫璽馳還。或謂何融以賞得之。或謂戴施取之以計，乃使何融馳還。或謂冉智以璽付之，非蔣幹也。大要是何融、戴施共謀取之，冉智年幼，聽命於蔣幹，不足深辨。《晉陽秋》云：雍州璽者，晉孝武太元十九年，雍州刺史郄恢表慕容永稱藩奉璽，方六寸，厚一寸七分，蟠螭爲鼻，合高四寸六分。四面龜文，下有八字，其文曰「受天之命，皇帝壽昌」。云是慕容所制，未詳厥始，此則誤也。八字載於永和八年《晉紀》，不可泯沒。慕容永崛起小醜，草創簡陋，尋爲慕容垂所殺，安得更自制璽？先是，慕容儁，乃慕容廆之子，父子雄據一方，猶以不得璽爲恥，詐封奉璽君，而況於永乎？其言未詳厥始，則不根甚矣。姑因史氏諸家之說，推本而鋪叙之。永嘉五年，王彌陷洛陽，得六璽送劉曜。曜送劉聰，而此璽在其中。原註：洛陽陷時，與秦璽當皆送劉聰，而秦璽不復傳授，疑亂兵失之。聰死，子粲嗣位。其大司空靳準作亂，自稱大將軍，執粲殺之。及準爲喬泰等所殺，推靳明爲盟主，遣卜泰奉璽于曜。曜大悅，謂泰曰：「使朕獲此神璽而成帝王者，子也。」石勒聞之怒，增兵攻明。及曜敗于石勒，其子熙奔上邽。石虎克上邽，遣主簿趙封送璽于勒。向所謂六璽者，止有其一，此外特太子金璽耳。原註：已上並雜出《晉書・載記》。按：天子有六璽：曰天子之璽，天子行璽，天子信璽，皇帝之璽，皇帝行璽，皇帝信璽。所用不同。應劭《漢官儀》及諸史皆詳言之，與傳國璽並行於世。自永嘉以後，每言傳國六璽，則是六璽不皆在，與傳國璽合爲六耳。《前涼錄》載：張寔元年，蘭池趙嬰上言，於青澗（巾）〔中〕得一玉璽，鈕紐光照水外，文曰「皇帝璽」。《後周書》曰：宇文氏因狩得玉璽三紐，有文曰「皇帝璽」，必永嘉以後之所失者也。至唐貞元二年，神策將溫嘉順猶得白玉印，文曰「天子之寶」，亦可見矣。趙封送璽于勒，止有一璽，於此可見。石勒既死，石虎篡立。虎死，其子世嗣位。石遵、石鑒、冉閔相繼篡立。閔爲慕容恪所執，其子智守鄴，尚幼，因其臣蔣幹以璽獻於晉。原註：《燕書》曰：元璽六年，蔣幹遣太子詹事劉猗賫傳國璽，詣晉求救。猗負璽行數里，天黃霧四塞，不得進，易取行璽始得去。此事虛誕，全不可信。永和八年，璽至建業，百寮畢賀。原註：出《晉穆帝紀》。自晉傳宋，宋元凶劭作亂而敗，不見傳國璽，問劭，乃云：「在嚴道育處，就取得之。」孝武即位，拜蔡興宗爲侍中，每言得失，無所顧憚。帝新拜陵，嘗使負璽陪乘。宋末謝朏爲侍中，領秘書監。齊高帝將受禪，朏當日在直百寮，陪位侍中，當解璽，朏佯不知，曰：「何公事？」傳詔云：「解璽授齊王。」朏曰：「齊自應有侍中。」乃引枕卧。傳詔懼，乃使稱疾，朏曰：「我無疾，何所道？」遂朝服步出東掖門，乃登車，仍還宅。是日遂以王儉爲侍中，解璽。既而，武帝請誅朏。高帝曰：「殺之，則成其名正，應容之度外。」原註：並出《宋書》。自齊傳梁，至簡文帝，爲侯景所篡。景敗，其璽不知所向。北齊東南道行臺辛術於廣陵得其八璽，獻於文宣。文宣以告太廟，而此璽居其一也。原註：《辛術傳》云：其文曰「受命于天，既壽永昌」，推原所自，以爲永和中載曾施所得者。使督護何融送建業，歷宋、齊、梁，至侯景敗，侍中趙思齊以璽授景南兖州刺史郭元建，以送于術，而術以進焉。其璽文與《晉紀》不同，疑《術傳》誤也。若以爲晉永和自是一璽，而辛術自是一璽，特《術傳》引用之誤，亦是一説。但永和璽後來卻有傳授，而辛術璽，所謂「受命于天，既壽永昌」者，齊陳之際略無所傳，知其誤也。又《文宣紀》載所獻八璽，而《術傳》只載傳國璽，又不知其七者果何璽也。先是，齊受東魏禪，固嘗遣太尉彭城王元韶等奉皇帝璽綬，而魏宗室元暉業罵之曰：「爾不及一老嫗，背負璽與人，何不打碎之？」事見《魏景穆十二王傳》。則知當時之璽不一而足，八璽之中，亦必有所謂六璽者，特宋齊所傳，非西晉之舊也。北齊河清中著令定制，自六璽之外，止有傳國一璽，白玉爲之，文曰「受天之命，皇帝壽昌」者，乃是物也。原註：《隋志》載：北齊璽，自傳國璽六璽之外，止有木印。則辛術元超所進之璽，已不能全矣。北齊西魏皆併於後周，始與神璽並行於世。原註：西魏大統三年，槐里獲神璽，大赦，不言其文也。獨《隋志》言神璽、傳國璽皆寶而不用，神璽明受之天，傳國璽明受之運。則神璽之文，亦有關乎天命者矣。開皇三年，詔以傳國璽爲受命璽。原註：出《隋文帝紀》。《朝士談》云：開皇九年，平江南得眞傳國璽，乃改前所得者名神璽。此又不考本末者也。秦璽失於晉永嘉，而稍見於後魏太平眞君之時，永和璽復歸於晉，而隋已得之於後周矣。陳安得有眞傳國璽哉？謂陳有梁敬帝近代受禪之璽，猶之可也。況西魏北齊已先有神璽之名，非開皇所改明矣。隋之亡也，璽沒於宇文化及。化及敗，爲竇建德所得。唐武德四年，克平東夏，建德右僕射裴矩奉八璽以獻，而受命璽寔在其中。原註：化及之事雖出於《朝士談》，而正史不全載，然新舊史於《建德傳》皆云裴矩奉傳國八璽來降。則煬帝失之於化及，化及失之於建德，其事明矣。唐有受命璽，以封禪禮神，即其舊也。原註：《新唐志》載：神璽、受命璽之外，止有天子皇帝六璽而已。是謂八璽，乃言有傳國璽及八璽，豈通傳國而爲九耶？《志》言八璽甚備，而傳國璽獨無所言，是誤以受命、傳國爲二璽矣。當云合傳國爲八可也。太宗貞觀十六年，復刻受命璽，其文曰「皇天景命，有德者昌」。而「受命」之名，復自別於傳國璽矣。武后長壽二年，嘗改璽爲寶。中宗神龍元年，又改寶爲璽。原註：此三事皆出《通典》，而本紀不載，特於長壽二年九月乙未書作七寶而已。元宗天寶十載，改傳國寶爲承天大寶，而「傳國」之名猶不廢也。原註：肅宗乾元元年，上皇天帝御宣正殿，授皇帝傳國受命寶。則知雖改爲承天大寶，而舊名不廢也。五代亂離，後其璽不復存矣。原註：蔡絛《國史後補》云：國初創業艱難，諸寶多階石爲之。元豐中始詔依古作六璽，有玉而未成也。《會要》云：唐末六璽亡失，國朝鑄以金鍮。太宗雍熙三年，詔以天下合同之印爲天下合同之寶，御前之印爲御前之寶，書詔之印爲書詔之寶，鑄以金。是玉璽不傳於本朝也。

華鎮《雲溪居士集》卷二七《上蔡樞密書》　紀綱具舉，貽謀孔嘉，可稽可循。奉以周旋，萬世無斁。元祐間二三異意，盡取而紛更之。按：元祐元年二月，以司馬光爲尚書左僕射，罷青苗免役諸法。曾不旋踵，掃地俱去。使上智扼腕于寂寞之地，下愚波蕩于奔競之途，中才之人首鼠于兩間，而莫知所歸宿。先皇帝患之，首召知院樞密入貳政柄。明國典以昭示天下，振丕緒以緝熙帝業。熙寧元豐之典章法度粲然，復顯于世者，閤下之功也。按：紹聖元年時，哲宗始親政，首召蔡京權戶部尚書，復《免役法》，鎮所謂「熙寧元豐之典章法度，粲然復顯於世者」也。然考《宋史》，京未嘗典樞密。惟崇寧元年，京弟卞爲樞密使，亦非首召。且書中所稱乃元符以前事，與京行事皆相合，豈京召爲尚書，亦兼樞密史，偶有闕文耶！元符末年，橫議復興。籍籍譸張，圖壞成烈。主上天錫睿智，灼見是非。羣言孔多，淵衷不惑。復倚元老，入總樞機。謀謨嘉密，朝夕啓沃。神考之志，有繼而無墜。熙寧之事，有述而無廢。文公之道益明，而利澤施于無窮。按：元符三年春，徽宗即位，向太后臨朝，用崔鶠、陳瓘等言罷京等，鎮所謂「橫議復興」者也。建中靖國元年，復召京爲翰林承旨。崇寧元年，以京與趙挺之爲尚書左右丞，尋晉尚書右僕射。京陰託紹述之柄，箝制天子，籍元祐元符黨人禁元祐役法，復紹聖法。三年，以王安石配享孔子，復方田法，皆京所爲，鎮以爲「謀謨嘉密，朝夕啓沃」「文公之道益明」者也。仰惟閤下之功，不在孟子之下。天下有識，莫不稱誦。

陳與義《簡齋集》卷八《昨日侍巾鉢飯于天寧蒙示佳什謹次韵》　出家雖非將相事，食菜要是英雄人。臞儒一生用心苦，何曾夢見雞映黍。中丞惜福幸見分，晚食從公當羔羓。崔趙公問徑山曰：「弟子出家得否？」答曰：「出家是大丈夫事，豈將相所爲出？」李肇《國史補》：洪州廉使問一禪師曰：「弟子喫酒肉即是，不喫酒肉即是？」答曰：「若喫是中丞祿，不喫是中丞福。」

朱槔《玉瀾集》附《行狀》　[朱槔」自作《輓歌詞》，齊得失，一死生，直欲淵明於千載。至所謂自我識興廢，於天無怨，尤非深於道能如是乎！嗚呼！以先生之才，使其作於聲詩，荐之郊廟，發其所藴，措諸事業，何愧古人？百不一售，使後世所以知公者，獨此數十詩而已，悲夫！府君自作《輓歌辭》，尤篤于孝友。其略云：天涯念孤姪，攜母依諸劉。書來話悲辛，心往形輒留。先塋託仙峰，山僧掃梧楸。二女隨母往，外翁今白頭。伯氏尚書郎，名字騰九州。仲兄中武舉，氣欲無羌酋。棣華一朝集，荆樹三枝稠。堂堂相繼去，遺我歸山丘。

陳造《江湖長翁集》卷二五《與王提舉論水利書》　其取利於河者，總三邑計之，左右大約各數千家。去隄之遠者，無與也。高其管，似可以爲盜水者之防，然今管底，比之毛公初制已改，而高一二尺矣。近高郵知縣掘函管數坐驗實數。内地名潭子溝柏家溝二坐，當時人吏不肯申修。故毛公古制具在，知縣亦掘，視之低新管一尺或二尺。制度堅壯，亦高下不及二尺餘，即此可見古人用意處。

陳文蔚《克齋集》卷七《師訓拾遺》　文蔚一日說《太極圖》不言格物致知工夫，先生甚訝之。後數日，文蔚拈起中間一二語，先生曰：「趯翻了船，通身下水裏去。」文蔚始有所悟。今《池陽語錄》卻將文蔚別話頭合作一段，記者誤矣。又《錄》云：文蔚問：「《通書》只說主靜，一邊窮理致知，一邊卻不曾說。」先生云：「何故如此說？」文蔚退思。次日又請問：「夜來所說《通書》，如引《書》曰『思曰睿』，及『厥彰厥微』、『匪靈弗瑩』等語，亦是致知事。」先生不答，正色曰：「趯翻了船，通身下水裏去。」文蔚遂悟《通書》發明太極陰陽之旨，已從道理原頭理會來，《圖》則剖析精微以示人，而《通書》無非發明此意，顧以爲不及窮理，深悔所見之謬也。次日復以爲問，先生遂無語。

尹焞《和靖集》卷八《年譜》　欽宗皇帝靖康元年。是歲九月，鎮洮軍節度使、同知樞密院事、京畿河北東路宣撫使种師道上表薦先生，乞召置經筵。《劄子》云：臣竊惟陛下自臨御以來，德政更新，中外人才，凡爲公論所與者，無不收用，況於尚德之選。苟有其人，理不可遺。伏見河南府布衣尹焞，故尹源之孫，尹洙之姪孫，學專師古，行足勵俗，潛心允蹈踰三十年，西都學者皆稱仰之。未嘗應書，不求仕進，若蒙召致，俾預講說，必有補益。臣非職事，素所深知。冒昧薦聞，不勝惶懼之至。取進止。有旨召赴闕，令河南府以禮津遣。先生辭曰：「欲寡過而未能，安足以上副此遣。」河南府守臣王襄引「孔子不俟駕」之語促行。先生曰：「焞草萊之臣，不敢當君命。不俟駕，此孔子當位時事。若不在其位，則不然也。」王襄曰：「先生辯矣。」再有旨促召，先生不得已至闕，又謝不敢朝。上知不能留也，十月詔賜和靖處士，放還山。《告詞》云：勑西京布衣尹焞：慶曆間有賢臣焉，朕不見也。每覽國史，高其節概。爾能力學操行，以世其家，甘貧守約，不競榮利，是亦可嘉矣。用錫美名，式勸頽俗，爾其以行義教鄉里，使有矜式焉。則予惟爾嘉可，特賜和靖處士。靖康元年九月日，中書舍人劉正行。戶部尚書梅公執禮，兵部尚書孫公傅、御史中丞呂公好問、戶部侍郎邵公溥、中書舍人胡公安國、諫議大夫徐公秉哲又同奏，乞特加職擢。奏曰：臣等伏見河南布衣尹焞，德備中和，學窮根本。言動惟時，皆可師法。器識宏遠，可以任大。臣等淺陋，不足以盡知，然近來招延之士，無出其右者。昨蒙朝廷特召，河南府津遣赴闕。伏聞命之處士以歸，使焞韜藏國器，不爲時用，未副朝廷仄席求賢之意。伏望聖慈特加職擢，以慰天下士大夫之望。謹錄奏聞，伏候勅旨。

王寂《拙軒集》卷三《哭二舍弟》　誰爲臨風歌九辨，睢陽高處與招魂。二舍弟頃年，嘗夢冥府追去。予比未聞喪，《跋織錦文禽圖》云：卻憶鶺鴒風雨後，水寒沙冷可憐生。時人以爲讖，故併記之。

司空圖《山中》（元好問《唐詩鼓吹》卷九、郝天挺注）　全家爲我戀孤岑，踏得蒼苔一逕深。逃難人多分隙地，放生鹿大出寒林。名應不朽輕仙骨，《左傳》：「穆叔如晉，范宣子逆之，問曰：古有言曰死而不朽，何謂也？」穆叔未對。宣子曰：「昔匄之祖，自虞以上爲陶唐氏，在夏爲御龍氏，在商爲豕韋氏，在周爲唐杜氏，晉主夏盟爲范氏，其是之謂乎？」穆叔曰：「以豹所聞，此之謂世祿，非不朽也。魯有先大夫曰：『臧文仲既沒，其言立，其是之謂乎！』豹聞之，太上有立德，其次有立功，其次有立言，雖久不廢，此之謂不朽矣。若夫保姓受氏，以守宗祊，世不絶祀，無國無之，祿之大者，不可謂不朽。」《神仙傳》：王方平過蔡經家，告曰：「汝有仙骨。」理到忘機近佛心。《傳燈錄》：本静禪師曰：「若欲求佛，即心是佛。若欲求道，無心是道。」昨夜山前驟風雨，晚晴獨步數溪禽。數，上聲。

崔珏《哭李商隱》（元好問《唐詩鼓吹》卷一〇、郝天挺注） 虚負凌雲萬丈才，漢司馬相如《大人賦》：飄飄有凌雲之氣。韓退之詩：李杜文章在，光燄萬丈長。一生襟抱未嘗開。鳥啼花發人何在，竹死桐枯鳳不來。《詩·卷阿》：鳳凰鳴矣，于彼高岡。梧桐生矣，于彼朝陽。注：鳳凰之性，非梧桐不栖，非竹實不食。良馬足因無主跪，《廣韻注》：跪，蹄屈也。《戰國策》云：騏驥伏鹽車，上太行，白汗交流，中坂而遷延，負轅不能上而長鳴。伯樂下車，攀而哭之，爲其識己也。班孟堅《東都賦》云：馬踠餘足，士怒未渫。晉傅咸《別賦》曰：蘭蕙含芳，有時而馨。龍驥踠足，有時而征。詩意：驥足一日千里，而困於鹽車。義山不遇而死，如良馬之足不見知於主也。舊交心爲絶絃哀。絶絃，見前注。九泉莫嘆三光隔，九泉，見前注。三光，日月星也。又送文星入夜臺。阮瑀《七哀詩》：冥冥九泉室，漫漫長夜臺。駱賓王詩：千秋掩夜臺。

劉敏中《中庵集》卷四《上都答耶律梅軒左丞見贈》 參戎初識文昌府，衣繡重逢海岱邦。尚記春波送南浦，不忘明月上東牕。相門出相人空羨，家學承家世可雙。遺我新詩慰牢落，他時何處話灤江。原注：昔與公同事兵曹，嘗有《明月上東牕十詩》，頗當公意，後每見公，輒誦之。「海岱邦」，謂公提刑山東治吾州濟南時也。公中書湛然之孫、左丞相雙溪之子，博學多能，尤長於詩，時行省高麗，至是來朝，會于上都，故有是詩。灤江，上都水名也。

劉將孫《養吾齋集》卷六《浴乎沂》 休沐宜相浴，時哉豈自娛。于沂盡賢者，吾道亦春乎。盡洗言侯霸，羣來詠魯洙。駕言適彼水，餘興舞於雩。花柳聖門樂，鳶魚天理俱。笑渠脩禊者，除祓競區區。己巳三日當塗學官招幕客同舍，會于東敎廳浴沂亭。李叔通謹思素相與忘年戲笑，因謂東敎趙崇鍳養大云：「宜試此君。」趙蓋初上未久，趙謂：「己非詞賦，遂西敎天台戴覺民希尹戴方思所以命題。」呂監簿圻正父云：「只亭名最親切，讙以爲宜。」纔具筆墨，叔通戲云：「停筆磨墨者罰。」諸客環觀，或曰：「只有沂字可押。」余性不欲蹈成説，不敢謂乎字亦可押漫，且題奉試小，緩之即得「春乎」，韻恰湊上「娛」字。蕭如壎先生云：「娛字十虞。」叔通曰：「豈可押乎字耶？」客共謂難押。忽見落筆，皆驚贊，及成篇傳玩，尤以「花柳」、「鳶魚」一聯爲精微入理，一時夸許。至達朝路，他日賈平章堂中亦問古心公云：「聞江東時館中，一後生省詩押奇韻。」公舉此，亦一笑。偶然億中，無足道者。而斯文之知始此，至今猶蒙被其賜，故不敢忘，而著之此云。

袁桷《清容居士集》卷五《東湖》 暫歸心未穩，德平。欲去眼空眩。憶昔窮誅闢，伯長。如今猛棄捐。慈山名轉赫，德平。困墺耻誰湔。積翠林霏悄，伯長。流波海月娟。遠鐘催宿鳥，德平。橫笛挂烏犍。扗笏風騷旻，伯長。攜壺主僕牽。情懷同黍醴，德平。臭味比香荃。圓澤休論舊，伯長。華胥復記前。乳彪號澗側，德平。哀狖嘯雲巔。惇族盤飧盛，伯長。通家笑語闐。鵁鶄歸槳熟，德平。舴艋逆風沿。濟勝應難促，伯長。臨流且賦遄。鴟夷歌逝矣，德平。漁父卜終焉。紫槿遮籬角，伯長。丹楓壓廟堧。鍊形金骨化，德平。團礎土沙堅。破屋啼山鬼，伯長。荒碑立老鸛。歲時羞野賽，德平。水旱禱靈箄。西帝澄金宇，伯長。東湖鑄玉璿。凉颸舟泛泛，德平。晴日草芊芊。射鴨縈長弋，伯長。乂魚擊短鋋。酒廬橫矮甕，德平。屠几斫肥牷。衒市僧袍麗，伯長。招虚販鼓鼘。登臨難婉戀，德平。想像費平銓。更欲南窺海，伯長。誰能北跨燕。同心雙繭緒，德平。徇俗走珠蠙。朗鑒詞聯寫，伯長。玄談茗更煎。翺翔誠放浪，德平。匍匐類狂孱。已乏凌雲句，伯長。時思縮項鯿。還家如夢寐，德平。共點曉霞邊。伯長。九月望日，送姊歸余氏先塋之廬，登其高祖少師墓，相傳謂外高祖忠定王所相，余氏之興，兆於此。支壟爲尚書公墓，亦爲佳兆。十六日，早發遵山，行一二里，拜外舅之考待制公，守墓僧畏祇迎閉闕，叩之終無人聲。山勢左行，清興未已。借余庵舟過東湖，上外曾祖忠宣公滄洲堂故基，悽惋久之。舟上埭，予與德平行至月波忠定王所建寺，後有洞像補陀示相。捨舟登葉夫人八行太師墓。又上五祖堂觀招魂辭。暮抵鹿野，拜正肅公祠，奠永州几筵。行久，殊爲疲勞。是夕德平抱兒相示，眉宇修廣，予許以永大。十七日平明，過種德，拜正獻公墓，讀楊文元公碑，庵僧洒然，非鄭氏庵比。是日德平攜壺，同庵僧指領遊大慈七山。有僧年七十餘，能道嘉定紹興間事，示忠宣公所製滄洲堂上梁文，益重遠想拜忠獻王墓。歸復宿鹿野。嚴君命以十八日歸，歸遊鮑王祠。日已昃，余親翁病瘧，復留宿。詩成，凡一百二十韻，繁華感慨，悉紀于詩詞，雖不工，然二人綴緝之勤，有不可不示於好遊者，用識于後云。己丑十月某日桷書。

劉詵《桂隱文集》卷三《輓羅見大二首》 憶昔過從日，清言早悟玄。柳家從有子，王令竟無年。親友生前合，身棺火後全。何時攜架酒，出郭酹荒阡。見大少日過從趣尚與俗異，及登第謙約如昔。薄俗便謂其不自振舉。吾嘗謂使衣冠士得如見大，百數相視成風，天下貪傲習當少戢。然竟不得年以死，家禍隨之，不知造物意竟何如也。故爲之悵惜。

歐陽玄《圭齋文集》卷一四《沁園春》 玄誕日，先君冀郡公作此示勉，敬跋于後。

玄子來前，還憶汝今朝初度時。是吾家幾世，書香閥閱，我翁疇昔，心地坦夷。宅相伊何，泛紅老子，汝母慈仁有兒，如今恨，倚門人去，和膽爲誰？　丈夫七十何爲。算三十功名已是遲。要經天緯地，拓開實用，嘲風弄月，省可虛詞。我亦平生，巵言徒費，猶酌檐花向九疑。團欒好，待老吾泉石，留汝鐘彝。大德丁未，玄賤生之日，先公祝之以《沁園春》，玄受而藏之。第年少家貧，性亦踈散。房中惟有一敗篋，以繩約之。篋中無所有，又以紙外護之甚嚴，暇日時復展玩。明年戊申，不幸先公棄捐。自是見輒嗚咽，殆不忍觀。皇慶壬子，玄免先公喪。又二年矣，先公在時所定謝氏，歲久不克成婚。繼妣長沙郡君謀爲玄畢婚姻，而玄方游湘中。繼妣老妮啓玄篋，取故衣浣濯補紉，以俟新婚。老妮目不知書，篋中文字亦爲所持去，此詞亦在焉。玄歸而求之，竟失其所，遍索十數日無得，深自刻責，以爲不能寶藏先人之訓，遂爲此生抱恨之大端。每至劬勞之日，則泣而識之，如是二十五年。屢嘗籲之先公，冀陰相之，庶幾復見此詞，以無負付囑之意。延祐乙卯以來，玄僥倖科第，歷官中外。至元元年乙亥，叨恩翰林直學士、國子祭酒、先公贈翰林直學士、亞中大夫、輕車都尉，追封渤海郡侯。尋蒙奎章，近臣奏請，有旨申勑詞臣製碑以賜。玄感激之餘，付書還家，囑舍弟信翁先白於禰。告祭之日，諸昆弟子姪咸集中堂。姪進老遽前曰：「昨日偶治故書，得先祖手澤一紙，蟫食殆半，乃壽八翁《沁園春》也。」兄弟相視大驚，曰：「此汝叔平時徧求而不得者，汝何得此？」衆取視之，果然，即付書報玄京師。二年丙子夏，謁告南歸立碑，甫抵舍，姪即以詞見遺。玄奉詞涕泣，如隋珠和璧去而復還，自計生平可喜之事，未有過此。嗚呼異哉！詞所謂「宅相伊何，泛紅老子」者，謂外大父臨賀府判理齋李公也。「倚門人去，和膽爲誰」者，是歲免先夫人喪也。「嘲風弄月，省可虛詞」者，玄少作頗患多，故先公以實學勗之也。「猶酌檐花向九疑」者，先公分教春陵時將之官也。雖然，玄之至喜者，以此詞之失而驟得，則先公若有陰相之也。他日或可逭伯魯授簡之責也。其至懼者，則以先公期待之意如彼，而玄之踈文謭學所成就若此，其何以逭伯符不克負荷之譏乎？裝褫既完，踪跡所至，必攜以自隨。三年丁丑，以侍講學士召入京。戊寅春，以二品恩例申請。夏五月，進贈中奉大夫，湖廣等處行中書省，叅知政事。護軍追封冀郡公，先妣追封冀郡夫人。六月甲申，祭禮畢，因出此卷，再寫善本，幷致所感云。男玄泣血書于賢良坊寓舍。

黃溍《文獻集》卷三《陸君實傳後叙》 僕爲此叙時，固已不敢悉以客語爲信，及來京師，將取正於太史氏。而《新史》所紀二王事，乃與皇朝經世大典自有不盡合者。史既成，而鄧氏光薦家始以其《塡海錄》等書上進。又不能無所見所聞之異辭，謹摭其一二附注於舊文之下，以訂其訛舛，補其闕逸。陸公秀夫之死，楚人龔先生開既爲立傳，且曰：君實死事，得之里人尹應許，尹得之翟招討國秀，翟得之辛侍郎來莘。而君實在海上，乃有手書日記。日記藏鄧禮部光薦家，數從鄧取之不得。故傳所登載殊弗能詳。至公之官位爲丞相，爲樞密使，亦且貳其傳，而莫能定，因字稱之曰君實，而不爵，蓋闕疑也。僕往在金陵，客有來自番禺者，頗能道崖山事，云宋益王之踐帝位也，不踰年而改稱景炎。歲丙子五月乙未朔，宋丞相陳宜中等立益王於福州，以爲宋主，改元景炎，升福州爲福安府。《新史》所書無非其實，而大典據傳聞之辭，誤以景炎爲咸熙云。明年南遷化之硇洲。景炎改元之十一月，御舟入海，自泉而潮。十二月次甲子門。明年正月次梅蔚。四月移廣州境，次官富塲。六月次古墐。九月次淺灣。十二月駐秀山，一名武山，一名虎頭山。入海至井澳，一名仙女澳，風大作，舟敗幾溺。復入海，至七州洋，欲往占城不果。遂駐硇洲鎮，硇洲屹立海中，當南北道，隸化州。見《新史》及《塡海錄》。又明年四月戊辰，殂於舟中。自井澳遇風，驚悸成疾，以至太漸。遇風之日，《新史》以爲丙子，《塡海錄》以爲丙寅。越三日，庚午，衛王襲位。是日黃龍見海上，羣臣皆賀，乃升其地爲翔龍縣。庚午龍見海中，書於《新史》。而《塡海錄》以爲是日午，登壇禮畢還宮，御輦所向，有龍拏空而上，身首角目俱全。曁入宮，雲陰不見，非見於海中也。翔龍縣，《塡海錄》以爲祥龍，又以爲龍興。拜張世傑少傅、樞密使；蘇劉義開府儀同三司殿前都指揮使；陸秀夫端明殿學士，簽書樞密院事，餘進官有差。景炎新造之初，世傑爲檢校少傅、兩鎮節度使、樞密副使，兼福建廣南宣撫大使。劉義爲檢校少保、節度使，主管殿前司公事，兼諸路經制鎮撫大使、廣東西策應大使。秀夫爲中書舍人，兼直學士院，累遷權尚書，加端明殿學士。尋謫潮州，明年七月，劉義能經制等使免兼殿司。十月，秀夫還行朝，除同簽書樞密院事。祥興嗣立，世傑以樞副秉國政。秀夫以簽樞裨助之，皆木書進拜，惟劉義以閒官累加開府儀同三司。《塡海錄》所載視《新史》爲詳，而秀夫之官位與《新史》異。會雷州失守，而六軍所泊居雷化犬牙處，乃稍北徙廣州之境。五月寓梓宮於香山縣，尋葬其地，上廟號曰端宗。陳宜中以宰相爲山陵使，事畢，宜中一夕浮海去，莫知所之。上廟號以四月辛巳，梓宮發引以八月乙亥，永福陵攢宮復土以九月壬午朔，皆非五月。亦非先寓於香山。先是宜中辭相位，而以樞密使都督諸路軍馬，御舟次硇洲，衆舟皆來會，惟宜中自南蕃洋轉拖往古城，累召竟不至，山陵使乃觀文殿學士魯淵於，非宜中也。見《塡海鎮》，而《新史》不書。六月世傑等遂奉御舟抵崖山。崖山者，在新會縣南八十里，鉅海中與奇石山相對立，如兩扉，潮汐之所出入也。山故有鎮戍，世傑以爲此天險，可扼以自固，始不復事轉徙矣。六月己未，御州發硇洲，乙亥至新會縣潮君里之崖山起行殿，庚辰升廣州爲祥興府。見《填海錄》，而《新史》謂升廣州爲翔龍府。宜中之去，劉義追之不能及，夜泊仙女灣。俄有天火飛集其舟，延燒衆舟幾盡。劉義追宜中事無可考。八月庚申，月貫南斗，己巳夜復有星大如缶，衆小星千百隨之，自西北流墮。東南海水中聲隆隆如雷，蓋天狗云。己巳星墜海中，書於《新史》，而《填海錄》以爲癸亥夜一鼓，後墮廣州南。初隕紅大如箕，中爆裂爲五。既墮，地殷如鳴鼓，一時頃止，非墜於海中也。其年十月，蒙古漢軍數路並進，江東宣慰使張弘範以舟師由海道出漳潮，江西行省參知政事季恆以步騎出梅嶺。弘範拜蒙古漢軍都元帥，恆爲副元帥，《大典》所書可考。而《恆廟碑》謂恆爲都元帥。江淮省亦遣弘範至自漳潮。明年正月乙酉朔，宋改年祥興，行元會禮。丁巳登海舟。世傑就崖山港碁結巨艦千餘艘，爲方陳，中艫外舳貫以大索，四圍起樓櫓如城堞以待敵。見《大典》、《新史》及《填海錄》。己未弘範兵至崖山。庚午恆亦以兵來會。

吴師道《戰國策補正·魏卷·秦敗魏於華章》［鮑彪注］　須賈爲魏謂穰侯曰：「【略】臣聞魏氏悉其百縣勝兵以止戍大梁，臣以爲不下三十萬。以三十萬之衆，守十仞之城，臣以爲雖湯、武復生，弗易攻也。夫輕信楚、趙之兵，陵十仞之城，戴補曰：一本標孫作「戰」。三十萬之衆，而志必舉之。臣以爲自天下之始分，以至於今，未嘗有之也。攻而不能拔，秦兵必罷，音疲。陰必亡，陰，穰侯別邑。正曰：陰即陶，說見《趙策》。則功必棄矣。今魏方疑，可以少割收也。願君補。補曰：《史》，願君逮楚、趙。之及楚、趙之兵未任於大梁也，未以攻梁自任。亟以少割收魏。魏方疑，而得以少割爲和，必欲之，則君得所欲矣。楚、趙怒於魏之先己講也，己兵未至，而與秦講。必爭事秦，從是以散，從横之「從」。而君後擇焉。擇其所與於散從之後。且君之嘗割晉國取地也，何必以兵哉？先割取時不用兵。夫兵不用，而魏效絳、安邑，又爲陰啓兩，機盡兩，謂得縣啓封。盡，無遺也。故宋，衛效魏自比二國，二國，小國也。尤憚元作「憚尤」。憚尤。秦兵出地而小，故愈畏秦。已合魏合秦。而君制之，補曰：《史》云，「又爲陶開兩道，幾盡故宋，衛必効單父，秦兵可全」云云。按此文明順，姚註亦宜引從之。《正義》云，「故宋及單父，是陶南道，魏安邑及絳，是陶北道」。《索隱》云，「穰侯封陶，魏効絳、安邑，是得河東地，言從秦通陶，開河西、河東之兩道。」此時宋已滅，是秦將盡得宋地也。愚謂「可全」，即上言不用之意。何求而不得？何爲而不成？臣願君之熟計，而毋行危也。」穰侯曰：「善。」乃罷梁圍。彪謂：賈之說，不足以已秦也，爲其爲魏也過深，而說秦者不切。夫以秦爲天幸，而欲其無行危也，秦豈信之哉！秦行是何危之有？且其爲魏之過深也，適足以疑秦，豈沮於是哉！梁圍之解，將別有故，非賈力也。正曰：《大事記》略載此章及穰侯攻大梁章，謂同一術。愚謂，魏利於少割，穰侯喜得此地而罷兵，亦無不可。《大事記》，周赧王四十年，秦昭三十二，魏安釐二，韓釐二十一，趙惠文二十四年，秦以魏冉爲相國，伐韓，暴鳶救魏，魏冉破之，斬首四萬，鳶走開封，魏割八縣以和。魏冉復伐魏，走芒卯，入北宅，遂圍大梁，魏割溫以和。四十一年，魏背秦與齊從親，秦魏冉伐魏，拔四城，斬首三萬。四十二年，趙、魏伐韓華陽，秦魏冉、白起、客卿胡傷救韓，敗魏將芒卯華陽，斬首十三萬，取卷、蔡陽、長社。又敗趙將賈堰，沈其卒二萬於河，取觀津。魏予秦南陽以和。以其地爲南陽郡，遷免臣居之。《通鑑綱目》書略同，不著暴鳶、芒卯等及以地爲南陽郡一節。補曰：按《史》，魏安釐王二年，三年，四年，連歲魏冉將兵來伐。二年之戰，自暴鳶救魏敗走。《年表》、《秦紀》、《魏世家》、《魏冉傳》皆云兵至大梁。次年之戰不地。最後華陽之戰，趙、魏伐韓，秦救韓，敗趙、魏，走芒卯。但《史》所載有差互，《紀》以擊芒卯華陽，《傳》以走暴鳶，並爲次年事。華陽之職，或云得三晉將，或云攻趙、韓、魏。八縣、三縣之殊，十萬、十五萬之舛。故《大事記》參定書之。今考此《策》，須賈之辭，謂戰勝暴子，割八縣，地未畢而兵復出。此《大事記》所以書此役繼於走暴鳶之後。但《策》首書秦敗魏於華，恐「於華」二字因下章誤衍也。又按《秦紀》，昭王三十四年，書秦與魏、韓上庸地爲一郡南陽，免臣遷居之。三十五年初，置南陽郡。《大事記》於魏予秦南陽後，書以其地爲南陽郡，遷免臣居之，即以此爲是年事。按南陽凡二，其一河南之修武，其一鄧州之堵陽。免臣者，以罪免，遷守新邊。秦不信敵國之民，故徙其國人使錯居之。前此二十七年，攻楚，赦罪人遷之南陽。《大事記》必謂前已備楚，故今以新得之南陽，而不知《紀》書乃謂秦與魏、韓上庸地爲一郡於南陽。上庸屬漢中，今房州竹山縣，則正鄧之南陽也。次年乃書置南陽郡。秦南陽郡即鄧，而修武更置河內郡，不聞兩南陽也。昭王四十四年，秦白起攻韓取南陽，絕大行道，使秦已置郡，不應復云爾。《大事記》亦書之矣。此條蓋因魏入南陽以和，偶與下文南陽免臣相次，而致誤爾。因上論《大事記》文附於此。

張雨《句曲外史集補遺》卷中《龍虎山張一元一宿而去》　神翁觀主來相訪，既去猶如夢見之。閉戶著書吾黨事，對牀聽雨昔人詩。萬羊何與分憂責，一物終能係盛衰。回首孤雲自天末，竹陰涼坐看蛛絲。　无言禪師出紙，俾書繆作。錄近詩凡五首，求方外正之，葛塢張天雨皇恐頓首，時至元五年秋七月廿又一日也。［馬宏道注］：予自蚤歲好鈔先賢秘本，戊寅夏借荻溪王凱度所藏朱性甫先生手鈔《珊瑚木難》第三帙，閱畢摘錄。元時諸名家詩內有張伯雨五首，附録《寧極齋詩》後，適汲古閣主人毛子九氏廣搜伯雨遺詩補刻，因出舊本同閲，命録出此則。退山馬宏道識。長至前五日，康侯又寄貞居二詩。憶昔黃州洪半石先生守毘陵時，欲改惠泉爲第一泉。首唱近體詩六首，索余《次韻讀貞居遊惠山寺》一篇，喜三百年前早有同心。

宋褧《燕石集》卷七《次韻蘇伯修侍御樊川游春》 我别長安四見秋，當時風景如夢遊。含元殿下麥初老，興慶池頭波欲流。三春柳蔭北軒井，千枝柏暗南坊丘。而今祇是成追憶，疇昔無因得久留。予以至正改元夏五，備員行臺都事。僅長安兩旬，赴召禁林，而歸寓官舍，北窗後井上有三春柳一枝。同官樊時中寓東城南坊，舍後古冢時見光怪，旁有千枝柏樹之叢生者，秦中多植之。

周伯琦《近光集》卷三《濟瀆祠留題三首》 先公受詔沉龍簡，刻石庭中四十年。攀抱烏號俱已矣，瞻摩手澤尚依然。明禋世使承榮遇，勝槩重盟締宿緣。千載山川人物在，續書嘉應亦華顛。至大辛亥，先君郡侯爲集賢司直，奉詔代祀沉金龍玉簡，時天旱，有雷雨之應，刻石記其事，距今四十年矣。今致祀畢，亦有時雨之喜，遂記于石，並列庭中。

劉仁本《羽庭集》卷三《清心亭爲定海尹汪以敬賦》 青山誰築小亭幽，釣客來爲百里侯。退食自公攜一鶴，忘機無事狎羣鷗。此心已共滄浪水，清思應涵天地秋。待得風塵稍休息，依然歸去理羊裘。原註：清心亭，尹方來既作艮光亭，又作此亭而賦之，以寓謹刑之意。御筆諄諄飭謹刑，豈容偏詖失持平。七條首示清心訓，心地宜如冰檗清。

汪克寬《經禮補逸》卷一《吉禮·郊祀禖禮》 《月令》：仲春之月，以太牢祀于高禖，天子親往。后妃帥九嬪御。乃禮天子所御，帶以弓韣，授以弓矢，于高禖之前。姜嫄從帝而祀於郊禖，簡狄從帝而祈于郊禖。朱子曰，古者立郊禖，蓋祭天於郊，而以先禖配也。變媒言禖者，神之也。愚案：郊，高禖之高，謂尊之之稱，郊禖之郊，謂古有媒氏祓除之祠位在南郊，祀上帝則亦配祭之，故又謂之郊禖。

《大雅·生民》詩：克禋克祀，以弗無子。朱子曰：精意以享謂之禋祀郊禖也，弗之言祓也。祓無子，求有子也。姜嫄出祀郊禖，見大人跡而履其拇，遂歆歆然如有人道之感，於是有娠而生后稷。

又《祈穀禮》 《月令》：孟春之月，天子乃以元日祈穀于上帝。案：元日，上辛，郊祭天而配以后稷，爲祈穀也。《春秋左氏傳》：凡祀，啓蟄而郊。案：啓蟄，夏正建寅之月，夏小正曰正月。啓蟄，謂始發蟄也。故漢氏之始，以啓蟄爲正月，中雨水爲二月節。及太和以後，更改氣名以雨水爲正月，中驚蟄爲二月節。孟獻子曰：郊祀后稷，以祈農事也。是故啓蟄而郊，郊而耕。案：祀天南郊，郊而後耕，是祈穀之後，躬耕帝籍。《月令》：仲夏命樂師修鞀逃。鞞鞞迷反。鼓，均琴瑟管簫，執干戚戈羽，調竽笙篪池。簧，飭鍾磬柷敔。音語，爲將大雩帝習樂也。修、均、執、調、飭者，治其器習其事之言。案：鞀，鼗鼓，持其柄搖之，兩耳自擊。鞞，雷鼓之屬。小鼓在大鼓傍。鞀，導也，所以導樂作。鞞，裨也，裨助樂節。琴五絃，瑟二十七絃。管長尺圍寸，并兩而吹之。簫編二十二管，長尺四寸。干，盾也。戚，斧也。戈，鉤矛戟。羽，鳥羽。竽，三十六簧。笙，十三簧。篪，長尺四寸圍三寸。命有司爲民祈祀山川百源，大雩帝，用盛樂。乃命百縣，雩祀百辟卿士有益於民者，以祈穀實。陽氣盛而常旱，山川百源能興雲雨者也。衆水始所出爲百源，必先祭其本乃雩。雩，吁嗟求雨之祭也。雩帝謂爲壇南郊之傍，雩五精之帝配以先帝也。自鞀鞞至柷敔皆作曰盛樂，凡他雩用歌舞而已。百辟卿士，古者上公若勾龍、后稷之類也。《春秋傳》龍見而雩，雩當以四月。凡周之秋，三月之中而旱，亦修雩禮以求雨，因著正雩此月失之矣。天子雩上帝，諸侯以下雩上公，故雖旱，禮有禱無雩。《春秋左氏傳》：龍見而雩。案：龍見，建巳之月，蒼龍宿之體，昏見東方，乃物始盛，待雨而大，故祭天，遂爲百穀祈膏雨。愚案：冬至之郊，爲大報天，正月之郊，專爲祈穀。二郊不同，皆配以后稷，此先王所以定天位、職百神之大典也。若成王賜魯重祭，雖賜受皆非，今考《春秋》，宣、成、定、哀之改卜牛，皆在春正月，僖之卜在四月，則是止於祈穀之郊，而非大報之禮亦明矣。

《詩·噫嘻》：噫嘻成王，既昭假爾。率時農夫，播厥百穀。駿發爾私，終三十里。亦服爾耕，十千維耦。愚案：是詩《小序》謂春夏祈穀于上帝，蓋成王初置農官而戒之，以督耕之事也。

納延《金臺集》卷一《潁州老翁歌》 淮南私廩久紅腐，轉輸豈惜千金資。遣官巡行勤撫尉，賑粟給幣蘇民疲。獲存衰朽見今日，病骨尚爾難撑持。鄉非聖人念赤子，塡委溝壑應無疑。老翁仰天泪如雨，我亦感激愁歔欷。安得四海康且阜，五風十雨斯應期。長官廉平縣令好，生民擊壤歌清時。願言觀風采詩者，愼勿廢我潁州老翁哀苦辭。狀物寫景之工，固詩家之極致，而繫於風化，補於政治，尤作者之至言，易之此詩兼得之矣。禮部侍郎汝陰李黼子威書。易之此詩，格調則宗韓吏部，情性則同元道州，世必有能知之者。監察御史危素書。至正四年，河南北大饑，明年又疫。民之死者過半，朝廷嘗議粥爵以賑之，江淮富人應命者甚衆，凡得鈔十餘萬錠粟稱足。會夏小稔，賑事遂已。然民罹大困，田萊盡荒，蒿蓬没人，狐兔之迹滿道。時余爲御史行河，河南請以富人所入錢粟貸民具牛種以耕，豐年則收其本，不報。覽易之之詩追憶往事，爲之惻然。八年三月翰林待制武威余闕志。

《金史・地理志中》 南京路，國初曰汴京，貞元元年更號南京。府三，領節鎮三，防禦八，刺史郡八，縣一百五。都城門十四，曰開陽，曰宣仁，曰安利，曰平化，曰通遠，曰宜照，曰利川，曰崇德，曰迎秋，曰廣澤，曰順義，曰迎朔，曰順常，曰廣智。宮城門，南外門曰南薰，南薰北新城門曰豐宜，橋曰龍津橋，北門曰丹鳳，其門三。丹鳳北曰舟橋，橋少北曰文武樓，遵御路而北橫街也。東曰太廟，西曰郊社，正北曰承天門，其門五，雙闕前引，東曰登聞檢院，西曰登聞鼓院。檢院東曰左掖門，門南曰待漏院。鼓院西曰右掖門，門南曰都堂。直承天門北曰大慶門，門東曰日精門，又東曰左升平門。大慶門西曰月華門，又西曰右升平門。正殿曰大慶殿，前有龍墀，又南有丹墀，又南曰沙墀，東廡曰嘉福樓，西廡曰嘉瑞樓。大慶後曰德儀殿。殿東曰左升龍門，西曰右升龍門。正門曰隆德，內有隆德殿，有蕭牆，有丹墀。隆德殿左曰東上閤門，右曰西上閤門，皆南向。鼓樓在東，鐘樓在西。隆德之次曰仁安門、仁安殿，東則內侍局，又東曰近侍局，又東則嚴祗門，宮中則稱曰撒合門，少南曰東樓，則授除樓也。西曰西樓。仁安之次曰純和殿，正寢也。純和西曰雪香亭，亭北則后妃位也，有樓，樓西曰瓊香亭，亭西曰涼位，有樓，樓北少西曰玉清殿。純和之次曰福寧殿，殿後曰苑門，內曰仁智殿，有二太湖石，左曰敷錫神運萬歲峰，右曰玉京獨秀太平巖，殿曰山莊，其西南曰翠微閣。苑門東曰僊韶院，院北曰翠峰，峰之洞曰大滌湧翠，東連長生殿，又東曰湧金殿，又東曰蓬萊殿。長生西曰浮玉殿，又西曰瀛洲殿。長生殿南曰閱武殿，又南曰內藏庫。嚴祗門東曰尚食局，又東曰宣徽院，院北曰御藥院，又北右藏庫，東則左藏庫。宣徽院東曰點檢司，司北曰秘書監，又北曰學士院，又北曰諫院，又北曰武器署。點檢司南曰儀鸞局，又南曰尚輦局。宣徽院南曰拱衛司，又南曰尚衣局。其南爲繁禧門，又南曰安泰門，門與左升龍門相直。東則壽聖宮，兩宮太后位也，本明俊殿，試進士之所。宮北曰徽音院，又北曰燕壽殿，殿垣後少西曰振肅衛司，東曰中衛尉司。儀鸞局東曰小東華門，更漏在焉。中衛尉司東曰祗肅門，少東南曰將軍司。徽音、壽聖東曰太后苑，苑殿曰慶春，與燕壽殿弁。小東華與正東華門對。東華門內正北尚廄局，其西北曰臨武殿。左掖門北，尚食局南曰宮苑司。其西北尚醞局、湯藥局。侍儀司少西曰符寶局、器物局，又西則撒合門也。嘉瑞樓西曰三廟，正殿曰德昌，東曰文昭，西曰光興。德昌後，宣宗廟也。宮西門曰西華，與東華相直，北門曰安貞。

《宋史・職官志二》 至紹興二十九年九月，詔：「祖宗舊制，樞密院即無機速房，合行減罷。」自注：紹興三十一年，金主亮來攻，帝將臨江視師。其冬，以和義郡王楊存中爲御營宿衛使，兵罷復免。明年，孝宗即位，又以御營使命之。然但自名一司，掌殿前忠勇等軍，非復建炎之比，未幾而罷。存中非宰執，附見于此。【略】

右丞相陳自強兼國用使，參知政事兼知樞密院事費士寅、參知政事張巖兼同知國用事。自注：以兵部侍郎薛叔似兼參計官，太府卿陳景思同參計官。先是，臣僚言：「今日財計，非錢穀不足可憂，而滲漏日滋之爲可慮者。周家以冢宰制國用，而唐亦以宰相兼領度支，是知財賦國家之大計，其出入之數有餘、不足，爲大臣者皆所當知，庶可節以制度，關防欺隱。宜略倣祖宗遺意，命大臣兼提領天下財賦。」從之。

趙汸《春秋左氏傳補注・定公十二年》 十二年，將墮三都。《釋例》曰：三都強盛，以奪三家之權，陪臣執政，下陵上替，故仲由墮之，而仲尼不禁也。孔氏曰：《公羊傳》曰：孔子行乎季孫，三月不違。曰家無藏甲，邑無百雉之城。於是墮郈、墮費。《左氏》不言孔子之計，當是仲由自立此謀。傳稱費人襲魯，而仲尼在焉，是仲尼知其事，謂墮之爲是，故不禁也。樂頎下伐之。《史記・孔子世家》云：定公以孔子爲中都宰，一年，四方皆則之。由中都宰爲司空，由司空爲大司寇，十年會于夾谷時已爲司寇矣。十四年由大司寇攝行相事，是此時仲尼爲司寇。公圍成，弗克。《傳》見墮三都仲由嘗建議於季氏，其以爲夫子之意者，蓋《春秋》後學者臆度言之。葉氏曰：自陽虎叛，季氏、叔孫氏皆屈於家臣，故南蒯以費叛，侯犯以郈叛，墮郈、墮費，二氏自爲計，而欲去其險爾，夫何有於仲由？此亦尊孔子而反卑之者也。

王沂《伊濱集》卷一一《芍藥茶》 揚州四月春如海，綵筆曾題第一花。夜直承明清似水，銅瓶催火試新芽。余往年試上京鄉貢士於集賢署，邢君遵道惠茶號「濼水瓊芽」。今俯仰七年，而遵道捐館久矣。其子克世其業，攜茶過寓舍，爲賦小詩三首，山陽聞笛之感同一慨然也。

戈直《貞觀政要集論》卷二《任賢》 玄齡復以年老請致仕，太宗遣使去聲謂曰：「國家久相任使，相，如字。一朝忽無良相，朝，音昭。如失兩手。公若筋力不衰，無煩此讓。自知衰謝，當更奏聞。」玄齡遂止。按史傳：玄齡抗表陳辭，太宗遣使謂之曰：「昔留侯讓位，竇融辭榮，自懼盈滿，知進能退，善自止足，前代美之。公亦欲齊蹤往哲，實可嘉尚。然國家久相任使，一朝忽無良相，如失兩手。」玄齡遂止。太宗又嘗追思王業之艱難，佐命之匡弼，乃作《威鳳賦》以自喻，因賜玄齡，其見稱類如此。按：新、舊《唐書》皆曰：「太宗追思王業艱難，佐命之力，作《威鳳賦》以賜無忌」，俱載《長孫無忌傳》，叅之《通鑑》亦然。《政要》作賜玄齡，未詳孰是，愚謂其所紀姓名雖不同，而太宗眷命功臣之意則一也。今錄其賦於此，以備觀覽焉。其辭曰：「有一威鳳，憩翮朝陽。晨遊紫霧，夕飲玄霜。資長風以舉翰，戾天衢而遠翔。西翥則煙氛閉色，東飛則日月騰光。化垂鵬於北裔，訓羣鳥於南荒。弭亂世而方降，應明時而自彰。俛翼雲路，歸功本樹。仰喬枝而見猜，俯脩條而抱蠹。同林之侶俱嫉，共榦之儔並忤。無桓山之義情，有炎洲之凶度。若巢葦而居安，獨懷危而履懼。鵾鶋嘯乎側葉，燕雀喧乎下枝。慙己陋之至鄙，害它賢之獨奇。或聚咮而交擊，乍分羅而見羈。戢凌雲之逸羽，韜偉世之清儀。遂乃蓄情宵影，結志晨暉。霜殘綺翼，露點紅衣。嗟憂患之易結，歎矰繳之難違。期畢命於一死，本無情於再飛。幸賴君子，以依以恃。引此風雲，濯斯塵滓。披蒙翳於葉下，發光彩於枝裏。仙翰屈而還舒，靈音摧而復起。眄八極以遐翥，臨九天而高峙。庶廣德於衆禽，非崇利於一己。是以徘徊感德，顧慕懷賢。憑明哲而禍散，託英才而福全，答惠之情彌結，報功之志方宣。非知難而行易，思令後而終前。俾賢德之流慶，畢萬葉而芳傳。」

郝經《續後漢書》卷一五《漢臣·諸葛亮》［荀宗道注］ 亮有巧思，損益連弩，木牛流馬，推演兵法，作八陣圖。原注：《魏氏春秋》：亮損益連弩，謂之元戎，以鐵爲矢，矢長八寸，一弩十矢俱發。亮集載作木牛流馬法，曰木牛者，方腹曲頭，一腳四足，頭入領中，舌著於腹。載多而行少，宜可大用，不可小使，特行者數十里，羣行者二十里也。曲者爲牛頭，雙者爲牛腳，橫者爲牛領，轉者爲牛足，覆者爲牛背，方者爲牛腹，垂者爲牛舌，曲者爲牛肋，刻者爲牛齒，立者爲牛角，細者爲牛鞅，攝者爲牛鞦。軸牛仰雙轅，人行六尺，牛行四步，載一歲糧，日行二十里，而人不大勞也。流馬尺寸之數：肋長三尺五寸，廣三寸，厚二寸二分，左右同。前軸孔分墨去頭四寸，徑中二寸。前腳孔分墨二寸，去前軸孔四寸五分，廣一寸。前杠孔去前腳孔分墨二寸七分，孔長二寸，廣一寸。後軸孔去前杠分墨一尺五分，大小與前同。後腳孔分墨去後軸孔三寸五分，大小與前同。後杠孔去後腳孔分墨二寸七分，後載剋去後杠孔分墨四寸五分。前杠長一尺八寸，廣二寸，厚一寸五分。後杠與等版方囊二枚，厚八分，長二尺七寸，高一尺六寸五分，廣一尺六寸，每枚受米二斛三斗。從上杠孔去肋下七寸，前後同。上杠孔去下杠孔分墨一尺三寸，孔長一寸五分，廣七分，八孔同。前後四腳廣二寸，厚一寸五分，形制如象。靬長四寸，徑面四寸三分，孔徑中三腳，杠長二尺一寸，廣一寸五分，厚一寸四分，同杠耳。《晉書》：初，諸葛亮造八陣圖。於魚復平沙之上，壘石爲八行，行相去二丈。桓溫見之，謂此常山蛇勢也，文武莫能識之。劉禹錫《嘉話錄》：夔州西市，俯臨江岸，沙石下有諸葛亮八陣圖。箕張翼舒，鵝形鸛勢，聚石分布，宛然尚存。峽水大時，西蜀雪消之際，澒湧滉瀁，大木枯槎，隨波而下。及乎水落山平，萬物皆失故態，諸葛亮小石之堆行列依然，如是迨今六七百年。《東原錄》謂：孫紹先言武侯夔州八陣圖，用八以石壘，漢州八陣圖，用六以沙壘，皆近千年不泯。用六在用八之後，以其兵少來能足其數也。或謂八陣之勢，天、地、風、雲、飛龍、翔鳥、虎翼、蛇蟠也。案：八陣蹟，《荊州圖經》云：在奉節縣西南七里。又云：在永安宮南一里。渚下平蹟，上有孔明八陣圖，聚細石爲之，各高五丈，皆棊布相當，中間相去九尺，正中開南北巷，悉廣五尺，凡六十四聚。或爲人散亂及爲夏水所沒，及水退復依然如故。又有二十四聚，作兩層，其後每層各十二聚。《成都圖經》云：武侯之八陣凡三，在夔者六十有四，方陣法也；在牟彌者一百二十有八，當頭陣法也；其在棊盤市者二百五十有六，下管法也。《興元志》：興元西縣亦有八陣，則八陣凡四矣。

又《陵川集》卷一三《哭亡友孟振文》 簪笏箕裘出鼎腴，泥途誰使擲瓊琚。負骸千里還墟墓，泣血三年殯敝廬。聞說朱衣畏金石，豈期白粥亦癰疽。羈孤撩亂號嫠婦，淚浸牀頭幾冊書。振文，順天軍節度使某之孫，故須城令某之子，轉運使李公特立之甥也。幼孤，三十年後，始于河南登封求得其父遺櫬，負歸甫葬於清苑先塋，而喪其母。母喪適終，而疽發背，卒，故云。

又《静香亭二首》 小山曲檻映回廊，別有一天深處藏。人物風流還似晉，衣冠儒雅尚如唐。四圍紅錦香風軟，滿地綠陰清晝長。坐久杳然忘世味，碧雲高興欲飛揚。燕自兩河之戰，遂非唐有，薦罹遼金幾四百年，然而不漸宣政佻靡之化，豪勁任俠，渾厚敦雅，猶有唐之遺風焉，故是詩有「衣冠儒雅尚如唐」之句。

《陳剛中詩集》卷二《安南即事》 聖德天無外，恩光燭海隅。遂頒南越詔，載命北門儒。萬里秋持節，千軍夜執殳。前驅嚴弩矢，後虆擁樵蘇。睠彼交州域，初爲漢氏區。樓船征既克，徼側叛還誅。五代頹王紐，諸方裂霸圖。遂令風氣隔，頓覺版章殊。丁璉前猖獗，黎桓後覬覦。一朝陳業搆，八葉李宗徂。安南，本漢交州，唐立都護府。梁貞明中，土豪田承美據其地，楊延藝結洪吳，昌岌、昌文互相爭襲。宋乾德初，丁公著之子部領立，傳子璉璿，大將黎桓篡之，桓子至忠，又爲李公蘊所篡。公蘊、德政、日尊、乾德、楊煥、天祚、龍翰、昊旵，凡八傳。至宋嘉定乙酉歲，陳氏始奪其國。陳本閩人，有陳京者，僞謚文王壻于李値。龍翰昏耄，不恤政事，京與弟本僞謚康王盜國柄。昊旵沖幼，其子承篡立，僭號太上皇。死，子光炳嗣，在宋名威晃，上表內附國朝，封爲安南王。死，子日烜立，在宋名日照。死，今日燇代領其衆，於是有國六十九年矣。

宋禧《庸庵集》卷一〇《自題畫》 石壁萬仞不可躋，老樹獨立與雲齊。紛紛藤蘿葉零亂，日暮忽隨風雨西。原註：今年辛亥歲九月三日，予在媚戚倪氏孝思庵，與時敏、吳溫夫、汪復初、倪原道及其從弟安道、從子用彰鈔書。午飲既酣，原道令人拭壁，請予作墨戲。予素不解此技，連日見時敏爲人作《梅畫》，紙價涌貴，老夫未免技癢，亟呼茅帚，隨意揮洒，此效党太尉掉書袋也。時敏乃狂躍稱賞，不知何故。是日，別予而去，不及見予。一時之狂者，原道世父谷眞翁徐性全也。爲研墨執硯侍立不倦者，原道從子玄福。其姊壻在旁從衆而觀者，吾季兒邦哲。庵居供茗與倪氏有媚戚之舊者，馬本道也。

張存中《論語集注通證》卷下《憲問·或問子産子曰惠人也章》 子産之政不專於寬。《左傳·昭公二十年》鄭子産有疾，謂子太叔曰：「我死，子必爲政。唯有德者能以寬服民，其次莫如猛。夫火烈，民望而畏之，故鮮死焉；水懦弱，民狎而翫之，狎，輕也。則多死焉，故寬難。」難以治。疾數月而卒。太叔爲政，不忍猛而寬。鄭國多盜，取人於萑音丸。苻音蒲。之澤。萑苻，澤名。於澤中劫人。大叔悔之，曰：「吾早從夫子，不及此。」興徒兵以攻萑苻之盜，盡殺之。盜少止。

又《大學章句或問通證・傳三章》 周武王踐祚之初，受師尙父丹書之戒，退而於其几席、觴豆、刀劍、戶牖莫不銘焉，今其遺語尙幸頗見於禮書。《大戴禮・武王踐祚》篇：武王踐祚三日，踐，猶登也。祚，位也。人君登寶位謂之踐祚也。召士大夫而問焉，曰：「惡平聲。有藏之約，而行之萬世可以爲子孫常者乎？」皆曰：「未得聞也。」然後召師尙父而問焉，尙父，大公望呂氏。詳見《孟子・離婁上》。曰：「黃帝、顓帝之道，可得而見與？」平聲。師尙父曰：「在丹書。王欲聞之，則齊側皆反，下同。矣。」王齊三日。王端冕，師尙父亦端冕，奉書而入。王東面而立，尙父西面道書之言曰：「敬勝怠者吉，怠勝敬者滅，義勝欲者從，欲勝義者凶。凡事不強則枉，弗敬則不正，枉者滅廢，敬者萬世。」王聞書之言，惕若恐懼，而爲戒書，於席四端爲銘焉。銘曰：「安樂必敬，無行可悔，一反一側，亦不可不志，殷監不遠，視爾所代。」几銘曰：「皇皇惟敬，口口生敬，口生垢，口戕口。」鑑銘曰：「見爾前，慮爾後。」盤銘曰：「與其溺於人也，寧溺於淵。溺於淵猶可游也，溺於人不可救也。」楹銘曰：「毋曰胡殘，其禍將然；毋曰胡害，其禍將大；毋曰胡傷，其禍將長。」杖銘曰：「於乎危亡？於忿疐。於乎失道？於嗜慾。於乎相忘？於富貴。」於乎之於，音烏。帶銘曰：「火滅修容，愼戒必共，共並音恭。則壽。」屨銘曰：「愼之勞，勞則富。」觴豆銘曰：「食自杖，食自杖，戒之驕，驕則逸。」戶銘曰：「夫名難得而易失，無勤弗志，而曰我知之乎？無勤弗及，而曰我知之乎？擾阻以泥之，若風將至，先搖搖，雖有聖人，不能爲謀。」牖銘曰：「隨天之時，以地之財，敬祀皇天，敬以先時。」劍銘曰：「帶之以爲服，動必行德，行德則興，倍德則崩。」弓銘曰：「屈申與伸同。之義，廢之行之，無忘息過。」矛銘曰：「造矛造矛，少間弗忍，終身之羞。」余一人所聞，以戒萬世子孫。傳三章。

程鉅夫《雪樓集》卷二六《久晴方欲禱祈仲經知事出平遠亭途間遇雨之作次韻二首》 海田將陸擬箋天，海水何知有旱年。帝念民貧欠蘇息，一時風雨散飛錢。海陵黃尋家先貧困，大風雨散，飛錢至其家，後富至數千萬。辨獄無冤可動天，眞卿事業在他年。顔眞卿爲監察御史使河隴時，五原有冤獄久不決，天且旱。眞卿辨獄而雨，人呼御史雨。此時避暑山亭意，應笑岑公眼見錢。岑文本山亭避暑，有人叩門，云上清童子元寶，冠青圓角冠，衣淺青衣。問其冠服，答曰：「僕外服圓而心方正，上清五銖服也。」言訖出門去，至牆下忽不見。岑使人掘之，一古墓中得一古文錢。

王惲《秋澗集》卷二九《黃石公祠雜詩》 今古文章不自工，後人公論見淸雄。壁間細閱題詩客，笑煞騰騰兀兀翁。黃石祠有詩云：天其旣與赤帝子，我亦願師黃石公。題曰：騰騰老。後復曰：兀兀翁。騰騰老，蓋楊紫陽也。兀兀翁，楊飛卿也。二公爭相爲己詩者數年。遺山聞之曰：「詩則非佳，爭之意甚，可爲一噱也。」

陳櫟《定宇集》卷一《書解折衷自序》 上自堯舜之盛，下逮東周之初，二千餘年之事，猶賴此可考焉。兼諸經之體多已見於《書》中，《舜皋之歌》，《五子之歌》，《三百篇》祖也。《周官》六卿，太平六典之綱也。《洪範》之占用二，可以見《易》之用。《舜典》、《皋謨》之五禮，可以該禮之名。自虞迄周，二千年之史筆在焉。下逮周平王、秦穆公，正與《春秋》接矣。諸經各得其一體，而《書》具諸經之全體。又朝覲、巡狩、祭禮、即位、喪紀等禮，《書》多載之。又道理之淵藪在《四書》，而《四書》之宗祖往往出於《書》。《堯典》之「克明俊德」以下，《大學》「脩齊治平」之所出也。《康誥》之「克明德」、「作新民」，《大學》「明德新民」之所出也。《禹謨》之「精一執中」，《中庸》「明善誠身時中」之所出。《湯誥》之「降衷恆性綏猷」，《中庸》「命性道教」之所出也。《語》之言仁，《孟》之言性，亦於《書》之「克仁恆性」出焉。它所本祖，遽數之不能終。治經而不盡心於此，非知本者。

王結《文忠集》卷三《次馬伯庸少監贈經筵官虞司業詩韻》 簪紳星聚掖垣西，芸簡含光動列奎。日上嵎夷鳴綵鳳，春生靈囿育斑麏。寬仁自弭桑林異，濬哲誰云大麓迷。佔畢小臣叨進讀，涓埃無補愧栖栖。伯庸，內翰繼學中郎，唱酬河字韻詩，往返數次，愈出愈奇。然兩軍相薄，短兵相接，鏖戰爭勝，未遑退舍。魯仲連之徒聞之，故特射一矢，以解其紛。

揭傒斯《文安集》卷一《四友詩》 李氏年弱冠，博通三氏詞。援毫捷飛電，吐氣裂豹螭。信如海上潮，直若琴上絲。朗如九秋月，溫比三春暉。志在躋聖賢，寧復顧所私。一悟生滅理，天地忽若遺。君卒時一日晨興，有數道人叩門，謁求作《白蓮庵記》。君援筆而就，大爲得意。有頃，忽奄然坐逝。父母聞而趨哭之，迎謂父母曰：「某兄弟幸多，死生命也，勿以爲憂。」既瞑，一道人撫其背曰：

「檀越檀越生好處生好處。」復瞪目視道人，厲聲曰：「佛法本無生滅。」卒癸卯二月也。葬時，衆畢出城，初不能勝，忽輕如羽。顔回蚤聞道，短折非所悲。茫茫後死者，中夜獨漣洏。

楊維楨《東維子集》卷九《風月福人序》 客有小海生，賀余爲江山風月福人，且貌余老像以八字字之。又賦詩其上曰：二十四考中書令，二百六字太師銜。魯國太師。此二句本先生句也。不如八字神仙福，風月湖山一擔擔。天年直至九十九，先生四世祖楊佛子享年九十九。好景長如三月三。先生嘗自言遇憂不憂，遇病不病，遇喪亂不喪亂，胷中四時長是春也。故自號嬉春道人，名其所居窩曰春不老。有《嬉春小樂章》一百篇。小素小蠻休比似，桃根桃葉尚宜男。先生八十，精力不衰滴翠，尚有弄瓦弄璋之嬉。

陸文圭《墻東類稿》卷二〇《鹿葱絶句》 丹葩信不類苹蒿，雨後常抽綠玉條。此草豈宜充鹿食，瘦莖卻比沈郎腰。原注：沈約作《鹿葱詩》云：爾非苹與蒿，豈充麑鹿食。讒者取此詩以白，梁武帝大怒，約以憂死。今按：此詩亦未見顯然譏刺，何爲得罪。但此花丹色，略有斑點似鹿紋，所以得名。非謂可以供鹿之食也。

張養浩《歸田類稿》卷二〇《秋郊晚眺二首》 恐富求歸王晉平，千年心迹喜雙清。天低似隔地形斷，山暗欲隨雲氣行。塵外景因人更勝，閒中懶與慢相成。韓康只道潛身了，已被時人識姓名。宋王秀之爲晉平太守，期年求還。人問其故，曰：「此郡沃壤，珍阜日至。人所昧者財，財生則禍逐。智者不昧財，亦不禍逐。吾山資已足，豈宜久留？以妨賢路。」見本傳。

方回《桐江續集》卷一二《正月初四後十餘日病嗽不能出雜書十首》 近代一人耳，吾鄉老朱先。甲子如我今，猶活十許年。漳州復潭州，説經入從班。無何黨禍作，委順不怨天。餘生幾明日，小子其勉旃。晦庵，紹熙元年庚戌六十一歲，後爲漳州、潭州，及入侍經筵六十五矣。慶元遭學黨之禍，七十一卒。以隆興、乾道、淳熙之盛際二十八年間，不能一立朝，始終避遠，近習甲寅內禪事，未可知也。七日而召，不兩月而至，乃厄於侂冑，而無所復伸，出處之際，豈非天哉？朱先者，謂朱先生也。本《漢書》例。

王奕《玉斗山人集》卷一《和元遺山四首》 西偏顔樂園，屋角接聖境。顔園陋巷，在夫子廟之西偏。想當坐忘時，聰明盡黜屏。上植松數株，下種麻千頃。今皆荒蕪。蛛網結秋絲，綿密藏廢井。東連勝果寺，元此誕莊穎。象教剝牀膚，厠事終不永。興亡有定在，雖帝不可請。緬想書雲時，莊公臺在孔子廟西，即冬至書雲地。五色垂燦炳。三家浚深井，栢子井在廟西。錄訖水亦冷。卓卓正憲祠，周公太廟正憲之祠。蒸嘗猶定省。金縢宗老心，復辟直要領。照影弔伯禽，伯禽井在魯城中。抱渴空望綆。遺山詩曰：陋巷陋復陋，老屋在人境。門前軒蓋多，閉戶自幽屏。近郊無百畝，負郭纔半頃。饘粥聊自供，取足惟一井。此井越千歲，清節傳箕穎。尚想瓢飲初，至味久益永。德隣與周旋，聖域期造詣。貧中有此樂，日暮獨何炳。泓然窺古梵，一勺試甘冷。土地果能神，轉盼得深省。塵埃竟何有，索髮忽垂領。共學講我容，從之抱修綆。

陳桱《通鑑續編》卷二 辛酉唐昭宗皇帝天復元年，契丹哈陶津汗以耶律安巴堅爲額爾奇木。初，炎帝之裔曰葛烏莵，世雄朔漠，號東胡，匈奴冒頓單于襲破之，餘衆保鮮卑山。魏青龍中，幽州刺史王雄殺其首比能，衆散徙潢水。至酋莫那遷于遼西，九傳而爲慕容晃所破，分其衆爲三：曰宇文，曰庫莫奚，曰契丹。元魏初，衆稍滋蔓，而契丹酋奇善居潢河、土河之間，有子八人各自爲部。高句驪、柔然謀擊之，大酋美佛赫佛寧懼，率部落三千，乘請附于魏，因居白狼水東。唐初，大酋號達呼哩氏，有勝兵八萬。貞觀中，太宗伐高麗，首領庫克來朝，詔分其地爲十州，以其部長爲刺史，拜庫克爲松漠都督，賜姓李氏，統領其衆。庫克死，其孫盡忠叛，武后遣師二十萬，連年乃克，餘衆附于突厥。開元中，盡忠從弟舍琿請降，詔復以爲都督。舍琿傳繅古，繅古爲衙官格圖肯所殺，弟裕允嗣。裕允死，弟托允立，格圖肯復逐之。部人共立托允之弟繅古，格圖肯殺繅古而立庫哩，以附于突厥。幽州刺史張守珪討殺格圖肯，詔封其別部長果珍爲北平王，以統達呼哩氏諸部。格圖肯之黨聶呼殺果珍，而立達年扎里爲蘇爾威汗，改號約尼氏。聶呼自爲德哷勒部，輔蘇爾威以爲政，始立制度，設官分地，刻木爲契，穴地爲牢焉。聶呼者，本奇善之後，居潢河濱，號森濟氏，及主德哷勒部，因譯其始興之地錫里爲耶律而姓之。天寶四年，詔賜蘇爾威名曰李懷秀，仍爲松漠都督。懷秀尋叛，詔更封別部長且羅爲恭仁王，以代懷秀，且落自稱契丹王。會安祿山反，朝貢阻絶，其世次莫得而詳。或言其國凡八部，常推其一部大人建旗鼓以主號令。然其所稱耶瀾可汗、屈戌巴剌可汗、習爾之類，不知何部大人也。是年習爾死，其族人欽德立，是爲痕德堇可汗，痕德堇之世，諸部多微。而迭剌部自雅里以後，世爲遙輦氏夷离堇掌其國政。雅里子曰毗牒，毗牒生頦領，頦領生耨里思，大度寡欲，令嚴衆附，部益盛強。耨里思生薩剌德，薩剌德生匀德實，教民稼穡，善畜牧，部以殷富。匀德實生撒剌的，始教民鼓鑄，其弟述瀾又善用兵，于厥、室韋、奚、霫畏服之。初築城邑屋廬以居，樹藝桑麻以織組焉。阿保機，撒剌的長子也，小字啜里只、生而英異，初爲撻馬狘沙里，猶中國扈從官也。數立功，國人服之，號爲阿主沙里。至是，授大迭烈府夷离堇，得專用兵，遂大破室韋、于厥及奚諸國，夷离堇掌部族軍民之政，猶中國使相也。

虞堪《希澹園詩集》卷三《寄王明仲寓杭》 南風晝舸去十日，北海清樽空百盃。黄鳥有時啼綠樹，明仲宅西柳陰與僕寓所門巷相接，每歲五月，有兩鶯來鳴。嘗相謂曰：「信禽也。」自明仲出，鶯果至，日鳴不輟，故及以報之。紅榴和雨落蒼苔。嘗以盆榴見遺，故云。

丘濬《大學衍義補》卷一一 唐考功之法：考功郎中、員外郎各一人，掌文武百官功過善惡之考法。凡百司之長，歲較其屬功過，差以九等，大合衆而讀之。流内之官敘以四善：一曰德義有聞，二曰清慎明著，三曰公平可稱，四曰恪勤匪懈。自近侍至于鎮防，有二十七最，一曰獻可替否，拾遺補闕，爲近侍之最。二曰銓衡人物，擢進才良，爲選司之最。三曰揚清激濁，褒貶必當，爲考較之最。四曰禮制儀式，動合經典，爲禮官之最。五曰音律克諧，不失節奏，爲樂官之最。六曰決斷不滯，予奪合理，爲判事之最。七曰部統有方，警備無失，爲宿衛之最。八曰兵士調習，戎裝充備，爲督領之最。九曰推鞫得情，處斷平允，爲法官之最。十曰讐較精審，明於利害，爲較正之最。十一曰承旨敷奏，吐納明敏，爲宣納之最。十二曰訓導有方，生徒充業，爲學官之最。十三曰賞罰嚴明，攻戰必勝，爲軍將之最。十四曰禮義德行，肅清所部，爲政教之最。十五曰詳禄典正，詞理兼舉，爲文史之最。十六曰訪察精審，彈舉必當，爲糾正之最。十七曰明於勘覆，稽失無隱，爲勾簡之最。十八曰職事脩理，供承彊濟，爲監掌之最。十九曰功課皆充，丁匠無怨，爲役使之最。二十曰耕耨以時，收穫成課，爲屯官之最。二十一曰謹於蓋藏，明於出納，爲倉庫之最。二十二曰推步盈虚，究理精密，爲歷官之最。二十三曰占候醫卜，效驗多著，爲方術之最。二十四曰簡察有方，行旅無壅，爲關津之最。二十五曰市廛弗擾，姦濫不行，爲市司之最。二十六曰牧養肥碩，蕃息滋多，爲牧官之最。二十七曰邊境清肅，城隍脩理，爲鎮防之最。一最四善，爲上上；一最三善，爲上中；一最二善，爲上下；無最而有二善，爲中上；無最而有一善，爲中中；職事粗理，善最不聞，爲中下；愛憎任情，處斷乖理，爲下上；背公向私，職務廢闕，爲下中；居官諂詐，貪濁有狀，爲下下。此所謂九等也。凡定考皆集於尚書省，唱第然後奏。

吴寬《家藏集》卷五二《跋文信公墨蹟》 文信公之死，偉矣！其流離之際，亦惟其能以詩發之。故信公之有詩，如屈原之有騷，皆善明其死者也。錢君世恆以家藏三詩示予，蓋出公親書以寄其妹氏者，此又原之女嬃也乎！其詩今載《指南録》中，而此則系以與其妻妾子女決絶之言。嗚呼！淚下如雨，讀者尚然，而西臺慟哭如公門下客者，未必其涕之無從也。過淮。《亂離歌》六首。邳州哭母小祥其前曰：收柳女信，痛割腸胃。人誰無妻兒骨肉之情，但今日事到這裏，於義當死，乃是命也。奈何！奈何！途中有三詩，今録去。言至於此，淚下如雨。其後曰：一讀此三詩，便見老兄悲痛眞切之情，事至於此，爲之奈何！凡事只待千二哥，至造物自有安排。一可將此詩呈嫂氏。歸之天命，仍語靚粧瓊瑛，不曾周全，得毋怨毋怨，徐妳以下皆可道吾此意。當此天地否塞，人人流落，天數奈何！奈何！一可令柳女、環女好做人，爹爹管不得，淚下哽咽哽咽。一此詩本仍可納之千二哥，兄天祥家書，達百五賢妹。

程敏政《篁墩文集》卷八《經筵講章·春秋二》 楚屈完來盟于師，盟于召陵。 這是春秋魯僖公四年記齊桓公伐楚的事。屈完是楚大夫。師是軍旅住劄的去處。召陵是地名。楚之先受封于爵，本周異姓諸侯，世至春秋僭王，貪暴比於化外，中國諸侯無敢與之抗者。齊桓公既相管仲，乃以是年親會魯僖公暨宋、陳、衛、鄭、許、曹八國諸侯之兵，將討楚罪。以蔡國本文王子孫反黨於楚，先以奇兵侵蔡，蔡人四散敗走，遂以兵伐楚。楚子使人問齊所以來伐之故，管仲對説：「我先君太公受周天子命，得專征伐。爾楚國貢包茅不入，王祭不共。又昭王南巡不還。所以來問爾罪。」楚人對説：「包茅不貢，是楚之罪。昭王不還，君其問諸水濱！」桓公以楚不服，進兵次于陘。於是楚子使其大夫屈完來盟于軍中。桓公遂還次召陵，大陳諸侯之兵。與屈完説：「諸侯從齊，非是爲我，乃尋我先君太公之好。今楚能與我同好，何如？」屈完對説：「此我楚君所願。」桓公又説：「以此諸侯之衆與戰，何戰不服？以此諸侯攻城，何城不克？」屈完又對説：「君若以德懷諸侯，誰敢不服？若以力制之，則我楚國方城以爲城，漢水以爲池。雖衆，無所用之。」於是桓公禮屈完，俾與諸侯盟于召陵而退。孔子作《春秋》，書曰：楚屈完來盟于師。楚大夫至此始書其名氏，而曰來盟。嘉楚之能服義也。又曰盟于召陵。序桓公攘楚之功也。於此見齊兵雖强，桓公能以律用之，而不暴。楚人已服，桓公能以禮下之，而不驕。庶幾王者之師。故春秋之盟於斯爲盛。臣嘗因是考之，桓公所以讐楚之强而不敢肆於中國者，大抵皆管仲之功。蓋管仲相齊，必先養民而使之富强，訓兵而使之知義。待其可動，然後佐桓公率諸侯，正楚之罪而伐之，果能使楚君臣震懼，請盟之不暇。桓公乃退舍而許其成，不肯黷兵血刃以輕用民命如此。孔子所謂「一匡天下，民到于今受其賜」，豈非桓公相管仲，修内攘外之明效歟？惜乎！管仲不知聖賢《大學》之道，其相桓公僅能攘楚而正其不貢之罪，終不能使桓公不擅天子征伐之權，爲罪之魁。故孔子又譏其器之小，而曾西鄙其功烈之卑也。然較之漢唐以來，有相其君而虛內攻外，以不恤人之家國者，則又管仲之罪人矣。伏惟皇上聖學高明，廟謨宏遠，味孔子作《春秋》之旨，念外攘因內治之修，愛養黔黎，振揚威武，則九土歸心，樂盛世熙熙之化。萬邦稽首，仰皇明赫赫之威。天下臣民不勝慶幸。

湛若水《春秋正傳・僖公三十一年》 十有二月，衛遷于帝丘。《正傳》曰：書衛遷于帝丘，記鄰國遷都之大事，可以見伯主之不能安中國也。胡氏曰：帝丘，東郡濮陽，顓頊之虛，亦衛地也。狄嘗逼逐黎侯，黎侯寓于衛，而衛不能修方伯連率之職，戎嘗伐凡伯于楚丘，而衛不能救王臣之患，其後遂爲狄人所滅，東徙渡河矣。齊桓公攘戎狄，封之，而衛國忘亡。今又爲狄所圍，其遷于帝丘，避狄難也。而霸主衰微，夷狄強盛，衛侯不能自強於政治。晉文無卻四夷安諸夏之功，莫不見矣。

陳建《皇明從信録》卷七 ［洪武十四年］二月，以鄭湜爲福建布政司參議。湜，金華蒲江人，鄭綺八世孫，世以孝義聞。時胡惟庸既敗，四方有仇怨告訐者，率指爲胡黨，坐重獄。及是有訴鄭氏交通惟庸者。湜兄弟六人，吏捕之急，諸兄弟欲行。湜曰：「弟在，其忍使諸兄罹刑辟。」獨詣吏請行。仲兄濂，先有事京師，弟至，迎謂曰：「吾家長，當任罪，弟無與焉。」湜曰：「兄老，吾往辨之，萬一不直，弟當服辜。」二人爭入獄。上聞之，俱召至，廷勞勉之。謂近臣曰：「有人如此，而肯從人爲非耶！」即宥之，詔賜酒食，擢爲參議，冠帶終身。

張之象《鹽鐵論注・本議第一》 惟始元六年，有詔書使丞相、去聲。御史與所舉賢良文學語問民間所疾苦。《漢書・食貨志》曰：昭帝即位六年，詔郡國舉賢良文學之士，問以民所疾苦、教化之要。《車千秋傳》曰：武帝疾，立皇子鉤弋夫人男爲太子，拜大將軍霍光、車騎將軍金日磾、御史大夫桑弘羊及丞相千秋並受遺詔，輔道少主。武帝崩，昭帝初即位，未任聽政，政事壹決大將軍光。千秋居丞相位，謹厚有重德。始元六年，昭帝詔郡國舉賢良文學之士問以民所疾苦，於是鹽鐵之議起焉。【略】大夫曰：匈奴背叛不臣，數音朔，頻也。爲暴於邊鄙。《匈奴傳》曰：匈奴其先祖夏后氏之苗裔也，曰淳維。樂彥《括地譜》云：夏桀無道，湯放之鳴條，三年而死。其子獯鬻，妻桀之衆妾，避居北野，隨畜移徙，中國謂之匈奴。晉灼云：殷時曰獯鬻，周曰玁狁，秦曰匈奴。《匈奴傳》又曰：元朔二年夏，匈奴數萬騎入殺代郡太守恭及略千餘人。其秋匈奴又入鴈門，殺略千餘人。其明年，匈奴又復入代郡、定襄、上郡，各三萬騎，殺略數千人。匈奴右賢王怨漢奪之河南地而築朔方，數爲寇，盜邊及入河南侵擾，朔方殺略吏民甚衆。

王世貞《弇山堂別集》卷六七《來朝之賞》 生日之賞可考者，永樂二年，賜周王橚布五十匹，毯絲將樂布各百匹，日本扇二百握。四年，賜金衮龍紗三匹，織金鸞鳳鞠衣材二匹，素暗花紗十三匹，高麗布二十匹，毯絲布十匹，又賜紵絲紗羅各二十匹，綵絹四十匹，鈔萬錠，馬十匹，及羅帕金扇等物。九年，肅王楧來朝，是日適楧生旦，賜綵幣十表裏，羊五十腔，酒百缾，仍命光祿供饍饈。按古之恩賜可考者，漢昭帝初賜燕王旦、廣陵王胥錢一千萬。廣陵王來朝，賜錢二千萬，黃金二百斤，劍二，安車一，乘馬二駟。宣帝賜黃金前後五千斤，他器物甚衆。東平王蒼歸國，明帝賜錢五千萬，布十萬匹。七年，特賜宮人奴婢五百人，布二十五萬匹，及珍寶服御器物。十五年，賜錢千五百萬，布四萬匹。章帝建初元年，以言事賜錢五百萬，又賜大宛汗血馬一匹。入朝，賜裝錢千五百萬，又賜貂裘及大官食物珍果。臨訣，賜乘輿服御珍寶輿馬錢布以億萬計。薨，賜賻錢一萬萬，布九萬匹。阜陵王延徙都壽春，賜錢千萬，布萬匹，安車一乘。淸河王慶誅竇憲後，賜奴婢三百人，輿馬錢帛帷帳珍寶玩好，充牣無算。宋初，賜秦王延美銀萬兩，德昭、德芳各五千兩。出秦王延美西京，賜襲衣通犀帶，錢千萬緡，絹綵各萬匹，銀萬兩，甲第一區。周王元儼疾，賜銀五千兩。皇子愷封魏王，賜黃金三千兩，白金一萬兩。金世宗賜壽王忽魯金一百五十兩，金綵百端，絹五百匹。章宗立，各賜金五百兩，銀五千兩，錢十萬，金幣三百，端絹二千匹。元憲宗賜諸王拔都銀一千錠，鈔五十萬貫。元世祖賜諸王穆哥銀二千五百兩，諸王按只帶、忽剌忽兒、合丹、忽剌出、勝納合兒、兀魯忽帶、爪都伯木兒、阿只吉各五千兩，文綺帛各三百匹。塔察、阿术魯鈔各五十九錠，綿五千九十八斤，絹五千九十八匹，文綺三百匹。海都銀八百三十三兩，文綺五十匹。北平王南木合馬萬三千匹，羊五萬，又馬三萬，羊十萬。諸王阿只吉米五千石，馬六百，羊萬口。諸王王都銀千兩，火爾赤五百兩，各珠一索，錦衣一襲。諸王术伯銀五萬兩，幣帛各一萬匹。兀魯台瓜忽兒銀五千兩，幣帛各一百匹。諸王小薛金百兩，銀萬兩，鈔千錠。赤吉金二百兩，銀二萬二千五百兩，鈔九千錠，及紗羅絹布各有差。八八金百兩，銀萬兩，金素緞五百，紗羅絹布四千五百。拔都不倫金百五十兩，銀五十兩，幣帛紗羅萬匹。木白金銀各二百五十兩，幣帛紗羅萬匹。也里千金五千兩，銀五千兩，鈔千錠，幣帛紗羅二千匹。按荅兒禿等金千二百五十兩，銀十二萬五千兩，鈔二萬五千錠，幣帛布毛二萬三千六百六十六匹。愛牙合赤等金千兩，銀一萬八千三百六十兩，絲萬兩，綿八萬三千二百兩，金素幣一千二百匹，絹五千九十八匹，部曲羊馬，鈔二十九萬餘錠，馬二萬六千九百一十四，羊十萬二百一十，駝八，牛九百。武宗賜豳王出伯金千五百兩，銀二萬兩，鈔萬錠。寬闍孛可等金二千三百兩，銀一萬七百兩，鈔三萬九千一百錠。廝兀兒除登極恩賜外，金五百兩，銀千兩，鈔二千錠。鎮南王老章、又親王八不沙金五百兩，銀五千兩，鈔二千錠。定王藥木忽兒千五百兩，銀三萬兩，鈔萬錠。高唐王注安金五千兩，銀五萬兩。又諸王喃荅失言鈔二百五十萬貫。文宗賜諸王阿剌忒納失里、月魯帖木兒、知樞密院事不花帖木兒金各五百兩，銀各二千五百兩，鈔各萬錠。西域諸王燕只台吉金二千五百兩，銀萬五千兩。順帝賜親王撒纞荅失金百兩，銀千兩，鈔萬錠，綺帛表裏各三百匹。成王賜亦都護金五百五十兩，銀七千五百兩。合迷里斤帖林金五十兩，銀四百五十兩。定西王奧魯赤、寧遠王闊闊赤、鎮南王脫歡也先帖木兒等金各五百兩，銀五千兩，鈔二千錠，幣帛各二百匹。帖木兒不花、也只里不花等金各四百兩，銀四千兩，鈔一千六百錠，幣帛各一百六十匹。安西王阿難荅鈔二十萬錠。寧遠王闊闊出六萬錠。諸王阿只吉二十萬錠。漢與元之賜宗室如此，其去我朝何啻十倍也。

柯尚遷《周禮全經釋原》卷一二《冬官》 冬官司空第六。冬者，四時之終，終將復始，萬物胚胎於此，不冬則無以爲春矣，故司空名之曰「冬官」。司空掌土，名爲空者，土欲其耕治以養民，不欲其空者也，故立官帥民耕治之，曰「司空」。鄭氏曰：冬，閑藏萬物，天子立司空以掌邦事，亦所以富充室家，使民無空者也。亦通。自漢以後以司空專掌工作，由劉德補以《考工記》故也。夫工作之事已在庶職，豈可以司空當之？天官事職所謂富邦國、養萬民、生百物何謂乎？故今直去《考工記》而司空之職具在云。

惟王建國，辨方正位，體國經野，設官分職，以爲民極。乃立冬官司空，使率其屬而掌邦事，以佐王富邦國。釋曰：此四十字，臨川吳氏倣五官之例而補之者也。不曰「邦土」而曰「邦事」者，司空治水土，立民職，所以爲國興事也。邦國曰「富」者，土有人力，則財用出矣，邦國所以富也。

事官之屬：大司空，卿一人。此十字，愚依五官之例而補之者也。遂人，即小司空也，以主六遂田野之事，故更名遂人。中大夫二人；遂師，下大夫四人，上士八人，中士十有六人，旅下士三十有二人。府四人，史十有二人，胥十有二人，徒百有二十人。釋曰：小宰官屬六曰「冬官」，其屬六十，掌邦事。今此大司空與遂人非冬官乎？自遂師至旅下士非其屬六十乎？至於府、史、胥、徒之數，無一而不與五官同，且諸官下士雖多，無旅字，惟此有之，是六官所以別庶職之驗也。則知遂人以下爲冬官無疑矣。去籍之亂，尚幸此章之不泯，使百世之下得有所據，以明乎戰國亂經之非，得有所考以復乎冬官之職，用息乎牽合補贅之弊。大典以復，以經證經，可無疑矣。

陳禹謨《北堂書鈔補注》卷二五《后妃部》 《早慧十一》：十歲幹理。後漢馬皇后，時年十歲，幹理家事，勑制僮御，內外諮稟，事同成人。補。九歲喜書。《魏志》。六歲能書。後漢竇皇后，年六歲能書，親家皆奇之。補。九歲誦《論語》。後漢梁皇后，年九歲能誦《論語》，治《韓詩》大義略舉。補。剃髮額傷，雖痛不言。《東觀》。以穀賑給，廣爲恩惠。《魏志》：文昭甄皇后，年十餘歲白母曰：今世亂而多買寶物，匹夫無罪，懷璧其罪。又左右皆饑乏，不如以穀振給，親族鄰里廣爲恩惠也。舉家稱善，即從后言。補。

《誡節十二》：周宣嘗宴起，姜后待罪。《列女傳》曰：宣王嘗早卧宴起，后夫人不出房。姜后脫簪珥待罪於永巷，使其傅母通言於王曰：妾之不才，妾之淫心見矣，至使君王失禮而晏，以見君王樂色而忘德也。夫苟樂色，必好奢窮欲，亂之所興也。原亂之興，從婢子起。敢請婢子之罪。王曰：寡人不德，實自生過，非夫人之罪也。遂復姜后而勤於政事，早朝晏退，卒成中興之名。補。漢明幸離宮，馬后陳戒。《列女傳》。當熊而立。《前漢・外戚傳》：建昭中，上幸虎圈，鬬獸，熊佚出圈，攀檻欲上殿。馮倢伃直前當熊而立，猛獸得人而止，妾恐熊至御座，故以身當之。補。投火而死。《列女傳》：漢孝平王后，自劉氏廢，常稱疾不朝會。及漢兵誅莽，燔燒未央，后曰：何面目以見漢家。自投火中而死。補。禍至共死。《魏書》。與璽俱死。《漢書》。

《明賢十三》：竝以賢明，流芳後世。《魏書》。娥皇聰明，有婺高明。《列女傳》：湯妃有婺，統領九嬪後宮有序，咸無妬媢逆理之人，卒致王功。君子謂妃明而有序。補。質行聰明《列女傳》。后性敏給。少而明達。聰叡天資，周密畏愼。原事得情。不敢隱情。時有所問，對無遺失。有所不安，明陳其故。進止德適，人事脩備。並《東觀》。怨不變容，喜不失節。《魏志》。脫簪待罪。後庭辭輦。《前漢・外戚傳》：成帝游於後庭，嘗欲與班倢伃同輦載。倢伃辭曰：觀古圖畫，賢聖之君皆有名臣在側，三代末主迺有嬖女。今欲同輦，得無近似之乎？上善其言而止。補。蒙被而謝。《漢書》。離宮觀畫。曹植。鬼神有知，不受不臣之愬；如其無知，愬之何益？《前漢・外戚傳》：趙飛燕譖告許皇后、班倢伃挾左道，祝詛後宮，詈及主上。許皇后坐廢考問，班倢伃對曰：妾聞死生有命，富貴在天。脩正尚未蒙福，爲邪欲以何望？使鬼神有知，不受不臣之愬；如其無知，愬之何益？故不爲也。上善其對，憐憫之，賜黃金百斤。補。

《謙讓十四》：謙讓恭儉。《列傳》。謙讓日崇。《東觀》。謙退讓位，委去至尊。恭謹接物，先人後己。《漢書》。恭讓著於幽微，至行顯於不言。《魏志》。心每自退。《列傳》。彌自挹損。《魏志》。以尊事卑，終能勞苦。《列傳》。先人後己，發於至誠。《列女傳》明德馬皇后，接待同列如承至尊，先人後己，發於至誠。補。苦心曲體，勞謙至甚。《漢書》。自省不任粢盛之事。《魏書》：文昭甄皇后自省愚陋，不任粢盛之事，加以寢疾，敢守微志。補。內有進賢之志，而無嫉妬之心。不妬忌，思賢才，下逮衆妾。薦達左右。後漢明德馬皇后，常以皇嗣未廣，每懷憂歎，薦達左右，若恐不及。補。參差荇菜，左右流之。窈窕淑女，寤寐求之。則百斯男。子孫衆多。

《節儉十五》：躬儉節用。雅性儉節。吾萬乘主，欲身率衆。《東觀》。吾行儉日久，不能爲奢。《魏書》。后起微賤，車服節儉。《前漢·霍皇后傳》：初，許后起微賤，登至尊日淺，從官車服甚節儉。補。后性約儉，不尚華麗。《魏書》：武宣卞皇后性約儉，不尚華麗，無文繡，珠玉器皆黑漆。太祖嘗得名璫數具，命后自選一具，后取其中者，太祖問其故，對曰：取其上者爲貪，取其下者爲僞，故取其中者。補。不好玩弄。《漢書》。不好音樂。王沈《魏書》曰：文德郭皇后性儉約，不好音樂，常慕明德馬皇后之爲人。補。眉不施黛，裝不求飾。《東觀》。衣不擇采。袍極麤疎。《漢書》。廚無異膳。常衣大練。後漢明德馬皇后，常衣大練裙，不加緣。朔望，諸姬主朝請，望見后袍衣麤疏，反以爲綺穀，就視，乃笑。后辭曰：此繒特宜染色，故用之耳。六宫莫不歎息。補。身衣大帛。《漢書》。食不求飽。膳不求珍。《東觀》。左右菜食，金銀器珠之物悉禁斷。《漢書》。主衣細縞，謫不得賜。

《勤勞十六》：旦夕勤勞。《列女傳》曰：太姒旦夕勤勞，以進婦道。補。夙夜戰兢。後漢和熹鄧皇后，夙夜戰兢，接撫同列。補。至於憂勤。《詩·小序》曰：后妃朝夕思念，至於憂勤。補。采采卷耳，不盈傾筐。

顏文選《駱丞集注》卷一《螢火賦》 嗟乎！綈袍匪舊，白首如新。誰明公冶之非，孰辨臧倉之愬。《史記》：范睢事魏，須賈爲昭王使齊，睢從。齊襄王聞睢辨口，使賜金牛酒，睢辭謝。賈大怒，以睢持國陰事告，還語魏相齊，齊大怒，擊睢，折脅摺齒，置廁中，使醉客更溺之。齊醉，睢佯死，賂守者，亡出。鄭安平操睢，更名張祿，因秦使王稽得入秦，昭王以爲相。既而須賈使秦，睢儆行見賈，賈笑曰：「范叔固無恙乎？」愍其寒，取綈袍賜之，因問：「秦相張君知之乎？今吾事之，去留在孺子，豈有客習於相君者哉！」睢曰：「主人翁習知之，唯睢亦得謁，請爲君見。」乃爲賈借大車與御，至相府，望見者皆避匿，賈怪之。至相府門，睢請先入通，待良久，不出。賈問曰：「范叔久不出，何也？」門下曰：「無范叔，向者吾相張君也。」賈大驚，乃膝行肉袒，因門下謝罪，頓首曰：「賈不意君自致青雲之上，不敢復讀天下書，不敢復與天下事。賈有湯鑊之罪，請自屏於胡貉之地，唯君生死之。」睢曰：「汝罪有幾？」曰：「擢髮未足。」睢數其罪，曰：「汝之得不死者，以綈袍戀戀有故人之意耳。」乃言王罷歸賈。大具會諸侯，使坐賈堂下莝豆，兩黥徒夾而馬食之，數曰：「語魏王：急持魏齊頭來，不然，且屠大粱。」齊恐，走趙，虞卿解相印，與逃。魏信陵君難見之。齊怒，自剄，趙取齊頭與秦，乃出平原君，平原前爲睢給入秦矣。鄒陽《諫吳王書》曰：有白頭如新，傾蓋如故，何者？知與不知也。公冶長非其罪，世傳公冶長能通鳥語，不見于書，但唐沈佺期詩：不如黃雀語，能免冶長災。白樂天《烏鶴贈荅詩序》云：余非冶長，不能通其意。似實有其事。或在亡逸書中，如《衡波傳》、《魯定公記》之類，今無所考耳。

林兆珂《李詩鈔述注》卷一《烏棲曲》 姑蘇臺上烏棲時，吳王宫裡醉西施。吳歌越舞歡未畢，青山欲啣半邊日。銀箭金壺漏水多，起看秋月墮江波，東方漸高奈樂何？《越絶書》：吳王起姑蘇臺，五年乃成，高見三百里，一名姑胥臺，在姑胥門外，有九曲路。乃闔閭遊姑蘇臺以望湖，夫差因而餙之。《史記》：吳破越，越進西施請退軍，吳王許之。王得西施，多遊姑蘇臺。山啣半日，將晚也。東方，日出也。蓋自晝而夜，自夜達旦，其樂之荒淫無厭足也。樂錄《烏棲曲》，烏獸三十一曲之一。此詩盛言其美，而不美者自見，深得《國風》刺詩之體。

又《將進酒》 君不見黃河之水天上來，奔流倒海不復迴。君不見高堂明鏡悲白髮，朝如青絲暮成雪。人生得意須盡歡，莫使金樽空對月。天生我材必有用，千金散盡還復來。烹羊宰牛且爲樂，會須一飲三百杯。岑夫子、丹丘生，進酒君莫停。與君歌一曲，請君爲我側耳聽。鐘鼓饌玉不足貴，但願長醉不願醒。古來聖賢皆寂寞，惟有飲者留其名。陳王昔時宴平樂，斗酒十千恣讙謔。主人何爲言少錢，徑須沽取對君酌。五花馬，千金裘，呼兒將出換美酒，與爾同銷萬古愁。師古曰：諸言賜黃金者實與之金，其不言黃者一金爲萬錢也。周制一斤爲一金。秦以一鎰爲一金，鎰二十四兩也。漢以一斤爲一金。太白《上裴長史書》「東游維揚，不逾一年，散金三十餘萬。有落魄公子，悉皆濟之」。千金散盡，良非虛語。岑夫子疑即岑參。杜少陵詩云「岑生多新詩，性亦嗜醇酎」。丹丘生即元丹丘。太白有荅贈詩曲，即將進酒之曲，漢短簫鐃歌也。魏晉以來，或頌主德，或詠戰功，歌之可以使人感慨於古今，知豪華之不足恃，不如飲酒之爲樂也。子建《名都篇》「歸來燕平樂，美酒斗十千」。平樂，觀名。丹元子《步天歌》「五個吐花王良星」。《丹鉛錄》云：馬鬣剪爲五花象星義。《史記》，孟嘗君有狐白裘，直千金。東方朔曰，銷憂莫如酒。《將進酒》者，漢短簫鐃歌二十二曲之一，太白此篇叙宴會之樂，亦自慰觧之詞耳。與古詞異。

傅遜《春秋左傳屬事》卷一〇 城築：隱公元年，夏，四月，費伯帥師城郎。不書，非公命也。費伯，魯大夫。郎，魯地，今魚臺縣。君舉必書，史之所書，皆公命也，以非命不書，史之舊經亦如之。二年，夏，司空無駭入極，費庈父勝之。魯司徒、司馬、司空皆卿也。極，附庸小國。庈父，費伯。傳言無駭能入極，因庈父城郎之師以勝之。七年，夏，城中丘。書，不時也。中丘在今山東沂縣境。九年，夏，城郎。書，不時也。桓公十六年，冬，城向。書，時也。莊公二十八年，冬，築郿。非都也。凡邑，有宗廟先君之主曰都，無曰邑。邑曰築，都曰城。郿，魯下邑。《周禮》，四縣爲都，四井爲邑，然宗廟所在，則雖邑曰都，尊之也。二十九年，春，新作延厩。書，不時也。凡馬，日中而出，日中而入。

日中，春秋分也。治厩當以秋分，因馬向入而修之，今以春作，故曰不時。冬，十二月，城諸及防。書，時也。凡土功，龍見而畢務，戒事也；火見而致用，水昏正而栽，日至而畢。諸、防皆魯邑。龍，亢龍星。建戌之月，日在房，故角、亢晨見東方，三時之務始畢，戒民以土功事。火，心星。亥月之初，心星次角、亢之後，晨見東方，致築作之用。水，營室星，謂今十月而昏正，所謂定之方中，於是樹板幹而興作。日南至，微陽始動，故土功息。僖公二十年，春，新作南門。書，不時也。凡啓塞，從時。門戶、道橋謂之啓，牆郭、城塹謂之塞，皆土功也。須從其時而治之，今以春，故不時。若小有破敝，自當隨敝隨葺，固不可以時拘，而此高大其門，作新以易舊，自當從時也。文公十二年，冬，城諸及鄆。書，時也。諸，今山東諸城縣。鄆，鄆城縣。十三年，秋，七月，太室之屋壞。書，不共也。簡慢宗廟，使至傾頹。成公九年，冬，城中城。書，時也。十八年，秋，築鹿囿。書，不時也。襄公十三年，冬，城防。書事，時也。於是將早城，臧武仲請俟畢農事，禮也。昭公九年，冬，築郎囿。書，時也。季平子欲其速成也，叔孫昭子曰：「《詩》曰：『經始勿亟，庶民子來。』焉用速成，其以剿民也？無囿猶可，無民其可乎？」《詩・大雅》，言文王始經營靈臺，非急疾之，庶民自以子義而來，樂爲之剿勞也。定公十五年，冬，城漆。書，不時告也。漆，邾庶其邑，實以秋城，冬乃告廟，魯知其不時，故緩告，從而書之以示譏。

又卷一四《子罕之賢》

襄公六年，春，宋華弱與樂轡少相狎，長相優，又相謗也。子蕩怒，以弓梏華弱於朝。平公見之，曰：「司武而梏於朝，難以勝矣。」遂逐之。夏，宋華弱來奔。司城子罕曰：「同罪異罰，非刑也。專戮於朝，罪孰大焉？」亦逐子蕩。子蕩射子罕之門，曰：「幾日而不我從！」子罕善之如初。華弱官司馬。樂轡，字子蕩。優，調戲。梏，張弓以貫其頸，若械之在手。司武，司馬。言懦弱不勝其任。樂喜，字子罕，官司城。幾日，言不久。我從，如我出亡也。如初，如舊好也。子蕩既逐，國法已正，故不記其私忿。十五年，冬，宋人或得玉，獻諸子罕。子罕弗受。獻玉者曰：「以示玉人，玉人以爲寶也，故敢獻之。」子罕曰：「我以不貪爲寶，爾以玉爲寶。若以與我，皆喪寶也，不若人有其寶。」稽首而告曰：「小人懷璧，不可以越鄉，納此以請死也。」子罕寘諸其里，使玉人爲之攻之，富而後使復其所。越鄉恐爲盜所害，請死，請免死。攻，治也。富，治之美也。十七年，冬，宋皇國父爲太宰，爲平公築臺，妨於農收。子罕請俟農功之畢，公弗許。築者謳曰：「澤門之晰，實興我役。邑中之黔，實慰我心。」子罕聞之，親執扑，以行築者，而抶其不勉者，曰：「吾儕小人皆有闔廬以避燥濕寒暑，今君爲一臺，而不速成，何以爲役？」謳者乃止。或問其故，子罕曰：「宋國區區，而有詛有祝，禍之本也。」澤門，宋東城南門。皇國父，白晰而居近澤門，故曰澤門之晰。子罕黑色而居邑中，故曰邑中之黔。扑，杖也。闔，謂門戶閉塞，子罕恐以得衆而爲君相所忌，且惡獨有善名，故分其謗。二十九年，夏，鄭子展卒。於是鄭饑，而未及麥。子皮以子展之命餼國人粟。宋司城子罕聞之，曰：「鄰於善，民之望也。」宋亦饑，請於平公，出公粟以貸，使大夫皆貸。司城氏貸而不書，爲大夫之無者貸。宋無饑人。叔向聞之曰：「鄭之罕，宋之樂，其後亡者也，二者其皆得國乎！民之歸也。施而不德，樂氏加焉。其以宋升降乎！」子皮事詳見子產相鄭，不書於策，泯其德也。得國，掌國政也。以宋升降，隨宋以爲興衰也。

錢謙益《牧齋初學集》卷一《吳門送福清公還閩八首・其二》［錢曾注］

上帝高居儼肅雍，中書退食敢從容。舉朝水火和羹苦，于野玄黃戰血重，四海憂來頻緩帶，隻身朝罷每扶筇。可知執主心如醉，久矣愁聽長樂鐘。注釋：神宗靜攝久，溺愛鄭妃，青宮未正，金玦衣尨，識者有慮焉。萬曆辛卯，張有德請備東宮儀仗。閣臣申時行方在告，次輔許國慷慨疏請建儲，首列時行名以進。吳門聞之，密具揭辨：「同官疏列臣名，臣不知也。」故事，閣臣密揭留中，獨是揭與諸疏同發，見者咸指摘輔臣迎合上意，邀寵固位。隨抗疏糸吳門者，羅大紘、黃正賓也。癸巳，輔臣王錫爵還朝，三王並封之議起。朱維京、王如堅先後疏爭，上怒戍之。此後廷臣爭言國本，削者削，錮者錮。於是護持東朝之士，與輔臣判若水火，此門戶之緣起也。黃洪憲、陳與郊輩，浙人也，祕機牙于輔臣，衣鉢相傳。繼至四明當國，浙脈漸盛。先是閣臣山陰王家屏以諫冊儲罷免。顧憲成疏救，削籍歸而講學于東林故楊時書院，物望翕然趨之。孫丕揚、鄒元標、趙南星諸公，謇諤自負，每與政府相持，而一貫私人，又攬權求勝。以故被黜者身去而名益高。此東林、浙黨所由分也。癸卯，妖書獄起。康丕揚、錢夢臯希一貫風旨，借以陷歸德、江夏。郭故嘗爲東宮講官，奸人鈎連發難，意欲聳動宮闈，甚間骨肉，因而爲䶵䶵儲位之計。江夏《妖書本末》可考也。李晉江廷機主代藩之事，舍長立幼，明爲東宮福邸作榜樣。韓光祐《代事始末》可考也。湯賓尹以陳我慈爲腹心，挾韓敬之資力，內結鄭國泰，外連王之楨、李如楨等，交通盤牙，希登政府。及韓敬科塲事敗，無以自解，借攻東林淮撫爲名，盡逐孫振基第三十餘人，實陰藉鄭氏之力也。迨乎福藩之國，方從哲假王田以留行，而孫愼行倡伏闕之議，張差闖宮，劉廷光借瘋癲以蔽獄，而王之寀讞提牢之詞。至是而南北部之紛爭愈不可解矣。癸丑六月，王日乾訐奏奸人孔學，語連貴妃。上震怒，福清密揭請上疏死其人，勿下其章究問，有傷國體。上意解，其事遂寢。公因乘間力請之國之期，上鑒公忠誠，遂允以明春舉行。當應門莫扣，國論紛呶之日，公補苴搘柱，絶伏蒲廷諍之迹，去飛鴻羽翼之名，深夜屏營，謀安國本，此意公固不求人知，而外廷亦或未之知也。福藩就國，公亦引身去位。至丁巳察典，羣小倡爲大東小東之説，正人一網盡矣。由此觀之，公之進退，顧不重哉！《左傳・昭公二十年》：齊侯至自田，晏子侍于遄臺，子猶馳而造焉。公曰：「唯據與我和夫！」晏子對曰：「據亦同也，焉得爲和？」公曰：「和與同，異乎？」對曰：「和，如羹焉，水火醯醢鹽梅，以烹魚肉，燀之以薪。宰夫和之，齊之以味，濟其不及，以洩其過。君子食之，以平其心。君臣亦然。」

又卷一二《次韻劉敬仲寒夜六首・其五》　皮島傳烽數夜驚，綠林銅馬苦縱横。憐才可但旌當轍，使過終須赦絶纓。急繕槀街懸雜種，更營京觀待長鯨。至尊自定金湯計，作頌休誇統萬城。恭聞聖駕閲城，落句漫記。注釋：皮島，在登萊海中，綿亘八十餘里。朝鮮居其東北。凡獐子島、石城島、山松、長山諸島，皆皮島之重門也。北抵鎮江、九連，猶廣鹿之抵金復，鎮江至靉陽、寬奠，歷牛毛、古董諸險，始入老寨。然地越千里，非偏師可以懸度。天啓元年辛酉，遼東陷，武林仁和人毛文龍隨衆泛海過鎮江，覘城中守禦單疎，夜半結衆緣城上，掩殺守將佟養眞，間關報捷。既而走朝鮮，據皮島。撫臣王化貞上其功于朝，授職總兵，設鎮海外，而島上之事始定。終熹廟世，倡爲牽制之説，聯絡登津，跨鮮控遼，歲縻金錢無算。走貂參以輸輦下諸君，獻俘冒賞，張投鞭擊幟之虚聲，而求所謂擣穴奇謀，實鮮有當也。崇禎二年己巳，督師袁崇焕誘誅文龍，收回賜劍符印等，分東江兵二萬八千爲四協，仍用文龍子毛承祿及中軍徐敷奏、遊擊劉興祚、副將陳繼盛各營一協，虚其帥以俟有功者。崇焕之意，蓋在興祚也。興祚初名愛塔，遼陽人，最爲建州所親信。愛塔者，愛他之譌也。守金復，每思自拔歸。高陽所謂可間而用，解腰帶，製誓牌，遣壯士張槃潛往招之，遂改名歸款。柳河之役，興祚欲以牛莊內應，適召還瀋陽，事不就。建師圍錦州，令其心膂吳堅忠徒步來報，袁公得以先期戒備。及高陽還里，袁公罷去，興祚歸無所主，始通于文龍。凡灰扒、魚皮諸部貳于建州者，咸資而遣之，使奔東江，先後不下千人。文龍累次報獲，影略興祚爲己功也。興祚又遣耿仲明兄弟來歸，己則披羊皮，雜難民而逃，文龍接見，喜過望，握手出肺腑相告語，晨夕與共起居，而陰以陣獲報。興祚聞之，恚甚。會崇焕督師再出，乃潛以己意通焉。時其弟興治繼至，袁公誅文龍，興治以材官從格，左右無譁者，其力居多。人謂袁倚講款爲秘計，恐文龍洩其機，故誅之以滅口。不知崇焕本意謂建州愛興祚甚，必欲鈎之使歸，其兄弟相繼奔東江，獨留其母而不遭誅戮者，明以之爲市耳。若用興祚爲島帥，則間諜可通，而款議或可立就矣。時祖大壽亦借款以重于袁，恐向劉則己輕，遂挾袁不得用興祚。崇焕赴援都門，留之于寧遠。道臣孫元化調關外兵入衛，令興祚主騎將而西入關，遇高陽下車相慰勞，涕泣誓死。至青山營帽兒頭遇敵，自選夷漢丁八百騎夜斫營，破之。明日，輕兵出兩灰口，與建師血戰，中流矢而殞。興治居皮島，聞兄死，思變心，銜陳繼盛，諜報其弟興賢，以書招之，因擊殺繼盛，揚帆至長山島。徐敷奏在寧遠，聞袁公磔，恐亦被逮，日夜謀歸東江不可得，密約興治同叛。至是期會參差，不能卒發，興治無內應，乃復返皮島，高陽羈縻之。踰年，島人相讐幷，興治爲夷婦所誅，耿仲明、孔有德乘島多變，率兵蹂躪登、萊。有德爲毛帥侍史，文龍歿後，常悻悻不得志。登、萊圍解，竟横海歸建州。當崇焕死，朝廷復立東江帥，而沈世魁者，有女國色，文龍納之爲妾，尊寵冠一時，歷毛、劉、陳、黄四姓，島人奉世魁不替。後島帥黄龍死，朝議即以世魁代之，幷用其姪志祥爲中軍。崇禎十年丁丑，世魁死，志祥冀襲島帥職，而監軍黄孫茂急繳上前將軍印，以死拒之。志祥志不遂，乃舉島投建州，即用爲伐朝鮮鄉導，失我屬國，中朝瑱耳不聞，高句驪竟作下句驪矣。此公之所以深致慨于島事，每爲念及，不能舍然者也。戊寅，部科決議撤島，徙其民內入寧遠界內。東江撤而十八年以來所謂分布覺華、皮島、廣祿諸處，奇正虚實，掎角互用之機，幷遠結朝鮮，近撼鎮江，多方誤之之法，咸與島事相終始焉。由今思之，亦安得謂文龍牽制之説爲盡非乎？

張次仲《待軒詩記》卷四《小雅・車攻》　序：宣王復古也。《竹書》宣王九年，會諸侯於東都，遂狩於甫，即此詩事也。巡狩而肆覲，非獨文武之制，其所從來遠矣，故序曰「復古」。

何楷《詩經世本古義》卷二三上《周惠王之世詩》　《園有桃》，晉人憂獻公寵二驪姬之子，將黜太子申生也。魏滅于晉，凡魏詩多是晉詩，如邶、鄘之入于衛也。愚于《園有桃》、《陟岵》、《十畝之間》、《汾沮洳》、《碩鼠》，皆定以爲晉詩。《左傳・閔元年》，晉侯作三軍，公將上軍，太子申生將下軍，以滅耿、滅霍、滅魏。還，爲太子城曲沃。士蔿曰：大子不得立矣，分之都城而位以卿，先爲之極，又焉得立。按：魏之亡，申生實有力焉，然克敵而反，讒言彌興，至分封于外，故士蔿預策其不得立，是詩之所爲心憂者此也。先是，獻公娶于賈，無子，烝於齊姜，生秦穆夫人及太子申生。又娶二女於戎，大戎狐姬生重耳，小戎子生夷吾。晉伐驪戎，驪戎男女以驪姬歸，生奚齊，其娣生卓子。驪姬嬖，欲立其子，賂外嬖梁五與東關嬖五，使言於公曰：曲沃，君之宗也，蒲與二屈，君之疆也，不可以無主，宗邑無主則民不威，疆場無主則啓戎心，戎之生心，民慢其政，國之患也，若使太子主曲沃，而重耳夷吾主蒲與屈，則可以威民而懼戎，且旌君伐。使俱曰：狄之廣莫於晉爲都，晉之啓土不亦宜乎，晉侯説之。夏使太子居曲沃，重耳居蒲城，夷吾居屈。羣公子皆鄙，惟二姬之子在絳。二五卒與驪姬譖羣公子而立奚齊。晉人謂之二五耦。史蘇朝告大夫曰：二三大夫其戒之乎，亂本生矣。吾聞君子好好而惡惡，樂樂而安安，是以能有常。伐木不自其本，必復生；塞水不自其源，必復流；滅禍不自其基，必復亂。今君滅其父而畜其子，禍之基也。畜其子又從其欲，子思報父之恥，而信其欲，雖好色必惡心，不可謂好。好其色必授之情，彼得其情以厚其欲，從其惡心，必敗國且深亂，亂必自女戎，三代皆然。驪姬果作難，殺太子而逐二公子。君子曰：知難本矣。此詩所言「園有桃，其實之殽」，「園有棘，其實之食」蓋刺奚齊及卓子也。其後獻公卒，里克殺奚齊，荀息立公子卓，里克又殺之。胡安國云：人君擅一國之名寵，爲其所子則當子矣，國人何爲不子也？民至愚而神，是非好惡靡不明且公也，其爲子而弗子者，莫能使人弗之子也，非所子而子之者，莫能使人之亦子也。園有桃，豪韻。其實之殽。叶豪韻，胡刀翻。陸德明本作肴。心之憂矣，我歌且謠。蕭韻。不我知朱傳、蘇轍、嚴粲、豐氏本「我知」俱作「知我」，後同。者，謂我士也驕，蕭韻彼人是哉，叶支韻，將其翻。子曰何其！支韻。豐本作居，後同。心之憂矣，其誰知之？支韻。其誰知之，同上蓋亦勿思！支韻。比也。園，《説文》云，所以樹果也。桃，果之賤者，以比奚齊。《家語》孔子曰：果屬有六，而桃爲下，祭祀不用，不登郊廟。樹果曰實。殽，通作肴。《説文》云：啖也。詩之比意與下章同：園之中僅有桃、棘，二者皆賤品也，而以其實充殽、充食，比國中羣公子皆已出居于外，獨存奚齊、卓子，其母皆賤而反得寵，將來必有廢立奪嫡之事。詩人言心之憂矣，正憂此也。非徒爲太子憂，亦爲敗國憂也。此作詩者，意必史蘇、士蔿之屬。《爾雅》云：徒歌曰謠。《説文》作䚻，云肉言也。楊慎云：歌者，人聲也，出自胸臆，不繇人教也。晉孟嘉謂絲不如竹，竹不如肉。唐人謂徒歌曰肉聲，即《説文》肉言之意。《初學記》引章句云：有章曲曰歌，無章曲曰謠。陳暘云：歌生於嗟嘆之不足，而謠又生于歌之不足。豈謠者歌聲之遠聞，與歌謠正以寫所憂，非假此釋憂也。按《左傳》士蔿築蒲與屈，退而賦曰：狐裘蒙茸，一國三公，吾誰適從，其即此歌謠之類。與我士，詩人自謂也，以歌謠爲驕，謂其指斥時事，長言無忌。彼人是哉二句，亦不我知者之語。彼人，指獻公也。是哉，言以彼之所行爲是也。詩人之歌謠，必有所指，不相知者遂從而剖之耳。子曰，指歌謠言。何者，訝之之辭，言何謂如此也，其助語辭。按《晉語》公將黜太子申生而立奚齊，里克、丕鄭、荀息相見，里克曰：大史蘇之言將及矣，其若之何？荀息曰：吾聞事君者竭力以役事，不聞違命。君立臣從，何貳之有？然則謂彼人是哉者，殆即荀息，其人與再言心之憂矣，比前又進一步，因人之議我而益重其憂也。其誰知之，慨人之莫察其心也。於是重嗟嘆之，言雖無人我知，然彼人亦惟相安于不思焉可耳，果思之則恐彼亦將同我之憂而有所不能自己矣，豈獨我有此憂乎！勿者禁止之辭，惕之以勿思，正欲動人深長之思，非眞禁其思也。

李維樾等《忠貞録》卷二《騎虎記》 卓敬，瑞安人，所居地名卓嶴。年十五讀書寶香山中，夜歸，遇暴風雨，避大樹下，晦冥中迷失路，遙見林外火光，趨赴之，乃一小院落也。内有讀書聲，扣其門，有一童應聲而出，曰：「先生知郎君來，使吾相候。」敬仰視其門，扁題曰「體玄院」，遂入。見一老翁坐長明燈下，敬前揖之，翁起勞苦，曰：「深山中昏夜遇風雨，得毋疑懼乎？」敬曰：「歸省乃晨昏之常，恐貽吾親憂，雖甚勞苦，無恨。但得一燭尋路，即可歸矣。」翁笑曰：「山中那得有燭，僅有少枯葉，郎君且燎濕衣，徐爲之計。」敬起解衣，問童子曰：「翁爲誰？」童子曰：「先生不欲人知其名，每向人自稱『逍遙翁』。」又問子何名，曰：「少孤」。敬疑爲隱君子也。脩謹進曰：「敬家只在山中，往來山中甚熟，未聞有體玄院，亦未聞有逍遙翁，敢以爲請。」翁曰：「吾世業爲醫，往來中條山中，後因避難，聞陶隱居有丹室在此，採藥南來，結菴少憩，不久亦還故山耳，郎君無用知也。」頃之燎衣乾，敬懇乞還家。翁起謂敬曰：「郎君既不肯留，吾有一牛可騎之而歸，昏夜泥淖當有所恃，無懼也。」敬大喜，即命少孤牽牛出，又呼一童子名少逸，曰：「汝可將吾舊籠來。」就籠中出一僧帽，謂敬曰：「既不能款留，敢以此爲贈」。敬辭曰：「吾書生，將期匡濟天下，[闕]以此相戲。」翁曰：「吾昔亦嘗有志斯世，後因所輔非材，不用吾謀，禍幾不測。得此一籠，始獲解脱，不然豈復能生出宜秋門乎！郎君第收此帽，他日自理會也。」敬堅卻之，翁但再三嘆息而已。敬遙窺籠中諸物，悉箍桶工匠所用，及僧家衣鉢耳。兩童送至門外，敬乘牛致謝而别。方出林，牛行甚駛，勢若飛禽，不復能控制，身亦安穩，無恐。須臾及門，遙從牛背呼其家。家人已寢，驚起，隔牆應之曰：「夜已向闌，安得以此時冒風雨獨歸耶？」敬具以告，舉火將牽牛入，牛忽抖擻咆哮，化一黑虎逸去。室中人盡震驚而出。比明，尋訪體玄山居，不可得。數日後，乃在縣西四十里陶弘景丹室故基傍，有一古廟，彷彿雨夜所經行者。其壁有潘閬《夏日宿西禪院》詩，即東坡少日所見「夜涼疑有雨，院靜若無僧」之筆也，筆墨猶新，循其路歸，見虎跡歷歷尚存焉。見《續耳談》。《郡志》脩入《紀異》中。

王嘉榮曰：嘗讀遜國臣編，至雪菴和尚及補鍋匠諸人，當時皆有契於逍遙之旨，第卓公非不知出此，而以身殉國，寧死無恨，蓋其天性然也。忠孝如公，志用世如公，肯與狐伏鼠竄者同日語哉！説者謂宋文山之死以留夢炎，卓公之死以姚廣孝。嗟夫！假令不遇炎、孝，二公遂爲時用耶！即不然，果爲頑民已耶？竊意僧帽之贈，籠中之示，必有神焉。以彰公大節，詎曰「試之而已？」按：潘閬，字逍遙，宋初大明人，爲王繼恩所薦。太宗召見，賜進士，後出入盧多遜門下，多遜敗，服僧服持磬，出宜秋門，變姓名入中條山。閬素行本無足觀，然始末大略頗類。卓公風雨昏迷，途迎接語，似係閬授，豈寶香山靈先知聖主將興，憫公忠孝天性，以發公求生之謀乎？然閬之生，終不及公之死。矧公又非僅委身爲烈，若方、黃僨國者。嗚呼，公洵無憾於地下矣！鬼神恍惚難以臆決，備録所聞以俟蘭臺石室採掇。烏程沈遴奇、沈儆垣《續耳譚》，瑞安王嘉榮述。

參考：

按東莞陳公建《通紀》：壬午六月癸亥，靖難先鋒至朝陽門外，甲子屯金川門，乙丑入城，至己巳文皇即位，後乃誅戶部侍郎卓敬。敬初密奏徙封，建文莫能用。至是上執敬欲殺之，而憐其才，謂道衍曰：向者奸臣各欲首先［闕］，唯敬諫徙封內地，建文若聽其言，則干戈息矣。道衍曰：不然。南昌，地居下流，金陵加兵，特探囊取物耳，使敬言誠用，陛下豈有今日。於是敬遂就僇。按：武進薛公應旂《憲章録》：洪武二十一年戊辰三月，上御奉天殿策試舉人，賜任亨泰等九十九人進士及第，出身有差。特命立石題名於太學，著爲令，是科得卓敬、齊泰。　按山陰陳公汝元《浙士登科考》：洪武二十一年戊辰，科瑞安三人林挺三甲，卓敬榜眼，郭眞二甲。自洪武戊辰科至萬曆戊戌科，榜眼共十八人，首卓敬。陳汝元曰：元查王世貞《科試考》，是科第二人卓敬。而俞憲《登科考》乃以唐震爲榜眼，并遺卓敬姓名，今從《科試考》改正。按：浮梁陳公大綬，萬歷戊申冬以浙江督學使行部。按：東甌，屬邑。令清江張公如霖，訪公滴泒裔孫，命守公祠。仍於卓嶴題曰：「明卓忠貞公故里」。於滄洲題曰：「明卓忠貞公遷居故里」。於寶香題曰：「明卓忠貞公讀書處」。至今故老猶垂涕云。按：安福周公鳴萬歷庚申秋，以東甌通守署縣事，亟修公祠。邑令康公繼之，祠遂竣。時學博開化，汪公令德董其事，其移文略曰：「卓公遭革命之初，殉渙躬之志，疾風勁草，砥柱迴瀾，猗與聖明奬爾君之不負，睠茲安固，崇秩祀之有嚴。顧庭栢鞠爲園蔬，時移事改，翳披丹阨於藏碧，觸景興懷」云云。汪公爲給諫，慶百之父，給諫有匾以顔公之堂曰：「不負其君，中標長陵，玉音蓋橋，梓倡義云。」

楊時偉《諸葛忠武書》卷四　建安十三年，昭烈敗於當陽。諸葛亮曰：事急矣，請奉命求救於孫將軍。孫權聽許，遂遣周瑜、魯肅等水軍三萬，隨亮併力拒操。《魯肅傳》：初，荆州牧劉表卒，肅進言於權曰：荆州與國接壤，沃野萬里，此帝王之資也。今表新亡，二子素不輯睦，軍中諸將各有彼此。劉備天下梟雄，與操有隙，寄寓於表，表惡其能而不能用也。肅請得奉命弔表，說備使撫表衆，共治曹操。備必喜而從命。今不速行，恐爲操所先。權遂遣肅行。肅未至，而操已濟漢津。肅前進與備相遇，因宣權旨，論天下事勢，致殷勤之意。備大喜，即遣亮與肅同行。肅謂亮曰：我子瑜友也。即共定交。裴松之曰：備、權併力，旨肅之本謀。王士騏曰：亮之説權，全在於交肅。肅爲之內，亮爲之外；肅發其端，亮竟其說。他日荆州之借，亦肅勸之。肅死，而孔明爲之發哀，有以也。《吳書》曰：曹操移權書云：近者奉辭伐罪，旌麾南指，劉琮束手。今治水軍八十萬衆，方與將軍會獵於吳。權以示臣下，莫不震響失色。長史張昭等曰：曹公豺虎也，挾天子以征四方，動以朝廷爲辭，今日拒之，事更不順。且將軍大勢可以拒操者，長江也。今操得荆州，奄有其地。劉表治水軍，蒙衝鬭艦千數，操悉浮以沿江，兼有步兵，水陸俱下，此爲長江之險，已與我共之矣。而勢力衆寡，又不可論。愚謂不如迎之。魯肅獨不言。權起更衣，肅追於宇下。權知其意，執肅手曰：卿欲何言？肅曰：向察衆人之議，專欲誤將軍，不足與圖大事。今肅可迎操耳，如將軍不可也。何以言之？今肅迎操，操當以肅還付鄉里，品其名位猶不失下曹從事，乘犢車，從吏卒，交游士林，累官故不失州郡也。將軍迎操，欲安所歸乎？願早定大計，莫用衆人之議也。權歎息曰：諸人持議，甚失孤望。今卿廓開大計，正與孤同。時周瑜奉使至鄱陽，肅勸權召瑜還。又曰：瑜至，謂權曰：操雖託名漢相，其實漢賊也。將軍以神武雄才，兼仗父兄之烈，割據江東，地方數千里，兵精足用，當橫行天下，爲漢家除殘去穢。況操自送死，而可迎之邪！請爲將軍籌之。今北土未平，馬超、韓遂尚在關西，爲操後患。而操舍鞍馬，仗舟楫，與吳越爭衡。今又盛寒，馬無藁草。驅中國士衆，遠涉江湖之間，不習水土，必生疾疫。此數者，用兵之患也，而操皆冒行之。將軍禽操宜在今日，瑜請得精兵數萬，保爲將軍破之。權曰：老賊欲廢漢自立久矣，徒忌二袁、呂布、劉表與孤耳。今數雄已滅，惟孤尚存，孤與老賊勢不兩立。君言當擊，甚與孤合，此天以君授孤也。因拔刀斫前奏案，曰：諸將吏敢復有言當迎操者，與此案同。乃罷會。是夜，瑜復見權，曰：諸人徒見操書，言水步八十萬，而各恐懾，不復料其虛實。今以實校之，彼所將中國人不過十五六萬，且已久疲。所得表衆，亦極七八萬耳，尚懷狐疑。夫以疲病之卒，御狐疑之衆，衆數雖多，甚未足畏。瑜得精兵五萬，自足制之。願將軍勿慮。權撫其背曰：公瑾卿言至此，甚合孤心。子布、元表諸人，各顧妻子，獨卿與子敬與孤同耳。此天以卿二人贊孤也！五萬兵難卒合，已選三萬人，船糧戰具俱辦，卿與子敬、程公便在前發。孤當續發，人衆、多載資糧爲卿後援。卿能辦之者，誠決。邂逅不如意，便還就孤，孤當與孟德決之。遂以周瑜、程普爲左右督，將兵與備并力逆操。以魯肅爲贊軍校尉，助畫方略。又曰：劉備在樊口，日遣邏吏於水次，候望權軍。吏望見瑜船馳往，白備，備遣人慰勞之。瑜曰：有軍任不可得委署，倘能屈威，誠副所望。備乃乘單舸往見瑜，曰：今拒曹公，深爲得計，戰卒有幾？瑜曰：三萬人。備曰：恨少。瑜曰：此自足用。豫州但觀瑜破之。備欲呼魯肅等共會語，瑜曰：受命不得妄委署，若欲見子敬，可別過之。又孔明已俱來，不過三兩日到也。又曰：進，與操遇於赤壁，時操軍衆，已有疾疫，初一交戰，操軍不利，引次江北，瑜等在南岸。瑜部將黃蓋曰：今寇衆我寡，難與持久，操軍方連船艦，首尾相接，可燒而走也。乃取蒙衝鬭艦十艘，載燥荻枯柴灌油其中，裹以帷幕，上建旌旗，豫備走舸，繫於其尾。先以書遺操，詐云欲降，時東南風急，蓋以十艦最著前，中江舉帆，餘船以次俱進。操軍吏士皆出營立觀，指言蓋降。去北軍二里餘，同時發火，火烈風猛，燒盡北船，延及岸上營落。人馬燒溺死者甚衆。劉備、周瑜水陸竝進，追至南郡，操引軍還。初操聞周瑜年少美才，謂可游説動也。密遣九江蔣幹自託私行詣瑜。瑜迎，謂幹曰：子翼良苦，遠涉江湖，爲曹氏作說客耶？因延幹與周觀營中，行視倉庫、軍資器仗訖。因謂幹曰：大丈夫處世，遇知己之主，外託君臣之義，內結骨肉之恩，言行計從，禍福共之，假使蘇、張更生，能移其意乎？幹但笑，終無所言。還白操，稱瑜雅量高致，非言辭所能間也。

王惟儉《史通訓故》卷一《春秋家》 春秋家者，其先出於三代。案《汲冢瑣語》記太丁時事，目爲《夏殷春秋》。孔子曰：疏通知遠，《書》教也；屬辭比事，《春秋》之教也。知《春秋》始作與《尚書》同時。《瑣語》又有《晉春秋》，記獻公十七年事。《國語》云：晉羊舌肹習於《春秋》，悼公使傅其太子。《左傳昭二年》：晉韓宣子來聘，見《魯春秋》，曰：周禮盡在魯矣。斯則春秋之目，事匪一家。至於隱沒無聞者，不可勝載。又案《竹書紀年》其所記事皆與《魯春秋》同。《孟子》曰：晉謂之乘，楚謂之檮杌，而魯謂之春秋，其實一也。然則乘與紀年、檮杌，其皆春秋之別名者乎！故《墨子》曰：吾見百國春秋。蓋皆指此也。逮仲尼之脩《春秋》也，乃觀周禮之舊法，遵魯史之遺文；據行事，仍人道；就敗以明罰，因興以立功；假日月而定歷數，藉朝聘而正禮樂；微婉其說，隱晦其文；爲不刊之言，著將來之法。故能彌歷千載，而其書獨行。又案儒者之說春秋也，以事繫日，以日繫月；言春以包夏，舉秋以兼冬，年有四時，故錯舉以爲所記之名也。苟如是，則晏子、虞卿、呂氏、陸賈，其書篇第，本無年月，而亦謂之春秋，蓋有異於此者也。至太史公著《史記》，始以天子爲本紀，考其宗旨，如昔《春秋》。自是爲國史者，皆用斯法。然時移世異，體式不同。其所書之事也，皆言罕褒諱，事無黜陟。故馬遷所謂整齊故事耳，安得比於《春秋》哉！校二字。《晉書》：武帝咸寧五年，汲郡人不準掘魏襄王冢，得竹簡小篆古書十餘萬言，藏于秘府。《史記・十二諸侯年表》：獻公十七年，中生將軍，君子知其廢。《國語》：晉悼公問司馬侯曰：何謂德義？曰：諸侯之爲日在君側，以其善行，以其惡戒，可謂德義矣。公曰：孰能？曰：羊舌肹習于《春秋》。公召叔向，使傅太子彪。《春秋左傳》：晉韓宣子來聘，觀書于太史氏，見《易象》與《魯春秋》，曰：周禮盡在魯矣。《隋書・經籍志》：汲冢《竹書紀年》十二卷，紀年用夏正，建寅之月爲歲首，起夏殷周三代王事，無諸侯國，惟特記晉國起自殤叔，以至莊伯，盡晉國滅。獨記魏事至哀王，謂之今王。蓋魏國之史記也。其編年相次，文意大似《春秋》。諸所記事，多與《春秋》、《左氏》扶同。《史記》：晏平仲嬰者，萊之夷維人，相齊三世，顯名于諸侯。著書七篇，載其行事及諫諍之言，世號《晏子春秋》。《史記》：虞卿，游說之士也，爲趙上卿，故號「虞卿」。其後與魏、齊間行，去趙，困于梁。不得意，乃著書八篇，以刺譏國家失得，世傳之曰《虞氏春秋》。《史記》：呂不韋，陽翟人，始皇尊爲相國，號仲父。不韋使客人人著所聞集論以爲八覽、六論、十二紀，號曰《呂氏春秋》。《史記》：陸賈，楚人，以客從高祖定天下。《索隱》曰：賈撰記項氏與漢高祖初起，及說惠文間事，名曰《楚漢春秋》。《史記・司馬遷自序》：「余所謂述故事，整齊其世傳，非所謂作也。」而君比之于《春秋》，謬矣。

徐浦《春秋四傳私考》卷上 公會諸侯盟于薄，釋宋公。宋公與楚子期以乘車之會。公子目夷諫曰：「楚，夷國也，強而無義，請君以兵車之會往。」宋公曰：「不可。吾與之約以乘車之會，自我爲之，自我墮之，不可。」終以乘車之會往。楚人果伏兵車，執宋公以伐宋。宋公謂公子目夷曰：「子歸守國矣。國，子之國也。吾不聽子之言，以至於此。」目夷歸，設守械而守國。楚人謂宋人曰：「子不與我國，吾將殺子君矣。」宋人應之曰：「吾賴社稷之神靈，吾國已有君矣。」楚人知雖殺宋公，猶不得宋國，於是釋宋公。執不言楚者，若曰非楚執之也，列國同執之也。釋不言楚者，若曰非楚專釋也，我魯同釋之也。若責魯不能伸大義以聲罪致討，亦不諒事勢而云然矣。其曰爲魯諱而深貶之者，非也。

王應電《周禮翼傳》卷一《冬官司空補義》 空之爲言空也。相天下之大勢，擇其空缺之處而脩治補助之。故天文室壁之末，有土司空一星，土公二星，主知水土殃咎。《周官》之職曰：司空掌邦土，居四民，時地利。《記》曰：司空度地居民，使地邑居民必參相得，無曠土，無遊民。司空之職，莫大于此。蓋司徒掌其圖數，而司空治其功程，司空建其始，而司徒守其成，此其聯事若此，而後人遂欲以相併也。然則冬官之屬，當有掌大均之事，如地官之徒民，宗伯之恤衆。又當有善于景相觀卜，以經營疆理于四方，如《詩》稱召伯之「世執其功」，「燕師所成」者。

姚虞《嶺海輿圖・南夷圖紀》 安南國，本漢交阯地。語見《事紀》。中國嘗以爲郡縣，宋始爲徼外，封爲國王，國朝洪武二年遣使朝貢。其物有金銀器皿、熏衣香、降眞香、沉香、速香、木香、黑線香、白絹、犀角、象牙、紙扇。舶使每至廣，永樂中又郡縣之，宣德五年復封爲國王。正德十年，黎氏滅，其臣莫登庸據而有之，貢使不至。嘉靖二十年，大司馬毛公伯溫、蔡公經奉朝命興師討罪，莫登庸懼，獻四峝地請降。詔授都統，使二品，銜銀印世襲。

占城國，本古越裳氏之界，在廣之西南。東至海，西至爪哇，南接眞臘，北連安南，東北至廣東。舟行順風可半月程，至崖州可七日程。周顯德、宋開寶中，嘗遣使來貢。其物有通犀帶、菩薩石、犀牙、龍腦、香藥、孔雀、馴象。熙寧中，令於廣州置驛以歸。國朝洪武二年，其主阿荅阿者首遣其臣虎都蠻來朝貢，其物有象犀、象牙、犀角、孔雀、孔雀尾、橘皮、抹身香、龍腦、熏衣香、金銀香、奇南香、土降香、檀香、栢香、燒碎香、花梨、木烏、木蘇、木花、藤香、蕪蔓、番紗紅印花布、油紅綿布、白綿布、烏綿布、圓壁花布、花紅邊縵、雜色縵、番花手巾帕、兜羅綿被、洗白布泥。使回，令於廣東布政司管待。十四年，復來朝貢。成化末，其國王古來嘗至廣州云。

暹羅國，本暹與、羅斛二國，在占城南。國朝洪武四年，其國王參列昭毘牙遣使臣柰思俚儕剌識悉替等來朝貢，進金葉表。其物有象、象牙、犀角、孔雀尾、翠毛龜、筒六足龜、寶石、珊瑚、金戒指、銅鼓、片腦、米腦、楝腦、腦油、腦柴、檀香、速香、安息香、黃熟香、降眞香、羅解香、乳香、樹香、木香、烏香、丁香、阿魏、薔薇水、丁皮、琬石、柴梗、藤蝎、藤黃、硫黃、沒藥、烏爹、泥肉、豆蔻、胡椒、白豆蔻、蓽撥、蘇木、烏木、大楓子、苾布、油紅布、白纏頭布、紅撒哈剌布、紅地絞節智布、紅杜花頭布、紅邊白暗花布、乍連花布、烏邊葱白暗花布、細棋子花布、織人象花文打布、西洋布、織花紅絲打布、剪絨絲雜色紅花被面、織雜絲竹布、紅花絲手巾、織人象雜色紅文絲縵。使回，令於廣東布政司管待。

眞臘國，本扶南屬國，東際海，西接蒲甘，南連加羅希，北抵占城。唐武德、宋政和中，嘗遣使來貢。國朝洪武六年，其國王忽兒那遣其臣柰亦吉郎等來貢。其物有象、象牙、蘇木、胡椒、黃蠟、犀角、烏木、黃花木、土降香、寶石、孔雀翎。使回，令於廣東布政司管待。

爪哇國，古本闍婆國，東抵古女人國，西抵三佛齊國，南抵古大食國，北界占城國。宋淳化大觀中，嘗遣使朝貢。國朝洪武三年，其王昔里八達剌遣其臣八的占必等來朝貢。其物有胡椒、蓽茇、蘇木、銅鼓、黃蠟、烏爹泥、金剛子、烏木、番紅土、薔薇露、奇南香、檀香、麻藤香、速香、降香、木香、乳香、龍腦、血竭、肉豆蔻、白豆蔻、藤竭、阿魏、蘆薈、沒藥、大楓子、丁皮、番木、鼈子、悶蟲、藥碗石、蓽澄茄、烏香、寶石、珎珠、錫西洋鐵、鐵鎗摺、鐵刀、苾布、油紅布、孔雀、火鷄、鸚鵡、玳瑁、孔雀尾、翠毛鶴頂、犀角、象牙、龜筒、黃熟香、安息香。使回，令於廣東布政司管待。永樂二年復來朝貢。

滿剌加國，在占城南，前代不通中國。國朝永樂三年，其國王西剌八兒速剌遣使奉金葉表來朝貢。其物有番小廝、犀角、象牙、玳瑁、鶴頂、鸚鵡、黑熊、黑猿、白麂、鎖袱金、母鶴頂、金廂戒指、撒哈剌白苾布、薑黃布、撒都細布、西洋布、花縵、片腦、梔子花、薔薇露、沉香、乳香、黃速香、金銀香、降眞香、紫檀香、丁香、胡椒、血竭、烏爹泥、象牙肉、豆蔻、珠母殼、沒石子、阿魏、窩鉛片、腦肉菓、馬腦珠、丁皮、瑳速香、竹布、蘇合油、烏木、蘇木、大楓子、番錫、番鹽。使回，令於廣東布政司管待。正統間復來朝貢。

三佛齊國，本南蠻別種，在占城南，宋建隆初嘗遣使朝貢。國朝洪武四年，其國王哈剌札八剌卜遣其臣王的力馬罕亦里麻思奉金字表來朝貢。其物有黑熊、火鷄、孔雀、五色鸚鵡、諸香、兜羅綿被、苾布、白獺、龜筒、胡椒、肉豆蔻、番油、子米腦。六年復來朝貢。

浡泥國，本闍婆屬國，在西南大海中，去闍婆四十五日程，去三佛齊四十日程，去占城三十日程。宋太平興國、元豐中，嘗遣使來貢。國朝洪武四年，其國王馬謨沙遣其臣亦思麻逸朝貢。其物有珍珠、寶石、金戒指、金絲環、龍腦、牛腦、梅花腦、降香、沉香、速香、檀香、丁香、肉豆蔻、黃蠟、犀角、玳瑁、龜筒、螺殼鶴、熊皮、孔雀、倒挂鳥、五色鸚鵡、黑小廝、金銀八寶器。永樂六年，率其妻子來朝，卒於南京會同館。

錫蘭山國，前代無考。國朝正統十年，其國王遣其臣耶把剌謨的里啞等來朝貢。其物有寶石、珊瑚、水晶、金戒指、撒哈剌象、乳香、木香、樹香、土檀香、沒藥、西洋細布、藤竭、蘆薈、硫黃、烏木、胡椒、碗石。使回，令於廣東布政司管待。天順三年復遣使來貢。

蘇門荅剌國，前代無考。國朝永樂三年，其國王鎖丹罕難阿必鎮遣其臣阿里來朝貢。其物有馬、犀牛、龍涎、撒哈剌梭眼寶石、木香、丁香、降眞香、沉速香、胡椒、蘇木、錫水晶、瑪瑙、番刀弓、石青、回回青、硫黃。使回，令於廣東布政司管待。

大坭國，稱隷暹羅助貢國，分節年來貿易出產。胡椒、乳香、血竭、降香、沒藥、烏丁泥、土檀香、蘇木、沉香、黃檀香、藤黃木、食子、龜筒、象牙、打麻、番牛角、灰筒、沉栗香、西洋布、茭張蓆、寶石、蓽撥珠母殼明、乳香、竹布、片腦、檀香、丁香、皮烏木、玳瑁。

急蘭丹國，正德四年來貿易出產。胡椒、烏木、丁皮。已上二國舊誌俱不載，今常來貿易，故亦存之。嘉靖二年，禮部照發附本，布政司入貢惟暹羅、占城、滿剌加、爪哇、眞蠟五國，勘合號簿五扇，收候來貢。比號，其佛朗機國前此朝貢不與。正德十二年，自西海突入東莞縣界，守臣通其朝貢，厥後刼掠地方，乃逐出，今不復來。廣州舶船出虎頭門始入大洋，東洋差近周歲即回，西洋差遠兩歲一回。東洋船有鶴頂、龜筒、玳瑁等物，西洋船有象牙、犀角、珍珠、胡椒等物。其貴細者往往滿舶，若暹國產蘇木，地悶產檀香。其餘香貨各國皆有之，若沉香，有黃沉、烏角沉，至貴者蠟沉，削之則卷，嚼之則柔，皆樹楛其根所結，惟奇南木乃沉之生結者。犀角有烏犀、花犀、通天犀、復通犀。花犀者，白地黑花；通天犀，黑地白花；復通犀，則通天犀白花，中復有黑花，此皆希世之貴也。鶴頂、龜筒、玳瑁見說可合，惟犀角不苟合。故公服以玉與犀爲帶，貴其不苟合之義也。凡舟之來，最大者爲獨檣舶，能載一千婆蘭，胡人謂三百斤爲一婆蘭。次曰牛頭船，比獨檣得三之一。又次曰三木舶，曰料河泊遞得之三。紹興十七年，詔三路舶司番商，販到龍腦、沉香、丁香、白豆蔻四色，並抽解一分。

謝肇淛《滇略》卷一 雲南府，古鄯闡國也。楚莊蹻王其地，曰「滇國」。漢爲益州，爲建寧。晉爲寧州，爲晉寧。隋爲昆州。唐武德中置雲南郡，後爲蒙氏、段氏所據。元置善闡萬戶府，改中慶路。國初改今名，領州四、縣九；昆明縣、附郭漢滇池地。隋昆州。元置善州，領昆明、官渡二縣。後併入昆明，國朝因之。富民縣、唐西寧、黎州，烏蠻居之，曰黎瀼甸。元改今名。宜良縣、唐蠻居之，曰「嚾裒籠」。後置匡州，元改今名。羅次縣、古壓磨呂村，烏蠻居之。元置羅次州，後改爲縣。晉寧州、漢滇池地，晉改今名。南詔爲陽城。元仍晉名，國朝因之，以歸化呈貢隸焉。歸化縣、漢安江，又爲大吳籠。元改置今名。呈貢縣、漢以來皆烏白等蠻所據，有故城曰「呈貢」。元置晟貢縣。國初改今名。安寧州、古滇國螳螂川也，漢連然縣，唐改安寧，元改爲州，國朝因之，隸以祿豐。祿豐縣、古琭琫甸白村。宋大理高氏據之，名「祿豐」，元因之置縣。昆陽州、漢隸益州，晉隸寧州，隋立昆州。宋大理高氏治之，名「巨橋」。元改今名，國朝隸以三泊、易門。三泊縣、古𤟤獠地，有那龍城。元置今縣，以溪爲名。易門縣、漢烏蠻、仲磨、由男所居，元置洟門千戶所，後改今縣。嵩明州。古烏蠻枳氏居之，曰「枳磑」。漢曰「長州」，因築臺盟蠻，曰「嵩盟」。宋段氏改爲郡，元改長州，又改嵩盟，又改爲州，領楊林、邵甸二縣，國朝省縣入州，更盟爲明。

劉嵩《槎翁詩集》卷六《贈曾如鑑山人》 君平嶺上兩松樹，秀色參天五百春。喜有孫枝承世澤，獨窺玄秘啓神珍。漆燈何代明金雁，華表誰家擁石麟。我有先塋翳烟草，殘年風雨倍傷神。昔曾文迪與弟文辿，各植一松於其鄉崇賢之君平嶺，其大俱數十圍，迄今猶存。人謂文迪爲大曾仙，文辿爲小曾仙，以別稱之。如鑑，蓋其裔也。如鑑相地，本之世傳，而理辨精洽，余甚慕之。先時嘗約其過余珠林相先塋，謀更卜焉。既而不果，至兹再遇於龍門山中，相視惘然，輒題此以速其來，故末句復深致意云。時丙午年冬十一月，南斗劉判生書。

閔于忱《孫子參同》卷四 故夜戰多火鼓，晝戰多旌旗，所以變人之耳目也。天寶末，李光弼以四百騎趍河陽，多列火炬，首尾不息，史思明數萬之衆不敢逼。宋時張齊賢守代，契丹兵薄城下，齊賢中夜遣兵由城南持幟然炬，虜見謂并師至，駭而北走，齊賢伏兵播擊大破之。是變亂以火鼓也。後漢臧宫攻延岑，多張旗幟，登山鼓譟，右步左騎夾船而引，呼聲動山谷。岑望之震恐，宫因縱擊大破之。春秋時晉伐齊，使司馬斥山澤之險，雖所不至，必旆而疏陳之。齊侯畏而脫歸。是變亂以旌旗也。三軍可奪氣，魯與齊戰，齊人三鼓而曹劌方鼓之，齊師敗績。劌曰：「戰，勇氣也。一鼓作氣，再而衰，三而竭。彼竭我盈，故克之。」此陳久，人倦而奪其氣者也。寇恂令士卒乘城鼓譟大呼，佯言曰：「劉公兵到！」蘇茂軍聞之陳動，恂因奔擊大破之。此以聲勢而奪其氣者也。薛仁貴領兵擊突厥元珍於雲州，突厥問曰：「唐帥爲誰？」曰：「薛仁貴。」突厥曰：「吾聞薛將軍流象州死矣，安得復生？」仁貴脫兜鍪見之，突厥相見失色，下馬羅拜遁去，此又以威名而奪其氣者也。將軍可奪心。後燕慕容垂遣子寶伐魏，時垂已有疾，後到五原，魏斷其來路，父子聞絕，乃詭其行人之辭令，臨河告之曰：「父已死，何不遽還」。寶兄弟聞之，憂懼而去。戰國時燕將保聊城，魯仲爲書以遺之，燕將自殺。漢末，王允謀董卓而憚呂布，用貂獋計。以奪其心，布遂殺卓。擊其惰歸。唐太宗與竇建德戰於汜水東，建德列陳數里。太宗謂諸將曰：「賊逼城而陳，有輕我心，當按兵不出，待敵氣衰，陳久卒饑，必將自退，退而擊之，何往不克！」建德列陳自卯至午，兵士饑倦，列坐又爭飲水。太宗曰：「可擊矣。」遂勒兵與戰，生擒建德。《司馬法》曰「新氣勝」是也。高陵勿向，背丘勿逆，敵據高而陳，則人馬之馳逐，矢石之施發，彼順我逆，不可仰而攻之。敵倚丘山下來求戰，不可迎而與戰。諸葛亮曰：「山陵之戰，不仰其高，從高而來，不可迎之，勢不順也。引至平地，然後合戰。」佯北勿從，韓信斬龍且，子儀虜慶緒，皆佯北也。惟其從之，是以取敗。銳卒勿攻。蜀先主率大衆伐吳，陸遜曰：「蜀兵東至，銳氣正盛，難以卒攻，攻之，縱下亦難盡克。若有不利，損我必大，相持八月，火攻拔之。」唐太宗討劉武周，江夏王道宗曰：「賊鋒不可當，易以計屈，深溝高壘，以挫其銳，烏合之衆，莫能久持，糧盡力竭，自當離散。可不戰而擒也。」後果然。

詹淮等《性理標題綜要》卷三《參兩篇》 此篇論天地陰陽常變之道。地所以兩分，剛柔男女而效之法也；天所以参一，太極兩儀而象之性也。一物兩體，氣也。一故神，兩在故不測。兩故化，推行於一。此天之所以参也。地純陰，凝聚於中；天純陽，運旋於外。此天地之常體也。恆星不動，純繫乎天，與浮陽運旋而不窮者也。日月五星，逆天而行，并包乎地者也。地在氣中，雖順天左旋，其所繫辰象隨之，稍遲則反移徙而右爾。間有緩速不齊者，七政之性殊也。月陰精反乎陽者也，故其右行最速。日爲陽精，然其質本陰，故其右行雖緩，亦不純繫乎天。如恆星不動，金水附日，前後進退而行者。其理精深存乎？物感可知矣。鎮星地類，然根本五行，雖其行最緩，亦不純繫乎地也。火者，亦陰質，爲陽萃焉。然其氣比日而微，故其遲倍日。惟木乃歲一盛衰，故歲歷一辰。辰者，日月一交之次，有歲之象也。黄瑞節曰，天地之定體，萬古不易。以天而言，二十八宿，常星不動，純係乎天。與氣之浮陽者，運轉而無窮者也。日月五星之常動者，則逆天而行并包乎地者也。是地亦在氣之中間，故日月五星雖順天左旋，所係十二辰之象，亦隨之而行，但稍遲則反移徙而右旋矣。非實右旋也，其緩速不齊，則日月五星之情性不同也。然月爲陰精借陽，故右行之速，日爲陽精陰質，故右行之緩，亦不與天同行之。金水附日而行，或進或退，由乎物之所感可知。或爲三方金火土木之相剋制，或爲太陽君主之不敢前，此其理之精深也。鎮星，乃地土之類，爲五行之根本，故行最緩。十年而一周，天不與地同運也。火者太陽之精，陰爲之質，故内暗而外明，陽爲之聚，故性熾而光顯，其氣少微于日，而行倍遲于日焉。木則一歲盛衰者，歲必遲一辰，如子爲玄枵，丑爲星紀之類，木星一歲呈官，故木曰歲星。十二辰爲十二箇月日月交會之次舍，有一歲，天日復會之象也。愚謂月本陰遲而行甚緩，日本陽剛而行甚速。張子則未及乎此耳。金爲啓明，水爲初氣，其氣性亦剛，故常附日而行速。

張鷟《龍筋鳳髓判》卷三〔劉允鵬注〕

修史館二條：唐初，令狐德棻請條近代，遂令棻修撰，而修撰名始於此。唐史館四人掌修國史。監修國史：唐宰相四人，内一人帶監修國史。劉濟狀稱，修史學士李吉甫多行虛飾，不據實狀，有善不勸，有惡不懲，得財者入史，無財者刪削，褒貶不實，非良史之體。觀龍演卦，《尚書・大傳》：伏羲王天下，龍馬出河，因其文以畫八卦。未聞記事之書。崔豹《古今注》：牛亨問彤管，何也？荅曰：史官用彤管以記事。學鳥爲文，《三藏法師傳》：觀鳥製法，泣麟敷典。《史記》：蒼頡觀鳥跡像之以作文字。始立載言之典。《禮記・曲禮》云：史載筆，士載言。平林鬼哭《毛詩》：依彼平林。《毛萇傳》云：平林，林木之在平地者也。《淮南子》：蒼頡作書，鬼夜哭。許慎注云：鬼恐爲書文所劾，故夜哭。經籍所以鬱興。華嶠《後漢書》：學者稱東觀，謂經籍名也。佛藏《辯僞録》：伏羲始畫八卦造書契，以代結繩之政，由是文籍生焉。故有青邱紫府三皇刻石之文，緑檢黄繩六甲靈蜚之字。後有蒼頡因而增製。隋潘徽《韻纂序》：繩用既息，墳籍注焉。曹植贈徐幹詩：文昌鬱雲興。李善注云：鬱，出也。興，起也。劉人本觀書賦玉牒石記，銀書金字煥矣，不窮邈乎昭備。中山兔悲，《史記》：蒙恬取中山兔毛造筆。王羲之《筆經》：漢時諸郡獻兔毫，惟趙國毫中用。許慎《淮南子注》：鬼夜哭，鬼或作兔，兔恐其取毫作筆，故夜哭也。翰墨由其駿發。魏文帝《典論》論文古之作者，寄身於翰墨。《毛詩》：駿發爾私。注云：駿，大也。紀功紀過，《晉書・天文志》云：東一星曰柱，史主紀過。沮誦肇之於前。《世本》：黄帝始立史官，蒼頡、沮誦居其職。繫月繫時，杜預《左傳序》：「記事者以事繫日，以日繫月，以月繫時，以時繫年。」遲任蹤之於後。《尚書・盤庚》云：「遲任有言。」鄭（元）〔玄〕注云：遲任，古之賢史。莫不懲惡勸善，《左傳》：《春秋》之稱懲惡而勸善。激濁揚清。《尸子》：水有四德，揚清激濁義也。千載覩其昏明，陸機《文賦》：「收百世之闕文，採千載之遺韻。」一字成其褒貶。杜預《左傳序》：「《春秋》雖一字爲褒貶，然皆須數句以成言。」吉甫緹紬藏室，《晉書》陳壽等傳論云：王者咸建史官，因藹緹紬作程遐世。許氏《說文》：緹幔帛，赤黄色也。唐代宗《護國仁王經序》：緹紬貝葉，文字無差。華嶠《後漢書》：學者稱東觀爲老氏藏室。注云：老子爲守藏吏，又爲柱下史，四方所記文書皆歸柱下。謂東觀經籍多也。握槧詞林，《西京雜記》：揚子雲好事，常懷鉛禔槧，謂以鉛刻於槧。槧以木爲之，長三尺。周庾信《趙國公集序》：遂得棟梁，文囿冠冕詞林。遵直筆於南史，《左傳》：太史書崔杼弑其君，殺之。弟嗣書，又殺之。南史執簡以往。跨高蹤於東觀，蔡邕《袁陽碑》：邈矣高蹤，孰能剋兹？《宋書・百官志》云：東京圖書，悉在東觀，名儒碩學，入直撰述。理須抑揚訓誥，斟酌典謨，謂《伊訓》、《湯誥》、《堯典》、《禹謨》等書也。揚子《法言》：或曰良玉不彫，美言不文，何謂也？曰：玉不彫，璠璵不成器；言不文，典謨不作經。辨而不華，質而不俚，《漢書・司馬傳》論云：「辨而不華，質而不俚。其文直，其事核，不虛美，不隱惡，故謂之實録。」退不隱惡，慕周舍之堅貞；《韓詩外傳》：趙簡子有臣曰：周舍立於門下三日三夜，簡子問其故。對曰：願爲諤言。臣操牘秉筆，從今之後思君過而書之。周王褒太保尉遲綱碑堅貞之操。進不虛美，追揚雄之故事。《後漢書》：盛稱虛美。潘岳《西征賦》：「勒東岳以虛美。」王充《論衡》：揚雄作《法言》，蜀富賈人齎錢十萬願載於書。雄不聽，曰：大富無仁義，猶圜中之鹿，欄中之羊也。安得妄載！何得文隨意曲，筆逐情偏？陸機《文賦》：「文不逮意。」《南史・恩幸傳》論云：左臂揮金，右手刻字，紙爲銅落，筆由利染。非《左氏》之三家，《唐書》：蓋文達明《春秋》三家，武德中爲秦王文學館直學士。有劉公之一弊。劉公，即題中監修國史劉濟也，尊之故稱公。一弊，謂其狀云云也。密會王道之輩，聞而不言；隱惡也。潛濟生人之徒，捨而不録。無財者，刪削也。阿附宰相，貴虛飾以佞一時；《晉書》：袁宏爲《東征賦》，末稱過江諸名德，獨不載桓彝。桓溫甚怒，謂宏曰：何故不及家君？宏即答云：風鑑散朗，或搜或引。身雖可亡，道不可隕。宣城之節，信義爲允。桓泫然而止。謟事明君，尚虛名而誇六國。《戰國策》：秦王與中期爭論而不勝，王大怒，人爲中期說王曰：中期適遇明君故也。遇桀紂，必殺之矣。王因弗罪。貪述冠冕，遺衛霍之元勳；競敘婚姻，忘良平之上策。《北史》：魏收撰國史，楊愔曰：論及諸家枝葉姻親爲繁碎。收曰：往因中原散亂，人士譜牒遺逸略盡，是以具書其枝泒。於是衆口諠然，號爲穢史。有青凫之鏹，則倍事抑揚；《搜神記》：《南史》有蟲得子以歸，則母歸來，就之殺母塗。子用錢貨市，旋則自還。故淮南術以還錢名曰「青凫」。孟康《漢書注》：鏹，錢貫也。乏黄鳥之金，則輒加刪削。《異苑》：永康王曠井上有一洗浣石，時見赤氣。後胡人寄宿，求買之。未及度錢，子婦孫氏覩二黃鳥鬭於石上，疾往掩取，變成黃金。胡人不知，既得，撞破石內正空中二鳥處。就腐刑於漢室，便作謗書；《漢書·司馬遷》：犯罪請就腐刑修《史記》。《後漢書》：蔡邕被收衆矜救，以爲當續成後史。司徒王允曰：武帝不殺司馬遷，使作謗書，流於後世。邕遂死獄中。求斛米於梁州，輒成佳傳。《語林》：陳壽將爲《三國志》，謂丁梁州曰：若可千斛米見借，當爲尊公作佳傳。丁不與米，遂以無傳。毀譽在己，《論語》：吾之於人也，誰毀誰譽？高下由心。《左傳》：高下在心。陳休《檄豫州》：爵賞由心，刑戮在口。異班彪之正色，《後漢書》：班彪專心史籍，范曄稱其言不失正。《尚書》：正色率下。乖董狐之直道。《左傳》：董狐，古之良史也，書法不隱。《論語》：柳下惠直道而事人。有奸雄之性，《漢書》：司馬遷爲《史記》，序游俠，則退處士而進奸雄。《後漢書》：許劭評曹操「亂世之奸雄」。無良史之才。《漢書》：劉向、揚雄皆稱司馬遷有良史之才。徒紊國經，曹植《責躬詩》：「動亂國經。」宜從屏退。

李廷忠《橘山四六》卷四《賀程侍制》［孫雲翼注］ 恭惟某官禮樂先進，文章老成。擢秀喬林，鬱鬱千霜之幹。《晉書·文苑傳》：擢秀士林。《文選》：植根芳苑，擢秀清流。杜詩：偶然擢秀非難取。又：陰崖卻承霜雪幹。乘芒巨闕，燀燀百鍊之剛。巨闕，劍名。《荀子》：闔閭之干將、莫邪、巨闕、辟閭，此皆古之良劍也。張協《七命》：「形冠豪曹，名珍巨闕。」曹植《寶刀賦》：「踰南越之巨闕，超西楚之太阿。」《吳越春秋》：越王允常聘歐治子作爲劍五枚，一曰純鉤，二曰湛盧，三曰豪曹，四曰魚腸，五曰巨闕。秦客薛燭善相劍，取豪曹、巨闕示之。曰：「非寶劍也。」取魚腸示之，曰：「逆理之劍。」復取純鉤、湛盧示之，燭矍然曰：「光乎如列星之芒，如水之溢塘，此純鉤也。美哉，五金之英，太陽之精，可以折衝拒敵，此湛盧也。」又見《越絕書》。燀，居延切。《廣韻》：火起貌。《韻會》：光明貌。《古今注》：百鍊、青犢、漏景，吳大帝三寶刀也。袁宏《東都賦》：精金百鍊，在斷能割。魏武帝《論刀》曰：所謂百鍊利器，所以辟邪。《唐元德秀傳》：蕭穎士若百鍊之剛不可屈。《文苑英華》：拂青萍之出匣，百鍊無前。又：明斷一堅，純剛百鍊。劉琨詩：何意百鍊剛，化爲繞指柔。孟郊詩：不有百鍊火，孰知寸金精。周必大《賀吳殿院啓》：高標聳壑，仰喬木之千尋。利器切泥，別良金於百鍊。余日華《賀林察院啓》：凝姿勁肅，凜百鍊以彌剛。植操森嚴，矗千尋而不撓。洪适《啓》：金百鍊而繞指不柔，玉三獻而刖足非罪。蘊此良材，樹爲佳政。杜詩：頃來樹佳政，皆已傳衆口。

鄭來鸞《春秋實録》卷二 五月，鄭伯突出奔蔡。祭仲專，鄭伯患之，使其壻雍糾殺之。雍姬知之，謂其母曰：「父與夫孰親？」其母曰：「人盡夫也，父一而已，胡可比也。」遂告祭仲曰：「雍氏舍其室而將享子於郊，吾惑之，以告。」祭仲殺雍糾，尸諸周氏之汪。公載以出，曰：「謀及婦人，宜其死也。」厲公出奔蔡。

王焞等《古今振雅雲箋》卷五《被盗》 劉髯來始聞盜警，不勝驚愕。咄咄綠林無狀，敢爲暴於天官大夫之門，民罔弗憝，而當事者復大索之。知此賊當即以釁社鼓也。而青氈在席，明月大珠在握，先生幸可自解矣。綠林李涉適九江，忽逢數十人，皆持兵杖而問何人。從者曰：「李博士。」其中豪首曰：「若李博士，吾輩不須剽他金帛，聞其詩名日久，但希一篇。」李乃贈云：「春雨瀟瀟江上村，綠林豪客夜知聞。他時不用相違避，世上如今半是君。」豪首餞賂且厚，李亦不敢卻。釁社鼓，取血以塗鼓上也。

陳耀文《花草稡編》卷一《漁父·五》 青草湖中月正圓，巴陵漁父櫂歌連。釣車子，掘頭船，樂在風波不用僊。《新唐書》云：志和字子同，始名龜齡，十六擢明經。肅宗特見賞重，因賜名。後坐事貶南浦尉，不復仕。居江湖，自稱煙波釣徒。著《玄眞子》亦以自號。每垂釣不設餌，志不在魚也。嘗撰《漁歌》。憲宗圖眞求其歌，不能致。《西吳記》云：湖州磁湖鎮道士磯，即張志和所謂西塞山前也。志和有《漁父詞》，刺史顏眞卿與陸鴻漸、徐士衡、李成矩共唱和二十五首，遞相唱和。李德裕《玄眞子漁歌記》云：德裕頃在内庭，伏覩憲宗皇帝寫眞，訪求玄眞子漁歌，嘆不能致。余世與玄眞子有舊，早聞其名。又感明主賞異愛才，見思如此，每夢想遺跡。今乃獲之，如遇良寶於戲。漁父賢而名隱，鴟夷智而功高，未若玄眞隱而名彰顯，而無事，其嚴光之比，與處二子之間，誠有裕矣。

張溥《漢魏六朝百三家集題辭注·張河間集》卷二《求合正三史表》 臣伏見陛下思光先緒，以典籍爲本。而史書枝別條異，不同一貫。建武以來，新裁未就。《後漢書》註載疏略曰：《易》稱宓戲氏王天下。宓戲氏沒，神農氏作。神農氏沒，黃帝堯舜氏作。史遷獨載五帝，不記三皇。今宜并録。又一事曰：《帝系》黃帝產青陽、昌意。《周書》曰：乃命少皞清。清即清陽也。今宜實定之。

又《魏武帝集·内誡令》 吏民多製文繡之服，履絲不得過隆，紫金黃絲織履。前於江陵得雜綵絲履，以與家約，當着盡此履，不得效作也。又令云：吾被皆十歲也，歲歲解浣補納之。又令：孤本欲自立精舍，今遂爲討賊。又令：房戶不潔，聽燒楓膏及蕙草。

又《魏應休連集·百一詩》 漢末桓帝時，郎有馬子侯。自謂識音律，請客鳴笙竽。爲作《陌上桑》，反言《鳳將雛》。左右僞稱善、亦復自搖頭。馬子侯爲人頗癡，自謂曉音律。黃門樂人，更往嗤誚。子侯不知名《陌上桑》，反言《鳳將雛》，輒搖頭欣喜，多賜左右錢帛，無復慙色。

又《高令公集・咏貞婦彭城劉氏八章》　茫茫中野，緊翳孤丘。葛藟冥蒙，荆棘四周。理苟不昧，神必俱游。異哉貞婦，曠世靡儔。渤海封卓妻劉氏，彭城人。成婚一夕，卓官於京師，以事見法，劉氏在家，忽形夢想，知卓已死，哀泣不止。經旬凶問果至，遂憤歎而終，時人比之秦嘉妻云。高允念其義高而名不著，乃爲之詩。

又《王右軍集》卷一《桓公帖》　得都下九日書，見桓公當陽去月九日書。久當至洛，但運遲可憂耳。蔡公遂委篤，又加癖下，日數十行，深可憂慮。得仁祖廿六日問，疾更委篤，深可憂。當今人物眇然，而艱疾若此，令人短氣。黄云：九日帖云蔡公者，蔡謨也；仁祖者，謝尙也。晉穆帝永和十二年秋，桓公破姚襄至洛，故此云「久當至洛」。是時將以謝尙鎭司州，以病止，故此云「得仁祖二十六日問，疾更委篤」，與陶穀所畜破羌帖事正同。跋云：晉穆帝永和十二年秋，桓溫破姚襄于伊水，遂至洛。時將以謝尙鎭之，屬病不行，所云「桓公摧破羌賊，及仁祖小差，正當時事也。是時逸少去會稽內史已歲餘，方遯跡山水間，宜不復以世務經懷。而此書乃歎宣武之威略，悲舊都之始平，憂國嗟時，志猶不息。惜其一憤遠引，使才猷約結，弗光於世，獨區區遺翰，見寶後人，覽之深爲興歎。

又《張司空集・與褚陶書》　陶字季雅，吳郡錢塘人，清談閑默，以墳典自娛。吳平，武帝補臺郎建中校尉。華爲司空，與陶書。二陸龍躍於江漢，彥先鳳鳴於朝陽。自此以來，誠恐南金已盡，而得復之於吾子。故知延州之德不孤，淵岱之寶不匱。《世說》云：張華見褚陶，語陸平原曰：「君兄弟龍躍雲津，顧彥先鳳鳴朝陽，謂東南之寶已盡，不意復見褚生。」陸曰：「公未覩不鳴不躍者耳。」華曰：「故知延州之德不孤，川嶽之寶不匱矣。」不云是書。

又《阮步兵集・咏懷詩八十二首・其三十一》　駕言發魏都，南向望吹臺。簫管有遺音，梁王安在哉！戰士食糟糠，賢者處蒿萊。歌舞曲未終，秦兵已復來。夾林非吾有，朱宮生塵埃。軍敗華陽下，身竟爲土灰。《世説新語》云：桓玄西下入石頭，外白司馬梁王奔叛，時事形已濟。在平乘上，笳鼓並作，直高詠云：簫管有遺音，梁王安在哉！《文昌集錄》云：《東京記》：天淸寺繁臺，梁孝王按歌吹之臺。阮公詩云，駕言發魏都，南向望吹臺。簫管有餘音，梁王安在哉！後有繁氏居其側，里人呼爲繁臺。

又《傅光禄集・與蔡廓書》　廓博涉羣書，言行以禮，補御史中丞，多所糾奏。時亮爲中書令，學冠當時，朝廷儀典，皆取定于亮，每諮廓，然後施行。時疑揚州刺史廬陵王義眞朝堂班次，亮與廓書，廓答。揚州自應著刺史服耳，然謂坐起班次，應在朝堂諸官上，不應依官次坐下。足下試更尋之。《詩・序》云：王姬下嫁於諸侯，衣服禮秩，不係其夫，下王后一等。推王姬下王后一等，則王子居然在王公之上。陸士衡《起居注》：式乾殿集皇諸子，悉在三司上。今鈔疏如別。又海西即位赦文，太宰武陵王第一，撫軍、將軍、會稽王第二，大司馬第三。大司馬位既最高，又都督中外，而次在二王之下，豈非下皇子耶！此文今具在也。永和中蔡公爲司徒、司馬，簡文爲撫軍開府。對錄朝政，蔡爲正司，不應反在儀同之下。而於時位次，相王在前，蔡公次之耳。諸例甚多，不能復具疏。揚州反乃居卿君之下，恐此失禮，宜改之耶。蔡廓《答傅亮書》：揚州位居卿君之下，常亦惟疑。然朝廷以位相次，不以本封，復無明文。云皇子加殊禮。齊獻王爲驃騎，孫秀來降，武帝欲優異之，以秀爲驃騎，轉齊王爲鎭軍，在驃騎上。若如足下言，皇子使在公右，則齊王本次自尊，何改鎭軍，令在驃騎上，明知故以見位爲次也。又齊王爲司空，賈充爲太尉，俱錄尙書署事，常在持節都督下，足下復思之。

又《謝康樂集》卷一《山居賦》　均上皇之自昔，忌下衰之在旃。投吾心於高人，落賓名於聖賢。廣滅景於崆峒，許遁音於箕山。愚假駒以表谷，涓隱巖以搴芳。庚宅壘以葆和，輿陟峩而善狂。萊庇蒙以織畚，徐韜魏而采芋。皓棲商而順志，卿寢茂而敷詞。鄭別谷而永逝，梁去霸而長噫。高居唐而胥宇，臺依崖而穴墀。咸自得以窮年，眇貞思於所遺。老子云：善攝生者。莊子云：謂之不善持生。又云：養生有無崖，達生者不務生之所無奈何。絕迹上皇，下衰賓名，義亦皆出莊周。廣成子在崆峒之上，黄帝之師也。許由隱於箕山，堯以天下讓，而不取。愚公居于駒阜，齊桓公逐鹿入山見之。涓子隱於宕山，好餌朮，告伯陽《琴心》三篇。庚桑楚得老子之道居畏壘之山。楚狂接輿，楚王聞其賢，使使者聘之。於是遂遊諸名山，在蜀莪眉山上。徐無鬼巖棲，魏侯勞之，問：「先生苦山林矣，乃肯見寡人？」無鬼問：「君絀嗜欲，屏好惡，則耳目察矣，常采羊棗。」老萊子耕於蒙山之陽，著書十五篇，言道家之事，織畚爲業。四皓避秦亂，入商洛深山，漢祖召不能出。司馬長卿高才，而處世不樂預公卿大事，病免，家居茂陵。鄭子眞耕隱谷口，大將軍王鳳禮聘不屈，遂與弟子別於山阿，終身不反。梁伯鸞隱霸陵山中，耕織以自娛，後復入會稽山。臺孝威居武安山下，依崖爲土室，采藥自給。高文通居西唐山，從容自娛也。

又卷二《東陽溪中贈答二首》　可憐誰家婦，緣流灑一作洗。素足。明月在雲間，迢迢不可得。可憐誰家郎，緣流乘素舸。但問情若爲，月就雲中墮。又按《括蒼志》曰：謝靈運入沐鶴鄉，有二女浣紗。嘲以詩曰：「我是謝康樂，一箭射雙鶴。試問浣紗娘，箭從何處落？」二女不顧，又嘲之曰：「浣紗誰氏女，香汗濕新雨。兩人默無言，何事甘辛苦？」既而二女答曰：「我是溪中鯽，暫出溪頭食。食罷又還潭，雲蹤何處覔？」忽不見。按：此事頗與《東陽贈答》相類，而詩似不出靈運筆，恐屬附會，聊載于此。

又《隋煬帝集・與天台山衆令》 仁壽元年正月，永嘉僧法曉生聞智者勝德，特至龕所，旋繞千拜。一夕，龕戶自開，光照林木，衆共瞻禮。又張造者，年邁足躄，登龕拜祝，願得度脫，忽聞龕中應聲及以彈指，灌頂等啓聞、皇太子與書。僧使灌頂智璪至，覽十一月三日書，并陳靈龕應迹，顯形放光。彈指流音，應念傳響。斯實不思議力，變化多方。感悟有緣，示希有事。愼終追遠，感歎相深。在昔雙林，示滅非滅。多寶獨塔，俟時涌現。爰在狼迹，迦葉分身。乃至鷲山，迦文留影。眉毫散彩，指端震室。豈非像教，能度無邊。方憑是大因緣，聞善知識。永惟宿昔，獲承師範。德音盈耳，神光在目。方憑靈瑞，係踵菩提。肅承靈誥，宣慰南服。山衆法徒，同志爲友。曾成等侶，方共舟航。歲暮凝寒，念皆道勝。天台名嶽，海岸所推。脩建大林，多慚重閣。三時設供，四事不周。想甘禪悅，以同法喜。其間敬德，信次相聞。今遣員外散騎侍郎張乾威，送僧使還山。于舊所設供，庶同甘露。僧使能變麁澁，亦憑香積。證道融銷，書不盡言。反此無悉，楊廣和南。僧使灌頂等所領今施物，且仁壽元年十二月十七日。白石香爐一具，并香合一枚，大銅鐘一口，鵶納袈裟一領，鵶納褊袒二領，四十九尺。幡七口。黄稜裙一腰，氈二百領，絲布祇支二領，小幡一百口，和香二盒，胡桃一籠，衣物三百段，奈麨一合，石鹽一盒，酥六餅。

危素《吴文正集・附録・年譜》 ［元泰定］三年丙寅。授翰林學士、資善大夫、知制誥同修國史。公既歸，丞相數欲召還。或曰：「公以高年稱疾而去，其可得而復致乎？」丞相乃言於上曰：「江南吴某，舊德重望。往年召爲學士，商議政事，進講經筵，今以年高辭朝而去。宜加優禮，以宣揚朝廷敬老尊賢之意，使天下有所激勸，而聖明之譽亦得垂於無窮矣。」上深然之，乃有是命。并賜中統鈔五千貫，金織文幣二表裏，遣翰林編修官劉光至家傳旨。三月己巳拜命。公上表辭謝。蔡國公張珪薦章，其略云：欽承明詔，肇啓經筵，考論前經，講明正道，實國家之令典，其所關係非細務也。而珪以家世之舊、愚戇之誠，備位宰相，首當勸諫。及解機務，仍俾專官自念，世備戎行，所謂明經，實慚寡陋，況通譯之難，講明有限，積誠未至，不能感格。惟願老成之進，庶幾陳閉之心。竊以周尚父授丹書之戒，漢中公赴滿備輪之招，皆以耆頤爲國羽翼。蓋有乞言之禮，必於養老之時，非徒外飾虚文，實以諮詢治道。翰林學士吴澂，心正而量遠，氣沖而神和。博考於事物之賾，而達乎聖賢之藴。致察於踐履之微，而極乎神化之妙。正學眞傳，深造自得，實與末俗盜名欺世者，霄壤不同。粤自布衣，一再收召超擢。學士有識，君子不以爲過。前當講説剴切，溫潤完厚，康健聰明，經學之師，當代寡二。雖蒙恩賜存撫，爲禮甚優，然合召還，資其學問，良非小補云云。未幾復舉以自代，曰制誥國史二事，所以成一王之大經、萬世之昭憲，比於效一官，分一職，重輕不侔。若止因循冒昧，常人孰不可爲？當職世，從軍旅，歷職省，臺文章，本非所長。志慮耗於勞勸，深思逭責，其在薦賢翰林學士吴澂，學貫天人，行足師表。書事得筆削之法，代言近典誥之文。蓋其所造甚深，文學亦其餘事。目今兩朝《實錄》未經進呈，累朝嘉言善行，多合記錄。載事修辭，全資學識。又有遼金宋史，先朝累有聖旨，纂修曠日引年，未覩成效。使前代之得失無聞，聖朝之著述不見。恐貽後悔，君子耻之。然非博洽明通，孰克成此！本官雖曰年近八十，其實耳聰目明，心淸力贍。今不使身任其事，後必追悔無及。近蒙朝廷差官優賜存問，禮意誠厚，然須使當承旨之任總裁，方可成就所合，舉以自代，允協輿論云云。答田憲副問。

朱鶴齡《李義山詩集注》卷二上《東阿王》 人間定有崔羅什，道源注《酉陽雜俎》：長白山有夫人墓。魏孝昭之世，淸河崔羅什被徵，夜過此。忽見朱門粉壁，一青衣出遇什，曰：「女郎須見崔郎。」什怳然下馬，入兩重門。青衣引前，曰：「女郎乃平陵劉府君之妻，侍中吴質之女。府君先行，故欲相見。」什遂前入，就牀坐。其女在戶東立，與什叙溫涼。女曰：「比見崔郎息駕庭樹，嘉君吟嘯，故欲一叙玉顏。」什與論漢魏時事，悉與魏史符合。什曰：「貴夫劉氏，願告其名。」女曰：「狂夫劉孔才之第二子，名瑤，字仲璋。比有罪，被攝，乃去不返。」什下牀辭出，女曰：「從此十年，當更相逢。」什留玳瑁簪，女以指上玉環贈什。什上馬，行數十步，回顧，乃一大冢。後十年，什在園中食杏，忽云報女郎信，俄即去。食一杏，未盡而卒。天上應無劉武威。注見上卷。

又《詩經通義》卷七《小雅・庭燎》 夜如何其？音基。夜未央，《説文》央，中央也。夜未央，言夜未中。庭燎《釋文》在地曰燎，執之曰燭。又云樹之門外曰大燭，于內曰庭燎，皆所以照衆爲明。之光。君子至止，鸞聲將將。音鏘。夜如何其？夜未艾，音乂。毛云久也。《集傳》訓盡，本之王逸注《楚辭》。庭燎晣晣。音制。君子至止，鸞聲噦噦。音諱。夜如何其？夜鄉音向。晨，庭燎有煇。音熏。君子至止，言觀其旂。讀渠斤反，音勤。林堯叟《左傳注》音芹云。溫公《讀古音考》音斤。序：《庭燎》，美宣王也。因以箴之。箴之者，慮其勤而易怠也。《列女傳》：宣王嘗晏起，姜后脱簪珥待罪于永巷。由是勤于政事，早朝晏退，卒成中興之名。以此證之，果爲宣王之詩也。黄震曰：此詩人自設爲問答之辭，古説皆謂宣王夜興而問早晚。王雪山云：人君數問夜，亦非體，恐是殿陛之間，宮掖之內，執事者相爲問答耳。《周禮》雞人夜呼旦以嘂音叫百官。《漢儀》中黄門持五夜，甲、乙、丙、丁、戊，相傳未幾，衛士鴉唱，所謂雞鳴歌，或是此。曹董氏云：百官官箴王闕，此詩其司烜音毁。之屬所爲乎？此詩自爲問答，亦如齊風雞鳴之體。陳啓源曰：亦形容勤政之心如此，非眞有三問。

錢澄之《田間詩學》卷一一《周頌・有客》 序曰：微子來見祖廟也。

微子，名啓，紂同母庶兄也。殷時封于微，而爵爲子。微，蓋殷畿內國名，武王克商，改封微子于宋。《樂記》所謂未及下車而投殷之後于宋。投，徙也。《史記・世家》言，周公承王命，誅武庚，乃命微子代殷後，奉其先祀，作《微子之命》以申之，言申命，其初封時必已有策命矣，且武王猶封箕子于朝鮮，豈有舍微子不封而待成王而後封乎。有客有客，亦白其馬。有萋有且，敦琢其旅。有客宿宿，有客信信。言受之縶，以縶其馬。薄言追之，左右綏之。既有淫威，降福孔夷。朱註：賦也。毛傳缺。朱註：周于微子以客禮待之，示不臣也，此一節言其始至。《白虎通》云：王者有不臣者三：二王之後，妻之父夷狄也。毛云：殷尚白。蘇氏云：亦，仍也，言仍殷之舊也。鄭云：亦，亦武庚也。武庚爲殷之後，乘殷之馬，乃叛而誅，不肖之甚也。今微子代之，亦乘殷之馬，獨賢而見尊異，故言，亦贊而美之也。萋且，敬愼貌。朱註：敦琢，選擇也。旅，其卿大夫從行者也。孔云：敦琢，是治玉之名，人而言敦琢，故爲選擇，擇其卿大夫之賢者與之朝王。何氏謂萋當作緀，《說文》云：白，文貌，帛也。且，乃薦帛之，其詩曰：邊豆有且。《說文》云：薦也。敦，通作琱，琱、琢，皆治玉也。《爾雅・疏》云：治其璞未成器者爲琱，治器加工而成之者爲琢。旅，陳也，此言微子至周所獻之禮。上句言帛，下句言玉。彭士望云：《左傳》庭實旅百。《郊特牲》云：旅幣無方，所以別土地之宜而節遠邇之期也。旅皆言陳也。《禮器篇》言諸侯助祭，《郊特牲》言諸侯朝享之事，皆有束帛加璧之禮。一宿曰宿，再宿曰信。欲縶其馬而留之，不欲其去也。此一節言其將去也。按《易・豐卦》初九遇其配主，雖旬無咎。註謂初朝于四，四以匹敵，恩厚待之，雖留十日，不爲咎。又《聘禮》記云：既致饔，旬而稍」，蓋于大禮之後，每旬而稍，稍者供其芻秣，則非一旬即歸也，且諸侯之朝必待助祭，祭前齋，齋猶十日，明非一旬爲期，則信信、宿宿，喜其久留京邑，非一宿再宿之謂也。鄭云：追，送也。追，綏，是一事。微子禮畢當去，本不可留，王遣左右追而餞之，以盡其禮，非微子不告而去，亦非有去而復還之事也。朱註：淫威未詳。舊說淫，大也。統承先王用天子禮樂，所謂淫威也。愚按：紂滅，武庚誅，湯祀幾斬於商，可謂淫威矣。今以微子之賢，復爲殷後，封以上公，客而不臣，非降之福乎。惡則降威，善則降福，其心至平至易，無有一毫成見在其中也。凡先王之威福，皆奉天以行，天實爲之，故其稱先王猶稱天焉，此雖美微子，亦以儆其後人也。《有客》一章，十二句。序及朱子皆以爲微子來見祖廟之詩，孔云序言見于祖廟，必是助祭，知非此時受命，見祖廟者以經言。亦白其馬，敦琢其旅，是自國而來之詞，若未受命，不得已乘白馬，明是受命而後乃來，與上《有瞽》《振鷺》或一時作也。愚按：武庚未誅，微子初封于宋，于周爲臣，不爲客，迨命爲殷後以主湯祀，而後始用商先王之禮樂，從其所尙，周始以客禮待之矣。此詩因微子助祭，周人美其來，作詩頌之，歌于廟中，以寵微子也。

吴任臣《十國春秋・南唐》 保大十四年春，正月丁酉，周將李穀敗我兵千人于上窑。壬寅，周主率師南侵，劉彦貞與周師戰于正陽，敗績，彦貞戰死，裨將咸師朗等被擒。《江南野史》云：時周師棄營，退據浮橋，以俟我師。劉彦貞議追之，劉仁贍以爲恐其設伏，不如養鋭以俟隙。彦貞，將家子，少長富貴，惟貪惏聚斂爲務，莫知兵法，莫經戰鬭，多喜虚譽，能射帖子，俗謂之劉一箭。乃曰：「敵聞吾至，則先遁之，不追何待？」裨將臧師朗等恃勇寡謀，貪功輕敵，夜發晨食，至正陽，爭據其橋，數戰不利，爲周師所敗，諸將皆沒，凡喪師徒七萬。歐史《南唐世家》曰：景以劉彦貞、劉仁贍拒周師，李穀曰：「吾無水戰之具，而使淮兵斷正陽浮橋，則我背腹受敵」。乃焚其芻糧，退屯正陽。是時世宗親征，行至圉鎭，聞穀退軍，曰：「吾軍卻，唐兵必追之」。遣李重進急趨正陽，曰：「唐兵且至，宜急擊之」。劉彦貞等聞穀退軍，果以爲怯，急追之，比至正陽，而重進先至，軍未及食而戰，彦貞等遂敗。彦貞之兵施利刃于拒馬，維以鐵索。又刻木爲獸，號「捷馬牌」，以皮囊布鐵蒺藜於地，周兵見而知其怯，一鼓敗之。

毛奇齡《天問補注》 阻窮西征，巖何越焉？註：此章似又言鮌事，然羽山東裔，而此云西征已不可曉，或謂越巖墮死，亦無明文。補註：此羿事也。阻當作鉏，地名。窮，即有窮國也。巖，險也。越，過也。羿自鉏遷窮，急于西征，其巖險何所過於他國也。此特指遷窮一事。按：《左傳》魏莊子曰：昔有夏之衰也，后羿自鉏遷于窮石，因夏人而代夏政。又《帝王紀》云：帝羿有窮氏，其先世封於鉏。羿自鉏遷於窮石，逐帝相徙于商丘。依斟灌斟鄩氏。《據地志》：故鉏城在滑州衛城東，商丘在東郡濮陽。《晉地記》云：河南有窮谷，蓋本有窮氏所遷也。斟灌、斟鄩，皆在東極古隅夷地。以商丘二斟較之，有窮在西，故曰西征。蓋夏帝世居二斟，如竹書太康、仲康帝相皆依二斟。而汲古文云：太康居斟尋，羿亦居之。是從帝所居，以定向背，當以遷窮爲西征也。羿居窮，后代夏政，然即爲浞滅，故曰其險何似、古險字即巖字，如傳巖，史作傳險可見。下二句鮌事問中一節兩事者多有，亦是一例。

陸隴其《松陽鈔存》卷上《處事》［楊開基注］ 讀陽明《奏捷疏》、

《平八寨詩》，不如曹彬下江南歸朝氣象遠矣。原增第五條。基按：《陽明文集》正德十二年五月有《閩廣捷音疏》，十二月有《橫水桶岡捷音疏》，十三年四月有《浰頭捷音疏》，六月有《三省夾勦捷音疏》，十四年有《江西捷音疏》及《擒獲宸濠捷音疏》，十五年《重上江西捷音疏》，嘉靖七年有《八寨斷藤峽捷音疏》凡八疏，未知先生指何篇言，抑以其桀不免誇張功效耶。《平八寨詩》云「見說韓公破此蠻，貔貅十萬騎連山。而今止用三千卒，遂爾收功一日間。豈是人謀能妙筭？偶逢天助及師旋。窮搜極討非長計，須有恩威化梗頑。誠與曹武惠奉敕，江南勾當回氣象。」殊矣。

陳維崧《陳檢討四六》卷六《歸田倡和序》［程師恭注］

公灑血上書，單車入告。叩閽有路，願除已去之丁。竊祿何情，冀緩難供之餉。兩年惠政，人思以賈姓名兒。《後漢書》：桓帝時，賈彪爲新息長，時小民多不養子。彪嚴爲之制，數年人養子者以千數，皆曰：「此賈父所生，名曰賈子。」一郡仁聲，衆共曰杜公吾母。見《園次序》。詎民生之不猶，《詩》。值君門之甚沮。謗生一篋，誰明良吏之冤？《國策》：樂羊子爲魏文侯伐中山，三年拔之。文侯示以謗書盈篋，封之靈壽。釁起二桃，孰辨遠臣之枉？《晏子春秋》：齊公孫捷、田開疆、古冶子事景公，勇而無禮。晏子言于公，餽之二桃，曰：「三子計功而食。」三子爭功，公孫捷、田開疆以功不若冶，刎剄而死。冶曰：「二子死之，冶獨不逮。」亦自刎。諸葛亮《梁甫吟》：「一朝被讒言，二桃殺三士。」先生乃失馬不驚，掇蜂無懼。《淮南子》：北塞之人，有馬亡出塞外。人皆弔之，其父曰：「此何詎知非福？」居數月，其馬將狄駿馬而歸，人皆賀之。其父曰：「此何詎知非禍？」家富馬良，其子好騎，墮馬折髀，人皆弔之。其父曰：「此又詎知非福？」居一年，狄人大入塞，壯者皆控弦而戰，死者十九，此子獨以跛故，子父相保。《說苑》：王國君尹吉甫前妻子伯奇，後妻子伯封。後妻欲其子爲太子，言于王曰：伯奇好妾，王若不信，王上臺觀之。」後母取蜂去其毒，而置衣領之中，使伯奇前，奇欲去之。王見之，使讓伯奇。使者見袖有死蜂，以白王，王使追之，已投于河矣。陸機詩：「掇蜂滅天道，拾塵惑孔顏。」珠生字裹，淮南招隱之篇。見《滕王賦》。霞蔚行間，平子歸田之賦。見《三芝序》。傳之宮閣，播此通衢。

徐乾學《讀禮通考》卷一八《喪期十八・國恤一》

乾學案：夏后殷周之制不可考矣，當孟子之時，自謂諸侯之禮未之學，況於後世乎！蓋自周衰禮廢，列國擅權，蔑棄先典，家自爲制。魯秉周禮，爲同姓諸侯宗，猶不知通喪之爲重也，而況其凡乎。降至後世，以喪爲諱，故府之遺，日就湮滅，又其宜也。然《儀禮・喪服》篇首稱父至尊也，天子至尊也。蓋以是二者爲制禮之大綱，及序服，則獨詳於士大夫，疑別有王朝禮，而世無傳焉。嘗取經傳遺文參伍求之。《中庸》曰：期之喪達乎大夫，三年之喪達乎天子，父母之喪無貴賤，一也。是知斬衰、齊衰之制通乎上下，而王侯降服之說亦自此昉矣。周靈王喪后及太子，叔向以爲有三年之喪。二，是知崇適以尊統，在天子爲尤重矣。《周禮・司服》，凡凶事服弁服。注云：弁，喪冠也，其服斬衰、齊衰。疏云：天子諸侯絕旁期，正統之期猶不降，故兼言齊衰。夫所謂正統之期者，上而祖父母，下而適孫，由祖父母而推則爲曾祖父母、高祖父母，皆當齊衰三月。由適孫而推至於適曾孫，適元孫，適來孫之父死，傳重者皆當期是也。《服問》曰：君所主：夫人妻、太子、適婦。疏云：既稱君所主不宜降矣，天子諸侯爲后夫人期，爲適婦大功，爲適孫婦又當小功，亦正統之說也。即旁期亦有不盡絕者，《喪服》傳曰：始封之君不臣諸父昆弟，封君之子不臣諸父而臣昆弟。封君之孫盡臣諸父昆弟。所不臣者猶當服之。《司服》注云：始封之君如虞、舜、漢高，是其說亦通於天子也。凡天子所服之人，可考者止於此。若夫諸侯及王朝之卿大夫士，爲王斬衰，爲后齊衰，見於《周禮》。諸侯之大夫爲天子繐衰，既葬除之，見於《儀禮》。諸侯夫人爲天子期，見於《雜記》。天子五屬之親，爲天子斬衰，見熊氏「諸侯昆弟」疏。天子女嫁諸侯爲父斬衰，爲母齊衰，見「子嫁反」疏。五屬之女曰內宗，姑姊妹之女，舅之女，若從母曰外宗，皆爲天子斬衰。又姑之子婦，從母之子婦，亦曰外宗，其服則期，見鄭氏注。王朝卿大夫之適子爲天子斬衰，見《周禮・司服》疏。畿內之民爲天子齊衰三月，見「庶人爲國君」注。五宗之女適士庶而無服者，爲天子齊衰三月，見《雜記》注。凡爲天子制服之人可考者止於此。其正見於經傳者，不過數條，餘皆出於傳述之儒，依緣比擬，相倚而成，故其說多略而不詳，缺而不備。迨至孝文更制，以日易月，士大夫益罕言國恤矣。夫以殘缺之文，當放棄之後，而議之以不學之人，無怪乎其展轉支離也。嘗慨後世，每當大禮，紛紜聚訟，或乃曲說阿附，人便其私，顯悖經傳而不知懼。若宋太宗、明世宗之事可勝嘆哉！予竊愍焉。用是徧考諸史及儒先語錄，蓋不乏讜論閎議，可以輔翼經傳，昭示來世者。如漢哀以定陶王入繼大統，師丹引爲人後之義，宋寧以適孫代父執喪，朱熹引父在爲祖之文，皆確守經傳，不可回撓。至於晉武、魏文高慕亮陰，尤稱卓犖。爰論次其文，上自殷宗，下訖明代，爲喪期國恤六篇。若夫天屬之親，則更有太皇太后、皇太后、皇后、皇妃、太子、諸王及太子諸王妃，更相爲服，皆國恤也。復有后妃之父母，在天子則外祖父母、外父母也。然經傳無明文，後世君臣援引前典，因時定制，互有得失，并著於篇，備參考云。

嗣天子服先君。

《商書·説命》篇：「王宅憂，亮陰三祀，既免喪，其惟弗言。」《喪服四制》書曰：高宗諒闇，三年不言，善之也。注：諒，古作梁，楣謂之梁。闇讀如鶉鵪之鵪，闇謂廬也。廬有梁者，所謂柱楣也。疏：既虞之後，施梁而柱楣，故云「諒闇」之中。

吕氏大臨曰：闇陰同義，信默之謂也。

王者莫不行此禮，何以獨善之也？曰：高宗者，武丁。武丁者，殷之賢王也，繼世即位，而慈良於喪，當此之時，殷衰而復興，禮廢而復起，故善之。善之，故載之《書》中而高之，故謂之高宗。陸佃曰：孝，常行也，今載而高之，則以不能喪者多也。中宗中而已，高宗中而高焉，故曰「中而高之」。

三年之喪，君不言。《書》云：高宗諒闇，三年不言，此之謂也。然而曰「言不文」者，謂臣下也。註：言不文者，謂喪事辨不，所當共也。《孝經説》曰：言不文者，指士民也。

陳澔曰：君不言者，謂百官百物不言而事行者也。臣下不能如此，必言而後事行，但不文其言辭耳，故曰言不文者，謂臣下也。

《檀弓》子張問曰：《書》云：高宗三年不言，言乃讙，有諸？註：時人君無行三年之喪禮者，問有此與？怪之也。讙，喜悦也。言乃喜悦，則民臣望其長久。仲尼曰：胡爲其不然也？古者天子崩，王世子聽於冢宰三年。註：冢宰，天官卿，貳王事者，三年之喪，使之聽朝。疏：言乃讙者，《尚書·無逸》云：言乃雍。雍、讙字相近，義得兩通。

《論語》子張曰：《書》云：高宗諒陰，三年不言。何謂也？子曰：何必高宗，古之人皆然。君薨，百官總己以聽於冢宰三年。

《朱熹集註》：高宗，商王武丁也。諒陰，天子居喪之名，未詳其義。言君薨則諸侯亦然。總己，謂總攝己職。冢宰，太宰也。百官聽於冢宰，故君得以三年不言也。胡氏曰：位有貴賤，而生於父母無以異者，故三年之喪，自天子達於庶人，子張非疑此也，殆以爲人君三年不言則臣下無所稟令，禍亂或由以起也。孔子告以聽於冢宰，則禍亂非所憂矣。

《曲禮》：天子未除喪，曰「予小子」。生名之，死亦名之。註：謙，未敢稱一人。《春秋傳》曰：以諸侯之踰年即位，亦知天子之踰年即位。以天子三年然後稱王，亦知諸侯於其封內三年稱子也。生名之曰小子王，死亦曰小子王。晉有小子侯，是僭取於天子號也。疏：適嗣於初喪，未忍即受天王之稱，云予小子者，言我德狹小也。鄭引《春秋》文九年《公羊傳》文，證天子三年之內稱予小子也。嗣王既呼爲小子，若於喪中而死，亦謚爲小子王，喪質，故不變稱也。

胡銓曰：案《書·顧命》：乙丑，成王崩，癸酉，康王尸天子位，豈俟踰年也？三年之內，王自稱不曰王爾，臣下未嘗不稱曰王也，王乃反喪服是也。鄭又云：謙，未敢稱一人。康王何以稱一人釗也？

君大夫之子，不敢自稱曰「予小子」。大夫士之子不敢自稱曰「嗣子某」，不敢與世子同名。註：君大夫，天子大夫有土地者。不敢稱曰「余小子」，辟天子之子未除喪之名。大夫士之子亦辟其君之子未除喪之名，不與世子同名，辟僭傚也。其先之生，則亦不改。

馬融曰：《詩》曰：「嗟予小子」，《書》曰：「眇眇予末小子」，皆天子未除喪之稱也。蓋天子域中之大，故必謙以小子。諸侯有繼世之禮，故必命以嗣，此在下者所以必辟之也。禮，諸侯在凶服曰「適子孤」。《春秋傳》曰：在喪，公侯曰子。《儀禮·士喪服》曰「哀子某」。是國君與士之所自稱者如此而已。然則《春秋》之例，踰年稱公何耶？蓋臣民之心不可一日無君，故踰年稱公，以孝子之心，三年不忍當，故三年稱子。衛宣公未葬，而嗣子稱侯，非禮也。晉有小子侯，僭禮也。大夫士之子先國君而名同之者，猶稱字，蓋君雖不奪其名，而臣不可不稱字。

《春秋》：文公九年，春，毛伯來求金。註：求金以共葬事。雖踰年而未葬，故不稱王使。《公羊傳》：毛伯者何？天子之大夫也。何以不稱使？當喪未君也。註：時王新有三年喪。疏：即去年八月天王崩是也。踰年矣，何以謂之未君？即位矣，而未稱王也。未稱王何以知其即位？以諸侯之踰年即位，亦知天子之踰年即位也。以天子三年然後稱王，亦知諸侯於其封內三年稱子也。踰年稱公矣，則曷爲於其封內三年稱子？緣民臣之心，不可一日無君；緣終始之義，一年不二君。註：故君薨稱子某，既葬稱子，明繼體以繫民臣之心。不可曠年無君。緣孝子之心，則三年不忍當也。註：孝子三年志在思慕，不忍當父位，故雖即位，猶於其封內三年稱子。毛伯來求金何以書？譏。何譏爾？王者無求，求金非禮也。然則是王者與？曰：非也。非王者則曷爲謂之王者？王者無求。曰：是子也，註：雖名爲三年稱子者，其實非唯繼父之位。繼文王之體，守文王之法度，文王之法無求，而求，故譏之也。註：引文王者，文王始受命，制法度。

胡安國曰：毛伯，天子大夫，何以不稱使？當喪未君也。踰年即位矣，何以言未君？古者諒陰三年，百官總己以聽於冢宰。夫百官總己以聽，則是冢宰獨專國政之時，託於王命以號令天下，夫豈不可而不稱使。《春秋》之旨微矣，非特謹天下之通喪，所以示後世大臣當國秉政，不可擅權之法戒也。跋扈之臣，假仗主威，脅制中外，凡有所行動，以詔書從事，蓋未有以《春秋》此義折之耳。

家鉉翁曰：《魯論》三年無改於父之道。諸説不同，皆未得其當。及讀《公羊春秋傳》而得其説。三年無改於父之道者，稱子之義也。君薨，太子立，既爲君矣，而猶稱子於其國中，既葬而後稱爵，以子道終喪不忍代君，所以爲孝也。推其不忍代君之心，則事死如生，喪亡若存，而其爲孝無所不在矣。是襄王未葬，故毛伯不稱使。

汪克寬曰：三年之喪自天子達觀《春秋》在喪不書王命，則喪制不可短矣。又曰：非王出號令，而冢宰攝行，不可遂同王命而稱使，示君臣之分不可紊，而大權不可專也。君命者，人君威福之所係也，人臣而假君命行於天下，是專轍之極，篡奪之萌也。故周公輔成王，召公初立，康王以王命誥臣民，皆稱「王若曰」，所以謹君臣之名分也。

仇兆鰲《杜詩詳注》卷二《麗人行》 後來鞍馬何逡巡，當軒下馬入錦茵。楊花雪落覆白蘋，青鳥飛去銜紅巾。炙手可熱勢絶倫，愼莫近前丞相嗔。末乃指言國忠，形容其烜赫聲勢也。秦、虢前行，國忠殿後，鞍馬逡巡，見擁護塡街，按轡徐行之象。當軒下馬，見意氣洋洋，旁若無人之狀。《通鑑》：天寶十一載十一月，以楊國忠爲右相，兼文部尚書。《玉臺新詠》引漢桓帝時童謡曰：撫梁之下有懸鼓，我欲擊之丞相怒。瞋怒之瞋，從目，音稱人切。《陳餘傳》瞋目張膽。嗔字從口，音田，盛氣貌。《詩》：振旅嗔嗔。二字音義本異，杜卻通用。錢箋：樂史《外傳》：十一載，李林甫死，以國忠爲右相。十二載，加國忠司空。扈從之時，每家爲一隊，隊著一色衣。五家合隊相映，如百花煥發。遺鈿墜舄，珠翠燦於路岐可掬。曾有人俯身一窺其車，香氣數日不絶。駝馬千餘頭匹，以劍南旌節器仗前驅。及秦國先死，獨虢國、韓國、國忠轉盛。虢國又與國忠亂，每入朝謁，國忠與韓、虢聯轡，揮鞭驟馬，以爲諧謔。此詩語極鋪揚，而意含諷刺，故富麗中特有清剛之氣。

又卷一四《子規》 兩邊山木合，終日子規啼。《西湖志》載：宋孝宗時，有蜀士新選縣令。帝問以蜀中風景，令對云：「兩邊山木合，終日子規啼。」帝大稱賞。次日，宰相召問所對之語何從得來，答云：「夢中所記。」宰相云：「子當速去。倘再召，恐無以復應。」數日後，帝果宣召，而令已出國矣。《嘉蓮燕語》載：元時，李杲，字明之。其祖貧時夜讀書，有一女子從室西地中出，與杲祖坐談，甚美。少頃，漸以身親，杲祖屹然不動。將告去，杲祖問曰：「汝是何神何鬼耶？」女子取筆書於几上，曰：「許身愧比雙南」，遂復入地中。已而閱子美詩，始悟其爲金也，掘之得金一筩。杲從張元素學醫術，世稱東垣先生。姚江黄梨洲先生文集記其高伯祖少雷，當天順間，其兄久遊不歸。十餘年之消息，遍尋南方不得。一日禱於南岳廟中，祈神託夢。岳帝云：「沉綿盜賊際，狼狽江漢行。」醒而不解其意。翼日遇一士人，告以夢語。解云：「此杜少陵《和元道州》詩也，汝兄應在道州之地。」訪至州中，果逢於街衢。以此三事觀之，知杜詩流行天地間，非特騷人墨客誦法少陵，即鬼神靈爽亦識杜句矣。

又卷一九《阻雨不得歸瀼西甘林》 三伏適已過，驕陽化爲霖。欲歸瀼西宅，阻此江浦深。陰陽書曰：夏至後第三庚爲初伏，第四庚爲中伏，立秋後初庚爲末伏。王彪之《井賦》：三伏焦暑，亢陽重授。《漢・郊祀志》作伏祠。顔師古曰：伏者，謂陰氣將起，迫於殘陽而未得升，故爲藏伏。因古伏日，立秋之後，以金代火，金畏於火，故至庚日必伏。庚，金也。

又卷二五《祭遠祖當陽君文》 維開元二十九年歲次辛巳月日，十三葉孫甫，謹以寒食之奠，敢昭告于先祖晉駙馬都尉鎭南大將軍當陽成侯之靈。朱註：《晉書》：杜預字元凱，京兆杜陵人，尚文帝妹高陸公主，襲祖爵豐樂亭侯。羊祜卒，拜鎭南大將軍、都督荆州諸軍事。孫皓平，以功進爵當陽縣侯。年六十二卒，追贈征南大將軍、開府儀同三司，謚曰成。

李光地等《性理精義》卷一二《田賦》 呂氏大臨曰：「横渠慨然有意三代之治，論治人先務，未始不以經界爲急。嘗曰『仁政必自經界始，貧富不均，教養無法，雖欲言治，皆苟而已』。」問：「横渠謂世之病井田難行者，以亟奪富人之田爲辭。然處之有術，期以數年，不刑一人，而可復不審井議之行於今，果何如？」朱子曰：「講學時且恁講，若欲行之，須有機會。經大亂之後，天下無人，田盡歸官方，可給與民。如唐口分世業，是從魏晉積亂之極，至元魏及北齊後周，乘此機方作得。荀悦《漢紀》一段正説此意甚好。若平世，則誠爲難行。」附荀悦《漢紀》論曰：「古者什一而税，以爲天下之中正也。今漢民或百一而税，可謂鮮矣。然豪强富人占田逾侈，輸其賦太半，官收百一之税，民收太半之賦，官家之惠優於三代，豪强之暴酷於亡秦，是上惠不通，威福分於豪强也。今不正其本，而務除租税，適足以資富强。夫土地者，天下之大本也。《春秋》之義，諸侯不得專封，大夫不得專地。今豪民占田或至數百千頃，富過王侯，是自專封也。買賣由己，是自專其地也。孝武時，董仲舒嘗言宜限民名田。至哀帝時，乃限民占田不得過三十頃。雖有其制，卒不得施。然三十頃有不平矣。且夫井田之制，宜於民衆之時，地廣民稀勿爲可也。然欲廢之於寡，立之於衆，土地既富，列在豪强，卒而規之，並起怨心，則生紛亂，制度難行。由是觀之，若高帝初定天下及光武中興之後，民人稀少，立之易矣。就未悉備井田之法，宜以口數占田爲立科限，民得耕種，不得買賣，以贍貧弱，以防兼并，且爲制度張本，不亦宜乎！雖古今異制，損益隨時，然綱紀大略其致一也。」

又《月令輯要》卷二四《時刻令》 二十四氣漏刻原《後漢書・律曆志》：

多至晝漏四十五刻，夜漏五十五刻。小寒晝漏四十五刻八分，夜漏五十四刻二分。大寒晝漏四十六刻八分，夜漏五十三刻二分。立春晝漏四十八刻六分，夜漏五十一刻四分。雨水晝漏五十刻八分，夜漏四十九刻二分。驚蟄晝漏五十三刻三分，夜漏四十六刻七分。春分晝漏五十五刻八分，夜漏四十四刻二分。清明晝漏五十八刻三分，夜漏四十一刻七分。穀雨晝漏六十刻五分，夜漏三十九刻五分。立夏晝漏六十二刻四分，夜漏三十七刻六分。小滿晝漏六十三刻九分，夜漏三十六刻一分。芒種晝漏六十四刻九分，夜漏三十五刻一分。夏至晝漏六十五刻，夜漏三十五刻。小暑晝漏六十四刻七分，夜漏三十五刻三分。大暑晝漏六十三刻八分，夜漏三十六刻二分。立秋晝漏六十二刻三分，夜夜漏三十七刻七分。處暑晝漏六十刻二分，夜漏三十九刻八分。白露晝漏五十七刻八分，夜漏四十二刻二分。秋分晝漏五十五刻二分，夜漏四十四刻八分。寒露晝漏五十二刻六分，夜漏四十七刻四分。霜降晝漏五十刻三分，夜漏四十九刻七分。立冬晝漏四十八刻二分，夜漏五十一刻八分。小雪晝漏四十六刻七分，夜漏五十三刻三分。大雪晝漏四十五刻五分，夜漏五十四刻五分。

李光地《詩所》卷七《大雅·常武》　赫赫明明，王命卿士，與師協。南仲大祖，大師皇父：「整我六師，以修我戎。音汝。既敬既戒，惠此南國。」皇父爲卿士而兼大師，蓋周之三公，往往六卿攝之，自周召既如此也。皇父以南仲爲大祖，亦如召虎以召公爲祖，畿內公卿視外公侯，故皆得立大祖之廟。敬者，重其事也。戒者，厚其備也。惠則其興師之本心也，茲其兵之三要與。

王謂尹氏，命程伯休父：「左右陳行，戒我師旅。率彼淮浦，省此徐土。不留不處，三事就緒。」皇父，大司馬職也，休父，小司馬職也。天子行則具六軍，故二司馬皆從三事，與小雅《十月》、《雨無正》同。師行必先固其根本，今不留處而三事就緒，言治內之素豫也。

赫赫業業，有嚴天子。二句無韻。王舒保作，匪紹匪游。徐方繹騷，震驚徐方，如雷如霆，徐方震驚。首言赫赫明明者，威明之遠加，此言赫赫業業者，威令之勤肅，則所謂有嚴者也。舒，安重也，保作，保護耕作也。紹者，繼續調發也，遊者，遊兵四散也。安重保護，不徵調不遊散，王者之師也。而徐方則已繹騷矣，意在震驚之，使伏其辜，如雷霆之發，未加於物而徐方則已震驚矣。兵有先聲而後實者，此與。

王奮厥武，如震如怒。進厥虎臣，闞如虓虎。鋪敦淮濆，仍執醜虜。截彼淮浦，王師之所。師既至而克捷，遂屯其地以待輸服也。

王旅嘽嘽，如飛如翰，如江如漢，如山之苞，如川之流，緜緜翼翼，不測不克，濯征徐國。飛、翰，言其疾；江、漢，言其盛；山，其止不可動也；川，其行不可禦也。神速而又不可搖撼，則翼翼然形之深固而誰能測之，衆盛而又不可抵拒，則緜緜然勢之奔屬而誰能克之，總言王師之節制，所以無敵也。

王猶允塞，徐方既來。徐方既同，天子之功。四方既平，徐方來庭。徐方不回，王曰還歸。猶，謀也。塞，誠實也。以敬戒仁惠而興師，則其謀猶信誠實矣，所以成功也。及其來庭而不違也，師無淹留，而還歸之速，以終惠此南國之意。《常武》六章。宣王親征徐國，成功而歸，詩人美之。二雅言宣王南征北伐之事多矣，未有自將者，蓋徐自穆王以來負遠僭號，在西京時罪浮吳楚，非偏師之所能服也。抑斯舉也，繼於召虎經略江漢之後，徐爲彊大，必也號召淮南諸夷爲之黨援，是以先定南邦，翦其枝葉，然後執言聲罪，六師移之，殆山甫、吉甫輩所共圖議，故山甫城齊，令其與魯合勢以扼北軼，而休父之行，受策尹氏，中興次第，於此可見。

王鴻緒等《欽定詩經傳説彙纂》卷一〇《小雅·六月》　六月棲棲，音西。戎車既飭。音勅。四牡騤騤，求龜反。載是常服。叶蒲北反。玁狁孔熾，尺志反。我是用急叶音棘。王于出征，以匡王國。叶于逼反。《集傳》：賦也。六月建未之月也。【略】成康既沒，周室寖衰，八世而厲王胡暴虐，周人逐之，出居於彘。玁狁內侵，逼近京邑。劉氏瑾曰：據詩文「至于涇陽」而言也。王崩，子宣王靖即位，命尹吉甫帥師伐之，有功而歸。詩人作歌以序其事如此。嚴氏粲曰：吉甫受命北征，此詩作於成功之後，而述其受命之始也。司馬法王氏逢曰：穰苴，田完之裔，先爲齊大司馬，所著書名《司馬法》。冬夏不興師，朱氏公遷曰：《仁本》篇云：冬夏不興師，所以兼愛民也。今乃六月而出師者，以玁狁甚熾，其事危急，鄭氏康成曰：記六月者，盛夏出兵，明其急也。故不得已而王命於是出征，以正王國也。

嚴虞惇《讀詩質疑》卷一二《陳風·株林》　《株林》，刺靈公也。淫乎夏姬，驅馳而往，朝夕不休息焉。虞惇按：《春秋傳》，夏姬，鄭穆公之女，嫁於陳大夫夏御叔，靈公與其大夫孔寧、儀行父通焉。洩冶諫，不聽而殺之，後卒爲其子徵舒所弑。明年，楚莊王入陳，殺徵舒。胡爲乎株林，從夏南？匪適株林，從夏南！賦也。毛傳：株林，夏氏邑也。夏南，夏徵舒也。《鄭箋》：徵舒字子南。朱註：淫乎夏姬，不可言也，以從其子言之，詩人之忠厚也。

駕我乘馬，說于株野。乘我乘駒，朝食于株。賦也。朱註：說，舍也。《鄭箋》：或說舍焉，或朝食焉，責之也。呂氏曰：國人問靈公胡爲乎株林而從夏南乎？詩人則爲之隱曰：公非適株林，從夏南，乃他有所適耳。然而駕我乘馬則舍於株矣，乘我乘駒則食於株矣，雖欲爲之隱，不可得也。朱氏曰：衛之亂，至《牆有茨》而極，於是有狄入衛之禍；陳之亂，至《株林》而極，於是有楚入陳之禍，此之謂女戎。

查慎行《蘇詩補注》卷一九《十月二十日恭聞太皇太后升遐以軾罪人不

許成服欲哭則不敢欲泣不可故作挽詞二章》 未報山陵國士知，遶林松柏已猗猗。一聲慟哭猶無所，萬死酬恩更有時。夢裏天衢隘雲仗，人間雨泪變彤帷。關雎卷耳平生事，白首纍臣正坐詩。國士知。《東都事略》：蘇軾以詩得罪，知必死。慈聖太后違豫中聞之，謂神宗曰：「嘗憶仁宗以制科得軾兄弟，甚喜曰：『吾爲子孫得兩宰相。』今聞軾以作詩繫獄，得非仇人中傷之捃。至于詩，其過微矣。吾疾勢已篤，不可以冤濫致傷中和。」神宗涕泣，軾由是得免。纍臣坐詩。《烏臺詩案》：監察御史舒亶《劄子》：包藏禍心，訕讟慢罵，無復人臣之節，未有如軾者也。陛下發錢以本業貧民，則曰「贏得兒童語音好，一年強半在城中」。陛下明法以課試羣吏，則曰「讀書萬卷不讀律，致君堯舜知無術」。陛下興水利，則曰「東海若知明主意，應教斥鹵變桑田」。陛下謹鹽禁，則曰「豈是聞韶解忘味，邇來三月食無鹽」。其他觸物即事，無不以譏謗爲主。旁屬大臣緣以指斥乘輿，可謂大不恭矣。御史中丞李定《劄子》：軾自度不爲朝廷奬用，銜怨懷怒，恣行醜詆，見于文字。或有燕蝠之譏，或有竇梁之比，訕上罵下，法所不宥。

納蘭性德《陳氏禮記集説補正》卷三七《昏義》 教成，祭之，牲用魚，芼之以蘋藻，所以成婦順也。《集説》：「祭之者，祭所出之祖也。魚與蘋藻皆水物，陰類也，芼之爲羹也。」竊案：孔氏曰，祭之者，祭女所自出之祖也。此女出於君之高祖則祭高祖廟，出於君之曾祖則祭曾祖，以下皆然。女親行祭，《詩》云「誰其尸之，有齊季女」是也。君則使有司告之，若卿大夫以下則女主之宗子掌其禮也。鄭氏曰：掌其禮實，蘋藻爲羹菜。祭無牲牢，告事耳，非正祭也。其齊盛用黍云。《集説》不言祭者爲誰，告事之祭與正祭有別，故補之。

李塨《論語傳註》卷下 子路曰：「桓公殺公子糾，召忽死之，管仲不死，曰未仁乎？」子曰：「桓公九合諸侯，不以兵車，管仲之力也。如其仁！如其仁！」不忍人之謂仁，而仲忍於子糾之難而不死，故子路疑其未仁。子則謂：不忍於一人者小，不忍於天下者大。合，會合也。九，九次。魯莊公十三年，會北杏。傳曰：「以平宋亂。」蓋宋萬弑閔公，國人立桓公必尚，有未平者，故會諸侯以平之。十四年，會鄄，傳曰：「宋人背北杏之會，齊請師於周單伯，來會伐之，取成於宋而還。」十五年，又會鄄傳曰：「齊始霸也。」十六年，會盟於幽，傳曰：「十五年，諸侯爲宋伐其附庸郳以叛也，鄭人乃問之，而侵宋，故伐鄭。鄭成故同盟於幽。」二十有七年，又會盟於幽，傳曰：「陳、鄭服也。」僖元年，會檉，傳曰：「謀救鄭也，以楚伐鄭故。」二年盟貫，傳曰：「服江黃也。」楚之與國，三年會陽穀，以江黃遠，故又會，以固之。於是四年遂合諸侯以伐楚焉。五年，諸侯會王世子於首止，傳曰：「謀寧周也。」時周襄王爲世子，惠王欲廢之而立王子帶，故齊桓會以定之。七年會甯母，傳曰：「首止之會。」鄭伯聽惠王言，逃歸不盟。六年，桓公會諸侯伐之，七年春，齊又伐之，秋盟甯母以謀鄭，鄭殺其大夫申侯以說於齊，而使世子華來聽命。子華乃暗通於齊，請齊去其國之執政三族而求爲內臣。管子以爲子奸父命，不許。鄭伯德之，故八年盟洮，鄭伯乞盟。傳曰：「盟洮，謀王室也。」蓋時惠王崩，襄王慮子帶之難，不敢發喪，而告於齊，齊桓爲此會以定之，乃發喪。九年，會葵丘，蓋固王位也，故王賜齊桓胙。十有三年，會於鹹，傳曰：「淮夷病杞，且謀王室也。」十有五年，會盟於牡丘，傳曰：「徐受楚伐，救之。」十六年會淮，傳曰：「謀鄫以爲淮夷所病也。」共十五會，言九者，蓋北杏之會，平宋亂；十四年，鄄之會，會伐宋、盟洮，謀王室；會鹹，謀杞；牡丘，救徐；會淮，謀鄫；皆有兵車。除此六會，則不以兵車者九也。與舊註考究少異。夫會合諸侯，則尊王守禁而天下安；不以兵車，則征賦不煩，干戈不興，而民生遂。迨春秋既降，晉楚爭霸，悉索敝賦，而四國無寧日矣。下及戰國，日尋鋒刃而下民無生氣矣。如其仁，如其仁，按《左傳》、《史記》：魯莊公八年，齊襄公立無常，公子小白杜註：僖公庶子。傳鮑叔牙奉之出奔莒。亂作，公子糾杜註：小白庶兄。傳管仲、召忽奉之奔魯。襄公被弑，九年，公伐齊，納子糾。齊高國先陰召小白於莒，管仲別將兵遮莒道，射中小白帶鉤，小白佯死。管仲使人馳報魯，魯逆糾者行遲，六日，至齊，則小白已入，發兵拒魯，敗魯師。鮑叔帥師來言曰：「子糾，親也，請君討之。管、召，讎也，請受而甘心焉。」乃殺子糾於生竇，召忽死之。管仲請囚，鮑叔受之。及堂阜而稅之，歸而以告曰：「管夷吾治於高傒，使相可也。」公從之。

馮景《蘇詩續補遺》卷上《和穆父新凉》 家居妻兒號，出仕猿鶴怨。未能逐什一，安敢搏九萬。常恐樗櫟身，坐纏冠蓋蔓。受恩如負債，粗報乃焚券。但知眠牛衣，寧免刺虎圈。清風來既雨，新稻香可飯。紫蟹應已肥，白酒誰能勸。君今崔蔡手，政比張趙健。三公行可致，一語自先獻。幸推江湖心，適我魚鳥願。韓退之《進學解》：冬暖而兒號，寒年豐而妻嗁飢。《北山移文》：蕙帳空兮夜鶴怨，山人去兮曉猿驚。《漢書》楊惲《報孫會宗書》：糴賤販貴，逐什一之利。《南史》：宋劉伯龍，少而貧薄。及歷位尚書左丞，少府，武陵太守，貧窶尤甚。常在家，慨然召左右，將營什一之方。忽見一鬼在旁，撫掌大笑。伯龍歎曰：「貧窮固有命，乃復爲鬼所笑也。」遂止。《莊子・逍遙遊》：搏扶搖而上者九萬里。又：惠子謂莊子曰：「吾有大樹，人謂之樗。其大本擁腫，而不中繩墨。其小枝卷曲，而不中規矩。《人間世》：匠石之齊，至乎曲轅，見櫟社樹，其大蔽牛。匠伯不顧，曰：「散木也。」《漢書》：冠蓋相望《史記・孟嘗君傳》：問左右，何人可使收債於薛者？又：馮驩乃持券如前合之，能與息者，與爲期。貧不能與息者，取其券而燒之。《後漢・樊宏傳》：其素所假貸人間數百萬，遺令焚削文契。責家聞者皆慙，爭往償之。諸子從敕，竟不肯受。《漢・王章傳》：章疾病，無被，卧牛衣中。與妻決，涕泣。及爲京兆，欲上封事。妻止之曰：「人當知足，獨不念牛衣中涕泣時耶！」《漢・儒林傳》：轅固，齊人也。竇太后好老子書，召問固。固曰：「此家人言耳！」太后怒曰：「安得司空城旦書乎！」乃使固入圈擊彘。上假固利兵刺彘，正中其心，彘應手而倒。按：此乃刺彘，恐非虎圈，公蓋偶記《張釋之傳》「虎圈嗇夫」，及《郊祀志》「啇中虎圈」字耳。《後漢・崔瑗傳》：瑗，字子玉。高於文詞，尤善爲書、記、箴、銘。諸能爲文者，皆自以爲弗及。范曄《贊》：崔爲文宗，世禪雕龍。《蔡邕傳》：邕，字伯喈。博學，好辭章、數術、天文，妙操音律。范曄《贊》：邕實慕靜，心精辭綺。《唐・柳宗元傳》：雄深雅健，似司馬子長，崔、蔡不足多也。《漢・趙尹韓張兩王傳》班固《贊》曰：自孝武置左馮翊、右扶風、京兆尹，吏民爲之語曰：「前有趙張，後有三王。」《莊子》：魚相忘於江湖。

顧予咸等《温飛卿詩集箋注》卷八《宿雲際寺》 自從紫桂巖前別，不見南能直至今。補《傳燈錄》：六祖慧能大師姓盧氏，母感異夢，因有娠，六年乃生，毫光騰空。黎明有僧來，語曰：「此子可名慧能。惠者，以法惠濟衆生。能者，能作佛事。」語畢，不知所之。《舊唐書》：神秀同學僧慧能者，與神秀行業相埒。慧能住韶州廣果寺。神秀奏則天請迫慧能赴都，慧能固辭，曰：「吾南中有緣，不可違也。」竟不度嶺而死。天下乃散傳其道，謂神秀爲北宗，慧能爲南宗。

徐文靖《竹書統箋》卷八《周穆王二十四年》 二十四年，王命左史戎夫作記。箋按：《周書》曰：「穆王思保位爲難，恐貽世羞，欲自警悟，作史記。維正月，王在成周，昧爽，召三公左史戎夫曰：『今夕朕寤，遂事警予。』乃取遂事之要戒，俾戎夫言之，朔望以聞：信不行，義不立，則哲士陵君，政而生亂，皮氏以亡；諂諛日近，方正日遠，則邪人專國，政禁而生亂，華氏以亡；好貨財珍怪，則邪人進，邪人進則賢良日蔽而遠，賞罰無位，隨財而行，夏后氏以亡；嚴兵而不仁者，其臣懾，其臣懾而不敢忠，不敢忠則民不親，其吏刑始于親，遠者寒心，殷商以亡；樂專于君者，權專于臣，權專于臣則刑專于民，君娛于樂，臣爭于權，民盡于刑，有虞氏以亡；奉孤以專命者謀主必畏其威而疑其前事，挾德而責，數日疏，位均而爭，平林以亡；大臣有錮職譁誅者危，昔日質沙三卿朝而無禮，君怒而久拘之，譁而弗加，諸卿謀變，質沙以亡；外內相間，下撓其民，民無所附，三苗以亡；弱小在強大之間，存亡將由之，則無天命矣，不知命者死，有夏之方興也，扈氏弱而不恭，身死國亡；嬖子兩重者亡，昔者義渠氏有兩子，異母，皆重君，疾大臣，分黨而爭，義渠以亡；功大不賞者危，昔平州之功大而不賞，諂臣日賞，貴功日怒而生變，平州之君以走；出召遠不親者危，昔有林氏召離戎之君而朝之，至而不禮，留而勿親，離戎逃而去之，林氏誅之，天下叛林氏；昔者曲集之君伐智，而專事強力，而下賤其臣，忠良皆伏，愉州氏伐之，君孤而無使，曲集以亡；昔者有巢氏有亂臣而貴任之，以國假之，以權擅國而主斷，君已而奪之，臣怒而生變，有巢以亡；斧小不勝柯者亡，昔有鄶之君嗇儉，減爵損祿，羣臣卑讓，上下不臨，後君小弱，禁罰不行，重氏伐之，鄶君以亡；久空重位者危，昔有共工自賢，自以無臣，久空大官，下官交亂，民無所附，唐氏伐之，共工以亡；犯難爭擭疑者死，昔有林氏、上衡氏爭權，林氏再戰弗勝，上衡氏僞義弗剋，俱身死國亡；知能均而不親、並重事君者危，昔有南氏有二臣，貴寵，力鈞勢敵，競進爭權，下爭朋黨，君弗禁，南氏以分；昔有果氏好以新易故，故者疾怨新，故不和，內爭朋黨，陰事外權，有果氏以亡；爵重祿輕比□已不成者亡，昔有畢程氏，損祿增爵，羣臣貌匱，比而戾民，畢程氏以亡；好變故易常者亡，昔陽氏之君，自伐而好變，事無故業，官無定位，民運于下，陽氏以亡；業刑而愎者危，昔穀平之君，愎類無親，破國弗剋，業刑用國，外內相援，穀平以亡；武不止者亡，昔阪泉氏用兵無已，謀戰不休，并兼無親，文無所立，智士寒心，徙居至于獨鹿，諸侯叛之，阪泉以亡；佷而無親者亡，昔者縣宗之君佷而無聽，執事不從宗職者，疑發大事，羣臣解體，國無立功，縣宗以亡；昔者玄都賢鬼道，廢人事天，謀臣不用，龜策是從，神巫用國，哲士在外，玄都以亡；文武不行者亡，昔西夏性仁非兵，城郭不修，武士無位，惠而好賞，屈而無以賞，唐氏伐之，城郭不守，武士不用，西夏以亡；美女破國，昔者績陽強力四征，重丘遺之美女，績陽之君悅之，熒惑不治，大臣爭權，遠近不相聽，國分爲二；宮室破國，昔者有洛氏，宮室無常，池囿廣大，工巧日進，以後更前，民不得休，農失其時，饑饉無食，成湯伐之，有洛以亡。」

任啓運《宮室考》卷上 天子之雉，闕門兩觀。諸侯之雉，臺門一觀。天子外闕，諸侯內闕。何註。天子雉門兩旁築土爲臺，而虛其中，望之闕然，故謂之闕。臺上有屋，懸國典以示人，巍然而高，故謂之象魏，以其示人，故謂之觀。諸侯不爲兩觀，惟于門上爲觀，故但謂之臺門。天子之闕向外開張，所治遠也，諸侯之闕向內開張，所治近也。闕以內有宗廟，有社稷。闕以外有府，有庫。殷之時右宗廟左社稷，周之時右社稷左宗廟，故魯以亳社爲廟屏。天子有六府有五庫，諸侯未詳，魯惟見有長府而已。廟社在內，尊而重之也，府庫在外，輕財故遠之也。右觀《周禮》正月之吉，懸治象之法于象魏，使萬民觀治象，挾日而斂之。《大宰》挾日，十日也。斂之，仍藏于象魏之室。《竹書》成王二十一年，除治象。康王二十一年，魯築茅闕門。昭王元年，復設象魏。按：此則魯之有兩觀，因周廢象魏而作，後周復而魯仍之不革耳。《春秋》定公二年，夏，雉門及兩觀災。冬，新作雉門及兩觀。哀公三年，夏，司鐸火。季桓子至，命御公立于象魏之外，命救火者傷人則止，財可爲也。命藏象魏，曰：舊章不可亡也。據此則知府庫與象魏相接，舊章在象魏之室，命徙他處而藏之。記仲尼與于蜡賓，事畢，出遊于觀之上。《禮運》孔曰：孔子出廟門往雉門。禮送女母不出祭門，諸母兄弟不出闕門。《穀梁傳》范氏甯曰：祭門，廟門。闕即觀也，在廟門外。按：鄭氏舊說廟社在庫門內。秦蕙田謂在雉門內，證此二書，則秦說是也。且以廟社位庫門內，而季桓子財可爲也

之語亦無謂矣，故斷從雉門內。傳設兩觀，天子之禮也。《公羊傳》天子諸侯臺門，此以高爲貴也，家不臺門，言有稱也。《禮器》

陳景雲《韓集點勘》卷五《石鼓歌》 歌中叙元和初爲博士，嘗告祭酒以石鼓所在，勸其移置太學，惜未之從，故有中朝大官二句。歐公《集古録》云：「石鼓在今鳳翔孔子廟。先時散棄於野，鄭餘慶始置於廟」。按：餘慶帥鳳翔在元和九年，乃韓子作詩後事。竊因歐公之言詳考之，知韓公前此所告之祭酒，即餘慶也。公爲博士之歲，餘慶以故相爲祭酒，故曰中朝大官。餘慶爲祭酒三月，旋拜尹洛之命，意其涖官日淺，故公所請未及施行耶。至遷鎮鳳翔，即有移置孔廟事，蓋理公前語也。然則石鼓之得久存於世，不至銷蝕埋沒如公詩所嘆者，固出自鄭相收拾之力，而亦公在太學有以啓之耳。先儒作石鼓考者，如王厚之、鄭漁仲諸公，皆援據該博，而初不言鳳翔移置事，自公發其端，故表而出之。

吴兆宜《徐孝穆集箋注》卷一《檄周文》 大都督吴明徹台司上將德茂勳高，威著荊湘，《本傳》：宣帝詔授明徹都督、湘州刺史，仍與征南大將軍淳于量等討平華皎。化聞庸蜀。《本傳》：文帝詔以明徹爲江州刺史。《隋書》：梁州隆山郡隆山縣。注：舊曰犍爲，置江州。叱咤而平宿豫，吹噓而定壽陽。《漢韓信傳》：項王喑啞叱咤，千人皆廢。《隋書》：徐州下邳郡宿豫縣。注：舊置宿豫郡。《後漢・鄭泰傳》：孔公緒噓枯吹生《隋書》：揚州淮南郡領壽春縣。按：壽陽，晉郡名，治壽春縣。樹屏曰：《後漢皇甫嵩傳》：閻忠曰：指撝足以振風雲，叱咤可以興雷電。《陳宣帝紀》：太建五年三月，以開府儀同三司吴明徹都督征討諸軍事，略地北邊。冬十月，吴明徹克壽陽城，斬王琳，傳首建業。《本傳》：齊遣王琳拒守也。七年進攻彭城，軍至呂梁，又大破齊軍。八年進位司空。

又卷四《長干寺衆食碑》 法師常願以智慧火燒煩惱薪。《華嚴經》：智慧火令衆生離障礙苦，皆得具足。文殊《問經》：住家者爲煩惱所燒，出家者滅煩惱火。普施衆生，同餐甘露。《四分律・天帝釋》：便作是念，我今令王慧燈以此瘡死者，甚非所以，當以天甘露灌其身上，瘡即平復。況復安居自恣，《經律・異相》：精舍告成白王，遣使請佛安居。願學高年。或次第於王城，《法苑・珠林》：食中有六者，一乞食；二次第；三不作餘食法食；四一坐食；五一團食，亦名節量食；六中後不飲漿。《雜阿含經》：爾時，世尊晨朝著衣持鉢，共諸比邱入王舍城乞食。猶棲遑於貧里。後漢・徐穉傳》：謂茅容曰：爲我謝郭林宗，何爲棲棲，不遑寧處。《維摩詰經》：憶念我昔於貧里而行乞時。迦留乞麫，若用神通。《十誦律》：佛在舍衛國時，有長老迦留陀夷得阿羅漢道，持鉢入城乞食。到一婆羅門舍，主人不在，婦閉門作煎餅。迦留陀夷比邱即入禪定起通，從外地沒，涌出中庭，乃以指彈。婦即語夷言：「縱使眼脫，我亦不與。」而以神力即兩眼脱出。復念：「縱出眼如椀，我亦不與。」即變眼如椀。復念：「縱若倒立我前，我亦不與。」即於前倒立。復念：「縱汝若死，我亦不與。」即入滅。受想定心，想皆滅，無所覺知，即語比邱言：「汝若活者，我施與一餅。」迦留陀夷便出於定，婦更刮盆邊即一小麫煎之。迦留語言：「我不須是餅，爲說法妙。」即於座上得法眼淨，作優婆夷。須提請飯，致遺豪貴。

又《庾開府集箋注》卷七《周使持節大將軍廣化郡開國公丘乃敦崇傳》 自永安以來，魏室大壞，海水羣飛，見《宗廟歌》。天星亂動。見《進赤雀表》。禮樂征伐，不出於人主。舉賢誅暴，議在於強臣。高丞相驅率風雲，奄荒齊晉。我舅氏文皇帝駕馭龍虎，據有周秦。見《宗廟歌》。南北渝盟，見《移齊文》。東西敵怨。見《駕平鄴表》。既而各受《圖》《書》，《繫辭》：河出《圖》，洛出《書》。並當圭璧。《左傳》：楚共王無冢適曰：「當璧而拜者，神所立也。」乃與巴姬密埋璧於太室之庭，使五人齊而長入拜，康王跨之，靈王肘加焉。子干、子晳皆遠之。平王弱，抱而入，再拜，皆壓紐。百姓則父南子北，兄東弟西。事主則憂親，求生則慮禍。大周親戚，偏鍾塗炭。輸之城旦，《漢・惠帝紀》：當爲城旦舂者，皆耐爲鬼薪白粲。下之織室。《漢・外戚傳》：薄姬內魏宮，漢使曹參等虜魏王豹，以其國爲郡，而薄姬輸織室。關河嚴隔三十餘年，天厭喪亂，人思反德。范曄《漢光武贊》：天厭喪亂，神思反德。彼之風塵，既靜函谷。此之冠蓋，屢涉漳濱。中山冤枉之餘，代郡凋殘之澤。並遇革音，咸蒙禮送。《周書・邵惠公顥傳》：顥，太祖之長兄也。與衛可孤戰，歿。子什肥留晉陽，爲齊神武所害，保定初謚曰景。子冑，景公之見害也，以年幼下蠶室。天和中，與齊通好，冑始歸關中，襲爵邵公。《文帝紀》：天興初，徙豪傑於代都，陵隨例遷武川。陵生系，系生韜，韜生肱。肱避地中山，遂於鮮于修禮。修禮令肱還，統其部衆，後爲定州軍所破，歿於陣。武成初，追尊曰德皇帝。太祖，德皇帝之少子。《北史・段韶傳》：宇文護母閻氏，慶之姑也，先配中山宮周晉蕩公。《護傳》：護，邵惠公顥之少子。先是，護母閻姬與皇第四姑，及諸戚屬並沒在齊，皆被幽縶，至是並許還朝。保定四年，皇姑先至。齊主以護權重，乃留其母，仍令人爲閻作書報護曰：「天地隔塞，子母異所。三十餘年存亡斷絶，肝腸之痛，不能自勝。想汝悲思之懷，復何可處！吾自念十九入汝家，今已八十矣。既逢喪亂，倍嘗艱阻。恆冀汝等長成，得見一日安樂。何罪罪釁深重，存歿分離。吾凡生汝輩三男三女，今日目下不覩一人。興言及此，悲纏肌骨。賴皇齊恩卹差安，衰暮又得汝楊氏姑及汝叔母紇干、汝嫂劉新婦等同居，頗亦自適。但爲微有耳疾，大語方聞，行動飲食幸無多恙。今大齊聖德遠被，特降鴻慈。既許歸吾於汝，又聽先致音耗。積稔長悲，忽然獲展，此乃仁侔造化，將何執德！汝與吾別之時，年尚幼小，以前家事，或不委曲。昔在武川鎮生汝兄弟，大者屬鼠，次者屬兔，汝身屬蛇。鮮于修禮起日，吾之闔家大小先在博陵郡住。相將欲向左人城，行至唐河之北，被定州官軍打敗，汝祖及二叔時俱戰亡，汝叔母賀拔及兒元寶，汝叔母紇干及兒菩提并吾與汝六人同被擒捉，入定州城。未幾，間將吾與汝送與元寶掌賀拔紇干各別分散。寶掌見汝云：「我識其祖翁，形狀相似。」時寶掌營在唐城內經停三日，寶掌所掠得男夫婦女可六七十人，悉送向京，吾時與汝同被送限。至定州城南夜宿，同鄉人姬庫根家茹茹奴望見鮮于修禮營火，語我云：我今走向本軍。既至營，遂告我輩在此，明旦日出汝叔將兵，邀截吾及汝等還得回營。汝時年十二，共我並乘馬隨軍，可不記此事緣由也！於後吾汝在受陽住時，元寶菩提及汝姑兒賀蘭、盛洛并汝身四人同學，博士姓成，爲人嚴惡，汝等四人謀欲加害。吾汝共叔母等聞之，各捉其兒打之。唯盛洛無母，獨不被打。其後尒朱天柱亡歲，賀拔阿斗泥在關西，遣人迎家。累時汝叔亦遣奴來富迎汝及盛洛等。汝時著緋綾袍、銀裝帶。盛洛著紫織成纈，通身袍黃綾裏，並乘騾同去。盛洛小於汝，汝等三人呼我作阿摩敦。如此之事，當分明記之耳。今又寄汝小時所著錦袍表一領，至宜檢看，知吾含悲戚，多歷年祀，屬千載之運，逢大齊之德，矜老開恩，許得相見。一聞此言，死猶不朽，況如今者勢必聚集。禽獸草木，母子相依，吾有何罪，與汝分離。今復何福，還望見汝，言此悲喜，死而更蘇。世間所有，求皆可得，母子異國，何處可求？假汝貴極王公，富過山海，有一老母八十之年，飄然千里，死亡旦夕，不得一朝暫見，不得一日同處，寒不得汝衣，飢不得汝食，汝雖窮榮極盛，光耀世間，汝何用爲？於吾何益？吾今日之前，汝既不得申其供養，事往何論？今日以後，吾之殘命惟繫於汝爾！戴天履地，中有鬼神，勿云冥昧，而可欺負？汝楊氏姑，今雖炎暑，猶能先發。關河阻遠，隔絶多年，書依常體，慮汝致惑。是以每存款質，兼亦載吾姓名，當識此理，不以爲怪。」護報書齊朝不即發遣，更令與護書要護重報，往返再三，而母竟不至。朝議以其失信，令有司移齊移書未送而母至，舉朝慶悦，大赦天下。《周賀蘭祥傳》：祥字盛洛，家武川。父初眞尚太祖姊建安長公主。祥年十一而孤，居喪合禮。長于舅氏，特爲太祖所愛，阿斗泥賀拔岳字也。

張廷玉《資治通鑑綱目三編》卷二一 ［明世宗嘉靖九年］冬，十一月，更定孔廟祀典，尊孔子曰至聖先師。張璁言：「先師祀典有當更正者，叔梁紇乃孔子之父，顔路、曾皙、孔鯉乃顔、曾、子思之父，三人配享廟庭，紇及諸父從祀兩廡，原聖賢之心豈安。請於大成殿後别立室祀叔梁紇，而以顔路、曾皙、孔鯉配之。」帝以爲然，因言：「聖人尊天與尊親同，今籩豆十二，牲用犢，全用祀天儀亦非正禮，其謚號、章服悉宜改正。」命禮部會翰林諸臣議，編修徐階以爲不可改，帝怒，謫階官。乃御製《正孔子祀典説》，宣付史館。張璁因作《正孔子廟祀典》，或問奏之帝，以爲議論詳正，并令禮部集議。御史黎貫等言：「太祖初，正祀典，天下嶽瀆，諸神皆去其號，惟先師孔子如故，良有深意。陛下疑孔子之祀，上擬祀天之禮，夫子之不可及也，猶天之不可階而升，雖擬諸天亦不爲過。自唐尊孔子爲文宣王，已用天子禮樂，宋儒皆無異詞，其辨孔子不當稱王者止元吳澄一人而已。伏望博考羣言，務求至當。」時貫疏中言莫「尊於天地亦莫尊於父師，陛下敬天尊親，不應獨疑孔子王號爲僭」，帝因大怒，疑貫借此以斥其追尊皇考之非，詆爲奸惡不法，司會訊，褫其職。給事中王汝梅等亦極言不宜去王號，帝皆斥爲謬論。於是禮部會諸臣議：人以聖人爲至，聖人以孔子爲至，宋眞宗稱孔子爲至聖，其意已備。今宜於孔子神位題「至聖先師」，孔子去其王號及大成文宣之稱，改大成殿爲先師廟，大成門爲廟門。其四配稱復聖顔子，宗聖曾子，述聖子思子，亞聖孟子。十哲以下凡及門弟子皆稱先賢某子，左邱明以下皆稱先儒某子，不復稱公、侯、伯，遵太祖首定南京國子監規制。製木爲神主，其塑像即令屏撤。春秋祭祀遵國初舊制，十籩十豆，天下各學八籩八豆，樂舞止六佾。至從祀之賢，不可不考其得失。申黨即申棖，釐未其一，公伯寮、秦冉、顔何、荀況、戴聖、劉向、賈逵、馬融、何休、王肅、王弼、杜預、吳澄罷祀，林放、蘧瑗、盧植、鄭衆、鄭元、服虔、范甯各祀於其鄉，后蒼、王通、歐陽修、胡瑗宜增入，命悉如議行。行人薛侃議進陸九淵從祀，帝亦從之。於時兩廡從祀凡九十一人，而敕天下學官别建啓聖公祠，春秋祭祀，與文廟同日，遂爲定制。

茅星來《近思録集注》卷二 孫思邈曰：膽欲大而心欲小，智欲圓而行欲方。邈，莫角切。行，去聲。思邈，唐京兆華原人。按《新唐書》盧照隣師事孫思邈，照隣有惡疾不可爲，感而問曰：「高醫愈疾奈何？」思邈曰：「天有四時五行，人有四支五臟，陽用其形，陰用其精，天與人一也。其結陷奔竭，而成爲災異，發爲疾病，亦天與人一也。高醫導以藥石，救以欽劑。聖人和以至德，輔以人事。故體有可愈之疾，天有可振之災。」照隣問：「人事奈何？」曰：「心爲之君，君尚恭故欲。《小詩》曰：『如臨深淵，如履薄冰。』小之謂也。膽爲之將，將以果決爲務，故欲《大詩》曰：『赳赳武夫，公侯干城。』大之謂也。仁者靜地之象，故欲方。《傳》曰：『不爲利回，不爲義疚。』方之謂也。智者動天之象，故欲圓。《易》曰：『見幾而作，不俟終日。』圓之謂也。此蓋程子特撮其大旨如此。」愚按：必先心之小，而後可出以膽之大，不然，未有不流爲狂妄者。必先行之方，而後可運以智之圓，不然，未有不入於機變者，又不可以不知也。王伯厚曰：「心欲小，志欲大；智欲圓，行欲方。」蓋文子書有之。

浦起龍《史通通釋》卷八《内篇・人物》 夫人之生也，有賢不肖焉。若乃其惡可以誡世，其善可以示後，而死之日名無得而聞焉，是誰之過歟？蓋史官之責也。釋：此篇前半以「有關法戒之人當見史冊」爲説。觀夫文籍肇剏，史有《尚書》，知遠疏通，綱羅歷代。至如有虞進賢，時宗元凱；夏氏中微，國傳寒浞；殷之亡也，是生飛廉、惡來；周之興也，實有散宜、閎夭。若斯人者，或爲惡縱暴，其罪滔天；或累仁積德，其名蓋世。雖時淳俗質，言約義簡，此而不載，闕孰甚焉。洎夫子修《春秋》，記二百年行事，《三傳》並作，史道勃興。若秦之由余、百里奚，越之范蠡、大夫種，魯之曹沫、公儀休，齊之甯戚、田穰苴，斯並命代亦作「世」。天才，挺生傑出。或陳力就列，功冠一時；或殺身成仁，聲聞四海。苟師其德業，可以治國字人；慕其風範，可以激貪勵俗。此而不書，無乃太簡。釋：首以《尚書》、《春秋》有闕開端。又子長著《史記》也，馳騖窮古今，上下數千載。至如皐陶、伊尹、傅說、仲山甫之流，並列經誥，名存子史，功烈尤顯，事迹居多。盍各採而編之，以爲列傳之始，而斷以夷、齊居首，何齷齪之甚乎？其言與《探賾》篇不相顧。既而孟堅勒成《漢書》，牢籠一代，至於人倫大事，亦云備矣。其間若薄昭、楊僕、顔駟、史岑之徒，其一脫「其」字。事所以見遺者，蓋略小而存大耳。夫雖逐麋之犬，不復顧兔，而鷄肋是棄，能無惜乎？當三國異朝，兩晉殊宅，若元則、仲景時才重於許、洛；何楨、許詢，文雅高於楊、豫。而陳壽《國志》、王隱《晉史》，廣列諸傳，而遺此不編。此亦網漏吞舟，過爲迂濶者。釋：以上述馬、班、壽，隱諸史列傳有闕。觀東漢一代賢明婦人，如秦嘉妻徐氏，動合禮儀，言成規矩，毁形不嫁，哀慟傷生，此則才德兼美者也；董祀妻蔡氏，載誕胡子，受辱虜廷，文詞有餘，節槩不足，此則言行相乖者也。至蔚宗《後漢》，傳標《列女》，徐淑不齒，而蔡琰見書。欲使彤管所載，將安準的？釋：此補述《後漢書》取舍失當也。文當列三國、兩晉之前，緣是婦女，故另綴焉。裴幾原刪略宋史，時稱簡要。至如張禕陰受君命，戕賊零陵，乃守舊作「宗」。道一作「通」。不移，飲鴆而絶。雖古之鉏麑義烈，宣二何以加諸？鮑昭文宗學府，馳名海內，方于漢代褒、朔之流。事皆闕如，何以申其褒獎？釋：此述子野《宋略》傳亦有闕也。此處截。上言當傳而不立傳者，下言不必專傳而傳者。夫天下善人少而惡人多，其一有有字。書名竹帛者，蓋唯記善而已。故太史公有云：自獲麟以來，四百餘年，明主一無「明、主」二字。賢君、忠臣死義之士，廢而不載，余甚懼焉。」即其義也。至如四凶列於《尚書》，三叛見於《春秋》，西漢之紀江充、石顯，東京之載梁冀、董卓，此皆干紀亂常，存滅興亡所繫。一本此三句中「干」作「千」，無「亂」字、「滅」字。既有關時政，故不可闕書。釋：此段轉關。書善虛運，書惡實拈，皆有關國紀，故不可闕載耳。是引下之辭。但近史所刊，有異於是。至如不才之子，羣小之徒，或陰情醜行，或素餐尸祿，其惡不足以曝揚，其罪不足以懲戒，莫不搜其鄙事，聚而爲錄，不其穢乎？釋：近史則庸碌宵小亦書，不足示戒矣。抑又聞之，十室之邑，必有忠信；而斗筲之才，何足算也。若《漢》傳之有傅寬、靳歙，《蜀志》之有許慈，《宋書》之虞丘進，魏史之王憲，若斯數子者，或才非拔萃，或行不軼羣，徒以片善取知，微功見識，闕之不足爲少，書之唯益其累。而史臣皆責其譜狀，徵其爵里，課虛成有，裁爲列傳，不亦煩乎？釋：近史於尋常流品亦書，不足示勸矣。語曰：「君子於其所不知，蓋闕如也。」故賢良可記，而簡牘無聞，斯乃詧所不該，謂明不能遍。理無足咎。至若愚智畢載，妍媸靡擇，此則燕石妄珍，齊竽混吹者矣。夫名刊史冊，自古攸難；事列《春秋》，哲人所重，筆削之士，其慎之哉！釋：單收後半不必專傳者一截。按：以書善、書惡植史體，以勸善、懲惡宏史才。若善不足以勸，惡不足以懲，則其用無所施，而於體不宜褻。乃史或闕書焉，或濫書焉，兩皆失之，論非不讜也。雖然，談何容易。非矢質鬼神之公心，而炳俟百世之明識，其孰能與於斯？兩截臚列，或荒遠，或細碎，舉之恐不勝舉，與《品藻》篇一類，不免翰墨煩勞。

元凱：《左・文十八》：昔高陽氏有才子八人：蒼舒、隤凱、檮演、大臨、尨降、庭堅、仲容、叔達，天下之民謂之「八愷」。高辛氏有才子八人：伯奮、仲堪、叔獻、季仲、伯虎、仲熊、叔豹、季貍，天下之人謂之「八元」。此十六族也，世濟其美。舜臣堯，舉八愷使主后土，以揆百事；舉八元使布五敎於四方。

寒浞：《左・襄四》：昔有夏之方衰也，后羿因夏民以代夏政，而淫於原獸，棄武羅、伯因、熊髡、尨圉而用寒浞。寒浞，伯明氏之讒子弟也，行媚於內而施賂於外，樹之詐慝，以取其國家。

飛廉惡來：《秦本紀》：伯翳之裔中潏在西戎，保西垂，生蜚廉。蜚廉生惡來。惡來有力，蜚廉善走，父子俱以材力事紂。

散宜閎夭：按：散、閎二人，明列《尚書・君奭》篇，《史通》乃與元凱等同以闕載爲疑，疎矣。

由余：《秦本紀》：由余，其先晉人也。亡入戎。戎聞繆公賢，故使由余觀秦。秦繆公示以宮室、積聚，由余曰：「使鬼爲之，則勞神矣；使人爲之，亦苦民矣。」繆公怪之，由余笑曰：「夫戎夷上含淳德，以遇其下；下懷忠信，以事其上。不知所以治此，此眞聖人之治也。」於是繆公懼，以女樂遺戎王，間由余，由余降秦。

百里奚：《史記・秦本紀》云：「晉獻公滅虞、虢，虜虞君與其大夫百里傒，以爲秦穆公夫人媵於秦。」按《左傳》之言媵秦穆姬者爲井伯，無百里奚之名。唯僖十三，晉人來乞糴，有「秦伯問百里與之」一語，亦無奚名。

蠡種：《外傳・越語》：越王勾踐即位三年，興師伐吳，不勝，棲於會稽。王使大夫種行成於吳，曰：「蠡爲我守於國。」范蠡對曰：「四封之內，百姓之事，蠡不如種；四封之外，敵國之制，主斷其事，種不如蠡。」四年，伐吳。居軍三年，遂滅吳。

曹沬：按：《刺客傳》：曹沬，魯人，於魯莊、齊桓之時，有戰敗會柯刼盟之事。而《公羊》書盟柯，手劒，曹子無名。《左》、《穀》則名曹劌，又皆無刼桓事。故曰《三傳》不書曹沬。

公儀休：趙岐《孟子》注，案：《史記》云：公儀休，魯博士，以高第爲魯相。奉法循理，無所變更。百言自正，使食祿者不得與民爭利，受大者不得取小。按：事又見董子《賢良策對》。

甯戚：《管子・小稱》篇：桓公、管仲、鮑叔牙、甯戚，四人飲。鮑叔奉杯而起曰：「使公毋忘如莒時也；官子毋忘束縛在魯也；甯戚毋忘飯牛車下也！」按：《呂覽》、《淮南》並云：擊牛角疾歌。注曰：「歌《碩鼠》也。」而《呂》作「甯戚」，《淮南》作「甯越」，至應劭述歌，又別歌曰：「南山矸，白石爛，生不遭堯與舜禪。短布單衣適至骭，從昏飯牛薄夜半，長夜漫漫何時旦？」三書互異，識以備考。

田穰苴：《史記》本傳：司馬穰苴者，田完之苗裔也。齊景公時，晏嬰乃薦曰穰苴，曰：「穰雖田氏庶孽，然其人文能附衆，武能威敵，願君試之。」景公召穰苴，與語兵事，大說之。以爲將軍，將兵捍燕、晉之師。

薄昭：附見《外戚薄姬傳》：高后崩，迎立代王爲皇帝，封太后弟昭爲軹侯。又見《淮南王傳》：淮南厲王忞，不用漢法。時帝舅薄昭爲將軍，尊重，上令昭予厲王書，諫數之。

楊僕：《酷吏傳》：僕以千夫爲吏。南越反，拜樓船將軍，有功，封將梁侯。按：僕非附傳，不得云「見遺」。

顔駟：《文選》張衡《思玄賦》云：「尉尨眉而郎潛兮，逮三葉而遘武」注：《漢武故事》：孝武遇郎署，見一郎鬢眉皓白，問：「何其老也？」對曰：「臣顔駟。文帝好文，臣好武；景帝好老，臣尚少；陛下好少，臣已老。是以三葉不遇。上擢爲都尉。」

史岑：參《雕龍》、《選注》。雕龍云：「武仲之美顯宗，史岑之述熹后。」《選注》：漢有兩史岑。一在王莽末，字子孝。《東觀漢記》：東平王蒼上《光武中興頌》，明帝問「可與誰等？」校書郎對「前世史岑之比者」是也。其一頌和熹鄧后者，字孝山，在莽後百有餘年。書典散亡，莫詳爵里。《集林》諸家，以孝山之文載於子孝之集。范曄遂謂：王莽末，沛國史岑，字孝山，以文顯，誤也。按：《選注》見《出師頌》。《史通》所列，則莽末字子孝者是。

元則：《魏志》附見《曹爽傳》。裴《注》：魏略曰：桓範，字元則。曹爽輔政，以範鄉里老宿，特敬之。及宣王起兵，範南見爽，勸爽兄弟以天子詣許昌，徵四方以自輔，「卿別營在闕南，呼召如意，所憂在穀食，而大司農印章在我身。」爽不從。及宣王收範，持之甚急。範謂郜官曰：「徐之，我亦義士耳！」遂送廷尉。《魏氏春秋》曰：範哭謂爽曰：「曹子丹佳人，生汝兄弟犢耳！何圖今日坐汝族滅？」

仲景：遍撿《三國》裴《注》絶無其人。劉意豈謂張仲景耶？皇甫謐《釋勸》：華陀存精於獨識，仲景垂妙於定方。羔仲景醫聖，與陀齊名。《隋志・方書》亦二人連載，並注漢人，漢末魏初也。而陳壽止傳華陀，不及仲景。知幾特舉出之，理或然耶！《讀書志》：《名醫錄》云：仲景，南陽人，名機，舉孝廉，官長沙太守。著《傷寒論》二十二篇，證合內外三百九十七法、一百一十二方，《書錄解題》：仲景文辭，簡古奧雅，古今治傷寒未有能出其外者。按：《史通》云：「名重許洛」，地亦合。

何楨：張隱《文士傳》：何楨，字元幹，有文學，器幹甚偉，歷幽州刺史、廷尉。楨子龕、勗、惲，多至大官，自後累世昌阜。《晉書・何充傳》：充，字次道，魏光祿大夫，楨之曾孫也。

許詢：《世說文學》：許掾，年少時，人比王苟子，許大不平。時諸人士及支法師並在會稽西寺講，王亦在焉。許便往與王論理，遂大屈，許復執王理，王執許理，更相覆疏，王復屈支，從容曰：「何至相苦耶？」按：許掾即詢也，字玄度。劉惔嘗云：「清風明月，恨無玄度。」苟子，王修小字。又按：《新晉書》錯見孫綽、郗愔及諸王、謝傳。

秦嘉妻徐：《玉臺新咏》：秦嘉《贈婦詩》序云：嘉爲上郡掾，妻徐淑寢疾，還家，不獲面別，贈詩云爾。淑荅詩，略云：妾身兮不令，感疾兮來歸；曠廢兮侍覲，情敬兮有違。君今兮奉命，遠適兮京師；悠悠兮離別，夢想兮容輝；恨無兮羽翼，高飛兮相追。《藝文類聚》：淑復嘉書云：昔詩人有飛蓬之感，班姬有誰榮之嘆。素琴明鑑，當待君還。未奉光儀，寶釵不列。《丹鉛錄》：予觀《藝文》、《玉臺》二書，見東漢婦人徐淑與夫書及詩，皆麗則可誦。《幽明錄》：淑晝卧，流涕，嫂問之，曰：「適見嘉自說往津亭鄉病，亡一客賫書還，日中當至。」舉家大驚。書至事如夢。

董祀妻蔡：《後漢・列女傳》：陳留董祀妻者，同郡蔡邕之女也。名琰，字文姬，博學有才辯，又妙於音律。適河東衛仲道。夫亡，無子。興平中，天下喪亂，爲胡騎所獲，沒於南匈奴左賢王。在胡中生二子。曹操素與邕善，遣使者以金璧贖之，而重嫁於祀。

張禕：《晉書・忠義傳》：張禕，吳郡人，少有操行。恭帝踐祚，劉裕以禕帝之故吏，素所親信，封藥酒一甖，付禕密令，鴆帝。禕既受命，歎曰：「鴆君求生，何面目視息世間哉？不如死也。」因自飲之而死。按：《宋書》則於其子《暢傳》見之。

史，體自應爾，可無闕如之譏。

鮑昭：《宋書・臨川王傳》：義慶爲宗室之表，招聚文學之士東海鮑照等，引爲佐使。照，字明遠，文辭贍逸，爲《河清頌序》，甚工。世祖好爲文章，自謂物莫能及。照悟其旨，爲文多鄙言累句，當世咸謂照才盡，實不然也。按：唐人避武后諱曌，多作「鮑昭」。

三叛：《左・昭三十一》：齊豹爲衛司寇，作而不義，其書爲「盜」，邾庶其、莒牟夷、邾黑肱，以土地出，不求其名賤，而必書，所以懲肆而去貪也。《春秋》書齊豹曰：盜，三叛人名，以懲不義，其善志也。

傅靳：《漢書》，樊、酈、夏侯、灌、傅、靳、周同傳。按：「傅靳」恐當作「傅周」，蓋七人中叙功惟傅寬、周緤事最少也。

許慈：《蜀志》本傳：慈，字仁篤。又有胡潛，字公興，並爲博士，典掌舊文。更相克伐，書籍有無，不相通借，時尋楚撻。其矜已妬彼至於此。

虞丘進：《宋書》本傳：進，累戰有功，封望蔡縣男，除宋臺令書。史臣曰：諸將起自豎夫，心一乎主，百死而不顧，遂饗封侯之報。

王憲：《魏書》本傳：憲，字顯則，北海劇人。歸誠，太祖見之，曰：此王猛孫也。厚禮待之，進爵劇縣侯，卒年八十九。《北史》：「憲」作「憓」。

燕石：《闞子》：宋之愚人得燕石梧臺之側，藏之，以爲大寶。周客聞而觀焉，革匱十重，緹巾十襲，客見之掩口盧胡而笑曰：此燕石也，與瓦甓同。

齊竽：《韓子・內儲說》：一聽則愚智不分，責下則人臣不參，其說在吹竽。齊宣王使人吹竽，必三百人。南郭處士爲王吹竽，王說之。宣王死，湣王立，好一一聽之，處士逃。

江永《禮書綱目》卷三《嘉禮五・冠昏記》補：

大宗伯。以嘉禮親萬民，以昏冠之禮親成男女。親其恩，成其性。《春官》。黨正。凡其黨之昏、冠，教其禮事，掌其禁戒。其黨之民。《地官》。男子二十而冠，冠而列丈夫，三十而娶。女子十五而許嫁，二十而嫁。禮：二十而冠，冠而在丈夫之列。譙周曰：「國不可久無儲貳，故天子諸侯十五而冠，十五而娶，娶必先冠，以夫婦之道，王教之本，不可以童子之道治之。禮：十五而成童，以次成人，欲人君之早有繼體，故因之以爲節。《書》稱『成王十五而冠』，著在《金滕》。《周禮・媒氏》曰：『令男三十而娶，女二十而嫁。』《內則》曰：『女子十五而笄。』說曰：『許嫁也。』是故男自二十以及三十，女自十五以及二十，皆得以嫁娶，先是則速，後是則晚。凡人嫁娶，或以賢淑，或以方類，豈但年數而已。若必差十年乃爲夫婦，是廢賢淑方類，苟比年數而已，禮何爲然哉？則三十而娶，二十而嫁，說嫁娶之限，蓋不得復過此爾。故舜年三十無室，《書》稱曰鰥。《周禮》云：女子年二十未有嫁者，『仲春之月，奔者不禁』。奔者，不待禮聘因媒請嫁而已矣。」甯謂禮爲夫之姊妹服，長殤年十九至十六。如此，男不必三十而娶，女不必二十而嫁明矣。此又士大夫之禮。文十二年《穀梁傳》。五廟之孫，祖廟未毀，雖爲庶人，冠、娶妻必告。告於君也。《文王世子》。

右通論。二月：綏多士女。綏，安也。冠子娶婦之時也。《夏小正》。

始冠緇布冠，自諸侯下達，冠而敝之可也。本太古耳，非時王之法服也。玄冠朱組纓，天子之冠也。緇布冠繢緌，諸侯之冠也。皆始冠之冠也。玄冠，委貌也。諸侯緇布有緌，尊者飾也。繢，或作繪。緌，或作蕤。《玉藻》。公冠，自爲主。《家語》作「公冠，則以卿爲賓，無介，公自爲主。」迎賓，揖升自阼，立於席。公堂深，異於士。《家語》席下有「北」字。既醴，降自阼。君尊，故其降也，不使就賓階也。《家語》此句上有「其醴也，則如士，饗之以三獻之禮」字。其餘自爲主者，其降也自西階，以異。不敢終於正。《家語》作「諸侯非公而自爲主者，其所以異，皆降自西階。」其餘皆公同也。爲迎賓升阼之等。《家語》無此句。公玄端與皮弁，皆韠，玄端，緇布冠及玄冠之服也。《家語》無「公」、「皆韠」字，下有異字，疑是韠字之誤。朝服素韠。玄端，諸侯之服，皮弁，天子朝服。韠從裳色，皆素也。公冠四加玄冕。四當爲三，玄當爲袞字之誤。《家語》冕下有「祭」字。饗之以三獻之禮，饗賓也，士於賓以一獻之禮。《家語》屬上文。無介。於饗而贊冠者退爲衆賓者，君禮於臣本無介矣。《家語》在卿爲賓之下。無樂，亦饗時也。冠者成人代父，始宜盡孝子之感，不可以歡樂取之。孔子曰：取婦之家，三日不舉樂，思嗣親也。然則冠禮一舉樂可也。《春秋左氏傳》曰：以金石之樂節之。爲冠時爲節也。注：一下疑脫「日不」二字。皆玄端。君臣同服。《家語》無「無樂，皆玄端」字。其醻幣朱錦采，四馬，其慶也。其慶賓也如是。《家語》作「其酬幣於賓，則束帛乘馬」，無「其慶也」字。天子擬焉儗公禮也。太子與庶子，其冠皆自爲主，王侯自主之，重言天子，誤也。天子以下，《家語》作王太子庶子之冠擬焉，皆天子自爲主。按：鄭注重言天子，恐皆下本有「天子」字。一本作「重言太子」。其禮與士同，饗賓也皆同。《家禮》作「其禮與士無變」，饗下有「食」字。《大戴禮・公冠》，近本作「公符」，誤也。《家語・冠頌》篇懿子問諸侯之冠，其所以爲賓主何也，孔子答之如此。

右天子諸侯冠禮。邾隱公既即位，將冠，使大夫因孟懿子問禮於孔子。孔子曰：「其禮如世子之冠。雖天子之元子，猶士也，其禮無變，天子無生而貴者故也。」懿子曰：「天子未冠即位，長亦冠乎？」孔子曰：「古者王世子雖幼，其即位則尊爲人君。人君治成人之事者，何冠之有？」懿子曰：

「然則諸侯之冠異天子與？」怪天子無冠禮，而諸侯之冠如世子之冠，故問之。孔子曰：「君薨而世子主喪，是亦冠也已。人君無殊也。」諸侯亦人君，與天子無異。懿子曰：「今邾君之冠非禮也？」懿子言，諸侯無冠，則邾君之冠非也。孔子曰：「諸侯之有冠禮也，夏之末造也，有自來矣，今無譏焉。」言有所從來，故今無所譏。天子冠者，武王崩，成王年十有三而嗣立。周公居冢宰，攝政以治天下。明年夏六月既葬，《周書》曰：歲十有二月，武王崩，元年六月葬。冠成王而朝於祖，以見諸侯，示有君也。周公命祝雍作頌曰：『達而勿多也。』《家語》勿多作「未幼」，字誤，今从大戴。鄭曰：辭多則史，少則不達。祝雍辭曰：『使王近於民，常得民之心也。遠於年，言壽長。嗇於時，嗇，愛也。愛於時，不以無事棄日也。惠於財，施舍不吝也。親賢而任能。』其頌曰：『令月吉日，王始加元服，去王幼志，心是袞職，朱子曰：袞，天子之盛服。袞職，謂天子之職業也。「是」字本闕，今補。或曰：當作「一心」。欽若昊天，欽，敬。若，順。六合是式，天地四方謂之六合，言爲之法式。率爾祖考，永永無極。』此周公之制也。」《家語·冠頌》。襄公九年十二月，晉悼公以諸侯之師伐鄭而還，公送晉侯，晉侯以公宴於河上。問公年，季武子對曰：「會於沙隨之歲，寡君以生。」沙隨，在成十六年。晉侯曰：「十二年矣，是謂一終，一星終也。歲星十二歲而一周天。國君十五而生子。冠而生子，禮也，冠，成人之服，故必冠而後生子。君可以冠矣。大夫盍爲冠具？」武子對曰：「君冠，必以祼享之，禮行之，祼，謂灌鬯，酒也。享，祭先君。行，將也。以金石之樂節之，以鐘磬爲舉動之節。以先君之祧處之。諸侯以始祖之廟爲祧。今寡君在行，未可具也，請及兄弟之國而假備焉！」晉侯曰：「諾。」公還，及衛，冠於成公之廟，成公，今衛獻公之曾祖，從衛所處。假鐘磬焉，禮也。《左氏傳》。

曾子問曰：「將冠子，冠者至，揖讓而入，聞齊衰、大功之喪，如之何？」冠者，賓及贊者。孔子曰：「內喪則廢。內喪，同門也。外喪則冠而不醴，不醴，不醴子也。徹饌而埽，即位而哭。如冠者未至，則廢。其廢者喪成服，因喪而冠。如將冠子，而未及期日，而有齊衰、大功、小功之喪，則因喪服而冠。廢吉禮而因喪冠，俱成人之服。及，至也。除喪不改冠乎？」孔子曰：「天子賜諸侯、大夫冕弁，服於太廟，歸設奠，服賜服，於斯乎有冠醮，無冠醴。酒爲醮，冠禮醴重而醮輕，此服賜服，酌用酒，尊賜也。不醴，明不爲改冠，改冠當醴之。父沒而冠，則已冠，埽地而祭於禰，已祭而見伯父叔父，而后饗冠者。饗，謂禮之。《曾子問》。以喪冠者，雖三年之喪可也。既冠於次，入哭踴三者三，乃出。言雖者，明齊衰以下，皆可以喪冠也。始遭喪，以其冠月，則喪服因冠矣。非其冠月，待變除卒哭而冠，次，廬也。雖，或爲唯。大功之末，可以冠子，可以嫁子。父小功之末，可以冠子，可以嫁子，可以取婦。已雖小功，既卒哭，可以冠，取妻，下殤之小功則不可。此皆爲可用吉禮之時。父大功卒哭，而可以冠子、嫁子。小功卒哭，而可以取婦。已大功卒哭，而可以冠子，小功卒哭，而可以取妻，必偕祭乃行也。下殤小功，齊衰之親，除喪而後可爲昏禮。凡冠者，其時當冠，則因喪而冠之。《雜記》。

右冠變禮。

女子十有五年而笄謂應年許嫁者，女子許嫁，笄而字之。其未許嫁者二十則笄。《內則》。女子許嫁，笄而字。以許嫁爲成人。《曲禮》。女子許嫁，笄而醴之，稱字。許嫁，已受納徵禮也。笄女之禮，猶冠男也。使主婦女賓執其禮。《士昏記》。女雖未許嫁，年二十而笄，禮之，婦人執其禮。雖未許嫁，年二十亦爲成人矣。禮之，酌以成人。言婦人執其禮，明非許嫁之笄也。燕則鬈首既笄之後去之，猶若女有鬌紒也。《雜記》。

右女子笄。

子三十而有室，室，猶妻也。女子二十而嫁，有故，二十三年而嫁。故，謂父母之喪。聘則爲妻，聘，問也。妻之言齊也。以禮見問，則得與夫敵體。奔則爲妾。妾之言接也。聞彼有禮走而往焉，以得接見於君子也。奔，或爲衒。《內則》。婦人謂嫁曰歸。婦人生以父母爲家，嫁以夫爲家，故謂嫁曰歸，明有二歸之道。隱二年《公羊傳》。

右嫁娶。

繫之以姓而弗別，綴之以食而弗殊，雖百世而昏姻不通者，周道然也。周之禮所建者，長也。姓，正姓也。始祖爲正姓，高祖爲庶姓。繫之弗別，謂若今宗室屬籍也。《周禮》小史掌定世繫，辨昭穆。《大傳》。取妻不取同姓，故買妾不知其姓則卜之。爲其近禽獸也。妾賤，或時非媵，取之於賤者，世無本繫。《曲禮》。

右不取同姓。

趙殿成《王右丞集箋注》卷一《奉和聖製天長節賜宰臣歌應制》　唐堯后兮稷禼臣，匝宇宙兮華胥人。盡九服兮皆四鄰，乾降瑞兮坤獻珍。華胥。《列子》：黃帝退而閑居大庭之館，齋心服形，三月不親政事。晝寢而夢，遊于華胥氏之國。華胥氏之國在弇州之西，台州之北。不知斯齊國幾千萬里，蓋非舟車足力之所及，神遊而已。其國無師長，其民無嗜慾，自然而已。不知樂生，不知惡死，故無夭殤。不知親己，不知疎物，故無愛憎。不知背逆，不知向順，故無利害。都無所愛憎，都無所畏忌。入水不溺，入火不熱。斫撻無傷痛，指擿無痟癢。乘空如履實，寢虛若處牀。雲霧不硋其視，雷霆不亂其聽，美惡不滑其心，山谷不躓其步，神行而已。黄帝既寤，怡然自得。召天老力牧太山稽告之曰：朕閑居三月，齋心服形，思有以養身治物之道，弗獲其術，疲而睡。所夢若此，今知至道不可以情求矣。朕知之矣，朕得之矣，而不能以告若矣。又二十有八年，天下大治，幾若華胥氏之國。

又卷一七《責躬薦弟表》 臣弟蜀州刺史縉，太原五年，撫養百姓，盡心爲國，竭力守城。

王縉。劉昫《唐書》：王縉字夏卿，河中人也。少好學，與兄維早以文翰著名。縉連應草澤及文辭清麗舉，累授侍御史武部員外。祿山之亂，選爲太原少尹，與李光弼同守太原。功効謀略，衆所推先，加憲部侍郎兼本官。時兄維陷賊，受僞署。賊平，維付吏議。縉請以己官贖維之罪，特爲減等。縉尋入拜國子祭酒，改鳳翔尹秦隴州防禦使，歷工部侍郎、左散騎常侍。撰玄宗哀冊文，時稱爲工，改兵部侍郎。屬平殄史朝義，河朔未安，詔縉以本官河北宣慰，奉使稱旨。廣德二年，拜黄門侍郎同平章事、太微宮使、宏文崇賢館大學士。其年河南副元帥李光弼薨于徐州，以縉爲侍中，持節都統河南淮西山南東道諸節度行營事。縉懇讓侍中，從之，加上柱國，兼東都留守。歲餘，遷河南副元帥。請減軍資錢四十萬貫，修東都殿宇。大曆三年，幽州節度使李懷仙死，以縉領幽州盧龍節度。縉赴鎮而還，委政于燕將朱希彩。又屬河東節度辛雲京卒，遂兼太原尹北都留守、河東節度營田觀察等使。縉又讓河南副元帥東都留守，從之。太原舊將王無縱、張奉璋等恃功，且以縉儒者，易之，每事多違約束。縉一朝悉召斬之，將校股慄。二歲罷河東歸朝，授門下侍郎、中書門下平章事。時元載用事，縉卑附之，不敢與忤。然恃才與老，多所傲忽，載所不悦。心雖希載旨，然以言辭凌詬，無所忌憚。時京兆尹黎幹者，戎州人也。數論事，載甚病之，而力不能去也。幹嘗白事於縉，縉曰：尹南方君子也，安知朝禮。其慢而侮人，率如此類。縉弟兄奉佛，不茹葷血。縉晚年尤甚，與杜鴻漸捨財造寺無限極。妻李氏卒，捨道政里第爲寺，爲之追福，奏其額曰寶應，度僧三十人住持。每節度觀察使入朝，必延至寶應寺，諷令施財，助己修繕。初，代宗喜祠祀，未甚重佛。而元載、杜鴻漸與縉喜飯僧徒。代宗嘗問以福業報應事，載等因而啓奏，代宗由是奉之過當。嘗令僧百餘人，于宮中陳設佛像，經行念誦，謂之内道場。其飲膳之厚，窮極珍異，出入乘廄馬，度支具廩給。每西蕃入寇，必令羣僧講誦仁王經以禳虜寇。苟幸其退，則横加錫賜。胡僧不空，官至卿監，封國公。通籍禁中，勢移公卿，爭權擅威，日相凌奪。凡京畿之豐田美利，多歸于寺觀，吏不能制。僧之徒侶，雖有贓姦畜亂，敗戮相繼，而代宗信心不易，乃詔天下官吏，不得箠曳僧尼。又見縉等施財立寺，窮極瓌麗。每對揚啓沃，必以業果爲證。以爲國家慶祚靈長，皆福報所資。業力已定，雖小有患難，不足道也。故祿山、思明毒亂方熾，而皆有子禍。僕固懷恩將亂而死。西戎犯闕，未擊而退。此皆非人事之明徵也，帝信之愈甚。公卿大臣既挂以業報，則人事棄而不修。故大曆刑政，日以凌遲，有由然也。五臺山有金閣寺，鑄銅爲瓦，塗金于上，照曜山谷，計錢巨億萬。縉爲宰相，給中書符牒，令五臺山僧數十人，分行郡縣，聚徒講説，以求貨利。代宗七月望日，于内道場造盂蘭盆，飾以金翠，所費百萬。又設高祖已下七聖神座，備幡節龍傘衣裳之制，各書尊號于幡上以識之。舁出内，陳于寺觀。是日排儀仗，百寮序立于光順門以俟之，幡花鼓舞，迎呼道路。歲以爲常，而識者嗤其不典。其傷教之源，始于縉也。縉又縱弟妹女尼等廣納財賄，貪猥之跡，如市賈焉。元載得罪，縉連坐，貶括州刺史，移處州刺史。大曆十四年，除太子賓客，留司東都。建中二年十二月卒，年八十二。

又卷二二《魏郡太守河北采訪處置使上黨苗公德政碑》 刑于上官，訓及處子。鄭聲衛樂，共棄師襄。趙帶燕裾，思齊漆室。

漆室。《列女傳》：漆室女者，魯漆室邑之女也，過時未適人。當穆公時，君老太子幼。女倚柱而嘯，旁人聞之，莫不爲之慘者。其鄰人婦從之遊，謂曰：「何嘯之悲也！子欲嫁耶，吾爲子求偶。」漆室女曰：「嗟乎！始吾以子爲有知，今無識也。吾豈爲不嫁不樂而悲哉！吾憂魯君老，太子幼。」鄰婦笑曰：「此乃魯大夫之憂，婦人何與焉？」漆室女曰：「不然，非子所知也。昔晉客舍吾家，繫馬園中。馬佚馳走，踐吾葵，使我終歲不食葵。鄰人女奔隨人亡，其家倩吾兄行追之，逢霖水出，溺流而死，令吾終身無兄。吾聞河潤九里，漸洳三百步。今魯君老悖，太子少愚，愚僞日起。夫魯國有患者，君臣父子皆被其辱，禍及衆庶，婦人獨安所避乎？吾甚憂之，子乃曰婦人無與者，何哉？」鄰婦謝曰：「子之所慮，非妾所及。」三年，魯果亂，齊楚攻之，魯連有寇。男子戰鬬，婦人轉輸，不得休息。

諸錦《補饗禮》 《儀禮》十七篇，有《燕禮》，《公食大夫禮》，而無《饗禮》。《饗禮》亡矣，其見於《周禮》、《春秋傳》、《戴記》者猶可考也，今據《周官》賓客之聯事而比次之，并取傳記中相發明者條注於其下，以補亡。竢説禮者取裁焉。

《饗禮》。大宰，掌賓客之式，幣帛之式，好用之式。

《春秋傳》昭五年：「朝聘有圭，享覜有璋，小有述職，大有巡功，設機而不倚，爵盈而不飲，宴有好貨，飱有陪鼎，入有郊勞，出有贈賄，禮之至也。」

膳夫，王賓客食，則徹王之胙俎。燕飲，則爲獻主。

《春秋傳》宣十六年：「晉侯使士會平王室，王享之，原襄公相禮。殽烝。武子私問其故。王聞之，召武子曰：季氏，而弗聞乎？王享有體薦，宴有折俎。公當享，卿當宴，王室之禮也。武子歸而講求典禮，以修晉國之法。」餘見《國語》。

內饔，掌割亨之事。外饔，共凡賓客之飱饔。亨人，共大羹、鉶羹。獸人，共其死獸、生獸，入于腊人。𢿱人，共其魚之鱻薧。腊人共其脯、腊，凡乾肉之事。

《聘義》：「酒清，人渴而不敢飲也；肉乾，人飢而不敢食也；日莫人倦，齊莊正齊，而不敢解惰以成禮節。」

酒正，共禮酒，共后之致飲，于賓客之禮醫酏糟，皆使其士奉之。酒人共禮酒、飲酒而奉之。漿人共稍禮，共夫人致飲于賓客之禮清、醴、醫酏糟而奉之。《春秋傳》莊十八年：「虢公、晉侯朝王，王饗禮，命之宥。」僖二十八年：「王享禮，命晉侯宥。」

凌人，共冰。

案：《傳》昭四年：古者日在北陸而藏冰，其出之也，朝之祿位，賓食于是乎用之。

籩人，共其薦籩、羞籩。

案：《禮器》，諸侯相朝無籩豆之薦，與此異。

醢人，共醢五十甕。醯人，共醯五十甕。

《郊特牲》：「恆豆之菹，水草之和氣也；其醢，陸產之物也。加豆，陸產也；其醢，水物也。」

鹽人，共其形鹽、散鹽。

《春秋傳》僖三十年：「王使周公閲來聘，饗有昌歜、白、黑、形鹽。辭曰：國君，文足昭也，武可畏也，則有備物之饗，以象其德；薦五味，羞嘉穀，鹽虎形，以獻其功。吾何以堪之？」

内宰，凡賓客之祼獻、瑤爵，皆贊。致后之賓客之禮。

《坊記》：「禮非祭不交爵，以此坊民，陽侯猶殺繆侯而竊其夫人，故大饗廢夫人之禮。」注：夫人之禮，使人攝。

查爲仁等《絶妙好詞箋》卷五《二郎神》 瑣窗睡起，閒竚立、海棠花影。記翠幄銀塘，紅牙金縷，杯泛梨花冷。燕子銜來相思字，道玉瘦、不禁春病。應蝶粉半鎖，鴉雲斜墜，暗塵侵鏡。 還省。香痕碧唾，春衫都凝。悄一似荼蘼，玉肌翠帔，消得東風喚醒。青杏單衣，楊花小扇，閒卻晚春風景。最苦是，蝴蝶盈盈弄晚，一簾風靜。《揮麈餘話》云：徐伸，字幹臣，三衢人。政和初，以知音律爲太常典樂，出知常州。嘗自製《轉調二郎神》云：「悶來彈鵲，又攪碎一簾花影。謾試箸春衫，還思纖手熏。徹金虬，燼冷動。是愁端，如何向，但怪得新來多病。嗟舊日沈腰，如今潘鬢，怎堪臨鏡？ 重省。别時淚滴，羅襟猶凝。想爲我懨懨日高慵起，長托春酲未醒。雁足不來，馬蹄難駐，門掩一庭芳景。空佇立，盡日闌干倚遍，晝長人静。」既成，會開封尹李孝壽來牧吾郡。李以嚴治京兆，號李閻羅。道出郡下，幹臣大合樂燕勞之。喻羣娼，令謳此詞，必待其問乃止。娼如戒歌至三四，李果詢之。幹臣蹙頞云：「某頃有一侍婢，色藝冠絶，前歲以亡。室不容，逐去。今聞在蘇州一兵官處，屢遣信，欲復來。而今之主公靳之，感慨賦此。詞中所叙，多其書中語。適有天幸，公擁麾於彼。不審能爲我致之否？」李云：「此甚不難，可無慮也。」既次無錫，賓賛者請受謁次第。李云：「郡官當至楓橋。」橋距城十里而遠。翌日，艤舟其所，官吏上下，望風股栗。李一閲刺字，忽大怒云：「都監在法不許出城，乃亦至此。使郡中萬一有火盗之虞，豈不殆哉！」斥都監下階，荷校送獄。又數日，取其供牘判奏字。其家震懼，求援宛轉，哀鳴致懇。李笑云：「且還徐典樂之妾，了來理會。」兵官者解其指，即日承命，然後舍之。

汪立名《白香山詩集》卷三四《憑李睦州訪徐凝山人》 郡守輕詩客，鄉人薄釣翁。解憐徐處士，唯有李郎中。立名按：《紀事》：樂天爲杭州刺史，令訪牡丹。獨開元寺僧惠澄近於京師得之，植於庭。時春景方深，惠澄設油幕覆其上。會凝自富春來，未識。白先題詩曰：「此花南地知誰種，慚愧僧閑用意栽。海燕解憐頻睥睨，胡蠭未識更徘徊。虚生芍藥徒勞妒，羞殺玫瑰不敢開。惟有數苞紅蕚在，含芳只待舍人來。」白尋到寺看花，乃命徐同醉而歸。時張祜榜舟而至，二生各希首薦。白曰：「二君論文，若廉之鬭鼠穴，勝負在於一戰也。」遂試《長劍倚天外賦》《餘霞散成綺詩》，試訖，解送凝爲元，祜次耳。祜曰：祜詩有「地勢遥尊岳，河流側讓關」。又題《金山寺詩》曰：「樹影中流見，鐘聲兩岸聞。」雖綦毋潛云：「『塔影挂清漢，鐘聲扣白雲』，此句未爲佳也。」凝曰：「美則美矣，爭如老夫『今古長如白練飛，一條界破青山色』。」凝遂擅場。祜歎曰：「榮辱糺紛，亦何常也。」遂行歌而邁，凝亦鼓枻而歸。自是二生不隨鄉試矣。白又以祜宫調四句，皆數對，未足奇也。後杜牧守秋浦，與祜爲詩酒友，酷吟祜宫詞。以白有非祜之論，常不平之，乃爲詩以高之曰：「睫在眼前人不見，道於身外更何求。誰人得似張公子，千首詩輕萬戶侯。」又曰：「如何故國三千里，虚唱歌詞滿六宫。」杜盛言其美者，欲以苟異於白，而曲成於張也。

又《補遺》卷上《寄韜光禪師》出《東坡題跋》。 一山門一作分。作兩山門，兩寺原從一寺分。東澗水流西澗水，南山雲起北山雲。前臺死發後臺見，上界鐘聲下界聞。遥想吾師行道處，天香桂子落紛紛。立名按：《方輿勝覽》：「虔州有天竺寺，在水東三里。」東坡《天竺寺詩·香山居士留遺迹一首序》云：「予年十二，先君自虔州歸，謂予言近城山中天竺寺，有白樂天親書『一山門作兩山門』詩，筆勢奇逸，墨蹟如新。今四十年，予來訪之，則詩已亡，有刻石存耳。感涕不已，而作是詩。」又東坡書：「樂天此詩後云唐韜光禪師自錢唐天竺來，住是山。樂天守蘇日，以此詩寄之。慶曆中，先君遊此，猶見樂天眞迹。後四十七年，軾南遷過虔，復經此寺，徒見石刻而已。紹聖元年八月十七日。」是此詩固寄虔州也，但韜光禪師本住靈隱，故詩中有「天香桂子」語。咸淳《臨安志》：「靈山之陰，北澗之陽，即靈隱寺。靈山之南，南澗之陽，即天竺寺。二澗流水，號錢源泉，遶寺峰南北而下，至峰前合爲一澗，有橋號合潤。」又云：「靈隱、天竺兩山，由一門而入。」又云東坡《虔州天竺寺》詩引云云。據此則樂天詩非爲杭作，故舊志不收。但坡公《贈杭州》《上天竺辨才》二詩，一云「想見南北山，花發前後臺」，一云「南北一山門，上下兩天竺」，又皆采白詩語。姑附著於此，以俟知者要之。白詩自是寄杭州，後韜光移錫與詩俱去，故遺迹在虔耳。

馮浩《玉谿生詩集箋注》卷三《酬崔八早梅有贈兼示之作》 維摩一室雖多病，亦要天花作道場。《英華》本自注：時余在惠祥上人講下，故崔落句有「梵王宮地羅含宅，賴許時時聽法來」。《維摩經》：長者維摩詰其以方便現身有疾，因以身疾廣爲說法。佛告文殊師利：「汝詣維摩詰問疾。」時維摩詰室有一天女，見諸天人聞所說法，便現其身，即以天華散諸菩薩大弟子上，華至諸菩薩，即皆墮落；至大弟子，便着不墮。結習未盡，華著身耳；結習盡者，華不著也。《法苑珠林》引《西域傳》：吠舍釐國即毗舍離國，有塔，是維摩故宅基，說法現疾處。

蔣驥《山帶閣注楚辭・天問》 九天之際，安放安屬。隅限多有，誰知其數？際，邊。放，至。屬，附。限，涯也。《圖書編》：天周一百七十萬二千一百十三里。《續博物志》：天周一百七萬九百一千三里。《廣雅》：天周六億十萬七百里二十五步。《周髀算經》：日光四極周二百四十三萬里。《淮南子》：天有九野，九千九百九十九隅。天何所沓，十二焉分。沓，雜也，合也。天何所沓，指日月星之雜合言。作曆者必推上元至朔均齊，並無餘分，而又歲月日時適會甲子，以爲布算之始。是時日月如合璧，五星如聯珠，俱沓合於子，所謂曆元也。漢太初曆四千六百十七年爲一元，唐大衍曆四千五百六十年爲一元。十二，自子至亥十二辰也。曆家以二十八宿，分天體爲十二辰。一歲日月十二會焉。如十一月辰在星紀，十二月辰在玄枵之類。日月星麗乎天，有總會者以爲曆數之元，有常會者以爲歲月之紀。故承天體以立問，而下遂及日月列星也。

紀昀等《周官義疏》卷四一《考工記》 韋氏。闕。通論：易氏袚曰：韋氏之篇亡矣，其所掌不可考。上經鮑人之事，則治革而柔之者。蓋皮之去毛則爲革，熟之則爲韋。革如革車之類，不必其熟也。韋如韋弁服之類，必待孰而後可成者。韋氏所掌用於弁服之類云耳。

裘氏。闕。通論：易氏袚曰：裘氏亡篇，亦不可考。天官掌皮爲大裘以至良裘、功裘，此記復有裘氏，亦猶春官有典瑞，此記復有玉人耳。

紀昀等《御批資治通鑑綱目》卷首下《編集諸儒姓氏》 尹氏。起莘，宋遂昌人。隱居不仕，學問該洽，嘗著《資治通鑑綱目發明》五十九卷行世。劉氏。友益，宋末永新人。宋亡，卜築萬山間，杜門讀書，不與世接。著《通鑑綱目書法》五十卷。研精覃思，歷三十年而後成。元揭傒斯稱之曰「百世之下，先生此心，先生不作，山高水深。」汪氏。克寬，元祁門人。少穎敏力學，元舉于鄉，不第，遂隱居。教授鄰郡學者，皆宗師之，號「環谷先生」。所著有《春秋纂疏》、《綱目考異》。王氏。幼學。元望江人，篤志力學，嘗讀朱子《通鑑綱目》，苦其援引幽邃，句讀疑難，乃博採經傳，著爲《綱目集覽》，以便學者。徐氏。昭文，元上虞人。自敘《考證》文云「至正己亥中秋作。」考之《大明一統志》，失其名氏，姑闕之，以俟知者補云。陳氏。名濟，永樂間武進人。博學強記，六經、子、史無不究竟，時稱爲「兩腳書廚」。永樂初，以布衣召修《永樂大典》，爲總裁，書成，授右春坊右贊善。所著有《詩傳》、《通證書傳補》、《元史舉要》、《通鑑綱目集覽正誤》、《思齋集》等書。馮氏。智舒，成化初建安人。自序《質實文》，乃成化元年春也。考之《大明一統志》未及採入，姑闕之以俟後補。

紀昀等《皇清開國方略》卷一〇 ［天聰元年］三月壬申，方吉納溫塔什還自寧遠，偕明使臣杜明忠等，齎袁崇煥及李喇嘛書各一函至。袁崇煥書云：「再辱書教，知漸息兵戈以休養部落，即此一念好生，天自鑒之，將來所以佑汗而昌大之者，尚無量也。往事七宗汗家抱爲長恨者，不佞寧忍聽之漠漠，但追思往事，窮究根因，我之邊境細人與汗家之部落口舌爭競，致起禍端，作孽之人即逭人刑，難逃天怒，不佞不必枚舉，而汗亦所必知也。今欲一一辨晰，恐難問之九原，不佞非但欲我國家忘之，且欲汗共忘之也。然汗家十年苦戰，皆爲此七宗，不佞可無一言乎？今南關北關安在，遼河東西死者寧止十人，仳離者寧止一老女？遼瀋界內之人民已不能保寧問田禾，此極慘極痛之事，我國家所難消受，而汗家之雪怨固已滿志快心者也。今若修好，則城池地方作何退出，官生男婦作何送還，是在汗之仁明慈惠敬天愛人耳。天道無私，人情忌滿，是非曲直，原自昭然，各有良心，偏私不得。一念殺機，起世上無窮刧運；一念生機，開後來許多吉祥，不佞又願汗熟思之。來書中所開諸物，以我國家之財用廣大，亦寧靳此。然往牒不載，多取違天，又汗所當酌裁也。方以一介往來，又稱兵于朝鮮，何故？我文武官屬遂疑汗之言不由衷也。兵未回即撤回，已回勿再往，以明汗之盛德。息止刀兵，將前後事情講析明白，往來書札無取動氣之言，恐不便奏聞朝廷。惟汗堅意脩好，再通信使，則凜簡書以料理邊情，有邊疆之臣在，寧或虛汗美意，壅于上聞乎？」李喇嘛書云：「自幼演習秘密，朝禮名山，惟上報四恩，風調雨順，天下太平，乃我僧家之本願也。上年袁巡撫念先汗盛德，遣我上紙，承汗及各王子供養美饌，並贈禮物，又遣官遠送我，銘刻五內。至寧遠，備述，袁巡撫甚喜，因書函外面字樣，未經開看。至第三次換來，見書中有仍願兵戈一語，恐朝廷不喜，未曾轉奏。想汗及各王子具有福智，心地明白，我佛教慈悲爲體，方便爲用，須要救濟衆生，消除嗔恨，以成正果。我佛家弟子，難行處能行，難忍處能忍，解度爲體，勸化爲用。我佛祖留下法門，有歡喜無煩惱，只有慈悲活人，更無嗔恨損物。若汗說七宗惱恨，固是往因，然天道不爽，再一說明，便可放下。袁巡撫是活佛出世，有理沒理，他心下自分明。所說河東地方人民諸事，汗當斟酌，良辰易遇，善人難遇，有我與王喇嘛在此，隨緣解說，事到不差。願汗與各王子放得下放下了，難捨者亦捨將來。佛說『苦海無邊，回頭是岸』。干戈早息，即是極樂。種種譬喻，無非演我如來大乘慈悲至教也。」

范家相《三家詩拾遺》卷三《周南・汝墳》《魯詩》劉向曰：周南大夫平治水土，過時不來，其妻恐其鮮于王事，蓋與其鄰人陳素所與大夫言國家多難，唯勉強之，無有譴怒，遺父母憂。生于亂世，迫于暴虐，然而仕者，爲父母在也，乃作詩云云。《列女傳》《韓詩》《汝賁》，辭家也。王室政教如烈火矣，猶觸冒而仕者，以父母甚迫近饑寒之憂，爲此祿仕。《漢書注》毛序：婦人閔其君子，能勉之以正也。正與《魯》合，所謂無遺父母憂者，王政酷烈，恐罪及其親也。《韓》以家貧祿仕爲義，亦不貼文王身上說，如《集傳》所云也。《後漢》周磐嘗讀是詩，而起思親之慕，若曰：王政雖迫如火矣，其如我父母何？其情愴然，感人千載，古義長矣。

又《召南・甘棠》《魯詩》、《史記》：「召伯巡行鄉邑，有棠樹，決政事其下。人思召公，懷棠樹不敢伐，故歌咏之。」劉向曰：「召公述職，當蠶桑之時，不欲變民事，故不入邑中，舍於甘棠之下而聽斷焉，後世思而歌咏之。」《韓詩外傳》：「召伯在朝，有司請營洛以居。召伯曰：『嗟，以吾一身而勞百姓，非吾先君文王之志也。』於是出而就蒸庶於隴畝阡陌之間，而聽斷焉。召伯暴處，百姓大悅，耕桑者倍力以勸，於是歲大稔，民給家足。其後在位者驕奢，不恤元元，耕桑失時，於是詩人見召伯之所休息樹下，美而歌之。」《孔叢子》曰：「吾于甘棠見宗廟之所以敬也，尊其人必敬其位。」《左傳》引此詩亦曰：「思其人猶愛其樹，皆以召伯既沒而民歌其德也。」《魯》、《韓》詞異而大旨同。

和珅等《欽定熱河志》卷一〇《復雨》六月二十四夜。　復雨輒復愁，我愁紛有故。間去聲。作非膩霖，大田未潦洳。所慮漲水發，怒波衝驛路。軍書盼孔亟，遲或誤裁務。困獸竟反噬，猖獗邀隙遽。初爲逋逃藪，繼乃狼狽助。縱回騷糧臺，遮卻更險據。小金川逆酋僧格桑與金川逆酋索諾木狼狽爲奸，侵吞隣境，抗拒王師，不得已命將申討。去年冬攻克小金川，僧格桑窘迫喙走，由美臥溝竄入金川。大軍進勦，期於掃蕩賊巢併擒逆豎。惟時命董天弼駐守底木達等寨，以扼美臥溝要隘。孰意僧格桑復萌逆惡，於六月初一日，竟從去路潛來，冀佔舊巢，並擾軍營後路。乃董天弼庸懦無能，先既退居美諾，及溫福嚴飭，始回底木達。仍另立一小營，不在官寨防守，致爲賊酋窺伺，乘間攻破，即佔據底木達、布朗郭宗兩寨。並煽惑降番復叛，搶奪八卦碉科多一路糧臺，擾截木果木後路。逆酋罪大惡極，實爲覆載所不容，而董天弼之玩懦貽悞，亦死有餘辜矣，思之深切憤懣。還軍有差跌，懦卒散羣鶩。致失我賢臣，痛惜言難諭。先是溫福接劉秉恬札，知賊番侵擾糧臺之信，即派參贊海蘭察統兵，馳赴劉秉恬處援勦，藉以無虞。不期初十日早，賊竟侵至木果木山後，而防駐之德爾森保毫無措置，以致失守。賊遂竄入溫福軍營，綠營兵衆見賊先驚，倉皇潰散，僅存滿洲兵百餘。溫福率以擊賊，竟致受創捐軀，聞信深爲震悼，雖加恩贈襲伯爵，祠祀昭忠，並賚資助喪，實不足以喻我痛惜之懷耳。旗兵之未遣，綠營之徒付。圖省從公議，可恃忘深慮。去年春，已簡派八旗兵三千備赴軍營，因溫福、阿桂俱奏滿洲兵一人費至綠營三倍，欲多用綠旗兵，可不發京兵。遂爲其言所惑，不復深計，因而中止。設使溫福軍營賊至時，有滿洲兵千餘在彼，則綠營得所依恃，亦不致潰竄失事。是仍由溫福自誤，予之輕信亦誤，今悔已無及矣。所幸阿桂一路調度得宜，收戮叛番，斷其內應，復分路掩擊，殺賊四五百衆，並安章谷後路臺站。軍心鎮定，糧儲、軍火充餘，足資倚任，因即命爲定邊將軍。並派健銳火器營兵二千、吉林黑龍江兵二千、伊尼厄魯特兵一千，迅赴軍營重籌進勦，以申國威而張撻伐。追悔何嗟及，聚銅大錯鑄。賊計誠益詭，賊罪越難恕。禁旅發精勇，雪仇無返顧。天自鑒曲直，我豈爲窮黷。叶。兩金川之役初意並不欲加兵，而逆酋等敢於黨惡逆命，遂不得不加申討。乃竟抗我顏行，勢難中輟，曲直所在，上蒼自能昭鑒，並非予之有意窮兵黷武，吾誰欺，欺天乎！今逆酋詭變，若此實爲罪惡貫盈，自速滅亡耳。勤勞遑敢辭，國威要揚布。

施國祁《元遺山詩集箋注》卷八《壬辰十二月車駕東狩後即事五首》《歸潛志》錄大梁事：天興元年十二月，朝議以食盡無策，末帝親出東征，丞相賽不，平章白撒，右丞完顏斡出，工部尚書權參政李蹊，樞密判官白華，近侍局副使李大節，左右司郎中完顏進德、張袞，總帥徒單百家、蒲察官奴、高顯、劉奕皆從。上與太后、皇后、諸妃別，大慟，誓以不破敵不歸，儀衛蕭然，見者悲愴。留參政完顏奴申、樞副完顏習你阿不，權行尚書省兼樞密事，以餘兵守南京。上既出，遇鞏州帥完顏胡斜虎提兵轉戰來赴援，因從以東。末帝既出，人情愈不安，日夜望東征之捷。俄聞北渡前鋒方交戰有功，取蒲城，進取衛州。白撒等望見北兵，遽勸上登舟南渡，從官多攀從不及，死于兵。而驍將徒單百家、高顯、劉奕輩，初不知上去，已而軍士皆散沒。上以餘兵狼狽入歸德，杜門，京民大恐，以爲將不救矣。二守臣素庸闇無謀，但知閉門自守。百姓食盡，無以自生，米升直銀二兩。貧民往往食人殍，死者相望。官日載數車出城，一夕皆剮食其肉淨盡。縉紳士女，多行匄于街，民間有食其子。錦衣寶器，不能易米數升。人朝出不敢夕歸，懼爲飢者殺而食。平日親族交舊，以一飯相避于家。又日殺馬牛乘騎自啗。至于箱篋鞍韂諸皮物，凡可食者，皆煮而食之。其貴家第宅與夫市中樓館，木材皆撤以爨。城中觸目皆瓦礫廢區，無復向來繁侈矣。朝官士庶，往往相結，攜妻子突出北歸。衆謂不久當大潰。《哀紀》：天興元年十二月庚子，上發南京，與太后、皇后、諸妃別，大慟。行次公主苑，太后遣中官持米肉，偏犒軍士。辛丑，至開陽門外，麾百官退，詔諭戍兵曰：「社稷宗廟在此，汝等壯士也，毋以不預進發之數，便謂無功。若保守無虞，將來功賞，顧豈在戰士下。」聞者皆洒泣。是日，鞏昌元帥完顔胡斜虎至自金昌，請西幸便。白撒爲上言：「三百里之間無井竈，不可往。」東行之議遂決，以爲尚書右丞，從行。遂次陳留。壬寅，次杞縣。癸卯，次黄城。甲辰，次黄陵岡。乙巳，諸將請幸河朔，從之。二年正月丙午朔，濟河，北風大作，後軍不克濟。丁未，大元追擊于南岸，元帥完顔豬兒賀都喜死之，建威都尉完顔兀論出降。己酉，上哭祭戰士于河北岸，皆贈官，斬兀論出二弟以殉，赦河朔，招集兵糧，議取衛州。元帥蒲察官奴將忠孝軍千人，東面元帥高顯、果毅都尉粘哥咬住領軍萬人爲前鋒，至蒲城。庚戌，上次漚麻岡。平章政事白撒、元帥和速嘉兀底不繼至。辛亥，白撒引兵攻衛州，不克。乙卯，聞大元兵自河南渡河，至衛之西南，遂退師。丁巳，戰于白公廟，白撒敗績，棄軍東遁。元帥劉益、上黨公張開亦遁，竝爲民家所殺。益部曲王全降。戊午，上進次蒲城，復還魏樓村。己未，上以白撒謀，夜棄六軍渡河，與副元帥合里合六七人走歸德。庚申，諸軍始知上已往，遂潰。辛酉，司農大卿蒲察世達、元帥完顔忽土出歸德西門，奉迎上入歸德。又見白撒等傳。

翠被忽忽見執鞭，戴盆鬱鬱夢瞻天。只知河朔歸銅馬，又説臺城墮紙鳶。血肉正應皇極數，衣冠不及廣明年。何時眞得攜家去，萬里秋風一釣船。

翠被《左傳》：楚子皮冠翠被豹舄以出。戴盆《報任少卿書》：僕以爲戴盆何以望天。銅馬《後漢》光武事、内族《白撒傳》：天興元年十二月甲辰，車駕至黄陵岡，白撒先降大名兩寨，得河朔降將，上赦之，授以印及金虎符羣臣議以河朔諸將前導，鼓行入開州，取大名東平，豪傑當有應者，破竹之勢成矣。温敦昌孫曰：「太后中宮皆在南京，北行萬一不如意，聖主孤身，欲何所爲？若往歸德，更五六月不能還京。不如先取衛州，還京爲便。」白撒奏曰：「聖體不便鞍馬，且不可令大兵知上所在。今可駐歸德，臣等率降將往東平，俟諸軍到，可一鼓而下。因而經略河朔，且空河南之軍。」上以爲然。紙鳶《獨異志》：梁太淸三年，侯景圍臺城。簡文縛紙鳶，飛空告急于外。景令善射者射之，及墮，化爲禽鳥，飛入雲中。《白撒傳》：時上已遣官奴將三百騎探漚麻岡，未還。上將御船賜白撒劒，得便宜從事。決東平之策，官奴還奏：「衛州有糧可取。」上召白撒問之，曰：「京師且不能守，就得衛州，欲何爲耶？」東平之策爲便，上主官奴之議。明年正月朔，次黄陵岡。歸德守臣以糧糗三百餘船來餉，遂就其舟北濟，命白撒攻衛州。上駐兵河上，以親衛軍護從。白撒兵至衛，以御旗黄纖招之，不下。自發蒲城，遷延八日始至衛，而猝無攻具，縛槍爲雲梯。州人知不能攻，守益嚴，凡攻三日不克。及聞河南大兵濟自張家渡，至衛西南，遂班師。大兵躡其後，戰于白公廟，敗績。白撒棄兵遁。車駕還次蒲城東，點檢兀典等請上登舟。上曰：「正當決戰，何遽退乎？」少頃，白撒至，倉皇言于上曰：「今軍已潰，大兵近在堤外，請聖主幸歸德。」上遂登舟。侍衛皆不知，巡警如故。時夜已四更矣，遂狼狽入歸德。廣明《通鑑》：唐僖宗廣明元年十一月丁卯，黄巢陷東都，留守劉允章率百官迎謁。十二月壬午旦，賊夾攻潼關，關上兵皆潰。甲申，田令孜聞巢已入關，帥神策兵五百，奉帝自金光門出，百官皆莫之知。巢前鋒將入長安，金吾大將軍張直方帥文武數十人，迎巢于灞上。

汪繼培《潛夫論箋・志氏姓第三十五》 昔者聖王觀象於乾坤，考度於神明，探命歷之去就，省羣臣之德業，而賜姓命氏，因彰德功。《白虎通姓名篇》云：「所以有氏者何？所以貴功德，賤伎力，或氏其官，或氏其事，聞其氏即可知其德，所以勉人爲善也。」傳稱民舊作氏。之徹官百，王公之子弟千世能聽其官者，而物賜之姓，是謂百姓。姓有徹品十，舊空。於王謂之千品。傳稱以下見《楚語》。子弟下千字世字並衍。昔堯賜契姓子，賜棄姓姬，賜禹姓姒，氏曰有夏，伯夷爲姜，氏曰有呂。舊脱「子賜棄姓」四字，據《天中記》廿四補。《禮記大傳》疏引鄭康成《駁五經異義》云：「堯賜伯夷姓曰姜，賜禹姓曰姒，賜契姓曰子，賜稷姓曰姬，著在書傳。」《周語》「太子晉云：禹賜姓曰姒，氏曰有夏；四嶽賜姓曰姜，氏曰有呂。」下及三代，官有世功，則有官族，邑亦如之。隱八年《左傳》。後世微末，因是以爲姓，則不能改也。故或傳本姓，或氏號邑謚，邑字衍。或氏於國，舊作爵，今移正，與下文相應。或氏於爵，或氏於官，或氏於字，或氏於事。或氏於居。以上二十字舊脱。按《御覽》三百六十二引《風俗通氏姓篇序》俱與此同，今據補。或氏於志。若夫五帝三王之世，所謂號也；文、武、昭、景、成、宣、戴、桓，所謂謚也；齊、魯、吳、楚、秦、晉、燕、趙，所謂國也；王氏、侯氏、王孫、公孫，所謂爵也；司馬、司徒、中行、見下晉公族注。下軍，《元和姓纂》云：「《左傳》，晉欒黶爲下軍大夫，子孫氏焉。」按欒氏世將下軍，僖廿七年《傳》：「欒枝將下軍」。文十二年《傳》：「欒盾將下軍」。成二年《傳》：「欒書將下軍」。襄十三年《傳》：「欒黶將下軍」。所謂官也；伯有、孟孫、子服、叔子，疑「孫」，並見下。所謂字也；巫氏、匠氏、陶氏，《風俗通》作「巫、卜、陶、匠」，此亦當有卜氏。所謂事也；東門、西門、《意林》作「西都」，《通志氏族略》五、鄧名世《古今姓氏書辨證》四並同。《廣韻》十二齊「西」字注、《通鑑》一「西門豹」注，又引作「西郭」。南宮、東郭、《意林》、《廣韻》、《通鑑》注並無「東郭」，疑衍。北郭，所謂居也；三烏、《氏族略》三引《風俗通》云：「有三烏大夫，因氏焉。漢有三烏郡。」《元和姓纂》又云「三烏，姜姓，炎帝之後，爲侯國，因氏焉。」五鹿、《氏族略》三云：「晉公子重耳封舅犯於五鹿，支孫氏焉。」按《漢書》有五鹿充宗。

青牛、《氏族略》四云：「魏初平中，有青牛先生，山東人也。」按王氏著書在初平前，是古有此姓矣。青牛先生見《魏略》，《魏志·管甯傳》裴松之注引之。白馬，《氏族略》四引《風俗通》云：「微子乘白馬朝周，因氏焉。」所謂志也：志，《意林》作地。按《風俗通》作職，志、職聲相近。凡厥姓氏，皆出屬而不可勝紀也。出當作此。《漢書王莽傳》云：「如此屬不可勝記。」《淮南子·氾論訓》亦云：「凡此之屬皆不可勝著於書策竹帛，而藏於官府者也。」衛侯滅邢，昭公娶同姓，言皆同祖也。《春秋》僖廿五年：「衛侯燬滅邢」，《左傳》云：「同姓也，故名。」哀十二年「孟子卒」，《左傳》云：「昭公娶於吳，故不書姓。」《論語》陳司敗云：君娶於吳爲同姓。《御覽》引《風俗通》云：「《公羊》譏衛滅邢，《論語》貶昭公娶於吳，諱同姓也。」近古以來，則不必然。古之賜姓，大諦可用，其餘則難。周室衰微，吳、楚僭號，下歷七國，咸各稱王。《淮南子·覽冥訓》云：「晚世之時，七國異族。」高誘注：七國，齊、楚、燕、趙、韓、魏、秦也。齊姓田，楚姓芈，燕姓姬，趙姓趙，韓姓韓，魏姓魏，秦姓嬴，故異族也。故王氏、王孫氏、公孫氏及氏謚官，氏謚舊倒。國自有之，千八百國，謚官萬數，故元不可同也。及孫氏者，或王孫之班也，或諸孫之班也，班猶別也。故有舊脫。同祖而異姓，有同姓而異祖。亦有雜錯，《漢書·地理志》云：「五方雜厝」，晉灼曰：厝，古錯字。變而相入，或從母姓，《漢書·夏侯嬰傳》云：「初嬰爲滕令奉車，故號滕公。及曾孫頗，尚主，主隨外家姓，號孫公主，故滕公子孫更爲孫氏。」或避怨讎，如下所云智果、張良之類。夫吹律定姓，惟聖能之。《白虎通·姓名篇》云：「古者，聖人吹律定姓，以記其族。」今民散久，《論語》。鮮克達舊作遠。音律，天主尊正其祖。「天主」疑「人生」之誤。《毛詩序》云：生民尊祖也。王先生，云：「天主」疑「定姓」之誤。故且略紀顯者，以待士合揖損焉。士當作三，三合即參合。《韓非子·主道篇》云：以參合閱焉。《史記倉公傳》云：參合於人。《後漢書·文苑邊讓傳》云：檢括參合。揖與挹同。《史記十二諸侯年表序》云：七十子之徒，口受其傳指，爲有所刺譏褒諱挹損之文辭，不可以書見也。

孫星衍等《孫子十家注》卷一二《火攻篇》

孫子曰：凡火攻有五，一曰火人，杜佑曰：與敵陳師，敵傍近草，因焚燒之，戰之助也。據《通典》補。李筌曰：焚其營，殺其士卒也。杜牧曰：焚其營柵，因燒兵士。吳起曰：「凡軍居荒澤，草木幽穢，可焚而滅。」蜀先主伐吳，吳將陸遜拒之於夷陵，先攻一營不利。諸將曰：「空殺兵耳。」遜曰：「吾已曉破敵之術矣。」乃勅各持一把茅，以火攻拔之。一爾勢成，通率諸軍，同時俱攻。斬張南、馮習及胡王沙摩柯等，破四十餘營，死者萬數。備因夜遁，軍資器械略盡，遂歐血而殂。梅堯臣曰：焚營柵荒穢，以助攻戰也。何氏曰：魯桓公世，焚郝婁之咸邱，始以火攻也。後世兵家者流，故有五火之攻，以佐取勝之道也。如後漢班超使西域，到鄯善。初夜，將吏士奔虜營。會天大風，超令十人持鼓藏虜舍後，約曰：「見火燃，皆當鳴鼓大呼。」餘人悉持兵弩夾門而伏，超順風縱火，前後鼓譟，虜衆驚亂，超手格殺三人，餘衆悉燒死。又皇甫嵩率衆討黃巾賊張角。嵩保長社，賊來圍城，嵩兵少，軍中皆恐。召軍吏謂曰：「兵有奇變，不在衆寡。今賊依草結營，易爲風火，若因夜縱火，必大驚亂，吾出兵擊之，其功可成。」其夕遂大風，嵩乃約勒軍士，皆束苣乘城，使銳士間出圍外，縱火大呼，城上舉燎應之。嵩因鼓而奔其陳，賊驚亂奔走，大破之。又五代梁太祖乾寧中，親領大軍由鄆州東北次於魚山。朱宣覘知，即以兵徑至，且圖速戰。帝軍出砦時，宣瑾已陳於前。須臾，東南風大起，帝軍旌旗失次，甚有懼色。帝即令騎士揚鞭呼嘯，俄而西北風驟發，時兩軍皆在草莽中，帝因令縱火，既而煙燄亘天，乘勢以攻賊陳，宣瑾大破，餘衆擁入清河。因築京觀于魚山之下。又後唐伐蜀，工部任圜以大軍至漢州，康延孝來逆戰。圜命董璋以東川懦卒當其鋒，伏精兵於其後。延孝擊退東川之軍，急追之，遇伏兵。延孝敗，馳入漢州，閉壁不出。西川孟知祥以兵二萬與圜合勢攻之，漢州四面樹竹木爲柵。三月，圜陳于金雁橋，即率諸軍鼓譟而進，四面縱火，風燄亘空。延孝危急，引騎出陳于金雁橋，又大敗之。張預曰：焚彼營舍，以殺其士，火攻之先也。班超燒匈奴使者是也。二曰火積，杜佑曰：燒其積蓄。據《通典》補。李筌曰：焚積聚也。杜牧曰：積者，積蓄也。糧食薪芻是也。高祖與項羽相持成皋，爲羽所敗，北渡河，得張耳韓信軍。軍修武，深溝高壘，使劉賈將二萬人，騎數百，渡白馬津，入楚地，燒其積聚，以破其業。楚軍乏食。隋文帝時，高熲獻取陳之策，曰：「江南土薄，舍多茅竹，所有儲積，皆非地窖。可密遣行人，因風縱火，待彼修葺，復更燒之。不出數年，自可財力俱盡。」帝行其策，由是陳人益弊。梅堯臣曰：焚其委積，以困芻糧。張預曰：焚其積聚，使芻糧不足。故曰：軍無委積則亡，劉賈燒楚積聚是也。

馮集梧《杜樊川詩注》卷四《題商山四皓廟一絶》

《一統志》：商州四皓廟，在州西金雞原，一在州東商洛鎮。呂氏強梁嗣子柔，《漢書·呂皇后傳》：呂后爲人剛毅。又：太子爲人仁弱，高祖以爲不類己，常欲廢之。《宋書·顏延之傳》私恃顧盼，成強梁之心。我於天性豈恩讎。《孝經》：父子之道，天性也。《關尹子》：天下之理，恩或化讎，讎或化恩。南軍不袒左邊袖，《文獻通考》：漢京師有南北軍之屯，南軍，衛尉主之，掌宮城門內之兵。北軍，中衛主之，掌京城門內之兵。高后時，呂祿爲將軍，掌北軍。產爲相國，掌南軍。《漢書·高后紀》：太尉勃入北軍，行令軍中曰：「爲呂氏右袒，爲劉氏左袒。」軍皆左袒，勃遂將北軍。然尚有南軍，丞相平召朱虛侯章佐勃，章從勃請卒千人，入未央宮掖門，擊產殺之。四老安劉是滅劉。《漢書·張良傳》：上欲廢太子，立戚夫人子趙王如意。呂后恐，不知所爲。乃使建成侯呂擇劫良爲畫計。良曰：「此難以口舌爭也。顧上有所不能致者，四人。四人年老矣，皆以上嫚姆士，故逃匿山中，義不爲漢臣。然上高此四人。誠令太子爲書，卑辭安車固請，宜來。來以爲客，時從入朝，令上見之，則一助也。」于是，四人至，客建成侯所。十一年，黥布反，上欲使太子往擊之。四人相謂曰：凡來者，將以存太子。太子將兵，事危矣。乃説建成侯，急請呂后，承間爲上泣言。于是上自將而東。十二年，上從破黥布歸，愈欲易太子，良諫不聽。及宴，置酒，太子侍，四人者從太子，年皆八十有餘，須眉皓白，衣冠甚偉。上怪問曰：「何爲者？」四人前對，各言其姓名。上乃驚曰：「吾求公，避逃我，今公何自從吾兒游乎？」四人曰：「陛下輕士善罵，臣等義不辱，故恐而亡匿。今聞太子仁孝，恭敬愛士，天下莫不延頸，願爲太子死者，故臣等來。」上曰：「煩公幸卒調護太子。」四人爲壽已畢，趨去，上目送之。召戚夫人，指視曰：「我欲易之，彼四人輔之，羽翼已成，難動矣。」呂氏眞乃主矣。上起去，罷酒，竟不易太子者。良本招此四人之力也。《高帝紀》：周勃重厚少文，然安劉氏者必勃也。《周勃傳》：高后崩，呂祿以趙王爲漢上將軍，呂産以呂王爲相國，秉權欲危劉氏。勃與丞相平、朱虚侯章共誅諸呂，遂迎立代王，是爲孝文皇帝。《文帝紀》：詔曰：間者諸呂用事擅權，謀爲大逆，欲危劉氏宗廟，賴將相列侯宗室大臣誅之，皆伏其辜，朕初即位，其赦天下。

王文誥《蘇文忠公詩編注集成》卷二五《歸宜興留題竹西寺三首》 此生已覺都無事，今歲仍逢大有年。王註：《春秋・桓公三年》書「有年」。唐王維《和重陽節宰臣及百官上壽應制詩》云：四海方無事，三秋大有年。查註：《穀梁傳・宣公十六年》：五穀大熟，爲大有年。《詩》鄭箋：豐年，大有年也。誥案：賈易謂原題「山寺」二句在前，「此生」二句在後。公不自安，後乃倒其前後句。今此二十八字具在，不論何人，試倒讀之，通得去否？宋自開基以來，不輕易加罪言者，故至元祐，言者動輒以十惡大逆誣人，而毫無忌憚，是亦流弊之一端也。山寺歸來聞好語，野花啼鳥亦欣然。王註：王維《因赦有罪拜官》詩云：花迎喜氣皆知笑，鳥識歡心亦解歌。邵註：按《續通鑑》：元祐六年，侍御史賈易，劾軾元豐末在揚州聞先帝厭代作詩，無人臣禮。查註：葉石林《避暑錄》云：子瞻《山光寺》詩「野花啼鳥亦欣然」之句，其辨説甚明，蓋爲哲宗初即位，聞父老頌美之言。余嘗至其寺，親見當時詩刻後書作詩日月，今猶有其本，蓋自南京回陽羨時也。奉諱在南京事，不相及，尙何疑乎？誥案：賈易、趙君錫、安鼎等竄入朔黨，附宰相劉摯攻公，誣此惡逆，詳載卷三十三總案。其查註所載《避暑錄》妄語，已删。駁正案内辯題詩劄條下。

沈欽韓《漢書疏證》卷一《高帝紀第一》 漢王以故得刼五諸侯兵。劉攽曰：張耳奉頭鼠竄，安得有兵五諸侯者？陳餘其一也，事見《餘傳》。《刊誤補遺》曰：《刊誤》去常山而取陳餘之兵，固然他從商氏，則猶未之盡也。按元年塞翟降，二年，常山王耳、河南王申陽、韓王昌、魏王豹相繼皆降，又虜商王卬，諸侯之歸漢者凡七。申陽之降，即以其國爲河南郡。鄭昌之降，即以其國封韓王信。而司馬卬被虜，其地自爲河内郡。此三人皆已國除，不得與諸侯並。張耳與大臣歸漢，不言與兵俱。唯塞翟魏有國如故，而韓王信常將韓兵從。并趙相陳餘所遣兵，是爲五諸侯兵。又曰：《魏王豹傳》：漢王定三秦，豹以國屬焉，遂從擊楚於彭城，異姓王表韓王信以從伐楚功封。《陳餘傳》：漢擊楚，使使告趙，求類張耳者持其頭遺餘乃遣兵。而翟塞兩王固各以其賦從。此五諸侯兵可考見於史者。《淮陰侯傳》曰：漢之敗彭城，塞王翟王亡降楚，趙亦與楚和，魏王至國亦反。至是，五諸侯其不背漢者，獨韓王一人。故《紀》言「諸侯見漢敗皆叛去」是也。且史稱「刼五諸侯兵」，則以兵爲主，故趙以遣兵助漢在五諸侯之數，而常山王不與焉。然《叔孫通傳》言「漢王從五諸侯入彭城」，不言兵者，殆史氏之省文也。《通鑑》於此但云「率諸侯兵」，恐有脱字。至《項羽本紀・贊》「將五諸侯兵滅秦」，此舉山東六國言之，與高帝刼五諸侯兵不同。愚按：《淮陰侯傳》「漢二年，出關收魏，河南韓、殷王皆降，令齊趙共擊楚。」則是河南一也，魏二也，韓三也，殷四也，韓信五也。

告歸之田。孟康云：成帝時，二千石賜告不得歸家，此見《馮野王傳》。和帝時，予告、賜告皆絶。按《後書・循吏傳》：光武詔衛颯以桂陽太守歸家，居二歲，載病詣闕。此太守得帶印綬歸家也。《隸釋・孔耽碑》云：郡將烏程沈府君表病，委職署君行事。按劉昭引《古今注》「建武六年三月令郡太守諸侯相病丞長史行事」，與碑文合。碑立靈帝光和時，雖不得歸家，亦得謝事在郡養病也。然亭長等自有旬假之制，不得與郡守病告同也。

以竹皮爲冠。《續漢志》：劉氏冠民謂之鵲尾冠。非也。《晉志》：後除竹用漆纚。

求盜。《方言》：楚東海之閒，亭父謂之亭公，卒謂之弩父，或謂之褚。郭云：言衣赤也。《廣雅》亭父，更褚卒也。按《方言》，似以亭父爲亭長。褚少孫《田仁傳》：任安代人爲求盜亭父。

送徒驪山。《一統志》：驪山在西安府臨潼縣東南。《縣志》：山在縣南里許，綿亙而東五十餘里。

解縱所送徒。《西京雜記》：高祖將與故人訣去，徒卒贈高祖酒二壺，鹿肚牛肝各一，高祖與樂從者飲酒食肉而去。後即帝位，朝晡尙食，常具此二炙竝酒二壺。

拔劍斬蛇。《三輔黃圖》：太上皇微時佩一刀，長三尺，上有銘字，難識。《傳》云：殷高宗伐鬼方時所出也，上皇遊豐沛山中，寓居窮谷，有人冶鑄，上皇息其旁，問曰：「鑄何器？」工者笑曰：「爲天子鑄劒，愼勿言。」得公佩劒，雜而冶之。《拾遺記》作佩刀。此誤。即成神器，可克定天下。上皇解匕首，投鑪中。《拾遺記》：俄而煙焰衝天，日爲之晝晦。劒成，上皇以賜高祖，高祖佩之斬白蛇是也。及定天下，藏於寶庫，守藏者見白氣如雲，出戶狀若龍蛇。惠帝即位以前，庫貯禁兵器，名曰「靈金內府」。《西京雜記》：劒上有七采珠，九華玉以爲飾，雜廁五色流離。爲劒匣，劒在匣中光景照於外，與挺劒不殊。開囊拔鞘，輒有光采，風氣射人。《宋書・百官志》：東京法駕出，侍中負傳國璽，操斬白蛇劒，參乘。《晉書・輿服志》：晉惠帝時，武庫火燒之。

梁章鉅《三國志旁證》卷二《魏書二》 有幸姬常從晝寢。至其「曹操」酷虐變詐，皆此類也。按：魏武遺事裴注所引《曹瞞傳》，或尙未盡，如《世說・忿狷類》云：「魏武有一妓，聲最淸高，而情性酷惡。欲殺則愛才，欲置則不堪。於時選百人一時俱教。少時，果有一人聲及之，便殺惡性者。」又《假譎類》云：「魏武少時，嘗與袁紹好爲游俠，觀人新婚，因潛入主人園中，夜叫呼曰：『有偷兒賊！』青廬中人皆出觀，魏武乃入，抽刃劫新婦與紹還出，失道，墜枳棘中，紹不能得動，復大叫曰：『偷兒在此！』紹遑迫自擲出，遂以俱免。」又云：「魏武行役，失汲道，軍皆渴，乃曰：『前有大梅林，饒子，甘酸，可以解渴。』士卒聞之，口皆出水，乘此得及前源。」又云：「魏武嘗言：『人欲危己，己輒心動。』因語所親小人曰：『汝懷刃密來我側，我必心動。執汝使行刑，汝但勿言其使，無他，當厚相報。』執者信焉，不以爲懼，遂斬之。此人至死不知也。左右以爲實，謀逆者挫氣矣。」又云：「魏武常云：『我眠中不可妄近，近便斫人，亦不自覺，左右宜深愼此！』後陽眠，所幸一人竊以被覆之，因被斫殺。自爾每眠，左右無敢近者。」又云：「袁紹年少時，曾遣人夜以劍擲魏武，少下，不著。魏武揆之，其後來必高，因帖卧牀上。劍來果高。」又《英雄記》云：「操與劉備密言，備泄於袁紹，紹知操有圖國之意。操自咋其舌，流血以失言誡後世。」又《曹操別傳》云：「操引兵入境，發梁孝王塚，破棺取金寶數萬斤。天子聞之，立泣。」又陸機《弔魏武帝文》云：魏武帝遺令又曰：「吾婕好伎人，皆著銅爵臺。於臺堂上施八尺牀、繐帳，朝晡上脯糒之屬，月朝十五，輒向帳作伎。汝等時時登銅爵臺，望吾西陵墓田。」又曰：「餘香可分與諸夫人。諸舍中無所爲，學作履組賣也。」又劉昭《幼童傳》云：「太祖幼而智勇，年十歲，嘗浴於譙水，有蛟逼之，自水奮擊，蛟乃潛退。於是浴畢而還，弗之言也。後有人見大蛇，奔退。太祖笑之曰：『吾爲蛟所擊而未懼，斯畏蛇而恐邪！』衆問，乃知，咸驚異焉。」

陶澍《靖節先生集注》卷一《命子》 悠悠我祖，爰自陶唐。邈焉各本作「爲」，吳本作「焉」。虞賓，歷世重光。御龍勤夏，豕韋翼商。李注：陶氏之先曰伊祁氏，升唐侯爲天子，後遜于虞，作遊陶邱，故號陶唐氏，而謚曰堯。取散宜氏之女曰女皇，生丹朱，復有庶子九人。及舜初，郊于唐，以丹朱爲尸，因封于唐。時董父好龍，舜命豢龍于陶邱。而堯之庶子奉堯之祀于陶邱者，或世業豢龍。逮夏帝孔甲時，天降雌、雄龍二于庭。有劉累者，實堯之裔。累以擾龍事孔甲，賜之姓御龍氏。龍一雌死，帝既饗復求，御龍氏懼，遷魯山。祝融之後，封于豕韋。武丁滅之，以封劉累之胄。澍按：《左傳・昭公二十九年》：「昔有飂叔安，有裔子曰董父，實甚好龍，能求其耆，欲以飲食之。龍多歸之。乃擾畜龍以服事帝舜，帝賜之姓曰董，氏曰豢龍，封諸鬷川，鬷夷氏其後也。故以舜氏世有畜龍。及有夏孔甲擾于有帝，帝賜之乘龍，河漢各二，各有雌雄，孔甲不能食，而未獲豢龍氏。有陶唐氏既衰，其後有劉累，學擾龍於豢龍氏，以事孔甲，能飲食之。夏后嘉之，賜氏曰御龍。以更豕韋之後。龍一雌死，潛醢以食夏后。夏后饗之，既而使求之。懼而遷于魯縣，范氏其後也。」無所謂陶邱云云。及武丁滅豕韋以封累胄之説，惟《説文》云「陶邱有堯城，堯嘗所居，故堯號陶唐氏。」此注似影射爲之，故悉録左氏原文以糾正焉。穆穆司徒，厥族以昌。湯注：《春秋傳》：分康叔以殷民七族，陶氏施氏云云。陶叔授民命以康誥。杜注：陶叔司徒。李公煥曰：原陶姓氏族之所由來也。

陳熙晉《駱臨海集箋注》卷一〇《爲李總管祭趙郎將文》 嗚呼哀哉！九眞邊徼，萬里長安。城危疏勒，山峻皐蘭。因原爲隴，即壤成棺。夕陰低而平蕪晦，秋風急而荒戍寒。嗚呼哀哉！異域幽埏，但有新栽松柏，他鄉古木，非復舊邑枌榆。感平生其若斯，聊申絮酒。儻聰明之不昧，或薦簞醪。尙饗。低一作曦。或一作式。《漢書・地理志》：九眞郡，武帝元鼎六年開。《元和郡縣志》：嶺南道愛州，秦象郡地也。漢平南越，置九眞郡。案：九眞，今入安南國，滇與安南接境，故曰「九眞邊徼」也。《舊書・地理志》：劒南道姚州，至京師四千九百里。云萬里者，極言其遠，不必泥實也。《水經注・河水篇》：北河自疏勒逕流南河之北，暨于溫宿之南，左合枝水，枝水上承北河于疏勒之東，西北流，逕疏勒國南。又東北與疏勒北山水合，東南流，逕疏勒城下。漢永平十八年，耿恭以戊己校尉，爲匈奴左鹿蠡王所逼。恭以此城側澗傍水，自金蒲遷居此城。匈奴又來攻之，壅絶澗水，恭于城中穿井，深一十五丈，不得水，吏士渴乏，笮馬糞汁飲之。恭整衣服，向井再拜，水泉奔出。乃揚水以示之，虜以爲神，遂即引去。後車師叛，與匈奴攻恭。食盡窮困，乃煮鎧弩，食其筋革。恭與士卒同生死，咸無二心，圍恭不能下。關寵上書求救。建初元年，章帝納司徒鮑昱之言，遣兵救之。至柳中，以校尉關寵分兵入高昌壁，攻交河城，車師降，遣恭軍吏范羌將兵二千人迎恭，城中皆稱萬歲。開門相持涕泣，尚有二十六人。衣履穿決，形容枯槁，相依而還。案：《漢書・西域傳》：疏勒國王治疏勒城，去長安九千三百五十里。《後漢書・耿恭傳》章懷太子注：金蒲城，車師後王城廷也，今延州蒲昌縣城是也。柳中，即今西州縣。《舊書・地理志》：西州，在京師西北五千五百一十六里。是金蒲去關寵所屯之柳中不遠，恭豈應遷於三四千里之外？審諸情勢，均不合。據《隋書・西域傳》：疏勒國，都白山南百餘里，都城方五里。國内有大城十二，小城數十。疑恭所據者，疏勒别城之一，非其都城也。皐蘭，見《軍中行路難》。《禮・曲禮上》：適墓不登壟。注：壟，冢也，墓，塋域。《方言》：冢或謂之壠。郭璞注：有界埒似耕壠，因名之。謝惠連《古冢文》：窮泉爲壍，聚壤成基。鮑照《冬日詩》：「曛霧蔽窮天，夕陰晦寒地。」江淹《去故鄉賦》：「窮陰匝海，平蕪帶天。」朱超《泊巴陵詩》：「古邨空列樹，荒戍久無樓。」《後漢書・班超傳》：立功異域，以取封侯。王筠《昭明太子哀册文》：「幽埏夙啓，玄宮獻成。」松柏，見《挽歌》。《西京雜記》：高祖少時，常祭枌榆之社。及移新豐，亦還立焉。高帝既作新豐，并移舊社，衢巷棟宇，物色惟舊。士女老幼，相攜路首，各知其室。放犬羊雞鴨於通塗，亦競識其家。宋敏求《長安志縣五》：臨潼縣枌榆社。《漢書》曰：高祖禱豐枌榆社。張晏曰：枌白榆社，在新豐東北十五里。梁元帝《玄覽賦》：彼桑梓之必敬，況枌榆之舊鄉。謝朓《同謝諮議銅雀臺詩》：「繐帷飄井幹，罇酒若平生。」《後漢書・徐穉傳》章懷太子注：謝承書曰：穉諸公所辟雖不就，有死喪，負笈赴弔。常於家豫炙雞一隻，以一兩綿絮漬酒中，暴乾以裹雞。徑到所起冢隧外，以水漬綿，使有酒氣，斗米飯白茅爲藉，以雞置前，醊酒畢，留謁則去，不見喪主。《左傳・莊公三十三年》：神，聰明正直而壹者也。黄石公《三略・上略》：昔者，良將之用兵，有饋簞醪味，使投諸河，與士卒同流而飲。夫一簞之醪，不能味一河之水，而三軍之士，思爲致死者，以滋味之及己也。《儀禮・少牢饋食禮》：來日丁亥，用薦歲事於皇祖伯某，以某妃配某氏，尚饗。鄭康成注：尚，庶幾。饗，歆也。

劉寶楠《論語正義》卷六《公冶長》 子張問曰：「令尹子文，注孔曰：「令尹子文，楚大夫，姓鬬名穀，字於菟。」三仕爲令尹，無喜色。三已之，無愠色。舊令尹之政，必以告新令尹，何如？」子曰：「忠矣。」曰：「仁矣乎？」曰：「未知。焉得仁？」注但聞其忠事，未知其仁也。正義曰：令尹，楚官名。邢疏云：令，善也；尹，正也，言用善人正此官也。三已者，《詩・墓門》箋：已，去也。《南山有臺》箋：已，止也。全氏祖望《經史問答》：子文於莊公卅年爲令尹，至僖公廿三年，讓於子玉，凡在位廿八年。子玉死，蔿呂臣繼之，子上又繼之，大孫伯又繼之，成嘉又繼之，是後楚之令尹，不見於《左傳》。文公十二年，子越之亂，追紀曰，令尹子文卒，鬬般爲令尹，則意者成嘉之後，子文嘗再起爲令尹。而仁山以爲子上之後者，誤也。子上死，即有商臣之變，使子文是時在位，豈尚可以言忠？案子越亂在宣四年，非文十二年，全氏誤也。如全此説，子文僅再仕再已，而《論語》云三仕三已者，大略之辭。汪氏中《述學》云：《易》，近利市三倍；《詩》，如賈三倍；《論語》，焉往而不三黜。《春秋傳》：三折肱爲良醫，此不必限以三也。《論語》：季文子三思而後行。雌雉三嗅而作。《孟子》書：陳仲子三咽，此不可知其爲三也。《論語》：子文三仕三已。《史記》：管仲三仕三已，三戰三走，田忌三戰三勝，范蠡三致千金。此不必其果爲三也。故知三者，虚數也。案《楚語》鬬射父曰：昔鬬子文三舍令尹，無一日之積，恤民之故也。《潛夫論・遏利篇》：楚鬬子文三爲令尹而有飢色，妻子凍餒，朝不及夕。皆言子文三仕三已，與論語正合。若《荀子・堯問》、《莊子・田子方》、《呂氏春秋・知分》、《淮南子・道應》、《史記・鄒陽傳》、《循吏列傳》，皆以三仕三已爲孫叔敖之事。閻氏若璩《四書釋地又續》云：孫叔敖之令尹，見宣十一年。叔敖死於楚莊王時，約令尹僅七八年，莊王之賢，豈肯暫已叔敖？意《莊子》、《荀子》，原係子文事，傳譌而爲叔敖，其説是也。夫子許爲忠者，《皇疏》引李充曰：進無喜色，退無怨色。公家之事，知無不爲，忠臣之至也。《釋文》未知如字，鄭音智，注及下同。《漢書古今人表》，先列聖人，次仁人，次智人。其序篇引此二語。《論衡・問孔篇》：子文曾舉子玉代己位而伐宋，以百乘敗而喪其衆，不知如此，安得爲仁？《中論・智行篇》：或曰：然則仲尼曰未知，焉得仁，乃高仁邪，何謂也？對曰：仁固大也，然則仲尼亦有所激然，非專小智之謂也。若有人相語曰：彼尚無有一智也，安得乃知爲仁乎？二文皆讀知爲智，與鄭同。李充曰：子玉之敗，子文之舉，舉以敗國，不可謂智也。賊夫人之子，不可謂仁也。可補鄭義。皇本何如下有也字。注：姓鬬名穀字於菟。正義曰：《左宣四年傳》：初，若敖娶于䢵，生鬬伯比。若敖卒，從其母畜于䢵，淫于䢵子之女，生子文焉。䢵夫人使棄諸夢中，虎乳之，䢵子田，見之，懼而歸，以告夫人，遂使收之。楚人謂乳穀，謂虎於菟，故命之曰鬬穀於菟，實爲令尹子文。《説文》：穀，乳也，從子殸聲。《漢書・敍傳上》：楚人謂乳穀。如氏曰，穀音構。牛羊乳汁曰穀。《廣雅・釋詁》：穀，生也，曹憲音曰穀。《春秋》之穀烏菟。《釋言》：穀，乳也，穀、穀一字。《左傳》作穀，或係叚借。論諸《釋文》，穀本又作穀。荀子《禮論》：君子以倍叛之心，按臧、穀猶且羞之。楊倞注：孺子曰穀。《莊子・駢拇》：臧與穀二人，崔注同。穀與穀同，若言乳兒也。於菟爲虎，此反切之權輿，曹憲作烏菟。《漢書・敍傳》作於檡，皆以音近通用。王氏引之《春秋名字解詁》：於菟，虎文貌。《説文》：䖘，黄牛虎文，讀若涂。菟、𬄜聲義並同。虎有文，謂之於菟。故牛有虎文謂之犊。《説文》：虍，虎文也。於菟與虍，聲近而義同。如王此説，子文爲字，亦是名字相應矣。《敍傳》云：故名穀於檡，字子文。此注以穀爲名，於菟爲字，而不言子文之爲名爲字，作僞者之疏可知。

丁晏《曹集銓評・本傳》 植嘗乘車行馳道中，開司馬門出。太祖大怒，公車令坐死。由是重諸侯科禁，而植寵日衰。裴注：《魏武故事》載令曰：始者謂子建兒中最可定大事。又令曰：自臨菑侯植私出，開司馬門至金門，令吾異目視此兒矣。又令曰：諸侯長史及帳下吏，知吾出，輒將諸侯行意否。從子建私開司馬門來，吾都不復信諸侯也。恐吾適出，便復私出。故攝將行，不可恆使吾以誰爲心腹也。太祖既慮終始之變，以楊修頗有才策，而又袁氏之甥也。於是以罪誅修，植益内不自安。《典略》曰：植後以驕縱見疏。而植故連綴修不止，修亦不敢自絕。至二十四年秋，公以修前後漏泄言教，交關諸侯，乃收殺之。修臨死謂故人曰：「我固自以死之晚也。」其意以爲坐曹植也。修死後百餘日，而太祖薨。太子立，遂有天下。《世語》曰：修年二十五，以名公子有才能，爲太祖所器，與丁儀兄弟皆欲以植爲嗣。太子患之，以車載廢簏，納朝歌長吴質與謀。修以白，太祖未及推驗。太子懼，告質。質曰：「何患？明日復以簏受絹車内以惑之。修必復重白，重白必推而無驗，則彼受罪矣。」世子從之。修果白而無人，太祖由是疑焉。修與賈逵、王淩並爲主簿，而爲植所友。每當就植，慮事有闕，忖度太祖意，預作答教十餘條，敕門下，教出以次答。教裁出，答已入，太祖怪其捷，推問始泄。太祖遣太子及植各出鄴城一門，密敕門不得出，以觀其所爲。太子至門，不得出而還。修先戒植：「若門不出侯，侯受王命，可斬守者」植從之。故修遂以交搆賜死。二十四年，曹仁爲關羽所圍。太祖以植爲南中郎將，行征虜將軍，欲遣救仁。呼有所敕戒，植醉不能受命，於是悔而罷之。《魏氏春秋》曰：植將行，太子飲焉，逼而醉之。王召植，植不能受王命，故王怒也。文帝即王位，誅丁儀、丁廙，並其男□。《魏略》曰：丁儀字正禮，沛郡人也。太祖聞儀爲令士，雖未見，欲以愛女妻之，以問五官將。五官將曰：「女人觀貌，而正禮目不便，誠恐愛女未必悦也。」以爲不如與伏波子楙，太祖從之。尋辟儀爲掾。到與論議，嘉其才朗，曰：「丁掾好士也，即使其兩目盲，尚當與女，何況但眇，是吾兒誤我。」時儀亦恨不得尚公主，而與臨菑侯親善，數稱其奇才。太祖既有意欲立植，而儀又共贊之。及太子立，欲治儀罪。轉儀爲右刺姦掾，欲儀自裁。而儀不能，乃對中領軍夏侯尚叩頭求哀，尚爲涕泣，而不能救。後遂因職事收付獄殺之。廙字敬禮，儀之弟也。《文士傳》曰：廙少有才姿，博學洽聞。初辟公府，建安中爲黄門侍郎。廙嘗從容謂太祖曰：「臨菑侯天性仁孝，發於自然，而聰明智達，其殆庶幾。至於博學淵識，文章絕倫，當今天下之賢才君子，不問少長，皆願從其遊。而爲之死，實天下所以種福於大魏，而永受無窮之祚也」欲以勸動太祖。太祖答曰：「植，吾愛之，安能若卿言？吾欲立之爲嗣，何如？」廙曰：「此國家之所以興衰，天下之所以存亡，非愚劣瑣賤者所敢與及。廙聞知臣莫若於君，知子莫若於父。至於君不論明闇，父不問賢愚，而能常知其臣子者，何？蓋由相知非一事一物，相盡非一旦一夕。況明公加之以明哲，習之以人子。今發明達之命，吐永安之言，可謂上應天命，下合人心，得之於須臾，垂之於萬世者也。廙不避斧鉞之誅，敢不盡言！」太祖深納之。植與諸侯並就國。黄初二年，監國謁者灌均希指，奏植醉酒悖慢，刼脅使者，有司請治罪。帝以太后故，貶爵安鄉侯。《魏書》載《詔》曰：植，朕之同母弟。朕於天下無所不容，而況植乎？骨肉之親，捨而不誅。其改封植。其年改封鄄城侯。三年立爲鄄城王，邑二千五百戶。四年徙封雍丘王。其年朝京都，上疏云云。帝嘉其辭義，優詔答勉之。《魏略》曰：初，植未到關，自念有過，宜當謝帝。乃留其從官著關東，單將兩三人，微行入見清河長公主，欲因主謝。而關吏以聞，帝使人逆之，不得見。太后以爲自殺也，對帝泣。會植科頭負鈇鑕，徒跣詣闕下，帝及太后乃喜。及見之，帝猶嚴顔色，不與語，又不使冠履。植伏地泣涕，太后爲不樂，詔乃聽復王服。六年，帝東征還，過雍丘，幸植宫，增戶五百。太和元年徙封浚儀。二年復還雍丘。植常自憤怨，抱利器而無所施，上疏求自試云云。三年徙封東阿。五年復上疏求存問親戚，因致其意云云。

王闓運《楚詞釋》卷三《天問》 穆王巧梅，夫何爲周流？疆理天下，夫何索求？妖夫曳衒，何號于市？周幽誰誅？焉得夫褒姒？梅，鋂也，言犬馬是好。衒，行賣也。曳，謂夫妻相牽引。妖夫，周宣時賣檿弧箕服者，言天使妖夫得褒姒，則不必誅周幽。補曰：妖夫喻張儀，褒姒喻鄭袖。言襄王先内惑于鄭袖，外欺於張儀，所以兵挫地削。天命反側，何罰何佑？齊桓九會，卒然身殺？喻秦不足畏也。補曰：桓公九會，死于豎刁開方，謂襄王曾爲從長，而終敗，其咎在任用靳尚等也。彼王紂之躬，孰使亂惑？何惡輔弼，讒諂是服？比干何罪，而抑沈之？雷開阿順，而賜封之金？補曰：比干，原自謂也。阿順，何順，字誤，指靳尚也。何聖人之一德，卒其異方？梅伯受醢，箕子詳狂。補曰：言臣之事君，可死可不死，各有異方，而其德一。稷維元子，帝何竺之？竺，毒也，爾恨也。元子，謂元妃之子。帝，嚳不子之。投之於冰上，鳥何燠之？何馮弓挾矢，殊能將之？既驚帝切激，何逢長之？此疑俗傳稷長大伐嚳，驚嚳至切激也。伯昌號衰，秉鞭作牧？何令徹彼岐社，命有殷國？號，召也。當衰世召諸侯以事紂。徹，達也。言文王政令但能達于岐社，何以能命殷國。補曰：文爲殷牧，尚能起衰，以有殷國，況楚與秦同爲列國，而可不修德耶！

王先謙《漢書補注・西域傳第九十六上》

大月氏國，[補注] 先謙曰：月支國見《海內東經》，即月氏也。《逸周書・王會解》：正北月氏，《後漢》有傳，云莎車西經蒲犂，無雷，至大月氏。三國後魏時，仍爲月氏。魏源《海國圖志》云：大月氏，今爲愛烏罕、布哈爾，二國分得其地。《一統志》以布哈爾爲難兜國地。案難兜乃小國，不足當之。徐繼畬《瀛寰志略》云：月氏既在嬀水之北，嬀水即今阿母河，則月氏乃今之布哈爾，非愛烏罕也。案今布哈爾地甚廣，爲回部最大之國。難兜與大月氏，無妨同在其地。李光廷以爲布哈爾國，南境也。月氏、大宛，爲葱嶺西國，河水注，西河自罽賓國來，西逕月氏國南，下入安息國。治監氏城，[補注] 錢大昭曰：《後書》作「藍氏」。徐松曰：《史記・大宛傳》：大夏民多，可百餘萬，其都曰藍布城，即藍氏也。《後魏書》作盧監氏。先謙曰：官本「治」上有「王」字。是。去長安萬一千六百里。[補注] 徐松曰：據改定龜茲里數積算，大月氏當去長安一萬二千二百一十二里，去陽關七千七百一十二里。改定里數，見《焉耆下》。不屬都護，戶十萬，口四十萬，勝兵十萬人。[補注] 徐松曰：《史記正義》引《萬震南州志》曰：大月氏地，高燥而遠，國王稱天子，國中騎乘當數十萬匹，城郭宮殿與大秦國同，人民赤白，便習弓馬，土地所出及奇瑋珍物、被服鮮好，天竺不及也。東至都護治所四千七百四十里，[補注] 徐松曰：當作四千九百七十四里。西至安息，四十九日行，南與罽賓接。土地風氣，物類所有，民俗錢貨，與安息同。[補注] 先謙曰：《山海經》郭注：月氏國多好馬美果，有大尾羊，如驢尾，即羬羊也。《元中記》：瑪瑙出大月氏，又有牛名日及，今日取其肉，明日瘡愈。《通典》：大月氏國人乘四輪車，或四牛、六牛、八牛輓之，在車大小而已。出一封橐駝。師古曰：脊上有一封也。封，言其隆高若封土也。今俗呼爲封牛，封音峯。[補注] 沈欽韓曰：《魏書》：迷密國遣使獻一封黑橐駝。《通典》：杜環《經行記》云：大食國，其駝小而緊，背有狐峯，良者日馳千里。蓋駝皆兩封，故以一封爲貴，師古不知其故，又非封牛也。大月氏本行國也，隨畜移徙，與匈奴同俗，控弦十餘萬，[補注] 徐松曰：《匈奴傳》注：控，引也。控弦，謂能引弓者。故彊輕匈奴。師古曰：自恃其彊盛，而輕易匈奴也。[補注] 徐松曰：《通考》引作「故恃彊。」顏注：恃與輕對舉。是舊本有「恃」字。本居敦煌祁連閒，[補注] 徐松曰：據《隋書》，月氏王姓溫，居祁連山北之昭武城。《史記正義》云：初，月氏居敦煌以東，祁連山以西。案張氏蓋以今甘州南山爲祁連也。河西四郡未開時，武威、張掖諸郡皆匈奴地，月氏安得居之？故顏張騫傳注：易之曰祁連山以東，敦煌以西。至冒頓單于攻破月氏，[補注] 徐松曰：《匈奴傳》冒頓使右賢王擊走月氏事，蓋在孝文二三年閒。而老上單于殺月氏，[補注] 王念孫曰：月氏下脫「王」字，當依《張騫傳》補。徐松曰：河水注引作「殺其王」《通考》引作「殺月氏王」。以其頭爲飲器，月氏乃遠去，過大宛，西擊大夏而臣之，師古曰：解在《張騫傳》。都嬀水北，爲王庭。[補注] 徐松曰：《史記》云：大夏在大宛西南二千餘里，嬀水南。蓋大夏時都水南，大月氏徙治水北也。先謙曰：《西域圖考》云：嬀水，唐之烏滸河，亦名縛芻河，今爲阿母河，西北流入布哈爾西之鹹池。其餘小衆不能去者，保南山羌，號小月氏。[補注] 先謙曰：《趙充國傳》：匈奴使人至小月氏，傳告諸羌。《後書・西羌傳》：湟中月氏胡，其先大月氏之別也，舊在張掖、酒泉地。月氏王爲匈奴所殺，餘種分散，西踰葱嶺，其羸弱者南入山，阻依諸羌居止，遂與共婚姻。霍去病取西河地，開湟中，月氏來降。與漢人錯居在張掖者，號曰「義從胡」。《靈帝紀》所稱北宮伯玉，與先零羌叛者也。又《後魏書》：小月氏國都富樓沙城，其王本大月氏王寄多羅子也，寄多羅爲匈奴所逐，西徙，後令其子守此城，因號小月氏。先居西平、張掖之閒，被服頗與羌同，其俗以金銀錢爲貨，隨畜牧移徙，亦類匈奴。其城東十里有佛塔，周三百五十步，高八十丈，所謂百丈佛圖也。小月氏可考見者如此。大夏本無大君長，城邑往往置小長，民弱畏戰，故月氏徙來，皆臣畜之，[補注] 徐松曰：《史記》云：大夏民多，可百餘萬。共稟漢使者。師古曰：同受節度也。[補注] 王鳴盛曰：月氏既不屬都護，豈有遠遷大夏，反受節度之理。稟，當爲稟給之義。共，與供同。徐松曰：即上文所謂須諸國稟食也。有五翖侯：師古曰：翖即翕字。[補注] 徐松曰：《張騫傳》有「傳父布就翖侯。」李奇曰：翖侯，烏孫官名。《匈奴傳》：康居與諸翕侯計，是烏孫、康居皆在翖侯。《匈奴傳》又言「小王趙信爲翕侯」。先謙曰：《後書》云：初，月氏爲匈奴所滅，遂遷於大夏，分其國爲休密、雙靡、貴霜，肸頓，都密，凡五部翖侯。一曰休密翖侯，[補注] 徐松曰：數翖侯以東爲上也。先謙曰：官本一日至五日，皆不提行，連上爲文。治和墨城，[補注] 先謙曰：《後魏書》伽倍國，故休密翖侯人，居山谷閒。去都護二千八百四十一里，去陽關七千八百二里。[補注] 徐松曰：五翖侯道里，最爲紛舛。據去都護言之，則休密去雙靡九百里，雙靡去貴霜二千一百九十九里，貴霜去肸頓二十二里，肸頓去高附七十九里。據去陽關言，則休密去雙靡二十里，雙靡去貴霜二百里，貴霜去肸頓二百二十里，肸頓去高附一千八十一里。而休密去陽關，轉較雙靡爲遠。古籍流傳，宜有訛奪。今各以《後魏書》校正。《後魏書》云：休密翖侯在大月氏東一千五百里，是。當作去都護三千四百七十四里，去陽關六千二百一十二里。二曰雙靡翖侯，治雙靡城，[補注] 先謙曰：《後魏書》：折薛莫孫國，故雙靡翖侯，在伽倍國西，人居山谷。去都護三千七百四十一里，去陽關七千七百八十二里。[補注] 徐松曰：據《後魏書》：雙靡在休密西五百里，當作去都護三千九百七十四里，去陽關六千七百一十二里。三曰貴霜翖侯，治護澡城，師古曰：澡音藻。[補注] 先謙曰：《後書》云：後百餘歲，貴霜翖侯丘就卻，攻滅四翎侯，自立爲王，號貴霜王，侵安息，取高附地，滅濮達、罽賓、天竺諸國，稱貴霜王。漢本其故號，言大月氏云。《後魏書》：鉗敦國，故貴霜翎侯，在折薛莫孫西，人居山谷閒。去都護五千九百四十里，去陽關七千九百八十二里。［補注］徐松曰：據《後魏書》「貴霜在雙靡西六十里」，當作去都護四千三十四里，去陽關六千七百七十二里。四曰肸頓翎侯，師古曰：肸，音許乙反。治薄茅城，［補注］先謙曰：《後魏書》：弗敵殺國，故肸頓翎侯，在鉗敦西，居山谷閒。去都護五千九百六十二里，去陽關八千二百二里。［補注］徐松曰：據《後魏書》「肸頓在貴霜西一百里」，當作去都護四千一百三十四里，去陽關六千八百七十二里。五曰高附翎侯，治高附城，［補注］先謙曰：《後書》云：高附國在大月氏西南，亦大國也，其俗似天竺。所屬無常，天竺、罽賓、安息三國，強則得之，弱則失之，而未嘗屬月氏。《漢書》以爲五翎侯數，非其實也。後屬安息，及月氏破安息，始得高附。《後魏書》云：閻浮謁國，故高附翎侯，在弗敵沙南，居山谷閒。《西域圖考》云：高附在月氏西南，安息東，罽賓西北，當在今阿母河南，布哈爾南境，阿富汗之西北境也。去都護六千四十一里，去陽關九千二百八十三里。［補注］徐松曰：據《後魏書》「高附在肸頓南一百里」，當作去都護四千二百三十四里，去陽關六千九百七十二里。若以偏南，不當孔道，則去陽關或近數十里。凡五翎侯，皆屬大月氏。［補註］徐松曰：高附之，去大月氏約七百餘里。

沈曾植《蒙古源流箋證》卷二［張爾田校補］

時汗年二十五歲，歲次辛丑，迎唐朝文成公主，於土伯特地方完姻，爾田案：閣本作婚。由是建立廟宇，不可勝數。《衛藏通志》布達拉城，唐時藏王曲結通經典之稱。松贊噶木布，《唐書》作「弄贊」。好善信佛，頭頂納瓦塔葉佛，在拉撒地方山上誦《旺固爾經》，取名布達拉。爲西藏衆僧俗所瞻仰，每日焚香，坐禪入定，不思他往。唐公主同巴勒布王之女名拜木薩，因藏王坐靜，恐有外侮，遂修布達拉官寨，城垣上掛刀鎗，以嚴防禦，其上藏王寢室與拜木薩寢室隔絶兩處，頂皆平坦，搭銀橋一道，以通往來，後因藏王莽松作亂，官兵拆毁，布達拉僅存觀音佛堂一所，嗣經五輩達賴喇嘛掌管佛教，兼管民間事務，修立白寨，又有代辦事務之桑結嘉木磋，修立紅寨及内外房屋金殿佛像，相傳重修至今一百四十餘年，其地在北山之陽五里，平坦，突起一峯，高約二里，緣山砌平樓十三層，盤磴而上，其上有金殿三座，光彩耀目，金殿之下有金塔五座，西殿有宗喀巴手足印，日久不化，爲達拉喇嘛坐牀處，金殿内供奉御容，率衆喇嘛誦經大昭寺，西藏第一番王傳七世至曲結松贊噶木布，迎唐公主。又差頭人倫布噶爾，迎巴勒布王鄂特巴爾郭恰之女拜木薩爲妾。唐公主帶來釋迦牟尼佛像，拜木薩帶來墨居多爾濟佛，白木薩欲修廟宇，藏王擇地興修。唐公主卜算藏地形勢，乃妖女仰面之像，拉撒海子乃妖女心血，是爲海眼，須將海眼填塞，上修廟宇如蓮花形，將四圍風脈更正如八寶聯絡，乃得吉祥。藏王遂興工，將海子四面用石堆砌，海眼中忽起五色霞光，現出石塔三層，用石抛擊後，用木接蓋，空隙處鎔銅淋滿，海眼始平。藏王又虔祝神佛，欲將邪氣鎮壓在昌諸，銷囉，倫塔，堆陽四地方，接連地脈之處建寺一百八座。時有龍王現洋船式樣，用石堆砌，大昭始成，相傳至今一千八百四十餘年。其地有拉撒内坐東向西樓，高四層，上有金殿五座，蘭干殿宇皆係銅底溜金，宏敞壯麗。中殿供奉釋迦牟尼佛，乃唐公主自中國鑄請來者，左廊有唐公主、藏王松贊噶木布、巴勒布王女拜木薩之像。其内神佛萬計，中殿供奉萬歲御座，香花然盞，四季長耀。樓頂東南隅有拜拉穆殿，神靈顯赫，番敬畏之。内藏上古軍器，鳥鎗長八九尺至一丈者，與今之九子炮同，弓釵箭袋，亦甚長大。大殿内有萬歷時太監楊英所立碑一座，前壁上繪唐元奘法師求經師弟四人像，門外有唐番和盟碑，高約一丈五尺，寬約四尺，厚約三尺，兩旁刊有大臣、太宰、尚書等字跡，並牛僧孺姓名。碑側古柳二株，老幹蟠屈若龍虬，相傳植自唐時云。小昭寺，大昭寺北半里許，番名喇木契，坐西向東樓高三層上，有金殿一座，亦頗壯麗，乃唐公主所建，因唐公主悲思中國，故東向其門。殿内佛像名墨珠多爾濟，又有釋迦牟尼佛，彌勒佛諸像，或云塑像内有唐公主肉身，座上書「默寂能仁」四字。其南即頗羅柰舊宅，察木珠寺。俗名昌諸寺。藏王曲結松贊噶木布修立大昭之時，赴雅爾嚨等處，見一小海子内有妖蛇五首，欲將海水戽乾，上建廟宇，遣覺拉化爲鵬斬之，海水盡赤，水遂消。乃於其地修建廟宇，供奉桑堆佛十九尊，即陰陽佛也。其一尊乃不上自成之像，上建五塔以鎮之，又塑佛母伊興科爾洛像，羅金褚旺像，蒼巴洞托爾足像。即拉穆吹忠護法。又修極樂寺、彌勒寺，相傳至今一百四十餘年。色拉寺，唐古忒語色金也，拉山也。其山出金，故名。拉撒北十里色拉山，宗喀巴在色拉曲頂居住之時，觀其地可建廟宇，其弟子甲木慶曲結、沙克伽伊喜，明時入中國爲禪師，賜物甚盛，回藏後，宗喀巴令其在色拉建立大寺，所供佛像，係由内地帶檀香雕刻釋迦佛、十八羅漢及諸佛像，又修上下札倉，札倉譯言僧房。嘉庚贊仲，鍾頂小寺四所，招喇嘛居住。其寺依山勢建金殿三座，層樓高聳，達賴喇嘛亦歲至講經。寺中供一降魔鐵杵，長不足二尺，頭如三稜鐧，一頭如人頭狀，番語呼爲多爾濟。相傳建寺時，自大西天飛來其寺，堪布珍之。番人必歲一朝供布嚬蚌寺。俗名别蚌寺。拉撒西二十里，前臨大道，後依山巖。宗喀巴之弟子札木陽曲結、札什巴爾丹，在聶烏地方居住之時，夢神人語：此地宜修寺院，賜予五千徒衆，並現出無量水泉數處。覺而告其師，宗喀巴乃令修寺。其時即有聶烏富民那木喀桑布，出資布施，修建廟宇。又旺固爾山起出海螺，賜與弟子札木陽曲吉、札石巴勒丹，殿宇修像甚盛，共修郭莽、洛賽、嶺結、巴沙、谷爾獨、瓦得洋、阿克巴等七處札倉，乃蒙古、西番各土司布爾卡木布等處。凡初出世之呼畢勒罕，及遠近大小喇嘛初學經者，多聚處於此地，有園亭一座，爲達賴喇嘛避暑處。去寺里許，有吹忠殿，乃無妻室者，與他處異。噶勒丹寺，俗名甘丹寺。拉撒東五十里噶拉丹山，宗喀巴先在大昭，率衆喇嘛攢昭誦經然燈，衆喇嘛求立寺院，宗喀巴乃手舉金剛菩薩云：宜在旺固爾山創建，遂造大經堂，內塑桑堆、即陰陽佛。德木楚克、即安樂佛。多爾影佛像。又修沙爾孜、江孜二處札倉，以供衆喇嘛棲止，相傳至今有三百八十餘年，其形勢與布達拉略同，其經樓、佛像、幢幡、寶蓋、華麗與大、小昭相似，乃宗喀巴坐牀之所，示寂於噶勒丹寺彌勒佛前，爲黃敎發源之地，有黃敎堪布喇嘛主之。楚布寺，業朗寺，拉撒北七十里之浪子地方，各有呼圖克圖掌之。紅帽敎之宗名噶瑪巴，黑帽敎之宗名沙瑪納，明萬曆時入覲，勅賜封號印冊，今襲衣鉢者，一名札哇楞布齊，一名革桑楞布齊。令額訥特珂克國之桑吉喇，必喇滿師，《西藏賦注》唐公主帶來釋迦牟尼佛像，拜木薩帶來墨珠多爾濟佛像，藏王擇地建大昭供奉之，今布達拉廟也。又云：建昭至今一千八百四十餘年，左廊下有唐公主、藏王松贊噶木布，及拜木薩公主像，東南隅有甲噶爾僧拜拉木像。按：拜拉木，即此必喇滿也。巴勒布國之錫拉滿祖師，鄂斯達師，今日人所述《西藏史》噶希塔即此鄂斯達也。《彰所知論》稱之曰「班彌達・阿達陀」。及唐朝僧瑪哈德斡，此唐朝僧瑪哈德斡，於《中朝僧傳》無攷。瑪哈即摩訶，瑪哈德斡疑大德大師之譯音，後文巴特瑪繖巴斡譯經時，有漢僧瑪哈雅納。經敎重興時，亦有漢僧摩訶雅納。至今西藏喇嘛有黑帽敎見於名冊，西人攷藏史者謂：囊嘉瑪巴派維持舊風，奉支那之佛敎，其義軌修法，多編入西藏經典者，名冊之噶爾卓特巴敎，或言亦屬囊嘉瑪巴派，此談佛敎者所當知也。瑪哈雅納或即摩訶衍對音。爾田案：黑帽者，喇嘛外之之詞，不限於僧侶，今藏中尚有此語。《金史・百官志》分黑號姓與白號姓，即其例也。土伯特國大臣羅咱斡爾田案：閣本咱作匝。通密，繖布喇，及其弟達爾瑪古沙等繙譯經咒等卷帙，屏去十惡罪，款將十善福事，宣布於政令。於是愚蒙之土伯特地方，服其敎者，如仰旭日矣。

徐樹穀等《李義山文集箋注・樊南乙集序》 康季榮首得七關，數月，一作日。李玭得秦州，月餘，朱叔明又得長樂州，而益丞相亦尋取維州，聯爲章賀。箋：《舊書・宣宗紀》大中三年六月，康季榮奏收復原州、石門驛、藏水峽、制勝、六盤、石峽等六關，訖邠寧張君緒奏今月十三日收復蕭關，御史臺奏改長樂爲威州。七月，三州七關軍人百姓皆河隴遺黎數千人見於闕下。八月，鳳翔節度使李玭奏收復秦州，制曰仍待季榮、叔明、李玭、君緒各廻戈到鎭，當議甄酬三州七關創置，戍卒且要務靜。九月辛亥，西川節度使杜悰奏收復維州。按：詩集中偶成轉韻，云平明赤帖使修表上賀，嫖姚收賊州，即此事也。

方中履《古今釋疑》卷一六《字體》 字起于倉頡，所謂古文也。《路史》曰：《呂不韋書》云，史皇作書，倉頡氏也。《管氏》、《韓子》、《國語》、《史記》俱無史官之說。據《世本》云，史皇、倉頡同階。又曰，沮誦、倉頡作書。亦未嘗言史官也。及韋誕、傳玄皇甫謐等，遂以爲黃帝史官。蓋肇謬于宋衷之《世本注》，不知何據而言。此崔瑗、蔡邕、曹植、索靖、顧野王之徒，所以咸謂古之帝者得之矣。《通雅》云：上古必己造字，而黃帝史亦名倉頡，更造六書，未可知也。上古事遠，當推其大槩而聽之。及周宣王太史籀著《大篆》十五篇，與古文或異。至孔子書六經，左丘明述《春秋傳》，皆以古文。其後列國各任私意而爲字。如《六書統》所載，一字至一二百。秦併天下，乃罷其不與秦文合者。李斯作《倉頡》七章，車府令趙高作《爰歷》六章，太史令胡毋敬作《博學》七章，多取《史籀》篇，或頗省改，所謂秦篆，即小篆也。是時程邈又造隸書，以趨約易，而古文絕矣。自爾秦書有八體：大篆、小篆、熊朋來、楊愼據黃帝刀布，言小篆不始于泰。然升菴辨石鼓，又謂文類小篆，非宣王時物。何自參差？刻符、蟲書、顏師古曰：謂爲蟲、鳥之形，所以書幡信也。摹印、蕭子良以刻符摹印，合爲一體。徐鍇謂符者刻竹而中剖之，字形半分，理應別爲一體。摹印屈曲塡密，則秦璽文也。署書、蕭子良云：漢高六年，蕭何所定，以題蒼龍、白虎二闕。羊欣云：何覃思累月，然後題之？殳書、徐鍇曰：書于殳也，殳體八觚，隨其勢而書之。隸書、王僧虔曰：秦獄吏程邈善大篆，得罪繫雲陽獄。增減大篆，去其繁複。始皇善之，出爲御史，名其書曰「隸書」。班固曰：謂施之于徒隸也。漢興有草書。故自倉頡訖于漢初，書經五變，而漢尉律試學童，則以古文、謂孔壁蝌蚪文字。北平侯張蒼獻《春秋左氏傳》書體，與孔壁類者也。奇字、即古文而異者。隋、唐《志》有古文奇字一卷，衛宏爲之序。篆書、即小篆。隸書、繆篆、即摹印。蟲書之六體，新莽使甄豐改定古文，時有六書：一曰古文，二曰奇字，三曰篆書，四曰佐書，五曰繆篆，六曰鳥蟲，即漢六體也。佐書即隸書，鳥蟲即蟲書。並槀書、楷書、懸針、垂露、飛白等二十餘種之勢，皆因事生變也。閭里書師，乃合《倉頡》、《爰歷》、《博學》三篇，斷六十字爲一章，凡五十五章，并爲《倉頡篇》。武帝時，司馬相如作《凡將篇》，無複字。元帝黃門令史游作《急就章》。成帝時將作大匠李長作《元尚篇》，皆倉頡中正字也。凡將則頗有出矣。《急就》有曹壽解，顏之推、崔浩、豆盧氏注。《北史・劉芳》亦作《急就篇續注音義證》三卷，陸暐擬《急就篇》爲《悟蒙章》，而顏之推採師古《解訓》爲善。今有全本，相傳是吳皇象寫，亦有筆改，如洞爲隫之類。

李集鳳《春秋輯傳辨疑》卷五 「隱公十年」秋，宋人、衛人入鄭。《左傳》曰：秋七月，庚寅，鄭師入郊，猶在郊。宋人、衛人入鄭。烏程姚氏曰：宋本與衛合，宋既被伐，故連衛以報鄭。鄭方幸勝，不設備，宋、衛乘其虛而入之，此修怨之事也。高氏曰：宋又連衛以報鄭，鄭幸菅之敗而不備，故師還及郊，宋、衛已乘其虛而入之矣。春秋無義戰，未有奇譎輕疾，如宋衛之入鄭地。程子曰：鄭勞民以務外，而不知守其國，故二國入之。渝關李氏曰：烏程姚氏以宋、衛稱人爲貶辭，然下文伐戴之三國皆稱人，而於伐取書鄭伯。是鄭則君，而三國皆大夫也。此役亦必是大夫。蓋宋國方被伐，而君不輕出。衛亦不必其君行，故皆遣將以報之。然則明明修怨之事，何待於貶？故以是爲大夫將而稱人，爲恆辭可也。六年，長葛之邑，爲宋取，此年，國爲宋、衛入，鄭亦危矣。鄭莊雖善戰而不能善守，窮兵黷武，適以自取困耳？何益之有哉！

王琦《李太白集輯注》卷一七《送楊燕之東魯》 關西楊伯起，漢日舊稱賢。四代三公族，清風播人天。夫子華陰居，開門對玉蓮。何事歷衡霍，雲帆今始還。君坐稍解顔，爲我歌此篇。我固侯門士，謬登聖主筵。一辭金華殿，蹭蹬長江邊。二子魯門東，別來已經年。因君此中去，不覺淚如泉。

《後漢書》：楊震，字伯起，弘農華陰人。少好學，明經博覽，無不窮究。諸儒爲之語曰：「關西孔子楊伯起」。永寧元年，代劉愷爲司徒。延光三年，代劉愷爲太尉。震子秉，延熹五年代劉矩爲太尉。秉子賜，熹平二年，代唐珍爲司空；五年，代袁隗爲司徒，光和五年，拜太尉，賜子彪，中平六年，代董卓爲司空，其冬代黃琬爲司徒。興平元年，代朱儁爲太尉。自震至彪，四世太尉，德業相繼，與袁氏俱爲東京名族云。「三公」，舊本或有作「五公」者，楊註以三公爲是。琦按：《後漢書》：諸袁事漢，四世五公。陳子昂《梓州司馬楊君神道碑》：迨震、秉、彪、賜，四代五公。光烈昭於漢室，盛德充於海內。李頎詩：漢家名臣楊德祖，四代五公享茅土。五公，謂太傅、太尉、司徒、司空、大將軍也。楊氏四世，但爲三公，未有登太傅、大將軍之位，不知諸書何以言之。然其語則已所本末，未可以爲誤也。《太平寰宇記》：華州，華陰縣，以在太華山之陰，故名之。華山有蓮花峯，以形似蓮花，故名。玉蓮，蓋指此。或謂指玉女、蓮花二峯而言。或謂《華山記》云：山頂有池，生千葉蓮花，服之羽化。昌黎詩所謂「太華峯頭玉井蓮，花開十丈藕如船」，玉蓮似指玉井蓮也。《史記正義・括地志》云：衡山一名岣嶁山，在衡州湘潭縣西四十一里。《太平寰宇記》：霍山，一名衡山，一名天柱山，在壽州六安縣南五里。《爾雅》：霍山爲南岳。註云：即天柱也。漢武帝以衡山遼遠，讖緯皆以霍山爲南岳，故祭其神于此。今其土俗皆呼南岳大山。《黃庭內景玉經》曰：霍山下有洞房二百里，司命君之府也。有西北、東南二門其中有五香芝、飛華、金瓶之寶、神瞻靈爪，食之者至玄。《江南通志》：霍山在廬州府霍山縣西北五里。漢武帝南巡，以衡山遠阻，移祭此山，又名南岳山。馬融《廣成頌》：張雲帆，施蜺幬。《列子》：夫子始一解顔而笑。《三輔黃圖》：未央宮有金華殿。劉琨詩：據鞍長嘆息，淚下如流泉。

倪璠《庾子山集注》卷二《哀江南賦》 張遼臨於赤壁，王濬下於巴丘。乍風驚而射火，或箭重而回舟。未辨聲於黃蓋，已先沉於杜侯。【略】

張遼、王濬，喻王僧辯、胡僧祐等也。風驚射火者，謂景爲火艦燒柵，風不便，自焚也。箭重回舟者，謂景遁，潛軍夏首，又倍道歸建鄴也。未辨聲於黃蓋，已先沉於杜侯者，謂賊任約爲陸法和所擒，宋子仙、丁和爲杜龕所擒，景不能救也。《南史・王僧辯傳》云：「侯景浮江西寇，軍次夏首。僧辯爲大都督，軍次巴陵。景既陷郢城，將進寇荆州，於是緣江屯戍望風請服，僧辯並沉公私船於水中，分命衆軍乘城固守，偃旗臥鼓，安若無人。翌日，賊衆濟江，輕騎至城下。景軍內薄苦攻，城內同時鼓噪，矢石雨下，賊乃引退。元帝又命平北將軍胡僧祐率衆援僧辯。是日，賊復攻城不尅，又爲火艦燒柵，風不便，自焚而退。有流星墜其營中，賊徒大駭，相顧失色。賊帥任約又爲陸法和所擒，景乃燒營夜遁，旋軍夏首。元帝以僧辯爲征東將軍，命即率巴陵諸軍沿流討景。攻拔魯山，仍攻郢，即入羅城。景聞之，倍道歸建鄴。賊帥宋子仙等困蹙，求輸郢城，身還就景。僧辯僞許之。子仙謂爲信然，浮舟將發，僧辯命杜龕鼓噪掩至，大破之，擒子仙、丁和等送江陵。元帝命生釘和舌臠殺之。郢州平。」《渚宮舊事》曰：「景遣任約，衆號五萬，伐湘東王於江陵。兵將逼，法和乃出詣湘東云：『自有兵書，乞征任約。』召諸蠻弟子八百人在江津，二日便發。王遣胡僧祐等千餘人與之同行。法和登艦大笑曰：『無量兵馬。』江陵多神祠，人俗常所祈禱，自法和軍出，無復一驗，人以爲諸神皆從行故也。至赤洲湖，與任約相對。法和乘輕舟，不介胄，沿流而下，去約軍一里，乃遠謂將士曰：『觀彼龍睡不動，吾軍之龍甚自踴躍。』即攻之。縱火舫於前，而逆風不便，法和執白羽扇以麾風，風勢即反。約衆皆見梁兵步於水上，於是大潰，皆投水。約逃竄不知所之。法和曰：『明日午時當得。』及期未得，人問之。法和曰：『吾前於此洲水乾時，建一刹，語檀越等：「此雖爲刹，實是賊標。」今何不向標下求賊也。』如其言，果見任約在水中抱刹柱，頭纔出鼻，遂擒之。」《魏志》云：「張遼字文遠，雁門馬邑人也。合肥之戰，遼執甲持戟，先登陷陣，殺數千人，斬二將，大呼自名，衝壘入，至權麾下。權大驚，衆不知所爲，人馬皆披靡，無敢當者。權攻合肥十餘日，城不可拔，乃引退。遼率諸軍追擊，幾復獲權。太祖大壯遼，拜征東將軍。」時元帝以王僧辯爲征東將軍，故取以爲比。張遼本臨合肥，而云赤壁者，疑是誤文也。赤壁，周瑜事。按《吳志》赤壁之戰：「曹公軍次江北，周瑜等在南。瑜部將黃蓋取蒙衝鬬艦數十艘，實以薪草，膏油灌其中，裹以帷幕，上建牙旗，先書報曹公，欺以欲降。引次俱前，蓋放諸船，同時發火，時風甚猛，悉延燒岸上營落，煙炎張天。軍遂退敗。」是其事也。時臺城既陷，建鄴吳地已爲賊營。子山引用張遼、王濬，皆是攻吳、敗吳之事，不得云周瑜赤壁之兵也，故云誤矣。《晉書》曰：「王濬字士治，弘農湖人也。拜益州刺史。武帝謀伐吳，詔濬修舟艦。乃作大船連舫，又畫鷁首怪獸於船首，以懼江神。舟檝之盛，自古未有。濬造船於蜀，其木柿蔽江而下。尋以謠言拜濬爲龍驤將軍、監益、梁諸軍事。太康元年，濬發自成都，率巴東監軍、廣武將軍唐彬攻吳丹陽，剋之。吳人於江險磧要害之處，並以鐵鎖橫截之。濬作火炬，長十餘丈，大數十圍，灌以麻油，在船前，遇鎖燃炬燒之，於是船無所礙。」《魏略》曰：「權乘大船來觀軍，公使弓弩亂發，箭著其船，船偏重將覆，權因迴船，復以一面受箭，箭均船平，乃還。」《吳志》曰：「黃蓋字公覆，零陵泉陵人也。」《吳書》曰：「赤壁之役，蓋爲流矢所中，時寒，墮水，爲吳軍人所得。不知其蓋也，置廁牀中。蓋自強以一聲呼韓當，當聞之，曰：『此公覆聲也。』向之垂涕，解易其衣，遂以得生。」《魏志》曰：「杜畿字伯侯，京兆杜陵人也。受詔作御船，於陶河試船，遇風，覆沒。」《魏氏春秋》曰：「諸葛誕與僕射杜畿試船陶河，遭風覆沒，誕亦俱溺。虎賁浮河救誕，誕曰：『先救杜侯。』誕飄至岸，畿竟溺死。」

又卷一六《周趙國夫人紇豆陵氏墓誌銘》 杜國殿下居若木之一枝，在天潢之別派，揚旌玉壘，驅傳銅陵，南通向日之民，東被無龍之國。夫人從政月峽，贊德雲門。錦濯江波，還臨織室；山明石鏡，即對妝樓。既而玉律頻移，金爐不變。胡香四兩，嗟西域之使稀；靈草一株，一作枝。恨瓊田之路絕。東方朔《十洲記》曰：「聚窟洲人鳥山，多大樹，與楓木相類，而花葉香聞數百里，名爲反魂樹。扣其樹，亦能自作聲，聲如羣牛吼，聞之者皆心驚神駭。伐其木根心，於玉釜中煮取汁，更微火煎如黑餳狀，令可丸之，名曰驚精香，或名震靈丸，或名反生香，或名震檀丸，或名人鳥精，或名卻死香，一種六名。斯靈物也，香氣聞數百里，死者在地，聞香氣乃卻活，不復亡也。以香薰死人，更加神驗。征和三年，武帝幸安定，西域月支國王遣使獻香四兩，大如雀卵，黑如桑椹。帝以香非中國所有，以付外庫。後元元年，長安城內病者數百，亡者大半。帝取月支神香燒之於城內，其死未三日者皆活，芳氣經三月不歇。於是信知其神物也，乃更秘錄餘香。後一旦又失之，檢函，封印如故，無復香也。帝愈懊恨，恨不禮待於使者，益貴方朔之遺語，自愧求李君之不勤，慚衛卿於階庭矣。明年，帝崩於五柞宮，已亡月支國人鳥山震檀、卻死香也。向使厚待使者，帝崩之時，何緣不得靈香之用耶？自合隕命矣。」又曰：「祖洲，近在東海之中，地方五百里，去西岸七萬里。上有不死之草。草形如菰苗，長三四尺。人已死三日者，以草覆之，皆當時活也。服之令人長生。昔秦始皇大苑中，多枉死者橫道，有鳥如烏狀，銜此草覆死人面，當時起坐而自活也。有司聞奏，秦始皇遣使者齎草以問北郭鬼谷先生。先生云：『此草是東海祖洲上，有不死之草，生瓊田中，或名爲養神芝。其葉似菰苗，叢生，一株可活一人。』始皇於是慨然言曰：『可採得否？』乃使使者徐福，發童男童女五百人，率攝樓船等入海尋祖洲，遂不返。福，道大也，字君房，後亦得道也。」

黎經誥《六朝文絜箋注》卷七《爲梁上黃侯世子與婦書》 昔仙人導引，尚刻三秋。干寶《搜神記》曰：漢時，有杜蘭香者，自稱南康人氏。以建業四年春數詣張傳。傳年十七，望見其車在門外。婢通言：「阿母所生，遣授配君，可不敬從！」傳先名，改碩。碩呼女前視，可十六七，說事邈然久遠。有婢子二人大者萱支，小者松支。鈿車青牛，上飲食皆備，作詩。至其年八月旦，復來作詩云云。出薯蕷子三枚，大如雞子，云：「食此令君不畏風波，辟寒溫。」碩食二枚，欲留不肯，令碩食盡。言：「本爲君作妻，情無曠遠。以年命未合，且小乖。大歲東方卯，當還求君。」蘭香降時，碩問：「禱祀何如？」香曰：「消魔自可愈疾，淫祀無益。」香以藥爲消魔。按：《上黃侯書》是夫妻離別之辭，言杜蘭香下嫁張碩，以八月旦至，是仙人導引，尚刻三秋之期也。神女將梳，疑作疏。猶期九日。干寶《搜神記》曰：魏濟北從事掾弦超，字義起，以嘉平中夜獨坐宿，夢有神女來從之。自稱天上玉女，東郡人，姓成公，字智瓊。早失父母，天帝哀其孤苦，遣令下嫁從夫。夢三四夕。一旦，顯然來遊。自言年七十，視之如十五六女。車上有壺、榼、青、白、瑠璃五具。飲啗奇異，饌具醴酒，與超共飲，遂爲夫婦。經七八年，父母與超取婦之後，分日而燕，分夕而寢，夜去晨來，倏忽若飛，惟超見之，他人不見。雖居闇室，輒聞人聲，常見蹤跡，然不覩其形。後人怪問，漏泄其事。玉女遂求去，云：「我，神人也。雖與君交，不願人知，而君性疎漏，我今本來已露，不復與君通。積年交結，恩義不輕，一旦分別，豈不愴恨？」贈詩一首，把臂告辭，涕泣流離，肅然升車，去若飛迅。去後五年，超奉使至洛，到濟北魚山下陌上，西行遙望，曲道頭有一車馬，似智瓊。驅馳前，至果是也。遂披帷相見，悲喜交切。同乘至洛，遂爲室家，克復舊好。至太康中猶在。但不日日往來，每於三月三日、五月五日、七月七日、九月九日、旦十五日，輒不往來，經宿而去。張茂先爲之作《神女賦》。言智瓊之踪跡將疏，猶期九月九日可會也。按：智瓊與弦超刻期，有三月三日、五月五日、七月七日、九月九日及旦十五日。此云九日，特舉其大略也。未有龍飛劍匣，鶴別琴臺。《豫章記》曰：雷煥子爽，爲建安從事。經淺瀨，劍忽於腰中躍出，入水乃變爲龍。見二龍相隨而逝焉。按：劍雖有終合之論，然在豐城得劍之後，孔章、茂先各持其一，亦似別離時也。蔡邕《琴操》曰：商陵牧子娶妻五年無子，父兄欲爲改娶，牧子援琴鼓之，歌別鶴以舒其憤懣，故曰《別鶴操》。嵇康《琴賦》云：千里別鶴。陶潛詩曰：上絃驚別鶴，下絃操孤鸞。《益州記》曰：司馬相如宅，在州西笮橋北百步許。李膺曰：市橋西二百里得相如舊宅。今梅安寺南有琴臺。龍飛、鶴別，喻夫婦遠離也。莫不銜怨而心悲，聞猿而下淚。《宜都記》曰：猿鳴三聲淚沾裳。已上言蘭香下嫁之日，尚有三秋可期。智瓊求去之後，猶有九日可會。未有分兩龍於劍匣，別雙鶴於琴絃，如今之悲淚也。

樓卜瀍《鐵厓逸編注》卷一《介山操》 一龍失所，五蛇從之走天下。叶戶。四蛇完身，一蛇獨虧。一作封，非。股龍上天兮，蛇各有戶。一蛇無戶，薄以焦火。叶虎。吁嗟乎！四蛇從龍作甘雨，一蛇焦枯無恨在下土。《史記・晉世家》：介子推不言祿，祿亦不及。從者憐之，乃懸書宮門曰：龍欲上天，五蛇爲輔。龍已升雲，四蛇各入其宇。一蛇獨怨，終不見處所。文公出見其書，曰：「此介子推也。」使人召之，則亡入緜上山中。於是文公環緜上山中，而封之，以爲介推田，號曰介山。《索隱》注：龍喻重耳，五蛇即五臣，狐偃、趙衰、魏武子、司空季子及子推也。舊云五臣有先軫、顛頡，今恐二子非其數。《琹操》：介子綏割其腓股，以啗重耳。復國，子綏獨無所得，甚怨恨，乃作龍蛇之歌以感之，遂遁入山。文公驚悟，迎之，終不肯出。公令燼山求之，子綏遂抱木而燒死。歲時記介子推三月五日，爲火所焚。國人哀之，每歲春暮不舉火，謂之禁烟。陸翙《鄴中記》：寒食斷火，起於子推。據《左傳》、《史記》，並無介推被焚之事。《周禮》：司烜仲春，以木鐸脩火，禁於國中。注：季春將出火也，今寒食准節氣，是仲春之末清明，是三月之初。然則，禁火蓋周之舊制。

又《鐵厓咏史注》卷四《藍田玉》 藍田玉讐殺韓都督，捷書未到漢成都。殺身以議張光祿，老馬身死王凌誅，曹家厄會適投虛。夜讀叔父出師表，飲馬河洛宜長驅。兵頓新城非迫促，宗廟神靈未儌福。一日誓死百世知，至今壯士爲痛哭。重些之曰：悲風發兮石子岡，犬啣衣兮惶惶。葦衣篾帶人不亡，吳兒野祭淚滂滂。西朝侍中兄弟行，一門忠孝同耿光。先生自註：諸葛瞻之死，外不負國，內不改父之志，忠孝存焉。予於恪亦云。《諸葛恪傳》：恪以丹陽山險，自求乞爲官。父瑾聞之，嘆曰：「恪不大興吾家，將大赤吾族也。」又恪《與弟融書》曰：吾身受顧命，輔相幼主。竊自揆度，才非博陸，而受姬公負國之託。又魏軍驚擾散走爭渡，渡橋，橋裹絕，沒死者數萬。故叛將韓綜爲魏前軍督，亦斬之。《魏志》：少帝紀皇后父光祿大夫張緝等，謀廢易大臣，事覺伏誅。毋邱儉《儁表》曰：故光祿大夫張緝無罪而誅，夷其妻子。《諸葛恪傳》：明年春，復欲出兵，諸大臣以數出罷勞同辭諫恪，恪乃著論諭衆曰：「司馬懿先誅王凌，續自隕斃。其子幼弱，而專彼大任，雖有智計之士，未得施用。當今伐之，是其厄會。」又曰：「近見家叔父表陳與賊爭競之計，未嘗不喟然嘆息也。」又曰：「若一朝隕歿，志畫不立，貴令來世知我所憂，可思於後。」又恪圍新城，攻守連月，城不下。又孫峻因民之多怨搆恪，欲爲變，與亮謀置酒請恪。恪嚴畢趨出，犬銜引其衣。還坐，復起，犬又銜其衣。恪令從者逐犬，遂升車劍履上殿。酒數行，峻起著短服出，曰：「有詔收諸葛恪。」恪驚起，拔劍未得，而峻刀交下。先是童謡曰：諸葛恪，蘆葦單衣篾鉤落，於何相求成子閣。成子閣者，反語石子岡也。建業南有長陵，名曰石子岡，葬者依焉。鉤落者，校飾革帶，世謂之鉤落帶。恪果以葦席裹其身，而篾束其腰，投之此岡。《江表傳》：朝臣有乞爲恪立碑以銘其勳績者，盛沖以爲不應。孫休曰：盛夏出軍，士卒傷損，無尺寸之功，不可謂能受託孤之任，死於豎子之手，不可謂智。」沖議爲是遂寢。

愛新覺羅·弘曆《御製題袁燮絜齋集六韵》（袁燮《絜齋集》卷首）

學爲君子儒，體用亦相符。性悟雖宗陸，身名未異朱。燮師事陸九淵，得其指授，具有原本。又少以名節自期，立朝屢進讜言，所至政績皆可紀，在南宋諸儒中可謂學有體用者。具詳《宋史》本傳。邊情言頗悉，民務政多殊。集中劄子幾及三十首，其《料敵》、《論邊》深得要領，而《陳民務述治要》亦切實可見施行，向惟散見《永樂大典》中，今爲裒輯得廿四卷，雖未必能盡還原書之舊，亦可存十之六七，因命刊刻以廣流傳。大典昔割玉，裒編今合珠。

《史記疏證》卷一 須句。《國名紀》曰：須句，子爵。成風國邾伐而魯取之。一作朐狉。《地志》：朐城，在壽昌西北，今須眉城西北須朐故城者。京相璠云：須朐，一國二城兩名。非也。蓋鄆歸須城，而朐猶是故所。

顓臾。《國名紀》曰：子爵。沂之費縣西北二旅有顓臾故城，《寰宇記》：沂水西北八十里，今在費縣西。故漢顓臾縣。

女媧氏亦風姓。《風俗通》曰：女媧，伏羲之妹。《路史·後紀》曰：盧仝云：女媧本是伏羲婦。非也。

蛇身人首。《路史後紀》曰：《玄中記》云：伏羲龍身，女媧蛇軀。《列子》以爲皆虵身牛首虎鼻，故曹植贊女媧云：二皇牛首虵形。

惟作笙簧。《路史後紀》曰：《禮記·明堂位》云：女媧之笙簧。《世本》以爲隨作。宋衷《注》以爲女媧氏之臣。許氏《說文》曰：隨作笙，女媧作簧。

女媧氏沒。《水經注》曰：戴延之《西征記》：潼關直北隔河望，層阜巋然獨秀，謂之風陵，此是女媧墓。《元和郡縣志》：女媧陵在任城縣東南三十九里。《太平寰宇記》：閿鄉津去閿鄉縣三十里，即舊風陵關，有女媧墓，自秦漢以來皆繫祀典。唐乾元二年，虢州刺史王奇光奏所部閿鄉界女媧墓。天寶失其所在。今月一日夜，河上側近忽聞風雷聲，曉見墓湧出，上有雙柳樹，下有巨石，其柳各高丈餘。《路史後紀》曰：墓今在潼關口河濵上圪然。今河有木數株，雖瀑漲不漂沒。今屬陝之閿鄉縣。按《元和郡縣志》風陵堆在河東縣南五十，與潼關對。《寰宇記》風陵城在其下閿鄉津，去縣三里即陵故關也。女媧之墓，秦漢以下俱係祀典，然《九域志》：《寰宇記》濟之任城東南三十九里又有女媧陵。《城冢記》云：女媧墓有五：其一在趙簡子城東，今在晉之趙城東南五里，高二丈。《九域志》：晉州有帝女媧廟。《寰宇記》：在趙城，故皇朝列祀亦在趙城。

母曰：女登，有媧氏之女，爲少典妃，感神龍而生炎帝。《路史後紀》曰：《春秋》元命苞云：少典妃安登遊于華陽，有神童首感之，於常羊生神子，人面龍顏好耕，是爲神農。

長於姜水，因以爲姓。皇甫謐以爲少典有媧代諸侯國號。《路史後紀》曰：少典氏取於有僑氏，是曰安登，有僑國也。《世紀》云：神農母任姒，有僑氏女曰女登。非也。孰有一姓而任僑兩國者？蓋任姒乃帝魁之母，世多以世魁爲神農，因合之爾。

火德王，故曰「炎帝」。《路史後紀》曰：《世紀》云：以火承木，位在南方，主夏，故謂炎帝。關尹告列之子神農有炙之德者。《通典》云：有火星之瑞也。

始教耕，故號「神農氏」。《逸周書》曰：神農之時，天雨粟，神農耕而種之，作陶冶、斤斧，爲耜鉏耨以墾草莽，然後五穀興。《路史後紀》曰：《梁武祠像碑》云：神農氏因宜教田闢土種穀，以振萬民。而《管子》謂神農教耕生谷，以致民利。陶弘景《本草序》：神農嘗草，以省殺身之弊。

于是作蜡祭。《禮記·郊特牲》曰：伊耆氏始爲蜡。鄭注：伊耆氏，古天子，有天下之號。皇侃曰：神農伊者，一代總號，其子孫有天下者，始爲蜡祭。其先祖造田者。熊安生曰「伊耆氏」，即神農也。或曰大庭，神農之別號。

以赭鞭鞭草木。《搜神記》曰：神農赭鞭，鞭百草，盡知其平毒寒溫之性、臭味所主。以播百谷，故號神農。

始嘗百草，始有醫藥。《帝王世紀》曰：神農使岐伯嘗草木，典醫療疾。《路史後紀》曰：太原有神斧岡，有神農嘗藥鼎。又成陽山中有神農鞭藥處，一曰神農亦名藥草，山中有紫陽觀，云帝于此辨藥。《世紀》曰：神農著《本草》四卷。

洪希文《續軒渠集》卷一《讀韓昌黎鼎聯句序》 峩峩古罍洗，一掃盆盎質。再拜面發騂，歛衽當避席。賴倚序流傳，價重千金璧。杜《八哀詩》：汝南讓帝子，眉宇眞天人。衡山道士軒轅彌明，舊與進士劉師服相識。校書郎侯喜有能詩聲，夜與說詩。彌明在其側，貌極醜，白髮黑面，長頸高結喉，又作楚語。喜視若無人。彌明軒衣張眉，指壚石鼎，謂喜：「能與我賦此乎？」劉見衡湘人說云年九十餘矣。劉以老頗貌敬之，不知其有文。聞說大喜，即綴其下。道士啞然笑曰：「子詩如是，有似譏喜。」劉侯相顧慚駭，欲以多窮之。即又爲而傳之喜。喜欲壓道士，營度欲出口，吻聲益悲。欲書復止，竟不能奇。道士高踞大唱，其不用意，而功益奇。劉、侯已賦十餘韻，應之如響，含譏諷。夜三更，二子思竭，不能續起，謝曰：「尊師非世人也，願爲弟子，不敢論詩。」道士奮然曰：「章不可不成也。」謂劉曰：「把筆來，吾與汝就之。」又唱四十字，爲八句，書訖使讀。陸賈聲名籍籍，江淹謂郭翬曰：「子之咳唾成珠璣，吐氣作虹霓。」

羅從彥《豫章文集》卷一四《事實》 嘉定六年，劉守允濟久聞先生之名，自到任後力加搜訪，遂得《春秋解》、《毛詩解》，二書墨本今藏于學。及《遵堯錄》八卷，尚未脫藁，侯於是精加審訂，錄《遵堯錄》奏請于朝，乞宣付史館，外賜一謚號，以示褒表儒先之意。又得先生墓於荆榛頹圮之中，重新修甃，立石以表道，架亭以行祀，命教授方大琮率諸生致祭于墳所，每歲展祀無闕。又給官田，差人看守。撥官田計米一十二石一斗六升，令守墳人尤三老自行佃作。卻於內以六石輸學中，爲每歲祀事之資，餘以給守墳之人。每歲寒食節，教授率職事生員，備酒殺牲幣親到墳下行禮，郡撥錢五貫省助祭。

李曾伯《可齋雜稿》卷二五《丁亥紀蜀百韵》 太歲在娵訾，羲馭正東陸。自二月初八日，敵越鐸龍橋。羽書西邊來，敵騎報南牧。倉茫星火急，飄忽風雨速。憑陵我封疆，剽掠我孳畜。一越摩雲險，摩雲嶺在大潭縣之上，最爲險隘，而官軍不守。已汙宕岷俗。再度峯貼隘，峯貼隘在階州，官軍守花石，而敵由生蕃路來攻，遂入階州。重爲武階毒。敵人忽令名，忽令丙令探者以爲憂國二字。見謂蒙古屬。戎司以爲蒙古，而或又以爲部落爲蒙古所驅。或疑女眞詐，頗訝疊州族。此皆一時邊人之論。衣毛不知帛，羌人多以皮爲衣。飲酪非茹粟。羌人惟食牛羊，不甚食米麥。勁弓骨爲面，戎師所獲羌人之弓，以駝骨爲面，箭亦有骨爲之。健馬鐵裹足。戎師獲到羌人馬蹄，以鐵裹，時人以爲未必有此，獲全馬卻無。駕言取金夏，其鋒不可觸。如竹迎刃解，猶雪以湯沃。先聲張虛疑，我師遽蓄縮。心已執檄迷，手爲望風束。一時所傳蒙古不可與戰，以此官軍望風不出戰。策昧戰爲守，計乏奇與伏。西和久間斷，西和自三月初被圍。三月末，道方通，元不遣兵解援。文南暫蹢躅。文南，敵人三月初攻石靴關。止五十餘騎守，倅以下，春聚并百姓空城而出。將利僅小退，凱音誤陸續。敵攻將利，程信誤以捷音報。制司誤得捷音，大帥遂領帳前將士上七方，將直至西和。遂有程信之敗，是日敵直至犀牛渡。良將半喪衂。蘭皋之戰，麻仲、馬翼、王平俱死王事，皆西邊良將也。敗書丙夜聞，前矛石門宿。制垣到石門，是夕敗書聞，遂不敢進。亟令控三關，謹毋費一鏃。魚梁閉仙原，仙人關在魚關下，前即殺金平制司，元以程信守之。武林護午谷。武林關去興元一百二十里，以李大亨守之。七方對壘持，七方去沔州近百里，元以麻仲守之。仲死，吳桂守。相戒前轍覆。縣官塞蹊徑，制司自去年以來專塞小路，春間差官斷塞，而交徑元自可通。戰士據林麓。由是關以外，民皆棄廬屋。三關以外並無官軍，民皆流徙，有老小入關，而關兵不納，怨聲盈路。西康至天水，患不翅蛇蝮。制司令西康太守陳安清野。安雖能守，而既無官兵，境亦蹂踐。天水守張繼，檄令間守仙原，天水棄矣。鳳集一炬餘，地已付麋鹿。鳳州，敵元不到，去敵兵何翅三百里。制司擬鳳守吳剛同守武林，遂委焚蕩，爲禍最慘。河池本無虞，百里禍尤酷。河池，敵亦未到。上司淸野，盜賊潰兵乘之，遂委焚蕩。羣盜沸於鼎，是時關外百姓皆聚爲盜賊，有所謂括地風、穆黑子之類。流民湊如輻。母悲愛子死，夫沒嫠婦哭。城市委焚蕩，道路紛怨讟。於時益昌民，十室空五六。是時，益昌之民皆入山避徙。牙檣嘉陵來，舳艫尾聯屬。三月初七日，敗音到沔。制司宅眷登舟下益昌，凡百餘艘。十一日到益昌，閲三日，下果閬。十乘隨啓行，驛書轉加促。鼓吹喧後部，三月十八日，大帥起發沔州，回司益昌。旌旗蔽前矗。大帥行司，隨帳以一萬人計。旌旗鼓吹，蜀人前所未見。兩勞使者車，令黄漕守彰明，胡漕守保安橋，以防文南之警。二漕未到而敵退。三分元戎纛。制司謀出會卒以便宜，除二漕爲制副使。重以潰卒徒，跳梁滿山谷。興趙原戍卒郭桂等數百人，以戎司李大亨調發失宜，遂叛，聲言欲殺不平人。聲言誅不平，未知不平孰。人情往傷弓，未免驚曲木。土着避鄉井，是時，益昌富家並攜老小，入山避敵。游手伺風燭。是時，益昌市井小人乘時抛火者甚多，欲以作亂。嗟哉是日也，性命龜未卜。事機正譸張，天時幸炎燠。敵人元不交戰，以天氣炎熱，特穆津死而退。晉邊死季龍，周翰奮方叔。不聞武侯敗，街亭誅馬謖。蘭臯之敗，寔帳前要功而行。既敗，以違令罪程信。猶有孟明在，焚舟報秦穆。程信雖敗，較諸將尤勝。劾以滅口，或以爲過。不待斬樓蘭，聞已事薰粥。是時，或者云朝廷已與敵人議和，將遣使通幣，所以無戰。搢紳屐欲折，意氣喜可掬。中有山西人，慊若國深辱。問之何所云，首疾已頻顣。大言往者悔，幾已潰心腹。謂徒守三關，而幾透文南也。尙爲來者憂，不知護頭目。謂徒守三關，而不知以五州爲籬落也。厥今敵雖去，鄉道渠已熟。敵兵之來，皆本朝邊人爲之鄉道。三關固天險，五都恐日蹙。是時自三關以外葬爲盜區，不止日蹙百里之謂。不見關以外，處處空杼柚。朝廷無事時，司農積邊穀。一朝棄糞土，知幾十萬斛。總所五州錢糧，聞失三四十萬斛斗。民力哀何辜，邊人罪難贖。色雖帷幄喜，骨尙原野暴。未旌平涼家，戰士沒於陣者，不聞優恤之典。方起鄱陽獄。諸將以主帥不能壓服，間有怨言，是以有王興宗之變。統制安遠父子死於獄。辛苦在貔貅，恩賞歸雁鶩。事定恩賞未及戰士，而帳前吏卒以下，皆賞有差。幾劾先軫死，不及介推祿。謂麻仲、馬翼輩死王事，而恩賞不加也。漢校起奴僕。謂何克勤及諸僕輩皆遷職。魏師付乳臭，謂帳前提舉王惟祐輩皆小兒。平時好糜爛，深刑痛敲朴。平時凡送必勝軍送戎司者，無不死諸非命，未嘗明正典刑，不能以數計。於時在勞來，仍忍逞誅剭。至利州殺戮，如故叛兵就招，盡死於必勝軍之手，日以一二十人計。頗聞富窖藏，悉已發麥菽。邊頭民間窖藏，盡爲寇盜所發。邊無一人耕，食能幾日蓄。田里思反業，百姓敵退後官軍一出即復，而官軍不出也。原堡未修築。邊頭原堡悉已毀壞，敵退更不復修。了無金城圖，酣事銅鞮曲。敵退之後，不聞謹武備。諸公惟事高飲，大失人望。

雜録

裴松之《上三國志注表》　臣松之言：臣聞智周則萬理自賓，鑒遠則物無遺照。雖盡性窮微，深不可識，至於緒餘所寄，則必接乎粗迹。是以體備之量，猶曰好察邇言。畜德之厚，在於多識往行。伏惟陛下道該淵極，神超妙物，暉光日新，郁哉彌盛。雖一貫墳典，怡心玄賾，猶復降懷近代，博觀興廢。將以總括前蹤，貽誨來世。臣前被詔，使采三國异同以注陳壽《國志》。壽書銓敘可觀，事多審正。誠遊覽之苑囿，近世之嘉史。然失在于略，時有所脱漏。臣奉旨尋詳，務在周悉。上搜舊聞，傍摭遺逸。按三國雖歷年不遠，而事關漢、晉。首尾所涉，出入百載。注記紛錯，每多舛互。其壽所不載，事宜存録者，則罔不畢取以補其闕。或同説一事而辭有乖雜，或出事本异，疑不能判，并皆抄内以備异聞。若乃紕繆顯然，言不附理，則隨違矯正以懲其妄。其時事當否及壽之小失，頗以愚意有所論辯。自就撰集，已垂期月。寫校始訖，謹封上呈。竊惟繢事以衆色成文，蜜蜂以兼采爲味，故能使絢素有章，甘逾本質。臣寔頑乏，顧慚二物。雖自罄勵，分絶藻繢，既謝淮南食時之敏，又微狂簡斐然之作。淹留無成，祇穢翰墨，不足以上酬聖旨，少塞愆責。愧懼之深，若墜淵谷。謹拜表以聞，隨用流汗。臣松之誠惶誠恐頓首頓首死罪謹言。

李鼎祚《周易集解序》　臣少慕玄風，游心墳籍，歷觀炎漢迄巨唐，採群賢之遺言，議三聖之幽賾。集虞翻、荀爽三十餘家，刊輔嗣之野文，補康成之逸象，各列名義，共契玄宗。先儒有所未詳，然後輒加添削，每至章句，僉例發揮，俾童蒙之流一覽而悟，達觀之士得意忘言。當仁既不讓於師，論道豈慚於前哲。至如卦、爻、彖、象，理涉重玄。經注文言，書之不盡，別撰索隱，錯綜根萌，音義兩存，詳之明矣。其王氏《略例》，得失相參，采葑采菲，無以下體，仍附經末，式廣未聞。凡成一十八卷，以貽同好，冀將來君子無所疑焉。

趙夔《東坡詩集注序》　僕於此詩分五十門，總括殆盡。凡偶用古人兩句，用古人一句，用古人六字、五字、四字、三字、二字，用古人上下句中各四字、三字、一字相對，止用古人意不用字。所用古人字不用古人意，能造古人意，能造古人不到妙處。引一時事，一句中用兩故事，疑不用事而是用事，疑是用事而不用事，使道經僻事、釋經僻事、小說僻事、碑刻中事、州縣圖經事，錯使故事，使古人作用字成一家句法，全類古人詩句用事有所不盡。引用一時小話不用故事而句法高勝，句法明白而用意深遠，用字或有未穩，無一字無來歷。點化古詩拙言，間用本朝名人詩句，用古人詞中佳句，改古人句中借用故事，有偏受之故事，有參差之語言，詩中自有奇對，自撰古人名字。用古謠言，用經史註中隱事，間俗語俚諺詩意物理，此其大略也。

傅遜《春秋左傳屬事・凡例》　一、列諸國先後，俱依經文，事既分屬，而小國以事交於某國者，即附見於某國之中。一、纂事從題，無題從類，凡事與題稍相涉者，因爲附見，以無遺古史之文。一、凡一事而宜分見兩屬者，則置於所重之中，而於其輕者，則從節，仍云詳見某處。又有因事起事，而於他事爲要，本事無與者，則直置於他事，而云餘見某處。凡節文皆空一字，以別於全文，若有一二句從節者，止空一字，不復云詳見、餘見。一、凡雖一事而歲月既久，枝節自繁，則於一題之內又分數題，其年月亦因其內事以爲先後。如三桓弱公室，小國交魯之類。一、有大事而中有數事不可分析者，則於二事之交，加一圈以別异之。如隱公攝國，晉、楚爭伯之類。一、杜注於一事之始，云爲某事張本，於終則云終某人之言。今事既類聚，故俱不用。其云在某公幾年者，今云在某事內。一、此編本爲明達者之資，故多總括其意以注，而於字、句或略焉，以待觀者之自悟，悟而得之，則得之於心也固。一、凡名物度數不可以意求者，則俱從詳，且以備檢考焉。一、凡注或仍或革，於必然無疑者則直解，其中不復致辨，其有疑似難析，古制難辨，必須詳考乃定，深思方得者，則於去取創見之際，俱不敢苟，故另爲辨誤二卷，以求正於博雅。其或無可考據，思之不得者，則并存其說，以并求正焉。一、有本不必注而先爲杜注所謬者，則亦解之，以正其謬，或見於辨誤中。一、《左氏》好以成敗論人，凡於生死、治亂之先，必預爲徵兆，而後以事爲應驗，固有未必盡然者，先儒譏之以誣，當矣。然於世教有補，故皆因焉。而有悖倫傷化之極者，不得已而略評數語於中，以明大義。凡評議仍用小圈，以別於訓注，總評於後者，則用大圈。一、傳中地名，元凱皆釋以晉時所名，今皆易以昭代之制。古蹟晉有而今無者，則加舊字以存疑，未有考者姑闕，前見者從略。於其事有關係者，仍從詳。一、杜於晉朝元皇后喪，議太子應既葬除服，故凡傳中喪制皆曲爲強解，以信其說，先儒謂其巧飾經傳以附人情，今注中悉爲釐正。一、傳中於一人，或以名、或以字、或以謚、或以邑，錯見於一事之中。觀者卒難別識，今於一人始見，即詳其姓名字謚等，庶使易曉。一、傳中多古字通用及奇字難識，或以一字屢見，若悉爲音釋，似覺太繁，故另分部音釋附於辨誤之前。一、傳中有三代器名以形不明，故義亦難解，今皆考而圖其形，并爲好古者之一資。

馮夢龍《春秋衡庫・發凡》　一、經錄全文，雖空月，不敢擅削，示尊經也。一、是經，孔氏權書，游、夏不能贊一詞，況其下乎！國初頒《大全》於學宮，使士子以意逆志，隨所取裁，猶不失窮經之遺意。其後胡氏孤行，而文定之《春秋》，未必尼山之《春秋》矣。予不揣，竊欲倣《朱子四書集註》之例，廣搜百家之説，採其切中情理，不涉穿鑿附會者，定爲正註。其說可相參者，附之圈外，名曰《權書揣摩》。庶幾彙羣儒之精神，備一經之羽翼。奔走多難，尚未脫稿。茲編一以功令爲主，故《胡氏》全錄，即偶節一二，亦多崩弑等傳，或複詞贅語，舉業所必不用者。不然，寧詳勿略。不敢啓後學苟且之端也。一、《大全》中諸儒議論，儘有勝胡氏者，然業已宗胡，自難並收，以亂耳目。惟與胡相發明者，間錄。至如無傳單文，舉業家相沿，以爲不成題。夫題出經文，因傳廢經，是經文亦可刪而讀矣。習而不察，莫此爲甚，與其苛擬傳題，以供射覆，孰若明出經文，以試聰明。茲編於單文，有胡氏發於他傳者，則注曰見某傳。不然，即採《大全》諸儒之說，以備觀覽。如語止一家，則標曰全某氏。如集衆語，則止標全字。一、《左》、《國》、《公》、《穀》，原係聖經之按，先按後斷，故載於胡氏之前。四傳不同者，分載之；標目各空一字，先後則以事實爲序。大同小異者，合載之；或合標左、國，或合標公、穀，間有標《三傳》者。文雖不同，而事實可相貫者，連載之；仍各分標，但不空字。見於一傳者，偏載之；各標本書。一二語不可偏廢者，補載之；或事實稍別，或文采雙妙，嵌入既難，全錄又贅，姑用雙行注補，仍標明之。或先經而起，或後經而結，不便繙檢者，聯屬載之；或用大書備載原文，或小字注明一二語。不隸經而可備事實之考者，附載之；標目加附字。即無關事實，而辭采璀璨，可助筆花者，亦備錄其文。或誦或覽，惟資性是視，不令嗜古者，有遺珠之歎。一、有事出《三傳》，而胡氏援引之者，互存則贅，今存胡以便擬題。而原文未備，則補註之若無題脚者，仍用本傳。一、春秋與《詩》相通，故採取獨富。姑舉《衛風》，如《擊鼓》、《乘舟》之類。切於經文者，用大書。如《碩人》、《載馳》等。止註明左、胡本文之下。《書》如《秦誓》，《禮記》如《檀弓》、《月令》等，總屬典要，亟加摭錄。他如《周禮》、《家語》、《穆天子傳》、《晉乘》、《楚檮杌》、《吳越春秋》、《管子》、《晏子》、《韓非子》、《呂覽》、《韓詩外傳》、《史記》、《文獻通考》、杜氏《通典》、《朱子纂要》、陳氏《括例》、《事義考》、季氏《私考》、《春秋屬辭》等書，或事詳於一時，或語詳於一事；或連篇而誇富，或片語以佐遺；或典故於焉取徵，或事實借之旁印。並收萃盤，不遺玉屑。惟他經之外，吾不敢知，若語耑門，無慙夔一矣。一、採用諸書，各標出處。或兩事出一書者，但用圈隔。止離經文一字，省紙也；較胡傳低一字，遵時也；字俱大書，便覽也。一、坊本十二公，首俱有列國，又每年注天王各國年號，殊覺猥冗。今將一經始末，自周而下總載首帙，使人一覽可盡。其每年止錄某君元年、崩、卒之類，以備查閱。若經中無事者，則幷省之。一、文章如祭公諫征犬戎事實，如宣王南征北伐之類，雖在，春秋以前，有裨經學。獲麟雖絕筆，而《左》、《國》所載。如楚、衛、齊、晉之亂，皆春秋結局，不可不錄。今前後各附一卷，俾首尾畢具。覽是編者，一切書可盡置高閣矣。一、字非甚難識者，不音；義非甚難通者，不解。其音解悉列上方，不使與補注相混。一、凡雙行注語，或解傳中本句，或補所未足，及文法不同處，則即注本文之下。如係全傳事寔或斷語，則總注于後。一、無傳經文，其事明見他傳者，則曰見某傳。若事不具見，而義實有指者，則曰主某傳。若影響相傳者，則曰借某傳。

單復《讀杜詩愚得·凡例》 一、重定杜子年譜，以序次其詩，且以見游歷用舍之實。一、考究地理時事，以著其當時所聞所見之實，及用事之妙。一、集諸家註釋，或著其用事之出處，或指其立言之來自，或說其作詩之旨意，凡此皆取之。若其穿鑿傅會及重複冗長者，皆刪之。一、愚得遵朱子說經例，通其所可通，不強其所難通，以革穿鑿之弊。一、愚得於長短古律詩放朱子說《詩》《騷》賦、比、興例，分段以詳作詩命意之由，及遺詞用事之故，且茲承接相照應處，略提掇其緊要字面。

王震《春秋左翼·凡例》 一、舊本每年經傳各編，不便稽覽，今照綱目例，系傳於經，一以尊經，一以便覽。一、《左傳》有先經起義，後經終事者，錯出諸傳，甚至間數十年一見，本末不便稽覽。今悉彙葺爲一，俱系經後。其先後則各係年月，其分章則以圈隔之。間有一二錯經合異，不可系經者，先經，則標先傳字；後經，則標後傳字。如晉侯殺其世子申生，經文在僖公五年，傳乃見莊公二十八年，又見閔公元年、二年，又見僖公三年、四年至五年。傳文乃曰：晉侯使以殺太子申生之故來告。今悉編系殺申生經文之後，餘倣此。一、《左傳》稱號不一，或稱名，或稱字，或稱伯仲，或稱封爵。今悉從經稱名。如士會稱范武子，又隨武子，又士季，又隨季，又范會，又隨會，又季氏。讀者目亂心眩，今悉稱士會。獨問答稱謂者從舊本，其他稱，別爲名號圖以識之。昔宋鄭公酷好《左氏》，常手錄一編置座右，其名號不一者，輒更而一之，便考閱也。余小子私心向慕，敢爲效顰。夫博雅至班馬極矣，然馬遷傳孔門弟子，誤子我爲宰我，謂與田常作亂以夷其族。班氏作《古今人表》，居夔於上之下，又絀后夔於下之上，列范武子於上之中，又居士會于中之上，或兩人誤認爲一，或一人誤分爲二，至爲識者所非。則鄭公之見曷可少也。一、無經有傳者，照四傳舊本例，標一附字。有經無傳者，或事實詳見別書，採取補之。一、無經有傳者，一事宜彙爲一傳，故前後錯見者合之。如「周鄭交惡」一事，在隱公三年，傳則曰「鄭武公、莊公爲平王卿士」。「王貳於虢」，在隱公六年，傳則曰「鄭莊公如周，始朝桓王也」。「王不禮焉」，在隱公八年，傳則曰「虢公忌父始作卿士於周」。總之王貳於虢，總之周鄭交惡也。《左傳》從編年例，故難合一。今一之，悉編於鄭武公、莊公爲平王卿士傳後。其先後仍各系年月，其分章仍以圈隔之。又如「曲沃滅翼」一事，始見隱公五年，又見六年，又見桓公二年、三年、七年、八年至莊公十六年。傳乃曰「王使虢公命曲沃伯以一軍爲晉侯」。總之曲沃滅翼也。今一之，悉編於「王命曲沃伯爲晉侯」之前。餘倣此。一、《三傳》異同者，專主《左氏》，從杜元凱之論也。如隱公三年，《左氏》經文書「君氏卒」。傳曰「公毋聲子也」。《公》、《穀》經文書「尹氏卒」。傳曰「天子之大夫也，一以爲男子，一以爲婦人」。二者將安據？此元凱博極群書，時人謂之杜武庫，又酷好《左氏》，謂之「左癖」。嘗爲之論曰：「余得汲冢古書，其紀年最爲分了，諸所記，多與《左氏》符，同異於《公》《穀》。知此二書，近世穿鑿，非《春秋》之意審矣。震故仍《左氏》書「君氏卒」。餘倣此。一、《三傳》外如晉之乘，楚之檮杌，及《檀弓》、《國語》、《史記》、《管子》、《韓非子》、《晏子春秋》、《呂氏春秋》、《淮南子》等書，有事義相關、文章馴雅者，俱纂入傳中，以佐傳也，亦明經也。如莊公二十七年，經書「荆人來聘」此楚通中國之始也。《左氏》無傳，莫知其自。《史記》則曰：「楚成王即位，布德施惠，結舊好於諸侯，使人獻天子。天子賜胙，曰：『鎮爾南方夷越之亂，無侵中國』。」然則經書來聘，非爲侵中國之漸乎？又如莊公三十二年，經書「狄伐邢，齊桓不即救」。莫知其自。《韓非子》則曰：「邢人告難于齊，齊桓公將救之。鮑叔曰：『邢不亡，齊不重。且夫持危之功，不如存亡之德。君不如晚救之，待邢亡而後存之，此非□救之自乎！』」此事義相關者也。又如《國語》載「令尹子文緇衣以朝」一段，見子文之忠；《管子》載「管仲召忽傳子糾、鮑叔傳小白」一段，見三人出處大節，且兩書辭極藻麗，此文章馴雅者也。餘類此。一、《左逸》、《說林》、《燕書》、《郁離子》等書，雖非事實，然議論正大，文章爾雅，可與經傳相發明。纂而附之，亦補傳之不足也。如隱公四年，四國圍鄭，曲在宋也。鄭人不聞有文告之辭，張司馬《說林》設爲行人責宋之言，理正詞嚴，即宋殤當爲心服。又如成公十三年，晉侯使呂相絕秦篇，文采可觀，而情詞誣罔，王弇州設爲成差報晉一書，言言據實，即呂相再生，無以難也。故纂附之，餘倣此。一、《左傳》下經一字，尊經也。其餘《國語》係外傳，《公》、《穀》出自戰國，似不宜與《左氏》并。故附書又下一字，別於本傳也。其《管子》、《韓非子》等書，與《公》、《穀》，并俱出西漢以上諸儒，不妨例載也。至《左逸》《說林》等書，則細書單行，爲非事實也。一、傳有遺義者，或諸儒發明未及，震不自恤其愚陋，間效《左逸》《說林》等書，妄爲補綴，標之曰「左衍」，以附於□□□正於君子。其書例，即照《左逸》等書細書之。一、紀年以周天子之年貫魯公之上，明有王也。其齊、晉諸霸主，必每年細紀於下，明有霸也。其餘列國獨易世改元者書之。一、《左氏》有句、字先後差謬者，照《尚書》考定武成例改正。如隱公八年，公子翬爲無駭請謚，與族衆仲曰：「天子建德，因生以賜姓，胙之土而命之氏，諸侯以字爲氏。」此係陸粲考正，極爲明暢。若舊本諸侯，以字爲謚，字義難通。故改從陸，所以正字之訛也。莊二十（八）年，陳人殺其太子。《御寇傳》曰：「陳厲公使筮之，遇觀之否曰：『是謂觀國之光，利用賓于王』。」後應曰：「有山之材而照之以天光，於是乎居土上，故曰『觀國之光』。庭實旅百，奉之以玉帛，天地之美具焉，故曰『利用賓于王』。」此係劉用熙考正極爲明妥。若舊本「利用賓于王」兩見，不成文理。故改從劉，所以正句之訛也。成公十六年，伐鄭。傳曰：「公孫嬰齊使叔孫豹請逆于晉師，爲食于鄭郊。嬰齊四日不食以待之，師迎以至食，使者而後食。」此係《釋文》考正。若舊本「師迎以至」句，編於鄭郊之下杜林力爲強解，終屬附會。故改從《釋文》，所以正先後之訛也。餘倣此。一、《左傳》間有闕略者，用他書補之，其編次失序者改正。如閔公二年，經書「狄入衛」。傳曰：「衛懿公及狄人戰于熒澤，衛師敗績」。後忽云「立戴公以廬于曹」，竟不知懿公所在。後又忽云「衛文公大布之衣，大帛之冠」。又不知戴公所在。《史記》則曰：「狄入衛，殺懿公，百姓大臣共立昭伯頑之子申爲君，是爲戴公。戴公申元年卒，復立其弟燬爲文公。」兩君本末昭然，故附錄傳後，用補《左氏》闕略也。然別爲一行，又標《史記》二字，不敢混本傳。又如莊公三十二年，季友奔陳，立閔公。閔公，哀姜之姊叔姜之子也，故齊人立之，本一事也。前二句見莊公三十二年，後三句見閔公二年，即如閔公二年，季友以僖公適邾，慶父奔莒，乃入立之。成風聞季友之繇，乃事之而屬僖公焉。故季友立之，亦一事也。前三句見秋八月傳，後三句見冬十二月傳，頭緒錯雜，不便稽覽。震故因事而次第之。又如令尹子文之生也，邙夫人使棄諸夢中，虎乳之，本子文傳也。乃於宣公二年鬭椒作亂傳見之。鄭文公生子華、子臧，俱得罪而死，乃立公子蘭。本文公時事也，乃於鄭穆公之沒見之，兩者俱屬失次。震故以虎乳傳編於莊公三十年，子文爲令尹之時。立公子蘭，傳編於僖公三十二年，鄭伯蘭即位之始。餘倣此。一、《左傳》已經先儒改正者，標曰「某人考定」。其不經先儒而震謬以他書採補者，直標曰「考」，增其所引書，仍細揭于上，以便稽考。一、杜林《音註》太煩，今去之。不可去者，摘標于上。一、《音註》有未當而先儒改正者，參酌用之。如文公時，楚滅六與蓼。傳曰：「皐陶庭堅不祀。」忽諸註云：「庭堅，皐陶字，豈有一言之間既稱名復稱字者。」魏顯國曰：「皐陶，少昊曾孫。庭堅，高陽氏子。此言似爲確。」又如成公二年，國佐盟。《袁婁傳》曰：「先王疆理天下，物土之宜而播其利。」註云：「播植之物，各從其土之所宜。」則是「物」字上，更須加「播植之」三字。而「土之宜」之上，更須加「各從其」三字。是《左氏》不成文也。然則《左氏》又別有「物土方」一句，豈亦播植之物乎？楊循吉則曰：「物相也。」《淮南子》云：「欲知地道者，物其樹。」似得其解矣。故用之。餘倣此。一、難字齡嚴齗牙者，孫平仲云：「切之便不若音之便，篇而附之便，不若字而附之便。故從海篇而字附之。」

傳以漸《内則衍義・凡例》　一、著書求其可法，故博採正史，加以斷論。若流虹繞雷等事，雖稱祥瑞，恐近荒唐，皆不敢錄。一、道莫先於孝，而女以夫爲家。故事舅姑、列事父母之前，封股割肝等事，雖曰至情，不可爲例，槩删之。一、《内則》爲聖賢相傳之正經，故每項俱用。《内則》冠首正經無可採，始引他書以證之。然嘉言善行俱出《十三經》、《二十一史》、及《通鑑》、《通考》等書，稗官野史近代雜刻者不錄。一、同爲此類，中間情節不同，俱分疏詳解，以便參觀。一、守貞、殉節二類，其事甚繁，其人至多，故更加分晰，守貞約二十項，殉節約四十餘項。一、賢后事多可學，不憚詳引。如漢之馬、鄧，宋之曹、高、向、孟，本傳所載，分布各類，庶文不重複，而美無掛漏。

馬驌《左傳事緯・例略》　舊文傳麗於經，年、時、月、日，以相繫維也。易編年爲敘事，篇目一百有八，將令讀者一覽即解，且無遺忘之病。杜氏謂《左傳》有先經後經諸法，故往往有無經之傳，及經詳而傳略，經略而傳詳者。既立敘事之法，雖傳中片語隻字，稍涉某事，因以附入，以無遺古史之文。疎遺固陋，沓複亦繁，有一事或關兩事及數事者，止從所重錄之，論斷中互相援引，庶乎其淹貫也。事統於篇，年紀易紊，故每年必隔一字書之，年之首事則蒙本文大書某年，餘則分注某年，不使傳文叠出。篇末贅以愚論，未敢言文，旁集諸家，雜采傳記，無庸附會，僻説折衷，一歸於正大，期於發明經傳而止。簡端碎評，意之所寄，偶拈一二以誌賞事之節目，亦爲標額，濫評一概不收。以上正書例。讀《春秋》者異說紛紜，漢、唐以還不下數百家，唯杜氏自號左癖，能成一家之言，特取其序以壓卷，而孔序次之，孔氏尊杜氏者也。丘明列傳舊史所無，茲采綴一二遺事，用補馬遷之闕。《左氏》立例有發凡，有新意，前後互明，最稱條悉，自《公》、《穀》生異同之見，胡氏成帖括之學，左例遂置不講，茲爲推而論之，凡三十有一篇，名曰《左氏辯例》。舊有東坡輿圖，雜入宋地，諸侯年表，止列數國。宋人發微，圖說詳略失宜，而剞劂錯謬，復淆觀覽。今立六圖，世系二十有一，竝著公姓卿族，地輿度量廣狹，詳誌山川，年表備列諸國，各標大事，其帝派、天官、職官，則愚意所增也，名曰《左傳圖說》。《左氏》碎金屑玉，披覽彌新，學識博通，文字工絕。曝日之暇，隨覽隨鈔，積而成帙，名曰《覽左隨筆》。杜氏《名號歸一圖》久失，讐校不無顛倒誤謬，茲另爲一式，分國別氏，指掌瞭然，名曰《春秋名氏譜》。六書不明，豕亥致紊，附以《左傳字釋》，用爲考訂之助焉。以上前書例。

毛奇齡《春秋毛氏傳》卷一　予嘗平情諦觀，竊彙十二公二百四十二年一千八百餘條經文，而統以四例槩之。一曰禮例。謂《春秋》二十二門皆典禮也。晉韓宣子觀魯《春秋》曰：「周禮盡在魯矣」。言《春秋》一書，以禮爲例。故《左傳》于隱七年書名例云：諸侯策告，謂之禮經；而杜註與孔疏皆云，發凡起例，悉本周制。所謂禮經，即《春秋》例也。故孔疏又云：合典法者即在褒例，違禮度者即在貶例，凡所褒貶，皆據禮以斷，並不在字句之間，故曰禮例。今試觀《春秋》二十二門，有一非典禮所固有者乎？毋論改元、即位、朝聘、盟會，以至征伐、喪祭、蒐狩，興作、豐凶、災祥，無非吉、凶、軍、賓、嘉五禮成數，即公行告至，討賊征亂，及司寇刑辟，刺放赦宥，有何一非周禮中事？而《春秋》一千八百餘條，櫛比皆是，是非禮乎？故讀《春秋》者，但據禮以定筆削，而夫子所爲褒所爲貶槪可見也。此非書人、書字所得溷也。此一例也。二曰事例。則以二十二門一千八百餘條無非事也，《周禮》内史職曰：讀四方之書事。《左氏傳》序：史官掌邦國四方之事；又云大事書之于策，小則書之簡牘。故《公羊》疏云：《春秋》記人君動作之事。而《漢史》亦云：右史記事，事爲《春秋》。是以孟子論《春秋》，特開一例，曰其事則齊桓、晉文。謂就事而計其寡多，較其大小輕重，而是非可驗。今齊、晉之事皆重大事也，莊、僖之間其所記亦惟齊、晉之事爲較多也。重與大則責備嚴，多則前後氐仰，而未易以輕定。故鄭伯克段，齊、鄭入郕，事關名敎，則雖屬一節，而實繫重大，終隱、桓、莊三世，專記紀國之存亡，凡二十一條，則雖細而必不可忽。終《春秋》二百四十二年，雜記宋、鄭、陳三國東西奔命之節，無一刻之閒，則雖舉動瑣瑣，亦必備核之，而不敢略。他如郭亡、梁亡，事有闕漏，尹氏、子氏，事有訛謬，圍成、圍郈，事有混同，去樂、去籥，事有蒙昧，則概從而檢較之，又其餘也。此又一例也。三曰文例。則史文之法也。孟子曰：其文則史。大凡史官記事，從列國來者謂之赴告，從本國登者謂之記注，而合而成爲策書，則謂之文。第文有文法，《左傳》定四年稱：備物典策，以賜伯禽。註謂典策即史官記事之法。是史官記事另有法式，名爲文法，亦名爲書法，而統以文字概之。杜氏序所云文之所害，則刊而正之是也。但舊亦以文爲例，而此云文例，則以無例爲一例：如舊謂書國、書爵、書人、書氏、書時、書日，皆例也，而今皆無之。以爲史之例可書國可不書國，可書人、書爵、書日，並可不書人、書爵、書日。何則？例固然也。又以有例爲一例：如鄭伯伐衛，本討滑之亂，而鄭莊不忍誅滑，但伐衛而返，則史祗書伐衛而不書討亂；齊人伐衛本奉惠王命，而齊桓身不親軍，但遣師而還，則史祗書伐衛而不書奉命。至于宣公奔齊喪而史書公如齊，所以諱國；王使來徵聘而史書仲孫蔑如京師，所以諱王。此皆從文起例，而予奪自明，並非齊人鄭伯書公書蔑之所可優劣，以爲文例如是，文之以無例爲有例又如是也。乃四曰義例。則直通貫乎禮與事與文之間。天下有禮與事與文而無義者乎？董仲舒云：爲人君父者不可不通《春秋》之義，杜氏序云：文約則義微。誠以事與禮與文莫不有義，義者意也，亦旨也，即予奪進退褒譏美刺之微旨也。是以禮有違合，事有善惡，文有隱顯，而褒譏美刺皆得以直行其間。孟子曰，其義則丘竊取之矣，蓋取此例矣。

邵長衡《施注蘇詩·注蘇例言》 施氏註蘇原釐四十二卷，世傳之者絕少。商丘公購得宋槧舊本，闕十二卷，僅存三十卷。而蟲蠹腐蝕脫簡，又幾什二。是書於闕卷，則參酌王註，徵引羣書，以補之。脫行殘幅，可補者補之，不可補則闕之。至舊註所未收，不敢輕有增益，懼失實也。計闕：一卷、二卷、五卷、六卷、八卷、九卷、二十三卷、二十六卷、三十五卷、三十六卷、三十九卷、四十卷。註家於詩中引用故事，每見輒註。有尋常習見語，而再註，三註，或至十餘註。施氏亦同此弊，數見不鮮累紙，幾成駢拇，甚無謂也。是書力爲搔除，複出則刪。有語非複出，而於文義冗龐者，亦從刪。蓋一書爲補爲刪之大指如此。詩家編年始於少陵，當時號爲詩史。少陵以後惟東坡之詩於編年爲宜。常跡公生平，自嘉祐登朝，歷熙寧元豐、元祐、紹聖三十餘年，其閒新法之廢興，時政之得失，賢姦之屢起屢仆。按其作詩之歲月而考之，往往概見事實，而於出處大節，兄弟朋友過從離合之踪跡爲尤詳，更千百年猶可想見，故編年宜也。吳興施氏生南宋之初，去公之世未遠，其詮訂先後頗爲精當。卷端數語，厪識大略，不屑屑排纘年月，如黃鶴、魯訔之編杜，取譏後世。識者謂自有蘇註來最稱善本云。施註佳處，每於註題之下多所發明。少或數言，多至數百言。或引事以徵詩，或因詩以存人，或援此以證彼。務闡詩旨，非取汎瀾，閒亦可補正史之闕遺。即此一端，迥非諸家可及。李善註《選》，分疏句下。後來註家多宗之，施、王二家皆然。余以謂詩之有註，原屬筌蹏，既得之後，筌蹏可棄。況大家之詩，每篇有全篇之構法，有全篇之神味，快讀徐瞧，乃能得之。今以故實橫隔句下，使讀者之心目多所扞格，因而作者之精神亦爲晦蔽，僅資漁獵，奚裨風雅？此不善誦詩者也。是書變兩家舊例，輒倣須溪劉氏、虞山錢氏註杜例，離註於全詩之後，閱之心目開明，覺蘇詩壁壘爲之一變。商丘公欣然擊節曰：此舉足當玉局功臣，抑不愧吳興益友矣。引詩註詩，始於宋人。余謂作者興會偶至，暗合古人大家，往往有此一經註出，翻似有意。顧近來風尚如是，予亦不能盡略也。第取其雅馴者存之，聊資吟諷。註經刪汰而重複，仍有覽者或以爲疑。不知詩中用事有正用，有旁用。旁用先註，則正用必須再註。亦有在此卷證某字，在彼卷則證某字，事須兩見者，亦有此詳彼略，義貴互明。或單詞片語偶爾失檢者，重複要是不免。較之原本，十損其七矣。永嘉王氏註本孤行最久，幾于家有其書。顧其失大要有三，不能曲爲諱也。一曰分門別類，失之陋。西蜀趙堯卿夔舊序自言此書分五十門，金華呂氏省爲三十二門，而王氏因之其間，篇章割裂，首尾衡決。有一人一時之酬贈，而強分數卷者；有一題數詩，而強分數卷者。玩其標目，了無意義。且就分門之中，亦必顛倒次第。晚年之詩，或雜於少作，鳳翔之什，可廁於嶺南。每一繙閱，輒爲惛惛。讀未數篇，遽思掩卷。此弊最甚，所當急爲疏瀹。或疑詩賦分類，始於昭明，何獨於蘇詩苛爲責備？予曰：分類用之《文選》，已厭餖飣，施之杜蘇，確乎不可。其故，好學深思者能知之。一曰不著書名，失之疎。王註所引故事，不標出某書者，十之四五。僅著書名，不標篇名者，又居什一。中閒援引詳明，俾覽者展卷瞭如，厪厪及半耳。如此註詩，寧免疎漏之誚？一曰增改舊文，失之妄。王本所引，每因蘇詩句字有改竄古詩，以傳會之者；有改竄子史他書，以傳會之者。魯魚亥豕，觸手紛然。今直古學振興之日，而仍訛襲舛，無一人能取而正之，可慨也！其顯然謬誤者，疏錄如干條，名曰《王註正譌》附《例言》後。詩家援據該博，使事奧衍，少陵之後，厪見東坡。蓋其學富而才大，自經史四庫，旁及山經地志、釋典道藏、方言小說，以至嬉笑怒罵、里媼竈婦之常談，一入詩中，遂成典故。故曰註詩難，而註蘇尤難。施氏合父子數十年精力，成是一編。徵引必著書名，詮詁不涉支離。詳贍而疏通，它家要難度越。故註之幸存，而於詩意有當者，大都不敢輕去。王本有可采者，間取補入，仍標王註以別之。是書出，而永嘉王氏舊本僅當先揚之糠粃，亦大類已陳之芻狗矣。是書編纂開於五月，蕆事於臘月。發凡起例，商丘公實總其成。其間綴殘葺舊，則顧子俠君嗣立經其始。校疑訂譌，則宋子山言至襄其終。至於補者補，删者删，長蘅於此不無小補，所媿聞見淺尠，時日趨迫，寧免誤漏，請竢後賢。是冬長蘅適以病歸里，末帙闕註四卷，三十五、三十六、三十九、四十。則屬高郵李子百藥必恆代箋，勞不可沒也，乃附著之。

葉酉《春秋究遺・凡例》 一、《春秋》據事直書，註家只當以發明聖意爲主，若逞其臆見，務爲苛刻穿鑿之論，縱能引經據史，總屬節外生枝，先儒頗多此弊，不敢效尤。

一、聖經如書同盟、書公至、書歸、書入、書人之類，頭緒如亂絲，今悉爲一一拈出，又恐散見各條下，或難參考其異同，故每于開首一條下，輒作一總案，覽者第將此總案理清，則其下皆迎刃而解矣。

一、凡禮制、地名以及一切應加考訂之事，先儒具有成說，然于聖人筆削之義無與也，玆故略爲疏解，無事曉曉。

一、《春秋》義例有爲衆人所共知者，輒隨筆爲註數語于下，雖先儒成說，槩不標出，以本非特出手眼故也。

一、《三傳》誤信傳聞，有情理所必無之事，不得不爲辨明，或先儒已有舊說，輒採入之。

一、凡事之緣起，有節錄《左氏傳》不增易一字者，則標一「傳」字于上，若傳文先後參錯，或頭緒繁多不能備載，只以數語括之者，則不標「傳」字。

一、吾師望溪先生《通論》，皆發從前人所未發，其爲功于經學甚大。惜先生精力全注于《三禮》之學，于《春秋》則大綱雖舉而節目未詳，今悉爲綴緝完備，頗有與先生異同處，亦由先生先闢其門徑，而承學之士特因其說而加審焉爾，若謂青出于藍，則吾豈敢。

一、《春秋比例》一編，鄙意欲補從來說是經者之所未備，蓋必理清頭緒而後可以斬斷葛藤，天下不乏好學深思之士，當不河漢余言。

楊倫《杜詩鏡銓・凡例》 一、詩以編年爲善，可以考年力之老壯，交遊之聚散，世道之興衰。諸本編次互有不同，是本詳加校勘，使編次得則詩意易明。如《重題鄭氏東亭》定爲亂後作，《有感》五首當編廣德二年春之類，皆特爲更正。

一、自山谷謂杜詩無一字無來處，注家繁稱遠引，惟取務博矜奇，如天棘烏鬼之類，本無關詩義，遂致聚訟紛紜。至近時仇注，月露風雲，一一俱煩疏解，尤爲可笑。玆所采各注，或典故必須疏證，或足發明言外之意，否則俱從芟汰。其易曉者，亦不復贅詞。然微詞奧義，亦已闡發無餘矣。

一、杜公一生憂國，故其詩多及時事。朱注於新、舊《唐書》及《通鑑》等考證最詳，其間有漏略處，更爲增入。

一、孟子說《詩》貴於以意逆志，但通前後數十卷參觀，自能見作者立言之意。浦解好爲异說，故多穿鑿支離。拙解不爲苟同，亦不喜立异，平心靜氣，惟期語語求其著落，庶少陵於千載之上猶如晤語也。

一、杜詩箋注紛拏，是非异同，多所牴牾，使閱者靡所適從。玆擇其善者定歸一解，搜討實費苦心，其義可參用者，亦從附載。至舊解或俱未愜意，則間以鄙見附焉。

一、詩教主於溫柔敦厚，況杜公一飯不忘，忠誠出於天性。後人好以臆度，遂乃動涉刺譏，深文周內，幾陷子美爲輕薄人，於詩教大有關繫，如是者槩從刊削。

一、朱子謂杜詩佳處，有在用事造意之外者，惟虛心諷咏，乃能見之。元遺山謂讀杜詩當如九方皋相馬，得天機於滅沒存亡之間，原不須屑屑分疏。然公自言：法自儒家有，心從弱歲疲。又云：晚節漸於詩律細。又杜集凡連章詩，必通各首爲章法，最屬整齊完密，此體千古獨嚴。玆於轉接照應脈絡貫通處，一一指出，聊爲學詩者示以繩墨彀率。大雅君子，幸勿哂兔園習氣。

一、古律長篇固有段落，然亦何必拘拘句數如今帖括之爲。仇本分段處，最多割裂難通。茲於長篇界畫，悉順其文勢之自然，其句數有限者，不復強爲分截。

一、長律特詩之一體，杜公卻好爲之。元微之所謂大則千言，次猶數百者。兼之忽遠忽近，奇正出沒，非鋪陳排比足以盡之。學者每苦其汗漫難讀，是本振裘挈領，俾讀者展卷瞭如，洵屬快事。

一、唐子西謂作文當學龍門，作詩當學少陵，則趨向正而可以進退百家矣。故非盡讀古今之詩，不足以讀杜詩。茲於淵源所出，派別所開，均特爲標舉，洵爲詩學津梁，得以盡窮正變。

一、宋人一代之詩，多講性情，而不合於體格，是委巷之歌謠也。明人一代之詩，專講體格，而不能自達其性情，是優孟之衣冠也。試觀少陵詩，憲章漢魏，取材六朝，正無一語不自眞性情流出；無論義篤君臣，不忘忠愛，凡關及兄弟夫婦朋友諸作，無不切摯動人，所以能繼迹《風》《雅》，知此方可與讀杜詩。

一、杜評始劉須溪。宋潛溪譏其如醉翁寱語，不甚可曉。然於諸本中爲最古，其可采者悉錄之。前輩如盧德水、王右仲、申凫盟、黃白山、張上若、沈確士等，皆多所發明。近得王西樵、阮亭兄弟，李子德、邵子湘、蔣弱六、何義門、俞犀月、張惕菴諸公評本，未經刊布者，悉行載入，庶足爲學者度盡金針。

一、建安蔡氏有《草堂詩話》二卷，諸本所采亦夥。餘如《東坡志林》《容齋隨筆》《困學紀聞》、王楙《野客叢書》、張戒《歲寒堂詩話》之類，凡前人有未經采錄者，今并補入，以廣見聞。

一、詩貴不著圈點，取其淺深高下，隨人自領。然畫龍點睛，正使精神愈出，不必以前人所無而廢之。

一、杜詩宋元諸刻，傳寫字樣互有不同。今擇其義可兩存者，仍夾注本文之下，以備參考。其無當者，則竟從删，以免混目。

一、字有一字數音者，每致混讀，茲隨四聲圈出，使得一覽了然。如《青陽峽》「殷」字之當讀平聲，不當讀上聲；《驛次草堂》之「強」字當讀上聲，不當讀去聲，皆舊本誤讀，今改正。

一、蔡傅卿《草堂詩箋》另列《逸詩》一卷，庶古本猶可考見。今姑從近本依年次編入，以便省覽，仍注明見某某本以別之。

一、杜集諸人酬唱詩附載集中者，向與本文平列，未免主客不辨，今改用低一格寫。

一、少陵詩昔人比之周孔制作，後世莫能擬議。乃好爲攻杜者，章摘句摭，儼然師資，是亦妄人也已矣。然間有拙句累句，不害其爲大家，偶然指出，惟恐誤學者之祈嚮耳。

一、采輯衆說，惟取簡明，意在掇諸家之長而棄其短，於原文間有增損，識者諒諸。

陳熙晉《駱臨海集箋注・凡例》

一、唐、宋皆以姓名目茲集，明金繼震本稱駱先生集，顔文選本稱駱丞集，并稱侍御集。又有稱義烏集、武功集、靈隱子集者，胡應麟始稱臨海集。考《隋志》，有王筠《臨海集》。移以標斯集，則最後之官也。今仍之。

一、郗雲卿《序》稱十卷，明金繼震、虞九章、陸宏祚、童昌祚並六卷，顔文選、施羽王並四卷，康熙中黃之綺本十卷，乾隆中項家達本四卷，嘉慶中秦恩復本十卷，云從汲古閣毛氏藏本影寫，證爲蜀本。今從郗雲卿之舊，定爲十卷。

一、顔本以五言古風、律詩、排律、絕句，七言古詩、絕句，次其先後，不知選標古詩，未分今體。唐至沈、宋，始號律詩。李漢編《韓昌黎集》，以五七言古體爲古，五七言律及《排律》《絕句》，統名律詩。至唐初四傑，如王子安《滕王閣詩》此七古也，稱成四韻。臨海《送閻五還潤州》此五律也，謂勒四言，則猶未有律之稱也。汲古閣本十卷，爲賦、頌一，雜詩四，表、啓一，啓、書一，雜著三。今從陶集冠《停雲》、柳集首《淮雅》之例，先雜詩，次賦、頌、次表、狀、對策，次啓、書，次雜著，較爲近之。

一、臨海詩文，大率由後人綴拾而成，已非唐時原帙。茲略爲敘次，犆具顛末。其首《帝京》者，雖則少通其例，用以弁冕全集。

一、臨海一生涉歷，詩文所傳，尚可略見其概。今從本集證以新、舊《唐書》及初唐人集，藉以考見時事，其所不知，付之闕如。

一、集中有一事而屢見者，已見於前，俱注明見某篇，以省繁蕪。其彼此異義及事有正用旁推者，均詳爲疏解，互相據引，稍存抉擇微意。

一、臨海詩文，根柢經籍，於人人習見之書，多援古義。初唐以後，少臻此詣。今一一詮解，可見當時經術之盛。

一、注家必引作者以前之書。今於唐以前之書，殫力搜討，至於互相考證。雖近人所注，亦必據引。用李善注《西都賦》引及以明前例也。

一、凡引經史，必書某篇某傳；諸子百家，亦列篇目。至引古人文集，務舉其題，以便核檢。

倪璠《庾子山集注・總釋》 《總釋》者，以子山之文，其辭富而贍，其義博而雅，復而不厭，久而愈亮，鄙才短見，意未周盡。若登山遠望，而近或遺；入室近觀，而遠不察。寧舉大而略小，毋循小而失大，是以字句之末，時有所脱漏。又或一語而二義並含，一事而兩家兼列，非謂自相紕繆，實欲酌其瑕玖，亦既粗陳梗概矣。其間繁詞縟義，苦覽者之勞倦，尙或闕焉。今次其前後，補其缺遺，自賦、詩以下，各爲條貫，幷解釋評論，總於此篇。按：以下內容分見各卷末《總釋》。以上《總釋》。如州郡遷移，南北僑置，九州十部，雖循舊名，已非故跡。其總軍出守，有其事而無其文者，始或缺焉。今皆補注，以《魏書》、《隋志》俱悉載之，可得詳也。至于除授官爵，詞藻所撰，既已詮解，若但記其遷轉而無文章稱述者，多不注，以彼時逢革命，代有更絃。即如周太祖遠師《周禮》，及至周末，多從更改，南、北諸史，無志可考，《周書・盧辯傳》特舉其大略，《隋書・百官志》及之，又雜隋時官職，概引恐近繁蕪。唐、宋類典，亦有耑考職官者，予素不喜其書，且一事策勳，遞遷累轉，亦非文字之要，故仍從其闕略耳。錢唐倪璠玉謹識。

義理議論分部

綜述

《春秋穀梁傳・隱公元年》［穀梁赤傳］ 經：元年，春，王正月。傳：雖無事，必舉正月，謹始也。公何以不言即位？成公志也。焉成之？言君之不取爲公也。君之不取爲公，何也？將以讓桓也。讓桓正乎？曰不正。《春秋》成人之美，不成人之惡。隱不正而成之，何也？將以惡桓也。其惡桓何也？隱將讓而桓弒之，則桓惡矣。桓弒而隱讓，則隱善矣。善則其不正焉，何也？《春秋》貴義而不貴惠，信道而不信邪。孝子揚父之美，不揚父之惡。先君之欲與桓，非正也，邪也。雖然，既勝其邪心以與隱矣。已探先君之邪志而遂以與桓，則是成父之惡也。兄弟，天倫也。爲子受之父，爲諸侯受之君。已廢天倫，而忘君父以行小惠，曰小道也。若隱者，可謂輕千乘之國，蹈道則未也。

又《桓公六年》 經：蔡人殺陳佗。傳：陳佗者，陳君也。其曰陳佗，何也？匹夫行，故匹夫稱之也。其匹夫行奈何？陳侯憙獵，淫獵于蔡，與蔡人爭禽。蔡人不知其是陳君也，而殺之。何以知其是陳君也？兩下相殺，不道。其不地，於蔡也。

又《襄公二十七年》 經：衛侯之弟專，出奔晉。傳：專，喜之徒也。專之爲喜之徒，何也？己雖急納其兄，與人之臣謀弒其君，是亦弒君者也。專其曰弟，何也？專有是信者。君賂不入乎喜而殺喜，是君不直乎喜也，故出奔晉。織絇邯鄲，終身不言衛。專之去，合乎《春秋》。

又《襄公二十九年》 經：閽弒吳子餘祭。傳：閽，門者也，寺人也。不稱名姓，閽不得齊於人。不稱其君，閽不得君其君也。禮：君不使無恥，不近刑人，不狎敵，不邇怨，賤人非所貴也，貴人非所刑也，刑人非所近也。舉至賤而加之吳子，吳子近刑人也。閽弒吳子餘祭，仇之也。

《春秋公羊傳・隱公元年》［公羊壽傳］ 經：元年，春，王正月。傳：元年者何？君之始年也。春者何？歲之始也。王者孰謂？謂文王也。曷爲先言王而後言正月？王正月也。何言乎王正月？大一統也。公何以不言即位？成公意也。何成乎公之意？公將平國而反之桓。曷爲反之桓？桓幼而貴，隱長而卑。其爲尊卑也微，國人莫知，隱長又賢，諸大夫扳隱而立之。隱於是焉而辭立，則未知桓之將必得立也。且如桓立，則恐諸大夫之不能相幼君也。故凡隱之立，爲桓立也。隱長又賢，何以不宜立？立適以長不以賢，立子以貴不以長。桓何以貴？母貴也。母貴則子何以貴？子以母貴，母以子貴。

又《僖公二十二年》 經：冬，十有一月，己巳朔，宋公及楚人戰于泓，宋師敗績。傳：偏戰者日爾，此其言朔何？《春秋》辭繁而不殺者，正也。何正爾？宋公與楚人期，戰于泓之陽。楚人濟泓而來。有司復曰：「請迨其未畢濟而（繫）［擊］之。」宋公曰：「不可。吾聞之也，君子不厄人。吾雖喪國之餘，寡人不忍行也。」既濟，未畢陳，有司復曰：「請迨其未畢陳而擊之。」宋公曰：「不可。吾聞之也，君子不鼓不成列。」已陳，然後襄公鼓之，宋師大敗。故君子大其不鼓不成列，臨大事而不忘大禮，有君而無臣。以爲雖文王之戰，亦不過此也。

又《定公四年》 經：冬，十有一月，庚午，蔡侯以吳子及楚人戰于伯莒，楚師敗績。傳：吳何以稱子？夷狄也，而憂中國。其憂中國奈何？伍子胥父誅乎楚，挾弓而去楚，以干闔廬。闔廬曰：「士之甚，勇之甚！」將爲之興師而復讎于楚。伍子胥復曰：「諸侯不爲匹夫興師，且臣聞之，事君猶事父也。虧君之義，復父之讎，臣不爲也。」於是止。蔡昭公朝乎楚，有美裘焉，囊瓦求之，昭公不與，爲是拘昭公於南郢，數年然後歸之。於其歸焉，用事乎河，曰：「天下諸侯苟有能伐楚者，寡人請爲之前列。」楚人聞之，怒。爲是興師，使囊瓦將而伐蔡。蔡請救于吳，伍子胥復曰：「蔡非有罪也，楚人爲無道，君如有憂中國之心，則若時可矣。」於是興師而救蔡。曰：事君猶事父也，此其爲可以復讎奈何？曰：父不受誅，子復讎可也。父受誅，子復讎，推刃之道也。復讎不除害，朋友相衛，而不相迿，古之道也。

韓嬰《韓詩外傳》卷五 繭之性爲絲，弗得女工燔以沸湯，抽其統理，不成爲絲。卵之性爲雛，不得良雞覆伏孚育，積日累久，則不成爲雛。夫人性善，非得明王聖主扶攜，内之以道，則不成爲君子。詩曰：「天生蒸民，其命匪諶，靡不有初，鮮克有終」，言惟明王聖主然後使之然也。

又 昔者禹以夏王，桀以夏亡；湯以殷王，紂以殷亡。故無常安之國，宜治之民。得賢則昌，不肖則亡。自古及今，未有不然者也。夫明鏡者，所以照形也；往古者，所以知今也。夫知惡往古之所以危亡，而不襲蹈其所以安存者，則無以異乎卻行而求逮於前人。鄙語曰：不知爲吏，視已成事。或曰：前車覆，而後車不誡，是以後車覆也。故夏之所以亡者，而殷爲之，殷之所以亡者，而周爲之，故殷可以鑒於夏，而周可以鑒於殷。詩曰：「殷鑒不遠，在夏后之世。」

董仲舒《春秋繁露》卷九《對膠西王越大夫不得爲仁》 命令相曰：命令，疑是令問。「大夫蠡、大夫種、大夫庸、大夫睪、大夫車成，睪，即皋字，謂皋如也。車成，即苦成。越王與此五大夫謀伐吳，遂滅之，雪會稽之恥，卒爲霸主。范蠡去之，種死之。寡人以此二大夫者爲皆賢。孔子曰：殷有三仁。今以越王之賢，與蠡、種之能，此三人者，寡人亦以爲越有三仁，其於君何如？本傳以泄庸與種、蠡爲三仁。桓公決疑於管仲，寡人決疑於君。」仲舒伏地再拜，對曰：「仲舒知褊而學淺，不足以決之。雖然，王有問於臣，臣不敢不悉以對，禮也。王，舊本訛作主，案春秋時大夫稱主，仲舒必不對王稱主。臣仲舒聞，昔者魯君問於柳下惠曰：『我欲攻齊，何如？』柳下惠對曰：『不可。』退而有憂色。曰：『吾聞之也，謀伐國者，不問於仁人也，此何爲至於我？』但見問而尚羞之，而況乃與爲詐以伐吳乎，其不宜明矣。以此觀之，越本無一仁，而安得三仁？仁人者，正其道不謀其利，修其理不急其功。《漢書》作正其誼不謀其利，明其道不計其功。致無爲，而習俗大化，可謂仁聖矣。三王是也。《春秋》之義，貴信而賤詐，詐人而勝之，雖有功，君子弗爲也。是以仲尼之門，五尺之童子，言羞稱五伯。爲其詐以成功，苟爲而已也。故不足稱於大君子之門。五伯者，比於他諸侯爲賢者，比於仁賢，何賢之有？仁賢，本或作聖賢。譬猶珷玞比於美玉也。珷玞，《漢書》作武夫。臣仲舒伏地再拜以聞。」

王逸《楚辭章句・離騷經》 皇覽揆余于初度兮，皇，皇考也。覽，觀也。揆，度也。余，我也。初，始也。肇錫余以嘉名。肇，始也。錫，賜也。嘉，善也。言已父伯庸觀我始生年時，度其日月，皆合天地之正中，故賜我以美善之名也。名余曰正則兮，正，平也。則，法也。字余曰靈均。靈，神也。均，調也。言正平可法則者，莫過於天，養物均調者，莫神於地。高平曰原，故父伯庸名我爲平以法天，字我爲原以法地，言己上之能安君，下之能養民也。《禮》云：子生三月，父親名之，既冠而字之。名者，所以正形體定志意也。字者，所以崇仁義序長幼也。夫人非名不榮，非字不彰，故子生，父思善應而名字之，以表其德觀其志意也。

何休《春秋公羊傳解詁・僖公元年》 經：齊師、宋師、曹師次于聶北，救邢。傳：救不言次，此其言次何？據夏師救齊不言次。不及事也。不及事者何？邢已亡矣。刺其救急舒緩，使至於亡，故錄之止次以起之。孰亡之？蓋狄滅之。以上有狄伐邢。曷爲不言狄滅之？據狄滅溫言滅。爲桓公諱也。曷爲爲桓公諱？據徐人取舒，晉滅夏陽，楚滅黃皆不諱。上無天子，下無方伯，天下諸侯有相滅亡者，桓公不能救，則桓公耻之。故以爲諱，所以醇其能以治世自任而厚責之。曷爲先言次，而後言救？據叔孫豹先言救。君也。叔孫豹，臣也。當先通君命，故先言救。今此先言次，知實諸侯。君則其稱師何？不與諸侯專封也。故沒君文，但舉師而已。曷爲不與？據狄滅之，爲桓公諱。實與，不書所封歸是也。而文不與。文曷爲不與？實與也。諸侯之義，不得專封也。此道大平制。諸侯之義不得專封，則其曰實與之何？上無天子，下無方伯，天下諸侯有相滅亡者，力能救之，則救之可也。主書者，起文從實也。

趙岐《孟子注·公孫丑上》　公孫丑問曰：「夫子加齊之卿相，得行道焉，雖由此霸王，不異矣。如此，則動心否乎？」加，猶居也。丑問孟子，如使夫子得居齊卿相之位，行其道德，雖用此臣位，輔君行之，亦不異於古霸王之君矣。如是，寧動心畏難、自恐不能行否耶？丑以此爲大道不易，人當畏懼之，不敢欲行也。孟子曰：「否！我四十不動心。」孟子言：禮，四十強而仕，我志氣已定，不妄動心，有所畏也。曰：「若是，則夫子過孟賁遠矣。」丑曰：若此，夫子志意堅勇過孟賁。賁，勇士也。孟子勇於德。曰：「是不難，告子先我不動心。」孟子言是不難也，告子之勇，未四十而不動心矣。曰：「不動心有道乎？」丑問：不動心之道云何？曰：「有。孟子欲爲言之。北宮黝之養勇也，不膚橈，不目逃，思以一豪挫於人，若撻之於市朝，不受於褐寬博，亦不受於萬乘之君；視刺萬乘之君，若刺褐夫，無嚴諸侯，惡聲至，必反之。北宮，姓。黝，名也。人刺其肌膚，不爲橈卻，刺其目，目不轉睛逃避之矣。人拔一毛，若見捶撻於市朝之中矣。褐寬博，獨夫被褐者。嚴，尊也。無有尊嚴諸侯可敬者也，以惡聲加己，己必惡聲報之。言所養育勇氣如是也。孟施舍之所養勇也，曰：『視不勝，猶勝也。量敵而後進，慮勝而後會，是畏三軍者也。舍豈能爲必勝哉？能無懼而已矣。』孟，姓。舍，名。施，發音也。施舍自言其名，則但曰舍。舍豈能爲必勝哉？要不恐懼而已也。以爲量敵少而進，慮勝者足勝乃會。若此，畏三軍之衆者耳，非勇者也。孟施舍似曾子，北宮黝似子夏。夫二子之勇，未知其孰賢，然而孟施舍守約也。孟子以爲曾子長於孝，孝，百行之本。子夏知道雖衆，不如曾子孝之大也。故以舍譬曾子，黝譬子夏，以施舍要之以不懼爲約要也。昔者曾子謂子襄曰：『子好勇乎？吾嘗聞大勇於夫子矣。自反而不縮，雖褐寬博，吾不惴焉；自反而縮，雖千萬人，吾往矣。』孟施舍之守氣，又不如曾子之守約也。」子襄，曾子弟子也。夫子，謂孔子也。縮，義也。惴，懼也。《詩》云：「惴惴其慄。」曾子謂子襄，言孔子告我大勇之道，人加惡於己，己內自省，有不義不直之心，雖敵人被褐寬博一夫，不當輕，驚懼之也。自省有義，雖敵家千萬人，我直往突之，言義之強也。施舍雖守勇氣，不如曾子守義之爲約也。曰：「敢問夫子之不動心，與告子之不動心，可得聞與？」丑曰：不動心之勇，其意豈可得聞與？「告子曰：『不得於言，勿求於心；不得於心，勿求於氣。』不得於心，勿求於氣，可。不得於言，勿求於心，不可。不得者，不得人之善心善言也。求者，取也。告子爲人，勇而無慮，不原其情，人有不善之言加於己，不復取其心有善也，直怒之矣。孟子以爲不可也。告子知人之有惡心，雖以善辭氣來加己，亦直怒之矣，孟子以爲是則可，言人當以心爲正也。告子非純賢，其不動心之事，一可用，一不可用也。夫志，氣之帥也。氣，體之充也。志，心所念慮也。氣，所以充滿形體，爲喜怒也。志帥氣而行之，度其可否也。夫志至焉，氣次焉。志爲至要之本，氣爲其次焉。故曰持其志，無暴其氣。」暴，亂也。言志所嚮，氣隨之。當正持其志，無亂其氣，妄以喜怒加人也。「既曰志至焉氣次焉，又曰持其志，無暴其氣者，何也？」丑問暴亂其氣云何。曰：「志壹則動氣，氣壹則動志也。今夫蹶者趨者，是氣也，而反動其心。」孟子言壹者，志氣閉而爲壹也。志閉塞則氣不行，氣閉塞則志不通。蹶者相動，今夫行而蹶者，氣閉不能自持，故志氣顛倒。顛倒之間，無不動心而恐矣，則志氣之相動也。「敢問夫子惡乎長？」丑問孟子才志所長何等？曰：「我知言，我善養吾浩然之氣。」孟子云：我聞人言，能知其情所趨，我能自養育我之所有浩然之大氣也。「敢問何謂浩然之氣？」丑問浩然之氣狀如何？曰：「難言也。其爲氣也，至大至剛，以直養而無害，則塞于天地之間。言此至大至剛，正直之氣也。然而貫洞纖微，洽於神明，故言之難也。養之以義，不以邪事干害之，則可使滋蔓，塞滿天地之間，布旅德教，無窮極也。其爲氣也，配義與道。無是，餒也。重說是氣。言此氣與道義相配偶俱行。義謂仁義，可以立德之本也。道謂陰陽大道，無形而生有形，舒之彌六合，卷之不盈握，包絡天地，稟授羣生者也。言能養此道氣而行義理，常以充滿五臟。若其無此，則腹腸飢虛，若人之餒餓也。是集義所生者，非義襲而取之也。集，雜也。密聲取敵曰襲。言此浩然之氣，與義雜生，從內而出。人生受氣所自有者。行有不慊於心，則餒矣。慊，快也。自省所行，仁義不備，干害浩氣，則心腹飢餒矣。我故曰：告子未嘗知義，以其外之也。孟子曰：仁義皆出於內，而告子嘗以爲仁內義外，故言其未嘗知義也。必有事焉而勿正，心勿忘，勿助長也。言人行仁義之事，必有福在其中，而勿正，但以爲福。故爲義也，但心勿忘其爲福，而亦勿汲汲助長其福也。汲汲則似宋人也。無若宋人然。宋人有閔其苗之不長而揠之者，芒芒然歸，謂其人曰：『今日病矣！予助苗長矣。』其子趨而往視之，苗則槁矣。揠，挺拔之，欲亟長也。病，罷也。芒芒然，罷倦之貌。其人，家人也。其子，揠苗者之子也。趨，走也。槁，乾枯也。以喻人之情，邀福者必有害。若欲急長苗，而反使之枯死也。天下之不助苗長者寡矣。以爲無益而舍之者，不耘苗者也；助之長者，揠苗者也，非徒無益，而又害之。」天下人行善者，皆欲速得其福，恬然者少也。以爲福祿在天，求之無益，舍置仁義，不求爲善，是由農夫任天，不復耘治其苗也。其遲福欲急得之者，由此揠苗人也，非徒無益於苗，乃反害之。言告子外義，常恐其行義欲急得其福，故爲丑言人之行，當內治善，不當急求其福，亦若此揠苗者矣。

揚雄《揚子法言》卷二《吾子》 劒客論曰：劒可以愛身。［李軌曰］：言擊劒可以衛護安身，辭賦可以諷諭勸人也。［吳］祕曰：劒客，擊劒之客，謂劒之利器可以防愛其身。曰：狴犴使人多禮乎。［李軌曰］：言擊劒使人狴犴多禮，辭賦使人放蕩惑亂。［宋］咸曰：狴當作狴，字之誤也。狴犴，牢獄也。劒客之論，謂劒可以衛身。揚以君子之衛身，當由夫道，故對之以爲若使擊鍋可衛身，則囹圄之牢有三木之威，囚者多恭，豈使人多禮乎？言不能也。蓋特沮其劒術爾。今註文與好賦相聯，叚解之。復以狴犴爲擊劒之形貌，又以狴作狴犴矣。［吳］祕曰：狴犴，牢獄也。言劒之威久莫敢犯，豈牢獄之威使人多禮乎？狴或作狴，古今字爾。［司馬］光曰：狴，邊兮切，或作狴。又匹迷切。犴，音岸。人在牢獄之中不得動搖，因謂之多禮。不知其已陷危辱之地，不若不入牢獄之爲善也。劒雖可以衛身，不若以道自防，不至於用劒之爲善也。

又卷五《問明》 明哲煌煌，旁燭無疆。［宋］咸曰：明哲之人，逆見微隱，故施照無窮。遜于不虞，［吳］祕曰：遜，遜順虞度也，遜順乎不虞之非理。以保天命。［宋］咸曰：「不虞，猶不度也。遜，順也。《大雅》云：『既明且哲，以保其身。』故不度之辰，遜可捨乎！揚子之屈身莽庭，亦有謂矣。故曰：邦無道，危行言遜。」司馬光曰：「李奇曰：『常行遜順，以備不虞。』光謂雖有明智，旁照無極，不能思不虞之患而預防之，使墜失上天福祿之命，猶未足以爲明也。」謨問明。［吳］祕曰：君子見幾而作，不俟終日而遠憂患之虞。［司馬］光曰：論聖賢之明哲。或問：「明」曰：「微。」［宋］咸曰：夫微，研幾極深，規於未兆者也。［吳］祕曰：見之於著，何足爲明？或曰：「微，何如其明也」？［宋］咸曰：未諭微義，疑不爲明。［司馬］光曰：嫌其明小。曰：「微而見之，明其詩乎！［吳］祕曰：微已察之，明豈亂哉！詩，亂也。［司馬］光曰：詩，布內反。聰明其至矣乎！」［李軌曰］：在於至妙之人。［宋］咸曰：言窮微，乃聰明至極之美也。［吳］祕曰：「堯曰：『聰明文思。』舜曰：『聞之聰明。』」［司馬］光曰：聰者，聞言察其是非。明者，見事知其可否。人君得之，爲堯爲舜；匹夫得之，窮神知命。才之至美，莫尚於此。

《周髀算經》卷上之一［趙君卿注　甄鸞重述　李淳風注釋］ 昔者周公問於商高曰：竊聞乎，大夫善數也。周公姓姬名旦，武王之弟。商高，周時賢大夫，善算者也。周公位居冢宰，德則至聖，案：「聖」，刻本作「高」，今從永樂大典本。尙卑己以自牧，案：「卑」上刻本衍「自」字，今據永樂大典本刪。下學而上達，況其凡乎！

請問古者包犧立周天歷度，包犧，三皇之一，始畫八卦，以商高善數，能通乎微妙，達乎無方，無大不綜，無幽不顯。聞包犧立周天歷度，建章蔀之法。案：建刻本作「運」，今據永樂大典本改。《易》曰：古者包犧氏之王天下也，仰則觀象於天，俯則觀法於地。此之謂也。

夫天不可階而升，地不可得尺寸而度。案：得刻本作「將」，今從永樂大典本改。

遐乎懸廣，無階可升；蕩乎遐遠，無度可量。

請問數安從出？案：安從，刻本訛作「從案」，今據永樂大典本改。心昧其機，請問其目。

商高曰：數之法出於圓方，圓徑一而周三，方徑一而帀四。伸圓之周而爲句，展方之帀而爲股共結一角邪適弦五，此圓方邪徑相通之率。案：此，刻本訛作「政」，今據永樂大典本改。故曰數之法出於圓方。圓方者，天地之形，陰陽之數。然則周公之所問天地也，是以商高陳圓方之形，以見其象；因奇耦之數，以制其法。所謂言約指遠，微妙幽通矣。

圓出於方，方出於矩，圓規之數理之以方，方，周帀也。方正之物出之以矩，矩，廣長也。

矩出於九九八十一。推圓方之率，通廣長之數，當須乘除以計之。九九者，乘除之原也。

故折矩，故者，申事之辭也。將爲句股之率，故曰「折矩」也。以爲句廣三，應圓之周案：刻本訛作「廣謂之周」，今據永樂大典本改。横者謂之廣，句亦廣。廣，短也。股脩四，應方之帀，從者謂之脩，股亦脩。脩，長。徑隅五，自然相應之率，徑直，隅角也，亦謂之弦。

既方外，外半之一矩，案：各本作「既方之外，半其一矩」，訛舛，不可通。《注内引徑》作「既方其外」，惟「半之」訛作「半其」耳。據上云折矩以爲句廣三，股修四，徑隅五，謂以十二折之。句三，股四，其弦必五，此蓋承上所折之形，令其外各自成古則。句實九，股實十六，弦實二十五，合五十年也。爲一矩於内，減股實，開其餘，得句。減句實，開其餘，得股。若開北一矩，則得弦。下云環而共，得成三、四、五是也。弦實二十五爲一矩，并句實，股實二十五爲一矩。故下又云兩矩共長二十有五，是謂積矩。推究上下文，可證「其」字「之」字互訛，今改正。　句股之法，先知二數然後推一，見句股，然後求弦。先各自乘成其實，實成勢化爾，乃變通。故曰「既方其外」，或幷句股之實以求弦，弦實之中案：各本脱一「弦」字，今補。乃求句股之分，幷實不正等更相取與，互有所得。故曰「半之一矩」。案：「之」，各本亦訛作「其」，今改正。其術：句、股各自乘，三三如九，四四一十六，幷爲弦自乘之，實二十五。減句於弦爲股之實一十六，減股於弦爲句之實九。　環而共盤，得成三、四、五。　盤，讀如盤桓之盤，言取其幷減之積。案：「其」，刻本訛作「而」，今據永樂大典本改。環屈而共盤之，案：此下刻本衍「謂」字，今據永樂大典本刪。開方除之得其一面，案：刻本脱「得」字，今據永樂大典本補。故曰「得成三、四、五」也。　兩矩共長二十有五，是謂積矩。　兩矩者，句股各自乘之，實共長者幷實之數，將以施於萬事，而此陳其率也。

故禹之所以治天下者，此數之所生也。　禹治洪水，決疏江河，案：「疏」，刻本訛作「流」，今據永樂大典本改。望山川之形，定高下之勢，除滔天之災，釋昬墊之厄，使東注於海而無浸逆，案：「逆」，刻本作「溺」，今從永樂大典本。乃句股之所由生也。

弦圖

右圖

股實之矩十六黄

句　九青

左圖

股實十六黄

句實之矩九青

右圖

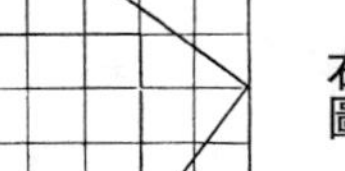

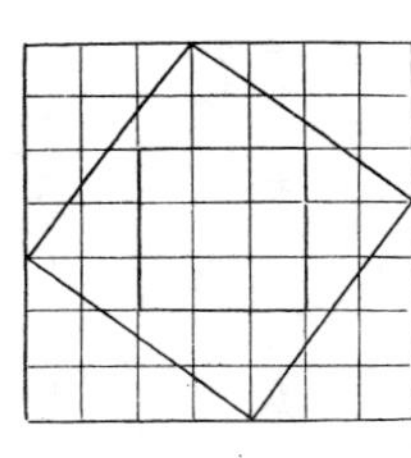

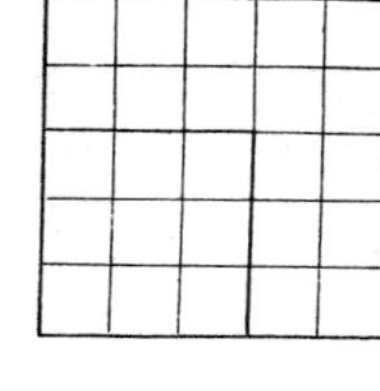

曹操等《十家注孫子》卷三《謀攻篇》　故曰：知彼知己者，百戰不殆；李筌曰：量力而拒敵，有何危殆乎？杜牧曰：以我之政，料敵之政；以我之將，料敵之將；以我之衆，料敵之衆；以我之食，料敵之食；以我之地，料敵之地。校量已定，優劣短長，皆先見之，然後兵起，故有百戰百勝也。孟氏曰：審知彼己强弱利害之勢，雖百戰，實無危殆也。梅堯臣曰：彼己五者盡知之，故無敗。王晳曰：殆，危也。謂校盡彼我之情，知勝而後戰，則百戰不危。張預曰：知彼知己者，攻守之謂也。知彼則可以攻，知己則可以守；攻是守之機，守是攻之策。苟能知之，雖百戰不危也。或曰：士會察楚師之不可敵，陳平料劉項之長短，是知彼知己也。不知彼而知己，一勝一負；李筌曰：自以己强，而不料敵，則勝負未定。秦主苻堅以百萬之衆南伐，或謂曰：「彼有人焉，謝安、桓沖，江表偉才，不可輕之。」堅曰：「我以八州之衆，士馬百萬，投鞭可斷江水，何難之有！」後果敗績，則其義也。杜牧曰：恃我之强，不知敵不可伐者，一勝一負。王猛將終，諫苻堅曰：「晉氏雖在江表，而正朔所稟，謝安、桓沖，江表偉人，不可伐也。」及堅南伐，曰：「吾士馬百萬，投鞭可濟。」遂有淝水之敗也。陳皥曰：杜說乃是出兵無名，而伐無罪，所以敗也。非一勝一負之義。杜佑曰：雖不知敵之形勢，恃己能克之者，勝負各半。梅堯臣曰：自知己者，勝負半也。王晳曰：但能計己，不知敵之强弱，則或勝或負。張預曰：唐太宗曰：「今之將臣雖未能知彼，苟能知己，則安有不利乎？」所謂知己者，守吾氣而有待焉者也。故知守而不知攻，則勝負之半。不知彼，不知己，每戰必殆。李筌曰：是謂狂寇，不敗何待也。杜佑曰：外不料敵，内不知己，用戰必殆。梅堯臣曰：一不知，何以勝？王晳曰：全昧於計也。張預曰：攻守之術皆不知，以戰則敗。

何晏、皇侃《論語集解義疏》卷五《子罕》　子曰：「歲寒然後知松柏之後凋也。」　註：大寒之歲，衆木皆死，然後知松柏之小凋傷。平歲則衆木亦有不死者，故須歲寒而後別之。喻凡人處治世亦能自修整，與君子同，在濁世然後知君子之正，不苟容也。疏：「子曰」至「凋也」。此欲明君子德性與小人異也，故以松柏匹於君子，衆木偶乎小人矣。言君子小人若同居聖世，君子性本自善，小人服從教化，是君子小人竝不爲惡，故堯舜之民比屋可封。如松柏與衆木同處春夏，松柏有心，故本蓊鬱，衆木從時，亦盡其茂美者也。若至無道之主，君子秉性無回，故不爲惡，而小人無復忌憚，即隨世變改，桀紂之民，比屋可誅。譬如松柏衆木，同在秋冬，松柏不改柯易葉，衆木枯零先盡。而此云歲寒然後知松柏後凋者，就如平叔之注，意若如平歲之寒，衆木猶有不死，不足致別，如平世之小人，亦有脩飾而不變者，唯大寒歲則衆木皆死，大亂則小人悉惡，故云歲寒也。又云然後知松柏後凋者，後非俱時之目，凋非枯死之名，言大寒之後，松柏形小凋衰，而心性猶存，如君子之人遭值積惡，外逼闇世，不得不遜跡隨時，是小凋矣，而性猶不變如松柏也。而琳公曰：夫歲寒別木，遭困別士，寒嚴霜降，知松柏之後凋，謂異凡木也。遭亂世小人自變，君子不改其操也。子曰：「智者不惑，註：苞氏曰：『不惑亂也。』仁者不憂，註：孔安國曰：『不憂患也。』勇者不懼。」疏：「子曰」至「不懼」。此章談人性分不同也。云智者不惑者，智以照了爲用，故於事無疑惑憂患也。仁人常救濟爲務，不嘗侵物，故不憂物之見侵患也。孫綽云：「安於仁，不改其樂，故無憂也。」云勇者不懼者，勇以多力爲用，故無怯懼於前敵也。繆協云：「見義而爲，不畏強禦，故不懼也。」註：孔安國曰：「不憂患也。」內省不疚，故無憂患也。

何晏《論語注》卷一一《先進》 顏淵死，門人欲厚葬之。子曰：「不可。」禮，貧富有宜。顏淵貧，而門人欲厚葬之，故不聽。門人厚葬之。子曰：「回也視予猶父也，予不得視猶子也。非我也，夫二三子也。」馬曰：「言回自有父，父意欲聽門人厚葬，我不得割止，非其厚葬，故云耳。」

《九章算術》卷一《方田》［劉徽注　李淳風注釋］ 方田以御田疇界域。

今有田廣十五步，從十六步。問：爲田幾何？答曰：一畝。又有田廣十二步，從十四步。問：爲田幾何？答曰：一百六十八步。方田術曰：廣從步數相乘得積步。此積爲田冪。凡廣從相乘謂之冪。淳風等按：經云廣從相乘得積步。注云廣從相乘謂之冪。觀斯注，意積、冪義同。以理推之，固不當爾。何則？冪是四方單布之名，積乃衆數聚居之稱，循名責實，二者全殊。雖欲同之，竊恐不可。今以據言冪者，據廣從之一方。其言積者，舉衆步之都數。經云：相乘得積步，即是都數之明文。注云：謂之爲冪。全乘積步之本意。此注前云積爲田冪，于理得通。復云謂之爲冪，繁而不當。今者注釋存善去非，略爲科簡，遺諸後學。

以畝法二百四十步除之，即畝數。百畝爲一頃。淳風等按：此爲篇端，故特舉頃畝二法，餘數不復言者。從此可知：一畝之田廣十五步，從而疏之，令爲十五行，則每行廣一步而從十六步。又橫而截之，令爲十六行，則每行廣一步，而從十五步。此即從疏橫截之步，各自爲方。凡有二百四十步一畝之地，步數正同。以此言之，則廣從相乘得積步，驗以二百四十步者，畝法也。百畝者，頃法也。故以除之即得。

今有田廣一里，從一里。問：爲田幾何？答曰：三頃七十五畝。又有田廣二里，從三里。問：爲田幾何？答曰：二十二頃五十畝。

里田術曰：廣從里數相乘得積里。以三百七十五乘之，即畝數。按：此術廣從里數相乘得積里，方里之中有三頃七十五畝，故以乘之，即得畝數也。

今有十八分之十二。問：約之得幾何？答曰：三分之二。又有九十一分之四十九。問：約之得幾何？答曰：十三分之七。約分按：約分者，物之數量不可悉全，必以分言之。分之爲數，繁則難用。設有四分之二者，繁而言之，亦可爲八分之四。約而言之，則二分之一也。雖則異詞，至于爲數，亦同歸爾。法實相推，動有參差。故爲術者，先治諸分。

術曰：可半者半之；不可半者，副置分母、子之數，以少減多，更相減損，求其等也。以等數約之。等數約之，即除也。其所以相減者，皆等數之重疊，故以等數約之。

王弼《老子道德經注》一章 道可道，非常道，名可名，非常名。可道之道，可名之名，指事造形，非其常也，故不可道，不可名也。無名，天地之始，有名，萬物之母。凡有皆始於無，故未形無名之時，則爲萬物之始，及其有形、有名之時，則長之、育之、亭之、毒之，爲其母也。言道以無形無名始成，萬物以始以成而不知其所以元之又元也。故常無欲以觀其妙，妙者微之極也，萬物始於微而後成，始於無而後生，故常無欲空虛，可以觀其始物之妙。常有欲以觀其徼。徼，歸終也。凡有之爲利必以無爲用，欲之所本，適道而後濟，故常有欲，可以觀其終物之徼也。此兩者同出而異名，同謂之元，元之又元，衆妙之門。兩者，始與母也。同出者，同出於元也。異名，所施不可同也，在首則謂之始，在終則謂之母。元者冥也，默然無有也，始母之所出也。不可得而名，故不可言同，名曰元而言謂之元者，取於不可得而謂之然也。謂之然則不可以定乎一元而已，則是名則失之遠矣。故曰：元之又元也。衆妙皆從同而出，故曰衆妙之門也。

范甯《春秋穀梁傳集解・宣公十七年》 經：冬，十有一月，壬午，公弟叔肸卒。傳：其曰公弟叔肸，賢之也。其賢之，何也？宣弒而非之也。非之，則胡爲不去也？曰：兄弟也，何去而之？與之財，則曰我足矣。織屨而食，終身不食宣公之食。君子以是爲通恩也，以取貴乎《春秋》。［范甯集解］［范］泰曰：「宣公弒逆，故其祿不可受，兄弟無絶道，故雖非而不去，論情可以明親，言義足以厲不軌，書曰公弟，不亦宜乎！」［楊士勛疏］「取貴乎《春秋》」。釋曰：衛侯之弟鱄去君，傳云合於《春秋》，此不去君，傳亦取貴於《春秋》者，《易》稱「君子之道，或出或處，或默或語」，鱄以衛侯惡而難親，恐罪及己，故棄之而去，使君無殺臣之惡，兄無害弟之愆，故得合於《春秋》；此叔肹以君有大逆，不可受其祿食，又是孔懷之親，不忍奮飛，使君臣之節兩通，兄弟之情俱暢，故亦取貴於《春秋》。

賈思勰《齊民要術》卷四《栽樹第三十二》［孫氏注］　凡栽一切樹木，欲記其陰陽，不令轉易。陰陽易位則難生，小小栽者不須記也。大樹髡之，不髡，風搖則死。小則不髡。先爲深坑，內樹訖，以水沃之，著土令如薄泥，東西南北，搖之良久，搖則泥入根間，無不活者。不搖根虛多死。小樹則不須爾。然後下土堅築。近上三寸不築，取其柔潤也。時時灌溉，常令潤澤。每澆水盡，即以燥土覆之，覆則保澤，不覆則乾涸。埋之欲深，勿令撓動。凡栽樹訖，皆不用手捉及六畜觸突。《戰國策》曰：大柳縱橫顛倒，樹之皆生。十人樹之，一人搖之，則無生矣。凡栽樹，正月爲上時，諺曰：正月可栽樹。言得時易生也。二月爲中時，三月爲下時。棗雞口，槐兔目，桑蝦蟇眼，榆負瘤散，自餘雜木，鼠耳蝱翅，各其時。此等名目皆是葉生，形容之所象似。以比時栽種者，葉皆即生。早栽者葉晚出。雖然，寧大早爲佳，不可晚也。樹大率種數既多，不可一一備舉。凡不見者，栽蒔之法皆求之此條。《淮南子》曰：夫移樹者，失其陰陽之性，則莫不枯槁。高誘曰：失猶易。《文子》曰：冬冰可折，夏木可結，時難得而易失。木方盛，雖日採之而復生。秋風下霜，一夕而零。非時者功難立。崔寔曰：正月自朔暨晦，可移諸樹，竹漆桐梓、松柏雜木，唯有果實者及望而止，過十五日，則果少實。《食經》曰：種名果法，三月上旬，斫好直枝如大母指，長五尺，內著芋魁種之，無芋，大蕪菁根亦可用。勝種核，核三四年乃如此大耳，可得行種。凡五果，花盛時遭霜則無子，常預於園中往往貯惡草生糞。天雨新晴，北風寒切，是夜必霜，此時放火作熅，少得煙氣，則免於霜矣。崔寔曰：正月盡，二月可剝樹枝。二月盡，三月可掩樹枝。埋樹枝土中令生，二歲以上可移種矣。

裴松之《三國志注・魏志・董二袁劉傳》　評曰：董卓狼戾賊忍，暴虐不仁，自書契已來，殆未之有也。袁術奢淫放肆，榮不終己，自取之也。袁紹、劉表咸有威容、器觀，知名當世。表跨蹈漢南，紹鷹揚河朔，然皆外寬內忌，好謀無決，有才而不能用，聞善而不能納，廢嫡立庶，舍禮崇愛，至于後嗣顛蹙，社稷傾覆，非不幸也。昔項羽背范增之謀，以喪其王業；紹之殺田豐，乃甚於羽遠矣！裴松之注：臣松之以爲桀、紂無道，秦、莽縱虐，皆多歷年所，然後衆惡乃著。董卓自竊權柄，至于隕斃，計其日月，未盈三周，而禍崇山岳，毒流四海。其殘賊之性，寔豺狼不若。「書契未有」，斯言爲當。但評既曰「賊忍」，又云「不仁」，賊忍、不仁，於辭爲重。袁術無毫芒之功，纖介之善，而猖狂于時，妄自尊立，固義夫之所扼腕，人鬼之所同疾。雖復恭儉節用，而猶必覆亡不暇，而評但云「奢淫不終」，未足見其大惡。

裴駰《史記集解》卷六三《老子列傳》　老子之子名宗，宗爲魏將，封於段干。此云封於段干，段干應是魏邑名也。而《魏世家》有段干木、段干子，《田完世家》有段干朋，疑此三人是姓段干也。本蓋因邑爲姓，《左傳》所謂「邑亦如之」是也。《風俗通》《氏姓注》云姓段，名干木，恐或失之矣。天下自別有段姓，何必段干木邪！

劉義慶《世説新語》卷下之上《賢媛》［劉孝標注］　賈充前婦，是李豐女。豐被誅，離婚徙邊。《婦人集》曰：充妻李氏，名婉，字淑文。豐誅，徙樂浪。後遇赦得還，充先已取郭配女，《賈氏譜》曰：郭氏名玉璜，即廣宣君也。武帝特聽置左右夫人。李氏別住外，不肯還充舍。《晉諸公贊》曰：世祖踐阼，李氏赦還。而齊獻王妃欲令充遣郭氏，更納其母。充不許，爲李氏築宅而不往來。充母柳氏將亡，充問所欲言者，柳曰：「我敎汝迎李新婦尚不肯，安問他事？」郭氏語充，欲就省李，充曰：「彼剛介有才氣，卿往不如不去。」《充別傳》曰：李氏有淑性令才也。郭氏於是盛威儀，多將侍婢。既至，入戶，李氏起迎，郭不覺腳自屈，因跪再拜。既反，語充。充曰：「語卿道何物？」按《晉諸公贊》曰：世祖以李豐得罪晉室，又郭氏是太子妃母，無離絶之理，乃下詔勅斷，不得往還。而王隱《晉書》亦云：充既與李絶婚，更取城陽太守郭配女，名槐。李禁錮解，詔充置左右夫人，充母柳亦勅充迎李。槐怒，攘臂責充曰：「刊定律令，爲佐命之功，我有其分。李那得與我竝！」充乃架屋永年里中以安李，槐晚乃知，充出，輒使人尋充。詔許充置左右夫人，充荅詔，以謙讓不敢當盛禮。《晉贊》既云「世祖下詔，不遣李還」。而王隱《晉書》及《充別傳》竝言：詔聽置立左右夫人，充憚郭氏，不敢迎李。三家之說竝不同，未詳孰是。然李氏不還，別有餘故。而《世說》云自不肯還，謬矣。且郭槐彊狠，豈能就李而爲之拜乎？皆爲虛也。

蕭統《文選》卷二三阮嗣宗《詠懷詩十七首》［李善注］　登高臨四野，北望青山阿。應劭《風俗通》曰：葬之郭北北首，求諸幽之道。松柏翳岡岑，飛鳥嗚相過。仲長子昌言曰：古之葬，植松柏梧桐，以識其墳。感慨懷辛酸，怨毒常苦多。《蒼頡篇》曰：懷，抱也。《史記》：太史公曰：怨毒之於人，甚矣哉！《廣雅》曰：毒，痛也。李公悲東門，蘇子狹三河。求仁自得仁，豈復歎咨嗟！沈約曰：河南、河東、河北，秦之三川郡。古人呼水，皆爲河耳。蘇子以兩周之狹小，不足逞其志力，故去，佩六國相印也。云：二子豈不知進趨之近禍敗哉？常以交利貨賒禍，故冒而行之，所謂求仁得仁也。松柏岡岑，丘墓所在也。古有皆死之義，莫有免者焉。達者安小大之涯，各遂分内之樂，委天任命，以至於俱爲一丘之土，夫何異哉！故因北望山阿而發此句，明徂謝之理雖同，夭逝之途則異也。感慨之來，誠逝者所不免，至於顛沛逆天，怨毒求生，蘇子、李斯張本也。善曰：李斯，已見《西征賦》。蘇秦，已見左太沖《詠史詩》。《漢書》：東方朔曰：漢興，去三河之地，止灞滻以西。《論語》：子貢曰：「伯夷、叔齊，何人也？」子曰：「古之賢人。」曰：「怨乎？」曰：「求仁而得仁，又何怨？」

劉昭《後漢書注·百官志五》

豫州部郡國六，冀州部九，兗州部八，徐州部五，青州部六，荆州部七，揚州部六，益州部十二，涼州部十二，并州部九，幽州部十一，交州部七，凡九十八。其二十七王國相，其七十一郡太守。其屬國都尉。屬國，分郡離遠縣置之，如郡差小，置本郡名。世祖并省郡縣四百餘所，後世稍復增之。劉昭注：昔在先代，列爵殊等，九服不同，畿荒制异。雖連帥相司，牧伯分長，而封疆置限，兼庸有數，如身之使臂，手之使指，故能高卑相固，遠近維緝，群后克穆，共康兆庶。爰及周衰，稍競吞廣，邦國侵爭，遞懷貪略，猶歷數百年，乃能成其幷一，豈非樹之有本，使其然乎？秦兼天下，開設郡縣，孤立獨王，即以顛亡。漢祖因循，雖不頓革，分置子弟，終龕諸呂之難，漸剖列郡，以減大都之權。後嚴安之徒，猶忼慨發憤，謂千里之威，即古之強國，慮非安本無窮之計也。孝武之末，始置刺史，監糾非法，不過六條，傳車周流，匪有定鎮，秩裁數百，威望輕寡，得有察舉之勤，未生陵犯之釁。成帝改牧，其萌始大，既非識治之主，故無取焉爾。世祖中興，監乎政本，復約其職，還遵舊制，斷親奏事，省入惜煩，漸得自重之路。因茲以降，彌於歲年，母后當朝，多以弱守，六合危動，四海潰弊，財盡力竭，網維撓毁，而八方不能內侵，諸侯莫敢入伐，豈非幹強枝弱，控制素重之所致乎？至孝靈在位，橫流既及，劉焉徼僞，自爲身謀，非有憂國之心，專懷狼據之策，抗論昏世，薦議愚主，盛稱宜重牧伯，謂足鎮壓萬里，挾奸樹算，苟罔一時，豈可永爲國本，長期勝術哉？夫聖主御世，莫不大庇生民，承其休謀，傳其典制。猶云事久弊生，無或通貫，故變改正服，革异質文，分爵三五，參差不一。況在豎騃之君，挾奸詐之臣，共所創置，焉可仍因？大建尊州之規，竟無一日之治。故焉牧益土，造帝服於岷、峨；袁紹取冀，下制書於燕、朔；劉表荆南，郊天祀地；魏祖據兗，遂構皇業：漢之殄滅，禍源乎此。及臻後代，任寄彌廣，委之邦宰之命，授之斧鉞之重，假之都督之威，開之征討之略。晉太康之初，武帝亦疑其然，乃詔曰：「上古及中代，或置州牧，或置刺史，置監御史，皆總綱紀，而不賦政，治民之事，任之諸侯郡守。昔漢末四海分崩，因以吳、蜀自擅，自是刺史內親民事，外領兵馬，此一時之宜爾。今賴宗廟之靈，士大夫之力，江表平定，天下合之爲一，當韜戢干戈，與天下休息。諸州無事者罷其兵，刺史分職，皆如漢氏故事，出頒詔條，入奏事京城。二千石專治民之重，監司清峻於上，此經久之體也。其便省州牧。」晉武帝又見其弊矣，雖有其言，不卒其事，後嗣纘繼，牧鎮愈重，據地分爭，竟覆天下。昔王畿之大，不過千里，州之所司，廣袤兼遠。爭強虎視之辰，遷鼎革終之日，未嘗不藉蓄兵之權，挾董司之力，逼迫伺隙，陵奪沖幼。其甚者臣主揚兵，骨肉戰野，昆弟梟懸，伯叔屠裂。末壯披心，尾大不掉，既用此始，亦病以終。傾輈愈襲，莫或途改，致雒京有銜璧之痛，秦臺有不守之酷。胡、羌遞興，氐、鮮更起，靡滅群黎，流禍百世。堅冰所漸，兼緣茲釁。嗚呼！後之聖王，必不久滯斯迹，靈長之終，當有神算。不然，則雄捍反拒之事，懼甚於此心，憑強作害之謀，方盛於後意。

劉邵《人物志·流業第三》［劉昞注］

三材爲源，習者爲流。流漸失源，其業各異。蓋人流之業十有二焉：性既不同，染習又異，枝流條別，各有志業。有清節家，行爲物範。有法家，立憲垂制。有術家，智慮無方。有國體，三材純備。有器能，三材而微。有臧否，分別是非。有伎倆，錯意工巧。有智意，能決衆疑。有文章，屬辭比事。有儒學，道藝深明。有口辨，應對給捷。有雄傑。膽略過人。若夫德行高妙，容止可法，是謂清節之家，延陵晏嬰是也。建法立制，彊國富人，是謂法家，管仲、商鞅是也。思通道化，策謀奇妙，是謂術家，范蠡、張良是也。兼有三材，三材皆備，德與法術皆純備也。其德足以厲風俗，其法足以正天下，其術足以謀廟勝，是謂國體，伊尹、呂望是也。兼有三材，三材皆微，不純備也。其德足以率一國，其法足以正鄉邑，其術足以權事宜，是謂器能，子產、西門豹是也。兼有三材之別，各有一流，三材爲源，則習者爲流也。清節之流不能弘恕，以清爲理，何能寬恕！好尚譏訶分別是非，己不寬恕，則是非生。是謂臧否，子夏之徒是也。法家之流，不能創思遠圖，法制於近，思不及遠。而能受一官之任，錯意施巧，務在功成，故巧意生。是謂伎倆，張敞、趙廣漢是也。術家之流，不能創制垂則，以術求功，故不垂則。而能遭變用權，權智有餘，公正不足，長於權者，必短於正。是謂智意，陳平、韓安國是也。凡此八業，皆以三材爲本。非德無以正法，非法無以興術，是以八業之建，常以三材爲本。故雖波流分別，皆爲輕事之材也。耳目殊官，其用同功。羣材雖異，成務一致。能屬文著述，是謂文章，司馬遷、班固是也。能傳聖人之業，而不能幹事施政，是謂儒學，毛公、貫公是也。辯不入道而應對資給，是謂口辯，樂毅、曹丘生是也。膽力絶衆，才略過人，是謂驍雄，白起、韓信是也。凡此十二材，皆人臣之任也，各抗其材，不能兼備，保守一官，故爲人臣之任也。主德不預焉。主德者，聰明平淡達衆材，而不以事自任者也。目不求視，耳不參聽，各司其官，則衆材達。衆材既達，則人主垂拱，無爲而理。是故主道立，則十二材各得其任也。上無爲，則下當任也。清節之德，師氏之任也。掌以道德，教道胄子。法家之材，司寇之任也。掌以刑法，禁止姦暴。術家之材，三孤之任也。掌以廟謨，佐公論政。三材純備，三公之任也。位於三槐，坐而論道。三材而微，冢宰之任也。天官之卿，總御百官。臧否之材，師氏之佐也。分別是非，以佐師氏。智意之材，冢宰之佐也。師事制宜，以佐天官。伎倆之材，司空之任也。錯意施巧，故掌冬官。儒學之材，安民之任也。掌以德藝，保安其人。文章之材，國史之任也。憲章紀述，垂之後代。辯給之材，行人之任也。掌之應荅，送迎道路。驍雄之材，將帥之任也。掌轄師旅，討平不順。是謂主道得而臣道序，官不易方而太平用成。太平之所以成，由官人之不易方。若使足操物，手求行，四體何由寧？理道何由平？若道不平淡，與一材同用好，譬大匠善規，惟規之用。則一材處權，而衆材失任矣。惟規之用，則矩不得立其方。繩不得經其直，雖日運規矩無由成矣。

《夏侯陽算經》卷上《明乘除法》［甄鸞注］ 夏侯陽曰：夫算之法，約省爲善。有分者通之，分不均者同之，位高者下之，可約者約之，耦則半之，五則倍而折之，一、三、七、九商用所宜於此，不得乃爲之命分。分母入者須出之，然後爲定。子可半者半之，不可半者倍母而入之。此算之要道也。凡除分者，全數易了奇殘難用心意之勞，正在於此，後當隨事釋之。其物殘分求尺，尺之求寸，皆上十之。斤之求兩，二而八之。兩之求銖，三而八之。銖之求絫黍，皆上十之。斗之求升，合抄撮皆上十之。里之求步，三百之。步之求尺，六之。氂毫絲忽，可以意知。夫乘除之法，先明九九，一從十横百立千僵，千十相望，萬百相當。滿六已上，五在上方，六不積算，五不單張，上下相乘，實居中央。言十自過，不滿自當，以法除之，宜得上商。從算相似，横算相當，以次右行，極於左方。言法之上，見十步至十，見百步至百，見千步至千，見萬步至萬，悉觀上數，以安下位。上不滿十，下不滿一，步隨多少以爲楷式。

以少呼多，因法爲母，積實爲子，二分之一爲中半，三分之二爲太半，三分之一爲少半，四分之一爲弱半，此漏刻之數也。

凡算者，有五乘五除：除者，散繁除約，乃以除減爲名。乘者，令少乘多，乃以乘長爲稱。乘盈除縮，故曰「乘除」也。一曰法除，上下置位，以少呼多，言十自過，不滿自當，實居中央，故曰「法除」也。二曰步除，如斛中求斗，斗中求升，升中求合，合中求勺，勺中求抄，及丈中求尺，尺中求寸，寸中求分，皆言上十之、上百之，故曰「步除」也。三曰約除，如等數所得者，約實約法，各得分數，故曰「約除」也。四曰開平方除，借一算爲下法，步之超一位。羃方十，其積有百。羃方百，其積有萬。至百言十，至萬言百，故曰「開平方除」也。五曰開立方除，借一算爲下法，步之超二位。立方十，其積有千。立方百，其積有百萬。至千言十，至百萬言百，故曰「開立方除」也。

時務云：十乘加一等，百乘加二等，千乘加三等，萬乘加四等。十除退一等，百除退二等，千除退三等，萬除退四等。

杜預《春秋左傳集解·隱公元年》 經：夏，五月，鄭伯克段于鄢。不稱國討而言鄭伯，譏失教也。段不弟，故不言弟，明鄭伯雖失教而段亦凶逆。以君討臣而用二君之例者，言段强大儁傑，據大都以耦國，所謂「得儁曰克」也。國討例在莊二十二年，得儁例在莊十一年，母弟例在宣十七年。

又 傳：君子曰：「潁考叔，純孝也，愛其母，施及莊公。《詩》曰：『孝子不匱，永錫爾類』，其是之謂乎！」不匱，純孝也。莊公雖失之於初，孝心不忘，考叔感而通之。所謂「永錫爾類」，詩人之作，各以情言，君子論之，不以文害意，故《春秋傳》引詩不皆與今説詩者同。

孔穎達《春秋左傳正義·桓公元年》［杜預注陸德明釋音］ 桓公。陸［德明］曰：「桓公名軌，惠公之子，隱公之弟，母仲子。《史記》亦名允。謚法『辟土服遠曰桓』。」疏：正義曰：《魯世家》「桓公名允，惠公之子，隱公之弟，仲子所生。以桓王九年即位，莊王三年薨」。《世本》「桓公名軌」。《世族譜》亦爲軌。謚法「辟土服遠曰桓」。謚法非一，略舉一耳，亦不知本以何行而爲此謚，他皆放此。是歲，歲在玄枵。經：元年，春，王正月，公即位。注：嗣子位定於初喪而改元必須逾年者，繼父之業，成父之志，不忍有變於中年也。諸侯每首歲必有禮於廟，諸遭喪繼位者因此而改元正位，百官以序。故國史亦書即位之事於策。桓公簒立而用常禮，欲自同於遭喪繼位者。《釋例》論之備矣。釋音：簒立，初患反。疏：注「嗣子」至「備矣」。正義曰：《顧命》曰「乙丑成王崩，使齊侯呂伋以二干戈逆子釗于南門之外，延入翼室，恤宅宗」。孔安國云：「明室路寢延之，使居憂爲天下宗主。」天子初崩，嗣子定位，則諸侯亦當然也。《釋例》曰：「《商書·顧命》，天子在殯之遺制也。推此亦足以準諸侯之禮矣。」是知嗣子位定於初喪，孝子緣生以事死，歲之首日，必朝事宗廟，因即改元。《釋例》曰：「襄二十九年經書『春王正月公在楚』。傳曰：『釋不朝正于廟也。』」然則諸侯每歲首必有禮於廟，今遭喪繼位者，每新年正月亦改元正位，百官以序，故國史因書即位於策，以表之。此新君之常禮也。桓之於隱，本無君臣之義，計隱公之死，桓公即合改元，不假踰年方行即位，猶如晉厲被弑，悼公即位改元。今桓雖實篡立，歸罪寪氏，許言不與賊謀而用常禮，自同於遭喪繼位者亦既實即其位。國史依實書之。仲尼因而不改，反明公實篡立而自同於常，亦足見桓之篡也。三月，公會鄭伯于垂，鄭伯以璧假許田。［陸德明釋音］：假，舉下反。

夏，四月，丁未，公及鄭伯盟于越。注：公以篡立而修好於鄭，鄭因而迎之，成禮於垂，終易二田，然後結盟。垂，犬丘，衛地也。越，近垂，地名。鄭求祀周公，魯聽受祊田，令鄭廢泰山之祀。知其非禮，故以璧假爲文，時之所隱。釋音：好，呼報反，傳同。近，附近之近。祊，百庚反。令，力呈反。疏：注「公以」至「所隱」。正義曰：成會禮於垂，既易許田，然後盟以結之。故先會，次假田，然後書盟也。言迎之成禮於垂者，垂是衛地，沈以爲公迎鄭伯於垂，知時史之所隱諱者，傳不言書曰，知非仲尼本意也。

秋，大水。注：書，災也。傳例曰：「凡平原出水爲大水。」冬，十月。傳：

元年，春，公即位，修好于鄭。鄭人請復祀周公，卒易祊田。注：事在隱八年。釋音：復，扶又反。公許之。「三月，鄭伯以璧假許田」，爲周公、祊故也。注：魯不宜聽鄭祀周公，又不宜易取祊田。犯二不宜以動，故隱其實。不言祊，稱璧假，言若進璧以假田，非久易也。釋音：爲，于僞反。疏：注「魯不」至「易也」。正義曰：祊薄於許，加之以璧，易取許田，非假借之也。今經乃以璧假爲文，故傳言爲周公、祊故，解經璧假之言也。注又解傳之意，周公非鄭之祖，魯不宜聽鄭祀周公。天子賜魯以許田，義當傳之後世，不宜易取祊田。於此一事，犯二不宜以動，故史官諱其實，不言以祊易許，乃稱以璧假田，言若進璧於魯以權借許田，非久易然。所以諱國惡也，不言以祊假而言以璧假者，此璧實入於魯。但諸侯相交，有執圭璧致信命之理，今言以璧假，似若進璧以致辭然，故璧猶可言，祊則不可言也。何則？祊、許俱地，以地借地，易理已章，非復得爲隱諱故也。

「夏，四月，丁未，公及鄭伯盟于越」，結祊成也。注：結成易二田之事也。傳以經不書祊，故獨見祊。釋音：見，賢遍反。盟曰：「渝盟，無享國！」注：渝，變也。釋音：渝，羊朱反。享，許丈反。疏注「渝，變也」。正義曰：《釋言》文也。傳載其盟辭者，以易田惡事，而誓不變改，見其終無悔心，所以深惡魯也。此時許田已入於鄭，而《詩頌》僖公云：「居常與許，復周公之宇。」蓋僖公之時復得之也。齊人取讙及闡，及其歸也，經復書之，自此以後不書鄭人來歸許田者，此經書假，言若暫以借鄭，地仍魯物，不得書鄭人歸之。

「秋，大水」，凡平原出水爲大水。注：廣平曰原。疏：「凡平原」至「大水」。正義曰：《洪範》云：「水曰潤下。」言雨自上而下浸潤於土，陂鄣下地，可使水潦停焉。平原高地則不宜有也。凡平原出水則爲大水。平原出水，言水不入於土而出於地上，非湧泉出也。注「廣平曰原」。正義曰：《釋地》文也。李巡曰：「謂土地寬博而平正，名之曰原。」

冬，鄭伯拜盟。注：鄭伯若自來，則經不書，若遣使，則當言鄭人，不得稱鄭伯。疑謬誤。釋音：使，所吏反。疏：注「鄭伯」至「謬誤」。正義曰：六年傳云：「魯爲其班後。」鄭注云「魯親班齊饋」，則亦使大夫戍齊矣。經不書，蓋史闕文。然則經所不書，自有闕文之類，注既疑此事，不云闕文而云繆誤者，師出征伐，貴賤皆書，經所不書，必是文闕。若使事重，使人雖賤亦書。鄭人來渝平，齊人歸讙及闡是也。今以拜盟事輕，若其使賤，則例不合書。故杜云，若遣使來，傳當云鄭人，疑傳繆誤，知非實是鄭伯，爲不見公。不書者，以魯鄭相親，易田結好，鄭伯既拜盟而來，魯君無容不見，故知非實是鄭伯，止是鄭人而已。

宋華父督見孔父之妻于路，注：華父督，宋戴公孫也。孔父嘉，孔子六世祖。釋音：華，戶化反，大夫氏也。後皆同。督音篤。疏：注「華父」至「世祖」。正義曰：案《世本》云：「華父督，宋戴公之孫，好父說之子。孔父嘉生木金父，木金父生祁父，其子奔魯爲防叔，防叔生伯夏，伯夏生叔梁紇，叔梁紇生仲尼。」是孔父嘉爲孔子六世祖。目逆而送之，曰：「美而豔。」注：色美曰豔。釋音：豔，以贍反，美色也。疏：「目逆」至「而豔」。正義曰：未至則目逆，既過則目送，俱是目也，故以目冠之。美者，言其形貌美；豔者，言其顏色好，故曰「美而豔」。爲二事之辭。「色美曰豔」，《詩》毛傳文也。

又《僖公十九年》 經：梁亡。［杜預注］：以自亡爲文，非取者之罪，所以惡梁。**【略】**［孔穎達］正義曰：諸侯受命天子，分地建國，無相滅之理。此以自亡爲文，不書所取之國，以爲梁國自亡，非復取者之罪，所以深惡梁耳，非言秦得滅人國也。《釋例》曰：「作事不時，則怨讟動於民。彼梁伯者，虛興無虞之功，詐稱無害之寇，遂溝其宮以蕩百姓之心，開大國之志，是妖釁之先徵，自亡之實應。故不言秦滅梁，而以自亡爲文。」

又《禮記正義·檀弓上》［鄭玄注陸德明釋音］ 子思曰：「喪三日而殯，凡附於身者，必誠必信，勿之有悔焉耳矣。三月而葬，凡附於棺者，必誠必信，勿之有悔焉耳矣。言其日月，欲以盡心脩備之。附於身，謂衣衾。附於棺，謂明器之屬。衾音欽。喪三年，以爲極亡，去已久遠而除其喪。以爲極亡，並如字；

極，已也，徐紀力反；王以「極」字絶句，亡作「忘」，向下讀；孫依鄭作「亡」，而如王分句。則弗之忘矣。則之言曾。故君子有終身之憂，念其親。而無一朝之患，毁不滅性。故忌日不樂。」謂死日，言忌日不用舉吉事。樂如字，又音洛。【疏】「子思」至「不樂」。正義曰：此一節論喪之初死及葬送終之具，須盡孝子之情，及思念父母不忘之事，今各隨文解之。「三日而殯」者，據大夫士禮，故云三日也。「凡附於身」者，謂衣衾也。夫祀必求仁者之粟，故送終之物，悉用誠信，必令合禮，不使少有非法，後追悔咎。「焉耳矣」者，助句之辭。「三月而葬，凡附於棺者，必誠必信，勿之有悔焉耳矣」者，三月而葬，亦大夫士禮也。附謂明器之屬，亦當必誠信，不追悔也。注「言其」至「之屬」。正義曰：此「言其日月，欲以盡心修備之」，鄭意但言凡附身附棺自足，又更云「三日」、「三月」，言棺中物少者，三日之期，家計可使量度，則必中，棺外物多，三月之賒，思忖必就，故言日月，欲見宜慎也。云「謂明器之屬」者，案《既夕禮》除明器之外，有用器弓矢、耒耜、兩敦、兩杅、盤匜、燕樂器、甲、胄、千、笮、杖、笠、翣等，故云「之屬」也。「喪三年以爲極亡」，此亦子思語辭也。言服親之喪，以經三年，以爲極亡，可以棄忘，而孝子有終身之痛，曾不暫忘於心也。注云「則之言曾」，故君子有終竟己身，恆慘念親。此則是不忘之事。雖終身念親，而不得有一朝之間有滅性禍患，恐其常毁，故唯忌日不爲樂事，他日則可，防其滅性故也。所以不滅性者，父母生己，欲其存寧，若滅性，傷親之志，又身已絶滅，無可祭祀故也。注「謂死」至「吉事」。正義曰：下篇子卯爲人君忌日，恐此忌日亦爲子卯，故云「謂死日」也。言「忌」者，以其親亡忌難，吉事不舉之。

又《禮運》 夫禮之初，始諸飲食，其燔黍捭豚，汙尊而抔飲，蕢桴而土鼓，猶若可以致其敬於鬼神。言其物雖質略，有齊敬之心，則可以薦羞於鬼神，鬼神饗德不饗味也。中古未有釜、甑，釋米捭肉，加於燒石之上而食之耳，今北狄猶然。汙尊，鑿地爲尊也。抔飲，手掬之也。蕢讀爲凷，聲之誤也。凷，堛也，謂摶土爲桴也。土鼓，築土爲鼓也。燔音煩。捭，卜麥反，注作擗，又作擘，皆同。汙尊，烏華反，注同，一音作烏。抔，步侯反。蕢，依注音凷，苦對反，又苦怪反，土塊也。桴音浮，鼓搥。齊，側皆反。釜，本又作鬴，音父。甑，即孕反。燒，如字，又舒照反。鑿，在洛反。掬，九六反，本亦作臼，音蒲侯反。堛，普逼反。摶，徒端反。築，徐音竹。及其死也，升屋而號，告曰：「皋某復！」招之於天。號音戸毛反。皋音羔。然後飯腥而苴孰，飯以稻米，上古未有火化。苴孰，取遣奠有火利也。苴或爲俎。飯，扶晚反，注同。腥音星。苴，子餘反，苞也，徐爭初反。遣，棄戰反。故天望而地藏也。體魄則降，知氣在上。地藏謂葬。知音智。故死者北首，首，陰也。首，手又反，注同。生者南鄉。鄉，陽也。鄉，許亮反，注同。皆從其初。謂今行之然也。【疏】「夫禮」至「飲食」。正義曰：此一節論上代物雖質略，以其齊敬，可以致祭神明。「夫禮之初，始諸飲食」者，從此以下，至「禮之大成」，皆是二書所見之事。「夫」者，發語之端。禮，謂吉禮，此吉禮元初始諸飲食。諸，於也。始於飲食者，欲行吉禮，先以飲食爲本。但中古之時，飲食質略，雖有火化，其時未有釜甑也。「其燔黍捭豚」者，「燔黍」者，以水洮釋黍米，加於燒石之上以燔之，故云「燔黍」。或捭析豚肉，加於燒石之上而孰之，故云「捭豚」。「汙尊而抔飲」者，謂鑿池汙下而盛酒，故云「汙尊」，以手掬之而飲，故云「抔飲」。「蕢桴」者，又摶土凷爲桴。皇氏云「桴謂擊鼓之物」，故云蕢桴。「土鼓」，築土爲鼓，故云「土鼓」。「猶若可以致其敬於鬼神」者，言上來之物，非但可以事生，若，如也，言猶如此，亦可以致其恭敬於鬼神，以鬼神享德，不享味也。注「中古」至「鼓也」。正義曰：伏犧爲上古，神農爲中古，五帝爲下古。若《易》歷三古，則伏犧爲上古，文王爲中古，孔子爲下古，故《易緯》云：「蒼牙通靈，昌之成運，孔演命明道經。」蒼牙則伏犧也，昌則文王也，孔則孔子也。故《易・繫辭》云：「《易》之興也，其於中古乎？」謂文王也。若三王對五帝，則五帝亦爲上古，故《士冠禮》云：「大古冠布。」下云：「三王共皮弁。」則大古五帝時，大古亦上古也。不同者，以其文各有所對，故上古、中古不同也。此云「中古」者，謂神農也。知者，以《明堂位》云：「土鼓、葦籥，伊耆氏之樂。」又《郊特牲》云：「伊耆氏始爲蜡。」是報田之祭。伊耆氏始爲蜡，則於時始爲田也。今此云「蕢桴」、「土鼓」，故知此謂神農也。「蕢讀爲凷」者，以經中蕢字，乃是草名，不可爲桴。桴與土鼓相連，凷是土之流類，故讀爲凷。「凷，堛也」，《廣雅》文。「土鼓，築土爲鼓」者，以與「汙尊抔飲」相連，貴尚質素，故知築土爲鼓，周代極文而不爾也。故杜注《周禮・籥章》云：「以瓦爲匡，不須築土。或以爲桴，則摶拊也。」謂摶土爲摶拊，以手擊之而爲樂。其築土爲鼓，先儒未詳，蓋築地以當鼓節。不云「築地鼓」者，以經稱土鼓，故言「築土」，順經文也。經云「禮之初，始諸飲食」，謂祭祀之禮，故始諸飲食。其人情之禮，起則遠矣。故昭二十六年《左傳》云「禮之可以爲國也久矣，與天地並」是也。「及其」至「其初」。正義曰：上言古代質素，此言後世漸文，謂五帝以下至於三王。及其身之死也，升上屋而號呼，「告曰皋某復」者，謂北面告天曰皋。皋，引聲之言。某，謂死者名。令其反復魄，復魄不復，然後浴尸而行含禮。於含之時，飯用生稻之米，故云「飯腥」，用上古未有火化之法。「苴孰」者，至欲葬設遣奠之時，而用苞裹孰肉，以遣送尸，法中古脩火化之利也。熊氏云：「升屋而號，爲五帝時，或爲三王時。」皇氏云：「中古也。」中古未有宮室，皇說非也。「故天望而地藏也」者，天望，謂始死望天而招魂。地藏，謂葬地以藏尸也。「體魄則降，知氣在上」者，覆釋所以天望地藏之意。所以地藏者，由體魄則降故也，故以天望招之於天，由知氣在上故也。「故死者北首，生者南鄉」者，體魄降入於地爲陰，故死者北首，歸陰之義。死者既歸陰，則生者南鄉歸陽也。「皆從其初」者，謂今世飯腥苴孰，與死者北首生者南鄉之等，非是今時始爲此事，皆取法於上古中古而來，故云「皆從其初」。前文云「燔黍捭豚」，謂中古之時。次云及其死也，似還論中古之死，但中古神農，未有宮室，上棟下宇。及在五帝以來，此及其死也。而云「升屋」，則非神農時也。故熊氏云及其死也，以爲五帝時，或爲三王時。皇氏以爲及其死也，還論中古時；飯腥苴孰，謂五帝時，故云「然後」，其義非也。

房玄齡《管子注》卷一《權修第三・權者，所以知輕重也。君人者，必知事之輕重然後國可爲，故須修權。經言三》

萬乘之國，兵不可以無主；無所主則無所統一也。土地博大，野不可以無吏；無吏則不厲於墾闢。百姓殷衆，官不可以無長；無長則無所稟令也。操民之命，朝不可以無政。地博而國貧者，野不辟也；民衆而兵弱者，民無取也。兵無主，故無所取則。故末產不禁則野不辟，賞罰不信則民無取。野不辟，民無取，外不可以應敵，內不可以固守。故曰有萬乘之號而無千乘之用，而求權之無輕，不可得也。國號萬乘及其兵用不滿於千，如此者，權必自輕也。地辟而國貧者，舟輿飾臺榭廣也；賞罰信而兵弱者，輕用衆使民勞也。舟車飾臺榭廣，則賦斂厚矣；輕用衆使民勞，則民力竭矣。賦斂厚，則下怨上矣；民力竭，則令不行矣。下怨上、令不行，而求敵之勿謀，已不可得也。欲爲天下者，必重用其國；欲爲其國者，必重用其民；欲爲其民者，必重盡其民力。重爲矜惜之也。無以畜之，則往而不可止也；往謂亡去也。無以牧之，則處而不可使也。人雖留處，無畜牧之道，故不可使也。遠人至而不去，則有以畜之也；民衆而可一，則有以牧之也。見其可也，喜之有徵；徵，驗也。必有恩錫以驗，見喜無空然矣。見其不可也，惡之有刑。賞罰信於其所見，雖其所不見，其敢爲之乎！所見之處賞罰既信，則所不見懼而從教，不敢爲非。見其可也，喜之無徵；見其不可也，惡之無刑。賞罰不信於其所見，而求其所不見之，爲之，化不可得也。厚愛利足以親之，明智禮足以教之，上身服以先之，服，行也。凡所欲教人在上必身自行之，所以率先於下也。審度量以閑之，所以防閑其姦僞也。鄉置師以說道之。然後申之以憲令，勸之以慶賞，振之以刑罰。振，整也。故百姓皆說爲善，則暴亂之行無由至矣。地之生財有時，民之用力有倦，而人君之欲無窮。以有時與有倦，養無窮之君，而度量不生於其間，度量不生，則賦役無限也。則上下相疾也。上疾下之不供，下疾上之無窮。是以臣有弑其君、子有弑其父者矣。故取於民有度，用之有止，國雖小必安；取於民無度，用之不止，國雖大必危。地之不辟者，非吾地也；民之不牧者，非吾民也。凡牧民者，以其所積者食之，不可不審也。其積多者其食多，其積寡者其食寡。無積者不食或有積而不食者，則民離；上有積多而食寡者，則民不力；有積寡而食多者，則民多詐；有無積而徒食者，則民偷幸。故離上不力，多詐偷幸，舉事不成，應敵不用。故曰察能授官，班祿賜予，使民之機也。野與市爭民，民務本業，則野與市爭民。家與府爭貨，下務藏積，則家與府爭貨。金與粟爭貴，所寶惟穀，故金與粟爭貴。鄉與朝爭治。官各務其職，故鄉與朝爭治。故野不積草，農事先也；府不積貨，藏於民也；市不成肆，家用足也；朝不合衆，鄉分治也。故野不積草，府不積貨，市不成肆，朝不合衆，治之至也。人情不二，故民情可得而御也。審其所好惡，則其長短可知也。觀其交游，則其賢不肖可察也。二者不失，則民能可得而官也。二者謂好惡、交游也。地之守在城，城之守在兵，兵之守在人，人之守在粟。故地不辟則城不固，有身不治奚待於人！待謂將治之言，身既不能自治，則無以治人也。有人不治，奚待於家！有家不治，奚待於鄉！有鄉不治，奚待於國！有國不治，奚待於天下！天下者，國之本也；國者，鄉之本也；鄉者，家之本也；家者，人之本也；人者，身之本也；身者，治之本也。故上不好本事，則末產不禁。末產不禁，則民緩於時事而輕地利。輕地利而求田野之辟、倉廩之實，不可得也。商賈在朝，則貨財上流；若桓靈之賣官也。婦言人事，則賞罰不信；婦者，所以職其蠶織。此之不爲，輒言人事，婦人之性險詖，故賞罰不信矣。男女無別，則民無廉恥。貨財上流，賞罰不信，民無廉恥，而求百姓之安難，兵士之死節不可得也。朝廷不肅貴賤，不明長幼，不分度量，不審衣服，無等上下淩節，而求百姓之尊主政令，不可得也。上好詐謀閒欺，閒，隔也。有所隔礙而欺誑也。臣下賦斂競得，使民偷壹，偷取一時之快。則百姓疾怨，而求下之親上，不可得也。有地不務本事，本事謂農。君國不能壹民，而求宗廟社稷之無危，不可得也。上恃龜筮，好用巫醫，則鬼神驟祟。故功之不立，名之不章。爲之患者三：苟功不立、名不章，必爲三患，下獨王、貧賤、日不足是也。有獨王者，謂無黨也。有貧賤者，有日不足者。有日不足之費也。一年之計，莫如樹穀；十年之計，莫如樹木；終身之計，莫如樹人。樹人謂濟而成立之。一樹一穫者，穀也；一樹十穫者，木也；果木過十年漸就枯悴，故曰十穫也。一樹百穫者，人也。人有百年之壽，雖使無百年，子孫亦有嗣之而報德者，故曰百穫也。我苟種之，如神用之一種百穫，近識者莫能測其由，故曰「如神用」也。舉事如神，唯王之門。王者貴神道設教也。凡牧民者，使士無邪行，女無淫事。士無邪行，教也；女無淫事，訓也。教訓成俗，而刑罰省數也。所角反。凡牧民者欲民之正也，欲民之正，則微邪不可不禁也。微邪者，大邪之所生也。微邪不禁而求大邪之無傷國，不可得也。凡牧民者欲民之有禮也，欲民之有禮，則小禮不可不謹也。小禮不謹於國而求百姓之行大禮，不可得也。凡牧民者欲民之有義也，欲民之有義，則小義不可不行。小義不行於國而求百姓之行大義，不可得也。凡牧民者欲民之有廉也，欲民之有廉，則小廉不可不修也。小廉不修於國而求百姓之行大廉，不可得也。凡牧民者欲民之有恥也，欲民之有恥，則小恥不可不飾也。小恥不飾於國而求百姓之行大恥，不可得也。凡牧民者欲民之修小禮、行小義、飾小廉、謹小恥、禁微邪，此厲民之道也。民之修小禮、行小義、飾小廉、謹小恥、禁微邪，治之本也。凡牧民者欲民之可御也，欲民之可御，則法不可不審。法者，將立朝廷者也。將立朝廷者，則爵服不可不貴也。爵服加于不義，則民賤其爵服。民賤其爵服，則人主不尊。人主不尊，則令不行矣。法者，將用民力者也。將用民力者，則祿賞不可不重也。祿賞加于無功，則民輕其祿賞。民輕其祿賞，則上無以勸民。上無以勸民，則令不行矣。法者，將用民能者也。將用民能者，則授官不可不審也。授官不審，則民間其治。民間其治，則理不上通。理不上通，則下怨其上。下怨其上，則令不行矣。法者，將用民之死命者也。用民之死命者，則刑罰不可不審。刑罰不審，則有辟就。有辟就，則殺不辜而赦有罪。殺不辜而赦有罪，則國不免於賊臣矣。故夫爵服賤、祿賞輕、民間其治、賊臣首難，此謂敗國之教也。

房玄齡等《詮叙管子成書》卷三《幼官圖第十三》 中方本圖，中方副圖，東方本圖，東方副圖，南方本圖，南方副圖，西方本圖，西方副圖，北方本圖，北方副圖。

經言九：若因夜虛守靜人物，人物則皇。言欲候氣聽聲以知吉凶，必因夜虛之時守其安靜，以聽候人物。此時人物則皇暇，故吉凶之驗不妄。附趙標：《後中圖》作「處虛守靜」，《淮南子》有「夜行」高誘註「諭陰行也，陰行化，故有天下」則夜字爲是。兩「人物」字，一衍。物，事。皇，大也。言人君能處虛守靜，則發之人事盛大也。五和時節，土生數五，土氣和，則君順時節而布政。君服黃色，味甘味，聽宮聲，此土王之時，故服黃，味甘，聽宮也。然土雖均王四季，而正位在六月也。治和氣，土主和，故治和氣。用五數。飲於黃后之井，中央井也。以倮獸之火爨。倮獸，謂淺毛之獸，虎豹之屬。藏溫濡，藏謂包之在心。君之所藏者，溫和濡緩，所以助土氣。行敺養，謂禽獸之屬能爲苗害者，時敺逐之，所以養嘉穀也。附劉補：行對藏而言，謂行於身也，下放此。坦氣修通。坦，平也。平土政，則其氣修通。凡物開靜形生理，常至命。凡土王之時，所生之物但開通安靜，則其形自生。既循理之常，則無殘盡於所賦之命也。附劉補：當「理」字爲句。享按：乾坤以靜翕裹萬物之性命，故物始出爲開靜，物所受爲性。性者，理也，天所賦爲命。命者，理之宗而形之宰也。故有物有則形生理，常至命。尊賢授德，則帝，帝者之臣，其實師也。故尊賢授德，則可爲帝也。身仁行義，服忠用信，則王。服行。審謀章禮，選士利械，則霸。章明。定生處死，謹賢修伍，則衆。生者安定之，死者處置之，斂葬其柩。信賞審罰，爵材祿能，則彊。有材者爵之，有能者祿之。計凡付終，務本飭末，則富。凡，謂都數也。付終謂財日月既終，付之後人。明法審數，立常備能，則治。常，謂五常也。備能，謂才能之士備有之。同異分官，則安。同異之職，分官而治。通之以道，畜之以惠，親之以仁，養之以義，報之以德，結之以信，接之以禮，和之以樂，期之以事，攻之以官，攻，治。附劉補：後作「攷之以言」。發之以力，威之以誠。一舉而上下得終，謂初會諸侯，上下得終。其禮自此至九舉，說九合諸侯之所致。再舉而民無不從，三舉而地辟散成，成，謂諸侯自盟要，不事於齊，至三會則諸侯散其成而朝齊。四舉而農佚粟十，四會之後，徭役減省，故農人佚樂，而粟得十全。五舉而務輕金九，五會之後，兵戰既息，事務轉輕，而金得九分一以供官也。六舉而絜知事變，絜，圍度也。胡結反。七舉而外內爲用，外謂諸侯。八舉而勝行威立，九舉而帝事成形。九會之後，威行海內，雖居侯伯，帝王之事，既以成形。九本搏大，人主之守也。自九本已下，管氏但舉其目，或有數在於他篇。但此書多從散逸，無得而知。然九本所以搏擊彊太，故人主守之。八分有職，卿相之守也；十官飾勝備威，將軍之守也；六紀審密，賢人之守也；五紀不解，庶人之守也。動而無不從，靜而無不同。彊動弱必從，彊靜弱必同。治亂之本三，卑尊之交四，富貧之終五，盛衰之紀六，安危之機七，彊弱之應八，存亡之數九，練之以散羣傰署。傰，猶曹也。凡上之諸數，既已精練，然後散之於衆，使傰曹署著其名以司之。凡數財署，數，謂國用之數，使財者署。殺僇以聚財，或因亡國，或因滅家，莫不籍沒其財。故曰殺僇以聚財也。勸勉以選衆，使二分具本。使上之傰署財署，分知其事，各具其名籍之本，則財署知聚財，傰署知選舉。發善必審於密，執威必明於中，發善謂行賞，執威謂行刑。此居圖方中。此立時之政，管氏別五其圖，謂之方圖，而土位居中。附趙標：圖，明堂圖也，即月令居太廟太室類。梅生曰：此篇管子因五行以立政，按五方以制兵。前本圖五，法天合德，故服養宣洩，一律之天時。後副圖五，象法無親，故旗、物、兵、刑，一本之地德。

顏師古《漢書注・禮樂志》 樂官師瞽抱其器而犇散，或適諸侯，或入河海。師古曰：「犇，古奔字。《論語》云：『太師摯適齊，亞飯干適楚，三飯繚適蔡，四飯缺適秦，鼓方叔入於河，播鞉武入于漢，少師陽、擊磬襄入于海。』此志所云及《古今人表》所叙，皆謂是也。云諸侯者，追繫其地，非爲當時已有國名。而說《論語》者乃以爲魯哀公時禮壞樂崩，樂人皆去，斯亦未允也。夫《六經》殘缺，學者异師，文義競馳，各守所見。而馬、鄭群儒，皆在班、揚之後，向、歆博學，又居王、杜之前，校其是非，不可偏據。其《漢書》所引經文，與近代儒家往往乖別，既自成義指，即就而通之，庶免守株，以申賢達之意。非苟越异，理固然也。它皆類此。」

又《韋賢傳》 興國救顛，孰違悔過，追思黄髮，秦繆以霸。師古曰：「言興復邦國，救止顛隊之道，無如能自悔其過惡。秦穆公伐鄭，爲晉所敗而歸，乃作《秦誓》曰：『雖則員然，尚猶詢兹黄髮，則罔所愆。』謂雖有員然之失，庶幾以道謀於黄髮之賢，則行無所過矣。黄髮，老壽之人也，謂髮落更生黄者也。員與云同。」

王績《東皋子集》卷上《游北山賦》 念昔日之良遊，憶當時之君子。佩蘭蔭竹，詠茅席芷。樹即環林，門成闕里。姚仲由之正色，薛莊周之言理。此溪門人常以百數。唯河南董恆、南陽程元、中山費瓊、河東薛收、泰山姚義、太原溫彥博、京兆杜淹等十餘人爲最。後來題目以姚義慷慨，方之仲由。薛收理識，方之莊周。薛實妙玄理耳。

《春秋穀梁傳注疏・桓公五年》［范甯集解楊士勛疏］ 經：五年，春，正月，甲戌、己丑，陳侯鮑卒。傳：鮑卒，何爲以二日卒之？《春秋》之義，信以傳信，疑以傳疑。［范甯集解］：明實錄也。［陸德明釋音］：傳，直專反。陳侯以甲戌之日出，己丑之日得，不知死之日，故舉二日以包也。［范甯集解］：國君獨出，必辟病潛行。［陸德明釋音］：必辟音避，本又作避。疏：「甲戌」至「鮑卒」。［楊士勛］釋曰：《公羊》以爲鮑之狂，故甲戌日亡，己丑日死。孔子疑之，故以二日卒之。此傳之意，言陳侯辟病，以甲戌日出，己丑之日得之，不知死之日，故舉二日以包之。《左傳》以爲再赴，故兩日並書，是《三傳》异說。「信以」至「包也」。［楊士勛］釋曰：既云「信以傳信，疑以傳疑」，則是告以虚事。而注云「實錄」者，告以實則以一日卒之，告以虚則二日卒之。二者皆是據告，而即是實錄之事。

《儀禮注疏・士昏禮・記》［鄭玄注賈公彥疏］ 記。士昏禮，凡行事，必用昏昕，受諸禰廟。辭無不腆，無辱。用昕，使者。用昏，壻也。腆，善也。賓不稱幣不善，主人不謝來辱。疏：「記士昏」至「無辱」。釋曰：凡言「記」者，皆經不備者也。注「用昕」至「來辱」。釋曰：云「用昕，使者」，謂男氏使向女家納采、問名、納吉、納徵、請期五者，皆用昕。昕即明之始，君子舉事尚早，故用朝旦也。云「用昏，壻也」者，謂親迎時也。知「辭無不腆」者，《郊特牲》云：「告之以直，信。信，事人也。信，婦德也。」注云：「此二者所以教婦正直信也。」是賓納徵之時，不得謙虚爲辭也。云「主人不謝來辱」者，此亦是不爲謙虚，教女正直之義也。摯不用死，皮帛必可制。摯，鴈也。皮帛，儷皮、束帛也。疏：釋曰：云「摯不用死」者，凡摯亦有用死者，是以《尚書》（元缺起卷首止此）云「三帛二生一死摯」，即士摯雉。今此亦是士禮，恐用死鴈，故云不用死也。云「皮帛必可制」者，可制爲衣物，此亦是教婦以誠信之義也。腊必用鮮，魚用鮒，必殽全。殽全者，不餒敗，不剝傷。疏：「腊必」至「殽全」。注「殽全」至「剝傷」。釋曰：腊用鮮者，義取夫婦日新之義。云「魚用鮒」者，義取夫婦相依附者也。云「殽必全」者，義取夫婦全節無虧之理。此並據同牢時也。

李賢等《後漢書注・王良傳》 論曰：夫利仁者或借仁以從利，體義者不期體以合義。此言履行仁義，其事雖同，原其本心，眞僞各异。利仁者謂心非好仁，但以行仁則於己有利，故假借仁道以求利耳。若天性自然，體合仁義者，舉措云爲，不期於體，而冥然自合。《禮記》曰：「仁者安仁，智者利仁，畏罪者強仁。」與人同功，其仁未可知；與人同過，其仁則可知。

又《馮衍傳》 馮子以爲夫人之德，不碌碌如玉，落落如石。老子《道德經》之詞也。言可貴可賤，皆非道眞。玉貌碌碌，爲人所貴，石形落落，爲人所賤，賤既失矣，貴亦未得。言當處才不才之閒。

劉知幾《史通》卷十八《外篇・雜說下第九》 總二十五條。 諸史六條：夫盛服飾者，以珠翠爲先；工繢事者，以丹青爲主。至若錯綜乘所，分布失宜，則綵絢雖多，巧妙不足者矣。其一條。

觀班氏《公孫弘傳贊》，直言漢之得人，盛於武、宣二代，至於平津善惡，寂滅無覩。持論如是，其義靡聞。必矜其美辭，愛而不棄，則宜微有改易，列於《百官公卿表》後。庶尋文究理，頗相附會。以兹編錄，不猶愈乎？其二條。

又沈侯《謝靈運傳論》，全說文體，備言音律，此正可爲《翰林》之補亡，《流別》之總說耳。季克撰《翰林論》，摯虞撰《文章流別集》。如次諸史傳，實爲乖越。陸士衡有云：「離之則雙美，合之則兩傷。」信矣哉！其有事可書而不書者，不應書而書者。至如班固叙事，微小必書，至高祖破項垓下，斬首八萬，曾不涉言。李《齊》與《後主紀》則書幸於侍中穆提婆第，於《孝昭紀》則不言親戎以伐奚。於邊疆小寇無不畢紀，如司馬消難擁數州之地以叛，曾不挂言。略大舉小，其流非一。昔劉勰有云：「自卿、雲已前，多役才而不課學；向、雄已後，頗引書以助文。」然近史所載，亦多如是。故雖有王平所識，僅通十字；霍光無學，不知一經。而述其言語，必稱典誥。良由才乏天然，故事資虛飾者矣。其三條。

按《宋書》稱武帝入關，以鎮惡不伐，遠方馮異；於渭濱遊覽，追想太公。夫以宋祖無學，愚智所委，安能援引古事，以訓荅羣臣者乎？斯不然矣。更有甚於此者，覩周、齊二國，俱出陰山，必言類互鄉，則宇文尤甚。按王邵《齊志》：宇文公呼高祖曰「漢兒」，夫以獻武普嗣未變胡俗，王、宋所載，其鄙甚多矣。周帝仍因之以華夏，則知其言不逮於齊遠矣。而牛弘、王邵，並掌策書，其載齊言也，則淺俗如彼；其載周言也，則文雅若此。夫如是，何哉？非兩邦有夷夏之殊，由二史有虛實之異故也。夫以記宇文之言，而動遵經典，多依《史》、《漢》，周史述太祖論梁元帝而曰：「蕭繹可謂天之所廢，誰能興之者乎？」又宇文測爲汾州，或譖之，太祖怒曰：「何謂間我骨肉，生此貝錦？」此並六經之言也。又曰：「榮權吉士也，寡人與之言無二。」此《三國志》之辭也。其餘言皆如此，豈是宇文之語耶？又按裴政《梁太清實録》稱元帝使王琛聘魏，長孫儉謂宇文曰：「王琛眼睛全不轉。」公曰：「瞎奴使痴人來，豈得怨我？」此言與王、宗所載相類，可謂眞宇文之言，無愧於實録矣。此何異莊子述鮒魚之對，而辨類蘇、張，賈生叙鵩鳥之辭，而文同屈、宋。施於寓言則可，求諸實録則否矣。其四條。

世稱近史編語，謂「言語」之「語」也。惟《周》多美辭。夫以博採古文，而聚成今說，是則俗之所傳有《雞九錫》、《酒孝經》、《房中志》、《醉鄉記》，或師範《五經》，或規模《三史》，雖文皆雅正，而其事悉虛無，諸本作「在」字，宋本作「其」字。豈可便謂南、董之才，宜居班、馬之職也？自梁室云季，雕蟲道長。謂太清已後。平頭上尾，尤忌於時；對語麗辭，盛行於俗。始自江外，被於洛中。而史之載言，亦同於此。何之元《梁典》稱議納侯景，高祖曰：「文叔得王郎降而隗囂滅，安世用羊祜之言而孫皓平。」夫漢、晉之君，事殊僭盜，梁主必不捨其謚號，呼以姓名。此由須對語麗辭故也。又姚最《梁略》稱高祖曰：「得既在我，失亦在予，不及子孫，知復何恨。」夫變我稱予，互文成句，求諸人語，理必不然，此由避平頭上尾故也。又蕭韶《太清記》曰云云。溫子昇《永安故事》言：「爾朱世隆之攻沒建州日，怨痛之響，上徹青天；酸苦痛極，下傷人理。」此語皆非簡要，而徒積字成文，並由避聲對之爲患也。或聲從流靡，或語須偶對，此之爲害，其流甚多。假有辨如酈叟，吃若周昌，子羽修飾而言，仲由率爾而對，莫不拘以文禁，一槩而書，必求實録，多見其妄矣。其五條。

夫晉、宋已前，帝王傳授，始自錫命，終於登極。其間牋疏款曲，詔策頻煩。雖事皆僞迹，言並飾讓，猶能備其威儀，陳其文物，俾禮容可識，朝野具瞻。逮於近古，我則不暇。至如梁武之居江陵，齊宣之在晉陽；或文出荊州，假稱宣德之令；江陵之建業，地闊數千餘里。宣德皇后下令，旬日必至。以此而言，其僞可見。或書成幷部，虛云孝靖之勑。凡此文誥，本不施行，必也載之起居，編之國史，豈所謂撮其機要，剪截浮辭者哉？但二蕭《陳》、《隋》諸史，通多失此，晉、魏及宋，自創業後，稱公王，即帝位，皆數十年間事耳。夫功德日盛，稍進累遷，足驗禮容不欺，揖遜無失。自齊、梁已降，稱王公及即帝位，皆不出旬月之中耳。夫以迫促如是，則於禮儀何有者哉？又按北齊文宣帝將受魏禪，密撰錫遜、勸進、斷表又詔，入奏請注，一時頓盡。則始知無前後節文，等差降殺。惟王邵所撰《齊志》，獨無是焉。夫以累易古，人以爲嗤。如彥淵之改魏妝也，以非易非，彌見其失矣。而撰隋文史者，稱澹大矯收失者，何哉？且以澹置書，方於君懋，豈惟其間可容數人而已。史臣美澹而譏邵者，《隋史》每論皆云「史臣曰」，今故因其成事，呼爲「史臣」。豈所謂通鑒乎？語曰：「蟬翼爲重，千鈞爲輕。」其斯之謂矣！其六條。

張守節《史記正義・吴王濞列傳》　會孝惠、高后時，天下初定，郡國諸侯各務自拊循其民。吴有豫章郡銅山，濞則招致天下亡命者盜鑄錢，煮海水爲鹽，以故無賦，國用富饒。按：既盜鑄錢，何以收其利足國之用？吴國之民又何得無賦？如說非也。言吴國山既出銅，民多盜鑄錢，及煮海水爲鹽，以山海之利不賦之，故言無賦也。其民無賦，國用乃富饒也。

元稹《元氏長慶集》卷十《酬翰林白學士代書一百韻》　幾遭朝士笑，兼任巷童隨。苟務形骸達，渾將性命摧。何曾愛官序，不省計家資。忽悟成虛擲，翻然嘆未宜。使回躭樂事，堅赴策賢時。寢食都忘倦，園廬遂絶窺。勞神甘慼慼，攻短過孜孜。葉怯穿楊箭，囊藏透穎錐。超遙望雲雨，擺落占泉坻。略削荒凉苑，搜求激直詞。那能作牛後，更擬助洪基。舊說：制策皆以惡訐取容爲美。予與樂天指病危言，不顧成敗，意在決求高等。初就業時，今裴相公戒予，慎勿以策苑爲美。予深佩其言，然而怪其多大擬取。有可取，遂切求潛覽，功及累月，無所獲。先是穆員、盧景亮同年應制，俱以詞直見黜。予求獲其策，皆手自寫之，置在篋篋。樂天、損之輩常詛予篋中有不第之祥，而又哂予決求高第之僭也。

楊倞《荀子注・修身篇第二》［楊倞注］ 夫「堅白」、「同異」、「有厚無厚」之察，非不察也，此言公孫龍、惠施之曲說異理，不可爲法也。堅白，謂厚堅白也。公孫《堅白論》曰：「堅、白、石，三可乎？」曰：「不可。」「二可乎？」曰：「可。」謂目視石，但見白，不知其堅，則謂之「白石」。手觸石，則知其堅，而不知其白，則謂之「堅石」。是「堅」、「白」終不可合爲一也。司馬彪曰：「堅白」，謂堅石非石，白馬非馬也。「同異」，謂使異者同，同者異。或曰即《莊子》所謂「大同而與小同異」，此之謂「小同異」。言同在天地之間，故謂之大同。物各有種類所同，故謂之「小同」。是「大同」與「小同」異也。此略舉同異，故曰此謂「小同異」。《莊子》又曰：萬物畢同，畢異。此之謂「大同異」。言萬物揔謂之物，莫不皆同，是萬物畢同。若分而別之，則人耳目鼻口百體，草木枝葉花實無不皆異，是物畢異也。此具舉「同異」，故曰此之謂「大同異」。《莊子》又曰：無厚不可積也，其大千里。無厚，謂厚之極不可爲厚薄也。不可積，言其委積至多，不可使復積也。凡無厚不可積，因於有厚可積。故得其大千里。千里者，舉大之極也。然而君子不辨，止之也；止而不爲。倚魁之行，非不難也，然而君子不行，止之也。

孫樵《孫可之集》卷五《孫氏西齋録》 有所鯁避，則微文示譏。無所顧慄，則直書志慝。所謂高祖殺太子建成者何？黜功循愛，譏失敎也。太宗有大功，宜嗣有天下。高祖不當立建成爲太子，至有六月二十四日事。故書高祖殺建成。李勣立皇后武氏者何？忘諫賛慝，懲廢命也。李勣爲顧命大臣，儻堅諫不奪，高宗不敢立武氏爲后。故書李勣立皇后武氏。起王后已廢之魂，上配天皇者何？登嫌黜冢，不可謂順，予懼後世疑於禘祼也。高宗廢王后，立武后，乃貞觀侍女何以列昭穆。故時以王后配高宗，示天后有嫌於禘祼矣。絛天后擅政之年下繫中宗者何？紫色閏位，不可謂正，予懼後世牽以稱臨也。天后改元即眞，今悉以天后年號，及行事繫于中宗，示女子不得改元者，政也。崔察賊殺中書令裴炎名犯武宗廟諱。者何？詭諛梯亂肇殺機也。裴爲顧命大臣，屢白天后歸政。御史崔察廷詰裴曰：若不有異謀，何故白太后歸政。天后遂發怒，斬裴于都亭驛。故書曰：崔察賊殺中書令裴。張守珪以安祿山叛者何？貸刑怫敎稔禍階也。祿山乃張守珪部將，嘗犯令。張曲江令守珪案之，守珪不從，卒使亂天下。故書張守珪以安祿山叛，他皆倣此。

趙蕤《長短經》卷一《大體》 臣聞《老子》曰：以政理國，以奇用兵，以無事取天下。《荀卿》曰：人主者，以官人爲能者也；匹夫者，以自能爲能者也。《傅子》曰：士大夫分職而聽，諸侯之君分土而守，三公總方而議，則天子拱已而正矣。何以明其然耶？當堯之時，舜爲司徒，契爲司馬，禹爲司空，后稷爲田官，夔爲樂正，倕爲工師，伯夷爲秩宗，皋陶爲理官，益掌驅禽，堯不能爲一焉。奚以爲君而九子者爲臣，其故何也？堯知九賦之事，使九子各授其事，皆勝其任以成九功，堯遂乘成功以王天下。漢高帝曰：夫運籌策於幃幄之中，決勝於千里之外，吾不如子房；鎭國家，撫百姓，給餉餽，不絕糧道，吾不如蕭何；連百萬之軍，戰必勝，攻必取，吾不如韓信。三人者，皆人傑也。吾能用之，此吾所以有天下也。《人物志》曰：夫一官之任，以一味協五味；一國之政，以無味和五味。故臣以自任爲能，君以能用人爲能。臣以能言爲能，君以能聽爲能。臣以能行爲能，君以能賞罰爲能。所以不同，故能君衆能也。故曰：知人者，王道也；知事者，臣道也。無形者，物之君也；無端者，事之本也。鼓不預五音，而爲五音主；有道者不爲五官之事，而爲理事之主。君守其道，官知其事，有自來矣。先王知其如此也，故用非其有，如已有之，通乎君道者也。議曰：《淮南子》云：巧匠爲宮室，爲圓必以規，爲方必以矩，爲平直必以準繩。功已就矣，而不知規、矩、準繩而賞巧匠；宮室已成，不知巧匠，而皆曰某君某王之宮室也。孫卿曰：夫人主欲得善射中微，則莫若使羿；欲得善御致遠，則莫若使王良；欲得調一天下，則莫若聽明君子矣。其用智甚簡，其爲事不勞，而功名甚大。此能用，非其有如已有者也。人主不通主道者則不然：自爲之，則不能任賢；不能任賢，則賢者惡之。此功名之所以傷，國家之所以危。議曰：《申子》云：君知其道也，臣知其事也。十言十當，百言百當者，人臣之事也，非人君之道也。《尸子》云：人臣者以進賢爲功也，君者以用賢爲功也。賈誼云：臣聞聖主言問其臣而不自造事，故使人臣得必盡其愚忠，惟陛下財幸。由是言之，夫君不能司契委任而妬賢惡能，取敗之道也。湯、武一日而盡有夏商之財，以其地封，而天下莫敢不悅服；以其財賞，而天下皆競勸。通乎用，非其有也。議曰：孫卿云：脩禮者王，爲政者強，取人者安，聚歛者亡。故王者富人，霸者富士，僅存之國富大夫，亡國富筐篋寔府庫。是謂上溢下漏。又曰：天子不言多少，諸侯不言利害，大夫不言得失。昔者周厲王好利近榮，公芮良夫諫曰：王室其將卑乎榮，公好專利而不知大難。夫利，百物之所生也，天地之所載也，而或專之，其害多矣。天地百物，皆將取焉，何可專也！所怨甚多而不備大難，以是敎王其能久乎。後厲王果敗。魏文侯御廩災，素服避正殿，羣臣皆哭。公子成父趨入，賀曰：臣聞天子藏於四海，諸侯藏於境內，非其所藏不有火災，必有人患。幸無人患，不亦善乎！孔子曰：百姓足，君孰與不足！周諺有言曰：囊漏儲中。由此言之，夫聖王以其地封，以其財賞，不與人爭利，乃能通於主道。是用非其有者也。故稱設官分職，君之體也。委任責成，君之體也。好謀無倦，君之體也。寬以得衆，君之體也。含垢藏疾，君之體也。君有君人之體，其臣畏而愛之，此帝王所以成業也。

陸淳《春秋集傳微旨・宣公十一年》 十有一年冬，十月，楚人殺陳夏徵舒。丁亥，楚子入陳，納公孫寧、儀行父于陳。《左氏》云：冬，楚子爲陳夏氏亂，故伐陳。謂陳人「無動！將討於少西氏」。遂入陳，殺夏徵舒，轘諸栗門。因縣陳。陳侯在晉。申叔時使於齊，反，復命而退。王使讓之，曰：「夏徵舒爲不道，弒其君，寡人以諸侯討而戮之，諸侯、縣公皆慶寡人，女獨不慶寡人，何故？」對曰：「猶可辭乎？」王曰：「可哉！」曰：「夏徵舒弒其君，其罪大矣；討而戮之，君之義也。抑人亦有言曰：『牽牛以蹊人之田，而奪之牛。』牽牛以蹊者，信有罪矣；而奪之牛，罰已重矣。諸侯之從也，曰討有罪也。今縣陳，貪其富也。以討召諸侯，而以貪歸之，無乃不可乎？」王曰：「善哉！吾未之聞也。反之，可乎？」對曰：「可哉。吾儕小人所謂『取諸其懷而與之』也。」乃復封陳。鄉取一人焉以歸，謂之夏州。故書曰「楚子入陳。納公孫寧、儀行父于陳」，書有禮也。杜注沒其縣陳本意，全以討亂存國爲文，善其得禮。公羊曰：此楚子也，其稱人何？貶。曷爲貶？不與外討也。不與外討者，因其討乎外而不與也。雖內討亦不與也。曷爲不與？實與，而文不與。文曷爲不與？諸侯之義，不得專討也。諸侯之義不得專討，則其曰實與之何？上無天子，下無方伯，天下諸侯有爲無道者，臣弒君，子弒父，力能討之，則討之可也。丁亥，楚子入陳，納公孫寧、儀行父于陳。此皆大夫也，其言納何？納公黨與也。《穀梁》曰：此入而殺也，其不言入，何也？外徵舒於陳也。其外徵舒於陳，何也？明楚之討有罪也。丁亥，楚子入陳。入者，內弗受也。曰入，惡入者也。何用弗受也？不使夷狄爲中國也。納公孫寧、儀行父于陳。納者，內弗受也。輔人之不能民而討猶可，入人之國，制人之上下，使不得其君臣之道，不可。淳聞於師曰：楚子之討徵舒，正也。故書曰人，許其行義也。入人之國，又納淫亂之臣，邪也。故明書其爵以示非正。《春秋》之義，彰善癉惡，纖介無遺，指事原情，瑕瑜不掩，斯之謂也。

又《昭公十一年》 十有一年，楚子虔誘蔡侯般殺之于申。楚公子棄疾帥師圍蔡。《左氏》云：楚子在申，召蔡靈侯。靈侯將往，蔡大夫曰：「王貪而無信，唯蔡於憾，今幣重而言甘，誘我也，不如無往。」蔡侯不可。三月丙申，楚子伏甲而饗蔡侯於申，醉而執之。夏四月，殺之，刑其士七十人。公子棄疾帥師圍蔡。《公羊》曰：楚子虔何以名？絕。曷爲絕之？懷惡而討不義，君子不予也。《穀梁》曰：何爲名之也？夷狄之君誘中國之君而殺之，故謹而名之，稱時、稱月、稱日、稱地，謹之也。淳聞於師曰：般弒，君父之賊也，誘而殺之，何爲其不可乎？曰：楚子內利其國，外託討罪，故不許其誘，而責其詐也。夫以大國之力而討小國之逆，當聲其罪而伐之，唱大義於天下，今乃幣重言甘，誘而殺之，雖曰討賊，實取其國，蔡侯之罪，自不容誅，楚子之惡，亦已甚矣！故聖人名之，言其非人君也。棄疾不能諫止，而又帥師圍蔡，從君於昏，亦已甚矣。此亦不待貶絕而惡見者也。

逄行珪《鬻子注・大道文王問第八》 夫道者，覆天地，廓四方，斥八極。高而無際，深不可測。綿六合，橫四維，不可以言象盡，不可以指示說，應無間之迹。終政教之端，包萬物之形，彰三光之外。爲而不有，行而不見。有道之王動而同之，妙用無窮，故謂之大。文王因用無窮，故謂之大師。聞道可爲永，則因以名篇也。

政曰：昔者文王問於鬻子：昔者，言往日也。雖臨馭億兆而不獨專，從師問道以求政術之門。敢問人有大忘乎？尊師道，故曰「敢問。」文王思存大道以終政事，心迹在於經遠，所以先問於「大忘」也。對曰：有。鬻子前答文王，言有大忘也。文王曰：敢問大忘奈何？鬻子前不即以指答者，故引成文王之問。文王欲熊終大忘之理，故曰其事「奈何」矣。鬻子曰：知其身之惡而不改也，以賊其身，乃喪其軀。過則勿憚改，終日不爲惡，惡去於身也。豈但墨面髠髮是爲形食哉！故其蚩尤見誅，四凶就戮，夏癸絕祀，商辛覆宗，賊身害軀，破家失國。其行如此，是爲大忘也。其行如此，是謂之大忘。終成所答之事。

釋皎然《杼山集》卷二《五言苕溪草堂自大曆三年夏新營洎秋及春彌覺境勝因紀其事簡潘丞述湯評事衡四十三韻》 俗情封淺近，至理昧堯跖。蹈善嗟沉冥，履仁傷堙厄。匠心聖亦尤，攻异天見責。世論謂堯聖德而嗣不肖，盜跖毀行而享長富，無福仁禍淫之應。師心攻异之士，反怨天責聖，不知有昭昭之業。論空者，人失信空之實。試以慧眼觀，斯言諒可睹。

《春秋公羊傳注疏・僖公元年》［公羊壽傳何休解詁徐彥疏］ 經：齊師、宋師、曹師次于聶北，救邢。傳：救不言次，此其言次何？［何休解詁〕：據夏師救齊不言次。〔陸德明釋音〕：聶，女涉反。疏：注「據夏」至「言次」。〔徐彦〕解云：即下十八年「夏，師救齊」是也。**不及事也。不及事者何？邢已亡矣。**〔何休解詁〕：刺其救急舒緩，使至於亡，故錄之止次以起之。疏：「不及事者何」。〔徐彦〕解云：正以次者，閑暇之名，而言不及事，似於義違，故執不知問。**孰亡之？蓋狄滅之。**〔何休解詁〕：以上有狄伐邢。疏：注「以上有狄伐邢」者。〔徐彦〕解云：即莊三十二年冬，「狄伐邢」者是。**曷爲不言狄滅之？**〔何休解詁〕：據狄滅溫言滅。疏：注「據狄滅溫言滅」者。〔徐彦〕解云：即下十年春，「狄滅溫。溫子奔衛」者是。**爲桓公諱也。曷爲爲桓公諱？**〔何休解詁〕：據徐人取舒，晉滅夏陽，楚滅黄皆不諱。〔陸德明釋音〕：爲桓，于僞反，下「爲桓」、「曷爲」，幷下注「爲諱」、「爲桓」、「爲内」、「爲僖」皆同。夏，戶雅反。疏：注「據徐人取舒」。〔徐彦〕解云：即下三年夏，「徐人取舒」者是也。注「晉滅夏陽」。〔徐彦〕解云：即下二年「虞師、晉師滅夏陽」是也。注「楚滅黄」。〔徐彦〕解云：即下十二年「夏，楚人滅黄」是也。然即彼三事，皆不爲桓公諱者，取舒之下，何氏云「不爲桓諱者，刺其不救也」是也。今此實救，故爲之諱耳。**上無天子，下無方伯，天下諸侯有相滅亡者，桓公不能救，則桓公恥之。**〔何休解詁〕：故以爲諱，所以醇其能以治世自任而厚責之。疏：「上無」至「方伯」。〔徐彦〕解云：「上無天子，下無方伯」，莊四年何氏云「有而無益于治曰無，猶《易》曰『闃其無人』」者是也。注「以治世自任」者。〔徐彦〕猶言以天子治世爲己任矣。**曷爲先言次，而後言救？**〔何休解詁〕：據叔孫豹先言救。疏注「據叔」至「言救」。〔徐彦〕解云：即襄二十三年「秋，齊侯伐衛，遂伐晉。八月，叔孫豹帥師救晉，次于雍渝」是也。**君也。**〔何休解詁〕：叔孫豹，臣也。當先通君命，故先言救。今此先言次，知實諸侯。**君則其稱師何？不與諸侯專封也。**〔何休解詁〕：故沒君文，但舉師而已。**曷爲不與？**〔何休解詁〕：據狄滅之，爲桓公諱。**實與，**〔何休解詁〕：不書所封歸是也。疏：注「不書」至「是也」。〔徐彦〕解云：昭十三年秋，「蔡侯廬歸于蔡。陳侯吳歸于陳」，傳云「此皆滅國也，其言歸何？不與諸侯專封也」，彼注云「故使若有國自歸者也。名者，專受其封當誅」。然則彼經書所封歸，是不與楚專封，則知此經不書所封歸者，與齊桓專封明矣。若書所封歸，宜言邢侯歸于邢矣。**而文不與。文曷爲不與？**〔何休解詁〕：據實與也。疏：「而文不與」。〔徐彦〕解云：連上句讀之。**諸侯之義，不得專封也。**〔何休解詁〕：此道大平制。〔陸德明釋音〕：大，音泰。疏：注「此道大平制」。〔徐彦〕解云：正以《春秋》作義，實與齊桓專封，而言諸侯之義，不得專封，故知是大平制也。**諸侯之義不得專封，則其曰實與之何？上無天子，下無方伯，天下諸侯有相滅亡者，力能救之，則救之可也。**〔何休解詁〕：主書者，起文從實也。疏：注「主書」至「實也」。〔徐彦〕解云：謂雖文不與，其義實與，故言起文從實也。

《孟子注疏・盡心》〔趙岐注孫奭疏〕 **孟子曰：「民爲貴，社稷次之，君爲輕。是故得乎丘民而爲天子。**君輕於社稷，社稷輕於民。丘，十六井也。天下丘民皆樂其政，則爲天子，殷湯、周文是也。**得乎天子爲諸侯。**得天子之心，封以爲諸侯。**得乎諸侯爲大夫。**得諸侯之心，諸侯能以爲大夫。**諸侯危社稷，則變置，**諸侯爲危社稷之行，則變更立賢諸侯也。**犧牲既成，粢盛既絜，祭祀以時，然而旱乾水溢，則變置社稷。」**犧牲已成肥腯，粱稻已成絜精，祭祀社稷常以春秋之時，然而其國有旱乾水溢之災，則毀社稷而更置之。疏：「孟子」至「社稷」。正義曰：此章指言得民爲君，得君爲臣，民爲貴也。先黜諸侯，後毀社稷，君爲輕也。重民敬祀，治之所先，故列其次而言之。「孟子曰」至「則變置社稷」者，孟子言民之爲貴，不可賤之者也，社稷次之於民，而君比於民，猶以爲輕者。如此者也，如此故得乎四邑之民以樂其政，則爲天子，以有天下；得乎天子之心，則爲諸侯，以有其國；得乎諸侯之心，以爲大夫，有其家。如諸侯不能保安其社稷而以危之，則變更立置其賢君，是社稷有重於君也；犧牲既成以肥腯，粢盛既成以精絜，祭祀又及春秋祈報之時，然而其國尚有旱乾水溢之災，則社稷無功以及民，亦在所更立有功於民者爲之也，是民又有貴於社稷也。此孟子所以自解民爲貴，社稷次之，君爲輕之叙也。云社稷者，蓋先王立五土之神，祀以爲社；立五穀之神，祀以爲稷。以古推之，自顓帝以來，用句龍爲社，柱爲稷。及湯之旱，以棄易其柱。是亦知社稷之變置，又有見於湯之時然也。注「君輕於社稷」至「於殷湯、周文也」。正義曰：此云「丘，十六井也」者，案《司馬法》云：「六尺爲步，步百爲畝，畝百爲夫，夫三爲屋，屋三爲井，井十爲通，通十爲成。」是一丘爲十六井，而一井爲九夫之地也。今云十六井，蓋有一萬四千四百畝，爲一百四十四夫所受者也。云「殷湯、周文」者，蓋引此二王皆自百里而起爲天下王，是得乎民心者也。

邢昺《論語疏・雍也》〔何晏注邢昺疏〕 **子見南子，子路不說。夫子矢之曰：「予所否者，天厭之！天厭之！」**孔曰：舊以南子者，衛靈公夫人，淫亂，而靈公惑之。孔子見之者，欲因以說靈公，使行治道。矢，誓也。子路不說，故夫子誓之。行道既非婦人之事，而弟子不說，與之呪誓，義可疑焉。疏「子見」至「厭之」。正義曰：此章孔子屈己，求行治道也。「子見南子」者，南子，衛靈公夫人，淫亂，而靈公惑之。孔子至衛，見此南子，意欲因以說靈公，使行治道故也。「子路不說」者，子路性剛直，未達孔子之意，以爲君子當義之與比，而孔子乃見淫亂婦人，故不說樂。「夫子矢之」者，矢，誓也。以子路不說，故夫子告誓之。「曰：予所否者，天厭之！天厭之」者，此誓辭也。予，我也。否，不也。厭，棄也。言我見南子，所不爲求行治道者，願天厭棄我。再言之者，重其誓，欲使信之也。注「孔曰」至「疑焉」。正義曰：云「孔曰：

舊以南子者，衛靈公夫人，淫亂，而靈公惑之。孔子見之者，欲因以説靈公，使行治道。矢，誓也。子路不説，故夫子誓之」者，先儒舊有此解也。云「行道既非婦人之事，而弟子不説，與之呪誓，義可疑焉」者，安國以爲，先儒舊説，不近人情，故疑其義也。《史記·世家》：孔子至衛，「靈公夫人有南子者，使人謂孔子曰：『四方之君子不辱欲與寡君爲兄弟者，必見寡小君。寡小君願見。』孔子辭謝，不得已而見之。夫人在絺帷中。孔子入門，北面稽首。夫人自帷中再拜，環珮玉聲璆然。孔子曰：『吾鄉爲弗見，見之禮荅焉。』子路不説。孔子矢之曰：『天厭之！天厭之！』」是子見南子之事也。欒肇曰：「見南子者，時不獲已，猶文王之拘羑里也。天厭之者，言我之否屈，乃天命所厭也。」蔡謨云：「矢，陳也。夫子爲子路陳天命也。」

蘇洵《嘉祐集》卷七《太玄總例·占法》　占有四：曰星，曰時，曰數，曰辭。星者，二十八宿與五行之從違也。如《中》水、牛、北方宿，則是星從，否則違。時者，所筮之時，與所遇之首之從違也。如冬至以後筮，而反遇應以下之首，則是時違，否則從。數者，首贊奇偶之從違也。一、三、五、七、九，陽家之晝，陰家之夜。三、四、六、八，陽家之夜，陰家之晝。晝詞多休，夜詞多咎。《太玄》因經緯以分三表。南北爲經，東西爲緯，一、六水在北，二、七火在南，五土在中，故一、二、五、六、七爲經。三、八木在東，四、九金在西，故三、四、八、九爲緯。取三經以爲旦筮之一表，一、五、七是也。取緯以爲夕筮之一表，三、四、八是也。取二經一緯以爲日中、夜中，筮之一表，二、六、九是也。今夫旦筮而遇奇首，曰一從、二從、三從，是謂大休。遇偶首則曰一違、二違、三違，是謂大咎。日中夜中筮而遇偶首，曰一從、二從、三違，始中休，終咎。遇奇首，則曰一違、二違、三從，始、中咎，終休。夕筮而遇奇首，曰一從、二違、三違，始休，中、終咎。遇偶首則曰一違、二從、三從，始咎，中、終休。大率如此。辭者，辭之從違也。各觀其表之辭，觀始終，決從違。

《范仲淹全集》卷七《易義》　恒，陽動陰順，剛上柔下，震，陽也，剛動于上。巽，陰也，柔順于下。上下各得其常之時也。天尊地卑，道之常矣。君處上，臣處下，理之常矣。上陽卦，天與君之道也。下陰卦，地與臣之道也。男在外，女在内，義之常矣。震爲長男，巽爲長女。

司馬光《稽古録·伏羲氏》　太昊伏羲氏，太昊，有天下之號；伏羲氏，其所以有天下之號也。惟天生民有欲，無主乃亂，必立聰明之君長以司牧之。何謂司牧？蓋民不足於衣食，則能養之；衣食足矣，或不知禮義，相侵暴，則能教之；教之備矣，或頑嚚不從，則能威之。由是民愛之如父母，仰之如日月，信之如四時，畏之如雷霆，莫不悦服，推而尊之。聰明之小者，所服寡；聰明之大者，所服衆。所服寡者，爲聚邑之長，爲士、大夫、卿；所服衆者，爲一國之君。君一國者，是爲諸侯。天下萬國，位均力敵，或相侵陵吞噬，莫能相治，必待天生聖人，出乎其類，拔乎其萃，聰明照萬事，威令行四海，天下無不歸往而率服，然後爲天子。夫天地者，萬物父母；諸侯者，一國父母；天子者，萬國父母。人之至尊，無與爲比，惟父事天，母事地，故曰「天子」。伏羲之前，爲天子者，其有無不可知也。如天皇、地皇、人皇、有巢、燧人之類，雖於傳記有之，語多迂怪，事不經見，臣不敢引。獨據《周易》，自伏羲以來叙之。風姓。姓者，人之所自生也。以木德繼天而王，都宛丘。今陳州是也。仰則觀象於天，俯則觀法於地。於是始作八卦，太昊之時，有龍負圖出於河，太昊法而象之，始畫八卦，曰《乾》、《坤》、《震》、《巽》、《坎》、《離》、《艮》、《兑》。以通神明之德，神明，謂造化也。《乾》爲天，《坤》爲地，《震》爲雷，《巽》爲風，《坎》爲水，《離》爲火，《艮》爲山，《兑》爲澤，造化萬物，皆由此八者而生成通導也。作八卦以通導造化之德，使人知之也。以順萬物之情。乾，健也；坤，順也；震，動也；巽，入也；坎，陷也；離，麗也；艮，止也；兑，説也。萬物之情，無出此八者。

蘇頌《蘇魏公文集》卷一七《論前代帝王追尊本親及嗣王公襲封故事》

先帝紹位之始，深惟其故。追賁宗室諸王，獨國爵濮安懿王無所加進崇奉之禮，不過置園陵立國廟而已。此合乎宣光尊本恭親之美也。初議稱親，後亦寢罷。特封王之子爲濮公，使世世奉祀，以正其國統，此又德過於二帝，區區晉室不足以儗倫也。光武爲皇祖南頓君立後，後世使羣臣郡國奉祀，此師丹所謂無主不正之禮是也。哀、安、桓尊其父祖爲皇，而使王子孫奉祀，此失禮之大者也。其尊曰皇者，禮如天子。天子不敢臣之，高祖之於太上皇是也。今使諸侯羣臣奉祀，神不歆非類，皇豈得享之哉！故三代所以尊王者後，待以不臣，得用其國之儀物，服色祀其先王者，爲此也。唐立孝敬皇帝、奉天皇帝廟，京師皆有司行事，追尊讓皇帝，以其子孫爲嗣寧王奉祀事，亦因循前代之失也。今欲因改封故王，議追尊之禮，莫若增陵廟以奉園之戶，加本國以嗣王之名，既合於古意，又不違先帝之本意也。先帝不追尊仙游縣君，益見聖慮之深遠也。魏明帝詔曰：「哀帝以外藩援立，而董宏等稱引亡秦惑誤時朝。既尊共皇，立廟京都，又寵藩妾，使比長信。僭差無度，人神弗祐，其令公卿有司深以前世行事爲戒。」是哀帝一失禮，取誡後來。本欲尊親，反貽重毀。如是豈得爲孝乎？東晉孝武帝太元中，崇進所生母爲太妃，范甯亦曰：子不得爵命其母，妃是太子婦，必也正名，方可稱母。

司馬光《傳家集》卷五七《乞今監司州縣各舉按所部官吏白札子》　今欲立舉薦四條：一曰仁惠，謂安民利物，衆所畏愛，非疲軟不立、曲取人情者。二曰公直，謂心無適莫，事不吐茹，非内私外公、實佞詐直者。三曰明敏，謂深察情理，應機辨事，非飾詐掠美、利口矜功者。四曰廉謹。謂安貧守分，動遵法度，非詐清釣名、偷安避事者。掠察四條：一曰苛酷，謂用刑繁苛、殘虐、踰法者。二曰狡佞，謂傾險、巧詐、危人自安者。三曰昏懦，謂不曉物情、依阿無守者。四曰貪縱。謂饕餮無厭、任情不法者。

又《家範》卷一 昔四岳薦舜於堯，曰：「瞽子父頑母嚚象傲，無目曰瞽。舜父有目，不能分別好惡，故時人謂之瞽，配字曰瞍。瞍，無目之稱。心不則德義之經爲頑。象，舜弟之字，傲慢不友。言並惡。克諧以孝烝烝，乂不格姦」。諧，和。烝，進也。言能以至孝、和諧、頑嚚、昏傲使進，進以善自治，不至於姦惡。帝曰：「我其試哉。」言欲試舜，觀其行跡。女于時觀厥刑于二女，女妻，刑法也。堯於是以二女妻舜，觀其法度，接二女以治家。釐降二女于嬀汭，嬪于虞。降，下。嬪，婦也。舜爲匹夫，能以義禮下帝女之心，於所居嬀水之汭，使行婦道於虞氏。帝曰：「欽哉！」歎舜能修己行敬以安人，則其所能者大矣。

蘇轍《欒城後集》卷六《孟子解二十四章》 孟子曰：「天下之言性者，則故而已矣。」所謂天下之言性者，不知性者也。不知性而言性，是以言其故而已。故非性也。無所待之謂性，有所因之謂故。物起於外，而性作以應之，此豈所謂性哉？性之所有事也。性之所有事之謂故。方其無事也，無可而無不可。及其有事，未有不就利而避害者也。知就利而避害，則性滅而故盛矣。故曰：故者，以利爲本。夫人之方無事也，物未有以入之。有性而無物，故可以謂之人之性。及其有事，則物入之矣。或利而誘之，或害而止之，而人失其性矣。譬如水，方其無事也，物未有以參之，有水而無物，故可以謂之水之性。及其有事，則物之所參也，或傾而下之，或激而升之，而水失其性矣。故曰：所惡於智者，爲其鑿也。如智者若禹之行水，則無惡於智矣。禹之行水也，行其所無事也。如智者亦行其所無事，則智亦大矣。水行於無事則平，性行於無事則靜。方其靜也，非天下之至明無以窺之。及其既動而見於外，則天下之人能知之矣。天之高也，星辰之遠也，吾將何以推之？惟其有事於運行，是以千歲之日可坐而致也。此性、故深淺之辨也。

張咏《乖崖集》卷三《再任蜀川感懷》 官職過身鬢已衰，傍人應訝退休遲。從來蜀地稱難制，此是君恩豈合違。兵火因由難即問，郡城牢落不勝悲。無煩苦意思諸葛，只可頒條使衆知。李順、劉幹、王均十年三亂蜀，人人思得諸葛亮整之。亮遇離亂，提一旅之兵平定川陝，此非宏才異略，則不濟也。方今天子明聖，國富兵強，只宜馭遠寬平之詔，禁暴刑殺之令，不半年自整爾。

許洞《虎鈐經》卷六《火利第五十三》 將有天時之用，先知其日，日者，謂春丙、丁，夏戊、己，秋壬、癸，冬甲、乙。此日有大風雨，故也。次順其風。我得上風，則放火燒下風，一作起焉。攻城寇寨，風助順利，爲飛火。飛火者，謂火炮、火箭之類也。相守不動，利於姦火。姦火者，因其人，焚其積聚甲兵也。兩陣相合，御風之便揚，一作颺。塵鼓烟利，爲燧牛以佚之。若敵於上風放火，我亦縱火爲解火法。敵燒門縱火，恐火威我，使積薪以互外火，亦此類也。凡入敵境郡邑，窮匱城隍，頹靡山川，非設險之地，而非敵所恃者，則存之。苟拔敵所恃之邑，皆火之以絕其望焉。敵境之林木茂草皆火之，故火爲兵之大利也。

夏竦《文莊集》卷一四《募土兵奏》 陝西防秋之敝無甚。東兵不慣登陟，不耐寒暑，驕懦相習，廩給至厚。土兵便習，各護鄉土，山川道路，彼皆素知。歲省芻糧鉅萬，且收聚，小民免饑餓，爲盜代兵，東歸以衛京師，萬世利也。偕欲以寡擊衆，殆虛言也。按：《宋史》：竦所上十事，當時頗採用之。其募土人爲兵令下，而楊偕奏言西兵比繼遷時十增七八，縣官困于供億。今州復益一二千人，則歲費不貲。若訓習士卒使之精鋭，選任將帥求之方略，自然以寡擊衆，以一當百矣。竦云土兵訓練可代東兵，此虛言也。自德明納款以來，東兵猶不可代，況今日乎！朝廷下竦議，竦奏云云。偕復奏云：自古將帥深入殊庭。霍去病止將輕騎八百，直棄大將軍數百里，赴利斬捕過當。又將萬騎，踰烏盭，討遬濮，涉狐奴，歷五王國，過焉支山千有餘里，合兵鏖臯蘭下，殺樓蘭王，虜侯王，執昆邪王子，收休屠祭天金人。趙充國亦以萬騎破先零，李靖以三千騎破突厥，又以精騎一萬至陰山斬首千餘級，俘男女十餘萬，擒頡利以獻。自漢以來，用少擊衆，不可勝數。竦在涇原，守城壘，據險阻，來則禦之，去則釋之，不聞出師也。竦懼戰，或敗衄，託以兵少爲辭爾。竦言土兵各護鄉土。自古有九地士卒近家，謂之散地，言其易離散也。第以近事言之，閤門祗候王文恩，出師敗北，而土兵皆竄走。惟東兵僅二百人，殺敵甚衆。以此知兵之強弱，不繫東西，在將有謀與無謀爾。今邊郡參用東兵土兵，若盡罷東兵，亦非計也。古人有言，非隴西之民有勇怯，迺將吏之制巧拙異也。今防邊，東兵人月受米七斗五升，土兵二石五斗。而竦乃言東兵廩給至厚，又不知之甚也。竦又言募土兵訓練以代東兵，且土兵數萬，須募足訓練，雖二三歲未得成效。兵精猶恐奔北，豈有驟加訓練而能取勝哉！竦議遂屈。今竦奏全文已逸，惟本傳存其大略，謹附錄于此，以補其闕云。

又卷三一《奉和御製讀〈三國志〉詩》 白馬當塗兆，黃家得歲興。金符威既重，玉版事堪憑。漢火承前運，譙龍合舊徵。青雲開後葉，下武倍兢兢。白馬令李雲曰：許昌氣見于當塗，高者魏也。或遺太祖書曰：黃家當立。芝曰：得歲星者，道始興。今歲在大梁，魏之分也。太祖初封魏王，受虎符。春秋玉版曰：代赤者魏。公子蘇林曰：魏以土德承漢之火。漢熹平中，黄龍見譙。單颺曰：其國當有王者，不五十年亦當再見。中平四年，文帝生于譙，延康元年，嗣魏王位，黄龍復見。文帝之生，有青雲如車蓋嘗著。漢太宗論曰：尉佗稱帝，撫以恩德，吴王不朝，賜之几杖。時孫權不服，班其論于天下，亦不願征伐也。

梅堯臣《宛陵集》卷七《依韻和永叔子履冬夕小齋聯句見寄》 弊駕當還都，重門不須鎖。到時春怡怡，萬柳枝娜娜。定應人折贈，只恐絮已墮。行橐且不貧，明珠藏百顆。永叔嘗見嘲，謂自古詩人率多寒餓顛困。屈原行吟於澤畔，蘇武啗雪於海上，杜甫凍餒於耒陽，李白窮溺於宣城，孟郊、盧仝栖栖道路。以子之才，必類數子。今二君又自爲此態，而反有飯顆之誚，何邪？

文彦博《潞公文集》卷二三《言運河》 自今年正月後至九月終，已使過物料一百二十餘萬，錢糧計七萬七千餘萬貫石。十月後至閉口，所費物料不在此數。又特置河清兵士六百人，每歲衣糧約用二萬七八千貫石匹兩。所置河清六百人，乃云諸埽各取七人，可充六百之數。諸埽即未銷添填，此乃欺誕之語。如七人是諸埽額外剩數，即便合省罷減，得歲費衣粮。諸埽既是缺人，相次便須添填，其六百人終是剏增請受，只要時下欺誑。

又卷三一《堯典》 《堯典》曰：乃命羲和，欽若昊天，敬授人時。羲氏、和氏，世掌四時之官。臣某曰：王者尊居億兆之上，所敬而畏者，惟天爲大，故欽順之。乃命官分職，恭授民時。分命羲仲，宅嵎夷曰暘谷。平秩東作。宅，居也。東表之地稱嵎夷。暘，明也，日出于谷而天下明，故曰「暘谷」。羲仲居東方之官，平均次序東作之事以務也。申命羲叔，宅南交。申，重也，言夏與春。交，治南方之官所居。平秩南訛，敬致。訛，化。平秩南方化育之事，敬行其教。分命和仲，宅西曰昧谷。平秩西成。昧，冥也，日入于谷而天下冥，故曰「昧谷」。居治西方之官，掌秋之政，萬物收成，故平叙之以助成物。申命和叔，宅朔方。平在朔易。在，察也。北稱朔。易，謂歲改易于北方。平均在察其政，以順天常。臣某曰：帝堯上以敬順天命，下以恭授人時。使此羲和氏之四人各居其方，以布四時之令。春序其農疇興作之功，夏致其生物化育之事，秋秩其百穀收成之宜，冬察其一歲豐儉之實。使久于職官修其方，民變時雍，庶績咸治。帝乃命舜歷試諸艱。

李覯《盱江集》卷二九《讀儒行》 《儒行》，非孔子言也，蓋戰國時豪士所以高世之節耳。其條雖十有五，然指意重複，要其歸不過三數塗而已。平居自慎重，能處貧約。一曰道塗不爭險易之利，冬夏不爭陰陽之和。愛其死以有待也，養其身以有爲也。二曰其居處不淫，其飲食不溽。三曰一晦之宮，環堵之室，蓽門圭竇，蓬戶甕牖，易衣而出，并日而食。四曰幽居不淫。臨事有守，奮發不顧忌。一曰刼之以衆，沮之以兵，見死不更其守，鷙蟲攫搏不程勇者，引重鼎不程其力。二曰可親而不可刼也，可近而不可迫也，可殺而不可辱也。三曰雖有暴政，不更其所。四曰讒諂之民有比黨而危之者，身可危也，而志不可奪也。五曰世亂不沮。不苟合於君，視利祿如土芥。一曰難得而易祿也，易祿而難畜也。二曰委之以貨財，淹之以樂好，見利不虧其義。三曰上不荅不敢以諂。四曰陳言而伏，靜而正之。上弗知也，麤而翹之，又不急爲也。五曰上不臣天子，下不事諸侯，雖分國如錙銖。容人愛士，以身徇朋友。一曰慕賢而容衆，毀方而瓦合。二曰內稱不辟親，外舉不辟怨。程功積事，推賢而進，達之不望其報。三曰爵位相先也，患難相死也。四曰並立則樂，相下不厭。久不相見，聞流言不信。其餘亦常事。如席上之珍，以待聘衣冠中之類。

陳襄《古靈集》卷九《先宿太廟次宿北郊次宿南郊》 臣等推古以知今，推諸侯以知天子。欲乞每遇親郊，七日戒之，後三日宿之。時宿太廟以告，宿北郊以祭，宿南郊以祀。所以先太廟者，告祖爲配也。所以先北郊者，先卑後尊也。雖然，自北郊至南郊，相去爲遠，則中道不可以無舍，請爲帷宮，止而後進。如允所奏，乞下有司施行。按：後漢因祠南郊，即祠北郊、明堂、世祖世廟及太廟，謂之五漢。唐因祠南郊，即祠太清宮及太廟，謂之三大禮。本朝三歲郊祠，必先景靈宮及太廟，蓋因前制。然每歲夏至於北郊，自有常祠祀，兼常歲有司攝事于南郊，亦不合祭天地。其合祭之意，止緣親祠欲徧及爾。若以親祠欲徧及之，則因于南郊同時告祭，北郊自因舊儀，亦不背違禮意。可行，伏乞更賜參酌。

又卷一九《勸諭文》 爲吾民者父義，能正其家。母慈，能養其下。兄友，能愛其弟。弟恭，能敬其兄。子孝，能事父母。夫婦有恩，貧窮相守爲恩。若棄妻不養，夫喪改嫁，皆是無恩也。男女有別，男有婦，女有夫，分別不亂。子弟有學，能知禮義廉耻。鄉閭有禮。歲時寒暄有以恩意，往來燕飲，序老少坐立拜起。貧窮患難，親戚相救。借貸錢穀。婚姻死喪，鄰保相助。無墮農桑，無作盜賊，無學賭博，無好爭訟，無以惡凌善，無以富吞貧。行者讓路，少避長，賤避貴，輕避重，去避來。耕者讓畔，地有界畔，不相侵奪班白者不負戴于道路，子弟負重執役，不令老者擔擎。則爲禮義之俗矣。

劉敞《春秋權衡·隱公》 ［左傳］君子曰：「穎考叔，純孝也。」非也。莊公既自悔其與母誓矣，考叔已聞其心若此矣，考叔當明言于君曰：「君之誓母不孝也，鬼神所惡也，雖有醜誓，鬼神弗聽也。君不如迎母反之。」此所謂遷善徙義，君子之道，鬼神所福也。彼莊公聞若言，必欣然不辭。何者？彼悔誓其母，又耻自發之，左右莫能導其君者，故至于此。使考叔能爲此言，莊公何遽不從？而晻昧致說，荀公不怪其舍肉，事未可知也。又闕地作隧，自云黄泉，上之不足誑鬼，下之不足誣人，内之不足欺心，而徒教其君恥過作非，此孟子所謂「又從而爲之辭」者也，何謂純孝乎？

劉敞《春秋傳・桓公》　二年，春，正月戊申。宋督弑其君與夷及其大夫孔父。及者何？累也。弑君多矣，舍此無累者乎？曰：有。仇牧、荀息皆累也。舍仇牧、荀息無累者乎？曰：有。有則此何以書賢也？何賢乎孔父？孔父可謂處命不渝矣。孔父之處命不渝奈何？宋宣公舍與夷而讓穆公。穆公將死，召大司馬孔父而屬之曰：「先君舍其子以命寡人，寡人不敢忘。苟以大夫之靈得保首領以沒于地，先君若問與夷也，其將何辭以對？大夫其奉之以主社稷矣。」孔父復曰：「群臣皆願奉馮也。」穆公曰：「不可。先君以寡人爲賢，使主社稷。若棄德不讓，是廢先君之舉矣，豈曰能賢？」逐其太子馮出居于鄭，曰：「爾爲吾子，生毋相見，死毋相哭。」穆公死，殤公立。殤公好戰，十年而十二戰。國人苦之。督將弑殤公以納馮。孔父生而存，則殤公不可得而弑也，故於是先攻孔父之家。殤公知孔父死己必死，趨而救之，皆死焉。孔父之智則衆，孔父之忠則盡矣。托六尺之孤，寄百里之命，知必死而不避，孔父可謂處命不渝矣。《春秋》賢者不名。孔父者，所賢也，則其名之何？父前子名，君前臣名。

文同《丹淵集》卷三二《賀正益梓提轉知府啓》　右某伏以一氣遞時，三陽履旦。歲元肇正，歷紀惟新。推德爲生，盡蒙於幽隱。儲仁曰福，先相於賢明。恭惟某官端莊敏文，敦愿寬懿。挺此秀時之具，布爲康世之才。憲獄犴攸司多存仁恕，神明所佑，即畀休祥。諒接，漕持金穀之權，且資碩畫下綵綸之命，即見褒陞。諒接，成都知府殿邦西南已著于蕃之効，還帝左右，即膺爰立之權。諒接，梓知府領劒外之雄藩，最書屢上，掌禁中之密命，舊物當還。諒接天之新元，必受國之重詔。

王安石《周官新義》卷一《天官・大宰》　以八則治都鄙：一曰祭祀，以馭其神；二曰灋則，以馭其官；三曰廢置，以馭其吏；四曰禄位，以馭其士；五曰賦貢，以馭其用；六曰禮俗，以馭其民；七曰刑賞，以馭其威；八曰田役，以馭其衆。《書》曰：建邦設都。《春秋》曰：齊人伐我西鄙。都鄙者，以其有邑都焉，故謂之都；以其在王國之鄙也，故謂之鄙。都鄙，王子弟公卿大夫所食之采地也。學以致其道者，士也，在所崇養，故以禄位馭之。治以致其事者，吏也，在所察治，故以廢置馭之。言廢常先置者，必有廢也然後有所置。禮則上之所以制民也，俗則上之所以因乎民也。無所制乎民，則政廢而家殊俗，無所因乎民，則民偷而禮不行，故馭其民當以禮俗也。刑所以爲威，而曰刑賞以馭其威者，獨刑而無賞，則有怨而已，豈能使民聽服而畏哉。田則上之所以簡衆也，役則上之所以任衆也。或曰馭其民，或曰馭其衆者，言其會而爲用則曰衆也。凡造都鄙必先立宗廟社稷諸神之祀，故一曰祭祀以馭其神。宗廟社稷諸神之祀立矣，然後立廟庭官府施灋則焉，故二曰灋則以馭其官。施灋則矣然後其違從廢舉可考而廢置也，故三曰廢置以馭其吏。廢置者，所以治之，禄位者所以待之。治之者政也，待之者禮也。徒治之以政而不待之以禮，則將免而無耻，故四曰禄位以馭其士。有吏士以行灋則，然後政教立，政立則所以富之，富之然後賦貢可足；教立則所以穀之，穀之然後禮俗可成，故五曰賦貢以馭其用，六曰禮俗以馭其民。政教立然後繼之以刑賞，刑賞則政教之末也，故七曰刑賞以馭其威。威立矣，然後衆爲用，故八曰田役以馭其衆。祭祀以馭其神者，其神所享唯祭祀之從也。灋則以馭其官者，其官所守唯灋則之從也。廢置以馭其吏者，其吏所治唯廢置之從也。禄位以馭其士者，其士所事唯禄位之從也。賦貢以馭其用者，其上所用唯賦貢之從也。禮俗以馭其民者，其民所履唯禮俗之從也。刑賞以馭其威者，其民所畏唯刑賞之從也。田役以馭其衆者，其民所會唯田役之從也。若夫典祀弗舉，淫祠無禁，巫祝費財，殀昏傷民，則非所以馭其神也。上不知所制，下不知所守，私義害國，私智非上，則非所以馭其官也。治不時考，政不歲會，勤不保置，怠不患廢，則非所以馭其吏也。禄不論功，位不議行，貪汙取富，誣僞取貴，則非所以馭其士也。征求無藝，費出無節，奢或僭上，儉或廢禮，則非所以馭其用也。人自爲禮，莫能統壹，家自爲俗，無所視效，則非所以馭其民也。刑以幸免，賞以苟得，慢公死黨，畏衆侮上，則非所以馭其威也。富貲役貧，豪傑兼衆，使之則怨，作之則懼，則非所以馭其衆也。然八則之於都鄙曷可少哉！治莫小於都鄙，莫大於天下都鄙如此，則治天下可知矣。

歲終，則令百官府各正其治，受其會，聽其致事，而詔王廢置。三歲，則大計羣吏之治，而誅賞之。　以八灋治官府，與施灋于官府，曰官府而已，及歲終則曰「令百官府各正其治，受其會，聽其致事」者，正其治，受其會，嫌特治官之屬故也。正其治者，爲將受其會。聽其致事，以詔王廢置，故各使之先自正其治也。受其會者，受其一歲功事財用之計。聽其致事者，聽其所致以告于上之事，則其吏之行治可知矣。于是乎詔王廢置，然此非特爲廢置也，歲終平在朔易之時，亦欲以知所當調制，以待正月之吉布施之也。誅，則非特廢之而已；賞，則非特置之而已。三歲大計羣吏之治而誅賞之，不言詔王，則歲終廢置尚以詔王，三歲誅賞可知矣。大宰以六典佐王治邦國，其職之大者也。以八灋治官府，以八則治都鄙，其職之小者也。先自治其職，然後詔王以其職，上則詔王以其職，下則任民以其職。任民以其職然後民富，民富然後財賄可得而斂，斂則得民財矣。得而不能理，則非所以爲均節財用則所以爲義也。治其國有義，然後邦國服，而其財可致也。能致邦國之財，然後爲王者之富，富然後邦國之民可聚，聚而無以繫之則散，繫而無以治之則亂。使萬民觀治，冢宰施典、施則、施灋，大祭祀、大朝覲、會同，大喪、大事，至于待賓客之小治，則皆其所以治也。受其會，聽其致事，夫計羣吏之治而詔王廢置誅賞，則治之所成終始也。

范純仁《范忠宣集》卷九《進尚書解·堯典》 堯曰：「咨！四岳，湯湯洪水方割，蕩蕩懷山襄陵，浩浩滔天。下民其咨，有能俾乂？」僉曰：「於，鯀哉！」帝曰：「吁，咈哉！方命圮族。」岳曰：「异哉！試可乃已。」帝曰：「往，欽哉！」九載，績用弗成。 臣某曰：堯知鯀方命圮族而終，以四岳之言而用之，至于九載，然後殛之。可以見聖人不以己之智識出倫過人而違衆獨用也，又不以一鯀不職而遽易三考黜陟之法也。蓋人以久，則可責其成功。若歲月不久而中易，不唯大功不成，而黜者亦得以爲辭，然非堯德之大，孰能容之？故曰「唯天爲大，唯堯則之」也。

孫覺《春秋經解·僖公九年》 冬，晉里克殺其君之子奚齊。《春秋》之法，未逾年之君稱子，其見殺者稱君。稱子者人臣之心不忍變于中年，稱君者已繼其位，國人以之爲君也。齊公子商人弑其君舍，舍未逾年之君也，然商人之弑同于成君，不得曰子也。奚齊見殺與齊舍等爾，不曰其君而曰君之子者，聖人之意也。獻公有寵賤妾，至聽其讒而殺其世子申生，而立奚齊。奚齊不當立而獻公以孽立之，里克因其不順而殺之，書「晉里克殺其君之子奚齊」，奚齊雖庶，里克不得殺之，里克有罪矣。里克雖不得殺，而奚齊不得爲君。里克殺其君之子，罪不減于殺君。然奚齊之不正始著。奚齊嘗立爲君，不幸見殺于里克，聖人惡其殺嫡而立，斥曰「其君之子」，而里克之罪不減，此《春秋》所以斷疑似之邪正而曲盡人情之難也。《穀梁》曰「國人不子」，其最精者歟！

又《僖公十年》 晉里克弑其君卓及其大夫荀息。《春秋》弑君二十有四，而死難之臣三人而已。荀息事迹見于傳記，皆以謂從君于昏，廢嫡而立庶。然《春秋》書之，與孔父、仇牧之事等而無异辭者，蓋聖人所謂大臣以道事君，不可則止者也。若事君之日久，不能致君于無過而至于見殺焉，則其事君之道必未至矣，雖死之何益也。然其在春秋之時則猶有可取者爾。孔父之死于與夷，仇牧之死于捷，皆正君所當得立者，而猶無褒，況如息哉！卓之得立，以獻公之私、荀息之阿意。然而《春秋》之于息也無貶辭，而書之與仇、孔者類，蓋荀息之所死者可知矣。晉獻公殺其世子而立奚齊，奚齊見殺荀息立卓，卓見殺而息死者卓爾。卓安得立而荀息安所致死哉？蓋書息之死卓則知息之所立者非其人也。《公羊》云：息之立非其君，以死而賢之，與仇、孔者等。息豈足道哉！柳子厚曰：《春秋》之進荀息，非聖人之情也。進荀息已甚，荀免之惡，忍之爾。子厚不知《春秋》書荀息之死于卓以見其罪爾，孔子安得隱忍而不罪之乎？

鄭俠《西塘集》卷七《代連州謝宣諭表》 伏惟皇帝陛下濬哲紹圖，至仁踵武。方此靜淵之默默，深知兆庶之顒顒。是用不金玉而雷音，如陽和之家至。蓋以憫世之故，既已應跡而下同。故兹恤民之深，雖欲無言而不可。臣職在州守，親承訓辭，以九重之邃所以惠撫羣元者，其至如斯。則列郡之臣所以奉承明詔者，宜爲何若。惟知鎮靜，上副恩勤，域此遐陬，莫獲躬造。臣無任，云云。天生民而作君，惟兹寵綏之寄。帝以德而受命，亦惟覆燾其心。若古有邦，祗率是道。歷觀前世，鮮如盛朝。聖繼聖而傳家，未嘗逸已；休勿休而布政，惟以惠民。是以臣妾萬區，堂闥八表。先皇帝焦勞旰夜，整頓條綱。自其執競以廣聲，至於積勤而違豫。

陸佃《鶡冠子解》卷上《著希第二》 道有稽，以道爲決。德有據，以德爲驗。人主不聞要，故耑一作常。與運堯一作撓。而無以見也，「無以」下一有「自」字。道與德館而無以命也，義不當格而無以更也。擿雞紾兄之類，是已格正也，凡此以不聞要而已。然則人主豈可以不知務哉！放飯流歠而問無齒決，亦無益於事也。若是置之，雖安非定也。言幸安也，夫抱火厝之積薪之下，而寢卧其上，雖未及然，終亦必運而已矣。端倚有位，名號弗去。言其違道遠矣，所存者名號而已。故希人者無悖其情，希世者無繆其賓。方是之時俯而徇俗、仰以阿時者至矣。文禮之野與禽獸同則，羔鴈雖有跪乳行列之儀，而以人文格之，野心多矣。又況無羔鴈之性者，奈何同之乎？言語之暴與蠻夷同謂。蠻夷鴃舌者也。夫君子者，易親而難狎，畏禍而難卻，死義，故難卻也。嗜利而不爲非，義，然後取。時動而不苟作。不得已而後起。體雖安之而弗敢處，然後禮生；君子克己復禮，蓋充此而已。心雖欲之而弗敢信，然後義生。一作「立」。信，猶任也。君子克己就義，蓋充此而已。夫義節欲而治禮反情而辨者也，故君子弗徑情而行也。夫亂世者，以贏智爲造意，造意微矣，豈贏智之所能知哉？以中險爲道，司巇也。以利爲情。若不相與同惡，則不能相親相與。同惡，則有相憎。小人難近如此。說者言仁則以爲誣，發於義則以爲誇，一作夸。平心而直告之，則有弗信。利令智昏，不可與明如此。故賢者之於亂世也，絕豫而無由，通異類而無以告，苦乎哉！蓋傷之也。賢人之潛亂世也，上有隨君，下無直辭，君有驕行，民多諱言。故人乖其誠，能士隱其實情，心雖不說，弗敢不譽。揚雄美新是已，此非可已而不已者也。夫雄如此，而義不能繩墨者，則以有道故也。魯人曰：柳下惠固可，吾固不可，孔子善之。然則無雄之道，浮沉濁世，齷齪阿上，而欲自比於雄，亦已惑矣。事業雖弗善，不敢不力；此汝墳之所勉者也。雖非殷其雷之義，亦其所遇不得不爾也。趨舍雖不合，不敢弗從。夫在我者，皆彼之所不能易，則雖譽所不譽，力所不力，從所不從，亦應世之道也。故觀賢人之於亂世也，一作「者」。其慎勿「慎勿」，一作「順勿」。以爲定情也。凡此所爲亂羣焉耳。姑以遠害而已，豈眞同也哉？

秦觀《淮海集・長短句》卷中《踏莎行》 霧失樓臺，月迷津渡。桃源望斷無尋處。可堪孤館閉春寒，杜鵑聲裏斜陽暮。　驛寄梅花，魚傳尺素。砌成此恨無重數。郴江幸自遶郴山，爲誰流下瀟湘去。　坡翁絕愛此詞尾兩句，自書於扇云：少游已矣，雖萬人何贖。釋天隱註三體唐詩，謂此二句實自「沅湘日夜東流去，不爲愁人住少時」變化，然邶之毖彼，泉水亦流於淇，已有此意，秦公蓋出諸此。又王直方《詩話》載：黄山谷惜此詞「斜陽暮」意重，欲易之，未得其字。今《郴誌》遂作「斜陽度」。愚謂此亦何害而病其重也。李太白詩「睠彼落日暮」，即「斜陽暮」也。劉禹錫「烏衣巷口夕陽斜」，杜工部「山木蒼蒼落日曛」，皆此意。別如韓文公《紀夢》詩中有一「人壯非少石鼓歌，安置妥帖平不頗」之類尤多，豈可亦謂之重耶！山谷當無此言，即誠出山谷，亦一時之言，未足爲定論也。

華鎮《雲溪居士集》卷七《挽傅仲温》 人是南州老，家傳北地雄。忽騎箕尾去，不待大丹功。原注：陸侍郎爲君《墓誌》云：常勵諸子爲學，未能如志願。府君嘗以問我，對曰：讀書必效，譬如服食仙丹，未即見功，後當有證。又曰：自古聖賢死，皆不忘志氣在上，往往傍日月，騎星辰，傅說是也。府君實說之後裔。

陳祥道《論語全解》卷二《八佾》 子曰：「君子無所爭。必也射乎！揖讓而升，下而飲，其爭也君子。」　君子無所不遜，於仁則不遜；君子無所爭，於射則爭。君子之射，有德以詔之，有禮以節之，有罰以戒之。定其位則有物，課其功則有算。勝者袒、決、張弓而揖不勝者，不勝者脫拾、弛弓而飲於勝者，則求勝者非求服人而害之也，將以養之也。上求中者，非求中而怨之也，將以辭養也。養之則德，辭養則禮，君子之事如此。投壺之禮當飲者跪，曰賜灌，勝者跪，曰敬養，與此同意。

又卷九《陽貨》 子之武城，聞弦歌之聲。夫子莞爾而笑，曰：「割雞焉用牛刀？」子游對曰：「昔者，偃也聞諸夫子曰：『君子學道則愛人，小人學道則易使也。』」子曰：「二三子，偃之言是也。前言戲之耳。」　君子學道則能仁，能仁故愛人。小人學道則知禮，知禮故易使。子游爲武城宰而以道教民，可謂知本矣。觀其責子夏之趨末，則其學道而爲政務本可知矣。蓋君子之於天下，無所施而非道，夫豈以衆寡小大而加損之哉！然則割雞牛刀之說，特戲之也。《詩》曰：「善戲謔兮，不爲虐兮。」惟和也，故善戲謔兮，惟中也，故不爲虐。

黄裳《演山集》卷三八《周禮義》 攷其德行道藝，而勸之。　六行，人之德性所有者也。六藝，人之才性所有者也。自其德行而充之，以知致仁，以仁致聖，高明之德也。以義致忠，以忠致和，中庸之德也。以性立德，以德制行，以孝事其父母。然後能以友事其兄弟，以睦善其内親。然後能以姻善其外親，以信任其朋友。然後能以仁恤其鄉黨。睦婣之於孝類也，而孝生於上德之仁。任恤之於友類也，而友生於中德之義。自其才性而充之，以禮得中，其性正矣。以樂得和，其情正矣。然後射足以觀德，御足以觀智，書足以探心，數足以究物。賢愚貴賤，其性之根，皆有是德，其德皆有是行。其性之幹，皆有是才，其才皆有是藝。而或廢天以僞，狥物以欲，不能勿動，以之仁母。我以之道，聲色勢利之中，芒昧其眞。天資之茂，彫落殆盡。充之以就名，不足以爲賢能。充之以事親，不足以爲子弟。日爲庸人，因循以老，天下皆是也。先王以謂德行道藝，人性之所固有者，在上之人不能作之，使興育之，使成而已。人見其自溺也，以爲未嘗有才焉，可勝惜哉！州長之職，攷其德行道藝而勸之，糾其過惡而戒之，則其作之使興，育之使成者歟！萬民之學行藝不得其實者，以其無所攷。不進其實者，以其無所勸。不得其實，則人僞誘之。不進其實，則物累畫之。嗚呼！天之所與我者，先立乎其大者，而小者不可奪。然而大者不能作之使興，育之使成，則其小者進焉。以過廢中，以惡厲善，而欲成人有德，小子有造，豈可得哉！先王患其佚游自棄，流於城闕之間，二千五百家合之而爲之州，教之而爲之序，率之而爲之長。先王之作人才，以爲好勝而喜爲名，惡辱而憚爲惡，人之情也。好游而外狥，惡勞而中廢，人之情也。二情而一勝，可與爲善，可與爲惡。吾將進人於善，則當使其好勝之心生，狥外之心死。攷而勸之，則乘其好勝之心而作之者也。糾而戒之，則乘其外狥之心，而作之者也。升秀士以至於選，升選士以至於造，或不征於鄉，或不征於司徒。凡以勸者也，罰之以金，扑之以楚，或移之遂郊，或屏之棘寄，凡以戒者也。以人之情，聞善而喜，則爲之明善，能以爲之唱。以人之情，見賢而服，則爲之立賢才以爲之長。長之者，其德足以使之尊。唱之者，其義足以使之樂。好勝之情，尊德、樂、義之心，同炎於中，彼將踴躍而趨，憤悱以作矣。佚欲倦怠之情，奚暇從事哉！然而州長之所勸，以進其善。州長之所戒，以黜其惡，亦若是而已矣。進於六藝，則成其性之中。進於六行，則成其性之德。所謂賢者，則長於德行者也，所謂能者，則長於道藝者也。德行之教，内資乎人者也，外有六藝爲之正；道藝之教，外入乎人者也。内有六德爲之主。是故六行顯矣，微則通乎神；六藝粗矣，妙則通乎道。然則，攷之所至，勸之所加，豈可略哉！書之不得其詳，不足以攷。故欽敏任恤者，閭胥書之。孝友睦婣，有學者族師書之。德行道藝者，黨正書之。所書者寡，所察者詳。故也，攷之不得其實，不足以興。故行藝者，州長攷而勸之。過惡者，州長糾而戒之。所勸者廣，所勵者衆。故也，州長之所勸書之屢矣。大夫之所興勸之屢矣。先王尤慮鄉里之吏書之有所不公，攷之有所未至，爲之司諫焉，巡問而觀察之。書其德行道藝，辨其能而可任於國事者，以攷鄉里之治，以詔廢置。然則，州長之所攷，烏得不悉哉！萬民之學，其賢有六德矣，其能有六藝矣。仁與之榮矣，天與之爵矣。志重而物輕矣，義重而利輕矣。鄉老之尊，大夫之貴，不可慢以待也。待之以實，不可略而興也。興之以禮，東南之主，以義望賓；西北之賓，以仁望主。歌吹降登，獻酬去來，以示鄉人。德之可尊，義之可樂，然後獻其書焉。王尊其所獻，拜而受之也。以書者，道之所存，王寶其所受，登而藏之也。以德者，天之所叙，以其有仁德，而使之爲卿；以其有知德，而使之爲大夫；以其有義德，而使之爲士。先王之世，賢者在位，以長民德，而無異道。能者在職，以治民事，而無異政。是何故也？司徒受教法於王公，卿大夫受教法於司徒，鄉吏受教法於卿大夫，萬民之學受教法於鄉吏。則其所以教民者，諸侯群吏之私不與焉，資諸王而已。先王之民，興於賢者之德風，安於能者之政事。協其情，契其志，此何故也？使民興賢，還以長之，深協其民之好惡。使民興能，還以治之，深中其民之利病。則其所以進人者，王之私不與焉，委諸民而已。屬之而讀法也，相習以善。會之而射也，相習以藝。屬之而飲酒也，相習以禮。率之而從獸也，相習以戰。德行之實僞，道藝之精粗，下不能逃於民，上不能逃於吏。德行道藝，外之所受，不能有異於王。内之所受，不能有異於天。在朝所謂卿大夫、士，在鄉所謂長正、師胥，在軍所謂軍將、師帥。昔時鄉教之中同爲儒者，而今同爲天子之吏，豈有異趣哉！然而自秀士而升之，以至進士。自有造而加之，以至有德。大夫得之以爲賓，天子得之以爲吏，萬民得之以爲長。而微黨正之所書，州長之所考，勸之以進其善，戒之以黜其惡，未有能成其性者也。

黄庭堅《山谷集》卷七《跋子瞻和陶詩》　子瞻謫嶺南，時宰欲殺之。飽喫惠州飯，細和淵明詩。彭澤千載人，東坡百世士。出處雖不同，風味乃相似。東坡云：古之詩人有擬古之作矣，未有追和古人者也。追和古人，則始於東坡。吾於詩人無所甚好，獨好淵明，其詩質而實綺，癯而實腴，自曹、劉、鮑、謝、李、杜諸人，皆莫及也。吾前後和其詩凡一百有九篇，至其得意，自謂不甚愧淵明，然吾之於淵明，豈獨好其詩也哉！如其爲人，實有感焉。淵明臨終疏告儼等：吾少而窮苦，每兼以家弊，東西遊走。性剛才拙，與物多忤。自量爲已，必貽俗患，僶俛辭世，使汝等幼而飢寒。淵明此語蓋實録也。吾眞有此病而不蚤自知，半生出仕以犯世患，此所以深愧淵明，欲以晚節師範其萬一也。

又《黄庭堅全集》附《注老子道可道一章》　道可道，非常道。名可名，非常名。傳曰：「神鬼神帝，先天先地。」自古以固存，所謂常也。常道、常名，不可道、不可名也。無名天地之始，有名萬物之母。常有欲而生大空，大空生天地。天地以我爲始，故强名之曰無名；天地以我爲造物者，故又强名之曰有名。常無欲以觀其妙，常有欲以觀其徼。觀道之常本無欲，則妙矣。以道之常隨世，故常有欲也。於其有欲觀之，不見全體。此兩者同出而異名，同謂之玄。於其同則謂之玄，與其異則謂之不玄，此俗學者所以觀道有三有二。玄之又玄，衆妙之門。無爲則玄矣，無不爲則又玄矣。知本無遊於萬物之際，則一一皆妙。

游酢《游廌山集》卷一《論語雜解》　《學而時習之》章。　理也，義也，人心之所同然也。學問之道無他，求其心所同然者而已。學而時習之，則心之所同然者得矣，此其所以説也。故曰：理義之説我心，猶芻豢之説我口。今試以吾平居之學驗之，若時習於《禮》，則外貌無斯須不莊不敬。時習於《樂》，則中心無斯須不和不樂。無斯須不莊不敬，則慢易之心無自而入，而本心之敬得矣。無斯須不和不樂，則鄙詐之心無自而入，而本心之和得矣。時習之，則時有得矣。時有得矣，其爲説可勝計哉！流水之爲物也，不盈科不行；君子之志於道也，不成章不達。故積於中者厚，然後發於外者廣。得於已者全，然後信於人者周。有朋自遠方來，則發於外者既已廣，信於人者既已周矣。非夫積厚於中得全於已者，曷至是哉！此其所以樂也。孟子曰：令聞廣譽施於身，所以不願人之文繡也。夫聞譽施諸身，則美在其中，而暢於四支，夫豈借美於外哉！惟不借美於外，則志願在我，而世之所可願者屏焉，其爲樂也，烏可已耶！蓋君子非樂於朋來也，樂其聞譽有以致之也。非樂其聞譽也，樂其美在其中，而暢於四支，有以致聞譽也。然求爲可樂者，亦反諸身而已矣。不知命，無以爲君子也。蓋不知命，則行險以僥幸，將無所不至，其趨於小人也，孰禦焉，尙何以爲君子乎？若夫尊德、樂、義之士，囂囂自得，不怨天，不尤人，遯世無悶，不見是而無悶，非君子成德，孰能至於是哉！故曰：人不知而不愠，不亦君子乎！語成德也。不然，不念舊惡，怨是用希與。夫遺佚而不怨，阨窮而不憫者，何以稱夷惠説也，樂也，君子也，言其義則然。若夫所以説樂，所以爲君子，則在於學者之心得，譬之飲食之美也。借使易牙日譽於前，而已不預饗焉，終不足以知味。又曰：時習於《禮》，則外貌無斯須不莊不敬。時習於《樂》，則中心無斯須不和不樂，且將日進於理義之地矣。故説内足以成已，外足以成物，君子所謂三樂者，内外兩得矣。故樂學而至於樂，則在我者無憾矣。宜其令聞廣譽四馳也，而人有不知焉，是有命也。不知命，無以爲君子也。今也，人不知而不愠，則非成德之士安於義命者不能爾也，謂之君子。

晁説之《景迂生集》卷一〇《易玄星紀譜・説玄》　《易》與《太玄》，大抵道同而法異。《易》畫有二，曰陽一，曰陰一。《玄》畫有三，曰一⚊，曰二⚋，曰三𝌀。《易》有六位，《玄》有四重，最上曰方次，曰州次，曰部次，曰家本。傳所謂參摹而四分之極於八十一者也。《易》以八卦相重，爲六十四卦。《玄》以一二三錯於方、州、部、家，爲八十一首。凡家每首輒變，三首而復初，如𝌆中、𝌇周、𝌈礥之類是也。部三首一變，九首而復初，如𝌆中、𝌉閑、𝌌上之類是也。州九首一變，二十七首而復初，如𝌆中、𝌏羨、𝌘從之類是也。方二十七首一變，八十一首而復初，如𝌆中、𝌡更、𝌼減之類是也。八十一首以上不可復加，故曰自然之道也。《易》每卦有六爻，合爲三百八十四爻。《玄》每首有九贊，合爲七百二十九贊。《圖》曰：《玄》有二道，一以三起，一以三生。以三起者，方、州、部、家也。以三生者，三分陽氣以爲三重，極爲九營，是爲同本離生，天地之經也。《本傳》曰：雄覃思渾天，參摹而四分之極於八十一者，謂《玄》首也。又曰：旁則參摹九據極於七百二十九者，謂《玄》贊也。首猶卦也。贊猶爻也。又曰：觀《易》者，見其卦而名之。觀《玄》者，數其畫而定之。《玄》首四重者，非卦也。故《易》卦六爻，爻皆有辭。《玄》首四重，而別爲九贊，以繫其下。然則首與贊分道而行，不相因者也。皆當期之日，《易》卦氣起《中孚》，除《震》、《離》、《兑》、《坎》四正卦二十四爻主二十四氣外，其餘六十卦，每卦六日七分，凡得三百六十五日四分日之一。中孚初九，冬至之初也。頤上九，大雪之末也。周而復始。《玄》八十一首，每首九贊，凡七百二十九贊，每二贊合爲一日，一贊爲晝，一贊爲夜，凡得三百六十四日半，益以踦、嬴二贊，成三百六十五日四分日之一。中初一，冬至之初也。踦、嬴二贊，大雪之末也。亦周而復始。凡《玄》首，皆以《易》卦氣爲次序，而變其名稱。故中者，中孚也。周者，復也。礥閑者，屯也。少者，謙也。戾者，睽也。餘皆倣此。故《玄》首曰：八十一首，歲事咸貞。測曰：巡乘六甲，與斗相逢，曆以紀歲。而穀、時、雍皆謂是也。《易》有元亨利貞，《玄》有罔直蒙酋冥。五者，《太玄》之德。罔，北方也，於《易》爲貞。直，東方也，於《易》爲元。蒙，南方也，於《易》爲亨。酋，西方也，於《易》爲利。冥者，未有形也。故《玄》文曰：罔蒙相極，直酋相勑，出冥入冥，新故更代。《玄》首起冬至，故分貞以爲罔冥，罔者冬至以後，冥者大雪以前也。《易》大衍之數五十，其用四十有九。《玄》天地之策，各十有八，合爲三十六策。地則虛三用三十三策。《易》揲之以四，《玄》揲之以三。《太玄》揲法：掛一而中分，其餘以三揲之，幷餘于艻。一艻之後，而數其餘，七爲一，八爲二，九爲三。《易》有七九八六，謂之四象。《玄》有一二三，謂之三摹。皆畫卦首之數也。《易》有彖、《玄》有首。彖者，卦辭也。首者，亦統論一首之義也。《易》有爻，《玄》有贊。《易》有象，《玄》有測。測，所以解贊也。《易》有文言，《玄》有文。文，解五德幷中首九贊，文言之類也。《易》有繫辭，《玄》有攡瑩棿圖告。五者，皆推贊《太玄》，繫辭之類也。《易》有說卦，《玄》有數。數者，論九贊所象，說卦之類也。《易》有序卦，《玄》有衝。衝者，序八十一首陰陽相對而解之，序卦之類也。《易》有雜卦，《玄》有錯。錯者，雜八十一首而說之。殊塗而同歸，百慮而一致，皆本於太極、兩儀、三才、四時、五行，而歸於道、德、仁、誼、禮也。

劉安節《劉左史集》卷三《經義》　達則兼善天下。　君子之學，未嘗不以天下爲心。以天下爲心，則天下亦猶我也，豈獨私善其身而不與天下同之哉！窮而在下，則道固不可行也，善己而已矣。達而在上，則道可以有行也，豈得不推所以善己者善天下乎。孟子曰「達則兼善天下」，此之謂也。嗚呼！君子之所以待天下者，可謂仁矣。人之所以親且愛者，莫若吾之身。古之人親愛其身，兢愼恐懼，不敢以不善加焉，以謂天下之所以與我者，莫不有仁、義、禮、智、信五者之善也。君子以仁善其身，非仁不居；以義善其身，非義不由；以禮善其身，非禮勿動；以智爲身之燭，以信爲身之符，父子則有親，君臣則有義，夫婦則有別，長幼則有序，朋友則有信。吾之所親愛其身而善之，其自厚如此。至於達而治天下，豈他求哉，亦以盡吾所以善乎己者善之而已。推吾仁以善之，使天下莫不仁也；推吾義以善之，使天下莫不義也；推吾禮以善之，使天下莫不有禮也；推吾智以善之，使天下莫不有智也；推吾信以善之，使天下莫不有信也。以至君君，臣臣，父父，子子，夫夫，婦婦，長幼之序，朋友之信，凡吾昔之所以善其身者，今則無一不與之同。天下之不善也，吾亦若不善其身之爲憂；天下之皆善也，吾亦若善其身之爲樂。天下之與吾身，以分觀之，則不同，而君子之所以兼善之者，未嘗有異。然則君子之用心，豈不亦仁且厚乎！伊尹處畎畝之中，湯三聘之而不就。既而幡然改，曰：「與我處畎畝之中，自樂以堯舜之道，吾豈若使是君爲堯舜之君哉！吾豈若使是民爲堯舜之民哉！」伊尹之心，方其聘而未就也，若將終身，至於幡然而改，則自任以天下之重而不辭，非其始怯而終勇也，窮達之分不得不然爾。若夫窮則獨善其身，達則兼善天下，可以獨而不獨，君子以爲犯分。可以兼而不兼，君子以爲苟祿。犯分不義，苟祿不仁，二者，君子所以不爲也。

周行己《浮沚集》卷二《經解》　仁者見之謂之仁，知者見之謂之知，百姓日用而不知，故君子之道鮮矣。　道本無名，所以名之曰道者，謂其萬物莫不由之也。萬物皆有太極，太極者，道之大本。萬物皆有兩儀，兩儀者，道之大用。無一則不立，無兩則不成。太極即兩以成體，兩儀即一以成用。故在太極不謂之先，爲兩儀不謂之後，然則謂之一陰一陽者，不離乎一也，謂之道者不離乎兩也。所以太虛之中，絪緼相盪，升降浮沈，動靜屈伸，不離乎二端。散殊而可象者，爲物。物者，陰陽之迹也。故曰：乾，陽物也。坤，陰物也。清通而不可象者，爲神。神者，陰陽之妙也。故曰：陰陽不測，謂之神。不測，則不可謂之二。成物，則不可謂之一。二即一，而不離神體，物而不遺。見此者，謂之知道。體此者，謂之得道。然是道也，夫何遠之有哉！繼于善者，進乎此矣。成于性者，復乎此矣。孟子曰：可欲之謂善。又曰：性無有不善。夫善者，對不善之稱也。可欲者，對可惡之稱也。無不善，則亦無善之可稱。無可惡，則亦無欲之可稱。是知失性者，天下之不善也。不善者，天下之可惡也。得性者，天下之善也。善者，天下之可欲也。然則，人之有善，皆得乎性者也。人之有不善，皆失乎性者也。苟能食，則見善于羹。坐，則見善于牆。立，則見善參于前。在輿，則見善倚于衡。顛沛，必于善造次，必于善相繼，無間不離于道矣。善既純一，則無不善。不善既無，善亦不立成于性者也。成于性，則無不全也，無不盡也。然而命于陰陽者，氣質之稟不同，則昏明之性亦異。成性于仁者，以斯道謂之仁，斯道非不仁也，然仁不可謂之道。成性于知者，以斯道謂之知，斯道非不知也，然知不可謂之道。皆其成性之不同，所見之不周，猶伯夷得聖人之清，柳下惠得聖人之和，非不善也，然不可謂之大成。夫一物之中，皆具一道。一道之內，皆具陰陽。不能盡其大心以充其性，遂以小見爲大道，止于斯良，由生稟之。或偏而不知學，或學之不至而小成，此皆賢者之過，所以君子之道鮮也。至于天下之民，目視耳聽，手舉足運，無非道者。朝作暮息，渴飲飢食，無非道者。然而察其聲音鞫鞫，目視眴眴，有生而已。終身由是，曾不知洒掃應對之妙道，而耕稼陶漁之可以聖也，是豈道之遠人哉！孟子曰：行之而不著焉，習矣，而不察焉。終身由之而不知其道者，衆也。此皆不肖者之不及，所以君子之道鮮也。夫所謂君子之道，中而已矣。或偏于仁，或偏于知，過乎中者也。日用而不知，不及乎中者也。太極即中也，中即性也，太極立而陰陽具乎其中矣，性成而陰陽行乎其中矣。是故《易》之爲書，陰陽之道也。六十四卦，三百八十四爻，無非是者。然而得所謂君子之道者寡，而過與不及者多。此孔子繫辭所以明一陰一陽之道，而深嘆夫君子之道鮮也。雖然，萬物負陰而抱陽，誰獨具無道乎？反身，而誠斯得之矣。此所以天下之人不可自棄，而學《易》者不可以不盡心也。

尹焞《孟子解》卷上《公孫丑章句上》 公孫丑問曰：「夫子當路於齊，管仲、晏子之功，可復許乎？」孟子曰：「子誠齊人也，知管仲、晏子而已矣。或問乎曾西曰：『吾子與子路孰賢？』曾西蹵然曰：『吾先子之所畏也。』曰：『然則吾子與管仲孰賢？』曾西艴然不悅曰：『爾何曾比予於管仲！管仲得君，如彼其專也，行乎國政，如彼其久也，功烈如彼其卑也，爾何曾比予於是』！」曰：「管仲、曾西之所不爲也，而子爲我願之乎？」曰：「管仲以其君霸，晏子以其君顯。管仲、晏子猶不足爲與？」曰：「以齊王，猶反手也。」曰：「若是，則弟子之惑滋甚。且以文王之德，百年而後崩，猶未洽於天下。武王、周公繼之，然後大行。今言王若易然，則文王不足法與？」曰：「文王何可當也！由湯至於武丁，賢聖之君六七作，天下歸殷久矣，久則難變也。武丁朝諸侯，有天下，猶運之掌也。紂之去武丁未久也，其故家遺俗，流風善政，猶有善者。又有微子、微仲、王子比干、箕子、膠鬲，皆賢人也，相與輔相之，故久而後失之也。尺地莫非其有也，一民莫非其臣也，然而文王猶方百里起，是以難也。齊人有言曰：『雖有知慧，不如乘勢；雖有鎡基，不如待時。』今時則易然也。夏后殷周之盛，地未有過千里者也，而齊有其地矣。鷄鳴狗吠相聞，而達乎四境，而齊有其民矣。地不改辟矣，民不改聚矣，行仁政而王，莫之能禦也。且王者之不作，未有疏於此時者也；民之憔悴於虐政，未有甚於此時者也。飢者易爲食，渴者易爲飲。孔子曰：『德之流行，速於置郵而傳命。』當今之時，萬乘之國行仁政，民之悅之，猶解倒懸也。故事半古之人，功必倍之，惟此時爲然。」

公孫丑問曰：「夫子加齊之卿相，得行道焉，雖由此霸王，不異矣。如此，則動心否乎？」孟子曰：「否！我四十不動心。」曰：「若是，則夫子過孟賁遠矣。」曰：「是不難，告子先我不動心。」曰：「不動心有道乎？」曰：「有。北宮黝之養勇也，不膚撓，不目逃，思以一毫挫於人，若撻之於市朝，不受於褐寬博，亦不受於萬乘之君；視刺萬乘之君，若刺褐夫，無嚴諸侯，惡聲至，必反之。孟施舍之所養勇也，曰：『視不勝，猶勝也。量敵而後進，慮勝而後會，是畏三軍者也。舍豈能爲必勝哉？能無懼而已矣。』孟施舍似曾子，北宮黝似子夏。夫二子之勇，未知其孰賢？然而孟施舍守約也。昔者曾子謂子襄曰：『子好勇乎？吾嘗聞大勇於夫子矣。自反而不縮，雖褐寬，吾不惴焉；自反而縮，雖千人，吾往矣。』孟施舍之守氣，又不如曾子之守約也。」曰：「敢問夫子之不動心，與告子之不動心，可得聞與？」「告子曰：不得於言，勿求於心；不得於心，勿求於氣。不得於心，勿求於氣，可。不得於言，勿求於心，不可。夫志，氣之帥也；氣，體之充也。夫志至焉，氣次焉。故曰持其志，無暴其氣。」「既曰志至焉，氣次焉，又曰持其志，無暴其氣者，何也？」曰：「志壹則動氣，氣壹則動志也。今夫蹶者趨者，是氣也，而反動其心。」「敢問夫子惡乎長？」曰：「我知言，我善養吾浩然之氣。」「敢問何謂浩然之氣？」曰：「難言也，其爲氣也，至大至剛，以直養而無害，則塞于天地之間。其爲氣也，配義與道，無是，餒也。是集義所生者，非義襲而取之也。行有不慊於心，則餒矣。我故曰：告子未嘗知義，以其外之也。必有事焉而勿正，心勿忘，勿助長也。無若宋人然。宋人有閔其苗之不長而揠之者，芒芒然歸，謂其人曰：『今日病矣！予助苗長矣。』其子趨而往視之，苗則槁矣。天下之不助苗長者寡矣。以爲無益而舍之者，不耘苗者也；助之長者，揠苗者也，非徒無益，而又害之。」「何謂知言？」曰：「詖辭知其所蔽，淫辭知其所陷，邪辭知其所離，遁辭知其所窮。生於其心，害於其政；發於其政，害於其事。聖人復起，必從吾言矣。」宰我、子貢善爲說辭，冉有、閔子、顏淵善言德言，孔子兼之，曰：『我於辭命，則不能也。』」「然則夫子既聖矣乎？」曰：「惡是何言也！昔者子貢問於孔子曰：『夫子聖矣乎？』孔子曰：『聖則吾不能，我學不厭而教不倦也。』子貢曰：『學不厭，智也；教不倦，仁也。仁且智，夫子既聖矣。』夫聖，孔子不居，是何言也！昔者竊聞之：子夏、子游、子張，皆有聖人之一體，冉有、閔子、顔淵則具體而微。」「敢問所安？」曰：「姑舍是。」曰：「伯夷、伊尹何如？」曰：「不同道。非其君不事，非其民不使，治則進，亂則退，伯夷也。何事非君，何使非民，伊尹也。可以仕則仕，可以止則止，可以久則久，可以速則速，孔子也。皆古聖人也，吾未能有行焉。乃所願，則學孔子也。」「伯夷、伊尹於孔子，若是班乎？」曰：「否！自有生民以來，未有孔子也。」曰：「然則有同與？」曰：「有，得百里之地而君之，皆能以朝諸侯，有天下；行一不義，殺一不辜而得天下，皆不爲也，是則同。」曰：「敢問其所以異？」曰：「宰我、子貢、有若，智足以知聖人，汙不至阿其所好。宰我曰：『以予觀於夫子，賢於堯舜遠矣。』子貢曰：『見其禮而知其政，聞其樂而知其德，由百世之後，等百世之王，莫之能違也。自生民以來，未有夫子也。』有若曰：『豈惟民哉！麒麟之於走獸，鳳凰之於飛鳥，太山之於丘垤，河海之於行潦，類也。聖人之於民，亦類也。出乎其類，拔乎其萃，自生民以來，未有盛於孔子也。』」孟子當一國之任，行至聖之道，而無所動心，故公孫丑以爲過於孟賁之勇。孟子因言北宫黝之必勝，孟施舍之不懼，曾子、子夏之徒養勇以不動其心，及夫告子之不動心，是非優劣，以告公孫丑。而又言己知言、養氣之説詳焉。雖然，北宫黝之徒能養勇耳未知道也，孟子則知言而養氣。知言者知道也，養氣者合理也。知道則是非無不判詖，淫邪遁之，害無不知，齊國之任不足爲矣。苟或不能知言而養氣，則必動其心，動其心，則發於政而害於事矣。雖然，至德難言也，故孟子推尊孔子，而自以爲不能至，於聖人則又不敢居焉。歷論古聖人無以加者，孔子而已。臣聞之師程頤曰：「孟子養氣之説，學者所宜潛心也。」所謂浩然之氣者，天地之正理，吾之所固有也。其爲氣也，至大至剛，以言其體，則名曰道；其用，則名曰義。學者能識之，然後可以養之；不養，則爲私心所蔽而餒矣。夫帥氣者在養志，養志者在直内養之。如何必有事焉，不可正也，不可忘也，不可助長也，主一而已，直内而已，存而勿失而已，如是則集義而能配義與道，施之則充塞乎天地之間。斂之則退藏於密眞，學者之要務也。或問晁以道言，以孔子賢於堯舜，私孔子者也；以孟子配孔子，卑孔子者也。如何？曰：不須如此較優劣，惟韓退之説得最好，自堯舜相傳至孔子，孟子死，不得其傳。便是。

汪藻《浮溪集》卷一一《平章事進封文安郡開國侯加食邑食實封制》 天將降任于是人，必付終身之勳業。朕既兼收于羣策，汝其勿棄于分陰。往恢厥圖，卒相予治。案：此制凡選宋人四六者多録之，而標題缺書「秦檜」二字，惟《永樂大典》所載不缺，今仍其舊。與下卷《李綱落職鄂州居住》篇對看，並足徵當日遣詞之工而非實。

王庭珪《盧溪文集》卷一八《楊文發將趍行朝輒用所惠詩次韻一首贈別》 欲贈初無金錯刀，待憑巧冶鑄豪曹。公家勛業麒麟上，國史聲名泰華高。已見郎君如玉樹，便爲名士讀《離騷》。甄逢他日驚人去，標目須經大手褒。忠襄公大節震耀天下，而行狀未能詳。昔甄逢能標目其先人甄濟事，載之天下耳目，徹于天子，赫然驚人，然濟止能不汙賊而已。其事至微，史臣猶特書之。今文發以神道廟碑俱未立，欲徒步有請于朝，當得大手筆以張闡其事，故篇末激之。

廖剛《高峰文集》卷六《進故事·二十四日進故事》 孟子謂戴不勝曰：「子欲子之王之善與？我明告子，有楚大夫於此，欲其子之齊語也。則使齊人傅諸，使楚人傅諸？」曰：「使齊人傅之。」曰：「一齊人傅之，衆楚人咻之，雖日撻而求其齊也，不可得矣。引而置之莊嶽之間數年，雖日撻而求其楚，亦不可得矣。子謂薛居州善士也，使之居於王所。在王所者，長幼卑尊皆薛居州也，王誰與爲不善？在王所者，長幼卑尊皆非薛居州也，王誰與爲善？一薛居州，獨如宋王何？」《尚書》：穆王命伯冏爲周太僕正。王若曰：「昔在文、武，聰明齊聖。小大之臣，咸懷忠良。其侍御僕從，罔匪正人，以旦夕承弼厥辟。出入起居，罔有不欽。發號施令，罔有不臧。下民祇若，萬邦咸休。」臣嘗竊謂人君端拱巖廊之上，左輔右弼，前凝後丞。或書於左以謹其動，或記其右以謹其言。彌縫袞職，則有持議之諫臣。振肅朝綱，則有執法之御史。相與謀謨贊襄，交修夾輔，宜亦可以立於無過之地矣。然而穆王之命太僕正，丁寧告戒若是其詳且至，豈以公卿大夫爲弗克祇厥辟哉？是不然。大臣之進見也有節，而僕臣則起居之與親。廷臣之獻説也有時，而僕臣則出納之與稽。巧言令色，則善諛。便辟側媚，則善惑。是故不可不簡也。蓋一日之暴，不勝十日之寒；一齊之傅，不如衆楚之咻。惟吉士乃弼后於彝憲，若憸人則迪上以非典矣。故雖文武之齊聖，昭令聞於丕顯之謨，有迪教之四。人數大德於丕承之烈，有同心之十。亂亦曰：侍從僕御，罔非正人。是知穆王之切責伯冏，孟子之爲宋王慮非苟云也。後世之君不知以聖哲之訓爲左右近習之戒，徒樂其輭熟而不加察焉，卒以失德而取敗者多矣。無他，所漸者非其道也。嗚呼！由周文武觀之，雖聖德之君，庸可忽諸。

又卷一〇《題崎灘鋪竹》 矗矗萬琅玕，風枝帶露寒。何當傍金闕，天子御樓看。路傍竹極多，細瑣冗長。無如此一畝瀟洒凌厲，行列森然，若且且有理之者，使人愛戀不忍捨去。念景龍門新城中移植方艱，倘可全致壯觀，豈復有哉！

胡安國《春秋四傳》卷一 宋人伐鄭，圍長葛。此書圍之始。《左傳》：以報入郛之役也。《公羊傳》：邑不言圍，此其言圍，何彊也！《穀梁傳》：伐國不言圍邑，此其言圍，何也？久之也。伐不踰時，戰不逐奔，誅不填服。苞人民、毆牛馬曰侵，斬樹木、壞宮室曰伐。　胡傳：圍者，環其城邑，絶其往來之使，禁其樵采之途，城守不下，至於經年而不解。誅亂臣、討賊子，可也。長葛，鄭邑，何罪乎？書圍於此而書取於後，宋人之惡彰矣。

林岊《毛詩講義》卷一一《檜風·素冠》　《素冠》，刺不能三年也。三年之喪，天下之通喪也。子生三年，然後免於父母之懷。將由夫窮無窮極無極與，則終身而慕哀未可已。雖然禮有節文，聖人爲之制也，其有安於食稻衣錦者，幾無人心焉耳！是故苴麻之服，慘戚之容，必稱。練祥之祭，哭泣之節，有殺。不飲酒，不食肉，倚廬而居，枕塊而寢，端席而坐。朝奠夕徹，夕奠朝徹，事死如事生，事亡如事存，不疾不蕢桂，不葬不除服，夫是之謂行三年之喪也。不然，服其服而無其容，容其容而無其心，猶不能行也。

綦崇禮《北海集》卷二二《進御故實·論左傳長勺之戰》　莊公十年春，齊師伐我。曹劌請見，問：「何以戰？」公曰：「衣食所安，弗敢專也，必以分人。」對曰：「小惠未徧，民弗從也。」公曰：「犧牲玉帛，弗敢加也，必以信。」對曰：「小信未孚，神弗福也。」公曰：「小大之獄，雖不能察，必以情。」對曰：「忠之屬也，可以一戰。」戰于長勺，遂逐齊師。臣觀昔人論一戰之勝負，不視其曲直彊弱，而視所以用其人之道，爲如何耳。齊背葴之盟，以來伐魯，則魯以爲有辭，故經不書伐，是曲在齊而直在魯也。齊以兵先入魯地，爲弱在齊也。曲直彊弱較然可知，曹劌不以是言魯之戰可勝，而必問其何以戰者，蓋欲觀其人心之得失而已。昔齊小白出見老父有饑寒之色，賜之衣，曰願賜天下之人衣；與之食，曰願賜天下之人食。蓋稼穡之利，不違其時，則菽粟不可勝食也。絲枲之功，不奪其力，則布帛不可勝用也。必得人人而與之衣，人人而與之食，亦已狹焉。然則小惠未徧，未足以致民之從也。隋季梁有言：夫民，神之主也。是以聖王先成民，而後致力于神。故奉牲以告曰：博碩肥腯，謂民力之普存也。奉盛以告曰：潔粢豐盛，謂其三時不害，而民和年豐也。奉酒醴以告曰：嘉栗旨酒，謂其上下皆有嘉德而無違心也。故務其三時，修其五教，親其九族，以致其禋祀，然後民和而神降之福。然則小信未孚，未足以徼神之福也。若夫小大之獄，必以情，非忠厚惻隱之誠心，存於中而行於外，則不足以至于此。堯舜之盛，必曰好生之德，洽于民心。求其所以然，不過曰：欽哉！欽哉！惟刑之恤哉而已。大小之獄，必以情，庶幾乎聖人之用心，其於得民也。何有以是而用其人戰，豈有不勝者？故曰：得道者多助，失道者寡助。寡之不可以敵衆，理所固然。曹劌之論，豈其好異而不切於事者歟！後之言長勺之戰者，常疑於其詞，則亦不思而已矣。

吕本中《東萊詩集》卷八《留侯》　所恨生已晚，聖門無坦途。學不盡其才，未免風俗驅。詩書在煨燼，子何不回車。試問禮之本，更觀心地初。莊生言欲當，則緣于不得已。不得已之類，聖人之道，留侯蓋庶幾于此。韓非曰：非知之難，處知爲難矣。此留侯與荀彧輩所以分也。使其親受業于聖人，蓋未可量。故予作此詩，論其大槩，實平昔所粗曉也。

《李清照集》卷一《聲聲慢》　尋尋覓覓，冷冷清清，悽悽慘慘戚戚。乍暖還寒時候，正難將息。三杯兩盞淡酒，怎敵他晚來風急。雁過也，正傷心，卻是舊時相識。　滿地黃花堆積，憔悴損，如今有誰堪摘？守著窗兒，獨自怎生得黑。梧桐更兼細雨，到黃昏點點滴滴。這次第，怎一箇愁字了得。

評箋：羅大經云：起頭連疊七字，以一婦人，乃能創意出奇如此。《鶴林玉露》。楊愼云：「聲聲慢」一詞，最爲婉妙。《詞品》。沈雄云：「守着窗兒，獨自怎生得黑」，又「梧桐更兼細雨，到黃昏點點滴滴」，正詞家所謂以易爲險，以故爲新者，易安先得之矣。《古今詞話》。張端義云：此乃公孫大娘舞劍手，本朝非無能詞之士，未曾有一下十四疊字者，用《文選》諸賦格。後疊又云「梧桐更兼細雨，到黃昏點點滴滴」，又使疊字，俱無斧鑿痕。更有一奇字，云「守定窗兒，獨自怎生得黑」，「黑」字不許第二人押。婦人中有此文筆，殆間氣也。《貴耳集》。陳廷焯云：此論甚陋，十四疊字，不過造語奇雋耳，詞境深淺，殊不在此。執是以論詞，未免魔障。《白雨齋詞話》又云：此不過奇筆耳，並非高調。張氏賞之，所見亦淺。《白雨齋詞話》。萬樹云：從來此體，皆收易安所作，蓋其遒逸之氣，如生龍活虎，非描塑可擬。其用字奇橫而不妨音律，故卓絶千古，人若不學其才而故學其筆，則未免類狗矣。觀其用上聲、入聲，如慘字、戚字、盞字、點字、滴字等，原可作平，故能諧協，非可泛用仄字，而以去聲填入也。其前結「正傷心，卻是舊時相識」，於心字逗句，然於上五下四者原不拗，所謂此九字一氣貫下也。後段第二三句「憔悴損，如今有誰忺摘」句法亦然。《詞律》。彭孫遹云：首句連下十四個疊字，眞似大珠小珠落玉盤也。《詞藻》。吳灝云：易安以詞擅長，揮灑俊逸，亦能琢煉；最愛其「草綠堦前，暮天雁斷」，極似唐人。其《聲聲慢》一闋，張正夫稱爲公孫大娘舞劍手，以其連下十四疊字也，此卻不是難處，因調名《聲聲慢》，而刻意播弄之耳；其佳處在後又下「點點滴滴」四字，與前照應有法，不是草草落句。玩其筆力，本自矯拔，詞家少有，庶幾蘇、辛之亞。《歷朝名媛詩詞》。周濟云：雙聲疊韻字，要著意布置，有宜雙不宜疊、宜疊不宜雙處；重字則既雙且疊，尤宜斟酌，如李易安之「淒淒慘慘戚戚」，三疊韻、六雙聲，是鍛鍊出來，非偶然拈得也。《介存齋詞選序論》。劉體仁云：周美成不止不能作情語，其體雅正，無旁見側出之妙。柳七最尖穎，時有俳狎，故子瞻以是呵少游，若山谷亦不免，如「我不合太撋就」類，下此則蒜酪體也；惟易安居士「最難將息，怎一個愁字了得」，深妙穩雅，下落蒜酪，亦不落絶句，眞此道本色當行第一人也。《七頌堂詞繹》。梁紹壬云：詩有一句疊三字者，吳融秋樹詩「槭槭淒淒葉葉同」是也；有一句連三字者，劉駕詩「樹樹樹梢啼曉鶯，夜夜夜深聞子規」是也；有兩句連三字者，白樂天詩「新詩三十軸，軸軸金玉聲」是也；有一句疊四字者，古詩「行行重行行」，木蘭詩「唧唧復唧唧」是也；有兩句互疊字者，王胄詩「年年歲歲花常發，歲歲年年人不同」是也；有三聯疊字者，古詩「青青河畔草」是也；有七聯疊字者，昌黎南山詩「延延離又屬」十四句是也；至李易安詞「尋尋覓覓，冷冷清清，凄凄慘慘戚戚」，連上十四疊字，則出奇制勝，眞匪夷所思矣。《兩般秋雨盦隨筆》。王又華云：晚唐詩人，好用疊字語，義山尤甚，殊不見佳。如「迴腸九疊後，猶有剩迴腸」；「地寬樓已迥，人更迥於樓」；「行到巴西覓誰秀，巴西唯是有寒蕪」。至於三疊者，「望喜樓中憶閬州，若到閬州還赴海；閬州應更有高樓」之類。又如菊詩「暗暗淡淡紫，融融冶冶黃」，亦不佳。李清照《聲聲慢》、《秋情》詞，起法似本於此，乃有出藍之奇。蓋此等語，自宜於塡詞家。《古今詞論》。又云：《秦樓月》，仄韻調也，孫夫人以平聲作之；《聲聲慢》，平韻調也，李易安以仄聲作之。豈二調原皆可平可仄，抑二婦故欲見別逞奇，實非法邪？然此二詞，乃更俱稱絶唱者，又何也？《古今詞論》。許昂霄云：易安此詞，頗帶傖氣，而昔人極口稱之，殆不可解。《詞綜偶評》。陳廷焯云：後幅一片神行，愈唱愈妙。《白雨齋詞話》。陸鎣云：疊字之法最古，義山尤喜用之，然如《菊詩》「暗暗淡淡紫，融融冶冶黃」，轉成笑柄。宋人中易安居士善用此法，其《聲聲慢》一詞，頓挫凄絶。二闋共十餘個疊字，而氣機流動，前無古人，後無來者，可爲詞家疊字之法。《問花樓詞話》。陸以湉云：李易安詞「尋尋覓覓，冷冷清清，凄凄慘慘戚戚」，喬夢符效之作《天淨沙》詞云：「鶯鶯燕燕春春，花花柳柳眞眞，事事風風韻韻，嬌嬌嫩嫩，停停當當人人。」疊字又增其半，然不若李之自然妥帖。大抵前人傑出之作，後人學之，鮮有能並美者。《冷廬雜識》。

鄭剛中《北山集》卷一八《晚春有感》 櫻桃已熟酴醾放，春去雖忙意尙誇。葉底紅圓珠映樹，架邊香瘦玉開花。有書可讀常無暇，對月方閒柰憶家。始悟渭城寒夜唱，餅爐須是小生涯。《南唐遺事》：有朝士與餅家隣，旦旦聞唱渭。愛而假之金，自是遂不復聞。問之，則曰：「有金須營運，無暇歌矣。」予昔爲布衣，聚童蒙，而樂賣餅時也。

洪興祖《楚辭補注》卷一《離騷經》 故智彌盛者其言博，才益多者其識遠。屈原之詞，誠博遠矣。自終沒以來，名儒博達之士著造詞賦，莫不擬則其儀表，祖式其模範，取其要妙，竊其華藻，所謂金相玉質，百世無匹，名垂罔極，永不刊滅者矣。班孟堅序云：「昔在孝武，博覽古文。淮南王安敍《離騷傳》，以《國風》好色而不淫，《小雅》怨誹而不亂，若《離騷》者，可謂兼之。蟬蛻濁穢之中，浮游塵埃之外，皭然泥而不滓；推此志，雖與日月爭光可也。斯論似過其眞。又說：五子以失家巷，謂五子胥也。及至羿、澆、少康、貳姚、有娀佚女，皆各以所識有所增損，然猶未得其正也。故博采經書傳記本文以爲之解。且君子道窮，命矣。故潛龍不見是而無悶。《關雎》哀周道而不傷。蘧瑗持可懷之智，甯武保如愚之性，咸以全命避害，不受世患。故《大雅》曰：既明且哲，以保其身。斯爲貴矣。今若屈原，露才揚己，競乎危國群小之閑，以離讒賊。然責數懷王，怨惡椒、蘭，愁神苦思，強非其人，忿懟不容，沈江而死，亦貶絜狂狷景行之士。多稱崑崙、冥婚宓妃虛無之語，皆非法度之政，經義所載。謂之兼《詩》風雅，而與日月爭光，過矣！然其文弘博麗雅，爲辭賦宗。後世莫不斟酌其英華，則象其從容。自宋玉、唐勒、景差之徒，漢興，枚乘、司馬相如、劉向、揚雄，騁極文辭，好而悲之，自謂不能及也。雖非明智之器，可謂妙才者也。」政與正同。顔之推云：「自古文人常陷輕薄。屈原露才揚己，顯暴君過。」劉子玄云：「懷、襄不道，其惡存於楚賦。」讀者不以爲過，蓋不隱惡故也。愚嘗折衷其說而論之曰：或問：古人有言：殺其身有益於君則爲之。屈原雖死，何益於懷、襄？曰：忠臣之用心，自盡其愛君之誠耳。死生、毀譽，所不顧也。故比干以諫見戮，屈原以放自沈。比干，紂諸父也。屈原，楚同姓也。爲人臣者，三諫不從則去之。同姓無可去之義，有死而已。《離騷》曰：阽余身而危死兮，覽余初其猶未悔。則原之自處審矣。或曰：原用智於無道之邦，虧明哲保身之義，可乎？曰：愚如武子，全身遠害可也。有官守言責，斯用智矣。山甫明哲，固保身之道。然不曰夙夜匪解，以事一人乎！士見危致命，況同姓，兼恩與義，而可以不死乎！且比干之死，微子之去，皆是也。屈原其不可去乎？有比干以任責，微子去之可也。楚無人焉，原去則國從而亡。故雖身被放逐，猶徘徊而不忍去。生不得力爭而強諫，死猶冀其感發而改行，使百世之下，聞其風者，雖流放廢斥，猶知愛其君，眷眷而不忘，臣子之義盡矣。非死爲難，處死爲難。屈原雖死，猶不死也。後之讀其文，知其人，如賈生者亦鮮矣。然爲賦以吊之，不過哀其不遇而已。余觀自古忠臣義士，慨然發憤，不顧其死，特立獨行，自信而不回者，其英烈之氣，豈與身俱亡哉！仍羽人於丹丘，留不死之舊鄉，超無爲以至清，與太初而爲鄰，此《遠遊》之所以作，而難爲淺見寡聞者道也。仲尼曰：樂天知命，故不憂。又曰：樂天知命，有憂之大者。屈原之憂，憂國也；其樂，樂天也。《離騷》二十五篇，多憂世之語。獨《遠遊》曰：道可受兮不可傳，其小無內兮其大無垠。無淈滑而魂兮，彼將自然。壹氣孔神兮，於中夜存。虛以待之兮，無爲之先。此老、莊、孟子所以大過人者，而原獨知之。司馬相如作《大人賦》，宏放高妙，讀者有凌雲之意。然其語多出於此。至其妙處，相如莫能識也。太史公作傳，以爲其文約，其辭微，其志絜，其行廉，其稱文小而其指極大，舉類邇而見義遠。其志絜，故其稱物芳。其行廉，故死而不容自疏。濯淖污泥之中，以浮游塵埃之外，推此志也，雖與日月爭光可也。斯可謂深知己者。楊子雲作《反離騷》，以爲君子得時則大行，不得時則龍蛇。遇不遇，命也，何必沈身哉！屈子之事，蓋聖賢之變者。使遇孔子，當與三仁同稱雄，未足以與此。班孟堅、顔之推所云，無异妾婦兒童之見。余故具論之。

又卷六《卜居》 詹尹乃釋策而謝，曰：「夫尺有所短，騏驥不騤中庭。

寸有所長，雞鶴知時而鳴。[補]曰：《莊子》云：粱麗可以克城，而不可以窒穴，尺有所短也；騏驥、驊騮，一日而馳千里，捕鼠不如貍狌，寸有所長也。物有所不足，地毀東南。[補]曰：《列子》曰：物有不足。天傾西北，地不滿東南。智有所不明，孔子厄於陳也。[補]曰：校人曰：孰謂子產智！予既烹而食之。智有所不明也。數有所不逮，天不可計量也。[補]曰：《史記》曰：人雖賢，不能左畫圓，右畫方。神有所不通。日不能夜光也。[補]曰：神龜能見夢於元君，不能避余且之網。智有所困，神有所不及也。用君之心，行君之意，龜策誠不能知事。」

陳淵《默堂集》卷二〇《解論語十二段》 《堯曰篇》。聖人，代天理物者也。堯咨舜曰：天之歷數在爾躬，天實命之也。天命之，而人之所爲，不可以不至。所謂允執厥中者，所以繼天命。夫有民，斯有君。民不窮，則爲君者可以長保其祿。民無所歸，祿亦永終矣。聖人所以代天理物者，不出此道。舜亦以命禹，道無二也。夏之有天下，其祿既終矣，湯得是道。故以身任天下之責，而不以有罪歸之。萬方周率是道，利則歸人，過則歸己，此二帝三王之所以爲天下國家之意，社稷長久之大略也。今周又衰矣，繼周而興者，當如何？孔子於是蓋有道矣，雖不得施，可得而言也。謹權量，審法度，脩廢官，興滅國，繼絕世，舉逸民，所當先行，在此六者。其事則民食、喪祭爲不可輕，而其術則不過寬、信、敏、公而已。是故孔子不幸無位耳，使其得志，二帝三王之道，其有異乎！此《論語》所以終也。

張九成《橫浦集》卷一三《邇英春秋進講》 六月辛丑朔，日有食之，鼓用牲于社。 臣九成曰：日者，人君之象。人君德充于內，無邪心，非意搖之，孌臣女子亂之，權臣姦夫惑之，夷狄盜賊謀之，則方寸昭然，輝光四達，日安其序，理固然也。臣嘗攷堯、舜、禹、湯、文、武之書，皆不書日食，以謂略而不書耶。堯寅賓寅餞，舜察璿璣玉衡，夏克謹天戒，商有天災之訓，周立保章之官，其謹於天文，蓋可知矣。然而不書日食者，有以見堯、舜、禹、湯、文、武德之明也。至后羿作亂，則辰弗集于房。幽王失道，則詩人以謂日有食之，亦孔之醜，是知日之所以食者，必有以也。臣請推而明之，夫人君之德與日同光，及夫邪心四起，非意已萌，孌臣預政，女子蕩心，權臣執柄，姦夫竊鼎，夷狄外侵，盜賊內起，惡氣積稔，上見于天，不可誣也。然而因日食之深淺，可以驗惡氣之重輕。至於日有食之既則朝廷蓋可知矣。記禮者之言曰：男教不修，陽事不得，適見于天，日爲之食。是故日食，則天子素服，修六官之職，蕩天下之陽事。其言修六官之職，則是矣，而不及人君省躬之義，臣切疑之。臣以謂日有食之，人君素服，減膳，避正寢，豈無謂哉！其意蓋將使人君退而自省，曰：非心起而邪意萌乎？孌臣預吾政乎？女子蕩吾心乎？權臣執吾柄乎？姦臣竊吾鼎乎？夷狄將外侵，盜賊將內起乎？安意定志，愴前日之失路，而誓後日之自新，庶幾其免於禍乎！然而與其日有食而後自省，竊以謂不若未有天變而日三省之。三省之學，臣已陳於前，此不敢復瀆聖聽，伏願陛下力行之。至於「鼓用牲于社」，此又聲陽氣以攻惡氣之義也。雖然是禮也，乃天子之事。《傳》曰：日有食之，天子不舉伐，鼓于社。魯何爲而有此禮乎？成王賜伯禽以天子之禮樂，故魯因仍而僭之。夫周公雖有功人臣也，安得用天子之禮樂乎？成王之賜，伯禽之受，皆失也。使周公在，臣知其必辭矣。孔子曰：魯之郊禘，非禮也。周公其衰矣。故因用牲于社復書之，以見魯國承襲之失，而莫之正也。聖人辨名分如此，安得而有亂亡之事乎？故曰孔子成《春秋》而亂臣賊子懼。其後文公十六年冬十一月，宋人弒其君杵臼。十八年夏五月，齊人弒其君商人。冬十月，莒弒其君庶其。成公十七年十二月，楚人滅舒庸。皆惡氣兆於此時也。臣因日食知惡氣之積稔，然後知鳳凰來儀，百獸率舞，即二帝之和氣。而天降甘露，地出醴泉，即先王之和氣也。豈自外來哉！皆其心中之物耳。然則，人主之處心積慮，可不敬乎此！臣所以願陛下力行三省之學也。進講畢，執牙篦進曰：「臣聞孔子之言曰：『書不盡言，言不盡意。』聖人意到語到，猶爲此說，況臣意識昏蒙，文辭淺陋，豈能發揮《春秋》之至意。臣今意有未盡者，更欲爲陛下言之。」上曰：「如何？」對曰：「適臣論日食之變，本於惡氣。惡氣之萌，起於惡念。不芟夷蘊崇之絕其本根，將奔騰四達。上觸乎天，則日月薄蝕，五星失行，飛流彗孛，盈滿蒼穹。下觸乎地，則菑及五穀，禍及百蟲，山摧川潰，草怪木妖。中觸乎人，則爲兵爲火，爲癘爲疫，爲小人，爲女子，爲讒。夫以敗亂國家之政事，是則惡念之起，可不即加撲滅乎？」上曰：「是、是。」再進曰：「臣嘗讀易坤之初六，不覺撫卷而歎。蓋坤之初爻，五陽在上，一陰在下，生其卦爲姤。」上首肯曰：「如何？」對曰：「一陰者，惡念也。聖人憫之，故發之曰：『履霜堅冰。』至夫霜輕而冰堅，此衆人所知也。履霜而知其爲冰，聖人所知也。臣弒其君，子弒其父，惡念之起，如霜之輕，不即除之，日復一日，其所由來者漸矣。故其惡至於如此，孔子斷之曰：『由辨之不早辨也。』此蓋言惡念不可不亟去也。在《易》爲『履霜』之說，在《中庸》則爲『謹獨』之說。」上注視曰：「如何？」對曰：「臣愛楊時之論曰：獨者交物之時，有動于中，其違未遠也。雖非視聽所及，而其幾固已瞭然心目之間矣。其爲顯見孰甚焉。雖欲自蔽，吾誰欺？欺天乎？此蓋言惡念之萌，不可留於心也。臣又讀《西漢・燕王旦傳》，竊怪其怪異何如此之多也。如虹入井，豕壞竈，烏鬬鵲死，鼠舞端門，天火燒城樓，大風壞宮室，拔折大木，流星下墜。及細攷其傳，衛太子死，齊懷王薨，旦自以爲次第當及，乃求入宿衛。嗚呼，此誠何心哉！惡氣之萌，蓋起於此也。使燕王旦素知學問，離絕遠去，妖怪何自而有乎！」上曰：「極是，極是。」又對曰：「惟其留蓄在心，遇事滋大。故武帝死，聞喪不哭，乃曰：『《璽書》小疑有變。』此蓋前日宿衛之惡，至此而滋熾也。此念不已，又上書朝廷，請爲武帝郡國立廟。及朝廷賜之錢，乃曰：『我當爲帝，何賜也？』惡念成矣，弗可救藥矣。乃僭貂蟬，乃僭車服，至賂遺蓋主、上官桀爲簒弒之計。臣靜觀其方寸中變怪如此，故凝結成象，有虹、豕、烏、鵲之妖，豈自外來哉！皆其心中物耳。」上曰：「是心中之物。」對曰：「臣嘗爲之説曰：惡氣在物皆知厭惡，惡氣在心而不知自惡。吁，可憐也。且凡庶惡念在心，刑戮斧鉞，身自當之，禍及一身耳。歷觀自古人主，惡念不去，日以滋甚，豈止禍及其身，上累九廟，下殃四海。」上愀然。又進曰：「陛下聖學高明，於《春秋》誅意之説，曾子三省之學，必當知其所自來。區區之意，因論日食之變，本于惡氣，惡氣之萌，始于惡念，故推以及此。庸愚瑣陋，上瀆天聽，臣不勝戰慄之至。」

又卷一五《孟子拾遺》 「有攸不爲臣，東征，綏厥士女。匪厥玄黄，紹我周王見休，惟臣，附於大邑周。」其君子實玄黄于匪，以迎其君子。其小人簞食壺漿，以迎其小人。救民於水火之中，取其殘而已矣。 自「有攸不爲臣」至「附于大邑周」，此武成之文也。其語增減不同者，豈《古文尚書》如此哉！自「其君子實玄黄于匪」至「取其殘而已矣」，此孟子述武王之意也。其言簡古，有不可曉者，輒以意解之。「有攸不爲臣」，謂紂無道，其臣下見於所行不臣之節，君臣紊亂，紀綱大壞。武王所以東征者，亦非富天下也，安厥士女而已。天下素聞武王之德，知其師來，皆匪玄黄，以昭我周可以王天下。紹，當作昭。一見武王，皆心歸武王而美之，民之美，乃王之美也。民皆有鼓舞之意。孟子因萬章問「宋行仁政，齊楚惡而伐之」，故引此篇以斷之曰：武王行王政以伐紂，其君子實玄黄于匪，以迎其君子。其小人簞食壺漿，以迎其小人。君子、小人各以其類。寓誠意于物，以迎王者救民之師，想見當時歸仰之意矣。以武王之師，非爲虐也。救民於水火之中，取其殘而已矣。王偃果有武王之心乎？使王偃果有武王之心，則四海之内皆舉首而望之，欲以爲君，詎畏齊楚乎？此孟子以偃之行詐，故以此言闢之也，其意深矣。

又《孟子傳》卷一六《離婁》 孟子曰：「存乎人者，莫良於眸子。眸子不能掩其惡。胸中正則眸子瞭焉，胸中不正則眸子眊焉。聽其言也，觀其眸子，人焉廋哉！」 觀孟子此論，必有所謂。豈見商鞅、騶忌、孫臏、蘇秦、張儀，稷下諸人及當時之君，其眸子異常而爲此論乎。夫所謂瞭與眊者，非止明暗之謂也，如以目明者謂之正人，楊堅目如曙星，楊素黑白分明，一則簒位，一則作亂，正人固如是乎？以目暗者謂之邪人，如子夏、左丘明、師曠、師冕，皆失明之人也，而子夏四科之賢，師曠議論之正，左丘明孔子與同好惡，師冕孔子與之周旋，豈可謂之邪人乎？《禮》曰：君子視不上於袷，不下於帶。國君綏視，大夫衡視，士視五步。凡視，上於面則傲，下於帶則憂，傾則姦，所謂瞭焉者，豈不上於袷，不下於帶，綏視、衡視、五步之謂乎？所謂眊焉者，豈上於面下、於帶、以至傾姦之謂乎？若商人之蜂目豺聲，王莽之鴟目虎吻，露白赤精，梁冀之鳶肩豺目，洞精矘眄，皆精神不正，故見於眸子者如此也。眊焉者類當如此。夫心正則神正，心邪則神邪，神正則發於眸子也必正，瞭者神之正也，非謂明也。如綏視、衡視是矣。神邪則發於眸子也必邪，眊者神之邪也，非謂暗也，如蜂目、鴟目、豺目是矣。然而必如孟子之心正，然後可以識其瞭與眊耳，倘爲學不到孟子，心地暗昧，而又惑於明暗之説，遽欲以此銓量天下士大夫，則許負唐舉之類皆可與聖賢並列矣，學者又不可不熟思也。夫學至聖賢，則其心公如天地，明若日月，若邪若正，一至其前瞭眊之狀，神情之見，有不可掩者。學者第當盡心於格物致知，誠意正心，修身齊家，治國平天下之學，則夫孟子之論自可得之於意言之外矣，學未至是，遽欲以眸子明暗論人邪正，非所以知孟子也。余恐學者之率爾，故又發明孟子之遺意，以風吾黨之士焉。

鮑彪《鮑氏戰國策注》卷九《燕太子丹質於秦章》 秦復進兵攻之。五歲而卒滅燕國，而虜燕王喜，秦兼天下。其後荆軻客高漸離以擊築見秦皇帝，而以築擊秦皇帝，爲燕報仇，不中而死。《刺客傳》有。彪謂：太子丹不忍一朝之憤，輕亡其國，其謀悖矣。夫以一夫行刼刺於大國，出於倉卒不意，或幸以中，而欲從容質責，使悉反侵地，取契以歸，此豈持匕首之所可待鞠武初謀似矣？太子不用，不能力爭，妾婦之明也。數士之死，燕國之亡，皆武實爲之。荆軻之事甚似曹劌，其所不可者，劌發憤於一朝，而軻謀蓄於積歲，且白衣祖送者係路，其不漏露而先敗抑亦幸矣。軻不足道也。厥後留侯亦袖椎窮發，此其人豈愚哉！蓋積志仇秦不知所不可，使其不逢漢帝，則亦死以爲期，不能一日而忘秦也。豫子、高漸離、張留侯三人者，皆孝子忠臣，至一之行也，唯軻於此，則無處焉。

仲并《浮山集》卷一《奉和陳德召游惠山見寄三十韻》 萍蓬豈願餘，斗筲未須算。荒涼石逕深，蹭蹬雲色晚。歸鞅那得遲，霜鬢侵韋誕。與德召諸公遊惠山，今五年矣。死生離合，何事不有。吾德輝亦不意永辭泉下。今日讀德召新句，悵然久之。又念離索之餘，賡唱遂絶，勉強和呈，迫於韻險，不能工也。

任淵《後山詩注》卷三《次韻蘇公西湖徙魚三首》 同生異趣有如此，缾懸瓽間終一碎。《史記·李斯傳》曰：異趣以爲高。退之《送惠師》詩云：去矣各異趣，何爲浪沾巾。《漢書·陳遵傳》：揚雄作《酒箴》曰「觀缾之居，居井之眉。處高臨深，動常近危。一旦叀礙，爲瓽所轠。身提黄泉，骨肉爲泥。自用如此，不如鴟夷」云云。此詩言仁與不仁，趣向各異。而不仁者鮮有不及。如缾與鴟夷，所居不同，要之鴟夷保全，而缾終不免也。瓽，音丁浪反。井以甎爲甃者也。流水長者今公是，雨花散亂投金瀨。《金光明經》曰：流水長者，自在光王之子也。見有一池，其水枯涸。于其池中，有十千魚。遂將二十大象，載皮囊，盛河水，寫至池中，水遂瀰滿。又爲施食，解説十二因緣，幷稱説寶勝佛名。後十千魚同日命終，生忉利天。是諸天子，復至本處，空澤池所，復雨天花。便從此沒，還忉利宮。《法華經》曰：彌勒當知爾時彌勒菩薩，豈異人乎，我身是也。求名菩薩，汝身是也。《吳越春秋》曰：伍子胥伐楚，還栗陽瀨水上，欲報自殺婦人以百金，不知其家，投金瀨水中而去。

又《山谷詩集注》卷一《亨泉》 水德通萬物，發源會時亨。伏坎非心願，成川且意行。《易・蒙卦》曰：山下出泉，《蒙》。又曰：蒙亨，以亨行時中也。又《坎卦》曰：有孚唯心，亨。行有尚。《彖》曰：唯心亨，乃以剛中也。《東坡易傳》云：所遇有難易，然而未嘗不志於通，是水之心也。物之窒我者有盡，而是心無已，則終必勝之。故水之所以至柔而能勝物者，維不以力爭而以心通也。不以力爭，故柔外；以心通，故剛中。劉禹錫詩：「腰斧上高山，意行無舊路。」此借用。

朱熹等《近思録》卷一［葉采集解］ 廉溪先生曰：無極而太極，朱子曰：「上天之載，無聲無臭，而實造化之樞紐，品彙之根柢也。故曰無極而太極，非太極之外復有無極也」。蔡節齋曰：「朱子曰：『太極者，象數未形而其理已具之稱。』又曰：『未有天地之先，畢竟是先有此理。』又曰：『無極者，只是說這道理，當初元無一物，只是有此理而已。此箇道理，便會動而生陽，靜而生陰，詳此三條，皆是主太極而爲言也。』又曰：『從陰陽處看，則所謂太極者，便只是在陰陽裏面。今人說陰陽上面，別有一箇無形無影底是太極。非也。』又曰：『太極只是天地萬物之理。在天地，則天地中有太極；在萬物，則萬物中有太極。』又曰：『非有以離乎陰陽即陰陽，而指其本體。詳此三條，皆是主陰陽而爲言也。』故主太極而言，則太極在陰陽之先；主陰陽而言，則太極在陰陽之內。蓋自陰陽未生而言，則所謂太極者，必當先有自陰陽。既生而言，則所謂太極者，即在乎陰陽之中也。謂陰陽之外別有太極常爲陰陽主者，固爲陷乎列子不生不化之謬。而獨執夫太極只在陰陽之中之說者，則又失其樞紐根柢之所爲，而大本有所不識矣。」愚按：節齋先生此條所論最爲明備，而或者於陰陽未生之說有疑焉。若以循環言之，則陰前是陽，陽前又是陰，似不可以未生言。若截自一陽初動處萬物未生時言之，則陰陽未動之時謂之陰陽未生亦可也。未生陽而陽之理已具，未生陰而陰之理已具，在人心則爲喜怒哀樂未發之中。總名曰「太極」。然具於陰陽之先而流行陰陽之內一太極而已。太極動而生陽，動極而靜，靜而生陰。靜極復動，一動一靜，互爲其根。分陰分陽，兩儀立焉。朱子曰：太極之有動靜，是天命之流行也，所謂一陰一陽之謂道。誠者，聖人之本物之終始而命之道也。其動也，誠之通也，繼之者善萬物之所資以始也；其靜也，誠之復也，成之者性萬物各正其性命也。動極而靜，靜極復動，一動一靜，互爲其根命之所以流行而不已也。動而生陽，靜而生陰，分陰分陽，兩儀立焉。分之，所以一定而不移也。蓋太極者，本然之妙也。動靜者，所乘之機也。太極，形而上之道也；陰陽，形而下之器也。是以，自其著者而觀之，則動靜不同時，陰陽不同位，而太極無不在焉。自其微者而觀之，則沖漠無眹，而動靜陰陽之理已悉具於其中矣。雖然推之於前，而不見其始之合引之於後，而不見其終之離也。故程子曰：動靜無端，陰陽無始，非知道者，孰能識之？愚謂：動而生陽，動極而靜；靜而生陰，靜極復動者，言太極流行之妙相推於無窮也。一動一靜，互爲其根，分陰分陽，兩儀立焉者，言二氣對待之體一定而不易也。邵子曰：用起天地先體立天地後是也，然詳而分之，則動而生陽，靜而生陰者，是流行之中，定分未嘗亂也。一動一靜，互爲其根者，是對待之中妙用，實相流通也。

朱熹《家禮》卷三《婚禮・親迎》 前期一日，女氏使人張陳其壻之室。 世俗謂之鋪房。然所張陳者但氈褥、帳幔、帷幙應用之物，其衣服鏁之篋笥不必陳也。司馬公曰：文中子曰，昏娶而論財，夷虜之道也。夫昏姻者，所以合二姓之好，上以事宗廟，下以繼後世也。今世俗之貪鄙者，將娶婦先問資裝之厚薄，將嫁女先問聘財之多少，至於立契約云某物若干某物若干，以求售其女者，亦有既嫁而復欺紿負約者，是乃狙儈賣婢鬻奴之法，豈得謂之士大夫昏姻哉！其舅姑既被欺紿，則殘虐其婦以攄其忿。由是愛其女者務厚其資裝以悅其舅姑者，殊不知彼貪鄙之人，不可盈厭，資裝既竭，則安用汝女哉？於是質其女以責貨於女氏，貨有盡而責無窮，故昏姻之家往往終爲仇讐矣。是以世俗生男則喜，生女則戚，至有不舉其女者，用此故也。然則議昏姻有及於財者，皆勿與爲昏姻可也。

朱熹《昌黎先生集考异》卷五《與孟尚書》 信奉釋氏此傳之者。方從閣、杭、蜀本，無「信」、「此傳之」四字。無可與語者。無下，方有所字，無與、者字。要自胸中無滯礙以爲難得。諸本皆如此，方從閣、杭、蜀本，刪胸中無滯礙五字。自，又或作且。今按：此書稱許大顛之語，多爲後人妄意隱避，刪節太過，故多脫落，失其正意。如上兩條猶無大利害，若此語中刪去五字，則「要自以爲難得」一句不復成文理矣。蓋韓公之學見於《原道》者，雖有以識夫大用之流行，而於本然之全體，則疑其有所未睹，且於日用之間，亦未見其有以存養省察而體之於身也。是以雖其所以自任者不爲不重，而其平生用力深處，終不離乎文字言語之工。至其好樂之私，則又未能卓然有以自拔於流俗。所與遊者，不過一時之文士，其於僧道，則亦僅得毛于暢、觀、靈、惠之流耳。是其身心內外所立所資，不越乎此，亦何所據以爲息邪距詖之本，而充其所以自任之心乎？是以一旦放逐，憔悴亡聊之中，無復平日飲博過從之樂，方且鬱鬱不能自遣，而卒然見夫瘴海之濱，異端之學乃有能以義理自勝、不爲事物侵亂之人。與之語，雖不盡解，亦豈不足以蕩滌情累，而暫空其滯礙之懷乎？然則凡此稱譽之言，自不必諱，而於公所謂不求其福、不畏其禍、不學其道者，初亦不相妨也。雖然，使公於此能因彼稊稗之有秋，而悟我黍稷之未熟。一旦飜然反求諸身，以盡聖賢之蘊，則所謂以理自勝，不爲外物侵亂者，將無復羨於彼，而吾之所以自任者，益恢乎其有餘地矣。豈不偉哉！

又卷六《送高閑上人序》 閑如。閑下，或有師字。方云：此文全篇用意皆本於《莊子》所稱「宋元君畫圖，有一史後至，解衣槃礴臝」，郭注云：「內足者神閒而意定。」又云：王彥法謂：退之此數語乃深得祖師向上休歇一路，其見處勝裴休遠甚。今按：韓公本意，但謂人必有不平之心，鬱積之久而後發之，則其氣勇決而伎必精。今高閑既無是心，則其爲伎，宜其潰敗委靡而不能奇；但恐其善幻多伎，則不可知耳。此自韓公所見，非如畫史、祖師之說也。

朱熹《儀禮經傳通解》卷一六《學禮·學記》 古之教者，家有塾，黨有庠，術有序，國有學。術，當爲「遂」，聲之誤也。古者仕焉而已者，歸教於閭里，朝夕坐於門，門側之堂謂之塾。《周禮》：五百家爲黨，萬二千五百家爲遂。黨屬於鄉，遂在遠郊之外。比年入學，比，毗志反。學者每歲來入也。中年考校。中，丁仲反。中，猶間也。鄉遂大夫間歲則考學者之德行道藝。《周禮》：三歲大比乃考焉。一年視離經辨志，三年視敬業樂羣，五年視博習親師，七年視論學取友，謂之小成。九年知類通達，強立而不反，謂之大成。樂，五孝反。離經，斷句絶也。辨志，謂別其心意所趣向也。知類，知事義之類也。強立，臨事不惑也。不反，不違失師道。張子曰：離經，離析經之章句也。事師而至於親敬，則學之篤而信其道也。論學取友，能講論其學，而取友必端也。知類通達，比物醜類是也。九年者，言其大略人性有遲敏，氣有昏明，豈可齊也。強立而不反，可與立也，學至於立，則自能不息，以至于聖人，而教者可以無恨矣。今按：鄭注、張說皆是也。辨志者，自能分別其心所趨向，如爲善爲利，爲君子爲小人也。敬業者，專心致志以事其業也。樂羣者，樂於取益以輔其仁也。博習者，積累精專次第該徧也。親師者，道同德合，愛敬兼盡也。論學者，知言而能論學之是非，取友者，知人而能識人之賢否也。知類通達，聞一知十，而觸類貫通也。強立不反，知止有定，而物不能移也。蓋考較之法，逐節之中，先觀其學業之淺深，徐察其志行之虛實，讀者宜深味之，乃見進學之驗。夫然後足以化民易俗，近者說服，而遠者懷之，此大學之道也。說，音悅。大，音泰。下同。懷，來也，安也。《記》曰：「蛾子時術之。」其此之謂乎！蛾，魚起反。蛾，蚍蜉也。蚍蜉之子，微蟲耳，時術蚍蜉之所爲，其功乃復成大垤。疏曰：蚍蜉所爲，謂銜土也。

朱熹《楚辭集注》卷二《國殤》 出不入兮往不反，平原忽兮路超遠。帶長劍兮挾秦弓，首雖離兮心不懲。誠既勇兮又以武，終剛強兮不可凌。身既死兮神以靈，魂魄毅兮爲鬼雄。忽兮路，一作路兮忽。弓，叶音經。雖，一作身。魂魄毅，一作子魂魄。雄，叶音形。平原忽兮路超遠，言身棄平原，神欲歸而去家遠也。帶劍挾弓，猶不舍武也。懲，創艾也，雖死而心不悔也。魂魄，死者之神靈。蓋魂神而魄靈，魂氣而魄精，魂陽而魄陰，魂動而魄靜。生則魂載其魄，魄檢其魂；死則魂游散而歸於天，魄淪墜而歸於地也。毅，爲鬼雄者，毅然爲百鬼之雄杰也。

朱熹《詩經集傳》卷二《鄘風·牆有茨》 牆有茨，不可埽叶蘇后反。也。中冓音姤。之言，不可道叶徒厚反。也。所可道也？言之醜也。興也。茨，蒺藜也，蔓生，細葉，子有三角，刺人。中冓，謂舍之交積材木也。道，言。醜，惡也。舊說以爲宣公卒，惠公幼，其庶兄頑烝於宣姜，故詩人作此詩以刺之，言其閨中之事皆醜惡而不可言，理或然也。牆有茨，不可襄也。中冓之言，不可詳也。所可詳也？言之長也。興也。襄，除也。詳，詳言之也。言之長者，不欲言而託以語長難竟也。牆有茨，不可束也。中冓之言，不可讀也。所可讀也？言之辱也。興也。束，束而去之也。讀，誦言也。辱，猶醜也。《牆有茨》三章，章六句。楊氏曰：公子頑通乎君母，閨中之言至不可讀，其污甚矣，聖人何取焉而著之於經也？蓋自古淫亂之君，自以爲密於閨門之中，世無得而知者，故自肆而不反，聖人所以著之於經，使後世爲惡者知雖閨門之言亦無隱而不彰也，其爲訓戒深矣。

又《鶉之奔奔》 鶉音純。之奔奔，鵲之彊彊。音姜。人之無良，我以爲兄。叶虛王反。興也。鶉，鵪屬。奔奔、彊彊，居有常匹，飛則相隨之貌。人，謂公子頑。良，善也。衛人刺宣姜與頑非匹耦而相從也，故爲惠公之言以刺之曰：人之無良，鶉鵲之不若，而我反以爲兄何哉？鵲之彊彊，鶉之奔奔。叶逋珉反。人之無良，我以爲君。興也。人，謂宣姜。君，小君也。《鶉之奔奔》二章，章四句。范氏曰：宣姜之惡不可勝道也，國人疾而刺之，或遠言焉，或切言焉。遠言之者，《君子偕老》是也，切言之者，《鶉之奔奔》是也。衛詩至此，而人道盡天理滅矣！中國無以異於夷狄，人類無以異於禽獸，而國隨以亡矣！胡氏曰：楊時有言詩載此篇，以見衛爲狄所滅之因也，故在《定之方中》之前。因以是說考於歷代，凡淫亂者未有不至於殺身敗國而亡其家者，然後知古詩垂戒之大。而近世有獻議乞於經筵不以國風進講者，殊失聖經之旨矣。

又卷五《小雅·巷伯》 萋音妻。兮斐兮，成是貝錦。彼譖人者，亦已大音泰。甚！比也。萋斐，小文之貌。貝，水中介蟲也，有文彩似錦。時有遭讒而被宮刑爲巷伯者作此詩，言因萋斐之形而文致之，以成貝錦，以比讒人者因人之小過而飾成大罪也，彼爲是者亦已大甚矣！哆昌者反。兮侈兮，成是南箕。彼譖人者，誰適音的。與謀？叶謨悲反。比也。哆、侈，微張之貌。南箕，四星，二爲踵，二爲舌，其踵狹而舌廣，則大張矣。適，主也。誰適與謀，言其謀之闊也。緝緝翩翩，音篇，叶批賓反。謀欲譖人。愼爾言也，謂爾不信。叶斯人反。賦也。緝緝，口舌聲。或曰緝緝，人之罪也，或曰有條理貌，皆通。翩翩，往來貌。譖人者自以爲得意矣，然不愼爾言，聽者有時而悟，且將以爾爲不信矣。捷捷幡幡，音翻，叶芬邅反。謀欲譖言。豈不爾受，既其女音汝。遷。賦也。捷捷，儇利貌。幡幡，反覆貌。王氏曰：上好譖則固將受女，然好譖不已則遇譖之禍亦既遷而及女矣，曾氏曰：上章及此，皆忠告之辭。

驕人好好，勞人草草。蒼天蒼天！叶鐵因反視彼驕人，矜此勞人！賦也。好好，樂也。草草，憂也。驕人，譖行而得意，勞人遇譖而失度，其狀如此。彼譖人者，叶掌與反。誰適與謀？叶滿補反。取彼譖人，投畀豺虎。豺虎不食，投畀有北。有北不受，叶承呪反。投畀有昊。叶許侯反。賦也。再言彼譖人者誰適與謀者，甚嫉之，故重言之也。或曰衍文也。投，棄也。北，北方寒涼不毛之地也。不食、不受，言讒譖之人，物所共惡也。昊、昊天也。投畀昊天，使制其罪。此皆設言，以見欲其死亡之甚也。故曰好賢如《緇衣》，惡惡如《巷伯》。楊園之道，猗音倚。于畝丘。叶祛奇反。寺人孟子，作爲此詩。凡百君子，敬而聽之。興也。楊園，下地也。猗，加也。畝丘，高地也。寺人，內小臣，蓋以讒被宮而爲此官也。孟子，其字也。楊園之道而猗于畝丘，以興賤者之言或有補於君子也。蓋譖始於微者，而其漸將及於大臣，故作詩使聽而謹之也。劉氏曰，其後王后太子及大夫果多以讒廢者。《巷伯》七章，四章章四句，一章五句，一章八句，一章六句。巷，是宮內道名，秦漢所謂永巷是也。伯，長也，主宮內道官之長，即寺人也，故以名篇。班固《司馬遷贊》云：迹其所以自傷悼，《小雅·巷伯》之倫，其意亦謂巷伯本以被譖而遭刑也。而楊氏曰：寺人，內侍之微者，出入於王之左右，親近於王，而日見之，宜無閒之可伺矣，今也亦傷於讒，則疏遠者可知。故其詩曰「凡百君子，敬而聽之」，使在位知戒也。其說不同，然亦有理，姑存於此云。

朱熹《四書章句集注·大學章句》 所謂誠其意者，毋自欺也，如惡惡臭，如好好色，此之謂自謙。故君子必愼其獨也。惡、好上字，皆去聲。謙，讀爲慊，苦劫反。誠其意者，自脩之首也。毋者，禁止之辭。自欺云者，知爲善以去惡，而心之所發有未實也。謙，快也，足也。獨者，人所不知而己所獨知之地也。言欲自脩者，知爲善以去其惡，則當實用其力而禁止其自欺，使其惡惡則如惡惡臭，好善則如好好色，皆務決去而求必得之，以自快足於己，不可徒苟且以徇外而爲人也，然其實與不實，蓋有他人所不及知而己獨知之者，故必謹之於此，以審其幾焉。小人閒居爲不善，無所不至，見君子而後厭然，揜其不善，而著其善。人之視己，如見其肺肝，然則何益矣？此謂誠於中形於外，故君子必愼其獨也。閒，音閑。厭，鄭氏讀作黶。閒居，獨處也。厭然，消沮閉藏之貌，此言小人陰爲不善而陽欲揜之，則是非不知善之當爲與惡之當去也，但不能實用其力以至此耳。然欲揜其惡而卒不可揜，欲詐爲善而卒不可詐，則亦何益之有哉？此君子所以重以爲戒，而必謹其獨也。曾子曰：「十目所視，十手所指，其嚴乎？」引此以明上文之意，言雖幽獨之中，而其善惡之不可揜如此，可畏之甚也。富潤屋，德潤身，心廣體胖，故君子必誠其意。胖，步丹反。胖，安舒也。言富則能潤屋矣，德則能潤身矣。故心無愧怍，則廣大寬平，而體常舒泰，德之潤身者然也。蓋善之實於中而形於外者如此，故又言此以結之。右傳之六章，釋誠意。經曰：欲誠其意，先致其知。又曰：知至而后意誠，蓋心體之明有所未盡，則其所發必有不能實用其力而苟焉以自欺者，然或已明而不謹乎，此則其所明又非已有而無以爲進德之基，故此章之指必承上章而通考之，然後有以見其用力之始終，其序不可亂而功不可闕如此云。

又《論語集注》卷九 子曰：「予欲無言。」學者多以言語觀聖人，而不察其天理流行之實，有不待言而著者，是以徒得其言而不得其所以言，故夫子發此以警之。子貢曰：「子如不言，則小子何述焉？」子貢正以言語觀聖人者，故疑而問之。子曰：「天何言哉？四時行焉，百物生焉，天何言哉？」四時行，百物生，莫非天理發見流行之實，不待言而可見。聖人一動一靜，莫非妙道精義之發，亦天而已，豈待言而顯哉！此亦開示子貢之切，惜乎其終不喻也。程子曰：孔子之道譬如日星之明，猶患門人未能盡曉，故曰：予欲無言。若顔子則便默識，其他則未免疑問，故曰小子何述。又曰天何言哉，四時行焉，百物生焉，則可謂至明白矣。愚按：此與前篇無隱之意相發，學者詳之。

又《孟子集注》卷三 世衰道微，邪說暴行有作，臣弑其君者有之，子弑其父者有之，「有作」之有，讀爲又，古字通用。此周室東遷之後又一亂也。孔子懼，作《春秋》。《春秋》，天子之事也。是故孔子曰：「知我者其惟《春秋》乎！罪我者其惟《春秋》乎！」胡氏曰：仲尼作《春秋》以寓王法，惇典庸禮，命德討罪，其大要皆天子之事也。知孔子者謂此書之作遏人欲於橫流，存天理於既滅，爲後世慮至深遠也。罪孔子者以謂，無其位而託二百四十二年南面之權，使亂臣賊子禁其欲而不得肆則戚矣。愚謂孔子作《春秋》以討亂賊，則致治之法垂於萬世，是亦一治也。聖王不作，諸侯放恣，處士橫議，楊朱、墨翟之言盈天下，天下之言，不歸楊則歸墨。楊氏爲我，是無君也。墨氏兼愛，是無父也。無父無君，是禽獸也。公明儀曰：「庖有肥肉，廄有肥馬，民有飢色，野有餓莩，此率獸而食人也。」楊、墨之道不息，孔子之道不著，是邪說誣民，充塞仁義也。仁義充塞，則率獸食人，人將相食。橫、爲，皆去聲。莩，皮表反。楊朱但知愛身而不復知有致身之義，故無君；墨子愛無差等，而視其至親無異衆人，故無父。無父無君，則人道滅絕，是亦禽獸而已。公明儀之言義，見首篇。充塞仁義，謂邪說偏滿，妨於仁義也。孟子引儀之言，以明楊墨道行則人皆無父無君以陷於禽獸，而大亂將起，是亦率獸食人，而人又相食也，此又一亂也。吾爲此懼，閑先聖之道，距楊墨，放淫辭，邪說者不得作。作於其心，害於其事；作於其事，害於其政。聖人復起，不易吾言矣。爲，去聲。復，扶又反。閑，衛也。放，驅而遠之也。作，起也。事，所行政大體也。孟子雖不得志於時，然楊墨之害自是滅息，而君臣父子之道賴以不墜，是亦一治也。程子曰：楊墨之害甚於申韓，佛氏之害甚於楊墨，蓋楊氏爲我疑於義，墨氏兼愛疑於仁，申韓則淺陋易見，故孟子止闢楊墨，爲其惑世之甚也。佛氏之言近理又非楊墨之比，所以爲害尤甚。昔者禹抑洪水而天下平，周公兼夷狄、驅猛獸而百姓寧，孔子成《春秋》而亂臣賊子懼。抑，止也。兼，并之也。總結上文也。《詩》云：「戎狄是膺，荆舒是懲，則莫我敢承。」無父無君，是周公所膺也。說見上篇。承，當也。我亦欲正人心，息邪說，距詖行，放淫辭，以承三聖者，豈好辯哉？予不得已也。行、好，皆去聲。詖淫，解見前篇。辭者，說之詳也。承，繼也。三聖，禹、周公、孔子也。蓋邪記横流，壞人心術，甚於洪水猛獸之災，慘於夷狄篡弑之禍，故孟子深懼而力救之，再言「豈好辯哉，予不得已也」，所以深致意焉。然非知道之君子，孰能眞知其所以不得已之故哉！能言距楊墨者，聖人之徒也。言苟有能爲此距楊墨之說者，則其所趨正矣，雖未必知道，是亦聖人之徒也。孟子既答公都子之問，而意有未盡，故復言此。蓋邪說害正人，人得而攻之，不必聖賢，如《春秋》之法，亂臣賊子人人得而誅之，不必士師也。聖人救世立法之意，其切如此。若以此意推之，則不能攻討而又唱爲不必攻討之說者，其爲邪詖之徒亂賊之黨可知矣。尹氏曰：學者於是非之原，毫釐有差，則害流於生民，禍及於後世，故孟子辯邪說如是之嚴，而自以爲承三聖之功也。當是時方且以好辯目之，是以常人之心而度聖賢之心也。

又《中庸章句》 中者，不偏不倚，無過不及之名。庸，平常也。 子程子曰：不偏之謂中，不易之謂庸。中者，天下之正道，庸者，天下之定理。此篇乃孔門傳授心法，子思恐其久而差也，故筆之於書以授孟子。其書始言一理，中散爲萬事，末復合爲一理。放之則彌六合，卷之則退藏於密，其味無窮，皆實學也。善讀者玩索而有得焉，則終身用之有不能盡者矣。天命之謂性，率性之謂道，脩道之謂教。命，猶令也。性，即理也。天以陰陽五行化生萬物，氣以成形，而理亦賦焉，猶命令也。於是人物之生因各得其所賦之理以爲健順，五常之德所謂性也，率，循也。道，猶路也。人物各循其性之自然，則其日用事物之閒莫不各有當行之路，是則所謂道也。脩，品節之也，性道雖同，而氣稟或異，故不能無過不及之差，聖人因人物之所當行者而品節之，以爲法於天下，則謂之教，若禮樂刑政之屬是也。蓋人知己之有性，而不知其出於天，知事之有道，而不知其由於性，知聖人之有教，而不知其因吾之所固有者裁之也。故子思於此首發明之，而董子所謂道之大原出於天，亦此意也。道也者，不可須臾離也，可離非道也。是故君子戒愼乎其所不睹，恐懼乎其所不聞。離，去聲。道者，日用事物當行之理，皆性之德而具於心，無物不有，無時不然，所以不可須臾離也，若其可離，則豈率性之謂哉。是以君子之心，常存敬畏，雖不見聞，亦不敢忽，所以存天理之本然，而不使離於須臾之頃也。莫見乎隱，莫顯乎微，故君子愼其獨也。見，音現。隱，暗處也。微，細事也。獨者人所不知而己所獨知之地也。言幽暗之中，細微之事，跡雖未形，而幾則已動，人雖不知，而己獨知之，則是天下之事無有著見明顯而過於此者，是以君子既常戒懼，而於此尤加謹焉，所以遏人欲於將萌，而不使其潛滋暗長於隱微之中，以至離道之遠也。喜怒哀樂之未發謂之中，發而皆中節謂之和。中也者天下之大本也，和也者天下之達道也。樂，音洛。「中節」之中，去聲。喜怒哀樂，情也，其未發則性也。無所偏倚，故謂之中，發皆中節，情之正也，無所乖戾，故謂之和。大本者，天命之性，天下之理，皆由此出，道之體也。達道者，循性之謂，天下古今之所共由，道之用也。此言性情之德，以明道不可離之意。致中和，天地位焉，萬物育焉。致，推而極之也。位者，安其所也。育者，遂其生也。自戒懼而約之，以至於至靜之中，無少偏倚，而其守不失，則極其中而天地位矣。自謹獨而精之，以至於應物之處，無少差謬，而無適不然，則極其和而萬物育矣。蓋天地萬物本吾一體，吾之心正則天地之心亦正矣，吾之氣順則天地之氣亦順矣。故其效驗至於如此，此學問之極功，聖人之能事，初非有待於外，而脩道之教亦在其中矣。是其一體一用，雖有動靜之殊，然必其體立而後用有以行，則其實亦非有兩事也，故於此合而言之，以結上文之意。 右第一章，子思述所傳之意以立言。首明道之本原出於天而不可易，其實體備於己而不可離；次言存養省察之要；終言聖神功化之極。蓋欲學者於此反求諸身而自得之，以去夫外誘之私，而充其本然之善，楊氏所謂一篇之體要是也。其下十章，蓋子思引夫子之言以終此章之義。

又 大哉聖人之道，包下文兩節而言。洋洋乎發育萬物，峻極于天。峻，高大也。此言道之極於至大而無外也。優優大哉，《禮儀》三百，威儀三千，優優，充足有餘之意。《禮儀》經禮也，威儀，《曲禮》也，此言道之入於至小而無閒也。待其人而後行，總結上兩節。故曰：「苟不至德，至道不凝焉。」至德，謂其人；至道，指上兩節而言也。凝，聚也，成也。故君子尊德性而道問學，致廣大而盡精微，極高明而道中庸，溫故而知新，敦厚以崇禮。尊者，恭敬奉持之意。德性者，吾所受於天之正理道由也。溫，猶燖溫之，溫謂故學之矣，復時習之也。敦，加厚也。尊德性，所以存心而極乎道體之大也。道問學，所以致知而盡乎道體之細也。二者脩德凝道之大端也，不以一毫私意自蔽，不以一毫私欲自累，涵泳乎其所已知，敦篤乎其所已能，此皆存心之屬也。析理則不使有毫釐之差，處事則不使有過不及之謬，理義則日知其所未知，節文則日謹其所未謹，此皆致知之屬也。蓋非存心無以致知，而存心者又不可以不致知，故此五句大小相資，首尾相應，聖賢所示入德之方莫詳於此，學者宜盡心焉。是故居上不驕，爲下不倍。國有道，其言足以興國，無道，其默足以容。《詩》曰：「既明且哲，以保其身。」其此之謂與？

倍，與背同。與，平聲。興，謂興起，在位也。《詩・大雅・烝民》之篇。右第二十七章，言人道也。

朱熹《詩序辨説》卷上 《擊鼓》，怨州吁也。衛州吁用兵暴亂，使公孫文仲將而平陳與宋，國人怨其勇而無禮也。 《春秋》隱公四年，宋、衛、陳、蔡伐鄭，正州吁自立之時也。序蓋據詩文平陳與宋而引此爲説，恐或然也。然傳記魯衆仲之言曰：州吁阻兵而安忍，阻兵無衆，安忍無親。衆叛親離，難以濟矣。夫兵，猶火也，弗戢將自焚也。夫州吁弑其君而虐用其民，於是乎不務令德而欲以亂成，必不免矣。按州吁簒弑之賊，此序但譏其勇而無禮，固爲淺陋，而衆仲之言亦止於此，蓋君臣之義不明於天下久矣，《春秋》其得不作乎！

又《考槃》，刺莊公也。不能繼先公之業，使賢者退而窮處。 此爲美賢者窮處而能安其樂之詩，文意甚明。然詩文未有見棄於君之意，則亦不得爲刺莊公矣。序蓋失之，而未有害於義也。至於鄭氏，遂有誓不忘君之惡，誓不過君之朝，誓不告君以善之説，則其害義又有甚焉。於是程子易其訓詁，以爲陳其不能忘君之意，陳其不得過君之朝，陳其不得告君以善，則其意忠厚而和平矣。然未知鄭氏之失生於序文之誤，若但直據詩詞，則與其君初不相涉也。

朱熹《論語精義》卷八上《論語・衛靈公》 子曰：「志士仁人，無求生以害仁，有殺身以成仁。」 伊川曰：實理得之於心自别。實見得是，實見得非。古人有捐軀殞命者，若不實見得，烏能如此？須是實見得生不重於義，生不安於死也，故有殺身成仁者，只是成就一箇是而已。或曰：有殺身以成仁，無求生以害仁，竊謂所利者大，一身何足惜也。先生曰：但看生與仁孰重。夫子曰，朝聞道夕死可矣，人莫重於生，至捨之以死，道必大勝於生也。曰：既死矣，敢問大勝處如何？曰：聖人只睹一箇是。范曰：志士者志於道，仁人者主於仁。身之所重者生也，苟有害仁，則殺身以成仁，況輕於生者，其肯違仁以求之哉！孟子曰：生亦我所欲，義亦我所欲也，二者不可得兼，舍生而取義者也。揚雄或問衆人曰：富貴生賢者曰義，聖人曰神，唯賢者能權輕重而取舍之，仁人者，聖人之次也。呂曰：不私，至德。以私至德。謝曰：仁人之死生無擇也，志士於死生，取義也。方其舍生取義，外物亦不足以間之，故所成者仁。楊曰：孟子曰，士尚志，非仁無守也，非義無行也，夫是之謂志士。雖其心未能不違仁，其欲成仁則與仁人一也。侯曰：志士，志於仁者也，故無求生以害仁，有殺身以成仁，義之。當爲計較一生則害仁矣，故曰仁人求生害仁，殺身成仁，皆義也，非仁也。仁義本無二，學者當於一道上别出。尹曰：志士仁人雖於死生利害之際，唯知有仁而已。故殺身以成其德。

子曰：「君子疾沒世而名不稱焉。」 明道曰：君子惟患無善之可稱，當汲汲爲善，非求名也。有實則有名，名實一也。若夫好名，則徇名爲虚矣。如君子疾沒世而名不稱，謂無善可稱耳，非徇名也。范曰：君子學以爲己，不求人知，然沒世而名不稱則無爲善之實矣。揚雄曰：名譽以崇之。《詩》曰：「鼓鐘于宫，聲聞于外。」名者，實之賓也。呂曰：論爲善之效，則疾沒世而名不稱；語信道之至，則遯世不見知而不悔。謝曰：病人之不已知者，則務外，務外者兩失之。不病人之不已知，則務實，務實兩得之。有實必有名，沒世而名不稱，無實故也。先王之世，鄉黨閭里爲善者多，無行修而譽不聞者，是以名不稱爲可疾，後世禮讓衰微，始有潛德韜光四十年人無識者。尹曰：名，謂無善之可稱，非求名譽者也。

朱熹《孟子精義》卷七《離婁》 《孟子曰自暴者不可與有言也》章： 伊川曰：懈意一生，便是自暴自棄。又曰：行之失莫甚於惡，則亦改之而已矣；事之失莫甚於亂，則亦治之而已矣。苟非自暴自棄者，孰不可與爲君子？又曰：語曰，唯上知與下愚不移。所謂下愚有二：自暴也，自棄也。人苟以善自治，則無不可移者，雖昏愚之至，皆可漸磨而進也。唯自暴者拒之以不信，自棄者絶之以不爲，雖聖人與居，不能化而入也，仲尼之所謂下愚也。然天下自暴自棄者非必皆愚民也，往往強戾而才力有過人者，商辛是也，聖人以其自絶於善，謂之下愚，然考其歸，則誠愚也。尹曰：人孰不可以聞善？難與言者，自暴故也。人孰不可以爲善？難與爲者，自棄故也人。皆有可得之資，而自暴棄之，是足哀矣！

張栻《癸巳論語解》卷二《里仁》 子曰：「參乎！吾道一以貫之。」曾子曰：「唯。」子出，門人問曰：「何謂也？」曾子曰：「夫子之道，忠恕而已矣。」 道無不該也，而有隱顯本末内外之致焉，程子所謂如百尺木，自根本至毫末皆一貫也。若隱顯本末内外之致泯然莫别，則所謂一以貫之者亦何所施哉？夫子之告曾子，當其可也，曾子蓋默識之矣，故荅門人之問獨舉忠恕爲言，可以見曾子自得之深也。夫忠爲體，恕爲用，實有是體，則實有是用，用之周乎物，是其體之流行發見而已，體用一源故也，此豈非一貫之妙歟。聖人全乎此天之道也，曾子所稱夫子忠恕是已；賢者求盡乎此人之道也，子思所稱忠恕是已。

又《癸巳孟子説》卷一《梁惠王》 齊宣王問曰：「湯放桀，武王伐紂，有諸？」孟子對曰：「於傳有之。」曰：「臣弑其君，可乎？」曰：「賊仁者謂之賊，賊義者謂之殘，殘賊之人，謂之一夫。聞誅一夫紂矣，未聞弑君也。」 孟子之對，無乃太勁矣乎？蓋明言理之所在，以警宣王之心也。夫仁義者，人道之常也。賊夫仁義，是絶滅人道也。故賊夫惻隱之端，至於暴虐肆行而莫之顧也，賊夫羞惡之端，至於放僻邪侈而莫之止也。夫仁義之在天下，彼豈能賊之哉，實自殘賊於厥躬耳！爲君若此，則上焉斷棄天命，下焉不有民物，謂之一夫不亦宜乎。嗚呼，孟子斯言，昭示萬世，爲人上者聞之知天命之可畏，仁義之爲重，名位之不可以恃也，其亦兢兢以自強乎。

又卷六《告子》 曹交問曰：「人皆可以爲堯舜，有諸？」孟子曰：「然。」「交聞文王十尺，湯九尺，今交九尺四寸以長，食粟而已，如何則可？」曰：「奚有於是？亦爲之而已矣。有人於此，力不能勝一匹雛，則爲無力人矣。今曰舉百鈞，則爲有力人矣。然則舉烏獲之任是亦爲烏獲而已矣。夫人豈以不勝爲患哉？弗爲耳。徐行後長者謂之弟，疾行先長者謂之不弟。夫徐行者豈人所不能哉！所不爲也。堯舜之道，孝弟而已矣。子服堯之服，誦堯之言，行堯之行，是堯而已矣。子服桀之服，誦桀之言，行桀之行，是桀而已矣。」曰：「交得見於鄒君，可以假館，願留而受業於門。」曰：「夫道，若大路然，豈難知哉？人病不求耳。子歸而求之，有餘師。」

曹交問人皆可以爲堯舜，蓋亦習聞孟子有此說而疑之也。孟子引而進之，反覆明備，所謂誨人不倦者與！曰：奚有於是，亦爲之而已矣。蓋人皆有是性，故皆可以爲堯舜，而其所以異者，則其不爲之故耳。力不能勝一匹雛，則爲無力人，能舉百鈞，則爲有力人，能舉烏獲之任，則是亦烏獲，此言人能爲堯舜之事，則亦是堯舜而已。又曰：人豈以弗勝爲患哉，弗爲耳。言人皆可以爲堯舜，非其力不勝也，特不爲耳，故以疾行徐行明之。蓋徐行後長者，是乃天理之當然，若疾行先長者，則爲不循乎其理矣。夫徐行者豈人所不能哉，以其不爲而已，以是而思，則凡天理之存乎人者，初何遠哉，特舍之而不爲，猶不肯徐行者耳。推徐行不敢先之心，是乃孝弟之端也。堯舜之道，孝弟而已矣，孝弟足以盡堯舜之道，蓋人性之德莫大於仁義，仁莫先於愛親，義莫先於從兄，此孝弟之所由立也。盡得孝弟，則仁義亦無不盡，是則堯舜之道豈不可一言蔽之乎。人孰無是心哉，顧體而充之何如耳。夫服其服，誦其言，行其行，則將與其人無以異矣，善惡皆然，然則可不勉於爲善乎！交於此有受業之意，而欲假館於鄒君，則交也猶汩沒於勢利之中，而非誠篤求道者，故使之歸而求之。道者，天下之公，人所共由，初不遠於人，謂之爲難不可也，故曰豈難知哉。而謂之爲易亦不可也，故曰人病不求耳。然求之則有道矣，故曰歸而求之有餘師，謂誠能歸而求之，則其爲師也抑有餘矣。蓋道無乎不在，貴於求而自得之而已，辭意反復抑揚，學者所宜深味也。

又《南軒集》卷二〇《答朱元晦秘書・又》 故舉天下之異己者，盡歸之流俗。於是來合其說者，無非趨附之小人。既欲其事之濟，則用其說之合者。小人四出，以亂天下，其勢則然也。介甫初亦用程明道及呂晦叔輩，其意豈不用賢，而以其天資視呂惠卿之徒，爲何等哉！惟其欲其說之濟，故擯異而用同，卒至棄仁賢而任羣小也。

周孚《蠹齋鉛刀編》卷二一《春秋講義》 秋七月，天王使宰咺來歸惠公仲子之賵。仲子，魯侯之妾也。《左氏》、《公羊子》以爲惠公，《穀梁子》以爲孝公。魯史亡久矣，是不可考。然其爲妾，則一也。何以知其爲妾？以僖公成風知之。成風，莊公妾也。《春秋》于秦人賵也，其書之之辭，與此同，以是知其爲妾也。然則，《穀梁子》之說可從矣，曰「不敢必也」。若二傳何寧闕之？以俟後之君子。雖然，《春秋》之義，初不係乎此也。天子以禮維持諸侯者也，今以非禮而賵人之妾，是有短垣而自踰之也。然則，春秋無貶辭，何也？曰：實書其事，而義自見矣。

方崧卿《韓集舉正》卷六《送李愿歸盤谷序》 喜有賞，怒有刑。樊氏石本無此二語。《文苑》作「喜有賜怒有刑」，此乃左氏之所謂「喜有施捨怒有戰鬬」是也。公此文如「粉白黛綠」，乃列子之所謂「粉白黛黑」是也。「左右之人各執其物」，乃《史記・商君傳》之所謂「後車十數，一物不具，君固不出」，是也。蔡邕《釋誨》有「卑俯乎外戚之門，乞助乎近貴之譽」，乃「伺候乎公卿之門，奔走於形勢之途」之所本也。揚雄《解嘲》「欲談者，宛舌而固聲；欲行者，擬足而投迹」，乃「足將進而趦趄，口將言而囁嚅」之所本也。公年少氣鋭，未免求其有以振耀於世。或者謂唐無文章，惟《盤谷序》而已，恐非歐公之言也。

呂祖謙《呂氏家塾讀詩記》卷一《周南・葛覃》 《葛覃》，后妃之本也。后妃在父母家，則志在於女功之事，躬儉節用，服澣濯之衣，尊敬師傅，是可以歸安父母，化天下以婦道也。張氏詩曰：「葛，蔓生。春，谷鳥遷，女功興，念欲歸安，不將貴盛驕門族，容使親心得盡歡。」「呂氏注」：「《關雎》后妃之德也。而所以成德者，必有本也。曷謂本？《葛覃》所陳是也。後之講師，徒見序稱后妃之本，而不知所謂，乃爲在父母家志在女功之説以附益之，殊不知是詩皆述既爲后妃之事，貴而勤儉，乃爲可稱，若在室而服女功，固其常耳，不必詠歌也。」

葛之覃兮，施以豉反。于中谷；維葉萋萋。黄鳥于飛，集于灌木；其鳴喈喈。毛氏曰：「興也。葛所以爲絺綌，女功之事煩辱者。覃，延也。施，移也。孔氏曰：施，言引蔓移去其根也。中谷，谷中也。孔氏曰：中谷，谷中，倒其言者，古之人語皆然，《詩》文多此類。萋萋，茂盛貌。黄鳥，摶黍也。陸璣疏曰：黄鳥，幽州人謂之黄鶯，一名倉庚，齊今謂之摶黍。灌木，叢木也。《爾雅》曰：木簇生爲灌。喈喈，和聲之遠聞也。」歐陽氏曰：「后妃見葛生鳥鳴，因時感事，樂女功之將作，故其次章遂言葛已成就，刈濩而爲絺綌也。」

葛之覃兮，施于中谷；維葉莫莫。是刈魚廢反。是濩，胡郭反。爲絺恥知反。爲綌，去逆反。服之無斁。音亦。毛氏曰：「莫莫，成就之貌。濩，煑之也。精曰絺，麤曰綌。斁，厭也。古者王后織玄紞，徒感反。公侯夫人紘綖，卿之內子大帶，大夫命婦成祭服，士妻朝服，庶人以下各衣其夫。」張氏曰：「秋時也。」陳氏曰：「以爲衣服而服之無厭斁之心，女功之勤非苟知之，身親嘗之，所以能儉。」《釋文》：「刈作艾。曰艾亦作刈。《韓詩》云：『刈，取也。』」孔氏曰：「《爾雅》斁作射，音義同。」

言告師氏，言告言歸。薄汙我私，薄澣戶管反我衣。害戶葛反澣害否，歸寧父母。　蘇氏曰：「言，辭也。《春秋傳》曰：言歸于好。」張氏曰：言告言歸，猶曰告曰歸也。毛氏曰：言，我也。毛氏曰：「師，女師也。古者女師教以婦德、婦言、婦容、婦功。孔氏曰：教女之師以婦人爲之，《昏禮》曰：姆纚笄綃衣在其右。注云：姆，婦人五十無子，出而不復嫁，能以婦道教人者。姆，亡侯反。纚，山買反。笄，音雞。綃，音消。汙，煩也。鄭氏曰：煩煩撋之用功深。撋，而專反。《釋文》曰：猶挼莎也。王氏曰：去汙曰汙。私，燕服也。婦人有副褘盛飾以朝事舅姑，接見於宗廟，進見於君子，其餘則私也。」《芣苢》傳曰：「薄，辭也。」鄭氏曰：「澣，謂濯之耳。」毛氏曰：「害，何也。」朱氏曰：「何者當澣，而何者可以未澣乎？我將歸寧於父母矣。歸寧者，歸而問安之義。」《葛覃》三章，章六句。

又卷一九《小雅·庭燎》　《庭燎》，力召反。美宣王也。因以箴之金反。之。董氏曰：《傳》曰：百官官箴王闕，此詩其同烜之屬所爲乎。　程氏曰：天下之事，貴乎得中而可常，是之謂宜。苟以意之所欲而已，靡不勤於始而怠於終，故其進鋭者其退速。宣王之於始不守法以治，盡其力以勤於事，固可知其不能於終也。此所以方美其勤而遂以箴之也。陳氏曰：君子有四時，朝以聽政，晝以訪問，夕以脩令，夜以安身。於是乎節宣其氣，勿使有壅閉湫底以露其體，然後能有常而不變。孔氏曰：此言美而箴之，以下規誨爲衰失之漸，置《斯干》、《無羊》於末，見終善以隱之。

夜如何其？音基。夜未央，庭燎之光。君子至止，鸞聲將將。七羊反。　孔氏曰：其，語辭。勃海胡氏曰：《説文》云，央，中央也。《廣雅》云，央，極中也。《秦風》云，宛在水中央，央，亦中也。二章云「未艾」，三章云「鄉晨」，是從未央而至未盡，從未盡而至鄉明也。孔氏曰：《毛傳》言「央，旦」者，旦是夜屈之限。言未央者，謂夜未至旦，非謂訓央爲旦，故王肅曰：「央，旦。未旦，夜半是也。」毛氏曰：庭燎，大燭也。孔氏曰：庭燎者，樹之於庭，燎之爲明。《司烜》云：「邦之大事，供蕡燭庭燎。」「樹於門外曰大燭，門內曰庭燎。」《郊特牲》曰：「庭燎之百，由齊桓公始也。」注云：「僭天子也。庭燎之差，公蓋五十，侯伯子男皆三十。」是天子庭燎用百，古制未得而聞，要以物百枚幷而纏束之，今則用松、葦、竹灌以脂膏也。《釋文》曰：在地曰燎，執之曰燭。王氏曰：設庭燎者，謂將朝也。光者，燎盛也。晣晣，則其衰也。煇，則其光散矣。毛氏曰：君子，謂諸侯也。將將，鸞鑣聲也。蘇氏曰：宣王將視朝，不安於寢，而問夜之早晚，曰：夜如何矣？則對曰：夜未央，庭燎光。朝者至而聞其鸞聲矣。

夜如何其？夜未艾，音刈。庭燎晣晣。之世反。君子至止，鸞聲噦噦。呼會反。　王氏曰：未艾者，未及盡也。李氏曰：《左傳》秦后子曰：一世無道，國未艾也。注曰：盡也。則艾爲盡意。朱氏曰：晣晣，小明也。毛氏曰：噦噦，徐行有節也。朱氏曰：噦噦，近而聞其徐行有節之聲也。《説文》曰：鉞，車鑾聲也。從金，戉聲。《詩》曰鑾聲鉞鉞。徐鉉曰：今俗作噦，以鉞作斧戉之戉，非是呼會切。

夜如何其？夜鄉許亮反。晨，庭燎有煇。音暉。君子至止，言觀其旂。音祈。　朱氏曰：鄉晨，近曉也。有煇，天明而光散也。鄭氏曰：上二章聞鸞聲爾，今夜鄉明見其旂，是朝之時也。朝禮別色始入。東萊曰：宣王將朝而屢問，其志雖勤，然未能安定凝止，躍然有喜事之心焉，斯其所以不能常也。《庭燎》三章，章五句。

又《左氏博議·隱公三年》　周鄭交惡。隱三年，鄭武公、莊公爲平王卿士。王貳於虢。鄭伯怨王。王曰：「無之。」故周、鄭交質。王子狐爲質於鄭，鄭子忽爲質於周。王崩，周人將畀虢公政。四月，鄭祭足帥師取溫之麥。秋，又取成周之禾。周、鄭交惡。君子曰：「信不由中，質無益也。明恕而行，要之以禮，雖無有質，誰能間之？苟有明信，澗、溪、沼、沚之毛，蘋、蘩、薀、藻之菜，筐、筥、錡、釜之器，潢、汙、行潦之水，可薦於鬼神，可羞於王公，而況君子結二國之信。行之以禮，又焉用質？《風》有《采蘩》、《采蘋》，《雅》有《行葦》、《泂酌》，昭忠信也。」天子之視諸侯，猶諸侯之視大夫也。季氏之於魯，如二君矣。而世不幷稱之，曰「魯季」。季氏，魯國之權臣。陳氏之於齊，如二君矣。而不幷稱之，曰「齊陳」。陳敬仲之後。蓋季氏雖強，猶魯之季氏也，陳氏雖強，猶齊之陳氏也，烏可君臣幷稱而亂其分乎？周，天子也，鄭，諸侯也。《左氏》序平王、莊公之事，始以爲周、鄭交質，終以爲周、鄭交惡；幷稱周、鄭，無尊卑之辨，不責鄭之叛周，而責周之欺鄭，《左氏》之罪亦大矣。吾以爲《左氏》信有罪，周亦不能無罪焉。周之東遷也，鄭伯入爲卿士，君臣之分猶在也。君之於臣，見賢則用之，見不賢則去之，復何所隱哉？平王欲退，鄭伯而不敢退；欲進，虢公而不敢進。巽懦暗弱，反爲虛言以欺其臣，固已失天子之體矣。又其甚至於與鄭交質。交質，鄰國之事也，今周降其尊而下質於鄭，鄭忘其卑而上質於周，其勢均，其體敵，尊卑之分蕩然矣。未交質之前，周爲天子，鄭爲諸侯。既交質之後，周與鄭等諸侯耳，然亦何所憚哉！溫之麥、洛之禾，宜其稇載而不顧也。向若平王始惡鄭伯而亟黜之，鄭雖拔扈，不過一叛臣耳，吾天子之尊猶自若也。苟與之質，是自處以列國而不敢以天子自處矣。鄭人之心以謂彼之子來質於我，我之子往質於彼，見其與吾同而不見其與吾异，歲推月移，豈知周之爲君哉！一旦用兵而不忌，非諸侯之叛天子也，是諸侯之攻諸侯也。使周素以天子自處至尊至嚴之分，鄭遽敢犯乎？惟周以列國自處，故鄭以列國待之，天下亦以列國待之，《左氏》亦以列國待之。周不自伐，人必未敢伐之也；周不自卑，人亦未敢卑之也。無王之罪，《左氏》固不得辭，周亦分受其責可也。雖然《左氏》所載君子之言，固出於《左氏》之筆，然亦推本當時君子之論也。其論周、鄭，概謂之二國，而無所輕重，是當時之所謂君子者舉不知有王室矣。戎狄不知有王未足憂也，盜賊不知有王未足憂也，諸侯不知有王亦未足憂也，至於名爲君子者亦不知有王，則普天之下知有王室者其誰乎？此孔子所以憂也，此《春秋》所以作也，此《春秋》所以始於平王也。

黄鶴等《補注杜詩》卷一《奉贈韋左丞丈廿二韻》 紈袴不餓死，儒冠多誤身。洙曰：莊子曰：儒者冠圜，冠者知天時。儒行曰：冠，章甫之冠。《前漢・酈食其傳》：沛公不喜儒，諸客冠儒冠來者，沛公輒解其冠，溺其中。師曰：杜甫生於睿宗先天元年，死於代宗大曆五年，年五十有九。歷睿宗、玄宗、肅宗、代宗，凡四朝也。天寶十三年獻三賦，玄宗命宰相試以文章，授河西尉，不行。天寶十四年，安祿山亂，甫挈家避亂鄜州，陷賊中。肅宗至德二載，脱身歸鳳翔府，上謁肅宗，肅宗授以左拾遺。當是時，房琯以宰相總兵，與賊戰。琯，儒者，用春秋車戰之法，爲賊所敗，由是得罪。甫上疏論琯不宜廢，肅宗怒，貶甫爲華州司功。甫既不得志，聞李白在山東，將爲山東之遊，遂作此詩，辭韋左丞，明已無罪而去。觀甫嘗有憶李白詩之句「何時一樽酒，重與細論文」，蓋謂此行，爲尋李白故也。紈袴，貴遊子弟之服。餓之義有二：絶粒曰餓；不食祿亦曰餓。若伯夷、叔齊餓于首陽，采薇而食，不食周祿，正此餓也。當祿山之亂，武夫悍卒皆以軍功取封侯，其子弟自襁褓至于老死，誰有不食祿者？獨文儒之士，不能擐甲出戰，皆寂寥不見用，以此誤身者多矣。蓋嘆武夫得志，傷吾道之不用也。

楊簡《楊氏易傳》卷一《乾・坤》 ䷀《乾》下《乾》上《乾》：元亨利貞。【略】夫道一而已矣。三才一，萬物一，萬事一，萬理一。唐、虞之三事：曰正德，曰利用，曰厚生。厚生者，養生之事。利用者，器用於人爲利。是二者皆有正德焉。故《大禹謨》曰「正德、利用、厚生，惟和」。和，同也。卜筮者，民之利用。聖人繫之辭，因明人之道心，是謂正德。人心即道，故舜曰「道心」。孔子曰：「夫易，聖人所以崇德而廣業也。」【略】潛龍勿用，陽在下也。人之所以不能安於下而多有進用之意者，動於意而失其本心也。人之本心至神至明，與天地爲一。方陽氣在下，陽氣寂然安於下，未嘗動也。人能如陽氣之在下，寂然無進動之意，則與天地爲一，不失其心矣。是之謂得《易》之道。不能安於潛而有欲用之意者，必獲咎厲，必凶，是謂失易之道。【略】䷁《坤》下《坤》上《坤》：元亨，利牝馬之貞。【略】六二：直方大，不習無不利。《象》曰：六二之動，直以方也。不習無不利，地道光也。直者。直而已，不曲而已。不必求之遠也。方者，如物之方，不可轉移而已。不必求之遠也。曰「直」，曰「方」，皆所以形容道心之言，非有二理也。此道甚大，故曰「直」、「方」、「太」。此道乃人心之所自有，不假脩習而得。

吴仁傑《離騷草木疏》卷一《芙蓉》 製芰荷以爲衣兮，雧芙蓉以爲裳。王逸註：芙蓉，蓮華也。言已進不見納。裁芰荷合芙蓉爲衣裳，被服愈潔，修善益明。《爾雅》：荷芰，蕖其莖，茄其葉，蕸其本，蔤其華，菡萏其實，蓮其根，藕其中的，的中薏。郭璞註：芙蕖，別名芙蓉，江東名荷，莖下白蒻，在泥中者爲蔤房，爲蓮。邢昺云：今江東人呼荷華爲芙蓉，北方人便以藕爲荷，亦以蓮爲荷。或用其母爲華名，或用根子爲母葉號。此皆名相錯習俗傳誤也。陸璣云：蓮，青皮裏白子爲的，的中有青爲薏，味甚苦。《本草》：藕實，一名水芝舟，一名蓮。《圖經》云：葉，名荷，圓徑尺餘。其華未發爲菡萏，已發爲芙蓉。其根藕，幽州人謂之光旁，惟苦薏不可食。葉中蒂，謂之荷鼻。其的，至秋表皮黑，而沈水者爲石蓮，惟鹽鹵能浮之。仁傑按：《蘇鶚演義》云芙蓉花之最秀異者，一名水白，一名水華，色有紅白青黄，大者至百葉。濂溪先生云：陶淵明愛菊，世人愛牡丹，予獨愛蓮之出淤泥而不染，濯清漣而不夭，中通外直，不蔓不枝，香遠益清，亭亭浄植，可遠觀而不可褻翫焉。菊，花之隱逸者也；牡丹，花之富貴者也；蓮，花之君子者也。

李樗等《毛詩李黄集解》卷八 《河廣》，宋襄公母歸于衛，思而不止，故作是詩也。誰謂河廣？一葦杭之。誰謂宋遠？跂丘豉反。予望之。誰謂河廣？曾不容刀。誰謂宋遠？曾不崇朝。李曰：「《河廣》。宋襄公之母桓公之夫人衛文公之妹也，生襄公而見出，襄公即位，夫人思宋而不可歸。蓋母既見出，義與廟絶，故不可歸也。『誰謂河廣？一葦杭之』者，一束葦也。杭，度也。刀，小船也。崇朝，終朝也。言誰謂河之廣歟？一束之葦可以度；誰謂宋之遠歟？跂足可以望見之也。誰謂河之廣歟？曾不容於一刀；誰謂宋之遠歟？曾不崇朝可致。然河非不可渡，今我之不渡。知義自不渡爾，宋非不可往也。今我之不往，知義自不往也。」論曰：「《載馳》之詩曰：『大夫跋涉，我心則憂。』《竹竿》之詩曰：『豈不爾思，遠莫致之。』皆言其遠也。至於此詩，惟言其甚近者，蓋言人之於遠者則憚而不往，至於甚近而不往者，非有所憚也，義不可也。大抵人之行事，當論其所當爲與不當爲者如何耳。其所當爲者，雖千里之遠，猶在所往也；其不當爲者，雖咫尺之地，不可妄動也。公父，文伯之母，季康子之從祖母也。康子往焉，闔門而與之言，皆不踰閾。孔子嘉其有男女之別。夫一門限而禮存焉，非其足不可踰閾也，禮不可也。觀此則知宋襄之母有念子之心而不敢歸宋，此詩所以賢之也。」黄曰：「天下之事，其所當爲者，雖千里而近；其所不當爲者，雖咫尺而遠。衛之於宋，可以束葦而渡，可以跂足而見，可以旦行而至，夫豈難往哉？於禮有所不可往，則雖近而猶遠也。禮之不可踰也如此哉！」

又卷一五《墓門》，刺陳佗也。陳佗無良師傅，以至於不義，惡加於萬民焉。墓門有棘，斧以斯之。夫也不良，國人知之。知而不已，誰昔然矣。墓門有梅，有鴞萃止。夫也不良，歌以訊之。訊予不顧，顛倒思予。 李曰：「陳佗者，文公子，桓公之弟也。桓五年，甲戌己丑，陳侯鮑卒，於是陳亂，佗殺太子免而代之。桓公病，病而亂作，國人分散，此正所謂不義也。其所以至於不義，惡加於萬民者，以其無良師傅訓導之也。故詩人推本而言之。『墓門有棘，斧以斯之。』斯，《説文》曰：析也。《爾雅》曰：斯，離也。孫炎曰：斯，析之離。然則斯者，有離析之狀。『墓門有棘』，言墓道之門，不修治之，則有棘生焉。棘生，則宜以斧開析而去之。言佗之爲不義，宜得良師傅以誘導之，則可以格其非心。『夫也不良』，夫，謂師傅也。惟佗必得賢輔，夫然後可以磨厲訓迪而去其非心。今佗之師傅不良，則其至於不義，惡加於萬民也。故雖國内之人皆知之，而已獨不知之，國人知之而不能去者，則以佗習成其惡而不自知也。故曰：『知而不已，誰昔然矣。』程氏曰：衆皆知之，己獨不之知，自昔誰如是乎？此追咎自佗幼小不得師傅，遂成其惡。『誰昔然矣』，後來誰如是乎？此言是也。賈誼曰：習與正人居之，不能無正，猶生長於齊，不能不齊言也。習與不正人居之，猶生長於楚，不能不楚言也。秦使趙高傅胡亥，豈胡亥之性本惡哉，蓋其所以導之非其人故也。此言正詩所謂『誰昔然矣』。鴞，惡聲之鳥，一名鵩鳥。陸氏疏曰：鴞，大如班鳩，綠色，惡聲之鳥也。入人家凶，賈誼所賦『鵩鳥』，即此是也。『墓門有梅，有鴞萃止。』萃，聚也。言梅雖美木，而生於墓門荒蕪之地，則有惡鳥集焉。言佗之性本善，而師傅之不良，則惡歸之矣。上言『墓門有棘，斧以斯之』，不能去其不善而復於善，此章言『墓門有梅，有鴞萃止』，蓋言佗之性非不善也，所以輔導者非其人耳。『夫也不良，歌以訊之』，言佗師傅不良，故我作歌以訊告之，告之而汝不我顧，至於顛倒，乃知思我之言也。方其未遭患難之時，聞此言則未必以爲然，及其既遭患難，則必悔之，何所補哉？顛倒，急難之際也。佗雖殺太子免而代之，未幾而爲蔡人所殺，是所謂顛倒也。毛氏曰：至於顛倒而思加於民，以惡加萬民爲顛倒，非矣。」論曰：「天下之禍莫大於不善人得志於世，君以爲賢而信任之，天下皆知其必至於禍敗，而己則不知也。天下皆知而己獨不知，則必至於顛倒而後悔也。申屠剛謂隗囂曰：夫未至豫言固常爲虚，及其已至，又無所及，是以忠言正諫，希得爲用也。使人君能於未至而聽納忠鯁之言，則天下安有顛倒之患哉？惟其事未至則忽而不信，或指之以爲狂妄，及其已至，雖能悟其忠而悔其不從，則是噬臍爾。唐明皇天寶間，李林甫以佞諛見用，而張九齡以忠言見黜，當此時，必以林甫爲賢而以九齡爲不才也，及其禍發幽陵，身竄巴蜀，乃知九齡之先見而悟林甫之嫉賢妒能也。豈非所謂顛倒思予者乎！至於德宗用一盧杞以致涇卒之變，亦可悟矣，猶謂盧杞非姦邪。夫明皇、德宗委任非人，以取播遷之辱，其禍一也，明皇猶能於顛倒之時而思予，固無益於禍敗也，然比德宗於顛倒之後而尚不悟，則明皇爲猶賢也。若德宗者，眞所謂下愚不移者也。」黄曰：「按《春秋》『桓公五年，陳侯鮑卒，於是陳亂。文公子佗殺太子免而代之』。此正所謂不義也。此詩必是陳國耆舊之臣，見陳佗師傅之不良，而知其有後日之不義，嘗歌詠以風告之矣。而其君之不我聽也，故及其有今日之亂，而追咎於無良師傅。蓋師傅者，所以朝夕而訓導之也，少成若天性，習慣如自然，豈一朝一夕之故乎。賈誼曰：習與正人居，猶生長於齊，不能不齊言也；習與不正人居，猶生長於楚，不能不楚言也。秦趙高傅胡亥，豈胡亥之性本惡哉？蓋其所以導之者非其人故也。陳佗弑逆之惡，使其有賢師傅以教之，長其善而去其惡，豈至是乎？故此詩以爲『歌以訊之』，『顛倒思予』言，其昔日嘗告之先君而先君不我信，今亂已成矣，雖思我之言將何及邪！唐太宗高麗之敗而後思魏徵，唐德宗播遷之後而思陸贄。凡人之智能見已然而不能見未然，待其已然而後悔之，亦奚及矣。」

項安世《周易玩辭》卷一《乾・彖》 ䷀《乾》《乾》下《乾》上。

彖。

「彖」者，主釋卦下之彖辭也。「大哉乾元！萬物資始。乃統天」，以天道釋「元」字。「雲行雨施，品物流形」，言自元而亨也。「大明終始，六位時成」，以易象釋「亨」字也。「時乘六龍，以御天」，言自亨而利也。「乾道變化，各正性命」，以天道釋「利」字也。「保合太和，乃利貞」，言自利而貞也。「首出庶物，萬國咸寧」，以人事釋「貞」字也。凡「彖」，皆以易象與天道雜言者。見《易》之所象皆天道也。以人事終之者，見《易》以天道言人事也。六十四卦之例皆然，故今此書亦以天道、人事、易象三者合而言之。

大哉乾元！萬物資始，乃統天。

《易》之全體具於乾卦，觀《易》者觀於乾足矣。《乾》者，純陽之。名「元」者，陽德發生之始，在易象則奇爻一畫之始也。凡物以一該衆曰「統」，萬化皆始於「元」，故「元」之一字足以統天之全德。萬變皆起於奇，故奇之一畫足以統《易》之全象。此「元」之所以爲大也，所謂「善之長，仁之體」者，如此。此以天道釋元字也。

雲行雨施，品物流形。

「元」象一，動則屯而爲雲，解而爲雨，萬有一千五百二十之形出焉。奇畫一著，則偶而爲夫婦，索而爲父子，而萬有一千五百二十之數出焉。「元」之無所不通，如此。此「亨」之所自出也。雲雨皆生於天一之水，故自「元」而「亨」者象之。

大明終始，六位時成。

天道大明於元氣既行之後，始於子午，終於己亥，各以六辰而成一氣，而三百六十五度分焉。易象大明於奇畫既生之後，始於《復》、《姤》，終於《乾》、《坤》，各以六位而成一卦，而三百八十四爻列焉。所謂「衆美之會通，典禮之秩叙」者，如此。此以易象釋亨字也。易家以爻爲位，以卦爲時。

時乘六龍以御天。

龍者，物之能動者也。純陽之畫，能參，能兩，能九，能六，故取以爲象，作《易》者因六十四卦之時，用六龍之德，變化推移於三百八十四位之中，以應天行之終始。如善御者乘六馬以御國車，進退疾徐，無不應法。此以易象言自亨而利也。

《乾》道變化，各正性命。

《乾》道變化，即時乘六龍也。各正性命，即以御天也。乘陰陽來往之變，以御資始流形之化，使飛走動植各盡其正性，稚壯老死各極其正命。所謂「物之大利，理之大順」者，如此。此以天道釋利字也。

保合太和，乃利貞。

曰「各」者，成乎萬也。曰「合」者，歸乎一也。萬者利之盡，一者貞之至。《乾》之六陽，闔爲純陰。保神於靜，合氣於漠，以固太和之本，以厚乾元之復。此屬貞字，而曰「利貞」者，通結上文，自利而貞也。所保之和，即上文性命之根極也。曰「乃」者，言如此乃足以爲利貞之全德。明他卦之利貞，皆不足以語此。

首出庶物，萬國咸寧。

首者，形之極也。天爲萬物之極，貞乎一而萬物定。人君爲萬國之極，貞乎一而萬國寧。不貞，不足以爲天下極。貞者，乾道之極，萬物之終也。人之心知，專静不搖則萬事定矣。所謂「事之楨幹」者，如此。此以人事釋貞字也。古語謂牆中之幹木爲楨，今謂之永久木。

周南《山房集》卷七《丁卯召試館職策》 愚超躐多士，獲奉試言之對。惟當世之務，竅言無實，高論近名。伏念累日莫識其衷，竊惟振國之誼，無若盡言爲忠。矧逢側席急聞之秋，豈責狂斐獻言之僭。故不揆其愚，而卒列之，惟執事裁赦。諸文廷對，館職策爲冠。往東萊呂氏評余廷對，謂自有策以來，其不上印板即不可知，已上印板皆莫如也。嗟夫！予何足以及此，若南仲乃能當之耳。余又嘗言南仲便應權直翰林，聞者皆憫然。嘉定十三年八月日，龍泉葉適。

魏仲舉《五百家注柳先生集》卷一《平淮夷雅》 西平有子，惟我有臣。疇允大邦，俾惠我人。于廟告功，以顧萬方。黄狀元唐曰：學者皆以平淮一事，爲章武雋功，韓、柳二詩爲工於文，愚竊笑之。淮蔡，唐地也。元濟，唐臣也，外連姦雄，内刺宰相。併天下之力，僅能取三州困斃之餘。本吾臣子，而以逆誅之，本吾故地，而以新復之。君臣動色相慶，有靦面目矣。昔魏太祖時，國淵破田銀、蘇伯於河間，及上首級，如其實數。太祖問其故，淵曰：「河間，封内之地。銀等叛逆，雖克敵有功，淵竊恥之。」諸葛孔明出祁山，而南安、天水安定歸降，且拔千餘家還漢中，蜀人皆賀，孔明戚容曰：「普天之下，莫非漢民，以此爲賀，能不爲愧。」嗚呼！國子尼不以討封内之寇爲有功，孔明不以得漢氏之民爲可賀。則唐室平藩鎮之逆，又果足以形於歌詠乎？二子之見，亦韓、柳有所不及者矣。

又卷三《封建論》 將欲利其社稷，以一其人之視聽，則又有世大夫世食祿邑，以盡其封略。聖賢生于其時，亦無以立于天下，封建者爲之也。豈聖人之制使至于是乎？吾固曰：「非聖人之意也，勢也。」程敦夫論曰：封建，古之良法，錯出于傳記，寧知非聖人意哉！今曰堯舜三代以勢不可而不欲去之，審若是耶，苟得其勢，斯可去矣。武庚、管蔡之難，固當刑之，如異姓之韓、彭，同姓之吳、楚也。然方且命微子以繼商，封同姓以五十，何哉？蓋成王不以先代之嗣爲可廢，周公不以害己之親爲可絶，聖人意，以公天下也，柳子何知焉！若曰湯武不得已者，私其力耶，苟不私其力，則無庸封之矣。勝夏去商，雖不期而會，然所賴者，特在伊、呂，湯、武。待之固當如罷侯之秦、錮親之魏矣。彼獨不然，三等之爵初不之變，而千八百國益倍于前，何哉？湯武知天下不可以獨治，故强枝葉而固本根，聖人意以公天下也。柳子弗察焉。大抵子厚徒見魏、晉之弊，思欲有所懲艾。且又太宗以來，羣議蜂起，彼其淺中狹慮，期有以度越前人，設爲誇言，不自知覺。殊不知公而不私者，乃所以爲聖人意也。黄唐曰：以封建非聖人意歟，則《易》于比言親諸侯；于豫言利建侯；于晉言錫馬康侯。而《繫辭》言研諸侯之慮。列爵分土，見于《書》；諸侯之地，序于《禮》；不能錫命諸侯，刺于《詩》。安得謂聖人之意不在是乎！以郡縣不可革而行之，理且安歟？則二漢《酷吏傳》，唐《酷吏傳》，讀之令人拂膺，安得謂不可革而治安實賴乎？大抵有聖君，有善治，則諸侯得人，守令亦得人。非聖君，無善治，則諸侯不爲用，守令亦不爲用。人無賢不肖，顧所駕御者如何耳。爲治者奚必執子厚之説，泥一偏之見哉！

又《四維論》 孫曰：《管子·牧民篇》曰：國有四維，一維絶則傾，二維絶則危，三維絶則覆，四維絶則滅。何謂四維？一曰禮，二曰義，三曰廉，四曰恥。禮不踰節，義不自進，廉不蔽惡，恥不從枉。韓曰：公意謂廉恥自禮義中出，未有有禮義而無廉恥，有廉恥而無禮義。故云：吾見其二維，而未見其所以爲四也。

又卷一六《觀八駿圖説》 然而世之慕駿者，不求之馬，而必是圖之似，故終不能有得於駿也。慕聖人者，不求之人，而必若牛若蛇若倛頭之問，故終不能有得於聖人也。誠使天下有是圖者舉而焚之，則駿馬與聖人出矣。黄曰：韓子曰：古之聖人，有若牛、蛇、鳥喙、蒙倛者，貌似而心不同，不可謂之非人，此所以嘆鶴言之爲怪。柳子曰：慕聖人者，不求之人而必若牛若蛇若蒙倛之問，終不能有得，此所以欲焚八駿之圖。文公之於聖人，信其有形貌之似，而重求其心。子厚之於聖人，概之以人，而不信其爲禽獸蟲魚之怪。二子之意，蓋大同而小异。

魏仲舉《五百家注釋韓昌黎全集》卷一八《與孟簡尚書書》 然向無孟氏，則皆服左衽而言侏離矣。故愈嘗推尊孟氏，以爲功不在禹下，爲此也。補注：張僉論曰：韓言孟軻輔聖明道之功，不在禹下，斯亦過矣。予謂楊、墨之禍未若洪水，然而九年之害，非禹不能平。孔氏之道雖見侵毁，然不由軻而益尊。苟毁譽由軻，而興則不足。謂之孔子之道使聖人復生，必不易予言也。漢氏以來，羣儒區區修補，百孔千瘡，隨亂隨失，其危如一髮引千鈞，緜緜延延，寖以微滅。於是時也，而唱釋、老於其間，鼓天下之衆而從之。嗚呼，其不仁甚矣。釋、老之害過於楊、墨，韓愈之賢不及孟子。補注：木雁鄭少微曰：孟、韓之功，其同二；而立言、行己，其異五。孟子於楊、墨，方其始也，禽獸視之；而愈則曰：火其書，廬其居，人其人。一旦逃而歸也，孟子受之而已矣；而愈則序文暢詩澄觀。此其同者二也。孟子曰：堯舜不偏愛，急親賢也；愈則曰：一視而同仁。孟子言必稱堯舜；愈則曰：王易王霸易霸也。孟子曰：性本善也；而愈品爲三。孟子曰：墨亂孔也；而愈合爲一。孟子藐大人，輕萬鍾，召之則不往也；愈則佞于頓于宰相。此其異者五也。其曰「韓愈之賢不及孟子」，可謂能自知矣。藐，莫角切。孟子不能救之於未亡之前，而韓愈乃欲全之於已壞之後。嗚呼！其亦不量其力，且見其身之危，莫之救以死也。雖然，使其道由愈以粗傳，雖滅死萬萬無恨。天地鬼神臨之在上，質之在旁，又安得因一摧折，自毁其道以從於邪也？籍、湜輩雖屢指教，不知果能不叛去否。辱吾兄眷厚而不獲承命，惟增慚懼、死罪死罪！愈再拜。補注：鄧瑀曰：韓愈始論佛骨，似有闢邪說、距詖行之意。斥守潮陽，與大顛往來海濱。及得孟簡書，文過飾非。至今仕宦傳其眞與大顛對，釋氏之徒撰大顛之辭以非之，誠自取也。交可不擇哉！

易祓《周官總義》卷二七《冬官考工記·㮚氏》 其銘曰：「時文思索，允臻其極。嘉量既成，以觀四國。永啓厥後，茲器維則。」 銘之爲義，有以爲戒者，有以爲美者。戒若湯之《盤銘》是也，美若衛孔悝之《鼎銘》是也。此量之款識，則銘其美而已。蓋聖人制量，本乎黄鍾之龠，五權五度，六律六呂，皆始於此，而禮樂實寓焉。非時文之君，何足以探制作之理？《祭統》曰：有其位而無其德，不敢作禮樂。有其德而無其位，不敢作禮樂。德與位兼者，非時文而何？惟時文之君，內思於心，外索於物，信臻乎是理之極，故其量足以該天下之美，而謂之嘉量。以觀四國者，謂大觀，在上之觀，巍然在上，立此嘉量之法而以中正觀天下也。允啓厥後，茲器維則者，謂五則之則，非特後世五量取則於此，如五權之輕重，五度之長短，六律、六呂之高下，亦皆取則於此也。舜之先於同度量，武王之先於謹權量，亦是此意，銘之所謂時文思索，豈欺我哉！

戴溪《春秋講義》卷四下《定公元年》 夏，六月癸亥，公之喪至自乾侯。戊辰，公即位。 天下不可一日無君也，以言乎嗣子之義，則逾年而後書即位，以言乎臣民之義，則一日而即位，禮也。今昭公之喪，以癸亥至，定公以戊辰即位，是季氏有不立定公之心，蓋數日而後定也。《春秋》以日月爲義，若此類是也。按：定公戊辰方即位，程、胡二傳止云爲季氏所制耳，不若戴氏此說尤爲精核。

戴溪《石鼓論語答問》卷中《子罕》 顔淵喟然嘆曰：「仰之彌高，鑽之彌堅。瞻之在前，忽焉在後。夫子循循然善誘人，博我以文，約我以禮，欲罷不能。既竭吾才，如有所立卓爾，雖欲從之，末由也已。」 《中庸》以爲誠則形，形則著。夫子曰：立則見其參於前，在輿則見其倚於衡，此所謂見道。非聞見之見也，此理至微至深，非自有見者不知也。仰之彌高，至忽焉在後，顔子蓋嘗用功矣，而有見未定，及夫加博約之功，竭盡其才，如有所立，是又見得親切矣。但竭其才只到此，自此以上非才所能及也，彼無所見，此無所從，合而爲一，此之謂化，所謂過此以往，未之或知也。

衛涇《後樂集》卷一五《答嘉興鄭郎中定簡》 某昨蒙台翰「貢院」二字，仰荷不鄙夷之意，但非所素習。本不敢承洊勤嚴戒之，及勉爲之，殊不能佳，謾以繳納，恐未必可用。儻别得精筆，與免出醜，尤幸。畏暑如焚，弗克一一晞所施以報，并冀恕照，某皇恐。《小貼子》云：某少意字畫，有欠少及。不端正處，匠者必曉得，略漆潤不妨。但不可太齊整，古人謂繒帛鋪中主人狀貌，非不端正，只令人可憎耳。「院」字左傍如「了」字之勢，士子恐以爲佳，識卻須令修卻燥筆。或稍近立筆爲佳，更以台意指示之，若燥筆，須令修去也。

楊齊賢等《李太白集分類補注》卷二四《感遇·其十一》 涉江弄秋水，愛此荷花鮮。攀荷弄其珠，蕩漾不成圓。佳期綵雲重，欲贈隔遠天。相思無由見，悵望涼風前。 士贇曰：此比興之詩也。首兩句喻賢者慕君之爵位，而欲仕也。三句四句喻賢者纔得位，而害之者已至也。「佳期」是與佳人相期也。釋《楚詞》者曰不敢指言君尊，故託辭曰佳人也。「彩雲重」者，喻女謁讒夫之昌盛也。「欲贈隔遠天」者，喻賢者欲有所獻言於君，去天遠而爲女謁讒夫之所間隔也。「相思無由見，悵望涼風前」者，喻雖思君而無從見君，惟有悵望涼風之前，曰寄吾眷戀之意云耳。「涼風」亦薄德之形容也。辭微意顯，可謂怨而不誹者矣。

胡穉《增廣箋注簡齋詩集》卷三《書懷釋友十首・又》 仲舒老一經，策世非所長。瓦鼎薦蔬食，但取充飢腸。偉哉賈生書，開闔有耿光。既珍亦可飽，舉俗不見嘗。 先生此詩大意，以仲舒之策，緩而不切，而賈誼之書，揆之州用，皆當其實，故有是作。然考之史傳，以驗其事跡，殆未易指一事爲證據切意。先生作此詩之時，正當北虜背盟。嘆當時，翫細虞，而不圖人患。有感於中，故思賈生痛哭流涕之書，而仲舒厚利質子之議，班固譏其未合當時，有漏於是矣之語，姑寄興於此。不然，董、賈之書，未易以是爲優劣也。《後漢》：宣秉常蔬食瓦蓋。《西都賦》：順陰陽以開闔。昌黎《祭田橫文》：夫子，至今有耿光。

李如圭《儀禮集釋》卷一《士冠禮》 棄爾幼志，順爾成德。壽考惟祺，介爾景福。 鄭注：爾，女也。既冠爲成德。祺，祥也。介、景，皆大也。因冠而戒，且勸之。女如是則有壽考之祥，大女之大福也。釋曰：古順、愼通用。既冠責以爲人子、爲人弟、爲人臣、爲人少者之禮，皆成人之德也。《家語》曰：「成王年十三而嗣立，明年冠。周公命祝雍祝王，祝雍曰：『使王近于民，遠于年，嗇于時，惠于財，親賢而任能。』其頌曰：『令月吉日，王始加元服，去王幼志，服袞職，欽若昊天，六合是式，率爾祖考，永永無極。』此周公之制也。」福，古音拍逼反，下同。

洪咨夔《春秋說》卷二十五《昭公二十二年》 大蒐于昌間。 中軍既舍之後，公無一民。紅及比蒲嘗再蒐，民已曉知三家之爲我主矣。至是意如專國逾十五年，蓋自南遺公子慭謀去季氏，公與聞其故，疑隙寖開，逐君之謀，矢加弦而未發，于是又大爲昌間之蒐，使國人習見有私家而無公室，少焉君逐而民聽不聳，雖有不吾與者，知吾有以制其變，亦不敢動矣。此釋甲執冰以踞之張本也。先王以蒐、苗、獮、狩納民於軌物，季氏以是納民於不軌不物，《春秋》所以深探其心而爲魯懼。

又《平齋集》卷三《講義》 《彖》曰：蠱，剛上而柔下，巽而止，蠱。蠱元亨而天下治也。利涉大川，往有事也。先甲三日，後甲三日，終則有始，天行也。 臣聞戶樞不蠹，流水不腐，以其日運而不息也。故蠱壞常生於久安不事事之餘。人君亢然于上，人臣靡然于下，截然其不相接。且下以巽順養腴，無切劘正救之益。上以逸樂養尊，乏振厲奮發之意。於是紀綱隳於姑息，制度弛於因循，道揆法守紊亂於私意之轇轕。天下之治，日入於大弊極壞之境，而不自知。在卦，艮之剛，居上九，巽之柔，居初六，巽順艮止，而蠱以成。正君臣相與拱平安坐，以致天下之亂也。然蠱豈終於蠱哉！有能以飭蠱爲己任，力量大而規模壯，精神全而風采立，一斡旋間掃積壞之弊，而興大亨之治，有不難者。利涉大川，必明之以往有事。蓋久安不事事，所以成蠱，往有事，所以濟蠱也。況作事貴果，慮事貴精，世之賢君，思欲爲天下拯弊起壞而納之治，豈非立志之美。然或發強有餘而密察不足，廣大已致而精微未盡。故事隨舉而隨沮，令隨行而隨輟，皆由未得先甲、後甲之義也。夫先甲三日以謀始，後甲三日以圖終。終而復始，循環無間，精義入神以致用，何蠱之不治？其在天行，如貞之復返於元，艮之復出於震，非終之外有所謂始也。故觀天運知人事。

魏了翁《鶴山集》卷一〇六《周禮折衷》 疾醫掌養萬民之疾病。四時皆有癘疾，春時有痟首疾，夏時有痒疥疾，秋時有瘧寒疾，冬時有嗽上氣疾。 鄭：癘疾，氣不和之疾。痟，酸削也。首疾，頭痛也。嗽，欬也。上氣，逆喘也。《五刑傳》曰：六癘作，見賈言。癘疾，氣不和之疾者。癘，謂癘疫。人君政教失所，則有五行相尅，氣叙不和，癘疫起。案：《五行傳》：六沴，貌言視聽思之不和，則爲沴。天雖無沴，皇不極配之，亦有痾疾病，併五者爲六沴。彼言沴，此言癘。彼以五行相乖沴，此以癘氣與人爲疫。荆公：列子曰：指擿無痟癢痟痛也。《素問》曰：冬傷於寒，春必病溫。夏傷於暑，秋必痎瘧。病溫則所謂痟首之疾，痎瘧則所謂瘧寒之疾。蓋方冬時，陽爲主於內，寒雖入之，勢未能動。及春陽出，而陰爲內主，然後寒動而搏陽，爲痟首之疾矣。方夏之時，陰爲主於內，暑雖入之，勢未能動。及秋陰出，而陽爲內主，然後暑動而搏陰爲瘧寒之疾也。痒疥疾，則夏陽溢於膚革，淸搏而滛之故也。嗽上氣疾，則冬陽溢於藏府，淸乘而逆之故也。荆公此一節最好，常舉以教醫者，又云：齊侯疥，遂痁。本是疥疾，後變而爲痁。梁元帝改疥作痎，以爲初是隔日瘧，後來變痁，非是。此便是夏陽溢於膚革，至秋則痁。

魏了翁《儀禮要義》卷三五《士喪禮一・有司招魂復魄必朝服事死如生》 復者一人，以爵弁服，簪裳於衣，左何之，扱領于帶。［賈公彥］釋：云「復者，有司」者，案《喪大記》復者小臣，則士家不得同僚爲之，則有司府史之等也。不言所著衣服者，案：《喪大記》小臣朝服，下記亦云「復者朝服」，則尊卑皆朝服可知。必著朝服者，鄭注《喪大記》云：「朝服而復，所以事君之衣也。」復者庶其生氣，復既不蘇，方始爲死事耳。愚謂朝服平生所服，冀精神識之，而來反衣，以其事死如事生，故復者皆朝服也。若然，天子崩，復者皮弁服也。云「招魂復魄」也者，出入之氣謂之魂，耳目聰明謂之魄，神去離於魄，今欲招取魂來復歸於魄。

真德秀《四書集編》《大學》卷下 所謂誠其意者，毋自欺也。如惡惡臭，如好好色，此之謂自謙。故君子必愼其獨也。 好、惡，上字皆去聲。謙讀爲慊，苦劫反。誠其意者，自脩之首也。毋者，禁止之辭。自欺云者，知爲善以去惡，而心之所發有未實也。慊，快也，足也。獨者，人所不知而己所獨知之地也。言欲自修者，知爲善以去其惡，則當實用其力，而禁止其自欺，使其惡惡則如惡惡臭，好善則如好好色，皆務決去，而求必得之，以自快足於己，不可徒苟且，以狥外而爲人也。然其實與不實，蓋有他人所不及知而己獨知之者，故必謹之於此以審其幾焉。小人閒居爲不善，無所不至，見君子而後厭然，揜其不善而著其善。人之視己，如見其肺肝，然則何益矣。此謂誠於中形於外，故君子必愼其獨也。閒音閑。厭，鄭氏讀爲黶。閒居，獨處也。厭然，消沮閉藏之貌。此言小人陰爲不善而陽欲揜之，則是非不知善之當爲與惡之當去也，但不能實用其力以至此耳。然欲揜其惡而卒不可揜，欲詐爲善而卒不可詐，則亦何益之有哉？此君子所以重以爲戒，而必謹其獨也。曾子曰：十目所視，十手所指，其嚴乎？引此以明上文之意，言雖幽獨之中，而其善惡之不可揜如此，可畏之甚也。富潤屋，德潤身，心廣體胖，故君子必誠其意。胖，步丹反。胖，安舒也。言富則能潤屋矣，德則能潤身矣，故心無愧怍，則廣大寬平，而體常舒泰，德之潤身者然也。蓋善之實於中而形於外者如此，故又言此以結之。或問：六章之指，其詳猶有可得而言者邪？曰：天下之道二，善與惡而已矣。然揆厥所元，而循其次第，則善者天命所賦之本然，惡者物欲所生之邪穢也。是以人之常性，莫不有善而無惡，其本心莫不好善而惡惡。然既有是形體之累，而又爲氣稟之拘，是以物欲之私得以蔽之，而天命之本然者不得而著，其於事物之理，故有瞢然不知其善惡之所在者。亦有僅識其粗，而不能眞知其可好可惡之極者。夫不知善之眞可好，則其好善也，雖曰好之，而未能無不好者以拒之於內；不知惡之眞可惡，則其惡惡也，雖曰惡之，而未能無不惡者以挽之於中，是以不免於苟焉以自欺，而意之所發有不誠者。夫好善而不誠，則非惟不足以爲善，而反有以賊乎其善；惡惡而不誠，則非惟不足以去惡，而適所以長乎其惡，是則其爲害也，徒有甚焉，而何益之有哉？聖人於此，蓋有憂之，故爲大學之教，而必首之以格物致知之目，以開明其心術，使既有以識夫善惡之所在，與其可好可惡之必然矣。至此而復進之以必誠其意之說焉，則又欲其謹之於幽獨隱微之奧，以禁止其苟且自欺之萌。而凡其心之所發，如曰好善，則必由中及外，無一豪之不好也。如曰惡惡，則必由中及外，無一毫之不惡也。夫好善而中無不好，則是其好之也如好好色之眞，欲以快乎己之目，初非爲人而好之也。惡惡而中無不惡，則是其惡之也如惡惡臭之眞，欲以足乎己之鼻，初非爲人而惡之也。所發之實既如此矣，而須臾之頃，纖芥之微，念念相承，又無敢少有間斷焉，則庶乎內外昭融，表裏澄徹，而心無不正，身無不修矣。若彼小人，幽隱之間，實爲不善，而猶欲外託於善以自蓋，則亦不可謂其全然不知善惡之所在，但以不知其眞可好惡，而又不能謹之於獨，以禁止其苟且自欺之萌，是以淪陷至於如此而不自知耳。此章之說其詳如此，是固宜爲自修之先務矣。然非有以開其知識之眞，則不能有以致其好惡之實，故必曰欲誠其意者先致其知，又曰知至而后意誠，然猶不敢恃其知之已至而聽其所自爲也，故又曰必誠其意、必謹其獨而毋自欺焉。則大學功夫次第相承，首尾爲一，而不假他術以雜乎其閒，亦可見矣。彼此皆然，今不復重出也。曰：然則慊之爲義，或以爲少，又以爲恨，與此不同何也？曰：慊之爲字，有作嗛者，而字書以爲口銜物也。然則慊亦但爲心有所銜之義，而其爲快、爲足、爲恨、爲少，則以所銜之異而別之耳。孟子所謂慊於心，樂毅所謂慊於志，則以銜其快與足之意而言者也。《孟子》所謂吾何慊，《漢書》所謂嗛栗姬，則以銜其恨與少之意而言者也。讀者各隨所指而觀之，則既並行而不悖矣。字書又以其訓快與足者，讀與愜同，則義愈明而音又異，尤不患於無別也。問：格物知至了，如何到誠意？又說毋自欺也，毋者禁止之辭。曰：物既格，知既至，到這裏方可著手下工夫。不是物格、知至了，下面許多一齊掃了，若如此卻不消說下面許多，看下面許多節節有工夫。問：劉棟看大學自欺之說，如何曰不知義理卻道我知義理是自欺？先生曰：自欺是箇半知半不知底人，知道善我所當爲，卻又不十分去爲善，知道惡不可作，卻又是自家所愛，舍他不得，這便是自欺。不知不識，只喚做不知不識，卻不喚做自欺。或問：誠其意者毋自欺。先生曰：譬如一塊物，外面是銀，裏面是鐵，便是自欺，須是表裏如一，便是不自欺。然所以不自欺，須是見得分曉。譬如今人見烏喙之不可食，知水火之不可蹈，則自不食不蹈。如寒之欲衣，飢之欲食，則自是不能已。今人果見得分曉，如烏喙之不可食，水火之不可蹈，見善如飢之欲食，寒之欲衣，則此意自是實矣。自欺非是心有所慊，蓋外面雖爲善事，其中卻是不然，乃自欺也。而今說自欺，未說到與人說時方謂之自欺，只是自家知得善好要爲善，然心中卻覺得微有些沒緊要底意思，便是自欺，便是虛僞不實矣。正如金已是眞金了，只是鍛鍊得微不熟，微有些查滓去不盡，顏色或白或青或黃，便不是十分精金。問：自慊。先生云：人之爲善，須是十分眞實爲善方是自慊，若有六七分爲善，又有兩三分爲惡底意思在裏面相牽，便是不自慊，須是如惡惡臭好好色方是。自慊之慊，大意與《孟子》行有不慊相類，細思亦微有不同，《孟子》慊訓滿足意多，《大學》訓快意多。橫渠云：自慊不足以合天心，初看亦只一般，然橫渠亦是訓足底意思多。字有同一義而二用者，慊字訓足也，我何慊乎哉？彼心中不以彼之富貴而懷不足也。行有不慊於心，謂義須充足於中，不然則餒也。如忍之一字，自容忍而爲善者言之，則爲忍去忿慾之氣；自殘忍而爲惡者言之，則爲忍去了惻隱之心。慊字一從口，如胡孫兩嗛，皆本虛著懷藏何物於內耳。如銜字，或爲銜恨，或爲銜恩，亦同此義。誠意十分爲善，有一分不好底意思潛發以間於其間，此意一發，便由斜徑以長，這箇卻是實，前面善意卻是虛矣。如見孺子入井，救之是好意，其間便有些要譽底意思以雜之；如薦好人是善意，便有些要人德之之意隨後生來；治惡人是好意，便有狠疾之意隨後來，前面好意都成虛了。如姤卦上五爻皆陽，下面只是一陰生五陽，便立不住。誠與不誠，自慊與自欺，只爭這些子毫髮之閒耳。又曰：自慊則一，自欺則二。自慊者，外面如此，中心也是如此，表裏一般。自欺者，外面如此做，中心其實有些子不願，外面且要人道好，只此便是二心，誠僞之所由分也。知之不至則不能謹獨，亦不肯謹獨，知至者見得實，是實非灼然如此，而必戰懼以終之，此所謂能謹獨也。如顏子請事斯語，曾子戰戰兢兢終身而後已。彼豈知之不至，必如此方意誠。蓋無放心底聖賢，惟聖罔念作狂，一毫少不謹懼，則已墮於意欲之私矣，此聖人教人徹上徹下不出一敬字也。蓋知至而後意誠，則知至之後意已誠矣，猶恐隱微之閒有所不實，又必提掇而謹之，使無毫髮妄馳，則表裏隱顯無一不實而自快慊也。知至而後意誠，已有八分，恐有照管不到，故曰謹獨。誠意章上云必慎其獨者，欲其自慊也，下云必愼其獨者，防其自欺也。致知者，誠意之本也，愼獨者，誠意之助也。致知則意已誠七八分了，只是猶恐隱微幽獨處尚有些子未誠實，故其要在謹獨。《大學》看來雖只恁地滔滔地說去，然段段致戒，如一下水船相似也，要舵也要楫。誠意只是表裏如一，若外面白裏面黑便非誠意。凡惡惡之不實，爲善之不勇，外然而中實不然，或有所爲而爲之，或始勤而終怠，或九分爲善，內有一分苟且之心，皆不實而自欺之患也。所謂誠其意者，表裏內外徹底皆如此，無纖毫絲髮苟且爲人之弊。如飢之必欲食，渴之必欲飲，皆自以求飽足於己而已，非爲他人而食飲也。又如一盆水，徹底皆清瑩，無一毫砂石之雜，如此則其好善也必誠好之，惡惡也必誠惡之，而無一毫勉強自欺之雜。所以說自慊但自滿足而已，豈有待於外哉。是故君子謹其獨，非特顯明之處是如此，雖至微至隱，人所不知之地，亦常謹之。小處如此，大處亦如此，顯明處如此，隱微處亦如此，表裏內外精粗隱顯無不謹之，方謂之誠其意。謂誠意者，須是隱微顯明小大表裏都一致方得。誠於中形於外，那箇形色氣貌之見於外者自別，決不能欺人，祇自欺而已，這樣底永無緣做得好人，爲其無爲善之地也，外面一副當雖好，然裏面卻踏空，永不足以爲善。敬子問：所謂誠其意者毋自欺也，注云「外爲善而中實未能免於不善之雜」，某意欲改作「外爲善而中實容其不善之雜」如何？蓋所謂不善之雜，非是不知，是知得了又容著在這裏，是不柰他何了，不能不自欺。曰：公合下認錯了，只管說箇「容」字，不是如此，容字又是第二節，緣不柰何，所以容在這裏。荀子曰：心卧則夢，偷則自行，使之則謀。蓋偷心是不知不覺，自走去底，不由自家使底，倒要自家去捉他，使之則謀，這卻是好底心，由自家使底。又引《中庸》論誠處，而曰：一則誠雜則僞，只是一箇心便是誠，纔有兩箇心便是自欺。好善如好好色，惡惡如惡惡臭，它徹底，只是這一箇心，所以謂之自慊。若纔有些子間雜，便是兩箇心，便是自欺。如自家欲爲善，後面又有箇心在這裏拗你莫去爲善，欲惡惡，又似有箇人在這裏拗你莫要惡惡，此便是自欺。如人說十句話，九句實，一句脫空，那九句實底被這一句脫空底都壞了。如十分金，徹底好，方謂之眞金，若有一分銀，便和那九分底也壞了。又曰：佛家看此亦甚精，被他分析得項數多，如云，有十二因緣，只是一心之發，便被他推尋得許多，察得來拯精微。又有所謂流注，想他最怕這箇，所以潙山禪師云，某參禪幾年了，至今不曾斷得這流注，想此即荀子所謂偷則自行之心也。次早又曰：昨夜思量，敬子之言自是，但傷雜耳。某之言卻即說得那箇自欺之根，自欺卻是敬子容字之意，容字卻說得是，蓋知其爲不善之雜，而又蓋庇以爲之，此方是自欺。看來如好好色如惡惡臭一段，便是連那毋自欺也說，言人之毋自欺時，便要如好好色如惡惡臭樣方得，若好善不如好好色，惡惡不如惡惡臭，此便是自欺。毋自欺者，謂如爲善若有些自欺時便當斬根去之，眞箇是如惡惡臭始得。如小人閒居爲不善底一段，便是自欺底，只是反說，閒居爲不善，便是惡惡不如惡惡臭，見君子而後厭然揜其不善而著其善，便是好善不如好好色，若只如此看此，一篇文義都貼實平易坦然，無許多屈曲。心廣體胖，心本是闊大底物事，只是因愧怍了便卑狹，便被他隔礙了，只見得一邊，所以體不能得舒泰。問：誠意章曾子曰：十目所視，正心廣體胖處。先生曰：十目所視，十手所指，不是怕人見，蓋人雖不知，而我已自知，自是甚可惶恐了，其與十目十手所視所指何以異哉？意誠便全然在天理上行，意未誠以前尚汩在人欲裏。知至、意誠是萬善之根。

右《傳》之六章，釋誠意。《經》曰：欲誠其意者，先致其知。又曰：知至而后意誠。蓋心體之明有所未盡，則其所發必有不能實用其力，而苟焉以自欺者。然或已明而不謹乎此，則其所明又非己有而無以爲進德之基，故此章之指必承上章而通考之，然後有以見其用力之始終，其序不可亂而功不可闕如此云。

又《中庸》卷中 子曰：「舜其大孝也與？德爲聖人，尊爲天子，富有四海之內，宗廟饗之，子孫保之。與，平聲。子孫，謂虞思、陳胡公之屬。故大德必得其位，必得其祿，必得其名，必得其壽。舜年百有十歲。故天之生物，必因其材而篤焉。故栽者培之，傾者覆之。材，質也。篤，厚也。栽，植也。氣至而滋息爲培，氣反而遊散則覆。《詩》曰：『嘉樂君子，憲憲令德。宜民宜人，受祿于天。保佑命之，自天申之。』《詩·大雅·假樂》之篇，假，當依此作嘉，憲，當依《詩》作顯。申，重也。故大德者必受命。」受命者，受天命爲天子也。或問：十七章之說曰，程子、張子、呂氏之說備矣，楊氏所辨孔子不受命之意，則亦程子所謂非常理者盡之，而侯氏所推以謂舜得其常而孔子不得其常者尤明白也。至於顏、跖壽夭之不齊，則亦不得其常而已。楊氏乃忘其所以論孔子之意，而更援老聃之言，以爲顏子雖夭而不亡者存，則反爲衍說，而非吾儒之所宜言矣。且其所謂不亡者，果何物哉？若曰天命之性，則是古今聖愚公共之物，而非顏子所能專，若曰氣散而其精神魂魄猶有存者，則是物而不化之意，猶有滯於冥漠之間，尤非所以語顏子也。侯氏所謂孔子不得其常者善矣，然又以爲天於孔子固已培之，則不免有自相矛盾處。蓋德爲聖人者，固孔子所以爲栽者也，至於祿也、位也、壽也，則天之所當以培乎孔子者，而以適丁氣數之衰，是以雖欲培之而有所不能及耳，是亦所謂不得其常者，何假復爲異說以汨之哉。問：舜之大德受命，止是爲善得福而已，《中庸》卻言天之生物栽培傾覆何也？曰：只是一理，此亦非是有物使之然，但物之生時，自節節長將去，恰似有物扶持他，及其衰也，則自節節消磨將去，恰似有箇物推倒他。理自如此，唯我有是受福之理，故天既佑之又申之。《輯略》程子曰：知天命，是達天理也；必受命，是得其應也。命者是天之付與，如命令之命。天之報應皆如影響，得其報者是常理也，不得其報者非常理也。然而細推之則須有報應，但人以淺狹之見求之，便爲差誤。天命不可易也，然有可易者，唯有德者能之。如修養之引年，世祚之祈天永命，常人之至於聖賢皆此道也。伊川。張子曰：德不勝氣，性命於氣；德勝其氣，性命於德。窮理盡性，則性，天命；命，天德。氣之不可變者，獨死生脩夭而已。故論死生則曰有命，以言其氣也。語富貴則曰在天，以言其理也。此大德所以必受命。呂氏曰：中庸之行，孝悌而已，如舜之德位皆極流澤之遠，始可謂盡孝，故祿位名壽之必得，非大德其孰能致之？一本云：天之於萬物，其所以爲吉凶之報，莫非因其所自取也。植之固者，加雨露之養，則其未必盛茂，植之不固者，震風凌雨，則其本先撥。至於人事，則得道者多助，失道者寡助，是皆因其材而篤焉。栽者培之，傾者覆之者也。古之君子，既有憲憲之令德，而又有宜民宜人之大功，此宜受天祿矣，故天保佑之，申之以受天命，此大德所以必受命，是亦栽者培之之義歟。又曰：命雖不易，惟至誠不息亦足以移之，此大德所以必受命，君子所以有性焉不謂命也。侯氏曰：舜，匹夫也，而有天下。尊爲天子，富有四海之內，以天下養，宗廟饗之，子孫保之，孝之大也。祿位名壽必得者，理之常也，不得者，非常也。得其常者，舜也，不得其常者，孔子也。舜自匹夫而有天下，栽者培之也，桀自天子而爲匹夫，傾者覆之也，天非爲舜桀存亡之也，理固然也。故曰：大德必受命。必，言其可必也。

又《孟子》卷三

公孫丑問曰：「夫子當路於齊，管仲、晏子之功可復許乎？」復，扶又反。公孫丑，孟子弟子，齊人也。當路，居要地也。管仲，齊大夫，名夷吾，相威公，霸諸侯。許，猶期也。孟子未嘗得政，丑蓋設辭以問也。孟子曰：「子誠齊人也，知管仲、晏子而已矣。齊人，但知其國有二子而已，不復知有聖賢之事。或問乎曾西曰：『吾子與子路孰賢？』曾西蹵然曰：『吾先子之所畏也。』曰：『然則吾子與管仲孰賢？』曾西艴然不悅曰：『爾何曾比予於管仲！管仲得君如彼其專也，行乎國政如彼其久也，功烈如彼其卑也，爾何曾比予於是！』」蹵，子六反。艴，音拂，又音勃。曾音增。孟子引曾西與或人問答如此。曾西，曾子之孫。蹵，不安貌。先子，曾子也。艴，怒色也。曾之言則也。烈，猶光也。威公獨任管仲四十餘年，是專且久也。管仲不知王道而行霸術，故言功烈之卑也。楊氏曰：孔子言子路之才，曰千乘之國可使治其賦也，使其見於施爲如是而已，其於九合諸侯，一正天下，固有所不逮也。然則曾西推尊子路如此，而羞比管仲者何哉？譬之御者，子路則範我馳驅而不獲者也，管仲之功詭遇而獲禽耳。曾西，仲尼之徒也，故不道管仲之事。曰：「管仲，曾西之所不爲也，而子爲我願之乎？」子爲之爲，去聲。曰，孟子言也。願，望也。曰：「管仲以其君霸，晏子以其君顯。管仲、晏子猶不足爲與？」顯，顯名也。曰：「以齊王，由反手也。」王，去聲。由，猶通。反手，言易也。齊宣王既慕威、文，而公孫丑復慕管、晏。蓋伯者功利之說深入人心，爲日已久，故不惟時君慕之，而學者亦慕之。孟子引曾西之言以折之。蓋子路雖不及有爲，而其所學固聖賢之大學也，若管仲之已試，則威公專任之四十餘年，其所成就不過國富兵強而已，此孔門所羞稱者，故雖曾西不屑爲之，況孟子以承三聖自任，其肯爲之匹乎？楊龜山有曰：孔子言子路之才，曰千乘之國可使治其賦也，使其見於施爲如是而已，其於九合諸侯，一正天下，固有所不逮也。然則曾西推尊子路而羞比管仲者何哉？譬之御者，子路則範我馳驅而不獲者也，管仲之功詭遇以獲禽爾，斯言盡之。使孟子當路於齊，則必行王者之道，其以齊王，信猶反手之易也。或謂晏子於齊固無功烈之足言，若管仲者，孔子嘗以如其仁稱之，孟子學於孔子者也，何其言之異邪？曰：孔子之稱，稱其攘夷狄而尊中夏也；孟子所譏，譏其舍王道而用伯術也，所指固不同矣。然孔子雖稱其功，而器小之譏，不知禮之譏未嘗略也。《衍義》。曰：「若是則弟子之惑滋甚。且以文王之德，百年而後崩，猶未洽於天下，武王、周公繼之，然後大行。今言王若易然，則文王不足法與？」易，去聲。滋，益也。文王九十七而崩，言百年，舉成數也。文王三分天下纔有其二，武王克商乃有天下，周公相成王，制禮作樂，然後教化大行。曰：「文王何可當也！由湯至於武丁，賢聖之君六七作，天下歸殷久矣，久則難變也。武丁朝諸侯，有天下，猶運之掌也。紂之去武丁未久也，其故家遺俗，流風善政，猶有存者。又有微子、微仲、王子比干、箕子、膠鬲，皆賢人也，相與輔相之，故久而後失之也。尺地莫非其有也，一民莫非其臣也，然而文王猶方百里起，是以難也。當，猶敵也。商自成湯至於武丁，中間太甲、太戊、祖乙、盤庚，皆賢聖之君。作，起也。自武丁至紂，凡七世。故家，舊臣之家也。齊人有言曰：『雖有智慧，不如乘勢。雖有鎡基，不如待時。』今時則易然也。鎡基，田器也。時，謂耕種之時。夏后殷周之盛，地未有過千里者也，而齊有其地矣。雞鳴狗吠相聞，而達乎四境，而齊有其民矣。地不改辟矣，民不改聚矣，行仁政而王，莫之能禦也。辟，與闢同。此言其勢之易也。三代盛時，王畿不過千里，今齊已有之，異於文王之百里，又雞犬之聲相聞，自國都以至於四境，言民居稠密也。且王者之不作，未有疏於此時者也；民之憔悴於虐政，未有甚於此時者也。飢者易爲食，渴者易爲飲，此言其時之易也。自文武至此七百餘年，異於商之賢聖繼作，民苦虐政之甚，異於紂之猶有善政。易爲飲食，言飢渴之甚，不待甘美也。孔子曰：『德之流行，速於置郵而傳命。』置，驛也。郵，馹也。所以傳命也。孟子引孔子之言如此。當今之時，萬乘之國行仁政，民之悅之，猶解倒懸也，故事半古之人，功必倍之，惟此時爲然。」倒懸，喻困苦也。所施之事半於古人，而功倍於古人，由時勢易而德行速也。

又《大學衍義》卷一

《皋陶謨》亦《虞書》篇名。皋陶，舜之聖臣。謨，其所陳之謀也。曰：「慎厥身，脩思永。慎，敬謹也。厥，其也。永，長也。惇叙九族，惇，厚也。叙，次也。庶明勵翼，庶明，謂衆賢也。勵，勉也。翼，輔也。邇可遠在茲。」邇，近也。可遠，謂可推而及遠也。茲，此也。　臣按：臯陶爲帝陳謨，未及他事而首以愼修其身爲言，蓋人君一身實天下國家之本，而謹之一言又修身之本也。思永者，欲其悠久而不息也。爲人君者，孰不知身之當修！然此心一放，則能暫而不能久必也。常思所以致其愼者，今日如是，明日亦如是，以至無往而不如是夫，然後謂之永。不然，則朝勤而夕怠，乍作而遽息，果何益哉？後世人主有初而鮮終者，由不知思永之義故也。謹則常敬而無忽，思則常存而不放。修身之道，備于此矣。然後以親親、賢賢二者繼之。九族，吾之屏翰也，必有以篤叙之，使均被其恩。衆賢，吾之羽翼也，必有以勸勵之，使樂爲吾助身爲之本。而二者又各盡其道焉，則自家可推之國，自國可推之天下，其道在此而已。《中庸》、《九經》之序，其亦有所祖歟。

伊尹作《伊訓》《商書》篇名。伊尹，湯之聖相，湯孫太甲立，又相之。曰：「今王嗣厥德，嗣，繼也。今王，指太甲，謂繼成湯之德也。罔不在初。初，謂即位之初。立愛惟親，立敬惟長，始于家邦，終于四海。」　臣按：此即齊家、治國、平天下之序也。成湯蓋躬行之，故伊尹擧之以訓太甲也。欲繼成湯之德，當在嗣位之初。初焉不謹，未有能終者也。德惟何？愛親敬長是也。人君之于天下，當無所不愛。而立愛，則自親始；當無所不敬，而立敬，則自長始。二者愛、敬之本也。本既立，則自家而國，以及于天下，無不在吾愛敬中者。苟無其本，而逆施焉，則其愛爲悖德，其敬爲悖禮，豈先王出治之道哉？

真德秀《西山讀書記》卷二〇　南軒張氏曰：講學而明理，則執天下之物不固，而應天下之變不膠。吾於天下之物無所惡，而物無以累我，皆爲吾役者也；吾於天下之事無所厭，而事無以汩我，皆吾心之妙用也。　全文云天下之物衆矣，紛綸膠轕，日更於前，可喜可怒，可慕可愕，所以盪耳目而動心志者，何可以勝計！而吾以藐然之身當之，知誘於外，一失其所止，則遷於物。大人者，統役萬物者也，而顧乃爲物役，其可乎哉？是以貴於講學也。天下之事變亦不一矣。幾微之形，節奏之會，毫髮呼吸之間，得失利害有霄壤之勢。吾朝夕與之接，一有所滯塞，則昧幾而失節。其發也不審，則其應也必盭。一事之隳，萬事之所由隳也。豈不可懼乎？是以貴夫講學也。夫惟云云，豈不有餘裕乎！然所謂講學者，寧他求哉？致其知而已。知者，吾所固有也，本之《六經》，以發其藴，泛觀千載以極其變。即事即物，身親格之，超然會夫大宗，則德進業廣，有其地矣。

真德秀《西山文集》卷二九《大學衍義序》　上下數千載間，治亂存亡皆由是出。臣固斷然以爲君天下之律令，格例也。雖然人君之學必知其要，然後有以爲用力之地、蓋明道術，辨人材，審治體，察民情者，人君格物致知之要也。明道術之目有四：曰天性人心之善，曰天理人倫之正，曰吾道異端之分，曰王道霸術之異。辨人材之目亦有四：曰聖賢觀人之法，曰帝王知人之事，曰姦雄竊國之術，曰憸邪罔上之情。審法體之目有二：曰德刑先後之分，曰義利重輕之則。察民情之目亦有二：曰生靈嚮背之由，曰田里戚休之實。崇敬畏戒逸欲者，誠意正心之要也。崇敬畏之目有六：曰修己之敬，曰事天之敬，曰臨民之敬，曰治事之敬，曰操存省察之功，曰規儆箴誡之助。戒逸欲之目有五：曰沉湎之戒，曰奢滛之戒，曰盤游之戒，曰辱侈之戒。而先之以總論者，所以兼戒四者之失也。謹言行正威儀者，修身之要也。一事無其目。重妃匹，嚴内治，定國本，教戚屬者，齊家之要也。重妃匹之目有四：曰謹選立之道，曰賴規儆之益，曰明嫡媵之辨，曰懲廢奪之失。嚴内治之目有四：曰宫闈内外之分，曰宫闈預政之戒，曰内臣忠謹之福，曰内臣預政之禍。定國本之目有四：曰建立之計宜蚤，曰諭教之法宜豫，曰嫡庶之分宜辨，曰廢奪之失宜鑒。教戚屬之目有二：曰外家謙謹之福，曰外家驕溢之禍。四者之道得，則治國平天下在其中矣。

又卷三一《問學易》　易者，陰陽變易之謂。日往則月來，日陽，月陰。寒往則暑來。暑陽，寒陰。晝夜昏明，晝陽，夜陰。循環不息。此天道之常也。聖人擬之以作易，不過推明陰陽消長之理而已。昔人謂「易」字乃合「日月」二字爲之，蓋篆文如此也。陽長則陰消，自十一月爲復，一陽生則一陰消。至四月成六陽爲乾，則六陰盡消。陰長則陽消，自五月爲姤，一陰生，而一陽消。至十月成六陰爲坤，而六陽盡消。一消一長，天之道也。人之學易，則知吉凶消長之理，以陰陽對而言之，則陽爲善，爲吉；陰爲惡，爲凶。獨言陽，則陽自有吉有凶，蓋陽得中則吉，不中爲凶。陰亦有吉有凶，陰得中則吉，不中則凶。進退存亡之道。以天道言，則爲消息盈虛。以人事言，則爲存亡進退。蓋消則虛，長則盈。如日中則昃，月盈則虧，暑極則寒，寒極則暑，此天道所不能已也。人能體此，則當進而進，當退而退，當存而存，當亡而亡，如此則人道得而與天合矣。故孔子可以進則進，可以退則退，可以久則久，可以速則速。而謂用之則行，舍之則藏，惟己與顏子有之。此孔子之身，全體皆易矣。《孟子》一書，全不言《易》，而張子以爲最深於《易》者，其亦以此知之歟。

孫夢觀《雪窗集》卷二《故事・孔子對季康子問盜》　季康子患盜，問於孔子。孔子對曰：「苟子之不欲，雖賞之不竊。」　臣聞天地之間，惟感與應。我以此感，彼以此應，斷斷乎不可易也。蓋好善好暴，惟上所使。德風德草，其機如神。民，吾赤子，欲生惡死，趨安避危，亦均是心也。棄商農工賈素習之業，而甘心於鴟義之爲；以父母妻子仰賴之身，而自陷於怙終之典，豈無所自來哉！臧武仲有言，上之所爲，而民亦爲之，乃其所也。又何禁乎？良以上行下效謂之風，薰蒸漸漬謂之化，有非重賞所能勸，嚴刑所能止者。吁！可畏也。季康子患盜，問於孔子。孔子以「苟子之不欲，雖賞之不竊」對之，釋者謂民化於上，不從其令，從其所好，其發明孔子之意，何其深切著明也！今以邦畿之近地，輒效潢池之弄兵。始則匿身陂湖，繼則攘臂市井；始則殺越齊民，繼則驅辱官吏。據有榷酤，聚黨之具也。襲取舟艦，爭疆之漸也。外示恭順，内實跳梁，以緩捕逐之師。蹔焉散羣，俄而嘯聚，以爲苟延之計。大家殊無固志，類多相率而逃生。細民不能自拔，將至相挺而爲變。事勢如此，通國憂之，而臣以爲可憂者，固不專在此也。何者？魚釜偷生，自知非可久之謀。繡衣遣使，未必無擊斷之略。無拘文法，寬以安之可也。設格斬捕，嚴以治之，亦可也。特盜平之後，尚有當勞聖慮者耳。涼州可博，吏道多端。南山可移，民怨莫雪，羨餘之進，皆入時多量，出時減尅者也。今或指泛索爲定額，而每歲拘催也。田產之獻，皆已不能有而以與人者也。今或指民業爲官物，而一遷釘矣，是可憂者在近習也。殉貨無刑，谿壑不厭，名田無限，阡陌相連，府庫之藏，已爲厲民以自養也。今乃視公帑如私財，而暗中移易矣，賦稅之額已爲重於堯舜之道也。今乃視民財如外府，而百計漁取矣，是可憂者在官吏也。然則欲民之不爲盜，其可乎？臣願陛下深念孔子之訓，正風俗之樞機，納斯民於軌物。知朝廷無過，可以杜姦雄。知善人在上，可以無幸民。知選用廉吏，可以使民自不爲盜。則區區癬疥之疾，有不足慮者。不然，漢能平琅琊負固之黨，而不能清五侯貪濁亂政之源，卒之，山東之地悉爲盜區；隋能破河北數萬之衆，而不能除郡縣刻剝媚上之吏，卒之，洛口之粟亦爲盜有。病證雖除，病根猶在，天下紛紛之故，未知所終也，惟陛下亟圖利之。

袁甫《蒙齋中庸講義》卷一　子曰：「舜其大知也與？舜好問而好察邇言，隱惡而揚善，執其兩端，用其中於民，其斯以爲舜乎！」「知」上加一「大」字，舜心太虚也。太虚澄然，故聰明。舜心太虚，故大知。人誰肯下問於人？誰肯察淺近之言？舜則中心篤好，略無秋毫有我之私，非大知乎？大知照臨於上，惡固無所逃，舜則消伏融化而泯然不見其迹。天下之善孰加於舜，舜則樂取諸人而惟恐推揚之不至，非大知乎？大知即中也。何以見其爲中？上章言知者過之，小知故耳，大知無過亦無不及。舜性之也，性即中也。問、察、隱、揚順乎天，則人己兩盡，善惡兩融，中可知矣。天下萬事皆有兩端，且以權衡言之，有輕有重，則有輕重之間，輕重之間，固中也。輕重兩端亦各有中也。舜執兩端，用中於民，其執衡用權之謂乎？聖經互相發揮，堯舜言執厥中，得夫子執兩端之語而明，得孟子執中無權猶執一之語而尤明。舜不執一，所以爲大知也，所以猶太虚也。太虚無物而陰陽互用，密莫加焉。大舜無爲而審度兩端，精莫甚焉。惟精惟密，乃融乃一，是爲中庸，是謂天命之性，故夫子復贊美之曰：其斯以爲舜乎！舜心太虚也，故大知，大知不自知，去聲。好問於人，雖淺近之言必察焉。隱，泯也，融化無迹也。不間人我，善惡兩融，中在其中矣。物皆有兩端，執兩不執一也。不執一，故事事有中，物物有中，在在有中，是謂用中。或曰，執兩端之語與執厥中何爲不同？曰：堯舜以聖授聖，故止言執厥中而不執一之義已明，性之也。夫子立言以曉未達者，必曰執兩端用其中，則不執一之義始明，此教也。

子曰：「回之爲人也，擇乎中庸，得一善則拳拳服膺而弗失之矣。」善惡遼絶，擇之易耳，似善非善，擇之最難。顔子善擇而得之，得此一善，何所不通，拳拳服膺，仁守之功密矣。舜性之也，顔子不失性者也。惟明性者乃能擇善，已性不明，雖滿目皆中庸，安能擇而守之？顔子屢空，此性靈明，何所不照。既得一善，一可該萬，常人雖暫得而易失，顔子服膺，則永永弗失矣，非有所係而不失也，不係而自不失，三月不違仁是也。吾謂顔氏子之學，幾於舜之大知矣，幾於舜之執中矣。前章論舜，此章繼論顔子，蓋子思子特以二人擬倫而啓發後學之心也。學者觀此，胡不豁然自省，乃知無名位禄壽與享名位禄壽之極者其實則一，此正可以見性命之不相離也。若謂舜有大德，受天明命，則顔子終身匹夫，且不幸短命，遽謂天命不在顔子可乎？顔子雖無貴爲天子之名，而榮華至今，名莫加焉，非天定耶？嗚呼，顔子何以得此於天哉！其言曰舜何人也，予何人也，顔子惟盡人之所以爲人者而已。人者何？性是也。

衛湜《禮記集説》卷六九《内則》　父母有過，下氣怡色，柔聲以諫。諫若不入，起敬起孝，説則復諫。不説，與其得罪於鄉黨州閭，寧孰諫；父母怒，不説，而撻之流血，不敢疾怨，起敬起孝。　鄭氏曰：子事父母，有隱無犯。起，猶更也。子從父之令，不可謂孝。《周禮》曰：二十五家爲閭，四閭爲族，五族爲黨，五黨爲州，五州爲鄉。撻，擊也。孔氏曰：此一節論父母有過子諫諍之禮。犯顔而諫，使父母不説，其罪輕；畏懼不諫，使父母得罪於鄉黨州閭，其罪重。二者之間，寧可孰諫，謂純孰殷勤而諫，若物之成孰然。東萊呂氏曰：下氣、怡色、柔聲，此六字非特事父母當然，凡處己待人，能體此六字，則見孔子鄉黨氣象。起敬起孝，蓋我孝敬之心無間斷，隨遏隨起，故雖父母不從吾諫，至於怒，至於撻之流血，亦起敬起孝。常自若起，非起止之起，只是遏捺不住。嚴陵方氏曰：前言怡聲、此言怡色，前言柔色、此言柔聲，則聲色皆欲柔而怡也。起敬起孝，言孝敬之心有加而無已也。説則復諫，《坊記》所謂微諫不倦是矣。子從親之令不可爲孝，故寧孰諫，孰則不暴，孔子所謂事父母幾諫者此也。上言鄉黨州閭者，與《曲禮》言稱其孝同意。撻之至於流血猶不敢疾怨，而況其餘乎。自非孝敬之至，何以及此？故每言起敬起孝焉。馬氏曰：孟子云：親之過大而不怨，是愈疏也；親之過小而怨，是不可磯也。愈疏，不孝也；不可磯，亦不孝也。苟子曰：可以從而不從，是不子也；未可以從而從，是不衷也。不子，不孝也；不衷，亦不孝也。夫明乎從不從之義，而以恭行之，然後可以諫；明乎怨不怨之理而以愛守之，然後可以怨。故孔子曰：事父母幾諫，見志不從，又敬不違，勞而不怨。父母有過，下氣怡聲以諫，所謂幾諫也。諫若不入，起敬起孝，所謂見志不從，又敬不違也。不敢疾怨，所謂勞而不怨也。然則《小弁》何以怨？《傳》云：非所怨不怨，則怨出於親之也。父子天性也，而不若柳蜩淵葦之循其自然之理，此其所以，若窮人之反歸而不知所屈也。建安眞氏曰：起者，悚然興起之意。孰者，反復純孰之謂。不諫是陷其親於不義，得罪於州里，等而上之，諸侯而不諫，則使其親得罪於國人，天子而不諫，則使其親得罪於天下，是以寧孰諫也。怒而撻之猶不敢怨，況下於此者乎。諫不入，起敬起孝，諫而怒，亦起敬起孝，敬孝之外，豈容有他念哉！豈容一息忘哉！是說也，聖人著之《論語》矣，曰：事父母幾諫，見志不從，又敬不違，勞而不怨。事親者當合二書而思焉。慶源輔氏曰：下氣、怡色、柔聲，所以自牧也；起敬、起孝，所以自策也。自牧則無戾心，自策則無倦意。諫而父母不悅，非己之罪也，不諫而鄉閭責焉，則己之罪也。山陰陸氏曰：事若《小弁》，雖怨可也。

又卷一二六《中庸》 子曰：「回之爲人也，擇乎中庸，得一善，則拳拳服膺而弗失之矣。」 鄭氏曰拳拳，奉持之貌。孔氏曰：此一節明顏回能行中庸。膺，謂胷膺。言奉持善道，弗敢棄失。河南程氏曰：顏子擇中庸，得一善則拳拳。中庸如何擇？如博學之，又審問之，又謹思之，又明辨之，所以能擇中庸也。雖然，學問思辨，亦何所據乃識中庸，此則存乎致知。致知者，此則在學者自加功也。大凡於道，擇之則在乎知，守之則在乎仁，斷之則在乎勇。人之於道，則患在不能守，不能擇，不能斷。伊川問：顏子如何學孔子到此深邃？曰：顏子所以大過人者，只是得一善則拳拳服膺，與能屢空耳。橫渠張氏曰：知德以大中爲極，可謂知至矣。擇中庸而固執之，乃至之之漸也。唯學然後能勉，能勉，然後日進無疆而不息可期矣。又曰：君子莊敬日強，始則須拳拳服膺，出於強勉，至於中禮，卻從容，如此方是爲己之學。又曰：顏氏求龍德正中而未見其止，故擇乎中庸，得善則拳拳服膺，歎夫子之忽焉前後是也。藍田呂氏曰：自人皆曰予知，以下中庸之可守，人莫不知之，鮮能蹈之，惡在其爲知也歟！唯顏子之擇中庸而能守之，此所以爲顏子也。衆人之不能期月守，聞見之知非心知也。顏子服膺而弗失，心知而已，此所以與衆人異。一本云，擇乎中庸可守而不能久，知及而仁不能守之者也。知及之仁不能守之，自謂之知，安在其爲知也歟！雖得之，必失之。故君子之學，自明而誠，明則能擇，誠則能守，能擇知也，能守仁也，如顏子者可謂能擇而能守也。高明不可窮，博厚不可極，則中道不可識，故仰之彌高，鑽之彌堅，瞻之在前，忽焉在後，察其志也，非見聖人之卓，不足謂之中。隨其所至，盡其所得，據而守之，則拳拳服膺而不敢失，勉而進之，則既竭吾才而不敢緩，此所以恍惚前後而不可爲象，求見聖人之止，欲罷而不能也。一宮之中則庭爲之中矣，指宮而求之，一國則宮，或非其中，指國而求之，九州則國，或非其中，故極其大則中可求，止其中則大可有，此顏子之志乎。建安游氏曰：道之不行，知者過之，如舜之知則道之所以行也。道之不明，賢者過之，如回之賢則道之所以明也。又曰，擇乎中庸，見善明也，得一善則服膺不失，用心剛也。延平楊氏曰：道之不明，賢者之過也，故又以回之事明之。夫得一善拳拳服膺而弗失，此賢者所以不過也。回之言曰：舜何人也？予何人也？有爲者亦若是。用此道也，故繼舜言之。河東侯氏曰：知者如舜之大知，顏子之服膺，可以謂之知矣，故又以顏子明之。人皆曰予知，驅而納諸罟擭陷阱之中而莫之知辟也，予知云者，自知之知也。人皆曰予知，擇乎中庸而不能期月守也，亦自知之知，皆非大知也。知者致知，則可以擇中庸矣。舜之大知，則不待擇也，顏子則進於此者矣。故曰：擇，然而中庸豈可擇也？擇則二矣。此云擇者，如博學之，審問之，明辨之，勉而中，思而得者也。故曰擇乎中庸。顏子之學，造聖人之中，若有未至焉者，故得一善則拳拳服膺而勿失之，勿失則能久中矣。嗚呼，學者精微，非顏子孰知之，豈待期月而守哉。新安朱氏曰：此第八章，服，猶著也。奉持而著之心胷之間，言能守也。顏子蓋眞知之，故能擇能守如此，此行之所以無過不及而道之所以明也。或問此其稱回之賢何也？曰：承上章不能期月守者而言。如回之賢而不過，則道之所以明也。蓋能擇乎中庸，則無賢者之過矣，服膺弗失，則非不肖者之不及矣。然則茲賢也，乃所以爲知也歟。又曰：程子所引屢空，張子所引未見其止，皆非《論語》之本意，唯呂氏之論顏子有曰隨其所至，盡其所得，據而守之，則拳拳服膺而不敢失，勉而進之，則既竭吾才而不敢緩，此所以恍惚前後而不可爲象，求見聖人之止，欲罷而不能也。此數言者，乃爲親切確實，而以見其深淺縝密之意，學者所宜諷誦而服行也。但求見聖人之止一句文亦未安耳。臨川王氏曰：《易》曰，有不善未嘗不知，知之未嘗復行。在《易》言顏子之去惡，在《中庸》言顏子之就善也。延平周氏曰：舜之所以爲舜者，以其好問而好察邇言；顏回之所以爲顏回者，以其得一善則拳拳服膺而弗失之也。然用之於民，則必言舜，而擇乎中庸，則必言顏回者，蓋聖人達而用之者，莫如舜，賢人窮而擇之者，莫如顏回。於賢人則言中、言庸，於聖人則止言中者，聖人則能變矣，而庸不足以言。嚴陵方氏曰：聖人之中庸，無適而非中庸也，又何擇之有？擇乎中庸，則賢人之事爾，故以之言顏回焉。山陰陸氏曰：舜言知，回言仁。其曰回之爲人也以此，拳言握持之固，膺言服念在前，是其所以弗失也。新定顧氏曰：中庸即善也，善即中庸也，舍中庸無以爲善。海陵胡氏曰：一善，小善也。得一小善，拳拳然奉持於胷膺之閒，弗失之，言能躬行之也。江陵項氏曰：回之爲人也，擇乎中庸，得一善，知之明也，拳拳服膺而弗失之，行之篤也。吳興沈氏曰：由乎中庸者，聖人也。擇乎中庸者，賢人也。叛乎中庸者，衆人也。舜由乎中庸者也，天下其可皆責其如舜哉，得如賢人者斯可矣，故復以顏子之事明之。夫喜怒哀樂欲發之際，麗於善惡是非邪正之境閒不容髮，差之毫釐繆以千里，其可不知所擇乎？擇之爲義非區區揀擇之謂也，以吾天知之見，照夫善惡是非之機，苟得夫中節之善，則謹守而不失，其於中庸也庶幾焉，然猶未善也，至於忘夫善而舜之用中，則爲至矣。子思子欲發中庸之精粹於羣聖賢，事爲之際，必首證以知之。事蓋聖道之妙，無不自知入也，既明舜之知如此，又辨人之知如彼，復以顏子之事勉天下之人，可謂善明中庸者。霅川倪氏曰：前舉舜，取達而在上之聖人，此舉顏子，取窮而在下之賢人，以爲則法也。顏子賢而在下，率性而行，雖不能行其道於當時，而可以爲萬世學者之準的，是亦修道之敎也。永康陳氏曰：如回擇乎中庸，能體認之也，體認得分明，則得其固有之善，如失其故物而得之，敬而守之，如恐不及，肯失之乎？茲回始可謂知。

王伯大《别本韓文考异》附録《新書本傳》　每言文章，自漢司馬相如、太史公、劉向、揚雄後，作者不世出。故愈深探本元，卓然樹立，成一家言。其《原道》、《原性》、《師説》等數十篇，皆奥衍閎深，與孟軻、揚雄相表裏，而佐佑《六經》云。至他文，造端置辭，要爲不襲蹈前人者。然惟愈爲之，沛然若有餘。至其徒李翺、李漢、皇甫湜從而效之，遽不及遠甚。從愈游者，若孟郊、張籍，亦皆自名於時。《墓誌》云：先生之作，無圓無方，至是歸工。抉經之心，執聖之權，尙友作者，跋邪觝异，以扶孔氏，存皇之極。知人罪非我計，茹古涵今，無有端涯，渾渾灝灝，不可窺校。及其酣放，豪曲快字，凌紙怪發，鯨鏗春麗，驚耀天下。然而栗密窈眇，章妥句適，精能之至，入神出天。嗚呼極矣，後人無以加之矣。姬氏已來，一人而止矣。今按：知人罪非我計，此句中必有脱誤。疑當云人知人罪，非我所計。方氏語附程子曰：韓愈亦近世豪杰之士，如《原道》之言，雖不能無病，然自孟子以來，能知此者，獨愈而已。其曰孟氏醇乎醇，又曰荀與揚也，擇焉而不精，語焉而不詳。若無所見，安能由千載之後判其得失若是之明也。又曰：退之晚年之文，所見甚高，不可易而讀也。古之學者，修德而已，有德則言可不學而能，此必然之理也。退之乃以學文之故，日求其所未至，故其所見及此。其於爲學之序，雖若有所戾者，然其言曰「軻之死，不得其傳」，此非有所襲於前人之語，又非鑿空信口、率然而言之，是必有所見矣。若無所見，則其所謂以是而傳者，果何事邪？今按：諸賢之論，唯此二條爲能極其深處。然復考諸臨川王氏之書，則其詩有曰：紛紛易盡百年身，舉世何人識道眞？力去陳言誇末俗，可憐無補費精神。其爲予奪，乃有大不同者，故嘗折其衷而論之。竊謂程子之意，固爲得其大端，而王氏之言，亦自不爲無理。蓋韓公於道，知其用之周於萬事，而未知其體之具於吾之一心。知其可行於天下，而未知其本之當先於吾之一身也。是以其言常詳於外，而略於内，其志常極於遠大，而其行未必能謹於細微。雖知文與道有内外淺深之殊，而終未能審其緩急重輕之序，以決取舍。雖汲汲以行道濟時、抑邪舉正爲事，而或未免雜乎貪位慕禄之私，此其見於文字之中，信有如王氏所譏者矣。但王氏雖能言此，而其所謂道眞者，實乃老佛之餘波，正韓公所深詆，則是楚雖失而齊亦未爲得耳。故今兼存其説，而因附以狂妄管窺之一二，私竊以爲若以是而論之，則於韓公之學所以爲得失者，庶幾其有分乎。

林希逸《考工記解》卷下《匠人》　匠人爲溝洫。溝洫一事，乃《周禮》大節目。蓋匠人之制，與遂人不合，故鄭氏以爲，遂人所言鄉遂之制，匠人所言乃三等采地之制。王畿之内環以六鄉，又環以六遂，其地窄，故其所述至萬夫，有川而止，三等采地，散在王畿之内，地頗寬，故匠人所言至方百里也。然子細推算，大有差殊處，鄭氏之説難以牽合。若知《周禮》自爲一書，《考工》自爲一書，本不相關，皆非周公舊典，則無復此拘礙矣。

又《竹溪鬳齋十一稿續集》卷二五《學記·太玄精語》[林希逸注]　礥。準屯。礥，難也。次二：黄不純，屈於根。測曰：黄不純，失中適也。黄，中也。立中道於此，則萬善由之而生。爲中不純，則善根屈絶矣。何以適中乎？

閑。準屯。次三：關無鍵，舍金管。測曰：關無鍵，盜入門也。舍，註音捨，今音釋。鍵，鎖牡也。管，所以出入鍵者也。關門而無鍵，雖有鎖管，亦開釋矣。言失防閑之道也。

次六：閑黄垁，席金笫。測曰：閑黄垁，以德固也。垁，古雉字，城也。笫，床簀也。閑以金城，藉以金簀，人之自防如此。喻有德以自固也。

少。準謙。次八：貧不貧，人莫之振。測曰：貧不貧，何足敬也！居貧而不爲貧之計，是以虚爲盈者，人誰振貸之。喻當謙而不謙者。

黄震《黄氏日抄》卷四　《魯頌》。季孫行父請命於周，而史克作是頌。

愚按：行父，文公六年如陳，如晉，至襄公五年卒，其見於《經》者，凡五十四年。使行父壽踰七十，計其在文公時，年方弱冠。僖公者，文公之父也。行父安得逮事僖公而爲之請命于周？若史克又後行父十年，方見於《經》，恐亦未必逮事僖公也。且序之爲此説者，以魯有頌爲僭。而行父，魯名臣也，謂其嘗請命于周，則魯非僭耳。然魯之僭，莫大於郊矣。《明堂位》言成王賜伯禽以天子禮樂，使世世以祀周公。審如此説，亦未必使之郊天，行天子之事也。況《呂覽》明言魯惠公請郊禮於平王，而史角往魯。《呂覽》作於秦，《明堂位》作於漢，是成王賜天子禮樂之事未必有之。故自伯禽至莊公十七世，未聞有郊天者。僖公三十一年始卜郊，而卜不從繼。此若宣、若成、若定欲郊，則牛輒傷，禮之不可僭，神之不歆其祀。如此，魯人曾不知媿，反以郊爲盛事，而張皇之序者，尙欲避頌之爲僭，何異放飯流歠而問無齒決耶？且《魯頌》非商周郊廟之頌也。臣子祈其君而後世序詩者，加「頌」之名以代列國之所謂美耳。郊，僭也。不以爲僭詩非用之郊者，反以爲僭而請之乎！且此詩作於誰而請之也。謂作於僖公，僖公不應自頌其美。謂作於臣子，臣子不應專達於朝。然則序詩者之言，特未可知也。劉元城嘗言：我藝祖不事虚文，至太宗朝方用兵河東。羣臣已作詩歌淮夷，固魯積患也。僖公僅嘗從齊威公會諸侯于淮，反因此見止于齊，明年乃得歸，可羞之甚者也，魯臣反作詩歌以誇大其功。雖曰祈願之辭，然此亦魯之所以不競歟！

蔡模《孟子集疏》卷三《公孫丑》　孟子曰：「子路，人告之以有過則喜，喜其得聞而改之，其勇於自修如此。周子曰：仲由喜聞過，令名無窮焉。今人有過不喜人規，如諱疾而忌醫，寧滅其身而無悟也，噫！程子曰：子路人告之以有過則喜，亦可謂百世之師矣。禹聞善言則拜。《書》曰：禹拜昌言。蓋不待有過而能屈己以受天下之善也。大舜有大焉，善與人同，舍己從人，樂取於人以爲善，舍，上聲。樂，音洛。言舜之所爲，又有大於禹與子路者，善與人同，公天下之善而不爲私也。己未善則無所係吝，而舍己從人，人有善則不待勉彊而取之於己，此善與人同之目也。自耕稼陶漁以至爲帝，無非取於人者。舜之側微，耕于歷山，陶于河濱，漁于雷澤。取諸人以爲善，是與人爲善者也。故君子莫大乎與人爲善。」與，猶許也，助也。取彼之善而爲之於我，則彼益勸於爲善矣，是我助其爲善也，能使天下之人皆勸於爲善，君子之善孰大於此？此章言聖賢樂善之誠，初無彼此之間，故其在人者有以裕於己，在己者有以及於人。《集疏》曰：或問善與人同何也？曰：善者天下之公理，本無在己在人之别，但人有身不能無私於己，故有物我之分焉。惟舜之心無一毫有我之私，是以能公天下之善以爲善，而不知其孰爲在己孰爲在人，所謂善與人同也。舍己從人，言其不先立己而虚心以聽乎天下之公，蓋不知善之在己也，樂取於人以爲善，言其見人之善則至誠樂取而行之於身，蓋不知善之在人也。此二者善與人同之目也。然謂之舍己者，特言其忘私順理而已，非謂己有不善而舍之也。謂之樂取者，又以見其心與理一，安而行之，非有彊勉之意也。此二句本一事，特交互言之，以見聖人之心表裏無間如此耳。又曰：禹聞善言則拜，猶著意做，舜與人同，是自然氣象。聖人之拜固出於誠意，然拜是容貌間，未見得行不行，若舜則眞見於行事處。己未善則舍己之未善而從人之善，人有善則取人之善而爲己之善，人樂於見取，便是許助它爲善也。問：三者本意似只是取人，但有淺深，而與人爲善乃是孟子再疊一意以發明之否？曰：然。周子名惇頤，字茂叔，號濂溪先生。

蔡節《論語集説》卷五《鄉黨》 朋友死，無所歸，曰：「於我殯。」朋友之饋，雖車馬，非祭肉，不拜。殯，必忍切。 集曰：無所歸，謂無親戚任之者。殯，斂也，爲之治喪也。朋友，以道義相與者也，其死也，有所歸則己不得專，無所歸則己得任之，故曰「於我殯」。朋友有通財之義，車馬之重不拜，祭肉則拜者，敬其祖考同於己親也。白石錢氏、晦菴朱氏。東溪劉氏曰：祭肉必拜，孝敬之心一也。

謝枋得《疊山集》卷一《和游古意韵》 死易程嬰豈不知，十年死後未爲非。文辭未必改秦館，敲樸徒能抱御衣。無志何勞悲廟黍，自注：《離黍》一詩忠矣。然略無興周之志，與文侯之命辭氣相似，曾不如秦《無衣》之有志也。得仁更不食山薇。自注：余初受教先人，武王、太公、周公一聞扣馬之諫，既殺紂，心焦然不寧。君臣合謀，惟有興滅繼絶，以謝天下，以服人心。故立武庚爲殷王，盡有商畿内之地，姑命三叔以監之，其王者位號尚如故，與周並立。至三監挾淮夷叛，始殺武庚，始降王爲公，黜殷命，而封微子於宋。故《周書》曰：用告商王。孔子序《書》曰：成王既黜殷命，殺武庚，命微子啓代殷。後可見前此殷命未絶，殷王如故。伯夷雖采薇西山，見周家能悔過遷善，雖死無怨，幷薇蕨不食而死之。故孔子曰：求仁而得仁，又何怨？先君子云此説聞之韓澗泉觧《論語》。

趙順孫《孟子纂疏》卷三《公孫丑上》 昔者竊聞之：子夏、子游、子張，皆有聖人之一體，冉牛、閔子、顔淵，則具體而微。敢問所安？ 此一節林氏亦以爲皆公孫丑之問是也。一體，猶一肢也。具體而微，謂有其全體，但未廣大耳。或問六子之不同？曰：聖人之道大而能博，門弟子不能偏觀而盡識也，故學焉而各得其性之所近，如游、夏得其文學，子張得其威儀，皆一體也。惟冉牛、閔子、顔淵氣質不偏，理義完具，故其默而識之，不言而信者，獨能具有聖人之全體，但猶役於思勉，滯於形迹，未若聖人之大而化之，無復限量之可言，故以爲具體而微爾。○輔氏曰：孟子謂人之有是四體，則一體猶一肢，具體謂得其全體者，宜也。夫游、夏以文學名，子張以高明稱，是固各得聖人之一體矣，至於冉、閔、顔子之德行，則具有聖人之全體，但養之未至，充之未全，故未極於廣大耳，使其極於廣大，則是固聖人天地之德也。然此論亦未得爲精細，蓋冉、閔、顔子雖皆以德行稱，然恐冉、閔二子之所至，終未及於顔子也，至顔子之亞聖，則與聖人相去特一間耳。安，處也。公孫丑復問孟子，既不敢比孔子，則於此數子欲何所處也？曰：姑舍是。舍，上聲。孟子言且置是者，不欲以數子所至者自處也。陵陽李氏問：如《集註》之説，則孟子猶有不足於顔子歟？天台潘氏曰：孟子之志，願學孔子，是誠有不足於顔子者，蓋非不足於顔子，以顔子不幸短命而未至於聖人之域耳。前輩云，纔遜第一等，事與別人做便是自暴自棄，蓋古人之志大率如此。然立志之後要須力行，以酬其志，不可徒有此志也。○愚謂學未至於聖人，孟子之心終未慊也，觀下文乃所願學孔子則可見矣。

王與之《周禮訂義》卷二八《地官・廩人》 廩人，下大夫二人，上士四人，中士八人，下士十有六人。府八人，史十有六人，胥三十人，徒三百人。

薛平仲曰：場人既已爲登穀之備矣，則倉廩之官當有以爲儲蓄之備也。先儒以廩爲藏米，以倉爲藏穀。李嘉會曰：廩造於平地之上，倉造於屋之下。故廩人之官必以下大夫二人居之。賈氏曰：此官使下大夫爲首，徒三百人，以米廩事重，出納又多故也。自穀而舂揄以爲米，則米之爲用，所當貴重愛惜者，而官其可輕畀哉。是以廩人爲之長，而倉人以中士爲之屬焉。然廩人之後必繼之以舍人，倉人之後必繼之以司禄，不爲無意，蓋舍人之職，其主宮中官府之次舍者也。而宮中官府之稍食，又非穀祿比於此焉。不汲汲以均之，則所以爲養廉恬恥之本者，得無有虧於自公退食之際，而請謁行於私昵之間，其弊有不可勝慮矣，是則舍人所以次之也。若夫穀祿之制，自公卿大夫以至庶人之代其耕者，多寡高下固有定數矣，彼其以田賦祿而征其租，上以共王賦，下以享宗廟，給私奉，業子孫，又非一時稍食者之比於此焉。不知所以裁之，則無功受祿者特未免有《伐檀》之刺，而世祿之家鮮克由禮者，亦豈無自而致哉！是則司祿所以次之也。是蓋先王務農重穀之教，故敘次其設官如此。

金履祥《資治通鑑前編》卷五　商亡。［自注］：古史論曰：商之有天下者三十世，而周之世三十有七，商之既衰而復興者五王，而周之既衰而復興者宣王一人而已。蓋商之多賢君，宜若其世之過于周。周之賢君不如商之多，而其久於商者乃數百載，其故何也？周公之治天下，務以文章繁縟之禮，和柔循擾剛強之民，故其道本于尊尊而親親，貴老而慈幼，使民之父子相愛，兄弟相悦，以無犯上難制之氣。行其至柔之道，以揉天下之戾心，而去其剛毅果敢之志，故其享天下至久。而諸侯內侵，京師不振，卒于廢，爲至弱之國，何者？優柔和易可以爲久而不可以爲強也。若夫商人之所以爲天下者，不可復見矣。嘗試求之《詩》《書》，《詩》之寬緩而和柔，《書》之委曲而繁重者，皆周也。而商人之《詩》駿發而嚴厲，其《書》簡潔而明肅，以爲商人之風俗，蓋在乎此矣。夫惟天下有剛強不屈之俗也，故其後世有以自振于衰微，然至其敗也，一散而不可復止。蓋物之強者易以折，而柔忍者可以久存；柔忍者可以久存而常困于不勝，強者易以折而其末也可以有所立，此商之所以不長而周之所以不振也。嗚呼！聖人之爲天下，亦有所就而已不能使之無弊也。使之能久而不能強，能以自振而不能及遠，此二者又存乎後世之賢與不賢矣。

又《大學疏義》　生財有大道，生之者衆，食之者寡；爲之者疾，用之者舒，則財恒足矣。　通章以貨財爲戒，而此以生財爲言何也？財用國之常經，不可一日無者，但瘠民肥己則爲爭民悖入之愆，而務本節用是乃制國生財之道。苟徒禁其爲聚財之政，而不示之以生財之道，則異時國用不給，終不免於橫取諸民，遂使時君世主以財聚民散之戒爲儒者之常談，而以剝民自足之政爲有國之實利，則是以理財爲諱者，乃所以爲聚財之張本也，故此節復以生財之道言之。夫所謂生財者，必有因天分地之源，所謂有道者，決非管、商功利之術，而究其所以爲生財之道者，則生者衆食者寡，爲者疾用者舒而已。天地間自有無窮之利，有國家者亦本有無窮之財，但勤者得之，怠者失之，儉者裕之，奢者耗之，故傳之四語，萬世理財之大法也。呂氏之説，辭簡理盡，而朱子本註所謂務本者生衆爲疾之説也，所謂節用者食寡用舒之説也。至於財恒足矣，則所以足財者非外本內末之效，而君人者亦何必橫取諸民哉，是則生財之道乃厚民之本也。嗚呼，下多游民，中多蠹吏，上有偏聚之勢，而國有無窮之需，生之爲之者有限，食之用之者無窮，利源竭而費之每多，民力困而取之益竭，務本節用之不知，而外本內末之益力，曾幾何哉而民之不散也！

劉辰翁《須溪四景詩集》卷三《山園細路高》　梯飈那可上，鑱雪誤相遭。石卧當途虎，藤穿汲澗猱。天機分瀑布，應念甕畦勞。漢陰丈人笑子貢爲槔桔之説，以爲機心藏於胸中，則純白不備，此云天機又遠勝於人力也。天機不假人力，爾之抱甕灌畦，不亦勞乎？以槔桔對抱甕，則槔桔爲可羞。以天機對抱甕，則抱甕爲勞而可歎矣。

文天祥《文山集》卷一五《熙明殿進講天圖・周易賁卦》　《彖》曰：賁，亨，柔來而文剛，故亨。分剛上而文柔，故「小利有攸往」。剛柔交錯，天文也。文明以止，人文也。觀乎天文，以察時變。觀乎人文，以化成天下。　臣聞：賁，文飾也，色相間則成文。故柔來文剛，上文柔，剛柔相間，所以爲賁。賁，離下艮上，離之體中，以一柔間兩剛，是柔來文剛。艮之體上，以一剛乘兩柔，是剛上文柔。使獨剛獨柔，不相爲用，則不成文矣。此言賁之卦義也。天之文爲二曜五行，象緯交錯，故曰「觀乎天文」，此言天之賁也。人之文爲三綱五常，倫理次序，故曰「觀乎人文」，此言人之賁也。以上係《易・彖》大意。臣竊窺先皇帝作圖之旨，以敬天爲名，其於賁卦實摘取「觀乎天文，以察時變」一條。臣謹案圖義而爲之辭。臣竊惟天，一積氣耳。凡日月星辰，風雨霜露，皆氣之流行而發見者。流行發見處有光彩，便謂之文。然有順有逆，有休有咎，其爲證不一，莫不以人事爲主。時，時世也。《彖易》聖人不曰「天變」，而曰「時變」，蓋常變雖麗於天，而所以常變則係於時，人君一身，所以造化時世者也。故天文順其常，則可以知吾之無失政，一有變焉，咎即在我。是故天文者，人君之一鏡也。觀鏡可以察妍媸，觀天文可以察善否。且如曆家算日食，云某日當食幾分，固是定數，然君德足以消弭變異，則是日陰雲不見，天雖有變，而實制於其時。又如旱魃，災也，才側身修行，則爲之銷去。熒惑，妖也，才出一善言，則爲之退舍。天道人事，實不相遠，自古人君凡知畏天者，其國未有不昌。先皇帝深識此理，故凡六經之言天文者，類聚而爲之圖，以便觀覽，且恐懼修省焉。聖明知敬嚴父之圖，即敬天在此矣。嗚呼！曷其奈何不敬！

馬端臨《文獻通考》卷二〇《市糴考》　元豐二年，詔市易。舊法聽人賒錢，以田宅或金銀爲抵，當無抵當者，三人相保則給之，皆出息十分之二，過期不輸息，外每月更罰錢百分之二。貪人及無賴子弟多取官貨不能償，積息罰愈滋，囚繫督責，徒存虛數，實不可得。於是，都提舉市易王居卿建議：以田宅、金銀抵當者，減其息，無抵當徒相保者，不復給。自元豐二年正月一日以前，本息之外所罰錢悉蠲之，凡數十萬緡，負本息者延其半年。衆議頗以爲愜。　按：均輸、市易皆建議於熙寧之初，然均輸卒不能行，市易雖行之而卒不見其利，何也？蓋均輸之說始於桑弘羊，均輸之事備於劉晏，二子所爲雖非知道者所許，然其才亦有過人者。蓋以其陰籠商販之利，潛制輕重之權，未嘗廣置官屬，峻立刑法，爲抑勒禁制之舉，迨其磨以歲月，則國富而民不知所以。《史記》、《唐書》皆亟稱之，以爲後之言利者莫及。然則薛向之徒豈遽足以希其萬一，宜其中道而廢也。然所謂徙貴就賤，用近易遠，則夫祖宗時以賦税而支移折變，以茶鹽而入中糧草，即其事矣。苟時得能吏以斡運之，使其可以裕國而不至困民，豈非理財之道。固不必親行販易之事，巧奪商賈之利而後爲均輸也。介甫志於興利，苟慕前史均輸之名，張官置吏，廢財勞人，而卒無所成，誤矣。至於市易，則假周官泉府之名，襲王莽五均之跡，而下行黠商豪家貿易稱貸之事，其所爲又遠出桑、劉之下。今觀其法制，大概有三，結保貸請，一也；契要金銀爲抵，二也；貿遷物貨，三也。是三者，桑、劉未嘗爲之，然自可以富國，則其才豈後世所能及？然貸息、抵當、貿遷之事，使富家爲之，假以歲月，豈不獲倍蓰千萬之利。今考之，熙寧五年，賜内藏庫及京東路錢爲市易，本共一百八十七萬緡。至九年，中書言，市易息錢並市利錢僅總收百三十三萬二千緡有奇。嗚呼，以縣官而下行黠商豪家之事，且貿遷圖利，且放償取息，以國力經營之，以國法督課之，至使物價騰踴，商賈怨讟，而孳孳五年之間，所得子本蓋未嘗相稱也。然則是豈得爲善言利乎？桑、劉有知，寧不笑人地下。又按：鄭介夫熙寧六年進流民圖狀，言自市易法行，商旅頓不入都，競由都城外徑過，河北、陝西北客之過東南者亦然。蓋諸門皆準都市易司指揮，如有商貨入門，並須盡數押赴市易司賣，以此商税大虧。然則市易司息錢所獲，蓋不足以補商税之虧矣。

《春秋通義・閔公》　閔公二年冬，十有二月，鄭棄其師。二傳以爲惡高克，惡高克舉其師而逐之，宜書曰「鄭高克以其師出奔陳」，不得曰「鄭棄其師」也。《左氏》以爲師潰而歸，高克奔陳，宜書曰「鄭高克出奔陳」，不得曰「鄭棄其師」也。夫師挫於外謂之敗，亂於内謂之潰，此久而不召，自我尸之，恣其飈去，故曰「鄭棄其師」。

段昌武《毛詩集解》卷四《鄘風・蝃蝀》　《蝃丁計反。蝀》，都動反。止奔也。衛文公能以道化其民，淫奔之恥，國人不齒也。　李曰：止奔者，言能止當時淫奔之風也。文公能以道化其民，而民知止於禮義，國人皆言淫奔爲可恥，所以不與之齒列也。朱曰：不齒，與禮所謂終身不齒者異，止謂恥之而不敢道，猶今人所謂不掛齒牙也。鄭曰：不齒者，不與相長稚。

蝃蝀在東，莫之敢指。女子有行，遠于萬反。父母兄弟。　毛曰：蝃蝀，虹也。程曰：蝃蝀，陰陽氣之交，映日而見，故朝西而暮東。在東者陰方之氣就交於陽也，夫陽唱陰和，男行女隨，乃理之正。今陰來交陽，人所醜惡，故莫敢指之。今世俗不以手指者，因詩之言。女子之奔，猶蝃蝀之東，人所醜也。鄭曰：女子有行，遠父母兄弟。婦人生而有適人之道，何憂於不嫁而爲淫奔之過乎，惡之甚。東萊曰：「女子有行，遠父母兄弟」，此詩及《泉水》、《竹竿》辭同而意不同，此詩蓋國人疾淫奔者，言女子終當適人，非久在家者，何爲而犯禮也？《泉水》、《竹竿》蓋衛女思家，言女子分當適人，雖欲常在父母兄弟之側有所不可得也。一則欲常居家而不可得，一則欲亟去家而不能得，其善惡可見矣。

朝隮子西反。于西，崇朝其雨。女子有行，遠兄弟父母。　程曰：朝隮于西，乃陽方之氣來交于陰，則理之順。《周禮》眡祲掌十煇之法，九月隮。鄭注曰：隮，虹也。詩曰朝隮于西。毛曰：崇，終也，從旦至食時爲崇朝。范曰：朝隮于西，陽感陰也。陽感陰則是陽爲倡而陰從之也，故崇朝其雨，此陰陽之相應也，「女子有行遠父母兄弟」亦猶是矣。

乃如之人也，懷昏姻也。大無信也，不知命也。　毛曰：乃如是淫奔之人也。程曰：人雖有欲，苟惟欲之從，則人道廢而入於禽獸矣！女子以不自失爲信，所謂貞信之教。違背其父母，可謂無信矣。命，正理也，以道制欲，則能順命。王曰：男女之欲，性也，有命焉。君子不謂性也，今從欲而不知命有所制，此之謂不知命也。

《蝃蝀》三章，章四句。

王昭禹《周禮詳解》卷一三《地官司徒・載師》　凡宅不毛者，有里布；凡田不耕者，出屋粟；凡民無職事者，出夫家之征。以時徵其賦。　地以草木爲毛。謂五畝之宅，不植牆下以桑也，故罰之以里布。里，民居也。凡國宅無征，民居宜有征，但無布耳，以其不毛焉，然後使之有里布。《春秋傳》曰：有者，不宜有也。然則里布特使出之，故曰「有里布」者，先王所以懲游惰，季世則人人有之，此孟子所以欲廛無夫里之布也。夫民出耕而在田廬，入居而在里，則其屋有田，故以出粟，今不耕則就罰矣。夫田計屋而斂之，故謂之屋粟。無職事者，無九職三事也。夫有丁則出夫，征有戶則出家征。夫家征則均人，所謂人民牛馬車輦之力政是也。屋粟、夫家之征，則夫人而有之，不以其不耕與無職事除之耳，有異於里布焉。故屋粟與夫家之征則曰出。夫民宅不毛則宜無衣矣，又使之有里布；田不耕則宜無食矣，又使之出屋粟；民無職事則宜無以相養矣，又使之出夫家之征，則先王之阨人已甚矣。夫其阨之也，乃所以振之也。阨之如此而不勉者，亦已鮮矣。先儒以里布爲二十五家之泉，屋粟爲三夫之粟。以一夫宅之不毛而罰以二十五家之泉，以一夫田之不耕而罰以三夫之粟，疑先王之法不如是之太甚也。

又卷一四《泉府》　泉府，掌以市之征布，斂市之不售貨之滯於民用者，以其賈買之，物楬而書之，以待不時而買者。買者各從其抵，都鄙從其主，國人、郊人從其有司，然後予之。抵，柢同。予，上聲。司市下及肆長，治市之法具矣。然而市之不售貨之滯於民用，則使有無不齊，泉重而物輕，兼并之民從而乘之，則農工益困矣。先王由是設泉府之官，權物而通之，此泉府所以次於肆長與！名官以泉府，則欲其利出於一孔故也。伺市之不售者而賤收之，伺不時而買者則貴出之，此兼并者之志也。先王以爲我有五布，徒積於泉府，市之不售者不能斂之，忍視其民之困，不時而買者不能應之，忍視其民之急，豈仁政乎？此所以權物而通之，以廛人所入之五布，斂市之不售貨之滯於民用者，以其價買之，如此，則民得以紓其阨，而無折閱不償本之事矣。然藏之而不知以時賣，則兼并者又將得以乘民急而困之，故物楬而書之，使民知所有而求之，以待不時而買者，官因其急而賣之，如此，則兼并者不得擅其資而取之以十倍之利矣。然不時而買者必責之，即入其價然後予之，則亦不足以爲仁政矣，故凡買者各從其抵，從其以物爲抵，則宜知其實僞。故都鄙從其主，國人、郊人從其有司，然後予之，以主及有司能知其實僞故也。

黄槐《論學繩尺》卷二《智者行其所無事》［林子長注］ 堯之水，引本文事。《書·堯典》：帝曰：「咨！四岳，湯湯洪水方割，蕩蕩懷山襄陵。下民其咨，有能俾乂。」鯀治之，同上：僉曰：「於，鯀哉！」禹又治之。《書》：鯀湮洪水，汩陳其五行。禹乃嗣興。洪水一也，以禹則治之，以鯀則不治。總上文辯論。何也？禹之治水，以水治水，智者之事也。應因其是非利害之定勢，而處之以是非利害之當然意。鯀之治水，以鯀治水，智者之過也。應取天下自然之理而紛之之意。天下之事，無異於水。事之逆順，與水何異？智者之於事，無異於治水。因事而處之，如因水之勢而治之，否則反是。知治天下之事，以禹不以鯀，則智者之説盡矣。如禹，則不任己見，能因水之勢而治之。如鯀，則反是。若使今人作此論，則必以禹、鯀治水之事用於原題，或用於大講。此篇直留此事到結尾方用，方見大筆力，有散場處，且是終篇無一閒字。後學能以此篇爲法，行文自去冗泛之病。

韓醇等《柳河東集注》卷二《瓶賦》［韓醇注］ 不如爲瓶，居井之眉。鈎深挹潔，淡泊是師。和齊五味，齊，才詣切。寧除渴飢。不甘不壞，久而莫遺。清白可鑒，終不媚私。利澤廣大，孰能去之。綆絶身破，綆，音梗。《説文》：井索也。何足怨咨。功成事遂，復于土泥。歸根反初，無慮無思。何必巧曲，徼覬一時。徼，克堯切，求也。覬音冀，幸也。子無我愚，我智如斯。晁太史無咎取《瓶賦》於變騷，曰：昔揚雄作《酒箴》，謂鴟夷盛酒而瓶藏水，酒甘以喻小人，水淡以比君子。故鴟夷以親近託車，而瓶以疏遠居井而羸。此雄欲同塵於皆醉者之詞也。故宗元復正論以反之，以謂寧爲瓶之潔以病己，無爲鴟夷之昏以愚人。蓋更相明亦猶雄爲反騷，非反也，合也。

又卷三《封建論》［童宗説注］ 《唐宗室傳贊》曰：唐興，疏屬畢王。至太宗時，與名臣蕭瑀等喟然講封建事，欲與三代比隆。而魏徵、李百藥皆謂不然。顔師古獨議建諸侯當少其力，與州縣雜治。由是罷不復議。至名儒劉秩，目武氏之禍，則謂郡縣不可以久安，大抵與曹陸相上下。而杜佑、柳宗元深探其本，據古驗今，而反復焉。［補注］：蘇内翰《志林》曰：昔之論封建者，曹元首、陸機、劉頌。及唐太宗時，魏徵、李百藥、顔師古。其後劉秩、杜佑、柳宗元。宗元之論出，而諸子之論廢矣。雖聖人復起，不能易也。范太史《唐鑑》，亦以公之論爲然，以謂後世如有王者，擇守令以治郡縣，亦足以致太平，何必封建哉！又武威孔氏曰：韓退之文章過子厚，而議論不及，子厚作《封建論》，退之所無。按：唐之藩鎮，初非有取于封建之制。特自天寶之後，安史亂定，君臣幸安，瓜分河北地以授叛將，護養孽萌，以成禍根。亂人乘之，遂擅署吏，以賦税自私，不朝獻于庭。其與春秋所謂諸侯強而王室弱之患等。至元和間，爲朝廷擾無虚日。公目擊其禍之至此也，推原封建出于勢之不得已，而猶惜乎唐之不能悉置守宰，而使強藩悍將爲中國擾也。唐史臣詳取公之論，以爲世鑑，誠知言哉！作之年月未詳。

又卷四三《聞籍田有感》［孫汝聽注］ 周南何處託成書。司馬遷自敘：太史公留滯周南，執遷手泣曰：「今天子封泰山，而余不得從行，是命也夫。汝爲太史，無忘吾所欲論著矣。」元和五年十月，憲宗詔來年正月十六日東郊籍田，敕有司修撰儀注。公自言留滯永州，如太史公之不得從行也。

文讜《新刊進詳注昌黎先生集》卷二三《祭柳子厚文》 集有《墓銘》，公時爲袁州刺史。［王儔］補注：按：子厚以元和十四年十月五夢奠于柳州，公以其月二十四日自潮即袁，此文袁州作也。劉夢得有《祭文》，且序其集云。維年月日，韓愈一云「維元和十五年歲次庚子五月壬寅五日丙午，韓愈。」謹以清酌庶羞之奠，祭于亡友柳子厚之靈。嗟嗟子厚，而致然耶！自古莫不然，我又何嗟？人之生世，如夢一覺。其間利害，竟亦何校？當其夢時，有樂有悲。及其既覺，豈足追惟？《淮南子》曰：人者，千變萬化，而未始有極。譬若夢爲鳥而飛於天，夢爲魚而沒於淵。故曰：人之生世，如夢一覺。其間利害，竟亦何校？又曰：方其夢也，不知其夢也，覺而後知其夢也。今將有大覺，然後知今此之爲大夢也。故曰：當其夢時，有樂有悲。及其既覺，豈足追惟？此意本出《莊子》，至《淮南子》變文以鋪繹之。覺，音居效切。寤也，今俚語尚然校辨也，亦音敎。子厚少年俊偉，知名當世，乃不自愛惜，附叔文匪人，自致青雲，俄而泰內，例遭黜責，此眞邯鄲枕事也。謂其行事不足記録，故直以夢比之。與下文犧尊以青黃爲災，良馬以脱羈馵爲善，皆反覆爲子厚文過矣。至於永貞行，則以小人語禹錫，不少假借，公之筆法嚴矣哉！凡物之生，不願爲材。犧罇青黃，乃木之災。莊子曰：百年之木，破爲犧尊，青黃而文之。其斷在溝中，比於犧尊，則美惡有問矣。注云：刻木作犧牛之形，以爲祭器，名曰犧尊。又加青黃文柔之飾，與斷棄溝中不被收用者殊。犧，音羲。按：《周禮》：司尊作獻。鄭氏謂飾以鳳凰婆娑。音素何切。子之中棄，天脱馵羈。玉佩瓊琚，大放厥辭。中棄，謂貶柳州也。馵，音之樹切。羈，音居宜切。《莊子》：馬蹄曰連之以羈馵。注云：羈，馬絡頭。馵，絆前兩足也。歐陽《般舟和尚碑跋》云：子厚與退之，皆以文章名一時，而後世稱爲韓柳者，蓋流俗之相傳也。其爲道不同，猶夷、夏也。然退之於文章，每極稱子厚者，豈以其名並顯於世？不欲有所貶毁，以避争名之嫌，而其爲道不同，雖不言，顧後世自當知歟！不然，退之以力排釋老爲己任，於子厚不得無言也。按本傳：愈常稱其文，曰雄深雅健，似司馬子長，崔、蔡不足多也。富貴無能，磨滅誰紀司馬遷《書》：自古富貴而名磨滅者，不可勝紀，惟倜儻非常之人稱焉。

劉㷄《雲莊集》卷七《閩縣諭俗》 聖經有言，一朝之忿，忘其身以及其親，非惑歟！言人一時忿怒，不能忍耐，生出事來，喪身害命，累及父母，乃迷惑之人所爲也。又曰：訟終凶。言訟者，終健必凶也。又曰：好勇鬭狠，以危父母。此三者，爾民所當戒也。聖經又言：用天之道，春勤於耕，夏勤於耘，秋勤收斂之類，是也。因地之利，高田宜麥，低田宜禾之類，是也。謹身節用以養父母。謹身是不妄爲，節用是不妄費。又曰：身體髮膚，受之父母，不敢毁傷。一毫髮，一皮膚，皆是父母遺體，不敢毁傷。何況輕犯刑憲，自害身命。此二者，爾民所當勉也。

袁説友《東塘集》卷一一《講義》 子曰：賢哉，回也！一簞食，一瓢飲，在陋巷，人不堪其憂，回也不改其樂。賢哉，回也！臣聞人之所以能休戚其心者，以有欲焉爾。夫欲者，志之所趨於此，則樂於此；失所趨，則樂者爲憂矣。此常人之情也。是故有所欲，不得其所欲，則不樂。無所欲，未嘗不安其欲，則無不樂。顏子之樂，樂此而已。何者？簞食瓢飲，其視食前方丈何如哉？居於陋巷，其視榱題數尺何如哉？然天下之至美，生於吾心之至樂，衆人以欲，而顏子以道耳。不以貧窶易其念，則視簞食瓢飲如食前方丈矣。不以富貴動其心，則視居於陋巷如榱題數尺矣。人之所憂，顏子之所樂也。此心不變，則此欲不作。此樂不改，則此憂不萌。人見其樂，而顏子亦不自知其爲樂也。如是而後，謂之心齋坐忘焉，謂之庶乎屢空焉。求之孔門，固有愠見於絶糧矣，固有陋於九夷矣，而顏子獨能以道爲樂，可不謂賢乎哉！此聖人所以賢之，再三而嘆，衆人之果不可及也。雖然，憂樂，人所未免者，抑又有富貴之憂樂者。姑以堯舜觀之，孟子嘗曰：堯以不得舜爲己憂，舜以不得禹、皋陶爲己憂。而漢董仲舒亦曰：堯受命，以天下爲憂，而未聞以位爲樂。故斥逐亂臣，務求聖賢。是以得舜、禹、稷、契、皋陶，賢能佐職，教化盛行，天下和洽。則堯舜所憂所樂者，蓋在於誅亂以求賢，得賢以致治，是謂富貴之憂樂者。顏子窮而在下耳，若夫在上之聖人，其憂樂在天下，豈特如顏子而已哉！

謝希深《公孫龍子注·名實論第六》 天地與其所産焉，物也。天地之形及天地之所生者，皆謂之物也。夫物之爲物，以物其所物而不過焉，實也。取材以脩廊廟，制以車服器械，求賢以實侍御僕從，中外職國皆無過差。各當其物，故謂之實也。實以實其所實，不曠焉，位也。實者，充實器用之小大、衆物之卑高，器得其材，人堪其材，庶政無闕，尊卑有序，故曰「位」也。出其所位非位，離位使官，器用過制，或僭於上或濫於下，皆非其位。位其所位焉，正也。取材之與制器，蒞事之與制賞，有尊卑，神亦異數，合静其信而不僭濫，故謂正也。以其所正，正其所不正，疑其所正。以正正於不正，則不正者皆正。以不正亂於正，則衆皆疑之。其正者，正其所實也。正其所實者，正其名也。仲尼曰：必也正名乎。故正其實正矣，其實正，則衆正皆正矣。其名正，則唯乎其彼此焉。唯，應辭也。正其名者，謂施名當於彼此之實。故即名求實，而後彼此皆應其名。謂彼而彼不唯乎彼，則彼謂不行。謂者，教命也。發號施命而召於彼，而彼不應者，分不當於彼，故教命不得行也。謂此而行不唯乎此，則此謂不行。施命不當於此，故此命不得行。其以當不當也，不當而亂也。教命不當而自以爲當者，彌不當也。故當曰其以當不當也。以其命之不當，故羣物不應，勢其命矣。以不當應物之不當，命而勢位以威之，則天下皆以不當爲當，所以又亂亂之已矣。故彼彼當乎，彼，則唯乎彼，其謂行彼。此此當乎此，則唯乎此，其謂行此。其以當而當也，以當而當正也。施命於彼此，而當彼此之名實，故皆應而命行。若夫以當，則天下自正。故彼彼止於彼，此此止於此，可。彼名止於彼實，而此名止於此實，彼此名實不相濫，故曰「可」。彼此而彼且此，此彼而此且彼，不可。或以彼名濫於此實，而謂彼且與此相類；或以此名濫於彼實，而謂此且與彼相同，故皆不可。夫名實謂也，知此之非此也，知此之不在此也，則不謂也。知彼之非彼也，知彼之不在彼也，則不謂也。大名，所以希實也。故衆政之與實賞刑，名當其實，乃善也。假令知此之大功非此人之功也，知此之小功不足在此之可賞也，則皆不命賞矣。假令知彼之大罪非彼人之罪也，知彼之小罪不足在彼之可罰也，則皆不命罰矣。至矣哉，古之明王！審其名實，慎其所謂，至矣哉，古之明王！公孫龍之作論也，假物爲辯以敷王道之至大者也。夫王道之所謂大者，莫大於正名實也。仲尼曰：惟名與器不可以假人。然則名號器實，聖人之所重慎之者也。名者，名於事物以施教者也。實者，實於事物以成教者也。夫名非物也，而物無名則無以自通矣。物非名也，而名無物則無以自明矣。是以名因實而立，實由名以通。故名當於實，則名教大行，實功大舉，王道所以配天而大者也。是以古之明王審其名實，而慎其施行者也。

樓鑰《攻媿集》卷六七《答張正字論莊子書》　以瓦注者巧，以鉤注者憚，以黃金注者昏。講義云：以操舟博塞明之。又云：博塞之事，以瓦注爲戲，則得失之心忘而其智巧。以帶鉤爲注，得失之心漸重而憚。以黃金爲注，則得失之心愈重而昏。今之博者，謂所出錢物爲注，王襄公所謂以陛下爲孤注是也。然莊子前此說操舟本無博塞之言，而博者亦不至以瓦爲注。蓋注者，抵擲也。謂如玉抵鵲，金抵鼃之類。試欲抵物以瓦，抵之則巧。以鉤抵之，則已有憚心。以黃金抵之，則必不中。此所謂外重則內拙也。鉤亦刀之異名，如吳鉤，是亦不必帶鉤也。

胡仲弓《葦航漫游稿》卷一《夢黃吉甫》　夢傳失之妄，晝冀見而想。原註：《列子·周穆王篇》：晝想夜夢，神形所遇。故神凝者於夢自消。衛玠總角時，常問樂廣夢。廣云：「是想。」玠曰：「神形所不接而夢，亦豈想耶？」廣曰：「因也。」豈伊不可懷，而使我心往。

徐鹿卿《清正存稿》卷六《讀楊妃傳》　六宮粉黛溢三千，一箇中間寵愛專。自此世情生妄想，推排妃子作神仙。世俗見明皇溺愛貴妃，遂指爲神仙中人。妃固非不美，而未必眞冠代也。徒以六宮之衆無一當意，獨妃得以專寵，故想像其不可及世間事。如此者，何限詎止一妃也哉！

劉弇《龍雲集》卷一〇《知府黃龍圖安中生辰五首》　豫章瀟洒古南州，偶屈天邊法從遊。孺子榻塵終日少，曲江詩板有時留。唐張曲江都督洪州日，留題尤多，今集中存者尚數十篇。而公有《雙泉》、《鐵柱》、《横泉井》、《鼉潭》、《滕閣》等數篇，皆傑筆，出張遠甚。

王質《雪山集》卷一四《和沈述之贈權幹詩》　江楓不敵寸心丹，何待霜雄吏自寒。滿眼空空無一佛，舉頭在在有三官。毛端解運三千界，腳底常飛九萬摶。凫茈餘根挑欲盡，莫憂魯巷有顔簞。上臺幕府鄭重來修荒政，吳人沈述之有詩，魯人王某賡之。昨共話點雪，寮舉隱峯，推車語只此一則，便了平生。故詩中略露此消息，共律身鈐吏。念物孳孳，遇事井井，皆此中推出者。推之又推，天地雖寬，奚足充塞耶！

李之儀《姑溪居士後集》卷一《兼江祥瑛上人能書自以爲未工又能詩而求予詩甚勤予以爲非所當病也爲賦一首勉之使進于道云》　適當庖丁善刀後，但見滿紙銀鉤連。心眼手筆俱不用，擬向底處觀其全。思量不可到此地，無中邊政似觀瀾。觀瀾亭上夜深後，滿空白月孤光懸。祥瑛侍者書置之魯直卷中，略無辨異，惜其未常博觀羲、獻、顔、柳遺蹟也。右軍帖家家有之，然後世遂不復有右軍，至近世人書，下手便欲逼眞，古今相絶如此，瑛其勉旃。

陽枋《字溪集》卷七《圖說·月受日光圖》　日每一晝夜一周天，行三百六十五度四分度之一。若月每一晝夜行不及日十二度有奇，行一月爲日所及而晦。程伊川先生常言日月之行無高低。恐或不然，常思日若不高，則月何以受光且晦。日光盡體伏，則月都不明，是日在月之上，故月全無光。常聞先賢說五百年天運一大周，日月重輪合體，必有聖人挺生。若是重輪合體，則見日高于月明矣。魏伯陽《參同契》云：晦至朔旦，震來受符。三日出爲爽，震受庚西方。八日兑受丁，上弦平如繩。十五乾體就盛滿甲，東方七八道已訖，屈折低下降。十六轉受統巽辛，見平明。艮直于丙，南下弦，二十三。坤乙，三十日，東北喪其明。《參同》又于《晦朔》言：天地媾，其精日月相撢持。聖人不虛生，上觀顯天符，言日月合璧也。按：此言納甲之法。考李鼎祚《周易集解》載虞翻《易傳》云：日月懸天，成八卦象。三日暮，震象，月出，庚。八日，《兑》象，月見，丁。十五日，《乾》象，月盈，甲壬。十六日，《巽》象，月退，辛。二十三日，《艮》象，月消，丙。三十日，《坤》象，月滅，乙癸。晦夕朔旦，則坎象水流。戊日中，則離象火就，已成。戊巳土位，而象見于中云云。蓋謂震納庚，《兑》納丁，《乾》納甲壬，《巽》納辛，《艮》納丙，《坤》納乙癸。蓋甲爲陽始，壬爲陽終，乾納甲壬，統陽之終始。乙爲陰始，癸爲陰終，坤納乙癸，統陰之終始。先天《坎》、《離》，當日月出入之位，晦朔則月淪于地，無象可見，故《坎》、離納居中，不用之戊巳。《易》言天地之用，莫大乎日月。而月受日光，則視月之盈虧以爲定準焉。

月受日光圖　一名東西天度圖

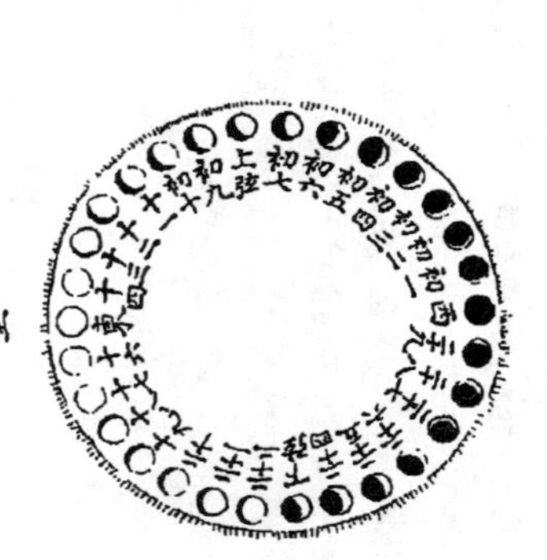

魏了翁《鶴山集》卷六《四川茶馬牛寶章大季修揚子墨池以書索題詠》　曆家中首先黃鍾，雖以坤復爲初終。中首先黃鍾，謂《太玄》八十一首起中，以

準中孚取復。前七日中孚卦氣，隨天左行。紀日天正始牛宿，又以日星分左右。《玄》以甲子朔旦冬至日起牽牛初度，取日所歷之星度，宮分背右行。起從冬至易玄均，意欲取臣承明君。臣承君，謂主日右行，注見後。《易》書八八而用七，八八用七，謂六十四卦，不反對者八卦，惟五十六卦反對。《玄》文九九而存一。九九存一，謂《玄》有八十一首，而日法用七十二策。《易》分六位中二五，臣志上通君下取。《玄》以一五而爲中，君道君尊臣代終。《玄》文主日易主歲，玄主日，謂日法取朔至牛宿初度。易主歲，謂起甲寅歲。凡四千五百六十歲爲一元，七元爲一極，此康節說。《易》書爲經《玄》爲緯。謂《玄》於《易》地承天，就中邵子尤知《玄》。康節《準易圖序》曰：《玄》之於《易》，如地之於天也。或云《玄準卦氣圖》，是圖疑亦非聖書。豈知中復與咸遇，乃是陰陽自然數。《玄準卦氣圖》，圖自復至咸八十八陽，九十二陰；自遇至中孚八十八陰，九十二陽。咸至遇六日七分，中孚至復亦六日七分。故上系七爻，下系十一爻，亦起中孚咸。或云《玄》倣太初曆，黄鍾之分八十一。豈知虚三與虚九，其數雖同其法否。太初曆以律起，曆八十一分爲日法，取黄鍾之管九寸九，凡八十四分，存律呂數用七十有八，即虚三也。《玄》八一，即虚九也。或云《玄》象宗渾天，渾天方象包於圓。豈知兼用蓋天說，蓋以輿地承純乾。子雲覃思渾天而作《太玄》。渾天以天包地，而《玄》以方州部家圓圖在上首表贊，方圖承其下乃兼用。蓋天之說，地承天之象也。《易》雖無《玄》不爲闕，《易》更得《玄》滋有發。且如《河圖》與《洛書》，發揮道數無遺餘。後來支榦及聲律，運氣參同至太一。此數者雖與圖書起數不同，而皆合。與《易》並行人不譏，千岐萬轍同一歸。況《玄》於《易》同而異，何獨於《玄》有譏議。子雲之師曰林閭，鶴山之下訓其徒。子雲之師曰林閭翁儒，臨邛人也。鶴山爲邛之望。自翻機杼作生活，律曆圖書無不合。若非馬晁二公身，後世幾無揚子雲。後世子雲今繼作，而此玄文終寂寞。空餘繪象與棠陰，聊與文字供嘲吟。繪象乃袁參政重修祠堂閣下本摹，置中堂左列。玄學源流右圖，獨吟池上，多海棠，不知年矣。

董嗣杲《廬山集》卷一《小孤山》 顛船泛濤巔，何異跧屈蠖。埋篷且斟觚，失喜兕酬酢。明月水禽飛，不奈栖鶻搏。《磨崖詩》，趙信庵有「多謝君恩好歸去，夜來又泊小孤山」，厲小山有「灩澦拓瞿唐，二孤障瀾蠡。大哉神禹功，天地相終始」。志恬退，志功名，不同。若此山上有鶻月出，則搏水禽食之。《放翁日記》亦載此。

廖瑩中《昌黎先生集注》卷一《感二鳥賦》 蓋上天之生余，亦有期於下地。盍求配於古人，獨怊悵於無位。惟得之而不能，「惟」，方作「雖」。惟字正是斡轉處，作雖，即無力矣。「能」或作「孤」，亦非是。乃鬼神之所戲。幸年歲之未暮，庶無羨於斯類。今按：上文之意若曰「天之生我，必有所用」，何不力慕古人如傅說之徒，而「獨怊悵於無位」耶？惟或者苟得其位，而不能追配古人，但如二鳥之空被榮寵，乃是鬼神之所戲耳。故幸年歲之未晚，而庶幾無慕於斯類也。斯類，蓋并指二鳥與彼「得之而不能」者而言也。歐陽文忠讀李習之《幽懷賦》以謂翺，一時有道而能文者，莫如韓愈。愈嘗有賦矣，不過「羨二鳥之光榮，歎一飽之無時」爾。是心使光榮而飽，則不復云矣。若翺獨不然，其賦曰「衆囂囂而雜處兮，咸歎老而嗟卑。視余心之不然兮，慮行道之猶非」。怪神堯以一旅取天下，而後世子孫不能以天下取河北，以爲憂。嗚呼！使當時君子皆易其歎老嗟卑之心爲翺所憂之心，唐之天下豈有亂與亡哉！歐陽子之論，善矣。雖然，公不云乎，文章之作常發於羈旅草野。至王公貴人氣得志滿，非性能而好之，則不暇以爲感。《二鳥賦》蓋所謂發於羈旅草野者，使其光榮而飽。憂天下之心，孰謂公一日忘耶！

又卷一一《原道》 博愛之謂仁，行而宜之之謂義，由是而之焉之謂道。足乎己無待於外之謂德。仁與義，爲定名。道與德，爲虚位。楊誠齋曰：道德之實，非虚也。而道德之位，則虚也。韓子之言，實其虚者也。其曰仁與義爲定名。又曰：吾之所謂道德者，合仁與義言之也，而後道德之虚位可得而實矣。張無垢曰：此正是退之闢佛、老要害處。老子平日談道德，乃欲搥提仁義，一味自虚無上去，曾不知道德自仁義中出。故以定名之實，主張仁義在此二字。既言行仁義，後必繼曰，「由是而之焉之謂道」。「足乎己，無待於外之謂德」，亦未始薄道德也。特惡佛、老不識仁義即是道德，故不得不表出之。楊龜山曰：韓子意曰由仁義而之焉，斯謂之道；充仁義而足乎己，斯謂之德。所謂道德云者，仁義而已，故以仁義爲定名，道德爲虚位。《中庸》曰：天命之謂性，率性之謂道。仁義，性所有也。則捨仁義而言道者，固非也。道固有仁義，而仁義不足以盡道，則以道德爲虚位者，亦非也。【略】《淮南子》以《原道》首篇。許氏箋云：原，本也。公所作《原道》、《原性》等篇，史氏謂其奥衍宏深，與孟軻、揚雄相表裏，而佐佑《六經》。誠哉！是言。東坡嘗曰：自孟子後，能將許大見識尋求古人，其斷然曰孟子醇乎。醇，荀與揚也，擇焉而不精，語焉而不詳。若非有見識，豈千餘年後便斷得如此分明。伊川亦曰：退之晚年作文，所得甚多。如曰軻之死，不得其傳。似此言語，非是蹈襲前人，又非鑿空撰得，必有所見。二先生之論，豈輕發者哉！山谷嘗曰：文章必謹布置，每見後學，多告以《原道》。命意曲折，後以此概求古人法度。如老杜《贈韋見素詩》，布置最得正體。如官府、甲第，廳堂房室各有定處，不可亂也。韓文公《原道》與《書》之《堯典》，蓋如此。石介守道曰：孔子之《易》、《春秋》，自聖人以來未有也。

吏部《原道》、《原性》、《原毁》、《行難》、《禹問》、《佛骨表》、《諍臣論》，自諸子以來未有也。

又《讀墨子》 儒、墨同是堯舜，同非桀紂，同修身、正心以治天下國家，奚不相悦如是哉！余以爲辯生於末學，各務售其師之説，非二師之道本然也。孔子必用墨子，墨子必用孔子，不相用，不足爲孔、墨。列子云：孔丘、墨翟，無地而爲君，無官而爲長。古語云：墨翟突不及黔，孔丘席不及煖。孟子以前，皆以孔、墨並稱，則墨亦大賢。孟子特以其非中道，其流不能無弊，故闢之耳。《藝文志》曰：墨家者流，蓋出於清廟之守，茅屋采椽，是以貴儉；養三老五更，是以兼愛；選士大射，是以尚賢；宗祀嚴父，是以右鬼；順四時而行，是以非命；以孝視天下，是以尚同。此其所長也，退之讀《墨》蓋出於此。莊、孟、荀卿之論，皆斥其所短也。又嚴有翼曰：墨子之書，孟子疾其兼愛無父，力排而禽獸之。其言曰：楊、墨之道不熄，孔子之道不著。能言距楊、墨者，聖人之徒也。今退之謂孔子必用墨子，墨子必用孔子，抑何乖刺如是耶？若以孔、墨爲必相用，則孟子距之爲非矣。其《與孟簡書》則又取孟子距楊、墨之説，以謂向無孟氏，皆服左衽而言侏離矣。故推尊孟子，以爲其功不在禹下，意以己之排佛老，可以比肩孟氏也。殊不知言之先後自相矛盾，可勝其説哉！

曹勛《松隱集》卷三十八《酒泉子》 霜護雲低，竹外斜枝初璨璨，仙風吹墮玉鈿新。度清芬。　欺寒冰艷了無塵。不占紛紛桃李徑，一庭疎影冷搖春。月黄昏。朱希眞嘗跋此詞及《謁金門・春待去》詞云：讀二詞洒然，變俚耳之滔堙，還古風之麗則，宛轉有餘味也。蓋治世安樂之音歟！恨無韓娥曼聲長歌，以釋子幽憂窮厄之疾，但誦數過，增老夫暮年之歎。

仇遠《山村遺集・讀陳去非集》 簡齋吟集是吾師，句法能參杜拾遺。宇宙無人同叫嘯，公卿自古嘆流離。窮途劫劫誰憐汝，遺恨茫茫不在詩。莫道墨梅曾遇主，黄花一絶更堪悲。近世習唐詩者，以不用事爲第一格。少陵無一字無來處，衆人固不識也。若不用事云者，正以文不讀書之過耳。暇日與里人盛元仁言之，余與元仁俱以筆墨受兩山先生，知余之心，元仁之心，先生之心同矣。元仁歸十錦，將束書渡淮，輒錄小卷贈行，以寄君思。若元仁小好詩錄以教我，以寄予思，明月天涯，千里對面，稽不孤矣。戊寅七夕前三日，武林仇遠頓首頓首。

許衡《魯齋遺書》卷五《中庸直解》 其次致曲，曲能有誠。誠則形，形則著，著則明，明則動，動則變，變則化。唯天下至誠爲能化。其次是説大賢以下凡誠有未至的人。致能推致，曲是一偏，形是形見，著是顯著，明是光明。動者，誠能動物。變者，物從而變化，是泯於無迹的意思。子思前章説至誠盡性于此。又説其次的人必須從那善端發見的一偏處推而致之，以至其極。曲無不致，則其德無有不誠實處，故曰「曲能有誠」。德既實了，自然充積于中，而發見于外，故曰「誠則形」。既發于外，便顯著而不可掩蔽，故曰「形則著」。既顯著了，便又有光輝發越之盛，故曰「著則明」。既光明了，自然能感動得人，故曰「明則動」。既動得人了，自然能使人改變不善，以從于善，故曰「動則變」。既能使人變，自然能使人化，泯然不見改變之迹了，故曰「變則化」。這化的地步不容易到，獨有天下至誠的聖人乃能如此。今自「致曲」，積而至於「能化」，則其至誠之妙也，與聖人一般了，所以又説唯天下至誠爲能化。右第二十三章。這前面是《中庸》書第二十三章。

戴表元《剡源文集》卷二五《講義》 子曰：觚不觚，觚哉！觚哉！人才之升降，觀於風俗之巧拙，驗於器物之眞濫，蓋有其用至微而所關甚重，若此章觚哉之嘆是也。觚以角爲之，或用之於飲，或用之於書，大抵取有稜角不楻杌爲便。今者觚名雖存，觚制不古，於事未大害也。夫子反覆形於嗟惻不置，此豈爲一觚發哉！竊嘗思之，吾徒雞鳴而起，日入而休，凡託於居處、飲食、衣裘、翰墨、交際、動作之間，脩名而責其實，恐無一可合於古，惟偷安目前，苟且滅裂，不暇思及耳。偶一思之，有不惕然汗下者乎！學校，所以講習道藝之區。今所講者何道？所習者何藝？坐斯席也，想斯名也，安乎？否乎？古之人皆躬耕而食，惟仕者以祿耕，爲其勞於治事，力不能自耕也。今一名爲儒，則棄耒耜，離阡陌，終日不知何勞，而仕者之勞復何所爲乎？衣本以蔽體，厚之以禦寒，短之以便事，華之以致飾，嚴之以成禮，惟儒者得服寬博逢掖。今嚴華短厚與寬博逢掖混然雜居，亦有知其然乎？李斯、程邈之學興，人以科斗大篆爲古，今則又以李斯、程邈爲古，是字書不可知也。離騷、河梁之體作，人以國風、雅、頌爲古，今則又以離騷、河梁爲古，是詞學不可知也。推之於官名，於儀禮，於日用常行，諸事種種，豈得皆與古合！而吾持己處物憧憧，然皆如暮夜遊昏霧中，投坑墮井，不可自保，何望目槃杅几杖之銘耳，珩璜琚瑀之音面，相警爲聖賢哉！故夫子之嘆，非嘆於一觚，殆憂風俗之變將至於如此也。且夫子不獨於觚然也，嘆拜下，嘆麻冕，嘆先後進禮樂，歎借馬闕文不啻屢拳拳焉。以風俗之將衰，在夫子尚不能如何，不過私憂隱慮而已。吾徒則又何説？惟當精攷而謹修之，存之於心，持之於身，或可傳之於書，告之於其人。其人萬一有知其説者，逢可爲之時，得以漸而正之風俗，猶有望也。

方回《文選顔鮑謝詩評》卷一《從游京口北固應詔一首》 [謝靈運]：玉璽戒誠信，黄屋示崇高。事爲名教用，道以神理超。昔聞汾水遊，今見塵外鑣。鳴笳發春渚，税鑾登山椒。張組眺倒景，列筵矚歸潮。遠巖映蘭薄，白日麗江皋。原隰荑綠柳，墟囿散紅桃。皇心美陽澤，萬象咸光昭。顧已枉維縶，撫志慙場苗。工拙各所宜，終以反林巢。曾是縈舊想，覽物奏長謡。

虚谷曰：《水經注》：京口，丹徒之西鄉。西北有别嶺入江，三面臨水，高十數丈，號曰北固。今鎭江府猶有北固樓，詩家絶景。靈運出爲永嘉太守，滿歲謝病去職。元嘉三年，既誅徐羡之、傅亮、謝晦，徵靈運爲秘書監，顔延之爲中書侍郎。四年，文帝如丹徒，謁京陵，靈運以其秘書監從，故有應詔之作。靈運若曰：玉以爲璽，所以戒誠信；黄以爲屋，所以示崇高，聖人非以此爲富且貴也。此二事爲名教之用耳，推言之，則玉帛鐘鼓，禮樂之事也。有道焉，以神理超乎形迹之外，則聖人所以制天下者也。用此四句爲杜，引入黄帝藐姑射汾水之游，以譬北固之讌，有老莊放逸意。何不用虞巡守夏游豫事邪？自「昔聞汾水游」，以至「墟囿散紅桃」，皆不過叙事述景。如「白日麗江皐」，佳句也，老杜之「遲日江山麗」出于此。「原隰荑緑柳」一聯，艶而過于工，建安詩豈有是哉！「皇心美陽澤」以下八句，言主上過于春陽之澤物，而己之拙不克工，慙于埸駒之維縶，終願閒退，方見議論。然作應詔詩，自來難作，如此已爲佳也。倒景有兩説，神仙家以日月皆在其下，謂之凌倒景。今以山臨水而影倒，謂之眺倒景。孫綽《天台山賦》，或倒景于重溟。

胡三省《資治通鑑音注・漢質帝本初元年》 夏，四月，庚辰，令郡、國舉明經詣太學，自大將軍以下皆遣子受業；歲滿課試，拜官有差。又千石、六百石、四府掾屬、三署郎、四姓小侯先能通經者，各令隨家法，其高第者上名牒，當以次賞進。自是遊學增盛，至三萬餘生。此鄧后臨朝之故智，梁后踵而行之耳。遊學增盛，亦干名蹈利之徒，何足尙也！或問曰：太學諸生三萬人，漢末互相標榜，清議此乎出，子盡以爲干名蹈利之徒，可乎？答曰：積水成淵，蛟龍生焉，謂其間無其人則不可；然互相標榜者，實干名蹈利之徒所爲也。禍李膺諸人者，非太學諸生，諸生見其立節，從而標榜，以重清議耳。不然，則郭泰、仇香亦游太學，泰且拜香而欲師之，泰爲八顧之首，仇香曾不預標榜之列，豈清議不足尙歟？抑香隱德無能名歟？

又《唐高祖武德五年》 ［唐高祖武德五年十二月］劉黑闥攻魏州未下，太子［李］建成、齊王［李］元吉大軍至昌樂，黑闥引兵拒之，再陳，皆不戰而罷。魏徵言於太子曰：「前破黑闥，其將帥皆懸名處死，妻子係虜；故齊王之來，雖有詔書赦其黨與之罪，皆莫之信。今宜悉解其囚俘，慰諭遣之，則可坐視離散矣！」太子從之。黑闥食盡，衆多亡，或縛其渠帥以降。黑闥恐城中兵出，與大軍表裏擊之，遂夜遁。至館陶，永濟橋未成，不得度。壬申，太子、齊王以大軍至，黑闥使王小胡背水而陳，自視作橋成，即過橋西，衆遂大潰，《考異》曰：《高祖實録》：「壬申，太子與黑闥戰於魏州城下，破之，闥抽軍北遁。甲戌，追闥於毛州，賊背永濟渠而陳，接戰，又破之。」《舊傳》：「六年二月，太子破黑闥于館陶。」《革命記》：「闥遁至館陶，二十五日，官軍至，闥敗走。」按館陶即毛州也。《長曆》，十二月壬申，二十五日。甲戌，二十七日。蓋《實録》據奏到之日也。《舊傳》尤疏。今從《革命記》。《太宗實録》云：「黑闥重反，高祖謂太宗曰：『前破黑闥，欲令盡殺其黨，使空山東，不用吾言，致有今日。』及隱太子征闥，平之，將遣唐儉往，使男子年十五已上悉阬之，小弱及婦女總驅入關，以實京邑。太宗諫曰：『臣聞唯德動天，唯恩容衆。山東人物之所，河北蠶綿之鄉，而天府委輸，待以成績。今一旦見其反覆，盡戮無辜，流離寡弱，恐以殺不能止亂，非行弔伐之道。』其事遂寢。」《新書隱太子傳》云：「黑闥敗於洺水，太子建成問於洗馬魏徵曰：『山東其定乎？』對曰：『黑闥雖敗，殺傷太甚，其魁黨皆縣名處死，妻子係虜，欲降無繇，雖有赦令，獲者必戮，不大蕩宥，恐殘賊嘯結，民未可安。』既而黑闥復振，盧江王瑗棄洺州，山東亂，命齊王元吉討之。有詔降者赦罪，衆不信。建成至，獲俘，皆撫遣之，百姓欣悦。賊懼，夜奔，兵追戰，黑闥衆猶盛，乃縱囚使相告曰：『褫而甲還鄉里，若妻子獲者，既已釋矣。』衆乃散，或縛其渠長降，遂禽黑闥。」按高祖雖不仁，亦不至有「欲空山東」之理。史臣專欲歸美太宗，其於高祖亦太誣矣。今采《革命記》及《新書》。

又《唐昭宣帝天祐二年》 初，［柳］璨陷害朝士過多，［朱］全忠亦惡之。璨與蔣玄暉、張廷範朝夕宴聚，深相結，爲全忠謀禪代事。何太后泣遣宫人阿虔、阿秋達意玄暉，語以他日傳禪之後，求子母生全。帝及德王裕皆何太后子也。昭宗已弑，裕與諸弟稍長，相繼而死。事已至此，后之母子能獨全乎！后素號多智，臨難乃爾，蓋當時以能隨時上下以全生者爲智也。【略】玄暉既死，王殷、趙殷衡又誣玄暉私侍何太后，令阿秋、阿虔通導往來。己酉，全忠密令殷、殷衡害太后于積善宫，敕追廢太后爲庶人，阿秋、阿虔皆於殿前撲殺。庚戌，以皇太后喪，廢朝三日。既廢母爲庶人，又廢朝三日。廢爲庶人，天性滅矣。廢朝三日，既非喪母之禮，又不足以塞天性之傷，唐之臣子非唐之臣子也。

吴師道《戰國策補正・宋衛中山卷・主父欲伐中山章》［鮑彪注］ 主父欲伐中山，使李疵觀之。李疵曰：「可伐也，君弗攻，恐後天下。」主父曰：「何以？」對曰：「中山之君，所傾蓋與車者，傾者卻不御也。與之同車。而朝窮閭隘巷之士者君而朝皆所尊禮者。補曰：一本「車」下無「者」字。姚同。士，亦尊禮也。七十家。」主父曰：「是賢君也，安可伐？」李疵曰：「不然，舉士，則民務名不存本；本，謂農業。朝賢，則耕者惰而戰士懦。皆不強力也，以賢者不耕戰故。若此不亡者，未之有也。」彪謂：李疵小人也，乃欲使人君廢賢而置士。夫賢者在位，將使耕者愈力，戰士愈奮，而誰敢惰懦？且不賢而耕且戰，民之分也，何敢與賢者並。民惟不務名耳，豈有務名而不趨於善者乎？若疵者，小人之無忌憚者也。補曰：《韓非子》有末云「舉兵而伐中山，遂滅也。」嘗讀商君之言曰：國之所以興者，農戰也。民求官爵不以農戰，而巧言虛道者，其國必削。詩、書、禮、樂、善、修、仁、廉、辨、惠，國有十者，上無使守戰，敵主必削，不至必貧。此商君所以遺禮義，上首功，而富國強兵之術也。武靈胡服騎射，一反先王之敎，其桀驁之志，使卒不死而獲逞，有以異於秦乎？李疵者，窺見其所大欲，故以舍士急耕戰之說導之。當時風聲氣習，不約而合，其悖繆固不足辨也。抑其所稱中山之事者，殆未必然。《大事記》據《呂氏春秋》「晉太史屠黍謂周威公曰，天生民而令有別。有別，人之義也，所以異於禽獸麋鹿也，君臣上下之所以立也。中山之俗，以晝爲夜，以夜繼日，男女切倚，固無休息，其主弗之惡，此亡國之風也。居二年，中山果亡。」其亡之故可考矣。使賢俊盛多，尊禮無失，則當時風俗，安得至此乎。

吴澄《禮記纂言》卷二八《通論·哀公問》

以篇首三字名篇。孔氏曰：哀公二問，一問禮，二問政。

哀公問於孔子曰：「大禮何如？君子之言禮，何其尊也？」孔子曰：「丘也小人，不足以知禮。」孔氏曰：禮之所用廣大，故云大禮。鄭氏曰：不足以知禮，謙也。君曰：「否，吾子言之也。」孔子曰：「丘聞之，民之所由生，禮爲大。」孔氏曰否，止其謙也。方氏曰：夫禮，失之者死，得之者生，故曰民之所由生。澄曰：禮爲大，夫子所以答哀公大禮之問也。下文乃詳言之。非禮無以節事天地之神也，非禮無以辨君臣、上下、長幼之位也，非禮無以別男女父子兄弟之親、昏姻疏數之交也。君子以此之爲尊敬然。然後以其所能教百姓，不廢其會節。長，知兩切。別，彼列切。數，色角切。馬氏曰：禮莫重於祭，祭莫重於天地，故以事天地之神爲先節者。事天地各以其位，各以其器，各以其時，皆有節也。方氏曰：天地言神，則下所言者人而已。君臣、上下、長幼，有貴賤、尊卑、先後之位，故以位言；男女、父子、兄弟，皆門內之治也，故以親言；婚姻則二姓之所合，疏數則朋友之所會，故以交言。禮之所用如此其大，君子安得不尊敬其事乎？以其所能教百姓，謂以身敎也。會節，觀其會通而爲之節文也。澄曰：分之嚴者，外自君臣始，非君臣則有上下，非上下則有長幼，其位雖異，而異之中有同焉，所當辨也。情之厚者，內自男女始，因男女而有父子，因父子而有兄弟，其親雖同，而同之中有異焉，所當別也。婦黨曰婚，婿黨曰姻，自家內之兄弟而推以及異姓之兄弟也。閒見曰疏，亟見曰數，自遠外之長幼而推以及游從之長幼也，其交亦有別焉。於神之大祭則舉二以包其餘，於人之大倫則衍五而至於八，此者指節事辨別之禮而言。然者，如此也，謂君子以此禮之敬事大神，辨別大倫，故尊敬之如此，所以答哀公言禮何其尊之問也。君子先能自行其所尊敬之禮，然後推己所能以教百姓，使之亦不廢其會節。禮者，嘉美之會，會節，謂行禮之節次也。不廢者，禮不下庶人，隨其所得行者行之，不責其備也。有成事，然後治其雕鏤、文章、黼黻以嗣。鄭氏曰：有成事者，謂君子使百姓不廢此上三事之期節，三事行於民，有成功乃續治文飾，以爲尊卑之差。澄曰：有成，謂無毀缺也。事，即行禮之事。雕鏤、文章、黼黻，謂車旗器服之飾有等有儀者也。嗣，繼續也。君子以禮教民，民從其教，於禮之事既無毀缺，然後制儀等之飾以示民而繼續所教也。必用車旗器服之儀等以繼續身教之禮者，猶孟子言既竭目力而繼之以規矩，既竭耳力而繼之以六律也。其順之，然後言其喪筭，備其鼎俎，設其豕腊，修其宗廟，歲時以敬祭祀，以序宗族，即安其居節。其者，將然之辭。順，謂民皆由禮，知禮有順無逆也。然後又教之以喪祭之禮，蓋君子之於民以所能教之以儀等嗣之，皆施於生人者也。生人之禮略備，則教之事死如事生焉。愼終於喪，追遠於祭，皆事死之禮也。言，謂載之禮經以曉諭人也。喪筭，筭，謂數也。服之精麤，經之大小，變除之久近，哭踴之多寡，凡此等類皆有其數。凶奠吉祭，並有鼎俎豕腊，蓋兼凶吉二禮言之。宗廟、歲時祭祀，則專言吉禮也。序宗族，謂祭後之燕居。節，謂居處之節，居田居邑各隨其時，居渚居山各適其宜是也。既言喪祭而就安其居節，先之以哀死而終之以樂生也。洪範八政，三曰祀、四曰司空。司空者居民之官，見哀死樂生之政相聯屬也。方氏曰：鼎俎、祭器也，豕腊、祭物也，宗廟、祭所也。物不止豕腊，器不止鼎俎，各舉其一爾。歲時以敬祭祀，《孝經》所謂春秋祭祀，以時思之也。以序宗族，《祭統》所謂昭與昭齒，穆與穆齒也。孔氏曰：祭祀之末，同姓燕飲，會序宗族也。醜其衣服，卑其宮室，車不雕幾，器不刻鏤，食不貳味，以與民同利。昔之君子之行禮者如此。幾，音祈。醜，猶惡也。禹之惡衣服、卑宮室是也。不雕幾，不刻鏤，言質素不事華飾，雖國家豐盛之時，亦如《少儀》所言國家敝靡之時也。不貳味，禹之菲飲食也。上文三然後，皆教民以禮之事，此五句，遂言持身以儉之事。蓋能持身以儉，則用財有節而不重斂，故家給人足，民不迫窶，則行禮也易，富而後可教也。方氏曰：儉者，不奪人，故能與民同利。孔氏曰：君不奢飾，與百姓同其利。古昔君子行禮如此，刺今不然。

毛應龍《周官集傳》卷四《天官》

九嬪掌婦學之灋，以教九御婦德、婦言、婦容、婦功，各帥其屬而以時御叙于王所。鄭鍔曰：九嬪於婦道爲明，於宮中有師道。劉氏曰：御幼少，故立婦學，而以四德之法教之。應龍曰：教凡在九御之列者，善其德、言、容、功，各帥其屬而以時御叙之於王所也。屬者，世婦二十七人爲一屬，女御八十一人爲一屬，而女御又爲世婦之屬，世婦又爲九嬪之屬，九人當御又爲一屬，九御即御之叙也。九御而進御於君，俱以九九爲叙。《周官》立婦學之法，大槩謂可當九御之叙者，非色取也，取於有德、有言、有容、有功，謂之賢才，謂之淑女，則可以其時其叙，進而在御。應在天之運，備從人之道，成陰陽化育之功，立萬世人極之本。夫以時則不亂，以叙則無妬。《詩》曰：「關關雎鳩，在河之洲」，又曰：「參差荇菜，左右流之。參差荇菜，左右芼之」，此爲行中度、聲中律、容有禮、事有功，時稱而叙順，則天下無私禮。故曰：有《關雎》、《麟趾》之意以行《周官》之法度，若徒致詳於九九而御，以爲叙一月再周以爲時，而不求之於四德之學，非《周禮》也。

胡炳文《孟子通》卷一四《盡心下》 孟子曰：「民爲貴，社稷次之，君爲輕。社，土神。稷，穀神。建國則立壇壝維癸反。以祀之。按：《周禮圖》，社稷壇相並，社壇在東，稷壇在西，各三級，壝在四隅，如矩曲方，大司徒設之。《白虎通》曰：天子社壇方五丈，取五色土封之，諸侯半之，各以其方土色封之，皆冒以黄土。趙氏曰：社所以祭五土之神，稷所以祭五穀之神。稷非土無以生，土非稷無以見生生之效，故祭社必及稷，以其同功均利以養人故也。蓋國以民爲本，社稷亦爲民而立，而君之尊又係於二者之存亡，故其輕重如此。是故得乎丘民而爲天子，得乎天子爲諸侯，得乎諸侯爲大夫。丘民，田野之民，至微賤也，然得其心則天下歸之。天子，至尊貴也，而得其心者不過爲諸侯耳。是民爲重也。諸侯危社稷，則變置。諸侯無道，將使社稷爲人所滅，則當更立賢君，是君輕於社稷也。犧牲既成，粢盛既潔，祭祀以時，然而旱乾水溢，則變置社稷。」盛音成。祭祀不失禮，而土穀之神不能爲民禦災捍患，則毁其壇壝而更置之。亦年不順成，八蜡音乍。不通之意。是社稷雖重於君，而輕於民也。《語錄》：變置社稷，蓋言遷社稷壇場於他處耳。《集註》：變置社稷，出於彭城陳無已之論，曰：有爲句容令，多盜，改置社稷而加禮焉，既而盜止。竊以爲此或有合於古人之意，故取之以爲説焉。輔氏曰：天生民而立之君以司牧之，是君爲民而立也，世衰道微，至戰國之時，爲君者不知其職，而反視其民如草芥而不知恤也，故孟子發此輕重之論，而并及夫社稷焉。蓋社稷亦爲民立故也，於是反覆明辯之，其丁寧警切之意可謂仁矣。《通》曰：兩變置字不同，《集註》釋之亦異，變置諸侯者，改立其人也，變置社稷者，改立其祀神之壇壝，而非改立其神也。

胡炳文《論語通》卷三《雍也》 哀公問：「弟子孰爲好學？」馮氏曰：師友父兄之道，故稱受教者爲弟子。孔子對曰：「有顔回者好學，不遷怒，不貳過。不幸短命死矣。今也則亡，未聞好學者也。」好，去聲。亡，與無同。遷，移也。貳，復也。怒於甲者不移於乙，過於前者不復於後。顔子克己之功至於如此，可謂眞好學矣。《語錄》：不遷怒，不貳過，是顔子好學之符驗如此，卻不是只學此二件事。非禮勿視聽言動，是做工夫處，此是成效處。怒與過皆自己上來，不遷不貳皆自克己上來。黄氏曰：存養之深，省察之明，克治之力，持守之堅，故其未怒之初，鑑空衡平，既怒之後，冰消霧釋。方過之萌，瑕類莫逃，既知之後，根株悉拔，此其所以爲好學，而《集註》以爲克己之功。熊氏曰：不貳過，是誠意，不遷怒，是正心。《通》曰：克己是好學之工夫，不遷怒不貳過是克己之功效。短命者，顔子三十二而卒也。既云今也則亡，又言未聞好學者，蓋深惜之，又以見眞好學者之難得也。馮氏曰：當是時，曾子尚少，好學而可以傳道者惟顔子一人而已，曰今也則亡，言好學無存者也。不曰不聞，而曰未聞，不敢以一己之聞見厚誣天下之無人，又焉知來者之不如今也。程子曰：顔子之怒在物不在己，故不遷。有不善未嘗不知，知之未嘗復行，不貳過也。《通》曰：石程子兼不遷怒不貳過説。又曰：喜怒在事，則理之當喜怒者也，不在血氣，則不遷若舜之誅四凶也。可怒在彼，己何與焉，如鑑之照物，妍媸在彼，隨物應之而已，何遷之有。《通》曰：右專説不遷怒，怒每自血氣而發，顔子之怒在理而不在血氣，故不遷。又曰：如顔子地位，豈有不善，所謂不善，只是微有差失便能知之，纔知之便更不萌作。張子曰：慊於己者，不使萌於再。《通》曰：右專説不貳過，須看程子微有差失四字，蓋顔子之失如一片白璧渾全，但微有纖毫之玷，纔磨去即不復見，依舊是元來一片白璧。或曰：《詩》、《書》六藝七十子，非不習而通也，而夫子獨稱顔子爲好學，顔子之所好果何學歟？王氏曰：此是胡安定試程子論，全自周子來。程子曰：學以至乎聖人之道也。饒氏曰：道者，方法之謂，言顔子所學是學以至乎聖人底方法也，下文言學之道與學之得，其道皆是此意。學之道奈何？曰：天地儲音除。精，得五行之秀者爲人，其本也眞而静，其未發也，五性具焉，曰仁、義、禮、智、信。《語錄》：五性便是眞，未發便是静。形既生矣，外物觸其形而動於中矣，其中動而七情出焉，曰喜、怒、哀、懼、愛、惡、欲。陳氏曰：喜愛欲三字有淺深，喜方見於顔色，愛則心中好之，欲則貪意直注於彼，必欲挐將來矣。情既熾而益蕩，其性鑿矣，故覺者約其情，使合於中，正其心養其性而已，然必先明諸心，知所往然後力行以求至焉。饒氏曰：用工最緊要處在約其情，使合於中，約是工夫，中是準則。四句便是約底工夫，禮便是中底準則，能約其情，使合於中，則心得其正而不蕩，性得其養而不鑿。《通》曰程子論顔子所好之學，必自性善上説來，秦漢以後諸儒未有及此者。子朱子論學而時習之，以爲人性皆善而覺有先後，正本於此。程子此段議論，又皆自周子《太極圖説》來。天地儲精，此精字即是二五之精。其本也眞而静，眞字即是無極之眞，特周子自太極説來，故先眞而後精，程子只自天地説起，故先精而後眞。儲字即自凝字，自古言性，未嘗言五性，《圖説》謂五行之生也，各一其性，故此曰五性具焉，《圖説》謂五性感動而善惡分、萬事出，此則曰其中動而七情出焉，蓋五性感動之後有善有惡，至於情既熾而益蕩，則全失其本來之善矣。《圖説》定之以中正仁義，而主静，聖人立人極之事，此曰約其情使合於中，學者克己之事。又按，本文又有盡其心則知其性之語，今朱子節之也，讀者詳焉，則知朱子用意之精切矣。若顏子之非禮勿視聽言動，不遷怒貳過者，則其好之篤而學之得其道也。然其未至於聖人者，守之也，非化之也。假之以年，則不日而化矣。今人乃謂聖本生知，非學可至，而所以爲學者不過記誦文辭之間，其亦異乎顏子之學矣。許氏曰：心過常小，身過常大，顏子雖有心過，無身過。無身過易，無心過難，要當制之於心而已。饒氏曰：不遷不貳皆是守而未化之事，若怒自然不遷，心無過可貳，則化而無事於守矣。《通》曰：此論始則曰學以至乎聖人之道也，末則結之曰其未至於聖人，守之也，非化之也。然則顏子之學，學爲聖人也，其學未嘗不得其道，而其未至於聖人者，不得其年耳，天假之以年，則過自然無，而怒自然不遷，又豈不遷怒不貳過之可言哉，此夫子所以深惜之也。

陳澔《陳氏禮記集說》卷八《祭統》　鄭氏曰：統，猶本也。凡治人之道，莫急於禮。禮有五經，莫重於祭。夫祭者，非物自外至者也，自中出生於心者也。心怵而奉之以禮，是故唯賢者能盡祭之義。五經，吉、凶、軍、賓、嘉之五禮也。心怵，即前篇君子履之必有怵惕之心，謂心有感動也。方氏曰：盡其心者，祭之本，盡其物者，祭之末。有本然後末從之，故祭非物自外至，自中出生於心也。心怵而奉之以禮者，心有所感於內，故以禮奉之於外而已。蓋以其自中出，非外至者也。奉之以禮者，見乎物，盡之以義者，存乎心。徇其物而忘其心者，衆人也，發於心而形於物者，君子也，故曰唯賢者能盡祭之義。治，平聲。怵，音黜。見，音現。賢者之祭也，必受其福。非世所謂福也。福者，備也，備者，百順之名也，無所不順者之謂備。言內盡於己，而外順於道也。忠臣以事其君，孝子以事其親，其本一也。上則順於鬼神，外則順於君長，內則以孝於親，如此之謂備。唯賢者能備，能備然後能祭。是故賢者之祭也，致其誠信，與其忠敬，奉之以物，道之以禮，安之以樂，參之以時，明薦之而已矣，不求其爲。此孝子之心也。方氏曰：誠、信、忠、敬，四者祭之本，所謂物者奉乎此而已，所謂禮者道乎此而已，所謂樂者安乎此而已，所謂時者參乎此而已。應氏曰：不求其爲，無求福之心也，所謂祭祀不祈也。長，上聲。道，爲，並去聲。祭者，所以追養繼孝也。孝者，畜也，順於道，不逆於倫，是之謂畜。應氏曰：追其不及之養，而繼其未盡之孝也。畜固爲畜養之義，而亦有止而畜聚之意焉。劉氏曰：追養其親於既遠，繼續其孝而不忘。畜者，藏也，中心藏之而不忘，是順乎率性之道，而不逆天叙之倫焉。《詩》曰：心乎愛矣，遐不謂矣。中心藏之，何日忘之。此畜之意也。養，去聲。畜，敕六切。是故孝子之事親也，有三道焉：生則養，沒則喪，喪畢則祭。養則觀其順也，喪則觀其哀也，祭則觀其敬而時也。盡此三道者，孝子之行也。生事之以禮，死葬之以禮，祭之以禮。養以順爲主，喪以哀爲主，祭以敬爲主。時者，以時思之，禮時爲大也。養、行，並去聲。

歐陽玄《圭齋文集》卷一二《書義》　翕受敷施，九德咸事。俊乂在官，百僚師師，百工惟時。　自古者以成德觀人，而人才治效之盛，爲不可及也。夫成德者，君子自然之德。然君子有是德，而不能以是德自見於事功，惟古之聖人有以知之，而每以爲觀人之法焉。凡有司百執事之臣，莫不由是而取材，故嘉謨之入告，庶績之咸熙無往，而非是德之形著也。人才治效之盛，無越於帝舜之朝，此其故歟！《書》曰云云，所謂九德者，非皐陶所謂人之有九德歟！訓《書》者以爲成德之自然，非以彼濟此之謂也。自帝世以知人爲難，而皐陶陳九德之目，或養直而溫和，或簡易而廉隅，或果毅以爲擾，或塞實以爲強，其他或六或三，不一槩也。有六德而嚴祗者，則錫之以有邦。有三德而宣明者，則任之以有家。觀人之法，拳拳於九德焉。生斯世者，不患其無位也，而患其不能有是德。於是莫不精白以承休，勤敏以趍事者，以聖人能翕合，而受之敷布而施之也。人見其俊乂在官也，而不知九德之時措也。故夫九官相遜，玆非百僚師師之興起乎？十有二牧，惟時亮天工，玆非百工惟時之則傚乎？所以相遜、所以亮天工者，非九德之君子，孰能與於斯？由是觀之，「九德咸事」之一語，其虞朝觀人之法，得人之本歟！後世惟殷周之宅俊灼俊意爲近之，故其人才之盛，亦髣髴有虞之世。秦漢而降，急於功利權謀之近效，而用區區勝德之小才，於是九德之目，僅存於《書》耳。或曰：虞廷君子之多，而舜猶以知人爲難者，蓋慮靜言庸，違之在朝，讒說殄行之震驚，朕師者未盡杜絕，聖人觀人之法，不可一日廢也。然吾觀「百僚師師，百工惟時」之後，則君子多而不仁遠矣。故又曰：何畏乎巧言令色孔壬？

鄭玉《春秋闕疑・莊公二十四年》　二十有四年，春，王三月。刻桓宮桷。御孫諫曰：「臣聞之：儉，德之共也；侈，惡之大也。先君有共德，而君納諸大惡，無乃不可乎？」胡氏曰：公將逆姜氏，丹桓宮之楹，刻其桷，爲盛飾以誇示之。自常情而觀，丹楹、刻桷，宜若小失，而《春秋》詳書于策，御孫以爲大惡，何也？桓公見殺于齊則不能復，而盛飾其宮，誇示仇人之女，乃有亂心，廢人倫、悖天道而不知正者也。御孫知爲大惡而不敢盡言，《春秋》謹禮于微，正後世人主之心術者也，故詳書于策，爲後世鑒。家氏曰：禽獸知有母而不知有父，人知有父，而復沿其父之所從出，而知有其祖，有曾、有高焉。又沿其曾、高之所從出，而有始祖焉，皆爲之廟以祀之。禮，自天子至諸侯、公卿、大夫、士，隆殺有等，夫然後盡其禮，不以逾禮而爲榮也，不以僭禮而爲孝也。今莊公忘父之仇，狗母之欲，娶仇女以爲夫人，知有母而不知有父，既又自知其非，丹桓宮之楹而刻其桷，是悖禮也，以悖禮施之親廟，不足以榮其親，適足以悖其祖。知有母而不知有父，無父也，隆于父而薄于祖，無祖也，無父無祖，禽獸之道也。

汪克寬《春秋胡傳附録纂疏・僖公十二年》 襄王癸酉四年。十有二年齊桓三十八、晉惠三、衛文十二、蔡穆二十七、鄭文二十五、曹共五、陳宣四十五卒、杞成七、宋襄三、秦穆十二、楚成二十四。春，王三月，庚午，日有食之。夏，楚人滅黄。《左傳》黄人恃諸侯之睦于齊也，不共楚職，曰：「(卣)〔自〕郢及我九百里，焉能害我？」楚滅黄。《春秋》滅人之國，其罪則一，而見滅之君，其例有三：以歸者既無死難乃旦反。之節，又無克復之志，貪生畏死，甘就執辱，其罪爲重，許斯、頓牂作郎反。之類是也；出奔者雖不死，於社稷有興復之望焉，托於諸侯，猶得寓禮，《郊特牲》諸侯不臣寓公。其罪爲輕，弦子、溫子之類是也；若夫國滅，死於其位，是得正而斃毗祭反焉者矣。於禮爲合，於時爲不幸，若江、黄二國是也。張氏曰：書滅見楚人之強，中國不救而其君死於其位。其書滅者，見音現荆蠻之強，罪諸夏之弱，責方伯連帥去聲之不修其職，使小國賢君困於強暴，不得其所，《公羊子》所謂亡國之善詞，上下之同力者也。何氏曰：言滅者，臣子與君戮力一心，共死之辭。愚按：江黄二國之滅，皆不書以其君歸，亦不書其君奔者，蓋君臣同力效死以守，而待中國之救也。故滅不書伐，而黄則書伐，江則書圍，齊不救黄，其罪可知，晉雖救江，而所以救之者非其道，與不救無以异也。

納延《金臺集》卷一《新鄉媼》 茆櫩雨雪鐙半昏，豪家索債頻敲門。囊中無錢甕無粟，眼前只有扶牀孫。明朝領孫入城賣，可憐索價旁人怪。骨肉生離豈足論，且圖償卻門前債。數來三日當大年，阿婆墳上無紙錢。涼漿澆溼墓前草，低頭痛哭聲連天。恨身不作三韓女，車載金珠争奪取。銀鐺燒酒玉杯飲，絲竹高堂夜歌舞。黄金絡臂珠滿頭，翠雲繡出鴛鴦裯。醉呼閹奴解羅幔，牀前爇火添香篝。右《新鄉媼》一首，余同年諾海仲良宣慰君之仲氏納新易之之所作也。其詞質而婉，豐而不浮，其旨蓋將歸於諷諫云爾。昔唐白居易爲樂府百餘篇，以規諷時政，流聞禁中，即日擢爲翰林學士。易之他詩若《西曹郎》、《潁州老翁》等篇，其關於政治，視居易可以無媿，而藻繪之功殆過之矣。況今天子聖明，求言之詔，播告天下，當此之時，易之之詩或經乙夜之覽，則其眷遇，又豈下於居易哉！故予三復之餘，謹識其後，以俟南臺中執法。濮陽蓋苗耘夫書于京師寓舍。

趙汸《春秋屬辭》卷十三 特筆以正名第六。特筆者，所以正名分決嫌疑也。筆削不足以盡義，然後有變文，若夫亂久禍極，大分不明，而又有非常之故焉，則變文亦不足以盡義，是故有特筆。凡特筆，皆謂有所是正者也。夫變文雖曰有損益，然猶史氏恆辭爾，至於有所是正，則非復恆辭矣。衛君輒待孔子而爲政，子曰：「必也正名乎」，而又推極名不正之害，至於使民無所措手足，此經世之先務也。春秋世變極矣，父子君臣之間人所難言者多矣，豈史氏恆辭所能盡其分哉。今考《春秋》，凡辭旨卓异與史文弗類者，皆人事之變，恆辭不足以盡義，而後聖人特筆是正之，非史氏所及也。然所是正者不過片言，而三綱五常赫然復正，故曰：非聖人其孰能修之。莊周氏曰「《春秋》以道名分」，蓋亦得其大意云。

一、諱會天王以王狩書：僖二十八年，冬，天王狩於河陽。《傳》曰：是會也，晉侯召王，以諸侯見，且使王狩。仲尼曰：「以臣召君，不可以訓。」故書曰：「天王狩於河陽。」蓋時田常禮不告，諸侯借令因會而狩，史法亦不得書此意，當時必有所受，但曰「召」、曰「使」，乃《左氏》深文以顯經義，決非史策成言，其仲尼曰云云者，亦未必眞得當時之語。陳氏遂謂：史曰晉侯召王以諸侯見，則直以《左氏》釋經之言爲魯史舊文矣，不知策書有體，與史氏雜記不同，借令直書，亦不過曰「天王會諸侯於河陽」而已，如《汲冢竹書》載周襄王會諸侯於河陽，蓋追録策書之語而損益之，古史遺法猶可見也，晉侯負其豐功偉烈，不能朝王而致天子於會，書曰王會諸侯，則徒章上替，未損下陵，非尊王之道也。改正之曰「天王狩於河陽」，則天威赫然臨於下土，有不可以強弱論者，而晉侯蓋世之功微矣，上以尊天子，下以全晉侯，而貴王賤伯之意溢于辭表。諸家發義甚多，惟《穀梁傳》曰：諱會天王也，蓋此經之逸義云。【略】

十五、紀侯出奔書去國：莊四年，夏，紀侯大去其國。此紀侯出奔也，不書出奔者，筆削之法，被兵而出不書，若許莊公、莒共公、楚昭王是也。必國滅不死社稷而後書，若譚子、弦子、溫子、徐子是也。夫被兵而出者，內有忠力之臣，外有大國之救，敵去國存，猶可復歸。紀侯迫於強齊，請援於鄰國，歸女於京師，而猶不得免焉。已不能下齊，以國與季，無復歸之望，不得與被兵出奔者比矣。國滅不死位者，勢窮力屈，宗廟既夷，社稷既墟，不能效死而猶脱身以逃者也。紀侯不忍殘民以争必亡之國，又不忍五廟之不祀，故使季以紀事齊而已，獨委國去之，亦與國滅不死社稷者不同，是故不書出奔而特异其文，書去其國，其所寓之國不足志矣。古之君子不以其所養人者害人，孟子曰：「民爲貴，社稷次之，君爲輕」，紀侯其如此矣，故聖人特筆以明之。大者，紀侯之名，從史文也。

戈直《貞觀政要集論》卷二《任賢》第三 （貞觀）十七年，高宗居春宮，轉太子詹事，唐制，東宮官，掌統三寺、十率府之政。加特進，仍知政事。太宗又嘗宴，顧勣曰：「朕將屬以孤幼，屬，音囑。思之無越卿者。公往不遺於李密，今豈負於朕哉！」勣雪涕致辭，因噬指流血。俄沉醉，御服覆之，覆，音副。其見委信如此。勣每行軍，用師籌算，臨敵應變，動合事機。自貞觀以來，討擊突厥頡利及薛延陀、北狄國名，本延陀部，與薛種雜居，號薛延陀。貞觀中，拔灼立，勣滅其國，置爲州縣。高麗等，並大破之。太宗嘗曰：「李靖、李勣二人，古之韓、白，漢將韓信、秦將白起也。衛、霍見前註豈能及也。」按史傳，二十三年，帝疾，謂太子曰：「李勣才智有餘，然汝與之無恩，恐不能懷服。我今黜之，若其即行，俟我死，汝用爲僕射，親任之。若徘徊顧望，當殺之。」乃授疊州都督，受詔，不至家而去。高宗立，召進僕射。後欲立武昭儀爲后，畏大臣異議，未決。帝密訪勣，勣曰：「此陛下家事，無須問外人。」帝意遂定，詔勣率冊立武氏。總章二年卒，贈太尉，謚曰貞武。范氏祖禹曰：太宗以勣爲何如人哉？以爲愚也，則不可託幼孤而寄天下矣。以爲賢也，當任而弗疑。何乃憂後嗣之不能懷服，先黜之而後用之，是以犬馬畜之也，豈堯舜親賢之道乎？利祿之士，可得而使也。又曰：高宗欲廢立而猶難，於顧命大臣取決於勣之一言。勣若以爲不可，則武氏必不立矣。勣非惟不諫，又勸成之孽后之立。無忌，遂良之死，唐室中絶，皆勣之由，其禍豈不博哉！太宗以勣爲忠，故託以幼孤，而其大節如此，知人帝其難之，信矣。胡氏寅曰：古者不盟結言而退，蓋人不愛其情，相命而信喻矣。逮德下衰、疑阻、猜貳，至於刑牲、歃血曾未旋踵，又已背之。是故孔子於春秋不貴盟誓，而善胥命，取苟息，欲人之惇信而不食言也。若李勣齧指出血，以受太宗之託，若不爲負義者。而於王，武廢興之際，以一言喪邦，則不必待如里克，然後爲隳大節也。夫以言許人者，猶恐非其本心。勣受託而無一言，徒齧指出血而已，使當堯舜之智，豈得遁乎。呂氏祖謙曰：太宗以勣守邊，可謂善用人矣。至其任以託孤之寄，則非其所能也。按：吳起與田文論功，起曰：「將三軍，使士卒樂死，敵國不敢謀，子孰與起？」文曰：「不如。」「治百官，親萬民，實府庫，子孰與起？」文曰：「不如。」「此二者皆出吾下，而位加吾上，何也？」文曰：「主少，國疑大臣未附，百姓不信，方是之時屬之子乎，屬之我乎？」起默然良久，曰：「屬之子矣。」蓋勣之賢於長城，是亦吳起之所長。而太宗以之處田文之任，宜其敗也。葉氏適曰：勣本無甚所長，只是不負人。夫不負人，固可任以事。至於關朝廷之重，則非不負者。能之如立武氏之説，彼豈有意於負太宗者，奈何利害所在，彼其不學，誠不識此噫。以周勃之少，文幾陷呂氏之禍。以霍子孟之重厚，猶有所不免，皆不學無術，所以致也。況勣以一言之失，豈知他日之禍如此哉！愚按：太宗英武，將略優於漢高，至於知人料事，不及漢高遠矣。其間章章較著者，李勣之事是也。自今觀之，勣之爲人外若純慤，內任術數，非特太宗不能知，至今人不能知，何也？勣始事翟讓，讓爲李密所誅，勣不能死。後爲竇建德所敗，屈伏請降，復不能死。勣始與單雄信誓，同死生，雄信誅，又不能死。其名節如此，獨於李密之敗，生則推功，死則收葬。太宗信其區區之小節，遂謂可以託孤，過矣。太宗之將終也，黜勣爲疊州都督，謂太子曰：勣若即行，汝用爲相，若不即行，汝必殺之。勣聞命不辭家而去，夫太宗之術數，可謂精矣，孰知勣之術數又高出於其上哉！厥後武氏之立，竟以勣一言而定，而唐之子孫，幾盡於武氏之手。蓋太宗以術數待勣，故勣亦以術數報之，固不暇爲唐社稷計也。勣之將死，告其弟曰：我見房、杜辛勤起家，皆爲不肖子所敗，吾後子孫有交遊非類者，汝必殺之。異時敬業舉兵，覆宗至毁冢，而暴骨。嗚呼！勣所任之術數，至是而無所施，其巧矣，是以君子惡任，智而大居正也。

郝經《續後漢書・列傳・譙周》［荀宗道注］ 議曰：譙周、郤正問學淹博，文采絢縟，進規醫國，有先漢之風焉。不能彊君以義，死國抗敵，據險守要，以圖恢復。乃呫囁誘脅，舉全蜀奉圖籍，面縛軍門，反社稷以爲長策，小人之儒也。嗚呼，昭烈百折，僅有此土，孔明不濟，繼之以死，乃爲腐儒所賣，幷入讎敵，惜哉。故二子之事不列諸儒學，以要亡漢之終焉。譙秀不屈于巴實，不臣于晉世，豈激于中，自高其節，以蓋周之愆邪。原注：孫綽評曰：譙周說後主降魏，可乎？曰：自爲天子，而乞降請命，何恥之深乎。夫爲社稷死則死之，爲社稷亡則亡之，先君正魏之篡，不與同天矣。推過於其父，俛首而事讎，阿諛苟存，豈大居正之道哉？孫盛曰：《春秋》之義，國君死社稷，卿大夫死位，況稱天子而可辱於人乎？周謂萬乘之君，偷生苟免，亡禮希利，要冀微榮，惑矣。且以事勢言之，理有未盡，何者？禪雖庸主，實無桀紂之酷；戰雖屢北，未有土崩之亂，縱不能君臣固守，背城借一，自可退次東鄙，以思後圖。是時羅憲以重兵據白帝，霍弋以強卒鎮夜郎，蜀土險狹，山水峻隔，絶巘激湍，非步卒所涉。若悉收舟楫，保據江州，徵兵南中，乞師東國，如此則姜廖五將自然雲從，吳之二師承命電赴，何投寄之無所而慮於必亡邪？魏師之來，褰國大舉，欲追則舟楫靡資，欲留則師老多虞，且屈伸有會，情勢代起，徐因思舊之民，以攻驕惰之卒，此越王所以敗闔閭、田單所以摧騎刼也。何爲匆匆遽自囚虜，下堅壁於敵人，致斫石之至恨哉？葛生有云「事之不濟則已爾，安能復爲之下」，壯哉。斯人可以立懦夫之志矣。觀古燕、齊、荆、越之敗，或國覆主滅，或魚縣鳥竄，終能建功立事，康復社稷，豈曰天助，抑亦人謀也。向使懷苟存之計，納譙周之言，何危基之能，構令名之可獲哉？禪既闇主，周實駑臣，方之申包、田單、范蠡、大夫種，不亦遠乎？

王禎《農書》卷二《墾耕篇第四》 《易・大傳》曰：神農氏作，斲木爲耜，揉木爲耒，耒耨之利，以教天下。《周書》云：神農之時，天雨粟，神農耕而種之，始作陶冶斤斧，爲耒耜以墾草莽。然後五穀興，此農事之始也。當堯之時，洪水汎濫，草木暢茂，五穀不登。禹乃隨山刋木，益烈山澤而焚之。然後九州之土皆可種藝耕作。於是后稷教民稼穡，樹藝五穀，農功之興，其有次第如此。墾耕者，其農功之第一義歟！墾，除荒也。耕，犂也。古文耕作畊，蓋古井田之制。今從耒，井聲，故作耕。前漢趙過爲搜粟都尉，田多墾闢，即今俗謂開荒也。凡墾闢荒地，春曰燎荒，如平原草萊深者，至春燒荒，趁地氣通潤，草芽欲發，根荄柔脆，易爲開墾。夏曰稴青，夏月草茂時開，謂之稴青，可當草糞。但根鬚壯密，須藉強牛乃可蓋，莫若春爲上。秋曰芟夷，其次秋暮草木叢密時，先用鐮刀，徧地芟倒，暴乾放火。至春而開，根朽省功。崔寔《四民月令》曰：正月土氣上騰，土長冒橛。說者云：陳根可拔，急菑強土黑壚之田。二月陰凍畢釋，可菑美田緩土及河渚小處。三月杏花盛，可菑沙白輕土之田。五月、六月可菑麥田也。如泊下蘆葦地內，必用劚力意切。刀引之，犁鑱隨耕，起墢音伐。特易，牛乃省力。沿山或老荒地內樹木多者，必須用钁劚去。餘有不盡耕科，俗謂之埋頭根也。當使熟鐵煆成鑱尖，套於退舊生鐵鑱上。縱遇根株，不至擘缺妨誤工力。或地叚廣濶，不可徧劚，則就斫枝莖覆於本根上，候乾焚之，其根即死而易朽。又有經暑雨後用牛曳磟碡或輥子於所斫根查上，和泥碾之，乾則掙爭，去聲。死，一二歲後皆可耕種。其林木大者則劉烏更切。殺之，謂剝斷樹皮，其樹立死。葉死不扇，便任種蒔，三歲後根株莖朽，以火燒之，則通爲熟田矣。《周禮》薙氏掌殺草。春始生而萌之，夏日至而夷之，秋繩去聲。而芟之，冬日至而耜之。書薙作夷，謂芟草也。又柞氏掌攻草木及林麓。夏日至令刊陽木而火之，冬日至剝陰木而水之。註云：刊剝皆斫去次地之皮，即此謂除木也。《詩》曰：「載芟載柞，其耕澤澤。」蓋謂芟草除木而復可耕也。大凡開荒必趁雨後，又要調停犁道淺深麤細。淺則務盡草根，深則不至塞墢，麤則貪生費力，細則貪熟少功，唯得中則可。耕荒畢，以鐵齒鎘錛過漫種黍稷，或脂麻、綠豆，耙勞再徧，明年乃中爲穀田。今漢、沔、淮、潁上率多創開荒地，當年多種脂麻等種，有收至盈溢倉箱速富者。如舊稻塍內開耕畢，便撒稻種，直至成熟，不須薅呼高反。拔。緣新開地內草根既死，無草可生。若諸色種子，年年揀淨，別無稗莠，數年之間，可無荒薉，所收常倍於熟田。蓋曠閑既久，地力有餘，苗稼鬯音暢。茂，子粒蕃息也。諺云：坐賈行商，不如開荒。言其獲利多也，除荒開墾之功如此。若夫耕犂之事，又有本末。上古聖人制耒耜以教耕耨，三代以上皆耦耕，謂兩人合二耜而耕之。《詩》曰：「亦服爾耕，十千維耦」者，此也。春秋之時，后稷之裔孫叔均始作牛耕，至漢趙過增其制度，三犂一牛，則力省而功倍。今之耕者大率祖此。《周禮》遂人治野，以時器勸甿。音萌。言農夫之耕，當先利其器也。故《詩》曰：「三之日于耜，四之日舉趾。」又曰：「有略其耜，俶載南畝。」《周禮》：車人爲耒庛，庛有三等。見農器譜耒耜門。今易耒耜而爲犂，不問地之堅強輕弱，莫不任使。欲淺欲深，求之犁箭，箭一而已。欲廉欲猛，取之犂梢，梢一而已。然則犁之爲器，豈不簡易而利用哉？耕地之法，未耕曰「生」，已耕曰「熟」。初耕曰「塌」音，塔。再耕曰轉。生者欲深而猛，熟者欲淺而廉，此其略也。天氣有陰陽寒燠之異，地勢有高下燥濕之別。順天之時，因地之宜，存乎其人。按《月令》孟春之月，天子以元日祈穀於上帝，乃擇元辰，天子親載耒耜，帥三公九卿諸侯大夫躬耕帝耤，命田司善相邱陵阪險原隰土地所宜，五穀所殖，以教導民，田事既飭，先定準直，農乃不惑。仲春之月，耕者少舍，此言農以春耕爲先務也。《齊民要術》云：凡耕高下田不問春秋，必須燥濕得所爲佳。若水旱不調，寧燥無濕。燥耕雖塊，一經得雨，地則粉解。濕耕堅垎，數年不佳。諺曰：濕耕澤鋤，不如歸去。言無益而有損。濕耕者白背，速鎘錛之亦無傷，否則大惡也。秋耕欲深，夏耕欲淺，秋耕稴青爲上。比至冬月，青草復生，其美與豆同。初耕欲深，轉地欲淺，耕不深則地不熟，轉不淺則動生土。菅茅之地，宜縱牛羊踐之。七月耕之則死。氾勝之曰：凡耕之本，在於趣時。春凍解，地氣始通，土一和解。夏至天氣始暑，陰氣始盛，土復解。夏至後九十日，晝夜分，天地氣和，以此時耕，一而當五，名曰「膏澤」，皆得時功。《韓氏直說》云：凡地除種麥外，並宜秋耕。秋耕之地，荒草自少，極省鋤工。如牛力不及，不能盡秋耕者，除種粟地外，其餘黍豆等地，春耕亦可。大抵秋耕宜早，春耕宜遲。秋耕宜早者，乘天氣未寒時將陽和之氣掩在地中，其苗易榮。過秋，天氣寒冷，有霜時必待日高方可耕地，恐掩寒氣在內，令地薄不收子粒。春耕宜遲者，亦待春氣和煖，日高時耕。此所謂順天之時也。《齊民要術》云：春地氣通，可耕堅硬強地，黑壚土輒平磨其塊以生草，草生復耜。天有小雨，復耕和之。勿令有塊以待時，所謂強土而弱之也。杏始華榮，輒耕輕土弱土。望杏花落復耕，耕輒藺音吝。之。草生有雨澤，耕重藺之。土甚輕者，以牛羊踐之，如此則土強，所謂弱而強之也。此所以因地而利之也。《農書》云：旱田穫刈纔畢，隨即耕治，曬暴，加糞壅培，而種豆麥蔬茹，因而熟土壤而肥沃之，以省來歲工役，其所收又足以助歲計。晚田宜待春乃耕，爲其藁秸堅韌，必待其朽腐，易爲牛力也。北方農俗所傳春宜早晚耕，夏宜兼夜耕，秋宜日高耕。中原地皆平曠，旱田陸地一犁必用兩牛、三牛或四牛，以一人執之，量牛強弱，耕地多少，其耕皆有定法。所耕地內，先並耕兩犁，墢皆內向，合爲一壠謂之浮疄，自浮疄爲始，向外繳耕。終此一段，謂之一繳。一繳之外，又間作一繳，耕畢，於三繳之間，歇下一繳，卻自外繳耕至中心，作一暘，蓋三繳中成一暘也。其餘欲耕，平原率皆倣此。南方水田泥耕，其田高下濶狹不等，以一犁用一牛挽之，作止回旋，惟人所便。高田早熟，八月燥耕而熯之，以種二麥。其法起墢爲疄，兩疄之間，自成一甽。一段耕畢，以鋤橫截其疄，洩利其水，謂之腰溝。二麥既收，然後平溝甽，蓄水深耕，俗謂之再熟田也。下田熟晚，十月收刈既畢，即乘天晴無水而耕之。節其水之淺深，常令塊墢半出水面，日暴雪凍，土乃酥碎。仲春土膏脈起，即再耕治。又有一等水田，泥淖極深，能陷牛畜，則以木杠橫亘田中，人立其上而鋤之。南方人畜耐暑，其耕四時皆以中晝。此南方地勢之異宜也。凡人家營田，皆當量力，寧可少好，不可多惡。《詩》曰：無田去聲。甫田，維莠驕驕。言力不給，而貪多務得，未免苟簡之獘。故《莊子》曰：昔予爲禾耕而鹵莽之，其實亦鹵莽而報予；芸而滅裂之，其實亦滅裂而報予。此言苟簡之害也。《農書》云：古者分田之制，一夫一婦，受田百畆，以其地有肥墝，去交切。故有不易一易再易之別。不易之地，家百畆，謂可以歲耕之也。一易之地，家二百畝，謂間歲耕其半也。再易之地，家三百畝，謂歲耕百畝，三歲而一周也。先王之制如此，非獨以爲土敝則草木不長，氣衰則生物不遂也。抑欲其財力有餘，深耕易耨，而歲可常稔。今之農夫，既不如古，往往租人之田而耕之，苟能量其財力之相稱，而無鹵莽滅裂之患，則豐穰可以力致，而仰事俯育之樂可必矣。今備述經傳所載農事之法，兼高原下田地勢之宜。自北自南，習俗不同，曰墾曰耕，作事亦異。通變謂道，無泥一方，則田功脩，而稼穡之務可以次第而舉矣。

高楚芳《集千家注杜工部詩集》卷一《春日懷李白》 白也詩無敵，飄然思不群。清新庾開府，俊逸鮑參軍。渭北春天樹，江東日暮雲。何時一樽酒，重與細論文。鄭曰：庾信，字子山，在周爲車騎將軍開府。洙曰：鮑照，字明遠，爲宋臨海王參軍。遁齋，閒覽云。或問王荆公云：編四家詩，以子美爲第一，太白爲第四，豈白之才格詞致不逮子美耶？公曰：白之歌詩豪放飄逸，人固莫及。然其格止於此而已，不知變也。至於子美，則悲歡、窮泰、發斂、抑揚、疾徐、縱橫，無施不可。故其詩有平淡簡易者，有綺麗精確者，有嚴重威武若三軍之帥者，有奮迅馳驟若泛駕之馬者，有淡泊閑靜若山谷隱士者，有風流醞藉若貴介公子者。蓋其詩緒密而思深，觀者苟不能臻其閫奧，未易識其妙處，夫豈淺近者所能窺哉！此子美之所以光掩前人而後來無繼也。元稹以爲兼人所獨專，斯言信矣。或者又曰：評詩者謂子美期白太過，反爲白所誚。公曰不然，子美贈白詩，則曰：「清新庾開府，俊逸鮑參軍。」但比之庾信、鮑照而已。又曰：「李侯有佳句，往往似陰鏗。」鏗之詩又在鮑、庾下矣。李泰伯云：渭北子美所居，江東白之所在也。

劉岳申《申齋集》卷六《思親堂記》 某槩曰：「和卿娶徐氏有五丈夫子，其三徐出也，三子既孝矣。二季子孝其母，有過無不及焉。自吾爲比鄰，爲婣若友，皆親見生長者，雖曰二季子亦徐出可也。」樂哉！和卿有閨門雍睦之娛，而無左右忌嫌之偪，何其福之盛也！於是和卿之墓有宿草者再矣，諸子以「思親」名其堂，而求余記。余謝之曰：「子之思親，何以記爲？」則曰：「昔者親之存也，以不得先生常過門爲恨；以不能迎致先生於家，朝夕得侍先生爲大恨。倘幸得先生文字，以爲斯堂之光，使諸孤升堂如有聞乎親之聲者，今而聞其粲然；如有見乎親之容者，今而見其忻然。豈特慰諸孤之思，將使吾親不復有平生之恨矣。此記所以不可無也。」余聞其言，然後知鄉者其鄉鄰、其朋友、其親姻所爲余言者，非私相好，非相與爲諛悅者也。夫且事死，安有不能事生者哉！雖然未也。傳曰：君子思終身不辱子，如思不辱其親。將有所爲，必審思之，使宗族婣友鄉黨皆曰和卿有子，不亦榮乎？榮果如是，辱亦如之。此孝思也，以是爲記。吳文正公跋云：提學劉高甫爲鄉人和卿之子作《思親堂記》，謂彭氏之子五，三適，二庶。三適之友其弟，不異於同產。二庶之孝其母，不異於生己。余嘗聞禮家之説曰：知有母，而不知有父，飛走之類是也。人則不然，何也？物不思，人能思，故爾均之爲吾父之遺體，豈以異所出而薄其愛乎？尊其爲吾父之敵體，其以非生己而弛其敬乎？父爲子之所天，是以敬父之配，同於父，而愛父之配，同於同母者也。凡此詎非其心之能思而然哉？推其所思，思不止此。思吾身之所從始，惟恐有毀傷，惟恐有恥辱。一舉足而不敢忘，一出言而不敢忘，如臨深履薄以全其生，逮啓手啓足而後知其免也。爲善而思，貽親之榮，則必爲之。爲不善而思貽親之羞，則必不爲。將祭之，先思其居處，思其笑語，思其志意，以其思也，故祭之日如見所祭。因春風之來，思吾親之來，而怵惕焉。因秋氣之凊，思吾親之生，而悽愴焉。思親者，蓋如是。至若後山陳氏之記思亭，而舉不當思之事以戒，夫不肖子者持其淺而已。高甫以余言，故能羽翼其所記，請書之以遺彭之子，於是如高甫所請書之，不復辭也。臨川吳澄跋於《思親堂記》之後。

方回《桐江續集》卷七《後天易吟三十首》 天一實生水，冬藏坎次乾。精神要休養，醖釀出春天。萬物天爲大，中間地次之。成功付諸子，父母似無爲。康節以退乾西北，退坤西南，爲不用之地，而謂六子代父母。程子不甚然之。回謂天運行於上，地發生於下，日夜不息，非无爲也。六子乃天地之妙用，天地不自以爲功。而付諸六子，則似乎無爲耳已。成功者，君逸而臣勞，然君豈可逸哉！雷風火澤水，獨艮不言山。朔易指方位，萬形消息間。《易》卦所言不同。文王《易》以六子爲用動，橈燥説潤，言氣也。艮不言山，而言終始，指其方位而言也。物有終，復有始。藏於坎方，終於艮位，而始則又起乎此，然後於震而出焉。形氣道理，各有所爲而言。

洪希文《續軒渠集》卷一《題王右軍妙墨》 家蓄會稽書，丰度吾所愛。縱意之所如，浩若風卷旆。方其筆在手，神思在筆外。心畫根於心，羲也得其最。天門與鳳閣，龍虎之所駭。鍾張繇芝。至羊褚，欣遂良。具體未至大。結髮事揮染，披覩心眼快。剡藤玉雪膚，番幅何足怪。舊習老未除，昏花常昧昧。十襲發珍藏，何啻寶越貝。一息苟尚存，此藥容少懈。秦王不格物，蛇蚓笑千載。珍重庾安西，區區題紙背。世無揚子雲，《太玄》則爲贅。梁武帝評書，謂王右軍書字勢雄健，如龍躍天門，虎卧鳳閣。王羲之：我書比鍾繇當抗行，比張芝草猶當鴈行也。羊欣書如婢作夫人，不堪位置，舉止羞澁，終不似眞。《前漢》有「結髮翰墨」，言幼習其事。唐舒元輿作《弔剡藤文》：宋愚人得燕石，藏爲大寶。周客觀焉，主人齊七日，端居元冕以發寶，革櫝十重，緹巾十襲。客掩口大笑曰：「此燕石，與瓦甓不殊。」主人大怒曰：「盲賈之言，豎巫之心。」藏之愈深，守之愈固。《王羲之傳》後制：唐太宗論蕭子雲近出，擅名江左，僅得成書，無丈夫之氣。行行若縈春蚓，字字若綰秋蛇，誠無骨力也。卧王濛於紙上，坐徐偃於筆下。以得兹美，非濫名耶，駢奔突也。右軍書每紙背庾翼題云：王會稽，六帖二月三十日。

王行《半軒集》卷一《擬玄》 永嘉余君唐卿夷圃蓺蔬，守漢陰之節，迺名其居曰采。大夫士製詩文美之者衆矣。來徵余言，余方讀《太玄》，因以采《擬玄》一首貽之，時至正乙巳孟秋朔也。一方，二州，一部，三家。天圜陽象，三木下上。采陽肇厥，施兆彙藉，以資采蒙其荑。行屬於木，謂之采者。立春之節，萬卉茁萌，草最易發。采草類，有養之道，故謂之采。采云：初一日，入營室四度。初一，霑之罤罤，承天之澤。一，水也。天一生水，其象性爲采，行屬于木，賴水以生，故言承天之澤。測曰：承天之澤，滋其培也。水土相應，木以殖也。次二，壤圻於曦，被其藿葵，漑之勿稽。二，火之廢也。火本爲養，以廢不能養，反有損于木。土生于火，不受木制。故言壤圻必資于灌也。測曰：漑勿稽，恐致瘁也。不制以水，木必受傷。次三，茁於豐本，蔽哄蕁蕁。三，木之王也。又在木世，木尅土，故其盛蔽哄也。測曰：蕁蕁之蕃，類相遭也。水在木世，象性爲采，故言遭類。次四，盜朶頤循其藩無所亡。四，金之廢也。爲盜爲口，故言朶頤爲限隔故爲循藩以廢不能盜，故言無所亡。測曰：遇盜無亡，閑於初也。致其謹始之戒也。次五，尸於圃慎，攸取毋溺，薺甘毋射，荼苦乃貞。五，土也，爲君故主于圃，甘土味也，故易溺苦火味也。土之母，故不可厭也。測曰：慎取迺貞，從欲斯危也。戒之至也。次六，叔靳於沚，惟薦之以無，誠有戾。六，水之廢也。爲宗廟，故言薦。凡五行之王者爲君子，廢者爲小人。小人鮮誠，故多罪也。測曰：薦而無誠，戾之歸也。無誠則罪必萃。

劉寅《三略直解》卷中 夫人衆一合而不可卒離，權威一與而不可卒移。還師罷軍存亡之階，故弱之以位，奪之以國，是謂霸者之略。故霸者之作，其論駁也。夫人衆一合，而不可倉卒以離之；權威一與，而不可倉卒以移之。還師罷軍之日，存亡之階梯也，故弱之以位，不使執大權；奪之以國，不使居要地。此謂霸者之謀略，故霸者之作，其論駁雜也。弱之以位，奪之以國，此漢高所以僞遊雲夢，擒楚王信，奪其國而降封爲淮陰侯也。論者以爲漢雜霸道，於此亦可見矣。

胡廣等《論語集注大全》卷四《里仁》 子曰：「參乎！吾道一以貫之。」曾子曰：「唯。」參，所金反。唯，上聲。參乎者，呼荒故反，下同。曾子之名而告之。貫，通也。唯者，應之速而無疑者也。聖人之心，渾上聲。然一理，體一。而泛應曲當，去聲。用各不同。用殊。曾子於其用處，蓋已隨事精察而力行之，但未知其體之一爾，夫子知其眞積力久，將有所得，新安倪氏曰：《荀子・勸學篇》眞積力久，則入謂眞誠之積用力之久。是以呼而告之。曾子果能默契其指，即應之速而無疑也。朱子曰：一是一心，貫是萬事。看甚事來，聖人只這心應去，只此一心之理，盡貫衆理。問：未唯之前如何？曰：未唯之前見一事是一箇理，及唯之後，千萬箇理只是一箇。如事君忠是此理，事親孝交友信也是此理，以至精粗大小之事，皆此一理貫通之。曾子先只見得聖人千條萬緒都好，不知都是從這一心做來，及聖人告之，方知都是從這一箇大本中流出。如木千枝萬葉都好，都是從這生氣流注貫去也。曾子工夫已到，千條萬緒一一身親歷之，聖人一點他便醒。觀《禮記・曾子問》中，問喪禮之變，曲折無不詳盡，便可見曾子是一一理會過來。一對萬而言，不可只去一上尋，須去萬上理會。若見夫子語一貫，便將許多合做底都不做，只理會一，不知卻貫箇甚底。貫如散錢，一如索子，曾子盡數得許多散錢，只無一索子，夫子便把這索子與之。今若沒一錢，只有一條索子，亦將何以貫？今不愁不理會得一，只愁不理會得貫，理會貫未得便言一，天資高者流爲佛老，低底只成一箇鶻突物事。問：《中庸》曰，「鳶飛戾天，魚躍于淵」，言上下察也，君子之道，造端乎夫婦，及其至也，察乎天地。此是子思在天舉一物，在地舉一物，在人舉夫婦。鳶與魚其飛躍雖不同，其實一物爲之耳，夫婦之道亦不出乎此，是皆子思發明一貫之道也。孔子《繫易辭》有曰：以言乎遠則不禦，以言乎邇則靜而正，以言乎天地之間則備矣，亦發明斯道也。曰：所引《中庸》、《易傳》之言，以證一貫之理，甚善，愚意所謂一貫者亦如是。東陽許氏曰：一理貫萬事，固是說事物雖衆，只是一箇道理，此言吾道一以貫之，是就聖人應事處說，須要體認得聖人之心，全是理行出，全是道如此，方是吾道一以貫之，若只說萬理一原，卻只是論造化，與此章意不相似。

胡廣等《詩傳大全》卷四《王風・兔爰》 有兔爰爰，雉離于羅。我生之初，尚無爲。叶吾禾反。我生之後，逢此百罹，叶良何反。尚寐無吪！比也。兔性陰狡。爰爰，緩意。雉性耿介。離，麗。羅，網。尚，猶。罹，憂也。尚，庶幾也。安成劉氏曰：二尚字，義不同。吪，動也。周室衰微，諸侯背叛，君子不樂其生而作此詩。言張羅本以取兔，今兔狡得脫，而雉以耿介反離于羅。以比小人致亂而以巧計幸免，君子無辜而以忠直受禍也。東萊呂氏曰：此因所見爲比也。兔之大以比諸侯，雉之小以自比也，言諸侯之背叛者恣睢自如，而周人反受其禍也。爲此詩者，蓋猶及見西周之盛，故曰方我生之初天下尚無事，及我生之後而逢時之多難如此。然既無如之何，則但庶幾寐而不動以死耳。或曰：興也。以兔爰興無爲，以雉離興百罹也。湏溪劉氏曰：有兔爰爰，舒緩而無虞者，比我生之初，承平之人也；雉離于羅，求死不得，比我生之後百憂之人也。安得一寐而死，不復見此之爲快哉！下章放此。

有兔爰爰，雉離于罦。音孚，叶步廟反。我生之初，尚無造。我生之後，逢此百憂。叶一笑反。尚寐無覺！居孝反，叶居笑反。比也。罦，覆車也，可以掩兔。孔氏曰：《釋器》云，「繴謂之罿。罿，罬也。罬謂之罦，覆車也。」郭璞云：「今之翻車也。有兩轅，中施罥以捕鳥。」繴音壁，罬音拙，罥音絹。造，亦爲也。覺，寤也。有兔爰爰，雉離于罿。音童。我生之初，尚無庸。我生之後，逢此百凶，尚寐無聰！比也。罿，罬也，即罦也。或曰施羅於車上也。庸，用。聰，聞也。無所聞則亦死耳。

胡廣等《中庸章句大全》 博學之，審問之，愼思之，明辨之，篤行之。此誠之之目也。學問思辨，所以擇善而爲知，去聲。學而知如字。也，篤行，所以固執而爲仁，利而行也。程子曰：五者廢其一，非學也。朱子曰：五者無先後，有緩急，不可謂博學時未暇審問，審問時未暇謹思，謹思時未暇明辨，明辨時未暇篤行。五者從頭做將去，初無先後也。陳氏曰：擇善有博學、審問、愼思、明辨工夫，儘用功多固執，只有篤行一件工夫，是擇善處眞能知之，則行處功自易也。雙峯饒氏曰：學必博，然後有以聚天下之見聞，而周知事物之理。問必審，然後有以訂其所學之疑。思必謹，然後有以精研其學問之所得，而自得於心。辨必明，然後有以別其公私、義利、是非、眞妄於毫釐疑似之間，而不至於差謬。擇善至此，擇之可謂精矣。如是而加以篤行，則日用之間，由念慮之微以達於事爲之著，必能去利而就義，取是而舍非，不使一毫人欲之私得以奪乎天理之正，而凡學、問、思、辨之所得者皆有以踐其實矣。所執如此，其固爲何如，此學知利行以求至於誠者之事也。項氏曰：學而又問，則取於人者詳，思而又辨，則求於心者精，如是而後可以行矣。

胡廣等《禮記大全》卷二十三《祭統》 既內自盡，又外求助，昏禮是也。故國君取去聲。夫人之辭曰：「請君之玉女，與寡人共有敝邑，事宗廟社稷。」此求助之本也。夫祭也者，必夫婦親之，所以備外內之官也，官備則具備。水草之菹，陸產之醢，小物備矣。三牲之俎，八簋之實，美物備矣。昆蟲之異，草木之實，陰陽之物備矣。凡天之所生，地之所長，苟可薦者，莫不咸在，示盡物也。外則盡物，內則盡志，此祭之心也。按：《內則》，可食之物有蜩、范者，蟬與蜂也。又如蚳醢，是蟻子所爲，此言昆蟲之異亦此類乎。嚴陵方氏曰：既內自盡於己也，又外求助於人。求助之道莫大乎夫婦之際，以夫婦而行祭祀之道，則足以盡陰陽之義，以夫婦而共祭祀之事，則足以備外內之官。故國君取夫人之辭以事宗廟社稷爲言也，必曰玉女者，言其有貞潔之德也，所以事宗廟社稷，亦在乎有貞潔之德而已。觀《卷耳》之詩，后妃則輔佐君子求賢審官，《鷄鳴》之詩則夫人夙夜警戒，有相成之道。然婦之助夫，固不特在乎祭祀之時也。此之所言亦以祭祀爲本，故曰此求助之本也。夫婦親之，若君制祭，夫人薦盎，君割牲，夫人薦酒，卿大夫相君，命婦相夫人，此外內之官也。官所以執事，事所以具物，故曰官備則具備。菹以醢類也，故《周官》屬《醢人》。然以植物爲之則曰菹，以動物爲之則曰醢。水草之菹，即七菹，所謂茆菹、芹菹之類。陸產之醢，即七醢，所謂兔醢、鴈醢之類。然七菹又有葵菹之類，不必皆水草，七醢又有蟲醢、魚醢之類，不必皆陸產。俎者三牲，則八簋者五穀也。言八簋則俎爲三俎矣，言實則菹亦非虛矣。俎所薦者天產，故其數用三之奇，簋所盛者地產，故其數用八之耦。於昆蟲草木言陰陽之物者，蓋昆蟲以陰蟄、以陽出，草木以陰枯、以陽榮故也。然草木亦陰物也，陸產亦陽物也，三牲以陽物也，八簋以陰物也。止謂昆蟲草木爲陰陽之物者，以用至於昆蟲之異，草木之實，而陰陽之物於是爲備故也。以陰陽之物於是爲備，故曰凡天之所生，地之所長，苟可薦者，莫不咸在，示盡物也。徒盡物於外而不能盡志於內，亦不足以盡祭之心矣，故曰外則盡物，內則盡志，祭之心也。

王直《抑菴文後集》卷三五《講義》 顏淵問仁，子曰：「克己復禮爲仁，一日克己復禮，天下歸仁焉。爲仁由己，而由人乎哉？」顏淵曰：「請問其目。」子曰：「非禮勿視，非禮勿聽，非禮勿言，非禮勿動。」顏淵曰：「回雖不敏，請事斯語矣。」 這是《論語》第十二篇裏孔夫子答顏淵問仁的事。顏淵是孔子弟子，他以爲仁之道問夫子。夫子答他說：「克己復禮爲仁，一日克己復禮，天下歸仁焉。爲仁由己，而由人乎哉！」如何是克己復禮爲仁？克字解做勝字。己是私欲。復字解做還字。禮是天理。仁是本心全德。凡仁義禮智都是心之德。人有這仁，便有那義禮智，所以爲心之全德，人心都有這全德，只爲私欲昏蔽了。若能克去私欲，復還天理，則本心之德復全於我。這是說爲仁的工夫。如何是「一日克己復禮，天下歸仁焉？」一日，言其日至近。天下言其地至大。歸字解做許字。夫子說：人能一日之間克去己私，復還天理，則天下的人都許其仁。蓋天下人都有這箇仁，我能全得這仁，便合得天下人的心，天下的人怎麽不以仁稱許我。這是說爲仁的效驗甚速而至大。如何是「爲人由己，而由人乎哉？」夫子又說這仁本是自己有的，爲仁的工夫全在自己，他人着不得氣力。這是說爲仁的機括在我而無難。顏淵聞夫子這說話，見得天理人欲分明，便請問克己復禮的條目，夫子答他說：「非禮勿視，非禮勿聽，非禮勿言，非禮勿動。」非禮便是私欲。勿是禁止的詞。夫子說：克己復禮的工夫全在禁止這視、聽、言、動非禮處。人有目不能不視，非禮的顏色禁止了，不看。人有耳不能不聽，非禮的聲音禁止了，不聽。人有口不能不言，非禮的言語禁止了，不說。人有四體不能不動，非禮處禁止了，不動。這等呵，則視、聽、言、動不徇己私；日用之間，莫非天理，爲仁的功效豈有不至？顏淵深達夫子這意思，又自知他的氣力可以擔當，說道：「回雖不敏，請事斯語矣。」斯語是指非禮勿視、聽、言、動這四句。顏淵謙詞說：我雖不聰敏，請服行夫子所教的這言語。先儒說這一章，是孔門傳授心法切要的說話，不是至明不能察其幾，不是至健不能致其決，所以孔門弟子只有顏子得聞這道理。臣謹考《論語》一書，顏淵所問有二，一問仁，一問爲邦。此章問仁是也。其問爲邦，孔子曰「行夏之時，乘殷之輅，服周之冕，樂則韶，舞是舉四代禮樂」告之。夫禮樂待人而後行，人道惟仁爲大。自古君臣興禮樂教化之治，亦惟仁德爲之主本。孔子嘗曰：爲政在人，取人以身，修身以道，修道以仁。伏惟聖明留意。

曹端《西銘述解》卷上 西銘：大意，明理一而分殊。文公註之明且備矣。然初學者或未得其說端，爲分經布註以解之，或者便之而請書焉。辭不獲已，於是乎書。

乾稱父，乾，天也。 天，陽也，至健而位乎上，父道也。然不曰「天」而曰「乾」者，天其形體也，乾其性情也。乾者，健而無息，之謂萬物所資以始者也。是乃天之所以爲天，而父乎萬物者。故指而言之，曰「乾稱父」。

坤稱母。坤，地也。地陰也，至順而位乎下，母道也。然不曰「地」而曰「坤」者，地其形體也，坤其性情也。坤者，順而有常，之謂萬物所資以生者也。是乃地之所以爲地，而母乎萬物者。故指而言之，曰「坤稱母」。

胡粹中《元史續編》卷一 「世祖皇帝至元十三年二月」乙酉，宋張世傑等以益王昰、廣王昺出奔。 世傑與蘇劉義等挾二王出嘉會門，渡浙江遁去。巴延遣阿嚕罕、董文炳、范文虎追之，不及而還。評曰：世傑等出奔之謀，與陳宜中遷都之請，蓋懲靖康固守京城之失，而覬建紹中興之福也。然元氏自太祖以來，立國已七十載，盡有中原之地，涵養生育，其得民也久。視金人拔興之暴，突入之驟，氣勢固不侔矣。宋人偷安江左，亦一百五十餘年，文恬武嬉，秦、韓、史、賈相繼柄國，君若贅旒，蓋天命已去，人心已離。其視高宗南渡，國威、士氣、人才、兵力又萬萬不同，此宋之所以終於覆亡也歟。又況宜中之忠不及世傑，世傑之忠不及天祥，觀清澳之逃，占城之往，豈爲社稷死者邪？特不欲苟去耳。厓山一字陣，奉宋主居其間，爲死計顧，乃斷維奪港而去，不與其君同溺，則是未能決性命於義利之間，而姑爲求趙氏之嗣，以自逭於一朝夕也。既葬楊太后，又將之安南，夫君死將安之？蕞爾安南，豈足以興復宋室哉？世傑於是乎昧所審決矣。瓣香之祝，大風覆舟，天所以曲全世傑之忠也。

丘濬《大學衍義補》卷九 熙寧三年，親試進士始專以策定著，限以千字。

臣按：殿廷試士始於唐武后時，宋初沿之，然皆試以詩賦。至是神宗始試以策，至今用之。方是時，蘇軾爲編排官，見一時舉人所試策多阿諛順旨，乃擬一道以進大略：謂科塲之文風俗所繫，所收者天下莫不以爲法，所棄者天下莫不以爲戒，今始以策取士，而士之在甲科者多以諂諛得之，天下觀望，誰敢不然！風俗一變，不可復返，正人衰微，則國隨之。噫！觀軾茲言，則知朝廷以言試士雖若虛文，而一時人心之邪正、國勢之興衰，實關于此。識治體者，不可不加之意。

程敏政《篁墩文集》卷八三《送宗姪式之知朔州》 馬首春風鬢未華，一官初擢帶生花。離筵對酒頻看劍，邊郡屯兵特建牙。久喜皇威清鴈磧，遠聞農事遍龍沙。寄言莫笑江南客，曾是江南舊將家。 式之之行，或疑其家江南，出守西北邊郡，恐不相宜者。正不知吾宗自忠壯公而下至文清襄毅諸公，多以文武之略建大功名相望于《譜》，安知式之不遂亢宗于是州，益闡前人之光乎？士固不可以南北論也，因賦此相贈，豈獨解嘲，亦以發其志，壯其行，使知若予之庸猥見屏于時者，蓋不足學也。

蔡清《四書蒙引》卷二《大學章句》 是以君子有絜矩之道也。芟八條，減十一字。絜矩，謂絜之以矩也。矩能使物方，故借絜矩二字來，用矩字自有使天下平意也。君子之所以爲矩者，無他心而已矣。一人之心，千萬人之心也，故推之而無不準，便能使天下平，若不是心，如何說得，所操者約，而所及者廣。制物者度之以矩，則物方，制天下者度之以吾心之矩，則天下平。君子必當因其所同，推以度物，註。因其所同，因天下人心之所同也，推以度物一句，連下句使彼我之間各得分願讀，度物之物，指天下之人也，度之便是思所以處之，故繼之以使彼我之間云云。上云君子必當因其所同推以度物，使彼我之間，各得分願，此數句全是說絜矩字，至下云則上下四旁均齊方正，而天下平矣，又是以絜矩貼出天下之所以平也，故中間下箇則字。上下四旁均齊方正是形容字面，是形容彼我之間各得分願也。則上下四旁均齊方正，而天下平矣，此數字還是本文「君子有絜矩之道也」句内意，其下條彼同有是心而興起焉者亦然，此正類《論語》首章所謂其進自不能已矣者，猶悅字内意也。問絜矩之道？曰：使人興起者，聖人之心也，能遂其人之興起者，聖人之政事也，出《朱子語略》。本文「上老老而民興孝，上長長而民興弟，上恤孤而民不倍」，三「民」字指國人言，故《章句》截定曰：「言此三者上行下效，捷於影響，所謂家齊而國治也。」下即承之云「亦可以見人心之所同，而不可使有一夫之不獲矣。」其「人心」二字，則通指天下人心也。《或問》云：前章專以已推而人化爲言，此章又申言之，以見人心之所同而不能已者如此，是以君子不惟有以化之，而又有以處之，二之字皆指天下之人言也。蓋自興孝、興弟，而可以見人心之所同時，便已有化天下之意在了。或者泥《或問》不惟有以化之之字爲指國，而又有以處之之字爲指天下，以爲二之字不同，謬也。且如其說，則是上章所云者只是化而尚未有以處之也，若尚未有以處之，如何可謂之國治，故《或問》要看得活也。《語錄》謂絜矩即恕，然有二義，此所謂恕，以愛己之心愛人之恕也，上章所謂恕，以治己之心治人之恕也。治人之恕，謂必自盡其孝弟慈而後責人以孝弟慈也，愛人之恕謂我既得遂其孝弟慈，亦將使之皆得遂其孝弟慈也。其究一也。

又卷一二《孟子·離婁下》 孟子曰：「仲尼不爲已甚者。」芟一條。

聖人之所爲，天理之當然，中而已矣。中之所在，加之錙銖則太過，故曰本分之外不加毫末。所謂本分者，正以理之所當然，言理所當然處，便是箇本分。孟子此句說得最盡，不必依南軒，只用答陽貨，見南子，不脫冕而行，及沐浴請討等類說。聖人之不爲已甚者不止此，但凡所謂依乎中庸處皆是，如孝悌恭儉等事，聖人爲之固不容有一毫之不及，但到他限便止，不求奇取異，所謂無以甚異於人，而致其知者，如割股廬墓弊車羸馬之類，皆聖人所不爲。本分最難盡，到盡處又求加焉，則非所以爲聖人。自古聖人皆不爲已甚，何獨稱仲尼？孟子學仲尼者，故稱其家法，以其所處地位同也。

朱諫《李詩選注》卷二《蜀道難》 問君西遊何當還？畏途巉岩不可攀。但見悲鳥號古木，雄飛呼雌繞林間。又聞子規啼夜月，愁空山。蜀道之難，難於上青天，使人聽此凋朱顏。連峯去天不盈尺，枯松倒掛倚絕壁。飛湍瀑流事喧豗，砯崖轉石萬壑雷。其險也如此，嗟爾遠道之人胡爲來哉！西遊者，遊於蜀也。蜀地在西，故曰西遊。砯，古厲字也。語曰：深則厲。註云：以衣涉水曰厲。此設爲問之之詞，言蜀道之險如此。君遊於此，何時還乎？蓋畏途之巉岩不可以躋扳，遊者宜暫而不宜久。但見悲鳥之鳴於古木，子規之啼於空山。蜀道難行，鳥聲悲怨，聞者多愁而易老矣。其山之高也，連峯去天，不盈一尺。枯松依厓而倒掛，湍瀑交流而亂鳴。近人亦且畏之，況遠道之人乎！嗟爾遠人胡爲來此，自取卒苦與恐懼也。劍閣崢嶸而崔嵬，一夫當關，萬夫莫開。所守或匪親，化爲狼與豺。朝避猛虎，夕避長蛇，磨牙吮血，殺人如麻。錦城雖云樂，不如早還家。劍，地名。閣，架板以通行者。酈道元《水經註》云：小劍去大劍三千里，連山絕險，飛閣相通，故謂之劍閣。關，即劍閣之關也。守，守關者。如當時將帥之屬張孟陽《劍閣銘》云：一夫荷戟，百夫趦趄，形勝之地。匪親勿居，蓋言其險之足恃也。《錦城圖經》云：成都，郡名也。承上言蜀地之險如此，劍閣之間尤爲要害，若使一人荷戟當關而立，雖有萬人亦不敢進是，劍閣乃全蜀之門戶，得失安危所由係也。使守關者苟非朝廷素所親信之人，或一旦懷不軌之心，據險以叛，呼吸之間變爲虎狼，皆敵國也。故至險之地，當擇守地之官，不可不愼。且至險之中，又有至毒之物，長蛇猛虎，吮血殺人，尤所當避。是錦城之地，殷富繁華，雖云可樂，然倚險則易於爲亂，毒物又多而傷人，宜暫處而不宜久居，不如還家之爲樂也。嗟爾遠方之人來遊于此者，胡不及早而言旋乎！蜀道之難，難於上青天，側身西望長咨嗟！咨嗟，嘆辭也。首二句以嘆辭而發其端，末二句以嘆辭而結其意，首尾相應，而關鍵之密也。白此詩極其雄壯，而鋪叙有條，起止有法，唐詩之絕唱者。杜子謂其長句之好，蓋亦意醉而心脈之者歟！舊說此詩，皆謂其有所指，或以爲嚴武與子美，或以爲章仇與兼瓊，或以爲明皇之幸蜀，要之，皆爲附會穿鑿不足據也。按：《太平廣記》云：白初自蜀至京師，賀知章聞其名，首訪之，既奇其姿，又請所爲文。白出《蜀道難》，讀未畢，稱嘆數四，號爲謫仙人。此說近似。以白本傳考之，白自蜀遊山東，天寶初，南入會稽，與吳筠善，筠被名，故白亦至長安往見賀知章，知章見其文，嘆曰：「子眞謫仙人也。」言於玄宗名，見金鑾殿。《廣記》云「自蜀至京師」者恐誤。又云：讀《蜀道難》而稱爲謫仙。夫史所謂文，疑非止此一詩也。大抵唐時士之謁名臣大官者，多以所作之文投見。白見知章，出所作文，則《蜀道難》一篇或在其内，稱爲謫仙，非專爲此也，奇其姿與文，而稱之也。據此，則《蜀道難》之作，在於未見知章之先，猶在天寶之初，其歲月與前所謂嚴武兼瓊，明皇幸蜀，俱相隔遠，似爲不足信也。樂府諸篇不必一一求其所指，其有所指者，辭義明白，自有不可掩之實，亦不待強爲之說，若牽合穿鑿，爲詩家之大病矣。

何瑭《柏齋集》卷一《講章·尚書講章》 禹曰：「都！帝，愼乃在位。」帝曰：「俞。」禹曰：「安汝止。惟幾惟康，其弼直，惟動丕應。徯志以昭受上帝，天其申命用休。」 這是《虞書·益稷篇》，史臣記大禹告舜的言語，都是歎美辭。帝是指帝舜。俞是然其言。止是事物之理，具於吾心，各有至善，所當依據而不可移易的意思。幾是事之發動處。康是事之安穩處。弼是指輔弼之臣。徯是待。申是重。休是美。大禹將要告舜，先歎美曰「都」。又特稱「帝」，以起其聽。說道：「帝居天子之位，若一念不謹慎，則四海之内皆不得安；一日不謹慎，則千百年之患便從此起。所以須要謹慎，不可放肆。」帝舜聽了，遂說：「爾的言語誠然有理，我當從爾所言，凡事謹慎。」禹要帝舜知道謹慎的勾當，故又說道：「人心之靈，事事物物莫不有箇至公至正的道理。只因私欲的念慮，動搖其中，所以此心常危殆不安。爲人君的，凡處一事，接一物，必要心心念念專在道理上，這便能安其所止，而不陷於人欲之危。若是幾發動的去處，須要仔細計較，不要差了念頭，及事務成就的時節，須安穩停當，不可苟且施行，這便是惟幾惟康。倘所行一有差錯，陷於私欲，輔弼的大臣又肯直言勸諫，不使人君陷於有過之地，這便是其弼直。君臣上下交相儆畏，謹慎之道不過如此。天下的人心都有這箇道理，人君所行的既合道理了，但凡有所動作，則人心無不響應，固有在我發意之先預先等待的。況上天福善禍淫，都看著人心向背，以此昭受上帝之命，天豈不重重眷，命加之以休美之福乎？這便是謹慎的效驗。」臣竊惟大禹之言，切於治道。帝舜一聞而即從之，見諸施行，所以天下太平，萬世稱爲聖明之主。仰惟皇上所居之位，即帝舜之位，伏願端存心出治之本，聽輔弼忠直之言，上下交通，天人協應，太平之治，可齊於二帝，宗社之休必保於萬年矣。臣愚不勝惓惓，伏惟聖明留意。

吕柟《周子抄釋》卷一《幸第八》 人之生不幸，不聞過大不幸。無恥必有恥，則可教，聞過則可賢。釋：不自棄方能有恥，不自是方能聞過。

又《正蒙參兩第四》 地所以兩分剛柔，男女而效之法也；天所以參一太極，兩儀而象之性也。釋：學者如蓍則能圓而神，如卦則能方以智。蓍似天，卦似地。

又《二程子抄釋》卷一《李籲傳第一》 王彦霖以爲，人之爲善，須是他自肯爲時，方有所得，亦難強曰：「此言雖是，人須是自爲善，然又不可爲，如此卻都不管他。蓋有教焉，修道之謂教，豈可不修？」釋：雖中人之資，有被明師指引而成者矣；雖上智之資，有被燕友蠱惑而廢者矣。

又《朱子抄釋》卷一 朱子曰：「學問是人合理會底事，學者須是切己方有所得，不理會學問，與蚩蚩橫目之氓何異？」釋：學只是以人治人，不然便是人不如鳥也。

夏良勝《中庸衍義》卷二 子曰：「朝聞道，夕死可矣。」程頤曰：「人不可以不知道，苟得聞道，雖死可也。」臣良勝曰：「道者，一理也。一理貫乎萬事，故事事有道也。若朝聞道，則夕以處死而可，事有大於死生之際者乎！此而可處，則天下無難處之事矣。蘇轍曰『苟今日聞道，雖死而不亂』，自是一理。」

又 子曰：「知之者不如好之者，好之者不如樂之者。」張栻曰：「譬之五穀，知者知其可食也，好者食而嗜之者也，樂者嗜之而飽者也。知而不能好，則是知之未至也。好之而不能樂，則是好之未至也。此古之學者所以自強而不息也與！」臣良勝曰：「學道一也。知而後好，好而後樂，此入道之序有不可易也。知則必好，好則必樂，此造道之妙有，不能自已也。」

魏校《大學指歸》卷上 古之欲明明德於天下者，先治其國；欲治其國者，先齊其家；欲齊其家者，先脩其身；欲脩其身者，先正其心；欲正其心者，先誠其意；欲誠其意者，先致其知。致知在格物，物格而後知至，知至而後意誠，意誠而後心正，心正而後身脩，身脩而後家齊，家齊而後國治，國治而後天下平。 前既提挈大綱，此復諄諄條陳其目，學之規模次第備矣。天下自國始，國自家始，家自身始，而身本於心，此已說到學之盡頭處。乃復說誠意、致知、格物，反若散而無統，何邪？曰：此就盡頭處提掇，起頭處教人，三轉語極有力，學者當自求之。一轉如何？是正心必先誠意。曰：人發心有假，則更不必論，正心當速誠意，去其作僞處，好善惡惡必眞。二轉如何？是誠意必先致知。曰：善惡未能眞知，又何怪乎？好善惡惡，不切。噫！匪天不降吾良知，人自不能致也。吾自蔽之，吾自開之，致如喪，致乎，哀之致，切近向裏也。三轉說此，不啻足矣。如何又說致知在格物，不言先而言在云何？曰：本只一事，致知不可縣空，就格物上用功則著實。曰：知誘乎外物引之也，何故反求諸物。曰：物欲令人心歪，豈有物理歪心者，所謂格，揆物定理也。曰：理乃在外乎？曰：物在外，物理固在心，理非一定，其見於物者，各有定也。且道揆者是誰？此須自尋，把秉所揆，是物能揆是心，心與物交，逐物則知誘於外，絕物則昧，昧不能知，攝提此心，以我揆物，而不以物役我。物理各正，心體漸瑩，知之也眞，寧不力於行。傳不說物格而言知本，聖學根氐在茲。八條目文相應也，何獨致知言知，至曰致之，而後至也？致也者，精專也；至也者，眞切也，意實相承。朱子謂：言極至不若言切至，乃與誠意相通。心也，意也，知也，物也，何別？曰：心本體也，意，心所願爲也。諺云：主意，知心體之明也。物則日用事物是也。格者揆正之也。俗學以多聞多見爲知，是故舍本逐末。格物知本也，知至則知止矣，不能反本還元，不可言至意。誠與定相通，志定而意未定，則如之何？曰誠則自定。脩猶楠完也，吾身百行出焉，不脩則不自知其缺壞也。齊猶整也，瀿行自内也，化成若一也。治理也，物各順其則也，平均也，天下爲公也。佛學與吾儒之學不同，亦須識其機竅。佛氏以了身爲學，志不在天下國家也，無所用其心，心反易收，而塊然一死物矣。吾儒宇宙内事皆吾分内事也，不善學則心隨物而歪，塊然一贅物。故聖人惓惓本末之辨，此心若存，萬事可次弟而理。故曰：心不著一物則能了萬物。八條目一言可以盡之，孟子曰：「學問之道無他，求其放心而已矣。」詳言之，不能格物致知者，放其心而不知求者也；意不誠者，求放心而不切也。正心而上，皆所以求未盡之放心，密之又密。

張綖《杜工部詩通》卷七《夢李白》二首 乾元二年作。 白坐永王璘事，長流夜郎，會赦放居潯陽。死別已吞聲，生別常惻惻。江南瘴癘地，逐客無消息。故人入我夢，明我長相憶。恐非平生魂，路遠不可測。魂來楓林青，魂返關塞黑。君今在羅網，何以有羽翼。落月滿屋梁，猶疑照顏色。水深波浪濶，無使蛟龍得。 潯陽唐屬江南道，楓林以潯陽言。《楚辭》「湛湛江水兮，上有楓林」。關塞以秦州言，公所居也。白居潯陽，復坐事下獄，故曰在羅網。宋玉《神女賦》「其始來也，耀乎若白日初出照屋梁。其少進也，皎如明月舒其光。」首二句泛論交游中死別者既已有吞聲之悲，生別者又常有惻惻之戚，以起下文與白有生離之戚也。江南四句言夢白，正見「生別長惻惻」者。「魂來楓林青」，言魂依楓林而來，「魂返關塞黑」，憂其去路之迷也。君今四句以魂來而言，水深二句以魂返而言，承關塞黑，祝其好去也。

浮雲終日行，遊子久不至。三夜頻夢君，情親見君意。告歸常局促，苦道來不易。江湖多風波，舟楫恐失墜。出門搔白首，若負平生志。冠蓋滿京華，斯人獨憔悴。孰云網恢恢，將老身反累。千秋萬歲名，寂寞身後事。 古詩「浮雲蔽白日，遊子顧不返。」又江淹詩「日暮碧雲合，美人殊未來」，道言也。《老子》「天網恢恢」。晉張翰曰「使我有身後名，不如即時一杯酒。」阮籍詩「千秋百歲後，榮名安所之」。前詩紀其初夢，此詩紀其頻夢也。「苦道來不易」至「舟楫恐失墜」，即告歸之辭。出門二句，想像其將別之狀。此以上皆以夢言。冠蓋至末，方是覺後歎白之辭。

又《天末懷李白》 乾元二年。 涼風起天末，君子意如何。鴻鴈幾時到，江湖秋水多。文章憎命達，魑魅喜人過。應共冤魂語，投詩贈汨羅。 冤魂，屈原也。原被讒，投汨羅江死，賈誼投文吊之。〇前四句因「涼風起天末」而懷天末之人當此時其意如何。於是望其信息而傷其飄泊也。後四句則深致意焉。夫文章達身者也，反憎命達，魑魅害人者也，乃喜人過，則斯世斯人可知矣。遂意其悠悠之懷，惟求之古人耳。

楊慎《升菴集》卷五四《阮籍詩》 昔余遊大梁，登於黃華顛。應龍沉冀州，妖女不得眠。 按：《戰國策》：趙武靈王西至河，登黃華之上，夢處女鼓琴歌詩，因納吳廣女娃嬴孟姚。其先七世，而兆於簡子之夢，及入宮而奪嫡亂國，豈非妖女乎？張平子應問曰：女魃北而應龍翔，合而觀之，可見其微意。蓋當是時，魏明帝郭后、毛后妬寵相殺，正類武靈王事。故隱語怪說，亦《春秋》定哀作微辭意也。顏延年曰：阮公身事亂朝，常恐遇禍，因兹詠懷，雖志在譏刺，而文多隱避，百代之下，難以情測，故粗明大意，略其幽旨也。信哉！

薛蕙《老子集解》第二十二章 曲則全，枉則直，窪則盈，敝則新，少則得，多則惑。 窪，烏爪反。六句並古語。曲則全者，缺故能全，如月之未望是矣。枉則直者，屈故能信，如尺蠖之屈是矣。窪則盈者，謙受益也。敝則新者，闇然而日章也。少則得，以約爲紀，是以得也。多則惑，博而寡要，是以惑也。多則惑，即少則得之反。上四句之意放此。吳幼清曰：曲，一偏也。《易》、《禮》、《中庸》、《莊子》所言曲字，皆以偏而不全爲曲。是以聖人抱一，爲天下式。 以下皆老子之言，所以爲古語之證也。此應少則得、多則惑而言。通於一而萬事畢，故足以爲天下法。不自見故明，不自是故彰，不自伐故有功，不自矜故長。夫惟不爭，故天下莫能與之爭。 見，賢遍反。此應曲則全四句而言。自見，自衒露也。明，猶彰也。夫惟不爭，復申不自見四句之意。天下莫能與之爭，復申故明四句之意。爭者由於有我，是果足以上人乎？聖人不爭，唯無我也。德莫加於無我，天下其孰能與爭邪？ 古之所謂曲則全者，豈虛言哉？誠全而歸之。 聖人抱一爲天下式，不爭故天下莫能爭，以此見古之所謂曲則全者，豈虛言哉？實全而歸之也。古語凡六，舉一以包其餘也。

貢汝成《三禮纂注》卷五 大司寇之職，掌建邦之三典，以佐王刑邦國，詰四方。一曰刑新國用輕典，二曰刑平國用中典，三曰刑亂國用重典。 詰，起吉反。司寇曰三典，太宰曰刑典，一也，而謂之常者，以民失其常，立法治之，使復其常焉。是刑亦謂之典也。詰，窮治也。邦國四方即平國、亂國、新國也。新國者，新辟地。立君之國用輕典者，爲其民未習於教也。平國者，承平守成之國。用中典者，民已習教，宜用常行之法也。亂國則沉湎淫泆、簒弑叛逆之國。用重典者，民不率教，宜伐滅之也。《洪範》以三德制治，輕典即柔克之義，重典即剛克之義，中典正直之義也。按，經權適用，所謂典常者，非執一而不宜民之謂。輕重低昂，稱物平施，是乃可以永久而無弊，故謂之經常也。

以五刑糾萬民。一曰野刑，上功糾力；二曰軍刑，上命糾守；三曰鄉刑，上德糾孝；四曰官刑，上能糾職；五曰國刑，上愿糾暴。 暴，當作恭。人情非刑則玩弛，糾之以刑，則心有警而不惰，氣自奮而不靡，故曰糾萬民。功，農役之功也。凡農功皆由於力勤，此冬官之職待之而立也。命，將帥之命也。凡士卒不失部伍，皆由於用命，此夏官之職待之而立也。德，大司徒之六德也。凡立德之本皆生於孝親，此地官之職待之而立也。能，集事之才也。凡建功立事皆所以盡職，此天官之職待之而立也。愿，愨慎之容也。凡信實儼恪皆生於主敬，此春官之職待之而立也。由是論之，則六卿各得率其職而必行於天下者，以大司冠之能正其刑典故也。五刑弼於《五典》，而大化輔成矣。

以圜土聚教罷民。凡害人寘之圜土而施職事焉，以明刑恥之。其能改者，反于中國，不齒三年；其不能改而出圜土者，殺。 圜土，獄城也。聚教罷民，謂聚之于中而困苦之，庶其感悔而能改以爲善，是亦所以教之也。罷民者，民不慜作勞，有似於罷也。害人者，爲邪惡已有過失，麗於法而但不爲故犯法者也。施職事者，使食其力以強其罷也。明刑者，書罪於大方版，著于背，以生其恥心也。反于中國者，舍之還於故鄉里也。司圜曰，上罪三年而舍，中罪二年，下罪一年。不齒，不得以年次列于平民也。出，謂逃亡也。罷民本不能自強以禮者，而又欲使人之皆如己，是誠賊夫人之子而有罪過者，特以未入于五刑也。而又不可以禮教之，是故有圜土之置焉。施職事焉而勞苦之，使知所以自強。加明刑焉而污辱之，使知所以自好。方其置之圜土，若外之中國也。其改而出之，所謂反于中國也。且其收之也三讓，而罰而歸之于圜土及其出也，亦不可以一日而遂復故。不齒於倫類者三年，至三年無違，亦終無違矣。然後歸之倫類，而復于平民也。且人之爲惡，夫豈一朝一夕之故？必有漸焉。是故先王之馭民也，必早爲之所。過輕者坐諸嘉石，稍重者歸于圜土，此皆未入于五刑而預防之，知此其亟也。若因此而遂能自新，則復爲平民，何刑殺之及哉！此先王善於使民遷善遠罪之法，而三代所以終無不可化之民也。

以嘉石平罷民。凡萬民之有罪過而未麗于灋而害于州里者，桎梏而坐諸嘉石，役諸司空。重罪旬有三日坐，朞役；其次九日坐，九月役；其次七日坐，七月役；其次五日坐，五月役；其下罪三日坐，三月役。使州里任之，則宥而舍之。

此又言罪之小者也。嘉石，文石也。立之外朝門左，欲使罷民思其文理，改悔自脩也。平，成也。成之使復於善，爲平民也。雖有罪惡而未麗于法，雖未麗于法而實害於州里，蓋欺誕傲慢衺惡敗俗之人。木在足曰桎，在項曰梏。桎梏而坐諸嘉石，及坐日滿，而役之于司空，使給百工之役也。桎梏而坐嘉石，俾其見朝士而知爲善之榮，而思爲惡之困辱也。役之司空，俾其知爲惡之勞，而發善心也。罪之輕重大約五等，而其坐役之日月遠近以罪爲差。役之日訖，必使其州里之人保任其必不再犯，然後寬而釋之。必任之以州里者，以州里皆可責之以自新也。無任者則亦終不舍也。先王之欲民之爲善如此。王氏以爲司空之役不可廢，與其徭平民，孰若役此之爲利，則是先王利民之役而幸民之爲惡也，而可乎！

鄭曉《禹貢圖說》 既修太原，至于岳陽。 修太原，濬汾水之源也。修岳陽，導汾水之流也。至字亦當發。蓋太原在北，岳陽在南，中間非止一山，非止一地也。上治三山以導河，此修二地以導汾。既載三條創新功以治河，因舊功以治汾。創新功者，八年于外之勞自是而始，因舊功者，九載弗成之績于是而終也。

覃懷底績，至于衡漳。 此記覃、懷、衡、漳之成功也。覃懷之地，涞水出乎其西，淇水出乎其東。衡漳之地，清漳流于其北，濁漳流于其南。今禹治之，各底績焉。蓋涞水、淇水由其道，則覃懷之地底績，此舉地以見水。清漳、濁漳入于河，則近衡漳之地底績，此舉水以見地。底績云者，水患去而平治之功成也。河水自大伾北流，漳水東流而注之。地形東西爲横，南北爲從，河北流而漳東注，是河從而漳横也。

桓寬《鹽鐵論・通有第三》［張之象注］ 文學曰：孟子云「不違農時，穀不可勝音升。食；蠶麻以時，布帛不可勝音升。衣也；斧斤以時入，材木不可勝音升。用；佃漁以時，魚肉不可勝音升。食。」《周書》曰：「文王受命之九年，時緋暮春在鄗，謂太子發曰：『吾語汝。所保所守，守之哉？厚德廣惠，忠信愛人，君子之行。不爲驕侈，不爲靡泰，不淫於美括，拄茅茨爲愛費。山林非時不升斤斧，以成草木之長；川澤非時不入網罟，以成魚鼈之長；不麛不卵，以成鳥獸之長。畋漁以時，童不夭胎，馬不馳鶩，土不失宜。土可犯，材可蓄。潤濕不穀，樹之竹葦莞蒲；礫石不可穀，樹之葛木。以爲絺綌，以爲材用。故凡天地之間，聖人裁之，並爲民利。是魚鼈歸其泉，鳥歸其林，孤寡辛苦咸賴其生。山以遂其材，工匠以爲其器。百物以平其利，商賈以通其貨。工不失其務，農不失其時，是謂和德。』」《主術訓》曰：「先王之法，畋不掩羣，不取麛夭，不蒸澤而漁，不焚林而獵。豺未祭獸，罝罦不得布於野；獺未祭魚，網罟不得入於水；鷹隼未摯，羅網不得張於谿谷；草木未落，斧斤不得入山林；昆蟲未蟄，不得以火燒田。孕育不得殺，鷇卵不得探。魚不長尺，不得取；彘不期年，不得食。是故草木之發若蒸氣，禽獸歸之若流泉，飛鳥歸之若煙雲。有所以致之也。」雍季曰：「焚林而田，得獸雖多，而明年無復也；乾澤而漁，得魚雖多，而明年無復也。」

又《非鞅第七》 是以比干死而殷人怨，子胥死而吳人恨。今秦怨毒商鞅之法甚於私仇。故孝公卒之日，舉國而攻之，東西南北莫可奔走。仰天而歎曰：「嗟乎！爲政之弊至於斯極也。」卒車裂，族夷，爲天下笑。斯人自殺，非人殺之也。《衛鞅傳》曰：「秦孝公卒，太子立，公子虔告商君欲反，發吏捕商君。商君亡至關下，欲舍客舍，客人不知其是商君也，曰：『商君之法，舍人無驗者，坐之。』商君喟然歎曰：『嗟乎！爲政之弊一至此哉！』去之魏。魏人怨其欺公子卬而破魏師，弗受。商君欲之他國，魏人曰：『商君，秦之賊。秦強而賊入，弗歸，不可。』遂内秦。商君既復入秦，走商邑，與其徒屬發邑兵北出擊鄭。秦發兵攻商君，殺之於鄭黽池。秦惠王車裂以狥，曰：『莫如商鞅反者！』遂滅商君之家。」司馬遷曰：「商君，其天資刻薄人也。跡其所干孝公以帝王術，扶持浮說，非其資矣。且所因由嬖臣，及得用，刑公子虔，欺魏將卬，不師趙良之言，亦足發明商君之少恩矣。余嘗讀商君開塞耕戰書，與其人行事相類。卒受惡名於秦，有以也夫！」劉歆曰：「秦孝公保崤函之固，以廣雍州之地，東幷河西，北收上郡，國富兵強，長雄諸侯，周室歸胙，四方來賀，爲戰國霸君。秦遂以強，六世而幷諸侯，亦皆商君之謀也。夫商君極身無二慮，盡公不顧私，使民内急耕織之業以富國，外重戰伐之賞以勸戎士。法令必行，内不阿貴寵，外不偏疏遠，是以令行而禁止，法出而姦息。故雖《書》云『無偏無黨』，《詩》云『周道如砥，其直如矢』。司馬法之勵戎士，周后稷之勸農業，無以易此。此所以幷諸侯也。」故孫卿曰：「四世有勝，非幸也，數也。」然無信，諸侯畏而不親。夫霸君，君齊桓、晉文者，桓不倍柯之盟，文不負原之期，而諸侯畏其強而親信之，存亡繼絶，四方歸之，以管仲、舅犯之謀也。今商君倍公子卬之舊恩，棄交魏之明信，詐取三軍之衆，故諸侯畏其強而不親信也。藉使孝公遇齊桓、晉文，得諸侯之統，將合諸侯之君，驅天下之兵以伐秦，秦則亡矣。天下無桓、文之君，故秦得以兼諸侯。衛鞅始自以爲知霸王之德，原其事不諭也。昔周召施善政，及其死也，後世思之，「蔽芾甘棠」之詞是也。嘗舍於樹下，後世思其德，不忍伐其樹，況害其身乎！管氏奪伯氏邑三百戶，無怨言。今衛鞅内刻刀鋸之刑，外深鈇鉞之誅。步過六尺者，有罰；棄灰於道者，被刑一日。臨渭而論，囚七百餘人，渭水盡赤，號哭之聲動於天地。畜怨積讐比於丘山。所逃莫之隱，所歸莫之容，身死車裂，滅族無姓，其去霸王之佐，亦遠矣。然惠王殺之亦非也，可輔而用也。使衛鞅施寬平之法，加之以恩，申之以信，庶幾伯者之佐哉！

高拱《日進直講》卷二 子曰：「舜其大孝也與！德爲聖人，尊爲天子，富有四海之內，宗廟饗之，子孫保之。」 宗廟是祭祖先的去處，子思引孔子之言，説人之有親，皆所當孝，然或修之己者有未盡，則無以爲孝親之本；得之天者有未全，則無以遂孝親之願。未可以言大孝也。若古之帝舜，其爲大孝也。與何以見得，非德不足以顯親，而舜之德，則至於爲聖人，是所以顯親者極其至也；非貴不足以尊親，而舜之貴則至於爲天子，是所以尊親者極其至也；非富不足以養親，而舜之富則至於有四海之內，是所以養親者極其至也。又且祀祖宗以天子之禮，而宗廟之歆饗無已，所以事乎其先者何隆也；封子孫爲諸侯之國，而基業之傳續無窮，所以裕乎其後者何遠也。舜之德、位、福、祿，各極其至如此，則所以孝其親者，實有出於人生願望之外，而無有一事之不盡者也，此其所以爲大孝也與。

姜寶《春秋事義全考・昭公二十五年》 有鸜鵒來巢。 西亭《辨疑》按：羅氏《爾雅翼》，鸜鵒，江以南皆有，但不逾濟，生本巢居，亦非穴處。此義在非所有而有，不以巢爲義也，逐君之兆亦太泥。張氏曰：邵子曰，天下將治，則天地之氣自北而南；天下將亂，則天地之氣自南而北。禽鳥之類，得氣之先者也。鸜鵒不逾濟而至魯，豈非氣自南而北之驗哉？當此之先，楚雖爲中國患，而齊、晉猶足以抑之，自此之後，晉霸不競，吳、楚、越皆以南夷迭主夏盟，諸侯斂衽事之，馴至大亂。則知鸜鵒來巢之祥，不特昭公出奔之兆而已。

王世貞《鐫王鳳洲先生會纂綱鑑歷朝正史全編》卷七《宋神宗紀》

[元豐] 四年遼太康七年。正月，馮京罷。京初不爲王安石所容，後傾於呂惠卿而中立不倚，人服其操。宋進士自鄉舉至廷試皆第一者，纔三人：王曾、宋庠爲名宰相，京爲名執政，不愧科名云。發明：小人在朝勢必不容乎君子，雖然安石、惠卿不能容京于當時，而千萬世□君子，公論自能容京也。以孫固知樞密院，呂公著、韓縝同知院事。四月河決澶州，詔李立之築堤捍之，自大名至于瀛州。周靜軒曰：河決之意，雖因堤防不固，然亦天變所致。爲神宗計者，但當修政令，明賞罰，革弊事，崇天道，自然天意可明，河不爲害，蓋君心無形之堤防，人力有形之堤防。無形之堤防既修，有形之堤防自固，不然，雖糜費財用，何足恃乎？

徐養相《禮記輯覽》卷一 《曲禮》曰「毋不敬」一節。 此禮經首章，以敬之一言盡三千三百之旨。言脩身爲安民之本，而主敬爲脩身之要。首句言主敬之綱領，中二句言主敬之條目，下一句言主敬之效驗。「毋不敬」是主宰處身心動靜皆一於敬也。「儼若思」是敬者之貌靜而涵動也。「安定詞」是敬者之言動而主靜也。此不過脩己以敬，似未至于安民也。然惟主敬，則廓然大公，物來順應，自其明而通也。其於天下自然知之無不明，自其公而溥也。其於天下自然處之無不當，言而可以世爲天下則，行而可以世爲天下法，其效豈不足以安民哉！此便是脩己以安百姓，篤恭而天下平。聖賢傳心要法，故爲禮經之首篇內每節要見禮字。

「敖不可長」六節。 此皆推廣「毋不敬」之意。故歷舉《曲禮》主敬之事以明之。長敖則喪德，從欲則敗度，志滿則招損，樂極則誨淫。此皆可禁者也。狎而敬，畏而愛，禮以御情也。愛而知惡，憎而知善，智以周物也。積而能散，仁之施也。安而能遷，義之決也。此皆可法者也。財不苟得，以養廉也。難不苟免，以養節也。狠毋求勝，以懲忿也。分毋求多，以窒慾也。疑事毋質，不自用也。直而勿有，取諸人也。坐如尸，立如齋，嚴以立本禮之經也。禮從宜，使從俗，和以趨時，禮之權也。此皆所當隨事省察者也。主敬之旨，其溥矣哉！狠與臨難相似而不同，臨難即臨大節也，狠則一時之忿耳。分與臨財相似而不同，臨財無故之獲也，分則己之所應得者耳。疑事二句一聯説。質字是以我所見爲正也，直字是資人言而正之也，有字是堅持己見自有以求勝也。質有二字雖相蒙，然有字又遂質字之非，其實深一層，細玩有味。禮從宜。禮字主行禮説。禮主於敬，不可易也。至於因時制宜，如尙文尙質之類，則不可不從，所以因乎時也。時非禮之大乎！使以奉命，不可辱也。至於風土所便，如異味異和之類，則不可不從，所以緣乎情也。情非禮之原乎！

「夫禮者所以定親疏」一節。 此言禮之爲用於人甚切，故以定人情之親疏，則情有厚薄，禮有隆殺，各有所主矣。以決事物之嫌疑，則相形者析，相似者分，各有所擇矣。以別人倫之同異，則同宗者群分，異姓者類聚，各有區別矣。以明庶物之是非，則禮有當否，人有從違，各不淆亂矣。親疏以情言，嫌疑以迹言，同異以人言，是非以理言。定者禮之仁也，決者禮之義也，別者禮之禮也，明者禮之智也。禮之爲用何其切哉！此節不主喪禮而言，註特舉一端以證之耳。

「禮不妄悅人」二節。此二節是起下節忠信可以學禮之意。妄悅等五事皆不忠信，不能脩身以踐言者也。故禮不在是。

「脩身踐言」一節。此承上文而言。叛禮之人言行不能相顧，故不足以學禮。若夫脩身踐言之人主敬以立基，而存誠以取信，則言行相顧，豈不爲慥慥篤實之善行矣乎！行焉既脩，則爲忠信之行矣，言焉既道，則爲忠信之言矣。忠信之人可以學禮，豈非禮之質乎！何也？蓋言行忠信，則有以養其正大光明之心、莊敬嚴威之體，自不至於妄悅辭費也，自不至於踰節侵侮好狎也。三千三百舉而措之已矣，其於禮也何有？謂之質者，猶先有楨幹而後可生枝葉，先有素地而後可施五采也。

管志道《孟義訂測》卷一 齊人伐燕，勝之。宣王問曰：「或謂寡人勿取，或謂寡人取之。以萬乘之國，伐萬乘之國，五旬而舉之，人力不至於此，不取，必有天殃，取之何如？」乘，去聲。下同。孟子對曰：「取之而燕民悅，則取之。古之人有行之者，武王是也。取之而燕民不悅，則勿取。古之人有行之者，文王是也。以萬乘之國，伐萬乘之國，簞食壺漿以迎王師，豈有他哉！避水火也。如水益深，如火益熱，亦運而已矣。」簞，音丹。食，音嗣。訂釋：玩此章，宣王意在取燕，而恐人心之莫我與也。故借五旬而舉之，天意以自文。孟子意在存燕，而諱天道之無徵也，故借水火亦運之民心以寓諫。中間並舉文王，其權雖審，而其辭尚欠嚴。必至於諸侯謀伐之時，發出反旄倪、止重器、置君後去之論，而孟子爲齊謀之初意乃顯。

齊人伐燕，取之。諸侯將謀救燕，宣王曰：「諸侯多謀伐寡人者，何以待之？」孟子對曰：「臣聞七十里爲政於天下者湯是也。未聞以千里畏人者也。《書》曰：『湯一征，自葛始。』天下信之，東面而征西夷怨，南面而征北狄怨，曰：『奚爲後我？』民望之，若大旱之望雲霓也。歸市者不止，耕者不變，誅其君而吊其民，若時雨降，民大悅。《書》曰：『徯我后，后來其蘇。』霓，五稽反。徯，胡禮反。今燕虐其民，王往而征之，民以爲將拯己於水火之中也，簞食壺漿，以迎王師。若殺其父兄，係累其子弟，毀其宗廟，遷其重器，如之何其可也？天下固畏齊之彊也，今又倍地而不行仁政，是動天下之兵也。累，力追反。王速出令，反其旄倪，止其重器，謀於燕衆，置君而後去之，則猶可及止也。」旄與耄同。倪，五稽反。測義：孟子陳王道，動輒舉湯以七十里起，文王以百里起，故言未聞以千里畏人，此雖論世之衡，而論猶未盡強晉不有脅魯之言乎？曰：牛雖瘠，僨於豚上，其畏不死。七國爭雄之世，雖有小國行王政，亦但可以爲善國而已矣。其如秦、楚之強大何？李信以二十萬人伐楚敗歸，而王剪以六十萬衆勝之。是時秦非獨仁，楚非獨不仁也。仁雖不可爲衆，而寡之不可以敵衆，亦勢也。武王以至仁伐至不仁，而猶有虞於若林之旅。曰：「受克予，非朕文考有罪，唯予小子無良。」而況以一齊對救燕之諸侯乎？四國之師，將入燕齊之境，而是時猶以七十里爲政於天下，歆世主，其論世亦近於疏矣！幸有置君後去之一策在。得萬乘之國而仍置君以去，信可以稱仁義之師。然使齊宣果行孟子之策，而止諸侯之謀伐，則亦迫於勢焉耳矣！非所謂好仁無敵者也。乃戰國之世，天命靡常，更有不可以常理裁之者。楚滅陳、蔡，皆縣之，越滅吳亦縣之。至於秦幷六國，天下遂成一統。是時雖有湯、文，亦能以百里、七十里之仁心仁政，王天下乎？以常理論，秦皇之不可敵湯武，明矣，而天命亦歸之，何也？曰：宇宙間有大變局，原出於理勢之必然，而常情猝難炤諸幾先者，此非知天命之聖人莫鏡也。大都有二端：一在治統，一在道統。戰國以前，世人習見治統之在天子，建萬國，親諸侯以爲常。而豈知七雄爭強之季，天下必定於一。孟子但知定天下者必以仁，而不知先有不仁定天下者爲之敺也，則立六國後之策迂矣。秦漢以後，世儒咸知道統之在素王。閑聖道，拒楊墨以爲常。而豈知三教鬬諍之極，道岻必貫於一。孟子但傷見知聞知之無有乎爾，而不知后有秉孔矩以合二氏者爲之御也。則入主出奴之見固矣。孟子原有云：所惡執一者，爲其賊道也。此是格言，吾今有感於置君立後之議之正，而大變局，乃乘其後也。故推及之，以破曲士之執云。

又卷四 孟子曰：「王者之迹熄而《詩》亾，《詩》亾然後《春秋》作，晉之《乘》、楚之《檮杌》、魯之《春秋》，一也。乘，去聲。檮，音逃。杌，音兀。其事則齊桓、晉文，其文則史，孔子曰：『其義則丘竊取之矣』。」訂釋：此章註有擇不精，語不詳處，不可不訂。測義：孟子何以言王者之迹熄而《詩》亡？曰：以《關雎》、《麟趾》之意，行《周官》之法度，王者之心也。天子適諸侯曰「巡狩」，諸侯朝於天子曰「述職」，王者之迹也。成康未沒，心迹並存，降於夷王，覲禮不明，天子下堂而見諸侯，心殆熄矣，而迹猶未熄。暨東遷之後，天子既不時巡方嶽，而諸侯亦罕有述職於王朝者，故曰「迹熄」。迹熄何以《詩》亡？禮，天子巡狩，則太師陳詩以觀民風，而太史志之，故列國之風不亡。諸侯述職，天子饗之，則歌雅、頌以叶樂，而列國傳之，故王朝之雅、頌不亡。註以《黍離》降爲國風，訓《詩》亡，非也。蓋言王侯之國風、雅、頌兩不相通，雖不亡猶亡耳。若言《黍離》爲王風之降，則降之者誰耶？且列國之幽人閨婦，有風可陳，王朝何獨無風，特無陳處耳！《黍離》之風，非降也，必魯大夫之以聘禮陟周郊者，道經黍離之塲，而記之歸魯也。然則孟子《詩》亡二言，亦刺筆也。《詩》亡何以《春秋》遂作？《詩》亦聯屬諸侯之迹也，既亡，則侯國散而無統，而連諸侯又自有法，其間赴告策書，如會盟、征伐等大事，關天王之綱紀，何可以無紀載？《春秋》惡得不作。魯，望國也，周禮又盡在魯，是以魯史起於春王正月，終於西狩獲麟，若逸詩也。列國亦皆有史，何以獨舉晉之《乘》、楚之《檮杌》？曰：晉楚伯中之雄也，迭爲盛衰，其伯天下且久，是以稱之。而他小國之文獻，則多無徵也。晉之《乘》，以兵車起義，楚之《檮杌》，以癉惡起義，此亦可徵其爲王熄伯興之事，而義則俱局，何如魯以《春秋》名史之博大也。《春秋》二百四十年之間，紀事多矣，何以云其事則齊桓、晉文？桓、文之事，《春秋》之所獨重也。君子生斯世，既不能行堯舜之揖讓，又不可行湯武之放伐，則唯率諸侯以尊其主一事，爲救時之上策而已。雖曰晉文公譎而不正，齊桓公正而不譎，而以戰國無王之世較之，晉文之譎於圖伯，賢於七雄之正於圖王者遠矣。孔子尚仁，一匡之伯佐，則其義兩國之伯主何疑哉！據《胡傳》之解《春秋》，以日月爲義例，以一字爲褒貶。若謂筆者，筆仲尼之新文；削者，削魯史之舊文也。何以云「其文則史？」曰：孔子雖筆削《春秋》，而未嘗動魯史一字也。不削曰筆，不筆曰削，其文皆仍舊耳。《胡傳》闇於爲下不倍，及述而不作兩義，故謬以一字褒貶誣仲尼耳。豈知褒貶正史中之大義，而去取則出於仲尼哉。試考《春秋》中之特筆，莫大於「天王狩於河陽」。晉文公實召王，而孔子爲之解曰：「以臣召君，不可以訓，故書曰狩。」莫凜於「趙盾弑其君夷臯」。夷臯實趙穿所弑，而晉《乘》誅意以歸盾，魯史從赴告之原文而直書之。孔子爲之印曰：「惜也，越境乃免。」此非史文不動一字之明徵乎？斯乃文中取義之最嚴者。而論所取之事，則聖心實注於桓、文二公，桓書召陵之盟，文書城濮之戰，此則兵車會中之重事也。然夫子論九合，必高冠裳於兵車上，辨正譎，必推齊桓於晉文上。則首止之定王世子，葵丘之明王五禁特書等文，是已，是皆述而不作者也。《春秋》言作，固孟子之權詞。第取義而曰竊取，無乃過謙乎？曰：此見夫子守爲下不倍之矩之篤也，非天子不考文。《春秋》雖不考天子之文，亦嫌於考一國之文也。又文中所載，大都天子之事，一切會盟戰伐，如公及齊侯等盟於召陵，公及晉侯等戰於城濮之類，特借魯公以重魯史，而隱含自天子出之禮樂征伐在其中。且嚴於誅亂賊之臣子，而寬於誅受弑之君父，大一統於天下爲家之子孫，而不追大道於天下爲公之子孫。不但托二百四十二年南面予奪之權，亦握百千年後師道是非之權，雖曰「義從魯史中取」，而取出即成世訓，苟非無忌憚之小人，孰敢倍諸；苟非不踰矩之聖人，孰能援諸。此知我罪我之所以竝在此書也，安得不謙曰「竊」。蓋聖人之小心畏義如此，作《春秋》傳者，乃誣聖人改周正朔，謂之何哉？

焦竑《絶句衍義》卷一《讀庾信集》 四朝十帝盡風流，建業長安兩醉遊。惟有一篇楊柳曲，江南江北爲君愁。庾信字子山，本梁之臣，後入東魏，又西魏，歷後周，凡四朝十帝。其《楊柳曲》云：「君言丈夫無意氣，試問燕山那得碑？」蓋欲自比班固從竇憲。又云：「定是懷玉作計誤，無事翻覆用張儀。」蓋指朱异釀成侯景之亂也。後之議者，悲其失節，而愍其非當事權，此詩云「爲君愁」是也。庾信不足責，若馮道身爲宰相，而視改朝易姓若奕棊，王安石以爲合于伊尹五就桀之意。嗚乎！爲此言，其心可知矣。使其老壽不死，遇靖康之亂，其有不捨殘骸事兀朮斡離卜乎？而宋之大儒編之名臣之列，吾不知其何見也！

林兆珂《檀弓述注》卷上 子上之母死而不喪。門人問諸子思曰：「昔者子之先君子喪出母乎？」曰：「然。」「子之不使白也喪之，何也？」子思曰：「昔者吾先君子無所失道，道隆則從而隆，道污則從而污，伋則安能！爲伋也妻者，是爲白也母。不爲伋也妻者，是不爲白也母。」故孔氏之不喪出母，自子思始也。子上，子思之子，名白。其母子思出妻也。禮爲出母齊衰杖期，而爲父後者無服，心喪而已。伯魚、子上皆爲父後，禮當不服者，而伯魚乃期而猶哭，夫子聞之曰甚而後除之。此賢者之過也。子思不欲白喪出母，正欲用禮耳。門人以先君子之事爲問，則子思難乎爲言，故以聖人無所失道爲對，謂聖人之聽伯魚喪出母者，以道揆禮而爲之隆殺也，我則安能爲是哉！但爲我妻，則白當爲母服。今既不爲我妻，則白爲父後而不當服矣。子思欲守常禮，而不欲使如伯魚之加隆也。吳氏曰：伯魚父在，故得爲出母服。子思雖是父與祖俱沒，然亦得爲嫁母服者，支子不主祭故也。子上雖有父在而不得爲出母服者，蓋子思兄死時，子思使其子接續伯父主祭。既主尊者之祭，則不敢服私親也。此禮昔所未有，子思以義起之，周末記禮者不悟，故以不喪出母自子思始貶之。而後之注禮者，馬氏則謂子思不使白喪出母，既薄矣，又從而爲之辭，而葉氏、陳氏、方氏皆有貶辭，甚矣！其不知言也。或曰子思不自代兄主祭，而使其子繼之，何也？曰，以己代兄，無尊者命，是自奪宗也。以子繼伯父，則有父命，非奪宗者也。曰，何以知子思之有兄？曰，子思哭嫂，則有兄明矣。黄氏曰，此章斷出漢儒附會之文，意當時欲明不喪出母之禮而無其事，故借聖人之家以明之，而不知自陷於無根之罪也。聖人禮義之宗，閨門有家之本，豈有不慎於始，而三世出妻之理乎？按，孔子年十九娶宋并官氏，明年生子適，魯昭公賜之二鯉，孔子榮君之賜，因以名子而字之曰伯魚。至六十六而夫人并官氏卒，傳記之可考者昭然如此，豈有出妻之事乎？

孔子曰：「拜而后稽顙，頽乎其順也；稽顙而后拜，頎乎其至也。三年之喪，吾從其至者。」拜，拜賓也。稽顙，以頭觸地也。拜而后稽顙，謂先以兩手伏地如常，然後引首向前叩地也。稽顙而后拜者，開兩手而先以手叩地，却交手如常也。鄭氏曰，頽，順也。先拜賓，順於事也。此殷之喪拜。頎，至也。先觸地，無容哀之至。此周之喪拜。重者尚哀戚自期如殷可陳氏曰，拜而后稽顙，先致敬也。稽顙而后拜，先致哀也。天下不知稽顙之爲重，是猶不知拜下之爲禮，拜上之爲泰。故孔子救拜之弊，則曰吾從其至，救泰之弊，則曰吾從下也。

孔子既得合葬於防。曰：「吾聞之，古也墓而不墳。今丘也，東西南北之人也，不可以弗識也。」於是封之，崇四尺。孔子先反，門人後，雨甚至，孔子問焉，曰：「爾來何遲也？」曰：「防墓崩。」孔子不應。三，孔子泫然流涕曰：「吾聞之，古不脩墓。」孔子父墓在防，故奉母以合葬。言既得者少孤，不知其墓也。墓謂兆域，封土爲壟曰墳。古謂殷時。東西南北之人，言其宦遊無定居也。封土以識之，一則恐人不知而誤犯，一則恐己或亾而難尋也。封之，周禮也，高三尺，蓋周之士制。雨甚而墓崩，門人脩築而後反，故遲。孔子流涕者，自傷其不能謹之於封築之時，以致崩圮。且言古人所以不脩墓者，敬謹之至無事於脩也。方希古曰，取乎古而師之者，以其合乎人情，當乎理也。父母之棺饒然暴於防而不脩，何取于古也？信如其言，安足以爲聖？其誣孔子甚矣。謂殯於五父之衢亦然。

孔子哭子路於中庭，有人弔者，而夫子拜之。既哭，進使者而問故，使者曰：「醢之矣。」遂命覆醢。《左傳》哀十五年，衞孔圉取太子蒯聵之姊，生悝，故蒯聵潛入孔悝之家，與伯姬迫孔悝於廁，強盟之，遂刼以登臺。子路入逐之，至臺下，且曰：太子無勇，若燔臺半，必舍孔叔。太子聞之懼，下。石乞盂黶敵子路，以戈擊之，斷纓。子路曰：「君子死，冠不兑。」結纓而死。然未嘗有醢之之文。此不知其何所據也。陳氏曰，哭於中庭，視之猶子也。有人弔焉而夫子拜之，自視猶父也。遂命覆醢者，非特不忍食之，又不忍見之也。

曾子曰：「朋友之墓有宿草而不哭焉。」宿草，謂陳根也。於師心喪三年，於朋友期可。

子思曰：「喪三日而殯，凡附於身者，必誠必信，勿之有悔焉耳矣。三月而葬，凡附於棺者必誠必信，勿之有悔焉耳矣。喪三年以爲極，亾則弗之忘矣。故君子有終身之憂，而無一朝之患。故忌日不樂。」三日而殯，三月而葬，大夫士禮也。棺中物少，三日之期量度，棺外物多，三月之餘思忖，見宜慎也。附於身者，襲斂衣衾之具，附於棺者，明器用器之屬，及卜其宅兆丘封壤樹之事也。誠，謂心實愜滿。信，謂物實周緻。之猶至也。悔，謂有遺憾也。喪莫重於三年，既喪曰亾。黄氏曰，不可過者，先王之禮，故喪三年以爲極。可自盡者，人子之心，故雖葬，於心終不忘也。惟弗忘，則事亾如存，而有終身之憂。惟誠信，則冢宅堅固，而無一朝崩毁之患。此君子之孝也。孔氏曰君子終竟己身，恆慘念親，此則是不忘之事。雖終身念親，而不得使一朝之間有滅性禍患，故惟忌日不爲樂事，他日則可防其滅性故也。所以不滅性者，父母生己欲其存，寧若滅性傷親之志，又身己絕滅，無可祭祀故也。

郝敬《孟子説解》卷一二 白圭曰：「吾欲二十而取一，何如？」孟子曰：「子之道，貉道也。貉貊同。道也。萬室之國，一人陶，則可乎？」曰：「不可，器不足用也。」曰：「夫貉，五穀不生，惟黍生之。無城郭宮室、宗廟祭祀之禮，無諸侯幣帛饔飧，無百官有司，故二十取一而足也。今居中國，去人倫，無君子，如之何其可也？陶以寡且不可以爲國，況無君子乎！欲輕之於堯、舜之道者，大貉小貉也；欲重之於堯舜之道者，大桀小桀也。」堯、舜開文明之治，垂憲萬世，其道惟中。中者經世之極，不但取民一端，而取民有制。不輕以病國，不重以剝民，亦即用中之道也。白圭身爲商賈，忍滋味，薄衣食，省約致富。欲以其術試于國，而二十稅一，是戒噎而廢餐也。必若此，須止營繕，停祭祀，絕交際，罷廩祿，一切衣冠文物皆廢，然後可。則是舉中國爲夷狄矣！豈堯舜治天下之道？暴征不可，二十取一又豈可乎？此章宜與制民之產、治其田疇等章參看。財亦國家所需也。雖有賢君，不能幷耕而治。先儒云：夷狄以無法勝，中國以法勝。夷狄不可從中國之法，猶中國不可從夷狄之無法也。此學問大關係實地，今世俗崇尚佛敎，亦由未講于此章之義耳！白圭本功利輩，即前章小人之逢君者。欲二十取一，非有意愛民也。謂行己之術，可使賦大省，如漢桑弘羊、孔瑾云：「不加賦而國用自足。」欺世主耳！纖嗇之與豪強不向道不志仁同，故以白圭繼民賊之後，見道有中庸，白圭之輕稅、陳仲子之矯廉，皆害道者也。貉，北方遠夷。燒土爲器曰陶。黍、稷屬也。暑熟曰黍，秋熟曰稷。北方地寒無五穀，唯黍生也。幣帛饔飧，諸侯聘享之費，詳見《聘禮》。無人倫，謂無宗廟祭祀之類。無君子，無百官有司之類。大貉小貉，言貉爲大，而學貉者爲小也。小大，猶言甚與不甚。白圭名丹，魏人，或云周人。《史記·貨殖傳》云：白圭於魏文侯時，李克務盡地力，而白圭樂觀時變，故人棄我取，人取我與。能薄飲食，忍嗜慾，節衣服。曰：吾治生產，如伊尹、呂尚之謀，孫吴之用兵，商鞅之行法。苟其智不足與權變，勇不足以決斷，仁不足以取予，強不能有所守，欲學吾術，終不告之矣。故天下言治生者祖白圭。

郭良翰《周禮古訂注》卷四《大司馬》 大司馬之職，掌建邦國之九法，以佐王平邦國。制畿封國以正邦國，設儀辨位以等邦國，進賢興功以作邦國，建牧立監以維邦國，制軍詰禁以糾邦國，施貢分職以任邦國，簡稽鄉民以用邦國，均守平則以安邦國，比小事大以和邦國。制九服之畿，封五等之國，則地之小大正矣。設宮室車服之儀，辨尊卑貴賤之値，則分之上下等矣。有善行者進而擢之，有治績者興而舉之，所以作新人才也。九州建牧以爲之長，列國立君以爲之監，所以維持萬方也。制軍以守其封疆，設禁以詰其凌犯，所以糾繩列辟也。施貢則各以其所有，分職則各以其所能，所以任其才力也。簡鄉民之強弱，稽鄉民之衆寡，然後衆可用也。均其地之守，平其灋之則，然後邦國安而不危也。大國撫小國以恩，小國事大國以禮，然後邦國和而不乖也。以九伐之灋正邦國，馮弱犯寡則眚之，賊賢害民則伐之，暴內陵外則壇之，野荒民散則削之，負固不服則侵之，賊殺其親則正之，放弑其君則殘之，犯令陵正則杜之，外內亂，鳥獸行，則滅之。正月之吉，始和布政于邦國都鄙，廼縣政象之灋于象魏，使萬民觀政象，挾日而斂之。眚，瘦也。《王霸記》曰：四面削其地曰眚。四面削之，若人之瘦眚，使其強更弱，其衆更寡，所以正其馮犯之皐也。有鐘鼓曰伐，兵入其境聲其皐而討之也。內暴其臣民，外陵其諸侯，是德不宜君者，故放其君，置之空嘈之地，更立次賢者焉。野荒民散，則削其地，明其不能有是。只奪某邑，某邑輕於眚矣。國有險阻可依，國以負固不服，則潛師深入其地以侵之，出其不意，攻其不備也。正之者，執而治其皐，論輕重加刑瀍焉。如春秋眚執衛侯歸之京師，坐殺其弟叔武也。放弒大逆，故幷其徒黨而殘害滅絶之，夷其人，瀦其宮，凡在宮在官者殺無赦也。杜、閉塞之不許其施令於屬國也。外亂如陳靈與其臣淫于夏姬，內亂如齊襄通於文姜是也。如此則天道絶，人紀滅，禽獸而已矣。故誅滅而盡除之，如草木之除其根，使不復生也。政象之瀍，謂九瀍、九伐之類。乃以九畿之籍，施邦國之政職。方千里曰國畿，其外方五百里曰侯畿，又其外方五百里曰甸畿，又其外方五百里曰男畿，又其外方五百里曰采畿，又其外方五百里曰衛畿，又其外方五百里曰蠻畿，又其外方五百里曰夷畿，又其外方五百里曰鎮畿，又其外方五百里曰蕃畿。政職，兵賦也。國畿，王畿也。侯畿，取其爲王斥候也。甸畿，爲王治田出稅也。男畿，爲王任職也。采畿，爲王治事也。衛畿，宣力以衛內也。蠻畿，言其俗之慢也。夷畿，言其俗之易也。鎮畿，謂須鎮守之也。蕃畿，在外爲蕃籬也。自侯至衛五服，謂之中國。自蠻至蕃四服，謂之四夷。《職方氏》謂九服者，取服事天子爲義，此名九畿者，取制畿封國爲義也。○丘氏曰：此言外方五百里，則以方言之，非言面也。方每面二百五十里，兩面相距爲五百里。自侯畿至蕃畿，通爲二千二百五十里，兩面相距通爲四千五百里，幷王畿千里，通爲五千五百里，其增於禹者五百里，蕃服爾。然周之蕃服雖不列《禹貢》九州之外，而《禹貢》九州之外咸建五長，東漸西枝，即成周蕃服之域。是周蕃服名雖增於禹，而地未嘗增也。凡令賦，以地與民制之。上地食者參之二，其民可用者家三人，中地食者半，其民可用者二家五人，下地食者參之一，其民可用者家二人。上地可食三之二，則不可食三之一。家可供七人，故可用爲兵三人。中地可食半，則不可食半。家僅六人，故其可用爲兵兩家共五人。下地可食三之一，則不可食三之二。家僅五人，故可用爲兵二人。中春，教振旅，司馬以旗致民，平列陳，如戰之陳。辨鼓鐸鐲鐃之用，王執路鼓，諸侯執賁鼓，軍將執晉鼓，師帥執提，旅帥執鼙，卒長執鐃，兩司馬執鐸，公司馬執鐲。以教坐作進退疾徐疏數之節，遂以蒐田，有司表貉，誓民，鼓，遂圍禁，火弊，獻禽以祭社。此因春蒐而教兵也。以旗致民，謂植旗而期民於其下也。鐸、鐲、鐃皆似鈴而有小大之異。提者，馬上鼓有四木可提而擊也。公司馬，伍長也。有司肆師甸視也。蒐，搜也。春取鳥獸字乳，搜取其不孕者，於取物之中存愛物之仁也。將田之初，有司行表貉之祭，司馬以軍瀍誓民，遂鼓而圍之。火弊者，火止也。春田主用火，田止，虞人植旌，衆皆獻其所獲禽，以禽祭社，以土方施生而有祈也。

高攀龍《春秋孔義・哀公十三年》 公會晉侯及吴子于黄池。吴欲因魯交中國，晉欲交吴以弭兵，故魯請而二國從之，以爲會。吴主會，曷爲先言晉侯？不與勾吴之主夏盟也。言及吴子者何？會兩伯之辭也。先吴則拂經，列書則泯實，故曰及。四夷雖大，皆曰子。吴僭王矣，其稱子，正名也。

高攀龍等《正蒙釋》卷一《太和篇第一》 太和所謂道，中涵浮沉升降動靜相感之性，是生絪緼相盪勝負屈伸之始。其來也幾微易簡，其究也廣大堅固。起知於易者《乾》乎，效法於簡者《坤》乎。散殊而可象爲氣，清通而不可象爲神。不如野馬絪緼，不足謂之太和。語道者知此，謂之知道學。易者見此，謂之見《易》。不如是，雖周公才美，其智不足稱也已。集註：太和，陰陽會合沖和之氣也。《易》曰：一陰一陽之謂道。張子本《易》以明器，即是道。故指太和以名道，蓋理之與氣一而二，二而一者也。理無形而難窺，氣有象而可見。假有象者，而無形者可默識矣。浮沉、升降、動靜者，陰陽二氣自然相感之理，是其體也。絪緼，交密之狀，二氣摩盪，勝負屈伸，如日月寒暑之往來，是其用也。始猶資始之始，變化皆從此始也。幾微易簡，謂此氣流行，始則潛孚默運，而已廣大。堅固，謂如亨利之時，則富有日新，雖金石無間也。起猶始也，知猶主也，效猶呈也，法謂造化之詳密可見者。此氣一鼓，初無形迹，而萬物化生。不見其難者，爲《乾》之易，及庶物露生，洪纖畢達，有迹可見。亦不覺其勞者，爲《坤》之簡。《乾》以此始物，《坤》以此成物，明非有他也。散殊可象，有其彷佛之謂。清通不可象，明其不測之意。明非有二也。野馬出《莊子》，喻氣之浮沉升降，如野馬飛騰，無所羈絡而往來不息。言太和之盛大流行，充塞無間也。太和即陰陽也，陰陽即《易》也，《易》即道也。故知此謂之知道，見此謂之見《易》，明非陰陽之外，別有所謂道也。發明：此章統論氣即是道，即《易》一陽一陰之謂道也。太和，朱子謂與發而中節之和，無異固是。若論張子之意，還兼太極兩儀言。故曰「中涵」，則猶未發也。升極則浮，浮必復降；降極則沉，沉必復升。總一動靜相感也。絪緼相盪，所以可大勝負。屈伸所以可久，皆動靜相感爲之。乾坤不毁，以此而已。後面説聚便是勝，而伸靜感乎動也；説散便是屈，而負動感乎靜也。朱子曰：天地間只有動靜兩端，循環不已，更無餘事。此之謂《易》知朱子之説，即得張子之義矣。其來生之始，即所謂繼之也；其究生之終，即所謂成之也。只一動靜相感，勝負屈伸之理。天以始物，地以成物，何等至易至簡。曰「《乾》乎」，「《坤》乎」，見天地不能外也。氣即變化客形，神即太虛無形。野馬絪緼往來，不窮之貌。《易》者，變易之義。動靜相感，勝負屈伸盡之矣。

楊于庭《春秋質疑・文公》 公即位。按：《周書・顧命》，四月乙丑，成王崩。宰臣太保即于是日命仲桓、南宫毛俾爰齊侯呂伋，以二干戈、虎賁百人，逆王世子釗于南門之外。延入翼室，宅憂爲天下主。由是而觀，君薨嗣君即位，豈有曠至月日之外者哉？今考《春秋》，書公即位者，獨昭公客死而定公嗣位在半年之後，此意如無君不可以爲訓不必論，至如十一月隱公弒，正月桓公即位，曠二月、十二月；僖公薨，正月文公即位，曠一月、二月；文公薨，十月子卒，正月宣公即位，曠三月、十月；宣公薨，正月成公即位，曠四月、八月；成公薨，正月襄公即位，曠六月；六月襄公薨，九月子野卒，正月昭公即位，曠五月；五月定公薨，正月哀公即位，曠十月。夫桓之繼隱，宣之繼文，猶爲國有難也，其餘皆父子繼體，國家無事，而或曠五月、六月，甚至十月而後立君，天下有是事乎？故曰：國君已即位于初喪，逾年改元而書即位者，乃行告廟臨群臣之禮，亦如近日以明年爲元年之例，非實至是而始即位也。雖然，以是考之而益知隱、莊、閔、僖之不書即位，胡氏以爲不請命于天子者謬矣。何以明其然也？文公元年，春王正月。公即位。越四月，天王使毛伯來錫公命。《穀梁》曰：禮有受命，無來錫命，錫命非禮也。夫文公錫命于即位之後，則其即位也亦何嘗請命于天子哉？而何以獨苛責隱、莊、閔、僖四公也？然則隱公不書即位，信爲成先君之惡而遂其邪，而莊公之爲忘父仇，閔、僖之爲繼弑君審矣。

鍾惺《通鑒纂・唐紀・高祖》 遂立世民爲皇太子。溫公曰：使高祖有文王之明，隱太子有泰伯之賢，太宗有子臧之節，亂何自生哉！善乎寧王憲讓太子之言曰：時平則先嫡長，世亂則先有功。此萬世不易之論也。

劉宗周《劉子遺書》卷一《聖學宗要》 濂溪周子《太極圖》：

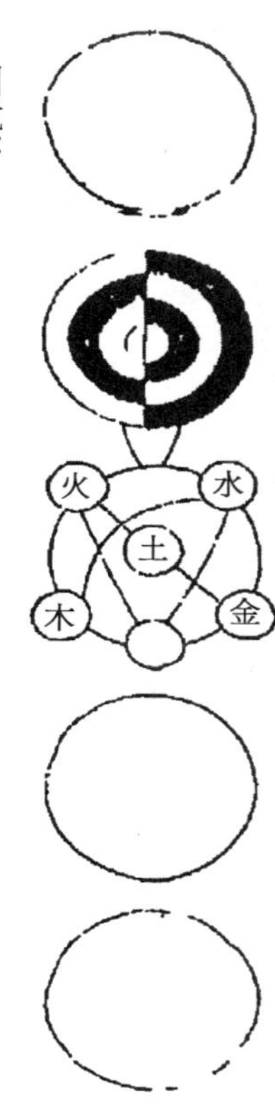

圖說：

周子曰：無極而太極，太極動而生陽，動極而靜，靜而生陰，靜極復動，一動一靜，互爲其根，分陰分陽，兩儀立焉。陽變陰合，而生水、火、木、金、土，五氣順布，四時行焉。五行一陰陽也，陰陽一太極也，太極本無極也。五行之生也，各一其性，無極之眞，二五之精，妙合而凝。乾道成男，坤道成女，二氣交感，化生萬物。萬物生生而變化無窮焉。惟人也得其秀而最靈，形既生矣，神發知矣，五性感動而善惡分，萬事出矣。聖人定之以中正、仁義，而主靜立人極焉。故聖人與天地合其德，日月合其明，四時合其序，鬼神合其吉凶。君子修之吉，小人悖之凶。故曰「立天之道曰陰與陽，立地之道曰柔與剛，立人之道曰仁與義。」又曰「原始反終，故知生死之說」。大哉！《易》也，斯其至矣。一陰一陽之謂道，即太極也。天地之間一氣而已，非有理而後有氣，乃氣立而理因之寓也。就形下之中而指其形而上者，不得不推高一層以立至尊之位，故謂之太極，而實本無太極之可言。所謂「無極而太極」也，使實有是太極之理，爲此氣從出之母，則亦一物而已。又何以生生不息，妙萬物而無窮乎？今曰理本無形，故謂之無極，無乃轉落註脚，太極之妙生生不息而已矣。生陽生陰，而生水、火、木、金、土，而生萬物，皆一氣自然之變化，而合之只是一箇生意，此造化之蘊也。唯人得之以爲人，則太極爲靈秀之鍾，而一陰一陽分見於形神之際，由是殽之爲五性而感應之塗出，善惡之介分，人事之所以萬有不齊也。惟聖人深悟無極之理，而得其所爲。靜者主乃在中正仁義之間循理，爲靜是也。天地此太極，聖人此太極，彼此不相假而若合符節，故曰「合德」。若必捐天地之所有而畀之於物，又獨鍾畀之於人，則天地豈若是之勞也哉！自無極說到萬物上，天地之始終也；自萬物返到無極上，聖人之終而始也。始終之說，即生死之說，而開闢渾沌，七尺之去留不與焉。知乎此者，可與語道矣，主靜要矣，致知亟焉。愚按：《太極圖說》，其要歸之知生死，何以故此？佛氏所謂「第一大事因緣也」，但佛氏向父母未生前討分曉，吾儒則向天地未生前討分曉，比佛氏因緣殊大。佛氏討過分曉，便以無生爲了義；吾儒討過分曉，便以生生不窮爲了義。以無生爲了義，只了得一生；以生生而不窮爲了義，幷天地萬物一齊俱了，其爲大小之分，更自天淵。夫佛氏之生死本小，而看得以爲極大，便是難了處；吾儒直作等閒看過，生順沒寧而已。周子此言殆亦有爲而發與！

劉宗周《論語學案》卷四《泰伯》 曾子曰：「可以託六尺之孤，可以寄百里之命，臨大節而不可奪也，君子人與？君子人也。」與，平聲。託孤、寄命不是等閒事，如伊尹、周公之任是也。當此等事，任生死利害，動輒踏着，是吾人大節關係處。才勝者多行險僥倖之計，此心未必對天地質鬼神，到緊關一着便差，直是賣國家叛君父而不恤。德勝者又未必濟天下事，徒以身狥而已，如文信公、方遜志是也。必也才、誠兩合，非君子其人不能矣。託孤寄命必是臨大節而不可奪者，但可託可寄處，亦有許多斡旋，方克有濟，而大節不奪者，乃濟天下之本也。古人濟大事全靠腳根定，只不從身家名位上起念便是，凡可奪處，皆是此等作祟也。誠極則精，精極則變，一切作用皆從此出。誠中之識見是大識見，誠中之擔當是大擔當，是爲大學術、大經綸，故君子非有才之難，而誠之難。古人辨此亦鮮其人，伊、周而後諸葛武侯其庶幾乎，其次霍子孟、韓魏公、郭汾陽差足當萬一。臨大節而不可奪，是就上抽出言之，其氣一直貫下。託孤寄命是大節不奪之事，大節不奪，是託孤寄命的心腸。霍光出入殿庭有常度，不失尺寸，金日磾不忤視，漢武即屬以少主，知人哉。君子計是非不計成敗，如陸秀夫抱趙氏幼主投厓山，何嘗不是託孤寄命？到此雖聖人無下手，安論才不濟。

湯道衡《禮記纂注》卷一七 善歌者使人繼其聲，善教者使人繼其志。其言也，約而達，微而臧，罕譬而喻，可謂繼志矣。約而達，辭簡而意自明也。微而臧，言不峻而指則善也。罕譬而喻，比方之辭少，而感動之意深也。如此則因言可以得意，庶幾學者之志與師無間，故可謂之繼志也。君子知至學之難易，而知其美惡，然後能博喻。能博喻，然後能爲師。能爲師，然後能爲長。能爲長，然後能爲君。故師也者，所以學爲君也。是故擇師不可不慎也。《記》曰「三王四代唯其師」，其此之謂乎！各隨其偏，不以一類喻之，故爲博喻。以此博喻之道而推之爲長爲君，其理皆在此。故師者，人君所從學以爲君者也。其關甚大，故擇之不可以不慎。三王四代所以能爲君，亦惟慎于擇師耳。其即此學爲君之謂乎！凡學之道，嚴師爲難。師嚴，然後道尊。道尊，然後民知敬學。是故君之所不臣於其臣者二，當其爲尸，則弗臣也，當其爲師，則弗臣也。大學之禮，雖詔於天子無北面，所以尊師也。既擇師矣，又當重之。然以一人之貴而師匹夫之賤，非人情所樂，故其事爲難。師以傳道，師嚴然後道尊。學以求道，道尊然後民知敬學。此師之所以不可以不嚴也。嚴之則必待以不臣之禮，至與事尸等。無北面，示弗臣也。善學者，師逸而功倍，又從而庸之。不善學者，師勤而功半，又從而怨之。善問者，如攻堅木，先其易者，後其節目，及其久也，相說以解。不善問者反此。善待問者，如撞鐘，叩之以小者則小鳴，叩之以大者則大鳴，待其從容，然後盡其聲。不善答問者反此。此皆進學之道也。攻堅木者先易處，易處既通，則堅節自迎刃而解，故善問者似之。鐘急響則無餘韻，必俟人從容徐擊，始有優揚不盡之聲，故善待問者似之。夫善學善問，則獲其知行之益，是爲學者求進之道。善待問，則克其小大之量，是爲教者進人之道也。記問之學不足以爲人師，必也其聽語乎！力不能問，然後語之，語之而不知，雖舍之可也。記誦古書以待學者之問，以此爲學，則無得于心，而所知有限，故不足以爲人師。唯聽學者所問之語而隨答之，必能博喻而可以爲師矣。心求通而未得，口欲言而未能，所爲力不能問也，則迎其機而告語之。至語之不知，雖舍之亦可。當可而施也。良冶之子必學爲裘，良弓之子必學爲箕。始駕馬者反之，車在馬前。君子察於此三者，可以有志於學矣。冶鑛難精，而裘輭易紉，弓勁難調，而箕曲易製。凡駕車者，馬在車前，唯初駕馬駒者，反其常道，車在馬前。使駒習見大馬之牽車，則不驚矣。此三者，習之有漸，而不驟，進學之以類而不泛求，猶學者深造之以道也。君子察此，可以有志於學。循其次序，而期于有成矣。古之學者比物醜類，鼓無當于五聲，五聲弗得不和。水無當于五色，五色弗得不章。學無當于五官，五官弗得不治。師無當于五服，五服弗得不親。比物麗類，謂以同類之事相比方也。理有所不顯，則比物以明之。物有所不一，則醜類以盡之。鼓之爲物，不宮不商，於五聲本無所主，然其理則用之以和聲，則知鼓與聲爲類。餘可例推。學無當于吾身五者之官，而五官得學以治。師不當五服之一，而弟子無師之教，則五服之屬不相和親。觀此則向學親師之念，其可以已乎！君子曰：大德不官，大道不器，大信不約，大時不齊。察於此四者，可以有志於本矣。大德無所不宜，不專一官之美。大道無施不可，不拘一器之用。大信如上古結繩而治，故不約。大時如堯舜揖遜，湯武放伐，故不齊。不官者官之本，不器者器之本，不約者約之本，不齊者齊之本。所謂小德川流，本於大德之敦化也。三王之祭川也，皆先河而後海。或源也，或委也，此之謂務本。承上文志於本而言。河爲海之源，海乃河之委。未有源不積而委能充者也。故祭祀因之。此爲務本之意。

姚舜牧《孝經疑問》 仲尼居，曾子侍。子曰：「先王有至德要道，以順天下，民用和睦，上下無怨，女知之乎？」曾子避席曰：「參不敏，何足以知之。」子曰：「夫孝，德之本也，教之所由生也。復坐，吾語女。身體髮膚，受之父母，不敢毁傷，孝之始也；立身行道，揚名於後世，以顯父母，孝之終也。夫孝，始於事親，中於事君，終於立身。《大雅》云：『無念爾祖，聿修厥德。』」諸本作《開宗明義章》第一。孝本是人之至德，是人之要道，唯先王身有之以順天下，民自用以和睦，而上下無怨，此是天地間之至理。故孔子首舉之，以啓曾子之問。曾子謝不敏，不足以知之。於是夫子命之坐而細與語焉。至德即是要道，故下文但說德之本也，教之所由生也。天下道理，那一不根于孝，故說是德之本。而天下之教化，那一不由于孝來，故說教之所由生。有子曰：「君子務本，本立而道生。」孝弟也者，其爲仁之本與，全由此二句來。身體髮膚受之父母，不敢毁傷，何以爲孝之始？人子之生也，本父母之胚胎來，完完全全交付於我，一有毁傷，則失父母之故體矣，如何可成得個人。故必持一不敢毁傷之心，到老時體受歸全。若曾子之啓予足，啓予手，然後可還卻父母之遺體。故曰：「守身，守之本也。」持一不敢毁傷之心，則必思如何以全其身，成得個人兒。立身、行道、揚名於後世，皆自此發軔也，故說是孝之始。子曰：

「修身以道。」纔思立身，便思行道。行道便可揚名於後世，以顯父母，此是實實道理，如此始成得個人，如此可無忝爾所生故，說是孝之終。論人不爲揚名計，然人子不揚名，不成得個人。是必如舜德爲聖人，然後可顯其親爲聖人之親。如文王可爲至德，然後顯其親爲至德之親。此是人子之所深願而不可必得者。今一朝享有之，此孝外更無餘事，故曰孝之終也。即此看來，始於不敢毁傷，是始於事親；而中間欲爲顯親揚名，事非得位不可見得，故說中於事君；然欲顯親揚名，非行道以立身，如何可以做得，故說終於立身。要見立身行道，方可揚名以顯親，而非君莫可以致顯，故着中於事君句。此引《詩》「無念爾祖，聿修厥德。」德字，即孝者，德之本也德字。而立身行道，揚名於後世，以顯父母，方完卻一個道字。故曰「至德要道」。此一章可完卻《孝經》一書。餘所載，不過抽出一人一事言之耳。

姚舜牧《重訂詩經疑問》卷七《小雅・桑扈》 交交桑扈，有鶯其羽。君子樂胥，受天之祜。交交桑扈，有鶯其領。君子樂胥，萬邦之屏。之屏之翰，不辟爲憲。不戢不難，受福不那。兕觥其觩，旨酒思柔。彼交匪敖，萬福來求。《詩序》：刺幽王也。君臣上下，動無禮文焉。《詩傳》：天子燕諸侯也，較勝之。　諸侯來朝於京師，是下交於上，故以交交桑扈興。「君子樂胥，受天之祜」泛泛說，所以受祜處，全在屏、翰上。故次云萬邦之屏，三章因就屏、翰之可爲憲處，頌其受福之不那，四章又本其交之匪敖者，頌其福不求而自至。總之，則所謂受天之祐也。「君子樂胥，受天之祜」是始辭，「彼交匪敖，萬福來求」是終辭。「翰」字與幹字别。翰，羽翰也，屏可爲藩蔽者，翰可爲捍禦者。方伯連帥當一面之寄，有藩蔽捍禦之任，故詩人以「之屏之翰」言。訓翰爲幹，謂所以當牆兩邊障上者，吾不信也。「之屏之翰」，實盡屏翰之職也，故百辟爲憲，且收歛而慎重，則其所自居者又越人一等矣，故「受福不那」。兕觥節即自其燕時言之，言「兕觥其觩，旨酒思柔」，其時可謂欵且洽矣，彼之上交猶然秉持恭敬而匪敖，則其德誠有不可及者，是萬福之來求也。所謂「樂胥，受天之祜」者，蓋如此。敖是凶德，《書》曰：無若丹朱傲。記敖不可長，當燕時而上交，匪敖則無所不敬可知矣。敬，德之聚也；德，福之基也，所以曰「萬福來求」。何以曰「旨酒思柔」？旨酒非柔，而當飲旨酒時燕笑語兮，賓主之情以柔欵勝，故旨酒亦云然。

姚舜牧《春秋疑問》卷五 夏，四月己巳，晉侯、齊師、宋師、秦師及楚人戰于城濮，楚師敗績。　據春法及戰字面，《春秋》似不甚許晉者。然楚執中國盟主，諸侯不敢與之争戰于泓，中國不能與之敵。魯乞師戍穀以逼齊，陳、蔡、鄭、許合兵而圍宋，曹、衛亦受其節制，成何世界！晉文謂楚不大創不足以定國也，故致戰取威，而後霸業定。是一戰也，亦《春秋》所不可少者，但跡所行事，用譎爲多，故夫子書法若此，蓋於深與之之中，致深惜之之意也。參齊桓召陵之師，看似爲少異。然晉文之楚之暴横，大異於齊桓之楚也。桓次師于陘，將以服強楚之心，文主爲是戰，所以挫強楚之勢，蓋不得不爾也。但加兵曹、衛以致楚，又許復二國以攜楚，拘宛春以怒楚，退三舍以誘楚，其作用則大異於齊桓耳。「譎而不正」，夫子一句已斷盡了。無端又惹一個秦師來入，在齊師、宋師下，卻羞中國。

黄文焕《離騷聽直》卷一 帝高陽之苗裔兮，朕皇考曰伯庸。攝提貞于孟陬兮，惟庚寅吾以降。皇覽揆余于初度兮，肇錫余以嘉名。名余曰正則兮，字余曰靈均。降叶洪。　品：開口譜系相關，字字血誠，抱許多哽咽，截許多根繇，與後人襲套叙姓不同。至以矢死之身，追初生之辰，曰某日某月某年，尋思墜地，作此結果，數得瑣屑，念得凄涼，通篇最慘在此。正則起下，從咸遺則，靈均起下，呼君靈脩。創造稱呼之中，意有寄託。語各映帶，以靈匹靈，暗寓宗臣之一體也，以正則映遺則。苟不從彭咸而苟免焉，失則矣，比於邪矣，烏乎正。箋：祇言盡忠，尚有可諉。曰事是君者，非我獨也。縱不得志，何至求死！迨遡所自出，明爲宗臣，休戚存亡，誼弗獲避。此不得不竭忠之前因也。數月日而自矜，命名又於本名本字之外别創美稱焉。既已許身鄭重，何得偷生苟簡？顧名思義，當生之日便是盡瘁之辰。使爲臣不忠，辱其名矣，辱其考矣。此又不得不竭忠之前因也。遠以亢宗，近以慰考，忠也，即所以爲孝也。忠孝兩失，而欲靦顔以立於人間，可乎哉！此原所以未死而嘗矢死也。嗚呼！讀原之開章，而明哲保身之論霍然失所麗矣。

紛吾既有此内美兮，又重之以脩能。扈江離與辟芷兮，紉秋蘭以爲佩。汩余若將不及兮，恐年歲之不吾與。朝搴阰之木蘭兮，夕攬洲之宿莽。能叶耐。莽叶姥。　品：既有又重，與下既滋又樹相吸。若不及、恐不與，與下侯時將刈、老將至、日將暮相吸。箋：内美言質，脩能言才。有質無才，蘊於内者無以善措於外。故才與質不可不合也。恃其才質，不加功焉，質將易虧，才亦速敗，兩合之中，又且兩傷矣。扈且佩焉，所以佐質增才，有加而無已也。加功之法，不容一刻之少遲，不容一處之有漏。惜分惜寸，追彼歲年。在水在山，廣吾採掇，以課朝課夕，一刻不曠者爲追歲年之方，以搴阰攬洲諸處遍尋者爲廣採掇之術，庶幾得之矣。木蘭樹高數仭，去皮不死。宿莽一名卷舒，去心復生。歷大時，則兩者皆可以經冬，受人患，則兩者皆可以無恙。在衆芳中最爲久固。此視蘭離芷三者，又超一格者也。原之所以尤惓惓於朝夕也，篇後言蘭蕙江離皆有變，而不及木蘭宿莽，蓋或久或否之不同，原之察物理以抒辭也。

章世純《四書留書》卷五《孟子上》 「以直養而無害」一句：　氣之所充，充其身耳。然於身所出，於世而加之，内氣既盛，則上天下地無不可及，而天下之物與天下之勢舉，無足以相勝相阻者，心之自視，意象固已滿宇宙矣。夫天下之事其智足以知之，才足以爲之者不少矣，而常不可以要成功，是其成之者固不盡存其才與智也，氣足以加焉，則舉而必達，行而必至，物亦共避之；氣不足以相任，則小事而亦有不可爲者矣。故氣之大小，事量之大小也，氣塞天地之間，天地間之事又何不可爲乎。

朱朝瑛《讀春秋略記·文公十六年》 楚人、秦人、巴人滅庸。 楚自城濮之役，入居於申，意在窺王室耳。而與群蠻逼處，恐群蠻之撓其後也。庸於王室，又有開國之功，以長群蠻之甘心于庸矣。今庸帥群蠻以叛楚，而麇與百濮爲之響應，其勢頗不弱，楚以爲不連秦人不可以滅庸，不連巴人不可以通秦，于是合秦、巴之師以滅之。自此而申息之北門可以直達王都，而無內顧，秦巴之間道又可以繞出其背，而絕晉之援。是役也，楚所爲大得志者也，未幾而肆焉問鼎，蓋決于此矣。書人，蓋楚之常稱，而秦、巴從之也。商臣書爵爲變例，是時楚莊已立，則復其常稱矣，後之書爵又別起義，以著《春秋》之特筆也。

王志長《周禮注疏删翼》卷九《地官》 遺人，掌邦之委積，以待施惠。疏：此與下爲總目。鄉里之委積，以恤民之囏阨；門關之委積，以養孤老；郊里之委積，以待賓客；野鄙之委積，以待羇旅；縣都之委積，以待凶荒。註：委積者，廩人，倉人計九穀之數足國用，以其餘共之，所謂餘灋用也。職內邦之移用，亦如此也。皆以餘財共之。少曰委，多曰積。鄉里，鄉所居也。羇旅，過行寄止者。或曰：門關之委積，謂門關之税入所餘。

王介之《春秋四傳質·哀公》 齊陽生入于齊。 陳氏之欲簒齊也，數世于茲矣，當景公衰耄之際，而陳乞之謀益亟。凡人臣之欲竊國者，非先有所廢立，則不足以制主，而箝服其臣民。故乞搆景公以逐陽生，及荼奪長以立，則又挾陽生以弑荼而立之。計其廢荼立陽生之日，必且執長幼之序以爲名，建鼓以告國人曰：國乃陽生之國也。而後鮑牧之徒唯其所命而不敢爭。甚矣！《公羊》之好异，而爲巨囊闖然之説，幾同兒戲。使然，則乞不成其爲奸雄，而國人亦且笑其愚而不聽矣。華元乘闉而語敵，齊夫人踊棓以闚客，皆譃也。譃以釋經，不足取也固矣。

張次仲《待軒詩記》卷八《周頌·思文》 序：后稷配天也。《孝經》，「周公郊祀后稷以配天。」《國語》，周文公之爲頌曰：「思文后稷，克配彼天。」此詩蓋周公所作。然郊有迎長至之郊，有祈穀之郊，此蓋長至之郊。按：《詩》云「貽我來牟」，冬至二麥初生，蓋就郊時所見者而言也。《公羊傳》，郊則曷爲必祭稷王者？必以其祖配王者。曷爲必以其祖配？自內出者無匹不行，自外至者無主不止也。思文后稷，克配彼天。汀力切。立我烝民，莫匪爾極。貽我來牟，帝命率育。曰逼切。無此疆爾界，經嫁切。陳常于時夏。賦也。謚法，謀慮不愆曰「思」，道德純備曰「文」。《史》贊堯曰「文思」，《詩》贊稷曰「思文」，其義一也。后稷以人臣而配天，疑於太過，故曰「克配」，以見其無愧，下乃言克配之實。蓋人無五穀則僵仆而死，后稷教民稼穡，民皆取法以遂其生，故曰「立我烝民，莫匪爾極」。立即爲生民立命之立。極，法也。「貽我來牟」四句，正發明其義。小麥曰來，大麥曰牟。二麥止舊穀既絕，新穀未升，民食絕續之際，民命在此，來牟與天地俱生，至稷始能識之，以爲粒食之輔，是來牟乃稷之所貽也。而生之者帝，故曰「帝命率育」，率育者，遵其樹藝之法以養其生也。「無此疆爾界」二句，承上率育來言。二麥之收，畝棲野被，不分彼此，故曰「無此疆爾界」，年年豐稔，故曰「陳常于時夏時」是也。夏即華夏之夏，稷之功德若此，故曰「克配彼天」。張叔翹曰：后稷配天，一事也，《生民》述事，故辭詳而文直，《思文》頌德，故語簡而旨深。雅、頌之體不同如此。

陳深《周禮訓隽》卷一四《司寇》 惟王建國，辨方正位，體國經野，設官分職，以爲民極。乃立秋官司寇，使帥其屬而掌邦禁，以佐王刑邦國。禁之於未然，所以爲仁。刑之於已然，所以爲義。大司寇之職，鄉一人。掌建邦之三典，以佐王刑邦國，詰四方，一曰刑新國用輕典，二曰刑平國用中典，三曰刑亂國用重典。以五刑糾萬民：一曰野刑，上功糾力。二曰軍刑，上命糾守。三曰鄉刑，上德糾孝。四曰官刑，上能糾職。五曰國刑，上愿糾暴。典，常。詰，究也。新國者，新造之國，其民未習於教，故用輕典，寬某文法。《洪範》所謂柔克也。平國者，已治之國，其民已服其政，故用中典，不剛不柔，《洪範》所謂正直也。亂國者，悖亂之國。其民頑梗暴戾，故用重典，嚴其政刑，明其誅罰，《洪範》所謂剛克也。糾，察也。野刑，施於六遂者。遂以農功爲上，而察其不致力者則刑之。軍刑，施於軍旅者。兵以用命爲上，而察其不守律者則刑之。鄉刑，施於六鄉者。鄉以成德爲上，而察其不致孝者則刑之。官刑，施於官府者。官以賢能爲上，而察其不修職者則刑之。國刑，施於王國者。國以謹愿爲上，而察其強暴者則刑之。先儒謂暴當作恭，愚謂作暴於義□□，蓋暴者愿之反也。

以圜土聚教罷民，凡害人者寘之圜土而施職事焉，以明刑耻之。其能改者，反于中國，不齒三年，其不能改而出圜土者，殺。以兩造禁民訟，入束矢於朝，然後聽之。以兩劑禁民獄，入鈞金，三日乃致於朝，然後聽之。罷民，謂民之不自強於爲善者。害人，謂民有過失而害於人者。聖人不忍棄絕，夜則寘諸獄城以囚之，晝則施職事以役之。明書其罪於方版，加諸背以耻之。其能改者，俾反乎鄉里，而猶不得齒于平民者三年，欲其動心忍性，深自懲創也。既不能改過，又逃遁而出乎獄城，是終不可化也，寘之極刑，聖人蓋不得已焉。造，至也。兩不俱至，必有一直，使之入矢所以自明其直，然後聽其訟。劑，券也。兩齎券書，必有一實，使之入金所以自明其實，然後折其獄。束矢，百矢也。鈞金，三十斤銅也。訟則方爭而已，獄則已成罪也。不直不實則沒入其金矢，亦禁止獄訟之一端也。三日而後致於朝者，重致民於獄也。(罷)，疲。以嘉石平罷民，凡萬民之有罪過而未麗於法，而害於州里者，桎梏而坐諸嘉石，役諸司空。重罪旬有三日坐，朞役。其次九日坐，九月役。

其次七日坐，七月役。其次五日坐，五月役。其下罪三日坐，三月役。使州里任之，則宥而舍之。以肺石達窮民，凡遠近惸獨老幼之欲有復于上而其長弗達者，立於肺石，三日，士聽其辭，以告于上，而罪其長。嘉石，文石也。立之外朝門之左，平成也，欲使罷民思其文理而成其善也。凡萬民之有罪過，雖未附於刑法，而有害於州里者，寘之圜土則失之重，舍而不問則人胥效之。故桎其手，梏其足，坐諸嘉石，使之自省，役諸司空，使之自贖。因其輕重，差爲五等，役日既滿，使州長里宰保任，而後釋之焉。肺石，赤石也。窮民無告者立於其上，而後得自通。遠近之惸獨老幼，所謂窮民也，冤抑而不得伸，困苦而莫知恤，欲告訴于上而長吏不以聞，則使立于肺石之上，至于三日之久，然後士師聽其辭以告于上，而罪其長吏。君門萬里，不有肺石之達，則民之無告者何由知之？然必俟三日者，欲得其實情也。正月之吉，始和布刑於邦國都鄙，乃縣刑象之法于象魏，使萬民觀刑象，挾日而斂之。凡邦之大盟約，涖其盟書，而登之于天府。大史、内史、司會及六官皆受其貳而藏之。凡諸侯之獄訟，以邦典定之。凡鄉大夫之獄訟，以邦法斷之。凡庶民之獄訟，以邦成弊之。歃血而質諸明神謂之盟，結信而書于簡策謂之約。國家有大盟約，則司寇臨之。既盟，則上其書于天府，而大史、内史、司會六官皆受盟書之貳而藏之，以備失亡也。邦典、邦法、邦成，丘氏以爲非冢宰之六典八法八成也，諸侯之獄訟，則以邦之三典定其罪，以其有輕中重之宜用也。卿大夫之獄訟，則以八辟之麗邦法者斷其罪，以其有親故賢能之當議也。庶民之獄訟，則以士師之八成斷其罪，以其有邦汋邦賊邦諜之可誅也。

大祭祀，奉犬牲。若禋祀五帝，則戒之日，涖誓百官，戒于百族。及納亨，前王，祭之日，亦如之。奉其明水火。凡朝覲、會同、前王，大喪亦如之。大軍旅，涖戮于社。凡邦之大事，使其屬蹕。犬，金畜也。司寇奉犬牲猶司馬奉馬牲、司空奉牛牲也。百官，百執事也。百族，王之族姓也。誓戒百官，大宰之事，必使司寇臨之者，致其肅也。納亨，將殺之時，爲王前導，而祭之日亦然。朝覲、會同之時爲王前導，而大喪亦如之。皆貴嚴肅也。違命戮于社，司寇之職也。國有大事而使其屬蹕止行人，則罔敢喧囂矣。

黃煥生《陶元亮詩》卷一《停雲》

停雲，思親友也。罇湛新醪，園列初榮，願言不從，嘆息彌襟。靄靄停雲，濛濛時雨，八表同昏，平路伊阻。二語寄憤世事，萬恨交集，同字平字，尤有餘悗。靜寄東軒，春醪獨撫。靜寄字慘，世界無一靜區，姑以東軒爲寄。春醪不逭，言飲而言撫，欲咽難下，低徊生愴。良朋悠邈，搔首延佇。停雲靄靄，時雨濛濛，八表同昏，平陸成江。世道陸沉之苦，比路阻加甚。有酒有酒，閒飲東窗。願言懷人，舟車靡從。陸沉豈閒飲之候，時事無可爲，不得不閒。閒飲字承頂甚慘。東園之樹，枝條再榮，競用新好，以招余情。閒飲靡從，中情灰冷，甘付理亂于不聞矣。忽覩再新，復生枝癢。競用字、招字承前首活透。人亦有言，日月于征，安得促席，說彼平生。經濟願力，必自夙昔矢之，非一時所能取辦。平生字義濶，我之平生，所可自定，不待說也。未知親友出世入世，腳跟何若，才具何若耳。相須相規之念，促席中大關係。說彼字意愜。翩翩飛鳥，息我庭柯，斂翮閒止，好聲相和。豈無他人，念子實多。願言不獲，抱恨如何。昏也阻也，成江也。此其所抱之恨也。前三首憤世卬湏之旨逗現已盡。此首只用淡語詠嘆，愈淺愈深。四首皆匡扶世道之熱腸，非但離索思群之閒悰也。八表同昏，平路伊阻，平陸成江，日月山河交失其恆，此復何等景象，可乏同心亟商匡扶哉！園樹雖凋，猶有再榮之日，世界雖壞，豈無再轉之手？所以朋愈邈而席愈思促也。先言軒，繼言窗，先言撫，繼言飲，車承路阻，舟承成江，章法映帶，各有次第。序曰初榮，詩曰再榮，序曰不從，詩曰靡從，意義同異，互相闡發。舟車靡從，言我欲就友，安得促席冀友就我。鳥閒止而有相和之聲，人閒飲而艱相就之朋。處處迴環闡映。雨灰人情，樹招人情，鳥語揶揄獨坐，居然若嘲人矣。比興憤極，高處在使人驟讀之，不覺併親友亦屬蒹葭伊人之虛想。沃儀仲曰，伊阻成江分指世運，八表同昏，專咎臣子。一語兩章複用，且先揭于阻江之上，尤有味。正見舉世暗濁，無一明眼堪扶社稷，故至于此。我即獨身孤憤，濟得甚事。乃難冀之世，復難冀之朋。末句抱恨如何，眞當悶絕。

李純卿《新刻世史類編》卷三一五《宋真宗紀》

[咸平三年三月]以丁謂參知政事。謂因準稱譽得致通顯，雖同列而事之甚恭。嘗會食中書，羹污準鬚，謂起徐拂之。準笑曰：「參政，國之大臣，乃爲官長拂鬚邪！」謂大慚恨，遂成仇隙。《大事記》曰：王欽若罷則寇準用，此君子、小人不可兩立也。寇準爲相，而丁謂參政，此又君子、小人不可共政也。然準當時不可出矣。方其始召也，門生有勸準三策，其謀則善，而準不悟，何耶？丁南湖曰：不惡而嚴，君子待小人之良法也。若或待之惡焉，則必遭其反噬之毒矣。丁謂拂寇準鬚，而準笑其非焉，是準待之惡矣。雷州之貶，得非反噬之毒耶？

崔銑《元城語録解·附録》

先生歲晚閒居，或問先生何以遣日。公正色曰：君子進德修業，惟日不足，而何云遣乎？解曰：理在天地何嘗一日止息。仁者見之謂之仁，智者見之謂之智，百姓則日用而不知矣。故君子之道鮮焉者，此也。觀元城之荅，時人幾乎見道之全體矣。夫惟其見之也全，故其爲之者力也。嗚呼！反是而謂之遣日者，宜乎衆矣哉？公自宣和元日以後謝絕賓客，四方書問皆不啓封，家事無巨細，悉不問。夏六月丙午，忽大風飛瓦，驟雨如注，雷電晝晦。於公正寢，人皆駭懼而走。及雨止，辨色，公已終矣。聞者咸異焉。及葬，楊中立以文弔之曰：刼火洞然，不燼惟玉。搢紳往往傳誦以爲切當。公在宋，杜門屛跡，不妄交遊，人罕見其面。及公歿，耆老士庶婦人女子持薰劑而哭公者，日數千人。後二年，遼人驅墳戶發棺，見公顏貌如生，咸驚曰：必異人也。一無所動，蓋棺而去。昔有與蘇子瞻論元祐人才者，至公則曰：器之眞鐵漢不可及也。解曰：吾黨所謂鐵漢，釋氏所謂金剛，元城之大節不可奪矣。是故雷雨正寢之變，遼人發棺之嘆，耆庶遠近之哭，皆天理之自然者也。嗚呼！君子誠意之驗，其不可掩如此夫。

姜文燦《詩經正解》卷三《柏舟一章》 ［朱熹］傳：管叔封之于邶，與蔡叔、霍叔、康叔監殷。四國害周公，康叔諫不聽，三叔遂以殷叛。康叔憂王室，賦《柏舟》。［毛萇］序：《柏舟》，蓋言仁而不遇也。衛頃公之時，仁人不遇，小人在側。　全旨：通詩總是爲不得于夫而作。首章言不得于夫，而其憂難解。次章言不得于夫，而情莫訴。三章言不得于夫，而自反無缺。四章言不得于夫，而見愠群小。五章言不得于夫，而深致憂恨之詞，怨情已盡。于篇首二句，自是一篇之骨，其不諒于兄弟，見愠于群小，皆因不得于夫所致也。然不得于夫，亦說詩者之詞。詩人口中宜渾含爲妙。中間說憂即是說不得于夫，說愠于群小，正是說棄于君子，口中卻不直言。若一語稍不渾含，即是懟夫，一語稍不自問，即是揚己。此說詩者當求之言外也。

汎（芳梵反。）彼柏舟，亦汎其流。耿耿（古幸反。）不寐，如有隱憂。微我無酒，以敖音翺。以遊。比也。汎，流貌。柏，木名。耿耿，小明，憂之貌也。隱，痛也。微，猶非也。婦人不得于其夫，故以柏舟自比，言以柏爲舟，堅緻牢寔，而不以乘載，無所依薄，但汎然于水中而已。故其隱憂之深如此。非爲無酒，可以遨遊而解之也。《列女傳》以此爲婦人之詩。今考其詞氣卑遜柔弱，且居變風之首，而與下篇相類，豈亦莊姜之詩也歟！　合參：婦人不得于其夫，故以柏舟自比。若謂樂，莫樂于室家之胥慶，而變莫變于夫婦之相暌。我今不幸而遇遭其變，寧不重可哀耶！彼以柏爲舟，堅緻牢寔，宜以之乘載也。今汎彼柏舟，不以乘載，無所依薄，但泛然于水流之中而已。其失所也，不亦甚乎！我之不得于夫而無所依薄，何以異是！是以耿耿于中而不遑假寐，如有隱憂而不能自安。吾聞人之有憂，惟酒可以解之。今是憂也，寧我無酒，可以遨而可以遊乎！蓋變之所關者大，憂之所感者深，殆非酒之所能解耳。析講：舟以載物，而不得載；婦以承夫，而不得夫。此比意也。柏字、汎字，見德有可取而不取，意註堅緻牢寔，亦喻己之堅持貞固。但此意在我心，非石章方見出，此處只宜輕說，味一亦字多少含愁。耿耿四句，須一直說下。人心若有所係，則其他皆所不省。惟此憂之一路，偏覺分明，耿耿然欲寐而不寐也。本是隱憂，而加一如字，更爲悽慘。婦人之憂最隱，向人說不出來，縈迴迷漫，不知所憂何事，但覺胸中有物耳。故曰「如有」。只說「微我無酒」，而不言非酒所能解，語意了而不了，意味甚長。篇中惟首二句，是顯說見棄，而反是托言，餘皆反覆述己之憂，而不言所憂之何事。即明言群小之見愠，而不言見愠之何由。所以爲賢婦人也。《大全》「問：『《柏舟》看來與《關雎》無異，彼何爲興？』」朱子曰：「他下面便說淑女，見得是因彼興此。」此詩纔說柏舟，下面更無貼意，見得其意是比。

汪瑗《楚辭集解・九章・思美人》 思，念也。美人，謂美好之婦人，蓋託詞而寄意於君也。《詩》曰「云誰之思，西方美人」，蓋亦賢者託言以思西州之盛王也。王逸解此思美人，爲屈子思念懷王。瑗按：篇內曰「遵江夏以娛憂」，曰「獨煢煢而南行」，與《哀郢》、《抽思》、《懷沙》諸篇內一二語旨意相類。《哀郢》乃作於楚襄王二十一年，況《哀郢》曰「至今九年而不復」，又曰「冀一反之何時」。蓋年猶可紀，而尙望其還也。此則云「獨歷年而離愍」，曰「寧隱閔而壽考」，曰「命則處幽吾將罷兮」，蓋歷年永久，非復可紀，安於優游，卒歲而無復望還之心矣。是此篇作於《哀郢》之後無疑也。雖不可考其所作之年，要之在襄王之時而非懷王之時，則可必也。其文嚴整潔凈，雅淡沖和，文之精粹者也，豈年垂老其氣漸平而所養益純也歟！洪氏曰，此篇言己思念其君，不能自達。然反觀初志，不可變易，益自脩飭，死而後已也。得之矣。又按，取篇首三字名篇，然作之之意實在於此，故既以之發端，而遂因取之以名篇耳。

思美人兮攬涕而佇眙，媒絕路阻兮言不可結而詒。攬，抆而揮之也。自鼻出曰涕，哀泣則有之。佇，久立也。眙，直視也。攬涕佇眙，即《詩》「瞻望弗及，佇立以泣」之意。媒所以約婚姻者也。絕，斷絕也。媒絕以喻己之寡合也。路，所以通往來者也。阻，險阻也。路阻以喻己之遭讒也。結言猶今人所謂摶詞續文之意。朱子疑古者以言寄意，必以物結而致之，如結縄之謂也。恐非是。詒，遺同。此章言己思望楚王極爲急切，悲哀之情不能自已，然而貞潔寡合，遭讒嫉妬，竟無由而得以通其情也。上二句述己思君之情，下二句述己被讒之害。

蹇蹇之煩冤兮，陷滯而不發，申旦以舒中情兮，沉菀而不達。　此承上章路阻而言，以見言不可結而詒之由也。蹇蹇，擁塞不通貌。煩、繁同。冤，枉也。煩冤謂所枉者衆多也，猶言甚屈耳，陷没之深也，滯溺之久也。不發，謂不能振起而前進也。陷滯不發，言路阻也。申，重也。如《易》重巽以申命之申。旦，天將曉也。申旦猶言累日也。朱子曰：今日已暮，明日復旦也。王逸曰：誠欲日日陳己心也。情，被誣之情。屈子每以情冤並言之也。菀，鬱同，積也，字見《禮記》。沉菀不達，猶陷滯不發也。然則上章所以詒言者，蓋欲訴己之冤情耳。此章言己冤不能發，情不能達，以見終不得結言以詒美人也。

願寄言於浮雲兮，遇豐隆而不將，因歸鳥而致辭兮，羌迅高而難當。　此承首章媒絶而言，亦以見言不可結而詒之由也。本以媒絶喻寡合，而又以雲鳥喻媒絶也。朱子曰，承上章而言，恐非是。願，欲也。寄，附託也。浮雲，不定之雲。豐隆，雲神名。將，奉承也。歸鳥，疾飛之鳥。蓋鳥歸巢則飛尤疾也。致辭，猶寄言也。迅言飛之速也，高言飛之遠也。當，值也，言欲因浮雲而寄言於美人，則雲師雖相遇而乃徑逝，莫我承也。欲因歸鳥而致辭於美人，則歸鳥飛速而又高，不易相值也。夫相遇者既莫我承，而歸鳥迅高又不易值，則此言何時可結而詒邪！嘗謂浮雲之游、歸鳥之便爲附詒言亦甚易事，而雲鳥竟不之許者，亦嫉妬之心使然也。嗚呼！美人既不可得而見矣，然媒又絶焉，路又阻焉，言又不可結而詒焉，其能恝然於心乎！此所以攬涕佇眙而哀思瞻望之不容己也。或曰上章申言媒絶路阻，此章申言言不可結而詒也，容更詳之。瑗按：此上三章即洪氏所謂思念其君不能自達是也。

高辛之靈盛兮，遭玄鳥而致詒，欲變節以從俗兮，愧易初而屈志。　高辛，帝嚳也。舊指高辛之德而言。靈盛猶言福隆也。玄鳥，燕也。玄鳥致詒，言嚳妃簡狄吞燕卵以生契，而有聖德以事堯也。《天問》亦言之，而其事則本諸《商頌》。此因上章歸鳥難當而遂有感於高辛玄鳥之事，以見己遭亂世，不得如契遇明時事聖君也。又承言己雖生不逢時，然亦不肯因世亂君昏而遂變其所守，以趨時好也。慨古傷今之情，悲俗勵身之志具見之矣。

又《離騷》　欲從靈氛之吉占兮，心猶豫而狐疑。巫咸將夕降兮，懷椒糈而要之。　此章乃屈子自念之詞也。欲從者，謂遠逝也。吉占者，謂兩美必合也。猶豫、狐疑者，謂且信且疑，不知苟從，其占而果有所遇否也。巫咸，古神巫也，當殷中宗之世。降，下也。椒，香物，所以降神；糈，精米，所以享神。又，叙其事，言巫咸將以日夕從天而下，願懷椒糈而要之，使復占此吉凶，以決其疑。上章靈氛告以占之吉，而遠遊必有遇，屈原答以世之闇，而遠遊未必得所遇。然因其占之吉，又不能以遽已，而或去或不去往來於懷以疑之也。其所以疑之者，蓋以爲欲從靈氛之占而遠去也，則我之前此遠遊歷覽亦遍且久矣，而卒未有所遇也。使我不從靈氛之言而終止也，則其占又吉，而神豈欺我也。故再要巫咸以占之，而審其果有所遇不遇，以決其去不去之疑焉。疑字須兼此二意講，方是。王逸曰：言己欲從靈氛勸去之占，則心中狐疑，念楚國也。五臣曰：言己欲從靈氛勸去之占，則心中狐疑，不忍去忠直也。洪氏曰：靈氛之占於異姓，則吉矣，在屈原則不可，故猶豫而狐疑也。俱非是。詳下文巫咸告以吉故之後，實嘗遠去。其篇末雖有舊鄉之悲，而亂辭又旋復言其何必懷乎？故都以終之，孰謂屈子無遠去之志哉？孰謂屈子遠去之爲非哉？後世之註《楚辭》者，不以《楚辭》註《楚辭》，而以己意註《楚辭》。論屈子者，不即屈子之言論屈子，而以己之聞見之言論屈子也。拘拘以同姓言之，其知屈子也亦淺矣，其觀《楚辭》也，亦疏矣。自古同姓之臣，亦嘗有去國者矣。或曰：微子之去國，蓋有人以任責焉故也。箕子之不死，蓋見比干死而強諫之無益焉故也。若屈子之於楚也，將孰委之，烏得不死而去之乎？曰：以是論之，不惟不知屈子，而亦不知三仁也。嘗考諸《論語》：始而去之者，微子也。中而囚之者，箕子也。終而死之者，比干也。《括地志》亦云：比干見微子去，箕子狂，乃歎曰：「主過不諫，非忠也。畏死不言，非勇也。」遂諫而死。夫當微子之先去也，安能必箕子、比干之不去乎？微子雖爲紂兄，庶子也。箕，比，諸父也。庶兄之與諸父，其情分一焉而已矣。使微子諫而死，而箕、比去之以存宗祀，亦可也。使微子不諫，而死亦不去，則紂未必盡殺之，而武王之入殷也，亦未必不存其後也。是微子之去，固不爲有人之任其責，亦不在乎存宗祀，可以去而去焉，亦曰各行己志云爾。夫箕子爲之奴，甘受其辱而不辭者，豈知比干之必死乎？若以爲己既不死，而比干則必死，是委其禍於人也。若以爲知比干之爲人必諫而死，而己不死焉，是徼其利於己也。可以不死而不死焉，亦曰各行己志云爾。夫比干之死也，又豈因微子之去箕子之囚而死乎？若以微子既去矣，箕子爲奴矣，而己復不死焉不可也，則比干之死亦出於不得已，而非誠心直道者也。可以死而死焉，亦曰各行己志云爾。其去者，固不能必他人之不去；其不死者，亦不能必他人之必死；其死者，亦非因他人之不死而己死之。三子者，自揣本心，各行己志，絶無一毫彼此顧望之意於其間也。故孔子以三仁稱之焉。若依後世之論三子，以爲去者爲有人之任其責，其囚者爲有人之任其死，死者又因二子之去而不死焉，若交射而有待，暗約而相成者。是末世趍利避害、釣名要譽之所爲者也，何足以爲三仁！知三子之或去或不去，或死或不死，皆可以謂之仁，則屈子之遠去之不死，俱不必爲之諱矣。嗚呼！微子之於紂，親兄弟也。屈子之於懷、襄，其情之疏戚有間矣。微子之於殷，爲太師也。屈子之爲大夫，其責之大小亦不同矣。屈子固楚之翹也，楚之同姓有屈、景、昭三家焉，使屈子果去，又豈再無一人以任其責乎？後世之論屈子者，拘拘以同姓無可去之義言之，以死之爲賢，是不達乎理之致者也。深知孔子之稱三仁者，始可與論屈子矣。或曰：以《史記》觀之，比干乃死于箕子佯狂之前，何也？曰：非也。當以《論語》所言之序爲證。若從《史記》，則箕子之佯狂，又爲見比干剖心而懼之爲也，聖人豈懼死哉？其言不足信也審矣。

葛寅亮《四書湖南講》卷一《論語湖南講》 林放問禮之本，子曰：「大哉問！禮與其奢也，寧儉；喪，與其易也，寧戚。」［柴世埏］測：本字不出上面仁字，當時僭禮樂者，皆起於心之殘忍，林放或有見而問，未可知。大哉問，稱其有關於世道也。奢在用度侈靡邊，儉在用度省約邊。喪亦是禮，以其切於人情，尤易心下反求，故特爲舉似。易是容易，將喪禮做成格套，舉起便是，若不打要緊一般。戚是躃踴哭泣之類。奢易儉戚，都不是本，但人有是維分愛親之心，必先從儉戚起，方逐漸流到奢易。則儉戚去本近，奢易去本遠。然此義不明言，玩與其字寧字，乃就中較量，而本自見。［施惟中］演：林放問禮的根本在那裡，夫子說：這問與世道有干係，大哉問！你要曉得本，但把禮來比量，若用度恁地奢侈，倒寧可在省儉一邊。禮裡面單把喪一件來比量，若做作恁地容易，倒寧可在哀戚一邊。就中便好推勘個本出來了。［徐時泰］商：余應桂問：「儉與本如何分別？」答曰：「辟之樹，本是根，儉戚是幹，奢易是枝葉。」曰：「夫子何不將本明告他？」曰：「他曉得問本，胸中豈沒些見識？只消如此較量，便點頭應腦了。」曰：「儉固不是本，戚則在心，還更有甚麼本在？」曰：「你道父母死了，爲甚麼要戚？」曰：「只是戀着父母，放捨不下。」曰：「這不是戚的本麼。」陳文鴻問：「觀禮之用和爲貴，是以和爲本；老子：禮者，忠信之薄，是以忠信爲本；禮云章朱註以敬爲本。諸說不一，何以獨指仁言？」答曰：「和原以用言，非本也；若忠信與敬，都可作本，但夫子論用禮樂，說個不仁，他日告顔淵，又云：克己復禮爲仁。禮爲仁之條目，仁爲禮之本原，兩者相關，似夫子本意原是如此。」曰：「仁與禮如何體貼？」曰：「親愛長上是仁，把這親愛行得有條理是禮。」

廖紀《大學管窺》 《大學》。子程子曰：《大學》，孔氏之遺書，而初學入德之門也。於今可見古人爲學次第者，獨賴此篇之存，而《論》、《孟》次之。學者必由是而學焉，則庶乎其不差矣！大學之道，在明明德，在親民，在止於至善。知止而后有定，定而後能靜，靜而後能安，安而後能慮，慮而後能得。 大學之道，古之大學，所以教人之法也。明德者，人秉天之明，命具於心，而明無不照也。人莫不有是明德，但蔽於私欲而昏之者衆，故當格、致、誠、正以明之，而復其初也。親、新，古字通用。書曰：其新逆是也，新民者，然既自明其明德，而凡民有未明者，又當齊、治、平以新之，使民無不明也。至善者，性無不善，即天命之本然。如仁、敬、孝、慈之類是已。能止於是而不遷，然後爲有得也。故又推言，在止於至善之意。蓋謂人能知止則不惑，故有定；定則不動，故能靜。靜則居之安，安則慮之詳，能慮則大學之道得矣。孟子所謂思則得之，是也。人可以不知止乎？蓋道之大本在於脩身，而其用不外乎治人。明德則治人之本立，新民則治己之用行，此聖賢之學，体用之全，不可偏廢者。使不知止於至善，則心志無定，亦何以得乎道哉？此大學之道在明明德，在新民，而又在止於至善也。三者，大學之綱領也。或曰：諸家皆謂至善，爲明德、新民之極致，今獨平說者，何所據歟？曰：以本文三在字爲據也。又覩下文釋《詩》，有斐君子道，盛德至善，亦是平說，何嘗有淺深之異哉！或又問曰：人多引《書》，以親睦九族。百姓不親，言親民爲是。子獨仍作新民，又何所據歟？予應曰：孟子云：君子之於物也，愛之而弗仁；於民也，仁之而弗親。親親而仁民，仁民而愛物。親於九族則可，親民則不可，聖賢之言，自有輕重、先後之分，若言親民，乃墨氏兼愛之說也，豈可哉！豈可哉！

廖紀《中庸管窺》 中庸。朱子曰：「中者，不偏不倚，無過不及之名；庸，平常也。」程子曰：「不偏之謂中，不易之謂庸。中者，天下之正道；庸者，天下之定理。」此篇乃孔門傳授心法，子思恐其久而差也，故筆之於書，以授孟子。舊在《禮記》第三十一篇，程子表而出之，以示後學。善讀者玩索而有得焉，則終身用之，有不能盡者矣。天命之謂性，率性之謂道，脩道之謂教。 天命即《詩》：「維天之命。」天以是命降於人，而人稟於有生之初，所謂性也。《書》曰：皇矣！上帝降衷於民，若有恆性。《易》曰：《乾》道變化，各正性命是已。人於既生之後，能循是性而行於日用，莫不各有當由之路，所謂道也，脩治也。《書》曰：肇脩人紀，教學習也。人莫不有是道，而爲私欲所壞，苟能脩治，去其私欲之蔽，以復其初，是乃由於學習，所謂教也。下叚曰：自明誠謂之教，是也中庸首發。此三言雖言性、道、教之名義，而所重在道。言性見道之本，原出乎天；言教見道之功，用存乎人。

孫鑛《孫月峰先生批評詩經》卷一 《國風・周南・關雎》：后妃之德也。三章，一章四句，二章，章八句。后妃指定太姒說，似無據，不如只泛作王者之配解，於義爲長。竝舉淑女君子，自是傍人語。第後兩章，則是代君子辭耳。此自是當時文人所作，以其辭指篤至而不失正，故以王者之配當之。《鄭箋》謂后妃求賢女與共職，固大裨陰教，第恐於性情不近。關關雎鳩，在河之洲。窈窕淑女，君子好逑。雎鳩，鮮未定。參差荇菜，左右流之。窈窕淑女，寤寐求之。求之不得，寤寐思服。悠哉悠哉，輾轉反側。前後俱是和平調，獨此數語，稍露精神。大抵男女之情，亦唯未得時濃。

張溥《漢魏六朝百三家集題辭注・魏文帝集・襍詩二首》 西北有浮雲，亭亭如車蓋。惜哉時不遇，適與飄風會。吹我東南行，行行至吳會。吳會非我鄉，安得久留滯。棄置勿復陳，客子常畏人。《藝苑卮言》云：讀子桓「客子常畏人」，及《答吳朝歌鐘大理書》，似少年美資負才性，而好貨好色，且當不得恆享者。桓靈寶技藝差相埒，而氣尚過之。子桓乃得十年天子，都所不解。

又《陳思王集・蒲生行浮萍篇》 日月不恆處，人生忽若寓。悲風來入懷，淚下如垂露。發篋造裳衣，裁縫紈與素。懷，一作「惟」。裳，一作「新」。《談藝錄》云：詩不能受瑕，工拙之間，相去無幾，頓自絕殊。如《塘上行》云：莫以賢豪故，棄捐素所愛。莫以魚肉賤，棄捐葱與薤。莫以麻枲賤，棄捐菅與蒯。《浮萍篇》則曰：茱萸自有芳，不若杜與蘭。新人雖可愛，無若故所歡。本自倫語，然佳不如《塘上行》、《藝苑卮言》云：《洛神賦》，王右軍、大令各書數十本，當是晉人極推之耳。清徹圓麗，神女之流，陳王諸賦，皆小言無及者。然此賦始名《感甄》，又以蒲生當其塘上，際此忌兄，而不自匿諱，何也？蒲生實不如塘上，令洛神見之，未免笑子建傖父耳。

又《王右軍集》卷上《與人書》 羲之每自稱：我書比鍾繇當抗行，比張芝草猶當鴈行也。曾與人書。張芝臨池學書，池水盡黑。使人耽之若是，未必後之也。《法書要錄》載王右軍自論書：吾書比之鍾張當抗行，或謂過之，張草猶當雁行。張精熟過人，臨池學書，池水盡墨。若吾耽之若此，未必謝之。楊云：由此觀之，右軍之聖於書，亦由積習苦學而能也。今有妄男子，師心狂塗，信手繆繞，以誑愚俗而張虛名，使右軍家奴有靈，必見咲於地下矣。豈復有書乎！

又《陸平原集・晉平西將軍孝侯周處碑》 潛光陽甸，返旆吳丘。舊闕雖入，鄉路冥浮。從榮制墓，終非晝遊。春墟以綠，清淮自流。深沈素幰，繚繞朱旐。玄堂寂寂，黃泉悠悠。書方易折，家揭難留。鐫茲幽石，萬代千秋。此碑據舊集抄之，中多訛謬，文理不接。且孝侯既戰沒，而云舊疾增加，奄捐館舍，尤可笑也。考《常州志》，此碑尚藏于廟，而所載亦是如此。當是古碑殘滅後人取斷簡，以意補湊之，用勒于石，遂沿以爲眞耳。尚須博考。

又《竟陵王集・答王僧虔書》 子邑之紙，妍妙輝光。仲將之墨，一點如漆。伯英之筆，窮神盡意，妙物遠矣，邈不可追。張懷瓘《書斷》。《法書要錄》引王僧虔《論書》云：謝靜、謝敷，並善寫經，亦入能境，居鍾亮之美，邁古流今。是以征南還有所得，《辱告》並《五紙》，舉體精雋靈奧，執玩反覆，不能釋手。雖太傅之婉媚玩好，領軍之靜遜答緒，方之蔑如也。昔杜度殺字甚安，而筆體微瘦。崔瑗筆勢甚快，而結字小疎。居處二者之間，亦儁仲尼方於季孟也。夫工欲善其事，必先利其器。伯喈非流紈體素，不妄下筆。若子邑之紙，研染輝光。仲將之墨，一點如漆。伯英之筆，窮神靜思，妙物遠矣，邈不可追。遂令思挫於弱毫，數屈於陋墨。言之使人於邑，若三珍尚存，四寶斯覿。何但尺素信札，動見模式。將一字徑丈，方寸千言也。承天涼體豫，復欲繕寫一賦。傾遲暉采，心目俱勞。承閱覽祕府，備覩羣迹。崔張歸美於逸少，雖一代所宗，僕不見前古人之迹，計亦無以過於逸少。既妙盡深絕，便當得之實錄。然觀前世稱目，竊有疑焉。崔杜之後，共推張芝，仲將謂之筆聖。伯玉得其筋，巨山得其骨。索氏目謂其書，銀鈎蠆尾，談者誠得其宗。劉德昇爲鍾胡所師，兩賢並有肥瘦之斷。元鳴獲釘壁之翫，師宜致酒簡之多，此亦不能止。長胤狸骨，右軍以爲絕倫，其功不可及。由此言之，而向之論或至投杖，聊呈一笑，不妄言耳。按：子良書語在此內，豈此即與僧虔書？僧虔因論書及之耶。首有「謝靜謝敷」數語，《辱告》、《五紙》者，當一二謝所書。其云「征南還有所得」，考子良但爲征北將軍。又疑「承天涼」以下方爲書，意義未明，附註此後。

錢謙益《牧齋初學集》卷一〇九《讀杜二箋上・洗兵馬》 中興諸將收山東，捷書夜報清晝同。河廣傳聞一葦過，胡危命在破竹中。祇殘鄴城不日得，獨任朔方無限功。京師皆騎汗血馬，回紇餧肉蒲萄宮。已喜皇威清海岱，常思仙仗過崆峒。三年笛裏《關山月》，萬國兵前草木風。成王功大心轉小，郭相謀深古來少。司徒清鑒懸明鏡，尚書氣與秋天杳。二三豪俊爲時出，整頓乾坤濟時了。東走無復憶鱸魚，南飛覺有安巢鳥。青春復隨冠冕入，紫禁正耐煙花遶。鶴駕通宵鳳輦備，雞鳴問寢龍樓曉。攀龍附鳳勢莫當，天下盡化爲侯王。汝等豈知蒙帝力，時來不得誇身強。關中既留蕭丞相，幕下復用張子房。張公一生江海客，身長九尺鬚眉蒼。徵起適遇風雲會，扶顛始知籌策良。青袍白馬更何有？後漢今周喜再昌。寸地尺天皆入貢，奇祥異瑞爭來送。不知何國致白環？復道諸山得銀甕。隱士休歌《紫芝曲》，詞人解撰《河清頌》。田家望望惜雨乾，布穀處處催春種。淇上健兒歸莫懶，城南思婦愁多夢。安得壯士挽天河，淨洗甲兵長不用？《洗兵馬》，刺肅宗也。刺其不能盡子道，且不能信任父之賢臣，以致太平也。首序中興諸將之功，而即繼之曰：「已喜皇威清海岱，常思仙仗過崆峒。」崆峒者，朔方回鑾之地。安不忘危，所謂願君無忘其在莒也。兩京收復，鑾輿反正。紫禁依然，寢門無恙。整頓乾坤，皆二三豪俊之力，於靈武諸人何與？諸人徼天之幸，攀龍附鳳，化爲侯王，又欲開猜阻之隙，建非常之功，豈非所謂貪天功以爲己力者乎？斥之曰汝等，賤而惡之之辭也。當是時，內則張良娣、李輔國，外則崔圓、賀蘭進明輩，皆逢君之惡，忌疾蜀郡元從之臣。而玄宗舊臣，遣赴行在，一時物望最重者，無如房琯、張鎬。琯既以進明之譖罷去，鎬雖繼相而旋出，亦不能久於其位，故章末諄復言之。青袍白馬以下，言能終用鎬，則扶顛籌策，太平之效，可以坐致，如此望之也，亦憂之也，非尋常頌禱之詞也。張公一生以下，獨詳於張者，琯已罷矣，猶望其專用鎬也。是時李鄴侯亦先去矣，泌亦琯、鎬一流人也。泌之告肅宗也，一則曰陛下家事，必待上皇，一則曰上皇不來矣。泌雖在肅宗左右，實乃心上皇。琯之敗，泌力爲營救，肅宗必心疑之。泌之力辭還山，以避禍也。鎬等終用，則泌亦當復出，故曰「隱士休歌《紫芝曲》」也。兩京既復，諸將之能事畢矣，故曰「整頓乾坤濟時了。」收京之後，洗兵馬以致太平，此賢相之任也。而肅宗以讒猜之故，不能信用其父之賢臣，故曰「安得壯士挽天河，淨洗甲兵長不用？」蓋至是而太平之望益邈矣。嗚呼！傷哉！公以上疏救房琯，自拾遺移官，流落劍外，終身不振。此其一生出處事君交友之大節，而後世罕有知之者。則以房琯之生平爲唐史抹殺，而肅宗之逆狀，隱而未暴故也。史稱琯登相位，奪將權，聚浮薄之徒，敗軍旅之事。又言其高談虛論，招納賓客，因董庭蘭以招納貨賄，若以周行具悉之詔爲金科玉條者。琯以宰相自請討賊，可謂之奪將權乎？劉秩固不足當曳落河，王思禮、嚴武亦可謂浮薄之徒乎？門客受贓，不宜見累，肅宗猶不能非張鎬之言，而史顧以此坐琯乎？請循本而論之。肅宗擅立之後，猜忌其父，因而猜忌其父所遺之臣，而琯其尤也。賀蘭進明之譖琯曰：「琯昨於南朝爲聖皇制置天下，於聖皇爲忠，於陛下則非忠。」聖皇於陛下何人也？而敢以忠不忠爲言，其仇讎視父之心，進明深知之矣。李輔國之言曰：「陳玄禮、高力士謀不利於陛下。六軍將士，盡靈武功臣，皆反仄不安。」琯與鎬在朝，何啻十玄禮、百力士，肅宗豈嘗斯須忘之。是故琯之求將兵，知不安其位而以危事自效也。許之將而又使中人監之，不欲其專兵也，又使其進退不得自便也。敗兵之後不即去，而以琴客之事罷，俾正衙彈劾以穢其名也。罷琯而相鎬，不得已而從人望也。五月相，八月即出之河南，不欲其久於內也。六月貶琯而五月先罷鎬，汲汲乎惟恐鉏之不盡也。琯敗師而罷，鎬有功而亦罷，意不在乎功罪也。自漢以來，鉤黨之事多矣，未有人主自鉤黨者，未有人主鉤其父之臣以爲黨，而文致罪狀，榜之朝堂，以明欺天下後世者。六月之詔，豈不大異哉！肅宗之事上皇，視漢宣帝之於昌邑，其心內忌，不啻過之。幽居西內，辟穀成疾，與主父之探爵鷇何異？移仗之日，玄宗呼力士曰：「微將軍，阿瞞幾爲兵死鬼矣。」論至於此，當與商臣、隋廣，同服上刑，許世子止，豈足道哉？唐史有隱於肅宗，歸其獄於輔國。而後世讀史者無異辭。司馬公《通鑑》乃特書曰：令萬安、咸宜二公主視服膳，四方所獻珍異，先薦上皇。嗚呼！斯豈李輔國所謂匹夫之孝乎？何儒者之易愚也？余讀杜詩，感雞鳴問寢之語、考信唐史房琯被譖之故，故牽連書之如此。

孫承澤《春秋程傳補》卷一　秋，七月，天王使宰咺來歸惠公、仲子之賵。

王者奉若天道，故稱天王。其命曰天命，其討曰天討，盡此道者，王道也；後世以智力把持天下者，霸道也。《春秋》因王命以正王法，稱天王以奉天命。夫婦人倫之本，故當先正。春秋之時，嫡妾僭亂，聖人尤謹其名分。男女之配，終身不變者也，故無再配之禮。大夫而下，內無主則家道不立，故不得已而有再娶之禮。天子諸侯，內職具脩，后夫人已可以攝治，無再娶之禮。春秋之始，尚有疑焉。故仲子羽數特降僖公，而後無復辯矣。《春秋》因其竊號而書之，以志僭亂。仲子繫惠公而言，故正其名。不曰夫人，曰惠公仲子。謂惠公仲子，妾稱也。以夫人禮賵人之妾，不天亂倫之甚也。然春秋之始，天王之義未見，故不可去天而名咺，以見其不王。王臣雖微不名，況於宰乎。趙匡《纂例》曰：天子而賵妾母，是啓僭也。《家鉉翁傳》曰：春秋之義，君有過，先責其宰，名咺，所以責也；責宰，所以責王也。《簡端錄》曰：昔者夫子序書，夏、商、周稱王，春秋，周世也，繫王于天，則何以異於《書》，或曰爲萬世立法也，或曰不然。於是有僭王者不天之繫，則無以著無二之義也。

王錟《四書繹注・大學》　子曰聽訟章。石門呂氏曰：註中引夫子之言而言及，觀於此言二句，題之界限在此，神氣亦在此。此字只指首二句，是界限也。觀言而可知不粘住「聽訟」，不說盡「明德」，令人推廣意會是神氣也。「無情不得盡其辭」下，須照註點入「我之明德既明」句。所謂「大畏民志」者，民心服，明明德，無所用其欺僞耳，非謂變易民志也。無訟尚不是本，就此指出本耳。「大畏民志」，是新民邊事。所以「大畏民志」者，方是本是從末上倒推到極盡頭上，離鈎三寸，令人恍然觸悟處處，總是此箇道理。離訟看，即訟看，無非此箇道理。故曰此謂「知本」。「知本」中了卻始終先後。愚按：「聽訟」，乃上之於民相接處，民之情達於上，上之情及於下。說聽訟是新民之一事，尚未夢見也。「大畏民志」，是新民所以大畏民志，明明德以新民也。此治國、平天下事，故曰本末。

愛新覺羅・福臨《資政要覽・兄弟章第七》［呂宮等注］　兄弟分形而連氣，父子之紀也。弟念天顯以恭厥兄，兄念鞠于哀以厚子弟。居則篤其愛，危則協其力，喪則懷其憂，人倫之本立矣。故資于事兄以事長而敬，同資於師弟以帥下而愛。同愛敬盡於弟兄，而和豫彰於上下、施於家國，此孝弟所以通神明也。兄弟分體於父母，有親恩以相連，故父子爲綱，兄弟爲紀。弟當念天命尊卑顯然之序，以恭敬其兄；兄當念其父母懷抱鞠養之勞，以友愛其弟。平居無事，則原其愛以相親；患難猝逢，則合其力以相濟；不幸而有死喪之戚，則抱憂痛以相恤。如此則父子之紀明，故人倫之本立。施之家者，即可廣而推之國，以敬見之道移之敬長，斯敬無不至；以愛弟之道移之愛下，斯愛無不周。愛、敬一盡，而愉悦之氣充滿上下，浹洽家國，則可以感天地之和氣，得祖宗之懽心。孝弟之道，豈非通於神明者乎！漢景車輦，唐明枕被，友愛之稱昭布前史；而公卿士庶分財讓爵，急難全孤，亦往往見稱。夫兒女易得，兄弟難求，必内不惑於妻孥，外不間於讒慝，則友悌斯全。《詩》曰：「是究是圖，亶其然乎！」漢景帝，文帝之子也，與其弟梁孝王武入則同輦，出則同車。唐明皇，睿宗之子也，製大衾長枕，與其兄宋王成器、申王成義、岐王範、薛王及從兄幽王守禮，同至寢。分財者，漢薛包，其弟求分居，凡田廬、器物、奴婢包之盡取其下者。讓爵者，如漢丁鴻，上書讓侯爵於其弟。盛急難者，如漢趙孝，其弟禮爲賊所得，拧食之，孝自縛，謂身胞願代其弟，賊幷舍之。全孤者，如唐元德秀，兄子幼孤無資，得亂，媪乃自亂之數日，湩流能食乃止。《詩·小雅·常棣》之篇也。古之能友愛者，在上則如漢景帝、唐明皇，史載其美；在下則如薛包、丁鴻、趙孝、元德秀，古今稱之。蓋兒女者，身之所生，故易得；兄弟者，同生於父母，故難求。從來兄弟之不協，内多因妻孥之搖惑，外多因小人之離間。故必卓然自力，不爲所惑，不爲所間，則兄友弟悌之道全矣。《常棣》之詩，以爲兄弟之當親，人皆知之，必寔能窮究其理而力行，乃深信其不誣爾。或曰：「使周公、管蔡生居寒祚，寧至胥戕？」是殆不然。夫象每危舜而無害於國，故舜以恩斷義；管蔡欲危用公而有害於國，故周公以義斷恩。然則遼祖三釋於刺葛，與舜同仁；唐文致決於建成，與鄭伯同思矣。管、蔡，周公之兄管叔鮮、弟蔡叔度也。周公使管、蔡監武庚，管、蔡流言曰：「公將不利於孺子。」（逐）〔遂〕同武庚以叛。周公以其危國，故奉成王之命討而誅之。象，虞舜之弟也，日以殺舜爲事。及舜爲天子，封象於有庳。遼祖，遼太祖也。刺葛，太祖弟也，與其弟迭刺、寅底石安端同反者再。太祖貸其死而復用之，後又反，太祖親征擒獲，杖刺葛、迭刺而釋之。以寅底石安端爲刺葛所使，皆宥其罪。建成，唐太宗兄也。高祖立爲太子時，太宗方爲秦王，威權甚盛，建成恐奪其位，欲害之。太宗先事圖之，親射殺建成於玄武門。鄭伯，莊公也。其弟叔段見愛於母，鄭伯忌之，養成其亂，遂克段於鄢。或謂周公、管、蔡若生於庶人之家，無可爭競，必不至於相害。此論未足以知聖人也。聖人以國爲重，以身爲輕，故象欲殺舜而無害於堯之國，則舜之待之始終以恩；管蔡欲害周公，而實有害於成王之國，則周公之待之不得不斷以義。由是觀之，刺葛所爲有害於國，此義所當誅者，遼祖待之雖過於恩，而心則與舜同仁。建成所爲雖有害於秦王而無害於國，乃唐文所以待之者不能法舜而手刃焉，其處心積慮，以成其恩，與鄭伯之待叔段，何以異哉？

傅以漸《内則衍義》卷一《事舅姑》 漢曹大家《女誡·曲從章》曰：「舅姑之心，豈當可失哉？物有以恩自離者，亦有以義自破者也。夫雖云愛，舅姑、云非此所謂以義自破者也，然則欲得舅姑之心，奈何固莫尚於曲從矣。姑云爾而是，固宜從令；姑云爾而非，猶宜順命，勿得違戾是非、爭分曲直，此則所謂曲從矣。故《女憲》曰：『婦如影響』焉，則可賞。」謹按：漢班彪女名昭，嫁曺壽賢，而有學。和帝嘗召入宮，后妃皆以師禮事之，宮中尊稱爲「曺大家」，作《女誡》七章。此章則訓以曲從舅姑也。大家，謂爲婦者固當得夫之心，尤當得舅姑之心。凡物有恩深而不得不離者，亦有義重而不得不破者。夫雖愛其妻，而舅姑惡之，則必至於恩離義破矣。故必曲從舅姑，以得其心，無論姑言是、非，有順從而無爭抗。若《女憲》之書所云「婦之順姑如影之隨形、響之應聲」，則受其賞愛必矣。此蓋曺大家恐婦人任己見而抗舅姑，故以曲從爲誡。其所謂姑言之非者，不過偏執任性之類，非誠大悖於理也；若果大悖於理，則禮有諫親之法，豈可順從非道以誤舅姑哉！

又卷九《殉節一》 《曲禮》曰：「臨難毋苟免。」孔子曰：「見危授命。」孟子曰：「生亦我所欲，所欲有甚於生者，故不爲苟得也；死亦我所惡，所惡有甚於死者，故患有所不避也。」謹按：道莫大於五倫。三代上臣爲君死、子爲父死、兄弟朋友相爲死多見經傳，而婦爲夫死紀載寥寥，豈風化淳厚有節而不著歟？觀之齊王蠋曰：「忠臣不事二君，烈女不更二夫。」遂自殺，信乎！婦爲夫死，古之大經，故舉之以自況也。然惟《柏舟》詩有之死之誓，他經訓婦女以死者絕少。竊惟忠烈道一而已，臨危難而不能死者，必内懷苟且之心，外受威侮之奪，於是欲生甚於欲義，惡死甚於惡不義。男安能死忠，女安能死節乎！故采禮經之文、聖賢之論，以爲閨房訓悖乎是者，男子而妾婦也；合乎是者，女子而丈夫也。

宋伯姬者，魯宣公之女也。宋恭公卒，伯姬寡。至景公時，伯姬嘗遇夜失火，左右曰：「夫人少避火。」伯姬曰：「婦人之義，保傅不具，夜不下堂。」待保傅來也，保母至傅母未至，左右又曰：「夫人少避火。」伯姬曰：

「婦人之義，傅母不至，夜不可以下堂。越義而生，不如守義而死。」遂逮於火死。諸侯聞之，莫不悼痛，以爲死者不可復生，財物猶可復，故相與聚會於澶淵，償宋之所喪。楚貞姜者，齊侯之女，楚昭王之夫人也。王出遊，留夫人漸臺之上。王聞江水大至，使使者迎夫人，忘持其符。使者至，請夫人出，夫人曰：「王與宫人約，召宫人必以符。今使者不持符，妾不敢從行。」使者曰：「水方大至，還而取符，則恐後矣。」夫人曰：「妾聞之：貞女之義不犯約，勇者不畏死守一節而已。妾知從使者必生，留必死，然棄約越義而求生，不若留而死。」使者再往取符，則水大至，臺崩，夫人流而死。王曰：「嗟！夫守義死節，不爲苟生，處約持信，以成其貞。」乃號之曰「貞姜」。　謹按：水火之變，非强暴之污也。避水與火，非蕩佚之行也。伯姬、貞姜似可以死可以無死，乃皆謂越義不如守義，有果決之志，無遲回之心。何也？古人之於義，視之甚重，而蹈之甚嚴，猶懼其失焉。若曰「保母至矣，雖不待傅可也；使命來矣，雖不待符可也；從權以免，誰或議之！」嗟夫！若假從權之名，將蹈反經之實。屈於强暴，流於蕩佚，何所不至乎！故著之殉節之首。觀乎古人可死可不死之事，堅決如此，後之人奈何值當死之事而萌偷生之心耶！

張爾岐《儀禮鄭注句讀》卷一〇《覲禮》　四享，皆束帛加璧，庭實唯國所有。四當爲三。古書作三四或皆積畫，此篇又多四字，字相似，由此誤也。《大行人職》曰：諸侯「廟中將幣，皆三享」，其禮差又無取於四也。初享或用馬，或用虎豹之皮。其次享，三牲魚腊，籩豆之實，龜也，金也，丹漆絲纊竹箭也，其餘無常貨。此地物非一國所能有，唯所有分爲三享，皆以璧帛致之。疏云：三牲魚腊籩豆之實以下皆禮器文云璧帛致之者，據享天子而言，若享后即用琮錦。但三享在庭，分爲三段，一度致之，據三享而言，非謂三度致之爲皆也。奉束帛，匹馬卓上，九馬隨之，中庭西上，奠幣，再拜稽首。卓，讀如卓王孫之卓，卓猶的也。以素的一馬以爲上，書其國名，後當識其何産也。馬必十匹者，不敢斥王之乘，用成數，敬也。疏云：中庭，亦是南北之中，不參分庭一在南者，以其三享同陳，須入庭深設之故也。擯者曰：「予一人將受之。」亦言王欲親受之。侯氏升致命。王撫玉。侯氏降自西階，東面授宰幣，西階前再拜稽首，以馬出，授人，九馬隨之。王不受玉，撫之而已，輕財也。以馬出，隨侯氏出授王人於外也。王不使人受馬者，至于享，王之尊益君，侯氏之卑益臣。疏云：幣即束帛加璧，并玉言幣，故《小行人》合六幣。宰即太宰，太宰主幣。《周禮・太宰職》云：「大朝覲會同，贊玉幣、玉獻、玉几、玉爵。」註云：「助王受此四者」是也。春夏受贄於朝，雖無迎法，王猶在廟，至受享，又迎之而稱賓主。覲禮受享皆無迎法，不下堂而見諸侯，已是王尊侯卑，王猶親受其玉，至于三享，使自執其馬、玉，不使人受之於庭，是王之尊益君，侯氏之卑益臣也。又云諸侯覲天子，享天子訖，亦當有幣問公卿大夫。事畢。三享訖。右覲已即行三享。

俞漢言《春秋平義・定公八年》　盜竊寶玉大弓。先王分器，而盜得竊諸公宫，無政也。故失地則諱，失寶玉大弓則書。失之書，得之書，重其事也。孔義。簡端録虎叛不書，奔不書，從祀先公竊寶玉大弓、得寶玉大弓則書，此所謂定哀之間多微詞也。叛，易知也，奔，易知也。祀乎器乎，其于國也大矣，而人或以爲小也，不書其可乎！且書叛書奔，跡也，而未若二者之書之得其情與勢也。汪氏曰：南蒯以費叛，陽虎以鄆、讙、龜陰叛，侯犯以郈叛，皆不書，書竊寶玉大弓何也？費也，鄆、讙、龜陰也、郈也，是皆三桓之私邑，非公邑也，故以之叛不書；寶玉大弓，魯之分器，其不得以私邑比明矣，而可以不書乎！

陸隴其《四書講義困勉録》卷二〇《論語・陽貨》　《予欲無言章》總旨：張彦陵曰：按此章書意亦須從言語外想像始得。蓋聖人之道，言亦盡，不言亦盡，此云欲無言者，是覺有不消説他也罷之意，言字正著教人上説，敎下學者之心悟也。不言何述一問，子貢儘有悟頭。「予欲無言」節：朱子曰：此句從聖人前後際斷言語不著處，不知不覺地流出來，只是不消得説，蓋已都撒出來了，若是言不能盡，便是有未盡處。聖人言處也盡，做處也盡，動容周旋無不盡，所以不消説得。觀此，則以無可言爲解者謬矣。恐人不能盡曉，反欲無言，此意可想。「子如不言」節：「天何言哉」節：王觀濤曰：兩個天何言哉，總説天何嘗言而不待言之意，即在所以行生處。《蒙引》曰：妙道精義之發，發謂發見，不是妙道精義在内面，卻發在動静上。徐岩泉曰：人若曉得四時之行不得不行，便見夫子不厭處，百物之生不得不生，便見夫子不倦處。兩句所映俱是不厭處，俱是不倦處，不得分配。《大全》謂時行物生兩句自爲體用，須知此是餘意，若正意則時行物生俱屬用。曰：天之行四時，則仍重在所以行處，而四時之行不足見天矣。曰四時行焉，則即重在四時之行，而其所以行處即見於此矣。

又卷三四《孟子・告子上・羿之教人射章》　張彦陵曰：通章要看四箇「必」字。樂天齋《翼註》曰：羿與大匠尚不能廢法敎誨，則法之難廢可知。《翼註》謂此章重教，邊看來不必。張彦陵曰：此章不徒論法，正見教學相成之妙。按：此章亦無此意。徐儆弦曰：執規矩以盡匠之神，亦非上達之妙也，故神而明之，存乎其人。按：此是梓匠章意，非此章意也。葛屺瞻曰：正意不曾說破，然前章論性論心論仁，而以此結之，當是教人求仁與心性者必遵箇方法，乃可坐進此道耳。樂天齋《翼註》曰：二「志」字二「以」字亦有別，志即內志正之志，引弓滿彀凝神不分乃可命中，故曰志；以，用也，規矩無一定之則，大小方員唯所用之，故曰以。按：雖有此分別，然不重在此。

陸隴其《三魚堂四書集注》卷一《孟子·梁惠王上》 五畝之宅，樹之以桑，五十者可以衣帛矣。雞豚狗彘之畜，無失其時，七十者可以食肉矣。百畝之田，勿奪其時，八口之家，可以無饑矣。謹庠序之教，申之以孝悌之義，頒白者不負戴於道路矣。老者衣帛食肉，黎民不饑不寒，然而不王者，未之有也。音見前篇。［朱子云］：此言制民之產之法也。趙氏曰：趙氏名岐，詳見序說中註。「八口之家，次上農夫也。此王政之本，常生之道，故孟子為去聲。齊梁之君各陳之也。」楊氏曰：「為天下者，舉斯心加諸彼而已。然雖有仁心仁聞，去聲。而民不被其澤者，不行先王之道故也，故以制民之產告之。」附：《蒙引》：此言制民之產之法也。謹庠序之教，序於制田里教樹畜之後，分明是先使民有常產，然後得有常心。所謂然後驅而之善，故民之從之也。輕意不是教養平說，故釋之曰：此言制民之產之法也。末段獨提老者衣帛食肉，黎民不饑不寒，而不兼收不負戴一意，何也？曰：禮義生於富足，衣食足則禮義興矣。況老者衣帛食肉便是少者知所以養之，故老者得安於衣帛食肉，而自無負戴之勞，亦可知矣。聖賢語話自活落，然亦不至有晦漏。或舉重以見輕，或提此以該彼，不如後人文字，綳着格字做。此保民之實事也，所謂及人之老幼，而運天下於掌者也。顧麟士曰：「此節雖趙注云為齊梁各陳，不嫌其重。然前對小惠為王者之大道，此對霸功為王者之正道，亦各有頭項也。」［朱子云］：此章言人君當黜霸功，行王道，而王道之要，不過推其不忍之心以行不忍之政而已。齊王非無此心，而奪於功利之私，不能擴充，以行仁政。雖以孟子反覆曉告，精切如此，而蔽錮已深，終不能悟，是可歎也。南軒張氏曰：「孟子如對鴻鴈之問，及對好樂、好色、好貨，皆徐引之，當道，何其辭氣不迫也。至於利國之問，則應以何必曰利；桓文之問，則對以無道無傳；論管、晏，則曰管仲曾西之所不為，言交兵之不利，則曰：號則不可，又何其嚴也。自後世觀之，後數說比之前數者，宜若未至甚害，而攻之反甚切，何歟？蓋前數者，一病為一事耳。故紬繹其性之端以示之，使之曉然知反躬之要，則天理可明，而人欲可遏矣。至於霸者功利之說，易以惑人，人或趨之，則大體一差，雖有嘉言善道，亦何由入。戰國諸侯，其失正在乎此，故闢之不可不嚴也。」雲峰胡氏曰：「此章甚詳。《集註》斷之甚約。蓋欲黜霸功，則心之所向者正；能行王道，則心之所充者大。先王有不忍人之心，斯有不忍人之政。今雖有不忍之心，而不能推之，以行不忍之政。無他，奪於功利之私也。功利二字，依舊是向霸功上去。入於彼，必出於此。世安有不能黜霸功而能行王道者哉？此孟子所以斷然以為仲尼之徒所不道也。」附：《蒙引》：此一章當疊疊看，劈初出一王字，究其所以王者無他，保民而已。又究其所以保民者無他，是心足以王矣。是心足以王如何？反其所及禽獸者而以序行之。老吾老以及人之老，幼吾幼以及人之幼，天下可運於掌也。老幼吾老幼以及人之老幼，而天下可運於掌者如何？五畝之宅，可以衣帛，百畝之田，可以無饑，雞豚之畜，可以食肉，庠序孝弟，頒白不負戴，然而不王者，未之有也。此一章書，通是說王道之易，蓋因齊王謂：德何如則可以王矣？又曰：若寡人者可以保民乎哉？又曰：何由知吾可也？皆是難之之辭，故孟子荅之。一則曰保民而王，莫之能禦也。又引胡齕之言而曰，是心足以王矣。及明足以察秋毫之末，以至天下可運於掌。言舉斯心加諸彼，通是易得意思。至於百畝田，五畝宅，然而不王者，未之有，則所謂保民而王，莫之能禦者，豈不信哉！人之所以能參天地、贊化育者，亦只是一箇心而已。此一箇心，在人所用何如。其所畜原無限量，其出之，固無窮已時，亦無有窮極處也。今人雖各有是心，而猶未眞知其日用間，無一毫不是此心之主宰運用也。但人有用得盡者，有用得不盡者，有用得正者，有用得不正者，有用得大者，有用得小者，有用得遠者，有用得近者。如堯、舜、孔孟，一心用之于滿天下，無處不周匝，又直用至千萬世猶不竭，此最善用其心者也。

仇兆鰲《杜詩詳注》卷一七《咏懷古迹五首》 諸葛大名垂宇宙，宗臣遺像肅清高。三分割據紆籌策，萬古雲霄一羽毛。伯仲之間見伊呂，指揮若定失蕭曹。運移漢祚終難復，志決身殲軍務勞。此懷武侯也。上四，稱其大名之不朽。下四，惜其大功之不成。三分割據，見時勢難為。萬古雲霄，見才品傑出。俞浙曰：孔明人品，足上方伊呂，使得盡其指揮，以底定吳魏，則蕭曹何足比論乎？無如漢祚將移，志雖決於恢復，而身則殲於軍務，此天也，而非人也。五六，承萬古雲霄。七八，承三分割據。澤州陳冢宰注：武侯在軍，嘗綸巾羽扇。遺像淸高，其氣象猶可想見。按：俞氏云：一羽毛，如鸞鳳高翔，獨步雲霄，無與為匹也。焦竑則云：昔人以三分割據為孔明功業，不知此乃其所輕為，正如雲霄間一羽毛耳。此說非是。當年漢軍雜耕渭濱，魏人畏蜀如虎，孔明一死，而漢事遂不可為，此眞天運之無可如何者。志決身殲，即《出師表》所謂「鞠躬盡瘁，死而後已」者。軍務勞，即《蜀志》所云「巨細咸決」及「南征北伐」之類。紆，屈也。一，獨也。殲，盡也。

又卷二三《江漢》 江漢思歸客，乾坤一腐儒。片雲天共遠，永夜月同孤。落日心猶壯，秋風病欲蘇。古來存老馬，不必取長途。此身滯江漢而有感也。上四言所處之窮，下四言才猶可用。思歸之旅客，乃當世一腐儒，自嘲亦復自負。天共遠，承江漢客。月同孤，承一腐儒。心壯病蘇，見腐儒之智可用，故以老馬自方。周甸曰：不必取長途，取其智而不取其力。遠注：全首是「老驥伏櫪，志在千里，烈士暮年，壯心未已」意。《史記・黥布傳》，高帝謂隨何爲腐儒，「爲天下安用腐儒？」黄生注：世不見用，而心常憂國，乾坤之内，此腐儒能有幾人？老馬之智可用，出《韓非子》，注已别見。

冉觀祖《春秋詳説》卷二七 宋子哀來奔。《左傳》：宋高哀爲蕭封人，以爲卿。不義宋公而出，遂來奔。書曰：「宋子哀來奔。」貴之也。杜注：貴其不食汙君之禄，辟禍速也。《公羊傳》：宋子哀者何無聞焉爾。《穀梁傳》：其曰子哀，失之也。胡傳：宋昭公無道，高哀爲蕭封人以爲卿，不義宋公而出，遂來奔。書曰子哀，貴之也。《易》曰：幾者，動之微，吉之先見者也。君子見幾而作，不俟終日，宋子哀有焉。昔微子去紂，列於三仁之首，子哀不立於危亂之邦，而《春秋》書字，謂能貴愛其身以存道也。若偷生避禍而去國出奔，亦何取之有。陸氏曰：奔者皆有罪，而子哀獨以宋公不義，不貪其禄而去之，出奔之美者，春秋所未有，故書字以褒之。張氏曰：自宋昭公在位，終始無一善可稱，大臣死禍出奔者比比皆是，獨子哀潔身而去，不蹈隕身濡尾之悔。觀蕩意諸再歸而卒不免，則子哀之見幾而作，豈非既明且哲之流哉？故書字以與之。高氏曰：《春秋》之法，自外至者，非有罪則不名，自内出者，非有罪則不書。若但書子哀之來，則不見奔義；若書名書奔，則與有罪者等。故特書字，而季子來歸，不書出奔，蓋爲此也。汪氏曰：或以子哀爲昭公之子，若子糾、子同之類，然見父之危，舍之而去，未必書子。或又以爲宋公族子，子姓哀名，然諸國之臣，未有以國姓爲氏者，當從子哀書字爲是。按：《公》、《穀》缺疑，獨左氏爲有據。胡文定從而申明其説，固當無復餘議。然愚意只是司城來奔之意，字有脱誤爾。

冉觀祖《孝經詳説》卷一 子曰：「夫孝，德之本也，教之所由生也。復坐，吾語汝。」唐明皇注：人之行莫大於孝，故爲德本，言教從孝而生。曾參起對，故使復坐。邢昺疏：既叙曾子不知，夫子又爲釋之，曰：夫孝，德行之根本也。釋先王有至德要道，謂至德要道，元出於孝，孝爲之本也，教之所由生也。此釋以順天下，民用和睦，上下無怨，謂王教由孝而生也。孝道深廣，非立可終，故使復坐，吾語汝也。呂介孺《本義大全》：孔子告之，所謂至德要道者，非他孝也。孝統衆善，爲德之本，本猶根也。行仁必自孝始，而教化由此生焉，所以爲德之至道之要也。語將更端，曾子猶立，故命之復坐，而詳語之。虞氏淳熙曰：夫子言孝，不只是孝德。凡是道德，都是他資助，都是他推移出來。譬如樹木有根本就生枝葉，誰人止遏得住。莫看這孝小了。董鼎曰：聖人以五常之道立教，本立則道生，移之以事君則忠矣，資之以事長則順矣，施之於閨門則夫婦和矣，行之於鄉黨則朋友信矣。充擴得去，舉天下之大，無一物不在吾仁之中，無一事不自吾孝中出，故曰教之所由生。朱鴻曰：孝乃仁之本原，仁乃心之全德。仁主於愛，而愛莫切於愛親，故孝爲德之本，本立則道生自然，親親而仁民，仁民而愛物，以至綏中國、保四海，無一物無一事不在吾孝之中。吴氏曰：孔子之言未竟，又將更端，以曾子避席起立，故命之還坐而聽也。按：孝乃百行之根基，凡德皆從孝起，故孝爲德之本。上之所以教家國天下者，固非一端，而皆由孝而推，故又爲教所由生。二句亦是一串意。邢疏：以德之本，釋至德要道，以教由生，釋順天下至無怨。愚謂教所由生，纔推所由未及施教，只當以德之本應至德，教由生應要道。有此至德要道，故可以順天下而教之，以至和睦無怨也。此二句收完先王數句意。復坐以下，教曾子以所當盡之孝也。中有事君云云，自是不屬先王。

吴之騄《孝經類解》卷五 資於事父以事母，而愛同。子言之：「君子之所謂仁者，其難乎？」詩云：「凱弟君子，民之父母。」凱以強教之，佚道使民。弟以説安之，得其心。使民有父之尊，有母之親，如此而後可以爲民父母矣。今父之親子也，親賢而下無能；母之親子也，賢則親之，無能則憐之。母親而不尊，父尊而不親。《表記》。閔損初喪母，爲後母所苦，冬月以蘆花衣之以代絮，其所生二子則衣之以綿。父知之，欲出後母，損曰：「母在一子單，母去三子寒。」遂止。故漢桓寬曰：「閔子無卿相之養，而有孝子之名。」《古史》。唐孟郊《遊子吟》云：慈母手中線，遊子身上衣。臨行密密縫，意恐遲遲歸。難將寸草心，報得三春暉。《本集》。騄按：慈母愛子，此詩言之悽惻。同寅許維楫《母代子嗽歌》曰：「隔垣產兒兒受風，兒嗽霍霍聲交攻。伺兒欲嗽母先嗽，恨不將疾移其躬。不知母子雖一氣，母代兒嗽終何功！我初聞聲笑婦癡，聽之既久淚灑空。父母愛子盡如此，明知無益心忡忡。」知母之愛子如此，則所以致愛於吾父母者，自不容已矣。

陳廷敬《午亭文編》卷二一《伏羲先天策數本河圖中五解》 卦始於畫，畫始於數，數何自始乎？始於河圖。而中五者，河圖之數所由以始也。蓋中五者，太極也，陰陽合而未分而已具陰陽之數矣。何也？陽數三，陰數兩，三兩，五也，而中五具焉。故數雖有五而合於一，所謂太極也。聖人有以見太極生兩儀，兩儀生四象，四象生八卦，因而重之爲六十四卦，而三百八十四爻，萬有一千五百二十之策數，具於此矣。故由一分二，蓋取數之三者，而分之爲陽；取數之兩者，而分之爲陰。以凡陽之數皆三，故合三數而畫之爲⚊；以凡陰之數皆兩，故合兩數而畫之爲⚋。是凡⚊皆三數，凡⚋皆兩數也。既有三數之⚊，兩數之⚋，是爲一陰一陽，所謂易有太極，是生兩儀也。是五數分三兩也，由是二分爲四。三兩之上各加三兩，陽之上生一陽，爲⚌，而謂之太陽；生一陰爲⚍，而謂之少陰。陰之上生一陽爲⚎，而謂之少陽；生一陰爲⚏，而謂之太陰。是爲兩儀生四象也。是五倍而十也，就倍五而言之，故爲十。細分之，則太陽爲⚌而含六，少陰爲⚍而含五，少陽爲

⚍而含五，太陰爲⚏，而含四，共得二十數焉。則是⚊皆含六，⚋皆含四矣。四象既立，由是四分爲八。太陽之上生一陽爲☰，生一陰爲☱。少陰之上生一陽爲☲，生一陰爲☳。少陽之上生一陽爲☴，生一陰爲☵。太陰之上生一陽爲☶，生一陰爲☷。而《乾》《兌》《離》《震》《巽》《坎》《艮》《坤》生焉。是爲四象生八卦也。是十倍而二十也。就倍十而言之，故爲二十。細分之，則《乾》爲☰而含九，《兌》爲☱而含八，《離》爲☲而含八，《震》爲☳而含七，《巽》爲☴而含八，《坎》爲☵而含七，《艮》爲☶而含七，《坤》爲☷而含六，共得六十數焉。則是☰皆含九，☷皆含六也，是爲老陽老陰之數也。體卦既立，乃生用卦。由是陽一變而用九，凡⚊皆含九數。陰一變而用六，凡⚋皆含六數。是以於八卦之上各生一陰一陽，則爲⚊者八，而得數七十有二；爲⚋者八，而得數四十有八；爲四畫者共十有六，而爲數共百有二十矣。由是陽再變而十八，凡⚊皆含十八數；陰再變而十二，凡⚋皆含十二數。是以於爲四畫者之上，又各生一陰一陽，則爲⚊者十六，而得數二百八十有八；爲⚋者十六，而得數一百九十有二；爲五畫者共三十有二，而爲數共四百八十矣。由是陽三變而三十六，凡⚊皆含三十六數；陰三變而二十四，凡⚋皆含二十四數。是以於爲五畫者之上，又各生一陰一陽，則爲⚊者三十有二，而得數一千一百五十有二；爲⚋者三十有二，而得數七百六十有八矣。爲六畫者，共六十有四，而爲數共一千九百二十矣。蓋至是而六十四卦成矣，卦之爻凡三百八十有四。陽爻用四九三十六策，凡百九十二陽爻，通計六千九百一十二策。陰爻用四六二十四策，凡百九十二陰爻，通計四千六百八策。二篇之策，萬有一千五百二十，所以當萬物之數者，謂此也。而要皆本於三兩之數，以爲之本，故曰卦始於畫、畫始於數、而數始於河圖之中五也。

又卷二五《經解一・易》 ䷀：《乾》下，《乾》上。解經以孔子爲歸。《易》，三百八十四爻，時焉而已耳，豈特乾六爻哉！孔子於乾獨曰：大明終始，六位時成。時乘六龍以御天者，言《乾》六爻非聖人不能用也。蓋時之用備乎《易》，《易》之理統乎乾，《乾》之道全乎聖人。是以於此首發明之。故曰：天行健，君子以自彊不息。又曰：君子行此四德者，故曰《乾》，元亨利貞，孔子之得於《易》如此，所以爲聖之時者也。初九，子曰：龍德而隱者也。九二，曰：龍德而正中者也。九三、九四，曰：君子進德修業。九五，曰：乃位乎天德。上九獨不言德，知進退存亡而不失其正，非德歟？德者，何也？曰：誠也。閑邪存其誠，修辭立其誠。《乾》六爻未有不貴誠者，偶於二、三爻發之而已。說者謂《乾》五爻皆以龍言，三以人道，獨不稱龍。然四亦人道也，曰躍，曰在淵，猶之稱龍之辭。何也？曰：聖人不直指之，曰龍也，曰躍曰在淵而已。其所以不直指之，曰龍者，以其嫌於近五也，人道也，亦臣道也。夫大人者，與天地合，其德天地之大德，曰生仁是也。聖人作而萬物覩，說者以爲聖人有生養之德，萬物有生養之情，是以相感應也。惟仁，故能生養。故曰：元者，善之長。君子體仁，足以長人。又曰：仁以行之。晉太史蔡墨曰：在乾之姤曰：潛龍勿用。在乾之同人曰：見龍在田。嘗引伸其義，初變《坤》爲《巽》，《巽》德爲入，故曰潛龍，故曰陽在下，故曰陽氣潛藏。又變《巽》爲姤，姤勿用娶女，故初九潛龍勿用也。二變《坤》爲《離》，《離》德爲麗，爲文明，其象爲日，爲火，故曰見龍，故曰德施普，故曰天下文明。又變離爲同人，同人于野亨，故九二利見大人也。三變《坤》爲《兌》，《兌》爲巫，爲口舌，尙口乃窮，君子愼言而敏行，故曰終日乾乾夕惕若，又曰反覆道也，又曰行事也，又曰忠信所以進德也。修辭立其誠，所以居業也。又變《兌》爲《履》，《履》虎尾，是以乾惕若不咥人亨，故厲元咎也。九四變巽爲小畜，密雲不雨，躍而或止之象也。九五變離爲大，有火在天上，無所不照，飛龍在天之象也。上九變《兌》爲《夬》，《夬》有厲，不利即戎，亢龍有悔之象也。

又卷二九《經筵講章》 《文言》曰：元者，善之長也。亨者，嘉之會也。利者，義之和也。貞者，事之幹也。 此一節書，是孔子申言《乾》德之具於人心也。謂夫《乾》，天道也，亦人道也。人得天之氣以生，渾然與天同體，故元、亨、利、貞四者，在天爲春、夏、秋、冬造物無心而成化。在人即爲仁、義、禮、智，懿德不言而同然。觀夫元之爲仁者，慈祥一念，統百行而開先，乃衆善之長矣。亨之爲禮者，經緯萬端，合情文而並粹，乃嘉美之會矣。利之爲義者，物得其裁，制則分定而情安，義之所由以和矣。貞之爲智者，識進於堅凝，則見明而守固，事之所依爲幹矣。天德之本然具於吾性者如此，臣因是而繹思之，人生爲萬物之靈，固備仁、義、禮、智之全德，維皇建庶民之極，尤兼聖神文武之宏圖，故能體道於當躬，自可繼天而作則。

喇沙里等《日講中庸解義》卷二 子曰：「武王周公，其達孝矣乎！夫孝者，善繼人之志，善述人之事者也。」 此一章書，是引孔子稱武王周公之達孝，而言其所以盡孝者在繼述也。子思曰：孔子之言曰，凡人之孝止於一身一家，未必達之天下，惟武王周公能推其孝親之心，盡倫盡制，使人人皆得以盡其孝，所以天下之人通謂之孝，而無異詞，其達孝矣乎！夫武周所謂達孝者何哉？凡前人有志未逮而成就之爲繼，不必前人有此志，而吾之所存合天，則隔世相感，是爲善繼人之志。前人有事可法而遵行之爲述，不必前人有此事而吾之所爲當可，則易地皆然，是爲善述人之事。此所以因時隨分，一酌乎理，而推四海傳萬世而爲達孝也。

又《日講論語解義》卷五《里仁》 子曰：「參乎！吾道一以貫之。」曾子曰：「唯。」子出，門人問曰：「何謂也？」曾子曰：「夫子之道，忠恕而已矣。」 此一章書，是聖賢心學之傳也。曾子平日學問主於誠身，隨事精察而力行之，功力既已深矣，故孔子直呼其名而告之曰：參乎，爾亦知吾道乎？吾道統乎天地萬物，雖精粗大小，本末內外，條理各殊，其實總是一理貫通，萬事自然，施之各當，應之不窮。曾子聞孔子此語，不待辨問，直應之曰唯。蓋其學力獨到，爲能深契其旨。其餘門人俱未能解，故孔子既出，門人私問於曾子曰：所謂一貫者何謂也？曾子答曰：夫子之道無他，忠恕而已矣。至誠無妄，無一毫不自盡之心，所謂忠也。推己心以及人，曲當周詳，各從其願，所謂恕也。蓋忠爲體，恕爲用，通乎萬理，一以貫之之實，不過如是，豈更有他說哉！夫虞帝傳心以精一爲旨，孔門傳道以一貫爲宗，聖功王道其致一也。

又《日講孟子解義》卷一五《公孫丑》 「敢問夫子惡乎長？」曰：「我知言，我善養吾浩然之氣。」「敢問何謂浩然之氣？」曰：「難言也。其爲氣也，至大至剛，以直養而無害，則塞於天地之間。其爲氣也，配義與道。無是，餒也。是集義所生者，非義襲而取之也。行有不慊於心，則餒矣。我故曰：告子未嘗知義，以其外之也。」 此五節書，見不動心之學，貴於知言養氣，而養氣貴於集義也。公孫丑問曰：告子之不動心，固出於強制矣，敢問夫子之不動心何所長於告子而能然也？孟子曰：我之異於告子者有二端焉：我於天下之言，究極其理而知其是非得失之故，則與告子之不得於言勿求於心者異矣；我於吾所固有浩然之氣，能善養之而全其盛大流行之本，則與告子之不得於心勿求於氣者異矣。此則吾所以不動心之道也。丑又問曰：氣則一也，而夫子曰浩然，必有説矣，敢問何謂浩然之氣？孟子曰：浩然之氣，惟人自養之自知之，未易言也。試以其本體言之，其爲氣也，至大而不可限量，至剛而不可屈撓，但恐人不能善養之耳。誠能自反常直順其自然以養之，而不至有所害焉，使其至大者猶夫初也，至剛者猶夫初也，則其氣自然充塞於天地之間矣。又試以其用言之，蓋天地間皆道義也，惟能養吾浩然之氣，則其爲氣也，配合乎吾心裁制之義，義所當爲者，氣即助之，以有爲配合乎吾心自然之道，道所當行者氣即助之以有行，是天地間不可一日無道義，則不可一日無浩然之氣，苟無是氣，即道義所當爲，而無氣爲助，亦委靡退縮而餒矣。然氣之養成也，固足配道義，而其始養也，實有資乎道義，必由平日工夫，事事合義，久之則心無愧怍，此氣自然發生，是乃集義所生者，非一事偶爾合義便可感激奮勵掩襲於外而取之也。若無集義之功，則所行必有不合於義。而不能慊然快足於心者，心既不慊，則氣亦從此不振而餒矣。夫心之慊與不慊，由於義之集與不集，則義本心中自有之理而不在於外明矣。我故曰：告子未嘗知義，正以彼言義在於外而不在於心故也。既以義爲外，則必不能集義以生氣，其先我不動心者，不過悍然不顧襲取之而已，豈眞能不動心者哉！夫孟子言氣必本於集義，言義必歸於慊心，此即大學誠意自慊之學也，能於此求之，脩齊治平之道思過半矣。

又卷二三《告子》 孟子曰：「魚我所欲也，熊掌亦我所欲也，二者不可得兼，舍魚而取熊掌者也。生亦我所欲也，義亦我所欲也，二者不可得兼，舍生而取義者也。生亦我所欲，所欲有甚於生者，故不爲苟得也。死亦我所惡，所惡有甚於死者，故患有所不辟也。如使人之所欲莫甚於生，則凡可以得生者何不用也？使人之所惡莫甚於死者，則凡可以辟患者何不爲也？由是則生而有不用也，由是則可以辟患而有不爲也。」 此一章書是孟子欲人察識其本心也。孟子曰：觀於人之欲惡，而可以知此心之所自具者矣。今夫魚之味美，我所欲也，熊掌之味亦美，亦我所欲也，其或得魚則失熊掌，得熊掌則失魚，二者不可得兼，則熊掌較魚爲尤美，寧舍魚而取熊掌者也。養生而不害其生，我所欲也，守義而不虧於義，亦我所欲也，其或求生則無以全義，求義則無以保生，二者不可得兼，則義較生爲尤重，寧舍生而取義者也。人之所以舍生取義者何哉？生本無不欲，而其心之欲義更甚於生，故不爲苟且以得生也。欲生則無不惡死，而其心之惡不義更甚於死，故雖當患難而甘死不辟也。夫此欲惡之甚於生死者，乃秉彝之良心也，如使人無欲義之良心而所欲莫甚於生，則凡可以爲得生之計者何不用也，而安肎輕生？如使人無惡不義之良心，而所惡莫甚於死，則凡可以爲辟患之地者何不爲也，而安肎赴死？由其心唯義之是欲，則生而或悖於義有不用也，由其心唯不義之是惡，則可以辟患而入於不義有不爲也，然則人之生而具此秉彝義理之心也，蓋亦必然而無疑者爾。

方熊等《文章緣起補注》 賦，楚大夫宋玉所作。註：司馬相如曰：合綦組以成文，列錦繡而爲質。一經一緯，一宮一商，此賦之迹也。賦家之心，包括宇宙，總覽人物，斯乃得之於內，不可得而傳。緦曰：「原夫登高之旨，蓋覩物興情。情以物興，故義以明雅。物以情觀，故詞必巧麗。麗詞雅義，符采相勝。如組織之品朱紫，畫繪之著玄黃。文雖新而有質，色雖糅而有本。此立賦之大體也。」吳納云，祝氏曰，揚子雲云。詩人之賦，麗以則。詞人之賦，麗以淫。夫騷人之賦與詩人之賦雖異，然猶有古詩之義。辭雖麗，而義可則。詞人之賦，則辭極麗而過於淫蕩矣。蓋詩人之賦，以其吟咏性情也。騷人之賦，有古詩之義者，亦其發於情也。其情不自知而形於辭，其辭不自知而合於理。

情形於辭，故麗而可觀。辭合於理，故則而可法。如或失於情，尙辭而不尙意，則無興起之妙，而於則也何有？後代賦家之俳體是也。又或失於辭，尙理而不尙辭，則無歌詠之遺，而於麗也何有？後代賦家之文是也。是以三百五篇之《詩》，二十五篇之《騷》，無非發於情者，故其辭也麗，其理也則，而有賦比興風雅頌諸義。漢興，賦家專取《詩》中賦之一義以爲賦，又取《騷》中贍麗之辭以爲辭。若情若理，有不暇及。故其爲麗也，異乎《風》、《騷》之麗，而則之，與淫遂判矣。古今言賦，自《騷》之外，或以兩漢爲古，蓋非魏晉已還所及心乎？古賦者，誠當祖《騷》而宗漢，去其所以淫，而取其所以則，庶不失古賦之本義。徐禎卿曰：桓譚學賦，揚子雲令讀賦千首，則善爲之，蓋所以廣其資，亦得以參其變也。補註：按：詩有六義，其二曰賦。所謂賦者，敷陳其事而直言之也。古者諸侯卿大夫交接鄰國揖讓之時，必稱詩以喻意，以別賢不肖，而觀盛衰。如晉公子重耳之秦，秦穆公饗之，賦《六月》；魯文公如晉，晉襄公饗公，賦《菁菁者莪》；鄭穆公與魯文公宴於棐子家，賦《鴻雁》；魯穆叔如晉，見中行獻子，賦《圻父》之類，皆以吟咏性情，各從義類。春秋之後，聘問咏歌，不行於列國。學詩之士，逸在布衣。賢士大夫失志之賦作矣，屈子楚辭是也。趙人荀況遊宦於楚，攷其時，在屈原之前，所作五賦，工巧深刻，純用隱語，君子蓋無取焉。兩漢而下，獨賈生以命世之才，俯就騷律，非一時諸人所及。它如相如，長於叙事，而或昧於情。揚雄長於說理，而或略於辭。至於班固，辭理俱失。若是者何？凡以不發乎情耳。然《上林》甘泉，極其鋪張，終歸於諷諫，而風之義未泯。兩都等賦，極其炫曜，終折以法度，而雅、頌之義未泯。《長門》《自悼》等賦，緣情發義，託物興詞，咸有和平從容之意，而比興之義未泯。故君子猶取焉，以其爲古賦之流也。三國兩晉，以及六朝，再變而爲俳；唐人又再變而爲律；宋人又再變而爲文。夫俳賦尙辭，而失於情，故讀之者無興起之妙趣，不可以言則矣。文賦尙理，而失於辭，故讀之者無咏歌之遺音，不可以言麗矣。至於律賦，其變愈下，始於沈約四聲八病之拘，中於徐、庾隔句作對之陋，終於隋、唐、宋取士限韻之制。但以音律諧協、對偶精切爲工，而情與辭皆置弗論。

愛新覺羅・弘曆《御製題仇遠金淵集》（仇遠《金淵集》卷首） 宋末元初鳴以詩，早年仇白珽。已名馳。卻看排次還面目，仇遠在宋末即以詩名，其格高雅，往往頡頏古人。世所傳惟《興觀集》、《山村遺稿》及近時歙人項夢昶所輯《山村遺集》，其《金淵集》則不可復覩。兹於《永樂大典》散篇中裒輯各體，編爲六卷。考《遠贈士瞻上人》卷，僧道衍跋之，推挹甚至。蓋深傾倒於遠者，故其監修是書，所載獨多，似全部。遺者無幾，若有神物呵護者然。信有甲丁爲護持。雄逸或堪蘇軾。伯仲，清眞亦偶陸游。塤篪。

李光地等《性理精義》卷二《西銘》 存吾順事，沒吾寧也。[朱子]註：「孝子之身存，則其事親者不違其志而已，沒則安而無所愧於親也。仁人之身存，則其事天者不逆其理而已，沒則安而無所愧於天也。蓋所謂『朝聞夕死，吾得正而斃焉』者。故張子之銘以是終焉。《論》曰：天地之間，理一而已。然乾道成男，坤道成女，二氣交感，化生萬物。則其大小之分，親疏之等，至於十百千萬而不能齊也。不有聖賢者出，孰能合其異而反其同哉？《西銘》之作意，蓋如此。程子以爲『明理一而分殊』，可謂一言以蔽之矣。蓋以乾爲父，以坤爲母，有生之類無物不然，所謂『理一』也。而人物之生，血脈之屬，各親其親，各子其子，則其分亦安得而不殊哉？一統而萬殊，則雖天下一家，中國一人，而不流於兼愛之敝。萬殊而一貫，則雖親疏異情，貴賤異等，而不梏於爲我之私。此《西銘》之大指也。觀其推親親之厚以大無我之公，因事親之誠以明事天之道，蓋無適而非，所謂分立而推理一也。夫豈專以民吾同胞長長幼幼爲理一，而必默識於言意之表，然後知其分之殊哉！且所謂『稱物平施』者，正謂稱物之宜以平吾之施云爾。若無稱物之義，則亦何以知夫所施之平哉？龜山第二書，蓋欲發明此意，然言不盡而理有餘也。故愚得因其說而遂言之，如此，同志之士幸相與折衷焉。」「熹旣爲此解，後得尹氏書云，楊中立答伊川先生論《西銘》書有『釋然無惑』之語，先生讀之曰『楊時也，未釋然』，乃知此論所疑。第二書之說『先生蓋亦未之許也』。然龜山《語錄》有曰『《西銘》理一而分殊』，知其『理一』所以爲仁，知其『分殊』所以爲義。所謂『分殊』，猶孟子言『親親而仁民，仁民而愛物，其分不同，故所施不能無差等耳』。或曰『如是則體用，果離而爲二矣』。曰『用』未嘗離『體』也。以人觀之：四肢百骸，具於一身者，體也；至其用處，則首不可以加履，足不可以納冠，蓋即體而言，而分已在其中矣。此論分別異同，各有歸趣，大非荅書之比，豈其年高德盛而所見始益精與！因復表而出之，以明荅書之說，誠有未釋然者。而龜山所見，蓋不終於此而已也。」附錄：龜山楊氏上程子書曰：「《西銘》發明聖人之微意至深，然而言體而不及用，恐其流遂。至於兼愛，則後世有聖賢者出推夲而論之，未免歸罪於横渠也。」程子曰：「横渠之言誠有過者，乃在《正蒙》、《西銘》之爲書，推理以存義，擴先聖所未發，與孟子『性善』、『養氣』之論同功。豈墨氏之比哉！《西銘》明『理一而分殊』，墨氏則二夲而無分。老幼及人理，一也；愛無差等夲，二也。分殊之敝，私勝而失仁；無分之罪，兼愛而無義。分立而推理，一以正私勝之流，仁之方也；無別而迷兼愛，至於無父之極，義之賊也。子比而同之，過矣。且謂言『體而不及用』，彼欲使人推而行之，本爲用也，反謂不及，不亦異乎。」註後記：始予作《太極》、《西銘》二解，未嘗敢出以示人也。近見儒者多議兩書之失，或乃未嘗通其文義而妄肆詆訶，予竊悼焉。因出此解，以示學徒，使廣其傳。庶幾讀者由辭以得意，而知其未可以輕議也。淳熙戊申二月己巳晦翁題。

李光地《九歌注》 吉日兮辰良，穆將愉兮上皇，撫長劒兮玉珥，璆鏘鳴兮琳琅。朱子曰：穆，敬也。愉，樂也。上皇，謂東皇太一也。珥，劒鐔也。璆鏘，皆玉聲。《孔子世家》云，環佩玉聲璆然。《玉藻》云，古之君子必佩玉，進則揖之，退則揚之，然後玉鏘鳴也。琳琅，謂佩玉也。言主祭者帶劒佩玉以禮神也。

瑤席兮玉瑱，盍將把兮瓊芳。蕙肴蒸兮蘭藉，奠桂酒兮椒漿。朱子曰：瑱與鎮同，所以壓神位之席也。瓊芳，草枝可貴如玉者，巫所持以舞也。肴，骨體也。蒸，進也。《國語》「燕有殽蒸」是也。言以蕙裹肴而進之，又以蘭爲藉也。四者皆取其芬芳以饗神。

揚枹兮拊鼓，疏緩節兮安歌，陳竽瑟兮浩倡。舉桴擊鼓，使巫舞疏緩其節，而安歌以相和，又陳竽瑟而大唱，蓋作樂娛神之時也。

靈偃蹇兮姣服，芳菲菲兮滿堂。五音紛兮繁會，君欣欣兮樂康。朱子曰：靈謂神降於巫之身者也。君謂神也。右《東皇太一》太乙，星名，天之尊神。祠在楚東，以配東帝，故曰東皇。《漢書》云，天神貴者太乙，中宮天極星，其一明者，太乙常居也。太乙，天神之至尊，故可以喻君。然此章但寫其竭誠盡敬以事之意，未有不合而怨慕之辭也。

浴蘭湯兮沐芳，華采衣兮若英。靈連蜷兮既留，爛昭昭兮未央。連蜷，猶《騷》之「蜷局」，盤旋不行之貌。言使巫先浴蘭湯，沐芳芷，衣采衣如草木之英，以自潔清。故神之降之者，馮依其身，留連不去。巫之光榮亦昭昭而未央也。

蹇將憺兮壽宮，與日月兮齊光。龍駕兮帝服，聊翺遊兮周章。憺，安也。壽宮，供神之處也。神之意將安於壽宮，如日月之精，長明不散。使龍行雨，是龍駕也。爲章於天，是帝服也。翺遊周章，而膏澤將下於民矣。

靈皇皇兮既降，猋遠舉兮雲中。覽冀州兮有餘，橫四海兮焉窮。思夫君兮太息，極勞心兮忡忡。猋，風也。雲靈既降，而猋風忽起，《離騷》「屯其相離」之意也。雲之澤可以覆冀州，被四海，今則屯而未降。是以懷思太息，至於勞心而忡忡也。右《雲中君》謂雲神也。雲神在天尊者，故亦可以喻君。君臣始合，如神人之初交。君既尊榮，臣亦光寵，使其久而安焉。雲雨之施，雖與日月爭光可也。飄風相離，氤氳綢密之象散矣。是以求神者祈禱之深，愛君者思慕之至。

君不行兮夷猶，蹇誰留兮中洲。美要眇兮宜脩，沛吾乘兮桂舟。令沅湘兮無波，使江水兮安流。望夫君兮未來，吹參差兮誰思。言君何以不行而夷猶乎？不知爲誰而留乎中洲也。故我欲往迎之，而自脩飾美好，乘舟以涉沅湘。望之未至，吹簫以寄其思也。

駕飛龍兮北征，邅吾道兮洞庭。薜荔拍兮蕙綢，蓀橈兮蘭旌。望涔陽兮極浦，橫大江兮揚靈。揚靈猶招魂也。望之未至，復前進以迎之。所涉益遠，桂舟之飾益盛，極目盼望，且臨大江而招揚之，冀神之感而來格也。

揚靈兮未極，女嬋媛兮爲余太息。橫流涕兮潺湲，隱思君兮陫側。陫側，疑與悱惻同。言已積誠之切，旁觀之女爲之嗟嘆，已亦不覺。其涕泗之流，思之深而悱惻也。

桂櫂兮蘭枻，斲冰兮積雪。采薜荔兮水中，搴芙蓉兮木末。心不同兮媒勞，恩不甚兮輕絶。雖有桂櫂蘭枻，而斲冰積雪，行之艱矣。涉水而求薜荔，緣木而索芙蓉，固不可得也。以興心不同者媒勞，恩不甚者輕絶。蓋違其時則不行，易其地則不得，非其人則不合。其情一而已矣。

石瀨兮淺淺，飛龍兮翩翩。交不忠兮怨長，期不信兮告余以不閒。石瀨之淺，宜飛龍所不顧。以興己之疏斥，宜爲人所棄也。上文心不同，故恩不甚。此言交不忠，故期不信。其語意各相因。又心不同，故交不忠。恩不甚，故期不信。

鼂騁騖兮江皋，夕弭節兮北渚。鳥次兮屋上，水周兮堂下。捐余玦兮江中，遺余佩兮澧浦。采芳洲兮杜若，將以遺兮下女。時不可兮再得，聊逍遙兮容與。朝而騁騖，志欲有行。夕而弭節，退焉休罷。鳥次屋上，則自高棲。水周堂下，則自卑逝。以興盛衰殊候，升沈異勢。故已將棄遺玦珮，不自修飾，以見於世。然猶采杜若，將遺下女者，猶《離騷》「哀高丘之無女」，相下女之可詒。既朝廷之無合志，庶山澤之有同心。義緣湘君，故終以下女也。末言盛期難再，優游沒身而已。右《湘君》。舜妃娥皇也。楚人祀之，以爲湘神。篇內言神人之際難於交接，以寓己意。然所喻者則非斥君，蓋爲舊時同列之高位者。玩其辭義可得。

李光地《詩所》卷二《鄭風・風雨》 風雨淒淒，雞鳴喈喈。既見君子，云胡不夷？風雨瀟瀟，雞鳴膠膠。既見君子，云胡不瘳？風雨如晦，雞鳴不已。既見君子，云胡不喜？淒淒，風雨初至而寒涼也。瀟瀟，既至而有聲也。如晦，雨甚而晦冥也。雞初鳴則喈喈然相和，再鳴則膠膠然相雜，三鳴而將旦，則接續以鳴，而其聲不已矣。夷，如病初退；瘳，如病既愈；喜，則無病而且康樂也。《風雨》三章。序謂思君子者，可從。蓋以風雨雞鳴爲興也，雞之知時，或有東方微濛之景，則感之而鳴，然風雨冥晦，且無星月之光，而雞鳴之節不改也。鄭俗昏亂而猶有心知禮義，獨爲言行而不失其操者，是以同道者見而喜之。

又《溱洧》 溱與洧，方渙渙兮。士與女，方秉蕑兮。女曰：「觀乎？」士曰：「既且。」「且往觀乎！洧之外，洵訏且樂。」維士與女，伊其相謔，贈之以勺藥。溱與洧，瀏其清矣。士與女，殷其盈矣。女曰：「觀乎？」士曰：「既且。」「且往觀乎！洧之外，洵訏且樂。」維士與女，伊其將謔，贈之以勺藥。《溱洧》二章。男女相遇相戲之詩。鄭始封於宣王之世，故其詩斷自桓武以下，無可疑者。或曰：「鄭詩之淫如此，出於民俗可也，而當時卿大夫往往賦以見志，何也？」曰：「淫聲不放，則卿大夫之罪也。賦以見志云者，則古人多節取其辭而不必其本意，雖聖賢引詩猶然也。」序所以致誤，由此爾。

李光地《榕村集》卷四《尚書句讀・洛誥》 周公曰：「王肇稱殷禮，祀于新邑，咸秩無文。予齊百工，伻從王于周。予惟曰：『庶有事。』今王即命，曰：『記功，宗，以功作元祀。』惟命曰：『汝受命篤弼，丕視功載，乃汝其悉自教工。』」孺子其朋，孺子其朋，其往！無若火始燄燄；厥攸灼叙，弗其絶。厥若彝及撫事如予，惟以在周工往新邑，伻嚮即有僚，明作有功，惇大成裕，汝永有辭。公曰：「已！汝惟沖子，惟終。」 詳此段，自「王肇稱殷禮」至「汝永有辭」，是一串口氣，始言王在洛肇舉盛禮，廣釐庶祀，而尤以崇德報功爲先，故方我之率百工而從于周也。予固知王之將有事矣，有事謂祀事也，春秋有事于太廟是也。今王果就而命之曰：其記功，宗，而以功作元祀。且告其神曰：汝受兹寵命，當思有以厚輔王室也。夫報死者，乃所以勸生者。今視功宗記載，豈非汝之所以教戒百工者乎？雖然，今日之功宗，皆其先世有功德，或老成未凋謝者，孺子其引以爲朋助哉！用賢勿貳，圖功惟終，無徒若火之始燄燄而已，當使其所灼者，相續而不絶其可也。順道撫事，無改我之所爲，而所用之人，則惟以在周之工，使之就官供職明作，以勸一時之功，惇大以成裕後之業，則永有休稱于後世矣。蓋大意只是戒王之信用耆舊賢人，而從祀典説起者，因王舉功臣之祀，就其善意而引伸之也。

又卷九《述旨贊》 朱子作。 昔在上古，世質民淳。是非莫別，利害不分。風氣既開，乃生聖人。聰明睿智，出類超羣。仰觀俯察，始畫奇耦。教之卜筮，以斷可否。作爲君師，開鑿戶牖。民用不迷，以有常守。降及中古，世變風移。淳澆質喪，民僞日滋。穆穆文王，身蒙大難。安土樂天，惟世之患。乃本卦義，繫此彖辭。爰及周公，六爻是資。因事設教，丁寧詳密。必中必正，乃亨乃吉。語子惟孝，語臣則忠。鉤深闡微，如日之中。暨乎末流，淫于術數。僂句成欺，黄裳亦誤。大哉孔子，晚好是書。韋編既絶，八索以祛。乃作彖象，十翼之篇。專用義理，發揮經言。居省象辭，動察變占。存亡進退，陟降飛潛。曰毫曰釐，匪差匪謬。加我數年，庶無大咎。恭惟三古，四聖一心。垂象炳明，千載是臨。惟是學者，不本其初。文辭象數，或肆或拘。嗟予小子，既微且陋。鑽仰沒身，奚測奚究。匪譬滋荒，匪誠滋漏。維用存疑，敢曰垂後。 此贊極其精粹，不可不深思潛玩。漢以來，説《易》者直以聖人作《易》，特爲道陰陽消長，洩造化之妙耳。雖知其資於卜筮，然不以爲本指也。至朱子，始以伏羲作《易》，正爲卜筮而設。其時風氣未開，民俗淳質，未知趨避吉凶，則第使之知所趨避而已。暨乎中古，淳質漓而詐僞滋，趨避益巧，但知有吉凶，而不知有義理，則失伏羲教人之本意。故文王、周公作彖繫爻，示人以中正仁義之歸，故曰其衰世之意耶！蓋因俗化之，衰而彌縫之，使其淳也。然文、周之藴，莫之能發。是以《易》象雖存，而大義乖仍浸淫于術數。孔子於是推極文、周繫辭之至隱，發揮道德性命於十翼之中，然後知《易》果非占卜之小數而義理之微言也。由此言之，伏羲教人趨吉避凶之心，即其教人舍惡從善之心。文王周公中正仁義之教，即其使人不迷於吉凶悔吝之教。夫子發文周之心，闡義理之微，即其所以洩羲皇之秘，極前用之道也。世更三古，教以時施，然其爲心豈有二哉！自溺於文辭者，既不察夫立象之本；拘於象數者，又不適乎典禮之中。《易》之道，泯泯棼棼而幾乎熄，非周、程發其理，邵子傳其象，朱子復推卜筮之指，以還易之本教，則雖欲知四聖之心，其孰從而求之？然至于今，尚有執朱子三聖之《易》不同之説，而欲各以意求之者，其蔽比於肆且拘者而滋甚，彼蓋不善觀朱子之説而以言害辭，辭害意之失也。故此贊之序三古源委相接而卒之，曰：四聖一心，此可以爲朱子之定論矣。

又《警學贊》 朱子作。 讀《易》之法，先正其心。肅容端席，有翼其臨。于卦于爻，如筮斯得。假彼象辭，爲我儀則。字從其訓，句逆其情。事因其理，意適其平。曰否曰臧，如目斯見。曰止曰行，如足斯踐。毋寬以略，毋密以窮。毋固而可，毋必而通。平易從容，自表而裏。及其貫之，萬事一理。理定既實，事來尚虚。用應始有，體該本無。稽實待虚，存體應用。執古御今，由靜制動。潔靜精微，是之謂易。體之在我，動有常吉。在昔程氏，繼周紹孔。奥旨宏綱，星陳極拱。惟斯未啓，以俟後人。小子狂簡，敢述而申之。 此章論讀《易》之法，最爲警切，蓋以辭爲主者也。「字求其訓，句逆其情」，「毋寬以略」也。「事因其理，意適其平」，「毋密而窮」也。不寬以略，故毋守固陋以爲可；不密以窮，故毋強穿鑿以爲通。至於「自表達裏」而一以貫之，則二者之患亡矣。理定而體無者，潔淨也。聖人以此洗心，退藏於密者也。事來而用，應者精微也。至精至變，聖人所以極深而研幾也。程子之書，其於宏綱奥旨，則既備矣。而未免以《易》爲説理之書，則是猶滯於實，而有所謂虚涵該貫、曲暢旁通之妙，必得朱子《本義》，述而申之，斯無遺憾矣。然今誦朱子之遺言，則於本義尚多，欲更改而未及者，豈猶有待而苦於年歲之不足與？故夫子曰「假我數年」，而王仲淹氏曰「聖人於《易》，沒身而已」矣。

又《陰符經注》中篇 天生天殺，道之理也。 因上篇殺機而言。天道有生有殺，故徒知生之爲生，而不知殺之爲生者，不明天道者也。

天地萬物之盜，萬物人之盜，人萬物之盜。三盜既宜，三才既安。故曰：食其時，百骸理，動其機，萬化安。 自其精氣之相尅制，則名之曰「賊」，自其精氣之相捁取，則名之曰「盜」。彼爲我之賊，我爲彼之盜，其實一也。天地亦資萬物以自益者也，人與物互相資益者也。食其時，順而盜之也，以生爲尅者也。動其機，逆而盜之也，以尅爲生者也。

人知其神之神，不知不神之所以神。人知性之巧，可以運用，是知神之神也。不知性之拙，可以伏藏，是不知不神之所以神也。

日月有數，大小有定。聖功生焉，神明出焉。日月相推而明生，大以成大，小以成小，而物育此。所謂神之神，而人之所知者也。

其盜機也，天下莫能見，莫能知。君子得之固躬小人得之輕命。盜機則隱乎至無以生萬有，乃所謂不神之所以神者。故天下莫能見，莫能知。君子得之固躬法修煉之聖人也。小人不知此而輕命，則亦如木之以火自焚者而已。

又《中庸章段》 子曰「素隱行怪」，唯聖者能之。道者，人倫日用之理而已。素隱行怪者，過於人倫日用之常者也；半塗而廢者不及於人倫日用之分者也。深探其弊，則隱怪者終有欺世盜名之心；半塗者不無舍己徇人之失。惟聖人者以中庸爲依歸，下學上達，本無求知之心，故知命樂天，自無悔恨之意也。

「君子之道費而隱」，「察乎天地」。以君子之道明索隱者之非也。蓋索隱者求道於人理之外，而道實無隱也。費者，施與周給之稱。天命之性，遍賦萬物，故雖夫婦之愚不肖，莫不與知與能。然充此理之分，則聖人天地不過體是道者，而亦不能盡也。夫聖人天地有所不盡，大莫能載，可謂高深微妙之至矣，而即夫婦之所與知與能，小莫能破，則初無隱也。極之物類之細，而性命各正，發見流行，無非是者。故君子之道，就其見端於夫婦者而推其至焉，天地之間皆是理之昭察而已，何隱之有哉？

子曰「道不遠人」。君子胡不慥慥爾。引夫子之言，明行怪者之非也。蓋行怪者出乎人情之表，而道實非遠也。即人而道在，故君子以人治人，即人情而道近，故忠恕違道不遠，君子之道即忠恕之道也。不出乎人情之中，故其德庸德也，其言庸言也，言行交脩，慥慥篤實，殊無虛詭之行，何怪之有哉？所求乎子者則以之而事父，所求乎臣者則以之而事君，所求乎朋友者則以是而先施之，四者皆所謂君子之道。

又《讀孟子劄記》卷下《盡心・孟子曰孔子登東山而小魯章》 孔子登東山兩句，是以當日遊陟實事言之，以爲所處益高，視下益小之喻，非贊孔子語也。觀海兩句，即申上意。下文說有本處，卻不正言探本之事，乃尋出一不息意思來，極有補於學者。瀾與容光非水與日月之本，乃水與日月有本之發見處。水之無本者如霪潦洿池，暴漲横溢，必不能滔滔長流而有瀾；光之無本者如槁火流電，頻瞥明滅，必不能暉暉久射而容光必照，就此不息處觀之，則知有本者如是矣。《集註》：源與明即是水與日月之本。乃曰：源之有本，明之有本云者，不可以辭害意，要明白，須云觀其瀾則知其水之有源矣，觀於容光之隙無不照，則知日月之有明矣，此求本之術也，則辭意皆顯。有原泉之混混，則必不舍晝夜而不息，此所以貴於觀其瀾也。然又必循序積漸，盈科後進，不然則横出亂流，亦不能放乎四海矣。不息而又以漸，便是深造之以道，便是有本之學。

王鴻緒等《欽定詩經傳説彙纂》卷五《鄭風・女曰鷄鳴》 集說：朱子曰：此詩意思甚好，讀之使人有不知手舞足蹈者。輔氏廣曰：鄭國之俗雖曰淫亂，然在下之人，夫婦之閒，猶知禮義，勤生業，不昵於宴私，相安於和樂，而又能贊助君子以成其德，此可以觀先王之澤與民性之善矣。朱氏公遷曰：此詩與齊《雞鳴》同意，然彼言會朝之事，可知其爲國君之妃，此其男子躬親射弋，則士庶人之妻也。

李光坡《周禮述註》卷一《天官・治官之屬》 膳夫，上士二人，中士四人，下士八人，府二人，史四人，胥十有二人，徒百有二十人。註曰：膳之言善也。今時美物曰「珍膳」。膳夫，食官之長。《禮庫》曰：宮正、宮伯之下，即以食官系之，緣此事甚繫利害。非惟是養人主氣體，專是正君之心，防君之欲。《記》曰：飲食男女，人之大欲存焉。使下之所共必以之正，人主雖欲少肆其欲亦不可得。若無常制，而共之者惟求以投其好，則縱欲何極。若《周官》所共各有定灋，又且一一關涉冢宰，冢宰得人則食官皆正，誰敢以四方珍味私投主欲？古者格君心皆在此處。

又卷一六《春官》 御史掌邦國、都鄙及萬民之治令，以贊冢宰。註曰：王所以治之令，冢宰掌王治。王光遠曰：邦國都鄙及萬民之治令，所謂六典以治邦國，八則以治都鄙，官成以待萬民。其法則冢宰以道治之，其命則御史掌之，故以贊冢宰爲職。

李光坡《禮記述注》卷七《曾子問》 曾子問曰：「並有喪，如之何？何先何後？」孔子曰：「葬，先輕而後重；其奠也，先重而後輕：禮也。自啓及葬不奠。行葬不哀次，反葬，奠而後辭於殯，遂脩葬事。其虞也，先重而後輕，禮也。」《集說》曰：曾子問同時有父母或祖父母之喪，先後之次如何？孔子言：葬則先母而後父，奠則先父而後母。自，從也。從啓母殯之後，及至葬柩，欲出之前，惟設母啓殯之奠、朝廟之奠、及祖奠遣奠而已，不於殯宮爲父設奠，故云「自啓及葬不奠」，謂不奠父也。次者，大門外之右，平生待賓客之處。柩至此則孝子悲哀，柩車暫停，今爲父喪在殯，故行葬母之時，孝子不得爲母伸哀於所次之處，故柩車不暫停也。及葬母而反，即於父殯設奠。殯當爲賓，聲之誤也。辭於賓，謂告將葬啓期。賓出之後，孝子遂脩營葬父之事也。葬是奪情之事，故先輕；奠是奉養之事，故先重也。虞祭，亦奠之類，故亦先重。虞當異日。

竇克勤《理學正宗》卷三《四箴》 其視箴曰：心兮本虛，應物無迹。操之有要，視爲之則。蔽交於前，其中則遷。制之於外，以安其內。克己復禮，久而誠矣。人之心至虛至靈，其應乎事物也。初無迹象之可窺，而操存此心以應天下事者，有要焉。當以視爲之準則，不可不檢此心也。蓋中無主，物欲之蔽交於前，未免遷移而失其所守，則方寸亂矣。制之於外，所以安其內也。制之者，即以中有主者制之也。如此克己復禮，久則未有不幾於誠者。○明道先生曰：中有主則實，實則外患不能入，自然無事，制之於外以安其內之意也。其聽箴曰：人有秉彝，本乎天性。知誘物化，遂亡其正。卓彼先覺，知止有定。閑邪存誠，非禮勿聽。人之所執以爲常者，實本乎天而爲我之性也。但氣稟拘之於初，物欲蔽之於後，此心不能不隨知識所誘，物欲所化。其於所得於天之正理遂亡之矣。惟先覺之人能知其所當止，而志有定向。彼非禮之聽，不期無而自無矣。今欲閑邪以存其誠道，在非禮勿聽。所謂後覺者，必效先覺之所爲乃可以明善而復其初也，事在勉強而已。其言箴曰：人心之動，因言以宣。發禁躁妄，內斯靜專。矧是樞機，興戎出好。吉凶榮辱，惟其所召。傷易則誕，傷煩則支。己肆物忤，出悖來違。非法不道，欽哉訓辭。人心之動，因言以宣，故發必禁夫躁妄，內斯靜專也。況樞機之發，一言之不善，可以興起兵戎；一言之善，可以與人和好。凡吉凶榮辱，不惟言語之所取召乎。苟易其言，則是心之虛誕也。煩其言，則是心之支離也。心之邪正，因言之得失而見。故曰發禁躁妄，內斯靜專。苟己不知檢而肆之物，則忤之矣。出不知返，而悖之來，則違之矣。故曰「吉凶榮辱，惟其所召」一言也。治心之學，處世之道，皆在焉，君子安可不致慎乎！此非法不道，昔人之訓辭所當敬而持之也。其動箴曰：哲人知幾，誠之於思。志士勵行，守之於爲。順理則裕，從欲惟危。造次克念，戰兢自持。習與性成，聖賢同歸。明哲之人，知凡事之幾微，故實其所思於至理，思而得也。有志之士，勵在我之實行，故守其所爲於至理，勉而中也。所思所爲，皆順乎理，此心廣大寬裕而無所愧。怍反是則，危殆而無一息之寧矣。此君子爲學，無時無處而不用力。雖造次之頃，亦必念此理，而戰兢以自持焉。所習如是，則安乎其性，將無適而非天理之流行，而與聖賢爲一矣。○四箴是程子踏實地做功夫處，學者熟讀而潛玩之，當有得也。

張自超《春秋宗朱辨義・僖公二十二年》 冬，十有一月己巳朔。宋公及楚人戰于泓，宋師敗績。宋襄不度德量力，伐鄭而致楚師，而又輕于一戰，其爲黷武好戰，殘毒其民甚矣。不鼓不成列，不禽二毛，獨假爲仁義之言耳！《公羊》以爲雖文王之戰不能過者，非也。一戰而師敗身死，取笑天下，然以其與楚戰猶有雪恥之志，差勝于一遭挫辱而即降屈圖存者也，以視鄭之入朝，魯之乞師何如哉？《春秋》猶未深惡之也。其敗則不可諱，亦不必諱。汪氏以爲不書宋公敗績，猶爲中國諱辱者，非也。前不爲宋公諱執，而此爲宋公諱敗耶？

李塨《論語傳注》卷上 太宰問於子貢曰：「夫子聖者與，何其多能也？」子貢曰：「固矣，縱之將聖，又多能也。」子聞之曰：「太宰知我乎。吾少也賤，故多能鄙事。君子多乎哉！不多也。」牢曰：「子云：吾不試，故藝。」太宰，大夫，官名。孔解。鄭康成曰：「吳太宰嚭也。」以哀公時有吳役，子貢屢與嚭語也。然當時陳亦有太宰嚭，孔子居陳久，闕疑可也。多能謂釣、弋、射、御、委吏、乘田、識防、風骨、辨肅、慎砮之類。太宰蓋以多能爲聖也。子貢則曰：夫子之聖，乃天縱之，以知至行盡而爲大聖，以集堯、舜、禹、湯、文、武之道，多能又其兼及者也。夫子聞之，不欲居聖，而又恐人騖於多能，將小物克勤而大德不立，故自明其多能之故，而以君子不多正之，言君子自有明德親民之正務，不尚多能也。將，即《邶風》「亦孔之將」。註疏曰：大也。牢，弟子琴牢，字子開，一字張，衛人。不試，不見用也。蓋牢聽夫子少賤之言，而言子平日亦有此語也。按：此所言藝，與游於藝不同，游藝並道德仁言，則禮、樂、射、御、書、數所必當學者，此因多能鄙事言，則指曲技細務矣。

焦袁熹《春秋闕如編》卷八《讀春秋附》 四年、桓公七年，桓公秋、冬二時俱無文。杜云：不書秋、冬首月，史闕文。何：去二時，貶。范：未詳。程子、胡氏、張氏，俱同何意。十年、昭公十四年，定公俱不見冬字。杜云：史闕文。何：去冬，貶。愚按：四時具爲年者，每年之中春、夏、秋、冬四字必全見其文，此史書之定體，故雖一時無事，而空書首月，若隱七年之「秋七月」，重在「秋」字，不重「月」，月則有不見者矣。首時過則書者，孟月、仲月無事未便得書，必待季月盡然後追書首月，如大無麥禾，必待無禾然後連麥書之也。既是史書定體，孔子因而不變，獨桓之篇，兩年無秋冬二時，先儒遂以桓惡人之故，謂是削其空書六字以深著貶絕之義，以桓之惡，受之安得辭乎？然而使聖人聞之，恐當啞然一笑，何也？舊史有闕，聖人不復補亡，是則聖人目覩其然，無意無必也；或由門徒授業，傳寫有所漏略，是又聖人不意其然，愈非我事也。今乃適於桓之篇見之，且不一見而已，遂作是解，謂其必然，此譬如春霆偶發，語某子之爲惡者，曰：天謂予言欲擊汝、焚汝，而不聞之轟轟然乎者也。夫是非矯命也，然而亦是矯命也，桓無秋、冬二時，於桓之身亦復何損？正使全具四時，而誅絕貶責之義豈有不炳炳麟麟見於行間者也，待必削其二時然後乃足見意，則亦淺之乎爲聖人矣。故惟此段經疑，惟杜氏爲得其實矣。

王源《左傳評・文章練要》卷二 晉侯作二軍。閔公元年。晉侯作二軍，公將上軍，太子申生將下軍。申生主後，以畢萬爲賓。趙夙御戎，賓。畢萬爲右，畢萬亦主，前以申生爲賓，大奇大奇。以滅耿、滅霍、滅魏，還爲太子，城曲沃。賜趙夙耿，賜畢萬魏，以爲大夫。立案下分斷。士蔿曰：太子不得立矣，分之都城而位以卿。[注]卿謂將下軍。先爲之極，又焉得立，不如逃之，無使罪至，爲吳大伯，不亦可乎？猶有令名與其及也。纏綿宕折。且諺曰：心苟無瑕，何恤乎無家。天若祚太子，其無晉乎。[注]：爲晉殺申生傳。〇下映畢萬，天字聯絡。卜偃曰：畢萬之後必大，萬盈數也。魏大名也，以是始賞，天啓之矣。天字聯絡，句句映申生。天子曰兆民，諸侯曰萬民，今名之大，以從盈數，其必有衆。句句映申生。初畢萬筮仕於晉，遇屯[注]：震下坎上。之比，[注]：坤下坎上。屯，初九變而爲比。評：又追叙一段錯綜。辛廖占之曰：吉，屯固比入，吉孰大焉。[注]：屯險難所以爲堅固，比親密所以得入。其必蕃昌。句句映申生。震爲土，[注]：震變爲坤。車從馬，[注]：震爲車，坤爲馬。足居之，[注]：震爲足。兄長之，[注]：震爲長男，尤切申生。母覆之，[注]：坤爲母。衆歸之，[注]：坤爲衆，句句映申生。六體不易，[注]：初一爻變有此六義，不可易也。合而能固，安而能殺，[注]：比合屯固，坤安，震殺。公侯之卦也。句句映申生。公侯之子孫必復其始。[注]：畢萬、公高之後，尤切申生。[注]：傳爲魏之子孫，衆多張本。上映申生。賓可多，主無二，文之道也。獨此二主並列，而互爲賓，別開境界，大奇大奇。蓋前爲殺申生張本，申生主也；後爲魏氏之興張本，畢萬亦主，不可以爲賓也。然前後聯絡以天，二主總攝于一主，彼此互相射映，二主又可爲二賓，奇變至此，所謂聖而不可知之神邪。申生一段，畢萬兩段，亦錯綜之法，略雜趙夙，亦化板之法。士蔿、卜偃、辛廖三人並序，亦映帶之法。

朱奇齡《春秋測微》　[桓公]二年，桓王十年。春，王正月戊申，宋督弒其君與夷，及其大夫孔父。春正月，必加王者，此《春秋》尊王之義，謹歲首也。其有或不書者，斷簡之訛耳。宋之弒君，適當歲首，故書王焉，非以王法正之也。既書弒君，則其罪已昭然矣，豈必復以王法正之哉？孔父稱大夫，賢之也。蓋孔父本華督之所忌，故《公羊傳》曰：孔父生而存，則殤公不可得而弒也。督有弒君之心，憚孔父而不敢。因民之疲於戰，先宣言曰：司馬則然。遂假衆怒攻孔父而殺之，幷弒殤公。左氏所謂督有無君之心，而後動於惡，是也。當時孔父死於前，殤公弒於後。而書及者先君而後臣也。稱父何也？穀梁氏以爲不稱名焉，祖諱也。然名其君而字其臣，可乎？此必有闕文焉。胡傳直以父爲名，則《左傳》何以謂之孔父嘉矣？

蔣驥《山帶閣注楚辭》卷首《楚世家節略》　（頃襄王）十八年，楚人有以弋說王報怨於秦者，王遣使諸侯，復爲從。十九年，秦伐楚，楚軍敗，割上庸漢北地予秦。《正義》：謂割上庸房、金、均三州及漢水之北與秦，蓋懷王時原所遷之地，爲秦有矣。二十年，秦將白起拔我西陵。《綱目》：赧王三十六年，白起攻楚，取鄢、鄧、西陵。鄢，鄧注見前，西陵，《綱目》注即後所燒之夷陵。余按《秦本紀》徐廣注云：西陵屬江夏。《正義》曰：西陵故城在黃州黃山西。其說爲是。若夷陵有西陵之稱，乃孫吳所改，不足爲據。二十一年，秦將白起遂拔郢，今荆州府江陵縣。燒先王墓夷陵。今荆州府夷陵州。自是楚都及屈子秭歸故居，皆爲秦有。《年表》又有遂東至竟陵句，竟陵今安陸府。楚兵散，不復戰。東北保於陳城。《綱目》楚徙都陳，今開封府陳州。二十二年，秦復拔巫、黔中郡。巫、黔中注幷見前。黔中，即漁父歌滄浪及涉江所遷辰陽漵浦之地。按原死骨肉未寒，而國勢土崩瓦解如此。《戰國策》載白起語云：楚王恃其國大，不恤其政。群臣相妒以功，諂諛用事。良臣斥疏，百姓心離。故得引兵深入，多倍城邑，以有功也。嗚呼，國以一人興，以一人亡，敵國知之矣。

又卷三《天問》　舊序云：原放逐山澤，見楚先王廟及公卿祠堂，圖畫天地神靈，古聖賢怪物行事，呵而問之，以渫憤懣，其言是矣。又云：原辭止書於壁，而楚人論述成篇，則未必然。曰：遂古之初，誰傳道之。遂，往也。《周禮·訓方氏》：訓四方之傳道。道，言也。世多言渾沌未分時事者，故首舉爲問。上下未形，何繇考之。上下，謂天地。《廣雅》：太初生於酉仲，清濁未分也。太始生於戌仲，清者爲精，濁者爲形也。太素生於亥仲，已有素朴而未散也。至於子仲，剖判分離，輕清者上爲天，重濁者下爲地。邵子《經世》：天開於子，地闢於丑，人生於寅。問人生則有天地矣，何由知有天地未形之時乎！冥昭瞢暗，誰能極之。冥昭，晝夜也。瞢暗，見周禮十輝。冥昭瞢暗，指晝夜未分時言。《淮南子》云：未有天地，窈窈冥冥。極，窮也。問人生則有晝夜矣，何由知有晝夜未分之時乎！馮翼惟像，何以識之。馮翼，絪緼浮動之意。《淮南子》云：天地未分，馮馮翼翼。又曰：未有天地，惟像無形。此問何由知其狀乎。按宋胡五峰曰：一氣大息，震蕩無垠。海宇變動，舊迹全滅。是謂洪荒之世。明章本清云：天地無終始，特有一明一暗耳。戌亥之時，純陰無陽，日月晦黑，萬物不生。然天地形質，未嘗敗壞，至子時陽生而天復開。此昔人論渾沌异同之大概也。明明暗暗，惟時何爲。明明，明而又明。暗暗，暗而又暗。猶言日夜相代也。時，是也。何爲，言孰主其事也。《大荒東經》：月母之國，有人名鵷，處東極以止日月，司其短長，歸藏空桑之蒼蒼。八極之既張，乃有羲和，是主日月，職出入，以爲晦明。陰陽三合，何本何化。《穀梁傳》云：獨陽不生，獨陰不生，獨天不生，三合然後生。按天者，理而已矣。三陰本者，化之原；化者，本之發。又《素問》云：陰陽者，變化之父母，生殺之本始。三陰三陽，三合爲治。厥陰，風氣主之；少陰，熱氣主之；太陰，濕氣主之。少陽，相火主之；陽明，燥火主之；太陽，寒氣主之。此亦一說。此上皆問造化以前之事。

王植《正蒙初義・太和篇第一》 造化所成，無一物相肖者，以是知萬物雖多，其實一物無無陰陽者。以是知天地變化，二端而已矣。 張子語錄：人與動植之類已是大分不齊，於其類中又極有不齊。某嘗謂天下之物無兩箇有相似者，雖一件物亦有陰陽左右。譬之人，一身中兩手爲相似，然而有左右；一手之中五指，而復有長短。直至於毛髮之類，亦無有一相似。至如同父母之兄弟，不惟其心之不相似，以至聲音、形狀亦莫有同者。以此見，直無一同者。李注：以造化成物之各異，知物之各具陰陽；以物之各具陰陽，知天地變化之不出於陰陽也。華注：陰陽雖只兩端，其感遇凝聚卻萬有不齊，所以形質各不相肖。就其不相肖，而益可悟天地之化不外於陰陽也。愚按：上四句因形之不相肖，而知無物無陰陽，此在萬殊處說陰陽。下二句因物之各具一陰陽，而知天地之變化以生物者，總不外陰陽二端，此方見萬殊之一本意兩。以是「知」字相疊，而下舊說於無一物句，即謂萬殊一本，語氣未合不相肖，不但人與物異，飛與走異，即人之各具一面目、肢體，飛、走之族，各三百有六十，皆足見其不同。蓋就形體言之，集釋並及聖愚之異，亦非是。

朱軾《春秋鈔》卷四 晉侯重耳卒。三十有二年。 五伯齊桓、晉文爲盛，而桓優于文。桓寬大，文狹隘；桓優容，文褊急；桓坦易，文煩苛；桓謙遜，文倨傲。李氏廉曰：桓公會則不邇三川，盟則不加王人。文公會畿內亢矣，盟子虎悖矣。桓公寧不得鄭，不納子華，懼獎臣抑君，不可爲訓。文公爲元咺執君，三綱五常於是廢矣。此二伯之優劣，不待智者而知也。然桓卒未葬，而宋衛加兵，楚人假修好之說，參與會盟，微晉文奮起，伯統將在楚矣。晉襄初立，秦之窺鄭，齊之聘魯，皆有志乎爭伯也。而襄公卒，能繼其先烈，數傳猶主夏盟，其故何歟。論者謂桓公專任管仲，仲死而齊無正人，豎貂、易牙之徒進矣。文公選賢用能，遺之子孫，利及數世，國家治亂，關乎用人之得失，信乎。雖然，猶有說焉，從來小人之進，多因內變，而婦寺之禍，由於怠荒，《易》曰：其亡其亡，繫于苞桑。未有溺情縱欲，而不底於敗亡者也。桓公自葵丘而後，志意滿足，遂以聲色自娛，傳稱公多內寵，如夫人者六人，既卒而五公子爭立。豎貂、易牙因內寵爲亂。既立公子無虧，旋復殺之，齊國幾亡。宋納孝公，桓公、管仲之所屬也，然立不以正，又不能自強，蕭牆之患，未有已時，自治不暇，而能治諸侯乎？晉文出亡在外者十九年，楚子所謂備嘗艱難險阻，而民之情僞無不熟識者也。返國之初，慈惠恭儉，與民休息，義以安居，信以宣用，禮以生共，四載于茲而後用之，以伐衛、侵曹，一戰勝楚，而伯業以成。自是會諸侯、尊王室，至再至三，安內攘外，討貳招攜，五年之間，伯者之事，無不畢舉，經營之勞，瘁可想見矣。內而宮闈整肅，文姜有懷安之戒。季隗凜貞□之操，杜祁賢而能讓，嬪御宦寺未有以變倖聞者，蓋文公之閑家有素矣。卒之日，臣民哀慕，宮府肅然，以此施之後人，《詩》所謂：君子有穀，貽孫子者。是也。自襄迄平，伯統不絕，豈偶然哉？蓋齊桓事事優於晉文，而始終不耽乎逸樂，則文優於桓。以事功言，文譎而桓正，以家法言，文正而桓亂矣。此貽謀之臧否所由分也。獨惜管子天下才，非狐、趙輩所能及。然三歸反坫，恣意宴遊，身之不正，如正君何。此大臣所以重德器而才猷爲次也。

又卷五 晉侯及秦師戰于彭衙，秦師敗績。二年。 程子曰：「越國襲人，秦罪也；忘親背惠，晉惡也。秦經人之國以襲人，雖忿無以爲詞矣，故其來不稱伐。晉不諭秦而與戰，故書晉。及忿以取敗，故書敗績。按：彭衙之戰，二國交譏，然以晉主，是戰則責晉尤重。蓋以常情而論，秦人爲報怨而興師，晉即謝過請平，未爲辱也。至胡傳諭以辭命猶不免，則告之天王、方伯，論雖正而近迂。」

方苞《周官集注》卷二《天官》 夏采掌大喪以冕服復于太祖，以乘車建綏復于四郊。 太祖，始祖廟也。乘車，玉路。綏，當作緌，以旄牛尾爲之，注于干首。于太廟以冕服，不出宮也。四郊以綏，出國門所建也。復者，各依命數，天子則十二人，各服朝服。祭僕復于小廟，隸僕復于小寢大寢，而太祖四郊之復，則屬夏采者。太祖四郊爲祭之最尊，王涖事，贊王者冢宰，故特設此職于天官以領復事，而他無所掌也。復者，人之終也。《春秋傳》晉侯有疾，秦醫和謂趙孟曰：國之大臣。榮其寵祿，任其大節，有災禍興而無改焉，必受其咎。今君至于淫以生疾，將不能圖卹社稷，禍孰大焉，主不能禦，吾是以云也。王之宮寢內外起居飲食無一不關于冢宰，必君之身終而後師保之責盡焉。此天官之屬所以終于夏采也。朱子曰：冢宰一官，兼領王之膳服、嬪御，此最設官之深意，蓋天下之事，無重于此。又曰：《冢宰》一篇，周公輔道成王，垂法後世，用意最深切處。欲知三代人主正心誠意之學，于此可見其實。李䌹卿曰：冢宰貳王，統百官，均四海。而諸官所掌不越居處、服御、財賦、絲麻之事，嗚呼，此聖人之議道自己者也。蓋飲食男女，人之大欲存焉，自公卿以下至于庶人，或有所制而不敢縱，或有所求而未必逞。若尊爲天子，富有四海，何求而不應哉？何憚而不爲哉？以是大欲而勢足以恢其邪心，于以治天下國家焉，吾不知其可也。周公知百官之得其統，四海之得其均，其要在王身，是故先以宮室安其身焉，次以飲食理其體焉，繼以賦式節其用焉，終以內宮佐其德焉。析其事則至纖至悉，若無關于政治之要，而觀其用意，本末兼修，內外交飭，以正君身，其至醇至備者乎。一之以大宰之權，分之以小宰、內宰之任，一起居，一飲食，一貨用，一擇採，進御多寡豐約，用舍去取，大臣皆得與聞之，而天子不得以自私，女子小人不得以竊惑。而司是職者必名德之選，是以上知之君就焉而益正，中材之主守焉而寡過，蓋正心誠意之實功，而治天下國家之本統也。

方苞《望溪集》卷二《詁律書一則》 神生於無形，成於有形，然後數形而成聲。故曰神使氣，氣就形。形理如類有可類，或未形而未類，或同形而同類。類而可班，類而可識，聖人知天地識之別。故從有以至未有以得。細若氣，微若聲，然聖人因神而存之，雖妙必效情，句。核其華，句。道者明矣。非其其當作「具」。聖心以乘聰明，孰能存天地之神而成形之情哉！神者，物受之而不能知。及其去來，故聖人畏而欲存之。唯欲存之，神之亦存。其欲存之者，故莫貴焉。神者，樂之精華，所以動天地感萬物之實理也。「生於無形」者，太虛之絪緼也。「成於有形」者，播於樂器，然後聲生而神寓也。數者，十二律三分損益之數也。播於有形之樂器，然後其自然之數一一形見，而成宫、商、角、徵、羽之聲也。「神使氣」者，以天地之神而運於人之氣也。「氣就形」者，以人之氣而就乎樂器也。凡音之高下疾徐，皆以人氣之大小緩急調劑而成，故曰就也。既播於有形之樂器，則其理如物類之羣分而有可別矣。方其未播於樂器，初無宫商清濁之可別，所謂「未形而未類」也。既播於樂器，則鐘磬管絃，凡同形者，音必相似，所謂「同形而同類」也。然雖同形同類，而一器之中，其音之清濁高下，又各自有別類，而可班者，制器而可別其度也。「類而可識」者，審音而可識其分也。凡此皆天地陰陽之理，自然而有別者也。聖人知天地之理，而識其所以別者，故能從有以至未有，而得細於氣微於聲者。所謂神也，有者，器數之既形也；未有者，器數之未形也。聲氣辨於既有器數之後，而神存於未有器數之先。故從有以至未有，然後可以探聲氣之本，而得其神也。然聖人雖識天地之神，而苟無以存之，衆人不能用也。故制爲器數以存之，則其理雖微妙，必因器數而各效其情矣。效者，呈也。情者，實也。華者，器數之形道者神理之運也。核其器數而無差忒，則神理之運亦可得而明矣。非天地之神本具於聖人之心，而作律之聖人，又乘其聰明之獨擅以核乎？器數之分，豈能存天地之神，而使聲氣之實理各効於器數之中哉！聖人辨器數，以著聲音之實理，所謂成形之情也。神者，天地之所以鼓物，故神之去來，物之衰旺視焉。而物常受之而不能知，如聞聲知勝負，而勝者負者不自知也。審樂知興亡，而興者亡者不自知也。而其情畢効於聲樂，故聖人畏而欲存之。唯欲存之，故設爲器數，而神亦於是乎存其欲存之者，聖心聰明之所寓也，故莫貴焉。

惠士奇《惠氏春秋説・僖公》 二十有四年冬，天王出居于鄭。《左傳》：鄭之入滑也，滑人聽命。二十年，滑人叛鄭而服于衛。夏，鄭公子士、洩堵寇帥師入滑。師還，又即衛，鄭公子士、洩堵俞彌堵俞彌，即堵寇。帥師伐滑。王使伯服、游孫伯請滑，鄭伯不聽王命而執二子。王怒，將以狄伐鄭。富辰諫，弗聽。使頹叔、桃子出狄師。夏，狄伐鄭，取櫟。王德狄人，將以其女爲后。富辰諫，又弗聽。初，甘昭公有寵於惠后，惠后將立之，未及而卒。昭公奔齊，在十二年。王復之，在二十二年。又通于隗氏。王替隗氏。秋，頹叔、桃子奉大叔以狄師伐周，大敗周師，獲周公忌父、原伯、毛伯、富辰。王出適鄭，處于汜。冬，王使來告難曰：「不穀不德，得辠于母弟之寵子帶，鄙在鄭地（汜）［汜］敢告叔父。」臧文仲對曰：「天子蒙塵于外，敢不奔問官守？」王使簡師父告于晉，使左鄢父告于秦。天子無出，書曰「天王出居于鄭」，辟母弟之難也。鄭伯與孔將鉏、石甲父、侯宣多省視官具于（汜）［汜］而後聽其私政，禮也。《公羊》不考文，遂謂天王不能事母，襄王自謂得辠于母弟，非母也，且惠后之卒久矣。《穀梁傳》：天子無出，出，失天下也。居者，居其所也，雖失天下，莫敢有也。

張廷玉等《資治通鑑綱目三編》卷二八 ［萬歷二十七年」十二月，武昌漢陽民變，擊傷稅使陳奉。發明：礦稅爲神宗時極弊之政，乃復以奸民訐告，敕使括金，遂至悉發境內諸墓，暴及枯骨，因以淩辱士民之妻，甚至舉火焚燬民居，碎屍擲諸途路。明代任用內寺，其弊百出，誤國喪師，何所蔑有。然未有橫虐恣毒若此之無道者，蓋由神宗濟以好貨之私，若輩乃敢肆其刦掠之術。在武昌、漢陽之民擁入奉廨，爭投瓦石，憤憑應京之被逮，聚哭者至萬餘人，又復焚巡撫轅門，民氣可謂不靖。以尋常無事時論之，則當立懲首惡，嚴究奸民，以止其亂。若此之剝民病國，是所謂壅而必決者，陳奉寶有以致之，豈盡民之無良哉？應京抗疏劾奉，可謂直言，而轉檻車繫訊，閹臣、臺臣亦交章聲言奉罪，神宗僅僅召奉還京，無一譴訶之語，賞罰之不明，不幾拂人之性耶。

茅星來《近思録集注》卷一〇 中孚之象曰：君子以議獄緩死。傳曰：君子之于議獄，盡其忠而已。於決死，極于惻而已。天下之事無所不盡其忠，而議獄緩死最其大者也。項氏曰：獄之將決，則議之，其既決，則又緩之，然後盡于人心。《王制》：正聽之，司寇聽之，三公聽之，議獄也。《周禮》卿士旬而職聽遂士，二旬而職聽縣士，三旬而職聽緩死也。故獄成而孚輸，而孚在我者盡，故在人者，無憾也。朱子曰：今法家惑于罪福報應之説，多喜出人罪以求福報，是使無罪者不得直，而有罪者得倖免。是乃所以爲惡也。何福報之有？蓋《書》所謂「惟刑之恤」者，亦欲其詳審曲直，使不至于濫耳。豈謂極惡大罪，槪可從末減哉！邱瓊山曰：《易・象傳》言：刑獄者，五卦噬嗑賁豐旅，中孚也。噬嗑賁豐旅，皆有離象。而噬嗑豐，則兼取震。賁旅，則兼取艮。惟中孚，則有取于巽兑者。先儒謂中孚體全似離，互體有震艮。蓋獄以明照爲主，必先得其情實，則刑不濫。然非震以動之，則無有威斷，又必艮以止之，然後不過，用其明以恣其威也。夫。然後兑以議之，巽以緩之。原情定罪，至再至三，詳之以八議。原之以三宥，議而又議，緩而又緩，求其出而不可得。然後入之，求其生而不可得。然後死之本乎至誠，孚信之心存乎至仁，惻怛之意則在我者。既盡而在人者，無憾矣。

又卷一二 復貴安，固頻復頻失，不安于復也。復善而屢失，危之道也。聖人開其遷善之道，與其復而危其屢失。故云厲无咎，不可以頻失，而戒其復也。頻失則爲危，屢復何咎？過在失，而不在復也。「開」下，呂本無其字。與，許也。本註劉質夫曰：頻復不已，遂至迷復。「劉質夫曰」以下，葉本自爲一條。劉質夫，名絢，程子門人。先世常山人，祖舜卿，以仕宦始家河南，以蔭爲潞州長子令。元祐初，韓維薦其經明行修，爲京兆府教授。王巖叟、朱光庭又薦爲太學博士，卒于官。「迷復」，上六爻辭也。葉氏曰：頻復，頻失而不止，久則玩溺而不能復，必至上六之迷復矣。徐氏曰：上六，位高而無下仁之美，剛遠而無遷善之機，厚極而有難開之蔽，柔終而無改過之勇，是昏迷而不知復者也。張氏曰：人于過失，當時或不能自知，過後未有不悔，但不能乘此悔心，力圖自新，他日臨事差忒如故。韓昌黎所謂「當其在辱，亦克知悔，及其既寧，終莫知戒。如此，則終身所言所行，只是有悔，安得悔亡？」

睽極，則咈戾而難合。剛極，則躁暴而不詳。明極，則過察而多疑。睽之上九，有六三之正應，實不孤。而其才性如此，自睽孤也。「睽孤」二字，上九爻辭。葉氏曰：上居睽之，終是睽之極也。以九居上，是剛之極也。居離之終，是明之極也。如人雖有親黨，而多自疑，猜妄生乖離，雖處骨肉親黨之間，而常孤獨也。此即上節之意而申明之，以見其必睽孤也。葉氏曰：多自疑猜，明極之患也。妄生乖離，剛極睽極之患也。愚按：前言顏子剛而明，故有不善，未嘗不知。知之，未嘗復行，則明與剛固美德也。而此又云然者蓋聰明剛果過甚，則爲患。如漢明帝綜核操切，而漢業漸衰。唐宣宗英明彊察，而唐不復振。剛與明，其可極乎！是故，古之賢若不耀威武不峻刑，誅，降心以受言，溫恭以接下。凡此所以濟其剛也。不務苛察，不矜摘伏，集公議以爲耳目，採羣言以驗得失，凡此所以益其明也。不然，未有不至于睽孤者。

孫嘉淦《春秋義》卷一　[隱公]十年，戊辰，桓王七年。春，王二月，公會齊侯、鄭伯于中一。謀伐宋也。齊從魯請而黨鄭也，齊魯之於宋、鄭，屢反覆矣。齊始盟鄭，繼而盟宋，既又黨鄭而伐宋，視石門瓦屋之盟無有也。魯始盟宋，既而平鄭，又爲宋伐邾，又爲鄭伐宋，視蔑宿之盟無有也。揆厥始終，有由然也。未輸平則黨宋，既輸平則黨鄭。不歸所輸，則又黨宋；既歸所輸，則又黨鄭。其迹二三，而心則一也。賂故也。君子是以知利之害也，能棄人之信而喪其耻也，能移人之心而亂其國也。

又卷六　[僖公二十有八年]夏四月己巳，晉侯、齊師、宋師、秦師、及楚人戰于城濮，楚師敗績。以晉主戰，晉志乎是戰也。曩者，齊桓伐楚，未之戰也。齊怠楚張，非城濮之役，則中國危矣。而《春秋》無褒辭者，何也？聖王之於夷狄也，服之而已，不與角其力也。其於中國也，安之而已，不殘民以逞也。桓公伐楚，其進也以義，其退也以禮。不殘民而敵服，猶近正也。晉文擾擾，多方致敵，雖幸而勝，其道不足尚也。故語戰功，則城濮之績過于召陵；論道義，則召陵之盟愈于城濮。觀《春秋》之書法，知聖人所以治天下矣。戰稱人，將卑也。敗稱師，紀實也。師敗而將未獲也。

趙殿成《王右丞集箋注》卷六《桃源行》　初因避地去人間，更聞成仙遂不還。峽裏誰知有人事，世中遙望空雲山。不疑靈境難聞見，塵心未盡思鄉縣。出洞無論隔山水，辭家終擬長游衍。自謂經過舊不迷，安知峰壑今來變。當時只記入山深，青溪幾度到雲林。春來遍是桃花水，不辨仙源何處尋？東坡謂世傳桃源事，多過其實。考淵明所記，止言先世避秦亂來此，則漁人所見，似是其子孫，非秦人不死者也。又云：殺雞作食，豈有仙而殺者乎？舊說南陽有菊水，甘而芳。民居三十餘家，飲其水皆壽，或至百二三十歲。蜀青城山老人村，有見五世孫者。道極險遠，生不識鹽醯。而溪中多枸杞，根如龍蛇，飲其水故壽。近歲道稍通，漸能致五味，而壽亦益衰。桃源蓋此比也歟！使武陵太守得而至焉，則已化爲爭奪之場久矣。嘗意天壤之間，若此者甚衆，不獨桃源，其說甚正。乃後之詩人文士，往往以爲神蹤仙境。如韓退之詩云：「神仙有無何渺茫，桃源之說誠荒唐。」劉禹錫云：「仙家一出尋無蹤，至今流水山重重。」皆失之矣。右丞此詩，亦未能免俗。

沈彤《儀禮小疏》卷五《既夕禮》　丈夫髽，散帶垂。鄭云：爲將啓，變也。此互文以相見耳。髽，婦人之變。《喪服小記》曰：男子免而婦人髽，男子冠而婦人笄。按：熊朋來《經說》云：《小記》曰，男子免，婦人髽。《既夕》經文必亦如《小記》所言，而有脱字，注者妄謂互文，適以惑人也。此說得之。敖云：髽者，去冠與纚，而爲露紒也。將髽髮者必先髽，故言此以明之，亦與前經互見也。此斬衰者耳，其齊衰以下則皆免，散帶垂解，其三日所絞者也，凡大功以上皆然。又云：此但言丈夫，是婦人不與也。婦人之帶所以不散垂者，初已結本，又質而少美，故於此不可與丈夫同。其所以不言髽者，婦人不當髽者，雖未殯亦不髽，則此時可知矣。其當髽者，自小斂以來至此，自若無所改變，故不必言之。按喪婦《小記》釋男子免而婦人髽云，其義爲男子則免，爲婦人則髽。鄭云男女別也，然則丈夫雖去笄纚而紒一如髽形，而其名不可亂也。以丈夫之紒而謂之髽，不幾於男女無別乎？又此經丈夫兼衆主人衆兄弟在其中，非獨斬衰者，散帶垂承上髽而言，則婦人之帶亦散垂矣。《士喪禮》論丈夫未成服之帶，兩言散垂，于婦人但記其異者，而云結本，明結本之上不絞垂，猶丈夫也。然則啓殯之節，必解其成服之所絞，而仍結其本，雖不盡與丈夫同，亦安得云非散垂哉！至婦人之髽，猶丈夫之免。《小記》云：緦，小功，虞、卒哭則免，明婦人之髽亦然，詎有啓殯而親屬不髽者？崔氏大功以下無髽之說不可從也。啓殯之髽去笄，總而以布，蓋變于成服而同于小斂，謂小斂以來至此自若者亦非。髽制詳《喪服》布總、箭笄、髽、衰節。

牛運震《空山堂春秋傳》卷一　[隱公四年春]戊申，衛州吁弑其君完。州，《穀》作祝。州吁不書公子，削之也。曷爲削之？州吁者，嬖人之子，其母賤，其子不得稱公子，削之所以絶其屬籍也。君弑書名與君薨書名例同。按：弑君之賊，例應從同。蔡般、許止、楚商臣皆書世子，齊商人書公子，乃獨於州吁不書公子無知。不書公孫，其義何居？《穀梁》曰：「以國氏者嫌也，弑而代之也。」商人、商臣獨非弑而代之乎？程氏曰：「不削之，無以著其弑逆之罪；不世子、公子之，安知非盜與微者，無以著其弑之之實。」夫弑逆之賊，雖不削之，其罪自見也。況情均罪等，安有自岐其例，俾後人炫而莫定乎？胡氏申《公羊》之旨，謂莊公不待州吁以公子之道，故去其公子。《春秋》爲亂臣賊子而作，子有罪而追咎其父，非通道也。孔穎達以爲史有詳略，文無褒貶，夫日月非褒貶所係。謂之史有詳略可也，稱名者，《春秋》之大義，聖人烏有因仍舊史而不著其義者，然則所謂筆削者安在也？夫蔡般、許止、楚商臣以弑君而兼弑父者也，不書世子，則無以知其爲弑父也；商人固已貴爲公子矣，弑其兄之子而自立，又定於其位，故於其弑君也，稱公子；於其被弑也，稱君。州吁於屬也賤，無知之於諸兒於誼則疏，弑而自立，又皆不定於其位，旋即見誅。聖人於其弑君也，絶其屬不稱公子，不稱公孫；於其誅也，不與其爲君，直曰殺州吁，殺無知而已。此《春秋》之微旨也。杜氏預曰：「戊申三月十七日，有日而無月。按月者所以繫日，有日無月，史文闕也。」知此益不可執日月以定褒貶矣。

李重華《三經附義》卷上《書傳附義》　隨山刊木。先儒謂刊者槎誌也。蓋當洪水泛濫時，地理無由分别，故禹先就山之逈出水上者，隨方登覽，而削木刻字以誌其域。即于所誌之中，擇其山之最高，水之最大者，定爲每州宗主，如是則分土既有其準繩而治水始得其統紀矣。此三句自是一串，言分土總以高山大川爲域，而必隨山刊木以誌之耳。敷土即起，下九州，奠高山大川即領起，下濟、河，惟兖、海、岱，惟青等名目也。

郜坦《春秋集古傳注》卷一五　［昭公十有六年］，楚子誘戎蠻子，殺之。正曰：諸侯終則書名，蠻子被殺，何以不名？《春秋》變例，以明有國之君，非諸侯所得殺也。考之於經，小國之君被害而不名者有三：邾人用鄫子，邾人戕鄫子，及楚子誘殺戎蠻子是也。稱邾人，削其爵也；稱鄫子，著其爵也。若復書名，則嫌於討罪之爵也。《春秋》於小國之君多從略，故可以變書名之例，以正邾罪。今楚子誘殺戎蠻子，亦當書人而書爵者，著楚以圖霸之故而殺戎蠻子也。傳言無質。蓋蠻子不專事楚，而貳於晉也，故楚子誘而殺之。《春秋》以其列於五等之爵，故曰戎蠻子，以著楚子無王，擅殺其守臣也。若書其名如蔡侯般，則亦必書殺者名如楚子虔。然戎蠻，楚之屬國也，又不當示敵體之義，故不書蠻子之名以免書楚子之名，而諸侯殺諸侯又未嘗不彰明較著也。此《春秋》嚴名分、辨等列，無微不至者也。若謂書名之例不可變，蔡、衛等國則然矣，故有楚虔、蔡般之書。

嵇璜等《續通志·唐紀》卷七　［天寶十五載六月］丁酉，次于馬嵬，楊國忠爲禁軍所殺，貴妃楊氏賜死。謹按《通鑑輯覽》、御批《綱目》書楊國忠及貴妃伏誅説者，謂二人之罪宜誅，書法所以正名定罪。殊不知是時衆叛親離，威柄不出玄宗，且玄宗亦無誅之之意，安得謂之伏法？惟據事直書，則罪名既著，而元禮嗾衆劫君之惡亦自彰。杜甫一生忠懇，獨于《北征詩》褒美元禮，大過，不可爲訓。且彼時玄宗顛沛流離，楊氏又安能更爲人患哉？若謂宜誅，則當於祿山未叛、楊氏方盛之時，捨身固爭，方可謂之忠臣。元禮所爲，正韓愈所謂「又下石焉」者。在朋友尚不可，而況君臣乎？若元禮者，直亂臣賊子，其去祿山蓋一閒耳。

馮浩《玉谿生詩集箋注》卷二《漫成五章》　沈宋裁辭矜變律，王楊落筆得良朋。當時自謂宗師妙，今日惟觀對屬能。李杜操持事略齊，三才萬象共端倪。集仙殿與金鑾殿，可是蒼蠅惑曙雞。生兒古有孫征虜，嫁女今無王右軍。借問琴書終一世，何如旗蓋仰三分。代北偏師銜使節，關東裨將建行臺。不妨常日饒輕薄，且喜臨戎用草萊。郭令素心非黷武，韓公本意在和戎。兩都耆舊偏垂淚，臨老中原見朔風。浩曰：論詩談兵，語絶不符。楊致軒謂是歷敍生平而作，午橋本之，已略得其用意，而未能全合。愚爲之細參，蓋實義山自敍一生淪落之嘆，必先解明末二章，而前三章了然一串矣。四章「代北」二句，專爲石雄發，以見李衛公之善任人也。《舊》、《新書》及《通鑑》曰：「雄，徐州人，系寒，不知其先所來。曾爲璧州刺史，以王智興誣奏，長流白州。太和中，党項寇河西，選求武士，乃召還，隸振武軍使劉沔爲裨將。會昌初，回鶻烏介可汗奉太和公主犯雲、朔北川，詔移沔河東節度，沔以太原之師屯雲州。雄受沔之教，自選勁騎三千，月暗發馬邑，直犯烏介牙，追擊之，遂迎公主還。」正代北之地，故曰「代北偏師」也。河東道諸州皆關東也。雄起自偏裨，以功授天德防禦副使，遷河中尹、晉絳行營節度，則建行臺矣。振武軍在單于東都護府，天德軍在豐州中受降城西之大同川，皆關内道之邊，與河東道之邊犄角以禦北狄。雄之立功，實在關東，舊本皆作「東」，朱氏作「中」，誤也。潞之役，雄功最多。二句蓋統指破回紇、平昭義之事。其後又移河陽、鳳翔兩鎮。而王宰者，智興之子，數沮陷之。會德裕罷相，因代歸，雄自陳黑山烏嶺之功，求一鎮以終老。執政以德裕所薦，僅除龍武統軍，失勢怏怏，聞德裕貶，發疾而卒。雄本系寒，又召自流所，黨人既排擯於德裕罷相之後，必早輕薄於德裕委任之時，故曰「不妨常日饒輕薄，且喜臨戎用草萊」也。其時名將，劉、石並稱，然沔不可云草萊；且義而有勇，罕有雄之比者，故武宗李相於諸將中最賞識者惟雄也。雄爲黨人排擯，義山受黨人之累，故特爲之鳴不平，而致慨於衛國也。朱氏引王忠嗣、李靖以疏代北二句，事雖相類，而語不可合。且前時戰功甚多，何獨舉之？至或云王茂元，則尤不足辨矣。五章詠河、湟收復之事，而悼衛公也。《通鑑》：會昌四年，以回紇微弱，吐蕃内亂，議復河、湟四鎮十八州，令天德、振武、河東訓卒勵兵以俟其時。《會昌一品集》所謂令代北諸軍攙攙排比也。時劉濛爲巡邊使，其賜詔曰：「緣邊諸鎮，各宜選練師徒，多蓄軍食，使器甲犀利，烽火精明，密爲制置，勿顯事機。」是衛公已大有收復之謀，其異議者必曰佳兵黷武，故借郭張以白之。觀會昌初，天德軍使田牟請擊嗢沒斯及赤心内附之衆，德裕獨謂當遣使鎮撫，賜以糧食，懷柔得宜，彼必感恩，此亦足見非黷武而在和戎之大指矣。及大中三年收復河、湟，未始非叨會昌之餘威，而衛公則已叠貶將死也。《吐蕃傳》云：河、隴耆老率長幼千餘人赴闕，莫不歡呼忭舞，爭冠帶於康衢。河、湟在京都西北，今既來歸，則中原見朔風矣。曰「垂老」者，喜今日而追痛前此也。時以憲宗常有志復河、湟，加順、憲二廟尊號；而武宗、李相之功，無一人言之者，此義山所爲感慨出之也。又曰：義山始受知彭陽，習爲章奏，自幸師承可恃，致身亨衢，豈知後爲其子所棄哉？徒以章奏之學，操筆事人，故曰「惟觀對屬能」，非校文品之高下，深嘆此外之無能得益也。義山自負才華，不得內用；而綯以淺陋之胸，居文學禁密之職，豈非蒼蠅之亂晨雞耶？此首二兩章爲令狐父子言之也。夫義山之一生淪落，以見棄於楚之子綯也。其見棄者，以其壻於茂元也。第三首爲五篇之關鍵。孫仲謀比令狐之有貴子，王右軍自比，下二句承上而言，一蕭閒，一顯赫，迥不侔矣。集中用方朔小兒及才子郎君，此其例也，不必過爲拘看。四五兩章則大白衛國任將運籌之動，而恨讒口之無良，以衛國之相業，石雄之戰功，尚遭排斥，更何有於他人哉？此五篇之線索，而義山一生喫緊之篇章也。其體格則全仿老杜。

顧鎮《虞東學詩》卷五《檜風・羔裘》 羔裘逍遙，狐裘以朝。豈不爾思？勞心忉忉！羔裘翱翔，狐裘在堂。豈不爾思？我心憂傷！羔裘如膏，日出有曜。豈不爾思？中心是悼！此篇序下之言，有功於序者甚大。序稱大夫以道去其君，而詩言其君服御之美而已，非有大無道之事，不能一朝居之勢也，何以忉忉然憂傷是悼哉？讀序下言國小而迫，君不用道，好潔其衣服，逍遙遊燕，而不能自強於政治。乃知檜君直安樂公之流，其後人恃險驕侈，蓋其家法使然，大夫有心，能無去乎！一、二章先言逍遙翱翔，後言以朝在堂，是以遊宴爲急務，而怠於政治矣。末章但誇羔裘之美，不復言以朝在堂，是直廢棄朝常，而終日爲逍遙翱翔之事矣。古義曰：詩人非以羔裘狐裘爲大，故而以逍遙翱翔爲可憂，可謂能見大意矣。昔漢成帝善脩容儀，臨朝淵默，而漢綱解紐，卒墜炎基，況區區檜國哉！說者不於其大而斷斷於狐裘黃白之間，抑末已。鄭謂狐黃是蜡祭服。蘇、嚴謂狐白是朝于天子服。

乾隆初儒臣《儀禮義疏》卷三四《特牲饋食禮》 前期三日之朝，筮尸，如求日之儀。《正義》鄭氏康成曰：三日者，容宿賓視濯也。敖氏繼公曰：如求日之儀，兼若不吉而改筮者言也。案：《少牢》筮尸前祭之二日，而士必三日者，大夫筮日畢即官戒齊期，士既無暇爲七日之戒，又必無祭而不致齊之事，故前期三日之朝筮尸，容以筮尸之日爲致齊之始也。通論。何氏休曰：祭必有尸者，節神也。禮，天子以卿爲尸，諸侯以大夫爲尸，卿大夫以下以孫爲尸。夏立尸，殷坐尸。朱子曰：古人祭祀無不用尸，非惟祭祖禰用尸，祭外神亦用尸，不知祭天地如何，想惟此不敢爲尸。杜佑謂古人用尸蓋上古朴陋之禮，看來古人自有深意，非朴陋也。案：祭必立尸，程子說已見《士虞禮》，朱子謂惟祭天地想不敢爲尸，蓋以無敢爲之尸者，故意其然也。然《夏官・節服氏職》「郊祀裘冕，二人執戈，送逆尸從車」，則郊亦有尸與。

命筮曰：「孝孫某，諏此某事，適其皇祖某子，筮某之某爲尸。尚饗！」《正義》鄭氏康成曰：某之某者，字尸父而名尸也。字尸父，尊鬼神也，連言其親，庶幾其馮依之也。賈疏：《曲禮》云：爲人子者，祭祀不爲尸。然則尸卜筮無父者，諱則不稱名，故知尸父曰某是字，尸既對父，故某爲名。大夫士以孫之倫爲尸。賈疏：祭祖則用孫列，皆取於同姓之適孫。敖氏繼公曰：某之某，謂某之子某也。《春秋傳》潘尫之黨，申鮮虞之摯，皆謂其子也。特見命詞，明其餘皆如求日之儀。案：重言某者，正著其在孫列而不在子列，且以其父爲祖所識也。通論。孔氏穎達曰：外事尸異姓，內事尸同姓。賈氏公彥曰：案祭統孫爲王父尸，鄭注云，取於同姓之適孫也。天子諸侯宗廟之祭，亦用孫之倫，但取卿大夫有爵者爲之。故《鳧鷖》之詩皆言「公尸」。又《曾子問》「卿大夫將爲尸於公」是也，若大夫士之祭尸，無問成人與幼，皆得爲之，故《曾子問》篇中孔子答曾子曰：「祭成喪者必有尸，尸必以孫，孫幼則使人抱之」是也。案：宗廟之尸，必以同姓，取其精氣合也。必以孫之倫，昭穆同也。必以適，不敢以賤者依吾親也。必以無父者，兩無所妨其尊也。此數者喪祭吉祭同者也。其有不同者，喪祭不筮尸，尙質也；吉祭則筮尸矣。練與大祥亦筮尸，漸而之吉也。吉祭無女尸，而喪祭有女尸何也？以婦人喪不可以男子爲尸也。吉祭而後同几有牉合之道焉，陽統陰，陰從陽，斯不用女尸矣。喪祭雖用尸，而尸偶不備，則無尸者有之，若吉祭則不可無尸，無尸是殤之也，子孫而殤其祖考焉，可乎？右筮尸。

乾隆初儒臣《禮記義疏》卷二五《月令》 是月也，以立冬。先立冬三日，太史謁之天子曰：「某日立冬，盛德在水。」天子乃齊。立冬之日，天子親帥三公、九卿、大夫以迎冬於北郊，還反，賞死事，恤孤寡。正義。鄭氏康成曰：死事，謂以國事死者。若公叔禺人、顏涿聚者也。孔疏：公叔禺人見《左傳・哀十一年》，顏涿聚見《左傳・哀二十三年》。孤寡，其妻子也。有以惠賜之，大功加賞。高氏誘曰：迎冬於北六里之郊，水氣用事，其先人有死王事以安社稷者，賞其子孫，有孤寡者矜恤之。孔氏穎達曰：因殺氣之盛，故賞死事，以財祿供給其妻子。朱氏申曰：賞軍帥武人，所賞者猶寡，賞死事而恤其孤寡，所賞者爲多。蓋秋爲少陰，而冬爲重陰故也。案：仲春養幼少，存諸孤，順生氣之盛也。孟冬賞死事，恤孤寡，感殺氣之盛也。存疑。張氏虙曰：念死事之人，慮其孤寡不得所養，從而賞之，順時之政，於是爲至。案：賞與恤分二義。蓋死事之子孫不孤寡者則賞之，其孤寡者則恤之，恤視賞其惠又有加也。高說甚明，張氏混而一之，誤。

紀昀等《周官義疏》卷二《天官・大宰》 以八柄詔王馭羣臣。柄，臂映反。正義。鄭氏康成曰：柄，所秉執以起事者也。詔，告也，助也。賈氏公彥曰：獨此與八統言詔王者，餘並羣臣職務常所依行，此乃王所操持，大宰贊之，故特言詔也。案：爵祿廢置，生殺予奪，聖人制法，皆天理之當然也。然以天下之大柄，而操於一人，非上聖至仁，豈能一一各應其則及其變也。則有不宜貴而貴，不宜富而富，不宜廢而廢，不宜置而置，不宜予而予，不宜奪而奪者矣。又其甚也，且有不宜生而生，不宜殺而殺者矣。自非公正無私，能好能惡之相臣，隨事隨時，竭誠盡慮以告其君，鮮不牽於私意，蔽於僉壬，而冥行倒置者。漢唐以下，非無勵精求治欲謹其操柄之賢君，而不能比隆於三代，以詔之者無伊、傅、周、召之相臣耳，此振古治道升降之分界也。

彭元瑞《五代史記注》卷一　四年，全忠乃自將救犨，率諸鎮兵擊敗巢將黃鄴、尚讓等，犨以全忠爲德，始附屬焉。是時河東李克用下兵太行，渡河出洛陽，與東兵會擊巢，巢已敗去，全忠及克用追敗之于郾城。巢走中牟，又敗之于王滿。巢走封邱，又大敗之。巢挺身東走至泰山狼虎谷，爲時溥追兵所殺。《五代史》：四年春，帝與許州田從異諸軍同收瓦子寨，殺賊數萬衆。是時陳州四面，賊寨相望，驅擄編氓，殺以充食，號爲舂磨寨。帝分兵翦撲，大小凡四十戰。四月丁巳，收西華寨，賊將黃鄴單騎奔，陳帝乘勝追之，鼓譟而進。會黃巢遁去，遂入陳州，刺史趙犨迎于馬前。俄聞巢黨尚在陳北故陽壘，帝遂巡歸大梁。是時河東節度使李克用奉僖宗詔，統騎軍數千，同謀破賊，與帝合勢，于中牟北邀擊之，賊衆大敗于王滿渡，多束手來降。時賊將霍存、葛從周、張歸厚、張歸霸，皆匍匐于馬前，悉宥而納之。遂逐殘寇，東至于冤句。五月甲戌，帝與晉軍振旅歸汴，館克用于上源驛，既而備犒宴之禮，克用乘醉任氣，帝不平之。是夜命甲士圍而攻之，會大雨雷電，克用因得于電光中踰垣遁去，惟殺其部下數百人而已。六月，陳人感解圍之惠，爲帝建生祠堂于其郡。是歲黃巢雖殁，而蔡州秦宗權繼爲巨孽，有衆數萬，攻陷隣郡，殺掠吏民，屠害之酷，更甚巢賊。帝患之，七月，遂與陳人共攻蔡賊于溵水，殺數千人。《北夢瑣言》：黃巢自長安遁歸，與其衆屯於陳蔡間溵河，下寨連絡，號入山營。於時蔡州秦宗權懼巢，以城降之。時既饑乏，野無所掠，唯捕人爲食，肉盡繼之以骨，或碓搗，或磑磨，咸用充饑。天兵四合，巢軍不利，其黨駭散，頻爲雷電大雨淹浸其營，乃與妻孥昆弟奔于太山狼虎谷，爲外甥林言斬首送徐州。時溥下裨將李師鋭函首送成都行在也。《金華子雜編》：黃巢本王仙芝賊中判官，仙芝既死，賊衆戴之爲首，遂日盛，横行於中原，竟陷京洛，數年方滅。金華子曰：民猶水也，水能載舟，亦能覆舟。民於君也，善則歸服，惡則離貳。始盜賊聚於曹、濮，皆承平之蒸民也，官吏刻剝於賦斂，水旱不恤其病餒，父母妻子求養無計，初則窺奪穀粟以救死命，黨與既成，則連衡同惡，跨山壓海，東逾梁宋，南窮高廣。列獄無城壁之險，重關無百二之固，蟒喙嘘天，翠華狼狽而西幸，豺牙爍日，齊民肝腦以塗地，鄙鎬凌夷，往而不返矣。世之清平也，搢紳之士，率多矜恃儒雅，高心世禄，靡念文武之本，羣尙輕薄之風，莅官行法，何嘗及治。由是大綱不維，小漏忘補，失民有素，上下相蒙，百六之運既遭，翻飛之變是作。

盛世佐《儀禮集編》卷六《鄉飲酒禮》　主人戒賓，賓拜辱。主人答拜，乃請賓，賓禮辭，許。主人再拜，賓答拜。［鄭玄］註曰：拜辱，出拜其自屈辱至己門也。不固辭者，素所有志。［賈公彥］疏曰：知賓出門者，見《冠禮》主人宿賓，賓出門左，《鄉射》戒賓，亦出門，故也。《士相見》固辭，此禮辭即許者，賓已知欲貢己，又以學習德藝，情意相許也。案，《冠禮》主人先拜，賓答拜，此賓先拜，主人答拜者，彼《冠禮》主人戒同寮，同寮尊，又使之加冠於子，尊重之，故主人先拜。此則鄉大夫尊矣，賓是鄉人，卑矣。又將貢己，宜尊敬主人，故賓先拜辱也。朱子曰：學成行脩，進仕於朝，上以致君，下以澤民，此士之素有所志也。敖氏曰：此拜辱，即拜迎也。張氏曰：主人戒賓，言主人往至賓門，欲相警告，非謂已戒之也，至請賓，方是發詞相戒耳。主人再拜，拜其許己也。世佐案：主人，鄉大夫也。賓，處士也。主人戒賓，當如先生異爵者。請見禮先生異爵者，請見，先見之，不敢拜迎，而此乃云拜辱者，當賓興大典，主人好善忘勢，而賓亦以道自重，故以處士而儼然與大夫抗禮，不爲驕也。一辭而許，註以爲素所有志，固已然，考《士冠禮》、《鄉射禮》於主人之戒賓也，皆云賓禮辭，許，不聞有固辭者，然則一辭而許，爲賓之道固然，此亦如其常而已，以爲將貢己而固辭，君子惡其矯也。賓先拜，主人答拜者，考《士冠》宿賓，《鄉射》戒賓皆然，是亦禮之常也。《士冠》戒賓云：賓禮辭，許。主人再拜，賓答拜。主人之拜，是拜賓之許己，非先拜也。方其始至賓家之時，仍當賓先拜，彼不言者，文不具耳。以宿賓禮例之可見也。蓋主人至賓家戒之，則主人爲賓，賓爲主人，賓既爲主人，禮應先拜。疏家誤謂冠禮主人先拜，而其釋此賓先拜之，故亦似沾滯。

姜炳璋《詩序補義》卷一二《曹風・鳲鳩》　《鳲鳩》，刺不壹也。在位無君子，用心之不壹也。素厭後序陳古刺今之説，惟此篇則信其不誣，何也？曹爲小國，安得如是君子？如不在曹，何以列于《曹風》？如謂孟子生于鄒，不以地限，則國史必稽其名，史傳當詳其事。且所謂「正四國」、「正國人」、「胡不萬年」，則必在上之人，而共公以前所謂淑人君子者，實無足以當此，則序以爲陳古之君子以諷刺今之不能爲君子者，宜非鑿空之説。且詩無有既稱淑人復稱君子，惟此詩與小雅《鼓鐘》篇皆望古遙集，極思慕之致也。一章「儀一」者，有常度也。所處之地所接之人不一，而在我之威儀皆有其常度，即其儀之一，見其心之固誠中而形，非色莊也。于首章説明，下章説威儀處都是説心，不必再提出心矣。儀之一者，敬之形于外者也，心之一者，敬之積于中者也，兼内外方完得敬，蓋以全體言之也。二章，七子有在梅者。梅，善木也，喻醇良之民，而君子不敢恃也。君子全體只一心如結，見之而心形容不出，故于儀一上見之，而儀又形容不盡，又于其帶其弁上見之，連用三「其」字，低回反覆，純是一敬，不以民易治而生怠肆之心也。三章，七子有在棘者。棘，惡木也，喻頑梗之民，而君子不敢傷也。喜怒當于理，容止可師，作事可法，其威儀總無一差忒，故人之不正者歸于正也。四國猶然，況吾國乎。統括之曰儀，一一逐件細細檢過，儘有不一處，而未嘗忒也，乃見其一也。四章，其子有在榛者。榛，雜木也，喻平常之民，而君子不敢忽也。惟正己以正國人，能如是，雖萬年以此守國可矣，何待他求乎。正字上有正己一層，故不言威儀。《鳲鳩》四章，章六句。曹叔振鐸親受文王后妃之教，意者作爲此詩以訓子孫，而曹人至今傳之。凡威儀之不飭者，則誦此詩以警之也。今味其辭，誠緝熙敬止之遺，故《大學》引其第三章以發明治國齊家之旨歟！又《淮南子》云：賈多端則貧，工多技則窮，心不一也。「其儀一兮」，「心如結兮」，君子也。夫此猶不失詩意，而《詩故》以君子美公子臧，《蠡測》以爲美周公，而《詩億》以爲美僖負羈，皆非然也。

楊倫《杜詩鏡銓》卷一五《偶題》

車輪徒已斫，《莊子》：輪扁對齊桓公曰：夫斫輪不疾不徐，得之於手，應之於心。臣不能以喻臣之子，臣之子亦不能受之於臣，是以行年七十而老斫輪。堂構惜仍虧。漫作《潛夫論》，《後漢書》：王符字節信，隱居著書三十餘篇，以譏當時失得，不欲章顯其名，故號曰《潛夫論》。虛傳幼婦碑。《魏略》：邯鄲淳作《曹娥碑》，蔡邕題其後曰：黄絹幼婦，外孫虀臼。楊修讀之即解。曹操行三十里乃悟曰：黄絹色絲，絕字也；幼婦少女，妙字也；外孫，女子之子，好字也；虀臼，受辛之器，辭字也；乃絕妙好辭。言斫輪雖巧，肯構無人，我之著作竟莫爲繼述矣。

孫星衍《尚書今古文注疏》卷一《舜典》

殛鯀于羽山，［注］：史遷云：「以變東夷。」馬融曰：「殛，誅也。羽山，東裔也。」［疏］：馬注見《史記集解》。云「殛，誅」者，《釋言》文。《說文》「誅」作「殊」，蓋誤字。誅者，責遣之，非殺也。《漢書·鮑宣傳》云：「昔堯放四罪而天下服。」是殛即放也。《祭法》疏引《鄭志》荅趙商云：「鯀非誅死，鯀放居東裔，至死不得反于朝。禹乃其子也，以有聖功，故堯興之。若以爲殺人父用其子，而舜、禹何以忍乎？而《尚書》云『鯀則殛死，禹乃嗣興』者，箕子見武王誅紂，今與己言，懼其意有慙德，爲說父不肖其罪，子賢則舉之，以滿武王意也。」案：舜之殛鯀，方將使之變和東夷，必非置之死地。箕子云「殛死」，亦謂殛之遠方而至死不反，故《楚辭·天問》云：「永遏在羽山，夫何三年不施？」言久遏絕之不施舍也。不必謂滿武王之意而言。云「羽山，東裔」者，《地理志》：「東海祝其，《禹貢》羽山在南，鯀所殛山在今山東郯城縣東北七十里，江南贛榆縣界。」

孫星衍等《孫子十家注》卷一〇《地形篇》

支形者，敵雖利我，我無出也；引而去，令敵半出而擊之，利。杜佑曰：利，利我也。佯背我去，我無出逐，待其引而擊之，可敗也。李筌曰：支者，兩俱不利，如挂之形，故各分其勢。杜牧曰：支者，我與敵人各守高險，對壘而軍，中有平地，狹而且長，出軍則不能成陳，遇敵則自下禦上，彼我之勢，俱不利便。如此，則堂堂引去，伏卒待之；敵若躡我，候其半出，發兵擊之，則利。若敵人先去以誘我，我不可出也。陳皥曰：此說理繁而語倒。但彼此出軍，地形不便，敵若設利誘我而去，我愼勿追之。我若引去，敵止則已，若來襲我，候其半出，則急擊之。賈林曰：支者，隔險阻可以相要截，足得相支持，故不利先出也。梅堯臣曰：各居所險，先出必敗。利而誘我，我不可愛，僞去引敵，半出而擊。王晳曰：敵不肯至，則設奇伏而退；且詭之令必出。張預曰：利我，謂佯背我去也，不可出攻，我捨險則反爲所乘，當自引去。敵若來追，伺其半出，行列未定，銳卒攻之，必獲利焉。李靖《兵法》曰：「彼此不利之地，引而佯去，待其半出，而邀擊之。」隘形者，《通典》者作「曰」。我先居之，必盈之以待敵；杜佑曰：盈，滿也。以兵陳滿隘形，欲使敵不得進退也。若敵先居之，盈而勿從，不盈而從之。曹公曰：隘形者，兩山閒通谷也，敵勢不得撓我也。我先居之，必前齊隘口，陳而守之，以出奇也。敵若先居此地，齊口陳，便勿從也。即半隘陳者，從之，而與敵共此利也。杜佑曰：謂齊口亦滿也。如水之滿器，與口齊也。若我居之，平易險阻，皆制在我，然後出奇以制敵。若敵人據隘之半，不知齊口滿盈之道，我則入隘以從之；蓋敵亦在隘，我亦在隘，俱得地形，勝敗在我，不在地形也。夫齊口盈滿之術，非惟隘形獨解有口，譬如平坡迴澤，車馬不通，舟楫不勝，中有一逕，亦須據其路口，使敵不得進也，諸可知矣。李筌曰：盈，平也。敵先守隘，我去之。趙不守井陘之口，韓信下之。陳豨不守漳水，高祖下之是也。杜牧曰：盈者，滿也。言遇兩山之閒，中有通谷，則須當山口爲營，與兩山口齊，如水之在器而盈滿也。陳皥曰：隘口言陳是也，言營非也。賈林曰：從，逐也。盈，實也。敵若實而滿之，則不可逐討；若虛而無備，則入而討之。梅堯臣同杜牧註。王晳同曹公註。張預曰：左右高山，中有平谷，我先至之，必齊滿山口以爲陳，使敵不得進也。我可以出奇兵，彼不能以撓我。敵若先居此地，盈塞隘口而陳者，不可從也。若雖守隘口，俱不滿齊者，入而從之，與敵共此險阻之利。吳起曰：「無當天竈。」天竈者，大谷之口，言不可迎隘口而居之也。

梁章鉅《三國志旁證》卷二一《蜀書五》

亮遺命葬漢中定軍山，因山爲墳。《水經·沔水注》云：亮葬定軍山，因即地勢，不起墳壟，惟深松茂柏，攢蔚川阜，莫知墓塋所在。何焯曰：「葬漢中者，欲後嗣不事於魏也。」龔景瀚《諸葛武侯墓記》云：漢丞相諸葛忠武墓，在沔縣定軍山，夫人而知之也。祠後數武，大冢巍然，入謁者無不肅拜，然與陳氏《蜀志》所稱「因以爲墳」者不合。山右譚君炳，精於《洪範》衍疇之學，以數推之，云葬處當在垣外西北數十步半山，衆未信也。總督松公巡閱邊防至沔，謁侯墓。余與譚君皆從，既展拜，循垣北行，土岡環繞如屏，登其半，有碑在焉，萬歷十九年所題也。墓之形跡，略可辨識，履其上，聲橐橐如中空。譚君曰：「此葬處也。」左右前後，形勢宛然，午山子向，其不忘中原之志乎！岡上周垣，遺址猶餘尺許，衆以譚君之言爲有徵，皆神其術。知縣馬君允剛與邑之紳士，鳩工庀材，將新侯廟，適聞是語，遂加土爲封，因舊址築外垣以衛之，祠後之冢仍舊不敢廢也，立石於左，與明碑對，請余記之，以示後人。余考侯有專祠，在縣城東五里道旁，中有《重修祠墓記》，亦萬曆十九年所立也。其文云仍舊址爲垣，更覈侵地，以短垣盡護。域外之山，各爲圖載碑陰，碑陰已磨不可考，然當時有內外兩垣可知也。今所封之墳，當時已知之矣，而各爲圖，蓋兩存之以云慎也。季漢至今，二千有餘年矣。酈氏《水經注》云：遺令葬定軍山，因即地勢，不起墳隴，惟深松茂柏，攢蔚川阜，莫知塋墓所在。當北魏時，距侯歿僅數百年，所言若此，況至今哉！侯之英靈在天下，其體魄所藏，與山爲體，岡巒回護，松柏蔥鬱，數十里外望之者，無不肅然起敬。是定軍一山，皆侯墓也，必求尺寸之地以實之，則鑿矣。

焦循《孟子正義》卷九《公孫丑下》

曰：「周公使管叔監殷，管叔以殷畔。知而使之，是不仁也。不知而使之，是不智也。仁智，周公未之盡也，而況於王乎？賈請見而解之」注：賈欲以此說孟子也。疏：注「賈欲以此說孟子也」。正義曰：《詩·衛風·氓》「猶可說也」，《淮南子·道應訓》「以說於衆」，高誘注皆云：「說，解也。」故以說釋解。見孟子，問曰：「周公何人也？」注：賈問之也。曰：「古聖人也。」注：孟子曰：周公古之聖人也。曰：「使管叔監殷，管叔以殷畔也，有諸？」注：賈問有之否乎。曰：「然。」注：孟子曰如是也。曰：「周公知其將畔而使之與？」注：賈問之也。曰：「不知也。」注：孟子曰：周公不知其將畔也。「然則聖人且有過與？」注：過，謬也。賈曰：聖人且猶有謬誤。疏：注「過謬」至「謬誤」。正義曰：《國策·秦策》云「王之料天下過矣」，高誘注云：「過，謬也。」又「過聽於張儀」，高誘注云：「過，誤也。」曰：「周公弟也，管叔兄也，周公之過，不亦宜乎？注：孟子以爲周公雖知管叔不賢，亦不必知其將畔，周公惟管叔弟也，故愛之。管叔念周公兄也，故望之。親親之恩也。周公於此過謬，不亦宜乎。疏：注「周公」至「恩也」。正義曰：《周書·金滕》云「管叔及其羣弟乃流言於國」，某氏傳云：「周公攝政，其弟管叔及蔡叔、霍叔乃放言於國，以誣周公。」孔氏正義云：「《孟子》曰：『周公弟也，管叔兄也。』《史記》亦以管叔爲周公之兄。孔似不用《孟子》之說，或可；孔以其弟謂武王之弟，與《史記》亦不違也。」乃下「公將不利於孺子」傳云：「三叔以周公大聖，有次立之勢。」然則孔自以周公爲武王弟，管叔爲周公弟，乃爲有次立之勢。「其弟管叔」承「周公攝政」之下，自指爲周公弟，非承上爲武王弟也。蓋漢時原有二說：《史記·管蔡世家》：「武王同母兄弟十人，其長子曰伯邑考，次曰武王發，次曰管叔鮮，次曰周公旦。」此以管叔爲周公之兄也。《列女傳·母儀篇》云：「太姒生十男，長伯邑考，次武王發，次周公旦，次管叔鮮。」《白虎通·姓名篇》「文王十子」引《詩傳》云：「伯邑考，武王發，周公旦，管叔鮮。」此以周公爲管叔之兄也。盧氏文弨校《白虎通》引孫侍御云：「此所引《詩傳》，疑出《韓詩內傳》，以周公爲管叔之兄，與趙岐注《孟子》合。」按《白虎通·誅伐篇》云：「《尚書》曰『肆朕誕以爾東征』，誅弟也。又云：『誕以爾東征』，誅祿甫也。」誅弟正指管、蔡，不可以蔡統管。若管是周公兄，則宜以管統蔡云誅兄；今云「誅弟」，則管、蔡皆周公弟也。高誘注《淮南子·氾論訓》云：「管叔，周公兄也。」此用《史記》。注《呂氏春秋·開春篇》云：「管叔，周公弟。」又注《察微篇》云：「管叔，周公弟也。蔡叔，周公兄也。」誘亦嘗注《孟子》者也。《後漢書·樊儵傳》儵云「周公誅弟」，注云：「周公之弟，管、蔡二叔，流言於國。」又《張衡傳·思玄賦》云「旦獲讟於羣弟兮，啓《金滕》而乃信」，注云：「成王立，周公攝政，其弟管叔、蔡叔等謗言，云『公將不利於孺子』，周公乃誅二叔。」《魏志》毋丘儉《討司馬師表》云：「《春秋》之義，大義滅親，故周公誅弟。」嵇康《管蔡論》云：「按記管、蔡流言，叛戾東都，周公征討，誅凶逆，頑惡顯著，流名千里；且明父聖兄，曾不鑒凶愚於幼稺，覺無良之子弟，而乃使理亂殷之弊民。」下云：「文王列而顯之，發、旦二聖，舉而任之。」又云：「三聖未爲不明，則聖不佑惡而任頑凶，不容於時世，則管、蔡無取私於父兄。」此論正本《孟子》發之，而以文武周公爲管、蔡之父兄，與趙氏同。李商隱《雜記》云：「周公去弟。」此皆以周公爲兄者。毛氏奇齡《四書賸言》云：「予嘗以此質之仲兄及張南士，亦云此事有可疑者三：周公稱公，而管叔以下皆稱叔，一。周公先封周，又封魯，而管叔並無畿內之封，二。周制立宗法，以嫡弟之長者爲大宗，周公、管、蔡皆嫡弟，而周公爲大宗，稱魯宗國，三。趙氏所注，非無據也。」周氏柄中《辨正》云：「趙氏以周公爲兄，管叔爲弟，《列女傳·母儀篇》數太姒十子，亦以管、蔡爲周公弟。《鄧析子·無厚篇》云：『周公誅管、蔡，此於弟無厚也。』《傳子·通志篇》云：『管叔、蔡叔，弟也。爲惡，周公誅之。』又《舉賢篇》云：『周公誅弟而典型立。』漢晉諸儒，固有以管叔爲周公弟者，不特臺卿此注也。」按趙氏自有所本，但孟子直云「周公弟也，管叔兄也」，自是以管叔爲周公之兄。程氏瑤田《通藝錄·論學小記》云：「父子相隱，是事已露而私之也。周公使管叔監殷，是事未形而私之也。周公之爲不知而使，不待言。然自陳賈言之，以爲不智，何說之辭？自孟子言之，則曰『周公弟也，管叔兄也』，故私其兄而不疑之，此乃天理人情之至，斷無疑其兄畔之理，故曰『周公之過，不亦宜乎？』惟孟子爲能善道聖人，天下無於兄弟而動畔之念者，則無疑於兄弟畔之人也。一切不仁不智，皆以私心測聖人，而不知聖人之公，不過自遂其私而已。故可以使而使之，可以過而過之，陳賈何知焉！」且古之君子，過則改之；今之君子，過則順之。古之君子，其過也如日月之食，民皆見之，及其更也，民皆仰之；今之君子，豈徒順之，又從爲之辭。」注：古之所謂君子，眞聖人賢人君子也。周公雖有此過，乃誅三監，作《大誥》，明勑庶國，是周公改之也。今之所謂君子，非眞君子也。順過飾非，就爲之辭。孟子言此，以譏賈不能匡君，而欲以辭解之。疏：注「乃誅」至「之也」。正義曰：《尚書序》云：「武王崩，三監及淮夷畔，周公相成王，將黜殷，作《大誥》。」《毛詩》正義引鄭氏注云：「三監，管叔、蔡叔、霍叔三人，爲武庚監於殷國者也。」王氏鳴盛《尚書後案》云：「《逸周書·作雒解》云：『武王克殷，立王子祿父，俾守商祀；建管叔於東，蔡叔、霍叔於殷，俾殷監臣。』是管、蔡、霍爲三監之明文。」《金滕》云：「武王既喪，管叔及其羣弟，乃流言於國曰：『公將不利於孺子。』周公乃告二公曰：『我之弗辟，我無以告我先王。』周公居東二年，則罪人斯得。」《列子·楊朱篇》云：「四國流言，周公居東三年，誅兄放弟。」《史記·周本紀》云：「管叔、蔡叔羣弟疑周公，與武庚作亂畔周。周公奉成王命，伐誅武庚、管叔，放蔡叔。」此周公誅三監之事也。《大誥》云：「王若曰：猷大誥爾多邦，越爾御事。」又云：「肆予告我友邦君，越尹氏庶士御事曰：予得吉卜，予惟以爾庶邦于伐殷逋播臣。」是明敕庶國之事也。劉氏台拱《周公居東論》云：「武庚席勝國之餘業，地方千里，連大國以窺周室，而管、蔡以骨肉至親，爲之陰伺虛實，相機舉事，表裏相應，動出百全；然猶以周公之故，不敢遽發，故以流言之謗，爲反閒之謀，意欲先陷周公，而後逞志於成王。《詩》曰：『相彼雨雪，先集爲霰。』禍亂之萌，見於此矣。而周公於此，顧乃懵然而不察，坦然而無疑，引嫌畏罪，去不旋踵，以墮於敵人之術中。直至四國並起，猖獗中原，然後倉皇奔命，僥倖於一日之成功，則周公之智，何遠出管、蔡下哉？論者必曰：『周公弟也，管叔兄也，豈忍料其將變哉？』此以施於使監之時，則至言也。施之於流言之後，則妄說也。今有人聞謗而不辨者，是君子也。無故加己以篡弑之名，而安然不問，則冥頑不靈之人而已矣。況其爲反閒之謀，覬覦之漸，豈有安然受之而不究所從來者乎？是故流言之初起也，周公萬不料其爲管、蔡，而心識其爲商人之閒己，則不敢以不察。察而得之，必且始而駭，中而疑，終則痛哭流涕，引以爲終身之大感，此天理人情之至，以義推之而可見者也。而謂周公必當守不忍料之意以終身，則舜何以知象之將殺己哉？『鴟鴞鴟鴞，既取我子，無毀我室。』『迨天之未陰雨，徹彼桑土，綢繆牖戶。』成王二公，未始以爲憂，而周公獨識之，此所謂罪人斯得者也。鴟鴞取子，以喻管、蔡爲武庚之所脅從。『恩斯勤斯，鬻子之閔斯。』所以未減其倡亂之罪，而不忍盡其辭，親親之道也。至於閔王業之艱難，懼覆亡之無日，情危辭蹙，幾於大聲而疾呼，自書契以來，哀慟迫切，未有若此詩之甚者。而說者紛紜顛倒，致使周公救亂之志，闇而不章，豈不惜哉！」按三監之建在武王時，賈以爲周公使之，已非其實；至於東征破斧，零雨心悲，公自行其所當然，原非謂先此誤使，爲斯救敗之舉也。惟孟子不爲周公辨過，而轉爲周公任過，且謂其能改過，特以取燕之舉，過於前，不能改於後，假周公之事以睨齊耳。必謂誅三監作《大誥》爲周公改過之徵，尙非孟子之恉矣。注「順過飾非」。正義曰：《荀子・成相篇》云：「拒諫飾非，愚而上同。」

又卷二三《告子上》　孟子曰：魚我所欲也，熊掌亦我所欲也，二者不可得兼，舍魚而取熊掌者也。生亦我所欲也，義亦我所欲也，二者不可得兼，舍生而取義者也。［注］：熊掌，熊蹯也，以喻義魚以喻生也。［疏］注：熊掌，熊蹯也。正義曰：《周禮・秋官・穴氏》：掌攻蟄獸，各以其物火之以時，獻其珍異皮革。注云：蟄獸熊羆之屬。賈氏疏云：謂熊羆之皮及熊蹯之等。文公元年《左傳》云：以宮甲圍成王，王請食熊蹯而死。注云：熊掌難熟，冀久將有外救。宣公二年《左傳》云：宰夫胹熊蹯，不熟。宣公六年《公羊傳》：熊蹯不熟。注云：蹯，掌也。生亦我所欲，所欲有甚於生者，故不爲苟得也。死亦我所惡，所惡有甚於死者，故患有所不辟也。如使人之所欲莫甚於生，則凡可以得生者，何不用也？使人之所惡莫甚於死者，則凡可以辟患者，何不爲也？［注］：有甚於生者，謂義也。義者，不可苟得。有甚於死者，謂無義也。不苟，辟患也，莫甚於生，則苟利而求生矣。莫甚於死，則可辟患不擇善，何不爲耳！［疏］：注「莫甚」至「爲耳」。正義曰：趙氏謂人之所欲，莫甚於生，是不知好義之人也。不知好義，乃苟求得生，人之所惡，莫甚於死者，是不知惡不義之人也。不知惡不義，乃苟於辟患，是指喪失其良心者，而言於下由是云云。不貫近時通解，則以此爲反言，以決人性之必善，必有良心，以爲下「人皆有之」張本。欲生惡死，人物所同之性，乃人性。則所欲有甚於生，所惡有甚於死，此其性善也，此其良心也。何以見其欲有甚於生？於其不爲苟得見之。何以見其惡有甚於死？於其患有所不辟見之。惟其有此良心，乃能如是。使本無良心，則惟欲生而已，惟惡死而已。所欲無有甚於生，則何以不爲苟得？所惡無有甚於死，則何以患有所不辟？反復以明人必有此良心。或謂此言生死之權度，所欲有甚於生，則不苟得此生；所惡有甚於死，則不苟於辟患，此舍生而取義之事也。使無義可取，則此時所欲莫甚於生，則又以得生爲是。此時所惡莫甚於死，則又以辟患爲是。生而不義，則不苟生，生而義，則亦不苟死。不爲苟得患有所不辟，爲貪生亡義者言也。可以得生，何不用！可以辟患，何不爲！爲輕生不知義者言也。義不在生，亦不在死，當死而死，當生而生，聖人之權也。

王文誥《蘇文忠公詩編注集成》卷三三《感舊詩》　牀頭枕馳道，王註：次公曰：東府在馳道旁，故云「枕馳道」也。施註：漢《賈山傳》：爲馳道於天下。雙闕夜未央。王註：《詩》夜如何其？夜未央。江文通詩：雙闕指馳道，朱宮羅第宅。車轂鳴枕中，客夢安得長。新秋入梧葉，誥案：子由和作自註破琴一事，其義見矣。風雨驚洞房。誥案：六句言地處侵迫，爲宰相所不容也。獨行殘月影，悵焉感初涼。筮仕記懷遠，施註：《左傳・閔公元年》：初，畢萬筮仕於晉。謫居念黃岡。一往三十年，此懷未始忘。扣門呼阿同，公自註：子由，一字同叔。安寢已太康。施註：《史記・齊太公世家》：客寢甚安。又按《毛詩》：無已太康，職思其居。青山映華髮，歸計三月糧。我欲自汝陰，徑上潼江章。施註：唐《地理志》：潁州汝陰郡。梓州，梓潼郡。査註：劉甲《人物志序》：唐以前，凡稱梓潼者，今之隆慶；稱涪者，今之綿州；稱郪及廣漢者，今之潼川也。想見冰盤中，石蜜與柿霜。公自註：予欲請東川而歸。二物，皆東川所出。憐子遇明主，施註《史記・蘇秦傳》：明主絶疑去讒。憂患已再嘗。施註：《左傳・僖公二十八年》：晉侯險阻艱難，備嘗之矣。報國何時畢，我心久已降。誥案：此詩前節，公自道其出入進退之跡。末四句，乃與子由囑別之詞也。「遇明主」，指宣仁擢居政地，非泛言累朝也。子由甫登右轄，即出待罪，繼又有姦臣虵豕之攻，故云「憂患再嘗」也。公初以親嫌請郡，子由亦累章避兄，及公出仍以親嫌爲名，子由心所不安，復請罷政，故作此詩以慰之。在公之意，謂舉朝嫉我者衆，我已無意得政，而爾則視我爲宜，幸而爾已得之，亦足行我之志，是爾事即我事也。若慮阻我進用而又復求去，其報國之心終不自了，是爾并不知我也。今我將請郷郡而歸，不復更入爾。但自問此可憂之國，是何時了畢以復於我，是即我所藉手而中心藏之者，故曰「報國何時畢，我心久已降」也。向以兩集僅有交讓之章，而後事無考，疑其未然。及觀公之帥揚也，子由期公過闕，見而後行，公不報，竟繞道去。其入掌夏官也，則加以差充鹵簿，似又虞其留滯於外，若使之不得辭也。因是推之，而曉然如見。蓋公自此以後，惟以及民爲事，而國是則委之子由，子由則尚冀公還，而徐俟後命。此兩公心事，各行其所安者。公則志已先定，故自道其出入進退如此。而子由即不當更去，其詩則託之於感舊耳。考公後之仕跡，惟以欲及殘年，少施實效，爲宣勞外服之請，反復陳説，不出此意。是其交讓之情事，公決絶始去，而悉寓此詩之中矣。子由詩云：「此心一自許，何暇憂陟岡。」亦明答此事。又云：「火急報君恩，會合心則降。」則言國事畢，從公歸老，餘不及其私者，立言固有體也。但其前半叙公入而復出，夾入破琴二句，如公僅係琴書之作，何以引作被出之事。詰以房琯比劉摯爲相，讀此詩而益信矣。公三叙皆及「和璞」，子由又云「和璞」，此指邢恕與摯狼狽，殆又甚於易光庭也。是時恕不在朝，然其姦譎播弄，不可思議，公與摯素無隙，此事必因恕發，恕與易亦必有連。公累云「和璞」，獨不引賈事，是恕實爲首禍之人，且其事尚不止此也。殆後摯坐恕得罪，而後所謂「和璞」者始見。今以其事不詳，故於詩註略去，特記於此，以俟知者考焉。江藩曰：以本詩證本詩，亦以經註經之例也。案斷精確，妙有神解。

阮元《揅經室集・一集》卷一〇《性命古訓》　《孟子》：孟子曰：口之於味也，目之於色也，耳之於聲也，鼻之於臭也，四肢之於安佚也，性也，有命焉。君子不謂性也，仁之於父子也，義之於君臣也，禮之於賓主也，智之於賢者也，聖人之於天道也，命也，有性焉，君子不謂命也。漢趙岐注曰：口之甘美味，目之好美色，耳之樂音聲，鼻之喜芬香。四體謂之四肢，四肢懈倦，則思安佚不勞苦。此皆人性之所欲也。得居此樂者，有命祿，人不能皆如其願也。凡人，則任情從欲而求可樂。君子之道，則以仁義爲先，禮節爲制，不以性欲而苟求之也。故君子不謂之性也。仁者得以恩愛施於父子。義者得以理義施於君臣，好禮者得以禮敬施於賓主，知者得以明智知賢達善，聖人得以天道王於天下，此皆命祿遭遇乃得居而行之，不遇者不得施行，然亦才性有之，故可用也。凡人則歸之命祿，任天而已，不復治性。以君子之道，則修仁行義，修禮學智，庶幾聖人亹亹不倦，不但坐而聽命，故曰君子不謂命也。按：此章乃孔子言性與天道之大義，必得此性、命兩節，相通相互而言之，則《五經》性命之古訓，無不合矣。晉唐人嫌味、色、聲、臭、安佚爲欲，必欲別之於性之外，此釋氏所謂佛性，非聖經所言天性。梁以後言禪宗者，以爲不立文字，直指人心，乃見性成佛明，頓了無生，試思以此言性，豈有味、色？此與李習之寂照復性之説又遠，與孟子之言更遠。惟孟子直斷之曰：性也。且曰：君子不謂性，則召誥之節性，卷阿之彌性，西伯戡黎之虞天性，《周易》之盡性，《禮記》、《中庸》之率性，皆範圍曲成，無不合矣。趙岐謂仁施父子、義施君臣者，如武王、周公爲子，周公、召公爲臣，此命之得以仁義施者也。命也，亦性也。若以舜爲瞽瞍之子，比干爲紂之臣，此處變不得以仁義施者也，亦命也。然有性焉，仁義存乎性，舜必以底豫而修仁，比干必以諫死而行義，舜與比干不諉父頑君虐於命也。禮敬施於賓主，如孔孟適各國，終無所遇。聖人得天道，王天下，如武王滅商有天下。孔子不得爲東周衰不夢周公，此各正其道以盡性也。窮理盡性，以至於命正者，正命即變者，亦正命也，皆所以事天也。按：唐李翱《復性書》曰：情之動靜弗息，則不能復其性而燭天地，爲不極之明。故聖人者，人之先覺者也。覺則明，否則惑，惑則昏。明與昏，性本無有。誠者，聖人性之也。寂然不動，廣大清明，照乎天地，感而遂通天下之故。弗慮弗思，情則不生。情既不生，乃爲正思。正思者，無慮無思也。《易》曰：天下何思何慮？寂然不動，邪思自息，惟性明照，情何所生？其心寂然，光照天地，是誠之明也。誠者，定也，不動也。昔之注解《中庸》者與生之言，皆不同，何也？曰：彼以事解者也，我以心通者也。本性清明，周流六虛，所以謂之能復其性也。夫子復生，不廢吾言矣。按：商周人言性命，多在事，在事故實。而《易》於率，循晉唐人言性命，多在心，在心故虛。而《易》於傅會習之此書是也。《尚書》、《毛詩》，無言不實。惟《周易》間有虛高者，然彼因言神明陰陽卜筮之事，是以聖人《繫辭》，不得不就《易》道以言之。《中庸》一篇與《易》道相關者多，惠氏定宇《中庸注》全歸入《周易》。故言亦或及於幽明高大之處，然無言不由實事而起，與老釋迴殊。樂於虛者，見《易》、《中庸》之内「寂然不動」、「誠則明」等語喜之，遂引之以爲證。又因《禮記》「人生而靜」、《孟子》「先覺」等語喜之，遂亦引之爲證，不知已入老釋之域矣。按：《周易》「寂然不動」，乃言卦爻未揲之先，非言人之心學也。「誠則明」者，乃治民獲上信友順親之事。明善者，乃學、問、思、辨、行之事，亦非言靜寂覺照也。「人生而靜」，言尚未感物，非專於靜也。「先覺覺民」，如《詩》之「牖民孔易」，非性光明照也。此不可誣改聖經，以飾釋典者也。至於釋典内有云佛者，何也？蓋窮理盡性，大覺之稱也。其道虛乎，固已妙絶常境，心不可以智知，形不可以象測。同萬物之爲，而居不爲之域。處言教之内，而止無言之鄉。寂寞虛曠，強名曰覺《翻譯大論》。佛蠲嗜欲，習虛靜而成通照也。有感斯應，體常湛然，形由感生。體非實有，魏書《釋老志》。自性本覺，詳見於《實相經》。白居易文。有生皆有情，菩薩乃有情中之覺者耳。佛有覺性而無情。翻譯名義。佛者，西天之語。唐言覺，謂人有智慧覺照爲佛心。《傳鐙錄》以上各釋氏之說，皆李習之復性之說所由來，相比而觀，其迹自見。蓋釋氏見性秖是明心，不但不容味、色、聲、臭、安佚存於性內，即喜、怒、哀、樂亦不容於性內。甚至以不生情爲正，覺性明照，則情不生。然則《易・文言》明以利貞爲情性矣。又言六爻發揮旁通情矣。然則，情可絕乎？性待復乎？恐未然矣。又案：釋氏所說，直指人心。見性成佛之性字，似具虛寂明照淨覺之妙，此在梵書之中本不知是何稱名，是何字樣。自晉魏翻譯之人求之，儒書文字之內，無一字相合，足以當之者，遂拈出性字，遷就假借以當之。彼時已在老莊清言之後，蓋世之視性字者，已近於釋老而離於儒矣。晉謝靈運詩云：偃卧任縱誕，得性非外求。王康琚詩云：矯性失至理。六朝人不諱言釋，不陰釋而陽儒。陰釋而陽儒，唐李翺爲始。魏收所云虛靜通照湛然感應者，此明說是佛性，不言是孔孟之性，不必辯也。李翺所言寂然靜明感照通復者，此直指爲孔孟之性，不得已不辯也。象山陽明，更多染梁以後禪學矣。又案：寂然靜明，感照通復，以此爲事可以鍊身體，可以生神智，可以爲君子，可以爲高士，可以爲名臣，可以守廉介，可以蠲嗜欲，可以澹榮利，亦有用有益也。然以爲堯舜孔孟相傳之心性，則斷斷不然。

沈欽韓《漢書疏證》卷一 已而有娠。《御覽》八十。《春秋合誠圖》曰：堯母慶都出觀三河之首，有赤龍負圖出，署曰赤帝起誠天下奄然。陰風雨，赤龍與慶都合婚有娠也。然帝告既是聖帝，聖人生聖子，何爲遠假異類以著神靈？讖緯之書大抵妖妄，而漢人公然以污簡牘。如熹平四年《帝堯碑》云：慶都與赤龍交而生伊堯。《成陽靈臺碑》云：游觀河濱，赤龍交，始生堯，欲以神堯反爲侮聖。又按班彪《王命論》云：劉媪任高祖而夢與神，遇神者即高祖也。考《釋典新婆沙論》云：健達縛即入胎之神，識如食香神，虛空無身，故中有名之。爾時二心展轉，見前入母胎藏。《修行道地經》云：應來生者，父母精合，便入胞胎。又問菩薩中有何名中有？以居死有後，在生有前。何處入胎？答從右脅入。輪土獨覺入胎位，從生門入。然如上說，則母之胞胎已有神識來依，惟異人降生則有感遇。《佛本行經》：摩邪夫人於睡眠中夢見有一六牙白象，乘空而下入於右脅。堯於高祖所感，正此類耳。若先未有身而爲怪物所憑，以污族姓德，同房后豈帝王之應運者乎？

陳奐《詩毛氏傳疏》卷一《麟之趾》 《麟之趾》，《關雎》之應也。《關雎》之化行，則天下無犯非禮，雖衰世之公子，皆信厚如麟趾之時也。[疏]：衰世，與《野有死麕》亂世，皆謂殷紂時。麟之趾。振振公子，[傳]：興也。趾，足也。麟信而應禮，以足至者也。振振，信厚也。于嗟麟兮。[傳]：于嗟，歎辭。[疏]：趾，《釋文》作止。《爾雅》：止，足也。今作趾，止、趾古今字。止與至同，故《傳》既釋止爲足，又以足至申明止足之義。《正義》云：言信而應禮，則與《左氏》說同，以爲修母致子也。服虔哀十四年《左傳注》云：視明禮修而麟至，思睿信立白虎擾，言從義成則神龜在沼，聽聰知正而名山出龍，貌恭體仁則鳳皇來儀。《騶虞》傳云：有至信之德則應之，是與《左傳》說同也。說者又云，人臣則修母致子應，以昭二十九年《左傳》云水官不修則龍不至故也。人君則當方來應。案孔穎達《左傳》疏及《禮記禮運》疏引《異義》與此詳略不同。《左傳》疏又云：賈逵、服虔、穎容等，皆以孔子自衛反魯考正禮樂、修春秋、約以周禮，三年，文成致麟，麟感而至。然則先儒皆主修母致子之說矣。麟爲應禮之信獸，詩以麟喻公子，言公子應文王之禮化，其德似麟也。麟，依《說文》作麐。序云：公子皆信厚，故《傳》以振振訓信厚。《殷其雷》「振振君子」，謂大夫之信厚。《傳》訓亦同。公子，公之子也。姓族之所自出也。二章公姓、三章公族，同姓族於公子者也。《文選》謝朓八公山詩注引。《韓詩章句》亦云：吁嗟，歎辭也。于、吁古今字。辭，當作詞。歎詞，美歎之詞也。美歎曰嗟，傷歎亦曰嗟，凡全詩歎詞有此二義。或言嗟，或言嗟嗟，或言猗嗟，或言于嗟。《爾雅》：嗟，咨䰙也。《說文・口部》：嗞，𧪰也。《言部》：𧪰，嗞也。嗟、䰙、𧪰同。麟之定。振振公姓，[傳]：定，題也。公姓，公同姓。于嗟麟兮。[疏]：定，題。題本作顛，定本作題。《釋文・正義》皆以顛爲誤，疑傳本作顛。《爾雅》作題，題顛同義，而顛與定雙聲。凡《毛傳》有不與《爾雅》盡同者，必於聲求義也。解之者不通其例，遂據《爾雅》之文，改毛傳之字矣。《爾雅釋言》：定，題也。顛，頂也。《車鄰》傳：白顛，的顙也。題、顛、頂、顙義同。定，依聲託訓也，俗加頁作顁。古者諸侯之子爲公子，公子之子爲公孫，公孫之子始以王父字爲姓，故與公同姓之人其姓實出於公，公之別子爲得姓之祖也。公之子，別子也。公子之子，繼別也。至公孫之子，其長子則爲繼別之大宗，其庶子即爲繼禰之小宗。既有小宗，即有庶姓，五世而遷。其羣小宗各自成其庶姓，而羣庶姓又壹是統於大宗之正姓。鄭注《禮記大傳》云：姓，世所由生。又云，姓，正姓也。始祖爲正姓，高祖爲庶姓。傳云：公姓，公同姓者。同其姓必同其祖，故《唐・杕杜》「不如我同姓」，《傳》：同姓，同祖也。麟之角。振振公族，[傳]：麟角，所以表其德也。公族，公同祖也。于嗟麟兮。[疏]：傳文角上麟字疑衍。角之爲言梏也、較也。定之爲言頞也、庭也。角、定皆有正直之義，此釋角爲表德，而於上章之定不言經義者，詳略可互見也。角德雙聲，定德亦雙聲。《爾雅》：麐，麕身牛尾，一角。郭注云：角頭有肉。《公羊傳》曰：有麕而角。公族，猶公姓也。孫以祖字爲姓，以祖字爲族。隱八年《左傳》，諸侯以字爲謚，因以爲族。杜注云：諸侯不賜姓，其臣因氏其王父字，或便即先人之謚稱以爲族。《爾雅・釋親》篇云：父之從祖晜弟爲族父，曾祖之孫也。自己而上，數至於曾，此四世稱族之義也。又云父之從祖祖父爲族曾王父，高祖之子也。族父之子相謂爲族晜弟，高祖之玄孫也。自己而上數至於高祖，又下數至於玄孫，此五世九族之義也。又云：族晜弟之子相謂爲親同姓，與己同出於高祖之父，此六世絕族之義也。然雖絕族，其庶姓猶各以始祖之正姓爲姓，即各以始祖之命族爲族，所謂同姓從宗合族屬也。故《傳》以同族爲同祖，同祖即同姓，是姓族皆有服內外之親也。《正義》謂公族較親於公姓，則以公族爲親族之族，而以公姓爲氏姓之姓，謬矣。

劉寶楠《論語正義》卷九《泰伯》 曾子曰：「可以託六尺之孤，[注]孔曰：「六尺之孤，幼少之君。」可以寄百里之命，[注]孔曰：「攝君之政令。」臨大節而不可奪也，[注]大節，安國家，定社稷。奪者，不可傾奪。君子人與？君子人也。正義曰：託，《玉篇·人部》引作侂。《說文》，侂、託俱訓寄。而從人從言，各有一義。今經傳皆通用託字。六尺之孤，以古六寸爲尺計之，當今三尺六寸。六尺是幼少，故晏子長不滿六尺，當時以爲身短，而孟子荀子咸言五尺爲童也。稱孤者，無父之辭。鄭注云：六尺之孤，年十五已下。《周官·鄉大夫之職》：國中七尺以及六十，野自六尺以及六十有五，皆征之。賈疏引鄭此注，申之云：鄭言已下者，正謂十四已下，亦可以寄託，非謂六尺可通十四已下。鄭必知六尺年十五者，以其國中七尺爲二十對六十，野之六尺對六十五。晚校五年，明知六尺與七尺，早校五年，故以六尺爲十五也。此疏說鄭義甚明憭。《大司徒》疏引此注，謂年十五，脫已下二字，當據《鄉大夫》疏補。《說文》：寄，託也，此常訓。百里者，《白虎通·封公侯篇》：諸侯封，不過百里。象雷震百里，所潤雲雨同也，不可奪者。《說文》：奪，手持隹失之也。敓，彊取也。二字義微別。今經傳敓皆作奪。君子者，卿大夫之稱。曾子言此人才德能稱其位，故重言君子以美之。《釋文》：君子也，一本作君子人也，是《釋文》原本無人字。臧氏庸《拜經日記》：義疏曰，此是君子人與也。又引繆協曰，非君子之人與君子者，孰能要其終而均其致乎？蓋讀君子人與君子也七字爲句。亦上有人字，下無人字，今本下文亦衍。注：「攝君之政令。」正義曰：《禮·緇衣》「《甫刑》曰：苗民匪用命。」注：命謂政令也。《魯語》「諸侯朝修天子之業命。」注：命，令也。攝，猶兼也，代也。言君幼，凡政令，皆臣攝治之也。或謂百里之命，謂民命也。《書·多方》「大降爾四國民命。」《禮·中庸》注引《孝經》說：命，人所稟受度也。六尺之孤，謂幼君。百里之命，謂民命，猶《秦誓》言子孫黎民也，此義亦通。注：大節至傾奪。正義曰：大節猶大事，故注以國家社稷言之，明此大節所關，在宗社安危存亡也。能安國家社稷，則不得以利害移，威武屈，故知不可傾奪。傾者，覆也，謂覆而取之也。《呂氏春秋·忠廉》篇言忠臣之事君，苟便於主，利於國，無敢辭違，殺身出生以徇之，即此注意。

陶澍《靖節先生集注》卷三《責子》 湯注：舒儼、宣俟、雍份、端佚、通佟，凡五人舒、宣、雍、端、通，皆小名也。或「俟」作「俁」，「佟」作「俗」。白髮被兩鬢，肌膚不復實。雖有五男兒，總不好紙筆。阿舒已二八，湯本云：一作「十六」。懶惰湯本云：一作「放」。故無匹。阿宣行志學，而不愛文術。雍端年十三，不識六與七。通子垂九湯本云：一作「六」。齡，但覓梨與栗。天運苟如此，且進杯中物。黃山谷曰：觀靖節此詩，想見其人慈祥戲謔可觀也。俗人便謂淵明諸子皆不肖，而愁歎見於詩耳。又曰：杜子美詩：陶潛避俗翁，未必能達道。觀其著詩篇，頗亦恨枯槁。達生豈是足，默識蓋不早。有子賢與愚，何其挂懷抱。子美困頓于山川，蓋爲不知者詬病、以爲拙於生事，又往往譏宗文、宗武失學，故聊解嘲耳。其詩名《遺興》可知也。俗人便謂譏淵明，所謂痴人前不得說夢也。馬大年曰：五柳《與子儼等疏》曰「汝等雖不同生」，則知五子非一母。或云：以五柳之清高，恐無庶出，但前後嫡母耳。僕以《責子詩》考之，正自不然，雍、端皆年十三，則其庶出可知也。醒軒云：安知雍、端非雙生？澍按：顏《誄》：先生居無僕妾。則醒軒說誠是。何焯曰：老夫耄矣，子又凡劣，北山愚公竟何人哉？此《責子》所爲作也。又曰：人不學，安知忠孝爲何事？陶士行後人，遂爲原伯魯之子，此公所以俯仰家國，而感歎於天運如此也。又曰：國亡主滅，何暇復恤子孫爲門戶計，故歸之天運也。張廷玉曰：杜子美《遺興詩》云：陶潛避俗翁，未必能達道。有子賢與愚，何其挂懷抱。獨山谷云：觀淵明此詩，想見其人慈祥戲謔可觀也。余謂淵明襟懷曠達，高出塵壒之表。大抵諸郎皆中人之資，期望甚切，稍不滿意，故遂作貶詞耳。況雍、端甫十三，通子方九齡，過庭之訓尚淺，可遽以不肖斷之耶？如世俗所論，則古人必皆作譽兒癖，而後可也。

魏源《老子本義》第二章 天下皆知美之爲美，斯惡已，兩已，蘇本作矣。皆知善之爲善，斯不善已。劉驥本，此句上亦有天下字。故有無相生，顧歡及龍興碑本無故字。傅奕本，六相字上並有之字。難易相成，長短相形，王弼本，形作較，與傾韻不協。高下相傾，音聲相和，前後相隨。是以聖人處無爲之事，行不言之教，萬物作焉而不辭，陸希聲及《御覽》引皆無焉字。傅及碑本，作作而不爲始。畢沅謂辭始聲通，以此致異。生而不有，爲而不恃，功成而不居。夫惟不居，是以不去。傅奕兩居字並作處。河上公作弗居。末三句從《淮南子》。此明首章常名、無名之恉也。蓋至美無美，至善無善。苟美善而使天下皆知其爲美善，則將相與市之託之，而不可常矣。此亦猶有無、難易、長短、高下、音聲前後之類。然當其時，適其情，則天下謂之美善，不當其時，不適其情，則天下謂之惡與不善。聖人知有名者之不可常，是故終日爲而未嘗爲，終日言而未嘗言，豈自知其爲美爲善哉？斯則觀徼而得妙也。若然者，萬物之來，雖亦未嘗不因應，而生不有，爲不恃，終不居其名矣。夫有名之美善，每與所對者相與往來興廢，以其有居則有去也，苟在己無居，夫將安去？此乃無爲不言之美善。無與爲對，何至於美斯惡，善斯不善哉？斯眞所謂常善也。作焉不辭，碑本作作而不爲始，義正相備。蓋萬物作焉而後應之不辭耳，此因應無爲之道也。吳氏澄釋爲言詞之詞，謂天何言哉，姚氏鼐謂作，使也，以身爲萬物使而不辭其勞，皆非本意。

又第三章 不尚賢，使民不爭；不貴難得之貨，使民不爲盜；不見可欲，使心不亂。傅奕本作使民心。《淮南子》無民字。是以聖人之治，去聲。李道純本無之治二字。傅奕本之治下有也字。虛其心，實其腹，弱其志，彊其骨。常使顧歡本下有心字。無知如字。無欲，使夫音扶。知者不敢爲也，知，去聲。王弼本作智者。焦竑云一本無敢字。傅奕本無也字。爲無爲則無不治。治，去聲。傅奕本治作爲。又治下有矣字。河上王弼本無。《老子》，救世之書也，故首二章統言宗恉，此遂以太古之治，矯末世之弊。夫世之不治，以有爲亂之也。有爲由於有欲，有欲由於有知。曰啓其無涯之知，而後節其無涯之欲，是濫觴江河，而徐以一葦障之也。太上未嘗自謂有知，未嘗見有可欲，故其治世也亦然。所謂賢者，專指瑰材畸行而言，蓋君子好名，小人好利，賢與貨皆可欲之具，是故人以相賢爲尚，則民恥不若而至於爭；貨以難得爲貴，則民病其無而至於盜，皆由見可欲耳。治世人尚純樸，無事乎以賢知勝人，物取養人，無貴乎難得而無用，則賢與不賢同用，難得與易得等視，民不至見之以亂其心，而爭盜之原絕矣。夫民心之不虛者，以其有可尚、可貴、可欲之事也。志以不弱者，以其有爭盜悖亂之萌也。今既心無外慕而虛矣，則腹雖實而含哺鼓腹，自無所紛其心；志無忿競而弱矣，則骨雖強而精足筋完，自無所逞其力。蓋道以虛爲體，以弱爲用，無事乎實與強也，故可實者惟腹而已，可強者惟骨而已，以虛弱爲心志，而置強實於無用之地，則其心志常無知無欲矣。無知無欲則無爲，縱有聰明知識者出，欲有所作爲，而自不敢爲。無爲之爲，民返於樸而不自知，夫安有不治哉？張氏爾岐謂心腹志骨四者皆借喻也，聖人之治，於華黜之事則務空之，於質樸之業則務充之，於爭競之端則務塞之，於自玄之實則務崇之，使民無知而不生分別之見，無欲而不起貪得之心，其說亦通。至後世養生家亦借四者爲說，則舛矣。

黃汝成《日知録集釋》卷一一《錢法之變》 自漢五銖以來，爲歷代通行之貨。原注：《金志》謂之自古流行之寶。未有廢古而專用今者，唯王莽一行之耳。考之於史，魏熙平初，尚書令任城王澄上言：「請下諸州方鎮，其太和及新鑄五銖幷古錢內外全好者，不限大小，悉聽行之。」梁敬帝太平元年，詔雜用古今錢。《宋史》言：「自五代以來，相承用唐舊錢。」至如宋明帝泰始二年，則斷新錢，專用古錢矣。金世宗大定十九年，則以宋大觀錢一當五用矣。昔之貴古錢如此。近年聽爐頭之說，官吏、工徒無一不衣食其中，而古錢銷盡，新錢愈雜。地既愛寶，火常克金，遂有乏銅之患。自非如隋文別鑄五銖，盡變天下之錢，古制不可得而復矣。陸氏曰：古有三幣，今亦有三幣。古之三幣：珠玉、黃金、刀布；今之三幣：白金、錢、鈔。古之爲市，以其所有易其所無，皆粟與械器耳。粟與械器，持移量算，有所不便，於是乎代之以金。金者，所以通粟與械器之窮也，所謂大不如小也。物有至微，厘毫市易，則金又有所不便，於是乎又代之以錢。錢者，所以通金之窮也。所謂頓不如零也。千里賫持，盜賊險阻，則金與錢俱有所不便，於是乎又代之以楮。楮者，如唐之飛錢，今之會票，又所以通金與錢之窮也，所謂重不如輕也。識三幣之情，則知所以用三幣之法矣。錢之重輕，自當以一錢爲率；錢之價值，斷當以每一文準銀一厘爲率。若錢太輕，則銅不敵銀；銅不敵銀，則多費。錢太重，則銀不敵銅；銀不敵銅，則難用。今之薄小低錢固非法矣。至京師黃錢，每六文準銀一分，亦未爲得也。今朝廷用錢，每便於發，不便於收；每便於下，不便於上。此由純用小錢，無子母相權之法故也。明天啓時，嘗鑄當十錢，每大錢一當小錢十，其重以一兩爲率。愚謂今後凡遇官民交易，勢當用錢者，小錢難於個數，竟用當十大錢，出入了然，無耗損兑折之弊，亦一法也。自古三幣，皆用金若銅，未有用楮者。唐憲宗時，令商賈至京師，委錢諸路進奏院及諸軍諸使，富家以輕裝趨四方，合券乃取之，號曰「飛錢」，此楮法所由起也。然此特以楮券錢，而非即以楮爲錢。宋張咏鎮蜀，患蜀鐵錢重，不便貿易，設質劑之法，謂之曰「交子」。高宗時，又有「會子」，始以楮爲錢，然猶用官錢爲本。至金、元之鈔，則直取料於民，不復用官錢爲本。所費之值不過三五錢，而售人千錢之物，民雖愚，豈爲所欺哉。且鈔易昏爛，不久仍廢，則楮幣之無用可知矣。必欲行楮幣之法，須如唐飛錢之制然後可。今人多有移重資至京師者，以道路不便，委錢富商之家，取票至京師取值，謂之會票。此即飛錢遺意。宜於各處布政司或大府去處設立銀券司，朝廷發官本，造號券，令客商往來者納銀取券，合券取銀，出入之間，量取路費微息，則客商無道路之虞，朝廷有歲收之息，似亦甚便。邱氏曰：竊謂鈔法之廢也久矣。苟欲其神明變通而爲可久之計，固不必襲楮幣之名，亦不當用虛薄易爛之紙。莫若取白銅之精好者，銷鑄爲鈔，如今之錢式而稍加重大，鏤以文字，面曰「康熙寶鈔」，背曰「準五」、「準十」之類，以至「準百」而止。而其中孔則別之以圓，取其內外圓通，流行錢法之義。要使內局自鑄，定爲一式，輕重纖毫不容增減，以杜僞造。汝成案：以銅爲錢，尚多盜鑄，易錢爲鈔，則詐僞愈增，既壅不行，必生苛法，先生論之詳矣。陸氏議易會票，會票原於飛錢，飛錢即鈔法權輿，名异實同，豈云善政？官司出入，百弊繁興，即防制嚴明，亦與平準、均輸何異？邱氏所議，工損利益，盜作尤夥，其害更倍。通變莫善二家，既附其言，幷疏得失。

陳立《白虎通疏證》卷五《誅伐》 佞人當誅何？爲其亂善行，傾覆國政。《韓詩內傳》曰：「孔子爲魯司寇，先誅少正卯，謂佞道已行，亂國政也。佞道未行章明，遠之而已。」《論語》曰：「放鄭聲，遠佞人。」《莊十七年》「齊人執鄭瞻」，《公羊傳》云：「此鄭之微者，何言乎齊人執之？書甚佞也。」《論語・陽貨篇》：「惡利口之覆邦家者。」《書・皋陶謨》：「何畏乎巧言令色孔壬？」《史記》「孔壬」作「佞人」。《鹽鐵論・刺議篇》：「以邪道人謂之佞。」是亂善行，傾覆國家也。《家語・相魯篇》：「孔子誅亂政大夫少正卯，戮之於兩觀之下。子貢曰：『少正卯，魯之聞人也。今夫子爲政而誅之，或者爲失乎？』子曰：『天下有大惡五，而竊盜不與焉。心逆而險，行僻而堅，言僞而辨，記醜而博，順非而澤，少正卯兼有之，此人之奸雄者也，不可以不除。』」亦以其亂國政，故先誅之也。故《說苑・指武篇》：「孔子斬少正卯以變衆，佞賊之人而不誅，亂之道也。」是也。若佞惡未著，則但聲言其佞，遠之而不用，如《論語》所云是已。

王先謙《後漢書集解・張衡傳第四十九》 永初中，謁者僕射劉珍、校書郎劉騊駼等著作東觀，撰集《漢記》，因定漢家禮儀，上言請衡參論其事，會並卒，［集解］：惠棟曰：事載胡廣《漢官解詁叙》。而衡常歎息，欲終成之。乃爲侍中，［集解］：先謙曰：官本「乃」作「及」，是。上疏請得專事東觀，收檢遺文，畢力補綴。衡表曰：臣仰幹史職，敢徼官守，竊貪成訓，自忘頑愚，願得專於東觀，畢力於紀記，竭思於補闕，俾有漢休烈，比久長於天地，並光明於日月，照示萬嗣，永永不朽也。［集解］：先謙曰：官本「照」作「昭」。又條上司馬遷、班固所叙與典籍不合者十餘事。衡集其略曰：《易》稱宓犧氏王天下，宓犧氏沒，神農氏作。神農氏沒，黃帝、堯、舜氏作。史遷獨載五帝，不記三皇，今宜幷錄。又一事曰：《帝系》黃帝產青陽、昌意。《周書》曰：乃命少皞行清。清，即青陽也。今宜實定之。［集解］：惠棟曰：注《周書》曰：乃命少皞清，見《嘗麥篇》。今本作「少昊請」，誤也。棟案平子以少皞爲五帝，則黃帝爲三皇矣。先謙曰：注，「行」字衍，官本無。又㠯爲王莽本傳但應載篡事而已，至於編年月，紀災祥，宜爲元后本紀。又更始居位，人無異望，光武初爲其將，然後即眞，宜㠯更始之號建於光武之初。書數上，竟不聽。及後之著述，多不詳典，時人追恨之。［集解］：王鳴盛曰：衡說皆迂謬不可從。以更始之號建於光武前者，意謂宜別作更始本紀耳，非如今書以更始元二年書於光武紀，而更始自爲列傳也。范蔚宗固未嘗用衡謬說。又曰：更始雖立，而力不能一天下，若守臣節，則漢業墮矣。且伯升首義，而更始信讒，殺之是，固不當臣附。王郎既誅，遂貳於更始，至河北關西略定方、建尊號，可無慚德。乃《袁紀》三卷論云：王莽乘權竊有神器，劉氏德澤實繫人心，更始之起乘義而動，號令稟乎一人，爵命班乎天下。及定咸陽而臨四海，清舊宮而饗宗廟，成爲君矣。世祖經略受節，而出奉辭征伐，臣道定矣。然則三王作亂，勤王之師不至，長安猶存，建武之號已立，雖南面而有天下，道未盡也。宏此論竟以光武即尊號爲大非，其迂謬又出衡下。洪頤煊曰：《前書・律麻志》更始帝著紀以漢宗室，滅王莽，即位二年。赤眉賊立宗室劉盆子，滅更始帝。自漢元年訖更始二年，凡二百三十歲，更始稱帝，其說頗與衡同。先謙曰：光武於更始未得其尺地一民之業，在漢史無爲，更始立紀之理宜，衡上書而帝不聽也。《通鑑・漢紀》從光武所封書曰「淮陽王綱目」，雖用分注之例，而直書曰「漢帝元」，皆以更始紀年，即衡所謂以更始之號建於光武之初者，後世自當如此。

王先謙《荀子集解》卷一五《解蔽篇》 故《道經》曰：「人心之危，道心之微。」今《虞書》有此語，而云《道經》，蓋有道之經也。孔安國曰：「危則難安，微則難明，故戒以精一，信執其中。」引此以明舜之治在精一於道，不蔽於一隅也。郝懿行曰：《道經》，蓋古言道之書。今《書・大禹謨》有此，乃梅賾所采竄也。唯「允執其中」一語，爲堯授舜、舜授禹之辭耳。危微之幾，惟明君子而後能知之。幾，萌兆也，與機同。王念孫曰：阮氏元曰：「此篇言知道者皆當專心壹志，虛靜而清明，不爲欲蔽，故曰『昔者舜之治天下也』云云。案後人在《尚書》內解此者姑弗論，今但就《荀子》言《荀子》，其意則曰：舜身行人事而處以專壹，且時加以戒懼之心，所謂危之也。惟其危之，所以滿側皆獲安榮，此人所知也。舜心見道而養以專壹，在於幾微，其心安榮，則他人未知也。如此解之，則引《道經》及『明君子』二句與前後各節皆相通矣。楊注謂『危之當作之危』，非也。危之者，懼蔽於欲而慮危也；之危者，已蔽於欲而陷危也。謂榮爲安榮者，《儒效篇》曰：『爲君子則常安榮矣，爲小人則常危辱矣。凡人莫不欲安榮而惡危辱。』據此，則《荀子》常以『安榮』與『危辱』相對爲言。此篇言『處一危之，其榮滿側』，若不以本書證之，則『危榮』二字難得其解矣。故解《道經》當以《荀子》此說爲正，非所論於古文《尚書》也。」案此說是也。下文言「闢耳目之欲，遠蚊䖟之聲」，「可謂危矣，未可謂微也」，言人能如舜之危，不能如舜之微也。然則所謂危者，非蔽於欲而陷於危之謂。

孫詒讓《墨子閒詁》卷二《尚賢中第九》 既曰若法，未知所以行之術，則事猶若未成，畢云：「若猶順。」王云：「『曰』者，『有』之壞字也。若法，此法也。言既有此法，而無術以行之，則事猶然未成也。畢以若法爲順法，失之。若與此同義，猶若即猶然。俞云：王非也。『曰』字乃『云』字之誤。云者有也，說見《辭過篇》。「既云若法」，即既有此法，淺人不達「云」字之義，謂是「云曰」之云，疑本書皆用「曰」字，此不當用「云」字，故改「云」作「曰」耳。是以必爲置三本。何謂三本？曰：爵位不高則民不敬也，蓄祿不厚則民不信也，政令不斷則民不畏也。故古聖王高予之爵，重予之祿，任之以事，斷予之令。夫豈爲其臣賜哉，欲其事之成也。詩曰：「告女憂卹，誨女予爵，舊本「爵」誤「鬱」，盧以意改爲「序爵」，畢從之。王云：「『鬱』爲『爵』之譌，『予』則非譌字也。上文言「古聖王高予之爵，重予之祿」，下文言今王公大人之用賢，「高予之爵，而祿不從」，此引詩「誨女予爵」，正與上下文「予」字同義，則不得改「予」爲「序」矣。《毛詩》作「告爾憂恤，誨爾序爵，誰能執熱，逝不以濯」。今《墨子》兩「爾」字皆作「女」，「序」作「予」，「誰」作「孰」，「逝」作「鮮」，「以」作「用」，是墨子所見《詩》固有異文也。案：王說是也。王應麟《詩考》引亦作「序爵」，盧蓋兼據彼文。然王考多以意改，未必宋本「予」果作「序」也，今不據改。《毛詩・大雅・桑柔傳》云：濯所以救熱也，禮亦所以救亂也。《鄭箋》云：恤亦憂也，逝猶去也。我語女以憂天下之憂，教女以次序賢能之爵，其爲之當如手持熱物之用濯，謂治國之道當用賢者。孰能執熱，鮮不用濯。」《詩考》引「孰」作「誰」，蓋亦王氏所改。蘇云：案《詩・大雅・桑柔篇》「孰」作「誰」，「鮮」作「逝」，「用」作「以」。則此語古者國君諸侯之不可以不執善，承嗣輔佐也。王云：「善，謂善待此承嗣輔佐之人，即上文所云『高予之爵，重予之祿，任之以事，斷予之令也。』」蓋「善」上不當有「執」字，涉上下文「執熱」而衍。案：王說非也。執猶親密也。《曲禮》云：「執友稱其仁也」，鄭注云：「執友，志同者。」《呂氏春秋・遇合篇》云：「故嫫母執乎黃帝」，《列女傳・辯通篇齊鍾離春傳》云：「衒嫁不售，流棄莫執」，執並與親義相近。此執善亦言親善也。譬之猶執熱之有濯也，將休其手焉。《爾雅・釋詁》云：休，息也。古者聖王唯毋得賢人而使之，「唯」，舊本作「惟」，今據王校改。「毋」，畢本改「毌」，云毌讀如貫習之貫，王云：畢改非也。毋，語詞耳，本無意義。唯毋得賢人而使之者，唯得賢人而使之也。若讀毌爲貫習之貫，則文不成義矣。下篇曰：今惟毋以尙賢爲政其國家百姓，使國之爲善者勸，爲暴者沮。又曰：然昔吾所以貴堯、舜、禹、湯、文王之道者，何故以哉。以其唯毋臨衆發政而治民，使天下之爲善者可而勸也，爲暴者可而沮也。《尙同中篇》曰：上唯毋立而爲政乎國家，爲民正長，曰人可賞吾將賞之。若苟上下不同義，上之所賞則衆之所非。上唯毋立而爲政乎國家，爲民正長，曰人可罰吾將罰之。若苟上下不同義，上之所罰則衆之所譽。下篇曰：故唯毋以聖王爲聰耳明目爲？豈能一視而通見千里之外哉，一聽而通聞千里之外哉。《非攻中篇》曰：今師徒唯毋興起，冬行恐寒，夏行恐暑，此不可以冬夏爲者也。春則廢民耕稼樹藝，秋則廢民穫斂。今唯毋廢一時，則百姓飢寒凍餒而死者，不可勝數。《節用上篇》曰：且大人唯毋興師以及伐鄰國，久者終年，速者數月，男女久不相見，此所以寡人之道也。《節葬下篇》曰：今雖毋法執厚葬久喪者言，以爲事乎國家。又曰：今唯無以厚葬久喪者爲政。《天志中篇》曰：故唯毋明乎順天之意，奉而光施之天下，則刑政治，萬民和，國家富，財用足，百姓皆得煖衣飽食，便寧無憂。《非樂上篇》曰：今王公大人，雖無造爲樂器，以爲事乎國家。又曰：今王公大人，唯毋處高臺厚榭之上而視之。又曰：今王公大人，唯毋爲樂，虧奪民衣食之財，以拊樂如此多也。又曰：今唯毋在乎王公大人說樂而聽之，即必不能蚤朝晏退，聽獄治政，今唯毋在乎士君子說樂而聽之，即必不能竭股肱之力，亶其思慮之智，内治官府，外收斂關市山林澤梁之利，以實倉廩府庫。今唯毋在乎農夫說樂而聽之，即必不能蚤出莫入耕稼樹藝，多聚菽粟，今唯毋在乎婦人說樂而聽之，即必不能夙興夜寐，紡績織紝，多治麻絲葛緒綑布縿。以上諸篇，其字或作「毋」或作「無」，皆是語詞，非有實義也。孟康注《漢書貨殖傳》曰：無，發聲助也。《管子・立政九敗解篇》曰：人君雖毋聽寢兵，則羣臣賓客莫敢言兵；人君唯毋聽兼愛之說，則視天下之民如其民，視國如吾國；人君唯無好全生，則羣生皆全其生，而生又養；人君唯無聽私議自貴，則民退靜隱伏，窟穴就山，非世間上，輕爵祿而賤有司；人君唯無好金玉貨財，必欲得其所好，則必易之以大官尊位，尊爵重祿；人君唯毋聽羣徒比周，則羣臣朋黨，蔽美揚惡；人君唯毋聽觀樂玩好，則敗；人君唯毋聽請謁任譽，則羣臣皆相爲請；人君唯無聽諂諛飾過之言，則敗。以上諸條，其字或作「毋」或作「無」，並與《墨子》同義。案：王說是也，洪說同，蘇疑「毋」爲「務」字之假借，非。般爵以貴之。畢云：般，讀如頒賜之頒。裂地以封之，終身不厭。賢人唯毋得明君而事之，竭四肢之力，以任君之事，終身不倦。若有美善則歸之上，是以美善在上，而所怨謗在下，寧樂在君，畢云：當爲「寧」，經典通用此。憂慼在臣，故古者聖王之爲政若此。

蘇輿《春秋繁露義證》卷一《楚莊王第一》 楚莊王殺陳夏徵舒，《春秋》貶其文，不予專討也。宣十一年：「楚人殺陳夏徵舒。」《公羊傳》云：「此楚子也。其稱人何？貶。曷爲貶？不與外討也。」「曷爲不與？實與而文不與。文曷爲不與？諸侯之義，不得專討也。」案：本書竝《公羊》說，而《順命》及《深察名號篇》有《穀梁》語。本篇晉伐鮮虞，《玉英篇》桓無王，有《穀梁》義。此類當是師說偶同。靈王殺齊慶封，而直稱楚子，何也？昭四年：「楚子、蔡侯、陳侯、許子、頓子、胡子、沈子、淮夷伐吳，執齊慶封，殺之。」《傳》：「此伐吳也。其言執齊慶封何？爲齊誅也。其爲齊誅奈何？慶封走之吳，吳封之於防。然則曷爲不言伐防？不與諸侯專討也。」案：直稱楚子，《傳》無文。本書之於《傳》，闡發爲多。亦有推補之者，如此及非逢丑父之類是也。有救正之者，如賢齊襄復賢紀侯之類是也。有特略之者，如殺子赤弗忍書日，外不用時月日例是也。曰：莊王之行賢，而徵舒之罪重。宣十年：「陳夏徵舒弒其君平國。」《史記・陳杞世家》：「孔子讀史記至楚復陳」，曰：「賢哉楚莊王，輕千乘之國而重一言。」以賢君討重罪，其於人心善。若不貶，孰知其非正經。《春秋》以經輔治，以權濟變，使人心不迷於正經，則天下可得而理矣。孟子曰：「君子反經。」《春秋》常於其嫌得者，見其不得也。莊王以賢君討重罪，嫌於得褒。靈王懷惡而討，與慶封同罪，故不嫌也。《春秋》別嫌疑，明是非，常于衆人之所善，見其惡焉；於衆人之所忽，見其美焉。隱七年《傳》云：「貴賤不嫌同號，美惡不嫌同辭。」蓋不嫌者可同，嫌者則纖微不相假借。在《禮》，女君嫌於舅姑爲婦，故于妾無服，而妾爲女君期，妾不嫌而女君嫌也。燕不以公卿爲賓，而以大夫爲賓，大夫不嫌而公卿嫌也。尸不以子而以孫，孫不嫌而子嫌。皆此例也。故曰：《春秋》原於《禮》。嫌得者，王道焜本注云：「宋本得作德。」盧文弨云：「得、德古多通用。」是故齊桓不予專地而封，晉文不予致王而朝，楚莊弗予專殺而討。僖元年：「齊師、宋師、曹師次於聶北，救邢。」

《傳》：「君則其稱師何？不與諸侯專封也。」僖十四年：「諸侯城緣陵。」《傳》：「城杞也。」「孰城之？桓公城之。曷爲不言桓公城之？不與諸侯專封也。」僖二十八年：「公會晉侯、齊侯、宋公、蔡侯、鄭伯、衛子、莒子，盟於踐土。公朝於王所。」《傳》：「曷爲不言公如京師，天子在是也。天子在是，則曷不言天子在是？不與致天子也。」弗，當作不，與上一律。三者不得，則諸侯之得，殆此矣。盧云：「殆，近也。此，即指上三事而言。」輿案：不與專封、致王、專討，尊王之大義也。三者不得褒，則其他諸侯之得褒者，可知其比矣。此，官本作貶，云：「他本作此。」凌本同，「殆」下引原注云：（凡凌引原注，皆王道焜本。）「恐是不待。」俞樾云：「以三君者之賢，而不得焉，則諸侯之得，殆非所以爲褒，而適所以爲貶。故曰諸侯之得殆貶矣。」輿案：《春秋》以比成文，豈能概以褒爲貶。今從盧校。此楚靈之所以稱子而討也。楚莊之賢，不與專討，則楚靈之不予可知。雖稱子以討罪人，不嫌矣。《春秋》之辭，多所況，詞多以況譬而見，所謂比例。是文約而法明也。《史記·孔子世家》：「約其文辭而指博。」故吳楚之君自稱王，而《春秋》貶之曰子。踐土之會，實召周天子，而《春秋》諱之曰：『天王狩於河陽。』推此類以繩當世。貶損之義，後有王者，舉而開之。《春秋》之義行，則天下亂臣賊子懼焉。孔子在位聽訟，文辭有可與人共者，弗獨有也。至於爲《春秋》，筆則筆，削則削，子夏之徒不能贊一詞。弟子受《春秋》，孔子曰：『後世知丘者以《春秋》，而罪丘者亦以《春秋》。』」問者曰：不予諸侯之專討，獨不復見於慶封之殺，何也？昭十三年：「蔡侯盧歸于蔡。陳侯吳歸于陳。」《傳》：「此皆滅國也。其言歸何？不予諸侯專封也。」盧云：「文已見僖十四年，此又復見也。」「慶封」上，各本脫「於」字，今依盧校補。曰：《春秋》之用辭，已明者去之，未明者著之。莊存與云：「《春秋》之辭，文有不再襲，事有不再見，明之至也。事若可類，以類索其別。文若可貫，以貫異其條。聖法已畢，則人事雖博，所不存也。」輿謂《春秋》用辭，有簡有復。大美大惡之所昭，愚夫婦之所與知者，則一明而不贅，所謂壹譏而已者也。嫌於善而事或鄰於枉，嫌於惡而心不詭於良，則必推其隱曲，往復聯貫。或變文以起其別義，或同辭以致其湛思。故孔子曰：「書之重，辭之復，嗚呼！不可不察也。」（見《祭義篇》。）今諸侯之不得專討，固已明矣。而慶封之罪未有所見也，昭四年《傳》：「慶封之罪何？脅齊君而亂齊國也。」故稱楚子以伯討之，著其罪之宜死，以爲天下大禁。《春秋》，明是非之書也。記行事以加王心，凡以禁奸而勸善而已。雖以楚靈無道，諸侯外討，不以貸慶封當死之罪。故曰：《春秋》成而亂臣賊子懼。曰：人臣之行，貶主之位，曰者，言《春秋》之意如此。此類即大義。使主失其尊，故云貶。《傳》所云脅君也。亂國之臣，俞云：「當作亂主之國。」雖不篡殺，凌曙云：「當作弑。」案：弑、殺一字兩讀，殺君作弑，由後改。其罪皆宜死，比於此其云爾也。篡弑之宜死，不待著也。《傳》特著慶封脅君亂國之罪，見後世臣子有似此者，不待其有篡弑之迹，皆爲聖法所必誅，以慶封爲例云爾。《漢書·翟方進傳》：「陳慶自設不坐之比。」顏注：「比，例也。」《論衡·程材篇》：「仲舒表《春秋》之義，稽合於律，無乖異者。然則《春秋》漢之經，孔子制作，垂遺於漢。論者徒尊法家，不高《春秋》，是闇蔽也。」案：比即律之所由生。歷代刑律故多根柢於《春秋》。句末「其」字、「也」字疑衍。

徐樹穀等《李義山文集箋注》卷一〇《刑部尚書致仕贈右僕射太原白公墓碑銘》 集七十五卷，元相爲序。《舊書》：居易有文集七十五卷，長慶末，浙東觀察使元稹爲之序。曰：樂天自杭州刺史，以右庶子召還。予時刺會稽，因得盡徵其文，手自排纘成五十卷，凡二千二百五十一首。前輩多以前集中集爲名，予以爲，陛下明年當改元。長慶，訖於是矣，因號《白氏長慶集》。大凡人之文皆有所長，樂天長可以爲多矣。夫諷諭之詩長於激，閒適之詩長於遣，感傷之詩長於切，五字律詩百言而上長於贍，五字七字百言而下長於情，賦贊箴誡之類長於當，碑記叙事制誥長於實，啓奏表狀長於直，書檄辭冊剖判長於盡。總而言之，不亦多乎哉！

又《蝎賦》 厥虎不翅，厥牛不齒。《漢書·董仲舒對策》曰：「夫天亦有所分予，予之齒者去其角，傅其翼者，兩其足，是所受大者不得取小也。」注：師古曰：謂牛無上齒，則有角。其餘無角者，則有上齒。傅，讀曰附，附著也。言鳥不四足。按：「厥虎不翅」，謂虎有四足，則無翼也。「厥牛不齒」，謂牛有兩角，則無上齒也。爾兮何功，既角而尾。箋：《蠍賦》，刺處士也。葛洪云：蠍前謂之螫，後謂之蠆，蓋前即其角，後即其尾也。凡物受大者不得取小，故虎無翅，牛無齒。而蠍既有角，以螫人於前，又有尾，以毒人於後，果何功而得此？《揚子法言》：或問酷吏曰：虎哉，虎哉，角而翼者也。《詩集·井泥篇》云：猛虎與雙翅，更以角副之。其即此角而尾之謂與！

葉方藹等《孝經衍義》卷二四 《破斧》篇名。其一章曰：「既破我斧，又缺我斨。周公東征，四國是皇。哀我人斯，亦孔之將。」臣按：斧、斨，皆征伐之用。《集傳》以爲，此從軍之士因周公作《東山》以勞己，故言此以答其意，蓋征管蔡、商奄時事也。惟周公之心本於至公，而不傷其至愛天下，諒其心之無他，而相與歌其勤而叙其事，善乎！熹之言曰：「使其心一有出於自私而不在於天下，則撫之雖勤勞之，雖至而從役之士，豈能不怨也哉！」此眞能推公之心者。故于此詩見公雖處變不失乎天理人心之正，而後世之以一己之私利至于兄弟相賊，如唐太宗之於太子齊王，宋太宗之於秦王，寧宗之於濟王元，文宗之於周王。如此者，不可殫述，皆爲得罪於天下，後世而不得以公之辟叔藉口者矣。

陸隴其《松陽鈔存》卷上《爲學》［楊開基注］ 《大學》言八條目，而戒愼、恐懼貫乎其中。《中庸》言戒愼、恐懼，而八條目貫乎其中。原增三條。基向有劄記一條云：戒懼、愼獨，是《大學》誠意正心工夫，不言格致者，已包在戒懼中也。羅整庵先生欲以首節指點性道教，當格致偏矣。《近思錄》小序云：存養之功，實貫乎知行，可知戒懼、愼獨該得格致在內。胡敬齋亦云：致知力行，皆靠住戒愼做去。廬陵王勉軒見而極取之，批曰：戒懼中本包有格致工夫，異端之所以藉口者，皆舉《中庸》首章不用格致工夫爲詞，此金溪黑腰子所由來也。揭出此條，快極，快極！有功後學不小。按勉軒不免過譽，然似與先生此條有發明處，故附於此。

王琦《李長吉歌詩彙解》卷一《示弟》 何須問牛馬，抛擲任梟盧！此譏有司不能分別眞材，而隨意去取之意。李翺《五木經》：王采四：盧、白、雉、犢；甿采六：開、塞、塔、秃、撅、梟。皆元曰盧，皆白曰白。雉二元三曰雉，牛三白二曰犢，雉一牛一白三曰開。雉如開，厥餘皆元曰塞，雉白各二元一曰塔，牛元各二白一曰秃，白三元二曰撅，白二元三曰梟。《演繁露》：五子之形，兩頭尖鋭，中間平廣，狀似今之杏仁。凡子悉爲兩面，其一面塗黑，黑之上畫牛犢以爲之章；一面塗白，白之上畫雉。凡投子者五皆現黑，則其名盧。盧者黑也，言五子皆黑也。五黑皆現，則五犢隨現，從可知矣。此在樗蒲爲最貴之采。挼木而擲，往往叱喝，使致其極，故亦名呼盧也。其次，五子四黑而一白，則是四犢一雉。其采名雉，用以比盧降一等矣。自此而降，白黑相雜，每每不同，故或名爲梟。即鄧艾言云：六博得梟者，勝也。

張尚瑗《三傳折諸・左傳折諸・僖公十七年》 未歸而取項。程子曰：滅人之國罪惡大矣，在君則當諱，故魯滅國書取，君在會而滅項，季孫所爲也，故不諱。愚按：昭元年取鄆亦以責季氏也，邑小而國大，聖人之咎季氏，不一書矣。

又《成公元年》 敗績于徐吾氏。程子曰：王師于諸侯不言敗，不敢敵王也。于夷狄不言戰，不能抗王也。不敢敵、不能抗者理也，其敵其抗王道之失也。桓王伐鄭，兵敗身傷，經不書敗。劉康公邀戎敗于徐吾，經不書戰，存君臣之義，嚴華裔之分，立天下之防也。是皆聖人筆削，非魯史之舊文也。

周拱辰《離騷草木史》卷一《離騷經》 亂曰：已矣哉！國無人兮，莫我知兮，又何懷乎故都？既莫足與爲美政兮，吾將從彭咸之所居。集注：亂者，樂節之名，凡作篇章既成，撮其大要以爲亂詞也。《史記》曰：《關雎》之亂，以爲風始。《禮》曰：既奏以文，又亂以武。周拱辰曰：忠臣者，名之美，而聖賢之所不輕蹈也。語曰：父母不慈有孝子，國家昏亂有忠臣。人臣而必許君以死。是先以不令待其君，而以一死爲奇貨，以爲千古事君之善物，莫過於此，而不知其責之未盡也。屈原之於懷，言死者屢矣。曰：吾將從彭咸之遺則。曰：吾將從彭咸之所居。然而不死也，頃襄之不令，比之父有甚焉。逮於玉笥山幽放，亦未即死也。至於九年不復，乃始賦《懷沙》以自畢，原豈眞以一死謝責哉！人固有死，有餘於忠者，有忠。有餘於死者，死有餘於忠，身一死而責已畢，忠有餘於死者，身畢而忠未畢也。《九章》曰：不畢辭而赴淵兮，恐壅君之不昭。又曰：驟諫君而不聽兮，任重石之何益？噫！所謂忠之未畢，皆是物也，猶乎史魚之以尸諫也。若曰苟吾君翻然改圖，而社稷靈長，屈平受賜而死，千百世而下，寢食於其所未畢，而爲之悲歌，爲之慟哭，爲之跂慕興起，流連未已，亦皆是物爾。如此者可以弔原矣，可以讀《騷》矣。馮覲曰：《離騷經》斷如復斷，亂如復亂，而綿邈曲折，讀者莫得尋其聲而繹其緒，又未嘗斷未嘗亂也。至其才情濃發，則龍矯鴻逸，志氣悱惻，則啼猩嘯鬼，濃至慘黯，並臻其妙，蓋由獨創，自異規倣耳。陳深曰：《離騷》凡字二千四百九十，可爲肆矣。然氣如纖流，迅而不滯，詞如繁露，貫而不糅。故曰：《騷》之情深，君子樂之不溷，其長漢氏猶步趨也，魏晉而下，卮焉靡焉，浩矣博矣，忘其祖矣！

蔣溥等《御覽經史講義》卷二〇［宮焕文注］ 《春秋・僖公三年》：「春，王正月，不雨。夏四月，不雨。六月雨。」《左傳》：「春不雨，夏六月雨。自十月不雨至于五月，不曰旱，不爲災也。」《穀梁傳》：「不雨者，勤雨也。一時言不雨者，閔雨也。閔雨者，有志乎民者也。雨云者，喜雨也。喜雨者，有志乎民者也。」胡安國曰：「閔雨與民同其憂，喜雨與民同其樂，此君國子民之道也。觀此義，則知《春秋》有懼天災恤民隱之意。」臣謹按：陰陽和而後雨，故《易》言「雨以潤之」，《詩》言「芃芃黍苗，陰雨膏之。」有志乎民者，所以計之必切也。觀小畜密雲之象，文王廑念于西郊。讀《大雅・雲漢》之詩，宣王蒿目于下土。可不謂憂民之至歟！《春秋》一書災異備録，經於他公書「旱」者有矣，僖三年不書「旱」而書「不雨」者，有以見僖之心常不忘乎雨也。蓋僖公懷恤民之心，方冬不雨則冀春，暨春不雨則冀夏，至四月不雨，而公心危矣。聖人知公心之危，故每時首月而一書，以著其懼災之甚、憫農之切也。若文二年書「自十有二月不雨，至于秋七月」，十年、十三年再書「自正月不雨，至于秋七月」。曰「自」曰「至」，不一舉時而總書以括之者，蓋以見文之無心于雨，乃《穀梁》所謂「無志乎民者」也。知文之無志乎民，則知僖之有志乎民，此書法之所爲異也。傳稱僖公足用愛民務農重穀，是平時固勵精圖治，今又遇災而懼百姓見憂，宜能感召天和而致澍雨之應。此僖三年書「六月雨」爲《春秋》特筆予公，所以録賢君精誠之感也。蓋冬、春、夏連書「不雨」，於上「六月雨」，而喜可知已。不書，則無以見樂民之樂情有如是之欣欣也。書「六月雨」，則示旱不竟夏，先四月猶書「不雨」者，非是無以見憂民之憂情有如是之汲汲也。此所謂同憂王事之始，而同樂王事之成者也。或謂「經于文公書不雨至于秋七月，則八月必嘗雨，顧削而不書，何也？」曰：「先儒謂不書以見文之無心于雨，其説固然。竊以書不雨至于七月，則旱竟爲災，而雨無益，雨可不書也。」按：周六、七月，夏建巳建午之月也，左氏稱「龍見而雩」，《月令》稱「仲夏，命有司爲民祈祀山川百源大雩帝。」《春秋》凡過時而雩，皆謹書于策，以志旱。是知巳午月之雨，尤爲可喜之雨，過此以往，則苗幾于槁，雖雨後時矣。此《春秋》書「六月雨」不書「八月雨」，所以著旱之成不成而二公之勤與慢，亦因事以見者也。臣嘗即事推之：《洪範》之言「休徵曰肅，時雨若乂，時暘若說」者，謂貌澤水也，而雨亦屬水，故時雨若言揚火也。而暘亦屬火，故時暘若然。五行雖配五事，自伏勝作《五行傳》，班固而下諸史踵爲《五行志》，徵應頗多牽會。朱子云「肅有滋潤底意思，乂有開明底意思」。所以說時雨順應，時暘順應。其實人主一德修，則諸德皆修，非謂肅自致雨，無與於暘、乂自致，暘無與於雨也。且如君德克懋，喜怒悉持其平，則以和召和，而五日一風、十日一雨也。刑賞胥得其當，則以順致順，而風不鳴條、雨不破塊也。時雨時暘，君心即天心。《春秋》書「六月雨」，蓋即僖以示子民之道也。

湯啓祚《春秋不傳》卷五　「僖公二八年」，公子買戍衛，不卒戍，刺之。戍者何？聚兵而守之也。刺者何？殺也。殺則曷爲言刺？爲內諱，專殺也。若曰審其情也，夫苟審其情，則不必言其罪。其曰：「不卒戍也」者，加之辭也。曷爲加之辭？懼于楚也。于是乎公方睦于楚，楚救衛，故戍衛也。既懼于楚，曷爲不卒戍？復懼于晉也。于是乎晉強，晉伐衛，故不卒戍也。然則刺買者，所以悅于晉而解于楚也。夫然是戍衛者公也，不卒戍者亦公也，于買乎何罪者？乃以此刺之也。故不去其公子也，時刺厭詳也。

又卷一一　「定公八年」從祀先公，盜竊寶玉大弓。先公者何？太廟列祀之羣公也。孰從祀乎？昭公也。以昭公祀諸太廟，從于列祀之羣公之末也。昭公之葬，八年矣，曷爲迨于今乃從祀，制在季孫也。意如逐公，俾薨于外，踰葬期猶不得以喪歸，既葬又禁其主不得入于太廟。迨意如死且四年，而後得從祀焉。然則是善舉也，何以不日不月？則夫子之微辭也，以爲不可詳也。《詩》曰：「不可詳也，所可詳也，言之長也。」曷爲不可詳？陪臣執國命也。焉知之？從祀先公，而盜遂竊寶玉大弓，是權在盜也。盜者孰謂？謂陪臣也。大夫之賤者，其下窮諸人曰盜。賤乎？賤者也，是陪臣也。夫猶是陪臣也，曷爲謂之盜？有罪也。雖然，其事則善矣，曷爲不可詳？以從祀先公，而因以竊寶玉大弓，則是假夫公以濟其私也。曰竊取，非其有也。竊之自盜，權在盜也，魯其無人矣。夫寶玉大弓，國寶也。寶玉者，封圭也；大弓者，武王之戎弓也，是周公之分器也。或曰夏后氏之璜，封父之繁弱也，皆子孫所宜世守而勿敢失焉者也。而盜得竊之，魯其無刑政矣夫。

林仲懿《南華本義·德充符》　申屠嘉，兀者也，而與鄭子產同師於伯昏無人。發端書法最妙。一篇妙文，都從「兀者也而與鄭子產同師」十個字撰出。子產謂申屠嘉曰：我先出則子止，子先出則我止。不信子產，世態如此。其明日，又與合堂同席而坐。非寫兀者不識迴避，正是暗寫子產勃然變乎色。子產謂申屠嘉曰：我先出則子止，子先出則我止。覆說一遍，煞不耐煩。今我將出，子可以止乎，其未邪！詰問聲口，更不耐煩。且子見執政而不違，子齊執政乎？標出官銜，益發不耐煩，不信子產世態如此。申屠嘉曰：先生之門，兀者開口提出「先生之門」四字，壓倒執政。固有執政焉如此哉？猶言今日才知伱是一個執政。子而悅子之執政而後人者也。猶言今日才知伱作人如此。聞之曰「鑑明則塵垢不止，止則不明也」。言子產有塵垢在心。久與賢人處，則無過。遊先生之門，宜乎其心之無塵垢者存也。今子之所取大者先生也，不是說子產，正是自己取大於先生。而猶出言若是，不亦過乎？不取大於先生，而自矜執政以上人過己。兀者道來，令子產不堪。子產曰：子既若是矣。猶與堯爭善，計子之德，不足以自反邪！不說不全足，只說個「若是」，寫子產以手指點神情也，敎他不堪，趣甚。「與堯爭善」，言兀者妄想學聖人，多見其不知量。計子之德，雖今自修，亦不足以復補前行之惡也。申屠嘉曰：自狀其過，以不當亡者衆；不狀其過，以不當存者寡。狀，陳也。凡被兀之人，未有自以不冤者，或自陳其過，或不自陳其過，總以不當亡足者衆，以不當存足者寡。此皆有怨尤之心者也。知不可奈何而安之若命，唯有德者能之。己則不必自陳有過無過，而歸之於命。不怨不尤，非有德者不能也。不辯之辯，辯之不辯，絕妙好辭。遊於羿之彀中。中央者，中地也。然而不中者，命也。且人固有爲惡而幸免於刑戮，譬如遊羿之彀中，當中央必中之地，而卒免於中傷者，亦其人之命也。有德者總付之不怨不尤而已，再進一層，以足上文意。占得十分地步，而不必自狀無過，絕妙好辭。人以其全足笑吾不全足者，衆矣。我怫然而怒，而適先生之所，則廢然而反，不知先生之洗我以善邪。怒人笑己世俗之情，適先生之所，便渙然冰釋。此先生之洗我以喜，有使我盪滌而不自知者邪。執政遊先生之門，柰何猶有塵垢者存也！「洗」字下得妙。吾與夫子遊，十九年矣，而未嘗知吾兀者也。夫子不知吾兀者，執政偏知吾兀者，不見棄於夫子足矣。雖取憎於執政，所不恤耳，兀者取大於先生如此。今子與我遊於形骸之內，而子索我於形骸之外，不亦過乎！形骸之內，德也。形骸之外，不全足也。同學先生之門，遊於內而索於外，所學何事邪？再言不亦過乎，切責之。子產蹵然，改容更貌。曰：子無乃稱不須再說了也。非寫子產能受盡言，乃寫兀者能令子產屈服，以明在德不在形之意。〇只爲擡高申屠嘉，無端把子產放倒，每恨才人作傳奇，往往汙衊古人，豈知自先生作俑。

林仲懿《離騷中正》　日月忽其不淹兮，春與秋其代序。惟草木之零落兮，恐美人之遲暮。序叶素。不撫壯而棄穢兮，何不改乎此度？椉騏驥以駝騁兮，來吾道夫先路。椉，乘本字。駝當作馳。註：淹，久留也。代序，更次也。草曰零，木曰落。美人，託詞以指懷王。撫，循，摩也。撫壯，愛日惜力之意也。穢，惡也，汙也。此度即下文偷樂是也。乘騏驥以馳騁，即上文汩若不及之意。道，引也。評：上文既自言其進德修業，寸陰必惜，此則又以歲不我與爲懷王儆也。穢與芳相反，王不幸而誤出於穢，趁此年力方壯，急自修省，棄其穢而芳是圖，亦復何難？而王何爲不然？乘騏驥二句，勉其速自處仁遷義，而已爲之道先路，即孟子引君當道之旨。來字一住，有大聲疾呼，舉手相招之勢。吾字重讀，猶言照我來，教他認定指南車，與黨人鍼鋒相對。路字最要著眼，作聖作狂，判於歧路。此原與黨人爭人鬼關處，觀下文可見。

吴世尚《莊子解》卷一《南華經内篇》 《逍遙遊第一》：逍遙遊，即今方言活潑潑三字也。活潑潑者，内外、本末、巨細、精粗、全體、大用兼該畢貫之謂也。是故鳶飛魚躍，道之活潑潑也。必有事焉，而勿正心之活潑潑也。四時行，百物生，天地之間無一而不活潑潑也。活潑潑所以爲大也，故一篇以大字作線索。北冥有魚，其名爲鯤。開口便妙，所謂靜中有物也。此二句便是太極在靜中，道之體也。文法突然而起，是喻非喻，與《中庸》「天命之謂性」一樣筆法。但彼是實寫，此是空寫耳。鯤之大，不知其幾千里也。大字妙，所謂道大，心大，世界大也。不知字尤妙，大而可知，則猶非大也。看他見地何等分明。此二句便是其靜也，專光景。○以上四句便是天命之謂性的影子。化而爲鳥，其名爲鵬。此是太極在動中，道之用也。體用一源，在此一化字。魚、鳥兩段，本是雙峰對起，中用一化字，則風雨忽來，不識羅浮是兩山矣。此等句法字目，急宜着眼，又不但道理之圓亮也。鵬之背，不知其幾千里也。怒而飛，其翼若垂天之雲。怒字妙，所謂動而有爲也。林西仲不作「喜怒」怒字，極是，然亦不可作用力字也。「若垂天之雲」，妙，所謂塞乎天地之間也。此四句是其動也直光景。以上六句，便是率性之謂道的影子。○上兩段意極整齊，而此段忽加二句，整齊中參差，文章變化不可方物。是鳥也，海運則將徙於南冥。所謂物來而後應也。文意住而不住，句法則不住而住。南冥者，天池也。所謂物各付物，止其所止也。《齊諧》者，志怪者也。句有自然相生之妙。「海運」句下，本欲即接「水擊三千里」，因其太突，故夾此二句。此急脈緩受法，文字中仙橋也。《諧》之言曰：鵬之徙於南冥也。遙接上「徙於南冥」，接而不接，不接而接。已言《諧》言，更不分別，史公《屈原傳》，便是全學此等也。水擊三千里，何等廣大。摶扶搖而上者九萬里，何等高明。去以六月息者也。何等悠久，《諧》言止此。野馬也，塵埃也，生物之以息相吹也。生物，造物也。息，氣也。遊絲微埃，飛揚浮動，皆造物之氣所吹噓。鵬雖大，造物吹之，亦與塵、馬等，鵬豈費力哉？此三句是明其自然而不費力。天之蒼蒼，其正色邪，其遠而無所至極邪天遠無極，鵬雖高，其於天，未知其爲三之一邪，五之一邪，九之一，百之一邪。此三句是明其曠然而無所終窮。其視下也，亦若是則已矣。收歸鵬上作一束，文法嶄然。以上是説魚、鳥，是説心體，是説道妙，會者自知之。○天地間，無方無盡者道，至虛至靈者心。看他輕輕借魚鳥，和盤托出，便令人瞥然可見，悠然可思。莊子有見於吾道，是何等直截疎爽透快！但不實寫而虛寫，不正説而影説，便使人無處捉摸耳。要其實處，此一大段文字，只是鳶飛戾天一節道理也。

王夫之《楚辭通釋》卷五《遠游》 下峥嶸而無地兮，上寥廓而無天。視儵忽而無見兮，聽惝怳而無聞。超無爲以至淸兮，與泰初而爲鄰。化至陰爲重陽，則下之峥嶸者，銷鎔而無地。盜眞鉛於在己，則上之寥廓者，非此外之有天。視徹乎儵忽，物本無象也，而何有見？聽察乎惝怳，化本無聲也，而何有聞？莊生所謂有眞君存焉，而不得其眹者也。無爲者，天之所以爲天，道之所以道也。超之者，知其無爲，而盜之在己，則凡濁皆淸，而形質亦爲靈化。此重玄之旨，不執有，不墮無，虛無之所以異於寂滅者也。泰初，氣之始，其上有太始、太素、太易。但與泰初爲鄰者，不急翀舉，乘元氣，御飛龍，而出入有無也。屈子厭穢濁之世不足有爲，故爲不得已之極思，懷仙自適，乃言大還既就，不願飛昇翺翔空際，以俟時之淸，慰其幽憂之志，是其忠愛之素無往而忘者也。及乎頃襄之世，竄徙亟加，國勢日蹙，雖欲退處遊仙，而有所不得。《懷沙》，悲回風之賦作，而遠遊之心亦廢矣，彼一時，此一時也。此篇之旨，融貫玄宗。魏伯陽以下諸人之説，皆本於此。迹其所由來，蓋王喬之遺教乎！

李光第《注解正蒙・太和篇第一》 太和所謂道中涵浮沈、升降、動靜相感之性，是生絪緼相盪、勝負屈伸之始。其來也，幾微易簡；其究也，廣大堅固。起知於《易》者，乾乎；效法於簡者，坤乎。散殊而可象爲氣，淸通而不可象爲神。不如野馬絪緼，不足謂之太和。語道者，知此謂之知道；學《易》者，見此謂之見《易》。不如是，雖周公才美，其智不足稱也已。此節以和言道。所謂和也者，天下之達道也。下節以靜言性。所謂人生而靜，天之性也。在人爲和爲靜，在天則爲太和太虛。和者其大用，虛者其本體也。中涵浮沈、升降、動靜相感之性，太虛所涵也。是生絪緼相盪、勝負屈伸之始，太和所生也。其來也，幾微易簡，是乾所以起知於《易》也；其究也，廣大堅固，是坤所以效法於簡也。成象效法，是散殊而可象之氣。太和默運，是淸通而不可象之神。惟其不可象也，故以野馬絪緼喻之。然則太和之用不離乎太虛之體而已矣。不知此見此，是迷於性道之源者也。雖才美，何庸乎？

徐文弨《詩法度鍼》卷二《五言律・春夜喜雨》 好雨知時節，當春乃發生。隨風潛入夜，潤物細無聲。野徑雲俱黑，江船火獨明。曉看平聲紅濕處，花重去聲錦宮城。註：申涵光曰：「好雨知時節，此《毛詩》所謂靈雨也。」周王褒詩：「時節無春冬。」《抱朴子》：「藏華於當春。」《莊子》：「春氣發而百草生。」《易》：「隨風巽。」《鹽鐵論》：「周公太平之時，旬而一雨，雨必以夜。」《吳志》：「臧均曰，繼之以雲雨，因以潤物。」沈約詩：「野徑既盤紆。」何遜詩：「澄江照遠火。」梁簡文帝詩：「漬花枝覺重。」言經雨紅濕花枝，若重也。解：此春夜見微雨而喜之作。言此好雨應時而至，若知時節者，以其當此春乃發生來也。初聽之，唯隨微風而潛入夜，但潤百物而細無聲。再望之，只見野徑之雲俱黑，江船之火獨明。及至曉看之，始覺紅綴枝頭，盡已霑濕，而花若甚重者，且遍錦宮城也。能勿因之而志喜哉！評：《杜臆》：「結語『花重』字，人不能下。」譚云：「『江船火獨明』句，爲雨境，尤妙。」論：此咏雨就春夜摹寫法，寫雨切春，易切春夜難看。其摹神托色，俱從「夜」字。設想結出「曉看」，亦是倒襯法。詩只細寫「春」、「夜」、「雨」三字，卻句句含有喜字意。杜詩愁多喜少，言愁者使人讀之揮涕，言喜者使人讀之舒眉，蓋能以其性情感人之性情故也。學者使舍此而徒剽竊其外貌，亦末矣。

王先慎《韓非子集解·内儲説上·七術第三十》 主之所用也七術，所察也六微。先愼曰：即《内儲說下》。七術：一曰、衆端參觀，端，直也。欲求衆直，必參驗而聽觀也。先愼曰：注誤。《方言》十：緤，末紀緒也，南楚或曰端。引申之，則凡末紀緒皆謂之端。《禮記·中庸》：執其兩端。《詩·載驅序》箋：故，猶端也。疏竝云：端，謂頭緒也。此謂頭緒衆多，則必參觀，否則誠不得聞而爲臣壅塞矣。若訓爲直，則與下文不合。二曰、必罰明威，三曰、信賞盡能。四曰、一聽責下，專聽一理，必有失；責下不一，能則不明。先愼曰：責下，謂責臣下專司之事。下云「責下則人臣不參」是也。注未明晰。五曰、疑詔詭使，疑危而制之，譎詭而使之，則下不敢隱情。先愼曰：乾道本注詭而下衍回字，今從趙本刪。六曰、挾知而問，先愼曰：下文知作智，字同。七曰、倒言反事。或倒其言，或反其事，則姦情可得而盡。此七者，主之所用也。觀聽不參則誠不聞，不參，謂偏聽一人，則誠者莫告。先愼曰：乾道本連上，盧文弨云本提行，今據改。聽有門戶則臣壅塞。其聽有所從，若門戶然，則爲臣所塞。先愼曰：《拾補》壅改擁。盧文弨云：後凡擁字皆本作擁。先愼按：趙本注其作各。其說在侏儒之夢見竈，侏儒夢竈，言竈有一人煬，則後人不見，此譏靈公偏聽子瑕。先愼曰：乾道本無在字。顧廣圻云：今本說下有在字。按依句例當補，改從今本。哀公之稱莫衆而迷。公言謀事，無衆，故迷。孔子對擧國盡黨季孫，與之同亂，是一國爲一人，公之迷宜矣。故齊人見河伯，齊王專信一人，故被誑以大魚爲河伯。與惠子之言亡其半也。惠子言君之謀事，有半疑，有半，今皆稱不疑，則雷同朋黨，故曰亡其半。此上五說皆不參門戶之聽。盧文弨注：半疑下衍有半二字。其患在豎牛之餓叔孫，叔孫專聽豎牛，故身餓死，而二子戮亡也。而江乙之說荆俗也。荆俗不言人惡，故白公得以爲亂。先愼曰：乾道本乙作乞，下同。顧廣圻云：藏本乞作乙是也。先愼案：《策》正作乙，今據改。嗣公欲治不知，謂不知治之術也。故使有敵。恐其所貴臣妾擁己，故更貴臣妾以敵之，彼得敵，適足以成其朋黨，爲擁更甚也。是以明主推積鐵之類，積鐵爲室，盡以備矢則體不傷。積疑爲心，盡以備臣則姦不生。而察一市之患。雖一市之人言市有虎，猶未可信，況三人乎。先愼曰：乾道本注虎上衍之字，今從趙本刪。

陳本禮《協律鉤玄》卷一《七夕》律。 別浦今朝暗，方曰：義山微雲未接過來遲，似從此得之，而此起更無迹可求。羅帷午夜愁。鵲辭穿線月，花入曝衣樓。鵲辭花入，是別後光景。天上分金鏡，雙星易別。人間望玉鉤。塵夢難醒。錢塘蘇小小，更值一年秋。方曰：仙筆也。一年一會者尙可感，終身飄零者奈何！《九謌》：「悲莫悲兮生別離。」此因生別而憶及死別也。七夕牛女一別，已固可悲，然一年一度，尙有會期。南齊蘇小小卒于七夕，骨埋芳土，魂化無歸。而憐香惜玉者，猶年年憑弔，今且更值一年秋矣，豈不尤可悲哉！董曰：小小南齊錢唐名倡，曾作《七巧詩》，以七夕卒。故引之言好事難期，乖違每易，天上人間一也。不解長塡河漢路，焉能分巧與人間？如巧可乞，小小當至今存矣。何一旦于此夕永別耶！無限感慨，總是喚醒當年癡夢。方曰：只開于還過七夕本事，以下全寫閨情，立格亦高。義山金風玉露之七律，直是笨伯。徐文長謂末二句忽說至此，信手拈來。案：末二句乃千思萬想而得者，何謂信手拈來？一篇之妙，全在此結。然即以爲信手拈來，亦道得出天機之妙。

孫濩孫《檀弓論文》 孔子少孤，不知其墓，殯於五父之衢。人之見之者，皆以爲葬也。其愼也，蓋殯也。問於郰曼父之母，然後得合葬於防。郰音鄒。曼音萬。此篇煞有深意。蓋因合葬原非古禮，況父母之葬相去年歲遠近不同，當時貧富各異，處此者當敬愼以出，因時制宜，不必拘執於合葬之說。故特記孔子之合葬，以見其躊躇審度光景。一愼字與然後得三字乃其精神眼目所注，欲令人於言外領悟也。其文章之妙全在虛實賓主，而又以反正順逆離續諸法錯雜出之，故令人不測。通篇作兩段看，其愼也三字乃承上起下，爲通篇樞鈕。此句以上皆是賓，是虛爲一開。此句以下皆是主，是實爲一合。前段殯葬字是虛，後段殯葬字是實。五父之衢是賓，防是主。見字似實卻虛，是賓。問字似虛卻實，是主。孔子少孤二句本該正接問於郰曼父之母句，卻用人之見之者二句反接，文勢一颺。問於郰曼父之母句本宜直頂皆以爲葬句，卻用其愼也一句隔斷，文勢一離。蓋殯也三字本宜在問於郰曼父之母句下，卻用倒裝句，文勢一逆。錯綜顛倒，出沒變化，而其中綺交脈注，一氣貫通。後人拘牽，害辭害意，其病總坐不知文法耳。〇林讓菴曰：文止七句，卻句句逆，句句轉，如環無端，令人不測。被明眼覷破，頓使疑團盡釋，妙義畢露。豈但爲《檀弓》知己，抑且稱名教功臣。附註：按舊註云：不知其墓者，不知父墓之所在也。殯於五父之衢者，殯母喪也。禮無殯於外者，今乃在衢，欲致人疑問，或有知者告之也。愼當讀作引。人見柩行於路，皆以爲葬，然以引觀之，此則殯引耳。種種訛舛，遂使後儒聚訟，疑孔子豈有終母之世而不尋父葬之地者？又疑豈有母死而忍殯於衢路者？解說不去，因並疑此條之僞妄，而不知總因句讀一錯，文義不明，遂埋沒作者深心也。今細加考訂，當以不知其墓殯於五父之衢作一句讀，猶云不知其墓中之柩乃是殯於五父之衢也。蓋殯即孔子父之殯。按《儀禮》註，大歛後，於西階掘地作坎，置棺於中而塗之謂之殯，是殯葬皆埋土中，但有淺深之異耳。想聖父死時，或因殁於道路而殯於五父之衢，與今人權厝相似，總是造次光景。人之見者，皆以爲葬，乃當日殯時，道路人相傳之語，不足爲據。及母死將葬，卜地於防，孔子思忖再四，若當日父已深葬，則復啓其柩爲不忍，安得不愼重出之？郰曼父之母是當日目擊者，因問而知果係淺殯，則今日正該備物成禮，而與母合葬矣。然後自五父之衢啓殯，而合葬於防。此正聖人隨時量度，以取中處。按《家語》云：孔子之母既喪，將合葬焉，曰古者不祔葬，爲不忍先死者之復見也。《詩》曰「死則同穴」，自周公以來祔葬矣。玩此則正見當日躊躇審量之意，可爲本文愼字明證。細玩然後得三字正與愼字相應，非茫然不知其墓所在，而今始得之也。況本文殯字上並無母字，愼字從未有作引字讀者，安容穿鑿？此條爲千古疑案，愚蓄疑既久，思之至廢寢食。一旦豁然，敢以質之好古者，非敢臆說也。

鄰有喪，舂不相。里有殯，不巷歌。喪冠不緌。相去聲。緌音蕤。　總見哀有喪之意，而上二句言聲，下一句言容。化雙爲單，三不字又用錯對法，此奇偶綜變之妙也。由鄰而里，由里而推之，凡往弔喪此遠近次第之妙也。文只十六言，而章句字法無不盡態，極妍。［附註］：相者以聲音相勸。相蓋舂者歌以助舂也。緌，冠纓之垂於前者。按，諸本以喪冠句另爲一條，亦有與上文相連者，而又未明著其義。愚按喪冠乃弔喪者之冠，不緌乃去飾之意。若有喪者之冠，則自有凶服之制，不緌何待言乎？如此看，則與上文文意聯屬。謹識愚見，以俟知者。

倪璠《庾子山集注》卷七《進象經賦表》　寢不自涯，課虛爲賦，辭非寥亮，學無雕刻。遂敢陳述，誠爲厚顏。況復日之遠近，本非童子所問；天之渾蓋，豈是書生所談！《後漢書》曰：「張衡研覈陰陽，妙盡璇璣之正，作渾天儀，著《靈憲》、《算罔論》，言甚詳明。」注云：「《漢名臣奏》曰：『蔡邕曰：言天體者有三家，一曰《周髀》，一曰宣夜，一曰渾天。宣夜之學絶，無師法。《周髀》術數具存，考驗天狀，多所違失，故史官不用。惟渾天者，近得其情，今史官所用候臺銅儀，則其法也。』」《晉書·天文志》曰：「古言天者有三家，一曰蓋天，二曰宣夜，三曰渾天。蔡邕所謂《周髀》者，即蓋天之說也。其本庖犧氏立周天曆度，其所傳則周公受於殷高，周人志之，故曰《周髀》。髀者，股也。股者，表也。天圓如蓋，地方如棋局。天旁轉如推磨而左行，日月右行，隨天左轉，故日月實東行，而天牽之以西沒。譬之蟻行磨石之上，磨左旋而蟻右去，磨疾而蟻遲，故不得不隨磨以左迴焉。天形南高而北下，日出高，故見；日入下，故不見。天之居如倚蓋，故極在人北，是其證也。極在天之中，而今在人北，所以知天之形如倚蓋。日朝出陽中，暮入陰中，陰氣暗冥，故沒不見也。夏時陽氣多，陰氣少，陽氣光明，與日同輝，故日出即見，無蔽之者，故夏日長也。冬天陰氣多，陽氣少，陰氣暗冥，掩日之光，雖出猶隱不見，故冬日短也。《渾天儀注》云：『天如雞子，地如雞子中黃，孤居於天內，天大而地小。天表裏有水，天地各乘氣而立，載水而行。周天三百六十五度四分度之一，又中分之，則半覆地上，半繞地下，故二十八宿半見半隱，天轉如車轂之運也。諸論天者雖多，然精於陰陽者少，張平子、陸公紀之徒，咸以爲推步七曜之道，以度曆象昏明之證候，校以四八之氣，考以漏刻之分，占晷影之往來，求形驗於事情，莫密於渾象者也。張平子既作銅渾天儀於密室中，以漏水轉之，令伺之者閉戶而唱之。其伺之者以告靈臺之觀天者曰：「璇璣所加，某星始見，某星已中，某星已沒。」皆如合符也。』」云「天之渾蓋」者，渾天、蓋天二家之學也。

汪繼培《潛夫論箋·務本第二》　今多違志，儉養約生以待終，《韓詩外傳·一》曾子曰：「窘其身而約其親者，不可與語孝。」終沒之後，乃崇飭喪紀以言孝，《禮記·月令》云：「飭喪紀文王世子。」鄭注：「紀，猶事也。」盛饗賓旅以求名。《晉語》云：「禮賓旅。」韋昭注：「旅，客也。」誣善之徒，從而稱之，此亂孝悌之眞行，而誤後生之痛者也。《鹽鐵論·散不足篇》云：「古者事生盡愛，送死盡哀。故聖人爲制節，非虛加之。今生不能致其愛敬，死以奢侈相高，雖無哀戚之心，而厚葬重幣者，則稱以爲孝，顯名立於世，光榮著於俗。故黎民相慕效，至於發屋賣業。」《羣書治要》載崔實《政論》云：「送終之家，亦無法度，至用襦梓黃腸，多藏寶貨，亨牛作倡，高墳大寢。是可忍也，孰不可忍！而俗人多之，咸曰『健子』，天下跂慕，恥不相逮。念親將終，無以奉遺，乃約其供養，豫修亡殁之備，老親之飢寒，以事淫佚之華。稱竭家盡業，甘心而不恨。」《後漢書·趙咨傳》云：「廢事生而榮終亡，替所養而爲厚葬，豈云聖人制禮之意乎！」意與此同。

汪立名《白香山詩集》卷三三《閑卧有所思》　權門要路是一作足。身災，散地閒居少禍胎。今日憐君嶺南去，當時笑我洛中來。蟲全性命緣無毒，木盡天年爲不才。大抵吉凶多自致，李斯一去二踈迴。立名按：此詩作於太和九年。時李訓、鄭注用事，絲恩髮怨必報，盡逐二李之黨。德裕既外貶，注又素惡京兆尹楊虞卿，搆貶虔州。宗閔論救，亦坐貶。公於楊本姻親，史稱其惡，緣黨人斥，亟求分司東都，故有「當時笑我洛中來」之句也。「權門要路」及「李斯」等蓋指宗閔耳。可見公不特不附宗閔，亦并不私虞卿，久已潔身於二黨之外矣。晚年恬退，遇人患難，憫然歎息多見於詩。如《聞甘露之變》之類，要非幸人之禍也。甘露之變在是年冬。《韻語陽秋》：樂天作八漸偈云：「苦既非眞，悲亦是假。」則世間悲歡，人我必能忘情。李德裕於樂天不免有隙，李貶崖州，樂天作三絶快之。其一篇云：「樂天嘗任蘇州日，要勒須教用禮儀。從此結成千萬恨，今朝果中白家詩。」以《唐史》考之，德裕之貶在宣宗大中年，樂天死已久，非樂天之詩明矣。按：此三絶集中不載，不知何人考正刪去，其見諸小史者，亦僅此一首。晁子止云：《聞李崖州貶絶句》，其言淺俗，似幸其禍敗者。余固疑非樂天語，及以編年考之，崖州貶時，樂天歿將踰年。或曰「浮屠某」作也。

楊方達《春秋義補註》卷五［僖公九年］　夏，公會宰周公、齊侯、宋子、衛侯、鄭伯、許男、曹伯于葵邱。葵邱，宋地。謀王室也。襄王之立，非惠王意也。惠后猶在，叔帶伺釁，故桓盟諸侯，而王出重臣以臨之也。惠王得以正終，襄王得以正始，在此盟也。然而不可訓也。天王之喪，尚在衰絰之中，而擅爲會盟，非禮也。首止之盟，雖曰翊世子，實以制天王也；葵邱之會，雖曰定王室，實以威諸侯也。武王終以克商而爲大聖者，無利商之心也；曹操終身事漢而爲巨奸者，有利漢之心也。三仁無孟于商，而孔子許之者，其心爲商也；五霸有益于周，而聖門不道者，其心不爲周也。宋稱子，喪未踰年也。齊侯、宋子，皆有罪焉。君子不奪人之喪，亦不爲人而奪其喪也。謹案：程子曰：「葵邱之會，有功于王室，不爲不大。」朱子曰：「葵邱之會，召陵之師，自是好，本末自是別。」蓋桓公實欲樹霸威，而陽爲翼王室，天下後世，不知其罪，而徒艷羨其功，則以《春秋》原無尊王賤霸之明文也。試問桓公最盛之功，曾奉天王之明命否耶？是盟乃桓霸盛衰之幾。本原不正，而驕吝漸形，桓公之志，自此荒矣。

愛新覺羅・弘曆《御題文山集》［文天祥《文山集》卷首］　奔波江海竟南迴，一木難支大廈摧。丞相卻原入師返，那辭浮語致人猜。天祥以右丞相入元請和，與元相巴延抗論。巴延拘之。夜亡入眞州，制使李庭芝疑天祥來爲元游說，移文令眞州苗再成亟殺之。再成不忍，紿天祥出城，遂得脱。至高郵，東汎海入溫州。又元劉岳申作《天祥傳》，稱苗再成欲合淮西制置使李庭芝、淮東制置使夏貴兩軍，爲堵截元兵之計。天祥然其說，故寄書二閫。庭芝得書，反以丞相無得脱理，罪眞州不當納天祥，且諭再成亟殺天祥以自白等語。抑揚其詞，以庭芝疑天祥爲怪。然是時庭芝先聞揚州脱歸兵言，元遣一丞相入眞州說降，而天祥適至，故以爲疑。且安知非元將料天祥必投揚州，先縱反間，使庭芝殺天祥也。岳申未悉逃兵流言情事，但云得書反疑爲乖，亦非篤論也。

苗李守城入不容，操戈室裏避其鋒。二人謂李庭芝、苗再成也。設弗狥忠節，豈免千秋闞險兇。岳申以苗李守城不納天祥爲非。然庭芝當危急存亡之際，爲宋守揚州數年，將士爲之死鬭。元所遣詔使，悉焚斬之，卒能盡節忠於所事。再成雖舊史無傳，然能脱天祥於難，卒以城陷不屈而死。此二人亦唐張巡、許遠之亞，而以不納天祥議之過矣。

黃冠如願轉難評，天祥被執，元世祖愛其材，欲官之。天祥曰：「國亡，吾分一死。」儻緣寬假，得以黃冠歸故鄉，他日以方外備顧問可也。是天祥亦未嘗不欲生而必於死節。使元世祖不殺之，而聽其爲黃冠，遲之十數年，則天祥反不成其爲天祥矣。蓋忠臣義士一時激烈，從容就死，適足以成其名。鼎革之際，似此者不勝僂指，在時君有以處之耳。莫若從容就義精。子不知終弟受職，應難地下見其兄。天祥長子道生沒於進兵惠州時，次子佛生以空阬之敗，被虜不知所終。後以其弟文璧之子陞爲嗣。考璧在宋權戶部侍郎，廣東總領兼知惠州，後降元爲臨江路總管兼府尹。《紀年錄》又載「天祥有從子隆子，仕元寧州判官」等語。文璧仕宋顯秩，又復靦顏仕元，九原有知，應愧見其兄也。

陳景雲《柳集點勘》卷四《柳子厚墓誌》　勇於爲人，按：爲，當讀于僞反。鄭康成《詩箋》云：爲，猶助也。史言王叔文密結柳、劉諸人，定爲死交。勇於爲人，即言子厚黨助叔文，而微其辭也。不自貴重顧藉。按：顧藉之義，與顧惜同，公《上留守鄭相公啓》云「無一分顧藉心」，是也。或以二字屬下，非。八司馬初貶，有永不量移之命。後八人中，惟程异以大臣李巽力薦，復得進用，位登宰輔，可謂有鉅力推挽矣。然物望素輕，歿於相位，旋即身名俱滅，視子厚之以文章傳世，百世不磨者，所得孰多耶。异先子厚卒，當韓誌柳墓時，正兩人蓋棺論定之日，故《誌》中云云似專爲异而發也。大史公有言：富貴而名磨滅者，不可勝記，惟倜儻非常之人稱焉。韓子之軒輊柳、程，猶斯志也。

雜　録

王弼《周易略例・明卦適変通爻》　夫卦者，時也。爻者，適時之變者也。夫時有否泰，故用有行藏。卦有小大，故辭有險易。一時之制，可反而用也。一時之吉，可反而凶也。故卦以反對，而爻亦皆變。是故，用无常道，事无軌度，動靜屈伸，唯變所適。故名其卦，則吉凶從其類。存其時，則動靜應其用。尋名以觀其吉凶，舉時以觀其動靜。則一體之變，由斯見矣。夫應者，同志之象也。位者，爻所處之象也。承乘者，逆順之象也。遠近者，險易之象也。內外者，出處之象也。初上者，始終之象也。是故，雖遠而可以動者，得其應也。雖險而可以處者，得其時也。弱而不懼於敵者，得所據也。憂而不懼於亂者，得所附也。柔而不憂於斷者，得所御也。雖後而敢爲之先者，應其始也。物競而獨安於靜者，要其終也。故觀變動者，存乎應。察安危者，存乎位。辯逆順者，存乎承乘。明出處者，存乎外內。遠近終始，各存其會。辟險尚遠，趣時貴近。《比》、《復》好先，《乾》、《壯》惡首。《明夷》務暗，《豐》尚光大。吉凶有時，不可犯也。動靜有適，不可過也。犯時之忌，罪不在大。失其所適，過不在深。動天下，滅君主，而不可危也。侮妻子，用顏色，而不可易也。故當其列貴賤之時，其位不可犯也。遇其憂悔吝之時，其介不可慢也。觀爻思變，變斯盡矣。

又《略例下》　凡體具四德者，則轉以勝者爲先，故曰「元、亨、利、貞」也。其有先貞而後亨者，亨由於貞也。凡陰陽者，相求之物也。近而不相得者，志各有所存也。故凡陰陽二爻，率相比而无應，則近而不相得。有應，則雖遠而相得。然時有險易，卦有小大。同救以相親，同辟以相疏。故或有違斯例者也，然存時以考之，義可得也。凡《彖》者，統論一卦之體者也。《象》者，各辯一爻之義者也。故《履》卦六三，爲《兑》之主，以應於《乾》，成卦之體，在斯一爻。故《彖》叙其應，雖危而亨也。《象》則各言六爻之義，明其吉凶之行。去六三成卦之體，而指説一爻之德。故危不獲亨而見咥也。《訟》之九二，亦同斯義。凡《彖》者，通論一卦之體者也。一卦之體，必由一爻爲主。則指明一爻之美，以統一卦之義。《大有》之類是也。卦體不由乎一爻，則全以二體之義明之。《豐》卦之類是也。凡言「无咎」者，本皆有咎者也。防得其道，故得「无咎」也。「吉，无咎」者，本亦有咎，由吉故得免也。「无咎，吉」者，先免於咎，而後吉從之也。或亦處得其時，吉不待功，不犯於咎，則獲吉也。或有罪自己招，无所怨咎，亦曰「无咎」。故《節》六三曰：「不節若，則嗟若，无咎。」《象》曰：「不節之嗟，又誰咎也」，此之謂矣。

又《明象》　夫象者，出意者也。言者，明象者也。盡意莫若象，盡象莫若言。言生於象，故可尋言以觀象。象生於意，故可尋象以觀意。意以象盡，象以言著。故言者所以明象，得象而忘言。象者所以存意，得意而忘象。猶蹄者所以在兎，得兎而忘蹄。筌者所以在魚，得魚而忘筌也。然則，言者象之蹄也，象者意之筌也。是故，存言者非得象者也，存象者非得意者也。象生於意，而存象焉，則所存者乃非其象也。言生於象，而存言焉，則所存者乃非其言也。然則，忘象者乃得意者也，忘言者乃得象者也。得意在忘象，得象在忘言。故立象以盡意，而象可忘也。重畫以盡情，而畫可忘也。是故，觸類可爲其象，合義可爲其徵。義苟在健，何必馬乎？類苟在順，何必牛乎？爻苟合順，何必坤乃爲牛？義苟應健，何必乾乃爲馬？而或者定馬於乾，案文責卦，有馬无乾，則僞説滋漫，難可紀矣。互體不足，遂及卦變。變又不足，推致五行。一失其原，巧愈彌甚。縱復或值，而義无所取。蓋存象忘意之由也。忘象以求其意，義斯見矣。

又《辯位》　案：《象》无初上得位失位之文。又，《繫辭》但論三五、二四同功异位，亦不及初上。何乎？唯《乾》上九，《文言》云「貴而无位」，《需》上六，云「雖不當位」。若以上爲陰位邪？則《需》上六，不得云「不當位」也。若以上爲陽位邪？則《乾》上九，不得云「貴而无位」也。陰陽處之，皆云非位，而初亦不説當位失位也。然則，初上者是事之終始，无陰陽定位也。故《乾》初謂之潛，過五謂之无位。未有處其位而云潛，上有位而云无者也。歷觀衆卦，盡亦如之。初上无陰陽定位，亦以明矣。夫位者，列貴賤之地，待才用之宅也。爻者，守位分之任，應貴賤之序者也。位有尊卑，爻有陰陽。尊者，陽之所處；卑者，陰之所履也。故以尊爲陽位，卑爲陰位。去初上而論位分，則三五各在一卦之上，亦何得不謂之陽位？二四各在一卦之下，亦何得不謂之陰位？初上者，體之終始，事之先後也。故位无常分，事无常所，非可以陰陽定也。尊卑有常序，終始无常主。故《繫辭》但論四爻功位之通例，而不及初上之定位也。然事不可无終始，卦不可无六爻，初上雖无陰陽本位，是終始之地也。統而論之，爻之所處則謂之位。卦以六爻爲成，則不得不謂之六位時成也。

又《明爻通變》　夫爻者，何也？言乎變者也。變者，何也？情僞之所爲也。夫情僞之動，非數之所求也。故合散屈伸，與體相乖。形躁好靜，質柔愛剛。體與情反，質與願違。巧歷不能定其算數，聖明不能爲之典要，法制所不能齊，度量所不能均也。爲之乎，豈在夫大哉！陵三軍者，或懼於朝廷之儀。暴威武者，或困於酒色之娱。近不必比，遠不必乖。同聲相應，高下不必均也。同氣相求，體質不必齊也。召雲者龍，命吕者律。故二女相違，而剛柔合體。隆墀永歎，遠壑必盈。投戈散地，則六親不能相保。同舟而濟，則胡越何患乎異心。故苟識其情，不憂乖遠。苟明其趣，不煩强武。能説諸心，能研諸慮。睽而知其類，异而知其通。其唯明爻者乎？故有善邇而遠至，命宮而啇應。修下而高者降，與彼而取此者服矣。是故，情僞相感，遠近相追。愛惡相攻，屈伸相推。見情者獲，直往則違。故擬議以成其變化，語成而後有格。不知其所以爲主，鼓舞而天下從者，見乎其情者也。是故，範圍天地之化而不過，曲成萬物而不遺。通乎晝夜之道而无體，一陰一陽而无窮。非天下之至變，其孰能與於此哉？是故卦以存時，爻以示變。

孔穎達等《周易正義》卷首《論易之三名》　夫「易」者，變化之總名，改換之殊稱。自天地開闢，陰陽運行，寒暑迭來，日月更出，孚萌庶類，亭毒群品，新新不停，生生相續，莫非資變化之力，換代之功。然變化運行，在陰陽二氣。故聖人初畫八卦，設剛柔兩畫，象二氣也。布以三位，象三才也。謂之爲「易」，取變化之義。既義總變化，而獨以「易」爲名者，易緯《乾鑿度》云：「易，一名而含三義。所謂易也、變易也、不易也。」又云：「易者，其德也。光明四通，簡易立節。天以爛明，日月星辰，布設張列，通精無門，藏神無穴，不煩不擾，澹泊不失，此其易也。變易者，其氣也。天地不變，不能通氣，五行迭終，四時更廢，君臣取象，變節相移，能消者息，必專者敗，此其變易也。不易者，其位也。天在上，地在下。君南面，臣北面。父坐，子伏。此其不易也。」鄭玄依此義作《易贊》及《易論》，云：「易，一名而含三義。易簡一也，變易二也，不易三也。」故《繫辭》云：『《乾》《坤》，其易之藴邪？』又云：『易之門戶邪？』又云：『夫乾，確然示人易矣。夫坤，隤然示人簡矣。』『易則易知，簡則易從。』此言其易簡之法則也。又云：『爲道也屢遷，變動不居，周流六虚，上下無常，剛柔相易，不可爲典要，唯變所適。』此言順時變易，出入移動者也。又云：『天尊地卑，乾坤定矣。卑高以陳，貴賤位矣。動静有常，剛柔斷矣。』此言其張設布列，不易者也。」崔覲、劉貞簡等幷用此義，云：「易者，謂生生之德，有易簡之義。不易者，言天地定位，不可相易。變易者，謂生生之道，變而相續。」皆以《緯》稱，「不煩不擾，澹泊不失」。此明是易簡之義，無爲之道。故易者，易也，作難易之音。而周簡子云：「易者，易音亦。也、不易（者）［也］、變易也。易者，易代之名。凡有無相代，彼此相易，皆是易義。不易者，常體之名。有常有體，无常无體，是不易之義。變易者，相變改之名。兩有相變，此爲變易。」張氏、何氏幷用此義，云：「易者，換代之名，待奪之義。」因於《乾鑿度》云：「易者，其德也」，或沒而不論，或云：「德者，得也。萬法相形，皆得相易」，不顧《緯》文「不煩不擾」之言。所謂用其文而背其義，何不思之甚！故今之所用，同鄭康成等。易者，易也。音爲難易之音，義爲簡易之義。得《緯》文之本實也。蓋《易》之三義，唯在於有。然有從无出，理則包无。故《乾鑿度》云：「夫有形者生於无形，則乾坤安從而生？故有太易，有太初，有太始，有太素。太易者，未見氣也。太初者，氣之始也，太始者，形之始也。太素者，質之始也。氣、形、質具而未相離，謂之渾沌。渾沌者，言萬物相渾沌而未相離也。視之不見，聽之不聞，循之不得。故曰易也。」是知《易》理備包有无，而《易》象唯在於有者，蓋以聖人作《易》本以垂教，教之所備，本備於有。故《繫辭》云：「形而上者謂之道」，道即无也。「形而下者謂之器」，器即有也。故以无言之，存乎道體。以有言之，存乎器用。以變化言之，存乎其神。以生成言之，存乎其易。以眞言之，存乎其性。以邪言之，存乎其情。以氣言之，存乎陰陽。以質言之，存乎爻象。以教言之，存乎精義。以人言之，存乎景行。此等是也。且易者，象也。物无不可象也。作《易》所以垂教者，即《乾鑿度》云：「孔子曰：上古之時，人民無別，群物未殊，未有衣食器用之利。伏犧乃仰觀象於天，俯觀法於地，中觀萬物之宜，於是始作八卦，以通神明之德，以類萬物之情。故《易》者，所以斷天地，理人倫，而明王道。是以畫八卦，建五氣，以立五常之行象。法乾坤，順陰陽，以正君臣、父子、夫婦之義。度時制宜，作爲罔罟，以佃以漁，以贍民用。於是人民乃治，君親以尊，臣子以順，群生和洽，各安其性。」此其作《易》垂教之本意也。

司馬光《温公易説》卷一《易總論》　或曰：易者，聖人之所作乎？曰：易者，先天而生，後天而終，細無不該，大無不容，遠無不臻，廣無不充。惟聖人能索而知之，逆而推之，使民識其所來，而知其所歸。夫易者，自然之道也。子以爲伏羲出而後「易」乃生乎？或曰：敢問易者，天事歟，抑人事歟？曰：易者，道也。道者，萬物所由之塗也。孰爲天，孰爲人？故易者，陰陽之變也，五行之化也。出於天，施於人，被於物，莫不有陰陽五行之道焉。故陽者，君也，父也，樂也，德也。陰者，臣也，子也，禮也，刑也。五行者，五事也，五常也，五官也。推而廣之，凡宇宙之間皆易也。烏在其專於天，專於人。二者之論皆蔽也。且子以聖人爲取諸胸臆而爲仁義禮樂乎？蓋有所本之矣。或曰：易道其有亡乎？天地可敝，則易可亡。孔子曰：「乾坤毁則無以見易，易不可見，則乾坤或幾乎息矣。」是故，人雖甚愚，而易未嘗亡也。推而上之，邃古之前而易已生。抑而下之，億世之後而易無窮。是故，《易》之書或可亡也，若其道，則未嘗一日而去物之左右也。萬物蚩蚩，若魚蝦嬴蚌之處於海，食焉，游焉，死焉，而終莫之知也。或曰：聖人之作《易》也，爲數乎，爲義乎？曰：皆爲之。二者孰急？曰：義急，數亦急。何爲乎數急？曰：義出於數也。義何爲出於數？曰：禮樂、刑德，陰陽也。仁、義、禮、智、信，五行也。義不出於數乎？故君子知義而不知數，雖善無所統之。夫水無源則竭，木無本則蹶，是以聖人抉其本源以示人，使人識其所來，則益固矣。《易》曰：「君子居則觀其象而玩其辭，動則觀其變而玩其占。」明二者之不可偏廢也。

蘇轍《論語拾遺》　《易》曰：「無思無爲，寂然不動，感而遂通天下之故。」《詩》曰：「思無邪。」孔子取之，二者非異也。惟無思然後思無邪，有思則邪矣。火必有光，心必有思。聖人無思，非無思也，外無物，內無我。無我既盡，心全而不亂，物至而知可否。可者作，不可者止，因其自然，而吾未嘗思，未嘗爲，此所謂無思無爲，而思之正也。若夫以物役思者，其邪矣。如使寂然不動，與木石爲偶，而以爲無思無爲，則亦何以通天下之故也哉？故曰：思無邪。思馬思徂，苟思馬而馬應，則凡思之所及無不應也，此所以爲感而遂通天下之故也。終日不食，終夜不寢，致力於思，徒思而無益，是以知思之不如學也。故十有五而志於學，則所由適道者順矣。由是以適道，知道而未能安，則不能行，不能行則未可與立，惟能安能行乃可與立，故三十而立，可與立矣。遇變而惑，則雖立而不固，故四十而不惑，則可與權矣。物莫能惑，人不能遷，則行上與天同，吾不違天而天亦莫吾違也，故五十而知天命。人之至於此也，其所以施於物而行於人者至矣，然猶未也。心之所安，耳目接於物而有不順焉，以心御之而後順，則其應必疑，故六十而耳順，耳目所遇不思而順矣。然猶有心存焉，以心御心，乃能中法，惟無心然後從心而不踰矩，故七十而從心所欲不踰矩。

崔子方《春秋經解》卷一《隱公》　《春秋》何以始於隱公？昔孟子有言：世衰道微，邪説暴行又作，臣弑其君者有之，子弑其父者有之，孔子懼，作《春秋》。又曰：王者之迹熄而《詩》亡，《詩》亡，然後《春秋》作。考乎其時，驗乎行事，則始隱之義可得而知矣。平王東遷，周室衰微，黍離既降而詩不作，隱、桓篡弑而魯國亂，文、武之道墜地而周公之業衰矣。孔子傷周道之不復，愍聖王之不作，於是修魯史以明是非，正褒貶而代賞罰，上以承三聖之緒，下以著萬世之憲，使亂臣賊子有所畏忌而不敢竊發，此《春秋》所爲作而始隱之義也。

楊萬里《誠齋易傳原序》　《易》者，何也？「易」之爲言，變也。《易》者，聖人通變之書也。何謂變？蓋陰陽太極之變也，五行陰陽之變也，人與萬物五行之變也，萬事人與萬物之變也。古初以迄于今，萬事之變未已也。其作也，一得一失。而其究也，一治一亂。聖人有憂焉於是，幽觀其通，而逆紬其圖，《易》之所以作也。「易」之爲言，變也。《易》者，聖人通變之書也。其窮理盡性，其正心修身，其齊家治國，其處顯，其傃窮，其居常，其遭變，其參天地合鬼神，萬事之變方來，而變通之道先立。變在彼，變在此，得其道者蚩可哲，慝可淑，眚可福，危可安，亂可治，致身聖賢而躋世泰和，猶反手也。斯道何道也？中正而已矣。唯中爲能中天下之不中，唯正爲能正天下之不正。中正立而萬變通，此二帝三王之聖治。孔子、顔、孟之聖學也。後世或以事物之變爲不足以攖吾心，舉而捐之於空虚者，是亂天下者也。不然以爲不足以遁吾術，挈而持之以權譎者，是愈亂天下者也。然則學者將欲通變，於何求通？曰道。於何求道？曰中。於何求中？曰正。於何求正？曰《易》。於何求《易》？曰心。愚老矣，嘗試與二三子講之。二三子以爲愚之言乎非也？愚聞諸先儒，先儒聞諸三聖，三聖聞諸天。

項安世《周易玩辭序》　《大傳》曰：「君子居則觀其象，而玩其辭；動則觀其變，而玩其占。」讀易之法，盡於此矣。《易》之道四，其實則二：象與辭是也。變則象之進退也，占則辭之吉凶也。不識其象何以知其變？不通其辭何以決其占？然而聖人因象以措辭。後學因辭而測象。則今之讀《易》，所當反復紬繹精思而深味者，莫辭若也。於是作《周易玩辭》。

林栗《周易經傳集解・大衍揲蓍解》　天地之數，五十有五。有小衍，有大衍。小衍之數，衍其五。大衍之數，衍其五十。大衍之數具於小衍之中，小衍之數包乎大衍之內。何謂小衍之數揲其五？曰「參天兩地」，衍其五也。一、三、五，「叄天」也。二、四，「兩地」也。一、三、五皆奇也，積而爲九亦奇也。其數凡三亦奇也。二、四皆偶也，積而爲六亦偶也。其數凡二亦偶也。起於叄、兩，兩總而爲五。衍於六九，合而有十五。十而五之者，五十也。生數止於五，成數極於十，以十乘五，五十也。叄、兩之盈數極於此矣。是之謂小衍也。何謂大衍之數衍其五十？曰九、六、七、八，衍其五十也。一、二、三、四積而爲十，言十則一、二、三、四在其中矣。六、七、八、九自五而得，言五則六、七、八、九在其中矣。一、二、三、四、六、七、八、九在五十之中，言五十則五十有五在其中矣。九與六合之十五，七與八合之亦十五。九爲太陽，六爲太陰，七爲少陽，八爲少陰。太陽之策二百一十有六，太陰之策百四十有四，少陽之策百六十有八，少陰之策百九十有二。總而計之，六十四卦，萬有一千五百二十。物之數具於此矣。是之謂大衍也。小衍之數至五十而終，大衍之數自五十而起，故曰大衍之數具於小衍之中，小衍之數包乎大衍之內也。

陸唐老《陸狀元增節音注精議資治通鑑・總例》　一、《通鑑》之書成於元豐之七年。紹興初，開經筵，特命進讀，學者始知所趍嚮溫公舊有節本，書肆嘗印行。既而蜀中有音註本，浙中有增節本，而吾郡鄉先生張公又爲增續本，書肆摹印日廣，差舛浸多。近得狀元陸公點校集註本，有諸本之所長而無其差舛，誠所謂創見者也。三復讎正，刻梓以傳。然古人掃塵之論豈能盡免，視之它本其庶幾焉？一、《通鑑》本朝鉅公所作，學者未能徧曉出處，則於詞賦一場，未敢引用。今即十七史及他書逐一參訂，如《漢武帝紀》載主父偃言：河南地肥饒，《史記》、《漢書》並云朔方地肥饒。外阻河，蒙恬城之以逐匈奴；内省轉輸戍漕廣，中國滅胡之本也。上下公卿議，皆言不便，上竟用偃計。出《偃本傳》。立朔方郡，出《本紀》。使蘇建興十餘萬人築朔方城，出《蘇建傳》及《食貨志》。復繕故秦時蒙恬所爲塞，因河爲固。出《匈奴傳》。轉漕甚遠，自山東咸被其勞，費數十百鉅萬，府庫並虛。出《食貨志》。漢亦棄上谷之斗辟縣造陽地以予胡。出《匈奴傳》。皆詳註出處，有一句一字不同，亦具載于下方。如上注《史記》、《漢書》並云「朔方地肥饒」之類，如一段云與史文不同，則注云「以上文不同」。或大同小異，不容盡註，則云「以上文小異」。學者誠知之，則於聲韻援據，尤爲的確也。一、《通鑑》外紀所載，皆切學業，如《堯紀》云「存心於天下，加志於窮民，一民飢曰我飢之也，一民寒曰我寒之也，一民有罪曰我陷之也。百姓戴之如日月，親之如父母，仁昭而義立，德博而化廣，故不賞而民勸，不罰而民治。出《説苑・君道篇》。《禹紀》云：垂鐘鼓磬鐸鞀以待，四方之士曰：教寡人以道者，擊鼓諭以義者，擊鐘告以事者，振鐸語以憂者，擊磬有獄訟者，搖鞀一饋而十起，一沭三握髮以勞天下之民。出《淮南子氾論訓》。《史記》皆不載，今並詳註出處。貴引用無疑也。一、《通鑑》之書參用經、子、史文，其本書多古註。而近時名公議論亦多發明，今摭取其菁華，逐條參入，庶覽者非徒得其事併與其事之本末，是非具見矣。一、《通鑑》書成，溫公復采其精語爲《目錄》三十卷。張氏增續本又爲《紀傳括要》七卷，然皆條目不分，施之舉子猶難探討。今則區以門類，大書其事，而其本末纖悉則註于下方，總曰《歷代君臣事實》，分紀冠諸卷首，使寸晷之下一目瞭然，豈曰「小補」之哉！

蔡沈《書經集傳序》　慶元己未冬，先生文公令沈作《書集傳》。明年，先生歿。又十年，始克成編。總若干萬言。嗚呼！《書》豈易言哉！二帝、三王治天下之大經大法，皆載此書。而淺見薄識，豈足以盡發藴奥。且生於數千載之下，而欲講明於數千載之前，亦已難矣。然二帝、三王之治，本於道。二帝、三王之道本於心。得其心，則道與治固可得而言矣。何者？精一執中，堯、舜、禹相授之心法也。建中建極，商湯、周武相傳之心法也。曰德、曰仁、曰敬、曰誠，言雖殊而理則一，無非所以明此心之妙也。至於言天，則嚴其心之所自出。言民，則謹其心之所由施。禮、樂教化，心之發也。典章文物，心之著也。家齊國治而天下平，心之推也。心之德，其盛矣乎！二帝、三王，存此心者也。夏桀、商受，亡此心者也。太甲、成王，困而存此心者也。存則治，亡則亂。治亂之分，顧其心之存不存如何耳。後世人主，有志於二帝、三王之治，不可不求其道。有志於二帝、三王之道，不可不求其心。求心之要，舍是書何以哉？沈自受讀以來，沈潛其義，參考衆説，融會貫通，廼敢折衷，微辭奥旨，多述舊聞。二典、三謨，先生蓋嘗是正，手澤尚新。嗚呼，惜哉！《集傳》本先生所命，故凡引用師説，不復識別。四代之書，分爲六卷。文以時異，治以道同。聖人之心見於書，猶化工之妙著於物，非精深不能識也。是傳也，於堯、舜、禹、湯、文、武、周公之心，雖未必能造其微，於堯、舜、禹、湯、文、武、周公之書，因是訓詁，亦可得其指意之大略矣。

李明復《春秋集義・綱領》 論遂例。曰遂，繼事之辭也。遂，專事之辭也。遂有善、惡，安利社稷，抑強扶弱，則遂之善者也；慢命生事，蠹民敗國，則遂之惡者也。觀其事、原其意，而遂之善惡見矣。祭公專以王命逆后也，既而因以私事朝魯，首書祭公之來，而次書逆后爲遂事，罪王臣之不欽也。公子結專以君命出盟也，既而因以私事媵陳人，而次書鄄盟爲遂事，罪諸侯大夫之不欽也。公子遂聘于京師，又以聘事適晉，書遂如晉，罪其輕王室而失聘之道也。成公朝于京師，又以伐事適秦，書遂會晉侯伐秦，罪其輕王室而失朝之道也。季孫宿奉命救召，而違指入鄆，書遂入鄆，罪其生事也。公孫歸父奉命出聘而不反命，奔齊，書遂奔齊，罪其棄命也。文公取須句，遂成部，罪其勞民也。齊侯侵我遂伐曹，齊侯伐衛遂伐晉，士鞅伐鄭遂侵衛，罪其遷師也。滅偪陽書遂，則罪諸侯因會而滅國也；城虎牢書遂，則罪大夫因會而城邑也；公與大夫如齊書遂，則罪其不能制也；諸侯伐楚書遂，則罪其行師之不正也；諸侯次匡書遂，則罪其救徐之不前也。凡此皆遂之惡者也。諸侯遂救許，則善其急於解難也；諸侯遂圍許，則善其急於討叛也；曹伯遂會圍許，則善其急於從王也。遂事之善見於《春秋》者，惟此而已矣。

李俞《進〈春秋集義〉表》［李明復《春秋集義》卷首］ 臣聞聖人達而賞罰行，聖人窮而褒貶作，褒貶者，萬世賞罰也。昔孔子作《春秋》，人見其所褒貶者，既往之人也，不知聖人固爲來者設也。論者乃謂天下有道，聖人推而行之，天下無道，聖人述而藏之，豈知《春秋》蓋亦推而行之乎！漢董仲舒記孔子之言曰：「我欲載之空言，不如見之於行事之深切著明也。」知孔子者亦謂《春秋》即行事矣，夫豈必待居位用權而後爲行事乎哉！雖然，有孔子之聖則可，無孔子之聖則僭矣。達而賞罰行，聖人處常也；窮而褒貶作，聖人處變也。《春秋》樂道堯舜，蓋堯舜處其常，而孔子處其變。試觀《春秋》初年，何往而非變？惠公、隱、桓之傳國，父子之變也；祭伯非命而私交，君臣之變也；仲子妾母而上僭，夫婦之變也。君臣、父子、夫婦，人之三綱，盡變於一年之間，《春秋》雖欲不作，可乎哉？《春秋》因其變，書之將以復其常也。或曰：是知其不可復而復之者乎？曰：非然也。書其變於一時，復其常於萬世，故孟軻氏曰：孔子成《春秋》而亂臣賊子懼。後世思其說而不得，至本朝周惇頤明之，曰：誅死者於前，所以懼生者於後也。先之曰：孔子爲後世王者而修也。嗚呼，知孔子者惟軻，知軻惟惇頤乎！惇頤《春秋》之學程顥、程頤得其傳，頤嘗作傳而顥則間及之，若張載則與顥、頤講明而得之，若劉絢、謝湜則見而發明之，若范祖禹諸人則見而知之，若胡安國則聞而發明之，若李侗諸人則聞而知之。其派分，其源同，說雖不無稍異，而尊王賤霸，內中國外夷狄，即事明綱常以著人君之用則一而已。臣幼習《春秋》，靡惑他岐，嘗取惇頤以下十有七家，或著書以明《春秋》，或講他經而及《春秋》，或其說之有合於《春秋》，皆廣搜博訪，始乃定其後先，審其精粗。凡總論《春秋》大旨者，歸之綱領，若專指一事而言，則各附本章。夫《春秋》即天理也，天理在人，不容己也，近取諸身，《春秋》在焉，驗諸履踐，何莫非天理之流行？雖然此一身之《春秋》也；而畎畝微臣之心，將冀是經自聖主昭明之，則措諸事業，何莫非天理之著見？此天下之春秋也。臣願聖主昭明孔子之《春秋》，以復堯舜之常，昭明孔子之褒貶，以行堯舜之賞罰，斯與三聖異世而同符矣。則是書也，臣安敢爲一家之私藏哉，安敢爲一家之私藏哉！大學生臣李俞謹上。

陳振孫《直齋書録解題》卷一 《古周易》十二卷，國子錄吳郡吳仁傑斗南所錄。以爻爲《繫辭》，今之《繫辭》爲《說卦》。其言《十翼》，謂《序卦》、《彖傳》、《象傳》、《繫辭傳》上、下，《說卦》上、中、下，《文言》、《雜卦》，并上、下《經》爲十二篇。案漢世傳《易》者，施、孟、梁邱、京、費。費最晚出，不得立於學官。其學亡章句，惟以《彖》、《象》、《文言》等解上、下《經》。自劉向校中古文《易經》，諸家或脫「无咎悔亡」，惟費氏與古文同，東京名儒馬、鄭皆傳之。其後，諸家皆廢，而費學孤行，以至於今。其合《彖》、《象》、《文言》於《經》，蓋自康成、輔嗣以來，展轉相傳，學者遂不識古文本經。甚至今世考官命題，或連《彖》、《象》、《爻辭》爲一，對大義者，志得而已，往往穿鑿傅會，而《經》旨破碎極矣。凡此諸家所錄，雖頗有同異，大較《經》自爲《經》，《傳》自爲《傳》，而於《傳》之中，《彖》、《象》、《文言》，亦各不相混。稍復古人之舊，均有補於學者，宜並存之。又有九江周燔所次，附見吳氏書篇末，今古文參用，視諸本爲無據。

朱鑑《詩傳遺說》卷二《序辨》 問：《詩》盡撤去小序何也？曰：

小序如《碩人》、《定之方中》等見於《左傳》者，自可無疑。若其他刺詩，無所據，多是世儒將他謚號不美者挨就立名爾。今只考一篇，見是如此，故其他皆不敢信。且如蘇公刺暴公，固是姓暴者，萬一不見得是暴公，則惟暴公之云者，只作一箇狂暴底人說亦可。又如《將仲子》如何便見得是祭仲？熹由此見得小序大故是後世陋儒所作，但既是千百年已往之詩，今只見得大意便了，又何必要指實其人姓名，於看詩有何益也？余大雅録。大抵今人說《詩》多去辨他序變，要求著落，至其正文，「關關雎鳩」之義，却不與理會。王德修云：《詩序》只是國史一句可信，如「《關雎》，后妃之德也。」此下即講師說。如《蕩》詩自是說「蕩蕩上帝」，序却言是天下蕩蕩；《賚》詩自是說「文王既勤止，我應受之」，是說後世子孫頌其祖宗基業之意，他序却說「賚，予也」，豈不是後人多被講師瞞耶！曰：此是蘇子由曾說來，然亦有不通處。如「《漢廣》，德廣所及也」，有何義理？却是下面「無思犯禮，求而不可得」幾句却有理。若熹只上一句亦不敢信他。舊曾有一老儒鄭漁仲，興化人，更不信小序，只依古本與疊在後面。熹今亦如此，令人虚心看正文，久之其義自見。蓋所謂序者，類多世儒之談，不解詩人本意處甚多。且如止乎禮義，果能止禮義否？《桑中》之詩禮義在何處？德修曰：他要存戒，曰此正文中無戒意，只是直述他淫亂事爾。若《鶉之奔奔》、《相鼠》等詩，却是譏罵，可以爲戒，此則不然。熹今看得鄭詩自《叔于田》等詩之外，如《狡童》、《子衿》等篇，皆淫亂之詩，而說詩者誤以爲刺昭公、刺學校廢耳。衛詩尚可，猶是男子戲婦人，鄭詩則不然，多是婦人戲男子，所以聖人尤惡鄭聲也。《出其東門》却是箇識道理底人做。同上。詩序實不足信。向來見鄭漁仲有《詩辨妄》，力詆詩序，其間言語雖太甚，以爲皆是村野妄人所作，始者亦疑之，後來子細看一兩篇，因質之《史記》、《國語》，然後知詩序之果不足信。因是看《行葦》、《賓之初筵》、《抑》數篇序，與詩全不相似，以此看其他詩序其不足信者煞多，以此知人不可說亂話，便都被人看破了。大率詩人假物興辭，大率將上句引下句，如《行葦》「勿踐履」，「戚戚兄弟，莫遠具爾」。「行葦」是比兄弟，「勿」字乃訓莫字，此詩自是飲酒會賓之意，序者却牽合作周家忠厚之詩，遂以行葦爲仁及草木。如云「酌以大斗，以祈黄耇」，亦是歡洽之時祝壽之意，序者遂以爲養老乞言。豈知「祈」字本只是祝頌其高壽，無乞言意也。《抑》詩中間煞有好語，亦非刺厲王，如「於乎小子」，豈是以此指其君？兼厲王是暴虐大惡之主，詩人不應不述其事實，只說謹言節語。況厲王無道，謗訕必不容，武公如何恁地指斥曰「小子」？《國語》以爲武公自警之詩，却是可信。大率古人作詩與今人作詩一般。其間亦自有感物道情，吟咏情性，幾時盡是譏刺他人？只緣序者立例，篇篇要作美刺說，將詩人意思盡穿鑿壞了。且如今人見人纔做事，便作一詩歌美之，或譏刺之，是甚麼道理？如此一似里巷無知之人胡亂稱頌諛說，把持放鵰，何以見先王之澤，何以爲情性之正？詩中數處皆應荅之詩，如《天保》乃與《鹿鳴》爲唱荅，《行葦》與《既醉》爲唱荅，《蟋蟀》與《山有樞》爲唱荅。唐自是晉未改號晉時國名，自作序者以爲刺僖公，便牽合謂此晉也，而謂之唐乃有堯之遺風，本意豈因此而謂之唐？是皆鑿說。但唐風自是尚有勤儉之意，作詩者是一箇不敢放懷底人，說「今我不樂，日月其除」，便又說「無已太康，職思其居」。到《山有樞》是荅，便謂「子有衣裳，弗曳弗婁。宛其死矣，他人是愉。子有鍾鼓，弗鼓弗考，宛其死矣，他人是保」，這是荅他不能享些快活，徒恁地苦澁。《詩序》亦有一二有憑據，如《清人》、《碩人》、《載馳》諸詩是也。《昊天有成命》中說「成王不敢康」，成王只是成王，何須牽合作成王業之王？自序者恁地附會，便謂周公作此以告成功，他既作周公告成功，便將成王字穿鑿說了。又幾曾是郊祀天地，被序者如此說，後來遂生一場事端，有南北郊之事。此詩自說昊天有成命，又不曾說着他，如何說道祭天地之詩，設使合祭，亦須幾句說及后土，如漢諸郊祀詩，祭某神便說某事，若用以祭地，不應只說天不說地。東萊《詩記》却編得子細，只是大本已失了，更說甚麼？向嘗與之論如此。《清人》、《載馳》一二詩可信，渠却云安得文字許多證據！熹云無證而可疑者只當闕之，不可據序作證，渠又云只此序便是證。熹因云今人不以詩說詩，却以序解詩，是以委曲牽合，必欲如序者之意，寧失詩人之本意不恤也，此是序者大害處。葉賀孫録。

許謙《讀四書叢說》卷一《大學》 傳四章。聽訟是新民之末節，治國平天下豈專在聽訟乎？況齊家一條，聽訟更用不着，古人言語不急迫，雖是解經，亦偶取聖人兩句來說一事以爲例爾。此章當自下看上，從大畏民志起。聖人言爲人上而聽斷獄訟得其平，我亦與衆人無異，然爲治者致民有所訟方爲之剖斷，亦末矣，必使民皆無可訟之事，乃得其本也。此語有未發之意，故曾子引之而續以明之，其意蓋曰：何以使民無訟？蓋上之人能使無情實之人不敢盡其虛誕之辭，天下事是非自有一定，爲人不肯認己之非，而妄與人爭，故致訟。及至訟庭，亦以非爲是，用虛妄誕謾之辭強辯力爭，以惑上聽。上之人爲其所誑而亂事之眞是非，則人無所忌憚訴訟者紛然而起。無實之言既不行，則無訟矣。又言何以使無情者不得盡其辭？必大有以畏服民之心志然後可，然此句猶是歇後語，不曾說破。何以使民志服？是使讀者自思。其實德明辨可服人心，此謂知本一句，只是結聽訟之本，不是結凡新民之本，詳讀可見。聽訟是新民一端，新民末也，然須有其本，本即明明德也。我之德既明，則自能服民志而不敢盡其無實之言。凡人爭訟，必有一直一曲，只是爲聽訟者可欺，雖理屈者也敢來爭，若聽訟者德既明，則人自不敢欺。人既不可欺其上，則不敢爲惡，不敢飾非，而民德亦新，自然無訟可聽。如虞芮爭田不敢履文王之庭，是文王之德大畏民志，自然無訟。

胡炳文《周易本義通釋例》 一、先是，集諸家《易》解名曰《精義》，然未免失之太繁。竊惟學統一，《易》至程、朱，明且備矣。《本義》於程，又能足其所未圓，白其所未瑩，貫其所未一。於是，一以《本義》爲主，而謂之「通釋」。一、通釋之於《本義》，依朱子集注例，蓋集諸家之注爲之也。《精義》中取有合於《本義》者，或一字，或一句，或一段，或用其意不用其辭，以故不可出諸家名氏。已見附其中，亦不表以「愚謂」。一、《通釋》之名，從勉齋黃氏例。一、觀朱子《語錄》、《本義》有未改正者，今《通釋》輒從朱子之志云。

俞皋《春秋集傳釋義大成・凡例》 一、凡孟月例書時，正月例書王。或事在二月，則書春王二月，事在三月，則書王三月。事在春則不言月，無事則書時，書首月，其有不書，蓋缺簡也。一、凡王朝公卿，例書爵，大夫，例書字。上士、中士例書名，王子則書王子某，下士例書人。一、凡列國卿大夫，一命例書人，再命例書名，三命例書氏。書名公子公孫，則書公子某、公孫某。四命例書字，宋卿例書官。一、凡朝聘，諸國來魯例書來朝，其不成禮者止書來。外諸國相朝例書如，魯往諸國例書如，魯卿大夫、士聘他國例書如，他國來魯例書使來聘，微者止書來聘。一、凡盟會，内爲主例書及，外爲主例書會，外之爲主者必先序。歃血例書盟，講好例書會，衆共爲盟例書同盟，此齊伯未成晉伯既衰之時也。不成禮者例書遇，交相命者例書胥命，魯往他國盟未前定例書會盟，前定例書莅盟。他國來魯盟未前定例書來盟，前定例書使來盟。一、凡征伐，將尊師衆例書某帥師，將尊師少例書某伐某，魯則止書主將名氏伐某，將卑師衆例書某師，魯則止書師，將卑師少例書某人，魯則止書伐某及某戰，不知將帥名氏多寡亦書人。君親將例書爵，聲罪致討例書伐，潛師掠境例書侵，環其城邑例書圍，抵其國都例書入，覆其宗社例書滅，移其民人例書遷。列陳相敵例書戰，奇詐取勝例書敗，殺之無遺例書殲，民亂逃散例書潰，車徒大崩例書敗績，屈服歸順例書降，欲進而止例書次，已去而逐例書追。用他國師例書以援，他國急例書救，悉虜而俘例書取，生擒得之例書獲，拘而囚之例書執，聚兵守之例書戍，完其郛郭例書城。一、凡魯夫人，始逆例書女，有姑例書婦，入國例書夫人，告廟例書至。其不書逆者，往逆非卿也，不書婦，無姑也，不書氏，脫簡也，不書至，不行告廟禮也，幷不書者亦缺文也。一、凡魯女嫁諸國，例書逆、書歸，來逆非卿則止書歸，王姬或王后使魯主婚事者，例書逆、書歸。惟齊人來歸子叔姬，夫人姜氏歸于齊，乃子被弒而身被出，故書來歸、歸于以明非奔也。一、凡崩、薨、卒、葬，天王例書崩，魯君及夫人例書薨，諸國君合書薨，而據其來訃謙辭曰某爵某卒，故例書卒，卿大夫例書卒，魯未逾年之君例書卒。諸國葬則舉謚來告，故例書謚，自天王至於列國書崩，卒而不書葬者，來訃而魯不往會也，不書卒葬者不來訃而魯亦不往也。一、凡諸國殺大夫公子例書國，微者殺之例書人，作亂者殺之例書盜，惟晉世子申生、宋世子痤被譖自殺而歸罪於君，故書爵。一、凡郊、禘、望、雩、嘗、祫、烝，皆志其逾禮非時之失也。一、凡大閱、治兵、蒐狩，皆志其非常非時非地之失也。一、凡魯災异大故，素無例書有，素有而甚例書多，非常例書大。一、凡諸國災异大故來告，例書某國某災某异，聞而知之，則止書某災某异。一、凡螟、螣、螽、蝝，皆以其害稼故書。一、凡興作，有舊而更之例書新，無舊而始爲之例書作，完修舊城例書城，創立新邑或新臺囿例書築。僖公之南門，定公之雉門及兩觀，更舊而變其制，故書新作。自晉杜氏注《左傳》始有凡例之說，取經之事同辭同者，計其數凡若干而不考其義。唐陸氏學於啖、趙，作纂例之書，雖分析詳備，然亦未嘗以義言之。逮程子爲傳，分別義例，而學者始得聞焉。愚今遵程子說，以事同義同辭同者定而爲例十六條，凡書經之事，義如此而其辭例如此者，是所謂例也。其有義不同而辭同，事同而辭不同者，則見各事之下，非可以例拘也。且如殊會，其辭雖同而其義則不同，會王世子而殊會，是尊之而不敢與抗。若曰王世子在是，而諸侯往會之，不敢與世子列也，會吴而殊會，是抑之而不使其抗，若曰諸侯自爲會，而後會吴，不使與諸侯列也。又如歸、來歸、復歸，歸字雖同，而其義則不同。婦人謂嫁曰歸，而書來歸，則出也，諸國君大夫出奔而復則書歸，而書復歸則義不當復也；天王使宰咺來歸惠公仲子之賵，秦人來歸僖公成風之襚，此譏其過時始至之失也。至於季子來歸，齊人來歸鄆、讙、龜陰之田，此又喜其歸，异其詞以嘉之也。凡此皆辭同而義不同者也。又如國君奔，一也，而内奔書遜；弑君一也，而内弑書薨不地；殺公子一也，而内殺公子書刺。凡此皆事同而辭不同者。又如易田書假，城虎牢不繫鄭，戍虎牢曰鄭，因會伐而朝書如。凡此之類，乃程子所謂微辭隱義，時措時宜者也，是皆不可以例拘也。學者誠能熟玩程子傳以求其意，至於沉潛反復，一旦豁然貫通，庶乎可窺聖人用心之萬一也，又奚待愚言之贅云。

董鼎《書傳輯録纂注・凡例》 一、案久軒蔡氏抗淳祐經進本録朱子《與蔡仲默帖》及《語録》數段在前，今各類入《綱領》輯録内，以便觀覽。一、是書以朱子爲主，故凡《語録》諸書應有與《書經》相關者靡不蒐輯，倣「輯略」例，名曰「輯録」，附蔡傳之次。或有與蔡傳不合及先後説自相同異處，亦不敢遺。庶幾可備參考，其甚異者則略之。一、朱子《語録》諸書，有總論一經及雜舉諸篇，難以分附各處者，別爲《綱領》一卷，置之帙首。亦讀是書者所宜先知。一、增纂諸家傳注，或推蔡氏所本，或發其所未盡，或補其所不及，大約以經文爲序。訓詁居先，釋經義者次之，疏傳義及釋音又次之，已説處末名曰《纂注》，以附於「輯録」之後。一、增纂諸家之説，或節取其要語，其有文勢未融貫處，與夫辭旨未條暢處，倣集注例，頗加櫽括幷用其意足之。一、《輯録纂注》中，多折衷歸一者。其或同异並存與姑備一説處，善讀者詳擇焉。一、經文音釋，大槩如陸氏《釋文》。其有與古注異處，讀蔡《傳》可知。亦有間見蔡《傳》及《輯録纂註》中，今只於《傳》内除文理旁音不可求者，案諸家字書反切附注焉。一、諸本蔡《傳》脱誤字句，今依二程氏本補正。凡五十餘處。

陳櫟《定宇集》卷一《禮記集義自序凡例附》 櫟自少讀《禮記》，多有未究。頗習朱子《大學》、《中庸》，竊有聞焉。即其所已聞，推其所未究，不無所得，未浹洽也。大德丙午，始見衛氏《集説》。乃得因衆説之紛紜，而折衷去取之。至大德庚戌，始融會諸説，句爲之解，一得之愚亦見其中。昔朱子爲《詩傳》，不及載諸家姓氏，當時如張宣公亦未然之。今安知無執宣公之説以見尤者，然銷鎔百家，鑄之自己，亦安能逐字逐句一一標題，以自取破碎斷爛之弊哉？乃若所采成段，必不可不書氏名者，已謹書之矣。名之曰《禮記集義詳解》云。皇慶元年壬子歲五月十有一日。一、儒家以《大學》爲門庭，《中庸》爲閫奥，入其門庭，造其閫奥。由是而讀《戴記》之四十七篇，大本立矣，宜無難者。《大學》、《中庸》固自程子、朱子而後拔之。四十九篇之中，尊之四庫數萬籤之上。然宋仁宗天聖五年丁卯，王堯臣之及第也，賜以《中庸》篇。寶元元年戊寅呂溱之及第也，賜以《大學》篇。於戴記中表章，此二篇以風厲儒臣，豈非已開《四書》之端乎！一、聞之先輩，古《禮記》以《月令》冠經端。或謂「毋不敬」一言得《禮經》之要旨，遂移《曲禮》冠之。范氏祖禹因論《詩三百》而言曰：學者必務知要，知要則能守約，守約則足以盡博矣。經禮三百，曲禮三千，亦可以一言蔽之曰：毋不敬。一、鄭氏玄康成之注《禮》也，當其好處，辭簡意明，其所未悉缺之，未爲失也。乃遇解不通者，必強改之，讀某字如某字。如「宿離不貸，急繕其怒」，改「離」爲「儷」，改「繕」爲「勁」之類是也。只從本字，自有證據，理甚的當，何可輕易必如《大學》「親民」之爲「新民」，「命也」之爲「慢也」，始爲當耳。然鄭所改，亦有當從者。今諸解者，又必盡非之而盡翻之，又不可也。姑舉其略，以聽明者自擇焉。一、此編成，多取之者。或謂不合爲句解，人將以幼學書視之。勉令全段書經文，而成段解焉。予初欲從之，既而重改作兼句解，多省字。成段解，增字必多。世豈無具眼者，試一開卷，當自見之，豈但有益於讀此經者，以此經應舉決科者，亦未必無補云。

汪克寛《春秋胡傳附録纂疏・凡例》 一、紀年略如朱子《通鑑綱目》例，注甲子於行上，分注周王紀年始終於行下，齊、晉霸國，衛、蔡、鄭、曹同姓，陳、杞、宋先代之後，秦、楚、吴強國，凡紀年始終，亦分注每年之下。一、《三傳》經文互有同异，陸氏《釋文》略見而未詳，啖、趙、陸氏稍詳而未盡，亦有與今本不合者，故今所編經文以胡氏爲據，而詳注各傳同异，增損於經文之下。一、近代諸儒，惟胡氏發明程子之意最詳，朱子稱其義理正當，是以國家設科專用《三傳》及《胡傳》，然《三傳》自有注疏全文，故今纂疏以胡氏爲主，而於經下分注附錄《三傳》要語，或胡氏已引用，則不復重出，其引而不詳者，或附注其間。及程子傳，幷采止齋陳氏《後傳》事變始終附之經文之下。諸侯見於經者皆旁注謚號，以備參考，地名、人名則引杜氏、張氏等注或諸家注義，於經有所發明而不可附於傳者亦附於下。一、凡胡傳於經所書事，有於首卷已發例者，有見於他公而不必解者，有可以推類而通者，幷采茅堂胡氏寧所錄《通旨》及諸家傳注有相補益者附之。一、凡胡傳引本經前後事證，及諸經子史，幷注本末於各傳之下。一、凡諸先儒之說，但順經意編次，不以時之先後爲序。一、《三傳》或與經意不侔，則摘其最著者引啖、趙《辨疑》劉氏《權衡》附於後。一、通經類例書法精微，間附管見，或近世新說有過求者，頗推廣先儒之說以辨同异，幷以愚按別之。一、經文音反多本陸氏《釋文》，其係類隔者僭更之，傳文各隨本義音注。如應字本平聲，處字本上聲，覆字本去聲之類，始見音之，而曰後放此。字義之稍難見者亦間釋之，蓋爲初學者設爾。凡音釋各注本字下，不俟句絶，省文也。一、近年書肆刊本多有漏誤，幷以胡傳舊本考定改正。如隱三年外盟會作宋盟會，成六年民著於君臣之義作明著之類。

李先芳《讀詩私記》卷一《論小序》　朱文公解《詩》，依古經文，附以己見，中間依《小序》者纔十之一耳。馬氏曰：《雅》、《頌》之序可廢，《國風》之序不可廢。蓋《雅》、《頌》詞旨易見，故讀「文王在上」、「於穆清廟」二章，以下諸篇無非文王受命之詞，享祀之典，觸類可推，于此而復敷衍附會其說，誠爲贅疣。若《國風》之《芣苢》，以婦人樂有子爲后妃之美也，而其詩語不過形容采掇芣苢之情狀而已，《黍離》之序，以爲閔周室宮廟之顛覆也，而其詩語不過慨歎禾黍之苗穗而已，此詩之不言所作之意，而賴序以明者也。若捨序以求之，則其所以采掇者爲何事，而慨歎者爲何説乎？《叔于田》之二詩，序以爲刺鄭莊公也，而其詩語則鄭人愛叔段之辭耳。《揚之水》、《椒聊》二詩，序以爲刺晉昭公也，而其詩語則晉人愛桓叔之辭耳。此詩之序其事以諷，初不言刺之之意，而賴序以明者也。若捨序以求之，則如四詩也，非子雲美新之賦，則袁宏九錫之文耳，是豈可以訓而夫子不删之乎？《鴇羽》、《陟岵》之詩，見於變風序，以爲征役者不堪命而作也；《四牡》、《采薇》之詩，見於正雅序，以爲勞使臣、遣戍役而作也，而深味四詩之旨，則歎行役之勞苦，叙饑渴之情狀，憂孝養之不遂，悼歸休之無期，其辭語一耳。此詩之辭同意異而賴序以明者，若捨序以求之，則文王之臣民亦怨其上，而《四牡》、《采薇》不得爲正雅矣。即是數端而觀之，則知《序》之不可廢也明矣！

王樵《春秋凡例》卷下　興作第十三：書囿五、城邑二十四。啖氏曰：凡土功皆當以農隙之時，若有難，亦有非時城者，非得已也。《穀梁》云「凡城之志，皆譏也」。此説非也。凡城，國之急也，但問時與不時，不應一切是譏。浚洙、作兩觀、新延廐之類，皆當從土功之時；王姬之舘，以非常，不論不時也。新作南門，《左氏》云，不時也。凡啓、塞從時，謂作門戶爲啓，當用春分以後，城郭爲塞，當用秋分以後，順天時，爲開閉也。延廐，又曰不時也。凡馬日中而出，日中而入，亦言馬春分入廐，秋分入收，縱馬合依時出入，新廐何妨用農隙之時，既非開閉之物，又何象乎。又曰：凡興作必書，重民力也。觀其時而是非昭矣，凡外興作，《春秋》不書，關于魯及來告則書之。改革第十四：趙氏曰：凡變常之事皆書。《公》、《穀》皆云：用者，不宜用也。用田賦是也。作者，不宜作也，作三軍是也。立者，不宜立也，立武宮、煬宮是也。凡改舊而遂以爲常者，則曰初稅畝及六羽是也，言自此始而常行也。躋僖公、作三軍，不言初者，暫作暫用，非常行也。又曰法者以保邦也，中才守之，久而有敝，况淫君邪臣從而壞之哉！故革而上者比於治，革而下者比於亂，察其所革，而興亡兆矣。

鄭良弼《春秋續義・凡例》　一、漢、宋來譚《春秋》者，亡慮數十家。今學者獨主胡安，國氏傳一，士習以遵制也。第經未傳，題幾四百，皆夫子心法所寓，可置之。若棄，忍有不覩全經之嘆乎！矧今道術盛明，志存經典者，咸思奮此續補之，所以不容已與？一、程子謂：經一字有異，或上下文異，義須有別，因有義例之説。而胡康侯則一一發明至矣，間以義理穿鑿，惟設爲疑問以補其未備乃可。故今所續止續胡氏之未傳者耳。一、胡氏未傳而或於他傳互發者，即數句亦足以包數義。有未盡者，則參《三傳》疏註及大全諸家説不畔經者續之。一、儒先註説及近代論著，雖未若胡氏之純且正，開鑰起閟，得聖人之肯綮者亦多，必盡棄之可乎！凡經胡氏未發者，則本諸家説管窺竊取，謬續一義以俟大君子裁焉。一、胡氏議論□

大正直，可通一經之用，補續更一一敷演則鑿矣。惟據事撮其要領斷之，以見大義，而不敢以虚誕贅。一、後儒議者如湛甘泉諸公謂《春〔秋〕》一經悉因魯史舊文，曰「筆者其所因者也」，曰「削者其所去者也」。字無增減，而竊取之義，即其于中義例之説，非夫子意也似矣。第《春秋》謂之作。又「曰孔子成《春秋》而亂臣賊子懼」，又曰「游、夏不能贊一詞」。信斯言也。《春秋》豈盡襲舊文者耶？果盡襲則亦魯國之史而已矣。而獨以經名之，何耶？據魯史十二公中記事者決非一人，今觀經文如出一手，謂夫子全未有筆削，尤不敢信。如曰《左傳》獲麟後悉如經文，足證其出于史官，豈知左氏一書乃作于聖經之後？季彭山尚以爲自漢始出，安知其非倣經文而爲之者與。如曰出于左丘明，朱考亭按左丘，姓。明，名。傳《春秋》者，乃左氏，非左丘明作，詳見問内。一、議者俱泥「其文則史」一言，故紛紛聚訟，而不知夫子之所筆削者，即因舊史之文爲之。故曰「其文則史」，明非創始也。且當〔時〕周流四方，列國事變得于見聞者必多，可置之不一書乎？若一一據舊，但可記事，而名之曰「史」，必有精意寓于其間。而可爲法、爲我，始足以垂憲而名之曰「經」。故一字褒貶，雖不克鑿而儆省懲創，有関世教，此非其一機乎！然則寓勸懲于書法，其説必有從始，而朱考亭《綱目》取例焉，豈無見哉？考亭又謂：説《春秋》者，依安國説去也罷。故今所續，即從議者之旨，而亦不敢盡背胡氏意義。一、諸説明正不必增減者，直書「某氏曰」，實録略加增損者，則書「按某氏云」，雜用諸家説則統言之，而不書某氏。總之，只求一箇是而已。一、《春秋》紀年用汪克寬例。董啓予取甲子居周上，魯次之，以見孔子生魯從用之志，皆善也。今特書省文不録者，以補續，非全義故爾。一、賢傳，賢者所傳也，則吾豈敢。故今所續，惟本諸家説，删取其要以備參考。名曰「續義」，而義猶未敢決也，又敢以傳名耶？尚俟大方鉅筆裁成，俾寓内士得覩孔聖全經，則良弼不勝企望之至。

唐元竑《杜詩捃》卷一　李杜千古齊名，然杜亟稱李，而李落落不答。或謂杜期李太過，反爲所誚。荆公獨謂不然。「清新庾開府，俊逸鮑參軍」。但比之庾鮑。又「李侯有佳句，往往似陰鏗」。鏗詩又在庾鮑下，此論非也。昔之庾鮑，猶今之李杜，蓋人人尸而祝之者。杜謂李才兼二子，同時同業之人，推重至此，故啓口即云「白也詩無敵」，荆公忘之耶。蓋李眼空一世，雖與杜善，仍自落落，不妨是李高處。至杜深愛其詩，思之不置，我用我法，亦正是杜高處。未可以俗見議之也。胡元瑞云：子美不獨虚心太白，即高岑輩無所不傾倒，然二子推轂杜者，亦無幾信。然史稱杜善李白、高適，而集中寄高諸詩，意皆不能無望，獨于李無之，故知當時杜實自謂攀李不及也。且李聲彩之盛，當代更無與儔，如其宗人陽冰所謂古今文集，遏而不行，惟公文章横被六合，蓋實録也。而唐人選唐詩今所流傳于世者，諸品隲無論當否，杜大都無處厠足，蓋當時極重科目，杜終于不第。三百年詩人之冠，自是宋人推戴語。親見楊子雲祿位容貌時，誰肯遽爲之下哉！青蓮曠世逸才，當時號爲謫仙。公詩「方期拾瑶草」，又「還丹日月遲」，又「未就丹砂愧葛洪」，皆以出世期之。然青蓮志在匡時，自方東山謝安石。公前後贈言，但許以千秋名，無片言及此也。至永王事極爲昭雪，乃又引楚筵辭醴爲言。則後人謂公詩因孔巢父問訊李白，不無微意，非穿鑿也，其嚴又如此。至讀「醉眠秋共被，攜手日同行」之句，兩人交情千古如見，公惓惓于李不必言。李除飯顆謔語外，止有《魯郡東石門》及《沙丘城下》二篇，然「何時石門路，重有金樽開」及「思君如汶水，浩蕩向南征」，情至可想矣，何必累牘始稱知已哉！嚴子陵有云：買菜乎？求益也。

楊于庭《春秋質疑·凡例》　一、今代表章胡氏，余讀之而當于心者不述，述余疑者。一、凡《左》、《公》、《穀》之説，胡氏采之而當于余，與夫駁之而當于余，兩不述，余述夫采之駁之而疑者。一、義不係褒貶，而其事可以證古今觸議論者，述。一、四傳語殊，雖義不係褒貶，而其紕而可摘者，述。

孫奇逢《書經近指·凡例》　一、先述通章。段落圈下總發其意。意或未竟，再一圈復發之。一、五十八篇無一篇不經先儒暨邇來文士説過者，如摘其全文，須標以某子某氏。一、此篇略處甚多，第取其融貫大旨，原非逐節逐句發明得其意仍覺多贅辭矣。一、指何以云近也？蒙《四書》近指之文也。經書無二指，君子之言也，不下帶而道存焉，故云近旨。

陸時雍《楚辭疏·楚辭條例》　按：晁無咎曰：屈原自傷忠而被謗，乃作《離騷經》，以諷懷王，不見省納。及襄王立，又放之江南，復作《九歌》、《天問》、《九章》、《遠遊》、《卜居》、《漁父》、《大招》，自沉汨羅以死。其後，宋玉作《九辨》、《招魂》，漢賈誼作《惜誓》，淮南小山作《招隱士》，東方朔作《七諫》，嚴忌作《哀時命》，王褒作《九懷》，劉向作《九歎》，皆擬其文，而哀平之死於忠。至漢武帝時，淮南王安始作《離騷傳》，劉向典校經書，分爲十六卷。東京班固、賈逵各作《離騷章句》，餘十五卷闕而不説。至校書郎王逸，自以爲南陽人，與原同里，悼傷之，復作十六卷《章句》。又續爲《九思》，取班固二序附之，爲十七篇。按：《漢書志》：屈原賦二十五篇。今起《離騷經》，至《大招》，凡六。《九章》、《九歌》又十八，則原賦存者二十四篇耳。并《國殤》、《禮魂》在《九歌》之外，十一則溢而爲二十六篇。不知《國殤》、《禮魂》何以繫於《九歌》之末，又不可合十一爲九。然則，謂《大招》爲原辭可疑也。夫以《招魂》爲義，恐非自作。或曰：景差蓋近之。余謂《離騷》、《九章》、《遠遊》、《天問》、《九歌》、《卜居》、《漁父》正合二十五篇，《大招》寒儉苦澀，斷非原辭，班氏、晁氏其言信而有徵也。

昔人編是書也，以《離騷》爲經，此下二十四篇皆名以傳。而余槩題以《楚辭》者，備楚風也。《詩》之《江漢》收載周南，而楚無聞焉。自屈原感憤陳情，而沅湘之音剏爲特體。其人楚，其情楚，而其音復楚，謂之《楚辭》，雅稱也。或謂卑《騷》而辭之，非矣。孔子曰：辭達而已矣。庸可定其爲何辭？

楚辭次序無所定。憑今所傳，朱晦翁本，首《離騷》，次《九歌》，次《天問》，次《九章》，次《遠遊》，次《卜居》，次《漁父》。以《九辨》、《招䰟》、《大招》，則宋玉、景差所作，而綴之於後。余謂《九章》即《離騷》之疏。而《遠遊》者，自《離騷》中倚閶闔登扶桑一意迢下，至《天問》、《九歌》、《卜居》、《漁父》，則原所雜著也。朱晦翁因《九章》中有《懷沙》一篇，乃原之卒局。而《悲回風》顛倒繁絮，以爲臨絶失次之音故耳。然奈何以《卜居》、《漁父》終也？余今所次，首《離騷》，次《九章》，次《遠遊》，次《天問》，次《九歌》，次《卜居》，次《漁父》，次《九辨》，次《招䰟》，次《大招》，覺其脈絡相承，使觀者一覽而自得也。

書之有序，以挈領也。要領不得，則終篇茫然矣。《離騷》諸篇小序，王叔師大都謬誤，朱晦翁亦未全得也。叔師序《離騷》云：離，別也。騷，愁也。經，徑也。言已放逐離別，中心愁思，以諷諫君也。以愁釋《騷》，既已未盡。而以「徑」釋「經」者，何也？《離騷》名經，後人尊之也。則《騷》經，而諸篇皆傳也。又曰：《離騷》之文，依詩取興，引類譬喻，故善鳥香草以比忠貞，惡禽臭物以比讒佞，靈修美人以媲於君，宓妃佚女以譬賢臣，虬龍鸞鳳以比君子，飄風雲霓以爲小人。夫香草比芳以自喻也，靈修美人以媚君也，惡草以刺讒也，其説得矣。至鵜鴂先鳴，賦而非比。鴆與雄鳩，以歎良媒之不偶，而非有所刺也。虬龍鸞鳳，飄風雲霓，以言役使侍衛之盛。若宓妃佚女，則遑遑得君之意，而於賢臣何取乎？晦翁序《九章》，謂直致無潤色。而《惜往日》、《悲回風》，顛倒重複，倔強疎鹵。余則未之敢信。《遠遊》之序，叔師謂原章皇山澤，無所告訴，乃深惟元一，修執恬漠，思欲濟世。晦翁亦謂陋世俗之卑狹，悼年壽之不長，思欲制鍊形魄，排空御氣，而不明其無聊之感，有托之情，則不免擬人説夢矣。至其序《天問》也，似俱謂原彷徨山澤，見先王之廟，及公卿祠堂圖畫天地山川神靈琦瑋僪佹，及古聖賢怪物行事，因書其壁，呵而問之。此論亦未可知，而所以問之之意，隱而不現，則原誠嘖嘖無謂矣。《九辨》序論，具列於後。《卜居》憤世，《漁父》自傷，此其顯而易見者也。叔師序《卜居》，謂原心迷意惑，不知所爲，乃就太卜家稽問，其謬甚矣。晦翁謂原閔當世，習安邪佞，違背正直，陽爲不知二者，而假筮龜以決之，猶迂回而未合也。至《漁父》者，豈當時實有是人爲之問答？而叔師所序，何其固也！宋玉《九辨》，因原得感，未必俱爲原作。叔師之序《招䰟》也，謂宋玉憐原忠而斥棄，故作《招䰟》，以復其精神，延其年壽，以諷諫懷王，冀其覺悟而還之，則於情事最爲不合。晦翁謂恐其䰟魄離合，因國俗托帝，命假巫咸以招之，則實用以招矣。不知招䰟者以文不以俗，以心不以事，招之於千世，而非招之於當時也。《大招》斷非原作，其文不肖，其事亦不合。余悲作者之意弗明，故更爲序論焉。使其幽情隱痛世多覺者，非敢矜騖文采以傲前人也。

郭象之註《莊子》，王逸之註《離騷》，工拙雖殊，要皆自下語耳，於所註無與也。朱晦翁句解字釋，大便後學，然騷人用意幽深，寄情微眇，覺朱註於訓詁有餘，而發明未足。余爲之抉隱通微，使讀者了知其意，世無懵衷，亦余心之大快耳。大抵鑿山者勞倍，除道者功全，古人不靳其勞，余何敢自惜也。

《詩》有六義，比、興、賦居其三。朱晦翁註《離騷》，依《詩》起例，分比、興、賦而釋之。余謂《離騷》與《詩》不同，《騷》中有比、賦雜出者，有賦中兼比、比中兼賦者，若泥定一例，則意枯而語滯矣，故無取乎此也。

文籍評論譬之開點，而目兼古人崇義。後世脩文，自唐以來，六經皆作文字觀矣。《離騷》上紹風雅，下開詞賦，故多章函拱璧，字挾雙南，寓目會心，敢爲緘口。抑一言之當，九泉知已。片語之誤，千載口實，斯亦何可輕也。

屈原當戰國時，墳典未灰，史乘畢湊。兼以博識宏材，蹈揚千古。後之學者，誰瞯其藩？余慚眇植，竊附《管窺天問》一卷。余友周孟侯間嘗撰論，余最愛其辨博直，令諸家都廢，張華《博物》再見於兹云。《離騷續集》無甚深情，不必細爲分解，間有一二俱存其舊。古今典籍，多所未窺。亥豕魯魚，紛焉淆亂。搦管甫畢，糾謬未全。凡其近似之端，存而待正。斯固燕王愛駿，朽骨千金。豈曰宋客求珍，碔砆十襲？仍陳疑義，誘進新聞。

黃正憲《春秋翼附·凡例》 一、經，斷也。傳，案也。然孔子作經，丘明作傳，未知孰先孰後。劉歆謂丘明親見孔子，好惡與聖人同。然傳以核事，未免有鶩博浮靡之弊。故季本氏極力排詆，謂盡出誣妄，不足證據，則幾于刻矣。至其文辭富豔，逴絶千古，誰能置喙哉！憲是編專主説經，蘄不悖于聖人之旨，並不敢剿襲燕詞。況今學士大夫及庶民之家業舉子者，即三尺豎子，皆知肄習《左氏》，安用更爲採録？一、公羊高、穀梁赤，師門授受，同出西河，故多恂恂儒者之言。但義例拘攣，問答煩碎，讀者未免厭倦，往往敝帚棄之。然其間名言奥論，時有發《左氏》所不能發，與聖經默契者。故先學士兄，特加采輯，以附《左氏》之末，觀者便焉。可爲二氏生色矣，因置不録。一、宋儒胡安國作傳，專以存天理、遏人欲，防微杜漸，撥亂反正之義，闡洩宣聖之旨，故其言悉軌于道，似非左丘、公、穀所能彷佛者。然排斥衆説，歸斷成獄，未免傷于刻覈，或失當世行事之實，與聖經不盡符合。故不嫌參酌，間有平反，亦期與先儒互相發明耳，非敢立異論爲矛盾也。一、漢、唐、宋諸儒，及我朝理學名臣説《春秋》者，不下百家，凡其言足以羽翼經傳者，悉爲採録，其間獨近儒金壇王氏輯傳、山陰季氏《私考》足稱，全書持論亦正，故採取較多，實非有私于鄉達先生也。一、《春秋》聖人經世之書，微言奥旨，雖先儒雅稱淵睿者，或多齟齬。矧正憲孤陋寡聞，黯淺末學哉！然童而習之，白首而稍得其梗概。遂忘其固陋，勒成一編，名曰「附翼」，以就正于海内大方氏。以按字起例者，皆臆見云。

陳士芳《春秋四傳通辭·發凡》 一、諸家著傳，論議異同，時代沿革，紛舛益甚。故董子曰：「《春秋》無通辭，從變而移。」余總《四傳》而輯之。背經必芟，尊經必録，即有經義稍悖，辭采爛焉，亦必一一表出，令學者通其奥義，或繇彼形此，或緣一達多。胡氏曰：「通於《春秋》，然後能權天下之事。」於聖人比屬之指，庶有當爾。名曰「通辭」，良以此也。一、聖經筆削一字，必存微義。諸如空月，皆録全文，始不失稚圭宗經之意。一、《左氏》如《周鄭交質》及《觀魚取鼎》諸篇，不啻家絃戶諭，其精該博洽之文，開卷即掩。余爲之芟彼存此，一洗陋習，非過爲好尚，震人耳目也。至若隱公以前、獲麟而後，無關聖經，皆不具載。一、《公》、《穀》，劉元城以爲皆解正《春秋》，然二家儘多矛盾，在觀者善於取衷。今人偶竊一二句法，侈口高淑可興，不知《公》、《穀》辭辨而義精，學者玩辭，以義爲主，庶免訛舛之嘲。一、《胡氏春秋》，以爲要領。然天理人欲、三綱九法之説，篇中疊出。務一力掃之，然采衷衆論，大義嚴直，攬其大要，寧詳毋略，李延年所謂玩味久而有得也。一、註《三傳》，祖註疏；註《胡傳》，祖大全。然字非難釋不音，義非難通不解，務遵簡約，便於覽觀。一、坊本於十二公各年首，重載諸國廢興，殊覺駢指。今總列帙首，使人一覽可盡。一、有經無傳，而旁出於他傳，毋論已。又有事實始終未明者，當廣引以發明之。如《國語》、《史記》、《吳越春秋》、《繁露》、《呂覽》、管、韓諸書，未必盡收萃盤，間附篇末，以志同歸。

陳組綬《詩經副墨·凡例》 一、尊經。詩無達詁，江都大儒斷斷言云，自諸説汗牛，間與紫陽出入，取其言約理長，足發明詩者存爲經翼，信傳疑□，則吾豈敢？一、繹傳。齊、魯、韓三家竝言《詩》，毛傳最後出，亦猶公、穀並言《春秋》，而《左氏》最後立學官，歷時愈久，考核愈核，紫陽宗之，曰聖諦存焉。功令頒之，曰定制在焉。諸説雖精，或於制義未當者，吾從宋。一、存序。序説去存，諸儒考辨極誤。《小序》或謂後人傳會，今考其詞，時失之□，若《大序》，則國史所定，雖聖人不能舍之，以刪詩而一概抹殺，無乃太僭。今用方駕法書於傳説之後，用資參訂，其小序亦間存什一云。一、章句。讀詩無他法，只諷詠以昌之一語已。盡試將本文玩誦數周，勿爲先入之見，則□詩血脈宛宛呈露，去尋行數墨者天淵矣。是編直書白文，間標一二句，如閱史之看提綱也。一、章意。往見坊說，每詩一篇，章分句截，零細絞擾，一片婆心，爲學人初地印證，久而習之，沿成套本，胸解一宿，不可復解。今但略存大意於篇端，竝不敢割裂分截，以礙通解。一、節釋。承學入門，亦看頓漸兩宗。一往超會，解妙無言，頓教也。詮理釋文，旁通□暢，漸教也。然詩人之言，有必不可廢釋者。或一章而賦比並存，或一句而比興互見，雖極穎怪，未易頓參，故需分疏各節之下，其承接大意，亦附載焉。一、博物。鳥獸草木，詩人興比，有名有義，宣尼多識之訓灼然萬古。今經重制票，何暇廣摎異門。取其有關詩旨者存之，以補傳注內未及。一、考古。六藝與《三禮》爲表裏，其間朝廟、宮室、燕饗、祭祀、征伐、耕蠶、蒐狩、水經、月令，□紀詳明，凡諸家之引經有據，不爲穿鑿傅會之說者，皆加考訂，庶臨文屬詞，無貽杜撰之誚。一、集解。馮留仙叙古今說詩者無慮數百家，強半皆耳目所未經。今編中稱引者，或見之他書，或得之抄本，僅標票其說，不能臚列姓氏，且隨文分注，隨章節句，蓋有之矣。雖云剿說，竊任芟繁。一、總義。釋名曰，經，徑也。夷蓁得途，利有攸往。未憑几杖，盲者何之？六義、四始，三經、三緯，五際、六情，詳而說之，斯可說約。爰是總述古今人要旨於端，披諷一過，徑路廓然，或亦後學之几杖焉耳。

趙統《杜律意注·凡例》

一、杜七言律凡一百五十一首，往因王槐埜考拗體，謝四溟講調嚴，於後四句第五字遂取杜詩約以近體，句爲細考，蓋得拗者凡五十二首云。又於其中參考互直，除第七句第五字換平一十七首同似可爲體，餘皆紛錯雜出，不勝體拗，大抵此老之粗律耳。姑以所考五十二拗題目詳列於左，欲使後人見之者再考。無拗體以自粗細爲律，以不墮晚唐末宋之卑格輭調，未必非醫詩之一藥石也。或所考之所不該者，可略也。一、魏晉而下，詩賦試士，辭尚駢麗，如諸刊兩體，詩意氣卑弱已，貽晚唐之漸盛。唐以來如太白之少爲律，子美之律粗，是尚餘魏晉之風，故特表杜律之無拗體，且爲屢發杜意，以破俗論之拘格趍調。一、余家破書亡，止得虞註二冊。舊曾見趙、張二註，亦多不及記憶，故不知揣量，徹爲意註。一、諸舊本各題下詩字之不同者，今但以意自定爲取其一，不爲並列。如他有所眞知其爲倒訛者，各與改正。若所疑似，但爲別詳意義於各字下，而字則仍其舊。如「飯煑青泥坊底蓴」，今本訛作芹，而其字仍以芹行云。一、諸註本多詳於考事物、地理、年月、姓名、紀年、索名，必非詩之所能得。凡閱杜者亮於事物、地理，必有先知，少有未知，不病於觀，故多略之。若他物名地理有失眞者，則註己見以表之，亦以見地志之不足據。一、杜律舊本目錄凡一百五十一首，於其外又撮爲紀行、述懷，諸總目凡三十有二，本無倫次意義，今但削各本題繁文，節省刊工，而仍列其舊目，籍以如古詩之什，以別即事。即事頗之重複，又小分爲四卷，各以所分目列於各卷之首如刊韻者例，以便檢閱。

葉方藹等《孝經衍義·凡例》

一、「衍義」之作，旁通發揮，所以推廣先儒注釋之所未盡也。邢昺作《孝經正義》，依倣孔穎達體製，證據剖析，一字不遺。所謂傳以通經爲義，義以必當爲主。故不憚其言之重、詞之複者矣。若是書，則以「衍義」爲名，一用《大學衍義》之例提挈綱領，附麗條目，故無取乎章句訓詁。一、朱熹取《古文孝經》刊其誤者，考正章次，定爲經一章、傳十四章，即《大學或問》所謂以經統傳，以傳附經，則其次第可知矣。眞德秀衍經不衍傳，深有見於經之統傳、傳之附經者也。今但標舉經文以爲衍母，條縷五性五常之屬以爲衍子，以融會傳十四章之義，非闕如也。一、凡案中援據本書與他經史相質證，自「曾子曰甚哉」以下宜稱「傳曰」今槩稱「經」者。「孝經」二字，乃本書標目，異於《易》、《書》、《詩》、《禮》、《春秋》，本目原無「經」字者也。其去「孝」著「經」者，爲他經不題「經」字。此直稱「經曰」，則非他經從可知也。一、諸經之文異人殊世，其理歸一。至於諸史所載，雖更古今事變，要其法戒可考而知。故鄭、孔諸儒釋一經而以他經之解反復詰難，互相發明。又鄭康成注每云「若今之某事矣」，蓋以當時之事證之。此則以經釋經，以史釋經之舊法也。德秀採摭經史，軌以聖作，勒成《衍義》一書。今所編輯，先經後史，其先儒經解、史論下，本文一字亦依德秀起例。一、藝文日繁，論著彌廣。今所引用諸書《十三經注疏》、《五經大全》、《性理大全》、《二十一史》、《資治通鑑》、《資治通鑑綱目》、《通典》、《通志》、《通考》、《大學衍義》、《衍義補》、《名臣奏議》、《名臣言行錄》，其諸子稗官概弗收入正條，於案中偶及一二，必其人不愧生平，其事其言有關孝理者也。又《大學衍義》兼錄《荀》、《楊》及《大戴禮》等書，今亦概不入正條。一、經稱「先王以發端」，明是專爲君天下之天子陳孝道也。天子以愛敬爲孝，博愛廣敬，不敢惡慢于人。

古注有二解：一是設教施令，使人皆愛敬其親。一是推己及物，愛敬天下之人。蓋諸侯、卿大夫、士之有社稷、宗廟、祿位及庶人之有田農，皆爲天子推己及物之事，若其能保能守及庶人之克共養父母，皆爲設教施令，使之然也。故是書詳于衍天子之孝，而諸侯以下則少略焉。其諸侯以下之愛敬，既是天子所使，則經不復爲立文，而今顧不得而闕云。一、《明史》方在纂修，去取未定，不敢綴入。而明儒之言及事跡顯著、舊無異詞者，間見各條案中。

朱鶴齡《詩經通義・凡例》 一、《通義》者，通古詩序之義也。蓋序乃一詩綱領，必先申序意，然後可論毛、鄭諸家之得失。後序多漢儒附益者，今取歐、蘇、呂、嚴諸説爲之辨正，錯簡譌字亦詳訂焉。一、制舉之家專宗朱傳，故詩序久置不講，併宋元諸儒之説皆無由而見。余采其合于序説者備録之，蓋表章古義，不得不與俗學牴牾爾。一、古本皆標序於經文之前，後儒遂以詩序若今之詩題，余謂序所以明作者之意，非先有序而後有詩也。郝仲輿本移序從經，最爲得體，今從之。一、古序最簡，毛、鄭訓多不明，鄭尤踳駁，故爲後儒所排。學者善解而參伍之，夾漈《辨妄》、朱子《辨説》皆可不作矣。一、訓釋字句，貫穿義理，朱子《集傳》備矣，今海內家傳戶習，故此書不重引其文，只略詮詩中大意。惟諸儒説有異同者別白之，舛謬者針砭之，毛、鄭之失已經朱子更定者，此不詳述。至於考論時事，多援經證史，庶幾子輿氏論世知人之旨云。經文下夾注，又引毛、鄭及《正義》語而加以折衷，宋元以來諸家之説必取其合於古義者。一、東萊《讀詩記》極爲宋人所推，華谷《詩緝》其次也，此書義例多取裁焉。東萊宗小序，其説詩無邪，説正雅、鄭衛，説南陔六詩，與朱子時相掊擊，今備載之以俟論定。一、詩記名物度數山川地理禽獸草木，其類不可不考，此詩根據注疏辨證頗詳，足補《集傳》所未及。一、毛、鄭與歐、蘇、呂、嚴諸本，所分章句各有異同，今一以《集傳》爲正。一、詩釋文止有音反而不甚詳，陸氏所謂古人韻緩，不煩改字者也。朱子始取吳才老韻叶詩，然不盡依用。萬曆間陳季立氏謂古字本有古音，與後代不同，不必改叶。吾友顧寧人氏引申其説，又謂沈約四聲不當以律古人之詩，二家援證精博可信，從無疑矣。但細覈《集傳》所叶之音，與二家考證者無甚相遠，而四聲不用，則平上去入通爲一音，入聲轉韻，初學多不曉，故今仍用《集傳》所叶，叶下之音余友楊旭所補。但易爲讀某切，而平上去入概不分注，庶幾三百篇之文讀之諧協，復無以今音律古詩之失。《集傳》中有不當叶不必叶者，今悉去之。

又《讀左日抄・凡例》 《左傳》之文，先經以始事，後經以終義，蓋純以史事解經者也。其解之得失，余《春秋集説》已詳辨之，此書只略舉其概爾。左氏論人論事，時有悖于聖人者，啖叔佐助、趙伯遁匡、劉原父敞、葉石林夢得、趙子常汸、陸貞山粲、王方麓樵諸家辨之頗悉，今多采用。學者毋耽其文之博麗，而昧其義之踳駁，斯爲善讀《左》者矣。會、盟、戰、伐及月、日、人名、地名之類，有經文不書而傳特詳之者，此正可推求筆削之旨，陳正齋傅良趙子常專從不書取義，最得微旨。今備録其説，爲解經翼輔。杜氏預注得孔氏穎達疏而明，然鄭玄、賈逵、服虔、王肅、劉炫諸儒之説，亦不可盡廢。今博引而加以折衷，其注疏解經之失已辨于《集説》者，此不重及。林堯叟注繁蕪無足取，坊刻竟與杜注並行，且兩注混淆無別，殊可恨。今盡汰之，其有當者間存一二。春秋人物高下古今，諸儒論之悉矣。又海虞陳氏輯《左氏兵法》爲一書甚備，余廣搜諸説，附以愚得，少資學者見聞。亭林顧先生去秋自華陰寄余《左傳注》數十則，析疑正舛，皆前人未發。時此書已刻逾半，不及纂入，間取《三傳》《三禮》注疏閱之，尚多可録者，因復綴緝，與亭林所貽彙成二卷，附之簡末，他日有好古君子刻《左傳全注》，以余書參和入之，是所望也。辛酉七月朔，愚菴朱鶴齡書。

毛奇齡《春秋屬辭比事》卷一 《經解》曰：「屬辭比事，《春秋》教也。」夫辭何以屬？謂夫史文之散漶者，宜合屬也；事何以比？謂夫史官所載之事，畔亂參錯而當爲之比以類也。此本夫子以前之《春秋》，而夫子解之如此，是以夫子之《春秋》亦仍以四字爲之解。漢儒謂屬合辭令，比次戰伐，則於作者之意全無統繫，而好事者自造爲書例，謂辭有褒譏，事有功罪，皆於書法乎例之。書人、書爵、書名、書日，並有義例，而較之全經，而一往不合則，於是重疑《春秋》，而《春秋》不傳。昔者孟子解《春秋》，曰「其事」，則事當比也；曰「其文」，則其辭當屬合也。而在夫子以前，晉韓起聘魯，見魯史《春秋》，即嘆曰：「周禮盡在魯矣」，則魯史記事全以周禮爲表志，而策書相傳，謂之《禮經》。凡其事、其文，一準乎禮，而從而比之、屬之，雖前後所書偶有同異，而義無不同，並無書人、書爵、書名、書日之瀆亂乎其間。而遍校之十二公二百四十二年之《春秋》，而無往不合，則眞《春秋》矣。向非屬辭，亦安知其文之聯屬如是也。書人亦例，不書人亦例也，書名、書爵、書日無一非例，即不書名、書爵、書日亦無一非例也。而於以比事，則事之相似者而褒譏與功罪見焉，即不相似者而褒譏功罪亦無往不見焉。以禮爲志，而其事其文以次比屬，而其義即行乎禮與事與文之中，謂之四例，亦謂之二十二志，而總名之曰《春秋屬辭比事記》，夫如是，而夫子之《春秋》庶可見乎。予傳《春秋》成，已創發四例，而人或不信，因復重闡之，而分禮門部，比屬其辭事之繫禮者而著之于篇。

陸隴其《松陽講義》卷一《大學・大學之道章》 這一章是《五經》《四書》的綱領，明白得這一章，《五經》《四書》都在其中了。要明白這章書，不必另出意見，只將朱子《章句》、《或問》細細玩味便洞然了。今日所以不可不講者，因明季講家將這章書都講亂了，不將異說掃去，不免反被他淆惑。能辨得異說之非，則愈覺朱子之解有味，而聖學曉然在目矣。這章大意只是序不可亂，功不可缺，綱領如此，條目亦如此。自明季學術淆亂，各立宗旨，或以明明德爲主，或以止至善爲主，或主修身，或主誠意，或主致知，或主格物，或主明明德於天下，三綱領、八條目，幾如晉、楚、齊、秦之遞相雄長。其說雖不同，總之朱子欲分爲三爲八，諸家則欲合爲一，以分爲支離，以合爲易簡，而聖人立言之旨汩没久矣。故今講此書者，只要曉得序不可亂，功不可缺，便知一切牽合宗旨都是亂道。三綱領還他三件，八條目還他八件，方是朱子之意，方是聖人之意。至於大學二字，對小學說，不是對異端曲學說，若對異端曲學，則小學亦大矣。灑埽應對，何等正大。所以朱子特地編成小學一書，教人先做了小學工夫，然後做大學工夫，一段喫緊爲人之意，至爲眞切。明季講家反嫌其粗淺，不肯依此講，可謂大誤。今當悉遵朱子，其他種種與朱子背謬者，不可殫述，應悉改正。吾輩今日學問，只是遵朱子，朱子之意即聖人之意，非朱子之意即非聖人之意，斷斷不可錯認了。但有一說，未有朱子《章句》《或問》時，這章書患不明白，既有朱子《章句》《或問》，這章書不患不明白，只怕在口裏說過了，不曾實在自家身心上體認，則書自書，我自我，何益之有？聖賢諄諄切切，決不是專爲人作時文地步也，切宜猛省。

又卷二《中庸・回之爲人也章》 這一章是承上章，言道既不明，必仁如顔回然後道可明也。在夫子口中，擇守並重，在子思引來，則重在能守一邊。大抵中庸之理，是最難擇的，亦是最難守的。人稍有志於學，誰不思擇？亦誰不思守？然氣稟囿於中，物欲擾於外，非爲所蔽而不見，則爲所惑而不定，故有終身擇而終身不中庸者矣。非牽制之而使不得前，則引誘之而使不能卻，故有終身守而終身失中庸者矣。此人之所以多或過或不及，而道常晦於天下也。若回之爲人，識足以超出乎氣稟物欲之上，力足以戰勝於氣稟物欲之間，其一生工夫只是能擇能守。能擇即博文事，能守即約禮事。中庸常伏於幾微之間，舉世所不能見者而回能見，中庸常介於疑似之際，舉世所不能斷者而回能斷。有時以無過爲中庸者，回則知其不可過，有時以無不及爲中庸者，回則知其不可不及，氣稟不得而蔽，物欲不得而惑，其能擇乎中庸如此。中庸當利害得失之際，人所易屈也，而回不屈，中庸當紛華盛麗之交人所易動也，而回不動。既知無過者爲中矣，則力抑之而不使過，既知無不及者爲中矣，則力進之而不使不及，氣稟不得牽制，物欲不得引誘，隨擇而隨得者，隨得而隨守，其拳拳服膺而弗失有如此。此蓋夫子教以博文約禮而見其至明至健，實能盡博約之功，故深喜而歎之歟！而子思引此，則以爲道必如是而後可明，與前章之引大舜，後章之引子路，同一例也。學者讀這章書，要知擇守工夫缺一不可，後半部《中庸》言明善誠身，言博學審問慎思明辨篤行，《大學》言格致誠正修，《孟子》言知言養氣，都是擇守並言，須將這兩件工夫猛力去做，勿爲氣稟物欲所阻撓，自然其進不可限量，今人不如顔子，不是顔子不可學，只是不能如他這樣擇守。此章與舜其大知章相對，只重知行之分。《大全》、朱子以安勉分看，雲峰以窮達分看，俱是餘意，非正講。雙峰饒氏云：每得一善，則著之心胸之間而不失，不是只守一善講一善最明。明季講家欲將一字作一貫之一看，大謬。擇乎中庸，則非知愚之過不及，服膺勿失，則非賢不肖之過不及。《或問》卻以擇乎中庸爲非賢者之過，服膺勿失爲非不肖之不及，《或問》是專以行言。

又卷七《論語・曾子曰可以托六尺之孤章》 這一章言才節兼備之人難得，而以君子許之，欲人自勵於才節也。大抵人要做成一箇人品，才節二件缺一不可，有才無節則立腳不住，有節無才則亦於事無濟。此二件非生質之美，則必從學問做成，世道賴以維持，是天下最有關係之人。春秋末這樣人亦甚少，故曾子想像其人，可以託六尺之孤，則不但可以輔佐長君；可以寄百里之命，則不但可以分理國政。上之防微杜漸，將順匡救，君位賴以固，君德賴以成，下之詰戎勸農，剔弊釐奸，國勢賴以振，國事賴以舉，內修外攘，智深勇沈，其才之過人如此。至於變故之來，事勢危急，人心搖動，死生利害在呼吸間，從違趨避，關係大節。臨此時而所以輔幼君攝國政者，卓乎其義理之精明而不可惑，確乎其志氣之堅定而不可撓，顧是非不顧利害，論順逆不論生死，其節之不可奪又如此。若而人者，其光明磊落之概，固已彪炳乎世，然其細微節目之間，或未必盡諒於人，有天資學問大醇而未必無小疵者，有深謀遠慮合義而未必不戾俗者，則稱之爲君子而人不能不致疑也，容或有之，然而無容疑也。合義而戾俗固不必論矣，若大醇而小疵，正所謂大德不踰閑，小德出入可也，何傷其爲君子乎！這一種人，歷考古今，不可多得，如伊、周則固超出乎其上者也。下之若荀息之輔奚齊，可謂大節不奪矣，然無救於奚齊之死，非所謂可託可寄也。霍光之輔漢宣，可託可寄矣，然不免奪於妻，顯是大節有虧也。才節兩全豈不難哉！故曾子斷然以君子許之，所以爲世道計，意深遠矣，觀人者慎毋惑於流俗之論而刻論人於細微之間也。學者讀這章書，要知欲爲君子，這才節二件都少不得的，且未論到任家國之重，就是平日間一舉一動這兩件皆不可缺一。欲才節之全無他法，只是居敬窮理，到了理明氣定時候，臨事自然無恐懼疑惑，可託可寄而不可奪矣。這可託可寄而不可奪，原有淺深，朱子《語類》有一條云：聖人做出是聖人事業，賢人做出是賢人事業，中人以上是中人以上事業，是通上下而言然。總之居敬窮理功夫進一層，則這三句做來便高一層。大節節字，《蒙引》以事變言，則是盤根錯節之節，不是註中節字；《淺說》就君子身上言，則是節義之節，即註中節字也，此從淺說。明季講家多將臨大節而不可奪貫上二句，謂惟臨大節而不可奪方見得可託可寄，此說《大全》、朱子已不從，只依註將才節分看爲是。

李光地等《性理精義・凡例》　一、性理之學，至宋而明，自周、程授受，粹然孔孟淵源。同時如張、如邵，又相與倡和而發明之。從遊如呂、如楊、如謝、如尹，又相與賡續而表章之。朱子生於其後，紹述周、程，參取張、邵，斟酌於其及門諸子之同異是非，然後孔孟之指粲然明白，道術一歸於正焉。宋、元諸儒，皆所流衍之支派。宋之眞、元之許，則其最醇者也。明初編爲《性理大全》之書，其所采輯，亦幾備矣。然擇焉不精，未免泛雜，冗長之弊，其所區分門目，亦頗繁碎而失綱要。是以三百年來，精熟此書者鮮，是反以多爲病也。今特撥去華葉，尋取本根，必其微言大義眞與六經、《四書》相羽翼者，然後慎收而約載之，但取其義之備，不貴乎言之長也。至於門目之分，亦以程、朱論道論學之塗轍次第爲準的，凡所標題，可以包括衆論足矣。條件太多，則從芟削。一、周子《太極圖說》、《通書》，張子《西銘》，乃有宋理學之宗祖，誠爲學、庸、語、孟以後僅見之書，竝悉載全文，附以朱子解說，使學者知道理之根源，學問之樞要。若張子《正蒙》，邵子《觀物》，亦皆窮極天地萬物之理，上贊聖經，有裨學者。然程子謂橫渠之言，誠有過者。又謂堯夫之說之流，未免有弊。則二書在學者固當精別明辨，存其大醇，庶幾不謬前賢之意。朱子《近思錄》不及《觀物》所采，《正蒙》亦止三十餘條耳。今兼采二書，不下二百餘條，較之《近思錄》則已多，而以視全書則甚約。欲其便學者之講誦，不誤學者之心思，要其言之精且至者，不外乎此也。一、朱子《易學啓蒙》，已全載入《周易折中》內，因其討論《易》理與《太極圖》，經世觀物有相發明者，故就全文四篇內各摘其要語若干條，俾學者知讀《易》之門戶，若家禮律呂，乃朱子言禮樂之書也。其文頗繁，學者憚於講究，亦摘其宏綱大節，可以括全書之體要者，約文申義以發其端。庶有志禮樂之事者自約入博，由此以稽其全也。至於蔡氏範數之作，朱子不及見矣，稱爲父師之傳，實非朱子之意。朱子嘗病揚王以僭經，不應其門又有僭經之事也。今削不載。一、自「太極理氣」以下，《性理大全》剖爲題目若干門，其區別既太多又有命名不當者，有前後無序者。今加以釐正，使條理粲然易曉。又學者下學上達，原有次第，故孔子雅言《詩》、《書》，執禮，而未及於《易》。程子以《西銘》教學者，而秘《太極圖說》。朱子於《四書》，先《大學》、《論》、《孟》，而後《中庸》，皆此意也。朕祖其意，故纂集《朱子全書》，從小學、《大學》起，然後及於天道性命之說。今此書門類先後，亦用此意云。一、鬼神之事，夫子所罕言，《四書》、《六經》及者寥寥，非學者之切務也。故曰「未能事人，焉能事鬼」。又曰「務民之義，敬鬼神而遠之」。此聖人教人之意。至於標道統，則啓爭端；論人物，則雜細碎。欲考其詳者，自有《伊洛淵源錄》、《通鑑綱目》等書在焉。此書以性理爲名，但令學者用心實學，以知聖德王道之要有得於此，亦不患乎通幽明之無階，論古今之無識矣。故鬼神、道統、歷代人物之目，亦且闕如。一、《性理大全》編末有箴銘詩賦之類，考周、程、張、朱平日所講論者，無非此理，不假乎聲韻之文也。今亦削去。一、卷首諸成書，除《太極圖》、《西銘》《通書》，有朱子注解外，餘如《正蒙》、《觀物》、《啓蒙》、《家禮》、《律呂》等編，諸儒解釋皆擇其精切明當有發文義者存之，無則闕之，間有文義不明、圖象賾奧而諸儒無説者，頗附以案語爲之。略啓關鍵，以示學者。

梁萬方《重刊朱子儀禮經傳通解·凡例》 一、按三山楊氏序云，黄勉齋先生創喪祭二禮稿，朱子喜而謂曰，君所立喪祭禮，規模甚善，他日取吾所編家鄉邦國王朝禮，悉用此規模更定之。而黄先生究未及爲也。今謹遵朱子遺命，悉用黄先生規模，細爲更定，俾前後畫一。一、舊本闕文最多，李子潛先生搜補十之七八，其所未及者，今皆購求增補。一、舊本自踐阼至王制之癸共三十篇，序題皆缺，又喪祭二禮亦多缺。今細探本篇之閫奧，聯絡上下篇之旨趣，以統貫其所采經書，倣朱子前式而補之，總書于綱領者，使學者一覽而全義可洞悉也。後仍逐篇錄入卷首者，所以使學者每讀一篇，先領會其大義也。一、朱子原本，于覲禮以下初名《儀禮集傳集注》，亦無編次名目。黄先生于喪祭二編加續字，另序篇次。今悉遵朱子《經傳通解》式法，覲禮篇接前至祭義共爲九十篇，前後通徹，合成一書。一、此書舊名《儀禮經傳通解》，今間有删訂，亦悉本朱子之意。其附入諸家説及補注附按者，皆體會朱子平時所言之意旨，以發明經傳之義理耳，不敢有更張也。一、《儀禮》而外，《周禮》爲尊，舊編在條下注職名與他書等。今提職名于前，特作大書，條下分注六官，再總加《周禮》字，《詩》《書》《易》三經亦依此例移改。至引《春秋》係經文者，先提某公幾年于前作大書，若《三傳》則小注于後，皆所以尊經也。一、此編剖析大義必明備，而錄經傳則謹嚴。《三禮》爲本經本傳，今除《儀禮》前後編已全錄外，若《周禮》《戴記》有原編偶遺當補者，各隨文義悉補之。《儀禮》後本記亦然。一、編内引用經文有兩見及五六見者，其注疏止載一處，餘皆注詳見某篇某章。舊本有錯注者，今皆檢對改正。一、續編内有引經文既截去上節，而疏内猶云上文者，反增讀者之疑。今註明本經上文云云，疏引既截下文者，亦註明本經下文云云，庶讀者不至誤認。一、凡經文有難曉字義，舊注與疏俱未解釋，又有注疏難解未及明備者，今悉爲補注，以便學者。一、經義内注疏所解有未愜貼者，有旁及他説，拘滯而乖大義者，朱子皆發明訂正，冠以今按二字。今敬倣之，用附按字爲别。一、舊本有注在讀下者，今悉改入句下。又恐語無頭項，因各提明原文，添入數字。一、朱子前編引《四書》注皆用集註續編，猶有係注疏者，今悉改從朱注。又引《詩》皆改附朱子集傳，引《易》改附朱子本義，引《書》改附九峯蔡氏傳。一皆以至是爲宗。一、舊本疏内有發明注語，而于原注卻未載者，有經文中典故須注乃明，而于原注亦偶缺者，又有疏内脱落數字數語者，猶有注待疏解，疏則全闕及誤解當辨明者，今一一據原本補入。一、疏文前後複句最多，又續編有上條已經解明，而下條另采一書，復載原本疏解，或因備采羣言，其解更三四見者，今悉爲删削。一、續編于疏文多係全載，今髣髴朱子前編式法，量爲删除。一、前編逐篇有分截名目，惟《王制》十篇則皆闕。續編有以本篇張數太繁，而當分析爲章次者，今皆照例補入。間有分截名目確須改易者，敬易之。一、舊本分截章法，但云右某某。今倣朱子分《中庸》之例，每篇自第一章起，次第至末，凡若干章，又于篇下統注幾章，每章細注幾條，及章下分注又幾條，總期貫徹詳明。一、舊本分截下有傳字或記字，今以所載間有屬經文者亦非《禮記》所能統，又每條下已細注書名，遂盡從删去。一、朱子凡有説《三禮》及《語類》所載説經傳語，今皆各隨其條下錄入，而周子、程子、張子語亦然。若諸家精微之説，即皆采入，用一附字，别其原本。一、朱子于《聘禮》篇行聘禮章下，在《周禮》疏内改原疏言《儀禮》爲上經，蓋朱子已改成通解之疏，非復昔時之舊本。凡此類今盡仍舊者固尊原本，亦以表聖賢樂取爲善之心也。一、融貫二書三書作一條者，原本總注各書名于條末，若次第二書三書成條者，原本分注書名于各本文下，今恐讀者疑爲另係一條，因于末後皆明注此爲合編。一、子潛先生原本，于經傳正文圈四聲，點句讀，及疏文頭緒多者，又分析段落作句讀，今悉從此善本。一、繪圖以資詳考。子潛先生有隔八相生諸圖，及解釋經傳訂正段落之語，皆發明義蘊，裨益後學，今悉附入焉。一、各篇内有前賢及今考訂確係衍文者，用大圈圍其外，確係訛錯者，旁用雙鈎，令閲者瞭亮。一、書脊用斷文書某篇某章及書經傳，閲者欲前後互相參考，一查即得。一、舊本遇數條出一書者，逐條注書名，或四五次注同上，稍覺冗繁。今于兩條同者，但下條注以上某書，三四條同者，止于最後注以上幾條某書，悉圈界出，使觀者清爽。

王鴻緒等《欽定詩經傳説彙纂・凡例》 一、歷代史志所載《詩經》傳受源流，及先儒講論六義之體，讀詩之法，與評議諸家經解是非得失者，采爲綱領。一、朱子表章聖經，惟《詩集傳》與《周易本義》爲成書，尤生平精意所屬，今標以爲宗，而自漢迄明諸儒先之解詁，采其義理精當，有裨經旨者，録在朱傳之後，爲集説。其文義小殊，彼此相備者，爲折其中或二説各成其是，則別爲附録，用資參考，一依《周易折中》之式。一、小序相傳出於子夏，或疑爲衛宏所作，朱子亦以其所從來遠，凡眞有傳授證驗而不可廢者，既入《集傳》，其可疑者係以辯論，并爲一編，以還其舊，今仍另列爲一卷。一、《詩》有譜、有圖，譜以臚諸國世次，而考其時代；圖以存三代以上制作之舊。古人左圖右書，其遺意也，今略存之，其中有辨證者，則附著於下。一、鳥獸草木之名，所以資多識，然儒先考索名物頗有專書，而御府纂修諸書更爲博洽，今特依朱傳所載，釋其梗槩，至曲證旁詮，無關比興者，則在所略。一、山川封域，建置不齊，郡邑名稱，時代多改，朱傳所載，止據宋時，今悉遵《皇輿考》爲之補釋，以見沿革源流，閒有可疑，寧從其闕。

戴名世等《四書朱子大全・凡例》 一、此書仍「大全」之名者，以朱子一家之言散見諸書，今會萃於此。而朱子之旨已完備無遺，故仍其名。至於義例，則各不同也。一、此書之作，欲學者於諸書所採逐條融會透徹，則於集註章句愈益豁然貫通，而白文本義無不暢之旨矣。自此一切似是之論，謬悠之解，固不待辨而知其非也。一、《朱子語録》當時池州、饒州、建寧、徽州、蜀中所刊，無慮一、二百卷，類聚之者爲黄士毅，後王佖復加搜輯，幾無遺矣。但言之者非一時，記之者非一手。言之者非一時，則容有未定之論；記之者非一手，則頗多重複，亦閒有舛誤。今一以《章句集註》斷之，存其已定，而去其未定；存其詳，而去其略；存其精確，而去其訛舛。重複者，存其一、二，而去其餘。昔朱子與門人問答有心得處，嘗曰此等處添入集註中更好，則此書之作，亦或不失朱子之意也。一、《或問》一書講本義者十之三四，辨駁諸家之説者十之六七。今諸家龐雜之説，既不載於此書，則辨駁之語亦可弗録。惟禪學之似是而亂眞者，在近日駸駸又盛，故於此等辨駁處獨多載焉。一、明道、伊川發明孔孟之義，朱子搜輯以附本章之次。既又取横渠張子及范氏、二呂氏、謝氏、游氏、楊氏、侯氏、尹氏九家之説，以附益之，名曰《精義》。又《中庸輯略》，本新昌石子重採兩程先生語與其弟子游、楊、謝、侯之説，《中庸》者爲集解，朱子因而芟之爲輯略。此二書，乃朱子所輯而非朱子之所自爲言。然既經朱子之採輯，則亦猶之朱子之言也。故附録之。然中間頗多不醇，其見駁於《或問》者不録，即《或問》所未駁而義意無大關繫者，亦不槩録也。一、《或問小註》成於淳熙己酉冬，蓋在《集註》既定之後，朱子自云門人問答，未經刊發者十之四，删訂舊刻十之五，參載《精義》十之一。然亦頗有雜採胡氏、蘇氏、曾氏諸家及張敬夫之言。此書亦多採入其原在《語類文集》、《精義》中者，仍歸之《語類文集》、《精義》中，至於《小註》中有删繁就簡處，則亦閒從《小註》。一、纂集諸書用大字標書名，於上下則分行小字，《或問》亦然。惟《大學或問》則於註脚中更有註脚，勢不得不變其例，而《或問》則亦用大字書之。一、近日講章皆著圈點，所以爲學者指其精華所在也。然圈點太濫，則眉目又不清。此書亦隨俗用圈點，而不敢太濫，但標其眉目而已。至於《章句集註》，則朱子自云「逐字稱等」，又云「無一字閒那箇無緊要閒底字越要看」，此則不敢隨俗妄加，分別某句宜點，某句宜圈，某句宜單圈，某句宜濃圈。恐有涉於僭侮，故止用逗點，以便初學者之句讀而已。一、先讀《大學》，次《語》、《孟》，次《中庸》，朱子教人讀書之序也。後來《大全》諸本悉依其次第，今仍之。一、宋儒之書爲朱子之所採輯，如《精義輯略》、《或問小註》等，既頗有所參載。而朱子同時與朱子卒後諸儒及元明以來講學之言，雖多謬亂，而亦非無精當有功於朱註者，當倣此編之例，另爲一書，以俟他日。

愛新覺羅・玄燁《周易折中・凡例》 一、《易經》二篇，《傳》十篇，在古元不相混。費直、王弼，乃以《傳》附《經》，而程子從之。至呂大防、晁説之、呂祖謙諸儒，以爲應復其舊。朱子《本義》所據者，祖謙本也。明初，程《傳》、朱《義》並用，而以世次，先程後朱，故修《大全》書破析《本義》以從《程傳》之序。今案，《易》學當以朱子爲主，故列《本義》於先，而經、傳次第，則亦悉依《本義》原本。庶學者由是以復見古經，不至習近而忘本也。一、諸儒所論《易》書作述傳授，以及《易》理之奥，《易》義之綱，學者讀《易》之方，説者同異之概，皆後學所宜先知也。《大全》有《綱領》一篇，止存程、朱之説。今案，周子、張子、邵子，皆於《易》

理精邃，雖無説經全書，而大義微言往往獨得。又，歷代諸儒，叙述源流，講論指趣，其説皆不可廢。並以世次、義類叙爲三篇。不獨與程、朱之言互相發明，亦以見程、朱之書有源有委，合古今以爲公，非夫師心立異者比也。一、《易》辭有義例，據夫子《彖》傳、《象》傳求之，皆可推見。自王氏《略例》以後，諸儒皆有發明，而未詳備。今稍爲之臚列分析，示學者觀象玩辭之要，蓋全經之大凡，故與《綱領》並叙卷首。一、《大全》書所采諸家之説，惟宋元爲多。今所收，上自漢晉，下迄元明，使二千年《易》道淵源，皆可覽見。列朱《義》於前者，易之本義，朱子獨得也。程傳次之者，易之義理，程子爲詳也。二子實繼四聖而有作，故以其書系經後。其餘漢、晉、唐、宋、元、明、諸儒，所得有淺深，所言有粹駁，並采其有益於經者，又系朱、程之後。其或所言與朱、程判然不合，而亦可以備一説廣多聞者，別標爲附録以終之。稽異闕疑，用俟後之君子，是亦朱子之志也。一、漢、晉間，説《易》者大抵皆滛於象數之末流，而離其宗。故隋、唐後，惟王弼孤行。爲其能破互卦、納甲、飛伏之陋，而專於理以譚經也。然弼所得者，乃老莊之理，不盡合於聖人之道。故自《程傳》出，而弼説又廢。今案，溺於象數而枝離無根者，固可棄矣。然《易》之爲書，實根於象數而作，非他書專言義理者比也。但自焦贛、京房以來，穿鑿太甚，故守理之儒者，遂鄙象數爲不足言。至康節邵子，其學有傳，所發明圖卦蓍策，皆《易》學之本根，豈可例以象數目之哉？故朱子表章推重，與程子並稱。《本義》之作，實參程、邵兩家以成書也。後之學者，言理義，言象數，但折中於朱子可矣。近代解經者，猶多拾術數之緒餘以矜其奇僻，而不知其非數之眞也。陳事理之糟粕而入於迂淺，而不知其失理之妙也。凡若此者，皆刪不録，以還潔靜精微之舊焉。一、朱子之學，出自程子，然文義異同者甚多。諸經皆然，不獨《易》也。況《易》，則程以爲聖人説理之書，而朱以爲聖人卜筮之教，其指趣已自不同矣。然程子所説，皆修齊治平之道，平易精實，有補學者。朱子亦謂，所作《本義》簡略以義理，《程傳》既備故也。今經、傳之説，先以《本義》爲主，其與《程傳》不合者，則稍微折中其異同之致。《傳》、《義》之外，歷代諸儒，各有所發明，足以佐《傳》、《義》所未及者，又參合而研覈之，並爲折中，以系於諸説之後。或前人之所未言，朕亦時出己意，參錯其間，鑽仰高堅，何敢自信，庶幾體先賢虛公無我之意，求合乎此理殊途同歸之宗云。一、《啓蒙》爲朱子成書，與《本義》相表裏。今《大全》中所載圖説數條，乃作《本義》時略撮大要以冠篇端。卦變一圖，則又因《本義》卦下有以卦變爲説者，故作此以明之。與占筮卦變異法，總不若《啓蒙》之詳備也。《大全》以圖説爲主，而采《啓蒙》以附其下，且又但采其《本圖書》、《原卦畫》二篇。至《明蓍策》、《考變占》二篇，則文既不録，圖亦不載。但以《筮時》、《儀節》及不同法之卦變當之，使學者不見朱子極論象數之全，未免疏略。今以《啓蒙》全編具載書後，庶幾古人右書左圖之意。朕講學之外，於歷象九章之奥，遊心有年。涣然知其不出《易》道，故自河洛本原，先後天位置，以至大衍推迎之法，皆稍爲摹畫分析，敷暢厥旨，附於《啓蒙》之後，目曰《啓蒙附論》。一、夫子「十翼」，以《序卦》、《雜卦》終編，其次第微密，錯雜成章。諸儒置而不講已久。朕因陳希夷反覆九卦之指，而思《序卦》之義。因邵康節四象相交成十六事之言，而悟《雜卦》之根。始知聖意微妙，聖言精深，引而不發，如衆曜之羅列，七緯之交錯，參差淩亂，有待於仰觀推步者之能求其故也。故爲《序卦》、《雜卦》明義，次於《啓蒙附論》之後而終編焉。

李塨《論語傳注・凡例》　一、道至周、孔而盡，其教人之言亦盡。後儒或言發往聖所未發，誤也。往聖尚有不知，與知其當誨而不盡言，何以爲聖矣！出往聖者，必異端之教也。經言所無者，莫由學其庶乎。一、聖經專以訓士，如《論語》首言學、朋來、人知，《大學》言明親，《中庸》言位育，皆士之職也。以下皆然。不及農工商者，待士治也，即在士之兵農禮樂中也。後儒教人四民齊施，則一視士與齊民等，僅自好而止一，不知民不可使知，亦學術錯誤之一證也。一、窮經將以致用也。體國經野，禮樂制度地考官名皆致用之大者，不可空言理而湮其實也。玆註雖非專書，大義則必載。一、孔子曰「辭達」，又曰「旨遠言文」，後人梵語鄉談一概入註，則無穢聖經矣。不文何以能達，是註盡洗之。一、去聖遠而道術晦，漢唐註疏詳於訓詁，略於體要，宋明儒者又各尋入門之路，率牽聖言以就其説，而道多岐轍矣。故不得已而有此註。一、學不明則經旨不明。《論語》曰「學《詩》學《禮》」，《内則》曰「學《樂》，學《禮》」，學書計，學射御。經文所無，且以涵詩徒多爲戒矣。程子亦謂玩物喪志矣。以講性天爲學，則經明有不語罕言之防矣。以力行爲學，則學原以爲行也。但各有其功。《論語》曰「行有餘力則以學文」，《中庸》言「學而知之，行而成功」，不可溷併，以蹈冥行。詳辯具顔先生《存學編》及拙註《大學辨業》、《聖經學規》內。一、註惟道是視，不敢盡附舊説。然道若大路，人可知行，矜新好異，非所云也。塨註時論而不辯，惟在好學深思者領解耳。一、用舊註而微易其辭者，皆有至理，非敢浸更。

姜兆錫《禮記章義附論》八則　一、章，章句。義，義理也。義理在章句中，亦在章句外。不舍章句以言義理，故首定章句，不執章句以言義理，故次審義理。一、舊不分章，章有失而經亂。舊非不析義，義有失而經滅。求無一失，猶恐失也，況多有失而任之乎！故編章義，將益以尊經也。一、舊不分章者，略之也。然如《檀弓》、《月令》、《曾子問》、《明堂位》、《坊記》、《表記》、《冠昏》、《射》、《鄉》各義之屬，雖無分章，而章段自明。其餘或不分章，即脈絡失而義理舛者多矣。且如《曲禮》「姑、姊、妹、女子子已嫁而反」，當通下父子、兄弟二條爲章，「擬人必于其倫」，當通下君、大夫、士庶各條爲章，而舊解皆失其義。學者以類推之可見。一、章之當分有數類，有義通爲一篇而脈絡自判者，分爲各章，止如一章然也。如《王制》、《禮運》、《禮器》、《祭法》、《祭義》、《祭統》、《學記》之屬，同源各委，分亦自合。如《樂記》一篇，記以前本有樂本、樂論、樂言、樂施以下十一篇之分，而自記合爲一篇，今皆不可攷矣。據文析義，合自須分。又有義本非一篇而牽合爲篇者，則分爲各章，直如各篇然。如《經解》之天子以下、《聘義》之問玉之屬，雖先儒略發其序次之意，而必牽合爲義則鑿矣。其他如《曲禮》《少儀》以及《雜記》、《小記》之屬，並多薈萃而成，而《哀公》、《閒居》、《燕居》等篇，今考《家語》，其互相牽合尤明，並當以各篇推之。一、分章既定析句抑末矣，而句之害義猶章也。如《內則》「羞糗餌粉酏食」當爲句，《周禮》自明，但此粉下闕一酏字耳，而舊未之考，乃牽以食字另爲一條，害豈淺鮮耶！一、章句雖定，而編簡有錯，即章句不亂猶亂也。錯簡多矣，如《禮運》「禮義以爲紀」七句，當在「謹於禮者也」之下，而簡錯在前。如《射義》篇首之射必先燕節，當是領起燕義鄉飲酒義之總詞，《燕義》篇首之秋合諸射節，當是領起射義之詞，而簡皆互錯，更害義之尤也。一、凡此皆義理在章句中。若章句正而義理背者，則義理在章句外也。説義之失記義者指不勝屈，而其顯背失聖之禮以立義者尤甚焉。如孔氏之不喪出母條、降婦人而後行禮條、異父昆弟之喪條、天子練衣以燕居條、其變而之吉祭也條之類，今以《儀禮》考之，謬皆可見。至其記義之失經義者，則略見於程、朱及諸先儒矣。一、學者推義理於章句中，又求義理於章句外。章句末也，義理本也。不薄章句而後不囿於章句，不億義理，而後不越于義理，章句義理交得，而經庶得矣。故編章義，將益尊經也。兆錫又識。

屈復《楚辭新集注・凡例》　一、天下事創始難，繼者差易。《離騷》有註自王叔師始，後諸家論著即有詳細處，要自王氏發之。茲集先王而後諸家，大哉蓽路藍縷之功也。一、注騷者數十家，予所見王叔師、洪興祖、朱晦翁、林西仲數家而已，各執一是，議論紛紜，於中斟酌，會成條貫，千金之裘，非一狐之腋也，仍錄姓名於首，不敢掠美。一、篇章次序相傳已久，或有錯誤，後賢撥正，附註題下，使高明得參是否。若輒更定，即是鹵莽滅裂，則吾豈敢！今依王本，存古也。一、楚詞惟《離騷》經最難解，句有同者，意自各別，並非重複。長篇大作，原有條貫。和氏之璧，御璽材也，搥碎作零星小玉，連城失色矣。茲分五段，庶得要領。一、典故字釋多採諸家舊註。李光弼將郭子儀之兵，纔經號令，精彩一變，非予所能。間有補者，不關妙意，亦不另著。至篇章意義斷自愚衷，未敢依樣葫蘆也。一、篇中神怪草木，既知寓言，何必深求？或比才德，或比君子、小人，讀者自有會心，臨文不贅。一、《離騷》經難解在大義，《天問》難解在故典。四庫書目、諸史經籍志所載漢以後書不傳者甚多，況漢以前乎？王叔師所引尚未盡見，而三閭所用安能悉知？從何處撥正？夫子曰，吾猶及史之闕文也。一、舊註是者固能發作者之精微，其非者亦足開後賢之思路。雖不並錄，亦不下論，均有功於後先，無令前賢畏後生也。一、文人相輕，自古皆然。痛詆他人，以申己説，若必後賢以必吾是者，著書各成一家，要之生才不盡，後人自有心眼別裁，是非豈在吾今日之嘵嘵哉！況我所論亦自前賢開悟，操戈入室，何其薄也！往者可欺，來者難誣。一、字面解釋，如「初度」二言，或云時節，或云氣度，或云法度，或云皆爲支首悉順文氣如此之類，無損大義，俱不深辨。一、六經子史皆有叶韻，不徒楚辭也。諸家議論紛紜，總是風影，惟《古今通韻》蕭山毛奇齡著。獨有根據，今之所音，悉本此書，即註字傍，以便誦讀。一、戰國時典墳未灰，三閭以博識宏才，創爲斯體，意味難窮。余學識短淺，諸家註解尚未全窺，即盡畢生精力，猶恐多失，況七十餘年兩月成書，粗疏何言？修瑕補漏，深有望於後之君子。

黄越《讀四書翊注綱領》　書有綱領，《翊註》一書蓋以《大學》函蓋《中庸》、《語》、《孟》而爲之綱，以格物横貫《中庸》、《語》、《孟》而爲之領。蓋《中庸》達德達道，九經即貫于《大學》三綱八目之中，到得至誠至聖，亦是從《大學》學成，非《大學》外又有一種至誠至聖也。《語》、《孟》各章各義，而各有精義，皆須究到精細恰好處，即此是格物。識得此意，有格物字面處是言格物，而不言格物，而所以然之理不窮不至不到，不至不到，即不可以言格物，故格物又此書之綱領也。

刁文孝曰：從古聖人未有言格物者，言格物自孔門始。孟氏七篇皆格物之書也。又曰，嘗讀《四書》，君子博學于文，學而不厭，信而好古，多聞，擇其善者而從之，多見而識之。我非生而知之者，好古敏以求之者也，夫子所謂格物也。夫子循循然善誘人，博我以文，約我以禮。顔子所謂格物也。博學之，審問之，愼思之，明辨之，篤行之，子思所謂格物也。博學而詳説之，孟子所謂格物也。又曰，嘗考諸《五經》，《易》曰窮理盡性以至于命，《易》之物宜格也。《詩》曰學有緝熙于光明，《詩》之物宜格也。《書》曰學于古訓乃有獲，曰不由古訓于何其訓，《書》之物宜格也。《禮》精粗大小，語默作止，莫不各有矩矱，《禮》之物宜格也。《春秋》經世大法，非比物連類無以見其時措咸宜之妙，《春秋》之物宜格也。又曰，使釋、老之徒明于格物，便是孔門德行，使蘇、張之徒明于格物，便是孔門言語，使管、晏之徒明于格物，便是孔門政事使班、馬之徒明于格物，便是孔門文學。然則格物二字，其《四書》、《五經》、諸史之綱領乎！

有書有註，槩名曰註。《學》《庸》不名註而名章句，蓋二書斷嶺連峯，一書只是一篇，朱子謙言，爲之分章句耳，實亦註也。《語》《孟》名註而加集字，若曰非吾之言，而諸儒之言也，亦寓謙意。要之皆註也。故此書統名之曰《翊註》。文孝曰，《集註》十分確當，但背之而別作解，非支離則穿鑿，試驗諸家之説，百不失一。

所翊者朱註也，併翊朱註採入集註諸儒之註。諸儒之註多矣，而多不以入註，朱子之採擇嚴矣。既經採入，於白文斷非無所發明者，顧有内註，有外註，中以一圈隔之。《蒙引》《存疑》多輕圈外註，而不知其不可輕也。文孝曰，内註發明聖賢言中之意，外註發明聖賢言外之意，固不得謂言中之意是意，而言外之意獨非意也，特言中之意有語氣爾。曰，爲某人某事言，針鋒相注，故置圈内。言外之意無語氣，則自後人推論而知其言之包涵弘大，曲折詳盡，故置圈外，非以圈内外分優劣也。文孝譏蔡虚齋誤認朱子内外註爲分優劣，譬如腹中積成一大癖，《存疑》《淺説》《集説》諸公皆爲其所傳染也。一物不格，流弊至此，近人惑之。又因帖括有語氣，習之者多重内註，輕外註，置之不論不議，既非朱子採輯入註本意，亦非吾人格物窮至事物之理欲其極處無不到之義也。文孝看得《四書》皆格物之書，故合内外註一一直窮到底，於此亦足徵窮理格物，窮字格字至也到也之意。

文孝曰：凡錄先儒之言，是者取之，非者舍之，此其必然者也。朱子於程子之言之是者既一一取而表章之，於門人之言之非者又一一取而論辨之，何其不憚煩乎！竊意表章其是，欲使學者觸類旁通，以求其是，論辨其非，欲使學者觸類旁通，以去其非。又曰，愚於程子之説一讀便知其妙，反復讀之，而益知其妙也。然非參考以朱子之言，其妙有不盡知者矣。於諸門人之説一讀亦稍知其非，反復讀之，而不能盡知其非也。及參考以朱子之言，然後盡得其病根所在。一是一非，洞若觀火。揆此則參互考訂，正吾人窮理格物之要，可曰内註已足而不必更觀外註乎！文孝深惡《蒙引》《存疑》以圈内外分優劣，集中每及之。

《翊註》於内外註虚字實字，一字不輕放過，似乎煩細，纔不如此，理便不得窮，義，便不得精也。只是字字求至求到，不欲使半上落下。朱子自題其像，所謂析義理于毫芒也，亦格物也。

《翊註》於白文之論事者必斷之以理，一一設身處地，務求恰好，初非以己意揣度，硬謂其當如此也。揆天理洽人心，合經旨，引經據史，確有所證，以此多開前人所不敢開之口。如論正名而迅掃陳説，獨據經旨以爲斷是也，亦格物而物格之驗也。

《翊註》於白文之論理者多證之以事。天下無離理之事，亦無離事之理，窮理正所以應事也，而以事實之，庶使天下不敢以理學爲迂濶，亦格物也。《翊註》不惟於註所引用之經典一一必明著其來歷，併白文聖人賢人言語亦必一一明著其所自來。如窮理精義，必指其本。《易繫》，如天命之謂性，必指出《易》云天道流行，物與無妄，《書》云惟皇上帝，降衷于下民，厥有恆性，《詩》云天生蒸民，有物有則，以爲子思蓋鎔化諸經而爲言，打通《五經》。其他雖街談巷議，小夫細人之言，亦有來頭，亦必指出其出何書，見何傳。人粗疎不耐推求，即知之亦不肯亦不能即此，亦是一字不肯放過，亦是直窮到底。

朱子於或問，亦間稱引史傳，如長國家而務財用必自小人，亦證以用桑弘羊、孔僅、宇文融、楊矜、陳京、裴延齡之徒以敗其國者。文孝本之，往往打通廿一史，曲證旁通，使學者曉然知所法戒。視尋章摘句，跼蹐作轅下駒者，推拓其淺陋之胸襟，亦使知論事不論理不確，論理不論事不備，學術事功，天德王道，聖學本一以貫之也。乃所謂極處無不到也。

朱子宗仰程子，於其所訂《大學》次第不肯苟從，必更定爲今本。文孝宗仰梁溪，於其所主《大學》次第亦不苟從，必主定從今本，其故何也？義理必求其順，吾心必求其安，雖在師範，於其未順未安處亦不可苟且從之。愚反覆《翊註》全書，心安理順，一一先得我心之所同。然間有未契鄙心，如《泰伯》章主讓周，與註異，《洋洋》章主敦厚崇禮，與註異。在文孝亦是從格物至到之義起見，愚以朱子久定之說，不肯與之異，亦猶之《大學》次第朱子不從程子，文孝不從梁溪之意也。幸全書只此二處，餘句句字字皆所服膺也。

文孝之生在陸稼書、呂晚村兩先生之前，文孝歿而陸、呂作，借制義講明程、朱之學于舉世浮光掠影之時，至今程、朱之書盡出，人人得所依歸者，兩先生之力也。獨惜世知陸、呂，不知文孝，以其書未出而與世共見之，則亦無怪其然。使其書早出，定在松陽《講義》、晚村《語録》之上。學者之宗仰學習，又不知當何如。以呂、陸之書因題發明，於四子書有及有不及，而文孝章剖句析，精義微言，成大片段，又非尺瑜寸璣之比也。從其文孫手幸得之，亟公海內，斯文後勁定不徒然。

吴之騄《孝經類考・凡例》 一、諸經羣史類語坊本不一，然散錢無索，徒傷割裂耳。茲集以《孝經》爲之綱，以經史要語爲之目，總在表章聖賢，爲人心世道計。眞四子六經而外一奇書也。一、言之無文，行而不遠，故諸經註疏非不元元本本，而能讀者絶少。茲集文俱雅馴，非以供呫嗶之資，正欲引人入勝，因文以見道耳。一、朱子擬作《孝經外傳》，茲集乃朱子之志，名之曰類解者，義取觸類旁通然，使讀之者興孝興弟，即謂「永錫爾類」之一端，亦何不可。一、理學經濟原相表裏，故胡安定有經義治事兩齊。茲集率多歷朝善政，可以坐言起行，所謂如有用我，執此以往可也。一、先儒多以名稱者，《孝經》有子道焉，取父前子名之義。

蔣溥等《御覽經史講義・凡例》 一、諸臣進講內有敷陳中理奉旨嘉勉者，亦有所論未當，蒙恩開示者洋洋。聖謨同符典誥，實足以昭示來茲，謹據諸臣所述彙成。一、帙登諸卷首，仍載原進講義，以著緣起。一、凡説經之篇，根據先儒理解純正者固已分別録入，即或不涉訓詁，而詞條雅贍可資觀覽，亦所不遺。一、頌、贊、箴、銘及四言詩歌，原本經訓，諸臣所進間涉斯體，録存雅飭之篇，不復別爲卷帙，第於目録本題下標出，以便檢閲。一、科臣原奏內請令進講經義史事及前代奏議，謹按奏議自漢晁、董諸疏以及唐、宋名臣上書劄子等篇，率在史册之內。是編即依諸史先後叙次成卷，奏議一條不復區別云。一、宋儒《通書》、《西銘》諸書及《大全》、《語類》等編，皆所以闡揚聖學發揮經旨，講義內有標舉粹語，附以己見論列入告者，彙爲一卷，用殿全篇之末。一、是編奉旨纂輯其中蹇淺之作無所發明者，不復闌入。至已經入選而時有累句，又如「家修廷獻」四字本無出處，「憂盛危明」之語祗屬臣僚沿襲時文，率多誤用，既經聖訓指示，悉爲刪改，以訂譌謬。一、是編所録計文七百餘篇，釐爲三十一卷，每卷之中經序篇章，史分年代，性理亦就諸儒傳習先後略爲差次，或一卷或數卷不等。其《論孟》、《孝經》文，各一二篇，不能成卷，即附《周禮》卷末。一、凡一題而有文數篇或十數篇者，《易》、《詩》、《書》三經爲多，詞意複沓，輒加裁汰。所存之篇，仍依諸臣進講時官職第其前後。

《儀禮義疏・凡例》 一、賈疏釋注者雙行小書，各分附本注之下，後儒説有與注疏相證相足者亦然，其推闡經義者仍大書特列。【略】一、歷代史志所載禮經傳授源流，及先儒所論制禮之本，禮之大經大法，隆禮由禮之方，與評議諸家是非優劣，幷後世沿習流變之儀法，采爲綱領。

紀昀等《周官義疏・凡例》 一、《春秋傳》云：先君周公作《周禮》。其所稱引，則此經中無有也。蓋《周禮》指當時上下所行五禮之經曲，以別於夏殷之禮，此則分職命官之籍，故揭於篇首，曰治典、教典、禮典、政典、刑典、事典。《漢志》本稱《周官經》。《周官》傳至唐以後，乃更名《周禮》，朱子及鄭樵輩曾辨之，今仍曰《周官》，從其始稱，且按以五官之職事，於義爲當也。一、六典乃周公兼三王之道，盡人物之性，運用天理以法萬世之書也。伏讀聖制《日知薈説》十則，皆五官精義，灼見治本，深契道揆，謹冠全書，以爲治經者之準的；次列經傳及大儒之語義貫全經者爲綱領；其次則傳經源流；又其次則諸儒論行《周官》之得失，讀《周官》之法，與夫注解者之得失竝附焉。一、《易》有程《傳》、朱子《本義》，《詩》有朱子《集傳》，《書》有蔡、沈《集傳》，亦經朱子指授。故折中彙纂，皆奉以爲宗，視其離合，以爲衆説之去留。《春秋》則有不用胡《傳》，更立一義者。三《禮》自朱子請修而未果，羣言莫適爲主，即《儀禮經傳通解》亦僅開其端緒，而意義則未暇發明。陳澔《禮記集説》雖列於學官，而自始出即不饜衆心。兹故特起義例，分爲七類，俾大義分明而後兼綜衆説：一曰正義，乃直詁經義，確然無疑者。二曰辨正，乃後儒駁正舊説，至當不易者。三曰通論，或以本節本句參證他篇，比類以測義，或引他經與此經互相發明。四曰餘論，雖非正解，而依附經義，於事物之理有所推闡。五曰存疑，各持一説，義亦可通，又或已經駁論，而持此者多未敢偏廢。六曰存異，名物象數，久遠無傳，難得其眞，或創立一説，雖未即愜人心，而不得不姑存之以資考辨。七曰總論，本節之義已經訓解，又合數節而論之，合一職而論之。以此七類，叙次排纂，庶幾大指開卷了然，而旁推交通，義類可曲盡也。案語各以類附七條之後，或辭義連貫，難以分析，則附於最後一條之末。一、朱子《儀禮經傳通解》，萃《三禮》而類別之，又附益以他書，故經傳之文間見錯出，兹則《三禮》分編，各爲一書，五官之文悉從其舊，概無移動。一、漢武帝求遺書，得《周官》五篇，司空職亡，漢人以《考工記》附之，名曰「冬官」，非其實也。兹稱《考工記》以從其朔。一、宋五子，遵《周易折中》稱子，鄭康成稱字，其餘講説之家皆以名書。一、所取各家之説，以經文先後爲序，不以其人之時代。一、賈疏釋注者雙行小書，各分附本注之下，後儒説及案語與注疏相證相足者亦然，其推闡經義者大書特列。一、職方、輿地，古今異名，既採昔人所考辨，仍著目今府州縣名，使學者易曉，疑則闕焉。一、《周官》有古文、今文異本，賈疏云，劉向未校之前，或在山巖石室，有古文考校，後爲今文。鄭據今文注，故云「故書作某」，蓋「故書」即古文也。其杜子春、鄭司農所讀有異同者，竝列焉。兹不敢芟薙，另提附經文音切之下，其因此有所論説者，仍存本注。一、古今器物殊制異名，鄭康成在東漢之季猶爲近古，然《考工記》注語簡而意澁，難以盡通。謹詳繹記文及注疏，可解者解之，非確有所見，不敢臆決，以俟知者。一、宋、元、明諸家有取注疏改換敷衍以爲己説者，有詞語冗蔓無所發揮，及顯與理悖不足惑人者，概從薙芟，亦不置辨。

焦循《孟子正義》卷三〇《孟子篇叙》 趙氏《孟子篇叙》者，言《孟子》七篇所以相次叙之意也。疏：正義曰：明名《篇叙》者爲七篇次序之義，非如《詩序》、《書序》之序也。孟子以爲聖王之盛，惟有堯舜，堯舜之道，仁義爲上，故以梁惠王問利國，對以仁義，爲首篇也。疏：正義曰：《易・説卦傳》云：「是以立天之道曰陰與陽，立地之道曰柔與剛，立人之道曰仁與義。」仁即元，義即利，仁義之爲道，即元亨利貞之爲德，此堯舜所以通變神化者也。孟子言必稱堯舜，堯舜之道即仁義矣。仁義根心，然後可以大行其政，故次之以公孫丑問管晏之政，答以曾西之所羞也。疏：正義曰：根心，謂先王以不忍人之心，行不忍人之政。政莫美於反古之道，滕文公樂反古，故次以文公爲世子，始有從善思禮之心也。疏：正義曰：思禮，謂三年之喪。奉禮之謂明，明莫甚於離婁，故次之以離婁之明也。疏：正義曰：《説文》収部云：「奉，承也。」承先王之禮而行之，所謂述也。《禮記・樂記》云：「故知禮樂之情者能作，識禮樂之文者能述。作者之謂聖，述者之謂明。」明者當明其行，行莫大於孝，故次以萬章問舜往于田號泣也。疏：正義曰：舜明於庶物，察於人倫，是明其行也。孝道之本，在於情性，故次以告子論情性也。疏：正義曰：人性善，所以能孝弟。情性在內而主於心，故次以盡心也。疏：正義曰：「乃若其情，則可以爲善矣。」是情合於性。「盡其心者，知其性也。」是性本於心。盡己之心，與天道通，道之極者也。是以終於盡心也。疏：正義曰：盡心則知性知天，故與天道通也。周氏廣業《孟子出處時地考》云：「建篇之首《梁惠王》也，趙氏之説韙矣。《題辭》謂『退自齊梁而著作，其篇目各自有名』，則未盡然。古人得志，澤加於民；不得志，脩身見於世。立言不朽，雖聖人不能易，豈必窮愁始著書哉？特壯年志在行道，未遑專意耳。故其成在遊梁之後，其著作斷非始此。大率起《齊宣王》至《滕文公》爲三冊，記仕宦出處；《離婁》以下爲四冊，記師弟問答雜事。迨歸自梁而孟子已老，於行文既絶少，又暮年所述，故僅與魯事，分附諸牘末。其後門人論次遺文，分篇列目，以仁義兩言爲全書綱領，因割其六章冠首，而以《梁惠王》題篇，於梁齊之下，繼以鄒、滕、魯。蓋孟子生平所注意者，祗此五國而已。乃其在梁也，始以去利行仁義期之，終料其嗜殺而去。於齊宣王，始以易牛之仁冀其王，終以伐燕之暴決於歸。鄒於仁政一言，行否未可知，而父母之邦，君子重之，且與齊宣皆屬舊君，不容略也。滕文尊禮，孟子遇矣，而國小多故，莫必其成功。魯則周公之後，孔子之鄉，平公乘五百里之地，既知用樂正子，兼有見賢之意，似可與圖功矣，而卒不遇。孟子一生行藏，首篇盡之矣。其曰『天欲平治天下，舍我其誰』，壯而欲行，厚望之辭也。功之成否，身之遇否，皆歸之天。老不得志，絶望之辭也。首次二篇以天終，末篇以天始，《梁惠王》以王道始，《盡心》以聖學終，《公孫丑》由王道推本聖學，其爲章二十有三，記齊事者十有五，餘八章皆言仁義，又王道也。而齊之仕止，詳見起訖，明是篇爲在齊之日，公孫識之矣。《滕文公》亦兼舉聖學王道，而滕係弱小，故其言井田學校，雖較詳於齊梁，但可新其國耳，王非所能也。聖王不興於上，聖道將絶於下，於是力闢楊墨以承之，許行、夷之以至陳仲子，皆邪說詖行之害仁義者也，故以不得已好辯終焉。《離婁》、《萬章》、《告子》、《盡心》，發端言堯舜心性，與《滕文公》同；其後皆雜說訓言，而《萬章》一篇，又知人論世之林。此則七篇大致，可得而略言者。趙氏以爲包羅天地，揆叙萬類，仁義道德，性命禍福，粲然靡所不載，信矣。」謹按：周氏所云，似較趙氏爲長。然探趙氏《篇叙》之恉，蓋恐後人紊亂其篇次，增損其字數，故假其義以示其信耳。如後稱字數，以五七不敢盈之義，則知三萬四千六百有奇非傳寫之譌，三萬五千二百有奇實增多之羨，詎眞以孟子取五七不盈之義爲此字數哉！篇所以七者，天以七紀，璿璣運度，七政分離，聖以布曜，故法之也。疏：正義曰：「天以七紀」，昭公十年《左傳》文也。《尚書・堯典》云：「在璇璣玉衡，以齊七政。」馬氏注云：「璿，美玉也。璣，渾天儀可轉旋，故曰璣。七政者，北斗七星，各有所主：第一曰主日，法天。第二曰主月，法地。第三曰命火，謂熒惑。第四曰煞土，謂塡星。第五曰伐水，謂辰星。第六曰危木，謂歲星。第七曰罰金，謂太白。日月五星各異，故名曰七政。」又云：「日月星皆以璿璣玉衡，度知其盈縮。」《尚書大傳》云：「在琁機玉衡，以齊七政。琁機者何也？傳曰：琁者，還也。機者，幾也，微也。其變幾微，而所動者大，謂之旋機。是故旋機謂之北極。」鄭氏注云：「七政，謂春秋冬夏天文地理人道，所以爲七政也。人道盡而萬事順成。」馬鄭之說不同。趙氏此文作「璿璣」，不作琁機，則用馬氏義也。渾天者，地在其中，天周其外，晝則日在地上，夜則日入地下。漢宣帝時司農中丞耿壽昌鑄銅爲之，象衡横其中，璣轉於外，以知天度，故云璿璣運度也。范甯《穀梁傳序》云「七曜爲之盈縮」，楊氏疏云：「謂之七曜者，日月五星，皆照天下，故謂之七曜。」日歲一周天，月月一周天，木星十二歲一周天，火星二歲一周天，土星二十八歲一周天，金水二星附日而行，亦一歲一周天。是七政分離，各行其度，而聖人造璿璣，使七政畢陳於目，故云聖以布曜。布曜者，即布此七政之曜。言《孟子》一書，分而爲七，如天之有七政，而舜以璿璣布之也。劉陶作《七曜論》以復《孟子》，疑即以七篇爲七曜。趙氏蓋本此。章所以二百六十有九者，三時之日數也。不敢比《易》當期之數，故取其三時。三時者，成歲之要時，故法之也。疏：正義曰：《題辭》稱「二百六十一章」，此言九，當有誤也。《易・繫辭傳》云：「《乾》之策二百一十有六，《坤》之策百四十有四，凡三百有六十，當期之日。」此云不敢比《易》當期之數，帀期四時十二月，三時則九个月，當有二百七十日，於數亦不能合。孔本作「常期」，《音義》云：「『當期』音朞。」則本作「當」字，今正之。三萬四千六百八十五字者，可以行五常之道，施七政之紀，故法五七之數而不敢盈也。疏：正義曰：五七當三萬五千字，今不足，故云不敢盈。據今本共三萬五千二百二十六字，多趙氏五百四十一字。以趙氏《章句》、《章指》核之，其字句較今所傳不應減少，此明云「五七之數不敢盈」，則爲三萬四千有奇而不足五千，斷非趙氏此數爲傳寫有誤。若過三萬五千，則不當云五七之數不敢盈也。尋繹其故，趙氏本所不同者，當在「孟子曰」等文。蓋問答則有「孟子曰」「孟子對曰」，或單用「曰」字。其自爲法度之言，則不必加「孟子曰」。如《荀子・儒效篇》與秦昭王問答，《議兵篇》與陳囂、李斯等問答，則用「孫卿子曰」，餘皆不加「荀子曰」。惟自言本不加「孟子曰」，此趙氏所以定七篇爲孟子自作。《史記》「太史公曰」，索隱云：「楊惲、東方朔所加。」則「孟子曰」三字容爲後人所加，如《齊人有一妻一妾章》、《逢蒙學射於羿章》章首皆無「孟子曰」，可例其餘。《曾子居武城章》章首，亦無「孟子曰」，而「孟子曰」三字在章末有之。又《公孫丑上篇・伯夷章》章首有「孟子曰」，章末「伯夷隘」云云，又有「孟子曰」，亦後人增加未畫一之證。凡孟子自言一百數十章，則多「孟子曰」一百數十。又趙氏於單言「曰」字或無「曰」字，必明標「孟子曰」「孟子言」及「丑曰」、「克曰」、「相曰」、「髠曰」、「牼曰」云云，其「孟子謂戴不勝曰」，趙氏亦標云「孟子假喻」，疑章首「孟子」亦後人所加，趙氏本但云「謂戴不勝曰」，經無「孟子」字，趙氏乃以「孟子」標之也。「孟子曰子能順杞柳之性」「孟子曰水性無分於東西」，趙注皆明標「孟子曰」，蓋趙氏本亦但有「曰」字，無「孟子」字，故標之也。以此推之，雖未能盡得其增加之跡，而趙氏之本轉減少於今本五百四十一字者，約略可於此見之也。文章多少，擬其大數，不必適等，猶《詩》三百五篇而《論》曰「《詩》三百」也。疏：正義曰：《論》，謂《論語》也。謂以二百六十一法三時二百七十，以三萬四千六百八十五字法五七三萬五千，皆爲不必適等。章有大小，分章賦篇，篇趣五千，以卒其文，無所取法，猶《論》四百八十六章，章次大小，各當其事，亦無所法也。疏：正義曰：大謂字數多，小謂字數少。分章以布於篇，每篇五千字，文即字也。卒其文者，七篇每篇以五千文爲卒也。《論語·釋文》云：「《學而》凡十六章，《爲政》二十四章，《八佾》二十六章，《里仁》二十六章，《公冶長》二十九章，《雍也》三十章，《述而》舊三十九章，今三十八章，《泰伯》二十一章，《子罕》三十一章，《皇》三十章，《鄉黨》一章，《先進》二十三章，《顏淵》二十四章，《子路》三十章，《憲問》四十四章，《衛靈公》四十九章，《季氏》十四章，《陽貨》二十四章，《微子》十四章，《子張》二十五章，《堯曰》三章。」共五百六十八章。此依何晏《集解》，趙氏所云，未詳所本，疑有譌字。

蓋所以佐明六藝之文義，崇宣先聖之指務，王制拂邪之隱栝，立德立言之程式也。疏：正義曰：文，六書訓詁之文也。義，謂義理也。《漢書·劉歆傳》：「歆治《左氏》，引傳文辨經，轉相發明，由是章句義理備焉。」桓譚《時政疏》云：「今可令通義理。」是也。崇，猶尚也。宣，通也，發也。《淮南子·脩務訓》云「名可務立」，高誘注云：「務，事也。」馬總《意林》云：「趙臺卿作《章句》，章句曰指事。」指務即指事也。《大戴禮記·衛將軍文子篇》云：「外寬而內直，自設於隱栝之中，直己而不直於人，蓋蘧伯玉之行也。」《鬼谷子·飛箝篇》云：「其有隱栝，乃可徵，乃可求，乃可用。」陶宏景注云：「隱栝以輔曲直。」《荀子·性惡篇》云：「故檃栝之生，爲枸木也；繩墨之起，謂不直也。直木不待檃栝而直者，其性直也；枸木必將待檃栝烝矯然後直者，以其性不直也。」楊注云：「枸讀如鉤，曲也。檃栝，正曲木之木也。」《大略篇》云：「乘輿之輪，太山之木也。示諸檃栝，三月五月，爲幬菜，敝而不反其常。君子之檃栝，不可不謹也慎之。」注云：「示讀爲寘。檃栝，矯煣木之器也。」《非相篇》云「府然若渠匽檃栝之於己也」，注云：「渠匽所以制水，檃栝所以制木。」《尚書大傳略說》云：「子貢曰：檃栝之旁多曲木，良醫之門多疾人。」《韓非子·顯學篇》云：「自直之箭，自圜之木，百世無有一，然而世皆乘車射禽者何也？檃栝之道用也。」《難勢篇》云：「夫去檃栝之法，去度量之數，使奚仲爲車，不能成一輪。」《韓詩外傳》云：「磏仁雖下，聖人不廢者，匡民隱括，有在是中者也。」《鹽鐵論·申韓篇》：「御史曰：故設明法，除嚴刑，坊非矯邪，若隱栝輔檠之正伛剌也。」《大論篇》：「大夫曰：是猶不用隱括斧斤，欲撓曲直枉也。」《書·盤庚》下篇「尚皆隱哉」，某氏傳云：「相隱括以爲善政。」何休《公羊傳序》云：「遂隱栝使就繩墨焉。」《說文》木部云：「檃，栝也。」「栝，檃也。」字從木，故爲矯制枸木之器。隱括，其通借字也。《公羊》疏云：「隱謂隱審，括謂檢括。」《後漢書·鄧訓傳》云「訓考量隱栝」，李賢注引《荀子》而釋之云：「隱審量栝之。」失其義矣。《淮南子·本經訓》「曲拂邅回」，高誘注云：「拂，戾也。」《漢書·王莽傳》云：「拂世矯俗。」此云拂邪者，謂矯戾其邪，使之歸於正，猶檃栝矯戾其曲木而歸於直。《荀子》有《王制篇》云：「王者之制，衣服有制，宮室有度，人徒有數，喪祭械用皆有等宜，聲則凡非雅聲者舉廢，色則凡非舊文者舉息，械用則凡非舊器者舉毀，夫是之謂復古，是王者之制也。」制度所以去民之邪，謂王者欲爲拂邪之制，則以孟子此書爲檃栝也。《說文》禾部云：「程，品也。十髮爲程，十程爲分，十分爲寸。」《史記·太史公自序》云「張蒼爲章程」，如淳云：「程者，權衡、丈尺、斛斗之平法也。」《老子》云「爲天下式」，王弼注云：「式，模則也。」程式，謂尺寸模範可用爲準則，故云立德立言之程式也。《文選·郭有道碑文》云「隱括足以矯時」，李善注引劉熙《孟子注》云：「隱，度也。括，猶量也。」又崔子玉《座右銘》「隱心而後動」，注引劉熙《孟子注》云：「隱，度也。」《孟子》本文無隱栝二字，惟趙氏此《篇叙》有之。劉氏所注，未知所屬。

洋洋浩浩，具存乎斯文矣。疏：正義曰：《禮記·中庸篇》云：「洋洋乎發育萬物，峻極於天。」《漢書·韋賢傳》云「洋洋仲尼」，顏師古注云：「洋洋，美盛也。」《淮南子·俶眞訓》云「浩浩瀚瀚」，高誘注云：「浩浩，廣大貌。」《論語·子罕篇》云：「文王既沒，文不在茲乎！天之將喪斯文也，後死者不得與於斯文也；天之未喪斯文也，匡人其如予何？」趙氏以孟子似續孔子，如孔子似續文王。孟子之後，能知孟子者，趙氏始焉。按孟子有不可詳者三：其一爲孟子先世，趙氏但云「鄒人。或曰：魯公族孟孫之後」。《列女傳》、《韓詩外傳》雖詳說孟母之事，而不言何氏。《孟氏譜》言「父曰激公宜，母仇氏。一云：孟子父名彥璞」，未知所據。其二爲孟子始生年月，陳士元《雜記》載《孟氏譜》曰：「孟子以周定王三十七年四月二日生，即今之二月二日。赧王二十六年正月十五日卒，即今之十一月十五日。壽八十四歲。」此《譜》不知定於何時？陳氏疑定爲安之譌。安王在位二十六年，是年乙巳；至赧王二十六年壬申，凡八十八年。《譜》謂「孟子壽八十四」，自壬申逆推之，當生於烈王己酉。周氏廣業《孟子出處時地考》駁之，以爲《譜》不足據，而擬爲「生於安王十七年丙申，卒於赧王十三年乙未」。其爲孟子作《年譜》者，紛紛更訂，或云年七十四，或云年九十七，大抵皆出於臆，全無實證可憑。其三爲孟子出遊，趙氏以爲先齊後梁，說者又以爲先梁後齊，或以梁惠王有後元，或以爲孟子先事齊宣，後事齊湣。考之《國策》、《史記》諸書，參差錯雜，殊難畫一。今撰《正義》，惟主趙氏，而衆說異同，亦略存錄，以備參考而已，實未易折衷也。至居鄒、葬魯、之滕、過薛、遊宋、往任，其先後歲月，或據七篇虛辭，以測實跡，彼此各一是非，多不足采。孟子弟子，趙氏注十五人：樂正子、公孫丑、陳臻、公都子、充虞、季孫、子叔、高子、徐辟、咸丘蒙、陳代、彭更、萬章、屋廬子、桃應。學於孟子四人：孟仲子、告子、滕更、盆成括。宋政和五年從祀孟廟，去盆成括，詳《宋史·禮志》。國朝孟廟從祀，仍明制十八人，視宋政和無滕更，有盆成括。乾隆二十一年，禮部覆准去舊時侯伯封號，改題先賢先儒，以符禮制。內樂正克、公孫丑、萬章、公都子四人，皆稱「先賢某子」。陳臻、屋廬連、陳代、高子、孟仲子、充虞、徐辟、彭更、咸丘蒙、桃應、季孫、子叔、浩生不害、盆成括十四人，皆稱「先儒某氏某」。周氏廣業《孟子出處時地考》云：「張九韶《羣言拾唾》，孟子十七弟子，去季孫、子叔、滕更、盆成括，益以孟季子、周霄。朱彝尊《經義考》亦去季孫、子叔，而謂告子與浩生不害是二人，因去告子而列浩生不害，餘並依趙氏。宮夢仁《讀書紀數略》則易滕更、浩生不害、盆成括爲孟季子、曹交、周霄。三書數同而又互異。竊謂曹、周二人，殊無取焉。高誘注《呂覽》云：「匡章，孟子弟子。」《藝文類聚》亦然。《呂覽》有匡章與惠王又惠施問答，列從遊於梁者耶？而趙注却止言齊人。夷子逃墨歸儒，憮然受命，當在不距之科，而趙亦無明文。他若高注《淮南》有陳仲子，《史記索隱》有公明高，《廣韻》有離婁，其誤固不待辨。《通志》離氏注引《風俗通》云：「離婁，孟子門人。」則傳謁自漢矣。《孟子疏》舊題「孫奭撰」，錢氏大昕《養新錄》云：「《孟子正義》，朱文公謂邵武士人所作，卷首載孫奭《序》一篇，全錄《音義序》，僅增三四語耳。晁公武《讀書志》有孫奭《音義》而無《正義》，蓋其時僞書未出；至陳振孫《書錄解題》始並載之。馬端臨《經籍考》並兩書爲一條，云『《孟子音義正義》共十六卷』。引晁氏曰：『皇朝孫奭等採唐張鎰、丁公著所撰，參附益其闕。古今注《孟子》者，趙氏之外，有陸善經。奭撰《正義》，以趙注爲本，其不同者，時時兼取善經，如謂子莫執中爲子等無執中之類。』今按子等無執中之說，初不載於《正義》，惟《音義》有之。馬氏既不能辨《正義》之僞托，乃改竄晁語以實之，不知晁《志》本無《正義》也。」趙氏佑《溫故錄》云：「《十三經注疏》，孔穎達、賈公彥最爲不可及，邢昺次之，以《孟子疏》爲最下。其書不知何人作，而妄嫁名於孫奭，近世儒者咸謂之僞孫奭疏。予讀孫奭《孟子音義序》，體裁有類孔氏，而簡潔過之，全非作疏人手筆，其題曰《音義序》而已，未嘗稱疏也。曰『惟是音釋，宜在討論』，曰『集成《音義》二卷』，未嘗言作疏也。故曰『雖仰測至言，莫窮其奧妙；而廣傳博識，更俟乎發揮』。則知孫氏正本止就經文及注爲之音釋，且僅二卷，本未有疏，其所釋非第字之本音本義而已，亦時就章句有所證明，存示異同，與陸德明《釋文》仿佛，無取更有疏也。趙氏之爲《孟子題辭》，末曰『章別其指，分爲上下，凡十四卷』，即今各卷題各章首『正義曰』下所載此章云云，以爲提綱者也。語多奧衍，時復用韻，與全疏絕不類，蓋皆趙氏原文，即在各章注末；《音義》亦相綴屬。而今概棄本來，勦爲疏首，反割分《音義》之爲《章指》者於疏尾，則爲自作疏而自音之，從古豈嘗有此？疏中背經背注極多，非復孔、賈之遺；甚至不顧注文，竟自憑臆立說，與其《音義》又時相矛盾，豈有一人之作而忽彼忽此者？孫氏用心詳慎，《音義》可採者十五六，而疏不能十二。至其體例之踳駁，徵引之陋略乖舛，文義之冗蔓俚鄙，隨舉比比。朱文公指爲邵武士人作，不解名物制度，其實豈止名物之失哉！則未知孫氏之不及自爲而假手其人與？抑孫之名盛而遂有僞托之者與？」按爲《孟子》作疏，其難有十：孟子道性善，稱堯舜，實發明羲、文、周、孔之學，其言通於《易》，而與《論語》、《中庸》、《大學》相表裏，未可以空悟之言臆之。其難一也。孟子引《書》辭，多在未焚以前，未辨今古文而徒執僞孔以相解說，往往鑿枘不入。其難二也。井田封建，殊於《周禮》，求其畫一，左支右詘。其難三也。齊梁之事，印諸《國策》、《太史公書》，往往齟齬。其難四也。水道必通《禹貢》之學，推步必貫《周髀》之精，六律五音，其學亦造於微，未容空疏者約略言之。其難五也。棄蹝招豚，折枝蹙頞，一事之微，非博考子史百家，未容虛測。其難六也。古字多，轉注假借多，賴即嬾，姑嘬即咀，噓爾即呼，私淑即叔，凡此之類，不明六書，則訓故不合。其難七也。趙氏書名《章句》，一章一句，俱詳爲分析，陸九淵謂「古注惟趙岐解《孟子》，文義多略」，眞謬說也。其注或倒或順，雅有條理，即或不得本文之義，而趙氏之意，焉可誣也？其難八也。趙氏時所據古書，今或不存，而所引舊事，如陳不瞻聞金鼓而死，陳賈娶婦而長拜之，苟有可稽，不容失引。其難九也。《孟子》本文，見於古書所引者既有異同，而趙氏注各本非一，執誤文謁字，其趣遂舛。其難十也。本朝文治昌明，通儒徧出，性道義理之旨，既已闡明；六書九數之微，尤爲獨造；推步上超乎一行，水道遠邁於平當；通樂律者判弦管之殊，詳禮制者貫古今之變；訓詁則統括有書，版本則參稽罔漏；或專一經以極其原流，或舉一物以窮其宧奧。前所列之十難，諸君子已得其八九，故處邵武士人時，爲疏實艱；而當今日，集腋成裘，會鯖爲饌，爲事半而爲功倍也。趙氏《章句》既詳爲分析，則爲之疏者，不必徒事敷衍文義，順述口吻，效《毛詩正義》之例，以成學究講章之習。趙氏訓詁，每疊於句中，故語似蔓衍而辭多佶聱；推發趙氏之意，指明其句中訓詁，自爾文從字順，條鬯明顯矣。於趙氏之說或有所疑，不惜駮破以相規正。至諸家或申趙義，或與趙殊，或專翼孟，或雜他經，兼存備錄，以待參考。凡六十餘家，皆稱某氏以表異之，著其所撰書名以詳述之，彙叙於右；崑山顧氏炎武，字亭林。蕭山毛氏奇齡，字大可。太原閻氏若璩，字百詩。宣城梅氏文鼎，字定九。安溪李氏光地，字厚庵。鄞縣萬氏斯大，字充宗。鄞縣萬氏斯同，字季野。江都孫氏蘭，字滋九。鄒平馬氏驌，字宛斯。武進臧氏琳，字玉林。德清胡氏渭，字朏明。泰州陳氏厚耀，字泗源。濟陽張氏爾岐，字稷若。錢唐馮氏景，字山公。元和惠氏士奇，字半農。婺源江氏永，字慎脩。無錫顧氏棟高，字震滄。光山胡氏煦，字滄曉。當塗徐氏文靖，字位山。震澤沈氏彤，字冠雲。常熟顧氏震，字虞東。無錫吳氏鼎，字尊彝。長洲何氏焯，字屺瞻。寶應王氏懋竑，字子中。臨川李氏紱，字巨來。元和惠氏棟，字定宇。休寧戴氏震，字東原。鄞縣全氏祖望，字紹衣。嘉定王氏鳴盛，字鳳喈。華亭倪氏思寬，字存未。吳縣江氏聲，字叔澐。歙縣程氏瑤田，字易疇。曲阜孔氏廣森，字撝仲。歙縣金氏榜，字輔之。嘉定錢氏大昕，字曉徵。偃師武氏億，字虛谷。餘姚盧氏文弨，字召弓。餘姚邵氏晉涵，字二雲。興化任氏大椿，字幼植。江都汪氏中，字容甫。寶應劉氏台拱，字端臨。嘉定錢氏塘，字岳原。嘉定謝氏墉，字金圃。鎮洋畢氏沅，字秋帆。仁和趙氏佑，字鹿泉。通州王氏坦，字吉途。金壇段氏玉裁，字若膺。陽湖孫氏星衍，字淵如。歙縣凌氏廷堪，字仲子。海寧周氏廣業，字耕厓。溧陽周氏柄中，字燭齋。績溪胡氏匡衷，字樸齋。錢塘翟氏灝，字晴川。蕭山曹氏之升，字寅谷。長白都四德氏，字乾文。平湖周氏用錫，字晉園。海寧陳氏鱣，字仲魚。甘泉鍾氏懷，字保岐。武進臧氏庸，字在東。歙縣汪氏萊，字孝嬰。高郵王氏念孫，字懷祖。儀徵阮氏元，字伯元。歸安姚氏文田，字秋農。高郵王氏引之，字伯申。甘泉張氏宗泰，字登封。先曾祖考諱源，先祖考諱鏡，先考諱蕙，世傳王氏大名先生之學。循傳家教，弱冠即好孟子書，立志爲《正義》，以學他經，輟而不爲，茲越三十許年。於丙子冬，與子廷琥，纂爲《孟子長編》三十卷，越兩歲乃完。戊寅十二月初七日，立定課程，次第爲《正義》三十卷，至己卯秋七月草稿粗畢。間有鄙見，用「謹按」字別之。廷琥有所見，亦本范氏《穀梁》之例，錄而存之。

吴見思《杜詩論文・凡例・總論》 千載以後尚論千載以前，孟夫子所謂以意逆志者也。豈起九原問之而自以爲是哉！私心臆見無當于大方者多矣，就正有道，幸恕而教之。杜詩而曰論文，止就其文義稍加衍釋，校之鉤深鑿空者，庶明白易簡焉。若事實考訂，諸家箋注已備，除公自注者不錄。千家之注，或自成一家，或各宗一說，莫不以人握隋珠，家藏荆玉。然其中舛謬亦多，是者存之，非者去之，未備者補之，共補一萬餘事。參古今之討論，另著杜詩論事一編，續出，茲不載。開元至今，傳之千載，豈無訛字闕文？若爲附會，便多穿鑿矣。故意見未明處，謹爲闕疑，以俟君子。杜詩必應用編年者，玄、肅、代三朝事實不同，即古律絶各體亦連屬不斷，上下俱有承接，時代不可改移也。編次即有少差，前人未必無據，悉依舊本。昔云陶詩、杜詩無著圈點處，蓋句句皆好也，故不敢僭加評騭，聽讀者之自爲領會，所謂仁者見仁，智者見智可也。讀詩之法，當先看其題目。唐人作詩，於題目不輕下一字，亦不輕漏一字，而杜詩尤嚴。次看其格局段落，其中反覆照應，絲毫不亂，而排律更精。終看其句法，前後相合，虛實相生，而詩之能事畢矣。讀詩之法，當先看其年代。大而朝廷政治，小而出處遠近，可資考論。次看其時日。春詩景物不可入夏，秋詩景物不可入冬。終看其地名。秦州山川不同于蜀，成都土俗不同于夔。而詩之考據定矣。

趙傑英《詩經集成・例言》 一、《詩》有風、雅、頌、興、比、賦，謂之六義。體各不同，辭亦攸別。大約風之體婉約而輕清，雅之體博碩而莊重，頌之體肅穆而雍和。興者正義在詠物之下，比者正義藏託物之中，賦則直敷陳其欲言之事者也。讀《詩》者先取通章白文涵泳而三復之，然後細參註解，則思過半矣。一、《詩》以朱子詩柄爲主。其于詩傳、詩序宜遵者，朱子已言及之。坊本有悉載之篇首者，徒溷人耳目，究無用也。集中一概從刪，但就本詩略綜全篇之旨、各章之義，提綱挈要，列之篇端，庶幾觀者一覽洞然，不爲他說所搖奪也。一、《詩》通于樂，有韻有聲，歌詠唱歎，固有裨于性情，至取爲制義，則辭理固在所先，而音韻又在所後。顧麟士說《詩》，專重叶韻，其說雖似補大全諸家所未備，究于舉業無當也。至于兩句一連、四句一截之說，能使《詩》理不至混淆，學者頗宜究心，然亦有無容盡泥者，是在善讀詩者觀文會意，期不失乎詩人之神理可也。一、是編于白文傳註之外，即有串講。此體會詩人語吻而使詞意聯貫者也。其說或參諸坊本講義之言，或採諸先正名篇之語，而竊以己意折衷裁度于其間，務使語意宛然，或未必無少補于舉業也。一、串講之後又有疏解，分輯諸儒之説要，擇其義蘊之醇深者載之前，採其議論之宏博者列之後，參同辨異，總期與朱註相發明，庶知詩人之修辭撰句非無意也。一、疏解之末，間附舉業名篇，并採評語，非贅也。亦以當今觀講義者原欲使書理爛熟于胸中，發爲文章，上追美乎懷葛東江之風範，次不失乎東崖卧子之興致而已。學者觀講義而并覽名文，則詩旨不愈彰明較著乎。一、凡詩中王侯世代、地域方名大略已載之朱子總註小註，不必另爲一編，以誇淹博。至于山經、海誌、《爾雅》、《齊諧》諸書，尤不雅馴，坊本錯引不倫，集中大爲刪節，不敢濫及。一、凡直省棘闈，俱取詩中典雅正大者命題。國朝功令，本省十科内概不復出。向見坊間有闈題要覽一刻，分註甚明。余更廣搜博考，益以近科鄉會試錄所載，附諸各章白文之下，以便覽觀。一、余聞詩中有畫，描情繪景，正在有意無意之間，非特形象而已也。況舉業所尚，惟取考核詳明，證據確實，豈云畫中有詩哉！獨是古本所傳，亦有談及圖繪者，列之篇端，以供博覽，未爲不可。然詩中有古今無異者，如星辰、垣野、山川、方域、鳥獸草木、蟲魚之類是也，有古今不同者，如宮室、車旗、服飾、器皿之類是也。同者已散見于天官、輿圖、物象諸考，茲不及詳。異者不載，又恐古人之制度失傳。余故略載一二，仍標著其意義，所謂未能免俗，聊復爾爾者也。

張仁浹《周易集注增釋・凡例》 一、《周易》爲宇宙中第一部大書，不幸爲漢儒所亂，歷千有餘年，至朱子始爲訂正，而四聖相傳之次第始明。乃自朱子以後五百有餘歲，學者仍習漢儒所亂之本，而不知其非。幸我聖祖仁皇帝心契羲文，道傳周孔，所欽定《周易折中》，已將二千年來訛謬之書而釐定之，海内咸知讀《易》之準。惟《易》之敎潔靜精微，故《折中》所纂先儒之説寧嚴毋寛，期不失潔靜精微之本旨，而初學之士讀之，或未能領其曲折。此《集解增釋》一編，欲以輔翼《折中》，令學者易於習讀也。一、解經至朱子，前無古，後無今。學者但能深求《本義》之意，於《易》之道思過半矣。故此編所集諸儒之説，大約依《本義》而闡明推究之，其有與《本義》雖不甚合，而觀其象，玩其辭，其理實有可通者亦存之。一、程傳一書，朱子以爲説理甚足，但借經以自發心中之理，而非《易》之本義，以其空説理而不言象數也。然説經畢竟以理爲本，故雖有不合朱子處，仍全存之。一、是編所引諸儒之説，全録者則曰「某氏曰」，節者則曰「節某氏曰」。其有前人所節而無原本可考者，雖明知爲不全之文，亦但曰某氏曰，而不用節字。又有向來有是説，而未考其人，及向來有是説，而浹稍節者，則但存其説，而不冠以某氏曰。一、《周易》一書，解之者以數百計，序之者亦以數百計。其於《易》理之精微及傳《易》之源流詳哉言之矣，不能多録，止録程子序二篇、朱子序一篇。一、諸經皆明理之書，若《易》則明理而兼明象數。但象數之學繁而難明，而理則顯而易見。故是編所録者惟在明理，庶有益於身心，以及家國天下之實用。閒有言象數而確切易明者，則亦録之，以《易》之源實起於象數也。一、邵子傳希夷之學，而爲象數之宗，後之言象數者悉本之。然後之學者天資不能及邵子之明敏，功夫不能及邵子之專精，而欲步其後塵，則心思徒勞而不能領其要會也。即朱子之説象數，亦宗邵子，要惟擇其顯者言之耳。然已有後學所不能到者，則寧闕之。蓋古人重闕疑之法，若必欲強以通之，則鑿矣。一、宋元以前諸儒詳説文周之經，至於十翼則多略，而明儒則彖象大傳雖詳説之，而於聖人釋爻之傳則仍略也。故此編於釋文聖傳務詳之。一、河圖、洛書及先天五圖、後天二圖，及卦變圖，時本俱列於簡首，以便於披覽也。但其解備于啓蒙，故仍照朱子，留於啓蒙中。一、《周易》不但義理精微難解，即辭句亦易悮記。故此編於釋經處仍引聖傳在經後，於釋傳處又引聖經在傳前，欲學者便於觀玩。一、《周易》之理廣大精微，雖先儒解之者數百家，尚有未盡之藴。浹以管窺之見增釋之，又朱子經書傳註《周易本義》尤爲潔靜精微，故不敢不釋，使學者一覽而知。

句讀分部

綜述

《居延漢簡・甲乙編》下册

■蓬承索八　四九・三（甲三四七）

■第廿四隊靳干一完　四九・四（乙肆伍版）

■第廿七隊戍卒靳干一完　四九・五（甲三五）

■第卅一隊戍卒靳干一完　四九・六A（甲三四九）

■第廿八隊戍卒靳干一完　四九・六B（乙肆伍版）

■鉼庭隊戍卒靳干一完　四九・七（乙肆肆版）

●候丞曲繕一完　四九・八A（甲三二二）

又

■右第卅一隊卒四人　八二・二四（乙柒貳版）

☐第十一候長茭錢

初元五年九月癸未☐　八二・二五（乙柒貳版）

☐☐籍一編☐☐☐　八二・二七（乙柒貳版）

史事☐☐　八二・二八（乙柒肆版）

●右高沙隊卒☐　八二・二九（乙柒貳版）

陸雲《陸清河集》卷二《失題》　思樂芳林、言采其菊、衡薄遵塗、中原有菽、登彼修巒、在林寤宿、彷彿佳人、清顏如玉、予美亡此、誰爲適道、容與俟之、玄髮方皓、躑躅山河、玩此芳草、願殞其穎、庶以遺老、亹亹嘉時、飄忽棄予、有瞻逝深、永歎潛潸、登願扶桑、仰結飛晷、伊人匪存、遺芳孰與、精氣爲物、或降或升、徂落攸往、神奇有登、死生爲徒、存亡曷勝、謂予不信、遺籍有徵、間居外物、靜言樂幽、繩樞增結、甕牖綢繆、和神當春、清節爲秋、天地則爾、戶庭已悠、嗟彼懷人、悠悠其潛、念

昔先烈、有懷所欽、駭情玩世、堂允南金、瓊輝逖矣、誰適爲心、明發興言、忼慨芳林、

王羲之《王右軍集》卷二《蘭亭集序》　永和九年、歲在癸丑、暮春之初、會于會稽山陰之蘭亭、修禊事也、羣賢畢至、少長咸集、此地有崇山峻嶺、茂林修竹、又有清流激湍、引以爲流觴曲水、列坐其次、雖無絲竹管絃之盛、一觴一詠、亦足以暢叙幽情、是日也、天朗氣清、惠風和暢、仰觀宇宙之大、俯察品類之盛、所以極目騁懷、足以極視聽之娛、信可樂也、夫人之相與。俯仰一世。或取諸懷抱。悟言一室之內。或因寄所託。放浪形骸之外。雖趣舍萬殊。靜躁不同。當其欣于所遇。暫得于己。快然自足。曾不知老之將至。及其所之既倦。情隨事遷。感慨係之矣。向之所欣。俛仰之間。以爲陳迹。猶不能不以之興懷。況修短隨化。終期于盡。古人云。死生亦大矣。豈不痛哉。每覽昔人興感之由。若合一契。未嘗不臨文嗟悼。不能喻之于懷。因知一死生爲虛誕。齊彭殤爲妄作。後之視今。亦猶今之視昔。悲夫。故列叙時人、錄其所述、雖世殊事異、所以興懷、其致一也、後之覽者、亦將有感于斯文、

蕭統《文選序》　式觀元始。眇覿玄風。冬穴夏巢之時。茹毛飲血之世。世質民淳。斯文未作。逮乎伏羲氏之王去聲。天下也。始畫八卦。造書契。以代結繩之政。由是文籍生焉。易曰。觀乎天文。以察時變。觀乎人文。以化成天下。文之時義遠矣哉。若夫椎直追。輪爲大輅音路。之始。大輅寧有椎輪之質。增冰爲積水所成。積水曾作能。微增冰之凜。力錦。何哉。蓋踵音腫。其事而增華。變其本而加厲。物既有之。文亦宜然。隨時變改。難可詳悉。嘗試論之曰。詩序云。詩有六義焉。一曰風。二曰賦。三曰比。四曰興。去聲。五曰雅。六曰頌。至於今之作者。異乎古昔。古詩之體。今則全取賦名。荀宋表之於前。賈馬繼之於末。自茲以降。源流寔繁。述邑居。則有憑虛亡音無。是之作。戒畋遊。則有長楊羽獵之制。若其紀一事。詠一物。風雲草木之興。去聲。魚蟲禽獸之流。推而廣之。不可勝載矣。又楚人屈原。含忠履絜。君匪從流。臣進逆耳。深思遠慮。遂放湘南。耿介之意既傷。壹鬱之懷靡愬臨淵有懷沙之志。吟澤有憔悴之容。騷人之文。自茲而作。詩者。蓋志之所之也。情動於中。而形於言。關雎七余。麟趾。音止。正始之道著。桑間濮音卜。上。亡國之音表故風雅之道。粲然可觀。自炎漢中葉。厥塗漸異。退傅有在鄒之作。降下江。將著河梁之篇。四言五言。區以別入聲。矣。又少則三字。多則九言。各體互興。分鑣彼嬌。並驅。丘遇。頌者。所以游揚德業。褒讚成功。吉甫有穆音目。若之談。季子有至矣之歎。舒布爲詩。既言如彼。總成爲頌。又亦若此。次則箴音針。興於補闕。戒出於弼匡。論去聲。則析洗激反。理精微。銘則序事清潤。美終則誄發圖像則讚興。又詔誥教令之流。表奏牋記之列。書誓符檄胡激。之品。弔祭悲哀之作。苔客指事之制。三言八字之文。篇辭引以進反。序。碑碣誌狀。衆制鋒起。源流閒去聲。出。譬陶匏蒲包。異器。並爲入耳之娛。黼黻不同。俱爲悅目之玩。作者之致。蓋云備矣。余監音緘。撫餘閑。居多暇日。歷觀文囿。泛覽辭林。未嘗不心遊目想。移晷音軌。忘倦。自姬漢以來。眇焉悠邈。時更平聲。七代。數去聲。逾千祀。詞人才子。則名溢於縹匹沼。囊。飛文染翰。則卷盈乎緗音相。帙。自非略其蕪穢。集其清英。蓋欲兼功太半。難矣。若夫姬公之籍。孔父之書。與日月俱懸。鬼神爭奧。孝敬之准式。人倫之師友。豈可重去聲。以芟音衫。夷。加之剪截。老莊之作。管孟之流。蓋以立意爲宗。不以能文爲本。今之所撰。又以略諸。若賢人之美辭。忠臣之抗直。謀夫之話。下快反。辨士之端。冰釋泉涌。金相玉振。所謂坐狙七余。丘。議稷下。仲連之卻秦軍。食音異。其音饑。之下齊國。留侯之發八難。曲逆之吐六奇。蓋乃事美一時。語流千載。概古害。見墳籍。旁出子史若斯之流。又亦繁博。雖傳之簡牘。而事異篇章。今之所集。亦所不取。至於記事之史。繫年之書。所以褒貶是非。紀別入聲。異同。方之篇翰。亦已不同。若其讚論去聲。之綜作宋。緝此立。辭采。序述之錯比避。文華。事出於沈思。義歸乎翰藻。故與夫篇什。雜而集之。遠自周室。迄于聖代。都爲三十卷。名曰文選云耳。凡次文之體。各以彙于貴。聚。詩賦體既不一。又以類分。類分之中。各以時代相次。

沈壽民《閑道錄》卷六韓愈《送浮屠文暢序》　人固有儒名而墨行者。問其名則是。校其行則非。可以與之遊乎。如有墨名而儒行者。問之名則非。校其行則是。可以與之遊乎。揚子雲稱在門牆則揮之。在［夷狄］則進之。吾取以爲法焉。浮屠師文暢。喜文章。其周遊天下。凡有行。必請于搢紳先生。以求詠歌其所志。貞元十九年春。將行東南。柳君宗元爲之請。解其裝。得所得叙詩累百餘篇。非至篤好。其何能致多如是耶。惜其無以聖人

之道告之者。而徒舉浮屠之説贈焉。夫文暢浮屠也。如欲聞浮屠之説。當自就其師而問之。何故謁吾徒而來請也。彼見吾君臣父子之懿。文物事爲之盛。其心有慕焉。拘其法而未能入。故樂聞其説而請之。如吾徒者。宜當告之以二帝三王之道。日月星辰之行。天地之所以著。鬼神之所以幽。人物之所以蕃。江河之所以流而語之。不當又以浮屠之説而告之也。民之初生。固若禽獸［夷狄］然。聖人者立。然後知宫居而粒食。親親而尊尊。生者養而死者藏。是故道大乎仁義。教莫正乎禮樂刑政。施之于天下萬物得其宜。措之于其躬。體安而氣平。堯以是傳之舜。舜以是傳之禹。禹以是傳之湯。湯以是傳之文武。文武以是傳之周公孔子。書之于冊。中國之人世守之。今浮屠者。孰爲而孰傳之邪。夫鳥。俛而啄。仰而四顧。夫獸。深居而簡出。懼物之爲己害也。猶且不脱焉。弱之肉。强之食。今吾與文暢。安居而暇食。優游以生死。與禽獸異者。寧可不知其所自耶。夫不知者。非其人之罪也。知而不爲者。惑也。悦乎故不能即乎新者。弱也。知而不以告人者。不仁也。告而不以實者。不信也。余既重柳請。又嘉浮屠能喜文辭。于是乎言。

柳宗元《柳河東集》卷二〇《舜禹之事》　魏公子丕。由其父得漢禪。文帝升音壇。還自南郊。謂其人曰。舜禹之事。吾知之矣。魏黄初元年十一月。文帝升壇即祚。魏氏春秋曰。禮畢。帝顧謂羣臣曰。舜禹之事。吾知之矣。由丕以來皆笑之。柳先生曰。丕之言若是可也。嚮者丕若曰。舜禹之道。吾知之矣。丕罪也。其事則信。吾見笑者之不知言。未見丕之可笑者也。凡易姓授位。公與私。仁與强。其道不同。而前者忘。後者繫。其事同。使以堯之聖。一日得舜而與之天下能乎。吾見小爭於朝。大爭於野。其爲亂。堯無以已之。何也。堯未忘於人。舜未繫於人也。堯之得於舜也以聖。舜之得於堯也以聖。兩聖獨得於天下之上。奈愚人何。其立於朝者。放齊猶曰朱啓明。猶。一作獨。而况在野者乎。堯知其道不可退而自忘。舜知堯之忘己而繫舜於人也。進而自繫。舜舉十六族。去四凶族。使天下咸得其人。一作仁。命二十二人。興五教。立禮刑。使天下咸得其理。合時月。正曆數。齊律度。量權衡。使天下咸得其用。積十餘年。人曰。明我者舜也。齊我者舜也。資我者舜也。天下之在位者。皆舜之人也。而堯隤然。○隤。徒回切。聾其聰。昏其明。愚其聖。人曰往之所謂堯者果烏在哉。或曰耄矣。曰匿矣。又十餘年。其思而問者加少矣。至於堯死。天下曰。久矣舜之君我也。夫然後能揖讓受終於文祖。舜之與禹也亦然。禹旁行天下。功繫於人者多。而自忘也晚。益之自繫猶是也。而啓賢聞於人。故不能。夫其始繫於人也厚。則其忘之也遲。不然反是。漢之失德久矣。其不繫而忘也甚矣。宦董袁陶之賊生人盈矣。宦。曹節王甫。董卓袁紹袁術陶謙也。丕之父攘禍以立强。積三十餘年。天下之主。曹氏而已。無漢之思也。丕嗣而禪。天下得之以爲晚。何以異夫舜禹之事耶。然則漢非能自忘也。其事自忘也。曹氏非能自繫也。其事自繫也。公與私。仁與强。其道不同。其忘而繫者。無以異也。堯舜之忘。不使如漢。不能授舜禹。舜禹之繫。不使如曹氏。不能受之堯舜。然而世徒探其情而笑之。故曰。笑其言者非也。問者曰。堯崩。天下若喪考妣。四海遏密八音。三載。子之言忘若甚然。是可不可歟。曰。是舜歸德於堯。史尊堯之德之辭者也。堯之老更一世矣。德乎堯者。益已死矣。其幼而存者。堯不使之思也。不若是。不能與人天下。

歐陽修《文忠集》卷五八《州名急就章》　其四謂何乃有瓜沙嘉巴鳳隴雍宋歙峽合疊淄資思師化雅華夏蜜言蔚悉永郢鼎潁不宜吃訥又如保邵道趙耀鄆信潤晉愼凡五聲而一韻柳壽茂竇宥湊憲兗漢簡萬演海岱解蔡泰愛欽潯金深郴黔蜀濮福睦復陸乃六律而同音七言惟一白澤虢石益德壁八音相望廣象相閬句絳獎黨宕句開萊台懷句階崖雷梅句澧闕冀利句濟薊費智句鄭鄧定孟句慶應靜勝句廉潭儋南句嵐鹽甘嵓句至於許汝婺處句楚普潞叙古句魏惠桂貴句遂貝瑞嶲會句言過乎九難宣於口於是有岳鄂亳薄洛句莫涿朔廓拓句眉黎齊池蘄句施伊西夷溪句濠曹饒昭韶句潮遼交洮牢句右皆十卭通龍洪蓬蒙句邕同戎忠松籠句右十二連綿澶安延丹端句宣檀驩蘭潘田巒句湖蘇舒滁廬渝瀘句梧蒲徐鄜扶儒禺句右皆十四秦邠麟汾句均陳溫春句鈞辰文循句銀雲勤岷句杭揚江黄句常漳康襄句房坊商滄句詳昌瀼長句右皆十六幷青瀛澄成明句衡彭英瓊邢洺句涇寧昇榮橫滕句汀興營平庭澄句右二十四聯章斷句不能遽數眞定河源以諱不舉

晁補之《鷄肋集》卷三四《治通小序》　毁譽不敢浮事實因以加賞罰謂之襲情　賴之以生不可一日無也謂之飲食　天日之清明奴隸識之謂之共知權言聖人之所獨見也謂之夜行　所挈者要而順者衆謂之裘領　如槐止水惡其波起不如遄已謂之本寧　本强則精神折衝謂之折衝　譬如播種終必粒譬如鑿井終必汲謂之可爲　鈎金輿羽不可以爲重輕之實謂之揣本　誠者政事之本也謂之致誠　常德不忒世自低昂而吾之爲常者一謂之常一　事有根本不可須臾

離也謂之輜重　先河而後海小式爲本而大爲末謂之務本　非其道雖微不可假人也謂之名器　五味異和謂之相濟　始施之逆利在後日謂之要終　天欲風草木未動而鳥已翔謂之前應　小人以爲翦翦耳君子畏焉謂之微大　象見其牙而小大可論也謂之迎知　推其派而知其所從來深謂之逆流　黃金珠玉饑不可食寒不可衣謂之貴疎　中流失船一壺千金謂之賤適　事或不相謀而相病謂之魯酒　一人曰玉十人曰珉舉世皆曰珉謂之衆意　事致其極則其後無以加謂之窮反　狂者東走逐者亦東走寒者戰懼者亦戰謂之似是　以攣拘之語疑域外之事謂之常談　一言而得人之心謂之察鳴　謂狐爲狸則不知狐又不知狸謂之胥失

蚌鷸相持田父捃之謂之兩得　擊舟水中魚沈而鳥揚謂之同離　月不知晝日不知夜謂之物曲　且冬且夏謂之迭勝　攘公議之近似者以蓋衆口而濟其私謂之借公　志大心勞所以求者非其道謂之非分　益而不已必損謂之勝懼　知所以弱則強矣謂之削喜　事蠱物極而後可以轉敗從新謂之轉敗　名實不虧而能使其喜怒移謂之朝三　欲近四旁莫如中央謂之近四　水避礙則通於海謂之曲成　寡能似德拙言似默欲上者識謂之破庸　捷趨而速至中道而憊憩不如椎之久謂之椎久　始駕馬者反之車在馬前謂之始駕　人取我予人予我取謂之獨獲

佃魚網罟利隨世興謂之知化　敗不在大一毫萌之謂之見微　無謂不效姑聽其告謂之養敢　胡越可使無異心謂之同舟　徒曰古人不我欺而不知時事已異謂之信書　且用且效莫用莫效而不可以經久謂之欲速　挾事懷欺明能知之謂之詰詐　唯有德能以寬服民其次莫如猛謂之量力　夕而亨牛牛乃饗客會其已食謂之失時　文是實非謂之名好　人而不仁疾之已甚亂也謂之已甚　法析毫釐小偏大遺謂之密紕　以勢使之鈍者厲怯者奮謂之矢激　利不百不變法謂之重改　謨定於先羣言不能易謂之不搖　毒虵螫手則勇士斷其臂謂之存大　示之好惡而民知禁謂之上欲　有德者進則朝廷尊謂之德威　輿馬致千里舟楫涉江河謂之假物　入有拂士出有敵國謂之常存　尾大不掉謂之本弱　藩籬不飭謂之外輕　曲士不可語於道而聖人惟時變是守謂之達節　立不易方非招不往謂之守官　作法於凉其弊猶貪謂之謀始　千里之行始於足下謂之積微　川澤納汙瑾瑜匿瑕謂之忠厚　苦節不可正故大教務因俗謂之人情　論卑古人而才不足逮當世謂之高論　將以重之適所以賤之謂之過愛　見幾而作不俟終日謂之轉圜　以天下爲心好惡不在其身謂之大度　若緩若紓爲國之本不可以無謂之闊要　十羊九牧不若童子之獨謂之專任　言異言逆視道以爲則謂之不惑不患衆之不知患蔽謀者非謂之賓斷　臣民異志則朋黨進在明公議謂之一下賞一切之功亂百世之法謂之賊下　舉綱而略細謂之大體　數米而炊不足濟天下謂之小節　始勿輕舉人莫測然否謂之靜勝　臣無求於其君故進退不累其身謂之取重　高爲量而罪不及遠爲途而誅不至謂之大望　躬自厚而薄責於人謂之遠怨　殺身以爲國然不足以拯世之溺謂之無益　理無常是事無常非謂之通變　今日用之明日不可復也謂之日改　捨法任人廢法法存謂之小縱　虛名無益事實而藉以鎮人心謂之名高

晁説之《景迂生集》卷一二《中庸傳》　天命之謂性者何性者中之所寓也莫知其所自而推言也　率性之謂道者何性得所率則爲君子不得其所率則爲小人曰誠曰明曰孝曰忠曰恕曰和皆率性之具也是六者皆中之所以爲中者也脩道之謂教者何聖人所以經綸天下之大經也君子所以擇乎中庸也小人所以反乎中庸者也　道也者不可須臾離也可離非道也者何出乎性而教之所本也君子以是誠之務也　是故君子戒慎乎其所不睹恐懼乎其所不聞者何中也誠也　莫見乎隱莫顯乎微故君子慎其獨也者何中也明也　喜怒哀樂之未發謂之中者何情之未發性之全純中之所以爲中者也肫肫如也也　君子之所不可及者其唯人之所不見乎詩云相在爾室尚不愧于屋漏者何中也誠也　故君子不動而敬不言而信詩曰奏假無言時靡有爭者何中也誠也　是故君子不賞而民勸不怒而民威於鈇鉞詩曰不顯惟德百辟其刑之者何中也誠也　是故君子篤恭而天下平者何中也誠也　詩云予懷明德不大聲以色子曰聲色之於以化民末也者何中也明誠也　詩曰德輶如毛毛猶有倫上天之載無聲無臭至矣者何中也誠明也

周必大《歐陽文忠公集跋》　歐陽文忠公集。自汴京江浙閩蜀。皆有之。前輩嘗言公作文。揭之壁間。朝夕改定。今觀手寫秋聲賦。凡數本。劉原父手帖。亦至再三。而用字往往不同。故別本尤多。後世傳錄既廣。又或以意輕改。殆至訛謬不可讀。廬陵所刋。抑又甚焉。卷帙叢脞。略無統紀。私竊病之。久欲訂正。而患寡陋。未能也。會郡人孫謙益老於儒學。刻意斯文。承直郎丁朝佐博覽羣書。尤長考證。於是偏搜舊本。傍采先賢文集。與鄉貢進士曾三異等互加編校。起紹熙辛亥春。迄慶元丙辰夏。成一百五十三卷。別爲附錄五卷。可繕寫模印。惟居士集經公決擇。篇目素定。而參校衆本。有增損其辭至百字者。有移易後章爲前章者。皆已附注其下。如正統論吉州學記瀧岡阡表。又迥然不同。則收寘外集。自餘去取因革。粗有據依。

或不必存而存之。各爲之説。列於卷末。以釋後人之惑。第首尾浩博。隨得隨刻。歲月差互。標注牴牾。所不能免。其視舊本。則有間矣。既以補鄉邦之闕。亦使學者據舊鑒新。思公所以增損移易。則雖與公生不同時。殆將如升堂避席。親承指受。或因是稍悟爲文之法。此區區本意也。六月己巳。前進士周必大謹書。

吴師道《禮部集》卷一〇《綱目改定文》 建興十五年春正月魏黄龍見 以三月爲夏四月 夏五月魏地震 魏以陳矯爲司徒 魏制三祖爲不毁之廟 六月魏擊遼東不利公孫淵自稱燕王 皇后張氏崩 八月魏大水 魏主殺其后毛氏 九月魏營圓方丘南北郊 冬十月吴以諸葛恪爲威北將軍 十二月魏遣太尉司馬懿擊遼東 魏鑄銅人起土山于芳林園 魏光禄勳高堂隆卒 魏作考課法不果行 延熙元年春正月魏以韓暨爲司徒 立皇后張氏 立子璿爲皇太子 吴鑄當千大錢 秋七月魏司馬懿克遼東斬公孫淵 八月吴中書郎呂乙伏誅 冬十一月蔣琬出屯漢中 魏主叡有疾立郭夫人爲后召司馬懿入朝以曹爽爲大將軍 十二月魏司馬懿至洛陽與爽受遺詔輔政魏主叡卒太子芳立 二年正月魏以司馬懿爲太傅何晏爲尚書 三月以蔣琬爲大司馬 秋九月吴遣將軍呂岱屯武昌 冬十一月魏復以建寅之月爲正 吴將周胤有罪廢徙盧陵

又《鄲國策補正·趙卷·齊欲攻宋章》 李兑乃謂齊王閔。曰。[正曰] 下李兑二字必誤。下云使公孫衍説奉陽君。即述上文令公孫衍説李兑也。其下豈得爲兑言乎。又後有循燕觀趙語。以爲兑言則不通。臣之所以堅三晉以攻秦者。非以爲齊得利秦之毁也。不以毁秦爲齊之利。欲以使攻宋也。而宋置太子以爲王。下親其上而守堅。臣是以欲足下之速歸休士民也。今太子走。諸善太子者皆有死心。太子爲王及走。史不書。太子爲王矣而走。必王之黨逐之。故太子之人以死報之。若復攻之。其國必有亂。而太子在外。此亦舉宋之時也已。臣爲足下使公孫衍説奉陽君蘇秦從時已言奉陽死。豈或襲稱如馬服者乎。[補曰] 按史蘇秦傳。趙肅侯令其弟成爲相。號奉陽君。弗説秦。秦去之燕。奉陽君死。秦復説肅侯稱奉陽君捐館舍。而張儀之説武靈王亦謂先王時奉陽君相專權擅勢。蔽晦先王。然武靈胡服。請於公叔成。而成與李兑弑主父則是肅侯之世。成未亡。何其前後相戾邪。故大事記從古史。定以奉陽君爲公子成。而削去捐館之語。考之策。屢言奉陽君。而趙策尤著。見於李兑約五國伐秦後謀取宋之時。蘇秦説趙當肅侯十六年。而五國伐秦在惠文十三年。相去五十年。公子成執國柄何久也。史、策明言捐館舍。豈得皆誤。武靈易服之請猶惓惓敬事其荅。張儀豈得公言其罪而無所諱哉。荀子以奉陽君爲篡臣。而楊倞注亦疑非公子成。蘇秦所値者必別一奉陽君。非公子成明矣。然則奉陽君果公子成乎。曰。謂奉陽君爲公子成亦史遷之言。而策無明文也。五國攻秦時。成、兑方並用。以成爲奉陽君。其時則可矣。愚嘗反覆策文而有疑焉。趙策言李兑約伐秦。無功。陰講於秦。欲與秦攻魏以解怨。取陰以定封。又云。齊令公孫衍説李兑以攻宋定封。又云。公孫衍説奉陽君。封地莫善於宋。莫如於陰。又蘇代謂齊王。臣爲足下説奉陽君天下散而爭秦。陰必不可得。既言李兑取陰。又言奉陽君取陰。不應爲二人事。竊以爲李兑即奉陽君也。何以明之。趙策説魏之辭曰。李兑留天下之甲於成皋。令秦攻魏。以成其私。王嘗身朝邯鄲。抱陰、成。負葛、孽。爲趙蔽。今又以河陽、姑密封其子。魏策則曰。葉陽君約魏。魏王將封其子。謂魏王曰云云。正與前同。則知葉陽者奉陽之訛。奉陽君之爲李兑。其出一也。趙策。蘇代説奉陽之辭曰。五國願得趙。與韓氏大吏東勉。齊王必無召民。燕策。代舉奉陽君之辭曰。齊王使公王曰命説曰。必不反韓珉。今召之矣。其事亦同。奉陽自稱説。説者兑之訛。奉陽君之爲李兑。其徵二也。燕策又有奉陽君李兑甚不取蘇秦之言。奉陽君李兑者並舉其封邑姓名言之也。其下誤以蘇代爲蘇秦。則亦因蘇秦所云而然。説見本條。奉陽君之爲李兑。其徵三也。按趙世家。公子成、李兑既殺公子成。田不禮而定王室。公子成爲相。號安平君。則安平乃成之封。史表。安平屬涿郡。吾志青州有安平縣。元屬定州。皆趙地也。奉陽則未有考而非奉陽矣。史遷不明奉陽君爲二人。又誤以爲公子成。是以紛紜殺誦。論者莫知所從。今以策文考之而得其説如此。餘見各章。可參觀也。曰。君之身老矣。封不可不【可】早定也。爲君慮封。莫若於宋。他國莫可。夫秦人貪。韓、魏危。近秦故。燕、楚【僻】元作辟。辟。中山之地薄。[補曰] 時中山已滅。此言其故地爾。莫如於陰。失今之時。不可復得已。宋之罪重。齊之怒深。殘亂宋。【德】元作得。得[補曰] 得字訛。大齊。定身封。此百代一時也。已奉陽君甚【貪】元作食。食[正曰] 恐貪字訛。之。唯得大封。齊無大異。言奉陽欲得陰以大其封。而齊待之未有異數。不可。臣願足下之大發攻宋之舉而無庸致兵。以觀奉陽君之應足下也。縣陰以甘之。許之而未與。故曰縣。循有燕以臨之。循。言與燕順。臨。猶制也。不徒甘之。必或制之。而臣待忠之封。待。猶將。忠。猶實也。王許之封而已實之。[正曰] 勸之定封。故曰臣且將忠之以封。事必大成。臣又願足下有地効於襄安君蓋趙人。[正曰] 無考。以資臣也。足下果殘宋。此兩地之時也。言有齊又得宋。[正曰] 兩地。言齊與趙可並得宋地。此謂齊王言。豈得言有齊乎。足下何愛焉。若足下本得志於宋。與國何敢望也。與國。趙也。言奉陽、襄安不敢望封。[正曰] 上言兩得地。此言齊不得志。則趙不敢望。足下以此資臣也。臣循燕觀趙觀。言其無所事。則足下擊潰而決天下矣。潰。潰癰也。蓋喻其制天下之易也。決。猶制。[正曰] 潰。壞也。此喻宋。擊潰壞之宋而決制天下矣。[補曰] 公孫衍爲秦相而逐。在秦武王四年。武靈王之十九年也。後爲魏所殺。雖不知何年。然去李兌合從時已遠。此公孫衍恐非犀首也。考之秦策。亦有宋罪重。止百世之一時已數語彼以爲穰侯之言亦此時事也。說見後。爲足、爲君之爲。去聲。齊攻宋。奉陽君不欲。客謂奉陽君曰。君之春秋高矣。而封地不定。不可不熟圖也。秦之貪。韓、魏危。【燕】、元作衛。衛〔補曰〕上章作燕。楚【僻】元作正。蓋僻、匹聲近。匹又訛作正字。〔補曰〕宜注元文下。正中山之地薄。宋罪重。齊怒深。殘伐亂宋。定身封。德強齊。此百代之一時也。〔補曰〕趙策說奉陽君取陰之辭。自宋罪重以下至百世之一時也凡兩見。而秦策亦有之。以爲謂穰侯。趙策又曰。魏冉必妬君之有陰。按陰即陶。宋地。冉所封也。秦紀昭王十二年。樓緩免。穰侯魏冉爲相。十六年。冉免。封公子市宛。公子悝鄧。魏冉陶。爲諸侯。冉傳云。免樓緩而魏冉相。冉謝病免。以燭壽爲相。燭免。復相冉。乃封於穰。後益封陶。號曰穰侯。大事記先書穰侯魏冉爲相。（從紀）本。後書復以魏冉爲丞相。封於穰與陶。謂之穰侯。又封公子市爲宛侯。公子悝爲鄧侯。又謂三子之封。皆取於鄰國。秦去年取宛。今年取鄧。穰、陶雖不載何年得之。蓋亦近歲。按赧王十四年。秦伐韓取穰。大事記已書之矣。獨以陶爲近歲所取。則眩於史文。未考其實。且據秦紀。則冉始相已封穰。後相封陶。於傳則復相時封穰。後益以陶。已有不合。大事記從之。亦偶未察。獨見於策者可考。李兌約五國伐秦。後欲取陰定封。說穰侯者亦勸之。策文容有復混。而其事實並一時。是時齊欲攻宋。秦禁之。齊欲與趙。故說者勸李兌。上距冉復相秦五歲爾。使冉已封陶。兌安得欲之。而言者亦安得云冉妬君之有陰。因此言而知冉之未封陶而欲得之也。其後。齊滅宋兩年而爲五國所破。趙既不取陶。而齊亦卒不能有。穰侯之取陶在此時歟。或謂魏策謂穰侯云。君攻楚取宛、穰。以廣陶封。似封陶在前。竊謂秦之取穰、冉之封穰。固無疑矣。獨取陶定封。歲月不載。而史所謂後益封陶。號曰穰侯者。辭亦不明。意者陶之封大而入厚。冉國於陶。如取剛壽之類。皆云廣陶封。故魏策之言如此。而宛亦非冉封。不足據信。使冉封陶。當曰陶侯。而稱穰侯。知始封穰必非誤也。

楊維楨《鐵崖古樂府補》卷五《大明鐃歌鼓吹曲十三篇・解甲來降爲招關中第十》 太原李繼忠襄京兆李王咸陽脣齒相依勢相望搆讒煽虛撼金牀王綱偏圮弗擧上弗急君父同盟不相援徵兵關中伐太原大丞相偏將軍士馬百萬蹂燕雲國已墟關來從尉之陀竇之融右招關中一十八句。其十二句，句三字。其四句，句七字。其二句，句五字。

陳基《夷白齋稿》卷一二《海道都漕運萬户府達嚕噶齊托音公紀頌》 昔秦輓粟漕運乃興一石之利百斛費弁漢唐治之陸運水行負擔操舟乘湍跨陵一或穿褒斜或歷底柱或鑿三門或役女媧百險備經萬夫疾首庸錢千計得不盈觿二大哉皇元天闢漕渠匪陸以阻弗川以紓于廓靈海括坤之區噓吸百源卑以自居三維皇道之濟險以德海若駿奔馮夷効力掖我靈艫贊我文鷁一波不興萬里寧謐四直沽之口析木之精糧艘會同伐鼓奫奫六軍騰懽萬姓交忻飽我糗糧樂此富殷五大略弘規善建不拔詒謀無疆振古莫越豈揚鯨波百怪竊發六旛我樓櫓梗我糧道出沒波濤犯我城堡彼方雷吼此寧電掃孰垂拊循致兹俶擾七既刼以舟又掠以粟上缺粢盛下虧廩祿軍無見糧民食半菽憂貽當宁議諏秉軸八事有非常得人斯濟誰實堪之惟脫因氏昔居諫垣抗言不諱使督漕政庶展才智九君命既加公責斯厚金符虎節銅章龜鈕秩長萬夫位逾列守公辰在公公退及酉十公行雷動公止山立公令一申公事畢集以兵治漕以權濟急勇輸糧儲往實京邑十一帝命偉之賚錫有加公曰從權經久則邪法貴變通戶別等差損上益下裒多就寡十二漕民核實舟楫利完春餽夏餉風往浪旋轉粟如山弗危以顛佽飛在後陽侯在前十三昔焉助逆今則効順威德所加載以明信威德伊何不驕不吝明信伊何克廉克慎十四天子曰嘉事立功成授以執政升諸外庭拜命分曹督餉治兵公文且武公允且平督我漕務衛我黎民十五公今在外保釐吳土邑有長城民有父母公行居中晉位台輔室有棟梁轂有甘雨十六邑傳輿誦野播民謠或聞鄉校或采芻蕘謳歌功德嘉美賢勞爰勒貞珉永繼風騷

陶宗儀《南村輟耕録》卷七《趙魏公書畫》 魏國趙文敏公孟頫，以書法稱雄一世，畫入神品。其書，人但知自魏晉中來，晚年則稍入李北海耳。嘗見千字文一卷，以爲唐人字，絶無一點一畫似公法度，閲至後，方知爲公書。公自題云，僕廿年來寫千文以百數，此卷殆數年前所書，當時學褚，河南孟法師碑，故結字規模八分，今日視之，不知孰爲勝也。田君良卿，於駱駝橋市中買得此卷，持來求跋，爲書其後。因思自五歲入小學學書，不過如世人漫爾學之耳，不意時人持去，可以鬻錢，而吾良卿，又捐錢若干緡以購之，皆可笑也。元貞二年正月十八日，子昂題。則知公之書所以妙者，無帖不習也。又嘗見公題所畫馬云，吾自幼好畫馬，自謂頗盡物之性，友人郭祐之嘗贈余詩云，世人但解比龍眠，那知已出曹韓上。曹韓固是過許，使龍眠無恙，當與之並驅耳。然往往閲公所畫馬及人物、山水、花竹、禽鳥等圖，無慮數十百軸，又豈止龍眠並驅而已哉。又聞公偶得米海岳書壯懷賦一卷，中闕數行，因取刻本摹搨，以補其闕，凡易五七紙，終不如意，乃嘆曰，今不逮古多矣。遂以刻本完之。公之翰墨，爲國朝第一，猶且服善如此，近有一等人，僅能點畫如法便自誇大者，於公寧不愧乎。

陳桱《通鑑續編》卷一 循蜚紀循蜚者以其時德厚信矼人循其化速若蜚也有號而無世凡二十二氏〇鉅靈氏出於汾脽握大象持化權揮五丁之士驅陰陽及山川居無恆處而跡躔于蜀〇句彊氏〇譙明氏〇涿光氏〇鉤陣氏〇黄神氏〇狟神氏〇犂靈氏〇大騩氏〇鬼騩氏〇弇兹氏〇泰逢氏〇冉相氏〇蓋盈氏〇大敦氏〇靈陽氏〇巫常氏〇泰壹氏是爲皇人調大鴻之氣正神明之位蓋範無形嘗無味要會久視操法鑑而長存者〇空桑氏〇神民氏又曰神皇蓋使神民異業精氣通行者〇猗帝氏〇次民氏次民之世穴處終矣

因提紀因提者其世咸有制作俾後人可因以利時也有號有世凡十三氏〇辰放氏古初之人卉服蔽體辰放氏作教民擇木茹皮以禦風霜綯髮閶首以去靈雨而人從之命之曰衣皮之民傳四世〇蜀山氏蜀之爲國肇自人皇其始蠶叢拍濩魚鳧三君各數百歲同號蜀山蠶叢居瞿上魚鳧治導江逮蒲澤俾明時人氓椎結左言不知文字事莫克傳最後望帝杜宇云〇豗傀氏傳六世〇渾沌氏傳七世〇東戸氏子思子曰東戸氏之熙載也紹荒屯遺美好垂精拱默而九寰以承流當是之時禽獸成羣竹木遂長道上顔行而不拾遺耕者餘饌宿之隴首其歌樂而無謡其哭哀而無聲蓋至德之世也傳十七世〇皇覃氏又曰離光氏春秋命歷序曰皇覃氏之世也在而不治宮天地府萬物害乎無假是故死生同兆而不可相陵傳七世〇啓統氏傳三世〇吉夷氏傳四世〇几蘧氏亢倉子曰几蘧氏之在天下也不治而不亂徇耳目內通而外乎心知天下之人惟知母不知父鶉居鷇飲而不求不譽晝則旅行夜則類處及其死也槀昇風化而已令之曰知生之民天下蓋不足治也〇稀韋氏傳四世〇有巢氏太古之民穴居野處搏生咀華與物相友無有妎傷之心逮乎後世人民機智而物始爲敵爪牙角毒檕不足以勝禽獸有聖者作構木爲巢教民居之以避其害號曰有巢氏之民傳二世〇燧人氏自有巢氏教民巢居然猶未知熟食也有聖人作觀星辰而察五行知空有火麗木則明於是鑽木取火教民以烹餁而民利之故號燧人氏以爲燧者火之所生也乃別五木以改火順四時而遂天之意由是火之功用洽矣時未有文字燧人氏始作結繩之政立傳教之臺爲日中之市興交易之道人情以遂故又謂之遂皇有四佐焉曰明由必育成博隕丘傳四世〇庸成氏羣玉之山平阿無隘四徹中繩庸成氏之所守先王之冊府也傳八世

禪通紀禪通者通于封禪之君也〇史皇氏倉帝名頡有睿德生而能書及長登陽虛之山臨于玄扈洛水之汭靈龜負書丹甲青文倉帝受之遂窮天地之變仰觀奎星圓曲之勢俯察龜文鳥羽山川掌指而㓞文字文字成天爲雨粟鬼爲夜哭居陽武而葬利鄉〇柏皇氏〇中央氏〇大庭氏〇栗陸氏〇昆連氏〇軒轅氏作于空桑之北紹物開智見轉蓬而制乘車橫木爲軒直木爲轅故號軒轅氏〇赫胥氏〇葛天氏〇尊盧氏〇祝融氏又曰祝誦氏是時天下洽和萬物咸若祝融聽弇州之鳴鳥以爲樂歌諧神明而和人聲以火施化亦號赤帝故後世火官因以爲號都于鄶葬衡山之陽〇昊英氏〇有巢氏〇朱襄氏〇陰康氏〇無懷氏〇太昊伏犧氏〇女皇氏〇炎帝神農氏〇按禪通紀凡十九氏其軒轅祝融或當在太昊前餘合繫太昊之後也

疏仡紀疏以知遠仡以審斷仁義道德之所用也其世則自黄帝以訖于周

解縉《文毅集》卷一六附録鄒元標《解春雨先生祠堂記・祀神曲三章・迎神曲八解》 天弓張　岳靈判　雲漢迴　列星降　圖爲龍　書爲璧　成霖雨　作舟楫　秩日崇　穀日富　功其全　造物妬　往肇申　今司神　寶璐煜

蘭芬紉　佩陸離　冠岌岌　辭帝閽　虞淵出　乘東維　騎箕尾　曰何之　祠予跂　烟縹緲　雲靄霼　望明河　金翠蓋　靈之來　半在天　瞻髣髴　忽在前　又《降神歌八解》　廟肅肅　禮雍雍　登載豆　犧錯綜　神弔矣　燿圭瓚　縮包茆　芬膋膋　吉蠲饎　牖之下　神耿耿　何爲者　薦留夷　吹參差　何以侑　鷺于飛　儀抑抑　壬有林　苗戩穀　且樂湛　文水清　螺月明

意侘傺　氣縱橫　太平頌　故山麓　旐繽紛　香馥郁　若在上　若諏咨　錫純嘏　無不宜　又《送神歌八解》　標其燎　胙其受　禮云周　樂云篤　神之駕　不少憩　轉龍旂　驂鶴轡　度咸池　渫閬風　絕莽蒼　入雲中　潢水停　春宮閟　祠栢存　空蔽芾　來如疑　返如慕　享唯馨　神豈吐　貽嘉猷　丕丕顯　澤彌深　化彌遠　劍履珍　尙方賜　千秋思　有嘉謚　戒爾後

蓁蓁葉　式明德　永不忒

楊士奇《東里續集》卷五四《永思堂詩》 南山之木厥有本根浩浩川流則亦有原　凡世之氓孰無父母生我育我憂勤是保　我疾在躬父母怦怦我躬既平父母載寧　我事父母千載未足云胡一朝去我不復　林棲者烏則有反哺哀哉小子欲養無所　豈無厚祿豈無華纓我無父母于誰爲榮　靡旦靡夕孔懷弗忘父兮母兮如睹羹牆　居則以思行則以思音容慌焉夢寐對之　父天母地覆載同德哀哀我心何窮何極　先哲有訓立身忠君我惇用之敢怠于勤　無敢怠勤恆恭敬止終焉永懷悠悠曷已

丘濬《世史正綱》卷一 《秦世史》嬴氏都咸陽。史綱而始於秦者。何志世變也。何則前三代夏商周也。後三代漢唐宋也。前三代之制。訖于秦而盡。後三代之制。至于秦而起。是蓋天地間世變之大機會。大界限也。史綱於是乎託。始其慨古道之不可復。而世道之日以降也。夫噫。

始皇帝諱政春秋十二。公皆別書公於每卷之首。而司馬氏之通鑑亦如之。惟其別出也。故隱莊閔僖可不書其即位。而得以寓夫筆削之意。綱目則書每帝謚號於其首年之下。而不別出之。故其君之始即位。雖有不可書者。不得不書也。不書其所以始。何以知其爲其君哉。史綱倣通鑑。例年經而國緯之。是亦春秋之意也。

余祐《文公先生經世大訓》卷一一《財用第二十二》 己酉擬上封事。臣聞先聖之言治國。而有節用愛人之說。蓋國家財用。皆出於民。如有不節。而用度有闕。則橫賦暴斂。必將有及於民者。雖有愛人之心。而民不被其澤矣。是以將愛人者必先節用此不易之理也。國家承五季之弊。祖宗創業之初。日不暇給。未及大爲經制。故其所以取於民者。比之前代。已爲過厚。重以熙豐變法。頗有增加。而建炎以來。地削兵多。權宜科須。又復數倍。供輸日久。民力已殫。而間者諸路上供。多入內帑。是致戶部經費不足。遂廢祖宗破分之法。而上供歲額。必取十分登足而後已。期限迫促。科責嚴峻。監司州縣。更相督迫。唯務自寬己責。何暇更察民情。捶撻號呼。有使人不忍聞者。而州縣歲入。多作上供。起發則又於額外。巧作名色。貪緣刻剝。此民力之所以大窮也。計其所以至此。雖云多是贍軍。然內自京師。外達郡邑。上自宮禁。下至胥徒。無名浮費亦豈無可省者。竊計若能還內帑之入於版曹。復破分之法於諸路。然後大計中外冗費之可省者悉從廢罷。則亦豈不能少有所濟。而又擇將帥核軍籍汰浮食廣屯田因時制宜大爲分別。則供軍不貲之費。庶幾亦可減節。而民力之寬。於是始可議矣。

楊慎等《李卓吾先生讀升庵集》卷九 〇文賦列十體 文賦、詩、緣情而綺靡、賦、體物而瀏亮、碑、披文以相質、誄、纏綿而悽愴、銘、博約而溫潤、箴、頓挫而清壯、頌、優游以淋蔚、論、精微而朗暢、奏、平徹以閑雅、說、煒曄而譎誑、分文之十體、各以四字盡之、可謂妙矣、往年鶴州蔡衡仲云、東皙尙補笙詩、文賦奚傷、余漫應曰、序、原始以要終、記、制器而尙象、衡仲曰、二語妥帖、兼是聖經、更無褒彈也、

又卷一〇 〇謝詩 謝朓酬王晉安詩、南中有橘柚、寧知鴻鴈飛、後人不解此句之妙、晉安即閩泉州也、南中榮橘柚、即諺云、樹蠻不落葉也、寧知鴻鴈飛、即諺云、鴈飛不到處也、樹不凋、鴈不到、本是瘴鄉、乃以美言之、謝靈運逸詩 謝靈運有集、今亡、其詩獨文選及樂府、藝文類聚、所載數十首耳、予見永嘉記、所引斷章、諸選不收者、今錄於此、《溫州枏溪詩》曰、澹瀲結寒波、檀欒秀霜質、洞合水屢迷、林迴巖愈密《登石室飰僧詩》曰、迎旭凌絕巘、映弦歸椒浦、結架非丹楹、藉田資宿莽、又《泉山詩》清旦索幽異、方舟越坰郊、石室穿林陬、飛泉發樹梢、丹山詩曰、遨遊碧沙渚、坦蕩丹山峰、【略】〇杜詩野艇字 杜詩古本、野艇恰受兩三人、乃妄改作航字、謬矣、古樂府云、沿江有百丈、一濡多一艇、上水郎擔篙、何時至江陵、艇、音廷、杜詩蓋用此音也、

何良俊《四友齋叢說》卷五《史一》 史之與經。上古元無所分。如尙書之堯典。即陶唐氏之史也。其舜典。即有虞氏之史也。大禹皐陶謨益稷禹貢。即有夏氏之史也。湯誓伊訓太甲說命盤庚。即有殷氏之史也。泰誓牧誓武成金縢洛誥君牙囧命諸篇。即有周氏之史也。孔子脩書。取之爲經。則謂之經。及太史公作史記。取之以爲五帝三王紀。則又謂之史。何嘗有定名耶。陸魯望曰。書則記言之史。春秋則記事之史也。記言記事。前後參差。曰經曰史。未可定其體也。案經解則悉謂之經。區而別之。則詩易爲經。書與春秋實史耳。及孔子刪定六經之後。天下不復有經矣。而周天王及各國皆立史官。如周有史佚太史儋內史過內史叔興叔服。虢有史嚚。衛有史華。晉有史蘇史狐史墨。魯有史克。世掌史事而遂有專史矣。當時各國皆有史。魯史偶經孔子筆削。寓一王之法。故獨傳耳。漢興司馬談司馬遷世爲太史令。東漢則班彪父子世領史職。而二氏卒能整齊漢事。成一家言。今亦與六經並行矣。後世雖代有紀言紀事之官。然作史者又未必即若人也。今二十一代史具在。其得失是非。可考而知也。至於近代之事。其世道之盛衰。人物之升降。風俗之隆替。皆史之流也。其大者。則領史職者載之。若夫識其小者。則不賢者之責也。故備錄以俟史氏之闕文。自五以至十四共十卷。

又卷一九《子一》 老子首章讀法。道。句可道非常道。句名。句可名非常名。句無。句名天地之始。句有。句名萬物之母。句故常無。句欲以觀其妙。句常有。句欲以觀其竅。此兩者同出而異名。同謂之玄。玄之又玄。衆妙之門。今世之讀者。皆作道可道。句非常道。句名可名。句非常名。句無名。句天地之始。句有名。句萬物之母。句故常無欲。句以觀其妙。句常有欲。句以觀其竅。句此讀。於義頗不協。必當以前所讀者爲正。

陳絳《金罍子·中篇》卷八 唐李汧公勉、少貧、客游梁宋、與諸生共逆旅、諸生病且死、出白金語汧公曰、左右無知者、幸君以此葬我、餘則君自取之、汧公許之、既葬密置餘金棺下。後其家來謁汧公、共啓墓、出金付

之、此與後漢王忳葬空舍中書生事大類、公子約嘗江行、與一商胡舟楫相次、商胡病篤、固邀與約相見、以二女託之、皆有異色、又遺一大珠、約悉唯唯、及商胡死、財寶數萬、約皆籍送官。與二女求配。始殯商胡。密以夜光含之。後親屬來理資物、約請官司發掘驗之、夜光果在墓中、公父子潛德至行廼爾此足以泣鬼神矣。韓非子謂死者復生生者不愧而後爲貞。其人哉。又勉任江西觀察使時、部人有父病、以蠱道爲木偶人、署勉名位瘞於其壟、或發以告勉、勉曰爲父禳災亦可矜也舍之　李揆、吐蕃酋長以爲唐第一人、晾其處元載盧杞間、貞矣《李輔國傳》、廼言揆當國、以子姓事之、號曰五父何耶、又《本傳》稱京師多盜、輔國請選羽林騎五百備徼捕、而揆格其議不從、先是百官請加皇后尊號、時揆爲中書舍人、上問之、揆對曰、自古皇后無尊號。惟韋后有之。豈足爲法。上驚曰、庸人幾誤我、皇后張氏、即張良娣、與輔國相表裏爲奸惡者也、其建議挺正如此。

又卷九　宋杜太后金縢之事、載之信史、莫有知其非者、元《袁文清公集》載其事、云趙普退居洛陽、太宗疾之、後以此事密奏、太宗大喜、秦王廷美吳王德昭秦王德芳、皆由普以死、今《宋史普傳》無一語及之、李燾作通鑑長編亦不敢載、私家作普《別傳》始言普將死、見廷美坐於床側、與普忿爭、文清之言足以破萬世之惑而人鮮有知者、故表而出之、

應雲鷟《臨川先生文集・書後》　荆國文公古詩十三卷。律詩二十一卷。挽詞一卷。集句歌曲二卷。四言詩古賦樂章銘讚一卷。書疏一卷奏狀一卷。劄子四卷。內制四卷。外制七卷。表六卷。論議九卷。雜著一卷。書七卷。啓三卷。記二卷。序一卷。祭文哀詞二卷。神道碑三卷。行狀墓表一卷。墓誌十卷。舊閩浙蘇吳俱有刻。公梓里臨川顧缺無傳。予忝牧以來。每用爲慨。謀梓之。購善本而無從也。走取家藏書本。讐校而翻刻焉。於乎。公之文取材百氏。附翼六經。與韓柳歐蘇曾氏卓然成七大家。並傳海內。當與日月爭光。豈以刻不刻爲公重哉。憶予少小時。侍先君古愚公。論宋史至熙寧。奮袂哨公。先君厲聲曰。稺兒毋乃勦說。時慙退不知所云。異時遊四明。泛鑑湖。公撰述吟詠。勒在木石。璀璨陸離。與山光水色爭雄競麗。心目眩瞀。不可攬結。蓋私極愛慕。願爲執鞭久矣。既而旅金陵。得公全集。昕夕讀不忍去手。然直謂公文章家丈人耳。徐考公宰鄞諸政。青苗保甲市易水利。種種有成蹟可按。鄞民至今賴之。乃喟然嘆曰。若公者。豈獨長于文已乎。豈獨能於宰已乎。夫隆汙者道也。成敗者數也。公勳稽堯舜。心表天日。乘時遇主。謂周官往軌。運掌可修。而靡所究竟。此豈專任自信之過哉。一時名賢。弗克和衷。胥匡變而之道。此何咎焉。矧公學本經術。才弘經濟。志存周孔。行比夷由。固傑然一人豪也。一咻衆排。甚者寃以靖康禍本。此非所謂勦說者耶。公墓不知所在。謀所以專祠公而不獲。公二十二世孫王生瑞從予乞祀田。予既刻公文。復稍助之。以延公祀云。嘉靖丙午九月既望。臨川縣知縣后學象山應雲鷟謹識。

劉鴻訓《玉海纂》卷一九《秦趙燕長城》　漢匈奴傳　秦昭王滅義渠於是秦有隴西北地上郡築長城以距胡、趙武靈王北破林胡樓煩自代竝陰山下、至高闕爲塞、而置雲中鴈門代郡、燕破東胡亦築長城自造陽至襄平置上谷漁陽右北平遼西遼東郡、以距胡、當是時冠帶戰國七。而三國邊於匈奴。後秦滅六國。始皇詔蒙恬擊胡。悉收河南地。因河爲塞、築四十四縣城、臨河、徙適戍以充之、通直道、自九原至雲陽因邊山險。塹谿谷。起臨洮至遼東萬餘里。年表　三十三年、築長城河上、三十四年、築長城及南方越地、三十五年、爲直道、道九原、通甘泉、又度河據陽山北假中頭曼不勝秦、北徙、諸侯畔秦、匈奴得寬、復稍度河、南與中國界於故塞、漢楊雄上書曰、以秦始皇之彊。蒙恬之威。帶甲四十餘萬。然不敢窺西河。廼築長城以界之。〇單于曰、孝宣元帝爲此約束。自長城以南。天子有之。長城以北。單于有之。有犯塞。輒以狀聞。

徐𤊹《徐氏紅雨樓書目》卷首《藏書屋銘》　少弄詞章・遇書輒喜・家乏良田・但存經史・先人手澤・連篇累紙・珍惜裝潢・不忍殘毀・補缺拾遺・坊售肆市・《五典》《三墳》・六經諸子・詩詞集說總兼・樂府稗官咸備・藏蓄非稱汗牛・考核頗精亥豕・雖破萬卷之有餘・不博人間之青紫・茗碗香鑪・明窗凈几・開卷朗吟・古人在此・名士見而嘉嘆・俗夫聞而竊鄙・淫嗜生應不休・痴癖死而後已・此樂何假南面百城・豈曰誇多而鬪靡者也・萬曆甲辰六月望日徐興公書

沈德符《萬曆野獲編》卷一《武宗游幸之始》　武宗八駿之游。始于宣府。事在正德十二年之八月。而先一年丙子之元旦。以及仲冬之朔。已先不

成禮矣。元會罷後。御史程起充諫曰。近者正旦令節。文武百官。四夷百蠻。待漏入賀。迨酉而禮始成。比散已漏下久矣。枵腹之衆。奔趨赴家。前仆後躓。互相蹂踐。有將軍趙朗者竟死禁門。而他臣僚。失簪笏。毁冠冕。以得生相慰。午門左右。吏覔其官。子呼其父。僕求其主。喧如市衢。聞者寒心。若倉卒變起。何以禦之。上不省也。是年仲冬上視牲。入夜始歸。邊兵爭門。塡塞闉内。踐踏多死。是時楊新都尤去。梁南海代爲首揆。當以死生力諍。竟不聞伏闕苦口也。次年丁丑正月郊天大禮。遂出獵于外。又以夜半還。而三月傳臚。狀元舒芬等待命直至夜分。殿上燈火傳呼始克竣事。蓋以宵易晝。習爲故事。自是期門微行遂不可問。至秋而出居庸。巡上谷。以至太原楡林。皆發軔于此。當元旦時。政地即能碎首玉階。亦未必至此。而套疏一二。不蒙悛改。遂持祿默默矣。焉用彼相哉。今人悞信鴻猷諸錄。動稱梁文康爲社稷臣悞矣。其後吴廷舉以不諫止責蔣全州。蔣在正德爲三揆。至嘉靖初始當國也。

金瑤《周禮述註》卷三《春官》　大宗伯之職。掌建邦之天神人鬼地示之禮以佐王建保邦國。以吉禮事邦國之鬼神示。以禋祀祀昊天上帝。以實柴祀日月星辰。以槱燎祀司中司命飌師雨師。以血祭祭社稷五祀五嶽。以貍沈祭山林川澤。以疈辜祭四方百物。以肆獻祼饗先王。以饋食饗先王。以祠春饗先王。以禴夏饗先王。以嘗秋饗先王。以蒸冬饗先王建。立。保。守也。禮所以立邦國而守之者也。禮有五。吉凶賓軍嘉。禋之爲言煙也。臭也。以臭升之也。昊天。大天也。上帝。宰天者也。一也。實柴。實以柴也。柴實則臭盛矣。槱。積薪也。槱燎則柴多而臭又盛矣。司中司命。文昌第五第四星。或曰中能上能者也。風師。箕也。雨師。畢也。三者所以祀天神也。天神高而無形。故但祀之以臭。血祭。殺牲祭也。社稷。土穀之神。五祀。門戶井竈中霤。貍沈。言牲也。貍祭山林。沈祭川澤。疈。披牲胷。辜。磔之也。三者祭地示也。地示有形可接。故祭之以牲。肆。解牲體也。宗廟之祭。始有祼禮。既果有獻醴獻盎之禮。獻醴以薦腥。獻盎解牲體薦熟。而饋食行焉。皆饗禮之數。曰肆獻祼饋食者。錯言之也。春物未生。有祀則已。故曰祠。夏物未成。用薄物以祭。故曰禴。秋物始成。有新可嘗。故曰嘗。冬物畢成。可饗者衆。故曰蒸。六者饗人鬼也。人鬼與吾一體。故饗之以事生事存之禮。此節言吉禮。或曰。祀天不言牲如何。曰。周禮祀天不用牲。攷之各官皆有證。牧人牲未明言。而充人繫牛。繫五帝先王牛。不繫天牛。地官奉牛牲。奉五帝先王牛牲。不奉天牛牲。周禮祀天之義甚高。天有氣無質。不當誣以牲。故惟以禋達之。周人尙臭。言祀天也。曰召誥有郊牛。春秋有郊牛。記有繭栗之牛。謂何。曰。祀天用牲。古之制也。周亦必用牲。但周公作禮易以禋。而當時之行未行。今不可攷。據春秋有郊牛。則此禮當時或未行。以凶禮哀邦國之憂。以喪禮哀死亡。以荒禮哀凶扎。以弔禮哀禍烖。以禬禮哀圍敗。以恤禮哀寇亂。喪禮。弔賻之類也。始死曰死。既葬曰亡。荒禮。賑給之也。弔。遣使慰問也。禍烖。淫雨孽火之類。禬。即小行人犒禬之禬。以財物補助之也。圍。國被圍也。敗。兵衄也。恤。憂也。兵作于外爲寇。于内爲亂。寇亂之憂視圍敗爲輕。故但遣使恤之。此節言凶禮以賓禮親邦國。春見曰朝。夏見曰宗。秋見曰覲。冬見曰遇。時見曰會。殷見曰同。時聘曰問。殷覜曰眂朝。朝也。言其見之早也。宗。尊也。有所尊而見也。覲。見也。欲見天子之耿光也。遇。偶也。言時當閉藏。不期見而見也。時見。隨時而見。殷。衆也。聘。遣使也。覜。眂也。義見大小行人。此節言賓禮以軍禮同邦國。大師之禮用衆也。大均之禮恤衆也。大田之禮簡衆也。大役之禮任衆也。大封之禮合衆也軍者立國之重務。而國之凡務莫不沿軍禮以制。故以軍禮冠之。大師。即軍也。自五人之伍以至于萬二千五百人之軍皆出于農。故曰用衆。大均。均天下之田之役之賦也。均則恤在其中矣。大田。四時之田以簡車徒。大役。大興工作以任徒役。大封。封國分都邑所以合衆而使其有統也。此五者皆所以同天下之民而不爲私也。此節言軍禮

郭偉《新鐫分類評注文武合編百子金丹》卷一〇　知足知止　老子◎公〇子　荆可以◎當此名與身孰親身與貨孰多得與亡孰病◎是故◎甚愛必大費多藏必厚亡知足不辱知止不殆可以長久名與貨外物無益于身死名死利。雖所无不同。其于亡身則一。身也。名也貨也。果孰得而孰亡是以貴知足知止也

鄒臣虎評　字字名言◎知此義者◎可以長守貴長守富長守功名是明哲保身之第一義◎

天道猶張弓　老子◎至言至理◎可讀可誦◎天之道猶張弓乎高者抑之下者舉之◎天道虧盈而益謙。猶弓之有張有弛也。有餘者損之不足者補之◎天之道。損有餘而補不足人之道◎損不足以奉有餘孰能有餘以奉天下◎唯有道者◎是以聖人爲而不恃◎功成而不處◎其不欲見賢◎聖人爲之不時功成不居不欲自見其賢正合得天道也

張子發評　此是滿招損◎謙受益的道理◎老子一生◎以弱能勝強。柔能勝剛。虛謙受益◎亦本論也。【略】

挹損之道　荀子孔子觀于魯桓公之廟◎有欹器焉。欹器。傾欹易覆之器。孔子問于守廟者曰◎此爲何器◎守廟者曰◎此蓋宥坐之器。宥。與右同。言人君可置于坐宥以爲戒也。孔子曰。吾聞宥坐之器者◎虛則欹中則正滿則覆。以欹

器◎以發特◎滿之道妙妙孔子顧謂弟子曰。注水焉。弟子挹水而注之◎挹的也。中而正。滿而覆虛而欹。孔子喟然嘆曰。吁。惡有滿而不覆者哉。子路曰。敢問持滿有道乎。孔子曰◎聰明聖知。守之以愚。功被天下。守之以讓。勇力振世守之以怯。富有四海。守之以□此所謂挹而損之之道也【略】

身在天地間　扶搖子◎□□□走紅塵◎孰若對青山◎叩朱門。孰若步綠野毛錐計貲◎毛錐以筆出財也。皮甲封提◎。皮甲以兵取封也。孰若岩花數枝林鳥幾陣惴惴青鋒之下青鋒。劍也。逐逐紫陌之中◎揚揚綺筵之上◎孰若◎白雲窩◎素衾內◎鼾鼾一境◎且不知天地放在何處◎又焉知我身放在天地間。

徐鹿卿《清正存稿》附錄《年譜》　淳佑元年辛丑春正月復廟堂言楮弊二書　戢姦民賑貧乏　收遺棄　減賑惠庫息錢　二月被旨往當塗巡歷　決淹獄　劾知太平州岳珂在任不法　三月庚寅除兼權知太平州時暫交割制置茶鹽司職事　五月差充江東提領官辭免不允　秋七月除浙東提刑辭免不允　冬十月丙申除直秘閣依舊浙東提刑兼權浙東提舉辭免不允　丙午以磨勘轉朝散郎在任舉官　冬十月甲戌到任　十一月海寇被旨討捕　十二月戊午至處州　乙亥抵溫州施行鹽政　二年壬寅劾承奉郎林志行紹興府司理趙希肱台州天台縣主簿郎應辰不法　五月差主管紹興府千州觀　秋七月差知泉州九月改知贛州

三年癸卯春三月除浙西提刑　秋七月除江淮都大提刑　四年甲辰冬十一月御筆召赴行在辭免是月除寶章閣知寧國府兼江東提舉兩辭免不允　五年乙巳春二月除右司辭免不允　夏四月朔入國門磨勘轉朝奉大夫　孟享除太府少卿兼權右司郎中辭免不允　上殿奏事　六月除兼中書門下省檢正諸房公事辭免不允　應詔薦士　秋七月除兼崇政殿說書辭免不允　八月戊寅進講尙書讀九朝通略通鑑綱目　九月進明堂頌　己未進講　冬十月壬戌進講　奏己見　乙丑進講　同日進故事　乙酉進講　十一月乙未進講　癸卯進講　戊辰進講乙卯除太府卿辭免不允　戊午旨賜御書味書閣遺安堂六大字謝表　十二月戊辰進講　乙巳進故事　癸未進講　六年丙午春正月直前奏事　癸丑論政府制國用幷乞釐正檢正官名　甲寅進講　二月辛酉朔進故事　甲子進講　同日經筵奏乞免兼校正　戊辰進講　三月壬辰進故事　戊寅進講　丙戌除右文殿脩撰知平江府兼淮浙發運副使　閏四月連具辭免不允　己酉丞相游奉御筆宣諭之任　五月到任　六月約束科舉　九月大閱　冬十月勸駕　十一月乞歸老不允　十二月再乞歸老不允　七年丁未春正月乞歸田里不允　二月勸農於虎丘三月再乞歸里　夏四月乙巳召赴行在辭免不允　五月戊午除權兵部侍郎三辭免不允　秋八月乙未望離吳門乞給告歸里　九月朔有旨令伺候內引　壬子入國門是日內引　丙辰除國子監祭酒再辭免不允　供兵部侍郎職謝表　冬十月除權禮部侍郎再辭免不允　供禮部侍郎職謝表　壬寅進故事　丁酉進故事

八年戊申春正月乞祠不允再乞祠不允　丁卯除兼同脩國史兼實錄院同脩撰辭免不允　二月脩學宮　薦賢　三月丙辰進故事　六月戊戌除兼侍講辭免不允　己亥進故事　秋七月除兼權給事中再辭不允　辛酉進講　經筵奏己見冬十月己卯進講　己亥進講　十一月丙辰乞免兼職再辭不允　甲子乞免兼祭酒不允　戊辰進講　十二月乙亥進講九年己酉春正月除禮部侍郎辭免不允二月癸卯再申前請辭賜帶　庚子除寶章閣待制知寧國府辭免不允　夏四月再辭新命力乞掛冠　六月再辭免仍乞守本官致仕　冬十月旨別與州郡差遣辭免幷乞休致

朱鴻《五經孝語·易經·蠱卦》　初六。幹父之蠱。有子。考无咎。厲終吉。

此言人子幹蠱之孝也。幹如木之幹。枝葉之所附而立者也。蠱者。前人已壞之緒。子能幹之。則飭治而振起矣。初六蠱未深而事易濟。故其占爲有子。則能治蠱而考得无咎。然亦危矣。知危而能成。則終吉也。

象曰。幹父之蠱。意承考也。

不承父事而承其意。此善繼其志者也。

九二。幹母之蠱。不可貞。

九二剛中。上應六五。子幹母蠱而得中之象。以剛乘柔而治其壞。故又戒以不可堅貞。言當巽以入之也。豈非人子巽順事母之孝乎。

象曰。幹母之蠱。得中道也。

六五。幹父之蠱。用譽。

六五柔中居尊。而九二承之以德。人子以此幹父之蠱。可致聞譽也。

象曰。幹父之蠱。承以德也。

六五能幹父之蠱而得聞譽者。由其得大臣之力。而盡忠以事若。太甲成王是也。此以上皆幹蠱之孝。在家則以子言。在國則以臣言。皆繼志之孝一也。

黎堯卿《諸子纂要》利集《荀子》　言味者予易牙8言音者予師曠8言治者予三王8飲而不食者蟬也8不飲不食者蜉蝣也8　虞舜孝已而親不愛8比干子胥忠而君不用8仲尼顏淵知而窮於世8君子能爲可貴8不能使人必

好。己能爲可用。不能使人必用己。孔子觀於魯桓公之廟。有欹器焉。孔子問於守廟者曰。此爲何器。守廟者曰。此蓋宥坐之器。孔子曰。吾聞宥坐之器者。虛則欹中則正滿則覆。孔子顧謂弟子曰。試注水焉。弟子挹水而注之。中而正滿而覆虛而欹。孔子喟然嘆曰。吁惡有滿而不覆者哉。子路曰。敢問持滿有道乎。孔子曰。聰明聖知守之以愚。功被天下守之以讓。勇力撫世守之以怯。富有四海守之以謙。此所謂益而損之之道也。君子之學。非爲通也。爲窮而不困。憂而意不衰也。知禍福終始而心不惑也。夫賢不肖者材也。爲不爲者人也。遇不遇者時也。死生者命也。今有其人。不遇其時。雖賢其能行乎。苟遇其時。何難之有。故君子博學深謀。脩身端行。以俟其時。入而行不脩。身之罪也。出而名不章。友之過也。故君子入則篤行。出則友賢。

錢謙益《絳雲樓題跋・左傳隨筆一》 公入而賦。句大隧之中。其樂也融融。姜出而賦。句大隧之外。其樂也洩洩。杜注曰。賦。賦詩也。以賦字爲句。則大隧四句。其所賦之詩也。鍾伯敬不詳句讀。誤認爲左傳敍事之辭。加抹而評之曰俗筆。今人學問麤淺。敢於訾譏古人。特書之以戒後學。

又《左傳隨筆二》 僖二十四年傳。鄭公子士。洩堵俞彌。建安本公子士洩。讀岳珂本公子士。讀按二十年注。公子士。鄭文公子。洩堵寇。鄭大夫。此注云。堵俞彌鄭大夫者。洩姓見前。不須更舉也。今人皆以洩屬上讀。宜從岳本。二十八年。楚子伏已而盬其腦。建安本伏字絕句。則已當音以。岳本及淳熙本皆伏已絕句。則已當音紀。陸德明音義不云音紀。則知當以楚子伏爲絕句。而已作以音。不音己也。讀書句讀宜詳。勿以小學而忽之。

又《淳熙九經二》 淳熙九經。點斷句讀。皆精審。如《論語》書云。句孝乎惟孝。句友于兄弟。又甚矣。句吾衰也久矣。句吾不復夢見周公。又予不得視猶子也。句非我也夫。句二三子也。中庸所求乎子以事父。句未能也。所求乎朋友。先施之。句未能也。皆與今本迥別。學者宜詳考之。

周亮工《因樹屋書影》卷二 彝堅志、宋洪邁所著、蘭溪胡元瑞筆叢、謂其書有百卷。今行世者什之一耳、元瑞曾得秘本、後歸之同邑章無逸、常熟毛子晉家、亦有宋板者、甲至癸、流號計百卷、與無逸所收同、無逸貧士子晉作古、料無好事者爲之梓行矣、〇洪文敏此書、自甲至癸、爲集者二百卷、又支甲至支癸、一百卷、三甲至三癸、一百卷、四集僅成甲乙二十卷、而公薨、全書蓋四百二十卷、元瑞所有合支甲三甲、得百卷、全書四分之一也、其書係舊鈔本、每集各有小序、如隨筆之例、不知子晉家所藏、視此異同何如、

魏裔介《致知格物解》卷上《遺書》 程子曰。致知在格物。格至也。窮理而至於物則物理盡。所務於窮理者。非道須盡窮了天下萬物之理。又不是窮得一理便到。只是要積累多後。自能見去。致知但知止於至善。爲人子止於孝。爲人父止於慈之類。不須外面。只務觀物理。汎然。正如遊騎無所歸也。致知在格物。格至也。或以格物爲止物。是二本矣。知至則便意誠。若有知而不誠者。皆知未至爾。知至而至之者。知至而往至之。乃吉之先見。故曰可與幾也。知終而終之。則可與存義也。以上係二程先生語伊川曰物則事也。凡事上窮極其理則無不通。以下俱伊川先生語人患事繫累。思慮固蔽。只是不得其要。要在明善。明善在乎格物窮理。窮至於物理則漸久後天下之物皆能窮。只是一理。凡物有本末。不可分本末爲兩段事。洒掃應對是其然必有所以然。格物窮理。非是要盡窮天下之物。但於一事上窮盡。其他可以類推。至如言孝其所以爲孝者如何。窮理如一事上窮不得。且別窮一事或先其易者。或先其難者。各隨人深淺。如千蹊萬徑。皆可適國。但得一道入得便可。所以能窮者。只爲萬物皆是一理。至如一物一事雖小。皆有是理。

魏禧《元人標點五經記》 常熟毛君扆，字黼季。承其家學，好搜輯古槧本，考訂討論，正世本之失。嘗悼《五經》爲萬世文章之祖，古聖賢道統治統所寓，而字義訛錯，章句倒置，莫由考定。於是頓首告先聖，願得《五經》古本，訓正世俗。未幾得元板《春秋胡傳》於書賈丁氏，已從錢君頤得元板《詩集傳》，從馮君班得元板《易傳義》，從陸君廷保得元板《書傳輯錄纂註》。而《禮記》舊本求訪百端，終不能得。久之，之震澤葉君樹蓮所，見架上有舊書，隨手抽覽，則元板《禮記集說》也。然止八卷，餘悉逸去。扆乞以歸，且喜且恨。於是更頓首告先聖，願得禮記之闕者。後以語何君畋，畋云：曾見陸君貽謨有《禮記》舊本，亦殘缺。貽謨，扆外舅，貽典字勅先。從弟也。扆欣然立折柬往索之來，則適合前書九卷以下，標識皆出一手。於是《五經》咸具。扆募工補綴裝潢，以五色紙分護《五經》。既成，肆几以拜先聖，及告其先君晉。字子晉，號潛在。自是每歲元旦設先君遺像，

則必陳《五經》而拜之。蓋扆先君博雅好古，多藏古本書，所自校讎剞劂之書，精工絕天下，天下所稱毛氏汲古閣書是也。扆其季子云。壬子九月，禧從虞山訪扆，出藏書相示，自盥手捧《五經》置几上，曰：扆不肖，不能繼先人志，獨得此，藉手報先人，若有神焉。相之者願子屬筆記之，因隨手指示《毛詩》經文與世本不同者三十三字。嗚呼！《五經》列學宫爲三百年，敎士育才之本，士功名於是乎出，而訛謬苟且，沿襲相踵，不知其非，一經之誤至三十三字，況其他諸子、史、百家之書。非朝廷所建置，海內戶誦而童習，其訛謬又可勝道哉？《書傳纂註》有至順壬申二月吳壽民識云：《尚書》標點王魯齋先生凡例：朱抹者綱領大旨，朱點者要語警語也；墨抹者考訂制度，墨點者事之始末及言外意也。大略與《四書》標點例同。《詩集傳》亦墨、朱標點。《易傳義》黃朱，有元人印記，後入袁氏有五印，又傳馮班。扆云：班，字定遠，與先君子同執經於邑魏叔子先生名沖。之門。有馮班印，以世誼，遂贈此書。《禮記集説》亦有元人標題，按《三經》標點，皆類黃魯齋先生義例。魯齋名栢，金華人，博學精義，以古今自任，德祐間賜謚文憲，天下學者宗師之。所閲書多手摹戶識，諸經咸出其本，理有固然。獨《春秋胡傳》用筆五色點抹，以《左氏》《公羊》《穀梁傳》標於上，視諸經尤工密。禧反覆其五色殊例處，了不能得識云。至元三年後，丁丑秋八月七日，陳留邊子昌手整於姑蘇，鄧明仲家塾有邊氏印記。扆云：先君子於天啓中得宋板《胡傳》，亦五色筆閲例，與此本同。宋板序後有論、名諱、劄子、進表及綱領、類例等十三番，爲此本所無。悉倩善書者摹寫，補入標點。出魯齋與否，未可知。要於此想見古人窮經之學致精極研，不敢鹵莽如此。禧惟扆少年窮經，志尊往聖，詔來者，卒得畢所願。而此書傳四百餘年，屢經兵燹，幸存不毀，以至於今。又獲全書標點如出一人，蓋亦天下之神物也。末世多故，後此流傳聚散，都不可知。禧故纖悉紀載，不敢避煩冗，用以示後人，彰扆之志。扆又云：近見元人臨魯齋標點《四書》在泰興季御史振宜家，款例與《五經》同云。寧都魏禧敬記。

錢曾《**述古堂藏書自序**》　己酉清和。蕙蘭香中獨坐。詮次家藏書目告蕆。放筆而歎。蓋歎乎聚之艱而散之易也。竭予二十餘年心力。食少兼味。衣少重裘。摒擋家資。悉藏於典籍中。如蟲之負版。鼠之般薑。甲乙部居。粗有條理。憶予年甫驅烏。時從先生長者遊。得聞其緒論。經經史緯。頗知讀書法。逮壯。有志藏弆。乃次第訪求。問津知塗。幸免於冥行擿植。然生平所酷嗜者。宋刻爲最。友人馮定遠。每戲予曰昔人佞佛子乃佞宋乎相與一笑而終不能已於佞也。丙午丁未之交。胸中芒芒然。意中惘惘然。舉家藏宋刻之重複者。折閲售之泰興季氏。殆將塞聰蔽明。仍爲七日以前之混沌與。抑亦天公憐予佞宋之癖。假手滄葦。以破余之惑與。穆伯長賣書肆中。逢人輒曰。有能句讀《漢書》者。當悉舉諸書相贈。用是爲士子所譁。大困而罷。余之賣書。不及伯長之高。而聊以解嘲者。在夫何氏之豕肉喻也。夫何氏曰知味者謂擗龍脯不能果腹不如豕肉足口放箸得以一飽今子所去之宋刻龍脯也所藏之善本豕肉也老饕差足自慰又何用過屠門而大嚼乎。余聽然應之曰。子言固矣。更有進焉者。椎埋洗削之夫。盤列市中肫蹄。操刀而割甘其味以爲太羹弗若也易牙過而笑其失飪矣今予雖愛豕肉不正不食凜然有聖訓存焉義何龍脯之足以荒其志乎。嗟嗟。好書者易。而眞好者難。眞知者尤難。是必知之眞。而後好之始眞。然好之既眞而不造於眞知者。吾未之見也。癸卯冬。余過雲上軒。見架上列張以寧春王正月考一書。援據詳洽。牧翁歎其絶佳。少間。走札往借。已混亂帙中。老人懶於檢覔而止。耿耿挂胸臆間者五六年。去秋初度日。有人插標以數冊敗書來售。而此書儼然在焉。得之如獲拱璧。因歎予於斯文之緣善如此。然世間聚散何常百六飈迴絳雲一燼圖史之厄等於秦灰今吾家所藏不過一毛片羽焉知他年不爲有力者捆載而去抑或散於麫肆麯坊論秤而盡俱未可料總之不滿達人之一矧耳。江湖散人云。所藏皆正定可傳。今余之書。咸手自點勘疑譌。後有識者。細心繙閲。始知余之苦志。若謂藏書多繕寫本子。未足援據。此乃假好書之名。而無眞好之樂者。竟謂之不知書。不足與言可也。佛日前七日錢後人錢曾遵王述

陸隴其《**戰國策去毒**》**卷下**《**蔡澤説應侯辭位**》　蔡澤見逐於趙、而入韓魏、遇奪釜鬲於涂、聞應侯任鄭安平王稽、皆負重罪、應侯內慙、乃西入秦、將見昭王、使人宣言以感怒應侯曰、燕客蔡澤。天下駿雄弘辯之士也。彼一見秦王。秦王必相之而奪君位。應侯聞之、使人召蔡澤、蔡澤入則揖應侯、應侯固不快、及見之又倨、應侯因讓之曰、子嘗宣言代我相秦、豈有此乎、對曰、然、應侯曰、請聞其説、蔡澤曰、吁、君何見之晚也。夫四時之序。成功者去。夫人生手足堅強，耳目聰明聖智，豈非士之所願與。應侯曰、然、蔡澤曰、質仁秉義。行道施德於天下。天下懷樂敬愛。願以爲君

王。豈不辯智之期與。應侯曰、然、蔡澤曰、富貴顯榮。成理萬物。萬物各得其所。生命壽長。終其年而不夭傷。天下繼其統。守其業。傳之無窮。名實純粹。澤流于世。稱之而毋絕。豈非道之符。而聖人所謂吉祥善事與。應侯曰、然、澤曰、若秦之商君。楚之吳起。越之大夫種其卒亦可願與。應侯知蔡澤之欲困己以說、復曰、何爲不可。夫公孫鞅事孝公。極身毋二。盡公不還私。信賞罰以致治。竭智能。示情素。蒙怨咎。欺舊交。虜魏公子卬。卒爲秦禽將破敵軍。攘地千里。吳起事悼王。使私不害公。讒不蔽忠。言不取苟合。行不取苟容。行義不顧毁譽。必欲霸主強國。不辭禍凶。大夫種事越王。王離困辱。悉忠而不解。王雖亡絕。盡能而不離。多功而不矜。富貴不驕怠。若此三子者。義之至。忠之節也。故君子殺身以成名。義之所在。身雖死無憾悔。何爲而不可哉。蔡澤曰、主聖臣賢。天下之福也。君明臣忠。國之福也。父慈子孝。夫信婦貞。家之福也。故比干忠不能存殷。子胥智不能存吳。申生孝而晉惑亂。是有忠臣孝子。國家滅亂何也。無明君賢父以聽之。故天下以其君父爲戮辱。憐其臣子。夫待死而後可以立忠成名。是微子不足仁。孔子不足聖。管仲不足大也。於是應侯稱善、蔡澤得少間、因曰、商君吳起大夫種。其爲人臣盡忠致力。則可願矣。閎夭事文王。周公輔成王也。豈不亦忠乎。以聖論之。商君吳起大夫種。其可願孰與閎夭周公哉。應侯曰、商君吳起大夫種不若也、蔡澤曰、然則君之主。慈仁任忠。不欺舊故。孰與秦孝楚悼越王乎。應侯曰、未知何如也、蔡澤曰、主固親忠臣不過秦孝越王楚悼君之爲主。正亂批患折難。廣地殖穀。富國足家強主。威蓋海内。功彰萬里之外。不過商君吳起大夫種。而君之祿位貴盛。私家之富過於三子而身不退。竊爲君危之。語曰日中則移月滿則虧物盛則衰天之常數也進退盈縮變化聖人之常道也。昔者齊桓公一匡天下。至葵丘之會。有驕矜之色。畔者九國。吳王夫差無敵於天下。輕諸侯。陵齊晉。遂以殺身亡國。夏育太史啓。叱呼駭三軍。而身死於庸夫。此皆乘至盛。不近道理也。夫商君爲孝公平權衡。正度量。調輕重。決裂阡陌。教民耕戰。是以兵動而地廣。兵休而國富。故秦無敵於天下。立威諸侯。功已成矣。遂以車裂。楚地持戟百萬。白起率數萬之師以與楚戰。一戰舉鄢郢。再戰燒夷陵。南幷蜀漢。又越韓魏攻強趙。北坑馬服。誅屠四十餘萬之衆。流血成川。沸聲若雷。使秦業帝。自是之後。趙楚懾服不敢攻秦者。白起之勢也。身所服者七十餘城。功已成矣。賜死於杜郵。吳起爲楚悼。罷無能廢無用。損不急之官。塞私門之請。一楚國之俗。南攻楊越。北幷陳蔡。破橫散從。使馳說之士。無所開其口。功已成矣。卒支解。大夫種爲越王墾草剏邑。辟地殖穀。率四方之士。專上下之力。以禽勁吳。成霸功。勾踐終捁而殺之。此四子者。功成而不去。禍至於此。此所謂信而不能屈。往而不能反者也。范蠡知之。超然避世。長爲陶朱。君獨不觀博者乎。或欲大投。或欲分功。此皆君之所明知也。今君相秦。計不下席。謀不出廊廟。坐制諸侯。利施三川。以實宜陽。決羊腸之險。塞太行之口。又斬范中行之途。棧道千里。通於蜀漢。使天下皆畏秦。秦之欲得。君之功極矣。此亦秦之分功之時也。如是不退。則商君白公吳起大夫種是也。君何不以此時歸相印。讓賢者授之。必有伯夷之廉。長爲應侯。世世稱孤。而有喬松之壽。孰與以禍終哉。此則君何居焉。應侯曰善、乃延入坐爲上客、後數日入朝、言於秦昭王曰、客新有從山東來者蔡澤、其人辨士、臣之見人甚衆、莫有及者、臣不如也秦昭王召見與語、大說之、拜爲客人飲之有餘。請畫地爲蛇。先成者飲酒。一人蛇先成。引酒且飲乃左手持卮。右手畫地曰。吾能爲之足。未成。一人之蛇成。奪其卮曰。蛇固無足。子安能爲之足。遂飲其酒。與蔡澤說范睢同一意。

李光坡《禮記述注》卷一《曲禮上》 人生十年曰幼學二十曰弱冠三十曰壯有室四十曰強而仕五十曰艾服官政六十曰耆指使七十曰老而傳八十九十曰耄七年曰悼悼與耄雖有罪不加刑焉百年曰期頤

朱子曰十年曰幼爲句絕學字自爲一句下至百年曰期皆然呂氏曰五十曰艾髮之蒼白者如艾之色也古者四十始命之仕五十始命之服官政仕者爲士以事人治官府之小事也服官政者爲大夫以長人與聞邦國之大事者也才可用則使之仕德成乃命爲大夫也耆至也至老之境也不自用力指事使人故曰指使傳謂傳家事於子也耄惛忘也悼憐愛也耄者老而知已衰悼者幼而知未及雖或有罪情不出於故故不加刑人壽以百年爲期故曰期飲食居處動作無不待於養故曰頤

范凝鼎《四書句讀釋義》卷一二 《孟子上・梁惠王章句上》 註 凡七章

孟子頓見梁惠王句 註 梁惠王、魏侯罃也。都大梁。僭稱王。謚曰惠。史記惠王三十五年。卑禮厚幣以招賢者。而孟軻至梁。 釋 或問孟子不見諸侯、此其見梁惠王、何也、曰、不見諸侯者。不先往見也。見梁惠王者。答其禮也。蓋先王之禮。未仕者不得見於諸侯。戰國之時。士鮮自重。而孟子獨守先王之禮。故其所居之國。而不仕焉。則必其君先就見也。然後往見之。若異國之君。不得越境而來。則必以禮貌先焉。然後往答其禮爾。故史記以爲梁惠王卑禮厚幣以招賢者。而孟子至梁。得其事之實矣。

王曰句叟頓不遠千里而來句亦將有以利吾國乎句

【註】叟、長老之稱。王所謂利。蓋富國彊兵之類。【釋】西山眞氏曰、當時王道不明。人心陷溺。惟知有利而已。故惠王利國之問。發於見賢之初。

孟子對曰句王頓何必曰利句亦有仁義而已矣句

註：仁者、心之德。愛之理。義者、心之制。事之宜也。此二句。乃一章之大指。下文乃詳言之。後多放此。【釋】精義明道曰、仲尼言仁。未嘗兼義。獨於易曰。立人之道曰仁與義。而孟子言仁。必以義配。蓋仁者體也。義者用也。知義之爲用而不外焉。可與語道矣。○或問仁義之説、奈何、曰、程子至矣。而予於論語之首篇。論之亦詳矣。曰、人之所以爲性者五、而獨舉仁義、何也、曰、天地之所以生物者。不過乎陰陽五行。而五行實一陰陽也。故人之所以爲性者。雖有仁義禮智信之殊。然曰仁義。則其大端已舉矣。蓋以陰陽五行而言。則木火皆陽。金水皆陰。而土無不在。以性而言。則禮者仁之餘。智者義之歸。而信亦無不在也。曰、然則其或主於愛、或主於宜、而所施亦有君親之不同、何也、曰、仁者人也。其發則專主於愛。而愛莫切於愛親。故人仁則必不遺其親矣。義者宜也。其發則事皆得其宜。而所宜者莫大於尊君。故人義則必不後其君矣。曰、然則其必爲體用而不可混者、何也、曰、仁存諸心。性之所以爲體也。義制夫事。性之所以爲用也。是豈可以混而無別哉。然又有一説焉。以其性而言之。則皆體也。以其情而言之。則皆用也。以陰陽言之。則義體而仁用也。以存心制事言之。則仁體而義用也。錯綜交羅。惟其所當。而莫不各有條理焉。程子之言。蓋特舉其一爾。曰、義以制事而言、則固外矣、而程子非之、奈何、曰、義之爲用。則固施於外矣。若其施者。則又安得而外之乎。此其所以有體用之殊。而無内外之別。學者所宜明辨而熟察之也。○語類事之宜雖若在外。然所以制其宜則在心也。○附論語單言仁。包義禮智信。孟子兼言仁義。包禮智信。蓋皆舉性之全體而言也。論語罕言利。孟子不言利。皆不欲人計利以害義。所以去人心而存道心也。

王曰頓何以利吾國句大夫曰頓何以利吾家句士庶人曰頓何以利吾身句上下交征利讀而國危矣句萬乘之國讀弒其君者頓必千乘之家句千乘之國讀弒其君者頓必百乘之家句萬頓取千焉句千頓取百焉句不爲不多矣句苟爲頓後義而先利讀不奪頓不饜句○乘去聲饜於豔反

【註】此言求利之害以明上文何必曰利之意也。征、取也。上取乎下。下取乎上。故曰交征。國危、謂將有弒奪之禍。乘、車數也。萬乘之國者、天子畿内。地方千里。出車萬乘。千乘之家者、天子之公卿。采地方百里。出車千乘也。千乘之國、諸侯之國。百乘之家、諸侯之大夫也。弒、下殺上也。饜、足也。言臣之於君。每十分而取其一分。亦已多矣。若又以義爲後而以利爲先。則不弒其君而盡奪之。其心未肯以爲足也。【釋】附利之端。自王啓之。害之實。亦是王受之。本欲求利而反得害。則利之不必言可知。○單言義。而仁在其中。

未有頓仁而遺其親者也句未有頓義而後其君者也句

【註】此言仁義未嘗不利以明上文亦有仁義而已之意也。遺、猶棄也。後、不急也。言仁者必愛其親。義者必急其君。故人君躬行仁義。而無求利之心。則其下化之。自親戴於己也。【釋】或問子謂仁義未嘗不利、則是所謂仁義者、乃所以求利之資乎、曰、不然也。仁義天理之自然也。居仁由義。循天理而不得不然者也。然仁義得於此。則君臣父子之閒。以至於天下之事。自無一物不得其所者。而初非有求利之心也。易所謂利者義之和。正謂此爾。曰、然則孟子何不以是爲言也、曰、仁義固無不利矣。然以是爲言。則人之爲仁義也。不免有求利之心焉。一有求利之心。則利不可得。而其害至矣。此孟子所以拔本塞源而救其弊也。○附仁義自王始。包大夫士庶人在内。蓋正與上王曰三句相反。不遺親後君。切在下者説。與上千乘百乘殺奪相反。仁義有利無害。此仁義所以當言也。

王亦曰頓仁義而已矣句何必曰利句

【註】重言之以結上文兩節之意。○此章言仁義根於人心之固有。天理之公也。利心生於物我之相形。人欲之私也。循天理。則不求利。而自無不利。狥人欲。則求利未得。而害已隨之。所謂毫釐之差。千里之繆。此孟子之書。所以造端托始之深意。學者所宜精察而明辨也。○太史公曰、余讀孟子書。至梁惠王問何以利吾國。未嘗不廢書而歎也。曰、嗟乎。利誠亂之始也。夫子罕言利。常防其源也。故曰放於利而行多怨。自天子以至於庶人。好利之弊。何以異哉。程子曰、君子未嘗不欲利。但專以利爲心。則有害。惟仁義則不求利而未嘗不利也。當是之時。天下之人。惟利是求。而不復知有仁義。故孟子言仁義而不言利。所以拔本塞源而救其弊。此聖賢之心也。【釋】或問太史公之歎、其果知孟子之學耶、曰、未必知也。以其言之偶得其要。是以謹而著之爾。使其誠知孟子之學也。則豈其崇勢利。羞賤貧。而不自知其非耶。○語類聖賢之言。所以要辨別教分明。但只要向義邊一直去。更不通思量第二着。才説義乃所以爲利。固是義有大利存焉。若行義時便説道有利。則此心只邪向那邊去。固是未有仁而遺其親。未有義而後其君。纔於爲仁時便説要不遺其親。爲義時便説要不後其君。則是先有心於爲利。聖賢要人止向一路做去。不要做這一邊。又思量那一邊。仲舒所以分明説不謀其利不計其功。○孟子大綱都剖析得分明。如説義利等處。如答宋牼處。見得事只有箇是非。不通去説利害。看來惟是孟子説得斬釘截鐵。○新安陳氏曰、孟子一書以遏人欲存天理爲主。何必曰利。遏人欲也。亦有仁義。存天理也。自此以後。鮮有不可以此六字該貫章旨者。

孟子頓見梁惠王句王頓立於沼上句顧鴻鴈麋鹿讀曰句賢者讀亦樂此乎句○樂音洛篇内同

【註】沼、池也。鴻、鴈之大者。麋、鹿之大者。【釋】楊龜山云、梁王顧鴻鴈麋鹿以問孟子。則是曰字當連上也。○附此字單指所顧

說。孟子下兩節。則兼所立所顧並言之也。

孟子對曰句賢者讀而後樂此句不賢者讀雖有此頓不樂也句　註：此一章之大指。[釋]附後樂不樂內。俱有一能字在。觀下兩節自分明。惠王但問樂不樂。孟子則推進一層。與之言能不能。所以戒其獨樂。引之與民偕樂也。是危言。非婉言。昔人謂不拂其欲者。恐非孟子告王之本意。

詩云句經始靈臺句經之營之句庶民攻之句不日成之句經始頓勿亟句庶民子來句王頓在靈囿句麀鹿攸伏句麀鹿濯濯句白鳥鶴鶴句王頓在靈沼句於頓牣魚躍句文王讀以民力爲臺爲沼讀而民歡樂之句謂其臺曰讀靈臺句謂其沼曰讀靈沼句樂其有麋鹿魚鼈句古之人讀與民偕樂句故能樂也句〇亟音棘麀音憂鶴詩作翯戶角反於音烏　[註]此引詩而釋之以明賢者而後樂此之意。詩、大雅靈臺之篇。經、量度也。靈臺、文王臺名也。營、謀爲也。攻、治也。不日、不終日也。亟、速也。言文王戒以勿亟也。子來、如子來趨父事也。靈囿、靈沼、臺下有囿。囿中有沼也。麀、牝鹿也。伏、安其所不驚動也。濯濯、肥澤貌。鶴鶴、潔白貌。於、歎美辭。牣、滿也。孟子言文王雖用民力。而民反歡樂之。既加以美名。而又樂其所有。蓋由文王能愛其民故民樂其樂。而文王亦得以享其樂也。　[釋]蒙引古之人與民偕樂。是說平日有恩惠及人。治岐之政是也。〇衛絳山曰、詩辭全是民樂文王之所有。經始靈臺六句。即而民歡樂之。曰靈臺靈沼。即謂其臺曰靈臺。謂其沼曰靈沼也。王在靈臺六句。即樂其有麋鹿魚鼈。孟子從詩中涵泳而出一語。道其所由然。曰古之人與民偕樂。故能樂也。賢者而後樂此之旨分曉矣。〇附能樂者。能保有其樂。非謂文王眞必以此爲樂也。

湯誓曰句時日頓害喪句予及女頓偕亡句民頓欲與之偕亡句雖有臺池鳥獸讀豈能獨樂哉句〇害音曷喪去聲女音汝　[註]此引書而釋之以明不賢者雖有此不樂之意也。湯誓、商書篇名。時、是也。日、指夏桀。害、何也。桀嘗自言吾有天下。如天之有日。日亡吾乃亡爾。民怨其虐。故因其自言而目之曰。此日何時亡乎。若亡。則我寧與之俱亡。蓋欲其亡之甚也。孟子引此。以明君獨樂而不卹其民則民怨之。而不能保其樂也。　[釋]南軒張氏曰、民一也。得其心。則子來而樂君之樂。失其心。則害喪而欲君之亡。究其本。則由夫順天理與狥私欲之分而已。人君常懷不敢自樂之心。則足以遏人欲矣。常懷與民偕樂之心。則足以擴天理矣。〇附此因言樂。而引之以偕樂於民。孟子之切於救民也。

梁惠王曰句寡人之於國也讀盡心焉耳矣句河內凶讀則移其民於河東句移其粟於河內句河東凶讀亦然句察鄰國之政讀無如寡人之用心者句鄰國之民不加少讀寡人之民不加多讀何也句　[註]寡人、諸侯自稱。言寡德之人也。河內、河東、皆魏地。凶、歲不熟也。移民以就食。移粟以給其老稚之不能移者。　[釋]蒙引何也二字。歸罪歲凶。

孟子對曰句王好戰句請以戰喻句塡然鼓之句兵刃既接句棄甲曳兵而走句或百步而後止句或五十步而後止句以五十步頓笑百步讀則何如句曰句不可句直不百步耳句是亦走也句曰句王頓如知此讀則無望民之多於鄰國也句〇好去聲塡音田　[註]塡、鼓音也。兵以鼓進，以金退。直，猶但也。言此以譬鄰國不卹其民。惠王能行小惠，然皆不能行王道。以養其民。不可以此而笑彼也。楊氏曰、移民移粟。荒政之所不廢也。然不能行先王之道。而徒以是爲盡心焉。則末矣。　[釋]存疑戰以勝敵爲上。走之遠近弗計也。猶治以王道爲上。小惠之能行與否弗計也。行小惠不可望民加多。欲民加多。惟在行王道爾。故下二節遂言王道。

不違農時句穀頓不可勝食也句數罟頓不入洿池句魚鼈頓不可勝食也句斧斤頓以時入山林句材木頓不可勝用也句穀頓與魚鼈頓不可勝食讀材木頓不可勝用讀是使民養生喪死無憾也句養生喪死無憾讀王道之始也句〇勝音升數音促罟音古洿音烏　[註]農時、謂春耕夏耘秋收之時。凡有興作。不違此時。至冬乃役之也。不可勝食、言多也。數、密也。罟、網也。洿、窊下之地。水所聚也。古者網罟必用四寸之目。魚不滿尺。市不得粥。人不得食。山林川澤。與民共之。而有厲禁。草木零落。然後斧斤入焉。此皆爲治之初。法制未備。且因天地自然之利而撙節愛養之事也。然飲食宮室所以養生。祭祀棺椁所以送死。皆民所急而不可無者。今皆有以資之。則人無所恨矣。王道以得民心爲本。故以此爲王道之始。　[釋]周禮地官司徒。山虞掌山林之政令。物爲之厲。而爲之守禁。仲冬斬陽木。仲夏斬陰木。凡服耜斬季材。以時入之。〇澤虞掌國澤之政令。爲之厲禁。使其地之人。守其財物。以時入之於王府。頒其餘於萬民。〇註厲、遮列也。物爲之厲、每物有藩界也。爲之守禁、爲守者設禁令也。守者、謂其地之民。占伐林木者也。〇禮記王制。獺祭魚。然後漁人入澤梁。豺祭獸。然後田獵。鳩化爲鷹。然後設罻羅。草木零落。然後入山林。〇雲峰胡氏曰、澤梁無禁者。不禁民之取。愛民之仁也。而有厲禁者。禁民之不以時取。愛物之仁也。〇蒙引田以講武。則四時皆可伺農隙以役民故春有蒐。夏有苗。秋有獮。冬有狩。凡有興作。則決須至冬也。興作、興徒作事也。〇慶源輔氏曰、養生送死。乃人世之始終。於是二者皆有以濟之。則人世之始終一無所憾。而民心得矣。此其所以爲王道之始也。〇附喪死註作送死。〇法制未備者。有法制。但未全備爾。

釋自融《南宋元明禪林僧寶傳》卷四《道場辨禪師》　禪師諱明辨。吉安州俞氏之子。說法於郡之道場山。以正堂自號。據令端方。毫不苟貸。每緇素入山請法。必令先具香設拜佛眼遠和尚。然後受謁。謁者悚然。有問。語默涉離微。如何通不犯。辨曰。橫身三界外。獨脫萬機。前曰。秖如風穴道。長憶江南三月裡。鷓鴣啼處百花香。又作麽生。辨曰。説者箇不啣嚁漢作麽。曰。嫩竹搖金風細細。百花鋪地日遲遲。曰。你向甚麽處見風穴。僧曰。耳裡眼裡絶蕭洒。曰。料掉沒交涉。又問。如何是佛。辨曰。無柴燒猛火。如何是法。曰。貧做富裝裹如何是。僧曰。賣扇老婆手遮日。如何是一喝如金剛王寶劍。曰。古墓毒蛇頭帶角。如何是一喝如踞地獅子。曰。虛空笑點頭。如何是一喝如探竿影草。曰。石人拍手笑呵呵。如何是一喝不作一喝用。曰。布袋裡豬頭。如何是向上事。曰。鋸解秤錘。如何是和尚栗棘蓬。曰。不答此話。曰。爲甚麽不答。辨大笑曰。呑不進。吐不出。辨機要精悍。每經旬掩室。即近侍罕得見進。然其章訓痛絶。名根不把翫不暴用。故及門皆三二十載。韜神晦穎。諸方有盛名者。率聞而欽畏之。暮年上堂云。猛虎口邊拾得。毒蛇頭上安排。更不釘椿搖櫓。回頭別有生涯。婆子被我勘破了。大悲院裡有村齋。又上堂。以杖左卓云。三十二相無此相。右卓云。八十種好無此好。僧繇一筆。畫成誌公。露出草稿。又卓杖顧衆曰。莫懊惱。直下承當休更討。下座。歸方丈。跏趺而化。火後得舍利。塔於仙人山。雪堂。見辨達磨贊乃嘆曰。當今滿目珠璣。慰我白首。獨有此耳。其詞曰。昇元閣前懡㦬。洛陽峯畔乖張。皮髓傳成話欛。隻履無處埋藏。不是一番寒徹骨。怎得梅花撲鼻香。贊曰。辨公初至少林。覽立雪遺跡。乃至隕涕。及出世。必指人知其得法源委。昧者往往以世諦失之。蓋擇乳在鵝王也。當時佛眼門下。作略逸羣。獨於辨公。俱嗟不及。嗚呼熠熠赤幟。皎皎白眉。千秋節合。其揆一也

劉源淥《近思續録》卷三《致治篇》 有問伊川曰如何是近思，曰以類而推，今人不曾以類而推。蓋謂不曾先理會得一件，卻理會二件，若理會得一件，逐件件推將去，相次亦不難，須是劈初頭要理會教分曉透徹，且如煑肉。若合下便用熳火養。卻煑得頑了。越不能得軟。政如義理只理會得三二分。便道只恁地得了。卻不知前面撞頭搕腦。人須是將心來思索得到。一如鏖戰一番。見了行陳便自然向前得去教心經履這一番辛苦。便自知得許多道路方透徹遇事自不難。砦〇楊問程子曰近思以類而推，曰此語道得好。不要跳越望遠。亦不是縱橫陡頓，只是就這裏近傍那曉得處挨將去，如這一件事理會得透了，又因這件事推去做那一件事。知得亦是恁地，如識得這燈有許多光，便因這燈推將去，識得那燭亦恁地光，如升階升第一級了。便因這一級進到第二級。又因第二級進到第三級。只管恁地挨將去。只管見易不見其難。前面遠處只管會近。若第一級便要跳到第三級。舉步闊了便費力。只管見難。只管見遠。如要去建寧，須從第一鋪。便去到柳營江，柳營江便去到魚峬驛，只管恁地去，這處進得一程，那處又減得一程，如此雖長安亦可到矣，不然只要一日便到如何得，如讀書讀第一段了。便到第二段。第二段了。便到第三段。只管挨將去。次第都能理會得。如開卷便要獵一過如何得。直卿問是理會得孝。便推去理會得弟否，曰只是傍易曉底挨將去，如理會得親親，便推類去仁民，仁民是親親之類，理會得仁民，便推類去愛物，愛物是仁民之類，如刑于寡妻。便推類去至於兄弟，至于兄弟。便推類去御于家邦，如脩身便推去齊家，齊家便推去治國，只是一步了又一步，學記謂善問者如攻堅木，先其易者。後其節目，此説甚好。且如中央一塊堅硬四邊軟。不先就四邊攻其軟。便要去中央攻那硬處。寓錄云。其中堅硬。被那軟處扞在這裏。如何攻得。枉費了氣力。那堅硬底又只在。須是先就四邊旋旋抉了軟處。中央硬底自走不得。兵書所謂攻瑕則堅者瑕，攻堅則瑕者堅，亦是此意，寓錄云。不會問底人。先去節目處理會。枉費了工夫。這箇聖又只在。問博學與近思亦不相妨否，曰。博學是都要理會過，近思是注心着力處，博學是箇大規模，近思是漸進工夫，如明明德於天下是大規模，其中格物致知。誠意正心。修身齊家等。便是次序，如博學亦豈一日便都學得了，亦是漸漸學去，問篤志未説到行處否，曰篤志只是至誠懇切以求之，不是理會不得又掉了。若只管汎汎地外面去博學，更無懇切之思便成放心，便成頑痲不仁底死漢了，那得仁惟篤志又切問近思便有歸宿處，這心便不汎濫走作，只在這坎窠裏不放了，仁便在其中，橫渠云讀書以維持此心，一時放下則一時德性有懈，淳〇問以類而推，曰只是就近推將去，且如十五志學。至四十不惑。學者尚可以意會，若自知命以上，則雖苦思力索終摸索不着，縱然説得，亦只是臆度，除是自近而推，漸漸看將去，則自然見得矣，廣問先生鮮物皆然心爲甚云。人心應物。其輕重長短之難齊。而不可不度以本然之權度。又有甚於物者，不知如何是本然之權度，曰本然之權度，亦只是此心，此心本然。萬理皆具，應物之時。須是子細看合如何，便是本然之權度也，如齊宣王見牛而不忍之心

見。此是合權度處。及至興甲兵危士巨搆怨于諸侯。又卻忍爲之。便是不合權度。失其本心。又問莫只是無所爲而發者便是本心。曰固是。然人又多是忘了。問如何忘了。曰當惻隱時卻不惻隱是也。問此莫是養之未至否。曰亦是察之未精。廣

胡克家《文選考異序》 文選之異。起於五臣。然使有五臣而不與善注合并。若合并矣。而未經合并者具在。即任其異而勿考。當無不可也。今世閒所存。僅有袁本。有茶陵本。及此次重刻之淳熙辛丑尤延之本。夫袁本茶陵本固合并者。而尤本仍非未經合并也。何以言之。觀其正文。則善與五臣已相羼雜。或沿前而有譌。或改舊而成誤。悉心推究。莫不顯然也。觀其注。則題下篇中。各嘗闌入呂向劉良。頗得指名。非特意主增加。他多誤取也。觀其音。則當句每未刊五臣。注內閒兩存善讀。割裂既時有之。刪削殊復不少。崇賢舊觀。失之彌遠也。然則數百年來。徒據後出單行之善注。便云顯慶勒成。已爲如此。豈非大誤。即何義門陳少章斷斷於片言隻字。不能挈其綱維。皆緐有異而弗知考也。余夙昔鑽研。近始有悟。參而會之。徵驗不爽。又訪於知交之通此學者元和顧君廣圻鎮洋彭君兆蓀。深相剖晰。僉謂無疑。遂廼條舉件繫。編撰十卷。諸凡義例。反覆詳論。幾於二十萬言。苟非體要。均在所略。不敢秘諸篋衍。用貽海內好學深思之士。庶其有取於斯。

雜　録

《韓非子·外儲說左下》 魯哀公問於孔子曰：「吾聞古者有夔一足，其果信有一足乎？」孔子對曰：「不也。夔非一足也。夔者忿戾惡心人多不說喜也。雖然，其所以得免於人害者，以其信也。人皆曰『獨此一足矣。』夔非一足也，一而足也。」哀公曰：「審而是，固足矣。」一曰：哀公問於孔子曰：「吾聞夔一足，信乎？」曰：「夔，人也，何故一足？彼其無他異，而獨通於聲。堯曰：『夔一而足矣。』使爲樂正。故君子曰：『夔有一足。』非一足也。」

許慎《說文解字》卷五上 有所絕止，而識之也。

何休《春秋公羊注序》 是以講誦師言至於百萬，猶有不解，時加釀嘲辭。援引他經，失其句讀，以無爲有，甚可閔笑者，不可勝記也。

《毛詩正義·秦風·車鄰》[陸德明釋音孔穎達疏] 《車鄰》，美秦仲也。秦仲始大，有車馬禮樂侍御之好焉。［音］：鄰，本亦作「隣」，又作「轔」，栗人反。始大絕句。或連下句，非。疏「《車鄰》三章，一章四句，二章章六句」至「好焉」。正義曰：作《車鄰》詩者，美秦仲也。秦仲之國始大，又有車馬禮樂侍御之好焉，故美之也。言秦仲始大者，秦自非子以來，世爲附庸，其國仍小。至今秦仲而國土大矣。由國始大，而得有此車馬禮樂，故言「始大」以冠之。有車馬者，首章上二句是也。侍御者，下二句是也。二章、卒章言鼓瑟、鼓簧，竝論樂事，用樂必有禮，是禮樂也。經先寺人，後鼓瑟，序先禮樂，後侍御者，經以車馬行於道路，國人最先見之，故先言車馬。欲見秦仲，先令寺人，故次言寺人。既見秦仲，始見其禮樂，故後言鼓瑟。二章傳曰「又見其禮樂」，是從外而入，以次見之。序以車馬附於身，經又在先，故先陳之，禮樂又重於侍御，故先禮樂而後侍御。此三者皆是君之容好，故云「之好焉」。必知斷「始大」爲句者，以《駟驖序》云「始命，謂始命爲諸侯也」，即知此「始大」謂國土始大也。若連下爲文，即車馬、禮樂多少有度，不得言大有也。王肅云：「秦爲附庸，世處西戎。秦仲脩德，爲宣王大夫，遂誅西戎，是以始大。」《鄭語》云：「秦仲、齊侯，姜、嬴之雋，且大，其將興乎？」韋昭注引《詩序》曰：「秦仲始大。」是先儒斷「始大」爲句。

《周禮注疏·春官·御史》[鄭玄注賈公彥疏] 御史掌邦國都鄙及萬民之治令，以贊冢宰。王所以治之令，冢宰掌王治。治，直吏反，注及下「凡治」同。疏：「御史」至「冢宰」釋曰：天官冢宰，六典治邦國，八則治都鄙及畿內萬民之治。今此御史亦掌之以贊佐，故同其事。凡治者受灋令焉。爲書寫其治之法令，來受則授之。疏：「凡治」至「令焉」釋曰：言「凡」，語廣，謂外內官所有治職者，皆御史書王之法令，授與受者，故言凡以該之也。掌贊書。王有命，當以書致之，則贊爲辭，若今尚書作詔文。疏：注「王有」至「詔文」釋曰：謂若今出詔勅之書，是王有命頒下於外，其詔勑書，則御史贊王爲此書，故云「掌贊」也。凡數從政者。自公卿以下至胥徒凡數，及其見在空缺者。鄭司農讀言「掌贊書數」。書數者，經禮三百，曲禮三千，法度皆在。玄以爲不辭，故改之云。數，所主反。見，賢遍反。疏：「凡數從政者」釋曰：自公卿已下至胥徒在王朝者，皆是凡數，又是從政之人，故云「凡數從政者」也。先鄭所云以「掌贊書數」爲句讀之。「玄以爲不辭」，故從之云言，掌贊書數，書數既爲三百、三千，有何可贊也。且書數得爲三百、三千，下別言從政者，有何義意乎？故後鄭以爲不辭而改之也。

《禮記正義·學記》[鄭玄注孔穎達疏] 比年入學，中年考校。一年視

離經辨志。注：離經，斷句絶也。疏：離經，謂離析經理，使章句斷絶也。

又《祭義》 仲尼嘗，奉薦而進，其親也慤，其行也趨趨以數。嘗，秋祭也。親，謂身親執事時也。慤與趨趨，言少威儀也，趨讀如促。數之言速也。仲尼嘗，絶句。嘗，秋祭。奉薦而進，絶句。其親也慤，絶句。趨音促，注及下注皆同。數，色角反，徐音速，注同。

《春秋左傳正義・僖公二十三年》［杜預注孔穎達疏］ 傳：及曹，曹共公聞其駢脅，欲觀其裸。浴，薄而觀之。薄，迫也。駢脅，合幹。共音恭。聞其駢幹，絶句。駢，薄賢反。脅，許業反。《説文》云：「駢脅，幷也。」《廣雅》云：「脅幹謂之肋。」《通俗》云：「腋下謂之脅」。欲觀，如字，絶句。一讀至「裸」字絶句。裸，力果反；又户化反。浴音欲。薄，如字。《國語》云：「薄，簾也」。幹，古旦反。正義曰：斷其裸以上爲句。裸謂赤體無衣也。駢脅，非裸不見，故欲觀其裸，伺其浴，乃逼迫以觀之。《晉語》云：「曹共公聞其駢脅，欲觀其狀，止其舍，諜其將浴，設微薄而觀之。」孔晁云：「諜，候也。微，蔽也」。

韓愈《韓昌黎全集》卷一二《師説》 愛其子，擇師而教之。於其身也，則耻師焉。惑矣。彼童子之師授之書，而習其句讀者，非吾所謂傳其道，解其惑者也。句讀之不知，惑之不解，惑師焉，或不焉。小學而大遺，吾未見其明也。

王讜《唐語林》卷二 又：「傷人乎，不問馬。」今亦云韓文公讀「不」爲「否」，言大德聖人，豈仁於人不仁於馬？故貴人，所以前問；賤畜，所以後問。然「不」字上豈更要助詞？其亦曲矣，況又未必韓公所説。按陸氏《釋文》亦云「一讀至『不』字句絶」，則知以「不」爲「否」，其來尚矣。誠以「不」爲「否」，則宜至「乎」字句絶，「不」字自爲一句。何者？夫子問「傷人乎？」乃對曰：「否。」既不傷人，然後乃問馬，其文别爲一讀，豈不愈於陸云乎？

沈括《夢溪筆談・補筆談》卷一《辯證》 古人謂章句之學，謂分章摘句，則今之疏義是也。昔人有鄙章句之學者，以其不主於義理耳。今人或謬以詩賦聲律爲章句之學，誤矣。然章句不明，亦所以害義理。如《易》云「終日乾乾」，兩乾字當爲兩句，上乾知至至之，下乾知終終之也。「王臣蹇蹇」，兩蹇字爲王與臣也，九五、六二，王與臣皆處蹇中。王任蹇者也，臣或爲冥鴻可也。六二所以不去者，以應乎五故也。則六二之蹇，匪躬之故也。後人又改「蹇蹇」字爲「謇」，以謇謇比諤諤，尤爲譌謬。「君子夬夬」，夬夬，二義也，以義決其外，勝己之私於内也。凡卦名而重言之，皆兼上下卦，如「來之坎坎」是也。先儒多以爲連語，如虩虩、啞啞之類讀之，此誤分其句也。又「履虎尾咥人凶」，當爲句。君子則夬夬矣，何咎之有，況於凶乎？「自天祐之吉」，當爲句，非吉而利，則非所當祐也。《書》曰：「成湯既没，太甲元年。」孔安國謂：「湯没，至太甲方稱元年。」按《孟子》，成湯之後，尚有外丙、仲壬，而《尚書疏》非之。又或謂古書缺落，文有不具。以予考之，《湯誓》、《仲虺之誥》、［《湯誥》，］皆成湯時誥命；湯没，至太甲元年，始復有《伊訓》著於書。自是孔安國離其文於「太甲元年」下注之，遂若可疑。若通下文讀之曰：「成湯既没，太甲元年伊尹作《伊訓》。」則文自足，亦非缺落。堯之終也，百姓如服考妣之喪三年。百姓，有命者也，爲君斬衰，禮也。邦人無服，三年四海無作樂者，況畿内乎。《論語》曰：「先行」，當爲句，「其言」自當後也。似此之類極多，皆義理所繫，則章句亦不可不謹。

孫奕《示兒編》卷一二《句讀》 「句讀」字，自漢有之。《周禮・宮正》：「春秋以木鐸修火禁。凡邦之事蹕。」鄭司農讀「火」絶之，云「禁凡邦之事蹕，國有事，王當出，則宮正主禁絶行者，若今時衛士填街蹕也。」鄭康成注春秋以木鐸修火禁句絶，讀火戚如字，徐音豆。韓愈《師説》云：「彼童子之師授之書，而習其句讀者也。」洪曰：讀音豆，其字從言從賣。唯馬融《笛賦》云：「覩法於節奏，察度於句投。」注曰：「投，徒鬭切。句投，猶章句也。」其音訓同而字畫異。《廣韻》、《玉篇》讀、投二字去聲，俱不收。

王庭珪《盧溪文集》卷四六《跋梁養源心經解義》 經凡有呪，皆諸天隱韻之音，欲護清淨，呵不祥，則持之。而其句讀，則非世間言語及有思惟心所能測，存而勿論可也。

王質《詩總聞・凡例》 聞音者：凡音韻是。古音無有不叶，特稱謂之殊，呼吸之别，傳寫舛訛，連析差跌，與夫古人取叶之法不同，轉紐之法亦異，雖古律不可以此而推。然吟咏諷誦，亦有所助，蓋倏見古人之心期語法，有不期而會者。作聞音一。

聞訓者：凡字義是。古訓多不同，隨語生意，亦有不當爲此訓而爲此訓，有當爲此訓而不爲此訓，有本無異義，強出多端，故語意多暗失。作聞訓二。

聞章者：凡分段是。古爲章，後爲解，或以韻轉，或以語轉，或以事轉，或以勢轉。當是音調抑揚低昂不同，故文辭相依隨而爲節奏，大率以意細推自見，若拘於繁簡短長，則其意不附章而生。作聞章三。

聞句者：凡句讀是。古句有以肅爲整，有以亂爲整。或其意一斷一續之間，一上附一下連之際，逈令人開拓，以至嘬嚅咨嗟，從此得入。作聞句四。

聞字者：凡字畫是。古字固多通用，亦於偏傍繁省之間，清濁輕重之際，矯揉櫽括，不勞更張，自生義味，但不可率情變文以附合己意。若繩削得宜，古今略無差別，不見外手他跡。作聞字五。

聞物者：凡鳥獸草木是。古物無異今物，但稱謂差殊，今詩所見，不出書傳所載，但博搜詳味，或右三見共同，一出即可從，不然亦必兩合，其合仍須有理，可以中情，不可徒求合也。切不用求奇喜新，宛轉推測，其衆所共識已所經見者不與。作聞物六。

聞用者：凡器物是。古今尤無定，展轉差殊，今一鄉一里，其所用制度稱謂有各不同，制度雖同而稱謂不同者，稱謂雖同而制度不同者，而況方俗隔絕，年代深邈，但首尾前後以意細推自出，縱不即出，久當自省。作聞用七。

聞跡者：凡在處是。山川土壤，州縣鄉落，皆不可輕認，亦必左右前後參伍錯綜以相推測，或可得其眞，亦有不似所在而實所在，亦有實所在而不似所在，先繹本文徐及他載。作聞跡八。

聞事者：凡事實是。古事安可容易推尋，但先平心精意，熟玩本文，深繹本意，然後即其文意之罅，探其事實之跡，雖無可考，而亦可旁見。隔推有相霑帶，自然顯見。作聞事九。

聞人者：凡姓號是。古人可顯考者固不在論，其隱昧遺落，亦就本文本意，及旁人左右前後推量，雖不得其眞，亦可窺見其生死悲愉善惡老少，雖不得其全，亦可附見其風俗美惡時節寒暄，與其人互相發明，亦得彷彿。作聞人十。

王楙《野客叢書》卷三《論語點句》 《禮運》：「孔子曰：我欲觀夏道，是故之杞，而不足徵也，吾得夏時焉。我欲觀殷道，是故之宋，而不足徵也，吾得《坤乾》焉。」讀此知《論語》「夏禮吾能言之，杞不足徵也；殷禮吾能言之，宋不足徵也」，蓋於「之」字上點句。

王應麟《困學紀聞》卷一二［閻若璩評注］ 「與父老約」爲句，下云「法三章耳」。唐高祖入京師約法十二條，蓋倣此語而失之。若璩按：何屺瞻曰：《刑法志》言約法三章者二，似當仍以八字爲句。余謂此上文「吾與諸侯約」，約，句絕。「先入關者王之，吾當王關中」，則以「父老約」，約，亦當句絕。至「約法三章」，乃班氏組織成文，於沛公語氣不相蒙。

劉昌詩《蘆浦筆記》卷一《洪範七稽疑脫字》 乃命卜筮，曰雨、曰霽、曰蒙、曰驛、曰克、曰貞、曰悔，凡七。卜五，占用，二衍忒。讀者皆以「占用二」作一句。《史記·宋世家》載箕子之對謂：「卜五，占之用，二衍貣。」鄭玄注曰：「卜五，占之用，謂雨、霽、圜、霧、克也。二衍貣，謂貞、悔也。兆卦之名七，龜用五，易用二。」然則卜五，占者用之，衍貣則非占也。《尚書》省去之字，合以「占用」爲一句，「二衍忒」爲一句，則義理明矣。

又《約法三章》 「約法三章」，自班氏作《刑法志》，謂「高祖初入關約法三章」，至今以爲省約之約，皆作一句讀。予觀《紀》所書云：「吾與諸侯約，先入關者王之，吾當王關中。與父老約，法三章耳。」若以「與父老約法三章耳」八字作一句，恐不成文理。合於「約」字句斷，則先與諸侯約，今與父老約，不惟上下貫穿，而「法三章耳」方成句語。

又《廉遠地》 比見書坊時文賦，有以《上廉遠地則堂高》命題者，竊疑焉。賈誼《政事疏》：「人主之尊如堂，羣臣如陛，衆庶如地。故陛九級，上廉遠地則堂高，陛亡級，廉近地則堂卑。」師古曰：「級，等也。廉，側隅也。」恐合以「陛九級上」句斷，廉隅去地遠則堂自高耳。

又卷二《辨諸葛武侯疏脫誤句讀》 臣亮言：先帝創業未半而中道崩殂，今天下三分，益州疲弊，此誠危急存亡之秋也。然侍衛之臣不懈于內，忠志之士忘身于外者，蓋追先帝之殊遇，欲報之於陛下也。誠宜開張聖聽，以光先帝遺德，恢弘志士之氣。不宜妄自菲薄，引喻失義，以塞忠諫之路也。宮中府中，俱爲一體，陟罰臧否，不宜異同。若有作奸犯科及爲忠善者，宜付有司論其刑賞，以昭陛下平明之理，不宜偏私，使內外異法也。侍中郭攸之、費禕，侍郎董允等，此皆良實，志慮忠純，是以先帝簡拔以遺陛下。愚以爲宫中之事，事無大小，悉以咨之，然後施行，必能裨補缺漏，有所廣益。將軍向寵，性行淑均，曉暢軍事，試用於昔日，先帝稱之曰能，是以衆議舉寵爲督。愚以爲營中之事，悉以咨之，必能使行陣和睦，優劣得所。親賢臣，遠小人，此先漢所以興隆也；親小人，遠賢臣，此後漢所以傾頽也。先帝在時，每與臣論此事，未嘗不歎惜痛恨于桓、靈也。侍中、尚書、長史、參軍，皆悉貞良死節之臣，願陛下親之信之，則漢室之隆，可計日而待也。臣本布衣，躬耕南陽，苟全性命于亂世，不求聞達于諸侯。先帝不以臣卑鄙，猥自枉屈，三顧臣于草廬之中，諮臣以當世之事，由是感激，遂許先帝以驅馳。後值傾覆，受任於敗軍之際，奉命于危難之間，爾來二十有一年矣。先帝知臣謹慎，故臨崩寄臣以大事也。受命以來，夙夜憂慮，恐付託不效，以傷先帝之明。故五月渡瀘，深入不毛。今南方已定，兵甲已足，當獎率三軍，北定中原，庶竭駑鈍，攘除姦凶，興復漢室，還於舊都，此臣所以報先帝而忠陛下之職分也。願陛下託臣以討賊興復之效。不效，則治臣之罪，以告先帝之靈。至于斟酌損益，進盡忠言，則攸之、禕、允之任也。若無興德之言，則責攸之、禕、允等之咎，以彰其慢。陛下亦宜自謀，以諮諏善道，察納雅言，深追先帝遺詔，臣不勝受恩感激。今當遠離，臨表涕零，不知所言。洵直謹按：《蜀志·諸葛武侯傳》載其五年所上後主疏云：今南方已定，兵甲已足，當獎率三軍，北定中原，庶竭駑鈍，攘除姦凶，興復漢室，還于舊都，此臣所以報先帝而忠陛下之職分也。至於斟酌損益，進盡忠言，則攸之、禕、允之任也。願陛下託臣以討賊興復之效，不效，則治臣之罪，以告先帝之靈。責攸之、禕、允等之咎，以彰其慢。蓋武侯以興復自任，故以爲不效則治其罪，以告先帝之靈。若攸之、禕、允則任斟酌損益進盡忠言而已，興復非其任也。武侯不效，而遽責之，某恐三子者，宜有所不服，武侯必不然也。又至於「斟酌損益，進盡忠言」，攙於武侯自叙之間，文意皆不相接續。某疑其句讀有所脱誤，而不敢以臆斷之，乃取《文選》所載武侯表，較之亦同，而李善、五臣皆無説。又觀《蘇内翰集》，見其稱武侯此表與伊訓《説命》相表裏，亦未嘗疑其脱誤。然某之疑，終不能釋。因於《蜀志》，反復求之，乃得之於《董允傳》云：亮將北征往漢中，以允秉心公，亮欲任以宫省之事，上疏曰「侍中郭攸之、費禕、侍郎董允等，先帝簡拔以遺陛下。至於斟酌損益，進盡忠言，則其任也。愚以爲宫中之事，事無大小，悉以咨之，必能裨補缺漏，有所廣益，若無興德之言，則戮允等以彰其慢」。乃知脱誤之處，兼董允止稱侍郎，蓋其本傳所歷之官也。因以《武侯》、《董允傳》及《文選》參而補之，遂爲全文。

朱鑑《詩傳遺説》卷五《雅》 潘時舉説《生民》詩，至「履帝武敏，歆，攸介攸止」，先生曰：「敏」字當爲絶句。蓋作母鄙反，叶上韻耳。履巨迹之事有此理，且如契之生詩中，亦云「天命玄鳥，降而生商。」蓋以爲稷、契皆天生之爾，非有人道之感，不可以常理論也。漢高祖之生亦類此，此等不可以言，盡當意會之可也。潘時舉録。

王與之《周禮訂義》卷一八《地官·鄉師》 及期，以司徒之大旗致衆庶而陳之，以旗物辨鄉邑，而治其政令刑禁，巡其前後之屯，而戮其犯命者，斷其爭禽之訟。黄氏曰：鄉師致衆庶，各致其鄉之民也。將田，先閲於其鄉，而以司徒之旗致之，使知有所統也。易氏曰：大旗，鄭氏以爲熊虎之旗。據《司常》所言：司徒，卿也。卿當建旜，必建旗者，蓋九旗之爲用，有所將者有所畫，無所將者無所畫。通帛爲旜則無所畫，熊虎爲旗則有所畫。司徒雖卿，其於師田則爲軍吏而有所將矣，所以建熊虎之旗，而謂之大旗。下文辨鄉邑之旗，非司徒之旗也。鄉即六鄉，邑即公邑之屬。鄉、邑既聚，則旗之相類者衆矣，衆則揉雜而未易辨，故於大旗之外各辨以鄉邑之名，或鄉邑各爲之名。《司常》所謂州里各象其名是也。黄氏曰：鄭以「陳之以旗物」句絶，當以「致衆庶而陳之」句絶。陳，列之也。陳列之，故有先後之屯。

費衮《梁谿漫志》卷五《西漢句讀》 西漢極有好語，患在讀者亂其句讀。去聲。如《衛青傳》云：「人奴之，生得無笞駡足矣。安得對侯事乎？」「人奴之」爲一句，「生得無笞駡足矣，」爲一句。生，讀如生，乃與噲等爲伍之生。謂人方奴我，平生得無笞駡已足矣，安敢望封侯事！則語有意味而句法雄健。今人或以「人奴之生」爲一句，只移一字在上句，便凡近矣。

程端禮《讀書分年日程》卷二《批點經書凡例》 館閣校勘法：句讀二字，側點爲句，中點爲讀。凡人名、地物名并長句内小句，並從中點。勉齋批點《四書》例：句讀例：句，舉其綱，文意斷。讀，者也相應，文意未斷，覆舉上文。上反言而下正，上有呼下字，下有承上字。點抹例：紅中抹，一本作黄旁抹。綱，凡例。紅旁抹，警語，要語。紅點，字義，字眼。黑抹，考訂，制度。黑點，補不足。釋勉齋例，舉其綱爲句：如「大學之道在明明德，在親民，在止於至善」。文意斷爲句：如「此對小子之學言之也」。者、也相應爲讀：如「大學者，大人之學也」。文意未斷爲讀：如「言既自明其明德，又當推以及人，使人亦有，以去其舊染之污也」。覆舉上文爲讀：如曰然則此篇所謂「在明明德，在親民，在止於至善」者，亦可得而聞其説之詳乎。上反言而下正爲讀：如「不親其親，不長其長，則所厚者薄，而無以及人之親長」。上有呼下字爲讀：如「《中庸》何爲而作也？子思子憂道學之失其傳而作也」。下有承上字爲讀：如「德者，本也；財者，末也」。續補句讀例：並以朱子門人以下諸儒所點修之。一、「曰」字是作本書者、記當時對面答問之辭者，並作句。「曰」字是援引他書他日他人之言、止作言字說者並無點，有句長欲讀者寧，讀於上文仍以「曰」字連下文。一、凡呼「小子」或「二三子」或參乎對面呼之而欲重其聽者，皆爲句。一、綱在上而目在下者，綱爲句，目爲讀，目盡爲句。目在上而綱在下者，諸目皆讀，目盡爲句。綱獨爲句，或下是繳語、解語、意短急者，目盡爲讀。一、無綱之目並爲讀，目盡爲句。一、無綱之目，每目自有抑揚及自解者，解盡爲讀，目盡爲句。如《易》三陳九卦，則可中庸九經，則不可更。詳文義所宜。一、有綱之目，每目自有抑揚及自解者，解盡爲讀，目盡爲句。同前例。一、上段正下段反或上段反下段正，短者可爲讀。若是長段，反正有然字轉者及有大轉語辭者，當爲句。一、引用他書他人語，上有「所謂」字，下有「者」字，急繳歸主意者，所引句下者字爲讀，繳語盡爲句。一、凡引他書他人他日及覆舉上文之辭者，其中未盡之語爲讀，至所引辭盡爲句。如所引他書語及事實太長，如《孟子》引《齊景公晏子答問》，各以答問盡處爲句。一、凡詩銘韻語以韻爲句，未至韻皆讀。此謂特意全載者。若經傳中引者，如引書例，至引盡處方爲句。更詳文義所宜。《詩經》，自依章句。一、凡議論體，自然讀多句少。一、凡敘事體，自然句多讀少。意未盡者，或爲讀亦可。一、提解經文訓詁「某者某也」之下意盡者，以「也」字爲句。如貼解本意未盡者，雖「也」字亦爲讀，至意盡方爲句。「某也」下如插見章旨者，「也」字別爲句，更詳文意所宜。一、註文釋經訓詁、就兼見章旨以義已明、不再通說經文後，即以大圈斷之者，其中章旨未盡小句皆讀，意盡爲句。如止釋訓詁，欲人自玩味經文者，不當拘此。一、以「言」字通敘貼解一段經文大意者，並讀，意盡方爲句。亦有無言字而意實貼解段意者，並同。一、敘論發明文義本意已盡爲句，其下有繳歸章旨及別貼贊歎勸勉之辭以結者，別爲句。一、上發明所以然，下以「此」字或「是」字再指上段繳歸所當然或繳歸主意者，「此」字、「是」字上並爲句，下段如文意短急者，「此」字、「是」字上爲讀。一、上發明所以然，下以「故」字繳歸所當然者，「故」字上爲讀。如上是長段，「故」字下發意又長者，「故」字上爲句。一、或問中問目之末「何也」、「若何而用力邪」、「奈何亦可得而聞其說之詳乎」、「如之何」之類，「何也」之上並讀或「何也」之上無「者」字者及短句者，不讀。或大段內自提問己意「何者」、「何哉」、「何則」、「何也」之類，又自發大段意者，「何者」之上並句。

陸粲《左傳附注・僖公二十三年》　二十三年，委質。質，如字。質，音致，說見前卷。曹共公聞其駢脅，欲觀其裸，浴，薄而觀之。欲觀，絕句。一讀至裸字絕句。裸，力果反。薄，如字。《國語》注云：薄，簾也，一讀是也。裸，魯果反。薄從《國語》舊注則如字，若依杜解薄爲迫，則當音博。

謝肇淛《五雜俎》卷一三《人事部》　焦弱侯謂今之讀書者不識句讀，皆由少年不經師匠，因仍至此，其論甚快，因舉數事。如「至大至剛以直」、「點爾何如」、「講事以度軌」等語，文義皆勝舊，但李彥平讀《禮記》一段，余未敢從。蓋「男女不雜坐」自爲句，至「不同巾櫛」爲句，「不親授」自爲句。今以「不同」屬上句，雖無害，而「巾櫛不親授」則不通矣。「男女授受不親」，何獨巾櫛哉？至《四書》、《九經》中句讀當改易者尚多，如「卒爲善句士則之」，「履帝武敏句歆修介攸止」。若此之類尚多，未易枚舉也。

徐昭慶《檀弓通・凡例》　一、是註本之漢唐古註及《集說》大全，諸家於中晦者則以鄙意明之，略者則以鄙意詳之，所未安者則以鄙意釐之。一句一字務期通曉妥當，詞之弗工勿論也。一、是註惟順經文逐句釋下，即諸家說有倒置，僭爲分析，不敢襍呈，以混觀覽。一、諸家之說惟欲辨明，甚至重言倒語，累成長篇，未免厭覽。余謬爲刪削，期於簡約而已。一、註中用「某曰」者，乃摘錄先儒之說也；用「某云」者，乃採錄一二句及釋一二字也；用「某謂」者，乃先儒及余即人之說而發明裁抑之也。一、諸家之說雖各發心得，而迂鑿者夥。余謬爲註釋，而諸家之說不無裁抑，然仍存註末，以備高明之覽。一、註中名物度數，拘以經文成語成字，甚不可解。余於註中復註，無非爲初學求明耳。一、分段悉依《集說》，如「孔子既祥」節末段有子蓋既祥句，應另分一節，此楊用脩列爲三章而《集說》合之，今仍從《集說》。一、「吳侵陳」節太宰嚭誤爲行人儀，楊用脩蘩訓改正，而《集說》未改，亦仍從《集說》。一、字句章三法，悉依宋謝君直，圈點如之，而旁點爲句，中點爲度。一、評論本之謝君直，參以楊用脩諸家，間足鄙意。一、音切俗本多用借音，雜以方言，殊乖音律。兹悉依陸氏《釋文》，而以《正韻》《釋文》合之，間有据諸家新義而別爲音切者，亦十之一二耳。

林雲銘《楚辭燈・凡例》　一、屈子本傳太史公止云作《離騷》，後人添出經字，且將《九歌》以下諸作皆添一傳字，不知何意。蓋傳所以釋經，從無自作自釋之例。而王逸章句以經字解作徑字之義，又與諸篇加傳之意不合矣。徑，小路也。屈子豈由徑之人耶！若以典常二字爲訓，在作者本當處變之時，而其所行乃不可無一，不可有二之事，與典常二字無涉。即謂《離騷》非作於一時，當懷王聽讒以至遠遷，其事無不檃括於中，諸篇乃其散見錯出者不無經緯之別，亦屬畫添。總之，絶世奇文，添一經字未必增光，去一經字豈遂滅價？余惟以太史公之言爲主，將經傳二字及晦庵每篇加離騷二字一槩删去，以還其初而已。

一、《楚辭》次序，朱晦庵以爲定自劉向。若考其所作之先從，《離騷》一篇之外，惟《惜誦》《思美人》《抽思》三篇，詳其文義，係懷王時所作，餘悉作于頃襄時。諸本紛紛聚訟，總無確徵。余於《九章》舊本顛倒，不得不分別更定，此外悉依原本，以傳世既久，恐滋葛藤，即仍其舊可也。

一、《楚辭》原本，各篇題目皆列於本文之後，學者未曾竟讀全文，茫不知是何題目，不得不多一番檢閲。余悉改列在前，使人觸目即見，惟取其便而已，非更張也。

一、《楚辭》原本，皆有續《離騷》諸作，綴附末卷，大約無屈子之志而襲其文，猶不哀而哭，不病而吟。詞雖工，非其質矣。甚至以弃大夫之反離騷侈口狂詆，亦列於內，豈非辱極。余止知註屈，不知屈之外尚有人能續，尚有人敢續者。況變《風》變《雅》實起於創，即有學步邯鄲，斷無後來居上。今一槩從删，即前此註《莊》，痛斥擬莊諸篇之意也。

一、《楚辭》自漢迄明，讀者各出意見，或稱揚，或指摘，總未嘗細心體認本文脈絡，止沿習舊註，訛以傳訛，本旨既失。毋論指摘者非其病，即稱揚者非其美，皆屈子所不受也。且添出許多雜論，皆隔靴搔癢之語，自逞機鋒，與作者本旨無涉。即賦比興註脚，人所共知，亦屬繁雜可厭。今一概不載，庶學者之眼目自此一清乎。

一、讀《楚辭》要先曉得屈子位置，以宗國而爲世卿，義無可去，緣被放之後不能行其志，念念都是憂國憂民，故太史公將楚見滅于秦繫在本傳之末，以其身之死生關係於國之存亡也。後人動解作失位怨懟去，把一部忠君愛國文字坐其有患得患失肝腸，以致受露才揚己、怨刺其上之譏。千古蒙冤，願與海內巨恨者共洗之。

一、讀《楚辭》之難較之他文數倍，以其一篇之中三致意，所謂長言之不足而嗟歎之，上紹《風》《雅》，下開詞賦，其體當如是也。總要理會全局血脈，再尋出眼目來，任他如何摇曳，如何宕軼，出不得這個圈子。不用一毫牽强，自然雜而不亂，複而不厭。今人偶得一二句之佳，便鶻突擊節，不顧上下文理難通，止謂哀慘之極，不覺重沓失次，茫如坐雲霧中，支離奏合，此從來積習，願與海內巨恨者共破之。一讀《楚辭》止要得其大旨，若所引用典實有涉神怪者，惟以《莊子》所謂寓言視之，省卻許多葛籐。且天地之大，古今之遠，何所不有？夫子止是不語，亦未嘗言其必無神、必無怪也。屈子生於秦火之先，安知前此記載非厄於灰燼而不傳乎！見駱駝謂馬腫背，切勿陷入宋人窠臼。

一、是編每篇中如引用典實及花木鳥獸玉石器物等類，舊註有考核無訛者，量採入小註，以便初學。若意義脈絡，則必斷自鄙衷，融會辨析，期於至當，不敢曲徇。每篇逐句詮釋，逐段分疏，末以總論檃括全文。讀者先看字句小註，再閲段落來路去路，然後細味總論之融合貫通，則一篇神理了然於目前，不煩再加探索矣。

一、《楚辭》各本字句多有不同，緣其俱出手鈔，所謂字經三寫，烏焉成馬，必至之勢也。今悉依晦庵較本，但其所用出處必博考群書，務求合於本文意義，不敢遷就沿襲，貽誤後人。

一、是編字有音叶者，即註於本字之傍。如反切有定音，亦改用之。總以讀者省力爲主。如下句不便於叶即叶上句，蓋叶音原出於不得已，非可以正音論也。

一、是編文中眼目用重圈◎◎，上下呼應處用黑圈●●，精妙處用密圈，○○○，襯貼處用密點、、、，其每段小歇處用横截一，大歇處用曲截乚。總欲讀者開卷便得。海內博雅君子得是編者，不妨先取舊註一閲，方知作者深意止在日前人自看不出耳。譆！讀古豈易言哉。

金埴《不下帶編》卷一　古人讀書，以識字分句讀音豆爲第一義。按唐人《資暇録》云：「學識何如觀點書。」點書之難，不惟句度、音豆，與讀音義同。義理，兼在知字之正音、借音，若某字以朱發平聲，即爲某字，發上上聲，變爲某字，去、入又變爲某字，知合發不合發爲難，不可枚舉之。塡于四子書，向多茫昧讀過，齒及逾立，方稍稍解之。凡朱發四聲及點分句讀處，就童子初學而言，凡經書語絕處，謂之句，則點于字之偏旁；語將絕未絕而點分之，以便誦詠，謂之讀，又謂之頓，則點于字之中間。按讀，又謂之頓，頓者，言小住也。或與學者不同，間去採之羣書經前哲鉅人校定者。初學童子，即宜以是法教乎之，俾上口無訛，入目罕舛，則幼學有基。從斯進詣，終身受用矣。顧塡支綴餘生，患於訛鈍，字義書旨，終于寡究尠通。比之村教督誨蒙伎倆，貽誚高明。且此記彼忘，掛一漏萬，惟祈博雅君子，下教是正，則幸甚幸甚。

又　古辭「小麥青青讀大麥枯句，誰與穫者讀婦與姑句，丈夫何在讀西擊胡句」。如此誦之，則其每句中含問答之意始出。誰謂讀書分句讀可忽耶！

王士禛《古夫于亭雜録》卷四《句讀》　《示兒編》云：「句讀字自漢有之。《周禮·宮正》『春秋以木鐸修火禁，凡邦之事蹕』，鄭司農讀『火』絕之，云『禁邦之事蹕』，若今之衛士塡街蹕也。鄭康成注『春秋以木鐸修火禁』，句絕，讀，徐音豆。韓退之《師説》云：『彼童子之師，授之書而習其句讀者也。』洪曰：『讀，音豆。』馬融《笛賦》云：『覩法於節奏，察度於句投。』注：『投，徒鬬切。句投，猶章句也。』其字畫異而音訓同也。」

李光地《榕村語録》卷一三《詩》　《詩經》句讀要知古韻，又要知上下搭連，不是兩句一斷可爲定例。如《楚茨》篇，以「執爨踖踖，爲俎孔碩」作一連，「或燔或炙，君婦莫莫」作一連，「爲豆孔庶，爲賓爲客」作一連，下六句作兩讀，都錯了。「燔」、「炙」與「君婦」粘不上，「爲豆」與「賓」、「客」尤難粘。「執爨踖踖」是頭「爲俎」，「孔碩或燔或炙」是一連。「俎」，所以載牲體，其中有輕用火燔者，有重用火炙者。「君婦莫莫，爲豆孔庶」是一連，豆乃葅醢之屬，是君婦辦的。「爲賓爲客，獻酬交錯，禮儀卒度」是一連。「笑語卒獲，神保是格」是一連。「報以介福，萬壽攸酢」是一連。「笑語」，如記中思其笑語之笑語，所謂愾然如聞其聲者，指祖宗，不指賓客。祭祀時賓客如何笑語？惟俎豆具備，賓客齊肅，故祖考歆享而得其笑語也。又如「天命降監，下民有嚴」，既不僭亦不濫，都説天命，是一連。「不敢怠遑，命于下國，封建厥福」是一連。「遑」字原不叶韻「執爨踖踖」章，「福」字若作今韻讀，竟是一句一韻，但古福音「偪」，還是以下句爲韻。

陳景雲《韓集點勘》卷四《潮州請置鄉校牒》　無所從學。爾。《考異》云：爾，或作耳。非是。按：爾字若作語助句，絕與耳字無異，公他文中亦有爾、耳二字兩本互異者，《考異》但並存而已。今由朱子作耳，非是語。推之此爾字，似當作爾汝之爾，屬下句讀。蓋此牒即授趙德秀才，故云然也。如公《上張僕射書》云「受牒之明日」，亦是受署幕職文牒耳。又韋執誼貶崖州司戶，刺史請攝軍事衙推，有勿憚糜賢之牒，此尤刺史署衙推即牒其人之明證。元稹《草陳諫除官制》中有「爾諫」語，與此牒中「爾德」類，蓋當日自有此文體。

王應奎《柳南隨筆》卷一　近人讀書，句讀多不能精審。如《左氏·襄三十年》傳「絳縣人或年長矣」，當以絳縣人或爲句，猶云：「絳縣或人也」，此係倒字法。今人或以「絳縣人」三字讀斷，或以七字連讀，皆非是。又昌黎《祭十二郎文》：「教吾子與汝子，幸其成；長吾女與汝女，待其嫁。」按：「幸其成」、「待其嫁」二語本自相對，今人誤以「待其成長」爲句，則「長」字既與上「教」字不對針，而下句亦不成句法矣。又昌黎《柳子厚墓誌》「勇于爲人，不自貴重顧藉，謂功名可立致，」「顧藉」猶「顧惜」也。即昌黎《上鄭相公啓》「無一分顧藉心」之語可證，則「顧藉」二字，當連上「不自貴重」爲句無疑。至于《左傳·宣二年》「去之，夫。」《國語》「野處而不暱」等處之誤，近人已有言之者，故不復贅。

秦蕙田《五禮通考》卷二三〇《賓禮·諸侯遣使交聘》　宰執書，告備具于君，授使者。使者受書，授上介。注：史展幣畢，以書還授宰，宰既告備，以授使者。其受授皆北面。疏：授受皆北面者，當宰以書授使者之時，宰來至使者之東，北面授使者，使者北面授介，三者皆北面，向君故也。公揖入。注：揖，禮羣臣。疏：以展幣授使者訖，禮畢，故入於寢也。官載其幣，舍于朝。注：待且行也。疏：官謂官人從賓行者，與前官陳幣者異。上介視載者，注：監其安處之，畢乃出。疏：注言上介出，不言餘人出，則上文舍於朝，以守幣也。所受書以行。注：爲當復展。敖氏繼公曰：所受書，謂上介所受於使者也。別言以行，見其不與幣同處。觀承案：上介所受二條，當作一氣讀。蓋「視」字雙綰，乃視其所載之物，所受之書，以驗其相符否也。義疏甚明，似宜遵之。

紀昀等《周官義疏》卷一九《春官·小宗伯》　若軍將有事，則與祭有司將事于四望。與，音預。正義：鄭氏衆曰：祭，謂軍祭，表禡軍社之屬，小宗伯與其祭事。存疑：鄭氏康成曰：軍將有事，將與敵合戰也。與祭有司，謂大祝之屬，蓋司馬之官實典焉。辨正：王氏應電曰：有事，即有事於主及社，肆師所謂用牲于社宗也。將事于四望，即大祝國將有事于四望也。此用師常禮，後鄭謂將與敵合戰而祈之，非也。鄭氏鍔曰：小宗伯已與祭於軍中，則四望之祭遣其所屬之有司往行事焉，宜也。故先鄭讀「與祭」絶句，康成連「有司」讀之，恐不成文理。案曰：與祭則必有主祭者，其六軍之主帥與。若所征之地近五嶽四瀆，則使有司將事而不親也，非徧祭四望。如有事於東方，則祭海岱，即肆師職祭兵于山川是也。

阮葵生《茶餘客話》卷一〇《經書句讀》 經書句讀。塾師皆遵監本訓蒙。先輩間有改訂之處。以予所聞。略記數條於後。其爲人也。句孝弟而好犯上者。句鮮矣。書云。句孝乎爲孝。句友於兄弟。句甚矣吾衰也久矣。句雖疏食菜羹瓜。句瓜如字祭。句傷人乎不。句問馬。句非我也夫。句二三子也。句知。句足以知聖人。句謀於燕衆置君。句而後去之。句至大至剛以直。句養而無害。句毁諸。句已乎。句使虞敦匠。句事嚴。句去。句則窮日之力而從宿哉。句舍。句屬上皆取諸其宮中而用之。句百官族人。句可。句謂曰知。母命之。句往。句送之門。句是。句皆已甚迫。句凡有四端於我者。句知。句皆擴而充之矣。二嫂使。句治朕棲。卒爲善。句士則之。句野有衆逐虎。此類甚多。不可枚舉。姑存一說可耳。又如榕村謂今也不然一節。作今日之諺語。確不可易。莊暴章通章樂字俱音洛。惟鼓樂之樂音藥。則文法頗整齊。又潛邱謂懷寶迷邦二段。皆貨語。直至孔子曰。方是聖人語。觀留侯世家諫封六國後七曰字一段。亦是此文法。又男女不雜。句坐不同。句椸枷不同。句巾櫛不親授。句舜生三十。句徵庸三十。句在位五十載。句經傳誤讀者。更不可悉數矣。

丁柔克《柳弧》卷三《塾師誤句讀》 一村學究教書，「知止而後有定定」一句，「而後能靜靜」一句，至末少一「得」字，謂東家曰：「此書板不好，刻落一『得』字。」東家乃村農，以爲實也。一日又教至「少之時血氣未定戒之在」一句，遇「在」字即爲一句，至末又多一「得」字，乃大驚喜，復語其東家曰：「有了，有了，此『得』字刻到此處來矣。」

陳其元《庸閒齋筆記》卷九《讀書句讀之舛誤》 宋穆脩負才使氣，中年偃蹇，嘗以《柳子厚文集》鏤版印數百部，入都求售。有儒生數人共來繙閱，脩就手奪取，怒視曰：「賢若，能誦一篇不失句讀者，當以全部奉贈。」遂終歲一部不售。或謂宋世儒生不應揜陋至此，不知我輩幼時，塾師所點句讀舛誤不少，比壯年稍解文義，自行改正者固多，一時忽略，遂至終身沿訛者，當必尚有，特無人從旁指駁耳。偶閱宋姚寬《西溪叢話》載《左傳》句讀二條，詢之今世讀者，大率錯誤，因備記之，俾知不特學問無窮盡，即句讀亦未易明也。「故講事以度軌句量謂之軌取材以章物句采謂之物」。「聞晉公子駢脅欲觀句其裸浴句薄而觀之」。

又卷一一《經文句讀異解》 邢凱《坦齋通編》謂《易》「或益之句十朋之句龜弗克違句」謂有十朋之益，即龜亦不能違也。《經傳釋詞》謂《論語》「毋以與爾鄰里鄉黨乎」作一句，「毋」作不字解。兩說雖與註不合，而其論自通。又《湛淵靜語》：《明夷》六二「用拯句馬壯吉句」謂當明夷之時，既有所傷，必用拯救，其所拯救，必馬壯健而獲免之，速則吉也。《論語》「子在齊句聞韶三月句不知肉味句」必如是讀，方得明白。《孟子》「非其有而取之者盗也句充類至句義之盡也句」語意乃見圓澈。此數說亦甚有味。

葉德輝《書林清話》卷二《刻書有圈點之始》 刻本書之有圈點，始於宋中葉以後。岳珂《九經三傳沿革例》有「圈點必校」之語，此其明證也。孫《記》宋版《西山先生眞文忠公文章正宗》二十四卷，旁有句讀圈點。瞿《目》明刊本謝枋得《文章軌範》七卷，目録後有門人王淵濟跋，謂此集「惟《送孟東野序》、《前赤壁賦》係先生親筆批點，其他篇僅有圈點而無批注，若《歸去來辭》、《出師表》并圈點亦無之」。森《志》、丁《志》、楊《志》宋刻呂祖謙《古文關鍵》二卷，元刻謝枋得《文章軌範》七卷，又孫《記》元版《增刊校正王狀元集注分類東坡先生詩》二十五卷，廬陵須溪劉辰翁批點，皆有墨圈點注。劉辰翁，字會孟，一生評點之書甚多。同時方虛谷回，亦好評點唐宋人說部、詩集，坊估刻以射利，士林靡然向風。有元以來，遂及經史。如繆《記》元刻葉時《禮經會元》四卷，何焯校《通志堂經解目》程端禮《春秋本義》三十卷，有句讀圈點。大抵此風濫觴於南宋，流極於元、明。丁《志》有明嘉靖丙辰三十五年刻《檀弓叢訓》二卷，則託名於謝疊山批點矣。繆《續記》有明刻蘇批《孟子》二卷，則託名於蘇老泉朱墨矣。至於《史漢評林》，竟成史書善本，歸評《史記》，遂爲古文正宗，習俗移人，賢者不免。因是愈推愈密，愈刻愈精。有朱墨套印焉，有三色套印焉，有四色套印焉，有五色套印焉，至是而槧刻之能事畢矣。

翻譯分部

綜述

班固等《東觀漢記·列傳十七·外裔·莋都夷》 遠夷樂德，歌詩曰：提官隗搆，大漢是治魏冒踰糟，與天意合罔驛劉脾，吏譯平端旁莫支留，不從我來徵衣隨旅，聞風向化知唐桑艾。所見奇異邪毗䋮補，多賜繒布推潭僕遠，甘美酒食拓拒蘇便，昌樂肉飛局後仍離。屈申悉備僂讓龍洞，蠻夷貧薄莫支度由，無所報嗣陽雒僧鱗，願主長壽莫穉角存。子孫昌熾遠夷慕德，歌詩曰：僂讓皮尼，蠻夷所處且交陵悟，日入之部繩動隨旅，慕義向化路且揀雒。歸日出主聖德渡諾，聖德深恩魏菌度洗，與人富厚綜邪流藩，冬多霜雪莋邪尋螺。夏多和雨藐潯瀘灕，寒溫時適菌補邪推，部人多有辟危歸險，涉危歷險莫受萬柳，不遠萬里術疊附德，去俗歸德仍路孳摸。心歸慈母遠夷懷德，歌詩曰：荒服之儀，荒服之外犂籍憐憐，土地墝埆阻蘇邪犂，食肉衣皮莫碭麤沭。不見鹽穀罔譯傳微，吏譯傳風是漢夜拒，大漢安樂蹤優佫仁，擕負歸仁雷折險龍。觸肯險狹倫狼藏幢，高山岐峻扶路側祿。緣崖磻石息落服淫，木薄發家理歷髭雒。百宿到雒捕蒞菌毗，父子同賜懷稾匹漏，懷抱匹帛傳言呼敕，傳告種人陵陽臣僕。長願臣僕。案范書本傳：永平中，益州刺史朱輔宣示漢德，白狼、槃木、唐菆等百餘國慕化歸義，作詩三章。輔令犍爲郡椽田恭訊其風俗，譯其辭語，遣從事史李陵與恭護送詣闕，并上其樂詩。此文提官隗搆以下竝夷人本語，注大漢是治云云，則田恭所譯華言，載之范書者也。

《元朝秘史》卷一 成吉思名合罕訥皇帝的忽札兀兒根源，迭額列上騰格理天額扯處，扎牙阿禿命有的，脱列克先生了的孛兒帖蒼色赤那狼阿主兀有格兒妻該亦訥他的，豁埃馬慘白色馬闌鹿阿只埃有來，騰汲思容水名禿勒周渡着亦列罷來了斡難河名沐連訥河的貼里兀揑源行，不峏罕山名哈勒敦納行，嫩禿黑刺周營盤做着。脱列克先生子的，巴塔赤罕人名阿主兀有來。當初元朝的人祖，是天生一個蒼色的狼與一個慘白色的鹿相配了，同渡過騰吉思名字的水，來到於斡難名字的河源頭，不兒罕名字的山前住着，產了一個人名字唤作巴塔赤罕。

《遼史·國語解》 帝紀：

《太祖紀》：耶律氏、蕭氏：《本紀》首書太祖姓耶律氏，繼書皇后蕭氏，則有國之初，已分二姓矣。有謂始興之地曰世里，譯者以世里爲耶律，故國族皆以耶律爲姓。有謂述律皇后兄子名蕭翰者，爲宣武軍節度使，其妹復爲皇后，故后族皆以蕭爲姓。其説與《紀》不合，故陳大任不取。又有言以漢字書者曰：耶律、蕭，以契丹字書者曰：移剌、石抹，則亦無可考矣。霞瀨益石烈：鄉名。諸宫下皆有石烈，設官治之。彌里：鄉之小者。撻馬狘沙里：撻馬，人從也。沙里，郎君也。管率衆人之官。後有止稱撻馬者。大迭烈府：即迭刺部之府也。初，阻午可汗與其弟撒里本領之，及太祖以部夷離菫即位，因強大難制，析爲二院。烈、剌音相近。夷離菫：統軍馬大官。會同初，改爲大王。集會堝下窩、陀二音。地名。阿主沙里：阿主，父祖稱。惕隱：典族屬官。即宗正職也。奚、霫：下音習。國名。中京地也。黑車子：國也。以善製車帳得名。契丹之先，嘗遣人往學之。于越：貴官，無所職。其位居北、南大王上，非有大功德者不授。鷹軍：鷹，鷙鳥；以之名軍，取捷速之義。後記龍軍、虎軍、鐵鷂軍者，仿此。嗢娘改：上音丸。地名。西樓：遼有四樓：在上京者曰西樓；木葉山曰南樓；龍化州曰東樓；唐州曰北樓。歲時遊獵，常在四樓間。阿點夷離的：阿點，貴稱。夷離的，大臣夫人之稱。糺轄：糺，軍名。轄者，管束之義。夷離畢：即參知政事，後置夷離畢院以掌刑政。宋刁約使遼有詩云「押宴夷離畢」，知其爲執政官也。射鬼箭：凡帝親征，服介胄，祭諸先帝，出則取死囚一人，置所向之方，亂矢射之，名射鬼箭，以祓不祥。及班師，則射所俘。後因爲刑法之用。暴里：惡人名也。大、小鶻軍：二室韋軍號也。神纛：從者所執。以旄牛尾爲之，纓槍屬也。龍眉宫：太祖取天梯、蒙國、别魯三山之勢于葦淀，射金齪箭以識之，名龍眉宫。神冊三年，築都城于其地，臨潢府是也。齪：測角切，箭名。峭里：室韋部名。君基太一神：福神名。其神所臨之國，君能建極，孚于上下，則治化升平，民享多福。撻林：官名。後二室韋部改爲僕射，又名司空。舍利：契丹豪民要裹頭巾者，納牛駝十頭，馬百疋，乃給官名曰舍利。後遂爲諸帳官，以郎君繫之。阿盧朶里：

一名阿魯敦。貴顯名。遼于越官兼此者，惟曷魯耳。選底：主獄官。常袞：官名。掌遙輦部族戶籍等事，奚六部常袞掌奚之族屬。諲譔：渤海國主名。尅釋魯：尅，官名。釋魯，人名。後尅朗、尅臺哂倣此。烏魯古、阿里只：太祖及述律后受諲譔降時所乘二馬名也，因賜諲譔夫婦以爲名。

《太宗紀》：箭笴山笴音幹。胡損奚所居。柴冊：禮名。積薪爲壇，受羣臣玉冊。禮畢，燔柴，祀天。阻午可汗制也。遙輦氏九帳：遙輦九可汗宮分。北尅、南尅：掌軍官名，猶漢南北軍之職。祭麃鹿神：遼俗好射麃鹿，每出獵，必祭其神以祈多獲。林牙：掌文翰官，時稱爲學士。其羣牧所設，止管簿書。瑟瑟禮：祈雨射柳之儀，遙輦蘇可汗制。再生禮：國俗，每十二年一次，行始生之禮，名曰再生。惟帝與太后、太子及夷離堇得行之。又名覆誕。神速姑：宗室人名，能知蛇語。蒲割額下乃頂切。：公主名也。三尅：統軍官，猶云三帥也。詳穩：諸官府監治長官。梯里已：諸部下官也，後升司徒。達剌干：縣官也，後升副使。麻都不：縣官之佐也，後升爲令。馬步：未詳何官，以達剌干升爲之。牙署：官名。疑即牙書，石烈官也。世燭：遙輦帳侍中之官。敞史：官府之佐吏也。思奴古：官與敞史相近。徒覩古：邊徼外小國。

《世宗》、《穆宗紀》：躃林：上音帶。地名，即松林故地。閘撒狘：抹里司官，亦掌宮衛之禁者。撻馬：扈從之官。濃兀：部分名。葉格戲：宋錢僖公家有葉子揭格之戲。

《景宗》、《聖宗紀》：飛龍使：掌馬官，亦爲導騎。橫帳：德祖族屬號三父房，稱橫帳，宗室之尤貴者。著帳：凡世官之家及諸色人，因事籍沒者爲著帳戶，官有著帳郎君。杓窊印：杓窊，鶩鳥總稱，以爲印紐，取疾速之義。凡調發軍馬則用之，與金魚符、銀牌略同。國舅帳尅：官制有大國舅帳，此則本帳下掌兵之官。拜奧禮：凡納后，即族中選尊者一人當奧而坐，以主其禮，謂之奧姑。送后者拜而致敬，故云拜奧禮。拜山禮：祀木葉山之儀。敞穩：諸帳下官。亦作常袞，蓋字音相近也。萬役陷河冶：地名。本漢土垠縣，有銀礦。太祖募民立寨以專採煉，故名陷河冶。合蘇袞：女直別部名，又作曷蘇館。執手禮：將帥有克敵功，上親執手慰勞；若將在軍，則遣人代行執手禮。優遇之意。阿札割只：官名。位在樞密使下，蓋敞官也。四捷軍：遼以宋降者分立二部：一曰四捷軍，一曰歸聖軍。山金司：以陰山產金，置冶採煉，故以名司，後改統軍司。

《興宗紀》：別輦斗：地名。虎䵘：下北潘切。婆離八部人名。解洗禮：解裝前祓，飲至之義。獨盧金：地名。六院官屬秋冬居之。行十二神纛禮：神纛解見前。凡大祭祀、大朝會，以十二纛列諸御前。南撒葛栢：地名。合只忽里：地名。拖古烈：地名。曷里狘：地名。

《道宗紀》：塔里捨：地名。撒里乃：地名。三班院祗候：左、右班幷寄班爲三班。祗候，官名。高墩：遼《排班圖》，有高墩、矮墩、方墩之列。自大丞相至阿札割只，皆墩官也。

《天祚紀》：候里吉：地名。頭魚宴：上歲時鉤魚，得頭魚，輒置酒張宴，與頭鵝宴同。訛莎烈：地名。漚里謹：地名。懽撻新查剌：地名。射糧軍：射，請也。女古底：地名。落昆髓：地名。阿里軫斗：地名。忽兒珊：西域大軍將名。起兒漫：地名。虎思斡魯朵：思亦作斯，有力稱。斡魯朵，宮帳名。葛兒罕：漠北君王稱。

志：

《禮》志：祭東：國俗，凡祭皆東向，故曰祭東。敵烈麻都：掌禮官。旗鼓拽剌：拽剌，官名。軍制有拽剌司，此則掌旗鼓者也。爇節：歲時雜禮名。九奚首：奚首，營帳名。食羖之次：大行殯出，羣臣以羖羊祭于路，名曰食羖之次。禡祭：上於琰切。凡出征，以牝牡麃各一祭之曰禡，詛敵也。勘箭：車駕遠歸，閤門使持雄箭，勘箭官持雌箭，比較相合，而後入宮。檐牀：一人肩任曰檐，兩人以手共舁曰牀。攢隊：士卒攢簇，各爲隊伍。方裀、朵殿：凡御宴，官卑，地坐殿中方墩之上；其不應升殿，則賜坐左右朵殿。地拍：田鼠名。正旦日，上於牕間擲米團，得隻數爲不利，則燒地拍鼠以禳之。廼捏咿唲：正月朔旦也。忸里叵：忸讀作狃，叵讀作頗。二月一日也。六月十八日宴國舅族，亦曰忸里叵。陶里樺：上巳日，射兔之節名。討賽咿唲：重午日也。賽伊唲奢：日辰之好也。捏褐耐：犬首也。必里遲離：重九日也。戴辣：燒甲也。炒伍侕叵：戰名也。卓帳：卓，立也。帳，氈廬也。

《百官志》：石烈辛袞：石烈官之長。令穩：官名。彌里馬特本：官名，後陞辛袞。麻普：即麻都不，縣官之副也，初名達剌干。知聖旨頭子事：掌誥命奏事官。提轄司：諸宮典兵官。皮室：軍制，有南、北、左、右皮室及黄皮室，皆掌精兵。廳房：即工部。梅里：貴戚官名。述律皇后族有愼思梅里、婆姑梅里，未詳何職。抹鶻：瓦里司之官。先離撻覽：奚、渤海等國官名，疑即撻林字訛。

《營衛志》：象吻：黄帝治宫室，陶蚩尤象置棟上，名曰蚩吻。瓦里：官府名，宫帳、部族皆設之。凡宗室、外戚、大臣犯罪者，家屬沒入於此。抹里：官府名。閘撒狘亦抹里官之一。算斡魯朶：算，腹心拽剌也。斡魯朶，宫也。已下國阿輦至監母，皆斡魯朶名；其注語，則始置之義也。國阿輦：收國也。奪里本：討平也。耶魯盌：興旺也。蒲速盌：義與耶魯盌同。女古：金也。孤穩：玉也。窩篤盌：孳息也。阿斯：寛大也。阿魯盌：輔佑也。得失得本：孝也。監母：遺留也。

《地理志》：屬珊：應天皇后從太祖征討，所俘人戶有技藝者置之帳下，名屬珊，蓋比珊瑚之寶。永州：其地居潢河、土河二水之間，故名永州，蓋以字從二、從水也。鄚頡：上慕各切，下胡結切。渤海郡府名。且慮：皆平聲。興中府縣名。豯養：上音奚。幽州澤藪名，見《周》《職方》。菑、時：幽州浸名，出同上。墮瑰：門名，遼有墮瑰部。野旅寅：野謂星野，旅謂躔次；寅者，辰舍。東北之位，燕分析津之所也。

《儀衛志》：金㚇：下祖叢切。馬首飾也。果下馬：馬名。謂果樹下可乘行者，言其小也。實里薛衮：祭服之冠，行拜山禮則服之。鞊鞢帶：上他協切，下徒協切。武官束帶也。扞腰：即拄腰，以鵝項、鴨頭爲之。胡木鍪：胄名。鞚馬：上音誕。馬不施鞍轡曰鞚。白氈：音餌。以白鷺羽爲網，又罽也。

《兵衛志》：捉馬：抅刷馬也。欄子軍：居先鋒前二十餘里，偵候敵人動靜。弓子鋪：遼軍馬頓舍，不設營塹，折木稍爲弓，以爲團集之所。又諸國使來，道旁簽置木稍弓，以充欄楯。

《食貨志》：云爲戶：義即營運，字之訛。

《刑法志》：鐘院：有冤者繫鐘，以達于上，猶怨鼓云。楚古：官名。掌北面訊囚者。

表：

《皇子表》：五石烈：即五院。非是分院爲五，以五石烈爲一院也。六爪：爪，百數也。遼有六百家奚，後爲六院，義與五院同。二院，即迭刺部析之爲二者是也。裂麛皮：麛，牡鹿。力能分牡鹿皮。

《世表》：莫弗紇：諸部酋長稱，又云莫弗賀。蠕蠕：而宣切。國名。俟斤：突厥官名。

《遊幸表》：舐鹹鹿：鹿性嗜鹹，灑鹻於地以誘鹿，射之。女瓌：虞人名。

列傳：

可敦：突厥皇后之稱。忒里蹇：遼皇后之稱。耨斡麽：麽，亦作改。耨斡，后土稱。麽，母稱。乙室、拔里：國舅帳二族名。

《諸功臣傳》：龍錫金佩：太祖從兄鐸骨札以本帳下蛇鳴，命知蛇語者神速姑解之，知蛇謂穴傍樹中有金，往取之，果得金，以爲帶，名「龍錫金」。撒刺：酒樽名。遙輦糺：遙輦帳下軍也。其書永興宫分糺、十二行糺、黄皮室糺者，仿此。吐里：官名。與奚六部秃里同。吐、秃字訛。寢殿小底：官名。遼制多小底官，餘不注。雜丁黄：禮，男幼爲黄，四歲爲小，十六爲中，二十一爲丁。軍中雜幼弱，以疑敵也。遙輦剋：遙輦帳下掌兵官。柢枑：宫衛門外行馬也。梢柮犀：千歲蛇角，又爲篤訥犀。珠二琲：下蒲味切。珠五百枚爲琲。題里司徒：題里，官府名。座中：上陟栗切。地名。堂印：博之采名。臨庫：以帛爲通曆，具一庫之物，盡數籍之，曰臨庫。堂帖：遼制，宰相凡除拜，行頭子堂帖權差，俟再取旨，出給告敕。故官有知頭子事。見《陰山雜錄》。夷離堇畫者：畫者人名，爲夷離堇官。虎斯：有力稱。《紀》言「虎思」，義同。

《金史》卷一三五《金國語解》

《今文尚書》辭多奇澀，蓋亦當世之方言也。《金史》所載本國之語，得諸重譯，而可解者何可闕焉。若其臣僚之小字，或以賤，或以疾，猶有古人尙質之風，不可文也。國姓爲某，漢姓爲某，後魏孝文以來已有之矣。存諸篇終，以備考索。官稱：都勃極烈，總治官名，猶漢云冢宰。諳版勃極烈，官之尊且貴者。國論勃極烈，尊禮優崇得自由者。胡魯勃極烈，統領官之稱。移賚勃極烈，位第三曰「移賚」。阿買勃極烈，治城邑者。乙室勃極烈，迎迓之官。札失哈勃極烈，守官署之稱。昃勃極烈，陰陽之官。迭勃極烈，倅貳之職。猛安，千夫長。謀克，百夫長也。諸乣「詳穩」，邊戍之官。諸「移里堇」，部落墟寨之首領。詳穩、移里堇，本遼語，金人因之而稍异同焉。秃里，掌部落詞訟，察非違者。烏魯古，牧圉之官。斡里朶，官府治事之所。人事：孛論出，胚胎之名。阿胡迭，長子。骨赧，季也。蒲陽溫，曰幼子。益都，次第之通稱。第九曰「烏也」。十六曰「女魯歡」。按答海，客之通稱。山只昆，舍人也。散亦孛，奇男子。撒答，老人之稱也。什古乃，瘠人。撒合輦，黧黑之名。保活里，侏儒。阿里孫，貌不揚也。阿徒罕，采薪之子。答不也，耘田者。阿土古，善采捕者。阿里喜，圍獵也。拔里速，角觝戲者。阿离合懣，臂鷹鶻者。胡魯剌，戶長。阿合，人奴也。兀术，曰頭。粘罕，心也。畏可，牙，又曰吾亦可。盤里合，將指。三合，人之醫也。牙吾塔，瘍瘡。蒲剌都，目赤而盲也。石哥里，溲疾。謾都訶，癡騃之謂。謀良虎，無賴之名。皆不美之稱也。與人同受福曰「忽都」。以力助人曰「阿息保」。辭不失，酒醒也。奴申，和睦之義。訛出虎，寬容之名也。賽里，安樂。迪古乃，來也。撒八，迅速之義。烏古出，方言曰再休，猶言再不復也。凡事之先者曰「石倫」。以物與人已然曰「阿里白」。吾里補，畜積之名。習失，猶人云常川也。凡市物已得曰「兀帶」，取以名子者，猶言貨取如物然也。物象：兀典，明星。阿鄰，山。太神，高也。山之上銳者曰「哈丹」。坡陀曰「阿懶」。大而峻曰「斜魯」。忒鄰，海也。沙忽帶，舟也。生鐵曰「斡論」。釜曰「闍母」。刃曰「斜烈」。婆盧火者槌也。金曰「桉春」。銀术可，珠也。布囊曰「蒲盧渾」。盆曰「阿里虎」。罐曰「活女」。烏烈，草廩也。沙剌，衣襟也。活臘胡，色之赤者也。胡剌，竈突。物類：桓端，松。阿虎里，松子。執輦，蓮也。活离罕，羔。合喜，犬子。訛古乃，犬之有文者。斜哥，貂鼠。蒲阿，山雞。窩謀罕，鳥卵也。姓氏：完顔，漢姓曰王。烏古論曰商。紇石烈曰高。徒單曰杜。女奚烈曰郎。兀顔曰朱。蒲察曰李。顔盞曰張。溫迪罕曰溫。石抹曰蕭。奧屯曰曹。孛术魯曰魯。移剌曰劉。斡勒曰石。納剌曰康。夾谷曰仝。裴滿曰麻。尼忙古曰魚。斡准曰趙。阿典曰雷。阿里侃曰何。溫敦曰空。吾魯曰惠。抹顔曰孟。都烈曰強。散答曰駱。呵不哈曰田。烏林荅曰蔡。僕散曰林。术虎曰董。古里甲曰汪。其後氏族或因人變易，難以遍舉，姑載其可知者云。

火源潔《華夷譯語》 天文門：天，騰吉哩。日，納㘓。月，撒赧。星，火敦。風，克。雲，額兀連。烟，忽紈。霜，乞赧兀。冰，莫勒孫。雪，察孫。雷，騰吉哩董嚠敦。霖，主薛。雨，唿喇。露，石兀迭嚟。虹，莎鄔哈。霧，抹你牙兒。電，急里別里千。雹，門都兒。天河，騰吉里因斡牙剌兒。

地理門：地，哈札兒。土，石剌兀。山，阿兀剌。林，槐。河，木嗹。湖，納兀兒。能，赤耽。歹，卯溫。好，撒因。安妥，阿木忽郎。明白，哈哈兒孩。顛倒，帖禿魯。這里，延迭。那里，田迭。好生，撒亦禿兒。何用，牙溫客咧。近間，斡亦哩。到今，額者額窟兒帖列。太平，昂客。潔淨，阿里溫。隨即，荅𡁷突兒。無妨，兀祿哈里札忽。爲那般，桃兀別兒。爲這般，額兀別兒。若是，客兒別。雖是，客堆巴。怎生，客兒。不揀甚麼，阿里別。又黯巴兒伯。麼道，客延。

厲鶚《遼史拾遺》卷二三《國語解》 《太祖紀》耶律氏、蕭氏：《文昌雜錄》曰：余嘗見樞密都承旨張誠一說，昔年使北虜，因問耶律、蕭姓所起。彼人云：「昔天皇王問大臣云，自古帝王英武爲誰耶？」其大臣對曰：「莫如漢高祖。」又問：「將相勛臣孰爲優？」對以「蕭何。」天皇王遂姓耶律氏，譯云劉也。其后亦錫姓蕭氏。歐陽少師作《五代史》，乃曰：天皇王阿保機以所居橫帳地名爲姓世里，世里譯者謂耶律。昔蕭翰爲契丹大族，其號阿鉢，本無姓氏。李崧爲製姓名曰「蕭翰」，於是姓蕭。二者未知孰是。《契丹國志》曰：契丹部族本無姓氏，惟各以所居地名呼之，婚嫁不拘地里。至安巴堅，變家爲國，始以王族號爲橫帳，仍以所居之地名曰錫里。著姓錫里者，上京東二百里地。復賜后族姓曰蕭氏。番法：王族惟與后族通婚，更不限以尊卑。其王族、后族二部落之家，若不奉北主之命，皆不得與諸部之人通婚。若諸部族彼此自相婚姻，不拘此限。故北番惟耶律、蕭氏二姓也。奚霫：劉昫《舊唐書》曰：霫，匈奴之別種也。居于潢水北，亦鮮卑之故地。其國在京師東北五千里，東接靺鞨，西至突厥，南至契丹，北與烏羅渾接，地周二千里，四面有山環繞。其境人多，善射獵，好以赤皮爲衣緣，婦人貴銅釧，衣襟上下懸小銅鈴，風俗略與契丹同。有都倫紇斤部落四萬戶，勝兵萬餘人。君基太乙神：《夢溪筆談》曰：十神太一：一曰太一，次曰五福太一，三曰天一太一，四曰地太一，五曰君基太一，六曰臣基太一，七曰民基太一，八曰大游太一，九曰九氣太一，十曰十神太一。惟太一最尊，更無別名，止謂之太一。三年一移，後人以其別無名，遂對大游而謂之小游太一，此出於後人誤加之。京師東西太一宫正殿祠五福，而太一乃在廊廡，甚爲失序。熙寧中，初營中太一宫下，太史考定神位，予時領太史，預其議論。今前殿祠五福，而太一別爲後殿，各全其尊，深爲得體。然君基、臣基、民基避唐明帝諱改爲棊，至今仍襲舊名，未曾改正。《玉海》曰：天寶三載十月十六日，術士蘇嘉慶上言，請于京城置九宮壇，壇一成三尺四陛，其上依位置小壇，高尺五。東南曰「招搖」，正東曰「軒轅」，東北曰「太陰」，正南曰「天一」，中央曰「天符」，正北曰「太一」，西南曰「攝提」，正西曰「咸池」，西北曰「青龍」。五數爲中，戴九履一，左三右七，二四爲上，六八爲下，符於遁甲，此九宮定位也。每歲祭以四孟，位隨歲改，謂之行棊。自乾元後，止依本位，遂不飛易。又曰：黃帝《九宮經》《隋志》。一卷，又三卷，《行棊經》三卷，鄭元注。《房氏行棊法》一卷。章俊卿《山堂考索》曰：漢立太一祠，即甘泉泰時也。唐謂之「太清紫極宮」，宋謂之「太一宮」。《日知錄》曰：《史記・天官書》：中宮天極星，其一明者爲太一，常居。《封禪書》：亳人繆忌奏祠太一，方曰「天神」。貴者太一，太一佐曰「五帝」。此太一祠之所自起。《易・乾鑿度》曰：太一取其數以行九宮。鄭元注曰：太一者，北辰神名也。下行八卦之宮，每四乃還于中央。中央者，地神之所居，故謂之「九宮」。天數以陽出，以陰入。陽起于子，陰起于午。是以太一下行九宮，從坎宮始，自此而坤宮，又自此而震宮，既又自此而巽宮。所行者過半矣，還息於中央之宮。既又自此而乾宮，自此而兑宮，自此而艮宮，自此而離宮，行則周矣。上游息于太一之星而反紫宮。行起於坎宮，終於離宮也。宋朝尤重太一之祠，以太一飛在九宮，每四十餘年而一徙，所臨之地則兵役不興，水旱不作。在太平興國中，太宗立祠于東南郊而祀之，則謂之「東太一宮」。在天聖中，仁宗立祠于西南郊而祀之，則謂之「西太一」。在熙寧中，神宗建集禧宮而祀之，則謂之「中太一」。鶚案：君基太一神，沈括以爲避唐諱改爲「棊」。然漢時已有「行棊」、「飛棊」之説，又似不因避諱而改矣。鄭氏「太一下行九宮」之説，即所云「行棊」也。

《太宗紀》林牙：《嘉祐雜志》曰：冀州城南張耳墓在送客亭邊，戎使林牙者，猶翰林學士，問知州王仲平，告之不知張耳何代人。大使耶律防謝曰契丹家翰林學士名目而已。

《世宗穆宗紀》葉格戲：《南部新書》曰：李郃爲賀牧，與妓人葉茂蓮江行，因撰骰子選謂之葉子。咸通以來，天下尚之。《歸田錄》曰：葉子格者，自唐中世以後有之，唐人藏書皆作卷軸，其後有葉子，其制似今策子。凡文字有備檢用者，卷軸難數卷舒，故以葉子寫之。如吳彩鸞《唐韵》、李郃《彩選》之類是也。骰子格本備檢用，故亦以葉子寫之，因以爲名爾。唐世士人宴聚，盛行葉子格，五代國初猶然。焦竑《國史・經籍志》曰：《遍金葉子格》一卷，《新定遍金葉子格》一卷《擊蒙小葉子格》一卷，李後主妃周氏。《小葉子例》一卷。

《天祚紀》頭魚宴：《演繁露》曰：《燕北雜錄》載，契丹興宗重熙年間，衣制儀衛、打圍、射鹿、鈎魚事，于景祐五年十月撰進，不書撰人姓名，而著其所從聞。曰：思鄉人武珪在虜十餘年，以善歌隸帳下，故能習虜事詳悉，凡其所錄，皆珪語也。達魯河鈎牛魚，虜中盛禮，意慕中國賞花釣魚，然非釣也，鈎也。此所紀於虜爲道宗清寧四年，其甲子則戊戌正月也。達魯河東與海接，歲正月方凍，至四月而泮，其鈎是魚也。虜主與其母皆設帳冰上，先使人於河上下十里間以毛網截魚，令不得散逸，又從而驅之，使集虜帳。其床前預開冰竅四名，爲冰眼，中眼透水，旁三眼環之不透，第斲減，令薄而已。薄者所以候魚，而透者將以施鈎也。魚雖水中之物，若久閉於冰，遇可出水之處，亦必伸首吐氣，故透水一眼必可以致魚，而薄不透水者將以伺視也。魚之將至，伺者以告虜主，即遂於斲透眼中，用繩鈎擲之，無不中者。既中，遂縱繩令去久，魚倦，即曳繩出之，謂之得「頭魚」。頭魚既得，遂相與出冰帳，于別帳作樂上壽。周必大《二老堂雜志》曰：贊寧《物類相感志》引《博物志》云，東海有牛魚，其形似牛，剝其皮懸之，潮水至則毛起，退則毛伏。今東牟有海牛島，其牛無角，足似龜，長丈餘，尾若鮎云。鶚案：王易《燕北錄》云：牛魚即鱘之大者。程大昌又以爲牛魚似牛形，蓋祖贊寧之説，其實非也。

《營衛志》鶚案：《遼史・目錄》本紀後志首《營衛》，次《兵衛》，次《地理》，次《歷象》，次《百官》，次《禮》，次《樂》，次《儀衛》，次《食貨》，次《刑法》；表首《世表》，次《皇子》，次《公主》，次《皇族》，次《外戚》，次《游幸》，次《部族》，次《屬國》。以下列傳。今《國語解・帝紀下》即次以《禮樂志》以及《百官》、《營衛》、《地理》、《儀衛》、《兵衛》、《食貨》、《刑法》，表次《世表》于《皇子》之下，列傳中又分《諸功臣傳》，先後錯雜無倫，與目錄迥殊，今采陳士元《諸史譯語》有可補正者附著於卷。耶魯盌：鶚案：此條史誤，在奪里本下。奪里本：鶚案：此條史誤，在國阿輦下、耶魯盌前。監母：鶡案此條史誤，在赤實得本下。孤穩：鶡案：此條史誤，在女古下。女古：鶡案：此條史誤，在孤穩上。窩篤盌：鶡案：此條史誤，在孤穩下。阿思：陳士元《諸史夷語》曰：阿思者，華言寬大也。阿思一作阿思，又作阿廝。鶡案：此條史作阿思，寬大誤作實大。赤實得本：鶡案：此條史誤，作得失得本。墮瑰：《諸史夷語》曰：奚酋胡損門名墮瑰，太祖滅奚，因其門名置爲墮瑰部。鶡案：此條在《營衛志·奚王部》，史更載於《地理志》，誤。

《兵衛志》屬珊案：舒新舊作屬珊。《諸史夷語》曰：應天皇后從太祖征討，所俘人戶有技藝者置之帳下，爲屬珊，蓋比珊瑚之寶云。鶡案：史文所俘人戶有下缺四字，今補全。又屬珊軍本在《兵衛志》，史更移之《地理志》，誤。

《禮樂志》鶡案：史《禮志下》次《樂志》，《國語解》合爲一，宜依史分列。勘箭：《夢溪筆談》曰：大駕鹵簿中有「勘箭」，如古之勘契也。其壯謂之雄牡箭，其牝謂之闢仗箭，本胡法也，熙寧中罷之。忚里叵：《燕北雜記》曰：二月一日，番中蕭姓者請耶律姓者於本家筵席，番中呼此節爲「瞎里叵」。六月十八日，耶律姓卻請蕭姓者亦名「瞎里叵」。卓帳：《宣和畫譜》曰：胡環有《平遠番部卓歇圖》二、《毳幕卓歇圖》一。

《儀衛志》果下馬：范曄《後漢書》曰：濊貊屬樂浪，有果下馬，高三尺，乘之可於果樹下行。徐堅《初學記》曰：濊國出果下馬，漢時獻之，高三尺。

《世表》蠕蠕：魏收《魏書》曰：蠕蠕，東胡之苗裔也。姓郁久閭氏。始神元之末，掠騎有得一奴，髮始齊眉，忘本姓名，其主字之曰「木骨閭」。木骨閭者，首禿也，木骨閭與郁久閭聲相近，故後子孫因以爲字。木骨閭既壯，免奴爲騎卒，穆帝時坐後期當斬，亡匿廣漠谿谷間。收合逋逃得百餘人，依純突鄰部。木骨閭死，子車鹿會雄健，始有部衆，自號「柔然」。世祖以其無知，狀類於蟲，故改其號爲「蠕蠕」。

《諸功臣傳》鶡案：史無《功臣傳》之目，《國語解》「功臣」二字無據，當作列傳。龍錫金佩：《諸史夷語》曰：太祖從兄鐸骨札以本帳下蛇鳴，命知蛇語者神速姑解之，知蛇謂「穴旁有金」。鐸骨札掘之，乃得金，以爲帶名「龍錫金」。鶡案：史文穴旁下闕八字，今補全。榾柮犀：周密《雲烟過眼錄》曰：伯幾云「骨柮犀」，乃蛇角也。其性至毒而能解毒。葉森于延祐庚申得骨柮犀刀欛二。來看其花紋，如今市中所賣糖糕，或有白點，以手摩之，作岩桂香。若摩之無香者，僞物也。劉郁《西使記》曰：骨篤犀，大蛇之角也，解諸毒。愼懋官《華夷鳥獸考》曰：骨咄犀，蛇角也。其性至毒而能解毒，蓋以毒攻毒也，故曰「蠱毒犀」。《唐書》有古都國，必其所產，今人訛爲「骨咄」耳。堂印：劉攽《漢官儀》曰：傳釆堂印。又曰：金印紫綬。堂帖：《夢溪筆談》曰：唐中書指揮事謂之堂帖子。曾見唐人堂帖，宰相簽押格，如今之堂札子也。

又《國語解補》 鶡案：《遼史·國語解》亦有不專爲國語者，如君基太乙神、葉格戲、果下馬、堂印、堂帖之類。余於史文所有而注未詳者列於前，史文所未有今補者列於後，國語之外風俗、物產皆綴緝焉。貔狸：《夢溪筆談》曰：刁約使契丹爲北語。詩云：「押燕移離畢，移離畢，官名，如中國執政官。看房賀跋支。賀跋支，如執衣防閤。餞行三匹裂，匹裂，小木罌，以色綾木爲之，加黃漆。密賜十貔狸。」貔狸，形如鼠而大，穴居，食果、穀，嗜肉。狄人爲珍膳，味如㹠子而肥。《畫墁錄》曰：虜歲使正旦、生辰，馳至京，見畢密，賜大使一千五百兩，副使一千三百兩，中金也。南使至北虜帳前，見畢，亦密賜羊羓十枚，毗黎邦十頭。毗黎邦，大鼠也。契丹上供物，善糜物，如豬貓，若以一臠置十斤肉鼎，即時糜爛。臣下不敢畜，惟以賜南使。紹聖初，備員北使亦蒙此賜。余得之即縱，諸田館伴大駭，亟求不見。乃曰：「柰何以此縱之？唯上意禮厚南使，方有一枚。本國歲課，其方更無租徭，唯此采捕十數以擬上供。一則以待南使也。如帳前問之，某等皆被責。今已四散收捕，因辭以不殺無用。」自爾直至還界，無日不嗟惜之。《齊東野語》曰《澠水燕談》載：契丹國產大鼠，曰毗貍，形類大鼠而足短，極肥，其國以爲殊味，穴地取之以供國王之膳。《陸氏舊聞》云：狀類大鼠，極肥腯，甚畏日，爲隙光所射輒死。亦竹貀、貛、貍之類耳。近世乃不聞有此，扣之北客，亦多不知何耶。赦例郎君：王鞏《甲申雜記》曰：大遼謂天使爲赦例郎君，依赦例日行五百里也。曜辣：《嘉祐雜志》曰：契丹謂圭爲曜辣。笪却日：《南部新書》曰：盧文進，幽州人也。至江南，李氏封范陽王。嘗云陷契丹中，屢入絕塞，正晝方獵，忽天色晦黑，衆星燦然。問蕃人云所謂「笪却日」也。以此爲常，頃之乃明，方午也。設罷：《中山詩話》曰：余靖兩使契丹，虜情益親，能胡語，作胡語詩。虜主曰：「卿能道，我爲卿飲。」靖舉曰：「夜筵設罷侈盛。臣拜洗，受賜。兩朝厥荷通好。情感勤。厚重。微臣雅魯拜舞。祝若統，福祐。聖壽鐵擺嵩高。俱可忒。無極。」虜主大笑，遂爲酬觴。提烈：《燕北雜記》曰：契丹呼種田爲提烈。治夔離：《燕北錄》曰：戎主太后嚏噴時，但是近位蕃、漢臣僚等并齊道「治夔離」，漢語萬歲也。十里鼻：《燕北雜記》曰：北界漢兒多爲契丹凌辱，罵作「十里鼻」。十里鼻，奴婢也。粆離𠯿：《燕北雜記》曰：臘月戎裝飲酒，呼爲「粆離𠯿」。「粆離」是戰，「𠯿」是時。揑骨地：《契丹國志》曰：男女拜皆同，其一足跪，一足著地，以手動爲節數，止於三。彼言「揑骨地」者，即跪也。倍其不離鼓：《燕北雜記》曰：戎主別有鼓十六面，發更時擂動，至二點住。三更再擂，呼爲「倍其不離鼓」，是驚鬼。省事三：《清异錄》曰：北戎蓮實狀長少味，出藕頗佳，然止三孔用漢語轉譯其名曰「省事三」。喫雀、坤不克：《燕北錄》曰：戎主及契丹臣庶每聞霹靂聲，各相鈎中指，口作「喫雀」聲，以爲禳厭。戎主及契丹臣庶等如見旋風時，便合眼用鞭子空中打四十九下，口道「坤不克」七聲。漢語魂風也，以爲禳厭。蔓珍思：《燕北錄》曰：凡兵馬應是漢兵多以「得勝」及「必勝」二字爲號，諸蕃兵以「蔓珍思」三字爲號，漢語熊、虎二字也。旱金花、青囊花：《陷北記》曰：至湯城淀地氣最溫，契丹苦大寒，則就溫於此。其水泉清冷，草軟如茸，可藉以寢，而多异花，記其二種：一曰旱金，大如掌，金色爍人；一曰青囊，如中國金燈，而色類藍可愛。賜枴：《五代史》曰：漢高祖封北平王，遣牙將王峻奉表契丹，耶律德光呼之爲兒，賜以木枴一。木枴，虜法貴之，如中國几杖，非優大臣不可得。峻持枴歸，虜人望之皆避道。佛裝、細娘：《使遼錄》曰：婦人以黃物塗面如金謂之「佛裝」。《雞肋編》曰：燕山倡妓皆以子爲名，若香子、花子之類，無寒暑必繫綿裙。其良家仕族女子皆髡首，許嫁方留髮。冬月以栝蔞塗面，謂之「佛裝」，但加傅而不洗，至春暖方滌去，久不爲風日所侵，故潔白如玉也。嚴繩孫《西神脞説》曰：遼時婦人有顔色者目爲「細娘」，面塗黃謂之「佛裝」。宋彭汝礪詩有「女夭夭稱細娘，眞珠絡臂面塗黃」。南人見怪，疑爲瘴墨，吏矜誇是佛裝是也。鐵脚草：《王氏談錄》曰：契丹中有鐵脚草采取陰乾，投之沸湯中，頃之莖葉舒卷如生。鶻里𠯿：《燕北錄》曰：正月十三日，放國人作賊，三日如盜及十貫以上，依法行遣北，呼爲「鶻里𠯿」。漢人譯云鶻里是偸，𠯿是時也。稱小人：錢世昭《錢氏私誌》曰：燕北風俗，不問士庶皆自稱小人。宣和間，有遼國右金吾衛、上將軍韓正歸朝，授檢校少保、節度使，對中人以上説話即稱小人，中人以下即稱我家。每日到漏舍誦《天童經》數十遍，其聲朗朗然。且云：對天童説話，豈可稱我！自皇天生我，皆改爲小人。云皇天生小人，皇地載小人，日月照小人，北斗輔小人。前後二十餘句，凡稱我者皆改爲小人。誦畢贊嘆云：「這天童極靈。」聖王少師云：「若無靈聖，如何持得許多小人。」牛馬熟：《東齋紀事》曰：契丹使者蕭慶言：「達怛人不粒食，家養牝牛馬，飲其乳，亦不食其肉腸如筋，雖中箭不死。」又言：「契丹牛馬有熟時，一如南朝養蠶也。有雪而露出草一寸許，此時牛馬大熟；若無雪或雪沒草，則不熟。」獨子青：《清异錄》曰：遼東一處有瓜，若澆沃，則以酒代水，實成破爲十段，每段中止有一子而長數寸，食一顆可作十日糧，國人珍之，名「獨子青」。轉蓬：陳長方《步里客談》曰：古人多用轉蓬，竟不知何物。外祖林公使遼，見蓬花枝葉相屬，團圝在地，遇風即轉，問之云「轉蓬」也。花宴烏熊皮：《鐵圍山叢談》曰：李丞相士美在北門與吾同班綴，嘗言將聘大遼赴其花宴，時戎主坐御牀上，後有烏熊皮蒙一物，頗高大，久而似疲，則以身倚之，意其如古設扆狀耳。俄於烏皮間時露一二人手足，則罔測其故也。及日晏時，乃見數番小兒在其中。李爲吾言，每哂之。吾即答曰：「此乃鮮卑之舊俗，如高歡立孝武皇帝，以黑氈蒙七人，拜其上而歡居其一。殆亦是類乎！」銀貂、駝鹿：《嘉祐雜志》曰：虜使云：「青貂穴死牛腹，掩取之。紫貂升木，射取之，黃色乃其老者。銀貂最貴，契丹主服之。」又云：「駝鹿重三百斤，效其聲致之，茸如茄者切食之。」又云：「大寒之毒如中湯火，著人皮膚成紫皰」。冰梨：《文昌雜錄》曰：余奉使北遼，至松子嶺，舊例互置酒三，行時方窮臘。坐上有北京壓沙梨，冰凍不可食。接伴使耶律筠取冷水浸良久，冰皆外結，已而敲去，梨已融釋。自爾凡所攜柑橘之類，皆用此法，味即如故也。南征馬：《謀夏錄》曰：契丹馬三萬餘匹，歲牧於雄霸、滄州兩界之間，謂之「南征馬」。意欲誇示中國，實備燕雲緩急之用。羅草：蘇頌《魏公集》曰：北人以百騎飛放謂之「羅草」，終日才獲兔數枚，頗有愧色，顧謂余曰：「道次小圍不足觀，常時千人已上爲大圍，則所獲甚多，其樂無涯也」。車渡：《使遼錄》曰：過盧溝河，伴使云：「恐乘轎危，莫若車渡，極安且可速濟，南人不曉其法」。兜玄國：《使遼録》曰：契丹上京曾有人見二青衣駕赤犢車出，其中別有天地，花木繁茂，云此「兜玄國」也。奚車朝馬：《詩話總龜》曰：吳長文使虜，詩云：「奚車一牛駕，朝馬兩人騎。」冰實羊腸：《嘉祐雜志》曰：北虜冰實羊腸。文州羌取蛇韜首繞頭上，治上熱。食肉去皮：王銍《國老談苑》曰：滕涉以戶部副使聘北朝，主客謂涉曰：「南朝食肉何故不去皮？」涉曰：「本朝出產絲蠶，故肉不去皮耳。」九月薦瓜：《國老談苑》曰：趙世長以宗正卿北使，時九月，既宴薦瓜，主客舉謂「世長」，曰：「此方氣候誠早，彼想未也」。世長對曰：「本朝來歲季夏，此味方盛。」陽嵓鎮造墨：蘇軾《東坡全集》曰：雲庵有墨，銘云「陽嵓鎮造」。云是北虜墨，陸子履奉使得之者。攜壺：呂大臨《考古圖》曰：攜壺得於京師，高八寸有半，深七寸有半，徑寸有三分，容二升二合，無銘識。李氏録云：吏部蘇尙書子容頃使虜中，於帳中親見之。鷹背狗：《永平府志》曰：鷹而生犬。《遼史》以之紀异。凡北方皁鵰作巢，所在官司必令人窮巢探卵。較其多寡，如一巢而三卵者，置卒守護，日視之。及其成鷇一，乃狗耳，取飼，以進於朝。其狀與狗無异，但耳尾上多毛，羽數莖而已。田獵鵰則戾天，狗則走陸，所逐同速，名曰「鷹背狗」。呵膠：陳繼儒《眞珠船》曰：呵膠出虜中，可以羽箭，又宜婦人貼花鈿，呵噓隨融，故謂之「呵膠」。劉貢父有和陸子履詩云：「此膠出從遼水魚，白羽補綴隨呵噓。」魚形面花：《嘉祐雜志》曰：契丹鴨淥水牛魚鰾製爲魚形，贈遺婦人貼面花。蓬子臙脂：《燕北録》曰：契丹婦人產時望日番拜八日，候入帳內，以手帕抹却，契丹咅人眼抱婦人，胸卧甘草苗。若生男兒，其夫面塗蓬子臙脂。其蓬子，八月收，以粗布絞汁，用時以布浸水，塗頭面。番婦人亦常時用作妝飾。或生女時，面塗突墨。產母服黑豆湯，調鹽。番言用此二物塗面，時宜男、女。貧者不用此儀。

阿桂等《欽定滿洲源流考》卷一八　《金史》：得勝陀，國言曰「額特赫格們」。滿洲語額特赫已勝也，格們都會也，舊作忽土皚葛蠻，今改正。日月山，國言曰「納喇薩喇」。蒙古語日月也，舊作涅里塞一，今改正。陷泉，國言曰「埒綳吉」。滿洲語陷泥地也，舊作落孛魯，今改正。龍駒河，國言曰「達罕必喇」。滿洲語達罕，馬駒也。必喇，河也。舊作喝必剌，蓋誤，合爲一音，今改正。白濼，國言曰「舍音齊喇」。滿洲語，白色也。舊作勺赤勒，今改正。鴛鴦濼，國言曰「昂吉爾」。滿洲語，野鴨之大而色黃者，舊作昂吉，今改正。燕子城，國言曰「古勒達爾干」。滿洲語，沙燕也。舊作吉甫魯灣，今改正。羊城，國言曰「和寧」。滿洲語，羊也。舊作火唵，今改正。狗濼，國言曰「音達琿尼約」，滿洲語，音達琿，狗也。尼約，水甸也，舊作押恩尼要，今改正。古北口，國言曰「紐斡哩」。滿洲語，色蒼綠也，蓋指山色之蒼翠而言。舊作留斡嶺，今改正。居庸關，國言曰「齊喇哈藩」。滿洲語，齊喇，嚴也。哈藩，官也。舊作查剌合攀，今改正。松亭關，國言曰「薩勒扎」。滿洲語，岐路也。舊作斜烈只，今改正。化成關，國言曰「哈斯哈雅」。蒙古語。哈斯，玉石也。哈雅，牆也。舊作曷撒罕西，今改。《北盟録》：女眞言語，謂好爲賽堪，滿洲語。善，美也。舊作感，今改正。又爲賽音。滿洲語，好也。舊作塞痕，今改正。謂不好爲朗色，滿洲語，邋遢也。舊作辣撒，今改正。謂酒爲博囉達喇蘇，蒙古語，好酒也。舊作孛蘇，蓋音急而訛，今改正。謂棍子敲殺曰「穆克珊滿洲語，挺也。舊作蒙霜，今改正。坦塔哈」，滿洲語，已打之謂。舊作特庫，今改正。又曰「穆克珊」、解見上。舊作蒙山，今併改。「布徹赫斡布嚕」，滿洲語。布徹赫，已死之謂。斡布嚕，該殺之謂。舊作不屈花不辣，今改正。又曰「斡布哈」。滿洲語，令其殺之也。舊作窪勃辣駭，今改正。夫謂妻爲薩爾罕，滿洲語，妻也。舊作薩那罕，今改正。謂夫爲額伊根。滿洲語，夫也。舊作愛根，今改正。《北盟録》：薩滿滿洲語，師巫也。舊作珊蠻，今改正。者，女巫嫗也。《遼東行部誌》：呼圖克，蒙古語，福也。舊作胡土虎，今改正。漢言渾河也。按：此蓋稱名之異，非渾河之解，下文清河、范河並同。哈達，滿洲語，山峯也。舊作胡底，今改正。漢言山也。按：此解近似。達巴罕，滿洲語，嶺也。舊作南謀懶，今改正。漢言嶺也。桑阿滿洲語，孔也。舊作松瓦，今改正。者，城也。按：此解誤。布拉克，蒙古語，泉也。舊作闢羅，今改正。漢語煖泉也。按：此解近似而未當。奎，滿洲語，村莊也。舊作叩畏，今改正。漢言清河也。雅塔喇庫，滿洲語，火鐮也。舊作耶塔剌虎，今改。漢言火鐮也。和勒端，滿洲語，栝松也。舊作和魯奪徒，今改正。漢言松也。茂摩囉，滿洲語，茂木也。摩囉，椀也。舊作蒙古魯，今改正。漢言木盂子也。博囉和屯，蒙古語，博囉，青色也。和屯，城也。舊作鼻里合土，今改正。漢言范河也。

附《金史·舊國語解》考：按《金史·舊國語解》分官稱、人事、物象、物類、姓氏五類。官稱已詳前官制條，姓氏附入部族門，其人事等三類，仍按原次附考于此。勃端察爾，胚胎之名。按：蒙古語稱始祖爲勃端察爾，此云胚胎之名，義未當，第以漢語稱鼻祖例之意，尙可通。《爾雅》亦以胎字、祖字皆訓爲始也，原文作孛倫出，今從《蒙古源流》改正。阿鴻阿，長子。滿洲語。阿鴻阿，長也。舊作阿胡迭，今改正。固納，季也。按：滿洲語固納三歲牛也，此解爲季誤。原文作骨菝，今改正。費揚古曰「幼子」。滿洲語。費揚古，幼子也，義與此合。原文作蒲陽溫，今改正。伊都，次第之通稱。滿洲語。伊都，班次也，此解近似。舊作益都，今改正。第九曰「烏雲」。按：此與滿洲語義相合。原文作烏也，今改正。十六曰「紐勒琿」。滿洲語。紐勒琿，正月十六日也。原文作女魯歡，今改正。按塔哈，客之通稱。滿洲語，義相合。舊作按荅海，今改正。沙津昆，舍人也。按：蒙古語。沙津，敎也。昆，人也。舊作山只昆，今改正。賽音伯奇，男子。滿洲語。賽音，好也。伯奇，堅固也。舊作散亦孛奇，今改正。薩克達，老人之稱也。滿洲語。薩克達，老人也。舊作撒答，今改正。實古納。蒙古語，審問也。舊作什古乃，解云瘠人，並誤，今改正。薩哈連，黧黑之名。滿洲語。薩哈連，黑色也。舊作撒合輦，今改正。博果尼，侏儒。蒙古語。博果尼，矮人也。舊作保活里，今改正。額爾遜，貌不揚也。滿洲語。額爾遜，怪醜狀也。舊作阿里孫，今改正。阿實罕，採薪之子。滿洲語。阿實罕，年少也。舊作阿徙罕，今改正。解云採薪之子，誤。塔哩雅，耘田者。蒙古語。塔里雅，糧也。舊作荅不也，今改正。解云耘田者，誤。阿多古，善採捕者。蒙古語。阿多古，牧場也。舊作阿土古，今改正。解亦誤。巴爾斯，角觝戲者。蒙古語。巴爾斯，虎也。舊作拔里速，今改正。舊解並誤。阿里哈尼雅勒瑪，臂鷹鷂者。滿洲語，架鷹人也。舊作阿离合懣，蓋音急而訛，今改正。舊解相合。圖嚕拉，戶長。滿洲語，率領也。舊作胡魯剌，今改正。舊解近似。阿哈，人奴也。滿洲語，奴也。舊作阿合，今改正。烏珠曰「頭」。滿洲語，義相合。舊作兀朮，今改正。尼雅滿，心也。滿洲語，義相合。舊作粘罕，今改正。又別解云漢人，則當爲尼堪之訛，義解迥殊，音亦有別，而皆誤。以粘罕二字對音，實由不知譯語之故耳。威赫，牙。滿洲語，義相合。舊作吾亦可，又訛界可，今改正。佛爾赫。滿洲語，大拇指也。舊作盤里合，解云將指，並誤，今改正。薩木哈，人之黶也。滿洲語，黶也，義相合。舊作三合，今改正。約赫德。瘍瘡。滿洲語，瘡疤也。舊解未當，原文作牙吾塔，今改正。富拉塔，目赤而盲也。滿洲語，爛眼也。舊解近似，原文作蒲剌都，今改。實格訥，溲疾。蒙古語，溺也。舊解近是而未當。原文作石哥里，今改正。們圖琿，癡騃之謂。滿洲語，愚也。舊解相近。原文作謾都謌，今改正。穆哩庫，無賴之名。滿洲語。穆哩庫，執謬人也，舊解未當。原文作謀良虎，今改正。與人同受福曰「呼圖克」。蒙古語，福也，舊解近是。原文作忽都，今改正。以力助人曰「愛實拉布」。滿洲語，令扶助也。原文作阿息保，今改正。蘇布赫，酒醒也。滿洲語，義相合。原文作辭不失，今改正。訥蘇肯，和睦之義。滿洲語，溫和也，舊解誤。原文作奴中，今改正。溫綽寬，寬容之名也。滿洲語，義相合。舊作訛出虎，今改正。色拉哈，安樂。滿洲語。色拉哈，暢快也，舊解近是。原文作賽里，今改正。阿庫納。滿洲語，令周到也。原文作迪吉乃，解云來也，並誤，今改正。薩巴。蒙古語，器皿也。原文作撒八，解云迅速之義，並誤，今改正。烏肯徹。蒙古語，柔弱也。舊作烏古出，解云方言曰再休，猶言再不復也，意近似而未當，今改正。以物與人已然曰「阿里布」。滿洲語，令其呈獻也。舊解未當，原文作阿里白，今改正。沃哩布，蓄積之名。滿洲語，存留也，舊解近似。原文作吾里補，今改正。興色，猶云「常川」也。滿洲語，孜孜不倦也，舊解相近。原文作習矢，今改正。凡市物已得曰「烏達哈」。滿洲語，已買之謂，舊解相合。原文作兀帶，今改正。烏勒登，明星。滿洲語。烏勒登，晨光也，舊解未當。原文作兀典，今改正。阿林，山。滿洲語，義相合。原文作阿鄰，今改正。登，高也。滿洲語，義相合。原文作太神，今改正。山之上銳者曰「哈達」。滿洲語，峯也。原文作哈丹，今改正。坡陀曰「阿拉」。滿洲語，山岡也。原文作阿懶，今改正。山大而峻曰「實納」。蒙古語，山梁也。原文作斜魯，今改正。達賚，海也。蒙古語，義相合。舊作忒鄰，今改正。扎呼岱，舟也。滿洲語，義相合。舊作沙忽帶，今改正。沃楞。滿洲語，水紋也。原文作斡論，解云生鐵，並誤，今改正。釜曰「實木圖」。滿洲語，大鐵鍋也。原作闍母，今改正。刃曰「色埒默」。滿洲語，順刀也。原文作斜烈，今改正。佛勒和者，鎚也。滿洲語，義相合。原文作婆盧，今改正。金曰「愛紳」。滿洲語，義相合。原文作按春，則滿洲語耳墜之稱，雖耳以金爲之，致誤亦有由。而義名各殊，並爲訂正。尼楚赫，珠也。滿洲語，義相合。原文作銀朮可，今改正。布囊曰「富埒呼」。滿洲語，口袋也，舊解近是。原文作蒲盧琿，今改正。盆曰「阿里庫」。滿洲語，盤也，舊解未當。原文作阿里虎，今改正。罐曰「呼紐」。滿洲語，水桶也，舊解未當。原文作活女，今改正。烏哩，草廩也。滿洲語，草囤也，舊解近似。原文作烏烈，今改正。沙拉，衣襟也。滿洲語，衣襟角也，舊解相近。原文作沙剌，今改正。富拉琿，色之赤者也。滿洲語，水紅色也，舊解相近。原文作活臘胡，今改正。呼蘭，竈突。滿洲語，烟洞也，舊解近似。原文作胡剌，今改正。和勒，端松。滿洲語，栝松也。舊文作拉端，今改正。瑚哩，松子。滿洲語，義相合。原文作阿虎里，今改正。舒伊勒哈，蓮也。滿洲語，蓮花也，義相合。原文作孰輦，蓋語急而訛，今改正。呼爾罕，羔。按：此與蒙古語義相合。原文作活离罕，今改正。

喀齊喀，犬子。滿洲語，小犬也。原作合喜，今改正。額聶亨庫哩，犬之有文者。滿洲語，上三字母狗也。庫里，花色也。原文作訛古乃，今改正。烏勒呼瑪，山雞。滿洲語，義相合。原文作蒲阿，今改正。色克，貂鼠。滿洲語，義相合。原文作斜哥，今改正。烏木罕，鳥卵也。滿洲語，義相合。原文作窩謀罕，今改正。

《四庫提要・史部二・欽定遼金元三史國語解》 乾隆四十六年奉勑撰考。譯語對音，自古已然。《公羊傳》所稱「地物從中國邑，人名從主人」是也。譯語兼稱其名義，亦自古已然。《左傳》所稱「楚人謂乳穀謂虎於菟」，《穀梁傳》所稱「吳謂善伊謂稻緩」，號從中國，名從主人是也。間有音同字異者，如天竺之爲「捐篤」、「身毒」、「印度」，烏桓之爲「烏丸」。正如中國文字偶然假借，如「歐陽漢碑」作「歐陽包胥」，《戰國策》作「勃蘇耳初」，非以字之美惡分別愛憎也。自《魏書》改「柔然」爲「蠕蠕」，比諸蠕動，已屬不經。《唐書》謂「回紇」改稱「回鶻」，取輕健如鶻之意，更爲附會。至宋人武備不修，鄰敵交侮，力不能報，乃區區修隙於文字之間，又不通譯語，竟以中國之言求外邦之義。如趙元昊自稱「兀卒」，轉爲「吾祖」，遂謂吾祖爲我翁。蕭鷓巴本屬蕃名，乃以與曾淳甫作對，以「鷓巴鷄脯」爲惡謔。積習相沿，不一而足。元托克托等修宋遼金三史，多襲舊文，不加刊正。考其編輯成書已當元末，是時如台哈布哈號爲文士，今所傳納新案：納新，原本誤作廼賢，今改正。《金臺集》首有所題篆字亦自署曰「泰不華」，居然訛異。蓋舊俗已漓併，色目諸人亦不甚通其國語，宜諸史之訛謬百出矣。迨及明初，宋濂等纂修《元史》以八月告成，事迹挂漏尚難殫數，前代譯語更非所諳。三史所附《國語解》顛舛支離，如出一轍，固其宜也。我皇上聖明天縱，邁古涵今，洞悉諸國之文，灼見舊編之誤。特命館臣詳加釐定，併一一親加指示，務得其真。以索倫語正《遼史》，凡十卷。首君名，附以后妃、皇子、公主；次宮衛，附以軍名；次部族，附以屬國；次地理、次職官、次人名、次名物，共七門。以滿洲語正《金史》，凡十二卷。首君名，附以后妃、皇子；次部族、次地理、次職官，附以軍名；次姓氏、次人名，附以名物，共六門。以蒙古語正《元史》，凡二十四卷。首帝名，附以后妃、皇子、公主；次宮衛，附以軍名；次部族，附以國名；次地理、次職官、次人名、次名物，共七門。各一一著其名義，詳其字音。字音爲漢文所無者，則兩合、三合以取之。分析微茫，窮極要窅。即不諳繙譯之人，繹訓釋之明，悟語聲之轉，亦覺釐然有當於心，而恍然於舊史之誤也。蓋自欽定《三合切音清文鑑》出，而國語之精奥明。至此書出，而前史之異同得失亦明。不但宋、明二史可據此以刊其訛，即四庫之書，凡人名、地名、官名、物名涉於三朝者，均得援以改正，使音訓皆得其真。聖朝考文之典洵超軼乎萬禩矣。

又《欽定遼史語解》卷一 按：遼以索倫語爲本語解內，但釋解義，概不複注。索倫語其中姓氏、地名、官名、人名無解義者，俱以今地名、《八旗姓氏通譜》、官名改字面訂之。君名：按遼世系編次，其非太祖本支者列於後。后妃、皇子、公主附。

奇善汗滿洲語。奇善，鮮明也。汗，君長之稱。卷一作「奇首可汗」，遼始祖。克敦蒙古語，幾數之謂。卷三十七作「可敦」，遼遠祖。巴圖蒙古語，結實也。卷三十七作「勃突」，遼五世祖。聶呼滿洲語，單弱也。卷二作「雅里」，遼遠祖。按雅里，滿洲語，肉也。本不應改，以史内各卷字面不同，或書爲「涅里」，或書爲「泥禮」，又訛作「泥里」，實係一人，故改從「聶呼」，已詳《世表考證》。必塔滿洲語，河一邊深一邊淺也。卷二作「毗牒」，遼遠祖。海蘭滿洲語，榆樹也。卷二作「頦領」，遼遠祖。努爾蘇蒙古語，鳥氄毛也。卷二作「耨里思」，肅祖。薩喇達滿洲語。薩喇，繖也；達，頭目也。卷二作「薩剌德」，懿祖。伊德實蒙古語，食物也。卷二作「匀德實」，太祖之祖。色勒迪甲也。卷二作「撒剌的」，太祖之父。安巴堅滿洲語。安巴，大也。堅，理也。卷一作「阿保機」，太祖字。多爾濟唐古特語，金剛也。卷一作啜里只，太祖小字。耀庫濟蒙古語。耀，窑也；庫濟，香也。卷二作「堯骨」，太宗小字。

烏雲滿洲語，九數也。卷一作「兀欲」，世宗字。舒嚕滿洲語，珊瑚也。卷三作「述律」，穆宗字。文殊努卷十作「文殊奴」，因以佛號爲名，但改字面，聖宗字。雅布濟蒙古語，已行也。卷十八作「夷不菫」，興宗字。濟古爾　蒙古語，羽翼也。卷十八「只骨」，興宗小字。納琳蒙古語，精細也。卷二十一作「涅鄰」，道宗字。察喇滿洲語，注酒器也。卷二十一作「查剌」，道宗小字。溫汗滿洲語。溫，化也；汗，君長之稱。卷四十五作「洼可汗」。庫哩滿洲語，牲畜毛片之犁花色也。卷六十三作「屈列」。蘇爾威汗蒙古語。蘇爾，威也；威，叢林也；汗，君長之稱。卷二作「阻午可汗」。達年扎里滿洲語。達年，遮蔽處也；扎里，茅藤子也。卷三十二作「迪輦祖里」，卷六十三訛作「迪輦俎里」，又作「迪輦紮里」，係一人，併改。和拉汗蒙古語。和拉，遠也；汗，君長之稱。卷四十五作「胡剌可汗」。蘇汗滿洲語。蘇，旋風也；汗，君長之稱。卷四十五作「蘇可汗」。森濟汗蒙古語。森濟，鐘鈕也；汗，君長之稱。卷三十三作「鮮質可汗」。兆古汗蒙古語。兆古，百數也；汗，君長之稱。卷四十五作「昭古可汗」，卷七十九又訛作「嘲古可汗」，併改。伊蘭汗滿洲語。伊蘭，三數也；汗，君長之稱。卷三十四作「耶瀾可汗」。齊蘇蒙古語，血也。卷六十三作「屈戍」。巴拉汗梵語。巴拉，護也；汗，君長之稱。卷四十五作「巴剌可汗」。實埒滿洲語，湯也。卷六十三作「習爾」。哈陶津汗蒙古語。哈陶津，實也；汗，君長之稱。卷一作「痕德菫可汗」。果珍唐古特語，有恩之謂。卷六十三作「過折」。且羅唐古特語。且，大也；羅，年也。卷六十三作「楷落」。實古唐古特語。實，溫良也；古，身也。卷六十三作「邵固」。后妃：哈屯蒙古語，王妃之稱。卷三十二作「可敦」，皇后稱。多爾吉滿洲語，內也。卷七十一作「腻俚蹇」，后稱。納額默滿洲語。納，地也；額默，母也。卷七十一作「耨斡麼」，后尊稱。卓沁蒙古語，客也。卷七十一作「卓眞」，肅祖后。伊勒希滿洲語，副也。卷七十一作「牙里辛」，懿祖后。鄂爾多滿洲語，亭也。卷七十一作「月里朶」，元祖后。伊木沁滿洲語，男巫鼓也。卷七十一作「巖母斤」，德祖后。蘇克濟滿洲語，榆錢也。卷七十一作「撒葛只」，世宗后。呼紐滿洲語，水桶也。卷十四作「胡輦」，世宗妃。卓琳滿洲語，指向也。卷八作「啜里」，世宗妃。普格卷八作「蒲哥」，因無解義，但改字面，世宗妃。菩薩格卷七十一作「菩薩哥」，因以佛號爲名，但改字面，聖宗后。訥木錦滿洲語，溫良之謂。卷七十一作「耨斤」，聖宗妃。托里蒙古語，鏡也。卷七十一作「撻里」，興宗后。徹察滿洲語，木耳也。卷七十一作三□，興宗妃。

塔斯 蒙古語，性烈也。卷七十一作「坦思」，道宗妃。 多囉羅滿洲語，行禮之謂。卷七十一作「奪里懶」，天祚后。 實古唐古特語。實，温良也；古，身也。卷七十一作「師姑」，天祚妃。 色色滿洲語，金線也。卷七十一作「瑟瑟」，天祚妃。 貴格卷七十一作「貴哥」，因無解義，但改字面，天祚妃。皇子： 學順滿洲語，孝也。卷六十四作「治昚」。 雅遜蒙古語，骨也。卷六十四作「牙新」。 噶拉滿洲語，手也。卷六十四作「葛剌」。 扣肯蒙古語，孩童也。卷六十四作「古昆」。 轄哩滿洲語，斜眼也。卷六十四作「洽禮」。 達年滿洲語，遮蔽處也。卷六十四作「敵輦」。 蘇拉滿洲語，閑散也。卷六十四作「叔拉」。 塔拉滿洲語，野外也。卷六十四作「怗剌」，卷六十六又訛作「帖剌」，係一人，併改。 赫德滿洲語，渣滓也。卷六十四作「痕得」。 尼古察蒙古語，秘密也。卷六十四作「褭古直」。 頁卜肯滿洲語，俊麗也。卷六十四作「嵓母根」。 瑪魯滿洲語，瓶也。卷六十四作「痲魯」。 揚珠蒙古語，儀表也。卷六十四作「巖术」。 實嚕蒙古語，珊瑚也。卷二十作「釋魯」。 蘇呀滿洲語，聰明也。卷六十四作「述瀾」。 埒克滿洲語，礪石也。卷一作「剌葛」。 綏蘭滿洲語，馬蜂也。卷六十四作「率懶」。 特爾格蒙古語，車也。卷一作「迭剌」，又作「迭剌哥」，亦作「迭烈哥」，係一人。 伊勒都堪滿洲語，略覺順便也。卷六十四作「雲獨昆」。 伊德實蒙古語，食物也。卷一作「寅底石」。 愛新滿洲語，金也。卷六十四作「阿辛」。 安圖滿洲語，山陽也。卷一作「安端」。 蘇滿洲語，旋風也。從史卷六十四原文。 貝唐古特語，香也。卷一作「倍」。 托雲滿洲語，準頭也。卷六十四作「圖欲」。 魯呼滿洲語，無頭箭也。卷一作「李胡」。 鴻觀滿洲語，鈴也。卷六十四作「洪古」。 雅爾噶唐古特語，夏令也。卷六十四作「牙里果」。 雅斯哈滿洲語，簷網也。卷六十四作「罨撒葛」。 必徹滿洲語，滂也。卷六十四作「苾扇」。 迪里頭也，卷六十四作「敵烈」。 博斯齊蒙古語，已起立之謂。卷六十四作「巴速廑」。 必舒滿洲語，撫摩也。卷八作「必捏」。 珍戩唐古特語。珍，恩也；戩，有也。卷六十四作「箴廑」。 哈勒布滿洲語，容留之謂。卷六十四作「吼阿不」。 扎穆滿洲語，桃紅色也。卷八作「只沒」，卷十作「質睦」，卷六十四作「長沒」，係一人，併改。 呼喇濟蒙古語，已集聚也。卷六十四作「和魯堇」。 普賢努卷六十四作「普賢奴」，因以佛號爲名，但改字面。 古齊蒙古語，三十數也。卷六十四作「高七」。 和爾沁唐古特語。和爾，蒙古人也；沁，大也。卷六十四作「胡都堇」。 藥師努卷十四作「藥師奴」，因以佛號爲名，但改字面。 博齊希滿洲語，醜也。卷六十四作「孛吉只」，卷十六又訛作「勃已只」，併改。 布古德蒙古語，總也。卷六十四作「別古特」，卷十八訛作「鼻姑得」，卷二十又訛作「別古得」，係一人，併改。 薩蘭蒙古語，月也。卷六十四作「撒懶」，又作「撒鸞」，併改。 烏格蒙古語，言也。卷六十四作「吳哥」。 格爾蒙古語，房也。卷六十四作「狗兒」。 圖嚕琨蒙古語。圖嚕，爲首之謂；琨，人也。卷六十四作「屠魯昆」。 海古勒蒙古語，後護也。卷六十四作「侯古」。 額勒本滿洲語，茅草也。卷六十四作「訛里本」。 和囉噶蒙古語，院也。卷二十作「和魯斡」。 阿尼雅滿洲語，年也。卷六十四作「阿輦」。 阿林滿洲語，山也。卷二十作「阿璉」。 伊囉斡蒙古語，吉兆也。卷六十四作「耶魯斡」。 額嚕溫滿洲語，鑽也。卷三十一作「敖魯斡」。 雅里滿洲語，肉也。從史卷六十四原文。 塔魯樺皮也，卷六十四作「撻魯」。 實訥埒蒙古語，令其過年之謂。卷二十七作「習泥烈」。 特哩袞蒙古語，爲首之謂。卷三作「提离古」。 安巴薩哈勒 安巴，滿洲語，大也；薩哈勒，蒙古語，鬚也。卷三作「阿鉢撒葛里」。 罕巴蒙古語，已足之謂。卷九作「韓八」。 佛寶努卷十二作「佛寶奴」，因無解義，但改字面。

舒蘇滿洲語，廩給也。卷十五作「屬思」。 寶信努卷十八作「寶信奴」，因無解義，但改字面。 庫嚕噶里滿洲語。庫嚕，健壯也；噶里，小兒伶俐也。卷十九作「胡盧斡里」。 阿薩爾蒙古語，閣也。卷三十作「阿撒」。 濟色古勒蒙古語，堆鋪也。卷三十七作「只撒古」。 鄂約滿洲語，氈廬頂也。卷一作「隈欲」，皇孫。公主： 濟古爾蒙古語，羽翼也。卷六十五作「質古」。 羅卜科蒙古語，淖泥也。卷六十五作「呂不古」。 綽哈滿洲語，兵也。卷六十五作「嘲瑰」。 和克丹蒙古語，有產業之謂。卷十作「胡骨典」，卷六十五又訛作「和古典」，係一人，併改。 薩喇滿洲語，繖也。卷六十五作「撒剌」。 淑格卷十作「淑哥」，因無解義，但改字面。 雅克蒙古語，結實也。卷六十五作「燕哥」。 伊木沁滿洲語，男巫鼓也。卷六十五作「巖母厪」。 碩格滿洲語，銀錁也。卷六十五作「槊古」。 吹巴勒唐古特語。吹，法也；巴勒，威也。卷十七作「崔八」。 陶格卷六十五作「陶哥」，因無解義，但改字面。 塔納滿洲語，東珠也。卷六十五作「鈿匿」。 玖格卷六十五作「九哥」，因無解義，但改字面。 巴格卷六十五作「八哥」，因無解義，但改字面。 實格卷六十五作「十哥」，因無解義，但改字面。 丕紳草木厚密也，卷六十五作「擘失」。 泰格卷六十五作「泰哥」，因無解義，但改字面。 賽格卷六十五作「賽哥」，因無解義，但改字面。興格滿洲語，魚羣也。卷六十五作「興哥」。巴戬唐古特語。巴，勇也；戬，裝嚴也。卷六十五作「跋芹」。烏拉台蒙古語。烏拉，驛站也；台，有也。卷六十五作「斡里太」。蘇克濟滿洲語，榆錢也。卷六十五作「撒葛只」。扎里滿洲語，茅藤子也。卷六十五作「紥里」。托里蒙古語，鏡也。卷六十五作「特里」。額哩音蒙古語，花斑也。卷六十五作「余里衍」。諾木歡滿洲語，循良也。卷十七作「粘米袞爾」，卷六十八又訛作「涅术袞」，係一人，併改。孟古蒙古語，銀也。卷七十一作「萌古」。佛古寧滿洲語。佛，舊也；古寧，意也。卷三作「蒲割顛」。額伯哩滿洲語，懦弱也。卷五作「阿不里」。呼敦滿洲語，快也。卷一百七作「胡獨」。【略】

《欽定金史語解》卷一　按：金以滿洲語爲本語解內，但釋解義，概不複注。滿洲語其中地名、姓氏、人名無解義者，俱以今地名、《八旗姓氏通譜》改字面，訂之。君名：后妃、皇子附。烏嚕烏嚕是非之是也。卷一作嗚□，德帝名。巴哈巴，得也。卷一作「跋海」，安帝名。綏赫綏也。卷一作「綏可」，獻祖名。舒嚕珊瑚也。卷一作「石魯」，又作「實魯」，又作「世魯」，併改，昭祖名。烏古鼐卷一作「烏古迺」，因無解義，但改字面，景祖名。和哩布令圈圍也。卷一作劾里鉢，世祖名。頗拉淑卷一作「頗剌淑」，因無解義，但改字面，肅宗名。英格稠李也。卷一作盈歌，穆宗名。額嚕溫鑽也。卷一作「烏魯完」，穆宗字。烏雅舒卷一作「烏雅束」，因無解義，但改字面，康宗名。摩囉完摩囉，椀也；完，梯也。卷一作「毛路完」，康宗子。阿固達卷一作「阿骨打」，因無解義，但改字面，太祖名。烏奇邁卷二作「吳乞買」，因無解義，但改字面，太宗名。哈喇蒙古語，黑色也。卷四作「合剌」，熙宗名。都古嚕訥蒙古語，盈滿也。卷一作「迪古乃」，卷五十九作「敵古迺」，併改，海陵名。烏祿空松子也。從史卷六原文世宗名。瑪達格愛惜小兒之辭。卷九作「痲達葛」，章宗名。烏達布令買也。卷十四作「吾睹補」，宣宗名。寧嘉蘇卷十七作「寧甲速」，因無解義，但改字面，哀宗名。勝額預知也。卷十九作縄果，景宣帝名。鄂爾多亭也。卷十九作訛里朵，睿宗名。呼塔噶蒙古語，小刀也。卷十九作「胡土瓦」，顯宗名。后妃：烏爾袞都喀烏爾袞，喜也；都喀，門也。卷六十三作「烏古論都葛」，昭祖后。圖卜新蒙古語，平也。卷六十三作「多保眞」，景祖后。薩滿巫也。卷六十三作「撒卯」，熙宗妃。阿里庫盤也。卷六十三作「阿里虎」，海陵妃。定格卷六十三作「定哥」，因無解義，但改字面，海陵妃。實格卷六十三作「石哥」，因無解義，但改字面，海陵妃。密呼索倫語，肩也。卷六十三作「彌勒」，海陵妃。阿蘭樺皮也。卷六十三作「阿懶」，海陵妃。扎巴蒙古語，山谷也。卷六十三作「察八」，海陵妃。實庫箭眼也。卷六十三作「什古」，海陵妃。· 布拉荆棘也。卷六十三作「蒲刺」，海陵妃。· 錫納蒙古語，山崗也。卷六十三作「習撚」，海陵妃。· 實古爾 蒙古語，繖也。卷六十三作「師姑兒」，海陵妃。· 蘇呼和卓蘇呼，聰明也；和卓，美麗也。卷六十三作「莎里古真」，海陵妃。· 伊都班也。卷六十三作「餘都」，海陵妃。· 特訥克蒙古語，愚也。卷六十九作「獨奴可」，太祖娘子。、達呼默復也。卷六十五作「達胡末」，昭祖次室。、綽斯和鎗□也。卷六十五作注「思灰」，景祖次室。· 都本終也。卷六十五作「敵本」，景祖次室。皇子：· 博囉蒙古語，青色也。卷五十九作「輩魯」，德帝子。· 錫赫特毛鬃稀短也。卷五十九作「謝庫德」，安帝子。· 錫哩布令擠也。卷五十九作「謝夷保」，安帝子。· 錫里庫蒙古語，選拔也。卷一作「謝里忽」，安帝子。、巴圖蒙古語，堅固也。卷五十九作「朴都」，獻祖子。· 阿布哈薺菜也。卷五十九作「阿保寒」，獻祖子。· 圖庫表裏之表也。卷五十九作「敵酷」，獻祖子。· 薩里罕主張也。卷五十九作「撒里輦」，獻祖子。· 薩克蘇茶紙簍也。卷五十九作「撒葛周」，獻祖子。· 烏肯徹蒙古語，柔弱也。卷五十九作「烏骨出」，昭祖子。· 伯赫墨也。卷一作「跋黑」，昭祖子。· 伯勒赫預備也。卷五十九作「跋里黑」，昭祖子。· 斡里雅棄也。卷五十九作「斡里安」，昭祖子。· 和碩台蒙古語，在旗之人也。卷五十九作「胡失答」，昭祖子。· 和卓美麗也。卷一作「劾者」，景祖子。· 噶順蒙古語，苦也。卷一作「劾孫」，景祖子。· 赫色本命也。卷五十九作「劾真保」，景祖子。· 滿丕繩結也。卷五十九作「麻頗」，景祖子。· 阿里罕衣貼襯也。卷一作「阿离合懣」，景祖子。· 們圖琿愚也。卷一作「謾都訶」，景祖子。、威泰蒙古語，有記性也。卷一作「斡帶」，世祖子。· 舍音白色也。卷二作「斜也」，世祖子。· 烏色子粒也。卷一作「斡賽」，世祖子。· 烏哲蒙古語，看也。卷五十九作「斡者」，世祖子。· 阿庫納迴匝也。卷五十九作「烏故乃」，世祖子。· 棟摩茶桶也。卷二作「闍母」，世祖子。· 扎拉媒人也。卷五十九作「查刺」，世祖子。· 烏達買也。卷五十九作「烏特」，卷六十五作「五都補」，併改，世祖子。· 訥古庫蒙古語，遷移也。卷五十九作「耨酷款」，肅宗子。· 富勒呼口袋也。卷五十九作「蒲魯虎」，肅宗子。· 達蘭堤岸也。卷三作「撻懶」，穆宗子。· 芬徹有餘也。卷二作「蒲察」，穆宗子。· 富爾丹關也。卷五十九作「蒲里迭」，穆宗子。· 算卓挑選也。卷五十九作「撒祝」，穆宗子。· 烏頁蒙古語，世代也。卷五十九作「烏也」，穆宗子。· 摩囉歡眼圓睜也。卷三十一作「謀良虎」，康宗子。· 騰格徹蒙古語，相稱也。卷五十九作「同刮茁」，康宗子。· 威赫牙也。卷五十九作「限可」，康宗子。· 斡布唐古特語，老也。卷五十九作「斡本」，太祖子。· 斡里雅布令棄也。卷三十一作「斡里不」，太祖子。烏珠頭也。卷三十一作「斡出」，卷五十九作「兀术」，併改，太祖子。烏里弓弦也。卷五十九作「烏烈」，太祖子。穆里延肥根也。卷五十九作「沒里野」，太祖子。額爾袞一紀之紀也。卷五十九作「訛魯觀」，太祖子。額魯葱也。卷五十九作「訛魯」，太祖子。阿嚕蒙古語，山陰也。卷五十九作「阿魯」，太祖子。阿里布呈遞也。卷五十九作「阿魯補」，太祖子。實訥埒蒙古語，過新年也。卷五十九作「習泥烈」，太祖子。斡琿臭也。卷五十九作「斡忽」，卷六十九作「斡忽」，併改，太祖子。呼嚕手背也。卷四作「胡盧」，又作「胡魯」，併改，太宗子。呼拉布令念也。卷四作「斛魯補」，太宗子。阿嚕岱蒙古語，有山陰之謂。卷五十九作「阿魯岱」，太宗子。呼沙呼梟鳥也。卷五十九作「斛沙虎」，太宗子。阿林山也。卷五十九作「阿隣」，太宗子。呼蘭烟洞也。卷四作「鶻懶」，太宗子。呼爾察蒙古語，敏捷也。卷五十九作「胡里甲」，太宗子。實圖美蒙古語，倚靠也。卷五十九作「神土門」，太宗子。哈必蘇蒙古語，肋也。卷五十九作「斛孛束」，太宗子。沃哩留也。卷五十九作「斡烈」，太宗子。和碩隅也。卷五十九作「鶻沙」，太宗子。舒蘇鄂博蒙古語。舒蘇，廩給也；鄂博，堆石以爲祭處也。卷五作「矧思阿不」，海陵子。沃哩布令留也。卷五十九作「吾里補」，睿宗子。薩喇勒蒙古語，貉皮馬也。卷六作「實魯剌」，世宗子。

烏遜蒙古語，水也。卷八十五作「萬僧」，世宗子。蘇尼蒙古語，夜也。卷五十九作「熟輦」，世宗子。薩咾勒蒙古語，有月光也。卷五十九作「斜魯」，世宗子。尼楚赫珍珠也。卷五十九作「銀術可」，世宗子。實古爾蒙古語，傘也。卷八十五作「石狗兒」，世宗子。桑阿孔也。卷五十九作「宋葛」，世宗子。恩楚異也。卷五十九作「訛出」，世宗子。哈雅蒙古語，山牆也。卷八十五作「鶴野」，世宗子。羅索極濕難耕地也。卷五十九作「婁室」，世宗子。錫卜察裁決之謂。卷五十九作「斜不出」，世宗子。罕都稻也。卷五十九作「歡睹」，卷九十三作「桓篤」，併改，顯宗子。阿古喇器械也。卷五十九作「阿虎懶」，章宗子。鄂特藏布唐古特語。鄂特，光也；藏布，好也。卷五十九作「斡魯不」，卷九十三作「訛魯不」，併改，章宗子。薩哈小圍也。卷五十九作「撒改」，章宗子。額琳時也。卷五十九作「訛論」，章宗子。德里盤石也。卷五十九作「忒隣」，章宗子。安春耳墜也。卷五十九作「按出」，衛紹王子。明安千數也。卷五十九作「猛安」，衛紹王子。阿禪合也。卷十三作「按陳」，卷五十九作「按展」，併改，衛紹王子。帮圖斗栱也。卷五十九作「盤都」，宣宗子。【略】

又《欽定元史語解》卷一　按：元□蒙古語爲本語，解內但釋解義，概不複注。蒙古語其中姓氏、地名、官名、人名無解義者，俱以《蒙古原虎考》、今地名、《八旗姓氏通譜》官名敕字而討之。帝名：后妃、皇子、公主附。帝名以世次爲先後，始於勃端察爾者。爾，原也。睿宗以下悉從。附錄者，重統也。尊號以廟號各附於某帝之下，后妃、皇子亦俱以世系爲先後。公主則依封國編次，而以各卷散見，及無封國者附焉。至標主卷目，仍依各名先見之處，以歸畫一。勃端察爾卷一作「孛端乂兒」，今從《蒙古源流》改正，元始祖名。巴噶哩台哈必齊卷一作「八林昔黑剌禿合必畜」，今從《蒙古源流》改正，二世祖名。瑪哈多丹卷一作「咩撚篤敦」，今從《蒙古源流》改正，三世祖名。濟農達爾罕濟農，名號之稱，達爾罕，凡有勤勞免其差役之謂。卷一百七作「既拏篤兒罕」，四世祖名。海都滿洲語，身偏也。從卷一原文，五世祖名。拜星呼爾卷一作「拜姓忽兒」，今從《蒙古源流》改正，六世祖名。敦巴該卷一作「敦必乃」，今從《蒙古源流》改正，七世祖名。噶布勒汗卷一作「葛不律寒」，今從《蒙古源流》改正，八世祖名。巴爾達木誇張也。卷一作「八哩丹」，九世祖名。伊蘇克依卷一作「也速該」，今從《蒙古源流》改正，烈祖名。特穆津鐵之最精者。卷一作「鐵木眞」，太祖名。青吉斯卷一作「成吉思」，今從《蒙古源流》改正，太祖尊號。諤格德依上也。卷一作「窩闊台」，太宗名。庫裕克伶俐也。卷二作「貴由」，定宗名。孟克經常也。卷二作「蒙哥」，憲宗名。呼必賚變化也。卷三作「忽必烈」，世祖名。色辰聰明也。卷十七作「薛禪」，世祖尊號。特穆爾鐵也。卷六作「鐵穆爾」，卷十八作「鐵穆耳」，併改，成宗名。

諤勒哲圖有壽也。卷二十一作「完澤篤」，成宗廟號。哈尚遲鈍也。卷二十作「海山」，武宗名。庫魯克超衆之謂。卷二十三作「曲律」，武宗廟號。阿裕爾巴里巴特喇梵語。阿裕爾，壽也；巴里，威也；巴特喇，好也。卷二十二作「愛育黎拔力八達」，仁宗名。布延圖布延，福也；圖，有也。卷二十六作「普顔篤」，仁宗廟號。碩迪巴拉梵語。碩迪，清淨也；巴拉，守護也。卷二十四作「碩德八剌」，英宗名。格根明也。卷二十八作「格堅」，英宗廟號。伊蘇特穆爾伊蘇，九數也；特穆爾，鐵也。卷二十一作「也孫鐵木兒」，泰定帝名。和實拉有力也。卷二十二作「和世㻋」，明宗名。胡土克圖再來人也。卷三十三作「護都篤」，明宗廟號。圖卜特穆爾圖卜，正也；特穆爾，鐵也。卷三十一作「圖帖睦爾」，文宗名。濟雅圖濟雅，天命之命也；圖，有也。卷三十六作「札牙篤」，文宗廟號。伊埒哲伯伊埒，明顯也；哲伯，梅針箭也。卷三十一作「懿璘質班」，寧宗名。托歡特穆爾托歡，釜也；特穆爾，鐵也。卷三十一作「妥懽帖木爾」，順帝名。圖類替也。卷一作「拖雷」，睿宗名。伊克諾延伊克，大也；諾延，官長之稱。卷七十四作「也可那顔」，睿宗尊號。珍戩唐古特語，有恩也。卷四作

「眞金」，裕宗名。噶瑪拉梵語，蓮花葉也。卷十六作「甘麻剌」，顯宗名。達爾瑪巴拉梵語。達爾瑪，法也；巴拉，守護也。卷二十二作「答剌麻八剌」，順宗名。后妃：阿倫果斡阿倫，潔淨也；果斡，美好也。卷一作「阿蘭果火」。摩納倫卷一作「莫拏倫」，因無解義，但改字面。諤楞雲也。卷一作「月倫」。布爾特格勒津卷一百六作「孛兒台旭眞」，卷一百十八作「孛兒台」，係一人，今併從《蒙古源流》改正。和拉袞和拉，遠也；袞，深也。卷一百六作「忽魯渾」。果勒濟雅坦果勒，河也；濟雅，命也；坦，有也。卷一百六作「潤里架担」。托果斯孔雀也。卷一百六作「脫忽思」。特穆倫即特穆爾，鐵也。卷一百六作「帖木倫」。琳沁巴勒唐古特語。琳沁，寶也；巴勒，威也。卷一百六作「亦憐眞八剌」。巴延呼圖克巴延，富也；呼圖克，福也。卷一百六作「不顏渾禿」。呼蘭集聚也。卷一百六作「忽蘭」。哈勒巴津溫和之謂。卷一百六作「哈兒八眞」。伊實琳沁唐古特語。伊實，智慧也；琳沁，寶也。卷一百六作「亦乞剌眞」。托歡徹爾托歡，釜也；徹爾，潔淨也。卷一百六作「脫忽茶兒」。伊蘇九數也。卷一百六作「也速」。和拉哈喇和拉，遠也；哈喇，黑色也。卷一百六作「忽魯哈剌」。

阿齊蘭孝也。卷一百六作「阿失倫」。圖勒古爾初也。卷一百六作「禿兒哈剌」。徹爾潔淨也。卷一百六作「察兒」。阿實克默色阿實克，利也；默色，器械也。卷一百六作「阿昔迷失」。諤勒哲呼圖克諤勒哲，壽也；呼圖克，福也。卷一百六作「究者忽都」。伊蘇肯九數之謂。卷一百六作「也速干」。琿塔噶酒杯也。卷一百六作「忽答罕」。哈達山峰也。卷一百六作「哈答」。諤勒哲和斯諤勒哲，壽也；和斯，雙也。卷一百六作「斡者忽思」。雅爾唐古特語，上也。卷一百六作「燕里」。呼實罕滿洲語，女裙也。卷一百六作「忽勝海」。伊津滿洲語，經緯之經也。卷一百六作「也眞」。伊埒呼圖克伊埒，明顯也；呼圖克，福也。卷一百六作「也里忽禿」。徹辰聰明也。卷一百六作「察眞」。哈喇沁瞭望人也。卷一百六作「哈剌眞」。呼嚕古岱呼嚕古，手指也；岱，有也。卷一百六作「渾魯忽歹」。呼魯古爾缺耳人也。卷一百六作「忽魯灰」。拉拜磾磦也。卷一百六作「剌伯」。托歡釜也。卷一百六作「禿干」。諤勒哲壽也。卷一百六作「完者」。諤勒哲台有壽也。卷一百六作「完者台」。納蘭日也。

卷一百六作「奴倫」。瑪爾沁唐古特語。瑪爾，紅色也；沁，大也。卷一百六作「卯眞」。索隆噶虹也。卷一百六作「鎖郎哈」。巴拜岱巴拜，寶貝也；岱，有也。卷一百六作「八不別歹」。巴喇噶沁管理什物人也。卷一百六作「孛刺合眞」。托里格依訥托里，鏡也；格依訥，照也。卷一百六作「脫列哥那」。昂哈起初也。卷一百六作「昂灰」。克勒奇庫塔納克勒奇庫，串也；塔納，東珠也。卷一百六作「乞里吉忽帖尼」。塔納奇納塔納，東珠也；奇納，作也。卷一百六作「禿納吉納」。額爾吉納旋轉也。卷一百六作「業里訖納」。烏拉海額實烏拉海，微紅也；額實，柄也。卷一百六作「斡兀立海迷失」。呼爾察敏捷也。卷一百六作「火里差」。呼圖克台有福也。卷一百六作「忽都台」，卷一百十八作「忽台」，係一人，併改。約索爾仍舊也。卷一百六作「也速兒」。楚巴滿洲語，女齊肩朝褂也。卷一百六作「出卑」。莽賚呼圖克莽賚，首先之謂；呼圖克，福也。卷一百六作「明里忽都魯」。布濟克舞也。卷三十八作「別吉」。圖古哩克圓也。卷四作「帖古倫」。徹伯爾潔淨也。卷一百六作「察必」。諾爾布唐古特語，寶也。卷一百六作「喃必」。塔喇海毛稀之謂。卷一百六作「塔剌海」。諾木歡滿洲語，循良也。卷一百六作「奴罕」。巴延烏珍滿洲語。巴延，富也；烏珍，穩重也。卷一百六作伯要兀眞。庫庫楞青色也。卷一百六作「闊闊倫」。蘇喀達實梵語，蘇喀，安也；唐古特語，達實，吉祥也。卷一百六作「速哥答思」。安濟蘇犁也。卷四作「斡者思」。巴拜哈斯巴拜，寶貝也；哈斯，玉也。卷一百六作「八八罕」。薩巴罕器度也。卷一百六作「撒不忽」。烏爾古納滋生也。卷四作「兀魯忽乃」。布爾罕佛也。卷一百六作「卜魯罕」。克勒奇庫塔納克勒奇庫，串也；塔納，東珠也。卷一百六作「乞里吉忽帖尼」。實哩達喇梵語。實哩，威也；達喇，救渡也。卷一百六作「失憐答里」。珍格唐古特語。珍，恩也；格，福也。卷九十五作「眞哥」。蘇喀實哩梵語。蘇喀，安也；實哩，威也。卷一百六作「速哥失里」。謂勒哲岱謂勒哲，壽也；岱，有也。卷九十五作「完者台」，卷一百六作「完者歹」，併改。阿南達實哩梵語。阿南達，阿難也；實哩，威也。卷一百六作「阿納失舍里」，卷一百十四作「阿納失失里」，係一人，併改。達爾瑪實哩梵語。達爾瑪，法也；實哩，威也。卷九十作「答兒麻失里」。蘇喀巴拉梵語。蘇喀，安也；巴拉，守護也。卷九十作「速哥八剌」。雅本呼圖克雅本，行也；呼圖克，福也。卷一百六作「牙八忽都」。

多爾濟巴勒唐古特語。多爾濟，金剛也；巴勒，威也。卷一百六作「朵兒只班」。巴拜哈斯巴拜，寶貝也；哈斯，玉也。卷一百六作「八不罕」。呼喇雨也。卷一百六作「忽剌」。伊蘇九數也。卷一百六作「也速」。薩都巴拉梵語。薩都，心也；巴拉，守護也。卷一百六作「撒答八剌」。布延庫哩頁額實布延，福也；庫哩頁，範圍之謂；額實，授記也。卷一百六作「卜顏怯里迷失」。實喇特穆爾實喇，黃色也；特穆爾，鐵也。卷一百六作「失烈帖木兒」。塔納東珠也。卷一百六作「鐵你」。巴罕些須也。卷一百六作「必罕」。蘇喀達喇梵語。蘇喀，安也；達喇，救渡也。卷一百六作「速哥答里」。明垺克和塔拉明垺克，唐古特語，好名之謂；和搭拉，普遍也。卷九十五作「明里忽都魯」。溫綽寬滿洲語，微寬也。卷三十四作「按出罕」。伊垺實克伊垺，明顯也；實克，相似也。卷三十四作「月魯沙」。布延呼圖克福也。卷三十四作「不顏忽魯都」。班布爾實一歲熊也。卷一百六作「八不沙」。瑪里達梵語，花名也。卷一百六作「邁來迪」。托果斯孔雀也。卷一百六作「脫忽思」。布達實哩梵語。布達，佛也；實哩，威也。卷一百六作「卜答失里」。塔哩雅圖默色塔哩雅圖，有田也；默色，器械也。卷一百六作「答里也忒迷失」。喇特納實哩梵語。喇特納，寶也；實哩，威也。卷一百六作「答納失里」。牟尼實哩梵語。牟尼，能也；實哩，威也。卷四十一作「木納失里」。巴延呼圖克巴延，福也；呼圖克，福也。卷四十三作「普顏忽都」。謂勒哲呼圖克 謂勒哲，壽也；呼圖克，福也。卷九十二作「究者忽都」。綳勒噶塔納綳勒噶，桶也；塔納，東珠也。卷一百六作「唆魯忽帖尼」，卷一百十六作「唆魯帖尼」，係一人，併改。瑪實甚也。卷一百十七作「馬一實」。伯奇音濟齊伯奇，堅固也；音濟齊，矮人也。卷九十五「伯伯藍」也，怯赤。庫克沁甲乙之乙也。卷一百十六作「闊闊眞」。阿恰默色阿恰，馱子也；默色，器械也。卷一百六作「安眞迷失」。布延徹爾額實布延，福也；徹爾，潔淨也；額實，授記也。卷一百十六作「普顏怯里迷失」。巴克巴該蝙蝠也。卷一百六作「拜拜海」。哈尚罕彌勒佛也。卷一百六作「忽上海」。塔濟閃緞也。卷一百六作「答吉」，卷一百十六作「答己」，係一人，併改。

錢大昕《十駕齋養新録》卷九《蒙古語》 元人以本國語命名。或取顏色：如察罕者，白也。哈剌者，黑也。昔剌者，黃也。亦作失剌。忽蘭者，紅也。孛羅者，青也。亦作博羅。闊闊者，亦青也。亦作擴廓。或取數目：如朵兒別者，四也。亦作掇里班。塔本者，五也。只兒瓦歹者，六也。朵羅者，七也。乃蠻者，八也。也孫者，九也。哈兒班答者，十也。忽陳者，三十也。亦作急嗔。乃顏者，八十也。亦作乃燕。明安者，千也。禿滿者，萬也。

或取珍寶：如按彈者，金也。亦作阿勒壇。速不台者，珠也。亦作碎不觧。納失失者，金錦也。亦作納石失。失列門者，銅也。亦作昔剌門。帖木兒者，鐵也。亦作鐵木爾，又作帖睦爾。或取形相：如你敦者，眼也。赤斤者，耳也。或取吉祥：如伯顏者，富也。只兒哈朗者，快樂也。亦作只兒哈郎。阿木忽郎者，安也。賽因者，好也。也克者，大也。蔑兒干者，多能也。一作默爾傑。或取物類：如不花者，牯牛也。亦作補化。不忽者，鹿也。亦作白忽。巴而思者，虎也。阿爾思蘭者，師子也。脫來者，兔也。亦作討來。火你者，羊也。昔寶者，鷹也。昂吉兒者，鴛鴦也。或取部族：如蒙古台、唐兀台、遜都台、瓮吉剌歹、兀良哈歹、塔塔兒歹、亦乞列歹、散朮歹、亦作珊竹台。肅良合，亦作瑣郎哈，謂高麗人也。皆部族之名。亦有以畏吾語命名者：如也忒迷失者，七十也。阿忒迷失者，六十也。皆畏吾語。此外如文殊奴、普顏奴、觀音奴、佛家奴、汪家奴、衆家奴、百家奴、醜廝、醜驢、和尚、六哥、五哥、七十、八十之類，皆是俗語。或厭其鄙俚，代以同音之字。如奴之爲訥，驢之爲閭，哥之爲格，不過游戲調弄，非有別義也。

沈曾植《蒙古源流箋證》卷五［張爾田校補］ 衛喇特·扎哈明安之浩海·達裕浩海氏扎哈明安，其後爲準噶爾，扎哈疑即準噶爾舊姓也。答云：汗之弟，哈爾古楚克·都古楞·鴻台吉之妻，鄂勒哲依圖·鴻郭斡拜濟，爾田案：拜濟即必濟，蒙古語貴婦也。一作必姬，明人譯作比妓，亦有作妣吉者，對音無定字。台吉妻曰必濟，汗妻曰伯奇太后。伯奇，別乞對音，尊稱。顏色較此尤爲都麗。

雜録

《漢書·叙傳》 班氏之先，與楚同姓，令尹子文之後也。子文初生，棄於瞢中，而虎乳之。楚人謂乳「穀」，謂虎「於檡」，故名穀於檡，字子文。楚人謂虎「班」，其子以爲號。秦人滅楚，遷晉、代之間，因氏焉。

《資治通鑑·陳宣帝太建十三年》 突厥佗鉢可汗病且卒，謂其子菴邏曰：「吾兄不立其子，委位於我。我死，汝曹當避大邏便。」胡三省注：大邏便者，木杆之子。杜佑曰：突厥以勇健者爲「莫賀弗」，肥粗者爲「大羅便」。大羅便，酒器也，似角而粗短，體貌似之，故以爲號。此官特貴，唯其子弟爲之。

《遼史·國語解·序》 史自遷、固，以迄《晉》、《唐》，其爲書雄深浩博，讀者未能盡曉。於是裴駰、顏師古、李賢、何超、董衝諸儒，訓詁音釋，然後制度、名物、方言、奇字，可以一覽而周知。其有助於後學多矣。遼之初興，與奚、室韋密邇，土俗言語大概近俚。至太祖、太宗，奄有朔方，其治雖參用漢法，而先世奇首、遙輦之制尚多存者。子孫相繼，亦遵守而不易。故史之所載官制、宮衛、部族、地理，率以國語爲之稱號。不有注釋以辨之，則世何從而知，後何從而考哉？今即本史參互研究，撰次《遼國語解》以附其後，庶幾讀者無齟齬之患云。

火源潔《華夷譯語·凡例》 用漢字譯寫胡語，其中間有有聲無字者，今特借聲音相近字樣，立例於後，讀者依例求之，則無不諧矣。一、字傍小注中字者，乃喉内音也，如：合、㧾之類。一、字傍小注舌字者，乃舌頭音也，必彈舌讀之。如：硍、哩、唎、嚕、哰之類。一、字傍小注丁字者，頂舌音也，以舌尖頂上齶鄂。讀之，如：温、兀、斡、囆之類。一、字下小注黑字、勒字者，亦與頂舌同，如：冰、呼、莫、勒。孫之類。一、字下小注黑字、惕字、克字者，皆急讀帶過音也，不用讀出。一、字下小注卜字、必字者，皆急讀合口音也，亦不用讀出。

顧炎武《日知録》卷二九《國語》 後魏初定中原，軍容號令皆本國語。後染華俗，多不能通，故録其本言相傳教習，謂之國語。孝文帝命侯伏、侯可、悉陵以國語譯《孝經》之旨，教於國人，謂之《國語孝經》。幷《隋書·經籍志》。而歷考《後魏》、《北齊》二書，若孟威以明解北人語，敕在著作，以備推訪；孫搴以通能鮮卑語，宣傳號令；祖珽以解鮮卑語免罪，復參相府；劉世清以能通四裔語，爲當時第一，後主命作突厥語翻《涅槃經》，以遺突厥可汗。幷見遇時主，寵絶群僚。然其官名制度無一不用漢語。而魏孝文太和十九年六月己亥詔：「不得以北俗之語言於朝廷，違者免所居官。」《魏書·咸陽王禧傳》：「孝文引見朝臣，詔斷北語，一從正音，禧贊成其事。於是詔年三十已上，習性已久，容或不可卒革；三十已下，見在朝廷之人，語音不聽仍舊，若有故爲，當降爵黜官。若仍舊俗，恐數世之後，伊雒之下，復成被髮之人。朕嘗與李沖論此，沖言：『四方之語，竟知誰是？帝者言之，即爲正矣，何必改舊從新？』沖之此言，應合死罪，乃謂沖曰：『卿實負社稷！』沖免冠陳謝。」《北齊書·高昂傳》：「於時鮮卑共輕中華朝士，唯憚服於昂。高祖每申令三軍，常鮮卑語，昂若在列，則爲華言。」孝文用夏變夷之主，齊神武亦英雄有大略者也。契丹偏居北陲，始以本國之言爲官名號令，而《遼史》創立《國語解》一篇，自是金元亦多循之錢氏曰：《元史》無《國語解》，而北俗之語遂載之史書，傳於後代矣。後魏《平陽公丕傳》：「丕雅愛本風，不達新式。至於變俗遷雒，改官制服，禁絶舊言，皆所不願。帝亦不逼之，但誘示大理，令其不生同異。」變俗之難如此。今則拓跋宇文之語不傳於史冊者，已蕩然無餘，一時衆楚之咻固不能勝三紀遷殷之化也。後唐康福善諸蕃語。明宗聽政之暇，每召入便殿，咨訪時事，福即以蕃語奏之。樞密使安重誨惡焉，嘗面戒之曰：「康福但亂奏事，有日斬之！」

又《日知録之餘》卷四《華夷譯語》　洪武十五年正月丙戌，命編類《華夷譯語》。上以前元素無文字號令，但借高昌書制爲蒙古字，以通天言語。至是乃命翰林侍講火原潔，與編修馬沙亦黑等，以華言譯其語，凡天文地理、人事物類、服食器用，靡不具載。復取元秘史參考，紐切其字，以諧其聲音。既成，詔刻行之。自是使臣往來朔漠，皆能通達其情。

錢大昕《十駕齋養新録》卷九《譯音無定字》　《王崇古傳》，把漢自聘「我兒都司」女，即《外國傳》之「襖兒都司」也。北音「我」與「襖」相近。《張學顏傳》，前稱察罕「土門汗」，後稱「土蠻」，土蠻即土門汗也。《李成梁傳》，前稱「大委正」，後稱「一克灰正」，亦是一人。蒙古語大爲「伊克」，亦曰「一克」。《王崇古傳》：俺荅妻一克哈屯，蓋其大妻也。《元史》作「也可」，《兵志》作「也可怯薛」，謂第一怯薛也。委、灰，音相似也。《李成梁傳》有西部「乂漢」，即「插漢」也，亦即「察罕」，見《張學顏傳》。《大清一統志》作「察哈爾」。《外國傳》有「銀定歹青」，亦作「銀定歹成」。見《蕭如薰達雲柴國柱傳》。

昭槤《嘯亭續録》卷一《清字經館》　乾隆壬辰，上以《大藏佛經》有天竺番字、漢文、蒙古諸繙譯，然其禪悟深邃，故漢經中咒偈，惟代以翻切，並未譯得其秘指，清文句意明暢，反可得其三昧，故設清字經館於西華門內，命章嘉國師經理其事，達天、蓮筏諸僧人助之，考取滿謄録、纂修若干員繙譯經卷。先後凡十餘年，《大藏》告蕆，然後四體經字始備焉。初貯經板於館中，後改爲實録館，乃移其板於五鳳樓中存貯焉。

又《翻書房》　崇德初，文皇帝患國人不識漢字，罔知治體，乃命達文成公海翻譯《國語》、《四書》及《三國志》各一部，頒賜耆舊，以爲臨政規範。及定鼎後，設翻書房於太和門西廊下，揀擇旗員中諳習清文者充之，無定員。凡《資治通鑑》、《性理精義》、《古文淵鑒》諸書，皆翻譯清文以行。其深文奥義，無煩注釋，自能明晰，以爲一時之盛。有戶曹郎中和素者，翻譯絶精，其翻《西廂記》、《金瓶梅》諸書，疏櫛字句，咸中綮肯，人皆爭誦焉。

吴振棫《養吉齋叢録》卷六　國初，刑部讞獄，録供不用漢文。康熙間，尚書王公掞以供詞非漢語，漢官無由知曲直，隨聲畫諾，便成虛設。於是始命録供兼清、漢稿。至乾隆間，裁滿字稿。

又卷二〇　《遼金元三史國語解》，乾隆四十六年奉勅撰。譯語對音，自古已然。間有音同字異者，如天竺之爲捐毒、身毒、印度，烏桓之爲烏丸。正如中國文字，偶然假借。自《魏書》改柔然爲蠕蠕，比諸蠕動。《唐書》謂回紇改稱回鶻，取輕健如鶻之意，皆爲附會。至宋人不通譯語，以中國之言，求外邦之義。如趙元昊自稱兀卒，轉爲吾祖，遂謂吾祖爲我翁。蕭鷓巴本屬藩名，乃以與曾淳甫作對，以鷓巴、鶉脯爲惡謔。元托克托等《宋》、《遼》、《金》三史，多襲舊文，不加刊正。宋濂等修《元史》，譯語更非所諳。爰命詳加釐定，以索倫語正《遼史》，以滿洲語正《金史》，以蒙古語正《元史》。一一著其名義，詳其字音。然後他書之人名、地名、官名涉於三朝者，均得援以改正，使音訓皆得其眞矣。嘉慶二十三年，命方略館諸臣將《遼》、《金》、《元》三史中人名、地名、官名，悉遵欽定《國語解》改正，仍於所改名下註明原作某，以存其舊。至道光三年書始成。

陳康祺《郎潛紀聞三筆》卷五《有裨實用之國語》　本朝入關以來，從龍舊裔，大都漸習華言，若漢臣則雖號稱博雅之人，亦未必諳曉國語。康祺昔嘗留意於此，苦無師承，爰取欽定《日下舊聞考》、《譯語總目》爲宗，參以各種官書，擇其有裨習用者録之，以備遺忘。安巴堅，大理也。伊喇，黍也。錫里，選拔也。希達，門簾也。色珍，車也。唐古，百數也。穆濟，大麥也。赫德，渣滓也。罕都，稻也。洛索極濕，難耕地也。貝勒，管理衆人之稱也。尼楚赫，珍珠也。布希，膝也，又去毛鹿皮也。尼堪，漢人也。巴圖魯，勇也。拉里，爽利也。布達，飯也。呼沙呼，鵋鶀也。薩都拉，結親也。鄂爾多，宮也。圖喇，柱也。安圖，山陽也。巴延，富也。赫嚕，車輻也。斡氣，味也。果實，疼愛也。烏珍，重也。舒嚕，珊瑚也。霞哩斜，眼也。呼嚕，手背也。扎克繖，霞也。伊勒希，副也。按班，大臣也。烏珠，頭也。實勒們，鷂子也。愛滿，部落也。瑪，粗也。蘇庫，皮也。尼瑪哈，魚也。阿勒錦，聲譽也。和勒博，聯絡也。伊徹，新也。實納，亦新也。察喇注，酒器也。吉勒展恕泰費音，太平也。納地也巴納，地方也。沙克珊，狡猾人也。善延，白色也。索琿姜，黃色也。達勒達，隱避處也。瑪魯，瓶也。聶赫，鴨也。伯特，才力不及也。卓哩，指之也。和卓，美好也。愛新，金也。蘇赫，斧也。雅勒呼，肉槽盆也，亦大槽盆也。達，爲首之稱也。烏達，買也。烏嚕，是也。佛伸，柄也。準布提，撕也。達春，敏捷也。尼嚕罕，畫也。塔哈，客也。達掄，飲馬處也。錫津，釣魚絲線也。博勒和，潔淨也。琿楚，冰牀也。舍音，色白也。斡罕，袖頭也。瑠和海，白魚也。阿達奇，鄰也。尼雅滿，心也。齊喇，嚴也。哈蕃，官也。桂齊，善也。阿蘇，網也。已上皆滿洲語。特里袞，爲首之謂也。圖魯卜，形勢也。託果，釜也。舒蘇，高粱也。索多烏翅，大翎也。道喇，下也。諳達，夥伴也。特哩，齊整也。徹伯爾，廉潔也。保喇，雄駝也。巴圖，堅固也。鄂勒哲，壽也。錫寶齊，養禽鳥人也。集賽，輪流值班也。和爾果斯牧地，遺失也。齊蘇，血也。哈喇，黑色也。哈斯，玉也。達爾罕，凡有勤勞者免其差役之謂也。察納那，邊也。伊嚕，凈也。布哈，犍牛也。果勒，河也。特穆爾，鐵也。雅克結，實也。喀喇，黑馬也。庫庫，青色也。齊達勒，勤也。伊克，大也。德勒，衣也。丹，有也；岱，亦有也；台，亦有也。伊蘇，九數也。察罕，白色也。博囉，青色也。額森，平安也。阿爾，花紋也。尼格，一數也。納奇錫，絨線也。羅卜科，淖泥也。博爾濟，二輩奴也。和必斯朵，器名也。都哩，式樣也。默色，器械也。博果岱，麥也。塔齊兒，瘠地也。和坦，城也。永和爾，絨也。和遜，空也。伊爾，鋒刃也。圖裂圖有，柴也。阿穆爾，安也。烏蘭，紅色也。準，東也。阿薩爾，閣也。珠古，厚也。摩該，蛇也。博果密，包裹也。瑪勒圖，有牲畜之謂也。瑪勒，牲畜也。鄂齊爾，金剛也。達納，管也。色辰，聰明也。庫魯克超，衆也。布延，福也。格根，明也。特古斯，全也。布爾罕，佛也。察克，時也。蒙古臺有，銀也。烏德美，送也。多羅岱，七數也。筆且齊，寫字人也。札爾古齊，斷事人也。賽音，好也。袞，深也。巴克賽，師也。濟蘇，顔色也。特爾格，車也。伊遜，九數也。岱爾，牡鹿也。札達，石也。札拉爾，帽纓也。特穆津，鐵之最精者也。奈曼，八數也。索諾木納木結，有福人也。噶布拉，天靈蓋也。諾摩罕，樸實也。蘇蘇勒巴，敬也。達嚕噶齊，頭目也。鴻和爾，黃色也。拜珠，存也。索約勒，教化之化也。哈陶，剛也。阿實克，利也。婁，龍也。都爾蘇，規模也。台哈長，毛也。圖們，萬數也。納琳，紬也。阿巴齊，行圍人也。多羅，七數也。尼古勒，罪孽也。珠格爾，閒散也。額蘇倫，梵天也。拜達勒，形像也。奇塔，漢人也。伯奇，堅固也。薩巴器，四也。呼喇楚，積聚也。浩爾齊，吹笳人也。和斯，雙也。茂不，善也。克哷野，外也。哈布爾，春也。克特，火鐮也。塔斯，性烈也。伊札爾，根源也。拜，不動也。諾音，官長也。實古納，審問也。達蘭，七十數也。阿嚕岱，山陰也。蘇嚕克，牧羣也。奎騰，冷也。都古爾濟，盈滿也。克埒木，牆也。諾海，犬也。阿固岱，寬也。烏蘭巴爾紅，虎也。哈喇婁黑，龍也。錫里濟，選拔也。已上皆蒙古語詳。袞，理事官也。迪里，頭目也。薩勒迪，甲也。珠克，房屋也。已上皆索倫語。伊實，智慧也。達什，吉祥也；札實，亦吉祥也。多爾濟，金剛也。帕克斯巴，聖也。僧格，獅也。昌，酒也。通，飲也。諾爾布，財也。蘇隴，守護也。裕勒，地方也。綽爾濟，法師也。鄂特色爾，金光也。敏珠爾，無違之謂也。額琳沁，寶也。佐特，庫也。淩，長也。藏布，美好也。雲丹，才也。索諾木，福也。策，壽也。貝實勒，琥珀也。衆密克，智慧眼也。足克戩，首飾也。古爾，帳房也。嘉勒斡，勝也。扎巴，徒弟也。默，火也。沙，肉也。明埒，好名也。棟，硨磲也。阿，五數也。年，妙也。圖沁，大力也。綽斯，法也。安布，不善之謂也。古拉，身也。納克楚，黑水也。嘉木陽，文殊菩薩也。已上皆唐古特語。夫稽詢故實，必先由語言文字入門，今日士大夫苟留心世故，講求西法，雖習李耳戎言，學郝隆蠻語，亦復何嫌。況煌煌乎中朝國語乎？抉擇登載，殆不過千百之什一，宏雅之士，或有以引其緒焉。

注釋名著部

《周易正義》分部

綜　述

孔穎達《周易正義序》　夫易者，象也。爻者，效也。聖人有以仰觀俯察，象天地而育群品。雲行雨施，效四時以生萬物。若用之以順，則兩儀序而百物和。若行之以逆，則六位傾而五行亂。故王者動必則天地之道，不使一物失其性。行必協陰陽之宜，不使一物受其害。故能彌綸宇宙，酬酢神明。宗社所以无窮，風聲所以不朽。非夫道極玄妙，孰能與於此乎？斯乃乾坤之大造，生靈之所益也。若夫龍出於河，則八卦宣其象。麟傷於澤，則《十翼》彰其用。業資凡聖，時歷三古。及秦亡金鏡，未墜斯文。漢理珠囊，重興儒雅。其傳《易》者，西都則有丁、孟、京、田，東都則有荀、劉、馬、鄭。大體更相祖述，非有絶倫。唯魏世王輔嗣之注，獨冠古今。所以江左諸儒并傳其學，河北學者罕能及之。其江南義疏，十有餘家，皆辭尚虚玄，義多浮誕。原夫《易》理難窮，雖復玄之又玄，至於垂範作則，便是有而教有。若論住內住外之空，就能就所之説，斯乃義涉於釋氏，非爲教於孔門也。既背其本，又違於注。至若《復》卦云「七日來復」，并解云「七日當爲七月，謂陽氣從五月建午而消，至十一月建子始復，所歷七辰，故云七月」。今案：輔嗣注云「陽氣始剥盡至來復時，凡七日」，則是陽氣剥盡之後，凡經七日始復。但陽氣雖建午始消，至建戌之月陽氣猶在，何得稱「七月來復」？故鄭康成引《易緯》之説，建戌之月以陽氣既盡，建亥之月純陰用事，至建子之月陽氣始生，隔此純陰一卦，卦主六日七分，舉其成數言之，而云「七日來復」。仲尼之緯分明，輔嗣之注若此，康成之説遺迹可尋。

輔嗣注之於前，諸儒背之於後。考其義理，其可通乎？又《蠱》卦云「先甲三日，後甲三日」，輔嗣注云「甲者創制之令」，又若漢世之時甲令、乙令也。輔嗣又云「令洽」「乃誅」，故「後之三日」。又《巽》卦云「先庚三日，後庚三日」，輔嗣注云「申命令謂之庚」。輔嗣又云「甲、庚，皆申命之謂也」。諸儒同於鄭氏之説，以爲甲者宣令之日，先之三日而用辛也，欲取改新之義，後之三日而用丁也，取其丁寧之義。王氏注意，本不如此。而又不顧其注，妄作异端。今既奉敕删定，考察其事，必以仲尼爲宗。義理可詮，先以輔嗣爲本。去其華而取其實，欲使信而有徵。其文簡，其理約，寡而制衆，變而能通。仍恐鄙才短見，意未周盡。謹與朝散大夫行大學博士臣馬嘉運、守大學助教臣趙乾叶等，對共參議，詳其可否。至十六年，又奉敕與前修疏人及給事郎守四門博士上騎都尉臣蘇德融等、對敕使趙弘智，覆更詳審，爲之正義。凡十有四卷，庶望上裨聖道，下益將來。故序其大略，附之卷首爾。

邢璹《周易略例序》　原夫兩儀未位，神用藏於視聽，一氣化矣。至賾隱乎名言，於是河龍負圖，犧皇畫卦。仰觀俯察，遠物近身。八象窮天地之情，六位備剛柔之體。言大道之妙，有一陰一陽。論聖人之範圍，顯仁藏用實。三元之胎祖，鼓舞財成。爲萬有之蓍龜，知來藏往。是以孔丘三絶，未臻樞奥。劉安九師，尚迷宗旨。臣舞象之年，鼓篋鱣序，漁獵墳典，偏習《周易》。研窮耽玩，無舍寸陰。是知卦之紀綱，周文王之言略矣。象之吉凶，魯仲尼之論備矣。至如王輔嗣《略例》，大則總一部之指歸，小則明六爻之得失。承乘逆順之理，應變情僞之端。用有行藏，辭有險易。觀之者可以經緯天地，探測鬼神，匡濟邦家，推辟咎悔。雖人非上聖，亦近代一賢臣。謹依其文，輒爲注解。雖不足敷弘易道，庶幾有裨於教義。亦猶螢爝增輝於太陽，涓流助深於巨壑。臣之志也，敢不上聞。

何良俊《四友齋叢説》卷一九《子一》　王弼《易經注》，淵微玄着，正所謂要言不煩者也。至其注《老子》，便覺冗長。如出二手，此不知何故。而《世説》以爲何平叔見王注精奇迺神伏者何耶？或者今道藏經所傳，非輔嗣舊本也。何平叔《道德二論》，世亦不傳矣。

《四庫提要·經部一·周易注》　弼之説《易》，源出費直，直《易》今不可見，然荀爽《易》即費氏學。李鼎祚書尚頗載其遺説。大抵究爻位之上下，辨卦德之剛柔，已與弼注略近。但弼全廢象數，又變本加厲耳。平心而論，闡明義理，使《易》不雜於術數者，弼與康伯深爲有功。祖尚虚無，使《易》竟入於《老》、《莊》者，弼與康伯亦不能無過。瑕瑜不掩，是其定評。諸儒偏好偏惡，皆門戶之見，不足據也。

朱良裘《周易略例考證》 《略例》一冊，乃王氏《易注》之綱領。《隋書·經籍志》所謂「《周易》十卷」，蓋幷此數之故。《釋文》云：「或有題爲第十者」。孔氏作疏，主申王學，而不疏《略例》，殊失體要。至坊刻注疏本，乃削去之，謬妄甚矣。監本雖附見卷末，而序目不全，字句多訛。今據相臺岳氏所梓荆谿家塾本，及《漢魏叢書》、《津逮秘書》所錄，稍爲參訂。有同异者著之。

又《周易注疏跋》 按孔穎達《易疏序》云：「爲之《正義》十有四卷。」《經籍考·館閣書目》云：「今本止十三卷。」監本分爲九卷。蓋據王弼注六十四卦六卷，韓伯注《繫辭》以下三卷之文，而又不依其篇第也。諸經題曰「注疏」，而《易》獨名爲「兼義」。諸經分錄《音義》，而《易》獨附之卷末。直是合刻注疏之始，體例未定，故爾乖違。後人遂沿而不改耳。乾隆四年，奉敕校刊經史。廣羅舊本，以備參稽。得文淵閣所藏不全《易疏》四冊，則上經三十卦釐爲五卷。始知孔疏、王注已分六卷爲十卷，合之韓注三卷，而十三卷自備。臣良裘偕臣林枝春、臣闻棠、臣吴泰，昕夕考究，凡監本舛錯謬訛之處，證以舊本。如覆得發，如垢得梳。惜自《晉》卦以下，舊本殘缺。然監本之不可復讀者，已十去其六七矣。是年冬校訖，進呈奉制，報可爰付剞劂，逾年竣工。兹臣良裘復與同事臣陳浩、臣李清植覆加檢核，詳審再三，錄爲《周易注疏考證》若干條，遵旨列於各卷之末。竊惟王弼《易注》，孤行江左二百餘年。孔氏《正義》，專申其學，幾於盡掃群言。自程、朱傳義出，學者乃束而不觀。今其說之合者，已備錄於《周易折中》，無容更爲論別。漢世傳《易》諸家，异同不可復考。間有見於李鼎祚《集解》者，采輯一二，以補陸德明《釋文》所未備。王注流傳差謬，郭京所舉正者，總一百三節，世罕其書，今分別著之，其疏釋中，字有訛別，各加指證，以資考索。他如《五經文字》、《六經正誤》、《音辯》、《韵補》諸書所訂正，足爲字學、韵學之助者，亦采其說以附。於識小之義，深知測海之難，實切負山之懼。

王鳴盛《蛾術編》卷三《王弼韓康伯注》［迮鶴壽參校］ 《隋·經籍志》：《周易》十卷，魏尚書郎王弼注。《六十四卦》六卷，韓康伯注。《繫辭》以下三卷，王弼又撰。《易略例》一卷，《周易繫辭》二卷，晉太常韓康伯注。《晉·韓伯傳》：伯字康伯。不言其注《周易繫辭》，略之也。攷《南齊·陸澄傳》與王儉書曰：王弼于注經中已舉《繫辭》，故不復別注。今若專取弼《易》，則《繫說》無注。乃《魏志·鍾會傳》裴松之注引何邵《王弼傳》曰：「弼注《易》，穎川人荀融難弼《大衍義》。」而今韓康伯注《繫辭》屢引弼語，是弼雖不注《繫辭》，而別有《大衍義》，今不傳矣。宋程子伊川《易傳》，張子横渠《易說》，楊氏簡慈湖《易傳》，皆不注《繫辭》等傳，然伊川每卦前冠以《序卦傳》，既取《序卦》，則非不信《繫辭》者，特未暇及耳。鶴壽案：《通志》有王弼《周易窮微論》一卷，《中興書目》有王弼《易辨》一卷，《冊府元龜》有《顧悅之難王弼易義》四十餘條。王弼《乾·文言》注「仲尼旅人，則國可知矣」二語，本《京房易》傳說旅卦之詞。唐郭京作《易舉正》，自言得王、韓手寫傳授眞本，與世行本不同者，舉而正之凡一百三條，其實皆京妄爲之以欺人。所云得王、韓手寫本者，安有此事。毛氏刻入《津逮祕書》，可云無識。鶴壽案：京《自序》言：依定本舉正其訛，總一百三十五處，二百七十三字。洪邁曰：《坤·初六·象》曰：履霜堅冰，陰始凝也。京本無『堅冰』二字。凡《舉正》一百三節，趙汝楳、王應麟諸人屢斥其非。近惠氏棟又取《屯·六二·象》曰：即鹿無虞，何以從禽也。諸條以李氏所錄《漢易》攷之，指其妄謬十一處，勝于一炬焚之矣。《魏志·鍾會傳》：「山陽王弼好論儒道，辭才逸辯，注《易》及《老子》，爲尚書郎，年二十餘卒。」裴松之注略言曹爽以弼補臺郎，正始十年卒，年二十四。案：正始十年四月改元嘉平，是年爲己巳，然則弼生于黄初七年丙午，弼之父業，業之父覬，覬爲劉表壻，業即表之外孫。族父粲，仲宣之子，以反誅，業爲粲後。弼又作《周易略例》，邢璹爲注。《新唐書·肅宗紀》：初封陝王，性好學，元宗遣賀知章等侍讀左右，中有邢璹名。《王鉷傳》：鉷弟銲與邢縡善，縡鴻臚少卿，璹子也。注《易略例》者，未知即此人否。

皮錫瑞《經學通論·易經·論王弼多清言而能一掃術數瑕瑜不掩是其定評》 王弼《易》注，孔疏以爲獨冠古今。程子謂學《易》先看王弼《易》，傳中不論《象》，不論卦變，皆用弼說。王應麟謂輔嗣之注，學者不可忽也。《困學紀聞》錄王注二十三條。何焯云：程傳中所取輔嗣之義正多，厚齋則但就其格言錄之。陳澧謂厚齋所錄非但尚《易》之辭，幷尚輔嗣之辭矣。此孫盛所謂麗辭溢目者也。然所録如「大有六五」注云：不私於物，物亦公焉，不疑於物，物亦誠焉。「頤初九」注云：安身莫若不競，修己莫若自保，守道則福至，求禄則辱來。造語雖精，然似自作子書，不似經注矣。又如「乾九三」注云：《乾》三以處下卦之上，故免亢龍之悔；《坤》三以處下卦之上，故免龍戰之災。厚齋所云：《乾》以惕无咎，《震》以恐致福。頗似摹擬輔嗣語也。朱子云：漢儒解經，依經演釋。晉人則不然，舍經而自作文。輔嗣所爲格言，是其學有心得，然失漢儒注經之體，乃其病也。錫瑞案：程子之取王弼者，以其説多近理；朱子之不取晉人者，以其文太求工。言非一端，義各有當。陳澧謂其所爲格言，學有心得。予謂弼之所學，得於老氏者深，而得於《易》者淺。魏晉人尚清言，常以《老》、《易》並舉，見於史者，多云某人善説《老》、《易》，是其時之所謂《易》學，不過藉爲談説之助，且與老氏并爲一談。王弼常注《老子》，世稱其善，其注《易》亦雜老氏之旨，雖名詞儁句，耐人尋味，實即當時所謂清言。南朝好玄理，重文詞，故弼之書盛行。北人尚樸，學《易》主鄭玄，不主王弼。自隋以後，北學并入南學，唐人以爲獨冠古今，於是《易》專主王弼注，及晉韓康伯之補注矣。宋元嘉時，王、鄭兩立。顔延之爲祭酒，黜鄭置王。而《太平御覽》引顔延之《庭誥》曰：馬、陸得其象數，而失其成理；荀、王舉其正宗，而略其象數。則延之雖以王弼爲正宗，亦疑其於象數太略也。孔子之《易》，重在明義理，切人事。漢末《易》道猥雜，卦氣爻辰納甲，飛伏世應之説，紛然並作。弼乘其敝，掃而空之，頗有摧陷廓清之功，而以清言説經，雜以道家之學，漢人樸實説經之體至此一變。宋趙師秀詩云「輔嗣《易》行無漢學」，可爲定論。范武子謂王弼、何晏「罪浮桀紂」，則詆之太過矣。弼注之所以可取者，在不取術數而明義理；其所以可議者，在不切人事而雜玄虚。《四庫提要》曰：弼之説《易》，源出費直，直《易》今不可見，然荀爽《易》即費氏學。李鼎祚書尚頗載其遺説，大抵究爻位之上下，辨卦德之剛柔，已與弼注略近。但弼全廢象數，又變本加厲耳。平心而論，闡明義理，使《易》不雜於術數者，弼與康伯深爲有功。祖尚虚無，使《易》竟入於老莊者，弼與康伯亦不能無過。瑕瑜不掩，是其定評。諸儒偏好偏惡，皆門户之見，不足據也。

傳記

《三國志·魏書·鍾會傳》 會嘗論《易》無互體、才性同异。及會死後，于會家得書二十篇，名曰《道論》，而實刑名家也，其文似會。初，會弱冠與山陽王弼并知名。弼好論儒道，辭才逸辯，注《易》及《老子》，爲尚書郎，年二十餘卒。裴松之注弼字輔嗣。何劭爲其傳曰：弼幼而察慧，年十餘，好《老氏》，通辯能言。父業，爲尚書郎。時裴徽爲吏部郎，弼未弱冠，往造焉。徽一見而异之，問弼曰：「夫無者誠萬物之所資也，然聖人莫肯致言，而老子申之無已者何？」弼曰：「聖人體無，無又不可以訓，故不説也。老子是有者也，故恒言無所不足。」尋亦爲傅嘏所知。于時何晏爲吏部尚書，甚奇弼，嘆之曰：「仲尼稱後生可畏，若斯人者，可與言天人之際乎！」正始中，黄門侍郎累缺。晏既用賈充、裴秀、朱整，又議用弼。時丁謐與晏爭衡，致高邑王黎於曹爽，爽用黎。於是以弼補臺郎。初除，覲爽，請閒，爽爲屏左右，而弼與論道，移時無所他及，爽以此嗤之。時爽專朝政，黨與共相進用，弼通儁不治名高。尋黎無幾時病亡，爽用王沈代黎，弼遂不得在門下，晏爲之嘆恨。弼在臺既淺，事功亦雅非所長，益不留意焉。淮南人劉陶善論縱横，爲當時所推。每與弼語，常屈弼。弼天才卓出，當其所得，莫能奪也。性和理，樂遊宴，解音律，善投壺。其論道傅會文辭不如何晏，自然有所拔得，多晏也。頗以所長笑人，故時爲士君子所疾。弼與鍾會善，會論議以校練爲家，然每服弼之高致。何晏以爲聖人無喜怒哀樂，其論甚精，鍾會等述之。弼與不同，以爲聖人茂於人者神明也，同於人者五情也，神明茂，故能體冲和以通無；五情同，故不能無哀樂以應物。然則聖人之情，應物而無累於物者也。今以其無累，便謂不復應物，失之多矣。弼注《易》，潁川人荀融難弼《大衍義》。弼答其意，白書以戲之曰：「夫明足以尋極幽微，而不能去自然之性。顔子之量，孔父之所預在，然遇之不能無樂，喪之不能無哀。又常狹斯人，以爲未能以情從理者也，而今乃知自然之不可革。足下之量，雖已定乎胸懷之内，然而隔逾旬朔，何其相思之多乎？故知尼父之於顔子，可以無大過矣。」弼注《老子》，爲之指略，致有理統。著《道略論》，注《易》，往往有高麗言。太原王濟好談，病《老》、《莊》，常云：「見弼《易注》，所悟者多。」然弼爲人淺而不識物情，初與王黎、荀融善，黎奪其黄門郎，於是恨黎，與融亦不終。正始十年，曹爽廢，以公事免。其秋遇癘疾亡，時年二十四，無子絶嗣。弼之卒也，晉景王聞之，嗟嘆者累日，其爲高識所惜如此。孫盛曰：《易》之爲書，窮神知化，非天下之至精，其孰能與於此？世之注解，殆皆妄也。况弼以傅會之辨而欲籠統玄旨者乎？故其叙浮義則麗辭溢目，造陰陽則妙賾無閒，至于六爻變化，群象所效，日時歲月，五氣相推，弼皆擯落，多所不關。雖有可觀者焉，恐將泥夫大道。

《晉書·韓伯傳》　韓伯字康伯，潁川長社人也。母殷氏，高明有行。家貧窶，伯年數歲，至大寒，母方爲作襦，令伯捉熨斗，而謂之曰：「且著襦，尋當作複褌。」伯曰：「不復須。」母問其故。對曰：「火在斗中，而柄尚熱，今既著襦，下亦當煖。」母甚异之。及長，淸和有思理，留心文藝。舅殷浩稱之曰：「康伯能自標置，居然是出群之器。」潁川庾龢名重一時，少所推服，常稱伯及王坦之曰：「思理倫和，我敬韓康伯；志力強正，吾愧王文度。自此以還，吾皆百之矣。」舉秀才，徵佐著作郎，并不就。簡文帝居藩，引爲談客，自司徒左西屬轉撫軍掾、中書郎、散騎常侍、豫章太守，入爲侍中。陳郡周勰爲謝安主簿，居喪廢禮，崇尚莊老，脫落名教。伯領中正，不通勰，議曰：「拜下之敬，猶違衆從禮。情理之極，不宜以多比爲通。」時人憚焉。識者謂伯可謂澄世所不能澄，而裁世所不能裁者矣，與夫容己順衆者，豈得同時而共稱哉！王坦之又嘗著《公謙論》，袁宏作論以難之。伯覽而美其辭旨，以爲是非既辯，誰與正之，遂作《辯謙》以折中曰：「夫尋理辯疑，必先定其名分所存。所存既明，則彼我之趣可得而詳也。夫謙之爲義，存乎降己者也。以高從卑，以賢同鄙，故謙名生焉。孤寡不穀，人之所惡，而侯王以自稱，降其貴者也。執御執射，衆之所賤，而君子以自目，降其賢者也。與夫山在地中之象，其致豈殊哉！捨此二者，而更求其義，雖南轅求冥，終莫近也。夫有所貴，故有降焉；夫有所美，故有謙焉。譬影響之與形聲，相與而立。道足者，忘貴賤而一賢愚；體公者，乘理當而均彼我。降挹之義，於何而生！則謙之爲美，固不可以語至足之道，涉乎大方之家矣。然君子之行己，必尚於至當，而必造乎匿善。至理在乎無私，而動之於降己者何？誠由未能一觀於能鄙，則貴賤之情立；非忘懷於彼我，則私己之累存。當其所貴在我則矜，值其所賢能之則伐。處貴非矜，而矜己者常有其貴；言善非伐，而伐善者驟稱其能。是以知矜貴之傷德者，故宅心於卑素；悟驟稱之虧理者，故情存於不言。情存於不言，則善斯匿矣；宅心於卑素，則貴斯降矣。夫所況君子之流，苟理有未盡，情有未夷，存我之理未冥於內，豈不同心於降挹、洗之所滯哉！體有而擬無者，聖人之德；有累而存理者，君子之情。雖所滯不同，其於遺情之累緣有弊而用，降己之道由私我而存，一也。故懲忿窒欲，著於《損》象；卑以自牧，實繫《謙》爻。皆所以存其所不足，拂其所有餘者也。」王生之談，以至理無謙，近得之矣。云人有爭心，善不可收，假後物之迹，以逃動者之患，以語聖賢則可，施之於下斯者，豈惟逃患於外，亦所以洗心於內也。轉丹楊尹、吏部尚書、領軍將軍。既疾病，占候者云：「不宜此官。」朝廷改授太常，未拜，卒，時年四十九。即贈太常。子璯，官至衡陽太守。

《舊唐書·孔穎達傳》　孔穎達字沖遠，冀州衡水人也。祖碩，後魏南臺丞。父安，齊青州法曹參軍。穎達八歲就學，日誦千餘言。及長，尤明《左氏傳》、《鄭氏尚書》、《王氏易》、《毛詩》、《禮記》，兼善算曆，解屬文。同郡劉焯名重海內，穎達造其門，焯初不之禮，穎達請質疑滯，多出其意表，焯改容敬之。穎達固辭歸，焯固留，不可。還家，以教授爲務。隋大業初，舉明經高第，授河內郡博士。時煬帝徵諸郡儒官集于東都，令國子祕書學士與之論難，穎達爲最。時穎達少年，而先輩宿儒恥爲之屈，潛遣刺客圖之，禮部尚書楊玄感舍之於家，由是獲免。補太學助教。屬隋亂，避地於武牢。太宗平王世充，引爲秦府文學館學士。武德九年，擢授國子博士。貞觀初，封曲阜縣男，轉給事中。時太宗初即位，留心庶政，穎達數進忠言，益見親待。太宗嘗問曰：「《論語》云：『以能問於不能，以多問於寡，有若無，實若虛。』何謂也？」穎達對曰：「聖人設教，欲人謙光。己雖有能，不自矜大，仍就不能之人求訪能事。己之才藝雖多，猶以爲少，仍就寡少之人更求所益。己之雖有，其狀若無。己之雖實，其容若虛。非唯匹庶，帝王之德，亦當如此。夫帝王內蘊神明，外須玄默，使深不可測，度不可知。《易》稱『以蒙養正，以明夷莅衆』，若其位居尊極，炫燿聰明，以才凌人，飾非拒諫，則上下情隔，君臣道乖，自古滅亡，莫不由此也。」太宗深善其對。六年，累除國子司業。歲餘，遷太子右庶子，仍兼國子司業。與諸儒議曆及明堂，皆從穎達之說。又與魏徵撰成《隋史》，加位散騎常侍。十一年，又與朝賢修定《五禮》，所有疑滯，咸諮決之。書成，進爵爲子，賜物三百段。庶人承乾令撰《孝經義疏》，穎達因文見意，更廣規諷之道，學者稱之。太宗以穎達在東宮數有匡諫，與左庶子于志寧各賜黃金一斤、絹百匹。十二年，拜國子祭酒，仍侍講東宮。十四年，太宗幸國學觀釋奠，命穎達講《孝經》，既畢，穎達上《釋奠頌》，手詔褒美。後承乾不循法度，穎達每犯顔進諫。承乾乳母遂安夫人謂曰：「太子成長，何宜屢致面折？」穎達對曰：「蒙國厚恩，死無所恨。」諫諍逾切，承乾不能納。先是，與顔師古、司馬才章、王恭、王琰等諸儒受詔撰定《五經》義訓，凡一百八十卷，名曰《五經正義》。太宗下詔曰：「卿等博綜古今，義理該洽，考前儒之異説，符聖人之幽旨，實爲不朽。」付國子監施行，賜穎達物三百段。時又有太學博士馬嘉運駁穎達所撰《正義》，詔更令詳定，功竟未就。十七年，以年老致仕。十八年，圖形於淩煙閣，讚曰：「道光列第，風傳闕里。精義霞開，掞辭飈起。」二十二年卒，陪葬昭陵，贈太常卿，謚曰憲。

《尚書正義》分部

綜述

孔安國《尚書序》 古者伏犧氏之王天下也，始畫八卦，造書契，以代結繩之政，由是文籍生焉。伏犧、神農、黄帝之書，謂之《三墳》，言大道也。少昊、顓頊、高辛、唐、虞之書，謂之《五典》，言常道也。至于夏、商、周之書，雖設教不倫，雅誥奥義，其歸一揆。是故歷代寶之，以爲大訓。八卦之説，謂之《八索》，求其義也。九州之志，謂之「九丘」。丘，聚也。言九州所有，土地所生，風氣所宜，皆聚此書也。《春秋左氏傳》曰，楚左史倚相「能讀《三墳》、《五典》、《八索》、《九丘》」，即謂上世帝王遺書也。先君孔子，生於周末，覩史籍之煩文，懼覽之者不一，遂乃定《禮》、《樂》，明舊章，删《詩》爲三百篇，約史記而修《春秋》，讚《易》道以黜八索，述《職方》以除九丘。討論墳、典，斷自唐、虞以下，訖于周。芟夷煩亂，翦截浮辭，舉其宏綱，撮其機要，足以垂世立教，典、謨、訓、誥、誓、命之文凡百篇。所以恢弘至道，示人主以軌範也。帝王之制，坦然明白，可舉而行，三千之徒並受其義。及秦始皇滅先代典籍，焚書坑儒，學士逃難解散，我先人用藏其家書于屋壁。漢室龍興，開設學校，旁求儒雅，以闡大猷。濟南伏生，年過九十，失其本經，口以傳授，裁二十餘篇。以其上古之書，謂之《尚書》。百篇之義，世莫得聞。至魯共王，好治宮室，壞孔子舊宅，以廣其居，於壁中得先人所藏古文虞、夏、商、周之書，及傳《論語》、《孝經》，皆科斗文字。王又升孔子堂，聞金石絲竹之音，乃不壞宅，悉以書還孔氏。科斗書廢已久，時人無能知者，以所聞伏生之書考論文義，定其可知者，爲隸古定，更以竹簡寫之，增多伏生二十五篇。伏生又以《舜典》合於《堯典》，《益稷》合於《皋陶謨》，《盤庚》三篇合爲一，《康王之誥》合於《顧命》，復出此篇，并序，凡五十九篇，爲四十六卷。其餘錯亂摩滅，弗可復知，悉上送官，藏之書府，以待能者。承詔爲五十九篇作傳，於是遂研精覃思，博考經籍，採摭羣言，以立訓傳。約文申義，敷暢厥旨，庶幾有補於將來。《書序》，序所以爲作者之意。昭然義見，宜相附近，故引之各冠其篇首，定五十八篇。既畢，會國有巫蠱事，經籍道息，用不復以聞，傳之子孫，以貽後代。若好古博雅君子，與我同志，亦所不隱也。

孔穎達《尚書正義序》 夫書者，人君辭誥之典，右史記言之策。古之王者，事總萬幾，發號出令，義非一揆。或設教以馭下，或展禮以事上，或宣威以肅震曜，或敷和而散風雨。得之則百度惟貞，失之則千里斯謬。樞機之發，榮辱之主，絲綸之動，不可不慎，所以辭不苟出。君舉必書，欲其昭法誡，慎言行也。其泉源所漸，基於出震之君。黼藻斯彰，郁乎如雲之后。勳、華揖讓而典，謨起，湯、武革命而誓、誥興。先君宣父，生於周末，有至德而無至位，修聖道以顯聖人，芟煩亂而翦浮辭，舉宏綱而撮機要，上斷唐、虞，下終秦、魯，時經五代，書總百篇。採翡翠之羽毛，拔犀象之牙角。罄荆山之石，所得者連城。窮漢水之濱，所求者照乘。巍巍蕩蕩，無得而稱。郁郁紛紛，於斯爲盛。斯乃前言往行，足以垂法將來者也。暨乎七雄已戰，五精未聚，儒雅與深穽同埋，經典共積薪俱燎。漢氏大濟區宇，廣求遺逸，採古文於金石，得今書於齊魯。其文則歐陽、夏侯二家之所説，蔡邕碑石刻之。古文則兩漢亦所不行，安國注之，實遭巫蠱，遂寢而不用。歷及魏晉，方始稍興。故馬、鄭諸儒莫覩其學，所注經傳時或異同。晉世皇甫謐獨得其書，載於《帝紀》，其後傳授乃可詳焉。但古文經雖然早出，晚始得行，其辭富而備，其義宏而雅，故復而不厭，久而愈亮。江左學者，咸悉祖焉。近至隋初，始流河朔。其爲正義者，蔡大寶、巢猗、費甝、顧彪、劉焯、劉炫等。其諸公旨趣，多或因循怗釋注文，義皆淺略，惟劉焯、劉炫最爲詳雅。然焯乃織綜經文，穿鑿孔穴，詭其新見，異彼前儒，非險而更爲險，無義而更生義。竊以古人言誥，惟在達情，雖復時或取象，不必辭皆有意。若其言必託數，經悉對文，斯乃鼓怒浪於平流，震驚飆於靜樹，使教者煩而多惑，學者勞而少功。過猶不及，良爲此也。炫嫌焯之煩雜，就而刪焉。雖復微稍省要，又好改張前義，義更太略，辭又過華，雖爲文筆之善，乃非開獎之路。義既無義，文又非文，欲使後生，若爲領袖，此乃臆說，必據舊聞。謹與朝散大夫行太學博士臣王德韶、前四門助教臣李子雲等，謹共銓叙。至十六年，又奉勅與前修疏人及通直郎行四門博士驍騎尉臣朱長才、給事郎守四門博士上騎都尉臣蘇德融、登仕郎守太學助教雲騎尉臣隨德素、儒林郎守四門助教雲騎尉臣王士雄等，對勅使趙弘智，覆更詳審，爲之《正義》，凡二十卷。庶對揚於聖範，冀有益於童稚。略陳其事，叙之云爾。

蘇洵《嘉祐集》卷八《洪範上》 《洪範》之原出於天，而畀之禹，禹傳之箕子。箕子死，後世有孔安國爲之《注》，劉向父子爲之《傳》，孔頴達爲之《疏》。是一聖五賢之心，未始不欲人君審其法，從其道矣。禹與箕子之言，經也。幽微宏深，不可以俄而曉者，經之常也。然而所審當得其統，所從當得其端，是故宜責孔、劉輩。今求之於其所謂《注》與《傳》與《疏》者而不獲，故明其統，舉其端，而欲人君審從之易也。

傳記

《漢書・儒林傳・孔安國》 孔氏有《古文尚書》，孔安國以今文字讀之，因以起其家逸《書》，得十餘篇，蓋《尚書》茲多於是矣。遭巫蠱，未立於學官。安國爲諫大夫，授都尉朝，而司馬遷亦從安國問故。遷書載《堯典》、《禹貢》、《洪範》、《微子》、《金縢》諸篇，多古文說。都尉朝授膠東庸生。庸生授清河胡常少子，以明《穀梁春秋》爲博士、部刺史，又傳《左氏》。常授虢徐敖。敖爲右扶風掾，又傳《毛詩》，授王璜、平陵塗惲子眞。子眞授河南桑欽君長。王莽時，諸學皆立。劉歆爲國師，璜、惲等皆貴顯。世所傳《百兩篇》者，出東萊張霸，分析合二十九篇以爲數十，又采《左氏傳》、《書叙》爲作首尾，凡百二篇。篇或數簡，文意淺陋。成帝時求其古文者，霸以能爲《百兩》徵，以中書校之，非是。霸辭受父，父有弟子尉氏樊並。時太中大夫平當、侍御史周敞勸上存之。後樊並謀反，乃黜其書。

康偉然《釁祀紀蹟》卷六《孔子國子》 孔子國子，名安國，字子國，魯人，孔子十一世孫也。父忠，爲博士，封褒成侯。先生少時學《詩》於申公，受《尚書》於伏生。既長，博覽經傳，學無常師。年四十，爲諫議大夫，遷侍中、博士。武帝天漢中，魯恭王壞孔子舊宅以廣其居，於壁中得所藏《古文尚書》及《論語》、《孝經》，皆蝌蚪文字，悉以書還孔氏。蝌蚪書廢已久，時人無能知者。先生乃考論古今文字，撰衆師之義，《尚書》以所聞。伏生之書考論文義，定其可知者，爲今文。以竹簡書之增多伏生二十五篇，又伏生書有五篇相合，《舜典》合於《堯典》，《益稷》合於《臯陶謨》，《盤庚》三篇合爲一，《康王之誥》合於《顧命》，復出此篇竝序，凡五十九篇，爲四十六卷。其餘錯亂磨滅，弗可復知悉。上送官，承詔作傳，引序各冠其篇首，定五十八篇。又爲《古文論語訓》十一篇，《孝經傳》二篇。又集錄爲《孔子家語》四十四篇。既成，會巫蠱事，寢不施行。先生由博士爲臨淮太守，在官六年，以病免。年六十卒於家。其後成帝詔光祿大夫劉向校定衆書，都記錄，名古今文《書》、《論語》《別錄》。先生孫衍爲博士，上書辨之曰：陛下發明，詔諸群儒，集天下書籍，命大夫校定其義，使立言之士垂於不朽。此則蹈明王之軌，遵大聖之風者也。故述作之士莫不樂測大倫焉。臣祖故臨淮太守安國，逮仕於孝武皇帝之世，以經學爲名，以儒雅爲官，讚明道義，見稱前朝。時魯恭王壞孔子故宅，得古文蝌蚪《尚書》、《孝經》、《論語》，世人莫有能言者。臣祖爲改今文讀而訓傳其義，又撰次《孔子家語》。既畢，値巫蠱事起，遂閣廢不行於時。今大夫向以其爲時所未施之故，《尚書》則不紀於《別錄》，《論語》則不使名家也，臣竊惜之。又戴聖皆近世小儒，以《禮記》不足，而乃取《孔子家語》雜亂者，及子思、孟軻、荀卿之書以裨益之，總名之曰《禮記》。今向見其已在《禮記》者，則便除《家語》之本篇，是謂滅其源而存其末也。不亦難乎！臣愚，以爲宜如此爲例，皆紀錄別見，故敢冒昧以聞奏上。天子許之，未即論定。遇帝崩，向又病亡，遂不果立。先生以《尚書》授都尉朝，而司馬遷亦從。先生問業，故遷書載《堯典》、《禹貢》、《洪範》、《微子》、《金縢》諸篇，多古文說，朝授膠東庸生，謂之《尚書》古文之學，而未得立。後漢扶風杜林傳《古文尚書》，同郡賈逵爲之作訓，馬融作傳，鄭康成亦爲之註。然其所傳，惟二十九篇，又雜以今文，非孔舊本，自餘絶，無師說。晉世秘府所存有《古文尚書》經文，今無有傳者。至東晉豫章内史梅賾始得先生之傳，奏之時，又闕《舜典》一篇。齊建武中，吳姚興方於大桁市得其書，奏上，比馬鄭所注多二十八字，於是始列國學。唐時從祀，宋追封曲阜伯，明改稱先儒孔子。

《毛詩正義》分部

（疏者孔穎達傳記，見前《周易正義》分部。）

綜述

卜商《詩序・大序》　詩者，志之所之也，在心爲志，發言爲詩。情動於中而形於言，言之不足故嗟嘆之，嗟嘆之不足故永歌之，永歌之不足，不知手之舞之足之蹈之也。情發於聲，聲成文謂之音。治世之音安以樂，其政和；亂世之音怨以怒，其政乖；亡國之音哀以思，其民困。故正得失，動天地，感鬼神，莫近乎詩。先王以是經夫婦，成孝敬，厚人倫，美教化，移風俗。故詩有六義焉：一曰風，二曰賦，三曰比，四曰興，五曰雅，六曰頌。上以風化下，下以風刺上，主文而譎諫，言之者無罪，聞之者足以戒，故曰風。至于王道衰，禮義廢，政教失，國異政，家殊俗，而變風、變雅作矣。國史明乎得失之迹，傷人倫之廢，哀刑政之苛，吟詠性情，以風其上，達於事變而懷其舊俗者也。故變風發乎情，止乎禮義。發乎情，民之性也；止乎禮義，先王之澤也。是以一國之事，繫一人之本，謂之風；言天下之事，形四方之風，謂之雅。雅者，正也，言王政之所由廢興也。政有小大，故有小雅焉，有大雅焉。頌者，美盛德之形容，以其成功告於神明者也。是謂四始，詩之至也。

鄭玄《詩譜序》　詩之興也，諒不於上皇之世。大庭、軒轅逮於高辛，其時有亡，載籍亦蔑云焉。《虞書》曰：「詩言志，歌永言，聲依永，律和聲。」然則《詩》之道放於此乎！有夏承之，篇章泯弃，靡有孑遺。邇及商王，不風不雅。何者？論功頌德，所以將順其美；刺過譏失，所以匡救其惡。各於其黨，則爲法者彰顯，爲戒者著明。周自后稷播種百穀，黎民阻飢，兹時乃粒，自傳於此名也。陶唐之末，中葉公劉亦世修其業，以明民共財。至於大王、王季，克堪顧天。文、武之德，光熙前緒，以集大命於厥身，遂爲天下父母，使民有政有居。其時《詩》，風有《周南》、《召南》，雅有《鹿鳴》、《文王》之屬。及成王，周公致大平，制禮作樂，而有頌聲興焉，盛之至也。本之由此風、雅而來，故皆録之，謂之《詩》之正經。後王稍更陵遲，懿王始受譖亨齊哀公。夷身失禮之後，邶不尊賢。自是而下，厲也，幽也，政教尤衰，周室大壞，《十月之交》、《民勞》、《板》、《蕩》，勃爾俱作。衆國紛然，刺怨相尋。五霸之末，上無天子，下無方伯，善者誰賞？惡者誰罰？紀綱絶矣。故孔子録懿王、夷王時詩，訖於陳靈公淫亂之事，謂之變風、變雅。以爲勤民恤功，昭事上帝，則受頌聲，弘福如彼；若違而弗用，則被劫殺，大禍如此。吉凶之所由，憂娱之萌漸，昭昭在斯，足作後王之鑒，於是止矣。夷、厲已上，歲數不明。大史《年表》自共和始，歷宣、幽、平王而得《春秋》次第，以立斯《譜》。欲知源流清濁之所處，則循其上下而省之；欲知風化芳臭氣澤之所及，則傍行而觀之，此《詩》之大綱也。舉一綱而萬目張，解一卷而衆篇明，於力則鮮，於思則寡，其諸君子亦有樂於是與？

孔穎達《毛詩正義序》　夫詩者，論功頌德之歌，止僻防邪之訓，雖無爲而自發，乃有益於生靈。六情靜於中，百物盪於外，情緣物動，物感情遷。若政遇醇和，則歡娱被於朝野，時當慘黷，亦怨刺形於詠歌。作之者所以暢懷舒憤，聞之者足以塞違從正。發諸情性，諧於律吕，故曰「感天地，動鬼神，莫近於詩」。此乃《詩》之爲用，其利大矣。若夫哀樂之起，冥於自然，喜怒之端，非由人事。故燕雀表啁噍之感，鸞鳳有歌舞之容。然則《詩》理之先，同夫開闢，詩迹所用，隨運而移。上皇道質，故諷諭之情寡。中古政繁，亦謳謌之理切。唐、虞乃見其初，犧、軒莫測其始。於後時經五代，篇有三千，成、康沒而頌聲寢，陳靈興而變風息。先君宣父，釐正遺文，緝其精華，褫其煩重，上從周始，下暨魯僖，四百年間，六詩備矣。卜商闡其業，雅頌與金石同和；秦正燎其書，簡牘與煙塵共盡。漢氏之初，詩分爲四：申公騰芳於鄢郢，毛氏光價於河閒，貫長卿傳之於前，鄭康成箋之於後。晉、宋、二蕭之世，其道大行；齊、魏兩河之閒，兹風不墜。其近代爲義疏者，有全緩、何胤、舒瑗、劉軌思、劉醜、劉焯、劉炫等。然焯、炫並聰穎特達，文而又儒，擢秀幹於一時，騁絕轡於千里，固諸儒之所揖讓，日下之所無雙，其於作疏內特爲殊絕。今奉勑刪定，故據以爲本。然焯、炫等負恃才氣，輕鄙先達，同其所異，異其所同，或應略而反詳，或宜詳而更略，準其繩墨，差忒未免，勘其會同，時有顛躓。今則削其所煩，增其所簡，唯意存於曲直，非有心於愛憎。謹與朝散大夫行太學博士臣王德韶、徵事郎守四門博士臣齊威等對共討論，辯詳得失。至十六年，又奉勑與前修疏人及給事郎守太學助教雲騎尉臣趙乾叶、登仕郎守四門助教雲騎尉臣賈普曜等，對勑使趙弘智覆更詳正，凡爲四十卷，庶以對揚聖範，垂訓幼蒙，故序其所見，載之於卷首云爾。

《歐陽修全集・居士集》卷四一《詩譜補亡後序》　毛、鄭於《詩》，其學亦已博矣。予嘗依其箋傳，考之於經，而證以序、譜，惜其不合者頗多。蓋《詩》述商、周，自《生民》、《玄鳥》，上陳稷、契，下迄陳靈公，千五六百歲之間，旁及列國君臣、世次國地、山川封域、圖牒、鳥獸、草木魚蟲之名，與其風俗善惡、方言訓故、盛衰治亂、美刺之由，無所不載。然則孰能無失於其間哉！予疑毛、鄭之失既多，然不敢輕爲改易者，意其爲說不止於箋傳，而恨己不得盡見二家之書，未能徧通其旨。夫不盡見其書而欲折其是非，猶不盡人之辭，而欲斷其訟之曲直，其能果於自決乎！其能使之必服乎！

王楙《野客叢書》卷二二《鄭氏詩箋》　鄭氏《詩箋》極有害理處，不逆其意，而以文害辭。如《四月》詩：「四月維夏，六月徂暑。先祖匪人，胡寧忍予。」此詩蓋刺幽王在位貪殘怨亂，竝興而作。注謂：「我先祖非人乎，人則當知患難，何爲使我當此亂世？」詈先祖爲非人，豈理也哉？不若曰「先祖不以爲人乎，何忍使我當此亂世？」

陳振孫《直齋書録解題》卷二《毛詩故訓傳》　漢河間王博士趙人毛公撰，後漢大司農鄭康成箋。漢初齊、魯、韓三家並行，而毛氏後出，獨河間獻王好之，未得立。其後三家皆廢，而毛獨傳，故曰《毛詩》。毛公者，有大毛公、小毛公。案：《後漢・儒林傳》稱毛萇傳《詩》。而孔氏《正義》據《鄭譜》云：「魯人大毛公爲《詁訓傳》於其家，河間獻王得而獻之。以小毛公爲博士。則未知萇者。」大毛公歟？小毛公歟？鄭氏曰「箋」者，案：《正義》云：「鄭於諸經皆謂之注，獨此言箋者。」《字林》云：「箋，表也，識也。鄭遵毛學，表明毛言，記識其事，故稱爲箋。」又案：《後漢》傳注引張華《博物志》：「鄭注《毛詩》曰『箋』，不解此意。或云『毛公曾爲北海相，鄭是郡人，故以爲敬。』」雖未必由此，然漢魏間達上之辭，皆謂之「牋」，則其爲敬明矣。其間與毛異義者甚多，王肅蓋嘗述毛非鄭云。

虞集《道園學古録》卷三一《鄭氏毛詩序》　聖門之教人，蓋以《詩》爲學矣。孔子説《烝民》之詩曰：爲此詩者，其知道乎！故有物必有則，民之秉彝也。故好是懿德，戰戰兢兢，如臨深淵，如履薄冰，曾子之所以終身也。鳶飛戾天，魚躍于淵，子思子之所以明道體也。不以文害辭，不以辭害志，以意逆志，是爲得之孟子之所以説《詩》也。是以程子之于《詩》也，嘗點掇一兩字，而誦之，使人自解。又曰：今之學者未見意趣，必不樂學。欲以《三百篇》教之歌舞，恐未易曉，欲別作詩令朝夕歌之，似當有助其意一也。聖賢之于《詩》，將以變化其氣質，涵養其德性，優游厭飫，詠嘆淫泆，使有得焉，則所謂溫柔敦厚之教習與性成，庶幾學《詩》之道也。漢儒有保存遺經之功，而亦不無專門訓詁之失。儒先君子知豈不足以知之，而罕見於言者，豈非有得于此？則彼穿鑿纏繞之説，自有所不得行乎！諸經皆然，蓋不止于《詩》也。齊、魯、韓《詩》不傳，而毛氏獨存，言《詩》之家，千數百年守此而已。至宋歐陽子疑《詩序》之非，而著本義。蘇欒城亦疑而去之，不免猶存其首句，譬諸「山下之泉，其初出也，壅塞底滯，而端亦微見矣。漸而清通，沛如江河，後因于先而廓之，而水之源流達矣，亦有其時也。」至于朱子《詩傳》之出，然後悉屏去大小序，別爲一編，存而不廢，以待攷辨。即經以求其故，自爲之說，而天下學者從之，國家定以爲是，然後其說與聖賢之言《詩》者合，而學者有所用功矣。集之幼也，嘗從詩師得鄭氏經說，以爲大序不出于子夏，小序不出于毛公，蓋衛宏所爲，而康成之爲說如此。心竊異之，欲求其全書不可得。中歲備員勸誦，有阿勒呼叔仲自守泉南入朝爲同官，始得其録本而讀之，見其說風、雅、頌之分，蓋本諸音節之異。于比、興、賦也，訓詁多不得興之說。而爲序者掇拾傳會，以愚惑乎後之人。鳥獸草木之名，天文地理之說，或疎或謬，非一端也。剖析訓詁之舊，痛快決裂，無復餘藴，向之所謂纏繞穿鑿者，幸一快焉，恨未久散去，而不得終卷也。蓋竊感夫鄭氏去朱子之鄉，若是其近，以年計之，不甚相遠，門人學者，里閈交錯，而不能通見于一時，何哉？雖各自爲說而多同者，豈非閩多賢人學者老于山林，嘗有其說未達于外，而兩家各有所采乎？將二氏之卓識皆有以度越前人，不待于相謀而有合乎？世遠地廣，未之有攷也。西夏斡公克莊常以《禮經》舉進士，如左榜漢生者，考宮見其博贍，疑不敢取。而朝廷知其爲明經之士，其僉憲淮西也。以項氏《易玩辭》，足補程、朱之遺諗于集也。序其說而刻之，自南行臺而貳閩憲也，以爲閩在山海之間，豈無名家舊學！諮詢之暇思，有以表章之，予因及鄭氏之《詩》，即使録以來示，且曰：果可傳也，畧爲我叙之，故著其說如此。

錢大昕《十駕齋養新録》卷一《毛傳多轉音》 古人音隨義轉，故字或數音。《小旻》：「謀夫孔多，是用不集。」與「猶」、「咎」爲韻。《韓詩集》作「就」，於音爲協。毛公雖不破字，而訓「集」爲「就」，即是讀如「就」音。《書・顧命》：「克達殷集大命。」漢石經「集」作「就」。《吳越春秋》：「子不聞河上之歌乎，同病相憐，同憂相救，驚翔之鳥，相隨而集。瀨下之水，回復俱留。」是「集」有「就」音也。「瞻卬藐藐昊天，無不克鞏。」傳訓「鞏」爲「固」，即轉從「固」音，與下句「後」爲韻也。《載芟》：「匪且有且。」傳訓「且」爲「此」，即轉從「此」音，與下句「茲」爲韻也。顧亭林泥於一字祇有一音，遂謂《詩》有無韻之句，是不然矣。《溱洧》之「溱」，本當作「潧」。《說文》：潧水出鄭國。引《詩》「潧與洧方涣涣兮」是也。今《毛詩》作「溱」者，讀潧如溱，以諧韻耳。溱即潧之轉音，不可謂《詩》失韻，亦不可據《詩》以疑《說文》也。《魯頌》「烝徒增增。」傳云：「增增，衆也。」本《爾雅・釋訓》文，而《小雅》「室家溱溱」，傳亦云「溱溱，衆也。」增、溱聲相近，轉增爲溱，亦以諧韻。與「潧洧」作「溱洧」同。《說文》：蔆，司馬相如从遴。

皮錫瑞《經學通論》二《詩經・論鄭譜鄭箋之義知聲音之道與政通》 鄭《詩譜序》曰：「勤民恤功，昭事上帝，則受頌聲宏福如彼；若違而弗用，則被劫殺大禍如此。吉凶之所由，憂娱之萌漸，昭昭在斯，足作後王之鑒，於是止矣。」《正義》曰：「此言孔子録《詩》唯取三百之意。『宏福如彼』，謂如文、武、成王世修其德，致太平也。『大禍如此』，謂如厲、幽陳靈惡加於民，被放弑也。『違而不用』，謂不用《詩》義。則勤民恤功，昭事上帝，是用《詩》義也，互言之也。用《詩》則吉，不用則凶，吉凶之所由，謂由《詩》也。《詩》之規諫皆防萌杜漸，用《詩》則樂，不用則憂，是爲憂娱之萌漸也。」陳澧案《大序》云：國史明乎得失之迹，小序每篇言美某王某公，刺某王某公，鄭君本此意以作《譜》，而於《譜序》大放厥辭。此乃三百篇之大義也，此《詩》學所以大有功於世也。鄭《箋》有感傷時事之語，《桑扈》「不戢不難，受福不那」。箋云：「王者位至尊，天所子也。然而不自斂以先王之法，不自難以亡國之戒，則其受福祿亦不多也。」此蓋嘆息痛恨於桓、靈也。《小宛》「螟蛉有子，蜾蠃負之」，箋云：「喻有萬民不能治，則能治者將得之。」此蓋痛漢室將亡，而曹氏將得之也。又「戰戰兢兢，如履薄冰」。箋云：「衰亂之世，賢人君子雖無罪，猶恐懼。」此蓋傷黨錮之禍也。《雨無正》「維曰于仕，孔棘且殆」。箋云：「居今衰亂之世，云往仕乎，甚急迮且危。」此鄭君所以屢被徵而不仕乎！鄭君居衰亂之世，其感傷之語，有自然流露者。但箋注之體謹嚴，不溢出於經文之外耳。錫瑞案：鄭君作《譜序》，深知孔子録《詩》之意。陳氏引鄭《箋》，深知鄭君箋《詩》之意。在心爲志，發言爲詩。言爲心聲，非可勉強。聲音之道，與政相通。故曰治世之音安以樂，其政和；亂世之音怨以怒，其政乖；亡國之音哀以思，其民困。詩之世次難以盡知。何楷《世本古義》，臆斷某詩爲某人某事作，《提要》以爲大惑不解。即《毛序》某詩刺某君，朱子亦不深信。然今即以《詩》辭而論，有不待箋釋，而知其時之爲盛爲衰；不必主名，而見其政之爲治爲亂者。如《魚麗》美萬物衆多，而《苕華》云「人可以食，鮮可以飽」。則其民之貧富可知。《天保》云「羣黎百姓，徧爲爾德」。而

《兔爰》云「尚寐無吪」。《苕華》云「不知無生」。則其民之憂樂可知。是即不明言爲何王之詩，而盛衰治亂之象，宛然在目。其君之應受宏福與受大禍，亦瞭然於前矣。朱子曰：周之初興時，周原膴膴，堇荼如飴，苦底物亦甜；及其衰也，牂羊墳首，三星在罶，人可以食，鮮可以飽，直恁地蕭索。正得此意。

傳記

《漢書・儒林傳・毛公》 毛公，趙人也。治《詩》，爲河間獻王博士，授同國貫長卿。長卿授解延年。延年爲阿武令，授徐敖。敖授九江陳俠，爲王莽講學大夫。由是言《毛詩》者，本之徐敖。

康偉然《饗祀紀蹟》卷六《毛子》 毛子，名萇，趙人，善說《詩》。《詩》者，所以導達心靈、歌詠情志者也。故曰在心爲志，發言爲詩。上古人淳俗樸，情志未惑，初但歌詠而已。後之君子因被管絃，以存勸戒。夏殷以上，詩多不存。周氏始自后稷而公劉，克篤前烈。太王肇基王迹，文王光昭前緒，武王克平殷亂，成王、周公化至太平，誦美盛德，踵武相繼。幽、厲板蕩，怨刺竝興，其後王澤竭而詩亡。魯太師摯次而錄之，孔子純取周詩，上采殷下取魯，凡三百五篇。遭秦而全者，以其諷誦，不獨在竹帛故也。漢初有魯人申公，受《詩》於浮邱伯，作詁訓，是爲《魯詩》。齊人轅固，亦傳《詩》是爲《齊詩》。燕人韓嬰，亦傳《詩》，是爲《韓詩》。終於後漢，三家竝立。先生之學，自謂子夏所傳。蓋自孔子以《詩》授子夏，子夏作《詩序》以授魯人曾申，申授魏人李克，克授魯人孟仲子，孟仲子授根牟子，根牟子授趙人荀卿，荀卿授魯人毛亨。亨爲訓詁，傳於其家。河間獻王得而獻之朝，時先生受《亨詩》，爲獻王傳士。每說《詩》，獻王悅之，因復取《詩》、《傳》加毛字，以別齊、魯、韓三詩也。故世謂亨爲「大毛公」，先生爲「小毛公」，《亨詩》、《傳》由先生盛行於漢。先生所著有《毛詩故訓》二十卷，《詩傳》十卷。平帝時，立於學宮。先生授同國貫長卿，長卿授解延年。延年爲阿武令，授徐敖，敖授九江陳俠，俠授同郡謝曼卿。曼卿善《毛詩》，又爲之訓。東海衛敬仲受學於曼卿，先儒相承，謂之《毛詩序》，子夏所創，毛公及敬仲又加潤益。鄭衆、賈逵、馬融竝作《毛詩傳》，鄭玄作《毛詩箋》。《齊詩》魏代已亡，《魯詩》亡於西晉，《韓詩》雖存無傳之者，惟《毛詩鄭箋》至今獨立石林。葉氏曰：《詩》有四家，《毛詩》最後出而獨傳，何也？曰：《六經》自秦火後，獨《詩》以諷誦相傳，《韓詩》既出於人之諷詠，而齊、魯與燕語音不同，訓詁亦異，故其學往往多乖。獨毛氏之出也，自以源流得於子夏，而其書貫穿先秦古書。其釋《鴟鴞》也，與《金縢》合。釋《北山》、《烝民》也，與《孟子》合。釋《昊天有成命》，與《國語》合。釋《碩人》、《清人》、《黃鳥》、《皇矣》，與《左傳》合。而《序》、《由庚》等六章，與《儀禮》合。蓋當毛氏時，《左氏》未出，《孟子》、《國語》、《儀禮》未甚行，而學者亦未能信也，惟河間獻王博見異書，心知其精。迨至晉、宋，諸書盛行，肄業者衆，而人始翕然知其說近正。且《左氏》等書，漢初諸儒皆未見，而毛說先與之合，不謂之源流，子夏可乎！或問：何所主而取毛公？朱子曰：攷之《詩傳》緊要有數處，如《關雎》，所謂夫婦有別，則父子親；父子親，則君臣敬；君臣敬，則朝廷正；朝廷正，則王化成。要之亦不多見，只是氣象大概好今。河間有毛精壘，即先生宅塚。唐時從祀，宋追封樂壽伯，明改稱先儒毛子。

《後漢書・鄭玄傳》 鄭玄字康成，北海高密人也。八世祖崇，哀帝時尚書僕射。玄少爲鄉嗇夫，得休歸，常詣學官，不樂爲吏，父數怒之，不能禁。遂造太學受業，師事京兆第五元先，始通《京氏易》、《公羊春秋》、《三統歷》、《九章筭術》。又從東郡張恭祖受《周官》、《禮記》、《左氏春秋》、《韓詩》、《古文尚書》。以山東無足問者，乃西入關，因涿郡盧植，事扶風馬融。融門徒四百餘人，升堂進者五十餘生。融素驕貴，玄在門下，三年不得見，乃使高業弟子傳授於玄。玄日夜尋誦，未嘗怠倦。會融集諸生考論圖緯，聞玄善筭，乃召見於樓上，玄因從質諸疑義，問畢辭歸。融喟然謂門人曰：「鄭生今去，吾道東矣。」玄自游學，十餘年乃歸鄉里。家貧，客耕東萊，學徒相隨已數百千人。及黨事起，乃與同郡孫嵩等四十餘人俱被禁錮，遂隱修經業，杜門不出。時任城何休好《公羊》學，遂著《公羊墨守》、《左氏膏肓》、《穀梁廢疾》；玄乃發《墨守》，鍼《膏肓》，起《廢疾》。休見而歎曰：「康成入吾室，操吾矛，以伐我乎！」初，中興之後，范升、陳元、李育、賈逵之徒爭論古今學，後馬融荅北地太守劉瓌及玄荅何休，義據通深，由是古學遂明。

靈帝末，黨禁解，大將軍何進聞而辟之。州郡以進權戚，不敢違意，遂迫脅玄，不得已而詣之。進爲設几杖，禮待甚優。玄不受朝服，而以幅巾見。一宿逃去。時年六十，弟子河内趙商等自遠方至者數千。後將軍袁隗表爲侍中，以父喪不行。國相孔融深敬於玄，屣履造門。告高密縣爲玄特立一鄉，曰：「昔齊置『士鄉』，越有『君子軍』，皆異賢之意也。鄭君好學，實懷明德。昔太史公、廷尉吳公、謁者僕射鄧公，皆漢之名臣。又南山四皓有園公、夏黄公，潛光隱耀，世嘉其高，皆悉稱公。然則公者仁德之正號，不必三事大夫也。今鄭君鄉宜曰『鄭公鄉』。昔東海于公僅有一節，猶或戒鄉人侈其門閭，矧乃鄭公之德，而無駟牡之路！可廣開門衢，令容高車，號爲『通德門』。」

董卓遷都長安，公卿舉玄爲趙相，道斷不至。會黄巾寇青部，乃避地徐州，徐州牧陶謙接以師友之禮。建安元年，自徐州還高密，道遇黄巾賊數萬人，見玄皆拜，相約不敢入縣境。玄後嘗疾篤，自慮，以書戒子益恩曰：「吾家舊貧，[不]爲父母羣弟所容，去厮役之吏，游學周、秦之都，往來幽、并、兖、豫之域，獲覲乎在位通人，處逸大儒，得意者咸從捧手，有所受焉。遂博稽《六蓺》，粗覽傳記，時覩祕書緯術之奥。年過四十，乃歸供養，假田播殖，以娱朝夕。遇閹尹擅埶，坐黨禁錮，十有四年，而蒙赦令，舉賢良方正有道，辟大將軍三司府。公車再召，比牒併名，早爲宰相。惟彼數公，懿德大雅，克堪王臣，故宜式序。吾自忖度，無任於此，但念述先聖之元意，思整百家之不齊，亦庶幾以竭吾才，故聞命罔從。而黄巾爲害，萍浮南北，復歸邦鄉。入此歲來，已七十矣。宿素衰落，仍有失誤，案之禮典，便合傳家。今我告爾以老，歸爾以事，將閑居以安性，覃思以終業。自非拜國君之命，問族親之憂，展敬墳墓，觀省野物，胡嘗扶杖出門乎！家事大小，汝一承之。咨爾煢煢一夫，曾無同生相依。其勗求君子之道，研鑽勿替，敬慎威儀，以近有德。顯譽成於僚友，德行立於己志。若致聲稱，亦有榮於所生，可不深念邪！可不深念邪！吾雖無紱冕之緒，頗有讓爵之高。自樂以論贊之功，庶不遺後人之羞。末所憤憤者，徒以亡親墳壟未成，所好羣書率皆腐敝，不得於禮堂寫定，傳與其人。日西方暮，其可圖乎！家今差多於昔，勤力務時，無恤飢寒。菲飲食，薄衣服，節夫二者，尚令吾寡恨。若忽忘不識，亦已焉哉！」

時大將軍袁紹總兵冀州，遣使要玄，大會賓客，玄最後至，乃延升上坐。身長八尺，飲酒一斛，秀眉明目，容儀温偉。紹客多豪俊，並有才説，見玄儒者，未以通人許之，競設異端，百家互起。玄依方辯對，咸出問表，皆得所未聞，莫不嗟服。時汝南應劭亦歸於紹，因自贊曰：「故太山太守應中遠，北面稱弟子何如？」玄笑曰：「仲尼之門考以四科，回、賜之徒不稱官閥。」劭有慚色。紹乃舉玄茂才，表爲左中郎將，皆不就。公車徵爲大司農，給安車一乘，所過長吏送迎。玄乃以病自乞還家。

五年春，夢孔子告之曰：「起，起，今年歲在辰，來年歲在巳。」既寤，以讖合之，知命當終，有頃寢疾。時袁紹與曹操相拒於官度，令其子譚遣使逼玄隨軍。不得已，載病到元城縣，疾篤不進，其年六月卒，年七十四。遺令薄葬。自郡守以下嘗受業者，縗絰赴會千餘人。

門人相與撰玄荅諸弟子問《五經》，依《論語》作《鄭志》八篇。凡玄所注《周易》、《尚書》、《毛詩》、《儀禮》、《禮記》、《論語》、《孝經》、《尚書大傳》、《中候》、《乾象歷》，又著《天文七政論》、《魯禮禘祫義》、《六蓺論》、《毛詩譜》、《駁許慎五經異義》、《荅臨孝存周禮難》，凡百餘萬言。

玄質於辭訓，通人頗譏其繁。至於經傳洽孰，稱爲純儒，齊魯閒宗之。其門人山陽郗慮至御史大夫，東萊王基、清河崔琰著名於世。又樂安國淵、任嘏，時並童幼，玄稱淵爲國器，嘏有道德，其餘亦多所鑒拔，皆如其言。玄唯有一子益恩，孔融在北海，舉爲孝廉；及融爲黄巾所圍，益恩赴難隕身。有遺腹子，玄以其手文似己，名之曰小同。

論曰：自秦焚《六經》，聖文埃滅。漢興，諸儒頗修蓺文；及東京，學者亦各名家。而守文之徒，滯固所稟，異端紛紜，互相詭激，遂令經有數家，家有數説，章句多者或乃百餘萬言，學徒勞而少功，後生疑而莫正。鄭玄括囊大典，網羅衆家，删裁繁誣，刊改漏失，自是學者略知所歸。王父豫章君每考先儒經訓，而長於玄，常以爲仲尼之門不能過也。及傳授生徒，並專以鄭氏家法云。

贊曰：富平之緒，承家載世。伯仁先歸，釐我國祭。玄定義乖，褒修禮缺。孔書遂明，漢章中輟。

（疏者孔穎達傳記，見前《周易正義》分部。）

《周禮注疏》分部

綜述

賈公彦等《周禮正義序》 夫天育蒸民，無主則亂；立君治亂，事資賢輔。但天皇地皇之日，無事安民。降自燧皇，方有臣矣。是以《易·通卦驗》云：「天地成位，君臣道生。君有五期，輔有三名。」注云：「三名，公、卿、大夫。」又云：「燧皇始出，握機矩表計，寘其刻日蒼牙，通靈昌之成，孔演命，明道經。」注云：「拒燧皇，謂人皇，在伏羲前，風姓，始王天下者。」《斗機》云：「所謂人皇九頭，兄弟九人，别長九州者也。」是政教君臣，起自人皇之世，至伏羲因之。故《文耀鉤》云：「伏羲作《易》名官者也。」又案《論語撰考》云：「黄帝受地形象天文以制官。」伏羲已前，雖有三名，未必具立官位，至黄帝名位乃具。是以《春秋緯·命歷序》云：「有九頭紀，時有臣，無官位尊卑之别。」燧皇、伏羲既有官，則其間九皇六十四民有官明矣，但無文字以知其官號也。案《左傳·昭十七年》云：「秋，郯子來朝，公與之宴，昭子問焉，曰：少皞氏鳥名官，何故也？」杜氏注云：「少皞，金天氏，黄帝之子，已姓之祖也。」「郯子曰：吾祖也，我知之。昔者黄帝氏以雲紀，故爲雲師而雲名。」注云：「黄帝，軒轅氏，姬姓之祖也。黄帝受命有雲瑞，故以雲紀事，百官師長皆以雲爲名號，縉雲氏蓋其一官也。」「炎帝氏以火紀，故爲火師而火名。」注云：「炎帝，神農氏，姜姓之祖也。亦有火瑞，以火紀事，名百官也。」「共工氏以水紀，故爲水師而水名。」注云：「共工以諸侯霸有九州者，在神農前，大皞後，亦受水瑞，以水名官也。」「大皞氏以龍紀，故爲龍師而龍名。」注云：「大皞，伏羲氏，風姓之祖也。有龍瑞，故以龍命官也。」「我高祖少皞摯之立也，鳳鳥適至，故紀於鳥，爲鳥師而鳥名。」又云「鳳鳥氏歷正」之類，又以五鳥、五鳩、九扈、五雉並爲官長，亦皆有屬官，但無文以言之。若然，則自上以來，所云官者，皆是官長，故皆云師以目之。又云：「自顓頊以來，不能紀遠，乃紀於近。」是以少皞以前，天下之號象其德，百官之號象其徵；顓頊以來，天下之號因其地，百官之號因其事，事即司徒、司馬之類是也。若然，前少皞氏言祝鳩氏爲司徒者，本名祝鳩，言司徒者，以後代官況之。自少皞以上，官數略如上説，顓頊及堯官數雖無明説，可略而言之矣。案昭二十九年，魏獻子曰：「社稷五祀，誰氏之五官？」蔡墨對曰：「少皞氏有四叔，曰重、曰該、曰脩、曰熙，實能金、木及水。使重爲句芒，該爲蓐收，脩及熙爲玄冥，世不失職，遂濟窮桑，此其三祀也。」注云：「窮桑，帝少皞之號也。」「顓頊氏有子曰犂，爲祝融；共工氏有子曰句龍，爲后土：此其二祀也。后土爲社。稷，田正也。有烈山氏之子曰柱，爲稷，自夏以上祀之。周棄亦爲稷，自商以來祀之。」故《外傳》犂爲高辛氏之火正，此皆顓頊時之官也。案《鄭語》云：「重、犂爲高辛氏火正。」故《堯典》注：「高辛氏之世，命重爲南正，司天；犂爲火正，司地。」以高辛與顓頊相繼無隔，故重、犂事顓頊，又事高辛，若稷、契與禹事堯又事舜。是以昭十七年服注「顓頊」之下云：「春官爲木正，夏官爲火正，秋官爲金正，冬官爲水正，中官爲土正。」高辛氏因之，故《傳》云「遂濟窮桑」，窮桑，顓頊所居，是度顓頊至高辛也。若然，高辛時之官，唯有重、犂及春之木正之等，不見更有餘官也。至於堯舜，官號稍改。《楚語》云「堯復育重、犂之後」，重、犂之後，即羲、和也。是以《堯典》云「乃命羲和」，注云：「高辛之世，命重爲南正，司天；犂爲火正，司地。堯育重、犂之後羲氏、和氏之子，賢者使掌舊職。天地之官，亦紀於近，命以民事，其時官名蓋曰稷，司徒。」是天官，稷也；地官，司徒也。又云「分命羲仲」、「申命羲叔」、「分命和仲」、「申命和叔」，使分主四方。注：「仲、叔亦羲、和之子，堯既分陰陽四時，又命四子爲之官。掌四時者，字曰仲叔；則掌天地者，其曰伯乎？是有六官。」案下「驩兜曰共工」，注：「共工，水官也。」至下舜求百揆，禹讓稷，契暨咎繇，帝曰：「棄，黎民阻饑，汝后稷播時百穀。」注：「稷，棄也。初，堯天官爲稷。」又云「帝曰契，百姓不親，汝作司徒」，又云「帝曰咎繇，汝作士」。此三官是堯時事，舜因禹讓，述其前功。下文云「舜命伯夷爲秩宗」，舜時官也。以先後參之，唯無夏官之名。以餘官約之，《夏傳》云司馬在前，又後代況之，則羲叔爲夏官，是司馬也。故分命仲叔，注云官名，蓋春爲秩宗，夏爲司馬，秋爲士，冬爲共工，通稷與司徒，是六官之名見也。鄭玄分陰陽爲四時者，非謂時無四時官，始分陰陽爲四時，但分高辛時重、黎之天地官，使兼主四時耳。而云仲叔，故云「掌天地者其曰伯乎」。若然，《堯典》云伯禹作司空，四時官不數之者，鄭云：「初，堯冬官爲共工。舜舉禹治水，堯知其有聖德，必成功，故改命司空，以官名寵異之，非常官也。」至禹登百揆之任，捨司空之職，爲共工與虞，故曰「垂作共工，益作朕虞」是也。案《堯典》又云「帝曰疇咨，若時登庸」，鄭注云：「堯末時，羲、和之子皆死，庶績多闕而官廢。當此之時，驩兜、共工更相薦舉。」下又云「帝曰四岳，湯湯洪水，有能俾乂」，鄭云：「四岳，四時之官，主四岳之事。」始羲、和之時，主四岳者，謂之四伯。至其死，分岳事置八伯，皆王官。其八伯，唯驩兜、共工、放齊、鯀四人而已，其餘四人，無文可知。案《周官》云：「唐虞稽古，建官惟百。內有百揆、四岳。」則四岳之外，更有百揆之官者。但堯初天官爲稷，至堯試舜天官之任，謂之百揆。舜即眞之後，命禹爲之，即天官也。案《尚書・傳》云「惟元祀巡狩四岳八伯」，注云：「舜格文祖之年，堯始以羲、和爲六卿，春夏秋冬者，幷掌方岳之事，是爲四岳，出則爲伯。其後稍死，驩兜、共工求代，乃置八伯。」元祀者，除堯喪，舜即眞之年。九州言八伯者，據畿外八州。鄭云「畿內不置伯，鄉遂之吏主之」。案《明堂位》云：「有虞氏官五十，夏后氏官百，殷二百，周三百。」鄭注云：「有虞氏官蓋六十，夏百二十，殷二百四十，周三百六十，不得如此記也。」《昏義》云：「三公，九卿，二十七大夫，八十一元士。」鄭云蓋夏制依此差限，故不從記文。但虞官六十，唐則未聞。堯舜道同，或皆六十，幷屬官言之，則皆有百。故成王《周官》云「唐虞建官惟百」也。若然，自高陽已前，官名略言於上，至於帝嚳官號，略依高陽，不可具悉。其唐虞之官，惟四岳、百揆與六卿，又《堯典》有典樂、納言之職，至於餘官，未聞其號。夏官百有二十，公、卿、大夫、元士具列其數。殷官二百四十，雖未具顯，案《下曲禮》云六大、五官、六府、六工之等，鄭皆云「殷法」，至於屬官之號，亦蔑云焉。案《昏義》云「三公九卿」者，六卿幷三孤而言九，其三公又下兼六卿，故《書・傳》云司徒公、司馬公、司空公各兼二卿。案《顧命》太保領冢宰，畢公領司馬，毛公領司空，別有芮伯爲司徒，彤伯爲宗伯，衛侯爲司寇，則周時三公各兼一卿之職，與古異矣。但周監二代，郁郁乎文，所以象天立官，而官益備。此即官號沿革，粗而言也。

賈公彦《序周禮廢興》 周公制禮之日，禮教興行。後至幽王，禮儀紛亂，故孔子云諸侯專行征伐，「十世希不失」。鄭注云：「亦謂幽王之後也。」故晉侯趙簡子見儀，皆謂之「禮」，孟僖子又不識其儀也。至於孔子更脩而定之時，已不具，故《儀禮》注云：「後世衰微，幽厲尤甚，禮樂之書，稍稍廢棄。」孔子曰：「吾自衛反於魯，然後樂正，雅、頌各得其所。」謂當時在者而復重雜亂者也，惡能存其亡者乎？至孔子卒後，復更散亂。故《藝文志》云：「昔仲尼沒，微言絕，七十二弟子喪而大義乖。諸子之書，紛然散亂，至秦患之，乃燔滅文章，以愚黔首。」又云：「禮經三百，威儀三千。及周之衰，諸侯將踰法度，惡其周亡，滅去其籍，自孔子時而不具，至秦大壞。漢興，至高堂生博士傳十七篇。孝宣世，后倉最明禮，戴德、戴聖、慶普皆其弟子，三家立于學官。」案《儒林傳》：「漢興，高堂生傳《禮》十七篇，而魯徐生善爲容。孝文時，徐生以容爲禮官大夫，而瑕丘蕭奮以禮至淮陽太守。孟卿，東海人也，事蕭奮，以授后倉。后倉說禮數萬言，號曰《后氏曲臺記》，授戴德、戴聖。」鄭云「五傳弟子」，則高堂生、蕭奮、孟卿、后倉、戴德戴聖，是爲五也。此所傳者，謂十七篇，即《儀禮》也。《周官》，孝武之時始出，秘而不傳。《周禮》後出者，以其始皇特惡之故也。是以《馬融傳》云：「秦自孝公已下，用商君之法，其政酷烈，與《周官》相反。故始皇禁挾書，特疾惡，欲絕滅之，搜求焚燒之獨悉，是以隱藏百年。孝武帝始除挾書之律，開獻書之路，既出於山巖屋壁，復入于秘府，五家之儒莫得見焉。至孝成皇帝，達才通人劉向、子歆，校理秘書，始得列序，著于錄略。然亡其《冬官》一篇，以《考工記》足之。時衆儒並出共排，以爲非是。唯歆獨識，其年尚幼，務在廣覽博觀，又多銳精于《春秋》。末年，乃知其周公致太平之迹，迹具在斯。奈遭天下倉卒，兵革並起，疾疫喪荒，弟子死喪。徒有里人河南緱氏杜子春尚在，永平之初，年且九十，家于南山，能通其讀，頗識其說，鄭衆、賈逵往受業焉。衆、逵洪雅博聞，又以經書記傳相證明爲《解》，逵《解》行於世，衆《解》不行。兼攬二家，爲備多所遺闕。然衆時所解說，近得其實，獨以《書序》言『成王既黜殷命，還歸在豐，作《周官》』，則此《周官》也，失之矣。逵以爲六鄉大夫，則冢宰以下及六遂，爲十五萬家，絚千里之地，甚謬焉。此比多多，吾甚閔之久矣。」六鄉之人，實居四同地，故云絚千里之地者，誤矣。又六鄉大夫，冢宰以下，所非者不著。又云「多多」者，如此解不著者多。又云：「至六十，爲武都守。郡小少事，乃述平生之志，著《易》、《尚書》、《詩》、《禮》傳，皆訖。惟念前業未畢者唯《周官》，年六十有六，目瞑意倦，自力補之，謂之《周官傳》也。」案《藝文志》云：「成帝時，以書頗散亡，使謁者陳農求遺書于天下。詔光祿大夫劉向校書經傳諸子詩賦。向輒條其篇目，撮其指意，錄而奏之。會向卒，哀帝復使向子歆卒父業。歆於是摠羣書，奏其《七略》，故有《六藝》、《七略》之屬。」歆之錄，在於哀帝之時，不審馬融何云「至孝成皇帝，命劉向、子歆考理祕書，始得列序，著於錄略」者。成帝之時，蓋劉向父子並被帝命，至向卒，哀帝命歆卒父所脩者，故今文乖，理則是也。故鄭玄序云：「世祖以來，通人達士大中大夫鄭少贛，名興，及子大司農仲師，名衆，故議郎衛次仲、侍中賈君景伯、南郡太守馬季長，皆作《周禮解詁》。」又云：「玄竊觀二三君子之文章，顧省竹帛之浮辭，其所變易，灼然如晦之見明，其所彌縫，奄然如合符復析，斯可謂雅達廣攬者也。然猶有參錯，同事相違，則就其原文字之聲類，考訓詁，捃祕逸。謂二鄭者，同宗之大儒，明理于典籍，觕識皇祖大經《周官》之義，存古字，發疑正讀，亦信多善，徒寡且約，用不顯傳于世。今讚而辨之，庶成此家世所訓也。其名《周禮》爲《尚書》『周官』者，周天子之官也。《書序》曰：『成王既黜殷命，滅淮夷，還歸在豐，作《周官》。』」是言蓋失之矣。案：《尚書·盤庚、康誥、說命、泰誓》之屬，三篇《序》皆云『某作若干篇』，今多者不過三千言。又《書》之所作，據時事爲辭，君臣相誥命之語。作《周官》之時，周公又作《立政》，上下之別，正有一篇。《周禮》乃六篇，文異數萬，終始辭句，非書之類，難以屬之。時有若茲，焉得從諸？」又云：「斯道也，文武所以綱紀周國，君臨天下，周公定之，致隆平龍鳳之瑞。」然則《周禮》起於成帝劉歆，而成于鄭玄，附離之者大半。故林孝存以爲武帝知《周官》末世瀆亂不驗之書，故作《十論》、《七難》以排棄之。何休亦以爲六國陰謀之書。唯有鄭玄偏覽羣經，知《周禮》者乃周公致大平之迹，故能荅林碩之論難，使《周禮》義得條通。故鄭氏傳曰，玄以爲「括囊大典，網羅衆家」，是以《周禮》大行，後王之法。《易》曰「神而化之，存乎其人」，此之謂也。

葉時《禮經會元》卷一上《注疏》

《周禮》之出自劉德始，累《周禮》者亦自劉德始。《周禮》之立自劉歆始，誣《周禮》者亦自劉歆始。《周禮》之傳自鄭康成始，壞《周禮》者亦自鄭康成始。昔秦人滅學，《周禮》以藏之山巖屋壁而獲存。武帝時有季氏得之，以上河間獻王德。全書不得見，得見五官，斯可矣，河間獻王乃以《考工記》補之，司空一職豈《考工記》之事邪？觀其言曰「國有六職，百工與其一焉」。是以治教刑政之屬，特與工匠器械等耳，即此一語，可謂不識《周禮》矣。異時奏入秘府，《周禮》雖存，而漢君詆之，以爲末世瀆亂之書，得非劉德一《記》累之邪？故曰「累《周禮》者，劉德也」。《周禮》一書，既不得行於武帝之世，至成帝時有劉歆者，獨識其書爲周公致太平之迹，亦云幸矣。奈何身爲國師取之以輔王莽，乃爲泉府理財之說，於是六斡立法則，郡皆置市官，即此一說，可謂不知《周禮》矣。當時奏入學官，《周禮》雖存，漢儒訾之以爲六國陰謀之書，得非劉歆一法誣之乎？故曰「誣《周禮》者，劉歆也」。雖然，累《周禮》者其罪小，誣《周禮》者其罪大。誣《周禮》者其法在，壞《周禮》者其法亡。何則？劉德補亡，善學《周禮》者皆知其爲不類；劉歆立法，善用《周禮》者皆知其爲不經。禮經之學所賴以相傳者，諸儒講明之功也。今杜子春得之於劉歆，鄭興、鄭衆得之於杜子春，鄭康成號爲「囊括六典，網羅衆家」，蓋亦知所折衷矣。胡爲不抱遺經推究終始，而乃憑私臆決，旁據曲證？此《周禮》所以不明而召後儒紛紜之議也。大抵康成說經有五失：一引《緯書》，二引《司馬法》，三引《春秋傳》，四引《左氏》、《國語》，五引漢儒《禮記》。姑摭一二言之，《周禮》無天帝之異名，而註有「北辰耀魄寶」之說，後儒是以有天帝之辨，此緯書之失也。《周禮》無分野之明文，而註有「歲之所在我周分野」之說，後儒是以有分野之惑，此《國語》之失也。丘乘之政在《周禮》可推也，鄭則曰「甸出長轂一乘，丘乘當爲丘甸，則丘乘之法壞矣」，此《司馬法》誤之也。冕服之章，在《周禮》可覆也，鄭則曰「三辰旂旗，王服正爲九章」，則服章之制紊矣，此以《春秋傳》誤之也。內司服以褘衣爲后飾，追師以副編爲后飾，而註曰「夫人副褘」，則王后、夫人之飾又亂矣，此又以《禮記》誤之也。不思漢儒緯書非聖人之法，《穰苴兵法》非聖人之法，左氏之語多誣，戴氏之記多雜，其可引援以證聖經邪？不特此爾，以御史大夫比小宰，以城門校尉比司門，以少内譬職内，以尚書準司會，以尚書作誥文類御史官制，已大戾矣。以漢筭方九賦，以莽制比國服，以國服爲息加師旅，以殷周變制議封建，以鄉遂異制誣井田，以貢助異法釋畿内邦國之税，此皆害《周禮》之大者也。自康成之註既行，而賈公彦一疏，一惟鄭注之是解，《周禮》制度合與不合不暇究矣。儒者沿襲註疏之文，考之於經而不合，遂指《周禮》爲非周公之全書，是敢於叛聖人之經，而不敢違漢儒之説也。吁，劉歆之誣《周禮》一時之失，而《周禮》之法尚在；鄭康成之壞《周禮》，千載之惑，而《周禮》之法幾亡。然而法未嘗亡，禮未嘗壞，讀周公之禮而行周公之法，亦惟以聖經爲據，斯可也。

郝敬《周禮完解·讀周禮》 鄭康成解《周禮》多紕謬。有本文明白易曉而註反牽强不通者。如《天官·掌次》「設皇邸」。皇者，美大之稱也。鄭註云「染鳥羽象鳳凰色，爲屛風」。《玉府》云「王之獻金玉、兵器、良貨賄」。本謂王所受諸侯之獻也。鄭註云「王作以獻諸侯」。《小司徒》職云「凡征役之施舍」。施謂加役，舍謂免役。故《論語》云「君子不施其親」。謂親者免役也。顔淵曰「勿施勞」。謂不以勞役加人也。故《國語》云「聖人之施舍也議之」。鄭註「施作弛」。《牛人》職云「祭祀共其享牛、求牛，以授職人而芻之」。本謂祭享用牛，求牛之純全者，授充人芻養待用也。鄭云「享牛，祭日用之。求牛，明日繹用之」。則是二牛也。《地官·司市》云「僞飾之禁」。商賈民工各十二，大較分數然耳。鄭謂爲四十八禁，引《王制》「不粥于市」等語實之，外少十二，以爲未聞。《天官》九嬪、世婦、女御，本皆職官内臣也，鄭以分奉王寢，半月而週。后土，本即社神。鄭謂「句龍爲后土，死而配享于社，非即社也」。《秋官·士師》「祭勝國社稷爲之尸」，本謂刑屬金，殷金，周火德勝之，故以刑官爲亳社尸。鄭謂爲「爲署之」。《春官·掌客》「諸侯饗禮十有二牢」。本謂諸侯饗天子，數用十二。鄭謂爲「王饗諸侯」。《秋官·閩隸》云「掌子則取隸焉」。本謂閩隸掌養鳥子，公用鳥子，則取于閩隸。鄭謂「王立世子，取隸卒」。《秋官·大司寇》「禁民獄訟」。訟有罪即是獄。鄭謂「以財相告爲訟，以罪相告爲獄」。《秋官·蜡氏》「掌除骴」。蜡即八蜡之蜡，與魚腊之腊通。骴，骼之乾者爲腊。鄭變作蠅蟲之「蛆」。《司烜氏》「掌火烜」。即《詩》「赫兮烜兮」之烜，火明也。鄭變作衛侯燬之「燬」。《庶氏》「掌除毒蠱」。庶者，痊可之意。鄭變作藥煮之「煑」。《春官·甸祝》「禂牲、禂馬」。禂與禱同，祈也。《詩》云「既伯既禱」，「既差我馬」。謂禱牲求獲，禱馬求健。鄭變禂作伏誅之「誅」。《秋官·掌囚》云「中罪桎梏」。械在頸曰梏，如《春秋傳》「宋樂轡以弓戲梏華弱」，《周易》「童牛之牿」，皆在首也。鄭謂「在足爲梏」。《秋官·士師》「荒辨之法，令民通財、糾守、緩刑、治獄訟」，即是辨治凶荒之法。鄭謂「辨作貶」。《冬官·桃氏》「爲劒」，「設其後」。謂乎所把之後設首也。鄭訓「設爲大」，賈氏因引《易》「長裕而不設」附會之。《畫繢》之工「山以章」，本謂山高設色，宜章明也。鄭謂「章作獐」，「畫山當畫獐」。《天官·大宰》「懸治象」，「挾日而斂之」。挾與夾同，閒一日謂之挾，蓋三日也。鄭變「挾作浹」。《天官》「九式」曰「匪頒之式」。匪與斐同，文貌。《詩》云「有匪君子」，細而均，故文。鄭變「匪作分」。《宫人》職云「除其不蠲」。蠲，潔也。鄭因《儀禮》「圭爲而哀薦之」語，變「蠲作圭」。《冬官·弓人》云「弓有六材，維幹强之，張如流水，維體防之，引之中參，維角掌之。」六語三韻，二句相連。鄭以「維幹强之張如流水」爲句，解云「無難易也」；「維體防之引之中參」爲句，解云「納檠中也」。凡此之類，豈非文義本明白，而鄭解反不通者乎！亦有文義不明而鄭誤猜者。如《地官·媒氏》職云「禁遷葬者與嫁殤者」。本謂夫妻合葬，信堪輿之説，改域別遷；男女幼未可婚，信祿命之説，早嫁免殤。皆非禮也。而鄭謂「生非夫婦，死相從爲遷葬。女未嫁死，與男合葬爲嫁殤」。《天官·内饔》職云「馬黑脊而般班臂，螻」。按《内則》螻作漏。馬蹄瘡如蟻孔曰漏。螻，蟻也。鄭謂「馬肉螻姑臭」。又《瘍醫》職云「腫瘍之祝藥」。祝，斷落也，猶祝髮之祝。凡瘡醫落則痊。鄭變「祝作注」。《地官·族師》「春秋祭酺」。酺，醵也。合出錢飲酒曰「酺」，即漢法「賜大酺」。鄭變「酺作步」，「爲馬祟之神」也。《地官·遂師》「大喪」，「及窆、抱磨」。古者窆用甓，磨礱用之。王葬則遂師抱磨，示躬役也。鄭變「磨作歷」，謂「抱策歷數」，「執綍，人名也」。《冬官·玉人》「大圭」，「杼上，終葵首」。杼杵同，猶輪人爲輪行澤者欲杼之杼，謂圭形上剡而圜如杵。終葵即《爾雅》所謂繁露，《本草》謂之冬葵，即終葵。冬，終也。今之黄葵秋開者，其花葉大，得露多，故稱繁露。葵性朝日芘下，天子爲道揆之首，故刻葵圭首，猶蓼蕭之零露，澤及四海也。鄭謂「杼作舒」，引《齊語》「樵頭終葵徵」，是以《爾雅》「中馗」當終葵，以菌當葵也。《夏官・司兵》職「建車之五兵」，本謂車上建立戈、殳、戟、酋矛、夷矛五，不言弓矢者，弓矢不可建立，而車中自有弓矢。《詩》云「不失其馳，舍矢如破」。又云「公車千乘，二矛重弓」。鄭謂「步兵之五兵，無夷矛而有弓矢」。車之五兵有夷矛而無弓矢也。《冬官・輈人》云「輈欲其頎典」，又云「馬不契需」。頎，長也。典，堅也。謂車轅欲其長而堅也。契與喫通，猶食也。需與擩通，煩擩也。謂輈良則馬不受其煩擩。鄭變「頎典作懇殄」，變「契需作怯懦」。《輪人》云「殷畝而馳」。殷，隱也。車行疾聲。《詩》云「殷其靁」。鄭解「殷作橫行」。又《車人》云「車渠」。渠與規通，謂輪週迴也。鄭謂「渠爲輪牙」。又《弓人》云「弓而羽殺」。凡弓隈曲處稍薄曰殺，弓柎無力則兩隈動搖，如鳥羽也。鄭變「羽作扈」。又《弓人》「斲目欲荼」。荼茅秀，和柔也，故《玉藻》諸侯笏之不挺直者爲荼。木節挺直，斲之使荼。鄭變「荼作舒」。《玉人》「駔琮七寸」，「天子以爲權」。駔之言粗也，市儈之稱。駔善評物價，故權物之琮謂之駔琮。鄭變「駔作組」。如此之類，皆文義不明，而鄭遂誤猜者也。其他不及枚舉，附見各章。

顧炎武《日知錄》卷二七《考工記注》 《考工記・輪人》注：「鄭司農云：揱讀爲紛容揱參之揱。」《正義》曰：「此蓋有文，今檢未得。」今按司馬相如《上林賦》云：「紛溶萷蔘，猗柅從風。」字作萷，音蕭。宋玉《九辯》：「萷櫹槮之可哀兮，形銷鑠而瘀傷。」張衡《西京賦》：「鬱蓊薆薱，櫹爽櫹槮。」即此異文。而上文「既建而迆，崇于軫四尺」注：「鄭司農云：迆讀爲猗移從風之移。」《正義》則曰：「引司馬相如《上林賦》。」《弓人》「居幹之道，菑栗不迆則弓不發」。注同。疏其下句，忘其上句，蓋諸儒疏義不出一人之手。

《四庫提要・經部一九・周禮注疏》 漢鄭玄注，唐賈公彥疏。玄有《易注》，已著錄。公彥，洺州永年人，永徽中，官至太學博士，事蹟具《舊唐書・儒學傳》。《周禮》一書，上自河間獻王，於諸經之中，其出最晚。其眞僞亦紛如聚訟，不可縷舉。惟《橫渠語錄》曰：「《周禮》是的當之書，然其間必有末世增入者。」鄭樵《通志》引孫處之言曰：「周公居攝六年之後，書成歸豐，而實未嘗行。蓋周公之爲《周禮》，亦猶唐之顯慶、開元禮，預爲之以待他日之用，其實未嘗行也。惟其未經行，故僅述大略，俟其臨事而損益之。故建都之制，不與《召誥》、《洛誥》合；封國之制，不與《武成》、《孟子》合；設官之制，不與《周官》合；九畿之制，不與《禹貢》合」云云。案此條所云，惟《召誥》、《洛誥》、《孟子》顯相舛異，至《禹貢》乃唐虞之制，《武成》、《周官》乃梅賾《古文尚書》，《王制》乃漢文帝博士所追述，皆不足以爲難，其說蓋離合參半。其說差爲近之，然亦未盡也。夫《周禮》作於周初，而周事之可考者，不過春秋以後。其東遷以前三百餘年，官制之沿革，政典之損益，除舊布新，不知凡幾。其初去成、康未遠，不過因其舊章，稍爲改易，而改易之人，不皆周公也。於是以後世之法竄入之，其書遂雜。其後去之愈遠，時移勢變，不可行者漸多，其書遂廢。此亦如後世律令條格，率數十年而一脩，脩則必有所附益。特世近者可考，年遠者無徵，其增刪之迹，遂靡所稽，統以爲周公之舊耳。迨乎法制既更，簡編猶在，好古者留爲文獻，故其書閱久而仍存。此又如《開元六典》、《政和五禮》，在當代已不行用，而今日尚有傳本，不足異也。使其作僞，何不全僞六官，而必闕其一，至以千金購之不得哉！且作僞者必剽取舊文，借眞者以實其贗，《古文尚書》是也。劉歆宗《左傳》，而《左傳》所云禮經，皆不見於《周禮》。《儀禮》十七篇，皆在《七略》所載古經七十篇中；《禮記》四十九篇，亦在劉向所錄二百十四篇中。而《儀禮・聘禮》賓行饔餼之物，禾米芻薪之數，籩豆簠簋之實，鉶壺鼎甕之列，與《掌客》之文不同。又《大射禮》天子諸侯侯數侯制，與《司射》之文不同。《禮記雜記》載子男執圭，與《典瑞》之文不同。《禮器》天子諸侯席數，與《司几筵》之文不同。如斯之類，與二《禮》多相矛盾。歆果贗託周公爲此書，又何難牽就其文，使與經傳相合，以相證驗，而必留此異同，以啓後人之攻擊？然則《周禮》一書，不盡原文，而非出依託，可概睹矣。《考工記》稱鄭之刀，又稱秦無廬，鄭封於宣王時，秦封於孝王時，其非周公之舊典，已無疑義。《南齊書》稱文惠太子鎮雍州，有盜發楚王冢，獲竹簡書，青絲編簡，廣數分，長二尺有奇，得十餘簡，以示王僧虔，僧虔曰：「是科斗書《考工記》。」則其爲秦以前書亦灼然可知。雖不足以當《冬官》，然百工爲九經之一，共工爲九官之一，先王原以制器爲大事，存之尚稍見古制。俞庭椿以下，紛紛割裂五官，均無知妄作耳。鄭注《隋志》作十二卷，賈疏文繁，乃析爲五十卷，新舊《唐志》竝同。今本四十二卷，不知何人所併。玄於三《禮》之學，本爲專門，故所釋特精。惟好引緯書，是其一短。《歐陽脩集》有《請校正五經劄子》，欲刪削其書。然緯書不盡可據，亦非盡不可據，在審别其是非而已，不必竄易古書也。又好改經字，亦其一失。然所注但曰「當作某」耳，尚不似北宋以後連篇累牘，動稱錯簡，則亦不必苛責於玄矣。公彦之疏，亦極博核，足以發揮鄭學。《朱子語録》稱《五經》疏中，《周禮疏》最好。蓋宋儒惟朱子深於禮，故能知鄭、賈之善云。

孫詒讓《周禮正義序》 粤昔周公纘文武之志，光輔成王，宅中作雒，爰述官政以垂成憲，有周一代之典，炳然大備。然非徒周一代之典也。蓋自黄帝、顓頊以來，紀於民事以命官，更歷八代，斟汋損益，因襲積絫，以集於文、武。其經世大法，咸粹於是。故雖古籍隃佚，百不存一，而其政典沿革，猶約略可攷。如《虞書》羲和四子爲六官之權輿，《甘誓》六卿爲夏法，《曲禮》六大五官，鄭君以爲殷制，咸與此經多相符會，是職名之本於古也。至其閎章縟典，抍苞遠古，則如五禮六樂三兆三易之屬，咸肇耑於五帝而放於二王，以逮職方州服，兼綜四朝大史。歲年通晐，三統若斯之類，不可殫舉。蓋鴻荒以降，文明日啓，其爲治靡不始於麤觕，而漸進於精詳。此經上承百王，集其善而革其弊，蓋尤其精詳之至者。故其治躋於純大平之域作者之聖述者之明。蟠際天地，經緯萬端，究其條緒，咸有原本。是豈皆周公所肊定而手剏之哉！其閎意眇恉，通關常變，榷其大較，要不越政教二科政，則自典法刑、禮諸大端外，凡王后世子燕游羞服之細，嬪御閹閽之昵，咸隸於治官，宮府一體，天子不以自私也。而若國危、國遷、立君等非常大故，無不曲爲之制，豫爲之防，三詢之朝，自卿大夫以逮萬民，咸造在王庭，與決大議。又有匡人、撢人、大小行人，掌交之屬，巡行邦國，通上下之志。而小行人獻五物之書，王以周知天下之故。大司寇、大僕樹肺石建路鼓，以達窮遽，誦訓土訓夾王車道圖志，以詔觀事辨物。所以宣上德而通下情者，無所不至，君民上下之閒若會四枝百脈，而達於囟無，或䧁閡而弗䧂也。其爲教，則國有大學、小學，自王、世子、公卿大夫、士之子㚒。夫邦國所貢，鄉遂所進，賢能之士咸造焉。旁及宿衛、士庶子、六軍之士，亦皆輩作輩學，以德行道，藝相切劘。鄉遂則有鄉學、六州學、三十黨學、百有五十遂之屬别。如鄉蓋郊甸之內，距王城不過二百里，其爲學辜較，已三百七十有奇。而郊里及甸公邑之學，尚不與此數推之。都縣畺之公邑、采邑，遠極於畿外邦國，其學蓋十百倍蓰於是，無慮大數。九州之內，意當有學數萬，信乎？教典之詳，殆莫能尚矣。其政教之備如是，故以四海之大，無不受職之民，無不造學之士。不學而無職者，則有罷民之刑，賢秀挾其才能，愚賤貢其忱悃，咸得以自通於上，以致純大平之治，豈偶然哉！此經在西周盛時，蓋百官府咸分秉其官法，以爲司存。而大宰執其總會司會天府，大史臧其副貳。成、康既沒，昭夷失德，陵遲以極於幽、厲之亂。平之東遷，而周公之大經良法蕩滅殆盡。然其典册散在官府者，世或猶尊守勿替。雖更七雄、去籍之後，而齊威王將司馬穰苴尚推明《司馬法》，爲兵家職志。魏文侯樂人竇公猶褢《大司樂》一經於兵火喪亂之餘。它如朝事之儀，大行之贊，述於大、小《戴記·職方》之篇。列於《周書》者，咸其枝流之末，盡澌滅者也，其全書經秦火而幾亡。漢興景、武之閒，五篇之經復出於河閒，而旋入於祕府，西京禮家大師多未之見。至劉歆、杜子春，始通其章句，著之竹帛。三鄭、賈、馬諸儒，賡續詮釋，其學大興。而儒者以其古文晚出，猶疑信參半。今文經師何休、臨碩之倫，相與擯庰之。唐趙匡、陸淳以逮宋元諸儒皆議之者尤衆。或謂戰國瀆亂不經之書，或謂莽、歆所增傅，其論大都逞肊不經。學者率知其謬，而其抵巇索痏，至今未已者，則以巧辭衺説附託者之爲經累也。蓋秦漢以後，聖哲之緒曠絶不續，此經雖存，莫能通之於治。劉歆、蘇綽託之以左王氏、宇文氏之篡，而卒以踣其祚；李林甫託之以修《六典》，而唐亂；王安石託之以行新法，而宋亦亂。彼以其詭譎之心，刻覈之政，偸效於旦夕，校利於黍杪，而謬託於古經以自文。上以誣其君，下以觳天下之口。不探其本而飾其末，其僥倖一試，不旋踵而潰敗，不可振不其宜哉！而懲之者，遂以爲此經詬病，即一二閎攬之士，亦疑古之政教不可施於今，是皆膠柱鍥舟之見也。夫古今者，積世積年而成之者也。日月與行星相攝相繞，天地之運猶是也。圓顱而方趾，横目而直榦，人之性猶是也。所異者，其治之迹與禮俗之習已耳。故畫井而居，乘車而戰，裂壤而封建，計夫而授田，今之勢，必不能行也，而古人行之。祭則坐孫而拜獻之，以爲王父尸昏，則以姪娣媵而從姑姊。坐則席地，行則立乘，今之情，必不能安也，而古人安之。凡此皆迹也，習也。沿襲之久而無害，則相與遵循之久而有所不安，則與相變革之，無勿可也。且古人之迹與習，亦有至今不變者。日月與地行同度則相掩蝕，地氣之烝盪則爲風雨，人之所稔知也，而薄蝕則拜跪而救之，湛旱則號呼而祈之。古人以爲文，至今無改也。柷敔拊摶，無當於鏗鎗之均；血腥全烝，無當於飲食之道。而今之大祀，猶沿而不廢。然則古人之迹與習，不必皆協於事理之實，而於人無所厭惡，則亦相與守，其故常千百歲而無變。彼夫政教之閎意眇恉，固將貫百王而不敝，而豈有古今之異哉？今泰西之强國，其爲治，非嘗稽覈於周公、成王之典法也。而其所爲政教者，務博議而廣學，以臬通道路嚴追胥化土物廾之屬，咸與此經冥符而遙契。蓋政教修明，則以致富强。若操左契，固寰宇之通理，放之四海而皆準者，此又古政教必可行於今者之明效大驗也。詒讓自勝衣就傅先太僕君，即授以此經，而以鄭注簡奥，賈疏疏略，未能盡通也。既長，略窺漢儒治經家法，乃以《爾雅》、《説文》，正其詁訓。以禮經大小《戴記》證其制度。研撢𥹆載於經注微義，略有所寤。竊思我朝經術昌明，諸經咸有新疏，斯經不宜獨闕。遂博采漢、唐、宋以來，迄於乾嘉諸經儒舊詁，參互證繹，以發鄭注之耑奥，裨賈疏之遺闕。艸剏於同治之季年，始爲《長編》數十巨册。綴輯未竟，而舉主南皮張尚書議集刊國朝經疏來徵此書，乃𩫖栝鰓理，寫成一帙以就正。然疏牾甚衆，又多最錄近儒異義辯論，滋綵私心未慝也。繼復更張義例，剟綵補闕。廿年以來，稾艸屢易，最後迻錄爲此本。其於古義古制，疏通證明，校之舊疏爲略詳矣。至於周公致太平之迹，宋、元諸儒所論多閎侈，而駢拇枝指未盡，楬其精要，顧惟秉資疏闇，素乏經世之用，豈能有所發明？而亦非箋詁所能鉤稽而揚榷也。故略引其耑，而不敢馳騁其説，覬學者深思而自得之。中年早衰，傫然孤露，意思零落，得一遺十。復以海疆多故，世變日亟，睠懷時局，撫卷增喟。私念今之大患在於政教未修，而上下之情睽閡不能相通。故民窳而失職，則治生之計陿隘。而譎觚干紀者，衆士不知學，則無以應事偶變，效忠厲節，而世常有乏才之憾。夫舍政教而議富强，是猶泛絶潢斷港、而蘄至於海也。然則處今日而論治，宜莫若求其道於此經。而承學之士顧徒奉周經漢注爲攷證之淵椒，幾何而不以爲已陳之芻狗乎！既寫定，輒略剌舉其可剴今、而振敝一二犖犖大者，用示櫫楬，俾知爲治之迹。古今不相襲，而政教則固，百世以俟聖人而不惑者。世之君子有能通天人之故，明治亂之原者，儻取此經而宣究其説，由古義古制以通政教之閎意眇恉，理董而講貫之，別爲專書，發揮旁通，以俟後聖。而或以不佞此書爲之擁篲先導，則私心所企望而旦莫遇之者與！光緒二十有五年八月，瑞安孫詒讓叙。

朱紱《周禮注疏考證跋語》 編修臣紱謹言：《周官》一經，或斥爲瀆亂不驗，或指爲六國陰謀，又因劉歆、王安石不善用之而敗，詆譏者滋多。唯鄭氏康成識其爲周公致太平之迹，程子、朱子皆尊信之，以爲非周公不能作。我皇上聖學崇深，御製《日知薈説》論著《周官》數則，妙契古聖人制作之精，可爲治經者之準的。臣等學識蕪陋，大經大灋未能仰窺，第見五官中所言祭祀、朝覲、會同、聘問、饗燕、蒐狩、軍旅、喪荒諸事。所共之職，相次之節，壇廟、宫室、冕服、車旗、器用之制，大概與《儀禮》、《禮記》相表裏，而《春秋三傳》亦可與之相證明，則其非三代以下人所能僞託，可不辨而決也。臣等奉命校讐，苦無善本，此錯彼差，雷同什九，經文以開成石經爲主，據之以勘舊刻之訛，而石經之訛，則還以注疏訂之。注疏舊刻各本，或有異同，則從其理之長者，而更以前後注疏及他經之注疏，凡古籍之有關於此經者，參互考核，期歸於是。已改者識其改之由，其舛謬難通，絶無左證，以意測之而未敢信者，尚仍其柢而亦略陳所疑，並附於卷末。冀使後之讀者，又復因是推究探討，埽葉拂塵，脱文衍字，減之又減，以至於無。鄭、賈之文不爲魯魚亥豕所蔽蝕，而聖經釐然益明。彌仰聖天子尊經隆禮，繼往開來，教澤所敷，永永無極。謹言。

傳　記

《舊唐書・賈公彦傳》 賈公彦，洺州永年人。永徽中，官至太學博士。撰《周禮義疏》五十卷、《儀禮義疏》四十卷。子大隱，官至禮部侍郎。時有趙州李玄植，又受《三禮》於公彦，撰《三禮音義》行於代。玄植兼習《春秋左氏傳》於王德韶，受《毛詩》於齊威，博涉漢史及老、莊諸子之説。貞觀中，累遷太子文學、弘文館直學士。高宗時，屢被召見，與道士、沙門在御前講説經義，玄植辨論甚美，申規諷，帝深禮之。後坐事左遷汜水令，卒官。

（注者鄭玄傳記，見前《毛詩正義》分部。）

《儀禮注疏》分部

綜　述

賈公彦《儀禮疏序》　竊聞道本沖虚，非言無以表其疏；言有微妙，非釋無能悟其理。是知聖人言曲事資，注釋而成。至於《周禮》、《儀禮》，發源是一，理有終始，分爲二部，並是周公攝政大平之書。《周禮》爲末，《儀禮》爲本。本則難明，末便易曉。是以《周禮》注者，則有多門，《儀禮》所注，後鄭而已。其爲章疏，則有二家：信都黄慶者，齊之盛德；李孟悊者，隋曰碩儒。慶則舉大略小，經注踈漏，猶登山遠望而近不知；悊則舉小略大，經注稍周，似入室近觀而遠不察。二家之疏，互有脩短。時之所尚，李則爲先。案士冠三加，有緇布冠、皮弁、爵弁，既冠，又著玄冠見於君。有此四種之冠，故記人下陳緇布冠、委貌、周弁，以釋經之四種。經之與記都無天子冠法，而李云委貌與弁皆天子始冠之冠，李之謬也。《喪服》一篇，凶禮之要，是以南北二家，章疏甚多，時之所以，皆資黄氏。案鄭注《喪服》引《禮記・檀弓》云：絰之言實也，明孝子有忠實之心，故爲制此服焉。則經之所作，表心明矣。而黄氏妄云：衰以表心，絰以表首。以黄氏公違鄭注，黄之謬也。黄、李之訓，略言其一，餘足見矣。今以先儒失路，後宜易塗，故悉鄙情，聊裁此疏，未敢專欲，以諸家爲本，擇善而從，兼增己義，仍取四門助教李玄植詳論可否，僉謀已定，庶可施以函丈之儒，青衿之俊，幸以去瑕取玖，得無譏焉。

阮元《儀禮注疏校勘記序》　《儀禮》最爲難讀，昔顧炎武以唐石刻九經校明監本，惟《儀禮》譌脱尤甚。經文且然，況注疏乎？賈疏文筆冗蔓，詞意鬱轖，不若孔氏《五經正義》之條暢，傳寫者不得其意，脱文誤句，往往有之。宋世注、疏各爲一書，疏自咸平校勘之後，更無别本，誤謬相沿，迄今已無從一一釐正。朱子作《通解》，於疏之文義未安者，多爲刪潤，在朱子自成一家之書，未爲不可。而明之刻注疏者，一切惟《通解》之從，遂盡失賈氏之舊。臣於《儀禮注疏》舊有校本，奉旨充石經校勘官，曾校經文上石。今合諸本，屬德清貢生徐養原詳列異同，臣復定其是非。大約經、注則以唐石經及宋嚴州單注本爲主，疏則以宋單行本爲主，參以《釋文》、《識誤》諸書，於以正明刻之譌。雖未克盡得鄭、賈面目，亦庶還唐、宋之舊觀。鄭注疊古今文最爲詳覈，語助多寡，靡不悉紀。今校是經，寧詳毋略，用鄭氏家法也。

傳　記（見前《周禮注疏》分部賈公彦傳記）

《禮記正義》分部

綜　述

孔穎達等《禮記正義序》　夫禮者，經天緯地，本之則大一之初；原始要終，體之乃人情之欲。夫人上資六氣，下乘四序，賦清濁以醇醨，感陰陽而遷變。故曰：人生而靜，天之性也；感物而動，性之欲也。喜怒哀樂之志，於是乎生；動靜愛惡之心，於是乎在。精粹者雖復凝然不動，浮躁者實亦無所不爲。是以古先聖王鑒其若此，欲保之以正直，納之於德義。猶襄陵之浸，修隄防以制之；覂（方用切）駕之馬，設銜策以驅之。故乃上法圓象，下參方載，道之以德，齊之以禮。然飛走之倫，皆有懷於嗜慾；則鴻荒之世，非無心於性情。燔黍則大享之濫觴，土鼓乃雲門之拳石。冠冕飾於軒初，玉帛朝於虞始。夏商革命，損益可知；文武重光，典章斯備。洎乎姬旦，負扆臨朝，述《曲禮》以節威儀，制《周禮》而經邦國。禮者，體也，履也，郁郁乎文哉！三百三千，於斯爲盛。綱紀萬事，彫琢六情。非彼日月照大明於寰宇，類此松筠負貞心於霜雪。順之則宗祏固，社稷寧，君臣序，朝廷正；逆之則紀綱廢，政教煩，陰陽錯於上，人神怨於下。故曰人之所生，禮爲大也。非禮無以事天地之神，辯君臣長幼之位，是禮之時義大矣哉！暨周昭王南征之後，彝倫漸壞；彗星東出之際，憲章遂泯。夫子雖定禮正樂，頹綱暫理，而國異家殊，異端並作。畫蛇之説，文擅於縱橫；非馬之談，辨離於堅白。暨乎道喪兩楹，義乖四術，上自游夏之初，下終秦漢之際，其間歧塗詭説，雖紛然競起，而餘風曩烈，亦時或獨存。於是博物通人，知今温古，考前代之憲章，參當時之得失，俱以所見，各記舊聞。錯總鳩聚，以類相附，《禮記》之目，於是乎在。去聖逾遠，異端漸扇。故大、小二戴，共氏而分門；王、鄭兩家，同經而異注。爰從晉、宋，逮于周、隋，其傳《禮》業者，江左尤盛。其爲義疏者，南人有賀循、賀瑒、庾蔚之、崔靈恩、沈重、范宣、皇甫侃等，北人有徐遵明、李業興、李寶鼎、侯聰、熊安生等。其見於世者，唯皇、熊二家而已。熊則違背本經，多引外義，猶之楚而北行，馬雖疾而去逾遠矣。又欲釋經文，唯聚難義，猶治絲而棼之，手雖繁而絲益亂也。皇氏雖章句詳正，微稍繁廣，又既遵鄭氏，乃時乖鄭義，此是木落不歸其本，狐死不首其丘。此皆二家之弊，未爲得也。然以熊比皇，皇氏勝矣。雖體例既別，不可因循，今奉勅刪理，仍據皇氏以爲本，其有不備，以熊氏補焉。必取文證詳悉，義理精審，翦其繁蕪，撮其機要。恐獨見膚淺，不敢自專，謹與中散大夫守國子司業臣朱子奢、國子助教臣李善信、守太學博士臣賈公彥、行太常博士臣柳士宣、魏王東閤祭酒臣范義頵、魏王參軍事臣張權等對共量定。至十六年，又奉勅與前修疏人及儒林郎守太學助教雲騎尉臣周玄達、儒林郎守四門助教雲騎尉臣趙君贊、儒林郎守四門助教雲騎尉臣王士雄等，對勅使趙弘智覆更詳審，爲之《正義》，凡成七十卷。庶能光贊大猷，垂法後進，故叙其意義，列之云爾。

孔穎達等《禮記注疏》卷一　正義曰：夫禮者，經天地，理人倫，本其所起，在天地未分之前。故《禮運》云：「夫禮必本於大一。」是天地未分之前已有禮也。禮者，理也。其用以治，則與天地俱興，故昭二十六年《左傳》稱晏子云：「禮之可以爲國也久矣，與天地並。」但于時質略，物生則自然而有尊卑，若羊羔跪乳，鴻鴈飛有行列，豈由教之者哉！是三才既判，尊卑自然而有。但天地初分之後，即應有君臣治國。但年代縣遠，無文以言。案《易緯·通卦驗》云：「天皇之先，與乾曜合元。君有五期，輔有三名。」注云：「君之用事五行，王亦有五期。輔有三名，公、卿、大夫也。」又云「遂皇始出握機矩」，注云：「遂皇謂遂人，在伏犧前，始王天下也。矩，法也，言遂皇持斗機運轉之法，指天以施政教。」既云「始王天下」，是尊卑之禮起於遂皇也。持斗星以施政教者，即《禮緯·斗威儀》云「宫主君，商主臣，角主父，徵主子，羽主夫，少宫主婦，少商主政」，是法北斗而爲七政。七政之立，是禮迹所興也。鄭康成《六藝論》云：「《易》者，陰陽之象，天地之所變化，政教之所生，自人皇初起。」人皇即遂皇也。既政教所生初起於遂皇，則七政是也。《六藝論》又云：「遂皇之後，歷六紀九十一代，至伏犧始作十二言之教。」然則伏犧之時，《易》道既彰，則禮事彌著。案譙周《古史考》云：「有聖人以火德王，造作鑽燧出火，教民熟食，人民大悦，號曰遂人。次有三姓，乃至伏犧，制嫁娶，以儷皮爲禮，作琴瑟以爲樂。」又《帝王世紀》云：「燧人氏沒，包羲氏代之。」以此言之，則嫁娶嘉禮始於伏犧也。但《古史考》遂皇至于伏犧，唯經三姓；《六藝論》云「歷六記九十一代」，其又不同，未知孰是。或於三姓而爲九十一代也。案《廣雅》云：「一紀二十七萬六千年。」方叔機注《六藝論》云：「六紀者，九頭紀、五龍紀、攝提紀、合洛紀、連通紀、序命紀，凡六紀也。九十一代者，九頭一，五龍五，攝提七十二，合洛三，連通六，序命四，凡九十一代也。」但伏犧之前及伏犧之後，年代參差，所説不一，緯候紛紜，各相乖背，且復煩而無用，今並略之，唯據《六藝論》之文及《帝王世紀》以爲説也。案《易·繫辭》云：「包犧氏沒，神農氏作。」案《帝王世紀》云，伏犧之後女媧氏，亦風姓也。女媧氏沒，「次有大庭氏、柏皇氏、中央氏、栗陸氏、驪連氏、赫胥氏、尊盧氏、渾沌氏、昊英氏、有巢氏、朱襄氏、葛天氏、陰康氏、無懷氏，凡十五代，皆襲伏犧之號」。然鄭玄以大庭氏是神農之別號。案《封禪書》無懷氏在伏犧之前，今在伏犧之後，則《世紀》之文未可信用。《世紀》又云：「神農始教天下種穀，故人號曰神農。」案《禮運》云：「夫禮之初，始諸飲食，燔黍捭豚，蕢桴而土鼓。」又《明堂位》云：「土鼓葦籥，伊耆氏之樂。」又《郊特牲》云：「伊耆氏始爲蜡。」蜡即田祭，與種穀相協，土鼓葦籥又與蕢桴土鼓相當，故熊氏云：伊耆氏即神農也。既云始諸飲食，致敬鬼神，則祭祀吉禮起於神農也。又《史記》云「黄帝與蚩尤戰於涿鹿」，則有軍禮也。《易·繫辭》「黄帝九事」章云「古者葬諸中野」，則有凶禮也。又《論語撰考》云：「軒知地利，九牧倡教。」既有九州之牧，當有朝聘，是賓禮也。若然，自伏犧以後至黄帝，吉、凶、賓、軍、嘉五禮始具。皇氏云：「禮有三起，禮理起於大一，禮事起於遂皇，禮名起於黄帝。」其「禮理起於大一」，其義通也；其「禮事起於遂皇，禮名起於黄帝」，其義乖也。且遂皇在伏犧之前，《禮運》「燔黍捭豚」在伏犧之後，何得以祭祀在遂皇之時？其唐堯，則《舜典》云「修五禮」，鄭康成以爲公、侯、伯、子、男之禮。又云命伯夷「典朕《三禮》」。「五禮」其文，亦見經也。案《舜典》云「類于上帝」，則吉禮也；「百姓如喪考妣」，則凶禮也；「羣后四朝」，則賓禮也；「舜征有苗」，則軍禮也；「嬪于虞」，則嘉禮也。是舜時五禮具備。直云「典朕《三禮》」者，據事天、地與人爲《三禮》。其實事天地唯吉禮也，其餘四禮並人事兼之也。案《論語》云「殷因於夏禮」，「周因於殷禮」，則《禮記》摠陳虞、夏、商、周，則是虞、夏、商、周各有當代之禮，則夏、商亦有五禮。鄭康成注《大宗伯》，唯云唐、虞有《三禮》，至周分爲五禮。不言夏、商者，但書篇散亡，夏、商之禮絶滅，無文以言，故據周禮有文者而言耳。武王沒後，成王幼弱，周公代之攝政，六年致大平，述文、武之德而制禮也。故《洛誥》云：「考朕昭子刑，乃單文祖德。」又《禮記·明堂位》云，周公攝政六年，制禮作樂，頒度量於天下。但所制之禮，則《周官》、《儀禮》也。鄭作序云：「禮者，體也，履也。統之於心曰體，踐而行之曰履。」鄭知然者，《禮器》云：「禮者，體也。」《祭義》云：「禮者，履此者也。」《禮記》既有此釋，故鄭依而用之。禮雖合訓體、履，則《周官》爲體，《儀禮》爲履，故鄭序又云：「然則三百三千雖混同爲禮，至於並立俱陳，則曰此經禮也，此曲禮也。或云此經文也，此威儀也。」是《周禮》、《儀禮》有體、履之別也。所以《周禮》爲體者，《周禮》是立治之本，統之心體，以齊正於物，故爲禮。賀瑒云：「其體有二，一是物體，言萬物貴賤高下小大文質各有其體；二曰禮體，言聖人制法，體此萬物，使高下貴賤各得其宜也。」其《儀禮》但明體之所行踐履之事，物雖萬體，皆同一履，履無兩義也。于周之禮，其文大備，故《論語》云：「周監於二代，郁郁乎文哉！吾從周」也。然周既禮道大用，何以《老子》云「失道而後德，失德而後仁，失仁而後義，失義而後禮。禮者，忠信之薄，道德之華，爭愚之始」？故先師準緯候之文，以爲三皇行道，五帝行德，三王行仁，五霸行義。若失義而後禮，豈周之成、康在五霸之後？所以不同者，《老子》盛言道德質素之事，無爲靜默之教，故云此也。禮爲浮薄而施，所以抑浮薄，故云「忠信之薄」。且聖人之王天下，道、德、仁、義及禮並藴于心，但量時設教，道、德、仁、義及禮，須用則行，豈可三皇五帝之時全無仁、義、禮也，殷、周之時全無道、德也？《老子》意有所主，不可據之以難經也。既《周禮》爲體，其《周禮》見於經籍，其名異者，見有七處。案《孝經説》云「禮經三百」，一也；《禮器》云「經禮三百」，二也；《中庸》云「禮儀三百」，三也；《春秋説》云「禮經三百」，四也；《禮説》云「有正經三百」，五也；《周官外題》謂「爲《周禮》」，六也；《漢書·藝文志》云「《周官》經六篇」，七也。七者皆云三百，故知俱是《周官》。《周官》三百六十，舉其大數而云三百也。其《儀禮》之别，亦有七處，而有五名。一則《孝經説》、《春秋》及《中庸》並云「威儀三千」，二則《禮器》云「曲禮三千」，三則《禮説》云「動儀三千」，四則謂「爲《儀禮》」，五則《漢書·藝文志》謂《儀禮》爲《古禮經》。凡此七處五名，稱謂並承三百之下，故知即《儀禮》也。所以三千者，其履行《周官》五禮之别，其事委曲，條數繁廣，故有三千也。非謂篇有三千，但事之殊别有三千條耳。或一篇一卷，則有數條之事。今行於世者，唯十七篇而已。故《漢書·藝文志》云「漢初，高堂生傳《禮》十七篇」是也。至武帝時，河間獻王得古《禮》五十六篇，獻王獻之。又《六藝論》云：「後得孔子壁中古文《禮》，凡五十六篇。其十七篇與高堂生所傳同而字多異，其十七篇外則逸《禮》是也。」《周禮》爲本，則聖人體之；《儀禮》爲末，賢人履之。故鄭序云「體之謂聖，履之爲賢」是也。既《周禮》爲本，則重者在前，故宗伯序五禮，以吉禮爲上；《儀禮》爲末，故輕者在前，故《儀禮》先冠、昏，後喪、祭。故鄭序云：「二者或施而上，或循而下。」其《周禮》，《六藝論》云：「《周官》壁中所得六篇。」《漢書》説河間獻王開獻書之路，得《周官》有五篇，失其《冬官》一篇，乃購千金不得，取《考工記》以補其闕。《漢書》云得五篇，《六藝論》云得其六篇，其文不同，未知孰是。其《禮記》之作，出自孔氏。但正《禮》殘缺，無復能明，故范武子不識殽烝，趙鞅及魯君謂《儀》爲《禮》。至孔子沒後，七十二之徒共撰所聞，以爲此《記》。或錄舊禮之義，或錄變禮所由，或兼記體履，或雜序得失，故編而錄之，以爲《記》也。《中庸》是子思伋所作，《緇衣》公孫尼子所撰。鄭康成云：《月令》，呂不韋所修。盧植云：《王制》，謂漢文時博士所錄。其餘衆篇，皆如此例，但未能盡知所記之人也。其《周禮》、《儀禮》，是《禮記》之書，自漢以後各有傳授。鄭君《六藝論》云：「案《漢書・藝文志》、《儒林傳》云，傳《禮》者十三家，唯高堂生及五傳弟子戴德、戴聖名在也。」又案《儒林傳》云：「漢興，高堂生傳《禮》十七篇，而魯徐生善爲容。孝文時，徐生以容爲禮官大夫。瑕丘蕭奮以禮至淮陽太守。孟卿，東海人，事蕭奮，以授戴德、戴聖。」《六藝論》云「五傳弟子」者，熊氏云：「則高堂生、蕭奮、孟卿、后倉及戴德、戴聖爲五也。」此所傳皆《儀禮》也。《六藝論》云：「今禮行於世者，戴德、戴聖之學也。」又云「戴德傳《記》八十五篇」，則《大戴禮》是也；「戴聖傳《禮》四十九篇」，則此《禮記》是也。《儒林傳》云：「大戴授琅邪徐氏，小戴授梁人橋仁字季卿、楊榮字子孫。仁爲大鴻臚，家世傳業。」其《周官》者，始皇深惡之。至孝武帝時，始開獻書之路，既出於山巖屋壁，復入祕府，五家之儒，莫得見焉。至孝成時，通人劉歆校理祕書，始得列序，著于錄略。爲衆儒排棄，歆獨識之，知是周公致太平之道。河南緱氏杜子春，永平時初能通其讀，鄭衆、賈逵往授業焉。其後馬融、鄭玄之等，各有傳授，不復繁言也。

王鳴盛《十七史商榷》卷三五《後漢書七・康成注經》 「康成注《周易》、《尚書》、《毛詩》、《儀禮》、《禮記》、《論語》、《孝經》」云云，案康成所注諸經，《周禮》尤其精者，此但言《儀禮》、《禮記》，不言《周禮》，蓋傳寫脱去。又注云：「謝承《書》載康成所注與此略同，不言注《孝經》，唯此書獨有。」今所行《十三經注疏》內《孝經注》，據《疏》云是唐開元中御製，而疏則但題宋邢昺奉勅較定，當非昺撰。《新唐書》第二百卷《儒學《元行沖傳》云：「玄宗自注《孝經》，詔行沖爲疏，立于學官。」然則此疏是行沖作明矣。若《藝文志》所列梁皇侃、唐賈公彥、孔穎達與行沖皆有《孝經疏》，彼三家所疏蓋用鄭康成注也。鄭注自魏晉以來有之。又有孔安國注，則出於隋劉炫，殆即炫作。行沖於御製序疏中謂孔、鄭二家皆非眞實，又引齊陸澄說，謂鄭注非康成所注，又於篇首疏中歷詆鄭注爲僞，其驗有十二。又載開元七年劉子玄、司馬貞兩家議，子玄欲行孔廢鄭，貞則以鄭爲優，孔爲僞。行沖雖並黜兩家，而其意則尤不許者鄭也。又有傳注者，不知何人作序一篇，云子玄駁鄭有十謬七惑，大約行沖十二驗即祖子玄餘唾。觀范蔚宗以爲出康成，則可信矣。乃自唐以來，孔、鄭並亡已久，近日孔注從日本傳至中土，而鄭注獨不可得，誠恨事也。「康成經傳洽孰，稱爲純儒，齊魯閒宗之」，案攷之《北史》及《三國》《王粲傳》，鄭學天下所宗，豈但齊魯？蔚宗此言稍陋。然論云：「鄭康成括囊大典，網羅衆家，刪裁繁誣，刊改漏失，自是學者略知所歸。」贊云：「玄定義乖，孔書遂明。」其推重如此，則蔚宗非不知康成者，「齊魯閒」一語，或偶承謝承、華嶠之舊耳。其次於張純、曹褒之後，此有深意，正是極盡尊崇。蓋純、褒皆漢名臣，手定典禮。康成終身處士，未嘗一日登朝，乃躋之使與並列，自康成外，何休、服虔、許慎皆但入《儒林》，不升列傳，此與司馬子長進孔子於世家義同。王安石全不知三代貴貴尚爵制度，輒譏子長，誠妄人也。

傳記

（見前《周易正義》分部孔穎達傳記）

《春秋左傳正義》分部

綜述

杜預《春秋左傳序》 《春秋》者，魯史記之名也。記事者，以事繫日，以日繫月，以月繫時，以時繫年，所以紀遠近、别同异也。故史之所記，必表年以首事。年有四時，故錯舉以爲所記之名也。《周禮》有史官，掌邦國四方之事，達四方之志。諸侯亦各有國史。大事書之於策，小事簡牘而已。《孟子》曰：楚謂之《檮杌》，晉謂之《乘》，而魯謂之《春秋》，其實一也。韓宣子適魯，見《易·象》與魯《春秋》，曰：「周禮盡在魯矣。吾乃今知周公之德與周之所以王。」韓子所見，蓋周之舊典禮經也。周德既衰，官失其守。上之人不能使《春秋》昭明，赴告策書，諸所記注，多違舊章。仲尼因魯史策書成文，考其眞僞，而志其典禮，上以遵周公之遺制，下以明將來之法。其教之所存，文之所害，則刊而正之，以示勸戒。其餘則皆即用舊史，史有文質，辭有詳略。不必改也。故《傳》曰：「其善志。」又曰：「非聖人孰能修之？」蓋周公之志，仲尼從而明之。左丘明受《經》於仲尼，以爲《經》者不刊之書也，故《傳》或先《經》以始事，或後《經》以終義，或依《經》以辯理，或錯《經》以合异，隨義而發。其例之所重，舊史遺文，略不盡舉，非聖人所修之要故也。身爲國史，躬覽載籍，必廣記而備言之。其文緩，其旨遠，將令學者原始要終，尋其枝葉，究其所窮。優而柔之，使自求之；饜而飫之，使自趨之。若江海之浸，膏澤之潤，涣然冰釋，怡然理順，然後爲得也。其發凡以言例，皆經國之常制，周公之垂法，史書之舊章。仲尼從而修之，以成一經之通體。其微顯闡幽，裁成義類者，皆據舊例而發義，指行事以正褒貶。諸稱「書」、「不書」、「先書」、「故書」、「不言」、「不稱」、「書曰」之類，皆所以起新舊，發大義，謂之變例。然亦有史所不書，即以爲義者，此著《春秋》新意，故傳不言「凡」，曲而暢之也。其《經》無義例，因行事而言，則《傳》直言其歸趣而已，非例也。故發傳之體有三，而爲例之情有五。一曰「微而顯」，文見於此，而起義在彼。「稱族，尊君命；舍族，尊夫人」、「梁亡」、「城緣陵」之類是也。二曰「志而晦」，約言示制，推以知例。參會不地、與謀曰「及」之類是也。三曰「婉而成章」，曲從義訓，以示大順。諸所諱辟，璧假許田之類是也。四曰「盡而不污，直書其事，具文見意。丹楹刻桷、天王求車、齊侯獻捷之類是也。」五曰「懲惡而勸善」，求名而亡，欲蓋而章。書齊豹「盜」、三叛人名之類是也。推此五體，以尋《經》、《傳》，觸類而長之。附于二百四十二年行事，王道之正，人倫之紀備矣。或曰：《春秋》以錯文見義，若如所論，則《經》當有事同文异而無其義也，先儒所傳，皆不其然。答曰：《春秋》雖以一字爲褒貶，然皆須數句以成言，非如八卦之爻，可錯綜爲六十四也，固當依《傳》以爲斷。古今言《左氏春秋》者多矣，今其遺文可見者十數家。大體轉相祖述，進不成爲錯綜經文以盡其變，退不守丘明之《傳》。於丘明之《傳》，有所不通，皆沒而不說，而更膚引《公羊》、《穀梁》，適足自亂。預今所以爲异，專修丘明之《傳》以釋《經》，《經》之條貫，必出於《傳》，《傳》之義例，總歸諸「凡」。推變例以正褒貶，簡二《傳》而去异端，蓋丘明之志也。其有疑錯，則備論而闕之，以俟後賢。然劉子駿創通大義，賈景伯父子、許惠卿，皆先儒之美者也，末有潁子嚴者，雖淺近亦復名家，故特舉劉、賈、許、潁之違，以見同异。分《經》之年，與《傳》之年相附，比其義類，各隨而解之，名曰《經傳集解》。又别集諸例及地名、譜第、歷數，相與爲部，凡四十部，十五卷，皆顯其异同，從而釋之，名曰《釋例》。將令學者觀其所聚，异同之說，《釋例》詳之也。或曰：《春秋》之作，《左傳》及《穀梁》無明文，說者以爲仲尼自衛反魯，修《春秋》，立素王，丘明爲素臣。言《公羊》者，亦云黜周而王魯，危行言孫，以辟當時之害，故微其文，隱其義。《公羊》經止獲麟，而《左氏》經終孔丘卒，敢問所安？答曰：异乎余所聞！仲尼曰：「文王既沒，文不在茲乎？」此制作之本意也。嘆曰：「鳳鳥不至，河不出圖，吾已矣夫！」蓋傷時王之政也。麟鳳五靈，王者之嘉瑞也。今麟出非其時，虛其應而失其歸，此聖人所以爲感也。絶筆於獲麟之一句者，所感而起，固所以爲終也。曰：「然則《春秋》何始於魯隱公？」答曰：周平王，東周之始王也。隱公，讓國之賢君也。考乎其時則相接，言乎其位則列國，本乎其始則周公之祚胤也。若平王能祈天永命，紹開中興；隱公能宏宣祖業，光啓王室，則西周之美可尋，文武之迹不隊，是故因其歷數，附其行事，采周之舊，以會成王義，垂法將來。所書之王，即平王也；所用之歷，即周正也；所稱之公即隱公也，安在其黜周而王魯乎？子曰：「如有用我者，吾其爲東周乎！」此其義也。若夫制作之文，所以彰往考來，情見乎辭。言高則旨遠，辭約則意微。此理之常，非隱之也。聖人包周身之防，既作之後，方復隱諱以辟患，非所聞也。子路欲使門人爲臣，孔子以爲欺天。而云仲尼素王，丘明素臣，又非通論也。先儒以爲制作三年，文成致麟，既已妖妄，又引《經》以至仲尼卒，亦又近誣。據

《公羊》經止獲麟，而《左氏》小邾射不在三叛之數，故余以爲感麟而作，作起獲麟，則文止於所起，爲得其實。至於「反袂拭面」，稱「吾道窮」，亦無取焉。

《後漢書・賈逵傳》　肅宗立，降意儒術，特好《古文尚書》、《左氏傳》。建初元年，詔逵入講北宫白虎觀、南宫雲臺。帝善逵説，使發出《左氏傳》大義長於《二傳》者。逵於是具條奏之曰：「臣謹擿出《左氏》三十事尤著明者，斯皆君臣之正義，父子之紀綱。其餘同《公羊》者什有七八，或文簡小异，無害大體。至如祭仲、紀季、伍子胥、叔術之屬，《左氏》義深於君父，《公羊》多任於權變，其相殊絶，固以甚遠，而冤抑積久，莫肯分明。臣以永平中上言《左氏》與圖讖合者，先帝不遺芻蕘，省納臣言，寫其傳詁，藏之秘書。建平中，侍中劉歆欲立《左氏》，不先暴論大義，而輕移太常，恃其義長，詆挫諸儒，諸儒内懷不服，相與排之。孝哀皇帝重逆衆心，故出歆爲河内太守。從是攻擊《左氏》，遂爲重讎。至光武皇帝，奮獨見之明，興立《左氏》、《穀梁》，會二家先師不曉圖讖，故令中道而廢。凡所以存先王之道者，要在安上理民也。今《左氏》崇君父，卑臣子，强幹弱枝，勸善戒惡，至明至切，至直至順。且三代异物，損益隨時，故先帝博觀异家，各有所采。《易》有施、孟，復立梁丘，《尚書》歐陽，復有大小夏侯，今《三傳》之异亦猶是也。又《五經》家皆無以證圖讖明劉氏爲堯後者，而《左氏》獨有明文。《五經》家皆言顓頊代黄帝，而堯不得爲火德。《左氏》以爲少昊代黄帝，即圖讖所謂帝宣也。如令堯不得爲火，則漢不得爲赤。其所發明，補益實多。陛下通天然之明，建大聖之本，改元正歷，垂萬世則，是以麟鳳百數，嘉瑞雜遝。猶朝夕恪勤，游情《六藝》，研機綜微，靡不審核。若復留意廢學，以廣聖見，庶幾無所遺失矣。」書奏，帝嘉之，賜布五百匹，衣一襲，令逵自選《公羊》嚴、顔諸生高才者二十人，教以《左氏》，與簡紙經傳各一通。

孔穎達《春秋左傳正義序》　夫《春秋》者，紀人君動作之務，是左史所職之書。王者統三才而宅九有，順四時而治萬物。四時序，則玉燭調於上；三才協，則寶命昌於下。故可以享國永年，令聞長世。然則有爲之務，可不慎與？國之大事在祀與戎，祀則必盡其敬，戎則不加無罪，盟會協於禮，興動順其節，失則貶其惡，得則褒其善。此《春秋》之大旨，爲皇王之明鑒也。若夫五始之目，章於帝軒；六經之道，光於《禮記》。然則此書之發，其來尚矣。但年祀綿邈，無得而言。暨乎周室東遷，王綱不振，楚子北伐，神器將移，鄭伯敗王於前，晉侯請隧於後，竊僭名號者，何國不然！專行征伐者，諸侯皆是。下陵上替，内叛外侵，九域騷然，三綱遂絶。夫子内韞大聖，逢時若此，欲垂之以法則無位，正之以武則無兵，賞之以利則無財，説之以道則不用。虚嘆銜書之鳳，乃似喪家之狗。既不救於已往，冀垂訓於後昆。因魯史之有得失，據周經以正褒貶。一字所嘉，有同華衮之贈；一言所黜，無蕭斧之誅。所謂不怒而人威，不賞而人勸，實永世而作則，歷百王而不朽者也。至於秦滅典籍，鴻猷遂寢。漢德既興，儒風不泯。其前漢傳《左氏》者，有張蒼、賈誼、尹咸、劉歆，後漢有鄭衆、賈逵、服虔、許惠卿之等，各爲詁訓。然雜取《公羊》、《穀梁》以釋《左氏》，此乃以冠雙屨，將絲綜麻，方鑿圓枘，其可入乎？晉世杜元凱又爲《左氏集解》，專取丘明之傳，以釋孔氏之經，所謂子應乎母，以膠投漆，雖欲勿合，其可離乎！今校先儒優劣，杜爲甲矣。故晉、宋傳授，以至于今。其爲義疏者，則有沈文阿、蘇寬、劉炫，然沈氏於義例粗可，於經傳極疏；蘇氏則全不體本文，唯旁攻賈、服，使後之學者鑽仰無成；劉炫於數君之内，實爲翹楚，然聰惠辯博，固亦罕儔，而探賾鈎深，未能致遠。其經注易者，必具飾以文辭；其理致難者，乃不入其根節。又意在矜伐，性好非毁，規杜氏之失凡一百五十餘條，習杜義而攻杜氏，猶蠹生於木而還食其木，非其理也。雖規杜過，義又淺近，所謂捕鳴蟬於前，不知黄雀在其後。案僖公三十三年，《經》云：「晉人敗狄于箕。」杜注云：「郤缺稱『人』者未爲卿。」劉炫規云：「晉侯稱『人』與殽戰同。」案殽戰在葬晉文公之前，可得云背喪用兵，以賤者告。箕戰在葬晉文公之後，非是背喪用兵，何得云「與殽戰同」？此則一年之經，數行而已，曾不勘省上下，妄規得失。又襄公二十一年傳云：「邾庶其以漆閭丘來奔，以公姑姊妻之。」杜注云：「蓋寡者二人。」劉炫規云：「是襄公之姑、成公之姊，只一人而已。」案成公二年，成公之子公衡爲質，及宋逃歸。案《家語・本命》云：「男子十六而化生。」公衡已能逃歸，則十六、七矣，公衡之年如此，則於時成公三十三、四矣，計至襄二十一年，成公七十餘矣，何得有姊而妻庶其？此等皆其事歷然，猶尚妄説，況其餘錯亂，良可悲矣！然比諸義疏，猶有可觀。今奉敕删定，據以爲本，其有疏漏，以沈氏補焉。若兩義俱違，則特申短見。雖課率庸鄙，仍不敢自專，謹與朝請大夫國子博士臣谷那律、故四門博士臣楊士勛、四門博士臣朱長才等，對共參定。至十六年，又奉敕與前修疏人及朝散大夫行大學博士上騎都尉臣馬嘉運、朝散大夫行大學博士上騎都尉臣王德韶、給事郎守四門博士上騎都尉臣蘇德融、登仕郎守大學助教雲騎尉臣隨德素等，對敕使趙弘智覆更詳審，爲之正義，凡三十六卷，冀貽諸學者，以裨萬一焉。

劉知幾《史通》卷一《六家》 《左傳》家者，其先出于左丘明。孔子既著《春秋》，而丘明受經作傳。蓋傳者，轉也；轉受經旨，以授後人。或曰傳者，傳也，所以傳示來世。案孔安國注《尚書》，亦謂之傳，斯則傳者，亦訓釋之義乎？觀《左傳》之釋經也，言見經文而事詳傳內，或傳無而經有，或經闕而傳存。其言簡而要，其事詳而博，信聖人之羽翮，而述者之冠冕也。

又卷一四《申左第五》 古之人言《春秋》《三傳》者多矣。戰國之世，其事罕聞。當前漢專用《公羊》，宣皇已降，《穀梁》又立于學。至成帝世，劉歆始重《左氏》，而竟不列學官。太抵自古重兩傳而輕《左氏》者固非一家，美《左氏》而議兩傳者亦非一族。互相攻擊，各自朋黨，哤聒紛競，是非莫分。然則儒者之學，苟以專精爲主，止于治章句，通訓釋，斯則可也。至于論大體，舉宏綱，則言罕兼統，理無要害。故使今古疑滯，莫得而申者焉。必揚榷而論之，言傳者固當以《左氏》爲首。但自古學《左氏》者，談之又不得其情。如賈逵撰《左氏長義》，稱在秦者爲劉氏，乃漢室所宜推先。但取悅當時，殊無足采。又按桓譚《新論》曰：「《左氏傳》于《經》，猶衣之表裏。」而《東觀漢記》陳元奏云：「光武興立《左氏》，而桓譚、衛宏并共毀訾，故中道而廢。」班固《藝文志》云：丘明與孔子觀魯史記而作《春秋》，有所貶損，事形于《傳》，懼罹時難，故隱其書。末世口說流行，遂有《公羊》、《穀梁》、《鄒氏》、《夾氏》諸傳。而于《固集》，復有難《左氏》九條三評等科。夫以一家之言，一人之說，而參差相背，前後不同，斯又不足觀也。夫解難者以理爲本，如理有所闕，欲令有識心伏，不亦難乎？今聊次其所疑，列之于後。蓋《左氏》之義有三長，而二傳之義有五短。按《春秋》昭二年：韓宣子來聘，觀書于太史氏，見《魯春秋》，曰：「周禮盡在魯矣。吾乃今知周公之德與周之所以王也。」然《春秋》之作，始自姬旦，成諸仲尼。丘明之《傳》，所有筆削及發凡例，皆得周典。杜預《釋例》：《公羊》、《穀梁》之論《春秋》，皆因事以起問，因問以辯義。義之精者，曲以所通。無他凡例也。左丘明則周禮以爲本，諸稱凡以發例者，皆周公之舊制者也。傳孔子教，故能成不刊之書，著將來之法。其長一也。又按哀三年，魯司鐸火，南宮敬叔命周人出御書。其時於魯文籍最備。丘明既躬爲太史，博總群書，至如《檮杌》、《紀年》之流，《鄭書》、《晉志》之類，凡此諸籍，莫不畢睹。其《傳》廣包他國，每事皆詳。其長二也。《論語》子曰：「左丘明耻之，某亦耻之。」夫以同聖之才，同膺授經之托，加以達者七十，弟子三千，遠自四方，同在一國，於是上詢夫子，下訪其徒，凡所采摭，實廣聞見。其長三也。如穀梁、公羊者，生于异國，長自後來，語地則與魯產相違，論時則與宣尼不接。安得以傳聞之說，與親見者爭先者乎？譬猶近世，漢之太史，晉之著作，撰成國典，時號正書。既而《先賢》、《耆舊》，謂《楚國先賢傳》、《汝南先賢行狀》、《益部耆舊傳》、《襄陽耆舊傳》等書。《語林》、《世說》，競造异端，强書他事。夫以傳自委巷，而將冊府抗衡；訪諸古老，而與同時并列，斯則難矣。彼二傳之方《左氏》，亦奚异于此哉？其短一也。《左氏》述臧哀伯諫桓納鼎，周內史美其讜言；王子朝告于諸侯，閔馬父嘉其辨說。凡如此類，其數實多。斯蓋當時發言，形于翰墨，立言不朽，播于他邦。而丘明仍其本語，就加編次。亦猶近代《史記》載樂毅、李斯之文，《漢書》錄晁錯、賈生之筆。尋其實也，豈是子長稿削，孟堅雌黃所構者哉？觀二傳所載，有异于此。其錄人言也，語乃齟齬。文皆瑣碎。夫如是者何哉？蓋彼得史官之簡書，此傳流俗之口說。故使隆促各异，豐儉不同。其短二也。尋《左氏》載諸大夫詞令、行人應答，其文典而美，其語博而奧，如僖伯諫君觀魚，富辰諫王納帶，王孫勞楚而論九鼎，季札觀樂而談國風，其所援引，皆據禮經之類是也。述遠古則委曲如存，如郯子聘魯，言少昊以鳥名官；季孫行父稱舜舉八元、八凱；魏絳答晉悼公，引《虞人之箴》；子革諷楚靈王，誦《祈招之詩》。其事明白，非是厚誣之類是也。征近代則循環可覆。如呂相絕秦，述兩國世隙；聲子班荆，稱楚材晉用；晉士渥濁諫殺荀林父，說文公敗楚于城濮，有憂色；子服景伯謂吳云，楚圍宋，易子而食，析骸而爨，猶無城下之盟；祝他稱踐土盟晉重耳，魯申、蔡甲午之類是也。必料其功用厚薄，指意深淺，諒非經營草創，出自一時，琢磨潤色，獨成一手。斯蓋當時國史已有成文，丘明但編而次之，配經稱傳而行也。如二傳者，記言載事，失彼菁華；尋源討本，取諸胸臆。夫自我作故，無所準繩，故理甚迂僻，言多鄙野，比諸《左氏》，不可同年。其短三也。按二傳雖以釋《經》爲主，其缺漏不可殫論。如《經》云：「楚子麇卒」，而《左傳》云：「公子圍所殺。」及公、穀作《傳》，重述《經》文，無所發明，依違而已。其短四也。《漢書》載成方遂詐稱戾太子，至于闕下。雋不疑曰：昔衛蒯聵得罪于先君，將入國，太子輒拒而不納，《春秋》是之。遂命執以屬吏。霍光由是始重儒學。按雋生所引，乃《公羊》正文。如《論語》冉有曰：夫子爲衛君乎？子貢曰：夫子不爲也。何則？父子爭國，梟獍爲曹，禮法不容，名教同嫉。而《公羊》釋義，反以衛輒爲賢，是違夫子之教，失聖人之旨，獎進惡徒，疑誤後學。其短五也。若以彼三長，校兹五短，勝負之理，斷然可知。必執二傳之文，唯取依《經》爲主。而于內則爲國隱惡，于外則承赴而書，求其本事，太半失實，已于《疑經》篇載之詳矣。尋斯義之作也，蓋是周禮之故事，魯國之遺文，夫子因而修之，亦存舊制而已。至于實錄，付之丘明，用使善惡必彰，眞僞盡露。向使孔《經》獨用，《左傳》不作，則當代行事，安得而詳者哉？蓋語曰：仲尼修《春秋》，逆臣賊子懼。又曰：《春秋》之義也，欲蓋而彰，求名而亡，善人勸焉，淫人懼焉。尋《左傳》所錄，無愧斯言。此則傳之與經，其猶一體，廢一不可，相須而成。如謂不然，則何者稱爲勸戒者哉？杜預《釋例》曰：凡諸侯無加民之惡，而稱人以執，皆時之赴告，欲重其罪，以加民爲辭。國史承以書于策，而簡牘之記具存。夫子因示虛實，故《左傳》隨實而著本狀，以明其得失也。案杜氏此釋，實得《經》、《傳》之情者也。儒者苟譏左氏作《傳》，多叙《經》外別事。如楚、鄭與齊三國之賊弑，隱、桓、昭、哀四君之篡逐。其外則承告如彼，其內則隱諱如此。若無左氏立傳，其事無由獲知。然設使世人習《春秋》而唯取兩傳也，則當其時二百四十年行事茫然闕如，俾後來學者代成聾瞽者矣。且當秦、漢之世，《左氏》未行，遂使《五經》、雜史、百家諸子，其言河漢，無所遵憑。故其記事也：當晉景行霸、公室方強，而云屠岸攻趙，有程嬰、杵臼之事；出《史記・趙世家》。魯侯御宋，得俊乘丘，而云莊公敗績，有馬驚流矢之禍；楚、晉相遇，唯在邲役，而云二國交戰，置師于兩棠；出賈誼《新書》。子罕相國，宋睦于晉，而云晉將伐宋，覘其哭於陽門；出《禮記》。魯師滅項，晉止僖公，而云項實桓滅。《春秋》爲賢者諱，出《公羊傳》。襄年再盟，君臣和葉，而云諸侯失政，大夫皆執國權。出《穀梁傳》。其記時也：蓋秦繆居春秋之始，而云其女爲荆平夫人；出《列女傳》。韓、魏處戰國之時，而云其君陪楚莊葬馬；出《史記・滑稽傳》。《列子》書論尼父，而云生在鄭穆公之年；出劉向《七略》。扁鵲醫療虢公，而云時當趙簡子之日；出《史記・扁鵲傳》。欒書仕于周子，而云以晉文如獵，犯顔直言；出劉向《新序》。荀息死于奚齊，而云觀晉靈作臺，累棋申誡。出劉向《説苑》。或以先爲後，或以後爲先，日月顛倒，上下翻覆。古來君子，曾無所疑。及《左傳》既行，而其失自顯。語其弘益，不亦多乎？而世之學者，猶未之悟。所謂忘我大德，日用而不知者焉。然自丘明之後，迄及魏滅，年將千祀，其書寢廢。至晉太康年中，汲冢獲書，全同《左氏》。汲冢所得書，尋亦亡逸，今惟《紀年》、《瑣語》、《師春》在焉。案《紀年》、《瑣語》載春秋時事，多與《左氏》同。《師春》多載春秋時筮者繇辭，將《左氏》相校，遂無一字差舛。故束皙云：「若使此書出于漢世，劉歆不作五原太守矣。」于是摯虞、束皙引其義以相明，王接、荀顗取其文以相證，杜預申以注釋，注謂注解，釋謂釋例。干寶籍爲師範。事具干寶《晉紀・叙例》中。由是世稱實錄，不復言非，其書漸行，物無异議。故孔子曰：吾志在《春秋》，行在《孝經》。于是授《春秋》于丘明，授《孝經》于曾子。《史記》云：孔子西觀周室，論史記舊聞，次《春秋》。七十子之徒口授其傳旨，所刺譏褒諱之文，不可以書見也。魯君子左丘明懼弟子人各异端，失其眞意，故因孔氏史記，具論其語，成《左氏春秋》。夫學者苟征此二説以考《三傳》，亦足以定是非，明眞僞者矣。何必觀汲冢而後信者乎？從此而言，則《三傳》之優劣見矣。

孫光憲《北夢瑣言》卷一《駁杜預》　大中時，工部尚書陳商，立《漢文帝廢喪議》，立《春秋左傳學議》，以孔聖修經，褒貶善惡，類例分明，法家流也。左丘明爲魯史，載述時政，惜忠賢之泯滅，恐善惡之失墜，以日繫月，修其職官，本非扶助聖言，緣飾經旨，蓋太史氏之流也。舉其《春秋》，則明白而有實；合之《左氏》，則叢雜而無徵。杜元凱曾不思夫子所以爲經，當與《詩》、《書》、《周易》等列；丘明所以爲史，當與司馬遷、班固等列，取二義乖剌不侔之語，參而貫之，故微旨有所未周，琬章有所未一。文多不載。又睹吳郡陸龜蒙，亦引啖助、趙匡爲證，正與陳工部義同。葆光子同寮王公貞範，精於《春秋》，有駁正元凱之謬，條緒甚多，人咸訝之，獨鄙夫嘗以陳、陸、啖、趙之論竊然之。非苟合也，唯義所在。

王讜《唐語林》卷二 文宗時，工部尚書陳商立漢文帝廢喪議。又立《左氏》學議，以「孔子修經，褒貶善惡，類例分明，法家流也。左丘明爲魯史，載述時政，懼善惡失墜，以日繫月，本非扶助聖言，緣飾經旨，蓋太史氏之流也。舉之《春秋》，則明白而有實；合之《左氏》，則叢雜而無徵。杜元凱曾不思孔子所以爲經，當與《詩》、《書》、《周易》等列；丘明所以爲史，當與司馬遷、班固等列，二義不侔，乃參而貫之，故微旨有所未盡，婉章有所未一。」其後吳郡陸龜蒙亦引啖助、趙匡爲證，正與商議同。

洪邁《容齋三筆》卷一四《左傳有害理處》 《左傳》議論遺辭，頗有害理者，以文章富豔之故，後人一切不復言，今略疏數端，以箴其失。《傳》云：「鄭武公、莊公爲平王卿士，王貳於虢。」杜氏謂：「不復專任鄭伯也。」「周公閼與王孫蘇爭政。」「王叛王孫蘇。」杜氏曰：「叛者，不與也。」夫以君之於臣，而言貳與叛，豈理也哉！「晉平戎於王，單襄公如晉拜成。劉康公徼戎，將遂伐之。叔服曰：『背盟而欺大國，不義。』」晉范吉射、趙鞅交兵。「劉氏、范氏世爲昏姻，萇弘事劉文公，故周與范氏。趙鞅以爲討。」夫以天子之使出聘侯國，而言拜成，謂周於晉爲欺大國，諸侯之卿跋扈於天子而言討，皆於名分爲不正。其他如晉邢侯殺叔魚，叔魚兄叔向數其惡而尸諸市，其於兄弟之誼爲弗篤矣，而託仲尼之語云：「殺親益榮。」杜氏又謂：「榮名益己。」以弟陳尸爲兄榮，尤爲失也。

又《容齋五筆》卷五《左傳州郡》 《左傳》魯哀公二年，晉趙鞅與鄭戰，誓衆曰：「克敵者，上大夫受縣，下大夫受郡，士田十萬。」注云：「《周書》《作雒篇》：千里百縣，縣有四郡。」然則郡乃隸縣，而歷代地理、郡國志，未之或書。又《傳》所載地名，從州者凡五。「魯宣公會齊於平州，以定其位。」注云：「齊地，在泰山牟縣西。」見於正經。它如：「允姓之姦，居于瓜州。」注：「今燉煌也。」「楚莊王滅陳，復封之，鄉取一人焉以歸，謂之夏州。」「齊子尾使閭丘嬰伐我陽州。」注：「魯地。」後四十年，又書「魯侵齊，門于陽州」。注：「攻其門也。」「莒越生子，將待事而名之，陽州之役獲焉，名之曰陽州。」是齊、魯皆有此地也。衛莊公登城以望，見戎州，曰：「我姬姓也，何戎之有焉！」以上唯瓜州之名至今。

《金史・移剌履傳》 章宗爲金源郡王，喜讀《春秋左氏傳》，聞履博洽，召質所疑。履曰：「左氏多權詐，駁而不純。《尚書》、《孟子》皆聖賢純全之道，願留意焉。」王嘉納之。

《宋史・儒林傳五・胡安國》 安國奏：「《春秋》經世大典，見諸行事，非空言比。今方思濟艱難，《左氏》繁碎，不宜虛費光陰，耽玩文采，莫若潛心聖經。」高宗稱善。尋除安國兼侍讀，專講《春秋》。時講官四人，援例乞各專一經。高宗曰：「他人通經，豈胡安國比。」不許。

趙汸《春秋師説・論古注得失》 杜元凱作《春秋經傳集解》之外，自有《釋例》一部，凡地名之類靡不皆有。此自前代經師遞相傳授，所以可信。而學者開口只說貴王賤伯、詳內略外、尊君卑臣，如事物名件、地理遠近、風俗古今之類，皆置不問，如此則焉往而不疏謬乎？近嘗見一家解叔孫豹救晉次于雍榆，謂是譏其遷延次宿，不急於救。若澤解此事，便須先考究雍榆地屬何國，去晉、魯遠近幾何，凡師出裹糧，所經過之國，勢須假道告以救晉之故；又當考究當時救晉者有幾國，今經皆不書。諸侯救晉而獨魯遣豹次于雍榆，豈得以遷延不救爲罪？且夫救晉者獲貶，則安居坐視者率皆可褒乎？其非經旨決矣，其不足取信抑又明矣。推變例以正褒貶，信二傳而去异端，此杜元凱所得可以爲法，傳之萬世而無弊也。蓋事之异同雖有其例，而必以義爲斷，方與聖經不背，今人卻去了「義」字，只說元凱以例說經，亦可嘆也。杜元凱說《春秋》雖曲從《左氏》，多有違背經旨處，然穿鑿處卻少。如說「春秋」二字，云年有四時，故錯舉以爲所記之名；如說「東宮」二字，杜氏卻云太子謙不敢居上位，故常處東宮。他人於此等處必不取，然澤卻取之者，以其說簡質正大，有所包含，非穿鑿之比。杜元凱信《左氏》，澤亦只是信《左氏》，但立意卻微有不同，亦只是毫釐之差，中間卻有大相遠處。年四十時，「周正」之說已分明，至四十五六，《春秋》忽大有所悟。微而顯，志而晦，婉而成章，盡而不污，懲惡而勸善。杜氏遂分《春秋》之事以類相從，推之以合此五者，然不知有一事而備數義，杜氏蓋未之思也。凡此皆拘滯而失《春秋》之大指焉。

陸容《菽園雜記》卷一五 左氏、莊周、屈原、司馬遷，此四人豪傑之士也。觀其文章，各自成一家，不事蹈襲，可見矣。史遷纂述歷代事跡，其勢不能不襲。若左、莊、屈三人，千言萬語，未嘗犯六經中一句。宋南渡後，學者無程、朱緒餘，則做不成文字。而於數子亦往往妄加貶議，可笑也。先儒謂左氏浮夸，莊周荒唐，屈原懟怨，此公論也。謂莊周爲邪說而闢之，亦公論也。若《左氏春秋傳》，自是天地間一種好文字，而或者以其爲巧言，豈不過哉！爲此言者，正猶貧人喫齋以文其貧，舍曰珍羞品味，力不能辦，而必謂其腥羶不堪食，矯謬孰甚焉！

何良俊《四友齋叢説》卷二《經二》 《春秋》經如公、穀、胡氏之傳，特孔子書法之發明耳。若晉、楚、齊、魯、鄭、衛之事，皆賴左氏作傳，而孔子之經始有着落，故孔子稱「素王」，丘明稱「素臣」，不虛也。雖其言諸侯之威儀言語，其徵應有若卜筮然，故韓子以浮誇病之。然孔子所謂「其事則齊桓晉文」，而齊桓晉文之事所以得傳於後世者，皆左氏之功也。豈諸傳可得而並哉！然漢初唯用《公》、《穀》，至劉歆移書太常，而《左傳》始列於學官。

馮時可《左氏論序》 翼《春秋》者五家，而莫良於《左氏》。《左氏》者，以左史記事而名也。蓋出於子夏之門人。子夏親稟業於聖人，而董狐、倚相、東里諸君子之所記述，咸采焉。故其辭葆大，其事詳核。其引誼也正，其究理也精。宜翼《春秋》者之無能先也。《春秋》挈誅賞之大權，而還之宗周。譬之統均總揆，領袖百辟，而左氏爲之策命，爲之爰書，以佐誅賞，亦所謂分猷念以從者也。後有作者，則道聽野語，得什一于千百而已。不佞卒業《左氏》，亦既有年官司焉。時嘗爲《左氏討》，繼爲《左氏釋》，最後爲《左氏論》。不敢謂能蒐獵，竊亦弋獲矣。林居暇日，撿括舊編，不忍棄擲，遂梓而行焉。嗚呼！三代以前，有紀而無贊；三代以來，有贊而無論。人物待論而定，則世道之下可知矣。《春秋》其濫觴乎！經之後而爲傳也，傳之後而爲論也，非得已也，所以扶世教也。閭胥之於閭也，比長之於比也，雖施舍贖禳之細，亦司徒三物八刑之助也。噫嘻！是書也，亦素王之閭胥比長也。萬曆己丑孟夏望日馮時可撰。

張溥《杜征南集題詞》（《漢魏六朝百三名家集題辭注》） 《左傳》之有杜元凱，六經之孔孟也。當時論者，猶以質直見輕，豈眞貴古而賤今乎！子雲《太玄》不遇桓譚，幾覆醬瓿。元凱釋《左》非摯、虞，亦莫知其孤行天地也。杜集絕無詩賦意者，其雕蟲邪？彼惟彌綸經傳，自託獲麟下者，則薄之，誠不欲以此有名也。元凱嘗言三不朽，庶幾立功、立言，其事皆踐。漢興佐命，如鄧侯刀筆，高密書生，不免望塵而拜。章奏《爾雅》，悉西京風制。經術既深，凡文皆餘耳。不期工而工，此學者糞本之說也。武庫平吳，功堪廟食。釋《左》一書，復懸日月之間，爲世傳習。其於聖經爲後，先疏附也，成勞過楊玄矣。儲君降服，議禮興譏，是將通世變以就古人。《檀弓》變禮，不辭作俑，未可與素冠之詩，同相笑也。

顧炎武《日知錄》卷四《左氏不必盡信》 昔人所言興亡禍福之故，不必盡驗。《左氏》但記其信而有徵者爾，而亦不盡信也。三良殉死，君子是以知秦之不復東征。至於孝公而「天子致伯，諸侯畢賀」，其後始皇遂并天下。季札聞《齊風》，以爲國未可量，乃不久而篡於陳氏。聞《鄭風》，以爲其先亡乎，而鄭至三家分晉之後始滅於韓。渾罕言：「姬在列者，蔡及曹、滕，其先亡乎？」而滕滅於宋王偃，在諸姬爲最後。僖三十一年：「狄圍衛，衛遷於帝丘，卜曰三百年。」而衛至秦二世元年始廢，歷四百二十一年。是《左氏》所記之言，亦不盡信也。

又卷二七《左傳注》 隱五年，「使曼伯與子元潛軍軍其後」。按子元疑即厲公之字。昭十一年，申無宇之言曰：「鄭莊公城櫟而置子元焉，使昭公不立。」杜以爲別是一人，厲公因之以殺曼伯而取櫟，非也。蓋莊公在時即以櫟爲子元之邑，如重耳之蒲，夷吾之屈，故厲公于出奔之後取之特易，而曼伯則爲昭公守櫟者也。九年，公子突請爲三覆以敗戎。桓五年，子元請爲二拒以敗王師。固即厲公一人，而或稱名，或稱字耳。合三事觀之，可以知厲公之才略，而又資之以巖邑，能無篡國乎！十一年，「立桓公而討寫氏，有死者」。言非有名位之人，蓋微者爾，如司馬昭族成濟之類。解曰：「欲以弒君之罪加寫氏，而復不能正法誅之。」非也。

桓二年，「孔父嘉爲司馬。」杜氏以孔父名而嘉字，非也，孔父字而嘉其名。按《家語・本姓篇》曰：「宋湣公熙生弗父何，何生宋父周，周生世子勝，勝生正考父，考父生孔父嘉，其後以孔爲氏。」然則仲尼氏孔，正以王父之字。而楚成嘉、鄭公子嘉皆字子孔，亦其證也。《説文》：「孔從乙、從子。乙至而得子，嘉美之也。古人名嘉，字子孔。」鄭康成注《士喪禮》曰：「某甫字也，若言山甫、孔甫。」「甫」、「父」通。是亦以孔父爲字。劉原父以爲已名其君于上，則不得字其臣于下。竊意春秋諸侯卒必書名，而大夫則命卿稱字，無生卒之別，劉原父亦云：「大夫再命稱名，三命稱字。」亦未嘗以名字爲尊卑之分。桓十一年，鄭伯寤生卒。葬鄭莊公。宋人執鄭祭仲。杜氏以仲爲名而足字，亦拘于例也。十七年，蔡侯封人卒，蔡季自陳歸于蔡。名其君于上，字其臣于下也。昭二十二年，劉子單子以王猛居于皇，劉子單子以王猛入于王城。二十三年，尹氏立王子朝。二十六年，尹氏、召伯、毛伯以王子朝奔楚。爵其臣于上，名其君于下也。然則孔父當亦其字，而學者之疑可以渙然釋矣。君之名，變也；命卿之書字，常也；重王命亦所以尊君也。「其弟以千畝之戰生」。解曰：「西河界休縣南有地名千畝。」非也。穆侯時，晉境不得至介休。按《史記·趙世家》：「周宣王伐戎，及千畝戰。」《正義》曰：「《括地志》云：千畝原在晉州岳陽縣北九十里。」五年，「蔡人、衛人、陳人從王伐鄭」。解曰：「王師敗，不書，不以告。」非也。王師敗，不書，不可書也，爲尊者諱。六年，「不以國」。解曰：「國君之子不自以本國爲名。」焉有君之子而自名其國者乎？謂以列國爲名，若定公名宋，哀公名蔣。八年，「楚人上左，君必左，無與王遇」。解曰：「君，楚君也。」愚謂君謂隨侯，王謂楚王。兩軍相對，隨之左當楚之右，言楚師左堅右瑕，君當在左以攻楚之右師。

十三年，「及齊侯、宋公、衛侯、燕人戰，齊師、宋師、衛師、燕師敗績」。解曰：「或稱人，或稱師，史異辭也。」愚謂燕獨稱人，其君不在師。莊十二年，「蕭叔大心」。解曰：「叔蕭，大夫名。」按大心當是其名，而叔其字，亦非蕭大夫也。二十三年，「蕭叔朝公」。解曰：「蕭，附庸國。叔，名。」按《唐書·宰相世系表》云：「宋戴公生子衎，字樂父。裔孫大心，平南宫長萬有功，封于蕭，以爲附庸，今徐州蕭縣是也。其後楚滅蕭。」十四年，「莊公之子猶有八人」。解：「莊公子，傳惟見四人：子忽、子亹、子儀幷死，獨厲公在。八人名字記傳無聞。」按猶有八人者，除此四人之外，尚有八人見在也。桓十四年，鄭伯使其弟語來盟，傳稱其字曰「子人」，亦其一也。二十二年，「山岳則配天」。解曰：「得太岳之權，則有配天之大功。」非也。《詩》曰：「崧高維岳，駿極于天。」言天之高大，惟山岳足以配之。二十五年夏六月，「辛未朔，日有食之，鼓用牲于社，非常也」。惟正月之朔，慝未作，日有食之，于是乎用幣于社，伐鼓于朝。周之六月，夏之四月，所謂正月之朔也。然則此其常也，而曰非常者何？蓋不鼓于朝而鼓于社，不用幣而用牲，此所以謂之非常禮也。杜氏不得其説，而曰以長歷推之，是年失閏。辛未實七月朔，非六月也。此則咎在司歷，不當責其伐鼓矣。又按，「唯正月之朔」以下乃昭十七年季平子之言，今載于此，或恐有誤。

僖四年，「昭王南征而不復，寡人是問」。解曰：「不知其故而問之。」非也。蓋齊侯以爲楚罪而問之，然昭王五十一年南征不復，至今惠王二十一年，計三百四十七年，此則孔文舉所謂丁零盜蘇武牛羊，可幷案者也。五年，「太伯不從」。不從者謂太伯不在太王之側爾。《史記》述此文曰：「太伯虞仲，太王之子也。太伯亡去，是以不嗣。」以亡去爲不從，其義甚明。杜氏誤以不從父命爲解，而後儒遂傅合《魯頌》之文，謂太王有翦商之志，太伯不從，此與秦檜之言「莫須有」者何以异哉！六年，「圍新密，鄭所以不時城也」。實密，而經云新城，故傳釋之，以爲鄭懼齊而新築城，因謂之新城也。解曰：「鄭以非時興土功，故齊桓聲其罪以告諸侯。」夫罪孰大于逃盟者？而但責其非時興土功，不亦細乎？且上文固曰「以其逃首止之盟故也」，則不煩添此一節矣。十五年，「涉河，侯車敗」。解曰：「秦伯之軍涉河，則晉侯車敗。」非也。秦師及韓，晉尚未出，何得言晉侯車敗？當是秦伯之車敗，故穆公以爲不祥而詰之耳。此二句乃事實，非卜人之言。若下文所云「不敗何待」，則謂晉敗。古人用字自不相蒙。「三敗及韓」，當依《正義》引劉炫之説，是秦伯之車三敗。及韓在涉河之後，此韓在河東，故曰：「寇深矣。」《史記》正義引《括地志》云：「韓原在同州韓城縣西南。」非也。杜氏解但云「韓，晉地」，卻有斟酌。十八年，「狄師還」。解曰：「邢留距衛。」非也。狄強而邢弱，邢從于狄而伐者也。言狄師還，則邢可知矣。其下年，「衛人伐邢」，蓋憚狄之強，不敢伐，而獨用師于邢也。解曰：「邢不速退，所以獨見伐。」亦非。二十二年，「大司馬固諫曰」。解曰：「大司馬固，莊公之孫公孫固也。」非也。大司馬即司馬子魚。固諫，堅辭以諫也。隱三年言召大司馬孔父而屬殤公焉，桓二年言孔父嘉爲司馬，知大司馬即司馬也。文八年上言殺大司馬公子卬，下言司馬握節以死，知大司馬即司馬也。定十年，「公若貌固諫曰」，知固諫之爲堅辭以諫之也。二十四年，「晉侯求之不獲，以緜上爲之田」。蓋之推既隱，求之不得，未幾而死，故以田祿其子爾。《楚辭·九章》云：「思久故之親身兮，因縞素而哭之。」明文公在時之推已死。《史記》則云：「聞其入緜上山中，于是環緜上山中而封之，以爲介推田，號曰介山。」然則受此田者何人乎？于義有所不通矣。三十三年，「晉人及姜戎，敗秦師于殽。」解曰：「不同陳，故言及。」非也。及者，殊戎翟之辭。

文元年，「于是閏三月，非禮也」。古人以閏爲歲之餘，凡置閏必在十二月之後，故曰歸餘于終。考經文之書，閏月者皆在歲末。文公六年閏月不告月，猶朝于廟；哀公五年閏月，葬齊景公是也。而《左傳》成公十七年、襄公九年、哀公十五年皆有閏月，亦并在歲末。又經傳之文，凡閏不言其月者，言閏即歲之終可知也。今魯改歷法，置閏在三月，故爲非禮。《漢書·律歷志》曰「魯歷不正，以閏餘一之歲爲蔀首」是也。孟康曰：「當以閏盡歲爲蔀首，今失正，未盡一歲便以爲蔀首也。」又按《漢書·高帝紀》「後九月」，師古曰：「秦之歷法，應置閏者總致之于歲末，蓋取《左傳》所謂歸餘于終之意。何以明之？據《漢書·表》及《史記》漢未改秦歷之前屢書『後九月』，是知歷法故然。」二年，「陳侯爲衛請成于晉，執孔達以說」。此即上文所謂我辭之者也，解謂晉不聽而變計者非。三年，「雨螽于宋」。解曰：「宋人以螽死爲得天佑，喜而來告，故書。」夫隕石鷁退，非喜而來告也。七年，「宣子與諸大夫皆患穆嬴，且畏逼」。解曰：「畏國人以大義來逼己。」非也。畏穆嬴之逼也，以君夫人之尊故。十三年，「文子賦《四月》」。解曰：「不欲還晉。」以傳考之，但云成二國，不言公復還晉。《四月》之詩當取亂離瘼矣，維以告哀之意爾。宣十二年，「宵濟，亦終夜有聲」。解曰：「言其兵衆，將不能用。」非也。言其軍囂，無復部伍。成六年，「韓獻子將新中軍，且爲僕大夫」。必言僕大夫者，以君之親臣，故獨令之從公而入寢庭也。解未及。十六年，「邲之師，荀伯不復從」。解曰：「荀林父奔走，不復故道。」解非也，謂不復從事于楚。「子在君側，敗者壹大。我不如子，子以君免」。敗者壹大，恐君之不免也。我不如子，子之才能以君免也。解謂軍大崩爲壹大，及御與車右不同者，非。襄四年，「有窮由是遂亡」。解曰：「浞因羿室，不改有窮之號。」非也。哀元年，稱有過澆矣，此特承上死于窮門而言，以結所引夏訓之文爾。十年，「鄭皇耳帥師侵衛，楚令也」。猶云從楚之盟故也。解謂「亦兼受楚之敕命」者，非。十一年，「政將及子，子必不能」。解謂：「魯次國，而爲大國之制，貢賦必重，故憂不堪。」非也。言魯國之政將歸于季孫，以一軍之征而供霸國之政令，將有所不給，則必改作。其後四分公室而季氏擇二，蓋亦不得已之計，叔孫固已豫見之者。十八年，「塹防門而守之廣里」。解曰：「故經書『圍』。」非也。圍者，圍齊也，非圍防門也。二十一年，「得罪于王之守臣」。守臣謂晉侯。《玉藻》「諸侯之于天子曰某土之守臣某」是也。解以爲范宣子，非。二十三年，「禮爲鄰國闕」。解曰：「禮，諸侯絕期，故以鄰國責之。」非也。杞孝公，晉平公之舅。尊同不降，當服緦麻三月。言鄰國之喪，且猶徹樂，而况于母之兄弟乎！二十八年，「陳文子謂桓子曰：『禍將作矣，吾其何得？』對曰：『得慶氏之木百車于莊。』文子曰：『可慎守也已。』」解曰：「善其不志于貨財。」非也。邵國賢曰：「此陳氏父子爲隱語以相諭也。」愚謂：木者，作室之良材；莊者，國中之要路。言將代之執齊國之權。三十一年，「我問師故」。問齊人用師之故。解曰：「魯以師往。」非。

昭五年，「民食于他」。解曰：「魯君與民無异，謂仰食于三家。」非也。夫民生于三，而君食之。今民食于三家而不知有君，是昭公無養民之政可知矣。八年，「輿嬖袁克殺馬毁玉以葬」。解以輿爲衆，及謂欲以非禮厚葬哀公，皆非也。輿嬖，嬖大夫也。言輿者掌君之乘車，如晉七輿大夫之類。馬，陳侯所乘。玉，陳侯所佩。殺馬毁玉，不欲使楚人得之。十年，「棄德曠宗」。謂使其宗廟曠而不祀。解曰：「曠，空也。」未當。十二年，「子産相鄭伯，辭于享，請免喪而後聽命，禮也」。子産能守喪制，晉人不奪，皆爲合禮。解但得其一偏。十五年，「福祚之不登，叔父焉在」？言忘其彝器，是福祚之不登，惡在其爲叔父乎？解以爲「福祚不在叔父，當復在誰」者，非。十七年，「夫子將有异志，不君君矣」。日者人君之表，不救日食，是有無君之心。解以爲「安君之災」者，非。十八年，「振除火災」。振如振衣之振，猶火之著于衣、振之則去也。解以振爲「棄」，未當。「鄭有他竟，望走在晉」。言鄭有他竟之憂也。解謂「雖與他國爲竟」者，非。二十三年，「先君之力可濟也」。先君謂周之先王，《詩》言「昔我先君文王、武王」是也。解以爲「劉蚠之父獻公」，非。二十七年，「事君如在國」。當時諸侯出奔，其國即別立一君，惟魯不敢，故昭公雖在外，而意如猶以君禮事之，范鞅所言正爲此也。解以爲「書公行，告公至」，謬矣。三十二年，「越得歲，而吳伐之，必受其凶」。解曰：「星紀，吳，越之分也。歲星所在，其國有福。吳先用兵，故反受其殃。」非也。吳，越雖同星紀，而所入宿度不同，故歲獨在越。

定五年，「卒于房」。房疑即「防」字。古阝字作邑，脫其下而爲阞字，漢《仙人唐公房碑》可證也。《漢書》「汝南郡吳房」，孟康曰：「本房子國。」而《史記・項羽紀》封陽武爲吳防侯，字亦作防。

哀六年，「出萊門而告之故」。解曰：「魯郭門也。」按定九年解曰：「萊門，陽關邑門。」十一年，「爲王孫氏」。傳終言之，亦猶夫概王奔楚爲堂谿氏也。解曰：「改姓，欲以避吳禍。」非。凡邵、陸、傅三先生之所已辯者不録。

陸隴其《三魚堂賸言》卷二　看《左傳疏》孔穎達《序》，謂賈逵、服虔之徒「雜取《公羊》、《穀梁》以釋《左氏》」，「方鑿員枘」。杜元凱《左氏集解》「專取丘明之傳以釋孔氏之經」，所謂「以膠投漆」。愚因思今日講程、朱之學而雜取象山、陽明之說，是猶賈、服之訓《左傳》也。

又卷三　又杜《序》疏云：「史非一人，辭無定式，故日月參差，不可齊等。及仲尼修改，因魯史成文。」「舊有日者，因而詳之；舊無日者，因而略之。既自有詳略，不可以爲褒貶。故《春秋》諸事皆不以日月爲例，其以日月爲義例者，惟卿卒、日食二事而已。故隱元年冬十有二月，『公子益師卒』。傳曰『公不與小斂，故不書日。』桓十七年『冬十月朔，日有食之』。傳曰『不書日，官失之也』。二條以外，皆無義例。」《公羊》《穀梁》之書，或日或月，妄生褒貶。先儒溺于二傳，橫爲《左氏》造日月褒貶之例。又曰《春秋》無日無月者，十有四月無時者二，或史文先闕而仲尼不改，或仲尼備文而後人脫誤。此皆說得最是。《周禮》有太史、小史、內史、外史。孔疏謂「諸侯無內外史」。然劉炫引《康誥》「太史友內史友」，似諸侯有內史矣。則曰偏舉記傳，諸侯無內史之文。又季孫召外史掌惡臣，言外史似有內史矣。則曰外史猶史，居在南，謂之南史耳。南史當是小史，南史、外史非官名也。又左史、右史亦非史官之名也，皆能自伸其說。《藝文志》云「左史記言，右史記事。」《玉藻》云「動則左史書之，言則右史書之」。二文不同。孔疏以陰陽動靜之理推之，而主《玉藻》。又云《周禮》諸史雖皆掌書，仍不知所記《春秋》定是何史。又疏云「春秋之文詳略不等」。螟、螽、蜚、蜮皆害物之蟲，蜚蜮言有螟螽，不言有諸侯反國；或言自某歸，或言歸自某。晉伐鮮虞、吳入郢，直舉國名，不言將帥；及郊與用郊，皆無所發；諸侯出奔，或名或不名。是其史舊有詳略，義例不存於此，故不必皆改也。此亦去了許多葛藤。杜《序》謂「發傳之體有三」。疏云「是發凡正例、新意變例、歸趣非例三者」。所云「發凡正例」者，傳稱凡者五十，先儒多云「丘明以意作傳，無新舊之例」。惟杜則云「發凡言例，是周公垂法」。史書舊章所云「變意新例」者，經文顯者，傳本其纖微；經文幽者，傳闡使明著。有自發大義者，有史所不書即以爲義者，皆是新意。所謂「歸趣非例」者，經無義例，不著善惡，故傳直言其指歸趣向而已，非褒貶之例也。此三者，括盡《春秋》之大綱。又杜《序》云「爲例之情有五」。疏云「五曰懲惡而勸善」者，與上微而顯不異。但勸戒緩者在微而顯之，條貶責切者在懲惡勸善之例，先儒發例如此者甚多。朱子於戒慎恐懼中提出「慎獨」，即此意也。杜氏「駁去素王素臣，黜周王魯之說」，最有功於《春秋》。【略】孔疏論「鄭伯克段」，只譏其失敎，而以處心積慮之說爲非，最是覺伯恭博議，未免過當。閱杜註「弔生不及哀」，疏中詳言其既葬除喪之意，此杜註之最差處。「隱三年日食」條下，引「襄廿一年九月十月皆日食」，「廿四年七月八月皆日食」，註疏皆不能言其故，此誠不可解。註疏「曲沃即聞喜」也，而今則曲沃、聞喜爲二縣。「翼即絳也」，而今則翼城、絳州爲一州一縣。又按疏「唐叔始封在太原晉陽縣」，則今之太原府也。「成侯徙曲沃」，「穆侯徙絳」，則今之絳州，其後又遷新田，則今之絳縣皆在平陽府。蓋益遷而西南，去始封之都甚遠。孔疏論「董狐書法不隱，孔子稱爲良史」。而《春秋》魯君見弒左氏，以爲「諱國惡，禮也」。見仁非一塗此論亦最是。僖元年「諱國惡」下，孔疏說得此意尤精。閱孔疏論「桓不書王」。《穀梁》以爲「桓無王，故不書王」。杜氏以爲「王不頒歷，故不書王」。劉炫以爲「闕文」。三說未敢定爲孰是。但劉據襄二十七年、哀十二年傳稱「司歷過也」。杜氏釋例皆指爲魯司歷，似歷非王朝所班。且子朝之亂，王位且未定，何能班歷而亦書王？駁得甚是。孔氏則又以爲「歷或諸侯所爲，亦遙稟天子正朔」。子朝之亂，經仍稱王，不責人所不得也。猶如大夫之卒、公疾在外，雖不與小斂，亦同書日之限，辨得亦最好。桓三年「日食」，孔疏論所以食之，故未甚明。查《通考》交食之法，自隋以前猶未詳著，大抵朔望值交，不問內外入限便食。惟隋張胄元獨得其妙，以爲「日行黃道，月行月道，交絡黃道外十三日有奇，而入經黃道，謂之交。若月行內道，在黃道之北，則食多有驗。月行外道，在黃道之南，雖遇正交無由掩映，食多不驗。」孔氏去隋尚近，看來猶未通此法。其云「食有上下者，行有高下」。謂「月在日南，從南入食，南下北高，則食起于下月，在日北。從北入食，則食發於高」。此恐亦未確。昭七年疏云「每一百七十三日有餘，則日月之道一交，交則日月必食」。可見孔氏尚未知張胄元之法。「有年」、「大有年」之書，先儒云「桓、宣不宜有而有」。杜、孔皆不主此說，頗覺平正。《左傳》春蒐、夏苗、秋獮、冬狩。此是以夏時言，觀桓四年春「公狩于郎」，經傳可見。杜註亦云「田狩從夏時」。桓五年「州公如曹」。疏引鄭玄云「殷地三等：百里，七十里，五十里。武王克殷，雖制五等之爵，而因殷三等之地。及周公制禮，大國五百里、小國百里。所因殷之諸侯亦以功黜陟之。」「是以周世有爵尊而國小，爵卑而國大者。爵尊國小，蓋指州公、虞公也。」此一段大抵欲調停《王制》、《周禮》之異同也，然尚說得未明。因其言推之，蓋百里、七十里、五十里者，初封之制也。五百至百里者，黜陟之制也。公侯之地百里，有功則可加至五百里、四百里。伯七十里，有功則可加至三百里。子、男五十里，有功則可加至二百、一百里。若如州、虞之屬未嘗加者，仍其始封之地而已。閱孔疏論「啓蟄而郊明堂位」，言周之正月郊者，蓋春秋之末魯稍僭侈，見天子冬至祭天，便以正月祀帝。記者不察其本，遂謂正月爲常。又鄭玄註書多用讖緯言，天神有六，地祇有二。天有天皇大帝，又有五方之帝。地有崑崙之山神，又有神州之神。大司樂冬至祭于圜丘者，祭天皇上帝。《月令》四時迎氣於四郊者，祭五德之帝：蒼帝其名曰「靈威仰」，赤帝曰「赤熛怒」，黃帝曰「含樞紐」，白帝曰「白招拒」，黑帝曰「叶光紀」。魯無冬至之祭，惟祭靈威仰焉。惟鄭玄立此爲義，而先儒悉不然。故王肅言「天體惟一，安得六天也」！晉武帝，王肅之外孫也，泰始之初，定南北郊祭一地一天，用王肅之義。杜君身處晉朝，共遵王說，《集解釋例》都不言有二天。然則杜意「天子冬至所祭，魯人啓蟄而郊」，猶是一天，但異時祭耳。此註直云祀天南郊，不言靈威仰，明與鄭異也。觀此，可見註一書必知此書之來歷。查《一統志》「雲夢澤在德安之安陸縣南五十里」。又云「在荊門州北連德安府雲夢界」。考此二處，去江尚遠，不知何以古云「跨江南北」。查德安亦古江夏地，故註云「在江夏安陸、枝江、華容」。以地勢言之，則雲夢又在洞庭之西。莊二十五年「日食」。孔疏云「古之歷書亡矣，漢興以來草創其術，《三統》以爲五月二十三分月之二十而日月交會。」近世爲歷者，皆以爲一百七十三日有餘而日一食。觀此條，益知孔疏猶未達隋張胄元交食之法。

又卷四 莊二十六年「晉士蔿爲大司空」。孔疏云「晉自文公以後世爲盟主，征伐諸國，卿以軍將爲名，司空非復卿官，故文二年『司空士縠』非卿也，雖則非卿，職掌不異。成十八年傳曰『右行辛爲司空，使修士蔿之法』，是其典事同也。」觀此，知當時官制變革名同寔異。成二年，晉司馬、司空「皆受一命之服」。疏云「司馬、司空，本是卿官之名，但晉之諸卿皆以三軍將佐爲號，其司馬、司空皆爲大夫之官」。孔疏「以筮短龜長爲卜人假託之詞，而非正理」，最是。又云「臭是氣之總名，原非善惡之稱，但既謂善氣爲香，故專以惡氣爲臭。」說「臭」字亦最明。僖九年「甲子，晉侯佹諸卒」。孔疏云「春秋之世，史失其守，赴告之文，多違禮制。計諸侯之薨，當以其薨之月日告于隣國。隱三年傳曰：『壬戌，平王崩。赴以庚戌，故書之。』是赴者妄稱日也。襄二十八年傳曰：『王人來告喪，問崩日，以甲子告，故書之。』是元赴不以日，被問乃稱日也。文十四年傳曰：『七月乙卯夜，齊商人弑舍。齊人定懿公，使來告難，故書以九月。』是赴者不言死月，魯史不復審問，即書以來告之月也。此甲子晉侯卒，蓋赴以日而不以月，魯史不復審問，書其來告之日，惟稱甲子而已。不知甲子是何月之日，故戊辰後也。」按此，外如晉惠公卒于僖二十三年九月，而經書于二十四年之冬，孔疏皆云是因赴告而然。顧寧人乃據僖五年殺太子申生，九年弒卓子，十年殺平鄭，十五年戰韓原，經傳日月錯互，謂是晉用夏正，恐不其然。雖有《竹書紀年》之証，然《竹書》恐是僞作。味韓簡對晉惠之言，見蓍龜能知吉凶，不能變吉凶；味內史叔興論宋襄之言，知災異由陰陽而見不由陰陽而生，皆卓然明理之言。叔興之言，服虔、劉炫所解勝於杜氏。杜氏將陰陽、吉凶各作一項說，而以《洪範》之咎徵及。傳所云「亂則妖災生」，皆歸之神道設教，而非實辭，恐涉於王介甫「天變不足畏」之說。孔疏兩載其義而不敢斷，蓋亦知杜氏此說有病也。

子玉不肯以瓊弁、玉纓祀河，子產不肯以瓘斚禳火事。相類而不同者，子產是恐以鬼神而廢人事，子玉是不知借鬼神以安人心。孔疏說得甚明。《左傳》「襄王出居于汜」。杜註云是「南汜」。在襄城縣南。「秦軍汜南」，杜云是「東汜，在滎陽中牟縣南。皆屬鄭地，皆音凡」。然今鄭州汜水縣，土人又讀作「巳」，不知何故。查《正韻》，汜音凡在覃韻，汜音巳在紙韻，二字不同。據襄廿六年疏在中牟襄城者是地名，在成皋者是水名。成四年「晉伐鄭取汜、祭」。孔疏云「杜註中牟縣有東汜，襄城縣有西汜」。知此「汜祭」非彼二汜，而以成皋縣東有汜水者，以晉人所取當是。鄭之西北界即今汜水也。字書水旁「巳」爲「汜」，水旁「㔾」爲「汜」，不相亂也。查《韻會舉要》，成皋之汜水音似，從巳。襄城之汜水音凡，從㔾。漢高即位之汜亦從㔾，而音泛。曹咎自剄之汜水，則即成皋之汜水也。又衛懿公與狄戰滎澤，杜註云「在河北」。而《一統志》即指爲「鄭州之滎澤縣」，則在河南矣。僖三十年「魯饗周公閱，有白、黑、形鹽」。註云「白，熬稻。黑，熬黍」。疏云「穀之白黑惟稻黍爲然」。予猶憶李子正云「北方之細米即稷，高粱即黍也。又有一種叫黃米者，似細米而稍大」。以孔疏之言証之，誠然。但以「律管累黍」之義考之，則高粱恐未必是圓，當再考。「甯武子不肯祀相，而子產勸晉祀鯀。」孔氏疏亦未甚明。閱《左傳》文元年閏三月，襄二十七年十一月「辰在申」，昭二十年二月「日南至」，哀十二年「十二月螽」，知春秋時閏法差錯最多。所以杜預作長歷止就春秋日月考，其節候最爲有見，孔疏論之亦最詳。後世乃欲以《春秋》驗歷法，或欲以歷法証《春秋》，皆見笑於杜氏者矣。「文二年」孔疏云：「鄭玄以明堂在國之陽，與祖廟別處。《左氏》舊說及賈逵、盧植、蔡邕、服虔等皆以祖廟與明堂爲一，故杜同之。」孔之尊杜最至。「晉大夫莫賢於士會父子」，而「范氏不能如韓魏之盛考」，杜註「士會係士蔿之孫，宜其後之不昌矣。然猶有數世之久」。則士會父子挽回造化之力也，是猶宣德弘治之繼永樂與！文六年「閏月不告朔」孔疏云：「必于月朔爲此告朔聽朔之禮者，人君遠細事以全委任之責，而又恐移聽于左右，故因月朔會羣吏而聽大政，非徒議將然也。乃所以考已然，又惡其密聽之亂公也，故顯衆以斷之。」玩此一段，可以識政體。閱《左傳》文公「四不視朔」。夫不視止於四則「視朔」之時多矣。不知告朔之禮自何年始，永廢並不見經傳。而《論語》註云：「魯文始不視朔」，蓋其端自此開也。「葛藟猶能庇其本根」。疏云：「比之隱者謂之興，興之顯者謂之比。」說「比」、「興」甚好。孔疏疑「鄋瞞之種類太奇」，又疑其「處者爲劉氏」一句似漢儒之附會。疑得亦是。成二年孔疏「大路」二字，「革、木是卿大夫車之尊者，鄭子蟜叔孫穆子受之于王皆稱大，是也。金路是諸侯車之尊者，亦稱大。定四年大路、大旂是也。玉路，天子車之尊者，亦稱大。《顧命》『大路在賓階面』是也。」又成六年辨「內朝外朝」。「凡人君內朝二，外朝一。內朝二者，路門內外之朝也。外朝一者，庫門外之朝也。若諸侯三門皐、應、路，外朝則在應門外，魯之三門庫、雉、路，則外朝在雉門外。」如此之類，不看註疏如何得明？孔疏「許，今潁川許昌是也，漢世名許縣耳。魏武改曰『許昌』。靈公遷葉，悼公遷夷，一名『城父』，又居析，一名『白羽』，許男斯遷容城。」按《一統志》許昌即開封府許州，葉即南陽府裕州葉縣，城父在汝州，白羽即鄧州內鄉縣，皆是。楚地蓋許自葉而夷，而析雖名爲國，其實是楚之縣矣。戰國之滕，若欲遷時亦是如此。想太王之遷，亦必奉命於殷，亦是此局面。成七年申公巫臣「以兩之一卒適吳，舍偏兩之一焉」。疏云：「惟言留一偏，不見原將車數，不知去時幾乘車去也。丘明爲傳，辭皆易解，此獨蹇澁，或誤。」玩之可見，文無起伏，照應便屬蹇澁。孔疏襄九年「辨分野」云：「天有十二次，地有九州。當彼十二次，《周禮》雖云『皆有分星』，不知其分，誰分之也。星紀在于東北，吳、越實在東南。魯、衛東方諸侯，遙屬戌亥之次。徒以相傳爲說，其源不可得而聞之。蓋古之聖人，有以度知，非後人所能測也。」按孔氏不作斷語，最是愚意。此必由歷代星官占驗而得之。如某宿有變，其驗恆在某國，遂定以爲此國之分星。蓋非一人一代所能定也。其理亦本不可解，所謂星之與土以精氣相屬，而不係乎方隅，庶幾得之？若唐一行「山河兩戒」之說，恐亦近穿鑿。襄九年《左傳》「遇艮之八」一句，孔疏云：「謂艮之第二爻不變者，是八也。《周易》以變爲占，占九六之爻，《連山》《歸藏》以不變爲占，占七八之爻。」此固是矣。然傳只云「遇艮之八」，而不云「艮之第二爻是八」，亦未免蹇澁。查地圖，山西河津縣是祖乙居耿之耿，與解州鹽池相近。《左傳》所謂「沃饒而近鹽也」。觀此，則殷之河患乃在山西。孔疏襄十一年「作三軍」云：「春秋之世，兵革遞興，出軍多少，量敵強弱。士卒之數，無復定準。成二年鞌之戰，晉車八百乘，計有六萬人，惟三卿帥之。」此說甚明。然復依鄭氏泥《詩》「公徒三萬」一言，謂「僖公時已有三軍，自文公以來懼伯主之令，軍多則貢賦多，自減爲二軍。」然其作其舍不見於經者，非是故有所舍故不書，生出許多葛藤。「孟氏使半爲臣，若子若弟叔孫氏使盡爲臣」。此處文法亦甚蹇澁。大意是言叔孫只取子弟，不取父兄，比季氏只得一半。孟氏只取子弟之半，比叔孫又只得一半。若無昭五年傳，則此處幾不可解。又「秦后子十里舍車終事八反」，亦蹇澁。十二年疏因「什吏」二字，知晉十人置吏，異于《周禮》五人爲伍之制，亦最細。襄廿一年疏云：「杜解地邑，自爲其例，言『在』者指知其處，言『有』者以示不審。」此例最好。孔疏襄廿二年御叔以臧武仲爲「聖人」云：此聖字與《周禮》「知、仁、聖、義、中、和」，《尚書》「惟狂克念作聖」、「睿作聖」，《詩》「人之齊聖」、「皇父孔聖」諸「聖」字一例看，最是。襄廿五年，楚蔿掩「度山林，鳩藪澤，辨京陵，表淳鹵，數疆潦，規偃豬，町原防，牧隰皋，井衍沃。」賈逵以爲「此九事是賦稅差品，山林之地，九夫爲度，九度而當一井；藪澤之地，九夫爲鳩，八鳩而當一井。京陵以下以次而重。如《周禮》一易再易不易之意。」杜、孔雖不用其說，然疏內仍詳載之。蓋左氏之旨，雖未必然，然亦可見土田當分等，則從古而然。襄廿七年傳云：「仲尼使舉是禮也，以爲多文辭。」疏云：「仲尼見其事，善其言，使弟子舉是禮，以爲後人之法。」觀此則知《禮記》所述不必皆三代之制，亦有春秋卿大夫所行而仲尼採之者。「宋之盟叔孫以違命貶，雖有小是，不錄」。杜預之說最是，而疏闡之亦最明。晏子云「在外不得宰我一邑」句，解云：君出亡在外，雖我一故邑，尚不得主之，况邶殿乎！」此說甚是。疏以宰訓益以外爲在邶殿之外，覺費解。孔疏解《小雅》、《大雅》云：「《小雅》所陳皆小事也，《大雅》所陳皆大事也。王道既衰，變雅並作，取《小雅》之音歌其政事之變者，謂之『變小雅』；取《大雅》之音歌其政事之變者，謂之『變大雅』。不復由政事之大小也。」又云：「《正雅》與《二南》同時。故曰周德之衰。」杜註云：「衰，小也。言是周未盛大之時。」蓋杜註以「季子之歎」。是歎正《小雅》。服虔、劉炫則以爲歎變《小雅》，杜似長。「亥有二首六身」。孔疏云：「古之『亥』字體殊。不然，蓋春秋時『亥』字有二六之體，異於古制，亦異於小篆。」「申豐論雹」。孔疏引鄭康成云：「國之失政，君子知其大者，其次知其小者。夫深山窮谷，固陰沍寒，極陰之處冰凍所聚，不取其冰，則氣蓄不泄，結凝而爲伏陰雨水。而伏陰薄之，則凝而爲雹。」詳載申豐之言，以著藏冰之禮不可廢。其實雹不是盡由冰，亦政失所致也。吾於此知所謂不賢者，識其小者，執其一隅之見而未知道之大端，然道未始不在此也。又于此知古人之燮理陰陽周密無遺。「叔向論鑄刑書」。孔疏有二意，其前則曰：「伊訓云先王肇修人紀制官刑，穆王作呂刑，《周禮・司刑》掌五刑之法，皆是豫制刑矣。而云臨事制刑、不豫設法者，聖王雖制刑法，舉其大綱。但共犯一法，情有淺深，或輕而難原，或重而可恕，聽其時事，議其輕重，雖依準舊條，而斷有出入，不豫設定法。告示下民，令不測其淺深，常畏威而懼罪也。」其後則曰：「子產鑄刑書而叔向責之，趙鞅鑄刑鼎而仲尼譏之。如此，傳文則刑之輕重不可使民知也。而李悝作法，蕭何造律，頒于天下，莫之能革。以今觀之，不可一日而無律也，斯有旨矣。古者分地建國，奕世相承，知國爲吾土衆實，吾民不生殘賊之意，故得臨事議罪。秦漢以來，長吏以時遷代，其民非復已有。若任其縱舍，必將喜怒變常，愛憎改意，不得不作法以齊之。」此又是一意，前說勝。愚常云律可定而例不可定，前說正是愚意。白狄有二：有在晉之東者，昭十二年註所謂『鮮虞白狄，別種是也』；有在晉之西者，成十三年所謂『白狄及君，同州是也』。」孔疏解《三墳五典》，不偏主一說。及解裨竈所論「陳災婺女」，則皆云「非」。吾徒所能測，絕不穿鑿最是得體。「晏子論和同」。疏云：「說和羹而不言豉，古人未有豉也。」疏亦不言豉爲何物，疑即今之醬。據疏謂「《急就篇》乃有鹽豉，秦漢以來始爲之。昭二十一年梓慎曰：「二分二至，日有食之，不爲災。日月之行也，分，同道也；至，相過也。」註云：「二分日夜等，二至長短極。」然不言日夜等，長短極何以便宜日食？孔疏亦不甚明。孔疏「子太叔論禮」條下云：「既言天之經，不可復言地之經，故變文稱義。既言則天之明，不可復言則地之性，故變文言因因之與，則互相通也。正是變文使相避耳，此可想古人換字之法。」又太叔云：「人之能自曲直以赴禮者，謂之成人。」疏云：「性曲者以禮直之，性直者以禮曲之。」此意亦最精。昭二十九年孔疏論「重黎烈山」，只援引經傳，絕不武斷，最得「不知爲不知」之意。定九年「晉軍在中牟」，孔疏疑此與《論語》之「中牟」當在河北，而非河南之「中牟」，最是。定四年辨「豫章在江北而非江南之豫章」，亦是。哀元年傳有「田一成，有衆一旅」。杜註云：「方十里爲成，五百人爲旅。」孔疏謂方十里應有「九百夫」，而止五百人者，以井衍沃、牧隰皋之法推之，「二牧而當一井」，「蓋其一百夫授上地不易者，其四百夫授一易二而當一，則爲五百夫矣」。最精細。「齊國夏衛石曼姑帥師圍戚」，《公羊》之說最害義。註疏從《穀梁》而排《公羊》，最是。孔疏言「仲尼感麟而作《春秋》。所以感者，以聖人之生非其時，道無所施，與麟相類，故爲感也。」杜以「獲麟之義惟此而已」深譏《公羊》「反袂拭面，稱吾道窮」之說。若謂麟應孔子而至，則丘明、子思、孟軻、荀卿皆尊崇孔德，何以不言此說？最大雅。哀廿七年傳云：「君子之謀也，始、中、終皆舉之，而後入焉。」註云「所謂君子三思。」此不是始、中、終皆舉，只是「一思」。孔疏「衛在汲郡朝歌，文公遷楚丘，成公遷帝丘，則在東郡濮陽，則朝歌已爲狄有，後又入于晉」。然疏未明言。

《明史・儒林傳一・趙汸》 ［趙汸］又以爲學《春秋》者，必考《左傳》事實爲先，杜預、陳傳良有得於此，而各有所蔽，乃復著《左氏補注》十卷。

劉紹攽《春秋筆削微旨》卷一《春秋微旨》 《左傳》不過叙事耳，於經毫無發明。所以漢儒皆重《公》、《穀》，不重《左氏》，後世愛其文詞之美，反右《左氏》而嗤《公》、《穀》，皆不造其堂，不嚌其胾者也。唯程子叙云：《春秋》大義數十炳，如日星乃易見也，唯其微辭奧義，時措時宜者爲難知也。或抑或縱，或予或奪，或進或退，或微或顯，而得乎義理之安，文質之中，寬猛之宜，是非之公，乃制事之權衡，揆道之模範也。其言廣大精微，深得筆削之意。惜乎！未有全書。胡康侯本其意以作傳，故能不失聖人之意。明代儒臣列於學宮，亦爲有特識也。但《胡傳》持論多有不平，如「州吁弑其君」，不責其子，而反責莊公不待之以公子之道。「初税畝」，以爲税而取一，但廢古之助法則不得，爲十而取二矣。「雞澤之盟」，周靈王新即位，使王官伯出與諸侯盟，以安王室，而胡氏謂諸侯盟天子之臣，爲大亂之道。又如「夏時冠周月」，皆審之未精，故不免後人之訾議耳。讀《春秋》者，皆謂事據《左氏》，此非深於《春秋》者也。韓退之云：《春秋》書王法，不於其人身，蓋因其人之事不合王法，因而書之，以爲烱戒。如「祭伯來」，「毛伯來」，「求金翬帥師」之類，因事方書，不似後世之本紀、列傳，首尾必備也。聖人之意以爲衰世無王，會盟征伐紛紜僭亂，何足詳録！但存其跡，爲之褒貶，以明王法而已，故不詳其事。然雖不詳，而以屬辭比事之法求之，且實自不可掩。此聖筆之妙，豈待《左氏》而後備哉？退之之言，可謂深於《春秋》者矣。其於《左氏》直斥之曰「浮夸。」世之執《左氏》以讀《春秋》者，可以思矣。

趙翼《陔餘叢考》卷二《杜預注左傳》 杜預注《左傳》，蓋合衆家之長，不特地名、人名考據精核，書法、譜系援引確切，即如時日之細，亦以長歷追算不遺。隱十年春王二月，公會齊侯、鄭伯于中丘。注云：傳言正月會，癸丑盟，推經傳日月癸丑是正月二十六日，知經云二月誤也。又成十七年十一月壬申，公孫嬰齊卒。注：十一月無壬申日，誤也。襄二年六月庚辰，鄭伯睔卒。注：庚辰七月九日書六月，經誤。襄九年十二月癸亥，晉人以諸侯之師伐鄭，門其三門；閏月戊寅，濟于陰阪。注云：以長歷考之，此年不得有閏月，疑閏月二字當作門五日，五字上與門字合，遂訛爲閏月也，乃晉攻三門，門各五日也。自癸亥去戊寅十六日，以癸亥始攻，攻輒五日，凡十五日，明日乃戊寅也。昭元年十一月己酉，楚公子圍弑其君。注：以長歷推己酉當十二月六日，經傳皆言十一月，月誤也。古人著書細心如此，今人讀書于年月時日未有不一目過之矣。

又《左氏傳原委》 秦火之後，漢初惟《左氏傳》最先出，然亦惟《左氏》始終不得立學官，而其傳世也，乃愈抑而愈彰。董勛謂「《左氏》從河間獻王所得，」而顔師古則引許氏《說文解字序》云「北平侯張蒼獻《左氏春秋傳》。」張蒼歷秦至漢文帝時爲丞相，是《左氏》之出比諸經爲最早也。然武帝立諸經博士，獨遺之。哀帝建平中，劉歆欲立《左氏》，遽移太常，致諸儒忿爭，帝重違衆意，乃出歆爲河内太守，遂不得立。光武時，韓歆上疏，欲立《左氏》，博士范升等駁之，帝卒立《左氏》學，以李封爲博士。未幾封卒，《左氏》復廢。肅宗亦好《左氏傳》，乃令賈逵自選諸生才高者習之，皆拜爲王國郎。章帝亦詔選高才生習之，然不久亦仍廢。是兩漢時《左氏傳》終未嘗立學官也。然自賈誼爲《左氏》訓詁以授貫公，其后賈逵作訓，服虔作解，謝該作釋，及乎杜預作集解後，六朝遂入于經。雖東漢以來攻之者不一，如范升奏《左氏》之失凡十四事，弁奏史遷引用《左氏》、違戾《五經》者三十一事，李育亦謂《左氏》不得聖人深意，作《難左氏義》四十一事，何休又作《左氏膏肓》，而賈逵則摘出《左氏》長于《公》、《穀》者三十事，服虔亦以《左氏》駁何休所駁之六十條，鄭康成又有《針膏肓》之作。《陳書・王元規傳》：自梁以來，諸儒爲左氏學者，以賈逵、服虔之義難駁杜預，凡一百八十條。元規引證通析無所疑滯。《唐書・啖助傳》：助愛《公》、《穀》二家，以《左氏》解義多謬，謂其書出于孔氏門人，且《論語》

［孔子］所引率前世人老彭、伯夷等類，非同時；而言「左丘明耻之，丘亦耻之」，則丘明者蓋如史佚、遲任之徒，而非孔子門人也。是六朝及唐尚有斥《左傳》、駁杜注者，然好之者愈甚。蓋匪特叙事之書易傳，而其文之工實自有千古也。又漢時《古文尚書》及《毛詩》亦皆不立學官，乃二書與《左傳》反盛傳至今，而當時所立學官者今皆不傳，豈顯晦有時，而晚出者傳愈久耶！

皮錫瑞《經學通論·春秋》又《論左氏不在七十子之列不得口受傳指左傳疏引嚴氏春秋不可信引劉向别録亦不可信》　《史記·十二諸侯年表序》曰：「是以孔子明王道，干七十餘君莫能用，故西觀周室，論史記舊聞，興於魯而次《春秋》，上記隱，下至哀之獲麟，約其辭文，去其煩重，以制義法。王道備，人事浹，七十子之徒口受其傳指，爲有所刺譏褒諱挹損之文，不可以書見也。魯君子左邱明懼弟子人人異端各安其意，失其眞，故因孔子史記具論其語，成《左氏春秋》。」《漢書·劉歆傳》曰：「初《左氏傳》多古字古言，學者傳訓故而已。及歆治《左氏》，引傳文以解經，轉相發明，由是章句義理備焉。」錫瑞案：史公生於劉歆未出之前，其說最爲近古。班氏生於《左氏》盛行之後，其說信而有徵。史公以邱明爲魯君子，別出於七十子之外，則左氏不在弟子之列，不傳《春秋》可知。云「七十子之徒，口受其傳指」，而左氏特因孔子史記具論其語，則左氏未得口授可知。班氏云：漢初學《左氏》者，惟傳訓故。則其初不傳微言大義可知。云「歆治《左氏》，引傳文以解經，由是備章句義理。」則劉歆以前，未嘗引傳解經，亦無章句義理可知。據馬、班兩家之說，則漢博士謂左邱明不傳《春秋》，范升謂《左氏》不祖孔子而出於邱明，師徒相傳，又無其人，必是實事而非誣妄。《左傳疏》據沈氏云：《嚴氏春秋》引《觀周篇》云：孔子將修《春秋》，與左邱明乘如周，觀書於周史，歸而修《春秋》之經，邱明爲之傳，共爲表裏。案：沈氏謂陳沈文阿，《嚴氏春秋》久成絶學，未必陳時尚存。漢博士治《春秋》者，惟嚴、顔兩家。嚴氏若有明文，博士無緣不知。如《左氏傳》與《春秋經》相表裏，何以有邱明不傳《春秋》之言！劉歆博極羣書，又何不引《嚴氏春秋》以駮博士？則沈引《嚴氏春秋》必僞，其不可信者一也。《左傳疏》引劉向《別錄》云：左邱明授曾申，申授吴起，起授其子期，期授楚人鐸椒，鐸椒作《鈔撮》八卷授虞卿，虞卿作《鈔撮》九卷授荀卿，荀卿授張蒼。陸德明《經典釋文》略同。蓋皆本於《別錄》。案《左氏》傳授，史漢皆無明文，《漢書·儒林傳》云：漢興，北平侯張蒼及梁太傅賈誼、京兆尹張敞、太中大夫劉公子，皆修《春秋左氏傳》。而張蒼、賈誼、張敞《傳》，皆不云傳《左氏春秋》，故范升以爲師徒相傳無其人。若如《別錄》傳授源流，若此彰灼，范升何得以此抵《左氏》？陳元又何不引以轉抵范升？蓋如《釋文》所引《毛詩源流》，同爲後人附會，則陸、孔所引劉向《別錄》必僞，其不可信者二也。趙匡已以《釋文·序例》爲妄，謂此乃近世之儒欲尊崇《左氏》，妄爲此記。向若傳授分明如此，《漢書》張蒼、賈誼及《儒林傳》何故不書，則其僞可知也，是唐人已知之而明辨之矣。

又《論春秋是經左氏是史必欲强合爲一反致信傳疑經》　《左氏》叙事之工，文采之富，即以史論，亦當在司馬遷、班固之上，不必依傍聖經，可以獨有千古。《史記》、《漢書》後世不廢，豈得廢《左氏》乎！且其書比《史》、《漢》近古，三代故實，名臣言行，多賴以存。如「納鼎有諫」，「觀社有諫」，「申繻名子之對」，「御孫別男女之贄」，「管仲辭上卿之饗」，「魏絳之述夏訓虞箴」，「郯子之言紀官」，「子革之誦祈招」。且有齊虞人之守官，魯宗人之守禮，劉子所云天地之中，子産所云天地之經，胥臣敬德之聚，晏子禮之善物。王應麟《漢制考序》嘗歷舉之，顧棟高、陳澧皆引之，以爲《左氏》之善矣。然《左氏》記載誠善，而於《春秋》之微言大義，實少發明，則陸淳《春秋纂例》嘗言之矣。或問無經之傳，有仁義誠節，知謀功業，政理禮樂，讜言善訓多矣，頓皆除之，不亦惜乎！荅曰：此經，《春秋》也。此傳，《春秋傳》也。非傳《春秋》之旨，理自不得録耳，非謂其不善也。且歷代史籍善言多矣，豈可盡入《春秋》乎？其當示於後代者，自可載於史書爾。今《左氏》之傳見存，必欲耽玩文彩、記事迹者，覽之可也。若欲通《春秋》者，即請觀此傳焉。錫瑞案：陸氏自言其所作《集傳》，不取《左氏》無經之傳之義，治《春秋》者皆當知此義。分別《春秋》是經，《左氏》是傳，離之雙美，合之兩傷。經本不待傳而明，故漢代《春秋》立學者，止有《公羊》，並無《左氏》，而《春秋經》未嘗不明。其後《左氏》盛行，又專用杜預《集解》，學者遂執《左氏》之說爲春秋之義，且據杜氏之說爲《左氏》之義，而《春秋》可廢矣。分別《春秋》、《左氏》最明者，惟唐大中時工部尚書陳商，立《春秋左傳學議》，以孔子修經，褒貶善惡，類例分明，法家流也。左邱明爲魯史載述時政，惜忠賢之泯滅，恐善惡之失墜，以日繫月，修其職官，本非扶助聖言，緣飾經旨，蓋太史氏之流也。舉其《春秋》，則明白而有識。合之《左氏》，則叢雜而無徵。杜元凱曾不思夫子所以爲經，當與《詩》、《書》、《周易》等列，邱明所以爲史，當與司馬遷、班固等列，取二義乖刺不侔之語，參而貫之。故微旨有所不周，宛章有所未一。此議載令狐澄《大中遺事》，孫光憲《北夢瑣言》。陳商在唐代不以經學名，乃能分別夫子修經與《詩》、《書》、《周易》等列，邱明作史與《史記》《漢書》等列，以杜預參貫經傳爲非，是可謂卓識。其謂《左傳》非扶助聖言，即漢博士云「邱明不傳春秋」之説也。非緣飾經旨，即晉王接云「左氏自是一家言，不主爲經發之説也」。經史體例，判然不同。經所以垂世立教，有一字褒貶之文。史止是據事直書，無特立褒貶之義。杜預、孔穎達不知此意，必欲混合爲一，又無解於經傳參差之故，故不能據經以正傳，反信傳而疑經矣。

傳　記

《晉書・杜預傳》　杜預字元凱，京兆杜陵人也。祖畿，魏尚書僕射。父恕，幽州刺史。預博學多通，明於興廢之道，常言：「德不可以企及，立功立言可庶幾也。」初，其父與宣帝不相能，遂以幽死，故預久不得調。文帝嗣立，預尚帝妹高陸公主，起家拜尚書郎，襲祖爵豐樂亭侯。在職四年，轉參相府軍事。鍾會伐蜀，以預爲鎮西長史。及會反，僚佐並遇害，唯預以智獲免，增邑千一百五十戶。與車騎將軍賈充等定律令，既成，預爲之注解，乃奏之曰：「法者，蓋繩墨之斷例，非窮理盡性之書也。故文約而例直，聽省而禁簡。例直易見，禁簡難犯。易見則人知所避，難犯則幾於刑厝。刑之本在於簡直，故必審名分。審名分者，必忍小理。古之刑書，銘之鍾鼎，鑄之金石，所以遠塞异端，使無淫巧也。今所注皆網羅法意，格之以名分。使用之者執名例以審趣舍，伸繩墨之直，去析薪之理也。」詔班于天下。【略】預公家之事，知無不爲。凡所興造，必考度始終，鮮有敗事。或譏其意碎者，預曰：「禹稷之功，期於濟世，所庶幾也。」預好爲後世名，常言「高岸爲谷，深谷爲陵」，刻石爲二碑，紀其勳績，一沈萬山之下，一立峴山之上，曰：「焉知此後不爲陵谷乎！」預身不跨馬，射不穿札，而每任大事，輒居將率之列。結交接物，恭而有禮，問無所隱，誨人不倦，敏於事而慎於言。既立功之後，從容無事，乃耽思經籍，爲《春秋左氏經傳集解》。又參考衆家譜第，謂之《釋例》。又作《盟會圖》、《春秋長曆》，備成一家之學，比老乃成。又撰《女記贊》。當時論者謂預文義質直，世人未之重，唯祕書監摯虞賞之，曰：「左丘明本爲《春秋》作傳，而《左傳》遂自孤行。《釋例》本爲《傳》設，而所發明何但《左傳》，故亦孤行。」時王濟解相馬，又甚愛之，而和嶠頗聚斂，預常稱「濟有馬癖，嶠有錢癖」。武帝聞之，謂預曰：「卿有何癖？」對曰：「臣有《左傳》癖。」預在鎮，數餉遺洛中貴要。或問其故，預曰：「吾但恐爲害，不求益也。」預初在荆州因宴集，醉卧齋中。外人聞嘔吐聲，竊窺於戶，止見一大蛇垂頭而吐。聞者异之。其後徵爲司隸校尉，加位特進，行次鄧縣而卒，時年六十三。帝甚嗟悼，追贈征南大將軍、開府儀同三司，謚曰成。預先爲遺令曰：「古不合葬，明於終始之理，同於無有也。中古聖人改而合之，蓋以別合無在，更緣生以示教也。自此以來，大人君子或合或否，未能知生，安能知死，故各以己意所欲也。吾往爲臺郎，嘗以公事使過密縣之邢山。山上有冢，問耕父，云是鄭大夫祭仲，或云子産之冢也，遂率從者祭而觀焉。其造冢居山之頂，四望周達，連山體南北之正而邪東北，向新鄭城，意不忘本也。其隧道唯塞其後而空其前，不塡之，示藏無珍寶，不取於重深也。山多美石不用，必集洧水自然之石以爲冢藏，貴不勞工巧，而此石不入世用也。君子尚其有情，小人無利可動，歷千載無毁，儉之致也。吾去春入朝，因郭氏喪亡，緣陪陵舊義，自表營洛陽城東首陽之南爲將來兆域。而所得地中有小山，上無舊冢。其高顯雖未足比邢山，然東奉二陵，西瞻宮闕，南觀伊洛，北望夷叔，曠然遠覽，情之所安也。故遂表樹開道，爲一定之制。至時皆用洛水圓石，開隧道南向，儀制取法於鄭大夫，欲以儉自完耳。棺器小斂之事，皆當稱此。」子孫一以遵之。子錫嗣。

魏顯國《儒林全傳》卷四《左丘明》　左丘明，楚左史倚相之後也。孔子作《春秋》，七十子之徒口受其傳，丘明懼弟子失其眞，故具論其語爲經作傳，成《左氏春秋》，故言受經於仲尼也。沈氏、嚴氏《春秋引・觀周篇》云：孔子將修《春秋》，與左丘明乘如周，觀書于周史，歸而修《春秋》之經，丘明爲之傳，共爲表裏。杜預《序》云：或先經以始事，或後經以終義，或依經以辯理，或錯經以合異，隨義而發。先經者若「隱公不書即位」，先發「仲子歸于我衛州」、「吁弑其君完」，先發「莊公娶于齊」，如此之類是也。後經者，若昭二十二年「王室亂」，定八年乃言「劉子伐盂以定王室」。哀二年「晉納蒯聵于戚」，哀十五年乃言「蒯聵自戚入衛」，如此之類是也。依經者，經有其事，傳辨其由。隱公不書即位，而求好于邾，故爲蔑之盟。按其經文，明其歸趣如此之類是也。錯經者，若地有兩名，經傳互舉。及經侵傳伐，經伐傳侵，于文雖異，于理則合，如此之類是也。其例之所重，舊史遺文略不盡舉，非聖人所修之要故也。其發凡以言例，皆經國之常制。其微顯闡幽，裁成義類者，皆摭舊例而發義，指行事以正褒貶。諸稱書不書先書，故書不言不稱「書曰」之類，皆所以起新舊，發大義，謂之變例然。亦有史所不書，即以爲義者，此蓋《春秋》新意，故傳不言，凡曲而暢之也。其經無義例，因行事而言，則傳直言其歸趣而已，非例也。故丘明發傳之體有三，而爲例之情有五：一曰微而顯，文見於此而起義在彼、稱族尊君命、舍族尊夫人、梁亡城緣陵之類是也。二曰志而晦，約言示制，推以知例，參會不地、與謀曰及之類是也。三曰婉而成章，曲從義訓以示大順，諸所諱辟、璧假許田之類是也。四曰盡而不汙，直書其事，具文見意，舟楹刻桷、天王求車、齊侯獻捷之類是也。五曰懲惡而勸善，求名而亡，欲蓋而章，齊豹盜、三叛人名之類是也。推此五體，以尋經傳，觸類而長之。附于二百四十二年行事，王道之，正人倫之紀備矣。丘明身爲國史，躬覽載籍，必廣記而備言之。其文緩，其旨遠，將令學者原始要終，尋其枝葉，究其所窮，然後爲傳也。又採錄前世穆王以來，下訖于魯悼智伯之謀，無不備載，以爲《國語》。其文不主于經，故號曰「春秋外傳」云。朱子曰：左氏曾見國史，故考事精詳。侍郎芳序《左傳》曰：古之傳《春秋》者三家，《左氏》最先出。昔人謂其親見夫子，好惡與聖人同。公、穀，七十子後，得之傳聞，非其等匹。唐貞觀詔從祀，宋大中祥符贈瑕丘伯政和改中都伯，今祀稱先儒。

（正義者孔穎達傳記，見前《周易正義》分部。）

《春秋公羊傳注疏》分部

綜述

何休《春秋公羊傳序》 昔者孔子有云：「吾志在《春秋》，行在《孝經》。」此二學者，聖人之極致，治世之要務也。傳《春秋》者非一。本據亂而作，其中多非常异義可怪之論，說者疑惑，至有倍經、任意、反傳違戾者。其勢雖問，不得不廣，是以講誦師言至於百萬，猶有不解，時加讓嘲辭，援引他經失其句讀，以無爲有，甚可閔笑者，不可勝記也。是以治古學貴文章者謂之俗儒，至使賈逵緣隙奮筆，以爲《公羊》可奪，《左氏》可興。恨先師觀聽不決，多隨二創。此世之餘事，斯豈非守文、持論、敗績、失據之過哉！余竊悲之久矣。往者略依胡毋生《條例》，多得其正，故遂隱括，使就繩墨焉。

王鳴盛《蛾術編》卷七《公羊何休學》 《後漢・儒林傳》：「何休爲人質樸，訥口，而雅有心思。精研六經，世儒無及者。大傅陳蕃辟之，與參政事。蕃敗，休坐廢錮，乃作《春秋公羊解詁》，覃思不闚門十有七年。」由此觀之，休于春秋最深，其學爲最精。王嘉《拾遺記》：「何休木訥多智，歷代圖籍莫不咸誦，門徒有問者則爲注記，而口不能說。作《左氏膏肓》、《公羊墨守》、《穀梁廢疾》，謂之三闕。鄭康成鋒起而攻之，京師謂康成爲經神，何休爲學海。愚謂康成于邵公雖意有不同，其歸一也。」

錢大昕《十駕齋養新録》卷二《何氏注公羊傳》 《公羊傳》：襄公二十一年十一月庚子，孔子生。注：「時歲在乙卯。」疏作「己卯」，二文當有一誤。疏云：「何氏自有長歷，不得以左氏難之。」案魏晉以來，推襄廿一年皆云己酉，而何氏乃云乙卯，故疏家依違其詞，謂何氏別有長歷，亦無明文可證。今以三統歲術超辰之法計之，襄二十一年歲在實沈，太歲當是乙巳，則何注乙卯必乙巳之譌也。襄廿一年，距上元十四萬二千六百七十九，滿歲數一千七百廿八去之，歲餘九百八十三。以百四十五乘之，得十四萬二千五百三十五，盈百四十四而一，得九百八十九，爲積次，滿六十去之，大餘廿九，起丙子算外，正得乙巳歲。自襄二十一年孔子生，距漢元年三百四十六歲。又自漢興，距光武建武元年二百三十歲，合五百七十六算，正當超四辰。故知何所據者，超辰古術，非别有長歷也。《左氏》襄二十八年，歲在星紀，歲星與太歲常相應。星在星紀，則歲當在子，而今人以爲丙辰，亦差四算。然則孔子生年必爲乙巳，非乙卯無疑矣。

襄廿八年，歲在星紀，而淫于元枵。《正義》云：三統之歷，以庚戌爲上元，當云以「丙子」爲上元。孔氏未曉超辰之理，誤以爲庚戌。此年距上元，積十四萬二千六百八十六歲。置此歲數，以歲星歲數一千七百二十八除之，得積終八十二。去之歲餘九百九十，以一百四十五乘歲餘，得十四萬三千五百五十。以一百四十四除之，得九百九十六，爲積次，不盡一百二十六。爲次餘，以十二除之，除積次也。得八十三，去之，盡，是爲此年更發初在星紀也。案古法，太歲與歲星常相應，三統本以丙子爲上元，今欲知太歲所在，即以六十去積次，不盡三十六，爲大餘。數起丙子，是爲襄廿八年，太歲在壬子也。以是上推，孔子生襄二十一年，正當爲乙巳，孔沖遠不知古法太歲亦有超辰，乃用後漢太史虞恭說，謂三統以庚戌爲上元，失之甚矣。

自襄廿一年太歲乙巳，上溯隱元年，計一百七十算，太歲當在乙卯。而《正義》云「隱元年，歲在豕韋」，則是太歲在甲寅也。因莊公廿三年，太歲歲星皆在超辰之限。歲星既超實沈入鶉首，則太歲亦超乙巳而至丙午。故《正義》云「閔元年歲在大梁」，知太歲在丙辰矣。

後漢人引緯書，以庚申爲西狩獲麟之歲，又以隱公元年爲己未之歲，與今人所推同。緯書出于東漢，其時太歲超辰之法已廢，自何邵公、鄭康成諸大儒外，知之者尠矣。徐廣注《史記》，以共和元年爲庚申，非太史公本文。

盧文弨《抱經堂文集》卷八《書公羊注疏後》 此書雖列十三經中，能留意者絕少。蓋公羊氏以經生之見測聖人，而聖人幾爲亂名改制之尤。今當聖道大明之日，固夫人而知其說之謬矣。雖然，漢治《公羊》家者，有醇儒焉，有名臣焉。讀一書，即能得一書之益。今人見解議論遠過古人，而行反不逮，何也？乾隆戊戌，余讀《春秋繁露》，既已尋其脫簡，審其譌文，而正之。余因思董生頗精《公羊》家言，爲之沿流溯源，則是書不可不讀。獨恨何氏之識遠不逮江都，故其說多苛碎不經之談，而疏必爲之依阿，其閒不敢直斷，以爲非是，此猶是漢人欲伸師學之見，要其繆盭，亦不待摘抉而後見也。何氏文筆未善，故其言多有晦僿難曉者，疏獨能通之。其所引《春秋》說與諸緯書，俱已不傳，後世亦賴是見其一二，廁諸疏中，視《論語》、《孟子》猶當勝也。

俞正燮《癸巳存稿》補遺《公羊傳及注論》 《春秋左傳》，經學也。說經之事與義，不能豫阿後世。漢世以《春秋》自有其時致用之書，不肯復立《左傳》。儒之巧者，探博士之隱，則申言《左傳》記劉氏出自堯，亦是致用，故《左傳》得不廢。實則《左傳》不爲漢致用也。《公羊傳》者，漢人所致用，所謂漢家自有法度，柰何言王道？《公羊》集酷吏佞臣之言，附之經義，漢人便之，謂之「通經致用」。《穀梁傳》小有參差，而大旨相近。蓋《春秋》之事，《公羊》、《穀梁》所不知；《公羊》、《穀梁》之說，亦作《春秋》者所不知也。《公羊》三科九旨，董仲舒未敢言而心好之，故陷呂步舒之獄，胡母子都則自任昌言之。至漢末，何休自太傅府辟，後廢錮，乃以愚悖從逆之言，託之孔子。以漢法言之，漢世言黜周王魯，及誅絕魯君，爲漢制作則無罪。孔子奉天道，用文王法，作《魯春秋》時，豈敢黜周、誅絕魯君？且尋《公羊傳》，實無所謂「三科九旨」，及盜天牲誅絕，公遜齊誅絕野言。《公羊·僖五年傳》，曷爲殊會王世子？世子貴也，世子，猶世世子也。是《公羊》以王世子爲貴，亦漢貴皇太子之義，亦古今通義也。而何休云：自王者言之，屈遠世子在三公下，禮喪服斬衰，曰公士大夫之衆臣是也。疏云：三公臣有斬衰，世子無也。是卑於三公，然則大夫亦有衆臣斬衰，世子不因此在大夫下，其言悖謬，又出《公羊》意外。《公羊》爲漢致用，而非《春秋》意，尚可言也。何休既陰險慘刻，又志趣卑下，見其時皇統屢絕，三公得翊戴封，則曲說三公在皇太子上，以已得公府掾，不豫作升朝望。比附經義，以爲辟公府者致用，尤非《公羊》爲漢廷致用之旨。然則《春秋左傳》，萬世之書也，《公羊傳》，漢廷儒臣通經致用，干祿之書也。何休所說，漢末公府掾致用干祿之書也。

傳記

魏顯國《儒林全傳》卷五《公羊高》　公羊子，名高，齊人，作《春秋傳》。或曰公、穀皆子夏門人。朱子曰：公、穀想得皆齊魯間儒者，故其所著書有傳授。又曰：二人不曾見國史，故考事疎而義理卻精。唐貞觀詔從祀，宋大中祥符加封臨淄伯。

康偉然《饗祀紀蹟》卷六《公羊子》　公羊子，名高，齊人，受經於卜子夏。因孔子所修《春秋》著爲傳，以授其子平，平傳其子地，地傳其子敢，敢傳其子壽。至漢景帝時，壽乃與弟子齊人胡母子都、趙人董仲舒著以竹帛。子都授東海嬴公，嬴公授同郡孟卿，孟卿授魯人眭孟，眭孟授東海嚴彭祖、魯人顏安樂，故後漢《公羊》有嚴氏顏氏之學。仲舒以《公羊》顯於朝，授李育，育授羊弼，弼授何休，休作《解詁》，其學遂大行。唐時從祀宋，追封臨淄伯，明改稱先儒公羊子。

《後漢書・儒林傳・何休》　何休字邵公，任城樊人也。父豹，少府。休爲人質朴訥口，而雅有心思，精研《六經》，世儒無及者。以列卿子詔拜郎中，非其好也，辭疾而去。不仕州郡。進退必以禮。太傅陳蕃辟之，與參政事。蕃敗，休坐廢錮，乃作《春秋公羊解詁》，覃思不闚門，十有七年。又注訓《孝經》、《論語》、《風角七分》，皆經緯典謨，不與守文同說。又以《春秋》駁漢事六百餘條，妙得《公羊》本意。休善歷筭，與其師博士羊弼，追述李育意以難二傳，作《公羊墨守》、《左氏膏肓》、《穀梁廢疾》。黨禁解，又辟司徒。群公表休道術深明，宜侍帷幄，倖臣不悅之，乃拜議郎，屢陳忠言。再遷諫議大夫，年五十四，光和五年卒。

《四庫提要・經部二六・春秋公羊傳注疏》　《三傳》與經文，《漢志》皆各爲卷帙。以《左傳》附經始於杜預，《公羊傳》附經則不知始自何人。觀何休《解詁》但釋傳而不釋經，與杜異例，知漢末猶自別行。今所傳蔡邕石經殘字，《公羊傳》亦無經文，足以互證。今本以傳附經，或徐彥作疏之時所合併歟？彥疏，《文獻通考》作三十卷，今本乃止二十八卷，或彥本以經文併爲二卷，別冠於前，後人又散入傳中，故少此二卷？亦未可知也。彥疏，《唐志》不載，《崇文總目》始著錄，稱「不著撰人名氏，或云徐彥。」董逌《廣川藏書志》亦稱「世傳徐彥，不知時代，意其在貞元、長慶之後。考疏中『邲之戰』一條，猶及見孫炎《爾雅注》完本，知在宋以前，又『葬桓王』一條，全襲用楊士勛《穀梁傳疏》，知在貞觀以後。中多自設問答，文繁語複，與邱光庭《兼明書》相近，亦唐末之文體。」董逌所云不爲無理，故今從逌之說，定爲唐人焉。

《春秋穀梁傳注疏》分部

綜述

范甯《春秋穀梁傳序》　昔周道衰陵，乾綱絕紐。禮壞樂崩，彝倫攸斁。弒逆篡盜者國有，淫縱破義者比肩。是以妖災因釁而作，民俗染化而遷，陰陽爲之愆度，七曜爲之盈縮，川岳爲之崩竭，鬼神爲之疵厲。故父子之恩缺，則《小弁》之刺作；君臣之禮廢，則《桑扈》之諷興；夫婦之道絕，則《谷風》之篇奏；骨肉之親離，則《角弓》之怨彰；君子之路塞，則《白駒》之詩賦。天垂象，見吉凶。聖作訓，紀成敗。欲人君戒愼厥行，增修德政。蓋誨爾諄諄，聽我藐藐，履霜堅冰，所由者漸。四夷交侵，華戎同貫，幽王以暴虐見禍，平王以微弱東遷。征伐不由天子之命，號令出自權臣之門，故兩觀表而臣禮亡，朱干設而君權喪。下陵上替，僭逼理極。天下蕩蕩，王道盡矣。孔子睹滄海之橫流，乃喟然而嘆曰：「文王既沒，文不在茲乎！」言文王之道喪，興之者在己，於是就大師而正《雅》、《頌》，因魯史而修《春秋》，列《黍離》於《國風》，齊王德於邦君，所以明其不能復雅，政化不足以被群后也。於時則接乎隱公，故因茲以托始，該二儀之化育，贊人道之幽變，舉得失以彰黜陟，明成敗以著勸誡，拯頹綱以繼三五，鼓芳風以扇游塵。一字之褒，寵踰華衮之贈。片言之貶，辱過市朝之撻。德之所助，雖賤必申；義之所抑，雖貴必屈。故附勢匿非者，無所逃其罪；潛德獨運者，無所隱其名。信不易之宏軌，百王之通典也。先王之道既弘，麟感化而來應。因事備而終篇，故絶筆於斯年。成天下之事業，定天下之邪正，莫善於《春秋》。《春秋》之傳有三，而爲經之旨一，臧否不同，褒貶殊致。蓋九流分而微言隱，异端作而大義乖。《左氏》以鬻拳兵諫爲愛君，文公納幣爲用禮。《穀梁》以衛輒拒父爲尊祖，不納子糾爲内惡。《公羊》以祭仲廢君爲行權，妾母稱夫人爲合正。以兵諫爲愛君，是人主可得而脅也；以納幣爲用禮，是居喪可得而婚也；以拒父爲尊祖，是爲子可得而叛也；以不納子糾爲内惡，是仇讎可得而容也；以廢君爲行權，是神器可得而闚也；以妾母爲夫人，是嫡庶可得而齊也。若此之類，傷教害義，不可强通者也。凡傳以通經爲主，經以必當爲理。夫至當無二，而《三傳》殊説，庸得不棄其所滯，擇善而從乎？既不俱當，則固容俱失。若至言幽絶，擇善靡從，庸得不并舍以求宗，據理以通經乎？雖我之所是，理未全當，安可以得當之難，而自絶於希通哉！而漢興以來，瓌望碩儒，各信所習，是非紛錯，準裁靡定。故有父子异同之論，石渠分争之説。廢興由於好惡，盛衰繼之辯訥。斯蓋非通方之至理，誠君子之所嘆息也。《左氏》豔而富，其失也巫。《穀梁》清而婉，其失也短。《公羊》辯而裁，其失也俗。若能富而不巫，清而不短，裁而不俗，則深於其道者也。故君子之於《春秋》，没身而已矣。升平之末，歲次大梁，先君北蕃迴軫，頓駕于吴，乃帥門生故吏、我兄弟子姪，研講六籍，次及《三傳》。《左氏》則有服、杜之注，《公羊》則有何、嚴之訓。釋《穀梁傳》者雖近十家，皆膚淺末學，不經師匠。辭理典據，既無可觀，又引《左氏》、《公羊》以解此傳，文義違反，斯害也已。於是乃商略名例，敷陳疑滯，博示諸儒同异之説。昊天不吊，大山其頽。匍匐墓次，死亡無日。日月逾邁，跂及視息。乃與二三學士及諸子弟，各記所識，并言其意。業未及終，嚴霜夏墜，從弟彫落，二子泯没。天實喪子，何痛如之！今撰諸子之言，各記其姓名，名曰《春秋穀梁傳集解》。

王鳴盛《蛾術編》卷七《穀梁范甯注亞于何休》［迮鶴壽參校］ 范蔚宗《鄭康成傳》論曰：王父豫章君每玫先儒經訓，而長于康成，常以爲仲尼之門不能過也，傳授生徒專以鄭氏家法。李賢注：蔚宗祖父甯，字武子，晉武帝時爲豫章太守。「用鄭家法」者，言甯教授，專崇鄭學也。愚謂甯能專守家法，想諸經皆各有得于解《穀梁》也，何有唐疏《穀梁》用甯，誠爲允當，可以亞于何休而無愧！《晉書·范甯傳》：甯少篤學，多所通覽。許桓温闢王弼、何晏，居官興學校，養生徒，絜己修禮，志行之士莫不宗之。自中興已來，崇學敦教，未有如甯者。多所獻替，有益政道。時營新廟，博求辟雍、明堂之制，甯據經傳奏上，皆有典證。朝廷疑議輒諮訪之。甯指斥朝士，直言無諱，爲小人王國寶驅扇。出補外郡，復以興學事，爲人彈奏，免官，卒。于家綜計，甯生平實爲完人。傳末一段云：「甯以《春秋穀梁氏》未有善釋，遂沈思積年爲之集解，其義精審，爲世所重。」南齊陸澄與王儉書亦云：《穀梁》用范甯，則靡可以不立。鶴壽案：《范甯傳》「多所通覽」句下云：簡文帝爲相，將辟之，爲桓温所諷，遂寢不行。故終温之世，兄弟無在列位者。時以虚浮相扇，儒雅日替，甯以爲其源始于王弼、何晏，乃著論論之。温薨之後，始爲餘杭令，興學校。今先生改爲「許桓温，闢王弼何晏」，下五字可解，上三字不知作何解。以後「出補外郡」五句，是先生總括大段，而稱之爲「完人」。今查本傳：武帝雅好文學，甚被親愛。遭王國寶驅扇，因被疏隔。求補豫章太守，帝不許。甯固請。夫豫章居江州之半，誠爲名郡，安有求補太守而自擇其地，且固請之者乎？臨發，上疏，則有「更張郡縣」之説，謂荒小郡縣，皆宜合并，不滿五千户，不得爲郡；不滿千户，不得爲縣。及之郡，大設庠序，遣人往交州採磬石以供學用。改革舊制，不拘常憲，遠近至者千餘人。資給衆費，一出私録。并取郡四姓子弟，皆充學生課，讀《五經》。又起學臺，功用彌廣。江州刺史上言曰：太守臣甯入參機省，出宰名郡，而肆其奢濁，所爲狼籍。郡城先有六門，甯悉改作重樓，更開二門，合前爲八。私立下舍七所。臣伏尋，宗廟之設，各有品秩，而甯自置家廟，又下十五縣，使左宗廟，右社稷，準之太廟，皆資人力。又奪人居宅，工夫萬計。甯若以古制宜崇，自當列上，而敢專，輒惟在任心。州既聞知，即符從事制，不復聽。而甯嚴威屬縣，惟令建立。願出臣表，下太常議之禮典。帝于是罪甯，會赦而免。由此觀之，甯非惟大興土木、不恤民財，而且私立家廟，僭妄之甚。先生阿私所好，猶稱以爲完人乎？

傳記

《晉書·范甯傳》 甯字武子。少篤學，多所通覽。簡文帝爲相，將辟之，爲桓温所諷，遂寢不行。故終温之世，兄弟無在列位者。時以浮虚相扇，儒雅日替，甯以爲其源始於王弼、何晏，二人之罪深於桀紂，乃著論曰：或曰：「黄唐緬邈，至道淪翳，濠濮輟詠，風流靡托，争奪兆於仁義，是非成於儒墨。平叔神懷超絕，輔嗣妙思通微，振千載之積網，落周孔之塵網。斯蓋軒冕之龍門，濠梁之宗匠。嘗聞夫子之論，以爲罪過桀紂，何哉？」答曰：「子信有聖人之言乎？夫聖人者，德侔二儀，道冠三才，雖帝皇殊號，質文异制，而統天成務，曠代齊趣。王何蔑棄典文，不遵禮度，游辭浮說，波蕩後生，飾華言以翳實，騁繁文以惑世。搢紳之徒，翻然改轍，洙泗之風，緬焉將墜。遂令仁義幽淪，儒雅蒙塵，禮壞樂崩，中原傾覆。古之所謂言僞而辯、行僻而堅者，其斯人之徒歟！昔夫子斬少正於魯，太公戮華士於齊，豈非曠世而同誅乎！桀紂暴虐，正足以滅身覆國，爲後世鑒戒耳，豈能迴百姓之視聽哉！王何叨海內之浮譽，資膏粱之傲誕，畫螭魅以爲巧，扇無檢以爲俗。鄭聲之亂樂，利口之覆邦，信矣哉！吾固以爲一世之禍輕，歷代之罪重，自喪之釁小，迷衆之愆大也。」寧崇儒抑俗，率皆如此。

溫薨之後，始解褐爲餘杭令，在縣興學校，養生徒，潔己修禮，志行之士莫不宗之。期年之後，風化大行。自中興已來，崇學敦教，未有如寧者也。在職六年，遷臨淮太守，封陽遂鄉侯。頃之，徵拜中書侍郎。在職多所獻替，有益政道。時更營新廟，博求辟雍、明堂之制，寧據經傳奏上，皆有典證。孝武帝雅好文學，甚被親愛，朝廷疑議，輒諮訪之。寧指斥朝士，直言無諱。

初，寧嘗患目痛，就中書侍郎張湛求方，湛因嘲之曰：「古方，宋陽里子少得其術，以授魯東門伯，魯東門伯以授左丘明，遂世世相傳。及漢杜子夏鄭康成、魏高堂隆、晉左太沖，凡此諸賢，並有目疾，得此方云：用損讀書一，減思慮二，專內視三，簡外觀四，旦晚起五，夜早眠六。凡六物熬以神火，下以氣篵，蘊於胸中七日，然後納諸方寸。修之一時，近能數其目睫，遠視尺捶之餘。長服不已，洞見牆壁之外。非但明目，乃亦延年。」既免官，家於丹楊，猶勤經學，終年不輟。年六十三，卒于家。

初，寧以《春秋穀梁氏》未有善釋，遂沈思積年，爲之集解。其義精審，爲世所重。既而徐邈復爲之注，世亦稱之。

《四庫提要・經部二六・春秋穀梁傳注疏》 晉范甯集解，唐楊士勛疏。其傳，則士勛疏稱：「穀梁子，名俶，字元始，一名赤。受經於子夏，爲經作傳。」則當爲穀梁子所自作。【略】然注中時有「傳例曰」字或士勛割裂其文，散入注疏中歟？士勛始末不可考，孔穎達《左傳正義序》稱與故四門博士楊士勛參定，則亦貞觀中人。

魏顯國《儒林全傳》卷五《穀梁淑》 穀梁淑，一名赤，字元始，魯人，作《春秋傳》，與《左氏》、《公羊》，幷行於世。或曰穀梁得《春秋》之旨而失之短。或曰《春秋》聖人之作，其辭危，其旨遠，其義微，得其旨於一字一句之間，亦難乎其爲功矣！唐貞觀詔從祀，宋大中祥符追封襲丘伯，政和改睢陽伯，今祀稱先儒穀梁子云。

康偉然《釁祀紀蹟》卷六《穀梁子》 穀梁子，名赤，魯人，受業於子夏。得聞《春秋》之說，因爲經作傳，以授孫卿，孫卿授魯申公，申公授瑕邱江公，江公授子至孫。武帝時，江公與董仲舒並爲博士，仲舒本治《公羊》，能持論，善屬文。江公吶於口，帝使與仲舒議，不如仲舒，卒用仲舒。詔太子受《公羊春秋》，由是公羊大興。太子既通，復私問《穀梁》而善之。江公之傳，其後寖微，惟魯榮廣、皓星公二人受焉。沛蔡千秋從廣受，又事皓星公，爲學最篤。宣帝即位，聞衛大子好《穀梁春秋》，以問丞相韋賢、少府夏侯勝及侍中史高，皆魯人，言《穀梁子》本魯學，《公羊氏》乃齊學也，宜興《穀梁》。時千秋以治《穀梁》爲，即召見，與公羊家並說。帝善《穀梁》說，擢千秋爲諫大夫、給事中，選郎十人從受。會病卒，徵江公孫爲博士，乃召《五經》名儒太子太傅蕭望之等大議。殿中評《公羊》、《穀梁》同異、以經處是非議三十餘事，各以經誼對，多從《穀梁》，由是《穀梁》之學大盛。有尹更始、胡常申、章昌房、鳳氏之學。按《左氏》、《公羊》、《穀梁》，三子雖非聖門弟子，而一受經於聖人，一受經於聖人之高弟，前後發揮《春秋》大義，以嘉惠後學，此可謂非聖人之徒歟？自昌黎謂《左氏》浮夸，柳州亦謂其說多淫，說者頗疑傳《春秋》之左氏，非《論語》之左丘明也。而論議《公羊》、《穀梁》者，或曰《公羊》可奪，其中有非常異議，不經之論。或曰《穀梁》得《春秋》之旨，而失之短。范甯亦曰：《左氏》艷而富，其失也誣。《公羊》辨而裁，其失也俗。《穀梁》清而婉，其失也短。秦漢以來，是非同異聚訟紛紛，又何怪王荆公有「斷爛朝報」之毀也。然劉子駿曰：左丘明親見夫子，好惡與聖人同，《公羊》、《穀梁》在七十子之後，傳聞之與親見其詳畧，固自不同。朱子曰：左氏曾見國史，故考事精詳。《公羊》、《穀梁》不曾見國史，故考事甚踈，而義理卻精。嗚呼！此亦《三傳》得失之林也。要之有功於麟經不小矣！唐時從祀，宋封睢陽伯，明嘉靖中改稱先儒穀梁子。

《春秋三傳》綜評分部

《三國志・魏書・杜恕傳》　恕奏議論駁皆可觀，掇其切世大事著于篇。裴松之注引《杜氏新書》曰：預字元凱，司馬宣王女婿。王隱《晉書》稱預智謀淵博，明於理亂，常稱「德者非所以企及，立功立言，所庶幾也」。大觀群典，謂《公羊》、《穀梁》，詭辨之言。又非先儒説《左氏》未究丘明意，而横以二傳亂之。乃錯綜微言，著《春秋左氏經傳集解》，又參考衆家，謂之《釋例》，又作《盟會圖》、《春秋長曆》，備成一家之學，至老乃成。尚書郎摯虞甚重之，曰：「左丘明本爲《春秋》作傳，而《左傳》遂自孤行；《釋例》本爲傳設，而所發明何但《左傳》，故亦孤行。」

又《裴潛傳》　［裴］秀，咸熙中爲尚書僕射。裴松之注引《魏略列傳》：［嚴］幹從破亂之後，更折節學問，特善《春秋公羊》。司隸鍾繇不好《公羊》而好《左氏》，謂《左氏》爲太官廚，而謂《公羊》爲賣餅家，故數與幹共辯析長短。繇爲人機捷，善持論，而幹訥口，臨時屈無以應。繇謂幹曰：「公羊高竟爲左丘明服矣。」幹曰：「直故吏爲明使君服耳，公羊未肯也。」

啖助《三傳得失議》（陸淳《春秋集傳纂例》）　古之解説，悉是口傳，自漢以來，乃爲章句。如《本艸》皆後漢時郡國，而題以神農，《山海經》廣説殷時，而云夏禹所記，自餘書籍，比比甚多。是知《三傳》之義，本皆口傳，後之學者，乃著竹帛，而以祖師之目題之。子觀《左氏傳》，自周、晉、齊、宋、楚、鄭等國之事最詳，晉則每一出師，具列將佐，宋則每因興廢，備舉六卿，故知史策之文，每國各異，左氏得此數國之史，以授門人。義則口傳，未形竹帛，後代學者，乃演而通之，總而合之。編次年月，以爲傳記。又廣采當時文籍，故兼與子產、晏子及諸國卿佐家傳，并卜書、夢書、及雜占書、縱横家、小説諷諫等，雜在其中。故叙事雖多，釋意殊少，是非交錯，溷然難證。其大略皆是左氏舊意，故比餘傳，其功最高。博采諸家，叙事尤備，能令百代之下，頗見本末。因以求意，經文可知。又況論大義得其本源，解三數條大義，天王狩于河陽之類。亦以原情爲説，欲令後人推此以及餘事。而作傳之人，不達此意，妄有附益，故多迂誕。又《左氏》本末釋者，抑爲之説，遂令邪正紛揉，學者迷宗也。《公羊》、《穀梁》，初亦口授，後人據其大義，散配經文，傳中猶稱「穀梁子曰」，是其證也。故多乖謬，失其綱統，然其大指亦是子夏所傳，故二傳傳經密於《左氏》。《穀梁》意深，《公羊》辭辯，隨文解釋，往往鈎深，但以守文堅滯，泥難不通。比附日月，曲生條例，義有不合，亦復強通，踳駮不倫，或至矛楯，不近聖人夷曠之體也。夫《春秋》之文，一字以爲褒貶，誠則然矣。其中亦有文異而義不異者。詳内以畧外，因舊史之文之類是也。二傳穿鑿，悉以褒貶言之，是故繁碎甚於《左氏》。《公羊》、《穀梁》又不知有不告則不書之義，凡不書者，皆以義説之。且列國至多，若盟會征伐喪紀，不告亦書，則一年之中，可盈數卷，況他國之事，不憑告命，從何得書，但書所告之事，定其善惡，以文褒貶爾。《左氏》言褒貶者，又不過十數條，其餘事同文異者，亦無他解，舊解皆言從告及舊史之文，若如此論，乃是夫子寫魯史爾，何名脩《春秋》乎？故謂二者之説，俱不得中。

《歐陽修全集・居士集》卷一八《春秋論上》　事有不幸出於久遠而傳乎二説，則奚從？曰：從其一之可信者。然則安知可信者而從之？曰：從其人而信之，可也。衆人之説如彼，君子之説如此，則捨衆人而從君子。君子博學而多聞矣。然其傳不能無失也。君子之説如彼，聖人之説如此，則捨君子而從聖人。此舉世之人皆知其然，而學《春秋》者獨異乎是。孔子聖人也，萬世取信一人而已。若公羊高、穀梁赤、左丘明三子者，博學而多聞矣，其傳不能無失者也。孔子之于經，三子之于傳有所不同，則學者寧捨經而從傳，不信孔子而信三子，甚哉其惑也！經于魯隱公之事書曰：「公及邾儀父盟于蔑。」其卒也，書曰「公薨」。孔子始終謂之公，三子者曰非公也，是攝也。學者不從孔子謂之公，而從三子謂之攝。其于晉靈公之事，孔子書曰：「趙盾弑其君夷皋。」三子者曰：「非趙盾也，是趙穿也。」學者不從孔子信爲趙盾，而從三子信爲趙穿。其於許悼公之事，孔子書曰：「許世子止弑其君買。」三子者曰：「非弑之也，買病死而止不嘗藥耳。」學者不從孔子信爲弑君，而從三子信爲不嘗藥。其捨經而從傳者何哉？經簡而直，傳新而奇。簡直無悦耳之言，新奇多可喜之論，是以學者樂聞而易惑也。予非敢曰不惑，然信于孔子而篤者也。經之所書，予所信也；經所不言，予不知也。難者曰：「子之言，有激而云耳！夫三子者，皆學乎聖人，而傳所以述經也。經文隱而意深，三子者從而發之，故經有不言，傳得而詳爾，非爲二說也。」予曰：「經所不書，三子者何從而知其然也？」曰：「推其前後而知之，且其有所傳而得也。國君必即位，而隱不書即位，此傳得知其攝也。弑君者不復見經，而盾復見經，此傳得知弑君非盾也。君弑賊不討則不書葬，而許悼公書葬，此傳得知世子止之非實弑也。經文隱矣，傳曲而暢之，學者以謂三子之說，聖人之深意也，是以從之耳。非謂捨孔子而信三子也。」予曰：「然則妄意聖人而惑學者，三子之過而已。使學者必信乎三子，予不能奪也，使其惟是之求，則予不得不爲之辯。」

范浚《香溪集》卷七《春秋論》　《春秋》，聖人所以書王法也。辭嚴義密，世之學者皆病其難明，蓋未嘗詳味乎經，而徒以《三傳》亂之，則筆削之，旨湮鬱而不著。小儒陋生，往往投編輟誦，漫不曉爲何等語。甚者置經不問，顧取《三傳》之說可喜者誦之，是所謂買櫝還珠者也。昔者楚人賣珠於鄭，爲木蘭之櫝，薰以桂椒，綴以玫瑰，輯以翡翠，鄭人買其櫝而還其珠。嗚呼！先聖大經不幸而爲楚人之珠者，以《三傳》浮辭爲之櫝也。唐盧仝善學《春秋》，束《三傳》於高閣，而抱遺經以究終始。故其作《春秋摘微》不任傳，以尊經明聖人之旨爲多。「隱公二年春，公會戎于潛。」《左氏》曰：「脩惠公之好也。」夫引夷狄而會中國，明隱公之罪，豈脩好謂哉！仝則曰：「戎非中夏敵，公輒會之，是無王也。」「桓公三年秋，公子翬如齊逆女。九月齊侯送姜氏於讙，公會齊侯于讙。」《穀梁傳》曰：「爲禮也。齊侯來也，公之逆而會之，可也。」夫公不親迎，但會于讙，豈禮也哉！仝則曰：「齊侯送女，非禮。公又會之，皆失禮也。」「莊公三十一年六月，齊侯來獻戎捷。」《公羊》曰：「齊，大國也，曷爲親來獻戎捷，威我也。」夫有四夷之功，不獻于天子，而獻于魯，所以深誅齊侯，豈惡其威我哉！仝則曰：「齊爲霸主，反獻捷于魯，故謹始末以罪之，又責齊侯無戴天子之意。」凡仝之說，若此類者。衆由其知有經，而不知有傳，故于聖人之旨，獨有得乎心也。竊嘗取《春秋》之經，複熟諦玩，然後知聖人之辭甚嚴，而褒貶之義甚密也。隱公七年冬，書曰：「戎伐凡伯于楚丘，以歸。」凡伯，天子使楚丘衛地也。天子之使，而戎伐之，以見夷狄陵中國之甚。地以楚丘者，責衛之不能救。稱以歸而不言執，則不與夷狄執天子之使，且責凡伯之不死位，而爲戎虜囚也。又以責戎所經以歸之國，皆安視凡伯，而莫之救，天子方伯亦終莫之能討也。此則聖人之微旨，其嚴且密如此。而《左氏》乃以謂「戎嘗朝於周，發幣于公卿，凡伯弗賓，故見伐于楚丘。」《公羊》曰：「執之而言，伐之何大之也！其地何大之也！」《穀梁》曰：「戎者，衛也。戎衛者，爲其伐天子之使，貶而戎之。」使學者讀經而以《三傳》亂之，則戎伐凡伯于楚丘以歸之義，果安在哉！故夫不任傳以尊經，乃可謂善學《春秋》者也。

王晳《春秋皇綱論》卷五《傳釋异同》　仲尼修經之後不久而卒，時門弟子未及講授，是故不能具道聖人之意。厥後書遂散傳，别爲五家，於是异同之患起矣。鄒、郟無文，獨左氏善覽舊史，兼該衆說，得《春秋》之事迹甚備。其書雖附經而作，然於經外自成一書，故有貪惑异說，采掇過當，至於聖人微旨，頗亦疏略，而大抵有本末，蓋出於一人之所撰述也。《公》、《穀》之學本於議論，擇取諸儒之說，繫於經文，故雖不能詳其事迹，而於聖人微旨多所究尋。然失於曲辯贅義，鄙淺叢雜，蓋出於衆儒之所講說也。自漢崇學校，《三傳》迭興，以賈誼之才，仲舒之文，向、歆之學，厥猶溺於師說，不能會通，况於餘哉！其專窮師學以自成一家者，則何氏、杜氏、范氏而已。何氏則譸張鼓說，杜氏則膠固傳文，其稍自覺悟者，唯范氏爾；然不能洞達以會經意。又鄭康成不爲章句，特緣何氏興辭，曲爲二傳解紛，不顧聖人大旨，而《六藝論》又言《左氏》善於禮，《公羊》善於讖，《穀梁》善於經，亦非通論也。

劉弇《龍雲集》卷二四《講春秋序》　自孔子沒，傳《春秋》者中間有五，而鄒氏、夾氏獨泯滅不傳，後世亦莫知其爲何等學。則蓋自漢興以來，已患《春秋》爲難知矣。彼賈誼、董生、歆、向父子，橫置嗜好於區區之傳，獨何耶？《左氏》、《公》、《穀》，其大致不必一一盡同，至於剖析條流、探味理詣博矣。而踸踔騰軒，尚恨數有蹶跌，可不惜哉！至唐晚，有啖助、趙正用得失，時時窺覘解者，僅如對家。然自五學而後，此兩人者，其最有功於《春秋》者乎！何休曰：「《公羊》墨守，《左氏》膏肓，《穀梁》廢疾。」是蔽其所習者也。《六藝論》曰：「《左氏》善於禮，《公羊》善於讖，《穀梁》善於經。」是酌其波流者也。范甯曰：「《左氏》富而艷，其失也誣。《公羊》辯而裁，其失也俗。《穀梁》清而婉，其失也短。」是槩其文辭者也。若夫不蔽其所習，不酌其波流，不槩其文辭，則劉餗以爲《左氏》以情角二傳。以法斷情，角則不禁。法過則不行者，爲得之矣。彼三子者，其猶勁弓強弩之合發乎，激矢不同，而均志於的，亦中而已矣。然不可爲小不中，而罪勁強也。《公羊》長於敷敘，《穀梁》長於決擇，非《左氏》之本末考據，雖二子亦躓矣。學者之於《春秋》，患在求之太過，拘之太甚耳。求之太過，則精理漫拘之太甚，則流入於峭刻而不知變。於此有一言而盡者，「道」而已矣，有兩言而盡者，「公」與「恕」而已矣。故曰：聖人之言如江河，諸儒泝沿，妄入畎澮。聖人之心如日星，諸儒糾紛，雲障霧塞。此亦學者之大患也。

崔子方《春秋經解自序》 《左氏》之失也淺，《公羊》之失也險，《穀梁》之失也迂。《左氏》求聖人之意而不得，一皆以事言之，而略其褒貶，故常取於近而失之淺；《公羊》謂聖人欲以成後世法，必有驚動人之耳目而難言者，故常志於難而失之險；《穀梁》謂聖人苟致意焉，不當淺近易知，必有委曲而深者，故常求於遠而失之迂。雖然，是三家之失其又有說：《左氏》自以爲所傳當時之事，足以取信於後世，雖失之淺而不嫌。《公羊》、《穀梁》自以爲傳當時之事略矣，不得不爲險、迂之論以自見。嗚呼，學聖人之道而方且以自見爲心，宜其不合而多失也。今余非固薄三家之論，以爲三家之論不去則學者之疑不決，而聖人之經終不可復見。故度當時之事以情，考聖人之言以理，情理之不違，然後辭可明而例可通也。於經之下各析而解之，名曰《春秋經解》。噫！後之君子其有意於情理之說乎，吾言其有取焉，爾其無意於情理之說乎，吾言其有罪焉爾。

洪邁《容齋隨筆》卷三《三傳記事》 秦穆公襲鄭，晉納邾捷菑，《三傳》所書略相似。《左氏》書秦事曰：「杞子自鄭告于秦曰：『潛師以來，國可得也。』穆公訪諸蹇叔。蹇叔曰：『勞師以襲遠，非所聞也，且行千里，其誰不知！』公辭焉，召孟明出師。蹇叔哭之，曰：『孟子，吾見師之出，而不見其入也。』公曰：『爾何知，中壽，爾墓之木拱矣。』蹇叔之子與師，哭而送之，曰：『晉人禦師必於殽，殽有二陵焉，必死是間，余收爾骨焉。』秦師遂東。」《公羊》曰：「秦伯將襲鄭，百里子與蹇叔子諫曰：『千里而襲人，未有不亡者也。』秦伯怒曰：『若爾之年者，宰上之木拱矣，爾曷知！』師出，百里子與蹇叔子送其子而戒之，曰：『爾即死，必於殽嶔巖，吾將尸爾焉。』子揖師而行，百里子與蹇叔子從其子而哭之。秦伯怒，曰：『爾曷爲哭吾師？』對曰：『臣非敢哭君師，哭臣之子也。』」《穀梁》曰：「秦伯將襲鄭，百里子與蹇叔子諫曰：『千里而襲人，未有不亡者也。』秦伯曰：『子之冢木已拱矣，何知？』師行，百里子與蹇叔子送其子而戒之，曰：『女死必於殽之巖唫之下，我將尸女於是。』師行，百里子與蹇叔子隨其子而哭之，秦伯怒，曰：『何爲哭吾師也？』二子曰：『非敢哭師也，哭吾子也。我老矣，彼不死，則我死矣。』」其書邾事。《左氏》曰：「邾文公元妃齊姜生定公，二妃晉姬生捷菑。文公卒，邾人立定公。捷菑奔晉，晉趙盾以諸侯之師八百乘納之。邾人辭曰：『齊出貜且長。』宣子曰：『辭順而弗從，不祥。』乃還。」《公羊》曰：「晉郤缺帥師，革車八百乘，以納接菑于邾婁，力沛然若有餘而納之。邾婁人辭曰：『接菑，晉出也。貜且，齊出也。子以其指，則接菑也四，貜且也六，子以大國壓之，則未知齊、晉孰有之也。貴則皆貴矣，雖然，貜且也長。』郤缺曰：『非吾力不能納也，義實不爾克也。』引師而去之。」《穀梁》曰：「長轂五百乘，緜地千里，過宋、鄭、滕、薛，敻入千乘之國，欲變人之主，至城下，然後知，何知之晚也！捷菑，晉出也。貜且，齊出也。貜且，正也。捷菑，不正也。」予謂秦之事，《穀梁》紆餘有味，邾之事，《左氏》語簡而切，欲爲文記事者，當以是觀之。

薛季宣《浪語集》卷三〇《經解春秋旨要序》 其《春秋》，仲尼之志也。《春秋》何以爲仲尼之志？善揚其善，惡言其惡，而無私焉爾。何用見其善善惡惡而無私也？曰：直筆以書其事，因事而致其離。善則善，惡則惡，不爲褒貶抑揚而亂是非之正也。《春秋》用褒貶爲道，其曰：不爲褒貶，何也？褒貶非仲尼之意也，三家者託褒貶以爲傳也。何託褒貶以爲傳？舍褒貶則無以爲傳矣。《三傳》之所爲褒貶何也？不知《春秋》也。《三傳》何以不知《春秋》？《春秋》之教，治棼而不亂，處羣而不黨，是是非非而天下之理歸之矣。不知體要，不存教法，心移於毀譽，而事奪於《春秋》，則是褒貶之說亂是非之正也。事辭爲教，《春秋》也。攷辭而知其事，因事以觀其理，不能顯白，而待傳以發，曰：晦也。晦之爲道，傳之爲經，則事辭之教荒矣。孟軻有言曰：王者之迹熄而《詩》亡，《詩》亡然後《春秋》作。平王之東也，變風害雅，五侯擅政，蠻夷亂夏，陪臣柄國。仲尼修《春秋》，以明實錄，將以反經之正，典常禮法無所與存焉，正亂常而還於舊物者也。是故直書以明得失，謂之辭正。辭以別是非謂之事，屬辭比事莫善於

《春秋》。《春秋》之道，治亂之法也。因史之僭事，亂之本也。事易其常，莫之或止。禮樂崩壞，《春秋》見之。且夫事有是非，道有邪正，治亂之所從分也。邪正不白，是非不辨，人行其意，其誰能有反？於是列紀以著之，修辭以述之。會盟朝聘之作，師役祠祀之行，畋漁游觀之爲，崩薨卒葬之禮，苟失其舊，無不備舉。可行於當世，可示於方來，小人憚焉，君子達焉，則《春秋》之所用心，盡在是矣。其事則齊桓、晉文昭其義也，其文則史正其辭也。昭義正辭，則亂臣賊子云「誰之不懼？」撥亂世而反之正，《春秋》之謂也。今夫淺害深，非亂是，新變舊，傳掩經，所謂反常也。經之云「正不累於辭，所謂服仁也。」道反常，《三傳》之失也。服仁守正，復古之道也。經解之造經，用釋經而歸正於經者也。旨要之謂，辭達而已。君子苟《春秋》之爲好，不以棄傳爲過，而反求之《春秋》之義也。專門墨守，則非下走之所敢知。

郝經《陵川集》卷二八《春秋三傳折衷序》　聖人之道大，《春秋》之旨微。由一世之事業，著萬世之事業，非研覆究竟，精粗並舉，本末具見，未易學也。在戹處危以來，爲《春秋》作外傳，以聖人之微意，求聖人之大道，不敢躐等，循序而進，乃自近者始。故先定章句音義，次爲制作本原，比類、條目等，一本諸經，而不及傳，尊經也。然傳爲經作，經以傳著，雖曰尊經，傳亦不可廢也。《春秋》以口授而寖失其傳，雖大典大法，公道正義，具於書法之中，各有所見而不沒，其實原遠末分，說者不一，而羊亡於多岐，則亦昧夫眞是之歸矣。六經自絕於秦，復於漢，《易》、《書》、《詩》、《周禮》、《禮記》，僅得其本文，獨《春秋》有傳。其傳皆出於聖人而不同，非總萃鈎校，備爲剖決，徵諸大典大法，以求夫眞是之歸而定於一，則聖人之經終不能明矣。夫傳之不同，自夫傳平聲。之不同也。必推本傳之所自，而後傳可一也。仲尼於魯哀公十一年冬，自衛反魯，刪《詩》，定《書》，繫《周易》。而十四年春，西狩獲麟，乃作《春秋》。十六年夏四月卒，則其書之成，歲月無幾。當是之時，聖門高弟，從聖人在外遷徙往來，多歷年所分仕他國，札瘥夭昏，漸以凋落，蓋口授之際，在夫曾參氏而已。何者？曾子少孔子四十六歲，於諸弟子年最富，而其賢亞於顏氏，故獨得一貫之傳。而子貢、冉求，終不聞性與天道，夢奠之年，一王之義，必屬之曾矣。故曾子之學，自顏氏之後獨爲正大，以致知格物、誠意正心爲學之本，則「春王正月」之義也。一貫之道，大一統之旨也。推而爲忠恕，則予奪之法，絜矩之道也。以是傳之子思，子思傳之孟軻。孟軻氏以其師說，遂言制作之本曰：《春秋》，天子之事。《春秋》無義戰。《詩》亡，然後《春秋》作。孔子成《春秋》，而亂臣賊子懼。其事則齊桓、晉文，其文則史，其義則某竊取之。以是數語，發明《春秋》之大綱，後之言《春秋》者，皆莫出乎此，其說有所自而然也。惜乎！孟軻氏凡而不目，不著其傳而爲之傳，而使後之學者紛紛也。自孟軻氏發明大綱，傳《春秋》者三家：左氏，公羊氏，穀梁氏。其書皆出於西漢，而皆不著其傳，謂《左氏》學者，謂爲左丘明與聖同恥，親授經於仲尼，爲經作傳。丘明雖見稱於仲尼，而顏、曾諸弟子問答之際，一不及焉。而不廁於不及門十人者之列，豈大經大法不授之顏、曾之徒，而獨授之丘明乎？且其傳載《易・文言》、《詩・三頌》及《孝經》等，皆仲尼晚年所作，而經終孔丘卒，傳終悼公十四年。韓、趙、魏滅智伯事，在《春秋》後二十有七年。其作傳，則又在於滅智伯後數年，必不甫滅智伯而書之也。如是則傳之成，在仲尼沒後四五十年之間爾。大率以七十年計之，則丘明見稱之日，年甫十六七，聖人與之並稱，名以爲同恥，則賢於顏、曾遠甚。賢於顏、曾，而稱顏、曾者屢。顏、曾問答之際相稱道，又屢，而不復一及丘明。諸弟子記注之書，如《論語》、《曲禮》、《檀弓》等，及孟軻、荀況諸子之論說，亦不一及焉。按：太史公《十二諸侯年表》謂孔子之作《春秋》，七十子之徒口授其傳指，魯君子左丘明具論其語，成《左史春秋》。則口授其傳指者七十子，論其說而成書者丘明也。則丘明論七十子所傳之語耳，非親授經於仲尼也。先儒謂丘明殆先賢老彭之流，故聖人尊之如此是已。《藝文志》謂左丘明魯史也。杜預《序》謂丘明身爲國史，躬覽載籍，亦是已。蓋左氏，魯左史，世掌策書，故以左爲氏，如漢倉氏、庫氏之類。仲尼沒，傳其經於諸弟子之間，而在七十子之列，以其史策爲經作傳，故事見始末而多得其實焉。劉向《別錄》謂丘明授曾申，申授吳起，此必有所自，然亦可見曾子之傳爲不易也。申，曾子之子；起，曾子之門弟子也。夫《論語》、《曲禮》、《檀弓》、《曾子問》、《大學》、《中庸》等，皆出於曾子之門人。樂正子春，曾元、曾申之徒，爲之記錄。而子思，孟軻傳之也。豈大經大法不傳之於曾子，而傳之丘明乎？劉向所錄，蓋丘明上有曾子字而失之矣。《春秋》所譏，多父子夫婦滛逆之事，故不能親授之，子使丘明輩轉相傳之。申，曾子之子，而受《春秋》於丘明。曾子於諸弟子年最少，則丘明又少於曾子，其學出於曾子無疑也。嚴氏《春秋》又引《觀周篇》云：孔子將修《春秋》，與左丘明乘如周，觀書於周史，歸而修《春秋》之經，丘明爲之傳，共爲表裏。此又妄焉者也。聖人修經，不敢公傳道之口授弟子，豈與其徒公然如京師，探天子之史而觀之，以譏貶當世，必不然矣。聖人修經，高弟如曾閔，文學如游夏，而皆不與，豈獨與丘明共之乎？親受傳旨猶不敢與，又況與聖人同時並修，分爲經傳乎？故此爲尤妄焉者也。爲公、穀之學者以《孝經》說云：《春秋》屬商，《孝經》屬參閔。因序云：孔子受端門之命，制《春秋》之義。使子貢等十四人求周史記，得百二十國寶書。遂謂公羊高、穀梁淑受經於子夏，彼皆漢興以來讖緯曲說，豈可以爲按？夫聖人修經，子夏以文學稱，使之從周太史請求記錄，與魯史左驗，卒成其書，事或有之。謂《春秋》之義授之商，而商傳之公、穀二氏，而爲之傳，則未敢以爲然也。而公羊氏於昭公二十五年稱孔子者一；文公四年稱高子者一；莊公三十年稱子司馬子者一；閔公元原本作二。年稱子女子者一；隱公二年，定公元年，稱子沈子者二；莊公三年、二十三年；僖公二十年、二十四年、二十八年，稱魯子者五。穀梁氏於桓公三年、十四年，僖公十七年，成公五年，昭公五年，哀公十三年，稱孔子者六；定公元年稱沈子者一；隱公五年，桓公九年，稱尸子者二；桓公二年稱子貢者一；僖公二十四年，稱蘧伯玉者一。公羊氏終篇非惟不及子夏，但稱孔子者一，而孔門高弟皆不及焉。穀梁氏亦不及子夏，而稱孔子者六，稱子貢者一，而其餘高弟亦皆不及焉。夫加子於上者，辟聖人，直稱子也。直稱子，尊而師之也。故公羊氏之稱子沈子、子司馬子、子女子，與自稱子公羊子，皆其師友也。其稱高子，與穀梁氏之尸子、沈子等，皆其師也。故尊之與孔子同。穀梁氏於隱公五年自稱曰穀梁子，而上不加子，穀梁氏之門人尊稱之也。其蘧伯玉則記孔子之時賢大夫之言，亦著其師之所授者也。獨公羊氏稱魯子者五，與孔子直稱子同，則著其師之所傳，故推尊之如孔子，亦如孔子既沒，門弟子之稱有子，師事而尊稱之也。既尊之，又屢稱之，豈非本其所自而樂道之歟？孔門之高弟一不及焉，《語》、《孟》傳註無。所謂魯子者，而屢稱焉。故嘗疑「魯」爲「曾」，「曾」、「魯」之文相近，傳寫之誤，遂以「曾子」爲「魯子」。昔人辨古文之差，以「魚」爲「魯」，此豈非誤「曾」爲「魯」乎？且公羊氏於昭公十九年「許世子止殺君」之傳，以樂正子春爲說。樂正子春，曾子之弟子，則「魯子」爲「曾子」無疑也。左氏則言授之曾申，公羊氏則屢稱曾子。穀梁氏言子貢而不及子夏，蓋左氏、公羊氏皆出曾子，而穀梁氏授之沈子、尸子之徒。沈子、尸子之徒，則受之曾子也。二氏之傳出於曾子，非出於子夏明矣。《三傳》之傳，皆本諸曾子，故其傳正。《左氏》之傳，本自史臣，是以序事精博，麗縟典贍，而約之以制，使聖人筆削之旨有徵而可按。公穀二氏口授其義，而爲之傳，故其文約，其辭切，其辨精，反復詰折，使聖人微婉之旨可推而見。由曾子而來轉相授受，其人不能皆如子思，是以不及孟軻氏之醇，而其說亦有戾於聖人者。故《春秋》之旨，由《三傳》而得者十六七，由《三傳》而惑者十四五。西漢以來，專門授受，言《左氏》者黜《公》、《穀》，言《公》、《穀》者黜《左氏》，互爲短長，相與訐擊，至於師弟異，而父子不同。文辭枝葉，戶牖穿鑿。末流散殊，涇渭淆混。始則一經而三經，末乃《三傳》而百傳。左氏之學，至晉杜預始爲集傳，而一以左氏義例典禮爲本，不雜乎他，以遏衆說。公羊氏之學最盛於漢，董仲舒發明大旨。至東漢何休爲之註，以明所得，雖遠探力窮而推演圖讖，反有累夫傳者。穀梁之學亦盛於漢，至宋范甯爲《集解》，並采何、杜，且列諸家，取其所長，以釋經傳，示不敢專。《三傳》之學始定著，而紛更之流少殺矣。唐興，孔穎達爲六經作疏，乃取三家之註，以疏《三傳》。而穎達爲左氏經傳作疏，而不取公、穀氏，其同僚楊士勛疏之，遂行於世，然其學終莫能通，而聖人之意散，一王之統分，眞是之旨終惑而莫能解。雖然，由《三傳》以學《春秋》，如岷山導江，雖別爲沱，爲九，爲東，爲中北支流，餘裔汎入洞庭、彭蠡。要之，發源注海，而朝宗者不外焉。《三傳》之說雖不同，要之出於聖人之門，而學有所自，終不外聖人之書法。自王通爲「《三傳》作而《春秋》散」之言，而盧仝輩遂謂《三傳》當束高閣，而獨抱遺經，陸淳、啖助、趙匡等因之，遂創爲之傳。自是《春秋》之學不專於《三傳》矣。宋興以來，諸儒疊出，各爲作傳，以明聖人之旨，莫不自以爲孟軻復出，而其義例殆皆不能外乎《三傳》，而每以《三傳》爲非。夫聖人不欺天下，後世作爲六經，確然如乾，隤然如坤，易簡示人，而天下之理得。故本諸《易》以求其理，本諸《書》以求其辭，本諸《詩》以求其情，本諸《禮》以求其制，本諸《語》、《孟》以求其說，本諸《大學》、《中庸》以求其心，本諸《左氏》以求其跡，本諸聖人之經以求其斷，則《春秋》不吾欺也，不吾蔽也。聖人之意可見，而《三傳》之傳、之自、之本、之差得矣。今於聖經下各具三家之說，以左氏爲按，故先之。且變其錯經之體，各類於本經下，使即經以見傳。以公、穀二氏爲斷，故公羊氏次之，而穀梁氏又次之，其傳故各附經後，因之而不革。杜、何、范之註，則或去或取，各見於本傳下，從而爲之說。先辨經之不同者，而次及於傳三家之說。同於眞是，則同眞是之。皆失其義，則皆是正之。一得而二失，則一得而二失之。二得而一失，則二得而一失之。不純任傳，而一以經爲據，使不相矛盾，而脗合於經。庶幾聖人之意，因《三傳》以傳。《三傳》之學，不爲諸儒所亂。而學者知所從，不茫然惑惶以自亂。名曰《春秋三傳折衷》，俾《三傳》爲一傳，折之以義理之至中，歸之於義理之至當。有萬不同貫而一之，俾萬世之事業，不外乎萬六千言之文。學者不復竊《三傳》以自私名家，而復厚誣之也。僭妄之罪，固無所逭。爲道受責，亦所甘心焉耳。

王應麟《困學紀聞》卷六《左氏》 《三傳》皆有得於經而有失焉。《左氏》善於禮，《公羊》善於讖，《穀梁》善於經，鄭康成之言也。《左氏》豔而富，其失也巫；《穀梁》清而婉，其失也短；《公羊》辯而裁，其失也俗。范武子之言也。《左氏》之義有三長，二傳之義有五短，劉知幾之言也。《左氏》拘於赴告，《公羊》牽於讖緯，《穀梁》窘於日月，劉原父之言也。《左氏》失之淺，《公羊》失之險，《穀梁》失之迂，崔伯直之言也。《左氏》之失專而縱，《公羊》之失雜而拘，《穀梁》不縱不拘而失之隨，晁以道之言也。事莫備於《左氏》，例莫明於《公羊》，義莫精於《穀梁》，或失之誣，或失之亂，或失之鑿，胡文定之言也。《左氏》傳事不傳義，是以詳於史而事未必實；《公羊》、《穀梁》傳義不傳事，是以詳於經而義未必當。葉少蘊之言也。《左氏》史學事詳而理差，《公》、《穀》經學理精而事誤，朱文公之言也。學者取其長，舍其短，庶乎得聖人之心矣。啖、趙以後憑私臆決，甚而閣束《三傳》，是猶入室而不由戶也。呂成公謂《左氏》有三病：周鄭交質，不明君臣之義一也；以人事傳會災祥，二也；記管晏之事，則善說聖人之事，則陋三也。王介甫疑《左氏》爲六國時人者十一事。介甫《左氏解》一卷，其序謂爲《春秋》學餘二十年，館閣書目以爲依託。漢武帝好《公羊》，宣帝善《穀梁》，皆立學官。《左氏》嘗立而復廢。賈逵以爲明劉氏之爲堯後，始得立。不以學之是非，而以時之好惡，末哉！漢儒之言經也。若璩按：賈逵雖明劉氏爲堯後，止令逵選高才生二十人，教以《左氏》，與簡紙經傳各一通，未嘗立學官。立學官乃光武因陳元之言，然旋立旋廢。

王楙《野客叢書》卷六《三傳不同》 《春秋》五傳，而騶、夾二氏不傳，所傳者《左氏》、《公羊》、《穀梁》而已。韓退之詩有「《春秋》五傳束高閣」之句，「五」字疑「三」字，傳寫之誤耳。三傳所記率多牴牾：如僖公八年用致夫人，不言姓。《左氏》以爲哀姜，《公羊》以爲聲姜，《穀梁》以爲成風。以哀姜爲說者，則以哀姜既絕於魯，又殺於齊，當與魯絕，不當與夫人終之，以禘致爲非禮。以聲姜爲說者，則以聲姜僖公夫人，今乃歸於廟見也。以成風爲說者，則以成風者莊公之妾，僖公之母。僖公爲君，故得與祭。又如隱公時夫人子氏薨，或以爲隱公母，或以爲隱公夫人。其說紛紜，不同如此。

南光游似《春秋分記序》 自唐以來，或欲獨究遺經，閣束《三傳》，不知鑿空而立己見，於比事而探聖心，所得孰多？

黄洪憲《春秋左傳釋附序》 余在史館時，好讀《左氏春秋》，嘗考訂其全文，畧採諸家箋釋，而擇《公》、《穀》之有文者附之，名曰《左傳釋附》。長兒承玄，稍爲增定，而鍥其半於安平署中。余巘居多暇，因銓次以卒業，而并爲之叙。余聞之，孔子脩《春秋》，皆約魯史策書，而又使子夏等十四人求周史記，得百二十國寶書。又與左丘明乘如周，因老聃觀書柱下，歸而成書。而丘明則爲之傳，其後齊公羊高、魯穀梁赤，受經於子夏，人自爲說，于是有《公羊》、《穀梁傳》。漢武帝置《五經》博士，《公》、《穀》先後列學官，而《左氏》獨絀。兩家耑門弟子欲伸其師說，紛紛排擯。惟劉歆氏曰：丘明親見孔子好惡與聖人同，公、穀在七十二弟後，傳聞與親見詳畧不同，此《三傳》之斷案也。至其引傳以釋經，則不免牽合附會。而後世杜預襲其說，爲之分年相附，作《經傳集解》，見謂有功于《左氏》而不佞，竊有疑焉。蓋孔子因魯史而脩《春秋》，以存王迹，惟提綱挈領，寓褒貶於片言隻字，其辭約，其旨微，誠以國史具在，文獻足徵，天下後世自有可取以證吾言者。故曰：我觀周道，舍魯何適矣。而說者曰：孔子脩《春秋》，口授丘明作傳，是欲杞、宋、魯也。是謂孔氏之春秋，非魯之春秋也。且丘明身爲史官，博綜羣籍，自成一家言。上自三代制度名物，下至列國赴告策書，與夫公卿大夫氏族譜傳，大而天文地理，微而夢卜謠讖。凡史狐、史克、史蘇、史黯之所識，檮杌、紀年、鄭書、晉乘之所載，靡不網羅捃拾，總爲三十篇，括囊二伯四十年之事。大都如夏、殷《春秋》，及晏、呂、虞、陸春秋之類，非有意於釋經也。他日孔子曰：左丘明恥之，丘亦恥之。若有竊比老、彭之意，又焉知非左史在先聖人之筆削在後？故左氏之文或有經無傳，或有傳無經，或後事而先提，或始伏而終應。皆匠心獨剏，逴豔千古，曷嘗拘繫爲經役哉！大抵孔子脩魯史，未嘗自明其爲經，而後人尊之爲經。丘明作傳未嘗有意於釋經，而後人傳之爲經傳。故讀《左氏春秋》者，第經自爲經，傳自爲傳。其可相印證者固在，而不必牽合傳會，反失夫作者之意也。廼若《公》、《穀》二傳，專以釋經爲主，往往設爲問荅，執義例以立斷案，雖日月、爵邑、名氏，皆以爲衮鉞存焉。後人以其傳自西河，故相率宗之，不知孔子嘗言春秋屬商，而當時游夏已自謂不能賛一辭。矧其後爲之徒者，欲字訓句釋，據私臆以擬聖經，其孰從而受之？愚嘗反覆《三傳》，《左氏》以史家而核於事，《公》、《穀》以經生而辨于理。核于事者，不失爲實錄；辨於理者，不免多臆見。臆見非聖人意也。而就其中亦多名言奥義，可以垂世而立教者。故謂《公》、《穀》能傳聖意，不可謂《公》、《穀》盡畔聖經。亦不可昔人謂春秋素王，丘明素臣。彼二子者，其亦附庸之國乎！今國家功令業《春秋》者，率主宋儒胡安國傳，至欲屈經以就之。夫安國經生不加於《公》、《穀》，而況去聖人之世益遠。曷若反而求之？《左氏》之爲核，其次參之《公》、《穀》，猶爲近古也。

劉鴻訓《玉海纂》卷四《三傳》 劉鴻訓曰：按諸疏考孔子作《春秋》，左丘明、卜子夏造劄親受，無不精究。丘明撰所聞爲《傳》三十卷，多膏腴美詞，先著竹帛，漢時謂之古學。子夏授與公羊高，高齊人，《傳》十一卷，五世相授。至景帝時，公羊壽共弟子胡毋生方著竹帛。穀梁赤，秦孝公時魯人，一名俶，字元始。《風俗通》亦作子夏弟子。《傳》十一卷。觀《公羊》、《穀梁》二傳，並十一卷，雖元帝讖《穀梁》膚淺，不足立博士，而其淵源例格之彷彿，或皆子夏之學也。魏黃初元年始立《穀梁》博士。《荀崧傳》曰：左丘明張本繼末，發明經意，多奇偉。公羊高親受子夏，辭義清儁，斷決明審。穀梁赤師徒相傳，文清義約。是以《三傳》並行，莫能孤廢。

施天遇《春秋三傳衷考》 《春秋三傳》短長：漢劉子駿曰：「左氏丘明好惡與聖人同，親見夫子。而公、穀在七十子後，傳聞之與親見，其詳略不同也。」唐啖叔佐曰：「《三傳》本皆不謬，後人不曉，而以濫說附益其中，轉相傳授，浸失本眞。故事多迂誕，理或舛駁耳。」宋程正叔曰：「某看《春秋》，以傳考經之事迹，以經別傳之眞僞。或問：『《左傳》可信否？』曰：『不可全信，信其可信者耳。』又問：『《公》、《穀》如何？』曰：『又次於《左氏》。』」劉器之曰：「《公》、《穀》皆解正《春秋》，《春秋》所無者，《公》、《穀》未嘗言之，故漢儒推本以爲眞孔子之意。然二家亦自矛盾，則亦非孔子之意矣。若《左傳》則《春秋》所有者或不解，《春秋》所無者或自爲傳，故先儒謂或先經以起事，或後經以終義，或依經以辯理，或錯經以合異。然其說亦有時牽合。讀《左氏》者，當經自爲經，傳自爲傳，不可合而爲一也。」朱元晦曰：「《春秋》之書，當時天下大亂，聖人據實書之，其是非得失，付諸後世公論，蓋有言外之意。若必於一字一辭之間求褒貶所在，竊恐不然。《左氏》說得《春秋》，事有七八分，至如說道理，全不似《公》、《穀》。」陳君舉曰：「自昔相傳《左傳》爲左丘明撰，其書稱『虞不臘矣』，見於嘗酎及秦庶長，皆戰國後制，故或疑非孔子所稱左丘明，別自是一人爲史官者。且《左傳》、《國語》，文體不倫，序事多乖，定非一人所爲也。蓋《左氏》廣集諸國之史，以解《春秋》。子弟門人見事迹多不入傳，或復不同，故各隨國編之，以廣異聞。」呂樸卿曰：「左氏傳《春秋》者，或以爲六國時人。蓋所載『虞不臘』等語，秦人以十二月爲臘月，而有無經之傳，亦一證也。若《公》、《穀》述事多是採之傳聞，故多謬誤。觀其理，則固有精到者，而害於理者亦甚衆，此尤所宜深辨也。」胡和仲曰：「《左氏》釋經雖簡，而博通諸史，叙事尤詳，能令百代之下頗見本末，其有功於《春秋》爲多。《公》、《穀》釋經，其義皆密，考其源流，必有端緒，非曲說所能及也。」馬貴與曰：「《春秋》一書，《三傳》各以其說與經文參錯，而所載之經文又各乖異。然而《左氏》爲優，蓋《公羊》、《穀梁》直以其所作傳文攙入正經。《左氏》則經自經，而傳自傳。又杜元凱序文以爲『分經之年與傳之年相附』。則是左氏作傳，本自爲一書，至元凱始以《左氏傳》附經文各年之後。是《左氏傳》中之經文，可以言古經矣。然獲麟而後引經以至仲尼卒，杜注以爲《春秋》本終於獲麟，弟子欲記聖師之卒，故依魯史記以續夫子之經，而終于此。然則既續之於獲麟之後，寧保其不增益之於獲麟前乎？」明王濟之曰：「左氏疏《春秋》，其文蓋爛然矣。而世每病其誣，蓋神怪、妖祥、夢卜、讖兆之類，誠有類於誣者，其亦洽舊史之失乎？然余以哀公而後，文頗不類，若非左氏之筆，豈後人續之耶？未可知也。」王伯安曰：「《春秋》必待傳而後明，是歇後謎語矣。聖人何苦爲此艱深隱晦之辭！《左傳》多是魯史舊文。」唐應德曰：「高與赤者，世傳以爲游夏氏之徒也。師説固宜有在焉者，其猶未免於説之過詳歟。」王元美曰：「爲《春秋》而著者凡四家，左氏最先出，其大要在紀事與言，時時有所發於經而不盡爲經役。公羊、穀梁氏，乃以其所得於夫子之門人者，而各出其意以釋之，蓋終其書爲經役，而不能盡得經之旨。至胡安國氏之傳出，宋儒隆而尸之右，文之代用以頒學官，式多士而三氏皆絀矣。」問「《三傳》優劣」，曰：「左氏曾見國史，攷事頗精，只是不知大義，專去小處理會，往往不曾講學。《公》、《穀》攷事甚疎，然義理卻精。一人乃是經生傳，得許多説話，往往都不曾見國史。《左氏》是史學，《公》、《穀》是經學。《左傳》『君子曰』最無意思，左氏是一箇審利害之幾，善辟就底人，所以其書有貶死節等事。其間議論有極不是處，是他好以成敗論人。遇他做得來好時，便説他好，做得來不好時，便説他不是，都不折之以理之是非，這是他大病。」問「所載之事實否」，曰：「也未必一一實。」問「如載卜妻敬仲與季氏生之類是如何」，曰：「看此等處，便見得是季氏專魯，田氏篡齊以後之書。」公、穀《傳》大槩皆同，想得皆是齊魯間儒其所著之書有所傳授，但皆雜以己意，所以多差舛。二傳所以異者，類多人名、地名，而非大義之所繫，其有合道理者，疑是聖人之舊。解《春秋》者，專以日月爲褒貶，穿鑿得全無義理。若胡文定公所解，乃是以義理穿鑿，故可觀。鄭漁仲曰：「三子傳經，各有得失。」或問「孰優孰劣？」曰：「《公》、《穀》口傳，而《左氏》則筆錄也，《公》、《穀》解經，而《左氏》則記事也。體製不同，詳略亦異，未可優劣也。」

李光地《榕村語録》卷一七《春秋三》 《春秋》周三家：左氏、公羊、穀梁。唐三家：啖助、趙匡、陸淳。宋三家：孫明復、胡安國、張洽。【略】治《春秋》者，某嘗謂宋三家不如唐三家，唐三家不如漢三家，漢三家不如周三家。其實《左》、《公》、《穀》好，而《穀梁》尤好。或云「杜注不免太疏畧」。曰「且寬」。寬的説在那裏，好穿鑿就不是。如「滕降而書子程子，謂是因其後服屬于楚」。豈有因子孫服屬于楚，而先貶其祖宗之理？且終春秋不見滕有服屬于楚之事。蓋因《孟子》「滕小國也，間于齊楚」而誤耳。文定不安于程子之説，又謂「其首朝弑君之賊」。不想《春秋》中弑君之賊尚不貶其爵，而貶朝弑君者，有是理乎？且貶止其身可矣，因這一朝遂終春秋而不復，何也？朱子又不安其説，而從程沙隨。謂「當時小國之君，因霸主會盟征伐供億不來，故自貶其爵。」但滕降子時，會盟之事尚未多有，況隱十一年滕、薛來朝，方自崛强爭長，豈有逾年而即甘自貶之理？惟杜元凱「寬寬」一句説爲周所貶，原是胡文定見程子不從，他便駁云。如周尚能削人之爵，則《春秋》可以不作矣。夫吳、楚之僭，齊、晉之横，天子不能問。而所貶者惟滕、薛、杞諸小國，此《春秋》所以作也。如門祚衰薄之家，紀綱之僕尾大不掉，惟汲爨下役朝笞而夕撈之，適足以啓輕侮而已。且杞及邾或貶或封，當時皆請之天子，何獨于滕而不能削降耶？《載書》曰：「無有封而不告，既有封即有貶矣。」至春秋之後，晉之三卿尚不敢自爲諸侯，故《綱目》書曰：「初命晉大夫魏斯、趙籍、韓虔爲諸侯。」何春秋之初而不能貶滕耶？如不書即位，《穀梁》所云至精。曰書即位，正也。不書即位，故也。繼故而書即位與聞乎故也。即位是朝見于廟，有許多事世次相及，自然行正禮。若有篡弑不正之故，則先君不正其終，世子焉得行吉禮？有故而又書即位，是即位之人亦與乎變故之謀，故意欲掩飾其同謀之罪，反行吉禮。若不知然者，此卻終春秋都是如此。先儒又都不從另出一箇論頭及難通又變一箇義例，都不是。程子謂《公》、《穀》次于《左氏》，今觀《公》、《穀》儘有好處，須如朱子之論方平。自記。左氏非丘明也，左氏若是孔子同時，如何所紀六卿分晉已是孔子卒後事。古者左史記言，或者以官爲氏耶，蓋因傳《春秋》而附以己之見聞。胡文定于春秋時事不見于經者，明知道是不經赴告夫子無從而書，又時自忘卻説此事。《左傳》有之，經何故不書？倒似《左傳》即魯之《春秋》。原本爲夫子所據以脩者，此最有關係。《左傳》不可不讀，其中有許多三代典禮及二百四十年事蹟。又文章古雅，不讀覺得看經益無依傍。《國語》一書是《左傳》未經剪裁鍛鍊者，想從列國隨便採來。其中如吳、越迥與他國不同，唯魯、周差近，齊一味誇大晉，如今日劇演一般塗飾點綴。《左傳》則貫串鍛鍊，文采斐然。韓氏評以浮夸，亦確不過。

王鳴盛《蛾術編》卷七《三傳廢立》［迮鶴壽參校］ 合漢《蓺文志》、《儒林傳》，續漢《百官志》、後漢《儒林傳》參攷之，西漢《公羊》最盛，《穀梁》次之，《公羊》先立學。宣帝復立《穀梁》，《左氏》未得立。哀帝時，劉歆白《左氏》可立，帝以問諸儒，皆不對。歆數見丞相孔光，爲言《左氏》以求助，光不肯。惟五官中郎將房鳳、光祿勳王龔、許歆，共移書讓太常博士。大司空師丹奏歆非毁先帝所立，出龔等補吏，龔宏農，歆河內，鳳九江太守。至平帝時，王莽始立之，旋廢。中興後，光武爲《公羊嚴氏》，彭祖《顏氏》安樂置兩博士，而《穀梁》廢不立。時鄭興、陳元傳《左氏》，尚書令韓歆上疏，欲爲《左氏》立博士，范升與歆爭之，陳元上書訟《左氏》，遂以魏郡李封爲《左氏》博士。後羣儒蔽固者，數廷爭之。及封卒，光武重違衆議，因不復補。蓋終東漢世，《左氏》、《穀梁》皆不得立。服虔字子慎，河南滎陽人，作《左氏傳解》行之。《左氏》之盛，實始于此。自後《公》、《穀》日衰。《史通》云：漢代《公羊》擅名《三傳》，今挂壁不行，綴旒無絶。《公羊》如此，《穀梁》可知。鶴壽案：《左氏》博士于兩漢雖旋立旋廢，而其書則自漢初以及東漢之末，未嘗一日廢也。漢《儒林傳》云：漢興，北平侯張蒼及梁太傅賈誼、京兆尹張敞、太中大夫劉公子皆修《春秋左氏傳》，誼爲《左氏傳訓故》授趙人。貫公爲河間獻王博士，子長卿授清河張禹。禹與蕭望之同時爲御史，數爲望之言《左氏》，望之善之，薦禹于宣帝，禹授尹（更始）。更始傳子咸及翟方進、胡常。琅邪房鳳咸授劉歆，常授黎陽賈護。哀帝時待詔爲郎，授蒼梧陳欽。欽以《左氏》授王莽，至將軍。則是終漢之世未嘗廢，不獨司馬遷之《史記》屢用《左氏》也。後漢《儒林傳》云：建初中詔高才生受《左氏春秋》，雖不立學官，然皆擢高第爲講郎。又云：張馴能誦《春秋左氏傳》，尹敏兼善《左氏春秋》，李育嘗讀《左氏傳》，雖樂文采，然謂不得聖人深意，作《難左氏義》四十一事。穎容善《春秋左氏》，著條例五萬餘言，謝該明《左氏春秋》。建安中，河東人樂詳條《左氏疑滯》數十事以問。該皆爲通解之名，爲謝氏釋行于世。少府孔融上書薦之曰：黄能入寢亥有二首，非夫洽聞者，莫識其端也。此正爲其精于《左氏》而言。其他見于列傳者，陳元有《左氏訓詁》，孔奇有《左氏删》，孔嘉有《左氏說》，鄭興有《左氏條例章句訓詁》，鄭衆有《左氏難記條例》，賈徽有《左氏條例》二十一篇，賈逵有《左氏解詁》三十篇。則是終東漢之世未嘗廢，不獨靈帝時服虔作傳，又不獨章帝時班固作《五行志》屢引《左氏經》、《左氏傳》而已也。光武雖廢《穀梁》博士，而章帝時嘗詔高才生受之尹敏、賈逵諸家，亦兼通之。

《左傳疏》歷序《左氏》廢興，云：左邱明作《傳》，遭焚書廢滅。魯共王壞孔子宅得《春秋左氏》，皆古文，舊書多者二十餘通，藏于祕府。武帝時河閒獻王獻《左氏》，孝武之世議立《左氏》，《公羊》之徒上書訟《公羊》抵《左氏》，《左氏》之學不立。成帝時劉歆挍祕書，見《古文左氏》，好之，引《傳》釋《經》，義理備焉。歆以爲左邱明好惡與聖人同，親見夫子，而《公》、《穀》在七十二弟子後傳聞，與親見其詳略不同，及歆親近，欲立《左氏》博士，不肯。和帝元興十一年，鄭興父子及歆創通大義奏上，《左氏》始得立學。至章帝時，賈逵上《春秋大義》四十條，以抵《公》、《穀》，又與《左氏》作《長義》。自後二傳微，《左氏》顯矣。此段疏其謬不可勝言。《公》、《穀》口說流行，不專在竹帛，固非秦火所能滅。漢《儒林傳》云：漢興，北平侯張蒼、梁太傅賈誼皆修《春秋左氏傳》，誼爲《左氏傳訓》，故是《左氏》已興于漢初，秦火亦未嘗滅也。張蒼卒于景帝五年，已百餘歲，其修《左氏》必在文帝以前。賈誼則卒于文帝之世而已，作《訓故》矣。壞宅乃在武帝時，《左傳》不待壞宅始出也，但壞宅所得復有之耳。祕府有《左氏》，蓋先出漢初，而作疏者誤會，似以《左氏》專出孔壁，非也。和帝元興時，劉歆安得尚在元興？只一年，安得有十一年？《左氏》若得立學，《百官志》何以不載？和帝何得反居章帝之前？種種紕謬，似全不知史傳人妄造，大可怪。鶴壽案：孔氏此疏，誠爲紕謬。原文云「河閒獻左氏」此句，必有脫文，先生增作「河閒獻王獻《左氏》」，以爲必無。但云河閒獻《左氏》之理，所增「王」字是也，所增「獻」字，則非。據疏上文云「魯共王壞孔子宅，得《左氏春秋》」，則此亦當作得，改作「獻」，何所據乎？即改作得，亦是無據。漢《河閒獻王傳》云：得古文經傳。所謂《傳》者，即漢《蓺文志》「禮類」中百三十一篇之記。及《論語》竝不言得《左氏》，況改爲獻《左氏》乎！「獻左氏」三字，出自先生意造。乃下條又引張蒼「獻《左氏》」以駮之，此則穎達所不受也。原文云：光武之世議立《左氏》學，先生據下文「成帝時劉歆挍祕書」，改作「孝武之世」是也。但上文已云「漢武帝時」，中閒只隔一句，又云「孝武之世」，必無此文法。此句蓋因光武中興嘗立十四博士，作疏者恍惚誤記，遂以孝武爲光武耳。然則改之不如衍之也。先生云：《公》、《穀》口說流行，非秦火所能滅。則疏亦未嘗言秦火滅《公》、《穀》。先生云《左傳》未經秦火，則當家家有之，何待張蒼修之獻之？先生云：壞宅所得復有《左傳》。此言又誤。《漢志》但言孔壁中得《古文尚書》及《禮記》、《論語》、《孝經》。《河閒獻王傳》亦但言得《周官》、《尚書》、《禮》、《禮記》、《孟子》、《老子》。劉歆移書讓太常博士，亦但言孔壁中得《逸禮》三十九篇，《書》十六篇。天漢後，孔安國獻之，皆不及《左氏》。惟《說文解字·叙》云：壞宅得《禮記》、《尚書》、《春秋》、《論語》、《孝經》，而下又云：張蒼獻《春秋左氏傳》，可知上「春秋」二字，係衍文也。先生云「《左氏》若得立學」，《百官志》

何以不載？此亦作疏者誤記。河閒獻王嘗立《左氏春秋》博士，光武亦以李封爲《左氏》博士，故遂以此屬諸和帝耳。況此疏前人早已駁過，《困學紀聞》云：和帝元興止一年，安得有十一年，一誤也；鄭興子衆終于章帝建初八年，不及和帝時，二誤也；章帝之子爲和帝，先後失序，三誤也。盧文弨云：此七字改作「建武初元」便可通。

許慎《說文·叙》：北平侯張蒼獻《春秋左氏傳》。據此，則《左傳》係張蒼所獻。計蒼于秦時已爲御史，主柱下方書，高祖爲沛公時即來歸高祖。《左傳》既爲蒼所獻，則必在漢初，以爲河閒獻王獻此書，始得出者，非也。

司馬遷《十二諸侯年表·序》云：魯君子左邱明因孔子史記成《左氏春秋》。又《自序》云：左邱失明，厥有《國語》。《國語》即傳也。遷書《世家》采《左傳》甚多，翟義亦通《左傳》，前漢《左氏》之學極盛，但不立學耳。鶴壽案：《國語》畢竟别是一書，韋昭之言可證。先生以爲即《左氏傳》恐非。

又《三傳互異》 《左氏》親受經于聖人，《公羊》、《穀梁》皆子夏弟子，相去不過再傳，其是非宜不大謬。然猶有彼此互異者，蓋晚周、秦、漢諸儒受經各守師說，號爲專門名家，無足怪也。即如隱元年秋七月，天王使宰咺來歸，惠公仲子之賵。《左氏》、《公羊》皆以仲子爲惠公之妾、桓公之母，特左以仲子見在歸賵，爲豫凶事。《公羊》以爲仲子之喪。而《穀梁》獨以爲孝公之妾、惠公之母。蓋《左氏》是也，《公羊》半是也，《穀梁》全非也。二年十有二月己卯，夫人子氏薨。《左》無傳，杜預推其意以爲桓公之母，即仲子。而《公羊》則以爲隱公之母，《穀梁》則又以爲隱公之妻。然此猶同以爲魯之夫人也。至三年夏四月辛卯君氏卒，《左氏》以爲君氏聲子、隱公之母也。杜注隱不敢從正君之禮，故亦不敢備禮于其母。《公羊》、《穀梁》乃作尹氏，而以爲天子之大夫。其乖刺甚矣！以上二條，則《左氏》皆是，而《公羊》、《穀梁》皆非。後儒之治《春秋》于《三傳》相合者，但當一意遵守，毋庸置議。惟《三傳》互異者，當更折衷之，或會通以求其合，或參他經以定其歸，皆可也。偶舉此以爲例。觀此即得治《春秋》之法。鄭康成《鍼膏肓》、《發墨守》、《起廢疾》，蓋兼通《三傳》，不主一師，此鄭氏家法也。然子雖爲此論，而又竊自疑此在漢人則可吾輩，欲爲漢人之所爲懼，近于僭。然則如服虔、何休，當各存其說，即欲折衷要，不離《三傳》以求之。若廢傳自立義，吾不知之矣。

又《左氏與公羊穀梁各有經》 《左氏》經與《公羊》、《穀梁》經不同。漢《藝文志》：《春秋古經》十二篇，此《左氏》之經也。其下又云《經》十一卷，小字夾注云《公羊》、《穀梁》二家。則《公》、《穀》之《經》同也。如《左氏》：君氏卒。《公》、《穀》竝作：尹氏。可見《左氏》經獨言古者。孔子之經左氏之傳，皆用古文。而孔壁所得又有《古文左傳》，故《左氏經》獨稱「古經」。朱氏《經義攷》所載多誤。鶴壽案：孔壁所得從無《古文左傳》，辨已見前朱氏《經義攷》，竝不誤。

又《鄭康成意以左氏公羊爲勝于穀梁》 《穀梁傳序》疏引《六藝論》云：《左氏》善于禮，《公羊》善于讖，《穀梁》善于經。康成之于禮深矣，又篤好讖，蓋讖書七十子之微言大義具在焉。康成削其蕪駁而擇其精者，以證經，故謂《左氏》善于禮者，《左氏》據禮以通春秋者也。《公羊》善于讖者，公羊援讖以定《春秋》者也。惟《穀梁》意取簡約，專以演繹經文爲事，而其他不復旁及焉。則善于經而已矣。康成蓋意以爲《左氏》、《公羊》皆勝于《穀梁》，乃俗儒反疑康成此言爲推尊《穀梁》，豈不謬乎！

又《左氏論斷多謬》 《左氏傳》論斷多謬。如鄭祭足帥師取溫之麥，秋又取成周之禾，君臣之大義倒置，射王中肩，于是兆其端矣。《左氏》舍此而嘵嘵焉。責其交質，夫以天王而下與小侯交質，下凌上替甚矣。乃舍此而責其忠信之不足。鄭莊公伐許入其國都，逐其君，取其地，罪莫大焉。乃美其有禮，而以經國家、定社稷、序民人、利後嗣。歸之何其誖也！然《左氏》紀載之書也，論斷非其所長。《公》、《穀》論斷之書也，紀事則得諸傳聞，不如《左氏》之有徵治《春秋》者。攷事宜，從《左氏》；書法，宜參《公》、《穀》。至專門家法，則當竝存之。鶴壽案：《左氏》論斷之謬甚多。如鬻拳強諫楚子臨之以兵，幾近于簒弑矣，而反謂鬻拳爲愛君。趙盾亡不越竟，反不討賊，直一叛臣矣。而乃謂「惜也，越竟乃免」，何其不明大義如此！然論斷之謬，莫甚于《公羊》，其論隱桓之貴賤，而曰「子以母貴，母以子貴」。夫謂子以母貴可也，若謂母以子貴，則開後世妾母陵僭之禍矣。公子結媵陳人之婦于鄄，遂及齊侯、宋公盟而曰：大夫受命不受辭，出境有可以安社稷、利國家者，專之可也。無怪後世之臣有生事異域而以安社稷利國家爲解者矣！紀侯大去其國，實迫于齊襄之肆横幷呑，聖人蓋傷之也。而曰襄公復九世之讎，無怪後世之君有窮兵黷武，而以《春秋》復讎之義自許者矣。他如祭仲執而鄭忽出，罪在祭仲，則又以爲反經之權，然則爲人臣者竟可廢置其君邪？種種紕謬，不可枚舉。若《穀梁》，則不至于此。先生意在推重徐遵明，不得不推重何休；推重何休，不得不推重《公羊》。但何休之注《公羊》亦大有誣《公羊》者，所謂「讖緯之文」、「黜周王魯」，《公羊》何嘗有是言哉！所謂五始、三科、九旨、七等、六輔、二類、七缺，皆出于何休意造。《公羊》更何嘗有是言哉？至于「專門家法」，蓋指專守一家之說。而言若康成之會通《三傳》，即非家法。乃先生云「專門家法」，則當《三傳》竝存，竊所不解。

孫之騄《松源經説》卷一《三傳異同説》 昔孔子將修《春秋》，使子夏等十四人求周史記，得百二十國寶書。又魯君資孔子之周，因老聃觀書柱下，于是《春秋》成，授左邱明。故左氏有《左傳》。公羊、穀梁受經於子夏，有《公》、《穀》二傳。《三傳》皆以釋經而作，其始未嘗不同也。公羊高，齊人，其傳《春秋》多齊言。漢興，董仲舒爲明於《春秋》，其傳《公羊》也。仲舒嘗以《春秋》決獄，皆本《公羊》。瑕丘江生爲《穀梁春秋》，穀梁子名赤，麋生則以爲秦孝公，晉人阮孝緒則以爲名俶字元始，皆未詳也。《漢書》以《穀梁》爲魯學。左丘明作傳以授曾申，匕傳衛人吳起，匕傳其子期，匕傳楚人鐸椒，椒傳趙人虞卿，匕傳同郡荀卿名況。漢興，北平矦張蒼及梁太傅賈誼、京兆尹張敞、太中大夫劉公子皆修《春秋左氏傳》。始劉歆從尹咸及翟方進受《左氏》，由是言《左氏》者本之賈護、劉歆，匕傳扶風賈徽，匕傳子逵。逵受詔，列《公羊》、《穀梁》不如《左氏》四十事奏之，名曰《左氏長義》，章帝善之。逵又作《左氏訓詁》，司空南閣祭酒陳元作《左氏同異》，大司農鄭衆作《左氏條例章句十七事》，論《公羊》之短，《左氏》之長。南郡太守馬融爲《三家同異之説》，京兆尹延篤受《左氏》於賈逵之孫伯升，因而注之。汝南彭汪記先師奇説及舊注，太中大夫許淑、九江太守服虔、侍中孔嘉、魏司徒王朗、荊州刺史王基、大司農董遇、徵生燉煌周生烈，竝注解《左氏傳》。梓潼李仲欽著《左氏指歸》，陳郡潁容作《春秋條例》，何休作《左氏膏肓》、《公羊墨守》、《穀梁廢疾》，鄭玄作《鍼膏肓》、《發墨守》、《起廢疾》以排之。休見之曰：康成入吾室，操吾戈以伐吾乎！漢初武帝好《公羊》，宣帝善《穀梁》，皆立學官，平帝始立《左氏》。後漢建武中以魏郡李封爲《左氏》博士，羣儒蔽固者，數廷爭之，及封卒復罷。和帝元興十一年，鄭興父子奏上《左氏》，乃立于學官，遂行于世。二傳漸微。《左氏》今用杜預注，《公羊》用何休注，《穀梁》用范甯注。《三傳》自漢以來，遞相掊擊，迄無定論。魏鍾繇謂：《左氏》太官，《公羊》爲賣餅家。王介甫疑《左氏》爲六國晉人者十一事，其畧謂《左氏》叙至韓、魏、趙殺智伯，事在獲麟後二十八年，去孔子沒亦二十六年。又其書不更之爵，及稱「虞不臘矣」，皆類戰國後語，故或疑非孔子所稱，左丘明別是一人爲史官者。彼三子者各據所知闡發經義，期是非不謬於聖人而已。第當時所見異詞，所聞異詞，所傳聞又異詞，故因其聞見紀事不無互異。又或信道不篤，晰理未精，其持論不無失當者，其同與異可竝存而不廢也。啖氏助曰：古之解説悉是口傳，自漢以來乃爲章句。如《本草》皆後漢時郡國，而題以神農；《山海經》廣説殷時，而云夏禹所紀。自餘書藉，比比甚多。是知《三傳》之義，本皆口授，後之學者，乃著竹帛，而以祖師之目題之。予觀《左氏傳》，自周、晉、齊、宋、楚、鄭等國之事最詳。晉則每出一師，具列將佐，宋則每因興廢，備舉六卿，故知史策之文，每國各異，左氏得此數國之史以授門人。義則口傳，未形竹帛。後代學者，乃演而通之，總而合之，編次年月以爲傳記。又廣采當時文籍，故兼與子產、晏子及諸國卿佐家傳，幷卜書及雜占書、縱橫、小説、諷詠等雜在其中。故叙事雖多，釋意殊少，是非交錯，混然難證。《公羊》、《穀梁》初亦口授，後人據其大義，散配經文，故多乖謬，失其綱統，然其大指亦是子夏所傳。歐陽修曰：昔周法壞而諸侯亂，平王以後不復雅而下同列國。吳、楚、徐竝僭稱王，天下之人不稟周命久矣。孔子生其末世，欲推明王道以扶周，乃聘諸侯，極陳君臣之理，諸侯无能用者。退而歸魯，即其舊史，考諸行事，加以王法，正其是非。凡其所書，一用周禮，爲《春秋》十二篇，以示後世。後世學者傳習既久，其説遂殊。公羊高、穀梁赤、左丘明、鄒氏、夾氏分爲五家。鄒、夾最微，自漢世已廢，而三家盛行，當漢之時，《易》與《論語》分爲三，《詩》分爲四，《禮》分爲二，及學者散亡，僅存其一，而餘家皆廢。獨《春秋三傳》竝行于世至今。初孔子大修《六經》之文，獨與《春秋》欲以禮法繩諸侯，故其辭尤謹約而義深微。學者不能極其説，故三家之傳於聖人之旨各有得焉。太史公曰：「爲人君者不可以不知《春秋》。」豈非王者之法具在乎！朱子曰：「孔子作《春秋》，當時亦須與門人講説。」所以《公》、《穀》、《左氏》得一箇源流，只是漸匕訛舛。當初若是全無傳授，如何鑿空撰得？問：《公》、《穀》傳大概皆同？曰：想得皆是齊、魯間儒其所著之書，恐有所傳授，但皆雜以己意，所以多差舛，其有合道理者，疑是聖人之舊。《左氏》不必解，是丘明如聖人所稱，煞是正直底人，如《左傳》之文，自有縱橫意思。《史記》卻説左丘失明，厥有國語。或云左丘明，左丘其姓也，《左傳》自是左姓人作。又如秦始有臘祭，而《左氏》謂：「虞不臘矣。」是秦時文字分明。馬端臨曰：「案《春秋》古經，雖漢《藝文志》有之。肰夫子所修之《春秋》，其本文世所不見，而自漢以來所編古經，則俱自《三傳》中取出經文，名之曰正經耳。」又曰：「《三傳》各以其說與經文參錯，而所載之經文又各爭異。蓋事同而字異者，及邾儀父盟于蔑、于昧之類是也；事字俱異者，尹氏、君氏之類是也；元未嘗書其事，而以意增入者，孔子生、孔丘卒是也。然則自《三傳》中所取出之經文既有互異，又有增益，遽指以爲夫子所修之《春秋》，可乎？」吳氏澂「曰：《春秋》十二篇，《左氏》、《公羊》、《穀梁》各有不同，昔朱子刻《易》、《詩》、《書》、《春秋》于臨漳郡，《春秋》一經止用《左氏》經文，而曰《公》、《穀》二經所以異者，類多人名、地名，而非大意所繫，故不能悉具。竊謂《三傳》得失，先儒固言之矣，載事則《左氏》詳於《公》、《穀》，釋經則《公》、《穀》精於《左氏》。意者《左氏》必有案據之書，而《公》、《穀》多是傳聞之說。況人名、地名之殊，或因語音字畫之舛，此類一從《左氏》可也。然有考之於義，確然見《左氏》爲失而《公》、《穀》爲得者，則又豈容以偏徇哉？倘義有不然則從其是，《左氏》雖有事跡亦不從也，一斷諸義而已。」啖氏助曰：「左氏比餘傳，其功最高，博采諸家，叙事尤備，能令百代之下，頗見本末。因以求意，經文可知。《穀梁》意深，《公羊》辭辯，隨文解釋，往往鉤深，但以守文堅滯，泥難不通，比附日月，曲生條例，事有不合，亦復彊通，或至矛盾，不近聖人夷曠之體，又不知有不告則不書之義。凡不書者，皆以義說之，列國至多，若盟會、征伐、喪紀，不告亦書，則一年之中，可盈數卷。況他國之事，不憑告命，從何得書？但書所告之事，定其善惡，以文褒貶耳。《左氏》言褒貶者，又不過十數條，其餘事同文異者，亦无他解。舊解皆言從告及舊史之文，若如此論，乃是夫子寫魯史耳，何名修《春秋》乎！故謂二者之說，俱不得中。」荀氏崧曰：「孔子作《春秋》，左丘明、子夏造膝親受，无不精究。丘明撰所聞爲傳，其書善禮，多膏腴美辭，張本繼末，以發明經意，信多奇偉。儒者稱公羊高親受子夏，立於漢朝，辭義清俊，斷決明審，多可採用，董仲舒之所善也。穀梁赤師徒相傳，暫立於漢時，劉向父子猶執一家，莫肯相從。其書文清義約，諸所發明，或《左氏》、《公羊》所不載，亦足訂正。是以《三傳》竝行。」范氏甯曰：「《春秋》之傳有三，而爲經之旨一，臧否不同，褒貶殊致，蓋九流分而微言隱，異端作而大義乖。《左氏》以鬻拳兵諫爲愛君，文公納幣爲用禮；《穀梁》以衛輒拒父爲尊祖，不納子糾爲內惡；《公羊》以祭仲廢君爲行權，妾母稱夫人爲合正。以兵諫爲愛君，是人主可得而脅也；以納幣爲用禮，是居喪可得而婚也；以拒父爲尊祖，是爲子可得而叛也；以不納子糾爲內惡，是仇讎可得而容也；以廢君爲行權，是神器可得而闚也；以妾母爲夫人，是嫡庶可得而齊也。若此之類，傷敎害義，不可彊通者也。凡傳以通經爲主，經以必當爲理。夫至當无二，而《三傳》殊說，庸得不棄其所滯，擇善而從乎！既不俱當則固容俱失，若至言幽絕，擇善靡從，庸得不竝舍以求宗據理，以通經乎？雖我之所是，理未全當，安可以得當之難而自絕于希通哉？而漢興以來，瓌望碩儒，各信所習，是非紛錯，準裁靡定，故有父子異同之論，石渠分爭之說。廢興由於好惡，盛衰繼之辯訥，斯蓋非通方之至理，誠君子之所歎息也。《左氏》豔而富，其失也巫；《穀梁》清而婉，其失也短；《公羊》辨而裁，其失也俗。若能富而不巫，清而不短，裁而不俗，則深於其道者也。故君子之於《春秋》，沒身而已矣。」劉子駿云：「左丘明好惡與聖人同，親見夫子；而公穀在七子後傳聞之，與親見其詳畧不同也。」《漢書·藝文志》：《公羊外傳》五十篇、《穀梁外傳》二十篇、《公羊章句》三十八篇、《穀梁章句》三十三篇、《公羊雜記》八十三篇、《公羊顏氏記》十一篇、《公羊董仲舒治獄》十六篇、《左氏微》二篇，今皆未見。鄭康成曰：「《左氏》善于禮，《公羊》善于讖，《穀梁》善于經。」劉原父曰：「《左氏》拘於赴告，《公羊》牽於讖緯，《穀梁》窘於日月。」歐陽修曰：「孔子，聖人也。萬世取信一人而已。若公羊、穀梁、左氏三子者，博學而多聞矣，其傳不能無失者也。孔子之於經，三子之於傳，有所不同，則學者寧捨經而從傳，不信孔子而信三子，甚哉其惑也！」又曰：「傳之於經勤矣，其述經之事，時有賴其詳焉。至其失，傳則不勝其戾也；其述經之意，亦時有得焉，及其失也，欲大聖人而反小之，欲尊經而反卑之。取其詳而得者，廢其失者，可也；嘉其尊大之心可也，取其卑小之說不可也。」問者曰：「傳有所廢則經有所不通，柰何？」曰：「經不待傳而通者十七八，因傳而惑者十五六，日月萬物皆仰，然不爲盲者明，而有物蔽之者，亦不得見也。聖人之意皎然乎，經惟明者見之，不爲他說蔽者見之也。」邵子曰：「《春秋三傳》之外，陸淳、啖助可以兼治。」淳字伯沖，助字叔佐，皆唐人。程子曰：以傳考經之事迹，以經別傳之眞僞。」或問：「《左傳》可信否？」曰：「不可全信，信其可信者耳。」又問：「《公》、《穀》如何？」曰：「又次于《左氏》。」問：「左氏即是丘明否？」曰：「傳中无丘明字，不可考。」劉安世曰：「《公》、《穀》皆解正《春秋》，《春秋》所無者，《公》、《穀》未嘗言之，故漢儒推本以爲眞孔子之意。然二家亦自矛盾，則亦非孔子之意矣。若《左傳》，則《春秋》所有者或不解，《春秋》所無者或自爲傳。故先儒以謂《左氏》或先經以起事，或後經以終義，或依經以解理，或錯經以合異。然其說亦有時牽合。要之讀《左氏》者，當經自爲經，傳自爲傳，不可合而爲一也，然後通矣。」晁說之曰：「《穀梁》晚出於漢，因得監省《左氏》、《公羊》之違畔而正之，至其精深遠大者，眞得子夏之所傳。范氏又因諸儒而博辯之，申《穀梁》之志也，其於是非亦少公矣。非若杜征南一切申傳汲汲朕，不敢異同也。」胡安國曰：「傳《春秋》者三家，《左氏》叙事，見於本末，《公羊》、《穀梁》辭辯而義精。學經以傳爲案，則當閱《左氏》；玩辭以義爲主，則當習《公》、《穀》。」又曰：「事莫備于《左氏》，例莫明于《公羊》，義莫精于《穀梁》。或失之誣，或失之亂，或失之鑿。」胡寧曰：「《左氏》釋經，雖簡而博通諸史，叙事尤詳，能令百世之下，頗見本末，其有功于《春秋》爲多。《公》、《穀》釋經，其義皆密，如衛州吁以稱人爲討亂之辭也，公薨不地故也不書葬，賊不討以罪，下也，若此之類，深得聖人誅亂臣討賊子之意。考其源流，必有端緒，非曲說所能及也。」啖助謂《三傳》所記，本皆不謬，義則口傳，未形竹帛。後代學者，妄加附益，轉相傳授，浸失本眞。故事多迂誕，理或舛駁。其信然矣。然則，學者於《三傳》，忽焉而不習，則无以知經；習焉而不察，擇焉而不精，則《春秋》之宏意大旨、簡易明白者，汩於僻說，愈晦而不顯矣。朱子曰：「《春秋》之書，且據《左氏》，當時天下大亂，聖人且據實而書之，其是非得失，付諸後世公論。蓋有言外之意，若必於一字一辭之間求裒貶所在，竊恐不然。」國秀問《三傳》優劣，曰：「左氏曾見國史，考事頗精，只是不知大義，專去小處理會，往往不曾講學。公、穀考事甚疏，然義理卻精，二人乃是經生傳得，許多說話往往不曾見國史。」又云：「《左傳》『君子曰』最無意思，因舉芟夷蘊崇之一段，是關上文甚事。《左傳》是一箇審利害之幾，善避就底人，所以其書有貶死節等事，其間議論有極不是處。如周鄭交質之論，是何議論？其曰：宋宣公可謂知人矣，立穆公，其子饗之，命以義。夫只知有利害，不知有義理。此段不如《公羊》說君子大居正，卻是儒者議論。」又云：「《左傳》是後來人做，爲見陳氏有齊，所以言八世之後，莫之與京；見三家分晉，所以言公侯子孫。必復其始，《左氏》是史學，《公》、《穀》是經學。史學記得事卻詳，於道理上便差；經學者於義理上有功，然記事多誤。又《左氏》之失在以成敗論人。」劉原父《春秋亦好》云：「杜預每到不通處，不云傳誤云經誤。曰：『可怪。』是何識見！」晁公武曰：「《三傳》之學，《穀梁》所得最多；諸家之解，范甯之論最善。」郝經云：「《三傳》之說雖不同，要之出於聖人之門，而學有所自終，不外聖人之書法。自王通爲《三傳》作而《春秋》散之言，而盧同輩遂謂《三傳》當束高閣而獨抱遺經。陸淳、啖助、趙匡等因之，遂創爲之傳。自是《春秋》之學不專於《三傳》矣。」章潢曰：「《三傳》立而聖人之教分，聖人之志則未失也。胡氏之傳出而聖人之教尊，其得者固多，而失者亦不少矣。」明袁黃曰：「《春秋》始于魯隱公元年，先儒皆以爲實平王四十九年也。今考之，周平王四十九年東遷，在惠公之三年，非隱之元年也。其不始惠公而獨始隱公者，以惠公猶爲西周諸侯，而隱則侯於東周耳！又《春秋》一書，書王正月者九十二，王二月者二十，王三月者十七。无事首時亦冠以王之一字，而獨於桓公不書王。《穀梁》以爲桓公无王，故不書王。然既不書王矣，而元年又書者，何也？《穀梁》曰：元年有王，所以治桓也。」桓自二年以後不書，至末年又書王也。陸深曰：「聖人筆削之旨隱矣，事案《左氏》之的，義取《公》、《穀》之精，此兩言乃讀《春秋》之要法。」楊時曰：「伯淳先生嘗有語云：看《春秋》，若經不通則當求之傳，傳不通則當求之經。」某曾問之云：「傳不通則當求之經，何也？」曰：「只如讀《春秋》書君氏卒，君氏乃惠公繼室聲子也，而公、穀《春秋》則書曰：尹氏卒。傳云：大夫也。然聲子而書曰『君氏』，是何義？當以尹氏爲正，此所謂求之經。」夫諸儒《三傳》異同之說詳矣。劉知幾爲《左氏》有三長，二傳有五短，此偏於《左氏》者也。崔伯直爲《左氏》失之淺，《公羊》失之險，《穀梁》失之迂。晁以道爲《左氏》之失專而縱，《公羊》之失雜而拘，《穀梁》不雜不拘，而失之隨。此皆不滿於《三傳》者也。夫《三傳》未嘗不同也，如隱不書即位，《左氏》

爲攝，《公》、《穀》皆以爲成公志。衛人立晉，《公》、《穀》皆以爲衆辭也。如家父求車，毛伯求金，《左》、《公》、《穀》皆以爲非禮也。梁亡不書其主，《公》、《穀》皆以爲自亡也。正月，衛侯燬滅邢，《三傳》皆譏以爲滅同姓也。作僖公主，《左》云不時，《公》、《穀》皆以爲譏也。八月大事於太廟，躋僖公，《三傳》皆譏以爲逆祀也。六月，齊人職濟西田，《左》、《公》、《穀》皆以爲賂齊也。新宮災，三日哭，《三傳》皆以爲禮也。定公八年，從祀先公，《三傳》皆以爲順祀也，貴復正也。邾子來奔喪，《三傳》皆以諸侯奔喪，非禮也。當周之衰，天子崩葬，諸侯皆无奔喪、會葬之事，而邾、滕反行於彊大之國，非禮明矣。如以異言，一、春王正月也，《左氏》以爲王周正，《公羊》以爲稱文王，《穀梁》以爲謹始。一、邾儀父盟于蔑也，《公羊》以邾作邾婁，于蔑，《公》、《穀》竝作于眛。一、歸惠公仲子之賵也，《左氏》謂子氏未薨，《公羊》謂仲子爲桓之母，《穀梁》謂仲子爲惠公之母。一、夫人子氏薨也，《左氏》爲桓母，《公羊》爲隱母，《穀梁》爲隱妻。一、築王姬之館于外也，《公羊》以築爲禮，於外爲非禮，《穀梁》以築之外爲變之正。一、鼓用牲于社也，《左氏》以爲非常，《公羊》以爲求陰之道，《穀梁》以鼓爲禮，用牲爲非禮。一、臧孫辰告糴于齊也，《左氏》以爲禮，《公》、《穀》皆以爲私行。一、年不艾而百姓飢，一、崔氏出奔衛也，《左氏》以爲高國畏其偪，《公羊》以爲譏世卿，《穀梁》以爲舉族而出之。經書崔氏，《公》、《穀》无所指名，《左氏》則以爲崔杼。一、辛巳，立武宮也，《公羊》曰：武公之宮，《左氏》以武宮爲武軍。一、溴梁大夫盟也，《公》、《穀》皆曰政在大夫，而《左氏》曰使盟高厚，非大夫之專。一、閏四月，葬齊景公，《公羊》曰閏不書喪，以閏數喪，數署也，《穀梁》曰閏月附餘之月，喪事不數，不正其閏也。一、蔡侯廬歸于蔡，陳侯吳歸于陳，《左氏》曰平王即位，既封陳、蔡而皆復之，禮也；《公羊》曰其言歸，何不與諸侯，專封也；《穀梁》曰不與楚滅也。其異同不勝舉也。抑余又有說者，《公羊》曰：臣不討賊，非臣也，子不復讐，非子也，讐者无時焉可與通。此三言者，公羊子大有功於聖經也。文二年，公子遂如齊，納幣，譏喪娶也。娶在三年之外，則何譏乎？喪娶三年之内，不圖婚，娶者大吉也，非常吉也。其爲吉者，主于己，以爲有人心焉者，則宜於此焉變矣。公羊子之言，天理民彝之正也，《左氏》以爲禮，以爲孝，其害教實甚。《公羊》長於《左氏》，此其一端也。嘗攷《公羊》之傳，所謂讖緯之文與黜周王魯，非《公羊》之言也。蘇氏謂：何休，《公羊》之罪人。晁氏謂：休負《公羊》之學。五始、三科、九旨、七等、六輔、二類、七缺，皆出於何氏，此又不可以不辯。董仲舒爲儒者宗，正誼不謀利，明道不計功，此二言得夫子心法，此深得於《公羊》之學者也。盧玉川有《春秋傳》，又有《春秋摘微》四卷，皆不曾見，今於《欽定春秋經傳彙纂》中得四條，附錄于後：「臧孫辰如齊告糴。」盧仝曰：「二不登而告糴鄰國，責魯无儲蓄以擬凶荒，无恤民憂下之心，兵革力役不息，以致荒札。又明人君當謹積聚，省財用以備凶年也。」「盟於首止。」盧仝曰：「此《春秋》尊周之微意，諸侯不敢盟世子，故自盟也。」「晉里克殺奚齊。」盧仝曰：「書里克殺其君之子，知晉之不君奚齊也。」「公會晉侯及小邾子于溴，梁大夫盟。」盧仝曰：「諸侯之大夫自盟，君各在位，則諸侯之政自茲失矣。三桓逐魯，六卿分晉，其所由來者漸。」

皮錫瑞《經學通論・春秋・論公羊穀梁二傳當爲傳其學者所作左氏傳亦當以此解之》 子夏傳公羊高，至四世孫壽，乃著竹帛，戴宏所言當得其實。穀梁則有數說，且有四名。桓譚《新論》云：《左氏》傳世後百餘年，魯人穀梁赤爲《春秋》殘亡，多所遺失。應劭《風俗通》云：穀梁子名赤，子夏弟子。麋信則以爲秦孝公同時人。阮孝緒則以爲名俶，字元始。《漢書・藝文志》顔注云：名喜。而《論衡・案書篇》又云「穀梁寘」。豈一人有四名乎？抑如《公羊》之祖孫父子相傳，非一人乎！名赤，見《新論》爲最先，故後人多從之。而據《新論》後左氏「百餘年」年代不能與子夏相接，而與秦孝公同時頗合。《四庫提要》曰：其傳則士勛《疏》稱「穀梁子名俶，字元始，一名赤，受經於子夏，爲經作傳。」則當爲穀梁子所自作。徐彦《公羊傳疏》又稱「公羊高五世相授，至胡毋生乃著竹帛，題其親師，故曰《公羊傳》。」穀梁亦是著竹帛者，題其親師，故曰《穀梁傳》。則當爲傳其學者所作。案《公羊傳》「定公即位」一條，引子《沈子》曰：何休《解詁》以爲後師，此傳「定公即位」一條，亦稱「沈子曰」，公羊、穀梁既同師子夏，不應及見後師。又「初獻六羽」一條，稱「穀梁子曰，傳既穀梁自作」，不應自引己說。且此條又引《尸子》曰：尸佼爲商鞅之師，鞅既誅，佼逃於蜀，其人亦在穀梁後。不應預爲引據，疑徐彦之言，爲得其實。但誰著於竹帛，則不可考耳。錫瑞案：楊疏云：穀梁傳孫卿，孫卿去子夏甚遠。

《穀梁》如受經於子夏，不得親傳孫卿，以傳爲傳其學者所作，極是。非獨公、穀二傳，即《左氏傳》亦當以此解之。故其傳有後人附益，且及左氏後事。若必以爲左氏自作，反爲後人所疑。趙匡、鄭樵遂以爲左氏非邱明，是六國時人矣。朱子亦云：左氏不必解是邱明，公、穀傳大概皆同，所以林黄中説只是一人，只是看他文字，疑若非一手者。羅璧《識遺》云：公羊、穀梁，自高、赤作傳外，更不見有此姓。萬見春謂皆姜字切韻脚，疑爲姜姓假託。案邾婁爲鄒、勃鞮爲披之類，兩音雖可合爲一字。《越絶書》云：以口爲姓，承之以天。朱子注《楚詞》自署鄒訢。古人著書，亦有自隱其姓名者，而二子爲經作傳，要不應自隱其姓，至謂公羊、穀梁，高、赤外不見有此姓，則尤不然。《禮記・檀弓》明云「鑿巾以飯，公羊賈爲之也」。何得謂公羊高外，不見公羊姓乎？疑「公羊賈」即《論語》之「公明賈」，「公羊高」即《孟子》之「公明高」。高，曾子弟子，亦可從子夏受經。古讀明如芒，《詩》「以我齊明」，與「我犧羊」爲韻，明、羊音近，或亦可通。是説雖未見其必然，而據《禮記》明明有姓公羊者矣。《漢書・古今人表》有公羊、穀梁，列四等，必實有其人可知。近人又疑公羊、穀梁，皆卜商轉音，更無所據。

又《論穀梁廢興及三傳分别》 《史記・儒林傳》曰：「瑕邱江生爲《穀梁春秋》，自公孫宏得用，嘗集比其義，卒用董仲舒。」《漢書・儒林傳》曰：「瑕邱江公受《穀梁春秋》及《詩》於魯申公，傳子至孫爲博士。武帝時，江公與董仲舒並，仲舒通五經，能持論，善屬文，江公訥於口。上使與仲舒議，不如仲舒。而丞相公孫宏本爲《公羊》學，比輯其議，卒用董生。於是上因尊公羊家，詔太子受《公羊春秋》，由是《公羊》大興。太子既通，復私問穀梁而善之，其後浸微。」「宣帝即位，聞衛太子好《穀梁春秋》，以問丞相韋賢、長信少府夏侯勝及侍中樂陵侯史高，皆魯人也，言《穀梁子》本魯學，《公羊氏》迺齊學也，宜興《穀梁》。」由是《穀梁》之學大盛。故范甯論之曰：廢興由於好惡，盛衰繼於辨訥，是漢時不獨《左氏》與《公羊》爭勝，《穀梁》亦嘗與《公羊》爭勝。武帝好《公羊》，而《公羊》之學大興。宣帝好《穀梁》，而《穀梁》之學大盛，非奉朝廷之意旨乎？公孫宏齊人，而祖齊學之《公羊》；韋賢魯人，而祖魯學之《穀梁》，非出鄉曲之私見乎？據《漢書・江公傳》子至孫爲博士，周慶、丁姓皆爲博士，申章昌亦爲博士。贊曰：孝宣世復立《穀梁春秋》，則《穀梁》在前漢嘗立學官，有博士。而後漢十四博士，止有《公羊》嚴、顔二家而無《穀梁》，則《穀梁》雖暫立於宣帝時，至後漢仍不立。猶《左氏》雖暫立於平帝與光武時，至其後仍不立也。《後漢・賈逵傳》云：「建初八年，乃詔諸儒各選高才生，受《左氏》、《穀梁春秋》、古文《尚書》、《毛詩》，由是四經遂行於世。」此四經雖行於世，而不立學。觀《左氏》、《毛詩》、古文《尚書》，終漢世不立學，《穀梁春秋》可知。熹平石經止有《公羊》無《穀梁》。然則《穀梁》雖暫盛於宣帝之時，而漢以前盛行《公羊》，漢以後盛行《左氏》，蓋《穀梁》之義不及《公羊》之大，事不及《左氏》之詳。故雖監省《左氏》、《公羊》立説，較二家爲平正，卒不能與二家鼎立。鄭樵曰：《儒林傳》學《公羊》者凡九家，而以《穀梁》名家，獨無其人。此所謂師説久微也。無論瑕邱江公，即公羊大師董子猶傳《繁露》一書，胡毋生《條例》猶存於《解詁》者，渺不可得，今其條理略可尋者，時月日例而已。綜而論之，《春秋》有大義，有微言，大義在誅亂臣賊子，微言在爲後王立法。惟《公羊》兼傳大義微言，《穀梁》不傳微言但傳大義，《左氏》並不傳義，特以記事詳贍，有可以證《春秋》之義者。故《三傳》並行不廢，特爲斟酌分别，學者可審所擇從矣。

又《論漢志春秋古經即左氏經左氏經長於二傳亦有當分别觀之者》 《漢志》《春秋古經》十二篇，班氏無注。錢大昕曰：謂《左氏經》也。《漢儒傳》《春秋》者以《左氏》爲古文，《公羊》、《穀梁》爲今文，稱「古經」，則共知其爲《左氏》矣。《左氏》經、傳本各單行，故别有《左氏傳》。《漢志》《經》十一卷。班氏注云：《公羊》、《穀梁》二家。沈欽韓曰：二家合閔公於莊公，故十一卷。彼師當緣閔公事短，不足成卷，并合之耳。何休乃云繫閔公篇於莊公下者，子未三年，無改於父之道。錫瑞案：何氏説是也。沈專主《左氏》，故不以何爲然。《漢志》《左氏傳》三十卷。班氏注云：左邱明魯太史。案《説文叙》曰：北平侯張蒼獻《春秋左氏傳》。《論衡》曰：《左傳》三十篇，出恭王壁中。二説不同。班氏無明文，似不信此二説。《漢志》《公羊傳》十一卷。注云：公羊齊人。《漢志》《穀梁傳》十一卷。注云：穀梁子魯人。不别出公、穀二家之經。馬端臨云：《公羊》、《穀梁傳》，直以其所作傳文攙入正經，不曾别出。而《左氏》則經自經而傳自傳。又杜元凱《經傳集解・序文》以爲分經之年，與傳之年相附。則是左氏作傳之時經文本自爲一書，至元凱始以《左氏傳》附之經文各年之後，是《左氏傳》中之經文，可以言古經矣。案《漢熹平石經・公羊》「隱公」一段直載傳文而無經文，是《公羊》經傳亦自別行，不如馬氏之言。孔疏云：邱明作傳，與經別行，《公羊》、《穀梁》莫不皆然。是《公羊》、《穀梁》、《左氏》之經傳，皆自別行。《左氏》經、傳，至杜預始合之。《公》、《穀》經、傳，不知何人始合之也。《漢志》所列古經，即是《左氏》之經，馬氏不知，乃云「春秋古經」，雖《漢・藝文志》有之，然夫子所修之《春秋》，其本文世所不見，而自漢以來，所編古經，則俱自《三傳》中取出經文，名之曰「正經」耳。又云：《春秋》有三傳，亦本與經文爲二，而治《三傳》者合之。先儒務欲存古，於是取其已合者復析之，命之曰「古經」。案《三傳》與經皆別行，而後人合之。馬氏乃以爲漢人於《三傳》中取出經文，不知何據？馬氏所云先儒，似指朱子所刻《春秋經》，李燾所定《春秋古經》而言。然不得謂之漢以來，其立說不分明，皆由不知《漢志》之古經即是《左氏經》也。《四庫提要》曰：徐彥《公羊傳疏》曰「《左氏》先著竹帛」，故漢儒謂之古學。則所謂「古經十二篇」，即《左傳》之經，故謂之「古」。刻《漢書》者，誤連二條爲一耳。今以《左傳》經文與二傳挍勘，皆《左氏》義長，知手錄之本，確於口授之經也。謹案：《左氏經》長於二傳，詳見侯康《春秋古經說》，然則《春秋》經文，《三傳》不同，如「蔑昧」、「鄖微」之類，專據《左氏》可也，而「君氏」、「尹氏」之類，仍當分別觀之。

又《論公羊左氏相攻最甚何鄭二家分左右袒皆未盡得二傳之旨》《公羊疏》云：《左氏》先著竹帛，故漢時謂之古學。《公羊》漢世乃興，故謂之今學。是以許愼作《五經異義》云：古者《春秋左氏》說，今者《春秋公羊》說是也。又引戴宏《序》云：子夏傳與公羊高，高傳與其子平，平傳與其子地，地傳與其子敢，敢傳與其子壽。至漢景帝時，壽乃共弟子齊人胡毋子都著於竹帛。錫瑞案：戴宏漢人，其言當可信據。《左氏》書先出，而不傳口授之義。《公羊》書後出，而實得口授之傳。此漢所以立《公羊》，而不立《左氏》也。漢今古文家相攻擊，始於《左氏》、《公羊》。而今古文家相攻若仇，亦惟《左氏》、《公羊》爲甚。四家《易》之於費氏《易》，三家《尚書》之於《古文尚書》，三家《詩》之於《毛詩》，雖不並行，未聞其相攻擊。漢博士惟以《尚書》爲備，亦未嘗攻古文。惟劉歆請立《左氏》，則博士以左邱明不傳《春秋》抵之，韓歆請立《左氏》，則范升以《左氏》不祖孔子抵之。鄭衆作《長義》十九條十七事，論《公羊》之短，《左氏》之長。賈逵作《長義》四十條云：《公羊》理短，《左氏》理長。李育讀《左氏傳》，雖樂文采，然謂不得聖人深意，作《難左氏》四十一事。何休與其師羊弼，追述李育意以難二傳，作《公羊墨守》、《左氏膏肓》、《穀梁廢疾》。鄭康成《鍼膏肓》、《發墨守》、《起廢疾》。隗禧謂《左氏》爲「相斫書」，不足學。鍾繇謂《左氏》爲「大官」，《公羊》爲「賣餅家」。各經皆有今古文之分，未有相攻若此之甚者。蓋他經雖義說不同，尚未大相反對，惟《左氏》與《公羊》，不止義例不合，即事實亦多不符。《左氏》以文、宣爲父子，昭、定爲兄弟；《公羊》以文、宣爲兄弟，昭、定爲父子。魯十二公倫序，已大不同。《左氏經》作君氏卒，以爲魯之聲子；《公羊經》作尹氏卒，以爲周之世卿。所傳之經，一字不同，而一以爲婦人，一以爲男子，乖異至此，豈可並立？平心而論：以《左氏》爲「相斫書」，則詆之大過，亦由治《左氏》者專取莫敖采樵、欒枝曳柴之類，有以致之。以《左氏》爲「大官」，《公羊》爲「賣餅家」，專以繁簡詳略言之，不關大義。鄭衆、賈逵長義不傳，賈所舉《左氏》深於君父不可據，已見前。李育、羊弼書亦不傳。何休《墨守》，僅存一二。《廢疾》得失互見，《膏肓》以《左氏》所載之文，爲《左氏》之罪，未知國史據事直書之例，且駮論多瑣細，惟「兵諫」、「喪娶」數條，於大義有關。鄭《發墨守》，亦僅存一二。《起廢疾》，亦得失互見。《鍼膏肓》，多強說，以文公喪娶爲權制，豈有喪娶可以從權者乎？《後漢書》於鄭康成《鍼膏肓》下云：自是《左氏》大興，蓋鄭君雖先習《公羊》，而意重古學，常軒《左氏》而輊《公羊》，重其學者意有偏重，遂至《左氏》孤行。自漢以後，治《公羊》者，如晉之王接、王愆期，已不多見。《北史・儒林傳》云：何休《公羊》傳，大行於河北，而其傳載習《公羊》者，止有梁祚一人。且《傳》又云：《公羊》、《穀梁》多不措意，則以爲河北行《公羊》，似非實錄。《唐志》、《公羊疏》無撰人名氏。《崇文總目》或云徐彥，《郡齋讀書志》引李獻民說同。董逌《廣川藏書志》亦稱世傳。徐彥，不知時代，意其在貞元、長慶之後。王應麟《小學紺珠》謂《公羊疏》徐彥撰。《宋志》直云：徐彥《公羊疏》三十卷。嚴可均曰：不知何據。即徐彥亦不知何代人。東晉有徐彥與徐衆同時，見《通典》九十五，又九十九有武昌太守徐彥，與征西桓溫牋，而《疏》中引及劉宋庾蔚之，則非東晉人。今世皆云「唐徐彥」，尤無所據。蓋涉徐彥伯而譌耳。《疏》先設問荅，與蔡邕《月令章句》相似，唐疏無此體例。所引書百二十許種，最晚者郭璞、庾蔚之，餘皆先秦、漢、魏。開卷疏司空掾云：若今三府掾是也。齊、梁、陳、隋、唐，無此官制，惟北齊有之，則此疏北齊人撰也。洪頤煊、姚範之說略同。王鳴盛以爲即《北史》徐遵明，考其年代，似亦相近，惟據北史所載。遵明傳鄭《易》、《尚書》、三《禮》、《服氏春秋》，未聞傳何氏《公羊》，其弟子亦無治《公羊》學者。則謂彥即遵明，尚在疑似之間。若以「葬桓王」一條，同於楊士勛《穀梁疏》，謂徐襲楊疏，當在楊後。又安知楊士勛非襲徐疏乎？

又《論公穀傳義左氏傳事其事亦有不可據者不得以親見國史而盡信之》

自啖助斟酌《三傳》，各取其長，云《左氏》叙事尤備，能令百代之下，頗見本末，因以求意，經文可知。二傳傳經，密於《左氏》，《穀梁》意深，《公羊》辭辨。宋人推衍其說，胡安國曰：事莫備於《左氏》，例莫明於《公羊》，義莫精於《穀梁》。葉夢得曰：《左氏》傳事不傳義，是以詳於史而事未必實。《公羊》、《穀梁》傳義不傳事，是以詳於經而義未必當。朱子曰：《左氏》是史學，《公》、《穀》是經學。史學者記得事卻詳，於道理上便差。經學者於義理上有功，然記事多誤。又曰：左氏曾見國史考事頗精，只是不知大義，專去小處理會，往往不曾講學。《公》、《穀》考事甚疏，然義理卻精，二人乃是經生，傳得許多說話，往往不曾見國史。呂大圭曰：《左氏》熟於事，《公》、《穀》深於理，蓋左氏曾見國史而《公》、《穀》乃經生也。吳澄曰：載事則《左氏》詳於《公》、《穀》，釋經則《公》、《穀》精於《左氏》。錫瑞案：諸説皆有所見，朱子之説尤晰，惟兼采《三傳》，亦必有啖、趙諸人之學識，方能別擇。初學不守家法，必至茫無把握，而陷於《春秋》之失亂，《公》、《穀》精於義，《左氏》詳於事，誠如諸儒之說。《春秋》重義不重事，治《春秋》者當先求《公》、《穀》之義，而以《左氏》之事證之，乃可互相發明，不至妄生疑難。即啖助云：因以求意，經文可知之說。若但考《左氏》之事，不明《春秋》之義，將並傳之不可信者而亦信之，必至如杜預、孔穎達諸人從傳駮經，非聖無法。正猶齊人知有孟嘗君，而不知有王。秦人知有穰侯，而不知有王矣。引《左氏》之事，以證《春秋》之義可也。據《左氏》之義以爲《春秋》之義不可也。《左氏》不傳《春秋》，本無義例。劉歆治《左氏》引傳文以解經始有章句義理。杜預排斥二傳，始專發《左氏》義。劉歆、杜預之義明，而孔子《春秋》之義隱。《左氏》凡例書法「君子曰」，前人已多疑之，陸淳已駮弒君滅國薨赴以名之例矣。朱子曰：《左傳》「君子曰」，最無意思，因舉「芟夷蘊崇」之一段，是關上文甚事。《左傳》是一個審利害之幾，善避就底人，所以其書有貶死節等事，指孔父、荀息諸人，《左氏》亦無貶諸人明文，惟論荀息有「君子曰」。其間議論有極不是處，如周鄭交質之類，是何議論！此是實事，史官據事直書，卻不礙。其曰「宋宣公可謂知人矣」。立穆公，其子饗之，命以義夫，只知有利害，不知有義理。此段不如《公羊》說君子大居正，卻是儒者議論。案朱子說是也，且殤公立而被弒，所謂其子饗之安在？非但不明義理，並不合事實。《左氏》於叙事中攙入書法，或首尾横決，文理難通。如「鄭伯克段于鄢」傳文，「太叔出奔共」下，接書曰「鄭伯克段于鄢」，至不言「出奔難之也」云云，乃曰「遂置姜氏於城潁」。「遂」字上無所承，文理鶻突。若刪去「書曰」十句，但云「太叔出奔共，遂置姜氏於城潁」，則一氣相承矣。其他「書曰」、「君子曰」，亦多類此，爲後人攙入無疑也。諸儒多云左氏親見國史，事必不誤，亦未盡然。姑舉一二證之：如「昭七年春王正月暨齊平」，杜解曰：暨，與也。燕與齊平。前年冬齊伐燕間無異事，故不重言燕從可知。孔疏曰：此直言暨齊平，不知誰與齊平。《穀梁傳》云：以外及內曰暨，謂此爲魯與齊平。賈逵、何休亦以爲魯與齊平，許惠卿以爲燕與齊平。服虔云：襄二十四年仲孫羯侵齊，二十五年崔杼伐我，自爾以來，齊魯不相侵伐，且齊是大國，無爲求與魯平。此六年冬齊侯伐北燕，將納簡公，齊侯貪賄而與之平，故傳言齊求之也。齊次于虢，燕人行成。其文相比，許君近之。案經例即燕與齊平，當書燕，魯與諸侯平，皆言暨。下「三月公如楚，叔孫婼如齊涖盟，公不在國，故齊無來者。」據經言之，賈君爲得，杜則從許說也。案疏舉經例甚明，當從《公》、《穀》。而《左氏》本年傳，明云齊燕平之月，則《左》實以爲燕與齊平。賈解《左氏》乃從《公》、《穀》。孔疏云：賈逵雜采《公》、《穀》，此其一證。許服杜則以《左》解《左》，然《左》實與書法不合。親見聖人親見國史者，何以有此誤乎？《左氏傳》「衛宣公烝於夷姜，生急子，爲之妻于齊而美，公妻之，生壽及朔。」夫宣公烝庶母，必在即位之後。生子能妻，必十六七年。公妻之，生壽及朔，朔能譖兄，壽能代死，必又十六七年。而衛人立晉在隱四年，宣公卒在桓十三年，共止二十年，如何能及？若謂烝夷姜在即位前，桓公不應容其弟濁亂宮闈，石碏未必立此穢德彰聞之公子。《史記》云：愛夫人夷姜。不云烝淫，則《左氏》未可信。洪邁謂十九年之間如何消破，此最爲難曉也。晉獻公烝齊姜，近人亦有疑之者。蘧伯玉、延陵季子皆年近百，而服官帥師，事亦可疑。是《左氏》之事，亦不盡可信也。朱子曰：《左氏》所傳《春秋》事，恐八九分，是亦不盡信《左氏》。《公羊傳》惟季姬使鄫子請己單伯淫子叔姬，叔術妻嫂，事有可疑。董子《繁露》於此數事皆無説，或以不關大義，或亦疑而不信。學者於此等處闕疑可也。解詁是章句，不得不解傳，《繁露》説大義，故於此數條皆無説，學者亦不必强説。

又《論三傳皆專門之學學者宜專治一家治一家又各有所從入》 漢十四博士今文之學，今多不傳。施、孟、梁邱、京《易》，歐陽、夏侯《尚書》，齊、魯、韓《詩》，皆已亡佚。惟《公羊春秋》猶存，《穀梁》亦存全書，此天之未喪斯文也。而自《左氏》孤行，二傳雖存若亡。陸德明作《經典釋文》，已云二傳近代無講者，恐其學遂絶，故爲音以示將來。幸而唐人雖以《左氏》列於《五經》，而《公羊》爲中經，《穀梁》爲小經，亦用之以取士。故士子習者雖少，見李元瓘、楊瑒所奏。而書猶不至亡，啖、趙、陸兼采之以作纂例。宋人沿啖、趙、陸之派説《春秋》，多兼采《公》、《穀》，故未至如《韓詩》之亡於北宋。惟宋尚通學，不主專門，合《三傳》爲一家，是合五金爲一爐而冶之，合三牲魯臘爲一鼎而烹之也。《春秋》是一部全書，其義由孔子一手所定，比《詩》、《書》、《易》、《禮》不同。學《春秋》必會通全經，非可枝枝節節而爲之者。若一條從《左氏》，一條從《公羊》，一條從《穀梁》，一條從唐宋諸儒，雖古義略傳，必不免於《春秋》失亂之弊。故《春秋》一經，尤重專門之學。國朝稽古，漢學中興，孔廣森作《公羊通義》，阮元稱爲孤家專學。然其書不守何氏義例，多采後儒之説，又不信黜周王魯科旨，以新周比新鄭，雖有篳路藍縷之功，不無買櫝還珠之憾。惟何氏《解詁》與徐《疏》，簡奧難讀，陳立書又太繁。治《公羊》者可從通義先入，再觀注疏。常州學派多主《公羊》，莊存與作《春秋正辭》，傳之劉逢祿、宋翔鳳、龔自珍諸人，凌曙作《董子繁露注》，其徒陳立作《公羊義疏》。治《公羊》者，當觀凌曙所注《繁露》，以求董子大義。及劉逢祿所作《釋例》，以求何氏條例，再覽陳立《義疏》以求大備，斯不愧專門之學矣。許桂林作《穀梁釋例》，柳興恩作《穀梁大義述》，鍾文烝作《穀梁補注》，亦成一家之言。《穀梁》不傳三科九旨，本非《公羊》之比，惟其時月日例，與《公羊》大同小異，詳略互見，可以補《公羊》所未及。治《穀梁》者，先觀范《解》、楊《疏》及許桂林釋時月日例。許書簡而有法，如「公子益師卒」傳云：大夫日卒，正也。不日卒，惡也。何休《廢疾》，已引「公子牙季孫意如何以書卒」難之，鄭君所釋，亦不可通。許據《左氏》「公不與小斂」，謂不與小斂即是惡，乃得其解。柳興恩、鍾文烝皆據《穀梁》謹始，謂隱公之讓，爲不能正始。柳興恩至以亂臣賊子斥隱公。夫以讓國之賢君，而斥爲亂賊，則篡弑之桓公，將何以處之乎？《春秋》善善從長，必不如此深刻。《穀梁》惡桓而善隱，其義亦不如此之刻也。《穀梁》義例，多比附《公羊》，故治《穀梁》不如治《公羊》，治《公羊》乃可兼采《穀梁》。如《穀梁》桓二年傳或曰：其不稱名，蓋爲祖諱也。孔子故宋也，是比附《公羊》故宋而失其旨之證。成九年傳不言戰，以鄭伯也。爲尊者諱恥，爲賢者諱過，爲親者諱疾，是比附《公羊》爲親者諱而失其旨之證。《春秋》爲親者諱惟魯。昭二十一年傳：東者，東國也。曰東，惡之而貶之也。是比附《公羊》譏二名而失其旨之證。若《左氏》不傳《春秋》，亦有譏二名之説。云先名武庚，乍名祿父，則尤不知而强説者。治《左氏》者，先觀杜《解》、孔《疏》，再及李貽德、賈服《輯述》，以參考古義。顧棟高《春秋大事表》，以綜覽事實，然亦只是《左氏》一家之學，於《春秋》之微言大義，無甚發明。

《論語注疏》分部

綜　述

邢昺《論語注疏解經序序解》 【疏】正義曰：案《漢書·藝文志》云：「《論語》者，孔子應荅弟子、時人，及弟子相與言而接聞於夫子之語也。當時弟子各有所記，夫子既卒，門人相與輯而論纂，故謂之《論語》。」然則夫子既終，微言已絕，弟子恐離居已後，各生異見，而聖言永滅，故相與論撰，因採時賢及古明王之語合成一法，謂之《論語》也。鄭玄云：「仲弓、子游、子夏等撰定。論者，綸也，輪也，理也，次也，撰也。」以此書可以經綸世務，故曰綸也；圓轉無窮，故曰輪也；蘊含萬理，故曰理也；篇章有序，故曰次也；羣賢集定，故曰撰也。鄭玄《周禮》注云「荅述曰語」，以此書所載皆仲尼應荅弟子及時人之辭，故曰語。而在論下者，必經論撰，然後載之，以示非妄謬也。以其口相傳授，故經焚書而獨存也。漢興，傳者則有三家，《魯論語》者，魯人所傳，即今所行篇次是也，常山都尉龔奮、長信少府夏侯勝、丞相韋賢及子玄成、魯扶卿太子太傅夏侯建、前將軍蕭望之並傳之，各自名家。《齊論》者，齊人所傳，別有《問王》、《知道》二篇，凡二十一篇，其二十篇中，章句頗多於《魯論》，昌邑中尉王吉、少府朱畸、琅邪王卿、御史大夫貢禹、尚書令五鹿充宗、膠東庸生並傳之，唯王吉名家。《古論語》者，出自孔氏壁中，凡二十一篇，有兩《子張》篇，次不與《齊》、《魯論》同，孔安國爲傳，後漢馬融亦注之。安昌侯張禹受《魯論》于夏侯建，又從庸生、王吉受《齊論》，擇善而從，號曰「張侯論」，最後而行於漢世。禹以《論》授成帝，後漢包咸、周氏並爲章句，列於學官。鄭玄就《魯論》張、包、周之篇章考之《齊》、《古》，爲之注焉。魏吏部尚書何晏集孔安國、包咸、周氏、馬融、鄭玄、陳羣、王肅、周生烈之說，并下己意，爲《集解》，正始中上之，盛行於世。今以爲主焉。序者，何晏次序傳授訓說之人，乃己《集解》之意。序爲《論語》而作，故曰《論語序》。

敘曰：漢中壘校尉劉向言《魯論語》二十篇，皆孔子弟子記諸善言也。太子太傅夏侯勝、前將軍蕭望之、丞相韋賢及子玄成等傳之。【疏】「敘曰」至「傳之」。　正義曰：此敘《魯論》之作及傳授之人也。敘與序音義同。曰者，發語辭也。案《漢書·百官公卿表》云：「中壘校尉掌北軍壘門內，外掌西域。」顏師古曰：「掌北軍壘門之內而又外掌西域。」劉向者，高祖少弟楚元王之後，辟彊之孫，德之子。字子政，本名更生，成帝即位，更名向。數上疏言得失，以向爲中壘校尉。向爲人簡易，專精思於經術。成帝詔校經傳諸子詩賦，每一書已，向輒條其篇目，撮其指意，錄而奏之，著《別錄》、《新序》。此言「《魯論語》二十篇，皆孔子弟子記諸善言也」，蓋出於彼，故何晏引之。對文則直言曰言，荅述曰語，散則言、語可通。故此論夫子之語而謂之善言也。《表》又云：「太子太傅，古官，秩二千石。」《傳》云：「夏侯勝字長公，東平人，少好學。爲學精熟，善說禮服，徵爲博士。宣帝立，太后省政，勝以《尚書》授太后，遷長信少府。坐議廟樂事下獄，繫再更冬，會赦，出爲諫大夫。上知勝素直，復爲長信少府，遷太子太傅。受詔撰《尚書》、《論語》說，賜黃金百斤。年九十卒官，賜冢塋，葬平陵。太后賜錢三百萬，爲勝素服五日，以報師傅之恩。儒者以爲榮。始，勝每講授，常謂諸生曰：『士病不明經術，經術苟明，其取青紫如俛拾地芥耳。學經不明，不如親耕。』」《表》又云：「前、後、左、右將軍，皆周末官，秦因之，位上卿，金印紫綬，漢不常置。或有前、後，或有左、右，皆掌兵。」及《四夷傳》云：「蕭望之字長倩，東海蘭陵人也。好學《齊詩》，事同縣后倉，又從夏侯勝問《論語》、禮服，以射策甲科爲郎，累遷諫大夫，後代丙吉爲御史大夫，左遷爲太子太傅。及宣帝寢疾，選大臣可屬者引至禁中，拜望之爲前將軍。元帝即位，爲弘恭、石顯等所害，飲鴆自殺。天子聞之，驚拊手爲之卻食，涕泣哀慟左右。長子伋嗣爲關內侯。」《表》又云：「相國、丞相皆秦官，金印紫綬，掌丞天子，助理萬機。」應劭曰：「丞，承也；相，助也。」「秦有左、右，高帝即位，置一丞相。十一年更名相國，綠綬。孝惠、高后置左、右丞相，文帝二年一丞相，哀帝元壽二年更名大司徒。」《傳》曰：「韋賢字長孺，魯國鄒人也。賢爲人質朴少欲，篤志於學，兼通《禮》、《尚書》，以《詩》教授，號稱鄒魯大儒，徵爲博士、給事中，進授昭帝《詩》，稍遷光祿大夫。及宣帝即位，以先帝師，甚見尊重。本始三年，代蔡義爲丞相，封扶陽侯，年七十餘，爲相五歲。地節三年，以老病乞骸骨，賜黃金百斤，罷歸，加賜第一區。丞相致仕，自賢始。年八十二薨，謚曰節侯。少子玄成字少翁，「復以明經歷位至丞相，鄒、魯諺曰：『遺子黃金滿籯，不如一經。』玄成爲相七年，建昭三年薨，謚曰共侯。」此四人皆傳《魯論語》。

《齊論語》二十二篇，其二十篇中，章句頗多於《魯論》。琅邪王卿及膠東庸生、昌邑中尉王吉皆以教授。【疏】「齊論」至「教授」。　正義曰：此敘《齊論語》之興及傳授之人也。《齊論語》凡二十二篇，其二十篇篇名與《魯論》正同，其篇中章句則頗多於《魯論》。篇者，積章而成篇，偏也，言出情鋪事明而偏者也。積句以成章，章者，明也，揔義包體所以明情者也。句必聯字而言，句者，局也，聯字分疆，所以局言者也。琅邪、膠東，郡國名。王卿，天漢元年由濟南太守爲御史大夫。庸生名譚生，蓋古謂有德者也。昌邑中尉者，《表》云：「諸侯王，高帝初置，金璽盭綬，掌治其國。有太傅輔王，內史治國民，中尉掌武職，丞相統衆官。景帝中五年，改丞相曰相。成帝綏和元年，省內史，更令相治民，如郡太守。中尉如郡都尉。」《傳》云：「王吉字子陽，琅邪皋虞人也。少好學明經，以郡吏舉孝廉爲郎，補若盧右丞，遷熒陽令，舉賢良爲昌邑中尉。」此三人皆以《齊論語》教授於人也。

故有《魯論》、有《齊論》。【疏】「故有《魯論》有《齊論》」。　正義曰：既敘《魯論》、《齊論》之作及傳述之人，乃以此言結之也。

魯共王時，嘗欲以孔子宅爲宮，壞，得古文《論語》。【疏】「魯共」至「論語」。　正義曰：此敘得《古論》之所由也。嘗，曾也。壞，毀也。言魯共王時，曾欲以孔子宅爲宮，乃毀之，於壁中故得此《古文論語》也。《傳》曰：魯共王餘，景帝子，程姬所生，「以孝景前二年立爲淮陽王，前三年徙王魯，二十八年薨」，謚曰共王。「初好治宮室，壞孔子舊宅以廣其宮，聞鍾磬琴瑟之音，遂不敢復壞。於其壁中得古文經傳」，即謂此《論語》及《孝經》爲傳也。故漢武帝謂東方朔云：「《傳》曰：時然後言，人不厭其言。」又成帝賜翟方進《策書》云：「《傳》曰：高而不危，所以長守貴也。」是漢世通謂《論語》、《孝經》爲傳，以《論語》、《孝經》非先王之書，是孔子所傳說，故謂之傳，所以異於先王之書也。言古文者，科斗書也，所謂倉頡本體，周所用之。以今所不識，是古人所爲，故名古文。形多頭麤尾細，狀復團圓，似水蟲之科斗，故曰科斗也。《齊論》有《問王》、《知道》，多於《魯論》二篇。《古論》亦無此二篇，分《堯曰》下章「子張問」以爲一篇，有兩《子張》，凡二十一篇。篇次不與《齊》、《魯論》同。【疏】「齊論」至「魯論同」。正義曰：此辨三《論》篇章之異也。《齊論》有《問王》、《知道》，多於《魯論》二篇，所謂《齊論語》二十二篇也。《古論》亦無此《問王》、《知道》二篇，非但《魯論》無之，《古論》亦無也。《古論》亦無此二篇，而分《堯曰》下章「子張問」以爲一篇，有兩《子張》，凡二十一篇。如淳曰：「分《堯曰》篇後『子張問：何如可以從政』以下爲篇名，曰《從政》。其篇次又不與《齊》、《魯論》同。」《新論》云：「文異者四百餘字。」安昌侯張禹本受《魯論》，兼講《齊》說，善者從之，號曰「張侯論」，爲世所貴。包氏、周氏《章句》出焉。【疏】「安昌侯」至「出焉」。正義曰：此言張禹擇《齊》、《魯論》之善者從之，爲世所重，包、周二氏爲《章句》訓說此張侯《論語》也。《傳》曰：「張禹字子文，河內軹人也。從沛郡施讐受《易》，王陽、庸生問《論語》，既皆明習，舉爲郡文學。久之試爲博士。初，元中立皇太子，令禹授太子《論語》，由是遷光祿大夫，數歲出爲東平內史。成帝即位，徵禹以師，賜爵關內侯、給事中領尚書事。河平四年，代王商爲丞相，封安昌侯。爲相六歲，乞骸就第。建平二年薨，謚曰節侯。禹本受《魯論》於夏侯建，又從庸生、王吉受《齊論》，故兼講《齊》說也。」《傳》又云：「始魯扶卿及夏侯勝、王陽、蕭望之、韋玄成皆說《論語》，篇第或異，禹先事王陽，後從庸生，采獲所安，最後出而尊貴，諸儒爲之語曰『欲不爲《論》，念張文』。由是學者多從張氏，餘家浸微。」是「其善者從之，號曰『張侯論』，爲世所貴」之事。《後漢·儒林傳》云：「包咸字子良，會稽曲阿人也。少爲諸生，昌《魯詩》、《論語》，舉孝廉，除郎中。建武中入授皇太子《論語》，又爲其《章句》，拜諫議大夫。永平五年，遷大鴻臚。」周氏不詳何人。章句者，訓解科段之名，包氏、周氏就張侯《論》爲之《章句》，訓解以出其義理焉。不言名而言氏者，蓋爲《章句》之時，義在謙退，不欲顯題其名，但欲傳之私族，故直云氏而已。若杜元凱集解《春秋》謂之杜氏也。或曰：以何氏諱咸，故沒其名，但言包氏，連言周氏耳。《古論》唯博士孔安國爲之訓解，而世不傳，至順帝時，南郡大守馬融亦爲之訓說。【疏】「古論」至「訓說」。正義曰：此敘訓說《古文論語》之人也。《史記·世家》：安國，孔子十一世孫，爲武帝博士。時魯共王壞孔子舊宅，壁中得古文虞夏商周之書及傳《論語》、《孝經》，悉還孔氏，故安國承詔作《書傳》，又作《古文孝經傳》，亦作《論語訓解》。《釋詁》云：「訓，道也。」然則道其義、釋其理謂之訓解，以傳述言之曰傳，以釋理言之曰訓解，其實一也。以武帝末年遭巫蠱事，經籍道息，故世不傳。自此安國之後，至後漢順帝時，有南郡太守馬融亦爲古文《論語訓說》。案《後漢紀》：「孝順皇帝諱保，安帝之子也。」《地理志》云：「南郡，秦置，高帝元年更爲臨江郡，五年復故。景帝二年復爲臨江郡，中二年復故，屬荆州。」《表》云：「郡守，秦官，掌治其郡，秩二千石。景帝中二年更名太守。」《傳》云：「馬融字季長，扶風茂陵人也。爲人美辭貌，有俊才，博通經籍，永初中爲校書郎。陽嘉二年，拜議郎，梁商表爲從事中郎，轉武都太守，三遷爲南郡太守，注《孝經》、《論語》、《詩》、《易》、《尚書》、《三禮》。年八十八，延壽九年卒於家。漢末，大司農鄭玄就《魯論》篇章考之《齊》、《古》，爲之註。【疏】「漢末」至「之註」。正義曰：言鄭玄亦爲《論語》之注也。鄭玄字康成，北海高密縣人，師事馬融。大司農徵不起，居家教授，當後漢桓、靈時，故云漢末。注《易》、《尚書》、《三禮》、《論語》、《尚書大傳》、《五經》緯候，箋《毛詩》，作《毛詩譜》。破許慎《五經異義》，針何休《左氏膏肓》，發《公羊墨守》，起《穀梁廢疾》，可謂大儒。作注之時，就《魯論》篇章，謂二十篇也，復考校之以《齊論》、《古論》，擇其善者而爲之註。註與注音義同。近故司空陳羣、太常王肅、博士周生烈皆爲《義說》。【疏】「近故」至「義說」。正義曰：此敘魏時注說《論語》之人也。年世未遠人已歿故，是近故也。司空，古官三公也。《表》云：「奉常，秦官，掌宗廟禮儀。景帝中六年更名太常。」「博士，秦官，掌通古今。」《魏志》云：「陳羣字長文，潁川許昌人也。太祖辟羣爲司空西曹屬，文帝即位，遷尚書僕射。明帝即位，進封潁陰侯，頃之爲司空。青龍四年薨。」「王肅字子邕，東海蘭陵人，魏衛將軍太常蘭陵景侯，甘露元年薨。注《尚書》、《禮》《喪服》、《論語》、《孔子家語》，述《毛詩注》。作《聖證論》難鄭玄。」周生烈，燉煌人，《七錄》云：「字文逸，本姓唐，魏博士、侍中。」此二人皆爲《論語義說》，謂作注而說其義，故云義說。前世傳授師說，雖有異同，不爲訓解。中間爲之訓解，至于今多矣。所見不同，互有得失。【疏】「前世」至「得失」。正義曰：將作《論語集解》，故須言先儒有得失不同之說也。據今而道往古，謂之前世。上教下曰傳，下承上曰受。謂張禹以上至夏侯勝以來，但師資誦說而已，雖說有異者、同者，皆不著篇簡以爲傳注、訓解。中間爲之訓解，謂自古至今中間，包氏、周氏等爲此《論語訓解》，有二十餘家，故云至于今多矣。以其趣舍各異，故得失互有也。今集諸家之善，記其姓名，有不安者頗爲改易，名曰《論語集解》。【疏】「今集」至「集解」。正義曰：此敘《集解》之體例也。今謂何晏時，諸家謂孔安國、包咸、周氏、馬融、鄭玄、陳羣、王肅、周生烈也。集此諸家所說善者而存之，示無勦說，故各記其姓名。注言包曰、馬曰之類是也。注但記其姓，而此連言名者，以著其姓所以名其人，非謂名字之名也。有不安者，謂諸家之說於義有不安者也。頗爲改易者，言諸家之善則存而不改，其不善者頗多爲改易之。注首不言包曰、馬曰，及諸家説下言一曰者，皆是何氏自下己言、改易先儒者也。名曰《論語集解》者，何氏注解既畢，乃自題之也。杜氏注《春秋左氏傳》謂之「集解」者，謂聚集經傳爲之作解也。此乃聚集諸家義理以解《論語》，言同而意異也。光禄大夫關内侯臣孫邕、光禄大夫臣鄭沖、散騎常侍中領軍安鄉亭侯臣曹羲、侍中臣荀顗、尚書駙馬都尉關内侯臣何晏等上。【疏】「光禄」至「等上」。正義曰：此叙同集解之人也。《表》云：「大夫，掌論議，有太中大夫、中大夫、諫大夫，皆無員，多至數十人。太初元年更名中大夫爲光禄大夫，秩比二千石。」無印綬，爵級十九曰關内侯，顔師古曰：「言有侯號而居京畿，無國邑。」孫邕字宗儒，樂安青州人也。《晉書》：「鄭沖字文和，滎陽開封人也，起自寒微，卓爾立操。魏文帝爲太子，命爲文學，累遷尚書郎，出補陳留太守，曹爽引爲從事中郎，轉散騎常侍光禄勳。」《表》又云：「侍中、散騎中常侍皆加官。」應劭曰：「入侍天子，故曰侍中。」晉灼曰：「魏文帝合散騎、中常侍爲散騎常侍也。」又曰：「所加或列侯、將軍、卿大夫、將都尉尚書、太醫、太宫令至郎中，亡員，多至數十人。」如淳曰：「將，謂都郎將以下也，自列侯下至郎中，皆得有散騎及中常侍也。」又曰：「侍中、中常侍得入禁中，散騎並乘輿車。」顔師古曰：「並音步浪反。騎而散從，無常職也。」此言中領軍者，《表》無文。安鄉亭侯者，不在爵級二十之數，蓋漢末及魏置亭侯、列侯之倫也。曹羲，沛國譙人，魏宗室曹爽之弟。荀顗字景倩，荀彧之子，詵之弟也，咸熙中爲司空。《表》又云：「少府，秦官，屬官有尚書。成帝建始四年初置尚書，員五人。」駙馬都尉掌駙馬，武帝初置，秩比二千石。」顔師古曰：「駙，副也，非正駕車，皆爲副馬。一曰駙，近也，疾也。」何晏字平叔，南陽宛人也，何進之孫，咸之子。曹爽秉政，以晏爲尚書，又尚公主。著述凡數十篇。正始中，此五人共上此《論語集解》也。

傳記

《三國志・魏志・何晏傳》 晏，何進孫也。母尹氏，爲太祖夫人。晏長于宮省，又尚公主，少以才秀知名，好老莊言，作《道德論》及諸文賦著述凡數十篇。[裴松之注：]晏字平叔。《魏略》曰：太祖爲司空時，納晏母并收養晏，其時秦宜禄兒阿蘇亦隨母在公家，并見寵如公子。蘇即朗也。蘇性謹慎，而晏無所顧憚，服飾擬於太子，故文帝特憎之，每不呼其姓字，嘗謂之爲「假子」。晏尚主，又好色，故黄初時無所事任。及明帝立，頗爲冗官。至正始初，曲合于曹爽，亦以才能，故爽用爲散騎侍郎，遷侍中尚書。晏前以尚主，得賜爵爲列侯，又其母在内，晏性自喜，動静粉白不去手，行步顧影。晏爲尚書，主選舉，其宿與之有舊者，多被拔擢。《魏末傳》曰：晏婦金鄉公主，即晏同母妹。公主賢，謂其母沛王太妃曰：「晏爲惡日甚，將何保身？」母笑曰：「汝得無妒晏邪！」俄而晏死。有一男，年五六歲，宣王遣人録之。晏母歸藏其子王宫中，向使者搏頰，乞白活之，使者具以白宣王。宣王亦聞晏婦有先見之言，心常嘉之，且爲沛王故，特原不殺。《魏氏春秋》曰：初，夏侯玄、何晏等名盛於時，司馬景王亦預焉。晏嘗曰：「唯深也，故能通天下之志，夏侯泰初是也；唯幾也，故能成天下之務，司馬子元是也；惟神也，不疾而速，不行而至，吾聞其語，未見其人。」蓋欲以神况諸己也。初，宣王使晏與治爽等獄。晏窮治黨與，冀以獲宥。宣王曰：「凡有八族。」晏疏丁、鄧等七姓。宣王曰：「未也。」晏窮急，乃曰：「豈謂晏乎！」宣王曰：「是也。」乃收晏。臣松之案：《魏末傳》云晏取其同母妹爲妻，此搢紳所不忍言，雖楚王之妻（嫂）[媦]，不是甚也已。設令此言出于舊史，猶將莫之或信，况底下之書乎！案《諸王公傳》，沛王出自杜夫人所生。晏母姓尹，公主若與沛王同生，焉得言與晏同母？

《宋史・儒林傳一・邢昺》 邢昺字叔明，曹州濟陰人。太平興國初，舉《五經》，廷試日，召升殿講《師》、《比》二卦，又問以群經發題，太宗嘉其精博，擢《九經》及第，授大理評事、知泰州鹽城監，賜錢二十萬。【略】咸平初，改國子祭酒。二年，始置翰林侍講學士，以昺爲之。受詔與杜鎬、舒雅、孫奭、李慕清、崔偓佺等校定《周禮》、《儀禮》、《公羊》、《穀梁春秋傳》、《孝經》、《論語》、《爾雅義疏》，及成，并加階勳。【略】昺在東宮及内廷，侍上講《孝經》、《禮記》、《論語》、《書》、《易》、《詩》、《左氏傳》，據傳疏敷引之外，多引時事爲喻，深被嘉獎。

《孝經注疏》分部

綜述

李隆基《孝經序》 朕聞上古，其風朴略，雖因心之孝已萌，而資敬之禮猶簡。及乎仁義既有，親譽益著。聖人知孝之可以教人也，故「因嚴以教敬，因親以教愛」。於是以順移忠之道昭矣，立身揚名之義彰矣。子曰：「吾志在《春秋》，行在《孝經》。」是知孝者德之本歟！經曰：「昔者明王之以孝理天下也，不敢遺小國之臣，而况於公、侯、伯、子、男乎。」朕嘗三復斯言，景行先哲。雖無德教加於百姓，庶幾廣愛形于四海。嗟乎！夫子沒而微言絕，异端起而大義乖。况泯絕於秦，得之者皆煨燼之末。濫觴於漢，傳之者皆糟粕之餘。故魯史《春秋》，學開五傳；《國風》、《雅》、《頌》，分爲四詩。去聖逾遠，源流益別。近觀《孝經》舊注，踳駁尤甚。至於迹相祖述，殆且百家。業擅專門，猶將十室。希升堂者，必自開戶牖。攀逸駕者，必騁殊軌轍。是以道隱小成，言隱浮僞。且傳以通經爲義；義以必當爲主。至當歸一，精義無二。安得不翦其繁蕪，而撮其樞要也？韋昭、王肅，先儒之領袖。虞翻、劉邵，抑又次焉。劉炫明安國之本，陸澄譏康成之注。在理或當，何必求人？今故特舉六家之异同，會《五經》之旨趣。約文敷暢，義則昭然。分注錯經，理亦條貫。寫之琬琰，庶有補於將來。且夫子談經，志取垂訓。雖五孝之用則別，而百行之源不殊。是以一章之中，凡有數句；一句之內，意有兼明。具載則文繁，略之又義闕。今存於疏，用廣發揮。

邢昺《孝經注疏序》 夫《孝經》者，孔子之所述作也。述作之旨者，昔聖人藴大聖德，生不偶時，適值周室衰微，王綱失墜，君臣僭亂，禮樂崩頹。居上位者賞罰不行，居下位者褒貶無作。孔子遂乃定禮、樂，刪《詩》、《書》，贊《易》道，以明道德仁義之源；修《春秋》，以正君臣父子之法。又慮雖知其法，未知其行，遂說《孝經》一十八章，以明君臣父子之行所寄。知其法者修其行，知其行者謹其法。故《孝經緯》曰：「孔子云：『欲觀我褒貶諸侯之志，在《春秋》；崇人倫之行，在《孝經》。』」是知《孝經》雖居六籍之外，乃與《春秋》爲表矣。先儒或云「夫子爲曾參所說」，此未盡其指歸也。蓋曾子在七十弟子中，孝行最著，孔子乃假立曾子爲請益問答之人，以廣明孝道。既說之後，乃屬與曾子。洎遭暴秦焚書，並爲煨燼。漢膺天命，復闡微言。《孝經》河間顏芝所藏，因始傳之于世。自西漢及魏，歷晉、宋、齊、梁，注解之者迨及百家。至有唐之初，雖備存秘府，而簡編多有殘缺，傳行者唯孔安國、鄭康成兩家之注，并有梁博士皇侃《義疏》，播於國序。然辭多紕繆，理昧精研。至唐玄宗朝，乃詔群儒學官，俾其集議。是以劉子玄辨鄭注有十謬七惑，司馬堅斥孔注多鄙俚不經。其餘諸家注解，皆榮華其言，妄生穿鑿。明皇遂於先儒注中，採摭菁英，芟去煩亂，撮其義理允當者，用爲注解。至天寶二年注成，頒行天下，仍自八分御札，勒于石碑，即今京兆石臺《孝經》是也。

王鳴盛《蛾術編》卷八《孝經疏》［迮鶴壽參校］ 《孝經疏》，題云「臣邢昺奉敕校定」，不云昺譔。《宋史・儒林傳》亦云。然其自序云：「注疏已備，今特翦截元疏。」此語甚明。《舊唐書・孔穎達傳》「庶人承乾令譔《孝經義疏》，穎達因文見意，更廣規諷，學者稱之。」而《新唐書》志賈公彥、孔穎達竝有《孝經疏》，所疏乃鄭注也。《舊唐書・元行沖傳》「開元七年上令行沖譔，御所注《孝經疏義》列于學官。」《新・儒學》「元澹字行沖」，傳同。昺所校者，即御注元疏也。其中治皆諱理，明出唐人無疑。鶴壽案：《孝經》自漢文景置博士，其後晉元帝有《孝經傳》，武帝有《孝經講義》，梁武帝有《孝經義疏》，簡文帝亦有《義疏》，明帝有《孝經義記》。逮唐元帝作《孝經注》，《崇文總目》謂「取王肅、劉劭、虞翻、韋昭、劉炫、陸澄六家之說，參孔、鄭舊義。天寶四載九月，以御注石刻于太學，謂之《石臺孝經》」。今尚在西安府學中，爲碑凡四，故拓本稱四卷，而行本則爲九卷。自宋詔邢昺修輯元行沖《義疏》，而御注遂行于世。

傳記

《舊唐書・玄宗紀》 玄宗至道大聖大明孝皇帝諱隆基，睿宗第三子也，母曰昭成順聖皇后竇氏。垂拱元年秋八月戊寅，生於東都。性英斷多藝，尤知音律，善八分書。儀範偉麗，有非常之表。三年閏七月丁卯，封楚王。天授三年十月戊戌，出閣，開府置官屬，年始七歲。【略】［景龍四年］至六月，中宗暴崩，韋后臨朝稱制。韋溫、宗楚客、紀處訥等謀傾宗社。【略】上乃與崇簡、朝邑尉劉幽求、長上折衝麻嗣宗、押萬騎果毅葛福順、李仙凫、寶昌寺僧普潤等定策誅之。【略】拜殿中監、同中書門下三品，兼押左右萬騎，進封平王。睿宗即位，與侍臣議立皇太子。【略】［景雲二年］令監國。【略】［延和元年］令即皇帝位。【略】［開元七年］八月癸丑，敕：「周公制禮，歷代不刊；子夏爲傳，孔門所受。逮及諸家，或變例。與其改作，不如好古。諸服紀宜一依舊文。」【略】［九年］冬十月丙辰，左散騎常侍元行冲上《群書目録》二百卷，藏之内府。【略】［十年］六月辛丑，上訓注《孝經》，頒行天下。【略】［十一年］九月己巳，頒上撰《廣濟方》於天下。【略】［二十年］五月癸卯，寒食上墓，宜編入五禮，永爲恒式。【略】九月乙巳，中書令蕭嵩等奏上《開元新禮》一百五十卷，制所司行用之。【略】二十一年春正月庚子朔，制令士庶家藏《老子》一本，每年貢舉人量減《尚書》、《論語》兩條策，加《老子》策。【略】［二十五年］九月壬申，頒新定《令》、《式》、《格》及《事類》一百三十卷於天下。【略】二十九年春正月丁丑，制兩京、諸州各置玄元皇帝廟并崇玄學，置生徒，令習《老子》、《莊子》、《列子》、《文子》，每年准明經例考試。【略】［天寶元年二月］庚子，平盧節度使安禄山進階驃騎大將軍。【略】冬十月丁酉，幸溫泉宮。辛丑，改驪山爲會昌山，仍於秦坑儒之所立祠宇，以祀遭難諸儒。【略】［三載十二月甲寅］詔天下民間家藏《孝經》一本。【略】［四載］秋八月甲辰，冊太眞妃楊氏爲貴妃。【略】［七載］夏四月辛丑，以高力士爲驃騎大將軍。【略】冬十月庚午，幸華清宮，封貴妃姊二人爲韓國、虢國夫人。【略】［十載］十一月乙未，幸楊國忠宅。丙午，兵部侍郎、兼御史中丞楊國忠兼領劍南節度使。【略】［十四載］冬十月壬辰，幸華清宮。甲午，頒《御注老子》并《義疏》於天下。【略】［十一月］丙寅，范陽節度使安禄山率蕃、漢之兵十餘萬，自幽州南向詣闕，以誅楊國忠爲名，先殺太原尹楊光翽於博陵郡。【略】［十五載六月］甲午，將謀幸蜀，乃下詔親征，仗下後，士庶恐駭，奔走于路。【略】丙辰，次馬嵬驛，諸衛頓軍不進。【略】上即命力士賜貴妃自盡。玄禮等見上請罪，命釋之。【略】八月癸未朔，御蜀都府衙。【略】癸巳，靈武使至，始知皇太子即位。【略】明年九月，郭子儀收復兩京。十月，肅宗遣中使啖廷瑤入蜀奉迎。【略】三載二月，肅宗與群臣奉上皇尊號曰太上至道聖皇帝。【略】上元二年四月甲寅，崩于神龍殿，時年七十八。群臣上謚曰至道大聖大明孝皇帝，廟號玄宗。

（疏者邢昺傳記，見前《論語注疏》分部。）

《爾雅注疏》分部

綜述

郭璞《爾雅注序》 夫《爾雅》者，所以通詁訓之指歸，敘詩人之興詠，摠絶代之離詞，辯同實而殊號者也。誠九流之津，涉六藝之鈐鍵，學覽者之潭奧，摛翰者之華苑也。若乃可以博物不惑，多識於鳥獸草木之名者，莫近於《爾雅》。《爾雅》者，蓋興於中古，隆於漢氏。豹鼠既辨，其業亦顯。英儒贍聞之士，洪筆麗藻之客，靡不欽玩耽味，爲之義訓。璞不揆檮昧，少而習焉，沈研鑽極二九載矣。雖註者十餘，然猶未詳備，並多紛謬，有所漏略。是以復綴集異聞，會稡舊說，考方國之語，采謠俗之志，錯綜樊孫，博關羣言，剟其瑕礫，搴其蕭稂。事有隱滯，援據徵之。其所易了，闕而不論。別爲音圖，用袪未寤。輒復擁篲清道，企望塵躅者，以將來君子爲，亦有涉乎此也。

邢昺《爾雅疏叙》 夫《爾雅》者，先儒授教之術，後進索隱之方，誠傳注之濫觴，爲經籍之樞要者也。夫混元闢而三才肇位，聖人作而六藝斯興。本乎發德於衷，將以納民於善。洎夫醇醨既異，步驟不同，一物多名，繫方俗之語；片言殊訓，滯今古之情，將使後生若爲鑽仰？繇是聖賢間出，詁訓遞陳，周公倡之於前，子夏和之於後。蟲魚草木，爰自爾以昭彰；《禮》、《樂》、《詩》、《書》，盡由斯而紛郁。然又時經戰國，運歷挾書，傳授之徒寖微，發揮之道斯寡，諸篇所釋，世罕得聞。惟漢終軍獨深其道，豹鼠既辨，斯文遂隆。其後相傳，乃可詳悉。其爲注者，則有犍爲文學、劉歆、樊光、李巡、孫炎，雖各名家，猶未詳備。惟東晉郭景純用心幾二十年，注解方畢，甚得六經之旨，頗詳百物之形。學者祖焉，㝡爲稱首。其爲義疏者，則俗間有孫炎、高璉，皆淺近俗儒，不經師匠。今既奉勑校定，考案其事，必以經籍爲宗；理義所詮，則以景純爲主。雖復研精覃思，尙慮學淺意疏。謹與尚書駕部員外郎直祕閣臣杜鎬、尚書都官員外郎祕閣校理臣舒雅、大常博士直集賢院臣李維、諸王府侍講大常博士兼國子監直講臣孫奭、殿中丞臣李慕清、大理寺丞國子監直講臣王煥、大理評事國子監直講臣崔偓佺、前知洺州永年縣事臣劉士玄等，共相討論，爲之疏釋，凡一十卷。雖上遵睿旨，共竭於顓蒙，而下示將來，尚慙於疏略。謹敘。

阮元《爾雅注疏校勘記序》 《爾雅》一書，舊時學者苦其難讀，今則三家村書塾匙不讀者，文教之盛，可云至矣。《爾雅注》郭氏後出，不必精審，而從前古注之散見者，通儒多愛惜攈拾之，若近日寶應劉玉麐、武進臧庸，皆采輯成書可讀。邢昺作疏，在唐以後，不得不綷唐人語爲之。近者翰林學士邵晉涵改弦更張，別爲一疏，與邢並行，時出其上。顧邢書列學官已久，士所共習，而經注疏三者皆譌舛日多，俗間多用汲古閣本，近年蘇州翻版尤劣。元搜訪舊本，於唐石經外，得明吳元恭仿宋刻《爾雅經注》三卷，元槧雪牕書院《爾雅經注》三卷，宋槧《爾雅邢疏》未附合經注者十卷，皆極可貴。授武進監生臧庸，取以正俗本之失，條其異同，纖悉畢備。元復定其是非，爲《爾雅注疏校勘記》六卷上、中、下三卷，各分上、下卷。後之讀是經者，於此不無津梁之益。陸德明《經典釋文》，此經爲最詳，仍別爲校訂譌字，不依注疏本，與經注相淆。若夫《爾雅》經文之字，有不與經典合者，轉寫多岐之故也。有不與《說文解字》合者，《說文》於形得義，皆本字本義，《爾雅》釋經，則假借特多，其用本字本義少也。此必治經者深思而得其意，固非校勘之餘所能盡載矣。

王鳴盛《蛾術編》卷八《郭注不全》 《爾雅》郭璞注不知爲何人刪削，即如《釋山》「泰山爲東嶽」，郭注：「泰山在奉高縣西北。」「霍山爲南嶽」，郭注：「在衡陽湘南縣南。」郭又云：「今在廬江灊縣西南，灊水出焉，別名天柱山。漢武帝以衡山遼曠，因讖緯皆以霍山爲南嶽，故移其神于此。今彼土俗人皆呼之爲南嶽。南嶽本自以兩山爲名，非從近來也。」「華山爲西嶽」，郭注：「在宏農華陰縣西南。」「恒山爲北嶽」，郭注：「在常山上曲陽縣西北。」以上郭注，孔穎達《尚書·舜典》疏、《毛詩·崧高》疏、《禮記·王制》疏、賈公彥《周禮·大司樂》疏，皆引之。而今本《爾雅》惟「南嶽」下存二句，云「即天柱山，灊水所出也」，「北嶽」下存「常山」二字，「中嶽」下存一句，云「大室山也」。其餘盡遭刪去。且郭意本謂「南嶽」自有兩名：一名衡山，一名霍山，漢武始移其神于廬江霍山，借同名之山祀之耳。一經刪削，反似郭以南嶽本自古即在天柱，非出遷移矣。予未暇細檢，恐所刪必不止此一處。鶴壽案：偶見《後漢·馬融傳》李賢注引《爾雅》「蜼卬鼻而長尾」，郭注云：以尾塞鼻下。有零陵、南康人呼之音餘，建平人呼之音相。贈遺之遺，又音余救反，皆土俗，輕重不同耳。今各本皆無此條。郭注釋獸，每以零陵、南康等方土之音爲證，且注中具有音切，此亦爲俗人刪削之一條也。

《釋訓》「綽綽爰爰，緩也。」下疏云：「郭云悠悠偁偁，丕丕簡簡，存存懋懋，庸庸綽綽，盡重語。」「旭旭」，下疏云：「郭氏讀旭旭爲好好。」二條皆疏有而注無，不知是作疏人所刪，抑或別人所刪。《太平御覽》引郭注「守宮槐。在朗陵縣南有一樹，似槐，晝聚合相著，夜則舒布。」《初學記》引郭注「江東有樹，與此相反，俗因名爲合昏，既晝夜異而其理等耳。」二條今注俱闕，然則郭注之遭刪者多矣。

傳記

《晉書·郭璞傳》 郭璞字景純，河東聞喜人也。父瑗，尚書都令史。時尚書杜預有所增損，瑗多駁正之，以公方著稱。終於建平太守。璞好經術，博學有高才，而訥於言論，詞賦爲中興之冠。好古文奇字，妙於陰陽算曆。有郭公者，客居河東，精於卜筮，璞從之受業。公以《青囊中書》九卷與之，由是遂洞五行、天文、卜筮之術，攘災轉禍，通致無方，雖京房、管輅不能過也。璞門人趙載嘗竊《青囊書》，未及讀，而爲火所焚。【略】王導深重之，引參己軍事。嘗令作卦，璞言：「公有震厄，可命駕西出數十里，得一柏樹，截斷如身長，置常寢處，災當可消矣。」導從其言。數日果震，柏樹粉碎。【略】璞著《江賦》，其辭甚偉，爲世所稱。後復作《南郊賦》，帝見而嘉之，以爲著作佐郎。于時陰陽錯繆，而刑獄繁興，璞上疏曰：「臣聞《春秋》之義，貴元慎始，故分至啓閉以觀雲物，所以顯天人之統，存休咎之徵。臣不揆淺見，輒依歲首粗有所占，卦得《解》之《既濟》。案爻論思，方涉春木王龍德之時，而爲廢水之氣來見乘，加升陽未布，隆陰仍積，《坎》爲法象，刑獄所麗，變《坎》加《離》，厥象不燭。以義推之，皆爲刑獄殷繁，理有壅濫。又去年十二月二十九日，太白蝕月。月者屬《坎》，群陰之府，所以照察幽情，以佐太陽者也。太白，金行之星，而來犯之，天意若曰刑理失中，自壞其所以爲法者也。臣術學庸近，不練内事，卦理所及，敢不盡言。又去秋以來，沈雨跨年，雖爲金家涉火之祥，然亦是刑獄充溢，怨嘆之氣所致。往建興四年十二月中，行丞相令史淳于伯刑於市，而血逆流長摽。伯者小人，雖罪在未允，何足感動靈變，致若斯之怪邪！明皇天所以保祐金家，子愛陛下，屢見災异，殷勤無已。陛下宜側身思懼，以應靈譴。皇極之謫，事不虚降。不然，恐將來必有愆陽苦雨之災，崩震薄蝕之變，狂狡蠢戾之妖，以益陛下旰食之勞也。臣謹尋按舊經，《尚書》有五事供禦之術，京房《易傳》有消復之救，所以緣咎而致慶，因异而邁政。故木不生庭，太戊無以隆；雉不鳴鼎，武丁不爲宗。夫寅畏者所以饗福，怠傲者所以招患，此自然之符應，不可不察也。案《解卦》繇云：『君子以赦過宥罪。』《既濟》云：『思患而豫防之。』臣愚以爲宜發哀矜之詔，引在予之責，蕩除瑕釁，贊陽布惠，使幽斃之人應蒼生以悦育，否滯之氣隨谷風而紓散。此亦寄時事以制用，藉開塞而曲成者也。臣竊觀陛下貞明仁恕，體之自然，天假其祚，奄有區夏，啓重光於已昧，廓四祖之遐武，祥靈表瑞，人鬼獻謀，應天順時，殆不尙此。然陛下即位以來，中興之化未闡，雖躬綜萬機，勞逾日昃，玄澤未加於群生，聲教未被乎宇宙，臣主未寧于上，黔細未輯于下，《鴻雁》之詠不興，康哉之歌不作者，何也？杖道之情未著，而任刑之風先彰，經國之略未震，而軌物之迹屢遷。夫法令不一則人情惑，職次數改則覬覦生，官方不審則秕政作，懲勸不明則善惡渾，此有國者之所慎也。臣竊爲陛下惜之。夫以區區之曹參，猶能遵蓋公之一言，倚清靖以鎮俗，寄市獄以容非，德音不忘，流詠于今。漢之中宗，聰悟獨斷，可謂令主，然厲意刑名，用虧純德。《老子》以禮爲忠信之薄，况刑又是禮之糟粕者乎！夫無爲而爲之，不宰以宰之，固陛下之所體者也。耻其君不爲堯舜者，亦豈惟古人！是以敢肆狂瞽，不隱其懷。若臣言可采，或所以爲塵露之益；若不足采，所以廣聽納之門。願陛下少留神鑒，賜察臣言。」疏奏，優詔報之。【略】頃之，遷尙書郎。數言便宜，多所匡益。明帝之在東宮，與溫嶠、庾亮并有布衣之好，璞亦以才學見重，埒於嶠、亮，論者美之。然性輕易，不修威儀，嗜酒好色，時或過度。著作郎干寶常誡之曰：「此非適性之道也。」璞曰：「吾所受有本限，用之恆恐不得盡，卿乃憂酒色之爲患乎！」【略】璞撰前後筮驗六十餘事，名爲《洞林》。又抄京、費諸家要最，更撰《新林》十篇、《卜韵》一篇。注釋《爾雅》，别爲《音義》、《圖譜》。又注《三蒼》、《方言》、《穆天子傳》、《山海經》及《楚辭》、《子虚》、《上林賦》數十萬言，皆傳於世。所作詩賦誄頌亦數萬言。子驁，官至臨賀太守。

（疏者邢昺傳記，前見《論語注疏》分部。）

《孟子注疏》分部

綜述

孫奭《孟子正義序》 夫總羣聖之道者，莫大乎六經。紹六經之教者，莫尙乎《孟子》。自昔仲尼既沒，戰國初興，至化陵遲，異端竝作，儀、衍肆其詭辯，楊、墨飾其淫辭。遂致王公納其謀，以紛亂於上；學者循其踵，以蔽惑於下。猶洚水懷山，時盡昏墊，繁蕪塞路，孰可芟夷？惟孟子挺名世之才，秉先覺之志，拔邪樹正，高行厲辭，導王化之源，以救時弊；開聖人之道，以斷羣疑。其言精而贍，其旨淵而通，致仲尼之教，獨尊於千古，非聖賢之倫，安能至於此乎？其書由炎漢之後，盛傳於世，爲之注者，則有趙岐、陸善經；爲之音，則有張鎰、丁公著。自陸善經已降，其所訓說，雖小有異同，而共宗趙氏。惟是音釋二家，撰錄俱未精當，張氏則徒分章句，漏落頗多；丁氏則稍識指歸，僞謬時有。若非再加刊正，詎可通行？臣奭前奉勑與同判國子監王旭、國子監直講馬龜符、國子學說書吳易直、馮元等作《音義》二卷，已經進呈。今輒罄淺聞，隨趙氏所說，仰效先儒釋經，爲之正義。凡理有所滯，事有所遺，質諸經訓，與之增明。雖仰測至言，莫窮於奧妙，而廣傳博識，更俟於發揮。謹上。

又《孟子注疏題辭解》 題辭解 疏：正義曰：案《史記》云：「孟軻，受業子思門人，道既通，所干者不合，退與萬章之徒序《詩》、《書》，述仲尼之意，作《孟子》七篇。」至嬴秦焚書坑儒，孟子之徒黨自是盡矣。其七篇書號爲諸子，故篇籍得不泯絕。漢興，高皇未遑庠序之事，孝惠雖除挾書之律，然而公卿皆武力功臣，亦莫以爲意。及孝文皇帝廣遊學之路，天下衆書往往稍出，由是《論語》、《孟子》、《孝經》、《爾雅》皆置博士，當時乃有劉歆九種《孟子》，凡十一篇。炎漢之後，盛傳於世爲之注者，西京趙岐出焉。至于李唐又有陸善經出焉。自陸善經已降，其所訓說雖小有異同，而咸歸宗於趙氏。《隋志》云：趙岐注《孟子》十四卷。又有鄭亢注《孟子》七卷。在梁時又有綦毋邃《孟子》九卷。《唐書·藝文志》又云：《孟子》注凡四家，有三十五卷。至于皇朝《崇文揔目》，《孟子》獨存趙岐注十四卷，唐陸善經注《孟子》七卷，凡二家二十一卷。今校定仍據趙注爲本。今以爲主題辭者，趙岐謂此書孟子之所作，所以題號《孟子》之書，其題辭爲《孟子》而作，故曰《孟子題辭》。《孟子題辭》者，所以題號《孟子》之書，本末指義文辭之表也。　疏：「孟子」至「表也」。　正義曰：此敘《孟子題辭》爲《孟子》書之序也。張鎰釋云：《孟子題辭》即序也，趙注尚異，故不謂之序而謂之題辭。孟，姓也。　疏：正義曰：此敘孟氏之所自也。案魯史桓公之後，桓公適子莊公爲君，庶子公子慶父、公子叔牙、公子季友。仲孫是慶父之後，叔孫是叔牙之後，季孫是季友之後。其後子孫皆以仲、叔、季爲氏。至仲孫氏後世，改仲曰孟。又云：孟，庶長之稱也。言己是庶，不敢與莊公爲伯、仲、叔、季之次，故取庶長爲始也。又定公六年有仲孫何忌如晉，《左傳》即曰孟懿子往。是孟氏爲仲孫氏之後改孟也。子者，男子之通稱也。

疏：正義曰：此敘凡稱子之例也。案經傳凡敵者相謂皆言吾子，或直言子，稱師亦曰子。是子者，男子有德之通稱也。《公羊傳》云「子沈子曰」，何休云：「沈子稱子冠氏上者，著其爲師也。不但言子曰者，辟孔子也。」然則後人稱先師則以子冠氏上，所以明其爲師也。如子公羊子、子沈子之類是也。凡書傳直言子曰者，皆指孔子，以其師範來世，人盡知之，故不必言氏也。孟軻有德，亦足以師範來世，宜其以氏冠子，使後人知之，非獨云有孔子，又有孟子稱爲子焉。此書，孟子之所作也，故揔謂之《孟子》。疏：正義曰：此敘孟子所作此書，故揔名號爲《孟子》也。唐林慎思《續孟子書》二卷，以謂《孟子》七篇，非軻自著，乃弟子共記其言。韓愈亦云：孟軻之書，非軻自著，軻既沒，其徒萬章、公孫丑相與記軻所言焉。今趙氏爲孟子之所作，故揔謂之《孟子》者，蓋亦有由爾。其篇目，則各自有名。　疏：正義曰：此敘《孟子》七篇各有名目也。故《梁惠王》、《公孫丑》、《滕文公》、《離婁》、《萬章》、《告子》、《盡心》是也。孟子，鄒人也，名軻，字則未聞也。鄒本春秋邾子之國，至孟子時改曰鄒矣。國近魯，後爲魯所幷。又言邾爲楚所幷，非魯也，今鄒縣是也。　疏：正義曰：此敘孟子姓字及所居之國也。案《史記》列傳云：「孟軻，鄒人也。」不紀其字，故趙氏云字則未聞焉。後世或云字子輿。云「鄒本春秋邾子之國」至「是也」者，案《春秋》隱公元年書「公及邾儀父盟于蔑」，杜注云：「邾，今魯國鄒縣是也。」儀父事齊桓以奬王室，王命以爲邾子。《說文》云：「鄒，孔子鄉也。」一云：「鄒，魯附庸之國。」云「國近魯」者，案《左傳》哀公七年，「公伐邾，及范門，猶聞鍾聲」。又曰：「魯擊柝，聞於邾。」杜注云：「范門，邾郭門也。」是爲魯所幷。云「爲楚所幷」者，案《史記》云：「魯頃公二十四年，楚考烈王伐滅魯。」是又爲楚所幷。或曰：孟子，魯公族孟孫之後。故孟子仕於齊，喪母而歸葬於魯也。三桓子孫既以衰微，分適他國。　疏：「或曰」至「他國」。　正義曰：此敘孟子爲魯公族孟孫之後也。其說在孟姓之段。云「仕於齊，葬於魯」者，《公孫丑》篇之文也。《春秋》定公六年，季孫斯、仲孫何忌如晉。十年，叔孫仇如齊。哀公二十七年，公患三桓之後，欲以諸侯去之。杜預云：欲求諸侯以逐三桓後。至魯頃公時，魯遂絕祀。由是三桓子孫衰微。孟子生有淑質，夙喪其父，幼被慈母三遷之教，長師孔子之孫子思，治儒述之道，通《五經》，尤長於《詩》、《書》。　疏：「孟子」至「詩書」。　正義曰：此敘孟子自幼至長之事也。案《史列女傳》云：孟軻母，其舍近墓，孟子少嬉遊爲墓間之事，孟母曰：此非吾所以處子也。乃去舍市傍，其嬉戲乃賈人衒賣之事。又曰：此非吾所以處子也。復徙舍學宮之傍，其嬉戲乃設俎豆揖遜進退。孟母曰：此眞可以居吾子矣。遂居焉。及孟子既學而歸，孟母問學所至，孟子自若也。孟母以刀斷機，曰：子廢學，若吾斷機。孟子懼，旦夕勤學不息，師子思，遂成名儒。又案《史記》云：孟軻受業於子思之門人，道既通，所干不合，退與萬章之徒敘《詩》、《書》。故趙氏云尤長於《詩》、《書》。周衰之末，戰國縱橫，用兵爭強，以相侵奪，當世取士，務先權謀以爲上賢。先王大道陵遲墮廢，異端並起，若楊朱、墨翟放蕩之言，以干時惑衆者非一。孟子閔悼堯、舜、湯、文、周、孔之業將遂湮微，正塗壅底，仁義荒怠，佞僞馳騁，紅紫亂朱。　疏：「周衰之末」至「亂朱」。　正義曰：此敘周衰戰國縱橫之時，大道陵遲也。案太史公曰：秦紀至犬戎敗幽王，周東遷洛邑，秦襄公始封爲諸侯，作西時，用事上帝，於是僭端見矣。自後陪臣執政，大夫世祿，六卿分晉，及田常弒簡公而相齊國，諸侯晏然不討，海內爭於戰攻，於是六國盛焉。其務在強兵幷敵謀詐用，而縱橫長短之說起。故秦用商君富國強兵，楚、魏用吳起戰勝弱敵，齊威宣王用孫子、田忌之徒而諸侯東面朝齊。天下於是方務於合縱連橫，以攻伐爲賢，而楊朱、墨翟以兼愛自爲，以害仁義。孟軻乃述唐虞三代之德，退敘《詩》、《書》，述孔子之意。當此之時，念非孟子有哀憫之心，則堯、舜、湯、文、周、孔之業將遂沉小，而正道鬱塞，仁義荒怠，佞僞並行，紅紫亂朱矣。楊雄云：古者楊、墨塞路，孟子辭而闢之。云湮微者，湮，沉也；微，小也。云壅底者，言正道鬱塞而不明也。云仁義荒蕪者，《釋名》曰：仁，忍也，好生惡殺，善惡舍忍也。義，宜也，裁制事物使合宜也。《莊子》云：愛仁利物之謂仁。楊子云：事得其宜謂之義。《尚書》云：無怠無荒。孔注云：迷亂曰荒，怠，懈怠也。云佞僞馳騁者，《論語》云：仁而不佞。孔云：佞，口辭捷給，爲人所憎惡者。《説文》云：僞，詐也。馳騁，奔走。云紅紫亂朱者，《論語》云：惡紫之奪朱也。孔注云：朱，正色；紫，間色。案皇氏云：青、赤、黄、白、黑，五方正色也。不正謂五方間色，緑、紅、碧、紫、駵黄是也。青是東方正，緑是東方間，東爲木本，色青。木尅土，土色黄，並以所尅爲間。故緑色，青、黄也。朱是南方正，紅是南方間，南爲火，火色赤，火尅金，金色白，故紅色，赤、白也。白是西方正，碧是西方間，西爲金，金色白，金尅木，故碧色，青、白也。黑是北方正，紫是北方間，北方水，水色黑，水尅火，火色赤，故紫色，赤、黑也。黄是中央正，駵黄是中央間，中央土，土色黄，土尅水，水色黑，故駵黄色，黄、黑也。是正間然。於是則慕仲尼，周流憂世，遂以儒道遊於諸侯，思濟斯民。然由不肯枉尺直尋，時君咸謂之迂闊於事，終莫能聽納其説。　疏：「於是」至「其説」。　正義曰：此敘孟子周流聘世，時君不聽納其説也。言孟子心慕孔子偏憂其世，遂以儒家仁義之道歷遊諸侯之國，思欲救濟天下之民。然而諸侯不能尊敬之者，孟子亦且不見也，雖召之而不往，以其不肯枉尺以直尋。十寸曰尺，八尺曰尋。《史記》云：孟子道既通，遊事齊，齊宣王不能用。適梁，梁惠王不果所言。是皆以爲迂遠而闊於事情，而莫有能聽納其説者。孟子亦自知遭蒼姬之訖録，値炎劉之未奮。進不得佐興唐虞雍熙之和，退不能信三代之餘風，恥沒世而無聞焉。是故垂憲言以詒後人。仲尼有云：我欲託之空言，不如載之行事之深切著明也。　疏：「孟子」至「著明也」。　正義曰：此敘孟子自知道不行於世，恥沒世無名聞，故慕仲尼託之空言而載之行事也。言孟子生於六國之時，當衰周末，又遇漢之未興，上不得輔起唐虞二世之治，下不能伸夏商周三代之風化，自愧沒一世而無名聞，所以垂法言以貺後人。故託慕仲尼周流憂世，既不遇，乃退而與萬章之徒敘《詩》、《書》而作此七篇也。趙氏意其然，乃引孔子之言而明孟子載七篇之意也。云蒼姬者，周以木德王，故號爲蒼姬，姬，周姓也。云炎劉者，漢以火德王，故號爲炎劉，劉，高祖之姓氏也。於是退而論集所與高第弟子公孫丑、萬章之徒難疑荅問，又自撰其法度之言，著書七篇，二百六十一章，三萬四千六百八十五字。包羅天地，揆敘萬類，仁義道德，性命禍福，粲然靡所不載。　疏：「於是」至「不載」。　正義曰：此敘孟子退而著述篇章之數也。《史記》云：孟子所干者不合，退而與萬章之徒敘《詩》、《書》，述仲尼之意，作《孟子》七篇。云二百六十一章者，合七篇之章數言也。據趙氏分章，則《梁惠王》篇凡二十有一章，《公孫丑》篇凡二十有三章，《滕文公》篇凡十有五章，《離婁》篇凡六十一章，《萬章》篇凡十有八章，《告子》篇凡三十有六章，《盡心》篇凡八十有四章，揔而計之，是二百六十一章也。云三萬四千六百八十五字者，合七篇而言也。今計《梁惠王》篇凡五千三百三十三字，《公孫丑》篇凡五千一百二十字，《滕文公》篇凡四千五百三十三字，《離婁》篇凡四千二百八十五字，《萬章》篇凡五千一百二十字，《告子》篇凡五千五百三十五字，《盡心》篇凡四千一百五十九字，揔而計之，是三萬四千六百八十五字也。云「包羅天地」至「靡所不載」者，言此七篇之書，大而至於天地，微而至於昆蟲草木，又次而至於性命禍福，無有不載者也。然而篇所以七者，蓋天以七紀璇璣運度，七政分離，聖以布曜，故法之也。章所以二百六十一者，三時之日數也，不敢比《易》當期之數，故取於三時。三時者，成歲之要時，故法之也。三萬四千六百八十五字者，可以行五常之道，施七政之紀，故法五七之數而不敢盈也已。帝王公侯遵之，則可以致隆平，頌清廟。卿、大夫、士蹈之，則可以尊君父，立忠信。守志厲操者儀之，則可以崇高節，抗浮雲。　疏：「帝王」至「浮雲」。　正義曰：此敘《孟子》之七篇書爲要者也。言上而帝王遵循之，則可以興升平之治，次而公侯遵循之，則可以頌清廟。云「頌清廟」者，言公侯可以此助祭于天子之廟也。《詩》有《清廟》之篇以祀文王，注云：「天德清明，文王象焉，故祭而歌此詩也。」箋云：「諸侯有光明著見之德者，來助祭也。」卿、大夫、士蹈之，則可以尊欽君父，主其忠信。守志厲操者儀而法之，則可以此崇其高節而抗富貴如浮雲。云帝王公侯卿大夫士者，蓋帝以德言，王以業言，卿有諸侯之卿，有大夫之卿；士有中士，有下士。公侯是周之爵，所謂公侯伯子男，凡有五等是也。自帝王以下言之，則有公侯；自公侯以下，則有卿；自卿以下，則有大夫；自大夫以下，則止於有士也。有風人之託物，二雅之正言，可謂直而不倨，曲而不屈，命世亞聖之大才者也。　疏：「有風」至「者也」。　正義曰：此敘《孟子》七篇有風人二雅之言，爲亞聖者也。如對惠王欲以與民同樂，故以文王靈臺靈沼爲言；對宣王欲以好貨色與百姓同之，故以太王厥妃爲言；論仁則託以穀爲喻，論性則託以牛山之木爲喻：是皆有風人之託物言也。云二雅之正言者，如引他人有心，予忖度之，乃積乃倉，古公亶父來朝，走馬不失其馳，舍矢如破，凡此之類，是皆有二雅之正言也。故可謂直其辭而且不失之倨傲，曲其辭而且不失之屈枉，而孟子誠爲間世亞聖之大才者也。言孟子之才比於上聖人之才，但相王天而已，故謂亞聖大才。孔子自衛反魯，然後樂正，雅、頌各得其所，乃刪《詩》、定《書》、繫《周易》，作《春秋》。　疏：「孔子」至「春秋」。　正義曰：此敘引孔子退而著述之意也。案定公十四年，孔子去魯應聘諸國。哀公十一年，自衛反魯，是時道衰樂廢，孔子來還乃正之。又哀公十一年，《左傳》云：「冬，衛孔文子將攻太叔，訪於仲尼。仲尼曰：『胡簋之事則嘗學之，甲兵之事未之聞也。』退，命駕而行，曰：『鳥則擇木，木豈能擇鳥？』文子遽止之，曰：『圉豈敢度其私？訪衛國之難也。』將止，魯人以幣召之，乃歸。」杜預曰「於是自衛反魯，然後樂正，雅、頌各得其所」是也。云乃刪《詩》、定《書》、繫《周易》、作《春秋》者，案《世家》云：魯定公五年，季氏僭公室，陪臣執國命，是以魯大夫以下皆潛離於正道，故孔子不仕，退而修《詩》、《書》、《禮》、《樂》，弟子彌衆，至自遠方，莫不受業焉。至哀十一年自衛反魯，乃上采契、后稷，中述商、周之盛，至幽、厲之缺，凡三百五篇，孔子皆弦歌之，以求合《韶》、《武》、雅、頌之音，禮、樂自此可得而述，以備王道，成六藝。孔子晚喜《易》，序《彖》、《繫》、《象》、《説卦》。孔子以《詩》、《書》、《禮》、《樂》教，弟子蓋三千焉。哀十四年春狩大野，仲尼視之，曰麟也，取之曰：吾道窮矣。乃因史記作《春秋》，上至隱公，下訖哀十四年十二公，據魯親周，故商運之三代，約其文辭而指博，故曰：後世知丘者，其惟《春秋》；罪丘者，亦惟《春秋》。

孟子退自齊梁，述堯舜之道而著作焉，此大賢擬聖而作者也。疏：「孟子」至「者也」。正義曰：此敘孟子退而擬孔子之聖而著述焉。案馬遷作列傳云：「孟子遊仕齊宣王，宣王不能用。適梁，梁惠王不果所言。是以退而敘《詩》、《書》，述仲尼之意，而作《孟子》七篇也。」

七十子之疇，會集夫子所言以爲《論語》。《論語》者，《五經》之錧鎋，六藝之喉衿也。疏：「七十子」至「衿也」。正義曰：此敘引孔子弟子記諸善言而爲《論語》也。案《漢書·藝文志》云：「《論語》者，孔子應荅弟子時人及弟子相與言而接聞於夫子之語也。當時弟子各有所記，夫子既卒，門人相與集而論纂，故謂之《論語》。」鄭注云：「仲弓、子夏等撰述。論者，綸也，以此書可以經綸世務，故曰論也。」語者，鄭注《周禮》云：「荅述曰語。此書所載，皆仲尼荅弟子及時人之辭，故曰語，而在論字下。」錧鎋者，車軸頭鐵也。《説文》云：「車鍵也。」喉衿者，《説文》云：喉，咽也。衿，衣領也。言《論語》爲《五經》六藝之要，如此錧鎋與夫喉衿也。

孟子之書則而象之。疏：正義曰：此敘孟子作此七篇之書而儀象《論語》之書，是亦錧鎋喉衿。

衛靈公問陳於孔子，孔子荅以俎豆。梁惠王問利國，孟子對以仁義。宋桓魋欲害孔子，孔子稱天生德於予。魯臧倉毀鬲孟子，孟子曰臧氏之子焉能使予不遇哉！旨意合同，若此者衆。疏：「衛靈公」至「遇哉」。正義曰：此敘孟子作七篇則象《論語》之旨意也。衛靈公問陳於孔子，孔子對曰俎豆之事，此《論語》之文也。案《左傳》哀公十一年云云，在孔子自衛反魯段。云俎豆者，案《明堂位》云：「俎，有虞氏以梡，夏后氏以嶡，商以椇，周以房。」俎，鄭注云：梡，斷木爲四足而已。嶡之言蹷也，謂中足爲横距之象，《周禮》謂之距。椇之言根椇也，謂曲橈之也，謂足下跗也。上下兩間有似於堂房。《魯頌》曰籩豆大房，又曰夏氏以楬豆，商玉豆，周獻豆。鄭注云：楬，無異物之飾也。獻，疏刻之。齊人謂無髮爲禿楬，其委曲制度，備在《禮圖》。梁惠王問利國，孟子對以仁義，説在《梁惠王》篇。宋桓魋欲害孔子，孔子稱天生德於予，是亦《論語》之文也。案《世家》：孔子適宋，與弟子習禮大樹下，宋司馬桓魋欲殺孔子，拔其樹，孔子去。弟子曰：可速矣。故孔子發此語，言「天生德於予」者，言孔子謂天授我以德性，德合天地，吉無不利，桓魋必不能害我，故曰其如予何！云「魯臧倉毀鬲孟子，孟子曰臧氏之子焉能使予不遇哉」者，説在《惠王》下篇，凡此者，是皆旨意合，若此類者甚衆，故不特止此而已。

又有《外書》四篇，《性善》、《辯文》、《説孝經》、《爲正》，其文不能弘深，不與內篇相似，似非孟子本眞，後世依放而託之者也。疏：正義曰：凡此外書四篇，趙岐不尙，以故非之。漢中劉歆九種《孟子》有十一卷，時合此四篇。

孟子既沒之後，大道遂絀，逮至亡秦，焚滅經術，坑戮儒生，孟子徒黨盡矣。其書號爲諸子，故篇籍得不泯絶。疏：「孟子」至「泯絶」。正義曰：此敘《孟子》之書得其傳也。蓋孟子生於六國之時，憫道之不行，遂著述，作七篇之書。既沒之後，先王之大道遂絀而不明于世，至嬴秦幷六國，號爲秦始皇帝，因李斯之言，遂焚書坑儒，自是孟子徒黨盡矣。《秦紀》云：秦皇三十四年，丞相李斯曰：五帝不相復，三代不相襲，今陛下創大業，是萬世之功，固非愚儒所知，且越言三代之事，臣請史官非《秦紀》皆燒之，非博士官所職，天下敢有藏《詩》、《書》、百家語者，悉詣守尉雜燒之。所不去者，惟有醫、卜、種藝之書。故孟子之書號爲諸子，以故篇籍不亡而得傳於世。

漢興，除秦虐禁，開延道德，孝文皇帝欲廣遊學之路，《論語》、《孝經》、《孟子》、《爾雅》皆置博士，後罷傳記博士，獨立《五經》而已。訖今諸經通義得引《孟子》以明事，謂之博文。疏：「漢興」至「博文」。正義曰：此敘孟子之書自漢而行也。案《漢書》云：高皇帝誅項羽，引兵圍魯，魯中諸儒尙講習禮，弦歌之音不絶，豈非聖人遺化好學之國哉！於是喟然興於學。然尙有干戈，平定四海，亦未遑庠序之事。至孝惠乃除挾書之律，然公卿皆武力功臣，莫以爲意。至孝文始使掌故晁錯從伏生受《尙書》。《尙書》出于屋壁，《詩》始萌芽，天下衆書往往頗出，猶廣立於學官，爲置博士。由是《論語》、《孟子》、《孝經》、《爾雅》皆置博士。及後罷傳記博士，以至于後漢，惟有《五經》博士。博士，秦官，掌通古今，秩比六百石，員多至數十人。漢武建元五年初，置《五經》博士。宣帝黄龍九年，增員二十人。自是之後，《五經》獨有博士，訖於西京趙岐之際，凡諸經通義，皆得引《孟子》以明事，故謂之博文也。

孟子長於譬喻，辭不迫切而意以獨至，其言曰「説《詩》者不以文害辭，不以辭害志，以意逆志，爲得之矣」。斯言殆欲使後人深求其意以解其文，不但施於説《詩》也。今諸解者往往摭取而説之，其説又多乖異不同。疏：正義曰：此敘孟子作七篇之書長於譬喻，其文辭不至迫切，而趙岐遂引孟子説《詩》之旨，亦欲使後人知之，但深求其意義，其旨不特止於説《詩》也。然今之解者摭取而説之，其説又多乖異而不同矣。

孟子以來五百餘載，傳之者亦已衆多。疏：正義曰：此言《孟子》七篇之書，自孟子既沒之後，至西京趙岐已五百有餘年。傳七篇之書解者，亦甚衆多也。

余生西京，世尋不祚，有自來矣。少蒙義方訓涉典文。知命之際，嬰慼于天，遘屯離蹇，詭姓遁身，經營八紘之內，十有餘年，心勤形瘵，何勤如焉！嘗息肩弛擔於濟岱之間，或有溫故知新，雅德君子，矜我劬瘁，睠我皓首，訪論稽古，慰以大道，余困吝之中，精神遐漂，靡所濟集，聊欲係志於翰墨，得以亂思遺老也。惟六籍之學，先覺之士釋而辯之者既已詳矣。儒家惟有《孟子》閎遠微妙，緼奧難見，宜在條理之科。於是乃述已所聞，證以經傳，爲之章句，具載本文，章別其旨，分爲上、下，凡十四卷。究而言之，不敢以當達者，施於新學，可以寤疑辯惑。愚亦未能審於是非，後之明者見其違闕，儻改而正諸，不亦宜乎。　疏：「余生」至「不亦宜乎」。　正義曰：此是趙岐自敘己意而爲《孟子》解也。言我生自西漢之京，若以世代根尋其祚，其先與秦共祖，皆顓帝之裔孫也。其後子孫造父爲穆王，攻徐偃王，大破之，以功封趙城，後因氏焉。故其來端有自矣。在幼少蒙義方教訓之以先王典籍。及五十之歲間，乃零丁嬰慼于天，是其時遇屯邅之險難，遂詭詐其姓氏，逃遁其身，經營治身於八紘之內，至十餘年，心神形色莫不焦瘁疲瘵，謂何勤如此之甚。曾因息肩弛負擔於濟岱之地，或有溫故君子有雅德者，憐我勤苦焦瘁，見我頭白，遂訪我談論，以稽考古人，仍慰我以大道。然於困吝之中，其精神亦且遐漂，未有歸定，聊欲係志於筆墨，以亂思遺我老也。思其六經皆得先覺之賢士釋而辯論之，亦已甚詳，於儒家獨有《孟子》七篇之書，其理蘊奧，深妙難造，宜在於聖智條理之科，於是乃申述己之聞見，驗以六經之傳，斷爲章句，具載本文，章章別爲意旨，分七篇作上、下篇，爲十四卷。究極而言，雖不敢當於達士，然於初學者資之，亦可以曉悟其疑惑。其有是非得失，愚亦未敢審實，後之有明哲者，如見其違理疑闕者，改而正之，是其宜也。云爲之章句，分爲上、下凡十四卷者，各於卷下有說，此更不言。丁公著案：《漢書·趙岐本傳》云：趙岐字邠卿，京兆長陵人也，嘗遇疾甚，誡其子曰：吾死之後，置一圓石安墓前，刻曰漢有逸人姓趙名岐，有志無時。後疾瘳，仕至大僕卿。嘗仕州郡，以廉直疾惡見憚焉。

胡應麟《少室山房筆叢》卷二三《藝林學山五·孟子注》〈譚苑〉　《孟子注疏》「非禮之禮」，注云：「陳質娶妻而長拜之。」「西子蒙不潔」，注云：「西施，越之美女，過市，欲見者先輸金錢一文。」此二事不見於他書，若質者，古今畏內之最，若西施事尤可笑，亦後世搖錢樹之比也。長字當讀爲長少之「長」，凡年長禮當拜，妻長則無拜之理，故曰「非禮之禮」也。不然，人長拜其妻，尚可言禮哉？用修以爲古今畏內之最，當是誤讀長短之「長」耳。且古今畏內更有劇甚者，質之拜妻，詎足當首席耶？錢樹出唐小說，某伎女死，其子謂母云：「阿母，錢樹子倒矣。」《隋志》「《孟子》」有鄭玄注七卷、劉熙注七卷、綦毋邃注九卷，《通考》並無之，蓋宋世皆亡，惟趙岐注存，今人亦罕讀矣。又，《丹鉛錄》載《馮婦章句》讀云：「善搏虎，卒爲善句士則之句野有衆逐虎」云云。按此說，「士」字前後相應，文理暢然，過前人所定者。不可沒也，并錄之。

王鳴盛《蛾術編》卷八《趙注不全》　今《孟子》趙岐注已非全本，檢尋其故，即作疏人所刪。《盡心篇·恥之于人大矣章》疏申解注中所引「隰朋恥不若黃帝、顏淵慕虞舜」事云：凡于趙注有所要者，雖于文段不錄，然于事未嘗敢棄之而不明。今注中竝無「隰朋」等語，是作疏者刪去，而自述刪例如此。其餘《梁惠王篇·齊宣王見孟子于雪宮章》疏申解注中「文王不敢盤于遊畋也」，云：此引《周書·無逸篇》文；《公孫丑篇·天時不如地利章》疏申解注中「得乎邱民而爲天子」，云：此蓋經之文；《沈同以其私問章》疏申解注中「禮樂征伐自天子出」，云「此《論語》之言」；《滕文公篇·陳代章》疏申解注中「伯夷亦不屑就也」，云：「此乃《公孫丑篇》末之文也」；《外人皆稱夫子好辨章》疏申解注中「禹稷胼胝，周公仰思，仲尼皇皇」云云；《離婁篇·不仁者可與言章》疏申解注中「如臨深淵，戰戰恐懼也」云云；《居下位而不獲于上章》疏申解注中「曾子三省《大雅》矜矜」，云「此引荀卿之言」；《不孝有三章》疏申解注中「堯二女」云云；《萬章篇·至于禹而德衰章》疏申解注中「丹朱商均」云云；《敢問不見諸侯章》疏申解注中「伊尹三聘而後就，沮溺耦耕，接輿佯狂」云云；《告子篇·魯欲使樂正子爲政章》疏申解注中「聞善言，虞舜是也。禹聞讜言，荅之以拜至合符者也」云云；《盡心篇·舜之居深山之中章》疏申解注中「聖人潛隱若神龍」云云；《孟子自范之齊章》疏申解注中「此章言人性皆同，居使之異。君子居仁，小人處利，譬如王子殊于衆品者也」云云；《曾晳嗜羊棗章》疏申解注中「上章稱曰豈有非義，而曾子言之者」云云；《孔子在陳章》疏申解注中「色厲內荏，至子帥以正，孰敢不正」云云。今注中皆無此文。

又《孫疏僞託》　趙岐在漢儒中最婛陋，注「非禮之禮，非義之義」，引「陳質娶婦長拜之，藉交報讎」。注「求全之毀」，引「陳不瞻將赴君難，聞金鼓之聲，失氣而死」。疏以爲《史記》之文，《史記》竝無此事，此皆虞初小說，奚堪入目。而孫奭疏尤誕妄，疏「西子引西施入吳，市觀者輸金錢一文」。此成何語？朱子謂「邵武士人作，托名孫氏」。見《文集·語錄》。常熟顧大韶仲恭《炳燭齋隨筆》亦云然。序云：臣前奉敕與同判國子監王旭、國子監直講馬龜、符國子學說書吳易直、馮元等，作《音義》二卷，已經進呈。今輒罄淺聞爲之《正義》。《音義》今現存崑山，徐氏刻經解有之。攷《宋史・儒林》本傳，備舉奭所著書云：「援《五經》切治道者爲《經典徽言》，又譔《崇祀錄》、《樂記圖》、《五經節解》、《五服制度》。嘗奉詔與邢昺、杜鎬挍定諸經《正義》、《莊子》、《爾雅》釋文，攷正《尚書》、《論語》、《孝經》、《爾雅》謬誤及律音義，絶不言作《孟子疏》，且幷不言作《音義》，要之《音義》是眞疏實僞託。鶴壽案：趙注好用古事，其注「非禮之禮」，引「陳賈娶婦而長拜之也」，不知其所用何書。其注「求全之毀」，引「陳不瞻將赴君難事」，見《說苑》。《說苑》作「陳不占」，古字「瞻」與「占」同音，通用。邵武士人既不能舉其書，而先生直比諸虞初小說，亦太甚矣。至于《孟子音義》，固出孫奭之手。據《宗古上音義序》云：爲之音者，有張鎰丁公著，今既奉敕挍定，宜在討論。張氏徒分章句，漏略頗多。丁氏稍識指歸，譌謬時有。若非刊正，詎可通行？是《音義》果出于奭，而《正義》竝不出于奭。晁氏《讀書志》謂大中祥符中上于朝，非是。

《孟子》曰「王子宮室」以下，趙岐另爲一章，作疏者則合上「孟子自范之齊節」爲一章。向來疏家亦無此體，其駁「趙處如少，艾非美好」，頗確。若「二女果果爲侍」，見《說文》而疏以爲「果實」，則妄甚矣！

錢大昕《十駕齋養新録》卷三《孟子章指》　趙岐注《孟子》，每章之末括其大旨，閒作韻語，謂之「章指」，《文選》注所引趙岐《孟子章指》是也。南宋後僞《正義》出，託名孫奭所撰，盡刪《章指》正文，仍剽掠其語，散入《正義》。明國子監刊十三經，承用此本，世遂不復見趙岐元本矣。考《崇文總目》載陸善經注《孟子》七卷，稱善經刪去趙岐《章指》，與其注之緐重者復爲七篇。見《文獻通考》。是刪去《章指》始於善經，邵武士人作疏，蓋用善經本也。

阮元《孟子注疏校勘記序》　漢人《孟子注》存於今者，惟趙岐一家。趙岐之學以較馬、鄭、許、服諸儒稍爲固陋，然屬書、離辭、指事、類情，於詁訓無所戾。七篇之微言大義藉是可推，且章別爲指，令學者可分章尋求，於漢傳注別開一例，功亦勤矣！唐之張鎰、丁公著始爲之音，宋孫奭采二家之善，補其闕遺，成《音義》二卷。本未嘗作《正義》也，未詳何人擬他經爲《正義》十四卷，於注義多所未解，而妄說之處全抄孫奭《音義》，略加數語，署曰「孫奭疏」，朱子所云邵武一士人爲之者是也。又盡刪章指矣。而疏內又往往詮釋其所刪，於十三卷自偁其例曰：「凡於趙注有所要者，雖於文段不錄，然於事未嘗敢弃之。」而不明其可議有如此者。自明以來學官所貯，注疏本而已，疏之悠繆不待言，而經注之譌舛闕逸莫能諟正。吳中舊有北宋蜀大字本、宋劉氏丹桂堂巾箱本、相州岳氏本、盱郡重刊廖瑩中世綵堂本皆經注善本也，賴吳寬、毛扆、何焯、何煌、朱奐、余蕭客先後傳校，迄休寧戴震授曲阜孔繼涵、安邱韓岱雲鋟版，於是經注譌可正、闕可補，而注疏本有十行者亦較它注疏本爲善。今屬元和生員李鋭合諸本，臚其同異；元爲辨其是非，以經注本正注疏本，以注疏十行本正明之閩本、北監本、汲古閣本，爲《校勘記》十四卷。章指及篇敘既學者所罕見，則備載之《音義》，亦校訂附後，俾爲趙氏之學者得有所參考折衷。日本《孟子考文》所據僅足利本、古本二種，今則所據差廣，考《孟子》者殆莫能捨是矣。

傳記

《後漢書・趙岐傳》　趙岐字邠卿，京兆長陵人也。初名嘉，生於御史臺，因字臺卿，後避難，故自改名字，示不忘本土也。岐少明經，有才藝，娶扶風馬融兄女。融外戚豪家，岐常鄙之，不與融相見。仕州郡，以廉直疾惡見憚。年三十餘，有重疾，臥蓐七年，自慮奄忽，乃爲遺令敕兄子曰：「大丈夫生世，遯無箕山之操，仕無伊、呂之勛，天不我與，復何言哉！可立一員石於吾墓前，刻之曰：『漢有逸人，姓趙名嘉。有志無時，命也柰何！』」其後疾瘳。永興二年，辟司空掾，議二千石得去官爲親行服，朝廷從之。其後爲大將軍梁冀所辟，爲陳損益求賢之策，冀不納。舉理劇，爲皮氏長。會河東太守劉祐去郡，而中常侍左悺兄勝代之，岐恥疾宦官，即日西歸。京兆尹延篤復以爲功曹。先是中常侍唐衡兄玹爲京兆虎牙都尉，郡人以玹進不由德，皆輕侮之。岐及從兄襲又數爲貶議，玹深毒恨。延熹元年，玹爲京兆尹，岐懼禍及，乃與從子戩逃避之。玹果收岐家屬宗親，陷以重法，盡殺之。岐遂逃難四方，江、淮、海、岱，靡所不歷。自匿姓名，賣餠北海市中。時安丘孫嵩年二十餘，游市見岐，察非常人，停車呼與共載。岐懼失色，嵩乃下帷，令騎屏行人。密問岐曰：「視子非賣餠者，又相問而色動，不有重怨，即亡命乎？我北海孫賓石，闔門百口，埶能相濟。」岐素聞嵩名，即以實告之，遂以俱歸。嵩先入白母曰：「出行，乃得死友。」迎入上堂，饗之極歡。藏岐複壁中數年，岐作《戹屯歌》二十三章。後諸唐死滅，因赦乃出。三府聞之，同時并辟。九年，乃應司徒胡廣之命。會南匈奴、烏桓、鮮卑反叛，公卿舉岐，擢拜并州刺史。岐欲奏守邊之策，未及上，會坐黨事免，因撰次以爲《禦寇論》。靈帝初，復遭黨錮十餘歲。中平元年，四方兵起，詔選故刺史、二千石有文武才用者，徵岐拜議郎。車騎將軍張溫西征關中，請補長史，别屯安定。大將軍何進舉爲敦煌太守，行至襄武，岐與新除諸郡太守數人俱爲賊邊章等所執。賊欲脅以爲帥，岐詭辭得免，展轉還長安。及獻帝西都，復拜議郎，稍遷太僕。及李傕專政，使太傅馬日磾撫慰天下，以岐爲副。日磾行至洛陽，表别遣岐宣揚國命，所到郡縣，百姓皆喜曰：「今日乃復見使者車騎。」是時袁紹、曹操與公孫瓚爭冀州，紹及操聞岐至，皆自將兵數百里奉迎，岐深陳天子恩德，宜罷兵安人之道，又移書公孫瓚，爲言利害。紹等各引兵去，皆與岐期會洛陽，奉迎車駕。岐南到陳留，得篤疾，經涉二年，期者遂不至。興平元年，詔書徵岐，會帝當還洛陽，先遣衛將軍董承修理宮室。岐謂承曰：「今海内分崩，唯有荆州境廣地勝，西通巴蜀，南當交阯，年穀獨登，兵人差全。岐雖迫大命，猶志報國家，欲自乘牛車，南説劉表，可使其身自將兵來衛朝廷，與將軍并心同力，共獎王室。此安上救人之策也。」承即表遣岐使荆州，督租糧。岐至，劉表即遣兵詣洛陽助修宮室，軍資委輸，前後不絶。時孫嵩亦寓於表，表不爲禮，岐乃稱嵩素行篤烈，因共上爲青州刺史。岐以老病，遂留荆州。曹操時爲司空，舉以自代。光祿勛桓典、少府孔融上書薦之，於是就拜岐爲太常。年九十餘，建安六年卒。先自爲壽藏，圖季札、子產、晏嬰、叔向四像居賓位，又自畫其像居主位，皆爲贊頌。敕其子曰：「我死之日，墓中聚沙爲牀，布簟白衣，散髮其上，覆以單被，即日便下，下訖便掩。」岐多所述作，著《孟子章句》、《三輔決録》傳於時。

《宋史・儒林傳一・孫奭》　孫奭字宗古，博州博平人。幼與諸生師里中王徹，徹死，有從奭問經者，奭爲解析微指，人人驚服，於是門人數百皆從奭。後徙居須城。《九經》及第，爲莒縣主簿，上書願試講説，遷大理評事，爲國子監直講。太宗幸國子監，召奭講《書》，至「事不師古，以克永世，匪説攸聞」。帝曰：「此至言也。商宗乃得賢相如此耶！」因咨嗟久之。賜五品服。眞宗以爲諸王府侍讀。會詔百官轉對，奭上十事。判太常禮院、國子監、司農寺，累遷工部郎中，擢龍圖閣待制。【略】仁宗即位，宰相請擇名儒以經術侍講讀，乃召爲翰林侍講學士，知審官院，判國子監，修《眞宗實録》。丁父憂，起復，兼判太常寺及禮院，三遷兵部侍郎、龍圖閣學士。每講論至前世亂君亡國，必反覆規諷。仁宗意或不在書，奭則拱默以俟，帝爲竦然改聽。嘗畫《無逸圖》上之，帝施於講讀閣。時章憲明肅皇后每五日一御殿，與帝同聽政，奭言：「古帝王朝朝暮夕，未有曠日不朝。陛下宜每日御殿，以覽萬機。」奏留中不報。然帝與皇太后尤愛重之，每進見，未嘗不加禮。三請致仕，召對承明殿，敦諭之，以年踰七十固請，泣下，帝亦惻然，詔與馮元講《老子》三章，各賜帛二百匹。以不得請，求近郡，優拜工部尚書，復知兗州。詔須宴而後行，又留數月，特宴太清樓，近臣皆預，帝作飛白大字以賜二府，而小字賜諸學生，獨奭與晁迥兼賜大小字。詔羣臣即席賦詩，太后又别出禁中珍器勸酒。翌日奭入謝，又命講《老子》，賜襲衣、金帶、銀鞍勒馬。及行，賜宴瑞聖園，又賜詩，詔近臣皆賦。以恭謝恩改禮部尚書，既而累表乞歸，以太子少傅致仕。疾甚，徙正寢，屏婢妾，謂子瑜曰：「無令我死婦人之手。」卒，奏至，帝謂張士遜曰：「朕方欲召奭還，而奭遂死矣。」嗟惜者久之，罷朝一日，贈左僕射，謚曰宣。奭性方重，事親篤孝，父亡，舐其面以代頮。常掇《五經》切於治道者，爲《經典徽言》五十卷。又撰《崇祀録》、《樂記圖》、《五經節解》、《五服制度》。嘗奉詔與邢昺、杜鎬校定諸經正義，《莊子》、《爾雅》釋文，考正《尚書》、《論語》、《孝經》、《爾雅》謬誤及律音義。

《十三經注疏》綜評分部

歐陽修《歐陽修全集・奏議集》卷十六《論删去〈九經正義〉中讖緯劄子》　臣愚以謂士之所本，在乎《六經》。而自暴秦焚書，聖道中絶。漢興，收拾亡逸，所存無幾。或殘編斷簡，出於屋壁。而餘齡昏眊，得其口傳，去聖既遠，莫可考證。偏學異説，因自名家，然而授受相傳，尚有師法。暨晉、宋而下，師道漸亡，章句之篇，家藏私畜，其後各爲箋傳，附著經文。

其說存亡，以時好惡，學者茫昧，莫知所歸。至唐太宗時，始詔名儒撰定《九經》之疏，號爲「正義」，凡數百篇。自爾以來，著爲定論。凡不本《正義》者，謂之異端，則學者之宗師，百世之取信也。然其所載既博，所擇不精，多引讖緯之書，以相雜亂，怪奇詭僻，所謂非聖之書，異乎「正義」之名也。臣欲乞特詔名儒學官，悉取《九經》之疏，刪去讖緯之文，使學者不爲怪異之言惑亂，然後經義純一，無所駮雜。其用功至少，其爲益則多。臣愚以謂欲使士子學古勵行而不本《六經》，欲學《六經》而不去其詭異駁雜，欲望功化之成，不可得也。伏望聖慈下臣之言，付外詳議。今取進止。

顧炎武《日知録》卷一八《十三經注疏》 自漢以來，儒者相傳，但言《五經》。而唐時立之學官，則云九經者，《三禮》、《三傳》分而習之，故爲九也。其刻石國子學，則云九經，幷《孝經》、《論語》、《爾雅》。宋時，程朱諸大儒出，始取《禮記》中之《大學》、《中庸》，及進《孟子》以配《論語》，謂之《四書》。本朝因之，而「十三經」之名始立。其先儒釋經之書，或曰傳，或曰箋，或曰解，或曰學，今通謂之注。《書》則孔安國傳，《詩》則毛萇傳，鄭玄箋，《周禮》、《儀禮》、《禮記》則鄭玄注，《公羊》則何休學，《孟子》則趙歧注，皆漢人。《易》則王弼注，魏人。《繫辭》韓康伯注，晉人。《論語》則何晏集解，魏人。《左氏》則杜預注，《爾雅》則郭璞注，《穀梁》則范甯集解，皆晉人。《孝經》則唐明皇御注。其後儒辨釋之書，名曰「正義」，今通謂之「疏」。《舊唐書·儒學傳》：太宗以經籍去聖久遠，文字多訛謬，詔前中書侍郎顔師古考定《五經》，頒於天下。又以儒學多門，章句繁雜，詔國子祭酒孔穎達與諸儒譔定《五經》義疏，凡一百七十卷，名曰《五經正義》，令天下傳習。《高宗紀》：永徽四年三月壬子朔，頒孔穎達《五經正義》於天下，每年明經令依此考試。時但有《易》、《書》、《詩》、《禮記》、《左氏春秋五經》。永徽中，賈公彦始譔《周禮》、《儀禮》義疏。《宋史·李至傳》：判國子監上言：《五經》書既已板行，惟二傳二禮《孝經》、《論語》、《爾雅》七經疏未修，望令直講崔頤正、孫奭、崔偓佺等重加讎校，以備刊刻。從之。今所行者，《穀梁》，唐楊士勛疏。《孝經》、《論語》、《爾雅》，宋邢昺疏。《孟子》，孫奭疏。惟《公羊》疏不著人名，或云唐徐彦譔。今人但知《五經正義》爲孔穎達作，不知非一人之書也。《新唐書》穎達本傳云：初，穎達與顔師古、司馬才章、王恭、王琰。受詔譔《五經義訓》百餘篇，其中不能無謬亢。博士馬嘉運駁正其失，詔更令裁定，未就。永徽二年，詔中書門下與國子三館博士、宏文館學士考正之。於是尚書左僕射于志寧、右僕射張行成、侍中高季輔就加增損，書始布下。

愛新覺羅·弘曆《重刻十三經序》（《周易注疏》卷首） 班固氏曰：「六學者，王教之典籍。先聖所以明天道，正人倫，致至治之成法也。」漢代以來，儒者傳授，或言《五經》，或言《七經》。暨唐分《三禮》、《三傳》，則稱九經，已又益《孝經》、《論語》、《爾雅》，刻石國子學。宋儒復進《孟子》。前明因之，而十三經之名始立。自宋易漢唐石刻之舊，《五經》始有板本。及明南北監板行，而箋疏傳義，臚列具備。學士家有其書，傳習彌廣。顧訓詁繁，則踳駁互見。卷帙重，則豕亥易訛。或意晦於一言之舛，或理乖於一字之謬。校讎疏略，疑誤滋多。承學之士，無所取正。我朝列祖相承，右文稽古。皇祖聖祖仁皇帝，研精至道，尊崇聖學，《五經》具有成書，頒布海內。朕披覽《十三經注疏》，念其歲月經久，梨棗日就漫漶，爰敕詞臣重加校正。其於經文誤字以及傳注箋疏之未協者，參互以求其是，各爲考證，附於卷後。不紊舊觀，刊成善本。匪徒備金匱石室之藏而已。《書》曰：「學於古訓乃有獲。」傳曰：「經籍者，聖哲之能事。其教有適，其用無窮。」朕咨采敕幾，實無審定之暇，亦無鑒古之識，而惟是緝熙遜志，日就月將則有志焉，而不敢不勉。繼自今，津逮既正，於以窮道德之閫奧。嘉與海內學者，篤志研經，敦崇實學，庶幾經義明而儒術正，儒術正而人才昌。恢先王之道，以贊治化而宏遠猷，有厚望焉。

趙紹祖《讀書偶記》卷一《十三經註疏》 《日知錄》曰：自漢以來，但言《五經》，而唐時立之學官則曰九經者，《三禮》、《三傳》分而習之，故爲九也。其刻石國子學，則爲九經，幷《孝經》、《論語》、《爾雅》。宋程、朱諸大儒出，始取禮記中之《大學》、《中庸》及進《孟子》以配《論語》，謂之四書，而「十三經」之名由此而立。余案：六經始於經解，其後《樂》亡，而漢猶以六經、六緯爲十二經。至唐而《易》用魏王弼注，《繫辭》用晉韓康伯注。今本《繫辭》前列康伯名，而孔《序》但言王弼，不及康伯，惟《疏》中引《繫辭》韓康伯注，以見其名。《書》用漢孔安國傳，《詩》用漢毛萇傳、鄭康成箋，《禮》用康成注，《春秋》、《左氏》用晉杜預注，而皆孔穎達爲之正義，是爲《五經》。《儀禮》、《周禮》則並用康成注，而賈公彦爲之義疏。

《公羊》用漢何休學而徐彦爲疏，《穀梁》用晉范甯集解而楊士勛爲疏，是爲九經。又至於宋而《孝經》用唐明皇注，《論語》用魏何晏集解，《爾雅》用晉郭璞注，而皆邢昺爲之疏。《孟子》則用漢趙岐注，而孫奭爲之音義，其疏不知何人亦託名於孫奭。迨前明《十三經》監本出，而汲古毛氏復校而刊之，故至今謂之《十三經注疏》也。又按：蜀相母昭裔所刻石經，爲《周易》、《尚書》、《毛詩》、《周禮》、《儀禮》、《禮記》、《左傳》及《孝經》、《論語》、《爾雅》，爲十經。宋皇祐中，田元均補刊《公羊》、《穀梁》，宣和間席升獻又補刊《孟子》。似當時《十三經》之名已定，特注疏各行，未有總輯之本耳。《十三經》之義深於江海，學者寢食其中，各得其一知半解而已。謂前人已盡其藏，而後人必無所更得者，吾亦不信也。溧陽史恆齋名炳。嘗爲余言《十三經注疏》，宋時皆有刊本，及今求之，尚可湊集，此不能無望之好事者。

俞正燮《癸巳存稿》卷二《五經正義》 唐《五經正義》，本名「義贊」，止百餘篇。後刊定，乃詔名「正義」。《書》、《詩》、《左傳》用劉焯、劉炫，《禮記》用皇侃。其中復有删理補修詳審。永徽中，又考正增損，始成書。人或非賢，職又不舉。《禮》注引《詩》異於毛者，《正義》云：鄭君注《禮》時，未得《毛詩》。《詩·生民》傳云：合馨香也。《正義》云：《郊特牲》文，馨爲膻。鄭注，膻當作馨，字之誤也。當毛時未誤，故讀彼從此，是皇劉各解。今既合爲一書，孔穎達等不曾詳審也。《詩·般》《正義》引鄭注《禹貢》云：九河，周時齊桓公塞之。同爲一，不知所出何書。其并爲一，不知并從何書。《禹貢》《正義》引《春秋·保乾圖》云：移河爲界在齊吕，填閼八流以自廣。《春秋·僖四年》《正義》引《中候》云：齊桓霸遏八流以自廣。《中候》、《保乾圖》並云「齊以自廣」，則是并從冣西北一支。《詩·汝墳》《正義》引《左傳》「衡流而彷徉」爲句。《春秋·哀十七年》《正義》讀「方羊裔焉」爲句。是二劉先不自詳審，孔穎達等亦不曾詳審也。《書·舜典》「鞭作官刑」。《正義》云：大隋造律，始除之。《武成》「罔有敵於我師」。《正義》云：史臣叙事，得稱我者，猶如今文章之士皆云我大隋耳。《吕刑》「宫辟疑赦」。《正義》云：大隋造律，除宫刑。是孔穎達等兩奉唐敕，考定詳審，而於其書不曾寓目。然則《正義》雖是佳書，而作奏之工乃葛龔力也。

弘晝等《上十三經校竣表》（《周易注疏》卷首） 臣等奉敕校刻十三經告竣，恭呈睿鑒。臣等謹奉表恭進者，伏以治洽同文，揭珠囊以懸霄漢。道隆稽古，釐漆簡以布垓埏。焕十三部之寶書，光生册府。鏤億萬年之玉版，慶遍儒林。本校异同，更勝經談虎觀。文傳晝一，何須體仿鴻都。欣裁定之自天，遹觀成於此日。竊惟聖作明述，代有簡編。德厚功高，政存方策。聿自雲龍火鳥，即有典墳邱索之名。洎乎漢魏晉唐，更富甲乙丙丁之庫。但群言必衷諸聖，而四部總冠以經。維庖犧察地觀天，一畫剖二儀之藴奥。維孔子聲金振玉，六藝集千古之大成。修《禮》、《樂》而序《詩》、《書》，作《春秋》而贊《易象》。《論語》爲及門之纂記，《爾雅》亦小學之梯階。曾子親承百行提其要，嶧山私淑七篇揚其風。皆炳炳而烺烺，更熊熊而奕奕。雖暫厄於秦火，即大闡於漢京。《五經》立博士之官，專門遞授。《七略》紀藏書之籍，訓詁滋繁。大都後出者流光可知，逾時而論定。雜都繼起，始行《戴記》、《毛詩》。東晉流傳，獨尚《孔書》、《王易》。推經神於高密派，則南北攸分；擅左癖於當陽解，則陳隋始顯。越唐正觀，乃作《正義》以綜舊聞。迨宋咸平，復葺諸經以嘉來學。譬彼支流湧地，並注江河。何殊衆宿麗天，分光日月。顧剞劂雖傳於奕禩，而校讎久曠於曩時。快睹鴻章，欣逢盛世。欽惟皇帝陛下，得一以貞，兼三而治。功業躋雍熙之美，統紹唐虞。文章發性道之精，心源洙泗。運當復旦，盈廷賡喜起明良。天縱多能，率海仰纂修删定。猶以儒先注疏，實維學古津梁。慨夫紙墨臨摹，多致傳訛梨棗。緬熹平之石書三體，既世遠而難徵。即長興之木刻九經，亦年湮而莫購。惟宋人染印，間有存留。更明代因承，悉多漶漫。辟雍所列，雖隨缺以隨修。舊本相沿，竟或增而或減。郭公夏五以外，猶有闕文。《武成》、《酒誥》之篇，彌多脱簡。聲則齊秦夏楚，誰稟音釋於德明？字則亥豕烏焉，不考正文於師古？爰下特敕，重爲校刊。館開武英，餐傳内府。延議郎於東觀，筆架珊瑚。會學士於西清，簾鈎玳瑁。溯自田何、伏勝，遠有師承。匡鼎張侯，旁資討論。輸攻墨守，邵公則力矯素臣；魯禘周郊，王肅則心非鄭志。景純更二十載，義祇取乎《詩》、《書》；明皇注十八章，文乃合乎今古。孔賈同時撰疏，而意或參差；孫邢並世傳經，而辭多牴牾。凡此得失，久評乎前哲。惟茲疑似，應校以中文。抽蘭臺石室之儲，爰資讎對；出羣玉羽陵之積，悉備考稽。按部就班，既珠聯而璧合；離經辨志，更指列而眉陳。審有舛訛，始爲訂正；若無確見，仍即闕如。惟是參較既多，稍得古人之舊；亦且改移不少，恐滋學者之疑。復奉綸音，編爲考證。必其顯有可據，乃得附於每篇。如《堯典》冠《虞書》，何得因序言而退卷首？《鄭箋》條列國，正當彙諸譜以識篇端。士禮之佚文，應資群書以補闕；春王之續筆，宜下一字以尊經。又如理涉支離，參觀全部。若或事多徵引，即檢他書。次第成編，上呈睿定。建初之作通議，雖屬藁於詞臣。石渠之講諸經，必折衷於制旨。頻更詳審，方竣開雕。瓊簡瑤函，恍積奇書於宛委。牙籤錦軸，儼披仙笈於蓬山。三古經天緯地之大文，煌乎備矣。一人崇儒重道之至意，猗歟盛哉。【略】計校刻告竣，《十三經注疏》共三百四十六卷十七函。

《經典釋文》分部

綜述

陸德明《經典釋文序》 夫書音之作，作者多矣。前儒撰著，光乎篇籍，其來既久，誠無閒然。但降聖已還，不免偏尙，質文詳略，互有不同。漢魏迄今，遺文可見，或專出己意，或祖述舊音，各師成心，製作如面。加以楚、夏聲異，南北語殊。是非信其所聞，輕重因其所習。後學鑽仰，罕逢指要。夫筌蹄所寄，唯在文言，差若毫釐，謬便千里。夫子有言：必也，正名乎！名不正，則言不順；言不順，則事不成。故君子名之，必可言也，言之必可行也。斯富哉！言乎大矣，盛矣，無得而稱矣。然人稟二儀之淳和，含五行之秀氣，雖復挺生天縱，必資學以知道。故唐、堯師於許由，周、文學於虢叔。上聖且猶有學，而況其餘乎！至於處鮑居蘭，翫所先入；染絲斵梓，功在初變。器成采定，難復改移；一薰一蕕，十年有臭。豈可易哉？豈可易哉？余少愛墳典，留意藝文，雖志懷物外，而情存著述。粵以癸卯之歲，承乏上庠，循省舊音，苦其太簡。況微言久絕，大義愈乖，攻乎異端，競生穿鑿。不在其位，不謀其政，既職司其憂，寧可視成而已。遂因暇景，救其不逮，研精六籍，采摭九流，搜訪異同，校之蒼雅。輒撰集五典《孝經》、《論語》及《老》、《莊》、《爾雅》等音，合爲三袟三十卷，号曰《經典釋文》。古今竝錄，括其樞要，經註畢詳，訓義兼辯，質而不野，繁而非蕪。示傳一家之學，用貽後嗣令。奉以周旋，不敢墜失，與我同志，亦無隱焉。但伐匠指南，固取誚於博識。既述而不作，言其所用，復何傷乎云爾！

陸德明《經典釋文・條例》 先儒舊音，多不音注。然注既釋經，經由注顯。若讀注不曉，則經義難明。混而音之，尋討未易。今以墨書經本，朱字辯注。用相分別，使較然可求。舊音皆錄經文全句，徒煩翰墨。今則各標篇章於上，摘字爲音。慮有相亂，方復其錄。唯《孝經》童蒙始學，《老子》衆本多乖，是以二書特紀全句。五經人所常習，理有大宗，義行於世，無煩覶縷。至於《莊》、《老》，讀學者稀，故于此書微爲詳悉。又《爾雅》之作，本釋《五經》，既解者不同，故亦畧存其異。文字音訓，今古不同。前儒作音，多不依注。注者自讀，亦未兼通。今之所撰，微加斟酌。若典籍常用，會理合時，便即遵承，標之於首。其音堪互用，義可幷行，或字有多音，衆家別讀，苟有所取，靡不畢書，各題氏姓，以相甄識。義乖於經，亦不悉記。其或音一音者，蓋出於淺近。示傳聞見覽者，察其衷焉。然古人音書，止爲譬況之說。孫炎始爲反語，魏朝以降漸繁。世變人移，音訛字替，如徐仙民反「易」爲「神石」，郭景純反「餤」爲「羽鹽」，劉昌宗用「承」音「乘」，許叔重讀「皿」爲「猛」。若斯之儔，今亦存之。音內既不敢遺舊，且欲俟之來哲。書音之用，本示童蒙。前儒或用假借字爲音，更令學者疑昧。余今所撰，務從易識。援引衆訓，讀者但取其意義，亦不全寫舊文。典籍之文，雖夫子刪定，子思讀《詩》，師資已別。而況其餘乎！鄭康成云：其始書之也，倉卒無其字，或以音類比方，假借爲之，趣於近之而已。受之者非一邦之人，人用其鄉，同言異字，同字異言，於兹遂生矣。戰國交爭，儒術用息。秦皇滅學，加以坑焚。先聖之風，掃地盡矣。漢興，改秦之弊，廣收篇籍。孝武之後，經術大隆。然承秦焚書，口相傳授。一經之學，數家競爽。章句既異，踳駮非一。後漢，黨人既誅，儒者多坐流廢。後遂私行金貨，定蘭臺漆書經字，以合其私文。靈帝乃詔諸儒，正定《五經》於石碑之上，爲古文、篆、隸三體書法，以相參檢。樹之學門，使天下取則。未盈一紀，尋復廢焉。班固云：後世經傳既已乖離，傳學者又不思多聞闕疑之義，而務碎義逃難，便詞巧說，安其所習，毁所不見，終以自弊。此學者之大患也。誠哉是言！余既撰音，須定紕謬。若兩本俱用，二理兼通，今并出之，以明同異。其涇渭相亂，朱紫可分，亦悉書之，隨加刊正。復有他經別本，詞反義乖，而又存之者，示博異聞耳。經藉文字，相承已久。至如「悅」字作「說」，「閑」字爲「閒」，「智」但作「知」，「汝」止爲「女」，若此之類，今并依舊音之。然音書之體，本在假借。或經中過多，或尋文易了，則翻音正字，以辯借音，各於經内求之，自然可見。其兩音之者，恐人惑故也。《尚書》之字，本爲隸古。既是隸寫古文，則不全爲古字。今宋、齊舊本，及徐、李等音，所有古字，蓋亦無幾，穿鑿之徒，務欲立異，依傍字部，改變經文，疑惑後生，不可承用。今皆依舊爲音。其字有別體，則見之音内。然亦兼采《說文》、《字詁》，以示同異者也。《春秋》人名字、氏族及地名，或前後互出，或經傳更見，如此之類，不可具舉。若國異名同，及假借之字，兼相去遼遠，不容疎略，皆斟酌折衷，務使得宜。《爾雅》本釋《墳》、《典》，字讀須逐《五經》。而近代學徒，好生異見，改音易字，皆采雜書，唯止信其所聞，不復考其本末，且六文八體，各有其義，形聲會意，寧拘一揆？豈必飛禽即須安鳥，水族便應著魚，蟲屬要作虫旁，草類皆從兩屮，如此之類，實不可依。今并校量，不從流俗。方言差別，固自不同。河北江南，最爲鉅異。或失在浮清，或滯於沈濁。今之去取，冀祛兹弊，亦恐還是鷇音，更成無辯。夫質有精粗，謂之「好惡」，并如字。心有愛憎，稱爲「好惡」。上呼報反，下烏路反。當體即云名「譽」，音預。論情則曰毁「譽」。音餘。及夫自「敗」、蒲邁反。敗「他」蒲敗反。之殊，自「壞」、呼怪反。「壞」撤音怪。之異，此等或近代始分，或古已爲別，相仍積習，有自來矣。余承師說，皆辯析之。比人言者，多爲一例。「如」、「而」靡異，「邪」、不定之詞。「也」助句之詞。弗殊。莫辯「復」、扶又反，重。「復」，音服，反也。寧論「過」、古禾反，經過。「過」，古卧反，超過。又以「登」、「升」共爲一韻，「攻」、「公」分作兩音。如此之儔，恐非爲得，將來君子，幸留心焉。《五經》字體，乖替者多。至如「黿」、「鼉」從「龜」，「亂」、「辭」從「舌」，「席」下爲「帶」，「惡」上安「西」，「析」旁著「片」，「離」邊作「禹」，直是字譌，不亂餘讀。如「寵」丑隴反。字爲「竉」，力孔反。「錫」思歷反。字爲「鍚」，音陽。用「支」普卜反，《字林》普角反。代「文」武云反，將「无」音無。混「旡」，音既。其闕。之流，便成兩失。又「來」旁作「力」，俗以爲約，「勑」字《說文》以爲勞「倈」之字。「水」旁作「曷」，俗以爲飢「渴」字，字書以爲水「竭」之字。如此之類，改便驚俗，止不可不知耳。

錢大昕《潛研堂文集》卷二七《跋經典釋文》 自六書之義不明，經生轉寫，字體譌變，而音亦從而譌。陸元朗集錄諸家音，往往不能定而兼存之。尋其條例，當以先者爲優，後者爲劣。今攷之，亦未盡當。如《周禮》「摶埴之工」，《釋文》兼收團、博二音，依前音，宜從專。依後音，宜從專。據鄭氏注摶之言，拍也。拍與摶聲相近，則經文當用搏字，而讀如博矣。《尔疋・釋山篇》：小山岌大山，峘。《釋文》胡官反。又兼存袁、恆二音。依前二音字當爲峘，依後音字當爲峘。二字，《說文》皆無之，尋小山及大山，當取緜亙之義，則讀如恆者爲正矣。《釋艸篇》蔆、蕨、攈，《釋文》兼收亡悲、居郡、居羣三音，依前音宜從麋，依後二音宜從麇。《說文》有攈無攈，且蕨、攈爲雙聲，則文當作攈，而讀如麇矣。《釋艸》又云：[艹耴]，小葉。《釋文》：豬葉反，又阻留反。依前音宜從耴，依後音宜從取。《說文》有菆無[艹耴]，亦當以後音爲正。《左氏成四年》取汜祭，《釋文》兼收凡、祀二音，依前音當從㔾，依後音當從巳。杜注：成皋縣東有汜水，今土人讀如祀音，則文當作汜，而讀如祀矣。文十一年鍚穴，哀十二年戈鍚，《釋文》竝音羊，又星歷反。若用後音，字當爲錫，今無以辯之。

傳記

《舊唐書・儒學傳上・陸德明》 陸德明，蘇州吴人也。初受學於周弘正，善言玄理。陳太建中，太子徵四方名儒，講于承光殿，德明年始弱冠，往參焉。國子祭酒徐克開講，恃貴縱辨，衆莫敢當，德明獨與抗對，合朝賞歎。解褐始興王國左常侍，遷國子助教。陳亡，歸鄉里。隋煬帝嗣位，以爲祕書學士。大業中，廣召經明之士，四方至者甚衆。遣德明與魯達、孔褒俱會門下省，共相交難，無出其右者。授國子助教。王世充僭號，封其子爲漢王，署德明爲師，就其家，將行束脩之禮。德明恥之，因服巴豆散，卧東壁下。王世充子入，跪牀前，對之遺痢，竟不與語。遂移病於成皋，杜絶人事。王世充平，太宗徵爲秦府文學館學士，命中山王承乾從其受業。尋補太學博士。後高祖親臨釋奠，時徐文遠講《孝經》，沙門惠乘講《波若經》，道士劉進喜講《老子》，德明難此三人，各因宗指，隨端立義，衆皆爲之屈。高祖善之，賜帛五十匹。貞觀初，拜國子博士，封吴縣男。尋卒。撰《經典釋文》三十卷、《老子疏》十五卷、《易疏》二十卷，並行於世。太宗後嘗閱德明《經典釋文》，甚嘉之，賜其家束帛二百段。子敦信，龍朔中官至左侍極，同東西臺三品。

《四書章句集注》分部

綜述

朱熹《大學章句序》 《大學》之書，古之大學所以教人之法也。蓋自天降生民，則既莫不與之以仁義禮智之性矣，然其氣質之稟，或不能齊，是以不能皆有以知其性之所有而全之也。一有聰明睿智能盡其性者出於其閒，則天必命之以爲億兆之君師，使之治而教之，以復其性，此伏羲、神農、黃帝、堯、舜所以繼天立極，而司徒之職、典樂之官所由設也。三代之隆，其法寖備，然後王宮、國都以及閭巷莫不有學。人生八歲，則自王公以下，至於庶人之子弟，皆入小學，而教之以灑掃應對進退之節，禮樂射御書數之文。及其十有五年，則自天子之元子、衆子，以至公卿大夫元士之適子，與凡民之俊秀，皆入大學，而教之以窮理、正心、脩己、治人之道，此又學校之教，大小之節所以分也。夫以學校之設，其廣如此，教之之術，其次第節目之詳又如此，而其所以爲教，則又皆本之人君躬行心得之餘，不待求之民生日用彝倫之外，是以當世之人無不學，其學焉者，無不有以知其性分之所固有，職分之所當爲，而各俛焉以盡其力。此古昔盛時所以治隆於上，俗美於下，而非後世之所能及也。及周之衰，賢聖之君不作，學校之政不脩，教化陵夷，風俗頹敗。時則有若孔子之聖，而不得君師之位，以行其政教，於是獨取先王之法，誦而傳之，以詔後世。若《曲禮》、《少儀》、《內則》、《弟子職》諸篇，固小學之支流餘裔；而此篇者則因小學之成功以著大學之明法，外有以極其規模之大，而內有以盡其節目之詳者也。三千之徒，蓋莫不聞其說，而曾氏之傳，獨得其宗，於是作爲傳義，以發其意。及孟子沒而其傳泯焉，則其書雖存而知者鮮矣。自是以來，俗儒記誦詞章之習，其功倍於小學，而無用異端，虛無寂滅之教，其高過於大學而無實，其他權謀術數一切以就功名之說，與夫百家衆技之流，所以惑世誣民充塞仁義者又紛然雜出乎其閒，使其君子不幸而不得聞大道之要，其小人不幸而不得蒙至治之澤，晦盲否塞，反覆沈痼，以及五季之衰，而壞亂極矣。天運循環，無往不復，宋德隆盛，治教休明，於是河南程氏兩夫子出，而有以接乎孟氏之傳，實始尊信此篇而表章之，既又爲之次其簡編，發其歸趣，然後古者大學教人之法，聖經賢傳之指，粲然復明於世。雖以熹之不敏，亦幸私淑而與有聞焉。顧其爲書猶頗放失，是以忘其固陋，采而輯之，閒亦竊附己意，補其闕略，以俟後之君子。極知僭踰無所逃罪，然於國家化民成俗之意，學者脩己治人之方，則未必無小補云。淳熙己酉二月甲子，新安朱熹序。

又《中庸章句序》 《中庸》何爲而作也？子思子憂道學之失其傳而作也。蓋自上古聖神繼天立極，而道統之傳有自來矣。其見於《經》，則「允執厥中者」，堯之所以授舜也；「人心惟危，道心惟微，惟精惟一，允執厥中」者，舜之所以授禹也。堯之一言至矣盡矣，而舜復益之以三言者，則所以明夫堯之一言必如是而後可庶幾也。蓋嘗論之：心之虛靈，知覺一而已矣。而以爲有人心道心之異者，則以其或生於形氣之私，或原於性命之正，而所以爲知覺者不同，是以或危殆而不安，或微妙而難見耳。然人莫不有是形，故雖上智不能無人心，亦莫不有是性，故雖下愚不能無道心，二者雜於方寸之閒，而不知所以治之，則危者愈危，微者愈微，而天理之公卒無以勝夫人欲之私矣。精則察夫二者之閒而不雜也，一則守其本心之正而不離也，從事於斯，無少閒斷，必使道心常爲一身之主，而人心每聽命焉，則危者安，微者着，而動静云爲自無過不及之差矣。夫堯、舜、禹，天下之大聖也。以天下相傳，天下之大事也。以天下之大聖行天下之大事，而其授受之際，丁寧告戒不過如此，則天下之理豈有以加於此哉！自是以來，聖聖相承，若成湯、文武之爲君，臯陶、伊傅、周召之爲臣，既皆以此而接夫道統之傳，若吾夫子則雖不得其位而所以繼往聖開來學，其功反有賢於堯舜者。然當是時，見而知之者，惟顔氏、曾氏之傳得其宗，及曾氏之再傳而復得夫子之孫子思，則去聖遠而異端起矣。子思懼夫愈久而愈失其眞也，於是推本堯舜以來相傳之意，質以平日所聞父師之言，更互演繹，作爲此書，以詔後之學者。蓋其憂之也深，故其言之也切，其慮之也遠，故其説之也詳。其曰天命率性，則道心之謂也，其曰擇善固執，則精一之謂也，其曰君子時中，則執中之謂也。世之相後千有餘年，而其言之不異如合符節，歷選前聖之書，所以提挈綱維，開示藴奥，未有若是其明且盡者也。自是而又再傳，以得孟氏爲能推明是書，以承先聖之統。及其沒而遂失其傳焉，則吾道之所寄不越乎言語文字之閒，而異端之説日新月盛，以至於老佛之徒出，則彌近理而大亂眞矣。然而尚幸此書之不泯，故程夫子兄弟者出，得有所考，以續夫千載不傳之緒，得有所據以斥夫二家似是之非。蓋子思之功於是爲大，而微程夫子則亦莫能因其語而得其心也。惜乎其所以爲説者不傳，而凡石氏之所輯録，僅出於其門人之所記，是以大義雖明而微言未析。至其門人所自爲説，則雖頗詳盡而多所發明，然倍其師説而淫於老佛者亦有之矣。熹自蚤歲即嘗受讀而竊疑之，沈潛反復，蓋亦有年，一旦恍然似有以得其要領者，然後乃敢會衆説而折其衷。既爲定著《章句》一篇，以俟後之君子，而一二同志，復取石氏書，删其繁亂，名以《輯略》，且記所嘗論辯取舍之意，别爲《或問》，以附其後，然後此書之旨，支分節解，脉絡貫通，詳略相因，巨細畢舉，而凡諸説之同異得失亦得以曲暢旁通而各極其趣，雖於道統之傳不敢妄議，然初學之士或有取焉，則亦庶乎升高行遠之一助云爾。淳熙己酉春三月戊申，新安朱熹序。

王鳴盛《蛾術編》卷八《朱子刊誤》　一《大學》也，而朱子分爲經一章、傳十章。又作《孝經刊誤》，亦欲以篇首六、七章爲經，而其後皆爲傳。此等以意立説，亦姑聽之。獨怪其于經文十八章自漢唐以來從無異議者，輒據衡山胡侍郎、玉山汪端明、沙隨程可久二三俗輩妄語，竟指爲誤。遂欲改竄删削顛倒移易之，而于劉炫僞造之古文反掇拾而列于經，得毋誤其所不誤，而不誤其所誤與？

錢大昕《十駕齋養新録》卷三《朱子四書注避宋諱》　《論語・管仲之器小章》注：相威公，霸諸侯。《天生德於予章》注：威魋，宋司馬向魋也，出於威公，故又稱威氏。又威魋其奈我何？《管仲非仁者與章》引「程子威公兄也」一條，威字六見。《祿之去公室章》注：歷悼、平，威子。三威，三家，皆威公之後。又引《蘇氏三威以微公山弗擾章》注：與陽虎共執威子。《齊人歸女樂章》注：季威子，魯大夫。《孟子・齊桓晉文之事章》注：齊威公、晉文公，皆霸諸侯者。《夫子當路於齊章》注：威公獨任管仲。《以力假仁章》注：若齊威、晉文是也。《或謂孔子章》注：威司馬，宋大夫向魋也。《五霸者三王之罪人章》注：齊威、晉文兩見。《古之君子章》注：若孔子於季威子是也。《爲政不難章》注：麥邱邑人祝齊威公云云。此避欽宗諱也。見趙氏《四書纂疏》，今世俗本皆改「桓」字矣。唯《論語》譎而不正章》、《召忽死之章》、《孟子・敢問交際章》注，於「桓」字俱未回避。蓋刊《纂疏》時校書人妄改，猶幸改有未盡耳。《纂疏》本《大學章句》，「先謹乎德」，承上文不可不謹而言。自「先謹乎德」以下至此，此三謹字，本皆「愼」字，避孝宗諱，以「謹」代之。今本改「先謹」爲「先愼」，而於不可不謹之「謹」，則不知改，進退皆失據矣。《論語・愼終追遠章》注：謹終者，喪盡其禮。《君子食無求飽章》注：謹於言者，不敢盡其所有餘也。《子張學干祿章》注：謹言行者守之約。《恭而無禮章》注：謹不葸，謹終追遠之意。今注中諸「謹」字皆改爲「愼」，獨《孟子魯欲使愼子章》，注中「愼子」四見，纂疏亦不回避，蓋亦刊本輒改。《論語・君子無所爭章》注：揖遜而升者，大射之禮。《能以禮讓章》注：遜者，禮之實也。改「讓」爲「遜」，避濮安懿王諱。今本皆作「讓」字。《孟子・夫子當路於齊章》注：一正天下。改「匡」爲「正」，避太祖諱也。然《論語》注中「匡人」，《孟子》注中「匡章」，《纂疏》亦未改。此校書者之失，非趙氏有誤也。《孟子・或謂孔子於衛章》注：司城正子，亦宋大夫之賢者也，孔子去陳，主於司城正子。改「貞」爲「正」，避仁宗諱也，今本皆作「貞」字。

傳記

《宋史・道學傳三・朱熹》　朱熹字元晦，一字仲晦，徽州婺源人。父松字喬年，中進士第。胡世將、謝克家薦之，除祕書省正字。趙鼎都督川陝、荆、襄軍馬，招松爲屬，辭。鼎再相，除校書郎，遷著作郎。以御史中丞常同薦，除度支員外郎，兼史館校勘，歷司勳、吏部郎。秦檜決策議和，松與同列上章，極言其不可。檜怒，風御史論松懷異自賢，出知饒州，未上，卒。熹幼穎悟，甫能言，父指天示之曰：「天也。」熹問曰：「天之上何物？」松異之。就傅，授以《孝經》，一閱，題其上曰：「不若是，非人也。」嘗從羣兒戲沙上，獨端坐以指畫沙，視之，八卦也。年十八貢于鄉，中紹興十八年進士第。主泉州同安簿，選邑秀民充弟子員，日與講説聖賢修己治人之道，禁女婦之爲僧道者。罷歸請祠，監潭州南嶽廟。明年，以輔臣薦，與徐度、呂廣問、韓元吉同召，以疾辭。

孝宗即位，詔求直言，熹上封事言：「聖躬雖未有過失，而帝王之學不可以不熟講。朝政雖未有闕遺，而修攘之計不可以不早定。利害休戚雖不可偏舉，而本原之地不可以不加意。陛下毓德之初，親御簡策，不過風誦文辭，吟詠情性，又頗留意於老子、釋氏之書。夫記誦詞藻，非所以探淵源而出治道；虛無寂滅，非所以貫本末而立大中。帝王之學，必先格物致知，以極夫事物之變，使義理所存，纖悉畢照，則自然意誠心正，而可以應天下之務。」次言：「修攘之計不時定者，講和之説誤之也。夫金人於我有不共戴天之讎，則不可和也明矣。願斷以義理之公，閉關絶約，任賢使能，立紀綱，厲風俗。數年之後，國富兵強，視吾力之強弱，觀彼釁之淺深，徐起而圖之。」次言：「四海利病，係斯民之休戚，斯民休戚，係守令之賢否。監司者守令之綱，朝廷者監司之本也。欲斯民之得其所，本原之地亦在朝廷而已。今之監司，姦贓狼籍、肆虐以病民者，莫非宰執、臺諫之親舊賓客。其已失勢者，既按見其交私之狀而斥去之；尚在勢者，豈無其人，顧陛下無自而知之耳。」隆興元年，復召。入對，其一言：「大學之道在乎格物以致其知。陛下雖有生知之性，高世之行，而未嘗隨事以觀理，即理以應事。是以舉措之間動涉疑貳，聽納之際未免蔽欺，平治之效所以未著。」其二言：「君父之讎不與共戴天。今日所當爲者，非戰無以復讎，非守無以制勝。」且陳古先聖王所以強本折衝、威制遠人之道。時相湯思退方倡和議，除熹武學博士，待次。乾道元年，促就職，既至而洪适爲相，復主和，論不合，歸。【略】

光宗即位，再辭職名，仍舊直寶文閣，降詔獎諭。居數月，除江東轉運副使，以疾辭，改知漳州。奏除屬縣無名之賦七百萬，減經總制錢四百萬。以習俗未知禮，采古喪葬嫁娶之儀，揭以示之，命父老解説，以教子弟。土俗崇信釋氏，男女聚僧廬爲傳經會，女不嫁者爲庵舍以居，熹悉禁之。常病經界不行之害，會朝論欲行泉、汀、漳三州經界，熹乃訪事宜，擇人物及方量之法上之。而土居豪右侵漁貧弱者以爲不便，沮之。宰相留正，泉人也，其里黨亦多以爲不可行。布衣吳禹圭上書訟其擾人，詔且需後，有旨先行漳州經界。明年，以子喪請祠。時史浩入見，請收天下人望，乃除熹祕閣修撰，主管南京鴻慶宮。熹再辭，詔：「論撰之職，以寵名儒。」乃拜命。除荆湖南路轉運副使，辭。漳州經界竟報罷，以言不用自劾。除知靜江府，辭，主管南京鴻慶宮。未幾，差知潭州，力辭。黃裳爲嘉王府翊善，自以學不及熹，乞召爲宮僚，王府直講彭龜年亦爲大臣言之。留正曰：「正非不知熹，但其性剛，恐到此不合，反爲累耳。」熹方再辭，有旨：「長沙巨屏，得賢爲重。」遂拜命。會洞獠擾屬郡，熹遣人諭以禍福，皆降之。申敕令，嚴武備，戢姦吏，抑豪民。所至興學校，明教化，四方學者畢至。

寧宗即位，趙汝愚首薦熹及陳傅良，有旨赴行在奏事。熹行且辭，除煥章閣待制、侍講，辭，不許。入對，首言：「乃者，太皇太后躬定大策，陛下寅紹丕圖，可謂處之以權，而庶幾不失其正。自頃至今三月矣，或反不能無疑於逆順名實之際，竊爲陛下憂之。猶有可諉者，亦曰陛下之心，前日未嘗有求位之計，今日未嘗忘思親之懷，此則所以行權而不失其正之根本也。充未嘗求位之心，以盡負罪引慝之誠，充未嘗忘親之心，以致溫凊定省之禮，而大倫正，大本立矣。」復面辭待制、侍講，上手劄：「卿經術淵源，正資勸講，次對之職，勿復勞辭，以副朕崇儒重道之意。」遂拜命。【略】

始，寧宗之立，韓侂胄自謂有定策功，居中用事。熹憂其害政，數以爲言，且約吏部侍郎彭龜年共論之。會龜年出護使客，熹乃上疏斥言左右竊柄之失，在講筵復申言之。御批云：「憫卿耆艾，恐難立講，已除卿宮觀。」汝愚袖御筆還上，且諫且拜。內侍王德謙徑以御筆付熹，臺諫爭留，不可。樓鑰、陳傅良旋封還錄黃，修注官劉光祖、鄧馹封章交上。熹行，被命除寶文閣待制，與州郡差遣，辭。尋除知江陵府，辭，仍乞追還新舊職名，詔依舊煥章閣待制，提舉南京鴻慶宮。慶元元年初，趙汝愚既相，收召四方知名之士，中外引領望治，熹獨惕然以侂胄用事爲慮。既屢爲上言，又數以手書啓汝愚，當用厚賞酬其勞，勿使得預朝政，有「防微杜漸，謹不可忽」之語。汝愚方謂其易制，不以爲意。及是，汝愚亦以謫逐，而朝廷大權悉歸侂胄矣。熹始以廟議自劾，不許，以疾再乞休致，詔：「辭職謝事，非朕優賢之意，依舊祕閣修撰。」二年，沈繼祖爲監察御史，誣熹十罪，詔落職罷祠，門人蔡元定亦送道州編管。四年，熹以年近七十，申乞致仕，五年，依所請。明年卒，年七十一。疾且革，手書屬其子在及門人范念德、黄榦，拳拳以勉學及修正遺書爲言。翌日，正坐整衣冠，就枕而逝。

熹登第五十年，仕於外者僅九考，立朝纔四十日。家故貧，少依父友劉子羽，寓建之崇安，後徙建陽之考亭，簞瓢屢空，晏如也。諸生之自遠而至者，豆飯藜羹，率與之共。往往稱貸於人以給用，而非其道義則一介不取也。自熹去國，侂胄勢益張。何澹爲中司，首論專門之學，文詐沽名，乞辨眞僞。劉德秀仕長沙，不爲張栻之徒所禮，及爲諫官，首論留正引僞學之罪。「僞學」之稱，蓋自此始。太常少卿胡紘言：「比年僞學猖獗，圖爲不軌，望宣諭大臣，權住進擬。」遂召陳賈爲兵部侍郎。未幾，熹有奪職之命。劉三傑以前御史論熹、汝愚、劉光祖、徐誼之徒，前日之僞黨，至此又變而爲逆黨。即日除三傑右正言。右諫議大夫姚愈論道學權臣結爲死黨，窺伺神器。乃命直學士院高文虎草詔諭天下，於是攻僞日急，選人余嘉至上書乞斬熹。方是時，士之繩趨尺步、稍以儒名者，無所容其身。從游之士，特立不顧者，屏伏丘壑；依阿巽懦者，更名他師，過門不入，甚至變易衣冠，狎遊市肆，以自別其非黨。而熹日與諸生講學不休，或勸以謝遣生徒者，笑而不答。有籍田令陳景思者，故相康伯之孫也，與侂胄有姻連，勸侂胄勿爲已甚，侂胄意亦漸悔。熹既沒，將葬，言者謂：四方僞徒期會，送僞師之葬，會聚之間，非妄談時人短長，則繆議時政得失，望令守臣約束。從之。嘉泰初，學禁稍弛。二年，詔：「朱熹已致仕，除華文閣待制，與致仕恩澤。」後侂胄死，詔賜熹遺表恩澤，謚曰文。尋贈中大夫，特贈寶謨閣直學士。理宗寶慶三年，贈太師，追封信國公，改徽國。始，熹少時，慨然有求道之志。父松病亟，嘗屬熹曰：「籍溪胡原仲、白水劉致中、屏山劉彦冲三人，學有淵源，吾所敬畏，吾即死，汝往事之，而惟其言之聽。」三人，謂胡憲、劉勉之、劉子翬也。故熹之學既博求之經傳，復徧交當世有識之士。延平李侗老矣，嘗學於羅從彦，熹歸自同安，不遠數百里，徒步往從之。

其爲學，大抵窮理以致其知，反躬以踐其實，而以居敬爲主。嘗謂聖賢道統之傳散在方册，聖經之旨不明，而道統之傳始晦。於是竭其精力，以研窮聖賢之經訓。所著書有：《易本義》、《啓蒙》、《蓍卦考誤》、《詩集傳》、《大學中庸章句》、《或問》、《論語》、《孟子集註》、《太極圖》、《通書》、《西銘解》、《楚辭集註》、《辨證》、《韓文考異》；所編次有：《論孟集議》、《孟子指要》、《中庸輯略》、《孝經刊誤》、《小學書》、《通鑑綱目》、《宋名臣言行録》、《家禮》、《近思録》、《河南程氏遺書》、《伊洛淵源録》，皆行於世。熹沒，朝廷以其《大學》、《語》、《孟》、《中庸》訓説立於學官。又有《儀禮經傳通解》未脱稿，亦在學官。平生爲文凡一百卷，生徒問答凡八十卷，別録十卷。

理宗紹定末，祕書郎李心傳乞以司馬光、周敦頤、邵雍、張載、程顥、程頤、朱熹七人列于從祀，不報。淳祐元年正月，上視學，手詔以周、張、二程及熹從祀孔子廟。

黄榦曰：「道之正統待人而後傳，自周以來，任傳道之責者不過數人，而能使斯道章章較著者，一二人而止耳。由孔子而後，曾子、子思繼其微，至孟子而始著。由孟子而後，周、程、張子繼其絶，至熹而始著。」識者以爲知言。

《孟子字義疏證》分部

綜　述

戴震《孟子字義疏證序》　余少讀《論語》，端木氏之言曰：夫子之文章可得而聞也，夫子之言性與天道不得而聞也。讀《易》，乃知言性與天道在是。周道衰，堯、舜、禹、湯、文武、周公致治之法煥乎，有文章者棄爲陳迹。孔子既不得位，不能垂諸制度禮樂，是以爲之正本溯源，使人於千百世治亂之故，制度禮樂因革之宜，如持權衡以御輕重，如規矩準繩之於方圜平直，言似高遠而不得不言。自孔子言之寔言，前聖所未言，微孔子孰從而聞之？故曰「不可得而聞」。是後私智穿鑿者，亦警於亂世，或以其道全身而遠禍，或以其道能誘人心，有治無亂而謬在大本，舉一廢百意非不善，其言祇足以賊道，孟子於是不能已於與辯。當是時，羣共稱孟子好辯矣。《孟子》之書，有曰我知言，曰遊於聖人之門者難爲言，蓋言之謬，非終於言也。將轉移人心，心受其蔽，必害於事，害於政。彼目之曰，小人之害天下後世也。顯而共見目之曰，賢智君子之害天下後世也。相率趨之以爲美言，其入人心深禍斯民也。大而終莫之，或寤辯惡可已哉？孟子辯楊、墨，後人習聞楊、墨、老、莊、佛之言，且以其言汩亂孟子之言，是又後乎孟子者之不可已也。苟吾不能知之，亦已矣。吾知之而不言，是不忠也。是對古聖人賢人而自負其學，對天下後世之仁人而自遠於仁也。吾用是懼，述《孟子字義疏證》三卷。韓退之氏曰：道於楊、墨、老、莊、佛之學，而欲之聖人之道猶航斷港絕潢，以望至於海也。故求觀聖人之道，必自《孟子》始。嗚呼，不可易矣！休寧戴震。

傳記

《清史列傳·儒林傳下一·戴震》 戴震，字東原，安徽休寧人。讀書好深湛之思。少時，塾師授以《說文》，三年盡得其節目。年十六七，研精注疏，實事求是，不主一家。與郡人鄭牧、汪肇龍、汪梧鳳、方矩、程瑤田、金榜從婺源江永游，震出所學質之永，永爲之駭歎。永精《禮經》及推步、鍾律、音聲、文字之學，惟震能得其全。性特介，年二十八，補諸生。家屢空而學日進。與吳縣惠棟、吳江沈彤爲忘年友。以避讎入都，北方學者，如獻縣紀昀、大興朱筠；南方學者，如嘉定錢大昕、王鳴盛，餘姚盧文弨，青浦王昶：皆折節與交。尚書秦蕙田纂《五禮通考》，求精於推步者，大昕舉震，蕙田延之，纂《觀象授時》一門。乾隆二十七年，舉鄉試。三十八年，詔開四庫館，徵海內淹貫之士，司編校之職，總裁薦震充纂修。四十年，特命與會試中式者，同赴殿試，賜同進士出身，改翰林院庶吉士。震以文學受知，出入著作之庭，館中有奇文疑義，輒就咨訪。震亦思勤修其職，晨夕披檢，無間寒暑，經進圖籍，論次精審。所校《大戴禮記》、《水經注》、尤精覈。又於《永樂大典》內得《九章》、《五曹算經》七種，皆王錫闡、梅文鼎所未見，震正譌補脫以進，得旨刊行，御製詩冠其卷首。四十二年，卒於官，年五十有五。震之學，由聲音文字以求訓詁，由訓詁以尋義理。謂：「義理不可空憑胸臆，必求之於古經，求之古經而遺文垂絕，今古懸隔，必求之古訓，古訓明則古經明，古經明則賢人聖人之義理明，而我心之所同然者，乃因之而明，義理非他，存乎典章制度者也。彼歧訓詁義理而二之，是訓詁非以明義理，而義理不寓乎典章制度，勢必流入於異學曲說而不自知也。」震爲學精誠解辨，每立一義，初若創獲，乃參考之果不可易，大約有三：曰小學，曰測算，曰典章制度。其小學書，有《六書論》三卷、《聲韻考》四卷、《聲類表》九卷、《方言疏證》十卷。漢以後轉注之學失傳，好古如顧炎武亦不深省。震謂指事、象形、諧聲、會意四者，爲書之體；假借、轉注二者，爲書之用。一字具數用者爲假借，數字共一用者爲轉注，初、哉、首、基之皆爲始，卬、吾、台、予之皆爲我，其義轉相注也。又自漢以來古音寖微，學者於六書諧聲之故，靡所從入，顧氏《古音表》入聲與廣韻相反。震謂有入無入之韻，當兩兩相配，以入聲爲之樞紐，眞至仙十四韻，與脂、微、齊、皆、灰五韻同入聲；東至江四韻及陽至登八韻，與支之佳、咍、蕭、宵、肴、豪、尤、侯、幽十一韻同入聲，侵至凡九韻之入聲，則從《廣韻》無與之配，魚、虞、模、歌、戈、麻六韻，廣韻無入聲，今同以鐸爲入聲，不與唐相配，而古音遞轉及六書諧聲之故，胥可由此得之，皆古人所未發。其測算書，有《原象》四篇、《迎日推策記》一篇、《句股割圜記》三篇、《曆問》一卷、《古曆考》二卷、《續天文略》三卷、《策算》一卷。自漢以來疇人不知有黃極，西人入中國，始云赤道極之外，又有黃道極，是爲七政。恆星右旋之樞，詫爲《六經》所未有。震謂西人所云赤極，即《周髀》之正北極也。黃極即《周髀》之北極璿璣也。《虞書》在璿璣玉衡，以齊七政。蓋設璿璣以擬黃道極也。黃極在柱史星東南、上弼少弼之間，終古不隨歲差而改。赤極居中，黃極環繞其外，《周髀》固已言之，不始於西人也。又月建所指，亦謂黃極。夫北極璿璣，冬至夜半恆指子，春分夜半恆指卯，夏至夜半恆指午，秋分夜半恆指酉，以《周髀》四游所極推之，則月建十有二辰，爲黃極夜半所指顯然。漢人以爲斗杓移辰者，非也。又漢以來九數佚於秦火，儒者測天，多不能盡句股之蘊。西人傳弧三角術，推步始爲精密，其三邊求角，及兩邊夾一角求對角之邊，加減捷法，梅氏用平儀之理爲圖闡之，可謂剖析淵微。然用餘弦折半爲中數，則過象限與不過象限，有相加相減之殊，未爲甚捷也。震謂用餘弦者，或加或減，易生歧惑。乃立新術，用總較兩弧之矢相較，折半爲中數，則一例用減，更簡而捷矣。蓋餘弦者矢之餘也，八線法弧小，則餘弦大，弧大則餘弦小，弧若大過象限九十度，則餘弦反由小而漸大。惟矢不然，弧小則矢小，弧大則矢大，弧若大過象限九十度，則矢更隨之而大，是矢與弧大小相應，不似餘弦之參差，故以易之。此立法之根，古人所未及也。震所著典章制度之書，未成。有《詩經二南補注》二卷、《毛鄭詩考》四卷、《尚書義考》一卷、《儀禮考正》一卷、《考工記圖》二卷、《春秋即位改元考》一卷、《大學補注》一卷、《中庸補注》一卷、《孟子字義疏證》三卷、《爾雅文字考》十卷、《經説》四卷、《水地記》一卷、《水經注》四十卷、《九章補圖》一卷、《屈原賦注》七卷、《通釋》二卷、《原善》三卷、《緒言》三卷、《直隸河渠書》六十四卷、《氣穴記》一卷、《藏府算經論》四卷、《葬法贅言》四卷、《文集》十二卷。震卒後，其小學，則高郵王念孫、金壇段玉裁傳之；測算之學，則曲阜孔廣森傳之；典章制度之學，則興化任大椿傳之：皆其弟子也。後十餘年，高宗以震所校《水經注》問南書房諸臣，曰：「震尚在否？」對曰：「已死。」上惋惜久之。

《廣雅疏證》分部

綜　述

王念孫《廣雅疏證序》　昔者周公制禮作樂，爰箸《爾雅》。其後七十子之徒，漢初綴學之士，遞有補益。作者之聖述者之明，卓乎六蓺羣書之鈐鍵矣。至於舊書雅記，詁訓未能悉備，網羅放失，將有待於來者。魏太和中，博士張君稚讓繼兩漢諸儒後，參攷往籍，徧記所聞，分别部居，依乎《爾雅》凡所不載，悉箸於篇。其自《易》、《書》、《詩》、《三禮》、《三傳》經師之訓，《論語》、《孟子》、《鴻烈》、《法言》之注，楚辭、漢賦之解，讖緯之記，倉頡《訓纂》、滂喜《方言》、《説文》之説，靡不兼載。蓋周秦兩漢古義之存者，可據以證其得失，其散逸不傳者，可藉以闚其端緒，則其書之爲功於詁訓也，大矣！念孫不揆檮昧，爲之疏證，殫精極慮，十年於茲。竊以詁訓之旨，本於聲音，故有聲同字異、聲近義同，雖或類聚羣分，實亦同條共貫。譬如振裘必提其領，舉網必挈其綱。故曰本立而道生，知天下之至嘖而不可亂也。此之不寤，則有字别爲音，音别爲義，或望文虚造而違古義，或墨守成訓而尟會通。易簡之理既失，而大道多岐矣。今則就古音以求古義，引伸觸類，不限形體，苟可以發明前訓，斯淩雜之譏，亦所不辭。其或張君誤采，博攷以證其失；先儒誤説，參酌而寤其非。以燕石之瑜，補荊璞之瑕，適不知量者之用心云。爾張君進表，《廣雅》分爲上、中、下，是以《隋書·經籍志》作三卷。而又云「梁有四卷」，不知所析何篇。隋曹憲《音釋》、《隋志》作四卷，《唐志》作十卷。今所傳十卷之本音與正文相次。然《館閣書目》云：今逸，但存音三卷。是音與《廣雅》别行之證，較然甚明，特後人合之耳。又憲避煬帝諱，始稱《博雅》，今則仍名《廣雅》，而退《音釋》於後，從其朔也。憲所傳本，即有舛誤，故音内多據誤字作音。《集韻》、《類篇》、《太平御覽》諸書所引，其誤亦或與今本同，蓋是書之譌脱久矣。今據耳目所及，旁攷諸書以校。此本凡字之譌者五百八十，脱者四百九十，衍者三十九，先後錯亂者百二十三，正文誤入音内者十九，音内字誤入正文者五十七，輒復隨條補正，詳舉所由。《廣雅》諸刻本以明畢效欽本爲最善，凡諸本皆誤而畢本未誤者，不在補正之列。最後一卷，子引之嘗習其義，亦即存其説。竊放范氏《穀梁傳集解》子弟列名之例，博訪通人載稽，前典義或易曉略而不論，於所不知蓋闕如也。後有好學深思之士，匡所不及，企而望之。嘉慶元年正月高郵王念孫敘。

段玉裁《廣雅疏證序》　小學有形、有音、有義，三者互相求舉，一可得其二。有古形，有今形，有古音，有今音，有古義，有今義，六者互相求舉，一可得其五。古今者，不定之名也。三代爲古，則漢爲今。漢、魏、晉爲古，則唐、宋以下爲今。聖人之制字，有義而後有音，有音而後有形。學者之考字，因形以得其音，因音以得其義。治經莫重於得義，得義莫切於得音。《周官》六書，指事、象形、形聲、會意，四者形也。轉注、假借二者，馭形者也，音與義也。三代小學之書不傳，今之存者，形書《說文》爲之首，《玉篇》以下次之。音書《廣韵》爲之首，《集韵》以下次之。義書《爾雅》爲之首，《方言》、《釋名》、《廣雅》以下次之。《爾雅》、《方言》、《釋名》、《廣雅》者，轉注、假借之條目也。義屬於形，是爲轉注。義屬於聲，是爲假借。稚讓爲魏博士，作《廣雅》，蓋魏以前經傳謠俗之形音義彙綷於是。不孰於古形、古音、古義，則其說之存者，無由甄綜；其說之已亡者，無由比例。推測形失，則謂《說文》之外，字皆可廢。音失，則惑於字母七音，猶治絲棼之。義失，則梏於《說文》所說之本義，而廢其假借。又或言假借而昧其古音，是皆無與於小學者也。懷祖氏能以三者互求，以六者互求，尤能以古音得經義，蓋天下一人而已矣。假《廣雅》以證其所得，其注之精粹再有子雲必能知之設。以是質於懷祖氏，竝質諸天下後世言小學者。乾隆辛亥八月，金壇段玉裁序。

傳記

《清史列傳・儒林傳下一・王念孫》 王念孫，字懷祖，江蘇高郵人。父安國，官吏部尚書，謚文肅，自有傳。念孫八歲能屬文，十歲讀《十三經》畢，旁涉史鑑，有神童之目。高廟南巡，以大臣子迎鑾，獻文冊，賜舉人。乾隆四十年進士，改翰林院庶吉士，散館授工部主事。洊陞郎中，擢陝西道御史，轉吏科給事中。嘉慶四年，仁宗睿皇帝親政。時川楚教匪猖獗，念孫陳剿賊六事，首劾大學士和珅，疏語援據經義，大契聖心。是年命巡淮安及濟寧漕，授直隸永河道。六年，以河隄漫口，罷，特旨留督辦河工。工竣，賞主事銜。河南衡家樓河決，命隨尚書費淳查勘，且籌新漕；又命馳赴臺莊，隨同吉綸辦河務。尋授山東運河道，在任六年，調永定河道。會東河總督與山東巡撫以引黃利運異議，召入都，決其是非。念孫奏引黃入湖，不能不少淤，然暫行無害，詔許之。已而永定河水復異漲，如六年之溢。念孫自引罪，得旨休致。道光五年，重宴鹿鳴，賞給四品銜。十二年，卒，年八十有九。念孫故精熟水利，官工部，著《導河議》上下篇，及奉旨纂《河源紀略》，議者或誤指河源所出，念孫力辨其謬，議乃定。《紀略》中辨譌一門，念孫所撰也。任河道十餘載，查工節帑，積弊一清，累得旨褒奬。所條上河務事，多議行。既罷官，日以著述自娛。著《讀書雜志》八十二卷，分《逸周書》、《戰國策》、《管子》、《荀子》、《晏子春秋》、《墨子》、《淮南子》、《史記》、《漢書》、《漢隸拾遺》，凡十種，於古義之晦誤，寫校之妄改，皆一一正之。一字之證，博及萬卷，其精於校讎如此。初從休寧戴震受聲音、文字、訓詁，手編《詩》三百篇，《九經》、《楚詞》之韻，分古音爲二十一部，於支、脂、之三部之分，段玉裁《六書音韻表》亦見及此，其分至祭，盍輯爲四部，則段書所未及也。念孫以段書先出，遂輟作。又以邵晉涵先爲《爾雅疏》，乃綜其經學，撰《廣雅疏證》，日三字爲程，閱十年而書成，凡三十二卷。其書就古音以求古義，引伸觸類，擴充於《爾雅》、《說文》，無所不達。然聲音文字部分之嚴，一絲不亂。蓋藉張揖之書以納諸說，而實多揖所未知，及同時惠棟、戴震所未及。嘗語子引之曰：「詁訓之旨，存乎聲音。字之聲同、聲近者，經傳往往假借，學者以聲求義，破其假借之字而讀本字，則渙然冰釋。如因假借之字強爲解，則結鞫不通矣。毛公《詩傳》多易假借之字而訓以本字，已開改讀之先；至康成箋《詩》注《禮》，屢云某讀爲某，假借之例大明。後人或病康成破字者，不知古字之多假借也。」又曰：「說經者期得經意而已，不必墨守一家。」

《尚書今古文注疏》分部

綜述

孫星衍《尚書今古文注疏序》 《書》有孔氏穎達《正義》，復又作疏者，以孔氏用梅賾書襍于廿九篇，析亂《書序》，以冠各篇之首，又作《僞傳》而舍古說。欽奉高宗純皇帝鑒定四庫書，採梅鷟、閻若璩之議，以梅氏書爲非眞古文，則《書》疏之不能已于復作也。兼疏今古文者，放《詩》疏之例，毛、鄭異義，各如其說以疏之。史遷所說，則孔安國故，《書大傳》則夏侯、歐陽說，馬、鄭注則本衛宏、賈逵孔壁古文說，皆有師法，不可遺也。今古文說之不能合一，猶《三家詩》及《三傳》難以折衷。即鄭注《三禮》，亦引今古文異字，及鄭司農、杜子春說。至晉已後，乃用李斯別黑白而定一尊之學，獨申己見。自杜預之注《左傳》，王弼之注《易》，郭璞之注《爾雅》，濫觴也。經廿九篇，幷序爲卅卷者，伏生出自壁藏，授之鼂錯，教于齊、魯，立于學官，大小夏侯、歐陽爲之句解，傳述有本。後人疑爲口授經文，說爲畧，以其意屬讀者，誤也。孔壁所出古文，獻自安國，漢人謂之「逸十六篇」。後漢衛宏、杜林、賈逵、許氏愼等皆爲其學，未有注釋。而經文幷亡于晉永嘉之代，不可復見也。《書大傳》孔子謂顔淵曰：「《堯典》可以觀美，《禹貢》可以觀事，《咎繇謨》可以觀治，《鴻範》可以觀度，《六誓》可以觀義，《五誥》可以觀仁，《甫刑》可以觀誡。」凡此七觀之書，皆在廿九篇中，故漢儒以《尚書》爲備。又以爲法斗、七宿、四七二十八宿，其一斗也。又云孔子更選二十九篇，二十九篇獨有法也。尋此諸說，即非正論，可証漢儒之篤守廿九篇無異辭也。廿九篇析爲三十四篇者，伏、鄭本分合之不同。《大誓》後得，然見于《史記》、《書大傳》，似止上、下二篇，至唐已後幷失之，其詞見于傳記，猶可徵也。《書大傳》存本亦爲後人刪節，馬、鄭注至宋散佚，王應麟及近代諸儒或從《書》傳輯存之，故可附經而爲之疏也。文有今古之分者，孔壁書科斗文字，安國以今文讀之。蓋秦已來改篆爲隸，或以今文寫《書》，安國據以讀古文，其字則異，其辭不異也。司馬氏用安國故，夏侯、歐陽用伏生說，馬、鄭用衛、賈說，其說與文字雖異，而經文不異也。古文篆籒之學，絕于秦漢。聲音訓詁之學，絕于魏晉。典章制度之學，絕于隋唐。《尚書》爲唐、虞、三代之文，字賾奇古，詁訓與後世方言不同，制度或在《禮經》之先。後人不考時代，率爲之注解，致訓故乖違，句讀舛誤，謂之佶屈聱牙，殊可歎也。孔氏之爲《書正義》，《序》云：據蔡大寶、巢猗、費甝、顧彪、劉焯、劉炫等。又云：「覽古人之傳記，質近代之異同，存其是而去其非，削其煩而增其簡。」是孔氏之疏不專出于己。今依其例，偏採古人傳記之涉《書》義者，自漢魏迄于隋唐。不取宋已來諸人注者，以其時文籍散亡，較今代無異聞，又無師傳，恐滋臆說也。又採近代王光祿鳴盛、江徵君聲、段大令玉裁諸君《書》說，皆有古書証據，而王氏念孫父子尤精訓詁。但王光祿用鄭注，兼存《僞傳》，不載《史記》、《大傳》異說。江氏篆寫經文，又依《說文》改字，所注《禹貢》，僅有古地名，不便學者循誦。段氏《撰異》一書，亦僅分別今古文字。及惠氏棟、宋氏鑒、唐氏煥，俱能辨証《僞傳》。莊進士述祖、畢孝廉以田，解經又多有心得。合其所長，亦孔氏云「質近代之異同，存其是而削煩增簡」者也。爲書始自乾隆五十九年，迄于嘉慶廿年。既有厥逆之疾，不能夕食，恐壽命之不長，亟以數十年中條記《書》義，編纂成書，必多疏漏謬誤之處。然人之精神自有止境，經學淵深，亦非一人所能究極，聊存梗概，以俟後賢。或炳燭餘光，更有所得，尚當改授梓人，不至詒譏來哲也。嘉慶二十年太歲乙亥二月中旬，序于金陵冶城山館。

傳記

《清史列傳・儒林傳下二・孫星衍》 孫星衍，字淵如，江蘇陽湖人。少與同里楊芳燦、洪亮吉、黃景仁文學齊名。袁枚品其詩曰：「天下奇才！」與訂忘年交。星衍雅不欲以詩名，深究經史、文字、音訓，旁及諸子百家，皆必通其義。既，從錢大昕遊，精研漢學。元和江聲注《尚書》，以「堯稽古」爲同天，「臯陶稽古」爲順考古道，前後歧說。星衍著論云：「鄭《注》稽古同天，言堯同於天也，鄭意蓋以堯稱帝爲同天。《書正義》誤引其文云：『稽，同也；古，天也。』天爲古之說雖見《周書》，未必唐時即有此義。」又嘗於江寧瓦官寺閣見元應《一切經》幷慧苑《華嚴經音義》，引倉頡爲多，乃剌取其文，兼摭他書，爲《倉頡篇》三卷。謂元應、慧苑書，世多不傳，然足與陸德明《經典釋文》並垂於世，囑友人刊行。乾隆五十二年一甲二名進士，授翰林院編修，充《三通》館校理。五十四年，散館，改刑部主事。故事，一甲進士改部，或奏請留館；又編修改官，可得員外郎。前此吳文煥有成案，大學士和珅示意欲使往見，星衍不肯。自是編修改主事，遂爲成例。官刑部，爲法寬恕。大學士阿桂、尚書胡季堂悉器重之，有疑獄輒令依古義平議，全活甚衆。退直之暇，仍理舊業，高麗使臣朴齊家入貢，特謁星衍，爲書「問字堂」匾賦詩以贈。【略】星衍博極羣書，勤於著述。又好聚書，聞人家藏有善本，借鈔無虚日。金石文字，靡不考其原委。常病《古文尚書》爲東晉梅賾所亂，官刑部時，即集《古文尚書馬鄭王注》十卷、《逸文》二卷。歸川後，又爲《尚書今古文注疏》三十九卷。其序例云：「《尚書》古注散佚，今刺取書傳，升爲注者，五家三科之説：一、司馬遷從孔氏安國問故，是古文説；一、《書大傳》伏生所傳，歐陽高、大夏侯勝、小夏侯建是今文説；一、馬氏融、鄭氏康成雖有異同，多本衛氏弘、賈氏逵，是孔壁古文説；皆疏明出典，其先秦諸子所引古書説，及緯書、《白虎通》等漢魏諸儒今文説，許氏《説文》所載孔壁古文注中存其異文異字，其説則附疏中，其書意在網羅放失舊聞，故録漢魏人佚説爲多。又兼采近代王鳴盛、江都段玉裁諸人書説，惟不取趙宋以來諸人注，以其時文籍散亡，較今代無異聞，又無師傳，恐滋臆説也。」凡積二十二年而後成。論者以爲勝王鳴盛書。其他撰輯，有《周易集解》十卷、《夏小正傳校正》三卷、《明堂考》三卷、《考注春秋別典》十五卷、《爾雅廣雅古訓韻編》五卷、《魏三體石經殘字考》一卷、《孔子集語》十七卷、《晏子春秋音義》二卷、《史記天官書考證》十卷、《建立伏博士始末》二卷、《寰宇訪碑録》十二卷、《金石萃編》二十卷、《京畿金石考》二卷、《續古文苑》二十卷、《詩文集》二十五卷。又有《九經正俗字考》、《十三經佚注》、《集馬昭孫叔然難王申鄭之書》、《山海經音義》、《鄭康成年譜》。其所校刊，若《岱南閣叢書》、《平津館叢書》均據善本，有資學藝。二十三年，卒，年六十六。星衍性誠正，無僞言僞行，立身行事，皆以儒術，尤喜奬借後進。所至之地，士爭歸附。其所撰輯，能集衆人之才智，準以己之識力，再三審擇而後成編。其卒也，海内學者，皆悼慕之。

《周易虞氏義》分部

綜　述

張惠言《周易虞氏義序》　虞翻《周易注》釋文《敘録》云：十卷，《隋書·經籍志》云九卷。翻，字仲翔，會稽餘姚人。少好學，有高氣，又善矛。太守王朗命爲功曹，朗之敗於孫策，翻時居父喪，追隨營護到東部侯官，説其長迎朗。朗遣翻還，孫策復以爲功曹，待以交友之禮，多少匡諫，策嘗納之。策攻黄祖，翻從，説華歆下豫章。還至吳，策曰：孤有征討事未得還府，卿復以功曹爲吾蕭何，守會稽。其見委重如此。出爲富春長，漢徵爲侍御史，不就。曹操爲司空，辟之，笑曰：盗跖欲以餘財汚良家耶？策薨，孫權以爲騎都尉，數犯顔諫，權不能説。又性疏直，數有酒失，權嘗因醉手劒欲擊之。大司農劉基因爭得免。其後權與張昭論神仙事，翻指昭曰：彼皆死人而語神仙，世豈有仙人也！權遂怒，左右多毁翻，乃徙翻交州。十餘年卒於交州。翻博學洽聞，雖處罪放，而講學不倦，門徒常數百人。爲《周易》、《論語》、《國語》、《老子》、《參同契》注解，《周易日月變例》、《周易集林》、《律歷》、《太元》、《明楊》、《釋宋》，其書皆亡，目在《三國志·傳》及隋·唐書《志》。自漢成帝時，劉向校書考《易》説，以爲諸《易》家皆祖田何、楊叔、丁將軍，大義畧同，唯京氏爲異，而孟喜受《易》家陰陽。其説：《易》本於氣，而後以人事明之，八卦、六十四象、四正、七十二候，變通消息。諸儒祖述之，莫能具。當漢之季年，扶風馬融作《易傳》，授鄭康成，康成作《易注》，而荆州牧劉表、會稽太守王朗、潁川荀爽、南陽宋忠，皆以《易》名家，各有所述。唯翻傳《孟氏學》，既作《易注》奏上之。獻帝曰：臣聞六經之始，莫大陰陽，是以伏羲仰天縣象而建八卦，觀變動六爻爲六十四，以通神明，以類萬物。臣高祖父故零陵太守光，少治《孟氏易》，曾祖父故平輿令成纘述其業，至臣祖父鳳爲之最密，臣亡考。故日南太守歆受本於鳳，最有舊書，世傳其業。至臣五世，前人通講多玩章句，雖有祕説，於經疏闊。臣生遇世亂，長於軍旅，習經於枹鼓之間，講論於戎馬之上。蒙先師之説，依經立注，所覽諸家解不離流俗義，有不當實，輒悉改定以就其正。又奏曰：經之大者，莫過於《易》，自漢初以來，海内英才其讀《易》者，解之率少。至孝靈之世，潁川荀諝號爲知《易》，臣得其注有愈俗儒，至所説西南得朋，東北喪朋，顛倒反逆，了不可知。孔子歎《易》曰：知變化之道者，其知神之所爲乎！以美大衍四象之作，而上爲章首，尤可怪笑。又南郡太守馬融，名有俊才，其所解釋復不及諝，孔子曰「可與其學，未可與適道」，豈不其然？若乃北海鄭元、南陽宋忠，雖各立注，忠小差元，而皆未得其門，難以示世。荀諝者，荀爽也。是時少府孔融善其書，與翻書曰：自商瞿以來舛錯多矣，去聖彌遠，衆說騁辭。曩聞延陵之理，樂今睹吾子之治《易》，知東南之美者，非徒會稽之竹箭也。又觀象雲物，察應寒溫，原其禍福與神合契，可謂探索旁通者已。翻之言《易》，以陰陽消息六爻發揮旁通，升降上下歸於乾元，用九而天下治，依物取類，貫穿比附，始若瑣碎，及其沈深解剝，離根散葉，暢茂條理，遂於大道後儒罕能通之。自魏王弼以虛空之言解《易》，唐立之學官，而漢世諸儒之說，微獨資州李鼎祚作《周易集解》，頗采古《易》家言，而翻注爲多。其後古書盡亡。而宋道士陳摶以意造爲龍圖，其徒劉牧以爲《易》之河圖洛書也。河南邵雍又爲先天後天之圖，宋之說《易》者翕然宗之。以至於今牢不可拔，而《易》陰陽之大義，蓋盡晦矣。清之有天下百年，元和徵士惠棟始考古義。孟京、荀、鄭、虞氏作《易》漢學又自爲解釋曰《周易述》。然掇拾於亡廢之後，左右采獲，十無二三。其所述大氐宗禰虞氏，而未能盡通。則旁徵他說以合之，蓋從唐、五代、宋、元、明，朽壞散亂千有餘年，區區修補收拾，欲一旦而其道復明，斯固難也。翻之學既世，又具見馬、鄭、荀、宋氏書，考其是否，故其義爲精。又古書亡，而漢魏師說可見者十餘家，然唯鄭、荀、虞三家略有梗概可指說，而虞又較備然。則求七十子之微言，田何、楊叔、丁將軍之所傳者，舍虞氏之注，其何所自焉？故求其條貫，明其統例，釋其疑滯，信其亡闕，爲《虞氏義》九卷。又表其大恉，爲《消息》二卷。庶以探賾索隱，存一家之學。其所未寤，俟有道正焉耳。嘉慶二年月日張惠言。

阮元《周易虞氏義序》　昔伏羲作十言之教，曰：乾、坤、震、巽、坎、离、艮、兑、消、息。《易緯》曰：聖人因陰陽起消息，立乾坤，以統天地。《易》曰：君子尚消息盈虛，天行也。是消息者，聖人所以立卦推《爻》、《繫》、《彖》、《象》之旨也。漢時說《易》者，皆明消息。今遺文可考者，鄭、荀、虞最著。而虞氏仲翔世傳《孟氏易》，又博考鄭、荀諸儒之書，故其書參消長於日月，驗變動於爻象升降上下，發揮旁通，聖人消息之敎更大明焉。惜後通之者少。五代時，姚氏、翟氏、蜀才氏能傳之，亦未大顯。唐初以王《注》列學官，而師說亡。迨宋圖書之說興，而《易》義更晦。幸李鼎祚撰《集解》，採虞注獨詳。國朝惠徵士棟，據之作《易》，漢學推闡納甲於消息變化之道稍啓端緒。後作《周易述》，大旨宗虞，而義有未通，補以鄭、荀諸儒。讀者以未能專壹，少之。蓋虞學之晦久矣。武進張編脩惠言，承惠徵士之緒，恢而張之，約而精之，闡其疑滯，補其亡闕，糾其譌舛，成《虞氏義》九卷。又標其綱領，成《虞氏消息》二卷。其大要，明乾元以立消息之本，正六位以定消息之體，敘六十四卦以明消息之次，推九六變化以盡消息之用。始於幽贊神明，終於乾元用九。而天下治，蓋自仲翔以來，緜緜延延千四百餘載，至今日而昭然復明。嗚呼！可謂盛矣。余學《易》，愧未能卒業，而是書之可傳於後，固學者所共知，而予所深服者也。編脩不幸早卒，其弟子陳生善得最後定本，思廣傳之而未得。余素重編脩書，因命之校付梓人。夫古之立言者，非徒華其言而已，必將有以用之。編脩由人事以推天道，由天道以準人事，往來盈縮之理，禮樂刑政之具，瞭然於胸。惜未竟其用而於化裁通變之道，僅以空言傳也。然書存則其道存，推而行之是在善學者。則是書之足以傳編脩者，又何如哉！嘉慶八年六月立秋日，揚州阮元序。

傳記

《清史列傳・儒林傳下二・張惠言》　張惠言，字皋文，江蘇武進人。少受羲經，即通大義。年十四，爲童子師，修學立行，敦品自守。嘉慶四年進士，時大學士朱珪爲吏部尚書，以惠言學行，特奏改庶吉士，充實錄館纂修官。六年，散館，奉旨以部屬用。珪復特奏改授翰林院編修。七年，卒，年四十二。【略】生平精思絶人，嘗從歙金榜問故，其學要歸六經，而尤深《易》、《禮》。著有《周易虞氏義》九卷、《虞氏消息》二卷。嘗謂：「自漢成帝時劉向校書，考《易》說以爲諸《易》家皆祖田何、楊叔、丁將軍大義略同，惟京氏爲異，而孟喜受《易》家陰陽，其說《易》本於氣，而後以人事明之。八卦六十四象，四正七十二候變通消息，諸儒祖述之，莫能具。當漢之季年，扶風馬融作《易傳》授鄭康成作《易注》，而荆州牧劉表、會稽太守王朗、潁川荀爽、南陽宋忠，皆以《易》名家，各有所述。惟翻傳孟氏學，既作《易注》，奏上之獻帝，翻之言《易》以陰陽消息六爻，發揮旁通，升降上下，歸於乾元用九而天下治。依物取類，貫穿比附，始若瑣碎，及其沉深解剝，離根散葉，暢茂條理，遂於大道。後儒罕能通之。自魏王弼以虛空之言解《易》，唐立之學官，而漢世諸儒之說微。獨資州李鼎祚作《周易集解》，頗采古《易》家言，而翻注爲多。其後古書盡亡。而宋道士陳摶以意造爲龍圖，其徒劉牧以爲《易》之河圖、洛書也。河南邵雍又爲先天後天之圖，宋之說《易》者翕然宗之，以至於今，牢不可拔，而《易》陰陽之大義蓋盡晦矣。大清有天下，元和徵士惠棟始考古義孟、京、荀、鄭、虞氏，作《易漢學》，又自爲解釋，曰《周易述》。然掇拾於亡廢之後，左右采獲，十無二三。其所述大抵宗禰虞氏，而未能盡通，則旁徵他說以合之。蓋從唐、五代、宋、元、明朽壞散亂，千有餘年，區區修補收拾，欲一旦而其道復明，斯固難也。翻之學既邃，又具見馬、鄭、荀、宋氏書，考其是否，故其義爲精。又古書亡，而漢魏師說可見者十餘家，然惟鄭、荀、虞三家畧有梗概可指說，而虞又較備然。則求七十子之微言，田何、楊叔、丁將軍之所傳者，舍虞氏之注，其何所自焉？故求其條貫，明其統例，釋其疑滯，信其亡闕，庶以探賾索隱，存一家之學，其所未寤，俟有道正焉耳。」又著《虞氏易理》二卷、《虞氏易候》一卷、《虞氏易言》二卷。初，惠棟作《周易述》，大旨遵虞翻，補以鄭、荀諸儒，學者以未能專一少之。儀徵阮元謂漢人之《易》，孟、費諸家，各有師承，勢不能合。惠言傳虞氏《易》，即傳漢孟氏《易》矣，孤經絶學也。惠言又著《周易鄭氏義》三卷、《周易荀氏九家義》一卷、《周易鄭荀義》三卷、《易義別錄》十四卷、《易緯略義》三卷、《易圖條辨》二卷。其《易義別錄序》謂不盡見其辭，而欲論其是非，猶以偏言決獄也；不盡通各家，而欲處其優劣，猶援白而嘲黑也。故其所著皆羽儀虞氏《易》者。於《禮》，有《儀禮圖》六卷、《讀儀禮記》二卷，皆特精審。又有《茗柯文》五卷、《詞》一卷。子成孫。

《爾雅正義》分部

綜述

邵晉涵《爾雅正義序》 上古結繩爲治，後世聖人易之以書契。百工以乂，萬品以察，由是成命百物，序三辰以固民。至於成周，文章大備，訓詁日滋。元聖周公，始作《爾雅》，以觀政辨言。周室既衰，羣言淆亂，折衷至聖。六藝以彰，七十子之徒發明章句，增成其義，傳《爾雅》三篇。其爲書也，重辭累言，而意恉同受，依聲得義，而假借相成。宮室器用之度，歲時星辰之行，州野山川之列，艸木蟲魚鳥獸之散殊。或因事以爲名，或比類以合誼。其事則覩指而可識，其形則隨象而可見。通貫六書，發揮六藝，聚類同條，雜而不越。敷繹聖訓，則天地萬物之情著矣；揚於王廷，則宣敎明化之用遠矣。漢初經始萌芽，《爾雅》嘗立博士。厥後《五經》竝立，其業益顯，通才達儒依於《爾雅》傳釋典藝，沈潛乎訓詁，洞徹其指歸。故用日少而畜德多，三十而《五經》立矣。魏晉以降，崇尚虛無，說經者務爲鑿空憑臆，違離道本，《爾雅》之學，殆將廢墜。唯郭景純明於古文，研覈小學，擇撢羣藝，博綜舊聞，爲《爾雅》作註。援據經傳，以明故訓之隱滯；旁采謠諺，以通古今之異言。制度則準諸《禮經》，藪澤則測其地望，詮度物類，多得之目驗，故能詳其形聲，辯其名實。詞約而義博，事覈而旨遠。蓋舊時諸家之註，未能或先之也。爲之疏者，舊有孫炎、高璉二家，今皆不傳。邢氏疏成於宋初，多掇拾《毛詩正義》掩爲己說，間采《尚書》、《禮記正義》，復多闕略，南宋人已不滿其書。後取列諸經之疏，聊取備數而已。晉涵少蒙義方，獲受雅訓，長涉諸經，益知《爾雅》爲《五經》之錧鎋。而世所傳本文字異同，不免訛舛，郭註亦多脫落，俗說流行古義寖晦。爰據唐石經暨宋槧本及諸書所徵引者，審定經文，增校郭註，仿唐人正義，繹其義蘊，彰其隱賾。竊以釋經之體，事必擇善而從，義非一端可盡。漢人治《爾雅》，若舍人劉歆、樊光、李巡、孫炎之註，遺文佚句散見羣籍。梁有沈旋《集註》，陳有顧野王《音義》，唐有裴瑜《註》，徵引所及，僅存數語，或與郭訓符合，或與郭義乖違。同者宜得其會通，異者可博其旨趣。今以郭氏爲主，無妨兼采諸家，分疏於下，用俟辯章。譬川流而滙其支瀆，非木落而離其本根也。郭註體崇矜慎，義有幽隱，或云未詳。今考齊、魯、韓《詩》，馬融、鄭康成之《易註》、《書註》，以及諸經舊説，會稡羣書，尚存梗槩，取證雅訓，辭意瞭然。其跡涉疑似，仍闕而不論。確有據者，補所未備。附尺壤於崇邱，勉千慮之一得，所以存古義也。郭氏多引《詩》文爲證，陋儒不察，遂謂《爾雅》專用釋《詩》。今據《易》、《書》、《周官》、《儀禮》、《春秋三傳》、《大小戴記》，與夫周秦諸子，漢人撰著之書，遐稽約取，用與郭註相證明。俾知訓詞近正原於制字之初，成於明備之世，久而不墜。遠有端緒六藝之文，曾無隔閡，所以廣古訓也。聲音遞轉，文字日孳，聲近之字義存乎聲。自隸體變更，韻書割裂，古音漸失，因致古義漸湮。今取聲近之字，旁推交通，申明其説，因是以闡揚古訓，辨識古文。遠可依類以推，近可舉隅而反，所以存古音也。艸木蟲魚鳥獸之名，古今異稱，後人輯爲專書，語多皮傅。今就灼知副實者，詳其形狀之殊，辨其沿襲之誤。其未得實驗者，擇從舊説，以近古爲徵，不敢爲億必之説，猶郭氏志也。惟是受性顓愚，識限方域鸁事，編輯固陋是虞。維時盛治右文，翊經惇學，秘簡、鴻章，彙昭壁府，幸得以管闚錐指之學，觀書石室，聞見所資，時有增益。歲在旃蒙，協洽始具，簡編舟車，南北恆用，自隨意有，省會仍多。點竄十載，於兹未敢自信，而中年意思零落，性多遺忘，耳目所接，時或失焉。抱殘守獨，凛凛乎以不克聞過爲懼。勉出所業，就正當世，俊哲洪秀，偉彥之倫，叩其兩端，匡厥紛繆，企而望之。

傳記

《清史列傳・儒林傳下一・邵晉涵》 邵晉涵，字二雲，浙江餘姚人。乾隆三十六年進士，歸班銓選，會開四庫館，特詔徵晉涵及歷城周永年、休寧戴震等，入館編纂，改翰林院庶吉士，授編修。四十五年，充廣西鄉試正考官。五十六年，大考，遷左中允，洊擢侍講學士，充文淵閣直閣事、日講起居注官。晉涵左目眚，清羸。善讀書，四部七録，靡不研究。嘗謂《爾雅》者六藝之津梁，而邢《疏》淺陋不稱，乃爲《正義》二十卷，以郭璞爲宗，而兼采舍人樊、劉、李、孫諸家，郭有未詳者，擇他書附之。自是承學之士，多舍邢而從邵。尤長於史，以生長浙東，習聞劉宗周、黄宗羲諸緒論説明季事，往往出於正史之外。在書館時，見《永樂大典》采薛居正《舊五代史》，乃薈萃編次，得十之八九；復采《冊府元龜》、《太平御覽》諸書，以補其缺；並參考《通鑑長編》諸史及宋人説部碑碣，辨證條繫，悉符原書一百五十卷之舊。書成，呈御覽，館臣請仿劉昫《舊唐書》之例，列於二十三史，刊布學宮，詔從之。由是薛《史》與歐陽《史》並傳矣。嘗謂《宋史》自南渡後多謬，慶元之間褒貶失實，不如東都有王偁《事略》。欲先輯《南都事略》，使條貫粗具，詞簡事增；又欲爲趙宋一代之志，俱未卒業。其後鎮洋畢沅爲《續宋元通鑑》，屬晉涵刪補考定，故其緒餘稍見於審正《續通鑑》中。晉涵性狷介，不爲要人屈。嘗與會稽章學誠論修《宋史》宗旨，晉涵曰：「宋人門戶之習，《語録》庸陋之風，誠可鄙也。然其立身制行，出於倫常日用，何可廢耶？士大夫博學工文，雄出當世，而於辭受取與、出處進退之間，不能無簞豆萬鍾之擇。本心既失，其他又何議乎？此著《宋史》之宗旨也。」學誠聞而聳然。他著有《孟子述義》、《穀梁正義》、《韓詩内傳考》，並足正趙岐、范甯及王應麟之失，而補其所遺。又有《皇朝大臣謚迹録》、《方輿金石編目》、《輶軒日記》、《南江詩文稿》。嘉慶元年，卒，年五十四。

《孟子正義》分部

綜述

焦徵《孟子正義序》 先兄壬戌會試後閉門注《易》。癸酉二月，自立一簿，稽考所業，戊寅春《易學三書》成。又以古之精通《易》理、深得伏羲、文王、周公、孔子之指者莫如孟子生，孟子後而能深知其學者莫如趙氏。惜僞疏踳駁乖謬，文義鄙俚，未能發明其萬一，思作《正義》一書。於是博採經史傳注，以及本朝通人之書，凡有關於《孟子》者，一一纂出，次爲長編十四帙。逐日稽考，殫精研慮，自戊寅十二月起稿，逮己卯七月撰成《孟子正義》三十卷。又復討論羣書，刪煩補缺，庚辰之春，修改乃定。手寫清本，未半而病作矣，自言用思太猛，知不起，以謄校囑廷琥而歿。廷琥處苫塊中，且校且謄，急思付梓，又以病歿。徵以事身羈旅舍，謄校先兄書，未敢少怠。更深人靜，風雨淒淒，寒柝爭鳴，一燈如豆，憶及兄姪，涕泗交橫，廢書待旦，非復人境矣。一年之中，迭遭喪病，先兄著述待刻者多，寒素之家，力難猝辦。徵衰病無能，營謀事拙，謹與家人相約，各減衣食之半，日積月累，以待將來。癸未歲終，總計田租所入，衣食之餘，約積七百餘金，急以《孟子正義》付刻，乙酉八月刻工告竣，庶使廷琥苦心，稍慰泉壤也。徵校是書，難免錯誤，有能檢出者，乞即詳指郵寄，以便改正，受惠多矣。先兄稿本，每一篇末自記課程，如注《易》時，書之成僅八閱月耳。徵爲謄校，又有族孫授齡相助，曠日彌久，以至於今。先兄下世已六易寒暑矣，遷延之罪，實所難辭。其他二百餘卷，急思盡刻，所需約數千金，非蓄積二十年，又無他故，不能完全。徵雖未老，衰病日增，恐難目覩其成，然必竭力勉爲，不敢少怠也。至於著書之義，末一卷已詳盡言之，茲第述所以刻書之始末云爾。道光五年乙酉中秋日弟徵謹識。

傳記

阮元《通儒揚州焦君傳》 焦君，名循，字里堂，世居江都北湖黃珏橋分縣爲甘泉人。曾祖源，江都縣學生，爲《周易》之學。祖鏡、父葱，皆方正，有隱德，傳《易》學。君生三四歲，即穎異。八歲至公道橋阮氏家，與賓客辨壁上「馮夷」字，曰：此當如《楚辭》，讀皮氷切，不當讀如縫。阮公賡堯大奇之，遂以女字之。年十七，劉文清公取補學生員。年二十二，補廩膳生。次年，丁父暨嫡母謝艱，自殮及葬。八閱月，未櫛沐食，臥不離喪次，甚哀毀。弟徵讀書，自教之。興化顧超宗傳其父文子之經，學超宗與君幼同學，君始用力於經。超宗歿，君理其喪，作《招亡友賦》，哭之。歲乙卯，元督學山東，招君往遊，遂自東昌至登州，有《山左詩鈔》一卷。嘉慶歲丙辰，元督學於浙，復招君遊，浙東，有《浙江詩鈔》一卷。歲庚申，元撫浙，招君復遊浙。辛酉春，歸揚州。秋，應鄉試，中式舉人。入都，謁座師英煦齋先生。先生曰：吾知子之字曰「里堂」，江南老名士屈久矣。歲壬戌，復招君遊浙。冬，歸揚州。歲乙丑，有勸君應禮部試且資之者。君以書辭之曰：生母殷病，雖愈而神未健。此不北行之苦心，非樂安佚、輕仕進也。殷竟以夏病，冬卒。君哀毀如初，克盡其孝。除喪後，小有足疾，遂託疾居黃珏橋村舍，閉戶著書。葺其老屋曰「半九書塾」，復構一樓曰「雕菰樓」，有湖光山色之勝。而讀書著書，恆在樓，足不入城市者十餘年矣。歲庚辰夏，足疾甚，且病瘧，以七月二十七日卒，距生於乾隆癸未二月三日，得年五十有八。妻阮氏，子廷琥，廩生。孫三授《易》、授《書》、授《詩》。君善讀書，博聞強記，識力精卓，於學無所不通，著書數百卷。尤邃於經，於經無所不治，而於《周易》、《孟子》專勤成書。君於《易》本有家學，嘗疑一號咷也，何以既見於旅，又見於同人一拯馬壯也？何以既見於復，又見於明夷密雲不雨之象？何以小畜與小過同辭？甲庚三日之占，何以蠱象與巽象相例？丁父憂，後乃偏求說《易》之書閱之，撰述成帙。甲子後，復精研舊稿，悟得洞淵九容之術，實通於《易》，乃以數之比例求易之比例，於是擬撰《通釋》一書。丁卯病危，以《易》未成爲憾。病瘳，誓於先聖先師盡屏他務，專治此經，遂成《易通釋》二十卷。【略】《易通釋》既成，復提其要爲《圖略》八卷，凡圖五篇，原八篇發明旁通、相錯、時行之義。《論》十篇，破舊說之非。復成《章句》十二卷，總稱《雕菰樓易學》三書。其四十卷君《易》學既成，數年中有隨筆記錄之書，編次之得二十卷，曰《易餘籥錄》，凡友朋門弟子所問答及於《易》者取入三書外，多有所餘，復錄而存之，得二卷，曰《易話》。自癸酉立一簿，自稽所業得三卷曰《注易日記》，又有《易廣記》三卷。君之易學不拘守漢魏各師法，惟以卦爻經文比例爲主，號咷密雲蹤跡甚顯蒺藜樽酒，假借有據，如郭守敬之以實測得天行也。既又著《孟子正義》三十卷，疏趙岐之注，兼採近儒數十家之說，而多下己意，合孔孟相傳之正指。君又著《六經補疏說》，曰：說漢《易》者，每屛王弼之說，然弼之解箕子，乃用趙賓說，孔穎達不能申明之。他如讀彭爲旁，借雍爲甕，通孚爲浮而訓爲務躁，解斯爲廝而釋爲賤役。蓋以六書通借解經之法，尚未遠於馬、鄭諸儒，惟貌爲高簡，故疏者視爲空論耳，因作《周易王氏注補疏》二卷。說《尚書》者，多以孔傳爲僞。然《堯典》以下至《秦誓》，其篇固不僞也。即魏晉人作傳，亦何不可存。因舉其說之善者。如《金縢》我之不辟，訓辟爲法，居東即東征，罪人即管、蔡。《大誥》周公不自稱王，而稱成王之命，皆非馬、鄭所能。及作《尚書孔氏傳補疏》二卷。毛、鄭義有異同，然《正義》往往雜鄭於毛，比毛於鄭，而聲音訓詁疏略亦多，因撰《毛詩鄭氏箋補疏》五卷。《春秋》成而亂臣賊子懼，《左氏傳》云：稱君，君無道；稱臣，臣之罪。杜預且揚其詞而暢衍之，與《孟子》之說大悖。預爲司馬懿女壻，目見成濟之事，將有以爲昭飾，且有以爲懿師飾，即用以爲己飾。此《左氏春秋集解》所以作也。萬氏充宗斥《左氏》之頗，惠氏半農、顧氏棟高糾杜氏之失，然未有摘其姦而發其覆者，撰《左氏春秋傳杜氏集解補疏》五卷。謂《禮》以時，爲大蔽千萬世制禮之法，而訓詁名物亦所宜究，撰《禮記鄭氏注補疏》三卷。《論語》一書，所以發明伏羲、文王、周公之指，其文簡奧，惟《孟子》闡發最詳，最鬯。《論語》一書之中，參伍錯綜，引申觸類，其互相發明者，亦與《易》例同，撰《論語何氏集解補疏》二卷，合之爲《六經補疏》二十卷。君游浙，因元考浙江原委，以證《禹貢》三江歸揚州，撰《禹貢鄭注釋》二卷，專明班氏、鄭氏之學。君謂王伯厚《詩地理考》繁雜，無所融貫，作《毛詩地理釋》四卷。君又仿東原戴氏《孟子字義疏證》，撰《論語通釋》一卷，凡十二篇：曰聖，曰大，曰仁，曰一貫忠恕，曰學，曰知，曰能，曰權，曰義，曰禮，曰仕，曰君子小人。君又撰《羣經宮室圖》二卷，爲圖五十篇，《毛詩鳥獸草木蟲魚釋》十一卷，《陸璣疏考證》一卷。君錄當世通儒說《尚書》者四十一家、書五十七部，仿衛湜《禮記》之例，以時之先後爲序，得四十卷，曰《書義叢鈔》。君思深悟銳，尤精於天學、算術。【略】君又善屬文，最愛柳柳州文，習之不倦，謂唐宋以來一人而已。後人多斥柳州爲王叔文黨，君爲雪之。且曰：田山薑《古歡集》，馮山公、王西莊兩先生，於叔文事皆立論平允，足洗不讀書者隨聲附和之陋習。君於治經之外，如詩詞、醫學、形家九流之書，無不通貫。又力彰家鄉先哲，勤求故友遺書孜孜不倦。黃珏橋有老屋一區，爲前明忠臣梁公于涘之故宅，君買脩之，扁曰「北湖耆舊祠」，設木主三十位祀。嘗居北湖，忠孝行誼載于史志、足爲鄉人表率者，復揭三十人事實于壁，里人頗觀感焉。復理採舊聞，搜訪遺籍，成《北湖小志》六卷。又因分撰《揚州府志》，收拾雜文舊事，次第爲《目錄》一卷，名曰《揚州足徵錄》。又以隨筆考錄揚事者，成《邗記》六卷。君每得一書，必識其顛末，或朋友之書，無慮經史子集即小說詞曲，亦必讀之，至再心有所契，則手錄之。如是者三十年，命子廷琥編寫，成《里堂道聽錄》五十卷。又舉國朝人著述三十二家，作《讀書三十二贊》。又著《貞女論》二篇，《愚孝論》一篇，皆有補於世教。君之文集手自訂者，曰《雕菰集》二十四卷，《詞》三卷，《詩話》一卷，《種痘醫說》等書不具錄。君性誠篤直樸，孝友最著，恬淡寡欲，不干仕祿。居恆布衣蔬食，不入城市，惟以著書爲事，湖山爲娛。壯年即名重海內，先輩中如錢辛楣、王西莊、程易田諸先生，皆推敬之。煦齋先生見君《易學》，叙之以爲發千古未發之蘊，且集蘇文忠句書贈之曰：手植數松今偃蓋，夢香三畫舊通靈。子廷琥，能讀書，傳父學，端士也。評曰：焦君與元年相若，且元族姊夫也，弱冠與元齊名。自元服官後，君學乃精深博大，遠邁於元矣。今君雖殂，而學不朽。元哀之切，知之深，綜其學之大指而爲之傳，且名之爲「通儒」。諗之史館之傳儒林者，曰斯一大家，曷可遺也！

《清史列傳・儒林傳下二・焦循》 焦循，字里堂，江蘇甘泉人。嘉慶六年舉人。曾祖源，祖鏡，父葱，世傳《易》學。循少穎異，八歲在阮賡堯家，與賓客辨壁上「馮夷」字，曰：「此當如《楚辭》讀皮冰切，不當讀如縫。」阮奇之，妻以女。既壯，雅尚經術，與阮元齊名。元督學山東、浙江，俱招循往遊。性至孝，丁父及嫡母謝艱，哀毁如禮。一應禮部試，後以生母殷病愈而神未健，不復北行。殷歿，循毁如初。服除，遂託足疾，不入城市者十餘年。葺其老屋，曰半九書塾，復構一樓，曰雕菰樓，有湖光山色之勝，讀書著述其中。嘗歎曰：「家雖貧，幸蔬菜不乏。天之疾我福我也，吾老於此矣！」嘉慶二十五年，卒，年五十八。循博聞彊記，識力精卓，每遇一書，無論隱奧平衍，必究其源。以故經史、曆算、聲音、訓詁，無所不精。幼好《易》，父問「小畜」、「密雲」二語何以復見於「小過」，循反復其故不可得，既學洞淵九容之術，乃以數之比例求《易》之比例，漸能理解。

著《通釋》二十卷，自謂所悟得者：一曰旁通，二曰相錯，三曰時行。旁通者，在本卦初與四易、二與五易、三與上易，本卦無可易，則旁通於他卦，亦初通於四、二通於五、三通於上，先二五後初四三上爲當位，不俟二五而初四三上先行爲失道，《易》之道惟在變通二五先行而上下應之，此變通不窮者也。或初四先行、三上先行，則上下不能應，然能變而通之，仍大中而上下應如乾四之坤初而成小畜，復失道矣。變通之小畜二之豫五，姤二之復五，復初不能應姤。初則能應小畜四，不能應豫四，則能應坎四之離，上成井豐，失道矣。變通之井二之噬嗑五，豐五之渙二，豐上不應，渙上則能應，井三不能應，噬嗑三則能應。此所謂時行也，比例之義，出於相錯，如睽二之五爲无妄，井二之噬嗑五亦爲无妄，故睽之噬膚，即噬嗑之噬膚。坎三之離上成豐，噬嗑上之三亦成豐，故豐之日昃，即離之日昃；豐之日中，即噬嗑之日中。漸上之歸妹三，歸妹成大壯漸成蹇，蹇大壯相錯成需，故歸妹以須，須即需也。歸妹四之漸初漸成家人，歸妹成臨，臨通遯，相錯爲謙履，故眇能視，跛能履。臨二之五，即履二之謙五之比例也。既復提其要，爲《圖略》八卷，又成《章句》十二卷，總名《易學三書》。初，循以《易》學質王引之，引之以爲鑿破混沌。年四十七，病危，以書未成爲憾。後乃誓於先聖先師，盡屏他務，凡四易稿乃成。其學《易》時，隨筆記錄，有《易餘籥錄》二十卷，《易話》二卷，《註易日記》三卷，《易廣記》三卷。又以古之精通《易》理、深得羲、文、周、孔之恉者，莫如孟子。生孟子後，深知其學者，莫如趙氏，僞疏踳駁，未能發明。著《孟子正義》三十卷，謂爲《孟子》作疏，其難有十。然近代通儒，已得八九，因博采諸家之説，而下以己意。合孔孟相傳之正恉，又著《六經補疏》，以説漢《易》者，每屏王弼，然弼解《箕子》，用趙賓説，讀彭爲旁，借雍爲甕，通孚爲浮，解斯爲廝，蓋以六書通借解經之法，未遠於馬鄭諸儒，爲《周易王氏注補疏》二卷。以《尚書》僞孔《傳》説之善者，如《金縢》我之不辟，訓辟爲法，居東即東征，罪人即管蔡。《大誥》周公不自稱王而稱成王之命，皆非馬鄭所能及，爲《尚書孔氏傳補疏》二卷。以《詩》毛鄭義有異同，《正義》往往雜鄭於毛，比毛於鄭，爲《毛詩鄭氏箋補疏》五卷。以《左氏傳》稱君君無道稱臣臣之罪，杜預揚其辭而暢衍之，預爲司馬懿女壻，目見成濟之事，將以爲司馬師，即用以爲己飾。萬斯大、惠士奇、顧棟高等未能摘姦而發覆，爲《左氏春秋傳杜氏集解補疏》五卷。謂禮以時爲大，訓詁名物亦所宜究，爲《禮記鄭氏注補疏》三卷。以《論語》一書，發明羲、文、周公之恉，參伍錯綜，引申觸類，亦與《易》例同，爲《論語何氏集解補疏》三卷，合之爲二十卷。又錄當世通儒説《尚書》者四十一家，書五十七部，仿衛湜《禮記》之例，以時之先後爲序，得四十卷，曰《書義叢鈔》。又著《禹貢鄭注釋》一卷、《毛詩地理釋》四卷、《毛詩鳥獸草木蟲魚釋》十一卷，《陸璣疏考證》一卷、《羣經宮室圖》二卷，《論語通釋》一卷。循於天文算術，以梅文鼎《弧三角舉要》環中黍尺，撰非一時，繁複無次；戴震《句股割圜記》務爲簡要，變易舊名；著《釋弧》三卷。又以弧線之生，緣於諸輪，輪之弗明，法無從附，著《釋輪》二卷。又以雍正癸卯律書用橢圓法實測，隨時而差，則立法亦隨時而改，著《釋橢》一卷。又以《九章》不能盡加減乘除之用，而加減乘除可以通《九章》之窮，著《加減乘除釋》八卷。又得秦道古《數學大略》，因著《天元一釋》，二卷，《開方通釋》一卷。吳縣李鋭序之云：「此書於帶分寄母、同數相消之故，發揮無餘蘊。李欒城，郭邢臺後爲此學者，未能如此妙也。」他著有《北湖小志》六卷，《揚州足徵錄》一卷、《邗記》六卷，《里堂道聽錄》五十卷。最愛柳柳州文，習之不倦，謂唐宋以來一人而已。著有《雕菰樓文集》二十四卷，又《詞》三卷、《詩話》一卷。循壯年即名重海內，錢大昕、王鳴盛、程瑤田等皆推敬之。始入都，謁座主英和，和曰：「吾知子之字曰里堂，江南老名士，屈久矣！」歿後，阮元作傳，稱其學精深博大，名曰通儒，世謂不愧云。子廷琥。

《經義述聞》分部

綜　述

王引之《經義述聞敘》　引之受性檮昧，少從師讀經，裁能絕句，而不得其解。既乃習舉子業，旦夕不輟，雖有經訓，未及捜討也。年廿一，應順天鄉試，不中式而歸，亟求《爾雅》、《説文》、《音學五書》讀之，乃知有所謂聲音、文字、詁訓者。越四年而復入都，以已所見質疑於大人前，大人則喜曰：乃今可以傳吾學矣。遂語以古韻廿一部之分合，《説文》諧聲之義例，《爾雅》、《方言》及漢代經師詁訓之本原。大人曰：詁訓之指存乎聲音，字之聲同聲近者，經傳往往假借。學者以聲求義，破其假借之字，而讀以本字，則涣然冰釋。如其假借之字而強爲之解，則詰鞫爲病矣。故《毛公詩》、《傳》，多易假借之字而訓以本字，已開改讀之先。至康成箋《詩》注《禮》，婁云某讀爲某，而假借之例大明。後人或病康成破字者，不知古字之多假借也。大人又曰：説經者期於得經意而已，前人傳注不皆合於經，則擇其合經者從之，其皆不合，則以己意逆經意，而參之他經證以成訓。雖別爲之説，亦無不可，必欲專守一家，無少出入，則何邵公之墨守見伐於康成者矣。故大人之治經也，諸説竝列則求其是，字有假借則改其讀，蓋孰於漢學之門戶，而不囿於漢學之藩籬者也。引之過庭之日，謹録所聞於大人者以爲圭臬，日積月累，遂成卷帙。既又由大人之説觸類推之，而見古人之詁訓有後人所未能發明者，亦有必當補正者。其字之假借，有必當改讀者。不揆愚陋，輒取一隅之見，附於卷中，命曰《經義述聞》，以志義方之訓。凡所説《易》、《書》、《詩》、《周官》、《儀禮》、《大小戴記》、《春秋》内外傳、《公羊》、《穀梁傳》、《爾雅》，皆依類編次，附以通説。其所未竟，歸之續編，亦欲當世大才通人糾而正之，以袪煩惑云爾。嘉慶二年三月二日高郵王引之敍。合《春秋》名字，《解詁大歲攷》凡三十二卷，道光七年十二月重刊於京師西江米巷壽藤書屋。

阮元《經義述聞序》 昔郢人遺燕相書，夜書曰「舉燭」，因而過書「舉燭」，燕相受書説之曰：舉燭者，尚明也。尚明者，舉賢也。國以治。治則治矣，非書意也。鄭人謂玉未理者璞，周人謂鼠未腊者璞，周人曰：欲買璞乎？鄭賈曰：欲之。出其璞乃鼠也。夫誤會「舉燭」之義，幸而治。誤解鼠、璞，則大謬。由是言之，凡誤解古書者，皆舉燭、鼠璞之類也。古書之最重者，莫逾於經。經自漢晉以及唐宋，固全賴古儒解注之力。然其閒未發明而沿舊誤者尚多，皆由於聲音、文字、假借、轉注未能通徹之故。我朝小學、訓詁遠邁前代，至乾隆閒，惠氏定宇、戴氏東原大明之。高郵王文肅公以清正立朝，以經義教子，故哲嗣懷祖。先生家學特爲精博，又過於惠、戴二家先生。經義之外，兼覈諸古子史哲。嗣伯申繼祖又居鼎甲，幼奉庭訓引而申之，所解益多，著《經義述聞》一書，凡古儒所誤解者，無不旁徵曲喻，而得其本義之所在。使古聖賢見之，必解頤曰：吾言固如是，數千年誤解之，今得明矣。嘉慶二十年，南昌盧氏宣旬讀其書而慕之，既而伯申又從京師以手訂全帙寄余，余授之盧氏，盧氏於刻《十三經注疏》之暇付之刻工，伯申亦請余言序之。昔余初入京師，嘗問字於懷祖先生，先生頗有所授。既而伯申及余門，余平日説經之意，與王氏喬梓投合無閒。是編之出，學者當曉然於古書之本義，庶不致爲成見舊習所膠固矣。雖然，使非究心於聲音文字以通訓詁之本原者，恐終以燕説爲大寶，而嚇其腐鼠也。嘉慶二十二年春，阮元序於荆州舟中。

傳記

《清史列傳》卷三四《王引之》 王引之，江蘇高郵州人。祖安國，官吏部尚書，自有傳。引之，嘉慶四年一甲進士，授翰林院編修。六年，充貴州鄉試正考官。八年，大考一等，擢侍講。九年二月，駕幸翰林院，與諸臣倣柏梁體聯句，引之與焉。又以張説「東壁圖書府」五律分字賦之，引之分得「竭」字。禮成，賜《味餘書室全集》暨茶綺、箋硯等物。尋充《皇朝詞林典故》纂修官。三月，京察一等，六月，陞右春坊右庶子，充湖北鄉試正考官。九月，丁母憂。十一年，服闋，會《皇朝詞林典故》成，下部議敍。十二年五月，補原官。八月，提督河南學政。十三年五月，轉左庶子。十二月，陞翰林院侍講學士，十四年，轉侍讀學士。十五年，回京。十六年，充日講起居注官。十七年五月，遷通政使司副使。十二月，稽察右翼宗學。十八年八月，陞太僕寺卿。十月，陞大理寺卿。十九年，提督山東學政，奏申嚴五童互結法，令先期識認，點名時挨次細認，頂冒之劉雲漢等因是敗露，治如律。硃批：「以實心整飭士習，勖勵之！」先是，河南滑縣教匪煽亂，山左多從逆者。上命學臣撰論説以化之，引之著《闡訓化愚論》、《見利思害説》進御，奉命刊布。二十一年十月，還京。十二月，擢都察院左副都御史。二十二年二月，充會試知貢舉。【略】二十三年六月，充浙江鄉試正考官。十一月，以禮部覈議原任侍郎錢樾入祀鄉賢祠，不置可否，率請欽定，下部議處，引之降二級留任。二十四年三月，充會試副考官。閏四月，署兵部左侍郎。九月，教習庶吉士。尋以萬壽節前遇忌辰，不於先期奏請，輒照常素服，降正三品京堂；又以罪應戍邊廢員朱錫爵呈進萬壽頌冊，禮部一律接收，下部議處。十一月，補通政使司通政使。十二月，授吏部右侍郎。二十五年七月，進《爵秩全覽》，繕寫謬誤，下部議處。九月，充實錄館副總裁。十月，充武會試知武舉。

道光元年六月，畿輔及山左旱蝗，諭疆吏飭屬親勘搜除，引之疏言：「捕蝗一事，惟在辦理得法。若專任胥役，則蝗蝻未除，而農民反受騷擾之害。蓋胥役一經奉票捕蝗，則計畝派夫，藉端取費；及率人撲捕，則又故踐禾苗，偪令出錢。無蝗地畝，亦復肆行蹂躪。是爲民除害之事，轉爲貽害於民之事。恭讀《欽定康濟錄捕蝗必覽》所載捕蝗十宜，以設廠收買爲最要之策，其法或錢或米，捕蝗一斗給以若干，捕蝻一斗給以若干，使百姓捕蝗而得賞，則趨之如騖。不假胥吏之催促，非惟受效甚速，且免作踐騷擾之患。請將《捕蝗必覽》頒示直隸、山東地方大員，令其相度機宜，速行籌辦。」上如所請行。【略】七年五月，擢工部尚書。七月，充武英殿總裁。十一月，賜紫禁城騎馬。八年七月，承修文廟碑亭，引之等勘估草率，下部議處。是月，上面諭：「《康熙字典》間有譌字，今重加刊刻，自應詳考更正。」引之校正二千五百八十八條，另輯《考證》十二冊，進呈欽定。八月，署戶部尚書。九年，署吏部尚書。十年，調禮部尚書。十一年七月，署工部尚書。十月，充武鄉試正考官。十二年，丁父憂。十四年，服闋，補工部尚書。尋卒。諭曰：「工部尚書王引之品行端謹，學問素優。由翰林洊躋卿貳，擢任尚書，方資倚畀。茲聞溘逝，殊深軫惜！著加恩照尚書例賜䘏。處分悉予開復。應得䘏典，察例具奏。」尋賜祭葬，予謚文簡。

《詩毛氏傳疏》分部

綜述

陳奐《詩毛氏傳疏敘》 敘曰：昔者周公制禮作樂，詩爲樂章，用諸宗廟朝廷，達諸鄉黨邦國。當時賢士大夫皆能通於《詩》教，孔子以《詩》授羣弟子，曰：「小子何莫學夫《詩》。」又曰：「不學《詩》，無以言。」誠以《詩》教之入人者深，而聲音之道與政通也。卜子子夏親受業於孔子之門，遂檃括詩人本志，爲三百十一篇作《序》。《史記》云「《詩》三百五篇，孔子皆弦歌之。」此不數六笙詩也。子夏作《序》時，六笙詩尚存。數傳至六國時，魯人毛公依《序》作《傳》，其《序》意有不盡者，傳乃補綴之，而於詁訓特詳。授趙人小毛公。毛公名亨，作《詩詁訓傳》，小毛公名萇，爲河閒獻王博士。《漢書·儒林傳》不得其詳實。《詩》當秦燔錮禁之際，猶有齊、魯、韓三家《詩》，萌芽閒出。三家多採雜說，與《儀禮》、《論語》、《孟子》、《春秋內外傳》論《詩》往往或不合。三家雖自出於七十子之徒，然而孔子既沒，微言已絕，大道多岐，異端共作。又或借以諷動時君，以正詩爲刺詩，違詩人之本志。故齊、魯、韓可廢，毛不可廢。齊、魯、韓且不得與毛抗衡，况其下者乎。漢興，齊、魯、韓先立學官，置博士，而毛僅僻在河閒。平帝末，得立學官，遂遭新禍。班孟堅說《詩》，魯最爲近之者，素習見聞而云然也。東京已降，經術粵隆，若鄭仲師、賈景伯、許叔重、馬季長，稍稍治《毛詩》，然在廷諸臣，猶尚《魯》訓，兼習《韓》。故鄭康成殿居漢季，初從東郡張師張恭祖。學《韓詩》，後見《毛詩》義精好，爲作《箋》，亦復閒襍《魯詩》，并參己意。固作《箋》之旨，實不盡同毛義。及至魏晉，鄭學既行，雖以王子雝不好鄭氏，力極申毛難鄭，究未得毛之精微。唐貞觀中孔沖遠作《正義》，《傳》、《箋》俱疏，於是毛、鄭兩家合爲一家之書矣。兩漢信《魯》而《齊》亡，魏晉用《韓》而《魯》亡，隋唐以迄趙宋，稱鄭而《韓》亦亡。近代說

《詩》，兼習毛鄭，不分時代，毛在齊、魯、韓之前，鄭後四百餘載。不尙專脩，毛自謂子夏所傳，鄭則兼用韓、魯。不審鄭氏作《箋》之旨，而又苦毛義之簡深，猝不得其涯際，漏辭偏解，迄無鉅觀。二千年來，毛雖存而若亡，有固然已。奐不揣檮昧，沈研鑽極，畢生思慮，會萃於茲。竊以《毛詩》多記古文，倍詳歬典，或引申，或假借，或互訓，或通釋；或文生上下而無害，或辭用順逆而不違，要明乎世次得失之迹，而吟詠情性，有以合乎詩人之本志。故讀《詩》不讀《序》，無本之教也；讀《詩》與《序》而不讀《傳》，失守之學也。文簡而義贍，語正而道精，洵乎爲小學之津梁，羣書之鈐鍵也。初放《爾雅》編作義類，凡聲音訓詁之用，天地山川之大，宮室衣服制度之精，鳥獸草木蟲魚之細，分別部居，各爲探索。久乃剗除，條例章句，揉成作疏。攷《漢書·蓺文志》，《毛詩》二十九卷，《毛詩故訓傳》三十卷，此蓋以十五國風爲十五卷，小雅七十四篇爲七卷，大雅三十一篇爲三卷，三頌爲三卷，合爲二十八卷，而《序》別爲一卷，故爲二十九卷。毛公作《故訓傳》時，以周頌三十一篇爲三卷，而《序》分冠篇首，故合爲三十卷。今分作三十卷者，仍《毛詩》舊也。古經傳本各自爲書，自《傳》與《箋》合併，而久失原書之舊，今置《箋》而疏《傳》者，宗《毛詩》義也。憶自髫飾聞脩，趨承庭訓，依奉慈規，父諱植，與叔父樸、季父格同產，以樹德勖子，世稱丈藝先生，母趙安人。私淑先師之緒，博訪通人之語，攟取先秦之舊說，搴擇末漢之異言。墨守之譏，亦所不辭，而鼠璞之譬，庶幾免焉。若夫作者之聖，述者之明，卓乎篇章，粲然大備。欲達治亂之原，以懷聖賢之敎，其將有竢於天下後世之言《詩》者。長洲舊籍隸崇明陳奐碩甫氏謹撰。

傳記

《清史列傳·儒林傳下二·陳奐》 陳奐，字碩甫，江蘇長洲人。諸生。咸豐元年，舉孝廉方正。奐始從吳縣江沅治古學。金壇段玉裁寓吳，與沅祖聲善，嘗曰：「我作《六書音韻表》，惟江氏祖孫知之，餘鮮有知者。」奐盡一晝夜探其梗概，沅嘗假玉裁《經韻樓集》，奐竊視之，加朱墨後，玉裁見之，稱其學識出孔、賈上。由是奐遂受學玉裁，刻《說文解字注》，校訂之力奐居多。游京師，高郵王念孫暨子引之，棲霞郝懿行、績溪胡培翬、涇胡承珙、臨海金鶚咸與奐締交。引之著《經義述聞》，每一卷成，必出相質；承珙撰《毛詩後箋》，自《魯頌·泮水》以下，奐爲補編；郝氏《爾雅義疏》、胡氏《儀禮正義》、金氏《求古録》，皆爲校刊以行。奐嘗言大毛公《詁訓傳》，言簡意該，漢儒不遵行，錮蔽久矣。遂殫精竭慮，專攻毛《傳》，以毛《傳》一切禮數名物，自漢以來無人稱引，韜晦不彰。乃博徵古書，發明其義，大抵用西漢以前舊說，而與東漢人說詩者不苟同。又以毛氏之學，源出荀子，而善承毛氏者，惟鄭仲師、許叔重兩家，故於《周禮注》、《說文解字》多所取說，著《詩毛氏傳疏》三十卷。敘曰：「鄭康成初學《韓詩》，後見《毛詩》義精好爲作《箋》，亦復間雜《魯詩》，併參己意，故作箋之旨，實不盡同毛義。近代說《詩》兼習毛、鄭，不分時代，不尙專修，不審鄭氏作箋之旨，而又苦毛義之簡深，猝不得其涯際，漏辭偏解，迄無鉅觀。竊以《毛詩》多記古文，倍詳前典，或引伸，或假借，或互訓，或通釋，或文生上下而無害，或辭用順逆而不違，要明乎世次得失之迹，而吟詠情性，有以合乎詩人之本志，故讀詩不讀序，無本之教也。讀《詩》與《序》而不讀《傳》，失守之學也。《漢書·藝文志》《毛詩》二十九卷、《毛詩故訓傳》三十卷，古經傳本各自爲書，自傳與箋合併，而久失原書之舊。今置箋而疏傳者，宗《毛詩》義也。是書剖析同異，訂證闕訛，有功毛氏不淺。如《葛覃傳》父母在以下九字爲《箋》語竄入，引《泉水箋》爲證，與我行其野篇宣王之末以下十九字爲《傳》誤入《箋》者，皆確不可易。毛於言告言歸下，既云婦人謂嫁曰歸，於此則第訓寧爲安，蓋歸寧即序之歸安父母，謂已嫁而可以安其父母之心，即所謂無父母遺罹也。《潛夫論·斷訟篇》云，不枉行以遺憂，故美歸寧之志，一許不改，蓋所以長貞潔而寧父母也。此正足以發明序傳之義。又如以煩撋解生民之蹂黍，里旅證公劉之廬旅，皆確有依據，而以《爾雅》之不遹不蹟不徹爲一句，以釋《日月》、《沔水》、《十月之交》三詩，尤爲精絕。」又以疏中稱引博廣難明，更舉條例立表示圖，爲《毛詩說》一卷，準以古音依四始爲《毛詩音》四卷，倣《爾雅》例編毛傳爲《義類十九篇》一卷，以鄭多本三家詩與毛異，爲《鄭氏箋考徵》一卷。又有《詩語助義》三十卷。《公羊儀禮考徵》一卷、《師友淵源記》一卷、《禘郊或問》、《宋本集韻校勘記》。其論《尙書大傳》與毛傳同條共貫，論

《春秋》之學，從《公羊》以知例，治《穀梁》以明禮。《穀梁》文句極簡，必得治禮數十年而後可明其要義。論《釋名》與毛《傳》、《說文》多不合，然可以討漢末說經家之沿流。論丁度《集韻》云：「《集韻》總字具見《類篇》，先以《類篇》校《集韻》，再參之《釋文》、《說文》、《玉篇》、《廣韻》、《博雅》，則校讐之功過半矣。」又云：「陸氏《釋文》宋本當於《集韻》求之，今《尚書釋文》經開寶中陳諤等刪改之本，《集韻》則未經刪改者也。」皆爲後學開塗徑。於子書中尤好《管子》，嘗命其弟子元和丁士涵爲《管子案》四卷。家居授徒，從游者數十人。同郡管慶祺、馬釗、費寶鍔，浙西戴望、蔣仁榮，其尤著也。同治二年，卒，年七十有八。

《儀禮古今文疏義》分部

綜述

胡承珙《儀禮古今文疏義自序》 《後漢書·儒林傳》云：《前書》魯高堂生，漢興傳《禮》十七篇，後瑕邱蕭奮以授同郡后蒼，蒼授梁人戴德及德兄子聖，於是德爲《大戴禮》，聖爲《小戴禮》。又云：鄭元本習《小戴禮》，後以古經校之，取其義長者順故爲鄭氏學。是則鄭注所謂今文者，乃小戴本所謂古文者，則《前書·蓺文志》云「古經出於魯淹中者也。」《六蓺論》云：得孔子壁中古文《禮》，凡五十六篇，其十七篇與高堂生所傳同，而字多異。蓋鄭君作注參用二本。從今文者，則今文在經，古文出注；從古文者，則古文在經，今文出注。此其大較也。然尚有不止此者，今文、古文各有一字兩作者，如職爲今文，截爲古文，而又云今文職或作植；䌛爲古文，璪爲今文，而又云古文䌛或作藻。且有不言今、古文，但云某或作某者。殆當時行用更有別本，斯可謂博稽廣攬者矣。典籍流傳，字多通借，《周禮》故書《禮記》，他本《論語》異讀。凡皆審定聲義，務存折衷，此經之注亦同斯旨。最其略例，蓋有數端。有必用其正字者，取其當文易曉，從甒不從廡，從盥不從浣之類是也。有即用其借字者，取其經典相承，從辯不從徧，從膉不從嗌之類是也。有務以存古者，視爲正字，示乃俗誤行之，而必從視是也。有兼以通今者，升當爲登，升則俗誤已久，而仍從升是也。有因彼以決此者，則別白而定，所從《鄉飲》、《鄉射》、《特牲》、《少牢》諸篇是也。有互見而並存者，可參觀而得其義，《士昏》從古文作枋，《少牢》從今文作柄之類是也。至於句字多寡，語助有無參酌異同，靡不悉記。疏家視爲觕略，尠有發明。不知當日禮堂寫定，隻字之去取，義例存焉。閎意眇旨，有關於經者實夥。曩治《禮經》，竊見及此，遂取注中疊出之字並讀，如讀爲，當爲，各條排比梳櫛，考其訓詁，明其假借，參稽羣經，旁采衆說，一一疏通而證明之。他如《喪服》傳注，或彌縫傳文，或駮正舊讀。雖無關今、古文，而考義定辭，致爲審覈，亦爲引申端緒，附箸於篇，仍其次弟，都爲十七。凡皆墨守鄭學，罔厥指歸，蘄爲治此經者撮壤涓流之裨助云爾。昔道光五年青龍乙酉四月既望，墨莊胡承珙自識于求是艸堂。

傳記

《清史列傳·儒林傳下二·胡承珙》 胡承珙，字景孟，安徽涇縣人。嘉慶十年進士，改翰林院庶吉士，散館授編修。十五年，充廣東鄉試副考官。尋遷御史，轉給事中。自以身居言路，當周知天下利弊，陳之於上，方不負職，故其數年中陳奏，多見施行，而其條陳虧空弊端一疏，尤爲深切著明。二十四年，授福建延建邵道，尋調補臺灣道。臺灣素稱難治，承珙力行清莊弭盜之法。在臺三年，民、番安肅。旋乞假歸里。道光十二年，卒，年五十七。承珙究心經學，尤專意於毛氏《詩傳》。歸里後，鍵戶著書，與長洲陳奐往復討論，不絕於月，著《毛詩後箋》三十卷。其書主於申述毛義，自注疏而外，於唐、宋、元、明諸儒之說，及近人爲《詩》學者無不廣徵博引，而於名物訓詁，及三家《詩》異同，類皆剖析精微，折衷至當；其最精者，能於毛傳本文前後，會出指歸，又能於西漢以前古書中，反復尋考，貫通《詩》義，證明毛旨。凡四易稾，手自寫定，至《魯頌·泮水》章而疾作，遺言囑奐校補。奐乃爲續成之。又以鄭君注《儀禮》，參用古今文二本，撮其大例，有必用其正字者，有即用其借字者，有務以存古者，有兼以通今者，有因彼以決此者，有互見而並存者，閎意妙旨，有關於經實夥。遂取注中疊出之字，並讀如、讀爲、當爲各條，排比梳櫛，考其訓詁，明其假借，參稽旁采，疏通而證明之，作《儀禮古今文疏義》十七卷。又謂惠氏棟《九經古義》未及《爾雅》，遂補撰數十條成二卷，《小爾雅》原本不傳，今存《孔叢子》中，世多謂爲僞書，作《小爾雅義證》十三卷，斷以爲眞。復著有《求是堂詩文集》三十卷。

《儀禮正義》分部

綜述

羅惇衍《儀禮正義序》 績溪戶部胡先生，夙承家學，邃精《三禮》，以《儀禮經》爲周公作，有殘闕而無僞託，鄭注而後，惟唐賈氏公彥疏盛行，而賈疏或解經而違經旨，或申注而失注意。因參稽衆說，覃精研思，積四十餘年成《正義》若干卷。先生自述其例有四：曰補注，補鄭君注所未備也。曰申注，申鄭君注義也。曰附注，近儒所說雖異，鄭恉義可旁通，附而存之，廣異聞，祛專己也。曰訂注，鄭君注義偶有違失，詳爲辨正，別是非，明折衷也。夫禮者，履也。禮者，體也。使人約其心於登降、揖讓、進退、酬酢之閒。目以處義，足以步目，考中度衷。昭明物，則以是觀其容而知其心，即其敬情以考其吉凶之，故《春秋》所記，其應如響。故先王所以教君子所以履，莫不於是盡心焉。顧嬴秦滅學，而後高堂生傳《禮》十七篇，五傳而有大、小戴。慶氏三家之學，其時雖竝置博士，而范《史》所紀，至《儒林》未有顯者。賴康成鄭君本小戴之學，又校以《古經》，爲鄭氏學。而是經以明宜，其爲百代師表也。然自是，鄭注孤行，雖有荀崧宜置博士之請，而爲其學者絕少。自王肅、沈重、黃慶、李孟悊而外，如袁準、孔倫十數家，大都專解《喪服》而已。故賈氏竝疏二《禮》，而《儀禮》不逮《周禮》之該洽。即《儀禮》一經，而衆篇亦不逮《喪服》之該洽。觀其自序，稱《喪服》南北章疏甚多，其解全經，惟取裁黃、李二家，則其詳略之殊致，亦以所本者多寡不同歟！況自高堂生推《士禮》以合之天子，後儒雖錯綜全經，旁推午貫，而先王制禮貴多貴少，主減進文，精意所存，有非一端可例。則即鄭注以攷經文，亦不免偶有岐合之殊。而疏家例取專門，即有違失，必爲曲解。又所申釋，必取經注正文，彼此殊科，或亦彊爲比傅。則其解經而反違經旨，申注而并失注義，亦勢所必然。曷若無所依違，期於大通哉！雖然三代以上典物俱存，服其服，則帶裳、韠舄之異等易明也；履其地，則堂室、奧阼之殊方易識也；接其人，則南鄉、北鄉，東面、西面之異位易辨也；舉其器，則几席、筐篚、尊俎、觚觶之殊制易攷也。故其時君子務察位稱之義，而器數則有司存，三代以後即鄭君去古未遠，而先王法物已罕有知者。故其注禮時，即漢制以相譬況。及賈疏時，則并漢制亦多有不能知者，如《士冠禮》缺項，鄭注舉卷幘箇以證如頍之讀，而賈疏則謂卷幘之狀不可知矣。況其更歷千載乎！是非旁搜博攷，神與古會，念釋所在，回翔反覆。即器數以攷誼理之存，使精融形釋，若親接古人而與之進退酬酢於其閒，亦安能抉經之心，析異同之見，以折衷一是哉！余於茲，識先生爲之之勤，研之之久，而益信其所擇者精，所成者大也。昔鄭君自以年老乞於禮堂，寫定經說，後遂夢徵起起，歲阨龍蛇。今先生亦力疾成書，書甫成，而遽歸道山。後先之軌，千載同符。然則先生紹業鄭君，將於是在世，有好是書而刊布之者，其亦先生之志也。夫道光己酉十月，順德羅惇衍椒生氏撰。

傳記

《清史列傳・儒林傳下二・胡培翬》 胡培翬，字載平，安徽績溪人。嘉慶二十四年進士，官內閣中書、戶部廣東司主事。居官勤而處事密，時人稱其治官如治經，一字不肯放過。絕不受胥吏財賄，而抉隱指弊，胥吏咸憚之。假照案發，司員失察者數十人，惟培翬及蔡紹江無所污，然猶以隨同畫諸鐫級。歸里後，立東山書院，又主講鍾山、雲間於涇川，一再至，並引翼後進爲己任。去涇川日，門人設飲餞者，相望於道。篤友誼，郝懿行、胡承珙遺書，皆賴培翬次第付梓。道光二十九年，卒，年六十八。門人祀之鍾山書院。績溪胡氏自明諸生東峯以來，世傳經學。培翬涵濡先澤，又學於歙淩廷堪，尤邃精《三禮》。官京師時，嘗與新城陳用光，涇朱珔、胡承珙，桐城徐璈、光聰諧，武進張成孫，元和蔣廷恩，太倉陳奐、陳兆熊，鶴山馮啓蓁，邵陽魏源，考定鄭康成之生爲永建二年七月五日，公祀之萬柳堂。初著《燕寢考》三卷，王引之見而善之。既，爲《儀禮正義》，上推周公、孔子、子夏垂教之指，發明鄭、賈得失，旁逮鴻儒經生之所議，張皇幽渺，闡揚聖緒，二千餘歲絕學也。其旨見與順德羅惇衍書，曰：「培翬撰《正義》，約有四例：一曰疏經以補注，二曰通疏以申注，三曰彙各家之説以附注，四曰采他説以訂注，書凡四十卷。至賈氏公彦之疏，或解經而違經旨，或申注而失注意，不可不辨，别爲《儀禮賈疏訂疑》一書。宫室制度以朝制、廟制、寢制爲綱，以天子、諸侯、大夫、士爲目，學制則分别庠序，館制則分别公私，皆先將宫室考定，而以十七篇所行之體，條系於後，名曰《宫室提綱》。陸氏《經典釋文》於《儀禮》頗略，擬取各經音義及集釋文以後各家音切，挨次補錄，名曰《儀禮釋文校補》。」培翬覃精是書，凡四十餘年。晚歲患風痺，猶力疾從事，尚有《士昏禮》、《鄉飲酒禮》、《鄉射禮》、《燕禮》、《大射儀》五篇未卒業而歿。門人江寧楊大堉從學《禮》，爲補成之。他著有《禘祫答》、《研六室文鈔》。

《論語正義》分部

綜　述

陳立《論語正義叙》　道光戊子秋，立隨劉孟瞻、梅藴生兩師，劉楚楨、包孟開兩先生赴鄉闈。孟瞻師、楚楨先生病《十三經》舊疏多踳駁，欲仿江氏、孫氏《尚書》，邵氏、郝氏《爾雅》，焦氏《孟子》，别作疏義。孟瞻師任《左氏傳》，楚楨先生任《論語》，而以《公羊》屬立嗣。楚楨先生成進士，宰畿輔，草未就，授哲嗣叔，俛明經續成之，爲若干卷，而楚楨先生旋下世。既從明經假讀，竟乃叙而論之曰：漢世《論語》有《齊論》、《魯論》，篇次小殊，説亦略異。孝武時，魯共王壞孔子宅，得《古文論語》，蓋與古《尚書》、《逸禮》皆有文無説。張禹兼通《齊》、《魯》，爲《張侯論》。而《齊》、《魯》師法淆，鄭康成就《魯論》篇第，考《齊》、《古》，爲之注，而三家師説亦不可究矣。何平叔等作《集解》，名爲集諸家之善，其不安者頗爲改易，而去取多乖，義藴觕略然，師授淵源雖汩沒無考。其漢時經師，單詞隻義，猶賴焉存。惜皇、邢二《疏》，未能發明，末學膚淺。於微言大義既無窺竊，於典章、訓詁、名物、象數復多蓋闕，厥用慨焉。楚楨先生先德，本東林耆彦，躬行力踐，世守勿替。從父端臨公箸《論語駢枝》，精深諦確，雅爲通人所重。先生少從端臨公，受學長益，旁搜博覽，又得通敏。若明經者爲之拾遺補闕，繼承先業，故其疏《論語》也，章比句櫛，疏通知遠，萃秦漢以來迄國朝儒先舊説，衷以己意，實事求是，其最有功經訓者。如謂「有子言禮之用」章，是發明中庸之説；「夫子五十知天命」，是知天生德於予之義；「告子游，子夏問孝」，是言士之孝；「乘桴浮海居九夷」，是指今高麗地興於《詩》，立於《禮》，成於《樂》。「民可使由不可使知」，是夫子教門弟子之法。「文王既沒，文不在兹乎」，是指所得之簡策。言「樊遲從遊於舞雩之下」，「問崇德脩慝辨惑」，是魯行雩祭，樊遲舉雩禱之辭以問。「朋友切切偲偲，兄弟怡怡」，是言朋友責善，兄弟不可責善。謂「伯魚爲《周南》、《召南》」，是伯魚受室，後示以閨門之戒。「四海困窮」，是指洪水之災，堯舉舜敷治之。凡此，皆先聖賢之旨，沈霾二千餘載，一旦始發其藴至。《八佾》、《鄉黨》二篇所説禮制，皆至詳確，以視江、孫、邵、郝、焦氏諸疏義，蓋有過之無不及已。立於《公羊疏》，勿勿四十年，近甫輯成稾本七十餘卷，復橐筆遊楚越，疏漏淺謬，卒未覈正。歲月如逝，寫定無期。追維先哲，悔恧何已。屠維大荒落余月，句容後學陳立識於浙江節署之受祜堂。

劉恭冕《論語正義後叙》　班生有言：仲尼沒而微言絕，七十子喪而大義乖。聖人之言，中正和易，而天下萬世莫易其理，故曰「微言」，非祇謂性與天道也。大義者，微言之義，七十子之所述者也，今其箸者，咸見《論語》。竊以先聖存時，諸賢親承指授，當已屬稿，或經先聖筆削，故言特精善，迨後追錄言行，勒爲此編，作之者非一人，成之者非一時。先儒謂孔子沒後，弟子始共撰述，未盡然也。曾子、子思、孟子、荀子，皆有箸書，於先聖之道，多所發明，而注家未之能及。至《八佾》、《鄉黨》二篇，多言禮樂制度，漢人注者，惟康成最善言禮，又其就《魯論》兼考《齊》、《古》而爲之注，知其所擇善矣。魏人《集解》，於鄭注多所刪佚，而僞孔、王肅之說，反藉以存，此其失也。梁皇侃依《集解》爲疏，所載魏晉諸儒講義，多涉清玄，於宮室衣服諸禮，闕而不言。宋邢昺又本皇氏，別爲之疏，依文衍義，益無足取。我朝崇尚實學，經術昌明，諸家說《論語》者，彬彬可親，而於疏義之作，尚未遑也。先君子少受學於從叔端臨公，姸精羣籍，繼而授館郡城，多識方聞綴學之士，時於毛氏《詩》、鄭氏《禮注》，皆思有所述錄。初箸《毛詩詳注》、《鄭氏釋經例》，後皆輟業。及道光戊子，先君子應省試，與儀徵劉先生文淇、江都梅先生植之、涇包先生愼言、丹徒柳先生興恩、句容陳丈立始爲約，各治一經，加以疏證。先君子發策得《論語》，自是屛棄他務，專精致思，依焦氏作《孟子正義》之法，先爲長編得數十巨冊，次乃薈萃而折衷之，不爲專己之學，亦不欲分漢、宋門戶之見，凡以發揮聖道，證明典禮，期於實事求是而已。既而作宰畿輔，簿書繁瑣，精力亦少就衰，後所闕卷，舉畀恭冕，使續成之。恭冕承命惶悚，謹事編纂，及咸豐乙卯秋，將卒業，而先君子病足瘇，遂以不起，蓋知此書之將成而不及見矣，傷哉！丙辰後，邑中時有兵警，恭冕兢兢愼持，懼有遺失，暇日亟將此稾，重復審校，手自繕錄，蓋又十年，及乙丑之秋而後寫定。述其義例，列於卷首。繼自今但求精校，或更得未見書讀之，冀少有裨益，是則先君子之所以爲學，而恭冕之所受於先君子者，不敢違也。世有鴻博碩儒，幸不吝言，補其罅漏，正其迷誤，跂予望之。同治五年歲次丙寅春三月，恭冕謹識。

傳記

《清史列傳・儒林傳下二・劉寶楠》 劉寶楠，字楚楨，江蘇寶應人。父履恂，字迪九。乾隆五十一年舉人，國子監典簿。著有《秋槎雜記》。寶楠生五歲而孤，母氏喬教育之。始從從父台拱請業，以學行聞鄉里。爲諸生時，與儀徵劉文淇齊名，人稱揚州二劉。道光二十年進士，授直隸文安縣知縣。文安地窪下，隄堰不修，遇伏秋水盛漲，輒爲民害。寶楠周履隄防，詢知疾苦，爰檢舊冊，依例督旗屯及民同修，而旗屯恆怙勢相觀望，寶楠執法不阿，功遂濟。嘗夜冒雨至大城助修固、獻等隄，堵塞演馬莊隄工決口。在縣三歲，皆獲有秋。再補元氏，會歲旱，縣西北境蝗，袤延二十餘里。寶楠禱東郊蜡祠，令邨保設廠購捕，蝗爭投阬井，或抱禾死，歲則大熟。咸豐元年，調三河。值東省兵過境，故事，兵車皆出里下。寶楠謂兵多差重，非民所堪，雇車應差，給以民價，民得不擾。在官十六年，衣冠樸素，如諸生時，勤於聽訟。官文安日，審結積案千四百餘事。每雞初鳴，燭入，嘬食少許，興坐堂皇，隨鞫隨結，毋許吏胥攙言。凡涉親故族屬訟者，諭以睦婣，概令解釋。訟獄既簡，吏多去籍歸耕。曹舍晝閉，或賃與人，爲書畫肆，遠近翕然，著循良稱。咸豐五年，卒，年六十五。寶楠於經，初治毛氏《詩》、鄭氏《禮》，後與劉文淇及江都梅植之、涇包愼言、丹徒柳興恩、句容陳立，約各治一經。寶楠發策得《論語》，病皇、邢《疏》蕪陋，乃蒐輯漢儒舊說，益以宋人長義，及近世諸家，仿焦循《孟子正義》例，先爲長編，次乃薈萃而折衷之，著《論語正義》二十四卷。其最有功經訓者，如謂有子言禮之用章，是發明《中庸》之說；夫子五十知天命，是知天生德於予之義；告子、游、子夏問孝，是言士之孝；乘桴浮海，是指今高麗地；興於詩、立於禮、成於樂，民可使由之，不可使知之，是夫子教門弟子之法；文王既沒，文不在茲乎，是指所得之簡策；言樊遲從游於舞雩之下，問崇德修慝辨惑，是魯行雩祭、樊遲舉雩祭之詞；以問朋友切切偲偲、兄弟怡怡，是言朋友責善，兄弟不可責善；謂伯魚爲《周南》、《召南》，是謂伯魚受室後示以閨門之戒；四海困窮，是指洪水之災；堯舉舜敷治之。凡此皆先聖賢之旨，沉霾二千餘載，一旦始發其蘊。至《八佾》、《鄉黨》二篇所說禮制，皆至詳確，因官事繁，未卒業，命子恭冕續成之。他著有《釋穀》四卷，於豆、麥、麻三種，多補正程氏《九穀考》之說；《漢石例》六卷，於碑志體例，考證詳博。《寶應圖經》六卷、《勝朝殉揚錄》三卷、《文安隄工錄》六卷。所爲文淵雅翔實，有《韜山樓詩文集》。子恭冕。

《群經平議》分部

綜述

俞樾《群經平議序》 《羣經平議》三十五卷，德清俞樾撰。樾自爲序錄曰：道光之元，樾始生焉。生六歲，而母氏姚太恭人授之《論語》、《孟子》及《禮記》《大學》、《中庸》二篇。十歲受業於戴貽仲先生，始習爲時文。十五歲從先朝議君讀書常州，粗通羣經大義。其明年入縣學，又明年應鄉試，廁名副榜。於是竱力爲科舉之文。越七年，而舉於鄉。又六年，而成進士。入翰林，則年已三十矣。自以家世單寒獲在華選，惴惴惟不稱職是懼，不皇它也。咸豐七年，自河南學政，免官歸。因故里無家，僑寓吳下石琢堂前輩五柳園中。當是時，粵賊據金陵已五年，東南數千里幾無完城。朝廷命重臣督師，四出討賊，才智之士爭起言兵。余自顧無所能，閉戶發亟，取童時所讀諸經復誦習之，於是始竊有譔述之志矣。家貧不能具書，假於人而讀焉，有所得必錄之。治經之外，旁及諸子，妄有訂正，兩《平議》之作，蓋始此矣。其後江浙皆陷于賊，流離遷徙，靡有定居。《平議》兩書，卒未忍棄。同治建元之歲，由海道至天津，寓於津者三載，而《羣經平議》三十五卷乃始告成。念少年精力爲舉業所耗，通籍後又居館職，習詩賦至中歲以後始退而學經。所謂困而學之者，非歟！庸足以知聖人之微言大義乎！雖然本朝經學之盛，自漢以來未之有也。余幸生諸老先生之後，與聞緒論，粗識門戶，嘗試以爲治經之道，大要有三：正句讀，審字義，通古文假借。得此三者，以治經則思過半矣。《詩》曰：昔我有先，正其言明。且清聖人之言，豈有不明？且清者哉！其詰鞫爲病，由學者不達此三者故也。三者之中，通假借爲尤要。諸老先生，惟高郵王氏父子發明故訓，是正文字，至爲精審。所著《經義述聞》，用漢儒讀爲、讀曰之例者居半焉。或者病其改易經文，所謂焦明已翔乎寥廓，羅者猶視乎藪澤矣。余之此書，竊附王氏《經義述聞》之後，雖學術淺薄，儻亦有一二言之幸中者乎。以其書成最先，故列所著書弟一，今錄其目于左方。

傳記

繆荃孫《俞先生行狀》 祖廷鑣，乾隆甲寅恩科，欽賜副貢生。妣夏氏、戴氏。考鴻漸，嘉慶丙子科舉人。妣蔡氏、嵇氏、姚氏。本貫浙江湖州府德清縣人，年八十有六。先生諱樾，字蔭甫，號曲園。舊居德清東門之南埭，姚太夫人生子二，先生居次。先生生三日，太夫人得病，甚危，積二十餘日，始愈。四歲，遷居仁和之臨平鎮。先生幼有夙慧，太夫人口授四子書，過目不忘。九歲，戲爲書，自注其下。著述等身，篤老不倦，實兆於此。年十六，補縣學生。道光丁酉科副榜貢生。甲辰恩科舉人。庚戌舉禮部試，覆試一等第一名，殿試二甲，賜進士出身，改翰林院庶吉士。覆試詩題爲《澹煙疏雨落花天》，首句云「花落春仍在」，爲曾文正公所賞，謂詠落花而無衰颯意，與小宋落花詩意相類，言於同閱卷諸公，置第一。此先生受知文正公之始，後遂以「春在堂」名其全書，志知遇也。咸豐壬子，散館授編修，以博物閎覽稱於輦下名輩。乙卯四月考差，上以《舜在牀琴》命題。時海宇多故，宵旰憂勤，先生借題發揮，以見古聖人不戁不竦，遇變如常，并旁引文王之羑里鳴琴、孔子之匡邑被圍絃歌不輟，以明先後聖之同揆。八月簡放河南學政，奏請以公孫僑從祀文廟，及聖兄孟皮配享崇德祠。並邀俞允。甫再歲，以人言罷歸，僑居蘇州。先生既反初服，乃壹意治經，以高郵王氏爲宗。其大要在正句讀，審字義，通古文叚借。由經以及諸子，皆循此法，冀不背王氏之旨。其《羣經平議》，則繼王氏《經義述聞》而作。《諸子平議》，則竊坿《讀書雜志》之後。《古書疑義舉例》，則小變《經傳釋詞》

之例而推衍之。先生之私淑王氏，謹守家法，不苟如此。逮其後《俞樓雜志》、《曲園雜纂》、《茶香室經說》諸書，出其析疑振滯，皆與前書相仿，或有精義較勝於昔，學與年進，先生不自諱也。先生居吳，猶及見宋大令翔鳳，得聞武進莊氏之學。故一切毖緯冢言，先生亦偶涉之要見。先生精力過絕，於人遠甚。先生業以著書自娱，遂不復出。曾文正之督兩江，李文忠之撫吳下，咸愛重之。先生以巾服從游，往來如處士，文正有「閎才不薦，徒竊高位」之語。論者謂文正懲徐侍郎之奏，不敢繼進於先生，本志所在，固未喻也。先生歷主講蘇州紫陽，上海求志，德清清溪，歸安龍湖等書院。而主杭州詁經精舍至三十一年，爲歷來所未有。其課諸生，一稟阮文達公成法。王侍郎昶、孫觀察星衍兩先生之緒至，先生復起而振之。兩浙知名之士承聞訓迪，蔚爲通材者，不可勝數。門人爲築俞樓於孤山之麓，以與薛廬相配。游湖上者，皆能指其所在，相與樂道其地不絕。先生自少至老讀書著述，皆有常程。每竟一歲，皆有寫定之書刊布於世。晚年，足跡不出江浙，聲名溢於海內，遠及日本。文士有來執業門下，其不及者，則從海舶寄書質證，賦詩相祝。而如蒙古賢王、京邸宗藩，或遠來求書，或以楹帖寄贈，以致傾慕。先生居林下四十餘年，於光緒癸卯正科溯舉、道光甲辰鄉試，計周一甲子。浙中大吏以重宴鹿鳴，請得旨復編修原官，有「早入翰林，殫心著述，啓迪後進，人望允孚」之諭。先是先生省母於其兄福甯官舍，晤閩浙制府英香巖相國，爲道咸豐閒以河南巡撫入覲，文宗猶詢及姓名，有「人頗聰明，寫作俱佳」之諭。先生聞之，不覺失聲，至今上復有此旨。稽古之榮，一時無兩往者。曾文正謂先生「拚命著書，食報之隆乃償於後」，可謂極儒生之殊遇矣。先生訓詁主漢學，義理主宋學，教弟子以通經致用，蔚然爲東南大師。晚歲憂傷時局，常語人曰：「形而上者謂之道，形而下者謂之器。以中學爲體者，道也；以西學爲用者，器也。」病中猶以「毋域見聞，毋忘國本」，垂爲家訓。束脩所入，別以賣文字自給。有餘，則振贍親族，拯卹災患，樂以爲常。授孫陛雲讀，不名他師。陛雲以戊戌弟三人及第，親見其典試。蜀中舉特科，乞假侍左右，賦詩相樂。其祖孫翰林，庶幾亦猶高郵王氏文肅之於文簡。先生雖得年稍遜懷祖，名山之業固實繼之。世俗耳食多以曲園比之隨園，雷同相和，所謂貌同心異，有道於通人之前，宜不值一映也。先生以光緒丙午十二月二十三日卒於蘇州寓廬，臨終賦自喜留別詩，以賤啓代訃，夷然委化，至無所苦，朝野人士聞之，相與咨歎，謂頓失儒宗，後生小子於何宗仰！今江蘇巡撫陳公臚舉先生學術及所著書入奏，天語寵被，詔入《國史·儒林傳》，以旌其學。耆儒著書之富，受知之厚，信無如先生者。即其仕不中蹶度，至卿相而止耳。以彼易此，殊有不侔，先生可以慰矣。先生著書，凡五百餘卷。其有功經義諸子，則有《羣經平議》五十卷，《諸子平議》五十卷，《弟一樓叢書》三十卷，《曲園》、《俞園雜纂》共一百卷，《茶香室經說》十六卷，《古書疑義舉例》七卷。餘具先生自著《全書録要》中。先生於兵燹後，總辦浙江書局，建議江、浙、揚、鄂四省，分刻二十四史，於浙局精刻子書二十四種，海內稱爲善本。又議鈔補浙江文瀾閣舊藏四庫全書。今閣重建，而書亦觕具，沾溉儒林，嘉惠尤非淺尠。古來小說《燕丹子傳》奇體也，《西京雜記》小說體也。至《太平廣記》以博采爲宗旨，合兩體爲一帙，後人遂不能分。先生《右台筆記》以晉人之清談寫宋人之名理，勸善懲惡，使人觀感於不自知前之者。《閱微草堂》五種，後之者《寄龕四種》，皆有功世道之文，非私逞才華者所可比也。荃孫於光緒丁丑初見先生於曲園，奉手受教。先生因與先君子丁酉同譜，誨之尤切，後每過蘇，必侍談數次。先生成書，必先遺之荃孫，有所撰述，亦必郵呈訓誨。去年九月，猶侍談三時之久。窺見先生精神強固，言語貫串，私心自喜，以爲可繼伏生之長壽，爲後進之導師。別後又兩奉手書，而孰意竟不及再見耶，嗚呼，悲已！謹略舉先生爲學大概及聞見所及如右，以備當世爲志傳者之采擇。若其持論之精，先生全書具存，第而擷之，是在史氏鄙之所述，庶亦以坿麗焉。

《戰國策注》分部

綜　述

劉向《戰國策書録》　護左都水使者光祿大夫臣向言：所校中《戰國

策》書，中書餘卷，錯亂相糅莒。又有國別者八篇，少不足。臣向因國別者，略以時次之，分別不以序者以相補，除復重，得三十三篇。本字多誤脫爲半字，以「趙」爲「肖」，以「齊」爲「立」，如此字者多。中書本號，或曰《國策》，或曰《國事》，或曰《短長》，或曰《事語》，或曰《長書》，或曰《脩書》。臣向以爲戰國時，游士輔所用之國，爲之策謀，宜爲《戰國策》。其事繼春秋以後，訖楚、漢之起，二百四十五年間之事，皆定以殺青，書可繕寫。

敘曰：周室自文、武始興，崇道德，隆禮義，設辟雍泮宮庠序之教，陳禮樂弦歌移風之化。敍人倫，正夫婦，天下莫不曉然。論孝悌之義，惇篤之行，故仁義之道滿乎天下，卒致之刑錯四十餘年。遠方慕義，莫不賓服，雅頌歌詠，以思其德。下及康、昭之後，雖有衰德，其綱紀尚明。及春秋時，已四五百載矣，然其餘業遺烈，流而未滅。五伯之起，尊事周室。五伯之後，時君雖無德，人臣輔其君者，若鄭之子產，晉之叔向，齊之晏嬰，挾君輔政，以並立於中國，猶以義相支持，歌說以相感，聘覲以相交，期會以相一，盟誓以相救。天子之命，猶有所行。會享之國，猶有所恥。小國得有所依，百姓得有所息。故孔子曰：「能以禮讓爲國乎何有？」周之流化，豈不大哉！及春秋之後，衆賢輔國者既沒，而禮義衰矣。孔子雖論《詩》、《書》，定《禮》、《樂》，王道粲然分明，以匹夫無勢，化之者七十二人而已，皆天下之俊也，時君莫尚之。是以王道遂用不興。故曰：「非威不立，非勢不行。」

仲尼既沒之後，田氏取齊，六卿分晉，道德大廢，上下失序。至秦孝公，捐禮讓而貴戰爭，棄仁義而用詐譎，苟以取強而已矣。夫篡盜之人，列爲侯王；詐譎之國，興立爲強。是以傳相放效，後生師之，遂相吞滅，并大兼小，暴師經歲，流血滿野，父子不相親，兄弟不相安，夫婦離散，莫保其命，湣然道德絕矣。晚世益甚，萬乘之國七，千乘之國五，敵侔爭權，蓋爲戰國。貪饕無恥，競進無厭；國異政教，各自制斷；上無天子，下無方伯；力功爭強，勝者爲右；兵革不休，詐僞並起。當此之時，雖有道德，不得施謀，有設之強，負阻而恃固；連與交質，重約結誓，以守其國。故孟子、孫卿儒術之士，棄捐於世，而游說權謀之徒，見貴於俗。是以蘇秦、張儀、公孫衍、陳軫、代、厲之屬，生從横短長之說，左右傾側。蘇秦爲從，張儀爲横；横則秦帝，從則楚王；所在國重，所去國輕。

然當此之時，秦國最雄，諸侯方弱，蘇秦結之，時六國爲一，以儐背秦。秦人恐懼，不敢闚兵於關中，天下不交兵者，二十有九年。然秦國勢便形利，權謀之士，咸先馳之。蘇秦初欲横，秦弗用，故東合從。及蘇秦死後，張儀連横，諸侯聽之，西向事秦。是故始皇因四塞之固，據崤、函之阻，跨隴、蜀之饒，聽衆人之策，乘六世之烈，以蠶食六國，兼諸侯，并有天下。杖於謀詐之弊，終於信篤之誠，無道德之教，仁義之化，以綴天下之心。任刑罰以爲治，信小術以爲道。遂燔燒詩書，坑殺儒士，上小堯、舜，下邈三王。二世愈甚，惠不下施，情不上達；君臣相疑，骨肉相疏；化道淺薄，綱紀壞敗；民不見義，而懸於不寧。撫天下十四歲，天下大潰，詐僞之弊也。其比王德，豈不遠哉！孔子曰：「道之以政，齊之以刑，民免而無恥；道之以德，齊之以禮，有恥且格。」夫使天下有所恥，故化可致也。苟以詐僞偷活取容，自上爲之，何以率下？秦之敗也，不亦宜乎！

戰國之時，君德淺薄，爲之謀策者，不得不因勢而爲資，據時而爲。故其謀，扶急持傾，爲一切之權，雖不可以臨國教化，兵革救急之勢也。皆高才秀士，度時君之所能行，出奇策異智，轉危爲安，運亡爲存，亦可喜，皆可觀。護左都水使者光祿大夫臣向所校《戰國策》書錄。

曾鞏《戰國策序》 劉向所定著《戰國策》三十三篇，《崇文總目》稱十一篇者闕。臣訪之士大夫家，始盡得其書，正其誤謬，而疑其不可考者，然後《戰國策》三十三篇復完。敍曰：向敍此書，言周之先，明教化，修法度，所以大治。及其後，詐謀用而仁義之路塞，所以大亂。其說既美矣。率以謂此書，戰國之謀士，度時君之所能行，不得不然，則可謂惑於流俗而不篤於自信者也。夫孔、孟之時，去周之初，已數百歲，其舊法已亡，其舊俗已熄久矣。二子乃獨明先王之道，以爲不可改者，豈將強天下之主以後世之所不可爲哉？亦將因其所遇之時，所遭之變，而爲當世之法，使不失乎先王之意而已也。二帝三王之治，其變固殊，其法固異，而其爲國家天下之意，本末先後，未嘗不同也。二子之道，如是而已。蓋法者所以適變也，不必盡同；道者所以立本也，不可不一。此理之不易者也。故二子者守此，豈好爲異論哉？能勿苟而已矣。可謂不惑於流俗而篤於自信者也。戰國之游士則不然，不知道之可信，而樂於說之易合。其設心注意，偷爲一切之計而已。故論詐之便而諱其敗，言戰之善而蔽其患。其相率而爲之者，莫不有利焉而不勝其害也，有得焉而不勝其失也。卒至蘇秦、商鞅、孫臏、吴起、李斯之徒以亡其身，而諸侯及秦用之，亦滅其國。其爲世之大禍明矣，而俗猶莫之悟也。惟先王之道，因時適變，法不同而考之無疵，用之無敝，故古之聖賢，未有以此而易彼也。或曰，邪説之害正也，宜放而絶之。則此書之不泯，不泯其可乎？對曰，君子之禁邪説也，固將明其説於天下。使當世之人，皆知其説之不可從，然後以禁則齊；使後世之人，皆知其説之不可爲，然後以戒則明。豈必滅其籍哉？放而絶之，莫善於是。故孟子之書，有爲神農之言者，有爲墨子之言者，皆著而非之。至於此書之作，則上繼春秋，下至秦、漢之起，二百四五十年之間，載其行事，固不得而廢也。此書有高誘注者二十一篇，或曰三十二篇。《崇文總目》存者八篇，今存者十篇云。編校史館書籍臣曾鞏序。

孫元忠《書戰國策後》 臣自元祐元年十二月入館，即取曾鞏三次所校定本，及蘇頌、錢藻等不足本。又借劉敞手校書肆印賣本參考。比鞏所校，補去是正，凡三百五十四字。八年，再用諸本及集賢院新本校，又得一百九十六字，共五伯五十籤。遂爲定本，可以修寫黄本入秘閣。集賢本最脱漏，然亦間得一兩字。癸酉歲臣朴校定。右十一月十六日書閣本後孫元忠。

姚宏《題戰國策》 右《戰國策》，《隋・經籍志》：三十四卷，劉向録；高誘注，止二十一卷；漢京兆尹延篤論一卷。《唐・藝文志》，劉向所録已闕二卷，高誘注乃增十一卷，延叔堅之論尚存。今世所傳三十三卷。《崇文總目》高誘注八篇，今十篇，第一、第五闕。前八卷，後三十二、三十三，通有十篇。武安君事，在《中山》卷末，不知所謂。叔堅之論，今他書時見一二。舊本有未經曾南豐校定者，舛誤尤不可讀。南豐所校，乃今所行。都下建陽刻本，皆祖南豐，互有失得。余頃於會稽得孫元忠所校於其族子慤，殊爲疏略。後再扣之，復出一本，有元忠跋，并標出錢、劉諸公手校字，比前本雖加詳，然不能無疑焉。如用「埊」、「悳」字，皆武后字，恐唐人傳寫相承如此。諸公校書，改用此字，殊所不解。竇苹作《唐史釋音》，釋武后字，内「埊」字云，古字，見《戰國策》。不知何所據云然。然「坔」乃古「地」字。又「埊」字，見《亢倉子》、《鶡冠子》，或有自來；至於「悳」字，亦豈出於古歟？幽州僧行均《切韻訓詁》，以此二字皆古文，豈別有所見耶？孫舊云五百五十籤，數字雖過之，然間有謬誤，似非元書也。括蒼所刊，因舊無甚增損。余萃諸本，校定離次之，總四百八十餘條。太史公所採，九十餘條，其事異者，止五、六條。太史公用字，每篇間有異者，或見於他書，可以是正，悉注於旁。辨「欒水」之爲「潰水」，「案」字之爲語助，與夫不題校人，并題續注者，皆余所益也。正文遺逸，如司馬貞引「馬犯謂周君」、徐廣引「韓兵入西周」、李善引「吕不韋言周三十七王」、歐陽詢引「蘇秦謂元戎以鐵爲矢」、《史記正義》「竭石九門，本有宫室以居」、《春秋後語》「武靈王游大陵夢處女鼓瑟」之類，略可見者如此，今本所無也。至如「張儀説惠王」，乃《韓非初見秦》，「厲憐王」引《詩》乃韓嬰《外傳》，後人不可得而質矣。先秦古書，見於世者無幾。而余居窮鄉，無書可檢閲，訪《春秋後語》，數年方得之，然不爲無補。尚覬博採，老得定本，無劉公之遺恨。紹興丙寅中秋，剡川姚宏伯聲父題。

姚寬《戰國策後序》 右《戰國策》，《隋・經籍志》：三十四卷，劉向録；高誘註，止二十卷；漢京兆尹延篤論一卷。《唐・藝文志》，劉向録已闕二卷，高誘註乃增十一卷，延篤論時尚存。今所傳三十三卷。《崇文總目》高誘註八篇，印本存者有十篇。武安君事在《中山》卷末，不詳所謂。延篤論今亡矣。其未曾經曾南豐校定者，舛誤尤不可讀。其浙、建原小字刊行者，皆南豐所校本也。括蒼耿氏所刊，鹵莽尤甚。宣和間，得館中孫固、孫覺、錢藻、曾鞏、劉敞、蘇頌、集賢院共七本，晚得晁以道本，并校之，所得十二焉。如用「埊」、「悳」字，皆武后字，恐唐人相承如此。諸公校書，改用此字，殊不可解。竇苹作《唐書》，釋武后用「埊」字，云古字，字見《戰國策》。不知何所據而云然？「坔」乃古地字。又「埊」字，見《亢倉子》、《鶡冠子》，或有自來；至於「悳」字，幽州僧行均作《切韻訓詁》，以此二字云古文，豈別有所見耶？太史公所採九十三事，内不同者五。《韓非子》十五事，《説苑》六事，《新序》九事，《吕氏春秋》一事，《韓詩外傳》一事，皇甫謐《高士傳》三事，《越絶書》記李園一事，甚異。如正文遺逸引《戰國策》者，司馬貞《隱》五事，《廣韻》七事，《玉篇》一事，《太平御覽》二事，《元和姓纂》一事，《春秋後語》二事，《後漢・地理志》一事，《後漢》第八贊一事，《藝文類聚》一事，《北堂書鈔》一事，徐廣注《史記》一事，張守節《正義》一事，舊《戰國策》一事，李善注《文選》一事，皆今本所無也。至如「張儀說惠王」，乃《韓非子·初見秦》書，「厲憐王」引《詩》乃《韓詩外傳》，既無古書可以考證，第嘆息而已。某以所聞見，以爲集注，補高誘之亡云。上章執徐仲冬朔日，會稽姚寬書。

鮑彪《戰國策校注序》 《國策》，史家流也。其文辯博，有煥而明，有婉而微，有約而深，太史公之所考本也。自漢稱爲《戰國策》，雜以短長之號，而有蘇、張縱橫之說。學者諱之置不論，非也。夫史氏之法，具記一時事辭，善惡必書，初無所抉擇。楚曰「檮杌」，書惡也。魯曰「春秋」，善惡兼也。司馬《史記》，班固《漢書》，有佞幸等列傳，學者豈以是爲不正，一舉而棄之哉？矧此書，若張孟談、魯仲連發策之慷慨，諒毅、觸讋納說之從容，養叔之息射，保功莫大焉；越人之投石，謀賢莫尚焉；王斗之愛縠，憂國莫重焉。諸如此類不一，皆有合先王正道，孔、孟之所不能違也。若之何置之？曾鞏之序美矣，而謂禁邪說者，固將明其說於天下，則亦求其故而爲之說，非此書指也。起秦迄今千四百歲，由學者不習，或衍或脫，或後或失次，故「肖」、「立」半字，時次相糅，劉向已病之矣。舊有高誘注，既疏略無所稽據，注又不全，浸微浸滅，殆於不存。彪於是考《史記》諸書爲之注，定其章條，正其衍說，而存其舊，慎之也。地理本之《漢志》，無則缺。字訓本之《說文》，無則稱猶。雜出諸書，亦別名之。人姓名多不傳見，欲顯其所說，故繫之一國。亦時有論說，以翊宣教化，可以正一史之謬，備《七略》之缺。於之論是非，辨得失，而考興亡，亦有補於世。紹興十七年丁卯仲冬二十有一日辛巳冬至縉雲鮑彪序。

耿百順《括蒼刊本序》 余至括蒼之明年，歲豐訟簡，頗有文字之暇，於是用諸郡例鏤書以惠學者，念《戰國策》未有板本，乃取家舊所藏刊焉。是書訛舛爲多，自曾南豐已云疑其不可考者，今據所藏，且用先輩數家本參定，以俟後之君子而已。昔袁悅之還都，止齎《戰國策》曰：天下要惟此書，而李權從秦宓借《戰國策》。宓曰：戰國從橫，用之何爲？蓋學者好惡之不侔如此。夫是非取舍，要當考合乎聖人之道以自擇，要之此先秦古書，其序事之備，太史公取以著《史記》，而文辭高古，子長實取法焉。學者不可不家有而日誦之，故余刊書以是爲首云。紹興四年十月魯人耿延禧百順書。

吴師道《戰國策序》 先秦之書，惟《戰國策》最古，文最訛舛，自劉向校定已病之。南豐曾鞏再校，亦疑其不可考者。後漢高誘爲注，宋尚書郎括蒼鮑彪詆其疏略繆妄，乃序次章條，補正脱誤，時出己見論說，其用意甚勤。愚嘗並取而讀之，高氏之疏略信矣，若繆妄，則鮑氏自謂也。東萊呂子《大事記》，間取鮑說而序次之，世亦或從之。若其繆誤，雖未嘗顯列，而因此考彼，居然自見，遂益得其詳焉。蓋鮑專以《史記》爲據，馬遷之作，固采之是書，不同者當互相正，《史》安得全是哉？事莫大於存古，學莫善於闕疑。夫子作《春秋》，仍夏五殘文；漢儒校經，未嘗去本字，但云「某當作某，某讀如某」，示謹重也。古書字多假借，音亦相通。鮑直去本文，徑加改字，豈傳疑存舊之意哉？比事次時，當有明徵，其不可定知者，闕焉可也，豈必強爲傅會乎？又其所引書，止於《淮南子》、《後漢志》、《說文》、《集韻》，多摭彼書之見聞，不問本字之當否。《史》注自裴、徐氏外，《索隱》、《正義》皆不之引，而《通鑑》諸書亦莫考。淺陋如是，其致誤固宜。顧乃極詆高氏以陳賈爲《孟子》書所稱，以伐燕爲齊宣，用是發憤更注；不思宣王伐燕，乃《孟子》明文，宣、閔之年，《通鑑》謂史失其次也。鮑以赧王爲西周君，而指爲正統，此開卷大誤，不知河南爲西周，洛陽爲東周。韓非子說秦王以爲何人，魏惠王盟臼里以爲他事，以魯連約矢之書爲後人所補，以魏幾、鄢陵爲人名，以公子牟非魏牟，以中山司馬子期爲楚昭王卿，此類甚多，尚安得詆高氏哉？其論說自謂「翊宣教化」，則尤可議。謂張儀之詆齊、梁爲將死之言善，周人詐以免難爲君子所恕，張登狡獪非君子所排，蘇代之詭爲不可廢，陳軫爲絶類離羣，蔡澤爲明哲保身，聶政爲孝，樂羊爲隱忍，君王后爲賢智婦人，韓幾瑟爲義嗣，衛嗣君爲賢君，皆悖義害正之甚者。其視名物、人、地之差失，又不足論也。鮑之成書，當紹興丁卯。同時剡川姚宏，亦注是書，云得會稽孫朴所校，以閣本標出錢藻、劉敞校字，又見晉孔衍《春秋後語》，參校補注，是正存疑，具有典則。《大事記》亦頗引之，而世罕傳，知有鮑氏而已。近時，浚儀王應麟嘗斥鮑失數端，而廬陵劉辰翁盛有所稱許。以王之博洽，知其未暇悉數，而劉特愛其文采，他固弗之察也。呂子有云，觀《戰國》之事，取其大旨，不必字字爲據。蓋以游士增飾之詞多，矧重以訛舛乎？輒因鮑注，正以姚本，參之諸書，而質之《大事記》，存其是而正其非，庶幾明事跡之實，求義理之當焉！或曰，《戰國策》者，六經之棄也。予深辨而詳究之，何其戾？鮑彪之區區，又不足攻也。夫人患理之不明耳！知至而識融，則異端雜説，皆吾進德之助，而不足以爲病也。曾氏之論是書曰：「君子之禁邪説者，固將明其説於天下，使皆知其不可爲，然後以禁則齊，以戒則明。」愚有取焉爾。是非之在人心，天下之公也。是，雖芻蕘不遺；非，雖大儒必斥。愚何擇於鮑氏哉！特寡學謏聞，謬誤復恐類之。世之君子有正焉，固所願也。泰定二年歲乙丑八月日金華吴師道序。

《國策》之書，自劉向第録，逮南豐曾氏，皆有序論以著其大旨。向謂戰國謀士，度時君所能行，不得不然。曾氏譏之，以爲「惑流俗而不篤於自信」。故因之推言先王之道，聖賢之法，而終謂「禁邪説者，固將明其説於天下」。其論正矣。而鮑氏以爲是，特求其故而爲之説者。《策》乃史家者流，善惡兼書，初無決擇，其善者孔、孟之所不能違，若之何置之？鮑之言，殆後出者求備邪？夫天下之道，王伯二端而已。伯者猶知假義以爲名，仗正以爲功。戰國名義蕩然，攻鬭併吞，相詐相傾，機變之謀，唯恐其不深；捭闔之辭，唯恐其不工；風聲氣習，舉一世而皆然。間有持論立言不戾乎正，殆千百而一二爾。若魯仲連蓋絶出者，然其排難解紛，忼慨激烈，每因事而發，而亦未聞其反正明本，超乎事變之外也，况其下者乎？當是之時，本仁祖義，稱述唐、虞三代，卓然不爲世俗之説者，孟子一人而已。求之是書無有也。荀卿亦宗王者，今唯載其絶春申之書，而不及其他。田子方接聞孔氏之徒，其存者僅僅一言。又何略於此而詳於彼邪？史莫大於《春秋》，《春秋》善惡兼書，而聖人之心，則欲寓褒貶以示大訓。是書善惡無所是非，而作者又時出所見，不但記載之，爲談季子之金多位高，則沾沾動色；語安陵嬖人之固寵，則以江乙爲善謀，此其最陋者。夸從親之利，以爲秦兵不出函谷十五年，諸侯二十九年不相攻，雖甚失實，不顧也。廁《雅》於鄭，則音不純；置薰於蕕，則氣必奪。善言之少，不足以勝不善之多。君子所以舉而謂之邪説者，蓋通論當時習俗之敝，舉其重而名之也。近代晁子《讀書志》，列於縱横家，亦有見者。且其所列，固有忠臣義士之行，不係於言者。而其繼春秋，抵秦、漢，載其行事，不得而廢，曾氏固已言之，是豈不知其爲史也哉？竊謂天下之説，有正有邪。其正焉者主于一，而其非正者，君子小人各有得焉。君子之於是書也，考事變，究情僞，則守益以堅，知益以明。小人之於是書也，見其始利而終害，小得而大喪，則悔悟懲創之心生。世之小人多矣，固有未嘗知是書，而其心術行事無不合者。使其得是書而究之，則將有不爲者矣。然則所謂明其説於天下，爲放絶之善者，詎可訾乎？

陳祖仁《戰國策校注序》　至正初，祖仁始登史館，而東陽吴君正傳實爲國子博士，吴君之鄉則有王文憲、何文定、金文安、許文懿諸先生所著書，君悉取以訓諸生，匡末學，後君歸，丁母艱，病卒。祖仁亦嘗聞君校註《國策》，考覈精甚，而惜未之見也。今季夏，浙西憲掾劉瑛廷修，隨僉憲伯希顔公來按吴郡。一日，囊君所校《策》來言曰：正傳，吾故人，今已矣，不可使其書亦已。吾嘗有請於僉憲公，取於其家，且刻梓學宫，君宜序之，幸毋辭。祖仁竊惟古之君子，其居家也本諸身，其居官也本諸家，其訓人也本諸已，其安時也本諸天文，其餘也而況於言乎！是故不以言爲上，而後之爲言者莫能上也；不以計爲高，而後之爲計者莫能高也。周衰，列國兵爭，始重辭命，然猶出入《詩》、《書》，援據遺禮，彬彬焉先王流風餘韻存焉。壞爛而莫之存者，莫甚於戰國。當時之君臣，惴惴然惟欲強此以弱彼，而游談馳騁之士，逆探巧合，彊辯深語，以鬭爭諸侯，矜讋妻子。雖其計不可行，言不可踐，苟有欲焉無不售也，苟有隙焉無不投也，卒之諸侯不能有其國，大夫不能有其家，而蘇秦之屬不旋踵，勢敗而身僨。由此觀之，非循末沿流不知其本故耶。是策自劉向校定後，又校於南豐曾鞏，至括蒼鮑彪，病高註疏謬，重定序次，而補闕刪衍，差失於專。時有議論，非悉於正，故吴君復據剡川姚宏本參之諸書，而質之《大事記》以成此書。其事覈而義正，誠非鮑比，古書之存者希矣。而諸儒於是書校之若是。其精者，以其言則季世之習，而其策則先秦之遺也。予何幸得觀吴君此書於身後，且知其所正者有所本，而又嘉劉掾不以死生异心而卒其志也，故不復辭，而爲之序。

王覺《題戰國策》　《戰國策》三十三篇，劉向爲之序，世久不傳。治平初，始得錢塘顔氏印本，讀之，愛其文辭之辯博，而字句脱誤尤失其眞。丁未歲，予在京師，因借館閣諸公家藏數本參校之。蓋十正其六、七，凡諸本之不載者，雜見於《史記》他書，然不敢輒爲改易，仍從其舊，蓋愼之也。當戰國之時，强者務并吞，弱者患不能守，天下方爭於戰勝攻取。馳説之士，因得以其說取合時君，其要皆主於利，言之合從連衡，變詐百出。然自春秋之後以迄于秦，二百餘年興亡成敗之迹粗見於是矣，雖非義理之所存，而辯麗橫肆亦文辭之最，學者所不宜廢也。會有求予本以開板者，因以授之，使廣其傳，庶幾正前本之失云。清源王覺題。

黄丕烈《重刻剡川姚氏本戰國策并札記序》 曩者顧千里爲予言，曾見宋槧剡川姚氏本《戰國策》，予心識之。厥後遂得諸鮑綠飲所，楮墨精好，蓋所謂梁溪高氏本也。千里爲予校盧氏雅雨堂刻本一過，取而細讀，始知盧本雖據陸敕先抄校姚氏本所刻，而實失其眞，往往反從鮑彪所改及加字并抹除者，未知盧、陸誰爲之也。夫鮑之率意竄改，其謬妄固不待言，乃更援而入諸姚氏本之中，是爲厚誣古人矣。金華吴正傳氏重校此書，其自序有曰：「事莫大於存古，學莫大於闕疑。」知言也哉！後之君子，未能用此爲藥石，可一慨已！今年，命工纖悉影橅宋槧而重刊焉。并用家藏至正乙巳吴氏本互勘，爲之《札記》，凡三卷。詳列異同，推原盧本致誤之由，訂其失，兼存吴氏重校語之涉於字句者，亦下己意，以益姚氏之未備。大旨專主師法乎闕疑存古，不欲苟取文從字順，願貽諸好學深思之士。

吴氏校每云「一本」，謂其所見淅、建、括蒼本也。今皆不可復得，故悉載之。宋槧更有所謂梁溪安氏本，今未見。見其影鈔者，在千里之從兄抱沖家。其云，經前輩勘對疑誤，采正傳補註，標舉行間。惜乎不幷存也。非一刻小小有異，然皆較高氏本爲遜，故不復論。嘉慶八年八月八日吴縣黄丕烈撰。

傳記

《漢書·楚元王傳·劉向》 向字子政，本名更生。年十二，以父德任爲輦郎。既冠，以行修飭擢爲諫大夫。是時，宣帝循武帝故事，招選名儒俊材置左右。更生以通達能屬文辭，與王褒、張子僑等幷進對，獻賦頌凡數十篇。上復興神僊方術之事，而淮南有枕中《鴻寶苑秘書》。書言神僊使鬼物爲金之術，及鄒衍重道延命方，世人莫見，而更生父德武帝時治淮南獄得其書。更生幼而讀誦，以爲奇，獻之，言黄金可成。上令典尚方鑄作事，費甚多，方不驗。上乃下更生吏，吏劾更生鑄僞黄金，繫當死。更生兄陽城侯安民上書，入國戶半，贖更生罪。上亦奇其材，得逾冬減死論。會初立《穀梁春秋》，徵更生受《穀梁》，講論《五經》於石渠。復拜爲郎中、給事黄門，遷散騎諫大夫、給事中。【略】成帝即位，顯等伏辜，更生乃復進用，更名向。向以故九卿召拜爲中郎，使領護三輔都水。數奏封事，遷光祿大夫。是時帝元舅陽平侯王鳳爲大將軍秉政，倚太后，專國權，兄弟七人皆封爲列侯。時數有大異，向以爲外戚貴盛，鳳兄弟用事之咎。而上方精於《詩》、《書》，觀古文，詔向領校中《五經》秘書。向見《尚書洪範》，箕子爲武王陳五行陰陽休咎之應。向乃集合上古以來歷春秋六國至秦漢符瑞災异之記，推迹行事，連傳禍福，著其占驗，比類相從，各有條目，凡十一篇，號曰《洪範五行傳論》，奏之。天子心知向忠精，故爲鳳兄弟起此論也，然終不能奪王氏權。久之，營起昌陵，數年不成，復還歸延陵，制度泰奢。向上疏諫曰：「臣聞《易》曰：『安不忘危，存不忘亡，是以身安而國家可保也。』故賢聖之君，博觀終始，窮極事情，而是非分明。王者必通三統，明天命所授者博，非獨一姓也。孔子論《詩》，至於『殷士膚敏，祼將于京』，喟然嘆曰：「大哉天命！善不可不傳于子孫，是以富貴無常；不如是，則王公其何以戒慎，民萌何以勸勉？」蓋傷微子之事周，而痛殷之亡也。雖有堯舜之聖，不能化丹朱之子；雖有禹湯之德，不能訓末孫之桀、紂。唯陛下上覽明聖黄帝、堯、舜、禹、湯、文、武、周公、仲尼之制，下觀賢知穆公、延陵、樗里、張釋之之意。孝文皇帝去墳薄葬，以儉安神，可以爲則；秦昭、始皇增山厚臧，以侈生害，足以爲戒。初陵之橅，宜從公卿大臣之議，以息衆庶。」書奏，上甚感向言，而不能從其計。【略】向睹俗彌奢淫，而趙、衛之屬起微賤，逾禮制。向以爲王教由內及外，自近者始。故采取《詩》、《書》所載賢妃貞婦，興國顯家可法則，及孽嬖亂亡者，序次爲《列女傳》，凡八篇，以戒天子。及采傳記行事，著《新序》、《說苑》凡五十篇奏之。數上疏言得失，陳法戒。書數十上，以助觀覽，補遺闕。上雖不能盡用，然內嘉其言，常嗟嘆之。【略】時上無繼嗣，政由王氏出，災异浸甚。向雅奇陳湯智謀，與相親友，獨謂湯曰：「災异如此，而外家日（甚）［盛］，其漸必危劉氏。吾幸得同姓末屬，絫世蒙漢厚恩，身爲宗室遺老，歷事三主。上以我先帝舊臣，每進見常加優禮，吾而不言，孰當言者？」向遂上封事極諫曰：【略】書奏，天子召見向，嘆息悲傷其意，謂曰：「君且休矣，吾將思之。」以向爲中壘校尉。向爲人簡易無威儀，廉靖樂道，不交接世俗，專積思於經術，晝誦書傳，夜觀星宿，或不寐達旦。元延中，星孛東井，蜀郡岷山崩雍江。向惡此异，語在《五行志》。【略】上輒入之，然終不能用也。向每召見，數言公族者國之枝葉，枝葉落則本根無所庇廕；方今同姓疏遠，母黨專政，祿去公室，權在外家，非所以强漢宗，卑私門，保守社稷，安固後嗣也。向自見得信於上，故常顯訟宗室，譏刺王氏及在位大臣，其言多痛切，發於至誠。上數欲用向爲九卿，輒不爲王氏居位者及丞相御史所持，故終不遷。居列大夫官前後三十餘年，年七十二卒。卒後十三歲而王氏代漢。向三子皆好學：長子伋，以《易》教授，官至郡守；中子賜，九卿丞，蚤卒；少子歆，最知名。

《宋史·曾鞏傳》　曾鞏字子固，建昌南豐人。生而警敏，讀書數百言，脱口輒誦。年十二，試作《六論》，援筆而成，辭甚偉。甫冠，名聞四方。歐陽脩見其文，奇之。中嘉祐二年進士第。調太平州司法參軍，召編校史館書籍，遷館閣校勘、集賢校理，爲實錄檢討官。出通判越州，州舊取酒場錢給募牙前，錢不足，賦諸鄉戶，期七年止；期盡，募者志於多入，猶責賦如初。鞏訪得其狀，立罷之。歲飢，度常平不足贍，而田野之民，不能皆至城邑。諭告屬縣，諷富人自實粟，總十五萬石，視常平價稍增以予民。民得從便受粟，不出田里，而食有餘。又貸之種糧，使隨秋賦以償，農事不乏。知齊州，其治以疾姦急盜爲本。曲堤周氏擁貲雄里中，子高橫縱，賊良民，汙婦女，服器上僭，力能動權豪，州縣吏莫敢詰，鞏取寘於法。章丘民聚黨村落間，號「霸王社」，椎剽奪囚，無不如志。鞏配三十一人，又屬民爲保伍，使幾察其出入，有盜則鳴鼓相援，每發輒得盜。有葛友者，名在捕中，一日，自出首。鞏飲食冠裳之，假以騎從，輦所購金帛隨之，夸徇四境。盜聞，多出自首。鞏外視章顯，實欲攜貳其徒，使之不能復合也。自是外戶不閉。河北發民濬河，調及它路，齊當給夫二萬。縣初按籍三丁出夫一，鞏括其隱漏，至於九而取一，省費數倍。又弛無名渡錢，爲橋以濟往來。徙傳舍，自長清抵博州，以達于魏，凡省六驛，人皆以爲利。徙襄州、洪州。會江西歲大疫，鞏命縣鎮亭傳，悉儲藥待求。軍民不能自養者，來食息官舍，資其食飲衣衾之具，分醫視診，書其全失、多寡爲殿最。師征安南，所過州爲萬人備。他吏暴誅亟斂，民不堪。鞏先期區處猝集，師去，市里不知。加直龍圖閣、知福州。南劍將樂盜廖恩既赦罪出降，餘衆潰復合，陰相結附，旁連數州，尤桀者呼之不至，居人慴恐。鞏以計羅致之，繼自歸者二百輩。福多佛寺，僧利其富饒，爭欲爲主守，賕請公行。鞏俾其徒相推擇，識諸籍，以次補之。授帖於府庭，卻其私謝，以絕左右徼求之弊。福州無職田，歲鬻園蔬收其直，自入常三四十萬。鞏曰：「太守與民爭利，可乎？」罷之。後至者亦不復取也。徙明、亳、滄三州。鞏負才名，久外徙，世頗謂偃蹇不偶。一時後生輩鋒出，鞏視之泊如也。過闕，神宗召見，勞問甚寵，遂留判三班院。上疏議經費，帝曰：「鞏以節用爲理財之要，世之言理財者，未有及此。」帝以《三朝》、《兩朝國史》各自爲書，將合而爲一，加鞏史館修撰，專典之，不以大臣監總，既而不克成。會官制行，拜中書舍人。時自三省百職事，選授一新，除書日至十數，人人舉其職，於訓辭典約而盡。尋掌延安郡王牋奏。故事命翰林學士，至是特屬之。甫數月，丁母艱去。又數月而卒，年六十五。鞏性孝友，父亡，奉繼母益至，撫四弟、九妹於委廢單弱之中，宦學昏嫁，一出其力。爲文章，上下馳騁，愈出而愈工，本原《六經》，斟酌於司馬遷、韓愈，一時工作文詞者，鮮能過也。少與王安石游，安石聲譽未振，鞏導之於歐陽脩，及安石得志，遂與之異。神宗嘗問：「安石何如人？」對曰：「安石文學行義，不減揚雄，以吝故不及。」帝曰：「安石輕富貴，何吝也？」曰：「臣所謂吝者，謂其勇於有爲，吝於改過耳。」帝然之。呂公著嘗告神宗，以鞏爲人行義不如政事，政事不如文章，以是不大用云。弟布，自有傳。幼弟肇。

《元史·儒學傳二·吴師道》　吴師道字正傳，婺州蘭溪人。自羈丱知學，即善記覽。工詞章，才思涌溢，發爲歌詩，清麗俊逸。弱冠，因讀宋儒眞德秀遺書，乃幡然有志於爲己之學，刮摩淬礪，日長月益，嘗以持敬致(和)〔知〕之説質于同郡許謙，謙復之以理一分殊之旨，由是心志益廣，造履益深，大抵務在發揮義理，而以闢異端爲先務。登至治元年進士第，授高郵縣丞，明達文法，吏不敢欺。再調寧國路錄事，會歲大旱，饑民仰食于官者三十三萬口，師道勸大家得粟三萬七千六百石，以賑饑民；又言于部使者，轉聞於朝，得粟四萬石、鈔三萬八千四百錠賑之，三十餘萬人賴以存活。遷池州建德縣尹，郡學有田七百畝，爲豪民所占，郡下其事建德，俾師道究治之，即爲按其圖籍，悉以歸於學。建德素少茶，而榷稅尤重，民以爲病，即爲極言于所司，榷稅爲減。中書左丞呂思誠、侍御史孔思立列薦之，召爲國子助教，尋陞博士。其爲教，一本朱熹之旨，而遵許衡之成法，六館諸生，人人自以爲得師。丁內憂而歸，以奉議大夫、禮部郎中致仕，終于家。所著有《易詩書雜說》、《春秋胡傳附辨》、《戰國策校註》、《敬鄉錄》，及文集二十卷。

陸心源《宋史翼》卷二八《文苑三・姚寬》 姚寬，字令威，嵊縣人，以父舜明任補官。少有令望，筮仕之始，一時名流爭禮致之。【略】著有《西溪集》十卷，注司馬遷《史記》一百三十卷，補注《戰國策》三十一卷、《五行秘記》一卷、《西溪叢語》一卷，注《韓文公集》未畢，尚數卷。寬每語人曰：古稱圖書，豈可偏廢。故其注《史記》、《戰國策》，辭有所不盡必畫而爲圖。【略】兄宏，字令聲，少有才名。呂頤浩爲相，薦爲删定官，後忤秦檜，死大理獄。

《四庫提要・史部七・鮑氏戰國策注》 宋鮑彪撰。案黃鶴《杜詩補注》、郭知達《集注》九家杜詩引彪之語，皆稱爲鮑文虎説，則其字爲文虎也。縉雲人，官尚書郎。《戰國策》一書編自劉向，注自高誘，至宋而誘注殘闕。曾鞏始合諸家之本校之，而於注文無所增損。姚宏始稍補誘注之闕，而校正者多，訓釋者少。彪此注成於紹興丁卯，其序中一字不及姚本。蓋二人同時，宏又因忤秦檜死，其書尚未盛行於世，故彪未見也。彪書雖首載劉向、曾鞏二序，而其篇次先後，則自以己意改移，非復向、鞏之舊。是書竄亂古本，實自彪始。【略】然彪注疏通詮解，實亦殫一生之力，故其自記稱「四易稿後，始悟《周策》之嚴氏陽豎即《韓策》之嚴遂陽堅，而有校書如塵埃風葉」之嘆。

《清史列傳・文苑傳三・黃丕烈》 黃丕烈，字蕘圃，江蘇吳縣人。乾隆五十三年舉人，官主事。丕烈博學贍聞，寢食於古。好蓄書，尤好宋槧本書，嘗構專室，藏所得宋本，名之曰百宋一廛，自稱佞宋主人。顧廣圻爲之賦，謂其「馳香嚴與芳茮，思計日而取儁，範屋室於衛荆，姑掩皕而一憗」。香嚴者同郡周錫瓚書屋名，芳茮者歸安嚴元照堂名，皆藏有宋槧本。其後丕烈復收得宋本數十種，自喜以爲符掩皕之頌，皕，二百也。尤精校勘之學，所校《周禮鄭氏注》、《夏小正》、《國語》、《國策》，皆有功來學。好刻古籍，每刻一書，行款點畫，一仍舊本，即有譌舛，不敢擅改，別爲《札記》，綴於卷末。錢大昕、段玉裁甚稱之，謂可以矯近世輕改古書之弊。嘗著《汪本隸釋刊誤》一卷，謂洪文惠密於考史而疏於證經，婁彥發長於體勢而短於音訓，大昕以爲知言。他所著有《盲史精華》、《百宋一廛賦注》、《百宋一廛書錄》、《蕘言》等書。

《呂氏春秋注》分部

綜述

高誘《呂氏春秋注序》 呂不韋者，濮陽人也，爲陽翟之富賈，家累千金。秦昭襄王者，孝公之曾孫，惠文王之孫，武烈王之子也。太子死，以庶子安國君柱爲太子。柱有子二十餘人，所幸妃號曰華陽夫人，無子。安國君庶子名楚，其母曰夏姬，不甚得幸。令楚質於趙，而不能顧質，數東攻趙，趙不禮楚。時不韋賈於邯鄲，見之，曰：「此奇貨也，不可失。」乃見楚曰：「吾能大子之門。」楚曰：「何不大君之門，乃大吾之門邪？」不韋曰：「子不知也，吾門待子門大而大之。」楚默幸之。不韋曰：「昭襄王老矣，而安國君爲太子。竊聞華陽夫人無子，能立適嗣者獨華陽夫人耳。請以千金爲子西行，事安國君，令立子爲適嗣。」不韋乃以寶玩珍物獻華陽夫人，因言楚之賢，以夫人爲天母，日夜涕泣思夫人與太子。夫人大喜，言於安國君，於是立楚爲適嗣，華陽夫人以爲己子，使不韋傅之。不韋取邯鄲姬，已有身，楚見説之，遂獻其姬，至楚所，生男，名之曰正，楚立之爲夫人。暨昭襄王薨，太子安國君立，華陽夫人爲后，楚爲太子。安國君立一年薨，謚爲孝文王。太子楚立，是爲莊襄王，以不韋爲丞相，封爲文信侯，食河南雒陽十萬戶。莊襄王立三年而薨，太子正立，是爲秦始皇帝，尊不韋爲相國，號稱仲父。不韋乃集儒書，使著其所聞，爲十二紀、八覽、六論，訓解各十餘萬言，備天地萬物古今之事，名爲《呂氏春秋》，暴之咸陽市門，懸千金其上，有能增損一字者與千金。時人無能增損者。誘以爲時人非不能也，蓋憚相國畏其勢耳。然此書所尚，以道德爲標的，以無爲爲綱紀，以忠義爲品式，以公方爲檢格，與孟軻、孫卿、淮南、揚雄相表裏也，是以著在《録略》。誘正《孟子》章句，作《淮南》、《孝經》解畢訖，家有此書，尋繹案省，大出諸子之右，既有脱誤，小儒又以私意改定，猶慮傳義失其本眞，少能詳之，故復依先師舊訓，輒乃爲之解焉，以述古儒之旨，凡十七萬三千五十四言。若有紕繆不經，後之君子斷而裁之，比其義焉。

傳記

高誘《淮南子叙》 自誘之少，從故侍中同縣盧君受其句讀，誦舉大義。會遭兵災，天下棋峙，亡失書傳，廢不尋修，二十餘載。建安十年，辟司空掾，除東郡濮陽令。睹時人少爲《淮南》者，懼遂凌遲。於是以朝餔事畢之間，乃深思先師之訓，參以經傳道家之言，比方其事，爲之注解。悉載本文，并舉音讀。典農中郎將弁揖，借八卷刺之。會揖身喪，遂亡不得。至十七年，遷監河東，復更補足。

嚴可均《全後漢文・高誘》 誘，涿郡涿人。建安中，曹公辟爲司空掾，除東郡濮陽令，遷監河東。有《戰國策注》三十二卷，《呂氏春秋注》二十六卷，《淮南子注》二十一卷。又有《孝經解》、《孟子章句》若干卷。案：舊本《呂氏春秋序》題序云：自誘之少，從故侍中同縣盧君受其句讀，謂盧子幹也。誘由濮陽令遷監河東，因誤題「河東」耳。

《國語解》分部

綜述

韋昭《國語解叙》 昔孔子發憤於舊史，垂法於素王。左丘明因聖言以攄意，託王義以流藻。其淵源深大，沈懿雅麗，可謂命世之才，博物善作者也。其明識高遠，雅思未盡，故復采録前世穆王以來，下迄魯悼、知伯之誅，邦國成敗，嘉言善語，陰陽律呂，天時人事逆順之數，以爲《國語》。其文不主於經，故號曰「外傳」。所以包羅天地，探測禍福，發起幽微，章表善惡者，昭然甚明，實與經藝並陳，非特諸子之倫也。遭秦之亂，幽而復光，賈生、史遷頗綜述焉。及劉光禄於漢成世，始更考校，是正疑繆。至於章帝，鄭大司農爲之訓注，解疑釋滯，昭晰可觀。至於細碎，有所闕畧。侍中賈君，敷而衍之，其所發明，大義畧舉，爲已憭矣。然於文間，時有遺忘。建安、黄武之間，故侍御史會稽虞君、尚書僕射丹陽唐君，皆英才碩儒，洽聞之士也。采摭所見，因賈爲主而損益之。觀其辭義，信多善者。然所註釋，猶有異同。昭以末學，淺闇寡聞，階數君之成訓，思事義之是非，愚心頗有所覺。今諸家並行，是非相貿，雖聰明疏達識機之士，知所去就，然淺聞初學，猶或未能祛過。切不自料，復爲之解。因賈君之精實，采虞、唐之信善，亦以所覺增潤補綴。參之以《五經》，檢之以《內傳》，以《世本》考其流，以《爾雅》齊其訓，去非要，存事實。凡所發正，三百七事。又諸家紛錯，載述爲煩，是以時有所見，庶幾頗近事情，裁有補益。猶恐人之多言，未詳其故，欲世覽者必察之也。

傳記

《三國志・吳志・韋曜傳》 韋曜字弘嗣，吳郡雲陽人也。少好學，能屬文，從丞相掾，除西安令，還爲尚書郎，遷太子中庶子。〔裴松之注：〕曜本名昭，史爲晉諱，改之。**【略】**〔孫〕和廢後，爲黄門侍郎。孫亮即位，諸葛恪輔政，表曜爲太史令，撰《吳書》，華覈、薛瑩等皆與參同。孫休踐阼，爲中書郎、博士祭酒。命曜依劉向故事，校定衆書。又欲延曜侍講，而左將軍張布近習寵幸，事行多玷，憚曜侍講儒士，又性精確，懼以古今警戒休意，固爭不可。休深恨布，語在《休傳》。然曜竟止不入。孫皓即位，封高陵亭侯，遷中書僕射，職省，爲侍中，常領左國史。時所在承指數言瑞應。皓以問曜，曜答曰：「此人家筐篋中物耳。」又皓欲爲父和作紀，曜執以和不登帝位，宜名爲傳。如是者非一，漸見責怒。曜益憂懼，自陳衰老，求去侍、史二官，乞欲成所造書，以從業别有所付，皓終不聽。時有疾病，醫藥監護，持之愈急。皓每饗宴，無不竟日，坐席無能否率以七升爲限，雖不悉入口，皆澆灌取盡。曜素飲酒不過二升，初見禮異時，常爲裁減，或密賜茶荈以當酒，至於寵衰，更見偪強，輒以爲罪。又於酒後使侍臣難折公卿，以嘲弄侵克，發摘私短以爲歡。時有愆過，或誤犯皓諱，輒見收縛，至於誅戮。曜以爲外相毁傷，内長尤恨，使不濟濟，非佳事也，故但示難問經義言論而已。皓以爲不承用詔命，意不忠盡，遂積前後嫌忿，收曜付獄，是歲鳳皇二年也。曜因獄吏上辭曰：「囚荷恩見哀，無與爲比，曾無芒氂有以上報，孤辱恩寵，自陷極罪。念當灰滅，長棄黄泉，愚情慺慺，竊有所懷，貪令上聞。囚昔見世閒有古曆注，其所紀載既多虚無，在書籍者亦復錯謬。囚尋按傳記，考合異同，采摭耳目所及，以作《洞紀》，起自庖犧，至于秦、漢，凡爲三卷，當起黄武以來，别作一卷，事尚未成。又見劉熙所作《釋名》，信多佳者，然物類衆多，難得詳究，故時有得失，而爵位之事，又有非是。愚以官爵，今之所急，不宜乖誤。囚自忘至微，又作《官職訓》及《辯釋名》各一卷，欲表上之。新寫始畢，會以無狀，幽囚待命，泯沒之日，恨不上聞，謹以先死列狀，乞上言秘府，於外料取，呈内以聞。追懼淺蔽，不合天聽，抱怖雀息，乞垂哀省。」曜冀以此求免，而皓更怪其書之垢故，又以詰曜。曜對曰：「囚撰此書，實欲表上，懼有誤謬，數數省讀，不覺點污。被問寒戰，形氣吶吃。謹追辭叩頭五百下，兩手自搏。」而華覈連上疏救曜曰：「曜運值千載，特蒙哀識，以其儒學，得與史官，貂蟬内侍，承合天問，聖朝仁篤，慎終追遠，迎神之際，垂涕敕曜。曜愚惑不達，不能敷宣陛下大舜之美，而拘繫史官，使聖趣不敘，至行不彰，實曜愚蔽當死之罪。然臣慺慺，見曜自少勤學，雖老不倦，探綜墳典，溫故知新，及意所經識古今行事，外吏之中少過曜者。昔李陵爲漢將，軍敗不還而降匈奴，司馬遷不加疾惡，爲陵游説，漢武帝以遷有良史之才，欲使畢成所撰，忍不加誅，書卒成立，垂之無窮。今曜在吴，亦漢之史遷也。伏見前後符瑞彰著，神指天應，繼出累見，一統之期，庶不復久。事平之後，當觀時設制，三王不相因禮，五帝不相沿樂，質文殊塗，損益異體，宜得曜輩依準古義，有所改立。漢氏承秦，則有叔孫通定一代之儀，曜之才學亦漢通之次也。又《吴書》雖已有頭角，敘贊未述。昔班固作《漢書》，文辭典雅，後劉珍、劉毅等作《漢記》，遠不及固，敘傳尤劣。今《吴書》當垂千載，編次諸史，後之才士論次善惡，非得良才如曜者，實不可使闕不朽之書。如臣頑蔽，誠非其人。曜年已七十，餘數無幾，乞赦其一等之罪，爲終身徒，使成書業，永足傳示，垂之百世。謹通進表，叩頭百下。」皓不許，遂誅曜，徙其家零陵。子隆，亦有文學也。

《三國志注》分部

綜述

王銍《默記》卷中 東坡自海外歸，至南康軍語劉羲仲壯輿曰：「軾元豐中過金陵，見介甫論《三國志》曰：『裴松之之該洽，實出陳壽上，不能别成書而但注《三國志》，此所以□陳壽下也。蓋好事多在注中。安石舊有意重脩，今老矣，非子瞻，他人下手不得矣。』軾對以：『軾於討論非所工。』蓋介甫以此事付託軾，軾今以付壯輿也。」僕聞此於壯輿，盡直記其舊言。

朱弁《曲洧舊聞》卷五《東坡勉劉壯輿修三國志》 東坡嘗謂劉壯輿曰：「《三國志》注中，好事甚多，道原欲修之而不果，君不可辭也。」壯輿曰：「端明曷不爲之？」東坡曰：「某雖工於語言，也不是當行家。」

劉壎《隱居通議》卷二五《經史二・裴松之注三國志》 裴松之注《三國志》，謂陳壽銓叙失在於略，時有脱漏。於是上搜舊聞，旁摭遺逸以爲注。殊不知松之所注，乃壽所棄餘者也。

胡應麟《少室山房筆叢》卷一三《史書佔畢一》 裴松之之注《三國》也，劉孝標之注《世説》也，偏記雜談旁收博采，迨今藉以傳焉，非直有功二氏，亦大有造諸家乎？若其綜核精嚴，繳駁平允，允哉史之忠臣、古之益友也。

王鳴盛《十七史商榷》卷一《裴注所采》 裴注於《尚書》則引鄭玄、

馬融、王肅注，不但引僞孔安國；於《左傳》則引賈逵、鄭衆、服虔注，不但引杜預；於《穀梁傳》則引麋信注，不但引范甯；於《國語》則引賈逵、唐固注，不但引韋昭；於《孟子》則引劉熙注，不但引趙岐；於《戰國策》則引綦母邃、孫檢注，不但引高誘。又引《尚書大傳》、《韓詩章句》、《司馬法》、《孫子兵法》、《尸子》、《魯連書》、《皇覽》、《楚漢春秋》、《茅盈內紀》、劉向《別録》、譙周《古史考》、皇甫謐《帝王世紀》及宋忠《世本》注、左思《齊都賦》注、王肅《禮記》注。諸書今皆亡，藉其采用，存千百之一二，亦爲有功。所引雖係隨手掇拾，非有鑒裁，然亦博雅。古書現存爲其所引者不數。

又《裴注下半部簡略》 裴注上半部頗有可觀，其下半部則簡畧，甚至連數紙不注一字。世家自陳涉以下，列傳自張耳、陳餘以下，裴於徐廣舊注外，但襲取服虔《漢書》注、晉灼、臣瓚及蔡謨《漢書音義》，裴所自爲者十無一二。《漢書》之所取者《史記》也，今《史記》注反取《漢書》注以爲注，陋矣。大約自戰國以前，關涉經傳者尚屬用心，一入漢事即無足取。

又卷三九《三國志一·裴松之注》 《宋書》六十四卷《裴松之傳》云：「字世期，河東聞喜人。年二十，拜殿中將軍、員外散騎侍郎。義熙初，爲吳興故鄣令，入爲尚書祠部郎。高祖北伐，領司州刺史，以松之爲州主簿，轉治中從事史，召爲太子洗馬，除零陵內史、國子博士。太祖元嘉三年，出使湘州，轉中書侍、司冀二州大中正。上使注陳壽《三國志》，松之鳩集傳記，增廣異聞，既成，奏上，上喜曰：『此爲不朽矣。』出爲永嘉太守，入補通直爲常侍，復領二州大中正，尋出爲南琅邪太守。十四年，致仕，拜中散大夫，尋領國子博士，進太中大夫，博士如故。二十八年，卒，時年八十。」松之當生于晉簡文帝咸安二年，計晉亡之歲，松之年四十九。劉知幾《史通》第五卷云：「裴松之《三國志注》，廣承祚所遺，而喜聚異同，不加刊定，恣其繁難，坐長煩蕪，觀其書成表獻，自比蜜蜂兼採，但甘苦不分，難以味同萍實矣。」知幾譏松之與譏劉昭同，要之皆未可廢。

趙翼《廿二史劄記》卷六《裴松之三國志注》 宋文帝命裴松之采三國異同，以註陳壽《三國志》。松之鳩集傳紀，增廣異聞，書成奏進，帝覽而善之，曰：「此可謂不朽矣。」其表云：「壽書銓敘可觀，然失在於略，時有所脱漏。臣奉旨尋詳，務在周悉，其壽所不載而事宜存録者，罔不畢取。或同説一事而辭有乖雜，或出事本異疑不能判者，並皆鈔內，以備異聞。」此松之作注大旨，在於搜輯之博，以補壽之闕也。其有訛謬乖違者，則出己意辨正，以附於註內。今按松之所引書，凡五十餘種：謝承《後漢書》，司馬彪《續漢書》，《九州春秋》，《戰略》，《序傳》，張璠《漢紀》，韋瑋《獻帝春秋》，孫思光《獻帝春秋》，袁宏《漢紀》，習鑿齒《漢晉春秋》，孔衍《漢魏春秋》，華嶠《漢書》，《靈帝紀》，《獻帝紀》，《獻帝起居注》，《山陽公載記》，《三輔決録》，《獻帝傳》，《漢書·地理志》，《續漢書郡國志》，蔡邕《明堂論》，《漢末名士録》，《先賢行狀》，《汝南先賢傳》，《陳留耆舊傳》，《零陵先賢傳》，《楚國先賢傳》，荀綽《冀州記》，《襄陽記》，《英雄記》，王沈《魏書》，夏侯湛《魏書》，陰澹《魏紀》，魏文帝《典論》，孫盛《魏世籍》，孫盛《魏氏春秋》，《魏略》，《魏世譜》，《魏武故事》，《魏名臣奏》，《魏末傳》，吳人《曹瞞傳》，魚氏《典略》，王隱《蜀記》，《益（都）〔部〕耆舊傳》，《益部耆舊雜記》，《華陽國志》，《蜀本紀》，汪隱《蜀記》，郭冲記諸葛五事，郭頒《魏晉世語》，孫盛《蜀世譜》，韋曜《吳書》，胡沖《吳曆》，張勃《吳録》，虞溥《江表傳》，《吳志》，環氏《吳紀》，虞預《會稽典録》，王隱《交廣記》，王隱《晉書》，虞預《晉書》，干寶《晉紀》，《晉陽秋》，傅暢《晉諸公贊》，陸機《晉惠帝起居注》，《晉泰始起居注》，《晉百官表》，《晉百官名》，太康三年《地（理）記》，《帝王世紀》，《河圖括地象》，皇甫謐《逸士傳》，《列女傳》，張隱《文士傳》，虞喜《志林》，陸氏《異林》，荀勖《文章敘録》，《文章志》，《異物志》，《博物記》，《列異傳》，《高士傳》，《文士傳》，孫盛《雜語》，孫盛《雜記》，孫盛（同）《異〔同〕評》，徐衆《三國評》，《袁子》，《傅子》，干寶《搜神記》，葛洪《抱朴子》，葛洪《神仙傳》，衛恆《書勢序》，張儼《默記》，殷基《通語》，顧禮《通語》，摯虞《決疑》，《曹公集》，《孔融集》，《傅咸集》，《嵇康集》，《高貴鄉公集》，《諸葛亮集》，《王朗集》，庾闡《揚都賦》，《孔氏譜》，《庾氏譜》，《孫氏譜》，《嵇氏譜》，《劉氏譜》，《王氏譜》，《郭氏譜》，《陳氏譜》，《諸葛氏譜》，《崔氏譜》，華嶠《譜敘》，《袁氏世紀》，《鄭玄別傳》，《荀彧別傳》，《禰衡傳》，《荀氏家傳》，《邴原別傳》，《程曉別傳》，《王弼傳》，《孫資別傳》，《曹志別傳》，《陳思王傳》，《王朗家傳》，《何氏家傳》，《裴氏家記》，《劉廙別傳》，《任昭別傳》，《鍾會母傳》，《虞翻別傳》，《趙雲別傳》，《費禕別傳》，《華佗別傳》，《管輅別傳》，《諸葛恪別傳》，《何（邵）〔劭〕》作《王弼傳》，繆襲撰《仲長統昌言表》，傅玄撰《馬先生序》，會稽《邵氏家傳》，陸機作《顧譚傳》，《陸氏世頌》，《陸氏祠堂像贊》，陸機所作《陸遜銘》，《機雲別傳》，蔣濟《萬機論》，陸機《辨亡論》。凡此所引書，皆註出書名，可見其採輯之博矣。范蔚宗作《後漢書》時，想松之所引各書尚俱在世，故有補壽《志》所不載者。今各書閒有流傳，已不及十之一，壽及松之、蔚宗等當時已皆閱過，其不取者，必自有說，今轉欲據此偶然流傳之一二本以駁壽等之書，多見其不知量也。

趙紹祖《讀書偶記》卷七《三國志注所引書名》 陳壽《三國志》過簡，得裴松之之註始詳。而古書之名賴以傳者不少，余嘗逐卷鈔出。後見錢竹汀先生《攷異》已有之，便欲不存。洪穉存太史曰：錢氏不能無遺，或據而補之可也。因取原鈔，增註「錢有」、「錢無」字，以示不相襲之意：王沈《魏書》，錢有。司馬彪《續漢書》，錢有。《曹瞞傳》，吴人作，錢有。郭班《世語》，班，一作頒。《隋志》作《魏晉世語》。錢有。張璠《漢紀》，錢有。孫盛《異同雜語》，書中或引作《異同評》，又作《異同記》，又作《雜記》。錢有。司馬彪《九州春秋》，《隋志》曰：記漢末事。錢有。《英雄記》，《隋志》作《漢末英雄記》，王粲撰。錢有。謝承《後漢書》，錢有。《張超集》，錢有。魏文帝《典論》，錢有。韋曜《吴書》，錢有。袁暐《獻帝春秋》，錢有。《獻帝紀》，《隋志》曰：劉艾撰。錢有。《魏武故事》，不詳撰人。《隋志》有《漢魏吴蜀舊事》八卷，或是其中一書。錢有。魏畧，《唐書·藝文志》有魚豢《魏畧》五十卷。錢有。孫氏《魏氏春秋》，錢有。習鑿齒《漢晉春秋》，錢有。《獻帝起居注》，不詳撰人。錢有。《褒賞令》，不詳撰人。錢無。《傅子》，《隋志》曰：傅元撰。錢有。《先賢行狀》，不詳撰人。《唐書·藝文志》有《李氏海内先賢行狀》三卷。錢有。衛恆《四體書勢序》，錢有。皇甫謐《逸士傳》，錢有。《山陽公載記》，《隋志》曰：樂資撰。錢有。虞溥《江表傳》，錢有。《典畧》，《隋志》曰：魚豢撰。錢有。疑與《魏畧》爲一書。劉艾《靈帝紀》，錢有。孔衍《漢魏春秋》，錢有。王粲《序》，錢無。獻帝傳，不詳撰人。錢有。司馬彪《序傳》，錢無。或即《續漢書》。王隱《晉書》，錢有。《三輔決録註》，《隋志》曰：《三輔決録》趙岐撰，摯虞註。錢有。王昶《家誡》，錢無。張華《博物志》，錢有。袁宏《漢紀》，錢有。干寶《搜神記》，錢有。《曹植集》，錢有。《魏郊祀奏》，《唐書·藝文志》有《魏氏郊丘》三卷，或即此書。錢無。胡冲《吴歷》，錢有。《魏末傳》，不詳撰人。錢有。干寶《晉紀》，亦作《晉書》。錢有。顧愷之《啓蒙註》，錢有。《魏名臣奏》，《隋志》有《魏名臣奏事》四十卷，陳壽撰。錢有。母邱儉《志記》，《隋志》有《母邱儉記》三卷，不詳撰人。錢無。《異物志》，《隋志》有《異物志》一卷，又有《交州異物志》一卷，皆楊孚撰，疑本一書而重出。錢有。孫盛《魏世籍》，籍，一作譜。錢有。《魏高貴鄉公集》，錢有。傅暢《晉諸公贊》，錢有。《楚國先賢傳》，《隋志》作《楚國先賢傳贊》，張方撰。錢有。《鄭康成別傳》，錢有。蔡邕《明堂論》，錢無。華嶠《漢書》，錢有。《風俗通》，《隋志》作《風俗通儀》，應邵撰。錢有。《漢末名士録》，不詳撰人。錢有。司馬彪《戰畧》，錢有。《零陵先賢傳》，不詳撰人。錢有。摯虞《文章志》，一作《文章流別志》。錢有。徐衆《三國評》，《隋志》曰：徐爰撰。今案本書言徐衆，非一。《唐志》亦作「徐衆」，當爲是。錢有。晉陽秋，《隋志》曰：孫盛撰。錢有。陸機《晉惠帝起居注》，錢有。《文章叙録》，《隋志》有《雜撰文章家集叙》十卷，荀勗撰。錢有。張隱《文士傳》，隱，一作騭。錢有。夏侯湛《魯芝銘》，錢無。皇甫謐《列女傳》，錢有。《晉武帝太始元年詔》，錢無。或所引即干寶《晉書》。荀綽《冀州記》又有《兖州記》，皆綽《九州記》也。錢有。《平原禰衡傳》，錢有。潘勗《荀彧碑文》，錢無。《孔融與韋康父端書》，錢無。此當在《孔融集》中。《荀彧別傳》，錢有。《荀氏家傳》，錢有。何劭《荀粲傳》，錢有。《荀勗別傳》，錢有。《袁氏世紀》，錢有。《邴原別傳》，錢有。皇甫謐《高士傳》，錢有。《庾氏譜》，錢有。《晉百官志》，卷十五作《百官名志》，卷十六又作《晉百官名》。《隋志》有《晉百官名》三十卷，當是一書。錢有。《陸氏異林》，不詳撰人，説鍾繇遇怪事，未云叔父清河説如此，則陸雲之猶子也。錢有。華嶠《譜叙》，錢無。《列異傳》，《隋志》曰：魏文帝撰。錢有。《王朗家傳》，錢有。《王朗集》，錢有。何晏《論語集解》，錢無。《晉武帝中經簿》，《隋志》曰：荀勗撰。錢有。《程曉別傳》，錢有。《王弼傳》，卷二十八註云：何劭爲其傳。錢有。蔣濟《郊議稱曹騰碑》，錢無。《魏武家傳》，錢無。《孫資別傳》，錢有。《孫氏譜》，錢有。《山濤啓事》，錢有。《金谷集》，錢無。《杜氏新書》，錢有。《阮氏譜》，錢有。《孔氏譜》，錢有。王隱《蜀記》，錢有。陰澹《魏紀》，錢有。《曹志別傳》，錢無。《嵇氏譜》，錢有。《曹嘉遺石崇詩》，錢無。曹翕《解寒食散方》，《隋志》作曹歙。錢無。《袁子》，《隋志》作《袁子正論》，袁準撰。錢有。摯虞《決疑要註》，錢有。《嵇康譜》，錢無。或即《嵇氏譜》。虞預《晉書》，錢有。《山濤行狀》，錢無。《嵇康別傳》，錢有。《嵇康集》，錢有。《吴質別傳》，錢有。《潘尼別傳》，錢有。《潘岳別傳》，錢有。《劉廙別傳》，錢有。《劉氏譜》，錢有。《王彪之與殷浩書》，《隋志》有《晉光禄王彪之集》二十卷，當是其中所有。錢無。繆襲《仲長統昌言表》，《隋志》有《魏散騎常侍繆襲集》五卷，當是其中所有。錢無。《廬江何氏家傳》，錢有。《晉公卿禮秩故事》，《隋志》曰：傅暢撰。錢無。《晉太康三年地記》，錢有。《陳氏譜》，錢有。《傅咸集》，錢有。《盧諶別傳》，錢有。《汝南先賢傳》，《隋志》曰：周裴傳。錢有。《王氏譜》，錢有。《陳留耆舊傳》，《隋志》曰：蘇林撰。錢有。夏侯湛《辛憲英傳》，《隋志》有《晉散騎常侍夏侯湛集》十卷，此與《魯芝銘》皆當是其中所有。錢無。應璩《書林》，錢有。《潘岳集》，錢無。《郭氏譜》，錢有。《胡氏譜》，錢無。《郭林宗傳》，錢無。《任嘏別傳》，錢有。毋邱儉《文欽表》，錢無。《文欽與郭淮書》，錢無。《文欽降吴表》，錢無。以上三事當出一書，今無所攷。《鍾會爲其母傳》，《隋志》有《司徒鍾會》九卷，當是其中所有。錢無。《咸熙元年百官名》，錢無。咸熙，魏元帝紀元。此與《晉百官名》當別是一書。傅元《馬鈞序》，錢無。《華佗別傳》，錢有。《管輅別傳》，《隋志》曰：管辰撰。錢有。左思《魏都賦》，錢無。陳壽《益部耆舊傳》，錢有。《益都耆舊雜記》，錢有。《唐·藝文志》曰：陳壽撰。錢氏曰：蜀陳術撰，字申伯，蓋據《華陽國志》。《魏臺訪義》，《隋志》作《魏臺雜訪議》高堂隆撰。錢無。《華陽國志》，《隋志》曰：常璩撰。錢有。《諸葛亮集》，錢有。《蜀本紀》，《隋志》曰：楊雄撰。錢有。葛洪《神仙傳》，錢有。孫盛《蜀世譜》，錢有。《崔氏譜》，錢有。《襄陽記》不詳撰人。錢有。《郭冲五事》，錢無。或在王隱《蜀記》中。《諸葛氏譜》，錢有。《晉泰始起居註》，《隋志》曰：李軌撰。錢有。《晉百官表》，錢有。張儼《默記》，錢有。《趙雲別傳》，錢有。張勃《吴録》，錢有。蔣濟《萬機論》，錢有。《曹公集》，錢無。《帝王世紀》，《隋志》曰：皇甫謐撰。錢有。傅暢《裴氏家紀》，錢有。《孫綽評》，錢有。《費禕別傳》，錢有。《殷基通語》，錢有。左思《蜀都賦》，錢有。虞喜《志林》，錢有。《會稽典録》，《隋志》曰：虞預撰。錢有。王範《交廣二州春秋》，錢有。庾闡《揚都賦》，錢有。葛洪《抱朴子》，錢有。《會稽邵氏家傳》，錢有。《三朝録》，錢有。陸機《顧譚傳》，錢無。《環氏吴紀》，《唐·藝文志》有《環濟吴紀》十卷。錢有。《虞翻別傳》，錢有。《姚信集》，錢有。《陸氏世頌》，錢有。《陸氏祠堂像贊》，錢有。《機雲別傳》，錢有。《胡冲答問》，錢無。《禮論》，《唐·藝文志》有《任預條牒》十卷。錢無。王隱《交廣記》，錢有。《諸葛恪別傳》。錢有。凡一百八十餘種。錢氏曰：其與史家無涉者不在數內。今案書內所引諸經及前代史與諸子字書等類，用以釋文義、攷舊典者，又四十餘種，固可畧而不道也。

梁章鉅《三國志旁證》卷一《魏書一》　［曹］公自將擊楷，破之而還。尚將沮鵠守邯鄲，又擊拔之。何焯曰：「破楷，則高幹并州之援北斷；拔邯鄲，則袁熙幽州之援東絕；擊楷必自將者，運道不通，則堅城大衆有自潰之勢，所係尤大也。」［裴］注沮音菹。河朔間今猶有此姓。紀文達師曰：裴注初意，似亦欲如應劭之注《漢書》，考究訓詁，引證故實，故於此沮鵠，特注「沮音菹」。又如「獷平」字，則引《續漢書·郡國志注》獷平，縣名，屬漁陽。「甬道」字，則引《漢書》高祖二年與楚戰，築甬道。「贅旒」字，則引《公羊傳》。「先正」字，則引《文侯之命》。「釋位」字，則引《左傳》。「致屆」字，則引《詩》。「綏爰」字、「率俾」字、「昬作」字，則皆引《書》。「糾虔天刑」字，則引《國語》。至《蜀志·郤正傳·釋誨》一篇，句句引古事爲注，至連數簡。又如《彭羕傳》之「革」不訓「老」，《華佗傳》之「䓖」本似「專」，《秦宓傳》之「棘」、「革」異文，《少帝紀》之「叟」、「更」異字，亦間有所辨證。其他傳文句，則不盡然。然如《蜀志·廖立傳》首，忽注其姓曰「補救切」；《魏志·涼茂傳》中，忽引《博物記》注一「繇」字之類，亦間有之。蓋欲爲之而未竟，又惜所已成不欲刪棄，故或詳或略，或有或無，亦頗爲例不純。然網羅繁富，凡六朝舊籍今所不傳者，尚一一見其厓略，故考證之家取材不竭云。

傳記

《宋書·裴松之傳》　裴松之字世期，河東聞喜人也。祖昧，光禄大夫。父珪，正員外郎。

松之年八歲，學通《論語》、《毛詩》。博覽墳籍，立身簡素。年二十，拜殿中將軍。此官直衛左右，晉孝武太元中，革選名家以參顧問，始用琅邪王茂之、會稽謝輶，皆南北之望。舅庾楷在江陵，欲得松之西上，除新野太守，以事難不行。拜員外散騎侍郎。義熙初，爲吴興故鄣令，在縣有績。入爲尚書祠部郎。

松之以世立私碑，有乖事實，上表陳之曰：「碑銘之作，以明示後昆，自非殊功異德，無以允應茲典。大者道動光遠，世所宗推，其次節行高妙，遺烈可紀。若乃亮采登庸，績用顯著，敷化所莅，惠訓融遠，述詠所寄，有賴鐫勒，非斯族也，則幾乎僭黷矣。俗敝僞興，華煩已久，是以孔悝之銘，行是人非；蔡邕制文，每有愧色。而自時厥後，其流彌多，預有臣吏，必爲建立，勒銘寡取信之實，刊石成虛僞之常，眞假相蒙，殆使合美者不貴，但論其功費，又不可稱。不加禁裁，其敝無已。」以爲「諸欲立碑者，宜悉令言上，爲朝議所許，然後聽之。庶可以防遏無徵，顯彰茂實，使百世之下，知其不虛，則義信於仰止，道孚於來葉」。由是並斷。

高祖北伐，領司州刺史，以松之爲州主簿，轉治中從事史。既克洛陽，〔松之居州行事。宋國初建，毛德祖使洛陽。〕高祖敕之曰：「裴松之廊廟之才，不宜久尸邊務，今召爲世子洗馬，與殷景仁同，可令知之。」于時議立五廟樂，松之以妃臧氏廟樂亦宜與四廟同。除零陵內史，徵爲國子博士。

太祖元嘉三年，誅司徒徐羨之等，分遣大使，巡行天下。通直散騎常侍袁渝、司徒左西掾孔邈使揚州，尚書三公郎陸子眞、起部甄法崇使荆州，員外散騎常侍范雍、司徒主簿龐遵使南兗州，前尚書右丞孔默使南北二豫州，撫軍參軍王韶之使徐州，冗從僕射車宗使青、兗州，松之使湘州，尚書殿中郎阮長之使雍州，前竟陵太守殷道鸞使益州，員外散騎常侍李耽之使廣州，郎中殷斌使梁州、南秦州，前員外散騎侍郎阮園客使交州，駙馬都尉、奉朝請潘思先使寧州，並兼散騎常侍。班宣詔書曰：「昔王者巡功，羣后述職，不然則有存省之禮，聘覜之規。所以觀民立政，命事考績，上下偕通，遐邇咸被，故能功昭長世，道歷遠年。朕以寡闇，屬承洪業，夤畏在位，昧于治道，夕惕惟憂，如臨淵谷。懼國俗陵頹，民風凋僞，眚厲違和，水旱傷業。雖躬勤庶事，思弘攸宜，而機務惟殷，顧循多闕，政刑乖謬，未獲具聞。豈誠素弗孚，使羣心莫盡，納隍之愧，在予一人。以歲時多難，王道未壹，卜征之禮，廢而未修，眷彼氓庶，無忘攸恤。今使兼散騎常侍渝等申令四方，周行郡邑，親見刺史二千石官長，申述至誠，廣詢治要，觀察吏政，訪求民隱，旌舉操行，存問所疾。禮俗得失，一依周典，每各爲書，還具條奏，俾朕昭然，若親覽焉。大夫君子，其各悉心敬事，無惰乃力。其有咨謀遠圖，謹言中誠，陳之使者，無或隱遺。方將敬納良規，以補其闕。勉哉勗之，稱朕意焉。」

松之反使奏曰：「臣聞天道以下濟光明，君德以廣運爲極。古先哲后，因心溥被，是以文思在躬，則時雍自洽，禮行江漢，而美化斯遠。故能垂大哉之休詠，廓造周之盛則。伏惟陛下神叡玄通，道契曠代，冕旒華堂，垂心八表。咨敬敷之未純，慮明揚之靡暢。清問下民，哀此鰥寡，渙焉大號，周爰四達。遠猷形於《雅》、《誥》，惠訓播乎遐陬。是故率土仰詠，重譯咸說，莫不謳吟踊躍，式銘皇風。或有扶老攜幼，稱歡路左，誠由亭毒既流，故忘其自至，千載一時，於是乎在。臣謬蒙銓任，忝廁顯列，猥以短乏，思純八表，無以宣暢聖旨，肅明風化，黜陟無序，搜揚寡聞，慚懼屏營，不知所措。奉二十四條，謹隨事爲牒。伏見癸卯詔書，禮俗得失，一依周典，每各爲書，還具條奏。謹依事爲書以繫之後。」松之甚得奉使之義，論者美之。

轉中書侍郎、司冀二州大中正。上使注陳壽《三國志》，松之鳩集傳記，增廣異聞，既成奏上。上善之，曰：「此爲不朽矣。」出爲永嘉太守，勤恤百姓，吏民便之。入補通直爲常侍，復領二州大中正。尋出爲南琅邪太守。十四年致仕，拜中散大夫，尋領國子博士，進太中大夫，博士如故。續何承天國史，未及撰述，二十八年，卒，時年八十。子駰，南中郎參軍。松之所著文論及《晉紀》，駰注司馬遷《史記》，並行於世。

《史記》三家注分部

綜述

裴駰《史記集解序》 班固有言曰：「司馬遷據《左氏》、《國語》，采《世本》、《戰國策》，述《楚漢春秋》，接其後事，訖于天漢。其言秦漢詳矣。至於采經摭傳，分散數家之事，甚多疏略，或有抵捂。亦其所涉獵者廣博，貫穿經傳，馳騁古今上下數千載閒，斯已勤矣。又其是非頗謬於聖人，論大道則先黃老而後六經，序游俠則退處士而進姦雄，述貨殖則崇勢利而羞貧賤：此其所蔽也。然自劉向、楊雄博極羣書，皆稱遷有良史之才，服其善序事理，辯而不華，質而不俚，其文直，其事核，不虚美，不隱惡，故謂之實録。」駰以爲固之所言，世稱其當。雖時有紕繆，實勒成一家，總其大較，信命世之宏才也。考較此書，文句不同，有多有少，莫辯其實，而世之惑者，定彼從此，是非相貿，眞僞舛雜。故中散大夫東莞徐廣研核衆本，爲作《音義》，具列異同，兼述訓解，麤有所發明，而殊恨省略。聊以愚管，增演徐氏。采經傳百家并先儒之説，豫是有益，悉皆抄内。删其游辭，取其要實，或義在可疑，則數家兼列。《漢書音義》稱「臣瓚」者，莫知氏姓，今直云「瓚曰」。又都無姓名者，但云「漢書音義」。時見微意，有所裨補。譬嘒星之繼朝陽，飛塵之集華嶽。以徐爲本，號曰《集解》。未詳則闕，弗敢臆説。人心不同，聞見異辭，班氏所謂「疏略抵捂」者，依違不悉辯也。愧非胥臣之多聞，子産之博物，妄言末學，蕪穢舊史，豈足以關諸畜德，庶賢無所用心而已。

司馬貞《史記索隱序》 《史記》者，漢太史司馬遷父子之所述也。遷自以承五百之運，繼《春秋》而纂是史，其襃貶覈實頗亞於丘明之書，於是上始軒轅，下訖天漢，作十二本紀，十表，八書，三十系家，七十列傳，凡一百三十篇，始變《左氏》之體，而年載悠邈，簡册闕遺，勒成一家，其勤至矣。又其屬稾先據《左氏》、《國語》、《系本》、《戰國策》、《楚漢春秋》及諸子百家之書，而後貫穿經傳，馳騁古今，錯綜櫽括，各使成一國一家之事，故其意難究詳矣。比於班《書》，微爲古質，故漢晉名賢未知見重，所以魏文侯聽古樂則唯恐卧，良有以也。逮至晉末，有中散大夫東莞徐廣始考異同，作《音義》十三卷。宋外兵參軍裴駰又取經傳訓釋作《集解》，合爲八十卷。雖麤見微意，而未窮討論。南齊輕車録事鄒誕生亦作《音義》三卷，音則微殊，義乃更略。爾後其學中廢。貞觀中，諫議大夫崇賢館學士劉伯莊達學宏才，鉤深探賾，又作《音義》二十卷，比於徐鄒，音則具矣。殘文錯節，異音微義，雖知獨善，不見旁通，欲使後人從何準的？貞謏聞陋識，頗事鑽研，而家傳是書，不敢失墜。初欲改更舛錯，裨補疏遺，義有未通，兼重注述。然以此書殘缺雖多，實爲古史，忽加穿鑿，難允物情。今止探求異聞，採摭典故，解其所未解，申其所未申者，釋文演注，又重爲述贊，凡三十卷，號曰《史記索隱》。雖未敢藏之書府，亦欲以貽厥孫謀云。

又《史記索隱後序》 夫太史公紀事，上始軒轅，下訖天漢，雖博采古文及傳記諸子，其閒殘闕蓋多，或旁搜異聞以成其説，然其人好奇而詞省，故事覈而文微，是以後之學者多所未究。其班氏之書，成於後漢。彪既後遷而述，所以條流更明，是兼采衆賢，羣理畢備，故其旨富，其詞文，是以近代諸儒共行鑽仰。其訓詁蓋亦多門，蔡謨集解之時已有二十四家之説，所以於文無所滯，於理無所遺。而太史公之書，既上序軒黄，中述戰國，或得之於名山壞壁，或取之以舊俗風謡，故其殘文斷句難究詳矣。然古今爲注解者絶省，音義亦希。始後漢延篤乃有《音義》一卷，又别有《章隱》五卷，不記作者何人，近代鮮有二家之本。宋中散大夫徐廣作《音義》十三卷，唯記諸家本異同，於義少有解釋。又中兵郎裴駰，亦名家之子也，作《集解》注本，合爲八十卷，見行於代。仍云亦有《音義》，前代久已散亡。南齊輕車録事鄒誕生亦撰《音義》三卷，音則尚奇，義則罕説。隋祕書監柳顧言尤善此史。劉伯莊云，其先人曾從彼公受業，或音解隨而記録，凡三十卷。隋季喪亂，遂失此書。伯莊以貞觀之初，奉勑於弘文館講授，遂采鄒徐二説，兼記憶柳公音旨，遂作《音義》二十卷。音乃周備，義則更略，惜哉！古史微文遂由數賢祕寶，故其學殆絶。前朝吏部侍郎許子儒亦作《注義》，不覩其書。崇文館學士張嘉會獨善此書，而無注義。貞少從張學，晚更研尋，初以殘闕處多，兼鄙褚少孫誣謬，因憤發而補《史記》，遂兼注之，然其功殆半。乃自唯曰：「千載古史，良難閒然。」因退撰《音義》，重作贊述，蓋欲以剖盤根之錯節，遵北轅於司南也。凡爲三十卷，號曰《史記索隱》云。

張守節《史記正義序》 《史記》者，漢太史公司馬遷作。遷生龍門，耕牧河山之陽，南遊江淮，講學齊魯之郡，紹太史，繼《春秋》，括文魯史而包《左氏》、《國語》，采《世本》、《戰國策》而摭《楚漢春秋》，貫紬經傳，旁搜史子，上起軒轅，下既天漢。作十二本紀，帝王興廢悉詳；三十世家，君國存亡畢著；八書，贊陰陽禮樂；十表，定代系年封；七十列傳，忠臣孝子之誠備矣。筆削冠於史籍，題目足以經邦。裴駰服其善序事理，辯而不華，質而不俚，其文直，其事核，不虚美，不隱惡，故謂之實録。自劉向、楊雄皆稱良史之才。況墳典湮滅，簡册闕遺，比之《春秋》，言辭古質，方之《兩漢》，文省理幽。守節涉學三十餘年，六籍九流地里蒼雅鋭心觀採，評《史》《漢》詮衆訓釋而作正義，郡國城邑委曲申明，古典幽微竊探其美，索理允愜，次舊書之旨，兼音解注，引致旁通，凡成三十卷，名曰《史記正義》。發揮膏肓之辭，思濟滄溟之海，未敢侔諸祕府，冀訓詁而齊流，庶貽厥子孫，世疇茲史。于時歲次丙子，開元二十四年八月，殺青斯竟。

又《史記正義·論史例》

古者帝王右史記言，左史記事，言爲《尚書》，事爲《春秋》。太史公兼之，故名曰《史記》。幷採六家雜説以成一史，備論君臣父子夫妻長幼之序，天地山川國邑名號殊俗物類之品也。

太史公作《史記》，起黄帝、高陽、高辛、唐堯、虞舜、夏、殷、周、秦，訖于漢武帝天漢四年，合二千四百一十三年。作本紀十二，象歲十二月也。作表十，象天之剛柔十日，以記封建世代終始也。作書八，象一歲八節，以記天地日月山川禮樂也。作世家三十，象一月三十日，三十輻共一轂，以記世祿之家輔弼股肱之臣忠孝得失也。作列傳七十，象一行七十二日，言七十者舉全數也，餘二日象閏餘也，以記王侯將相英賢略立功名於天下，可序列也。合百三十篇，象一歲十二月及閏餘也。而太史公作此五品，廢一不可，以統理天地，勸獎箴誡，爲後之楷模也。論注例：

《史記》文與《古文尚書》同者，則取孔安國注。若與伏生《尚書》同者，則用鄭玄、王肅、馬融所釋。與《三傳》同者，取杜元凱、服虔、何休、賈逵、范甯等注。與《三禮》、《論語》、《孝經》同者，則取鄭玄、馬融、王肅之注。與《韓詩》同者，則取毛《傳》、鄭《箋》等釋。與《周易》同者，則依王氏之注。與諸子諸史雜書及先儒解釋善者，而裴駰並引爲注。又徐中散作音訓，校集諸本異同，或義理可通者，稱「一本云」「又一本云」，自是別記異文，裴氏亦引之爲注。

顧炎武《日知録》卷二七《史記注》 「[孝文]三年，復晉陽中都民三歲。」《正義》曰：「晉陽故城在汾州平遙縣西南。」此當言中都故城在汾州平遙縣西南，言晉陽誤也，然此注已見卷首「中都」下。

「文帝前后死，竇氏，妾也。」諸侯皆同姓，謂無甥舅之國可娶，《索隱》解，非。《漢書》無此句。【略】「民或祝詛上，以相約結，而後相謾。」謂先共祝詛，已而欺負乃相告言也，故詔令若此者勿聽治。注幷非。【略】《天官書》「疾其對國」，謂所對之國。如《漢書·五行志》所謂「歲在壽星，其冲降婁」；《左氏傳·襄二十八年》「歲棄其次，而旅于明年之次，以害鳥帑，周楚惡之」。杜氏解謂失次于北，禍衝在南者也。「四始者候之日」，謂歲始也，冬至日也，臘明日也，立春日也。《正義》專指正月旦，非也。「星隕如雨」，乃宋閔公之五年，言襄公者，史文之誤。《正義》以「僖公十五年隕石于宋五」注之，非也。【略】「各以勝日駕車避惡鬼。」勝日謂五行相克之日也。《索隱》非。「天子病鼎湖甚。」湖當作「胡」，鼎胡，宮名，《漢書·揚雄傳》「南至宜春鼎胡，御宿昆吾」是也。《三輔黄圖》：「宜春宮在長安東南杜縣東，近下杜，御宿苑在長安城南御宿川。」則鼎胡當在其中間也。故卒起幸甘泉而行右内史界。《索隱》以爲湖縣，在今之閿鄉，絶遠，且無行宮。「唯受命而帝者，心知其意而合德焉。」按此即謂武帝，服虔以爲高祖，非。「奉車子侯暴病一日死。」死于海上，非死于泰山下也。《索隱》所引《新論》之言殊謬。

《河渠書》：「引洛水至商顔下。」服虔曰：「顔音崖。」崖當作「岸」。《漢書·古今人表》屠岸賈作「屠顔賈」是也。師古注謂山領象人之顔額者非，其指商山者尤非。劉攽已辯之。

《衛世家》：「頃侯厚賂周夷王，夷王命衛爲侯。」是頃侯以前之稱伯者乃「伯子男」之伯也，《索隱》以爲「方伯」之伯，雖有《詩序》「旄丘責衛伯」之文可據，鄭氏箋曰：「衛康叔封爵稱侯，今曰伯者，時爲州伯，《周禮》『九命作伯』。」然非太史公意也，且古亦無以方伯之伯而系謚者。周公、召公，二伯也。其謚則曰文公、康公。

《楚世家》：「武王使隨人請王室尊吾號，王弗聽。還報楚，楚王怒，乃自立，爲楚武王。」「乃自立」爲一句，「爲楚武王」爲一句，蓋言自立爲王，後謚爲武王耳。古文簡，故連屬言之。如《管蔡世家》：「楚公子圍弒其王郟敖，而自立，爲靈王。」《衛世家》、《鄭世家》皆云：楚公子棄疾弒靈王，自立，爲平王。《司馬穰苴傳》：「至常曾孫和因自立，爲齊威王。」又如《韓世家》：「晉作六卿，而韓厥在一卿之位，號爲獻子。」與此文勢正同。劉炫云號爲武，武非謚也，此説鑿矣。項梁立楚懷王孫心爲楚懷王，尉佗自立爲南越武帝，此後世事爾。「西起秦患，北絶齊交，則兩國之兵必至。」此兩國即謂秦、齊也，《索隱》以爲韓、魏，非也。

《越世家》：「乃發習流二千。」習流謂士卒中之善泅者，別爲一軍。索隱乃曰「流放之罪人」，非也。庾信《哀江南賦》：「彼鋸牙而鈎爪，又巡江而習流。」「不者且得罪」，言欲兵之。

《越世家》：「吾有所見子晰也。」晰者，分明之意。《易・大有》象傳：「明辨晢也。」即此字。音折，又音制。《索隱》誤以爲「鄭子晳」之晳。

《孫臏傳》：「重射。」謂以千金射也。《索隱》解以爲好射，非。

「批亢擣虚」，《索隱》曰：「亢言敵人相亢拒也。」非也。此與《劉敬傳》「搤其肮」之肮同。張晏曰：「喉嚨也。」下文所謂「據其街路」是也。以敵人所不及備，故謂之虚。

《蘇秦傳》：「前有樓闕軒轅。」當作「軒縣」。《周禮・小胥》：「正樂縣之位，王宫縣，諸侯軒縣。」注謂：「軒縣者，闕其南面。」

『殊而走。』《説文系傳》曰：「斷絶分析曰殊。」謂斷支體而未及死。《淮南王傳》：「太子即自剄不殊。」

《樗里子傳》：「今伐蒲入于魏，衛必折而從之。」此文誤，當依《索隱》所引《戰國策》文爲正。【略】

《孟子荀卿傳》：「始也濫耳。」濫者，泛而無節之謂。猶《莊子》之洸洋自恣也。注引濫觴之義，以爲初者，非。【略】

《樂毅傳》：「室有語，不相盡，以告鄰里。」謂一室之中有不和之語，乃不自相規勸，而告之鄰里，此爲情之薄矣。《正義》謂必告者，非。

《魯仲連傳》：「鄒魯之臣生則不得事養，死則不得賻襚。」謂二國貧小，生死之禮不備。《索隱》謂君弱臣強者，非。【略】

《賈生傳》：「斡棄周鼎兮，而寶康瓠。」應劭曰：「斡音筦。筦，轉也。」「斡流而遷兮，或推而還。」《索隱》曰：「斡音烏活反。斡，轉也。」義同而音異。今《説文》云：「斡，蠡柄也。從斗，倝聲。揚雄、杜林説皆以爲軺車輪斡。烏括切。」按倝字，古案切。《説文》既云倝聲，則不得爲烏括切矣。顔師古《匡謬正俗》云：「《聲類》、《字林》并音管。」賈誼《服鳥賦》云：「斡流而遷。」張華《勵志詩》云：「大儀斡運。」皆爲轉也。《楚辭》云：「筦維焉系？」此義與斡同，字即爲「筦」。故知斡、管二者不殊，近代流俗音烏括切，非也。《漢書・食貨志》：「浮食奇民欲擅斡山海之貨。」師古曰：「斡謂主領也，讀與管同。」【略】

《田榮傳》：「榮弟横收齊散兵，得數萬人，反擊項羽于城陽。」《正義》以爲濮州雷澤縣，非也。《漢書》城陽郡治莒，《史記・呂后紀》言齊王乃上城陽之郡，《孝文紀》言以齊劇郡立朱虚侯章爲城陽王，而《淮陰侯傳》言擊殺龍且于濰水上，齊王廣亡去，信遂追北至城陽，皆此地。按《戰國策》貂勃對襄王曰：「昔王不能守王之社稷，走而之城陽之山中，安平君以敝卒七千禽敵，反千里之齊，當是時，闔城陽而王天下，莫之能止，然爲棧道木閣而迎王與后于城陽之山中，王乃復反，子臨百姓。」則古齊時已名城陽矣。【略】

《倉公傳》：「臣意年盡三年，年三十九歲也。」按徐廣注，高后八年，意年二十六，當作「年盡十三年，年三十九歲也」，脱「十」字。《孝文本紀》：「十三年，除肉刑。」

《武安傳》：「與長孺共一老秃翁。」謂爾我皆垂暮之年，無所顧惜，當直言以決此事也。《索隱》以爲共治一老秃翁者，非。

「因匈奴犯塞，而有衛、霍之功。」故序匈奴於衛將軍、驃騎傳之前。

《南越尉佗傳》：「發兵守要害處。」按《漢書・西南夷傳》注：「師古曰：要害者，在我爲要，於敵爲害也。」此解未盡，要害謂攻守必争之地，我可以害彼，彼可以害我，謂之害。人身亦有要害，《素問》：「岐伯對黄帝曰：『脈有要害。』」《後漢書・來歙傳》：「中臣要害。」【略】

《貨殖傳》：「廉吏久久更富，廉賈歸富。」又曰：「貪賈三之，廉賈五之。」夫放於利而行，多怨。廉者知取知予，無求多於人，義然後取，人不厭其取。是以取之雖少，而久久更富，廉者之所得乃有其五也。注非。

盧文弨《抱經堂文集》卷四《史記索隱校本序》 始余初讀《三家注史記》本，見《索隱》之説往往互岐，首卷後既載《索隱・述贊》矣，又云右《述贊》之體深所未安。余初疑後語不出於小司馬，後得毛氏單行《索隱》本，始知小司馬初意欲改史公體例，自成一書。後以此書傳世已久，忽加穿鑿，難允物情，遂輟不爲，而但爲之注。其欲改刱之規模，别見於後本，不與注混。趙宋時始合《集解》、《正義》，俱繫之《史記》正文下，遂致有割截牽併之失。今幸有單行本爲正之。然毛氏所梓，亦有次第顛倒，脱文譌字，難可盡據，則仍當以三家本正之。余向以單行本記於三家本上，猶未知擇善而從也。今雖可爲是正，而年已老矣。且毛氏本行密字小，不便增改其上，於觀覽亦不適。因令人略加展拓重鈔之，稍序其先後，辨其離合，而於文字之閒，尚未能以盡正，不無望於後之人。後之人因余書而復加以考訂之功，亦庶乎其易爲力矣。

王鳴盛《十七史商榷》卷一《索隱改補皆非》 《索隱》凡三十卷，前二十八卷貞采徐廣、裴駰、鄒誕生、劉伯莊舊注，兼下己意，按文申義，《自序》一篇附于末。其二十九卷及三十卷之上半卷，則貞嫌元本《述贊》未善而重爲一百三十篇之贊，下半卷則《補序》一篇，自述其補之之由，又逐段論其改删升降之意，大旨謂五帝之前當補太皞庖犧氏、女媧氏、炎帝神農氏，并於其前又追補天皇、地皇、人皇三皇，總稱《三皇本紀》。又欲將《秦本紀》、《項羽本紀》俱降爲世家，又謂惠帝事不當沒之而入於《呂后紀》中，欲依班氏分爲二紀。又欲補曹叔振鐸、許男、邾子、張耳、吳芮諸世家。又欲將列傳中吳王濞升入世家，與楚元王同爲一篇，淮南、衡山升入世家，與齊悼惠王同爲一篇。又欲將《陳涉世家》降爲列傳，又謂外戚不當入世家，其意蓋亦欲降入列傳。又謂子產、叔向不宜入《循吏傳》，欲於管、晏後。補吳延陵、鄭子產、晉叔向、衛史魚等傳。又欲分老子與尹喜、莊周爲一篇，韓非別入《商君傳》。末又欲抽魯連與田單爲一傳，鄒陽與枚乘、賈生爲一傳，屈原與宋玉等自爲一傳。又謂《司馬相如》、《汲鄭傳》不宜在《西夷》之下，《大宛傳》宜在《朝鮮》之下，不宜在《酷吏》、《游俠》之間。貞所改補如此。後乃自悔其穿鑿，俱仍舊貫，而聊附其說於此。惟《三皇本紀》一篇贅于卷末。然《述贊》猶於《李廣》之下《衛青》之前抽出《匈奴》，入於《南越》之前。愚謂貞之改補誠不知而作，皆非是。至其又欲分《蕭相國》、《曹相國》、《留侯》、《絳侯》、《五宗》、《三王世家》各爲一篇作六篇。按今本固爲六篇而貞言如此，則不可解。意者此即所謂八十卷本之分卷邪？但子長於《留侯》下有《陳平》，方繼以《絳侯》，而貞所舉《留侯》下即《絳侯》，則又不可解。貞所移易篇次有非是者，有似是而不必者。如老、韓同傳，正以老子清虛不有其身故，無情則必入於深刻，故使同傳。今乃謂其教迹全乖而欲移之，貞強作解事。李廣、衛青事迹與匈奴相出入，故以匈奴參錯于二人之間，今移之亦非。司馬相如次西南夷下者，亦因相如實欲通西南夷者，移之則非其本意。其餘皆多事而無謂，不必也。惟惠帝年十六即位，在位七年，年二十三而崩，《史記》將惠帝事亦入《呂后本紀》，此則似不如《漢書》別立《惠帝紀》爲妥，然此惟《漢書》斷代爲史，立體必應如是，若《史記》本自疏濶，周七八百年只一紀，漢每帝一紀，已自詳近略遠，惠帝無紀亦復何害？《周禮·春官》「外史掌三皇五帝之書」，則五帝以前固有三皇矣，但不知孰謂三皇、孰謂五帝。僞孔安國《尚書》序以伏羲、神農、黃帝爲三皇，少昊、顓頊、高辛、堯、舜爲五帝，而《史記》則以黃帝與顓頊、高辛、堯、舜爲五帝，無少昊。考昭十七年《左傳》「少皞氏鳥名官」，杜預云：「少皞，金天氏，黃帝之子。」疏引《大戴禮·帝系》云：「黃帝生玄囂。」《史記》云：「黃帝生二子，其一曰玄囂，是爲青陽。」據《世本》及《春秋緯》，皆言青陽即爲少皞，黃帝之子，代黃帝有天下，號曰金天氏。雖《史記》言青陽降居江水，與諸書言有天下似不同，而其爲黃帝之子則同，意者亦如帝摯立而不終，故當統於黃帝爲一代而不得別爲一帝。僞孔說非矣。且《史記》所數五帝，本之《大戴禮·五帝德》篇，此孔子之言，豈可不依？又《易·繫辭》以伏羲、神農爲上古，黃帝、堯、舜爲後世聖人，二者顯有區別，然則羲、農爲皇，黃帝等爲帝明甚。《困學紀聞》十一卷引五峯胡氏說，《易繫》以犧、農、黃帝、堯、舜爲五帝。大謬。而僞孔之謬尤可知矣。《索隱》謂僞孔說惟皇甫謐《帝王世紀》與之同，豈知孔即謐之所假託，自譔自證以售其欺者乎？要之，羲、農爲皇尚少一皇，不足三之數，故司馬貞必欲追補三皇，先取羲、農，從鄭玄據《春秋緯》配以女媧猶之可也，乃復於其前追紀天皇、地皇、人皇則甚誕。鄭樵、陸唐老皆以三皇冠于五帝前，若劉恕、陳桱則於三皇前又追敘盤古，皆非也。

錢大昕《十駕齋養新録》卷六《史記舊本》

《史記·堯本紀》「居鬱夷，曰暘谷。」《索隱》云：《史記》舊本作湯谷，今並依《尚書》字。按太史公多識古文，所引諸經與今本多異者，皆出先秦古書。後人校改，漸失其眞。即「湯谷」一條推之，知舊本爲小司馬輩改竄者不少矣。

俞正燮《癸巳存稿》卷七《史記十二諸侯年表序索隱書後》

《史記·十二諸侯年表序》「爲成學治古文者要删焉。」《集解》徐廣云：一曰治國聞。明刊《索隱》附《史記》本云：爲成學之人，攻文之士，欲覽其要，故删爲此篇。《索隱》單行本，無「攻文之士」字，亦不解「治古文」。案徐云「一曰治國聞」，是晉宋時傳彼本者，已不知古文何解，更無責於小司馬矣。此序云「古文」者，謂《春秋》、《國語》。《序》云「務綜其終始」，表見《春秋》、《國語》是也。《漢書·楚元王傳》言《古文春秋左氏傳》多古言古字，故可稱古文。《史記·五帝本紀·贊》云：「不離古文者近是。」下云：「余觀《春秋》、《國語》，其發明《五帝德》、《帝繫姓》章矣。」其古文亦指《春秋》、《國語》。又《吳世家·贊》云：「余讀《春秋》

古文。」語俱相應。而《索隱》以古文爲《五帝德》、《帝繫姓》，亦誤矣。《史記·自序》云「誦古文」，謂學《古文尚書》。就孔安國問故，及通《左傳》、《國語》。而《索隱》云「事伏生」。伏生乃《今文尚書》，豈可謂之古文？是《索隱》竟不知古文是文字，又隨意説之也。《史記》言古文者，猶言古字本《尚書》、《春秋》。其特表舉古文者，以所采輯與博士不同，故申别之曰「古文」。《五帝本紀·贊》言「好學深思」，又譏「淺見寡聞」。《十二諸侯年表·序》又特言「成學」，皆與當時博士之黨同伐異者言之。《史記》立言之意，惜徐廣、裴駰等不知也。而《索隱》顛倒錯亂，宜明人以攻文之士誣置其説中。幸有此單行本，稍減其謬耳。

又《史記索隱趙世家書後》 《趙世家》簡子召當道者曰：吾有所見子，晰也。「吾有所見子」句，言「吾有地曾見子矣」。「晰也」句，言事甚明晰也，又對下「遂不見」爲文。《索隱》云：言是故「吾前夢所見」者，知其名曰「子晰」。案上下俱稱當道者，不名其人爲「子晰」也。《世家》武靈王五年，「娶韓女爲夫人。」十六年，吴娃孟姚有寵，「是爲惠后」。二十五年，云「惠后卒」。二十七年，云傳國惠文王。「惠文王，惠后吴娃子也。」惠文王四年，云「吴娃死」，故惠文「愛弛」，惠文王盡三十三年。孝成元年云「太后」，二年云「惠文后卒」，《世家》文如此。十六年是爲惠后者豫言之，謂章母卒後之惠后爲此吴娃也。二十五年惠后者，太子章母，韓女也。二十七年惠后者，吴娃也。惠后吴娃以惠文四年前卒也，孝成元年太后者，惠文后也。以二年卒，乃吴娃之子婦。《索隱》於武靈王二十五年惠后，云「惠后卒後，吴娃正當室，孝成二年惠文后是也」。吴娃孝成二年卒，而史曰吴娃死後，惠文寵衰，憐故太子章，欲兩立之。是誤也，其説甚奇怪。尋孝成元年太后，《索隱》引束晳，言太后繈年「三十有奇」，蓋惠文以武靈十六年以後生，盡二十七年，爲十二歲。又自紀年三十二，則惠文年止四十四，其后不得老，不知老是太后常稱，恃輦是儀制，恃粥亦飲食之常。《索隱》以「恃輦」、「恃粥」云云，以爲吴娃，漫引束晳以太后爲吴娃，遂以吴娃爲惠文后。不知孝成之弟長安君，必不可謂之吴娃幼子。《索隱》以吴娃非前卒，省史文不合，反謂史誤，此又束晳所不及料也。且吴娃爲惠文之母，豈得謚爲惠文后？語妄可知矣。

王鳴盛《十七史商榷》卷五《史記五·正義改列傳之次》 常熟毛氏刻《集解》及《索隱》，皆《伯夷列傳》第一，《老子韓非列傳》第三，此元本也。而震澤王氏刻以老子、莊子居《伯夷傳》之前，同爲一卷，居第一，申不害、韓非爲一卷，居第三，蓋《正義》本也。開元二十三年奉勅升老子，莊子因老而類升，張守節從之。若監本老子、伯夷同傳第一，莊子、韓非同傳第三，則又是後人所定。

錢大昕《十駕齋養新録》卷六《角里先生》 《吴郡志·人物門》云：前漢角里先生，吴人。《史記正義》引周樹《洞歷》云：姓周，名術，字元道，太伯之後。漢高帝時，與東園公、綺里季、夏黄公俱出，定太子，號「四皓」。《史記正義》：角里先生，一號霸上先生。又云：今太湖中洞庭山西南中有祿里村是。《史記正義》。今《史記》南北雍刻於《留侯世家》，但載《索隱》説，以周術爲河内軹人。初不載《正義》之文，蓋《正義》之散落多矣。圈稱《陳留耆舊傳自序》：圈公爲秦博士，避地南山，惠太子以爲司徒，至稱十一世。洪氏《隸釋》有「圈公神坐」、「圈公神祚机」，此即四皓之東園公也。《會稽典録》載虞仲翔云：鄞大里黄公潔己暴秦之世，高祖即阼，不能一致，惠帝恭讓，出則濟難。此即四皓之黄公也。稱漢人，自述其先代，仲翔生於漢末，追溯鄉哲所言，皆當不妄。而《索隱》止載東園公姓庾，夏黄公姓崔，於圈氏、虞氏説置而不取。愚謂四皓之姓名里居，太史公既無明文，安知庾、崔之必是，而圈、黄之必非乎！安知周術之必居河内而不居吴乎！《史記正義》失傳，宋人合《索隱》、《正義》兩書，散入正文之下，妄加刪削，使後人不得見守節眞面，良可嘆也。

傳記

裴駰《史記集解序》 《索隱》：駰字龍駒，河東人，宋中郎外兵參軍。父松之，太中大夫。《正義》：裴駰採九經諸史幷《漢書音義》及衆書之目而解《史記》，故題《史記集解序》。序，緒也。

《宋書·裴松之傳》 〔松之〕子駰，南中郎參軍。松之所著文論及《晉紀》，駰注司馬遷《史記》，並行於世。

錢大昕《十駕齋養新録》卷六《司馬貞》 司馬貞、張守節二人，新舊

《唐書》皆無傳，守節《正義序》稱「開元二十四年八月殺青斯竟」，而貞前後《序》不見年月。按《唐書・劉知幾傳》：開元初，嘗議《孝經鄭氏學》非康成注，當以古文爲正。《易》無子夏傳，《老子》書無河上公注，請存《王弼學》。宰相宋璟等不然其論，奏與諸儒質辨。博士司馬貞等阿意共黜其言，請二家兼行，唯《子夏易傳》請罷。詔可。今補《史記序》，自題國子博士宏文館學士。唐制宏文館皆以它官兼領，五品以上爲學士，六品以下曰「直學士」，國子博士係正五品上，故得學士之稱。神龍以後，避孝敬皇帝諱，或稱昭文，或稱修文。開元七年，仍爲宏文。以題銜驗之，貞除學士，當在開元七年以後也。《高祖本紀》「母劉媼」。《索隱》云：近有人云母溫氏，貞時打得班固泗水亭長古碑，其字分明作「溫」字，云母溫氏。貞與賈膺復、徐彥伯、魏奉古等執對，反覆沈歎。膺復當是膺福之譌，先天二年爲右散騎常侍，昭文館學士，以預太平公主逆謀誅。見《唐書公主傳》。今河內縣有大雲寺碑，即膺福書也。徐彥伯卒於開元二年。見《唐書》本傳。貞與賈、徐諸人談議，當在中、睿之世，計其年輩，蓋在張守節之前矣。《唐書・藝文志》又稱貞「開元潤州別駕」，蓋由文館出爲別駕，遂蹭蹬以終也。

《水經注》分部

綜　述

酈道元《水經注序》　《序》曰：《易》稱天以一生水，故氣微于北方，而爲物之先也。《玄中記》曰：天下之多者，水也，浮天載地，高下無所不至，萬物無所不潤；及其氣流屆石，精薄膚寸，不崇朝而澤合靈宇者，神莫與竝矣。是以達者不能測其淵沖，而盡其鴻深也。昔《大禹記》著山海，周而不備；《地理誌》其所錄，簡而不周；《尚書》、《本紀》與《職方》俱略；都賦所述，裁不宣意；《水經》雖粗綴津緒，又闕旁通。所謂各言其志，而罕能備其宣導者矣。今尋圖訪賾者，極聆州域之說，而涉土遊方者，寡能達其津照，縱髣髴前聞，不能不猶深屏營也。余少無尋山之趣，長違問津之性，識絕深經，道淪要博，進無訪一知二之機，退無觀隅三反之慧。獨學無聞，古人傷其孤陋；捐喪辭書，達士嗟其面牆。默室求深，閉舟問遠，故亦難矣。然毫管闚天，歷筩時昭，飲河酌海，從性斯畢。竊以多暇，空傾歲月，輒述《水經》，布廣前文。《大傳》曰：大川相間，小川相屬，東歸于海。脈其枝流之吐納，診其沿路之所躔，訪瀆搜渠，緝而綴之。《經》有謬誤者，考以附正文所不載，非經水常源者，不在記注之限。但緜古芒昧，華戎代襲，郭邑空傾，川流戕改，殊名異目，世乃不同；川渠隱顯，書圖自負，或亂流而攝詭號，或直絕而生通稱，枉渚交奇，洄湍決復，躔絡枝煩，條貫系夥。《十二經》通，尚或難言，輕流細漾，固難辯究，正可自獻逕見之心，備陳輿徒之說，其所不知，蓋闕如也。所以撰證本《經》，附其枝要者，庶忘誤之私，求其尋省之易。

楊慎《丹鉛餘録》卷一七　《水經注》所載事多他書傳未有者，其敘山水奇勝，文藻辨麗，比之宋人卧遊錄，今之玉壺氷，豈不天淵！予嘗欲抄出其山水佳勝爲一帙，以洗宋人卧遊錄之陋，未暇也。又其中載古歌謠，如《三峽歌》云：「巴東三峽巫峽長，猿啼三聲淚沾裳。」又云：「朝見黃牛，暮見黃牛，三朝三暮，黃牛如故。」又云：「灘頭白勃堅相持，倏忽淪沒別無期。」記《焚道謠》云：「楢溪赤木，盤蛇七曲，盤羊烏攏，勢與天通。」皆可以入詩，材勝俗子。看《韻府群玉》，搜出酸餡惡料，令人嘔噦也。

沈懋孝《讀酈善長注〈水經〉》　《水經》者，漢人桑欽作，《藝文志》缺，弗收。《隋・經籍志》始有兩《水經》，一本三卷，是郭璞注。一本四十卷，是酈善長注。善長者，道元字也。宋《崇文總目》不言撰人爲誰。《新唐志》始謂是桑欽作，《前漢書・儒林傳》、《古文尚書》稱塗惲授河南桑欽君長。晁氏《讀書志》亦謂欽是成帝時人。然其書所稱水名或襍東漢後□以下語意者，欽本漢人，及郭、酈二氏爲之注，因而附益之者耳。璞，晉人。道元，後魏人。注中之文時與本經相錯，世遠傳訛往往有之，不足深辨。故《山海經》，禹益所記也，而有長沙、零陵、桂陽、諸暨之名。《本草》，神農所述也，而有豫章、朱厓、常山、眞定之名。《爾雅》作于周公，而稱張仲《蒼頡篇》造於李斯，而云「漢兼天下」，要皆後人附益語，非其本文。大都《水經》爲桑欽作，無疑。久之，正文與注語相淆，則欽之所作本文亦殽襍多矣。謂盡不出於欽，可乎？《通典》謂郭注多踈畧，久已不傳，酈注四十卷尚完時，有錯簡，蔡正甫氏作《補正》三卷，亦不傳。今所存則酈注舊本而已。夫天地間，唯水之道爲多，大川相間，小川相屬，郡縣州道厎列棊布。因水爲名地理書始于《禹貢》，分州主山川，定經界。蓋以山川之形千古不易，而州縣之設更革靡常。故兗州可移，濟河之兗能移乎？梁州可遷，華陽黑水之梁可遷乎？此《禹貢》所以爲萬世經也。後之史家主於州縣，以爲書及□□代更其書，因不可徵，故九州之壤大都以山川爲記。酈氏所傳之《水經》，郭氏所傳之《山海經》，豈非皆天壤間瑋寶歟？是書所引天下之水百三十有七，江、河在焉。酈氏注引枝流一千二百五十二，其源委之吐納，沿路所經行，纏絡枝煩，條貫丰夥，搜渠訪瀆，靡有漏遺。總其槩而攬之，九州可運之掌矣。夫水生太乙，樞河漢之上；沁漉八埏，與元氣俱流。猶之乎！《十二經》脈行於氣血中，爲三百節之絡緯，其間有原有歸，有分有并，有入有出，有巨有細，有顯有隱，若牛繩繩出乎固然。自有天地已不可紊，非知道者孰識之？禹益神聖，規天條地，知水之故，得水之情。後世水衡之官失所守，金管綠字，無其傳甚哉乎！水之爲利害焉！近者，分黄入海漕如故，分淮入江漕又如故，費水衡錢鉅萬萬，無捄于一朝之緩急。故夫裁成輔相之道，自古少經綸之手，亦少信傳之書。難言哉！難言哉！

顧炎武《日知録》卷三一《水經注大梁靈丘之誤》　《左傳》桓九年「梁伯伐曲沃」。注：梁國在馮翊夏陽縣。郤芮曰「梁近秦而幸焉」是也。《漢書·地理志》云：馮翊夏陽縣，故少梁也。《水經注》乃曰：大梁，周梁伯之居也。梁伯好土功，大其城，號曰新里，民疲而潰，秦遂取焉。後魏惠王自安邑徙都之。《竹書紀年》：梁惠成王六年四月甲寅，徙都於大梁是也。是誤以少梁爲大梁，而不知大梁不近秦也。《續漢志》：河南尹，梁故國，伯翳後。注引《博物記》曰：梁伯好土功，今梁多有城。亦誤。《漢書》：代郡靈丘。應劭曰：趙武靈王葬其東南二十里，故縣氏之。《水經注》曰：《史記》「趙敬侯二年，敗齊于靈丘。」則名不因靈王也。按《史記·田敬仲完世家》：齊威王元年，三晉因齊喪來伐我靈丘。《六國表》及《趙·魏·韓世家》並同。《趙世家》：惠文王十四年，相國樂毅將趙、秦、韓、魏、燕攻齊，取靈丘。十五年，趙與韓、魏、燕共擊齊，湣王敗走，燕獨深入，取臨菑。而孟子謂蚳鼃曰：子之辭靈丘而請士師。此別一靈丘，必在齊境，後入於燕。胡三省以爲即漢清河郡之靈縣，今之高唐夏津，皆其故地。于欽《齊乘》則云：今滕縣東三十里，明水河之南，有靈丘故城。未知何據。趙岐《孟子注》但云：靈丘齊下邑。而孝成王以靈丘封楚相春申君，益明其不在代郡矣。《水經注》云「是誤以趙之靈丘爲齊之靈丘」，而不知齊境不得至代也。《孟子正義》引《地理志》：代郡有靈丘縣。《史記正義》曰：靈丘蔚州縣。並誤。

劉廷獻《廣陽雜記》卷四　酈道元博極羣書，識周天壤，其注《水經》也，于四瀆百川之原委支派，出入分合，莫不定其方向，紀其道里，數千年之往跡故瀆，如觀掌紋而數家寶。更有餘力鋪寫景物，片語隻字，妙絶古今，誠宇宙未有之奇書也。時經千載，讀之者少，錯簡脱字，往往有之。然古玉血斑，愈增聲價。但其書詳于北而略于南，世人以此少之，不知水道之宜詳，正在北而不在南也。余在都門，爲崑山定《河南一統志》稿，遇古今之沿革遷徙盤錯處，每得善長一語，涣然冰釋，非此無從問津矣。北方爲二帝三王之舊都，二千餘年，未聞仰給于東南。何則？溝洫通而水利修也。自五胡雲擾以迄金元，淪于夷狄者千有餘年，人皆草草偷生，不暇遠慮，相習成風，不知水利爲何事。故西北非無水也，有水而不能用也。不爲民利，乃爲民害。旱則赤地千里，潦則漂沒民居，無地可瀦而無道可行。人固無如水何，水亦無如人何矣。元虞奎章奮然言之，郭太史毅然修之，未幾亦廢。有明三百年，更無過而問之者矣。予謂有聖人出，經理天下，必自西北水利始。水利興而後天下可平，外患可息，而教化可興矣。西北水道，莫詳備於此書。水利之興，此其粉本也。雖時移世易，遷徙無常，而十猶得其六七。不熟此書，則胸無成竹，雖有其志，何從措手！有斯民之志者，不可不熟讀而急講也。《水經注》千年以來，無人能讀，縱有讀之而歎其佳者，亦只賞其詞句，爲游記詩賦中用耳。然亦千萬中之一二也。吾友虞山黄子鴻，獨能沈酣此書，參伍錯綜，各得其理，好學深思，心知其事，吾于子鴻見之矣。千世之後，復有子雲、善長，抑何幸與！更得宋人善本，正其錯簡脱訛，支分縷析，各作一圖，其用心亦云勤矣。惜其專于攷訂，而不切實用。尺有所短，無可如何。予東歸後，思以此本照宋板割裂改正，裝裱成書。命門人鈔録其圖，并二十一史《輿地志》攷，而顧景范有《讀史方輿紀要》，傳是樓有《一統志稿》，皆輯録之以爲疏《水經注》之資云。

愛新覺羅·弘曆《題酈道元水經注六韻有序》　酈道元《水經注》，自明至今，惟朱謀㙔校本行世。其文與杜佑《通典》、樂史《太平寰宇記》所引，經注往往不合，又多意爲改竄，殊失本來面目。近因裒集《永樂大典》散見之書，其中《水經注》雖多割裂，而按目稽核，全文具存，尚可彙輯。與今本相校，既有異同，且載道元《自序》一篇，亦世所未見，蓋猶據宋人善本錄入。茲經館臣排綴成編，凡篇目混淆，經注相錯者，悉加釐訂。其脱簡有自數字至四百餘字者，亦竝爲補正。以數百年叢殘缺佚之書，一旦復還舊觀，若隱有呵護者然，亦藝林佳話也。因題六韻紀之：檢書斷簡萃全珍，《自序》猶存善長眞，卻以殘山將剩水，竟如合浦與延津。笑他割裂審無術，《永樂大典》所載之書，類多散入各韻，分析破碎，殊無體例，是書亦其一也。際此完成若有神，南北少訛因未到，酈道元仕于北魏，雖曾出使關中，而足跡未嘗一至塞外，故《水經注》中所載邊地諸水，形勢未能盡合，即如濡水之源流分合，及所經郡縣，多有訛舛，至江淮以南，地屬齊、梁，道元亦未親履其地，詳爲考訂，祇據傳聞所及，襲謬沿疑，無怪其説之多盭也。古今略異究堪循。悉心編纂誠宜奬，觸目研磨信可親，設以《春秋》素臣例，足稱中尉繼功人。

戴震《戴東原集》卷六《水經酈道元注序》 後魏御史中尉范陽酈道元，字善長，撰《水經注》四十卷。蕭寶夤之亂，道元叱賊而餐，贈吏部尚書、冀州刺史。安定縣男善長雖依經附注，不言《水經》撰自何人。《唐書・藝文志》始以爲桑欽撰，欽在班固前，固嘗引其説，與《水經》違異。晉已來，注《水經》凡二家。郭璞注三卷，唐時猶存。杜君卿言二家，皆不詳所撰者名氏，亦不知何代之書，則景純已不能言其倫者矣。《崇文總目》：《水經注》亡者五卷。今所傳即宋之殘本，後人又加割裂，以傳合四十卷之數。如注文：江水又東，逕巫縣故城南。注譌舛爲經，遂與前經文「又東過巫縣南」割分異卷。《唐六典》注云：《水經》所引天下之水百三十七，今自河水至斤員水案：舊倫「斤江水」，今從《漢志》倫「員」。凡百二十三，應脱逸十有四水，蓋在五卷中者也。王伯厚《通鑑・地理通釋》引《水經》四事，惟魏興安陽一事屬經文，餘三事咸酈注之譌爲經者。故其作書時，世益莫能定。《水經》立《文首》云「某水所出」已下，無庸重舉水名。而注內詳及所納羣川，加以採摭，故實彼此相襍，則一水之名不得不更端重舉。經文敍次所過郡縣，如云「又東過某縣」之類，一語實該一縣，而注則沿溯縣西以終於東，詳記所逕委曲。經據當時縣治，至善長作注時，縣邑流移，是以多稱故城，經無言故城者也。凡經例云「過」，注例云「逕」。以是推之，雖經注相淆，而尋求端緒，可俾歸條貫。善長於經文「涪水至小廣魏」解之曰：小廣魏，即廣漢縣也。於「鍾水過魏寧縣」解之曰：魏寧，故陽安也，晉太康元季改曰晉寧。然則，《水經》上不逮漢，下不及晉，初實魏人纂叙無疑。至於觸類引伸，因川源之派別，知山勢之逶迤。高高下下，不失地防取資，信非一端。然譌舛既久，雖善讀古書如閻百詩、顧景范、胡朏明諸子，其論述所涉猶輒差違，斯訂正之不可以已也。審其義例，按之地望，兼以各本參差，是書所山致謬之故，昭然可舉而正之。至若四十卷之爲三十五，合其所分，無復據證。今以某水各自爲篇，北方之水，莫大於漢、而河已北，河已南，衆川因之得其叙矣。南方之水，莫大於江，而江已北，江已南，衆川因之得其叙矣。惟以地相連比，篇次不必一還其舊，庶乎川渠纏絡有條而不紊焉。

錢大昕《十駕齋養新録》卷一一《水經注難盡信》 《水經注》載漢時侯國，難以盡信。如《河水篇》以臨羌爲孫都封國，不知孫都本封臨蔡，其地在河內，不在金城也。以西平爲公孫渾邪封國，不知渾邪本封平曲，其地在高城，不在金城也。《汾水篇》以河東之平陽爲范明友封國，不知明友本封平陵，其地在武當，不在河東也。安成侯劉蒼，在《贛水篇》以爲長沙之安成，在《汝水篇》以爲汝南之安成。桃侯劉襄，在《泲水篇》以爲酸棗之桃虛，屬東郡。在《濁漳水篇》以爲信都之桃縣。建成侯劉拾，在《贛水篇》以爲豫章之建成，在《淮水篇》以爲沛之建成。皆彼此重複，不相檢照。又《淮水篇》云：山陽城，即射陽縣故城也。漢世祖建武十五年，封子荆爲山陽公，治此。攷山陽僑治射陽，乃在東晉安帝之世，漢之山陽郡，自治昌邑，今金鄉縣境。以典午之僑治，當東漢之故封，豈其然乎？《河水篇》：河水又東北逕陽阿縣故城西。漢高帝六年，封郎中萬訢爲侯國。《沁水篇》：陽泉水東逕陽陵城南，陽阿縣之故城也。漢高帝七年，封下訢爲侯國。此二條人名與年數小異，亦重複而舛誤也。《史》、《漢》表但有陽河齊侯其石，此云「陽阿」，可證二表之譌。《漢志》平原郷有阿陽縣，上黨郡有陽阿縣，與酈所見本不同。而萬訢、卞訢、其石，三名互異，未審誰是。《史記功臣侯表》：百年之間見侯五。《正義》以楊阿侯卞仁當見侯之一。是《正義》本作卞，與酈所見本同。《滱水篇》：蒲水逕夏屋故城，世謂之寡婦城，賈復從光武追銅馬五幡於北平所作也。世俗音轉，故有是名矣。又《汝水篇》：桓水逕賈復城北，復南擊鄢所築也，俗語譌謬。謂之「寡婦城」，水曰「寡婦水」，此兩寡婦城，皆云賈復之譌，必有一誤矣。予謂「夏」之言「假」也，陳郡陽夏縣，夏讀如賈。賈、寡聲相近。北音讀屋如烏，與婦音亦相似，則夏屋之爲寡婦，不必因於賈復也。

傳記

《魏書・酷吏傳・酈道元》 酈道元，字善長，范陽人也。青州刺史範之子。太和中，爲尚書主客郎。御史中尉李彪以道元秉法清勤，引爲治書侍御史。累遷輔國將軍、東荆州刺史。威猛爲治，蠻民詣闕訟其刻峻，坐免官。久之，行河南尹，尋即眞。肅宗以沃野、懷朔、薄骨律、武川、撫冥、柔玄、懷荒、禦夷諸鎮并改爲州，其郡縣戍名令準古城邑。詔道元持節兼黄門侍郎，與都督李崇籌宜置立，裁減去留，儲兵積粟，以爲邊備。未幾，除安南將軍、御史中尉。道元素有嚴猛之稱。司州牧、汝南王悦嬖近左右丘念，常與卧起。及選州官，多由於念。念匿於悦第，時還其家，道元收念付獄。悦啓靈太后請全之，敕赦之。道元遂盡其命，因以劾悦。是時雍州刺史蕭寶夤反狀稍露，悦等諷朝廷遣爲關右大使，遂爲寶夤所害，死於陰盤驛亭。道元好學，歷覽奇書。撰注《水經》四十卷、《本志》十三篇，又爲《七聘》及諸文，皆行於世。然兄弟不能篤穆，又多嫌忌，時論薄之。

《漢書注》分部

綜述

王楙《野客叢書》卷一一《師古注青紫》 石林云：唐以金紫銀青光禄大夫爲階官，此沿漢制金印紫綬、銀印青綬之稱也。《夏侯勝傳》取青紫如拾芥，青紫謂綬耳。顔師古以青紫爲卿大夫之服，漢卿大夫，蓋未服青紫。師古但據當時所見。僕觀揚雄《解嘲》：紆青拖紫。師古注曰：青紫謂綬之色。觀此語，豈無見耶？然所謂服者，佩服云爾。漢人亦有以綬言服，如蔡邕章疏：曰命服銀青，曰命服金紫，曰金龜紫紱之飾，非臣容體所當佩服。以是而觀，師古之注未爲謬也。僕又考之秦時光禄勳有中大夫，漢武帝更名光禄大夫，皆銀章青綬。魏晉以來有左右光禄大夫，光禄三大夫，皆銀章青綬，其重者詔加金章紫綬，則謂之金紫光禄大夫。既有金紫之號，故以本光禄爲銀青光禄大夫。晉時如王翹之嘗爲此官，而任遐爲光禄大夫，就王晏乞一片金，晏乃啓轉爲金紫是也。是則金紫銀青光禄大夫之階萌於漢武，成於晉，非始於唐也。

洪邁《容齋續筆》卷一二《漢書注冗》 顔師古注《漢書》，評較諸家之是非，最爲精盡，然有失之贅冗及不煩音釋者。其始遇字之假借，從而釋之，既云「他皆類此」，則自是以降，固不煩申言。然於「循行」字下，必云「行音下更反」，於「給復」字下，必云「復音方目反」。至如說讀曰悦，繇讀曰傜，鄉讀曰嚮，解讀曰懈，與讀曰豫，又讀曰歟，雍讀曰壅，道讀曰導，畜讀曰蓄，視讀曰示，艾讀曰乂，竟讀曰境，飭與勑同，繇與由同，敺與驅同，晻與暗同，婁古屢字，墬古地字，饟古餉字，犇古奔字之類，各以百數。解三代曰夏、商、周，中都官曰京師諸官府，失職者失其常業，其重複亦然。貸曰假也，休曰美也，烈曰業也，稱曰副也，靡曰無也，滋曰益也，蕃曰多也，圖曰謀也，耗曰減也，卒曰終也，悉曰盡也，給曰足也，寖曰漸也，則曰法也，風曰化也，永曰長也，省曰視也，仍曰頻也，疾曰速也，比曰頻也，諸字義不深祕，既爲之辭，而又數出，至同在一板内再見者，此類繁多，不可勝載。其豁、仇、恢、坐、郗、陜、治、脱、攘、蓺、垣、綰、顓、擅、酣、侔、重、禺、俞、選等字，亦用切腳，皆爲可省。志中所注，尤爲煩蕪。項羽一傳，伯讀曰霸，至於四言之。若相國何、相國參、太尉勃、太尉亞夫、丞相平、丞相吉，亦注爲蕭何、曹參、桓、文、顔、閔，必注爲齊桓、晉文、顔淵、閔子騫之類，讀是書者，要非童蒙小兒，夫豈不曉，何煩於屢注哉！顔自著《叙例》云「至如常用可知，不涉疑昧者，衆所共曉，無煩翰墨」，殆是與今書相矛盾也。

顧炎武《日知録》卷二七《漢書注》 《漢書叙例》，顔師古撰。其所列姓氏鄧展、文穎下亦云：「魏建安中」，建安乃漢獻帝年號，雖政出曹氏，不得遽名以魏。《高帝紀》：「諸侯罷戲下，各就國。」注引一說云：「時從項羽在戲水之上。」此說爲是。蓋羽入咸陽，而諸侯自留軍戲下爾。他處固有以戲爲麾者，但云罷麾下，似不成文。「不因其幾而遂取之。」訓幾爲危，未當。幾即「機」字，如《書》「若虞機張」之機。「遺詣相國府，署行義年。」謂書其平日爲人之實迹，如《昭帝紀》「元鳳元年三月，賜郡國所選有行義者涿郡韓福等五人帛」，《宣帝紀》「令郡國舉孝弟有行義聞于鄉里者各一人」是也。劉攽改「義」爲「儀」，謂若今團貌，非。《武帝紀》：元封元年，「詔用事八神。」謂東巡海上而祠八神也，即《封禪書》所謂八神。一曰天主，祠天齊之屬。文穎以爲祭太一，開八通之鬼道者，非。「天漢元年秋，閉城門，大搜。」與二年及征和元年之大搜同，皆搜索奸人也，非蹤侈者也。《昭帝紀》：「三輔太常郡得以叔即「菽」字。粟當賦。」漢時田租本是叔粟，今幷口算雜征之，用錢者皆令以叔粟當之。其獨行於三輔太常郡者，不獨爲穀賤傷農，亦以減漕三百萬石，慮儲偫之乏也。《元帝紀》：永光元年，「秋，罷。」如淳曰：「當言罷某官某事，爛脫失之。」是也。《左傳·成二年》：「夏，有。」亦是缺文，杜氏解曰：「失新築戰事。」建昭三年，「戊己校尉」。師古曰：「戊己校尉者，鎮安西域，無常治處。亦猶甲乙丙丁庚辛壬癸各有正位，而戊己四季寄王，故以名官也。時有戊校尉，又有己校尉。一說戊己位在中央，今所置校尉處三十六國之中，故曰戊己也。」《百官公卿表》注亦載二說。《漢官儀》曰：「戊己中央，鎮覆四方。」又「開渠播種，以爲厭勝，故稱戊己焉。」按馬融《廣成頌》曰：「校隊案部，前後有屯，甲乙相伍，戊己爲堅。」則不獨西域，雖平時校獵，亦有部伍也。又知其甲乙八名皆有，而西域則但置此戊己二官爾。《王莽傳》：「右庚刻木校尉，前丙耀金都尉。」其所名或有所本。《車師傳》：「置戊己校尉，屯田，居車師故地。」《烏孫傳》：「漢徙己校屯姑墨。」而《後漢書·耿恭傳》：「恭爲戊校尉，屯後王部金蒲城。謁者關寵爲己校尉，屯前王柳中城。」故師古以爲無常治。《哀帝紀》：「非赦令也，皆蠲除之。」猶《成帝紀》言「其吏也遷二等」同一文法。蓋赦令不可復反，故但此一事不蠲除也。《王子侯表》：「瓡節侯息城陽頃王子。」師古曰：「瓡即『瓠』字也。又音孤。」《地理志》北海郡下「瓡侯國」，師古曰：「瓡即『執』字。」二音不同。而《功臣表》「瓡讘侯杅」者，師古曰：「瓡狐同。」河東郡下作「狐讘」，又未知即此一字否也。《百官表》：「長水校尉掌長水、宣曲胡騎。」師古曰：「長水，胡名也。宣曲，觀名。胡騎之屯于宣曲者。」按長水非胡名也。《郊祀志》：「霸產豐澇，涇渭長水，以近咸陽，盡得比山川祠。」《史記索隱》曰：「《百官表》有長水校尉。」沈約《宋書》云：「營近長水，因名。」《水經》云：「長水出白鹿原，今之荆溪水是也。」元鳳四年，蒲侯蘇昌爲太常。十一年，「坐籍霍山書泄秘書，免。」師古曰：「以秘書借霍山。」非也。蓋籍沒霍山之書中有秘記，當密奏之，而輒以示人，故以宣泄罪之耳。山本傳言：「山坐寫秘書，顯爲上書，獻城西第，入馬千匹，以贖山罪。」若山之秘書從昌借之，昌之罪將不止免官。而元康四年，昌復爲太常，薄責昌而厚繩山，非法之平也。且如顔說，當云「坐借霍山秘書，免」足矣，何用文之重辭之復乎？建昭三年七月戊辰，「衛尉李延壽爲御史大夫一姓繁。」師古曰：「繁音蒲元反。」《陳湯傳》：「御史大夫繁延壽。」師古曰：「繁音蒲胡反。」《蕭望之傳》師古音婆。《谷永傳》師古音蒲河反。蒲元則音盤，蒲胡則音蒲，蒲河則音婆，三音互見，幷未歸一。然繁字似有婆音。《左傳·定四年》：「殷民七族繁氏。」繁音步何反。《儀禮·鄉射禮》注：「今史『皮樹』爲『繁豎』。」皮古音婆。」《史記·張丞相世家》：「丞相司直繁君。」索隱曰：「繁音婆。」《文選》「繁休伯」，呂向音步向反。則繁之音婆相傳久矣。《廣韵·八戈》部中有繁字，注曰：「音薄波切。姓也。又音煩。」此字或作「緐」。《玉篇》緐字亦音步波、步丹二切。《律歷志》：「壽王候課比三年下。」謂課居下也。下文言「竟以下吏」，乃是下獄。師古注非。《食貨志》：「學六甲五方書計之事。」六甲者，四時六十甲子之類；五方者，九州岳瀆列國之名；書者，六書；計者，九數。瓚說未盡。「國亡捐瘠者。」瘠，古「胔」字，謂死而不葬者也。《婁敬傳》「徒見羸胔老弱」，《史記》作「瘠」。《後漢書·彭城靖王恭傳》：「毁胔過禮。」《大戴禮》：「羸醜以胔。」皆是「瘠」字。則此瘠乃胔字之誤，當從孟康之說。蘇林音漬，是。「課得穀皆多其旁田，晦一斛以上。」蓋壖地乃久不耕之地，地力有餘，其收必多，所以作代田之法也。「天下大氐無慮皆鑄金錢矣。」無慮猶云無算，言多也。「布貨十品。」師古曰：「布即錢耳。」謂之布者，言其分布流行也。」按本文，錢、布自是二品，而下文復載，改作貨布之制，安得謂布即錢乎？《莽傳》曰：「貨布長二寸五分，廣一寸，直貨錢二十五。」今貨布見存，上狹下廣而岐，其下中有一孔，師古當日或未之見也。《郊祀志》：「文公獲若石，云于陳倉北坂城祠之。其神或歲不至，或歲數來也。常以夜，光輝若流星，從東方來，集于祠城。若雄鷄，其聲殷，云野鷄夜鳴。」如淳曰：「野鷄，雉也。呂后名雉，改曰野鷄。」《五行志》：「天水冀南山，大石鳴聲隆隆如雷。有頃止壄「野」同。鷄皆鳴。」師古曰：「雉也。」竊謂野鷄者，野中之鷄耳。注拘于荀悦云：「諱雉之字曰野鷄。」夫諱「恆」曰常，諱「啓」曰開，史固有言常言開者，豈必其皆爲恆與啓乎？又此文本《史記・封禪書》，其上文云「有雉登鼎耳雊」，其下文云「公孫卿言，見仙人迹緱氏城上，有物如雉往來城上」，又云「縱遠方奇獸飛禽及白雉諸物」，《漢書》同此二條。幷無所諱。而《漢書・地理志》南陽郡有雉縣，江夏郡有下雉縣；《五行志》「王音等上言，雉者聽察，先聞雷聲」，則漢時未嘗諱雉也。「木寓龍一駟，木寓車馬一駟。」李奇曰：「寓，寄也。寄生龍形于木。」此說恐非。古文偶、寓通用，偶亦音寓。木寓，木偶也。《史記・孝武紀》「作木偶馬」，而《韓延壽傳》曰「賣偶車馬下里僞物者，棄之市道」。古人用以事神及送死皆木偶人木偶馬，《魯相史晨孔廟後碑》云：「飭治桐車馬于瀆上。」今人代以紙人紙馬。又《史記・殷本紀》：「帝武乙無道，爲偶人，謂之天神。」《索隱》曰：「偶音寓。」《酷吏傳》：「匈奴至爲偶人，象郅都。」《索隱》曰：「《漢書》作寓人。」可以證寓之爲偶矣。《五行志》：「吳王濞封有四郡五十餘城。」「四」當作「三」，古四字積劃以成，與三易混。猶《左傳》「陳蔡不羹三國」之爲四國也。「隱公三年二月己巳，日有食之，其後鄭獲魯隱。」按狐壤之戰事在其前，乃隱公爲公子時，此劉向誤說，班、史因之，不必曲爲之解。《溝洫志》：「內史稻田租挈重。」挈，偏也。《說文》有絜字，注云：「角一俯一仰。」意同。《楚元王傳》「孫卿」，師古曰：「荀况，漢以避宣帝諱改之。」按漢人不避嫌名，荀之爲「孫」，如孟卯之爲「芒卯」，司徒之爲「申徒」，語音之轉也。「上數欲用向爲九卿，輒不爲王氏居位者及丞相御史所持，故終不遷。」衍一「不」字，當云「輒爲王氏居位者及丞相御史所持」。持者，挾持之義，而非挾助之解也。《季布傳》「難近」，謂令人畏而遠之。師古以近爲近天子，爲大臣，非也。《樊噲傳》：「項羽即饗軍士，中酒。」中酒謂酒半也。《呂氏春秋》謂之「中飲」。晉靈王發酒于宣孟，宣孟知之，中飲而出。《戰國策》：「楚王觴張儀，中飲，再拜而請。」凡事之半曰中。《左傳・昭公二十八年》「中置」，謂饋之半也。上云饋之始，至下云饋之畢。《史記・河渠書》「中作而覺」，謂工之半也。中酒猶今人言半席。師古解以不醉不醒，故謂之中，失之矣。《司馬相如傳》：「酒中樂酣。」師古曰：「酒中，飲酒中半也。」一人注書，前後不同。《淮南厲王傳》「命從者刑之」，《史記》作「剄之」，當從剄，音相近而訛。下文「太子自刑不殊」，又云「王自刑殺」，《史記》亦皆作「剄」也。「孝先自告反，告除其罪。」按《史記》無下「告」字，是衍文，師古曲爲之說。《萬石君傳》：「內史坐車中，自如固當者。」反言之也，言貴而驕人，當如此乎？《賈誼傳》：「上數爽其憂。」謂秦之所憂者在孤立，而漢之所憂者在諸侯；漢初之所憂者在异姓，而今之所憂者在同姓。張敖不反，故添一「貫高爲相」句，古人文字之密。「植遺腹，朝委裘，而天下不亂。」必古有是語，所謂「君薨而世子生」者也。季桓子命其臣正常曰：「南孺子之子男也，則以告而立之。」遺腹之爲嗣，自人君以至于大夫，一也。《鄒陽傳》：「宋任子冉之計，囚墨翟。」《史記》作「子罕」。文穎曰：「子冉，子罕也。」按子罕是魯襄公時人，墨翟在孔子之後，子冉當別是一人。」「秦皇帝任中庶子蒙之言。」師古曰：「蒙者，庶子名也。」今流俗書本「蒙」下輒加「恬」字，非也。按《史記》，秦王寵臣中庶子蒙嘉爲先言于秦王，非蒙恬，蒙亦非名，傳文脫一「嘉」字。《趙王彭祖傳》「椎埋」，即掘冢也。新葬者謂之埋。師古曰：「椎殺人而埋之。」恐非。《李廣傳》「彌節白檀。」彌與「弭」同。《司馬相如傳》：「于是楚王乃弭節徘徊。」注郭璞曰：「弭猶低也。節，所杖信節也。」「陵當發出塞，乃詔強弩都尉令迎軍。」言當俟陵出塞之後，乃詔博德迎之。《蘇武傳》：「陵惡自賜武，使其妻賜武牛羊數十頭。」今人送物與人，而托其名于妻者，往往有之。其謂之賜者，陵在匈奴已立爲王故也。云惡自賜武，蓋嫌于自居其名耳。師古注謂，若示己于匈奴中富饒以夸武者，非。《司馬相如傳》：《子虛之賦》乃「游梁時作」。當是侈梁王田獵之事而爲言耳。後更爲楚稱齊難而歸之天子，則非當日之本文矣。若但如今所載子虛之言，不成一篇結構。《張安世傳》：「無子，子安世小男彭祖。」謂賀無見存之子，而以安世小男爲子，其早死之子別有一子，乃下文所謂孤孫霸，非無子也。《杜周傳》：「吏所增加十有餘萬。」謂辭外株連之人。《張騫傳》：「竟不能得月氏要領。」古人上衣下裳，舉裳者執要，舉衣者執領。《廣陵王胥傳》：「女須泣曰：『孝武帝下我言。』」孝武帝降憑其身而言。「千里馬兮駐待路。」言神魂飛揚，將乘此馬而遠適千里之外。張晏注以爲驛馬，非。《嚴助傳》：「臣聞道路言：閩越王弟甲弑而殺之。」即下文所云「會閩越王弟餘善，殺王以降」者也。當淮南王上書之時，不知其名，故謂之甲，猶云某甲耳。師古曰：「甲者，閩越王弟之名。」非。《朱買臣傳》：「買臣入家中。」即會稽邸中也。邸如今京師之會館。《東方朔傳》：「以劍割肉而去之。」裴松之注：「《魏志》云：古人謂藏爲去。」《蘇武傳》：「掘野鼠去屮實而食之。」師古曰：「去謂藏之也。」《楊惲傳》：「廷尉當惲大逆無道」者，以書中有「君父送終」之語。《梅福傳》：「諸侯奪宗。」如帝摯立不善，崩，而堯自唐侯升爲天子是也。《梅福傳》贊：「殷鑒不遠，夏后所聞。」謂福引呂霍上官之事以規切王氏。師古注謂封孔子後，非。《霍光傳》：「張章等言霍氏皆讎有功。」晉灼曰：「讎，等也。」非也。此如《詩》「無言不讎」之讎。《詩》正義：「相對謂之讎。」《左傳·僖五年》：「無喪而慼憂，必讎焉。」注：「讎猶對也。」《律歷志》：「廣延宣問，以理星度，未能讎也。」鄭德曰：「相應爲讎也。」《郊祀志》：「其方盡多不讎。」《伍被傳》贊：「忠不終而詐讎。」《魏其傳》：「上使御史簿責嬰，所言灌夫頗不讎。」《趙充國傳》：「微將軍，誰不樂此者？」言豈獨將軍苟安貪便，人人皆欲爲之。師古注以「微」字屬上句讀，非。《辛慶忌傳》：「衛青在位，淮南寢謀。」謂伍被言大將軍數將習兵，未易當；又言雖古名將不過是，爲淮南所憚。《于定國傳》：「萬方之事大録于君。」按今所傳王肅注《舜典》「納于大麓」曰：「麓，録也。納舜，使大録萬機之政。」蓋西京時已有此解，故詔書用之。章帝即位，以太傅趙憙、太尉牟融并録尚書事。《于定國傳》贊：「哀鰥哲獄。」《毛詩》、《禮記》凡鰥寡之鰥皆作「矜」，此亦矜之誤。哲則「折」之誤也。師古以傳中有哀鰥寡語，遂以釋此文，而以哲爲「明哲」之哲。《龔勝傳》：「勿隨俗動吾冢，種柏作祠堂。」師古曰：「多設器備，恐被發掘，爲動吾冢。」非也。古人族葬，勝必已自有墓，若隨俗人之意，更于冢上種柏作祠堂，則是動吾冢也。蓋以朝代遷革，一切飾終之禮俱不欲用。《韋賢傳》：「歲月其徂，年其逮耇。於昔君子，庶顯于後。」孟自言年老，慕昔之君子垂令名于後，欲王信老成之言而用之也。在鄒詩曰「既耇且陋」，則此爲孟之自述可知。「下從者與載送之。」下如《爰盎傳》「下趙談」之下，與之共載，復送至其家也。《尹翁歸傳》：「高至于死。」高謂罪名之上者，猶言上刑。《王尊傳》：「猥被共工之大惡。」謂御史大夫劾奏尊以靖言庸違，象共滔天。《蕭育傳》：「鄠名賊梁子政。」名賊猶言名王，謂賊之有名號者也。師古曰：「名賊者，自顯其名，無所避匿，言其強也。」非。《宣元六王傳》贊：「貪人敗類。」《大雅·桑柔》之詩，師古注誤以爲《蕩》。《張禹傳》：「兩人皆聞知，各自得也。」崇以禹爲親之，宣以禹爲敬之，故各自得。《翟方進傳》：「萬歲之期，近慎朝暮。」謂宮車晏駕，故下文郎賁麗以爲可移于相也。《揚雄傳》：「不知伯僑周何別也。」謂不知是何王之別子。「冠倫魁能。」能字當屬上句，言爲能臣之首。史書之文中有誤字，要當旁證以求其是，不必曲爲之説。如此傳《解嘲篇》中「欲談者宛舌而固聲」，固乃「同」之誤；「東方朔割名于細君」，名乃「炙」之誤，有《文選》可證。而必欲訓之爲固、爲名，此小顏之癖也。《顏氏家訓》云：「《穀梁傳》：『孟勞者，魯之寶刀也。』僖元年。有姜仲岳，讀刀爲「力」，謂公子左右姓孟名勞，多力之人，爲國所寶。與吾苦諍。清河郡守邢峙，當世碩儒，助吾證之，赧然而服。此傳「割名」之解得無類之。《儒林傳》：「弟子行雖不備，而至于大夫郎掌故以百數。」謂不必皆有行誼，而多顯官。《貨殖傳》：「爲平陵石氏持錢。」持錢猶今人言掌財也。如氏、苴氏皆平陵富人，而石氏訾亦次之。《游俠傳》：「酒市趙君都、賈子光。」服虔曰：「酒市中人也。」非也。按《王尊傳》：「長安宿豪大猾箭張禁、酒趙放。」晉灼曰：「此二人作箭作酒之家。」今此上文有箭張回，即張禁也。君都亦即放也，名偶异耳。《佞幸傳》：「朕惟噬膚之恩未忍。」是取《易·睽》六五「厥宗噬膚」，言貴戚之卿，恩未忍絶。《匈奴傳》：「孤僨之君。」僨如《左傳》「張脈僨興」之僨。《倉公傳》所謂「病得之欲男子而不可得也」。「衛律爲單于謀穿井築城治樓以藏穀，與秦人守之。」師古曰：「秦時有人亡入匈奴者，今其子孫尚號秦人。」非也。彼時匈奴謂中國人爲秦人，猶今言漢人耳。《西域傳》：「匈奴縛馬前後足，置城下，馳言：『秦人，我匄若馬！』」師古曰：「謂中國人爲秦人，習故言也。」是矣。其言與秦人守者，匈奴以轉徙爲業，不習守御，凡穿井築城之事，非秦人不能爲也。《大宛傳》：「聞宛城中新得秦人，知穿井。」亦謂中國人。《後漢書·鄧訓傳》：「發湟中秦胡。」《袁紹傳》：「許賞賜秦胡。」秦者，中國人。胡者，胡人。猶後人之言蕃漢也。「去胡來王唐兜。」師古曰：「爲其去胡而來降漢，故以爲王號。」非也。《西域傳》：「婼羌國王號去胡來王。」「臣知父呼韓邪單于蒙無量之恩。」其時尚未更名，當曰「臣囊知牙斯。」作史者從其後更名録之耳。故印已壞，乃云「因上書求故印」者，求更鑄如故印之式，去新字而言璽。《南粤傳》：「朕高皇帝側室之子。」師古曰：「言非正嫡所生。」非也。《春秋・左氏桓公二年傳》曰：「卿置側室。」杜解：「側室，衆子也。」《文公十二年傳》曰：「趙有側室曰穿。」《西域傳》：「康居國王東羈事匈奴。」言不純臣，但羈縻事之，與烏孫羈屬意同，當用彼注刪此注。「宜給足，不可乏。」當作「可不乏」。《外戚傳》：「常與死爲伍。」言濱于死。「其條刺史大長秋來白之。」「史」當作「使」。「丞知是何等兒也。」言藏之以辨是男非女。師古注非。「奈何令長信得聞之。」謂何道令太后聞之。「終沒，至乃配食于左坐。」謂合葬渭陵，配食元帝。《王莽傳》：「治者掌寇大夫陳成自免去官。」蓋先幾而去。自稱「廢漢大將軍」者，自稱漢大將軍也，下文云「亡漢將軍」同此意。自莽言，謂之廢漢、亡漢耳。「會省戶下。」省戶即禁門也。蔡邕《獨斷》曰：「禁中者，門戶有禁，非侍御者不得入，故曰禁中。」孝元皇后父大司馬陽平侯名禁，當時避之，故曰省中。「右庚刻木校尉。」「刻」、「克」同，取金克木。《叙傳》：「劉氏承堯之後，氏族之世，著乎《春秋》。」《左氏・昭公二十九年傳》：「陶唐氏既衰，其後有劉累者，學擾龍于豢龍氏，以事孔甲。」師古引「士會奔秦，其處者爲劉氏」，則又其苗裔也。「雕落洪支。」謂中山、東平之獄。服虔以爲廢退王氏，非。

王鳴盛《十七史商榷》卷七《漢書一・漢書敘例》　今人家《漢書》多常熟毛氏汲古閣刻本，字密行多，篇帙縮減，誠簡便可喜，予亦用之，但前明南監板有顔師古《敘例》，此削去不存，則來歷不明。凡讀書最切要者目録之學，目録明方可讀書，不明終是亂讀。據《敘例》，注《漢書》者，師古以前凡五種：一服虔、二應劭，各爲音義，自别施行。三晉灼，西晉人，集服、應爲一部，又以意增益，辨前人當否，號《漢書集注》，凡十四卷。永嘉喪亂，此書不至江左，自東晉迄梁、陳，江左學者皆弗見。四臣瓚，不知其姓，亦晉初人，總集諸家，續廁己見，名《集解音義》，凡二十四卷。又《史記集解》序：「《漢書音義》稱臣瓚者，莫知氏姓。」《索隱》曰：「即傅瓚，劉孝標以爲于瓚，非也。據何法盛《書》，于瓚以穆帝時爲大將軍，誅死，不言注《漢書》。又其注有引《祿秩令》及《茂陵書》，然彼二書亡于西晉，非于所見也。必知是傅瓚者，《穆天子傳》目録云傅瓚爲校書郎，與荀勗同校《穆天子傳》。即當西晉之朝，在于之前，尚見《茂陵》等書，稱臣者，以其職典秘書也。」《索隱》此説是，師古不信，太拘。又李賡蕓云：「臣瓚，《水經注》多作薛瓚，并有逸文存焉。」五蔡謨。《晉書》七十七卷本傳：「謨，東晉元帝時始入仕，卒于穆帝永和末，年七十六。謨總應劭以來注班固《漢書》者爲之《集解》。」師古則云：「謨全取臣瓚一部散入《漢書》」，然則謨但襲取瓚書，初不知取應劭以來衆家，《晉書》非也。師古又云：「自此以來，始有注本。」蓋漢人注經與經别行，服、應、灼、瓚亦用此體，不載《漢書》正文，并合爲一自謨始。師古據此五種，折衷而潤色之，又《敘例》臚列諸家姓名爵里出處凡二十三人，大約晉灼于服、應外添入伏儼、劉德、鄭氏、李斐、李奇、鄧展、文穎、張揖、揖所著今傳者有《廣雅》，卷首題魏張揖譔，隋曹憲音解，憲避煬帝諱，改名《博雅》，上書表自稱博士臣揖，當是曹魏人。蘇林、張晏、如淳、《廣韻》引晉《中經部》云：「魏有陳郡丞馮翊如淳，注《漢書》。」孟康、項昭、韋昭《三國志》《昭傳》不言注《漢書》，然昭注《國語》今存，而傳亦無，則傳不備也。十四家，臣瓚于晉所采外，添入劉寶一家，師古則于五種外，又添荀悦《漢紀》并崔浩《漢紀音義》及郭璞注《司馬相如傳》三家。《敘例》云：「儲君上哲之姿，守器之重，以孟堅述作宏贍，服、應、蘇、晉尚多踳柔，蔡氏纂集尤爲牴牾，顧召幽仄，俾竭芻蕘。」攷《舊唐書》七十三卷本傳：「顔籀字師古，齊黄門侍郎之推孫也。其先本居瑯邪，世仕江左，之推歷事周、齊，齊滅，始居關中。師古貞觀十一年爲秘書少監，時承乾在東宫，命師古注《漢書》，解釋詳明，承乾表上之，太宗令編之秘閣。」語與《敘例》合。《敘例》又云：「歲在重光，律中大呂，是謂涂月，其書始就。」重光是辛年，當爲貞觀十五年辛丑，《舊唐》七十六卷《承乾傳》言承乾以十七年被廢爲庶人，徙黔州，則此書之成必十五年矣。師古十九年卒，年六十五，則書成時年六十一也。其述服、應、蘇、晉、蔡氏，不及臣瓚，以蔡氏書即全取臣瓚耳，但本傳又言師古叔父遊秦撰《漢書決疑》十二卷，爲學者所稱，師古注《漢書》多取其義。今《敘例》竟不及遊秦，全書中亦從未一見。本傳載師古典刊正，引後進爲讎校，抑素流，先貴勢，富商大賈亦引進之，物論稱其納賄。太宗謂曰：「卿學識可觀，但事親、居官未爲清論所許。」師古之爲人如此，攘叔父之善而沒其名，殆亦其一蔽乎？《新書》一百九十八卷《儒學》《師古傳》與《舊書》畧同。《史記》裴駰注引《漢書音義》，攷之《漢書》，往往爲孟康等家之言，間亦有無諸家名而直爲師古之言者，若果爲師古之言，則裴駰是宋人，安得引之？可見師古勦襲舊注，不著其名者亦時時有之。張守節于《集解》序注云：「《漢書音義》中有全無姓名者，裴氏直云《漢書音義》。大顔以爲無名義，今有六卷，題云孟康，或云服虔，蓋後所加，皆非其實，未詳指歸也。」大顔即遊秦，即如是師古，亦宜如《九經疏》引《爾雅》某氏之例，稱某氏，不當攘爲己説，况如《地理志》末總論一段内「雒邑與宗周通封畿」句下顔注一段，今《毛詩》《王風譜》《疏》引之，以爲臣瓚注，孔穎達與師古同時，目睹舊注，知其爲臣瓚而引之，師古公然攘取以爲己有，此類非一。

又卷二八《漢書二二・古音》　《外戚傳》武帝悼李夫人賦，以「躊躇」與「去」、「傷」與「悵」、「信」與「親」爲韻，蓋古無四聲之分，平仄通爲一音也。而師古曰「躇合韻音丈預反」，「傷合韻音式向反」，「信合韻音新」。合韻猶吴才老所謂叶韻，此字本無此音，改以叶之也。又「趙昭儀居昭陽舍，壁帶往往爲黄金釭」，師古曰：「釭音工。流俗讀之音江，非也。」釭、江皆從工得聲，何所别異，沈約以《江》居《東》、《冬》、《鍾》之後，音猶未變，至唐乃變爲似良反矣。師古全不通古音，不能枚舉，聊一出之。

趙翼《陔餘叢考》卷五《顔師古注漢書》　顔師古注《漢書》，考核固詳，然亦有紕繆者。《韓信傳》：項梁渡淮，信杖劍從之。師古曰：直帶一劍，更無余資。此特因上文歷叙信貧況，遂從而爲之説耳。按許氏《説文》：杖，持也。然則《信傳》之杖劍，與《張耳傳》之杖馬箠，《蘇武傳》之杖節牧羊，不過同一執持之義也。又《趙充國傳》：兩府白遣義渠安國行視諸羌，分别善惡。安國至，斬先零諸豪三十余人，縱兵擊其種人，斬首千余級。于是諸降羌及歸義羌侯楊玉等，恐怒無所信鄉，遂劫略小種，背畔犯塞。所謂恐怒無所信鄉者，諸羌以安國肆威，皆恐懼憤怒無所信從歸向，遂激而成旅拒之變耳。《王莽傳》：五威將師出，改句町王以爲侯，王邯怨怒不附。正與此相類。師古注乃謂：諸羌恐中國泛怒，不信其心而納向之。其解抑何迂曲乎？又《蕭望之傳》：蕭育爲茂陵令，會課第六，而漆令郭舜殿，見責問。育爲之請，扶風怒。及罷出，傳召育詣後曹，當以職事對。育徑出曹，書佐隨牽育，育案佩刀曰：「蕭育杜陵男子，何詣曹也！」此乃蕭育自負之詞，不能承順上官，詣曹瑣瑣，猶孔文舉謂曹操曰：「孔融魯國男子，明日便當拂衣去。」韋孝寬謂祖珽曰：「孝寬關西男子，必不爲降將軍！」語氣正相類耳。師古注乃謂：育自言欲免官而去，便是杜陵一男子，何須召我詣曹乎？覺轉失語氣矣。男子之稱固有作無位之人之稱者，如《後漢書・楊震傳》河間男子趙騰，《晉書・忠義傳》吴興男子沈勁，然不可概論也。又《趙禹傳》禹爲人廉倨，公卿相造請，終不行報謝，務在絶知友賓客之請。此不過謂公卿有來謁者，禹終不往答也。師古注乃曰：以此意告報公卿。是竟以「報謝」二字屬下句，謂禹自明此意于公卿間矣，不亦太迂遠乎！又《路溫舒傳》：元鳳中，廷尉光以治詔獄，請溫舒署奏曹掾，守廷尉史。張晏曰：光，解光也。按《百官公卿表》昭帝元鳳六年廷尉李光。此即舉溫舒爲掾史者也。若解光者，哀帝初以明經通災异得幸見《李尋傳》，後爲司隸，嘗奏趙昭儀賊害王子，又劾王根、王况，其去元鳳時已六十餘年，亦不聞其爲廷尉也。張氏之解亦誤。

又《班書顔注皆有所本》　葛洪云：家有劉子駿《漢書》百余卷，歆欲撰《漢書》，編錄漢事，未得成而亡，故書無宗本，但雜記而已。試以考校班固所作，殆是全取劉書，其所不取者二萬餘言而已。王鏊因推論之，謂班書實史才，然其他文如《文選》中所載多不稱，何其長于史而短于文？及觀葛洪所云，乃知《漢書》全取于歆也。《新唐書》：顔游秦，乃師古之叔，嘗撰《漢書决疑》，師古注《漢書》，多取其義。許觀因追論之，謂游春（許觀謂游春）所作《决疑》十二卷，時稱大顔；師古爲太子承乾注《漢書》，盡取其義。是師古注，實游秦注也。按古人著述，往往有先創者不得名，而集之者反出其上，遂因以擅名者，固不特此二書也。《北史》：蕭該撰《漢書音義》，又有包愷，亦精《漢書》，學者以蕭、包二家爲宗。《新唐書・姚班傳》：班祖察撰《漢書訓纂》，後之注《漢書》者往往竊其文爲己説，班乃著《紹訓》以發明之。是唐以前注《漢書》者已多，并不止游秦也。師古同時又有劉伯莊、劉訥言及秦景通兄弟，皆名家。景通，晉陵人，與弟暐俱精《漢書》，時號大秦君、小秦君，學《漢書》者非其所授以爲無法。此又師古同時之精《漢書》者也。又房玄齡以師古注太繁，令敬播撮其要爲四十篇，后王勃以師古注多誤，又作《指瑕》以摘其失。

錢大昕《潛研堂文集》卷二四《漢書正誤序》　予年二十有二，來學紫陽書院，受業於虞山王艮齋先生。先生誨以讀書當自經史始，謂予尚可與道古，所以期望策厲之者甚厚。予之從事史學，由先生進之也。先生歸道山四十餘年，仲子愚谷郡丞，將以《漢書正誤》四卷付剞劂，屬予校勘。循環讀之，如見當日下帷抱槧丹黄是正之勤焉。夫孟堅書義藴宏深，自漢訖隋，名其學者數十家，小顔集其成，而諸家盡廢，學者因有孟堅忠臣之目。以予平心讀之，亦有未盡然者。班氏書援引經傳諸子文字，或與今本異，小顔既勒成一書，乃不取馬、鄭、服、何之訓詁，校其異同，則采證有未備也。嘗讀《水經注》引應劭、如淳、臣瓚等説，有甚精覈者，而小顔未之引。又如告爲嘷，姬爲怡，皆秦漢古音，乃狃於近習，輒有駮難，則決擇有未精也。裴注《史記》，所引《漢書音義》，蓋出於蔡謨本，而小顔多襲爲己説。且其叔父游秦，撰《漢書決疑》，史稱師古多資取其義，而絶不齒及一字，則攘善之失，更難掩也。宋儒好講史學，於是有三劉氏、吳氏《刊誤》之作。然劉書既無全本，吳雖博洽，往往馳騁而不要其歸。本朝則何義門、陳少章兩君，於是書攷證最有功。先生與少章子和叔交最善，故於二家之説多有采取，其云正誤者，正小顔之誤也。所徵引必識其名，不欲掩人之善也。此書出，當駕三劉與吳而上之。予故接聞先生緒論者，謹識梗概如右。

趙紹祖《讀書偶記》卷五《顔師古注漢書不引周書謚法》 漢諸《帝紀》註引謚法，皆應劭説，師古不增一語也。其於諸侯王、功臣侯、王子侯謚，皆不引謚法以釋之。惟《燕剌王傳》引云「暴戾無親曰剌」，《廣川繆王傳》引云「蔽仁傷善曰繆」。而《周書》皆無此語。《江都易王傳》引云「好更故舊曰易」，與《周書》小異。《周書》「好更改舊曰易」，或「改」字誤，亦未可知。《諸侯王表》中山穅王引云「好樂怠政曰穅」，或者疑其誤記荒謚。《周書》：好樂怠政曰荒。不知師古所引皆非《周書》也。又《泗水勤王》下註云「勤，謚也」，不引謚法，《元帝紀》長沙煬王下不引謚法，而云「讀作供養之養」。《諸侯王表》王赧下註云「謚也，一曰名也」，而赧非謚非名。頃王后下註云「諸謚爲傾者」，《漢書》例作頃。師古註頃字非一，皆作如字讀。按：頃與傾通。《周書》謚法解「甄心動懼曰頃，敏以敬慎曰頃」，非惡謚也。漢以後或有傾謚，而漢諸侯王之謚爲頃者不盡傾覆，未可概謚爲傾也。《隋志》有《魏晉謚法》十三卷，何晏撰。晏不得爲晉撰謚，《隋志》誤。《唐志》有何晏《魏明帝謚議》二卷，《晉謚議》八卷，《晉簡文謚議》四卷，未知顔師古所取何家也。

傳記

《舊唐書·顔師古傳》 顔籀字師古，雍州萬年人，齊黄門侍郎之推孫也。其先本居琅邪，世仕江左；及之推歷事周、齊，齊滅，始居關中。父思魯，以學藝稱，武德初爲秦王府記室參軍。師古少傳家業，博覽羣書，尤精詁訓，善屬文。隋仁壽中，爲尚書左丞李綱所薦，授安養尉。尚書左僕射楊素見師古年弱貌羸，因謂曰：「安養劇縣，何以克當？」師古曰：「割鷄焉用牛刀。」素奇其對。到官果以幹理聞。時薛道衡爲襄州總管，與高祖有舊，又悦其才，有所綴文，嘗使其掎摭利病，甚親昵之。尋坐事免歸長安，十年不得調，家貧，以教授爲業。及起義，師古至長春宫謁見，授朝散大夫。從平京城，拜燉煌公府文學，轉起居舍人，再遷中書舍人，專掌機密。于時軍國多務，凡有制誥，皆成其手。師古達於政理，冊奏之工，時無及者。太宗踐祚，擢拜中書侍郎，封琅邪縣男。以母憂去職。服闋，復爲中書侍郎。歲餘，坐事免。太宗以經籍去聖久遠，文字訛謬，令師古於祕書省考定《五經》，師古多所釐正，既成，奏之。太宗復遣諸儒重加詳議，于時諸儒傳習已久，皆共非之。師古輒引晉、宋已來古今本，隨言曉答，援據詳明，皆出其意表，諸儒莫不歎服。於是兼通直郎、散騎常侍，頒其所定之書於天下，令學者習焉。

貞觀七年，拜祕書少監，專典刊正，所有奇書難字，衆所共惑者，隨疑剖析，曲盡其源。是時多引後進之士爲讎校，師古抑素流，先貴勢，雖富商大賈亦引進之，物論稱其納賄，由是出爲郴州刺史。未行，太宗惜其才，謂之曰：「卿之學識，良有可稱，但事親居官，未爲清論所許。今之此授，卿自取之。朕以卿曩日任使，不忍遐棄，宜深自誡勵也。」於是復以爲祕書少監。師古既負其才，又早見驅策，累被任用，及頻有罪譴，意甚喪沮。自是闔門守靜，杜絶賓客，放志園亭，葛巾野服，然搜求古跡及古器，躭好不已。俄又奉詔與博士等撰定《五禮》，十一年，《禮》成，進爵爲子。時承乾在東宫，命師古注班固《漢書》，解釋詳明，深爲學者所重。承乾表上之，太宗令編之祕閣，賜師古物二百段、良馬一匹。十五年，太宗下詔，將有事於泰山，所司與公卿幷諸儒博士詳定儀注。太常卿韋挺、禮部侍郎令狐德棻爲封禪使，參考其儀，時論者競起異端。師古奏曰：「臣撰定《封禪儀注書》在十一年春，于時諸儒參詳，以爲適中。」於是詔公卿定其可否，多從師古之說，然而事竟不行。師古俄遷祕書監、弘文館學士。十九年，從駕東巡，道病卒，年六十五，謚曰戴。有集六十卷。其所注《漢書》及《急就章》，大行於世。永徽三年，師古子揚庭爲符璽郎，又表上師古所撰《匡謬正俗》八卷。高宗下詔付祕書閣，仍賜揚庭帛五十匹。

師古弟相時，亦有學業。武德中，與房玄齡等爲秦府學士。貞觀中，累遷諫議大夫，拾遺補闕，有諍臣之風。尋轉禮部侍郎。相時羸瘠多疾病，太宗常使賜以醫藥。性仁友，及師古卒，不勝哀慕而卒。師古叔父遊秦，武德初累遷廉州刺史，封臨沂縣男。時劉黑闥初平，人多以強暴寡禮，風俗未安，遊秦撫恤境內，敬讓大行。邑里歌曰：「廉州顏有道，性行同莊、老。愛人如赤子，不殺非時草。」高祖璽書勞勉之。俄拜鄆州刺史，卒官。撰《漢書決疑》十二卷，爲學者所稱，後師古注《漢書》，亦多取其義耳。

《後漢書注》分部

綜　述

劉昭《後漢書注補志序》　臣昭曰：昔司馬遷作《史記》，爰建八書；班固因廣，是曰十志。天人經緯，帝政紘維，區分源奧，開廓著述，創藏山之秘寶，肇刊石之遐貫，誠有繫於《春秋》，亦自敏於改作。

至乎永平，執簡東觀，紀傳雖顯，書志未聞。推檢舊記，先有地理，張衡欲存炳發，未有成功。《靈憲》精遠，天文已煥。自蔡邕大弘鳴條，實多紹宣。協妙元卓，律曆以詳；承洽伯始，禮儀克舉；郊廟社稷，祭祀該明；輪騑冠章，車服贍列。於是應、譙纘其業，董巴襲其軌。司馬《續書》總爲八志，律曆之篇仍乎洪、邕所構，車服之本即依董、蔡所立，儀祀得於往制，百官就乎故簿，幷籍據前修，以濟一家者也。王教之要，國典之源，粲然略備，可得而知矣。既接繼《班書》，通其流貫，體裁淵深雖難逾等，序致膚約有傷懸越，後之名史，弗能罷意。叔駿之書，是爲十典，矜緩殺靑，竟亦不成。二子平業，俱稱麗富，華轍亂亡，典則偕泯，雅言邃義，於是俱絕。沈、松因循，尤解功創，時改見句，非更搜求，加藝文以矯前棄，流書品采自近錄，初平、永嘉圖籍焚喪，塵消烟滅，焉識其限，借南晉之新虛，爲東漢之故實，是以學者亦無取焉。

范曄《後漢》，良誠跨衆氏，序或未周，志遂全闕。國史鴻曠，須寄勤閑，天才富博，猶俟改具。若草昧厥始，無相憑據，窮其身世，少能已畢。遷有承考之言，固深資父之力，太初以前，班用《馬史》，十志所因，實多往制，升入校部，出二十載，續志昭表，以助其閒，成父述者，夫何易哉！況曄思雜風塵，心橈成毀，弗克員就，豈以茲乎？夫辭潤婉贍，可得起改，核求見事，必應寫襲，故序例所論，備精與奪，及語八志，頗褒其美，雖出拔前群，歸相沿也。又尋本書當作《禮樂志》，其《天文》、《五行》、《百官》、《車服》，爲名則同。此外諸篇，不著紀傳，《律曆》、《郡國》，必依往式。曄遺書自序，應遍作諸志，《前漢》有者，悉欲備製，卷中發論，以正得失，書雖未明，其大旨也。曾臺雲構，所缺過乎榱桷，爲山霞高，不終逾乎一墮，鬱絕斯作，吁可痛哉！徒懷纘緝，理慚鈎遠，乃借舊志，注以補之。狹見寡陋，匪同博遠，及其所値，微得論列。分爲三十卷，以合《范史》。求於齊工，孰曰文類；比茲闕恨，庶賢乎已。

昔褚生補子長之削少，馬氏接孟堅之不畢，相成之義，古有之矣。引彼先志，又何猜焉！而歲代逾邈，立言湮散，義存廣求，一隅未覿，兼鍾律之妙，素揖校讎，參曆算之微，有慚證辨，星候祕阻，圖緯藏嚴，是須甄明，每用疑略，時或有見，頗邀傍遇，非覽正部，事乖詳密。今令行禁止，此書外絕，其有疏漏，諒不足誚。

程大昌《考古編》卷一〇《唐李賢注令鮮水誤》　《叚紀明傳》：追東羌至令鮮水上。李賢注：令鮮，水名，今在甘州張掖縣界，一名合黎水，一名羌谷水。此說非也。在張掖者，名鮮水，趙充國所謂治湟陿以西橋令可至鮮水上者是也。今此紀明所追東羌乃在上郡，其下言「追及靈武谷」可見也。

王楙《野客叢書》卷一八《東漢注》　唐太子賢引事注《東漢書》，極有不可曉者。如《匈奴傳》論曰：竇憲「竝恩兩護，以私己福，棄蔑天公。」注謂：天公，天子也。《前書》云「老秃翁何爲首鼠兩端」，秃翁即天公也。夫秃翁何與乎天公！而此云爾，甚不可解。

顧炎武《日知録》卷二七《後漢書注》　《光武紀》：「今此誰賊，而馳騖擊之乎？」注：「誰謂未有主也。」非，言此何等賊，不足煩主上親擊也。「敢拘制不還，以賣人法從事。」言比略賣人口律罪之，重其法也。《質帝紀》：「先，能通經者各令隨家法。」注：「儒生爲《詩》者謂之詩家，爲《禮》者謂之禮家。」非也。謂如《詩》有齊、魯、韓、毛。通《齊詩》者自以爲《齊詩》教授，通《魯詩》者自以爲《魯詩》教授，韓、毛及《五經》皆然，乃所謂家法耳。《魯丕傳》言：「法異者各令自說師法」；《徐防傳》言：「伏見太學試博士弟子，皆以意說，不循今本誤作「修」。家法」是也。《左雄傳》注：「儒有一家之學，故稱家。」此得之矣。《安帝紀》：「永初元年九月癸酉，調揚州五郡租米，贍給東郡濟陰、陳留，梁國下邳、山陽。」注：「五郡謂九江、丹陽、廬江、吳郡、豫章也。揚州領六郡，會稽最遠，蓋不調也。」按《順帝紀》：「永建四年，分會稽爲吳郡。」安帝時未有吳郡，止五郡，無可疑者。注非。馮異遺李軼書：「苟令長安尚可扶助，延期歲月，疏不間親，遠不逾近，季文豈能居一隅哉。」言季文于更始爲親近之臣，當在朝秉政，豈得居此一隅。注失其指，反以爲疏遠，非。《景丹傳》：「邯鄲將帥數言，我發漁陽、上谷兵，我卿應言然。」謂邯鄲將帥有此言，我亦聊以此言應之，不能必二郡之果來也。本文自明，注乃謂王郎欲發之，謬矣。《鮑永傳》：「太守趙興嘆曰：『我受漢茅土，不能立節，而鮑永死之，豈可害其子也？』」「永」字誤，當作「鮑宣」。《楊厚傳》：「陰臣近戚妃黨當受禍。」陰臣謂婦人，下文宋阿母是也。注：「陰，私也。」非。《郎顗傳》：「思過念咎，務消祇悔。」注：「祇，大也。」非也。按《易・復》：「初九，無祇悔。」九家本作「多」，古人多、祇二字通用。《論語》：「多見其不知量也。」《正義》曰：「古人多、祇同音。」《左傳・襄二十九年》：「多見疏也。」服虔本作「祇」。《朱浮傳》：「自損盛時。」「損」當作「捐」。《賈逵傳》：「鄉人有所計爭，輒令祝少賓。」司馬均。注云：「祝，詛也。爭曲直者輒言敢祝少賓乎？」非也。言敢于少賓之前發誓乎？事之如神明也。古人文簡爾。《鐘離意傳》：「光武得奏，以見霸。」侯霸。見當作「視」，古「示」字。作視謂以意奏示霸也。《張禹傳》：「祖父況爲常山關長，會赤眉攻關城。」按《前漢志》，常山郡之縣十八，其十二曰關。《續漢志》無此縣，世祖所省也。其地當即今之故關，建武十五年，徙雁門、代郡、上谷三郡民，置常山關、居庸關以東。《梁節王暢傳》：「今陛下爲臣收污天下。」收污，猶《左氏傳》所謂「國君含垢」。《李云傳》：「當有黃精代見。」注：「黃精謂魏氏將興也。」按云本不知是魏，故下言陳、項、虞、田、許氏爾。黃之代赤，自是五運之序，王莽亦自以爲祖黃帝也。《曹騰傳》：「潁川堂溪趙典等。」按《蔡邕傳》作「五官中郎將堂溪典。」注：「堂溪，姓也。」此文衍一「趙」字。趙典《本傳》是成都人，非潁川。靈帝初，官衛尉卒。又《黨錮傳》云：「唯趙典名見而已。」是後漢有兩趙典。

王鳴盛《十七史商榷》卷二九《後漢書一・劉昭李賢注》　《梁書文學傳》：「劉昭，字宣卿，平原高唐人。幼清警，外兄江淹早稱賞之。天監初，起家奉朝請，累遷征北行參軍、尚書倉部郎，除無錫令，歷宣惠豫章王、中軍臨川記室。集《後漢》同異，注范蔚宗書一百八十卷，世稱博悉。遷通直郎，出爲剡令，卒官。」《南史文學傳》略同。攷昭注范氏紀傳、司馬氏志，今世所行紀十二卷、志三十卷、傳八十八卷，即其本也。《梁書》所云一百八十卷，「八十」當作「三十」。唐章懷太子賢既用其本改其注矣，于志仍用昭注。注紀傳易，注志難，避難趨易也。且昭所注《續志》頗有可觀，則其紀傳注必佳，仍舊可耳，何必改作？唐初諸皇子好以著述爭名，太宗子承乾命顏師古注《漢書》，泰引蕭德言等撰《括地志》矣，賢又招儒臣爲此，枉使劉注零落不全，恐有意存掩美改壞舊注，幷襲取舊注攘爲己有者。爲章懷太子注范蔚宗《後漢書》者，張大安、劉訥言、格希玄、許叔牙、成玄一、史藏諸、周寶寧等，見《新唐書》八十一卷章懷本傳，又見八十九卷《張公謹傳》、一百二卷《岑長倩傳》。諸人皆無所表見，學識未必佳于劉昭，或襲取，或改壞，恐皆不免。格希玄姓格，晁公武《郡齋讀書志》作革希玄，未知何據？《宰相世系表》格氏允格之後，輔元相武后，希玄即其弟，然則作「格」無疑。唐劉知幾《史通》第五卷云：「范蔚宗之刪《後漢》，簡而且周，疏而不漏，蓋云備矣。而劉昭採其所捐以爲補注，言盡非要，事皆不急，譬人有吐果之核、棄藥之滓，愚者重加捃拾，潔以登薦，持此爲工，多見其無識也。」愚謂知幾稱蔚宗之美甚確，至其詆斥劉昭恐未必然。大約唐初人有此一種議論，所以李賢輩有事改譔，昭注遂遭廢去大半，就如知幾之言，則昭注似裴松之之於陳壽。松之雖少裁斷，其博亦有可取，此等入正文則煩猥，入注猶差可，况昭注必勝松之邪？凡著述，空際掉弄，提唱馳騁，愈多愈亂人意，紀載實事以備參考，雖多不甚可憎。

又卷三三《後漢書五・總論劉注抵牾》 志尾總論劉注多所抵牾，總論云：「至於孝順，民戶九百六十九萬八千六百三十，口四千九百一十五萬二百二十。」注引應劭《漢官儀》曰：「永和中，戶至千七十八萬，口五千三百八十六萬九千五百八十八。」永和，孝順帝號也，此數已與大字總論不合，此下又引《帝王世紀》「永嘉元年，永嘉，沖帝號。「元年」，汲古作「二年」，從義門何校改。戶則多九十七萬八千七百七十一，口七百二十一萬六千六百三十六」，「應載極盛之時，而所殊甚衆，捨永嘉多，取永和少，良不可解。皇甫謐校覈精審，復非謬記，未詳孰是。」愚謂志例應載極後，非極盛。永嘉既在後，且又較盛，固應載。或偶得永和籍，不得永嘉亦可，但皇甫謐慣造僞言，爲鬼爲蜮，比應劭更難憑依。劉乃云「校覈精審」，愚矣。此下又引伏旡忌所記，永嘉元年戶九百九十三萬七千六百八十，口四千九百五十二萬四千一百八十三。按以應劭數皇甫加若干筭，應戶一千一百七十五萬八千七百七十一，口六千一百八萬六千二百二十四，又與伏旡忌不合。劉昭總爲皇甫謐所誤耳。豈知謐專以夸誕欺人，高祖父太公尚爲製名字，詭妄如此，其言何足信。前所云汲古以元年爲二年，必又是南宋書坊妄改，因數不合，以此彌縫之。

趙翼《陔餘叢考》卷五《後漢書注》 《後漢書注》，乃唐章懷太子賢集諸儒張太安、劉訥言、格希元、許叔牙、成元一、史藏諸、周寶寧等共成之，見《唐書・章懷太子傳》。按梁時有王規，嘗輯后漢衆家异同，注《續後漢書》二百卷。又劉昉集後漢同异，注《後漢書》一百八十卷。吳均又注《後漢書》九十卷。則唐以前注此書者已多，章懷注蓋又本諸書也。

錢大昕《十駕齋養新録》卷六《後漢書注攙入正文》 《郭太傳》「初太始」至「南州」以下七十四字，本章懷注引謝承《後漢書》之文，今誤作大字，溷入正文。予嘗見南宋本，及明嘉靖己酉福建本，皆不誤。蔚宗書避其家諱，於此傳前後皆稱林宗字，不應忽爾稱名，且其事已載《黄憲傳》，毋庸重出也。

又《章懷注多訛字》 《和帝紀》注引《説文》，鞏音「大可反」，「大可」，當作「直小」。《李通傳》注引謝承書安衆侯劉崇，「崇」當作「寵」。《馬援傳》注：父仲又嘗爲牧帥令。「帥」當作「師」。《馮衍傳》注：曲陽，縣名，故城在今定州故城縣西。案唐定州無故城縣，蓋「鼓城」之譌。毛本作彭城縣，「彭」與「鼓」字形相涉而譌。《度尚傳》「椎髻鳥語之人」，注引《書》曰：「島夷卉服。」「島」當作「鳥」。《禹貢》「島夷」，《漢書・地理志》作「鳥夷」。鄭康成傳《尚書》本亦是「鳥」字。故章懷引以注「鳥語之人」文，校書者誤依今《禹貢》本改之，非章懷之誤也。

傳記

《梁書・劉昭傳》 劉昭字宣卿，平原高唐人，晉太尉寔九世孫也。祖伯龍，居父憂以孝聞，宋武帝敕皇太子諸王並往弔慰，官至少府卿。父彪，齊征虜晉安王記室。昭幼清警，七歲通《老》、《莊》義。既長，勤學善屬文，外兄江淹早相稱賞。天監初，起家奉朝請，累遷征北行參軍，尚書倉部郎，尋除無錫令。歷爲宣惠豫章王、中軍臨川王記室。初，昭伯父肜集衆家《晉書》注干寶《晉紀》爲四十卷，至昭又集《後漢》同異以注范曄書，世稱博悉。遷通直郎，出爲剡令，卒官。《集注後漢》一百八十卷，《幼童傳》十卷，文集十卷。

《舊唐書・李賢傳》 章懷太子賢，字明允，高宗第六子也。永徽六年，封潞王。顯慶元年，遷授岐州刺史。其年，加雍州牧、幽州都督。時始同閤，容止端雅，深爲高宗所嗟賞。高宗嘗謂司空李勣曰：「此兒已讀得《尚書》、《禮記》、《論語》，誦古詩賦復十餘篇，暫經領覽，遂即不忘。我曾遣讀《論語》，至『賢賢易色』，遂再三覆誦。我問何爲如此，乃言性愛此言，方知夙成聰敏，出自天性。」龍朔元年，徙封沛王，加揚州都督，兼左武衛大將軍，雍州牧如故。二年，加揚州大都督。麟德二年，加右衛大將軍。咸亨三年，改名德，徙封雍王，授涼州大都督，雍州牧、右衛大將軍如故，食實封一千戶。上元元年，又依舊名賢。

上元二年，孝敬皇帝薨。其年六月，立爲皇太子，大赦天下，尋令監國。賢處事明審，爲時論所稱。儀鳳元年，手敕褒之曰：「皇太子賢自頃監國，留心政要。撫字之道，既盡於哀矜；刑綱所施，務存於審察。加以聽覽餘暇，專精墳典。往聖遺編，咸窺壼奧；先王策府，備討菁華。好善載彰，作貞斯在，家國之寄，深副所懷。可賜物五百段。」賢又招集當時學者太子左庶子張大安、洗馬劉訥言、洛州司户格希元、學士許叔牙成玄一史藏諸周寶寧等，注范曄《後漢書》，表上之，賜物三萬段，仍以其書付祕閣。

時正議大夫明崇儼以符劾之術爲則天所任使，密稱「英王狀類太宗」。又宫人潛議云，「賢是后姊韓國夫人所生」，賢亦自疑懼。則天又嘗爲賢撰《少陽政範》及《孝子傳》以賜之，仍數作書以責讓賢，賢逾不自安。調露二年，崇儼爲盜所殺，則天疑賢所爲。俄使人發其陰謀事，詔令中書侍郎薛元超、黄門侍郎裴炎、御史大夫高智周與法官推鞫之，於東宫馬坊搜得皁甲數百領，乃廢賢爲庶人，幽于別所。永淳二年，遷於巴州。文明元年，則天臨朝，令左金吾將軍丘神勣往巴州檢校賢宅，以備外虞。神勣遂閉於別室，逼令自殺，年三十二。則天舉哀於顯福門，貶神勣爲疊州刺史，追封賢爲雍王。神龍初，追贈司徒，仍遣使迎其喪柩，陪葬於乾陵。睿宗踐祚，又追贈皇太子，謚曰章懷。有三子：光順、守禮、守義。

《資治通鑑音注》分部

綜述

胡三省《新注資治通鑑序》 古者國各有史以紀年書事，晉《乘》、楚《檮杌》雖不可復見，《春秋》經聖人筆削，周轍既東，二百四十二年事昭如日星。秦滅諸侯，燔天下書，以國各有史，刺譏其先，疾之尤甚。《詩》、《書》所以復見者，諸儒能藏之屋壁。諸國史記各藏諸其國，國滅而史從之，至漢時，獨有《秦記》。太史公因《春秋》以爲《十二諸侯年表》，因《秦記》以爲《六國年表》，三代則爲《世表》。當其時，黄帝以來《諜記》猶存，具有年數，子長稽其曆、譜諜、終始五德之傳，咸與古文乖异，且謂「孔子序《書》，略無年月；雖頗有，然多闕。夫子之弗論次，蓋其慎也。」子長述夫子之意，故其表三代也，以世不以年。汲冢《紀年》出於晉太康初，編年相次，起自夏、殷、周，止魏哀王之二十年，此魏國史記，脱秦火之厄而晉得之，子長不及見也。子長之史，雖爲紀、表、書、傳、世家，自班孟堅以下不能易，雖以紀紀年，而書事略甚，蓋其事分見志、傳，紀宜略也。自荀悦《漢紀》以下，紀年書事，世有其人。獨梁武帝《通史》至六百卷，侯景之亂，王僧辯平建業，與文德殿書七萬卷俱西，江陵之陷，其書燼焉。唐四庫書，編年四十一家，九百四十七卷，而王仲淹《元經》十五卷，蕭穎士依《春秋》義類作傳百卷，逸矣。今四十一家書，存者復無幾。乙部書以遷、固等書爲正史，編年類次之，蓋紀、傳、表、志之書行，編年之書特以備乙庫之藏耳。

宋朝英宗皇帝命司馬光論次歷代君臣事迹爲編年一書，神宗皇帝以鑑于往事，有資於治道，賜名曰《資治通鑑》，且爲序其造端立意之由。溫公之意，專取關國家盛衰，繫生民休戚，善可爲法，惡可爲戒者以爲是書。治平、熙寧間，公與諸人議國事相是非之日也。蕭、曹畫一之辯不足以勝變法者之口，分司西京，不豫國論，專以書局爲事。其忠憤感槩不能自已於言者，則智伯才德之論，樊英名實之説，唐太宗君臣之議樂，李德裕、牛僧孺爭維州事之類是也。至於黄幡綽、石野豬俳諧之語，猶書與局官，欲存之以示警，此其微意，後人不能盡知也。編年豈徒哉！世之論者率曰：「經以載道，史以記事，史與經不可同日語也。」夫道無不在，散於事爲之間，因事之得失成敗，可以知道之萬世亡弊，史可少歟！爲人君而不知《通鑑》，則欲治而不知自治之源，惡亂而不知防亂之術。爲人臣而不知《通鑑》，則上無以事君，下無以治民。爲人子而不知《通鑑》，則謀身必至於辱先，作事不足以垂後。乃如用兵行師，創法立制，而不知迹古人之所以得，鑑古人之所以失，則求勝而敗，圖利而害，此必然者也。孔子序《書》，斷自唐、虞，訖《文侯之命》而繫之秦，魯《春秋》則始於平生之四十九年，左丘明傳《春秋》，止哀之二十七年趙襄子惎智伯事，《通鑑》則書趙興智滅以先事。以此見孔子定《書》而作《春秋》，《通鑑》之作實接《春秋》、《左氏》後也。溫公遍閱舊史，旁採小說，抉擿幽隱，薈稡爲書，勞矣。而修書分屬，漢則劉攽，三國迄于南北朝則劉恕，唐則范祖禹，各因其所長屬之，皆天下選也，歷十九年而成。則合十六代一千三百六十二年行事爲一書，豈一人心思耳目之力哉！公自言：「修《通鑑》成，惟王勝之借一讀；他人讀未盡一紙，已欠伸思睡。」是正文二百九十四卷，有未能遍觀者矣。若《考異》三十卷，所以參訂群書之异同，俾歸于一。《目錄》三十卷，年經國緯，不特使諸國事雜然并錄者粲然有別而已，前代曆法之更造，天文之失行，實著於《目錄》上方，是可以凡書目錄觀邪！

先君篤史學，淳祐癸卯始患鼻衄，讀史不暫置，灑血漬書，遺跡故在。每謂三省曰：「《史》、《漢》自服虔、應劭至三劉，注解多矣。章懷注范史，裴松之注陳壽史，雖間有音釋，其實廣异聞，補未備，以示博洽。《晉書》之楊正衡，《唐書》之竇苹、董衝，吾無取焉。徐無黨注《五代史》，粗言歐公書法義例，他未之及也。《通鑑》先有劉安世《音義》十卷，而世不傳。《釋文》本出於蜀史炤，馮時行爲之序，今海陵板本又有溫公之子康《釋文》，與炤本大同而小异。公休於書局爲檢閱官，是其得溫公辟咡之教詔，劉、范諸公群居之講明，不應乖剌乃爾，意海陵《釋文》非公休爲之。若能刊正乎？」三省捧手對曰：「願學焉。」乙巳，先君卒，盡瘁家蠱，又從事科舉業，史學不敢廢也。寶祐丙辰，出身進士科，始得大肆其力於是書。游宦遠外，率攜以自隨；有异書异人，必就而正焉。依陸德明《經典釋文》，釐爲《廣注》九十七卷；著《論》十篇，自周訖五代，略叙興亡大致。咸淳庚午，從淮壖歸杭都，延平廖公見而韙之，禮致諸家，俾讎校《通鑑》以授其子弟，爲著《讎校通鑑凡例》。廖轉薦之賈相國，德祐乙亥，從軍江上，言輒不用，既而軍潰，間道歸鄉里。丙子，浙東始騷，辟地越之新昌；師從之，以孥免，失其書。亂定反室，復購得他本爲之注，始以《考异》及所注者散入《通鑑》各文之下；曆法、天文則隨《目錄》所書而附注焉。迄乙酉冬，乃克徹編。凡紀事之本末，地名之同异，州縣之建置離合，制度之沿革損益，悉疏其所以然。若《釋文》之舛謬，悉改而正之，著《辯誤》十二卷。嗚呼！注班書者多矣：晉灼集服、應之義而辨其當否，臣瓚總諸家之說而駁以己見。至小顏新注，則又譏服、應之疏紊尚多；蘇、晉之剖斷蓋尠，訾臣瓚以差爽，詆蔡謨以牴牾，自謂窮波討源，構會甄釋，無復遺恨；而劉氏兄弟之所以議顏者猶顏之譏前人也。人苦不自覺，前注之失，吾知之，吾注之失，吾不能知也。又，古人注書，文約而義見；今吾所注，博則博矣，反之於約，有未能焉。世運推遷，文公儒師從而凋謝，吾無從而取正。或勉以北學於中國，嘻，有志焉，然吾衰矣！旃蒙作噩，冬，十有一月，乙酉，日長至，天台胡三省身之父書于梅磵蠖居。

顧炎武《日知録》卷二七《通鑑注》

「賦於民而食人二鷄子。」賦于民而食者，取之于民也。人二鷄子者，每人令出二鷄子也。胡氏未注。「幾能令臧三耳矣。」言幾令人以爲實有三耳。「漢武帝太初三年，膠東太守延廣爲御史大夫。」注：「延廣，史逸其姓。」按延即姓也。三十九卷「南鄭人延岑」注：「延，姓。岑，名。」四十五卷有京兆尹南陽延篤。諸葛亮《出師表》云：「後值傾覆，受任于敗軍之際，奉命于危難之間，爾來二十有一年矣。」所謂敗軍乃當陽長坂之敗。其云「奉命」則求救于江東也，注乃云：「事見上卷文帝黃初四年。」非。「虞翻作表示呂岱，爲愛憎所白。」語出《吳書》。注曰：「讒佞之人有愛有憎，而無公是非，故謂之愛憎。」愚謂愛憎，憎也。言憎而并及愛，古人之辭寬緩不迫故也。又如得失，失也。《史記·刺客傳》：「多人不能無生得失。」利害，害也。《史記·吳王濞傳》：「擅兵而別，多佗利害。」緩急，急也。《史記·倉公傳》：「緩急無可使者。」《游俠傳》：「緩急，人之所時有也。」成敗，敗也。《後漢書·何進傳》：「先帝嘗與太后不快，幾至成敗。」同異，異也。《吳志·孫皓傳》注：「蕩异同如反掌。」《晉書·王彬傳》：「江州當人強盛時，能立异同。」贏縮，縮也。《吳志·諸葛恪傳》：「一朝贏縮，人情萬端。」禍福，禍也。晉歐陽建《臨終詩》：「潛圖密己構，成此禍福端。」皆此類。「庾亮出奔，左右射賊，誤中舵工，應弦而倒。船上咸失色，欲散。亮不動，徐曰：『此手何可使著賊。』」注曰：「言射不能殺賊，而反射殺舵工。自恨之辭也。」非也。亮意蓋謂有此善射之手，使著賊身，亦必應弦而倒耳。解嘲之語也。宋明帝泰始三年，「沈文秀攻青州刺史明僧暠。帝遣輔國將軍劉懷珍浮海救之，進至黔陬。文秀所署長廣太守劉桃根將數千人戍不其城。懷珍軍于洋水，遣王廣之將百騎襲不其城，拔之。」注云：「洋水即巨洋水。」按不其城在今即墨縣西南，而巨洋水乃今之巨蔑河，在臨朐、益都、壽光三縣之境，與黔陬、不其相去三四百里，安能以百騎而襲取之乎？《水經注》云：「拒艾水出黔陬縣西南拒艾山，又謂之洋洋水。」《膠州志》曰：「洋河在州南三十里，發源鐵橛山，東流入于海。」此即懷珍所屯軍處耳。梁武帝大通二年，「魏爾朱榮欲討山東群盜，請敕蠕蠕主阿那瓌發兵，東趨下口，以躡其背。」注云：「下口，蓋指飛狐口。」非也。此即居庸關下口。一百六十六卷注曰：「幽州軍都縣西北有居庸關，濕餘水出上谷沮陽縣之東南，流出關，謂之下口。」周主從容問鄭譯曰：「我腳杖痕，誰所爲也？」對曰：「事由烏丸軌、宇文孝伯。」謂由此二人也。下云「因言軌捋須事」，亦是譯言之也。故軌見殺而孝伯亦賜死。注以宇文孝伯屬下讀，而云「孝伯何爲出此言」，誤矣。「突厥立劉武周爲定楊可汗。」注云：「將使之定揚州。」非也。楊者，隋姓。下條云：「劉武周爲定楊天子，郭子和爲平楊天子。」猶言定隋、平隋爾，「楊」字從木。武后永昌元年二月丁酉，「尊魏忠孝王曰周忠孝，太皇妣曰忠孝太后。文水陵曰章德陵，咸陽陵曰明義陵。」注云：「武氏之先葬文水，士護及其妻葬咸陽。」非也。后父士護葬文水，母楊氏葬咸陽。後章德改名昊陵，明義改名順陵，其碑文云然。劉肅《大唐新語》：「中宗宴興慶池，侍宴者幷唱《回波詞》。給事中李景伯歌曰：『回波詞，持酒巵。微臣職在箴規，侍宴既過三爵，喧嘩竊恐非儀。』」首二句三言，下三句六言，蓋《回波詞》體也。今《通鑑》作「回波爾時酒巵」，恐傳寫之誤。唐穆宗長慶元年，劉總奏分所屬爲三道，以幽、涿、營爲一道，平、薊、嬀、檀爲一道，瀛、莫爲一道。注云：「營州治柳城，道里絶遠。劉總奏以爲一道，必有說。」按《新唐書・地理志》：「營州，柳城郡。萬歲通天元年，爲契丹所陷。聖歷二年，僑治漁陽。開元五年，又還治柳城。」意者中唐之世，復僑治于幽、薊之間。而史家自天寶亂後，于東北邊事略而不詳，故今無所考耶？「李茂貞不敢稱帝，但開岐王府，置百官，名其所居爲宮殿，妻稱皇后。」注曰：「自爲岐王，而妻稱皇后。妻之貴，逾于其夫矣。」竊謂此事理之必不然，「皇后」乃「王后」之誤。《後漢・高祖紀》：「吳越內牙指揮使諸溫。」注：「《漢書・地理志》琅邪郡有諸縣，蓋以邑爲氏也。」非。按越有大夫諸稽郢。周太祖廣順元年，慕容彦超遣使入貢。帝慮其疑懼，賜詔慰安之，曰：「今兄事已至此，言不欲繁，望弟扶持，同安億兆。」今兄者，太祖自謂也。事已至此，謂爲衆所推而即帝位也。觀下文稱之爲弟，語意相對，可知注以漢祖爲彦超之兄，改作「令兄」者非。

全祖望《鮚埼亭集外編》卷三二《讀胡氏資治通鑑注》 胡梅磵曰：「人苦不自覺。前人之注之失，吾知之；吾注之失，吾不能知也。」斯言眞克己之論。梅磵是注，世人宗之，罕敢議者。顧宛溪始摘其數條，而未盡中其失也。予細讀之，則不止宛溪所舉而已。如東燕之石濟乃河水之支流，而以爲四瀆之濟。求桑丘不得，而竟以汝南之下桑里當之。英布爲漢軍敗於洮水之上，洮水乃沘水之誤，而梅磵以爲零陵之洮水。他若以秦之廣陵屬九江，直是無稽之言。予少時聞之慈水前輩馮君明遠，極言是注之失，而未及叩其詳，稍長亟欲盡其說，而馮已逝矣。竊思一一彈駁，勒爲《糾謬》一書，病廢不果。但梅磵注之佳者實多，予之欲糾之者，正欲爲其功臣也，安得稽古之士，成予志乎？

王鳴盛《十七史商榷》卷一〇〇《綴言二・通鑑釋文胡氏辨誤》 《釋文辨誤》十二卷，胡三省譔。愚謂炤之學誠不及胡，所辨大抵皆是也。但胡注《通鑑》取史語甚多，今未暇以全書對勘，姑就前十餘卷勘之，大約每卷輒有三四十條，此內太半因兩家同取《史記》、《漢書》舊注，所以相同，而史不著作者姓名十之七八，胡則一一著之，置勿論，其少半竟係胡之竊取史矣。即如開首威烈王標題之下，史云：「自武王至平王凡十三世，自平王至威烈王又十八世，自威烈王至赧王又五世。」此條胡即取之而沒其名，此類不可勝數，然猶曰字數少，或偶合，未必盡勦襲，亦姑置勿論。至若第三卷愼靚王五年「猶豫」注百餘字，十七年「堅白同異，臧三耳」注二百四五十字，胡注皆同史，如此類十餘卷中已有數條，豈得云皆偶合，非勦襲乎？又若第四卷赧王三十六年樂毅與燕王書，有伍子胥盛尸鴟夷事，胡注亦與史同，考此段《通鑑》采自《史記》《樂毅傳》，而《史記》此處裴駰《集解》無注，史炤則采《伍子胥傳》裴駰所引應劭語，又因此事見《國語》，更引彼韋昭注，且於應、韋語倒易增益之，而胡遂全取其所采用及倒易增益者，其爲勦襲顯然，如此類頗多，舉一以見之。且胡之取史皆沒其名，予所勘十餘卷中惟有十一卷漢高帝五年，田横乘傳詣洛陽注一條載明炤名，然又詆其擇不精，語不詳，此特欲援之爲呵斥地耳。更可怪者，蜀本注，胡既知其爲蹈襲史炤而力言之，乃第一卷烈王五年韓嚴遂令人刺韓廆幷弒哀侯一條下，史炤因《通鑑》於安王五年先已載聶政刺俠累事，而於此又載人刺韓廆，分而爲二，《史記》《年表》、《世家》亦然，《刺客傳》則從《戰國策》合爲一事，故詳辨之，約二百三四十字，胡全取之，乃詭移作蜀本注，不言出史炤，因史炤此條能剖析異同，有益考證，恐顯炤之美，遂稱爲蜀本注。平心論之，炤誠不能無誤，但首創音釋，實屬有功。胡自揣用力已深，其注足以傳世，恨炤先有《釋文》，既攘取之，又攻擊之，隱善揚惡，用心私曲，卻所不免，後人遂因胡之《辨誤》欲廢炤書，今幸尚存，而無鏤板，恐終歸泯滅。

又《通鑑胡氏音注》　史釋功在草創，究尚麤疏，至胡三省注始成鉅觀，可云青出藍，藍謝青，《通鑑》之功臣，史學之淵藪矣。三省自序述其父好讀史，於淳祐癸卯，命三省刊正諸家《通鑑》注之誤。乙巳，父卒，盡瘁家蠱，又從事科舉之業，而史學不敢廢。寶祐丙辰，出身進士科，始得大肆其力於是書，游宦必以自隨，依陸德明《經典釋文》爲《廣注》九十七卷。咸淳庚午，從淮壖歸杭都，延平廖公禮致諸家，俾讎校《通鑑》，又轉薦之賈相國。德祐乙亥，從軍江上，言輒不用，既而軍潰，間道歸鄉里。丙子，浙東始騷，辟地越之新昌，師從之，以孥免，失其書，亂定反室，復購得他本爲之注，始以《考異》及所注散入各文之下，訖乙酉冬，乃克轂編。按癸卯，理宗淳祐三年；乙巳，淳祐五年；丙辰，寶祐四年；庚午，度宗咸淳六年；乙亥，瀛國公德祐元年；丙子，德祐二年，即益王景炎元年；乙酉則元世祖至元二十二年也。三省之父委三省以刊正謬注，其時三省年雖甚少，亦必在二十以外，或三十，自此以至元之至元乙酉，凡四十餘年，其時三省約已六十外，或七十，方得成書。元袁桷《清容居士集》第三十三卷述其父洪師友爲《淵源錄》，言三省注《通鑑》三十年者，自寶祐丙辰始下筆，自丙辰至乙酉恰三十年也。延平廖公當爲廖瑩中，賈似道之幕官也。德祐元年，呂師夔以江州降元，似道帥師次蕪湖，軍潰，奔還揚州，事見《宋史》第四百七十四卷、明莆田柯維騏《宋史新編》第一百八十七卷及元四明陳桱《通鑑續編》第二十四卷，三省蓋參似道軍事。丙子，元兵順流而下，五月，破臨安，瀛國公出降，故云「浙東始騷」云云也。注成，上距臨安破宋亡，恰十年。胡注本只九十七卷，自爲一書，不載本文，但摘取數字或數句釋之，至亂後書亡重作，始散入，蓋初意本仿史氏，後漸弘博，不欲因仍故也。自序之末稱乙酉十一月日長至天台胡三省身之父書於梅磵蠖居。《淵源錄》稱其釋《通鑑》，兵難稾三失，乙酉歲留袁氏塾，乃手鈔定本，與自序合，則梅磵蠖居即袁氏塾也。《淵源錄》又云：「己丑，寇作，以書藏窖中得免。」按胡於注成後又作《釋文辨誤》，自跋署丁亥春，則在乙酉後二年，而己丑又在其後二年，元混一天下十年矣。寇作者，土賊之竊發者也。蓋胡於此書用力可謂至勤，而所歷困阨亦至多，得傳於後世爲至難。胡學長於地理，以閻氏若璩之卓識，亦極推之，而其餘一切亦略皆貫通。似道雖姦臣，三省參其軍，卻於大節無害。自序云：「世運推遷，文公儒師，從而凋謝，吾無從取正。或勸北學於中國，嘻，有志焉，然吾衰矣。」此未嘗仕元者也。則其立身出處亦無瑕玷，如此人，史家自當入《儒林傳》，乃元修《宋史》、明修《元史》，秉筆者多浮薄文人，不重實學，皆不爲立傳，《浙江通志》第一百八十一卷《文苑傳》但言終於朝奉郎，不詳其歷官本末，蓋但據其《通鑑》自序，雖言所著又有《竹素稿》一百卷，想已久佚，事迹零落，不可得而詳也。進士出身後游宦淮上，當是簿尉之流，從軍既以不合罷，似道不肯拔擢，故所得朝奉郎而已。《宋史》一百六十八卷：「朝奉郎，正七品。」至自署天台身之父，《淵源錄》亦云天台人，而《通志》則云寧海人，又有三省之姻友四明陳著者，譔《本堂先生文集》，稱三省字曰景參。

傳記

柯劭忞《新元史・儒林傳一・胡三省》　天台胡三省，字身之，篤於史學。宋寶祐四年進士，以賈似道辟從軍蕪湖，言則不用。及敗，隱居不仕。著《資治通鑑音注》及《釋文辯誤》百餘卷。

《山海經箋疏》分部

郝懿行《山海經箋疏叙》　《山海經》古本三十二篇，劉子駿校定爲一十八篇，即郭景純所傳是也。今攷《南山經》三篇，《西山經》四篇，《北山經》三篇，《東山經》四篇，《中山經》十二篇，并《海外經》四篇，《海內經》四篇，除《大荒經》已下不數，已得三十四篇，則與古經三十二篇之目不符也。《隋書·經籍志》：《山海經》二十三卷。《舊唐書》：十八卷。又《圖讚》二卷，《音》二卷，竝郭璞撰此。則十八卷又加四卷，才二十二卷，復與《經籍志》二十三卷之目不符也。《漢書·藝文志》《山海經》十三篇，在形法家，不言有十八篇。所謂十八篇者，《南山經》至《中山經》，本二十六篇，合爲《五臧山經》五篇，加《海外經》已下八篇及《大荒經》已下五篇，爲十八篇也。所謂十三篇者，去《荒經》已下五篇，正得十三篇也。古本此五篇，皆在外，與經別行，爲釋經之外篇。及郭作傳，據劉氏定本，復爲十八篇，即又與《藝文志》十三篇之目不符也。酈善長注《水經》云：《山海經》薶緼歲久，編韋稀絶，書策落次難以緝綴，後人假合多差遠意。然則古經殘簡，非復完篇，殆自昔而然矣。《藝文志》不言此經誰作，劉子駿表云出於唐虞之際，以爲禹別九州，任土作貢，而益等類物善惡，著《山海經》。王仲任《論衡》，趙長君《吳越春秋》，亦稱禹益所作。《顔氏家訓·書證篇》云：《山海經》禹益所記，而有長沙、零陵、桂陽、諸暨由後人所羼，非本文也。今攷《海外南經》之篇，而有說文王葬所，《海外西經》之篇，而有說夏后啟事。夫經稱夏后，明非禹書。篇有文王，又疑周簡。是亦後人所羼也。至於郡縣之名起自周代，《周書·作雒篇》云：爲方千里，分以百縣，縣有四郡。《春秋·哀公二年》、《左傳》云：克敵者上大夫受縣，下大夫受郡。杜元凱注云：縣百里，郡五十里。今攷《南次二經》云：縣多土功，縣多放士。又云：郡縣大水，縣有大繇。是又後人所羼也。《大戴禮·五帝德篇》云：使禹敷土，主名山川。《爾雅》亦云：從釋地已下至九河，皆禹所名也。觀《禹貢》一書，足覘梗槩。因知五臧山經五篇，主於紀道里，說山川，眞爲禹書無疑矣。而中次三經說靑要之山云：南望墠渚，禹父之所化。中次十二經說天下名山，首引「禹曰」，一則稱禹父，再則述禹言，亦知此語必皆後人所羼矣。然以此類致疑本經，則非也。何以明之？《周官·大司徒》：以天下土地之圖周知九州之地域廣輪之數。土訓掌道地圖、道地慝。《夏官·職方》亦掌天下地圖，山師、川師掌山林川澤，致其珍異。邍師辨其北陵墳衍，邍隰之名物。秋官復有冥氏、庶氏、穴氏、翨氏、柞氏、薙氏之屬，掌攻天鳥猛獸蟲豸草木之怪蠥（孽）。《左傳》稱禹鑄鼎象物而爲之備，使民知神姦。民入山林川澤禁禦，不若螭魅蝄蜽莫能逢旃。《周官》、《左氏》所述，即與此經義合。禹作司空，灑沈澹災，燒不暇攢，濡不給扢，身執虆垂，以爲民先。爰有《禹貢》，復著此經，尋山脈川，周覽無垠。中述怪變，俾民不昡（眩），美哉！禹功明德遠矣，自非神聖，孰能修之？而後之讀者，類以《夷堅》所志，方諸《齊諧》，不亦悲乎！古之爲書有圖有說，《周官》地圖，各有掌故，是其證已。《後漢書·王景傳》云：賜景《山海經》、《河渠書》、《禹貢圖》。是漢世《禹貢》尚有圖也。郭注此經而云「圖亦作牛形」，又云「在畏獸畫中」，陶徵士讀是經，詩亦云：「流觀《山海圖》。」是晉代此經尚有圖也。《中興書目》云：《山海經圖》十卷本，梁張僧繇畫，咸平二年校理，舒雅重繪爲十卷。每卷中先類所畫名，凡二百四十七種。是其圖畫已異。郭、陶所見，今所見圖，復與繇、雅有異，良不足據。然郭所見圖即已非古，古圖當有山川道里。今攷郭所標出，但有畏獸仙人，而於山川脈絡，即不能案圖會意。是知郭亦未見古圖也。今《禹貢》及《山海圖》遂絶跡，不復可得。《禹貢》雖無圖，其書說要爲有師法，而此經師訓莫傳，遂將湮泯。郭作傳後，讀家稀絶，途徑榛蕪，迄於今日，脫亂淆譌，益復難讀。又郭注《南山經》兩引璨曰：其注《南荒經》昆吾之師，又引《音義》云云。是必郭已前音訓、注解人惜其姓字、爵里與時代俱湮，良可於邑。今世名家則有吳氏、畢氏，吳徵引極博，汎濫於羣書。畢山水方滋取證於耳目二書，於此經厥功偉矣。至於辨析異同，栞正譌謬，蓋猶未暇以詳。今之所述，并採二家所長作爲《箋疏》。箋以補注，疏以證經。卷如其舊，別爲《訂譌》一卷，附於篇末。計創通大義百餘事，是正譌文三百餘事，凡所指擿雖頗有依據，仍用舊文，因而無改。蓋放鄭君康成注經不敢改字之例云。嘉慶九年甲子二月廿八日棲霞郝懿行撰。

傳記

《清史列傳·儒林傳下二·郝懿行》 郝懿行，字恂九，山東棲霞人。嘉慶四年進士，授戶部主事。二十五年，補江南司主事。道光三年，卒，年六十九。懿行謙退，吶若不出口。然自守廉介，不輕與人晉接。遇非素知者，相對竟日無一語。迨談論經義，則喋喋忘倦。所居四壁蕭然，庭院蓬蒿常滿，僮僕不備，懿行處之晏如。浮沉郎署，視官之榮悴，若無與於己者，而一肆力於著述，漏下四鼓者四十年。所著有《爾雅義疏》十九卷、《春秋說略》十二卷、《春秋比》一卷、《山海經箋疏》十八卷、《易說》十二卷、《書說》二卷、《鄭氏禮記箋》四十九卷。懿行嘗曰：「邵晉涵《爾雅正義》，蒐輯較廣，然聲音訓詁之原，尙多壅閡，故鮮發明。今余作《義疏》，於字借聲轉處，詞繁不殺，殆欲明其所以然。」又曰：「余田居多載，遇草木蟲魚有弗知者，必詢其名，詳察其形，考之古書，以徵其然否。今兹疏中，其異於舊說者，皆經目驗，非憑胸肊。此余書所以別乎邵氏也。」懿行之於《爾雅》，用力最久，稿凡數易，垂歿而後成。訓故同異，名物疑似，必詳加辨論，疏通證明，故所造較晉涵爲深。高郵王念孫爲之點閱，寄儀徵阮元刊行。元總裁會試時，從經義中識拔懿行者也。其著《春秋說略》有十例：一曰說《春秋》不得褒貶天王，以明臣子之義；二曰說《春秋》不得妄生褒貶，《春秋》直書其事，褒貶自見；三曰說《春秋》者好於經所無處尋褒貶，《春秋》皆實錄，其多一字，少一字，皆事實如此，非聖人意爲增減；四曰《春秋》多闕文，然以義推之，皆大略可見；五曰《春秋》經文當從《左氏》，《左氏》闕誤乃從《公》、《穀》；六曰《左氏》深於經，《公》、《穀》說經，字字求褒貶，《左氏》但敍本事，褒貶自見，得聖人渾厚之旨；七曰說《春秋》者好緣傳生義，不顧經文，說經當一以經爲主，范武子曰《三傳》殊說，擇善而從，此言可爲治經者法；八曰《春秋》刑書也，刑書之例，一成不移，故法必行而人知畏；九曰《春秋》聖人義理之書，本不待傳而明；十曰比事屬辭，《春秋》教也，事同相比，事異相比，辭同相屬，辭異相屬，其義自見。河間紀昀覩其書，以爲能刬盡千秋藤葛。其箋疏《山海經》援引各籍，正名辨物，事刊疏謬，辭取雅馴。阮元謂吴氏廣注，徵引雖博，失之蕪雜；畢沅校本，訂正文字，尙多疏略；惟懿行精而不鑿，博而不濫。懿行妻王照圓，字瑞玉。博涉經史，當時著書家有高郵王父子、棲霞郝夫婦之目。照圓聰慧過人，每與懿行持論不合，諍辨竟日，著有《詩說》一卷、《烈女傳補注》八卷、附《女錄》一卷、《女校》一卷。又與懿行以詩答問，懿行錄之爲《詩問》七卷。其《爾雅義疏》亦間取照圓說。光緒七年，倉場侍郎游百川進呈懿行所著《春秋》、《爾雅》、《山海經》四種，奉旨：「郝懿行所著書，當交南書房翰林閱看。據稱郝懿行學問淵博、經術湛深，嘉慶年間海內推重。所著各書精博邃密，足資考證，即著留覽。」八年，府尹畢道遠等續進懿行及照圓所著書六種，奉旨著留覽。懿行所著未經進者，有《詩經拾遺》一卷，《汲冢周書輯要》一卷，《竹書紀年校正》十四卷，《荀子補注》一卷，《晉宋書故》一卷，《補晉書刑法志》一卷、《食貨志》一卷，《宋瑣語》一卷，《寶訓》八卷，《蜂衙小紀》、《燕子春秋》、《海錯》各一卷，《證俗文》十八卷，《筆錄》六卷，《文集》十二卷。懿行以養痾輟《爾雅》業，時瀏覽晉宋史鈔、晉文百數十首，謂王右軍虛談廢務、浮文妨要二語，切中當時之弊。所鈔屏黜虛浮，一以切實爲主。其自作雜文，亦出入漢魏晉宋之間，雜記數帙，旁徵稗說，間采時事，皆意主勸戒。照圓所著未經進者，又有《列仙傳校正》二卷、《夢書》一卷。

《三國志旁證》分部

綜述

楊文蓀《三國志旁證序》 昔人以陳承祚《三國志》與班、范前後《漢書》並稱三史，蓋承祚之書簡質有法，實良史才。逮裴世期受詔作注，復爲增廣異聞，捃摭繁富。於是講求史學者，訂訛考異，益究心焉。惟承祚之書間有牴牾，而世期注徵引太博，亦不免蕪雜之病。且傳寫刊刻脱誤，淆亂滋多。百餘年來，長洲何氏焯、陳氏景雲、仁和杭氏世駿、趙氏一清，嘉定王氏鳴盛、錢氏大昕、大昭，陽湖洪氏亮吉、飴孫，吴江潘氏眉，沈氏欽韓，番禺侯氏康，或勘誤，或補闕，考證精密，讀史者咸引以爲助。然空逞議論者，往往泛作史評，不能實事求是；其有摘錄某句某條爲之參稽徵據者，又未綜全書首尾，貫穿鉤考。長樂梁茝鄰先生，熟精乙部，於陳書、裴注積數十年之力，研求獨深。乃搜采群籍，一一疏通證明，近人著述，亦掇拾靡遺，去其疑而存其信，於輿地辨析尤審，成《三國志旁證》三十卷。不沿襲宋人衰貶空譚，而於詳略之間，默寓尊蜀抑魏之指，此則兼才學識三長，不減三劉之於兩《漢書》，吴縝之於《五代史》，非僅以博洽見稱而已。先生歸道山之次年，長君吉甫亟謀剞劂，因蓀曩者習聞緒論，屬爲讎勘，敬識其緣起如此。道光三十年庚戌春三月，海寧楊文蓀謹序。

周壽昌《三國志注證遺序》　史之有注，莫始於《三國志》之裴世期，亦莫善於裴注。陳志雖有晉王濤《三國志序評》三卷、宋何常侍《論三國志》九卷、宋徐爰《三國志評》三卷，其書久亡，後此更無有作注者，亦以於裴無可加也。我朝史館宏開，人精乙部，方聞博雅之儒背項相望，二百年來，如長洲何氏焯、陳氏景雲，仁和杭氏世駿、趙氏一清，嘉定王氏鳴盛、錢氏大昕、大昭，陽湖趙氏翼、洪氏亮吉、飴孫，吴江潘氏眉，吴沈氏欽韓，番禺侯氏康，於此書糾勘纂補，皆有專書。而長樂梁氏章鉅，彙輯各家之書，依篇附類，復取宋、元、明、我朝各名家及其同時師友譔著有一二語訂明此書者，皆搜采甄擇，成《三國志旁證》一書，幾於網無脱鱗，倉無遺粒，誠讀此書之浩觀，而極愉者也。

傳記

支偉成《清代樸學大師・梁章鉅》　梁章鉅號茝林，福建長樂人。乾隆甲寅，舉本省鄉試。嘉慶壬戌成進士。由庶吉士改禮部主事，充軍機章京，轉員外郎，簡湖北荆州知府，升江南淮海道，兩署按察使，補山東按察使，兼署布政使。先是制河二大府鋭意興作，議挑關孟兩灘，開王營減壩，又議改上游海口；公深悉情弊，上書力陳其不可，以去就爭，事遂寢，全活甚衆。尋遷江蘇布政使。爲政務持大體，不以科條擾民。擢廣西巡撫。道光辛丑，再調江蘇。值英人犯江浙，蒞任數日，即赴上海防堵，練兵簡械，力持鎮靜，敵詗知避去，後遂逞志於浙省，督臣裕謙死難，命署兩江總督。公以身膺重任，無敢暇逸，晝治官書，夜輒出巡河干，閱視諸軍，因勞疾作，請開缺，卒於家。公歷中外，垂四十年。居官之餘，不廢著述。於經：有《論語旁證》二十卷，《孟子旁證》十四卷，《夏小正通釋》四卷。於小學：有《倉頡篇校證》三卷。於史：有《三國志旁證》二十四卷。於掌故：有《國朝臣工言行記》十二卷，《樞垣紀略》十六卷，《春曹題名録》六卷，《南省公餘録》八卷。於考據：有《稱謂拾遺》十卷。於文章：有《文選旁證》四十六卷。其餘詩文雜著纂輯者不下數十種。而裴注《三國》，李注《文選》，已極賅洽，尚能詳徵博引，兼引正其闕失，尤心力所萃云。

繆荃孫《續碑傳集》卷一四《梁章鉅墓志銘》　道光二十九年夏六月，長樂梁公卒於浙江溫州官署。既卒之，三月孤子逢辰等奉喪，旋福州將營窀穸。先期具狀郵書滇南，丐爲銘幽之文。則徐與公同鄉，又爲詞館後進，洎官江左，宦迹輒相先後，知公行事最詳，何敢以不文辭按狀。公諱章鉅，字閎中，一字茝林，晚年自號退庵。系出安定梁氏，宋時分居長樂縣南鄉之江田，遂爲長樂人，嗣復遷福州城中。自前明迄今十六傳，皆郡縣學博士弟子，紀文達公所稱爲書香世業者也。曾祖諱邦杜，祖諱劍華。父諱贊圖，乾隆戊子舉人，官寧化縣教諭，三世皆以公貴贈如其官。公幼而穎悟，四歲母王太夫人即課之讀書，九歲能詩，十七入縣庠。乾隆甲寅，年二十舉於鄉。嘉慶壬戌，成進士，改庶吉士。乙丑，散館二等，以主事用在禮部儀制司行走。乞假旋里，主講浦城之南浦書院，凡七年。甲戌，入都，丙子，考取軍機章京，旋入直。道光辛巳，補主客司主事，尋擢儀制司員外郎。壬午，京察一等，引對記名，授湖北荆州知府。甫半載，即擢江南淮海河務道署，江蘇按察使者再。乙酉十月，授山東按察使兼署布政使。逾年，調江西按察使，未行。遷江蘇布政使。計公在江蘇，由監司歷藩臬，四權巡撫，前後九年。有餘宦轍，所駐莫久於江蘇。功業所施，亦莫著於江蘇云。壬辰春，則徐蒙恩補授蘇撫，公時在護撫任內，因病請開缺，有旨俟林則徐到任後再行開缺，回籍調理。六月，卸巡撫事。越三載，奉召入都，授甘肅布政使。抵蘭州不三月，調直隸布政使。途次，拜巡撫廣西之命。辛丑春，粤東暎咭唎夷人滋擾濱海虎門一帶，逼廣州城。公率兵駐梧州防堵。是夏，調江蘇巡撫。既下車，即馳往上海，時總督裕謙出缺，遂兼理兩江總督。九月，仍回蘇州辦理糧臺，凡儲備徵發策應供支，夙夜紆籌，積勞日久，眩暈之疾大作。自念受恩深重，盡瘁所不敢辭第。當軍務孔棘之時，又未可因循貽誤，遂專摺備陳病狀，籲懇開缺，得旨俞允。蓋天子知公深，早鑒其非託詞矣。公歷中外垂四十年，進退以禮，其梗概有如此者。【略】公性鎮靜，定識定力，卓然不搖。每當衆議紛出之時，徐發一言，輒中窾要。平生特立孤行，空無依傍。膺聖主特達之知，位躋通顯，處之泊然。爲政持大體，不以科條繳繞，樂獎人才，出諸天性，故人皆樂爲之用。耽風雅，篤朋舊。前此家居，開「藤花吟館」，招里中諸名流，觴吟其中。居京時，以詩就正翁覃溪閣學，稱蘇齋詩弟子者三年。官蘇州時，嘗輯同年之在吴中與往來過吴者，酬贈題詠之作，爲《吴中唱和集》八卷。又作《小滄浪七友圖畫卷》，刻於滄浪亭壁。滄浪亭，亦公所重修，爲文以記，曾輯《滄浪亭志》四卷者也。東南名士博學工文如鈕布衣樹玉、郭明經麐、董明經士錫、朱孝廉綬、姜文學皋、楊明經文蓀，或招致幕府，或相約過從。逮後郭、董、朱相繼殂謝，姜亦老病歸雲閒。公歸寓浦城，猶於干戈擾攘中，以著作與楊明經寄書商榷，樂此不疲。所性存焉。生平精鑒藏，其辨證金石，討論隸古。與覃溪閣老、阮芸臺、太傅伊墨卿、太守程春海少農，特相器重。自弱冠至老，手不釋卷，蓋勤勤於鉛槧者五十餘年矣。所撰《論語集註旁證》二十卷，《孟子集註旁證》十四卷，《夏小正經傳通釋》四卷，《倉頡篇校證》三卷，《經塵》八卷，《稱謂錄》十卷，《古格言》十二卷，《三國志旁證》三十卷，《文選考證》四十六卷，《國朝臣工言行記》十二卷，《樞垣紀畧》十六卷，《春曹題名錄》六卷，《南省公餘錄》八卷，《退庵隨筆》二十四卷，《讀漁洋詩隨筆》二卷，《隨園詩話隨筆》二卷，《玉臺新詠讀本》十卷，《制義叢話》二十四卷，《試律叢話》十卷，《楹聯叢話》十二卷，《楹聯續話》四卷，《楹聯賸話》二卷，《巧對錄》四卷，《農家占驗》四卷，《東南嶠外詩話》三十卷，《長樂詩話》八卷，《南浦詩話》四卷，《三管詩話》四卷，《雁宕詩話》二卷，《閩中閨秀詩話》二卷，《武彝遊記》二卷，《滄浪亭志》四卷，《梁祠輯略》二卷，《梁氏家譜》四卷，《吉安室書錄》十六卷，《東南嶠外書畫錄》二十卷，《退庵題跋》二十卷，《退庵續跋》二卷，《歸田瑣記》十卷，《浪跡叢談》十一卷，《浪跡續談》八卷，《浪跡三談》六卷，《退庵文存》二十四卷，《藤花吟館詩鈔》十二卷，《退庵詩存》二十四卷，《退庵詩續存》八卷，《師友集》八卷，《寒檠雜咏》一卷，《藤花吟館試帖》二卷，《東南嶠外詩文鈔》三十卷，《閩詩鈔》五十卷，《閩川文選》五十卷，《三管靈英集》五十八卷，《江田梁氏詩存》九卷，《宣南贈言》二卷，《江漢贈言》二卷，《滄浪題咏》二卷，《東南棠蔭圖詠》三卷，《葑江別話》四卷，《北行酬唱集》四卷，《銅鼓聯吟集》二卷《吴中唱和集》八卷，《三山唱和集》十卷，《戲綵亭唱和集》一卷，《閩文復古編》六卷，《閩文典制鈔》四卷，《師友文鈔》二十四卷，《八家師友文鈔》十二卷。仕宦中著撰之富，無出其右。校刊師友詩文，則有鄭蘇年先生《西霞文鈔》、程府丞同文吴侍讀《慈鶴遺集》，亦不下數十卷。公生于乾隆乙未七月初六日，卒於道光己酉六月二十日，年七十有五。配鄭氏封夫人即蘇年先生之女，先十七年卒。子五人：逢辰，道光辛丑進士，兵部員外郎，改就江蘇候補同知。丁辰，道光己亥舉人，內閣中書。恭辰，道光丁酉舉人，浙江候補知府，署溫州府事。映辰，附貢生，刑部員外郎。敬辰，國學生。女四人，孫十七人，曾孫二人。以道光二十九年十月十五日葬于侯官縣西關外羣鹿山之陽。爰應逢辰等之請，謹書其大者，以示來裔。銘曰：海嶠蟠鬱，代生偉人。公踵前哲，爲時名臣。勛業聞望，如鳳如麟。特立不倚，上契楓宸。始狃天衢，旋參樞幄。器高以閎，志廉而恪。人方囂囂，公乃嶽嶽。岳牧連帥，重任爰託。公之膏澤，尤在東南。江漢湘灘，仁化遠覃。維此斗野，拊循再三。吴岷遺愛，鄭僑奚慚。難進易退，奉身綽綽。何弗憖遺，騎箕寥廓。瞻彼堂斧，用安體魄。雲礽蕃昌，繩繩繼作。

梁章鉅《歸田瑣記》卷六《已刻未刻書目》 余髫齡即慕著書之名，與澤卿兄同入家塾，每分檢陶九成《説郛》中所錄各小種，剌取他書補之。先大夫斥之曰：「陶書本係節錄，何煩汝補此，韓文公所謂無益費精神也。」先叔父太常公乃從旁解之曰：「此正古人所謂有斐然述作之意者，聽其所爲，猶勝於他玩弄耳。」登鄉薦後，復稍稍爲之。先外舅鄭蘇年師又訓之曰：「古人著書，多在遲暮之歲，或出窮愁之餘，今吾子似尚不宜急急於此。」余皆謹識之，不敢忘。既通籍，官京師，日與通儒碩士上下其議論，又京秩清暇，非書籍無以自娱。即外宦後，案牘餘閒，別無聲色之好，亦惟甄微闡幽，抱殘守缺是務。歲月既積，卷帙遂多，而衡諸古人著述之原，其實毫無心得。回憶先大夫及太常公、蘇年師之訓言，不覺爽然若失。今年踰七十，筆硯久荒，料檢陳編，皆數十年心血所存，不忍盡棄，中有已刻問世者，有尚未能付梓者。自憐享帚之愚，難免覆瓿之誚，姑錄存其目，付後人知之，俾無失散云爾。《論語集注旁證》二十卷。自序，未刻。《孟子集注旁證》十四卷。自序，未刻。《夏小正經傳通釋》四卷。祝芳齋師序，未刻。《倉頡篇校證》三卷。就孫淵如觀察原本而校補之，未刻。《稱謂拾遺》十卷。未刻。《古格言》十二卷。劉金門侍郎序，湯敦甫閣老序，劉次白中丞序，已刻。《國朝臣工言行記》十二卷。未刻。《三國志旁證》二十四卷。未刻。《南省公餘錄》

八卷。謝薌泉侍御序，附盧文肅師、戴金溪尚書、顏惺甫制府、孔荃溪方伯、蔭湘林都統、達玉圃郎中各題詞，已刻。《樞垣紀略》十六卷。朱詠齋尚書序，自序，已刻。《春曹題名錄》六卷。未刻。《東南嶠外書畫錄》二十卷。未刻。《文選旁證》四十六卷。阮雲臺師序，朱蘭坡侍講序，自序，已刻。《玉臺新詠讀本》十卷。未刻。《制義叢話》二十四卷。朱蘭坡侍講序，楊芸士明經序，未刻。《試律叢話》十卷。吳棣華廉訪序，未刻。《楹聯叢話》十二卷。陳蓮史方伯序，自序，已刻。《楹聯續話》四卷。自序，已刻。《巧對錄》四卷。自序，已刻。《長樂詩話》八卷。自序，未刻。《南浦詩話》四卷。祖舫齋師序，已刻。《東南嶠外詩文鈔》三十卷。陳恭甫編修序，皆錄五代以前作，未刻。《閩詩鈔》五十卷。皆錄宋以後至國朝各詩，未刻。《三管詩鈔》五十八卷。輯錄廣西通省古近人遺詩，已刻。《三管詩話》四卷。自序，已刻。《三山唱和詩》十卷。壬辰秋至乙未春里居所輯，未刻。《東南嶠外詩話》二十卷。未刻。《江田梁氏詩存》九卷。自序，已刻。《退庵詩存》二十四卷。翁覃溪師序，附蔣礪堂閣老、劉金門侍郎、陳望波尚書、曾賓谷中丞、葉筠潭方伯、吳巢松侍講、陳恭甫編修、吳棣華廉訪、郭頻伽、董晉卿、楊芸士三明經題詞，已刻。《退庵詩續存》八卷。自序，已刻。《退庵隨筆》二十四卷。湯敦甫閣老序，賀耦庚制府序，已刻。《閩文復古編》六卷。未刻。《閩文典制鈔》四卷。自序，已刻。《滄浪亭志》四卷。自序，已刻。《滄浪題詠》二卷。張蘭渚中丞序，林少穆尚書序，楊芸士明經序，已刻。《梁祠輯略》二卷。朱蘭坡侍講序，爲吳中新建梁伯鸞高士祠作，自序，已刻。《江漢贈言》二卷。黎湛溪河帥序，王槐午觀察跋，已刻。《東南棠蔭圖詠》三卷。朱蘭坡侍講序，自跋，已刻。《吳中唱和集》八卷。自序，王香湖方伯跋，皆錄吳中同年唱和之作，已刻。《葑江別話》四卷。皆錄壬辰年引歸，吳中同人送別之作，未刻。《北行酬唱集》四卷。陳芝楣中丞序，道光乙未奉召時所輯，已刻。

又《退菴自訂年譜》 退菴居士系出安定梁氏，名章鉅，字閎中，又字茝林，晚年自號退菴。由泉州宋丞相文靖公派下分居福州長樂縣南鄉之江田里，國初遷居福州城中。自前明迄今十五傳，皆爲郡縣學諸生不斷，河間紀文達公督學閩中，以「書香世業」扁旌吾閭。乾隆四十年乙未七月初六日生於福州淳仁里。時先考翼齋公上公車未回。是年先叔父九山公成進士，入翰林。翼齋公諱贊圖，字斯志，又字翼齋，行二，乾隆戊子與同懷弟九山公同舉於鄉，考補內廷咸安宮教習。門下士濰縣劉鴻翱拜塡諱。【略】壬戌，二十八歲，會試，以二甲第九名成進士，座主爲紀文達師、鉛山熊謙山師枚、滿洲玉研農師麟、大庾戴可亭師均元，房官爲高陽韓湘帆師掄衡。朝考入選第二名，因受知於大興朱文正師珪、大庾戴文端師衢亨、長沙劉文恪師權之、滿洲英煦齋師和、那繹齋師彥成、萊陽初頤園師彭齡、浦城祖舫齋師之望。引見，以翰林院庶吉士用教習，師爲黄陂帥仙舟先生承瀛。是秋聞先考甯化之訃，踉蹌南奔，由江西取道汀州入甯化，計署中視含殮者惟章垍弟一人，痛哉！【略】庚午，三十六歲，仍赴南浦講席，輯《夏小正通釋》四卷、《南浦詩話》四卷，皆祖舫齋師爲之序。辛未，三十七歲，復入張撫部幕，與陳恭甫分纂《御製全史詩註》六十四卷。是春爲先考妣合葬，祖舫齋師爲之誌銘，事畢仍赴南浦講席，校補《倉頡篇》三卷，選輯《閩文典制鈔》四卷。是年次兒丁辰生。【略】丁酉，六十三歲，輯《論語集註旁證》二十卷、《孟子集註》十四卷。秋，監臨廣西文武兩闈，並會同丁自菴學政善慶考選拔貢。廣西文闈積弊多端，其最甚者，每科闈中輒派兵六十名，列坐於明遠樓之上下前後，各爲稽查彈壓，而鎗替傳遞之弊即伏其中。甚至有能文之舉人，身穿號褂於樓上起草，交他兵順遞號舍中，毫不費力者。余既採訪明確，乃排衆議，革除之，並附片奏明立案，士林感之。是科三兒恭辰舉於鄉。修復署東銅鼓樓，成《銅鼓聯吟集》兩卷。又於獨秀峯下重建五詠堂，爲詩紀之，遠近和者百餘家。冬奉賜「福」字一方。【略】戊戌，六十四歲，越南使臣入貢，照例於節堂款宴，作畫冊紀之。校梓《文選旁證》四十六卷，阮雲臺師、朱蘭坡同年各爲之序。蓋二十年精力所萃，至是始成書云。輯《國朝臣工言行記》十二卷。冬奉賜「福」字一方。

《後漢書集解》分部

綜述

王先謙《後漢書集解序》 范蔚宗氏《後漢書》拔起衆家之後，獨至今存。其褒尚學術，表章節義，既不蹈前人所譏、班馬之失，至於比類精審，屬詞麗密，極才人之能事。雖文體不免隨時，而學識幾於邁古矣。司馬《續志》經劉氏注補，自今觀之，其《禮儀》、《祭祀》分部不明。光武即位，祝文已載帝紀，而文內竄入誅赤眉、青犢後事。祭祀宗廟，誤以元、成、哀、平四帝三世代四親廟，與范書紀傳不合，乃其巨失。昔人言《八志》因范書幸存，蓋微詞也。唐章懷《注》成於衆手，皆以爲美，猶有憾。國朝惠棟全書《補注》，刊見《粤海堂叢書》中，無人爲之合併。余服膺此書有年，於遺文奧義，覆加推闡，惠氏外廣徵古說，請益同人，所得倍夥，爰取而刊行之。因念是書章懷《注》後歷千年，而惠氏爲《補注》更二百年，而余爲集解簒述之事，何其遼哉！而余以衰年，又值流離奔走之際，孤心獨力，未一輟業，緜歷數載，黽勉有成，未始非是書之幸也。琴川毛氏汲古閣序云：刊范史時適當崇禎順治之際。今余再刊，又丁國變，倘亦有運數存其間邪。烏虖唏已！乙卯仲秋月朔長沙王先謙撰。

又《後漢書集解述略》

范氏撰《後漢書》，原定十紀、十志、八十列傳，合爲百篇，本《史通・正史篇》。蓋取與班氏《前漢書》相應，其敘例、論贊始均別行。范《獄中書》云：紀傳例爲舉其大略。劉昭《補志序》云：范《敘例》所論備精與奪，章懷注《光武紀》、《安紀》並曾引范《敘例》之文自應別有傳述。《隋志》別有范氏《後漢讚論》四卷。《唐志》作《論贊》五卷。《宋志》始不著錄，當由已無單行本。紀傳先成，十志未及偏作，久遂全佚。章懷注《帝后紀》「十皇女」下云：《沈約謝儼傳》范所撰十志，一皆託儼搜撰，垂畢，遇范敗，悉蠟，以覆車不復得。按此所引《沈約儼傳》，《宋書》不載，今無可考。但范有《百官志》已見《帝后紀》，有《禮樂志》、《輿服志》見《東平王蒼傳》，有《五行志》、《天文志》見《蔡邕傳》。又《南齊書・文學傳》「檀超掌史職，議立十志，百官依范曄合州郡」。是范志齊時尚有存者，超目見能舉其例。至梁乃全佚，恐蠟以覆車之說，特指餘志未成者也。序例疑亦未備，劉昭《補志序》云：序或未周。寖至並亡。范傳載范《獄中爲書與甥姪》，敘其作《後漢書》大略，自負特甚，然固不愧體大而思精也。書云：吾狂釁覆滅，豈復可言，汝等皆當以罪人棄之。然平生行己在懷，猶應可尋。至於能不，意中所解，汝等或不悉知。吾少懶學問，晚成人，年三十許政始有向耳。自爾以來，轉爲心化，推老將至者，亦當未已也。往往有微解，言乃不能自盡。爲性不尋注書，心氣惡，小苦思便憒悶，口機又不調利，以此無談功。至於所通解處，皆自得之於胸懷耳。文章轉進，但才思少難，所以每於操筆，其所成篇，殆無全稱者。常恥作文士。文患其事盡於形，情急於藻，義牽其旨，韻移其意。雖時有能者，大較多不免此累，政可類工巧圖繢，竟無得也。常謂情志所託，故當以意爲主，以文傳意。以意爲主，則其旨必見；以文傳意，則其詞不流。然後抽其芬芳，振其金石耳。此中情性旨趣，千條百品，屈曲有成理。自謂頗識其數，嘗爲人言，多不能賞，意或異故也。性別宮商，識清濁，斯自然也。觀古今文人，多不全了此處，縱有會此者，不必從根本中來。言之皆有實證，非爲空談。年少中謝莊最有其分，手筆差易，文不拘韻故也。吾思乃無定方，特能濟難適輕重，所稟之分，猶當未盡，但多公家之言，少於事外遠致，以此爲恨，亦由無意於文名故也。本未關史舊，政恆覺其不可解耳。既造《後漢》，轉得統緒。詳觀古今著述及評論，殆少可意者。班氏最有高名，既任情無例，不可甲乙辨，後贊於理近無所得，唯志可推耳。博贍不可及之，整理未必愧也。吾雜傳論，皆有精意深旨，既有裁味，故約其詞句。至於《循吏》以下及六《夷》諸序論，筆勢縱放，實天下之奇作。其中合者，往往不減《過秦篇》。嘗共比方班氏所作，非但不愧之而已。欲偏作諸志，前漢所有者悉令備。雖事不必多，且使見文得盡；又欲因事就卷內發論，以正一代得失，意復未果。贊自是吾文之傑思，殆無一字空設，奇變不窮，同含異體，乃自不知所以稱之。此書行，故應有賞音者。紀傳例爲舉其大略耳，諸細意甚多。自古體大而思精，未有此也。恐世人不能盡之，多貴古賤今，所以稱情狂言耳。吾於音樂，聽功不及自揮，但所精非雅聲爲可恨。然至於一絕處，亦復何異邪！其中體趣，言之不盡。弦外之意，虛響之音，不知所從而來。雖少許處，而旨態無極，亦嘗以授人，士庶中未有一毫似者。此永不傳矣！吾書雖小小有意，筆勢不快。餘竟不成就，每愧此名。案此書官本錄附全書之後，題曰自序依南史省去吾狂釁覆滅至汝等或不悉知」四十三字，《循吏傳》注係摘錄。論摩太史別擄，見解往往突過蘭臺。贊體用詩以代序述，亦馬班之遺範，殆自劉昭作注早合紀傳並行。論贊至隋唐尚有單行本，則初原別行，自屬可據。然謂《宋志》始無單行之著錄，疑合紀傳，始於宋，則章懷注已先合之矣。謂即始於唐，則蕭子顯《南齊書》論後著贊，《史通》謂即依范書誤本，是梁世又已先合之矣。惟謂合自劉昭集注本者，最爲近之。第范見刑時，書未大成，以贊繼論，原未必范意如此。《唐志》論贊五卷，《隋志》原作讚論四卷，卷數出入雖不可曉，但論贊必係各爲卷，故贊亦可置論前也。且某論某贊，先亦必各有小題，乃可單行。而紀傳之合數人爲一卷者，卷仍止一贊論，則隨人而立，或有或無，勢不能論與贊共一題，尤非各爲卷，不能編次。自小題爲合者，所省遂全失眞面，否則既可別行者，即可附於書後另爲卷矣。而晁公武、陳振孫、洪邁輒援《史通》所指摘一二事，過相菲薄。雖范之夸詡有同空穴來風，而劉知幾偏訶前人，即馬、班亦訾謷備至，何有於范顧所指？如創爲《皇后紀》，及傳王喬左慈詭譎事，何焯已明其不足爲累。矧呂后有紀，昉自馬、班。本陳浩官本考證校語。華嶠著《後漢書》且以皇后配天作合前史，作《外戚傳》以繼末編。爲非其義，特易爲《皇后紀》以次帝紀。本晉書華嶠傳。則范之后紀固因而非創。柏翳、石槨，《史記·秦紀》書之圮上；授書穀城、化石前書，《張良傳》仍載之王左。詭譎雖多，既已迸之方術，尙安足疵！范《獄中書》、沈約已云《自序》並實，劉昭首爲范書作注，亦云良跨衆氏。知幾雖嘗短范，然仍極稱其長曰：簡而且周，疏而不漏。論早定矣。翟公巽作《東漢通史》，偶議范書冗漏。王應麟歎曰：史裁如范，千古能有幾人，公巽何物妄加譏貶耶！然則晁、陳、洪之於范拾史通，牙後慧以人廢言，並力詆贊辭，謂爲佻巧，失史家之體。而忘改述呼贊，范實同班，其說亦著於《史通》、蕭選輯文。於史論史述贊，班、范並取體。豈有異蜉蚍撼樹，亦與公巽同爲不自量也。後漢著述在范前者，自《東觀漢記》以下，無慮數十家。《東觀漢記》其始班固、陳宗、尹敏、孟異作《世祖本紀》及光武時《功臣列傳》，劉珍、李尤作建武以後至永初間《紀傳》，伏無忌、黃景作《諸王》、《王子》、《功臣》、《恩澤侯表》、《南單于》、《西羌傳》、《地理志》，邊韶、崔實、朱穆、曹壽作《皇后》、《外戚》、《儒林傳》，實壽又與延篤雜作《百官表》及《順帝》、《功臣傳》共成一百十四篇。其後馬日磾、蔡邕、楊彪、盧植著作《東觀》，又就紀傳之可成者接續之。詳見《史通》、《隋志》載一百四十三卷。專家之作則謝承《後漢書》一百三十卷，薛瑩《後漢記》一百卷，司馬彪《續漢書》八十三卷，華嶠《後漢書》九十七卷，謝沈《後漢書》一百二十二卷，張瑩《後漢南記》五十五卷，袁山松《後漢書》一百卷，袁宏《後漢紀》三十卷，張璠《後漢紀》三十卷，袁曄《獻帝春秋》十卷，劉芳《唐志》作劉艾。《漢靈獻二帝紀》六卷，樂資《山陽公載記》十卷，王粲《漢末英雄記》十卷，侯瑾《漢皇德記》三十卷及《漢獻帝起居注》五卷。均見《隋志》。又劉義慶《後漢書》五十八卷，孔衍《後漢尙書》六卷，《後漢春秋》六卷，張溫《後漢尙書》十四卷。見新舊《唐志》。范氏原以《東觀記》爲本書，見明八王傳首。又廣集學徒，窮覽舊籍，删煩補略，取資實宏。然進退衆家，以成一家之言，筆削所關，談何容易？王鳴盛推詳書法類次，信其悉合班書則整理之間，彌見良工心苦，乃孔、歐、孟、章宗源以皇后作紀，及紀傳論序偶取華嶠之言，遂謂范書全本華書。趙翼亦謂後漢成書既多，范氏采擇自易。斯不然矣。《史通》嘗謂言漢中興史者，唯范、袁二家。袁紀出范之前，且抑居范後，觀袁紀自序謂衆漢書煩穢雜亂，多不次敘，華書即在袁指斥之中。范《獄中書》且欲淩班，豈復措意華氏？華書遭晉東徙又三唯存一，少可依據三譜十典，范氏未倣其例，亦未沿其名，而曰「全本華書」，可云孟浪！昔班造前漢，太半據龍門成書，而潛精積思，猶至二十餘年。始就范時舊籍，唐志多存，而章懷注中識其所因於華氏者，亦僅寥寥六事，不關紀傳正文。《劉趙淳于江劉周趙傳》序，《袁安傳論》、《桓馮傳論》猶失之。於馮衍以上中興二十八將論首七句，《肅宗紀》論首二句，章懷皆著爲華嶠之辭，又《班固傳》論，然亦身陷大戮。以上則著爲略，華嶠之辭蓋實，以嶠辭未善改之。雖晚末有陳志可資，視班之因於《史記》者，抑又甚艱皇云易乎！荀、董以下十傳，及東夷、烏桓、鮮卑傳，多因《三國志》。《范書》、《隋志》載九十七卷，新、舊《唐志》則云九十二卷，《宋志》則云九十卷，以十紀、八十列傳篇各爲卷計之，惟《宋志》卷數與今本合。隋、唐《志》所載或多七卷，或多五卷，當由就紀傳之緐重者分出子卷，隋所分者唐又間取而合之，是以卷數不同。實則此書歷代相承，紀傳具在，並無亡佚也。前爲《范書》作注者劉昭，而外尙有吳均、劉熙二家，均有《齊春秋》三十卷，遞見隋、唐《志》。而《後漢書》注九十卷，見《梁書·文學傳》。《隋志》已不著錄，必由早亡。熙有《孟子注》七卷，亦遞見隋、唐《志》，而范注一百二十二卷，惟新唐《志》載之，《宋志》復不著錄，則亦晚出旋佚，其得失舉無可考。至昭所爲范《後漢書》注，劉知幾有吐核棄滓之譏，知其采輯衆漢異同略。如裴松之之注《三國志》，昭既爲《范書》作注，病其無志，復取司馬彪《續漢書》八志注而補之，其自序甚詳，可爲明證。全序已刻入《續志集解》中。溯《梁書·昭傳》，昭集注范《後漢書》本一百八十卷，《隋志》則云一百二十五卷，新舊《唐志》則惟存補注五十八卷，《宋志》則惟存《補注後漢志》三十卷。似其注至隋已稍殘闕，至唐遂無幾存，知幾雖猶及見其書，亦未必果睹其全矣。第唐時功令習《後漢書》者，並昭所注志爲一史，見《通志·選舉略》。故《續志注》三十卷得以保存，至宋不廢耳。章宗源乃謂《唐志》所載之五十八卷，既稱補注，疑專指馬彪《志注》。又謂《新唐志》所載之劉熙范注一百二十二卷，亦劉昭之誤以《唐志》《范書》本九十二卷，合以《續志》三十卷，適成一百二十二卷也。此無論昭之注范，《梁書》、《隋志》所載分卷，皆有不符。且《續志》僅八篇，昭猶分卷三十，豈《范書》紀傳爲篇九十，而僅分多二卷，抑《唐志》《范書》卷數已不同隋，豈梁人著書反能默合《唐志》卷數？至疑補注爲專指補志，則尤失審詳。《史通》補注之名稱，本謂掇衆史之異辭，補前書之所闕，若裴松之《三國志》，陸澄、劉昭《兩漢書》，劉彤《晉紀》，劉孝標《世說》之類。又云劉昭采范所捐以爲補注，是昭所爲《後漢書》注本通稱補注。後世惟見昭《續志注》，不見昭《范書》注，故疑或有別也宗源。世推好學而亦有此誤說，何耶？以《續志》補范，昉自劉昭。昭之《後漢書》注，固已合志於紀傳矣。昭自序有云：迺借舊志注以補之，分爲三十卷，以合范史。然此自劉氏一家之學，范書原本則仍止紀十卷，傳八十卷，未嘗闌入《續志》也。章懷爲范作注，自係據范原本間引《續志》之說，必別之曰《續漢志》。又析《范書》九十卷，爲一百卷以展成數，明見《唐志》新舊志同。皆爲無志之證。《宋志》不數章懷分出之卷，故仍題九十卷。推攷太宗淳化五年初刻本及眞宗景德二年校定本，猶無《續志》也，及眞宗乾興元年孫奭誤以《續志》三十卷，爲昭自作以述范者始，奏請合刻補闕，國子監奉牒依奏施行，牒云：中書門下牒國子監翰林侍講學士尚書工部侍郎知審官院事兼判國子監孫奭奏：臣忝膺朝命，獲廁近班，思有補於化文。輒干塵於睿覽，竊以先王典訓在述作，以惟明歷代憲章微簡策而何見鋪觀載籍，博攷前聞制禮作樂之功，世存沿襲天文地理之說，率有異同，馬遷八書於焉，咸在班固十志得以備詳。光武嗣西漢而興，范曄繼東觀之作，成當世之茂典，列三史以並行。克由聖朝刊布天下，雖紀傳之類與遷固以皆同，書、志之間在簡編而或闕。臣竊見劉昭注補《後漢志》三十卷據《宋志》作補注，此或誤倒。蓋范曄作之於前，劉昭述之於後，始因亡逸，終遂補全，綴其遺文，申之奧義。至於輿服之品，具載規程。職官之宜，各存制度。儻加鉛槧，仍俾雕鎪，庶成一家之書，以備前史之闕。伏況晉宋書等，例各有志，獨茲後漢有所未全。其《後漢志》三十卷，欲望聖慈許，令校勘雕印。如允臣所奏，乞差臣與學官同共校勘，兼乞差劉崇超都大管句，伏候敕旨牒奉敕，宜令國子監依孫奭所奏施行。牒至准敕，故牒乾興元年十一月十四日牒。案此牒乾興監本刻列卷首，奭謂范作於前，劉述於後，雖誤以志爲即昭所撰述，尚知非范原著。景祐初，余靖重校《後漢》，亦云《十志》未成。至梁劉昭補成之，亦仍奭說也。自洪邁以下，則直以《八志》爲范作劉注，失之彌遠矣。遂共成一百二十卷，而後世必謂《范書》原已析爲一百卷，章懷作注始復爲九十卷，《宋志》因而題之。不思《范書》志未成，從無百卷之說。惟章懷注本始有之，安得據《宋志》九十卷之題並沒在前之新舊《唐志》？或又謂章懷注范全本，劉昭八志注用昭原文，故仍昭名以爲識別。甚且謂章懷於紀傳則改昭注，於八志注則不改者，以注紀傳易，注志難，乃避難而趨易。不思昭之補注，《唐志》所載已僅存五十八卷，除去志注三十卷，屬於紀傳者僅矣。章懷果何從全據之乎？抑詳觀章懷之注范，不減於顏監之注班。惜非一手所成，據《新唐書》與章懷共任爲《後漢》注者，有張大安、劉訥言、革希玄、許叔牙、成玄一、史藏諸、周寶寧等。見章懷本傳又見《張公謹岑長倩傳》。不免有踳駁漏略之處。然多主故訓，與昭補注之體既殊，而所引據各書率爲《唐志》所著錄，亦何事借徑於昭，惟皆誤以章懷所注？《後漢書》本有八志，疑其既全取昭志之注，必不能不並取昭紀傳之注耳。夫章懷果已合昭所注志於紀傳，則唐時習《後漢書》者，自已兼習八志，何又於《選舉》別申功令，以後漢並劉昭所注志爲一史？宋時孫奭何又特請合刊？不經之談，所當深辨也。宋本《後漢書》景德以前既尚無志，則後世疑無志者爲宋民間俗本，或不盡然。自乾興改刊志復附入，迄仁宗景祐元年余靖又上言文字舛譌，爰命王洙與靖偕赴崇文院讎對。靖、洙悉取館閣諸本參校，凡增五百一十二字，損一百四十三字，改正四百一十一字。見景祐二年九月中書門下牒文。此文亦刻景祐刊誤本，卷首官本已節錄。及嘉祐七年仁宗讀《後漢書》，見「墾田」字皆作「懇」，又詔劉攽等分手校正。故《兩漢刊誤》世傳，三劉同作。謂攽與兄敞及敞子奉世。而《東漢刊誤》，史乃專屬之攽。見《宋史》攽本傳。高宗南遷至紹興末，重刊監本蓋始以攽說附入注文之後。今原書久佚，反賴監本存之，官本已照轉刊，而汲古本原未有此《集解》，以汲古本爲主，故并攽說於解中。孝宗淳熙間吳仁傑又撰《兩漢刊誤補遺》，今存十卷，雖與《宋志》卷數適合，而言《後漢書》者僅得兩卷，解中仍從采掇元胡三省注《通鑑》，於章懷注時有引伸，所取亦多通標曰「通鑑胡注」。官本考證最爲精審，《集解》全錄其官本文字，有與汲古本異者，亦詳記之。近儒致力於《後漢書》，莫勤於惠棟所著《後漢書補注》，既已備載。而侯康之《後漢書補注》，續沈銘彝之《後漢書注》，又補均主羽翼惠氏，有可采者亦應不遺。他如陳景雲、《兩漢書舉正》。王鳴盛、《十七史商榷》。錢大昕、《三史拾遺》、《廿二史考異》。錢大昭、《兩漢書辨疑》。趙翼、《廿二史劄記》。洪亮吉、《四史發伏》。沈欽韓、《兩漢書疏證》。周壽昌《兩漢書注補正》，於《後漢書》博引旁徵，所見有同有異，但經采取各著其名閒，或意涉未安竊附已說，及出友朋商訂者，並加識別，以存其眞。劉昭《補注》，《梁書》本傳亦曰「集注」者，謂專集後漢同異以爲注也。《史通》譏其「言盡非要，事皆不急」，或未免過甚其辭，然必隸事爲多而略於訓詁矣。今觀所注八志偏及經傳，前史反多主解釋文字，證明故實初非專采後漢同異，當由衆家後漢馬彪而外措意於志者，本自無多，而又阨於永嘉。如華典雖成，華嶠《十典》未成而終。嶠中子徹，少子暢踵成之。旋已不可復識，故無幾同異可舉，注體亦因之少變。昭自序固云：狹見寡陋，匪同博遠，及其所值，微得論列，概可知也。又昭於《天文志》第三卷、《五行志》第四卷，皆全卷無注，亦必亡佚。緣唐以前書皆手寫，傳布甚稀，一有闕殘或被刊落，即無從補復。近儒有追論及之者，皆入《集解》。至關於典制名物，後世無徵，即亦不敢強爲之說。宋熊方著《補後漢年表》十卷，錢大昭惜其繆漏，更爲《補表》八卷，盧文弨亟稱其精確，誠後來居上矣。然謂當與續志並繫於范書之後，則范書原未嘗有表，但可與所撰《後漢郡國令長攷》同爲治范書者之一助耳。必附入之，反形其贅。范氏十志除《百官》、《禮樂》、《輿服》、《五行》、《天文》五門見本書外，如《南齊書》所載尚有《州郡》一門，已見前注。是十志已具其六。范《獄中書》欲令前漢所有者悉備。州郡固可代地理，而律麻、刑法、食貨、郊祀、溝洫、藝文，非四門所能容也。或已附《郊祀》於《禮樂》，省《溝洫》入《州郡》耶，至《律麻》、《刑法》、《食貨》、《藝文》必各立一門，乃能備前漢所有。劉昭見范志全闕，補以馬彪八志，《百官》、《輿服》、《五行》、《天文》名同乎范，而《禮儀》不言《樂》，《祭祀》統言《郊》，與范之《禮樂志》殆必不侔。《郡國》之名雖猶夫《州郡》，固亦未兼《溝洫》、《律麻》具矣。而無《刑法》、《食貨》、《藝文》，皆未足彌范氏之憾。是以錢大昭、侯康各有《後漢藝文志》之補。顧《藝文》本以攷一代經籍之存亡，補者用力雖多，而東漢增出之書，亡佚於齊梁間者，隋唐人已無從輯錄，則亦但能考其所存莫能考其所亡。故均無取。《前漢書》各本文字之異，宋人精校勘者類能臚舉而詳識之，後漢源流尟有述者，但自宋初有板本後，鏤板雖始唐末，至周顯德中乃用以刊經籍。至《後漢書》之有刻本，則又自宋淳化命官分校三史始。官書多兩漢並刊。如淳化本、太宗淳化五年刊於杭州，朱彝尊《經義考》。載葉夢得云：淳化中以《史記》、前後《漢書》付有司摹，自是書籍刊鏤考益多。景德本、眞宗咸平中命刁衎、晁迥與丁遜覆校兩《漢書》板本，景德閒奏上。乾興本、即眞宗乾興。初孫奭奏請以劉昭《後漢志》補注三十卷合刊者。景祐本、即仁宗景祐初余靖刊誤本。熙寧本、即仁宗嘉祐末命劉攽等分校至，神宗熙寧初成書奏上之本。紹興本、刊自高宗紹興末年，訖孝宗時始成書。元趙孟頫有家藏本，王世貞、錢謙益皆爲之跋。明南、北雍本，即南北監本。明自英宗正統閒始有官刊經籍，其時王振用事，由司禮監主之，亦稱監本。故國子監所刊經史恥於無別。易監言雍南國子監刊修二十一史，成於世宗嘉靖十一年，係就監中十七史舊板考對修補，《宋史》板取廣東朱英所刊。《遼》、《金》二史原無板，購求善本翻刻輳集而成。然四史皆用舊板，故《後漢》南雍本亦爲時重。北國子監合刻二十一史，係神宗萬麻二十四年開雕，成於三十四年者。皆有《前漢》即有《後漢》，可攷而知今世所傳。則惟紹興以後之本及元小字本、麻沙坊本，亦係兩漢並刊。明閩本，明周采、周琉、柯喬等刊，亦有《前漢書》。北宋以前之本未有能見之者，遭亂辟地，聚書滋難，其所未詳，以俟來者。

又《後漢書集解・官本跋尾》 原任詹事臣浩謹言：按范氏《後漢書》《隋志》云九十七卷，《唐志》云九十二卷，《論贊》五卷，今《論贊》附於紀傳，共九十卷。蓋自唐章懷作注付秘書省傳之至今，其篇第如此。《唐志》又云賢注《後漢書》一百卷，以紀傳中分上下卷者凡十也。劉昭注《補志》三十卷，陳振孫云本別爲一書。至乾興初孫奭建議校勘補亡借闕館閣書目，乃直以爲百二十卷。今考《經籍志》云《後漢書》一百二十五卷范氏本劉昭注，則志之合於書，亦不自奭始矣。晁以道謂范書創爲后紀，及采《風俗通》、《抱朴子》詭譎事，失史之體。按：呂后有紀見於前書，不可謂創。何焯云東京諸后臨朝者六，范書自合史家之變，未可議也。王喬、左慈附見於《方術》，原未予立傳，又何識焉？陳氏又云劉昭所注乃司馬彪《續漢書》之八志，今考章懷注所引《續漢書》文，多與志同，其言足信。然先范氏而有作者，若劉珍之《東觀記》、謝承、薛瑩、華嶠、謝沈、袁山松諸家之書，張瑩之《漢南記》，今無一存者。而彪書之志以附於《漢書》而傳，非其幸歟！范氏既未嘗爲序，卷目皆後人所定，一志而分爲數帙，一傳而並列數人，皆非史氏之舊，馬班可作當不謂然。然作者便於編輯，讀者便於檢稽，不啻爲晉宋以後史書導之先路矣。茲奉敕校勘，監本漶漫剝落有他本可據者，釐而正之。疑不可考者，仍之刊誤諸家。在景祐以前者，間爲補綴。自吳仁傑《刊誤補遺》而下有前人所未及發者，亦分別采輯，以備參考。刊刻既竣，臣浩復與同事諸臣詳審校勘，錄爲《後漢書考證》若干條。汲深而後知綆之短，掃迅而後知葉之多。爲悚爲慚，罔知所措。臣謹識。又一葉原任詹事臣陳浩、庶子臣朱良裘、侍讀臣齊召南、洗馬臣陸宗楷、編修臣孫人龍、原任編修臣杭世駿、檢討臣萬松齡、恩貢生臣曾尙渭等，奉敕恭校刊。

黄山《後漢書集解·附續志集解校補跋》　葵園先生刊所箸《後漢書集解》及《續志集解》，共百二十卷，未畢兩卷卒。所居涼塘老屋，其前已就印出者屬某君總挍，既卒，訪之幷書無存矣。先生副室宋大家奉遺命經理未完書，乃重印，屬山總挍。溯甲寅秋，山從先生涼塘挍刊《三家詩義集疏》，是書尙餘列傳數卷未定藁。八志，馬君與龍任郡國，李君祖楙任百官，聞皆寫定，而禮儀、祭祀、輿服未備，幷命輯補。嘗爲說撰箸大指，究未睹全書也。及從事總挍，始悉原板寫刻譌奪，紕繆百出，底藁十亡三四。所采掇諸家書，先生因亂播遷，亦多不在弁首。僅先生一序篇目猶闕，遂述所聞於先生者，遵《前漢書補注》例，鈔補篇目，更聚羣籍，比挍推攷，分別改錯。而篇幅固定，集解漏刊者莫由悉補，則別爲挍記，系於每卷之後。愚莞所及閒加案語，亦坿箸焉，名曰「挍補」，不敢亂原書也。畢三十卷，屬有杭州之行，大家復延柳君從辰，賡續挍勘，幷釐剔得失，疏其異同，寄杭州，俾山覆勘，彙入挍記。山更與柳君往復函商，然後決定大家補刊。先生詩文集本設書局，葵園中爰自督促手民，且改且補，又三涉寒暑而後觀成。蓋先生晚歲所箸，諸書兼營，並進日力，全耗於編纂此書，雖付刊未及自挍，將竢某君總挍畢，再自釐正而已不逮也。時更多故，先生高第弟子苓落已甚，在遠者復不相聞。山嘗乞助於同門左君震、黄君逢元、王君正樞、劉君翯，比來杭而左君旋殂，抑無由再從諸君請益，惟柳君終其是役，蒐討之功爲獨多焉。迴思先生於是書，遠跡荒寒寂寞之區，口手一編，雖病不少休，所爲憊心罷精，不知老至者，豈惟是發揮旁通，藉存一家之學，亦以建武纘統，克迪前光，援末葉之分崩，而求中興盛軌於以楬櫫治亂之迹竢。夫窮而思返者，得所鑒以爲折衷也。而大家卒能承先生遺志，俾是書與《前漢書補注》幷傳，其爲賢勤古豈多得哉！山實愚冥客中，又乏書卷之助，強自坿於識小，尙賴四方淹雅傳先生學者從而救正之，斯小子之幸矣。挍補既畢，先生長嗣輿祖湘閣與弟祖陶、祖恩請識其事，以無忘大家之勤，於是乎書。癸亥季冬月朔門人同邑黄山謹跋於杭州旅次。

傳　記

吴慶坻《王葵園先生墓誌銘》　長沙王先生之喪赴至杭州，慶坻爲位而哭，而善化相國瞿公書來督爲墓銘。先是辛亥春，慶坻別先生長沙，先生授以自訂《年譜》，曰：「他日銘吾墓者，子也。」其後得先生書申言之，孤子輿祖等，又奉遺命來請。會疾作，屬草未定而相國薨，且改歲矣。追念諸責，負疚夙夜，乃忍痛爲序而銘焉。先生諱先謙，字益吾，學者稱葵園先生。葵園者，先生歸里所築居也。壬子後，自署曰「遯」，不書名。先世居江南上元，明正德閒進士，諱霑，官湖南岳州府通判，徙長沙，遂爲縣人。曾祖諱聲揚，祖諱遠松，俱縣學生。考諱錫光，以先生官覃恩兩代，累贈通奉大夫。祖妣氏曾，妣氏鮑，累贈夫人。先生二十而孤，貧甚，出爲長江水師鄉導營掌書記，受傭以奉母。尋謝歸以廩膳生舉。同治甲子鄉試，乙丑成進士，改翰林院庶吉士，散館授編修。景廟初元大考二等，擢右中允，累遷左中允、司經局洗馬、翰林院侍講、右春坊右庶子、左春坊左庶子、國子監祭酒。丁母憂，服除補原官。其兼職，則國史館協修、纂修、總纂，功臣館纂修，實錄館協修、纂修、總校。奏派纂修穆宗毅皇帝聖訓，文淵閣校理本衙門撰文，日講起居注官。其奉使，則同治庚午雲南副考官，光緒乙亥江西正考官，丙子浙江副考官，乙酉簡江蘇學政。任滿假歸修墓，旋引疾不復出。【略】武昌變起，長沙亂，先生辟地平江煙舟，再徙縣城，三徙黄甲山，凡三年乃還長沙涼塘舊莊。憂危播遷中，日著書不輟。先生於學無所不究，門庭廣大，合漢宋涂轍而一之。其於崇經術、治國聞，致力彌篤。在史館成《東華錄》二百卷，《東華續錄》四百十九卷，十朝謨烈，燦然大備。視學江蘇，成《皇清經解續編》一千四百三十卷，上紹阮文達盛軌用，嘉惠來學。復以餘力緝《南菁書院叢書》一百四十四卷。其著述則有《尙書孔傳參正》三十六卷，《三家詩義集疏》二十八卷，《漢書補注》一百卷，《後漢書集解》一百二十卷，《新舊唐書合注》二百二十五卷，《元史拾補》十卷，《荀子集解》二十卷，《莊子集解》八卷，《五洲地理圖志略》三十六卷，《日本源流考》二十二卷，《外國通鑑》三十三卷。其撰集之書，則有《合校水經注》、

《續古文辭類纂》、《駢文類纂》、《律賦類纂》、《十家四六文鈔》、《六家詞鈔》。其校刊之書，則有《欽定天祿琳瑯書目前後編》、《鹽鐵論》、《世說新語》、《郡齋讀書志》、《景教碑文紀事攷》。其闡揚先德，則有《通奉公遺著詩義標準》一百十四卷，《鮑太夫人年譜》一卷，《季弟先恭校注魏鄭公諫録諫續録文貞故事拾遺》十一卷，重事攷證成弟未竟之志。其表章鄉邦耆碩，若周侍郎壽昌、郭侍郭嵩燾之集，毛茂才國翰、歐陽州判輅、毛孝廉貴銘之詩，吳訓導敏樹之文，並緝眘刊布，用章遺獻。訪獲亡友李布衣謨丁、孝廉蓉綬、李明經楨詩文集，授之梓。蘇郎中輿著《春秋繁露義證》，書成而歿，爲刊行之，其篤風義又如此。自爲詩文曰《虛受堂文集》十五卷，《詩集》十七卷，門弟子所編刻也。【略】先生以丁巳年十一月二十六日卒於涼塘春秋七十有六卒。

《漢書補注》分部

綜述

王先謙《漢書補注》卷首《前漢補注序列》 自顔監注行，而班書義顯，卓然號爲功臣。然未發明者固多，而句讀譌誤，解釋踳駮之處，亦迭見焉。良由是書義蘊宏深，通貫匪易。昔在東漢之世，朝廷求爲其學者，以馬季長一代大儒，尚命伏閣下，從孟堅女弟曹大家受讀，即其難可知矣。宋明以來，校正板本之功爲多。國朝右文興學，精栞諸史，海內耆古之士承流嚮風，研窮班義，考正注文，箸述美富，曠隆往代。但以散見諸書，學者罕能通習。先謙自通籍以來，即究心班書，博求其義，薈最編摩，積有年歲，都爲一集，命曰《漢書補注》。臧之篋笥，時有改訂，忽忽六旬，炳燭餘明，恐不能更有精進，忘其固陋，舉付梓人。自顧材識駑下，無以踰越古賢，區區寸心，頗謂盡力，疏譌之咎，仍懼未免，匡我不逮，敬俟君子。據敘例，顔監以前注本五種：服虔、應劭、晉灼、臣瓚、蔡謨也。大氐晉灼於服、應外，增伏儼、劉德、鄭氏、李斐、李奇、鄧展、文穎、張揖、蘇林、張晏、如淳、孟康、項昭、韋昭十四家。臣瓚於晉所采外，增劉寶一家。顔監於五種注本外，增荀悦《漢紀》，崔浩《漢紀音義》，郭璞注《司馬相如傳》三家。說本王鳴盛。顔注發明駮正，度越曩哲，非卬人鼻息者也。其中或引舊文據爲己說，以《史記索隱》證之：《張蒼傳》「柱下方書」注，乃姚察說；《淮南王安傳》「會有詔即訊太子」注，乃樂產說；《郊祀志》「周始與秦國合而別，別五百載當復合」注，乃顔游秦說。本洪頤煊。以《文選》李善注證之：《枚乘傳》注「隱匿謂僻處於東南也」，乃韋昭說；「梁下屯兵方十里」，乃張晏說，本朱一新。以《詩》王風譜疏證之；《地理志》內「雒邑與宗周通封畿」注，乃臣瓚說。《舊唐書·顔籀傳》：「叔父游秦，撰《漢書決疑》十二卷，爲學者所稱。師古注《漢書》，多取其義。」今書中未見。本王鳴盛。此外注文，閒用舊說，皆爲證明，以資識別。原其本意，非必掩襲前賢，或因己說冥符，不復割捨，尚非巨累，至游秦行輩文學巋然在前，盜實遺名，有慙德矣。今《補注》所采，悉出其人，家世儒素昆弟相師，先後三人，慘歸黃土。脊令原隰，垂老增唏，片羽可珍，敢忘護惜？宗族講肄，朋好往還，賞析所存，皆登斯輯，亦公善之義也。顔注《漢書》，至宋仁宗景祐二年，詔州余靖《宋史》本傳，字安道，曲江人。爲祕書丞，奏言文字舛譌，命與王洙同校。靖撰《刊誤》一書，增入江南張佖《校說》六條，宋祁云：《漢書》中有臣佖者，乃張佖，江南人，歸本朝。太祖收諸僞國圖籍實館閣，或召京朝官校對，皆題名卷末。所謂《景祐刊誤》本也。嗣又有宋景文公祁，合十六家校本。至寧宗慶元中，建安劉之問又取宋校本，更別用十四家本參校，又采入蕭該《音義》，司馬貞《索隱》，孫巨源《經綸集學官考異》，章衡《編年通載》，楊侃《兩漢博文》、《漢書刊誤》、《楚漢春秋》，史義宗本《西京雜記》，朱子《文辨正》，孔武仲《筆記》，《三劉刊誤》，《紀年通譜》，刻之爲建安本。周壽昌云：劉之問號元起，書前題云：建安劉元起刊於家塾之敬室，余購得之，今存湘潭袁漱六同年芳瑛家。顧千里析劉元起與之問爲兩人，又訛作之冏，南監本又作之同。明南監本，即用建安本者也，但於注文刊落甚多。汲古閣本注文完足而去其《敍例》，又於《藝文志》、張良、司馬相如、東方朔、揚雄、賈誼傳後，附臣佖校語六條，即張佖也。而《三劉刊誤》及《景祐刊誤》，皆末之采。國朝文教昌明，圖書大備。乾隆四年，武英殿校刊《漢書》，用監本精校付梓，別加考證。今《補注》以汲古本爲主，仳說併入注文，遵用官本校定，詳載文字異同，備錄諸人考證，顔監《敍例》，宋、劉《校語》粲然具列，庶覽者無遺憾焉。監本列宋景文參校諸本：一古本，顔師古未注以前本。二唐本，張唐公家所得唐本。三江南本，《金坡遺事》云：太祖平江南，賜本院書三千卷，皆紙札精好。《東原榮氏私記》云：江南本，宣和間尚在御府。四舍人院本，江南本在舍人院，亦曰舍人院本。劉之問云：景文所據爲十五家，按其目實十六，殆因舍人院本即江南本之藏舍人院者，一本二目，故併稱之。五淳化本，《國朝會要》云：淳化五年七月，詔選官分校《史記》，前、後《漢》，命陳充、阮思道、尹少連、趙況、趙安仁、孫何校前後《漢》畢，遣內侍裴愈齎本就杭州鏤板。六景德監本，《國朝會要》云：咸平中，眞宗命刁衎、晁迥與丁遜覆校兩《漢書》板本。迥知制誥，以陳彭年司其事。景德二年七月，衎等上言《漢書》、《歷代名賢注釋》，至有章句不同，名氏交錯。除無考據外，博訪羣書，徧觀諸本。校定凡三百四十九卷，籤正三千餘字，錄爲六卷，以進。七景祐刊誤本，景祐元年九月，祕書丞余靖上言：國子監所印兩《漢書》，文字舛譌，恐誤後學。臣謹參括衆本，旁據它書，列而辨之，望行刊正。詔送翰林學士張觀等詳定聞奏，又命國子監直講王洙與靖偕赴崇文院讎對。二年九月，校書畢，凡增七百四十一字，損二百一十二字，改正一千三百三十九字。八我公本，今不詳何人。九燕國本，十曹大家本，十一陽夏公本，十二晏本，十三郭本，十四姚本，十五浙本，十六閩本，又列建安本。參校諸本：用宋景文本校定，復用諸家參校。一熙甯本，熙甯七年，參知政事趙抃奏新校《漢書》五十冊，及陳繹所著《是正文字》七卷。二卷子古本，古字。三史館本，舊本。四國子監本，宣和六年本。五陳和叔本，熙甯中所校。六邵文伯本，用宋景文本校。七謝克念本，用景文本校。八楊伯時本，用謝本校。九李彥中本，用楊本校。十張集賢本，張瓌得唐世本校。十一王性之本，用景德中監本校。十二趙德莊本，用祕閣本校。十三沈公雅本，用祕閣本校。十四王宣子本。用祕閣本校。景文校本，近儒錢大昕、王鳴盛等皆信之。惟全祖望以爲，南渡末年厤沙坊中不學之徒依託爲之，非出景文，列有五證，見《鮚埼亭集・外編》第四十六卷。今案宋說淺陋，誠所未免，惟劉之問輩曾用以校定，則固嘗有是書，不出南渡末也。國朝諸儒，講求板本之學，致力《漢書》者，多用南監本。此外如景祐本、王念孫父子校。閩本、錢大昭校，明按察司按察使周采、提學副使周琉、巡海副使柯喬等刊。汪本、朱一新校，明汪文盛刊。德藩本、葉德輝校，明德王刊。乾道本、宋乾道中刊。北監本，以上二本，先謙校。並備搜羅，間有甄采。良由文軌同塗，衆善咸萃，內府精槧，前無以加云。《三劉刊誤》，出劉敞與其弟攽、子奉世撰。《宋史・敞傳》云：「字原父，臨江新喻人。」不言有此書。惟《攽傳》云：「字貢父，邃史學，作《東漢刊誤》，爲人所稱。」司馬光修《資治通鑑》，專職漢史。《奉世傳》云：「字仲馮，精《漢書》學而已。」其實兩漢皆有《三劉評論》，今書已亡，賴監本存之。斗南《補遺》，援引蕪雜，說詳王氏《十七史商榷》。頗有芟取，未從割棄，蕭該《音義》，采自監本，雖非瑰寶，亦資印證。明代史評大暢，競逐空疏，國朝碩學雲興，考訂精能，超踰前古。兹編廣羅衆家，去取務愼，沈文起《疏證》一書，以後事稽合前言，自爲別派。今但取有關書義者，餘屛不錄。顔監《敍例》，言曲覈古本，歸其眞正。《史記正義・論例》云：史漢文字，相承已久，若「悅」字作「說」，「閑」字作「閒」，「智」字作「知」，「汝」字作「女」，「早」字作「蚤」。緣古字少，通共用之。《史》、《漢》本有此古字者，乃爲好本。劉之問跋建安本《漢書》云：自顔氏後，又幾百年，向之古字，日益改易，書肆所刊，祇今之世俗字耳，識者恨之。今得宋景文公所校善本，雌黃所加，字一從古。愚案從古之字，如供爲共，伺爲司，蹤爲縱，藏爲臧，廂爲箱，慰爲尉，屢爲婁，嗜爲耆，屍爲死，讓爲攘之類，或係最初正文，或出聲近通假，非由古字之少，既展轉借寫，彌久失眞。故東京文字不正，流弊斯極，而許氏《說文》出焉。刊本存眞，不宜輒改，若概目爲古字，其蔽也愚。或乃以爲六書假借之恉，則去之愈遠矣。汲古本文字無定，如「以」字作「㠯」。後多作「以」；「桓」字作「桓」，間亦作「桓」。及公孫賀等傳贊，淵聖御名，悉仍其舊。或有譌脫乖誤之處，並依前式，加以注正。書雖增新，板如逢故，惟官本劉宋注文，有隔斷顔注者，輒爲移易舊處，俾免違滯。顔監於雜家傳記，擇取綦嚴。如太公名字，四皓姓氏，雖登史志，並就琹落，可謂愼矣。《西京雜記》亦在屛除之列，沈文起詆之。引見傳中。愚謂《雜記》不知撰人，初無妄說。又古事雅語，並資多識，師古棄而不取。而稱引顯相牴牾之《楚漢春秋》，不悟其僞託，抑又何也？今依沈說，仍采《雜記》。此外如《飛燕外傳》之類，概不闌入。《王子》、《功臣》、《外戚恩澤侯表》所列，皆受國封。而司馬貞之徒，或云名號，此大謬矣。其不見地志者，皆因免侯併省。亦有侯表相符，而地志不言侯國，則班氏失書也。其有先國而後縣，或一國而前後兩封，取覈表志，原委咸在，疑訟已久，特爲揭明。《班志地理》，存前古之軌迹，立來史之準繩，兼詳水道源流，使後人水地相資，以求往蹟，可謂功存千古者也。元魏酈道元《水經注》一書，於漢世水道曲折具存，實爲疏證《班志》而作。前人引用，不得要領，兹編於酈注諸水，顛末畢備。同郡之水，則云自某縣來，下入某縣。隔郡之水，則云自某郡某縣來，下入某郡某縣。脈絡畢貫，臚載無遺。更取歷代水地諸書，爲之疏通發明，訂正訛謬。讀者因酈證班，即漢考古，然後遞推諸史，上下數千年地理，可以了然胸中。《律麻》、《天文》，顔監無注。國朝錢、李諸儒，洞貫劉術，更迭推衍《三統》，以明天文，圖籍紛陳，管窺積歲，補苴闕漏，藉竟全功。其餘得失之林，開卷即了，遠俟百世，不煩贅論。光緒二十六年歲次庚子二月初吉，識於長沙城北葵園。

傳記（見前《後漢書集解》分部王先謙傳記）

《淮南子注》分部

綜述

高誘《淮南子注叙》 淮南子名安，厲王長子也。長，高皇帝之子也。其母趙氏女，爲趙王張敖美人。高皇帝七年，討韓信於銅鞮，信亡走匈奴，上遂北至樓煩。還過趙，不禮趙王。趙王獻美女趙氏女，得幸，有身。趙王不敢内之於宫，爲築舍於外。及貫高等謀反發覺，幷逮治王，盡收王家及美人，趙氏女亦與焉。吏以得幸有身聞上，上方怒趙王，未理也。趙美人弟兼因辟陽侯審食其言之吕后，吕后不肯白，辟陽侯亦不强爭。及趙美人生男，恚而自殺。吏奉男詣上，上命吕后母之，封爲淮南王。暨孝文皇帝即位，長弟上書願相見，詔至長安。日從游宴，驕蹇如家人兄弟。怨辟陽侯不爭其母於吕后，因椎殺之。上非之，肉袒北闕謝罪。奪四縣，還歸國。爲黄屋左纛，稱東帝，坐徙蜀嚴道，死於雍。上閔之，封其四子爲列侯。時民歌之曰：「一尺繒，好童童。一升粟，飽蓬蓬。兄弟二人，不能相容。」上聞之曰：「以我貪其地邪？」乃召四侯而封之。其一人病薨，長子安襲封淮南王，次爲衡山王，次爲廬江王。太傅賈誼諫曰：「怨讎之人，不可貴也。」後淮南、衡山卒反，如賈誼言。初，安爲辨達，善屬文。皇帝爲從父，數上書，召見。孝文皇帝甚重之，詔使爲《離騷賦》，自旦受詔，日早食已。上愛而秘之。天下方術之士，多往歸焉。於是遂與蘇飛、李尚、左吳、田由、雷被、毛被、伍被、晉昌等八人，及諸儒大山、小山之徒，共講論道德，總統仁義，而著此書。其旨近《老子》，淡泊無爲，蹈虚守静，出入經道。言其大也，則燾天載地，説其細也，則淪於無垠，及古今治亂存亡禍福，世間詭異瓌奇之事。其義也著，其文也富，物事之類，無所不載，然其大較歸之於道，號曰《鴻烈》。鴻，大也；烈，明也，以爲大明道之言也。故夫學者不論《淮南》，則不知大道之深也。是以先賢通儒述作之士，莫不援采以驗經傳。以父諱長，故其所著諸「長」字皆曰「脩」。光禄大夫劉向校定撰具，名之《淮南》。又有十九篇者，謂之《淮南外篇》。自誘之少，從故侍中同縣盧君受其句讀，誦舉大義。會遭兵災，天下棋峙，亡失書傳，廢不尋脩，二十餘載。建安十年，辟司空掾，除東郡濮陽令，覩時人少爲《淮南》者，懼遂淩遲，於是以朝餔事畢之間，乃深思先師之訓，參以經傳道家之言，比方其事，爲之注解，悉載本文，幷舉音讀。典農中郎將弁揖，借八卷刺之，會揖身喪，遂亡不得。至十七年，遷監河東，復更補足。淺學寡見，未能備悉，其所不達，注以「未聞」。唯博物君子，覽而詳之，以勸後學者云爾。

莊逵吉《淮南子注序》 歲甲辰，逵吉讀《道藏》於南山之説經臺，覽《淮南内篇》之注，病其爲後人所删改，質之錢別駕坫。別駕曰：「道書中亦非全本，然較之流俗所行者多十之五六。」爰搯其篋笥以示逵吉。逵吉因是校其同異，正其譌舛，樂得而刻之。幷爲之叙曰：《漢書淮南王傳》稱安招致賓客方術之士數千人，作爲《内書》二十一篇，《外書》甚衆。又有《中篇》八卷，言神仙黄白之術，亦二十餘萬言。安入朝，獻所作，《内篇》新出，上愛祕之。而《蓺文志》襍家者流有《淮南内》二十一篇，《淮南外》三十三篇，天文有《淮南襍子星》十九卷。《傳》不及《襍子星》，而《志》不載神仙黄白之作，然後代往往傳《萬畢術》云云，大槩多黄白變幻之事，即所謂《中篇》遺蹟歟？《西京雜記》「安著《鴻烈》二十一篇。鴻，大也；烈，明也。言大明禮教。」鴻烈之義，一見于本書《要略》，而高誘叙中亦言「講論道德，總統仁義，而著此書，號曰《鴻烈》」，是《内篇》一名《鴻烈》也。誘又曰：「光祿大夫劉向校定撰具，名之《淮南》。」《藝文志》本向、歆所述，是《淮南内》、《淮南外》之稱爲劉向之所定。然只題《淮南》，不必稱子。《志》論次儒家至小説，名曰諸子十家，後遂緣之而加子字矣。《隋書·經籍志》：《淮南子》二十一卷，許慎注，又有高誘注亦二十一篇。《唐書·經籍志》：《淮南子注解》二十一卷，高誘撰。又有《淮南鴻烈音》二卷，何誘撰。《新唐書·藝文志》「《鴻烈音》」，亦題高誘撰，而高、許兩家注並列，同《隋志》。《宋史·藝文志》則云許注二十一卷，高注十三卷。似當時兩本原别。然劉煦無許注，而元脩《宋志》乃以高書爲十三卷者，攷晁公武《讀書志》據《崇文總目》云「亡其三篇」，李淑《邯鄲圖志》云「亡二篇」，或因刪併譌脱而爲此説歟？《淮南》本二十篇，《要略》一篇，則叙目也，其例與揚子《法言》、王符《潛夫》等書正同，故高似孫直指爲《淮南》二十篇。説者又以似孫之言互證晁、李，斯更誣矣。高時無切音之學，《鴻烈音》應劉煦云何誘，不得改稱高誘。歐陽不精攷古，以名字相涉而亂之，如徐堅《初學記》、李善《文選注》、李昉《太平御覽》引《淮南》，或並有翻語，即其書也。高則已自言「爲之注解，並舉音讀」矣，寧得于本注之外，别有撰作哉？公武謂許注題「記上」，陳振孫謂今本皆云許注，而詳叙文即是高誘。逵吉以爲，此乃後人誤合兩家爲一，故溷而不分也。如《墬形訓》「大汾」，誘注云「在晉」，《吕覽》則云「未聞」。同爲一人語釋，未必聞于此而不聞于彼也。《俶眞訓》「剞劂」注云：「剞，巧工鉤刀。劂者，規度刺畫墨邊箋，所以刻鏤之具也。」《本經訓》則云：「剞，巧刺畫盡頭黑邊箋也。劂，鍽刀。」同爲一書語釋，未必前後惑亂如是也。此亦兩家不分之明驗矣。又《文選注》引許注「三光」云：「日、月、星。」「明月珠」云：「夜光之珠，有似明月。」歐陽詢《藝文類聚》引許注「柳下惠」云：「展禽樹柳行惠。」釋玄應《一切經音義》引許注「奇屈之服」云：「屈短奇長。」《太平御覽》引許注「畫隨灰而月暈闕」云：「有軍事相圍守。」「土龍致雨」云：「以象雲龍。」皆即高注。殷敬順《列子釋文》引許注「策錣」云：「馬策端有利鋒，所以刺不前。」《太平御覽》引許注「方諸見月」云：「諸，珠也。方，石也。以銅盤受之，下水數升。」皆與高異。《文選注》引許注「莫鑒于流瀿，而鑒于澂水」云：「楚人謂水暴溢爲瀿。」「雞棲井榦」云：「皆屋構飾也。」《太平御覽》引許注「騏驎鬭而日月食，鯨魚死而彗星出」云：「騏驎，大角獸，故與日月符。鯨魚，海中魚之王也。」「一墣塞江」云：「墣，塊也。」皆高之所無。又《文選注》引「綄之候風」許注云：「綄候風者，楚人謂之五兩」。今高注則「綄」作「俔」，云「世謂之五兩」。「自西南至東南，有裸人國、黑齒民」，許注云：「其民不衣」，「其人黑齒」。今高注則裸國在東南，黑齒在東北，但有「其人黑齒」注語，而無「其民不衣」云云。更可見本之故多殊異，注之互有脱訛矣。故「釣射鷫鸘」，《太平御覽》引作「釣射瀟湘」，是足證其殊異。「牛蹄之涔，無尺之鯉；塊阜之山，無丈之材：皆其營宇狹小，而不能容巨大」，《太平御覽》引作「牛蹄之涔，無經尺之鯉；魁父之山，無營宇之材：皆其狹小，而不能容巨大」，是足證其脱訛。蓋唐、宋以前，古本尚存，皆得展轉引據。今亡之，又爲庸夫散亂，難言攷正耳。别駕校訂是書，既精且博，逵吉亦抒一得之愚，爲之疏通旁證，舉以示歙程文學敦、陽湖孫編修星衍，皆以爲宜付剞刀。時侍家君咸寧官舍，謹刊而布之。略攷淮南作書之始末，及高、許注書之端緒，剌于《叙目》之後，蓋即别駕所校道書中本也。若此書不亡于天下，而逵吉亦附名以傳。斯爲厚幸云爾。乾隆戊申五十有三年三月，武進莊逵吉撰。

傳記（見前《吕氏春秋注》分部高誘傳記）

《十家注孫子》分部

綜　述

杜牧《樊川文集》卷七《注孫子序》　武所著書凡十數萬言，曹魏武帝削其繁剩，筆其精切，凡十三篇，成爲一編。曹自爲序，因注解之。曰：「吾讀兵書戰策多矣，孫武深矣。」然其所爲注解，十不釋一，此者蓋非曹不能盡注解也。予尋《魏志》，見曹自作兵書十餘萬言，諸將征伐皆以新書從事。從令者尅捷，違教者負敗。意曹自以新書中馳驟其説，自成一家事業，不欲隨孫武後盡解其書。不然者，曹豈不能耶！今新書已亡，不可復知。予因取孫武書，備其注，曹之所注亦盡存之。

孫星衍《孫子兵法序》　黄帝《李法》、周公《司馬法》已佚，太公《六韜》原本今不傳，兵家言惟《孫子十三篇》最古。古人學有所受，孫子之學或即出于黄帝，故其書通三才五行，本之仁義，佐以權謀，其説甚正。古之名將用之則勝，違之則敗，稱爲兵經。比于六藝，良不媿也。孫子爲吴將兵，以三萬破楚二十萬，入郢，威齊、晉之功歸之子胥，故《春秋傳》不載其名，蓋功成不受官。《越絶書》稱「巫門外大冢，吴王客孫武冢」，是其證也。其著兵書八十二篇，圖九卷，見《藝文志》。其圖八陣，有《苹車之陣》，見《周官》鄭注，有《算經》，今存，有《雜占》、《六甲兵法》，見《隋志》，其與吴王問答，見于《吴越春秋》。諸書者甚多，或即八十二篇之文。今惟傳此《十三篇》者，《史記》稱闔閭有「十三篇吾盡觀之」之語，《七録》「《孫子兵法》三卷」。《史記正義》云：「十三篇爲上卷，又有中下二卷。」則上卷是孫子手定，見於吴王，故歷代傳之勿失也。秦漢已來用兵皆用其法，而或祕其書，不肯注以傳世。魏武始爲之注，云撰爲略解，謙言解其觕略。《漢官解詁》稱魏氏瑣連孫武之法，則謂其捷要。杜牧疑爲魏武刪削者，謬也。此本十五卷，爲宋吉天保所集，見宋《藝文志》，稱十家會注。十家者：一魏武，二梁孟氏，三唐李筌，四杜牧，五陳皥，六賈林，七宋梅聖俞，八王晳，九何延錫，十張預也。書中或改曹公爲曹操，或以孟氏置唐人之後，或不知何延錫之名，稱爲何氏，或多出杜佑，而置在其孫杜牧之後，吉天保之不深究此書可知。今皆校勘更正。杜佑實未注孫子，其文即《通典》也，多與曹注同，而文較備。疑佑用曹公、王淩、孟氏諸人古注，故有王子曰，即淩也。今或非全注本。《孫子》有王淩、張子尚、賈詡、沈友鄭本，所採不足，今佚矣。曩予游關中，讀華陰嶽廟道藏，見有此書，後有鄭友賢《遺説》一卷，友賢亦見鄭樵《通志》，蓋宋人。又從大興朱氏處見明人刻本，餘則世無傳者。國家令甲以《孫子》校士，所傳本或多錯謬，當用古本是正其文。適吴念湖太守、畢恬溪孝廉皆爲此學，所得或過于予，遂刊一編以課武士。孔子曰：「軍旅之事未之學」，又曰：「我戰則克。」孔子定禮正樂，兵則五禮之一，不必以爲專門之學，故云「未學」，所爲聖人有所不知，或行軍好謀則學之。或善將將如伍子胥之用孫子，又何必自學之，故又曰「我戰則克」也。今世泥孔子之言，以爲兵書不足觀，又泥趙括徒能讀父書之言，以爲成法不足用，又見兵書有權謀、有反間，以爲非聖人之法，皆不知吾儒之學者。吏之治事可習而能，然古人猶有學製之懼，兵凶戰危，將不素習，未可以人命爲嘗試，則《十三篇》之不可不觀也。項梁教籍兵法，籍略知其意，不肯竟學，卒以傾覆，不知兵法之弊可勝言哉！宋襄、徐偃仁而敗，兵者危機，當用權謀，孔子猶有要盟勿信，微服過宋之時，安得妄責孫子以言之不純哉？孫子蓋陳書之後，陳書見《春秋傳》，稱孫書，姓氏書以爲景公賜姓，言非無本。又泰山新出孫夫人碑，亦云與齊同姓，史遷未及深考。吾家出樂安，眞孫子之後。媿余徒讀祖書，考證文字，不通方略，亦享承平之福者久也。陽湖孫星衍撰。

鄭友賢《孫子十家注遺説并序》　求之而益深者，天下之備法也；叩之而不窮者，天下之能言也。爲法立言，至於益深不窮，而後可以垂教於當時，而傳諸後世矣。儒家者流，惟苦《易》之爲書，其道深遠而不可窮；學兵之士，嘗患武之爲説，微妙而不可究，則亦儒者之《易》乎？蓋《易》之爲言也，兼三才，備萬物，以陰陽不測爲神。是以仁者見之謂之仁，智者見之謂之智，百姓日用而不知。武之爲法也，包四種，籠百家，以奇正相生爲變。是以謀者見之謂之謀，巧者見之謂之巧，三軍由之而莫能知之。迨夫九師百氏之説興，而益見大《易》之義，如日月星辰之神，徒推步其輝光之迹，而不能考其所以爲神之深。十家之註出，而愈見十三篇之法，如五聲五色之變，惟詳其耳目之所聞見，而不能悉其所以爲變之妙。是則武之意，不得謂盡於十家之註也。然而學兵之徒，非十家之説，亦不能窺武之藩籬；尋流而之源，由徑而入戶，於武之法，不可謂無功矣。頃因餘暇，摭武之微旨，而出於十家之不解者，略有數十事，託或者之問，具其應答之義，名曰十註遺説。學者見其説之有遺，則始信益深之法、不窮之言，庶幾大《易》不測之神矣。或問：死生之地，何以先存亡之道？曰：武意以兵事之大，在將得其人。將能，則兵勝而生；兵生於外，則國存於內。將不能，則兵敗而死；兵死於外，則國亡於內。是外之生死，繫內之存亡也。是故兵敗長平而趙亡，師喪遼水而隋滅。太公曰：「無智略大謀，彊勇輕戰，敗軍散衆，以危社稷，王者愼勿使爲將。」此其先後之次也。故曰：「知兵之將，生民之司命，國家安危之主也。」或問：得算之多，得算之少，況於無算，何以是多、少、無之義？曰：武之文，固不汗漫而無據也。蓋經之以五事，校之以七計，彼我之算，盡於此矣。五事之經，得三四者爲多，得一二者爲少；七計之校，得四五者爲多，得二三者爲少。五七俱得者爲全勝；不得者爲無算，所謂冥冥而決事，先戰而求勝，圖乾沒之利，出浪戰之師者也。或問：計利之外，所佐者何勢？曰：兵法之傳有常，而其用之也有變。常者，法也；變者，勢也。書者，可以盡常之言，而言不能盡變之意。五事七計者，常法之利也；詭道不可先傳者，權勢之變也。守常而求勝，如膠柱鼓瑟，以書御馬。趙括所以能書而不能戰，易言而不知變也。蓋法在書之傳，而勢在人之用。武之意，初求用於吳，恐吳王得書聽計而棄己也，故以此辭動之，乃謂書之外，尚有因利制權之勢，在我能用耳。或問：因糧於敵者，無遠輸之費也，取用必於國者，何也？曰：兵械之用，不可假人，亦不可假於人。器之於人，固在積習便熟，而適其短長重輕之宜，與夫手足不相鉏鋙，而後可以濟用而害敵矣。吾之器，敵不便於用；敵之器，吾不習其利。非國中自備，而習慣於三軍，則安可一旦倉卒，假人之兵，而給己之用哉？《易》曰：「萃除戎器，以戒不虞。」太公曰：「慮不先設，器械不備。」此皆言取用於國，不可因於人也。或問：兵以伐謀爲上者，以其有屈人之易，而無血刃之難；伐兵攻城，爲之次下，明矣。伐交之智，何異於伐謀之工，而又次之？曰：破謀者，不費而勝；破交者，未勝而費。帷幄樽俎之間，而揣摩折衝，心戰計勝其未形已成之策，不煩毫釐之費，而彼奔北降服之不暇者，伐謀之義也。或遣使介，約車乘聘幣之奉；或使間諜，出土地金玉之資。張儀散六國之從，陰厚者數年；尉繚子破諸侯之援，出金三十萬。如此之類，費已廣而敵未服，非加以征伐之勞，則未見全勝之功，宜乎次於晏嬰、子房、寇恂、荀彧之智也。或問：武之書皆法也，獨曰，此謀攻之法也，此軍爭之法也？曰：餘法概論兵家之術，惟二篇之説及於用，誠其易用而稱其所難。夫告人以所難，而不濟之以成法，則不足爲完書。蓋謀攻之法，以全爲上，以破次之。得其法，則兵不鈍，而利可全；非其法，則有殺士三分之災。軍爭之法，以迂爲直，以患爲利。得其法，則後發而先至；非其法，則至於擒三將軍。此二者，豈用兵之易哉？乃云：「必以全爭於天下。」又云：「莫難於軍爭。」難之之辭也。欲濟其所難者，必詳其法。凡所謂屈人非戰，拔城非攻，毁國非久者，乃謀攻之法也。凡所謂十一而至，先知迂直之計者，乃軍爭之法也。見其法而知其難於餘篇矣。或問：將能而君不御者勝，後魏太武命將出師，從命者無不制勝，違教者率多敗失；齊神武任用將帥出討，奉行方略，罔不克捷，違失指教，多致奔亡。二者不幾於御之而後勝哉？曰：知此而後可以用武之意。既曰，將能而君不御者勝，則其意固謂將不能而君御之則勝也。夫將帥之列，才不一概，智愚勇怯，隨器而任。能者付之以閫寄，不能者授之以成算。亦猶後世責曹公使諸將以《新書》從事，殊不識公之御將，因其才之小大而縱抑之。張遼樂進，守、鬬之偏才也，合淝之戰，封以函書，節宣其用；夏侯惇兄弟，有大帥之略，假以節度，便宜從事，不拘科制，何嘗一概而御之邪？《傳》曰：「將能而君御之，則爲縻軍；將不能而君委之，則爲覆軍。」惟公得武法之深，而後太武、神武，庶幾公之英略耳，非司馬宣王，安能知武之藴哉？或問：勝可知而不可爲者，以其在彼者也；佚而勞之，親而離之，佚與親在敵，而吾能勞且離之，豈非可爲歟？曰：傳稱用師觀釁而動，敵有釁不可失。蓋吾觀敵人無可乘之釁，不能彊使爲吾可勝之資者，不可爲之義也。敵人既有可乘之隙，吾能置術於其間，而不失敵之敗者，可知之義也。使敵人主明而賢，將智而忠，不信小説而疑，不見小利而動，其佚也安能勞之？其親也安能離之？有楚子之暗與囊瓦之貪，而後吳人亟肄以疲之；有項王之暴與范增之險，而後陳平以反間疎之。夫釁隙之端，隱於佚親之前，勞離之策，發於釁隙之後者，乃所謂可知也；則惟無釁隙者，乃不可爲也。或問：守則不足，攻則有餘，其義安在？曰：謂吾所以守者力不足，吾所以攻者力有餘者，曹公也。謂力不足者可以守，力有餘者可以攻者，李筌也。謂非彊弱爲辭者，衛公也。謂守之法要在示敵以不足，攻之法要在示敵以有餘者，太宗也。夫攻守之法，固非己實彊弱，亦非虛形視敵也。蓋正用其有餘不足之形勢，以固己勝敵。夫所謂不足者，吾隱形於微，而敵不能窺也；有餘者，吾乘勢於盛，而敵不能支也。不足者，微之稱也。當吾之守也，滅跡於不可見，韜聲於不可聞，藏形於微妙不足之際，而使敵不知其所攻矣。所謂藏於九地之下者是也。有餘者，盛之稱也。當吾之攻也，若迅雷驚電，壞山決塘，作勢於盛彊有餘之極，而使敵不知其所守矣。所謂動於九天之上者是也。此有餘不足之義也。或問：三軍之衆，可使必受敵而無敗者，奇正是也，受敵、無敗，二義也，其於奇正有所主乎？曰：武論分數、形名、奇正、虛實四者，獨於奇正云云者，知其法之深而二義所主未白也，復曰：凡戰以正合，以奇勝。正合者，正主於受敵也；奇勝者，奇主於無敗也。以合爲受敵，以勝爲無敗，不其明哉！或問：武論奇正之變，二者相依而生，何獨曰善出奇者？曰：闕文也。凡所謂如天地、江河、日月、四時、五色、五味，皆取無窮無竭、相生相變之義，故首論以正合奇勝，終之以奇正之變，不可勝窮，相生如循環之無端，豈以一奇而能生變，交相無已哉！宜曰，「善出奇正者無窮如天地」也。或問：其勢險者，其義易明，其節短者，其旨安在？曰：力雖甚勁者，非節量短近而適其宜，則不能害物。魯縞之脆也，彊弩之末不能穿；毫末之輕也，衝風之衰不能起；鷙鳥雖疾也，高下而遠來，至於竭羽翼之力，安能擊搏而毀折哉？嘗以遠形爲難戰者此也。是故麴義破公孫瓚也，發伏於數十步之內；周訪敗杜曾也，奔赴於三十步之外。得節短之義也。或問十三篇之法，各本於篇名乎？曰：其義各主於題篇之名，未嘗泛濫而爲言也。如虛實者，一篇之義，首尾次序，皆不離虛實之用，但文辭差異耳。其意所主，非實即虛，非虛即實，非我實而彼虛，則我虛而彼實，不然則虛實在於彼此，而善者變實而爲虛，變虛而爲實也。雖周流萬變，而其要不出此二端而已。凡所謂待敵者佚者，力實也；趨戰者勞者，力虛也。致人者，虛在彼也；不致於人者，實在我也。利之也者，役彼於虛也；害之也者，養我之實也。佚能勞之，飽能飢之，安能動之者，佚、飽、安，實也，勞、飢、動，虛也；彼實而我能虛之也。行於無人之地者，趨彼之虛，而資我之實也。攻其所不守者，避實而擊虛也；守其所不攻者，措實而備虛也。敵不知所守者，鬭敵之虛也；敵不知所攻者，犯我之實也。無形無聲者，虛實之極而入神微也。不可禦者，乘敵備之虛也；不可追者，畜我力之實也。攻所必救者，乘虛、則實者虛也；乖其所之者，能實、則虛者實也。形人而敵分者，見彼虛實之審也；無形而我專者，示吾虛實之妙也。所與戰約者，彼虛無以當吾之實也；寡而備人者，不識虛實之形也。衆而備己者，能料虛實之情也。千里會戰者，預見虛實也。左右不能救者，信人之虛實也。越人無益於勝敗者，越將不識吳之虛實也。策之、候之、形之、角之者，辨虛實之術也。得也、動也、生也、有餘也者，實也；失也、靜也、死也、不足也者，虛也。不能窺謀者，外以虛實之變惑敵人也；莫知吾制勝之形者，內以虛實之法愚士衆也。水因地制流，兵因敵制勝者，以水之高下喻吾虛實變化不常之神也。五行勝者，實也；囚者，虛也。四時來者實也；往者虛也。日長者，實也；短者，虛也。月生者，實也；死者，虛也。皆虛實之類，不可拘也。以此推之，餘十二篇之義，皆倣於此，但說者不能詳之耳。或問：軍爭爲利，衆爭爲危，軍之與衆也，利之與危也，義果異乎？曰：武之辭未嘗妄發而無謂也。軍爭爲利者，下所謂軍爭之法也；夫惟所爭而得此軍爭之法，然後獲勝敵之利矣。衆爭爲危者，下所謂舉軍而爭利也；夫惟全舉三軍之衆而爭，則不及於利而反受其危矣。蓋軍爭者，案法而爭也；衆爭者，舉軍而趨也。爲利者，後發而先至也；爲危者，擒三將軍也。或問：兵以詐立，以利動，以分合爲變，立也、動也、變也，三者先後而用乎？曰：先（兵）王之道，兵家者流，所用皆有本末先後之次，而所尚不同耳。蓋先王之道，尚仁義而濟之以權；兵家者流，貴詐利而終之以變。《司馬法》以仁爲本，孫武以詐立；《司馬法》以義治之，孫武以利動；《司馬法》以正不獲意則權，孫武以分合爲變。蓋本仁者治必爲義，立詐者動必爲利。在聖人謂之權，在兵家名曰變。非本與立無以自修，非治與動無以趨時，非權與變無以勝敵。有本立而後能治動，能治動而後可以權變。權變所以濟治動，治動所以輔本立。此本末先後之次略同耳。或問：武所論舉軍動衆皆法也，獨稱此用衆之法者何也？曰：武之法，奇正貴乎相生，節制權變，兩用而無窮。既以正兵節制自治其軍，未嘗不以奇兵權變而勝敵。其於論勢也，以分數形名居前者，自治之節制也；以奇正虛實居後者，勝敵之權變也。是先節制而後權變也。凡所謂立於不敗之地，而不失敵之敗，修道而保法，自保而全勝者，皆相生兩用先後之術也。蓋鼓鐸旌旗，所以一人之耳目，人既專一，勇者不得獨進，怯者不得獨退，此何法也？是節制自治之正法也。止能用吾三軍之衆而已。其法也，固未嘗及於勝人之奇也。談兵之流，往往至此而止矣。武則不然，曰：此用吾衆之法也。凡所謂變人之耳目，而奪敵之心氣，是權謀勝敵之奇法也。或問：奪氣者必曰三軍，奪心者必曰將軍，何也？曰：三軍主於鬬，將軍主於謀；鬬者乘於氣，謀者運於心。夫鼓作鬬爭，不顧萬死者，氣使之也；深思遠慮，以應萬變者，心主之也。氣奪則怯於鬬，心奪則亂於謀；下者不能鬬，上者不能謀，敵人上下怯亂，則吾一舉而乘之矣。《傳》曰，「一鼓作氣，三而竭」者，奪鬬氣也；先人有奪人之心者，奪謀心也。三軍、將軍之事異矣。或問：自計及間上下之法，皆要妙也，獨云此用兵之法妙者，何也？曰：夫事至於可疑，而後知不疑者爲明；機至於難決，而後知能決者爲智。用兵之法，出於衆人之所不可必者，而吾之明智了然不至於猶豫者，其所得固過於衆人，而通於法之至妙也。所謂高陵勿向，背丘勿逆，蓋亦有可向、可逆之機。佯北勿從，銳卒勿攻，亦有可從、可攻之利。餌兵勿食，歸兵勿遏，亦有可食、可遏之理。圍師必闕，窮寇勿追，亦有不闕、可追之勝。此兵家常法之外，尚有反復微妙之術，智者不疑而能決。所謂用兵之法妙也。或問：九變之法，所陳五事者何？曰：九變者，九地之變也。散、輕、爭、交、衢、重、圮、圍、死，此九地之名也。一其志，使之屬，趨其後，謹其守，固其結，繼其食，進其塗，塞其闕，示不活，此九地之變也。九而言五者，闕而失次也。下文曰：「將通於九變之地利者，知用兵矣；將不通九變之利者，雖知地形，不能得地之利矣。」是九變主於九地，明矣。故特於《九地篇》曰：「九地之變，人情之理，不可不察也。」然則既有九地，何用九變之文乎？曰：武所論將不通九變之利，又曰治兵不知九變之術。蓋九地者，陳變之利，故曰不知變不得地之利；九變者，言術之用，故曰不知術不得人之用。是故六地有形，九地有名，九名有變，九變有術。知形而不知名，決事於冥冥；知名而不知變，驅衆而浪戰；知變而不知術，臨用而事屈。此所以六地、九地、九變，皆論地利，而爲篇異也。李筌以塗有所不由而下五利兼之爲十變者，誤也；復指下文爲五利，何嘗有五利之義也。絕地無留，當作輕地，蓋輕有無止之辭。或問：凡軍好高而惡下，太公曰：「凡三軍處山之高，則爲敵所棲。」豈好高之義乎？曰：武之高，非太公之高也。公所論天下之絕險也：高山盤石，其上亭亭，無有草木，四面受敵。蓋無草木，則乏蒭牧樵採之利；四面受敵，則絕出入運饋之路。可上而不可下，可死而不可久。此固有棲之之害也。武之所論假勢利之便也：處隆高丘陵之地，使敵人來戰，則有登隆、向陵、逆丘之害，而我得因高、乘下、建瓴、走丸、轉石、決水之勢；加以養生處實，先利糧道。戰則有乘勢之便，守則有處實之固，居則有養生足食之利，去則有便道向生之路，雖有百萬之敵，安能棲我於高哉？太武棲姚興於天渡，李先計令遣奇兵邀伏，絕柴壁之糧道，此興犯處高之忌，而先得棲敵之法，明矣。學孫武者，深明好高之論，而不悟處於太公之絕險，知其勢利之便者，後可與議其書矣。或問：六地者，地形也，復論將有六敗者何？曰：恐後世學兵者，泥勝負之理於地形也。故曰：地形者，兵之助，非上將之道也。太公論主帥之道，擇善地利者三人而委之，則地形固非將軍之事也。所謂料敵制勝者，上將之道也。知此爲將之道者，戰則必勝；不知此爲將之道者，戰則必敗。凡所言，曰走、曰弛、曰崩、曰陷、曰亂、曰北者，此六者，敗之道，將之至任，不可不察也。是勝敗之理，不可泥於地形，而繫於將之工拙也。至於九地亦然，曰剛柔，皆得地之理也。將軍之事，靜以幽，正以治，驅三軍之衆如羣羊往來，不知其所之者，將軍之事也。特垂誡於六地九地者，孫武之深旨也。或問：「死焉不得，士人盡力」諸家釋爲二句者何？曰：夫人之情，就其甚難者，不顧其甚易；捨其至大者，不吝其至微。死，難於生也，甘其萬死之難，則況出於生之甚易者哉？身大於力也，棄其一身之大，則況用於力之至微者哉？武意以謂三軍之士，投之無所往，則白刃在前，有所不避也。死且不避，況於生乎？身猶不慮，況於力乎？故曰死且不北。夫三軍之士，不畏死之難者，安得不人人盡其力乎？「死焉不得，士人盡力」，諸家斷爲二句者，非武之本意也。或曰：方馬埋輪，諸家釋方爲縛，或謂縛馬爲方陳者，何也？曰：解方爲縛者，義不經；據縛而方之者，非武本辭。蓋方當作放字。武之說，本乎人心離散，則雖彊爲固止，而不足恃也。固止之法，莫過於柅其所行。古者用兵，人乘車而戰，車駕馬而行，今欲使人固止而不散，不得齊勇之政，雖放去其馬而牧之，陷輪於地而埋之，亦不足恃之爲不散也。噫！車中之士，轅不得馬而駕，輪不得轍而馳，尚且奔走散亂而不一，則固在以政而齊其心也。或問：兵情主速，又曰爲兵之事，夫情與事義果異乎？曰：不可探測而藴于中者，情也；見於施爲而成乎其外者，事也。情隱於事之前，而事顯於情之後。此用兵之法，隱顯先後之不同也。所謂兵之情主速者，蓋吾之所由、所攻，欲出於敵人之不虞、不誡也。夫以神速之兵，出於人之所不能虞度而誡備者，固在中情祕密而不露，雖智者深間，不能前謀先窺也。所謂爲兵之事者，蓋敵意既順而可詳，敵釁已形而可乘，一向幷敵之勢，千里殺敵之將，使陳不暇戰而城不及守者，彼敗事已顯，而吾兵業已成於外也。故曰，所謂巧能成事者，此也。是則情事之異，隱顯先後也。或曰：九地之中，復有絶地者何也？曰：興師動衆，去吾之國中，越吾之境土，而初入敵人之地，疆場之限，所過關梁津要，使吾踵軍在後，告畢書絶者，所以禁人内顧之情，而止其還遁之心也。《司馬法》曰：「書親絶，是謂絶顧壹慮。」尉繚子踵軍令曰：「遇有還者誅之。」此絶地之謂也。然而不預九地者何？九地之法皆有變，而絶地無變；故論於九地之中，而不得列其數也。或以越境爲越人之國，如秦越晉伐鄭者，鑿也。或問：不知諸侯之謀不能預交，不知山林、險阻、沮澤之形，不能行軍，不用鄉導不能得地利，重言於《軍爭》、《九地》二篇者何也？曰：此三法者，皆行師、爭利、出沒、往來、遲速、先後之術也。蓋軍爭之法，方變迂爲直、後發先至之爲急也；九地之利，盛言爲客深入利害之爲大也，非此三法，安能舉哉？噫！與人爭迂直之變，趨險阻之地，踐敵人之生地，求不識之迷塗，若非和鄰國之援，爲之引軍，明山川、林麓、險難、阻阨、沮洳、濡澤之形而爲之標表，求鄉人之習熟者爲之前導，則動而必迷，舉而必窮。何異即鹿無虞，惟入于林，不行其野，彊違其馬，欲爭迂直之勝，圖深入之利，安能得其便乎？稱之二篇，不其旨哉！或問：何謂無法之賞，無政之令？曰：治軍御衆，行賞之法，施令之政，蓋有常理。今欲犯三軍之衆，使不知其利害，多方誤敵，而因利制權，故賞不可以拘常法，令不可以執常政。噫！常法之賞，不足以愚衆，常政之令，不足以惑人，則賞有時而不拘，令有時而不執者，將軍之權也。夫進有重賞，有功必賞，賞法之常也。吳子相敵，北者有賞；馬隆募士，未戰先賞。此無法之賞也。先庚後甲，三令五申，政令之常也。武曰：若驅羣羊往來，莫知所之。李愬襲元濟，初出，衆請所向，曰：「東六十里止。」至張柴，諸將請所止，復曰：「入蔡州。」此無政之令也。或問：用間使間，聖智仁義，其旨安在？曰：用間者，用間之道也。或以事，或以權，不必人也。聖者無所不通，智者深思遠慮，非此聖智之明，安能坐以事權間敵哉？使間者，使人爲間也。吾之與間，彼此有可疑之勢；吾疑間有覆舟之禍，間疑我有害己之計。非仁恩不足以結間之心，非義斷不足以決己之惑，主無疑於客，客無猜於主，而後可以出入於萬死之地而圖功矣。秦王使張儀相魏，數年無效，而陰厚之者，恩結間之心也。高祖使陳平用金數十萬，離楚君臣；平，楚之亡虜也，吾無問其出入者，義決己之惑也。或問：伊摯、呂牙，古之聖人也，豈嘗爲商周之間邪？武之所稱，豈非尊間之術而重之哉？曰：古之人立大事，就大業，未嘗不守於正；正不獲意，則未嘗不假權以濟道。夫事業至於用權，則何所不爲哉？但處之有道，而卒反于正，則權無害於聖人之德也。蓋在兵家名曰間，在聖人謂之權。湯不得伊摯，不能悉夏政之惡；伊摯不在夏，不能成湯之美。武不得呂牙，不能審商王之罪；呂牙不在商，不能就武之德。非此二人者，不能立順天應人伐罪弔民之仁義，則非爲間於夏商而何？惟其處之有道，而終歸于正，故名曰權。兵家之間，流而不反，不能合道，而入于詭詐之域，故名曰間。所謂以上智成大功者，眞伊、呂之權也。權與間實同而名異。或問：間何以終于篇之末？曰：用兵之法，惟間爲深微神妙，而不可易言也。所謂非聖智不能用間，非微妙不能得間之實者，難之之辭也。武始以十三篇干吳者，亦欲以其書之法，教闔閭之知兵也。教人之初，蒙昧之際，要在從易而入難，先明而後幽，本末次序而導之，使不惑也。是故始教以計量校算之法，而次及於戰攻、形勢、虛實、軍爭之術，漸至於行軍、九變、地形、地名、火攻之備，諸法皆通，而後可以論間道之深矣。噫！教人之始者，務令明白易曉，而遽期之以聖智微妙之所難，則求之愈勞，而索之愈迷矣，何異王通謂不可驟而語《易》者哉？或曰：廟堂多算，非不難也，何不列之終篇也？曰：計之難者，經之以五事，校之以七計而索其情也。夫敵人之情，最爲難知，不可取於鬼神，不可求象於事，不可驗於度，先知者必在於間。蓋計待情而後校，情因間而後知，宜乎以間爲深，而以計爲淺也。孫武之蘊至於此，而後知十家之說不能盡矣。

傳記

《三國志・魏志・武帝紀》 太祖武皇帝，沛國譙人也，姓曹，諱操，字孟德，漢相國參之後。桓帝世，曹騰爲中常侍大長秋，封費亭侯。養子嵩嗣，官至太尉，莫能審其生出本末。嵩生太祖。太祖少機警，有權數，而任俠放蕩，不治行業，故世人未之奇也；惟梁國橋玄、南陽何顒异焉。玄謂太祖曰：「天下將亂，非命世之才不能濟也，能安之者，其在君乎！」年二十，舉孝廉爲郎，除洛陽北部尉，遷頓丘令，徵拜議郎。光和末，黄巾起。拜騎都尉，討潁川賊。遷爲濟南相，國有十餘縣，長吏多阿附貴戚，贓汚狼藉，於是奏免其八；禁斷淫祀，姦宄逃竄，郡界肅然。久之，徵還爲東郡太守；不就，稱疾歸鄉里。【略】太祖至陳留，散家財，合義兵，將以誅卓。冬十二月，始起兵於己吾，是歲中平六年也。【略】［建安元年］太祖遂至洛陽，衛京都，［韓］暹遁走。天子假太祖節鉞，錄尚書事。洛陽殘破，董昭等勸太祖都許。九月，車駕出轘轅而東，以太祖爲大將軍，封武平侯。【略】是時［建安四年］袁紹既幷公孫瓚，兼四州之地，衆十餘萬，將進軍攻許。諸將以爲不可敵，公曰：「吾知紹之爲人，志大而智小，色厲而膽薄，忌克而少威，兵多而分畫不明，將驕而政令不一，土地雖廣，糧食雖豐，適足以爲吾奉也。」秋八月，公進軍黎陽，使臧霸等入青州破齊、北海、東安，留于禁屯河上。九月，公還許，分兵守官渡。冬十一月，張繡率衆降，封列侯。十二月，公軍官渡。【略】［建安五年］二月，紹遣郭圖、淳于瓊、顔良攻東郡太守劉延于白馬，紹引兵至黎陽，將渡河。夏四月，公北救延。荀攸説公曰：「今兵少不敵，分其勢乃可。公到延津，若將渡兵向其後者，紹必西應之，然後輕兵襲白馬，掩其不備，顔良可禽也。」公從之。紹聞兵渡，即分兵西應之。公乃引軍兼行趣白馬，未至十餘里，良大驚，來逆戰。使張遼、關羽前登，擊破，斬良。遂解白馬圍，徙其民，循河而西。紹於是渡河追公軍，至延津南。公勒兵駐營南阪下，使登壘望之，曰：「可五六百騎。」有頃，復白：「騎稍多，步兵不可勝數。」公曰：「勿復白。」乃令騎解鞍放馬。是時，白馬輜重就道。諸將以爲敵騎多，不如還保營。荀攸曰：「此所以餌敵，如何去之！」紹騎將文醜與劉備將五六千騎前後至。諸將復白：「可上馬。」公曰：「未也。」有頃，騎至稍多，或分趣輜重。公曰：「可矣。」乃皆上馬。時騎不滿六百，遂縱兵擊，大破之，斬醜。良、醜皆紹名將也，再戰，悉禽，紹軍大震。公還軍官渡。紹進保陽武。關羽亡歸劉備。八月，紹連營稍前，依沙堆爲屯，東西數十里。公亦分營與相當，合戰不利。時公兵不滿萬，傷者十二三。紹復進臨官渡，起土山地道。公亦於內作之，以相應。紹射營中，矢如雨下，行者皆蒙楯，衆大懼。時公糧少，與荀彧書，議欲還許。彧以爲「紹悉衆聚官渡，欲與公決勝敗。公以至弱當至強，若不能制，必爲所乘，是天下之大機也。且紹，布衣之雄耳，能聚人而不能用。夫以公之神武明哲而輔以大順，何向而不濟！」公從之。袁紹運穀車數千乘至，公用荀攸計，遣徐晃、史渙邀擊，大破之，盡燒其車。公與紹相拒連月，雖比戰斬將，然衆少糧盡，士卒疲乏，公謂運者曰：「卻十五日爲汝破紹，不復勞汝矣。」冬十月，紹遣車運穀，使淳于瓊等五人將兵萬餘人送之，宿紹營北四十里。紹謀臣許攸貪財，紹不能足，來奔，因說公擊瓊等。左右疑之，荀攸、賈詡勸公。公乃留曹洪守，自將步騎五千人夜往，會明至。瓊等望見公兵少，出陳門外。公急擊之，瓊退保營，遂攻之。紹遣騎救瓊。左右或言「賊騎稍近，請分兵拒之」。公怒曰：「賊在背後，乃白！」士卒皆殊死戰，大破瓊等，皆斬之。紹初聞公之擊瓊，謂長子譚曰：「就彼攻瓊等，吾攻拔其營，彼固無所歸矣！」乃使張郃、高覽攻曹洪。郃等聞瓊破，遂來降。紹衆大潰，紹及譚棄軍走，渡河。追之不及，盡收其輜重圖書珍寶，虜其衆。公收紹書中，得許下及軍中人書，皆焚之。冀州諸郡多舉城邑降者。［八年春三月］己酉，令曰：「《司馬法》『將軍死綏』，故趙括之母，乞不坐括。是古之將者，軍破于外，而家受罪于內也。自命將征行，但賞功而不罰罪，非國典也。其令諸將出征，敗軍者抵罪，失利者免官爵。」【略】十三年春正月，公還鄴，作玄武池以肄舟師。漢罷三公官，置丞相、御史大夫。夏六月，以公爲丞相。秋七月，公南征劉表。八月，表卒，其子琮代，屯襄陽，劉備屯樊。九月，公到新野，琮遂降，備走夏口。公進軍江陵，下令荆州吏民，與之更始。乃論荆州服從之功，侯者十五人，以劉表大將文聘爲江夏太守，使統本兵，引用荆州名士韓嵩、鄧義等。益州牧劉璋始受徵役，遣兵給軍。十二月，孫權爲備攻合肥。公自江陵征備，至巴丘，遣張憙救合肥。權聞憙至，乃走。公至赤壁，與備戰，不利。於是大疫，吏士多死者，乃引軍還。備遂有荆州江南諸郡。【略】十五年春，下令曰：「自古受命及中興之君，曷嘗不得賢人君子與之共治天下者乎！及其得賢也，曾不出閭巷，豈幸相遇哉？上之人不求之耳。今天下尚未定，此特求賢之急時也。『孟公綽爲趙、魏老則優，不可以爲滕、薛大夫』。若必廉士而後可用，則齊桓其何以霸世！今天下得無有被褐懷玉而釣于渭濱者乎？又得無盜嫂受金而未遇無知者乎？二三子其佐我明揚仄陋，唯才是舉，吾得而用之。」冬，作銅雀臺。【略】二十一年春二月，公還鄴。三月壬寅，公親耕籍田。夏五月，天子進公爵爲魏王。代郡烏丸行單于普富盧與其侯王來朝。天子命王女爲公主，食湯沐邑。秋七月，匈奴南單于呼廚泉將其名王來朝，待以客禮，遂留魏，使右賢王去卑監其國。八月，以大理鍾繇爲相國。夏四月，天子命王設天子旌旗，出入稱警蹕。五月，作泮宮。六月，以軍師華歆爲御史大夫。冬十月，天子命王冕十有二旒，乘金根車，駕六馬，設五時副車，以五官中郎將丕爲魏太子。【略】[二十三年] 六月，令曰：「古之葬者，必居瘠薄之地。其規西門豹祠西原上爲壽陵，因高爲基，不封不樹。《周禮》冢人掌公墓之地，凡諸侯居左右以前，卿大夫居後，漢制亦謂之陪陵。其公卿大臣列將有功者，宜陪壽陵，其廣爲兆域，使足相容。」【略】二十五年春正月，至洛陽。權擊斬羽，傳其首。庚子，王崩于洛陽，年六十六。遺令曰：「天下尚未安定，未得遵古也。葬畢，皆除服。其將兵屯戍者，皆不得離屯部。有司各率乃職。斂以時服，無藏金玉珍寶。」謚曰武王。二月丁卯，葬高陵。

《舊唐書·杜佑傳》 杜佑字君卿，京兆萬年人。曾祖行敏，荆、益二州都督府長史、南陽郡公。祖慤，右司員外郎、詳正學士。父希望，歷鴻臚卿、恆州刺史、西河太守，贈右僕射。佑以蔭入仕，補濟南郡參軍、剡縣丞。時潤州刺史韋元甫嘗受恩於希望，佑謁見，元甫未之知，以故人子待之。他日，元甫視事，有疑獄不能決，佑時在旁，元甫試訊於佑，佑口對響應，皆得其要，元甫奇之，乃奏爲司法參軍。元甫爲浙西觀察、淮南節度，皆辟爲從事，深所委信。累官至檢校主客員外郎，入爲工部郎中，充江西青苗使，轉撫州刺史。改御史中丞，充容管經略使。楊炎入相，徵入朝，歷工部、金部二郎中，並充水陸轉運使，改度支郎中，兼和糴等使。時方軍興，餽運之務，悉委於佑，遷戶部侍郎、判度支。爲盧杞所惡，出爲蘇州刺史。佑母在，杞以蘇州憂闕授之，佑不行，俄換饒州刺史。未幾，兼御史大夫，充嶺南節度使。時德宗在興元，朝廷故事，執政往往遺脫，舊嶺南節度，常兼五管經略使，佑獨不兼。故五管不屬嶺南，自佑始也。【略】元和元年，冊拜司徒、同平章事，封岐國公。時河西党項潛導吐蕃入寇，邊將邀功，亟請擊之。佑上疏論之曰：臣伏見党項與西戎潛通，屢有降人指陳事迹，而公卿廷議，以爲誠當謹兵戎，備侵軼，益發甲卒，邀其寇暴。此蓋未達事機，匹夫之常論也。夫蠻夷猾夏，唐虞已然。周宣中興，獫狁爲害，但命南仲往城朔方，追之太原，及境而止，誠不欲弊中國而怒遠夷也。秦平六國，恃其兵力，北築長城，以拒匈奴，西逐諸羌，出於塞外。勞力擾人，結怨階亂，中國未靜，白徒競起，海內雲擾，實生謫戍。漢武因文、景之富，命將興師，遂至戶口減半，竟下哀痛之詔，罷田輪臺。前史書之，尚嘉其先迷而後復。蓋聖王之理天下也，唯務綏靜蒸人，西至流沙，東漸于海，在南與北，亦存聲教。不以遠物爲珍，匪求遐方之貢，豈疲內而事外，終得少而失多。故前代納忠之臣，並有匡君之議。淮南王請息師于閩越，賈捐之願棄地于珠崖，安危利害，高懸前史。昔馮奉世矯漢帝之詔，擊莎車，傳其王首於京師，威震西域，宣帝大悅，議加爵土之賞。蕭望之獨以爲矯制違命，雖有功效，不可爲法，恐後之奉使者爭逐發兵，爲國家生事，述理明白，其言遂行。國家自天后已來，突厥默啜兵強氣勇，屢寇邊城，爲害頗甚。開元初，邊將郝靈佺親捕斬之，傳首闕下，自以爲功，代莫與二，坐望榮寵。宋璟爲相，慮武臣邀功，爲國生事，止授以郎將。由是訖開元之盛，無人復議開邊，中國遂寧，外夷亦靜。此皆成敗可徵，鑒戒非遠。且党項小蕃，雜處中國，本懷我德，當示撫綏。間者邊將非廉，亟有侵刻，或利其善馬，或取其子女，便賄方物，徵發役徒。勞苦既多，叛亡遂起，或與北狄通使，或與西戎寇邊，有爲使然，固當懲革。《傳》曰：「遠人不服，則修文德以來之。」《管子》曰：「國家無使勇猛者爲邊境。」此誠聖哲識微知著之遠略也。今戎醜方強，邊備未實，誠宜慎擇良將，誠之完葺，使保誠信，絕其求取，用示懷柔。來則懲禦，去則謹備，自然彼懷，革其姦謀，何必遽圖興師，坐致勞費。陛下上聖君人，覆育羣類，動必師古，謀無不臧。伏望堅保永圖，置兵祚席，天下幸甚。臣識昧經綸，學慚博究，竊鼎鉉之寵任，爲朝廷之老臣，恩深莫倫，志懇思報，臧否備閲，芻蕘上陳，有瀆旒扆，伏深惶悚。上深嘉納。歲餘，請致仕，詔不許，但令三五日一入中書，平章政事。每入奏事，憲宗優禮之，不名，常呼司徒。佑城南樊川有佳林亭，卉木幽邃，佑每與公卿讌集其間，廣陳妓樂。諸子咸居朝列，當時貴盛，莫之與比。元和七年，被疾，六月，復乞骸骨，表四上，情理切至，憲宗不獲已許之。詔曰：「宣力濟時，爲臣之懿躅；辭榮告老，行已之高風。況乎任重公台，義深翼贊，秉沖讓之志，堅金石之誠。敦諭既勤，所執彌固，則當遂其衷懇，進以崇名，尚齒優賢，斯王化之本也。金紫光祿大夫、守司徒、同中書門下平章事、兼充弘文館大學士、太清宮使、上柱國、岐國公、食邑三千戶杜佑，巖廊上才，邦國茂器，蘊經通之識，履溫厚之姿，寬裕本乎性情，謀猷彰乎事業。博聞強學，知歷代沿革之宜；爲政惠人，審羣黎利病之要。由是再司邦用，累歷藩方，出總戎麾，入和鼎實。聿膺重寄，歷事先朝，左右朕躬，夙夜不懈。命以詔冊，登之上公，肅恭在廷，華髮承弁。茲可謂國之元老，人之具瞻者也。朕纘承丕業，思弘景化，選勞求舊，期致時邕，方伸引翼之儀，遽抗懸車之請。而又固辭年疾，乞就休閑，已而復來，星琯屢變，有不可抑，良用耿然。永惟古先哲王，君臣之際，臣有耆艾以求其退，君有優賜以徇其情，乃輟鄧禹敷教之功，仍增王祥輔導之秩，俾養浩然之氣，安於敬止之鄉，庶乎怡神葆和，永綏福履。仍加階級，以厚寵章，可光祿大夫、守太保致仕，宜朝朔望。」是日，上遣中使就佑第賜絹五百匹、錢五百千。其年十一月薨，壽七十八，廢朝三日，冊贈太傅，謚曰安簡。佑性敦厚強力，尤精吏職，雖外示寬和，而持身有術。爲政弘易，不尚皦察，掌計治民，物便而濟，馭戎應變，即非所長。性嗜學，該涉古今，以富國安人之術爲己任。初開元末，劉秩採經史百家之言，取《周禮》六官所職，撰分門書三十五卷，號曰《政典》，大爲時賢稱賞，房琯以爲才過劉更生。佑得其書，尋味厥旨，以爲條目未盡，因而廣之，加以《開元禮》、《樂》，書成二百卷，號曰《通典》。貞元十七年，自淮南使人詣闕獻之，曰：「臣聞太上立德，不可庶幾；其次立功，遂行當代；其次立言，見志後學。由是往哲遞相祖述，將施有政，用乂邦家。臣本以門資，幼登官序，仕非遊藝，才不逮人，徒懷自強，頗玩墳籍。雖履歷叨幸，或職劇務殷，竊惜光陰，未嘗輕廢。夫《孝經》、《尚書》、《毛詩》、《周易》、《三傳》，皆父子君臣之要道，十倫五教之宏綱，如日月之下臨，天地之大德，百王是式，終古攸遵。然多記言，罕存法制，愚管窺測，莫達高深，輒肆荒虛，誠爲億度。每念懵學，莫探政經，略觀歷代衆賢著論，多陳紊失之弊，或闕匡拯之方。臣既庸淺，寧詳損益，未原其始，莫暢其終。尚賴周氏典禮，秦皇蕩滅不盡，縱有繁雜，且用準繩。至於往昔是非，可爲來今龜鏡，布在方冊，亦粗研尋。自頃纘修，年踰三紀，識寡思拙，心昧辭蕪。圖籍實多，事目非少，將事功畢，罔愧乖疏，固不足發揮大猷，但竭愚盡慮而已。書凡九門，計貳百卷，不敢不具上獻，庶明鄙志所之，塵瀆聖聰，兢惶無措。」優詔嘉之，命藏書府。其書大傳於時，禮樂刑政之源，千載如指諸掌，大爲士君子所稱。佑性勤而無倦，雖位極將相，手不釋卷；質明視事，接對賓客，夜則燈下讀書，孜孜不怠。與賓佐談論，人憚其辯而伏其博，設有疑誤，亦能質正。始終言行，無所玷缺，唯在淮南時，妻梁氏亡後，升嬖妾李氏爲正室，封密國夫人，親族子弟言之不從，時論非之。三子，師損嗣，位終司農少卿。

《舊唐書・杜牧傳》 牧字牧之，既以進士擢第，又制舉登乙第，解褐弘文館校書郎，試左武衛兵曹參軍。沈傳師廉察江西宣州，辟牧爲從事、試大理評事。又爲淮南節度推官、監察御史裏行，轉掌書記。俄眞拜監察御史，分司東都，以弟顗病目棄官。授宣州團練判官、殿中侍御史、內供奉。遷左補闕、史館修撰，轉膳部、比部員外郎，並兼史職。出牧黃、池、睦三郡，復遷司勳員外郎、史館修撰，轉吏部員外郎。又以弟病免歸。授湖州刺史，入拜考功郎中、知制誥，歲中遷中書舍人。牧好讀書，工時爲文，嘗自負經緯才略。武宗朝誅昆夷、鮮卑，牧上宰相書論兵事，言「胡戎入寇，在秋冬之間，盛夏無備，宜五六月中擊胡爲便」。李德裕稱之。注曹公所定《孫武十三篇》行於代。牧從兄悰隆盛于時，牧居下位，心常不樂。將及知命，得病，自爲墓志、祭文。又嘗夢人告曰：「爾改名畢。」踰月，奴自家來，告曰：「炊將熟而甑裂。」牧曰：「皆不祥也。」俄又夢書行紙曰：「皎皎白駒，在彼空谷。」寤寢而歎曰：「此過隙也。吾生於角，徵還於角，爲第八宮，吾之甚厄也。予自湖守遷舍人，木還角，足矣。」其年，以疾終於安仁里，年五十。有集二十卷，曰《杜氏樊川集》，行於代。子德祥，官至丞郎。

《宋史・文苑傳五・梅堯臣》　梅堯臣字聖俞，宣州宣城人，侍讀學士詢從子也。工爲詩，以深遠古淡爲意，間出奇巧，初未爲人所知。用詢蔭爲河南主簿，錢惟演留守西京，特嗟賞之，爲忘年交，引與酬倡，一府盡傾。歐陽脩與爲詩友，自以爲不及。堯臣益刻厲，精思苦學，繇是知名於時。宋興，以詩名家爲世所傳如堯臣者，蓋少也。嘗語人曰：「凡詩，意新語工，得前人所未道者，斯爲善矣，必能狀難寫之景如在目前，含不盡之意見於言外，然後爲至也。」世以爲知言。歷德興縣令，知建德、襄城縣，監湖州稅，簽書忠武、鎮安判官，監永豐倉。大臣屢薦宜在館閣，召試，賜進士出身，爲國子監直講，累遷尚書都官員外郎。預修《唐書》，成，未奏而卒，録其子一人。寶元、嘉祐中，仁宗有事郊廟，堯臣預祭，輒獻歌詩，又嘗上書言兵。注《孫子十三篇》，撰《唐載記》二十六卷、《毛詩小傳》二十卷、《宛陵集》四十卷。堯臣家貧，喜飲酒，賢士大夫多從之游，時載酒過門。善談笑，與物無忤，詼嘲刺譏託於詩，晚益工。有人得西南夷布弓衣，其織文乃堯臣詩也，名重於時如此。

《四庫全書總目・子部一〇・百將傳》　宋張預撰，翟安道注。預，字公立，東光人。安道，字居仁，安陽人。其書采歷代名將百人，始於周太公，終於五代劉鄩，各爲之傳，而綜論其行事。凡有一節與孫武書合者，皆表而出之，别以《孫子兵法》，題其後。蓋欲述古以規時，亦戴少望《將鑑論斷》之類。然其分配多未確當，立説亦未免近迂，仍爲宋人之談兵而已矣。

《管子義證》分部

綜述

洪頤煊《管子義證序》　歲已已，頤煊在德州使署，孫淵如觀察師以所校《管子》屬頤煊審定。會王懷祖觀察暨令嗣伯申學士又以校本見遺，於是删其重複，附以鄙説，成《管子義證》八卷，系以敘曰：《漢書・藝文志》《管子》在道家，《隋書・經籍志》《管子》在法家。《漢志》本於《七略》，班氏於兵權謀家言省《管子》，《七略》不在道、法兩家。《史記正義》引劉向《序錄》亦云「凡中外書五百六十四篇，以校除復重四百八十四篇，定著八十六篇。」與今本篇數同。太史公敘《管仲列傳》云：吾讀管氏《牧民》、《山高》、《乘馬》、《輕重》、《九府》，詳哉其言之也。其書世多有之，是以不論。又引「倉廩實而知禮節，衣食足而知榮辱」數句，皆在今本中，足證今世相傳之本，即漢世所有之本。今本《管子》闕《王言》、《謀失》、《正言》、《言昭》、《修身》、《問霸》、《牧民解》、《問乘馬》、《輕重丙》、《輕重庚》凡十篇。據《文選》注引江邃文釋《管子》曰：夫士懷耿介之心不蔭惡木之枝，惡木尚能耻之，况與惡人同處？《管子》無此文。李善曰：今檢《管子》近亡數篇，恐是亡篇之内而邃見之。《史記・封禪書》《索隱》云：今《管子・封禪篇》是也。尹知章注《封禪篇》云：元篇亡，今以司馬遷《封禪書》所載《管子》之言以補之。則此篇之亡，又在司馬貞所見本後。故自漢魏以迄隋唐，《管子》著錄以《北堂書鈔》、《初學記》、《藝文類聚》、《太平御覽》諸書所引證之，即是今本。其間有不在今本中者，或在闕篇之中，或是他書引《管子》之言，非復有別本也。余嘗謂子書流傳莫先於《管子》，亦莫眞於《管子》，其文義奧衍，下士驟不能通，故注家絶少而殘舛亦彌甚。《舊唐書・經籍志》、《新唐書・藝文志》、《管子》有尹知章注，今本譌題作房玄齡，訓釋淺陋。今並爲訂正，而以逸文附於末。若夫疏通而證明之，則不能無俟於後之君子。嘉慶十七年太歲在申，三月十二日臨海洪頤煊序。

傳記

《清史列傳・儒林傳下二・洪頤煊》　洪頤煊，字旌賢，浙江臨海人。五世祖若臯，順治十二年進士，著《南沙文集》十二卷。頤煊苦志力學，與兄坤煊、弟震煊，讀書僧寮，夜每借佛鐙圍坐，談經不輟。時有「三洪」之稱。學使阮元招頤煊、震煊就學行省，頤煊尤精研經訓，熟習天文，貫串子史。嘉慶六年拔貢生，爲山東督糧道孫星衍撰《孫氏書目》及《平津館讀碑記》十二卷，考據明審，於唐代地理尤多。所得入貲爲直隸州州判，署廣東新興縣事。適阮元督兩廣，知頤煊吏才短而文學優也，延之入幕，諏經諮史以爲常。嘗謂《禮經》莫大於宮室，宮室不明，則古人行禮之節，周旋升降，皆芒然莫知其處。宋李如圭《釋宮》祇舉其凡，近人考證亦多未密。因思古人宮室制度，與今人不甚相遠，時醇世樸，寢廟明堂不若後世之千門萬戶，細繹《禮經》，皆有丈尺可尋，名位可辨，著《禮經宮室答問》二卷。又著《孔子三朝記注》八卷、《孝經記注補證》一卷、《諸史考異》十八卷、《漢志水道疏證》四卷、《管子義證》八卷、《讀書叢錄》二十四卷、《經典集林》三十五卷、《台州札記》十二卷、《筠軒詩文鈔》十二卷。頤煊好聚書，嶺南市多舊本，重貲購之。家藏善本書三萬餘卷，碑版二千餘通，多世所罕覯，有《倦舫書目》十卷。

《荀子集解》分部

綜　述

王先謙《荀子集解序》　昔唐韓愈氏以《荀子書》爲「大醇小疵」，逮宋，攻者益衆，推其由，以言性惡故。余謂性惡之說，非荀子本意也。其言曰：「直木不待櫽栝而直者，其性直也；枸木必待櫽栝、烝、矯然後直者，以其性不直也。今人性惡，必待聖王之治，禮義之化，然後皆出於治，合於善也。」夫使荀子而不知人性有善惡，則不知木性有枸直矣。然而其言如此，豈真不知性邪？余因以悲荀子遭世大亂，民胥泯棼，感激而出此也。荀子論學論治，皆以禮爲宗，反復推詳，務明其指趣，爲千古修道立敎所莫能外。其曰「倫類不通，不足謂善學」，又曰「一物失稱，亂之端也」，探聖門一貫之精，洞古今成敗之故，論議不越几席，而思慮浹於無垠；身未嘗一日加民，而行事可信其放推而皆準。而刻覈之徒，詆諆橫生，擯之不得與於斯道。余又以悲荀子術不用於當時，而名滅裂於後世流俗人之口爲重屈也！國朝儒學昌明，欽定《四庫全書提要》首列《荀子》儒家，斥好惡之詞，通訓詁之誼，定論昭然，學者始知崇尚。顧其書僅有楊倞注，未爲盡善。近世通行嘉善謝氏校本，去取亦時有疏舛。宿儒大師，多所匡益。家居少事，輒旁采諸家之說，爲《荀子集解》一書，管窺所及，閒亦坿載。不敢謂於《荀書》精意有所發明，而於析楊、謝之疑辭，酌宋、元之定本，庶幾不無一得。刻成，謹弁言簡端，竝揭荀子箸書之微旨，與後來讀者共證明之云。光緒十七年歲次辛卯夏五月，長沙王先謙謹序。

又《荀子集解・例略》　嘉善謝氏校本，首謝序，見《攷證》。次楊序及《新目錄》，今照刊。次《荀子》讎校所據舊本，竝參訂名氏，影鈔大字宋本，元刻《纂圖互註》本，（此乃當時坊閒所梓，脱誤差舛，不一而足，然正以未經校改之故，其本眞翻未盡失，書中頗多採用。）明虞氏、王氏合校刻本，明世德堂本，明鍾人傑本。（有評點注刪節。）江陰趙曦明敬夫、金壇段玉裁若膺、海寧吳騫槎客、吳縣朱奐文游、江都汪中容夫、餘姚盧文弨紹弓、嘉善謝墉金圃輯校。（輯諸家之說，幷附所見，上皆增一圓圍，以別於楊氏之注。其引用各書，不具列。）末錢大昕跋，見《攷證》。《校勘補遺》一卷。案此書盧、謝同校，故郝蘭皋稱謝，王懷祖稱盧。但謝序云：「援引校讎，悉出抱經，參互攷證，遂得蕆事。」是此書元出於盧，參攷刊行迺由謝氏，則稱盧校本者爲是。盧所據大字宋本，爲北宋呂夏卿熙寧中所刊，然未見呂刻本，僅取朱文游所藏影鈔本相校，故閒有爲影鈔訛字所誤者，《修身》、《王霸》兩篇注可證也。茲刻仍以盧校爲主，依謝刻於楊注外增一圓圍，全錄校注，加「盧文弨曰」四字別之。據謝序、錢跋，校注亦有出謝手者，然無可區別。其《補遺》一卷，散入注中。盧校不主一本，茲亦仿其例，擇善而從。虞、王合校本，明虞九章、王震亨校，爲盧據舊本之一。其引見書中者，止《王霸篇》「大有天下，小有一國」注文。茲覆檢元書，尙有可采，爲增入數條。此外正文及注岐異滋繁，當由傳寫致訛，或係以意刪節，多與盧氏所云俗閒本相合，既非所取證，不復稱引。宋台州本，宋唐仲友與政刊於台州，即依呂本重刻，遵義黎庶昌蒓齋於日本得影摹本，重刊爲《古逸叢書》之一。首楊序及《新目錄》，末劉向上言及王、呂重校銜名，與今本同。熙寧元年國子監劄子官銜，淳熙八年唐序，《經籍訪古志》二跋，重刊楊跋。俱見《攷證》。此即《困學紀聞》所稱「今監本乃唐與政台州所栞熙寧舊本，亦未爲善」者也。然在今日爲希見之本，玆取以相校，得若干條，列入注文。其與呂本相同，如一卷「取藍」、「干越」之比，竝不復出，以省繁文。至其顯然訛誤，雖與呂岐出，亦無所取。棲霞郝氏懿行《荀子補注》上下卷，末坿《與王侍郎論孫卿》、《與李比部論楊倞》二書，竝見《攷證》。玆全採入注。高郵王氏念孫《雜志》八《校荀子》八卷，係據盧本加案語，用宋錢佃江西漕司本、龔士卨《荀子句解》本、明世德堂本參校。嗣得元和顧千里澗薲手錄呂、錢二本異同，復爲《補遺》一卷，敘而行之，坿《荀子》佚文及顧氏考訂各條於末。敘、佚文竝見《攷證》。其中如劉台拱端臨、汪中容夫、陳奐碩甫諸家之說，蒐討綦詳，而盧校、郝注之精者亦附錄焉。玆取王氏各條散入注文，劉、汪、陳、顧諸說仍各冠姓氏於首。德清俞氏樾《諸子平議》十二之十五《荀子平議》四卷，全採入注。近儒之說，亦坿著之。

傳　記（見前《後漢書集解》分部王先謙傳記）

《墨子閒詁》分部

綜　述

孫詒讓《墨子閒詁序》《漢志》《墨子書》七十一篇，今存者五十三篇。《魯問篇》墨子之語魏越云：「國家昏亂，則語之尚賢、尚同；國家貧，則語之節用、節葬；國家憙音沉湎，則語之非樂、非命；國家淫僻無禮，則語之尊天、事鬼；國家務奪侵凌，則語之兼愛、非攻。」今書雖殘缺，然自《尚賢》至《非命》三十篇，所論略備。足以盡其指要矣。《經說》上下篇，與《莊周書》所述惠施之論，及《公孫龍書》相出入，似原出《墨子》，而諸鉅子以其說綴益之。《備城門》以下十餘篇，則又禽滑釐所受兵家之遺法，於墨學爲別傳。惟《修身》、《親士》諸篇，誼正而文靡，校之他篇殊不類。《當染篇》又頗涉晚周之事，非墨子所得聞，疑皆後人以儒言緣飾之，非其本書也。墨子之生蓋稍後於七十子，不得見孔子，然亦甚老壽，故前得與魯陽文子、公輸般相問答，而晚及見田齊、太公和，又逮聞齊康公興樂及楚吳起之亂。身丁戰國之初，感悕於獷暴淫侈之政，故其言諄復深切，務陳古以剴今。亦喜稱道《詩》、《書》及孔子所不修《百國春秋》，惟於禮則右夏左周，欲變文而反之質，樂則竟屏絕之，此其與儒家四術六藝必不合者耳。至其接世，務爲和同，而自處絕艱苦，持之太過，或流於偏激，而非儒尤爲乖戾。然周季道術分裂，諸子舛馳，荀卿爲齊、魯大師，而其書《非十二子篇》於游、夏、孟子諸大賢，皆深相排笮。洙、泗齗齗，儒家已然，墨儒異方，跬武千里，其相非甯足異乎？綜覽厥書，釋其紕駁，甄其純實，可取者蓋十六七。其用心篤厚，勇於振世救敝，殆非韓、呂諸子之倫比也。莊周《天下篇》之論墨氏曰：「不侈於後世，不靡於萬物，不暉於數度，以繩墨自矯而備世之急。」又曰：「墨子眞天下之好也，將求之不得也，雖枯槁不舍也。才士也夫！」斯殆持平之論與：墨子既不合於儒術，孟、荀、董無心、孔子魚之倫，咸排詰之。漢、晉以降，其學幾絕，而書僅存，然治之者殊尟，故捝誤尤不可校。而古字古言，轉多沿襲未改，非精究形聲通叚之原，無由通其讀也。舊有孟勝、樂臺注，今久不傳。近代鎭洋畢尚書沅始爲之注，藤縣蘇孝廉時學復刊其誤，創通涂徑，多所諟正。余昔事讎覽，旁摭衆家，擇善而從，於畢本外，又獲見明吳寬寫本，黃丕烈所景鈔者，今藏杭州丁氏，缺前五卷，大致與道臧本同。顧千里校道臧本，臧本，明正統十年刊，畢本亦據彼校定，而不無舛漏。顧校又有季本，傳錄或作李本，未知孰是。明槧諸本，大氐皆祖臧本。畢注略具，今並不復詳校。又嘗得倭寶麻間放刻明茅坤本，幷爲六卷，而篇數尙完具，冊耑附校異文，間有可采，惜所見本殘缺，僅存數卷。用相勘覈，別爲寫定。復以王觀察念孫、尙書引之父子，洪州倅頤煊，及年丈俞編修樾，亡友戴茂才望所校，參綜考讀。竊謂《非儒》以前諸篇，誼恉詳焯，畢、王諸家，校訓略備，然亦不無遺失。《經》《說》兵法諸篇，文尤奧衍凌襍，檢攬舊校，疑滯殊衆，研覈有年，用思略盡，謹依經誼字例，爲之詮釋。至於訂補《經》《說》上下篇旁行句讀，正兵法諸篇之譌文錯簡，尤私心所竊自喜，以爲不繆者，輒就畢本更爲增定，用遺來學。昔許叔重注《淮南王書》，題曰《鴻烈閒詁》，據宋槧本《淮南子》及晁公武《讀書志》。閒者，發其疑牾；詁者，正其訓釋。今於字義多遵許學，故遂用題署，亦以兩漢經儒本説經家法，箋釋諸子，固後學所睎慕而不能逮者也。光緒十有九年，歲在癸巳十月，瑞安孫詒讓序。

《墨子書》舊多古字，許君《説文》舉其「茦蝴」二文，今本並改易不見。則其爲後人所竄定者，殆不知凡幾。蓋先秦諸子之譌舛不可讀，未有甚於此書者。今謹依《爾雅》、《説文》正其訓故，古文篆隸校其文字，若《尚同篇》引《術令》，即《書・説命》之佚文，魏、晉人作僞古文《尚書》，不知「術」爲「説」之叚字，遂摭其文，竄入《大禹謨》矣。《兼愛篇》注：「召之邸、虖池之瀆」，「召之邸」，即孫炎本《爾雅・釋地》之「昭餘底」，亦即《周禮・職方氏》之「昭餘祁」。今本「召」譌爲「后」，其義不可解，畢氏遂失其句讀矣。《非攻篇》之「不著何」，即《周書・王會》之「不屠何」，畢氏不憭，依俗本改爲中山，遂與《墨子》舊文不合矣。《明鬼篇》：「迓無罪人乎道路術徑」，「迓」即《孟子》「禦人於國門之外」之「禦」。《非樂篇》：「折壤坦」，「折」即《周禮・哲蔟氏》之「哲」。今本「迓」譌爲「退」，「折」譌爲「拆」，畢、蘇諸家，各以意校改，遂重悂貤繆，不可究詰矣。《公孟篇》「夏后啓使蓋蘄雉已，卜於白若之龜。」「蓋」即「嗌」之籒文，亦即伯益，與《漢書》述《尚書》古文伯益字正合，今本「蓋蘄雉已」譌作「翁難雉乙」，又捝「雉」字，遂以「翁難乙」爲人姓名矣。《非攻下篇》説禹攻有苗，「有神人面鳥身，奉珪以侍」，此與秦穆公所見句芒同。奉珪者，東方之玉，與《禮經》祀方明東方以珪之義合。而今本「奉珪」誤作「若瑾」，其義遂不可通矣。若此之類，輒罄蠡管，證厥違迕。它若《經説篇》之「蟦」爲「蚼」，「虎」爲「霍」，兵法諸篇之「幎」爲「順」，「又」爲「類」，「芒」爲「芸」，「桴」爲「杯」，其跂互尤不易理董。覃思十年，略通其誼，凡所發正，咸具於注。凡譌捝之文，舊校精塙者，徑據補正，以資省覽。其以愚意訂定者，則箸其説於注，不敢專輒增改，以昭詳慎。世有成學治古文者，儻更宣究其恉，俾二千年古子釐然復其舊觀，斯亦達士之所樂聞與？校寫既竟，復記於後。詒讓。

黃紹箕《墨子閑詁跋》　《漢志》《墨子書》列在爲墨學者《我子》及《隨巢子》、《胡非子》之後。其《叙錄》稱：「墨家出於淸廟之守，茅屋采椽，是以貴儉；養三老五更，是以兼愛；宗祀嚴父，是以右鬼；以孝視天下，是以上同。及蔽者爲之，見儉之利，因以非禮，推兼愛之意，而不知別親疏。」其文蓋出《別錄》。然則詳劉向之意，七十一篇之書，多弟子所論纂。孟、荀、孔鮒，諸所據以排斥墨氏者，抑亦有蔽者增坿之言，其本師之説不盡如是也。墨子生當春秋之後，戰國之初，憤文勝之極敝，欲一切反之質家，乃遂以儒爲詬病。其立論不能無偏宕失中，故傳其説者益倍譎不可訓。然其哀世變而恤民殷之心，宜可諒也。南皮張尚書嘗語紹箕曰：「荀卿有言，矯枉者必過其直。諸子志在救世，淺深純駁不同，其矯枉而過直一也。自非聖人，誰能無過？要在學者心知其意斯可矣。」自太史公叙六家，劉向條九流，各以學術名其家，獨墨家乃繫以姓，豈非以其博學多方，周於世用，儒家之匹亞，異夫一曲不該姝姝自悦者與？今觀其書，務崇儉約，又多名家及兵技巧家言，《備城門》以下二十口篇今亡九篇，《漢志・兵技巧家注》云「省墨子」，不言篇數。省者，《別錄》有而《志》省也。西漢諸子多別行本，篇數多寡不一，觀《管子》、《晏子》、《孫卿書》錄可見。任宏因楊僕《兵錄》之舊，專輯兵書，與劉向所定箸未必一本。《漢志・兵家》都數注云：「省十家二百七十一篇」，以《兵權謀家》省九家二百五十九篇計之，則《技巧家》之《墨子》僅十二篇，疑字有捝誤。《明鬼》、《非命》，往復以申福善禍暴之義，與佛氏果報之説同。《經上》以下四篇，兼及幾何算學、光學、重學，則又今泰西之所以利民用而致富強者也。然西人覃思藝事，期於便己適用爲閎侈以自娛樂而已。《墨子》備世之急，而勞苦其身，又善守禦而非攻，而西人逐逐焉惟兼幷之是務，其宗旨蓋絕異。今西書，官私譯潤，孿覽日衆，況於中國二千年絕學，強本節用，百家不能廢之書，知言君子，其惡可過而廢之乎？往讀鎭洋畢氏注本，申證頗多，而疑滯尚未盡釋。蓋墨書多引古書古事，或出孔子删修之外，其難通一也；奇字之古文，旁行之異讀，譌亂迻竄，自漢以來，殆已不免。加以誦習者稀，楮槧俗書，重貤悂謬，無從理董，其難通二也；文體緐變，有專家習用之詞，有雅訓簡質之語，有名家奧衍之恉，有兵法藝術隱曲之文，其難通三也。江都汪氏中、武進張氏惠言，皆嘗爲此學，勒有成書，而傳本未覯。世丈孫仲頌先生，旁羅異本，博引古書，集畢氏及近代諸儒之説，從善匡違，增補扃略，取許叔重《淮南閒詁》之目，以署其書。太史公曰：「書缺有聞，其軼乃時時見於他說」，鄭康成《尚書大傳》叙曰：「音聲猶有譌誤，先後猶有差舛，重以篆隸之殊，不能無失。數子各論所聞，以己意彌縫其間，別作章句。」所謂間者，即指音聲之譌誤，先後之差舛，篆隸之殊失而言。彌縫其間，猶云彌縫其闕也。先生此書，援聲類以訂誤讀，宷文例以遂錯簡，推篆籀隸楷之遷變，以刊正譌文，發故書雅記之晻昧，以疏證軼事。其所變易，灼然如晦之見明；其所彌縫，奄然若合符復析。許注《淮南》全袠，不可得見，以視高誘、張湛諸家之書，非但不愧之而已。紹箕幸與校字之役，既卒業，竊喜自此以後，孤學舊文，盡人通曉。亦淵如先生所云，不覺僭而識其末也。黄紹箕謹跋。

俞樾《春在堂襍文六編》卷七《孫仲容墨子閒詁序》 墨氏弟子網羅放失，參考異同，具有條理，較之儒分爲八，至今遂無可考者，轉似過之，乃自唐以來，韓昌黎外，無一人能知。《墨子》者，傳誦既少，注釋亦稀。樂臺舊本，久絶流傳。闕文錯簡，無可校正。古言古字，更不可曉，而墨學塵薶終古矣。國朝鎮洋畢氏始爲之注，嗣是以來，諸儒益加讎校，涂徑既闢，奥窔粗窺，墨子之書，稍稍可讀。於是，瑞安孫詒讓仲容乃集諸說之大成，著《墨子閒詁》。凡諸家之說，是者從之，非者正之，闕畧者補之。至經說及《備城門》以下諸篇，尤不易讀，整紛剔蠹，衇摘無遺，旁行之文盡還舊觀。訛奪之處，咸秩無紊。蓋自有《墨子》以來，未有此書也。以余亦嘗從事於此，問序於余，余何足序此書哉！竊嘗推而論之，《墨子》惟兼愛是以尚同，惟尚同是以非攻，惟非攻是以講求備禦之法，近世西學中光學重學，或言皆出於墨子，然則，其備梯備突備穴諸法，或即泰西機器之權輿乎，嗟乎！今天下一大戰國也，以孟子「反本」一言爲主，而以《墨子》之書輔之，儻足以安內而攘外乎？勿謂仲容之爲此書，窮年兀兀，徒敝精神於無用也！

又《墨子序》 孟子以楊墨並言，辟而闢之。然楊非墨匹也，楊子之書不傳，略見於列子之書，自適其適而已。墨子則達於天人之理，熟於事物之情，又深察春秋戰國百餘年間時勢之變，欲補弊扶偏，以復之於古。鄭重其意，反復其言，以冀世主之一聽，雖若有稍詭於正者，而實千古之有心人也。尸佼謂孔子貴公，墨子貴兼，其實則一。韓非以儒墨並爲世之顯學，至漢世猶以孔墨並稱，尼山而外，其莫尚於此老乎？墨子死而墨分爲三，有相里氏之墨，有相夫氏之墨，有鄧陵氏之墨。今觀《尚賢》、《尚同》、《兼愛》、《非攻》、《節用》、《節葬》、《天志》、《明鬼》、《非樂》、《非命》，皆分上中下三篇，字句小異，而大旨無殊。意者此乃相里、相夫、鄧陵三家相傳之本不同，後人合以成書，故一篇而有三乎？墨氏弟子，網羅放失，參考異同，具有條理，較之儒分爲八，至今遂無可考者，轉似過之。乃唐以來，韓昌黎外，無一人能知墨子者，傳誦既少，注釋亦稀，樂臺舊本，久絶流傳，闕文錯簡，無可校正，古言古字，更不可曉，而墨學塵薶終古矣。國朝鎮洋畢氏，始爲之注，嗣是以來，諸儒益加讎校。涂徑既闢，奥窔粗窺，墨子之書，稍稍可讀。於是瑞安孫詒讓仲容，乃集諸說之大成，著《墨子閒詁》。凡諸家之說，是者從之，非者正之，闕略者補之。至《經說》及《備城門》以下諸篇，尤不易讀。整紛剔蠹，衇摘無遺，旁行之文，盡還舊觀，訛奪之處，咸秩無紊，蓋自有《墨子》以來，未有此書也。以余亦嘗從事於此，問序於余，余何足序此書哉？竊嘗推而論之，墨子惟兼愛是以尚同，惟尚同是以非攻，惟非攻是以講求備禦之法。近世西學中，光學、重學，或言皆出於《墨子》，然則其備梯、備突、備穴諸法，或即泰西機器之權輿乎？嗟乎！今天下一大戰國也，以孟子反本一言爲主，而以墨子之書輔之，儻足以安內而攘外乎。勿謂仲容之爲此書，窮年兀兀，徒敝精神於無用也。光緒二十一年夏，德清俞樾。

傳記

《清史稿・儒林傳三・孫詒讓》 孫詒讓，字仲容，瑞安人。父衣言，自有傳。詒讓，同治六年舉人，官刑部主事。初讀《漢學師承記》及《皇清經解》，漸窺通儒治經、史、小學家法。謂古子、羣經，有三代文字之通假，有秦、漢篆隸之變遷，有魏、晉正草之混淆，有六朝、唐人俗書之流失，有宋、元、明校讐之羼改。匡違捃佚，必有誼據，先成《札迻》十二卷。又著《周禮正義》八十六卷，以爲：「有清經術昌明，於諸經均有新疏，《周禮》以周公致太平之書，而秦、漢以來諸儒不能融會貫通。蓋通經皆實事、實字，天地、山川之大，城郭、宮室、衣服制度之精，酒漿、醯醢之細，鄭

《注》簡奧，賈《疏》疏略。讀者難於深究，而通之於治，尤多謬盭。劉歆、蘇綽之於新、周，王安石之於宋，膠柱鍥舟，一潰不振，遂爲此經詬病。詒讓乃以《爾雅》、《說文》正其訓詁，以《禮經》、《大小戴記》證其制度。研覃廿載，藁草屢易，遂博采漢、唐以來迄乾、嘉諸經儒舊說，參互繹證，以發鄭《注》之淵奧，裨賈《疏》之遺闕。其於古制，疏通證明，較之舊疏，實爲淹貫。而注有違牾，輒爲匡糾。凡所發正數十百事，匪敢壞『疏不破注』家法，於康成不曲從杜、鄭之意，實亦無誖。而以國家之富強，從政教入，則無論新舊學均可折衷於是書。」識者韙之。光緒癸卯，以經濟特科徵，不應。宣統元年，禮制館徵，亦不就。未幾卒，年六十二。所著又有《墨子閒詁》十五卷，《目錄》、《附錄》二卷，《後語》二卷。精深閎博，一時推爲絕詣。《古籀拾遺》三卷，《逸周書斠補》四卷，《九旗古義述》一卷。

《莊子集釋》分部

綜述

王先謙《莊子集釋序》 郭君子瀞爲《莊子集釋》成，以授先謙讀之，而其年適有東夷之亂，作而歎曰：莊子其有不得已於中乎！夫其遭世否塞，拯之末由，神彷徨乎馮閎，驗小大之無垠，究天地之終始，懼然而爲是言也。騶衍曰：「儒者所謂中國，於天下乃八十一分居其一分耳。赤縣神州外自有九州，裨海環之，大瀛海環其外。」惠施曰：「我知天下之中央，燕之北，越之南是也。」而莊子稱之，亦言儵與忽鑿混沌死，其說若豫睹將來而推厥終極，亦異人矣哉！子貢爲挈水之槔，而漢陰丈人笑之。今之機械機事倍於槔者相萬也。使莊子見之，奈何？蠻觸氏爭地於蝸角，伏尸數萬，逐北旬日。今之蠻觸氏不知其幾也，而莊子奈何？是故以黃帝爲君而有蚩尤，以堯爲君而有叢枝、宗、膾、胥敖。黃帝、堯非好事也，然而欲虛其國，刑其人，其不能以虛靜治，決矣。彼莊子者，求其術而不得，將遂獨立於寥闊之野，以幸全其身而樂其生，烏足及天下！且其書嘗暴著於後矣。晉演爲元學，無解於胡羯之氛；唐尊爲眞經，無救於安史之禍。徒以藥世主淫侈，澹末俗利欲，庶有一二之助焉。而其文又絕奇，郭君愛翫之不已，因有《集釋》之作，附之以文，益之以博。使莊子見之，得毋曰「此猶吾之糟粕」乎？雖然，無迹奚以測履，無糟粕奚以觀於古美矣！郭君於是書爲副墨之子，將羣天下爲洛誦之孫已夫！光緒二十年歲次甲午冬十二月，長沙愚弟王先謙謹撰。

傳記

繆荃孫《續碑傳集》卷二〇《郭慶藩墓志銘》 君諱慶藩，元名立壎，字孟純，子瀞，其自號湘陰郭氏。其世父兵部侍郎嵩燾，及父四品京堂崑燾，並以德業負重名世。系具余所爲墓碑。君幼敏異，年十五補縣學生食廩餼，既屢躓鄉舉，援例得通判，軍功累保知府。分發浙江，乞假歸養。家居十年，以道員改江蘇。遭母喪，以毀卒，光緒二十二年四月二十二日也。距其生道光二十四年九月十八日，年五十三。妻氏馮，妾王，子五：本源、振鏞、本常、本疆、本焱。惟振鏞存，舉人，五品銜，內閣中書。女四：適江、王，其二，殤。孫道樞。同、光閒，郭氏門族鼎盛，中外達官多通家世好。君負才地，滋欲有爲於世，然在浙兩筦榷稅不試守郡道員。黎庶昌使日本，請於朝，以君爲參贊官，嬰疾，未赴。在蘇主揚州運河隄工，躬親勞苦，功效章明。而君銜艱，遂不起矣。君之假歸也，余以憂里居，數相見。於文事，剖析源流，開抉閫奧，鶩精詣微，其應不窮。余曰：「子才可名箸述，奚浮慕世榮爲？」君笑，曰：「吾涉獵及之，非所注意也。」嘗上書大學士合肥李公，以爲製造、招商等局，僅收外人所得利什一，宜剏輪舟，倣公法貿易外洋收利權。又言於今大學士仁和王公，論鐵軌、電報、郵政、礦務四者，宜急舉。今更二十年，或事已肇端，或法猶未立，而時局之棘已百倍於君抗論之日。然則中國非無人之患也，直謀而不用之爲患。如君之明識遠慮，不一效其能以沒，不尤可傷也邪？君箸有《許書轉注說例》一卷，《說文經字攷辨證》四卷，《說文答問疏證補誼》八卷，《說文經字正誼》四卷，合校《方言》四卷，《莊子集釋》二十四卷，《泊然盦文集》二卷，《梅花書屋詩集》六卷，《瀞園賸稿》二卷，《尺牘》八卷。卒年某月，葬長沙大賢都蒲鐘塘山首。

《韓非子集解》分部

綜述

王先謙《韓非子集解序》 韓非處弱韓危極之時，以宗屬疏遠，不得進用。目擊游説縱横之徒顛倒人主以取利，而奸猾賊民，恣爲暴亂，莫可救止，因痛嫉夫操國柄者不能伸其自有之權力，斬割禁斷，肅朝野而謀治安。其身與國爲體，又燭弊深切，無繇見之行事，爲書以著明之，故其情迫，其言覈，不與戰國文學諸子等。迄今覽其遺文，推迹當日國勢，苟不先以非之言，殆亦無可爲治者。仁惠者臨民之要道，然非以待奸暴也。孟子導時王以仁義而惡言利，今非之言曰，世之學術者説人主不曰乘威嚴以困姦衺，而皆曰仁義惠愛，世主亦美仁義之名而不察其實。蓋世主所美非孟子所謂仁義，説士所言非仁義即利耳。至勸人主用威，唯非宗屬乃敢言之。非論説固有偏激，然其云明法嚴刑，救羣生之亂，去天下之禍，使強不陵弱，衆不暴寡，耆老得遂，幼孤得長，此則重典之用而張弛之宜，與孟子所稱及閒暇明政刑用意豈異也？既不能行之於韓，而秦法闇與之同，遂以鉏羣雄有天下。而董子迺曰，秦行韓非之説。攷非奉使時，秦政立勢成，非往即見殺，何謂行其説哉？書都二十卷，舊注罕所揮發，從弟先慎爲之集解，訂補闕譌，推究義藴，然後是書釐然可誦。主《道》以下蓋非平日所爲書，《初見秦》諸篇則後來附入者。非勸秦不舉韓，爲宗社圖存，畫至無俚，君子於此尤悲其志焉。光緒二十二年冬十二月葵園老人王先謙序。

王先慎《韓非子集解弁言》 《韓非子》舊有尹知章注，見《唐書・藝文志》，不載卷數，蓋其亡久矣。元何犿稱舊有李瓚注。李瓚無考。宋乾道本不題姓名，未知孰是。《太平御覽》、《初學記》注所引注文與乾道注本合，則其人當在宋前。顧其注不全備，且有舛誤，近儒多所匡益。因旁采諸説，閒附己見，爲《韓非子集解》一書。其文以宋乾道本爲主，閒有譌脱，據它本訂正焉。光緒二十一年孟冬月，長沙王先慎。

傳記（見前《後漢書集解》分部王先謙傳記）

《楚辭章句》分部

綜述

王逸《楚辭章句叙》 叙曰：昔者孔子叡聖明喆，天生不王，俾定經術，乃删《詩》、《書》，正《禮》、《樂》，制作《春秋》，以爲後王之法。門人三千，罔不昭達。臨終之日，則大義乖而微言絶。其後周室衰微，戰國竝爭，道德陵遲，譎詐萌生。於是楊、墨、鄒、孟、孫、韓之徒，各以所知著造傳記，或以述古，或以明世。而屈原履忠被譖，憂悲愁思，獨依詩人之義而作《離騷》。上以諷諫，下以自慰。遭時暗亂，不見省納，不勝憤懣，遂復作《九歌》以下凡二十五篇。楚人高其行義，瑋其文采，以相教傳。至於孝武帝，恢廓道訓，使淮南王安作《離騷經章句》，則大義粲然。後世雄俊，莫不瞻仰，攄舒妙思，纘述其詞。逮至劉向，典校經書，分以爲十六卷。孝章即位，深弘道藝，而班固、賈逵復以所見改易前疑，各作《離騷經章句》。其餘十五卷，闕而不説。又以「壯」爲「狀」，義多乖異，事不要撮。今臣復以所識所知，稽之舊章，合之經傳，作十六卷章句。雖未能究其微妙，然大指之趣，略可見矣。且人臣之義，以中正爲高，以伏節爲賢。故有危言以存國，殺身以成仁。是以伍子胥不恨于浮江，比干不悔于剖心。然後德立而行成，榮顯而名稱。若夫懷道以迷國，佯愚而不言，顛則不能扶，危則不能安，婉婉以順上，逡巡以避患，雖保黃耇，終壽百年，蓋志士之所恥，愚夫之所賤也。今若屈原，膺忠貞之質，體清潔之性，直若砥矢，言若丹青，進不隱其謀，退不顧其命，此誠絶世之行，俊彦之英也。而班固謂之「露才揚己」「競於羣小之中，怨恨懷王，譏刺椒、蘭，苟欲求進，强非其人，不見容納，忿恚自沈」是虧其高明，而損其清潔者也。昔伯夷、叔齊讓國守志，不食周粟，遂餓而死，豈可復謂有求於世而恨怨哉！且詩人怨主刺上曰：「嗚呼！小子，未知臧否，匪面命之，言提其耳。」風諫之語，於斯爲切。然仲尼論之，以爲大雅。引此比彼，屈原之詞，優游婉順，寧以其君不知之故，欲提攜其耳乎！而論者以爲「露才揚己」、「怨刺其上」、「强非其人」，殆失厥中矣。夫《離騷》之文依託《五經》以立義焉。「帝高陽之苗裔」，則《詩》「厥初生民，時惟姜嫄」也；「紉秋蘭以爲佩」，則「將翺將翔，佩玉瓊琚」也；「夕攬洲之宿莽」，則《易》「潛龍勿用」也；「駟玉虬而乘鷖」，則《易》「時乘六龍以御天」也；「就重華而敶詞」，則《尚書》「咎繇之謀謨」也；「登崑崙而涉流沙」，則《禹貢》之「敷土」也。故智彌盛者其言博，才益劭者其識遠。屈原之詞，誠博遠矣。自孔丘終後以來，名儒博達之士著造詞賦，莫不擬則其儀表，祖式其模範，取其要妙，竊其華藻，所謂金相玉質，百歲無匹，名垂罔極，永不刊滅者也。

王鏊《重刊王逸注楚辭序》 《楚辭》十七卷，漢中壘校尉劉向編集，校書郎王逸《章句》。其書本吳郡文學黃勉之所蓄，長洲尹左綿高君公次見而異之，相與校正，梓刻以傳。自考亭之註行世，不復知有是書矣。余閒於《文選》窺見一二，思覩其全，未得也。何幸一旦得而讀之。人或曰：六經之學，至朱子而大明，漢唐註疏爲之盡廢，何以是編爲哉？余嘗即二書而參閱之，逸之註訓詁爲詳，朱子始疏以《詩》之六義，援據博，義理精，誠有非逸所及者。然余之情也，若《天問》、《招魂》，譎怪奇澁，讀之多未曉析，及得是編，恍然若有開於余心。則逸也，豈可謂無一日之長哉？章決句斷，俾事可曉，亦逸之所自許也。余因思之，朱子之註《楚辭》，豈盡朱子説哉！無亦因逸之註，參訂而折衷之。逸之註，亦豈盡逸之説哉？無亦因諸家之説，會粹而成之。蓋自淮南王安、班固、賈逵之屬，轉相傳授，其來遠矣。然則註疏之學，可盡廢哉！若乃隨世所尚猥，以不誦絶之，此自拘儒曲學之所爲，非所望於博雅君子也。其《七諫》、《九懷》、《九歎》、《九思》，雖辭有高下，以其古也，亦存而不廢。雖然，古之廢於今，不獨是編也，有能追而存之者乎？高君好尚如是，則其爲政可知也已。正德戊寅夏五，光祿大夫柱國少傅、太子太傅、兼戶部尚書、武英殿大學士致仕王鏊序。

傳記

《後漢書・文苑列傳上・王逸》 王逸字叔師，南郡宜城人也。元初中，舉上計吏，爲校書郎。順帝時，爲侍中。著《楚辭章句》行於世。其賦、誄、書、論及雜文凡二十一篇。又作《漢詩》百二十三篇。子延壽，字文考，有儁才。少遊魯國，作《靈光殿賦》。後蔡邕亦造此賦，未成，及見延壽所爲，甚奇之，遂輟翰而已。曾有異夢，意惡之，乃作《夢賦》以自厲。後溺水死，時年二十餘。

《世説新語注》分部

綜述

董弅《世説新語跋》 右《世説》三十六篇，世所傳釐爲十卷，或作四十五篇，而末卷但重出前九卷中所載。余家舊藏，蓋得之王原叔家，後得晏元獻。公手自校本，盡去重復。其注亦小加翦截，最爲善本。晉人雅尚清談，唐初史臣修書率意竄定，多非舊語，尚賴此書以傳後世。然字有譌舛，語有難解，以它書證之，閒有可是正處，而注亦比晏本時爲增損。至於所疑，則不敢妄下雌黃，姑亦傳疑，以竢通博。紹興八年夏四月癸亥廣川董弅題。

陸游《世説新語跋》 郡中舊有《南史》、《劉賓客集》，版皆廢于火，《世説》亦不復在。游到官，始重刻之以存故事。《世説》最後成，因併識于卷末。湻熙戊申重五日新定郡守笠澤陸游書。

高似孫《緯略》卷九《劉孝標世説》 宋臨川王義慶，采擷漢、晉以來佳事佳話爲《世説新語》，極爲精絶而猶未爲奇也。梁劉孝標注此書，引援詳確，有不言之妙。如引漢魏、吴諸史及子傳、地理之書，皆不必言。只如晉氏一朝史，及晉諸公列傳、譜録、文章皆出于正史之外，紀載特詳，聞見未接，實爲注書之法。今采於後：

朱鳳《晉書》，沈約《晉書》，王隱《晉書》，
虞預《晉書》，朱鳳《晉紀》，劉謙之《晉紀》，
徐廣《晉紀》，鄧粲《晉紀》，曹嘉之《晉紀》，
干寶《晉紀》，《晉陽秋》，《續晉陽秋》，
檀道鸞《續晉陽秋》，《漢晉春秋》，《晉中興書》，
《晉惠帝起居注》，《晉安帝紀》，《晉後略》，
《庾翼別傳》，《孟嘉別傳》，《郭璞別傳》，
《王述別傳》，《諸葛恢別傳》，《羊曼別傳》，
《謝鯤別傳》，《阮孚別傳》，《邵薈別傳》，
《王含別傳》，《王珉別傳》，《管輅別傳》，
《荀粲別傳》，《司馬徽別傳》，《丞相王導別傳》，
《賈充別傳》，《郭泰別傳》，《桓玄別傳》，
《阮光祿別傳》，《王恭別傳》，《范宣別傳》，
《王乂別傳》，《嵇康別傳》，《桓彝別傳》，
《汝南別傳》，《周處別傳》，《王覬別傳》，
《陸玩別傳》，《向秀別傳》，《衛玠別傳》，
《王長史別傳》，《潘岳別傳》，《王敦別傳》，
《賀循別傳》，《王弼別傳》，《桓溫別傳》，
《劉剡別傳》，《殷浩別傳》，《三彬別傳》，
《郄超別傳》，《郭泰別傳》，《卞壼別傳》，
《郄愔別傳》，《桓冲別傳》，《孔愉別傳》，
《蔡司徒別傳》，《羅府君別傳》，《劉濛別傳》，
《郄鑒別傳》，《郄曇別傳》，《陶侃別傳》，
《羅含別傳》，《孫放別傳》，《祖約別傳》，
《王胡之別傳》，《王澄別傳》，《謝玄別傳》，
《顧秋別傳》，《陳逵別傳》，《王邃別傳》，
《劉尹別傳》，《支遁別傳》，《高坐別傳》，
《佛圖澄別傳》，《衛氏譜》，《祖氏譜》，
《溫氏譜》，《吴氏譜》，《庾氏譜》，
《許氏譜》，《戴氏譜》，《曹氏譜》，
《虞氏譜》，《陶氏譜序》，《周氏譜》，
《諸葛氏譜》，《華嶠譜》，《索氏譜》，
《桓氏譜》，《傅氏譜》，《馮氏譜》，
《孔氏譜》，《晉氏譜》，《謝氏譜》，
《王氏譜》，《王氏譜》，《謝女譜》，
《司馬氏譜》，《陸氏譜》，《郄氏譜》，
《羊氏譜》，《郝氏譜》，《摯氏世本》，
《王氏世家》，《袁氏世紀》，《裴氏家傳》，
《荀氏家傳》，《顧愷之家傳》，《李康家誡》，
《褚氏家傳》，《李氏家傳》，《謝車騎家傳》，
《袁氏家傳》，嵇康《高士傳》，皇甫謐《高士傳》，
《楚國先賢傳》，《海内先賢傳》，《汝南先賢傳》，
《江左名士傳》，《會稽後賢傳》，《蕭廣濟孝子傳》，
《鄭緝孝子傳》，《江表傳》，《逸士傳》，
《名士傳》，《文士傳》，《高士傳》，
《文章傳》，《晉中興士人書》，《晉諸公傳》，
《王中郎傳》，袁宏《孟處士傳》，《殷羡言行》，
《永嘉流人名》，《竹林七賢論》，《先賢行狀》，
《列仙傳》，《高逸沙門傳》，《安法師傳》，
《支法師傳》，《名德沙門題目》，庾法暢《人物論》，
宋明帝《文章志》，摯虞《文章志》，顧愷之《文章志》，
《續文章志》，丘淵之《文章叙》，丘淵之《文章録》，
《文章叙録》，《婦人集》，《王朝目録》，
《晉百官名》，《八王故事》，《晉東宮官名》，

《明帝東宮僚屬名》，《伏滔大司馬屬名》，《征西僚屬名》，《齊王官屬名》，《山公啓事》。

楊慎《丹鉛餘録》卷一 劉孝標注《世說》，多引奇篇奧帙，後劉須溪刪節之，可惜。孝標全本予猶及見之，今摘其一二以廣異聞：鄧粲《晉紀》曰：周伯仁應荅精神，足以蔭映數人。《續晉陽秋》曰：張玄之少以學顯，謝玄爲會稽内史，張玄之爲吳興太守，名亞謝玄，亦稱南北二玄。《晉陽秋》曰：王導接誘應會，少有忤者，雖踈交，常賔一見，多輸寫欵誠，自謂爲導所遇，同之舊暱。《語林》曰：殷浩於佛經有所不了，故遣人迎支道林，林乃虛懷欲往。王右軍駐之曰：深源思致，淵富未易可當，且己所不解，上人未必能通，縱能服彼，亦名不益高，若不合，便喪十年所保，林公乃不往。《左思別傳》云：思作《三都賦》，疾中猶改作《蜀都賦》，云：金馬電發於高岡，碧山振翼而雲披。鬼彈飛丸以礌礉，火井騰光而赫羲。今本無「鬼丸」句。《水經注》：瀘水傍瘴氣特惡，氣中有物不見其形。其作有聲，中木則折，中人則害，名爲「鬼彈」。又曰：左思造張載問岷蜀事，交接亦踈。皇甫謐西州高士，摯仲治宿儒知名，非思倫匹。劉淵、林衛伯輿並蚤終，皆不爲思賦序注也。凡諸注解，皆思自爲，欲重其文，故假借名姓也。夏侯湛《補亡詩》曰：既殷斯虔，仰說洪恩。名定匡省，奉朝侍昏。宵中告退，鷄鳴在門。孳孳溫恭，夙夜是敦。孫子《荆除婦服詩》曰：時邁不停，日月電流。神爽登遐，忽已一周。禮制有叙，告除靈丘。臨祠感痛，中心若抽。桓玄作《王孝伯誄》曰：川岳降靈，哲人是育。既爽其靈，不貽其福。天道茫昧，孰則倚伏。犬馬反噬，豺狼翹陸。嶺摧高梧，林殘故竹。人之云亡，邦國喪牧。于以誄之，爰旌芳鬱。王隱《晉書》云：晉帝詔徵蘇峻，峻曰：臺下云我反，反豈得活耶？我寧山頭望廷尉，不能廷尉望山頭也。《續晉陽秋》曰：謝安優游山水，以敷文析理自娛。荀綽《兗州記》曰：閭丘冲好音樂，侍婢不釋管弦，出入乘四望車。《續晉陽秋》曰：獻之文義非所長，而能撮其勝會，故擅名一時，爲風流之冠也。曹娥碑在會稽，而魏武、楊脩未嘗過江。以上孝標《世說》注。

袁褧《世説新語序目》 晉人樂曠多奇情，故其言語文章別是一色。《世說》可覩已說爲晉作，及于漢魏者其餘耳。雖典雅不如《左氏》、《國語》，馳騖不如諸《國策》，而清微簡遠，居然玄勝概舉。如衛虎渡江，安石敎兒，機鋒似沈，滑稽又冷類入人夢思，有味有情，嚥之愈多，嚼之不見。蓋于時諸公剸以一言半句爲終身之目，未若後來人士俛焉下筆，始定名價。臨川善述，更自高簡有法，反正之評，戾實之載，豈不或有？亦當頌之，使與諸書並行也。晚後淺俗，柰解人正不可得。嗚呼！人言江左清談，遺事槃槃，一老出其游戲，餘力尚足辦。此百萬之敵，玆非談之宗歟？抑吾取其文而非論其人也。丙戌長夏，病思無聊，因手校家本，精剟其長註閒，疏其滯義。明年以授梓，迺五月既望梓成。耘廬劉應登自書其端，是爲序。嘗攷《載記》所述晉人，話言簡約玄澹，爾雅有韻。世言江左善清談，今閱《新語》，信乎其言之也。臨川撰爲此書，採掇綜叙，明暢不繁。孝標所注，能收錄諸家小史，分釋其義，詁訓之賞見於高似孫《緯略》。余家藏宋本，是放翁校刊本。謝湖躬耕之暇，手披心寄，自謂可觀。爰付梓人，傳之同好。因歎昔人論司馬氏之祚亡於清談斯言也，無乃過甚矣乎！竹林之儔，希慕沂樂；蘭亭之集，咏歌堯風。陶荆州之勤敏，謝東山之恬鎭。解《莊》、《易》，則輔嗣平叔擅其宗；析梵言，則道林、法深領其乘。或詞冷而趣遠，或事瑣而意奧。風旨各殊，人有興託。王茂、弘祖，士雅之流，才通氣峻，心翼王室。又斑斑載諸冊簡，是可非之者哉？《詩》不云乎：濟濟多士，文王以寍。余以瑯琊王之渡江，諸賢弘贊之力爲多，非強說也。夫諸晤言率遇藻裁遂爲終身品目。故類以標格，相高玄虛，成習一時雅尚，有東京廚俊之流風焉。然曠達拓落濫觴，莫拯取譏世敎，撫卷惜之。此於諸賢不無遺憾焉耳矣。刻成序之。嘉靖乙未歲立秋日也，吳郡袁褧撰。

葉德輝《世説新語注引用書目》 六朝唐人書注最浩博者，梁裴松之《國志注》，劉孝標《世說新語注》及《文選》李善注三書而已，酈亭《水經注》猶後也。三書恆爲考訂家所采獲，檢閱頗難，故近人孫志祖有《文選注引用書目》，趙翼有《三國志注引用書目》，獨《世說》無之，良爲闕漏。往讀宋陳振孫《直齋書錄解題》，載《世說》有新安汪藻本，首列攷異，繼列人物世譜，末記所引書目。明以下刻本，皆從宋陸游本出，與汪本不同。蓋其亾佚久矣。暇日取《世說注》中所引書，凡得經史別傳三百餘種，諸子百家四十餘種，別集廿餘種，詩賦雜文七十餘種，釋道三十餘種。因依阮孝緒《七錄》部次，見唐釋道宣《廣弘明集》卷三。按部分編，其詩、賦、雜文則從《文選》目次。以二書撰自梁人，皆當時事也。諸書撰人篇第，悉從漢、隋二《志》。或二《志》所無，則以諸書引最先者注明其下，如《書鈔》選注同引，則注《書鈔》，他仿此。俾讀者因是書而得劉、班之流，別稽故書之逸文，以視孫、趙之草率成篇，殆不可同日語矣。經典錄內篇一。

易部：

鄭元序《易》，《隋志・經部》有《周易》九卷，云「後漢大司農鄭元注」，此其序也。唐人孔穎達《易正義・序》引作《易論》。《易》王弼注，《隋志》題《周易》十卷，云魏尚書郎王弼撰。

王廙《繫辭》注，《隋志》題《周易》三卷，云晉驃騎將軍王廙注，殘缺，梁有十卷。

殷融《象不盡意論》，

殷融《大賢須易論》，

殷浩、孫盛共論《易象》。

尚書部：

《尚書》，《漢書・藝文志・六藝・尚書家》題《尚書經》二十九卷。師古曰：此二十九卷伏生傳授者。

《尚書大傳》，《隋志》三卷，云鄭元注。

《尚書》孔安國注，《隋志》題《古文尚書》十三卷，云漢臨淮太守孔安國傳。

詩部：

《詩》毛萇注，亦稱毛公注。《漢志》題《毛詩故訓傳》三十卷，《隋志》題《毛詩》二十卷，云漢河閒太守毛萇傳、鄭元箋。

《韓詩外傳》，《漢志》題《韓詩外傳》六卷。《隋志》題《韓詩外傳》十卷。前《韓詩》下云：漢常山太傅韓嬰撰。

《詩》鄭（元）［玄］注。按：即箋也。《隋志》與傳合併，梁時分行。

禮部：

《周禮》，《漢志》題《周官經》六卷，《隋志》題《周官禮》。

《禮記》，亦稱《曲禮》。《隋志》題《禮記》二十卷，云漢九江太守戴聖撰、鄭元注。

《禮記》鄭注，見上。

《大戴禮勸學篇》，《隋志》題《大戴禮記》十三卷，云漢信都王太傅戴德撰。

《謚法》，《隋志》《大戴禮記》下云：梁有《謚法》三卷，後漢安南太守劉熙注，亡。

《夏小正》。《隋志》一卷，云戴德撰。

樂部：

《琴操》。《隋志》三卷，云晉廣陵相孔衍傳。

春秋部：

《春秋公羊傳》，《漢志》十一卷。注云：公羊子，齊人。

《春秋左傳》，《漢志》三十卷。注云：左邱明魯太史。

《國語》，《漢志》二十一篇。注云：左邱明箸。

《春秋傳杜預注》。《隋志》題《春秋左氏經傳集解》三十卷，云杜預注。

論語部：

《論語》，《漢志》《論語》古二十一篇，齊二十二篇，魯二十篇。

《論語》孔安國注，《隋志》不箸錄。魏何晏《論語集解》引用。

《論語》馬融注，《隋志》不箸錄。《集解》引用。

《論語》鄭（元）［玄］注，《隋志》十卷，云鄭（元）［玄］注。

《論語》包氏注，《隋志》不箸錄。《集解》引用。

《家語》，《漢志》題《孔子家語》二十七卷。《隋志》同，云王肅解。

《孔叢子》，《隋志》七卷，云陳勝博士孔鮒撰。

《五經通義》，《隋志》八卷，云梁九卷，無撰人。《唐志》云劉向撰。

《五經要義》。《隋志》五卷，云梁有十七卷，雷氏撰。

孝經部：

《孝經》，《漢志》。

《爾雅》。《漢志》三卷，二十篇。《隋志》入《論語》，今從《漢志》。

小學部：

許慎《說文》，《隋志》十五卷，云許慎撰。

蔡邕《勸學篇》，《隋志》題《勸學》一卷，云蔡邕撰。

文字志。《隋志》不箸錄。《初學記・文部》引撰人，題王愔。

記傳錄內篇二。

國史部：

《史記》，《漢志》入《春秋家》，題太史公百三十篇。《隋志》入《史部・正史》，題《史記》一百三十卷，《目錄》一卷，云漢中書令司馬遷撰。

《古史攷》，《隋志》二十五卷，云晉義陽亭侯譙周撰。

《漢書》，《隋志》一百一十五卷，云漢護軍班固撰，太山太守應劭《集解》等撰。

《漢書》應劭注，《隋志》題《漢書集解音義》二十四卷，云應劭撰。

《漢書》韋昭注，《隋志》題《漢書音義》七卷，云韋昭撰。

《漢書叙傳》，《隋志》五卷，云項岱撰。

《東觀漢記》，《隋志》一百四十三卷，云起光武，記注至靈帝，長水校尉劉珍等撰。

《續漢書》，《隋志》八十三卷，云晉祕書監司馬彪撰。

謝沈《後漢書》，《隋志》八十五卷，云本一百二十二卷，晉祠部郎謝沈撰。

薛瑩《後漢書》，《隋志》題《後漢記》六十五卷，云本一百卷，梁有今殘缺，晉散騎常侍薛瑩撰。

《漢南紀》，《隋志》題《後漢南記》四十五卷，云本五十五卷，今殘缺，晉江州從事張瑩撰。

《魏書》，《隋志》四十八卷，云晉司空王沈撰。

《魏志》，按即《三國志》之一。《隋志》統題《三國志》六十五卷，云晉太子中庶子陳壽撰。

《魏略》，《隋志》不箸録。《唐志》入正史，題三十八卷，云魚豢注。

《魏略西戎傳》，按此蓋《魏略》中之一篇也。

《蜀志》，按此亦《三國志》之一。

《蜀志》陳壽評，此即《國志》後「評曰」。

《吴書》，《隋志》二十五卷，云韋昭撰，本五十五卷，梁有，今殘缺。

環濟《吴紀》，《隋志》九卷，云晉太學博士環濟傳。

《吴録》，《隋志》《吴紀》下云：梁有張勃《吴録》三十卷，亡。

《吴録士林》，按：《吴録》中之一篇，士林疑即儒林之別名。

王隱《晉書》，《隋志》八十六卷，云本九十二卷，今殘缺，晉著作郎王隱撰。

虞預《晉書》，《隋志》二十六卷，云本四十四卷，訖明帝，今殘缺，晉散騎常侍虞預撰。

朱鳳《晉書》，《隋志》十卷，云未成，本十四卷，今殘缺，晉中書郎朱鳳撰。

《中興書》，《隋志》七十八卷，云起東晉，宋湘東太守何法盛撰。

《晉中興士人書》，按此《中興書》中之一，士人疑即文苑之別名。

沈約《晉書》，《隋志》《晉史草》下云：梁有沈約《晉書》一百一十一卷，亡。

《晉安帝紀》，按此《晉書》中之一篇也，撰人無攷。唐虞世南《北堂書鈔・武功部》九引「桓元置龍頭角」一事，又《儀飾部》一引「桓（元）［玄］至京都」一事，又《藝文類聚・水部》下引「吴隱之飲貪泉」一事，均稱《晉安帝紀》，則其書在隋唐閒猶單行也。今附箸《晉書》後。

《宋書》，《隋志》有徐爰、孫嚴、沈約三家，今沈書與所引不合，則未知爲孫爲嚴矣。以上正史。

袁宏《漢紀》，《隋志》入古史，題《後漢紀》三十卷，云袁彦伯撰。

張璠《漢紀》，《隋志》題《後漢紀》三十卷，云張璠撰。

《魏氏春秋》，《隋志》二十卷，云孫盛撰。

干寶《晉紀》，《隋志》二十三卷，云干寶撰，訖愍帝。

曹嘉之《晉紀》，《隋志》十卷，云晉前軍諮議曹嘉之撰。

習鑿齒《漢晉春秋》，《隋志》題《漢晉陽秋》四十七卷，云訖愍帝，晉滎陽太守習鑿齒撰。

鄧粲《晉紀》，《隋志》十一卷，云訖明帝，晉荆州別駕鄧粲撰。

《晉陽秋》，《隋志》三十二卷，云訖哀帝，孫盛撰。

劉謙之《晉紀》，《隋志》二十三卷，云宋中散大夫劉謙之撰。

徐廣《晉紀》，《隋志》四十五卷，云宋中散大夫徐廣撰。

徐廣《晉紀》文穎注，《隋志》不箸録。

檀道鸞《續晉陽秋》，《隋志》二十卷，云宋永嘉太守檀道鸞撰。

周祇《隆安紀》，《隋志》不箸録。《唐志》入《編年》，題《崇安記》二卷，云周祇撰。虞世南《北堂書鈔》設官部九，引，作《龍安記》均避明皇諱也。

劉璨《晉紀》，隋、唐《志》均不箸録。疑即鄧粲之誤。以上古史。

《戰國策》，《隋志》入雜史，題三十二卷，云劉向録。

《吴越春秋》，《隋志》十二卷，云趙曄撰。

《英雄記》，《隋志》題漢末《英雄記》八卷，云王粲撰，殘缺，梁有十卷。

《世語》，《隋志》題《魏晉世語》十卷，云晉襄陽令郭頒撰。

《魏末傳》，《隋志》二卷，無撰人。

《晉諸公贊》，《隋志》二十一卷，云晉祕書監傅暢撰。

《晉後略》，《隋志》題《晉後略記》五卷，云晉下邳太守荀綽撰。

梁祚《魏國統》，《隋志》二十卷，云梁祚撰。

《典略》，《隋志》八十九卷，云魏郎中魚豢撰。

《帝王世紀》，《隋志》十卷，云皇甫謐撰，起三皇盡漢魏。以上雜史。

注麻部：

《晉惠帝起居注》，《隋志・起居注》《晉元康起居注》下云：梁有《晉惠帝起居注》二卷，亡。

《泰元起居注》，《隋志》二十五卷，云梁有五十四卷。

舊事部：

《漢武故事》，《隋志》入《舊事篇》，題《漢武帝故事》二卷，無撰人。

《八王故事》，《隋志》題《晉八王故事》十卷，無撰人。

職官部：

《晉百官名》，《隋志》入《職官篇》，題三十卷，無撰人。

《晉東宮官名》，

《明帝東宮僚屬名》，

《征西寮屬名》，

《齊王官屬名》，

《大司馬官屬名》，

《伏滔大司馬寮屬名》，

《庾亮寮屬名》，

《庾亮參佐名》。

儀典部：

《謝公簡文謚議》，《隋志》不箸録。《唐志》入《儀注》，題《晉謝公謚議》。

《晉博士張亮議》。《隋志》不箸録。唐歐陽詢《藝文類聚・歲時部》下引用。

法制部：

阮咸《律議》，《晉書・律麻志》引用。

《山公啓事》。晉山濤撰。《隋志》不箸録，見本傳。

僞史部：

《趙書》，《隋志》入《霸史》，題十卷，云《一曰二石集》，記石勒事僞燕，太傅長史田融撰。

裴景仁《秦書》，《隋志》題《秦記》十一卷，云宋殿中將軍裴景仁撰。

車頻《秦書》，《隋志》不箸録。

張資《涼州記》，《隋志》題《涼記》八卷，云記張軌事僞燕，右僕射張諮撰。

按：資、諮一字，即此人也。

《石勒傳》，《隋志》不箸録。按：《志》有《二石傳》二卷，此疑其中一種也。《藝文類聚・祥瑞部》下引用。

《華陽國志》。《隋志》十二卷，云常璩撰。

雜傳部：

《海内先賢傳》，《隋志》入《雜傳》，題四卷，云魏明帝時撰。

《楚國先賢傳》，《隋志》十二卷，云張方撰。

《汝南先賢傳》，《隋志》五卷，云魏周斐撰。

《陳留志》，《隋志》十五卷，云東晉剡令江敞撰。

《會稽後賢傳》，《隋志》題《會稽後賢傳記》二卷，云鍾離岫撰。

《會稽典録》，《隋志》二十四卷，云虞預撰。

《江表傳》，《隋志》不箸録。《後漢書》章懷注引用，撰人題虞溥。《唐志》入雜史，題五卷，云虞溥撰。

稽康《高士傳》，《隋志》題《聖賢高士傳贊》，云稽康撰，周續之注。

皇甫謐《高士傳》，亦稱《高士傳》，亦稱《皇甫謐曰》，皆省文。《隋志》六卷，云皇甫謐撰。

《逸士傳》，《隋志》一卷，云皇甫謐撰。

蕭廣濟《孝子傳》，《隋志》十五卷，云晉輔國將軍蕭廣濟撰。

鄭緝之《孝子傳》，《隋志》十卷，云宋員外郎鄭緝之撰。

袁宏《名士傳》，《隋志》有《正始名士傳》三卷，云袁敬仲撰。《唐志》有《名士傳》三卷，云袁尚撰。

《江左名士傳》，《隋志》一卷，云劉義慶撰。

《名士傳》，《隋志》袁劉外有《海内名士傳》一卷，無撰人，疑即是書。

《竹林七賢論》，《隋志》二卷，云晉太子中庶子戴逵撰。

《文士傳》，《隋志》五十卷，云張隱撰。

《列女傳》，《隋志》十五卷，云劉向撰，曹大家注。

《妬記》，《隋志》二卷，云虞通之撰。

《永嘉流人名》，《舊唐志・職官類》有《晉永嘉流士》十三卷，云衛禹撰。

嚴尤《三將叙》，《藝文類聚・人部一》引用《太平御覽・人事部七十八》引作《三將軍論》。

《王朝目録》，《隋志》不箸録。《三國志注》引有《三朝録》，疑即是書，三、王形近易誤。

《文字志》，《隋志》不著録。

《條列吳事》，《隋志》不著録。按：本書引「孫休射雉一事」，《北堂書鈔・設官九》，徐堅《初學記》十一，引「胡沖閑刀筆」一事，撰人題薛瑩。以上總傳。

《徐江州本事》，《隋志》不著録。按：徐江州，徐寧也。

《太原郭氏録》，《隋志》不著録。

《殷羨言行》，《隋志》不著録。

《荀氏家傳》，《隋志》不著録。《唐志》入譜牒，題十卷，云荀伯子撰。

《褚氏》家傳，《隋志》一卷，云褚顗等撰。

《裴氏家傳》，《隋志》四卷，云裴松之撰。

《孔氏家傳》，《隋志》一卷，無撰人。

《袁氏家傳》，以下《隋志》不著録。《北堂書鈔・設官部二十一》引用。

《李氏家傳》，

《謝車騎家傳》，

《顧愷之家傳》。

《梁冀傳》，《唐志》題二卷，無撰人。

《東方朔傳》，《隋志》八卷，無撰人。

《東方朔別傳》，以下《隋志》不著録。《北堂書鈔・樂部三》引用。

《樊英別傳》，《北堂書鈔・職官》引用。

《郭泰別傳》，《國志注》引用。

《陳寔傳》。

《孔融別傳》，《藝文類聚・雜器物部》引用。

《鄭元別傳》，《國志注》引用。

《管輅傳》，《隋志》三卷，云管辰撰。

《管輅別傳》，以下《隋志》不著録。《初學記》引作《管公明別傳》。

《曹瞞傳》，《唐志》一卷，云吳人作。

《邴原別傳》，《國志注》引用。

《王弼別傳》，《國志注》引用，作何劭撰。

《向秀本傳》。

《向秀別傳》，《文選注》引。

《嵇康別傳》，《文選注》引用。

《殷浩別傳》，

《左思別傳》。

《陶侃別傳》，《太平御覽》引用。

《羅府君別傳》，含。

《卞壼別傳》，

《范汪別傳》。

《潘岳別傳》，《國志注》引用。

《孫放別傳》，《北堂書鈔・舟部》引用。

《王濛別傳》，亦稱《王長史別傳》，《書鈔・設官九》引用。

《范宣別傳》。

《衛玠別傳》，《初學記・人部下》引用。

《劉尹別傳》，惔。

《鍾雅別傳》，

《江惇別傳》，

《祖約別傳》，

《郭璞別傳》，

《羊曼別傳》。

《孟嘉別傳》，《北堂書鈔・設官二十五》引用。

《陳逵別傳》，

《賀循別傳》，

《陽翼別傳》。

《虞光祿別傳》，駿。

《阮孚別傳》。

《阮光祿別傳》，裕。

《孔愉別傳》，

《諸葛恢別傳》。

《荀粲別傳》，《北堂書鈔・藝文部六》引用，作何劭撰。

《王敦別傳》，《太平御覽》引用。

《王丞相別傳》，導。

《王含別傳》。
《司馬徽別傳》，《太平御覽》引用。
《王珉別傳》，《初學記・職官部上》引用。
《王司徒別傳》，珣。
《王廙別傳》，《書鈔・舟部下》引用。
《王邃別傳》，
《王澄別傳》，
《王乂別傳》，
《王獻之別傳》。
《王中郎別傳》，坦之。
《王胡之別傳》，
《王汝南別傳》，
《王彪之別傳》。
《王劭王薈別傳》，《書鈔・酒食部三》引《王薈別傳》。
《王彬別傳》，
《王述別傳》，
《王雅別傳》，
《王舒別傳》。
《謝玄別傳》，《太平御覽》引用。
《謝鯤別傳》。
《陸機別傳》，《國志注》引用。
《陸雲別傳》，《國志注》引用。
《陸玩別傳》，
《庾翼別傳》，
《司馬晞傳》，
《司馬無忌別傳》。
《桓彝別傳》，《太平御覽》引用。
《桓溫別傳》，
《桓沖別傳》。
《桓玄別傳》，《書鈔・酒食部三》引用。
《桓豁別傳》，
《郗超別傳》，
《郗鑒別傳》，
《郗愔別傳》，
《郗曇別傳》，
《蔡充別傳》，
《蔡司徒別傳》，
《顧和別傳》。
《顧凱之爲父傳》，凱之父悅。
《周顗別傳》，
《周處別傳》。
《孝文王傳》，梁簡文帝子。

鬼神部：

《異苑》，《隋志》入《雜傳》，題十卷。云宋給事劉敬叔撰。
《搜神記》，《隋志》三十卷，云干寶撰。
《靈鬼志謠徵》，《隋志》三卷，云荀氏撰。按：《謠徵》，疑其篇目也。
《孔氏志怪》，《隋志》四卷，云孔氏撰。
《幽明錄》，《隋志》二十卷，云劉義慶撰。

土地部：

《洛陽宮殿簿》，《隋志》入《地里》，題一卷，無撰人。
《吳興記》，《隋志》三卷，云山謙之撰。
《南徐州記》，《隋志》三卷，云山謙之撰。
《會稽記》，《隋志》一卷，云賀循撰。
《會稽土地志》，《隋志》有《會稽土地記》一卷，云朱育撰。
盛宏之《荆州記》，《隋志》三卷，云宋臨川王侍郎盛宏之撰。
《十洲記》，《隋志》一卷，云東方朔撰。
《南州異物志》，《隋志》一卷，云吳丹陽太守萬震撰。
荀綽《冀州記》，以下《隋志》不箸錄。《文選注》引用。
荀綽《兗州記》，《書鈔・設官部十》引用。
《潯陽記》，魏酈道元《水經注》引用，《初學記・地理上》引用，撰人題張僧鑒。
《揚州記》，《初學記・地部中》引用，撰人題劉澄之。
《丹陽記》，《書鈔・設官部二十四》引用。《初學記・州郡部》撰人題山謙之。
《東陽記》，《書鈔・武功部八》引用，撰人題鄭緝之。
《永嘉記》，《書鈔・藝文部十》引用。《初學・地部下》引用，撰人題鄭緝之。
《襄陽記》，《書鈔・政術部》引用。《初學記・州郡部》撰人題習鑿齒。
《太康地記》，《國志注》及沈約《宋書・州郡志》引用。
《三秦記》，《水經注》引用，撰人題辛氏。
《西河舊事》，唐章懷《後漢書注》引用。
《錢縣記》，《水經・漸江水注》引用，題《錢唐記》。
《會稽郡記》，《書鈔》引用。
《豫章舊志》，《藝文類聚・鳥部中》引用，不題撰人。
遠法師《廬山記》，《水經注》引用。
遠法師《遊山記》，《太平御覽》引用。

譜狀部：

《晉世譜》，《隋志》不箸錄。
《傅氏譜》，《隋志》入譜系，題《北地傅氏譜》一卷，無撰人。
《謝氏譜》，《隋志》一十卷，無撰人。
《楊氏譜》，《隋志》一卷，無撰人。
《庾氏譜》，以下《隋志》不箸錄。《國志注》引用。
《阮氏譜》，《國志注》引用。
《孔氏譜》，《國志注》引用。
《劉氏譜》，《國志注》引用。
《陳氏譜》，《國志注》引用。
《諸葛氏譜》，《國志注》引用。
《周氏譜》，晉陶潛《羣輔錄》引用。
《吳氏譜》，
《羊氏譜》，
《許氏譜》，
《桓氏譜》，
《馮氏譜》，
《殷氏譜》。
《陸氏譜》，《史記》司馬貞《索隱》引用。
《顧氏譜》，《文選注》引用。
《虞氏譜》，
《衛氏譜》，
《魏氏譜》，
《温氏譜》，
《温氏譜叙》，
《曹氏譜》。
《李氏譜》，唐林寶《元和姓纂》引用。
《袁氏譜》，
《索氏譜》，
《戴氏譜》，
《賈氏譜》，
《郝氏譜》，
《郗氏譜》，
《韓氏譜》，
《張氏譜》。
《荀氏譜》，《羣輔錄》引用。
《祖氏譜》，
《司馬氏譜》。
《王氏家譜》，《國志注》引作《王氏譜》。
《華嶠譜叙》，《國志注》引用。
《謝女譜》，
《摯氏世本》，
《王祥家世》，
《王氏世家》。
《袁氏世紀》，《國志注》引用。
《先賢行狀》，亦稱《潁川先賢行狀》，《書鈔・設官部十一》引用。

《趙吳郡行狀》。穆。

簿錄部：

劉向《別錄》，《隋志》入《簿錄篇》，題《七略別錄》二十卷。

丘淵之《新集錄》，《隋志》題《晉義熙以來新集目錄》三卷，無撰人。《唐志》云丘深之撰，避高祖諱。

丘淵之《文章錄》，《隋志》不箸錄。《文選注》引用。

摯虞《文章志》，《隋志》四卷，云摯虞撰。

宋明帝《文章志》，《隋志》題《晉江左文章志》三卷，云宋明帝撰。

顧凱之《晉文章記》，以下《隋志》不箸錄。

《文章叙錄》。《書鈔・設官部十八》引用。

子兵錄內篇三。

儒部：

《孟子》，《漢志》入《儒家》，云十一篇。《隋志》入《儒家》有鄭（元）［玄］趙岐、劉熙注三家。

賈誼《新書》，《漢志》題《賈誼》五十八篇。《隋志》題賈子云，漢梁太傅賈誼撰。

《說苑》，《漢志》入《儒家》，劉向所序下。《隋志》入《儒家》，題二十卷，云劉向撰。

杜篤《新論》，《隋志》不箸錄。《後漢書》本傳云：篤箸《明世論》十五篇，疑即是書也。

《揚子李軌注》，《漢志》入《儒家》，揚雄所序下。《隋志》入《儒家》，題《揚子法言》十五卷，《解》一卷，云揚雄撰，李軌注。

《牟子》，《隋志》二卷，云後漢太尉牟融撰。

《典論》，《隋志》五卷，云魏文帝撰。

《譙子法訓》。《隋志》八卷，云譙周撰。

道部：

王弼《老子注》，《隋志》入《道家》，題《老子道德經》二卷，云王弼注。

《列子》，《漢志》入《道家》，題《列子》八篇，注云名御寇。《隋志》八卷，云鄭之隱人列御寇撰。

《莊子》，《漢志》五十二篇，注名周宋人。《隋志》《音注》二十家，今存郭象《注》一家。

《莊子郭注》，《隋志》三十卷，目一卷，云晉太傅主簿郭象注。

《莊子司馬彪注》，《隋志》十六卷，云司馬彪注，本二十一卷，今闕。

向子期郭子元《逍遙義》，此《莊子》中之一篇，《隋志》本有向秀郭象二家注，疑此篇二家同也。

名部：

姚信《士緯》。《隋志》《名家人物志》下云：梁有《士緯新書》十卷，姚信撰。

墨部：

《墨子》。《漢志》入《墨家》，云七十一篇。《隋志》十五卷，目一卷，云宋大夫墨翟撰。

雜部：

《尸子》，《漢志》入《雜家》，題二十篇，注名佼魯人。《隋志》二十卷，目一卷，云梁十九卷，秦相商鞅上客尸佼撰。

《呂氏春秋》，《漢志》二十六篇，注秦相呂不韋輯，智略士作。《隋志》二十六卷，云高誘注。

《淮南子》，《漢志》題《淮南內》二十一篇，注王安。《隋志》二十一卷。云漢淮南王劉安撰，許慎注。又二十一卷，高誘注。

《論衡》，《隋志》二十九卷，云後漢徵士王充撰。

《風俗通》，《隋志》題《風俗通義》三十一卷，云《錄》一卷，應劭撰，梁三十卷。

蔣濟《萬機論》，《隋志》八卷，云蔣濟撰。

《傅子》，《隋志》百二十卷，云晉司隸校尉傅元撰。

《博物志》。《隋志》十卷，云張華撰。

農部：

《神農書》。《漢志》入《農家》，題《神農》二十篇，注六國時人所託。

小說部：

《語林》，《隋志・小說家》《燕丹子》下云：《語林》十卷，東晉處士裴啓撰。

《裴子》，當即《語林》。

孫盛《雜語》，《隋志》《雜語》五卷，無撰人。

《郭子》。《隋志》三卷，云東晉中郎郭澄之撰。

兵部：

《孫子兵法》。《漢志・兵書畧》吳《孫子兵法》八十二篇，注圖九卷。《隋志》

兵家題二卷，云吴將孫武撰。

文集録内篇四。

楚辭部：

《楚辭》。《隋志》入《集部》，題十二卷，云并《目録》，後漢校書郎王逸注。

別集部：

《孫楚集》，《隋志》題《馮翊太守孫楚集》，六卷。

《張敏集》，《隋志》題《晉尚書郎張敏集》二卷。

《庾亮集》，《隋志》題《晉太尉庾亮集》，二十一卷。

《王脩集》，《隋志》晉潯陽太守《庾純集》下云，梁有驃騎司馬《王脩集》三卷。

《謝萬集》，《隋志》題晉散騎常侍《謝萬集》，十六卷。

《孫綽集》，《隋志》題晉衛尉卿《孫綽集》，十五卷。

《桓温集》，《隋志》題晉大司馬《桓温集》，十一卷。

《伏滔集》，《隋志》題晉《伏滔集》十一卷，云并《目録》。

《習鑿齒集》，《隋志》題滎陽太守《習鑿齒集》，五卷。

《袁宏集》，《隋志》題晉東陽太守《袁宏集》，十五卷。

《桓元集》，《隋志》題《桓元集》，二十卷。

《稽康集叙》，《隋志》有魏中散大夫《稽康集》，十三卷。

《夏侯湛集叙》，《隋志》有晉散騎常侍《夏侯湛集》，十卷。

《劉瑾集叙》，《隋志》有晉太常卿《劉瑾集》，九卷。

《蔡洪集叙》，《隋志》晉安豐太守《孫惠集》下云，梁有松滋令《蔡洪集》二卷，録一卷，亡。

《孫綽高柔集序》。

總集部：

《婦人集》。《隋志》入總集，題二十卷，無撰人。

雜文部：

《西京賦》，漢張衡撰見《漢書》本傳，亦見《文選》。

左思《蜀都賦》，見《晉書》本傳，亦見《文選》。

伏滔《長笛賦》，《書鈔・樂部》引用。

傅咸《羽扇賦》，《書鈔・服飾部》引用。

袁宏《北征賦》，見《晉書》本傳。

傅元彈《棋賦序》，《太平御覽》引用。

潘岳秋《興賦叙》，亦見《文選》。

孫綽《遂初賦序》，

魏武帝《樂府詩》，

何晏《五言詩》。

阮籍《詠懷詩》，見《文選》。

阮籍《寄懷詩》，

孫楚《除婦服詩》，

夏侯湛《補笙詩》，

潘岳《家風詩》，

潘岳《送成都王軍司馬堪至北邙別詩》。

左思《招隱詩》，亦見《文選》。

郭璞《幽思篇》，

庾闡《從征詩》，

殷浩《詠曹顔遠詩》。

石崇《金谷詩序》，亦見《水經・谷水注》。

王珣林《法師墓下詩序》，

王珣《遊嚴陵瀨詩序》。

謝歆《金昌亭詩叙》，《隋志》東陽太守《袁宏集》下云：梁有車騎司馬《謝韶集》三卷，此歆疑韶之譌，謝韶官車騎司馬，乃謝萬子。附見《晉書・謝安傳》，《晉書》并無謝歆也。

《魏武遺令》，《三國志注》引用。

王述《下主簿教》，

桓温《平洛表》，

《王右軍夫人謝表》。

孫綽《諫桓公遷都》，《晉書》本傳《諫移都洛陽疏》。

羊孚《詣桓（元）［玄］箋》，

《庾亮與周劭書》，

《王沈與人書》，

《太傅越與趙穆王承阮瞻鄧攸書》，
《桓（元）［玄］與羊欣書》，
《張華與褚陶書》，
《蔡洪與刺史周浚書》，
《劉琨與親舊》。
《戴逵與所親書》，亦見《藝文類聚・人部二十》。
《阮咸與姑書》，
《姑答書》。
王羲之《臨河叙》，按即《蘭亭序》也。
《陶氏叙》，
《夏侯湛羊秉叙》，
《馬融自叙》，
夏侯湛《周詩叙》。
《稽紹趙至叙》，亦見《文選稽趙景眞與稽茂文書注》。
劉伶《酒德頌》，見《晉書》本傳，亦見《文選》。
葛洪《富民塘頌》，
習鑿齒《晉承漢統論》。
稽康《聲無哀樂論》，《書鈔・樂部十八》引作《無聲哀樂論》。
歐陽堅石《言盡意論》，亦見《藝文類聚・人部三》。
謝鯤《元化論》，序。
王隱《論揚雄太元經》，
王坦之《沙門不得爲高賢論》。
謝萬《八賢論》，《初學記・十七》引謝萬《八賢頌》即《論後頌》也。
孫綽《難謝萬八賢論》，
王脩《賢人論》，
伏滔《論青楚人物》，
《鍾會庭論稽康》，
何劭《論荀粲》，
戴逵《論王戎》，
戴逵《論裴楷弔阮籍喪》，
劉寔《論王肅》，
張野《遠法師銘》。
劉《鎮南銘》，表。
袁宏《孟處士銘》，陋。
桓（元）［玄］《王孝伯誄》，
孫綽《庾公誄》。
孫綽《劉惔誄叙》，原注「誄」誤「諫」。《晉書・劉惔傳》載有孫綽《誄》，此其《叙》也。
孫統《吏部虞存誄叙》。
孫綽《庾亮碑文》，亦見《藝文類聚・職官部二》。
《陸邁碑》，
《張蒼梧碑》，
阮籍《勸進文》。
張敏頭《責子羽文》。亦見《國志注》。

術伎録内篇五。

緯讖部：

《易乾鑿度》，《隋志》入《經部》，統題《易緯》八卷，云鄭元注，此其中之一種也。《書鈔・歲時部一》引用。

《春秋攷異郵》。《隋志》《春秋災異》十五卷下云：梁有《春秋緯》十卷，宋均注此其中之一種也。《書鈔・天部三》引用正作《春秋攷異郵》。

麻竿部：

《周髀》。《隋志》入《天文》題一卷，云「趙嬰注」，又一卷云「甄鸞重述」。

刑法部：按《漢志・數術略》有「形法六家」，自《山海經》至《相六畜》，則此「刑法」，即《漢志》之「形法」也，刑、形二字本通。

《青烏子相冢書》，《隋志》不箸録。《唐志・五行家》作《青烏子》三卷，無撰人。《書鈔・酒食部六》引作《青烏子葬書》。《藝文類聚・山部上》引作《青烏子相冢書》。

《伯樂相馬經》，《隋志・五行》《相馬經》下云：梁有《伯樂相馬經》闕《中銅馬法》、《周穆王八馬圖》。

《甯戚相牛經》，《隋志・五行》《相牛經》下云：梁有齊侯大夫《甯戚相牛經》。

《相牛經》。《隋志》注《甯戚經》外，有《王良相牛經》、《高堂隆相牛經》，此或二家也。

醫經部：

《本草》。《隋志·醫方》《神農本艸》八卷下云，梁有《神農本艸》五卷。

經方部：

《秦丞相寒食散論》。《隋志》二卷，不題撰人。

雜藝部：

《衛恆四體書勢》，《隋志》入小學，題一卷，云晉長水校尉衛恆撰。

《顧愷之書贊》，

《顧愷之畫贊》，

《王夷甫畫贊》。

《范汪棊品》。《隋志》入《兵家》，題《碁九品序錄》一卷，范汪等注。

佛法錄外篇一。

戒律部：

《波羅密經》，《釋藏·大乘經類》箸錄。

《涅盤經》，《釋藏·大乘經類》箸錄。

《法華經》，《釋藏·重譯經類》箸錄。

《維摩詰經》，《釋藏·重譯經類》箸錄。

《僧肇智維摩詰經注》，《釋藏·迹字號八》箸錄。

《釋氏經》，

《釋氏辨空經》，

《浮屠經》，

《出經叙》。

《遠法師阿毗曇叙》。《釋藏·迹字號十》箸錄。

論記部：

《大智度論》，《釋藏·大乘論類》箸錄。

《成實論》，《釋藏·小乘論類》箸錄。

《道賢論》，梁釋慧皎《高僧傳一》引用。

《支氏逍遙論》，《釋藏》不箸錄。

《支公書》，《釋藏》不箸錄。按梁釋僧祐《宏明集》載有《支遁與桓元書》，《高僧傳四》載有《支遁與竺法深書》，此其類也。

《支道林集妙觀章》。

庾法暢《人物論》，《高僧傳四》引作「康法暢」，兩書必有一誤。

孫綽《名德沙門贊》，《高僧傳五》引用。

孫綽《道壹贊》，按此沙門贊之一。

孫綽《支愍度贊》，按此亦沙門贊之一。

《名德沙門題目》，《高僧傳五》引用。

《支法師傳》，《太平御覽》引作《支遁傳》。

《支遁別傳》。

《安和上傳》，亦稱《安法師傳》。

《高坐傳》。

《佛圖澄傳》，《藝文類聚·雜器物部》引用。

《高逸沙門傳》。唐釋道安《法苑珠林·傳記篇》題一卷，云晉武帝時剡東仰山沙門釋法濟撰。

仙道錄外篇二。

經戒部：

劉子政《列仙傳》，《隋志》入《雜傳》。

孫綽《列仙傳讚》。《隋志》三卷，云劉向撰，孫綽贊。

房中部：

稽叔夜《養生論》，《隋志·道家·符子》下云：梁有《養生論》三卷，稽康撰。

以上七錄戢。

《徐廣歷紀》，按《類聚》引用有《徐整三五歷紀》，疑即此書。

許叔重曰，

蔡邕曰，

韓氏曰，

舊說，

舊語。

以上六家無攷，附錄於後。

傳記

《梁書·劉峻傳》 劉峻字孝標，平原平原人。父珽，宋始興內史。峻生期月，母攜還鄉里。宋泰始初，青州陷魏，峻年八歲，爲人所略至中山，中山富人劉實愍峻，以束帛贖之，教以書學。魏人聞其江南有戚屬，更徙之桑乾。峻好學，家貧，寄人廡下，自課讀書，常燎麻炬，從夕達旦，時或昏睡，爇其髮，既覺復讀，終夜不寐，其精力如此。齊永明中，從桑乾得還，自謂所見不博，更求异書，聞京師有者，必往祈借，清河崔慰祖謂之「書淫」。時竟陵王子良博招學士，峻因人求爲子良國職，吏部尚書徐孝嗣抑而不許，用爲南海王侍郎，不就。至明帝時，蕭遥欣爲豫州，爲府刑獄，禮遇甚厚。遥欣尋卒，久之不調。天監初，召入西省，與學士賀蹤典校祕書。峻兄孝慶，時爲青州刺史，峻請假省之，坐私載禁物，爲有司所奏，免官。安成王秀好峻學，及遷荆州，引爲戶曹參軍，給其書籍，使抄錄事類，名曰《類苑》，未及成，復以疾去，因遊東陽紫巖山，築室居焉。爲《山栖志》，其文甚美。高祖招文學之士，有高才者，多被引進，擢以不次。峻率性而動，不能隨衆沉浮，高祖頗嫌之，故不任用。峻乃著《辨命論》以寄其懷曰：【略】峻又嘗爲《自序》，其略曰：「余自比馮敬通，而有同之者三，异之者四。何則？敬通雄才冠世，志剛金石；余雖不及之，而節亮慷慨，此一同也。敬通值中興明君，而終不試用；余逢命世英主，亦擯斥當年，此二同也。敬通有忌妻，至於身操井臼；余有悍室，亦令家道轗軻，此三同也。敬通當更始之世，手握兵符，躍馬食肉；余自少迄長，戚戚無歡，此一异也。敬通有一子仲文，官成名立；余禍同伯道，永無血胤，此二异也。敬通膂力方剛，老而益壯；余有犬馬之疾，溘死無時，此三异也。敬通雖芝殘蕙焚，終塡溝壑，而爲名賢所慕，其風流郁烈芬芳，久而彌盛；余聲塵寂漠，世不吾知，魂魄一去，將同秋草，此四异也。所以自力爲叙，遺之好事云。」峻居東陽，吳、會人士多從其學。普通二年，卒，時年六十。門人謚曰玄靖先生。

《文選注》分部

綜述

蘇軾《蘇軾文集》卷六十七《書謝瞻詩》 李善注《文選》，本末詳備，極可喜。所謂五臣者，眞俚儒之荒陋者也。而世以爲勝善，亦謬矣。謝瞻《張子房》詩曰：「苛慝暴三殤。」此禮所謂上中下三殤。言暴秦無道，戮及孥稚也。而乃引「苛政猛於虎，吾父吾子吾夫皆死於是」。謂夫與父爲殤，此豈非俚儒之荒陋者乎？諸如此甚多，不足言，故不言。

王讜《唐語林》卷二 世人多謂李氏立意注《文選》，過爲迂繁，徒自騁學，且不解文意，遂相尚習五臣者，大誤也。所廣徵引，非李氏立意。蓋李氏不欲竊人之功，有舊注者，必逐每篇存之，仍題元注之人姓字；或有迂闊乖謬，猶不削去之。苟舊注未備，或興新意，必於舊注中稱「臣善」以分別。既存元注，例皆引據，李氏續之，雅誼慇懃也。代傳數本李氏《文選》，有初注成者，有覆注成者，有三注、四注者，當初旋被傳寫之誤。其絕筆之本，兼釋音訓義，注解甚多，匡乂家幸而有焉。嘗將數本並校，不惟注之贍略有異，至於科段互相不同，無似余家之本該備也。因而比量五臣者，方悟所注直盡從李氏注中出，開元進表反非斥李氏，無乃欺心歟！且李氏未詳處，將欲下筆，宜明引憑證；細而觀之，無非率爾。今聊各舉其一端。至如《西都賦》說獵云：「許少施巧，秦成力折。」李云：「許少、秦成未詳。」五臣云：「古之捷人壯士，搏格猛獸。」施巧、力折固是捷壯，文中自解矣，豈假更言？況不知二人所從出乎？又注「作我上都」云：「上都，西京也。」何太淺近忽易歟？必欲加李氏所未注，何不云「上都者，君上所居，人所都會」耶？況秦地厥田上上，居天下之上乎？又輕改前賢文旨。若李氏注云「某字或作某字」，便隨而改之；其有李氏解而自不曉，輒復移易，今不能繁駁，亦略指其所改一字。曹植樂府云：「寒鼈炙熊蹯。」李氏云：「今之臘肉謂之「寒」，蓋韓國事饌尚此法，復引《鹽鐵論》「羊淹雞寒」、劉熙《釋名》「韓雞」爲證「寒與韓同」。又李以上句云「膾鯉臇胎鰕」，因注云：「《詩》曰：『炰鼈膾鯉』。」五臣兼見上句有「膾」，遂改「寒鼈」爲「炰鼈」，以就《毛詩》之句。又子建《七啓》云：「寒芳苓之巢龜，鱠西海之飛鱗。」五臣亦改「寒」爲「搴」，注云：「搴，取也。」何以對下句之「鱠」耶？況此篇全説殺事之意，獨入此「搴」字，於理甚不安。上句既改「寒」爲「搴」，下句亦宜改「鱠」爲「取」，縱一聯稍通，亦與諸句不相承接。以此言之，明子建故用「寒」字，豈可改爲「炰」、「搴」耶？斯類篇篇有之，學者幸留意。仍知李氏絶筆之本，懸若日月焉。方之五臣，猶虎狗、鳳鷄耳。其改字，有「翩翻」對「恍惚」，則獨改「翩翻」爲「翩翩」，與下句不相收。又李氏舊本作「泉」及年代字，五臣貴有異同，改其字，卻犯國諱，豈惟矛盾也！

王楙《野客叢書》卷五《文選注謬》 《文選・蕭揚州薦士表》曰：竊見王暕，字思晦。七葉重光，海内冠冕。良注：七葉謂自王祥以下至暕父曇首，凡七葉，冠冕不絶。僕謂良不考究，妄爲之説。僕考暕正王覽之下，非祥下也。暕蓋儉之子，僧綽之孫，曇首之曾孫。注以暕父曇首，又謬也。祥覽爲兄弟，自覽至曇首六世，至暕則九世矣。注謂祥至曇首七世，亦謬也。李善注謂：暕，覽之下，此説是矣。然謂覽生導，又非也。按《晉書》：覽生裁，裁生導。王筠亦曰：未有七葉，名德重光，爵位相繼。如吾門者，筠蓋與暕再從兄弟，皆曇首曾孫，所以俱有七葉重光之語。僕又考之自導至褒九世，立傳著在國史，自洽至鼒九世，有集行于晉宋隋唐之間，自古名門濟美，鮮有如是之盛者。

汪師韓《文選理學權輿》卷六《前賢評論》 唐李匡乂字濟翁，隴西人。《資暇録》曰：世人多謂李氏立意注《文選》過爲迂繁，徒自騁學，且不解文意，遂相尚習五臣者，大誤也。所廣徵引，非李氏立意。蓋李氏不欲竊人之功，有舊注者，必逐每篇存之，仍題元注人之姓氏。或有迂闊乖謬，猶不削去之。苟舊注未備，或興新意，必於舊注中稱臣善以分別，既存元注，例皆引據，李續之雅宜殷勤也。代傳數本李氏《文選》，有初注成者，覆注者，有三注、四注者，當時旋被傳寫之。其絶筆之本，皆釋音訓義，注解甚多，余家幸而有焉。嘗將數本竝校，不惟注之贍略有異。至於科段互相不同，無似余家之本該備也。因此而量五臣者，方悟所注盡從李氏注中出，開元中進表，反非斥李氏，無乃欺心歟！且李氏未詳處，將欲下筆，宜明引憑證，細而觀之，無非率爾，今聊各舉其一端。至如《西都賦》説「遊獵」云：許少施巧，秦成力折。李氏云：許少、秦成未詳。五臣云「昔之捷人壯士，搏移猛獸，施巧力折」，固是捷壯，文中自解矣，豈假更言！況又不知二人所從出乎！又注「作我上都」云：上都，西京也。何太淺近忽易歟？必欲加李氏所未注，何不云「上都者，君上所居，人所都會」耶？況秦地厥田上上，居天下之上乎？又輕改前賢文旨，若李氏注云某字或作某字，便隨而改之，其有李氏不解而自不曉，輒復移易。今不能繁駮，亦略指其所改字。曹植樂府云：寒鼈炙熊蹯。李氏云：今之臘肉謂之寒。蓋韓國事饌尚此法，復引《鹽鐵論》「羊淹雞寒」、劉熙《釋名》「韓羊韓雞」爲證，寒與韓同。又李以上句云「膾鯉臇胎鰕」，因注詩曰：炰鼈膾鯉。五臣兼見上句有「膾鯉」，遂改「寒鼈」爲「炰鼈」，以就《毛詩》之句。又子建《七啓》云：寒芳苓之巢龜，鱠西海之飛鱗。五臣亦改「寒」爲「搴」。搴，取也，何以對下句之膾耶？況此篇全説脩事之意，獨入此「搴」字，於理甚不安。上句既改「寒」爲「搴」，即下句亦宜改「膾」爲「取」，縱一聯稍通，亦于諸句不相承接。以此言之，明子建故用「寒」字，豈可改爲「炰搴」耶？斯類篇篇有之，學者幸留意，乃知李氏絶筆之本，懸諸日月焉。方之五臣，猶虎狗鳳雞耳。其改字也，至有「翩飜」對「恍惚」，則獨改「翩飜」爲「翩翩」，與下句不相收。又李氏依舊本不避國朝廟諱，五臣易而避之，宜矣。其有李本本作泉及年代字，五臣貴有異同改其字，故犯國諱，豈惟矛楯而已哉！

錢大昕《十駕齋養新録》卷一四《文選注》 潘岳《閒居賦》注引《安革猛詩》：「祁祁我徒。」予向疑安革猛不知何人，詢之海寧陳仲魚鱣，乃知「革猛」爲「韋孟」之譌，「安」乃衍字也。檢《漢書・韋賢傳》，果如仲魚言。《甘泉賦》注引桓譚《新論》云：「雄作《甘泉賦》一首，始成，夢腸出，收而内之，明日遂卒。」《文賦》注引《新論》云：成帝祠甘泉，詔雄作賦，思精苦，困倦小臥，夢五藏出外，以手收而内之，及覺，病喘悸少氣。二注不同，當以後注爲正。蓋子雲因作賦而病，未嘗因病而卒也。前注「明日遂卒」，「卒」字殆傳寫之誤。不特非《新論》本文，并非李善注之舊也。何義門謂《新論》出于妄人附益者，蓋未檢文賦注之故。或據此注謂子雲卒于成帝之世，未嘗仕莽，何異癡人説夢邪！

陸以湉《冷廬雜識》卷五《文選》 唐初，李善與許淹、公孫羅並承江都曹憲爲《文選》音訓蒼雅之學，而李注盛行於世，與顔師古《漢書注》並稱。開元中，呂延祚復集呂延濟、劉良、張詵、呂向、李周翰共爲之注，與李氏注並行。然當時文士，如李匡乂作《資暇録》，邱光庭作《兼明書》，深斥五臣之謬遠遜李氏之精核。夫淹通如李氏，其所未詳者，且百有十四，亦可見此書之博奧，有未易沿討者矣。唐、宋士人皆習此書，迨熙、豐間，王安石著《三經新義》頒於學宮，主司以之取士，於是以穿鑿爲能，以附會爲工，而《選》學漸廢。然而承學之士，代不乏人，精於是者，若洪氏邁、王氏應麟，皆有論辨，足以發明其旨趣。蓋其書歷久常新，故其學閲久弗替，後人雖有《廣文選》、《續文選》等書，終不能與之爭衡也。

傳記

《舊唐書・儒學傳上・李善》 李善者，揚州江都人。方雅清勁，有士君子之風。顯慶中，累補太子内率府録事參軍、崇賢館直學士，兼沛王侍讀。嘗注解《文選》，分爲六十卷，表上之，賜絹一百二十匹，詔藏于秘閣。除潞王府記室參軍，轉秘書郎。乾封中，出爲經城令。坐與賀蘭敏之周密，配流姚州。後遇赦得還，以教授爲業，諸生多自遠方而至。又撰《漢書辯惑》三十卷。載初元年卒。子邕，亦知名。

《分類補注李太白集》分部

綜述

蕭士贇《補注李太白集序例》 唐詩大家數李、杜爲稱首，古今注杜詩者號千家，注李詩者曾不一二見，非詩家一欠事與！僕自弱冠知誦太白詩。時習舉子業，雖好之未暇究也。厥後乃得專意于此，間趨庭以求聞所未聞，或從師以蘄解所未解。冥思遐想，章究其意之所寓；旁搜遠引，句考其字之所原。若夫義之顯者，概不贅演。或疑其贋作，則移置卷末，以俟巨眼者自擇焉。此其例也。一日得巴陵李粹甫家藏左綿所刊春陵楊君齊賢子見注本讀之，惜其博而不能約，至取唐廣德以後事及宋儒記録詩詞爲祖，甚而併杜注内僞作蘇東坡箋事已經益守郭知達刪去者，亦引用焉。因取其本類此者爲之節文，擇其善者存之。注所未盡者，以予所知附其後，混爲一注。全集有賦八篇，子見本無注，此則併注之，標其目曰《分類補注李太白集》。吁！晦菴朱子曰：太白詩從容于法度之中，蓋聖于詩者，則其意之所寓，字之所源，又豈予寡陋之見所能知？乃欲以意逆志于數百載之上，多見其不知量矣。注成不忍棄置，又從而刻之棗者，所望于四方之賢師友是正之，發明之，增而益之，俾箋注者由是而十百千焉，與杜注等，顧不美歟！其毋笑以注蟲魚，幸甚。至元辛卯中秋日章貢金精山北冰厓後人粹齋蕭士贇粹可。

傳記

丁丙《善本書室藏書志五則》 《分類補注李白詩》二十五卷（元至大辛亥刊本，錢叔美藏書） 唐李白撰。宋元人注白集者惟推此兩家。齊賢履貫具前題。士贇寧都人，自署冰崖後人，蓋其父宋辰州通判立等之號也，書二十五卷，分二十二類，前有至元辛卯中秋粹齋自序，弱冠誦太白詩，厥後眞思遐想，章究其意之所寓；旁搜遠引，句考其字之所原。一日得左綿所刊楊君子見注本，惜其博不能約，因取其本類比爲之節文，善者存之，注所未盡者，以所見附其後。賦八篇，子見本無注，則併注之，目録後有建安余氏勤有堂刊篆文木記，目録末葉版心記至大辛亥三月刊。按《天祿琳琅》所收元刊本前載唐李陽冰、宋樂史、宋敏求、曾鞏、毛漸五序，劉全白《李君碣記》，此本並佚。有錢松叔美印信，白文方印，松字叔美，號耐青，晚號西郭外史，錢塘人，工篆刻書畫。

《分類補注李太白詩文集》三十卷（明嘉靖刊本，春陵楊齊賢子見集注，章貢蕭士贇粹可補注，吳會後學郭雲鵬校刻）前有唐宣州當塗令李陽冰序，次朝散大夫行尚書職方員外郎直史館上柱國樂史述別集序，次殿中侍御史李華《李公墓誌》，次尚書膳部員外郎劉全白撰《李君碣記》，次常山宋敏求後記，次南豐曾鞏後序。詩二十五卷，先標楊齊賢、蕭士贇之名，以文集無兩家注故也。後有雲鵬自跋，並嘉靖癸卯春元月寶善堂梓行小木記，無印精潔，殊可珍也。

《四庫提要·集部二·分類補注李太白集》 宋楊齊賢集注，而元蕭士贇所刪補也。【略】齊賢字子見，春陵人。

《楚辭補注》分部

綜述

洪興祖《楚辭補注》卷一題下注 班孟堅云，始楚賢臣屈原被讒放流，作《離騷》諸賦以自傷悼。後有宋玉、唐勒之屬，慕而述之，皆以顯名。漢興，高祖王兄子濞，于吳招致天下娛游子弟枚乘、鄒陽、嚴夫子之徒，興于文景之際。而淮南王安都壽春，招賓客著書，而吳有嚴助，朱買臣貴顯漢朝，故世傳《楚辭》。 隋唐書《志》有皇甫遵訓《參解楚辭》七卷，郭璞《注》十卷，宋處士諸葛《楚辭音》一卷，劉杳《草木蟲魚疏》二卷，孟奧《音》一卷，徐邈《音》一卷。始漢武帝命淮南王安爲《離騷傳》，其書今亡。按《屈原傳》云：「《國風》好色而不淫，《小雅》怨誹而不亂，若《離騷》者，可謂兼之矣。」又曰：「蟬蛻于濁穢，以浮游塵埃之外，不獲世之滋垢，皭然泥而不滓。推此志，雖與日月爭光可也。」班孟堅、劉勰皆以爲淮南王語，豈太史公取其語以作傳乎？漢宣帝時，九江被公能爲《楚辭》。隋有僧道騫者，善讀之，能爲楚聲，音韻清切。至唐，傳《楚辭》者，皆祖騫公之音。

陳振孫《直齋書録解題》卷一五 《楚辭考異》，一卷，洪興祖撰。興祖少時從柳展如得東坡手校《楚辭》十卷，凡諸本異同，皆兩出之；後又得洪玉父而下本十四五家參校，遂爲定本。始補王逸《章句》之未備者；書成，又得姚廷輝本，作《考異》，附古本《釋文》之後；其末，又得歐陽永叔、孫莘老、蘇子容本於關子東、葉少協，校正以補《考異》之遺。洪於是書用力亦以勤矣。案：《文獻通攷》作《補注楚辭》十七卷、《考異》一卷。晁公武曰：凡王逸《章句》有未盡者，補之。《自序》云：以歐陽永叔、晁文元諸家參考之，爲定本；又得姚廷輝本，作《考異》。此所云亦二書，蓋因《補注》已見前條，故不復載，然標題終爲脫落也。

毛表《楚辭補注跋》 今世所行《楚辭》，率皆紫陽注本，而洪氏《補注》絕不復見。紫陽原本六義，比事屬辭，如堂觀庭，如掌見指，固已探古人之珠囊，爲來學之金鏡矣。然慶善少時即得諸家善本，參較异同，後乃補王叔師《章句》之未備者而成書，其援據該博，考證詳審，名物訓詁，條析無遺，雖紫陽病其未能盡善。而當時歐陽永叔、蘇子瞻、孫莘老諸君子之是正，慶善師承其說，必無刺謬。表方舞勺，先人手《離騷》一篇教表曰：「此楚大夫屈原所作，其言發於忠正，爲百代詞章之祖。昔人有言，《國風》好色而不淫，《小雅》怨誹而不亂，若《離騷》者，可謂兼之。我之從事鉛槧，自此書昉也。小子識之。」壬寅秋，從友人齋見宋刻洪本，黯然於先人之緒言，遂借歸付梓。其《九思》一篇，晁補之以爲不類前人諸作，改入《續楚辭》，而紫陽并謂《七諫》、《九嘆》、《九懷》、《九思》平緩而不深切，盡刪去之，特增賈長沙二賦，則非復舊觀矣。洪氏合新舊本爲篇第，一無去取，學者得紫陽而究其意指，更得洪氏而溯其源流，其於是書，庶無遺憾。汲古後人毛表奏叔識。

傳記

《宋史·洪興祖傳》 洪興祖字慶善，鎮江丹陽人。少讀《禮》至《中庸》，頓悟性命之理，績文日進。登政和上舍第，爲湖州士曹，改宣教郎。高宗時在揚州，庶事草創，選人改秩軍頭司引見，自興祖始。召試，授祕書省正字，後爲太常博士。上疏乞收人心，納謀策，安民情，壯國威。又論國家再造，一宜以藝祖爲法。紹興四年，蘇、湖地震。興祖時爲駕部郎官，應詔上疏，具言朝廷紀綱之失，爲時宰所惡，主管太平觀。起知廣德軍，視水原爲陂塘六百餘所，民無旱憂。一新學舍，因定從祀：自十哲曾子而下七十有一人，又列先儒左丘明而下二十有六人。擢提點江東刑獄。知眞州。州當兵衝，瘡痍未瘳。興祖始至，請復一年租，從之。明年再請，又從之。自是流民復業，墾闢荒田至七萬餘畝。徙知饒州，先夢持六刀，覺曰：「三刀爲益，今倍之，其饒乎？」已而果然。是時秦檜當國，諫官多檜門下，爭彈劾以媚檜。興祖坐嘗作故龍圖閣學士程瑀《論語解序》，語涉怨望，編管昭州。卒，年六十有六。明年，詔復其官，直敷文閣。興祖好古博學，自少至老，未嘗一日去書。著《老莊本旨》、《周易通義》、《繫辭要旨》、《古文孝經序贊》、《離騷楚詞考异》行于世。

《山谷詩集注》分部

綜　述

任淵《黄陳詩集注序》　大凡以詩名世者，一句一字，必月鍛季鍊，未嘗輕發，必有所考。昔中山劉禹錫嘗云：「詩用僻字，須要有來去處。」宋考功詩云：「馬上逢寒食，春來不見餳。」嘗疑此字僻，因讀《毛詩·有瞽》注，乃知六經中唯此注有此「餳」字。而宋景文公亦云：「夢得嘗作《九日》詩，欲用『餻』字，思六經中無此字，不復爲。」故景文《九日食餻》詩云：「劉郎不肯題餻字，虛負人間一世豪。」前輩用字嚴密如此，此詩注之所以作也。本朝山谷老人之詩，盡極《騷》、《雅》之變，後山從其游，將寒冰焉。故二家之詩，一句一字有歷古人六七作者，蓋其學該通乎儒釋老莊之粤，下至於醫卜百家之說，莫不盡摘其英華，以發之於詩。始山谷來吾鄉，徜徉於巖谷之間，余得以執經焉。暇日因取二家之詩，略注其一二，第恨寡陋，弗詳其秘，姑藏於家，以待後之君子有同好者相與廣之。政和辛卯重陽日書。

許尹《山谷詩集注序》　六經所以載道而之後世，而《詩》者，止乎禮義，道之所存也。周《詩》三百五篇，有其義而亡其辭者，六篇而已。大而天地日星之變，小而蟲鳥草木之化，嚴而君臣父子，別而夫婦男女，順而兄弟，群而朋友，喜不至瀆，怨不至亂，諫不至訐，怒不至絶：此《詩》之大略也。古者登歌清廟，會盟諸侯，季子之所觀，鄭人之所賦，與夫士大夫交接之際，未有舍此而能達者。孔子曰：「爲此《詩》者，其知道乎！」又曰：「不學《詩》，無以言。」蓋《詩》之用於世如此。周衰，官失學廢，《大雅》不作久矣。由漢以來，詩道浸微，陵夷至于晉、宋、齊、梁之間，哇淫甚矣！曹、劉、沈、謝之詩，非不工也，如刻繪染縠，可施之貴介公子，而不可用之黎庶。陶淵明、韋蘇州之詩，寂寞枯槁，如叢蘭幽桂，可宜於山林，而不可置於朝廷之上。李太白、王摩詰之詩，如亂雲敷空，寒月照水，雖千變萬化，而及物之功亦少。孟郊、賈島之詩，酸寒儉陋，如蝦蟹蜆蛤，一啖便了，雖咀嚼終日，而不能飽人。唯杜少陵之詩，出入今古，衣被天下，藹然有忠義之氣，後之作者，未有加焉。宋興二百年，文章之盛，追還三代，而以詩名世者，豫章黄庭堅魯直，其後學黄而不至者，後山陳師道無己。二公之詩，皆本於老杜，而不爲者也。其用事深密，雜以儒、佛、虞初、稗官之說，《雋永》、《鴻寶》之書，牢籠漁獵，取諸左右，後生晚學此秘未覩者，往往苦其難知。三江任君子淵，博極群書，尚友古人，暇日遂以二家詩爲之注解，且爲原本立意始末，以曉學者，非若世之箋訓，但能標題出處而已也。既成，以授僕，欲以言冠其首。予嘗患二家詩興寄高遠，讀之有不可曉者，得君之解，玩味累日，如夢而寤，如醉而醒，如痿人之獲起也，豈不快哉！雖然，論畫者可以形似，而捧心者難言；聞絃者可以數知，而至音者難說。天下之理，涉於形名度數者，可傳也；其出於形名度數之表者，不可得而傳也。昔後山《答秦少章》云：「僕之詩，豫章之詩也。然僕所聞於豫章，願言其詳；豫章不以語僕，僕亦不能爲足下道也。」嗚呼！後山之言殆謂是耶？今子淵既以所得於二公者筆之於書矣，若乃精微要妙，如古所謂味外味者，雖使黄、陳復生，不能以相授，子淵尚得而言乎？學者宜自得之可也。子淵名淵，嘗以文藝類試有司，爲四川第一，蓋今日之國士、天下士也。紹興乙亥冬十二月，鄱陽許尹謹叙。

錢文子《薌室史氏注山谷外集詩序》 書存于世，唯《六經》、諸子及遷、固之史有注其下方者，以其古今之變，詁訓之不相通也。而今人之文，今人乃隨而注之，則自蘇、黃之詩始也。詩動乎情，發乎言，而成乎音，人爲之，人誦之，宜無難知也。而蘇、黃二公乃以今人博古之書，譬楚大夫而居於齊，應對唯諾，無非齊言，則楚人莫喻也。如將以齊言而喻楚人，非其素嘗往來莊、嶽之間，其孰能之？山谷之詩與蘇同律，而語尤雅健，所援引者乃多於蘇。其詩集已有任淵、史會更注之矣。而公所自編謂之《外集》者，猶不易通。史公儀甫遂繼而爲之注，上自《六經》、諸子、歷代之史，下及釋、老之藏、稗官之錄，語所關涉，無不盡究。予官成都，得於公之子叔廉而夜閱之，其於山谷之詩，既悉疏理，無復凝結，而古文舊事，因公之注所發明者多矣！夫讀古人之書，得之於心，應之於手，固非區區采之簡冊而後用之也。而爲之注者，乃即羣書而究其所自來，則注者之功宜難於作，而公以博洽之能，乃隨作者爲之訓釋，此其追慕先輩、加惠後學之意，殆非世俗之所能識也。昔白樂天作詩，使嫗讀之，務令易知；而揚子雲草《太玄》，其詞艱深，人不能通，乃曰：「後有揚子雲，必好之矣。」古之君子，固有不徇世俗而自信於後世之知我者。若公於山谷，既以子雲而知子雲，其爲之訓釋，則又諄諄然爲人言之，是亦樂天之志也。公，蜀青衣人，名容，號薌室居士，仕至太中大夫，晚謝事，著書不自休，嘗爲《補韻》及《三國地名》，皆極精密。今年餘七十，耳目清明，齒髮不衰，它日傳於世者，又將不止於數書而已也。嘉定元年十二月乙酉，晉陵錢文子序。

史容《山谷外集詩注序》 山谷自言欲倣莊周分其詩文爲內、外篇，意固有在，非去此取彼。今《內集》詩已有注，而《外集》未也，疑若有所去取焉者，玆豈山谷之意哉？秦少游與李德叟簡云：「黃魯直過此，爲留兩日，其《幣帚》、《焦尾》兩編，文章高古，邈然有二漢之風，今時交游中以文墨自業者，未見其比。」又簡參寥云：「魯直近從此赴太和令，得渠新詩一編，高古絕妙，吾屬未有其比。僕頃不自揆，妄欲與之後先而驅，今乃知不及遠甚。」赴太和蓋元豐庚申歲，而《焦尾》、《幣帚》即《外集》詩文也。其爲時輩所推如此。建炎間，山谷之甥洪玉父爲胡少汲編《豫章集》，獨取元祐入館後所作，蓋必有謂，未可據依。此續注之所不得已也。因以少游語冠於篇首，其作詩歲月，別行詮次，有不可考者，悉皆附見。舊多舛誤，略加是正，餘且從疑，以俟博識。

史季温《閩憲刊山谷外集詩注跋》 失大父薌室先生所注《山谷外集》詩，脫稾之日，永嘉白石錢先生文季爲之序引，鋟木於眉，蓋嘉定戊辰歲也。是書已行於世。其後大父優游林泉者近十年，復參諸書，爲之增注，且細考山谷出處歲月，別行詮次，不復以舊集古律詩爲拘。考訂之精，十已七八，其間不可盡知者附之本年。蜀板已毀，遺稾幸存，今刻之閩憲治，庶與學者共之，幷以大父實錄、本傳附見。淳祐庚戌嘉平旦日，孫朝請大夫、福建路提點刑獄公事季溫百拜謹跋。

洪咨夔《豫章外集詩注序》 天降時雨，山川出雲，故《嵩高》、《烝民》之咏，不于人物之盛而于其生。我朝列聖以人文陶天下，學問議論文章之士，莫盛於熙、豐、元、紹間，其生也類。在神文朝，如詩家曰蘇、曰黃、曰陳。蘇公生於景祐，陳公生於皇祐，而豫章生於慶曆。天地清寧，日月正明，稟於氣者全也。公得清寧正明之全氣，氣全而神王，挾豐隆，騎倒景，飄飄乎與造物者游；放爲篇章，超軼絕塵，獨立萬物之表，坡翁蓋心服之，而後山師焉。其集嘗擬《莊子》分內、外篇，《外集》如韓淮陰驅市人背水而戰，暗與兵法合；《內集》如諸葛武侯八陣，奇正相生，鬼神莫窺其奧，彙分之意嚴矣。君子之學日進而日新，日新而日化，進則人，新則道，化則天。逝者如斯，不舍晝夜，正以是也，文與詩亦然。論詩者不泝其始，無以知其進而新；不極其終，無以知其新而化。《內集》斷自入館以後，極其終矣；《外集》起初年《溪上吟》，泝其始也。眉山任處士驥天成，擺落科舉之累，眞積於學，書無不覽，愛公詩若嗜欲然。以《內集》有任子淵注，因注《外集》十二卷，攷年譜以推出處，用事必求其意，用字必探其原，勤且博至矣。或以詩嘗經公手删，而疑其多愛；然使學者盡見前輩少壯至老之作，以觀日新日化之功，雖多不厭也。子逢博習有家法。方注詩時，兩髦耽耽，檢書捧研，領「退而學詩」之意。今以名卿守蜀，白首矣，懼父書無傳，力自讎校，鋟而公諸世。萬里信來，俾序之。某晚出，未闖其樊，何敢贅？樓攻媿謂《宋宗儒摘阮歌》、《戴道士彈琴詩》，不知何以分內、外，當有能辨之者。余聞李衛公好惠山泉，置驛取水，有僧言長安昊天觀井水與惠山泉通，雜它水十餘缶試之，僧指其二曰：「此惠山泉也。」文饒爲罷水驛。欲知內、外之辨者，請以是觀之。

魏了翁《注黄詩外集序》 鄧公立注釋黄公詩，前劉後李既爲識所以作，厥子震龍又求予申其義，予無所措辭矣。予嘗讀三《禮》，於「生子」曰「詩負」，於「祝嘏」曰「詩懷」。乃知詩之爲言，承也，情動於中，而言以承之，故曰詩非有一豪造作之工也。而後世顧以纂言比事爲能，每字必謹所出，此詩注之所以不可已。姑識其説，以明世道之升降云。

張元禎《弘治刊本黄文節公詩注序》 先生魯直，庭堅，名字也；山谷，宋到今即其自號而尊稱之者。嘗與張耒、晁補之、秦觀四人同游蘇東坡門，號四學士，然士論特舉先生以媲蘇，曰「蘇黄」。其爲人慈祥，其德行於孝友殊篤，其節操不以夷險貳，吾晦菴朱子稱以「粗爲向上」在此。其識詣多得之釋氏，其文章則尤長於詩，觀之斯集可知。東坡譽以「超軼絶塵，獨立萬物之表」，陳師道後山評以「得法杜甫，學杜而不爲」；又論詩者謂詩各有派，先生則江西詩祖也。寧，南昌屬縣，先生其縣人。縣閭右有陳鳳岐者，知重先生，圖刻其詩文，以諗於予，予遍爲訪之莫得。斯集乃今提學僉憲莆田黄未齋仲昭家故所有者，未齋愛之，每笥以自隨，行縣次寧，勸督暇，因出之示諸生。時鳳岐已物故，其沛、沾二子躍然跽請：「茲先人嘗圖刻於張東白内翰，弗得而卒。公幸賜焉，一以彰先正久晦之遺文，一以終先人之志而瞑其目於地下。」公喜而亟與之，更躬爲校正，以成二美。刻既，沛來謁序，序以歸之。弘治丙辰春三月既望，賜進士出身、南京翰林院侍讀學士、奉訓大夫、前經筵官、兼修國史郡人張元禎序。

《四庫提要・集部七・山谷集注》 山谷内集註二十卷，外集註十七卷，兩淮鹽政，採進本。別集註二卷。編修翁方綱家藏本。宋任淵、史容、史季溫所註黄庭堅詩也。任淵所註者内集，史容所註者外集，其別集則容之孫季溫所補，以成完書。内集一稱正集，其又稱前集者，蓋内集編次成書在外集之前，故註家相承，謂内集爲前集耳。外集之詩起嘉祐六年辛丑，庭堅時年十七，而内集之詩起元豐元年戊午，庭堅時年三十四，故外集諸詩轉在内集之前。黄罃所編庭堅年譜云：山谷以史事待罪陳留，偶自編退聽堂詩，初無意盡去少作，胡直孺少汲建炎初帥洪，井類山谷詩文爲《豫章集》，命汝陽朱敦儒、山房李彤編集，而洪炎玉父專其事，遂以退聽爲斷。史容外集序亦云：山谷自言，欲倣莊周分其詩文爲内外篇，意固有在，非欲去此取彼也。譜又云：洪氏舊編以古風二篇爲首，今任淵註本亦云東坡報山谷書推重此二詩，故置諸篇首。是任淵所註内集，即洪炎編次之本。史季溫外集跋云：細考出處歲月，別行詮次，不復以舊集古律詩爲拘。則所謂外集者，已非復原次。再考李彤外集跋云：彤聞山谷自巴陵取道通城，入黄龍山，爲清禪師徧閲南昌集，自有去取，仍改定舊句。彤後得本，用以是正其言非予詩者五十餘篇，彤亦嘗見於他人集中，輒以除去。又云：前集内木之彬彬諸篇皆山谷晚年刪去，其去取據此而已。然季溫跋稱其大父爲增註考訂，在嘉定戊辰後，又近十年。則上距庭堅之沒，已百有十年。而外集原本卷次，至是始經史容更定。則所謂外集者，併非庭堅自刪之本矣。然則是三集者，皆賴註本以傳耳。趙與時《賓退錄》嘗論淵註送舅氏野夫之宣城詩，不得春網琴高出典。然註本之善不在字句之細瑣，而在於考核出處時事。任註内集，史註外集，其大綱皆系於目錄，每條之下，使讀者考其歲月，知其遭際，因以推求作詩之本旨。此斷非數百年後以意編年者所能爲，何可輕也。外集有嘉定元年晉陵錢文子序，而内集鄱陽許尹序，世傳鈔本皆佚之，惟劉壎《水雲村泯稾》載其大略，目錄亦多殘闕，此本獨有尹序全文，且三集目錄，犁然皆具，可與註相表裏，是亦足爲希覯矣。

孫星華《山谷詩注外集補跋》 按《山谷詩注》《四庫》著錄者，《内集》《外集》係兩淮鹽政採進本，《別集》係編修翁方綱家藏本：據《總目標注》如此。此聚珍本亦從此出也。逮乾隆四十九年，南康謝蘊山中丞啓昆取翁氏充全書纂修官時手抄校進底本刻於江右，較此本多《外集補》四卷、《別集補》一卷，不知係翁本所原有，或謝氏重刻時所增入，府跋中亦未説明原委，惟《別集補》目錄後，謝氏有跋文數行，謂此別集詩與注本不同，今以三家注本所無者二十八首，抄爲一卷云云。據此，則所補《外集》、《別集》，似皆出謝氏手也；其實此五卷，任、史三家既未加注，似可不必補於注本之後，況閣本既收無注之山谷詩文内、外、別三集全本，自更無容重出。茲取謝刻本與此本參校，凡内、外、別三集中正文、注文，均無甚異同，惟題目字數間有長短。又謝本改夾注爲大字，故每題下所注山谷事迹，與此本或偶易先後；而史注《外集》，謝本以《劉明仲墨竹》、《放目亭》兩賦冠首，爲此本所無，或係當時館臣以詩注內不必雜以賦注，因而刪薙，抑係所據之本各有不同，此則無可稽考。特謝刻所附之外集、別集補五卷，既有流傳，姑依式刻補，作爲拾遺，冀他日或有援任、史之例以注之者。若內、外、別集中所列各詩題字之長短，及題下注文之偶易先後，皆屬無關宏旨，即史注《外集》卷端所列兩賦，爲此本向所未有，故均未改訂增刻，庶免更動，且亦藉留聚珍舊本之面目耳。光緒甲午孟冬，會稽孫星華熹蓀識。

陳三立《山谷詩集注題辭》 光緒十九年，方侍余父官湖北提刑，其秋，攜友游黃州諸山，遂過楊惺吾廣文書樓，徧覽所藏金石秘籍，中有日本所得宋槧黃山谷內、外集，爲任淵、史容註。據稱不獨中國未經見，於日本亦孤行本也。念余與山谷同里閈，余父又嗜山谷詩，嘗憾無精刻，頗欲廣其流傳，顯於世。當是時，廣文意亦良厚，以爲然。乃從假至江夏，解資授刊人。廣文復曰：「吾其任督校。」越七載而工訖，至其淵源識別，略具於廣文昔年所爲跋語云。光緒二十六年二月，義寧陳三立題。

傳記

陳振孫《直齋書録解題》卷一八 《訢庵集》四十卷案：《文獻通攷》「訢庵」作「沂庵」。新津任淵子淵撰。紹興乙丑類試第一人，仕至潼川憲。嘗註山谷、后山詩，行於世。新津有天社山，故稱天社任淵。

《四庫提要・集部七・山谷集注》 淵字子淵，蜀之新津人。紹興元年乙丑，以文藝類試有司第一，仕至潼川憲，其稱天社者，新津山名也。容字公儀，號薌室居士，青衣人。仕至太中大夫。其孫季溫，字子威，舉進士，寶祐中官秘書少監。淵又嘗撰《山谷精華錄》詩賦銘贊六卷，雜文二卷，自序謂節其要而註之。然原本已佚，今所傳者出明人僞託。獨此註則昔人謂獨爲其難者，與史氏二註本藝林寶傳，無異辭焉。

厲鶚《宋詩紀事》卷六十七 史季溫，字子威，眉山人，舉進士。寶祐中，官秘書少監。

《王荊公詩箋注》分部

綜述

晁公武《郡齋讀書附志》卷五下 《王荊公詩註》五十卷，右李文懿公壁所註，魏文靖公了翁序。

魏了翁《王荊公詩箋注序》 國朝列局修書，至崇觀、政宣而後，尤爲詳備。其書則經史圖牒、樂書禮制、科條詔令、記注故實、道史內經，而臣下之文，鮮得列焉。時惟臨川王公遺文，獲與編定。薛肇明諸人實董其事，以至張官置吏，咸軼故常。是雖曰出於一時之好尚，然其鍛鍊精粹，誠文人之巨擘，以元祐諸賢，號與公異論者，至其爲文，則未嘗不推許之。然肇明諸人所編，卒以靖康多難，散落不全。今世俗所傳，已非當時善本。故其後先舛差，簡帙間脫，亦有他人之文淆亂其間。雖然，是猶未足多辨者。而公博極羣書，蓋自經子百史，以及於凡將急就之文，旁行敷落之教，稗官虞初之說，莫不牢籠搜攬，消釋貫融。故其爲文，使人習其讀而不知其所由來，殆詩家所謂祕密藏者。石林李公，曩寓臨川，耆公之詩，遇與意會，往往隨筆疏於其下。涉日既久，命史纂輯，固已粲然盈編，特未嘗出以示人也。了翁來守眉山，得與寓目，見其窺奇摘異，抉隱發藏，蓋不可以一二數。則爲之舍然嘆曰：是固異乎世所謂箋訓者矣。箋訓之病，黨枯護朽，守缺保殘，有不非服、鄭之陋，無是正左、班之忠。今石林之於公，則有不然。其豐容有餘之詞，簡婉不迫之趣，既各隨義發明，若博見強志，庾詞險韻，則又爲之證辯、鉤析，俾覽者皆得以開卷瞭然。然公之學，亦時有專己之癖焉。石林於此，蓋未始隨聲是非也。《明妃曲》之二章曰：「漢恩自淺胡自深，人生樂在相知心。」則引范元長之語以致其譏。君難託之詩曰：「人事反復那得知，讒言入耳須臾離。」則明君臣始終之義以返諸正。自餘類此者尚衆，姑摘其一二以明之。則詩注之作，雖出於肆筆脫口，若不經意之餘，而發揮義理之正，將以迪民彝、原世教，夫豈箋訓云乎哉！石林嘗參預大政，今以洞霄之祿里居，其爲文章，固已施諸朝廷，編之金鐀，此殆公得之遊戲者，而其門人李西美醇儒，必欲以是書板行，而屬了翁叙所以作，乃書以授之。嘉定七年十一月庚午，臨邛魏了翁謹序。

劉將孫《王荆公詩箋注序》　洛學盛行，而歐、蘇文如不必作。江西派接，而半山詩幾不復傳。諸老心相服各有在，而世俗剽耳附聲者往往，可歎也。開禧參政鴈湖李氏，獨箋臨川詩於共懲荆舒之後，與象山記祠堂磊磊恨意相似。文章行義，固各有必不可概揜者，然東南僅刻兩本，看久廢，撫亦落，士大夫或白首不及見。以是藏本極少，亦牽聯役役至此。李箋比注家異者，間及詩意，不能盡脱窠臼者，尙襲常眩博，每句字附會，膚引常言常語，亦跋涉經史。先君子須溪先生於詩喜荆公，嘗點評李注本，删其繁，以付門生兒子。安成王士吉，往以少俊，及門有聞，日以書來訂，請曰：刻荆公詩，以評點附句下，以鴈湖注意與事確者，類篇次、顧序之，於是荆公詩當粲然行世矣。公詩爲宋大家，非文人詩，而其用文法，抑光耀以樸意，融制作爲裁體，陶冶古今，而呼吸如今，精變塵秕，而形神俱妙。其嚴也，如老吏之約三尺；其麗也，又如一笑之可千金。歷選百年，亦東京之子美也，獨其不能如子美之稱於唐者，相業累之耳。嗚呼！使公老翰林學士，踸然一代詞宗，亦何必執政邪！論詩文與論人物異，論行事意見又異，鴈湖箋此詩，尙以明君怨置議論，蓋共正之，然彼詠明君耳，何與大節，而刺剟玼之。因士吉刻本，記先君子所嘗爲荆公感歎者於此，而非敢評公詩也。大德辛丑冬至，嗣子將孫謹書於汀泮之如舟軒。

毋逢辰《王荆公詩箋注序》　詩學盛於唐，理學盛於宋，先儒之至論也。其論諸賢大家數，甚而有五言、七言、散文之誚，獨於臨川王文正公之詩，莫有置其喙者。及觀文正公選唐百家詩序有云：廢日力於此，良可悔也，然欲觀唐詩者，觀此足矣。公於選詩，廢日力且如此，況作詩乎！又楊蟠後序云：文正公道德文章，天下之師，於詩尤極其工，雖嬰以萬務，而未嘗忘之。則知公之作詩，坐費日力，而未始以爲悔，宜其法度嚴密，音律諧暢，而無異時五七言散文之弊。予故謂公之詩非宋人之詩，乃宋詩之唐者也，後之學詩者，能作如是觀，當自有得於吾言之外。方今詩道大昌，而建安兩書坊竟缺是集，予偶由臨川得善本，鋟梓於考亭，輒摭所聞者，以繫其集端云。大德丙午中秋，龍門毋逢辰序。

張宗松《重刊王荆公詩箋注序》　王荆公詩五十卷，鴈湖先生李壁季章箋注。予十年前，購得華山馬氏所藏元刻本，間取通行臨川集勘之，篇目既多寡不同，題字亦增損互異。乃歎是書之善，不獨援據該洽，可號王氏功臣也。史稱季章嗜學如飢渴，羣經百氏，搜抉靡遺。今鴈湖集既不存，其他著録亦盡逸，惟是書見稱藝林，而流布絶少。因重鋟之，以廣其傳。俾嗜古者得窺先生之藴涵，識臨川之意匠，而幷可正俗本之紕繆。殆如景星鳳凰，爭先覩之爲快已。乾隆辛酉上巳後五日，武原張宗松題於清綺齋。

傳　記

《四庫提要·集部六·王荆公詩註》　《王荆公詩註》五十卷江蘇巡撫採進本。宋李壁撰。考《宋史》及諸刊本，壁或從玉作璧，然壁爲李燾第三子，其兄曰垕、曰塾，其弟曰壇，名皆從土，則作璧誤也。壁字季章，號鴈湖居士，初以蔭入官，後登進士，寧宗朝累遷禮部尙書、參知政事，兼同知樞密院事，謚文懿，事蹟具《宋史》本傳。是書乃其謫居臨川時所作。劉克莊《後村詩話》嘗譏其註「歸腸一夜繞鍾山」句，引韓詩不引吳志，註「世論妄以蟲疑冰」句，引《莊子》不引盧鴻一、唐彥謙語，指爲疎漏。然大致捃摭蒐採，具有根據，疑則闕之，非穿鑿附會者比。原本流傳絶少，故近代藏書家俱不著録。海鹽張宗松得元人槧本，始爲校刊。集中古今體詩，以世行《臨川集》校之，增多七十二首。其所佚者，附録卷末。考葉紹翁《四朝聞見録》稱「開禧初，韓平原欲興兵，遣張嗣古覘敵。張還，大拂韓旨。復遣壁，壁還，與張異詞，階是遷政府」云云。是壁附和權姦，以致喪師辱國，實墮其家聲，其人殊不足重，而箋釋之功，足裨後學，固與安石之詩均不以人廢云。

《楚辭集解》分部

綜述

汪瑗《楚辭集解自序》 余昔聞邪正消長之說，每慨正者之不能勝邪，今讀《離騷》而益致感焉。屈原被讒，千古同恨。閱其辭，會其意，想其當日憂傷之情，令人涕泗沾襟，掩卷太息而莫能已者。夫《楚辭》爲辭賦之祖。司馬、班、楊，漢士詞賦之雄也，遜美若不及，甚至推《騷》爲經，是豈淺鮮者所能窺其藩乎。唐人惟柳子厚頗得《騷》學，退之、李觀咸所未工。東方朔諸人《七諫》、《九懷》，不足爲《騷》擬。邃哉《騷》義無窮也。嚴滄浪云：「《楚辭》惟屈宋諸篇當讀之，外此則長沙《惜誓》、淮南王《招隱操》、莊忌《哀時命》等章，或宜展誦，其它不必也。」若然，是《騷經》爲原絕唱。原何以獲是奇抱于湘楚間哉？蓋楚山川奇，草木奇，故原人奇、志奇又文奇，發乎辭章，夐立千古，沿規襲武，無能仿佛其片言。漢興，去古未遠，武帝召漢茂才修《楚辭》，大山、小山竟不一企，何敢續《騷》？嗚呼！《詩》亡矣，《春秋》不作矣，《騷》亦不可再矣。瑗獨不能忘情于《騷》者，非獨以原可悲也，亦惟悲夫《騷》不及一遇尼山耳。使《騷》在刪《詩》時，聖人能遺之乎？《詩》不列楚風，而《魯論》載楚歌，《汝墳》《江漢》之章與《二南》并紀，後世崇《騷》爲經，有以也。瑗今妄意抒辭，尊經而遺傳，豈敢確爲定論，又豈敢與王、朱等注衡哉？其有洞而無疑者，則從而尊之；有隱而未耀者，則從而闡之；有諸家之論互爲异同者，俾余弟珂博爲搜采，余以己意斷之。寧爲詳，毋爲簡。寧蕪而未剪，毋缺而未周。務令昭然無晦，卓然有征，以無失扶抑邪正之意，庶可以得原之情于萬一乎。雖然，《離騷》之篇明而達，《九歌》之篇簡而潔，《天問》之篇博而瞻，《九章》諸篇通而暢，《遠游》、《卜居》、《漁父》諸篇或奇偉，或渾雄，或冲淡，尤不可以一律拘。體制雖殊，旨歸則一。其文奇，而釋之者固無所用其奇也。藉遇尼父，采附國風，毋論以奇刪者，當亦不少。刪則散軼，余又安能獲睹其全而注之耶？余竊幸矣。而滄浪《答吳景山書》又有云：「所論《離騷》，中有深得，實前輩之所未發」。余注固知無當，不知于當時景山注且奚若也。嗚呼，叔師一箋，朦發萬古。今讀《騷》者，率祧叔師而躋考亭。矧玆以述爲作，又安敢景山埒也。亦惟自致扶抑之意，以爲不得志于時者悼耳。裁成品定，是惟覽者辨之。新都玉卿汪瑗自叙于東山精舍。

又《楚辭集解・楚辭小序・離騷經》 王逸曰：《離騷經》者屈原之所作也。屈原與楚同姓，仕於懷王，爲三閭大夫。三閭之職，掌王族三姓，曰昭、屈、景。《戰國策》楚有昭奚恤。《元和姓纂》云，屈，楚公族，芈姓之後。楚武王子瑕食采於屈，因氏焉。屈重、屈蕩、屈建、屈平並其後。又云，景，芈姓。楚有景差。漢徙大族昭、屈、景三姓於關中。屈原序其譜屬，率其賢良，以厲國士。入則與王圖議政事，決定嫌疑，出則監察群下，應對諸侯。謀行職脩，王甚珍之。同列大夫上官、靳尚妬害其能，共譖毁之。《史記》曰，上官大夫與之同列，又曰用事臣靳尚。王乃疏屈原。疏一作逐。屈原執履忠貞而被讒衺，一作邪。憂心煩亂，不知所愬，乃作《離騷經》。離，別也。騷，愁也。經，徑也。言已放逐離別，中心愁思，猶依道徑一云陳直徑，一云陳道徑。以風諫君也。太史公曰，離騷者猶離憂也。班孟堅曰，離猶遭也，明己遭憂作辭也。顔師古云，擾動曰騷。余按，古人引《離騷》未有言經者，蓋後世之士祖述其詞，尊之爲經耳，非屈原意也。逸說非是。故上述唐虞三后之制，下序桀紂羿澆之敗，兾君覺悟，反於正道而還已也。是時，秦昭王使張儀譎詐懷王，令絕齊交，又使誘楚請與俱會武關，遂脅一作脇。與俱歸，拘留不遣，卒客死於秦。《史記》曰，屈平既絀，其後秦欲伐齊。齊與楚從親，惠王患之，乃令張儀詳去秦，厚幣委質事楚。詳與佯同。又曰，秦昭王與楚婚，欲與懷王會。屈平曰，秦虎狼之國，不可信，不如無行。懷王卒行，入武關，秦伏兵絕其後，因留懷王。然則使張儀譎詐懷王，令絕齊者乃惠王，非昭王也。其子襄王復用讒言，遷屈原於江南。《史記》曰，懷王長子頃襄王立，令尹子蘭使上官大夫短屈原於頃襄王，王怒而遷之。屈原放在草野，草一作山。復作《九章》，援天引聖，以自證明，終不見省。不忍以清白久居濁世，遂赴汨淵自沈而死。《前漢・地理志》長沙有羅縣。《荊州記》曰，縣北帶汨水，水源出豫章艾縣界，西流注湘沿。湘西北去縣三十里，名爲屈潭，屈原自沈處。汨音覓。《離騷》之文，依《詩》取興，引類譬喻，故善鳥香草以配忠貞，惡禽臭物以比讒佞，靈脩美人以媲於君，嫓配也，匹詣切。宓妃佚女以譬賢臣，虬龍鸞鳳以託君子，飄風雲霓飄一作飈。以爲小人。其詞溫而雅，其義皎而朗。一作明。凡百君子莫不慕其清高，嘉其文采，哀其不遇而愍其志焉。愍一作閔。魏文帝《典論》云，優游按衍，屈原尚之。窮侈極妙，相如之長也。然原據托譬喻，其意周旋，綽有餘度。長卿、子雲不能及。宋子京云，《離騷》爲詞賦之祖，後人爲之，如至方不能加矩，至圓不能過規矣。朱子曰：《離騷經》者屈原之所作也。屈原名平，與楚同姓，仕於懷王，爲三閭大夫。三閭之職，掌王族三姓，曰昭、屈、景。《戰國策》楚有昭奚恤。《元和姓纂》云，楚武王子瑕食采於屈，因氏焉。屈重、屈蕩、屈建、屈平並其後。又云，景氏有景差。至漢皆徙關中。屈原序其譜屬，率其賢良，以厲國士。入則與王圖議政事，決定嫌疑，出則監察群下，應對諸侯，謀行職脩，王甚珍之。同列上官大夫及用事臣靳尚妬害其能，共譖毁之。王疏屈原。屈原被讒，憂心煩亂，不知所愬，乃作《離騷》班孟堅曰，離猶遭也。顔師古曰，擾動曰騷。洪曰，其謂之經，蓋後世之士祖述其詞，尊而名之耳，非原本意也。上述唐虞三后之制，下序桀紂羿澆之敗，冀君覺悟，反於正道而懷已也。是時，秦使張儀譎詐懷王，令絶齊交，又誘與俱會武關。原諫懷王勿行，不聽而往，遂爲所脅，與之俱歸，拘留不遣，卒客死於秦。而襄王立，復用讒言，遷屈原於江南。屈原復作《九歌》《天問》《九章》《遠遊》《卜居》《漁父》等篇，冀伸己志，以悟君心，而終不見省。不忍見其宗國將遂危亡，遂赴汨羅之淵，自沈而死。汨音覓。長沙羅縣西，北去縣三十里，名爲屈潭，即屈原自沈處。今屬潭州寧鄉縣。淮南王安曰，《國風》好色而不淫，《小雅》怨誹而不亂，若《離騷》者可謂兼之矣。又曰，蟬蛻於濁穢之中，以浮游塵埃之外，不獲世之滋垢，皭然泥而不滓。推此志也，雖與日月爭光可也。宋景文公曰，《離騷》爲詞賦之祖，後人爲之，如至方不能加矩，至圓不能過規矣。吴訥曰：離，遭也。擾動曰騷。晦翁云，原名平，與楚同姓，仕懷王爲三閭大夫，與王圖政，鑒察群下，應對諸侯。同列上官大夫及用事臣靳尚妬其能，譖之，王疏原。原乃作《離騷》，上述唐虞三后，下序桀紂羿澆，冀君覺悟。是時秦使張儀誘懷王俱會武關，原諫勿行，不聽而往，遂爲拘留不遣，卒死於秦。襄王立，復聽讒，遷原於江南。原復作《九歌》、《九章》、《遠遊》、《卜居》等篇，冀悟君心，終不見省。不忍見宗國危亡，遂赴汨羅之淵，自沈而死。見文章辯體。

又《九歌》 王逸曰：《九歌》者，屈原之所作也。昔楚國南郢之邑，沅湘之間，其俗信鬼而好祠，祠一作祀。《漢書》曰，楚地信巫鬼，重淫祀。《隋志》曰，荆州尤重祠祀，屈原制《九歌》蓋由此也。其祠必作歌樂鼓舞以樂諸神。一無歌字。屈原放逐，竄伏其域，懷憂苦毒，愁思沸鬱，出見俗人祭祀之禮，歌舞之樂，其詞鄙陋，因爲作《九歌》之曲。王逸注《九辯》云，九者陽之數，道之綱紀也。五臣云，九者陽數之極，自謂否極，取爲歌名矣。按《九歌》十一首，《九章》九首，皆以九爲名者，取《簫韶》九成，啓《九辯》《九歌》之義。騷經曰「奏九歌而韶舞兮，聊假日以媮樂」，即其義也。宋玉《九辨》以下皆出於此。上陳事神之敬，下見已之冤結，託之以風諫，故其文意不同，章句雜錯，而廣異義焉。一云故其文詞意周章雜錯。朱子曰：《九歌》者屈原之所作也。昔楚南郢之邑，沅湘之間，其俗信鬼而好祀，其祀必使巫覡作樂歌舞以娱神。蠻荆陋俗，詞既鄙俚，而其陰陽人鬼之間又或不能無褻慢淫荒之雜。原既放逐，見而感之，故頗爲更定其詞，去其太甚，而又因彼事神之心以寄吾忠君愛國眷戀不忘之意。是以其言雖若不能無嫌於燕昵，而君子反有取焉。此卷諸篇皆以事神不答而不忘其敬愛，比事君不合而不能忘其忠赤，尤足以見其懇切之意。舊説失之，今悉更定。吴訥曰：祝氏曰，楚俗信鬼好祀，每使巫覡作樂以娱神。俗陋詞俚，原更其詞，以其事神不答而不忘其敬，比吾事君不合而不能忘其忠。諸篇皆賦而比，然賦比中又兼數義。晦翁云，比其類則宜爲三《頌》之屬，論其辭則反爲《國風》再變之鄭衛矣。

歸有光《楚辭集解序》 新安汪玉卿者，平生博雅，攻古文辭，恬淡自修，不慕浮艷，優游自適，無意功名，以著述爲心，與其弟鳴卿，偕游余門。三吴有雙丁二陸之稱，非凡士也。余碌碌譾才，端章甫衣之士相從者，何只數百人，未有如玉卿昆季者。玉卿豐姿奇俊，迥异尋常，超然有塵世想。幼厭青雲事，游庠三年，飄然謝去，杜門卻掃，不與物接，志存著述。一日涉桐江，渡錢塘，來謂曰：「瑗今妄意抒辭，注釋《離騷》。校讎之責，則余弟珂任之。刪定當否，願先生政之。」余喟然嘆曰：「子天才也。精《五經》，通六藝，能歌詩古文辭。注李、杜、《南華》，又注《離騷》。此非大涵養非大識力者疇能及，余當退舍以讓矣。」第載籍之士，每托青雲，余屈于時而未達，豈足爲玉卿輕重耶？玉卿之才又豈藉青雲從干時好耶？今觀《離騷》之注，發人之所未發，悟人之所未悟，發以辯理，悟以證心，千載隱衷，籍玉卿一朝而昭著。倚歟盛美，人誰得而間之？至于《天問》，聚絲贊錦，綸緒分之，一目而領其概，再目而得其詳，讀之令人一唱三嘆。原何幸而得茲也。使九泉無知則可，九泉有知，當心服矣。雖然，士以名貴，名以才章；名顯于一時，才施于後世。余不才，僅叨賢書而尤待年。才如玉卿，何愧于廟廊，何羞于縉紳，竟不能脱其穎，天行使余兩人主此極，玉卿不能爲余解，余更不能爲玉卿解也。是集行，當如日月之明，光被四表，連城之璧，見重當時。匪惟重其弟鳴卿，且以重余。無青雲白社，輕重寧有定乎？覽《離騷》亦知揚者非私心，而作者有蓄學也。余安得不發一辭而休揚之。是爲序。嘉靖戊申中七月既望昆山歸有光熙甫于畏壘軒中。

焦竑《楚辭集解序》　余嘗謂古書無所因襲，獨繇創造者有三：《莊子》、《離騷》、《史記》也。《離騷》驚采絶豔，獨步古今，其奥雅閎深，有難遽測。自昔遡風而入味，沿波而得奇者，雖間有之，未有能闚其全者也。漢武帝命淮南安爲《楚辭章》，旦受命，食時而奏。意特離析篇叚，便於披誦云耳。嗣是班固、賈逵間有論著，今軼不傳。王逸始注《楚詞》十七卷。嗣是洪興祖、晁無咎、周少隱、林應辰、黄長睿，莫不各有論譔，而莫俻於朱子之書，讀者皆知尊用之。然原詞譎恑奇詭，非逸章決句斷，未可易讀，况諸家之説傳自漢人，往往參於其中，蓋有未可茀廢者。新安汪君玉卿，少好詞賦，流覽既多，洞其得失，勒爲此編。覈者存之，謬者袪之，未俻者補之。或有援據失眞，詞意未愜，即出自大儒，不難爲之是正。至於名物字句，不憚猥細，一一詳究，目之曰《蒙引》。誠秇苑之功人，楚聲之先導已。君既逝之五十年，子文英欲梓行之，以公同好，而屬余爲弁。余竊觀其書，殆有意錯綜諸家而折衷之，非苟然者。今讀之，有同於昔談者，非强同也，理自不得異也。有異乎前論者，非好異也，理自不可同也。在學者善會之而已。君博雅多通，饒於著述，此特其一班云。萬曆乙卯春日，澹園老人焦竑書。

傳記

《四庫提要・集部一・楚辭集解》　明汪瑗撰。瑗，字玉卿，歙縣人。是書集解八卷，惟注屈原諸賦。

《錢注杜詩》分部

綜述

錢謙益《草堂詩箋元本序》　余爲讀《杜箋》，應盧德水之請也。孟陽曰：何不遂及其全。於是取僞注之紕繆，舊注之踳駮者，痛加繩削。文句字義，間有詮釋，藏諸篋衍，用備遺忘而已。吳江朱長孺，苦學强記，冥搜有年，請爲余摭遺決滯，補其未逮，余聽然舉元本畀之。長孺力任不疑，再三削藁，余定其名曰「朱氏補注」。舉陸務觀注詩誠難之語，以爲之序。而并及「天西采玉門」、「求七祖」二條，以道吾所以不敢輕言注《杜》之意。今年長孺以定本見眎，亟請鋟梓，仍以椎輪歸功於余，余蹴然不敢當，爲避席者久之。蓋注《杜》之難，不但如務觀所云也。今人注書，動云吾效李善。善注《文選》，如《頭陀寺碑》一篇，三藏十二部，如缾瀉水，今人餖飣拾取，曾足當九牛一毛乎？顔之推言：觀天下書未徧，不得妄下雌黄。何况注詩，何况注《杜》。少陵間代英靈，目空終古。佔畢儒生，眼如針孔，尋撦字句，割剝章段。鑽研不出故紙，拈放皆成死句。旨趣滯膠，文義違反。呂向謂善注未能析理，增改舊文，唐人貶斥，比於虎狗鳳鷄，寧可用罔，復蹈斯轍。樊晃《小集》，出於亡逸之餘，初無次第，秦中蜀地，約略排纘，有識者聊可見其爲事之早晚，才力之壯老。今師魯訔黄鶴之故智，鈎稽年月，穿穴瑣碎，盡改樊吳之舊而後已。鼷鼠之食牛角也，其齧愈專，其入愈深，其窮而無所出也滋甚，此亦魯訔輩之善喻也。余既不敢居「注杜」之名，而又不欲重拂長孺之意。老歸空門，撥棄世間文字，何獨於此書！護前鞭後，顧視而不舍。然長孺心力專勤，經營慘淡，令其久錮不傳，必將有精芒光怪，下六丁而干南斗者，則莫如聽其流布。而余爲馮軾寓目之人，不亦可乎！族孫遵王，謀諸同人曰：草堂箋注，元本具在，若玄元皇帝廟、洗兵馬、入朝、諸將諸箋，鑿開鴻蒙，手洗日月，當大書特書，昭揭萬世。而今珠沉玉錮，晦昧於行墨之中，惜也。考舊注以正年譜，倣蘇注以立詩譜。地里姓氏，訂譌斥僞，皆吾夫子獨力創始。而今不復知出於誰手，偵也。句字詮釋，落落星布，取雅去俗，推腐致新。其存者可咀，其闕者可思。若夫類書讕語，掇拾補綴，吹花已萎，嚱飯不甘，雖多亦奚以爲。今取箋注元本，孤行於世，以稱塞學士大夫之望。其有能補者續者，則聽客之所爲。道可兩行，羅取衆目，瑜則相資，纇無相及，庶幾不失讀《杜》之初指，而亦吾黨小子之所有事也。余曰：有是哉。平原有言：離之則雙美，合之則兩傷。此千古通人之論也。因狥遵王之請，而重爲之序，以申道余始終不敢注《杜》之意。虞山蒙叟錢謙益謹書。

季振宜《錢注杜詩序》 丙午冬，予渡江訪虞山劍門諸勝，得識遵王。遵王，錢牧齋先生老孫子也。入其門庭，見几閣壁架間，縹緗粲然，茶碗酒盞，無非墨香。知其爲人，讀書而外，顧無足好者。一日指杜詩數帙，泣謂予曰：此我牧翁箋注杜詩也，年四五十，即隨筆記録，極年八十，書始成。得疾著牀，我朝夕守之。中少間，輒轉喉作聲曰：杜詩某章某句，尚有疑義，口占析之，以屬我，我執筆登焉。成書而後，又千百條。臨屬纊，目張，老淚猶濕。我撫而拭之曰：而之志有未終焉者乎。而在而手，而亡我手，我力之不足，而或有人焉，足謀之而何恨，而然後瞑目受含。牧翁閲世者，於今三年，門生故舊，無有過而問其書者。予讀其書，部居州次，都非人間所讀本。而筆陣縱橫，甲乙牽連，目眯志荒，不可辨别。遵王哀哀誦之，若數一二。蓋牧齋先生投老晨夕棐几，與聞後堂筦絃，老門生則馮子定遠、陸子敕先，而其家族子孫，雖冠帶得得，其與之共讀書者，則惟遵王一人。以是牧齋先生所讀書，遵王實能讀之。凡箋注中未及記録，特標之曰「具出某書某書」，往往非人間所有，又獨遵王有之。遵王棄日留夜，必探其窟穴，擒之而出，以補箋注之所未具。裝合輻輳，眉目井然，譬彼船釘秤星，移换不得。而後牧齋先生之書成，而後杜詩之精神愈出。人但知其能一弓，而不知其成之者三年。人但知其能三賦，而不知其成之者十年。後生輕薄，喜謗先輩，偶得一隅，乃敢奮筆塗抹改竄，參臆逞私，號召於人曰：我注杜詩矣。是猶未能坐而學揖讓，未能立而學步趨，豈飲狂藥中風者之謂，亦不讀書而已矣。嗟乎！牧齋先生仕宦垂五十年，生平精力，購古書百萬卷，作樓登而藏之，名曰「絳雲」，一旦弗戒於火，皆爲祝融取去，拔劍擊闔，文武之道頓盡，而《杜詩箋注》巍然獨存於焦頭爛額之餘。杜曲浣花，拂水紅豆，千載而遥，精氣相感，默相呵護，有如是乎！丁未夏，予延遵王渡江，商量雕刻，日長志苦，遵王又矻矻數月，而後託梓人以傳焉。噫，斯幸矣，牧翁著述，自少至老，連屋疊牀，使非遵王篤信而死守之，其漫漶不可料理。縱免絳雲樓之一炬，亦將在白鷄棲牀之辰也。謀於予則獲，遵王眞不負牧翁幽冥之中者哉！康熙六年仲夏泰興季振宜序。

傳記

《清史列傳》卷七九《貳臣傳乙·錢謙益》 錢謙益，江南常熟人。明萬曆三十八年一甲三名進士，授翰林院編修。天啓元年，充浙江鄉試正考官。五年，聽勘御史崔呈秀作《東林黨人同志録》，列謙益名，御史陳以瑞亦疏劾之，罷歸。

崇禎元年，起官，不數月，洊擢詹事、禮部侍郎。會推閣臣，謙益慮禮部尚書溫體仁、侍郎周延儒並推，則名出己上，謀沮之；囑其門人給事中瞿式耜言於主推者，擯體仁、延儒，以成基命及謙益等十一人列上。先是，謙益主試浙江時所取士錢千秋首場文用「一朝平步上青天」句，分置七義結尾，爲給事中顧其仁舉發，謙益先伺知，即具疏劾奸人金保元、徐時敏僞作關節，撞騙得賄，下刑部鞫訊。時敏、保元皆遣戍，千秋逾年始至，亦論遣，謙益奪俸。至是，體仁追論謙益賄賣關節，不當預選；延儒亦言會推名雖公，主持者止一二人，餘皆不敢言，即言徒取禍耳。莊烈帝御文華殿召對延儒諸臣，謙益辭頗屈，命禮部進千秋卷閲竟，責謙益。謙益引罪，遂褫職，下法司議，以謙益自發在前，不宜坐；體仁復言獄詞出謙益手。詔下九卿，科道再勘，乃坐杖論贖。千秋荷校死。十年，常熟人張漢儒訐謙益貪肆不法，巡撫張國維、巡按路振飛交章白其冤，乃下刑部逮訊，謙益嘗爲太監王安作碑文，爲司禮曹化淳所知，及獄急，求救於化淳。體仁聞，密奏交結狀，化淳時見信任，自請按治，刑斃漢儒，且發體仁他罪狀，體仁引疾罷，獄乃解。謙益削籍歸。

十七年，流賊李自成陷京師，明臣史可法、呂大器等議立君江寧，謙益陰推戴潞王常淓與馬士英議不合；及福王由崧立，謙益懼得死罪，上疏頌士英功，士英乃引謙益爲禮部尙書。謙益復力薦閹黨爲阮大鋮等訟冤，大鋮遂爲兵部侍郎，而憾東林仍不時，會捕獲妖僧大悲，欲引謀立潞王事，盡誅東林諸人，謙益亦預焉，士英不欲興大獄，乃已。

本朝順治二年五月，豫親王多鐸定江南，謙益迎降。尋至京候用。三年正月，命以禮部侍郎管祕書院事，充修《明史》副總裁。六月，以疾乞假，得旨馳驛回籍，令巡撫、巡按，視其疾痊具奏。五年四月，鳳陽巡撫陳之龍擒江陰人黃毓祺於通州法寶寺，搜出僞總督印及悖逆詩詞，以謙益曾留黃毓祺宿其家，且許助貲招兵，入奏，詔總督馬國杜逮訊，謙益至江寧訴辯：「前此供職內院，邀沐恩榮，圖報不遑，況年已七十，奄奄餘息，動履藉人扶掖，豈有他念？哀籲問官，乞開脫。」會首告謙益從逆之盛名儒逃匿不赴質，毓祺病死獄中，乃以謙益與毓祺素不相識，定讞。馬國柱因疏言：「謙益以內院大臣歸老山林，子姪三人新列科目，榮幸已極，必不喪心負恩。」於是得釋，歸。越十年死於家。

乾隆三十四年六月，諭曰：「錢謙益本一有才無行之人，在前明時身躋膴仕。及本朝定鼎之初，率先投順，洊陟列卿。大節有虧，實不足齒於人類。朕從前序沈德潛所選《國朝詩別裁集》，曾明斥錢謙益等之非，黜其詩不錄，實爲千古綱常名教之大關。彼時未經見其全集，尙以爲其詩自在，聽之可也。今閱其所著《初學集》、《有學集》，荒誕悖謬，其中詆謗本朝之處，不一而足。夫錢謙益果終爲明朝守死不變，即以筆墨騰謗，尙在情理之中；而伊既爲本朝臣僕，豈得復以從前狂吠之語，列入集中？其意不過欲借此以掩其失節之羞，尤爲可鄙可恥！錢謙益業已身死骨朽，姑免追究。但此等書籍，悖理犯義，豈可聽其留傳？必當早爲銷毀，其令各督撫將《初學》、《有學集》於所屬書肆及藏書之家，諭令繳出，至於村塾鄉愚，僻處山陬荒谷，並廣爲曉諭，定限二年之內盡行繳出，無使稍有存留。錢謙益籍隸江南，其書板必當尙存，且別省有翻刻印售者，俱令將全板一併送京，勿令留遺片簡。朕此旨實爲世道人心起見，止欲斥棄其書，並非欲查究其事。通諭中外知之。」三十五年，上觀錢謙益《初學集》，御題詩曰：「平生談節義，兩姓事君王。進退都無據，文章那有光？眞堪覆酒甕，屢見詠香囊。末路逃禪去，原爲孟八郎。」

四十一年十二月，詔於國史內增立《貳臣傳》，諭及錢謙益反側貪鄙，尤宜據事直書，以示傳信。四十三年二月，諭曰：「錢謙益素行不端，及明祚既移，率先歸命，乃敢於詩文陰行詆謗，是爲進退無據，非復人類。若與洪承疇等同列《貳臣傳》，不示差等，又何以昭彰癉？錢謙益應列入乙編，俾斧鉞凜然，合於《春秋》之義焉。」

《杜詩詳注》分部

綜　述

仇兆鰲《杜詩詳注序》　臣觀昔之論杜者備矣，其最稱知杜者莫如元稹、韓愈。稹之言曰：「上薄風騷，下該沈宋，鋪陳終始，排比聲韻，詞氣豪邁而風調淸深，屬對律切而脫棄凡近。」愈之言曰：「屈指詩人，工部全美，筆追淸風，心奪造化，『天光晴射洞庭秋，寒玉萬頃淸光流』。」二子之論詩，可謂當矣。然此猶未爲深知杜者。論他人詩，可較諸詞句之工拙，獨至杜詩，不當以詞句求之。蓋其爲詩也，有詩之實焉，有詩之本焉。孟子之論詩曰：「頌其詩，讀其書，不知其人，可乎？是以論其世也。」詩有關於世運，非作詩之實乎。孔子之論詩曰：「溫柔敦厚，詩之敎也。」又曰：「可以興觀羣怨，邇事父而遠事君。」詩有關於性情倫紀，非作詩之本乎。故宋人之論詩者，稱杜爲詩史，謂得其詩可以論世知人也。明人之論詩者，推杜爲詩聖，謂其立言忠厚，可以垂敎萬世也。使舍是二者而談杜，如稹、愈所云，究亦無異於詞人矣。甫當開元全盛時，南遊吳越，北抵齊趙，浩然有跨八荒、凌九霄之志。旣而遭逢天寶，奔走流離，自華州謝官以後，度隴客秦，結草廬於成都瀼西，扁舟出峽，泛荆渚，過洞庭，涉湘潭。凡登臨遊歷，酬知遺懷之作，有一念不繫屬朝廷，有一時不痌瘝斯世斯民者乎？讀其詩者，一一以此求之，則知悲歡愉戚，縱筆所至，無在非至情激發，可興可觀，可羣可怨。豈必輾轉附會，而後謂之每飯不忘君哉。若其比物託類，尤非泛然。如宮桃秦樹，則悽愴於金粟堆前也。風花松柏，則感傷於邛山路上也。他如杜鵑之憐南內，螢火之刺中官，野莧之諷小人，苦竹之美君子，即一鳥獸草木之微，動皆切於忠孝大義，非他人之爭工字句者，所可同日語矣。是故註杜者必反覆沉潛，求其歸宿所在，又從而句櫛字比之，庶幾得作者苦心於千百年之上，恍然如身歷其世，面接其人，而慨乎有餘悲，悄乎有餘思也。臣於是集，矻矻窮年，先挈領提綱，以疏其脈絡，復廣搜博徵，以討其典故。汰舊注之楦釀叢脞，辯新說之穿鑿支離。夫亦據孔孟之論詩者以解杜，而非敢憑臆見爲揣測也。第思顓蒙固陋，紕漏良多，幸逢聖世作人、文教誕興之日，從此益擴見聞，以補斯編之闕略，是又臣區區之願爾。時康熙三十二年癸酉歲長至日，翰林院編修臣仇兆鰲謹序。

金埴《不下帶編》卷二 四明滄柱仇公兆鼇以少宰致政歸，過埴杭邸曰：「聞子精說文之學，極辨四聲，自洪邁、徐鉉、吳正道諸君後，近代之從事于斯者，罕矣！」因訊以杜句「池魚涸其泥」用在十灰韻中，埴應聲曰：「此見于張孟陽詩。」少宰大慰，即出其所撰《杜集詳注》二十八卷，命埴補注其四聲未備者。凡載餘卒業，續授棗雕。夫字義，大矣；四聲之學，深矣。埴性鈍才疎，荒于涉獵，恐□□隘聞，挂一漏萬，于少宰一生注杜之苦心，毫無補益。今彈指忽卅音撒，古三十字，非俗字也。載，末學蓛殘，而德不加修，能無倍深其危懼乎！

傳記

李桓《國朝耆獻類徵初編・卿貳二十二・仇兆鰲》 《杜詩詳注》仇兆鰲撰，援據繁富，無千家諸注僞撰故實之陋習，覈其大局，可資考證者爲多。右，《四庫提要》張維屏錄。按仇公，字滄柱，浙江鄞縣人，康熙二十四年乙丑進士，官吏部侍郎。

《王右丞集箋注》分部

綜述

趙殿成《王右丞集箋注序》 傳稱詩以道性情。人之性情不一，以是發于謳吟歌咏之間，亦遂參差其不同，蓋有不知所以然而然者。唐之詩，傳者幾百家，其善爲行樂之詞，與工爲愁苦之什相半。雖于性情各得所肖，而求其不悖夫溫柔敦厚之教者，未易數數覯也。右丞崛起開元、天寶之間，才華炳煥，籠罩一時。而又天機清妙，與物無競，舉人事之升沉得失，不以膠滯其中。故其爲詩，眞趣洋溢，脫棄凡近，麗而不失之浮，樂而不流于蕩。即有送人遠適之篇，懷古悲歌之作，亦復渾厚大雅，怨尤不露。苟非實有得于古者詩教之旨，焉能至是乎？乃論者以其不能死祿山之難，而遽譏議其詩，以爲萎弱而少氣骨。抑思右丞之服藥取痢，與甄濟之陽爲歐血，苦節何殊。而一則竟脫于樊籠，一則不免于維縶者，遇之有幸有不幸也。普施拘禁，凝碧悲歌，君子讀其辭而原其志，深足哀矣。即謂揆之致身之義，尚少一死，至于辭章之得失何與？而亦波及以微辭焉，毋乃過歟！又古今來推許其詩者，或稱趣味澄敻，若清流貫達；或稱如秋水芙蕖，倚風自笑；或稱出語妙處，與造物相表裏之類，揚詡亦爲曲當。若其詩之溫柔敦厚，獨有得于詩人性情之美，惜前人未有發明之者。詩注雖有數家，頗多舛盭，至于文筆，類皆缺如。鄙心有所未盡，爰是校理舊文，芟柞浮蔓，搜遺補逸，不欲爲空謬之談，亦不敢爲深文之說，總期無失作者本來之旨而已。獨是能薄材譾，讀書未廣，縱有一隅之見，譬之管窺筐舉，所得幾何。幸而生逢聖世，文教誕敷，炳炳麟麟。典籍于今大備，而博物洽聞之彥，接武于蘭臺麟閣之間，可以折中而問難，行將訪其所未知，訂其所未合，以定斯編之闕失。其或有雌霓謬呼，金根妄易，薪歌延瀨之未詳者，苟有見聞，克以應時改定，是固區區之志焉矣。乾隆元年，歲在丙辰正月望日，仁和趙殿成松谷氏漫題于書圃之目耕堂。

趙殿最《王右丞集箋注序》 唐之詩家稱正宗者，必推王右丞。同時比肩接武如孟襄陽、韋蘇州、柳連州，未能或之先也。孟格清而薄，韋體澹而平，柳致幽而激。唯右丞通於禪理，故語無背觸，甜徹中邊，空外之音也，水中之影也，香之於沉實也，果之於木瓜也，酒之於建康也。使人索之於離即之間，驟欲去之而不可得，蓋空諸所有，而獨契其宗。然舊本不一，有彼此互勝者。如「晴川帶長薄，千山響杜鵑」、「三江雁欲飛，獨解倚門愁」、「山中一半雨，余知報國心」、「種松皆老作龍鱗，松下行齋折露葵」。而別本俱顛倒改竄，漠漠陰陰。向之斂衽右丞者，謂能點鐵，不意妄庸人之從而點金也。雖然，其故難言矣。昔人分別佛語第一，菩薩語第二，較賢聖於秒忽之間，非不苦心也。客有侉某處花豬肉甚美，買之。豬一夕逸去，饔人更之以他豬。明日出以啖所貴，舉座稱善。且嚌且嘐，切齒作聲，以爲非他肉味所及。饔人睨于其旁匿笑而客不知也。讀右丞詩，以顛倒改竄者收入若珙璧，無乃類是乎！吾弟松谷，心摹右丞詩，端居多暇，幷其全集討之。左證右據，旬披月揀，積而成歲，遂爲完編。盡舉顛倒改竄，無稽曲說，一一疏通而是正之，而詞客畫師之面目出矣。臨川人黃鶴編杜詩，稱千家注，然止數家耳，於時事心地，寡所發明。而劉須溪評，在風雅家不甚貴重，其中間得原詩字句，竟有千家之所未及搜尋者。海底珊瑚之鉤，在鐵網收之而已。余知吾弟之苦心，而右丞之不沒也，故爲此言。乾隆丁巳十二月，鐵巖兄殿最書於藤花公署。

李紱《王右丞集箋注序》 注書難，注唐以前書尤難。蓋世遠則古書多亡不見，故雖博贍者猶難之，況未亡者尚多未見，安能注哉！今世注家，止取習見語塡綴滿紙，稍稀僻即闕。嘗見吳中陋者注昌黎詩，首引學而篇釋學字，不覺失笑。世有未讀魯論，乃欲讀昌黎詩者耶？其有黠者，記問雖稍贍，又率誣古人以就己意。如虞山錢叟注少陵、義山詩，並誣以學佛，以自蓋其晚歲逃禪之謬。不知身許雙峰，自表遊興耳。夜半安心，蓋謝令狐楚授四六文法，於佛何涉。其舊解訛者未能駁正，反舉不訛者訛之，無益有害，何以注爲？乾隆丁巳，余奉命祭夏禹王陵。過錢塘，松谷趙君來見，出所注《王右丞全集》貽余。余方請急省覲，未暇展視。至家而憂居，逾三年，取其書讀之，則不陋且典，不黠且醇，异乎近世之爲注者也。右丞唐人，又素學佛，乃僻事必注，而佛語則以爲素所不習，其駁正舊說不下百十條。其辨《霓裳曲・七疊》始有拍，以駁《按樂圖》妄說，則不惟注右丞詩，幷可以糾新舊二《唐書》之謬，其有功于學者大矣。右丞晚節頗有訾訾之者，然其詩在盛唐，名出少陵右，佗文亦娟麗，自當有注。況其服藥取痢佯瘖，賦《凝碧池》詩，心未嘗忘君，惟未能引決耳。歐陽公謂老氏貪生，釋氏畏死，然則其不能引決，亦學佛誤之也。人可不愼所習也夫！趙君從兄大司空，與余同佐戶部，相親厚。其兩從弟谷林、意林，余皆識之，故樂爲序云。臨川李紱題於京邸之紫藤軒東偏書屋。

趙昱《王右丞集箋注序》 詩家有注，殆放鄭氏康成之箋《毛詩》。呂忱云：鄭以毛學審備，遵暢厥旨，所以表明毛意，記識其事，故特稱爲箋。然則詮詁箋釋之學，由來好古君子所宜盡心已。松谷三兄夙耽吟咏，于有唐諸家，尤嗜王右丞詩。繹諷之餘，滋味研索，復以援據該博，使事奧衍。每讀輒註，搜隱抉幽，積以歲月。令人見之，心開目張。今秋，三兄來京師謁選部曹，聚首之暇，發篋以示。詩卷褒秩文集，並爲之注，又以詩話、畫評及年表而彙收之，可謂詳且盡已。夫右丞去今已遠，讀詩者以意逆志，何能盡得微旨。今三兄于是集，用意勤且久，豪髮靡遺憾，于右丞洵得忠臣之名。其遵暢厥旨，表明記識，幾于鄭氏同風。至右丞值天寶之亂，扈從不及，陷身托疾，拘于普施寺。賊平，以《凝碧》一詩聞于行在，朝廷宥之，責授太子中允。杜拾遺贈詩云：共傳收庾信，不比得陳琳。一病緣明主，三年獨此心。牧齋尚書箋此詩，謂以侯景比祿山，以子山比中允。當時張均兄弟等，皆與賊作權要官，謗訕朝廷，如陳琳之爲袁紹檄曹公者多矣。右丞痛憤賦詩，故曰不得比陳琳也。一病三年，不當復責授中允，以譏肅宗之失刑。是右丞生平忠憤志節，拾遺固已論定，誠可稱爲詩史，余因序詩注而論及之。乾隆丁巳臘八日，愚弟昱謹書于京師寓齋。

厲鶚《王右丞集箋注序》 箋釋之學，自古爲難。注班書者，服虔、應劭、如淳、晉灼而外，無慮十餘家。至小顏新注，穿漏解駮，指其牴牾差繆，不少假借，自謂無復遺恨。而二劉兄弟父子，旋起議之。注《文選》者，李善而外，如呂延濟、劉承祖、張銑等又加疏通，可稱該備。而邱光庭作《兼明書》，多是正其疏略。求如酈善長之于《水經》，劉孝標之于《世說》，歷世久遠，無有索瘢摘垢者，蓋指未易屈也。《詩》之有箋，昉自鄭氏。宋人箋杜集數十家，近人多取唐名家集，爲之句櫛字解，以便觀覽。而

《王右丞集》獨鮮善本。右丞詩，在開、寶間早擅英聲。代宗批答弟縉《進遺集表》，有抗行《周雅》、長揖《楚詞》之褒。商璠謂維詩，詞秀調雅，意新理愜。在泉成珠，著壁成繪，一字一句，皆出常境。千年來與儲太祝、王龍標、岑嘉州、孟襄陽幷鶩天壤，尤推杰絶，文格華整超逸。雖不以此獲稱，宋姚鉉撰《唐文粹》，持擇頗爲精審，擷取不遺。詩筆幷茂，洵乎才人之極致也。吾友趙君松谷，愛玩是編，殫見洽聞，留心綴述，排比成二十八卷。出以示予曰：吾之爲是注也，唯詳且慎而已。詳故世士所津逮之籍，左證明白，根括完善，即至檢函貝葉之藏，亦無缺漏。而疑義所在，慎而闕如，郢書燕說，吾知免已。又以餘力葺評跋，羅繪事，具年譜。展卷之下，如與高人詞客，在欹湖竹里間，繩坐靜言，晤對于千載之上，寧非藝苑勝引哉！若右丞迫祿山僞命，當賊平時，與鄭虔幷囚宣陽里。虔以善畫祈崔圓得免，謫台州司戶。右丞以秋槐落葉之句達肅宗，從輕左遷中允。善乎少陵之目右丞曰：「共傳收庾信，不比得陳琳。一病緣明主，三年獨此心。」于鄭司戶則曰：「萬里傷心嚴譴日，百年垂死中興時。」又云：「反覆歸聖朝，點染無蕩滌。」則王、鄭之優劣，詩史先有定論，又何待後人之喋喋邪！予因嘆箋釋之難，而喜松谷之詳慎，可爲注書之法。後世雖有索瘢摘垢者，當亦俛首下心，無可置喙矣。乾隆丁巳冬十一月十日，同學弟厲鶚拜書于南湖葭贙軒。

杭世駿《王右丞集箋注序》 開元、天寶之間，詩人比迹而起。鋪陳終始，排比聲韻，工部實爲之冠。擺脫町畦，高朗秀出，右丞實爲之冠。右丞博學多藝，雅意玄譚，比物儷辭，該達三教，是非膚核之學可以測其津岸矣。吾友趙君松谷，服膺是集，沿波討源，一字之根歷，研辨不少寬假。積數年，注既成。予間與之論右丞之出處，明白其大節，松谷未嘗不韙予言也。右丞閨門友悌，見推多士，扈從不及，受祿山僞署，世遂以爲白圭之玷。迹其服藥取痢，稱瘖求免，舊史已力爲湔雪。而《凝碧》一詩，秋槐野烟，傷心掩泣，是即惓惓不忘君父之左證，固不可與張均、張垍諸人比倫矣。小說「鬱輪袍」一事，以時世考之。右丞開元九年登第，爾時姚崇秉國，明皇方急于圖治，親策試應制舉人于含元殿，務收賢俊，用寧軍國。太平安樂之覆轍，殷鑒不遠，肯以狀頭付之嬰兒子之予奪乎！迨其後別墅流連，焚香禪誦，蕭疎高遠，不干榮進，而謂早歲躁于進取，肯自廁于優伶之伍乎？右丞一代雅人，而受誣者幾千載。惟予與松谷有獨知之契，松谷遂能窺尋其本末，卓然成一家之言。予特病懶而未獲佽助，滋愧矣。嘗見宋槧《草堂集注杜詩》，號稱千家，其中訛舛，尚未得免後人之訾摘。范石湖亦囑陸放翁注蘇文忠公詩，放翁謝不敢任，夫以放翁之深于詩學，其去文忠時，風流未遠，猶惄焉謙避不遑。今松谷立于千載之下，獨能披陳往事，搜錄遺文，于恆河沙中，時獲鉤金，螢乾蠹老，曾無倦容。又非有千家集注，爲之導揚其先聲。較視昔賢，尤稱難已。松谷天性純摯，居母喪柴毀，郡縣以孝廉徵，顧守禮弗肯就。蓋其惇行勵俗，作人倫坊表，斷斷于名教之地有如此。予故因序《右丞詩注》而特詳論之，有品目吾松谷者，寧可求之文藝之末哉！乾隆二年，太歲在丁巳，二月朔，同學弟杭世駿拜手書。

全祖望《王右丞集箋注序》 吾友仁和趙君松谷來京，出所箋右丞全集示予。薈萃群書，削去華葉，有是哉，其既博且精也。人代日遠，衆言紛綸。李嘉祐絶無白鷺黃鸝之句，而或妄誣右丞以蹈襲，向微晁子止辨之，彼燕說之謬，其有窮耶，此猶其小者。右丞以遺世之高致，而見污于祿山，至今遺議未已。松谷爲之洗其沉屈，足比于眉山之雪太白。予謂是時天子入蜀，東宮起朔方，右丞不死，殆亦思乘間自脫，向行在耳。豈知託病不遂，竟遭維縶。斯烈士于患難之際，所以致戒于委蛇也。雖然，右丞風期高雅，絶非塵世中人物，吾故信其晚節之可原。苟其人不如右丞，而欲于生平波蕩之後，藉口昔人，山妖水怪，反自訴其飛躍之不幸，斯則論世者所弗寬也。得吾說而存之，未必不與松谷之說互相發也。即以右丞之禪悅言之。唐人一時習氣，多愛遊古松慈竹之間，而右丞之淸臞，尤其性之所近。若其弟夏卿，爲之移華子岡、孟城坳之幽閑，欲以施之廟寧，則荒矣。是皆讀右丞集者所當知也。近日浙西撰述之盛，莫先趙氏。松谷之弟谷林、意林兩徵士，谷林之子誠夫，幷博綜文史，著書滿家。而其家園林竹木之勝，爲湖山生色，亦幾幾藍田輞水。寒村遠火，犬吠如豹，一門班管，互相疏證，如此著書，豈有不傳。松谷于是箋之成，悵然于其子行久之多所佽助，而今不及見也。嗟乎！公休壯輿，能于其先人身後理史局之緒言。而元澤之解《三經》，卒不永年。大化修短，寧可究詰，但使有可傳者，其又奚悲焉。乾隆二年丁巳十月之望，謝山學弟全祖望拜手篹于雙韭寓寮。

王琦《王右丞集箋注序》 右丞詩句妙九州，楚詞後語獨謂其詩萎弱少氣骨。又其丹青冠絶今古，米友仁獨云王維畫見之極多，皆如刻畫不足學。

余嘗謂二語，所謂別開生面者，然宇宙遼闊，必有淹雅之士，克辨其是非。及讀松谷所作右丞詩文箋註，貫穿古今，采摭史傳，搜奇網逸，昔人評論，罔不俱備。一再披讀，知前之二語，有不待辨而自明者。松谷誠右丞异世知己哉！右丞登第，《舊唐書》謂是開元九年，《新唐書》但云開元初，而楊升菴科第題名考云：開元五年，進士二十五人，狀元王維。何耶？據《雍錄》、《長安志》二書，皆以凝碧池在西京。胡三省作《通鑑音注》，謂遍檢諸書，祿山反後未嘗至長安，以《新史》祿山入長安爲誤。而指其所宴之凝碧池爲在洛陽者，引《唐六典》以爲證。書之未易考核若此。松谷是編采錄甚富。而片言隻句，不肯妄輯；有所評駁，皆能一空陳解。不沾沾焉唯多之爲貴，尤有當哉。乾隆丁巳長至日，同學弟王琦拜書。

符曾《王右丞集箋注序》 昔人稱詩爲有聲畫，畫爲無聲詩，二者罕能幷臻其妙。右丞擅詩名于開元、天寶間，得唐音之盛，繪事獨絕千古。所謂無聲之詩、有聲之畫，右丞蓋兼而有之。吾友松谷先生，好古不倦，奮志搜討。嘗取《右丞集》，手自箋釋，句斟字酌。疑文墜事，靡有放失，用補前明顧氏之遺。今年夏，余歸自京師，與松谷道故之暇，出是編見示，探奇索隱，證據詳密，大非顧氏所能及也。夫右丞之詩，天機清越，辭旨玄微，謏聞膚學，難可殫論，既得松谷之注而燦然大白。其畫《輞川圖》，今既不復得見，獨萬峰積雪卷猶在人間。他日松谷脂車北來，吾當力索舊藏，與松谷共讀一過。相顧動顏嗟賞，默喻其無聲之中，具有聲之趣，不識松谷以爲何如也，姑書此語以俟。同里學弟符曾題。

李發枝《王右丞集箋注序》 讀趙君松谷所箋注《王右丞詩文》二十八卷，其約者不失之略，其詳者不失之支，析疑糾謬，于後學大有裨益。余嘗謂注書各有體裁。郭景純注《爾雅》，鄭康成注《毛詩》，格應如是。若裴松之注《三國志》，劉孝標注《世說新語》，皆能補原書所不載，而其辭又雅馴，頗見魏晉風軌。郭象注《莊》，直是借南華大旨，自成一部子書。酈道元注《水經》，則又借桑欽標題，自成一部山水記。皆不當僅僅以注視之。今觀松谷所注，其考核精當，能發前人之所未發，竟可自成一家詩說。校長絜美，安在古今人不相及耶！松谷天性純孝，親疾，嘗刲股和藥。居喪柴毀骨立，一時賢士大夫以狀聞于郡縣，請以孝廉應選。松谷以母制未終，堅謝不肯就。行義卓卓，著兩浙間。又其志趣卓犖，工書好學，左圖右史，朝夕不暫釋。著書多種，未嘗輕出示人。其所輯《臨民金鏡錄》，載予令上海時薄政一條，與彭城李公、柏鄉魏公治浙中莠民事二則，幷大書特書于其間。郭生培元間取以示余。余愧謝不才，得邀椽筆，以此益知松谷留心世事若此，行將大抒其所學，以表見于世，豈僅效書生輩尋章摘句，摛華掞藻而已哉。世之見聞者，勿以餖飣經史，淺視斯編，更勿以雕蟲小技薄量松谷可矣。慶湖李發枝拜題。

傳記

李桓《國朝耆獻類徵初編·孝友十四·趙殿成》 君諱殿成，字武韓，號松谷。遠祖祥，三自越之尖山，遷上虞十一傳。至明，武德將軍諱燮英，始遷杭，遂籍仁和，君曾祖也。諸生諱鶴君，祖也，皆以君。從兄司空貴，贈光祿大夫、吏部右侍郎。考諱汝舟，州同知，以君主事銜，贈中憲大夫。妣陳氏，贈恭人。君德性端靜，通曉經義，銳意科舉之學，僶得而復失。會今上即位，詔徵孝廉方正之士，士友推挽，萬口一聲，郡縣遂以君名上君。銓有日，心疾作，遽歸。蓋自是，君無用世之志矣。其修行於家，施恩於姻族，爲德於鄉鄰。較著在人耳目者，可更僕數也。方贈，公之寢疾也，醫禱罔效，君刲股肉和糜以進，而獲少差。逮其棄養，柴毀骨立，殆將滅性。奉治命葬於上虞之老楮山。陳太恭人以重江越險爲嫌，而主合葬，非古之論。越二十年，復棄養，君踰時而悲，右目爲之失明。又以先人之命，兩不可違。而《檀弓》出於漢儒，非聖經大儒。若歸震川，若呂新吾，若陳幾亭，皆持此議而未有定。上徵諸古，下博求於麗，澤之講習。或曰東漢袁賀病困，敕使留葬，侍衛先公而不迎妻柩，樊恭遺令，棺柩一藏，不宜復見，如有腐敗，傷孝子之心。與夫人同墳異藏，此一徵也。或曰唐鄭僖有兩夫人，使各自治墳，見於昌黎韓氏之志墓，此又一徵也。最後讀《子朱子大全集》，知其葬父於崇安，葬母於建陽，乞銘於周益公而無媿辭，不以分葬爲疑，意始決，行營吉壤於會保里之蔡河原。蓋歷十餘年而克竟，成母志如此，其難且愼也。趙氏自遷杭以來，皆反葬於虞。歲時上冢，君必往渡曹娥過驛亭堰，檢舟中多一囊，擲地鏗然，有金數百，知爲過客所遺，停舟俟之，果有蒼黃而至者，詰其數，驗挈還之，堅詢姓氏，不荅。時雍正歲在庚戌也。越甲寅歲，大祲，爲粥以食餓者。乾隆丙辰鄉試，既鎖闈矣。旅寓不戒於火者，凡二百餘人，君資以糗糧，得復入試。又資以舟楫扉屨之費，而後得歸。辛未夏，旱，米價翔涌，貴糴賤糶，以濟閭里。丙子，復饑，君首捐千金，爲一郡紳士倡，而民不病。君天資儉約，補衣疏食，與寒畯無異。赴人之急，若嗜欲飢渴之不可待。乳嬰掩骼，醫危櫝死之事，習爲故常，不德於色。性耽著撰，所編香至數萬言。《王右丞集》致力尤深，駁正舊說，不下數十條。辨《霓裳曲》七疊始有拍，以駁《按樂圖》舊説，並以糾新舊《唐書》之繆。臨川李侍郎紱以爲不陋而典，不黠且醇，蓋實録也。乾隆龍集丙子七月二十七日疾，卒。春秋七十有四。

《清史列傳・文苑傳二・趙殿成》 趙殿成，字武韓，浙江仁和人。雍正初，舉孝廉方正，不就。事父母以孝聞，父病，刲股肉以進，母歿，悲慟，右目爲失明。又著有《古今年譜》、《群書索隱》、《臨民金鏡録》。

《庾子山集注》分部

綜述

倪璠《注釋庾集題辭》 庾子山咀嚼英華，厭飫膏澤。上自天監，下迄開皇。江表一文，爭相傳誦；咸陽洪筆，多出其辭。誠藝苑之山嶽，詞林之淵府也。自滕逌撰集於新野，魏澹闡注於房陵。逌之所撰，自魏及周，著述裁二十卷。其南朝舊作，蓋闕如也。及隋文帝平陳，所得逸文，增多一卷，故《隋書・經籍志》稱集二十一卷。其所摭拾者，大抵揚都十四卷之遺也。澹字彦深，鉅鹿下曲陽人，稱爲著姓，世以文學自業。專精好學，博涉經史，善屬文，詞采贍逸。爲太子舍人，廢太子勇深禮遇之，令注《庾信集》，世稱其博物。隋史列傳具載其事。《舊唐書・志》有集二十卷，與本傳合，要稱其滕王所撰也。《庾集》在於周、隋，有此二本矣。今其書並已不傳。世之所謂《庾開府集》，本宋太宗諸臣所輯，分類鳩聚，後人抄撰成書，故其中多不詮次。取而注之，文集凡十有六卷，并釋其序、傳，撰《年譜》、《世系圖》二篇。有所脱漏，在於末卷《總釋》。謏聞陋識，敢云燕石之瑜；摘句尋章，自哂貂尾之續。舉其大略，附之篇首云爾。

子山精敏，博極羣書，史傳贊言：「尤善《左氏》。」觀其序出師之名，則靈釬金僕，稱兆亂之子，則蜂目狼心。星紀庚辰，以志亡滅之期；紀侯酈子，以記出奔之狀。車絓覆而馬旋濘，甲裳去而餘皇棄。包胥依牆於七日，辛有感祭於百年。他如走羣望則實沈臺駘，致大漸而黄熊赤鳥，季氏亡則魯不昌，子雅喪而姜族弱。組織《傳》文，庾爲甲矣。自非横一卷於長頭，數平生之極癖，何以得此！若夫《易》、《禮》分王、鄭之學，《尚書》別今、古之文，雖家本江南，而學遵河北。至於九流七略，海上名山，《遊仙》、《步虛》則朝浮紫氣，《麥崖》、《經藏》則夜落常星，莫不言若泉湧，思如飈發。此又玉振金聲，大成之集也。《九辯》、《九歌》，濫觴於戰國；《二都》、《二京》，浴日於漢朝。先之以賈、馬、王、揚，申之以曹、王、顏、謝，文體亦數變矣。至若酈元之注《水經》，楊衒之志《伽藍》，江表似覺遜之。夫南朝綺豔，或尚虛無之宗；北地根株，不祖浮靡之習。若子山，可謂窮南北之勝。稱其文詞，則安仁、伯喈；論其銓叙，則令升、承祚。而今人厭薄此體，以難於叙事，是謂筆筆對仗，守一而不變者也。子山之文，雖是駢體，間多散行。譬如鍾、王楷法，雖非八體六文，而意態之間，便已横生古趣。唐之王後盧前，直如虞、褚諸家；駱賓王差與李嶠等，則顏魯公耳。至若中、晚之單薄，宋、元之鄙俚，漸類墨豬，殆又降而益下者與。

子山北地羈臣，南朝才子。若令早還梁使，依然英藺之名，不伐江陵，永仕中興之國，遇合乃所願焉，文章蔑云進矣。所以屈原、宋玉，意本牢愁；蘇武、李陵，情由哀怨。《哀江南》一篇，可以知其工矣。王司空《贈周汝南書》，感此別離；顏大夫著《觀我生賦》，稱其清致。史亦並載其文。若此賦，則又吳、蜀在前，而子山之爲魏國先生也。其指南梁，則以楚事爲辭；言西魏，多以秦人爲喻。念護軍而悲濟陽，憤正德而詈申子。有尚書之多算，而事異卧牆；有司徒之勤王，而身悲逐獵。《搜神記》之「五郡兄弟」，梁家實有其班；《孝子傳》之「三州父子」，南國適符其數。喻王琳於陶侃，安用借資；比鴉仁於顧榮，空循僞迹。畢昴牛斗，原失計於武皇；神華龍荒，慨無謀於元帝。齊、秦交患，晉、鄭焉依？陳人帝而鳳飛，岳陽附而天醉。石頭去矣，建業何路可歸？鶉首剪諸，江陵無家可寄！擬《招魂》之作，魂兮歸來；狀《七哀》之詩，哀可知矣。

《哀江南賦序》稱：「不無危苦之詞，惟以悲哀爲主。」予謂子山入關而後，其文篇篇有哀，悽怨之流，不獨此賦而已。若夫《枯樹》銜悲，殷仲文婆娑於庭樹；《邛竹》寓憤，桓宣武贈禮於楚丘。《小園》豈是樂志之篇，《傷心》非爲弱子所賦。《咏懷》之二十七首，楚囚若操其琴；《連珠》之四十四章，漢將自循其髮。吳明徹乃東陵之故侯，蕭世怡亦思歸之王子。永豐和《言志》之作，武昌思食其魚；觀寧發《思舊》之銘，山陽悽聞其笛。何僕射還宅懷故，周尚書連句重別。張侍中藏舟終去，並爾述懷；元淮南寶鼎方歸，猶慚全節。曾叨右衛，猶是故時將軍；已築仁威，尚贈南朝處士。徐孝穆平生舊友，一見長辭；王子珩故國忠臣，千行下淚。凡百君子，莫不哀其遇而憫其志焉。若夫《三春》、《七夕》之章，《蕩子》、《鴛鴦》之賦，《燈》前可出麗人，《鏡》中惟有好面，此當時宮體之文，而非仕周之所爲作也。

西魏所國，本是秦都。南梁之伐，釁由安定。彼既變魏作周，此乃遷南事北。終年覊旅，榮期豈謂樂兹；匿怨而臣，丘明自然恥此。而乃形諸毫翰，託擬《風》《騷》。如《擬詠懷二十七首》有云：「惜無萬金產，東求滄海君。」又云：「移住華陰下，終爲關外人。」其悲憤皆此類也。昔謝靈運作詩有云：「韓亡子房奮，秦帝魯連恥。」當時稱其異志。是以名士少有自全，文章之禍最酷。周之世宗、高祖、滕王、趙王，才藻所擅，既已並麗淵、雲；披覽之餘，豈其獨昏菽麥。明時不諱，其在此與？原其築宮虛館，有足稱已。

江南競寫，曾與徐陵齊名；河北程才，獨有王褒並埒。然而青衿初學，同時子服之班；白首無徒，且結桓譚之好。徐既未可齊驅，王亦安能並駕。是以寫片石於溫子，餘則無人；類一語於吳均，終須削札。專標庾氏，百世無匹者也。

乞靈假寵，無非操我戈矛；異議高談，倏爾縱其尋斧。文中以爲其文「夸誕」，令狐謂之「詞賦罪人」，彼既未許肩隨，而乃騁其臆說。若夫非劉勰而《文心》，非鍾嶸而《詩評》，品藻之說，人稱屢中，踳駁之論，予曰未可。

輿圖所載，在天有星辰分野，在地有山水陰陽。《禹貢》夏書，《職方》周氏，班考地理，彪志郡國。自此南遊五馬，北據黃龍，地形自爾剖分，州郡率多僑置。大抵前承漢、魏，後歷隋、唐，以是循求，差足彷佛。自兹而降，多不雅馴。若夫山河屢異，陵谷幾遷，雖使豎亥尋山，夸父逐日，今之所遊，或非古處。笨伯之談，爭相標榜，以爲古人某地即今某處，驗諸前典，正復不然。是猶登華嶽者，望蓬瀛以爲途；適於越者，指沙漠而爲路，求其合也，不亦遠乎？有如「稟嵩、華之玉石，潤河、洛之波瀾」，此時尚住鄢陵；「居負洛而重世，邑臨河而宴安」，然後遷居新野。「天關地軸」，以轉其神華；「沙起柱飛」，以志其遷徙。「刺梁、益則漢武求仙，郡漢中而劉封失策」，序其往古之跡也；「趙王鎮蜀則延閣叢臺，齊王平鄴則石閭玉鼓」，稱其前後所歷也。馮翊、涼州，俱有「伏龍」；崑崙、霍山，各分「天柱」。言鄂坂而南北異途，並遂城而燕、韓易地。命赤山之泰岱，或借天孫；比太壹於金陵，同稱地肺。「玉帳明月」，倡自簡文之作，而知其必在江南；「虎踞龍盤」，本出張勃之書，而或者妄稱《蜀志》。又如張遼赤壁，葛誕丸都，則疑似之間也。目廣漢爲長松，指睢陽於宋國，則今古之別也。豫章統以歷陵，而稱歷陵之木；滹沱在於安平，而號安平之河。凡此，實費搜求，敢云翔實乎？

《禮記》生而命名，史傳兼稱小字。中朝名宿，苟子、阿奴；南國詞人，范塼、謝客。是以昔時王子，比之今我蘭成；正如此日司徒，對以當年狐偃。若使連名引古，《點鬼之簿》何爲？別體稱今，《小名之錄》已志。他如柳名申子，青州似彼齊奴；立字荀娘，文園亦稱犬子。復有氏彼邑居，尊之茅土，張封壯武，羊邑南城。征南、鎮北之名，護軍、尚書之號，無非因事推詳，本是隨文稱述。賦詩雖取斷章，然一句而未盡一篇之文；《春秋》謂之書策，有季年而事循元年之例。總以觸物而興，不必類集一處。有如言無鐘者，非爲襲莒，稱襲莒者，不說無鐘；師興而雨，非是圍原，三日原降，何曾遇雨？空尋無射之書，輒廢請雨之錄。略言其一，餘足見矣。古人惟取博通，後人止尚摽竊，蚩鄙之習，罄竹難書。蓋類書盛行於唐、宋，而非庾氏之所爲學也。

郊、丘本殊，祫、禘自別。昊天之下又有五天，而更祀其感生之天；四廟之上特立太廟，而别立以二祧之廟。此周制也。宇文氏入關以後，尚闕樂聲。平荆以還，大獲梁器。太祖始行《周禮》，武帝初造《山雲》，制作議於盧辯諸人，文章出於庾信之手。蓋當時上遵鄭氏河北之學，徐遵明之遺訓也。若夫七世之説，本是王肅之改稱，九廟之制，亦自劉歆之謟説。嘗案古文《尚書》，如《左傳》所載杜氏稱《逸書》者，眞古文也，餘皆諸子之學。《吕氏春秋》云：「《商書》曰：『五世之廟，可以觀怪；萬夫之長，可以生謀。』」高誘曰：「《逸書》。喻山大水大，生大物。廟者，鬼神之所在。五世久遠，故於其廟觀物之怪異也。」按《逸書》如此。自漢以後，皆習今文《尚書》，孔安國所注古文，遭巫蠱不傳。肅黨託言出自皇甫謐家，改易此文，以資難鄭。若果七世觀德，咸陽市門千金其兩致乎？肅之妄也。若夫三廟不毁，與四親廟而七，惟周始有其數。漢武喜功，實爲流毒博而篤矣。予師韋公、劉歆取殯葬之期以應廟數，豈云得禮？王肅本此詖言，遂謂高祖之父、高祖之祖，共七廟而九。歆惟滋一時之議，肅則亂萬世之經。後周憲章，其功大矣。六卷之文，或載辯於弁首，或附議於篇末，無非本諸經疏，未敢肆其筆端者也。

魏驁之冢，舊闕殘編；魯恭之壁，間多爛簡。其或字本舊遺，義存原闕，至有虚虎三書，魯魚一變，或音同而字異，或半類而全非。如「二王」、「二郄」、「三清」、「四説」，謝中郎譏佞佛佞道，本是「二何」，舍利弗爲大事因緣，殷勤三請，乃有訛爲「二王」之音，易以「三清」之字。「胡組」而書「故組」，「任咸」而誤「任延」。「廣漢流渥」，豈云「廣莫之都」；「枝江有碑」，不混「板楯之弩」。雖還原字，仍定正文。其或疑不能判，並皆抄内，以備異聞。若乃紕繆顯然，亦必矯正，以懲其誤。至於一事所出，諸書並載，或此詳而彼略，或先源而後委，要欲處處見之，非關重複也。又有一姓雙名，兩人同地。京兆有邊鳳繼踵，或者即是子韶；塞庫本王季所囚，此鄉亦留箕子。今雖無考，古或有書。諸所擬詞，愧云篤論。即如蔚宗作書之始，兩漢自有諸家；唐皇稱制以前，二晉各有數本。先後既多異同，彼此互分詳略，書之不傳，亦有命也。予嘗於《十七史》之外，欲遍勒諸史别部。荀悦、袁宏以下，惜未盡得其本。望中郎之盡與，是所愧心；假石瓊於鄰人，庶幾免矣。

秦儒出谷，金鏡又以數亡；漢簡吹灰，珠囊幾經重理。考藝文於《漢志》，或有未識其名；驗經籍於《隋書》，焉能盡存其本。況復東宫抄撰，麟趾校書，俊邁絶倫，羣書博覽。求之當世，未窺半豹之斑；豈有後人，翻識全牛之體？百川皆到，非容測蠡而知；五技易窮，不過滿腹而止。諸所闕疑，自安疏陋者也。

傳記

《清史列傳・文苑傳二・倪璠》　倪璠，字魯玉，浙江錢塘人。康熙四十四年舉人，官内閣中書。璠見聞博洽，長於史學，嘗著有《神州古史考》一百五十卷。以無力付梓，惟將浙江一省刊行。又著有《方輿通志文》一卷、《補遼金元三史藝文志》。性喜爲駢體文，以吳兆宜《庾開府箋注》合衆手而成，頗傷漏略，乃詳考諸史，作《年譜》一篇，冠於集首。又旁採博蒐，重爲注釋，爲《庾子山集注》十六卷。其《哀江南賦》一篇，引據時事，尤稱典核。書既出，吳《注》遂不復行。

《韓昌黎詩編年箋注》分部

綜述

方世舉《韓昌黎詩編年箋注序》　唐詩之有可箋注者，莫如杜韓二家。杜有千家注，韓有五百家注，皆宋人所裒集，廣收博采，用力勤矣。然其説多有不當辭而闢之者，已歷有之。杜千家注姑不論。韓五百家注，自朱子《考異》出，而遂廢。《考異》之後，又有不著姓名者，宗朱子而廣之。明季東吳徐氏刊以行世，世所稱東雅堂本，其書甚當，顧辨注者多而箋事者少，凡朱子指爲有爲而作未及細箋者，亦遂無所發明。嗟乎！朱子之意，安知其不望後人耶？觀於《尚書》，不自注而屬西山，可類推也。明人蔣處士之翹，近時顧庶常嗣立繼有增注，其於箋亦皆未詳。注而不箋，則非子夏三百篇小序之旨，又不得孟子以意逆志、知人論世之義。夫以意逆志須精思，知人論世必詳考。善哉！司馬遷之言曰：好學深思，心知其意。此精思之謂也。班固之言曰：篤學好古，實事求是。此詳考之謂也。深思始可箋注，求是則必編年。不得其時，而漫爲箋注，知其意，求其是也難。韓詩本有年月可尋編者，壻李漢又公門人，必得公次第本，意其中閒有小舛，亦或公隨手所錄。如杜《過張隱居二首》一七律，一五律，語氣分明兩時，杜彙之，而宗武仍之，李漢編韓亦或此例耶！然有詩在後而編在前，讀之易知者，如《元和聖德詩》，事在元和二年，而今以壓卷，此非舛誤，蓋題目重大，非前不可，時事又著明詩中，無庸箋而年可考。今非韓之時變而移置元和二年，以順編年之例易易耳。其有年未明編遂誤箋說者，如《南山有高樹行贈李宗閔》，乃憫其謫出遠州，以規諷擠之者，事在穆宗長慶之初，時宗閔有令名，無敗行，韓公素與交好，又嘗同爲裴度幕官，故有此詩。詩之結語不平可見，今箋者以爲刺之，蓋因文宗三年，宗閔爲相，黨局始興。七年復相，穢跡大著。君子不黨，詩必刺之。而不考韓公歿於長慶四年，其時相去甚遠，且隔敬宗一朝，何由而預知其非，早爲譏刺之詩乎？此大謬也。又有年已明編，猶誤箋注者，如《效玉川子月蝕詩》，盧開手便書「元和庚寅」，韓詩亦書「新天子即位五年」，是爲王承宗不庭之時，時從裴度言用兵，詔四面行營討之，諸將畏怯，逗遛不前，以故詩中以東西南北星文比而刺之。箋者不審明書之五年爲承宗時，乃以元和十二年暴崩於中官之手，當之，又大謬也。大者如此，細者必多。年不重編，詩終多晦。今一一考諸史，證諸集，參諸旁見側出之書，以詳其時，以箋其事，以辨諸家之說，敢自謂知其意，得其是乎？聊出而就正於世之好學深思篤志好古，以上通孟子之說詩者，或有取於一知半解，而論去其大謬，斯余之厚望也。

傳記

錢儀吉《碑傳集》卷四五《方世舉傳》 先生姓方氏，諱世舉，字扶南。晚年自號息翁，世皆稱曰「息翁先生」。桐城方氏，故華族，冠蓋相望。先生獨與從弟貞觀，世稱曰「南堂先生」，並以詩鳴。天性高曠，不求聞達。少遊秀水朱太史彝尊之門，多見古書祕本，博學篤行。康熙閒，北遊京師，賢豪長者，多就唱和，質疑辨難無虛日，名譽日起。臨川李巨來督部，尤推重焉。嘗以先生所賦長篇「險韻」張諸廣座，誇耀同人。中年以本宗孝標學士書案牽連，遠戍塞外。雍正元年，恩詔放歸田里。嘗寓揚州，時朝廷方開博學宏詞科，某侍郎欲羅致先生，舉以應詔，婉謝不就。生平所閱古今載籍，均有評訂，或屢加塗改，上下朱墨交錯。其議論考據，多有前人所未及者。少年好爲詩歌，卷軸甚富，晚年多所芟削，所訂詩集斷自甲辰南歸以後。嘗見友人顧嗣立俠君箋注《韓詩》，於韓公身世多有不合。乃鉤稽羣籍，發明旨趣，爲《韓昌黎詩集編年箋注》十二卷。遂嗜韓詩，長篇瑰譎亦往往似之。年八十餘，於廣坐酒闌鐙灺中，伸紙濡墨，頃刻數千言，不復斤斤繩墨，而精采不少衰。其族子宜田宮保觀承撫浙時，屢以書訂期，請遊覽武林山水，卒不往復，書曰「野人方與」。故里諸朋舊日，劇譚會吟，掀髯鼓掌以爲樂。乃欲以爰居享我耶。其襟懷高曠若此。卒於乾隆二十四年己卯，年八十有五。所著《江關集》《春及草堂詩鈔》《漢書辯注》《世說考義》《家塾恒言》《蘭叢詩話》，已久行世。其《韓昌黎詩集編年箋注》，兩淮鹽運使盧公見曾爲刊於揚州，又有《李義山詩集箋注》，其表弟江都程太史夢星借刊之，世多有其書。余欲搜先生生平，評訂羣書，芟繁揭要，勒爲一書，名曰「春及草堂筆記」，久之未就。乃撮其出處、學行大略爲之傳，以示讀先生之書者有所考焉。

《玉谿生詩箋注》分部

綜述

馮浩《玉谿生詩箋注序》 余幼學詩，聞之長老言：初學乍知詩味，每易墮纖浮輕率之習以自喜，而不知其自畫也；若從晚唐入，殆免是矣，是詩學中之一徑也。晚唐以李義山爲巨擘。余取而誦之，愛其設采繁艷，吐韻鏗鏘，結體森密，而旨趣之遙深者未窺焉。後雖間爲披閱，無暇專攻。侵尋三十餘年，學不加進而病已攖心，夙昔願以姓名託文字以傳於世者，當遂付之泡影也。偶復取義山詩，一爲諷詠，動有微悟，試詮數章，機不可遏。於是徵之文集，參之史書，不憚悉舉而辨釋之；詩集既定，文集迎刃以解，鮮格而不通者；廼次其生平，改訂《年譜》，使一無所迷混，余心爲之愜焉！夫箋注義山詩文者既有數家，皆積歲月以尋求，顧作者之用心，明者半，昧者猶半。豈諸家之力有所不逮歟？抑千載而上，千載而下，即雕蟲小技，亦有默操其顯晦之數者歟？然則又安知後之讀斯集者，不更有一往之深情，如覩其面，如接其言論，而嗤余之所得尚有遺憾也哉！余既患心疾，固不能更進於斯也。編纂成，筆之以弁其端。若謂余於詩，惟義山之是尚也，則又余之所不居也。《文集箋注》不更序。大清乾隆二十八年癸未春日，桐鄉馮浩書。乾隆四十五年庚子秋日重校付梓，不更序。

錢陳群《玉谿生詩箋注序》 余於乾隆初持服里居，同學伯陽馮翁以司寇予告在籍，居第與余近，朝夕過從。時令孫孟亭侍御未弱冠，每侍坐，間出所爲詩示余，余喜而嘆曰：「玉谿生再生矣！」司寇心然余言，乃曰：「初學從玉谿入手，庶不染油滑麤厲之習。今承長者言，當不令改趨也。」又十年，孟亭成進士，爲名翰林，擢侍御史。臺館中評隲孟亭詩者，亦與余言券合。壬申夏，余忽遘沉痾，急請假歸。丁丑冬，孟亭以母憂還里，去余所居更近，考業論文，修乃祖洎余故事，獨念余衰白僅存，情誼益篤。既，孟亭服闋，以舊有心疾，時發時止，未得赴補。因素愛玉谿詩文，惜諸家所注，各有踳駁附會，《舊》、《新唐書》本傳各有岐誤，爰細意鉤核，發詩文之含藴，以詳譜其行年。《年譜》定而詩之前後各得其所矣；詩得其所，文之前後亦莫不按部就班，而本傳之同異自見，於是作者之心跡大彰灼於卷帙間。書成，問序於余。余惟昔賢聲詩蹤跡，其顯晦遲早，若默有定數者然。同一《玉谿生集》也，余亦稍涉焉，其膾炙人口詩篇，未嘗不流連而諷詠之，餘有闕疑者，往往弗深考。曩者，尙書高文良公善詩，愛少陵、玉谿兩家，多所箋記，頗有得解處。每於來朝退食之餘，余偶詣之，談論至夜分不倦，曾出以相示，惜未成書。今得孟亭箋本，與二三學子首尾繙閱，浹旬始得終讀。挹其聲光，若更異於昔日者，余亦不能自解焉。是可爲玉谿幸，而又多孟亭之深嗜孤詣爲難能也。乾隆乙酉秋九月，香樹錢陳羣題於荊合齋。

傳記

《清史列傳・文苑傳二・馮浩》 馮應榴，字詒曾，浙江桐鄉人。乾隆二十六年進士，官內閣中書，遷宗人府主事。三十五年，充湖北鄉試副考官。三十六年，充順天鄉試同考官，洊陞吏部郎中。五十一年，充順天鄉試同考官，尋轉御史，遷戶科給事中。五十四年，充山東鄉試正考官。歷官至鴻臚寺卿。父浩，字養吾。由編修官御史，嘗爲《玉谿生詩評注》八卷、《樊南文集詳注》八卷，極精贍。又有《孟亭詩文集》。應榴夙承家學，肆力於詩，以蘇詩註本疏舛尙多，因爲《合註》五十卷，《附錄》五卷，所採自正史外，凡叢書脞說，靡不搜討，於古典之沿譌者正之，唱酬之失考者補之，輿圖之名同實異者覈之，即友朋商搉之言，亦必標取姓氏。其虛懷集益如此。錢大昕謂王注長於徵引故實，施注長於臧否人倫，查注詳於考證地理，惟應榴實兼三家之長。又著有《學語稿》。

李桓《國朝耆獻類徵初編・諫臣五・馮浩》 阮文達公云：乾隆庚午纂修《續文獻通考》，先生獨精加纂叙，所承修《帝系》、《封建》二門，餘力助成別門，總裁嘆服之。他纂者將以《兵考》進呈，先生閱之曰：此非兵制，但漫錄征戰勝負耳。後爲鈎集審訂。右《正雅集》符葆森錄。【注】：按馮公，字養吾，號孟亭，浙江桐鄉縣人。乾隆戊辰進士，官翰林院編修，改御史。著有《孟亭居士詩文稿》。

《杜樊川詩集注》分部

綜　述

馮集梧《樊川詩注自序》　注杜牧之《樊川詩》四卷，既輟，簡序之曰：注詩之難，昔人言之。自孟子有「知人論世」及「以意逆志」之説，而奉以從事者，不無求之過深。夫吾人發言，豈必動關時事？牧之語多直達，以視他人之旁寄曲取而意爲辭晦者，迥乎不侔。且以毛公序《詩》，師承有自，而後儒尚有異議，況其下此，抑又可知！兹故第詮事實以相參檢，而意義所在，畧而不道。昔人注書，謂取證之書，當以最先者爲主，此亦難以概論。神農《本草》，伯禹《山經》，其書多著漢時，郡縣雖有遺文，未可明也。使釋山水草木者，舍可據之經典。而上取二書，以是爲古，未見其得。又如湯告天之文，今略見《尚書·湯誥》，而《論語集解》據《墨子》引《湯誓》，然此可云《書》古文晚出也。「鳳兮鳳兮」見《論語》、《莊子》，而劉峻注《世説》，乃引《列仙傳》。故知革故取新，務在舍所習見，而姬籍孔書，或亦略諸？至若《周書》之職方時訓，多同《周官·月令》。《國語》之方，《左傳》又重出而小異。兹于地理職官，其各見于新舊《唐書》及《六典》、《通典》、《元和志》等書者，隨條分綴，義在互著，似斯類推，難可枚舉，亦藉以參離合、備遺忘也。王逸注《離騷》于「縣圃」，引《淮南子》，《淮南》實在屈後。李善注《洛神賦》之「遠遊履」，引繁《欽定情詩》，而子建與繁同時。若漢元帝紀自度曲，臣瓚引張衡《西京賦》度曲未終，而善注《西京賦》，復引臣瓚《漢書注》爲證。蓋古人著書，往往偶用舊文。古人引證，往往偶隨所見。兹歷選載言間從近取，實用此道，諒可無譏。若夫左氏釋經，多叙經外别事。而摯虞之賞杜氏釋例云：左氏本爲《春秋》作傳，而《左氏》遂自孤行。釋例本爲傳設，而所發明，何但左氏？故亦孤行。兹于詮釋所及，或遂衍及旁支，不知所裁坐長繁蕪然不欲割棄，姑亦存之。至所引書如蕭統《十二月啓》，隋煬《望江南》詞之類，頗出後人僞托，然意可證明，亦間爲采摭。所謂昔之見，爲今今之所謂古也。牧之詩，向多有許渾混入者，此四卷外又有《外集》、《别集》各一卷，兹多未暇論及，蓋亦以牧之手所焚棄，而散落别見者，非其所欲存也。趙岐于《孟子》不爲外書四篇作注，亦其例也。牧之出處之迹，史傳瞭如，即詩亦可概見。兹仍其編次不加夏定第才非著述多所闕謬，豐取矜擇，靡得而稱。若其字句之異同，則頗廣蒐他本，詳爲附注，蓋二字以上謂之「一云」，一字謂之「一作」，實用王欽臣《談録》之例云。嘉慶三年十月日，桐鄉馮集梧書。

吴錫麒《杜樊川集注序》　義山、牧之世，亦以李杜竝稱。而玉谿生詩注釋者多，詞旨愈晦。自吾師馮孟亭先生澡雪精神，蕩滌繁穢，凡《錦瑟》、《碧城》之什，《丹泥》《鏡檻》之篇，如燭照幽，若針通結。《鄭箋》有倫，楚艷斯張。今鷺庭編修，其賢嗣也。班固能續父書，顏奭爲得。臣義嘗以樊川一集，前人未有發明，取飫羣言，積牘盈尺，既蕆功有日矣。新宫不戒，餘燼莫收，又復寒暑勤劬，左右采獲，遲之一紀，始得醒焦桐於爨下，回幸草于春餘。注成，屬余爲序。余惟牧之内懷經濟之略，外聘豪宕之才。當其時，藩鎮方張，朝廷多事。五諸侯竝起，欲逼天閶。十常侍未除，先驚帝座。屯蜂晝聚，社鼠宵行。江充既兆亂於犬臺，賈誼轉埋忠于鵩舍。往往激昂狂節，搖蕩愁旌。陳兵事之書，一麾願乞。揭臯言之，目三刖奚辭？觀其獨酌成謠，感懷發詠，固非徒以一己牢愁之語，托之無端綺靡之詞者也。而乃偃蹇幕僚，浮沉朝籍。攬霜毛於春鏡，裹雨褐于秋船。茹鰒空憂，叫閽無助。惟是罶雲夢裏，中酒花前。憑街子而説生平，對樗蒲而論心事。緑葉成陰之慨，青樓薄倖之名。壯志飄蕭，才人落魄。此又寫深情之帖莫喻纏綿，讀小雅之篇難名悱惻也已。鷺庭博采，史編綜核，時事佇伊人于溢浦，眷往蹟于朱坡。浥彼餘波，節之雜佩。花紅玉白，能通諷諭之心。酒醒燈殘，爲揾英雄之淚。不穿鑿以側附，不濛汞以詭隨。情貌無遺，詮貫有叙。起古人而亦感，俾後學之不迷。是一編也，可以不朽矣。獨念義山、牧之，實爲有唐一代詩人之殿，莅中原之牛耳。張大國之蝥弧，竝號霸才，足推餘勇。然而風流已遠，文采僅存，誠不意時閲乎千載之餘，而注成於一家之手。靈源得濬，幽徑重探，若鷺庭者，在小杜爲功臣，在吾師爲肖子。蘭陔養志，勝賡束晳之詩。水調傳聲，待續揚州之夢。嘉慶辛酉春二月既望，錢唐吳錫麒撰。

傳記

王昶《湖海詩傳》卷三七《馮集梧》 字軒圃，號鷺庭，桐鄉人。乾隆四十六年進士，官編修，有《貯雲居文稿》、《詩稿》。《蒲褐山房詩話》鷺庭，爲養吾侍御三子，多藏書，精校刊。嘗刻《元豐九域志》、《杜樊川詩注》、惠定宇《後漢書補注》、盛庸三《儀禮集編》。又畢秋帆《尚書》、《續資治通鑑》刻未及，半賴鷺庭重校刻成之。

《蘇文忠公詩編注集成》分部

綜述

王文誥《蘇文忠公詩編注集成自序》 夫詩之作也，所以明志而永言也。聿自羲文洩閟，而天地之形聲括爲文字，其自然流露於不可知者，而音以諧焉，律以和焉，聖人但因之以垂教立極而已。堯曰「咨爾舜，天之曆數在爾躬」，堯之詩也。舜亦以命禹，而曰「股肱喜哉，元首起哉」，舜之詩也。禹欽舜德廣運，而曰「戒之用休，董之用威」，禹之詩也。《典》、《謨》降而《誓》、《誥》作，而湯曰「時日曷喪」，武曰「我武惟揚」，湯、武之詩也。於是有聖人之德者，不皆在天子位，而周公居東室，有侮予之歎，孔子贊《易傳》，叶餘慶之辭，是爲周公、孔子之詩，而宣播聲章、著明文言者此也。其後靈均被放，《離騷》繼作。離騷者，罹其憂也。自西伯拘羑而拊琴演卦，洗心厄窮，斯實酸辛惻怛之始，而亦《宛》、《弁》、《蕩》、《板》之遺。使德非先覺，心非閔憂，則文人淩雜，雖美弗傳，雖傳奚法？故忠義者吐屬之血脈，而憂患者詞賦之波瀾，讒諂高張，何異流言四國，是皆發乎性情之正而不能止者，其世道風會之變，蓋自周而已然也。當周之世，成、康既沒，頌聲寢而怨悱交作。時有蘇公者，仕於周而爲卿士所譖，因賦《何人斯》章。「不入我門」，「云不我可」，念舊好也。「我聞其聲」，「其爲飄風」，傷祗攪也。「遑脂爾車」，「爾還而入」，終切望也。「出此三物」，「有靦面目」，窮反側也。詩雖絶之，而冀以遷善悔禍，不著其譖，故孔子取之，而子夏爲之序，曰：「蘇公刺暴公也。」詩人忠厚之旨也。詩列《小旻之什》。閱一千四百餘載，至宋，而其後嗣文忠公繼起，公之詩庶矣。然約舉其要，則亦本諸垂教立極者也。「定策天知我，膺期止一章」，堯之「曆數爾躬」也。「四海望陶冶，赤手降於菟」，舜之「股肱元首」也。「未敢書上瑞，何人折其鋒」，禹之「戒休董威」也。「根株窮脈縷，隳網不知羞」，湯之「民欲偕亡」也。「官軍取乞閭，尺書招贊普」，武之「殺伐用張」也。「獲此不貪寶，河流正東釃」，周公之「綢繆牖戶」也。「忠義老研磨，惟我獨也正」，孔子之「履霜堅冰」也。至序所謂暴公譖蘇公者，公詩尤倍蓰焉。「閑花亦偶栽，已偃手種松」，則慨維暴而申親厚也。「車轂鳴枕中，絲聲不附木」，則逝梁陳而警愧畏也。「蕭散滿霜風，涼月今宵掛」，則行安亟而致盱祇也。「孤生知永棄，吾道無南北」，則測鬼蜮而視罔極也。是皆同於《何人斯》章，亦詩人忠厚之旨也。然蘇公詩後無徵，而公之孤忠斥逐，差與靈均爲近。史遷謂《騷》自怨生，指大義遠，志潔行廉，不容自疎，而《懷沙》一篇，傷懷永哀，鬱結紆軫，終莫能釋出之，濯淖污中以浮游塵埃之外，或滯凝焉。公正道直行，竭智盡忠，讒人間之，困憊折辱，而其詩上溯唐虞，下逮齊魯，明道德之廣崇，媢治亂之條貫，參觀窮達之理，與靈均信一致矣。獨其生平用圖史爲園囿，文章爲鼓吹，及遷海上，亦皆罷去，惟肆意乎陶詠。陶家弊游走，自量必貽俗患，俯仰辭世，而公早不自覺，嬰犯世難，意甚愧之。復有《園田》、《下潠》之思，《影》、《形》、《神釋》之寄。蓋其託爲諷諫，原欲有補君國，而天性樂易，怨無自生，故能以陶自廣，全其晚節。此較閒滄浪而卒不返者，殆又各行其志，而公則皭然泥而不滓者也。其於詩道，誠大備矣。顧世無孔子，何從折衷而蔽之於一，若程伊川發妙理於儲祥，朱晦菴繼遺音於梅落，張南軒考門牡於下閉，呂伯恭證壺解於浮環，眞西山懲有欲於歸來，魏華父戒負愧於司貢，亦足羽翼篇章，扶持世教，然未易賅其全也。

乾隆庚寅，誥七齡矣，方從塾師章句讀，會有求貸於先君者，已而以文忠公詩文集爲報。先君舉以授誥，且詔曰：「異日汝與經史相發明也。」誥謹受而藏之，由是行役之暇，手訂是編，未嘗一日去左右，旁搜註義，凡百十餘家，詩旨會通，足與李、杜、韓集並重，爰序而刊之，用以明先君之意焉，謹序。嘉慶乙亥元日，仁和王文誥見大譔。

梁同書《蘇文忠公詩編注集成序》 蘇文忠公以文章經濟爲有宋冠冕。觀其學術之富，德業之盛，忠義氣之奮發，雖跨唐越漢，賈、陸不足多也。公起自西蜀，適當熙寧、紹聖之會，邪說暴行，薰灼天下。始則上書攻法，託爲諷諫，搆怨羣小，至於放廢。逮元祐更化，廷臣皆以變法干進，公獨以謂改革利弊不一，未足推明先志，消弭後憂，輒與在廷爭議，或開陳講筵之上，憂危家國，每飯不忘，草制攄疏，必達此意。由是忤權坐訕，屢召屢出。然猶隨地效忠，舉凡籌邊弭盜、備裁放欠、治河清漕諸事，鮮不講求規畫，以期有補於國。既遷嶺南，坐不貼席，而目覩兵婾民憊，政不卹下，尚時時以澤民爲念，終其身志弗少懈。故跡其所爲詩，或取觀於興象，或寓諷於聯吟。詞雖達而旨則隱，文或華而體實質。雖天才澔瀚，而津涘莫測。未可謂言語妙天下，遽以譚諧嘯傲視之也。公全盛時，黃山谷、陳無己、潘邠老、蘇養直、韓子蒼，諸門人子弟於詩已有撰述。其後趙堯卿、次公、李德載、程季長諸人踵起，遂有四註、五註、八註、十註之作。而張南軒安國、呂伯恭、胡邦衡之流，皆有論著。至王龜齡類聚一冊，蓋已幾及百家矣。百家註失次，則施、顧註編之。施、顧註殘佚，則查註補之，馮註合百家參之。然以詩而求當乎註，或繁徵而義晦，或異趨而事盭，條目雖張，而指歸不一，學者疑之，十尚三二，信有待乎方來也。仁和王君見大，學識天成，泛濫羣籍。在年少時以其詩文鳴於大江南北，亦既裒然成集，自名一家矣。顧其立意不尚空言，取諸實用，故於公文獨有神契，而因以發明其詩，此其刪述之志所由興也。殆後游觀吳楚，至於嶺海，會朱文正公持節開府，引君爲上客，謂君必名世。君詩上追正始，宜於述作，載入《知足齋集》。君用是益信，而士大夫之求交於君者，戶爲之滿，縶維永夕，轉瞬經年。因葺韻山堂以居，儲書其中，日事冥討。雖問奇載酒，車騎踵接，而君於譚笑閒，心憮手追，用意未嘗不在。其或行役於外，南窮海角，北抵中山，輒挾一編自隨，收江山之助發。而公仕跡羈蹤題詩所到之處，君皆縱觀有得，誦詩以見志焉。故其書標《案》爲經，而以詩爲緯，互相援證，不可偏廢。自公始生，以及登朝，凡二十六年，本集不足於用，則補以《嘉祐集》。出判營兆京，推發策十年，則主詩文紀錄。杭、密、徐、湖八年，則詩文參以書奏。元祐勳歷中外九年，則以內外制、劄狀爲正。獨黃、惠、儋遷徙最久，先後歸常皆飄泊塗路閒，統計一十三年，文無綱領，羣碎散漫，難於掇拾。君或一至再至，訪尋遺躅，參稽往籍，甚至郵筒纘軸，咨訊往復，必求其與集鍼芥適合而止。蓋非是則立案不足昭信，而詩無由定編。其致力也，可謂勤且遠矣。嘉慶丙寅，猶子寶繩宰博羅，歸攜出蜀、鳳翔、直館、杭、密、徐、湖各卷，爲道君意，徵序於予。予謂出蜀之創始，鳳翔之雪誣，直館之舉綱，杭之正舊編，密之補政事，徐之考行跡，湖之詳詩勘，皆得史遷筆。明年爲手書韻山堂額寄君，而序未敢遽作，蓋有待也。其後寶繩遷鎮遠守，繼又典桂林，六七年中，數與君相見，君頗經營悅悴，而是書以成。會予年躋九袠，寶繩假歸，出其全稾示予。予謂觀三黨，而知君淹貫春秋傳；觀三出，而知君意本諸魯論；觀三遷，則又驅莊列御風而行。舉此三難，而浙潁淮河之事功並見，合前幅而無美弗備，重離繼照，輝映千古。循孔孟之正軌，續韓歐之一證。蘇學大明，毫無遺憾。學者熟此，而養氣立節、致君澤民之道已盡。若夫詩之得失損益，且不待君言，而灼然共覩，思已過半。《書》曰：「惟木從繩則正」，是即經與緯之度也。亶其然乎！往者君《皋亭紀游集》成，顧涑園先生爲製序，且謂予：「君他日當不凡。」予亦言：「題下諸小序，考論扼要，自是巨手。」因手題一籤，署名其上。此乾隆戊申事也。今涑園久歸道山，而予以臃腫一老，沐堯醲舜薰之化，熙熙皞皞，緜延於世者，又二十六載。得見君述作之大成，然後知涑園之所以處君者，固自有在。而予之獲序是書，抃次所聞於寶繩者，用以復於君，其亦庶幾明君之意也。夫是爲序。時嘉慶十有八年龍集癸酉仲春月既望，賜進士出身、誥授奉直大夫、日講起居注官翰林院侍講、嘉慶丁卯科重宴鹿鳴、特恩加翰林院侍講學士銜、年世姻家弟錢塘梁同書頓首拜譔，時年九十有一。

韓崶《蘇文忠公詩編注集成序》 注古人之詩難矣，注大家之詩更難。若夫杜少陵、蘇長公二家之詩，則尤有難者。蓋少陵丁天寶之季，出入戎馬，跋履關山，感事攄懷，動有關繫，非熟於有唐一代之史者，不能注杜集也。長公親見慶曆人才之盛，備知安石變法之弊。進身元祐更化，卒羅紹聖黨禍。凡所感激，盡吐於詩。其詩視少陵爲多，其榮悴升沈亦與少陵僅以奔赴行在者異。少陵事狀頗略，而長公政績獨詳。唐之雜篹不載少陵，而兩宋紀録非長公不道。故注蘇較難於注杜，雖熟有宋一代之史，勢不能括其全。然仕跡雖異，而其飄零遠徙，繫心君國，至於每飯不忘則同。此又二家詩之極致，必明之而後可也。蘇之有注，自永嘉王氏分類始，而以吳興施氏、吳郡顧氏編年爲正。然自元明以來，宋刻散闕不全。至我朝商邱宋氏購之，毘陵邵氏補之，而後復行於世。嗣是海寧查氏得其影鈔本，大興翁氏得其宋刻本，桐鄉馮氏亦見翁所藏本，皆有補注，各抒所得，不肯雷同勦說。其意或在誇多鬬靡，揜駕前人。而問津蘇海，不無派別，然是非損益，世固有定評也。予友王君見大以武林名宿，宧學粵東，萃經擷史，下逮百家，亦既發爲文詞，取重當世，而於長公經世之學，尤所篤信，以爲唐有李長源、陸敬輿，宋惟長公不再覯矣。因盡通其所爲文，復由文以通詩，遂有是編之作。計古今體詩四十五卷，帖子口號詞一卷。詩之外，創爲《總案》，遴長公前後集制、劄、書、狀序、傳、銘、記、詞、賦、論、說，悉納入之。事或未備，則佐以老蘇、子由、叔黨諸集，而系以詩之應入案者，合爲編年。自長公始生至於北歸，綜六十六年事，都爲一通，釐爲四十五案，以弁卷首。而分編之詩，匯收之注，咸於是取則焉。其立意也，不撓理解，不遏前功，諸註班論，惟歸於是。苟有膠舛，雖子由明文，史家載筆，亦必刊正其偏揚偏抑。委過卸過、矯駁矯炫之習，終是編不蹈一辭。故其選擇精純，援據賅洽，公是公非，弗臆弗固，深得聖人立言無邪之旨。其畢功也，有如星宿探源，百川歸壑。同條共貫，脈絡分明。長公一生閱歷之境，不特其人、其地、其事、其時不容或紊，而自嘉熙迄崇觀上下百年間，政治之得失，賢奸之消長，包舉無遺，瞭若指掌，可興可感。詩以會通，在王、施肇端伊始，既足發明。而查、馮鋪叙爲殿，亦皆扼要。是編既出，光前絶後，非獨君所自信將傳之千百世，而人所共信有功眉山，斯爲第一，歎觀止矣。曩者，使粵諸公朱石君、長牧庵、吳曇繡、蔣礪堂、曾賓谷，並以鴻儒碩學，淹通經史。既至，必引君爲重，相與友善。而先大夫謂君剛直不阿，尤愛重之，嘗比以追風之駿。予既納交於京師，繼以銜命塡粵，評莫逆而往來者六載。君爲文雄詞奔放，一瀉千里，而規行矩步，密入毫髮。一字無來歷不道，叩之，則此穿彼插，一句徵數典，意尚不盡，予每歎以爲難。今其《案》詞輒纍千百言，散見諸文字後，合讀之，而詞達氣暢。蘇海未能形其窘步，可謂有膽，使生當往日，亦若黃魯直、秦太虛、李方叔、陳無己，操螯弧以陪敦槃，其肯自安魯鄭之賦哉！嘉慶癸酉，述職北上。君作《珠江秋餞》爲首唱以寵行，自礪堂、賓谷以下皆和，名章俊語，一時稱盛。繼又與君燕別峽山淙碧亭上，對坐泉光嵐影中者竟日，君左觥右墨，振管風發，爲予記一圖，相約重見於此。漏二催，列炬下山，始別去。及詣闕，蒙恩遷掌禁，因留京奉職，不克追踐前約。而暌違寒暑，飄忽又垂一紀。君不忘疇昔之好，遠致刊本，責序於予。予老於荒蕪，何足揚君美盛。且是編囊括全集精華，騰邁注杜之上，不待序以傳也。然以君清才雅望，數見推於鉅公明德，而殫其畢生精力，僅托此以自見，亦欲稱藉手而告無怍，示來者，使非予忝卄載之舊，而有以知君之深，則語焉不詳，是亦莫之傳也。因撮其大凡，以爲之序，時在道光元年歲次辛巳六月初吉。誥授榮祿大夫、刑部尚書、前兵部侍郎、右副都御史。巡撫廣東等處地方，提督軍務，兼署兩廣總督，年家眷同學弟元和韓葑頓首拜譔。

阮元《蘇文忠公詩編注集成序》 予從韓桂舲大司寇，獲識仁和王君見大於嶺南。王君學識淹通，深於史，所撰《蘇文忠公詩編註集成》尤精博，匪特聚百家爲大成，更可訂元修《宋史》之舛陋。予於接席間，歷叩王君致力於蘇詩之處。王君曰：「蘇詩編年註，不始於施德初與顧禧也。當元豐間，坡公遷黃，彭城陳師仲爲編述密、徐二郡所作古律以寄，事載《東坡集》中。今王龜齡集註《姓氏録》，彭城陳師道後載有陳希仲。以其註內劉共父，或稱洪父；張敬夫亦稱欽夫；例之，是希仲註，即師仲也。其後坡公北歸，有前後集《編年註》，則趙次公、宋援、李德載、程縯四家也。李敬齋載在《古今黈》，謂之四註本。繼有林子仁者，復附益之，改四註爲五註。考子仁於政和中賜號高隱處士，而自政和上溯建中靖國，僅一十七載，註已兩刊。德洪親見黃魯直，而謂坡公海外詩中，朝士大夫編集已盡，可爲崇觀時刊行四註五註之證，是《編年註》出於北宋者也。次公同時有趙夔者，嘗知榮州，納交於叔黨，別創爲分類註，垂三十年而刊於紹興之初，自鳴一家。復有師民瞻、任居實、孫倬、李堯祖四家接踵於後。其爲體例，一本於夔，而取編年五註，並納入之，是爲八註十註。《庚溪詩話》載：乾道初，梁叔子入對阜陵，謂近有趙夔等註軾詩甚詳。而龜齡《集註序》則云：舊得八註十註。考夔《序》，其詩分五十類，自爲單行，與編年五註各不相侔，乃刊定後閱三十五年，而阜陵目爲趙夔等註。此即夔註五註並入八註十註之證。夔《序》仍以分類弁首，故云趙夔等也。龜齡集註，實由八註十註推廣。今編年五註，猶有存者。檢對龜齡集註，其入選者，十有六七，亦惟此十家註獨賅備，與龜齡增輯諸家繁簡縣殊，此是十家分合，具可考也。龜齡在隆興朝力持國是，阜陵方倚爲用，其不及集註者，龜齡亦僅有此八註十註而已。殆至乾道，已知諸將不足用，歷典四郡，自效專以及民爲務，而其排篹亦在此時，以阜陵不及集註考之，是書成後六年矣。呂伯恭廣夔註爲七十八類，龜齡實主呂本，故集註亦七十八類，載入《姓氏錄》伯恭名下。而夔之分類亡，今其《序》猶存，而與集註分類不符，由於此也。龜齡《序》又云：自八註而十，自十註而百，均之百人。此又八註十註積累至百之證。計其所均之人，列門牆預後進者，爲黃魯直、陳無己、秦少儀、潘邠老、王直方、劉無言、曾公袞、晁沖之、韓子蒼、李商老、潘仲達、蘇養直、釋祖可。出魯直西江派者，爲謝無逸、洪朋、高子勉、楊信祖、夏均父、何人表、洪芻、饒德操、李希聲、謝幼槃、徐師川、洪炎、汪信民、釋信中。流入播遷號耆舊者，爲王性之、汪彥章、林敏中、呂居仁、王長源、江端本、元不伐、林子來。通計北宋註可知者，四十七家。南渡傳閩學者，爲劉子翬、黃通老、陳體仁、汪聖錫、龔實之、胡邦衡、劉共父、張南軒、呂伯恭、甄雲卿。登朝籍及閒放者，爲張孝祥、汪養源、吳明可、馮圓仲、芮國器、胡元任、鹿伯可、陳少章、王壽朋、葉飛卿、丁鎮叔、孫彥忠、項用中、葉思文、喻叔奇、王百朋、張器先、傅薦可。通計南宋註可知者三十一家。此編年累改爲分類、匯爲集註之大略也。施德初登張孝祥榜，龜齡出，五載始入爲著作佐郎，其與顧禧爲編年註，應在湻紹之時。據陸游《原序》概論作詩事實而下云『德初絕識博學』，係指題下。《施註紀事》又謂『助以顧禧該洽』，係指句下。顧註《徵典》紀事，引本集《欒城史傳》不載出處。《徵典》引經史子集外藏，悉載出處，顯屬二手卷端。施氏、顧氏以次標列，亦可與《序》參證。卷中疵議趙夔、程縯等註輒曰舊註，而於次公閒一標名，其編年謹於五註，亦見施、顧所因。又凡原引經史正義已盡，則避去，佐以別載。此緣施、顧不時繙檢五註十註，是以相爲表裏，所在符合其體段，概可知矣。施宿爲餘姚令，乞序於游，至嘉定付刊，已較《集註》後出三十五年。凡刊五十五年，至景定而漫漶。鄭羽爲淮東倉，汰其字大小七萬一千五百七十七，計一百七十九版，自此流入元、明，無復表見。而《集註》有元刊者，則已增入劉須溪註，須溪在宋爲國博，終於元季，書雖元刊，內有補列數家，當即須溪所爲，其去宋刊固不遠也。國朝康熙閒，宋牧仲得施、顧殘本，邵子湘取肆本分類補綴，因以編年爲施註，而目肆本分類爲王註，沿說至今。肆本省七十八類爲三十類，在前明已有之，而不詳所自，或言此出吳興茅本。而新安朱本復省爲二十九類，然迥非龜齡《集註》之面目。此後查夏重得影鈔施殘本，翁君覃溪得牧仲施刊本，馮君星實兼得宋刊編年五註後集及元刊龜齡《集註》。夏重補施，星實王施並補，參覈得失，皆能赴其力之所至。然於各處遞爲乘除，而貫串一氣，卒無有言其義者，此編年註出於南宋，近又兼并分類之大略也。」予復讀王君之書，知其涉歷諸家，精校博考，然後能集諸家之成，而發其所未及。王君蓋謂變法改法之不明，則由於史陋；朔黨洛黨之不辨，則由於史諱；紀時紀事之不當，則由於註誣；改編補編之不確，則由於註淆。此皆於兩公本事未嫺貫於心，而徒馳騖於外，故其歧舛脫闕，治之愈棼。爰創立《總案》，以統各詩；復訂正《誌》、《傳》以統各案，而補所不備。於《蘇海識餘》中，於是擊空踐實，而裁爲具體，意向畢達。其前之以王補施也，先因肆本轇轕，莫測誰某論者無徵。五註集註出馮君星實，猶以南渡後爭向。蘇學戔解，人衆爲言，蓋相沿王註，悉出南宋之舊說耳。王君乃嚴趙呂之類別，窮施顧之編年。上追豐祐，下達貞元。發明北註南註，先後變易，成於風會。且其旁搜遠紹，氣類源流，通感分合，本末明晰，泰然大同，是皆確有所據，足補前註之未達矣。坡公立朝犯難，語言文字志節不磨，得王君發之，始無所遺，誠括衆美而舉其全矣。予適覯是書之成，復問而知其心得之要，著於簡端，俾海內讀是書者，由是而擴蘇公詩之義，洵盛事也。道光三年癸未春二月既望，督粵使者揚州阮元敘。

達三《蘇文忠公詩編注集成序》 吾嘗博觀典籍，而竊歎夫文章之道有三難焉，作者難，讀者難，而註者尤難。即以詩而論，人生而靜，有感則鳴。康衢擊壤，喜起賡揚。尙已三百篇以降，流爲漢魏六朝，盛於三唐，延及兩宋。自名公鉅卿，以及勞人思婦，孽子孤臣，當其原本性情，各抒胸臆，託詞寓諷，或泣或歌，初不顧後人之讀與不讀，又何暇計其註與不註哉！然而性情幾微，不得其中。詞章絲毫不軌於正者，難免於後世之指摘。

故《唐棣》言思見刪，《尼父》香匳體豔，絶口醇儒，此非作者之難乎！至於前人往矣，後人生於數百千年以下，取數百千年以上之詩，伏而誦之，若非脱去形骸，獨以神運，以古人之心爲心，以古人之境爲境，設身處地，情性融洽，則我之精神命脈與古人之精神命脈隔礙不通，又何能領略其中之甘苦，讀書豈易事哉！迨夫聲入心通，神與古會，復念天下至大，來世正長，我既窺古人之堂奥，又欲天下共窺。我既通其性情，亦欲來世盡通此註之所以不容已也。然欲論其文，必論其人。欲論其人，必論其世。苟於作者生平之事跡，君臣之際遇，品詣之崇卑，賢姦之分判，一事不合，則古人之面目不明，精神反晦。此編紀之不可不詳，其難不更甚乎！有宋蘇文忠公文章氣節，照耀千古，雖婦人孺子莫不知有東坡先生也。然考其生平，才足以致治安，而未邀當寧之倚任。文足以追賈、陸，而不免宵小之詆排。初授史官，遽補外任。暫叨侍從，遂竄南荒。在朝日少，遷謫日多。得志事少，拂意事多。其忠義奮發之氣，百折不回之操，一皆發之於詩。而且才雄力大，取多用宏。子史之外，方參仙釋，其詩浩瀚汪洋，往往非初學所能窺其涯涘。故自南渡前後，已有四註五註，八註十註，以及施、王之註。或別類分門，或編年紀事，洋洋乎大觀哉！本朝毘陵邵氏，海寧査氏，新安朱氏，桐鄉馮氏，又因宋註尚有遺失，莫不遠紹旁搜，分晰訂正。或補王補施，或施王兼補，亦可謂各盡心力，無復遺憾矣。仁和王君見大，精通淹博，家學淵源。眼大於箕，心細如髮。因閲古今註蘇諸家，或變法分黨之不明，或編年紀事之舛誤。爰立《總案》以統詩，復訂《傳》、《誌》以補《案》，名曰《蘇文忠公詩編註集成》。於是文忠之精神面目，毫釐無失，不唯作者之功臣，實亦從前註者之益友矣。書成，問序於余。余閲其篇首，已有山舟學士、芸臺制軍、桂舲司寇弁言於前，余學識荒陋，曷敢妄置一詞。然念自髫齡受學，即仰慕文忠之志節，篤嗜文忠之詩文，而所讀之詩，正宋漫堂先生所訂施註原本也。其後洊登仕版，篤好如前，雖於扈從鞍馬之閒，未嘗一日去手。竊疑王、施諸公以宋代之人，註當代之詩，朋黨根柢未清，議論不無回護，用是耿耿於心者，四十餘年矣。道光辛巳，奉命視榷粤東，適值文忠舊遊之地，故於六榕古蹟，蒲澗遺蹤，每一瞻望，留連久之。兹何幸獲覩是書之成，從前疑竇，劃然開朗，豈文忠在天之靈，深鑒精誠，默相啓迪耶？因題數語於簡端，雖作者之高深，未能仰窺萬一，而於王君汲汲編註數十年，殫心竭慮，縷晰條分，羽翼前賢，嘉惠來學之苦衷，庶幾稍有發明，以自附於善讀之後云爾。道光癸未立秋日，督榷使者長白達三拜譔。

傳記

王文誥《蘇文忠公詩編注集成・韵山堂詩・小傳》 王文誥，字純生，號見大，仁和人。少負逸才，不染於俗，工詩畫，好游覽。嘗獨游皋亭諸山，探梅至太平廢寺，愛其二松奇古，因易龕名，幷以二松居士自署焉。鶴山龍泉，精藍琳宇，所至有詩，具爲援攷故事，訂正舊聞。興至則鼓素琴，寫寒花數幅，投贈而去。後游嶺南，以詩畫著名於公卿閒老。而始歸卜築於皮市浚池，累山廣植花竹，署曰南園，爲菟裘之計，不數年而卒。生平倔彊自喜，目無餘子。詩亦如之畫，臻逸品能，爲尋丈大幅，亦兀傲有奇氣。所注東坡極詳，確足補査、馮兩家所未及者。所作古今體詩，初名《二松庵游草》，其稿失去。繼乃自編游粤時作七卷，梓行之，曰《韵山堂詩集》。

《李太白集輯注》分部

齊召南《李太白集輯註序》 註古人書，慮聞見不博也，尤慮其識不精。既博且精，又慮心偶不虛不公，知有疑勿闕，有誤亦曲爲解。《風》、《騷》後，詩至李、杜，齊名方駕，一如飛行絶跡，乘雲馭風之仙，一如萬象不同，化工肖物之聖，觀止矣，蔑以加矣。後學因元相誌杜墓，抑李揚杜，遂乃議論滋繁，妄分軒輊。詎知少陵生平心服，明推爲無敵不羣，即後此才高力厚，起衰八代之昌黎公，固合贊以光燄萬丈，深慨流落人間者，僅分泰山豪芒，而先笑撼大樹不自量之蚍蜉乎哉！兩集本非手定，後人搜羅採摭，篇章遞增，其中時有眞贋參錯，轉寫譌舛，李集更多。蓋自寶應元年往依族子陽冰，得疾以卒，遂葬當塗青山東麓。陽冰序《草堂集》十卷，即云當時著作，十喪其九，今所存者，皆得之他人。魏顥序《翰林集》二卷，亦云上元末偶得於絳，此即劉全白《碣記》所謂「集無定卷，家家有之」者也。至宋時宜黄樂史始輯《別集》，常山宋敏求廣裒遺文，始合爲三十卷，南豐曾鞏始考定先後次第，元豐中信安毛漸始校刻於蘇。紹興中閩薛仲邕始爲年譜。太白本末，惟諸序、記、誌，范、裴二碑及《舊唐》、《新唐》二書可證本詩，世遠事湮，疑謬雜出，寧得免焉。而兩集之有註也，一榮一枯，斯又不可言者。註杜自宋至今，名氏更僕難數，後出多所因，考辨易覈，去取易嚴也。然且必殫精神，需歲月，盡彙羣籍，以折其衷，説始有當。若李集所有可見之註，止楊、蕭、胡氏三家。今欲廣爲訂正，與註杜較工拙，不亦難易懸隔太甚乎！余茲閲錢塘王載庵先生輯註，而深嘆其好學不倦，能數十年專心致志，爲人所不能爲也。憶余自幼好誦李、杜詩，苦於不能盡解。往在都中，友朋聚談，聞有優劣李、杜者，余曰：「杜誠不可及矣，自李而外，可與杜頡頏者誰與？必謂仙不如聖，一在學行甚正，一在流離造次不忘君國，猶有説焉。然李云『受氣有本性，不爲外物遷』，又云『我志在刪述，垂輝映千春』，又云『天地皆得一，澹然四海清』，此其胸襟與自許稷、契者何以異？始見賞許公，後見奇賀監，居山東爲竹溪六逸，遊長安爲醉中八仙，識汾陽於行間，折力士於殿上，輕富貴如塵土，樂山水以逍遥，嗜酒慕仙，浩然自放，即遭危困，未見其憂，豈非天際眞人之邈不可攀者耶！」談者始稍稍息。今得此編，持論平正，其輯三家，去短從長，援引本本原原，斟酌至愼。固陋如余，向所不解，今漸解之，則知此編爲太白功臣也。善讀書者，當不以余言爲河漢。乾隆己卯中秋天台齊召南撰。

杭世駿《李太白集輯注序》 作者不易，箋疏家尤難，何也？作者以才爲主，而輔之以學，興到筆隨，第抽其平日之腹笥，而縱橫曼衍，以極其所至，不必沾沾獺祭也。爲之箋與疏者，必語語核其指歸，而意象乃明；必字字還其根據，而證佐乃確。才不必言，夫必有什倍於作者之卷軸而後可以從事焉。空陋者固不足以與乎此，粗疏者尤未可以輕試也。李供奉太白，才兼仙佛，致《離騷》之幽，著太史之潔，其於杜也，並驅方軌，未易軒輊也。然註杜者，自宋以後已有千家，至我朝而錢、朱、顧、仇之書出，搜括無遺蘊矣。太白之集，歷五百年而始有蕭、楊二家，又歷五百年而始有鹽官胡氏孝轅。孝轅亡後，今且百餘年矣，文士林立，未有起而補其闕者。吾友王君載庵，以三家之注、之典未核也，結轖之未疏瀹也，疵繆之未劖削也，專精覃思，寤寐太白於千載之上，一一扣其出處，而究其指歸。太白之精神與前注之得失，軒然若揭日月，其諸太白之功臣與？其諸三家之爭友與？吾不敢謂載庵之學果什倍於太白；孝轅博極羣書，而載庵能掇其瑕礫，即謂之什倍於孝轅可也。且吾言太白才兼仙佛，其蘊蓄爲何如耶？二氏之書，與吾儒之著述相埒，上下千古，而能盡讀之者，吾於唐得一人焉，曰段柯古，吾於宋得一人焉，曰釋氏贊寧，吾於前明得一人焉，曰宋氏潛溪。以近代而論，蒙叟研精内典，而玄門之旨奥未窺；竹垞朱氏自言於竺乾之書，詩文未敢闌入，則幷蒙叟之長而猶且怖若河漢，他可知矣。載庵早鰥，閴處如退院老僧、空山道士，日研尋於二氏之精英，以其餘事而爲是書，足以發太白難顯之情，而抉三家未窺之妙。書來質余，方望洋驚歎，五體投地，而敢以一言半句相益乎！然其苦心孤詣，余學雖未至，而心故識之，聊識數言，以冠其篇端，以稔夫世之讀太白之集者之不易，幷稔夫註是集者之尤難也。乾隆己卯閏月望後一日，友弟杭世駿。

趙信《李太白集輯注序》 同里王君載庵輯註《太白詩文集》，詳引博據，考索綜核，殆仿李善註《文選》，不厭過於繁醲，即被書簏之名，亦所不顧。噫，可爲勤矣！太白詩，西河毛太史嘗謂不耐入細，與三唐律法迥別。然其奡兀之氣，自不可泯。其持論毋乃太過與？太白之才，不可以格律繩。臞翁評如劉安雞犬，遺響白雲，覈其歸存，恍無定處。滄浪評李、杜不當論以優劣。太白有妙處，子美不能道，子美不能爲。太白之飄逸，正如金翅擘海，香象渡河，下視郊、島輩，直蛩吟草砌耳。其天才豪逸，多率然而成，學者於每篇中，要識其安身立命處，始見其妙，所謂天仙之辭，信不虚也。是以杜有千家註，李註僅止三家，正以李不易註，而欲求其瞭然千載之下，不其難哉！載庵窮半生之精力，以成此書，一註可以敵千家。李、杜光燄，並昭耀於兩間，有功後學，良非淺尠。平居闔戶晾書，天情孤潔，有林處士之風，惟汲汲以著述立身後名，其意欲爭勝於寒梅瘦鶴耶？嘗謂余曰：李善註《文選》，有子邕以續其志，此書之釋事忘意，動有無窮之憾。又以余松谷三兄註右丞詩，相藉揚搉，久行於世。今此書不得與松谷析疑辨謬，共助落成，益又爲之感嘆已。余樂敍其書，幷識其言，而傳其人之高誼有如此。意林趙信拜書於平安里。

王琦《李太白集輯注序》 唐詩人首推李、杜二公爲大家，古今註杜者百餘帙，李之註傳於世者乃少，余所見楊子見、蕭粹齋、胡孝轅三家，外此寥寥未及矣。世固軒李輊杜哉，何言詩之士嚮往於太白，不及嚮往於子美者多耶？夫二公之詩，一以天分勝，一以學力勝，同時角立，雄視於文場筆海之中，名相齊，才亦相埒，無少遜也。自優劣之論出，而左右其袒者紛如。以作文喻，謂太白如《史記》，子美如《漢書》；以用兵喻，謂太白如李廣，子美如孫、吳；以人物喻，謂太白仙而子美聖；以禪悟喻，謂太白頓而子美漸。此論之兩持其平者也。其餘甲杜乙李者，大約十居七八。可異者，評杜則多恕辭，多過情之譽，評李則多深文而索垢，是何意見之辟耶？宋人黄介讀李、杜優劣論曰：「論文正不當如此。」山谷歎以爲知言。夫山谷固服膺子美者也，豈不能品其優劣，蓋亦見其沉雄俊逸之概，本於性而成於學者，分路揚鑣，各有登峰造極之美，不可以後人膚淺之見妄爲軒輊焉耳。余於二公之詩，有兼愛，無偏好。嘗讀張邇可、顧修遠諸家杜註，以爲勝於昔人。譬之積薪，後來者居上。惜李集無有斐然繼起者。爰合三家之註訂之，芟柞繁蕪，補增闕略，析疑匡謬，頻有更定。至於郡國州縣之沿革，山川泉石之名勝，亭臺宫寺之創建，鳥獸草木之名狀，尤加詳考，不厭繁複，蓋將以爲多識之助。而觀者嫌其綺碎鱗雜，無當于詩人之本義。自念徵經引史，亦不無郢書燕説之誤，或失作者命意修辭之旨，雖摩研編削，虚耗歲時，上視張、顧諸先輩，無能爲役，安敢與之接武而抗行哉！第思粹齋之作補註，所以補子見之闕也，而未能盡補其闕。孝轅作《李詩通》，力正楊、蕭二家之譌，而亦未能盡正其譌。余承三子之後，捃摭其殘膏剩馥，廣爲綜緝，夫豈誇多炫麗哉，將以竟三子之業也。雖自愧才力未逮，而念博物洽聞之士，世固不乏，必有起而集其成者。蒐羅軼典，抉發奥思，俾夫闕者譌者，罔不甄釋，將與杜註諸家之善本並傳藝苑，而爲新學之津梁。彼楊與蕭實爲之草創于其先者也，余得肩隨胡氏之後而附於討論修飾之列，其亦可乎？乾隆二十三年歲次戊寅正月望日，王琦載庵漫述。

王琦《李太白集輯注跋》五則 太白詩文，當天寶之末，嘗命魏萬集録，遭亂盡失去。及將終，取草稿手授其族叔陽冰俾令爲序者，乃得之時人所傳録，于生平著述，僅存十之一二而已。然其詩要皆膾炙人口，而無闌入他人所作，可知也。陽冰序中不言卷數。《舊唐書·李白列傳》云：「有文集二十卷行于時。」《新唐書·藝文志》云：「李白《草堂集》二十卷，李陽冰録。」乃樂史作序則云：「翰林歌詩，李陽冰纂爲《草堂集》十卷。」豈其時《草堂》原本已有亡其半者，抑或未亡而後人并爲十卷耶？史别收其歌詩十卷，與《草堂集》互相校勘，排爲二十卷，號曰《李翰林集》。又于三館中得其賦表書序等文，排爲十卷，號曰《李翰林别集》。凡得詩七百七十六篇，雜文若干篇。熙寧中，宋敏求廣搜逸稿，又得詩二百二十五篇，并其舊集，總爲編次，題以類别，析爲二十四卷。雜文六十五篇，析爲六卷，共三十卷。篇數雖多于舊，然不免闌入他人所作。元豐中晏知止爲蘇守，出其本刻之郡中，廣行于代。樂史本後佚不傳。陳振孫《書録解題》言其家藏《李翰林集》，不知何處本，前二十卷爲詩，後十卷爲雜著，其本最爲完善。余嘗臆擬其分卷與樂史本相符，豈即樂史本耶！陳氏又言其首載李陽冰、樂史、魏顥、曾鞏四序，李華、劉全白、范傳正、裴敬碑誌，卷末有宋祁新史本傳，而《姑熟十詠》、「笑矣」、「悲來」、「草書」三歌行亦附焉。兼綴以東坡辯語。夫宋與曾、蘇三公皆生樂氏後，據此驗之，即使其本出自樂氏，已爲後人增益，而非咸平中所定之原本矣。《楊升庵集》中亦言其家藏太白詩，有「樂史本最善」，未知即七百七十六篇之本否？今之傳世者，皆宋氏增定之本也。噫！自樂氏校勘之本出而草堂原本遂湮，自宋氏分類之本出而樂氏之本又亡。後起之士，欲求古本而觀之，有若丹書緑圖，邈然不可得見，能無爲之嘅嘆哉！

又 李詩全集之有評，自滄浪嚴氏始也。世人多尊尚之。然求其批郤導窾，指肯綮以示人者，十不得一二。其有註，自子見楊氏始。繼之者粹齋蕭氏，作《分類補註李太白集》，附楊註後合刊之。蕭譏楊取唐廣德以後事及宋儒記録詩詞爲祖，併引用杜詩僞蘇註之非，因爲節文而存其善者。今所傳楊註，非全文也。然蕭註亦不能無冗泛踳駮處。明季孝轅胡氏作《李詩通》二十一卷，頗有發明及駮正舊註之紕繆，最爲精確，但惜其不廣。選本則有愈光張氏之《李詩選》。選而評則有泗源應氏之《李詩緯》。余所見祇此。夫自太白至今，已及千載，後人評註，寧僅僅止此。大抵散亡磨滅而不傳者有矣，即傳而余所未見者，又不知其有焉否耶？

又 宋時李詩刊本，始自蘇守晏公，所謂蘇本也。其後又有蜀本，有當塗本。據《書録解題》謂其時蘇本已不復有，家藏蜀刻有大小二本，卷數相同，首卷專載碑序，餘二十三卷爲歌詩，六卷爲雜著，末有宋敏求、曾鞏、毛漸題序。以此考之，而知蜀本蓋傳自蘇本云。晁公武《讀書志》謂近時蜀本附入左綿邑人所哀太白少年詩六十篇，而《書錄》不之及，似其本又在陳氏所藏二本之外。蕭粹齋得巴陵李粹甫家藏左綿所刊楊齊賢註本，斯又蜀刻而有註者之一種。其當塗本，周益公《二老堂詩話》謂當塗《太白集》後有續刻《司空山瀑布詩》一首。陸放翁《渭南集》中一跋，謂當塗本雖字大可喜，然極多謬誤。宋刊之見于書傳而可考者有此數種，今則漸已銷亡，不能復覩。流傳于世者，惟蕭氏註本爲多。其本拔古賦八篇列于前爲一卷，次以歌詩二十四卷，凡二十五卷而止。明嘉靖間吳中郭氏取而重刊之，以其註之泛且複也，刪節約半，于《古風》五十九首，增入徐昌穀評語，又取雜文五卷，另爲編次附其後，共成三十卷。嗣後有依郭氏增刪之本而刊者，爲霏玉堂本。有依舊註原本而刊者，爲玉几山人本，爲長洲許玄祐本。有全去其註且分析其體爲五七言古律絶句者，爲劉世教本。劉書雖缺訓詁，然校訂同異，改正譌舛，殊見苦心。又余三十年前于古書肆中見有毛氏汲古閣刊本，問其値，書之主人亦數十年前所稱時文名士也，性頗怪傲，邂逅間不肯遽售。余念毛氏所梓書多本宋刻，有與俗本異者，足以資考訂，另託友人往問，則益不肯售。友人謂予，毛氏刻去今未遠，其印本行世者尚多，何難別購，而乃刺刺不休，儼若借荆州于彼哉。洎求之歷年，竟不能得。追憶前書，不知歸于誰氏架中。噫！板行之書，甫及百年，佹得之而竟失之，殆有緣在耶？會姑蘇繆氏獲崑山傳是樓所藏宋刊本，重梓行于時，其書字畫悉倣古刻，精整可玩。賈人漬染之，宛然故紙，翦去卷尾重刊諸字及弁首小序，僞作宋板以欺人，不知者多以重價購去。其本敍次先後，卷帙多寡，與蕭、郭二本稍異，而與陳氏所言蜀本相合，即非蘇本亦蜀本也。第不知較汲古閣本何如。其中亦有譌字顯然、誤筆未正者，據序尚有《考異》一卷，然未付剞劂，俟之多年，竟不出。玆本自二十五卷以前略依蕭本，雜文四卷略依郭本，而以繆本參訂其間。郭本雜文五卷，今依繆本合序文二卷爲一卷，別採蕭本所逸而繆本有者，得詩九首，及他書所錄集外諸作，彙爲拾遺一卷，以合三十卷之數。友人詰予，嘗非宋氏本闌入他人所作，今拾遺所蒐緝，確知其僞，概收錄之而不忍棄，何耶？予曰：是不相妨也。昔人編韓、柳集者，咸有外集附于後。錢牧齋作杜詩箋註，亦附錄逸詩四十八篇，皆有僞作在其間。夫不慊于宋者，爲其混之而至于不可別也。若先別之而使其無可混，正足以資後學之考核，而甄別其體裁矣，夫又何尤。

又 南豐曾氏序，謂太白詩之存者千有一篇，雜著六十五篇。今蕭本詩祇九百八十八篇，繆本祇九百九十八篇，咸不及曾氏所云之數。賦與文六十六篇，較舊文又多其一，疑非曾氏所考次原本矣。意者曾氏幷數魏萬、崔宗之、崔成甫三詩于內，故云千有一篇。其《送倩公歸漢東序》已冠于小詩之首，序中不應重見，而後人誤增入之歟？世稱太白斗酒百篇，計其詩章不下萬餘，陽冰作序，已云十喪八九。今集中所存，若《長干行》、《去婦詞》、《送別》、《軍行》等作，互見他人集中，若《懷素草書》等作，詞意淺鄙，與太白手筆判若仙凡，復雜然並列。東坡嘗言太白詩爲庸俗所亂，可爲太息，說者以咎宋次道貪多務得之所致。嗟乎！眞者不能盡傳，傳者又未必皆眞，更有妄庸之人，憑臆而談，舉其佳者譏譏焉妄以爲贋，顚倒錯謬，以眩後人之心目，不尤可怪哉！昔人稱太白天才英麗，其詩逸蕩儁偉，飄然有超世之心，非常人所及，讀者自可別其眞僞。余以爲才不俊、識不卓、學不充，則是非淆雜，視朱若紫，混鄭爲雅者多矣，學者欲區別其眞贋而無所差失，寧可輕易言之歟！

又 世之論太白者，毀譽多過其實。譽之者以其脫子儀之刑責，俾得奮起而遂以成中興之功；辱高力士于上前，而稱其氣蓋天下；作《清平調》、《宮中行樂詞》得《國風》諷諫之體。毀之者謂十章之詩，言婦人與酒者有九，而議其人品汚下；又謂其當王室多難、海宇橫潰之日，作爲歌詩，不過豪俠任氣、狂醉花月之間，視杜少陵之憂國憂民，不可同年而語。試爲平情論之，識子儀爲豪傑之士，救免其刑責而力爲推獎，知人之明，誠足稱矣。若夫雲蒸霧變，戡大難而奏膚功，爲一朝名佐，太白初亦不料其至是。謂中興勳業，太白與有力焉，此豈通人之論哉？力士獲寵于君，士大夫爭趨附焉，太白醉中令其脫靴，儼以僕隸相視，此其平日必先有惡之之念存于中，故酒酣之後，忽焉觸發，而故于帝前辱之，其氣可謂豪矣。然非沉醉，亦未必若是。後人深快其事，而多爲溢美之言以稱之。然核其實，太白亦安能如論者之期許哉？若夫《清平調》、《宮中行樂詞》，皆應詔而賦者，其辭以富麗爲工，其意以頌美爲主，刺譏之語無庸涉其筆端，理也。或乃尋撦其引用之故事，鉤稽其點綴之虛詞，曰此爲隱諷，此爲譎諫，支離其語，娓娓動人。然按之正文，皆節外生枝，杳無當于詩人之本意，殆有似夫讒人險士，吹毛洗垢而求索其疵癡以爲口實者。馴致其弊，爲梗于語言文字者不淺，不但有悖于溫柔敦厚之教而已。善言詩者，駭之而勿敢道也。至謂其詩多甘酒愛色之語，遂目以人品污下，是蓋忘唐時風俗，而又未明其詩之義旨也。唐時侑觴多以女伎，故青蛾皓齒，歌扇舞衫，見之宴飲詩中，即老杜亦未能免俗，他文士又無論已，豈惟太白哉？若其《古風》、樂府，怨情感興等篇，多屬寓言，意有託寄，陽冰所謂言多諷興者也，而反以是相詆訾。然則指《楚辭》之望有娀，留二姚，捐玦採芳以遺湘君下女之辭，而謂靈均之人品污下；指《閑情賦》語之褻，又指其詩中篇篇有酒，而謂靖節之人品污下，可乎？若謂彼皆有所託，而言之爲無害，則太白又何以異于彼耶？至謂其當國家多難之日，而酣歌縱飲，無杜少陵憂國憂民之心，以此爲優劣，則又不然。詩者，性情之所寄。性情不能無偏，或偏于多樂，或偏于多憂，本自不同。況少陵奔走隴、蜀僻遠之地，頻遭喪亂，困頓流離，妻子不免飢寒；太白往來吳、楚安富之壤，所至郊迎而致禮者，非二千石則百里宰，樂飲賦詩，無間日夕，其境遇又異。兼之少陵爵祿曾列于朝，出入曾詔于國，白頭幕府，職授郎官；太白則白衣供奉，未霑一命，逍遙人外，蟬蛻塵埃。一以國事爲憂，一以自適爲樂，又事理之各殊者，奈何欲比而同之，而以是爲優劣耶！後之文士，左袒太白者不甘其說，而思有以矯之，以杜有詩史之名，則擇李集中憂時憫亂之辭，而捃摭史事以釋之，曰此亦可稱詩史；以杜有一飯未嘗忘君之譽，則索李集中思君戀主之句，而極力表揚，曰身在江湖，心存魏闕，與杜初無少異。此其意不過欲揞抑李者之口，而與之相抗。豈知論說杜詩而沾沾于是，顛倒事實，強合歲時，昔人已有厭而闢之者，何乃拾其牙後慧，而又爲李集之駢拇枝指哉！讀者當盡去一切偏曲泛駁之說，惟深溯其源流，熟參其指趣，反覆玩味于二體六義之間，而明夫敷陳情理、託物比興之各有攸當，即事感時、是非美刺之不可淆混，更考其時代之治亂，合其生平之通塞，不以無稽之毀譽入而爲主于中，庶幾于太白之歌詩有以得其情性之眞，太白之人品亦可以得其是非之實夫。乾隆己卯秋九月，王琦漫識。

《清史列傳・文苑傳二・王琦》 王琦，字琢崖，亦錢塘人。與齊召南、杭世駿友善。早鰥，杜門著述，有林處士風。精熟釋典，殿成注右丞集時，以右丞本通佛理，顧起經舊注，多未及詳，特囑琦助爲之，以補所未備。

又《倪璠》 時有王琦、趙殿成者，生稍後於璠。琦著有《李太白詩集注》二十六卷，《李長吉歌詩匯解》五卷，殿成著有《王右丞集箋注》二十八卷，皆有名於時。

《山帶閣注楚辭》分部

綜述

蔣驥《山帶閣注楚辭序》 世之知屈子者以《離騷》，然世固未有知《騷》者，即烏能知屈子。夫屈子，王佐才也。當戰國時，天下爭挾刑名、兵戰、縱橫、吊詭之說，以相誇尙。而屈子所以先後其君者，必曰五帝三王。其治楚，奉先功，明法度，意量固有過人者。《大招》發明成言之始願，其施爲次第，雖孔子、孟子所以告君者，當不是過。使原得志於楚，唐、虞、三代之治豈難致哉！其中廢而死，命也。雖然，原用而楚興，既廢而削死。而楚亡，則雖弗竟其用，亦非無徵不信者比也。而世徒豔其文，高其節，悲其繾綣不已之忠，抑末矣。世又以原自沉爲輕生以懟君。余考原自懷王初放已作《離騷》，以彭咸自命，然終懷之世不死。頃襄即位，東遷九年不死。《漁父》、《懷沙》，岌岌乎死矣。而《悲回風》卒章所云，抑不忍遽死，何者？以死悟君。君可以未死而悟，則原固不至於必死。至《惜往日》始畢詞赴淵。其辭曰：身幽隱而備之。又曰：恐禍殃之有再。蓋其時讒焰益張，秦患益迫，使原不自沉，固當即死。死等耳，死於讒與死於秦，皆不足悟君。君雖悟，亦且無及。故處必死之地，而求爲有用之死，其勢不得不出於自沉而。因而著之曰：介子忠而立枯兮，文君悟而追求。明揭其死之情，以發其君之悟。嗚呼！若屈子者，但見其愛身憂國，遲迴不欲死之心，未見其輕生以懟君也。吾故曰：世未有知屈子者。雖然，其原實始於不知《騷》。蓋《離騷》二十五篇所以發明己意垂示後人者，至深切矣。而或眩於章法之變幻，則無以知本旨之所存；昧於字義之深隱，則無以知意理之所在。不能研索融會於文之中，旁搜博攬於文之外，則亦無以知其時地變易，與命意措詞次第條理之所以然。是以《大招》、《招魂》，皆以爲非原作，而諸篇之先後亦茫無所考。至其章句之間，或以鹵莽而失之略，或以穿鑿而害其辭，吁可惜哉！予於戊子夏，始發憤論述其書。顧以束於制舉，困於疾病憂患，貧賤奔走，時作時輟，六閱年始成。凡訓詁考證多前人所未及，而大要尤在權時勢以論其書，融全書以定其篇，審全篇以推其節次句字之義。故雖文之漫衍俶詭，而未始不秩然可尋；雖世之幽略無所考，而懷、襄兩朝遷謫往來未始不犂然若示諸掌上。其說或不免爲人之所駭，而一求乎心之所安。世之學者因注以知其文，因文以得其人。則豈惟舒憂娛哀於百世之上，將百世之下聞風者亦有所興起也。康熙癸巳七月之望，武進蔣驥涑睉序。

又 余老於諸生逾三十年，場屋之苦，下第之牢愁，殆與身相終始。年二十三，得頭目之疾，畢生不痊，畏風若刀鋸，凡春花秋月人世嬉游之事，概不得與。目力久乏，又不能縱情書史，此身塊然如贅疣。自念少時讀書課文，每爲時輩所推嘆，及老猶不廢學。亦雅知自好，不敢有負聖賢，不識何所獲戾而至斯也。生平詩、古文、詞時有論撰，經史子集之書評注者亦不少，率以束於舉業，牽於疾病，未獲成編。獨於《離騷》功力頗深，訂詁之外，益以《餘論》、《說韵》若干卷。今雖訖事已久，然偶觀他書，有與《騷》相發明者，未嘗不筆而存之。古云熟處難忘，又云物各從其類，以余窮愁之身，而沉没於《騷》，豈不然乎！甲午，游京師，有睹是書者，竊議曰：方今文教大行，苟從事經籍、理學及詩章、算術，皆可立致青紫。顧窮年畢精爲此凶衰不祥之書，奚取焉？余是年九月，有書闈卷詩三十首，其二十二云：「斜日增城虎豹嗥，玉虬蜷局駐靈旄。頻年注屈眞成讖，嬴得江楓識畔牢。」蓋有感而然也。嗚呼！丈夫負七尺之軀，涉覽千古文章政術，冀少有以自見，位不在己，則與空空無能者等。乃至稠人廣坐，面牆之徒，嗚得意，論古今，變白爲黑，俯首唯唯，噤不敢發言。東方朔云：「用之則爲虎，不用則爲鼠」豈不痛哉！况復二豎馮陵，呻吟疾苦，時時閉置學婦容。造物困人，嘻其甚矣。年來精益消亡，病端蜂起，兼之憂患死喪，腐心摧骨，萬念灰冷，雅不喜爲仙佛之逃。《離騷》一編時横几上，聊以舒憂娛哀云爾。意者澤畔行吟，眞所謂凶衰不祥之書耶！抑余頭方數奇，命則處幽，重以累騷也。雍正丁未涑睉書。

傳　記

《四庫提要·集部一·山帶閣注楚辭》 《山帶閣注楚辭》六卷，《楚辭餘論》二卷，《楚辭說韵》一卷，國朝蔣驥撰。驥，字涑塍，武進人。

圖書在版編目（CIP）數據

中華大典．文獻目録典．文獻學分典．注釋總部：全2册 /《中華大典》工作委員會，《中華大典》編纂委員會編纂．—桂林：廣西師範大學出版社，2012.12
ISBN 978-7-5495-2948-3

Ⅰ．中… Ⅱ．①中…②中… Ⅲ．①百科全書－中國②文獻學－中國 Ⅳ．①Z227②G256

中國版本圖書館 CIP 數據核字（2012）第 281536 號

中華大典·文獻目録典·文獻學分典·注釋總部

編纂：《中華大典》工作委員會
《中華大典》編纂委員會

出版：廣西師範大學出版社
（廣西桂林市中華路 22 號　郵政編碼　541001）

發行：廣西師範大學出版社
（廣西桂林市中華路 22 號　郵政編碼　541001）

排版：江蘇鳳凰製版有限公司

印刷：桂林廣大印務有限責任公司
（廣西桂林市臨桂縣金山路 168 號　郵政編碼　541100）

開本：787×1 092 毫米　1/16

印張：84.75　　字數：2 600 000

2012 年 12 月第 1 版　2012 年 12 月第 1 次印刷

書號：ISBN 978-7-5495-2948-3

定價（全二册）：1 200.00 圓